2021

金榜時代 GLIST 明德·弘毅·品质

靓银时代版

银成教育全国辅导机构
指定用书

贺银成

国家临床执业及助理医师资格考试

历年考点精析（上册）

编著◎武汉大学中南医院 贺银成

全国百佳图书出版单位
中国中医药出版社

图书在版编目(CIP)数据

贺银成国家临床执业及助理医师资格考试历年考点精析:全二册/贺银成编著. —北京:中国中医药出版社,2020.12
ISBN 978-7-5132-6459-4

Ⅰ. ①贺… Ⅱ. ①贺… Ⅲ. ①临床医学—资格考试—习题集 Ⅳ. ①R4-44

中国版本图书馆 CIP 数据核字(2020)第 186207 号

中国中医药出版社有限公司出版
北京经济技术开发区科创十三街 31 号院二区 8 号楼
邮政编码 100176
传真 010-64405721
三河市燕山印刷有限公司
各地新华书店经销

开本 787×1092 1/16 印张 95.75 字数 2860 千字
2020 年 12 月第 1 版 2020 年 12 月第 1 次印刷
书号 ISBN 978-7-5132-6459-4

定价 318.00 元(全二册)
网址 www.cptcm.com

社 长 热 线 010-64405720
购 书 热 线 010-89535836
咨 询 热 线 010-64405709
维 权 打 假 010-64405753

微信服务号 zgzyycbs
微商城网址 https://kdt.im/LIdUGr
官 方 微 博 http://e.weibo.com/cptcm
天猫旗舰店网址 https://zgzyycbs.tmall.com

如有印装质量问题请与本社出版部联系(**010-64405510**)

前　言

国家临床执业及助理医师资格考试已进行了22年，大纲要求掌握的考点几乎都已涉及。因此，熟练掌握历年真题，对于把握重点、了解命题规律就显得尤为重要。

本书对1999—2020年执业及助理医师资格考试的每道真题进行了详细解答，明确指出了每道试题的每个选项为什么对，为什么错，错在什么地方，也纠正了目前一些医考辅导书中常见的错误答案。由于篇幅有限，部分未被本书收集的历年真题放在2021《贺银成国家临床执业（助理）医师资格考试辅导讲义同步练习》一书中，同学们可以参阅。

本书按2021年新大纲要求重新修订，删除了一些陈旧试题，添加了2020年新试题及解析内容。本书按照2021《贺银成国家临床执业（助理）医师资格考试辅导讲义》的体例和顺序进行编排，以方便同学们复习。本讲义配有由我主讲的全套课件。如需购买，可以通过以下方式联系：

QQ：　800067818　　25270063

武汉银成文化传播有限公司电话：　027-82266012　　13971116888　　13971181888

公司商城网址　http://shop.yixueks.com

扫描本书封面二维码，下载APP直接购买。

本套执业（助理）医师资格考试复习参考书已全部出版，可以选用：

2021《贺银成国家临床执业（助理）医师资格考试辅导讲义》

2021《贺银成国家临床执业（助理）医师资格考试辅导讲义同步练习》

2021《贺银成国家临床执业及助理医师资格考试实践技能应试指南》

2021《贺银成国家临床执业（助理）医师资格考试全真模拟试卷及精析》

在使用本套图书过程中发现不足或错误之处，请随时指出（heyincheng2002@qq.com），每指出一处错误，奖励10元，多人指出同一处错误者，奖励首位指出者。

最后祝愿大家顺利通过执业（助理）医师资格考试！

贺银成

2020年12月

目　录

上册——试题

Contents 目录

Contents 目录

Contents 目录

下册——答案及精析

第一篇　解剖学

（执业医师需掌握）

1. 属于长骨的是
A. 胸骨　B. 肋骨　C. 肩胛骨
D. 桡骨　E. 下颌骨
2. 胸骨角两侧平对的结构是
A. 第1肋　B. 第2肋　C. 第3肋
D. 第4肋　E. 第5肋
3. 踝关节最薄弱的韧带是
A. 胫腓前韧带　B. 胫腓后韧带　C. 外侧韧带
D. 内侧韧带　E. 足底长韧带
4. 穿过膈肌食管裂孔的结构是
A. 主动脉　B. 胸导管　C. 迷走神经
D. 下腔静脉　E. 膈神经
5. 构成腹股沟管前壁的组织结构是
A. 腹横肌　B. 腹横筋膜　C. 腹股沟韧带
D. 腔隙韧带　E. 腹外斜肌腱膜
6. 食管胸部前面毗邻的结构是
A. 半奇静脉　B. 奇静脉　C. 胸主动脉
D. 胸导管　E. 左心房
7. 食管的第3处狭窄距中切牙的距离是
A. 15cm　B. 20cm　C. 30cm
D. 40cm　E. 50cm
8. 胃小弯最低点弯度明显折转处是
A. 幽门　B. 贲门切迹　C. 贲门
D. 中间沟　E. 角切迹
9. 表面存在结肠带的肠管是
A. 阑尾　B. 直肠　C. 空肠
D. 回肠　E. 盲肠
10. 肝脏 Glisson 纤维鞘内包裹的管道有
A. 门静脉、肝静脉、肝胆管　B. 门静脉、肝动脉、胆总管　C. 门静脉、肝动脉、肝静脉
D. 门静脉、肝动脉、肝胆管　E. 肝静脉、肝胆管、肝动脉
11. Calot 三角组成包括肝脏下缘、胆囊管和
A. 右肝管　B. 左肝管　C. 副肝管
D. 肝总管　E. 胆总管
12. 胰体前方的器官是

A. 胃后壁　B. 腹主动脉　C. 下腔静脉
D. 肝门静脉　E. 胆总管

13. 开口于上鼻道的器官是
A. 额窦　B. 上颌窦　C. 蝶窦
D. 前筛窦　E. 后筛窦

14. 喉结的软骨组成是
A. 杓状软骨　B. 会厌软骨　C. 甲状软骨
D. 环状软骨　E. 气管软骨环

15. 参与构成肋膈隐窝的结构是
A. 肋胸膜与膈胸膜　B. 肋胸膜与纵隔胸膜　C. 纵隔胸膜与膈胸膜
D. 纵隔胸膜与胸膜顶　E. 纵隔胸膜与脏胸膜

16. 肾蒂中的结构不包括
A. 肾动脉　B. 肾静脉　C. 输尿管
D. 肾盂　E. 神经

17. 患者,男,59 岁。左肾结石 10 年。B 超提示右肾中下极低回声包块,诊断为“透明细胞癌”,行右肾部分切除,手术应缝合的结构是
A. 后腹膜　B. 纤维囊　C. 脂肪囊
D. 肾前筋膜　E. 肾后筋膜

18. 膀胱肿瘤和膀胱结核的好发部位是
A. 膀胱体　B. 膀胱底　C. 膀胱三角
D. 膀胱颈　E. 膀胱尖

19. 乳腺癌患者乳腺皮肤出现“酒窝征”的原因是
A. 肿瘤侵犯了周围腺体　B. 肿瘤侵犯了胸大肌　C. 肿瘤侵犯了局部皮肤
D. 肿瘤侵犯了 Cooper 韧带　E. 癌细胞堵塞了局部皮下淋巴管

20. 不属于腹膜内位器官的是
A. 阑尾　B. 回肠　C. 横结肠
D. 十二指肠降部　E. 乙状结肠

A. 肝左下前间隙　B. 肝左下后间隙　C. 肝左上间隙
D. 肝右上间隙　E. 肝右下间隙

21. 网膜囊位置在
22. 位于肝胃韧带和胃前方的间隙为

23. 左心室流入道和流出道的分界标志是
A. 左房室瓣(二尖瓣)前瓣　B. 左房室瓣(二尖瓣)后瓣　C. 主动脉瓣
D. 室上嵴　E. 室间隔

24. 与下肢本体感觉相关的传导束是
A. 脊髓丘脑束　B. 薄束和楔束　C. 皮质脊髓束
D. 红核脊髓束　E. 内侧纵束

25. 舌下神经核所在的部位是
A. 中脑　B. 小脑　C. 脑桥
D. 间脑　E. 延髓

第二篇　生物化学

第1章　蛋白质的结构与功能

一、氨基酸与多肽(执业医师需掌握)

1. 不存在于人体蛋白质分子中的氨基酸是
A. 鸟氨酸　　B. 谷氨酸　　C. 甘氨酸
D. 亮氨酸　　E. 丙氨酸

2. 组成人体蛋白质多肽链的基本单位是
A. *L*-α-氨基酸　　B. *D*-α-氨基酸　　C. *L*-β-氨基酸
D. *D*-β-氨基酸　　E. 以上都不是

3. 下列氨基酸中,无 *L* 型或 *D* 型之分的是
A. 谷氨酸　　B. 甘氨酸　　C. 半胱氨酸
D. 赖氨酸　　E. 组氨酸

4. 下列属于疏水性氨基酸的是
A. 苯丙氨酸　　B. 半胱氨酸　　C. 苏氨酸
D. 谷氨酸　　E. 组氨酸

5. 属于酸性氨基酸的是
A. 半胱氨酸　　B. 苏氨酸　　C. 苯丙氨酸
D. 谷氨酸　　E. 组氨酸

6. 蛋白质中对 280nm 紫外线吸收最强的氨基酸残基是
A. 苯丙氨酸　　B. 赖氨酸　　C. 色氨酸
D. 谷氨酸　　E. 丝氨酸

7. 蛋白质合成后经化学修饰的氨基酸是
A. 半胱氨酸　　B. 羟脯氨酸　　C. 甲硫氨酸(蛋氨酸)
D. 丝氨酸　　E. 酪氨酸

A. 半胱氨酸　　B. 丝氨酸　　C. 蛋氨酸(甲硫氨酸)
D. 脯氨酸　　E. 鸟氨酸

8. 含巯基的氨基酸是

9. 天然蛋白质中不含有的氨基酸是

二、蛋白质的分子结构(执业医师及助理医师均需掌握)

10. 下列关于肽键性质和组成的叙述,正确的是
A. 由 $C_{\alpha1}$ 和 C—COOH 组成　　B. 由 $C_{\alpha1}$ 和 $C_{\alpha2}$ 组成　　C. 由 C_{α} 和 N 组成
D. 肽键有一定程度双键性质　　E. 肽键可以自由旋转

11. 多肽链中肽键的本质是

A. 疏水键　　B. 糖苷键　　C. 酰胺键
D. 二硫键　　E. 磷酸二酯键

12. 维系蛋白质一级结构的化学键是
A. 氢键　　B. 盐键　　C. 疏水键
D. 二硫键　　E. 肽键

13. 维系蛋白质分子中 α-螺旋的化学键是
A. 盐键　　B. 疏水键　　C. 氢键
D. 肽键　　E. 二硫键

14. 不属于蛋白质二级结构的是
A. β-折叠　　B. 无规卷曲　　C. 右手螺旋
D. α-螺旋　　E. β-螺旋

15. 维系蛋白质二级结构稳定的主要化学键是
A. 盐键　　B. 氢键　　C. 疏水作用
D. 肽键　　E. 二硫键

16. 关于蛋白质二级结构的叙述,正确的是
A. 氨基酸的排列顺序　　B. 每一氨基酸侧链的空间构象　　C. 局部主链的空间构象
D. 亚基间相对的空间位置　　E. 每一原子的相对空间位置

17. 镰刀形贫血患者,其血红蛋白 β 链 N 端第 6 个氨基酸残基谷氨酸被下列哪种氨基酸代替?
A. 缬氨酸　　B. 丙氨酸　　C. 丝氨酸
D. 酪氨酸　　E. 色氨酸

18. 下列有关血红蛋白结构与功能的叙述,错误的是
A. 含有血红素　　B. 含有 4 个亚基　　C. 有储存 O_2 的作用
D. 其氧解离曲线为"S"形　　E. 能与 O_2 可逆结合

19. 大多数成人血红蛋白中珠蛋白组分是
A. $\alpha_2\varepsilon_2$　　B. $\alpha_2\psi_2$　　C. $\alpha_2\gamma_2$
D. $\alpha_2\beta_2$　　E. $\alpha_2\delta_2$

20. 疯牛病发病的生化机制是
A. α-螺旋变成了 β-螺旋　　B. α-螺旋变成了 β-转角　　C. α-螺旋变成了 β-折叠
D. β-折叠变成了 α-螺旋　　E. β-转角变成了 β-折叠

21. 下列有关蛋白质结构与功能关系的叙述,错误的是
A. 变性的核糖核酸酶若其一级结构不受破坏,仍可恢复高级结构
B. 蛋白质中氨基酸的序列可提供重要的生物进化信息
C. 蛋白质折叠错误可以引起某些疾病
D. 肌红蛋白与血红蛋白亚基的一级结构相似,功能也相同
E. 人血红蛋白 β 亚基第 6 个氨基酸的突变,可产生溶血性贫血

三、蛋白质的理化性质(执业医师及助理医师均需掌握)

22. 当溶液的 pH 与某种蛋白质的 pI 一致时,该蛋白质在此溶液中的存在形式是
A. 兼性离子　　B. 非兼性离子　　C. 带单价正电荷
D. 疏水分子　　E. 带单价负电荷

23. 变性蛋白质的主要特点是
A. 不易被蛋白酶水解　　B. 分子量降低　　C. 溶解性增加

D. 生物学活性丧失　　E. 共价键被破坏

24. 下列关于蛋白质理化性质的描述,正确的是
A. 溶于高浓度乙醇　　B. 复性时产生分子杂交　　C. 具有 260nm 特征吸收峰
D. 变性后溶解度提高　　E. 溶液 pH 值为等电点时形成兼性离子

25. 下列有关蛋白质变性的叙述,错误的是
A. 蛋白质变性时生物学活性降低或丧失　　B. 蛋白质变性时理化性质发生变化
C. 蛋白质变性时一级结构不受影响　　D. 去除变性因素后,所有变性蛋白质都可以复性
E. 球蛋白变性后其水溶性降低

A. 一级结构破坏　　B. 二级结构破坏　　C. 三级结构破坏
D. 四级结构破坏　　E. 空间结构破坏

26. 亚基解聚时
27. 蛋白质水解时

A. 蛋白质一级结构　　B. 蛋白质二级结构　　C. 蛋白质三级结构
D. 蛋白质四级结构　　E. 单个亚基结构

28. 不属于空间结构的是
29. 整条肽链中全部氨基酸残基的相对空间位置即是
30. 蛋白质变性时,不受影响的结构是

第2章　核酸的结构与功能

一、核酸的分子结构(执业医师及助理医师均需掌握)

31. 核酸的基本组成单位是
A. 多核苷酸　　B. 核苷　　C. 核苷酸
D. 磷酸　　E. 核糖

32. 可承载生物遗传信息的分子结构是
A. 胆固醇的侧链碳原子　　B. 脂蛋白的脂质组成　　C. 氨基酸的侧链基团
D. 核酸的核苷酸序列　　E. 不饱和脂肪酸的双键位置

33. 组成核酸分子的碱基主要有
A. 2 种　　B. 3 种　　C. 4 种
D. 5 种　　E. 6 种

A. G、C、T、U　　B. G、A、C、T　　C. A、G、C、U
D. G、A、T、U　　E. T、C、A、U

34. RNA 分子中所含的碱基是
35. DNA 分子中所含的碱基是

36. DNA 的一级结构是
A. 多聚 A 结构　　B. 核小体结构　　C. 双螺旋结构
D. 三叶草结构　　E. 多核苷酸排列顺序

37. 核酸中核苷酸之间的连接方式是
A. 2′, 3′-磷酸二酯键　　B. 3′, 5′-磷酸二酯键　　C. 2′, 5′-磷酸二酯键
D. 1′, 5′-糖苷键　　E. 氢键

二、DNA 的结构与功能(执业医师及助理医师均需掌握)

38. DNA 碱基组成的规律是
A. [A]=[C],[T]=[G]　B. [A]+[T]=[C]+[G]　C. [A]=[T],[C]=[G]
D. ([A]+[T])/([C]+[G])=1　E. [A]=[G]=[T]=[C]

39. 下列关于 DNA 碱基组成的叙述,正确的是
A. DNA 分子中 A 和 T 的含量不同　B. 同一个体在成年期与少儿期碱基组成不同
C. 同一个体在不同营养状态下碱基组成不同　D. 同一个体不同组织的碱基组成不同
E. 不同生物来源的 DNA 碱基组成组分不同

40. 有关 DNA 碱基组成规律的叙述,错误的是
A. 适用于不同种属　B. 主要由腺嘌呤组成　C. 嘌呤与嘧啶的摩尔数相等
D. 与遗传特性相关　E. 不受年龄与营养状态影响

41. DNA 二级结构的形式是
A. α-螺旋　B. 双螺旋　C. β-折叠
D. 三叶草状　E. 无规卷曲

42. J. Watson 和 F. Crick 提出的 DNA 双螺旋结构模型每旋转一周的碱基对数是
A. 8　B. 9　C. 10.5
D. 11　E. 12

43. 维系 DNA 双链间碱基配对的化学键是
A. 氢键　B. 磷酸二酯键　C. 肽键
D. 疏水键　E. 糖苷键

44. 组成多聚核苷酸的骨架成分是
A. 碱基与戊糖　B. 碱基与磷酸　C. 碱基与碱基
D. 戊糖与磷酸　E. 戊糖与戊糖

45. 有关 DNA 双螺旋结构的叙述,错误的是
A. DNA 双螺旋是核酸二级结构的重要形式
B. DNA 双螺旋由两条以脱氧核糖、磷酸作骨架的双链组成
C. DNA 双螺旋以右手螺旋的方式围绕同一轴有规律地盘旋
D. 两股单链从 5′-端至 3′-端走向在空间排列上相同
E. 两碱基之间的氢键是维持双螺旋横向稳定的主要化学键

A. DNA 的核小体结构　B. tRNA 的三叶草结构　C. DNA 的双螺旋结构
D. DNA 的超螺旋结构　E. 核苷酸在核酸长链上的排列顺序

46. 属于核酸一级结构的描述是
47. 属于核糖核酸二级结构的描述是
48. 属真核生物染色质中 DNA 三级结构的描述是

三、DNA 的变性与应用(执业医师及助理医师均需掌握)

49. 核酸对紫外线的最大吸收峰是
A. 220nm　B. 230nm　C. 260nm
D. 280nm　E. 300nm

50. DNA 变性时其结构变化表现为
A. 磷酸二酯键断裂　B. N-C 糖苷键断裂　C. 戊糖内 C-C 键断裂

D. 碱基内 C-C 键断裂　E. 对应碱基间氢键断裂

51. DNA 受热变性时，出现的现象是
A. 多聚核苷酸链水解成单核苷酸　B. 在 260nm 波长处的吸光度增加　C. 碱基对以共价键连接
D. 溶液黏度增加　E. 最大光吸收峰波长发生转移

52. DNA 变性的结果是
A. 双链解开　B. 紫外线吸收降低　C. 凝固
D. 生物学功能增强　E. 理化性质不发生任何改变

53. 有关 DNA 变性概念的叙述，错误的是
A. 变性时两条链解离　B. 变性时二级结构被破坏　C. 变性不伴有共价键断裂
D. 加热可导致变性　E. 变性后 260nm 波长吸收不改变

54. 下列几种 DNA 分子的碱基组成比例各不相同，哪一种 DNA 的解链温度（T_m）最低？
A. DNA 中 A+T 含量占 15%　B. DNA 中 G+C 含量占 25%　C. DNA 中 G+C 含量占 40%
D. DNA 中 A+T 含量占 60%　E. DNA 中 G+C 含量占 70%

四、核酸的结构与功能（执业医师及助理医师均需掌握）

55. 参与构成蛋白质合成场所的 RNA 是
A. 核内小 RNA　B. 催化性 RNA　C. 转运 RNA
D. 信使 RNA　E. 核糖体 RNA

56. 细胞内含量最丰富的 RNA 是
A. hnRNA　B. tRNA　C. rRNA
D. miRNA　E. mRNA

57. 帽结构是指
A. m^3Gppp　B. m^6Gppp　C. m^5Gppp
D. m^4Gppp　E. m^7Gppp

58. 有关 mRNA 结构的叙述，正确的是
A. 为线状单链结构，5′-端有多聚腺苷酸帽结构
B. 可作为蛋白质合成的模板　C. 链的局部不可形成双链结构
D. 3′-端特殊结构与 mRNA 的稳定性无关　E. 三个相连核苷酸组成一个反密码子

59. 关于真核生物 mRNA 结构的描述，错误的是
A. 5′-端保留有特殊的内含子　B. 3′-端有特殊的“尾”结构　C. 3′-端存在非翻译序列
D. 5′-端有特殊“帽”结构　E. 含有开放阅读框架区

60. 维系 mRNA 稳定性的主要结构是
A. 内含子　B. 双螺旋结构　C. 多聚腺苷酸尾
D. 三叶草结构　E. 茎环结构

61. tRNA 含有
A. 3′-CCA-OH　B. 帽 m^7Gppp　C. 密码子
D. 3′-端的多聚腺苷酸结构　E. 大、小两个亚基

62. tRNA 分子上 3′-端序列的功能是
A. 辨认 mRNA 上的密码子　B. 剪接修饰作用　C. 辨认与核糖体结合的组分
D. 提供—OH 与氨基酸结合　E. 提供—OH 与糖类结合

第3章 酶

一、酶的分子结构与功能(执业医师及助理医师均需掌握)

63. 关于体内酶促反应特点的叙述,错误的是
A. 具有高催化效率
B. 温度对酶促反应速度没有影响
C. 可大幅降低反应活化能
D. 只能催化热力学上允许进行的反应
E. 具有可调节性
64. 酶促反应中决定酶特异性的是
A. 作用物的类别
B. 酶蛋白
C. 辅基或辅酶
D. 催化基团
E. 金属离子
65. 辅酶在酶促反应中的作用是
A. 起运载体的作用
B. 维持酶的空间构象
C. 参加活性中心的组成
D. 促进中间复合物形成
E. 提供必需基团
66. 辅酶和辅基的差别在于
A. 辅酶为小分子有机物,辅基常为无机物
B. 辅酶与酶共价结合,辅基则不是
C. 经透析方法可使辅酶与酶蛋白分离,辅基则不能
D. 辅酶参与酶反应,辅基则不参与
E. 辅酶含有维生素成分,辅基则不含
67. 下列含有核黄素的辅酶是
A. FMN
B. HS-CoA
C. NAD^+
D. $NADP^+$
E. CoQ
68. 下列为含有B族维生素的辅酶,例外的是
A. 磷酸吡哆醛
B. 辅酶A
C. 细胞色素b
D. 四氢叶酸
E. 焦磷酸硫胺素
69. 下列辅酶含有维生素PP的是
A. FAD
B. $NADP^+$
C. CoQ
D. FMN
E. FH_4
70. 下列物质中,不属于B族维生素的是
A. 硫胺素
B. 泛酸
C. 生物素
D. 抗坏血酸
E. 叶酸

A. 维生素 B_1
B. 维生素 B_2
C. 维生素 B_{12}
D. 泛酸
E. 维生素PP

71. FAD中所含的维生素是
72. NAD^+中所含的维生素是
73. TPP中所含的维生素是
74. 辅酶A中所含的维生素是
75. 转氨酶的辅酶是
A. 磷酸吡哆醛
B. 焦磷酸硫胺素
C. 生物素
D. 四氢叶酸
E. 泛酸
76. 下列关于酶的叙述,正确的是

A. 活化的酶均具有活性中心　B. 能提高反应系统的活化能　C. 所有的酶都具有绝对特异性
D. 随反应进行酶量逐渐减少　E. 所有的酶均具有辅基或辅酶

77. 关于酶活性中心的叙述,正确的是
A. 酶原有能发挥催化作用的活性中心　B. 由一级结构上相互邻近的氨基酸组成
C. 必需基团存在的唯一部位　D. 均由亲水氨基酸组成
E. 含结合基团和催化基团

78. 关于酶活性的叙述,正确的是
A. 关键酶的活性不易被调节　B. 缺少氟离子时唾液淀粉酶失去活性
C. 多数酶最适 pH 在 8.0　D. 25℃时 Taq DNA 聚合酶活性最高
E. 酶活性检测可用于疾病的诊断

79. 有关同工酶概念的叙述,错误的是
A. 同工酶的免疫学性质不同　B. 不同器官的同工酶谱不同　C. 同工酶常由几个亚基组成
D. 同工酶的理化性质不同　E. 同工酶催化不同的底物反应

80. 肝中富含的 LDH 同工酶是
A. LDH_1　B. LDH_2　C. LDH_3
D. LDH_4　E. LDH_5

81. 乳酸脱氢酶同工酶有
A. 2 种　B. 3 种　C. 4 种
D. 5 种　E. 6 种

二、酶的工作原理与酶促反应动力学(执业医师及助理医师均需掌握)

82. 关于酶的正确叙述是
A. 不能在胞外发挥作用　B. 大多数酶的化学本质是核酸　C. 能改变反应的平衡点
D. 能大大降低反应的活化能　E. 与底物结合都具有绝对特异性

83. 酶与无机催化剂催化反应的不同点是
A. 催化活性的可调节性　B. 反应前后质量不变　C. 催化效率不高
D. 不改变反应平衡点　E. 只催化热力学上允许的反应

84. 下列关于酶结构与功能的叙述,正确的是
A. 酶只在体内发挥作用　B. 酶的催化作用与温度无关　C. 酶能改变反应的平衡点
D. 酶能大大降低反应的活化能　E. 酶的催化作用不受调控

85. 酶的催化高效性是因为酶
A. 启动热力学不能发生的反应　B. 能降低反应的活化能　C. 能升高反应的活化能
D. 可改变反应的平衡点　E. 对作用物(底物)的选择性

86. 下列关于酶促反应调节的叙述,正确的是
A. 温度越高反应速率越快　B. 反应速率不受底物浓度的影响
C. 反应速率不受酶浓度的影响　D. 在最适 pH 下,反应速率不受酶浓度影响
E. 底物饱和时,反应速率随酶浓度增加而增加

87. 当底物足量时,生理条件下决定酶促反应速率的因素是
A. 酶含量　B. 钠离子浓度　C. 温度
D. 酸碱度　E. 辅酶含量

88. 酶的最适 pH 是
A. 酶的特征性常数　B. 酶促反应速率最大时的 pH　C. 酶最稳定时的 pH

D. 与底物种类无关的参数　　E. 酶的等电点

89. 有关酶 K_m 值的叙述，正确的是

A. K_m 值是酶-底物复合物的解离常数　　B. K_m 值与酶的结构无关

C. K_m 值与底物的性质无关　　D. K_m 值并不反映酶与底物的亲和力

E. K_m 值在数值上是达到最大反应速率一半时所需要的底物浓度

90. 关于酶竞争性抑制剂特点的叙述，错误的是

A. 抑制剂与底物结构相似　　B. 抑制剂与底物竞争酶分子中的底物结合部位

C. 当抑制剂存在时，K_m 值变大　　D. 抑制剂恒定时，增加底物浓度，能达到最大反应速率

E. 抑制剂与酶共价结合

91. 非竞争性抑制剂存在时，酶促反应动力学的特点是

A. K_m 值增大，V_{max} 不变　　B. K_m 值降低，V_{max} 不变　　C. K_m 值不变，V_{max} 增大

D. K_m 值不变，V_{max} 降低　　E. K_m 值和 V_{max} 均降低

92. 有机磷农药中毒的发病机制主要是有机磷抑制了

A. 胆碱酯酶　　B. 6-磷酸葡萄糖脱氢酶　　C. 细胞色素氧化酶

D. 糜蛋白酶　　E. 乳酸脱氢酶

三、酶的调节(执业医师需掌握)

93. 下列关于变构酶的叙述，错误的是

A. 变构酶催化非平衡反应　　B. 多为代谢途径的关键酶　　C. 与变构效应剂呈可逆性结合

D. 都具有催化亚基和调节亚基　　E. 酶构象变化后活性可升高或降低

第 4 章　糖代谢

一、糖酵解、糖的有氧氧化与磷酸戊糖途径(执业医师及助理医师均需掌握)

A. 糖有氧氧化　　B. 糖酵解　　C. 2,3-二磷酸甘油酸旁路

D. 糖异生　　E. 磷酸戊糖途径

94. 供应成熟红细胞能量的主要代谢途径是

95. 成熟红细胞中，能产生调节血红蛋白运氧功能物质的代谢途径是

96. 正常细胞糖酵解途径中，利于丙酮酸生成乳酸的条件是

A. 缺氧状态　　B. 酮体产生过多　　C. 缺少辅酶

D. 糖原分解过快　　E. 酶活性降低

97. 下列关于己糖激酶的叙述，正确的是

A. 己糖激酶又称葡萄糖激酶　　B. 它催化的反应基本上是可逆的　　C. 使葡萄糖活化以便参加反应

D. 催化反应生成 6-磷酸果糖　　E. 是酵解途径唯一的关键酶

98. 下列属于糖酵解途径关键酶的是

A. 6-磷酸葡萄糖酶　　B. 丙酮酸激酶　　C. 柠檬酸合酶

D. 苹果酸脱氢酶　　E. 6-磷酸葡萄糖脱氢酶

A. 糖原合成　　B. 尿酸生成　　C. 糖原分解

D. 丙酮酸羧化　　E. 酮体生成

99. 与糖尿病患者酸中毒有关的主要代谢途径是

100. 三羧酸循环中的草酰乙酸来源于

101. 在糖酵解过程中催化产生 NADH 和消耗无机磷酸的酶是
A. 乳酸脱氢酶 B. 磷酸甘油醛脱氢酶 C. 醛缩酶
D. 丙酮酸激酶 E. 烯醇化酶

102. 6-磷酸果糖激酶-1 的变构激活剂是
A. 1,6-二磷酸果糖 B. ATP C. 2,6-二磷酸果糖
D. GTP E. 柠檬酸

103. 丙酮酸氧化脱羧生成的物质是
A. 丙酰 CoA B. 乙酰 CoA C. 羟甲戊二酰 CoA
D. 乙酰乙酰 CoA E. 琥珀酰 CoA

104. 不参与三羧酸循环的化合物是
A. 柠檬酸 B. 草酰乙酸 C. 丙二酸
D. α-酮戊二酸 E. 琥珀酸

105. 关于三羧酸循环过程的叙述,正确的是
A. 循环一周生成 4 对 NADH B. 循环一周可生成 2 分子 ATP
C. 乙酰 CoA 经三羧酸循环转变为草酰乙酸 D. 循环过程中消耗氧分子
E. 循环一周生成 2 分子 CO_2

106. 属于三羧酸循环的酶是
A. 6-磷酸葡萄糖脱氢酶 B. 苹果酸脱氢酶 C. 丙酮酸脱氢酶
D. NADH 脱氢酶 E. 葡糖-6-磷酸酶

107. 参与三羧酸循环的酶,叙述正确的是
A. 主要位于线粒体外膜 B. Ca^{2+}可抑制其活性
C. 当 $NADH/NAD^+$ 比值增高时活性较高 D. 氧化磷酸化的速率可调节其活性
E. 在血糖较低时,活性较低

108. 1mol 丙酮酸在线粒体内彻底氧化生成 ATP 的 mol 数是
A. 10 B. 12.5 C. 15
D. 21 E. 24

109. 在氧气充足的条件下,1mol 以下物质产生 ATP 最多的是
A. 葡萄糖 B. 糖原 C. 丙酮酸
D. 1,3-二磷酸甘油酸 E. 1,6-二磷酸果糖

110. 体内产生 NADH 的主要代谢途径是
A. 糖酵解 B. 三羧酸循环 C. 糖原分解
D. 磷酸戊糖途径 E. 糖异生

111. 进行底物水平磷酸化的反应是
A. 葡萄糖→6-磷酸葡萄糖 B. 6-磷酸果糖→1,6-二磷酸果糖
C. 3-磷酸甘油醛→1,3-二磷酸甘油酸 D. 琥珀酰 CoA→琥珀酸
E. 丙酮酸→乙酰 CoA

112. 在三羧酸循环中,经底物水平磷酸化生成的高能化合物是
A. ATP B. GTP C. UTP
D. CTP E. TTP

113. 三羧酸循环的生理意义是
A. 合成胆汁酸 B. 提供能量 C. 提供 NADPH
D. 参与酮体合成 E. 参与蛋白质代谢

114. 糖、脂质和氨基酸彻底氧化的共同途径是
A. 葡萄糖-丙氨酸循环　B. 柠檬酸-丙酮酸循环　C. 鸟氨酸循环
D. 甲硫氨酸循环　E. 三羧酸循环

115. 体内生成核糖的主要途径是
A. 糖酵解　B. 三羧酸循环　C. 糖原分解
D. 磷酸戊糖途径　E. 糖异生

116. 磷酸戊糖途径的主要生理意义在于
A. 提供能量　B. 将 $NADP^+$ 还原成 NADPH　C. 生成磷酸丙糖
D. 糖代谢的枢纽　E. 为氨基酸合成提供原料

117. 食用新鲜蚕豆发生溶血性黄疸患者缺陷的酶是
A. 3-磷酸甘油醛脱氢酶　B. 异柠檬酸脱氢酶　C. 琥珀酸脱氢酶
D. 6-磷酸葡萄糖脱氢酶　E. 6-磷酸葡萄糖酸脱氢酶

118. 磷酸戊糖途径的主要产物之一是
A. ATP　B. FMN　C. NADPH
D. cAMP　E. CoQ

二、糖原合成与分解、糖异生（执业医师及助理医师均需掌握）

119. 下列有关糖异生的叙述，正确的是
A. 原料为甘油、脂肪酸、氨基酸等　B. 主要发生在肝、肾、肌肉　C. 糖酵解的逆过程
D. 不利于乳酸的利用　E. 需要克服 3 个能障

120. 长期饥饿，糖异生的生理意义之一是
A. 有利于脂肪合成　B. 有利于补充血糖　C. 有利于排钠补钾
D. 有利于脂酸合成　E. 有利于必需氨基酸合成

121. 不能补充血糖的生化过程是
A. 食物中糖类的消化吸收　B. 肌糖原分解　C. 糖异生
D. 肝糖原分解　E. 葡萄糖在肾小管的重吸收

A. 果糖二磷酸酶-1　B. 6-磷酸果糖激酶-1　C. HMG-CoA 还原酶
D. 磷酸化酶　E. HMG-CoA 合成酶

122. 糖酵解途径中的关键酶是
123. 糖原分解途径中的关键酶是
124. 糖异生途径中的关键酶是
125. 参与酮体和胆固醇合成的酶是
126. 胆固醇合成途径中的关键酶是

A. 6-磷酸葡萄糖脱氢酶　B. 苹果酸脱氢酶　C. 丙酮酸脱氢酶
D. NADH 脱氢酶　E. 葡糖-6-磷酸酶

127. 属呼吸链中的酶是
128. 属三羧酸循环中的酶是
129. 属磷酸戊糖途径中的酶是
130. 属糖异生途径中的酶是

A. FAD　B. ADP　C. NADH
D. NADPH　E. UTP

131. 属于核黄素活性形式的物质是

132. 直接参与糖原合成的核苷酸是
A. 葡萄糖　B. 果糖-1-磷酸　C. 果糖-6-磷酸
D. 葡糖-1-磷酸　E. 葡糖-6-磷酸

133. 糖原分解首先生成的物质是

134. 糖原合成过程中,直接生成时需要消耗能量的物质是

135. 持续剧烈运动后糖异生的主要原料是
A. 鸟氨酸　B. 苹果酸　C. 柠檬酸
D. 乳酸　E. 丙氨酸

136. 甘油异生成糖时最主要的中间产物是
A. 柠檬酸　B. 脂肪酸　C. 乙酰乙酸
D. 草酰乙酸　E. 磷酸二羟丙酮

137. 催化水解产物为葡萄糖的酶是
A. 葡糖-6-磷酸脱氢酶　B. 苹果酸脱氢酶　C. 丙酮酸脱氢酶
D. NADH 脱氢酶　E. 葡糖-6-磷酸酶

138. 乳酸循环所需的 NADH 主要来自
A. 三羧酸循环过程中产生的 NADH
B. 脂酸 β-氧化过程中产生的 NADH
C. 糖酵解过程中 3-磷酸甘油醛脱氢产生的 NADH
D. 磷酸戊糖途径产生的 NADPH 经转氢产生的 NADH
E. 谷氨酸脱氢产生的 NADH

三、血糖及调节(执业医师及助理医师均需掌握)

139. 下述为血糖的主要去路,例外的是
A. 在细胞内氧化分解供能　B. 转变为非必需氨基酸、甘油三酯等非糖物质
C. 转变为糖皮质激素　D. 转变成其他单糖及衍生物
E. 在肝、肌肉等组织中合成糖原

140. 低血糖出现交感神经兴奋症状是由于释放了大量的
A. 肾上腺素　B. 糖皮质激素　C. 胰高血糖素
D. 血管加压素　E. 生长激素

第 5 章　生物氧化

一、氧化磷酸化(执业医师及助理医师均需掌握)

141. 通常生物氧化是指生物体内
A. 脱氢反应　B. 营养物氧化成 H_2O 和 CO_2 的过程
C. 加氧反应　D. 与氧分子结合的反应　E. 释出电子的反应

142. NADH 呼吸链组分的排列顺序为
A. NADH→FAD→CoQ→Cyt→O_2　B. NADH→FMN→CoQ→Cyt→O_2　C. NADH→CoQ→FMN→Cyt→O_2
D. FAD→ NADH→CoQ→Cyt→O_2　E. CoQ→NADH→FMN→Cyt→O_2

143. 琥珀酸氧化呼吸链不含有的组分是
A. Cyt b　B. CoQ　C. FMN

D. Cyt c_1　　E. Cyt c

144. 呼吸链中的递氢体是

A. 铁硫蛋白　　B. 细胞色素 c　　C. 细胞色素 b

D. 细胞色素 aa_3　　E. 辅酶 Q

145. 体内细胞色素 c 直接参与的反应是

A. 生物氧化　　B. 脂肪酸合成　　C. 糖酵解

D. 肽键形成　　E. 叶酸还原

146. 呼吸链电子传递过程中可直接被磷酸化的物质是

A. CDP　　B. ADP　　C. GDP

D. TDP　　E. UDP

147. 可抑制细胞氧化磷酸化速率的物质是

A. 胰岛素　　B. 磷酸激酶　　C. 细胞色素 c

D. 磷酸戊糖　　E. 一氧化碳

A. 含有寡霉素敏感蛋白　　B. 具有 GTP 合酶活性　　C. 结合 GDP 后发生构象改变

D. 存在单加氧酶　　E. 存在 H^+通道

148. 线粒体内膜复合物 V 的 F_1

149. 线粒体内膜复合物 V 的 F_0

A. $NADP^+$　　B. ADP　　C. NADPH

D. UTP　　E. FAD

150. 相对浓度升高时可加速氧化磷酸化的物质是

151. 直接参与胆固醇生物合成的物质是

二、ATP 的生成与利用(执业医师及助理医师均需掌握)

A. 氧化与磷酸化的偶联　　B. CO 对电子传递的影响　　C. 能量的储存与利用

D. $2H^+$与 1/2 O_2 的结合　　E. 乳酸脱氢酶催化的反应

152. 与 ADP 和 ATP 相互转变相关的过程是

153. 与 ATP 生成有关的主要过程是

三、高能磷酸化合物(执业医师需掌握)

154. 不含高能磷酸键的化合物是

A. 1,3-二磷酸甘油酸　　B. 磷酸肌酸　　C. 腺苷三磷酸

D. 磷酸烯醇式丙酮酸　　E. 1,6-二磷酸果糖

第 6 章　脂质代谢

一、甘油三酯的分解代谢(执业医师及助理医师均需掌握)

155. 每克营养物质供能最高的是

A. 糖类　　B. 膳食纤维　　C. 蛋白质

D. 矿物质　　E. 脂类

156. 长期饥饿时体内能量的主要来源是

A. 泛酸　　B. 磷脂　　C. 葡萄糖

D. 胆固醇　　E. 甘油三酯

157. 下列激素可直接激活甘油三酯脂肪酶,例外的是
A. 肾上腺素 B. 胰高血糖素 C. 胰岛素
D. 去甲肾上腺素 E. 促肾上腺皮质激素
158. 脂肪动员的产物是
A. 甘油 B. 3-磷酸甘油 C. 3-磷酸甘油醛
D. 1,3-二磷酸甘油酸 E. 2,3-二磷酸甘油酸
159. 不属于体内脂质正常生理功能的是
A. 保持体温 B. 传递电子 C. 参与维生素吸收
D. 构成生物膜 E. 参与信息传递
160. 脂肪在体内氧化分解过程中的叙述,错误的是
A. β-氧化中的受体为 NAD^+ 和 FAD B. 含 16 个碳原子的软脂酸经过 8 次 β 氧化
C. 脂肪酰 CoA 需转运入线粒体 D. 脂肪酸首先要活化生成脂肪酰 CoA
E. β 氧化的 4 步反应为脱氢、加水、再脱氢和硫解

A. 丙酮酸羧化 B. 乙酰 CoA 缩合 C. 糖原分解
D. 黄嘌呤氧化 E. 糖原合成
161. 生成酮体的中间反应是
162. 三羧酸循环中草酰乙酸的来源是
A. 乙酰乙酰 CoA B. 丙二酰 CoA C. 琥珀酰 CoA
D. 丙酰 CoA E. HMG-CoA
163. 三羧酸循环的中间产物是
164. 水解脱去 CoA 生成酮体的物质是

165. 饥饿时能通过分解代谢产生酮体的物质是
A. 核苷酸 B. 脂肪酸 C. 氨基酸
D. 维生素 E. 葡萄糖
166. 肝在脂肪代谢中产生过多酮体主要是由于
A. 肝功能不好 B. 肝中脂肪代谢紊乱 C. 酮体是病理性代谢产物
D. 脂肪摄食过多 E. 糖的供应不足
167. 酮体利用时所需的辅助因子是
A. 维生素 B_1 B. $NADP^+$ C. 辅酶 A
D. 生物素 E. 维生素 B_6
168. 酮体不能在肝中氧化的主要原因是肝中缺乏
A. HMG-CoA 合成酶 B. HMG-CoA 裂解酶 C. HMG-CoA 还原酶
D. 琥珀酰 CoA 转硫酶 E. β-羟丁酸脱氢酶
169. 糖尿病酮症酸中毒患者的呼出气常呈“烂苹果味”,其气味来源是
A. 乙酰乙酸 B. β-羟丁酸 C. 丙酮酸
D. 丙酮 E. 乳酸

二、甘油三酯的合成代谢(执业医师及助理医师均需掌握)

170. 甘油三酯合成的基本原料是
A. 胆固醇酯 B. 鞘氨醇 C. 甘油
D. 胆固醇 E. 胆碱

171. 脂肪酸合成的原料乙酰 CoA 从线粒体转移到胞质的途径是
A. 三羧酸循环　B. 乳酸循环　C. 糖醛酸循环
D. 柠檬酸-丙酮酸循环　E. 丙氨酸-葡萄糖循环
172. 合成脂肪酸的乙酰 CoA 主要来自
A. 糖的分解代谢　B. 脂肪酸的分解代谢　C. 胆固醇的分解代谢
D. 生糖氨基酸的分解代谢　E. 生酮氨基酸的分解代谢
173. 体内甘油三酯的合成部位是
A. 脂肪细胞　B. 神经细胞　C. 肾细胞
D. 脾细胞　E. 乳腺细胞

A. 溶酶体　B. 内质网　C. 线粒体
D. 细胞液　E. 高尔基体
174. 糖异生和三羧酸循环共同的代谢场所是
175. 胆固醇合成和磷脂合成的共同代谢场所是

三、胆固醇代谢(执业医师及助理医师均需掌握)

A. 乙酰辅酶 A　B. 乙酰乙酰辅酶 A　C. 丙酰辅酶 A
D. 草酰乙酸　E. 葡萄糖
176. 体内合成胆固醇的主要原料是
177. 体内合成长链脂肪酸的主要原料是

178. 胆固醇合成的关键酶是
A. 柠檬酸裂解酶　B. HMG-CoA 合酶　C. HMG-CoA 裂解酶
D. HMG-CoA 还原酶　E. 鲨烯合酶
179. 胆固醇不能转变为
A. 维生素 D_3　B. 雄激素　C. 雌激素
D. 醛固酮　E. 胆色素

A. 胆汁　B. 胆固醇　C. 胆绿素
D. 血红素　E. 胆素
180. 在体内可转变生成胆汁酸的原料是
181. 在体内可转变生成胆色素的原料是

四、甘油磷脂代谢(执业医师需掌握)

182. 下列属于营养必需脂肪酸的是
A. 软脂酸　B. 亚麻酸　C. 硬脂酸
D. 油酸　E. 十二碳脂肪酸
183. 组成卵磷脂分子的成分有
A. 乙醇胺　B. 胆碱　C. 肌醇
D. 丝氨酸　E. 甘氨酸

五、血浆脂蛋白(执业医师及助理医师均需掌握)

A. IDL　B. VLDL　C. LDL
D. CM　E. HDL
184. 运输内源性甘油三酯的脂蛋白是

185. 可将肝外组织胆固醇转运至肝的主要脂蛋白是

186. 能激活血浆中 LCAT 的载脂蛋白是
A. apo AⅠ　B. apo AⅡ　C. apo B
D. apo C　E. apo D

187. 各型高脂蛋白血症中不增高的脂蛋白是
A. HDL　B. IDL　C. CM
D. VLDL　E. LDL

188. Ⅱa 型高脂蛋白血症患者,通过实验室血脂检查,其血脂变化应为
A. 甘油三酯↑↑↑、胆固醇↑　B. 胆固醇↑↑、甘油三酯↑↑　C. 胆固醇↑↑
D. 甘油三酯↑↑　E. 胆固醇↑↑、甘油三酯↑↑,且电泳出现宽 β 带

第 7 章　氨基酸代谢

一、蛋白质的生理功能及营养作用(执业医师及助理医师均需掌握)

189. 蛋白质的功能可完全由糖或脂类物质代替的是
A. 构成组织　B. 氧化供能　C. 调节作用
D. 免疫作用　E. 催化作用

190. 食物蛋白质的营养互补作用是
A. 蛋白质的营养价值与脂肪酸的作用互补　B. 营养必需氨基酸与营养必需微量元素的互补
C. 营养必需氨基酸之间的互相补充　D. 营养必需氨基酸与非必需氨基酸互补
E. 营养物质与非营养物质的互补

191. 王某,5 岁。偏食,瘦小。门诊就医诊断为营养不良。医师建议纠正饮食习惯,并嘱增加蛋白质膳食,其主要原因是蛋白质在体内可
A. 转变为糖,补充能量　B. 转变为脂肪,维持能量平衡　C. 直接氧化供能,维持能量平衡
D. 执行多种特殊生理功能　E. 补充多种氨基酸,维持互补作用,促进生长

192. 谷类和豆类食物的互补氨基酸是
A. 赖氨酸和酪氨酸　B. 赖氨酸和丙氨酸　C. 赖氨酸和甘氨酸
D. 赖氨酸和谷氨酸　E. 赖氨酸和色氨酸

二、氨基酸的一般代谢(执业医师及助理医师均需掌握)

193. 属于必需氨基酸的是
A. 丙氨酸　B. 丝氨酸　C. 天冬氨酸
D. 甲硫氨酸　E. 谷氨酸

194. 属于生酮兼生糖的氨基酸是
A. 亮氨酸　B. 苯丙氨酸　C. 赖氨酸
D. 精氨酸　E. 甲硫氨酸

195. α-酮酸可转变生成的物质是
A. CO_2 和 H_2O　B. 营养必需脂肪酸　C. 营养必需氨基酸
D. 维生素 E　E. 维生素 A

196. 磷酸吡哆醛作为辅酶参与的反应是
A. 过氧化反应　B. 转甲基反应　C. 酰基化反应

D. 磷酸化反应　　E. 转氨基反应

197. 参与联合脱氨基的酶是

A. NADH-泛醌还原酶　　B. HMG-CoA 还原酶　　C. 葡糖-6-磷酸酶

D. 谷氨酸脱氢酶　　E. 丙酮酸脱氢酶

198. 肌肉中最主要的脱氨基方式是

A. 嘌呤核苷酸循环　　B. 加水脱氨基作用　　C. 氨基转移作用

D. *D*-氨基酸氧化脱氨基作用　　E. *L*-谷氨酸氧化脱氨基作用

199. 与下列 α-氨基酸相应的 α-酮酸,何者是三羧酸循环的中间产物?

A. 丙氨酸　　B. 鸟氨酸　　C. 缬氨酸

D. 赖氨酸　　E. 谷氨酸

A. 丙酮酸　　B. 乙酰乙酸　　C. 丙二酸

D. 草酰乙酸　　E. α-酮戊二酸

200. 可以直接转变为谷氨酸钠的物质是

201. 属于酮体的物质是

202. 氨在血中主要是以下列哪种形式运输的?

A. 谷氨酸　　B. 天冬氨酸　　C. 谷氨酰胺

D. 天冬酰胺　　E. 谷胱甘肽

203. 脑中氨的主要去路是

A. 扩散入血　　B. 合成尿素　　C. 合成嘌呤

D. 合成氨基酸　　E. 合成谷氨酰胺

204. NH_3 生成尿素通过

A. 柠檬酸循环　　B. 嘌呤循环　　C. 鸟氨酸循环

D. 丙酮酸循环　　E. 核苷酸循环

205. 人体内合成尿素的主要脏器是

A. 脑　　B. 肌组织　　C. 肾

D. 肝　　E. 心

206. 尿素在肝的合成部位是

A. 胞质和微粒体　　B. 胞质和线粒体　　C. 线粒体和微粒体

D. 微粒体和高尔基体　　E. 胞质和高尔基体

207. 下列关于鸟氨酸循环的叙述,正确的是

A. 鸟氨酸循环直接从鸟氨酸与氨结合生成瓜氨酸开始

B. 鸟氨酸循环从氨基甲酰磷酸合成开始　　C. 每经历一次鸟氨酸循环消耗 1 分子氨

D. 每经历一次鸟氨酸循环消耗 2 分子 ATP　　E. 鸟氨酸循环主要在肝细胞微粒体中进行

208. 引起血氨浓度升高的最主要原因是

A. 肠道氨吸收增加　　B. 蛋白质摄入不足　　C. 肝功能严重受损

D. 肾衰竭　　E. 脑组织供能不足

三、个别氨基酸代谢(执业医师及助理医师均需掌握)

209. 经代谢转变生成牛磺酸的氨基酸是

A. 半胱氨酸　　B. 甲硫氨酸　　C. 苏氨酸

D. 赖氨酸　　E. 缬氨酸

210. 一碳单位代谢的辅酶是
A. 叶酸　B. 二氢叶酸　C. 四氢叶酸
D. NADPH　E. NADH

211. 属于酪氨酸衍生物的物质是
A. 组胺　B. 精胺　C. 腐胺
D. 5-羟色胺　E. 多巴胺

212. 下列氨基酸中哪一种不能提供一碳单位?
A. 甘氨酸　B. 丝氨酸　C. 组氨酸
D. 色氨酸　E. 酪氨酸

213. 补充酪氨酸可“节省”体内的
A. 苯丙氨酸　B. 组氨酸　C. 蛋氨酸(甲硫氨酸)
D. 赖氨酸　E. 亮氨酸

214. 下列氨基酸中能转化生成儿茶酚胺的是
A. 天冬氨酸　B. 色氨酸　C. 酪氨酸
D. 脯氨酸　E. 蛋氨酸(甲硫氨酸)

215. 白化病患者体内缺乏的酶是
A. 酪氨酸酶　B. 丙氨酸转氨酶　C. 谷氨酸脱羧酶
D. 乳酸脱氢酶　E. 硫酸基转移酶

216. 下列氨基酸在体内可以转化为γ-氨基丁酸(GABA)的是
A. 谷氨酸　B. 天冬氨酸　C. 苏氨酸
D. 色氨酸　E. 蛋氨酸(甲硫氨酸)

A. 天冬酰胺　B. 谷氨酸　C. 谷氨酰胺
D. 酪氨酸　E. 精氨酸

217. 丙氨酸氨基转移酶和天冬氨酸氨基转移酶的共同底物是

218. 可转变为黑色素的物质是

第8章　核苷酸代谢

一、核苷酸分解代谢(执业医师及助理医师均需掌握)

219. 男,51岁。近3年来出现关节炎症状和尿路结石,进食肉类食物时,病情加重。该患者发生的疾病涉及的代谢途径是
A. 糖代谢　B. 脂代谢　C. 嘌呤核苷酸代谢
D. 核苷酸代谢　E. 氨基酸代谢

220. 与体内尿酸堆积相关的酶是
A. 酰胺转移酶　B. 四氢叶酸还原酶　C. 转甲酰基酶
D. 黄嘌呤氧化酶　E. 磷酸核糖焦磷酸合成酶

221. 体内嘌呤核苷酸的分解代谢终产物是
A. 尿素　B. NH_3　C. β-丙氨酸
D. β-氨基异丁酸　E. 尿酸

222. 可分解产生尿酸的物质是
A. β-丙氨酸　B. 鸟嘌呤　C. 阿糖胞苷

D. 胞嘧啶　　E. 乳清酸

223. 下列物质含量异常可作为痛风诊断指征的是
A. 嘧啶　　B. 嘌呤　　C. β-氨基异丁酸
D. 尿酸　　E. β-丙氨酸

二、核苷酸合成原料及抗代谢物(执业医师需掌握)

224. 与抗代谢药 5-FU 化学结构相似的物质是
A. 腺嘌呤　　B. 鸟嘌呤　　C. 胸腺嘧啶
D. 尿嘧啶　　E. 胞嘧啶

225. 嘌呤从头合成的氨基酸有
A. 鸟氨酸　　B. 谷氨酸　　C. 天冬酰胺
D. 天冬氨酸　　E. 丙氨酸

226. 合成嘌呤、嘧啶的共同原料是
A. 甘氨酸　　B. 天冬酰胺　　C. 谷氨酸
D. 天冬氨酸　　E. 氨基甲酰磷酸

227. 在体内能分解生成 β-氨基异丁酸的是
A. AMP　　B. GMP　　C. CMP
D. UMP　　E. TMP

228. 氮杂丝氨酸干扰核苷酸合成是因为它的结构类似于
A. 丝氨酸　　B. 甘氨酸　　C. 天冬氨酸
D. 天冬酰胺　　E. 谷氨酰胺

A. 6-巯基嘌呤　　B. 甲氨蝶呤　　C. 链霉素
D. 别嘌呤醇　　E. 阿糖胞苷

229. 干扰 dUMP 转变生成 dTMP 的是
230. 抑制黄嘌呤氧化酶的是

第 9 章　遗传信息的传递

(执业医师需掌握)

231. 合成 DNA 的原料是
A. dAMP、dGMP、dCMP、dTMP　　B. dADP、dGDP、dCDP、dTDP　　C. dATP、dGTP、dCTP、dTTP
D. AMP、GMP、CMP、TMP　　E. ADP、GDP、CDP、TDP

232. 关于 DNA 聚合酶的叙述,错误的是
A. 需模板 DNA　　B. 需引物 RNA　　C. 合成方向为 5′→3′
D. 以 NTP 为原料　　E. 具有 3′→5′外切酶活性

233. DNA 复制时,以 5′-TAGA-3′为模板,合成产物的互补结构为
A. 5′-TCTA-3′　　B. 5′-TAGA-3′　　C. 5′-ATCT-3′
D. 5′-AUCU-3′　　E. 5′-UCUA-3′

234. 下列复制起始相关蛋白质中,具有合成 RNA 引物作用的是
A. DnaA　　B. DnaB　　C. DnaC
D. DnaG　　E. SSB

235. 在 DNA 复制中 RNA 引物的作用是

A. 使 DNA 聚合酶活化并使 DNA 双链解开
B. 提供 5′-端作为合成新 DNA 链的起点
C. 提供 5′-端作为合成新 RNA 链的起点
D. 提供 3′-OH 末端作为合成新 DNA 链的起点
E. 提供 3′-OH 末端作为合成新 RNA 链的起点

236. 以下哪项代谢过程需要以 RNA 为引物?
A. 体内 DNA 复制
B. 转录
C. RNA 转录
D. 翻译
E. 反转录

237. 冈崎片段是指
A. 复制起始时,RNA 聚合酶合成的片段
B. 两个复制起始点之间的 DNA 片段
C. DNA 半不连续复制时出现的 DNA 片段
D. DNA 连续复制时出现的 DNA 片段
E. *E.coli* 复制起始点 oriC 的跨度为 245bp 的片段

238. DNA 复制的特点是
A. 单向复制
B. 连续复制
C. 全保留复制
D. 有特定起点
E. 由遗传密码控制

239. 下列关于真核生物 DNA 复制特点的描述,错误的是
A. RNA 引物较小
B. 冈崎片段较短
C. 片段连接时由 ATP 供给能量
D. 在复制单位中,DNA 链的延长速度较慢
E. 仅有一个复制起点

240. 能以 RNA 为模板催化合成与 RNA 互补的 DNA(cDNA)的酶称为
A. DNA 聚合酶Ⅰ
B. DNA 聚合酶Ⅱ
C. DNA 聚合酶Ⅲ
D. RNA 聚合酶
E. 反转录酶

241. 紫外线对 DNA 的损伤主要是引起
A. 碱基缺失
B. 碱基插入
C. 碱基置换
D. 嘧啶二聚体形成
E. 磷酸二酯键断裂

242. 涉及核苷酸数目变化的 DNA 损伤形式是
A. DNA(单链)断裂
B. 链间交联
C. 链内交联
D. 插入突变
E. 置换突变

A. 插入
B. 缺失
C. 点突变
D. 双链断裂
E. 倒位或转位

243. 镰状红细胞贫血症患者血红蛋白的基因突变类型是
244. 需要通过重组修复的 DNA 损伤类型是

245. 关于真核生物 RNA 聚合酶的叙述,正确的是
A. 真核生物 RNA 聚合酶有 3 种
B. 由 5 个亚基组成的复合物
C. 全酶中包括一个 δ 因子
D. 全酶中包括两个 β 因子
E. 全酶中包括一个 α 因子

246. 真核生物中,催化转录产物为 hnRNA 的 RNA 聚合酶是
A. RNA 聚合酶核心酶
B. RNA 聚合酶Ⅰ
C. RNA 聚合酶Ⅱ
D. RNA 聚合酶Ⅲ
E. RNA 聚合酶 β 亚基

A. α 亚基
B. σ 因子
C. β 亚基
D. β′ 亚基
E. ρ 因子

247. 原核生物中,RNA 聚合酶识别转录起始点的亚基是
248. 原核生物中,RNA 聚合酶决定转录基因类型的亚基是
249. 原核生物中,RNA 聚合酶与 DNA 模板结合的亚基是

250. 原核生物的 mRNA 转录终止需要下列哪种因子?
A. 释放因子 B. Rho 因子 C. 信号肽
D. σ 因子 E. DnaB
251. 真核生物转录生成的 mRNA 前体的加工过程不包括
A. 5′-端加帽 B. 3′-端加多聚腺苷酸尾 C. 甲基化修饰
D. 磷酸化修饰 E. 剪接去除内含子并连接外显子
252. 成熟 mRNA 的前体是
A. rRNA B. tRNA C. hnRNA
D. 核内小 RNA E. 核仁小 RNA
253. 遗传密码的简并性是指
A. 甲硫氨酸密码可作起始密码 B. 一个密码子可代表多个氨基酸
C. 多个密码子可代表同一氨基酸 D. 密码子与反密码之间不严格配对
E. 所有生物可使用同一套密码
254. 蛋白质合成的直接模板是
A. DNA B. mRNA C. tRNA
D. rRNA E. hnRNA
255. 与 tRNA 反密码子 CAG 配对的 mRNA 密码子是
A. GUC B. CUG C. CTG
D. GTC E. GAC
256. 下列关于核糖体组成和功能的叙述,正确的是
A. 只含有 rRNA B. 有转运氨基酸的作用 C. 由 tRNA 和蛋白质组成
D. 遗传密码的携带者 E. 蛋白质合成的场所
257. 氨基酸与 tRNA 的特异性结合取决于
A. 氨基酸密码 B. tRNA 中的反密码子 C. tRNA 中的氨基酸臂
D. tRNA 中的 TψC 环 E. 氨基酰-tRNA 合成酶
258. 蛋白质生物合成的起始复合物中不包含
A. mRNA B. DNA C. 核蛋白体小亚基
D. 核蛋白体大亚基 E. 氨基酰-tRNA

A. RNA 聚合酶 B. 转肽酶 C. 引物酶
D. 逆转录酶 E. DNA 聚合酶
259. 参与蛋白质合成的酶是
260. 参与合成 cDNA 的酶是
A. DNA 聚合酶 B. 核酸内切酶 C. 引物酶
D. DNA 连接酶 E. RNA 聚合酶
261. 参与转录过程的酶是
262. 仅在复制过程中合成短链 RNA 分子的酶是
263. 直接影响基因转录的蛋白质是
A. 白蛋白 B. 脂蛋白 C. 组蛋白
D. 载脂蛋白 E. 血红蛋白
264. 下列氨基酸中未经化学修饰的是
A. 羟赖氨酸 B. 羟脯氨酸 C. 磷酸丝氨酸

D. 胱氨酸 E. 甲硫氨酸

265. 蛋白质合成后经化学修饰的氨基酸是
A. 半胱氨酸 B. 羟脯氨酸 C. 甲硫氨酸(蛋氨酸)
D. 丝氨酸 E. 酪氨酸

266. 能与原核生物核蛋白体小亚基结合,改变其构象,引起读码错误的抗生素是
A. 红霉素 B. 氯霉素 C. 链霉素
D. 嘌呤霉素 E. 放线菌酮

A. 链霉素 B. 氯霉素 C. 林可霉素
D. 嘌呤霉素 E. 白喉毒素

267. 对真核生物及原核生物的蛋白质合成都有抑制作用的是
268. 主要抑制哺乳动物蛋白质合成的是

269. 细菌经紫外线照射会发生 DNA 损伤,为修复这种损伤,细菌合成 DNA 修复酶的基因表达增强,这种现象称为
A. DNA 损伤 B. DNA 修复 C. DNA 表达
D. 诱导 E. 阻遏

270. 有些基因在一个生物个体的几乎所有细胞中持续表达,这类基因称为
A. 可诱导基因 B. 可阻遏基因 C. 操纵基因
D. 启动基因 E. 管家基因

271. 基因表达调控主要是指
A. DNA 复制上的调控 B. 转录后的修饰 C. 逆转录的调控
D. 蛋白质折叠的形成 E. 转录的调控

272. DNA 分子上能被 RNA 聚合酶特异结合的部位叫作
A. 外显子 B. 增强子 C. 密码子
D. 终止子 E. 启动子

273. 原核生物基因表达调控的基本结构单元是
A. 密码子 B. 启动子 C. 增强子
D. 沉默子 E. 操纵子

274. 一个操纵子通常含有
A. 一个启动序列和一个编码基因 B. 一个启动序列和数个编码基因
C. 数个启动序列和一个编码基因 D. 数个启动序列和数个编码基因
E. 两个启动序列和数个编码基因

275. 乳糖操纵子中的 I 基因编码产物是
A. β-半乳糖苷酶 B. 透酶 C. 乙酰基转移酶
D. 一种激活蛋白 E. 一种阻遏蛋白

276. 属于顺式作用元件的是
A. 转录抑制因子 B. 转录激活因子 C. σ 因子
D. ρ 因子 E. 增强子

277. 反式作用因子的确切定义是指
A. 调控任意基因转录的某一基因编码蛋白质 B. 调控另一基因转录的某一基因编码蛋白质
C. 具有转录调节功能的各种蛋白质因子 D. 具有翻译调节功能的各种蛋白质因子
E. 具有基因表达调控功能的各种核因子

A. 密码子　　B. 增强子　　C. 启动子
D. 沉默子　　E. 反密码子

278. 结合转录调节因子并抑制基因表达的序列是
279. RNA 聚合酶在转录起始时结合的序列是

280. 在 DNA 重组实验中,使用 DNA 连接酶的目的是
A. 使 DNA 片段与载体结合　　B. 鉴定重组 DNA 片段　　C. 催化质粒与噬菌体的连接
D. 获得较小的 DNA 片段　　E. 扩增特定 DNA 序列

281. 下列 DNA 中,一般不用作克隆载体的是
A. 质粒 DNA　　B. 大肠埃希菌 DNA　　C. 病毒 DNA
D. 噬菌体 DNA　　E. 酵母人工染色体

282. 现在医学科学工作者通过获得大量特异 DNA 片段,结合适当的分析技术即可鉴定基因缺陷。当前临床或研究室获得大量特异性 DNA 片段最流行的方法是
A. 化学合成　　B. DNA 合成仪合成　　C. 从外周血细胞大量制备
D. 基因克隆　　E. 聚合酶链反应

283. 关于重组 DNA 技术的叙述,错误的是
A. 质粒、噬菌体可作为载体　　B. 限制性内切酶是主要工具酶之一
C. 重组 DNA 由载体 DNA 和目标 DNA 组成　　D. 重组 DNA 分子经转化或转染可进入宿主细胞
E. 进入细胞内的重组 DNA 均可表达目标蛋白

284. 下列关于 cDNA 的叙述,正确的是
A. 与模板链互补的 DNA　　B. 与编码链互补的 DNA　　C. 与任一 DNA 单链互补的 DNA
D. 与 RNA 互补的 DNA　　E. 指 RNA 病毒

第 10 章　癌基因与抑癌基因

(执业医师需掌握)

285. 下列有关病毒癌基因概念的叙述,正确的是
A. 表达产物可抑制细胞恶性变　　B. 亦称为原癌基因　　C. 存在于正常细胞
D. 具有致宿主细胞恶变能力　　E. 表达产物为宿主活动所必需

286. 关于病毒癌基因论述,正确的是
A. 主要存在于前病毒中　　B. 在体外不能引起细胞转化　　C. 又称原癌基因
D. 可直接合成蛋白质　　E. 感染宿主细胞能随机整合于宿主细胞基因组

287. 关于抑癌基因的正确叙述是
A. 其产物具有抑制细胞增殖的作用　　B. 与癌基因的表达无关
C. 肿瘤细胞出现时才表达　　D. 不存在于人类正常细胞中
E. 缺失与细胞的增殖和分化有关

288. 属于抑癌基因的是
A. *RB*　　B. *RAS*　　C. *MYC*
D. *ALK*　　E. *SIS*

第 11 章　细胞信号转导

（执业医师需掌握）

289. 可以激活蛋白激酶 A 的是
A. IP_3　B. DAG　C. cAMP
D. cGMP　E. PIP_3

290. cAMP 能别构激活下列哪种酶?
A. 磷脂酶 A　B. 蛋白激酶 A　C. 蛋白激酶 C
D. 蛋白激酶 G　E. 酪氨酸蛋白激酶

291. 依赖 cAMP 的蛋白激酶是
A. 受体型 PTK　B. 非受体型 PTK　C. PKC
D. PKA　E. PKG

292. 下列具有受体酪氨酸蛋白激酶活性的是
A. 甲状腺激素受体　B. 雄激素受体　C. 乙酰胆碱受体
D. 表皮生长因子受体　E. 肾上腺素受体

293. 激活的 PKC 能磷酸化的氨基酸残基是
A. 酪氨酸/丝氨酸　B. 酪氨酸/苏氨酸　C. 丝氨酸/苏氨酸
D. 丝氨酸/组氨酸　E. 苏氨酸/组氨酸

294. G 蛋白是指
A. 蛋白激酶 A　B. 鸟苷酸环化酶　C. 蛋白激酶 G
D. Grb 2 结合蛋白　E. 鸟苷酸结合蛋白

295. 能直接影响细胞内 cAMP 含量的酶是
A. 磷脂酶　B. 蛋白激酶 A　C. 腺苷酸环化酶
D. 蛋白激酶 C　E. 酪氨酸蛋白激酶

296. 下列属于细胞内信号分子的是
A. 胰岛素　B. 甲状腺激素　C. 肾上腺素
D. 甘油二酯　E. 类固醇激素

297. 生长因子作用的直接靶点是
A. 血液中的各种激素　B. 进入体内的致病菌　C. 细胞分裂时的染色体
D. 细胞膜表面的相应受体　E. 代谢途径中的关键酶

第 12 章　血液与肝的生物化学

一、血液的生物化学（执业医师需掌握）

298. 以醋酸纤维素薄膜作支持物进行血清蛋白质电泳的缓冲液常用的 pH 为
A. 3.5　B. 5.5　C. 6.5
D. 7.5　E. 8.6

299. 在血浆蛋白电泳中，泳动最慢的蛋白质是
A. 清蛋白　B. α_1 球蛋白　C. α_2 球蛋白
D. β 球蛋白　E. γ 球蛋白

300. 血浆蛋白质中含量最多的是

A. 清蛋白　　B. α_1 球蛋白　　C. α_2 球蛋白

D. β 球蛋白　　E. γ 球蛋白

A. 免疫球蛋白　　B. 肌红蛋白　　C. 脂蛋白

D. 铜蓝蛋白　　E. 清(白)蛋白

301. 具有氧化酶活性的是

302. 转运游离脂肪酸的是

二、红细胞代谢(执业医师需掌握)

303. 合成血红素的原料是

A. 乙酰 CoA、甘氨酸、Fe^{2+}　　B. 琥珀酰 CoA、甘氨酸、Fe^{2+}　　C. 乙酰 CoA、组氨酸、Fe^{2+}

D. 丙氨酰 CoA、组氨酸、Fe^{2+}　　E. 草酰 CoA、丙氨酸、Fe^{2+}

304. 合成血红素的关键酶是

A. ALA 合酶　　B. 葡萄糖激酶　　C. 丙酮酸激酶

D. HMG-CoA 裂解酶　　E. 异柠檬酸脱氢酶

305. 下列关于血红蛋白合成的叙述,正确的是

A. 以甘氨酸、天冬氨酸为原料　　B. 只有成熟红细胞才能进行

C. 与珠蛋白合成无关　　D. 受肾分泌的促红细胞生成素调节

E. 合成全过程仅受 ALA 合酶的调节

三、生物转化(执业医师及助理医师均需掌握)

306. 机体可以降低外源性毒物毒性的反应是

A. 肝生物转化　　B. 肌糖原磷酸化　　C. 三羧酸循环

D. 乳酸循环　　E. 甘油三酯分解

307. 生物转化后的生成物普遍具有的性质是

A. 毒性降低　　B. 毒性升高　　C. 极性降低

D. 极性升高　　E. 极性不变

308. 发生在肝生物转化第二阶段的反应是

A. 葡糖醛酸结合反应　　B. 氧化反应　　C. 还原反应

D. 水解反应　　E. 脂化反应

309. 下列不参与肝生物转化第二相反应的酶是

A. 硫酸基转移酶　　B. 甲基转移酶　　C. 肽基转移酶

D. 葡糖醛酸基转移酶　　E. 谷胱甘肽-S-转移酶

310. 有关生物转化作用的描述,错误的是

A. 有些物质经过生物转化毒性增强　　B. 肝是进行生物转化最重要的器官

C. 使非极性物质的极性增强　　D. 作用的实质是裂解生物活性物质

E. 使疏水性物质水溶性增加

四、胆汁与胆汁酸代谢(执业医师需掌握)

311. 胆汁中含量最多的有机成分是

A. 胆色素　　B. 胆汁酸　　C. 胆固醇

D. 磷脂　　E. 黏蛋白

312. 属于次级非结合胆汁酸的是

A. 甘氨胆酸　　B. 牛磺胆酸　　C. 鹅脱氧胆酸
D. 牛磺鹅脱氧胆酸　　E. 石胆酸

313. 胆汁酸合成的限速酶是
A. HMG-CoA 还原酶　　B. 鹅脱氧胆酰 CoA 合成酶　　C. 胆固醇 7α-羟化酶
D. 胆酰 CoA 合成酶　　E. 7α-羟胆固醇氧化酶

314. 正常情况下，适度升高血胆汁酸浓度的结果是
A. 红细胞生成胆红素减少　　B. 胆固醇 7α-羟化酶合成抑制　　C. 血中磷脂含量升高
D. 脂酸生成酮体加快　　E. 甘油三酯合成增加

五、胆红素代谢（执业医师及助理医师均需掌握）

315. 下列关于胆色素的叙述，正确的是
A. 可以转变成细胞色素 c　　B. 在血中主要与球蛋白结合而运输
C. 胆汁酸为其代谢终产物　　D. 为铁卟啉化合物的分解代谢产物
E. 以血红素为主要成分

316. 属于血红蛋白直接分解产物的物质是
A. 胆红素　　B. 血栓素　　C. 细胞色素 c
D. 血红素　　E. 胆素原

317. 能够诱导 UDP-葡糖醛酸转移酶的合成从而减轻黄疸的药物是
A. 苯巴比妥　　B. 磺胺嘧啶　　C. 青霉素
D. 氢氯噻嗪　　E. 阿司匹林

318. 下列关于游离胆红素的叙述，正确的是
A. 胆红素与葡糖醛酸结合　　B. 水溶性较大　　C. 易透过生物膜
D. 可通过肾脏随尿排出　　E. 与重氮试剂呈直接反应

319. 有关肝细胞性黄疸患者血尿中胆红素变化的描述，错误的是
A. 血清间接胆红素含量升高　　B. 血清总胆红素含量升高　　C. 血清直接胆红素含量升高
D. 尿胆红素阴性　　E. 直接胆红素含量低于间接胆红素

320. 完全性梗阻性黄疸时，正确的是
A. 尿胆原(－)，尿胆红素(－)　　B. 尿胆原(＋)，尿胆红素(－)　　C. 尿胆原(－)，尿胆红素(＋)
D. 尿胆原(＋)，尿胆红素(＋)　　E. 粪胆素(＋)

A. 尿含铁血黄素阳性　　B. 血直接、间接胆红素均升高，尿胆原阳性
C. 尿胆原弱阳性，尿胆红素阴性　　D. 血间接胆红素升高，直接胆红素正常
E. 血直接胆红素升高，尿胆原阴性

321. 与肝细胞性黄疸检查结果符合的是
322. 与梗阻性黄疸检查结果符合的是

第13章　维生素

（执业医师及助理医师均需掌握）

A. 脚气病　　B. 佝偻病　　C. 坏血病
D. 克汀病　　E. 夜盲症

323. 维生素 B_1 缺乏可引起
324. 维生素 C 缺乏可引起

325. 下列关于维生素 D 的叙述,错误的是
A. 维生素 D 的活性形式是 $1,24\text{-}(OH)_2\text{-}D_3$
B. 维生素 D 为类固醇衍生物
C. 活性维生素 D 可促进小肠对钙、磷的吸收
D. 缺乏维生素 D 的成人易发生骨软化症
E. 维生素 D 的羟化作用主要在肝、肾中进行

326. 摄入过多容易引起中毒的是
A. 维生素 B_1
B. 维生素 B_2
C. 维生素 D
D. 维生素 B_{12}
E. 维生素 C

327. 夜盲是因为缺乏
A. 维生素 A
B. 维生素 B
C. 维生素 C
D. 维生素 D
E. 维生素 E

328. 大多数脱氢酶的辅酶是
A. NAD^+
B. $NADP^+$
C. CoA
D. Cyt c
E. $FADH_2$

329. 参与构成视觉细胞内感光物质的维生素是
A. 维生素 A
B. 维生素 B_2
C. 维生素 C
D. 维生素 D
E. 维生素 E

330. 某人患有脚气病,可能是由于缺乏
A. 叶酸
B. 硫胺素(维生素 B_1)
C. 维生素 D
D. 维生素 A
E. 核黄素

331. 缺乏时会导致眼暗适应能力减弱的是
A. 维生素 A
B. 维生素 C
C. 维生素 D
D. 维生素 E
E. 维生素 K

第三篇 生理学

第1章 绪 论

(执业医师及助理医师均需掌握)

1. 下列神经反射活动中,存在正反馈调节的是
A. 排尿反射
B. 压力感受性反射
C. 肺牵张反射
D. 屈肌反射
E. 甲状腺功能亢进时 TSH 分泌减少

第2章 细胞的基本功能

一、物质的跨膜转运(执业医师及助理医师均需掌握)

2. Na^+通过离子通道的跨膜转运过程属于
A. 单纯扩散
B. 易化扩散
C. 主动转运
D. 出胞作用
E. 入胞作用

3. 关于 Na^+泵生理作用的描述,不正确的是
A. Na^+泵活动使膜内外 Na^+、K^+呈均匀分布
B. 将 Na^+移出膜外,将 K^+移入膜内
C. 建立势能储备,为某些营养物质吸收创造条件
D. 维持胞内渗透压和细胞容积
E. 细胞内高 K^+保证许多细胞代谢反应进行

4. 有关钠泵的叙述,错误的是
A. 是细胞膜上的镶嵌蛋白质
B. 具有 ATP 酶的活性
C. 是逆浓度梯度或电位梯度转移
D. 当细胞外钠离子浓度增多时被激活
E. 当细胞外钾离子浓度增多时被激活

5. 由载体介导的易化扩散发生饱和现象的机制是
A. 跨膜浓度梯度降低
B. 载体特异性较差
C. 跨膜电位梯度降低
D. 物质转运能量不足
E. 载体转运达极限

6. 形成 Na^+、K^+在细胞内外不均衡分布的原因是
A. 安静时 K^+比 Na^+更易透过细胞膜
B. 兴奋时 Na^+比 K^+更易透过细胞膜
C. K^+的不断外流和 Na^+的不断内流
D. 膜上载体和通道蛋白的共同作用
E. 膜上 Na^+-K^+依赖式 ATP 酶的活动

7. 神经末梢释放神经递质的方式是
A. 单纯扩散
B. 经通道易化扩散
C. 经载体易化扩散
D. 主动转运
E. 出胞

8. 在继发性主动转运过程中,驱动小管液葡萄糖进入肾小管上皮细胞的直接动力是
A. 泵蛋白水解 ATP 释放的能量
B. 同向转运体水解 ATP 释放的能量
C. 膜内外两侧的电位差
D. 钠泵活动造成的膜两侧 Na^+浓度差

E. 由同向转入细胞的物质提供能量

二、细胞的电活动（执业医师及助理医师均需掌握）

9. 关于细胞静息电位的论述，不正确的是
A. 细胞膜处于极化状态
B. 静息电位主要是由 K^+内流形成的
C. 静息状态下，细胞膜对 K^+通透性增高
D. 细胞在静息状态时处于外正内负的状态
E. 静息电位与膜两侧 Na^+-K^+泵的活动有关

10. 静息电位接近于
A. 钠平衡电位
B. 钾平衡电位
C. 钠平衡电位与钾平衡电位之和
D. 钠平衡电位与钾平衡电位之差
E. 锋电位与超射之差

11. 当低温、缺氧或代谢障碍等因素影响 Na^+-K^+泵活动时，可使细胞的
A. 静息电位增大，动作电位幅度减小
B. 静息电位减小，动作电位幅度增大
C. 静息电位增大，动作电位幅度增大
D. 静息电位减小，动作电位幅度减小
E. 静息电位和动作电位幅度均不变

12. 细胞膜在静息情况下，对下列哪种离子的通透性最大
A. Na^+
B. K^+
C. Cl^-
D. Ca^{2+}
E. Mg^{2+}

13. 在神经纤维动作电位的去极相，通透性最大的离子是
A. Na^+
B. K^+
C. Cl^-
D. Ca^{2+}
E. Mg^{2+}

14. 根据 Nernst 公式，K^+平衡电位与细胞内、外 K^+浓度的比值有关。在实验中，改变细胞外液中哪一项因素不会对静息电位的大小产生影响？
A. K^+浓度
B. Cl^-浓度
C. 温度
D. pH
E. 缺氧

15. 神经细胞动作电位的幅度接近于
A. 钾离子平衡电位的绝对值
B. 钠离子平衡电位的绝对值
C. 静息电位绝对值与超射值之和
D. 静息电位绝对值与超射值之差
E. 超射值

16. 影响神经纤维动作电位幅度的主要因素是
A. 刺激强度
B. 刺激时间
C. 阈电位水平
D. 细胞内、外的 Na^+浓度差
E. 神经纤维的直径

17. 细胞静息电位为-90mV，当其受到刺激后变为-100mV 时的膜电位变化称为
A. 极化
B. 复极化
C. 超极化
D. 反极化
E. 去极化

18. 下列关于动作电位的传导特点，正确的是
A. 呈单向传导
B. 呈双向传导
C. 呈衰减性传导
D. 电位幅度越大，传导越远
E. 刺激越强，传导越远

19. 下列有关同一细胞兴奋传导的叙述，哪一项是错误的？
A. 动作电位可沿细胞膜传导到整个细胞
B. 动作电位的幅度随直径增加而降低
C. 有髓纤维的跳跃传导速度与直径成正比
D. 有髓纤维传导动作电位的速度比无髓纤维快
E. 传导方式是通过产生局部电流刺激未兴奋部位，使之出现动作电位

20. 组织细胞在绝对不应期时其兴奋性
A. 为零　B. 小于正常　C. 大于正常
D. 无限大　E. 正常
21. 兴奋性是指机体或组织对刺激
A. 发生应激的特性　B. 发生反应的特性　C. 产生适应的特性
D. 引起反射的特性　E. 引起内环境稳态的特性
22. 衡量组织兴奋性高低的指标是
A. 阈电位　B. 阈值　C. 刺激强度变化率
D. 反应的快慢　E. 动作电位的阈值
23. 用阈下刺激即可诱发心肌细胞产生期前收缩的兴奋性周期时相是
A. 绝对不应期　B. 相对不应期　C. 低常期
D. 局部反应期　E. 超常期
24. 神经细胞的阈电位是指细胞膜对
A. Cl^-通透性突然增大的临界膜电位值　B. K^+通透性突然增大的临界膜电位值
C. Mg^{2+}通透性突然增大的临界膜电位值　D. Na^+通透性突然增大的临界膜电位值
E. Ca^{2+}通透性突然增大的临界膜电位值

A. 静息电位　B. 后电位　C. 阈电位
D. 局部电位　E. 动作电位
25. 细胞在未受刺激时所具有稳定的细胞内外电位差的膜电位是
26. Na^+通道突然大量开放的临界膜电位是

三、骨骼肌细胞的收缩功能(执业医师及助理医师均需掌握)

27. 能引起骨骼肌神经-肌接头处产生终板电位的神经递质是
A. 肾上腺素　B. 谷氨酸　C. 多巴胺
D. 乙酰胆碱　E. 去甲肾上腺素
28. 在神经-骨骼肌接头处,消除乙酰胆碱的酶是
A. 腺苷酸环化酶　B. ATP 酶　C. 胆碱酯酶
D. 单胺氧化酶　E. Na^+-K^+依赖式 ATP 酶
29. 下列关于骨骼肌神经-肌接头处兴奋传递特点的描述,错误的是
A. 单向传递　B. 化学传递　C. 时间延搁
D. 易受药物的影响　E. 神经兴奋后肌肉不一定收缩
30. 骨骼肌兴奋-收缩耦联的耦联因子是
A. Na^+　B. IP_3　C. DG
D. Mg^{2+}　E. Ca^{2+}

第3章 血 液

一、血液的理化性质(执业医师及助理医师均需掌握)

31. 体重为60kg的患者体内血量约为
A. 3.0L　B. 4.4L　C. 5.0L
D. 6.0L　E. 9.0L

32. 最能反映血液中红细胞和血浆相对数量变化的是
A. 血液黏滞性　B. 血细胞比容　C. 血浆渗透压
D. 血液比重　E. 血红蛋白量
33. 血浆胶体渗透压主要来自
A. 纤维蛋白原　B. α_1-球蛋白　C. α_2-球蛋白
D. 白蛋白(清蛋白)　E. γ-球蛋白
34. 维持血浆 pH 值相对恒定最重要的缓冲对是
A. Na_2HPO_4/NaH_2PO_4　B. $NaHCO_3/H_2CO_3$　C. K_2HPO_4/KH_2PO_4
D. $KHCO_3/H_2CO_3$　E. 蛋白质钠盐/蛋白质

二、血细胞生理(执业医师及助理医师均需掌握)

35. 衰老红细胞难以通过微小血管和孔隙的主要原因是
A. 渗透脆性增加　B. 细胞体积增大　C. 悬浮稳定性下降
D. 血红蛋白减少　E. 变形能力减退
36. 红细胞生成的基本原料是
A. 铁、维生素 B_{12}　B. 叶酸、维生素 B_{12}　C. 蛋白质、叶酸
D. 蛋白质、维生素 B_{12}　E. 铁、蛋白质
37. 促红细胞生成素(EPO)的产生部位是
A. 肝　B. 肾　C. 脾
D. 骨髓　E. 血液
38. 促红细胞生成素的主要生理作用是促进红细胞增殖和分化,其主要靶细胞是
A. 造血干细胞　B. 幼红细胞　C. 网织红细胞
D. 早期红系祖细胞　E. 晚期红系祖细胞

A. 增快　B. 减慢　C. 在正常范围
D. 先不变后增快　E. 先不变后减慢
39. 将血沉快的人的红细胞放入血沉正常人的血浆中,红细胞的沉降率
40. 将血沉正常的人的红细胞放入血沉快的人的血浆中,红细胞的沉降率

A. 细胞外液　B. 细胞内液　C. 血浆
D. 血清　E. 组织液
41. 血液中除去血细胞的液体是
42. 血液凝固,血块收缩后析出的液体是

43. 血清和血浆的主要不同点是前者不含
A. 钙离子　B. 球蛋白　C. 白蛋白
D. 凝集素　E. 纤维蛋白原

三、血液凝固、抗凝与纤溶(执业医师需掌握)

A. 缺少凝血因子Ⅷ或Ⅸ　B. 缺少凝血因子Ⅱ和Ⅹ　C. 缺少凝血因子Ⅳ和Ⅶ
D. 缺少凝血因子Ⅲ和Ⅹ　D. 缺少凝血因子Ⅲ和Ⅴ
44. 血友病患者可能出现的凝血因子异常是
45. 肠切除术后肠瘘长期禁食患者可能出现的凝血因子异常是

46. 外源性凝血系统的作用起始于
A. 组织受伤释放组织因子Ⅲ　B. 凝血酶的形成　C. 第Ⅻ因子被激活

D. 血小板第 3 因子的释放　　E. 第 X 因子被激活

47. 能增强抗凝血酶抗凝作用的物质是

A. 肝素　　B. 蛋白质 C　　C. 凝血酶调制素
D. 组织因子途径抑制剂　　E. α_2-巨球蛋白

四、血型(执业医师及助理医师均需掌握)

48. 决定红细胞血型的物质是

A. 红细胞膜特异性凝集原　　B. 红细胞膜特异性受体　　C. 红细胞膜特异性凝集素
D. 血浆特异性凝集原　　E. 血浆特异性凝集素

49. 血清中只含有抗 B 凝集素的血型是

A. A 型　　B. B 型　　C. AB 型
D. O 型　　E. A_2B 型

A. 红细胞膜上含 A 凝集原、血清中含抗 A 凝集素　　B. 红细胞膜上含 B 凝集原、血清中含抗 B 凝集素
C. 红细胞膜上含 A 凝集原、血清中含抗 B 凝集素　　D. 红细胞膜上含 B 凝集原、血清中含抗 A 凝集素
E. 红细胞膜上同时含有 A 和 B 两种凝集原,血清中无凝集素

50. A 型血
51. B 型血
52. AB 型血

五、输血(执业医师需掌握)

53. 下列关于输血的叙述,哪一项是错误的?

A. ABO 血型系统相符合便可输血,不需进行交叉配血
B. O 型血的人为"万能供血者"
C. AB 型血的人为"万能受血者"
D. 将 O 型血液输给其他血型的人时,应少量而且缓慢
E. Rh 阳性的人可接受 Rh 阴性的血液

54. 献血者为 A 型血,经交叉配血试验,主侧不凝集而次侧凝集,受血者的血型应为

A. B 型　　B. AB 型　　C. A 型
D. O 型　　E. A 型或 B 型

55. 可导致输血反应的天然抗体类型是

A. IgM　　B. IgG　　C. IgD
D. IgB　　E. IgA

第 4 章　血液循环

一、心脏的泵血功能(执业医师及助理医师均需掌握)

56. 在心动周期中,心室内压力上升最快的阶段是

A. 快速射血期　　B. 等容收缩期　　C. 缓慢射血期
D. 等容舒张期　　E. 快速充盈期

57. 在一个心动周期中,下列哪个时期主动脉压最低?

A. 等容收缩期末　　B. 等容舒张期末　　C. 心房收缩期末
D. 快速充盈期末　　E. 减慢充盈期末

58. 主动脉瓣关闭发生于
A. 快速射血期开始时　B. 快速充盈期开始时　C. 等容舒张期开始时
D. 等容收缩期开始时　E. 减慢充盈期开始时
59. 在一个心动周期中,心室容积最大的时期是
A. 减慢充盈期　B. 快速射血期　C. 等容舒张期
D. 心房收缩期末　E. 快速充盈期
60. 左心室容积最小的阶段是
A. 等容收缩期末　B. 等容舒张期末　C. 快速射血期末
D. 快速充盈期末　E. 心房收缩期末
61. 在等容舒张期,心脏各瓣膜的功能状态是
A. 房室瓣关闭,动脉瓣开放　B. 房室瓣开放,动脉瓣关闭　C. 房室瓣关闭,动脉瓣关闭
D. 房室瓣开放,动脉瓣开放　E. 二尖瓣关闭,三尖瓣开放
62. 当心脏处于全心舒张期,下列说法正确的是
A. 心室达到最大充盈　B. 房室瓣关闭　C. 心室容积不变
D. 动脉瓣关闭　E. 心室内压略高于心房内压
63. 心动周期中从房室瓣关闭到开放的时间约相当于
A. 心房收缩期+心室等容收缩期　B. 心房舒张期　C. 心室收缩期
D. 心室舒张期　E. 心室收缩期+等容舒张期
64. 在心动周期中,心室充盈主要依靠
A. 胸腔大静脉收缩　B. 心房收缩期射血　C. 心室舒张引起的低压抽吸
D. 胸膜腔负压抽吸　E. 心包的周期性扩张
65. 心输出量是指
A. 每搏输出量　B. 左、右心室输出的总血液量　C. 每分钟左心室所泵出的血量
D. 心房进入心室的血量　E. 每分钟两心房进入心室的血量
66. 心指数是指
A. 心率×每搏输出量/体表面积　B. 每搏输出量×体表面积　C. 每搏输出量/体表面积
D. 心输出量×体表面积　E. 心率×每搏输出量×体表面积
67. 男,54 岁。活动时喘憋渐加重,出现夜间憋醒。高血压病史 10 余年。超声心动图:左心房、左心室扩大,LVEF35%。患者喘憋的机制为
A. 左心室充盈压明显降低　B. 左心室舒张功能明显受损
C. 左心室每搏功明显高于右心室每搏功　D. 左心室心搏出量明显少于右心室心搏出量
E. 心室搏出量占心室舒张末容积的百分比明显降低
68. 高血压患者较正常人明显增高的心脏泵血功能指标是
A. 心输出量　B. 射血分数　C. 心指数
D. 心脏做功量　E. 心脏的效率
69. 引起左心室后负荷增高的主要因素是
A. 肺循环高压　B. 体循环高压　C. 回心血量增加
D. 主动脉瓣关闭不全　E. 血红细胞比容增大
70. 异长自身调节是指心脏的每搏输出量取决于
A. 平均动脉压　B. 心率储备　C. 心力储备
D. 心室舒张末期容积　E. 心室收缩末期容积
71. 心脏的等长调节是通过下列哪个因素对心脏泵血功能进行调节的?

A. 心肌初长度　B. 肌小节的初长度　C. 粗细肌丝间横桥结合的数目
D. 心肌收缩力　E. 心室舒张末期容积

72. 正常人心率超过180次/分时,心输出量减少的原因主要是
A. 心室充盈期缩短　B. 快速射血期缩短　C. 减慢射血期缩短
D. 心室肌氧气供应不足　E. 经减压反射调节后心缩力减弱

73. 减少心输出量的因素为
A. 妊娠　B. 运动　C. 贫血
D. 焦虑　E. 甲状腺功能减退

二、心脏的电生理现象(执业医师及助理医师均需掌握)

74. 心室肌细胞动作电位平台期,主要是由哪些离子跨膜运动形成的?
A. Na^+内流,Cl^-外流　B. Na^+内流,K^+外流　C. Na^+内流,Cl^-内流
D. Ca^{2+}内流,K^+外流　E. K^+内流,Ca^{2+}外流

A. Cl^-内流　B. Ca^{2+}内流　C. Na^+内流
D. K^+内流　E. K^+外流
75. 窦房结细胞动作电位0期去极化是由于
76. 浦肯野细胞动作电位0期去极化是由于

A. 动作电位去极相有超射现象　B. 复极时间长于去极时间　C. 有复极2期平台期
D. 有明显的4期自动去极化　E. 动作电位的总时间长于骨骼肌
77. 心室肌细胞动作电位的主要特点是
78. 窦房结细胞动作电位的主要特点是

79. 心肌兴奋性变化的特点是
A. 绝对不应期短　B. 有效不应期特别长　C. 相对不应期短
D. 超常期特别长　E. 低常期较长

80. 女,23岁。突发心悸半小时,自数脉率180次/分,脉律齐,将面部浸于冰水内心悸突然好转,自数脉率为70次/分,脉律齐。冷刺激使其症状缓解的最主要机制是
A. 房室交界区不应期延长　B. 窦房结细胞自律性增强　C. 异常传导通路的兴奋性提高
D. 房-室延搁时间缩短　E. 房室交界区细胞4期自动去极化减弱

81. 女,36岁。体检发现心动过缓就诊,无不适。查体:BP90/60mmHg,心率56次/分,心律齐,心电图示窦性心律。患者心动过缓最可能的机制是
A. 窦房结细胞T型钙通道激活减少　B. 窦房结细胞内向离子流明显增强
C. 房-室延搁时间延长　D. 房室交界区的前传不应期延长
E. 窦房结细胞钾外流衰减明显加快

82. 男,24岁。间断心悸1月余。心悸时心电图示:窦性心律,可见提前出现的宽大畸形的QRS波群,QRS时限0.16秒,其前无P波,代偿间歇完全。期前收缩后代偿间歇形成的生理学机制是
A. 房-室延搁　B. 心肌传导速度不均一　C. 自律细胞兴奋性增加
D. 心内兴奋传导途径不变　E. 心肌有效不应期长

83. 心肌细胞有效不应期等于
A. 收缩期　B. 舒张期　C. 收缩期+舒张早期
D. 舒张早期　E. 舒张晚期

84. 心肌不产生强直收缩是由于

A. 心肌是功能合胞体　　B. 收缩期较短　　C. 兴奋传导有房-室延搁
D. 有效不应期特别长　　E. 窦房结对潜在起搏点有抑制作用

85. 窦房结能成为心脏正常起搏点的原因是
A. 静息电位仅为-70mV　　B. 阈电位为-40mV　　C. 0 期去极速率快
D. 动作电位没有明显的平台期　　E. 4 期去极速率快

86. 房-室延搁一般发生于
A. 兴奋由窦房结传至心房肌时　　B. 兴奋在心房肌内传导时　　C. 兴奋在房室交界内传导时
D. 兴奋在房室束传到左右束支时　　E. 兴奋由浦肯野纤维传到心室肌时

A. 窦房结　　B. 心房肌　　C. 房室交界
D. 浦肯野纤维　　E. 心室肌

87. 心脏内传导速度最慢的部位是
88. 心脏内传导速度最快的部位是
89. 心肌自律性最高的部位是

90. 下列哪一项变化可以在心电图中看到?
A. 窦房结去极化　　B. 心房肌去极化　　C. 房间束去极化
D. 房室结去极化　　E. 希氏束去极化

三、血管生理(执业医师及助理医师均需掌握)

A. 心脏搏出量　　B. 心率　　C. 外周阻力
D. 大动脉顺应性　　E. 循环血量

91. 一般情况下,动脉收缩压主要反映
92. 一般情况下,动脉舒张压主要反映

A. 舒张压　　B. 循环系统平均充盈压　　C. 平均动脉压
D. 收缩压　　E. 脉压

93. 心动周期中,主动脉压的最高值
94. 心动周期中,主动脉压的最高值与最低值之差是
95. 心动周期中,主动脉压的最低值

96. 男,60 岁。因剧烈胸痛 4 小时入院治疗,心电图示窦性心律,心率 55 次/分,Ⅱ、Ⅲ、aVF 导联 ST 段抬高 0.3mV,其余导联 ST 段正常。介入治疗前植入临时起搏器起搏心室,以 60 次/分频率起搏时,监测动脉血压由 100/70mmHg 降低至 85/60mmHg。导致这种血压变化的最可能原因是
A. 起搏心律时外周血管阻力降低致血压下降
B. 合并右心室梗死,右心室排血减少致左心室充盈减少
C. 起搏心律时心肌收缩力较弱致心输出量降低
D. 起搏心律时心率增快,舒张期缩短导致回心血量减少
E. 起搏时失去心房收缩对心室的充盈作用,左心室充盈减少

97. 女,68 岁。心悸、头晕 1 小时。既往高血压病史 2 个月,规律服用降压药,平时血压 130~150/60~70mmHg。查体:BP80/50mmHg,心率 40 次/分。该患者血压降低最可能的原因是
A. 左心室后负荷增加　　B. 左心室舒张功能损害　　C. 心包内压力增加
D. 每搏输出量降低　　E. 左心室前负荷增加

A. 动脉血压升高,中心静脉压降低　　B. 动脉血压升高,中心静脉压升高
C. 动脉血压降低,中心静脉压降低　　D. 动脉血压降低,中心静脉压升高

E. 动脉血压和中心静脉压均无变化

98. 血量增加可引起

99. 心脏射血能力增强时

100. 冬天某人进入浴室后不久便突然晕倒,其血流动力学的原始因素是
A. 全身血管收缩　B. 心输出量减少　C. 血管容量增加
D. 血流速度加速　E. 血量减少

101. 可使静脉回流加速的因素,应除外
A. 从卧位到站立位　B. 注射肾上腺素　C. 慢速跑步
D. 浸泡在水中　E. 呼气转为吸气

102. 维持组织液生成量与回流量平衡的机制是
A. 主要受局部代谢产物的调节　B. 毛细血管通透性发生改变　C. 毛细血管交替性开放和关闭
D. 改变毛细血管前后阻力比　E. 多余的生成部分经毛细淋巴管回流

103. 发生右心衰竭时,引起组织水肿的主要原因是
A. 毛细血管压力增高　B. 血浆胶体渗透压降低　C. 组织液静水压降低
D. 淋巴回流受阻　E. 毛细血管通透性增高

104. 血浆蛋白浓度降低所致水肿的原因是
A. 淋巴回流量减少　B. 组织液静水压升高　C. 动脉血压升高
D. 血浆胶体渗透压降低　E. 毛细血管壁通透性增加

105. 下列哪项变化可以使组织液生成减少?
A. 心力衰竭引起的静脉压升高　B. 肾病引起的蛋白尿　C. 丝虫病引起的淋巴管阻塞
D. 毛细血管通透性降低　E. 低蛋白血症

106. 静脉注射后能促使组织液水分移至毛细血管内的是
A. 1.5%氯化钠溶液　B. 丙种球蛋白　C. 5%葡萄糖溶液
D. 20%葡萄糖溶液　E. 白蛋白

107. 下列哪种情况下可使心输出量增加?
A. 心迷走神经兴奋时　B. 颈动脉窦压力升高时　C. 动脉血压升高时
D. 使用去甲肾上腺素时　E. 使用肾上腺素时

108. 在肾脏产生的激素是
A. 皮质醇　B. 醛固酮　C. 肾上腺素
D. 去甲肾上腺素　E. 肾素

109. 在家兔动脉血压实验中,夹闭一侧颈总动脉引起全身动脉血压升高,其主要原因是
A. 血管容积减少,相对血容量增多　B. 颈动脉窦受到牵拉刺激　C. 颈动脉体受到牵拉刺激
D. 颈动脉窦压力降低　E. 颈动脉体压力降低

110. 下列关于压力感受性反射的叙述,哪一项是错误的?
A. 感受器的适宜刺激是动脉壁的机械牵张　B. 传入神经是窦神经和迷走神经
C. 动脉血压升高时可通过反射使血压下降　D. 对正常血压的维持具有重要的意义
E. 切断传入神经后动脉血压明显升高

111. 关于血管紧张素Ⅱ生理作用的描述,错误的是
A. 收缩全身阻力血管　B. 收缩容量血管　C. 促进肾上腺皮质释放醛固酮
D. 促进下丘脑释放血管升压素　E. 促进交感神经末梢释放去甲肾上腺素

112. 下列选项中,肾上腺素不具有的作用是

A. 使心肌收缩力增强　B. 使心率加快　C. 使内脏血管收缩
D. 使骨骼肌血管收缩　E. 使皮肤血管收缩

113. 去甲肾上腺素对心血管的作用主要是
A. 舒张血管　B. 升高血压　C. 加快心率
D. 强心　E. 增大脉压

114. 男,35 岁。1 小时前车祸外伤出血,出血量约为 1000ml。查体:BP100/70mmHg,体重 70kg,面色苍白,心率 125 次/分。该患者受伤后机体首先发生的反应是
A. 外周血管阻力增加　B. 外周血管阻力降低　C. 外周血管阻力不变
D. 脑和心脏的血管收缩　E. 循环血液中儿茶酚胺减少

115. 男,45 岁。平素体健。为抢救一外伤的幼儿献血 100ml,如果不考虑交感/副交感神经兴奋性,最可能的血压、心率变化是
A. 血压升高,心率加快　B. 血压降低,心率减慢　C. 心率和血压均无明显变化
D. 血压降低,心率加快　E. 血压升高,心率减慢

116. 男,16 岁。阵发性心悸 1 年余,突发突止,发作间期心电图正常。10 分钟前再次发作,心电图示快速、规则的 QRS 波群,形态正常,未见明显 P 波。急诊医师在患者右胸锁乳突肌内缘平甲状软骨水平按摩数秒钟后,心律突然恢复正常。该治疗手法的作用机制是
A. 减弱心迷走神经紧张　B. 兴奋颈动脉体感受器　C. 加强心交感神经紧张
D. 兴奋主动脉弓压力感受器　E. 兴奋颈动脉窦压力感受器

A. 心交感神经冲动增多　B. 交感缩血管纤维冲动增多　C. 心迷走神经冲动增多
D. 窦神经冲动减少　E. 交感舒血管纤维冲动增多

117. 直立性低血压恢复正常时,心率加快的原因是
118. 临床上按摩颈动脉窦治疗阵发性室上性心动过速的直接作用是
119. 颈动脉窦灌注压升高时诱发降压反射的起因是

A. 主要为收缩压升高　B. 收缩压升高,舒张压降低　C. 主要为舒张压升高
D. 收缩压降低,舒张压升高　E. 收缩压与舒张压均升高

120. 严重甲状腺功能亢进患者的动脉血压变化特点是
121. 正常老年人动脉血压的生理性变化特点是
122. 以小动脉硬化为主的患者动脉血压变化特点是

四、冠状动脉循环(执业医师需掌握)

123. 能使冠状动脉血流量增多的因素是
A. 主动脉舒张压降低　B. 体循环外周阻力减小　C. 心室舒张期延长
D. 心室收缩期延长　E. 心率增加

第 5 章　呼　吸

一、肺通气(执业医师及助理医师均需掌握)

124. 肺通气的原动力是
A. 胸膜腔内压的变化　B. 肺主动舒缩　C. 外界环境与肺内压力差
D. 呼吸肌的舒缩　E. 肺泡表面活性物质的作用

125. 肺通气的直接动力是

A. 肺内压与胸膜腔内压之差　B. 胸膜腔内压与跨胸壁之差　C. 大气压与肺内压之差
D. 大气压与胸膜腔内压之差　E. 大气压与跨胸壁之差

126. 关于呼吸的描述,不正确的是
A. 呼气时腹壁肌收缩　B. 吸气时膈肌收缩　C. 吸气时辅助吸气肌参与收缩
D. 呼气时肋间内肌收缩　E. 呼气时肋间外肌收缩

127. 胸膜腔内压等于
A. 大气压-非弹性阻力　B. 大气压+跨肺压　C. 大气压+跨胸壁压
D. 大气压-肺回缩压　E. 大气压+肺回缩压

128. 有关胸膜腔内压的叙述,错误的是
A. 一般情况下是负压　B. 胸膜腔内压=肺内压-肺回缩压
C. 胸内负压有利于静脉回流　D. 使肺维持一定的扩张程度
E. 产生气胸时负压增大

129. 维持胸膜腔内负压的必要条件是
A. 呼气肌收缩　B. 胸廓扩张　C. 气道阻力减小
D. 胸膜腔密闭　E. 肺内压增大

130. 关于胸膜腔负压生理意义的叙述,错误的是
A. 保持肺的扩张状态　B. 有利于静脉回流　C. 维持正常肺通气
D. 使中心静脉压升高　E. 胸膜腔负压消失可导致肺塌陷

131. 支气管哮喘患者呼气比吸气更为困难,其原因是
A. 吸气是被动的,呼气是主动的
B. 吸气时肺弹性阻力减小,呼气时肺弹性阻力增大
C. 吸气时胸廓弹性阻力减小,呼气时胸廓弹性阻力增大
D. 吸气时气道阻力减小,呼气时气道阻力增大
E. 吸气时胸膜腔内负压减小,呼气时胸内负压增大

132. 肺表面活性物质减少将导致
A. 肺难于扩张　B. 肺弹性阻力减小　C. 肺顺应性增大
D. 肺泡内液体表面张力降低　E. 小肺泡内压小于大肺泡内压

133. 下列有关肺表面活性物质的描述,不正确的是
A. 维持肺泡的扩张状态　B. 降低肺泡表面张力　C. 稳定肺泡容积
D. 降低肺的顺应性　E. 防止毛细血管内的液体流入肺泡内

134. 临床上用于判断肺通气功能的较好指标是
A. 补吸气量/用力肺活量　B. 潮气量/肺活量　C. 无效腔量/潮气量
D. 用力呼气量/用力肺活量　E. 潮气量/功能余气量

135. 肺总容量等于
A. 潮气量+肺活量　B. 潮气量+功能余气量　C. 余气量+补吸气量
D. 余气量+肺活量　E. 余气量+功能余气量

136. 与 CO_2 呼出量关系最密切的肺功能指标是
A. 用力呼气量　B. 肺泡通气量　C. 最大通气量
D. 肺通气量　E. 肺活量

137. 男,57岁。反复咳嗽、咳痰10余年,加重伴喘憋3年余。吸烟10年,20支/日。查体:桶状胸,双肺呼吸音低,叩诊过清音,未闻及干、湿啰音。动脉血气分析:pH7.39,$PaO_2$65mmHg,$PaCO_2$43mmHg。肺功

能检查：FEV_1 占预计值的百分比为 52%，FEV_1/FVC51%。造成该患者通气功能障碍的主要病理生理机制是

A. 肺非弹性阻力减小　B. 肺内功能性分流减小　C. 肺无效腔减小
D. 肺弹性阻力减小　E. 肺弥散面积增大

138. 女，20 岁。咳嗽、胸闷 1 周。查体：右下肺呼吸音消失。胸部 X 线片示右侧大量胸腔积液。该患者肺通气功能检查最不可能出现的结果是

A. 一秒量下降　B. 残气量下降　C. 肺总量下降
D. 用力肺活量下降　E. 一秒率下降

139. 阻塞性肺气肿患者肺通气指标肯定下降的是

A. 第 1 秒用力呼气量　B. 肺活量　C. 潮气量
D. 功能残气量　E. 肺总量

140. 可缓冲呼吸过程中肺泡气 PO_2 和 PCO_2 变化幅度的肺容量是

A. 深吸气量　B. 功能余气量　C. 肺活量
D. 用力呼气量　E. 补呼气量

141. 哮喘发作时，肺通气功能指标中下降最明显的是

A. 功能余气量　B. 肺活量　C. 用力肺活量
D. 补呼气量　E. 补吸气量

142. 肺的有效通气量是

A. 补吸气量　B. 每分通气量　C. 肺活量
D. 无效腔气量　E. 肺泡通气量

143. 呼吸频率加倍，潮气量减半，将使

A. 每分通气量增加　B. 每分通气量减少　C. 肺泡通气量增加
D. 肺泡通气量减少　E. 肺泡通气量不变

A. 肺活量　B. 时间肺活量　C. 每分通气量
D. 肺总量　E. 肺泡通气量

144. 能实现有效气体交换的通气量为

145. 评价肺通气功能较好的指标是

二、肺换气（执业医师及助理医师均需掌握）

146. 肺换气时气体通过的部位是

A. 支气管　B. 细支气管　C. 肺泡壁
D. 肺泡小管　E. 呼吸膜

147. 肺换气的驱动力是

A. 呼吸膜通透性　B. 气体分子溶解度　C. 气体分子与血红蛋白亲和力
D. 呼吸膜气体交换面积　E. 呼吸膜两侧气体分压梯度

148. 体内氧分压最高的部位是

A. 动脉血　B. 静脉血　C. 组织液
D. 淋巴液　E. 肺泡气

149. 体内 CO_2 分压最高的部位是

A. 动脉血液　B. 毛细血管血液　C. 静脉血液
D. 组织液　E. 细胞内液

150. 下列关于通气/血流比值的描述，正确的是

A. 为肺通气量和心输出量的比值
B. 比值增大或减小都降低肺换气效率
C. 人体直立时肺尖部比值较小
D. 比值增大犹如发生了动-静脉短路
E. 比值减小意味着肺泡无效腔增大

三、气体在血液中的运输(执业医师及助理医师均需掌握)

151. CO_2 在血液中运输的主要形式是
A. 物理溶解
B. 形成碳酸
C. 形成碳酸氢盐
D. 形成氨基甲酰血红蛋白
E. 与血浆白蛋白结合

152. 男,56岁。因"肺部感染、休克"入监护室治疗。血气分析示该患者存在"代谢性酸中毒,Ⅱ型呼吸衰竭"。为保证患者的组织氧供,此时不宜快速纠正酸中毒,其主要原因在于酸中毒时
A. 组织氧摄取能力增加
B. 血红蛋白结合氧增加
C. 肺可获得更多的氧
D. 组织氧耗量减少
E. 氧解离曲线右移

153. 下列哪一种情况下氧解离曲线发生右移?
A. 肺通气阻力减小
B. 代谢性碱中毒
C. 2,3-二磷酸甘油酸增多
D. 血温降低
E. 血 CO_2 分压下降

四、呼吸运动的调节(执业医师及助理医师均需掌握)

154. 低氧对呼吸的兴奋作用是通过
A. 直接兴奋延髓吸气神经元
B. 直接兴奋脑桥呼吸调整中枢
C. 外周化学感受器所实现的反射性效应
D. 刺激中枢化学感受器而兴奋呼吸中枢
E. 直接刺激呼吸中枢

155. 血中 PCO_2 升高引起呼吸加深加快主要是因为
A. 直接刺激中枢的呼吸神经元
B. 刺激中枢化学感受器
C. 刺激颈动脉体和主动脉体感受器
D. 刺激颈动脉窦和主动脉弓感受器
E. 刺激心肺感受器

156. 贫血和一氧化碳中毒时,可携带氧的血红蛋白都减少,但并不引起呼吸加强,这是因为
A. 颈动脉体血流量减少
B. 动脉血液内总的氧含量仍维持在正常水平
C. 动脉血氧分压在正常水平
D. 颈动脉体化学感受器受到刺激
E. 主动脉体受到刺激

157. 血液中 H^+ 浓度变化调节呼吸运动的主要刺激部位是
A. 支气管壁内肺牵张感受器
B. 颈动脉窦和主动脉弓
C. 延髓腹侧面化学感受器
D. 肺毛细血管旁感受器
E. 颈动脉体和主动脉体

158. 动脉血 PCO_2 在40~60mmHg范围内升高时,呼吸运动的改变是
A. 幅度变深,频率变快
B. 幅度变浅,频率变快
C. 幅度变深,频率变慢
D. 幅度变浅,频率变慢
E. 幅度变深,频度不变

159. 正常人过度通气后可出现呼吸暂停的主要原因是
A. 血 pH 升高
B. PaO_2 升高
C. 呼吸肌疲劳
D. $PaCO_2$ 降低
E. 呼吸调节中枢抑制

第6章 消化和吸收

一、胃肠神经体液调节的一般规律(执业医师及助理医师均需掌握)

160. 关于胃肠内在神经丛的叙述,正确的是

A. 包括黏膜下神经丛和肌间神经丛
B. 含大量神经纤维,但神经元不多
C. 递质仅是乙酰胆碱或去甲肾上腺素
D. 仅有运动功能,而无感觉功能
E. 不受外来自主神经系统的控制

161. 交感神经对胃肠运动和分泌的作用是
A. 胃肠运动增强,分泌抑制
B. 胃肠运动及分泌均抑制
C. 胃肠运动及分泌均增强
D. 胃肠运动抑制,分泌增强
E. 胃肠内的括约肌抑制

162. 进食调节包括
A. 神经和体液共同作用
B. 神经调节
C. 体液调节
D. 自身调节
E. 局部调节

163. 有关促胃液素的叙述,错误的是
A. 促进胃酸的分泌
B. 促进胃窦的运动
C. 刺激胰岛素的释放
D. 刺激消化道黏膜的生长
E. 促进胰液的分泌和胆固醇的合成

二、口腔内的消化(执业医师需掌握)

164. 通常人的唾液中除含有唾液淀粉酶外,还含有
A. 凝乳酶
B. 麦芽糖酶
C. 溶菌酶
D. 肽酶
E. 蛋白水解酶

165. 下列哪一项分泌最依赖于副交感神经?
A. 唾液
B. 胃液
C. 胃蛋白酶原
D. 胰液
E. 胆汁

三、胃内消化(执业医师及助理医师均需掌握)

166. 正常情况下胃黏膜不会被胃液所消化,是由于
A. 胃液中不含可消化胃黏膜的酶
B. 黏液-碳酸氢盐屏障作用
C. 胃液中的内因子对胃黏膜具有保护作用
D. 胃液中的糖蛋白可中和胃酸
E. 胃液中含有大量 HCO_3^-,可中和胃酸

167. 当胃酸分泌减少时,不受影响的是
A. 胃蛋白酶对蛋白质的消化
B. 对细菌抑制杀灭作用
C. 胰液和胆汁的分泌
D. 钙和铁的吸收
E. 维生素 B_{12}的吸收

168. 行胃大部切除的患者不会发生的功能变化是
A. 维生素 B_{12}的吸收减少
B. 铁的吸收减少
C. 食物蛋白的消化减弱
D. 胃蛋白酶原的分泌减少
E. 胰液中 HCO_3^- 的分泌增加

169. 女,72 岁。乏力、面色苍白 1 年。40 年前行胃大部切除术。查体:T36.5℃,P90 次/分,R16 次/分,BP110/80mmHg。皮肤及睑结膜苍白,双肺呼吸音清,心率 90 次/分,心律齐,各瓣膜听诊区未闻及杂音。腹软,上腹部见一长约 7cm 陈旧性手术瘢痕,全腹无压痛及反跳痛,未触及包块。实验室检查:Hb70g/L;粪隐血(-)。胃镜:吻合口炎症。与患者贫血有关的因素不包括
A. 叶酸缺乏
B. 胃蛋白酶缺乏
C. 维生素 B_{12}缺乏
D. 铁缺乏
E. 胃酸缺乏

170. 男,66 岁。上腹胀痛 10 余年。胃镜检查:胃体黏膜变薄,血管透见,皱襞稀疏。病理检查:胃体腺体萎缩。该患者不应出现的生理变化是
A. 胃蛋白酶原分泌减少
B. 铁吸收减少
C. 维生素 B_{12}吸收减少
D. 血清促胃液素降低
E. 胃酸分泌减少

171. 男,33 岁。消化性溃疡反复发作并出血 3 年,再出血 1 周,内科治疗无效,行手术治疗。术中见胃皱

襞显著增厚，组织病理学检查发现明显的壁细胞增生。最可能导致上述病理改变的内源性物质是
A. 转化生长因子-α　B. 促胃液素　C. 促胰液素
D. 生长抑素　E. 乙酰胆碱

172. 可促进胰液、胆汁、小肠液分泌的胃液成分是
A. 胃酸　B. 胃蛋白酶　C. 内因子
D. 黏液　E. HCO_3^-

173. 关于促胃液素的叙述，正确的是
A. 产生促胃液素的细胞存在于胃体和胃底黏膜内
B. 蛋白质消化产物及HCl是引起促胃液素释放的主要因素
C. 促胃液素对壁细胞有很强的刺激分泌作用
D. 促胃液素的最小活性片段是其N端的4个氨基酸
E. 切除胃窦的患者，促胃液素分泌不受影响

174. 将蛋白质类食物通过胃瘘直接放入胃内引起胃液分泌的特点是
A. 量大，酸度高，消化力较弱　B. 量大，酸度高，消化力较强　C. 量大，酸度低，消化力较强
D. 量小，酸度低，消化力较弱　E. 量小，酸度低，消化力较强

175. 迷走神经兴奋刺激胃窦部G细胞分泌胃泌素的神经递质是
A. 组胺　B. 乙酰胆碱　C. 铃蟾素
D. 肾上腺素　E. 5-羟色胺

A. 碳酸氢盐　B. 内因子　C. 盐酸
D. 胃蛋白酶　E. 黏液

176. 能正反馈激活自身分泌的胃液成分是
177. 能反馈抑制自身分泌的胃液成分是
178. 能促进促胰液素分泌的胃液成分是

A. 肥大细胞　B. 主细胞　C. G细胞
D. 壁细胞　E. 黏液细胞

179. 分泌促胃液素的细胞是
180. 分泌组胺的细胞是

181. 下列食物成分进入十二指肠后，刺激促胆囊收缩素分泌作用最强的是
A. 电解质　B. 碳水化合物　C. 脂肪
D. 蛋白质　E. 纤维素

182. 胃容受性舒张是通过下列哪一途径实现的？
A. 交感神经兴奋　B. 迷走神经末梢释放ACh　C. 迷走神经末梢释放肽类物质
D. 壁内神经丛兴奋　E. 迷走神经引起胃黏膜释放前列腺素

183. 关于胃排空的叙述，正确的是
A. 食物入胃后30分钟开始　B. 大块食物排空快于小颗粒　C. 糖类最快，蛋白质最慢
D. 高渗溶液快于等渗液　E. 混合食物完全排空需4~6小时

184. 下列食物在胃中排空速度由快到慢的是
A. 蛋白质、脂肪、糖　B. 脂肪、糖、蛋白质　C. 糖、蛋白质、脂肪
D. 蛋白质、糖、脂肪　E. 糖、脂肪、蛋白质

185. 促进胃排空的主要因素是
A. 大量食物入胃的机械、化学刺激　B. 十二指肠内的酸性刺激　C. 十二指肠内的脂肪增加

D. 十二指肠内渗透压增高　E. 食物入十二指肠的机械、化学刺激

186. 能抑制胃排空的因素是
A. 壁内神经丛反射　B. 迷走-迷走反射　C. 组胺
D. 进入胃内的食物　E. 肠-胃反射

A. 迷走-迷走反射　B. 壁内神经丛反射　C. 肠-胃反射
D. 迷走-迷走反射+肠-胃反射　E. 迷走-迷走反射+壁内神经丛反射

187. 参与胃容受性舒张的有
188. 促进胃排空的因素有

四、小肠内消化(执业医师及助理医师均需掌握)

189. 激活糜蛋白酶原的是
A. 肠激酶　B. 胰蛋白酶　C. 盐酸
D. 组胺　E. 辅脂酶

190. 能使胰蛋白酶原转变为胰蛋白酶的最重要物质是
A. 胃酸　B. 胰蛋白酶　C. 糜蛋白酶
D. 肠激酶　E. 组织液

191. 正常情况下,胰液进入十二指肠首先被激活的是
A. 胰蛋白酶原　B. 糜蛋白酶原　C. 激肽释放酶原
D. 前磷脂酶　E. 肠激酶原

192. 能促使胃蛋白酶原转变为胃蛋白酶的物质是
A. 盐酸　B. 前列腺素 E_2　C. 丙谷胺
D. 内因子　E. 胰蛋白酶

A. 血管活性肠肽　B. 去甲肾上腺素　C. 胆囊收缩素
D. 促胃液素　E. 促胰液素

193. 主要促使胰腺小导管细胞分泌大量 H_2O 和 HCO_3^- 的是
194. 主要促使胰腺腺泡分泌消化酶的是

195. 关于胆汁的描述,正确的是
A. 非消化期无胆汁分泌　B. 消化期只有胆囊胆汁排入小肠
C. 胆汁中含有脂肪消化酶　D. 胆汁中与消化作用有关的成分是胆盐
E. 胆盐可促进蛋白质的消化和吸收

196. 胆汁中促进脂肪消化和吸收的有效成分是
A. 脂肪酶　B. 胆红素　C. 胆绿素
D. 胆盐　E. 胆固醇

197. 胆汁可促进
A. 钙、铁的吸收　B. 蛋白质的消化　C. 糖的吸收
D. 维生素 A 的吸收　E. 维生素 B_{12} 的吸收

198. 胆汁排出障碍时,消化作用减弱的酶是
A. 肠激酶　B. 胰蛋白酶　C. 糜蛋白酶
D. 胰脂肪酶　E. 胰淀粉酶

199. 患者,女,25 岁。腹泻、腹痛半个月。大便可见大量油性物质。胃镜检查发现十二指肠降部多发溃疡。基础胃酸分泌量 12mmol/h(参考值 1~5mmol/h),血清促胃液素 1145.7pg/ml (参考值 50~

150pg/ml)。出现脂肪泻的原因是
A. 小肠液分泌不足　B. 胰液分泌不足　C. 胆盐微胶粒群聚
D. 胆汁分泌不足　E. 胰脂肪酶失活

200. 男,75岁。腹胀、便秘、食欲不振半年。无腹痛、腹泻,无呕吐。既往体健。查体:T36.5℃,P 80次/分,R18次/分,BP140/80mmHg,双肺呼吸音清,心律齐,腹软,无压痛,Murphy(-)。腹部B超示胆囊萎缩。可能受影响的情况
A. 蛋白质分解　B. 蛋白质分解产物吸收　C. 单糖吸收
D. 脂肪分解产物吸收　E. 淀粉类食物消化分解

201. 当小肠被食糜充盈时,小肠反复进行分节运动,其主要作用是
A. 充分混合食糜与消化液　B. 将食糜不断向前推进　C. 刺激胃肠激素的释放
D. 促进消化液继续分泌　E. 促进水分和营养物质的吸收

五、小肠的吸收功能(执业医师及助理医师均需掌握)

202. 小肠作为吸收主要部位的原因中,错误的是
A. 小肠绒毛内富含毛细血管　B. 小肠含有丰富的平滑肌　C. 食物在小肠内停留时间很长
D. 小肠黏膜表面积巨大　E. 食物在小肠内已被分解为小分子物质

203. 营养物质的吸收主要发生于
A. 食管　B. 胃　C. 小肠
D. 结肠　E. 直肠

204. 吸收铁的主要部位是
A. 胃底部　B. 胃窦部　C. 小肠上部
D. 回肠　E. 结肠

205. 吸收胆盐、维生素B_{12}的主要部位是
A. 十二指肠　B. 空肠　C. 结肠升段
D. 结肠降段　E. 回肠

第7章　能量代谢与体温

一、能量代谢(执业医师及助理医师均需掌握)

206. 食物中每克碳水化合物、脂肪和蛋白质可供给的能量(kcal)分别为
A. 4、4、9　B. 9、4、4　C. 4、9、4
D. 4、9、9　E. 9、9、4

207. 食物的氧热价是指
A. 1g食物氧化时所释放的能量　B. 1g食物燃烧时所释放的能量
C. 食物氧化消耗1L氧时所释放的能量　D. 氧化1g食物,消耗1L氧时所释放的能量
E. 1g食物所含的能量

208. 影响能量代谢最主要的因素是
A. 寒冷　B. 高温　C. 肌肉活动
D. 精神活动　E. 进食

209. 由于存在食物的特殊动力效应,进食时应注意
A. 增加蛋白质的摄入量　B. 调整各种营养成分的摄入比例　C. 适当增加能量摄入总量

D. 适当减少能量摄入总量　　E. 细嚼慢咽，以减少这种特殊动力效应

210. 下列物质中，食物的特殊动力作用最强的是
A. 糖　　B. 脂肪　　C. 蛋白质
D. 维生素　　E. 无机盐

211. 基础代谢率低于正常范围的疾病是
A. 白血病　　B. 库欣综合征　　C. 垂体性肥胖症
D. 中暑　　E. 糖尿病

212. 使基础代谢率增高的主要激素是
A. 糖皮质激素　　B. 肾上腺素　　C. 雌激素
D. 甲状腺激素　　E. 甲状旁腺激素

213. 测定基础代谢率时，正确的做法是
A. 测量可在 24 小时内任何时刻进行　　B. 测量前一天晚上的饮食不受任何限制
C. 受试者应处于睡眠状态　　D. 受试者无精神紧张和肌肉活动
E. 室温不限高低，但要求恒定不变

二、体温（执业医师及助理医师均需掌握）

214. 在实际工作中常测试腋窝、口腔或直肠的温度代表体温，这三处温度由高到低的排列顺序为
A. 口腔、腋窝、直肠　　B. 腋窝、口腔、直肠　　C. 直肠、腋窝、口腔
D. 直肠、口腔、腋窝　　E. 口腔、直肠、腋窝

215. 正常人一昼夜中，体温最低的时间是
A. 清晨 2~6 时　　B. 早晨 7~9 时　　C. 午后 1~6 时
D. 傍晚 6~7 时　　E. 睡前 9~10 时

216. 昼夜体温波动的特点是
A. 昼夜间体温呈周期性波动　　B. 午后 4~6 时体温最低　　C. 上午 8~10 时体温最高
D. 昼夜间波动的幅度超过 1℃　　E. 体温波动与生物钟无关

217. 在安静状态下，人体调节产热活动最重要的体液因素是
A. 甲状腺激素　　B. 肾上腺素　　C. 去甲肾上腺素
D. 乙酰胆碱　　E. 孕激素

218. 能引起机体发热但是效果短暂的激素是
A. 胰岛素　　B. 肾上腺素　　C. 甲状腺激素
D. 皮质醇　　E. 醛固酮

219. 成年人受到持续寒冷刺激时，产热量大为增加的主要方式是
A. 肝脏代谢增强　　B. 基础代谢增强　　C. 肌紧张产热
D. 骨骼肌代谢增强　　E. 褐色脂肪组织产热

220. 在环境温度低于 30℃，机体处于安静状态下的主要散热方式是
A. 辐射散热　　B. 传导散热　　C. 对流散热
D. 不感蒸发　　E. 可感蒸发

A. 辐射散热　　B. 对流散热　　C. 传导散热
D. 蒸发散热　　E. 传导散热和蒸发散热

221. 给高热患者使用冰帽的散热方式属于
222. 用酒精给高热患者擦浴的散热方式属于
223. 通过游泳使机体散热的方式属于

224. 下列关于汗液的叙述,错误的是
A. 主要成分为水分　B. 渗透压高于血浆　C. Na^+浓度受醛固酮调节
D. 由汗腺细胞主动分泌　E. 固体成分主要为NaCl

225. 炎热环境中(30℃以上),机体维持体热平衡主要是通过
A. 增加有效辐射面积　B. 增加皮肤与环境之间的温度差　C. 交感神经紧张性增加
D. 发汗及增加皮肤血流量　E. 发汗及减少皮肤血流量

226. 体温调节中枢在
A. 大脑　B. 延髓　C. 下丘脑
D. 小脑　E. 基底核

227. 热敏神经元分布最多的部位是
A. 大脑皮层　B. 视前区-下丘脑前部　C. 下丘脑视交叉上核
D. 下丘脑弓状核　E. 脑干网状结构

228. 某疟疾患者突发畏寒、寒战,体温达39℃,这主要是由于
A. 体温调定点上调　B. 皮肤血管扩张　C. 散热中枢兴奋
D. 产热中枢抑制　E. 体温调节功能障碍

第8章　尿的生成和排出

一、肾小球的滤过功能(执业医师及助理医师均需掌握)

229. 肾功能的重要生理意义是
A. 排泄代谢终产物　B. 调节水、盐代谢　C. 维持酸碱平衡
D. 产生生物活性物质　E. 维持机体内环境相对稳定

230. 正常情况下,不能通过肾小球滤过膜的物质是
A. 钠离子　B. 氨基酸　C. 甘露醇
D. 葡萄糖　E. 血浆白蛋白

231. 肾小球滤过膜中,阻挡大分子物质滤过的主要屏障是
A. 肾小囊脏层足细胞足突　B. 肾小囊脏层足细胞胞体　C. 肾小囊脏层足细胞足突裂隙膜
D. 肾小球毛细血管内皮下基膜　E. 肾小球毛细血管内皮细胞

232. 下述情况能导致肾小球滤过率减小的是
A. 血浆胶体渗透压下降　B. 血浆胶体渗透压升高　C. 血浆晶体渗透压下降
D. 血浆晶体渗透压升高　E. 肾小球毛细血管血压升高

233. 人体交感神经兴奋时,尿量减少的主要原因是
A. 肾小球毛细血管血压下降　B. 血浆胶体渗透压升高　C. 肾素分泌减少
D. 醛固酮分泌减少　E. 抗利尿激素分泌减少

234. 剧烈运动时,少尿的主要原因是
A. 肾小球毛细血管血压增高　B. 抗利尿激素分泌增多　C. 肾小动脉收缩,肾血流量减少
D. 醛固酮分泌增多　E. 肾小球滤过膜面积减少

235. 下列可使肾小球滤过率增加的因素是
A. 肾血浆流量增多　B. 有效滤过压降低　C. 肾小囊内压升高
D. 毛细血管血压降低　E. 血浆胶体渗透压升高

二、肾小管和集合管的物质转运功能(执业医师及助理医师均需掌握)

236. 原尿在肾被重吸收的比率约为
A. 67%　B. 85%　C. 89%
D. 95%　E. 99%

237. 关于肾小管 HCO_3^- 重吸收的叙述,错误的是
A. 主要在近端小管重吸收　B. 与 H^+ 的分泌有关
C. HCO_3^- 以 CO_2 扩散的形式被重吸收　D. HCO_3^- 重吸收需碳酸酐酶的帮助
E. Cl^- 的重吸收优先于 HCO_3^- 的重吸收

238. 正常情况下,肾近端小管对 Na^+ 和水的重吸收率
A. 约占滤过量的99%　B. 受肾小球滤过率的影响　C. 与葡萄糖的重吸收平行
D. 受血管升压素的调节　E. 受醛固酮的调节

239. 关于肾对葡萄糖重吸收的描述,错误的是
A. 重吸收的部位仅限于近端小管　B. 经过通道的易化扩散方式进行
C. 需要转运蛋白　D. 葡萄糖的重吸收与 Na^+ 的转运密切相关
E. 肾糖阈的正常值为 10mmol/L

240. 由于 V_2 受体缺陷引起肾性尿崩症,其相关的水孔蛋白是
A. AQP-1　B. AQP-2　C. AQP-3
D. AQP-4　E. AQP-5

241. 65%~70%的 NaCl 吸收在
A. 皮质　B. 远端小管　C. 集合管
D. 近端小管　E. 髓质

242. 患者经抗肿瘤治疗后尿检发现大量葡萄糖和氨基酸,推测其肾单位受损部位是
A. 近端小管　B. 肾小球　C. 集合管
D. 髓袢升支粗段　E. 远端小管

243. 在"尿生成影响因素"实验中,给家兔静脉注射 20%葡萄糖溶液 10ml,尿量将显著增多,其原因是
A. 肾小管液中溶质浓度增高　B. 抗利尿激素分泌减少　C. 醛固酮分泌增多
D. 肾小球滤过率增加　E. 肾小球有效滤过压增高

244. 糖尿病患者尿量增多的原因是
A. 饮水过多　B. 肾小球滤过率增高　C. 肾小管重吸收 NaCl 量减少
D. 小管液溶质浓度过高　E. 肾交感神经紧张度降低

245. 血管升压素的主要生理作用是
A. 作用于远端肾小管,促进水的重吸收　B. 作用于近端肾小管,促进水的重吸收
C. 作用于远端肾小管,促进钠的重吸收　D. 作用于远端肾小管,促进水的排出
E. 作用于近端肾小管,促进水的排出

246. 大量出汗时尿量减少,主要原因是
A. 血浆胶体渗透压升高,导致肾小球滤过减少　B. 血浆晶体渗透压升高,引起 ADH 分泌增多
C. 血容量减少,导致肾小球滤过减少　D. 交感神经兴奋,引起肾小球滤过减少
E. 肾素-血管紧张素系统活动增强,引起醛固酮分泌增多

247. 与甘露醇利尿作用有关的是
A. 肾小球毛细血管压力升高　B. 血浆胶体渗透压降低　C. 小管液渗透压升高
D. 血浆中血管升压素浓度下降　E. 血浆中血管升压素浓度升高

248. 输入大量生理盐水引起尿量增加的主要原因是
A. 肾小球毛细血管血压升高　B. 血浆胶体渗透压降低　C. 小管液渗透压升高
D. 血浆中血管升压素浓度下降　E. 血浆中血管升压素浓度升高

249. 大量饮清水后,尿量增多的主要原因是
A. 肾小球滤过率增加　B. 肾血浆流量增多　C. 血浆胶体渗透压降低
D. 血管升压素分泌减少　E. 醛固酮分泌减少

250. 可促进醛固酮分泌增多的因素是
A. 血糖浓度增高　B. 血钙浓度降低　C. 血钾浓度增高
D. 循环血量增多　E. 血钠浓度增高

251. 下列因素中,刺激抗利尿激素分泌最强的是
A. 循环血量减少　B. 血浆晶体渗透压增高　C. 血浆胶体渗透压增高
D. 饮大量清水　E. 血钾浓度增高

252. 关于血管紧张素Ⅱ对肾小球入球及出球小动脉的收缩作用,正确的是
A. 对入球小动脉的收缩作用大于出球小动脉　B. 对入球小动脉的收缩作用小于出球小动脉
C. 对入球小动脉的收缩作用等于出球小动脉　D. 对入球小动脉无收缩作用
E. 对出球小动脉无收缩作用

三、血浆清除率(执业医师需掌握)

253. 测肾小球滤过率的物质是
A. 肌酐　B. PAH　C. 碘锐特
D. 肌酸　E. 菊粉

254. 若测得某物质的肾清除率为80ml/min,则可认为肾小管对该物质
A. 必定能重吸收,但不能确定能否分泌　B. 必定能分泌,但不确定能否重吸收
C. 必定能重吸收,也必定能分泌　D. 必定不能重吸收,也必定不能分泌
E. 能否重吸收和分泌都不能确定

255. 排尿反射的初级中枢位于
A. 脑桥　B. 延髓　C. 骶髓
D. 腰髓　E. 胸髓

A. Na^+　B. 葡萄糖　C. 肌酐
D. 对氨基马尿酸　E. 菊粉

256. 能被肾小管全部重吸收的物质是
257. 能被肾小管大部分重吸收的物质是
258. 当血液流经肾一次后,血浆中该物质几乎完全被肾清除的是

第9章　神经系统的功能

一、突触传递(执业医师及助理医师均需掌握)

259. 运动神经切断后所支配的肌肉萎缩,是因为失去神经的
A. 传导作用　B. 支持作用　C. 允许作用
D. 营养作用　E. 支配作用

260. 触发神经末梢释放递质的离子是

A. Na^+　B. K^+　C. Ca^{2+}
D. Mg^{2+}　E. Cl^-

261. 在突触传递过程中,引起递质释放的关键因素是
A. 兴奋传到神经末梢　B. 突触前膜发生去极化　C. Ca^{2+}进入突触前末梢
D. 前膜内轴浆黏度的高低　E. 前膜内侧负电位的大小

262. 可阻断神经递质与乙酰胆碱受体结合的物质是
A. 新斯的明　B. 银环蛇毒　C. 阿托品
D. 有机磷农药　E. 酚妥拉明

263. 突触前抑制是由于突触前膜
A. 产生超极化　B. 释放抑制性递质　C. 递质耗竭
D. 兴奋性递质释放减少　E. 产生抑制性突触后电位

264. 抑制性突触后电位产生的离子机制是
A. Na^+内流　B. K^+内流　C. Ca^{2+}内流
D. Cl^-内流　E. K^+外流

A. K^+　B. Na^+　C. Ca^{2+}
D. Cl^-　E. H^+

265. 促使轴突末梢释放神经递质的离子是
266. 可产生抑制性突触后电位的离子基础是
267. 静息电位的离子基础是

268. 兴奋性突触后电位属于
A. 锋电位　B. 动作电位　C. 终板电位
D. 局部电位　E. 局部电流

269. 兴奋性突触后电位是指突触后膜出现
A. 极化　B. 去极化　C. 超极化
D. 反极化　E. 复极化

270. 下列关于抑制性突触后电位的叙述,正确的是
A. 是局部去极化电位　B. 具有"全或无"性质
C. 是局部超极化电位　D. 由突触前膜递质释放量减少所致
E. 由突触后膜对Na^+通透性增加所致

271. 有关突触传递特征的描述,错误的是
A. 单向传递　B. 突触延搁　C. 总和
D. 不易疲劳　E. 兴奋节律改变

272. 在整个反射弧中,最易出现疲劳的部位是
A. 感受器　B. 传入神经元　C. 反射中枢的突触
D. 传出神经元　E. 效应器

273. 男,60岁。诊断为重症肌无力。治疗过程中出现呼吸困难、多汗、流涎、瞳孔缩小,可能的原因是
A. 胆碱能系统亢进　B. 胆碱能系统抑制　C. 肾上腺素能系统亢进
D. 肾上腺素能系统抑制　E. 5-HT系统亢进

274. 下列药物或毒物中,可阻断N型胆碱能受体的物质是
A. 筒箭毒　B. 普萘洛尔(心得安)　C. 酚妥拉明
D. 阿托品　E. 烟碱

275. 属于 N_1 型胆碱能受体拮抗剂的是
A. 十烃季铵　B. 阿托品　C. 六烃季铵
D. 酚妥拉明　E. 普萘洛尔
276. 支配虹膜环形肌的是
A. N 受体　B. M 受体　C. α 受体
D. β 受体　E. 多巴胺受体
277. 躯体运动神经末梢释放的递质是
A. 乙酰胆碱　B. 多巴胺　C. 去甲肾上腺素
D. 谷氨酸　E. 肾上腺素
278. 交感神经节前纤维释放的递质是
A. 肾上腺素　B. 去甲肾上腺素　C. 乙酰胆碱
D. 5-羟色胺　E. ATP
279. 去甲肾上腺素激活 α 受体后引起舒张效应的部位是
A. 冠状血管　B. 皮肤黏膜血管　C. 脑血管
D. 小肠平滑肌　E. 竖毛肌

A. α 受体　B. β_1 受体　C. β_2 受体
D. M 受体　E. N 受体
280. 导致心率加快、传导加速、心肌收缩力加强的受体是
281. 引起支气管平滑肌舒张的受体是
282. 促进胃肠运动的受体是
A. α_1 受体　B. α_2 受体　C. β_1 受体
D. β_2 受体　E. β_3 受体
283. 激活后能促进糖酵解代谢的主要受体是
284. 激活后能促进脂肪分解代谢的受体是
A. M 受体　B. N_1 受体　C. N_2 受体
D. α 受体　E. β 受体
285. 分布于骨骼肌细胞膜上的受体是
286. 分布于心肌细胞膜上的肾上腺素能受体是
A. 感受器　B. 传入神经　C. 神经中枢
D. 传出神经　E. 效应器
287. 肌梭属于
288. 脊髓的抑制性中间神经元属于
A. 感受器　B. 传入神经元　C. 神经中枢
D. 传出神经元　E. 效应器
289. 在腱反射中，梭外肌纤维属于
290. 在肌紧张反射中，脊髓前角运动神经元属于
291. 用力牵拉肌肉时，肌张力突然降低的原因是
A. 肌梭抑制　B. 拮抗肌抑制　C. 骨骼肌疲劳
D. 协同肌兴奋　E. 腱器官兴奋

二、神经反射（执业医师需掌握）

292. 下列各项生理功能活动中，属于条件反射的是

A. 咀嚼、吞咽食物引起胃酸分泌 B. 闻到食物香味引起唾液分泌
C. 叩击股四头肌肌腱引起小腿前伸 D. 强光刺激视网膜引起瞳孔缩小
E. 异物接触角膜引起眼睑闭合

293. 形成大脑条件反射的基本条件是
A. 大脑皮层必须健全 B. 要有非条件刺激强化
C. 要有适当的无关刺激 D. 非条件刺激出现在无关刺激之前
E. 无关刺激与非条件刺激在时间上多次结合

294. 条件反射的特点是
A. 先天遗传 B. 后天训练而建立 C. 种族共有的反射
D. 是一种初级的神经活动 E. 反射弧固定不变

三、神经系统的感觉分析功能(执业医师及助理医师均需掌握)

295. 特异投射系统的特点是
A. 弥散投射到大脑皮层广泛区域 B. 点对点投射到大脑皮层特定区域
C. 上行激动系统是其主要结构 D. 改变大脑皮层兴奋状态是其主要功能
E. 对催眠药和麻醉药敏感

296. 丘脑非特异投射系统
A. 投射到皮层特定区域,具有点对点关系 B. 投射到皮层,产生特定感觉
C. 投射到皮层广泛区域,提高皮层的兴奋性 D. 被切断时,动物保持清醒状态
E. 受刺激时,动物处于昏睡状态

297. 丘脑的非特异投射系统的主要作用是
A. 引起痛觉 B. 引起温度觉 C. 引起触觉
D. 使机体进入睡眠状态 E. 维持大脑兴奋状态

298. 非特异感觉投射的生理特点,正确的是
A. 不通过脑干网状结构上行激动系统起作用 B. 与大脑皮层具有点对点的投射关系
C. 没有专一的感觉传导功能 D. 为单突触传递系统
E. 不易受巴比妥类药物的影响

299. 脑干网状结构上行激动系统是
A. 具有上行唤醒作用的功能系统 B. 通过丘脑特异投射而发挥作用的系统
C. 单突触接替系统 D. 阻止巴比妥类药物发挥作用的系统
E. 与感觉无关的中枢神经系统

300. 内脏痛的特点
A. 刺痛 B. 快痛 C. 定位不精确
D. 必有牵涉痛 E. 对牵拉不敏感

301. 心肌缺血时,牵涉痛通常发生在
A. 心前区、左肩和左上臂 B. 左上腹和肩胛间 C. 左肩胛和右肩胛
D. 上腹部和脐周围区 E. 下腹部和腹股沟区

302. 属于牵涉痛的情况
A. 胆囊炎患者墨菲征阳性 B. 阑尾炎患者麦氏点压痛阳性 C. 冠心病患者胸骨后疼痛
D. 右下肺炎患者右肩部疼痛 E. 肋间神经炎患者电击样痛

303. 男,65 岁。既往有胆结石病史 10 年,突发右肝区绞痛,伴右肩区疼痛。右肩区疼痛的性质是
A. 躯体痛 B. 牵涉痛 C. 痉挛性痛

D. 体腔壁痛　　E. 扩散性疼痛

四、神经系统对姿势和运动的调节(执业医师及助理医师均需掌握)

304. 人体姿势维持的基础是
A. 骨骼肌收缩　　B. 骨骼肌舒张　　C. 腱反射
D. 肌紧张　　E. 屈肌反射

305. 维持身体姿势最基本的反射是
A. 肌紧张反射　　B. 跟腱反射　　C. 腱反射
D. 肱二头肌反射　　E. 对侧伸肌反射

306. 快速牵拉肌肉时发生的牵张反射是使
A. 受牵拉的肌肉发生收缩　　B. 同一关节的协调肌抑制　　C. 同一关节的拮抗肌兴奋
D. 其他关节的肌肉也收缩　　E. 伸肌和屈肌同时收缩

307. 下列有关肌梭感受器的论述,错误的是
A. 感受装置位于肌梭中间部位　　B. 肌梭的传入神经为Ⅰa类和Ⅱ类纤维
C. 肌梭是感受肌纤维长度的感受器　　D. 梭外肌收缩时,感受器受到的牵拉刺激增加
E. 梭内肌收缩时,感受器的敏感性提高

308. 在中脑上、下丘之间切断脑干的动物,将出现
A. 肢体痉挛性麻痹　　B. 脊髓休克　　C. 去皮层僵直
D. 去大脑僵直　　E. 上运动神经元麻痹

309. 帕金森病患者出现震颤麻痹是
A. 前庭小脑神经元病变所致　　B. 红核神经元病变所致　　C. 纹状体神经元病变所致
D. 多巴胺神经递质系统功能受损　　E. 乙酰胆碱递质系统功能受损

310. 帕金森病的主要发病原因是
A. 丘脑底核受损　　B. 纹状体受损　　C. 大脑皮层运动区受损
D. 大脑皮层、纹状体回路受损　　E. 黑质-纹状体多巴胺通路受损

311. 帕金森病患者可出现的症状是
A. 运动共济失调　　B. 骨骼肌张力降低　　C. 静止性震颤
D. 意向性震颤　　E. 皮肤感觉迟钝

312. 用左旋多巴或M受体拮抗剂治疗震颤麻痹(帕金森病),不能缓解的症状是
A. 肌肉强直　　B. 随意运动减少　　C. 动作缓慢
D. 面部表情呆板　　E. 静止性震颤

313. 小脑绒球小结叶受损后的表现是
A. 运动编程功能受损　　B. 运动启动功能障碍　　C. 肌肉精细运动受损
D. 身体平衡功能障碍　　E. 运动协调功能受损

314. 副交感神经的作用是
A. 瞳孔扩大　　B. 糖原分解增加　　C. 逼尿肌收缩
D. 骨骼肌血管舒张　　E. 消化道括约肌收缩

315. 交感神经兴奋时可引起
A. 瞳孔缩小　　B. 逼尿肌收缩　　C. 消化道括约肌舒张
D. 孕妇的子宫平滑肌收缩　　E. 支气管平滑肌收缩

A. 脊髓　　B. 延髓　　C. 大脑
D. 中脑　　E. 下丘脑

316. 瞳孔对光反射中枢位于
317. 基本生命中枢位于

五、脑电活动(执业医师需掌握)

318. 幼儿脑电波是
A. θ 波　B. α 波　C. β 波
D. γ 波　E. δ 波
319. 正常人安静状态时出现的脑电波应为
A. α 波　B. β 波　C. γ 波
D. δ 波　E. θ 波
320. 男,45 岁,右利手。因头痛和言语障碍 6 月余就诊。头颅 MRI 显示左侧中央前回底部前方有占位性病变,脑膜瘤可能性大。该患者的言语障碍最可能是
A. 失写　B. 失读　C. 感觉性失语
D. 传导性失语　E. 运动性失语
321. 女,56 岁,右利手。突然语言困难 2 天,有心房颤动病史 7 年。查体:神志清楚,四肢运动感觉无异常。门诊医生问诊:“生什么病?”答:“呀! 吃饭吗?”医生:“把右手举起来”。答:“是”,却向门口走去。最可能的原因是
A. 运动性失语　B. 命名性失语　C. 传导性失语
D. 感觉性失语　E. 混合性失语

第 10 章　内分泌

一、下丘脑的内分泌功能(执业医师需掌握)

322. 属类固醇激素的是
A. 促肾上腺皮质激素　B. 肾上腺皮质激素　C. 肾上腺髓质激素
D. 促甲状腺激素　E. 甲状腺激素
323. 不属于腺垂体靶腺的是
A. 甲状腺　B. 睾丸　C. 胰腺
D. 肾上腺　E. 卵巢
324. 实现下丘脑与神经垂体之间的功能联系,依靠
A. 垂体门脉系统　B. 下丘脑促垂体区　C. 下丘脑-垂体束
D. 正中隆起　E. 下丘脑调节肽
325. 由下丘脑产生的激素是
A. 促肾上腺皮质激素　B. 生长激素　C. 血管紧张素
D. 泌乳素　E. 血管加压素

A. 皮质醇　B. 泌乳素　C. 肾上腺素
D. 血管加压素　E. 促甲状腺激素释放激素
326. 腺垂体分泌的激素是
327. 神经垂体储存的激素是

二、生长激素(执业医师及助理医师均需掌握)

328. 下列关于生长激素功能的叙述,错误的是

A. 加速蛋白质的合成　B. 促进脂肪的合成　C. 促进生长发育
D. 升高血糖水平　E. 减少尿氮排出

329. 一昼夜人体血液中生长激素水平最高是在
A. 觉醒时　B. 困倦时　C. 饥饿时
D. 寒冷时　E. 熟睡时

三、甲状腺激素（执业医师及助理医师均需掌握）

330. 下列不属于内分泌器官的是
A. 腺垂体　B. 肾上腺　C. 睾丸
D. 前列腺　E. 甲状旁腺

331. 甲状腺功能减退症患者有严重的智力低下、聋哑的表现，估计其甲状腺功能减退始于
A. 胎儿期或新生儿期　B. 3~5岁　C. 6~10岁
D. 11~17岁　E. 18岁以后

332. 碘缺乏对健康的影响除了甲状腺肿大外，还可引起
A. 肝损害　B. 免疫功能低下　C. 脑发育障碍
D. 内分泌紊乱　E. 骨代谢障碍

333. 影响神经系统发育最重要的激素是
A. 生长激素　B. 甲状腺激素　C. 糖皮质激素
D. 胰岛素　E. 性激素

334. 甲状腺激素对下列哪些器官的发育最为重要？
A. 肝和肾　B. 肾和心　C. 骨和脑
D. 肝和脑　E. 心和脑

335. 甲状腺激素分泌不足可引起
A. 黏液性水肿　B. 小儿麻痹　C. 巨人症
D. 矮小症　E. 肢端肥大症

A. ACTH　B. LH　C. TSH
D. FSH　E. GH

336. 促进甲状腺激素分泌的激素是
337. 促进皮质醇分泌的激素是

四、调节钙、磷代谢的激素（执业医师及助理医师均需掌握）

338. 人体降钙素来源于
A. 甲状腺滤泡旁细胞　B. 甲状腺滤泡上皮细胞　C. 甲状旁腺主细胞
D. 成骨细胞　E. 破骨细胞

339. 高浓度降钙素能迅速降低血钙的作用环节是
A. 抑制破骨细胞溶骨活动　B. 减少肠对钙的吸收　C. 抑制肾小管对钙的重吸收
D. 刺激成骨细胞成骨活动　E. 抑制甲状旁腺激素分泌

340. 甲状旁腺激素对血钙的调节主要是通过
A. 肠和胃　B. 肝和胆　C. 胰和胆
D. 骨和肾　E. 脑垂体

341. 甲状旁腺激素的功能是调节血液中的
A. 钙　B. 钠　C. 镁

D. 钾　　E. 锌

342. 甲状旁腺激素对血液中钙、磷浓度的调节作用表现为
A. 降低血钙浓度,升高血磷浓度
B. 升高血钙浓度,降低血磷浓度
C. 升高血钙浓度,不影响血磷浓度
D. 降低血钙浓度,不影响血磷浓度
E. 升高血钙、血磷浓度

五、胰岛素(执业医师及助理医师均需掌握)

343. 胰岛 β 细胞分泌的激素是
A. 胰高血糖素　　B. 胰岛素　　C. 促胃液素
D. 胰多肽　　E. 生长抑素

344. 胰岛 A 细胞分泌的激素是
A. 胰岛素　　B. 胰高血糖素　　C. 生长抑素
D. 血管活性肠肽　　E. 胰多肽

345. 降糖升蛋白的激素是
A. 甲状腺激素　　B. 胰岛素　　C. 雄激素
D. 生长激素　　E. 雌激素

346. 下列激素中,能最显著地促进胰岛素分泌的是
A. 抑胃肽　　B. 促胃液素　　C. 促胰液素
D. 生长激素　　E. 皮质醇

347. 调节胰岛素分泌最重要的因素是
A. 血中氨基酸浓度　　B. 血糖浓度　　C. 血中脂肪酸浓度
D. 迷走神经　　E. 胰高血糖素

348. 下列关于胰岛素的叙述,错误的是
A. 促进糖的储存和利用
B. 促进葡萄糖转变为脂肪
C. 抑胃肽对胰岛素的分泌有调节作用
D. 促进脂肪和蛋白质的分解和利用
E. 与生长激素有协调效应

349. 下列哪种激素是蛋白质合成与储存所不可缺少的?
A. 胰高血糖素　　B. 胰多肽　　C. 胰岛素
D. 生长抑素　　E. 氢化可的松

六、肾上腺皮质激素(执业医师及助理医师均需掌握)

350. 糖皮质激素升高血糖的机制是
A. 减少糖异生　　B. 抑制肝外组织的葡萄糖利用　　C. 促进糖类转变为脂肪
D. 促进脂酸合成　　E. 促进葡萄糖氧化

351. 糖皮质激素
A. 促进葡萄糖的利用　　B. 减少红细胞和淋巴细胞的数目　　C. 减少脂肪的分解
D. 促进肌肉组织蛋白质分解　　E. 降低机体抗伤害刺激的能力

352. 呈现圆脸、厚背、躯干发胖而四肢消瘦的“向心性肥胖”的特殊体型,提示
A. 甲状腺激素分泌过多　　B. 生长激素分泌过多　　C. 肾上腺糖皮质激素分泌过多
D. 肾上腺素分泌过多　　E. 胰岛素分泌不足

353. 应激反应时,血中明显增多的激素是
A. 皮质醇　　B. 醛固酮　　C. 胰岛素
D. 抗利尿激素　　E. 雄激素

354. 个体处于应急状态时,表现为心率加快、血压增高、呼吸加快、血糖升高和肌张力增强。这些生理反应说明活动增强的神经内分泌系统是
A. 下丘脑-垂体-甲状腺轴　B. 下丘脑-垂体-肾上腺皮质轴　C. 交感-肾上腺髓质轴
D. 下丘脑-垂体-性腺轴　E. 下丘脑-垂体后叶轴系

355. 患者长期大量使用糖皮质激素时,下列哪种变化正确?
A. 血中 CRH 增加　B. 血中 ACTH 减少　C. 血中 TSH 增加
D. 血中 GH 减少　E. 血中 PRL 增加

356. 与糖代谢无关的激素是
A. 胰岛素　B. 甲状腺激素　C. 肾上腺素
D. 去甲肾上腺素　E. 醛固酮

第11章 生 殖

一、男性生殖(执业医师及助理医师均需掌握)

357. 男性性腺分泌的激素是
A. 肽类激素　B. 氨基酸　C. 糖蛋白
D. 儿茶酚胺　E. 类固醇激素

358. 睾丸内合成睾酮的细胞是
A. 生精细胞　B. 支持细胞　C. 间质细胞
D. 成纤维细胞　E. 肌样细胞

359. 睾丸间质细胞的主要生理功能是
A. 营养和支持生殖细胞　B. 产生精子　C. 分泌雄激素
D. 促进精子成熟　E. 起血睾屏障作用

360. 睾酮没有的作用是
A. 刺激生殖器官的生长发育　B. 维持生精作用　C. 溶骨作用
D. 维持正常性欲　E. 促进红细胞生成

361. 下列有关睾酮功能的叙述,错误的是
A. 促进精子生长发育　B. 抑制蛋白质合成　C. 促进骨骼生长
D. 促进副性征的出现　E. 维持正常性欲

二、女性生殖(执业医师及助理医师均需掌握)

362. 关于雌激素生理作用的叙述,不正确的是
A. 使子宫发育　B. 促进水与钠排泄　C. 促进输卵管发育
D. 促进骨中钙的沉积　E. 促进阴道上皮细胞的增生

363. 下列有关孕激素作用的叙述,正确的是
A. 使子宫内膜发生增生期变化　B. 使子宫内膜发生分泌期变化
C. 降低血浆低密度脂蛋白含量　D. 促使并维持女性第二性征的出现
E. 促进子宫收缩

364. 能够引起排卵后基础体温升高的激素是
A. 黄体生成素　B. 卵泡刺激素　C. 雌激素
D. 孕激素　E. 催乳素

365. 正常月经周期中雌激素出现第二次高峰的直接原因是
A. 雌激素的正反馈作用 B. 孕激素的正反馈作用 C. 催乳素的作用
D. 黄体生成素的作用 E. 促卵泡激素的作用

366. 月经周期中控制排卵发生的关键因素是
A. 排卵前雌激素高峰 B. 孕激素高峰 C. 卵泡刺激素高峰
D. 黄体生成素高峰 E. 促性腺激素释放激素高峰

367. 育龄期女性月经周期中,促进卵泡发育成熟的主要激素是
A. 卵泡刺激素 B. 黄体生成素 C. 人绒毛膜促性腺激素
D. 雌激素 E. 孕激素

368. 月经来潮的原因是
A. 血中雌激素水平和孕激素水平都升高 B. 血中雌激素水平降低,孕激素水平升高
C. 血中雌激素水平降低,孕激素水平不变 D. 血中雌激素水平升高,孕激素水平降低
E. 血中雌激素水平和孕激素水平都降低

第四篇　医学微生物学

(执业医师需掌握)

第1章　微生物的基本概念、细菌形态结构与细菌生理

1. 有完整细胞核的微生物是
A. 立克次体　B. 放线菌　C. 细菌
D. 真菌　E. 衣原体

2. 不属于原核细胞型微生物的是
A. 螺旋体　B. 放线菌　C. 衣原体
D. 真菌　E. 立克次体

3. 不属于原核细胞型微生物的是
A. 细菌　B. 病毒　C. 支原体
D. 立克次体　E. 衣原体

4. 属于原核细胞型微生物的是
A. 酵母菌、淋病奈瑟菌　B. 放线菌、破伤风梭菌　C. 链球菌、念珠菌
D. 隐球菌、结核分枝杆菌　E. 小孢子菌、大肠埃希菌

A. 病毒　B. 衣原体　C. 真菌
D. 支原体　E. 立克次体

5. 无细胞壁的原核细胞型微生物是
6. 具有典型细胞核和完善细胞器的微生物是

7. 细菌细胞壁特有的成分是
A. 肽聚糖　B. 外膜　C. 脂蛋白
D. 脂多糖　E. 类脂

8. 青霉素作用的细菌靶位是
A. 细胞质的质粒　B. 细胞质的核糖体　C. 细胞壁的聚糖骨架
D. 细胞壁的磷壁酸　E. 细胞壁的五肽交联桥

9. 细菌“核质以外的遗传物质”是指
A. mRNA　B. 核蛋白体　C. 质粒
D. 异染颗粒　E. 性菌毛

10. 与细菌耐药性有关的结构是
A. 性菌毛　B. 细菌染色体　C. 质粒
D. 鞭毛　E. 异染颗粒

A. 中介体　B. 包涵体　C. 吞噬体
D. 质粒　E. 异染颗粒

11. 与细菌的呼吸作用有关的结构是

12. 可用于鉴别细菌的结构是
13. 在病毒的增殖过程中,可出现的结构是
14. 使细菌具有侵袭力的结构成分是
A. 芽胞　B. 肽聚糖　C. 荚膜
D. 核糖体　E. 异染颗粒
15. 肺炎链球菌的主要致病因素是
A. C-反应蛋白　B. 自溶酶　C. 荚膜
D. 外毒素　E. 内毒素
16. 细菌芽胞最显著的特性是
A. 抗吞噬性　B. 具有毒素活性　C. 耐热性
D. 黏附性　E. 侵袭性
17. 细菌个体的繁殖方式是
A. 有性繁殖　B. 菌丝断裂　C. 细胞出芽
D. 无性二分裂　E. 核酸复制
18. 幽门螺杆菌是
A. 无鞭毛　B. 革兰染色阳性　C. 营养要求低
D. 微需氧　E. 呈球形
19. 流行病学调查时,可作为细菌分型依据的代谢产物是
A. 抗生素　B. 细菌素　C. 热原质
D. 毒素　E. 色素

第 2 章　消毒灭菌、噬菌体与细菌的遗传变异

20. 医学上主要用于空气灭菌的电磁辐射是
A. 紫外线　B. 红外线　C. γ 射线
D. 可视线　E. 微波辐射
21. 关于高压蒸汽灭菌法,不正确的描述是
A. 灭菌效果最可靠　B. 适用于耐高温和耐湿物品的灭菌
C. 可杀灭包括细菌芽胞在内的所有微生物　D. 通常灭菌时间为 1 小时
E. 通常灭菌温度为 121.3℃
22. 普通培养基最适宜的灭菌方法是
A. 巴氏消毒法　B. 煮沸法　C. 高压蒸汽灭菌法
D. 流通蒸汽灭菌法　E. 间歇灭菌法
23. 质粒在细菌间的转移方式主要为
A. 转化　B. 接合　C. 转导
D. 易位　E. 溶原性转换

第 3 章　细菌的感染与免疫、细菌感染的检测方法与防治原则

24. 引起菌群失调症的原因是
A. 正常菌群的遗传特性明显改变　B. 正常菌群的耐药性明显改变

C. 正常菌群的增殖方式明显改变　D. 正常菌群的组成和数量明显改变
E. 大量使用生态制剂

25. 引起肠道菌群失调的最主要病因是
A. 正常菌群异位　B. 宿主免疫力低下　C. 滥用抗生素
D. 黏膜表面损伤　E. 长期大剂量应用糖皮质激素

26. 与细菌侵袭力无关的致病因素是
A. 黏附素　B. 荚膜　C. 细菌生物被膜
D. 外毒素　E. 透明质酸酶

27. 关于病菌致病因素的描述,错误的是
A. 病菌有黏附因子　B. 病菌有荚膜、微荚膜　C. 与病菌的胞外酶有关
D. 与病菌的内、外毒素有关　E. 与病菌侵入的数量并无密切关系

28. 内毒素的主要成分是
A. 肽聚糖　B. 蛋白质　C. 脂蛋白
D. 核酸　E. 脂多糖

29. 关于内毒素性质的错误叙述是
A. 来源于革兰阴性菌　B. 用甲醛脱毒可制成类毒素　C. 其化学成分是脂多糖
D. 性质稳定,耐热　E. 菌体死亡裂解后释放

30. 细菌内毒素的特征是
A. 只有革兰阴性细菌产生　B. 少数革兰阳性细菌产生　C. 细菌在生活状态下释放
D. 抗原性强　E. 不耐热

31. 可以引起菌血症的细菌是
A. 霍乱弧菌　B. 肉毒梭菌　C. 白喉棒状杆菌
D. 破伤风梭菌　E. 伤寒沙门菌

第4章　病原性球菌、肠道杆菌、弧菌与螺杆菌属

32. 男,45岁。2周前烧伤,烧伤面积40%左右,近5天开始发热,体温38~39℃,间歇性,逐渐加重并伴有寒战。血培养出的细菌可产生凝固酶、杀白细胞素、肠毒素。最可能感染的细菌是
A. 肺炎链球菌　B. 溶血性链球菌　C. 厌氧芽胞菌
D. 大肠埃希菌　E. 金黄色葡萄球菌

33. 可引起食物中毒的细菌是
A. 葡萄球菌　B. 溶血性链球菌　C. 肺炎链球菌
D. 脑膜炎奈瑟菌　E. 淋病奈瑟菌

34. 与血浆凝固酶阴性葡萄球菌无关的疾病是
A. 食物中毒　B. 败血症　C. 股骨头置换术后感染
D. 急性膀胱炎　E. 细菌性心内膜炎

35. 可引起毒性休克综合征的细菌是
A. 肺炎链球菌　B. 脑膜炎奈瑟菌　C. 溶血性链球菌
D. 表皮葡萄球菌　E. 金黄色葡萄球菌

36. 男,45岁。因"胃溃疡"行胃部分切除术,卧床7天后出现高热,咳脓血痰伴气促。查体:T39℃,P120次/分,R30次/分。双肺可闻及少许湿啰音。痰液涂片检查可见大量脓细胞,成堆排列的G^+球菌,白

细胞内也可见到 G^+ 球菌。最可能感染的细菌是

A. A 族链球菌　B. D 族链球菌　C. 脑膜炎奈瑟菌

D. 肺炎链球菌　E. 金黄色葡萄球菌

37. 不属于肺炎链球菌致病物质的是

A. M 蛋白　B. 荚膜　C. 神经氨酸酶

D. 肺炎链球菌溶素　E. 脂磷壁酸

38. 引起流行性脑脊髓膜炎的病原体属于

A. 奈瑟菌属　B. 念珠菌属　C. 隐球菌属

D. 链球菌属　E. 葡萄球菌属

39. 淋病奈瑟菌的形态特点是

A. 革兰阴性双球菌　B. 革兰阳性四联球菌　C. 革兰阴性螺形菌

D. 革兰阴性球杆菌　E. 革兰阳性链球菌

A. 葡萄球菌　B. 链球菌　C. 肺炎链球菌

D. 脑膜炎球菌　E. 淋病奈瑟菌

40. 有典型荚膜结构的是

41. 黏膜表面黏附时可产生 IgA1 蛋白酶的是

42. 引发猩红热的病原体是

43. 在鉴别肠道致病菌和非致病菌的单糖发酵试验中,具有鉴别意义的单糖是

A. 葡萄糖　B. 麦芽糖　C. 蔗糖

D. 菊糖　E. 乳糖

44. 大肠埃希菌 O157:H7 引起的腹泻特点是

A. 脓性便　B. 血样便　C. 米泔水样便

D. 蛋花样便　E. 黏液便

45. 可致出血性结肠炎的细菌是

A. 伤寒沙门菌　B. 金黄色葡萄球菌　C. 霍乱弧菌

D. 大肠埃希菌 O157:H7　E. 副溶血性弧菌

46. 我国饮用水的卫生标准(GB5749—85)中规定

A. 每毫升饮水中细菌总数不超过 10 个　B. 每毫升饮水中细菌总数不超过 100 个

C. 每毫升饮水中细菌总数不超过 1000 个　D. 每 100ml 饮水中细菌总数不超过 10 个

E. 每 500ml 饮水中细菌总数不超过 10 个

47. 与志贺毒素致病作用类似的毒素是

A. 肉毒外毒素　B. 大肠埃希菌内毒素　C. 霍乱外毒素

D. 金黄色葡萄球菌外毒素　E. 伤寒杆菌内毒素

48. 某人在参加一次聚餐 3 天后,突然出现发热、腹痛和腹泻。腹泻始为水样便,1 天后转变为黏液脓血便,并有里急后重感。根据以上症状,应考虑的疾病和检查方法是

A. 伤寒,取脓血便进行免疫荧光检查

B. 葡萄球菌食物中毒,取剩余食物分离致病菌

C. 沙门菌食物中毒,取剩余食物分离致病菌

D. 霍乱,取脓血便直接镜检

E. 细菌性痢疾,取脓血便分离肠道致病菌

49. 患者张某,疑似伤寒入院,2 次取血做肥达反应的结果:入院后第 4 天结果,抗 H 1:80,抗 O 1:80,抗

A、抗B、抗C 1:40;入院后第12天,抗H、抗O 1:320,抗A、抗B、抗C 1:40,可能诊断为
A. 伤寒　B. 甲型副伤寒　C. 乙型副伤寒
D. 沙门菌早期感染　E. 回忆反应

50. 关于霍乱弧菌的生物学性状,错误的描述是
A. 革兰染色为阴性　B. 有菌毛和单鞭毛　C. 悬滴观察呈"穿梭"样运动
D. El-Tor生物型可形成芽胞　E. 增菌培养基通常为碱性蛋白胨水

51. 霍乱弧菌的致病因素不包括
A. 鞭毛　B. 菌毛　C. 荚膜
D. 肠毒素　E. 内毒素

52. 耐盐细菌是
A. 痢疾志贺菌　B. 破伤风梭菌　C. 副溶血弧菌
D. 白喉棒状杆菌　E. 结核分枝杆菌

53. 男,40岁。上腹部不适伴纳差1个月,既往体健。胃镜检查结果为黏膜相关性淋巴样组织淋巴瘤。与该病发生密切相关的病原体是
A. 军团菌　B. 粪肠球菌　C. 幽门螺杆菌
D. 产气肠杆菌　E. 大肠埃希菌

54. 女,41岁。上腹胀痛10余年,常伴烧心,多在餐后1小时发作,1~2小时可自行缓解,秋冬及冬春季症状明显。胃镜下黏膜活检组织Worthin-Starty银染色阳性,提示细菌感染。这种致病菌的特点不包括
A. 尿素酶试验阳性　B. 至少需质子泵抑制剂加两种抗生素治疗
C. 革兰染色阳性　D. 培养时需要加入5%~10%羊血或马血
E. 培养3~7天可见针尖大小的菌落

第5章　厌氧菌、分枝杆菌与嗜血杆菌属

55. 男,35岁。田间耕作时被带锈铁钉刺伤右足,伤口深约3cm,自行包扎未就医。6天后患者出现全身乏力,头晕,头痛,并觉张口困难,颈强直(+),头后仰,角弓反张。对造成该疾病的致病菌特点的描述,正确的是
A. 革兰染色阴性　B. 芽胞对热、干燥不耐受　C. 致病毒素主要为内毒素
D. 细菌形态为球菌　E. 感染必须具有缺氧环境

56. 男,30岁。全身乏力,面部肌肉紧张2天。7天前田间劳动时足部刺伤。局部分泌物标本检出致病微生物为革兰阳性菌,有周鞭毛,无荚膜,厌氧培养呈羽毛样菌落。最可能的致病微生物是
A. 破伤风梭菌　B. 产气荚膜梭菌　C. 铜绿假单胞菌
D. 溶血性链球菌　E. 金黄色葡萄球菌

57. 不属于产气荚膜梭菌致病物质的是
A. 卵磷脂酶　B. 溶血素　C. 透明质酸酶
D. 内毒素　E. 胶原酶

58. 在下述情况中,排除无芽胞厌氧菌的依据是
A. 机体多个部位的脓肿　B. 血性分泌物,恶臭或有气体
C. 分泌物直接涂片可见细菌　D. 在普通肉汤培养基中呈表面生长
E. 在无氧环境下的血平板中长出微小菌落

59. 男,40岁。右下肢肿胀、剧痛3小时。1天前用粪便在农田施肥时,右足被扎伤,半夜感胀裂样痛,症

状加重，出现下肢肿胀，皮肤由紫红变成紫黑色，水肿，有水泡。查体：局部皮下有捻发音，伤口处有恶臭的血性浆液渗出。最可能的致病菌是

A. 乙型溶血性链球菌　B. 大肠埃希菌　C. 金黄色葡萄球菌
D. 表皮葡萄球菌　E. 梭状芽胞杆菌

60. 结核分枝杆菌化学组成最显著的特点是含有大量的

A. 蛋白质　B. 脂类　C. 多糖
D. RNA　E. 磷壁酸

61. 结核分枝杆菌形态学诊断最常用的染色方法是

A. 革兰染色　B. 抗酸染色　C. 亚甲蓝染色
D. 镀银染色　E. 荚膜染色

62. 男，26 岁。腰痛、低热、进行性加重半年。体格检查：L_1 棘突压痛，叩击痛(+)。X 线片提示骨质破坏、腰大肌影增宽。CT 引导下行脓肿穿刺涂片提示抗酸染色(+)。为明确病原体，其培养应使用

A. 罗氏培养基　B. 巧克力培养基　C. SS 琼脂培养基
D. 双糖铁培养基　E. 疱肉培养基

第 6 章　动物源性细菌、其他细菌与放线菌

63. 能引起人畜共患病的病原体是

A. 淋病奈瑟菌　B. 白喉棒状杆菌　C. 布鲁菌
D. 霍乱弧菌　E. 梅毒螺旋体

64. 男，39 岁。发热 2 天，伴畏寒，右上肢剧烈疼痛。有啮齿动物接触史。查体：T39.8℃，P110 次/分，R22 次/分，BP120/75mmHg。神志清楚，强迫体位，右腋下可触及肿大淋巴结，触痛明显。心、肺、腹未见异常。实验室检查：血 WBC12.4×10^9/L，N0.86，L0.14。淋巴结穿刺液涂片染色检查可见 G^- 菌。引起该病的病原体是

A. 伤寒杆菌　B. 大肠埃希菌　C. 奈瑟球菌
D. 鼠疫耶尔森菌　E. 流感嗜血杆菌

65. 白喉棒状杆菌最主要的致病物质是

A. 内毒素　B. 外毒素　C. 芽胞
D. 荚膜　E. 索状因子

66. 所产毒素与噬菌体有关的细菌是

A. 产气荚膜梭菌　B. 破伤风梭菌　C. 白喉棒状杆菌
D. 霍乱弧菌　E. 大肠埃希菌

67. 放线菌病的好发部位是

A. 胸腔　B. 腹腔　C. 盆腔
D. 面颈部　E. 四肢

第 7 章　支原体、立克次体、衣原体与螺旋体

68. 男，25 岁。头痛、全身痛、乏力伴发热 3 天于 8 月 15 日来诊。发病前曾收割水稻多日。查体：T39℃，P110 次/分，神志清，球结膜充血，腹股沟淋巴结肿大，腓肠肌压痛。此患者所患疾病的病原学特点是

A. 革兰染色阴性杆菌，有菌毛，无鞭毛及荚膜

B. 菌体纤细，有 12~18 个螺旋，镀银染色呈黑色
C. 革兰染色阴性弧菌，形态弯曲
D. 革兰染色阴性杆菌，在含胆汁培养基上生长更好
E. 革兰染色阴性双球菌，裂解释放内毒素致病

A. 炭疽芽胞杆菌　B. 解脲脲原体　C. 柯萨奇 B 组病毒
D. 伯氏疏螺旋体　E. 汉坦病毒

69. 人类非淋病性尿道炎的重要病原体是
70. 肾综合征出血热的病原体是

A. 蚊　B. 人虱　C. 鼠蚤
D. 恙螨　E. 蜱

71. 登革热的传播媒介是
72. 地方性斑疹伤寒的传播媒介是
73. 流行性斑疹伤寒的传播媒介是

第 8 章　病毒的基本性状、病毒的感染与免疫

74. 对病毒生物学性状的描述，不正确的是
A. 测量大小的单位为纳米(nm)　B. 含有 DNA 和 RNA 两种核酸　C. 以复制方式增殖
D. 必须寄生于活细胞内　E. 属于非细胞型微生物
75. 脊髓灰质炎、甲型肝炎等病毒的病毒体结构组成是
A. 核酸和刺突　B. 衣壳和包膜　C. 基质蛋白和衣壳
D. 核酸和包膜　E. 核酸和衣壳
76. 以核酸为模板进行增殖的微生物是
A. 细菌　B. 衣原体　C. 病毒
D. 立克次体　E. 真菌
77. 不属于病毒复制周期的是
A. 吸附　B. 脱壳　C. 组装
D. 成熟　E. 扩散
78. 孕早期患下列何种疾病，应终止妊娠？
A. 细菌性阴道炎　B. 巨细胞病毒感染　C. 沙眼衣原体感染
D. 外阴阴道念珠菌感染　E. 生殖道尖锐湿疣
79. 免疫系统清除病毒感染细胞的主要机制是
A. 诱导免疫抑制　B. 诱导特异性 CTL 产生　C. 上调 IL-10
D. 诱导免疫耐受　E. 下调 HLA 分子的表达
80. 病毒感染机体后，在体内由局部向远处扩散的方式不包括
A. 经组织间隙播散　B. 经神经播散　C. 经淋巴播散
D. 经血行播散　E. 经免疫系统播散

第9章 病毒感染的检查方法与呼吸道病毒

81. 目前,病毒分离培养最常用的方法是
A. 肉汤培养基培养　B. 鸡胚培养　C. 细胞培养
D. 动物接种　E. 人体接种

82. 不属于副黏病毒科的病毒是
A. 呼吸道合胞病毒　B. 麻疹病毒　C. 腮腺炎病毒
D. 副流感病毒　E. 禽流感病毒

83. 甲型流感病毒最容易发生变异的成分是
A. 包膜脂类　B. 神经氨酸酶和血凝素　C. 衣壳蛋白
D. 基质蛋白　E. 核蛋白

84. 为预防风疹和先天性风疹综合征,禁忌接种风疹减毒活疫苗的人群是
A. 育龄期女青年　B. 结婚登记时的女青年　C. 1岁以上的少年儿童
D. 妊娠妇女　E. 注射过抗风疹人血清免疫球蛋白的孕妇

85. 最容易发生变异的呼吸道病毒是
A. 甲型流感病毒　B. 副流感病毒　C. 麻疹病毒
D. 腮腺炎病毒　E. 呼吸道合胞病毒

A. 风疹病毒　B. 腺病毒　C. 麻疹病毒
D. 腮腺炎病毒　E. 呼吸道合胞病毒

86. 可以引起人类呼吸道、胃肠道、泌尿道及眼部感染的病毒是
87. 可引起先天性耳聋的病毒是

第10章 胃肠道病毒与肝炎病毒

88. 关于人类肠道病毒的特点,不正确的是
A. 为RNA病毒　B. 无包膜　C. 主要经粪-口途径传播
D. 显性感染多见　E. 在肠道中增殖,引起肠外症状

89. 肠道病毒一般不引起的疾病是
A. 心肌炎　B. 手足口病　C. 尿道炎
D. 脊髓灰质炎　E. 无菌性脑膜炎

90. 输血作为主要传播途径的病毒性疾病是
A. 甲型肝炎　B. 乙型肝炎　C. 丙型肝炎
D. 丁型肝炎　E. 戊型肝炎

91. 下列乙肝标志物检查结果,可作为献血员的是
A. HBsAg(+),抗HBs(-),抗HBe(-),抗HBc(-)
B. HBsAg(+),抗HBs(-),抗HBe(-),抗HBc(+)
C. HBsAg(+),抗HBs(-),抗HBe(+),抗HBc(+)
D. HBsAg(-),抗HBs(+),抗HBe(+),抗HBc(+)
E. HBsAg(-),抗HBs(+),抗HBe(-),抗HBc(-)

92. 男,17岁。发热伴乏力、纳差、眼黄、尿黄5天。实验室检查:ALT860U/L,AST620U/L,TBil60μmol/L。

经常在街边小摊进餐。曾注射乙肝疫苗。该患者所患疾病的病原体属于
A. 小 RNA 病毒　　B. 单股正链 RNA 病毒　　C. 单股负链 RNA 病毒
D. 双股 RNA 病毒　　E. DNA 病毒

第 11 章　虫媒病毒、出血热病毒与疱疹病毒

93. 乙型脑炎(简称为“乙脑”)的主要传染源是
A. 猪　　B. 乙脑病毒携带者　　C. 乙脑患者
D. 蚊虫　　E. 野鼠
94. 孕早期妇女感染下列哪种病原体易导致胎儿先天性感染?
A. 沙眼衣原体　　B. 淋病奈瑟菌　　C. 白假丝酵母菌
D. 人乳头瘤病毒　　E. 巨细胞病毒
95. 与 EB 病毒感染无关的疾病是
A. 鼻咽癌　　B. 淋巴组织增生性疾病　　C. 宫颈癌
D. 非洲儿童恶性淋巴瘤　　E. 传染性单核细胞增多症

A. EBV　　B. HTLV　　C. HBV
D. VZV　　E. HPV
96. 与白血病有关的病毒是
97. 可引起潜伏感染的病毒是
A. 淋病奈瑟菌　　B. 苍白密螺旋体　　C. 人乳头瘤病毒
D. 沙眼衣原体　　E. 单纯疱疹病毒
98. 导致生殖道尖锐湿疣并且与宫颈癌发病有关的病原体是
99. 引起生殖器水疱样病变的病原体是

第 12 章　逆转录病毒、其他病毒与朊粒

100. 可作为人免疫缺陷病毒(HIV)受体的表面分子是
A. CD20　　B. CD3　　C. CD4
D. CD21　　E. CD8
101. HIV 与感染细胞膜上 CD4 分子结合的病毒刺突是
A. gp120　　B. gp41　　C. P24
D. P17　　E. gp160
102. 与宫颈癌有关的病毒是
A. HEV　　B. HIV　　C. HAV
D. HBV　　E. HPV
103. 引起疯牛病和人类克-雅病、库鲁病等的病原因子是
A. 病毒　　B. 类病毒　　C. 拟病毒
D. 朊病毒(朊粒)　　E. 衣原体

第13章　真　菌

104. 真菌孢子的主要作用是
A. 起黏附作用　B. 抗吞噬　C. 引起变态反应
D. 引起超敏反应　E. 进行繁殖

105. 根据微生物的分类,新生隐球菌属于
A. 细菌　B. 立克次体　C. 真菌
D. 放线菌　E. 支原体

106. 标本涂片可见圆形或卵圆形菌体,革兰染色阳性,从菌体上有芽管伸出,但不与菌体脱离,形成假菌丝。将标本接种至玉米粉培养基上,可长出厚膜孢子,此微生物可能是
A. 葡萄球菌　B. 链球菌　C. 白色念珠菌
D. 放线菌　E. 毛癣菌

A. 大叶性肺炎　B. 肺孢子菌感染　C. 小叶性肺炎
D. 肺结核病　E. 病毒性肺炎

107. 分枝杆菌感染引起的疾病是
108. 真菌感染引起的疾病是

第五篇　医学免疫学

（执业医师需掌握）

第1章　免疫学绪论与抗原

1. 免疫系统的三大功能为
   A. 免疫防御、免疫应答、免疫记忆
   B. 免疫应答、免疫记忆、免疫监视
   C. 免疫防御、免疫记忆、免疫监视
   D. 免疫防御、免疫自稳、免疫监视
   E. 免疫应答、免疫自稳、免疫监视
2. 机体免疫系统识别和清除突变细胞的功能是
   A. 免疫监视　B. 免疫防御　C. 免疫调节
   D. 免疫耐受　E. 免疫缺陷

A. KIR　B. KAR　C. TCR
D. MBL　E. CEA

3. 可传递抑制信号的是
4. 可结合抗原的是
5. 可激活补体的是

6. 不完全抗原(半抗原)
   A. 是蛋白质大分子　B. 有免疫原性　C. 有免疫反应性
   D. 与抗原决定簇无关　E. 与载体的含义相似
7. 最容易刺激机体产生抗体的物质是
   A. 寡糖　B. 蛋白质　C. 单糖
   D. 核苷酸　E. 脂类
8. 不属于佐剂作用机制的是
   A. 改变抗原物理性状　B. 延缓抗原降解　C. 改变免疫应答类型
   D. 特异性增强免疫功能　E. 刺激淋巴细胞的增殖分化
9. 佐剂的功能不包括
   A. 作用于T细胞抗原受体　B. 激活抗原提呈细胞　C. 延长抗原的体内滞留时间
   D. 改变免疫应答的类型　E. 增强免疫应答

第2章　免疫器官与免疫细胞

10. 原发性免疫缺陷易出现的主要疾病是
    A. 自身免疫性疾病　B. 肿瘤　C. 白血病
    D. 艾滋病　E. 反复感染
11. 动物新生期切除胸腺的后果是

A. 细胞免疫功能缺陷,体液免疫功能正常
B. 细胞免疫功能正常,体液免疫功能缺陷
C. 细胞和体液免疫功能均不受影响
D. 细胞免疫功能缺陷,体液免疫功能受损
E. 机体造血和免疫功能均有损害

12. 关于迪格奥尔格(DiGeorge)综合征的叙述,错误的是
A. 患者抗病毒免疫力降低
B. 患者先天性胸腺发育不全
C. 患者结核菌素试验阴性
D. 患者体液免疫功能不受影响
E. 患者细胞免疫功能缺陷

13. 患儿,男性。出生后表现为持续性鹅口疮,9 个月后因真菌性肺炎死亡。尸检发现其胸腺发育不全。此患者发生持续感染主要是由于
A. 继发性免疫缺陷
B. 细胞免疫缺陷
C. 体液免疫缺陷
D. 吞噬细胞缺陷
E. 补体系统缺陷

14. 属于黏膜免疫系统的免疫器官是
A. 胸腺
B. 脾
C. 扁桃体
D. 骨髓
E. 肝

15. 最先到达病原体感染部位的免疫细胞是
A. 巨噬细胞
B. B 细胞
C. T 细胞
D. 中性粒细胞
E. NK 细胞

16. 机体受外源性抗原刺激后,发生免疫应答的部位是
A. 骨髓
B. 淋巴结
C. 胸腺
D. 腔上囊
E. 外周血

17. B 细胞表面标志是
A. CD20
B. CD3
C. CD4
D. CD8
E. CD28

18. B 细胞表面最重要的标志为
A. mIg
B. FcγR
C. CD40
D. CD5
E. CD80

19. 肿瘤细胞被细胞毒性 T 细胞杀伤的关键条件是
A. 表达黏附分子
B. 表达 MHC Ⅰ类分子
C. 表达 MHC Ⅱ类分子
D. 表达 CD 分子
E. 分泌细胞因子

20. 可以作为 B 细胞活化的协同刺激分子是
A. CD4
B. CD19
C. CD21
D. CD28
E. CD40

21. 有特异性抗原受体的细胞是
A. B 淋巴细胞
B. 浆细胞
C. 巨噬细胞
D. NK 细胞
E. 单核细胞

22. 天然血型抗体是
A. IgA
B. IgM
C. IgG
D. IgE
E. IgD

A. NK 细胞
B. B 细胞
C. 肥大细胞
D. 细胞毒性 T 细胞
E. 浆细胞

23. 具有特异性细胞毒作用的是
24. 能分泌抗体的是

25. 可提呈抗原的是
A. 树突状细胞　B. T淋巴细胞　C. 巨噬细胞
D. NK细胞　E. B淋巴细胞
26. 既能产生抗体又能提呈抗原的免疫细胞是
27. 可用于艾滋病辅助诊断的免疫细胞是
28. 只有T细胞才具有的表面标记为
A. 识别抗原受体　B. C3受体　C. 细胞因子受体
D. CD3分子　E. 有丝分裂原受体
29. Th2细胞主要分泌
A. IFN-α　B. IL-4　C. IFN-γ
D. IFN-β　E. IL-2
30. Th1细胞主要分泌
A. IFN-γ　B. IL-4　C. IL-5
D. IL-6　E. IL-10
31. 产生IL-2的细胞是
A. 巨噬细胞　B. 肥大细胞　C. T淋巴细胞
D. B细胞　E. 嗜酸性粒细胞
32. T细胞不能
A. 产生细胞因子　B. 直接杀伤靶细胞　C. 参与病毒的免疫应答
D. 介导ADCC效应　E. 诱导抗体的类别转换
33. 在免疫应答中,巨噬细胞可
A. 产生抗体　B. 表达TCR　C. 产生细胞因子
D. 表达CD3分子　E. 发生基因重排
34. 属于非特异性免疫的是
A. 致敏T淋巴细胞　B. IgE抗体　C. IgM抗体
D. IgG抗体　E. 单核-巨噬细胞
35. 巨噬细胞产生的主要细胞因子是
A. IL-1　B. IL-2　C. IL-4
D. IL-5　E. IL-10
36. 受MHC限制的是
A. CTL杀伤病毒感染细胞　B. NK细胞杀伤肿瘤细胞　C. 巨噬细胞吞噬细菌
D. 抗体结合病毒　E. 树突状细胞摄取抗原
37. 不表达MHCⅠ类分子的细胞是
A. T细胞　B. B细胞　C. 红细胞
D. NK细胞　E. 树突状细胞
38. 关于免疫细胞和膜分子,错误的组合是
A. 辅助性T细胞——CD4抗原阳性　B. 单核吞噬细胞——MHCⅡ类抗原阳性
C. 细胞毒性T细胞——CD8抗原阳性　D. NK细胞——CD4抗原阳性
E. 人红细胞——MHCⅠ类抗原阴性
39. 可通过抗原非特异性方式杀伤病毒感染细胞的免疫细胞是
A. 中性粒细胞　B. T细胞　C. B细胞

D. 肥大细胞　　E. NK 细胞

40. 介导 ADCC 的是
A. CD3　　B. IgG　　C. IFN-γ
D. IL-4　　E. CD4

41. 不参与 ADCC 作用的免疫分子是
A. 穿孔素　　B. Fc 受体　　C. 补体
D. 颗粒酶　　E. 免疫球蛋白

A. CD3　　B. CD19　　C. KIR
D. MHC-Ⅱ　　E. IL-2

42. T 细胞的表面分子是
43. 树突状细胞的表面分子是
44. NK 细胞的表面分子是

第 3 章　免疫球蛋白与补体系统

45. 关于免疫球蛋白和抗体的说法,正确的是
A. 免疫球蛋白就是抗体,二者具有相同的含义
B. 免疫球蛋白均为抗体,抗体不一定都是免疫球蛋白
C. 免疫球蛋白与抗体不同,二者也不相关
D. 抗体均为免疫球蛋白,而免疫球蛋白并不一定都是抗体
E. 抗体和免疫球蛋白只存在于血液和体液中,二者均具有免疫功能

A. 皮肤迟发型超敏反应　　B. 血清谷丙转氨酶测定　　C. 血清免疫球蛋白测定
D. 血清 β 微球蛋白测定　　E. 硝基四唑氮蓝还原试验

46. 体液免疫测定是指
47. 细胞免疫测定是指

A. IgM　　B. IgD　　C. IgG
D. IgE　　E. IgA

48. 适应性体液免疫应答中最早产生的抗体分子是
49. 能透过胎盘屏障的抗体分子是

50. 免疫球蛋白分类的主要依据是
A. L 链　　B. H 链　　C. 二硫键数目
D. 单体数　　E. 分子量大小

51. 决定免疫球蛋白类别的结构是
A. 轻链可变区　　B. 轻链恒定区　　C. 重链恒定区
D. 铰链区　　E. 重链可变区

52. 与黏膜免疫应答密切相关的免疫球蛋白是
A. IgG　　B. IgA　　C. IgE
D. IgD　　E. IgM

53. 参与经典途径激活补体的是
A. IgE　　B. LPS　　C. IgD

D. IgA　　E. IgM

54. 参与替代途径激活补体的物质是

A. IgG　　B. IgM　　C. IgD

D. LPS　　E. MBL

55. 能与 IgG 结合的补体是

A. C9　　B. C7　　C. C1q

D. C3　　E. C5

A. C 4b2a3b　　B. C 3bnBb　　C. C 3bBb

D. C 4b2a　　E. C5、6、7、8、9n

56. 经典途径的 C3 转化酶是

57. 旁路途径的 C3 转化酶是

58. 经典途径的 C5 转化酶是

59. 补体系统在激活后可以

A. 诱导免疫耐受　　B. 抑制变态反应　　C. 结合细胞毒性 T 细胞

D. 启动抗体的类别转换　　E. 裂解细菌

60. 具有调理吞噬作用的补体裂解产物是

A. C2b　　B. C3b　　C. C5a

D. C2a　　E. C4a

61. 下列属于补体系统缺陷导致的疾病是

A. 急性肾小球肾炎　　B. 接触性皮炎　　C. 过敏性休克

D. 桥本甲状腺炎　　E. 遗传性血管神经性水肿

第4章　细胞因子、白细胞分化抗原与黏附分子

62. 细胞因子不包括

A. 干扰素　　B. 肿瘤坏死因子　　C. 过敏毒素

D. 血管内皮生长因子　　E. IL-2

63. 能杀伤细胞的细胞因子是

A. IL-2　　B. TNF-α　　C. 干扰素

D. IL-4　　E. IL-1

A. 抗 CD3 单克隆抗体　　B. 抗肿瘤坏死因子抗体　　C. β 干扰素

D. α 干扰素　　E. EPO

64. 治疗多发性硬化症可使用

65. 治疗贫血可使用

66. 治疗类风湿关节炎可使用

第5章　主要组织相容性复合体与免疫应答

67. HLA 复合体基因不编码

A. HLA Ⅰ类分子的重链　　B. HLA Ⅰ类分子的轻链　　C. HLA Ⅱ类分子的 α 链

D. HLA Ⅱ类分子的β链　　E. B 因子

68. 关于 HLA Ⅱ类分子，正确的是

A. 由α链和 β_2m 链组成　　B. 提呈外源性抗原　　C. 分布在所有有核细胞的表面

D. 由 HLA A、B、C 等基因编码　　E. 可与 CD8 分子结合

A. MHC Ⅰ类分子　　B. MHC Ⅱ类分子　　C. MHC Ⅲ类分子

D. TCR　　E. BCR

69. 与 CD4 分子结合的配体是

70. 与 CD8 分子结合的配体是

71. 与强直性脊柱炎密切相关的 HLA 分子是

A. HLA-A5　　B. HLA-B5　　C. HLA-B7

D. HLA-B27　　E. HLA-DR3

72. 男，46 岁。确诊急性白血病 1 年，拟行异基因造血干细胞移植，有利于提高移植物存活最重要的措施是

A. HLA 配型相同　　B. 血型相同　　C. 输注血液制品前辐照

D. 输注脐带血干细胞　　E. 适时应用免疫抑制药物

73. 初次体液免疫应答产生抗体的特点是

A. 主要为 IgA　　B. 亲和力低　　C. 滴度高

D. 持续时间长　　E. 主要为 IgG

74. 参与非特异性免疫应答的是

A. 胎盘屏障　　B. 胃肠道 IgG　　C. 脑脊液 IgM

D. 血 IgA　　E. T 淋巴细胞

第 6 章　黏膜免疫系统与免疫耐受

75. 诱导免疫耐受形成的最佳时期是

A. 成年期　　B. 幼年期　　C. 老年期

D. 胚胎期　　E. 青年期

76. T 细胞克隆中枢耐受的形成是由于

A. 阴性选择作用　　B. 阳性选择作用　　C. 缺乏协同刺激信号

D. 细胞表面受体封闭　　E. 缺乏辅助细胞而不能激活

77. 通过诱导免疫耐受可用于治疗

A. 慢性细菌感染性疾病　　B. 病毒的持续性感染　　C. 自身免疫病

D. 免疫缺陷病　　E. 恶性肿瘤

第 7 章　抗感染免疫与超敏反应

78. 属于Ⅰ型超敏反应的是

A. 血清病　　B. 过敏性休克　　C. 免疫复合物性肾小球肾炎

D. 类风湿关节炎　　E. 感染性迟发型超敏反应

A. 支气管哮喘　　B. 荨麻疹　　C. 溶血性贫血

D. 接触性皮炎　　E. 血清病

79. 由Ⅲ型超敏反应引起的疾病是
80. 由自身抗体诱导的Ⅱ型超敏反应性疾病是
81. 参与Ⅱ型超敏反应的免疫球蛋白(Ig)是
A. IgM/IgD　B. IgM/IgG　C. IgA/IgE
D. IgM/IgA　E. IgE/IgD
82. 男,30岁。患再生障碍性贫血3年。由于贫血加重予输血治疗,在输血开始后10分钟患者突然寒战、发热、腰背痛、恶心、呕吐、心悸、呼吸困难、烦躁不安、无尿。急查血浆游离血红蛋白增高。该患者发生的不良反应,所属超敏反应的类型是
A. Ⅰ型　B. Ⅱ型　C. Ⅲ型
D. Ⅳ型　E. 不能定型
83. 关于Ⅳ型超敏反应特性的叙述,正确的是
A. 由抗体介导　B. 发生进程迅速　C. 有单个核细胞浸润
D. 需激活补体　E. 一般不引起炎性坏死
84. 介导Ⅳ型超敏反应的免疫细胞是
A. T细胞　B. B细胞　C. 嗜酸性粒细胞
D. 肥大细胞　E. 中性粒细胞

A. CTL细胞　B. B细胞　C. NK细胞
D. 浆细胞　E. 肥大细胞
85. 介导Ⅰ型超敏反应的细胞是
86. 介导主要组织相容复合体(MHC)非限制杀伤的细胞是
87. 结核菌素试验的原理是
A. Ⅰ型超敏反应　B. Ⅱ型超敏反应　C. Ⅲ型超敏反应
D. Ⅳ型超敏反应　E. 中和反应
88. 结核病属于哪型过敏反应?
A. Ⅰ型过敏反应　B. Ⅱ型过敏反应　C. Ⅲ型过敏反应
D. Ⅳ型过敏反应　E. Ⅴ型过敏反应
89. 佩戴金属首饰后局部皮肤出现炎症反应,其免疫病理基础可能是
A. Ⅱ型超敏反应　B. Ⅰ型超敏反应　C. Ⅲ型超敏反应
D. Ⅳ型超敏反应　E. Arthus反应
90. 属于Ⅱ型超敏反应性疾病的是
A. 荨麻疹　B. 新生儿溶血　C. 过敏性鼻炎
D. 血清病　E. 过敏性休克

第8章　自身免疫病与免疫缺陷病

91. 主要由自身反应性T细胞介导的自身免疫病是
A. 肺出血肾炎综合征　B. 桥本甲状腺炎　C. 免疫性血小板减少性紫癜
D. 重症肌无力　E. 胰岛素依赖性糖尿病

A. 淋巴细胞的多克隆激活　B. 表位扩展　C. 分子模拟
D. 自身抗原的改变　E. 隐蔽抗原的释放

92. 柯萨奇病毒感染人体引发糖尿病的机制是
93. 因使用青霉素引起药物诱导的溶血性贫血的机制是
94. 与获得性免疫缺陷发生无关的因素是
A. 病毒感染 B. 胸腺发育不全 C. 肿瘤放疗和化疗
D. 重度营养不良 E. 长期使用免疫抑制剂
95. 慢性肉芽肿病的发生原因是
A. 先天性胸腺发育不全 B. 吞噬细胞功能缺陷 C. B 细胞发育和/或功能异常
D. 补体某些组分缺陷 E. T、B 细胞混合缺陷
96. 不属于免疫缺陷病的疾病是
A. 系统性红斑狼疮 B. 艾滋病 C. 遗传性血管神经性水肿
D. X-连锁慢性肉芽肿病 E. X-连锁无丙种球蛋白血症
97. 下列属于补体系统缺陷导致的疾病是
A. 急性肾小球肾炎 B. 过敏性休克 C. 接触性皮炎
D. 桥本甲状腺炎 E. 遗传性血管神经性水肿

第 9 章　肿瘤免疫与移植免疫

A. 血酸性磷酸酶升高 B. 血酸性糖蛋白升高 C. 血 CEA 升高
D. 血 AFP 升高 E. 血 VCA-IgA 抗体升高
98. 胃肠癌患者
99. 肺癌患者
100. 肝癌患者
101. 鼻咽癌患者
102. 属于肿瘤相关抗原的分子是
A. TNF B. LPS C. IFN
D. CEA E. HBsAg
103. 肿瘤相关抗原通常不能诱导有效抗肿瘤免疫的主要原因是
A. 多为 TI 抗原 B. 不能被 NK 细胞识别 C. 多为自身抗原
D. 表达量低 E. 无诱导抗体产生能力
104. 与急性同种异基因移植排斥关系最密切的细胞是
A. NK 细胞 B. B 细胞 C. $CD8^{+}$T 细胞
D. 肥大细胞 E. 嗜酸性粒细胞
A. 供体内预存有抗受体的 ABO 血型抗体 B. 供体内预存有抗受体的 HLA Ⅰ类抗原的抗体
C. 受体内预存有抗供体的 ABO 血型抗体 D. 受体内有针对供体组织器官的 Tc 细胞
E. 移植物中含有足够数量的免疫细胞
105. 移植器官超急排斥反应是由于
106. 引起移植物抗宿主反应是由于
107. 一存活多年的同种异体肾移植接受者的体内虽有供体 HLA 表达却未发生明显的排斥反应，其原因可能是
A. 受者的免疫细胞功能活跃 B. 移植物的免疫细胞功能活跃

C. 移植物已失去了免疫原性　D. 受者对移植物发生了免疫耐受
E. 移植物对受者发生了免疫耐受

108. 反复输血的个体进行实体器官移植时易发生的现象是
A. 异种移植排斥反应　B. 超急性排斥反应　C. 急性排斥反应
D. 慢性排斥反应　E. 自体移植排斥

109. 男,18 岁。因终末期肾病行肾移植手术,其母亲为供肾者,这种移植类型是
A. 同基因转移　B. 同种异体移植　C. 异种移植
D. 同系移植　E. 自体移植

第 10 章　免疫学检测技术与免疫学防治

110. 不能用于检测可溶性抗原的试验方法是
A. 直接凝集反应　B. 间接凝集反应　C. 单向琼脂扩散
D. 双相琼脂扩散　E. 免疫电泳

111. 下列哪项试验不是凝集试验?
A. 瑞特试验　B. ABO 血型鉴定　C. 肥达试验
D. 菌种鉴定　E. 免疫印迹试验

112. 免疫学实验中,若要从单个核细胞中分选 T 淋巴细胞,最佳的试验方法是
A. 流式细胞术　B. ELISA　C. 免疫电泳
D. 双相琼脂扩散　E. 葡聚糖-泛影葡胺密度梯度离心法

113. 免疫缺陷患者不可接种的疫苗是
A. 灭活脊髓灰质炎疫苗　B. 重组乙型肝炎疫苗　C. 多糖疫苗
D. 麻疹活疫苗　E. 流行性出血热疫苗

114. 某人被狂犬咬伤,医生对他进行如下处理:清理伤口、接种狂犬疫苗和抗狂犬病免疫血清。对该患者应用抗狂犬病免疫血清属于
A. 自然自动免疫　B. 人工自动免疫　C. 被动自动免疫
D. 自然被动免疫　E. 人工被动免疫

第六篇　病理学

第 1 章　细胞组织的适应、损伤与修复

一、适应性改变(执业医师及助理医师均需掌握)

1. 属于组织适应性改变的是
A. 萎缩　B. 细胞内脂肪沉积　C. 玻璃样变性
D. 坏死　E. 坏疽
2. 下列哪项属于组织的损伤性改变?
A. 萎缩　B. 变性　C. 增生
D. 肥大　E. 化生
3. 细胞和组织的适应性反应不包括
A. 化生　B. 萎缩　C. 再生
D. 肥大　E. 增生
4. 一种成熟组织变成另一种成熟组织的过程称为
A. 机化　B. 钙化　C. 分化
D. 化生　E. 适应
5. 软组织中出现骨和软骨组织,应考虑是
A. 再生性增生　B. 过度性增生　C. 内分泌性增生
D. 组织的化生　E. 癌前病变
6. 男,50 岁,30 年吸烟史。支气管镜活检可见鳞状上皮和支气管腺体,此种病理变化属于
A. 支气管黏膜化生　B. 支气管黏膜肥大　C. 支气管黏膜萎缩
D. 支气管鳞状细胞癌　E. 支气管腺癌
7. 支气管假复层纤毛柱状上皮变为鳞状上皮的过程是
A. 变性　B. 机化　C. 增生
D. 再生　E. 化生

A. 代偿性肥大　B. 代偿性增生　C. 内分泌性肥大
D. 病理性增生　E. 内分泌性增生
8. 缺碘引起的甲状腺肿大属于
9. 肉芽组织机化形成瘢痕属于

二、细胞和组织损伤(执业医师及助理医师均需掌握)

10. 组织、细胞代谢障碍引起的可逆性病变称为
A. 变性　B. 坏死　C. 梗死
D. 坏疽　E. 以上都不是
11. 由于物质代谢障碍,在细胞内或间质中出现了异常物质或正常物质数量显著增多称为
A. 坏死　B. 增生　C. 变质

D. 变性　E. 化生

12. 细胞水肿的发生机制主要与哪一种细胞器的功能障碍有关?
A. 溶酶体　B. 线粒体　C. 高尔基体
D. 内质网　E. 核糖体

13. 细胞水肿时,主要发生病变的细胞器是
A. 线粒体和内质网　B. 高尔基体和线粒体　C. 核糖体和内质网
D. 内质网和中心体　E. 核糖体和中心体

14. 脂肪变性最常发生的器官是
A. 脾　B. 心　C. 肺
D. 肝　E. 肾

A. 细胞水肿　B. 玻璃样变　C. 黏液变性
D. 淀粉样变　E. 脂肪沉积(脂肪变性)

15. 虎斑心属于

16. 病毒性肝炎肝细胞气球样变属于
A. 肝细胞轮廓可见,细胞核浓缩,核膜消失　B. 肝细胞体积增大,双核,核仁明显
C. 肝细胞体积缩小,细胞质疏松,透明度增加　D. 肝细胞体积增大,细胞质疏松,淡染,透明度增加
E. 肝细胞体积增大,细胞质内大小不等的空泡,苏丹Ⅲ染色(+)

17. 肝细胞水肿的病变是

18. 肝细胞脂肪变的病变是

19. 染色切片中,发现肝细胞体积变大,细胞质淡染呈空泡状。为确定空泡的性质,最常用
A. 苏丹Ⅲ染色　B. 普鲁士蓝染色　C. 嗜银染色
D. 免疫组化　E. 电镜检查

20. 血管壁的玻璃样变性主要发生在
A. 毛细血管　B. 细动脉　C. 小动脉
D. 中动脉　E. 大动脉

21. 细胞质内出现大小不等、圆形、均质、红染物质的病变,见于
A. 纤维化肾小球　B. 纤维瘢痕组织　C. 高血压时的细动脉
D. 动脉粥样硬化的纤维斑块　E. 慢性肾小球肾炎时的肾小管

A. 细胞水肿　B. 脂质沉积　C. 结缔组织玻璃样变
D. 血管壁玻璃样变　E. 细胞内玻璃样变

22. 肝细胞气球样变

23. 肝细胞胞质内 Mallory 小体

24. 瘢痕组织
A. 细胞水肿　B. 脂肪变　C. 玻璃样变
D. 淀粉样变　E. 黏液样变

25. 高血压患者动脉壁可见的可逆性损害常表现为

26. 多发性骨髓瘤患者免疫球蛋白轻链引起的可逆性损害常表现为

27. 酒精性肝病患者可逆性损害常表现为

28. 最常发生湿性坏疽的器官是
A. 肺　B. 脾　C. 四肢

D. 肝　E. 肾

29. 萎缩的心肌细胞内常可出现
A. 橙色血质　B. 脂褐素　C. 疟色素
D. 含铁血黄素　E. 黑色素

30. 转移性钙化可发生于
A. 血栓　B. 肾小管　C. 干酪样坏死
D. 粥瘤　E. 死亡血吸虫卵

31. 细胞坏死的主要形态学特征是
A. 核分裂　B. 细胞核异型　C. 线粒体肿胀
D. 细胞核破裂　E. 细胞质脂质增多

32. 最易发生凝固性坏死的是
A. 肾　B. 脑　C. 肠
D. 子宫　E. 肺

33. 湿性坏疽常发生在
A. 脑、脾、肝　B. 脑、肠、子宫　C. 肺、肠、肝
D. 肺、肾、脑　E. 肺、肠、子宫

34. 可以发生坏疽的器官是
A. 阑尾　B. 心　C. 肝
D. 脾　E. 肾

35. 下列哪个器官或脏器不发生坏疽?
A. 肺　B. 下肢　C. 阑尾
D. 小肠　E. 脑

36. 坏疽是指坏死组织表现为
A. 淤血性改变　B. 缺血性改变　C. 干酪样改变
D. 充血性改变　E. 腐败菌的感染

37. 关于结核病坏死的大体描述,不正确的是
A. 干燥　B. 奶酪样　C. 容易液化
D. 颜色微黄　E. 质地松软

38. 软化灶是指局部脑组织的
A. 萎缩　B. 变性　C. 坏死
D. 水肿　E. 脓肿

39. 血管闭塞性脉管炎引起的足趾坏死、变黑属于
A. 干性坏疽　B. 湿性坏疽　C. 气性坏疽
D. 干酪样坏死　E. 液化性坏死

40. 骨结核坏死组织排出形成的病理变化
A. 溃疡　B. 空洞　C. 窦道
D. 糜烂　E. 瘘管

三、损伤的修复(执业医师及助理医师均需掌握)

41. 组织和细胞损伤后,周围细胞增殖、修复的过程是
A. 增生　B. 再生　C. 化生
D. 肥大　E. 机化

42. 属于稳定细胞的是
A. 覆盖上皮细胞　B. 心肌细胞　C. 造血细胞
D. 中枢神经细胞　E. 腺器官的细胞

43. 属于永久性细胞的是
A. 血管内皮细胞　B. 造血细胞　C. 肝细胞
D. 中枢神经细胞　E. 表皮细胞

44. 男,32岁。因肝损伤行急诊手术。曾患甲型肝炎已治愈。术中见肝右叶外侧5cm裂口,深3cm。术后肝、肾功能检查正常,食欲、体力恢复正常。肝损伤得以顺利修复,从内环境分析,主要起再生作用的是
A. 不稳定细胞　B. 肥大细胞　C. 纤维细胞
D. 稳定细胞　E. 永久性细胞

45. 下列组织中最易完全再生修复的是
A. 心肌细胞　B. 骨组织　C. 神经组织
D. 上皮组织　E. 平滑肌组织

46. 肉芽组织的组成是
A. 毛细血管和弹力纤维　B. 小动脉和成纤维细胞　C. 毛细血管和胶原纤维
D. 成纤维细胞和小静脉　E. 毛细血管和成纤维细胞

47. 肉芽组织的成分不包括
A. 血管内皮细胞　B. 成纤维细胞　C. 平滑肌细胞
D. 炎症细胞　E. 肌成纤维细胞

48. 肉芽组织内发挥抗感染作用的主要成分是
A. 毛细血管内皮细胞　B. 肌成纤维细胞　C. 炎性细胞
D. 成纤维细胞　E. 胶原纤维

49. 完成瘢痕修复的物质基础是
A. 上皮组织　B. 肉芽组织　C. 毛细血管网
D. 纤维蛋白网架　E. 炎性渗出物

50. 一般手术切口在第七天左右拆线的原因主要是
A. 肉芽组织已形成　B. 胶原纤维已产生　C. 表皮已再生
D. 炎症已消退　E. 伤口已愈合

第2章　局部血液循环障碍

一、充血与淤血(执业医师及助理医师均需掌握)

51. 充血是指
A. 静脉输入血量增多　B. 局部组织血管内血液含量增多　C. 动脉输入血量增多
D. 炎症时血管扩张　E. 静脉血回流受阻,血液淤积于毛细血管和小静脉内

52. 淤血不会引起
A. 水肿　B. 血栓形成　C. 变性、坏死
D. 纤维组织增生　E. 实质细胞增生

53. 槟榔肝是指肝发生了
A. 硬化　B. 慢性炎症　C. 脂肪沉积
D. 慢性淤血　E. 亚急性红色(黄色)萎缩

54. 槟榔肝的典型病变是

A. 肝小叶结构破坏　　B. 肝细胞萎缩　　C. 肝细胞坏死
D. 门静脉分支扩张淤血　　E. 肝血窦扩张淤血,肝细胞脂肪变性

55. 心衰细胞是肺褐色硬化内含铁血黄素的

A. 嗜酸性粒细胞　　B. 淋巴细胞　　C. 中性粒细胞
D. 巨噬细胞　　E. 嗜碱性粒细胞

56. 左心衰竭首先引起的病变是

A. 槟榔肝　　B. "海蛇头"样形态　　C. 脾淤血、肿大
D. 脑淤血、水肿　　E. 肺淤血、水肿

57. 急性肺淤血时,肺泡腔内的主要成分是

A. 心力衰竭细胞　　B. 纤维蛋白　　C. 伊红色水肿液
D. 中性粒细胞　　E. 黏液

58. 肺严重淤血时不出现的改变是

A. 合并感染　　B. 透明膜形成　　C. 肺泡出血
D. 肺泡水肿　　E. 肺泡内含铁血黄素细胞

A. 肺气肿　　B. 肺不张　　C. 肺水肿
D. 肺脓肿　　E. 肺褐色硬化

59. 慢性心力衰竭导致

60. 急性心力衰竭导致

二、血栓形成(执业医师及助理医师均需掌握)

61. 栓子的最确切定义是阻塞血管的

A. 异常物质　　B. 液态物质　　C. 固态物质
D. 气态物质　　E. 脂肪滴

62. 栓塞类型中最常见的是

A. 气体　　B. 细菌　　C. 羊水
D. 血栓　　E. 脂肪

63. 血栓形成的条件,不正确的是

A. 血管内皮损伤　　B. 新生血小板增多　　C. 涡流形成
D. 纤维蛋白溶酶增加　　E. 组织因子释放

64. 血栓头部一般属于

A. 白色血栓　　B. 红色血栓　　C. 透明血栓
D. 混合血栓　　E. 延续性血栓

65. 透明血栓见于

A. 混合血栓的尾部　　B. 白血栓　　C. 混合血栓的头
D. 红血栓　　E. DIC

66. 纤维素性血栓主要发生在

A. 下肢深静脉　　B. 左心耳　　C. 微循环
D. 心室壁瘤内　　E. 门静脉

67. 微血栓的主要成分是

A. 血小板　　B. 白蛋白　　C. 纤维素
D. 红细胞　　E. 白细胞

68. 在活体的心脏或血管内，血液发生凝固或血液中某些有形成分互相聚集形成的固体质块是
A. 血栓　B. 栓塞　C. 淤血
D. 栓子　E. 凝血

A. 纤维蛋白及血小板　B. 血小板及粒细胞　C. 纤维蛋白及粒细胞
D. 纤维蛋白及淋巴细胞　E. 纤维蛋白及红细胞
69. 血栓头部的主要成分是
70. 血栓尾部的主要成分是

71. 心房颤动时，左心房内的球形血栓是
A. 混合性血栓　B. 白色血栓　C. 红色血栓
D. 透明血栓　E. 延续性血栓
72. 血管内血栓干燥收缩或部分溶解而出现裂隙，由新生的血管内皮细胞覆盖，重新恢复血流的过程称为
A. 血栓溶解　B. 血栓脱落　C. 血栓再通
D. 血栓机化　E. 血栓钙化
73. 不属于血栓结局描述的是
A. 溶解　B. 钙化　C. 软化
D. 机化　E. 硬化
74. 下述有关血栓的描述中，哪项是错误的？
A. 纤维素血栓易溶解吸收　B. 可形成静脉石　C. 再通可恢复正常血液循环
D. 可阻塞动脉或静脉　E. 可继发于血管炎

三、栓塞（执业医师及助理医师均需掌握）

75. 活体内异常物体沿血流运行阻塞相应血管的过程称为
A. 梗塞　B. 栓塞　C. 梗死
D. 栓子　E. 血栓形成
76. 脑动脉栓塞的栓子最可能来自
A. 左心房附壁血栓　B. 右心房附壁血栓　C. 右心室附壁血栓
D. 下肢股静脉血栓　E. 肠系膜静脉血栓
77. 大脑中动脉血栓栓塞，栓子可能来源于
A. 髂静脉　B. 肝静脉　C. 右心房
D. 左心室　E. 门静脉

A. 静脉血充血　B. 肺动脉栓塞　C. 心肌梗死
D. 血栓形成　E. 出血
78. 股静脉血栓脱落可引起
79. 冠状动脉血栓形成引起

80. 来自下肢深部静脉的血栓栓子最常引起栓塞的器官是
A. 脑　B. 肺　C. 肝
D. 心　E. 肾
81. 男，14 岁。右股深部巨大血管瘤，术后情况良好，伤口一期愈合。拆线后下床活动 5 分钟后，突然晕倒，抢救无效死亡。应考虑
A. 脑血管意外　B. 心肌梗死　C. 休克致死
D. 肺动脉栓塞　E. 脂肪栓塞

82. 男，40 岁。曾患风湿性心内膜炎，近日发热，白细胞增高，皮肤、黏膜有出血点，住院治疗，医嘱绝对卧床休息。今晨患者自行起床，突感头痛，呕吐，左下肢麻木，倒地死亡。该患者最可能的死因是

A. 心肌梗死　B. 脑出血　C. 肺动脉栓塞
D. 肺炎　E. 脑动脉栓塞

83. 股骨骨折后因处理不当，大量脂肪滴进入血液，该脂肪栓子常栓塞于

A. 肺静脉及其分支　B. 左心房　C. 左心室
D. 主动脉分支　E. 肺动脉及其分支

84. 右心感染性心内膜炎最常见的栓塞部位是

A. 冠状动脉　B. 肺动脉　C. 肾动脉
D. 大脑中动脉　E. 下肢动脉

85. 关于动脉栓塞的描述，正确的是

A. 栓子多为肺源性　B. 栓子多为心源性　C. 栓子多为血管源性
D. 栓子多来自动脉穿刺损伤处　E. 栓塞部位上肢较下肢多见

86. 减压病引起的栓塞为

A. 气体栓塞　B. 血栓栓塞　C. 羊水栓塞
D. 脂肪栓塞　E. 异物栓塞

87. 栓塞时常伴有 DIC 发生，主要见于

A. 血栓栓塞　B. 脂肪栓塞　C. 空气栓塞
D. 羊水栓塞　E. 化脓菌栓塞

88. 诊断羊水栓塞的主要病理依据是

A. 肺血管内有角化上皮　B. 肺泡腔内透明膜形成　C. 肺泡腔内广泛出血
D. 肺泡腔内有胎粪小体　E. 微循环内透明血栓

四、梗死（执业医师及助理医师均需掌握）

A. 肺　B. 脑　C. 肾
D. 肠　E. 心

89. 梗死灶呈地图状改变的脏器是
90. 贫血性梗死灶呈锥形改变的脏器是

91. 出血性梗死常发生于

A. 肾、肠　B. 脾、肺　C. 肺、肠
D. 心、肠　E. 肾、心

第 3 章　炎　症

一、炎症概述（执业医师及助理医师均需掌握）

92. 关于炎症的叙述，正确的是

A. 炎症反应均对机体有利　B. 任何机体均可发生炎症　C. 炎症是一种防御反应
D. 损伤必然导致炎症　E. 炎症是活体组织的损伤反应

93. 炎症最常见的原因是

A. 物理性因子　B. 化学性因子　C. 免疫反应
D. 生物性因子　E. 机械性因子

94. 炎症的基本病理变化是
A. 组织、细胞的变性坏死　B. 组织的炎性充血和水肿　C. 红、肿、热、痛、功能障碍
D. 病变组织变质、渗出、增生　E. 周围血液中白细胞增多和炎区白细胞浸润

95. 以变质为主的炎症,实质细胞的主要变化是
A. 增生和变性　B. 变性和坏死　C. 坏死和萎缩
D. 增生和再生　E. 萎缩和变性

96. 伤寒的临床特点不包括
A. 玫瑰疹　B. 肝、脾大　C. 血白细胞升高
D. 持续发热　E. 相对缓脉

97. 急性炎症时组织变红的主要原因是
A. 组织间隙水肿　B. 炎症灶内炎细胞浸润　C. 炎症灶内血栓形成
D. 肉芽组织增生　E. 血管扩张、血流加速

98. 炎性充血主要是指
A. 动脉扩张,局部组织含氧量增多　B. 静脉回流障碍,组织含血量增多　C. 炎区微循环内血量增多
D. 炎区小血管破裂　E. 炎区组织间隙中血量增多

二、急性炎症(执业医师及助理医师均需掌握)

99. 急性炎症过程中,下列哪种变化最先发生?
A. 静脉性充血　B. 动脉性充血　C. 细动脉痉挛
D. 白细胞附壁　E. 液体渗出

100. 炎症细胞自血管内游出,在组织内做定向运动的现象称为
A. 炎性浸润　B. 炎性渗出　C. 炎性漏出
D. 趋化作用　E. 阿米巴样运动

101. 下列哪项病理变化最支持炎症的诊断?
A. 细胞变性坏死　B. 毛细血管扩张充血　C. 白细胞渗出
D. 纤维组织增生　E. 实质细胞增生

102. 急性炎症早期局部浸润的炎细胞主要是
A. 中性粒细胞　B. 单核细胞　C. 嗜酸性粒细胞
D. 淋巴细胞　E. 浆细胞

103. 葡萄球菌感染灶内浸润的主要炎症细胞是
A. 单核细胞　B. 中性粒细胞　C. 嗜酸性粒细胞
D. 淋巴细胞　E. 嗜碱性粒细胞

104. 寄生虫感染时,浸润的炎症细胞主要是
A. 中性粒细胞　B. 单核细胞　C. 淋巴细胞
D. 嗜酸性粒细胞　E. 浆细胞

A. 引起发热　B. 起趋化作用　C. 使血管通透性升高
D. 导致疼痛　E. 加重组织损伤

105. 渗出的组胺主要作用是
106. 氧自由基的主要作用是

A. 浆液性炎　B. 纤维素性炎　C. 化脓性炎
D. 出血性炎　E. 变质性炎

107. 感冒初期鼻黏膜的炎症属于

108. 皮肤Ⅱ度烧伤时水疱的炎症性质属于

109. 以变质为主的炎症是
A. 感冒初期鼻黏膜炎　B. 假膜性炎　C. 绒毛心
D. 脓肿　E. 流行性乙型脑炎

110. 纤维素性炎的好发部位应除外
A. 心包　B. 皮肤　C. 胸膜
D. 气管　E. 结肠

111. 关于纤维素性炎的描述,错误的是
A. 常发生于浆膜、黏膜和肺　B. 浆膜的纤维素性炎易导致浆膜粘连
C. 心外膜的纤维素性炎常形成绒毛心　D. 肺的纤维素性炎不会导致机化
E. 常伴中性粒细胞浸润

112. 疏松组织的弥漫性化脓性炎症属于
A. 肉芽肿　B. 浆液性炎　C. 卡他性炎
D. 蜂窝织炎　E. 纤维素性炎

113. 溶血性链球菌主要引起的炎症是
A. 脓肿　B. 出血性炎　C. 假膜性炎
D. 纤维素性炎　E. 蜂窝织炎

114. 白喉的病变性质属于
A. 浆液性炎　B. 纤维素性炎　C. 化脓性炎
D. 出血性炎　E. 变质性炎

115. 下列属于假膜性炎症的疾病是
A. 肠伤寒　B. 肠结核　C. 阿米巴痢疾
D. 急性细菌性痢疾　E. 肠血吸虫病

116. 假膜性炎的渗出物主要为
A. 单核细胞、淋巴细胞和坏死组织　B. 纤维素、中性粒细胞和坏死组织
C. 纤维素、浆细胞和中性粒细胞　D. 淋巴细胞、浆细胞和中性粒细胞
E. 黏液、中性粒细胞和浆细胞

117. 女,28 岁。腹痛、发热、呕吐 1 天。查体:T38.9℃,P120/分,双肺呼吸音清,未闻及干、湿啰音,心率 120 次/分,律齐,右下腹麦氏点压痛、反跳痛(+)。血常规:Hb120g/L,WBC10.2×10^9/L,N0.85,Plt202×10^9/L。行阑尾切除术,手术标本病理检查可见阑尾壁各层大量弥漫性浸润的细胞是
A. 嗜酸性粒细胞　B. 巨噬细胞　C. 中性粒细胞
D. 嗜碱性粒细胞　E. 淋巴细胞

118. 属于化脓性炎症的是
A. 嗜酸性脓肿　B. 阿米巴肝脓肿　C. 冷脓肿
D. 转移性脓肿　E. 炎性肉芽肿

A. 变质性炎　B. 浆液性炎　C. 纤维素性炎
D. 蜂窝织炎　E. 化脓性炎

119. 细菌性痢疾属于
120. 阿米巴肝脓肿属于
121. 急性化脓性阑尾炎属于
122. 乙型脑炎属于

123. 渗出性结核性胸膜炎属于

三、慢性炎症(执业医师及助理医师均需掌握)

124. 关于慢性肉芽肿性炎的描述,错误的是
A. 梅毒为肉芽肿性炎　B. 病灶呈结节状,境界清楚　C. 结核病为肉芽肿性炎
D. 肉芽肿性炎由巨噬细胞构成　E. 指肉芽组织增生形成的结节状病灶

125. 肉芽肿构成成分是
A. 单核-巨噬细胞　B. 淋巴细胞　C. 中性粒细胞
D. 嗜酸粒性细胞　E. 嗜碱性粒细胞

126. 属于慢性肉芽肿性炎的是
A. 结核病　B. 伤寒　C. 肠阿米巴病
D. 慢性支气管炎　E. 慢性阑尾炎

127. 不属于肉芽肿性炎的疾病是
A. 血吸虫病　B. 结核病　C. 梅毒
D. 伤寒　E. 淋病

第4章 肿 瘤

一、肿瘤概述(执业医师及助理医师均需掌握)

128. 下列叙述中,不属于肿瘤特点的是
A. 增生细胞具有多克隆性　B. 增生细胞分化程度不一　C. 增生细胞基因异常
D. 增生细胞不成熟　E. 增生细胞有异型性

129. 下列肿瘤中,属于良性肿瘤的是
A. 视网膜母细胞瘤　B. 神经母细胞瘤　C. 肾母细胞瘤
D. 骨母细胞瘤　E. 肝母细胞瘤

130. 属于良性卵巢肿瘤的是
A. 内胚窦瘤　B. 库肯伯格瘤　C. 颗粒细胞瘤
D. 无性细胞瘤　E. 卵泡膜细胞瘤

A. 骨母细胞瘤　B. 髓母细胞瘤　C. 间皮瘤
D. 畸胎瘤　E. 迷离瘤

131. 属于恶性肿瘤的是
132. 含有两个胚层以上的肿瘤是

A. 交界性肿瘤　B. 早期癌　C. 良性肿瘤
D. 恶性肿瘤　E. 癌前病变

133. 直、结肠家族性多发性腺瘤性息肉属于
134. 仅浸润黏膜层及黏膜下层的胃肠道癌称为
135. 未成熟型畸胎瘤属于

136. 交界性或临界性肿瘤是指
A. 良性肿瘤位于两个脏器交界处　B. 良性肿瘤来源于两种组织者　C. 形态属良性,但浸润性生长
D. 良性肿瘤位于重要器官　E. 有内分泌功能的良性肿瘤

137. 原位癌指

A. 浸破基底膜　B. 仅局限于上皮层　C. 上皮细胞异乎常态的增生
D. 累及上皮下部的1/3~2/3处　E. 累及上皮2/3以上

138. 女,33岁。B超检查在左乳房外上象限发现0.3cm×0.2cm大小的结节。局部切除送病理检查,结节内查见癌细胞,累及上皮全层,但未浸破基底膜。正确的病理诊断是
A. 上皮内瘤变Ⅰ级　B. 上皮内瘤变Ⅱ级　C. 重度非典型增生
D. 原位癌　E. 早期浸润癌

139. "癌前病变"最确切的概念是
A. 癌肿的早期阶段　B. 良性肿瘤发生了癌变　C. 一种恶性病变,不可逆转
D. 有癌变潜在可能的良性病变,有可能逆转
E. 有癌变潜在可能的良性病变,但必然会发展为癌肿

140. 不属于癌前病变的是
A. 黏膜白斑　B. 溃疡性结肠炎　C. 十二指肠溃疡
D. 乳腺导管上皮乳头状瘤样增生　E. 家族性腺瘤性肠息肉病

141. 不属于癌前病变的疾病是
A. 黏膜白斑病　B. 子宫颈糜烂　C. 乳腺纤维腺瘤
D. 结肠多发性息肉　E. 慢性萎缩性胃炎

A. 癌前病变　B. 交界性肿瘤　C. 癌肉瘤
D. 原位癌　E. 非肿瘤性病变

142. 卵巢浆液性乳头状囊腺瘤,伴非典型增生是
143. 胃窦部黏膜重度不典型增生是
144. 肉芽肿是
145. 结肠多发性腺瘤性息肉是

二、肿瘤的生物学行为(执业医师及助理医师均需掌握)

146. 关于高分化肿瘤的叙述,正确的是
A. 瘤细胞极性消失　B. 瘤细胞呈巢状生长　C. 瘤细胞异型性大
D. 瘤细胞呈结节性生长　E. 瘤细胞与起源的细胞相似

147. 肿瘤的分化程度低说明其
A. 异型性小　B. 生长缓慢　C. 不易转移
D. 对机体影响小　E. 恶性程度高

148. 诊断恶性肿瘤的主要依据是
A. 肿瘤的肉眼形态　B. 肿瘤对机体的影响　C. 肿瘤的大小
D. 肿瘤细胞的异型性　E. 肿瘤的继发改变

149. 在良性肿瘤与恶性肿瘤判定中,最有诊断意义的是
A. 生长方式　B. 生长速度　C. 肿瘤的异型性
D. 对机体影响　E. 出血与坏死

150. 关于肿瘤的恶性程度,正确的是
A. Ⅰ级分化细胞恶性程度高　B. Ⅲ级分化细胞接近正常分化程度
C. 高分化较低分化者核分裂象多　D. 低分化者较高分化者DNA、RNA含量增多
E. Ⅰ级分化较Ⅲ级分化细胞排列紊乱

A. 肿瘤细胞的分化程度　B. 肿瘤的浸润范围　C. 肿瘤细胞核分裂象的多少

D. 肿瘤的生长范围和播散程度 E. 肿瘤细胞的浸润及转移能力

151. 肿瘤的分级是指

152. 肿瘤分期是指

153. 女,60岁。右颈淋巴结肿大3个月,蚕豆大小,其可能性最小的病变是

A. 转移癌 B. 淋巴结反应性增生 C. 恶性淋巴瘤

D. 淋巴结结核 E. 转移性肉瘤

154. 判定恶性肿瘤最重要的依据是

A. 核分裂象多见 B. 瘤巨细胞形成 C. 膨胀性生长

D. 常发生坏死 E. 转移

A. 肺癌 B. 乳腺癌 C. 结肠癌

D. 皮肤癌 E. 四肢肉瘤

155. 可经门静脉系统转移到肝的肿瘤是

156. 可经椎旁静脉系统转移到骨的肿瘤是

A. 外生性生长 B. 膨胀性生长 C. 浸润性生长

D. 外生性生长+膨胀性生长 E. 膨胀性生长+浸润性生长

157. 良性肿瘤的生长方式为

158. 恶性肿瘤的生长方式主要为

159. 良性肿瘤对机体影响最大的因素是

A. 生长部位 B. 生长速度 C. 组织来源

D. 生长时间 E. 体积大小

160. 纤维组织来源的恶性肿瘤,按命名原则应称为

A. 恶性纤维瘤 B. 纤维瘤 C. 成纤维细胞瘤

D. 纤维瘤恶变 E. 纤维肉瘤

161. 对肿瘤的错误描述是

A. 癌比肉瘤多见 B. 肉瘤多发生于青年人 C. 癌的淋巴转移比肉瘤多见

D. 称瘤的都属良性 E. 恶性肿瘤多呈浸润性生长

162. 区别癌与肉瘤的主要依据是

A. 浸润性生长,无包膜 B. 异型性明显,有核分裂象 C. 通过血道转移

D. 组织来源 E. 肿瘤体积巨大

163. 男,56岁。上腹胀痛不适10年,常于进食后半小时加重,可自行缓解,近3个月来体重减轻5kg。胃镜检查示胃小弯侧直径3cm溃疡病灶,取活组织标本行病理检查。能够诊断溃疡病灶属恶性的病理形态学依据是

A. 细胞质出现空泡 B. 细胞质黏液明显增多 C. 细胞核大小一致

D. 核仁清楚 E. 细胞异型性明显

164. 肉瘤的主要转移途径是

A. 直接蔓延 B. 血道转移 C. 淋巴道转移

D. 种植性转移 E. 医源性转移

A. 癌 B. 肉瘤 C. 母细胞瘤

D. 精原细胞瘤 E. 霍奇金淋巴瘤

165. 胚胎性肿瘤是

166. 来源于间叶组织的恶性肿瘤是
167. 来源于上皮组织的恶性肿瘤是

168. 不发生癌的组织是
A. 皮肤附件　B. 肾上腺　C. 子宫内膜
D. 甲状旁腺　E. 软骨组织

三、常见肿瘤（执业医师及助理医师均需掌握）

169. 由三个胚层的各种成熟组织构成的肿瘤为
A. 无性细胞瘤　B. 颗粒细胞瘤　C. 畸胎瘤
D. 绒毛膜癌　E. 内胚窦瘤
170. 恶性程度最高的体表肿瘤是
A. 皮肤乳头状癌　B. 皮肤鳞状细胞癌　C. 恶性黑色素瘤
D. 纤维肉瘤　E. 基底细胞癌

A. 颈部淋巴管瘤　B. 子宫绒毛膜癌　C. 睾丸精原细胞瘤
D. 乳腺髓样癌　E. 皮肤恶性黑色素瘤
171. 上皮组织分化的肿瘤是
172. 间叶组织分化的肿瘤是

173. 黑色素瘤定性为
A. 原位癌　B. 良性　C. 恶性
D. 交界性肿瘤　E. 炎症
174. 未成熟畸胎瘤定性为
A. 交界性肿瘤　B. 良性　C. 原位癌
D. 恶性　E. 炎症
175. 属于上皮组织发生的肿瘤是
A. 淋巴管瘤　B. 血管瘤　C. 乳头状瘤
D. 平滑肌瘤　E. 脂肪瘤
176. 不属于上皮组织恶性肿瘤的是
A. 胃淋巴瘤　B. 肺腺癌　C. 宫颈鳞状细胞癌
D. 基底细胞癌　E. 胃胶样癌
177. 骨肉瘤最重要的组织学特征是
A. 血管内瘤栓形成　B. 细胞异型性高　C. 瘤细胞大小不等
D. 肿瘤性成骨　E. 病理性核分裂象多见

A. 息肉状　B. 乳头状　C. 分叶状
D. 结节状　E. 囊状
178. 皮下脂肪瘤常见的肉眼特点是
179. 乳腺纤维腺瘤外观常见的肉眼特点是

180. 男，2 岁。腹膜后肿块 5 个月，直径 3cm，病理诊断为恶性肿瘤。最可能的肿瘤是
A. 错构瘤　B. 神经鞘膜瘤　C. 神经母细胞瘤
D. 囊性畸胎瘤　E. 平滑肌肉瘤
181. 下列哪种肿瘤以局部破坏为主，很少发生转移？

A. 腺癌　　B. 鳞癌　　C. 黑色素瘤
D. 基底细胞癌　　E. 乳头状腺癌

A. 癌细胞团中央可见角化珠　　B. 癌细胞团漂浮在黏液内　　C. 黏液将癌细胞核推向一侧
D. 癌细胞呈条索状排列　　E. 癌细胞呈腺样排列

182. 鳞状细胞癌的组织学表现是
183. 腺癌的组织学表现是
184. 印戒细胞癌的组织学表现是

四、肿瘤的病因学和发病学（执业医师及助理医师均需掌握）

185. 属于抑癌基因的是
A. *RB*　　B. *RAS*　　C. *MYC*
D. *ALK*　　E. *SIS*

186. 肿瘤的发生与亚硝胺类化合物关系不密切的是
A. 食管癌　　B. 胃癌　　C. 大肠癌
D. 胆囊癌　　E. 肝癌

187. 黄曲霉毒素 B1 的靶器官是
A. 脾　　B. 肝　　C. 心
D. 肺　　E. 脑

188. 与胃 MALT 淋巴瘤发病有关的病原体是
A. EBV　　B. HIV　　C. HPV
D. Hp　　E. HTLV-1

189. 子宫颈癌最重要的病因是
A. HIV 感染　　B. HBV 感染　　C. HPV 感染
D. HCV 感染　　E. HAV 感染

190. 属于常染色体显性遗传的肿瘤综合征是
A. Bloom 综合征　　B. 着色性干皮病　　C. Fanconi 贫血
D. 神经纤维瘤病Ⅰ型　　E. 毛细血管扩张性共济失调症

191. 肿瘤相关抗原的含义是
A. 表达于肿瘤细胞而不表达于正常细胞　　B. 肿瘤细胞和正常细胞无差异性表达
C. 表达于正常细胞而不表达于肿瘤细胞　　D. 高表达于肿瘤细胞而低表达于正常细胞
E. 高表达于正常细胞而低表达于肿瘤细胞

A. 自身抗原　　B. 异种抗原　　C. 异嗜性抗原
D. 肿瘤相关抗原　　E. 肿瘤特异性抗原

192. 甲胎蛋白为
193. 甲状腺球蛋白为

第 5 章　心血管系统疾病

一、动脉粥样硬化（执业医师及助理医师均需掌握）

194. 具有抗动脉粥样硬化作用的脂类是
A. 甘油三酯　　B. 胆固醇　　C. HDL

D. LDL　　E. VLDL

195. 与动脉粥样硬化发病关系最密切的是
A. 乳糜微粒　　B. 低密度脂蛋白　　C. 高密度脂蛋白
D. 极低密度脂蛋白　　E. 氧化低密度脂蛋白

196. 早期动脉粥样硬化病变,最早进入动脉内膜的细胞是
A. 红细胞　　B. 淋巴细胞　　C. 脂肪细胞
D. 中性粒细胞　　E. 巨噬细胞

197. 动脉粥样硬化时,脂纹病变中的主要成分是
A. 平滑肌细胞　　B. 中性粒细胞　　C. 单核细胞
D. 泡沫细胞　　E. T淋巴细胞

198. 男,55岁。反复活动时胸部闷痛2年,快步行走及上楼梯可诱发,休息3~5分钟后可缓解。冠状动脉造影见前降支中段狭窄80%。其血管病变的始动环节是
A. 巨噬细胞形成泡沫细胞　　B. 纤维帽破溃、血栓形成　　C. 平滑肌细胞增殖和迁移
D. 内皮受损及功能失调　　E. 内皮下脂质沉积

A. 细胞水肿　　B. 脂质沉积　　C. 结缔组织玻璃样变
D. 血管壁玻璃样变　　E. 细胞内玻璃样变

199. 高血压肾小球细动脉管壁增厚狭窄为
200. 动脉粥样硬化的纤维斑块为

201. 引起脑萎缩的最常见原因是
A. 脑水肿　　B. 脑外伤　　C. 脑动脉粥样硬化
D. 脑脓肿　　E. 脑结核

202. 冠状动脉粥样硬化最常发生的部位是
A. 左冠状动脉主干　　B. 左冠状动脉前降支　　C. 左冠状动脉左旋支
D. 右冠状动脉主干　　E. 右冠状动脉后降支

203. 心肌梗死最常发生的部位在
A. 室间隔后1/3　　B. 左心室后壁　　C. 右心室前壁
D. 左心室前壁　　E. 左心室侧壁

204. 心肌梗死后最早多长时间可出现肉眼可见的病理改变?
A. 1小时　　B. 2小时　　C. 4小时
D. 5小时　　E. 6小时

二、原发性高血压(执业医师及助理医师均需掌握)

205. 高血压病时,细动脉硬化的病理改变是
A. 动脉壁纤维化　　B. 动脉壁水肿　　C. 动脉壁玻璃样变性
D. 动脉壁纤维素样坏死　　E. 动脉壁脂质沉着

206. 原发性高血压时细动脉可逆性病理改变是
A. 内膜下蛋白性物质沉积　　B. 血管腔狭窄　　C. 血管痉挛
D. 血管壁平滑肌萎缩　　E. 血管纤维化

207. 高血压患者心脏呈
A. 球形心　　B. 靴形心　　C. 梨形心
C. 绒毛心　　E. 虎斑心

A. 粥样硬化　　B. 破裂出血　　C. 间歇性痉挛
D. 玻璃样变性　　E. 内膜纤维组织、弹力纤维及平滑肌增生

208. 高血压病时肾小球动脉的病变是

209. 高血压动脉病变期，小动脉的病变是

210. 高血压病的肾脏病理变化表现为
A. 颗粒性固缩肾　　B. 肾脏单发性贫血性梗死　　C. 肾动脉动脉瘤形成
D. 肾的多发性大瘢痕凹陷　　E. 肾脏淤血

211. 高血压病脑出血最常见的部位是
A. 豆状核和丘脑　　B. 内囊和基底核　　C. 蛛网膜下腔
D. 侧脑室　　E. 大脑髓质

212. 高血压病脑出血破裂的血管多为
A. 大脑中动脉　　B. 大脑基底动脉　　C. 豆纹动脉
D. 内囊动脉　　E. 大脑前动脉

213. 恶性高血压的病理特征是
A. 微血管炎　　B. 肾毛细血管纤维样坏死　　C. 肾纤维化
D. 大、中动脉粥样硬化　　E. 肾小动脉纤维样坏死

三、风湿性心脏病(执业医师及助理医师均需掌握)

214. 风湿病中最具有诊断意义的病变是
A. 心肌局灶性变性、坏死　　B. 心内膜纤维组织增生　　C. 胶原纤维的纤维素样变性
D. Aschoff 小体形成　　E. 心外膜纤维素渗出

215. 风湿病的基本病变不包括
A. 黏液变性　　B. 纤维素样坏死　　C. 炎细胞浸润
D. Aschoff 细胞增生　　E. 脓肿形成

216. 光镜下见病灶中央纤维素样坏死，周围有增生的 Aschoff 细胞，该病灶应称为
A. 结核结节　　B. 假结核结节　　C. 伤寒结节
D. 风湿小体　　E. 小胶质细胞结节

217. 有关风湿病的描述，错误的是
A. 属于变态反应性疾病　　B. 与溶血性链球菌感染有关　　C. 心脏病变的后果最为严重
D. 可累及全身结缔组织　　E. 风湿性关节炎常导致关节畸形

218. 风湿性心肌炎病变主要累及
A. 心肌细胞　　B. 心肌间质结缔组织　　C. 心肌间质的小血管
D. 心肌间质神经组织　　E. 心肌间质的嗜银纤维

219. 风湿性心内膜炎最常累及的心瓣膜是
A. 二尖瓣　　B. 三尖瓣　　C. 肺动脉瓣
D. 主动脉瓣　　E. 二尖瓣和肺动脉瓣

四、亚急性感染性心内膜炎(执业医师需掌握)

220. 疣状赘生物是指
A. 心内膜增生物　　B. 心内膜上的新生物　　C. 心瓣膜纤维化
D. 心瓣膜上的附壁血栓　　E. 心瓣膜钙化

A. 金黄色葡萄球菌　　B. 草绿色链球菌　　C. A 组乙型溶血性链球菌

D. 大肠埃希菌　　E. 肺炎球菌

221. 风湿性心内膜炎的常见致病菌是

222. 亚急性细菌性心内膜炎的常见致病菌是

223. 一位亚急性细菌性心内膜炎患者,下床活动后出现意识逐渐模糊至昏迷,并有右侧偏瘫,其最可能的原因为

A. 肺动脉栓塞　　B. 脑动脉栓塞　　C. 冠状动脉栓塞

D. 右上、下肢动脉栓塞　　E. 右上、下肢静脉栓塞

五、心脏瓣膜病(执业医师及助理医师均需掌握)

224. 二尖瓣狭窄早期出现的心脏改变是

A. 左心房扩张　　B. 左心室扩张　　C. 右心房扩张

D. 左心房肥大　　E. 右心室肥大

225. 单纯性二尖瓣狭窄的病变不伴有

A. 左心房肥大　　B. 左心房扩张　　C. 右心室肥厚

D. 左心室肥厚　　E. 心脏呈梨形

226. 左心房增大合并明显肺动脉高压时心界呈

A. 普大形　　B. 三角烧瓶形　　C. 球形

D. 梨形　　E. 靴形

第6章　呼吸系统疾病

一、大叶性肺炎和小叶性肺炎(执业医师及助理医师均需掌握)

227. 肺炎链球菌常引起

A. 支气管肺炎　　B. 肺脓肿　　C. 大叶性肺炎(典型肺炎)

D. 支气管哮喘　　E. 胸膜炎

228. 肺炎球菌感染引起的大叶性肺炎属于

A. 变质性肺炎　　B. 浆液性炎症　　C. 纤维素性炎症

D. 出血性炎症　　E. 卡他性炎症

229. 大叶性肺炎灰色肝样变期肺实变是因为肺泡腔内充满

A. 浆液和红细胞　　B. 浆液和中性粒细胞　　C. 纤维素和红细胞

D. 纤维素和中性粒细胞　　E. 红细胞和中性粒细胞

230. 肺肉质变常见于

A. 大叶性肺炎　　B. 小叶性肺炎　　C. 急性肺淤血

D. 慢性肺淤血　　E. 慢性左心衰竭

231. 小叶性肺炎是

A. 卡他性炎症　　B. 纤维素性炎症　　C. 浆液性炎症

D. 出血性炎症　　E. 化脓性炎

232. 最能反映小叶性肺炎的病变特征的是

A. 病变累及肺小叶范围　　B. 病灶多位于背侧和下叶　　C. 病灶相互融合或累及全叶

D. 支气管化脓性炎　　E. 细支气管及周围肺泡化脓性炎

233. 肺组织切片检查,光镜下见细支气管上皮脱落,腔内及周围肺泡腔内亦有多少不等的脓性渗出物,应诊断为

A. 慢性肺淤血　B. 大叶性肺炎灰色肝样变期　C. 小叶性肺炎
D. 大叶性肺炎溶解消散期　E. 肺结核变质渗出期

二、慢性支气管炎(执业医师及助理医师均需掌握)

234. 慢性阻塞性肺疾病的慢性气道炎症最主要的效应细胞是
A. 巨噬细胞　B. 中性粒细胞　C. 树突状细胞
D. 嗜酸性粒细胞　E. 淋巴细胞

235. 慢性支气管炎典型病变不包括
A. 黏膜上皮鳞化　B. 支气管腺体和杯状细胞增生　C. 支气管内有多量泡沫细胞
D. 支气管软骨变性、萎缩　E. 支气管壁有大量慢性炎症细胞浸润

236. 慢性支气管炎患者发生阻塞性通气功能障碍的病变基础是
A. 支气管软骨萎缩、纤维化　B. 支气管上皮细胞变性坏死　C. 支气管腺体增生、肥大
D. 支气管平滑肌萎缩　E. 细支气管炎及细支气管周围炎

237. 慢性支气管炎患者咳痰的病变基础是
A. 黏膜上皮细胞变性、坏死、脱落　B. 管壁充血、水肿　C. 黏膜上皮纤毛倒伏、脱失
D. 细支气管周围炎　E. 黏液腺肥大、增生,分泌亢进,浆液腺黏液化

三、肺气肿(执业医师及助理医师均需掌握)

238. 细支气管不完全阻塞所致的阻塞性通气功能障碍可造成
A. 肺不张　B. 肺纤维化　C. 支气管扩张
D. 气胸　E. 肺气肿

239. 遗传性 α_1-抗胰蛋白酶缺乏与下列哪种肺气肿的发生关系密切?
A. 腺泡中央型肺气肿　B. 间质性肺气肿　C. 全腺泡型肺气肿
D. 腺泡周围型肺气肿　E. 瘢痕旁肺气肿

四、肺硅沉着症(执业医师需掌握)

240. 肺硅沉着症中,关于硅结节的叙述,不正确的是
A. 早期为细胞性结节　B. 早期分布在肺组织内　C. 晚期为玻璃样变性结节
D. 其形成与患者从事的职业有关　E. 其形成与吸入的 SiO_2 颗粒大小和形状有关

241. 关于硅肺的描述,正确的是
A. 大于 5μm 的硅尘致病性强　B. 硅酸导致巨噬细胞自溶　C. 硅结节内无免疫球蛋白
D. 纤维性结节是硅肺的早期病变　E. 胸膜常无病变

242. 硅肺的特征性病变是
A. 类上皮肉芽肿　B. 胸膜呈斑状增厚　C. 硅肺空洞
D. 硅结节　E. 肺间质纤维化

243. 肺硅沉着症最常见的并发症是
A. 肺真菌感染　B. 肺栓塞　C. 胸膜间皮瘤
D. 肺结核　E. 肺鳞癌

五、肺癌(执业医师及助理医师均需掌握)

244. 中央型肺癌最常见的病理类型是
A. 腺癌　B. 类癌　C. 小细胞癌
D. 鳞癌　E. 大细胞癌

245. 周围型肺癌最常见的病理类型是

A. 类癌　　B. 鳞癌　　C. 大细胞肺癌
D. 小细胞肺癌　　E. 腺癌

246. 对肺鳞癌生物学特征的描述,正确的是
A. 多为中心型肺癌　　B. 较早胸膜转移　　C. 较早经血行转移
D. 多为周围型肺癌　　E. 较早经淋巴转移

A. 类癌　　B. 腺癌　　C. 鳞癌
D. 大细胞癌　　E. 小细胞癌

247. 肺癌中恶性程度最低的类型是
248. 肺癌中恶性程度最高的类型是

A. 列兵样排列　　B. 形成管状结构　　C. 形成乳头状结构
D. 有角化珠　　E. 有假菊形团结构

249. 最符合肺小细胞癌组织学特点的是
250. 最符合肺高分化鳞癌组织学特点的是

A. 腺癌　　B. 鳞状细胞癌　　C. 印戒细胞癌
D. 黏液腺癌　　E. 小细胞未分化癌

251. 女性的肺癌大多是
252. 食管癌大多是

第 7 章　消化系统疾病

一、消化性溃疡(执业医师及助理医师均需掌握)

253. 男,78 岁。反复上腹胀、上腹部不适 20 年。胃镜检查:胃角切迹可见直径 0.3cm 溃疡,底部平坦,边界清楚,胃黏膜苍白、粗糙、皱襞稀疏。其胃黏膜病理检查不可能出现的是
A. 主细胞减少　　B. 肠上皮化生　　C. 壁细胞数量增多
D. 淋巴细胞浸润　　E. 异型增生

254. 下列哪项最符合胃溃疡病的病理变化
A. 部位多在胃小弯近贲门处　　B. 直径多在 2cm 左右　　C. 边缘隆起不整齐
D. 底部凹凸不平　　E. 周围黏膜皱襞向溃疡集中

255. 胃溃疡底部常见动脉内血栓机化,该处血栓形成的最主要机制是
A. 溃疡组织释放出多量组织凝血酶原　　B. 溃疡处动脉内膜炎致内膜粗糙
C. 溃疡处动脉血流缓慢　　D. 溃疡处纤维化使动脉内血流不规则
E. 胃液促进凝血过程

256. 慢性胃溃疡最常见的并发症是
A. 穿孔　　B. 出血　　C. 幽门狭窄
D. 癌变　　E. 肠上皮化生

257. 胃溃疡最少见的并发症是
A. 癌变　　B. 呕血　　C. 幽门梗阻
D. 穿孔　　E. 黑便

二、病毒性肝炎(执业医师及助理医师均需掌握)

258. 病毒性肝炎属于

A. 变质性炎症　B. 浆液性炎症　C. 增生性炎症
D. 化脓性炎症　E. 出血性炎症

259. 肝细胞点状坏死的特点是
A. 肝细胞核碎裂为小点状的坏死　B. 破坏界板的坏死　C. 形成嗜酸性坏死
D. 坏死灶仅累及几个肝细胞　E. 伴有严重脂肪变性的坏死

260. 急性普通型肝炎主要变化是
A. 肝细胞变性　B. 肝细胞坏死　C. 黄疸为主
D. 无黄疸　E. 点灶状坏死

261. 男,28岁。乏力、纳差10余天。伴厌油及干呕,小便浓茶色。查体:皮肤、巩膜黄染,剑突下轻压痛,无反跳痛,肝脾肋下未及。实验室检查:AST1585U/L,ALT1847U/L,TBil85.20μmol/L;乙肝表面抗原、乙肝E抗原、乙肝核心抗体均阳性。该患者肝最可能的病变是
A. 肝细胞大片坏死并结节状再生　B. 肝细胞桥接坏死和碎片状坏死
C. 肝细胞淤胆和羽毛状坏死　D. 肝细胞广泛变性和点灶状坏死
E. 仅汇管区淋巴细胞浸润

262. 男,46岁。腹胀、尿黄1个月。反复肝功能异常10余年。查体:面色晦暗,巩膜黄染,肝掌及蜘蛛痣(+),移动性浊音(+)。实验室检查:ALT180U/L,TBil37μmol/L,PTA60%。肝最可能的病理变化是
A. 肝细胞水肿,纤维结缔组织增生　B. 肝细胞大片坏死
C. 肝细胞灶状坏死,假小叶形成　D. 肝细胞亚大片坏死伴肝细胞增生
E. 肝细胞水肿,有大量炎症细胞浸润

263. 男,28岁。呕吐、腹胀3天,胡言乱语1天。查体:巩膜明显黄染,肝浊音界缩小。血ALT520U/L,TBil215μmol/L,DBil138μmol/L。其典型的肝病理改变主要是
A. 肝细胞脂肪变性　B. 汇管区纤维化　C. 多个小叶或大块肝细胞坏死
D. 淤血性改变　E. 汇管区中性粒细胞浸润

264. 女,16岁。低热伴乏力、纳差、恶心、呕吐3天,来诊当日发现巩膜黄染。实验室检查:ALT860U/L,TBil120μmol/L。出生时曾注射乙肝疫苗。该病的病理特点不包括
A. 假小叶形成　B. 肝细胞气球样变性　C. 肝细胞点状坏死
D. 炎症细胞浸润　E. 毛细胆管内胆栓形成

265. 桥接坏死主要见于
A. 急性普通型肝炎　B. 轻度慢性肝炎　C. 急性重型肝炎
D. 中、重度慢性肝炎　E. 亚急性重型肝炎

266. 病毒性肝炎中见明显碎片状坏死和桥接坏死的是
A. 急性黄疸型肝炎　B. 亚急性重型肝炎　C. 慢性中度肝炎
D. 慢性重度肝炎　E. 急性重型肝炎

267. 肝体积明显缩小,外观黄绿色,表面呈结节状。光镜下见肝细胞大片坏死,同时可见肝细胞再生结节,明显淤胆,大量炎症细胞浸润,结节间纤维组织及小胆管明显增生。根据上述病变应诊断为
A. 急性黄疸性普通型肝炎　B. 重度慢性肝炎　C. 急性重型肝炎
D. 亚急性重型肝炎　E. 门脉性肝硬化

268. 一肝炎患者做肝穿刺活检,镜下见肝细胞点状坏死,汇管区见少量淋巴细胞浸润及轻度纤维组织增生,肝小叶结构完整。上述病变符合
A. 急性普通型肝炎　B. 轻度慢性肝炎　C. 中度慢性肝炎
D. 重度慢性肝炎　E. 早期肝硬化

269. 急性重型病毒性肝炎,其坏死病变主要为

A. 点状坏死　　B. 桥接坏死　　C. 碎片状坏死
D. 大片坏死　　E. 灶性坏死

270. 男，45 岁。食欲减退 6 天。实验室检查：血 ALT438U/L，TBil56μmol/L，PTA88%，HBV DNA 4.5×10^5copies/ml。其肝最可能的病理表现是
A. 肝细胞大块坏死　　B. 淋巴细胞浸润　　C. 肝细胞水肿
D. 中性粒细胞聚集　　E. 肝细胞点状、灶状坏死

271. 慢性持续性肝炎与慢性活动性肝炎镜下病变最主要的区别是
A. 肝细胞坏死的程度和部位　　B. 炎细胞浸润的程度　　C. 浸润的炎细胞种类
D. 有无纤维组织增生　　E. 有无肝细胞增生

A. 急性普通型肝炎　　B. 慢性持续性肝炎　　C. 慢性活动性肝炎
D. 急性重型肝炎　　E. 亚急性重型肝炎

272. 镜下见肝细胞广泛气球样变性、点状坏死，病变符合
273. 镜下见肝细胞碎片状坏死，桥接坏死，病变符合
274. 镜下见既有肝细胞大片坏死，又有肝细胞结节状再生，病变符合

275. 下述哪项肝细胞的病理改变与乙型肝炎病毒(HBV)感染有关？
A. 细胞内大量糖原沉积　　B. 核内出现假包涵体　　C. 滑面内质网大量增生
D. 前角蛋白细丝堆集　　E. 粗面内质网增生

三、门脉性肝硬化(执业医师及助理医师均需掌握)

276. 最常导致肝硬化的 DNA 病毒是
A. HAV　　B. HBV　　C. HCV
D. HDV　　E. HEV

277. 男，40 岁。10 年前发现乙型肝炎表面抗原阳性，未规律诊治。近日食欲下降。肝穿刺可见假小叶，其正确的诊断是
A. 肝癌　　B. 慢性乙型肝炎　　C. 肝结核
D. 肝淋巴瘤　　E. 乙肝肝硬化

278. 男，45 岁。乏力、双下肢水肿 2 年。母亲及哥哥患有乙型肝炎多年。查体：T36.5℃，P80 次/分，R18 次/分，BP120/80mmHg。前胸可见数个蜘蛛痣，可见肝掌，双肺呼吸音清，未闻及干、湿啰音，心率 80 次/分，心律齐，未闻及杂音，腹软，肝肋下未触及，脾肋下 5cm。血 Alb28g/L。如果该患者行肝穿刺活组织病理检查，最可能存在的特征性肝组织学病理改变是
A. 假小叶形成　　B. 肝细胞气球样变　　C. 肝细胞碎片状坏死
D. 肝细胞脂肪样变　　E. 肝细胞桥接坏死

279. 门脉性肝硬化形成假小叶，其病理特点不正确的是
A. 肝细胞排列紊乱　　B. 肝细胞可有双核出现　　C. 肝细胞可变性坏死
D. 小胆管闭塞、缺如　　E. 中央静脉可偏位、缺如

280. 男，45 岁。HBsAg(+)20 年。超声检查：肝回声不均匀，脾大，门静脉增宽，中等量腹水。肝穿刺病理的特征性发现是
A. 肝细胞变性坏死　　B. 假小叶形成　　C. 弥漫性肝纤维化
D. 毛细胆管胆汁淤积　　E. 肝细胞气球样变

281. 肝硬化时，脾大的主要原因是
A. 脾窦扩张，红细胞淤滞　　B. 脾窦巨噬细胞增多　　C. 脾内淋巴细胞聚集

D. 脾内纤维组织增生　　E. 脾小体多量中性粒细胞浸润

A. 男性乳腺发育　　B. 食管静脉曲张　　C. 氨中毒
D. 凝血因子减少　　E. 黄疸
282. 肝硬化时,门静脉高压可引起
283. 肝硬化时,肝解毒功能下降表现为
284. 肝硬化时,肝激素灭活功能下降表现为
285. 肝硬化时,肝合成功能下降表现为

四、食管癌(执业医师需掌握)

286. 食管癌最多见的发病部位是
A. 颈段　　B. 胸部上段　　C. 胸部中段
D. 胸部下段　　E. 胸部中下段
287. 男,72岁。反酸、烧心30年,吞咽困难、乏力2个月。间断口服质子泵抑制剂,起初有效,近2个月效果不佳。胃镜检查见食管下段及贲门区隆起溃疡性病变,质脆,易出血。最可能的活组织病理检查结果是
A. 淋巴瘤　　B. 神经内分泌肿瘤　　C. 胃肠间质瘤
D. 鳞癌　　E. 腺癌
288. 男,56岁。吞咽困难5个月。胃镜检查见食管中段隆起伴溃疡,管腔狭窄,管壁僵硬。黏膜活检最可能的病理改变是
A. 腺癌　　B. 淋巴瘤　　C. 非干酪样肉芽肿
D. 鳞癌　　E. 干酪样肉芽肿

五、胃癌和大肠癌(执业医师及助理医师均需掌握)

289. 胃癌最好发的部位是
A. 幽门管　　B. 胃窦大弯侧　　C. 胃体大弯侧
D. 胃窦小弯侧　　E. 贲门小弯侧
290. 大肠癌最好发的部位是
A. 乙状结肠　　B. 降结肠　　C. 横结肠
D. 直肠　　E. 升结肠

A. 隆起型　　B. 表浅型　　C. 凹陷型
D. 溃疡型　　E. 息肉型
291. 早期胃癌最常见的类型是
292. 中晚期胃癌最多见的肉眼类型是
A. 直径0.4cm　　B. 直径0.8cm　　C. 直径1.2cm
D. 直径1.6cm　　E. 直径2.0cm
293. 符合小胃癌的肿瘤大小是
294. 符合胃微小癌的肿瘤大小是

295. 符合早期胃癌诊断条件的是
A. 肿瘤局限于胃窦　　B. 肿瘤直径小于1cm　　C. 肿瘤直径小于0.5cm
D. 癌未累及肌层　　E. 黏膜皱襞消失
296. 男,45岁。间断上腹部不适1年。血Hb85g/L,粪隐血(+)。胃黏膜活组织病理检查:慢性炎症,间质中见散在印戒细胞,诊断是

A. 慢性肥厚性胃炎　B. 慢性浅表性胃炎　C. 胃癌
D. 慢性萎缩性胃炎　E. 消化性溃疡

297. 男,30 岁。胃部不适 3 个月,加重伴疼痛、消瘦半个月。胃镜检查见胃小弯巨大病灶。活检病理报告描述为“细胞较小,大小较一致,呈弥漫分布,部分排列成小条索状,无腺管形成”。诊断是
A. 胃未分化癌　B. 胃黏液腺癌　C. 胃乳头状腺癌
D. 胃印戒细胞癌　E. 胃管状腺癌

298. 胃癌最常见的病理类型是
A. 鳞状细胞癌　B. 小细胞癌　C. 未分化癌
D. 印戒细胞癌　E. 腺癌

299. 对鉴别胃良恶性溃疡最有意义的检查是
A. 粪隐血试验　B. 上消化道 X 线钡剂造影　C. 幽门螺杆菌检测
D. 胃液分析　E. 胃黏膜活组织病理检查

六、肝癌(执业医师及助理医师均需掌握)

300. 男,48 岁。右季肋区疼痛伴消瘦 2 个月。既往有乙型病毒性肝炎病史 10 年。腹部 B 超检查见肝右叶巨大肿块。血 AFP 明显增高。符合该肿瘤病理学特点的是
A. 肿瘤组织间质较多　B. 癌细胞呈腺管状排列　C. 癌细胞分泌黏液且血管少
D. 癌细胞与肝细胞类似　E. 发生于肝内胆管上皮最多见

301. 男,45 岁。血 AFP 明显升高 1 个月。有慢性乙型肝炎病史 10 年。腹部 B 超发现肝内有 3 个实性结节,最大径分别为 0.5cm、0.7cm 和 1.2cm,周围肝组织呈明显的肝硬化改变。术后病理为原发性肝细胞性肝癌,其分型属于
A. 结节型肝癌　B. 巨块型肝癌　C. 弥漫型肝癌
D. 小肝癌　E. 大肝癌

第 8 章　淋巴造血系统疾病

(执业医师需掌握)

302. 病理表现为中性粒细胞反应的肉芽肿性疾病是
A. 结节病　B. 猫抓病　C. 反应性淋巴节炎
D. 结核病　E. 组织细胞坏死性淋巴结炎

303. B 型急性淋巴细胞白血病免疫分型为
A. $CD3^+$　B. $CD4^+$　C. $CD19^+$
D. $CD34^+$　E. $CD56^+$

304. 男,45 岁。左颈部淋巴结进行性肿大 3 个月。淋巴结活检病理结果示弥漫性大 B 细胞淋巴瘤。最可能出现的细胞免疫表型是
A. $CD10^+$　B. $CD13^+$　C. $CD20^+$
D. $CD5^+$　E. $CD34^+$

305. MALT 淋巴瘤最常发生于
A. 胃肠道　B. 皮肤　C. 乳腺
D. 眼附属器　E. 甲状腺

306. 在我国最多见的淋巴瘤类型是
A. MALT 淋巴瘤　B. 弥漫性大 B 细胞淋巴瘤　C. NK/T 细胞淋巴瘤

D. 蕈样霉菌病　　E. 滤泡性淋巴瘤

第9章　泌尿系统疾病

一、肾小球肾炎(执业医师及助理医师均需掌握)

307. 急性弥漫性增生性肾小球肾炎增生的细胞是
A. 肾小球壁层上皮细胞和脏层上皮细胞
B. 肾小球脏层上皮细胞和炎症细胞
C. 肾小球毛细血管内皮细胞和系膜细胞
D. 肾小球脏层上皮细胞和系膜细胞
E. 肾小球周围纤维细胞和系膜细胞

308. 急性链球菌感染后肾小球肾炎电镜下的典型表现是
A. 广泛足突消失
B. 电子致密物呈“飘带”样在肾小球基底膜沉积
C. 电子致密物在系膜区沉积
D. 电子致密物呈“驼峰”样在上皮下沉积
E. 毛细血管腔内中性粒细胞浸润

309. 弥漫性新月体性肾小球肾炎中形成新月体的细胞是
A. 肾小球球囊壁层上皮细胞
B. 肾小球球囊壁层上皮细胞和单核细胞
C. 肾小球球囊脏层上皮细胞和单核细胞
D. 肾小球系膜细胞和内皮细胞
E. 肾小球系膜细胞

310. 男,56岁。间断发热1个月,进行性少尿、咯血10天。查体:BP165/100mmHg,双肺听诊可闻及湿啰音,双下肢水肿。尿常规:蛋白(++)。尿沉渣镜检:RBC40~50/HP。血肌酐455μmol/L,血尿素18.5mmol/L,ANA(-),抗中性粒细胞胞质抗体(+)。B超示双肾增大。该患者的肾最可能的病理特征是
A. 肾小球纤维化、玻璃样变
B. 系膜局灶性节段性增宽或弥漫性增宽
C. 弥漫性GBM增厚,钉突形成
D. 系膜局灶性节段性硬化、玻璃样变
E. 新月体形成

311. 肾小球囊壁层上皮细胞增生是哪类肾小球疾病的病理表现?
A. 新月体性肾炎
B. 急性肾炎
C. 膜性肾炎
D. 脂性肾炎
E. 膜增生性肾小球肾炎

312. 有新月体形成的是
A. 急进性肾小球肾炎
B. 原发性肾病综合征
C. 隐匿性肾炎
D. 急性肾炎
E. 狼疮性肾炎

313. 弥漫性新月体性肾小球肾炎因肾小球囊新月体形成,阻塞囊腔,患者可迅速出现的异常情况是
A. 蛋白尿
B. 血尿
C. 少尿
D. 管型尿
E. 乳糜尿

314. 肉眼观肾体积明显缩小,质地变硬,表面有大的不规则瘢痕凹陷,该病变性质最可能是
A. 晚期肾小球肾炎
B. 局灶性节段性肾小球肾炎
C. 轻微病变性肾小球肾炎
D. 良性高血压病引起的肾萎缩
E. 慢性肾盂肾炎

315. 肉眼形态表现为颗粒性固缩肾的疾病是
A. 慢性硬化性肾小球肾炎
B. 慢性肾盂肾炎
C. 新月体性肾小球肾炎
D. 膜性肾小球肾炎
E. 急性弥漫性增生性肾小球肾炎

A. 轻微病变性肾小球肾炎
B. 弥漫性系膜增生性肾小球肾炎
C. 弥漫性新月体性肾小球肾炎
D. 弥漫性膜性增生性肾小球肾炎
E. 弥漫性毛细血管内增生性肾小球肾炎

316. 大红肾见于
317. 毛细血管壁增厚呈车轨状或分层状见于
318. 毛细血管基底膜可形成钉状突起,见于
A. 弥漫性毛细血管内增生性肾小球肾炎
B. 弥漫性膜性增生性肾小球肾炎
C. 弥漫性膜性肾小球肾炎
D. 轻微病变性肾小球肾炎
E. 弥漫性新月体性肾小球肾炎
319. 弥漫性膜性增生性肾小球肾炎时,增生的细胞主要是
A. 肾小球脏层细胞和中性粒细胞
B. 肾小球壁层细胞和系膜细胞
C. 肾小球系膜细胞和基质
D. 肾小球毛细血管基底膜增厚和系膜细胞增生
E. 肾小球各种细胞均有较明显增生
320. 致密沉积物病属于下列哪种肾小球肾炎?
A. 膜性肾小球肾炎
B. 快速进行性肾小球肾炎
C. 系膜增生性肾小球肾炎
D. 膜性增生性肾小球肾炎
E. 毛细血管内增生性肾小球肾炎

A. 微小病变肾病
B. 新月体性肾小球肾炎
C. IgA 肾病
D. 毛细血管内增生性肾小球肾炎
E. 膜性肾病
321. 链球菌感染后急性肾小球肾炎的病理类型为
322. 儿童原发性肾病综合征最常见的类型为

323. 关于原发性肾小球疾病的光镜下病理特点,错误的是
A. 膜性肾病为不伴细胞增生的弥漫性肾小球毛细血管基底膜增厚
B. 微小病变肾病无明显异常,电镜下可见上皮细胞肿胀、足突广泛融合
C. 急进性肾炎是50%以上肾小球的肾小囊中有大新月体形成
D. 急性链球菌感染后肾小球肾炎是弥漫增生性肾小球炎症(内皮与系膜细胞增生)
E. 系膜增生性肾炎是系膜细胞及肾小球基底膜不同程度的弥漫增生
324. 男,17 岁。水肿 1 周。辅助检查:尿蛋白(+++),尿沉渣镜检:红细胞 0~1/HP,24 小时尿蛋白定量 7.6g,血肌酐 76μmol/L。肾穿刺示微小病变型肾病。其主要发病机制为
A. T 细胞功能紊乱
B. 肾小球微血栓形成
C. 免疫复合物沉积
D. 补体 C3 异常
E. 抗基底膜抗体形成

二、慢性肾盂肾炎(执业医师及助理医师均需掌握)

325. 慢性肾盂肾炎是
A. 肾小球肾炎的一种特殊类型
B. 一种肾小球免疫复合物性肾炎
C. 一种以增生为主的炎症
D. 一种以变质为主的炎症
E. 肾小管和肾间质的慢性化脓性炎症
326. 上行性感染的肾盂肾炎病变最轻的部位是
A. 肾小管
B. 肾间质
C. 肾盂黏膜
D. 肾乳头
E. 肾小球
327. 慢性肾盂肾炎的肾脏肉眼观察不同于慢性肾小球肾炎的是
A. 体积缩小
B. 肾脏内小动脉硬化
C. 有不规则的凹陷瘢痕
D. 颜色苍白
E. 表面颗粒状
328. 慢性肾盂肾炎大体描述正确的是
A. 肾弥漫性颗粒状
B. 肾肿大、苍白
C. 肾表面散在出血点
D. 肾弥漫性肿大
E. 肾不对称性缩小

三、肾细胞癌(执业医师及助理医师均需掌握)

329. 肾癌的典型肉眼特征是
A. 肾组织切面灰白色　B. 肾组织切面鲜红色　C. 在肾上极,有包膜
D. 肿瘤位于肾中央　E. 双肾累及,有多个癌块

第10章　生殖系统与乳腺疾病

一、子宫颈上皮内瘤变与子宫颈癌(执业医师及助理医师均需掌握)

330. 关于子宫颈原位癌的描述,正确的是
A. 子宫颈上皮内瘤变即为子宫颈原位癌　B. 异型细胞侵犯子宫颈间质血管和淋巴
C. 异型细胞累及上皮全层,未穿透基底膜　D. 异型细胞侵犯子宫颈腺体,穿透基底膜
E. 异型细胞侵犯上皮的1/3~2/3
331. 子宫颈原位癌累及腺体是指
A. 子宫颈腺体充满癌细胞
B. 子宫颈表面发生的原位癌影响腺体分泌排出
C. 子宫颈表面和腺体先后发生了原位癌,并侵及腺体周围间质
D. 子宫颈原位癌突破基底膜侵及腺体
E. 子宫颈原位癌沿基底膜伸入腺体内致腺管上皮被癌细胞所取代,腺体基底膜完整
332. 光镜下见子宫颈黏膜上皮全层异型增生并延伸到腺体,病理性核分裂象多见,但病变尚未突破基底膜,应诊断为
A. 重度非典型增生　B. 原位癌　C. 原位癌累及腺体
D. 早期浸润癌　E. 浸润癌
333. 患者,女,40岁。接触性阴道流血。妇科检查:宫颈呈糜烂样改变,病理活检可见异型细胞局限于宫颈上皮的下1/3黏膜下,炎细胞浸润。最可能的是
A. 微小浸润癌　B. 慢性弥漫性宫颈炎　C. 宫颈高级别鳞状上皮内病变
D. 宫颈低级别鳞状上皮内病变　E. 慢性宫颈炎伴鳞状上皮化生
334. 子宫颈早期浸润性癌不超过基底膜下
A. 2mm　B. 3mm　C. 4mm
D. 5mm　E. 6mm
335. 子宫颈癌最常见的转移途径是
A. 直接蔓延　B. 子宫颈旁淋巴结　C. 血道
D. 腹腔淋巴结　E. 种植性转移

二、滋养层细胞疾病(执业医师及助理医师均需掌握)

336. 绒毛膜癌的组织来源是
A. 腹膜间皮细胞　B. 滋养层细胞　C. 子宫颈上皮细胞
D. 子宫内膜上皮细胞　E. 输卵管上皮细胞
337. 只有实质细胞而没有间质的恶性肿瘤是
A. 乳腺纤维腺瘤　B. 印戒细胞癌　C. 恶性黑色素瘤
D. 横纹肌肉瘤　E. 绒毛膜癌
338. 侵蚀性葡萄胎与绒毛膜癌最主要的区别点是

A. 阴道流血时间长短　B. 距葡萄胎排空后时间长短　C. 尿中 hCG 值高低
D. 子宫大小程度不同　E. 活组织镜下见有无绒毛结构

339. 女,35 岁。不规则阴道流血 2 个月。妇科检查发现阴道壁上有一紫蓝色结节。病理检查见大量血块及坏死组织中散在一些异型的滋养层细胞团,无绒毛结构。应诊断为
A. 侵蚀性葡萄胎　B. 子宫颈癌　C. 绒毛膜癌
D. 子宫内膜癌　E. 水泡状胎块

340. 切除子宫做病理检查,光镜下见子宫壁深肌层内有大量异型的滋养层细胞浸润,并有绒毛结构,应诊断为
A. 水泡状胎块　B. 子宫内膜癌　C. 侵蚀性葡萄胎
D. 绒毛膜癌　E. 子宫颈癌

341. 最易经血道转移的恶性肿瘤是
A. 葡萄胎　B. 侵蚀性葡萄胎　C. 绒毛膜癌
D. 子宫内膜癌　E. 子宫颈癌

三、卵巢肿瘤(执业医师及助理医师均需掌握)

342. 属于卵巢性索间质肿瘤的是
A. 卵黄囊瘤　B. 卵巢黏液性囊腺瘤　C. 卵巢黄素化囊肿
D. 卵巢颗粒细胞瘤　E. 畸胎瘤

四、乳腺增生性病变(执业医师需掌握)

343. 乳腺硬化性腺病与小叶浸润性癌的形态区别是
A. 肌上皮细胞增生　B. 腺泡细胞增生　C. 脂肪细胞增生
D. 纤维组织增生　E. 间质血管细胞增生

三、乳腺癌(执业医师及助理医师均需掌握)

344. 乳腺癌来源于
A. 小叶间质　B. 乳腺囊肿　C. 导管内乳头状瘤
D. 乳腺导管上皮及腺泡上皮　E. 乳腺纤维腺瘤

A. 白血病　B. 结肠癌　C. 甲状腺癌
D. 肺癌　E. 乳腺癌

345. 携带缺陷基因 *BRCA1* 者易患的疾病是
346. 适用 Dukes 分期的疾病是

347. 属于乳腺癌特殊类型的是
A. 小管癌　B. 浸润性导管癌　C. 导管原位癌
D. 小叶原位癌　E. 浸润性小叶癌

348. 下列乳腺癌病理类型中,预后最好的是
A. 髓样癌　B. 导管内癌　C. 单纯癌
D. 黏液腺癌　E. 硬癌

349. 女,33 岁。左乳肿块 2 个月。手术中切除活检,见肿瘤剖面较多乳腺导管的断端有黄白色膏样物质溢出。显微镜下:癌细胞分布于乳腺导管内,未突破基底膜并有坏死物质积聚于乳腺导管内。病理诊断应是
A. 乳腺浸润性导管癌　B. 湿疹样乳腺癌　C. 乳腺粉刺癌
D. 乳腺黏液癌　E. 乳腺浸润性小叶癌

350. 下述哪种是原位癌?
A. 小肝癌　B. 大肠黏膜下癌　C. 胃黏膜内癌

D. 早期食管癌　　E. 乳腺导管内癌

A. 乳腺浸润性导管癌　　B. 乳腺导管内癌　　C. 乳腺单纯癌
D. 乳腺硬癌　　E. 乳腺髓样癌

351. 癌组织中实质与间质大致相等是
352. 癌组织中实质少，间质多是

353. 下列乳腺癌类型中常表现为粉刺癌的是
A. 浸润性小叶癌　　B. 浸润性导管癌　　C. 导管内原位癌
D. 小叶原位癌　　E. 髓样癌

354. 女，50岁。右乳头皮肤脱屑、结痂半年。去除痂皮可见糜烂样创面。刮片细胞学检查：可见大而异型、胞质透明的肿瘤细胞，这种细胞称为
A. 镜影细胞　　B. L&H型细胞　　C. 陷窝细胞
D. Paget细胞　　E. 多核瘤巨细胞

355. 女，45岁。体检发现右乳肿块，直径2cm，活动度差，边界不清。术后病理可见乳腺间质中有串珠样单行癌细胞排列。最可能的诊断是
A. 髓样癌　　B. 导管原位癌　　C. 小叶原位癌
D. 导管浸润癌　　E. 小叶浸润癌

第11章　内分泌系统疾病

（执业医师及助理医师均需掌握）

356. 结节性甲状腺肿的病理特点为
A. 滤泡上皮呈柱状增生　　B. 滤泡腔内大量胶质贮积　　C. 结节包膜完整，边界清晰
D. 结节呈单发性　　E. 小滤泡形成

357. 女，30岁。甲状腺右叶包块3年，无不适症状，包块增大缓慢。B超见包块内有点状钙化，行甲状腺右叶和峡部全切、左叶次全切除术。根据术后病理报告判断为预后良好的一种恶性肿瘤，但需终身服用甲状腺素片治疗。病理诊断的主要依据是
A. 有复杂分支乳头样结构　　B. 可见印戒细胞　　C. 腺腔高度扩张呈囊状
D. 含大量黏液　　E. 癌巢少而间质纤维组织多

358. 诊断甲状腺乳头状癌最重要的依据是
A. 癌细胞核明显异型　　B. 癌细胞有大量核分裂象　　C. 癌细胞核明显深染
D. 癌细胞核有粗大核仁　　E. 癌细胞核呈毛玻璃状

359. 不属于甲状腺未分化癌病理类型的是
A. 隐匿性癌　　B. 巨细胞癌　　C. 梭形细胞癌
D. 小细胞癌　　E. 混合性癌

360. 免疫标记降钙素阳性的甲状腺肿瘤是
A. 梭形细胞癌　　B. 滤泡腺癌　　C. 髓样癌
D. 乳头状癌　　E. 巨细胞癌

361. 男，30岁。颈部包块6个月。查体：甲状腺右叶可触及直径2cm质硬结节。B超检查示：甲状腺右叶下极实性结节，2.0cm×1.5cm，边界不规则，内可见细小钙化。行穿刺活检，最可能的病理类型是
A. 鳞癌　　B. 滤泡癌　　C. 未分化癌
D. 乳头状癌　　E. 髓样癌

362. 女,35 岁。颈部肿块 4 年余,随吞咽上下移动。近 3 个月肿块增大明显。手术切除后病理诊断为甲状腺滤泡状腺癌,其最主要的病理诊断依据是
A. 甲状腺组织内出现乳头结构
B. 甲状腺滤泡上皮细胞明显异型
C. 甲状腺滤泡上皮细胞侵犯包膜
D. 甲状腺间质中出现大量淀粉样物质
E. 甲状腺滤泡上皮细胞核呈毛玻璃样改变
363. 甲状腺癌中,下列哪一种最常见?
A. 滤泡癌
B. 乳头状癌
C. 髓样癌
D. 梭形细胞癌
E. 巨细胞癌

第 12 章 流行性脑脊髓膜炎与流行性乙型脑炎

(执业医师及助理医师均需掌握)

364. 流行性乙型脑炎不具有的改变是
A. 血管周围淋巴细胞浸润和血管套形成
B. 筛网状软化灶和脑水肿
C. 蛛网膜下腔以中性粒细胞为主的炎性渗出
D. 胶质结节形成
E. 神经细胞变性、坏死,出现噬神经细胞和卫星现象
365. 流行性乙型脑炎病变最轻微的部位是
A. 脑桥
B. 脊髓
C. 基底核
D. 丘脑
E. 延髓
366. 女,16 岁。发热伴头痛、恶心 2 天,于 8 月 10 日入院,呕吐 3 次,为胃内容物。查体:T39.6℃,BP120/80mmHg。精神萎靡,定向力差。颈抵抗(+),Kernig 征及 Babinski 征均阳性。该患者病变最严重的部位是
A. 大脑皮质和小脑
B. 大脑皮质及丘脑
C. 延髓和桥脑
D. 小脑和丘脑
E. 小脑和脊髓
367. 流行性脑脊髓膜炎的主要病变部位在
A. 大脑皮质
B. 丘脑及基底核
C. 硬脑膜
D. 蛛网膜下腔
E. 脑室内
368. 患流行性脑脊髓膜炎时,脓液主要聚集在
A. 软脑膜与脑皮质之间的腔隙
B. 蛛网膜与软脑膜之间的腔隙
C. 蛛网膜与硬脑膜之间的腔隙
D. 蛛网膜本身的疏松纤维组织间
E. 软脑膜本身的疏松纤维组织间
369. 流行性脑脊髓膜炎典型的病理变化是
A. 神经细胞变性坏死
B. 脑软化灶形成
C. 噬神经细胞现象
D. 蛛网膜下腔脓性渗出物堆积
E. 淋巴细胞袖套状浸润

A. 变质性炎
B. 浆液性炎
C. 纤维素性炎
D. 化脓性炎
E. 增生性炎
370. 流行性脑脊髓膜炎的病变性质是
371. 流行性乙型脑炎的病变性质为

372. 男,5 岁。发热、头痛、呕吐 4 天,昏迷半天,于 2 月 10 日入院。查体:T39.6℃,P115 次/分,R26 次/分,BP60/25mmHg。神志不清,皮肤可见出血点,球结膜水肿,心、肺、腹(-),颈抵抗(+),双侧 Babinski(+)。实验室检查:血 WBC16.4×10^9/L,N0.88,L0.12。患者抢救无效于次日死亡。其脑组

织病理检查最可能出现的结果是
A. 颅底多发性闭塞性动脉内膜炎，引起脑实质损害
B. 软脑膜充血、水肿、出血
C. 脑沟和脑回可见小的肉芽肿、结节和脓肿，蛛网膜下腔有胶样渗出物
D. 病变多发生在灰质、白质交界处，引起脑室扩大、脑积水及蛛网膜炎
E. 脑脊膜血管高度扩张充血，蛛网膜下腔充满黄色脓性渗出物

373. 女，19 岁。因发热伴头痛、烦躁 2 天，于 1 月 28 日入院。查体：T39℃，BP130/80mmHg，精神差，神志清楚，全身散在瘀点、瘀斑，颈抵抗阳性，Kernig 征及 Babinski 征均阳性。实验室检查：腰穿脑脊液压力 240mmH_2O，外观混浊，白细胞 1200×10^6/L，蛋白质 1.5g/L，糖 2.5mmol/L，氯化物 100mmol/L。该病蛛网膜切片的病理改变不包括
A. 血管扩张充血　B. 可见大量中性粒细胞　C. 可见纤维素
D. 明显水肿　E. 可见大量淋巴细胞和单核细胞

第 13 章　传染病与寄生虫病

一、结核病（执业医师及助理医师均需掌握）

374. 结核病的基本病变属于
A. 急性增生性炎　B. 纤维素性炎　C. 化脓性炎
D. 变质性炎　E. 特殊性炎

375. 结核病的组织坏死属于
A. 凝固性坏死　B. 液化性坏死　C. 干酪样坏死
D. 坏疽　E. 纤维素样坏死

376. 结核性病变的特征性细胞是
A. 中性粒细胞　B. 浆细胞　C. 淋巴细胞
D. 异物巨细胞　E. 上皮样细胞

377. 结核结节中最具有诊断意义的细胞成分是
A. 朗汉斯巨细胞和淋巴细胞　B. 朗汉斯巨细胞和上皮样细胞　C. 淋巴细胞和上皮样细胞
D. 上皮样细胞和异物巨细胞　E. 异物巨细胞和成纤维细胞

378. 女，4 岁。发热、呕吐 1 周，双眼呆滞 1 天。查体：消瘦明显，颈项强直。经治疗无效死亡，尸体解剖见脑膜血管扩张淤血，脑底蛛网膜下腔见灰白色胶样渗出物聚集，以脑桥、脚间池、视神经交叉处最明显，并见灰白色粟粒大小结节弥漫分布。镜下见渗出物中有淋巴细胞、单核细胞、纤维素及肉芽肿。最可能的诊断是
A. 流行性乙型脑炎　B. 化脓性脑脊髓膜炎　C. 真菌性脑膜炎
D. 结核性脑膜炎　E. 多发性脑脓肿

379. 原发性肺结核病和继发性肺结核病均可见的病理类型是
A. 粟粒性肺结核　B. 浸润型肺结核　C. 结核球
D. 局灶型肺结核　E. 慢性纤维空洞型肺结核

380. 全身粟粒性结核病常常是肺结核经哪种途径播散的结果？
A. 淋巴道　B. 血道　C. 支气管
D. 潜伏的病菌重新繁殖　E. 沿组织间隙蔓延

A. 直肠息肉形成　B. 脾脏白色锥形病灶　C. 回盲部肠腔狭窄

D. 胃壁溃疡形成　　E. 肝脏体积增大

381. 肺外结核病最常引起的形态改变是

382. 慢性肺淤血可引起的脏器改变是

383. 成人肺结核最常见的类型是

A. 局灶型　　B. 浸润型　　C. 慢性纤维空洞型

D. 干酪样肺炎　　E. 结核性胸膜炎

384. 不属于继发性肺结核临床病理特征的是

A. 病变多从肺尖开始　　B. 主要沿支气管播散　　C. 多见于成人

D. 肺门淋巴结显著肿大　　E. 病程较长，渗出、增生、坏死病变并存

385. 肠结核最常见的发病部位是

A. 直肠　　B. 乙状结肠　　C. 回盲部

D. 回肠末段　　E. 升结肠

二、伤寒(执业医师及助理医师均需掌握)

386. 伤寒病属于

A. 变质性炎症　　B. 浆液性炎症　　C. 增生性炎症

D. 化脓性炎症　　E. 出血性炎症

387. 病变早期以增生为主要特点的疾病是

A. 伤寒　　B. 白喉　　C. 风湿性心包炎

D. 急性重型肝炎　　E. 流行性乙型脑炎

388. 伤寒小结的主要组成细胞是

A. 类上皮细胞　　B. 淋巴细胞　　C. 多核巨细胞

D. 巨噬细胞　　E. 浆细胞

389. 伤寒的肠道病变主要发生在

A. 回肠下段　　B. 回盲部　　C. 盲肠

D. 乙状结肠　　E. 直肠

390. 肠伤寒坏死灶的主要部位是

A. 黏膜下层　　B. 皱襞内　　C. 淋巴组织内

D. 黏膜层　　E. 毛细血管内

391. 伤寒最严重的并发症是

A. 中毒性脑病　　B. 肠穿孔　　C. 急性胆囊炎

D. 肠出血　　E. 肺炎

392. 女，18 岁。持续发热 10 天于 9 月 2 日来诊。体温逐日升高，伴乏力、纳差。查体：T39.8℃，P80 次/分，精神萎靡，腹部可见 6 个充血性皮疹，腹部胀气，脾肋下可及。实验室检查：血 WBC 3.7×10^9/L。此患者所患疾病的主要病理特点是

A. 基本病变是小血管炎　　B. 全身单核巨噬细胞系统增生性反应

C. 小肠黏膜苍白、水肿　　D. 主要病变在淋巴结和胸腺

E. 肠黏膜呈弥漫性纤维蛋白渗出性炎症

A. 溃疡呈环形与肠的长轴垂直　　B. 溃疡呈椭圆形与肠的长轴平行　　C. 溃疡呈烧瓶状口小底大

D. 溃疡边缘呈堤状隆起　　E. 溃疡表浅呈地图状

393. 肠伤寒的肠溃疡特征

394. 细菌性痢疾的肠溃疡特征

三、细菌性痢疾(执业医师及助理医师均需掌握)

395. 女,30 岁。腹痛、腹泻伴里急后重 3 天。最初为稀便,2 天后为黏液脓血便,偶见片状灰白色膜状物排出。此病变最可能的炎症类型是
A. 纤维素性炎　B. 变质性炎　C. 浆液性炎
D. 出血性炎　E. 化脓性炎

396. 下述哪项有关中毒性痢疾的描述是不正确的?
A. 儿童多见　B. 肠道症状轻　C. 多由毒力强的痢疾杆菌引起
D. 全身症状明显　E. 患者对细菌毒素反应强烈

397. 细菌性痢疾肠道病变最显著的部位是在
A. 升结肠　B. 横结肠　C. 降结肠
D. 乙状结肠　E. 乙状结肠和直肠

四、血吸虫病(执业医师及助理医师均需掌握)

398. 日本血吸虫病的临床分型不包括
A. 急性血吸虫病　B. 异位血吸虫病　C. 晚期血吸虫病
D. 肝硬化型血吸虫病　E. 慢性血吸虫病

399. 血吸虫虫卵引起的病变主要发生在
A. 大肠壁和肝脏　B. 肠系膜静脉　C. 门静脉
D. 肺和肠　E. 肝和脾

400. 在血吸虫发育各阶段中,引起人体主要病理改变的是
A. 尾蚴　B. 毛蚴　C. 成虫
D. 虫卵　E. 幼虫

401. 男,45 岁,湖北渔民。经常腹痛、腹泻,体力逐渐下降半年。当地有类似患者。查体:体温正常,慢性病容,腹膨隆,脾肋下 2cm,移动性浊音(+)。血常规:Hb90g/L,WBC2.5×10^9/L,N0.6。该患者所患疾病的病理特点是
A. 干酪样坏死　B. 肝内门静脉周围纤维化　C. 肝静脉血栓形成
D. 门静脉血栓形成　E. 肝细胞坏死及假小叶形成

第 14 章　艾滋病与性传播疾病

一、艾滋病(执业医师及助理医师均需掌握)

402. 获得性免疫缺陷综合征患者主要受损的靶细胞是
A. $CD4^+$T 细胞　B. $CD8^+$T 细胞　C. B_1 细胞
D. B_2 细胞　E. NK 细胞

403. HIV 主要感染的细胞不包括
A. $CD4^+$T 淋巴细胞　B. 单核巨噬细胞　C. 库普弗细胞
D. B 淋巴细胞　E. 小神经胶质细胞

404. 艾滋病患者肺部最常见的机会性感染的病原体是
A. 肺孢子菌　B. 念珠菌　C. 弓形虫
D. 衣原体　E. 隐球菌

405. 很少引起 AIDS 患者机会性感染的病原体是
A. 巨细胞病毒　B. 卡氏肺孢子菌　C. EB 病毒
D. 弓形虫　E. 新型隐球菌

二、淋病和尖锐湿疣(执业医师及助理医师均需掌握)

406. 我国女性中居首位的性传播疾病是
A. 淋病　B. 尖锐湿疣　C. 生殖器疱疹
D. 梅毒　E. 艾滋病

407. 光镜下发现下列哪种细胞对尖锐湿疣的诊断价值最大?
A. 基底细胞　B. 凹空细胞　C. 镜影细胞
D. 泡沫细胞　E. 毛玻璃样细胞

三、梅毒(执业医师需掌握)

408. 下列关于梅毒树胶肿的叙述,正确的是
A. 大片干酪样坏死　B. 类上皮细胞丰富　C. 大量朗汉斯巨细胞
D. 淋巴细胞、浆细胞少见　E. 可见原有血管壁轮廓

409. 梅毒树胶样肿与结核性肉芽肿的主要区别在于前者
A. 易见朗汉斯巨细胞　B. 见多量中性粒细胞　C. 见干酪样坏死
D. 见多量浆细胞　E. 见多量上皮样细胞

410. 一期梅毒的特征病变是
A. 树胶样肿　B. 硬下疳　C. 软下疳
D. 梅毒疹　E. 闭塞性动脉内膜炎

A. 黄疸出血症状　B. 咽峡炎　C. 关节炎及关节畸形
D. 脊髓痨及动脉瘤　E. 反复发热与缓解

411. 梅毒螺旋体感染可引起
412. 钩端螺旋体感染可引起

第七篇　病理生理学

（执业医师需掌握）

1. 女性，35 岁，乏力 1 月余。查动脉血氧分压 98mmHg，动脉血氧饱和度 96%，动脉血氧含量 6.5mmol/L。该患者最可能出现的情况是
   A. 肺气肿　B. 贫血　C. 室间隔缺损
   D. 房间隔缺损　E. 休克
2. 下列与死腔样通气描述不符合的是
   A. 正常肺泡通气/血流比值降低　B. 动脉血 $PaCO_2$ 降低　C. 动脉血 PaO_2 升高
   D. 动脉血氧含量降低　E. 病变肺泡通气/血流比值大于 0.8
3. 急性肾功能不全少尿期高钾血症的主要原因是
   A. 肾排钾减少　B. 酸中毒时钾从细胞内溢出　C. 钾摄入过多
   D. 输入过多库存血　E. 组织分解代谢增强，钾从细胞内溢出

第八篇　药理学

第1章　药物代谢动力学与药物效应动力学

一、药物代谢动力学(执业医师及助理医师均需掌握)

1. 可引起首过消除的主要给药途径是
A. 吸入给药　B. 舌下给药　C. 口服给药
D. 直肠给药　E. 皮下注射
2. 引起药物首过消除最主要的器官是
A. 肝　B. 肾　C. 肺
D. 肠黏膜　E. 门静脉
3. 经肠道消化吸收的药物经过肝脏后药物浓度明显下降的原因是
A. 生物转化　B. 重吸收　C. 首过消除
D. 首剂效应　E. 肠肝循环
4. 不影响药物在体内分布的因素是
A. 药物的脂溶度　B. 药物的 p*K*a　C. 给药剂量
D. 血脑屏障　E. 器官和组织的血流量
5. 某弱酸性药物的 p*K*a 是 3.4,在血浆中的解离百分率约为
A. 1%　B. 10%　C. 90%
D. 99%　E. 99.99%
6. 按一级动力学消除的药物特点为
A. 药物的半衰期与剂量有关　B. 为绝大多数药物的消除方式
C. 单位时间内实际消除的药量不变　D. 单位时间内实际消除的药量递增
E. 体内药物经 2~3 个 $t_{1/2}$后可基本清除干净
7. 一级消除动力学的特点是
A. 药物的半衰期不是恒定值　B. 为少数药物的消除方式
C. 单位时间内实际消除的药量随时间递减　D. 为一种恒速消除动力学
E. 其消除速度与初始血药浓度高低有关
8. 用药的间隔时间主要取决于
A. 药物与血浆蛋白的结合率　B. 药物的吸收速度　C. 药物的排泄速度
D. 药物的消除速度　E. 药物的分布速度
9. 受体阻断药的特点是
A. 对受体无亲和力,无内在活性　B. 对受体无亲和力,有内在活性　C. 对受体有亲和力,无内在活性
D. 对受体有亲和力,有内在活性　E. 效应强度与其对受体的亲和力无关

二、药物效应动力学(执业医师及助理医师均需掌握)

10. 停药后血浆中药物浓度降至阈浓度以下仍显现的药理作用称为

A. 耐受性　B. 后遗效应　C. 特异质反应
D. 副作用　E. 停药反应

11. 药物副作用
A. 一般都很严重　B. 发生在大剂量情况下　C. 是可以避免的
D. 发生在治疗剂量下　E. 产生原因与药物作用的选择性高有关

12. 有关药物副作用的叙述,不正确的是
A. 为治疗剂量时所产生的药物反应　B. 为与治疗目的有关的药物反应
C. 为不太严重的药物反应　D. 为药物作用选择性低时所产生的反应
E. 为一种难以避免的药物反应

13. 治疗指数为
A. 比值越大就越安全　B. ED_{50}/LD_{50}　C. ED_{50}/TD_5
D. 比值越大,药物毒性越大　E. LD_{50}/ED_{50}

第2章　胆碱受体激动药、抗胆碱酯酶药与胆碱酯酶复活药

一、毛果芸香碱(执业医师及助理医师均需掌握)

14. 毛果芸香碱的作用是
A. 缩瞳降压调节痉挛　B. 扩瞳降压调节痉挛　C. 缩瞳升压调节痉挛
D. 扩瞳升压调节痉挛　E. 缩瞳降压加重痉挛

二、抗胆碱酯酶药及胆碱酯酶复活药(执业医师需掌握)

15. 临床上,新斯的明禁用于
A. 麻痹性肠梗阻　B. 机械性肠梗阻　C. 手术后尿潴留
D. 重症肌无力　E. 筒箭毒碱过量中毒

16. 有机磷酸酯类急性中毒表现为
A. 腺体分泌减少、胃肠平滑肌兴奋　B. 膀胱逼尿肌松弛、呼吸肌麻痹
C. 支气管平滑肌松弛、唾液腺分泌增加　D. 神经节兴奋、心血管作用复杂
E. 脑内乙酰胆碱水平下降、瞳孔扩大

17. 胆碱酯酶复活剂不具备的药理作用是
A. 恢复已经老化的胆碱酯酶活性　B. 解除烟碱样症状
C. 恢复被抑制的胆碱酯酶活性　D. 与阿托品合用可发挥协同作用
E. 增高全血胆碱酯酶活性

第3章　M胆碱受体阻断药、肾上腺素受体激动药与阻断药

一、阿托品及肾上腺受体激动药(执业医师及助理医师均需掌握)

18. 使用过量氯丙嗪的精神病患者,如使用肾上腺素后,主要表现为
A. 升压　B. 降压　C. 血压不变
D. 心率减慢　E. 心率不变

A. 左旋多巴　B. 阿托品　C. 毛果芸香碱
D. 去甲肾上腺素　E. 酚妥拉明

19. 能直接拮抗心迷走神经兴奋效应的药物是
20. 能拮抗交感缩血管神经效应的药物是
21. 能强烈收缩血管的药物是

A. 普萘洛尔　B. 去甲肾上腺素　C. 左旋多巴
D. 酚妥拉明　E. 肾上腺素

22. 临床上常作为升压药使用的药物是
23. 能减弱心肌收缩力并减慢心率的药物是
24. 由交感缩血管神经末梢释放的主要神经递质是

25. 多巴胺药理作用不包括

A. 减少肾血流量,使尿量减少　B. 对血管平滑肌 β_2 受体作用很弱　C. 直接激动心脏 β_1 受体
D. 激动血管平滑肌多巴胺受体　E. 间接促进去甲肾上腺素释放

26. 具有缓解胃肠痉挛作用的自主神经递质受体阻断剂是

A. 阿替洛尔　B. 阿托品　C. 酚妥拉明
D. 育亨宾　E. 筒箭毒碱

27. 肾上腺素与异丙肾上腺素共同的适应证是

A. 过敏性休克　B. 房室传导阻滞　C. 局部止血
D. 支气管哮喘　E. 与局麻药配伍,延长局麻药的作用时间

二、肾上腺受体阻断药(执业医师及助理医师均需掌握)

28. 普萘洛尔的药理作用为

A. 拮抗交感神经活性　B. 促进血小板聚集　C. 松弛支气管平滑肌
D. 升高眼内压　E. 促进肾素释放

29. β 受体阻断药

A. 可使心率加快、心排量增加　B. 有时可诱发或加重哮喘发作　C. 促进脂肪分解
D. 促进肾素分泌　E. 升高眼压作用

A. 利尿药　B. α 受体阻断药　C. β 受体阻断剂
D. 血管紧张素转化酶抑制药　E. 二氢吡啶类钙通道阻滞药

30. 妊娠患者最不宜选用的降压药为
31. 哮喘患者最不宜选用的降压药为

第 4 章　局部麻醉药与镇静催眠药

一、局部麻醉药(执业医师及助理医师均需掌握)

32. 丁卡因的作用或应用为

A. 可用于浸润麻醉　B. 脂溶性低　C. 穿透力低
D. 作用较普鲁卡因弱　E. 可用于表面麻醉

33. 主要用于表面麻醉的药物是

A. 丁卡因　B. 普鲁卡因　C. 苯妥英钠
D. 利多卡因　E. 奎尼丁

34. 延缓普鲁卡因局部吸收的药物是

A. 肾上腺素　B. 胰岛素　C. 庆大霉素

D. 去甲肾上腺素　　E. 异丙肾上腺素

二、镇静催眠药(执业医师及助理医师均需掌握)

35. 苯二氮䓬抗焦虑药物的主要作用为
A. 精神松弛　　B. 肌肉松弛　　C. 精神和肌肉都松弛
D. 阻断多巴胺受体　　E. 阻断5-羟色胺受体

36. 苯二氮䓬药物作用特点为
A. 对快动眼睡眠时相影响大　　B. 没有抗惊厥作用　　C. 没有抗焦虑作用
D. 停药后代偿性反跳较重　　E. 可缩短睡眠诱导时间

37. 不属于苯二氮䓬药物作用特点的是
A. 具有抗焦虑作用　　B. 具有外周性肌松作用　　C. 具有镇静作用
D. 具有催眠作用　　E. 用于癫痫持续状态

38. 癫痫持续状态首选的治疗药物是
A. 苯妥英钠　　B. 地西泮　　C. 水合氯醛
D. 异戊巴比妥　　E. 苯巴比妥钠

39. 苯二氮䓬类药物的催眠机制是
A. 增强GABA功能　　B. 减弱GABA功能　　C. 促进GABA的释放
D. 减慢GABA的降解　　E. 增加神经细胞膜的Cl^-外流

第5章　抗癫痫药与抗惊厥药

(执业医师及助理医师均需掌握)

40. 治疗癫痫小发作的首选药物是
A. 乙琥胺　　B. 硫酸镁　　C. 苯巴比妥
D. 扑米酮　　E. 苯妥英钠

41. 能治疗癫痫发作而无镇静催眠作用的药物是
A. 地西泮　　B. 苯妥英钠　　C. 苯巴比妥
D. 扑米酮　　E. 以上都不是

42. 对各型癫痫都有一定疗效的药物是
A. 乙琥胺　　B. 苯妥英钠　　C. 卡马西平
D. 丙戊酸钠　　E. 苯巴比妥

43. 苯妥英钠不能用于治疗的病症是
A. 三叉神经痛　　B. 舌咽神经痛　　C. 癫痫局限性发作
D. 癫痫大发作　　E. 癫痫小发作

A. 可引起瞳孔扩大　　B. 可引起呼吸抑制　　C. 可引起共济失调
D. 可引起急性心力衰竭　　E. 可引起再生障碍性贫血

44. 吗啡
45. 碳酸锂
46. 乙琥胺

第 6 章　抗帕金森病药与抗精神失常药

一、抗帕金森病药（执业医师需掌握）

47. 左旋多巴的体内代谢特点是
A. 口服后主要在胃内吸收　B. 口服后大部分在肾内被吸收
C. 其在外周不能代谢为多巴胺　D. 其进入中枢后经多巴脱羧酶代谢失活
E. 口服后进入中枢的药物量很少
48. 左旋多巴治疗帕金森病的药理机制主要是补充
A. 纹状体中左旋多巴的不足　B. 纹状体中多巴胺的不足　C. 黑质中左旋多巴的不足
D. 黑质中多巴胺的不足　E. 外周左旋多巴的不足
49. 卡比多巴治疗帕金森病的机制是
A. 抑制中枢氨基酸脱羧酶的活性　B. 抑制外周氨基酸脱羧酶的活性
C. 抑制多巴胺的再摄取　D. 激动中枢多巴胺受体
E. 激动外周多巴胺受体

二、抗精神病药（执业医师及助理医师均需掌握）

50. 抗精神病药物的治疗作用与下列通路有关的是
A. 结节漏斗系统通路　B. 黑质纹状体通路　C. 中脑-边缘系统通路
D. 小脑大脑皮质通路　E. 小脑-颞叶系统通路

A. 房室传导阻滞和甲状腺危象　B. 低温麻醉和人工冬眠
C. 异烟肼和链霉素治疗无效的结核病　D. 心源性休克和急性肾衰竭
E. 过敏性休克和支气管哮喘急性发作
51. 多巴胺的临床应用是
52. 氯丙嗪的临床应用是

53. 对氯丙嗪叙述错误的是
A. 对刺激前庭引起的呕吐有效　B. 可使正常人体温下降　C. 可抑制糖皮质激素的分泌
D. 可阻断脑内多巴胺受体　E. 可加强苯二氮䓬类药物的催眠作用
54. 不属于氯丙嗪临床应用的选项是
A. 精神分裂症　B. 感染中毒性精神病　C. 顽固性呃逆
D. 洋地黄引起的呕吐　E. 前庭刺激所致晕动症
55. 不属于氯丙嗪不良反应的是
A. 帕金森综合征　B. 抑制体内催乳素分泌　C. 急性肌张力障碍
D. 患者出现坐立不安　E. 迟发性运动障碍
56. 碳酸锂中毒的早期症状为
A. 厌食、恶心、呕吐等胃肠道反应　B. 震颤、共济失调　C. 发热、定向障碍
D. 癫痫大发作　E. 下肢水肿、多尿

A. 对心肌有奎尼丁样作用　B. 使突触间隙的 NA 浓度下降　C. 阻断 N 胆碱受体
D. 阻断 D_1、D_2 受体　E. 阻断中枢 5-HT 受体
57. 氯丙嗪作用机制为

58. 丙米嗪作用特点为
59. 碳酸锂作用机制为

第 7 章　镇痛药与解热镇痛抗炎药

（执业医师及助理医师均需掌握）

A. 地西泮　　B. 异丙嗪　　C. 苯妥英钠
D. 氯丙嗪　　E. 乙琥胺

60. 治疗脊髓损伤所引起的肌强直的药物是
61. 治疗顽固性呃逆的药物是
62. 产妇临产前 2~4 小时内不宜使用的药物是
A. 哌替啶　　B. 丙磺舒　　C. 对乙酰氨基酚
D. 喷他佐辛　　E. 布洛芬
63. 吗啡的适应证为
A. 哺乳期妇女止痛　　B. 分娩止痛　　C. 急性严重创伤疼痛
D. 颅脑外伤疼痛　　E. 诊断未明急腹症疼痛
64. 吗啡和哌替啶的共同作用不包括
A. 直立性低血压　　B. 止泻　　C. 成瘾性
D. 镇痛　　E. 抑制呼吸
65. 解热镇痛药的解热作用机制是
A. 抑制中枢 PG 合成　　B. 抑制外周 PG 合成　　C. 抑制中枢 PG 降解
D. 抑制外周 PG 降解　　E. 增加中枢 PG 释放
66. 非甾体抗炎药引起急性胃炎的主要机制是
A. 激活磷脂酶 A　　B. 抑制弹性蛋白酶　　C. 抑制前列腺素合成
D. 促进胃泌素合成　　E. 抑制脂肪酶
67. 既能治疗风湿性关节炎，又有抗血栓形成作用的药物是
A. 肝素　　B. 布洛芬　　C. 阿司匹林
D. 喷他佐辛　　E. 哌替啶

第 8 章　钙通道阻滞药与抗心律失常药

（执业医师及助理医师均需掌握）

68. 下列属于苯烷胺类选择性钙通道阻滞药的是
A. 硝苯地平　　B. 维拉帕米　　C. 普尼拉明
D. 哌克昔林　　E. 氟桂利嗪
69. 高血压伴心绞痛及哮喘者，出现肾功能不全时，最适合的治疗药是
A. 卡托普利　　B. 普萘洛尔　　C. 硝苯地平
D. 氢氯噻嗪　　E. 哌唑嗪
70. 下列钙通道阻滞药中，主要用于治疗脑血管病的药物是
A. 维拉帕米　　B. 硝苯地平　　C. 地尔硫䓬
D. 普尼拉明　　E. 尼莫地平

71. 维拉帕米的作用机制是
A. 增强心肌收缩力
B. 阻滞 Ca^{2+} 通道
C. 抑制血管紧张素转化酶活性
D. 加快心率
E. 抑制远曲小管近端 Na^{+}-Cl^{-} 共转运子

72. 变异型心绞痛患者首选药物是
A. 胺碘酮
B. ACEI
C. 利多卡因
D. 硝苯地平
E. 普萘洛尔

73. 稳定型心绞痛首选
A. 尼莫地平
B. 硝苯地平
C. 氨氯地平
D. 地尔硫䓬
E. 尼群地平

74. 属于Ⅰc 类的抗心律失常药物是
A. 奎尼丁
B. 利多卡因
C. 普罗帕酮
D. 胺碘酮
E. 维拉帕米

75. 对心房颤动无治疗作用的药物是
A. 强心苷
B. 奎尼丁
C. 利多卡因
D. 维拉帕米
E. 普萘洛尔

76. 与胺碘酮延长心室肌 APD 作用机制有关的主要离子通道是
A. Na^{+}通道
B. Ca^{2+}通道
C. Mg^{2+}通道
D. Cl^{-}通道
E. K^{+}通道

77. 胺碘酮的药理作用是
A. 增加心肌耗氧量
B. 明显延长心肌不应期
C. 增加心肌自律性
D. 加快心肌传导
E. 收缩冠状动脉

78. 便秘发生率最高的降压药是
A. 硝苯地平
B. 维拉帕米
C. 氯沙坦
D. 普萘洛尔
E. 卡托普利

79. 具有抗心律失常、抗高血压及抗心绞痛作用的药物是
A. 可乐定
B. 普萘洛尔
C. 利多卡因
D. 硝酸甘油
E. 氢氯噻嗪

第 9 章　利尿药与抗高血压药

(执业医师及助理医师均需掌握)

80. 主要作用于髓袢升支粗段皮质部和髓质部的利尿药是
A. 螺内酯(安体舒通)
B. 氨苯蝶啶
C. 甘露醇
D. 呋塞米(速尿)
E. 氢氯噻嗪

81. 心力衰竭合并肾衰竭患者利尿药首选
A. 阿米洛利
B. 氨苯蝶啶
C. 呋塞米
D. 螺内酯
E. 氢氯噻嗪

82. 具有抗尿崩症作用的药物是
A. 氢氯噻嗪
B. 螺内酯(安体舒通)
C. 甘露醇
D. 呋塞米(速尿)
E. 50%葡萄糖

83. 男,45 岁。慢性肾小球肾炎、高血压病史 3 年。规律服用血管紧张素转换酶抑制剂和螺内酯治疗。1

周前"上呼吸道感染"后出现尿量减少,近2天尿量约100ml/d。该患者最可能出现的电解质紊乱是
A. 血钾降低　　B. 血镁降低　　C. 血钙升高
D. 血钾升高　　E. 血钠升高

84. 男,43岁。高血压病史3年,血压波动于140~150/90~95mmHg。化验结果:血钙3.2mmol/L,血钾5.0mmol/L,血肌酐100μmol/L,血糖6.1mmol/L,血低密度脂蛋白2.3mmol/L。该患者目前不宜使用噻嗪类利尿药降压的主要原因是
A. 促进远曲小管由甲状旁腺激素(PTH)调节的钙重吸收
B. 抑制胰岛素的分泌,升高血糖
C. 减少组织利用葡萄糖,升高胆固醇和低密度脂蛋白
D. 使血液浓缩,血浆渗透压增高,加重肾损害
E. 抑制钙的重吸收

A. 氢氯噻嗪　　B. 厄贝沙坦　　C. 硝苯地平
D. 福辛普利　　E. 美托洛尔
85. 合并痛风的高血压患者不宜选用
86. 合并支气管哮喘的高血压患者不宜选用

87. 女性患者,22岁。在一次车祸中头部严重受伤,颅压升高。治疗方案中包括选用利尿药,不宜选用的药物是
A. 呋塞米　　B. 甘露醇　　C. 螺内酯
D. 布美他尼　　E. 依他尼酸
88. 可引起男子乳房女性化和妇女多毛症的药物是
A. 甘露醇　　B. 螺内酯　　C. 呋塞米
D. 糖皮质激素　　E. 氢氯噻嗪
89. 治疗脑水肿的首选药是
A. 甘露醇　　B. 螺内酯　　C. 呋塞米
D. 氯噻嗪　　E. 氢氯噻嗪
90. 静脉滴注甘露醇后引起利尿的性质是
A. 水利尿　　B. 排钠性利尿　　C. 保钾性利尿
D. 渗透性利尿　　E. 排钾性利尿
91. 利尿药初期的降压机制为
A. 降低血管壁细胞内 Ca^{2+} 的含量　　B. 降低血管壁细胞内 Na^{+} 的含量
C. 降低血管壁对缩血管物质的反应性　　D. 排 Na^{+} 利尿,降低细胞外液和血容量
E. 诱导动脉壁产生扩张血管的物质
92. 男,58岁。频繁头痛、心悸发作1个月。饮酒史20余年。查体:P85次/分,BP165/100mmHg。给予氢氯噻嗪治疗的药理学依据是
A. 长期应用通过阻断钙通道而降压　　B. 应用早期通过阻断钙通道而降压
C. 主要通过扩张血管而降压　　D. 长期应用通过利尿作用减少血容量而降压
E. 应用早期通过利尿作用减少血容量而降压
93. 属于非二氢吡啶类钙通道阻滞药的是
A. 氨氯地平　　B. 维拉帕米　　C. 硝苯地平
D. 非洛地平　　E. 吲达帕胺
94. 能抑制血管紧张素转化酶的抗高血压药是

A. 酚妥拉明　　B. 卡托普利　　C. 硝酸甘油
D. 肼屈嗪　　E. 硝酸异山梨酯

95. 血管紧张素转化酶抑制药最适用的临床情况是
A. 高血压伴主动脉瓣狭窄　　B. 妊娠期高血压　　C. 高血压伴左心室肥厚
D. 高血压伴高钾血症　　E. 高血压伴双侧肾动脉狭窄

96. ACEI 的作用机制不包括
A. 减少血液缓激肽水平　　B. 减少血液血管紧张素Ⅱ水平　　C. 减少血液儿茶酚胺水平
D. 减少血液加压素水平　　E. 增加细胞内 cAMP 水平

A. 卡托普利　　B. 双嘧达莫　　C. 低分子肝素
D. 甲泼尼龙　　E. 呋塞米

97. 有可能引起高钾血症的是
98. 必须监测出凝血状况的是

A. 利尿药　　B. α 受体阻断药　　C. β 受体阻断药
D. 二氢吡啶类钙通道阻滞药　　E. 血管紧张素转化酶抑制药

99. 妊娠患者最不宜选用的降压药为
100. 哮喘患者最不宜选用的降压药为

A. 螺内酯　　B. 氨氯地平　　C. 氢氯噻嗪
D. 维拉帕米缓释剂　　E. 美托洛尔

101. 高血压伴支气管哮喘患者禁用
102. 高血压伴高钾血症患者禁用

A. 地尔硫䓬　　B. 硝苯地平　　C. 氢氯噻嗪
D. 贝那普利　　E. 美托洛尔

103. 高血压伴双侧肾动脉狭窄的患者降压不宜选用
104. 高血压伴痛风的患者降压不宜选用

105. AT_1 受体抑制剂是
A. 尼群地平　　B. 硝苯地平　　C. 氨氯地平
D. 尼莫地平　　E. 氯沙坦

106. 在动物实验中，观察氯沙坦的药理作用主要通过测定
A. 肾素活性　　B. ACE 活性　　C. 尿量改变
D. 其抗 AT_1 受体的活性　　E. 血管平滑肌细胞内 Ca^{2+} 含量

第 10 章　治疗心力衰竭的药物与治疗冠心病的药物

一、治疗心力衰竭的药物（执业医师及助理医师均需掌握）

107. 卡托普利抗心力衰竭作用的机制是
A. 增加去甲肾上腺素分泌　　B. 减少前列腺素合成　　C. 拮抗钙离子的作用
D. 减少血管紧张素Ⅱ的生成　　E. 增加心肌耗氧量

108. 治疗慢性心功能不全和逆转心肌肥厚并能降低病死率的药物是
A. 强心苷　　B. 哌唑嗪　　C. 硝酸甘油
D. 酚妥拉明　　E. 卡托普利

109. 强心苷对下列哪种原因所致的慢性心功能不全疗效较好？
A. 甲状腺功能亢进　B. 维生素 B_1 缺乏　C. 严重二尖瓣狭窄
D. 先天性心脏病　E. 缩窄性心包炎
110. 强心苷治疗心房颤动的机制主要是
A. 缩短心房有效不应期　B. 减慢房室传导　C. 抑制窦房结
D. 直接抑制心房颤动　E. 延长心房不应期
111. 强心苷中毒最常见的心律失常类型是
A. 房性期前收缩　B. 室上性期前收缩　C. 室性期前收缩
D. 心房颤动　E. 心室颤动

二、治疗冠心病的药物（执业医师及助理医师均需掌握）

112. HMG-CoA 还原酶抑制剂的药理作用为
A. 抑制体内胆固醇氧化酶　B. 具有增强细胞免疫作用　C. 使肝 LDL 受体表达减弱
D. 具有促进细胞分裂作用　E. 阻断 HMG-CoA 转化为甲羟戊酸
113. 男，60 岁。2 个月前患急性前壁心肌梗死。规律服用美托洛尔、阿司匹林、雷米普利、辛伐他汀，1 周来双下肢无力，不伴胸闷、气短。查体：BP110/70mmHg，心、肺无异常。血清肌钙蛋白水平正常。血清肌酸激酶升高至正常值的 5 倍。心电图正常。该患者双下肢无力的最可能原因是
A. 雷米普利不良反应　B. 辛伐他汀不良反应　C. 阿司匹林不良反应
D. 再发心肌梗死　E. 美托洛尔不良反应
114. 硝酸甘油抗心绞痛的作用机制是
A. 增加心肌供氧量　B. 抑制心肌收缩力　C. 收缩外周血管
D. 减慢房室传导　E. 释放 NO
115. 不属于硝酸甘油作用机制的是
A. 降低室壁张力　B. 降低心肌氧耗量　C. 扩张心外膜血管
D. 降低左心室舒张末压　E. 降低交感神经活性
116. 普萘洛尔与硝酸酯类合用治疗心绞痛的协同作用是
A. 增加心室容积　B. 降低心肌耗氧量　C. 加强心肌收缩力
D. 保护缺血心肌细胞　E. 松弛血管平滑肌
117. 女，65 岁。反复发作劳累时胸骨后疼痛 2 年。合用硝酸甘油和普萘洛尔抗心肌缺血的机制不包括
A. 协同降低心肌耗氧量
B. 普萘洛尔对抗硝酸甘油引起的反射性心率加快
C. 共同降低心脏做功
D. 增加冠状动脉供血、降低心肌耗氧
E. 普萘洛尔可对抗硝酸甘油所致的心室容积增加
118. 男，57 岁。心前区疼痛 2 年。多于安静状态发生，近日于睡眠中突发心前区疼痛。查心电图 ST 段抬高，冠状动脉造影见一过性狭窄。予硝苯地平治疗的主要药理学依据是
A. 选择性增加心内膜下心肌供氧量　B. 选择性扩张冠状动脉，增加心肌供血
C. 显著减慢心率，降低心肌耗氧量　D. 显著抑制心肌收缩力，降低心肌耗氧
E. 抑制或逆转心肌肥厚，降低心肌耗氧量
119. 女，70 岁。冠心病、高血压、糖尿病患者。近 1 个月调整用药为阿司匹林、比索洛尔、辛伐他汀、二甲双胍。近 3 天双下肢无力及疼痛，双侧足背动脉搏动一致。实验室检查：血 CK2200U/L，cTnl0.01ng/ml，Scr368μmol/L。出现双下肢无力及疼痛的最可能原因是

A. 糖尿病足　　B. 主动脉夹层　　C. 间歇性跛行
D. 横纹肌溶解　　E. 腰椎间盘突出症

第11章　作用于血液及造血器官的药物与组胺受体阻断药

一、肝素与香豆素类（执业医师需掌握）

120. 具有体内、外抗凝血作用的药物是
A. 肝素　　B. 阿司匹林　　C. 香豆素类
D. 链激酶　　E. 右旋糖酐

121. 肝素抗凝血作用的主要机制是
A. 阻碍凝血因子Ⅱ、Ⅶ、Ⅸ、Ⅹ的合成　　B. 抑制血小板聚集
C. 增强AT Ⅲ对凝血因子的灭活作用　　D. 降低血中钙离子浓度
E. 促进纤维蛋白溶解

122. 抗凝血酶Ⅲ作用是
A. 封闭凝血因子活性中心　　B. 抑制PG合成　　C. 抑制血小板聚集
D. 抑制TXA_2形成　　E. 增加纤维蛋白溶解

123. 可减弱香豆素类药物抗凝血作用的药物是
A. 甲苯磺丁脲　　B. 奎尼丁　　C. 阿司匹林
D. 口服避孕药　　E. 羟基保泰松

124. 下列药物中，属于肝药酶抑制药的是
A. 利福平　　B. 苯妥英钠　　C. 苯巴比妥
D. 西咪替丁　　E. 双香豆素

125. 链激酶属于
A. 促凝血药　　B. 纤维蛋白溶解药　　C. 抗贫血药
D. 抗血小板药　　E. 补血药

A. 环丙沙星　　B. 阿托品　　C. 华法林
D. 普萘洛尔　　E. 乙胺丁醇

126. 预防心房颤动患者血栓形成的药物是
127. 治疗泌尿生殖道感染的药物是

二、抗贫血药（执业医师及助理医师均需掌握）

128. 叶酸可以治疗
A. 地中海贫血　　B. 缺铁性贫血　　C. 巨幼红细胞性贫血
D. 溶血性贫血　　E. 出血

三、抗组胺药（执业医师及助理医师均需掌握）

A. 中和胃酸　　B. 促进胃排空　　C. 抑制胃酸分泌
D. 黏膜保护作用　　E. 阻断促胃液素受体

129. 雷贝拉唑的主要作用是
130. 雷尼替丁的主要作用是

第12章　作用于呼吸系统与消化系统的药物

一、平喘药（执业医师及助理医师均需掌握）

131. 对β_2受体有选择性激动作用的平喘药是
A. 茶碱　B. 肾上腺素　C. 沙丁胺醇
D. 色甘酸钠　E. 异丙肾上腺素
132. 下列药物中，具有强心作用的药物是
A. 氨茶碱　B. 乙酰唑胺　C. 呋塞米
D. 甘露醇　E. 氢氯噻嗪
133. 主要用于预防Ⅰ型变态反应所致哮喘的药物是
A. 氨茶碱　B. 肾上腺素　C. 特布他林
D. 色甘酸钠　E. 异丙肾上腺素

二、抗消化性溃疡药（执业医师及助理医师均需掌握）

134. 根据作用机制，奥美拉唑是
A. 黏膜保护药　B. 胃壁细胞H^+泵抑制药　C. 促胃液素受体阻断药
D. H_2受体阻断药　E. M胆碱受体阻断药
135. 特异性抑制胃壁细胞质子泵活性的药物是
A. 哌仑西平　B. 奥美拉唑　C. 氢氧化镁
D. 枸橼酸铋钾　E. 雷尼替丁
136. 奥美拉唑的临床应用适应证是
A. 胃肠平滑肌痉挛　B. 萎缩性胃炎　C. 消化道功能紊乱
D. 慢性腹泻　E. 消化性溃疡
137. 治疗反流性食管炎效果最好的药物是
A. 苯海拉明　B. 肾上腺皮质激素　C. 奥美拉唑
D. 雷尼替丁　E. 异丙嗪

第13章　糖皮质激素类药、抗甲状腺药与降糖药

一、糖皮质激素（执业医师及助理医师均需掌握）

138. 关于糖皮质激素抗炎作用的正确叙述是
A. 对抗各种原因，如物理、生物等引起的炎症　B. 能提高机体的防御功能
C. 促进创口愈合　D. 抑制病原菌生长　E. 直接杀灭病原体
139. 糖皮质激素不用于
A. 急性粟粒性肺结核　B. 血小板减少症　C. 中毒性休克
D. 骨质疏松　E. 脑（腺）垂体前叶功能减退
140. 属于糖皮质激素类药物临床应用适用证的是
A. 糖尿病　B. 消化性溃疡　C. 骨质疏松
D. 水痘　E. 感染性休克
141. 不属于地塞米松药理作用的是

A. 刺激骨髓造血功能　　B. 抑制体内环氧化酶　　C. 稳定溶酶体膜
D. 可中和细菌毒素　　E. 抑制毛细血管和成纤维细胞增生

142. 不属于糖皮质激素类药物抗休克作用机制的是
A. 稳定溶酶体膜　　B. 扩张痉挛收缩的血管　　C. 抑制炎性细胞因子释放
D. 增强心肌收缩力　　E. 中和细菌外毒素

(143~144 题共用题干)女,48 岁。因胆道感染、感染性休克入院。使用去甲肾上腺素后血压仍不易维持,波动较大。加用氢化可的松后血压上升并平稳。治疗第 3 天时,患者出现精神失常、躁狂。

143. 患者出现精神失常、躁狂是因氢化可的松
A. 提高中枢神经的兴奋性　　B. 加速蛋白质的分解代谢　　C. 增强升压药的作用
D. 过量引起感染的扩散　　E. 减少脑组织对葡萄糖的利用

144. 加用氢化可的松后,去甲肾上腺素升压作用增强的这种现象是
A. 糖皮质激素的允许作用　　B. 两种药物作用的协同　　C. 糖皮质激素的刺激作用
D. 糖皮质激素的抗感染作用　　E. 两种药物作用的叠加

二、抗甲状腺药(执业医师需掌握)

A. 放射性碘　　B. 酚苄明　　C. 左旋甲状腺素钠
D. 丙硫氧嘧啶　　E. 溴隐亭

145. 属于阻断激素合成的药物是
146. 属于 α 受体阻断药的是

三、降血糖药(执业医师及助理医师均需掌握)

147. 磺酰脲类药物的药理作用为
A. 可使电压依赖性钾通道开放　　B. 可促进胰岛素释放而降血糖
C. 不改变体内胰高血糖素水平　　D. 可使电压依赖性钠通道开放
E. 能抑制抗利尿激素的分泌

148. 磺酰脲类药物可用于治疗
A. 糖尿病合并高热　　B. 胰岛功能尚存的非胰岛素依赖型糖尿病
C. 糖尿病并发酮症酸中毒　　D. 胰岛素依赖型糖尿病　　E. 重症糖尿病

第 14 章　子宫平滑肌兴奋药

(执业医师及助理医师均需掌握)

2019 年新增考点,尚未出题

第 15 章　β-内酰胺类、大环内酯类与林可霉素类抗生素

一、β-内酰胺类药(执业医师及助理医师均需掌握)

149. 对青霉素 G 最敏感的病原体是
A. 立克次体　　B. 钩端螺旋体　　C. 衣原体
D. 支原体　　E. 真菌

150. 青霉素抗革兰阳性(G^+)菌作用的机制是
A. 干扰细菌蛋白质合成　　B. 抑制细菌核酸代谢　　C. 抑制细菌脂代谢

D. 破坏细菌细胞膜结构　E. 抑制细菌细胞壁肽聚糖的合成

A. 抑制细菌细胞壁合成　B. 抑制细菌蛋白质合成　C. 抑制细菌 DNA 合成
D. 抑制细菌二氢叶酸还原酶　E. 抑制细菌 DNA 依赖的 RNA 聚合酶

151. β-内酰胺类的作用机制是
152. 喹诺酮类的作用机制是

153. 青霉素 G 的主要不良反应是
A. 肾损害　B. 过敏　C. 听力减退
D. 肝损害　E. 胃肠道反应

154. 不属于第三代头孢菌素作用特点的是
A. 对革兰阴性菌有较强的作用　B. 对革兰阳性菌的作用不如第一、二代
C. 对多种 β-内酰胺酶的稳定性弱　D. 对肾基本无毒性
E. 作用时间长、体内分布广

155. 女，32 岁。发热、腰痛、尿频、尿急 1 个月，近 3 天全身关节酸痛、尿频、尿急加重。体检：体温39.5℃，白细胞 13×10^9/L，中性粒细胞 86%，尿培养大肠埃希菌阳性，诊断为大肠埃希菌性尿路感染，应首选
A. 青霉素　B. 红霉素　C. 灰黄霉素
D. 头孢曲松　E. 林可霉素

二、红霉素（执业医师及助理医师均需掌握）

156. 可以治疗军团菌、支原体、衣原体的药物是
A. 人工合成类　B. 氨基糖苷类抗生素　C. 四环素类
D. 大环内酯类　E. 头孢类

157. 治疗军团菌病的首选药物是
A. 青霉素 G　B. 红霉素　C. 四环素
D. 氯霉素　E. 头孢唑林

A. 真菌感染　B. 结核分枝杆菌感染　C. 肠道寄生虫感染
D. 肺炎链球菌感染　E. 肠道 G^- 杆菌感染

158. 红霉素主要用于治疗的感染为
159. 阿米卡星主要用于治疗的感染为

三、林可霉素类抗生素（执业医师需掌握）

A. 具有较强抗绿脓杆菌作用　B. 主要用于金黄色葡萄球菌引起的骨与关节感染
C. 为支原体肺炎首选药物　D. 具有抗 DNA 病毒的作用　E. 对念珠菌有强大抗菌作用

160. 阿昔洛韦
161. 克林霉素

第 16 章　氨基糖苷类与四环素类抗生素

一、氨基糖苷类抗生素（执业医师及助理医师均需掌握）

162. 氨基糖苷类抗生素的抗菌机制是
A. 抑制细菌蛋白质合成　B. 抑制细菌细胞壁合成　C. 影响细菌细胞膜通透性
D. 抑制细菌 RNA 合成　E. 抑制细菌 DNA 合成

163. 链霉素和红霉素抗菌作用针对的细菌结构部位是
A. 细胞壁上肽聚糖　B. 细胞壁上脂多糖　C. 细胞质中核蛋白体
D. 细胞膜上中介体　E. 细胞染色体 DNA
164. 氨基糖苷类抗生素的主要不良反应是
A. 抑制骨髓　B. 耳毒性　C. 肝毒性
D. 心脏毒性　E. 消化道反应
165. 对铜绿假单胞菌作用最强的氨基糖苷类抗生素是
A. 卡那霉素　B. 庆大霉素　C. 阿米卡星
D. 妥布霉素　E. 链霉素

二、四环素类抗生素(执业医师及助理医师均需掌握)

A. 四环素　B. 利巴韦林　C. 妥布霉素
D. 氟康唑　E. 林可霉素
166. 对治疗立克次体感染最有效的药物是
167. 能有效控制铜绿假单胞菌感染的药物是
168. 能抑制 DNA 病毒的药物是
A. 对病毒感染有效　B. 对念珠菌属的细菌感染有效　C. 杀灭结核分枝杆菌
D. 抑制二氢蝶酸合酶活性　E. 对立克次体感染有效
169. 多西环素的药理作用是
170. 磺胺药的药理作用是

三、氯霉素(执业医师及助理医师均需掌握)

171. 可引起灰婴综合征的抗生素是
A. 卡那霉素　B. 庆大霉素　C. 链霉素
D. 氯霉素　E. 四环素

第 17 章　人工合成的抗菌药、抗病毒与抗真菌药

一、人工合成的抗菌药(执业医师及助理医师均需掌握)

172. 第三代喹诺酮类药物的抗菌机制是其抑制了细菌的
A. 蛋白质合成　B. 细胞壁合成　C. DNA 螺旋酶
D. 二氢叶酸还原酶　E. 二氢叶酸合成酶
173. 不属于氟喹诺酮类药物药理学特性的是
A. 抗菌谱广　B. 口服吸收好　C. 与其他抗菌药物无交叉耐药性
D. 不良反应较多　E. 体内分布较广
174. 孕妇,25 岁。孕 37 周,检查发现小阴唇内侧小菜花状赘生物,同时合并肺部感染。针对该患者抗感染治疗,不能使用的药物是
A. 红霉素　B. 喹诺酮类　C. 头孢菌素类
D. β-内酰胺类　E. 青霉素类

A. 二氢蝶酸合酶　B. 二氢叶酸还原酶　C. 四氢叶酸合酶
D. DNA 回旋酶　E. 二氢蝶酸合酶+二氢叶酸还原酶
175. 磺胺类药物的抗菌机制主要是抑制

176. 甲氧苄啶的抗菌机制主要是抑制
177. 复方磺胺甲噁唑的抗菌机制主要是抑制
178. 氟喹诺酮类药物的抗菌机制主要是抑制

二、抗病毒药及抗真菌药(执业医师需掌握)

A. 利福平　　B. 利巴韦林　　C. 伯氨喹
D. 氟康唑　　E. 环磷酰胺
179. 属于广谱抗真菌药物的是
180. 用于治疗麻风病的药物是
181. 用于器官移植排斥反应的药物是

第 18 章　抗结核药、抗疟药与抗恶性肿瘤药

一、抗结核药(执业医师及助理医师均需掌握)

182. 可引起周围神经炎的药物是
A. 利福平　　B. 异烟肼　　C. 阿昔洛韦
D. 吡嗪酰胺　　E. 卡那霉素
183. 治疗麻风和广谱抗菌的药物是
A. 链霉素　　B. 乙胺丁醇　　C. 异烟肼
D. 氯喹　　E. 利福平
184. 能诱发"流感综合征"的药物是
A. 利福平　　B. 多黏菌素　　C. 链霉素
D. 哌拉西林　　E. 头孢孟多

A. 磺胺嘧啶　　B. 四环素　　C. 异烟肼
D. 甲氧苄啶　　E. 环丙沙星
185. 治疗结核病选用的药物是
186. 治疗铜绿假单胞菌感染首选的药物是
A. 庆大霉素　　B. 乙胺嘧啶　　C. 头孢噻肟
D. 利福平　　E. 红霉素
187. 治疗嗜肺军团菌肺炎选用的药物是
188. 用于治疗结核病和麻风病的药物是

二、抗疟药(执业医师及助理医师均需掌握)

189. 预防性抗疟疾药是
A. 乙胺嘧啶　　B. 乙胺丁醇　　C. 异烟肼
D. 氯喹　　E. 伯氨喹
190. 男,25 岁。于 8 月份突然发病,表现为发冷、寒战、高热、大汗、隔日发作已两周。血涂片查到疟原虫。经氯喹治疗后症状迅速缓解。为防止复发,应联合应用的药物是
A. 乙胺嘧啶　　B. 奎宁　　C. 青蒿素
D. 伯氨喹　　E. 甲氟喹

A. 吡喹酮　　B. 乙胺嘧啶　　C. 氯喹

D. 伯氨喹　　E. 奎宁

191. 控制间日疟发作的首选药物是

192. 防止疟疾复发的药物是

A. 乙胺嘧啶　　B. 氯喹　　C. 奎宁

D. 哌喹　　E. 伯氨喹

193. 控制普通型疟疾发作多选用的药物是

194. 防止疟疾复发选用的药物是

三、抗肿瘤药(执业医师需掌握)

A. 对心脏的影响最大　　B. 对肾的影响最大　　C. 对肺毒性最大

D. 对骨髓抑制最重　　E. 发生腹泻最重

195. 阿霉素

196. 顺铂

A. 环磷酰胺　　B. 甲氨蝶呤　　C. 长春新碱

D. 阿霉素　　E. 左旋门冬酰胺酶

197. 常引起周围神经炎的化疗药是

198. 常引起心脏毒性的化疗药是

第九篇　医学心理学

（执业医师及助理医师均需掌握）

第1章　总论与医学心理学基础

1. 医学心理学的研究任务不包括
   A. 人格特征或行为模式在疾病与健康中的意义　B. 如何运用心理治疗的方法达到保健的目的
   C. 医院管理中存在的心理问题系统的解决方法　D. 疾病的发展和变化过程中心理因素作用的规律
   E. 心理评估手段在疾病预防中的作用
2. “无论是致病、治疗，还是预防和康复，都应将人视为一个整体，需要考虑各方面因素的交互作用，而不能机械地将它们分割开”。此观点所反映的医学模式是
   A. 机械论医学模式　B. 生物医学模式　C. 自然哲学的医学模式
   D. 神灵主义的医学模式　E. 生物-心理-社会医学模式
3. 中医典籍中有“天人合一”“天人相应”的观点。这些观点所反映的医学模式为
   A. 神灵主义医学模式　B. 自然哲学医学模式　C. 整体医学模式
   D. 生物医学模式　E. 生物-心理-社会医学模式
4. 面对同样的社会应激，有人难以适应而得病，有人很快渡过难关。医学心理学解释此现象的基本观点为
   A. 社会影响的观点　B. 情绪作用的观点　C. 个性特征的观点
   D. 心身统一的观点　E. 主动调节的观点
5. 医学心理学对于健康和疾病的基本观点不包括
   A. 认知评价的观点　B. 个性特征作用的观点　C. 情绪因素作用的观点
   D. 被动适应的观点　E. 心身统一的观点
6. 医学心理学的研究对象为
   A. 心理活动的规律的学科　B. 人类行为的科学发展
   C. 疾病的发生发展的规律　D. 影响健康的有关心理问题和行为
   E. 疾病的预防和治疗的原则
7. 下列说法错误的是
   A. 心理是脑的功能　B. 脑是心理的器官　C. 心理是对事物的主观反映
   D. 客观现实是心理的源泉　E. 心理能客观地反映事物
8. 某心外科医生在实施一例先天性心脏病手术之前的晚上，在自己脑海中反复想象手术的过程、路径以及手术意外的应对措施等，这种思维方式是
   A. 形象思维　B. 聚合思维　C. 发散思维
   D. 抽象思维　E. 创造思维
9. 人的社会性需要不包括
   A. 劳动　B. 求知　C. 饮食
   D. 交往　E. 尊重
10. “入芝兰之室，久而不知其香”，说明的是

A. 感觉过敏　　B. 感觉适应　　C. 感觉相互作用
D. 感觉减退　　E. 感受性补偿

11. 知觉是人脑对客观事物
A. 个别属性的反映　　B. 整体属性的反映　　C. 本质属性的反映
D. 特殊属性的反映　　E. 发展属性的反映

12. 结合自己的经验,并用概念的形式反映事物的特征为
A. 知觉的多维性　　B. 知觉的整体性　　C. 知觉的恒常性
D. 知觉的理解性　　E. 知觉的选择性

13. 识记的内容遗忘最快发生在识记后的
A. 第 1 天　　B. 第 2 天　　C. 第 3 天
D. 第 4 天　　E. 第 5 天

14. 已获得的知识、技能和方法对解决新问题会产生影响的心理现象称为
A. 暗示　　B. 功能固着　　C. 保持
D. 迁移　　E. 创造

15. 思维是属于心理活动的
A. 意志过程　　B. 认知过程　　C. 情感过程
D. 人格倾向　　E. 人格特征

16. 人类心理过程的认知过程不包括
A. 感觉　　B. 信念　　C. 记忆
D. 思维　　E. 想象

17. 心理活动或意识对一定对象的指向或集中的现象是
A. 注意　　B. 人格　　C. 记忆
D. 情感　　E. 想象

18. 通过感觉、知觉、记忆等进行的活动称为
A. 意志过程　　B. 人格倾向　　C. 情感过程
D. 人格特征　　E. 认知过程

19. 个体经验的获得而引起行为发生相对持久变化的过程称为
A. 记忆　　B. 感觉　　C. 学习
D. 知觉　　E. 思维

20. 情感对于情绪来说具有的特点是
A. 强烈而冲动　　B. 伴有明显的行为变化　　C. 伴有明显的生理变化
D. 稳定而深刻　　E. 带有明显的情境性

21. 根据沙赫特有关情绪研究的观点,对个体情绪的性质和程度起决定性作用的是
A. 心理应对方式　　B. 智力的水平　　C. 认知的方式
D. 社会支持程度　　E. 人格的特点

22. 一种比较持久微弱、具有渲染性的情绪状态是
A. 心境　　B. 激情　　C. 心情
D. 热情　　E. 应激

23. 某医学生希望毕业后成为外科医生,在临床实习中主动向老师请教,积极为患者服务,并能结合临床案例查阅相关文献。他的行为表现在意志品质中属于
A. 坚韧性　　B. 果断性　　C. 随意性
D. 自制力　　E. 自觉性

24. 马斯洛的需要层次理论中,处于最高层次的需要是
A. 爱和归属的需要　B. 生理的需要　C. 尊重的需要
D. 安全的需要　E. 自我实现的需要

25. 动机产生的两个条件是
A. 需要和目的　B. 需求和目标　C. 诱因与目的
D. 意志与目的　E. 需要与诱因

26. 心理冲突的类型不包括
A. 双避冲突　B. 双趋冲突　C. 趋避冲突
D. 多重趋避冲突　E. 矛盾冲突

27. 既想参赛锻炼自己,又怕成绩不好被人讥笑,此时的动机冲突是
A. 双趋冲突　B. 双避冲突　C. 趋避冲突
D. 双重趋避冲突　E. 双重避趋冲突

28. 一个人同时面临着两件令人讨厌的事物,产生同等的逃避动机,要回避其一就必然遭遇另一事物。此时产生的心理冲突称为
A. 趋避冲突　B. 双避冲突　C. 多重趋避冲突
D. 双重趋避冲突　E. 双趋冲突

29. 某战士参加抢洪救灾时,按到家里电话,得知母亲病危,十分焦虑。他在电话中哭着对父亲说:"自古忠孝不能两全"。这位战士的动机冲突属于
A. 趋避冲突　B. 双避冲突　C. 双趋冲突
D. 多重趋避冲突　E. 双重趋避冲突

(30~32题共用题干)男,35岁,已婚。因尿道口有脓性分泌物到医院就诊,被诊断为淋病。

30. 根据《传染病防治法》对传染病分类的规定,该患者所患疾病属于
A. 甲类传染病　B. 乙类传染病　C. 丙类传染病
D. 按甲类管理的乙类传染病　E. 按乙类管理的丙类传染病

31. 为防止该病传染给患者妻子,医师符合伦理的最佳做法是
A. 将实情直接告知其妻子　B. 同意不告知患者妻子　C. 劝说患者告知其妻子实情
D. 告知患者所在单位　E. 请示当地疾病预防控制中心

32. 如果患者拒绝将病情如实告诉其妻,医师所面对的境况属于
A. 双重趋避冲突　B. 趋避冲突　C. 双避冲突
D. 多重趋避冲突　E. 双趋冲突

33. 某人做事总是风风火火,速度很快,脾气火爆,缺乏耐性,而且时不时会出些错误。其气质类型属于
A. 多动质　B. 多血质　C. 黏液质
D. 胆汁质　E. 抑郁质

34. 胆汁质气质的人,其高级神经活动类型属于
A. 强、均衡而灵活的活泼型　B. 强、均衡而不灵活的安静型　C. 强、不均衡而灵活的兴奋型
D. 弱、不均衡、不灵活的抑制型　E. 弱、均衡、灵活的灵活型

35. 有些人在工作中认真负责,有些人敷衍了事,有些人得过且过。这些表现在人的性格特征中属于
A. 态度特征　B. 理智特征　C. 认知特征
D. 情绪特征　E. 意志特征

36. 男,22岁,大学生。平常乐于助人、尊师爱校。不仅在学习上经常帮助同学,而且在生活上也常常照顾他人,并能积极组织班级的集体活动。这种行为方式在性格的特征中属于

A. 行为特征　　B. 意志特征　　C. 态度特征
D. 情绪特征　　E. 理智特征

37. A 型行为性格与下列哪项疾病有关?
A. 溃疡病　　B. 风湿性心脏病　　C. 冠心病
D. 癌症　　E. 神经症

38. 某患者,竞争意识强,总想胜过他人,老觉得时间不够用,说话快,走路快,脾气暴躁,容易激动,常与他人的意见不一致。其行为类型属于
A. A 型行为　　B. B 型行为　　C. C 型行为
D. AB 混合型行为　　E. BC 混合型行为

第 2 章　心理健康、心理应激与心身疾病

39. 心理卫生又称为
A. 心理健康　　B. 心理和谐　　C. 心理宽容
D. 心理调节　　E. 心理平衡

40. 人正常生活的最基本的心理条件是
A. 人际和谐　　B. 人格完整　　C. 情绪稳定
D. 智力正常　　E. 适应环境

41. 人际和谐的特点一般不包括
A. 宽以待人　　B. 自我完善　　C. 乐于交往
D. 乐于助人　　E. 不卑不亢

42. 对于大多数在小学里学习成绩中等的孩子而言,可以判断其智力水平处于正常范围,这一心理健康判断的角度为
A. 文化学角度　　B. 社会学角度　　C. 人类学角度
D. 统计学角度　　E. 病理学角度

43. 心理健康不包括
A. 智力正常　　B. 健康行为　　C. 情绪乐观
D. 意识清晰　　E. 人格健全

44. 不属于心理健康的典型表现是
A. 情绪良好　　B. 人际和谐　　C. 智力正常
D. 人格完美　　E. 适应环境

45. 依据个体的心理和行为是否符合其社会生活环境与行为规范来判断心理是否健康的研究角度属于
A. 认知学角度　　B. 行为学角度　　C. 生理学角度
D. 文化学角度　　E. 经验学角度

46. 女,22 岁。到国外读硕士,刚到国外半年的时候因为语言不通、生活习惯不同等原因,心里不适应,其应激源应属于
A. 社会性应激源　　B. 躯体性应激源　　C. 文化性应激源
D. 职业性应激源　　E. 心理性应激源

47. 女,18 岁,某大学一年级新生。入学后对新的学习环境和教学模式不适应,出现情绪焦虑、失眠等情况。该生的辅导员、老师及同学们给予其热情的帮助、疏导和安慰,使该生逐渐走出了适应不良的状态。这种应对应激的方法属于

A. 催眠心理治疗　　B. 运用自我防御机制　　C. 专业思想教育
D. 取得社会支持　　E. 回避应激源

48. 男,55岁。早期肝癌患者,微创手术后,愈合良好,他认为局部癌组织已切除,不要再想着自己是癌症患者,应坦然地面对生活。该患者应对心理应激的方法是
A. 提高自身应对能力　　B. 调整对事件的认知和态度　　C. 增加可控性和可预测性
D. 接受心理治疗帮助　　E. 采用自我防御机制

49. 心身疾病的界定条件是
A. 在发病过程中心理社会因素起重要的作用　　B. 具有心理因素引起的躯体症状
C. 不包括神经症和精神病　　D. 具有明显的器质性病理改变或病理生理变化
E. 以上都是

50. 下列不属于心身疾病的是
A. 精神分裂症　　B. 冠心病　　C. 消化性溃疡
D. 糖尿病　　E. 高血压

51. 小李,男,25岁。硕士研究生毕业后参加工作,半年来对上级领导布置的任务总感到不能胜任,屡屡出错,受到多次批评后内心受挫,选择了辞职。小李的这种选择在应激反应中属于
A. 认知反应　　B. 生理反应　　C. 情绪反应
D. 行为反应　　E. 防御反应

52. 女,28岁。遇应激事件后,喜欢用钻牛角尖的方式来处理,这种反应属于
A. 心理反应　　B. 行为反应　　C. 情绪反应
D. 生理反应　　E. 认知反应

53. 个体在试图逃避某种威胁情境时,或在明确预知某种危险即将发生而又无法应对时,会产生的基本情绪是
A. 焦虑　　B. 苦闷　　C. 恐惧
D. 愤怒　　E. 悲哀

54. 布雷迪曾做过这样的实验,两只猴子各坐在自己被约束的椅子上,每隔一定时间通一次电,其中一只(A)猴子能自己断电而避免电击,另一只猴子(B)则不能,最终
A. A得了溃疡病　　B. B得了溃疡病　　C. AB均得了溃疡病
D. AB均未得病　　E. AB均得了高血压

第3章　心理评估、心理治疗与心理咨询

55. 常用的心理评估方法不包括
A. 观察法　　B. 调查法　　C. 实验法
D. 会谈法　　E. 测验法

56. 心理评估中最常用的方法是
A. 会谈法　　B. 调查法　　C. 观察法
D. 临床评定量表　　E. 心理测验法

57. 一个人面对一个人进行调查的方法,此种心理评估方法属于
A. 调查法　　B. 观察法　　C. 会谈法
D. 作品分析法　　E. 心理测量法

58. “一种心理测量的工具”称为

A. 心理评估　　B. 心理鉴定　　C. 心理测验
D. 心理观察　　E. 心理调查

59. 心理测验工作应遵守的原则为
A. 真诚、中立、回避　　B. 自强、自立、自省　　C. 信度、效度、常模
D. 客观、保密、标准化　　E. 自主、学习、实效

60. 某电视台编辑求助于一家心理治疗中心，希望在该电视台上播放韦氏智力测验的具体内容，以引起公众对心理学的兴趣，但被心理中心的工作人员婉言拒绝。该工作人员遵循的原则是
A. 保密原则　　B. 稳定性原则　　C. 标准化原则
D. 回避原则　　E. 客观性原则

61. 女，45 岁，大学教授。因车祸导致颅脑损伤，智力测验显示其智商为 85 分。同时有一位从未接受过正规教育的老年人测得的智商也是 85 分。心理治疗师认为前者的智力出现了问题，而后者正常。这一判断所遵循的原则是
A. 客观性原则　　B. 中立性原则　　C. 操作性原则
D. 保密性原则　　E. 标准化原则

62. 智商（IQ）的结论"高于平常"，是指其分数为
A. 70~79　　B. 80~89　　C. 90~109
D. 110~119　　E. 120~129

63. IQ=[15(X-M)]/S+100 称为
A. 比率智商　　B. 离差智商　　C. 百分位智商
D. 中位数智商　　E. 人格智商

64. 在心理评估中，向被检者呈现简单的几何图形，并要求被检者说出从图中看到了什么，以观察其视觉空间能力。这种方法属于
A. 会谈法　　B. 投射法　　C. 问卷法
D. 观察法　　E. 作业法

65. 男孩，8 岁。上课反应迟钝，一般的学习任务难以完成，家长带其来心理门诊就诊。此时，心理治疗师应该考虑首先使用的心理评估工具是
A. WISC　　B. SDS　　C. 16PF
D. EPQ　　E. SAS

66. "比奈-西蒙量表"属于一种
A. 智力测验　　B. 人格测验　　C. 神经心理测验
D. 评定量表　　E. 投射测验

67. 用 16 种人格因素测验量表（16PF）测验某人的人格特征，这一方法是根据
A. 弗洛伊德人格理论　　B. 卡特尔人格理论　　C. 艾森克人格理论
D. 斯金纳的人格理论　　E. 罗杰斯的人格理论

68. 属于投射性测验的是
A. 明尼苏达多项人格调查表　　B. 比奈智力测验　　C. 卡特尔 16PF 测量
D. 主题统觉测验　　E. 90 项症状自评

69. "受试者根据自己的理解和感受对一些意义不明的图像、墨迹作出回答，借以诱导出受试者的经验、情绪或内心冲突"，称为一种
A. 智力测验　　B. 投射测验　　C. 运动测验
D. 感知测验　　E. 人格测验

70. 洛夏测验作为一种心理测验，其所用的方法是

A. 投射法　　B. 问卷法　　C. 作业法
D. 观察法　　E. 会谈法

71. 男,37岁。因有明显的幻觉及妄想表现而到医院就诊。经询问病情后,医生欲采用心理测验对其进行评估,以协助诊断。针对该患者,通常可采用的心理测验工具为
A. EPQ　　B. MMPI　　C. SAS
D. SCL-90　　E. TAT

72. 男,50岁,某公司总经理。在公司某次业务培训会的开幕式上致辞后出现口误,宣布"会议闭幕"。此口误背后折射出该总经理的心理活动为
A. 潜意识　　B. 前意识　　C. 超我
D. 意识　　E. 本我

73. 潜意识又称无意识,在人的心理活动中一般处于
A. 警觉状态　　B. 缓冲状态　　C. 知觉状态
D. 清晰状态　　E. 压抑状态

74. 精神分析学派认为,在心理地形图中,当前能被注意到的各种心理活动为
A. 表象　　B. 潜意识　　C. 前意识
D. 意识　　E. 想象

75. 男,25岁。爱上比他大30多岁的婶婶,明知不能继续这种性关系,但不能摆脱,而来寻求治疗。对于该患者首选的治疗方法为
A. 生物反馈　　B. 精神分析　　C. 放松训练
D. 眼动治疗　　E. 系统脱敏

76. 不适合接受心理治疗的疾病是
A. 焦虑症　　B. 恐惧症　　C. 创伤后应激障碍
D. 强迫症　　E. 精神分裂症急性发作

77. 女,19岁。因心理问题正在接受长程精神分析治疗,在一次治疗时,患者迟到,心理治疗师语带责备,患者当即大发雷霆。患者的发怒现象最可能属于
A. 投射　　B. 释文　　C. 变形
D. 移情　　E. 象征

78. 男,45岁。因焦虑症接受心理治疗。在治疗过程中患者多次约治疗师看电影,并多次打电话叮嘱治疗师"可能下雨要带雨伞"或者"气温下降要添加衣服"等。患者的这种表现是
A. 认同　　B. 移情　　C. 投射
D. 象征　　E. 阻抗

79. 某心理治疗师婉拒了一位正在接受其治疗的患者请其吃饭的邀请。该心理治疗师的这一行为所遵循的心理治疗原则是
A. 真诚原则　　B. 回避原则　　C. 保密原则
D. 关系限定原则　　E. 客观中立原则

80. 男,46岁,投资顾问。因社交焦虑接受心理治疗,在心理治疗师的帮助下焦虑明显改善。患者心存感激,欲将掌握的投资信息告知心理治疗师以作报答,但被婉言谢绝。在此治疗关系中,该心理治疗师遵循的原则是
A. 保密性　　B. 正式性　　C. 单向性
D. 时限性　　E. 系统性

81. 男性,19岁,无业青年,其父亲是生意人。该青年5年来一直在购买收藏女性的高跟鞋而感到满足,而且晚上要抱着高跟鞋睡觉。在心理咨询门诊诊断为"恋物癖"。对此类患者的治疗方法最好选择

A. 人本主义　B. 厌恶疗法　C. 自由联想
D. 系统脱敏　E. 梦的分析

82. 女,22岁。每逢路过商店时就会有被售货员怀疑偷窃的想法,无法自制,十分痛苦,遂到心理门诊寻求帮助。心理治疗师指导其每当出现该想法时就用力拉弹手腕上的橡皮筋,使其产生疼痛,从而逐步消除强迫症状。这种治疗方法属于
A. 代币疗法　B. 厌恶疗法　C. 系统脱敏疗法
D. 习惯转换法　E. 冲击疗法

83. 男孩,8岁,孤独症患者。心理治疗师在对其进行治疗的过程中,每当了解到他有主动向老师问好、递给小朋友玩具或整理好自己的衣服等情形时,就奖励他一个纸质小星星作为强化物。该心理治疗师采用的行为治疗技术是
A. 自我管理　B. 代币疗法　C. 系统脱敏
D. 满灌疗法　E. 差别强化

84. 女,20岁。主诉自初中毕业后,越来越不能与陌生人接触,近1年来发展为见到熟人也害怕与之说话,且一说话就脸红。对于该患者心理治疗首选的方法为
A. 生物反馈　B. 系统脱敏　C. 自由联想
D. 催眠治疗　E. 人本主义

85. 某心理治疗师要对一位恐惧症患者进行治疗,他想让该患者在治疗开始就直接进入其最恐惧的情境,较快速地消退其症状。该心理治疗师采用的方法是
A. 系统脱敏法　B. 惩罚法　C. 冲击疗法
D. 厌恶疗法　E. 习惯转换法

86. 女,30岁。因慢性皮肤溃疡迁延不愈需接受高压氧治疗。患者对高压氧舱的封闭环境感到十分恐惧。心理医生与患者进行了充分的沟通,在做好各种应急准备之后,让患者直接进入高压氧舱以快速克服恐惧心理,同时完成高压氧治疗。这种心理治疗方法是
A. 厌恶疗法　B. 放松疗法　C. 系统脱敏法
D. 冲击疗法　E. 认知调整

87. 男,26岁。因人际关系问题而寻求心理帮助,心理治疗师采用的干预方法是非指令性的,无条件的积极关注,协助来访者充分体验和整合自己的经验。这一心理治疗的方法属于
A. 精神分析疗法　B. 行为疗法　C. 以人为中心疗法
D. 催眠疗法　E. 认知疗法

88. 某生参加高考前数月产生严重焦虑,来到咨询室后,该生讲述了内心的恐惧与担心,治疗师只是认真地倾听,不做指令性指导。这种心理疗法的理论属于
A. 精神分析理论　B. 认知理论　C. 人本主义理论
D. 心理生理理论　E. 行为理论

89. 在人本主义治疗技术中最重要的是
A. 表达　B. 分析　C. 指导　D. 同情　E. 倾听

90. 某患者,13岁。在生活中养成不良的抽烟习惯,父母非常恼火。心理医师建议其采取的较有效的行为治疗是
A. 条件刺激和非条件刺激相结合　B. 环境因素和操作动作相结合
C. 厌恶刺激和不良行为相结合　D. 通过对不良行为的认识来矫正
E. 用转变注意力的方法来矫正

91. 男,12岁。因频发时轻时重的口吃就诊。经晤谈,心理治疗师认为患儿的口吃症状与其父母感情不好,总在他面前争吵并动辄以离婚相威胁有关。遂要求三人一起接受心理治疗,并采用了循环提问

等技术。该心理治疗方法称为
A. 行为疗法　B. 人本主义疗法　C. 家庭治疗
D. 精神分析疗法　E. 认知疗法

92. 下列不属于心理治疗原则的是
A. 正义原则　B. "中立"原则　C. 真诚原则
D. 保密原则　E. 回避原则

93. 女,28岁。在心理咨询中谈到所交的两个男朋友她都很喜欢,不知道该与哪个继续相处,难以作出抉择,希望得到帮助,而根据心理治疗的原则,心理咨询师没有替她作出决定。该咨询师遵循的原则是
A. 灵活原则　B. 综合原则　C. "中立"原则
D. 耐心原则　E. 回避原则

94. 某单位女职工,在一家医院接受过心理评估与心理治疗。其所在单位领导获悉后想了解该患者的心理问题现状,遂向医院索要心理评估的结果,但被患者的心理医生拒绝。该心理医生所遵循的原则是
A. 耐心原则　B. 真诚原则　C. 客观原则
D. 回避原则　E. 保密原则

95. 女,19岁。因急性白血病接受骨髓移植治疗,术后被安置于无菌病房中,根据病情,需限制亲属探视。在此期间患者常常出现心情烦躁、不安。针对此情况,心理治疗师指导其采用冥想结合深呼吸的方法来改善自己的情绪,这种应对方式属于
A. 取得社会支持　B. 心理防御机制　C. 消除应激来源
D. 自我调节放松　E. 调整认知评价

96. 患者,女,55岁,国家公务员。30年来主要因丈夫(高级工程师)有外遇,夫妻感情不佳,总想离婚,但又舍不得孩子,又怕丢面子,来到心理咨询门诊,想问心理咨询师,离婚还是不离婚好。此时心理咨询师最应注意采取的原则是
A. 回避原则　B. 中立原则　C. 耐心原则
D. 综合原则　E. 灵活原则

97. 某心理咨询师,在某超级市场遇见一位他的患者也正与其熟人在一起购物,这位治疗师故意未理睬他的患者。因为他遵循的一个心理治疗的原则是
A. 真诚原则　B. 保密原则　C. 中立原则
D. 回避原则　E. 灵活原则

98. 某单位职工,男性,48岁。平时和同事相处甚难,某同事想让其就诊心理咨询,但该职工坚决反对,心理医师也不主张这样的人来门诊治疗,是因为心理治疗的性质有
A. 学习性　B. 自主性　C. 实效性
D. 应用性　E. 操作性

99. 王某,女,19岁。最近因高考失利而出现情绪低落和失眠的情况。王某和母亲知道王某有位表哥是心理治疗师,比较熟悉和了解王某的情况,要求其给王某做心理治疗,但被这位表哥拒绝了。其表哥拒绝提供治疗服务所依据的原则是
A. 保密原则　B. 灵活原则　C. 发展原则
D. 中立原则　E. 回避原则

100. 某心理治疗师的母亲出现了心理问题,其妹妹想让他给母亲进行心理治疗,但他却将母亲转给其他心理治疗师进行治疗。该心理治疗师遵循的心理治疗的原则是
A. 保密原则　B. 真诚原则　C. 中立原则
D. 回避原则　E. 系统原则

101. 女,35岁。丈夫因车祸去世,令其痛不欲生,遂到心理咨询门诊寻求帮助。该女士在诉说其目前的

心境时痛哭流涕。对此,心理咨询师在初始阶段一般不应采取的措施是
A. 对质其懦弱　B. 帮助其领悟　C. 增强其自控
D. 指导其放松　E. 接受其宣泄

102. 某高校心理咨询工作人员接待了一位大学生。该生对心理咨询员说,他多次难以自控地想要杀死其女友。那么,此情况下心理咨询员的最佳做法是
A. 劝其尽快接受治疗　B. 严格保守该生的秘密
C. 告知该女友家属对其进行保护,同时建议该生家属带其进行必要的心理诊治
D. 通知该生的家长对其妥善监管　E. 联系精神病医院直接送该生入院

第 4 章　医患关系、医患沟通与患者的心理问题

103. 医生与患者的交谈原则应具有
A. 隐蔽性　B. 情绪性　C. 广泛性
D. 指令性　E. 针对性

104. 医患沟通中的非言语沟通形式不包括
A. 引导话题　B. 人际距离　C. 面部表情
D. 身段姿态　E. 目光接触

105. 医生在诊治过程中经常对患者使用医学专业术语,使患者难以理解,容易造成误解。这种医患交流的问题属于
A. 依从性差　B. 同情不够　C. 沟通障碍
D. 信息缺乏　E. 回忆不良

106. 有助于患者记忆的信息沟通方式不包括
A. 指导问题力求具体　B. 归纳总结医嘱内容　C. 语言表达通俗易懂
D. 重要医嘱首先提出　E. 规范使用医学缩略术语

107. 为了加强患者对医嘱的记忆,不宜采用的方法是
A. 医嘱简明只说一次　B. 尽量采用书面形式　C. 重要的医嘱先说
D. 让患者复述医嘱　E. 让患者写下来

108. 医患交流中,能够使得沟通更为有效与顺畅的方法是
A. 尽量多用书面沟通　B. 尽量使用医学术语　C. 提供的信息越多越好
D. 善用问句引导话题　E. 避免表达态度和情感

109. 糖尿病患者,女,65 岁,家庭主妇,初中文化程度。医生给予的饮食建议,容易理解和执行的说法是
A. “您每天摄入热量不能超过 1200 千卡”
B. “您必须严格控制饮食,要低盐、低脂、低糖饮食”
C. “每顿饭主食 2 两,少吃油腻的”
D. “不吃甜点、稀饭、甘蔗、西瓜、甜饮料,少吃肉、油,可以吃点粗粮”
E. “您一定要管住自己的嘴,原来爱吃的都不能吃了”

110. 下列关于医患关系特点的表述,错误的是
A. 医者应保持情感的中立性　B. 双方目的的一致性　C. 人格尊严、权利上的平等性
D. 医学知识和能力的对称性　E. 医患矛盾存在的必然性

111. 患者被诊断患病时否认自己得病,难以进入患者角色的情形称为
A. 角色行为强化　B. 角色行为冲突　C. 角色行为减退

D. 角色行为异常　　E. 角色行为缺如

112. 医生告知某患者患有糖尿病并让其接受药物治疗,但该患者并不相信自己患病,未听从医生的医嘱服药而是继续上班。该患者的角色行为类型属于

A. 角色行为转化　　B. 角色行为缺如　　C. 角色行为强化
D. 角色行为异常　　E. 角色行为冲突

113. 女,48岁,某乡镇企业负责人。5个月前被确诊为乳腺癌并接受了手术治疗,术后患者仅休息了2个月,便全身心投入了工作,同患病前一样从事日常工作,参加各种会议和活动,对于自己身体的康复情况并不重视,不按要求到医院复查,也不愿再接受任何其他治疗。该女性角色行为改变类型属于

A. 角色行为缺如　　B. 角色行为强化　　C. 角色行为异常
D. 角色行为减退　　E. 角色行为冲突

114. 男,55岁,工程师。因膀胱癌入院准备接受手术治疗。在术前准备期间,患者一方面希望尽快恢复健康而配合各种检查和治疗,另一方面又担心自己主持的工程项目出问题而自行离院回单位开会。这种患者角色的状态属于

A. 角色行为强化　　B. 角色行为异常　　C. 角色行为适应
D. 角色行为缺如　　E. 角色行为冲突

115. 患者,男,大学生。因被诊断为慢性肾衰竭而收住院治疗,入院后出现了失眠、哭闹和攻击性行为。患者的这种角色变化属于

A. 角色行为减退　　B. 角色行为强化　　C. 角色行为缺如
D. 角色行为异常　　E. 角色行为冲突

116. 患者表现平静,客观面对患病现实,关注自身疾病,遵行医嘱所体现的患者角色行为类型为

A. 角色行为冲突　　B. 角色行为减退　　C. 角色行为异常
D. 角色行为缺如　　E. 角色行为适应

117. 由患者的家长和家属或他人作出求医决定的求医类型是

A. 主动　　B. 被动　　C. 强制　　D. 稳定　　E. 独立

118. 患者在患病后变得以自我为中心、兴趣变得有限、情绪的依赖性增强,并过分关注自己的机体功能。这种心理反应属于

A. 猜疑加重　　B. 行为退化　　C. 感情淡漠
D. 焦虑增强　　E. 情绪低落

119. 儿童患者住院后常见的心理问题一般不包括

A. 分离性焦虑　　B. 不安全感　　C. 抑郁心理
D. 对陌生环境的恐惧　　E. 依赖症

120. 关于青少年情绪、情感的特点,以下说法不正确的是

A. 情绪稳定　　B. 情绪心境化　　C. 情感丰富
D. 情绪反应强烈　　E. 情绪敏感

121. 心理护理的主要目标是

A. 明确患者的人生目标　　B. 消除不良的情绪反应　　C. 树立良好的道德观念
D. 提高患者的智力水平　　E. 改善患者的躯体症状

122. 张某是某医院的主管护师,在平常工作中十分重视对患者的心理护理,能根据不同患者的不同心理问题制订相应的计划进行干预。其心理护理所遵循的原则是

A. 启迪性原则　　B. 针对性原则　　C. 保密性原则
D. 稳定性原则　　E. 自我管理原则

第十篇　医学伦理学

（执业医师及助理医师均需掌握）

第1章　伦理学、医学伦理学的基本原则与规范

1. 医学伦理学属于
A. 环境伦理学　B. 社会伦理学　C. 元伦理学
D. 描述伦理学　E. 规范伦理学

2. 提出以"最大多数人的最大幸福"作为道德判断准则的学者是
A. 边沁　B. 密尔　C. 苏格拉底
D. 亚里士多德　E. 康德

3. 医学伦理学的特征之一是
A. 灵活性　B. 实践性　C. 集体性
D. 组织性　E. 随机性

4. "夫医者，非仁爱之士不可托也；非聪明理达不可任也；非廉洁淳良不可信也"。此语出自
A. 晋代杨泉　B. 唐代孙思邈　C. 宋代林逋
D. 明代陈实功　E. 清代王清任

5. 《大医精诚论》的作者是
A. 张仲景　B. 华佗　C. 扁鹊
D. 孙思邈　E. 希波克拉底

6. 下列不属于医学伦理学研究对象的是
A. 医务人员与患者之间的关系　B. 医务人员与医学发展之间的关系
C. 医务人员相互之间的关系　D. 医务人员与其家庭成员间的关系
E. 医务人员与社会之间的关系

7. 提出"人命至重，有贵千金，一方济之，德逾于此"观点的是
A. 孙思邈　B. 扁鹊　C. 李时珍
D. 张仲景　E. 华佗

8. 目前我国在医学伦理学上主要的研究方向是
A. 研究道德问题　B. 研究医学实践中的道德问题　C. 关于道德的学说和体系
D. 生命伦理学发展的新阶段　E. 临床医学问题

9. 不属于医学伦理学任务的是
A. 确定符合时代要求的医德原则和规范　B. 反映社会对医学职业道德的需要
C. 直接提高医务人员的医疗技术　D. 为医学的发展导向
E. 为符合道德的医学行为辩护

10. 医学人道观的基本内容不包括
A. 尊重患者的生命　B. 尊重患者的平等医疗保健权　C. 对患者尽量使用高新技术
D. 尊重患者的人格　E. 消除或减轻影响患者健康的危险因素

11. 医学伦理学中尊重原则所涵盖的权利不包括
A. 自主选择权　B. 社会免责权　C. 个人隐私权
D. 知情同意权　E. 人格尊严权
12. 无行为能力的患者，由其家属代理履行知情同意，符合的原则是
A. 尊重原则　B. 有利原则　C. 不伤害原则
D. 公益原则　E. 公正原则
13. 男，34岁。因不育症到某院诊治。该患者将自己曾有过不检点的性行为告诉了医生。其妻随后到诊室了解病情，医生便告知真实情况。患者妻子遂提出离婚，于是患者与诊治医生发生纠纷。该医患纠纷发生的最可能伦理原因是
A. 患者过去不检点的性行为引起不育
B. 患者有过不检点的性行为
C. 患者将过去不检点的性行为告诉了医生
D. 患者未将过去不检点的性行为告诉妻子
E. 患者的隐私保护权利未得到医生的尊重

A. 医师检查患者时，由于消毒观念不强，造成交叉感染
B. 医师满足患者的一切保密要求
C. 妊娠危及母亲生命时，医师给予引产
D. 医生对患者的呼叫或提问置之不理
E. 医师的行为使某个患者受益，但却损害了其他患者的利益
14. 属于医师违背不伤害原则的是
15. 属于医师违背有利原则的是
16. 属于医师违背尊重原则的是

17. 最先提出“不伤害原则”的西方医学家是
A. 希波克拉底　B. 盖伦　C. 维萨里
D. 白求恩　E. 桑德斯
18. 最早提出不伤害原则和保密要求的医学伦理学文献
A.《外科正宗·医家五戒十要》　B.《希波克拉底誓言》　C.《医德十二箴》
D.《伤寒杂病论·自序》　E.《日内瓦宣言》
19. 对患者不会造成伤害的是
A. 医务人员的知识和技能低下　B. 医务人员的行为疏忽和粗枝大叶
C. 医务人员强迫患者接受检查和治疗　D. 医务人员对患者呼叫和提问置之不理
E. 医务人员为治疗疾病适当地限制或约束患者的自由
20. 医务人员共同的首要义务和天职是
A. 维护患者的利益和社会公益　B. 维护医务人员和医院的声誉
C. 维护医务人员和医院的经济效益　D. 维护医务人员和医院的自身利益
E. 维护医务人员之间、医院间的和谐
21. 在医务人员的行为中，不符合有利原则的是
A. 与解除患者的疾苦有关
B. 可能解除患者的疾苦
C. 使患者受益且产生的副作用很小
D. 使患者受益，但却给别人造成了较大的伤害

E. 在人体试验中,可能使受试者暂不得益,但却使社会、后代受益很大

22. 不属于医学伦理学原则的是

A. 有利　　B. 公正　　C. 不伤害
D. 克己　　E. 尊重

23. 公正不仅指形式上的公正,更强调公正的

A. 本质　　B. 内容　　C. 基础
D. 内涵　　E. 意义

24. 当分配稀有卫生资源时,不应该坚持的是

A. 个人的实际需要　　B. 个人之间的平均分配　　C. 个人的支付能力
D. 个人的实际工作能力　　E. 个人对社会的贡献

25. 在卫生资源分配上,形式公正是根据每个人

A. 都享有公平分配的权利　　B. 实际的需要　　C. 能力的大小
D. 社会贡献的多少　　E. 在家庭中的角色地位

26. 在医疗实践活动中分配医疗收益与负担时,类似的个案适用相同的准则,不同个案适用不同的准则。这所体现的医学伦理基本原则是

A. 尊重原则　　B. 不伤害原则　　C. 公正原则
D. 有利原则　　E. 公益原则

A. 公正原则　　B. 不伤害原则　　C. 有利原则
D. 整体性原则　　E. 尊重原则

27. 分配基本医疗卫生资源时依据的伦理原则是

28. 在患者充分知情并同意后实施医疗决策所体现的伦理原则是

A. 知情同意原则　　B. 保守秘密原则　　C. 互相协作原则
D. 诚实原则　　E. 公正原则

29. 临床诊疗或开展以人为研究对象的医学研究时,首先应坚持

30. "人人享有卫生保健"是贯彻了

31. 医师在诊疗活动中,不过度医疗所体现的医师行为规范是

A. 规范行医　　B. 严格权限　　C. 救死扶伤
D. 重视人文　　E. 规范文书

32. 医务工作者崇高的职业道德境界

A. 只体现在认识疾病的活动中　　B. 只体现在治疗疾病的活动中
C. 只体现在认识疾病、治疗疾病的活动中　　D. 只体现在家庭生活中
E. 与医学研究无关

33. 互相尊重、密切合作、互相学习是

A. 处理医患关系的原则　　B. 处理医际关系的原则　　C. 处理医师与医师关系的原则
D. 处理医师与护士关系的原则　　E. 处理医师与医技人员关系的原则

34. 医务人员彼此协作的基础是

A. 没有分歧　　B. 彼此独立　　C. 互相信任
D. 互相学习　　E. 彼此竞争

A. 有利、公正　　B. 权利、义务　　C. 廉洁奉公
D. 医乃仁术　　E. 等价交换

35. 属于医学伦理学基本范畴的是

36. 属于医学伦理学基本原则的是
37. 属于医学伦理学基本规范的是

第2章　医疗人际关系伦理与临床诊疗伦理

38. 医患之间的道德关系是
A. 主从关系　B. 商品关系　C. 信托关系
D. 陌生关系　E. 私人关系
39. 最能反映医患关系性质的是医务人员与患者之间的
A. 信托关系　B. 陌生人之间的关系　C. 主动-被动关系
D. 类似父(母)子间的关系　E. 商品关系
40. 医患关系的本质特征是
A. 具有互利性质的经济关系　B. 具有买卖性质的依附关系　C. 具有协作性质的买卖关系
D. 具有依附性质的非平等关系　E. 具有契约性质的信托关系
41. 相对于一般契约关系而言,医生在医患关系中负有更重的义务,但这些义务中不包括
A. 忠实义务　B. 监督义务　C. 披露义务
D. 保密义务　E. 注意义务
42. 对于长期慢性病患者,宜采取的医患关系模式是
A. 主动-被动型　B. 被动-主动型　C. 指导-合作型
D. 共同参与型　E. 合作-指导型
43. 对于阑尾炎的术后患者,宜采取的医患模式是
A. 主动-被动型　B. 被动-主动型　C. 指导-合作型
D. 共同参与型　E. 合作-指导型
44. 适用于"主动-被动型"医患关系模式的患者群体中一般不包括
A. 痴呆患者　B. 焦虑症患者　C. 婴幼儿患者
D. 昏迷患者　E. 精神分裂症缺乏自知力患者
45. 某医院急诊医生接诊了一位遭遇车祸昏迷的患者,立即给予了心肺复苏、气管插管等抢救措施。此时的医患关系所属的类型是
A. 共同参与型　B. 主动-被动型　C. 指导-合作型
D. 合作-监督型　E. 主动权威型
46. 有权同意具有完全民事行为能力且意识清醒的患者实施特殊治疗的人员是
A. 院长　B. 患者本人　C. 经治医生
D. 科主任　E. 医院伦理委员会主任
47. 按照临床诊疗道德的最优化原则,医务人员不需要考虑的是
A. 患者的地位　B. 医疗安全　C. 医疗效果
D. 诊疗费用　E. 患者的痛苦
48. 在医务人员之间人际关系的特点中,"比、学、赶、帮、超"体现的是
A. 协作性　B. 平等性　C. 互助性
D. 竞争性　E. 同一性
49. 医师在执业活动中享有的法定权利是
A. 保护患者隐私　B. 履行医师职责　C. 从事医学研究

D. 遵守技术规范　　E. 遵守职业道德

50. 医师可以行使特殊干涉权的是

A. 对需要隔离的传染病患者拒绝隔离的

B. 对教学医院内住院的患者拒绝接收学生实习的

C. 在有科研任务的医院内住院的患者拒绝作为受试者

D. 门诊就医的患者拒绝按医师开出的特殊检查项目进行检查

E. 门诊就医的患者拒绝向医师吐露与疾病有关的隐私

51. 下列选项中仅属于医师的道德义务，不属于法律义务的是

A. 努力钻研业务，提高专业技术水平　　B. 关心、爱护、尊重患者，保护患者隐私

C. 宣传卫生保健知识，对患者进行健康教育　　D. 遵守法律、法规，遵守技术操作规范

E. 积极开展义诊，尽力满足患者的健康需求

52. 李某，因妊娠异常需行剖宫产术，经治医师在告知孕妇的丈夫手术相关信息并取得签字后实施手术。胎儿被取出后发现产妇患有双侧卵巢畸胎瘤，遂告知其丈夫并建议切除双侧卵巢。李某的丈夫立即打电话与其他家属商议，但医师在尚未得到家属商议结果的情况下，继续手术并切除双侧卵巢，于是发生医患纠纷。此案例中，医师侵犯的患方权利是

A. 疾病认知权　　B. 知情同意权　　C. 隐私保护权

D. 生命权　　E. 健康权

53. 男，70 岁。因脑出血 1 小时入院，病情危重。医生建议立即手术，并告知家属手术可能存在的风险，不手术则会有生命危险。家属因经济困难，示意医生只需做简单处置，放弃救治，听任其死亡，但拒绝签字。此时医生应选择的最佳决策是

A. 提请法院作出决策　　B. 听从家属决定，并在病历上如实记录家属意见

C. 不考虑家属意见，医生直接手术　　D. 一定要家属签字，否则让患者转院

E. 征求医院领导意见并与家属充分沟通，确定符合实际的救治手段

54. 王某，女，75 岁。患病后始终不愿意就诊，而是在家中烧香拜佛祈求病愈。王某的儿子见母亲病情加重，便请社区医师到家里为母亲诊治，但遭到王某的拒绝。医师符合伦理的做法是

A. 鉴于患者拒绝，社区医师应放弃诊治　　B. 患者行为影响健康，应及时报告派出所处置

C. 对患者信佛不信医的行为进行批评　　D. 在家属的协助下，对患者实施强制诊治

E. 向患者进行耐心解释，规劝其接受相应治疗

55. 患者，男，46 岁。腹痛加重 15 天。发病后，体重进行性减轻，经检查确诊为癌前病变，必须手术切除。患者得知病情后，感心慌、乏力、头晕，医师耐心地做通患者和家属的工作，征得患者和家属同意后，准备手术。准备手术前，术前签字的人是

A. 患者本人　　B. 患者父母　　C. 患者亲属

D. 患者兄弟姐妹　　E. 患者已成年的子女

56. 下列选项中，符合手术治疗伦理要求的是

A. 手术方案应当经患方知情同意　　B. 患者坚决要求而无指征的手术也可实施

C. 手术方案必须经患者单位同意　　D. 手术对患者确实有益时，可无需患者知情同意

E. 患者充分信任时，医生可自行决定手术方案

57. 下列关于医患双方权利与义务关系的说法，不正确的是

A. 维护医务人员权利的关键是尊重其人格尊严

B. 只有维护了患者的权利，医务人员的权利才能真正得到维护

C. 保障医疗质量与安全是维护患者权利的关键

D. 作为弱势群体的患者只享有权利而不承担义务

E. 在医疗实践活动中，医患双方应当履行好各自的义务

58. 有关医际关系与医患关系的表述，下列哪项是错误的？
A. 医际关系的恶化在一定程度上将对医患关系产生不良影响
B. 医患关系的恶化在一定程度上将对医际关系产生不良影响
C. 处理医际关系与医患关系所依据的伦理原则是相同的
D. 医际关系与医患关系既互相独立又相互关联
E. 良好的医际关系有助于形成良好的医患关系

59. 某医院内科病房，责任护士误将甲床患者的青霉素注射给乙床患者。发现错误后，该护士心里十分矛盾和紧张，对乙床患者进行了严密观察，没有出现青霉素过敏反应。对此，以下说法符合伦理的是
A. 患者未出现过敏反应，为避免对护士不满可以不告诉患者
B. 打错针后护士对患者进行了严密观察，以免承担更大责任
C. 打错针后应马上告诉护士长采取应急措施，以保证患者安全
D. 患者未出现过敏反应，可以不告诉护士长以免受到处分
E. 住院患者太多、护理任务紧张，出现差错在所难免

60. 女，30 岁。因出现类似早孕症状两次到某县医院门诊就医，大夫简单检查后均诊断为妇科炎症，但该女士服药多日症状未见缓解。半个月后，因突然阴道大出血和急腹症被送往医院抢救后确诊为宫外孕。该案例中，初诊医生可能违背的临床诊疗伦理要求是
A. 关心体贴，减少痛苦　　B. 全面系统，认真细致　　C. 耐心倾听，正确引导
D. 尊重病人，心正无私　　E. 举止端庄，态度热情

A. 严守法规　　B. 公正分配　　C. 加强协作
D. 合理配伍　　E. 对症下药

61. 当患者要求住院医师开具精神药品处方时，该医师应当遵循的伦理要求是
62. 医生根据临床诊断选择相适应的药物进行治疗，遵循的医学伦理要求是
63. 医生采取“多头堵”“大包围”的方式开具大处方，违背的医学伦理要求是

A. 积极进取，保证安全　　B. 关心体贴，减少痛苦　　C. 精诚团结，密切协作
D. 耐心倾听，正确引导　　E. 平等相待，廉洁奉公

64. 体格检查的伦理要求是
65. 询问病史的伦理要求是

66. 医务人员在手术中应遵循的伦理要求是
A. 耐心倾听，正确引导　　B. 严谨求实，防止差错　　C. 尊重患者，知情同意
D. 尊重患者，心正无私　　E. 对症下药，剂量安全

67. 医师在询问病史过程中应遵循的主要伦理要求是
68. 男医师给女患者进行妇科检查时需要有护士或其他医务人员在场的规定遵循的伦理要求是

第 3 章　临终关怀、公共卫生伦理与健康伦理

69. 临终关怀的根本目的是为了
A. 节约卫生资源　　B. 减轻家庭的经济负担　　C. 提高临终患者的生存质量
D. 缩短患者的生存时间　　E. 防止患者自杀

70. 实施主动安乐死的首要社会条件是
A. 家属的主动要求　　B. 安乐死的合法化　　C. 患者的主动要求

D. 能够减轻患者的痛苦　E. 维护患者的尊严

71. 医师经临终患者及家属要求，给予减少痛苦的维持治疗，其做法属于
A. 主动安乐死　B. 消极安乐死　C. 终止治疗
D. 积极安乐死　E. 医助自杀

72. 一位符合安乐死条件的病人，医生使用药物结束其痛苦的生命，称为
A. 强迫安乐死　B. 医助安乐死　C. 自杀安乐死
D. 主动安乐死　E. 被动安乐死

73. 实施脑死亡标准的直接伦理目的是
A. 减轻家属的身心痛苦　B. 促进人体器官移植　C. 维护死者的尊严
D. 节约卫生资源　E. 尊重患者死亡的权利

74. 下列国家中安乐死合法化的是
A. 日本　B. 比利时　C. 澳大利亚
D. 美国　E. 新加坡

75. 以下属于公共卫生工作特有的伦理原则是
A. 生命价值原则　B. 尊重自主原则　C. 最优化原则
D. 隐私保密原则　E. 全社会参与原则

76. 对甲类传染病实施强制隔离措施时，应当遵循的公共卫生处理原则不包括
A. 全社会参与原则　B. 信息公开原则　C. 以患者为中心原则
D. 互相协同原则　E. 社会公正原则

77. 对疑似甲类传染病患者予以隔离所体现的公共卫生伦理原则是
A. 社会公正原则　B. 社会公益原则　C. 互助协同原则
D. 全社会参与原则　E. 信息公开原则

78. 下列不属于传染病防控工作伦理要求的是
A. 做好传染病的监测和报告　B. 采取走访患者家庭以预防医患冲突
C. 尊重科学事实　D. 尊重传染病患者的人格和权利
E. 开展传染病的预防宣传教育

A. 公益原则　B. 有利原则　C. 尊重原则
D. 不伤害原则　E. 医学目的原则

79. 手术前让患者签署知情同意书符合

80. 属于公共卫生道德原则的是

第4章　医学科研、医学新技术研究伦理与医学道德

81. 下列不属于涉及人的生物医学研究伦理原则的是
A. 有偿服务　B. 知情同意　C. 伦理审查
D. 医学目的　E. 维护受试者利益

82. 下列符合动物实验伦理要求的是
A. 尽可能用高等动物代替低等动物
B. 用尽可能少的实验动物获得尽可能多的实验数据
C. 尽可能用活体动物代替无知觉的实验材料
D. 医学研究的科学性不能以牺牲动物的福利为代价

E. 对医学研究中的低等动物无须考虑人道问题

83. 在多中心人体试验伦理审查中，项目总负责人单位伦理委员会审查通过后，项目参加单位的伦理委员会应当
A. 重新审查 B. 不再审查 C. 只审查在本单位的可行性
D. 只审查方案的科学性 E. 只审查受试者的知情同意书

84. 对涉及人的生物医学研究进行伦理审查的根本目的是
A. 保护受试者的尊严和权利 B. 保护受试者的经济利益 C. 尊重研究者的基本权利
D. 确保医学科研的规范性 E. 维护研究机构的科研利益

A. "上以疗君亲之疾，下以救贫贱之厄"
B. "若有疾厄来求救者，不得问其贵贱贫富，长幼妍媸，怨亲善友，华夷愚智，普同一等，皆如至亲之想"
C. "病人对某些科学研究拒绝参加时，绝对不能使医生和病人间的关系受到影响或妨碍"
D. "我决心竭尽全力除人类病痛，助健康之完美，维护医术的圣洁和荣誉"
E. "凡我所耳闻目睹的关于人们的私生活，我绝不到处宣扬，我绝不泄露作为应该守密的一切细节"

85. 出自《大医精诚》的是
86. 出自《希波克拉底誓言》的是
87. 出自《赫尔辛基宣言》的是

A. 以健康人或患者作为受试对象 B. 试验时使用对照和双盲法
C. 不选择弱势人群受试对象 D. 弱势人群若参加试验，需要监护人签字
E. 试验中受试者得到专家的允许后可自由决定是否退出

88. 能体现人体试验知情同意的是
89. 不能体现知情同意的是
90. 能体现人体试验科学原则的是

91. 下列说法符合我国人类辅助生殖技术伦理原则的是
A. 对已婚女性可以实施商业性代孕技术 B. 对离异单身女性可以实施商业性代孕技术
C. 对任何女性都不得实施代孕技术 D. 对自愿的单身女性可以实施代孕技术
E. 对已婚女性可以实施亲属间的代孕技术

92. 因女性不孕而实施的体外授精-胚胎移植技术，可能产生的伦理问题不包括
A. 用剩余胚胎进行干细胞研究 B. 代孕母亲 C. 妇女的"贞操"
D. 卵子商品化 E. 对胚胎进行非医学目的的性别鉴定

93. 我国实施人类辅助生殖技术，下列违背我国卫生行政部门制定的伦理原则的是
A. 使用捐赠的精子 B. 使用捐赠的卵子 C. 实施亲属代孕
D. 实施卵胞浆内单精注射 E. 使用捐赠的胚胎

94. 不符合我国人类精子库管理伦理原则要求的是
A. 捐精者有权随时停止捐精 B. 捐精行为应完全自愿
C. 捐精者有权知道捐精的用途 D. 禁止同一捐精者的精子使5名以上妇女受孕
E. 捐精者应与精子库的医务人员保持互盲

95. 我国原卫生部规定，1名供精者的精子最多只能提供给
A. 8名妇女受孕 B. 6名妇女受孕 C. 15名妇女受孕
D. 5名妇女受孕 E. 10名妇女受孕

96. 一位医师在为其患者进行角膜移植手术的前一夜，发现备用的眼球已经失效，于是到太平间看是否有尸体能供角膜移植之用，恰巧有一尸体。考虑到征求死者家属意见很可能会遭到拒绝，而且时间也紧迫，于是

便取出了死者的一侧眼球,然后用义眼代替。尸体火化前,死者家属发现此事,便把医师告上法庭。经调查,医师完全是为了患者的利益,并没有任何与治疗无关的动机,对此案例的分析正确的是

A. 此案例说明我国器官移植来源的缺乏

B. 此案例说明我国器官捐赠上观念陈旧

C. 此案例说明医师为了患者的利益而摘取眼球在伦理学上是可以得到辩护的

D. 此案例说明首先征得家属的知情同意是一个最基本的伦理原则

E. 此案例说明医院对尸体的管理有问题

97. 从事人体器官移植的医务人员允许

A. 从事广告宣传　B. 参与捐赠器官分配　C. 参与抢救

D. 参与死亡宣判　E. 接受馈赠

98. 医学道德修养是指医务人员在医学道德方面所进行的自我教育、自我锻炼和自我陶冶,以及在此基础上达到的

A. 医学道德境界　B. 医疗实践能力　C. 医疗技术水平

D. 医患沟通能力　E. 医疗道德意识

99. 医德修养要坚持

A. 集体性　B. 组织性　C. 实践性

D. 强制性　E. 机动性

100. 医学道德评价的首要标准是

A. 是否有利于人类生存的环境保护及改善　B. 是否有利于医学科学发展和社会进步

C. 是否有利于患者疾病的缓解和康复　D. 是否有利于医疗机构的发展

E. 是否有利于医务人员社会地位的提升

101. 属于医务人员自我道德评价方式的是

A. 名誉　B. 社会舆论　C. 慎独

D. 内心信念　E. 传统习俗

102.《医疗机构从业人员行为规范》中"以人为本,践行宗旨"的具体要求不包括

A. 发扬人道主义精神　B. 发扬大医精诚理念

C. 坚持救死扶伤,防病治病的宗旨　D. 积极维护社会公益,促进人类健康

E. 以患者为中心,全心全意为人民健康服务

A. 为人民健康服务　B. 人道行医　C. 大医精诚

D. 救死扶伤　E. 以人为本

103. 医疗机构从业人员的基本行为规范是

104. 医师的行为规范是

A. 大医精诚　B. 以患者为中心　C. 人道行医

D. 为人民健康服务　E. 救死扶伤

105. 医疗机构从业人员理想的人格形象是

106. 医疗机构从业人员的执业价值目标是

107. 医疗机构从业人员的执业道德手段是

108. 人体试验道德的首要原则是

A. 医学目的原则　B. 随机对照原则　C. 信息公开原则

D. 知情同意原则　E. 维护受试者利益原则

第十一篇　医学统计学

第1章　概论与数值变量数据

一、统计学的基本概念(执业医师及助理医师均需掌握)

1. 根据一项包括50例病例和50例对照组的调查结果,两组关于可能病因因素分布的差异没有统计学意义,可以据此得出结论
A. 这个差异可能是抽样误差所致　B. 病例和对照组的可比性已被证实
C. 观察者或调查者的偏性已被消除　D. 该因素与疾病可能有联系
E. 这个差异临床上可能是显著的
2. 从一个计量资料的总体中抽样,产生抽样误差的原因是
A. 样本均数不等于零　B. 总体中的个体存在差别　C. 样本均数大于总体均数
D. 总体均数不等于零　E. 样本是从总体中有意识抽取的一部分
3. 为了保证研究结果能够回答研究目的中提出的问题,使用的人、财、物、时间较少,结果可靠,应该做好的首要工作是
A. 资料收集　B. 科研设计　C. 资料整理
D. 资料分析　E. 结果的表达
4. 100名高血压患者接受某种药物治疗,1个月后有65名患者血压明显下降。正确的说法为
A. 观察时间短,疗效可疑　B. 未设对照组,无法作结论　C. 该药物降压效果好
D. 该药物无降压效果　E. 样本量小,尚不能作结论
5. 在一项研究某药疗效的临床试验中,服用该药后治疗效果的指标表示为无效、好转,显效和痊愈,则此变量类型为
A. 无序分类变量　B. 等级变量　C. 名义变量
D. 定量变量　E. 定性变量
6. 研究者在某市开展一项35岁以上高血压患者的健康状况研究,调查了下列指标。其中属于等级资料的是
A. 年龄　B. 病情的严重程度　C. 腰围
D. ABO血型　E. 体重

二、定量资料的统计描述(执业医师及助理医师均需掌握)

7. 欲对有200个数据的定量资料编制频数分布表,描述其分布特征,分组时,其组段数宜选择
A. 4~6　B. 8~15　C. 30~50
D. 51~60　E. 61~70
8. 某幼儿园大班11名6岁儿童接受百日咳疫苗注射后,做血清抗体测定,其抗体滴度分别为:1∶20,1∶20,1∶20,1∶40,1∶40,1∶80,1∶80,1∶160,1∶160,1∶320,1∶640。描述抗体滴度集中趋势的指标应选用
A. 标准差　B. 极差　C. 算术平均数
D. 几何平均数　E. 四分位间距

9. 为了解某地区铅污染的情况，抽样收集了 130 人的尿铅值，经分析发现数据为偏态分布。若要对数据进行描述，应选择集中趋势和离散程度的指标为
A. 中位数和标准差　B. 中位数和极差　C. 中位数和四分位间距
D. 算术均数和标准差　E. 算术均数和四分位间距

10. 某生理指标服从偏态分布，且过低属于异常，为制定 95%医学参考值范围，可计算
A. P_1　B. P_5　C. P_{50}
D. P_{95}　E. P_{99}

11. 对 10 名 25 岁以上的山区健康男子测量脉搏次数(次/分)，用 t 检验与全国正常男子治疗进行比较，按 $\alpha=0.05$ 的检验水准，自由度为
A. $\nu=9$　B. $\nu=19$　C. $\nu=8$
D. $\nu=20$　E. $\nu=18$

12. 比较身高和体重两组数据变异度的大小宜用
A. 变异系数　B. 方差　C. 极差
D. 标准差　E. 四分位数间距

13. 两组呈正态分布的数值变量资料，但均数相差悬殊，若比较离散趋势，最好选用的指标为
A. 全距　B. 四分位数间距　C. 方差
D. 标准差　E. 变异系数

14. 变异系数主要用于
A. 比较不同计量指标的变异程度　B. 衡量正态分布的变异程度　C. 衡量测量的准确度
D. 衡量偏态分布的变异程度　E. 衡量样本抽样误差的大小

15. 正态分布的数值变量资料，描述离散趋势的指标最好选用
A. 全距　B. 百分位数　C. 方差
D. 标准差　E. 变异系数

16. 呈对数正态分布的数值变量资料，描述集中趋势的指标最好选用
A. 调和均数　B. 众数　C. 中位数
D. 算术均数　E. 几何均数

A. 四分位数间距　B. 几何均数　C. 中位数
D. 标准差　E. 算术均数

17. 反映一组观察值离散程度最好的指标是

18. 若偏态分布资料一端或两端无确切的数值，描述其集中趋势的指标是

19. 均数和标准差的关系是
A. $\overline{X}$ 越大，S 越小　B. $\overline{X}$ 越小，S 越大　C. S 越小，$\overline{X}$ 代表性越好
D. S 越大，$\overline{X}$ 代表性越好　E. S 越小，$\overline{X}$ 代表性越差

20. 可以全面描述正态分布资料特征的两个指标是
A. 均数和中位数　B. 均数和标准差　C. 均数和极差
D. 中位数和方差　E. 几何均数和标准差

21. 均数为 0，标准差为 1 的分布是
A. 正态分布　B. 标准正态分布　C. 正偏态分布
D. 负偏态分布　E. 高斯分布

22. 标准正态分布的两个参数值分别是

A. $\mu=0,\sigma=0$　　B. $\mu=1,\sigma=0$　　C. $\mu=1,\sigma=-1$
D. $\mu=-1,\sigma=1$　　E. $\mu=0,\sigma=1$

23. 已知人体血铅值仅以过高为异常,且其服从正偏态分布,若要估计某地成人血铅含量的95%医学参考值范围,宜采用
A. $<P_{95}$　　B. $>P_5$　　C. $<P_{97.5}$
D. $P_5\sim P_{95}$　　E. $P_{2.5}\sim P_{97.5}$

三、定量资料的统计推断(执业医师及助理医师均需掌握)

24. 从一个呈正态分布的总体中随机抽样,$\overline{X}\neq\mu$,该差别被称为
A. 系统误差　　B. 个体误差　　C. 过失误差
D. 抽样误差　　E. 测量误差

25. 若不知总体标准差,反映均数抽样误差大小的指标,用
A. S　　B. $S_{\overline{X}}$　　C. Sp
D. σ_p　　E. σ_π

26. 来自同一总体的两样本,下列哪个指标小的样本均数估计总体均数时更可靠?
A. $S_{\overline{X}}$　　B. CV　　C. S
D. $t_{0.05/2}$　　E. $\overline{X}$

27. 说明样本均数抽样误差大小的指标是
A. 标准差　　B. 极差　　C. 四分位数间距
D. 变异系数　　E. 标准误

28. 在抽样研究中,当样本例数逐渐增多时
A. 标准差逐渐减小　　B. 标准差逐渐加大　　C. 标准差趋近于0
D. 标准误逐渐减小　　E. 标准误逐渐加大

29. 某医院抽样调查得100名健康人血清胆固醇数值(mmol/L),资料呈正态分布。经计算平均数为4.8000,标准差为0.7920,则标准误为
A. 0.0792　　B. 0.7920　　C. 0.0079
D. 0.0480　　E. 7.920

30. 估计总体均数所在的范围应采用
A. 假设检验　　B. 区间估计　　C. 点估计
D. 参考值范围　　E. 最小二乘估计

31. 两样本均数比较的 t 检验,其目的是检验
A. 两样本均数是否相等　　B. 两样本所属的总体均数是否相等
C. 两样本所属总体的均数相差有多大　　D. 两样本所属总体的均数为多大
E. 两样本均数相差有多大

32. 在两样本均数推断两总体均数差别的 t 检验中,无效假设是
A. 两总体均数不等　　B. 两总体均数差异无统计学意义　　C. 两总体均数相等
D. 两样本均数相等　　E. 两总体均数差异有统计学意义

33. 正态分布的数值变量,两组资料的比较,检验统计量的计算用
A. $(\overline{X}-\mu)/\sigma$　　B. $(\overline{X}-\mu)/\sigma_X$　　C. $(\overline{X}-\mu)/S_X$
D. $(d-\mu)/S_d$　　E. $(\overline{X}_1-\overline{X}_2)/S_{\overline{X}_1-\overline{X}_2}$

34. 随机抽样调查甲、乙两地正常成年男子身高,得甲地身高的均值为175cm,乙地为179cm,经 t 检验得

$P<\alpha$,差别有统计学意义。其结论为

A. 可认为两地正常成年男子平均身高相差不大　B. 甲、乙两地正常成年男子身高均值相差较大
C. 两地接受调查的正常成年男子平均身高不同　D. 可认为两地正常成年男子平均身高不同
E. 两地接受调查的正常成年男子平均身高差别较大

35. 两样本均数比较的 t 检验,差别有统计学意义时,P 越小,说明
A. 两总体均数的差别不大　B. 两总体均数的差别越大
C. 越有理由认为两总体均数不同　D. 越有理由认为两样本均数不同
E. 越有理由认为两总体均数的差别很大

36. 当样本含量固定时,第一类错误 α 和第二类错误 β 的关系有
A. $\alpha=\beta$　B. $\alpha>\beta$　C. $\alpha<\beta$
D. α 愈大,β 可能愈小　E. α 愈大,β 可能愈大

37. 在假设检验中为了减小犯Ⅱ型错误的概率,应
A. 保留有效数字更多位数　B. 增加样本量　C. 严格做到均衡
D. 更好随机抽样　E. 减小犯Ⅰ型错误的概率

第 2 章　分类变量资料

(执业医师及助理医师均需掌握)

38. 描述某种事物或疾病发生严重程度的指标是
A. 率　B. 构成比　C. 相对比
D. 均数　E. 标准差

39. 20 世纪 50 年代,发现某省部分地区的居民因长期饮用深井高碘水导致高碘性甲状腺肿,随机抽查得到该地区甲、乙两村常住居民的高碘性甲状腺肿患病率,甲村为 20.6%,乙村为 25.3%,则甲、乙两村该病的合计患病率应为
A. 甲、乙两村调查人群中患该病总人数除以调查总人数
B. 两患病率的几何平均数,得 29.11%　C. 两患病率相加,得 45.9%
D. 两个患病率相乘,得 5.21%　E. 两患病率的平均数,为 22.95%

40. 已知甲地老年人比例大于乙地,经普查甲地冠心病死亡率为 5‰,乙地冠心病死亡率为 4‰,若希望比较甲、乙两地冠心病死亡率的高低,则
A. 计算标化率后再比较　B. 应做秩和检验　C. 应做两个率比较的 χ^2 检验
D. 应做率的 Z 检验　E. 可用两地的死亡率直接进行比较

41. 某年,甲、乙两人群中,几种特殊部位的肿瘤新报告病例的构成比如下表。

甲、乙两人群几种特殊部位肿瘤某年新报告病例的构成比

癌肿部位	甲人群(%)	乙人群(%)
肺癌	15.0	7.7
乳腺癌	30.0	20.0
子宫颈癌	25.0	15.7
其他肿瘤	30.0	56.6
合计	100.0	100.0

据此推论甲人群较乙人群更易患肺癌、乳腺癌和子宫颈癌,该推论

A. 不正确,因为未进行率的标化　B. 不正确,因为未用率指标测量　C. 不正确,因为未设对照组
D. 不正确,因为未区分发病率或死亡率　E. 正确

42. 在病例对照研究中,估计某因素与疾病的联系程度,应计算
A. RR　B. $RR-1$　C. OR
D. $OR-1$　E. P_1-P_0

43. n 足够大,P 不接近于 0 或 1,样本率与总体率比较,统计量 u 为
A. $|P-\pi|/Sp$　B. $|P_1-P_2|/\sigma_p$　C. $|P_1-P_2|/S_p$
D. $|P-\pi|/\sigma$　E. $|P-\pi|/\sigma_p$

(44~46 题共用题干)为研究 45 岁以上男性中体重指数(BMI)≥25 者糖尿病患病率是否高于体重指数<25 者,某医师共调查了 9550 人。其中,BMI≥25 者有 2110 人(n_1),糖尿病患病人数为 226 人(X_1);BMI<25 者 7440 人(n_2),糖尿病患病人数为 310 人(X_2)。问 BMI≥25 者糖尿病患病率是否高于 BMI<25 者。

44. 统计学检验的检验假设(无效假设)和选择假设分别是
A. $H_0:P_1=P_2,H_1:P_1\neq P_2$　B. $H_0:P_1=P_2,H_1:P_1<P_2$　C. $H_0:\pi_1=\pi_2,H_1:\pi_1\neq\pi_2$
D. $H_0:\pi_1=\pi_2,H_1:\pi_1<\pi_2$　E. $H_0:\pi_1=\pi_2,H_1:\pi_1>\pi_2$

45. 若进行 u 检验,公式为
A. $u=|P_1-P_2|/S_{P1-p2}$　B. $u=|P-\pi|/S_P$　C. $u=|P_1-P_2|/\sigma_P$
D. $u=|P_1-P_2|/S_P$　E. $u=|P-\pi|/\sigma_P$

46. 经 u 检验,若 u 值等于 2.95,则 P
A. >0.05　B. >0.03　C. >0.02
D. >0.01　E. <0.01

47. 经过统计得到 $\chi^2>\chi^2_{0.05}$ 结果,正确的结论是
A. $P=0.05$,拒绝 H_0,差异有统计学意义　B. $P>0.05$,接受 H_0 的可能性较大
C. $P=0.05$,接受 H_0,差异无统计学意义　D. $P<0.05$,拒绝 H_0,差异有统计学意义
E. $P>0.05$,接受 H_0,差异无统计学意义

48. 为比较工人、干部中高血压患者所占比例是否不同,进行了 χ^2 检验,算得 χ^2 值为 9.56,通过查表得 $\chi^2_{(0.05,1)}=3.84$。若取 $\alpha=0.05$,应得出的结论是
A. 接受 $\pi_1=\pi_2$　B. 拒绝 $\pi_1=\pi_2$　C. 接受 $\pi_1>\pi_2$
D. 拒绝 $\pi_1>\pi_2$　E. 拒绝 $\mu_1=\mu_2$

49. 某医师拟比较四组人群血型分布(A、B、AB 和 O 型)的差别,适宜的统计分析方法为
A. u 检验　B. 回归分析　C. 秩和检验
D. t 检验　E. χ^2 检验

50. 某次比较四种疗法治疗慢性胃炎的效果,总共观察了 200 例该病患者,结果如下表。

四种疗法治疗慢性胃炎的效果

	有效	无效	合计	有效率(%)
疗法一	35	15	50	70.00
疗法二	32	18	50	64.00
疗法三	21	19	50	62.0
疗法四	28	22	50	56.00
合计	126	74	200	63

并对该资料进行 χ^2 检验，自由度应为

A. 1　　B. 200　　C. 4

D. 126　　E. 3

（51~53 题共用题干）有 5 个不同职业人群的冠心病患病率资料，若比较职业不同患病率是否相同。

51. 统计学检验的无效假设应是

A. $H_0:P_1=P_2=P_3=P_4=P_5$　　B. $H_0:P_1=P_2=P_3=P_4>P_5$　　C. $H_0:\pi_1=\pi_2\neq\pi_3=\pi_4=\pi_5$

D. $H_0:\pi_1\neq\pi_2\neq\pi_3\neq\pi_4\neq\pi_5$　　E. $H_0:\pi_1=\pi_2=\pi_3=\pi_4=\pi_5$

52. 图示对比不同职业人群的冠心病患病率的高低，应绘制

A. 普通线图　　B. 直方图　　C. 直条图

D. 圆图　　E. 散点图

53. 比较不同职业人群的冠心病患病率的假设检验，应计算的统计量为

A. t　　B. $\overline{X}$　　C. F

D. χ^2　　E. P

第 3 章　直线相关和回归、统计图表

（执业医师需掌握）

54. 在两变量 X、Y 直线相关分析中，相关系数的正负取决于

A. X 的取值　　B. Y 的取值　　C. L_{XX}

D. L_{YY}　　E. L_{XY}

55. 某研究者随机抽取了 300 名大学生的身高和体重资料进行相关分析，结果显示 $r=0.39$ 且 $P<0.01$（$\alpha=0.05$），则说明身高和体重之间存在的数量关系是

A. 因果关系　　B. 无直线相关关系　　C. 存在直线相关关系

D. 无曲线相关关系　　E. 存在曲线相关关系

56. 两个正态双变量资料，自变量记为 X，因变量记为 Y，进行回归分析，回归系数为 0.2，经统计学检验，$P=0.05$，则

A. X 增大一个单位，Y 增大 0.2 个单位　　B. X 增大一个单位，Y 减小 0.05 个单位

C. X 增大一个单位，Y 增大 0.05 个单位　　D. X 增大一个单位，Y 减小 0.2 个单位

E. X 增大一个单位，Y 减少或增大 0.2 个单位都有可能

57. 在直线回归分析中，如果算得回归系数 $b>0$，则

A. 不需要进行假设检验确定 β 是否等于零

B. 还需进行假设检验确定 β 是否等于零

C. β 大于 0　　D. β 等于 0　　E. β 小于 0

58. 编制统计表时，做法错误的是

A. 统计表需要标题　　B. 同一指标的小数位数保留一致

C. 表内数据一律用阿拉伯数字表示　　D. 表中暂缺或未记录可用“…”表示

E. 表中必须有竖线

59. 某省为血吸虫病疫区，采取一系列控制措施后有效降低了血吸虫病的发病率。欲描述该省 20 年来血吸虫病发病率的变化趋势，宜绘制

A. 普通线图　　B. 条图　　C. 圆图

D. 直方图　　E. 散点图

A. 散点图　　B. 圆图　　C. 直条图
D. 直方图　　E. 线图

60. 用于描述连续型变量资料频率分布的统计图是
61. 可用于描述两连续型变量之间相关关系的统计图是
62. 描述事物内部各组成部分所占比重宜使用
A. 圆图　　B. 线图　　C. 散点图
D. 直方图　　E. 直条图
63. 表示某地 1990~1994 年肝炎病例的年龄分布，宜采用
64. 表示某地 1995 年 5 种不同类型病毒性肝炎发病人数占病毒性肝炎发病总人数的比重，宜采用

第 4 章　秩和检验、Logistic 回归分析与生存分析

（执业医师需掌握）

65. 某医师随机抽取性别、病情严重程度等条件相近的系统性红斑狼疮患者 28 例，随机等分为两个治疗组。一个疗程后检测 dsDNA 抗体滴度（倒数）资料如下：

抗体滴度（倒数）	甲组	乙组	抗体滴度（倒数）	甲组	乙组
阴性	1	1	10	1	—
40	1	2	60	2	—
120	1	5	320	1	—
480	1	2	560	2	2
1240	1	2	1240~	2	—

该资料分析可选用
A. χ^2 检验　　B. 秩和检验　　C. t 检验
D. Z 检验　　E. 方差分析
66. 欲比较两种药物的治疗效果是否有差别，若疗效评定为“很有效、较有效、效果一般、基本无效”，宜采用的统计分析方法是
A. χ^2 检验　　B. t 检验　　C. 方差分析
D. 回归分析　　E. 秩和检验
67. 某煤矿职工医院欲探讨二、三期硅肺患者胸部平片阴影密度级别（+、++、+++、++++）间是否不同，可选择
A. 线性回归　　B. 成组设计比较的秩和检验　　C. 直线相关
D. 两样本 t 检验　　E. 四格表 χ^2 检验

第十二篇　预防医学

第1章　绪　论

（执业医师及助理医师均需掌握）

1. 预防医学是研究
A. 人体健康与环境的关系　B. 个体与群体的健康　C. 人群的健康
D. 社会环境与健康的关系　E. 健康和无症状患者

2. 预防医学的特点不包括
A. 着重于疾病预防　B. 研究对象包括个体和群体　C. 着重于个体治疗
D. 以环境、人群为研究重点　E. 研究方法上注重微观和宏观结合

3. 用巴氏涂片法对18~65岁有性生活的女性进行宫颈癌的筛查，从疾病的预防策略角度看，这属于
A. 第一级预防　B. 第一级预防合并第二级预防　C. 第二级预防
D. 第三级预防　E. 第二级预防合并第三级预防

4. 以下既属于第一级预防，也属于第三级预防的是
A. 高血压管理　B. 控烟　C. 环境有害因素的整治
D. 体力活动促进　E. 脑卒中患者的功能锻炼

A. 孕期妇女补充叶酸　B. 高血压患者的早期诊断　C. 糖尿病患者的筛检
D. 乳腺癌的筛检　E. COPD患者的康复护理指导

5. 属于第一级预防的是
6. 属于第三级预防的是

第2章　流行病学原理和方法

（执业医师及助理医师均需掌握）

7. 流行病学区别其他学科最显著的特点是
A. 预防为主原则　B. 对比原则　C. 代表性原则
D. 现场原则　E. 群体原则

8. 流行病学的基本研究方法包括
A. 描述性研究、统计学检验、观察性研究　B. 描述性研究、分析性研究、实验性研究
C. 分析性研究、病例对照研究、队列研究　D. 实验性研究、干预性研究、分析性研究
E. 统计学检验、控制偏倚、观察性研究

9. 对病因不明的疾病，描述性研究的主要任务是
A. 验证病因　B. 因果推断　C. 确定病因
D. 研究发病机制　E. 寻找病因的线索，提出病因假设

10. 某医师为评价某新药对流感的治疗效果，共收治了100例流感患者，一周后治愈的有90例，由此认为该新药对流感疗效显著。针对此试验，正确的观点是

A. 结论不能肯定,因为未作重复试验
B. 结论不能肯定,因为未作统计学处理
C. 结论正确,因为治愈率达 90%
D. 结论不能肯定,因为试验样本含量较少
E. 结论不能肯定,因为未设对照组

11. 某研究者采用随机单盲临床试验比较两种降压药(波依定与洛汀新)对轻、中度原发性高血压患者的降压疗效。其单盲设计中不了解试验分组情况的人是
A. 测量血压的护士
B. 实施治疗的医生
C. 负责设计的研究者
D. 统计分析人员
E. 接受治疗的患者

(12~14 题共用题干)某学者为探讨某药物对某病的疗效,选取了 120 例该病患者,随机分为服用该药的治疗组和使用标准疗法的对照组,随访观察时,观察者与患者均不知道两组接受的措施,1 个月后观察疗效,结果治疗组 60 名患者中有 40 人有效,对照组 60 名中有 20 人有效。经统计学检验,两组差异具有统计学意义。

12. 该药物对疾病治疗的有效率为
A. (20/60)×100% = 33.3%
B. [(40+20)/120]×100% = 50.0%
C. (20/120)×100% = 16.7%
D. (40/60)×100% = 66.7%
E. [(60+40)/120]×100% = 83.3%

13. 由结果推出的结论为
A. 标准疗法无效
B. 该药对该疾病无效
C. 资料不足,尚不能下结论
D. 该药对该疾病有效
E. 该药对该疾病的治疗效果低于标准疗法的疗效

14. 该研究采用的盲法为
A. 双盲
B. 单盲
C. 随机盲法
D. 没有盲法
E. 三盲

15. 为了解 5 年内城市人口高血压的患病情况,随机抽取城市人口的 15%进行调查。为防止调查产生偏性,下列措施不正确的是
A. 对于那些检查血压时不肯合作的人应以较合作的人代替
B. 对 5 年内死亡的调查人群的成员应追踪其死亡是否与高血压有关
C. 应当使用统一的血压计
D. 应反复多次对调查人群观察、测量
E. 对 5 年期间调查人群中搬出该城市的那部分人,应尽量查明新地址继续测量他们的血压变化情况

16. 衡量人群中在短时间内新发病例的频率,采用的指标为
A. 罹患率
B. 发病率
C. 患病率
D. 感染率
E. 发病比

17. 描述暴发疫情严重性的最佳指标是
A. 死亡率
B. 续发人数
C. 发病人数
D. 罹患率
E. 患病人数

18. 衡量新型冠状病毒肺炎病情严重程度的指标是
A. 粗死亡率
B. 死亡率
C. 患病率
D. 发病率
E. 病死率

19. 对慢性疾病进行现状调查,最适宜计算的指标为
A. 罹患率
B. 发病率
C. 患病率
D. 感染率
E. 发病比

20. 流行病学中与发病相关的常用指标,除了发病率外还包括
A. 死亡率、续发率
B. 死亡率、流行率
C. 死亡率、病死率

D. 病死率、流行率　　E. 罹患率、患病率

21. 某年某社区年初人口数 8500 人,年末人口数 11500 人。年末有糖尿病患者 136 人,该年内有 12 名患者死于糖尿病并发症。则该社区普查当年的糖尿病患病率为

A. 148/11500　　B. 124/10000　　C. 136/8500
D. 148/10000　　E. 136/11500

22. 为了解某城市儿童近视眼的流行情况,某机构拟进行一次普查,要说明调查结果,可用的指标是

A. 患病率　　B. 累积发病率　　C. 病残率
D. 发病率　　E. 罹患率

23. 计算患病率的分子是

A. 观察期间某病的新发病例数　　B. 观察期间某病的新旧病例数　　C. 观察期间所有人口数
D. 观察期间某病的暴露人口数　　E. 观察开始之前某病的患病人数

24. 下列哪项不是表示疾病流行强度的指标

A. 暴发　　B. 大流行　　C. 短期波动
D. 散发　　E. 流行

25. 某幼儿园有 200 名儿童,近一周内有 30 名儿童相继出现发热,手心、脚心出疹子,口腔有溃疡等症状,经诊断均为手足口病。提示该病流行强度为

A. 聚集　　B. 散发　　C. 流行
D. 大流行　　E. 暴发

26. 疾病的三间分布是指

A. 国家、地区和城乡分布　　B. 职业、家庭和环境分布　　C. 时间、地区和人群分布
D. 年龄、性别和种族分布　　E. 短期波动、季节性和周期性分布

27. 某医师采用横断面调查研究的方法,调查高血压病在人群中的分布情况,选择最合适的指标为

A. 病死率　　B. 发病率　　C. 死亡率
D. 患病率　　E. 二代发病率

28. 流行病学研究的观察法与实验法的根本区别在于

A. 设立对照组　　B. 不设立对照　　C. 是否有人为干预
D. 盲法　　E. 统计学检验

29. 在流行病学研究中,属于现况研究特点的是

A. 人为施加干预措施　　B. 可确定因果关联　　C. 随访观察研究对象
D. 研究对象随机分组　　E. 不需特设对照组

A. 分层抽样　　B. 系统抽样　　C.整群抽样
D. 单纯随机抽样　　E. 普查

30. 在调查研究中,从总体中按照相同的间隔抽取调查单位进行调查的方法为

31. 在调查研究中,先将总体按照某种特征分成若干组群,然后在每组群中进行随机抽样的方法为

32. 已知某省山区、丘陵、湖区婴幼儿体格发育有较大的差异,现需制订该省婴幼儿体格发育有关指标的参考值范围,抽样方法最好采取

A. 整群抽样　　B. 单纯随机抽样　　C. 系统抽样
D. 分层抽样　　E. 机械抽样

33. 某乡有 4 万人,约 1 万户。欲抽样调查 4000 人,按该乡人口家庭登记名册,以户为单位,随机抽取第 1 户,随后每间隔 10 户抽 1 户,对被抽到的家庭进行调查。该种抽样方法称为

A. 单纯随机抽样　　B. 系统抽样　　C. 整群抽样

D. 分层抽样　　E. 多级抽样

34. 为研究老年人的糖尿病患病率，拟进行抽样调查，下列哪一项不是抽样调查中决定样本含量的因素？
A. 预期现患率　　B. 调查者的数量　　C. 个体间的变异程度
D. 精确度　　E. 把握度

35. 在流行病学研究中，由因到果的研究为
A. 生态学研究　　B. 筛检　　C. 队列研究
D. 现状研究　　E. 病例对照研究

36. 队列研究的观察终点是指
A. 观察对象出现了预期效果　　B. 观察对象因车祸死亡　　C. 观察研究工作结束
D. 与观察对象失去联系　　E. 观察对象不因研究原因而退出

37. 国外某镇一学者开展了一项持续多年的啤酒狂欢节饮酒者与心血管疾病死亡关系的研究。研究初，有70名啤酒狂欢节饮酒者和1500名非饮酒者。在研究结束时，7名啤酒狂欢节饮酒者死于心血管疾病，45名非啤酒狂欢节饮酒者死于心血管疾病。该研究为
A. 病例对照研究　　B. 横断面研究　　C. 队列研究
D. 临床试验　　E. 生态学研究

38. 调查发现某高原地区居民结肠癌的发病率高于全国平均水平，研究者注意到该地区人们的饮食习惯具有高脂肪摄入，低蔬菜、水果摄入的特点，拟开展一项课题研究，分析饮食习惯与结肠癌的关系，考虑到因果现象发生的时间顺序，最佳研究方法应为
A. 生态学研究　　B. 横断面研究　　C. 队列研究
D. 病例对照研究　　E. 临床试验

39. 为探索新生儿缺氧缺血性脑病(HIE)的病因，选择200例确诊的HIE病例和同期同医院出生的正常新生儿200例，然后对母亲孕期病史及分娩情况进行回顾性分析，调查HIE相关的危险因素。这种研究方法是
A. 病例对照研究　　B. 实验研究　　C. 现况研究
D. 临床随访研究　　E. 前瞻性研究

40. 为制订某地区人群原发性高血压的综合防治方案，拟对该地区某时点的人群原发性高血压的患病情况进行调查。此类研究是
A. 病例对照研究　　B. 队列研究　　C. 现况研究
D. 临床试验　　E. 人群现场试验

(41~43题共用题干)某小学有大批学生发生不明原因的腹泻，为了寻找病因及流行的线索。

41. 首先进行的研究是
A. 病例对照研究　　B. 队列研究　　C. 临床试验研究
D. 理论流行病学研究　　E. 现况调查研究

42. 通过第一步的研究，结果提示大批学生的腹泻可能与饮用了某厂生产的饮料有关，下一步最好采取
A. 病例对照研究　　B. 临床试验研究　　C. 现况调查研究
D. 理论流行病学研究　　E. 队列研究

43. 若证实导致这次腹泻的病因，应进行
A. 临床试验　　B. 实验室检查　　C. 病例调查
D. 队列研究　　E. 理论流行病学研究

44. 在800名病例与800名对照的病例对照研究中，有300名病例和100名对照有暴露史，*OR*值应为
A. 4.2　　B. 2.3　　C. 无法计算

D. 5　　E. 1.4

45. 衡量某病的原因归因于暴露某危险因素程度的最好指标是
A. 归因危险度百分比　　B. 归因危险度　　C. 人群归因危险度
D. 人群归因危险度百分比　　E. 相对危险度

46. 衡量某病和某暴露因素间联系强度的最佳指标是
A. 相对危险度　　B. 特异危险度　　C. 暴露者的发病率
D. 暴露者的死亡率　　E. 暴露者的病死率

47. 在一种分析性研究中，计算了 *RR* 值，可说明暴露因素与发病的关联程度。该指标为
A. 累及发病率　　B. 发病密度　　C. 归因危险度
D. 患病率　　E. 相对危险度

48. 在一项队列研究中，非暴露组 150 名中 15 人患高血压，暴露组 200 人中 30 人患高血压，归因危险度为
A. 0.15　　B. 0.1　　C. 1.5
D. 0.05　　E. 0.25

49. 为探讨血清胆固醇水平对冠心病的影响，根据血清胆固醇水平将 1000 名 35 岁以上男性人群分为两组：一组胆固醇水平高于临界值，为暴露组，共 500 人；其余 500 人血清胆固醇在正常值范围内，作为对照组。随访 5 年，暴露组有 45 人发病，对照组有 10 人发病。该研究中，胆固醇水平高于临界值者患冠心病的相对危险度是
A. 2.0　　B. 45.0　　C. 4.5
D. 10.0　　E. 1.0

（50～52 题共用题干）某研究者为探讨脂肪摄入量与男性前列腺癌的关系，在社区内选择高脂肪和低脂肪摄入者各 200 名，从 50 岁开始对他们随访 10 年，在随访期间，高脂肪摄入组中有 20 人、低脂肪摄入者有 10 人被诊断患有前列腺癌。

50. 这种研究方法为
A. 现况调查　　B. 实验研究　　C. 生态学研究
D. 队列研究　　E. 病例对照研究

51. 与低脂肪摄入组相比，高脂肪摄入组患前列腺癌的相对危险度（*RR*）是
A. 1.5　　B. 0.75　　C. 1.0
D. 2.0　　E. 0.05

52. 高脂肪摄入所致前列腺癌的特异危险度是
A. 30/100　　B. 10/100　　C. 15/100
D. 无法计算　　E. 5/100

53. 在临床试验中，将研究对象进行随机分组的目的是
A. 提高研究对象的依从性　　B. 增强研究对象的代表性　　C. 增强试验组和对照组的可比性
D. 使试验组和对照组都受益　　E. 降低试验组的失访率

54. 在进行临床疗效评估中，错误的是
A. 分组要遵循随机原则　　B. 要有足够的样本数量　　C. 设立对照组
D. 让受试了解自己所处的分组　　E. 有明确的疗效判断标准

55. 病例对照研究中，选择偏倚不包括
A. 入院率偏倚　　B. 回忆偏倚　　C. 检出症候偏倚
D. 无应答偏倚　　E. 时间效应偏倚

A. 入院率偏倚　　B. 不依从偏倚　　C. 回忆偏倚

D. 失访偏倚　　E. 现患病例-新发病例偏倚

56. 开展膳食与糖尿病关系的病例对照研究，若选用确诊一年以上的糖尿病患者作为病例组，则最常见的偏倚是

57. 开展以医院为基础的病例对照研究，最常见的偏倚是

58. 推论病因与疾病因果关联的标准，错误的是
A. 关联的强度　　B. 关联的时间性　　C. 关联的特异性
D. 关联的可重复性　　E. 关联的地区性

59. 流行病学的三角模型中的"三角"是指
A. 宿主、环境和病原体　　B. 宿主、环境和致病因子　　C. 机体、生物环境和社会环境
D. 遗传、环境和社会　　E. 遗传、环境和人群

60. 筛检的目的是
A. 对可疑患者进行确诊　　B. 评价筛检试验的敏感度　　C. 验证病因
D. 评价筛检试验的特异度　　E. 从表面健康的人群中查出某病的可疑患者或某病的高危人群

61. 为加强妇女保健工作，某大型企业组织全体女职工进行健康检查，采用快速的医学检查方法，从表面健康的女职工中查出乳腺癌和宫颈癌的可疑患者，再进一步确诊后给予早期治疗。这种疾病防治策略属于
A. 高危人群的健康体检　　B. 早期特异预防　　C. 疾病的筛检
D. 一般健康促进　　E. 重点疾病的抽样调查

62. 某病早期治疗效果好，若漏诊后病情加重，对此病的诊断试验应特别注重
A. 提高阴性预测值　　B. 提高阳性预测值　　C. 降低假阳性率
D. 提高特异度　　E. 提高灵敏度

63. 筛检试验的特异度是指
A. 筛检试验阴性者患病的可能性
B. 实际有病，筛检试验被确定为有病的百分比
C. 实际有病，筛检试验被确定为无病的百分比
D. 实际无病，筛检试验被确定为无病的百分比
E. 实际无病，筛检试验被确定为有病的百分比

(64~66题共用题干)用一种筛检乳腺癌的试验，对400例患有乳腺癌的妇女和400名正常妇女进行筛检，结果前者中80例阳性，后者中40例阳性。

64. 该试验的灵敏度为
A. 80%　　B. 20%　　C. 12%
D. 67%　　E. 25%

65. 该试验的特异度为
A. 80%　　B. 10%　　C. 50%
D. 90%　　E. 20%

66. 该试验的阳性似然比为
A. 10　　B. 4　　C. 0.5
D. 5　　E. 2

67. 关于疾病监测的论述，正确的是
A. 疾病监测是一种横向研究　　B. 哨点监测属于被动监测　　C. 漏报调查属于主动监测
D. 常规报告系统是一种主动监测　　E. 疾病监测获得的信息应该纵向反馈，而不能横向反馈

68. 疾病监测的目的不包括
A. 验证病因假设　B. 预测疾病流行　C. 评价预防效果
D. 描述疾病分布　E. 监测疾病暴发

69. Meta 分析中异质性检验的目的是检验各个独立研究结果的
A. 真实性　B. 同质性　C. 代表性
D. 敏感性　E. 可靠性

70. Meta 分析中常见的偏倚不包括
A. 引用偏倚　B. 发表偏倚　C. 文献库偏倚
D. 失访偏倚　E. 多次发表偏倚

第 3 章　临床预防服务

(执业医师及助理医师均需掌握)

71. 临床预防服务的特点是
A. 是医学的一门基础学科　B. 与临床医学的交叉主要在三级预防
C. 目的是治疗疾病,促进康复　D. 重点是影响健康的因素与人群健康的关系
E. 服务对象是健康人和无症状患者

72. 健康管理的首要步骤一般是
A. 人群的健康体检　B. 收集健康信息　C. 健康维护计划的制订
D. 健康维护计划的实施　E. 疾病危险度评估

73. 某地区成年人的首位死因是心脏病。下列各项措施中,不属于该地区优先防治策略的是
A. 在社区人群中开展减少心脏病危险因素的咨询
B. 大力发展心脏专科医院,为患者提供心脏介入治疗
C. 以高胆固醇血症和家族史为指标,确定高危人群开展干预
D. 通过媒体倡导居民增加身体活动
E. 加强公共场所与工作场所的控烟

74. 下列不属于临床预防服务内容的是
A. 慢性病的自我管理　B. 健康筛检　C. 化学预防
D. 健康教育　E. 免疫接种

75. 根据可预防的疾病负担和费用效果分析,下列临床预防服务项目中最优先推荐的措施是
A. 阿司匹林预防心脑血管病　B. 血脂异常的筛检　C. 糖尿病的筛检
D. 骨质疏松的筛检　E. 流感的免疫接种

76. 健康维护计划的制订原则不包括
A. 健康为导向　B. 个人积极参与　C. 普适性
D. 综合利用　E. 动态性

77. 在居民小区建设健康步道,改善小区绿化环境,以鼓励他们参加体育锻炼,这种方法属于
A. 健康促进　B. 卫生宣传　C. 临床预防服务
D. 健康教育　E. 社区启蒙

78. 在健康信念模式中,促进个体行为改变的关键事件和暗示称为
A. 行为线索　B. 自我效能　C. 行为能力
D. 对疾病易感性的认识　E. 对疾病严重性的认识

79. 烟草对人体产生成瘾的成分是
A. 一氧化碳 B. 二氧化碳 C. 焦油
D. 烟尘 E. 尼古丁

(80~82题共用题干)男,45岁。因反复咳嗽1个月到社区卫生服务中心就诊。医生与其交谈中得知该患者已经吸烟20多年,3年前曾经尝试戒烟一个月并得到家人的支持和鼓励。但后来患者由于听说戒烟会生病等传闻而不再考虑戒烟。

80. 家人对其的戒烟督促属于影响行为的
A. 倾向因素 B. 促成因素 C. 强化因素
D. 内在因素 E. 诱导因素

81. 根据行为改变的阶段模式,目前该患者处于
A. 维持阶段 B. 行动阶段 C. 无打算阶段
D. 打算阶段 E. 准备阶段

82. 针对该患者的情况,根据提高患者戒烟动机的干预措施的"5R"法,此时医生应侧重于采用下列哪项措施进行干预?
A. 建议改吸低焦油卷烟 B. 使患者认识到戒烟可能的障碍
C. 强调吸烟与其家人健康的相关性 D. 指出二手烟暴露的健康危害
E. 说明戒烟的益处

83. 某吸烟者,烟龄15年,尼古丁依赖评分为高成瘾性,且以往尝试戒烟后出现明显戒断症状。经医生劝说后决定本周日起戒烟,对于此吸烟者应立即采取的措施为
A. 采用5R动机访谈 B. 宣传戒烟的好处 C. 强制戒烟
D. 约定随访日期 E. 提供戒烟方法咨询,必要时推荐戒烟药物

84. 根据行为改变阶段模式,如果某服务对象处在行为维持阶段,应该采取的干预措施是
A. 促使他们针对危险行为对自身、他人和环境的影响做出评判
B. 促使参与者作出改变行为的承诺
C. 从情感上评估自己的健康风险行为对自身和环境的影响
D. 改变环境以消除或减少诱惑
E. 促使他们进行思考,认识到危险行为的危害,权衡改变行为的利弊

85. 某中年男性,因胸闷不适就诊,诊断为冠心病。经询问,患者吸烟。医生告知患者吸烟对心血管系统的危害后,问患者"你想戒烟吗?"这属于5A戒烟法中的哪一步骤?
A. 询问吸烟情况 B. 提供行为咨询治疗 C. 安排随访
D. 建议吸烟者戒烟 E. 评估吸烟患者的戒烟意愿

86. 属于人际水平的健康行为改变理论的是
A. 健康信念模式 B. 社会认知理论 C."知-信-行"理论
D. 创新扩散理论 E. 社区组织理论

87. 下列属于正氮平衡的情况是
A. 贫血 B. 饥饿 C. 出血
D. 创伤 E. 妊娠

88. 评价蛋白质营养价值高低的主要指标是
A. 蛋白质的消化吸收及利用 B. 氨基酸模式及蛋白质的消化吸收
C. 氨基酸模式及蛋白质的含量 D. 氨基酸模式及蛋白质利用
E. 蛋白质含量、机体消化吸收及利用的程度

A. 适宜摄入量(AI)　B. 平均需要量(EAR)　C. 推荐摄入量(RNI)
D. 参考摄入量(DRIs)　E. 可耐受最高摄入量(UL)

89. 纯母乳喂养的足月产 1 月龄健康婴儿,母乳中的营养素含量就是婴儿各种营养素的

90. 可以满足某一特定性别、年龄及生理状况群体中绝大多数个体(97%～98%)需要量的某种营养素摄入水平是

91. 某山区一妇女育有 3 个子女,生活贫困,长期从事重体力劳动。近期感觉头昏、乏力、腿部水肿。去医院检查:血清白蛋白 28g/L,铁蛋白 20μg/L。在下列食品中,建议该妇女应多吃的是
A. 白面　B. 红薯　C. 绿叶菜
D. 大米　E. 大豆及其制品

92. 对于铁的摄入,最好的食物来源是
A. 豆类　B. 粮谷类　C. 蔬菜、水果
D. 动物肝脏　E. 牛奶及奶制品

93. 富含无机盐、水溶性维生素和膳食纤维的食物是
A. 奶制品　B. 蔬菜　C. 谷类
D. 肉类　E. 蛋类

(94～96 题共用题干)某女性患者,45 岁。体检结果显示:血压 180/100mmHg,体重 68kg,身高 160cm ($BMI=26.6kg/m^2$),甘油三酯 4.5mmol/L,胆固醇 5.1mmol/L。

94. 该女患者营养状况应判断为
A. 消瘦　B. 正常　C. 超重
D. 肥胖　E. 严重肥胖

95. 对该患者进行非药物治疗,应告知其饮食要注意严格控制
A. 高糖类食物的摄入　B. 胆固醇和脂肪的摄入　C. 胆固醇的摄入
D. 总热能和脂肪的摄入　E. 蛋白质的摄入

96. 针对该患者开出的运动处方中,不合适的是
A. 中等至高强度运动　B. 运动频率每周 2 次,每次 20 分钟
C. 运动中合理补液　D. 减重同时加强肌肉力量锻炼
E. 鼓励参加自行车、游泳等下肢关节承重小的运动

97. “平衡膳食宝塔”提示,每日每人大豆类摄入量相当于干豆 50g,其目的主要是
A. 保证水和糖的摄入　B. 提高膳食蛋白质质量　C. 保证膳食纤维素摄入
D. 补充人体必要氮损失　E. 提高必需脂肪酸摄入水平

98. 以躯干、四肢等大腿肌肉群参与为主的,有节律、时间较长,能够维持在一个稳定状态的身体活动,称为
A. 阻力活动　B. 体适能　C. 协调性活动
D. 无氧运动　E. 有氧运动

99. 关于身体活动的说法,不正确的是
A. 成人每周应至少参加 5 次以上中等强度的身体活动
B. 高强度的身体活动可能造成伤害
C. 不同的身体活动类型促进健康的作用不相同
D. 高血压患者不应该参加身体活动
E. 适度增加身体活动可以获得更大的健康效益

100. 利用健康高危人群的就医机会进行的针对性检查称为
A. 特殊性体检　B. 健康体检　C. 社会性体检

D. 医疗性体检　　E. 机会性筛检

101. 某公司员工,36岁。因感冒去医院看病,医生帮他测量血压。这是
A. 医疗性体检　　B. 社会性体检　　C. 机会性筛检
D. 定期健康体检　　E. 随机性筛检

第4章　社区公共卫生

(执业医师及助理医师均需掌握)

102. 以疾病发展的自然过程为基础的、综合的、一体化的保健和费用支付体系,称为
A. 健康维护计划　　B. 病例管理　　C. 疾病管理
D. 需求管理　　E. 残疾管理

103. 对儿童进行乙型肝炎疫苗接种的临床实验研究,为评价其流行病学预防效果,最好选用的指标是
A. 发病率　　B. 效果指数　　C. 感染率
D. 死亡率　　E. 病死率

104. 为观察甲肝疫苗的预防效果,研究对象最好选择
A. 近期曾有甲肝暴发地区人群　　B. 甲肝高发区无免疫人群　　C. 甲肝低发区无免疫人群
D. 医院中非肝炎患者　　E. 医院中血制品接触者

105. 人群健康策略强调的是
A. 重点人群的健康影响因素　　B. 特定疾病的临床病因　　C. 除患者以外的人群的健康
D. 高危个体的危险因素　　E. 关注全体人群的健康

106. 高血压防治中健康教育的对象是
A. 全人群　　B. 学龄前儿童　　C. 中老年人群
D. 高血压病高危人群　　E. 高血压患者

107. 慢性病防治的基本原则不包括
A. 高危人群为主　　B. 三级预防并重　　C. 生命全程预防
D. 以社区和家庭为基础　　E. 以健康教育和健康促进为主要手段

108. 癌症二级预防的目的是
A. 减轻患者痛苦　　B. 延长患者生命　　C. 提高生存质量
D. 减少癌症发病率　　E. 降低癌症死亡率

109. 慢性病自我管理的三大任务是
A. 医疗和行为管理、情绪管理、时间管理　　B. 情绪管理、角色管理、时间管理
C. 医疗和行为管理、情绪管理、角色管理　　D. 费用管理、情绪管理、时间管理
E. 医疗和行为管理、情绪管理、费用管理

110. 在环境化学污染物中,一次污染物是指
A. 从污染源排入环境后,理化特性发生了变化的污染物
B. 从污染源直接排入环境,理化性质未发生变化的污染物
C. 从污染源排入环境后,其毒性增大的污染物
D. 多个污染源同时排出的同一类污染物
E. 多种环境介质中都存在的同一类污染物

111. 关于大气二次污染物的说法,不正确的是
A. 经化学或光化学作用生成　　B. 与一次污染物的化学性质不同的新污染物

C. 毒性往往比一次污染物更大　D. 光化学烟雾是二次污染物

E. 沉降的污染物因刮风再次进入大气是二次污染物

112. 调查某无工业污染的山村儿童的生长发育、智力障碍及疾病的发生。调查结果显示该村儿童只有生长发育落后和智力障碍,无其他疾病。该疾病是因为

A. 砷缺乏　B. 铅缺乏　C. 氟缺乏

D. 硒缺乏　E. 碘缺乏

113. 一般所说的生物地球化学性疾病主要是指

A. 自然疫源性疾病　B. 地质环境因素引起的疾病　C. 环境污染所致的公害病

D. 遗传性疾病　E. 区域内的传染病

114. 下列均为大气污染对健康的直接损害,除外

A. 急性中毒　B. 机体免疫力下降　C. 致癌作用

D. 变态反应　E. 儿童维生素 D 缺乏病的发生增加

115. 下述生产性毒物中,属于窒息性气体的是

A. 氢氰酸　B. 氯气　C. 氯乙烯

D. 一氧化氮　E. 苯

116. 男,46 岁。从事粮食烘干工作 25 年,近期出现视物模糊,确诊为白内障。最可能的致病原因是

A. 微波　B. 铅　C. 苯胺

D. 拟除虫菊酯　E. 紫外线辐射

117. 在生产过程中形成的呼吸性粉尘是指

A. 直径小于 5μm 的粉尘　B. 直径小于 15μm 的粉尘　C. 分散度较小的粉尘

D. 分散度较大的粉尘　E. 能随呼吸进入人体并沉积于呼吸道的粉尘

118. 环境污染危险度评价中的暴露评价可以估计出

A. 某化学物是否对机体产生危害　B. 危险物特征

C. 某化学物在环境介质中的浓度　D. 某化学物对机体产生危害的程度

E. 人群对某化学物暴露的强度、频率和持续时间

119. 在环境卫生评价中,剂量-反应关系是指

A. 不同的暴露引起不同疾病的规律

B. 随暴露量增加引起个体效应严重程度不同的规律

C. 人群健康效应谱发生的规律性变化

D. 暴露人群分布变化的规律

E. 人群发病率随暴露因素的剂量增加而呈规律性变化

120. 关于经济因素对健康的影响,不正确的说法是

A. 经济因素对健康的影响是多方面的

B. 人群的健康水平影响经济的发展

C. 单纯注重经济增长将危害人类的健康

D. 经济的发展应与社会发展及促进人群健康水平同步

E. 人群收入的绝对水平决定着经济对健康的影响程度

A. 硝酸盐　B. 酸雨　C. 水体富营养化

D. 甲基汞　E. 光化学烟雾

121. 空气中大量 SO_2 污染产生的二次污染物是

122. 氮氧化物与挥发性有机物在日光作用下生成的二次污染物是

123. 产生温室效应的主要化学物质是
A. SO_2　B. NO_X　C. CO_2
D. N_2　E. O_3

124. 炎热夏季的某一天,气压很低,强烈阳光照射着交通繁忙的城市,一些居民突然出现了不同程度的眼睛红肿、流泪、咽喉痛、喘息、咳嗽、呼吸困难、头痛、胸闷等症状,导致这些症状的可能原因是
A. CO 急性中毒　B. 某种传染病流行　C. 光化学烟雾
D. 煤烟型烟雾　E. 附近火山喷发烟雾

125. 下列不属于职业卫生服务原则的是
A. 保护和预防原则　B. 全面的初级卫生保健原则　C. 适应原则
D. 健康促进原则　E. 治疗优先原则

126. 用人单位开展就业前健康检查的主要目的是
A. 及时发现就业禁忌证　B. 便于安排工人从事特殊作业　C. 全面掌握工人的健康状况
D. 确定工作岗位及转岗　E. 便于人事部门对工人的管理

127. 在防止矽尘的工艺过程中,能根本消除粉尘危害的是
A. 生产设备的技术革新　B. 远距离操作　C. 密闭发尘场所
D. 加强工人防护　E. 以无 SiO_2 物质代替含石英的材料

128. 在职业中毒的诊断过程中,具有十分重要意义的前提条件是
A. 实验室检查　B. 临床症状　C. 体征
D. 职业史　E. 劳动卫生条件调查

129. 对职业人群进行医学监护的内容不包括
A. 定期体检　B. 就业前体检　C. 职业有害因素监测
D. 离岗或转岗时体检　E. 职业病的健康筛检

130. 为保障工人的健康,预防职业病的发生,按照《职业病防治法》的要求,某化工厂定期进行生产环境监测,为工人进行健康检查、建立健康档案并定期分析。以上所做的工作为
A. 职业危害风险评估　B. 健康监护　C. 现场劳动卫生学调查
D. 生物监测　E. 职业流行病学研究

131. 属于工作相关疾病的是
A. 职业性肿瘤　B. 职业有关抑郁症　C. 职业性铅中毒
D. 职业性苯中毒　E. 工伤

132. 在职业病的危害防治和职业人群健康监护中,不属于第一级预防的措施是
A. 加强通风排毒　B. 改革工艺,采用无毒原料　C. 定期对工人进行体检
D. 制订职业接触限值　E. 生产过程机械化、自动化、密闭化

133. 不属于食品污染的是
A. 肉类制品检出过量亚硝酸盐　B. 动物性食品中检出沙门氏菌　C. 河豚鱼中检出河豚毒素
D. 粮食中残留有机磷杀虫药　E. 压榨花生油过程中掺入黄曲霉毒素

134. 下列关于食物中毒的发病特点,叙述正确的是
A. 发病与某种食物有关　B. 发病曲线呈缓慢上升趋势　C. 人与人之间有传染性
D. 临床症状完全不同　E. 潜伏期较长

135. 我国发病率最高的食物中毒是
A. 化学性食物中毒　B. 有毒动物中毒　C. 有毒植物中毒
D. 细菌性食物中毒　E. 真菌毒素食物中毒

136. 导致食物中毒的副溶血性弧菌最容易污染的食品是

A. 剩米饭　　B. 罐头　　C. 海产品和盐渍食品
D. 家庭自制豆制品　　E. 禽肉类及其制品

137. 食物中毒与其他急性疾病最本质的区别是
A. 急性胃肠道症状为主　　B. 发病场所集中　　C. 很多人同时发病
D. 潜伏期短　　E. 患者曾进食同一批某种食物

138. 8 月某日,某婚宴后有 80%用餐者先后因腹痛、腹泻就诊。大部分患者出现上腹和脐周阵发性绞痛,继而腹泻,5~10 次/天,粪便呈洗肉水样。调查发现聚餐的主要食物为海鲜类食品。引起该食物中毒的病原菌最有可能是
A. 沙门菌　　B. 葡萄球菌　　C. 肉毒梭菌
D. 副溶血性弧菌　　E. 李斯特菌

A. 剩米饭　　B. 动物性食品　　C. 海产品
D. 鱼虾　　E. 豆制品

139. 易引起葡萄球菌食物中毒的食品是
140. 易引起沙门菌食物中毒的食品是

(141~143 题共用题干)某年夏季,某县中心小学 47 名学生相继出现剧烈呕吐、上腹部剧烈疼痛、腹泻等症状,少数患者有低热。调查得知发病学生在当天上午均吃过学校供应的课间餐(外购的奶油蛋糕),未吃者不发病。患者发病的潜伏期最短为 1 小时,最长为 6 小时。

141. 引起此次食物中毒最可能的细菌(或毒素)是
A. 副溶血性弧菌　　B. 沙门菌属　　C. 肉毒梭菌毒素
D. 蜡样芽胞杆菌　　E. 金黄色葡萄球菌肠毒素

142. 引起此类中毒的食物除了奶制品、含奶糕点外,主要还有
A. 海产品　　B. 蔬菜　　C. 水果
D. 罐头制品　　E. 肉类、剩饭

143. 针对这起食物中毒事件,主要的治疗措施为
A. 应用多价抗毒素血清　　B. 服用改变肠道菌群的制剂　　C. 应用止痛剂
D. 彻底洗胃、灌肠　　E. 静脉补充水、电解质,静脉输注抗生素

144. 南方某村,居民以玉米为主食。某年秋天突然有 10 余人出现发热、呕吐、厌食、黄疸,随后出现腹水、水肿,因抢救及时未出现死亡病例,经医生诊断排除了传染性肝炎。分析原因与居民主食玉米有关,该情况最可能是
A. 污水灌田引起玉米中镉超标　　B. 玉米晾晒过程被多环芳烃污染
C. 玉米中有农药残留　　D. 玉米被黄曲霉毒素污染
E. 玉米中混进了有毒植物种子

145. 下列食物未煮熟煮透时易导致食物中毒的是
A. 四季豆　　B. 荷兰豆　　C. 绿豆
D. 赤豆　　E. 豌豆

146. 确定食物中毒的可疑食物主要是根据
A. 发病者的临床症状　　B. 潜伏期最短者　　C. 患者的潜伏期特有的中毒症状
D. 发病者的呕吐物和排泄物　　E. 在同一场所同一时间未发病者未进食的食物

147. 男,14 岁。午餐进食海鱼后,即出现头痛、头晕、胸闷。心跳呼吸加快,伴有眼结膜充血,颜面部及全身潮红。测体温正常,无呕吐、腹泻等症状。患者最可能的诊断是
A. 河豚中毒　　B. 组胺中毒　　C. 肉毒梭菌毒素中毒

D. 麻痹性贝类中毒　E. 副溶血性弧菌中毒

148. 由于医务人员医疗水平有限对患者安全威胁的因素属于
A. 医院服务因素　B. 医院专业因素　C. 医院管理因素
D. 医院社会因素　E. 医院环境因素

149. 医务人员特别是护理人员最常见的安全事件是
A. 电离辐射　B. 脊柱、关节伤　C. 化学伤害
D. 锐器伤　E. 生物伤害

150. 为提高医务人员对患者识别的准确性，医院管理中强调必须严格执行"三查七对"制度。其中"三查"是指
A. 开方查、配药查、输液查　B. 门诊查、住院查、家访查　C. 门诊查、住院查、出院查
D. 开方查、取方查、发药查　E. 操作前查、操作中查、操作后查

151. 以下不属于突发公共卫生事件的是
A. 某城市发生甲肝暴发流行　B. 某城市严重大气污染造成居民肺癌死亡率上升
C. 某市发生有死亡病例的食物中毒　D. 某核电站发生核泄漏
E. 某研究所发生烈性传染病菌株丢失

152. 抢救经呼吸道吸入的急性中毒，首要采取的措施是
A. 清除尚未吸收的毒物　B. 排出已吸收的毒物　C. 使用解毒剂
D. 对症治疗　E. 立即脱离现场及急救

第5章　卫生服务体系与卫生管理

（执业医师需掌握）

153. 我国卫生事业的性质是
A. 政府许可的盈利性事业　B. 政府实行福利政策的事业
C. 政府实行的社会公益事业　D. 政府通过购买形式为人民提供服务的事业
E. 政府实行一定福利政策的社会公益事业

154. 卫生系统的功能是
A. 卫生服务提供　B. 医疗保障　C. 卫生执法监督
D. 卫生服务提供和医疗保障　E. 卫生服务提供、公平待人、满足人群非卫生服务的期望

155. 公共卫生的功能不包括
A. 提供公平有效的公共服务　B. 预防疾病的发生和传播　C. 预防意外伤害
D. 研究具体的临床治疗措施　E. 促进和鼓励健康行为

156. 卫生服务需求的正确描述是
A. 由需要转化而来的需求和没有需要的利用　B. 由需要转化而来的利用和没有利用的需求
C. 由需要转化而来的利用和没有需要的利用　D. 由需要转化而来的需求和没有需要的需求
E. 由需要转化而来的需求和没有利用的需求

157. 下列关于卫生服务需求的说法，不正确的是
A. 需求与需要的实质是一致的　B. 需求可以由需要转化而来
C. 需求与消费者的支付能力相关　D. 需求与消费者的购买意愿相关
E. 有些需求不是必要的

158. 在卫生服务需求中，造成没有需要的需求的原因是

A. 卫生服务的信息缺乏　B. 不良的就医和行医　C. 人们对医疗产品的信赖
D. 卫生工作者的服务态度　E. 对医院的规模和设施的盲目追求

159. 卫生服务需求形成的条件是
A. 消费者的便利程度和购买愿望　B. 消费者的购买愿望和服务提供者的水平
C. 消费者的购买愿望和支付能力　D. 消费者的支付能力和便利程度
E. 消费者的支付能力和服务提供者的水平

A. 卫生服务需要　B. 卫生服务提供　C. 卫生服务需求
D. 卫生服务利用　E. 卫生服务购买

160. 需求者实际利用卫生服务的数量是
161. 从经济和价值观念出发，在一定时期内、一定价格水平上人们愿意而且有能力消费的卫生服务量是
162. 依据人们的实际健康状况与“理想健康状态”之间存在差距而提出的对预防、保健、医疗、康复等服务的客观要求是

163. 卫生领域的公平性是指生存机会的分配应以
A. 以社会阶层为导向　B. 以支付能力为导向　C. 以实际需要为导向
D. 以市场经济规律为导向　E. 以患者年龄为导向

164. 以下不属于国家医疗保险模式优点的是
A. 资金来源稳定　B. 医疗保险覆盖面广　C. 社会共济能力强
D. 医疗服务效率高　E. 公共卫生服务得到充分保障

165. 目前，德国的医疗保险模式主要属于
A. 国家医疗保险模式　B. 社会医疗保险模式　C. 商业医疗保险模式
D. 储蓄医疗保险模式　E. 社会医疗救助模式

166. 医疗保险制度的资金来源主要是
A. 职工、单位、保险公司　B. 个人、单位、保险公司　C. 职工、雇主、保险公司
D. 个人、集体、国家　E. 个人、保险公司、政府

167. 以强制参保为原则，参保范围涵盖城镇所有用人单位和职工的保险为
A. 城镇职工基本医疗保险　B. 补充医疗保险　C. 城镇居民基本医疗保险
D. 社会医疗救助　E. 商业医疗保险

168. 我国农村新型合作医疗以下列哪一级为单位进行筹资和管理?
A. 省　B. 地区　C. 县
D. 乡镇　E. 村

169. 医疗保险设置开始支付医疗费用的最低标准，低于该标准的医疗费用由患者自付，该标准被称为
A. 自付线　B. 共付线　C. 封顶线
D. 起付线　E. 封底线

170. 某企业职工因为冠心病在某三甲医院住院 6 天，发生医药费用 9000 元。出院结算时，医院先扣除自费项目 1200 元，在剩下的 7800 元中，扣除起付标准 800 元后，对剩余部分医疗费用的 7000 元，由统筹基金按 90%的比例给予报销，其余的 10%由该职工本人支付。这 7000 元的支付方式属于
A. 封顶线　B. 共同付费　C. 起付比
D. 自费线　E. 起付线

171. 医疗保险基金主要由雇主和雇员按一定比例缴纳，政府适当补贴。这种模式属于
A. 国家医疗保险　B. 储蓄医疗保险　C. 商业医疗保险
D. 补充医疗保险　E. 社会医疗保险

172. 城镇职工基本医疗保险费用的缴付方主要为
A. 职工个人和国家
B. 国家和用人单位
C. 用人单位
D. 国家
E. 用人单位和职工个人

173. 某人因病住院20天,治疗费用共53000元,结算费用时被告知其中50000元以下的部分由医保支付,另外3000元需个人支付,该案例中的50000元是
A. 起付线
B. 封顶线
C. 自付线
D. 共同付费
E. 封底线

174. 下列不属于疾病保险付费类别的是
A. 按疾病病种报销
B. 限定最高支付金额
C. 按人头报销
D. 按病种单元报销
E. 按总金额预付比例报销

第十三篇　卫生法规

（执业医师及助理医师均需掌握）

第 1 章　卫生法基础知识与职业病防治法

1. 不属于行政处罚的是
   A. 责令停产停业　　B. 行政拘留　　C. 没收违法所得
   D. 警告　　E. 罚款

第 2 章　执业医师法与医疗机构管理条例

2.《执业医师法》明确规定，医师在执业过程中应当履行的职责是
   A. 以病人为中心，实行人道主义精神　　B. 防病治病，救死扶伤
   C. 遵守职业道德，保护患者隐私　　D. 树立敬业精神，尽职尽责为患者服务
   E. 防病治病，救死扶伤，保护人民健康

   A. 3 年　　B. 5 年　　C. 1 年
   D. 4 年　　E. 2 年

3. 取得执业助理医师执业证书后，具有高等学校医学专科学历的，可以在医疗、预防、保健机构中工作满一定年限后报考执业医师资格考试，该年限是
4. 具有高等学校医学专业本科以上学历，报考执业医师资格考试的，需要在医疗、预防、保健机构中试用期满一定年限，该年限是
5. 某医师因重大医疗事故受到吊销医师执业证书的行政处罚。半年后重新申请执业注册，卫生行政部门未予批准。理由是该医师自处罚决定之日起至申请注册之日止不满法定期限。该法定期限是
   A. 3 年　　B. 5 年　　C. 2 年
   D. 4 年　　E. 1 年
6. 医师在执业活动中违反卫生行政规章制度造成严重后果的，卫生行政部门可以责令其暂停一定期限的执业活动。该期限是
   A. 6 个月以上 1 年以下　　B. 1 年以上 2 年以下　　C. 1 年以上 1 年半以下
   D. 3 个月以上 6 个月以下　　E. 1 个月以上 3 个月以下
7. 医师中止执业活动的情形消失后，需要恢复执业活动的，应当经所在地的县级以上卫生行政部门委托的机构或者组织考核合格，并依法申请办理
   A. 准予注册手续　　B. 中止注册手续　　C. 注销注册手续
   D. 变更注册手续　　E. 重新注册手续
8. 执业医师的权利是
   A. 遵守技术操作规范　　B. 宣传卫生保健知识　　C. 保护患者隐私
   D. 努力钻研业务　　E. 依法参与所在机构的民主管理

9. 某医师从医院辞职到一家药品生产企业从事营销工作，后因事业不顺，想重回医院工作，但因其中止医师执业活动已满法定期限被卫生计生行政部门注销了注册。该法定期限是
A. 6个月　　B. 1年　　C. 2年
D. 3年　　E. 4年
10. 一位服用了60多片安定的精神病患者被送到医院急救，患者父母表示无力承担抢救费用。按照急救伦理的要求，医生应选择的处理措施是
A. 在征得患者父母和医院领导同意的情况下，迅速实施抢救
B. 在征得患者父母同意的情况下，放弃治疗
C. 放弃抢救，让患者父母将其接回家
D. 向民政部门反映，争取社会支持，并由他们决定是否抢救
E. 仅给予患者家庭能够承受费用的支持疗法
11. 医师在执业活动中不属于应当履行的义务是
A. 宣传普及卫生保健知识　　B. 尊重患者隐私权
C. 人格尊严、人身安全不受侵犯　　D. 努力钻研业务，及时更新知识
E. 爱岗敬业，努力工作

A. 医师在执业活动中，人格尊严、人身安全不受侵犯
B. 医师在执业活动中，应当遵守法律、法规，遵守技术操作规范
C. 对医学专业技术有重大突破，作用显著贡献的医师，应当给予表彰或者奖励
D. 医师应当使用经国家有关部门批准使用的药品、消毒剂和医疗器械
E. 对考核不合格的医师，可以责令其接受培训和继续医学教育
12. 属于医师执业权利的是
13. 属于医师执业义务的是
14. 属于医师执业规则的是
A. 对急危患者不得拒绝急救处置　　B. 遵守法律、法规、技术操作规范
C. 参加专业培训　　D. 接受继续医学教育
E. 参加专业学术团体
15. 医师应当履行的义务是
16. 医师应当遵守的执业要求是
17. 对医师的业务水平、工作成绩和职业道德状况，依法享有定期考核权的单位是
A. 县级以上人民政府　　B. 县级以上人民政府卫生行政部门
C. 医师所在地的医学会或者医师协会　　D. 医师所工作的医疗、预防、保健机构
E. 受县级以上人民政府卫生行政部门委托的机构或者组织
18.《医师定期考核管理办法》已经明确规定，国家对医师施行定期考核的内容是
A. 业务水平，工作成绩，外语水平　　B. 业务水平，工作效益，职业道德
C. 业务水平，工作成绩，职业道德　　D. 业务水平，工作成绩，人际关系
E. 业务水平，外语水平，职业道德
19.《执业医师法》规定对考核不合格的医师，卫生行政部门可以责令其暂停执业活动，并接受培训和继续医学教育。暂停期限是3个月至
A. 5个月　　B. 6个月　　C. 7个月
D. 8个月　　E. 9个月
20.《医师定期考核管理办法》规定，对考核不合格的医师，卫生行政部门可以

A. 吊销其医师执业证书　　B. 责令其暂停执业活动 3 个月至 6 个月,并接受培训和继续教育
C. 降低其执业等级　　D. 变更其工作岗位
E. 给予行政或纪律处分

21.《执业医师法》规定,医师因考核不合格者被责令暂停执业活动 3~6 个月,并接受培训和继续医学教育,期满后仍然不合格者,由县级以上卫生行政部门对其
A. 变更注册　　B. 不予注册　　C. 重新注册
D. 注销注册　　E. 暂缓注册

22. 某县医院医师张某在一个考核周期内开具不合理处方达 5 次以上,被认定考核不合格。县卫生计生行政部门根据《执业医师法》责令其暂停一定期限的执业活动并接受培训。该期限是
A. 1~3 个月　　B. 3~6 个月　　C. 1~6 个月
D. 3~9 个月　　E. 6~12 个月

23. 医师在执业活动中,违反《执业医师法》规定,有下列行为之一的,由县级以上人民政府卫生行政部门给予警告或者责令暂停 6 个月以上 1 年以下执业活动;情节严重的,吊销其医师执业证书
A. 未经批准开办医疗机构行医的
B. 未经患者或者家属同意,对患者进行实验性临床医疗的
C. 在医疗、预防、保健工作中造成事故的
D. 不参加培训和继续教育的
E. 干扰医疗机构正常工作的

A. 暂停执业活动 3~6 个月　　B. 暂停执业活动 6 个月至 1 年　　C. 给予行政处分
D. 吊销医师执业证书　　E. 追究刑事责任

24. 未经患者或者其家属同意,对患者进行实验性治疗的,由卫生行政部门给予的处理是
25. 不按规定使用麻醉药品、精神药物,情节严重的,由卫生行政部门给予的处理是
A. 暂停执业活动 3~6 个月　　B. 暂停执业活动 6 个月至 1 年　　C. 给予行政处分
D. 吊销医师执业证书　　E. 追究刑事责任

26. 利用职务之便,索取、非法收受患者财物或者牟取其他不正当利益的,由卫生行政部门给予的处理是
27. 发生自然灾害、传染病流行、突发重大伤亡事故以及其他严重威胁人民生命健康的紧急情况时,不服从卫生行政部门调遣,情节严重的,由卫生行政部门给予的处理是

28. 李某欲以生病为理由请假外出旅游,给医师刘某打电话请求为自己开病假条,刘某开具"病毒性心肌炎,全休一个月"的诊断证明书。对于医师刘某的行为,县级卫生行政部门给予处罚是
A. 罚款　　B. 调离医师岗位　　C. 行政纪律处分
D. 考核不合格　　E. 警告或责令暂停执业 6 个月至 1 年

29. 某地农村产妇在无证个体医生王某开办的诊所分娩。由于第三产程子宫收缩无力,产妇的胎盘迟迟未娩出。此时,王某在一不消毒,二不戴消毒手套的情况下,将手伸进子宫,误认为还有一胎儿未娩出而向外猛拉子宫,当场造成产妇大出血死亡。根据《执业医师法》的规定,应依照该法追究王某的法律责任,其法律责任不包括
A. 责令改正　　B. 予以取缔　　C. 没收违法所得及其药品、器械
D. 赔偿责任　　E. 刑事责任

30. 未经有关部门批准,医师擅自开办诊所,卫生行政部门可采取的措施不包括
A. 没收违法所得　　B. 责令赔偿患者损失　　C. 没收药品、器械
D. 吊销执业证书　　E. 取缔

31. 某医院未经批准新设医疗美容科,从外地聘请了一位退休外科医师担任主治医师。该院行为的性质属于

A. 非法行医　B. 超范围执业　C. 正常医疗行为
D. 特殊情况　E. 开展新技术

32. 患者以隐私权受侵犯起诉医师，卫生行政部门给予医生处罚，主要是根据
A.《执业医师法》　B.《药品管理法》　C.《行政处罚法》
D.《母婴保健法》　E.《精神卫生法》

33. 任何单位或者个人开展诊疗活动，必须依法取得
A.《设置医疗机构批准书》　B.《设置医疗机构备案回执》　C.《医疗机构执业许可证》
D.《医疗机构校验申请书》　E.《医疗机构申请变更登记注册书》

34.《医疗机构管理条例》规定，医疗机构不得使用非卫生技术人员从事
A. 医疗后勤服务工作　B. 医疗卫生技术工作　C. 医院安全保卫工作
D. 医院财务审计工作　E. 医疗器械采购工作

35. 医疗机构保存住院病历的最低期限是
A. 10 年　B. 15 年　C. 20 年
D. 30 年　E. 50 年

36. 医疗机构工作人员上岗工作，必须佩戴标牌。标牌除载明本人姓名外，还应载明
A. 性别和年龄　B. 年龄和专业　C. 专业和职务
D. 职务或者职称　E. 职称及科室

37. 医疗机构限于设备或者技术条件不能诊治的病人，应当依法采取的措施是
A. 立即抢救　B. 及时转诊　C. 继续观察
D. 提请上级医院派人会诊　E. 请示当地卫生局依法处理

38. 某医疗机构对有能力诊治的危重患者应该采取的处置措施是
A. 办理住院手续　B. 抢救　C. 报告当地卫生行政部门
D. 报告当值院领导　E. 转院

39.《医疗机构执业许可证》应于校检期满前多长时间向登记机关申请办理校验手续？
A. 10 天　B. 15 天　C. 3 个月
D. 半年　E. 1 年

40. 某孕妇在家中分娩一死胎，为向生育行政管理部门申请新的生育指标，其家属要求卫生院出具死产证明文件，乡卫生院拒绝出具。理由是
A. 产妇本人没有提出申请　B. 产妇户口不在卫生院所在地　C. 须向卫生行政部门报告
D. 未经医务人员亲自接产　E. 未接到公安部门通知

41. 某中年男性因突发急症在大街上摔倒并昏迷，由路人送至附近医院，被确诊为脑出血，急需手术，但医务人员无法联系到其亲属。在此情况下，可以决定为其行急诊手术的人员是
A. 为其接诊的医师　B. 为其接诊医师的上级医师　C. 医院所在地派出所负责人
D. 院长或其授权的人　E. 医院所在地民政部门负责人

42. 医疗机构使用非卫生技术人员从事医疗卫生技术工作应给予罚款处罚，其最高数额是
A. 2 千元　B. 3 千元　C. 5 千元
D. 8 千元　E. 1 万元

第 3 章　医疗事故处理条例与医疗纠纷预防和处理条例

43. 医务人员在医疗活动中发生医疗事故争议，应当立即向
A. 所在科室报告　　B. 所在医院医务部门报告
C. 所在医疗机构医疗质量监控部门报告　　D. 所在医疗机构的主管负责人报告
E. 当地卫生行政机关报告

44. 某患者凌晨因心脏病发作被送入医院抢救，但不幸于当日上午 8 时死亡。下午 3 时，患者家属要求查阅病历，院方以抢救时间紧急，尚未补记病历为由不予提供，引起患者家属不满，投诉至卫生局。根据《医疗事故处理条例》规定，卫生局应给予该医院的处理是
A. 限期整改　　B. 责令改正　　C. 罚款
D. 吊销执业许可证　　E. 警告

A. 警告　　B. 给予纪律处分　　C. 责令限期整顿
D. 吊销执业证书　　E. 责令改正

45. 医务人员发生医疗事故，情节严重，尚不够刑事处罚的，卫生行政部门可以给予的行政处罚是

46. 医疗机构没有正当理由，拒绝为患者提供复印或者复制病历资料服务的，卫生行政部门可以采取的措施是

47. 卫生行政部门可以责令发生医疗事故的医务人员暂停执业活动的期限是
A. 1 个月以上 3 个月以下　　B. 3 个月以上 6 个月以下　　C. 6 个月以上 1 年以下
D. 1 年以上 18 个月以下　　E. 1 年以上 3 年以下

48. 患者陈某因手术效果不佳与医院发生争议，要求复制病历资料。医院按照规定复制了病历资料，并告知陈某另有部分病历资料不予复制，只能在医患双方在场的情况下封存，这部分病历资料是
A. 病程记录　　B. 医学影像检查资料　　C. 手术及麻醉记录单
D. 住院志　　E. 医嘱单

49. 因抢救急危患者，未能及时书写病历的，有关医务人员应当在抢救结束后据实补记，并加以注明，其时限是
A. 2 小时内　　B. 4 小时内　　C. 6 小时内
D. 8 小时内　　E. 12 小时内

50. 凡发生医疗事故，临床诊断不能明确死亡原因的，患者死亡后对其进行尸检的期限要求是
A. 24 小时内　　B. 48 小时内　　C. 15 日内
D. 30 日内　　E. 45 日内

第 4 章　传染病防治法与艾滋病防治条例

51.《传染病防治法》规定，国家对传染病实行的方针与管理办法是预防为主，防治结合及
A. 统一管理　　B. 分类管理　　C. 划区管理
D. 分片管理　　E. 层级管理

52. 甲类传染病是指
A. SARS，狂犬病　　B. 黑热病，炭疽　　C. 高致病性禽流感，天花
D. 鼠疫，霍乱　　E. 伤寒，流行性出血热

53. 医疗机构为预防传染病院内传播应当承担的职责是

A. 医疗废物处置　B. 收集和分析传染病疫情信息　C. 对传染病预防工作进行指导
D. 流行病学调查　E. 实施传染病预防控制措施

54. 属于《传染病防治法》规定的乙类传染病的是
A. 鼠疫　B. 流行性感冒　C. 人感染高致病性禽流感
D. 黑热病　E. 霍乱

55.《传染病防治法》规定的乙类传染病有
A. 鼠疫　B. 流行性感冒　C. 艾滋病
D. 手足口病　E. 霍乱

56. 一般情况下法定传染病报告人不包括
A. 医疗机构的就诊者　B. 疾病预防控制机构的医师　C. 血站的护士
D. 体检中心的医师　E. 出入境检验检疫工作人员

A. 黄热病　B. 霍乱　C. 伤寒
D. 肺炭疽　E. 风疹

57. 按照甲类传染病管理的乙类传染病是
58. 属于甲类传染病的疾病是

59. 对于人感染高致病性禽流感患者应当采取的预防、控制措施是
A. 为甲类传染病，按照甲类处理　B. 为乙类传染病，按照甲类处理
C. 为丙类传染病，按照丙类处理　D. 为丙类传染病，按照乙类处理
E. 因未发现流行的证据，按常规处理

60. 属于乙类传染病，但采取甲类传染病预防和控制措施的疾病是
A. 白喉　B. 传染性非典型肺炎　C. 梅毒
D. 新生儿破伤风　E. 百日咳

61. 为保证儿童及时接受预防接种，医疗机构与儿童的监护人员应当
A. 订立合同　B. 共同协商　C. 先由医疗机构提出
D. 先由监护人提出　E. 相互配合

62. 国家对传染病菌种、毒种的采集、保藏、携带、运输和使用实行的管理方式是
A. 分层管理　B. 行业管理　C. 分类管理
D. 集中管理　E. 专项管理

63. 在自然疫源地和可能是自然疫源地的地区兴办的大型建设项目开工前，建设单位应当申请当地卫生防疫机构对施工环境进行
A. 环保调查　B. 卫生调查　C. 卫生资源调查
D. 环境资源调查　E. 危害因素调查

64. 某大型企业计划在自然疫源地兴建旅游建设项目，在征询意见时，有专家提醒，根据《传染病防治法》规定，应当事先由法定单位对该项目施工环境进行卫生调查。该法定单位是
A. 省级以上旅游主管部门　B. 省级以上疾病预防控制机构　C. 国务院卫生行政主管部门
D. 省级以上环境保护主管部门　E. 省级以上环境监测评价机构

65. 医疗机构发现法定传染病疫情或者发现其他传染病暴发、流行时，其疫情报告应当遵循的原则是
A. 属地管理　B. 层级管理　C. 级别管理
D. 特别管理　E. 专门管理

66. 教育部所属综合大学的附属医院发现脊髓灰质炎疫情，应当报告的部门是
A. 国家教育行政部门　B. 国家卫生行政部门　C. 国家疾病预防控制机构

D. 所在地的政府卫生行政部门　E. 所在地的疾病预防控制机构

67. 执行职务的医疗保健人员及卫生防疫人员发现甲类、乙类和监测区域内的丙类传染病病人、病原携带者或者疑似传染病病人，必须按照国务院卫生行政部门规定的时限

A. 向当地人民政府报告疫情　B. 向当地卫生行政部门报告疫情

C. 向当地卫生防疫机构报告疫情　D. 向当地环境保护部门报告疫情

E. 向本单位负责人报告疫情

68. 患儿刘某，因发热 3 日到县医院就诊。门诊接诊医师张某检查后发现刘某的颊黏膜上有考氏斑，拟诊断为麻疹。张某遂嘱患儿刘某的家长带刘某去市传染病医院就诊。按照《传染病防治法》的规定，张某应当

A. 请上级医师会诊，确诊后再转诊

B. 请上级医师会诊，确诊后隔离治疗

C. 向医院领导报告，确诊后由防疫部门进行转送隔离

D. 向医院领导报告，确诊后对刘某就地进行隔离

E. 在规定时间内，向当地防疫机构报告

69. 某医疗机构 1 周内收治多名患手足口病的小学生，未按规定履行报告职责，也未及时采取控制措施，致使疫情扩散。县卫生行政部门得知此情况后立即启动应急预案，及时控制了疫情，同时对事件进行调查，认为该医疗机构行为违法且情节严重，依法做出了处理。该处理是

A. 通报批评　B. 给予警告　C. 暂停执业活动

D. 责令改正　E. 吊销有关责任人员的执业证书

70. 一职工从沿海城市归来，腹泻 1 天，10 余次，水样便，到市医院求治，疑为肠炎，后粪便培养出 E1-Tor 型细菌。诊断后 11 小时医师上报疫情，国家要求上报此类传染病最迟不超过

A. 2 小时　B. 6 小时　C. 12 小时

D. 24 小时　E. 48 小时

71. 医疗机构在发现甲类传染病时，对疑似病人在明确诊断前，应在指定场所进行

A. 访视　B. 留验　C. 单独隔离治疗

D. 医学观察　E. 就地诊验

72. 对于新冠肺炎密切接触者，应采取的疫情控制措施是

A. 早治疗　B. 早隔离　C. 预防性用药

D. 居家隔离　E. 留验

73. 某县医院因收治多例人感染高致病性禽流感患者未按规定报告受到行政处罚。为此，该医院积极整改，加强《传染病防治法》的宣传，并落实各项传染病防治任务，不属于医院应承担的任务是

A. 开展流行病学调查　B. 防止传染病的医源性感染

C. 防止传染病的医院感染　D. 承担责任区域内传染病预防工作

E. 承担医疗活动中与医院感染有关的危险因素监测

74. 某患者咳嗽、发热 3 天后到医院就诊，被初步诊断为疑似人感染高致病性禽流感，应住院治疗，但患者以工作离不开为由予以拒绝。医院对该患者应采取的措施是

A. 定期随诊　B. 居家观察　C. 立即单独隔离治疗

D. 请示卫生行政部门　E. 尊重患者的自主决定权

75. 对本行政区域内的甲类传染病疫区，省级人民政府可以

A. 实施隔离措施　B. 停工、停业、停课　C. 宣布为疫区

D. 实施封锁　E. 对出入疫区的人员、物资和交通工具实施卫生检疫

76. 对从事传染病预防、医疗、科研的人员以及现场处理疫情的人员，为了保障其健康，他们所在单位应

当根据国家规定采取

A. 防治措施和强制治疗措施　B. 防治措施和强制隔离措施　C. 防治措施和医疗保健措施
D. 防治措施和追踪调查措施　E. 防治措施和紧急控制措施

(77~79题共用题干)业务员纪某因身体不适去医院就诊,被初步诊断为疑似传染性非典型肺炎,并被实施单独隔离治疗。2天后,纪某厌倦了被隔离治疗的状态,要求出院,医院反复劝说,不予批准。纪某于当晚溜出医院并回家,医院发现纪某失踪后立即向有关部门报告。家人得知纪某情况后动员其尽快返回医院接受隔离治疗,被纪某拒绝。

77. 根据《传染病防治法》,有权协助医疗机构对纪某采取强制隔离治疗措施的是
A. 卫生监督机构　B. 卫生行政部门　C. 街道办事处
D. 疾病预防控制机构　E. 公安机关

78. 纪某接受隔离治疗后又擅自脱离医院的角色行为属于
A. 角色行为减退　B. 角色行为强化　C. 角色行为冲突
D. 角色行为缺如　E. 角色行为异常

79. 纪某作为患者未履行的主要道德义务是
A. 尊重医生劳动　B. 报告所在单位　C. 支持医学发展
D. 配合医师诊治　E. 交纳医疗费用

80. 传染病暴发、流行时,县级以上地方人民政府应当
A. 宣布疫区　B. 限制或者停止集市、集会　C. 停业、停工、停课
D. 临时征用房屋、交通工具　E. 立即组织力量防治,切断传播途径

81. 发生传染病流行时,县级以上地方政府有权在本行政区域内
A. 调集各级各类医疗、防疫人员参加疫情控制工作
B. 停工、停业、停课　C. 封锁甲类或按甲类传染病管理的传染病疫区
D. 封锁跨省、直辖市的疫区　E. 宣布疫区

82. 患者于某因发热3日到县医院就诊,接诊医师林某检查后拟诊为流行性出血热。因县医院不具备隔离治疗条件,林某遂嘱患儿的家长带于某去市传染病医院就诊。按照传染病防治法的规定,林某应当
A. 请上级医师会诊,确诊后再转诊
B. 请上级医师会诊,确诊后隔离治疗
C. 向医院领导报告,确诊后对于某就地进行隔离
D. 向当地疾病控制机构报告,并复印病历资料转诊
E. 向当地疾病控制机构报告,由疾病控制机构转诊

83. 国家规定与艾滋病检测相关的制度是
A. 义务检测　B. 强制检测　C. 有奖检测
D. 自愿检测　E. 定期检测

84. 对感染艾滋病病毒的孕产妇无偿提供预防艾滋病母婴传播的服务是
A. 无偿用血　B. 家庭接生　C. 终止妊娠
D. 产前指导　E. 基因诊断

85. 检验科医师贾某为交流业务信息,在朋友圈上传了一名艾滋病患者的检验数据,并进行了解读,其中包括患者的工作单位,有人提醒他此行为侵犯了患者的法定权利。贾某侵犯的患者权利是
A. 健康权　B. 姓名权　C. 知情权
D. 身份权　E. 隐私权

第 5 章　突发公共卫生事件应急条例与药品管理法实施条例

86. 对流动人口中的传染性非典型肺炎病人、疑似病人处理的原则是
A. 就地控制、就地治疗、就地康复　B. 就地隔离、就地治疗、就地康复
C. 就地控制、就地观察、就地治疗　D. 就地隔离、就地观察、就地治疗
E. 就地观察、就地治疗、就地康复

87. 负责向社会发布突发公共卫生事件信息的法定单位是
A. 国务院新闻办公室　B. 国务院卫生计生行政部门　C. 县级人民政府
D. 省级人民政府　E. 设区的市级人民政府

88. 医疗卫生机构发现重大食物中毒事件后，应当在规定的时限内向所在地县级卫生行政部门报告。该时限是
A. 1 小时　B. 2 小时　C. 6 小时
D. 12 小时　E. 24 小时

89. 在突发公共卫生事件应急处理工作中，有关单位和个人不配合有关专业技术人员调查、采样、技术分析和检验的，对有关责任人给予
A. 警告　B. 吊销执照　C. 降级或者撤职的纪律处分
D. 行政处分或者纪律处分　E. 追究刑事责任

90. 对违反《突发公共卫生事件应急条例》规定，未履行报告职责，隐瞒、缓报或者谎报突发公共卫生事件的医疗机构，应给予的处理不包括
A. 通报批评　B. 责令改正　C. 给予警告
D. 停业整顿　E. 吊销《医疗机构执业许可证》

91. 某地相继发生多例以急性发病、高热、头痛等症状为主要临床表现的病因不明的疾病，被确定为突发公共卫生事件。当地乡卫生院以床位紧张为由，拒绝收治此类患者，被患者家属投诉。县卫生局经调查核实后，决定给予乡卫生院行政处罚。该处罚是
A. 诫勉谈话　B. 责令改正　C. 责令检查
D. 警告　E. 通报批评

92. 下列不属于药品的是
A. 抗生素　B. 血液　C. 疫苗
D. 血液制品　E. 血清

93. 某县药品监督管理部门接到某药店将保健食品作为药品出售给患者的举报后，立即对该药店进行了查处，并依照《药品管理法》的规定，将其销售给患者的保健食品认定为
A. 按假药论处的药　B. 假药　C. 食品
D. 劣药　E. 按劣药论处的药

94. 某村卫生室私自从“不法药贩”处购入药品用于患者的治疗，险些造成患者死亡。事发后，经有关部门调查、检测，认定该药品为假药。该认定依据的事实是
A. 药品标签未标明有效期　B. 直接接触药品的包装材料未经批准
C. 药品超过有效期　D. 药品擅自添加着色剂
E. 药品所含成分与国家药品标准规定的成分不符

95. 医疗机构发现可能与用药有关的严重不良反应，必须及时报告，有权接受其报告的单位是
A. 药品监督管理部门和卫生行政部门　B. 药品生产主管部门和药品经营主管部门

C. 药品检验机构和疾病预防控制机构　D. 卫生监督机构和卫生行政部门
E. 疾病预防控制机构和卫生监督机构

96. F药厂销售代表和某医院多名医师约定，医师在开处方时使用F药厂生产的药品，并按使用量的多少给予提成。事情曝光以后，按《药品管理法》的规定，对F药厂可以作出行政处罚的部门是
A. 药品监督管理部门　B. 工商行政管理部门　C. 税务管理部门
D. 医疗保险部门　E. 卫生行政部门

97. 对收受药品生产经营企业或其代理人财物且情节严重的医师，卫生行政部门应当作出的处理是
A. 注销执业证书　B. 暂停执业活动　C. 吊销执业证书
D. 记过　E. 警告

98. 有权对收受药品经营企业财物的医务人员作出没收违法所得处罚的单位是
A. 公安机关　B. 卫生行政部门　C. 工商行政管理部门
D. 食品药品监督管理部门　E. 医师协会

99. 医疗机构配制制剂，应是本单位临床需要而市场上没有供应的品种，并须经所在地下列部门批准后方可配制
A. 省级卫生行政部门　B. 省级药品监督管理部门　C. 县级卫生行政部门
D. 地级市药品监督管理部门　E. 省级工商行政管理部门

第6章　麻醉药品和精神药品管理条例与处方管理办法

100. 有权批准医疗机构配制临床需要而市面上没有供应的麻醉药品和精神药品制剂的部门是
A. 省级卫生行政部门　B. 县级卫生行政部门　C. 省级药品监管部门
D. 设区的市级卫生行政部门　E. 设区的市级药品监督管理部门

101. 具有麻醉药品处方资格的执业医师违反规定开具麻醉药品造成严重后果的，卫生行政部门依法对其作出的处理是
A. 警告　B. 吊销执业证书　C. 暂停执业半年
D. 罚款　E. 取消麻醉药品处方资格

102. 每张西药、中成药处方开具的药品种类上限是
A. 5种　B. 3种　C. 6种
D. 4种　E. 7种

103. 执业医师处方权的取得方式是
A. 被医疗机构聘用后取得　B. 在注册的执业地点取得　C. 在上级医院进修后取得
D. 医师资格考试合格后取得　E. 参加卫生行政部门培训后取得

104. 处方的最长有效期是
A. 7天　B. 10天　C. 2天
D. 5天　E. 3天

105. 麻醉药品处方的保存时间至少是
A. 5年　B. 1年　C. 3年
D. 4年　E. 2年

106. 医生被医疗机构限制处方权是因为
A. 培训去了　B. 旅游去了　C. 参加义诊
D. 连续3次以上超常处方　E. 没按照说明书要求开处方

A. 1 日　　B. 2 日　　C. 3 日
D. 5 日　　E. 7 日

107. 急诊处方的用药日数一般不得超过

108. 普通处方的用药日数一般不得超过

A. 1 年　　B. 2 年　　C. 3 年
D. 4 年　　E. 5 年

109. 对中止执业活动达到一定年限的医师应当注销其执业注册,该年限是

110. 急诊处方依法应保存的年限是

第 7 章　献血法与医疗机构临床用血管理办法

111.《献血法》规定,国家提倡健康公民自愿献血的年龄要求是
A. 18~60 周岁　　B. 20~60 周岁　　C. 20~55 周岁
D. 18~55 周岁　　E. 18~50 周岁

112. 医疗机构临床用血应当制订用血计划,遵循
A. 公平、公正的原则　　B. 慎用、节约的原则　　C. 准确、慎用的原则
D. 合理、科学的原则　　E. 勤查、深究的原则

113. 周某因外伤被送至县医院,经诊断为脾脏破裂、大出血。因县医院血液储备不足、中心血站不能紧急供血,实施了临时采集血液措施,并依照规定将临时采集血液的情况在法定时限内报告了县卫生行政部门。该法定时限是
A. 1 日　　B. 3 日　　C. 5 日
D. 7 日　　E. 10 日

114. 推行临床科学合理用血的最主要目的是
A. 减少临床用血量　　B. 降低患者医疗费用　　C. 保护血液资源
D. 减轻采血机构压力　　E. 避免输血风险

115. 为保障公民临床急救用血的需要,国家提倡并指导择期手术的患者
A. 率先献血　　B. 互助献血　　C. 自愿献血
D. 自身储血　　E. 同型输血

116. 公民临床用血时交付的与用血有关的费用不包括
A. 血液采集费　　B. 血液储存费　　C. 血液检验费
D. 献血员补偿费　　E. 血液分离费

A. 无偿献血制度　　B. 无偿义务献血制度
C. 18~55 周岁健康公民自愿献血　　D. 18~55 周岁公民自愿献血
E. 国家工作人员、现役军人和高等学校在校学生率先献血

117. 国家实行

118. 国家提倡

119. 国家鼓励

120. "献血大王"刘某,在过去的 7 年间,献血总量已达 5600ml。快满 50 周岁的刘某告诉记者,如果身体一直保持健康状态,他满 55 周岁以前,还可争取无偿献血
A. 7 次　　B. 8 次　　C. 9 次
D. 10 次　　E. 11 次

A. 200ml　　B. 250ml　　C. 300ml
D. 400ml　　E. 500ml

121. 血站对献血者每次采集血液量一般为
122. 血站对献血者每次采集血液量最多不得超过

123. 医疗机构临床用血文书不包括
A. 输血治疗知情同意书　　B. 献血员信息　　C. 输血记录单
D. 患者输血适应证的评估　　E. 输血过程和输血后疗效评价意见

124. 某镇卫生院3名医务人员违反《献血法》规定，将不符合国家规定标准的血液用于患者。由于家属及时发现，经治医师采取果断措施，幸好未给受血者健康造成损害。根据《献血法》规定，当地县卫生局应对3名医务人员给予的行政处理是
A. 责令改正　　B. 警告　　C. 罚款1万元以下
D. 吊销其执业医师证书　　E. 暂停执业活动6个月以上1年以下

125. 某村发生一起民居垮塌事故，重伤者9人，急送乡卫生院抢救。市中心血站根据该院用血要求，急送一批无偿献血的血液到该院。抢救结束后，尚余900ml血液，该院却将它出售给另一医疗机构。根据《献血法》规定，对于乡卫生院的这一违法行为，县卫生局除了应当没收其违法所得外，还可以对其处以罚款
A. 10万元以下　　B. 5万元以下　　C. 3万元以下
D. 1万元以下　　E. 5千元以下

A. 由县级以上卫生行政部门处以罚款　　B. 由县级以上卫生行政部门责令改正
C. 由县级以上卫生行政部门限期整顿　　D. 依法赔偿　　E. 依法追究刑事责任

126. 医疗机构的医务人员违反《献血法》规定，将不符合国家规定标准的血液用于患者的，应当
127. 血站违反《献血法》规定，向医疗机构提供不符合国家规定的血液，应当

128. 一般情况下，需要由主治医师申请、上级医师审核、科室主任核准签发的输血备血量是
A. 800~1600ml　　B. 200~400ml　　C. 400~600ml
D. 600~800ml　　E. 100~200ml

129. 医疗机构临床用血管理的第一责任人是
A. 临床用血的医师　　B. 医疗机构法定代表人　　C. 临床用血所在科室的负责人
D. 医疗机构输血科主任　　E. 临床用血医师的上级医师

第8章　医疗损害责任与人体器官移植条例

130. 依据《侵权责任法》，医务人员实施手术前应当向患者说明的事项是
A. 医疗纠纷处理方式　　B. 替代医疗方案　　C. 复印病历资料范围
D. 隐私保密要求　　E. 承担赔偿责任的情形

131. 医疗侵权赔偿责任中，医疗过错的认定标准是
A. 未尽到分级诊疗义务　　B. 未尽到先行垫付义务　　C. 未尽到健康教育义务
D. 未尽到主动协商义务　　E. 未尽到与当时的医疗水平相应的诊疗义务

132. 女，36岁。因患子宫肌瘤在县医院接受手术治疗，术后患者因对手术效果不满意诉至法院。法院经审理认为医院存在《侵权责任法》规定的过错推定情形，判决医院败诉。该推定情形是
A. 未尽到说明义务　　B. 未尽到与当时医疗水平相应的诊疗义务

C. 伪造病历资料　　D. 泄露患者隐私
E. 限于当时的医疗水平难以诊疗

133. 患者有损害,但医疗机构不承担赔偿责任的情形是
A. 未经患者同意公开其病历资料
B. 在抢救生命垂危患者等紧急情况下未尽到合理诊疗义务
C. 未尽到与当时医疗水平相应的诊疗义务
D. 患者或者其近亲属不配合医疗机构进行符合诊疗规范的诊疗
E. 未尽到相应的知情同意义务

134. 因医疗机构的行为造成患者损害,应承担侵权责任的情形是
A. 患者认为医疗机构未尽到合理诊疗义务
B. 限于当时医疗水平难以诊疗
C. 未说服患者配合符合诊疗规范的诊疗
D. 未说服患者近亲属配合符合诊疗规范的诊疗
E. 未经患者同意公开其病历资料

135. 依照我国《人体器官移植条例》,下列可以为其直系血亲捐献肾脏的是
A. 27 周岁的未婚男性　　B. 35 周岁的严重智力低下患者　　C. 17 周岁的健康中学生
D. 25 周岁的乙肝患者　　E. 22 周岁的精神病患者

136. 目前我国提倡的活体供体器官获取方式是
A. 家属决定　　B. 自由买卖　　C. 医生强制
D. 推定同意　　E. 自愿捐赠

第 9 章　放射诊疗管理规定与抗菌药物临床应用管理办法

137. 根据《放射诊疗管理规定》,非特殊需要,不得对受孕一定时间段的育龄妇女进行下腹部放射影像检查。该时间段是受孕后
A. 8~15 周　　B. 16~28 周　　C. 28~34 周
D. 34~36 周　　E. 36~38 周

138. 医疗机构应当设置电离辐射醒目警示标志的场所是
A. 放射性工作人员办公室　　B. 放射性检查报告单发放处　　C. 接受放射诊疗患者的病房
D. 医学影像科候诊区　　E. 放射性废物储存场所

139. 医疗机构违反规定,可由县级以上卫生行政部门处以 1 万元罚款的情形是
A. 未取得放射诊疗许可从事放射诊疗工作
B. 未经批准擅自变更放射诊疗项目
C. 超出批准范围从事放射诊疗工作
D. 未按规定使用安全防护装置和个人防护用品
E. 放射诊疗科室管理混乱

140. 可授予特殊使用级抗菌药物处方权的医务人员是
A. 主治医师　　B. 住院医师　　C. 乡村医生
D. 副主任医师　　E. 实习医生

141. 抗菌药物的细菌耐药率超过一定百分比时,应当慎重经验用药。该百分比是
A. 10%　　B. 20%　　C. 30%

D. 40%　　E. 50%

142. 预防感染和治疗局部感染使用抗菌药物时,首先应用
A. 非限制使用级抗生素　　B. 限制使用级抗生素　　C. 特殊使用级抗生素
D. 耐药性强的抗生素　　E. 不易产生耐药性的抗生素

143. 某县医院在处方检查中发现某医师开具了3张超常处方,医院领导询问其原因,该医师未能作出合理解释。于是,医院根据相关规定对其作出了处理。该处理是
A. 取消处方权　　B. 责令暂停执业　　C. 注销执业证书
D. 记过　　E. 限制处方权

144. 医疗机构应对无正当理由开具抗菌药物超常处方达到一定次数的医师提出警告,应当予以警告的最低次数是
A. 2次　　B. 6次　　C. 3次
D. 4次　　E. 5次

A. 发生抗菌药物不良事件
B. 因紧急情况越级使用抗菌药物
C. 使用的抗菌药物明显超出规定用量
D. 开具抗菌药物处方牟取不正当利益
E. 出现开具抗菌药物超常处方3次以上且无正当理由

145. 医疗机构对医师提出警告并限制其特殊使用级抗菌药物处方权的情形是
146. 医疗机构取消医师抗菌药物处方权的情形是

第10章　精神卫生法与疫苗管理法

147.《精神卫生法》关于精神障碍医学鉴定的要求是
A. 不能确定就诊者为严重精神障碍的应当经医学鉴定
B. 鉴定报告应当经精神障碍患者或者其监护人签字同意
C. 鉴定人应当对鉴定过程进行实时记录并签名
D. 鉴定人不应当到收治精神障碍患者的医疗机构面见、询问患者
E. 就诊者未经精神障碍医学鉴定,医疗机构不得实施住院治疗

148.《精神卫生法》规定,承担精神障碍患者再次诊断的精神科执业医师人数是
A. 1人　　B. 2人　　C. 3人
D. 4人　　E. 5人

149. 对精神障碍患者实施住院治疗须经监护人同意的情形是
A. 医疗费用需要自理　　B. 没有办理住院手续能力　　C. 发生伤害自身行为
D. 患者家属提出医学鉴定要求　　E. 没有危害他人安全危险

(150~152题共用题干)女,18岁。近几个月来常因琐事与父母发生激烈争吵,闷闷不乐,被诊断为抑郁症而入院治疗。两周后,其父母去探视,患者起初表现出既想见又不想见的矛盾心理,但最终还是决定拒绝见其父母。医生根据病情同意了患者的决定。

150. 该患者起初的心理状态属于
A. 双重趋避冲突　　B. 趋避冲突　　C. 回避冲突
D. 双避冲突　　E. 双趋冲突

151. 是否允许患者父母探视应首先遵循的伦理原则是

A. 协同一致原则　　B. 患者家属自主原则　　C. 患者利益至上原则
D. 公正原则　　E. 公益原则

152. 根据《精神卫生法》,医生可以限制患者父母会见患者的理由是
A. 医疗机构尚未作出再次诊断结论　　B. 未取得医疗机构负责人同意
C. 为了避免妨碍治疗　　D. 患者父母要求见面的理由不充分
E. 未取得当地卫生计生行政部门批准

(153~155 题共用题干)连某,因患严重的躁狂抑郁障碍正在精神病专科医院住院治疗。因病情恶化,患者出现伤人毁物等行为,医院在没有其他可替代措施的情况下,对其实施了约束身体的措施,但实施后没有及时通知连某的监护人。连某的父亲作为监护人探视时,看到儿子被捆绑在病床上非常气愤。

153. 依照《精神卫生法》对患者连某实施的约束行为的性质属于
A. 治疗性措施　　B. 惩罚性措施　　C. 保护性医疗措施
D. 诊断性措施　　E. 警告性措施

154. 对患者连某实施身体约束而未告知其监护人的做法,侵犯的患方权利是
A. 生命权　　B. 健康权　　C. 认知权
D. 知情权　　E. 名誉权

155. 该案例中所形成的医患关系模式是
A. 主动-被动型　　B. 指导-合作型　　C. 契约许可型
D. 指导参与型　　E. 共同参与型

156. 依据《精神卫生法》,给予吊销精神科医师执业证书处罚的情形是
A. 拒绝对送诊的疑似精神障碍患者作出诊断的
B. 精神障碍患者对再次诊断结论有异议的
C. 未及时对有伤害自身危险的患者进行检查评估的
D. 对实施住院治疗的患者未根据评估结果作出处理的
E. 故意将非精神障碍患者诊断为精神障碍患者的

157. 属于《疫苗流通和预防接种管理条例》规定的预防接种异常反应情形的是
A. 心理因素发生的群体心因性反应　　B. 实施规范接种后造成受种者的损害
C. 与受种者疾病偶合出现的损害　　D. 疫苗质量不合格给受种者造成的损害
E. 接种医生违反接种程序造成的损害

158. 新生儿出生后,监护人应在规定时限内为其办理预防接种证,该时限是
A. 4 个月　　B. 2 个月　　C. 3 个月
D. 1 个月　　E. 6 个月

159. 疫苗接种记录依法应保存
A. 1 年　　B. 2 年　　C. 3 年
D. 4 年　　E. 5 年

(160~162 题共用题干)某小学组织学生接种乙肝疫苗后,有 44 名学生因出现头痛、呕吐、四肢无力等症状而被送到医院就诊。首诊医师及时进行了处置并报告医院有关部门。经医护人员解释、安抚后,39 名学生未经治疗症状很快消失,5 名学生仍感恶心,并伴有焦虑。医院组织专家会诊后排除了疫苗和其他躯体疾病所致。

160. 根据《疫苗流通与预防接种管理条例》,该事件所出现的情况属于
A. 药品不良反应　　B. 群体性心因性反应　　C. 预防接种异常反应
D. 医疗事故　　E. 突发公共卫生事件

161. 首诊医师及时处置并报告医院有关部门所遵循的伦理要求是
A. 信息公开　B. 耐心倾听　C. 保守医密
D. 恪守职责　E. 知情同意

162. 对上述5名未愈学生的焦虑症状，适宜的心理干预方法是
A. 行为塑造　B. 放松训练　C. 厌恶疗法
D. 催眠治疗　E. 冲击疗法

第11章　药品不良反应报告和监测管理办法

163. 根据《药品不良反应报告和监测管理办法》，医疗机构对获知新的严重的药品不良反应的报告时限是
A. 3日　B. 5日　C. 7日
D. 10日　E. 15日

第12章　母婴保健法和基本医疗卫生与健康促进法

164. 婚前医学检查服务的内容是指
A. 进行性卫生知识、生育知识的教育　B. 进行遗传病知识的教育
C. 对有关婚配问题提供医学意见　D. 对有关生育健康问题提供医学意见
E. 对严重遗传疾病、指定传染病和有关精神病的检查

165. 按照《母婴保健法》规定，属于婚前医学检查的疾病有
A. 严重传染病　B. 法定传染病　C. 指定传染病
D. 重型精神病　E. 肿瘤

166. 母婴保健工作人员出具虚假医学证明，即使未造成严重后果，仍应承担一定的法律责任。该法律责任是
A. 暂停执业　B. 行政处分　C. 吊销执业证书
D. 通报批评　E. 注销执业注册

167.《母婴保健法》规定的孕产期保健服务不包括
A. 母婴保健指导　B. 孕妇、产妇保健　C. 胎儿保健
D. 胎儿性别诊断　E. 新生儿保健

168. 经产前检查，医师发现或者怀疑胎儿异常的，应当对孕妇进行
A. 产前诊断　B. 母婴保健　C. 孕妇保健
D. 胎儿保健　E. 产妇保健

169.《母婴保健法》规定，对于依法接受终止妊娠或者结扎手术的，应当给予
A. 有偿服务　B. 免费服务　C. 酌情收费服务
D. 酌情减半收费服务　E. 酌情免费服务

170. 某地市级卫生行政部门接到举报，称市中心医院妇产科主治医师陶某违反《母婴保健法》及其实施办法相关规定，未经市级卫生行政部门批准擅自从事母婴保健专项技术服务，经查证举报属实，依法给予陶某行政处罚。陶某的违法行为是
A. 擅自开展宫腔镜手术　B. 擅自从事婚前医学检查　C. 擅自从事助产技术服务
D. 擅自开展婴儿保健　E. 擅自开展孕妇营养咨询和指导

171. 医务人员必须经过省级卫生行政部门考核并取得相应合格证书方可从事的母婴保健服务项目是

A. 产前诊断　　B. 家庭接生　　C. 婚前医学检查
D. 结扎手术　　E. 终止妊娠手术

172. 某县医院妇产科医师欲开展结扎手术业务，按照规定参加了相关培训。培训结束后，有关单位负责对其进行了考核并颁发给相应的合格证书。该有关单位是指
A. 地方医师协会　　B. 地方卫生行政部门　　C. 卫生部
D. 地方医学会　　E. 所在医疗保健机构

173. 某女怀孕后，非常想知道胎儿的性别，遂请好友某妇产科医师为其做胎儿性别鉴定。该医师碍于情面实施了胎儿性别鉴定。根据《母婴保健法》的规定，当地卫生计生行政部门应对该医师作出的处理是
A. 处以罚款　　B. 给予行政处分　　C. 扣发年度奖金
D. 调离工作岗位　　E. 离岗接受培训

第十四篇　内科学

第 1 章　慢性阻塞性肺疾病与支气管哮喘

（执业医师及助理医师均需掌握）

1. 慢性阻塞性肺疾病（COPD）最主要的发病危险因素是
A. 空气污染　B. 呼吸道感染　C. 寒冷气候
D. 吸烟　E. 过敏

2. 慢性支气管炎的诊断标准是除外其他已知病因所致的慢性咳嗽后，病人每年咳、痰、喘
A. 至少 6 个月，持续 10 年以上　B. 至少 1 个月，持续 3 年以上　C. 至少 2 个月，持续 5 年以上
D. 至少 6 个月，持续 5 年以上　E. 至少 3 个月，持续 2 年以上

3. 慢性阻塞性肺疾病急性加重最常见的原因是
A. 空气污染　B. 接触香烟烟雾　C. 接触过敏原
D. 气候变化　E. 感染

4. COPD 气道炎症最主要的效应细胞是
A. 肥大细胞　B. 嗜酸性粒细胞　C. 中性粒细胞
D. 巨噬细胞　E. 淋巴细胞

5. 下列细胞因子中，与慢性阻塞性肺疾病慢性气道炎症发病关系最密切的是
A. IL-4　B. IL-5　C. IL-8
D. IL-10　E. IL-13

6. 造成气流受限的病因中，最常出现肺弹性回缩力减弱的疾病是
A. 支气管扩张　B. 慢性支气管炎　C. 弥漫性泛细支气管炎
D. 阻塞性肺气肿　E. 慢性纤维空洞性肺结核

7. 慢性阻塞性肺疾病患者存在的“持续气流受限”是指
A. 存在限制性通气功能障碍　B. 支气管舒张试验阳性　C. 支气管激发试验阳性
D. 功能残气量显著增加　E. 阻塞性通气功能障碍不能完全恢复

8. 男，70 岁。因咳嗽、咳痰 30 年，气短 5 年，近期加重前来体检。胸部 X 线片示双肺透光度增加。其胸部查体最可能出现的体征是
A. 语颤增强　B. 呼吸音增强　C. 叩诊实音
D. 叩诊过清音　E. 三凹征

9. 早期慢性支气管炎患者胸部 X 线表现是
A. 两肺纹理增粗、紊乱　B. 肺野透亮度增加　C. 胸廓扩张，肋间隙增宽
D. 双肺轻度渗出性改变　E. 无特殊征象

10. 女，62 岁。间断咳嗽、咳少量白黏痰 10 年。查体：双肺呼吸音粗，未闻及干、湿啰音。血常规正常，胸部 X 线片示肺纹理增粗紊乱，肺功能示 FEV_1 占预计值的百分比为 83%，FEV_1/FVC67%（舒张后）。该患者最可能的诊断是
A. 支气管哮喘　B. 支气管结核　C. 支气管扩张

D. 慢性阻塞性肺疾病　　E. 特发性肺纤维化

11. 男,56 岁。活动后气短,伴间断咳嗽、咳少量白黏痰半年。吸烟 30 年,20 支/天。查体未见阳性体征。血常规及胸部 X 线片未见异常。为明确诊断,宜首选的检查是

A. 肺功能　　B. 动脉血气分析　　C. 胸部 CT

D. 支气管镜　　E. 超声心动图

12. 评估呼吸气流是否受限最常用的指标是

A. 残气量/肺总量(RV/TLC)　　B. FEV_1 占预计值的百分比　　C. 峰流速(PEF)

D. FEV_1/FVC　　E. 用力肺活量(FVC)

13. 目前用于判断慢性阻塞性肺疾病严重程度的肺功能指标是

A. 用力肺活量(FVC)占预计值的百分比　　B. 最大通气量(MVV)占预计值百分比

C. 一秒率(FEV_1/FVC)　　D. 残总比(RV/TLC)

E. 一秒量(FEV_1)占预计值的百分比

14. 男,60 岁。反复咳嗽、咳痰 12 年,呼吸困难进行性加重半年。查体:桶状胸,双肺呼吸音减弱。胸部 X 线片示双肺野透亮度增高,膈肌低平。该患者肺功能检查项目中数值最可能增加的是

A. FEV_1　　B. FEV_1/FVC　　C. FVC

D. VC　　E. FRC

15. 女,70 岁。咳嗽、咳痰 20 年,气短 3 年,加重 5 天。查体:桶状胸,呼气相延长。动脉血气分析示:pH7.35,$PaO_2$55mmHg,$PaCO_2$54mmHg。该患者出现呼吸困难的机制不包括

A. 阻塞性通气功能障碍　　B. 弥散功能障碍　　C. 无效腔增加

D. 限制性通气功能障碍　　E. 通气/血流比例失衡

(16~17 题共用题干)男,66 岁。活动后突发左侧胸痛伴呼吸困难 1 天。既往慢性阻塞性肺疾病病史 10 余年。查体:R26 次/分,BP95/60mmHg。口唇发绀,左肺呼吸音明显减弱,心率 102 次/分,律齐。

16. 该患者最可能的诊断是

A. 急性心肌梗死　　B. 自发性气胸　　C. 阻塞性肺不张

D. 胸腔积液　　E. 肺栓塞

17. 为明确诊断,应先采取的检查措施是

A. CT 肺动脉造影　　B. 胸腔穿刺　　C. 支气管镜

D. 胸部 X 线片　　E. 心电图

18. 男,68 岁,慢性阻塞性肺疾病(COPD)病史 12 年。动脉血气分析 pH7.36,$PaO_2$43mmHg,$PaCO_2$52mmHg。对该患者可以改善预后的措施是

A. 预防性使用抗生素　　B. 吸入糖皮质激素　　C. 使用支气管舒张剂

D. 肺康复锻炼　　E. 长期家庭氧疗

19. 目前慢性阻塞性肺疾病治疗最重要的药物是

A. 支气管舒张剂　　B. 吸入糖皮质激素　　C. 祛痰药

D. 抗氧化剂　　E. 黏液生成抑制剂

20. 男,68 岁。反复咳嗽、咳痰 20 年,气短 10 年,喘息加重 2 天。吸烟 30 年,每日约 1 包。查体:神志清楚,呼吸急促,端坐位,口唇发绀,桶状胸,左下肺呼吸音明显减弱,右肺可闻及哮鸣音和湿啰音。WBC6.3×10^9/L,N0.85。为进一步诊治,首选的检查是

A. 心电图　　B. 痰培养　　C. 肺功能

D. 胸部 X 线片　　E. 血气分析

21. 女,76 岁。1 小时前被家属发现意识不清急送入院。有慢性阻塞性肺疾病病史 20 年,近 1 周来嗜睡。

查体:BP150/90mmHg,昏迷,球结膜水肿,口唇发绀,双下肺可闻及湿啰音。该患者最可能的诊断是
A. 电解质紊乱　B. 左心衰竭　C. 脑梗死
D. 肺性脑病　E. 感染中毒性脑病

22. 对年老体弱、痰量较多且无力咳痰的慢性支气管炎患者,不宜使用的药物为
A. 氧氟沙星　B. 溴己新　C. 羧甲司坦
D. 氨溴索　E. 可待因

A. 有创机械通气　B. 无创机械通气　C. 间断高浓度吸氧
D. 持续高频呼吸机通气　E. 持续低流量吸氧

23. 慢性阻塞性肺疾病的氧疗最常用的是
24. 慢性阻塞性肺疾病急性加重伴呼吸功能不全早期,为防止呼吸功能不全加重最常用的是

25. COPD 患者的预防措施中,不宜采用的是
A. 接种流感疫苗　B. 戒烟　C. 接种肺炎链球菌疫苗
D. 预防性使用抗生素　E. 脱离变应原

26. 男,21 岁。3 天前受凉后“感冒”,症状已好转。1 小时前参加篮球比赛后出现气促。查体:双肺散在哮鸣音,心率 84 次/分。该患者发病最可能的机制是
A. 肺血管阻力增加　B. 心力衰竭　C. 神经调节失衡
D. 气道高反应性　E. 气道重构

27. 支气管哮喘最主要的病理基础是
A. 支气管痉挛　B. 气道慢性炎症　C. 支气管壁纤维化
D. 支气管狭窄　E. 支气管黏膜杯状细胞增生

28. 可释放组胺引起哮喘等过敏反应的白细胞是
A. 中性粒细胞　B. 单核细胞　C. 淋巴细胞
D. 嗜酸性粒细胞　E. 嗜碱性粒细胞

29. 支气管哮喘属于下列哪型过敏反应?
A. Ⅰ型　B. Ⅱ型　C. Ⅲ型
D. Ⅳ型　E. 迟发型

30. 男,35 岁。反复咳嗽伴呼吸困难 20 年,再发 1 天,吸入“万托林”或口服“氨茶碱片”后可缓解。查体:双肺闻及干啰音。外周血 WBC7.8×10^9/L。与该患者发病关系最密切的免疫球蛋白是
A. IgE　B. IgD　C. IgG
D. IgA　E. IgM

31. 以反复发作性干咳、胸闷为主要症状的疾病是
A. 支气管哮喘　B. 支气管异物　C. 支气管肺炎
D. 支气管结核　E. 支气管肺癌

32. 支气管哮喘发作时,最有诊断意义的体征是
A. 胸廓饱满　B. 肋间隙增宽　C. 触诊胸部语颤减弱
D. 叩诊胸部过清音　E. 听诊两肺广泛哮鸣音

33. 支气管哮喘最有意义的临床表现是
A. 有哮鸣音　B. 有肺气肿体征　C. 呈进行性加重
D. 呈发作性,可缓解　E. 呈反复发作,持续不能缓解

34. 男,59 岁。气喘 5 小时。近 5 年来每年秋季有类似发作。查体:T36.5℃,端坐呼吸,两肺广泛哮鸣音。白细胞 7.6×10^9/L,中性粒细胞 0.76。最可能的诊断是

A. 急性支气管炎　　B. 急性左心衰竭　　C. 支气管哮喘
D. 支气管结核　　E. 慢性喘息性支气管炎

35. 女,45 岁。间断干咳 3 年,无低热、咯血等,反复抗生素治疗无效。查体无明显阳性体征,胸部 X 线片未见明显异常。最可能的诊断是
A. 支原体肺炎　　B. 支气管结核　　C. 支气管扩张
D. 咳嗽变异性哮喘　　E. 慢性支气管炎

36. 下列疾病中,最可能于凌晨反复出现咳嗽和气短症状的是
A. 慢性肺脓肿　　B. 慢性支气管炎　　C. 支气管哮喘
D. 肺结核　　E. 支气管扩张

37. 女,62 岁。反复咳嗽、喘息 15 年,1 个月前搬入新居后再发加重,口服"茶碱类"药物有所缓解。查体:双肺呼吸音低,呼气相延长。胸部 X 线片未见明显异常。肺功能检查示 FEV_1/FVC56%,舒张试验示 FEV_1 改善率 12%。该患者应首先考虑的诊断是
A. 慢性阻塞性肺疾病　　B. 支气管哮喘　　C. 慢性充血性心力衰竭
D. 过敏性肺炎　　E. 嗜酸性粒细胞性肺炎

38. 提示支气管哮喘患者病情危重的是
A. 呼气相延长　　B. 脉压增加　　C. 呼吸性碱中毒
D. 胸腹矛盾运动　　E. 烦躁不安

39. 女,41 岁。1 周前受凉后干咳、胸闷,接触冷空气后明显,无发热,自服"阿奇霉素"无效。既往皮肤常出现瘙痒并起风团,服用"扑尔敏"症状可好转。查体:双肺呼吸音清。胸部 X 线未见异常。为明确诊断,首选的检查是
A. 血 IgE　　B. 肺功能　　C. 皮肤过敏原试验
D. 胸部 CT　　E. 痰涂片嗜酸性粒细胞计数

40. 女,25 岁。突发呼吸困难 2 天。发病时有鼻痒、喷嚏症状。既往有类似发作史。查体:R20 次/分,P90 次/分,双肺呼气相略延长,未闻及干、湿性啰音,律齐。行肺功能检查,最可能出现的异常是
A. 肺活量下降　　B. FEV_1/FVC 下降　　C. CO 弥散量下降
D. 功能残气量下降　　E. 肺总量下降

41. 女,31 岁。反复发作性干咳伴胸闷 3 年,多于春季发作,无发热、咯血及夜间阵发性呼吸困难。多次胸部 X 线检查无异常。常用抗生素治疗效果不明显。无高血压病史。全身体检无阳性体征。为明确诊断,首选的检查是
A. 胸部 CT　　B. 心脏超声波　　C. 支气管激发试验
D. 动脉血气分析　　E. 纤维支气管镜

42. 女性,20 岁。反复发作喘息、呼吸困难、咳嗽 2 年。体检:双肺散在哮鸣音,心脏无异常。有助于明确诊断的检查结果是
A. 最大呼气流量显著降低　　B. 第一秒用力呼气容积降低　　C. 最大呼气中段流量降低
D. 支气管舒张试验阳性　　E. 胸部 X 线片显示肺纹理稍多

43. 支气管哮喘发作时最常见的血气改变是
A. pH 上升,PaO_2 下降,$PaCO_2$ 下降　　B. pH 上升,PaO_2 下降,$PaCO_2$ 上升
C. pH 下降,PaO_2 下降,$PaCO_2$ 下降　　D. pH 下降,PaO_2 下降,$PaCO_2$ 上升
E. pH 正常,PaO_2 下降,$PaCO_2$ 上升

(44~45 题共用题干)男,32 岁。支气管哮喘 20 年,喘息加重 1 周,意识恍惚 1 天来急诊。查体:T37.5℃,P90 次/分。面色暗红,口唇发绀。可见胸腹矛盾运动,双肺呼吸音低,可闻及低调哮鸣音。

44. 该患者此时最可能出现的动脉血气变化是
A. PaO_2 降低、$PaCO_2$ 升高、pH 升高　　B. PaO_2 降低、$PaCO_2$ 正常、pH 降低
C. PaO_2 降低、$PaCO_2$ 降低、pH 升高　　D. PaO_2 降低、$PaCO_2$ 升高、pH 降低
E. PaO_2 降低、$PaCO_2$ 升高、pH 正常
45. 该患者首选的治疗措施是
A. 无创通气　　B. $β_2$ 受体激动剂雾化吸入　　C. 气管插管、机械通气
D. 面罩吸氧　　E. 大剂量糖皮质激素静脉点滴

A. 支原体肺炎　　B. 肺炎链球菌肺炎　　C. 慢性支气管炎急性发作期
D. 支气管哮喘　　E. 支气管扩张症
46. 病变肺部叩诊浊音，语颤增强，闻及支气管呼吸音，常见于
47. 发作时两肺广泛哮鸣音，缓解后哮鸣音消失，常见于
A. 肺部局限性哮鸣音，对 $β_2$ 受体激动剂疗效不佳　B. 两肺布满哮鸣音，对 $β_2$ 受体激动剂疗效较好
C. 哮鸣音与湿啰音并存，对抗生素反应较好　D. 两肺哮鸣音伴湿啰音，忌用肾上腺素类药物
E. 两肺散在干啰音，伴呼吸音减弱
48. 支气管哮喘
49. 原发性支气管癌

50. 心源性哮喘与支气管哮喘不同点在于
A. 慢性阵发性季节性发作史　　B. 呼气性呼吸困难　　C. 肺部听诊哮鸣音
D. 心脏无特殊体征　　E. 咯粉红色泡沫痰
51. 用于鉴别 COPD 和支气管哮喘的试验是
A. 过敏原试验　　B. 支气管激发试验　　C. 低氧激发试验
D. 运动试验　　E. 支气管舒张试验
52. 对支气管哮喘急性发作患者进行血气分析，其中 $PaCO_2$ 增高提示
A. 病情好转　　B. 出现呼吸性碱中毒　　C. 病情恶化
D. 出现心力衰竭　　E. 无临床意义
53. 女性，28 岁。今日凌晨突觉胸闷、呼吸困难急诊。查体：T37.3℃，P100 次/分，R24 次/分。烦躁，双肺可闻及哮鸣音。$PaO_2$78mmHg，$PaCO_2$28mmHg。该患者属于哮喘
A. 急性发作轻度　　B. 急性发作中度　　C. 急性发作重度
D. 急性发作极重度　　E. 非急性发作重度

（54~56 题共用题干）男，56 岁。1 周来“上呼吸道感染”后出现呼吸困难，夜间为著，可逐渐自行缓解。白天症状不明显。既往高血压病史 10 年，血压控制欠满意。已戒烟 10 年。过敏性鼻炎病史 5 年。门诊心、肺检查及胸部 X 线片未见异常，行超声心动图检查未见异常。
54. 该患者首先考虑的诊断是
A. 慢性阻塞性肺疾病　　B. 支气管哮喘　　C. 心力衰竭
D. 睡眠呼吸暂停综合征　　E. 冠心病
55. 为明确诊断首先采取的检查是
A. 肺功能　　B. 睡眠呼吸监测　　C. 胸部 CT
D. 动脉血气分析　　E. 冠状动脉 CT 血管造影术
56. 该患者入院后仍间断发作憋气，在进行检查和临床观察时应特别关注的是
A. 症状缓解时的活动耐力　　B. 上呼吸道检查　　C. 血压波动情况
D. 发作时心、肺体征　　E. 有无杵状指

57. 男性，25 岁。因支气管哮喘住院治疗已半月，症状基本控制，今晨花园散步后突发胸痛、胸闷，用氨茶碱、甲泼尼龙静脉滴注后仍不缓解，此时考虑可能有
A. 支气管哮喘急性发作　B. 自发性气胸　C. 继发感染
D. 心力衰竭　E. 肺不张
58. 支气管哮喘患者突然出现喘息症状时，为缓解症状宜首选的治疗是
A. 口服糖皮质激素　B. 口服短效 β_2 受体激动剂　C. 口服氨茶碱
D. 吸入糖皮质激素　E. 吸入短效 β_2 受体激动剂
59. 关于支气管哮喘的药物治疗，不正确的是
A. 规律使用白三烯调节剂　B. 按需使用短效 β_2 受体激动剂
C. 规律使用吸入糖皮质激素　D. 规律长效 β_2 受体激动剂单药治疗
E. 规律联合使用吸入糖皮质激素+长效 β_2 受体激动剂
60. 主要作用机制为控制支气管哮喘气道炎症的药物是
A. 茶碱　B. M 受体拮抗剂　C. 短效 β_2 受体激动剂
D. 白三烯受体调节剂　E. H_1 受体拮抗剂
61. 男，28 岁。发作性喘息 1 年，再发 3 天。查体：R28 次/分，坐位，大汗，口唇发绀，双肺满布哮鸣音。该患者不宜采用的治疗措施是
A. 静脉点滴糖皮质激素　B. 静脉点滴抗生素　C. 雾化吸入支气管舒张剂
D. 静脉点滴呼吸兴奋剂　E. 持续吸氧
62. 女，37 岁。发作性喘息 2 年，咳喘，气急。再发 2 天入院。查体：双肺满布哮鸣音。经查 X 线片未发现异常。应首先采取的治疗措施是
A. 吸入糖皮质激素　B. 口服抗过敏药物　C. 静脉点滴抗生素
D. 使用支气管舒张剂　E. 无创通气
63. 男，64 岁。COPD 患者，近来活动耐力下降就诊，针对患者因迷走神经张力过高所致气道狭窄，宜选用的药物是
A. 白三烯调节剂　B. 异丙托溴铵　C. 吸入型糖皮质激素
D. 沙丁胺醇　E. 茶碱
64. 女，35 岁。诊断支气管哮喘 2 年，间断口服糖皮质激素及氨茶碱治疗，时有发作。该患者应采取的主要治疗措施是
A. 规律使用氨茶碱　B. 规律口服糖皮质激素　C. 规律使用吸入型糖皮质激素
D. 规律吸入 β_2 受体激动剂　E. 肌内注射长效糖皮质激素
65. 主要用于预防支气管哮喘的药物是
A. 氨茶碱　B. 肾上腺素　C. 特布他林
D. 色甘酸钠　E. 异丙肾上腺素
66. 男，24 岁。发作性喘息 2 年，加重 1 周。1 周来有时夜间咳醒伴憋气，可自行缓解。查体：双肺散在哮鸣音。为控制患者夜间症状，下列药物中，宜首选的是
A. 口服氨茶碱　B. 吸入糖皮质激素　C. 吸入长效 β_2 受体激动剂
D. 口服糖皮质激素　E. 吸入短效 β_2 受体激动剂
67. 男，20 岁。持续喘息发作 24 小时来急诊，既往哮喘病史 12 年。查体：端坐呼吸，大汗淋漓，发绀，双肺布满哮鸣音。动脉血气分析结果示：pH7.21，$PaCO_2$ 70mmHg，PaO_2 55mmHg。此时应紧急采取的治疗措施是
A. 机械通气　B. 静脉点滴糖皮质激素　C. 补充液体
D. 使用广谱抗生素　E. 静脉注射氨茶碱

(68~70 题共用题干)男,18 岁。自幼年始反复出现发作性喘息,可自行缓解或经使用"抗炎、平喘药"缓解,6 岁后症状逐渐消失。近 3 天来两次出现喘息,严重时影响睡眠。查体:T:37.1℃,肥胖,双肺可闻及哮鸣音,心率 100 次/分,律齐,$P_2>A_2$,双下肢无水肿。

68. 该患者最可能的诊断是
A. 睡眠呼吸暂停综合征　B. 先天性心脏病　C. 特发性肺动脉高压
D. 支气管哮喘　E. 慢性阻塞性肺疾病

69. 对明确诊断最有价值的检查是
A. 肺功能检查　B. 睡眠呼吸监测　C. 胸部 X 线片
D. 超声心动图　E. 动脉血气分析

70. 患者出现喘息发作时,为迅速缓解症状,宜首选的治疗是
A. 吸入 M 受体拮抗剂　B. 吸氧　C. 舌下含硝酸甘油
D. 吸入糖皮质激素　E. 吸入短效 β_2 受体激动剂

71. 冠心病患者伴发支气管哮喘时应慎用哪种药物?
A. 氨茶碱　B. 肾上腺糖皮质激素　C. 酮替酚
D. 肾上腺素　E. 色甘酸二钠

72. 支气管哮喘患者发作时禁用的药物是
A. 肾上腺素　B. 吗啡　C. 氨茶碱
D. 沙丁胺醇　E. 泼尼松

73. 当支气管哮喘与心源性哮喘一时难以鉴别时,为缓解症状,可采用的药物是
A. 呋塞米(速尿)　B. 吗啡或哌替啶(度冷丁)　C. 氨茶碱
D. 毛花苷丙(西地兰)　E. 肾上腺素

74. 哮喘中度急性发作期的治疗是
A. 间断吸入短效 β_2 受体激动剂　B. 规则口服长效 β_2 受体激动剂　C. 持续吸入短效 β_2 受体激动剂
D. 按需吸入长效 β_2 受体激动剂　E. 持续雾化吸入短效 β_2 受体激动剂

(75~77 题共用题干)男性,42 岁。自幼起咳嗽、咳痰、喘息,多为受寒后发作,静脉滴注"青霉素"可缓解,10~20 岁无发作,20 岁后又有 1 次大发作,发作时大汗淋漓、全身发绀、端坐不能平卧,肺部可闻及哮鸣音,静脉推注"氨茶碱、地塞米松"可完全缓解。而后反复出现夜间轻微喘息,每周发作 3 次以上,不能入睡,PEF 日变异率为 35%。查体:双肺听诊未闻及干、湿啰音,心率 89 次/分。

75. 最可能的诊断是
A. 支气管哮喘急性发作期　B. 支气管哮喘非急性发作期　C. 先天性心脏病急性左心衰竭
D. 肺源性心脏病心功能不全　E. 喘息型慢性支气管炎急性发作

76. 根据病情程度选择药物治疗最佳方案是
A. 每日吸入氨茶碱+静脉滴注 β_2 受体激动剂
B. 每日雾化吸入 β_2 受体激动剂+静脉滴注氨茶碱
C. 每日雾化吸入抗胆碱药+口服 β_2 受体激动剂
D. 每日吸入糖皮质激素+吸入 β_2 受体激动剂
E. 每日定量吸入糖皮质激素+静脉滴注 β_2 受体激动剂

77. 为了提高疗效,减少复发,教育患者需掌握
A. 正确使用气雾剂的方法　B. 哮喘患者不发作可不用药　C. 抗感染药治疗可根治哮喘
D. 哮喘患者不发作不能使用激素　E. 哮喘者需长期使用 β_2 受体激动剂

(78~81 题共用题干)女,48 岁。反复咳嗽、胸闷、气喘 30 年。平素口服茶碱及"止咳祛痰"中药治疗,

症状控制不理想。近 1 周来症状再次出现。查体：P86 次/分，R24 次/分，双肺可闻及散在哮鸣音，诊断为“支气管哮喘”。动脉血气分析示：pH7.46，$PaCO_2$32mmHg，$PaO_2$64mmHg，HCO_3^- 19.3 mmol/L。

78. 该患者目前血气分析检查结果提示低氧血症合并
A. 代谢性碱中毒　B. 呼吸性碱中毒　C. 代谢性酸中毒
D. 呼吸性酸中毒　E. 呼吸性碱中毒合并代谢性酸中毒

79. 对该患者首选的药物治疗是
A. 吸入短效 β_2 受体激动剂　B. 口服茶碱类药物　C. 吸入长效 β_2 受体激动剂
D. 口服糖皮质激素　E. 联合吸入糖皮质激素及长效 β_2 受体激动剂

80. 为密切监测其病情变化，应首选推荐的方法是
A. 定期复查肺功能　B. 监测呼气峰流速　C. 监测肺部体征变化
D. 定期监测血氧饱和度　E. 每日评价活动耐力

81. 患者 2 小时前突发呼吸困难加重。查体：意识清楚，端坐呼吸，双肺呼吸音低，呼气相延长，可闻及低调哮鸣音。心率 120 次/分，律齐，未闻及杂音。动脉血气（鼻导管吸氧 5L/min）示 pH7.31、$PaCO_2$52mmHg、$PaO_2$53mmHg、HCO_3^-23mmol/L。目前首先应采取的治疗措施是
A. 静脉滴注呼吸兴奋剂　B. 静脉滴注碳酸氢钠　C. 静脉滴注氨茶碱
D. 面罩吸氧（10L/min）　E. 机械通气

82. 男，24 岁，发作性呼吸困难 2 年。经肺功能检查诊断为“支气管哮喘”，规律使用吸入糖皮质激素+长效 β_2 受体激动剂。1 天来症状加重，连续吸入短效 β_2 受体激动剂效果欠佳。此时患者应首先采取的措施是
A. 口服糖皮质激素　B. 继续吸入短效 β_2 受体激动剂　C. 口服抗生素
D. 口服氨茶碱　E. 再次吸入糖皮质激素+长效 β_2 受体激动剂

83. 男，68 岁。反复咳嗽、咳痰 20 余年，气短 5 年。患者长期使用吸入糖皮质激素及支气管舒张剂治疗，近 1 周因症状控制欠满意，联合使用某药物治疗。此后出现排尿困难。该患者近来增加的药物最可能是
A. 祛痰药　B. M 受体拮抗剂　C. 茶碱类
D. β_2 受体激动剂　E. 口服糖皮质激素

第 2 章　支气管扩张症

（执业医师及助理医师均需掌握）

84. 支气管-肺感染和阻塞是主要发病因素的疾病是
A. 支气管扩张症　B. 支气管肺癌　C. 慢性支气管炎
D. 支气管哮喘　E. 阻塞性肺气肿

85. 体检发现单侧肺底部湿啰音，且长期固定存在的情况最常见于
A. 支气管扩张　B. 慢性阻塞性肺疾病　C. 心力衰竭
D. 肺结核　E. 特发性肺纤维化

86. 支气管扩张症最有意义的体征是
A. 贫血　B. 杵状指　C. 固定的局限性湿啰音
D. 消瘦　E. 多变的哮鸣音

87. 慢性咳嗽，大量脓痰，反复咯血最多见于
A. 慢性支气管炎　B. 支气管肺癌　C. 支气管扩张症
D. 肺结核　E. 肺炎

88. 女,35岁。间断咳嗽、咳痰10余年,加重5天。每次发作均咳出大量脓性痰,5天前再次发作,并逐渐加重。查体:右下肺可闻及湿啰音。普查胸部X线片示右下肺多发薄壁囊腔,部分可见液平。该患者最可能的诊断是
A. 肺囊肿　B. 慢性肺脓肿　C. 肺包虫病
D. 支气管扩张　E. 纤维空洞性肺结核

89. 女,46岁。今晨咯血约100ml,无发热。幼年起反复咳嗽、咳痰。查体:T36.8℃,BP120/70mmHg,左肺可闻及湿啰音。该患者最可能的诊断是
A. 肺结核　B. 支气管扩张　C. 支气管肺癌
D. 慢性支气管炎　E. 肺炎链球菌肺炎

90. 男,36岁。反复咳嗽,咳痰4年。多于上呼吸道感染后发生,脓性痰,有时痰中带血,常伴发热。期间3次胸部X线片检查均为右下肺炎,经抗感染治疗可好转。本次上呼吸道感染后再次出现咳嗽,少量脓性痰。查体:右下肺可闻及中小水泡音。为明确诊断,宜首选的检查是
A. 痰找癌细胞　B. 痰找抗酸杆菌　C. 胸部CT
D. 支气管镜　E. 痰培养+药敏

91. 支气管扩张的典型痰液表现为
A. 大量白色泡沫痰　B. 大量脓性痰,有分层　C. 大量粉红色泡沫痰
D. 大量乳状痰　E. 大量白色黏液状痰

92. 对明确支气管扩张咯血患者出血部位,最有价值的检查是
A. 支气管动脉造影　B. 胸部CT　C. 肺动脉造影
D. 支气管镜　E. 胸部X线片

93. 属于支气管扩张手术治疗禁忌证的是
A. 合并反复感染　B. 双下肺均存在局限性支气管扩张病变
C. 合并肺源性心脏病　D. 窦性心动过缓,阿托品试验(+)
E. 合并大咯血

94. 女,17岁。反复发作咳嗽、咳痰10年。近3年反复咯血,最多一次量约200ml。现胸部CT示左下叶肺萎缩,可见囊柱状支气管扩张影像。最佳治疗方案是
A. 吸氧、止血治疗　B. 抗炎治疗　C. 解痉、化痰
D. 体位排痰　E. 左下肺叶切除

95. 女,35岁。间断咳嗽、咳脓痰伴咯血10余年,再发2天入院。咯血总量约600ml,经抗感染、静脉点滴垂体后叶素治疗后咯血停止。行胸部X线检查示多发囊状及柱状影,部分囊腔内可见液平,余肺未见异常。该患者进一步采取的最佳治疗措施是
A. 支气管动脉栓塞　B. 规律使用流感疫苗　C. 感染时联合使用抗生素
D. 手术切除病变肺叶　E. 抗生素预防感染

96. 较常出现杵状指(趾)的呼吸系统疾病是
A. 慢性支气管炎　B. 阻塞性肺气肿　C. 支气管哮喘
D. 支气管扩张症　E. 支原体肺炎

97. 因结核引起的支气管扩张最好发的部位是
A. 主支气管　B. 上叶前段　C. 上叶尖后段
D. 下叶基底段　E. 中叶

98. 男,34岁。咯鲜血半小时。就诊时仍有鲜血咯出。咳嗽不显著,无咳痰及呼吸困难。既往有类似情况出现,可自行停止。否认慢性心、肺疾病史。查体:双肺呼吸音清晰。胸部X线片未见异常。为明确诊断,首先应进行的检查是

A. 支气管动脉造影　B. 支气管镜　C. 肺动脉造影
D. 上呼吸道检查　E. 胸部 CT

99. 反复感染的支气管扩张患者,在抗感染治疗时应覆盖的病原体是
A. 军团菌　B. 金黄色葡萄球菌　C. 肺炎球菌
D. 白色念珠菌　E. 铜绿假单胞菌

(100~102 题共用题干)女性,25 岁。2 天前咳血痰,今日咯血量达 200ml 左右。既往身体健康。体检:体温 37.0℃,右肩胛下少量细小啰音,心尖部 2/6 级柔和收缩期杂音。胸部 X 线片无异常发现。

100. 该患者首选止血药物是
A. 垂体后叶素　B. 安络血　C. 立止血(巴曲酶)
D. 氨基甲酸　E. 6-氨基己酸

101. 为确诊,在咯血停止病情稳定后,首选的检查是
A. 胸部高分辨 CT　B. 痰检查　C. 支气管造影
D. 纤维支气管镜检查　E. X 线断层摄片

102. 若需做体位引流,患者应取
A. 半卧位　B. 头低足高左侧卧位　C. 头低足高右侧卧位
D. 俯卧位　E. 仰卧位

103. 女,35 岁。间断咳嗽、咳痰伴咯血 20 年,行 HRCT 检查示右中叶支气管囊状扩张,其余肺叶未见异常。今日再次咯血,量约 200ml,给予静脉点滴垂体后叶素治疗,效果欠佳。该患者宜选择的最佳治疗措施为
A. 手术切除病变肺叶　B. 换用酚妥拉明静脉滴注　C. 静脉滴注鱼精蛋白
D. 支气管镜下止血　E. 支气管动脉栓塞

第 3 章　肺部感染性疾病

一、肺炎概述(执业医师及助理医师均需掌握)

104. 健康成人社区获得性肺炎最常见的病原体是
A. 肺炎支原体　B. 嗜肺军团菌　C. 铜绿假单胞菌
D. 肺炎链球菌　E. 流感嗜血杆菌

105. 医院获得性肺炎中,病原体进入肺组织引发肺炎最主要的途径是
A. 污染空气吸入　B. 胃食管反流物误吸　C. 血源性播散
D. 口咽部分泌物吸入　E. 飞沫(气溶胶)吸入

106. 社区感染性肺炎中最常见的革兰阴性菌是
A. 大肠埃希菌　B. 肺炎克雷伯杆菌　C. 绿脓杆菌
D. 流感嗜血杆菌　E. 嗜肺军团菌

107. 引起医院内获得性肺炎的常见致病菌中,占比最高的是
A. 金黄色葡萄球菌　B. 革兰阴性杆菌　C. 肺炎球菌
D. 真菌　E. 病毒

108. 有感染高危因素的院内肺炎病原体排在首位的是
A. 大肠埃希菌　B. 肺炎链球菌　C. 铜绿假单胞菌
D. 肺炎克雷伯杆菌　E. 金黄色葡萄球菌

109. 男,65岁。发热、咳嗽4天。查体:T39℃,口唇发绀,双下肺可闻及湿啰音。既往体健,否认慢性呼吸系统疾病史。$SpO_2$85%。胸部X线片示双下肺感染。下述可作为经验性抗感染治疗首选的药物是
A. 大环内酯类
B. 三代头孢菌素
C. 氟喹诺酮类+氨基糖苷类
D. 碳青霉烯类
E. β-内酰胺类/β-内酰胺酶抑制剂+氟喹诺酮类

110. 治疗社区获得性肺炎时,可覆盖非典型病原体的抗生素是
A. 头孢菌素类
B. 糖肽类
C. 青霉素类
D. 大环内酯类
E. 氨基糖苷类

111. 既往身体健康的成人,社区获得性肺炎的常见病原体不包括
A. 铜绿假单胞菌
B. 肺炎支原体
C. 肺炎衣原体
D. 流感嗜血杆菌
E. 肺炎链球菌

A. 肺炎克雷伯杆菌
B. 大肠埃希菌
C. 铜绿假单胞菌
D. 金黄色葡萄球菌
E. 流感嗜血杆菌

112. 上述病原体中,最常见于社区获得性肺炎的是
113. 上述病原体中,血浆凝固酶检查呈阳性的是

(114~115题共用题干)男,28岁。受凉后发热咳嗽咳痰1周,气促2天,意识模糊1小时。查体:T39.8℃,BP80/50mmHg,口唇发绀,双肺可闻及较多湿啰音,心率109次/分,未闻及杂音,四肢冷。血常规WBC21×10^9/L,N0.90。

114. 该患者最可能的诊断是
A. 中枢神经系统感染
B. 急性左心衰竭
C. 重症肺炎
D. 干酪性肺炎
E. 肺栓塞

115. 该患者经过抗感染治疗后症状有所缓解,BP100/60mmHg。动脉血气分析(面罩吸氧5L/min)提示$PaO_2$50mmHg,$PaCO_2$28mmHg,HCO_3^-16mmol/L。此时首选治疗措施是
A. 静脉点滴糖皮质激素
B. 静脉点滴呼吸兴奋剂
C. 静脉点滴丙种球蛋白
D. 静脉点滴碳酸氢钠
E. 机械通气

(116~117题共用题干)男,68岁。咳嗽20天,胸闷、气促1周。20天前受凉后干咳,无发热、咯血。自服"板蓝根、头孢菌素及咳嗽糖浆",咳嗽稍有减轻,近1周来出现胸闷、气促,不能平卧。既往体健。查体:T37.2℃,P96次/分,R20次/分,BP140/80mmHg。右中下肺语音震颤增强,叩诊呈浊音,呼吸音减弱,心率100次/分,律齐,腹软,肝脾肋下未触及。

116. 该患者最可能的诊断是
A. 胸腔积液
B. 支气管哮喘
C. 肺炎
D. 心力衰竭
E. 肺结核

117. 为明确诊断,应首选的检查是
A. 心脏彩超
B. 胸部X线片
C. 心电图
D. 胸部B超
E. 胸部CT

二、肺炎链球菌肺炎与葡萄球菌肺炎(执业医师及助理医师均需掌握)

118. 肺炎球菌的致病力是由于
A. 肺炎球菌产生的内毒素
B. 肺炎球菌产生的外毒素
C. 高分子多糖体荚膜对组织的侵袭作用
D. 肺炎球菌感染引起肺部变态反应性炎症
E. 以上都不是

119. 肺炎链球菌肺炎可出现以下体征,除了

A. 口角或鼻周单纯性疱疹　B. 肋间带状疱疹　C. 皮肤和黏膜出血点
D. 病变部位湿啰音　E. 病变部位支气管呼吸音

120. 大叶性肺炎不应出现的体征是
A. 湿啰音　B. 肺部叩诊浊音　C. 气管向健侧移位
D. 胸膜摩擦音　E. 支气管呼吸音

121. 男，45 岁。因咳嗽伴痰中带血 7 天就诊。查体：体温 37.8℃，右下肺可闻及少量湿啰音。为明确诊断，应首选的检查是
A. 胸部 X 线片　B. 支气管镜　C. 痰找癌细胞
D. PPD 试验　E. 痰找结核分枝杆菌

122. 女，22 岁。受凉后咳嗽、发热伴右侧胸痛 3 天。咳少量脓痰，无痰中带血，体温持续在 39℃以上。查体：T39℃，急性病容，右下肺叩诊浊音，可闻及湿啰音，语音共振增强。血 WBC12×10^9/L，N0.80。最可能的诊断是
A. 急性肺脓肿　B. 金黄色葡萄球菌肺炎　C. 干酪性肺炎
D. 肺炎链球菌肺炎　E. 肺炎支原体肺炎

123. 男，21 岁。畏寒高热、咳嗽伴左胸痛 5 天。查体：BP80/50mmHg，心率 120 次/分。胸部 X 线片见左肺下叶大片状致密影。实验室检查：血 WBC12.2×10^9/L，N0.87。该患者最可能感染的病原体是
A. 肺炎支原体　B. 肺炎链球菌　C. 军团菌
D. 金黄色葡萄球菌　E. 结核分枝杆菌

124. 女，30 岁。畏寒、高热、咳嗽 5 天。查体：右上肺语颤增强，呼吸音减弱，血 WBC15.2×10^9/L，N0.92。该患者最可能的诊断是
A. 支气管扩张　B. 病毒性肺炎　C. 肺炎链球菌肺炎
D. 干酪性肺炎　E. 肺炎支原体肺炎

A. 金黄色葡萄球菌　B. 厌氧菌　C. 肺炎克雷伯杆菌
D. 肺炎链球菌　E. 肺炎支原体

125. 男，56 岁。“流感”后出现高热、咳嗽、黄痰伴痰中带血。胸部 X 线片示右下肺大片状影，其内可见多个圆形透亮区。最可能感染的病原体是

126. 男，66 岁。慢性阻塞性肺病患者。“上呼吸道感染”后出现高热、咳嗽、脓痰伴痰中带血。胸部 X 线片示右上肺大片状影，其内可见多个圆形透亮区，叶间裂略下移。最可能感染的病原体是

127. 肺炎链球菌肺炎治疗的首选抗生素是
A. 红霉素　B. 庆大霉素　C. 氧氟沙星
D. 苄星青霉素　E. 林可霉素

128. 肺炎链球菌肺炎患者若对青霉素过敏，宜选用的有效抗菌药物是
A. 庆大霉素　B. 阿米卡星　C. 链霉素
D. 左氧氟沙星　E. 阿莫西林

129. 女，22 岁。受凉后出现寒战、发热，咳嗽，咳少许黏痰 3 天，自服“感冒药”后热退。查体：T39.5 ℃，急性病容，右肺呼吸音减弱，语音震颤增强。血 WBC13.4×10^9/L，N0.87。胸部 X 线片示右下肺大片状模糊阴影。该患者抗感染治疗不宜首选的是
A. 阿莫西林　B. 阿米卡星　C. 左氧氟沙星
D. 青霉素　E. 头孢曲松

130. 男，22 岁，学生。受凉后畏寒、高热 3 天，右胸痛及右上腹痛 2 天，深吸气时加剧。查体：T39.5℃，P120 次/分，R36 次/分，BP80/50mmHg，巩膜轻度黄染，右下肺叩诊浊音，右下肺可闻及支气管呼吸

音,心率120次/分,律不齐,偶有期前收缩,中上腹轻压痛,肢端湿冷。此患者除抗感染治疗外,应首先采取的诊疗措施是

A. 机械通气治疗　B. 静脉滴注碳酸氢钠　C. 胸腹部CT检查
D. 液体复苏　E. 急诊腹部B超检查

131. 女性,60岁,因慢性支气管炎继发感染住院1月余,2天前高热,咳嗽加重,咳黄色脓痰,后为乳状脓血痰。伴气急发绀,右肩胛下散在湿啰音。白细胞 $20\times10^9/L$,有中毒颗粒。胸部X线片示肺下野大片絮状浓淡不均阴影。最可能的诊断是

A. 肺炎链球菌肺炎　B. 克雷伯杆菌肺炎　C. 金黄色葡萄球菌肺炎
D. 干酪性肺炎　E. 肺脓肿

132. 男性,25岁,2周前感冒后畏寒、发热、咳嗽,1周前咳大量黄色脓性痰,痰中带血,经青霉素、头孢噻肟等治疗无效。体检:体温40℃,呼吸急促,双肺中下野闻及湿啰音。血白细胞 $25\times10^9/L$,中性粒细胞0.90。胸部X线片显示双肺中下野斑片状实变阴影,并有多个脓肿和肺气囊肿。本例诊断应首先考虑为

A. 肺炎链球菌肺炎　B. 葡萄球菌肺炎　C. 克雷伯杆菌肺炎
D. 支原体肺炎　E. 干酪性肺炎

133. 男性,68岁。因脑梗死住院半月,近1周出现高热,咳嗽,咳血痰。查体:T39.2℃,意识模糊,呼吸急促,口唇发绀,双肺散在湿啰音。血常规 WBC $20.0\times10^9/L$。胸部X线片:右肺大片阴影,其中可见多个气囊腔。该患者最可能的诊断是

A. 金黄色葡萄球菌肺炎　B. 肺炎链球菌肺炎　C. 肺炎支原体肺炎
D. 干酪性肺炎　E. 真菌性肺炎

134. 对MRSA引起的肺炎,首选抗生素是

A. 青霉素G　B. 头孢唑林　C. 苯唑西林
D. 万古霉素　E. 头孢呋辛

三、肺炎支原体肺炎与病毒性肺炎(执业医师需掌握)

135. 肺炎支原体肺炎最常见的胸部X线表现是

A. 早期为下叶间质性改变,肺实变后为边缘模糊的斑片状阴影
B. 肺叶和小叶实变,叶间隙呈弧形下坠,多发性蜂窝状脓肿形成
C. 肺叶或肺段实变,呈多发性、周围性肺浸润,可伴气囊肿
D. 呈叶、段分布的炎性实变阴影,在实变阴影中可见支气管气道征
E. 病变多在肺上部,呈大片浓密阴影,密度不均,历久不消散,可形成空洞

136. 女,31岁。发热伴刺激性干咳3天,一周前陪伴5岁女儿住院,女儿4天前好转已出院。查体:T38.5℃,心、肺正常。血常规正常,胸部X线片示右下肺少许薄片状阴影。该患者经验性治疗首选的药物是

A. 阿莫西林　B. 阿奇霉素　C. 头孢呋辛
D. 奥司他韦　E. 阿米卡星

137. 男性,25岁。咳嗽半月,呈阵发性干咳,服用阿莫西林和止咳药无效。体检:体温正常,咽充血,心、肺无异常。血白细胞计数正常。胸部X线片显示右下肺间质性炎症改变。治疗应首先考虑选用的药物为

A. 大环内酯类　B. 青霉素类　C. 氨基糖苷类
D. 氟喹诺酮类　E. 头孢菌素类

138. 首选大环内酯类抗生素治疗的是

A. 干酪性肺炎　B. 肺炎链球菌肺炎　C. 葡萄球菌肺炎
D. 肺炎支原体肺炎　E. 克雷伯杆菌肺炎

139. 男,35 岁。发热气短 15 天,伴明显刺激性咳嗽、咽痛、头痛。白细胞增高。胸部 X 线片呈双下肺点片状浸润影。最可能的诊断为

A. 干酪性肺炎　　B. 葡萄球菌肺炎　　C. 肺炎链球菌肺炎
D. 支原体肺炎　　E. 肺孢子菌肺炎

140. 男,58 岁。因急性胆囊炎住院手术治疗,术后第三天体温恢复正常。但术后第六天再次出现发热,体温 38.6℃,伴畏寒、咳嗽。胸部 X 线片示右下肺大片状阴影。引起该患者肺部感染的病原体中,最不可能的是

A. 金黄色葡萄球菌　　B. 大肠埃希菌　　C. 肺炎支原体
D. 肺炎克雷伯杆菌　　E. 厌氧菌

141. 男,50 岁。高热伴进行性呼吸困难 4 天。既往体健。查体:T39.4℃,R32 次/分。双肺呼吸音清,未闻及干、湿啰音。胸部 CT 示双肺弥漫分布的磨玻璃影,血 WBC8.5×10^9/L,CRP24mg/L。$SpO_2$88%,患者最可能感染的病原体是

A. 肺孢子菌　　B. 肺炎支原体　　C. 病毒
D. 军团菌　　E. 结核分枝杆菌

A. 青霉素 G　　B. 磺胺类药物　　C. 大环内酯类药物
D. 头孢菌素类药物　　E. 万古霉素

142. 治疗葡萄球菌肺炎最有效的药物为
143. 治疗支原体肺炎应选用

A. 肺炎链球菌　　B. 葡萄球菌　　C. 铜绿假单胞(绿脓)菌
D. 克雷伯杆菌　　E. 肺炎支原体

144. 不引起肺组织坏死和空洞形成的肺炎致病菌是
145. 最易引起间质性肺炎改变的致病菌是

A. 支气管哮喘　　B. 喘息型慢性支气管炎　　C. 支气管肺癌
D. 肺炎支原体肺炎　　E. 克雷伯杆菌肺炎

146. 刺激性咳嗽,伴气急、痰中带血,支气管解痉药效果欠佳。诊断是
147. 常于秋季发病,儿童和青年人多见,起病缓慢,阵发性干咳、发热、肌痛,胸部 X 线片示下叶间质性肺炎改变。诊断是

A. 金黄色葡萄球菌　　B. 肺炎链球菌　　C. 肺炎克雷伯杆菌
D. 肺炎支原体　　E. 病毒

148. 男,24 岁。急性起病,高热伴右胸痛,胸部 X 线片示右肺下叶实变影,其内可见多发气囊。其感染的病原体最可能是
149. 男,68 岁。急性起病,高热伴呼吸衰竭,胸部 X 线片示双肺弥漫磨玻璃影。其感染的病原体最可能是

四、其他类型肺炎(执业医师需掌握)

150. 男,70 岁。高热、咳嗽、咳脓血痰 1 周,糖尿病病史 10 年。查体:T39.5℃,精神差,双肺底可闻及湿啰音。胸部 X 线片见双下肺斑片状影,多发小气囊腔。血 WBC18.2×10^9/L,N0.92。该患者最可能感染的病原体是

A. 肺炎克雷伯杆菌　　B. 肺炎链球菌　　C. 军团菌
D. 肺炎支原体　　E. 金黄色葡萄球菌

151. 男,73 岁。因脑梗死住院治疗 1 个月,病情基本稳定。3 天前受凉后出现发热、咳嗽、咳红色胶冻状黏痰。查体:体温 38.7℃,呼吸急促,口唇发绀,右上肺叩诊浊音,可闻及支气管呼吸音和少量湿啰音。胸部 X 线片示右上肺大片状阴影,其中可见多个空洞。该患者最可能的诊断是

A. 真菌性肺炎　B. 厌氧菌肺炎　C. 干酪性肺炎
D. 肺炎链球菌肺炎　E. 肺炎克雷伯杆菌肺炎

152. 关于克雷伯杆菌肺炎的胸部X线片征象,下列各项中错误的是
A. 可见大叶实变　B. 可见小叶实变　C. 叶间裂呈弧形下坠
D. 不易形成肺脓肿　E. 阴影密度较肺炎链球菌肺炎深

153. 克雷伯杆菌肺炎的X线表现出现叶间隙下坠,其原因是
A. 细菌在肺泡内生长繁殖,引起组织坏死、液化　B. 病变中的炎性渗出液黏稠而重
C. 肺泡内的渗出液由Cohn孔向周围肺泡蔓延　D. 肺泡内的纤维蛋白渗出较多
E. 肺泡内的渗出液含有较多的红、白细胞

154. 男性,70岁。有慢性支气管炎、肺气肿病史。因畏寒、发热,伴咳嗽、气急5天就诊。住院后高热不退,气急、发绀明显,咳黏稠脓性血痰。胸部X线片示右上叶大片密度增高的阴影,内有多个小透亮区,水平叶裂呈弧形下坠。最可能的诊断是
A. 肺炎链球菌肺炎　B. 肺脓肿　C. 克雷伯杆菌肺炎
D. 干酪性肺炎　E. 金黄色葡萄球菌肺炎

155. 治疗军团菌病的首选药物是
A. 青霉素G　B. 氯霉素　C. 四环素
D. 红霉素　E. 土霉素

156. 男,73岁。患冠周炎1周,寒战、发热、咳脓痰2天。查体:T39.4℃,右下肺可闻及湿啰音。胸部X线片示右下肺大片状浓密模糊阴影,血WBC20.3×10^9/L,N0.96。该患者感染的病原菌最可能是
A. 肺炎克雷伯杆菌　B. 肺炎链球菌　C. 厌氧菌
D. 表皮葡萄球菌　E. 金黄色葡萄球菌

五、肺脓肿(执业医师需掌握)

157. 男,50岁。咳嗽、间断咯血3个月,咳大量脓痰伴发热1周来诊。吸烟史30年。胸部X线片示左下肺阴影伴空洞,洞壁厚薄不一,有液平,诊断为肺脓肿。该患者应首先考虑的基础疾病是
A. 支气管囊肿　B. 肺结核　C. 肺血管炎
D. 支气管肺癌　E. 支气管扩张

158. 原发性肺脓肿最常见的病原菌是
A. 厌氧菌　B. 大肠埃希菌　C. 铜绿假单胞菌
D. 肺炎克雷伯杆菌　E. 金黄色葡萄球菌

159. 下述疾病中最可能引起金黄色葡萄球菌肺脓肿的是
A. 皮肤疖肿　B. 牙周脓肿　C. 膈下脓肿
D. 鼻窦炎　E. 食管穿孔

160. 血源性肺脓肿最常见的病原体是
A. 流感嗜血杆菌　B. 肺炎克雷伯杆菌　C. 肺炎链球菌
D. 铜绿假单胞菌　E. 金黄色葡萄球菌

161. 急性肺脓肿最具特征的症状是
A. 畏寒高热　B. 咳嗽伴咯血　C. 呼吸困难
D. 咳大量脓臭痰　E. 咳嗽伴胸痛

162. 女,20岁。发热、咳嗽、咳脓痰3天。查体:体温38.6℃,左肺中下湿啰音,呼吸音减低。胸部X线片示左中、下肺野大片状致密阴影,内有液气平面。1周以前服用安定后昏迷,经洗胃后治疗清醒。最可能的诊断是

A. 肺结核　B. 金黄色葡萄球菌肺炎　C. 急性肺脓肿
D. 军团菌肺炎　E. 肺炎克雷伯杆菌肺炎

163. 男,37 岁。1 周来咳嗽、寒战、高热,最高体温 40℃。血 WBC15.2×10^9/L,N0.91,经阿莫西林抗感染治疗后体温下降不明显,逐渐出现呼吸急促。半月前颈部皮肤疖肿,自行结痂。胸部 X 线片示双肺可见多发直径 2~3cm 的边缘模糊的类圆形阴影,其内可见空洞。下列检查对明确诊断意义最大的是
A. 痰涂片革兰染色　B. 支气管镜　C. 动脉血气分析
D. 胸部 CT　E. 血培养

164. 男,38 岁。醉酒后出现发热、咳嗽、咳臭脓痰 5 天,伴右侧胸痛。查体:T39.2℃,P112 次/分,R26 次/分,BP130/80mmHg。神志清楚,右中肺少许湿啰音。胸部 X 线片示右中肺团块状影,可见空洞和气液平。血 WBC16.0×10^9/L,N0.88,L0.10。该患者最可能的诊断是
A. 肺结核　B. 真菌性肺炎　C. 肺脓肿
D. 大叶性肺炎　E. 肺癌

165. 治疗脆弱拟杆菌感染所致吸入性肺脓肿首选的抗菌药物是
A. 克林霉素　B. 红霉素　C. 庆大霉素
D. 万古霉素　E. 青霉素

(166~167 题共用题干)男,45 岁。发热、咳脓痰 1 周。胸部 X 线片示右下叶背段浸润阴影。用头孢呋辛治疗后体温稍下降,但痰量增多,为脓血痰,有臭味。1 周后复查胸部 X 线片示:大片浸润阴影中出现空洞。

166. 治疗中需加用的药物是
A. 阿米卡星　B. 左氧氟沙星　C. 甲硝唑
D. 红霉素　E. 万古霉素

167. 治疗 2 周后,患者临床症状明显改善,胸部 X 线片示空洞缩小。抗感染的总疗程应为
A. 8~12 周　B. 6~8 周　C. 3~6 周
D. 2~4 周　E. 7~10 周

A. 头孢唑啉　B. 左氧氟沙星　C. 庆大霉素
D. 克林霉素　E. 阿奇霉素

168. 男,14 岁。发热、干咳伴全身肌痛 2 天。胸部 X 线片示间质性肺炎,同班级中数人有类似症状。治疗首选的是

169. 男,42 岁。发热 3 天,咳嗽臭痰 1 天。胸部 X 线片示右下叶空洞影,其内有液平。治疗首选的是

170. 男,42 岁。5 个月前咳嗽,咳黄脓痰,经检查诊断为“右下肺脓肿”。现住院治疗 4 月余,仍间断咯血、发热。复查胸部 X 线片示右下肺可见空洞,内有液平。此时,应采取的最佳治疗是
A. 经皮穿刺引流　B. 祛痰及体位引流　C. 纤维支气管镜冲洗、引流
D. 手术切除病变组织　E. 继续抗感染治疗

171. 肺癌空洞的典型 X 线表现是
A. 厚壁空洞,内壁凹凸不平　B. 薄壁空洞,内壁光滑　C. 薄壁空洞,形状不规则
D. 厚壁空洞,内有液平　E. 厚壁空洞,内壁光滑

第 4 章　肺结核与肺血栓栓塞症

一、肺结核(执业医师及助理医师均需掌握)

172. 结核分枝杆菌敏感的理化因素是

A. 紫外线　B. 酸　C. 寒冷
D. 干燥　E. 碱

173. 结核分枝杆菌的生物学特性中,对临床诊断最有意义的是
A. 菌体结构复杂　B. 多形性　C. 生长缓慢
D. 抵抗力强　E. 抗酸性

174. 下列肺结核类型中,传染性最强的是
A. 慢性纤维空洞性肺结核　B. 干酪性肺炎　C. 原发型肺结核
D. 急性血行播散型肺结核　E. 慢性血行播散型肺结核

175. 针对我国结核病疫情,首先需要控制的是
A. 地区患病率差异大　B. 城市人群的高感染率　C. 结核病患者的高死亡率
D. HIV 感染增加　E. 活动性肺结核的高患病率

176. 结核病的细胞免疫反应中起主要作用的细胞为
A. T 细胞　B. B 细胞　C. NK 细胞
D. 巨噬细胞　E. 中性粒细胞

177. 肺结核原发综合征的临床特异性体征是
A. 病灶常为多结节性　B. 原发灶、淋巴管炎及肺门淋巴结炎
C. 肺内可有一个或多个空洞病灶　D. 病灶位于锁骨上、下区
E. 肺内常见结核球

178. 女,24 岁。间断发热、咳嗽 10 余天,最高体温 37.6℃,无痰。既往体健。查体:T37.4℃,P86 次/分,R19 次/分,BP100/70mmHg,右上肺叩诊呈浊音。血常规:WBC8.6×10^9/L,N0.68。胸部 X 线片示右上肺斑片状阴影,其内可见不规则透亮区。最可能的诊断是
A. 肺囊肿继发感染　B. 肺结核　C. 金黄色葡萄球菌肺炎
D. 吸入性肺脓肿　E. 肺炎克雷伯杆菌肺炎

179. 女,28 岁,工人。发热、干咳 1 个月。发病时胸部 X 线片示肺纹理增多,先后使用"青霉素""头孢菌素"抗感染治疗半月余症状未见好转。查体:T39.8℃,消瘦,双侧颈部可触及多个成串小淋巴结,双肺未闻及干、湿啰音。PPD 试验(-),胸部 X 线片示双肺弥漫分布直径约 2mm 的小结节影。该患者最可能的诊断是
A. 真菌性肺炎　B. 过敏性肺炎　C. 急性粟粒型肺结核
D. 病毒性肺炎　E. 细菌性肺炎

180. 初次感染结核,产生变态反应的时间为
A. 48~72 小时　B. 1 周　C. 2 周
D. 3 周　E. 4~8 周

181. 因肺结核引起的支气管扩张,湿啰音最常出现的部位是
A. 肺底部　B. 肺尖部　C. 腋窝部
D. 肩胛间区　E. 双肺弥漫

182. 早期发现肺结核的最主要方法是
A. 询问病史　B. X 线检查　C. 痰菌检查
D. 血沉检查　E. 结核变态反应

183. 下列检查结果对确诊肺结核最有价值的是
A. 结核菌素试验阳性　B. 痰结核分枝杆菌 PCR 阳性　C. 血清结核抗体阳性
D. 痰培养示结核分枝杆菌阳性　E. 胸部 X 线片示肺部空洞性病变

184. 男,33 岁。咳嗽、痰中带血伴乏力 2 周,胸部 X 线片示左上肺少量斑片状阴影,可见少许不规则透亮

区,未见液平。为明确诊断,宜首先采取的措施是
A. 痰细菌培养+药敏　B. 痰细胞学检查　C. 痰涂片找真菌
D. 痰涂片抗酸染色　E. 痰涂片找含铁血黄素细胞

185. 判断肺结核传染性最主要的依据是
A. 血沉增快　B. 反复痰中带血　C. 结核菌素试验阳性
D. 痰涂片找到抗酸杆菌　E. 胸部X线片显示空洞性病变

186. 肺结核患者在接受抗结核治疗时,对疗效的考核首先要看
A. 痰菌阴转　B. 症状消失　C. X线空洞闭合,炎性阴影消失
D. 血沉正常　E. 血清结核抗体阴性

187. 下列哪类人群中,PPD阳性对提示活动性结核病最有价值?
A. 未接种卡介苗的婴幼儿　B. 接种了卡介苗的婴幼儿　C. 长期发热的患者
D. 没有任何症状的健康查体者　E. 肺内有结节样病灶伴纵隔淋巴结肿大的成人

188. 判断患者肺结核具有活动性最有价值的结果是
A. 血清结核抗体阳性　B. PPD试验强阳性　C. 血沉显著增快
D. 胸部X线片示肺部空洞性改变　E. 痰涂片抗酸杆菌染色阳性

189. 判定肺结核临床类型的主要依据是
A. 肺部体征　B. 痰菌检查　C. 结核菌素试验
D. 全身中毒症状　E. 胸部X线片征象

190. 不属于继发型肺结核的是
A. 胸内淋巴结结核　B. 浸润性肺结核　C. 干酪性肺炎
D. 结核球　E. 纤维空洞性肺结核

191. 对未接种卡介苗者,结核菌素试验阳性的解释,最准确的是
A. 曾感染结核分枝杆菌　B. 曾接触肺结核患者　C. 处于结核病的活动期
D. 体液免疫功能正常　E. 已获得对结核感染的免疫力

192. 男,24岁。浸润性肺结核患者,使用"异烟肼、利福平、吡嗪酰胺、乙胺丁醇"四联抗结核治疗。治疗过程中患者双手及双足麻木感。首先应采取的措施是
A. 加用维生素B_6　B. 停用异烟肼　C. 停用利福平
D. 停用吡嗪酰胺　E. 停用乙胺丁醇

193. 胸部X线片出现虫蚀样空洞多见于
A. 原发型肺结核　B. 浸润性肺结核　C. 干酪样肺炎
D. 血行播散型肺结核　E. 慢性纤维空洞性肺结核

194. 下列检查结果中,对诊断痰菌阴性肺结核意义最大的是
A. PPD试验阳性　B. 典型的胸部X线表现　C. 血结核抗体阳性
D. 痰结核分枝杆菌PCR阳性　E. 血ADA(腺苷脱氨酶)水平增高

195. 女性,16岁。低热、咳嗽1个月。查体:消瘦,右颈部可触及数个绿豆大小淋巴结,稍硬、活动、无压痛,右肺呼吸音稍减弱。胸部X线片见右上钙化灶,右肺门淋巴结肿大。诊断首先考虑的是
A. 原发型肺结核　B. 浸润性肺结核　C. 血行播散型肺结核
D. 结核性渗出性胸膜炎　E. 慢性纤维空洞性肺结核

196. 男,35岁。低热伴咳嗽3周,咳少量白痰,使用多种抗生素治疗无效。胸部X线片示右下叶背段斑片状影,有多个不规则空洞,无液平面。为明确诊断,应首先进行的检查是
A. 痰涂片革兰染色　B. 痰涂片抗酸染色　C. 支气管镜
D. 痰真菌培养　E. 胸部CT

197. 女,32岁。咳嗽、间断咯血3周伴低热、乏力、纳差、进行性消瘦。胸部X线片示右肺上叶虫蚀样空洞。该患者最可能的诊断是

A. 浸润性肺结核　　B. 干酪性肺炎　　C. 肺脓肿
D. 肺癌　　E. 支气管扩张

A. 反复发作性呼气性呼吸困难　　B. 发热伴刺激性干咳
C. 咳大量脓痰或反复咳血　　D. 咳嗽、午后低热、乏力、盗汗、消瘦
E. 发热、咳嗽、肺部固定性细湿啰音

198. 肺炎支原体肺炎的主要临床表现是
199. 支气管哮喘的主要临床表现是
200. 肺结核的临床表现是
201. 女,24岁。近2个月来常四肢关节疼痛,伴皮肤结节、红斑。10天前发热(体温38℃),咳嗽,咳少量痰。胸部X线片示右上肺斑片状影伴空洞形成。该患者最可能的诊断是

A. 肺囊肿继发感染　　B. 肺脓肿　　C. 肺结核
D. 支气管肺癌　　E. 细菌性肺炎

202. 女,32岁,工人。劳累后出现低热、干咳1个月,当地诊所为其静脉滴注“左氧氟沙星”1周后热退,未继续治疗。此后常有间断干咳,痰中带血及关节痛。查体:体温37.3℃,消瘦,双肺未闻及干、湿啰音。胸部X线片示两上肺斑片状影。最可能的诊断是

A. 肺炎支原体肺炎　　B. 肺结核　　C. 肺炎链球菌肺炎
D. 真菌性肺炎　　E. 肺炎克雷伯杆菌肺炎

203. 男,18岁,学生。咳嗽、发热1月余,多为干咳,下午3时发热,体温38.0℃,可自行退热,无咯血。发病以来体重下降3kg。胸部X线片:右肺门处可见密度增高的团块影,“青霉素”治疗半月未见好转。查体:体温37.3℃,消瘦,双肺未闻及干、湿啰音。该患者最可能的诊断是

A. 结节病　　B. 肺门淋巴结结核　　C. 右肺脓肿
D. 肺部真菌感染　　E. 淋巴瘤

204. 仅对细胞外碱性环境中的结核分枝杆菌有杀菌作用的药物是

A. 乙胺丁醇　　B. 利福平　　C. 异烟肼
D. 吡嗪酰胺　　E. 链霉素

205. 下列抗结核药中不属于杀菌药物的是

A. 利福平　　B. 乙胺丁醇　　C. 异烟肼
D. 链霉素　　E. 吡嗪酰胺

206. 抑制结核分枝杆菌DNA与细胞壁合成的抗结核药物是

A. 异烟肼　　B. 利福平　　C. 吡嗪酰胺
D. 乙胺丁醇　　E. 链霉素

207. 抗结核化疗时可引起高尿酸血症的药物是

A. INH　　B. RFP　　C. EMB
D. PAS　　E. PZA

208. 男,45岁。低热、干咳2周,经胸部X线片诊断为浸润性肺结核。既往有高血压史5年,痛风史3年,口服药物治疗。患者进行抗结核治疗时,应避免使用的药物是

A. 异烟肼　　B. 利福平　　C. 乙胺丁醇
D. 吡嗪酰胺　　E. 链霉素

209. 乙胺丁醇最常见的不良反应是

A. 皮疹　B. 药物热　C. 胃肠道刺激　D. 肾功能损害　E. 球后视神经炎

210. 可引起周围神经炎的药物是

A. 利福平　B. 异烟肼　C. 阿昔洛韦　D. 吡嗪酰胺　E. 卡那霉素

211. 男,31 岁。因低热、咳嗽、痰中带血 1 月余,诊断为左上肺结核,现正规抗结核治疗(2HRZE/4HR)已 4 个月。近 1 周来纳差,肝功能检查示 ALT 较正常升高 4 倍。此时应采取的最佳措施是

A. 加用护肝药　B. 停抗结核药物　C. 改用 HE+链霉素　D. 改用 HE+对氨基水杨酸　E. 改用 HE+左氧氟沙星

212. 女,28 岁。发热、咳嗽 2 个月。胸部 X 线片示左上肺不规则斑片状阴影。给予抗结核治疗 1 月余。查体:T36.5℃。巩膜稍黄染,右肺未闻及干、湿啰音。WBC4.3×10^9/L,N0.55。肝功能检查示 ALT、AST 正常,TBil40.6μmol/L,DBil17.8μmol/L。该患者目前应首先停用的药物是

A. 利福平　B. 异烟肼　C. 吡嗪酰胺　D. 乙胺丁醇　E. 链霉素

213. 女,67 岁。因右侧胸腔积液给予规律三联试验性抗结核治疗 2 个月,近 2 天出现视力异常。导致上述表现最可能的原因是

A. 类赫氏反应　B. 溶血尿毒综合征　C. 乙胺丁醇不良反应　D. 异烟肼不良反应　E. 利福平不良反应

214. 乙胺丁醇治疗结核病时联合用药的主要目的是

A. 延长药物半衰期　B. 促进药物进入细胞内　C. 延缓耐药性产生　D. 减少不良反应　E. 扩大药物抗菌范围

215. 对初治结核病病例的短程化疗方案主要联用的药物是

A. INH+PZA+RFP　B. SM+INH+PAS　C. SM+PZA+EMB　D. INH+SM+EMB　E. PAS+EMB+SM

216. 患者,男,35 岁。发热 2 个月,咳痰、痰中带血 3 天。2 年前曾患"胸膜炎"。查体:T38℃。PPD 试验(+++)。X 线胸片示左上肺尖后段高密度阴影。ESR30mm/h, WBC8×10^9/L。适宜采取的治疗是

A. SM+INH+PAS　B. INH+RFP+EMB　C. 静脉注射莫西沙星　D. 长期口服阿奇霉素　E. 抗真菌治疗

217. 女,23 岁。发热、咳嗽、乏力 1 个月。体温波动于 37.5~38℃之间,咳少量白色黏痰。胸部 X 线片示右上肺浸润影,右肺门淋巴结肿大。PPD 试验(++)。最佳治疗方案是

A. 利福平+异烟肼+乙胺丁醇+吡嗪酰胺 2 个月,后 4 个月利福平+异烟肼
B. 利福平+对氨基水杨酸钠,6 个月,前 2 个月加用异烟肼+乙胺丁醇
C. 利福平+乙胺丁醇+对氨基水杨酸钠,6 个月
D. 异烟肼+链霉素+对氨基水杨酸钠,6 个月
E. 异烟肼+对氨基水杨酸钠+乙胺丁醇,6 个月

218. 抗结核药物中 INH 的成人常规每日用量是

A. 50mg　B. 100mg　C. 150mg　D. 200mg　E. 300mg

219. 女,22 岁。患肺结核近 5 年,近两个月来低热,咳嗽,痰中带血。2 小时前突然咯血不止急诊入院。治疗应首选

A. 输液　B. 镇静剂　C. 氧气吸入　D. 镇咳剂　E. 垂体后叶素

220. 女性，28岁。因肺结核咯血入院，1小时前又咯血约60ml，现在患者感胸闷气促，咯血不畅，继之两手乱抓，不能说话，张口瞪目。应采取的抢救措施是
A. 口对口人工呼吸　B. 高压给氧　C. 垂体后叶素静脉推注
D. 检查口腔并清除血凝块　E. 使呈头低足高位，拍背
221. 预防肺结核流行的根本措施是
A. 卡介苗接种　B. 严格管理、隔离病人　C. 异烟肼预防化疗
D. 合理化疗治愈排菌患者　E. 对患者咳出的痰消毒焚烧

二、肺血栓栓塞症（执业医师需掌握）

222. 肺血栓栓塞症的继发性危险因素中，属于独立危险因素的是
A. 创伤　B. 年龄　C. 骨折
D. 口服避孕药　E. 肿瘤家庭史
223. 女，42岁。双下肢水肿1月余，进行性呼吸困难半个月。2个月前因腰椎间盘突出卧床休息。查体：血压120/80mmHg，双肺呼吸音清，心率93次/分，$P_2>A_2$。超声心动图提示肺动脉高压。导致该患者呼吸困难最可能的原因是
A. 左心衰竭　B. 全心衰竭　C. 肺血栓栓塞
D. 冠心病　E. 慢性阻塞性肺疾病
224. 女，55岁。骨折术后卧床3天，突发呼吸困难。既往高血压病史10年，血压控制良好。查体：血压120/80mmHg。下列体征对鉴别诊断肺栓塞和左心衰竭最有意义的是
A. 呼吸过快　B. 颈静脉怒张　C. 双下肢水肿
D. 心动过速　E. 口唇发绀
225. 肺血栓栓塞症患者最常出现的体征是
A. 呼吸过速　B. P_2亢进、分裂　C. 口唇发绀
D. 三尖瓣区反流性杂音　E. 颈静脉怒张
226. 男，65岁。1小时前突发晕厥，意识恢复后自觉胸闷、气短。1周前行关节置换术治疗。否认高血压、心脏病病史。查体：血压90/65mmHg，双肺呼吸音清，未闻及干、湿啰音，心率96次/分，P_2亢进。对明确诊断最有价值的检查是
A. 动脉血气分析　B. 头颅CT　C. 超声心动图
D. 血D-二聚体　E. CT肺动脉造影
227. 女，69岁。呼吸困难伴左胸痛2天，活动后呼吸困难加重，胸痛于吸气时加重，无咳嗽、咳痰、咯血和发热。结肠癌术后化疗中。查体：血压110/75mmHg，口唇发绀，左下肺可闻及少许细湿啰音，心率96次/分，律齐，$P_2>A_2$，胸骨左缘第5肋间可闻及2/6级收缩期杂音。首先考虑的诊断是
A. 肺血栓栓塞　B. 急性左心衰竭　C. 结肠癌肺转移
D. 重症肺炎　E. 急性心肌梗死
228. 男，57岁。咳嗽、咯血2天，突发呼吸困难1小时。血D-二聚体明显升高，心电图见$S_ⅠQ_ⅢT_Ⅲ$，确诊为急性肺栓塞。经rt-PA50mg溶栓治疗后症状改善。此时应采取的治疗措施是
A. 口服华法林　B. 皮下注射低分子肝素　C. 口服氯吡格雷
D. 维持rt-PA静脉注射　E. 口服阿司匹林
229. 发生肺血栓栓塞时，应首先考虑溶栓的情况是
A. 剧烈胸痛　B. 持续低血压　C. 严重低氧血症
D. 明显咯血　E. 合并深静脉血栓形成

第 5 章　肺动脉高压与慢性肺源性心脏病

一、肺动脉高压(执业医师需掌握)

230. 主要引起动脉性肺动脉高压的疾病是
A. 睡眠呼吸障碍　B. 慢性阻塞性肺疾病　C. 二尖瓣狭窄
D. 特发性肺动脉高压　E. 肺动脉栓塞

231. 急性肺源性心脏病最常见的病因是
A. 过敏性肺炎　B. 重症肺结核　C. 慢性阻塞性肺疾病
D. 支气管哮喘　E. 肺血栓栓塞

232. 不引起缺氧性肺血管收缩的体液因素是
A. 白三烯增加　B. 前列腺素 $PEF_{2\alpha}$ 增加　C. 血栓素增加
D. 内皮素释放增加　E. 一氧化氮生成增加

233. 女,36 岁。呼吸困难伴声嘶 2 个月,活动后明显。无慢性咳嗽、咳痰和关节疼痛病史。查体:口唇发绀,颈静脉充盈,肝颈回流征阳性,P_2 亢进,三尖瓣区可闻及 3/6 级收缩期杂音,双下肢水肿。其最可能的诊断是
A. 特发性肺动脉高压　B. 风湿性心脏瓣膜病　C. 房间隔缺损
D. 室间隔缺损　E. 扩张型心肌病

234. 女,32 岁。反复胸痛半年,进行性活动后呼吸困难 2 个月。否认慢性咳嗽、咳痰及心脏病史。查体:血压 120/80mmHg,双肺呼吸音低,未闻及干、湿啰音,$P_2>A_2$,三尖瓣区可闻及 3/6 级收缩期杂音,剑突下可见心脏搏动。右下肢水肿。为确定诊断,最有意义的检查是
A. 超声心动图　B. CT 肺动脉造影　C. 肺通气功能
D. 血气分析　E. 胸部 X 线片

二、慢性肺源性心脏病(执业医师及助理医师均需掌握)

A. 肺泡毛细血管急性损伤　B. 支气管肺感染和阻塞　C. 肺弥散功能障碍
D. 肺动脉高压　E. 肺性脑病

235. 肺源性心脏病发病的主要机制是
236. 肺源性心脏病出现精神障碍主要见于

237. 引起继发性肺动脉高压最常见的原因是
A. 结缔组织病　B. 肺血栓栓塞　C. 慢性阻塞性肺疾病
D. 间质性肺炎　E. 肺结核

238. 引起慢性阻塞性肺疾病肺动脉高压最重要的原因是
A. 肺小动脉原位血栓形成　B. 肺小动脉内膜增厚　C. 肺小动脉痉挛
D. 肺小动脉壁纤维化　E. 肺小动脉微血栓栓塞

239. 肺源性心脏病肺动脉高压形成的多项因素中,可经治疗后明显降低肺动脉压的是
A. 慢性支气管炎所致血管炎　B. 缺氧性肺血管收缩　C. 肺气肿压迫肺毛细血管
D. 慢性缺氧所致肺血管重建　E. 肺泡壁破裂所致肺循环阻力增大

(240~241 题共用题干)女,55 岁。反复咳嗽、咳痰、气促 30 年,加重伴低热 1 周。既往高血压病史 10 年,血压控制满意。查体:T38℃,P110 次/分,R24 次/分,BP160/90mmHg。口唇发绀,颈静脉怒张,双肺可闻及哮鸣音和湿啰音,心率 110 次/分,律齐,$P_2>A_2$,剑突下可闻及 3/6 级收缩期杂音。

腹膨隆，肝肋下4cm，压痛(+)，肝颈静脉回流征阳性，双下肢水肿。

240. 该患者最可能的诊断是
A. 冠状动脉硬化性心脏病　B. 心肌病　C. 肺血栓栓塞
D. 肺源性心脏病　E. 风湿性心脏瓣膜病

241. 对明确诊断最有价值的检查是
A. 胸部X线片　B. 超声心动图　C. 血气分析
D. 心电图　E. 血D-二聚体

242. 男，69岁。反复咳嗽、咳痰、喘息20年，加重2周，嗜睡1周。无发热、咯血。既往吸烟30年，每日约1包。查体：T36.8℃，BP160/95mmHg，昏睡状，口唇发绀，颈静脉充盈，肝颈静脉回流征阳性，双肺可闻及哮鸣音和细湿啰音，心律130次/分，$P_2>A_2$，双下肢水肿，病理征(-)。该患者肺动脉高压形成的最主要机制是
A. 肺小动脉结构重塑　B. 肺毛细血管静水压升高　C. 原位血栓形成
D. 血红蛋白浓度升高　E. 缺氧、CO_2潴留致血管收缩

A. 慢性缺氧所致肺血管重建　B. 缺氧性肺血管收缩　C. 支气管肺感染和阻塞
D. 血液黏稠度增加　E. 气道炎症

243. 肺源性心脏病肺动脉高压形成的解剖因素是
244. 肺源性心脏病肺动脉高压形成的功能因素是

245. 提示肺动脉高压最主要的临床表现是
A. 肺气肿　B. 呼吸衰竭　C. P_2亢进
D. 剑突下异常搏动　E. 三尖瓣区收缩期杂音

246. 提示慢性肺源性心脏病右心室肥大的最主要临床表现是
A. 心音低钝　B. 心界缩小　C. $P_2=A_2$
D. 剑突下有明显搏动　E. 双肺听诊有湿啰音

247. 提示早期慢性肺源性心脏病的临床表现是
A. 胸闷、呼吸困难　B. 心悸、心音遥远　C. 发绀、乏力、易疲劳
D. 可见剑突下明显心脏搏动　E. 颈静脉怒张

248. 慢性肺源性心脏病患者提示右心功能不全的主要体征是
A. 双下肢水肿　B. 肝颈静脉回流征阳性　C. 心脏向左扩大
D. 肝大，触痛阳性　E. 肺动脉瓣区第二心(P_2)亢进

249. 男，54岁。因“进行性呼吸困难1年”就诊，既往体健。查体：口唇轻度发绀，双肺呼吸音清晰，未闻及干、湿啰音。心界无扩大，P_2亢进、分裂，三尖瓣区可闻及2/6级收缩期杂音。左下肢轻度凹陷性水肿，并可见浅静脉曲张。该患者最可能的诊断是
A. 慢性肺源性心脏病　B. 冠心病　C. 扩张型心肌病
D. 先天性心脏病　E. 风湿性心脏瓣膜病

(250~251题共用题干)男，62岁。间断咳嗽、咳痰10余年，喘息5年，加重3天入院。吸烟41年，30支/日，已戒5年。查体：烦躁，球结膜充血水肿，口唇发绀。桶状胸，双肺呼吸音低，右下肺可闻及少许湿啰音，肝肋下5cm，肝颈静脉回流征(+)，双下肢水肿。血K^+ 4.5mmol/L，Na^+ 129mmol/L，Cl^- 90mmol/L。

250. 若该患者出现意识障碍，最可能的原因是
A. 感染中毒性脑病　B. 脑血管意外　C. 肝性脑病

D. 肺性脑病　　E. 低钠血症

251. 该患者目前最重要的治疗措施为

A. 抗感染　　B. 静脉滴注支链氨基酸　　C. 无创通气

D. 利尿　　E. 纠正电解质紊乱

252. 慢性肺源性心脏病患者胸部 X 线片典型的心脏形态特征是

A. 心尖上翘　　B. 心脏向右扩大　　C. 心脏向左扩大

D. 心脏普大　　E. 心腰部凹陷

253. 不符合肺源性心脏病胸部 X 线片表现的是

A. 右下肺动脉增宽　　B. 水滴型心　　C. 心尖上翘

D. 肺动脉段膨隆　　E. 心脏向左下扩大、靴型

254. 心电图改变强烈提示慢性肺源性心脏病的是

A. P 波增宽，有切迹　　B. 右束支阻滞　　C. $V_1 \sim V_4$ 导联 ST-T 改变

D. 胸前导联顺钟向转位　　E. $V_5 \sim V_6$ 导联 ST 段压低

255. 不符合慢性肺源性心脏病心电图表现的是

A. 肺型 P 波　　B. 右束支传导阻滞　　C. $SV_1+RV_5 \geq 1.05mV$

D. V_1 和 V_2 导联出现 QS 波　　E. 电轴右偏

256. 女，67 岁。间断咳嗽、咳痰 15 年，心悸、气短伴双下肢水肿 3 天。心电图示胸前导联重度顺钟向转位，V_1 导联呈 Rs 型，$V_5R/S<1$，$R_{V1}+S_{V5}=1.5mV$。该患者最可能的诊断是

A. 扩张型心肌病　　B. 慢性肺源性心脏病　　C. 风湿性心脏瓣膜病

D. 心包积液　　E. 冠心病，心肌梗死

257. 男，67 岁，吸烟者。家属发现患者呼之不应半小时送医院。COPD 病史 30 年。查体：血压150/50mmHg，浅昏迷状，球结膜水肿，双肺可闻及干、湿啰音，$A_2<P_2$，下肢水肿。为明确诊断首选的检查是

A. 动脉血气分析　　B. 胸部 X 线片　　C. 心脏超声波

D. 动态心电图　　E. 肺功能

258. 男，68 岁。反复咳嗽、咳痰、气促 41 年，心悸、水肿 5 年，近 1 周来症状加重入院。查体：呼吸急促，双肺可闻及干、湿啰音，P_2 亢进，三尖瓣区闻及 3/6 级收缩期杂音。肝右肋下 4cm，压痛(+)，肝颈回流征阳性，下肢水肿。此时首选的治疗是使用

A. 正性肌力药　　B. 利尿药　　C. 血管扩张药

D. 抗生素　　E. 祛痰药

259. 慢性肺源性心脏病急性加重期的治疗，不适宜

A. 解痉祛痰　　B. 早期强心利尿　　C. 纠正酸碱失衡

D. 控制呼吸道感染　　E. 持续低流量吸氧

(260~262 题共用题干)男性，71 岁，吸烟患者。反复咳嗽、咳痰、气促 40 余年，胸闷、心悸 2 年，加重伴发热 1 周，昏睡 3 小时入院。入院后查体：血压 140/90mmHg，嗜睡状，呼之能应，瞳孔等大等圆，对光反射存在，口唇发绀，双肺可闻及干、湿啰音，心率 120 次/分，期前收缩 3 次/分，下肢凹陷性水肿。

260. 该患者最可能的诊断是

A. 冠状动脉硬化性心脏病　　B. 慢性肺源性心脏病　　C. 风湿性心脏病

D. 原发性心肌病　　E. 高血压心脏病

261. 假设上述诊断成立，补充体检时还可出现的最主要体征是

A. 心音强弱、快慢不等　　B. 心界向左下扩大　　C. 心界向左、右两侧扩大

D. 肺动脉瓣区第二心音亢进　　E. 心尖区可闻及 3/6 级粗糙吹风样全收缩期杂音

262. 假设上述诊断成立，其出现昏睡最可能的原因是
A. 代谢性碱中毒　B. 中毒性脑病　C. 肺性脑病
D. 脑梗死　E. 脑出血

（263~264题共用题干）男，70岁。间断咳嗽30余年，加重伴意识障碍2天入院。查体：T38.0℃，P102次/分，R21次/分，BP120/80mmHg。烦躁不安，球结膜充血水肿，口唇发绀。桶状胸，双肺可闻及哮鸣音，双下肺少量湿啰音。

263. 对诊断最有意义的检查是
A. 心电图　B. 脑电图　C. 痰细菌培养
D. 动脉血气分析　E. 胸部CT

264. 该患者禁忌使用的药物是
A. 甲泼尼龙　B. 地西泮　C. 氨茶碱
D. 地塞米松　E. 头孢曲松

265. 男性，67岁。肺源性心脏病急性加重期患者。血气分析：pH7.25，$PaCO_2$ 70mmHg，HCO_3^- 30mmol/L。对其酸碱失衡的治疗措施应为
A. 静脉滴注5%碳酸氢钠　B. 静脉滴注盐酸精氨酸　C. 给予利尿剂
D. 补充氯化钾　E. 改善通气功能

266. 慢性肺源性心脏病急性加重时，使用利尿剂可能引起
A. 低钾低氯性碱中毒　B. 代谢性酸中毒
C. 呼吸性酸中毒合并代谢性酸中毒　D. 稀释性低钠血症
E. 呼吸性碱中毒合并代谢性酸中毒

267. 肺源性心脏病患者心力衰竭使用洋地黄，下述哪项不正确？
A. 避免选用作用快的制剂　B. 用量为常规量的1/2~2/3
C. 一般疗效较差　D. 心率快与慢不能作为疗效指征
E. 不作为首选治疗心功能不全的药物

268. 慢性肺源性心脏病引起的心律失常最常见的是
A. 房室传导阻滞　B. 心房颤动　C. 室性期前收缩
D. 室性心动过速　E. 房性期前收缩和室上性心动过速

第6章　胸腔积液与急性呼吸窘迫综合征

一、胸腔积液（执业医师及助理医师均需掌握）

269. 因毛细血管通透性增加而致胸腔积液的疾病是
A. 肝硬化　B. 左心衰竭　C. 缩窄性心包炎
D. 类风湿关节炎　E. 肾病综合征

270. 下列胸腔积液类型中，主要发病机制为淋巴管阻塞所致的是
A. 结缔组织病所致胸腔积液　B. 恶性胸腔积液　C. 乳糜胸
D. 类肺炎性胸腔积液　E. 结核性胸膜炎

271. 结核性胸膜炎的胸液检查，最常见的是
A. 渗出性　B. 漏出性　C. 乳糜性
D. 脓性　E. 血性

A. 漏出液　B. 渗出液　C. 脓性胸液
D. 血性胸液　E. 乳糜性胸液

272. 充血性心力衰竭所产生的胸腔积液为
273. 系统性红斑狼疮所产生的胸腔积液为
274. 金黄色葡萄球菌肺炎并发的胸腔积液为
275. 胸导管阻塞或破裂所致的胸腔积液为

276. 女,21 岁。午后发热伴胸闷、气短 1 周入院。胸部 X 线片示左侧胸腔积液(大量)。其气短的最主要的原因是
A. 阻塞性通气功能障碍　B. 肺组织弥散功能障碍　C. 限制性通气功能障碍
D. 通气/血流比例失调　E. 动-静脉分流

A. 心力衰竭所致胸腔积液　B. 类风湿关节炎所致胸腔积液　C. 恶性胸腔积液
D. 乳糜性胸腔积液　E. 类肺炎性胸腔积液

277. 胸腔积液检查示:胸腔积液总蛋白 15g/L,LDH56U/L,Glu5.4mmol/L,ADA23U/L。最可能的病因是
278. 胸腔积液检查示:有核细胞 2000×10^6/L,单个核 0.94,总蛋白 40g/L,LDH475U/L,Glu2.4mmol/L,ADA12U/L。最可能的病因是

A. 酸碱度(pH)　B. 乳酸脱氢酶(LDH)　C. 葡萄糖
D. 胆固醇　E. 腺苷脱氨酶(ADA)

279. 鉴别结核性胸腔积液和恶性胸腔积液最有价值的胸腔积液生化检查项目是
280. 最常用于判断漏出液和渗出液性质的胸腔积液生化检查项目是

281. 胸腔积液中葡萄糖水平显著降低的情况最常见于
A. 脓胸　B. 肺血栓栓塞症　C. 心力衰竭
D. 肾病综合征　E. 肝硬化

282. 女,31 岁。咳嗽 2 个月,发热、胸闷 1 周。查体:体温 38.5℃,右下肺叩诊实音,呼吸音消失。胸部 X 线片示右下肺大片致密影,上缘呈弧形。该患者应首选的检查是
A. 胸部超声　B. 痰找抗酸杆菌　C. 支气管镜
D. 胸部 CT　E. 痰培养+药敏

283. 女,54 岁。发热、咳嗽 2 天。查体(坐位):体温 37.8℃,右侧胸廓略饱满,右下肺第 4 前肋间以下叩诊呈实音,呼吸音明显减弱。该患者最可能出现的其他体征是
A. 右下肺可闻及湿啰音　B. 右下肺可闻及胸膜摩擦音　C. 气管向右侧移位
D. 右下肺语音共振减弱　E. 右下肺可闻及支气管呼吸音

284. 女,58 岁。咳嗽、呼吸困难 2 周余。查体:体温 36.8℃,右侧肋间隙变宽,右下肺叩诊呈浊音,呼吸音及语音共振明显减弱。该患者肺部病变最可能的情况是
A. 肺不张　B. 肺实变　C. 气胸
D. 肺气肿　E. 胸腔积液

285. 女,50 岁。渐进性胸闷、气短 3 周。右肺叩诊呈实音,听诊右肺呼吸音明显减弱。胸部 X 线片示右侧大量胸腔积液。胸穿抽出血性胸腔积液 700ml。胸腔积液化验 CEA 明显增高。胸膜病变最可能的病理类型为
A. 鳞癌　B. 腺癌　C. 小细胞癌
D. 大细胞癌　E. 恶性胸膜间皮瘤

286. 男,38 岁。发热 2 周,胸闷 5 天。无咳嗽、咳痰和咯血,曾使用"三代头孢菌素"抗感染治疗无效。查体:T37.8℃,BP140/90mmHg,右下肺呼吸音消失,语音共振减弱。胸部 X 线片示右下肺大片状密度

增高影,上缘呈外高内低弧形。为明确诊断,应首选的检查是

A. 胸腔穿刺抽液　B. 胸部 CT　C. 血肿瘤标志物
D. 超声心动图　E. 支气管镜

287. 不符合结核性胸腔积液表现的是

A. 胸液 LDH 明显增加　B. 胸液总蛋白水平明显下降　C. 胸液 ADA 明显增加
D. 血性胸液　E. 胸液中单个核细胞比例明显增加

288. 女性,58 岁。因发热、咳嗽、胸闷、气短 1 周收入住院。查体:T37.5℃,R24 次/分,口唇发绀,双下肺叩诊呈浊音、语颤明显减弱、呼吸音消失,腹部隆起,叩诊移动性浊音(+),双侧胸液、腹水呈乳糜样,苏丹染色阴性,胸液、腹液常规均示渗出液,淋巴细胞为主,LDH1200U/L,癌胚抗原(CEA)明显增高,PPD(+)。最可能的诊断是

A. 化脓性胸膜炎　B. 结核性胸膜炎　C. 恶性胸腔积液
D. 乳糜样胸腔积液　E. 结缔组织疾病

289. 男,20 岁。发热、咳黄色脓痰 4 天。查体:T39.2℃,右肺闻及湿啰音。胸部 X 线片示右肺下叶大片致密影。血 WBC19×10^9/L。给予抗生素治疗,2 天后症状加重,出现胸痛并呼吸困难,右肺呼吸音明显降低。胸部 X 线片显示右侧胸腔积液。最可能的诊断是

A. 肺炎合并肺脓肿　B. 肺炎合并肺炎旁胸腔积液　C. 结核性渗出性胸膜炎
D. 肺癌合并胸腔积液　E. 支气管扩张合并急性感染

290. 男,26 岁。发热、咳嗽 3 天。胸部 X 线片示右下肺炎,右侧少量胸腔积液。血 WBC14.5×10^9/L,N0.85。给予静脉点滴"头孢曲松"抗感染治疗 3 天,体温无明显变化。查体示右肩胛线第 8 肋以下语颤减弱,叩诊呈实音。此时应采取的措施为

A. 继续目前治疗　B. 胸腔穿刺抽液检查　C. 痰培养+药敏
D. 换用阿奇霉素　E. 换用喹诺酮类药物

(291~293 题共用题干)男性,35 岁。3 个月来低热、盗汗、消瘦,1 个月来劳累后气短。查体:体温 37.6℃,右下肺触觉语颤减弱,叩诊呈浊音,呼吸音消失。心尖搏动向左移位,心音正常,心率 98 次/分,律整,无杂音,超声示右侧胸腔中等量积液。

291. 对患者进行初步诊断,首先考虑为

A. 结核性胸腔积液　B. 病毒性胸腔积液　C. 化脓性胸腔积液
D. 肿瘤性胸腔积液　E. 支原体性胸腔积液

292. 入院后应采取的最主要诊断措施是

A. 胸腔穿刺抽液检查　B. 血培养　C. PPD 试验
D. 胸部 CT 检查　E. 胸腔镜检查

293. 该患者还可能出现的体征是

A. 右侧肺底下移　B. 气管向左移位　C. 右上肺可闻管状呼吸音
D. 双侧胸廓肋间隙变窄　E. 肝界上移

(294~296 题共用题干)男,35 岁。发热、胸痛 1 周。胸部 X 线片示右侧中等量胸腔积液。胸液常规检查示单核细胞比例为 85%。

294. 下列检查结果,对提示诊断结核性胸膜炎意义最大的是胸液中

A. 氯化物含量增加　B. LDH 含量增加　C. ADA 含量增加
D. 黏蛋白试验阳性　E. 葡萄糖含量降低

295. 该患者确诊为结核性胸膜炎,为控制患者的胸腔积液,除口服抗结核药物治疗之外,应采取的主要措施为

A. 口服大剂量糖皮质激素　B. 反复胸腔穿刺抽液　C. 胸腔内注射尿激酶

D. 胸腔闭式引流　　E. 胸腔内注射抗结核药物

296. 给予患者异烟肼+利福平+吡嗪酰胺+乙胺丁醇抗结核治疗，疗程一般应为

A. 6~9 个月　　B. 9~12 个月　　C. 12~18 个月

D. 18~24 个月　　E. 3~6 个月

297. 女，24 岁。发热 4 天，体温波动于 38.2~39.5℃。化验血：Hb134g/L，WBC14.5×10^9/L，N0.85。胸部 X 线片提示左侧胸腔积液。胸腔积液常规：有核细胞 6000×10^6/L，多核细胞 0.89。胸腔积液生化：pH6.9，LDH1400U/L，Glu0.8mmol/L，ADA48U/L。该患者除抗感染治疗外，还应采取的重要处理措施是

A. 胸腔闭式引流　　B. 抗结核治疗　　C. 胸膜活检

D. 胸腔镜检查　　E. 胸腔内注射抗生素

298. 男，46 岁。吸烟史 20 年，发热 2 周(37.5~38℃)，右胸疼痛，近 4 天胸痛减轻，感胸闷、气促。查体：右下胸语音震颤减弱，叩浊，呼吸音降低。最可能的诊断是

A. 肺炎链球菌肺炎　　B. 支原体肺炎　　C. 结核性胸膜炎

D. 浸润性肺结核　　E. 支气管肺癌

299. 结核性胸膜炎处理原则中不包括

A. 反复胸腔穿刺抽液　　B. 常规使用小剂量糖皮质激素　　C. 加强营养支持

D. 定期检测肝功能　　E. 口服三联或四联抗结核药物

300. 有关糖皮质激素在结核性胸膜炎治疗中的描述，错误的是

A. 可减轻机体的变态反应　　B. 可改善结核中毒症状　　C. 可作为常规治疗

D. 可导致结核播散　　E. 需逐渐减量

301. 女，28 岁。低热、干咳 2 周。胸部 X 线片示右侧中等量胸腔积液。胸腔积液检查示有核细胞总数 1460×10^6/L，单核细胞 0.85。给予四联抗结核药物治疗。下列对防止该患者出现胸膜肥厚最重要的措施是

A. 胸腔内注射尿激酶　　B. 胸腔内注射糖皮质激素　　C. 胸腔内注射抗结核药物

D. 口服糖皮质激素　　E. 反复胸腔穿刺抽取胸腔积液

A. 每次抽液量<1000ml　　B. 加大抗结核药物剂量　　C. 每次抽液量以抽尽为止

D. 合理化疗同时合并用泼尼松　　E. 抗结核治疗的同时加用抗菌药

302. 结核性大量胸腔积液患者伴有毒血症症状重时应

303. 结核性大量胸腔积液患者抽液的原则是

(304~305 题共用题干)男，78 岁。因进行性气短 2 周就诊，无咳嗽、发热、胸痛。胸部 X 线片示左侧大量胸腔积液。血 WBC8.9×10^9/L，N0.72，Hb110g/L，ESR36mm/h。

304. 为明确诊断，首先应进行的检查是

A. 支气管镜　　B. 胸腔穿刺　　C. 胸腔镜

D. 纵隔镜　　E. 胸部 CT

305.【假设信息】该患者胸部 CT 示左侧支气管通畅，左下肺直径 2cm 分叶状结节影，纵隔可见直径 1~2cm的肿大淋巴结。该患者胸腔积液治疗最有效的措施为

A. 胸膜固定术　　B. 手术治疗　　C. 反复穿刺抽液

D. 全身化疗　　E. 免疫治疗

二、急性呼吸窘迫综合征(执业医师需掌握)

306. 急性呼吸窘迫综合征(ARDS)所致顽固性低氧血症的最主要机制是

A. 分流率增加　　B. 弥散功能障碍　　C. 通气/血流比例失衡

D. 呼吸功增加　E. 限制性通气功能障碍

307. 急性呼吸窘迫综合征最重要的临床特征是
A. 双肺渗出性病变　B. 呼吸困难和体位无关　C. 呼吸频率显著增加
D. 顽固性低氧血症　E. 混合性呼吸困难

308. ARDS 共同性病理变化有
A. 气道阻塞　B. 肺部感染　C. 肺不张
D. 急性心力衰竭　E. 肺血管内皮和肺泡损害，肺间质水肿

309. 女，34 岁。因肺炎住院治疗，给予鼻导管吸氧（3L/min）。动脉血气分析 pH7.46，$PaCO_2$30mmHg，$PaO_2$66mmHg，$SaO_2$95%。该患者的氧合指数为
A. 200　B. 300　C. 320
D. 240　E. 280

310. 急性呼吸窘迫综合征最重要的诊断依据是
A. 呼吸频率增加，每分钟大于 28 次　B. 肺泡-动脉氧分压差[$P_{(A-a)}O_2$]降低
C. 氧合指数（PaO_2/FiO_2）≤200　D. 肺内分流量减少
E. 血气分析显示为低氧伴轻度二氧化碳潴留

311. 急性呼吸窘迫综合征的早期临床表现是
A. 发绀　B. 呼吸道分泌物增多　C. 意识障碍
D. 呼吸窘迫　E. 体温高

312. 成人急性呼吸窘迫综合征最常见的呼吸特点是
A. 呼吸浅慢　B. 呼吸浅快　C. 呼吸深慢
D. 呼吸深快　E. 呼吸不规则

313. 对鉴别急性呼吸窘迫综合征与心源性肺水肿最有价值的检查是
A. 肺功能　B. 超声心动图　C. 动脉血气分析
D. 胸部 X 线片　E. Swan-Ganz 导管

314. 治疗急性呼吸窘迫综合征，最有效的措施是
A. 持续高浓度吸氧　B. 应用呼气末正压通气　C. 早期应用糖皮质激素
D. 积极给予对症支持治疗　E. 持续低浓度吸氧

315. 男，38 岁。因车祸致骨盆、股骨骨折急诊手术。术后 1 天逐渐出现憋气，烦躁不安。经皮血氧饱和度（SpO_2）监测示：由 98%逐渐下降至 87%，经面罩给氧（5 升/分）后，SpO_2 增加至 89%，但症状缓解不明显。查体：T37.3℃，P103 次/分，R32 次/分，BP90/80mmHg。意识清楚，口唇发绀，双肺呼吸音对称，双肺闻及少许湿啰音。该患者最可能的诊断是
A. 气胸　B. 肺血栓栓塞　C. 腹腔内出血
D. 急性左心衰竭　E. 急性呼吸窘迫综合征

316. 男，16 岁。溺水，经急救后送来急诊。查体：P120 次/分，R32 次/分，BP95/65mmHg，神志清楚，口唇发绀，双肺可闻及湿啰音。面罩吸氧后氧饱和度监测显示为 85%。该患者应立即采取的治疗措施是
A. 静脉注射地塞米松　B. 静脉注射毛花苷丙　C. 无创通气
D. 皮下注射吗啡　E. 静脉注射呋塞米

（317~318 题共用题干）男，40 岁。1 小时前游泳时溺水送来急诊。查体：P120 次/分，R34 次/分，BP90/60mmHg。神志尚清，烦躁不安，口唇发绀，两肺可闻及广泛湿啰音。动脉血气分析（FiO_2 = 50%）：pH7.52，$PaCO_2$30mmHg，$PaO_2$60mmHg。

317. 该患者出现严重呼吸衰竭最主要的原因是

A. 肺泡通气量下降　　B. 弥散功能障碍　　C. 通气/血流比例失调
D. 肺内分流显著增加　　E. 呼吸中枢活动减弱

318. 为改善其呼吸衰竭,应首选的措施是
A. 静脉滴注呼吸兴奋剂　　B. 纯氧面罩吸氧　　C. 无创通气
D. 快速利尿　　E. 静脉滴注糖皮质激素

(319~321 题共用题干)男,51 岁。重症肺炎患者,入院后次日病情加重,突发持续性呼吸急促,发绀,伴烦躁,呼吸频率 38 次/分,心率 108 次/分,律齐,两肺可闻及湿啰音。血气分析:pH7.34,$PaO_2$50mmHg,$PaCO_2$30mmHg。胸部 X 线片示两中下肺纹理增多,模糊,斑片状阴影,心胸比例正常。

319. 最可能的诊断是
A. 肺梗死　　B. 急性左心衰竭　　C. 自发性气胸
D. 肺不张　　E. 急性呼吸窘迫综合征

320. 为缓解患者的呼吸困难,最好采用
A. 高频通气　　B. 持续气道内正压通气(CPAP)　　C. 呼气末正压通气(PEEP)
D. 高浓度吸氧　　E. 双气道正压通气(Bi-PAP)

321. 对输液的要求是
A. 入量>出量(>500ml)　　B. 入量>出量(>1000ml)　　C. 入量=出量
D. 入量<出量　　E. 不限制胶体溶液

(322~323 题共用题干)女性,21 岁,学生。不慎溺水后 2 小时出现呼吸困难急诊入院。查体:BP90/60mmHg,R40 次/分,P120 次/分。烦躁不安,唇发绀,双肺可闻及湿啰音,胸部 X 线片示双肺呈大片状浸润阴影。

322. 为明确诊断,该患者首选的检查是
A. 心电图　　B. 脑部 CT　　C. 血气分析
D. 超声心动图　　E. 心肌损伤标志物

323. 假设诊断成立,在治疗中应及早使用的是
A. 高浓度鼻导管吸氧　　B. 增加输液量　　C. 面罩吸氧
D. 输胶体液　　E. PEEP

第 7 章　呼吸衰竭与呼吸支持技术

(执业医师及助理医师均需掌握)

324. 下列疾病中,最常出现Ⅱ型呼吸衰竭的是
A. 肺结核　　B. 硅肺　　C. 膈肌瘫痪
D. 特发性肺纤维化　　E. 肺水肿

325. 引起Ⅰ型呼吸衰竭最常见的疾病是
A. 慢性支气管炎　　B. 阻塞性肺气肿　　C. 气管异物
D. 膈肌麻痹　　E. ARDS

326. 最常并发Ⅱ型呼吸衰竭的疾病是
A. 胸膜炎　　B. 肺结核　　C. 肺炎
D. 慢性阻塞性肺疾病　　E. 特发性肺动脉高压

A. PaO_2 为 70mmHg,$PaCO_2$ 为 45mmHg　　B. PaO_2 为 70mmHg,$PaCO_2$ 为 40mmHg

C. PaO_2 为 55mmHg, $PaCO_2$ 为 50mmHg　　D. PaO_2 为 50mmHg, $PaCO_2$ 为 40mmHg
E. PaO_2 为 65mmHg, $PaCO_2$ 为 40mmHg

327. 符合Ⅰ型呼吸衰竭的动脉血气标准是
328. 符合Ⅱ型呼吸衰竭的动脉血气标准是
A. 肺泡通气不足　B. 通气/血流比例失衡　C. 弥散功能障碍
D. 肺内分流　E. 氧耗量增加
329. 支气管哮喘患者发生Ⅰ型呼吸衰竭最主要的机制是
330. 支气管哮喘患者发生Ⅱ型呼吸衰竭最主要的机制是
A. 弥散功能障碍　B. 通气/血流比例失调　C. 氧耗量增加
D. 肺动静脉分流　E. 肺泡通气量下降
331. 肺疾病发生单纯低氧血症最主要的机制是
332. 间质性肺疾病发生Ⅰ型呼吸衰竭最主要的机制是

333. 男,72岁。咳嗽、咳痰30年,加重伴气短10天。查体:神志清楚,口唇发绀,桶状胸,双肺闻及少许干、湿啰音。胸部X线片示双肺纹理增粗、紊乱。血气分析示: PaO_2 55mmHg, $PaCO_2$ 39mmHg。该患者发生呼吸衰竭最主要的机制是
A. 肺内分流　B. 弥散功能障碍　C. 肺通气不足
D. 氧耗量增加　E. 通气/血流比例失调
334. 女,30岁。意识模糊, PaO_2 43mmHg, $PaCO_2$ 53mmHg。该患者血气变化的主要机制是
A. 肺通气功能障碍　B. 肺换气功能障碍　C. 解剖无效腔增加
D. 弥散功能障碍　E. 通气/血流比例失调
335. 下列机制所致的低氧血症中,通过氧疗最难纠正的是
A. 弥散功能障碍　B. 肺泡通气量下降　C. 通气/血流比例失衡
D. 肺内分流　E. 氧耗量增加
336. 缺 O_2 和 CO_2 潴留对中枢神经系统可产生的影响,不包括
A. 出现烦躁不安、谵妄　B. 出现神志不清、昏迷　C. 导致脑组织碱中毒
D. 导致脑细胞水肿　E. 导致脑间质水肿
337. 机体对慢性Ⅱ型呼吸衰竭所进行的代偿性反应是
A. 血钾增加　B. 阴离子间隙增加　C. 肾脏回吸收 HCO_3^- 增加
D. 呼吸频率增加　E. 潮气量增加
338. 女,79岁。1小时前家属发现其呼吸困难而来诊。查体:T36.8℃,R32次/分,BP140/90mmHg。嗜睡,球结膜水肿,皮肤潮湿,口唇发绀,双下肺可闻及细湿啰音和哮鸣音。心率120次/分,双下肢水肿。为明确诊断,进一步检查宜首选
A. 胸部CT　B. 心肌坏死标志物　C. 心电图
D. 头颅CT　E. 动脉血气分析
339. 呼吸衰竭最主要的临床表现是
A. 呼吸费力伴呼气延长　B. 呼吸频率增快　C. 呼吸困难与发绀
D. 神经精神症状　E. 双肺有大量湿啰音
340. 呼吸衰竭患者缺氧的典型表现是
A. 呼吸困难　B. 呼吸急促　C. 心率增快
D. 发绀　E. 神经精神症状
341. 男,75岁。间断咳嗽,咳痰12年,加重伴气短2天就诊。吸烟40余年,每天约1包。胸部X线片示

双肺纹理粗乱。动脉血气示 pH7.34，$PaCO_2$48mmHg，$PaO_2$55mmHg。该患者氧疗的最佳方式是
A. 持续低流量吸氧　B. 无重复呼吸面罩吸氧　C. 气管插管、机械通气
D. 无创通气　E. 普通面罩吸氧

342. 女，65 岁。间断咳嗽咳痰 10 年，加重伴呼吸困难 2 天。血气分析：pH7.35，$PaO_2$56mmHg，$PaCO_2$46mmHg。给予该患者鼻导管吸氧治疗，如需使用的吸氧浓度为 27%，则其氧流量应调整为
A. 1.0L/min　B. 1.5L/min　C. 2.0L/min
D. 2.5L/min　E. 3.0L/min

343. 治疗呼吸衰竭时，为建立通畅的气道应采取以下措施，除了
A. 给予祛痰药促进排痰　B. 给予可待因止咳　C. 给予支气管解痉药
D. 必要时做气管插管吸痰　E. 必要时做气管切开吸痰

344. 男，71 岁。COPD 患者，长期家庭氧疗。近 10 天因呼吸困难增加氧流量，1 小时前被发现无法唤醒而就诊。查体：昏睡，球结膜充血水肿，双肺呼吸音低，双侧巴氏征阳性。动脉血气（鼻导管吸氧 1.5L/min），pH7.18，$PaO_2$71mmHg，$PaCO_2$76mmHg。该患者出现意识障碍最可能的原因是
A. 电解质紊乱　B. 脑梗死　C. 感染中毒性脑病
D. 二氧化碳潴留　E. 氧中毒

345. 男，74 岁。反复咳嗽、咳痰 30 年，近 5 年来长期夜间家庭氧疗。1 周前因受凉出现喘息，夜间入睡困难。昨夜自服"舒乐安定"（艾司唑仑）2 片，并将吸氧流量提高至 4L/min，自觉喘息症状有所改善。今晨家属发现其呼之不应。入院查体：双肺呼吸音低。双侧 Babinski 征（±）。该患者最可能出现的问题是
A. 电解质紊乱　B. 氧中毒　C. 肺性脑病
D. 镇静剂中毒　E. 脑梗死

346. 患者，男，74 岁。反复咳嗽、咳痰 30 年。近 5 年来长期夜间家庭氧疗，1 周前因受凉后出现喘息，不能入睡，家属给予舒乐安定口服，并提高吸氧浓度，延长吸氧时间，但昨日出现昏睡。昏睡的主要原因可能是
A. 舒乐安定中毒　B. 脑梗死　C. 严重低氧血症
D. 低钠血症　E. 二氧化碳蓄积

347. 男，78 岁。反复咳嗽、咳痰 50 年，心悸、气促 10 年，再发 10 天。吸烟 40 年，30 支/日。查体：T36.0℃，P120 次/分，R32 次/分，BP135/80mmHg，$SpO_2$87%（吸氧）。桶状胸，肋间隙增宽，两侧呼吸运动对称，触觉语颤减低，胸部叩诊呈过清音，双肺呼吸音减弱，双肺可闻及细湿啰音和少量哮鸣音。动脉血气分析示 pH7.39，$PaO_2$50.4mmHg，$PaCO_2$56.8mmHg。肺功能检查：FEV_1 占预计值的百分比 27%，FEV_1/FVC34%。该患者不宜吸入高浓度氧的原因是高浓度氧可解除
A. 低氧对外周化学感受器的兴奋作用　B. 中枢化学感受器对低氧存在的适应现象
C. 低氧对呼吸中枢的直接兴奋作用　D. 低氧对中枢化学感受器的兴奋作用
E. 外周化学感受器对低氧存在的适应现象

348. 男，58 岁。因肺源性心脏病、呼吸衰竭入院。神志清楚。动脉血气分析：$PaO_2$30mmHg，$PaCO_2$60mmHg。面罩吸氧（36%）治疗 30 分钟后，复查动脉血气分析：$PaO_2$70mmHg，$PaCO_2$80mmHg。该患者 CO_2 分压增加最可能的原因是
A. 氧中毒　B. 气道阻力增加　C. 膈肌疲劳
D. 心力衰竭加重　E. 呼吸中枢抑制

349. 男，65 岁。慢性阻塞性肺疾病患者，因受凉后咳嗽、咳痰伴呼吸困难加重 2 天入院。查体：坐位，喘息貌。球结膜轻度水肿，口唇发绀。双肺可闻及散在哮鸣音，肺底少许湿啰音。动脉血气分析示

pH7.21，$PaCO_2$65mmHg，$PaO_2$52mmHg。该患者宜采取的治疗措施为
A. 储氧面罩吸氧　B. 有创通气　C. 鼻导管吸氧
D. 普通面罩吸氧　E. 无创通气

350. 女，35岁。支气管哮喘重度发作2天，使用氨茶碱、沙丁胺醇、大剂量激素治疗无效。体检：呼吸浅快，口唇发绀，神志不清，双肺哮鸣音较弱。血气分析：$PaO_2$50mmHg，$PaCO_2$70mmHg。进一步救治措施应为
A. 静脉推注地塞米松　B. 给予高浓度吸氧　C. 静脉滴注5%碳酸氢钠
D. 联合应用抗生素静脉滴注　E. 气管插管，机械通气

351. COPD、慢性肺源性心脏病患者发生Ⅱ型呼吸衰竭时，下列治疗措施中不恰当的是
A. 静脉点滴祛痰药物　B. 雾化吸入支气管舒张剂　C. 持续高浓度吸氧
D. 无创通气　E. 静脉点滴糖皮质激素

352. 男，38岁。脓毒性休克患者。动脉血气分析示代谢性酸中毒、Ⅰ型呼吸衰竭。下列治疗措施中可能造成组织缺氧加重的是
A. 静脉滴注小剂量多巴胺　B. 静脉滴注糖皮质激素　C. 补充胶体液
D. 快速补充碳酸氢钠　E. 快速补充晶体液

353. 下列哪项不适宜用无创通气治疗？
A. 急性呼吸窘迫综合征　B. 有创机械通气的续贯治疗　C. 昏迷
D. 心源性肺水肿　E. 慢性阻塞性肺疾病急性加重期

（354～356题共用题干）女性，50岁。慢性阻塞性肺疾病（COPD）患者，近1周受凉后咳嗽、气急加重，咳脓性痰。血气分析：$PaO_2$55mmHg，$PaCO_2$75mmHg。

354. 该COPD患者病情发展已出现
A. Ⅰ型呼吸衰竭　B. Ⅱ型呼吸衰竭　C. 低氧血症
D. 高碳酸血症　E. 呼吸性酸中毒

355. 根据血气分析结果，该患者的呼吸功能障碍为
A. 通气功能障碍　B. 换气功能障碍　C. 通气和换气功能障碍并存
D. 肺泡膜增厚所致弥散功能降低　E. 通气/血流比例增高

356. 对该患者的最佳治疗措施应为
A. 联合应用抗生素静脉滴注　B. 应用祛痰药和解痉平喘药
C. 持续给予2L/min流量的氧吸入　D. 控制感染和改善呼吸功能
E. 应用呼吸兴奋剂以增加通气量

357. 能准确判断酸中毒性质严重程度和代偿情况的是
A. 动脉血和尿的pH值　B. 动脉血的pH值和HCO_3^-　C. 动脉血和静脉血的pH值
D. 动脉血和静脉血的$PaCO_2$　E. 静脉血和尿的pH值

358. 男，67岁。反复咳嗽、咳痰30余年，加重1周。查体：双肺可闻及干、湿啰音。动脉血气分析示：pH7.21，$PaCO_2$75mmHg，$PaO_2$50mmHg，HCO_3^-19.6mmol/L。酸碱平衡失调的类型是
A. 代谢性碱中毒　B. 呼吸性酸中毒合并代谢性酸中毒　C. 代谢性酸中毒
D. 呼吸性酸中毒　E. 呼吸性酸中毒合并代谢性碱中毒

A. pH7.38，$PaO_2$50mmHg，$PaCO_2$40mmHg　B. pH7.30，$PaO_2$50mmHg，$PaCO_2$80mmHg
C. pH7.40，$PaO_2$60mmHg，$PaCO_2$65mmHg　D. pH7.35，$PaO_2$80mmHg，$PaCO_2$20mmHg
E. pH7.25，$PaO_2$70mmHg，$PaCO_2$30mmHg

359. 代偿性呼吸性酸中毒

360. 代偿性呼吸性碱中毒
361. 失代偿性呼吸性酸中毒
A. HCO_3^- 升高,BE 降低,pH 值升高
B. HCO_3^- 降低,BE 升高,pH 值降低
C. HCO_3^- 降低,BE 降低,pH 值降低
D. HCO_3^- 升高,BE 升高,pH 值升高
E. HCO_3^- 升高,BE 降低,pH 值降低
362. 符合代谢性酸中毒的检查结果是
363. 符合代谢性碱中毒的检查结果是

364. 肺弥散功能障碍最常出现
A. PaO_2 正常,$PaCO_2$ 上升
B. PaO_2 下降,$PaCO_2$ 上升
C. PaO_2 正常,$PaCO_2$ 正常
D. PaO_2 正常,$PaCO_2$ 下降
E. PaO_2 下降,$PaCO_2$ 正常或下降

第 8 章　心力衰竭

(执业医师及助理医师均需掌握)

365. 下列关于心力衰竭的叙述,错误的是
A. 心室充盈和(或)射血能力受损
B. 心排量可维持正常
C. 是伴有临床症状的心功能不全
D. 常伴肺循环充血
E. 有心功能不全不一定有心力衰竭
366. 较易引起低排出量心力衰竭的是
A. 二尖瓣关闭不全
B. 维生素 B_1 缺乏
C. 动静脉瘘
D. 严重贫血
E. 甲状腺功能亢进症
367. 最可能引起左心室前负荷增加的是
A. 二尖瓣狭窄
B. 肺动脉瓣狭窄
C. 主动脉瓣关闭不全
D. 主动脉瓣狭窄
E. 体循环动脉高压
368. 能增加左心室后负荷的临床情况是
A. 二尖瓣反流
B. 高血压
C. 房间隔缺损
D. 主动脉瓣反流
E. 室间隔缺损
369. 慢性心力衰竭症状急性加重的最常见诱因是
A. 情绪激动
B. 肺血栓栓塞
C. 药物治疗不当
D. 体力活动
E. 感染
370. 下列属于心力衰竭常见病因的是
A. 水、电解质平衡紊乱
B. 肺部感染
C. 输液过量
D. 洋地黄用量不当
E. 冠状动脉粥样硬化性心脏病
371. 患者无心力衰竭的症状和(或)体征,但已出现心脏结构的改变,其心功能分期是
A. A 期
B. B 期
C. C 期
D. D 期
E. 不能分期
372. 按心力衰竭发展阶段分级,临床心力衰竭阶段至少相当于
A. NYHA 分级Ⅱ级
B. NYHA 分级Ⅳ级
C. NYHA 分级Ⅰ级
D. NYHA 分级Ⅲ级
E. Killip 分级Ⅰ级
373. 男,68 岁。劳力性呼吸困难 4 年,1 周前着凉后咳嗽,上述症状加重,不能平卧。查体:BP180/95mmHg,R32 次/分,端坐位,无颈静脉怒张,双肺可闻及较密集的干、湿啰音,心界向左下扩

大，心率107次/分，腹软，肝脾肋下未触及，双下肢无水肿。该患者的心功能分级为
A. NYHAⅠ级　B. NYHAⅡ级　C. NYHAⅢ级
D. NYHAⅣ级　E. 全心衰竭

374. 男性，68岁。陈旧性前壁心肌梗死5年，劳累后心悸、气短3年，双下肢水肿半年。近1周气短加重，体力活动明显受限，从事一般家务活动即感喘憋。入院时心电图与2个月前相比无变化。该患者的心功能分级为
A. NYHA分级Ⅱ级　B. NYHA分级Ⅲ级　C. Killip分级Ⅱ级
D. Killip分级Ⅲ级　E. Killip分级Ⅳ级

375. 男，45岁。活动后气短2年。2周前发热，咳黄痰，抗生素治疗后体温降至正常。近3天夜间喘憋，不能平卧。既往有扩张型心肌病3年。查体：血压150/70mmHg，无发绀和颈静脉怒张，双肺底可闻及细湿啰音，未闻及哮鸣音，心界向两侧扩大，心率105次/分，律齐，腹软，肝脾肋下未触及，双下肢无水肿。该患者喘憋的最可能原因是
A. 左心衰竭　B. 肺血栓栓塞　C. 右心衰竭
D. 肺炎　E. 支气管哮喘

376. 男，55岁。因持续胸痛10小时收入院。查体：血压120/80mmHg，高枕卧位。双肺可闻及较多细湿啰音，啰音范围大于1/2肺野。心电图示 $V_1 \sim V_4$ 导联ST段抬高0.2~0.4mV。该患者的心功能分级是
A. KillipⅡ级　B. NYHAⅢ级　C. NYHAⅣ级
D. KillipⅣ级　E. KillipⅢ级

377. 女，71岁。急性前壁心肌梗死2天，轻微活动后喘憋。查体：血压100/60mmHg，双肺底可闻及少量细湿啰音，心率102次/分。该患者的心功能分级为
A. Killip分级Ⅰ级　B. Killip分级Ⅱ级　C. Killip分级Ⅲ级
D. NYHA分级Ⅱ级　E. NYHA分级Ⅲ级

378. 男，43岁。进行性活动后心悸、气短5年。1周前受凉后咳嗽、咳黄痰，喘憋加重，夜间不能平卧。否认慢性咳嗽史。查体：血压100/60mmHg，双肺可闻及细湿啰音。心界向左扩大，心率115次/分，律齐，P_2 亢进。该患者喘憋的最可能原因是
A. 支气管哮喘　B. 心力衰竭　C. 肺栓塞
D. 急性心肌炎　E. 慢性支气管炎急性发作

379. 最有助于提示患者左心衰竭的体征是
A. 舒张早期奔马律　B. 心尖部第一心音增强　C. 开瓣音
D. 心包叩击音　E. 主动脉瓣第二心音亢进

380. 对判断左心收缩功能不全最有价值的辅助检查结果是
A. 胸部X线片示心胸比增大　B. 超声心动图示室壁运动障碍　C. 心电图运动负荷试验阳性
D. 胸部X线片示肺部渗出影　E. 超声心动图示左室射血分数降低

381. 男，50岁。活动后心悸、气短5年，加重伴少尿1周。查体：双肺底可闻及细湿啰音，心尖搏动位于第5肋间锁骨中线外2cm，范围较弥散，心率106次/分，律不齐，双下肢凹陷性水肿。最有助于确诊的检查是
A. 胸部X线片　B. 超声心动图　C. 尿常规
D. 血常规　E. 心电图

382. 左心衰竭最早出现的症状是
A. 劳力性呼吸困难　B. 夜间阵发性呼吸困难　C. 端坐呼吸
D. 咯血　E. 少尿

383. 急性肺水肿最特异的临床表现为
A. 左肺底湿啰音　B. 气促、发绀　C. 心尖区收缩期杂音

D. 咳大量粉红色泡沫痰　　E. 肺动脉瓣区第二心音亢进

384. 单纯左心衰竭的典型体征是
A. 双下肢水肿　　B. 双肺底湿啰音　　C. 移动性浊音阳性
D. 肝压痛　　E. 颈静脉怒张

385. 提示左心功能不全的脉搏是
A. 奇脉　　B. 迟脉　　C. 交替脉
D. 水冲脉　　E. 重搏脉

386. 导致肺水肿最直接的原因是
A. 肺动脉压升高　　B. 右心室压升高　　C. 肺静脉压升高
D. 左心室舒张末压升高　　E. 右心房压升高

387. 心力衰竭患者水肿通常首先出现在
A. 眼睑　　B. 双手　　C. 颜面
D. 身体最低部位　　E. 腹部

388. 女,67 岁。劳力性呼吸困难 4 年,加重 2 天。4 年前开始出现体力活动后呼吸困难,休息状态下症状消失。2 天前呼吸困难加重后夜间不能平卧。高血压病史 20 年。查体:血压 160/100mmHg,端坐呼吸,双肺底可闻及湿啰音,心率 102 次/分,P_2 亢进,可闻及 S_3 奔马律。该患者不宜立即使用的药物是
A. 硝普钠　　B. 硝酸甘油　　C. 吗啡
D. 呋塞米　　E. 美托洛尔

389. 右心衰竭体循环淤血的表现是
A. 端坐呼吸　　B. 心源性哮喘　　C. 劳力性呼吸困难
D. 阵发性夜间呼吸困难　　E. 肝颈静脉反流征阳性

390. 肝颈静脉回流征阳性可见于
A. 右心衰竭　　B. 感染性休克　　C. 乙肝后肝硬化
D. 酒精性肝硬化　　E. 急性重症肝炎

391. 右心衰竭患者最有意义的体征是
A. 心率明显增快　　B. 心律显著不齐
C. 胸骨左缘 4~5 肋间闻及舒张早期奔马律　　D. 胸骨左缘 3~4 肋间闻及收缩期杂音
E. 肺动脉瓣区第 2 心音明显亢进

392. 男性,20 岁。活动后心悸、气急 2 月。检查发现肝大,质地中等,表面平滑,有压痛,腹部移动性浊音阳性,下肢压陷性水肿。最可能的诊断是
A. 肝硬化腹水　　B. 肝癌伴腹水　　C. 肝结核伴结核性腹膜炎
D. 肾病综合征伴腹水　　E. 右心衰竭、肝淤血伴腹水

393. 左心衰竭患者合并右心衰竭后,可能减轻左心衰竭时的临床表现是
A. 颈静脉充盈　　B. 恶心　　C. 喘憋
D. 下肢水肿　　E. 肝大

394. 女性,70 岁。急性广泛前壁心肌梗死 10 小时。查体:端坐位,呼吸 30 次/分,BP110/60mmHg,心率 120 次/分,律齐,双肺满布中小湿啰音。该患者最可能合并
A. 休克　　B. 肺部感染　　C. 心力衰竭
D. 呼吸衰竭　　E. 心肌梗死后综合征

395. 男,46 岁。活动耐力进行性下降 5 年。近半年来平地步行 50 米左右即感呼吸急促,并出现双下肢水肿。1 周前上呼吸道感染后症状加重,伴夜间阵发性呼吸困难。查体:平卧位,颈静脉怒张,肝颈静脉回流征阳性,双肺可闻及细湿啰音,双下肢凹陷性水肿。目前该患者的心力衰竭类型为

A. 急性右心衰竭　B. 急性左心衰竭　C. 慢性右心衰竭
D. 全心衰竭　E. 慢性左心衰竭

396. 男,65岁。夜间阵发性呼吸困难1个月,喘憋不能平卧2天,无咳嗽、咳痰。有陈旧性心肌梗死病史。查体:血压130/90mmHg,心率98次/分,无颈静脉怒张,双肺底可闻及细湿啰音,双下肢无水肿。该患者喘憋的最可能原因是
A. 肺炎　B. 左心衰竭　C. 右心衰竭
D. 心肌炎　E. 支气管哮喘

397. 慢性心力衰竭患者长期使用呋塞米需监测
A. 血电解质　B. 糖化血红蛋白　C. 血脂
D. 肝功能　E. 尿渗透压

398. 二尖瓣狭窄患者出现急性左心衰竭时,一般不宜采用的治疗措施是
A. 面罩吸氧　B. 静脉注射呋塞米　C. 静脉注射毛花苷丙
D. 静脉滴注硝酸甘油　E. 无创通气

399. 男,71岁。咳嗽、咳痰20年,气短2天,高血压病史20年。查体:T37.5℃,BP150/90mmHg,半坐位,口唇发绀,呼吸相延长,双肺可闻及干、湿啰音,心界向左下扩大,心率120次/分,律齐。为改善患者的临床症状,下列药物应首选的是
A. 毛花苷丙　B. 氨茶碱　C. 肾上腺素
D. 吗啡　E. 呋塞米

400. 下列药物中,治疗急性心源性肺水肿的首选药物是
A. 氨苯蝶啶　B. 氢氯噻嗪　C. 螺内酯
D. 呋塞米　E. 乙酰唑胺

401. 评价心脏功能最常用的检查方法是
A. 常规心电图　B. 胸部X线片　C. 心电图运动负荷试验
D. 超声心动图　E. 核素心肌显像

402. 超声心动图检查评价心脏收缩功能的主要指标是
A. E/A　B. 左心房大小　C. 左心室大小
D. 右心室大小　E. 左室射血分数

403. 男,60岁,突发喘憋1小时。查体:血压160/70mmHg,双肺满布湿啰音,心率105次/分。该患者最适宜的治疗措施是
A. 口服氨苯蝶啶　B. 静脉滴注小剂量多巴胺　C. 静脉推注呋塞米
D. 口服螺内酯　E. 口服氢氯噻嗪

404. 利尿剂治疗心功能不全的作用是通过
A. 排钠排水　B. 提高心肌收缩力　C. 增加心排血量
D. 减轻水肿　E. 降低动脉压

405. 男,71岁。高血压20年,规律服用福辛普利及氢氯噻嗪10年。近2年出现活动耐量下降,伴夜间憋醒。1周来患者感心悸,不能平卧。查体:P100次/分,BP130/80mmHg,双肺底可闻及湿啰音,心率128次/分,心律不齐,S_1强弱不等,心尖部可闻及2/6级收缩期杂音。缓解该患者心悸的最适宜药物是
A. 地高辛　B. 利多卡因　C. 美托洛尔
D. 地尔硫䓬　E. 普罗帕酮

406. 慢性心力衰竭时推荐使用的β受体拮抗剂为
A. 所有已上市的β受体拮抗剂　B. 美托洛尔　C. 阿替洛尔
D. 普萘洛尔　E. 吲哚洛尔

407. 女，60 岁。慢性心力衰竭 2 年。查体：血压 130/90mmHg，双肺呼吸音清，心率 98 次/分，律齐，双下肢无水肿。加用美托洛尔治疗，其主要目的是
A. 改善心肌顺应性　B. 降低心脏前负荷　C. 降低心脏后负荷
D. 扩张冠状动脉　E. 降低心肌耗氧量

408. 女，64 岁。突发气急 4 小时，伴咳嗽、咳粉红色泡沫样痰，不能平卧。高血压病史 10 余年。查体：血压 190/110mmHg。心率 110 次/分，律齐，双肺可闻干啰音及细湿啰音。治疗措施不正确的是
A. 静脉推注呋塞米　B. 静脉推注美托洛尔　C. 静脉滴注硝普钠
D. 静脉推注吗啡　E. 高流量吸氧

409. 男，56 岁。间断活动时喘憋 1 年余，近期加重，重体力活动即感喘憋，有夜间憋醒。既往高血压病 8 年余，糖尿病 4 年余。查体：BP150/100mmHg，双肺呼吸音清，心率 76 次/分，律齐。患者经药物治疗症状好转，为改善预后需要长期使用的药物是
A. 洋地黄类药物　B. 肾上腺素能受体激动剂　C. 磷酸二酯酶抑制剂
D. 利尿剂　E. 血管紧张素转换酶抑制剂

410. 适宜使用洋地黄类药物的情况是
A. 快速心房颤动　B. 三度房室传导阻滞　C. 预激综合征伴心房颤动
D. 病态窦房结综合征　E. 二度Ⅱ型房室传导阻滞

411. 心力衰竭合并快速心房颤动患者，控制心室率首选
A. 腺苷　B. 美托洛尔　C. 伊布利特
D. 毛花苷丙　E. 维拉帕米

A. 电解质紊乱　B. 肺部感染　C. 心律失常
D. 肝硬化　E. 脑梗死

412. 慢性心力衰竭患者服用利尿剂最常见的并发症是
413. 慢性全心衰竭患者长期体循环淤血所致的严重并发症是

414. 心肌梗死 24 小时内并发急性左心衰竭时，最不宜应用
A. 吗啡　B. 洋地黄　C. 利尿剂
D. 硝酸甘油　E. 多巴酚丁胺

415. 洋地黄中毒时心脏毒性最常见的临床表现是
A. 心律失常　B. 胸痛　C. 黄视或绿视
D. 恶心　E. 咳粉红色泡沫痰

416. 洋地黄中毒的心电图变化最常表现为
A. 室性期前收缩　B. ST-T 呈鱼钩样改变　C. QT 间期缩短
D. 心房颤动　E. 房室传导阻滞

417. 某心源性水肿患者，用地高辛和氢氯噻嗪治疗，2 周后患者出现多源性室性期前收缩，其主要原因是
A. 低血钾　B. 低血钙　C. 低血钠
D. 高血镁　E. 低氯碱血症

418. 洋地黄中毒所致的室性心动过速忌用
A. 利多卡因　B. 普罗帕酮　C. 苯妥英钠
D. 氯化钾　E. 直流电复律

419. 女性，44 岁。因风湿性二尖瓣狭窄伴心房颤动，长期服用地高辛，每天 0.25mg。1 周来腹泻，恶心、呕吐，进食量少。1 天来出现心悸，发作性头晕、黑矇，有短暂意识丧失。来院查体：平卧位，神清，淡漠，双肺(-)，心率 38 次/分，律整，心尖部可闻及舒张期隆隆样杂音，下肢不肿。患者来院就诊的直

接原因是
A. 二尖瓣狭窄　B. 腹泻　C. 进食过少
D. 血容量不足　E. 洋地黄中毒

420. 女性,30岁。患风心病二尖瓣狭窄合并关闭不全,心悸、气短、下肢水肿,每日口服地高辛0.25mg、氢氯噻嗪25mg,1个月后感恶心、呕吐。心电图示:窦性心律,心率68次/分,室性期前收缩二联律。治疗应
A. 改用毒毛花苷K　B. 停地高辛,给氯化钾　C. 停地高辛,给呋塞米
D. 增加地高辛用量　E. 电复律

421. 以扩张小动脉为主的扩血管药物应慎用于
A. 重度二尖瓣关闭不全　B. 重度二尖瓣狭窄　C. 重度主动脉瓣关闭不全
D. 室间隔缺损　E. 扩张型心肌病

422. 高血压心脏病引起左心衰竭,使用扩血管药物降压的机制是
A. 增加心肌前负荷　B. 增加心肌后负荷　C. 降低心肌前负荷
D. 降低心肌后负荷　E. 使心肌负荷不变

A. 降低心室前负荷　B. 降低心室后负荷　C. 降低心室前后负荷
D. 减弱心肌收缩力　E. 降低心室前后负荷并增加心排血量

423. 硝普钠的作用是
424. 呋塞米(速尿)的作用是

425. 治疗顽固性心力衰竭首先进行的处理是
A. 做血液超滤　B. 使用非洋地黄类强心药　C. 联合应用利尿剂
D. 静脉应用血管扩张剂　E. 寻找病因

426. 下列临床情况最易引起急性左心衰竭的是
A. 频发室性期前收缩　B. 二尖瓣腱索断裂　C. Ⅰ级高血压
D. 反复发作的肺栓塞　E. 慢性持续性心房颤动

427. 最易引起急性心力衰竭的心律失常是
A. 偶发房性期前收缩　B. 窦性心动过缓　C. 偶发室性期前收缩
D. 快速心房颤动　E. 一度房室传导阻滞

428. 急性肺水肿咳痰的性状是
A. 脓性　B. 铁锈色　C. 粉红色泡沫样
D. 棕红色　E. 巧克力样

429. 改善急性左心衰竭症状最有效的药物是
A. 利尿药　B. 洋地黄　C. 钙通道阻滞药
D. β受体拮抗剂　E. 血管紧张素转换酶抑制剂

430. 急性左心衰竭典型的体征是
A. 颈动脉异常搏动　B. 颈静脉怒张　C. 腹部移动性浊音阳性
D. 肝大　E. 双肺满布湿啰音

431. 男,71岁。突发胸闷、气促、呼吸困难2小时。查体:半卧位,双肺可闻及细湿啰音。应首先完成的辅助检查项目是
A. B型钠尿肽　B. 动脉血气分析　C. 心电图
D. 超声心动图　E. 胸部X线片

432. 男,65岁。4小时前情绪激动后突发极度气急,咳白色泡沫痰,伴大汗,不能平卧。既往高血压病史15年,无慢性支气管炎病史。查体:血压200/120mmHg,神志清,表情焦虑,口唇发绀,双肺可闻及喘

鸣音及湿啰音。心率 110 次/分，律齐，心脏各瓣膜听诊区未闻及杂音。抢救措施不正确的是

A. 静脉注射呋塞米　B. 皮下注射吗啡　C. 口服美托洛尔
D. 静脉滴注硝普钠　E. 取坐位、吸氧

433. 男，68 岁。活动后心悸、气短 4 年。突发喘憋 1 小时来诊。高血压病史 10 年余，平时血压波动于 130~150/70~90mmHg。查体：血压 230/100mmHg，端坐位，双肺底可闻及少许湿啰音，心率 114 次/分。该患者最适宜的治疗是

A. 口服硝苯地平　B. 口服阿替洛尔　C. 肌内注射利血平
D. 口服哌唑嗪　E. 静脉滴注硝普钠

434. 男，60 岁。突发心悸、气促 2 小时，满布干、湿啰音，心界扩大，心率 110 次/分，能平卧。高血压病史 20 年，未规律服用降压药。查体：血压 180/130mmHg，双肺满布干、湿啰音，心界扩大，心率 110 次/分，律绝对不齐。对该患者最恰当的治疗组合是

A. 硝酸甘油、毛花苷丙、美托洛尔　B. 硝普钠、地尔硫䓬、呋塞米
C. 硝酸甘油、地尔硫䓬、呋塞米　D. 尼尔地平、毛花苷丙、美托洛尔
E. 硝普钠、毛花苷丙、呋塞米

435. 患者，男，70 岁。胆囊切除术后 2 天静脉输液中突发喘憋 1 小时，不能平卧。当日静脉补液量 3500ml，总出量 1500ml。既往史：陈旧性前壁心肌梗死 5 年，高血压病史 20 年。查体：T36.5℃，BP160/60mmHg。双肺可闻及湿啰音和哮鸣音，心率 97 次/分，心率齐。血气分析示：$PaO_2$60mmHg，$PaCO_2$35mmHg。该患者喘憋最可能的原因是

A. 气胸　B. 急性肺水肿　C. 肺血栓栓塞
D. 心肌梗死　E. 支气管哮喘

(436~440 题共用题干)男性，65 岁。陈旧性广泛前壁心肌梗死 7 年，活动后胸闷、心悸、气短 2 年，近 1 周出现夜间阵发性呼吸困难。体检：端坐呼吸，BP160/90mmHg，P120 次/分。P_2 亢进，心脏各瓣膜区未闻及杂音。双肺底可闻及细湿啰音，双肺散在哮鸣音。腹平软，肝脾肋下未触及，双下肢无水肿。空腹血糖 4.2mmol/L。心电图：V_1~V_6 导联 ST 段压低 0.05~0.1mV。血清肌钙蛋白正常。

436. 该患者目前最可能的诊断是

A. 气道梗阻　B. 肺动脉栓塞　C. 支气管哮喘
D. 急性心肌梗死　E. 急性左心衰竭

437. 该患者暂不宜立即使用

A. 毛花苷丙　B. 卡维地洛　C. 硝普钠
D. 硝酸甘油　E. 呋塞米

438. 该患者心功能分级为

A. Killip 分级Ⅱ级　B. Killip 分级Ⅲ级　C. Killip 分级Ⅳ级
D. NYHA 分级Ⅲ级　E. NYHA 分级Ⅳ级

439. 该患者血压控制目标至少是

A. 160/90mmHg　B. 150/90mmHg　C. 140/90mmHg
D. 130/90mmHg　E. 130/80mmHg

440. 住院期间测餐后血糖 3 次，餐后 2 小时血糖为 14.0~16.0mmol/L，其降压药物宜首选

A. 血管紧张素转换酶抑制剂　B. 利尿药　C. α 受体拮抗剂
D. 钙通道阻滞剂　E. 硝酸酯类药物

(441~443 题共用题干)女，67 岁。发现高血压病 25 年，慢性支气管炎病史 10 年。活动后心悸、气短 3 年，突发喘憋 4 小时。查体：端坐位，BP190/110mmHg，R30 次/分，P108 次/分，心界向左侧扩

大,双肺可闻及哮鸣音,两肺底有较密集的中小水泡音。

441. 该患者突然喘憋的最可能病因是
A. 支气管哮喘　B. 慢性支气管炎急性发作　C. 慢性肺源性心脏病
D. 急性心源性哮喘　E. 肺动脉栓塞

442. 进一步心脏听诊发现心率127次/分,心律不齐。心电图示P波消失,代之以f波,心室律绝对不规律,QRS波群形态正常。该患者心律不齐的最可能诊断是
A. 室性期前收缩　B. 心房颤动　C. 阵发性室性心动过速
D. 阵发性室上性心动过速　E. 二度Ⅰ型房室传导阻滞

443. 该患者目前治疗宜首选
A. 硝普钠　B. 氨茶碱　C. 西地兰
D. 卡维地洛　E. 心律平

(444~445题共用题干)男,72岁。4小时前因情绪激动突发极度气急,咳嗽,咳粉红色泡沫样痰,出冷汗,焦虑不安。既往COPD病史20年,高血压病25年。查体:T36.2℃,P120次/分,R34次/分,BP220/130mmHg,神志模糊,端坐位,口唇发绀。无颈静脉怒张。双肺可闻及细湿啰音及哮鸣音。心率120次/分,律齐,心尖区可闻及舒张早期奔马律及2/6级收缩期杂音,腹软,双下肢无水肿。血气分析:pH7.28,$PaO_2$60mmHg,$PaCO_2$60mmHg。

444. 该患者突发气急的最可能原因是
A. 肺动脉栓塞　B. COPD合并右心衰竭　C. 高血压合并肺部感染
D. COPD急性加重　E. 高血压合并急性左心衰竭

445. 该患者不适合的抢救措施是
A. 静脉滴注氨茶碱　B. 静脉注射呋塞米　C. 静脉注射吗啡
D. 静脉滴注硝普钠　E. 静脉注射毛花苷丙

第9章 心律失常

(执业医师及助理医师均需掌握)

446. 患者,男,65岁。间歇黑矇伴活动后胸闷、乏力4年,加重1个月。近1个月黑矇次数明显增多。查体:颈静脉无怒张,双肺未闻及干湿性啰音,心界不大,心率61次/分,心律不齐,下肢无水肿。心电图示长、短不一的长PP间期,且与短PP间期不呈倍数关系,最长PP间期3.6秒,未见室性逸搏。最可能的诊断是
A. 一度窦房传导阻滞　B. 二度窦房传导阻滞　C. 窦性心动过缓
D. 窦性停搏　E. 窦性心律不齐

447. 男,68岁。近2年反复出现发作性心悸,伴头晕、黑矇。查体:血压135/65mmHg,心率52次/分,律齐,心脏各瓣膜听诊区未闻及杂音。动态心电图:窦性心律为主,平均心率56次/分;RR长间歇35次,最长4.2秒伴房室交界性逸搏;房性期前收缩;短阵房性心动过速;一度房室传导阻滞。最能提示该患者为病态窦房结综合征诊断的动态心电图表现是
A. 一度房室传导阻滞　B. 房性期前收缩
C. 短阵房性心动过速　D. 窦性心律为主,平均心率56次/分
E. RR长间歇35次,最长4.2秒伴房室交界性逸搏

448. 下列心律失常,表现为心律不整齐的是
A. 房性期前收缩　B. 一度房室传导阻滞　C. 窦性心动过速

D. 窦性心动过缓　　E. 阵发性室上性心动过速

449. 男,65 岁。反复劳力性胸痛 3 月余。每次持续 5~10 分钟,休息 2~3 分钟可自行缓解。既往体健。查体:血压 150/90mmHg,心率 110 次/分,律齐。心电图示窦性心律。为控制心率宜首选的药物是

A. 美托洛尔　　B. 胺碘酮　　C. 普罗帕酮

D. 维拉帕米　　E. 美西律

450. 男,18 岁,运动员。常规体检发现心跳慢,无自觉不适,平素体健。查体:血压 120/80mmHg,心率 50 次/分。心电图:窦性心动过缓。为初步判断其窦性心动过缓是否为生理性,再次测量患者心率之前应嘱咐其

A. 安静休息　　B. 运动　　C. Valsalva 动作

D. 深呼气　　E. 深吸气

451. 女,23 岁。因心悸 1 个月就诊。查体:血压 120/80mmHg,心率 85 次/分,律不齐。心电图示:窦性心律,可见提前出现的 P 波,形态与窦性 P 波不同,PR 间期 0.14 秒,QRS 波群形态正常。心悸最可能的原因是

A. 窦性心动过速　　B. 心房颤动　　C. 窦性心动过缓

D. 室性期前收缩　　E. 房性期前收缩

452. 男,38 岁。因间断心悸 1 天就诊。查体:心率 72 次/分,偶可闻及期前收缩。心电图示:提前出现的 P 波,形态与窦性 P 波略有不同,PR 间期 0.13 秒,QRS 波群形态正常,代偿间歇不完全。最恰当的处理是

A. 静脉注射阿托品　　B. 口服美托洛尔　　C. 口服普罗帕酮

D. 寻找和去除病因　　E. 口服胺碘酮

453. 符合室性期前收缩心电图的特征是

A. 多数代偿间歇不完全　　B. QRS 波群时限≤0.12 秒　　C. QRS 波前可见异位 P 波

D. T 波低平　　E. 提前出现的 QRS 波群,形态宽大畸形

454. 对于无器质性心脏病无症状的室性期前收缩的患者,应采取的治疗是

A. 去除病因和诱因　　B. 胺碘酮　　C. 维拉帕米

D. 普罗帕酮　　E. 美西律

455. 严重心力衰竭时,治疗频发室性期前收缩首选的药物是

A. 胺碘酮　　B. 索他洛尔　　C. 多巴酚丁胺

D. 氟卡尼　　E. 普罗帕酮

456. 陈旧性心肌梗死患者,心电图示频发室性期前收缩。首选药物是

A. 慢心律　　B. 普罗帕酮(心律平)　　C. 奎尼丁

D. β 受体阻滞剂　　E. 钙通道阻滞剂

457. 一风湿性心脏病患者,因气急、全身水肿、肝大、颈静脉怒张,服用地高辛半个月后出现室性期前收缩呈二联律,除立即停用洋地黄并补充钾盐外,首选的抗心律失常药应为

A. 利多卡因静脉注射　　B. 胺碘酮口服　　C. 苯妥英钠静脉注射

D. 维拉帕米　　E. 普罗帕酮静脉注射

458. 属于ⅠC 类的抗心律失常药物是

A. 奎尼丁　　B. 利多卡因　　C. 普罗帕酮

D. 胺碘酮　　E. 维拉帕米

459. 以下情况最常于听诊时发现心律不齐的是

A. 室性心动过速　　B. 室上性心动过速　　C. 室性期前收缩

D. 三度房室传导阻滞　　E. 窦性心动过速

460. 不属于阵发性室上性心动过速临床特点的是

A. 突发突止　　B. 心率>150 次/分　　C. 心律绝对规则

D. 第一心音强弱不等　　E. 大部分由折返机制引起

461. 阵发性室上性心动过速的心率一般在
A. 60~100次/分　　B. 150~250次/分　　C. 200~300次/分
D. 250~300次/分　　E. 300~350次/分

462. 男,25岁。突发心悸2小时来诊。查体:心率200次/分,律齐。心电图显示:可见逆行P波,QRS波群宽大畸形。预激综合征病史。治疗应选择
A. 静脉推注西地兰　　B. 静脉推注维拉帕米　　C. 静脉推注普罗帕酮
D. 按摩颈动脉窦　　E. Valsalva动作

463. 女,32岁。阵发心悸3个月。发作时心电图示:心室率240次/分,Ⅱ、Ⅲ、aVF导联P波倒置,QRS波群正常,并与P波保持固定关系。预防室上性心动过速最有效的方法是
A. 口服维拉帕米　　B. 口服胺碘酮　　C. 口服地高辛
D. 射频消融术　　E. 口服美托洛尔

(464~465题共用题干)男,24岁。阵发性心悸3年,突发突止,每次持续0.5~3小时不等,无头晕和黑矇。发作时查体:BP120/70mmHg,心率200次/分,律齐。心电图示QRS波群形态和时限正常。

464. 该患者最可能的诊断是
A. 窦性心动过速　　B. 房性期前收缩　　C. 阵发性室性心动过速
D. 心房颤动　　E. 阵发性室上性心动过速

465. 该患者心悸发作时,下列可首选的治疗是
A. 口服地高辛　　B. 静脉注射西地兰　　C. 静脉注射利多卡因
D. 口服β受体拮抗剂　　E. 静脉注射腺苷

466. 男,45岁。有高血压史。因阵发性心悸2天来诊。体检:血压120/70mmHg,心率180次/分,律齐,心音正常,无杂音。1分钟后心率降至80次/分,律齐。30秒后又复至180次/分。最可能的诊断为
A. 窦性心动过速　　B. 阵发性心房颤动　　C. 阵发性室上性心动过速
D. 阵发性心房扑动　　E. 三度房室传导阻滞

467. 用刺激迷走神经的方法可以纠正的心律失常是
A. 窦性心律不齐　　B. 心房扑动　　C. 心房颤动
D. 阵发性室上性心动过速　　E. 阵发性室性心动过速

468. 阵发性室上性心动过速不伴有心力衰竭者首选
A. 静脉滴注利多卡因　　B. 静脉注射维拉帕米　　C. 口服苯妥英钠
D. 静脉滴注10%氯化钾　　E. 口服美西律

469. 合并急性左心衰竭的阵发性室上性心动过速,最佳治疗是
A. 静脉注射维拉帕米　　B. Valsalva动作　　C. 直流电复律
D. 置入起搏器　　E. 射频消融

470. 女,37岁。突发心悸10分钟。心电图示心率164次/分,P波与QRS波无固定关系,QRS波时限>0.12秒,可见室性融合波。最可能的诊断是
A. 心房扑动　　B. 房性心动过速　　C. 室性心动过速
D. 交界区心动过速　　E. 窦性心动过速

471. 转复长QT间期所致尖端扭转型室性心动过速的最适宜药物是
A. 硫酸镁　　B. 利多卡因　　C. 胺碘酮
D. 肾上腺素　　E. 普罗帕酮

472. 室性心动过速心电图诊断的最主要依据是

A. QRS 波群形态宽大畸形　B. 心室率 100~200 次/分　C. 心室律稍微不规则
D. 心室夺获和室性融合波　E. 房室分离,房率>室率

473. 鉴别室性心动过速与阵发性室上性心动过速最有力的证据是
A. QRS 波群宽大畸形的程度　B. 是否存在房室分离　C. 心室率的快慢
D. 对迷走神经刺激的反应　E. 静脉应用普罗帕酮是否可终止

474. 男,22 岁。剧烈活动时突发心悸 1 小时。既往体健。血压 90/60mmHg。心电图示心室率 220 次/分,节律较规则,QRS 波群时限 0.16 秒,可见心室夺获和室性融合波。最可能的诊断是
A. 室性心动过速　B. 心房扑动　C. 房性心动过速
D. 窦性心动过速　E. 阵发性室上性心动过速

475. 女,31 岁。平素无不适。体检发现血压 110/70mmHg,心率 84 次/分,律不齐,可闻及期前收缩 4 次/分。心电图示室性期前收缩。超声心动图示心脏结构功能正常。应采取的措施是
A. 普罗帕酮治疗　B. 利多卡因治疗　C. 随访,暂无须药物治疗
D. 胺碘酮治疗　E. 索他洛尔治疗

476. 治疗无血流动力学障碍的持续性室性心动过速,下列药物应首选
A. 毛花苷丙　B. 腺苷　C. 利多卡因
D. 地尔硫䓬　E. 比索洛尔

477. 男,54 岁。突发心悸、气短和头晕。有陈旧性心肌梗死 3 年。查体:血压 80/60mmHg,双肺底可闻及湿啰音,心界向左下扩大,心率 196 次/分,律齐。心电图示宽 QRS 波心动过速,T 波方向与 QRS 波群主波方向相反,心律规则,间断可见窄 QRS 波。最恰当的处理措施为
A. 普罗帕酮静脉注射　B. 呋塞米静脉注射　C. 直流电复律
D. 毛花苷丙静脉注射　E. 多巴胺静脉注射

(478~479 题共用题干)男,58 岁。突发心悸 1 小时。查体:血压 120/80mmHg,心界不大,心率 160 次/分,律稍不规则。心电图示 QRS 波形态畸形,时限>0.12 秒,ST-T 波方向与 QRS 波群主波方向相反,偶见提前的 QRS 波群,时限正常。

478. 该患者最可能的诊断是
A. 频发室性期前收缩　B. 阵发性室性心动过速　C. 阵发性室上性心动过速
D. 心房颤动　E. 频发房性期前收缩

479. 应采取的治疗是
A. 口服美托洛尔　B. 静脉推注西地兰　C. 静脉推注胺碘酮
D. 无需治疗　E. 口服华法林

(480~482 题共用题干)男,70 岁。急性前壁心肌梗死 7 小时,就诊时突然心悸,无头晕。查体:血压 100/70mmHg,双肺呼吸音清,心率 88 次/分,律不齐。心电监测示:频发室性期前收缩。

480. 控制该患者心律失常最适宜的治疗措施是
A. 静脉注射胺碘酮　B. 静脉注射肾上腺素　C. 静脉推注普罗帕酮
D. 皮下注射阿托品　E. 静脉推注毛花苷丙

481. 患者心悸进行性加重,伴喘憋,不能平卧。查体:血压 90/60mmHg,端坐位,急性病容,双下肺可闻及湿啰音,心率 105 次/分,律不齐。心电监测提示频发室性期前收缩。该患者喘憋的最可能原因是
A. 急性肺部感染　B. 急性左心衰竭　C. 急性肺栓塞
D. 气胸　E. 支气管哮喘

482. 患者喘憋进行性加重,意识模糊。查体:血压 70/40mmHg,心电监测提示室性心动过速。该患者最适宜的治疗措施是

A. 同步直流电复律　B. 非同步直流电复律　C. 非同步交流电复律
D. 静脉推注利多卡因　E. 静脉推注胺碘酮

483. 男,42岁。风心病二尖瓣狭窄合并心房颤动半年余。现口服地高辛0.25mg/d,活动后心悸。心电图示:心室率约130次/分。控制心律失常最宜采取的措施是
A. 加用胺碘酮　B. 地高辛加量至0.5mg/d　C. 加用索他洛尔
D. 加用普罗帕酮　E. 加用美托洛尔

A. 心房扑动　B. 心房颤动　C. 窦性心动过速
D. 阵发性室上性心动过速　E. 持续性室性心动过速
484. 突然发作突然终止,按摩颈动脉窦可终止发作,最可能的是
485. 最易引起血流动力学异常的是

486. 引起心房颤动最主要的心外疾病是
A. 慢性支气管炎　B. 贫血　C. 甲状腺功能亢进症
D. 睡眠呼吸暂停综合征　E. 肥胖症
487. 心房颤动的心电图特征中最重要的一项是
A. 窦性P波消失　B. 出现f波　C. RR间距不等
D. QRS波为室上性　E. QRS波宽大畸形

A. 150~250次/分　B. 260~300次/分　C. 100~120次/分
D. 350~600次/分　E. >600次/分
488. 心房颤动时f波的频率是
489. 阵发性室上性心动过速的心室率一般为

490. 男,48岁。突发心悸、喘憋1小时。既往有扩张型心肌病、慢性心力衰竭病史,窦性心动过缓5年,心率50~60次/分。接诊时查体:T36.3℃,P94次/分,BP150/70mmHg,HR160次/分,律不齐,S_1强弱不等,双肺可闻及湿啰音。该患者喘憋的最可能诱因是
A. 心房颤动　B. 电解质紊乱　C. 感染
D. 过敏　E. 心肌炎
491. 男,35岁。阵发性心悸3年,既往体健。查体:血压130/80mmHg,双肺未闻及湿啰音,心脏各瓣膜区未闻及杂音。心律不齐,心电图示心室率140次/分,P波消失,代之大小不等的f波。该患者最可能出现的体征是
A. 发绀　B. 二尖瓣面容　C. 脉搏短绌
D. A_2亢进　E. 双下肢水肿

(492~494题共用题干)女性,56岁。风湿性二尖瓣狭窄20年。心悸,气短5年。1月来咳嗽,咳黄痰,喘憋,不能进行任何体力活动,夜间不能平卧。查体:端坐位,颈静脉怒张,心率130次/分,心律绝对不齐,心音强弱不等,二尖瓣听诊区可闻及舒张期隆隆样杂音及奔马律。
492. 该患者最可能的心律失常为
A. 心房颤动　B. 房性期前收缩　C. 室性期前收缩
D. 窦性心律不齐　E. 二度Ⅰ型房室传导阻滞
493. 该患者颈静脉怒张最可能的原因是
A. 肾功能不全　B. 结核性心包炎　C. 肺部感染
D. 右心功能不全　E. 肝硬化
494. 针对患者的心律失常,首选治疗为

A. 控制心室率　B. 抗凝治疗　C. 利尿药
D. 血管紧张素转换酶抑制剂　E. 硝酸甘油

495. 强心苷治疗心房颤动的机制主要是
A. 缩短心房有效不应期　B. 减慢房室传导　C. 抑制窦房结
D. 直接抑制心房颤动　E. 延长心房不应期

496. 阵发性心房颤动的治疗原则是
A. 预防复发,发作时控制室率　B. 抗凝治疗,发作时控制室率　C. 抗凝治疗,发作时转复窦律
D. 转复窦律,发作时控制室率　E. 预防复发,发作时转复窦律

497. 持续性心房颤动是指难以自动转复为窦性心律的心房颤动发作持续
A. 24~48 小时　B. 72 小时以上　C. 7 天以上
D. 3 个月以上　E. 1 年以上

498. 女,55 岁。风湿性心脏瓣膜病二尖瓣狭窄 15 年,心房颤动 1 年。无活动后心悸和气短,无夜间阵发性呼吸困难。既往无高血压、糖尿病、脑血管病病史。超声心动图提示左心房内径 5.3cm。患者抗栓治疗的首选药物是
A. 替罗非班　B. 华法林　C. 氯吡格雷
D. 阿司匹林　E. 潘生丁

499. 男,55 岁。心房颤动 5 年,1 年前曾发作语言不利伴肢体活动障碍。该患者长期抗栓治疗的药物首选
A. 阿司匹林　B. 尿激酶　C. 低分子肝素
D. 潘生丁　E. 华法林

500. 患者,女,20 岁。心尖部听到一个舒张中期出现的先递减后递增型的隆隆样杂音,伴有第一心音增强;心律表现为节律不规则,第一心音强弱不一致,心率大于脉率。提示该患者的风湿性心脏瓣膜病是
A. 二尖瓣狭窄　B. 二尖瓣关闭不全　C. 二尖瓣狭窄并关闭不全
D. 二尖瓣狭窄并心房颤动　E. 二尖瓣关闭不全并心房颤动

501. 男,64 岁。突发心悸 4 小时就诊。心电图示:P 波消失,代之以 f 波,心室率 130 次/分,节律绝对不规则。为减慢心室率,应选择的药物是
A. 美托洛尔　B. 阿托品　C. 沙丁胺醇
D. 利多卡因　E. 新斯的明

502. 无器质性心脏病慢性心房颤动患者静息心率的控制目标是
A. <60 次/分　B. <80 次/分　C. <90 次/分
D. <100 次/分　E. <110 次/分

503. 心房颤动患者的心室率控制目标为
A. 静息时心室率≤100 次/分　B. 轻微活动时心室率≤100 次/分
C. 轻微活动时心室率≤110 次/分　D. 静息时心室率≤80 次/分
E. 静息时心室率≤90 次/分

(504~505 题共用题干)女,70 岁。风湿性心脏瓣膜病 20 年。因心悸 5 天就诊。查体:自动体位,血压 150/70mmHg,心率 119 次/分,心律绝对不齐,心音强弱不等。心电图示心房颤动。

504. 为控制该患者的心室率不宜首选
A. 地高辛　B. 美托洛尔　C. 异搏定
D. 硫氮䓬酮　E. 普罗帕酮

505. 宜首选的抗凝治疗是
A. 华法林　B. 阿司匹林　C. 肝素

D. 尿激酶　　E. 复方丹参片

506. 男,57岁。心房颤动2天。有陈旧性心肌梗死病史2年。药物复律宜首选
A. 胺碘酮　　B. 阿托品　　C. 利多卡因
D. 美托洛尔　　E. 普罗帕酮

A. 24小时　　B. 48小时　　C. 72小时
D. 2周　　E. 4周

507. 转复前需抗凝治疗的心房颤动是指其发作持续时间超过
508. 心房颤动转复成功后需继续抗凝的时间为

509. 男,50岁。突发心悸1小时。20年前诊断为“预激综合征”。查体:血压70/50mmHg,心率190次/分,心律绝对不齐。心电图示QRS波宽大畸形。该患者最佳治疗措施是
A. 静脉推注维拉帕米　　B. 颈动脉窦按摩　　C. 同步直流电复律
D. 静脉推注毛花苷丙　　E. Valsalva动作

510. 女,67岁。阵发性心房颤动1年,持续心悸2天。既往无高血压病史。2小时前急诊查体:P102次/分,BP110/60mmHg,心率130次/分,心律绝对不齐,心音强弱不等。予普罗帕酮静脉推注后,心悸缓解离院。1小时前因左腹痛再次就诊,无呕吐和腹泻。尿常规正常。该患者腹痛需首先考虑的病因是
A. 内脏动脉栓塞　　B. 主动脉夹层　　C. 肝淤血
D. 肾结石　　E. 急性下壁心肌梗死

511. 口服华法林时最常用的监测指标为
A. 凝血时间　　B. 出血时间　　C. 血小板计数
D. 活化的部分凝血活酶时间　　E. 凝血酶原时间的国际标准化率(INR)

512. 心房颤动患者服用华法林,凝血酶原时间的国际标准化率(INR)应控制在
A. 1.0~1.9　　B. 2.0~3.0　　C. 3.1~3.5
D. 3.6~4.0　　E. >4.0

(513~514题共用题干)女性,32岁。有心脏病4年,最近感到心悸,听诊发现心率100次/分,心律不齐,第一心音强弱不等,心尖部有舒张期隆隆样杂音。

513. 听诊最可能是
A. 房性期前收缩　　B. 室性期前收缩　　C. 窦性心律不齐
D. 心房颤动　　E. 窦性心动过速

514. 为进一步检查心律失常性质应首选
A. 心电图检查　　B. 超声心动图　　C. 胸部X线片
D. 嘱患者左侧卧位听诊　　E. 嘱患者屏气后听诊

515. 最容易引起窦房传导阻滞的是
A. 高钾血症　　B. 饮茶　　C. 甲状腺功能亢进症
D. 交感神经张力过高　　E. 贫血

516. 一度房室传导阻滞的心电图PR间期表现是
A. 正常　　B. 大于0.20秒　　C. 消失
D. 逐渐延长　　E. 逐渐缩短

517. 女性,18岁。患上呼吸道感染1周后,感心悸,气短,乏力,心率98次/分。心电图示PR间期为0.22秒。应诊断为
A. 窦性心动过速　　B. 窦性心律不齐　　C. 二度Ⅰ型房室传导阻滞

D. 二度Ⅱ型房室传导阻滞　　E. 一度房室传导阻滞

518. 二度Ⅰ型房室传导阻滞的心电图特征是
A. PR 间期进行性缩短,直至一个 P 波受阻不能下传到心室
B. 相邻 PR 间期进行性延长,直至一个 P 波受阻不能下传到心室
C. PR 间期进行性延长,直至一个 P 波受阻不能下传到心室
D. PR 间期>0.20 秒,P 波无受阻
E. PR 间期固定,P 波间断受阻不能下传到心室

A. P 波呈双峰　　B. PR 间期逐渐延长　　C. P 波消失,代之以 f 波
D. P 波与 QRS 波群完全无关　　E. P 波逆行型,与 QRS 波群关系恒定
519. 阵发性室上性心动过速
520. 二度Ⅰ型房室传导阻滞

A. 出现 f 波　　B. 心室律不规整
C. 出现 F 波　　D. PR 间期逐渐延长,QRS 波周期性脱落
E. 刺激迷走神经后心室率明显加快伴心律不齐
521. 提示二度Ⅰ型房室传导阻滞的心电图表现是
522. 提示心房扑动的心电图表现是

523. 男性,56 岁。近日来感心悸,乏力,头晕。心电图示:PR 间期在相继的心动周期中逐渐延长,最后发生 QRS 波群脱漏。如此周而复始,最可能是
A. 二度Ⅱ型房室传导阻滞　　B. 二度Ⅰ型房室传导阻滞　　C. 心房颤动
D. 一度房室传导阻滞　　E. 三度房室传导阻滞
524. 心电图示:P 波规律出现,PR 间期为 0.22 秒,每隔 2 个 P 波后有一次 QRS 波群脱漏,心房率 75 次/分,心室率 50 次/分,其诊断应为
A. 一度房室传导阻滞　　B. 二度Ⅰ型房室传导阻滞　　C. 二度Ⅱ型房室传导阻滞
D. 三度房室传导阻滞　　E. 房性心动过速伴 3:2 房室传导阻滞
525. 心脏听诊,听到"大炮音"应考虑
A. 二尖瓣狭窄　　B. PR 间期缩短　　C. 运动或发热
D. 完全性房室传导阻滞　　E. 甲状腺功能亢进
526. 男,68 岁。持续心房颤动 6 年,一直服用地高辛治疗。近 1 周感心悸,头晕。查体:心率 41 次/分,律齐。最可能的诊断是
A. 窦性心动过缓　　B. 心房扑动 6:1 下传　　C. 病态窦房结综合征
D. 房性逸搏心律　　E. 心房颤动合并完全性房室传导阻滞
527. 女,68 岁。1 年前于坐位早餐时无明显诱因突感心悸,随之意识丧失跌倒,数分钟后意识恢复。无大汗、肢体抽搐、口吐白沫和大小便失禁。1 年来反复发作上诉症状 3 次。发作与体位和运动无关。查体:血压 130/70mmHg,心率 48 次/分。心电图示二度Ⅱ型房室传导阻滞。该患者意识丧失最可能的原因是
A. 低血糖　　B. 迷走神经张力增高　　C. 癫痫发作
D. 直立性低血压　　E. 心律失常
528. 男,60 岁。突发持续性胸痛 5 小时。查体:血压 100/50mmHg,心率 40 次/分,律齐。心电图示急性下壁、右心室心肌梗死,三度房室传导阻滞。最适宜的治疗措施是
A. 静脉滴注异丙肾上腺素　　B. 静脉滴注肾上腺素　　C. 静脉滴注多巴酚丁胺
D. 植入临时心脏起搏器　　E. 植入永久心脏起搏器

529. 男，87 岁。高血压病史 10 余年，长期服用钙通道阻滞剂，1 个月前因血压控制不满意加用美托洛尔 25mg，每天 2 次，近 1 周出现乏力、倦怠、间断黑矇。查体：血压 110/70mmHg，心率 50 次/分，心律不齐，各瓣膜区未闻及杂音。心电图示“PR 间期逐渐延长直至 QRS 波群脱落”，最恰当的处理是
A. 植入永久起搏器
B. 将美托洛尔调整为 12.5mg，每天 2 次
C. 将美托洛尔调整为 25mg，每天 1 次
D. 停用美托洛尔
E. 将美托洛尔更换为地尔硫䓬 30mg，每天 3 次

530. 男，59 岁。突发持续性胸痛 3 小时，黑矇 1 次。高血压病史 5 年，间断服用降压药物。查体：血压 80/50mmHg，心率 35 次/分，心律齐。心电图示Ⅱ、Ⅲ、aVF 导联 ST 段抬高 0.3mV，三度房室传导阻滞。在植入临时起搏器以前，提高该患者心率的药物治疗措施是
A. 肾上腺素静脉注射　B. 阿托品静脉注射　C. 多巴酚丁胺静脉滴注
D. 去甲肾上腺素静脉滴注　E. 异丙肾上腺素静脉滴注

（531～532 题共用题干）女性，19 岁。近 2 周来发热 38℃左右，伴恶心、呕吐、腹泻。遂出现心悸、胸痛、呼吸困难、晕厥发作。体检发现：面色苍白，精神萎靡。心率 40 次/分，律齐，心尖部第一心音低钝，且可闻及大炮音，临床诊断为病毒性心肌炎。

531. 心电图表现最可能是
A. 窦性心动过缓　B. 一度房室传导阻滞　C. 二度房室传导阻滞
D. 三度房室传导阻滞　E. 室内传导阻滞

532. 最适宜的治疗措施是
A. 静脉注射阿托品　B. 静脉滴注硝酸甘油　C. 皮下注射肾上腺素
D. 临时植入心脏起搏器　E. 心脏复律

533. 男，55 岁。持续胸痛 5 小时，既往糖尿病 10 年，吸烟 30 年。查体：心率 35 次/分，律齐。心电图示Ⅱ、Ⅲ、aVF 导联 ST 段弓背向上抬高，转运中突然意识障碍，导致该患者意识障碍最可能的心律失常是
A. 心房颤动　B. 左束支传导阻滞　C. 窦性停搏
D. 三度房室传导阻滞　E. 右束支传导阻滞

A. 临时心脏起搏器植入　B. 肾上腺素　C. 直流电复律
D. 毛花苷丙（西地兰）　E. 阿托品

534. 男，45 岁。风湿性心脏瓣膜病史 20 年，心房颤动 5 年。就诊时，心率 160 次/分，心房颤动，血压 100/70mmHg。治疗宜

535. 男，65 岁。急性下壁心肌梗死第 2 天，心电监测示二度Ⅰ型房室传导阻滞，心室率 50 次/分，血压 110/70mmHg。治疗宜

536. 男，50 岁。不明原因晕厥，心电图示宽 QRS 波型，心动过速，心室率 150 次/分，血压 60/45mmHg。治疗宜

537. 女，30 岁。发热 3 天，晕厥 1 次。心电图显示三度房室传导阻滞，心室率 40 次/分。治疗宜

第 10 章　冠状动脉粥样硬化性心脏病

（执业医师及助理医师均需掌握）

538. 我国冠状动脉粥样硬化性心脏病的主要危险因素是
A. 生活节奏快　B. 脑力劳动者　C. 进取心强

D. 肥胖　E. 长期饮酒

539. 下列哪一项不是我国冠心病主要的易感因素？
A. 高血压病　B. 高脂血症　C. 吸烟
D. 甲状腺功能亢进症　E. 糖尿病

540. 男,50 岁。高血压 5 年。规律服用培哚普利、美托洛尔和阿司匹林治疗,无胸痛。查体无异常。实验室检查:血 TC3.8mmol/L,LDL-C2.0mmol/L,TG5.9mmol/L,HDL-C0.9mmol/L。首选的降脂药物是
A. 普罗布考　B. 阿托伐他汀　C. 非诺贝特
D. 考来烯胺　E. 依折麦布

A. 主要降低血甘油三酯,也降低血胆固醇的药物
B. 主要降低血胆固醇,也降低血甘油三酯的药物
C. 主要降低 LDL-C 的药物　D. 仅降低血甘油三酯的药物　E. 仅降低血总胆固醇的药物

541. 辛伐他汀
542. 吉非贝齐

543. 诊断典型劳力性心绞痛,最有特征的是
A. 胸痛多在夜间发作　B. 胸痛发作多在 15 分钟以上　C. 持续左前胸憋闷感
D. 疼痛时心电图示 ST 段抬高　E. 休息或含硝酸甘油数分钟内疼痛消失

544. 符合典型劳力性心绞痛症状特点的是
A. 位于胸部右侧　B. 转瞬即逝　C. 针刺样锐痛
D. 深吸气时加重　E. 劳累时发生

545. 男,50 岁。3 周来反复出现上 3 层楼时胸痛,为闷痛,休息 3 分钟能缓解,不剧烈运动则无症状,诊断为心绞痛。该患者最可能的心绞痛临床类型是
A. 初发型劳力性　B. 恶化型劳力性　C. 自发性
D. 变异型　E. 稳定型

546. 男,50 岁。凌晨 2 点左右突发胸痛。查体:心界不大,心率 75 次/分,律齐,心脏未闻及杂音。发作时心电图呈Ⅱ、Ⅲ、aVF 导联 ST 段抬高,约 20 分钟后恢复正常。该患者最可能的诊断是
A. 初发型劳力性心绞痛　B. 变异型心绞痛　C. 急性下壁心肌梗死
D. 恶化型劳力性心绞痛　E. 稳定型心绞痛

547. 男,65 岁。活动时心前区闷痛 2 年,加重 3 天,休息 3~5 分钟后缓解,每天发作 1~2 次。近 3 天症状加重,每天发作 3~4 次,每次发作持续时间 15~20 分钟。2 年来规律服用阿司匹林和单硝酸异山梨酯,糖尿病病史 8 年,吸烟 20 余年。血总胆固醇 6.5mmol/L,肌钙蛋白Ⅰ正常,心电图Ⅱ、Ⅲ、avF 导联 ST 段下斜型压低 0.3mV。就目前临床资料,该患者最可能的诊断是
A. 恶化型心绞痛　B. 静息型心绞痛　C. 变异型心绞痛
D. 初发型心绞痛　E. 非 ST 段抬高型心肌梗死

548. 冠心病植入药物洗脱支架者,需要接受阿司匹林及氯吡格雷抗血小板治疗的时间至少为
A. 1 个月　B. 3 个月　C. 6 个月
D. 9 个月　E. 12 个月

549. 男,62 岁。1 年来劳累时胸痛,休息或含服硝酸甘油后数分钟即可缓解。既往高血压病史 10 余年,药物控制满意。实验室检查:血 LDL-C2.16mmol/L。改善患者预后的药物不包括
A. 硝酸异山梨酯　B. 辛伐他汀　C. 福辛普利
D. 美托洛尔　E. 阿司匹林

550. 严重冠状动脉狭窄是指冠状动脉狭窄程度达

A. 50%以上　B. 70%以上　C. 80%以上
D. 90%以上　E. 95%以上

551. 患者,男性,49岁。因劳累后胸痛3年收住入院。入院后根据其发作时的心电图诊断为“心绞痛”。其发作时最可能的心电图表现是
A. T波高大　B. 左心室肥厚劳损
C. 窦性心动过速　D. ST段下移,T波低平、双向、倒置
E. ST段呈短暂的抬高,形成单向曲线

552. 男,59岁。反复胸痛3天,劳累时发作。休息15分钟或含服硝酸甘油1分钟后可缓解,每天发作3~5次。既往糖尿病病史10年。不适宜立即进行的检查是
A. 心电图负荷试验　B. 冠状动脉造影　C. 动态心电图
D. 静息心电图　E. 超声心动图

553. 男,56岁。2年来间断出现活动时胸闷,休息后可缓解,近4个月无胸闷发作。查体:血压120/80mmHg,心率72次/分,心脏各瓣膜区未闻及杂音。最有助于明确诊断的检查是
A. 心电图运动负荷试验　B. 动态心电图　C. 放射性核素静态心肌显像
D. 胸部X线片　E. 超声心动图

554. 男,48岁。发作性胸痛1个月,每次发作含硝酸甘油后缓解,考虑冠心病心绞痛。最常用的检查方法是
A. 心脏X线摄片　B. 心电图运动负荷试验　C. 放射性核素检查
D. 动态心电图　E. 超声心动图

555. 运动负荷试验阳性的心电图标准是
A. ST段水平型压低>0.05mV(从J点后0.08秒)
B. ST段上斜型压低>0.05mV(从J点后0.08秒)
C. ST段弓背向上抬高>0.1mV(从J点后0.08秒)
D. ST段上斜型压低≥0.1mV(从J点后0.08秒)
E. ST段水平型压低≥0.1mV(从J点后0.08秒)

556. 评价冠状动脉狭窄程度最可靠的检查是
A. 放射性核素检查　B. 心电图　C. 冠状动脉造影
D. 运动负荷试验　E. 动态心电图

557. 不稳定型心绞痛患者应争取在2小时内进行介入评估的临床情况是
A. 发作时间较前延长　B. 发作时出现左心衰竭　C. ST段水平型下移
D. ST段下斜型下移　E. 静息心绞痛发作

558. 男,54岁。发作性胸痛3天,于劳累时发作,休息5分钟可缓解,每天发作3~4次,最近2小时内上述症状发作2次,每次持续20分钟。该患者最恰当的处理措施是
A. 门诊预约超声心动图检查　B. 立即收住院行心电图运动负荷试验
C. 门诊预约动态心电图检查　D. 立即收住院监测心电图和血肌钙蛋白
E. 立即收住院行胸部X线片检查

559. 男,55岁。近6个月来反复发生活动时胸骨后闷痛,每于快步行走或负重时发生,每月约发作1次,每次持续3~5分钟,休息后可自行缓解,该患者的心绞痛类型是
A. 初发型劳力性心绞痛　B. 变异型心绞痛　C. 混合性心绞痛
D. 恶化型劳力性心绞痛　E. 稳定型劳力性心绞痛

560. 男,62岁。近半年出现活动时胸骨后闷痛,休息5分钟可缓解,无静息痛。约每2个月发作1次,近1个月无发作。吸烟史30年,父亲50岁患心肌梗死。查体无异常。平时心电图正常。对明确诊断最适宜的检查是

A. 动脉血气分析　B. 胸部 CT　C. 肺功能检查
D. 胸痛发作时记录心电图　E. 心电图运动负荷试验

561. 钙通道阻滞剂治疗心绞痛的主要机制，下列哪项不正确？
A. 抑制心肌收缩，减少心肌耗氧量　B. 扩张外周动脉，降低血压，减轻后负荷
C. 降低血液黏度，抗血小板聚集　D. 解除冠状动脉痉挛，改善心肌供氧
E. 减慢心率，减少心肌作功

562. 能改善稳定型心绞痛患者临床预后的是
A. 利多卡因　B. 尿激酶　C. 速效救心丸
D. 硝酸甘油　E. 阿司匹林

563. 冠状动脉粥样硬化性心脏病患者抗炎稳定斑块的药物是
A. 他汀类药物　B. 抗凝药物　C. 抗生素
D. 抗血小板药物　E. 硝酸酯类药物

564. 男性，54 岁。1 年前日常活动后出现胸骨后疼痛，每日 2~3 次，近 2 个月发作次数增多，每日 5~6 次，轻微活动也能诱发，发作时心电图 ST 段呈一过性水平压低，应诊断为
A. 稳定型心绞痛　B. 不稳定型心绞痛　C. 心内膜下心肌梗死
D. X 综合征　E. 变异型心绞痛

565. 女性，57 岁。高血压、冠心病患者，近日心前区闷痛发作频繁，伴头胀，测血压为 150/100mmHg，心电图示胸痛发作时相关导联 ST 段一过性抬高。应采取何种药物治疗最为适宜？
A. 洋地黄　B. 硝苯地平　C. 利多卡因
D. β 受体拮抗剂　E. 利尿药

566. 女性，58 岁。近半年来自觉心前区阵发性疼痛，常在休息或清晨时发作，持续时间一般为 20 分钟或半个小时，含服硝酸甘油后缓解。疼痛发作时，心电图胸前导联 ST 段抬高，运动负荷试验阴性。其诊断为
A. 初发型心绞痛　B. 卧位型心绞痛　C. 稳定型心绞痛
D. 变异型心绞痛　E. 恶化型心绞痛

567. 男，45 岁，1.75m，体重 70kg，每日吸烟 20 支。其父亲患有冠心病，以下建议中不正确的是
A. 可考虑服用阿司匹林　B. 膳食中脂肪含量不超过 30%　C. 定期测量血压
D. 每日吸烟量不超过 10 支　E. 每周至少 150 分钟以上中等强度有氧运动

568. 男，50 岁。劳累时胸痛 2 年，每于上 3 层楼梯时症状发作，含服硝酸甘油 1~3 分钟可缓解。既往高血压病史 5 年，糖尿病病史 4 年。可改善该患者预后的治疗措施是
A. 长期口服他汀类药物　B. 长期口服营养心肌类药物　C. 冠状动脉支架植入术
D. 冠状动脉旁路移植术　E. 皮下注射低分子肝素

569. 最可能加重变异型心绞痛的药物是
A. 抗血小板药物　B. 硝酸酯类药物　C. 钙通道阻滞剂
D. 调脂药物　E. β 受体拮抗剂

570. 不适宜动脉粥样硬化患者的饮食是
A. 每天氯化钠摄入 10g　B. 脂肪摄入量不超过总热量的 30%
C. 胆固醇每日不超过 250~300mg　D. 饱和脂肪每日不超过 2g
E. 可溶性纤维每日至少摄入 5~10g

571. 最有助于提示发生急性心肌梗死的临床情况是
A. 左下肺湿啰音　B. 胸骨后刺痛
C. 血 CK 水平高，CK-MB/CK>5%　D. 胸痛持续 5 分钟自行缓解
E. 心电图提示新出现的完全性左束支传导阻滞

572. 男性,60 岁。心前区阵发性疼痛 1 个月,多在夜间发作,与活动无关。每次发作 15 分钟,发作时心电图Ⅱ、Ⅲ、aVF 导联 ST 段抬高。首选治疗的药物是
A. 硝酸酯类　B. β 受体阻滞剂　C. 钙通道阻滞剂
D. 洋地黄类　E. 胺碘酮
573. 大部分急性心肌梗死的病因是
A. 冠状动脉内动脉粥样斑块破裂,血栓形成　B. 冠状动脉痉挛,血栓形成
C. 冠状动脉栓塞,继发血栓形成　D. 冠状动脉炎,血栓形成
E. 动脉粥样斑块逐渐进展直至完全阻塞冠状动脉管腔
574. 心肌梗死最常发生的部位是
A. 室间隔后 1/3　B. 左心室后壁　C. 右心室前壁
D. 左心室前壁　E. 左心室侧壁
575. 心绞痛发作时疼痛的典型部位是
A. 下颌　B. 心前区　C. 胸骨后
D. 左臂内侧　E. 左肩部
576. 心肌梗死最先出现和最突出的症状是
A. 恶心、呕吐、腹痛　B. 剧烈胸痛　C. 心力衰竭
D. 心律失常　E. 发热
577. 女,80 岁。持续性胸痛 6 小时来诊,既往糖尿病病史 5 年。心电图示 $V_1 \sim V_6$ 导联 ST 段抬高0.2mV。实验室检查:血清肌钙蛋白升高。该患者心电图 ST 段抬高的最可能原因是
A. 稳定型心绞痛　B. 变异型心绞痛　C. 室壁瘤
D. 急性心肌梗死　E. 急性心包炎
578. 男,68 岁。持续胸痛 2 小时,既往体健。查体:血压 110/65mmHg,双肺呼吸音清,心率 94 次/分,心音低钝,$A_2>P_2$。心电图:$V_1 \sim V_6$ 导联 ST 段弓背向上抬高 0.3~0.5mV。实验室检查:血清肌钙蛋白 I 水平正常。该患者最可能的诊断是
A. 急性心肌梗死　B. 肺血栓栓塞　C. 不稳定型心绞痛
D. 急性心包炎　E. 急性心肌炎

(579~581 题共用题干)男,52 岁。2 年来每于剧烈活动时发作剑突下疼痛,向咽部放射,持续数分钟可自行缓解。2 周来发作频繁且有夜间睡眠中发作。2 小时前出现剑突下剧烈疼痛,向胸部放射,伴憋闷、大汗,症状持续不缓解,急诊平车入院。既往有高血压病史 10 年,糖尿病病史 5 年,有吸烟史。查体:T36.2℃,BP160/80mmHg。急性病容,口唇无发绀,双肺呼吸音清,心率 103 次/分,心律不齐,期前收缩 15 次/分,$A_2>P_2$,腹软,无压痛。

579. 接诊时首先需考虑的诊断是
A. 急性胰腺炎　B. 急性心肌梗死　C. 消化性溃疡
D. 急性胆囊炎　E. 急性肺栓塞
580. 最可能引起该患者死亡的原因是
A. 上消化道出血　B. 弥散性血管内凝血　C. 急性腹膜炎
D. 恶性心律失常　E. 感染中毒性休克
581. 接诊时该患者需首先完善的检查是
A. 血气分析　B. 急诊胃镜　C. 血和尿淀粉酶测定
D. 心电图　E. 急诊腹部 B 超

A. 胸部和背部持续烧灼样疼痛

B. 突发胸部撕裂样疼痛，伴全身冷汗，但血压常升高
C. 常有心前区针刺样疼痛
D. 活动后胸骨后或左胸部剧烈疼痛，休息后缓解
E. 胸骨后剧烈压榨样疼痛，舌下含服硝酸甘油不能缓解

582. 主动脉夹层
583. 劳力性心绞痛
584. 急性心肌梗死

585. 导致急性心肌梗死患者早期(24小时内)死亡的主要原因为
A. 心力衰竭　B. 心源性休克　C. 心律失常
D. 心脏破裂　E. 肺栓塞

586. 急性前壁心肌梗死时最常见的心律失常是
A. 心房颤动　B. 预激综合征
C. 房室传导阻滞　D. 室性期前收缩及室性心动过速
E. 非阵发性交界性心动过速

587. 男，65岁。急性前壁心肌梗死3小时，既往有高血压、糖尿病病史，平时血压140~150/70~80mmHg。查体：血压90/70mmHg，双肺呼吸音清，心率85次/分，律齐。该患者血压降低的最可能原因是
A. 主动脉壁硬化　B. 大动脉弹性降低　C. 心脏每搏输出量降低
D. 心率降低　E. 外周阻力降低

588. 心泵功能KillipⅢ级是指
A. 未闻及肺部湿啰音和第三心音　B. 肺部有湿啰音，但啰音范围小于1/2肺野
C. 肺部可闻及散在的哮鸣音　D. 肺部有湿啰音，且啰音范围大于1/2肺野
E. 血压<70/60mmHg

589. 急性下壁心肌梗死最常出现的心律失常是
A. 室性期前收缩　B. 心房颤动　C. 窦性心动过速
D. 房室传导阻滞　E. 房性期前收缩

590. 男，65岁。持续胸痛4小时，心电图提示Ⅱ、Ⅲ、aVF导联ST段抬高0.2mV，最可能出现的心律失常是
A. 阵发性室上性心动过速　B. 房室传导阻滞　C. 室性期前收缩
D. 房性期前收缩　E. 心房颤动

591. 患者，男性，63岁。排便时突发剧烈胸痛。入院急查心电图示前壁、下壁心肌梗死，脉率40次/分。2小时后复查心电图：P波规律，频率103次/分，QRS波群形态正常，频率40次/分。心脏传导系统可能发生异常的部位是
A. 窦房结　B. 结间束　C. 房室结
D. 左束支　E. 浦肯野纤维

A. $V_1 \sim V_3$　B. $V_3 \sim V_5$　C. Ⅰ、aVL
D. Ⅱ、Ⅲ、aVF　E. $V_7 \sim V_9$

592. 高侧壁心肌梗死出现异常Q波的导联是
593. 前间壁心肌缺血时出现ST段下移的导联是

A. 急性前间壁心肌梗死　B. 急性前壁心肌梗死　C. 急性广泛前壁心肌梗死
D. 急性前侧壁心肌梗死　E. 急性下壁心肌梗死

594. Ⅱ、Ⅲ、aVF导联出现异常Q波，ST段抬高
595. $V_{3\sim5}$导联出现异常Q波，ST段抬高

(596~597题共用题干)患者,男,60岁。突然感到心前区闷痛,伴心悸3小时,自服硝酸甘油1片,疼痛未能缓解。做心电图检查,显示如下图。

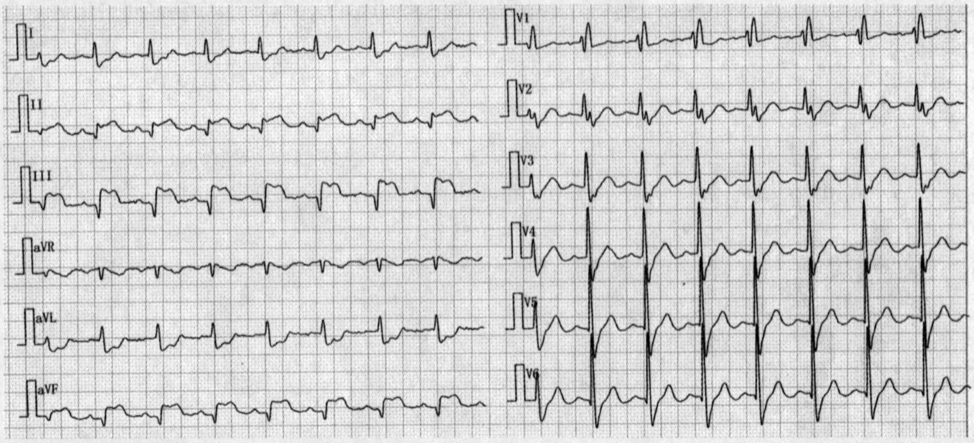

596. 该患者的诊断是
A. 心绞痛　B. 急性心包炎　C. 急性心肌梗死
D. 心肌病　E. 心肌炎

597. 根据心电图显示,心脏病变部位是
A. 前壁　B. 下壁　C. 正后壁
D. 前间壁　E. 后壁

598. 诊断急性心肌梗死特异性最高的心肌坏死标志物是
A. 肌酸磷酸激酶　B. 天氨酸氨基转移酶　C. 肌红蛋白
D. 肌钙蛋白　E. 乳酸脱氢酶

599. 急性心肌梗死发生后,最早升高的血清心肌酶是
A. 肌酸磷酸激酶　B. 天冬氨酸氨基转移酶　C. 乳酸脱氢酶
D. 肌酸磷酸激酶同工酶　E. 肌钙蛋白I

600. 急性心肌梗死后最晚恢复正常的心肌坏死标志物是
A. 肌红蛋白　B. 肌酸激酶　C. 肌酸激酶同工酶MB
D. 天冬氨酸氨基转移酶　E. 肌钙蛋白

601. 提示非ST段抬高型急性冠状动脉综合征患者预后不良最有价值的线索是
A. 有静息胸痛发作　B. 发作时血压下降　C. 血肌钙蛋白水平增高
D. 发作时间超过30分钟　E. 最近48小时症状反复发作

602. 女,74岁。5天前诊断为"急性前壁心肌梗死",今日再感胸痛,随即意识丧失。心电监护和生命体征监测示无脉电活动。该患者意识丧失的最可能原因是
A. 心脏破裂　B. 心源性休克　C. 乳头肌断裂
D. 再发心肌梗死　E. 室间隔穿孔

603. 有关急性心肌梗死心肌损伤标记物的描述,不正确的是
A. 肌红蛋白起病后2小时内升高,12小时内达到高峰,24~48小时恢复正常
B. 肌钙蛋白起病后6小时内升高,5~6天恢复正常
C. CK-MB起病后4小时内增高,16~24小时达高峰,3~4天恢复正常
D. AST在起病6~10小时开始升高,3~6天恢复正常

E. LDH 在起病 6~10 小时后升高,1~2 周内恢复正常

604. 男,55 岁。急性心肌梗死 4 周,今晨再发胸痛,持续 8 小时不缓解,遂来急诊。查体:血压 100/60mmHg,心率 95 次/分,心、肺检查无异常。心电图:Ⅰ、aVL 导联 ST 段弓背向上抬高。血清肌钙蛋白升高。该患者胸痛最可能的原因是

A. 心脏破裂　B. 心室膨胀瘤　C. 急性心包炎
D. 再发急性心肌梗死　E. 心绞痛

605. 男,65 岁。急性广泛前壁心肌梗死 4 天,突发喘憋 2 小时。查体:血压 90/60mmHg,双肺未闻及干、湿啰音,心率 105 次/分,律齐,胸骨左缘第 4 肋间可闻及响亮的收缩期杂音伴震颤。该患者喘憋最可能的原因是

A. 支气管哮喘　B. 心房颤动　C. 感染性心内膜炎
D. 室间隔穿孔　E. 肺炎

606. 急性心肌梗死最常见的并发症是

A. 心肌梗死后综合征　B. 肺动脉栓塞　C. 体循环栓塞
D. 心室膨胀瘤　E. 心脏乳头肌功能失调或断裂

607. 女,70 岁。胸痛 14 小时入院,诊断为急性心肌梗死。住院第 4 天患者突感喘憋,症状迅速加重。查体:P120 次/分,BP85/50mmHg。面色发灰,口唇发绀,大汗淋漓,双肺可闻及较多湿啰音,心尖部闻及新出现的 3/6 级收缩期吹风样杂音。该患者喘憋的最可能原因是

A. 气胸　B. 感染性心内膜炎　C. 肺栓塞
D. 乳头肌断裂　E. 肺炎

(608~610 题共用题干)女,70 岁。突发胸闷、喘憋 10 小时入院。既往高血压病史 12 年,糖尿病病史 5 年。查体:BP160/90mmHg,端坐呼吸。双肺可闻及广泛湿啰音及散在哮鸣音。心率128 次/分,心律齐,心脏各瓣膜区未闻及杂音。ECG 示:V_1~V_6 导联 ST 段抬高。动脉血气分析:pH7.35,$PaO_2$71mmHg,$PaCO_2$40mmHg。

608. 该患者目前喘憋最可能的病因是

A. 肺动脉栓塞　B. 支气管哮喘　C. 糖尿病酮症酸中毒
D. 急性心肌梗死　E. 肺部感染

609. 最恰当的药物治疗是

A. 口服华法林　B. 静脉滴注糖皮质激素　C. 静脉推注毛花苷丙
D. 静脉滴注硝酸甘油　E. 静脉滴注抗生素

610. 患者经治疗后好转。入院第 5 天,患者突发呼吸困难、咳嗽、咳粉红色泡沫痰。查体:BP150/90mmHg,心尖部可闻及 4/6 级收缩期杂音。该患者突发呼吸困难的最可能原因为

A. 肺栓塞进展为肺梗死　B. 再次发生肺栓塞　C. 急性乳头肌功能不全
D. 哮喘急性发作　E. 肺部感染加重

A. 左心室血栓脱落　B. 心室膨胀瘤　C. 室间隔穿孔
D. 心肌梗死后综合征　E. 乳头肌功能失调

611. 急性心肌梗死后 1 天,心尖区出现收缩中晚期喀喇音和吹风样收缩期杂音,最可能出现的并发症是
612. 心肌梗死后 4 周,发热、胸痛,超声心动图示心包腔内液性暗区,最可能出现的并发症是

613. 急性心肌梗死并发心脏破裂多发生于起病

A. 16~20 天　B. 20 天之后　C. 7 天以内
D. 7~10 天　E. 11~15 天

614. 心肌梗死患者心脏破裂的最常见部位是

A. 左心房游离壁　　B. 右心房游离壁　　C. 室间隔
D. 左心室游离壁　　E. 右心室游离壁

615. 与急性心肌梗死相关的室壁瘤主要发生于
A. 左心室　　B. 左心房　　C. 室间隔
D. 右心室　　E. 右心房

616. 男性,58岁。6个月前急性心肌梗死,心电图示 $V_1 \sim V_5$ 导联ST段持续抬高3mm,近3个月偶于快跑时出现胸闷,持续1小时。体检:心界向左侧扩大,心尖搏动弥散。该患者最可能的诊断是
A. 急性心包炎　　B. 心室膨胀瘤　　C. 变异型心绞痛
D. 梗死后心绞痛　　E. 急性心肌梗死

617. 超声心动图上的左心室壁局部于收缩期向外突出呈矛盾运动提示
A. 限制型心肌病　　B. 室壁瘤　　C. 梗阻性肥厚型心肌病
D. 扩张型心肌病　　E. 风湿性心脏病

618. 急性心肌梗死第3周出现发热和心包摩擦音。血沉30mm/h,血白细胞 6.1×10^9/L,中性粒细胞0.55。可能是
A. 急性心肌梗死的反应性心包炎　　B. 心脏破裂
C. 急性心肌梗死后综合征　　D. 伴发病毒性心包炎　　E. 室壁瘤

619. 急性心肌梗死时肌内注射哌替啶的单次用量为
A. 20~40mg　　B. 160~200mg　　C. 50~100mg
D. 110~150mg　　E. 5~10mg

(620~621题共用题干)女,62岁,持续胸痛2小时。2小时前出现胸骨后疼痛,休息后未减轻,逐渐出现呼吸困难。既往有高血压和血脂异常病史。查体:血压130/70mmHg,双肺呼吸音清,心率86次/分,律齐,$A_2>P_2$。心电图:$V_1 \sim V_6$ 导联ST段抬高0.4mV,Ⅱ、Ⅲ、aVF导联ST段压低0.2mV。

620. 该患者最可能的诊断为
A. 变异型心绞痛　　B. 急性心肌炎　　C. 急性心包积液
D. 急性肺血栓栓塞　　E. 急性心肌梗死

621. 该患者的关键治疗是
A. 再灌注治疗　　B. 应用糖皮质激素　　C. 应用非甾体抗炎药
D. 应用华法林　　E. 应用非二氢吡啶类钙通道阻滞剂

622. 男,60岁。突发心前区疼痛2小时。既往有高脂血症和吸烟史,无高血压和出血性疾病史。查体:血压150/90mmHg,双肺呼吸音清,心率89次/分,律齐。心电图示Ⅱ、Ⅲ和aVF导联ST段下斜型压低0.2mV,$V_1 \sim V_6$ 导联ST段弓背向上抬高0.3~0.5mV。该患者最关键的治疗是
A. 口服硝苯地平控释片　　B. 口服速效救心丸　　C. 再灌注治疗
D. 吸氧　　E. 口服血管紧张素转换酶抑制剂

623. 急性心肌梗死溶栓治疗中常用的溶栓剂是
A. 肝素　　B. 尿激酶　　C. 去纤酶
D. 蝮蛇抗栓酶　　E. 阿司匹林

624. 急性心肌梗死时,不宜溶栓治疗的情况是指同时伴有
A. 血压160/100mmHg　　B. 6个月前腔隙性脑梗死　　C. 主动脉夹层
D. 2周前曾行桡动脉穿刺　　E. 萎缩性胃炎1年

625. 不能用于判断急性心肌梗死后溶栓成功的临床指标为
A. 胸痛缓解　　B. 心电图示ST段下降　　C. 频发的室性期前收缩

D. CK-MB 峰值前移　E. 窦性心动过速

626. 心肌梗死急性期患者，一旦出现室性期前收缩，应首选给予的药物是

A. 利多卡因　B. 维拉帕米　C. 普萘洛尔

D. 地西泮（安定）　E. 苯妥英钠

627. 女，69 岁。突发胸骨后压榨样疼痛 6 小时，持续不缓解。查体：血压 160/70mmHg，心率 97 次/分。心电图示 $V_1 \sim V_6$ 导联 ST 段水平型压低 0.3～0.5mV。实验室检查：血清肌钙蛋白 I 增高。该患者不宜采取的治疗是

A. 静脉滴注硝酸甘油　B. 皮下注射低分子肝素　C. 嚼服阿司匹林

D. 吸氧　E. 静脉滴注尿激酶

628. 可改善急性前壁心肌梗死患者预后的药物是

A. β 受体拮抗剂　B. 洋地黄　C. 利尿药

D. 硝酸酯类药　E. 短效二氢吡啶类钙通道阻滞剂

（629～630 题共用题干）男，74 岁。突发剧烈心前区疼痛，胸闷，气憋，心界向左扩大，心尖区 3/6 级收缩期吹风样杂音，心率 96 次/分，心律不齐，双肺底湿啰音。心电图示：Ⅰ、aVL、V_5、V_6 导联 ST 段抬高，Ⅰ、aVL 导联有异常 Q 波，室性期前收缩。血清 CK-MB 200U/L。

629. 诊断是

A. 急性心包炎，肺部感染　B. 急性前侧壁心肌梗死　C. 扩张型心肌病，心力衰竭

D. 风心病二尖瓣关闭不全　E. 风心病二尖瓣狭窄

630. 对此患者心律失常的治疗应首选

A. 普罗帕酮　B. 维拉帕米　C. 毛花苷丙

D. 利多卡因　E. 苯妥英钠

（631～633 题共用题干）女，75 岁。胸痛 5 小时。心电图示 $V_1 \sim V_5$ 导联 ST 段抬高 0.5mV。

631. 对明确诊断最有价值的实验室检查指标是

A. 血糖　B. 血脂分析　C. 肝肾功能

D. 血常规　E. 血肌钙蛋白

632. 对改善预后最有效的措施是

A. 卧床休息　B. 静脉滴注极化液　C. 静脉滴注硝酸甘油

D. 静脉滴注丹红注射液　E. 静脉注射瑞替普酶（rt-PA）

633.【假设信息】住院第 7 天，患者突然感呼吸困难，不能平卧。查体：双肺闻及细湿啰音，胸骨左缘第 4 肋间闻及收缩期吹风样杂音。对明确诊断最有意义的辅助检查是

A. 胸部 X 线片　B. 血 B 型钠尿肽水平　C. 血气分析

D. 心电图　E. 超声心动图

634. 急性心肌梗死患者，疑有早期心源性休克末梢循环改变，血压 90/70mmHg，尿比重 1.016，中心静脉压 13cmH_2O。治疗时应首选

A. 肾上腺素　B. 低分子右旋糖酐　C. 毛花苷丙（西地兰）

D. 硝普钠　E. 硝苯地平

635. 下壁、右心室心肌梗死患者应慎用的治疗是

A. 静脉滴注硝酸甘油　B. 口服氯吡格雷　C. 皮下注射低分子肝素

D. 口服阿托伐他汀　E. 口服阿司匹林

（636～638 题共用题干）男，68 岁。2 周来反复胸痛，发作与劳累及情绪有关，休息可以缓解。3 小时

前出现持续性疼痛，进行性加剧，并气促，不能平卧。血压 110/70mmHg，心率 120 次/分，律齐，心尖部可闻及 3/6 级收缩期杂音，双肺散在哮鸣音及湿啰音。

636. 根据上述临床表现，该患者的诊断最可能是
A. 风心病二尖瓣关闭不全　B. 扩张型心肌病　C. 支气管哮喘
D. 支气管肺炎　E. 急性心肌梗死并发左心衰竭

637. 首选检查为
A. 胸部 X 线片　B. 心电图　C. 超声心动图
D. 血清心肌酶　E. 心肌核素扫描

638. 首选治疗方案应为
A. 抗生素控制感染　B. β 受体拮抗剂预防室性心律失常
C. 洋地黄类药物　D. 吗啡和利尿药
E. 肾上腺皮质激素减轻支气管痉挛

（639～643 题共用题干）患者，女性。65 岁，因阵发性胸闷 8 年，持续胸痛 8 小时收入院。入院时血压 150/90mmHg，诊断为急性前壁心肌梗死。

639. 支持诊断的心电图改变为
A. Ⅱ、Ⅲ、aVF 导联出现异常 Q 波，伴 ST 段弓背向上抬高
B. $V_1 \sim V_4$ 导联出现异常 Q 波伴 ST 段弓背向上抬高
C. Ⅰ、aVL 导联出现肺性 P 波　D. 频发室性期前收缩　E. 三度房室传导阻滞

640. 此时最具特征性的实验室改变是
A. 血清 LDH 上升　B. 血清 GOT 上升　C. 血清 GPT 上升
D. 血清 CK-MB 上升　E. 血清肌红蛋白下降

641. 上述患者出现频发室性期前收缩，伴短暂室性心动过速，此时最恰当的处理是
A. 静脉推注毛花苷丙　B. 口服美西律　C. 静脉注射利多卡因
D. 口服普鲁卡因酰胺　E. 口服妥卡尼

642. 住院第 2 日患者出现胸闷、大汗、面色苍白。体检心率 126 次/分，律齐，双肺未闻及干、湿啰音，血压 90/50mmHg，考虑合并心源性休克。此时不宜使用
A. 主动脉内气囊反搏术　B. 静脉注射呋塞米　C. 静脉滴注多巴胺
D. 静脉滴注多巴酚丁胺　E. 皮下注射低分子肝素

643. 起病 4 周后，患者反复低热，左肺底有湿啰音，心前区闻及心包摩擦音，此时应考虑并发
A. 肺结核　B. 尿毒症　C. 感染性心内膜炎
D. 心肌梗死后综合征　E. 肺栓塞

（644～646 题共用题干）男，50 岁。持续胸痛 8 小时，喘憋 2 小时入院。既往无高血压病史。查体：血压 150/70mmHg，端坐位，双肺底可闻及少许细湿啰音，心界不大，心率 110 次/分，律齐，$P_2 > A_2$。心电图示Ⅰ、aVL、$V_1 \sim V_6$ 导联 ST 段抬高 0.1～0.4mV，可见病理性 Q 波。

644. 该患者最可能的诊断是
A. 急性心包炎　B. 急性心肌炎　C. 高血压急症
D. 急性心肌梗死　E. 肥厚型心肌病

645. 该患者的心功能分级为
A. Killip 分级Ⅰ级　B. Killip 分级Ⅱ级　C. Killip 分级Ⅲ级
D. NYHA 分级Ⅲ级　E. NYHA 分级Ⅳ级

646. 该患者应慎用的药物治疗为

A. 口服阿司匹林　　B. 静脉注射毛花苷丙　　C. 皮下注射吗啡
D. 静脉注射呋塞米　　E. 静脉滴注硝酸甘油

647. 男性,48 岁。急性前壁心肌梗死 15 小时,合并急性左心功能不全,血压 170/100mmHg。治疗其心功能不全应首选
A. β 受体拮抗剂　　B. 地高辛　　C. 硝普钠
D. α 受体拮抗剂　　E. 卡托普利

648. 急性心肌梗死应用主动脉内气囊反搏术的最佳适应证是并发
A. 心源性休克　　B. 急性左心衰竭　　C. 恶性心律失常
D. 右心室梗死　　E. 慢性肾功能不全

A. 氯吡格雷　　B. 呋塞米　　C. 阿司匹林
D. 低分子肝素　　E. 尿激酶

649. 急性右心室 ST 段抬高心肌梗死患者慎用
650. 急性非 ST 段抬高心肌梗死不宜选用

651. 男,68 岁,急性前壁心肌梗死。为预防再梗和猝死,如无禁忌证,宜尽早使用的药物是
A. 硝苯地平　　B. 阿托品　　C. 美托洛尔
D. 地高辛　　E. 美西律

(652~653 题共用题干)男,69 岁。阵发性胸骨后闷痛 1 周,持续胸痛 6 小时。高血压病史 3 年。查体:血压 100/70mmHg,心率 45 次/分,律齐,心脏各瓣膜听诊区未闻及杂音。心电图示:Ⅱ、Ⅲ、aVF 导联 ST 段抬高 0.3mV,V_1~V_6 导联 ST 段下斜型压低 0.2mV。

652. 为明确诊断首选的检查是
A. 血常规　　B. 血清肌钙蛋白　　C. 血沉
D. 超声心动图　　E. 胸部 X 线片

653. 不正确的治疗是
A. 口服他汀类药物　　B. 口服抗血小板药物　　C. 口服镇痛药
D. 口服 β 受体阻滞剂　　E. 静脉滴注溶栓药

第 11 章　高血压

(执业医师及助理医师均需掌握)

654. 根据世界卫生组织的规定,高血压的诊断标准为血压
A. >140/90mmHg　　B. >120/80mmHg　　C. >135/85mmHg
D. >135/80mmHg　　E. >120/75mmHg

655. 对鉴别Ⅱ、Ⅲ级高血压有意义的是
A. 有无眼底动脉硬化　　B. 有无左心室肥大　　C. 有无左心衰竭
D. 尿中有无蛋白　　E. 高血压增高的程度

656. 根据 WHO/ISH 标准,下列属于临界收缩期高血压的是
A. 150/85mmHg　　B. 150/95mmHg　　C. 140/90mmHg
D. 135/85mmHg　　E. 145/85mmHg

657. 男,66 岁。发现高血压 3 年,未治疗。查体:血压 150/85mmHg。该患者的血压属于
A. 正常高值　　B. 单纯收缩期高血压　　C. 理想血压

D. 正常血压　　E. 2级高血压

658. 男,45岁,1年前发现血压170/110mmHg,长期口服氨氯地平等药物治疗。2个月前诊断为糖尿病,口服降糖药治疗,目前血压、血糖均在正常范围。该患者高血压诊断正确的是

A. 高血压3级,高危　　B. 高血压1级　　C. 高血压3级,很高危

D. 高血压2级,很高危　　E. 高血压2级,高危

659. 男,45岁。非同日多次测量发现血压高3个月。血压最高155/100mmHg,未服药。既往糖尿病3年余。实验室检查血常规和血生化均正常。根据现有临床表现,应诊断为

A. 高血压原因待查　　B. 高血压1级,高危　　C. 高血压2级,高危

D. 高血压1级,很高危　　E. 高血压2级,很高危

660. 男,32岁。发现血压增高3年。近1年血压持续为170~200/130~140mmHg,近1周头痛、视物模糊。眼底检查发现视盘水肿,最可能的诊断为

A. 急性视盘病变　　B. 脑出血　　C. 恶性高血压

D. 脑梗死　　E. 高血压脑病

661. 恶性高血压与缓进型高血压的区别要点是

A. 眼底有无视盘水肿　　B. 舒张压高低程度　　C. 有无肾功能不全

D. 有无心功能不全　　E. 有无脑功能障碍

662. 男,40岁。10小时前搬重物时突发上胸部疼痛,呈撕裂样,并逐渐向下胸部和腹部延伸。高血压病史15年。查体:T36.3℃,BP170/100mmHg(左上肢),BP140/75mmHg(右上肢)。心率105次/分,心律齐。腹平软,Murphy征阴性。CK-MB正常。心电图正常。胸部X线片显示主动脉明显增宽。该患者胸痛最可能的病因是

A. 急性心肌梗死　　B. 变异型心绞痛　　C. 主动脉夹层

D. 急性胆囊炎　　E. 急性心包炎

A. 高血压病1级　　B. 高血压病2级　　C. 高血压病3级

D. 高血压危象　　E. 高血压脑病

663. 血压持续在160/95mmHg以上,眼底动脉普遍狭窄,属于

664. 血压骤然升高,剧烈头痛,呕吐,意识模糊,抽搐,属于

665. 高血压最严重的病变是

A. 左心室肥大　　B. 颗粒性固缩肾　　C. 脑软化

D. 脑出血　　E. 视网膜出血

666. 诊断高血压依据的血压值的测量方法为

A. 未用降压药的情况下,2次或2次以上非同日血压值的均值

B. 未用降压药的情况下,2次或2次以上同日血压值的均值

C. 用降压药的情况下,2次或2次以上非同日血压值的均值

D. 用降压药的情况下,2次或2次以上同日血压值的均值

E. 休息5分钟后测定的血压值

667. 鉴别肾性高血压和原发性高血压的要点是

A. 血压高低　　B. 有无血尿　　C. 有无肾功能损害

D. 有无左心室增大　　E. 尿改变和高血压发病的先后

668. 男,66岁。2天前与人争吵时觉头晕,当时测血压140/80mmHg,今天骑车10公里到县医院就诊,到达时测血压160/85mmHg。关于此时该患者的血压诊断,正确的说法是

A. 诊断为高血压2级,中危

B. 暂不能诊断高血压,须多次测量安静休息时血压后才可能明确诊断

C. 诊断为单纯收缩期高血压 2 级,但须进一步检查后才能明确危险分组

D. 诊断为高血压 1 级,低危

E. 诊断为单纯收缩期高血压 2 级,中危

669. 男,26 岁。上肢血压 180~200/100~110mmHg,下肢血压 140/80mmHg。体检:肩胛间区可闻及血管杂音,伴震颤。尿 17-酮类固醇、17-羟类固醇正常,尿苦杏仁酸正常。其高血压原因应考虑继发于

A. 库欣综合征　B. 主动脉缩窄　C. 嗜铬细胞瘤

D. 原发性醛固酮增多症　E. 单侧肾动脉狭窄

670. 女,45 岁。肢体软弱无力、夜尿多 2 年余,今晨起双下肢不能活动。查:血压 170/100mmHg,均匀性轻度肥胖,双下肢松弛性瘫痪,血钾 2.4mmol/L。最可能的诊断为

A. 原发性高血压　B. 嗜铬细胞瘤　C. 肾性高血压

D. 原发性醛固酮增多症　E. 库欣病

(671~672 题共用题干)男,46 岁。突发剧烈胸痛,呈撕裂状,累及胸骨后及上腹部,伴大汗,持续 1 小时,不缓解。既往高血压病史 5 年。查体:血压 200/110mmHg,双肺呼吸音清,心率 100 次/分,心律齐,心脏各瓣膜区听诊未闻及杂音。心电图:左心室高电压伴 $V_4 \sim V_6$ 导联 ST 段压低 0.1mV。

671. 该患者最可能的诊断是

A. 张力性气胸　B. 不稳定型心绞痛　C. 急性心肌梗死

D. 肺动脉栓塞　E. 主动脉夹层

672. 最有助于明确诊断的检查是

A. 超声心动图　B. CT 大动脉血管造影　C. 心肌损伤标志物

D. 胸部 X 线片　E. 动态心电图

673. 女,34 岁。血压 210/130mmHg,可以作为肾血管性高血压的主要诊断依据是

A. 无高血压家族史　B. 右上腹连续性高调血管杂音　C. 近期发生的高血压

D. 血浆肾素水平增高　E. 氮质血症

A. 肾动脉狭窄　B. 主动脉缩窄　C. 嗜铬细胞瘤

D. 原发性醛固酮增多症　E. 库欣综合征

674. 血压增高,向心性肥胖,满月脸,皮肤紫纹,最可能的诊断是

675. 上肢血压增高,且明显高于下肢血压,胸骨旁可闻及杂音,最可能的诊断是

676. 高血压患者应尽量做到

A. 每人每日食盐量不应超过 8g　B. 饮酒量每日不超过相当于 75g 乙醇的量

C. 低或中度强度的等张运动　D. 将体重指数(BMI)控制在 30

E. 膳食中脂肪量控制在总量的 35%以下

677. 无合并症的高血压患者血压控制目标为

A. <125/75mmHg　B. <125/80mmHg　C. <130/80mmHg

D. <135/85mmHg　E. <140/90mmHg

678. 男,76 岁。高血压病史 1 年,血压波动于 170~190/60~65mmHg。查体未见明显异常。实验室检查:血常规、尿常规、肾功能、空腹血糖、血脂等均正常,心电图正常。该患者的收缩压控制目标值至少低于

A. 140mmHg　B. 170mmHg　C. 130mmHg

D. 150mmHg　E. 160mmHg

679. 女,68 岁。高血压病史 5 年,药物治疗后血压波动于 140~170/50~80mmHg。既往有糖尿病病史。

该患者的收缩压控制目标应低于

A. 125mmHg　B. 130mmHg　C. 110mmHg
D. 120mmHg　E. 140mmHg

680. 男,75 岁。高血压病史 16 年,平素血压 170/70mmHg 左右。实验室检查:空腹血糖 5.6mmol/L,血肌酐 180μmol/L,尿蛋白(++)。该患者收缩压至少应控制在

A. 130mmHg 以下　B. 110mmHg 以下　C. 140mmHg 以下
D. 120mmHg 以下　E. 150mmHg 以下

681. 血肌酐超过 265μmol/L 时,慎用的降压药是

A. 依那普利　B. 氨氯地平　C. 硝苯地平
D. 美托洛尔　E. 阿罗洛尔

682. 伴水肿的轻度高血压患者,应首选

A. 氢氯噻嗪　B. 硝苯地平　C. 哌唑嗪
D. 卡托普利　E. 可乐定

683. 老年人收缩期高血压患者降压宜选用

A. 利尿药氢氯噻嗪　B. β 受体拮抗剂　C. α 受体拮抗剂
D. 血管紧张素转换酶抑制剂　E. 中枢交感神经抑制药

684. 合并双侧肾动脉狭窄的高血压患者降压不宜首选

A. 钙通道阻滞剂　B. 血管紧张素转换酶抑制剂　C. 利尿药
D. β 受体拮抗剂　E. α 受体拮抗剂

685. 血管紧张素转换酶抑制剂最适用的临床情况是

A. 高血压伴主动脉瓣狭窄　B. 妊娠期高血压　C. 高血压伴左心室肥厚
D. 高血压伴高钾血症　E. 高血压伴双侧肾动脉狭窄

A. 噻嗪类利尿药　B. α 受体拮抗剂　C. 血管紧张素转换酶抑制剂
D. 二氢吡啶类钙通道阻滞剂　E. β 受体拮抗剂

686. 合并低钾血症的高血压患者降压不宜使用的药物是
687. 合并糖尿病的高血压患者,血清肌酐正常,降压治疗宜首选的药物是
688. 最易引起干咳的降压药是

(689~690 题共用题干)男,46 岁。体检发现血压升高 6 个月。查体:血压 150/100mmHg,心率 86 次/分,律齐。实验室检查:血肌酐 96μmol/L,血尿酸 500μmol/L。

689. 该患者控制血压的目标值是血压低于

A. 130/80mmHg　B. 120/70mmHg　C. 140/90mmHg
D. 130/90mmHg　E. 140/80mmHg

690. 该患者不宜选用的降压药是

A. 血管紧张素Ⅱ受体拮抗剂　B. 噻嗪类利尿药　C. 钙通道阻滞剂
D. 血管紧张素转换酶抑制剂　E. β 受体拮抗剂

691. 男,65 岁。高血压病史 10 余年,既往有痛风病史。查体:BP180/100mmHg,双肺呼吸音清,心率 50 次/分,律齐,心脏各瓣膜区未闻及杂音。实验室检查:Scr320μmol/L。该患者最适宜的降压药物是

A. 血管紧张素转换酶抑制剂　B. 噻嗪类利尿药　C. 血管紧张素Ⅱ受体拮抗剂
D. 钙通道阻滞剂　E. β 受体拮抗剂

692. 女,65 岁。2 型糖尿病病史 20 年。查体:BP160/95mmHg,心率 65 次/分。实验室检查:Scr160 μmol/L,血 K^+4.2mmol/L,尿蛋白(+)。该患者降压药应首选

A. 利尿药　　B. 钙通道阻滞剂　　C. α 受体拮抗剂
D. β 受体拮抗剂　　E. 血管紧张素Ⅱ受体拮抗剂

693. 高血压合并支气管哮喘的患者，不宜使用的药物是
A. 硝苯地平　　B. 氢氯噻嗪　　C. 贝那普利
D. 美托洛尔　　E. 哌唑嗪

694. 原发性高血压患者，伴发心悸(心率 99 次/分)和劳力性心绞痛时，应首选哪种药物？
A. β 受体拮抗剂　　B. 血管紧张素转换酶抑制剂　　C. α 受体拮抗剂
D. 钙通道阻滞剂　　E. 利尿药

695. 男性，40 岁。陈旧性心肌梗死 3 年，高血压病史 4 年。体检：血压 150/95mmHg，心率 90 次/分，降压治疗宜首选
A. α 受体拮抗剂　　B. β 受体拮抗剂　　C. 利尿药
D. 二氢吡啶类钙通道阻滞剂　　E. 神经节阻断剂

696. 男，67 岁。患高血压 18 年，2 年前患急性前壁心肌梗死，门诊测血压 170/100mmHg，心率 96 次/分，该患者的最佳药物选择是
A. 美托洛尔　　B. 维拉帕米　　C. 卡托普利
D. 吲达帕胺　　E. 哌唑嗪

697. 合并冠状动脉痉挛性心绞痛的高血压患者宜首选
A. β 受体拮抗剂　　B. 利尿药　　C. 血管紧张素转换酶抑制剂
D. 钙通道阻滞剂　　E. α 受体拮抗剂

698. 女，70 岁。高血压病史 20 年，糖尿病病史 17 年。血压 175/85mmHg，双下肢水肿，心率 85 次/分，血钾 5.7mmol/L，血肌酐 456μmol/L，不宜使用的降压药物是
A. 卡托普利　　B. 袢利尿剂　　C. 硝苯地平
D. α 受体阻滞剂　　E. 美托洛尔

699. 男性，55 岁。高血压病史 5 年，频繁头痛 1 周，肥胖，血糖轻度升高。超声心动图示左室壁轻度增厚。适宜选用的降压药是
A. 硝苯地平　　B. 普萘洛尔　　C. 依那普利
D. 氢氯噻嗪　　E. 哌唑嗪

A. 钙通道阻滞剂　　B. α 受体拮抗剂　　C. β 受体拮抗剂
D. 交感神经抑制剂　　E. 血管紧张素Ⅱ受体拮抗剂

700. 无合并症的老年收缩期高血压患者降压治疗宜首选
701. 合并糖尿病、尿蛋白阳性的高血压患者降压治疗宜首选
702. 高血压合并心动过缓的患者降压治疗不宜首选

703. 男，68 岁。高血压病史 10 余年。查体：P56 次/分，BP160/90mmHg。Scr365μmol/L。降压治疗宜首选
A. 维拉帕米　　B. 美托洛尔　　C. 利血平
D. 氨氯地平　　E. 贝那普利

704. 女，80 岁。高血压病史 20 年，间断头晕。既往有痛风史。查体：BP180/90mmHg，HR52 次/分，律齐，心脏各瓣膜听诊区未闻及杂音。实验室检查：Scr110μmol/L，血钾正常。该患者的最适宜降压治疗方案是
A. 氨氯地平与美托洛尔　　B. 氨氯地平与氢氯噻嗪　　C. 缬沙坦与美托洛尔
D. 缬沙坦与氨氯地平　　E. 缬沙坦与氢氯噻嗪

705. 男，35 岁。发现高血压 7 个月，未服药，改善生活行为后血压为 140～150/90～95mmHg。心率为

56次/分。该患者治疗首选的药物是
A. 培哚普利　B. 利血平　C. 维拉帕米
D. 比索洛尔　E. 哌唑嗪

706. 男,50岁。突发眼底出血1小时。高血压病史10年,规律服用降压药1年,平时血压140/95~100mmHg。查体:血压210/120mmHg,结膜无出血、充血,双肺呼吸音清,心率90次/分,律齐,双下肢无水肿。治疗宜首选
A. 肌内注射利血平　B. 口服美托洛尔　C. 口服卡托普利
D. 口服氨氯地平　E. 静脉滴注硝普钠

A. 增加心肌收缩力　B. 降低左心室后负荷　C. 同时降低左心室前后负荷
D. 降低左心室前负荷　E. 减弱心肌收缩力

707. 硝普钠的作用是
708. 呋塞米的作用是

第12章 心肌疾病

(执业医师及助理医师均需掌握)

709. 属于扩张型心肌病特征的是
A. 主要表现为舒张功能障碍　B. 为伴有特异性系统性疾病的心肌病
C. 心室扩大,室壁运动普遍减弱　D. 心室充盈受限和舒张期容量下降
E. 右心室心肌被纤维脂肪组织所替代

A. 心肌收缩期泵血功能障碍　B. 心肌非对称性肥厚
C. 血压升高,左心室肥厚　D. 心内膜心肌纤维化,心室舒张功能受阻
E. 心肌搏动减弱,并有反常搏动,局部心缘突出

710. 扩张型心肌病
711. 肥厚型心肌病

712. 扩张型心肌病的主要临床表现是
A. 心音减弱　B. 左心室明显扩大　C. 可闻及第三心音或第四心音
D. 心尖部收缩期杂音　E. 下肢水肿

713. 扩张型心肌病最主要的临床表现为
A. 充血性心力衰竭　B. 猝死　C. 栓塞
D. 食欲不振　E. 肺部感染

714. 男,65岁,活动耐量逐年下降来诊。查体:心尖搏动减弱,范围弥散,心界向两侧扩大,心尖部可闻及2/6级收缩期吹风样杂音。该患者最可能的诊断是
A. 扩张型心肌病　B. 肺源性心脏病　C. 心包积液
D. 风湿性心脏病　E. 缺血性心肌病

715. 扩张型心肌病左、右心室同时衰竭时,与临床症状和体征最有关的因素是
A. 静脉回流增加　B. 肺淤血　C. 心排出量减少
D. 心律失常　E. 心肌缺血

716. 扩张型心肌病典型的超声心动图改变是
A. 收缩期心尖部向外膨出　B. 舒张期室间隔厚度与左心室后壁之比≥1.3

C. 收缩期二尖瓣前叶向前运动　　D. 心腔扩大,室壁运动弥漫性减弱,瓣口开放小
E. 瓣膜增厚、钙化、僵硬,瓣口开放受限

717. 男,38岁。1年来活动后气促,伴腹胀及双下肢水肿,自述既往无不适,生活工作正常。查体:血压100/60mmHg,颈静脉怒张,双肺底可闻及湿啰音,心界向两侧扩大,S_1减弱,心尖部可闻及3/6级收缩期杂音,肝肋下3cm,双下肢凹陷性水肿。该患者最可能的诊断是
A. 冠心病　　B. 扩张型心肌病　　C. 肥厚型心肌病
D. 风湿性心脏病　　E. 缩窄性心包炎

718. 男,36岁。活动性气急、夜间阵发性呼吸困难3年。查体:血压100/60mmHg,无颈静脉怒张,双下肺可闻及少许湿啰音,心率90次/分,双下肢水肿(+)。超声心动图显示全心扩大,以左心室扩大为主,二尖瓣前叶舒张活动振幅降低,瓣口开放小,呈钻石样双峰图形。该患者最可能的诊断是
A. 风湿性心脏病　　B. 纤维蛋白性心包炎　　C. 渗出性心包炎
D. 肥厚型心肌病　　E. 扩张型心肌病

719. 对诊断梗阻性肥厚型心肌病最有意义的是
A. 心电图出现深而宽的病理性Q波
B. 胸骨左缘第3~4肋间有响亮的收缩期杂音
C. 用力时心前区闷痛及晕厥史
D. 超声心动图发现舒张期室间隔与左心室后壁的厚度之比≥1.3,伴二尖瓣前叶收缩期向前运动
E. 可闻第三心音及第四心音

A. 左心室扩大,流出道增宽,室间隔及左心室后壁运动减弱
B. 室间隔非对称性肥厚,舒张期室间隔厚度与左心室后壁之比≥1.3∶1
C. 心前壁之前和心后壁之后有液性暗区
D. 瓣叶有赘生物及瓣叶穿孔
E. 舒张期二尖瓣前叶呈圆拱状,后叶活动度减弱,交界处融合,瓣叶增厚和瓣口面积减少

720. 扩张型心肌病超声心动图显示
721. 肥厚型心肌病超声心动图显示
722. 心包积液超声心动图显示

723. 男性,32岁。劳累后心悸、气促、下肢水肿6个月。查体心界向两侧扩大,心尖区闻及2/6级收缩期杂音,两肺底有小水泡音。超声心动图示左心室腔增大,心电图提示完全性左束支阻滞。该患者应诊断为
A. 心包炎　　B. 扩张型心肌病　　C. 急性病毒性心肌炎
D. 二尖瓣狭窄　　E. 肺源性心脏病

724. 可使肥厚型心肌病杂音减轻的药物是
A. 多巴胺　　B. 美托洛尔　　C. 地高辛
D. 硝酸甘油　　E. 呋塞米

725. 肥厚梗阻型心肌病心脏杂音的特点是
A. 进食可减弱　　B. 下蹲位增强　　C. 剧烈活动时减弱
D. 含服硝酸甘油后增强　　E. 服用β受体拮抗剂后增强

726. 男,46岁。因心悸、胸痛、劳力性呼吸困难数月就诊。心电图示左心室肥大,Ⅱ、Ⅲ、aVL、aVF导联有病理性Q波。心导管检查示左心室腔与流出道间压差>20mmHg,Brockenbrough现象阳性。诊断是
A. 扩张型心肌病　　B. 肥厚型心肌病　　C. 限制型心肌病
D. 未定型心肌病　　E. 特异性心肌病

727. 男,20岁。踢球时突然一过性意识丧失,后自行恢复。发作时无四肢抽搐、口吐白沫。超声心动图

示舒张期室间隔与后壁厚度之比为1.7。SAM现象阳性。该患者意识丧失最可能的病因是
A. 癔症 B. 血管迷走性晕厥 C. 体位性低血压
D. 限制型心肌病 E. 肥厚型梗阻性心肌病

(728~729题共用题干)男,33岁。活动时气短、心前区疼痛1年。查体:血压146/80mmHg,双肺呼吸音清,心率78次/分,律齐,胸骨左缘第3、4肋间可闻及3/6级收缩期喷射性杂音。超声心动图示舒张期室间隔与左心室后壁厚度之比>1.5。

728. 该患者最可能的诊断是
A. 高血压性心脏损害 B. 风湿性心脏病 C. 病毒性心肌炎
D. 肥厚型心肌病 E. 扩张型心肌病

729. 该患者最适宜的治疗药物是
A. 硝酸甘油 B. 地高辛 C. 美托洛尔
D. 氢氯噻嗪 E. 氨茶碱

730. 禁忌使用洋地黄的是
A. 心功能不全 B. 阵发性室上性心动过速 C. 心房颤动
D. 梗阻性肥厚型心肌病 E. 心房扑动

(731~733题共用题干)男性,21岁。近半年来反复心悸、胸痛、劳力性呼吸困难,时有头晕或短暂神志丧失。体检发现:心脏轻度增大,心尖部有2/6级收缩期杂音和第四心音,胸骨左缘第3~4肋间闻及较粗糙的喷射性收缩期杂音。

731. 最可能的诊断是
A. 冠心病心绞痛 B. 二尖瓣关闭不全 C. 主动脉瓣狭窄
D. 梗阻性肥厚型心肌病 E. 病毒性心肌炎

732. 最有价值的诊断方法是
A. 胸部X线片 B. 心电图 C. 超声心动图
D. 心脏核素检查 E. 冠状动脉造影

733. 应选用的药物是
A. 地高辛 B. 硝酸甘油 C. 普萘洛尔
D. 卡托普利 E. 双氢克尿塞

734. 引起病毒性心肌炎最常见的病毒是
A. 风疹病毒 B. 呼吸道合胞病毒 C. 流感病毒
D. 单纯性疱疹病毒 E. 柯萨奇B组病毒

735. 不符合病毒性心肌炎体征的是
A. 心率增快与体温增高 B. 第一心音增强 C. 可有舒张期奔马律
D. 可有心包摩擦音 E. 心律失常多见

736. 不属于急性病毒性心肌炎常见临床表现的是
A. 先有发热,然后出现心悸、胸闷 B. 恶心、呕吐等消化道症状
C. 可合并各种心律失常 D. 常出现器质性心脏杂音
E. 心动过速与发热程度平行

737. 病毒性心肌炎的确诊有赖于
A. 血肠道病毒核酸阳性 B. 血清柯萨奇B组病毒IgG 1:640
C. 心肌组织内病毒的检出 D. 血C反应蛋白水平增高

E. 血清柯萨奇 B 组病毒 IgM 1∶320 以上

738. 女性,25 岁。发热、咳嗽、流涕 2 周后热退,但又出现胸闷、心悸,心率 120 次/分,心律不齐,偶闻期前收缩。心电图:低电压,T 波低平。应首先考虑

A. 急性心包炎　B. 扩张型心肌病　C. 病毒性心肌炎

D. 风湿性心肌炎　E. 风湿性心脏病

A. 患者血压明显升高;体检:血压 200/130mmHg,眼底出血渗出、视盘水肿;实验室报告:肾功能不全

B. 患者血压明显升高,伴有剧烈头痛、呕吐、抽搐

C. 患者平日有心悸、胸痛、劳累时气促,起立或运动时眩晕;体检:胸骨左缘第 3~4 肋间可闻及较粗糙的喷射性收缩期杂音,屏气时杂音增强

D. 患者 1 周前出现发热,全身无力,现自觉心悸、胸闷;体检:心率 120 次/分,偶闻室性期前收缩;实验室回报 CPK、GOT、LDH 增高

E. 患者气急,端坐呼吸;体检:心脏扩大,听诊可闻及第四心音奔马律,双下肢水肿;超声心动图报告:左心室腔明显扩大

739. 扩张型心肌病

740. 有左心室流出道梗阻的肥厚型心肌病

741. 病毒性心肌炎

742. 恶性高血压

(743~744 题共用题干)男,22 岁。3 周前发热、流涕、咽痛,T37~38℃。近 1 周自觉喘憋,心悸和乏力,呈进行性加重。既往体健。查体:T37℃,R22 次/分,BP100/65mmHg。颈静脉无怒张,双下肺可闻及湿啰音。实验室检查血肌钙蛋白升高。

743. 该患者最可能的诊断是

A. 扩张型心肌病　B. 肥厚型心肌病　C. 急性心肌梗死

D. 肺血栓栓塞　E. 病毒性心肌炎

744. 最有助于确定喘憋原因的辅助检查是

A. 血气分析　B. 超声心动图　C. 冠状动脉造影

D. 心电图　E. 血常规

745. 女,28 岁。心悸 3 天。约 2 周前曾咳嗽、流涕。查体:心界不大,心率 96 次/分,可闻及期前收缩 10 次/分。心脏各瓣膜听诊区未闻及杂音和附加音。心电图示频发室性期前收缩。血清肌钙蛋白升高。该患者最可能的诊断是

A. 病毒性心肌炎　B. 感染性心内膜炎　C. 急性心肌梗死

D. 风湿性心脏病　E. 心绞痛

第 13 章　心脏瓣膜病

(执业医师及助理医师均需掌握)

746. 单纯二尖瓣狭窄时,心脏首先发生代偿性肥大和扩张的是

A. 左心房　B. 左心室　C. 左心房与左心室同时发生

D. 右心房与右心室同时发生　E. 右心室

747. 单纯二尖瓣狭窄患者可有

A. 左心房扩大,右心房缩小　B. 右心房扩大,左心房缩小

C. 右心室缩小,左心房扩大　D. 左心室缩小或正常,左心房扩大
E. 左心房扩大,左心室扩大

748. 风心病严重二尖瓣狭窄突发大咯血是由于
A. 肺毛细血管破裂　B. 合并肺结核　C. 急性肺水肿
D. 支气管静脉破裂　E. 合并支气管扩张

749. 以下心血管疾病中,最易引起咯血的是
A. 二尖瓣狭窄　B. 肺动脉瓣狭窄　C. 急性心包炎
D. 三尖瓣狭窄　E. 主动脉瓣狭窄

750. 成人心脏正常二尖瓣瓣口面积是
A. 0.5~1.0cm²　B. 2.0~3.0cm²　C. 4.0~6.0cm²
D. 6.5~7.5cm²　E. 8.0~9.0cm²

751. 重度二尖瓣狭窄是指二尖瓣瓣口面积
A. 小于 2cm²　B. 1~2cm²　C. 小于 1cm²
D. 1.0~1.5cm²　E. 小于 3cm²

752. 下列不符合二尖瓣狭窄患者描述的选项是
A. 两颧绀红色　B. 肺动脉段膨出　C. 左心房增大
D. 严重时发生肺水肿　E. 心音弱而远

753. 提示二尖瓣狭窄合并左心房增大的主要心电图改变是
A. 高尖 P 波　B. 双峰 P 波　C. 逆行 P 波
D. QRS 波群增宽　E. T 波明显倒置

754. 风湿性二尖瓣狭窄,其特征性的体征是
A. 颈静脉怒张　B. 第一心音亢进　C. Graham-Steell 杂音
D. 心尖区舒张期隆隆样杂音　E. 肺动脉瓣区第二心音亢进伴分裂

755. 女,48 岁。风湿性心脏瓣膜病 10 年,喘憋 1 天。查体:血压 120/70mmHg,端坐位,双肺可闻及湿啰音,心率 106 次/分,律齐,心尖部可闻及舒张期杂音,双下肢无水肿。缓解该患者喘憋的首选药物为
A. 胺碘酮　B. 普罗帕酮　C. 美托洛尔
D. 地高辛　E. 呋塞米

756. 心尖区触及舒张期震颤提示存在
A. 二尖瓣关闭不全　B. 主动脉瓣关闭不全　C. 二尖瓣狭窄
D. 动脉导管未闭　E. 主动脉瓣狭窄

757. 风心病二尖瓣狭窄最具诊断价值的检查是
A. 心电图检查　B. 胸部 X 线片　C. 血沉检查
D. 抗 O 检查　E. 心脏听诊

758. 风湿性二尖瓣狭窄患者典型的体征是
A. 心腰部凹陷　B. 梨形心　C. 心尖部可触及收缩期震颤
D. 水冲脉　E. 心尖部 3/6 级收缩期吹风样杂音

759. 二尖瓣狭窄患者出现右心衰竭时最可能缓解的临床表现是
A. 肝大　B. 颈静脉怒张　C. 肝压痛
D. 双下肢水肿　E. 呼吸困难

(760~762 题共用题干)女,50 岁。活动后胸闷 1 年,夜间阵发性呼吸困难 4 天。查体:血压 130/80mmHg,P_2 亢进,心尖部可闻及舒张期隆隆样杂音,余瓣膜区未闻及杂音。

760. 该患者最可能的诊断是
A. 二尖瓣关闭不全　B. 主动脉瓣关闭不全　C. 主动脉瓣狭窄
D. 室间隔缺损　E. 二尖瓣狭窄

761. 该患者最易出现的心律失常是
A. 三度房室传导阻滞　B. 室上性心动过速　C. 心房扑动
D. 室性心动过速　E. 心房颤动

762. 该患者突发心悸，伴胸闷、喘憋。查体：血压 70/40mmHg，心率 160 次/分，心律绝对不齐。首选的治疗措施是
A. 置入临时起搏器　B. 静脉注射毛花苷丙　C. 静脉应用胺碘酮
D. 非同步直流电复律　E. 同步直流电复律

763. 可并发脑栓塞的风湿性心脏瓣膜病最常见于
A. 二尖瓣狭窄　B. 二尖瓣关闭不全　C. 主动脉瓣狭窄
D. 主动脉瓣关闭不全　E. 肺动脉瓣狭窄

764. 二尖瓣狭窄时，体循环栓塞最常发生于
A. 脾动脉　B. 脑动脉　C. 肾动脉
D. 下肢动脉　E. 肠系膜动脉

765. 以下疾病最易并发心房颤动的是
A. 二尖瓣关闭不全　B. 二尖瓣狭窄　C. 三尖瓣关闭不全
D. 主动脉瓣关闭不全　E. 主动脉瓣狭窄

766. 男，45 岁。风湿性二尖瓣狭窄 20 年，持续性心房颤动 5 年。1 天前突发晕厥、摔倒，左侧肢体活动障碍。该患者目前最可能的诊断是
A. 出血性脑卒中　B. 洋地黄中毒　C. 癫痫
D. 缺血性脑卒中　E. 骨折

A. 维拉帕米　B. 洋地黄　C. 利多卡因
D. 地尔硫䓬　E. 普罗帕酮

767. 二尖瓣狭窄、心力衰竭，合并快速心房颤动的首选治疗药物是
768. 预激综合征合并快速心房颤动的首选治疗药物是

769. 女性，56 岁。28 年前确诊风心病二尖瓣狭窄。5 年来经常出现夜间阵发性呼吸困难和咯血，半年前开始出现腹胀、双下肢水肿，但呼吸困难和咯血发作次数明显减少。与近半年临床表现有关的原因最可能为
A. 二尖瓣狭窄程度减轻　B. 合并肾小球肾炎　C. 合并主动脉瓣狭窄
D. 出现了右心衰竭　E. 二尖瓣钙化

770. 风湿病二尖瓣狭窄的患者经常出现呼吸困难、咳嗽和咯血等症状，随着病程延长，上述症状减轻，但出现腹胀、肝大，提示
A. 二尖瓣狭窄程度减轻　B. 发生二尖瓣关闭不全　C. 合并主动脉瓣狭窄
D. 合并主动脉瓣关闭不全　E. 进入右心功能不全期

771. 女，28 岁。活动后心悸、气短 1 个月，既往有游走性关节肿痛病史。查体：双颧呈紫红色，叩诊心界饱满，心尖部可闻及舒张期强杂音。该患者最可能的诊断是
A. 主动脉瓣关闭不全　B. 二尖瓣狭窄　C. 主动脉瓣狭窄
D. 肺动脉瓣狭窄　E. 二尖瓣关闭不全

772. 女性，27 岁。劳累后心悸、气短 5 年，近 1 周间断咯血，无发热。查体：双颊紫红，口唇轻度发绀，颈

静脉无怒张。两肺未闻干、湿啰音。心浊音界在胸骨左缘第 3 肋间向左扩大。心尖部局限性舒张期隆隆样杂音，第一心音亢进。肝不大，下肢无水肿。预防本病的关键在于

A. 注意休息　B. 劳逸结合，增强体质　C. 积极防治高血脂
D. 积极防治风湿热　E. 预防金黄色葡萄球菌感染

（773～775 题共用题干）男性，20 岁。有四肢关节疼痛病史，近半年来时感心悸，活动后气急，休息后缓解。体检：两颧轻度发绀，听诊心尖区闻及舒张期隆隆样杂音，胸骨左缘第 3～4 肋间可闻及二尖瓣开放拍击音，P_2 亢进、分裂。

773. 应首先考虑的诊断是风心病
A. 二尖瓣狭窄　B. 二尖瓣关闭不全　C. 主动脉瓣狭窄
D. 主动脉瓣关闭不全　E. 二尖瓣狭窄伴关闭不全

774. 入院第二天后体检发现第一心音强弱不等，心律绝对不规则，心率 120 次/分，脉率 100 次/分，应考虑并发
A. 窦性心动过速　B. 阵发性室上性心动过速　C. 心房扑动
D. 心房颤动　E. 窦性心律不齐

775. 首选的治疗药物是
A. 普萘洛尔　B. 利多卡因　C. 毛花苷丙
D. 苯妥英钠　E. 新斯的明

776. 男，40 岁。发现风心病 10 余年。查体：双侧颈部皮肤呈紫红色，心界向左扩大，心腰膨隆。心率 96 次/分，心尖部可闻及开瓣音及舒张期隆隆样杂音。该患者查体还可能发现的其他阳性体征是
A. 肺动脉瓣区舒张早期杂音　B. 胸骨左缘第 3 肋间收缩期杂音　C. 第二心音减弱
D. 第一心音减弱　E. 第二心音逆分裂

（777～778 题共用题干）男，40 岁。因呼吸困难和水肿入院。查体发现颈静脉怒张，肝在右肋缘下 4cm，表面光滑，轻度压痛，双下肢压陷性水肿。

777. 检查心脏时可能发现
A. 心尖搏动向左下移位　B. 心脏形态呈靴型
C. 心尖部可听到舒张期杂音　D. 主动脉瓣区可听到粗糙的收缩期杂音
E. 主动脉瓣第二听诊区可听到叹气样舒张期杂音

778. 该患者心音可有以下变化，除了
A. 心尖部第二心音增强　B. 心尖部第一心音增强　C. 肺动脉瓣区第二心音增强
D. 肺动脉瓣区第二心音分裂　E. 心尖部第一心音可呈拍击性

779. 女，40 岁。活动后心悸、气短 5 年，夜间不能平卧 2 周。既往有反复关节痛病史。查体：两颊呈紫色，心尖部可闻及舒张期杂音。最有助于确诊的检查是
A. 血培养+药敏试验　B. 血常规　C. 胸部 X 线片
D. 超声心动图　E. 心电图

780. 当风心病二尖瓣狭窄程度加重时
A. 心尖部舒张期滚筒样杂音增强，肺动脉瓣第二心音减低
B. 心尖部舒张期滚筒样杂音减低，肺动脉瓣第二心音减低
C. 心尖部舒张期滚筒样杂音减低，肺动脉瓣第二心音增强
D. 心尖部舒张期滚筒样杂音增强，肺动脉瓣第二心音增强
E. 心尖部收缩期吹风样杂音和舒张期滚筒样杂音增强

781. 在发达国家，慢性二尖瓣关闭不全的最常见病因是

A. 风湿性心脏病　B. 结缔组织病　C. 二尖瓣黏液样变性
D. 感染性心内膜炎　E. 二尖瓣先天异常

782. 在发展中国家,二尖瓣关闭不全最常见的病因是
A. 二尖瓣脱垂　B. 风湿性心脏病　C. 感染性心内膜炎
D. 二尖瓣环钙化　E. 冠心病

783. 二尖瓣关闭不全的特异性体征是
A. 胸骨左缘第 2 肋间连续性机器样杂音　B. 胸骨右缘第 2 肋间收缩期喷射样杂音
C. 心尖部全收缩期吹风样杂音　D. 胸骨左缘第 3 肋间舒张期叹气样杂音
E. 心尖部舒张中晚期隆隆样杂音

784. 心尖部收缩中期附加音并有收缩中晚期杂音者最可能的诊断为
A. 冠心病劳力性心绞痛　B. 风心病二尖瓣关闭不全　C. 二尖瓣脱垂
D. 扩张型心肌病　E. 乳头肌功能不全

785. 乳头肌断裂致急性二尖瓣关闭不全时,下列描述正确的是
A. 左心室大小无明显变化　B. 可无症状　C. 左心房明显扩大
D. 胸部 X 线片示肺纹理稀疏　E. 心电图示 $S_{V1}+R_{V5}>4.0mV$

786. 女,65 岁,冠状动脉介入手术时突感呼吸困难,欲坐起。查体:血压 100/70mmHg,心率 102 次/分,律齐,心尖部新出现收缩期吹风样杂音。该患者杂音的最可能原因是
A. 左心室流出道狭窄　B. 风湿性心脏瓣膜病　C. 主动脉瓣脱垂
D. 急性心包炎　E. 急性二尖瓣关闭不全

787. 女,28 岁。劳累后心悸、气短 6 年,加重伴咳粉红色泡沫样痰 1 周。查体:心界扩大,心律绝对不齐,心尖部可闻及双期杂音。超声心动图示二尖瓣重度狭窄及中度关闭不全。该患者最恰当的治疗方案是
A. 立即行二尖瓣置换术　B. 先抗心力衰竭治疗,择期行二尖瓣瓣膜修补术
C. 立即行二尖瓣球囊扩张术　D. 先抗心力衰竭治疗,择期行二尖瓣置换术
E. 抗心力衰竭治疗后口服药物治疗,随访

A. 胸部 X 线片　B. 心肌核素显像　C. 冠状动脉 CT 造影
D. 心电图　E. 超声心动图

788. 女,65 岁。心尖部可闻及 3/6 级收缩期杂音。最有助于明确诊断的检查是

789. 男,55 岁。突发胸痛伴大汗 3 小时,有吸烟史。首选的检查是

790. 重度主动脉瓣狭窄的跨主动脉瓣平均压力阶差至少应大于
A. 35mmHg　B. 40mmHg　C. 45mmHg
D. 50mmHg　E. 55mmHg

791. 主动脉瓣中度狭窄时瓣口面积为
A. $<0.75cm^2$　B. $0.75\sim1.0cm^2$　C. $1.0\sim1.5cm^2$
D. $1.5\sim2.0cm^2$　E. $2.0\sim4.0cm^2$

792. 女,65 岁。发作性左胸痛 5 年,疼痛放射至左肩,发作持续 3~4 分钟,休息后可缓解。今日下午劳动时突发晕厥急诊。查体:血压 90/50mmHg,神清,心率 140 次/分,主动脉瓣区可闻及收缩期喷射样杂音伴震颤,杂音向颈部传导,双肺呼吸音清。最可能的诊断是
A. 高血压病　B. 主动脉扩张　C. 主动脉瓣狭窄
D. 主动脉粥样硬化　E. 主动脉瓣关闭不全

793. 易导致主动脉瓣狭窄患者晕厥的情况为
A. 服用硫氮䓬酮　B. 静坐休息　C. 剧烈运动

D. 睡眠　　E. 窦性心律,心率70次/分

794. 最可能发生晕厥的心脏瓣膜病是
A. 二尖瓣狭窄　　B. 主动脉瓣狭窄　　C. 肺动脉瓣狭窄
D. 二尖瓣关闭不全　　E. 主动脉瓣关闭不全

795. 主动脉瓣狭窄最常见的并发症是
A. 体循环栓塞　　B. 右心衰竭　　C. 心律失常
D. 心脏性猝死　　E. 感染性心内膜炎

796. 患者,男性,27岁。劳累时心悸、胸骨后疼痛1年。查体可闻及主动脉瓣区收缩期粗糙的喷射性杂音,主动脉瓣区第二心音减弱。X线检查示:左心室扩大和升主动脉扩张,可能的诊断是
A. 冠心病心绞痛　　B. 非梗阻性肥厚型心肌病　　C. 主动脉瓣狭窄
D. 主动脉瓣关闭不全　　E. 高血压性心脏病

797. 38岁,女性。活动后心悸、气喘1年余。查体轻度贫血,心率快,律整,胸骨右缘第2肋间闻及响亮而粗糙的收缩期杂音(3/6级)。首先应想到的疾病为
A. 动脉导管未闭　　B. 主动脉瓣关闭不全　　C. 二尖瓣关闭不全
D. 室间隔缺损　　E. 主动脉瓣狭窄

798. 劳累时有心绞痛及晕厥发作的主动脉瓣狭窄患者首选治疗为
A. 静脉滴注硝酸甘油　　B. 强心　　C. 利尿
D. 主动脉瓣膜置换术　　E. 主动脉瓣球囊成形术

799. 主动脉瓣狭窄的手术适应证是
A. 病程>5年　　B. 主动脉瓣瓣口面积1.6cm^2　　C. 合并房性期前收缩
D. 主动脉瓣钙化　　E. 主动脉瓣静息跨瓣压>50mmHg

800. 女,34岁。风湿性心脏瓣膜病主动脉瓣狭窄9年,进行性活动耐力减低,近1年来,每于剧烈运动中发生晕厥。无高血压、糖尿病、高脂血症病史。查体:BP100/70mmHg。心率78次/分,律齐,主动脉瓣区可闻及收缩期喷射性杂音。超声心动图提示左心室增大,LVEF40%,主动脉瓣瓣口面积1.1cm^2,平均压力阶差55mmHg,跨瓣峰速度5.4m/s。对该患者最恰当的处置是
A. 晕厥时硝酸甘油急救　　B. 主动脉瓣置换术　　C. 口服阿托伐他汀
D. 每日口服单硝酸异山梨酯　　E. 避免竞技性运动,其他体力活动不受限

801. 老年男性,因咳嗽、咳黄痰3天就诊。查体发现主动脉瓣区粗糙的收缩期杂音。超声心动图示主动脉瓣狭窄,左室射血分数0.55,心电图检查正常。对该患者处置方法不正确的是
A. 抗生素　　B. 化痰药物　　C. 血管紧张素转换酶抑制剂
D. 定期做超声心动图　　E. 胸部X线检查

802. 不是由主动脉瓣病变引起主动脉瓣关闭不全的疾病是
A. 感染性心内膜炎　　B. 风湿性心脏病　　C. 先天性二叶主动脉瓣
D. 梅毒性主动脉炎　　E. 主动脉瓣黏液样变性

803. 患者,男性,64岁。头晕、心悸4~5年,心尖搏动向左下移位,呈抬举性搏动,于胸骨左缘第3~4肋间闻及叹气样舒张期杂音,为递减型,向心尖传导,在心尖区闻及隆隆样舒张早期杂音,股动脉可闻及射枪音。首先应想到的诊断为
A. 二尖瓣狭窄　　B. 主动脉瓣关闭不全　　C. 二尖瓣关闭不全
D. 主动脉瓣狭窄　　E. 室间隔缺损

(804~806题共用题干)男性,50岁。近几年来逐渐出现心悸、乏力、活动后气急。体检发现:心脏向左下扩大,心尖部有舒张期滚筒样杂音,主动脉瓣听诊区闻及舒张期泼水样杂音。

804. 可能的诊断是
A. 二尖瓣关闭不全　B. 二尖瓣狭窄　C. 主动脉瓣狭窄
D. 梗阻性肥厚型心肌病　E. 主动脉瓣关闭不全
805. 最有价值的诊断方法是
A. 胸部 X 线片　B. 心电图　C. 超声心动图
D. 心脏核素检查　E. 冠状动脉造影
806. 应选用的药物是
A. 地高辛　B. 硝酸甘油　C. 普萘洛尔(心得安)
D. 卡托普利　E. 双氢克尿塞

A. 颈部和锁骨上窝　B. 左腋下和肩胛下区　C. 胸骨左缘和心底部
D. 胸骨左缘和心尖部　E. 心尖部
807. 二尖瓣后叶关闭不全杂音可传导至
808. 主动脉瓣关闭不全杂音可传导至

809. 最常出现周围血管征的风湿性心脏病是
A. 主动脉瓣关闭不全　B. 主动脉瓣狭窄　C. 二尖瓣关闭不全
D. 二尖瓣狭窄　E. 肺动脉瓣狭窄
810. 周围血管征不包括
A. 枪击音　B. 毛细血管搏动征　C. 脉压增大
D. 水冲脉　E. Duroziez 双重杂音
811. 重度主动脉瓣反流时心尖部可存在
A. Graham Steell 杂音　B. Austin-Flint 杂音　C. Duroziez 征
D. Traube 征　E. De Musset 征
812. 男,15 岁。查体发现水冲脉,主动脉瓣第二听诊区可闻及叹气样舒张期杂音。水冲脉的发生机制是
A. 收缩压和舒张压均增加,脉压不变　B. 收缩压升高,舒张压降低,脉压增加
C. 收缩压降低,舒张压增加,脉压降低　D. 收缩压和舒张压均降低,脉压不变
E. 收缩压不变,舒张压升高,脉压降低
813. 最有助于诊断主动脉瓣关闭不全的体征是
A. Graham Steell 杂音　B. 心尖抬举样搏动　C. 心界呈靴形
D. 脉压增加　E. 胸骨左缘第 3 肋间舒张期杂音
814. 男,65 岁,活动时心悸、气短 1 年余。查体:胸骨左缘第 3 肋间可闻及舒张期叹气样杂音,向心尖部传导,周围血管征阳性。该患者心界叩诊最可能的表现为
A. 向左下扩大,心腰凹陷　B. 向左扩大,心腰饱满　C. 向右侧扩大
D. 向两侧扩大　E. 正常
815. 男,65 岁。近 2 年来活动时气喘。查体:血压 130/50mmHg,胸骨左缘第 3 肋间可闻及舒张早期叹气样杂音。与上述心脏病变相关的体征为
A. Ewart 征　B. 心尖部开瓣音　C. Austin-Flint 杂音
D. Graham-Steell 杂音　E. 奇脉
816. 女,43 岁。诊断风湿性心脏瓣膜病 20 余年。查体:心前区未触及震颤,胸骨左缘第 3 肋间可闻及舒张期叹气样杂音,心尖部可闻及舒张早中期杂音,S_1 减弱。最可能的诊断是
A. 主动脉瓣相对性狭窄伴二尖瓣相对性狭窄　B. 主动脉瓣关闭不全伴二尖瓣相对性狭窄
C. 主动脉瓣关闭不全伴二尖瓣器质性狭窄　D. 主动脉瓣器质性狭窄伴二尖瓣器质性狭窄

E. 主动脉瓣相对性狭窄伴二尖瓣器质性狭窄

第14章　心包疾病

（执业医师及助理医师均需掌握）

817. 急性心包炎最常见的病因是
A. 非特异性　B. 化脓性　C. 结核性
D. 病毒性　E. 肿瘤性

818. 慢性缩窄性心包炎最常见的病因是
A. 结核性心包炎　B. 急性非特异性心包炎　C. 化脓性心包炎
D. 放射性心包炎　E. 创伤性心包炎

819. Ewart 征见于
A. 病毒性心肌炎　B. 渗出性心包炎　C. 肥厚型心肌病
D. 急性心肌梗死　E. 纤维素性心包炎

820. 纤维蛋白性心包炎的典型体征是
A. 心包叩击音　B. Ewart 征　C. 心包摩擦音
D. 心浊音界扩大　E. 奇脉

821. 女，26岁。持续性心前区疼痛2天，咳嗽可加重。查体：胸骨左缘3、4肋间可闻及搔抓粗糙摩擦音，屏气后仍可听到。ECG示：除aVR外的所有常规导联ST段呈弓背向下抬高。最可能的诊断是
A. 急性胸膜炎　B. 急性肺栓塞　C. 变异型心绞痛
D. 急性心包炎　E. 急性心肌梗死

822. 下列符合急性心包炎胸痛临床特点的是
A. 疼痛不放射　B. 随渗液量的增多而加重　C. 吞咽动作时减轻
D. 深呼吸时减轻　E. 咳嗽时加重

823. 女，37岁。因阵发性室上性心动过速行射频消融术治疗，术中患者突然出现胸闷、烦躁、呼吸困难。查体：血压80/70mmHg，颈静脉怒张，两肺呼吸音清，心界稍向两侧扩大，心率120次/分，律齐，各瓣膜听诊区未闻及杂音，奇脉（+）。导致其临床表现的机制是
A. 心排血量增加，静脉压升高　B. 心排血量不变，静脉压升高
C. 心排血量下降，静脉压降低　D. 心排血量增加，静脉压降低
E. 心排血量下降，静脉压升高

824. 男，34岁。发热1周伴胸痛，用硝酸甘油无效。查体：心音低钝，有舒张期附加音，血压110/80mmHg，肘部静脉压180mmH_2O。心电图：ST段抬高，弓背向下，未见病理性Q波。诊断可能为
A. 急性心肌梗死　B. 缩窄性心包炎　C. 变异性心绞痛
D. 稳定型心绞痛　E. 急性渗出性心包炎

825. 结核性心包炎初期最关键的治疗是
A. 口服泼尼松　B. 抗结核治疗　C. 营养支持治疗
D. 心包穿刺引流　E. 口服利尿药

826. 男，20岁。低热、气促、腹胀14天。查体：心界向两侧扩大，心尖搏动点位于左侧心界内侧，心音低钝，心脏各瓣膜区未闻及杂音。肝肋下3cm。胸部X线片示肺野清晰，心影增大。心电图：窦性心动过速，QRS波群低电压，广泛性T波低平。该患者最可能的诊断是
A. 缩窄性心包炎　B. 肥厚型心肌病　C. 急性心肌梗死

D. 风湿性心脏病　　E. 急性心包炎

827. 女,35 岁。左胸持续性闷痛 2 天,平卧位加重。心电图示 aVR 导联 ST 段压低,其余导联 ST 段凹面向上抬高。血液肌酸磷酸激酶正常。最可能的诊断是

A. 病毒性心肌炎　　B. 急性心包炎　　C. 急性心肌梗死
D. 扩张型心肌病　　E. 变异型心绞痛

828. 不属于风湿性心包炎的表现是

A. 心前区疼痛　　B. 呼吸困难　　C. 有心包摩擦音
D. 心音增强　　E. 颈静脉怒张

829. 心脏压塞时不出现

A. 心音低钝　　B. 声嘶　　C. 奇脉
D. 肝颈静脉反流征阳性　　E. 双肺满布干、湿啰音

830. 心脏压塞的特征性体征是

A. 心音低钝　　B. 声音嘶哑　　C. 奇脉
D. 肝颈静脉反流征阳性　　E. 左肺受压征

831. 急性心包炎心包积液时最突出的症状是

A. 心前区疼痛　　B. 发热　　C. 呼吸困难
D. 声嘶　　E. 吞咽困难

832. 发现心包积液最简便准确的方法是

A. 心电图　　B. 超声心动图　　C. 冠状动脉造影
D. 核素心肌显像　　E. 心包穿刺

833. 女,62 岁。干咳、呼吸困难 2 周,逐渐加重,现不能平卧,无发热。查体:R24 次/分,BP85/70mmHg,端坐位,颈静脉怒张,双肺呼吸音减弱,心浊音界向两侧扩大,心率 108 次/分,律齐,心音低而遥远,心脏各瓣膜区未闻及杂音,奇脉。心电图:窦性心动过速,各导联 QRS 波低电压。该患者最关键的治疗措施是

A. 静脉滴注抗生素　　B. 静脉滴注硝酸甘油　　C. 口服美托洛尔
D. 心包穿刺　　E. 静脉注射呋塞米

834. 心包穿刺术的绝对禁忌证是

A. 心脏压塞　　B. 主动脉夹层　　C. 结核性心包炎
D. 化脓性心包炎　　E. 肿瘤性心包炎

835. 第一次心包穿刺抽液总量不宜超过

A. 50ml　　B. 75ml　　C. 100ml
D. 150ml　　E. 200ml

(836~838 题共用题干)男,44 岁。因发热、胸痛伴心包摩擦音,曾用非激素类抗炎药。2 周后,呼吸困难加重,心率 110 次/分,律齐,心音遥远,血压 90/70mmHg。肝脏肿大,下肢水肿。

836. 患者近 2 周出现的病情变化,提示

A. 肾功能不全　　B. 心脏压塞　　C. 右心功能不全
D. 肝硬化　　E. 黏液性水肿

837. 患者还存在具有诊断价值的体征是

A. 水冲脉　　B. 交替脉　　C. 奇脉
D. 重搏脉　　E. 短绌脉

838. 首选的治疗措施是

A. 毛花苷丙(西地兰)　　B. 呋塞米(速尿)　　C. 抗生素

D. 心包穿刺　　E. 体外反搏

839. 提示心包积液的体征是
A. Musset 征　　B. 脉搏短绌　　C. Ewart 征
D. Roth 斑　　E. Duroziez 征

840. 急性心脏压塞的典型体征是
A. 动脉压下降,颈静脉怒张和心音低钝　　B. 动脉压下降,奇脉和心音低钝
C. 动脉压上升,颈静脉怒张和心音低钝　　D. 动脉压上升,奇脉和心音低钝
E. 奇脉,颈静脉怒张和双下肢水肿

841. Beck 三联征是指
A. 血压突然下降,颈静脉显著怒张,心音低钝遥远
B. 血压突然下降,颈静脉显著怒张,心音增强
C. 血压突然下降,颈静脉显著塌陷,心音低钝遥远
D. 血压突然下降,颈静脉显著塌陷,心音增强
E. 血压突然升高,颈静脉显著怒张,心音低钝遥远

842. 女,56 岁。干咳、呼吸困难 2 周,逐渐加重,现不能平卧,无发热。查体:R24 次/分,BP85/70mmHg,端坐位,颈静脉怒张,双肺呼吸音清,心脏浊音界向两侧扩大,心率 106 次/分,律齐,心音遥远,心脏各瓣膜听诊区未闻及病理性杂音,奇脉。心电图:窦性心动过速,各导联 QRS 波低电压。该患者最关键的治疗方案是
A. 口服美托洛尔　　B. 静脉滴注硝酸甘油　　C. 静脉注射呋塞米
D. 静脉滴注多巴胺　　E. 心包穿刺

A. 心包积液　　B. 主动脉瓣关闭不全　　C. 主动脉瓣狭窄
D. 二尖瓣狭窄　　E. 二尖瓣关闭不全

843. 胸部 X 线片示心影呈“烧瓶样”提示

844. 胸部 X 线片示心影呈“梨形”提示

(845~846 题共用题干)男,60 岁。胸闷、气促 2 周。查体:吸气时血压 85/60mmHg,呼气时血压 100/75mmHg,心尖搏动减弱,心界向两侧扩大,心率 125 次/分,律齐,心音低钝、遥远,心脏各瓣膜区未闻及杂音。

845. 与上述临床表现相符合的体征是
A. De Musset 征　　B. Ewart 征　　C. Corrigan 征
D. Quincke 征　　E. Traube 征

846. 最有助于确诊的辅助检查是
A. 胸部 X 线片　　B. 动态血压监测　　C. 心电图
D. 超声心动图　　E. 肺功能

第 15 章　感染性心内膜炎与心脏骤停

一、感染性心内膜炎(执业医师及助理医师均需掌握)

847. 感染性心内膜炎最好发的心脏部位是
A. 乳头肌　　B. 心脏瓣膜　　C. 室间隔
D. 心室内膜　　E. 心房内膜

A. 立克次体　　B. 金黄色葡萄球菌　　C. 肺炎球菌
D. 淋球菌　　E. 草绿色链球菌

848. 急性感染性心内膜炎的常见致病菌是
849. 亚急性感染性心内膜炎的常见致病菌是

A. Janeway 损害　　B. 瘀点　　C. 脾大
D. Roth 斑　　E. Osler 结节

850. 主要见于急性感染性心内膜炎的体征是
851. 亚急性感染性心内膜炎时发生于视网膜的病变是

852. 与亚急性感染性心内膜炎无关的病变是
A. 脾大　　B. 皮肤环形红斑　　C. 肾梗死
D. 皮肤黏膜出血点　　E. 心瓣膜赘生物

853. 有关感染性心内膜炎的临床表现,错误的是
A. 可伴有脾大　　B. 早期易出现严重贫血　　C. 可有低热
D. 心脏杂音性质可变　　E. 皮肤黏膜可出现瘀点

854. 男,69 岁。8 周前"感冒"后持续低热,有主动脉瓣狭窄及关闭不全史,首先应考虑下列哪种诊断?
A. 结缔组织病　　B. 急性感染性心内膜炎　　C. 亚急性感染性心内膜炎
D. 小叶性肺炎　　E. 大叶性肺炎

855. 最有助于感染性心内膜炎诊断的实验室检查是
A. 血培养　　B. 尿常规　　C. 血常规
D. B 超　　E. 血沉

856. 女,55 岁。拔牙后间断发热 2 个月。既往有室间隔缺损病史。实验室检查:血培养为草绿色链球菌。最有助于明确发热病因的检查是
A. 血类风湿因子　　B. 经食管超声心动图　　C. 血清补体
D. 血涂片　　E. 眼底检查

857. 为感染性心内膜炎患者做血培养时,应抽取的静脉血量至少是
A. 6ml　　B. 10ml　　C. 2ml
D. 8ml　　E. 4ml

858. 女,30 岁。持续发热 2 周,有先天性心脏病病史。入院查体:贫血貌,胸骨左缘 3~4 肋间 4/6 级粗糙收缩期杂音伴震颤,脾肋下 2cm,血培养 2 次阳性。入院后 3 天突感呼吸困难、胸痛,咯血多次。可能性最大的诊断是
A. 室间隔缺损合并急性心力衰竭　　B. 感染性心内膜炎合并急性肺栓塞
C. 感染性心内膜炎合并肺部感染　　D. 室间隔缺损合并肺部感染
E. 室间隔缺损合并支气管扩张症

(859~861 题共用题干)女,40 岁。发现室间隔缺损 38 年。3 个月前拔牙后持续发热至今。查体:体温 37.6℃,睑结膜苍白,皮肤有瘀点,胸骨左缘第 3 肋间可闻及全收缩期杂音,脾肋下可触及。

859. 该患者最可能的诊断为
A. 心肌炎　　B. 心包炎　　C. 左心衰竭
D. 心房颤动　　E. 感染性心内膜炎

860. 最有助于确诊的检查是
A. 腹部 B 超　　B. 血常规　　C. 血培养
D. 血清铁　　E. 尿蛋白

861. 首选治疗措施为使用
A. 铁剂　B. 抗生素类药物　C. 洋地黄类药物
D. 抗心律失常药物　E. 血管紧张素转换酶抑制剂

862. 确诊感染性心内膜炎除血培养多次阳性外，还应有
A. 指甲下裂片状出血　B. 新出现的心脏病理性杂音　C. Janeway 损害
D. Roth 斑　E. 转移性脓肿

863. 属于感染性心内膜炎主要诊断标准的是
A. 发热，体温≥38℃　B. 细菌性动脉瘤　C. 原有心脏瓣膜病
D. Osler 结节　E. 超声心动图发现赘生物

864. 亚急性感染性心内膜炎正确的抗菌治疗原则是
A. 根据体温变化间断给药　B. 大剂量短疗程用药
C. 口服抗生素　D. 药敏结果回报前首选庆大霉素静脉滴注
E. 早期应用，争取连续数次血培养后立即静脉滴注抗生素

865. 一亚急性感染性心内膜炎患者，血培养为草绿色链球菌，首选的治疗药物是
A. 氨苄西林加庆大霉素　B. 青霉素加链霉素　C. 头孢氨苄
D. 万古霉素　E. 环丙沙星

(866~868 题共用题干)男，54 岁。发热 2 周余，体温 37.5~38.2℃，未使用抗生素治疗。风湿性二尖瓣狭窄合并关闭不全病史。超声心动图提示二尖瓣上有赘生物。

866. 入院第 1 天应为该患者做血培养
A. 1 次　B. 2 次　C. 3 次
D. 4 次　E. 5 次

867. 该患者最可能的血培养结果是
A. 金黄色葡萄球菌　B. 草绿色链球菌　C. 肺炎链球菌
D. 肠球菌　E. 淋球菌

868. 该患者首选的抗生素是
A. 青霉素　B. 萘夫西林　C. 苯唑西林
D. 庆大霉素　E. 万古霉素

869. 男性，25 岁。患风心病二尖瓣狭窄者，因左下 3、5 龋齿，需要拔掉，为防止感染性心内膜炎的发生，正确的做法是
A. 术前休息 1 天，术后给予以青霉素、链霉素肌内注射 3 天
B. 术后口服头孢氨苄
C. 术前 1 天开始肌内注射青霉素、链霉素至术后 3 天停药
D. 术后给以庆大霉素肌内注射 3 天
E. 术后给予青霉素静脉滴注 3 天

870. 感染性心内膜炎需行人工瓣膜置换术的适应证是
A. 并发脑损害　B. 金黄色葡萄球菌性心内膜炎　C. 心脏杂音的性质发生变化
D. 出现 Janeway 损害　E. 真菌性心内膜炎

二、心脏骤停(执业医师及助理医师均需掌握)

871. 心脏破裂的典型表现为
A. 低血压，心音正常，有电活动　B. 低血压，心音正常，无电活动

C. 血压测不到,心音消失,有电活动　D. 血压测不到,心音消失,无电活动
E. 低血压,心音消失,无电活动

872. 35 岁前心脏性猝死的主要原因是
A. 心肌病　B. 心脏瓣膜病　C. 心包炎
D. 长 QT 综合征　E. 先天性心脏病

873. 心脏骤停最常见于
A. 窦性心动过速　B. 心脏破裂　C. 心脏压塞
D. 心室颤动　E. 室性停搏

874. 心室颤动导致不可逆性脑损害,其发作至少持续
A. 4~6 分钟　B. 7~9 分钟　C. 30 秒
D. 1~3 分钟　E. 10 分钟

875. 心脏骤停最重要的诊断依据是
A. 心音消失　B. 手足抽搐　C. 桡动脉搏动消失
D. 呼吸断续　E. 呼之不应

876. 女,36 岁。患风湿性心脏病 10 年,近来心悸、胸闷痛、气短、下肢水肿、尿少。数分钟前突然晕倒,意识丧失,皮肤苍白,唇绀,大动脉搏动扪不到,呼吸停止。其原因是
A. 脑栓塞　B. 急性左心衰竭　C. 癫痫大发作
D. 心脏性猝死　E. 急性右心衰竭

877. 心脏骤停发生时最常见的心电图表现是
A. 室性停搏　B. 窦性停搏　C. 无脉电活动
D. 心房颤动　E. 心室颤动

878. 发现有人晕倒时,确认所处环境安全后应该立即采取的措施是
A. 判断意识是否清醒　B. 行人工呼吸　C. 行胸外按压
D. 报警　E. 大声呼叫救援

879. 对于突然意识丧失、大动脉搏动消失的患者,应立即实施的抢救措施是
A. 胸外按压　B. 人工呼吸　C. 注射肾上腺素
D. 开放静脉　E. 开放气道

880. 单人心肺复苏时,胸外心脏挤压与人工呼吸的正确操作是
A. 心脏按压 5 次,口对口人工呼吸 1 次　B. 心脏按压 6 次,口对口人工呼吸 1 次
C. 心脏按压 12 次,口对口人工呼吸 2 次　D. 心脏按压 30 次,口对口人工呼吸 2 次
E. 心脏按压 24 次,口对口人工呼吸 3 次

881. 成人心肺复苏抢救时胸外按压与人工呼吸通气的比例是
A. 15∶2　B. 30∶2　C. 10∶2
D. 5∶2　E. 40∶2

882. 胸外按压正确的部位是
A. 心前区　B. 胸骨下半部　C. 胸骨中上 1/3 交界处
D. 胸骨中部　E. 胸骨角

883. 胸外按压的操作方法,下列哪项错误?
A. 背部垫硬板　B. 部位在锁骨中线第 5 肋间　C. 按压频率为 100~120 次/分
D. 使胸骨下陷至少 5cm　E. 每按压 30 次后进行人工呼吸 2 次

884. 经首次电除颤未消除心室颤动的最佳处理是
A. 连续以更高级别的能量进行电除颤 2 次　B. 连续以更高级别的能量进行电除颤 3 次

C. 连续以同样级别的能量进行电除颤 2 次　D. 连续以同样级别的能量进行电除颤 3 次
E. 进行 2 分钟心肺复苏后再次电除颤

885. 脑复苏的治疗重点是
A. 降低大脑氧耗量　B. 防治脑水肿　C. 促进脑细胞功能恢复
D. 降低脑细胞能量消耗　E. 维持血压，保证脑部血液供应

886. 男性，40 岁。因创伤致心跳呼吸停止，经复苏后恢复，继而出现体温升高、抽搐、惊厥，患者可能并发
A. 肺水肿　B. 心力衰竭　C. 肾衰竭
D. 脑水肿　E. 脑死亡

887. 心室颤动最有效的治疗措施是
A. 胸外按压　B. 电除颤　C. 静脉推注毛花苷丙
D. 人工呼吸　E. 气管插管

888. 心室颤动电除颤的正确方法是
A. 首先需静脉推注安定　B. 必须在心电监测下进行　C. 不能反复多次电除颤
D. 非同步电除颤　E. 电击能量一般<200J

889. 心室颤动时电除颤的能量选择应为
A. 单相波 120J　B. 单相波 200J　C. 单相波 300J
D. 单相波 360J　E. 双相波 100J

890. 男，45 岁。突发心脏骤停，经心肺复苏后血压 70/40mmHg，心率 34 次/分。该患者应选用的药物是
A. 阿托品　B. 普罗帕酮　C. 利多卡因
D. 胺碘酮　E. 多巴酚丁胺

891. 女，20 岁。春天在花园游玩时突然晕倒。查体：脉搏细速，血压 40/20mmHg，面色苍白，神志不清。其首要急救措施是
A. 多巴胺 20mg 静脉滴注　B. 地塞米松 15mg 静脉滴注　C. 给氧，严密监护
D. 肾上腺素 1mg 皮下注射　E. 安定 10mg 静脉滴注

892. 男，60 岁。突发意识丧失，心电监护示心电波形、振幅与频率均极不规则，无法辨认 QRS 波群、ST 段与 T 波。该患者应首选
A. 阿托品 0.1mg 静脉注射　B. 胺碘酮 150mg 静脉注射　C. 360J 直流电除颤
D. 美托洛尔 5mg 静脉注射　E. 利多卡因 1~1.5mg/kg 静脉注射

893. 男，47 岁。突然神志丧失，呼吸不规则，即刻进行心脏按压。判断其是否有效的主要方法是
A. 测血压　B. 呼喊患者看其是否清醒　C. 摸桡动脉搏动
D. 摸股动脉搏动　E. 观察末梢循环状况

894. 复苏后治疗，保证一切复苏措施奏效最重要的是
A. 维持良好的呼吸功能　B. 确保循环功能的稳定　C. 防治肾衰竭
D. 脑复苏　E. 防治感染

（895~896 题共用题干）女，38 岁。突发心悸伴烦躁和胸闷 30 分钟，四肢发凉，曾出现黑矇，收入急诊监护病房。查体：血压 70/50mmHg，心率 180 次/分，心律绝对不齐，心音强弱不等，心脏各瓣膜区未闻及杂音。心电图提示"预激综合征伴心房颤动"。

895. 该患者最适宜的处理是
A. 静脉注射胺碘酮　B. 电转复　C. 静脉注射维拉帕米
D. 静脉注射普罗帕酮　E. 静脉注射毛花苷丙

896. 在诊疗过程中，该患者突然意识丧失，全身青紫，肢体抽搐，血压测不到，心音消失。心电图 QRS-T

波完全消失,代之以大小不等、极不匀齐的低小波。该患者需立即采取的治疗措施是

A. 植入临时起搏器　B. 同步直流电转复　C. 非同步直流电除颤

D. 植入永久起搏器　E. 心室超速起搏治疗

(897~899 题共用题干)男,72 岁。排便时突然跌倒,意识丧失,呼吸断续。有陈旧心肌梗死和糖尿病病史,无高血压病史,诊断为心脏骤停。

897. 该患者既往超声心动图检查未发现异常,其心脏骤停最可能的原因是

A. 冠心病　B. 预激综合征　C. 主动脉瓣狭窄

D. 梗阻性肥厚型心肌病　E. 主动脉夹层

898. 心电图示心搏停顿,此时首选的药物是

A. 普鲁卡因酰胺　B. 肾上腺素　C. 普罗帕酮

D. 胺碘酮　E. 碳酸氢钠

899. 最佳的给药途径是

A. 静脉注射　B. 心内注射　C. 肌内注射

D. 气管内给药　E. 皮下注射

第 16 章　胃食管反流病、胃炎与消化性溃疡

一、胃食管反流病(执业医师及助理医师均需掌握)

900. 具有降低食管下括约肌压力作用的药物是

A. 钙通道阻滞剂　B. 质子泵抑制剂　C. β 受体拮抗剂

D. 促胃肠动力剂　E. H_2 受体拮抗剂

901. 胃食管反流病的主要发病机制不包括

A. 夜间胃酸分泌过多　B. 食管下括约肌压力降低　C. 食管酸廓清能力下降

D. 胃排空异常　E. 异常的食管下括约肌一过性松弛

902. 患者,男,65 岁。胸骨后疼痛半年。半年来反复发作胸骨后烧灼样疼痛,伴反酸、咳嗽,凌晨发作明显。心电图、肌电图、胸部 X 片均未见异常。其发病机制主要是

A. 冠状动脉痉挛　B. 胃痉挛　C. 一过性食管括约肌松弛

D. 气道高反应性　E. Oddi 括约肌痉挛

903. 与幽门螺旋杆菌感染相关性不确定的疾病是

A. 慢性胃炎　B. 消化性溃疡　C. 反流性食管炎

D. 胃黏膜相关淋巴组织淋巴瘤　E. 胃癌

904. 胃食管反流病患者的典型症状是

A. 餐后上腹胀　B. 上腹部钝痛　C. 吞咽困难

D. 嗳气　E. 反酸、烧心

905. 下列胃食管反流病的临床表现中,不属于食管外刺激症状的是

A. 咳嗽　B. 哮喘　C. 胸痛

D. 声嘶　E. 咽喉炎

906. 男,47 岁。反酸、烧心 2 个月,间断胸痛、咳嗽,无吞咽困难。首先考虑的诊断是

A. 消化性溃疡　B. 胃食管反流病　C. 食管癌

D. 贲门失弛缓症　E. 胸膜炎

907. 对于胃食管反流病患者,需要定期接受内镜复查的是

A. 非糜烂性胃食管反流病　B. 合并食管裂孔疝　C. 反酸、烧心反复出现者
D. Barrett 食管　E. 伴有咽部异物感

(908~909 题共用题干)男,64 岁。胸骨后烧灼样疼痛 2 周,伴嗳气,偶有吞咽不畅。口服奥美拉唑治疗 2 周后疼痛缓解。

908. 应首先考虑的诊断是
A. 消化性溃疡　B. 食管癌　C. 心绞痛
D. 贲门失迟缓症　E. 胃食管反流病

909. 目前首选的检查是
A. 心电图　B. 冠状动脉造影　C. 胃镜
D. 24 小时食管 pH 监测　E. 超声心动图

910. 可确诊反流性食管炎的依据是
A. 食管测压异常　B. 胃镜发现食管下段黏膜破损　C. 食管酸监测异常
D. 反酸、烧心症状　E. ^{13}C 尿素呼气试验阳性

A. 食管压力测定　B. 24 小时食管 pH 监测　C. 胸部 X 线片
D. 食管酸滴注试验　E. 胃镜及活检

911. 诊断胃食管酸反流最适用的辅助检查是
912. 诊断反流性食管炎最可靠的辅助检查是

913. 女,42 岁。烧心半年,无吞咽困难。胃镜检查提示慢性浅表性胃炎。为进一步明确诊断,应进行的检查是
A. 24 小时食管 pH 监测　B. 食管脱落细胞学检查　C. 胸部 CT
D. 食管 X 线钡剂造影　E. 动态心电图

914. 胃食管反流病的治疗措施不包括
A. 应用促胃肠动力药　B. 抗酸治疗　C. 高脂肪饮食
D. 减肥　E. 避免饮用咖啡和浓茶

915. 用于胃食管反流病诊断性治疗的药物是
A. 多潘立酮　B. 枸橼酸铋钾　C. 奥美拉唑
D. 铝碳酸镁　E. 雷尼替丁

916. 女,24 岁。咽部不适、声音嘶哑伴反酸、恶心 1 年。偶有干咳,无咳痰,无发热,无腹痛腹泻、呕血、黑便。查体:T36.5℃,R18 次/分,P80 次/分,BP140/80mmHg,咽部慢性充血,双肺呼吸音清,心律齐,腹软,无压痛。最合适的治疗是
A. 口服胃黏膜保护剂　B. 雾化吸入糖皮质激素　C. 口服抗组胺药物
D. 口服质子泵抑制剂　E. 口服抗生素

二、急性胃炎(执业医师及助理医师均需掌握)

917. 非甾体抗炎药引起急性胃炎的主要机制是
A. 激活磷脂酶 A　B. 抑制弹性蛋白酶　C. 抑制前列腺素合成
D. 促进促胃液素(胃泌素)合成　E. 抑制脂肪酶

918. 急性糜烂出血性胃炎最常见的原因是
A. 不洁饮食　B. 剧烈呕吐　C. 刺激性食物
D. 口服抗生素　E. 口服非甾体抗炎药

919. 急性糜烂出血性胃炎的常见病因不包括

A. 免疫异常　　B. 酒精　　C. 严重感染
D. 脑血管意外　　E. 药物

A. 急性糜烂出血性胃炎　　B. 慢性浅表性胃窦胃炎　　C. 嗜酸性粒细胞性胃炎
D. 慢性浅表性胃体胃炎　　E. 慢性萎缩性胃炎

920. 与胃癌发生相关的疾病是

921. 应用非甾体抗炎药可导致的疾病是
A. Cushing 溃疡　　B. 胃溃疡　　C. Curling 溃疡
D. 食管腐蚀性溃疡　　E. 十二指肠溃疡

922. 最易发生癌变的溃疡是

923. 烧伤患者发生的溃疡是
A. 十二指肠溃疡出血　　B. 急性胃黏膜病变出血　　C. 胃癌出血
D. 胃溃疡出血　　E. 食管胃底静脉曲张破裂出血

924. 女，32 岁。大量呕血 1 天。伴恶心，之后出现黑便。既往有饥饿性上腹痛，伴烧心、反酸，进食后可缓解。最可能的诊断为

925. 男，36 岁。车祸致胸腹复合伤 4 天呕血 1 天，共 3 次，每次 50～100ml，呕血前无不适症状。既往无腹痛史。呕血的原因是

926. 女，32 岁。因关节痛口服吲哚美辛治疗 5 天，上腹痛 1 天。半小时前呕咖啡样物 200ml，呕吐后腹痛缓解。既往无肝病及胃病史。首选的检查是
A. 胃镜　　B. 腹部 B 超　　C. 胃液分析
D. 腹部 CT　　E. 上消化道 X 线钡剂造影

927. 男，52 岁。头颈部、双上肢浅Ⅱ度烧伤，伤后第 3 天出现黑便，量约 700ml。查体：P107 次/分，BP85/60mmHg。最可能的原因是
A. 慢性胃炎出血　　B. 胆道出血　　C. 消化性溃疡出血
D. 食管溃疡出血　　E. 应激性溃疡出血

928. 急性胃炎的临床表现不包括
A. 黄疸　　B. 消化道出血　　C. 呕吐
D. 上腹痛　　E. 恶心

929. 男，72 岁。10 小时前突发昏迷。CT 诊断为脑出血。2 小时前胃管引流出咖啡色液体约 50ml。其上消化道出血最可能的原因是
A. 药物性胃炎　　B. 缺血性胃病　　C. 应激引起急性胃黏膜病变
D. 胆汁反流性胃炎　　E. 感染引起急性胃黏膜病变

930. 男，65 岁。上腹饱满半年，今突发剧烈腹痛，伴大汗。既往类风湿关节炎 6 年，用双氯芬酸钠治疗。查体：生命体征平稳，心、肺未见异常，全腹压痛。病变可能发生的部位是
A. 食管　　B. 胃　　C. 结肠
D. 空肠　　E. 胆囊

（931～932 题共用题干）男，70 岁。饮酒 1 小时后呕吐咖啡样物 100ml，后排黑便 100g。既往体健。查体：P110 次/分，BP90/50mmHg。

931. 首选的治疗药物是
A. 多巴胺　　B. 硫糖铝　　C. 止血芳酸
D. 纳洛酮　　E. 奥美拉唑

932. 对诊断及治疗最有意义的检查是

A. 胃镜　B. 腹部 X 线片　C. 上消化道 X 线钡餐造影
D. 腹部 B 超　E. 腹部 CT

A. 胃镜检查　B. 钡餐造影　C. 腹部 CT
D. 腹部 B 超　E. 胃液分析

933. 诊断急性胃炎主要依据
934. 了解溃疡病患者胃酸分泌情况依据

935. 女,18 岁。因大面积烧伤住院治疗 3 天,上腹痛 1 天,2 小时来排柏油便 3 次。查体:P96 次/分,BP110/70mmHg。实验室检查 WBC11.8×10^9/L,Hb92g/L。首选的治疗措施是
A. 口服胃黏膜保护剂　B. 静脉应用止血药　C. 静脉应用质子泵抑制剂
D. 静脉应用 H_2 受体拮抗剂　E. 输血

936. 男,25 岁。夜间上腹痛 2 周,黑便 2 天,呕血伴头晕、乏力 4 小时。最适宜应用的药物是
A. 雷尼替丁　B. 甲氰咪胍　C. 奥美拉唑
D. 多潘立酮　E. 枸橼酸铋钾

937. 男,50 岁。因高血压、高脂血症服用阿司匹林 3 个月,1 个月来反复出现上腹疼痛。查体:腹软,中上腹压痛。下列治疗药物中首选的是
A. 奥美拉唑　B. 阿莫西林　C. 克拉霉素
D. 多潘立酮　E. 硫酸镁

三、慢性胃炎(执业医师及助理医师均需掌握)

938. 慢性胃炎最主要的病因是
A. 刺激性食物　B. 化学损伤　C. 幽门螺杆菌感染
D. 药物损伤　E. 物理损伤

939. 慢性胃窦炎最常见的病因是
A. 自身免疫反应　B. 幽门螺旋杆菌感染　C. 胃酸分泌过多
D. 内因子缺乏　E. 淋病奈瑟菌感染

940. 男,75 岁。反复上腹痛 20 余年,消瘦、黑便 3 个月。10 余年前胃镜检查诊断为"慢性萎缩性胃炎"。本次胃镜检查示:胃皱襞减少,黏膜不平,黏膜下血管透见,胃窦可见直径 2cm 深溃疡,周边隆起,溃疡周边活检病理学检查,最不可能出现的病理改变是
A. 胃腺癌　B. 胃窦黏膜异型增生　C. 胃体黏膜主细胞数量减少
D. 胃体黏膜壁细胞数量增加　E. 胃窦黏膜肠上皮化生

941. 判断慢性胃炎有无活动的病理学依据是
A. 浆细胞浸润　B. 淋巴细胞浸润　C. 淋巴滤泡形成
D. 中性粒细胞浸润　E. 肠上皮化生

942. 下列疾病中,胃癌发病率最高的是
A. 十二指肠溃疡　B. 胃食管反流病　C. 慢性浅表性胃炎
D. 慢性萎缩性胃炎　E. 十二指肠球炎

943. 慢性萎缩性胃炎的病理改变中属于癌前病变的是
A. 明显肠上皮化生　B. 中度以上不典型增生　C. 胃小凹上皮增生
D. 假幽门腺化生　E. 假幽门腺化生伴肠上皮化生

944. 慢性萎缩性胃炎的典型胃镜表现是
A. 溃疡形成　B. 颗粒不平　C. 黏膜糜烂

D. 黏膜血管透见　　E. 充血水肿

945. 男,55 岁。上腹部不适 2 个月。进食后饱胀,有时伴疼痛,食欲下降、乏力,症状逐渐加重。为明确诊断,首选的检查是

A. 胃液分析　　B. 胃镜　　C. 食管 24 小时 pH 监测

D. 腹部 X 线片　　E. 腹部 CT

946. 女性,51 岁。间断上腹疼痛 2 年,疼痛发作与情绪、饮食有关。查体:上腹部轻压痛。胃镜检查示胃窦皱襞平坦,黏膜粗糙无光泽,黏膜血管透见。此病例考虑诊断为

A. 消化性溃疡　　B. 急性胃炎　　C. 慢性浅表性胃炎

D. 胃癌　　E. 慢性萎缩性胃炎

947. 容易引起贫血的胃炎是

A. 慢性非萎缩性全胃炎　　B. 慢性萎缩性胃炎,胃体萎缩为主

C. 慢性萎缩性胃炎,胃窦萎缩为主　　D. 慢性浅表性胃炎,胃体为主

E. 慢性浅表性胃炎,胃窦为主

(948~949 题共用题干)男性,55 岁。反复不规律上腹部胀痛 3 年,胃镜诊断为萎缩性胃炎。

948. 判断该患者炎症活动的客观依据是

A. 胃黏膜肠上皮化生　　B. 胃黏膜出血　　C. 胃黏膜内中性粒细胞增多

D. 胃黏膜纤维组织增生　　E. 胃黏膜中增多的主要是淋巴细胞

949. 该患者如考虑为 A 型胃炎,正确的是

A. 壁细胞抗体阴性　　B. 胃酸升高　　C. 不出现厌食,体重下降

D. 不出现恶性贫血　　E. 主要位于胃体部

(950~952 题共用题干)女,38 岁。上腹不适、纳差 3 年,体重减轻、乏力半年。查体:贫血貌,上腹部轻压痛,Hb88g/L,MCV115fl。胃镜检查示胃体皱襞稀疏,黏膜血管透见。

950. 该患者应首先考虑的诊断是

A. Menetrier 病　　B. 慢性浅表性胃炎　　C. 慢性萎缩性胃炎

D. 慢性淋巴细胞性胃炎　　E. 胃癌

951. 对诊断最有意义的辅助检查是

A. 血癌胚抗原　　B. 血胃泌素　　C. 血胃蛋白酶原

D. 血壁细胞抗体　　E. 血抗线粒体抗体 M_2 亚型

952. 该患者发生贫血最可能的机制是

A. 维生素 C 缺乏　　B. 慢性消化道失血　　C. 铁吸收障碍

D. 蛋白质吸收障碍　　E. 内因子缺乏

A. 胃酸明显减少　　B. 胃酸明显增高　　C. 胃酸轻度升高

D. 胃酸轻度减少　　E. 胃酸正常或减少

953. 重度萎缩性胃体胃炎患者表现为

954. 萎缩性胃窦胃炎患者表现为

955. 男,65 岁。间断腹胀、上腹隐痛 25 年。胃镜检查提示:胃体黏膜变薄,血管透见,皱襞稀疏。患者可能缺乏的维生素是

A. 维生素 B_4　　B. 维生素 C　　C. 维生素 B_{12}

D. 维生素 B_2　　E. 维生素 D

956. 血清壁细胞抗体升高的疾病是

A. 急性胃炎　B. A型萎缩性胃炎　C. 慢性浅表性胃炎
D. 十二指肠溃疡　E. B型萎缩性胃炎

957. 男,62岁。上腹胀伴食欲下降4年。查体:T36.5℃,P80次/分,R18次/分,BP130/80mmHg。双肺呼吸音清,未闻及干、湿啰音,心律齐,腹软,无压痛。胃镜检查:胃黏膜菲薄,可见血管显露。血常规提示大细胞性贫血,血抗壁细胞抗体阳性。最可能的诊断是
A. 慢性萎缩性胃体炎　B. 慢性萎缩性胃窦炎　C. 慢性淋巴细胞性胃炎
D. 慢性浅表性胃炎　E. 消化性溃疡

958. 女,79岁。餐后上腹饱胀、嗳气10年,无反酸。胃镜检查:胃黏膜颜色灰暗,颗粒不平,红白相间,以白为主,皱襞低平稀少。该患者胃液可能发生的变化是
A. 碳酸氢盐增加　B. 内因子增加　C. pH降低
D. 胃蛋白酶增加　E. pH升高

959. 男,78岁。反复上腹胀、上腹部不适20年。胃镜检查:胃角切迹可见直径0.3cm溃疡,底部平坦,边界清楚,胃黏膜苍白、粗糙、皱襞稀疏。其胃黏膜病理检查不可能出现的是
A. 主细胞减少　B. 肠上皮化生　C. 壁细胞数量增多
D. 淋巴细胞浸润　E. 异型增生

960. 慢性活动性胃炎的治疗应特别注意采用
A. 强力抑酸药　B. 胃黏膜保护剂　C. 抗幽门螺杆菌治疗
D. 促胃肠动力药　E. 抗抑郁药物

961. 有明显胆汁反流的慢性胃炎患者,首选的治疗药物是
A. 多潘立酮　B. 肾上腺糖皮质激素　C. 硫糖铝
D. 甲硝唑　E. 奥美拉唑

962. 男性,30岁。上腹隐痛2年余,近半年来厌食,消瘦乏力,先后两次胃镜检查均示胃体部大弯侧黏膜苍白,活检黏膜为中度不典型增生。对该患者的最佳治疗方法是
A. 补充微量元素锌、硒　B. 口服胃蛋白酶合剂　C. 口服米索前列醇
D. 补液,加强支持疗法　E. 胃镜随访,视病情是否进展

963. 男,45岁。间断上腹痛、腹胀伴嗳气8年。胃镜检查:胃窦黏膜粗糙,以白为主,黏膜活检病理提示慢性萎缩性胃炎伴中至重度肠上皮化生,快速尿素酶试验阳性。该患者首先应采用的治疗是
A. 应用质子泵抑制剂　B. 应用促胃肠动力剂　C. 抗幽门螺杆菌治疗
D. 应用抗酸剂　E. 应用止痛剂

964. 男,62岁。间断上腹痛10余年,加重伴餐后上腹胀3年。胃镜见幽门前区大弯侧直径1.5cm范围黏膜不平,活检病理示重度异型增生。最适当的处理方式是
A. 近期进行胃镜下黏膜切除术　B. 口服质子泵抑制剂治疗,近期复查
C. 口服胃黏膜保护剂,近期复查　D. 近期进行胃大部切除术
E. 口服H_2受体拮抗剂,近期复查

965. 男,48岁。上腹不适、纳差2年。胃镜检查提示慢性萎缩性胃炎,黏膜病理检查示重度肠上皮化生,为防止癌变。最适合的随访检查方法是
A. 腹部CT　B. 腹部B超　C. 上消化道造影
D. 胃镜　E. 血清肿瘤标志物

966. 女,55岁。上腹不适、纳差3年。胃镜及胃黏膜活组织病理检查:慢性萎缩性胃炎,重度肠上皮化生。最适合的随访检查方法是
A. 腹部B超　B. 腹部CT　C. 血清肿瘤标志物
D. 胃镜　E. 上消化道X线钡剂造影

967. 男,68 岁。恶心、上腹隐痛、呕吐少许咖啡样液体 2 天。高血压、血脂异常病史 2 年,长期口服阿司匹林 100mg/d。胃镜检查可见胃窦黏膜多发糜烂,表面附着血性黏液。最适宜的治疗药物是

A. 多潘立酮　　B. 奥美拉唑　　C. 枸橼酸铋钾
D. 硫糖铝　　E. 法莫替丁

968. 男,70 岁。突发剧烈头痛、呕吐、左侧肢体活动障碍 6 小时,昏迷 5 小时。1 小时前呕暗红色血液 1 次。应首先考虑的呕血原因是

A. 急性胃黏膜病变　　B. Dieulafoy 病变　　C. 胃癌
D. 十二指肠溃疡　　E. 肝硬化食管胃底静脉曲张破裂

969. 女,50 岁。纳差 5 年,面色苍白、乏力半年。胃镜检查见胃体黏膜苍白、变薄、血管透见明显。最可能的实验室检查结果是

A. 基础胃酸分泌增加　　B. 正细胞正色素性贫血　　C. 血液酸水平升高
D. 血促胃液素水平降低　　E. 血维生素 B_{12} 水平降低

四、消化性溃疡(执业医师及助理医师均需掌握)

970. 消化性溃疡发病机制中最重要的攻击因子是

A. 胃酸、胃蛋白酶　　B. 胰酶　　C. 胆汁
D. 精神、心理因素　　E. 食物的理化刺激

971. 消化性溃疡的主要病因是

A. 前列腺素分泌减少　　B. 表皮生长因子缺乏　　C. 胃黏膜缺血缺氧
D. 急性应激　　E. 幽门螺杆菌感染

972. 下列哪一项属于胃十二指肠黏膜防卫因子?

A. 胃酸/胃蛋白酶　　B. 前列腺素　　C. 胆盐
D. 胰酶　　E. 非甾体抗炎药

973. 溃疡活动期患者不宜服用

A. 胶体铋　　B. 前列腺素制剂　　C. 呋喃唑酮
D. 硫糖铝　　E. 布洛芬

974. 男,22 岁。反复发作上腹部疼痛 6 个月。胃镜检查见十二指肠球部溃疡。该患者不会出现的生理变化是

A. 内因子分泌减少　　B. 迷走神经功能亢进　　C. 促胃液素水平升高
D. 胃酸分泌增加　　E. 胃蛋白酶分泌增加

975. 男,53 岁。上腹胀痛 10 余年,多于饭后约 30 分钟加重。半年来上腹痛加重,伴反酸,间断呕吐胃内容物。吸烟 15 年,饮白酒 10 年,每日约半斤。患者的病变最可能位于

A. 十二指肠球部　　B. 胃窦　　C. 胃体
D. 贲门　　E. 胃底

976. 关于胃溃疡,不正确的叙述是

A. 多发生于慢性萎缩性胃炎背景　　B. 好发于胃体大弯侧
C. 可发生癌变　　D. 根治幽门螺杆菌可降低复发率
E. 与口服非甾体抗炎药有密切关系

977. 男,40 岁。反复发作上腹部不适、疼痛 6 年。疼痛多发生在餐后约 60 分钟,1~2 小时后逐渐缓解。查体:腹平软,肝脾未触及,上腹轻度压痛,无反跳痛,移动性浊音(-)。上消化道 X 线钡剂造影:胃小弯侧 1.5cm 壁外龛影,大弯侧有痉挛性切迹。最可能的诊断是

A. 胃憩室　　B. 胃炎　　C. 胃溃疡

D. 胃癌　　E. 胃平滑肌瘤

978. 男,35岁。反复上腹痛3年。疼痛向背部放射,多在空腹及夜间出现。既往体健。日常工作紧张。查体:T36.5℃,P80次/分,R18次/分,BP120/80mmHg。双肺呼吸音清,未闻及干、湿啰音,心律齐。腹软,无压痛。最可能的诊断是

A. 胃癌　　B. 十二指肠溃疡　　C. 胰腺癌
D. 胃溃疡　　E. 食管溃疡

979. 女,63岁。反复冬季上腹痛3年,腹痛多于餐后半小时发作,餐前缓解,病发1周。查体:神志清,无贫血貌。腹部剑突下压痛(+),肝脾未触及。最可能的疾病是

A. 胃癌　　B. 慢性胃炎　　C. 十二指肠溃疡
D. 慢性胆囊炎　　E. 胃溃疡

980. 男,25岁。反复上腹饥饿性疼痛2年。1周来受凉后再发上腹痛,恶心,反酸。查体:腹软,上腹部压痛,未触及包块,肝脾未触及。最可能的诊断是

A. 胆囊炎　　B. 胃癌　　C. 胃溃疡
D. 十二指肠溃疡　　E. 胰腺炎

A. 无明显节律性　　B. 疼痛—排便—加重　　C. 进食—疼痛—缓解
D. 疼痛—进食—缓解　　E. 疼痛—排便—缓解

981. 胃溃疡腹痛的规律是
982. 肠易激综合征腹痛的规律是

A. 持续性腹痛　　B. 疼痛—排便—加重　　C. 进食—疼痛—缓解
D. 疼痛—进食—缓解　　E. 疼痛—排便—缓解

983. 十二指肠球部溃疡的腹痛规律是
984. 结核性腹膜炎的腹痛规律是

A. 周期性餐后上腹部疼痛,至下一餐前缓解
B. 渐进加重的上腹部疼痛,向后背放射
C. 持续性上腹部疼痛,阵发性加重
D. 周期性空腹及夜间上腹部疼痛,进食后可缓解
E. 反复上腹部胀痛,餐后加重伴嗳气,饮食不节时加重

985. 符合慢性胃炎临床表现的是
986. 典型的胃溃疡疼痛特点是

987. 对球后溃疡的正确描述是

A. 多发生在距幽门2~3cm以内　　B. 指十二指肠球部后壁溃疡　　C. 易并发出血
D. 临床症状多不明显　　E. 内科治疗效果好

988. 关于幽门管溃疡的描述,正确的是

A. 消化性溃疡的特殊类型　　B. 有典型的节律性症状　　C. 不易引起出血
D. 甲氰咪胍治疗效果良好　　E. 病变发展较慢

989. 以下关于老年人胃溃疡特点的描述,不正确的是

A. 可无症状　　B. 溃疡常较大　　C. 易合并幽门梗阻
D. 较多位于胃体上部　　E. 易误诊为胃癌

990. 不能作为判断幽门螺杆菌根除的检验方法是

A. 活组织幽门螺杆菌培养　　B. 组织学检查找幽门螺杆菌　　C. 尿素酶呼气试验
D. 快速尿素酶试验　　E. 血清抗幽门螺杆菌抗体检测

991. 证实幽门螺杆菌现症感染的检查方法中不包括
A. 血清幽门螺杆菌抗体检测　B. ^{13}C 尿素呼气试验　C. 胃黏膜活检幽门螺杆菌培养
D. 胃黏膜活检快速尿素酶试验　E. 粪便幽门螺杆菌抗原检测

A. 胃组织学检查　B. 快速尿素酶试验　C. 幽门螺杆菌培养
D. ^{14}C 尿素呼气试验　E. 血清学检查
992. 侵入性检查幽门螺杆菌的首选方法是
993. 行幽门螺杆菌根除治疗后复查的首选方法是

994. 确诊胃溃疡的首选检查方法是
A. 胃镜及胃黏膜活组织检查　B. 24 小时食管 pH 监测　C. X 线钡剂造影
D. 幽门螺杆菌检测　E. 胃液分析
995. 男,28 岁。反复上腹隐痛、反酸 5 年。X 线钡剂造影结果如图,最可能的诊断是
A. 胃体溃疡　B. 胃角溃疡
C. 幽门管溃疡　D. 十二指肠溃疡
E. 复合溃疡

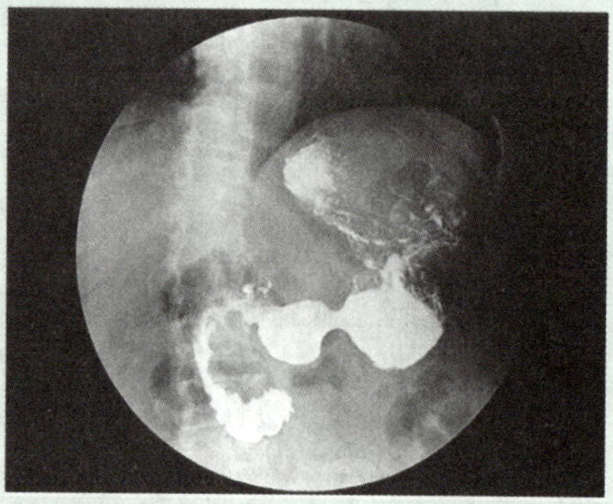

996. 女性,32 岁。阵发性上腹痛 2 年,夜间加重,疼痛有季节性,冬季明显,有反酸。为进一步确诊,首选的检查方法是
A. X 线钡剂造影　B. CT 检查
C. 胃液细胞学检查　D. 胃液分析
E. B 超检查
997. 男,38 岁。上腹疼痛 6 年。餐前痛,伴反酸,近日疼痛加重,且呈持续性,向腰背部放射,有时低热。胃肠钡餐示:十二指肠球部变形。血白细胞 11×10^9/L,中性粒细胞 78%。诊断首先考虑为
A. 慢性胃炎　B. 胃溃疡　C. 胃癌
D. 十二指肠穿孔性溃疡　E. 胃黏膜脱垂

A. 腹部 B 超　B. 腹部 CT　C. 粪便潜血
D. 胃镜　E. 消化道 X 线钡剂造影
998. 胃溃疡诊断最有意义的检查方法是
999. 克罗恩病诊断最有意义的检查方法是

1000. 下述哪项支持胃的恶性溃疡?
A. 溃疡呈圆形、椭圆形　B. 边缘整齐、不隆起　C. 底部较平坦
D. 火山口状,底部凹凸不平　E. 皱襞向溃疡集中
1001. 有关胃良性溃疡和恶性溃疡的鉴别,正确的是
A. 良性溃疡粪便潜血持续阳性　B. 恶性溃疡胃酸正常或升高
C. 恶性溃疡多见于青中年患者　D. 胃肠钡餐检查良性溃疡位于胃腔轮廓之内
E. 恶性溃疡组织僵硬,质脆,易出血
1002. 男,49 岁。胃溃疡病史 12 年。近 3 个月上腹痛变为无规律,伴食欲减退。胃肠钡餐检查:胃窦部可见2.5 cm×3.4cm 龛影,边缘不齐。粪便隐血检查多次阳性。最可能的诊断是
A. 胃溃疡并出血　B. 胃溃疡并胃息肉　C. 幽门管溃疡
D. 胃溃疡恶变　E. 胃溃疡合并幽门梗阻

1003. 消化性溃疡最常见的并发症是
A. 腹腔脓肿　B. 癌变　C. 出血
D. 幽门梗阻　E. 穿孔

1004. 十二指肠后壁溃疡最常发生的并发症是
A. 穿孔　B. 幽门梗阻　C. 胆囊炎
D. 胰腺炎　E. 出血

1005. 男性,34岁。上腹灼痛3个月,柏油样便2天。为明确诊断,首选检查是
A. X线钡剂造影　B. 大便隐血试验　C. 血常规
D. 胃镜　E. B超

1006. 大多数可以经非手术治疗的是
A. 瘢痕性幽门梗阻　B. 胃十二指肠溃疡大出血　C. 胃十二指肠溃疡急性穿孔
D. 十二指肠溃疡并球部变形　E. 穿透性十二指肠溃疡

A. 面色苍白,尿少,血压下降　B. 恶心呕吐,反酸
C. 餐后上腹疼痛,呕吐量大,含隔夜宿食　D. 腹痛失去节律性,大便隐血试验持续阳性
E. 突然全腹剧痛,腹肌紧张,肝浊音界消失

1007. 胃溃疡癌变时
1008. 消化性溃疡并发大出血时

(1009～1010题共用题干)男,22岁。因呕吐咖啡色液体及黑便来诊。既往无胃病及肝病史。查体:面色稍苍白,血压100/60mmHg,心率92次/分,腹软,肝脾未触及,肠鸣音活跃。

1009. 最可能的诊断是
A. 食管静脉曲张破裂出血　B. 十二指肠溃疡并发出血　C. 胃癌出血
D. 食管贲门撕裂综合征　E. 促胃液素瘤并发出血

1010. 药物治疗首选
A. 质子泵抑制剂　B. 硫糖铝　C. 生长抑素制剂
D. 枸橼酸铋钾　E. 米索前列醇片

1011. 不属于十二指肠球部溃疡并发症的是
A. 急性穿孔　B. 幽门梗阻　C. 癌变
D. 出血　E. 慢性穿孔

1012. 胃十二指肠消化性溃疡穿孔最好发部位是
A. 十二指肠前壁　B. 十二指肠球部后壁　C. 胃小弯
D. 胃大弯　E. 胃底

1013. 对诊断消化性溃疡穿孔最有价值的临床表现是
A. 突发上腹部剧痛　B. 腹式呼吸消失　C. 上腹部压痛明显
D. 上腹部有反跳痛　E. 肝浊音界消失

1014. 消化性溃疡并发急性穿孔时,不可能出现
A. 板状腹　B. 全腹压痛反跳痛　C. 肝浊音区扩大
D. 肠鸣音减弱或消失　E. 膈下游离气体

1015. 急性上消化道穿孔不应该出现的体征是
A. 肝浊音界消失　B. 腹部压痛阳性　C. 肠鸣音活跃
D. 腹肌紧张　E. 腹部反跳痛阳性

1016. 男,45岁。上腹部剧烈疼痛3小时,随即蔓延到全腹,呈持续性。查体:板状腹,全腹压痛及反跳

痛,肠鸣音消失。对明确诊断最有价值的检查是

A. 直肠指诊　　B. 诊断性腹腔穿刺　　C. 腹部立位 X 线片

D. 腹部 B 超　　E. 血常规

1017. 男,35 岁。反复上腹痛 5 年,再发 1 个月,加重 2 天。5 年来反复上腹痛,多发生于饥饿时,进食及口服碱性药可缓解,1 个月来再发上腹痛,口服碱性药物缓解不满意,2 天来上腹痛加重向后背放射。查体:上腹部压痛。血清淀粉酶 320U/L。该患者最可能的诊断是

A. 胃窦溃疡　　B. 胃体溃疡　　C. 胃底溃疡

D. 十二指肠球前壁溃疡　　E. 十二指肠球后壁溃疡

1018. 消化性溃疡致瘢痕性幽门梗阻最典型的临床表现为

A. 呕吐　　B. 腹胀　　C. 消瘦

D. 贫血　　E. 脱水

1019. 诊断消化性溃疡并发幽门梗阻最有价值的临床表现是

A. 进食后上腹部饱胀不适　　B. 呕吐物量大　　C. 呕吐物内含大量宿食

D. 呕吐物内无胆汁　　E. 呕吐后症状可暂时缓解

1020. 诊断幽门梗阻最有价值的体征是

A. 振水音阳性　　B. 肠鸣音亢进　　C. 上腹部膨隆

D. 明显脱水　　E. 上腹部固定压痛

(1021~1024 题共用题干)男性,40 岁。中上腹饥饿性隐痛反复发作 10 年,伴反酸、嗳气,进食和服用抑酸剂可缓解。

1021. 最可能的疾病是

A. 胃癌　　B. 胰腺癌　　C. 消化性溃疡

D. 慢性胆囊炎　　E. 慢性胰腺炎

1022. 患者 4 小时前突然出现中上腹剧痛且腹痛持续存在,该患者可能发生的并发症是

A. 急性胰腺炎并发出血坏死　　B. 胰腺癌并发肠梗阻　　C. 胃癌并发幽门梗阻

D. 消化性溃疡并发急性穿孔　　E. 急性胆囊炎并发胆汁性腹膜炎

1023. 如进行腹部检查,最具诊断价值的体征是

A. 腹肌紧张　　B. 腹壁柔韧感　　C. 肠鸣音亢进

D. 肝浊音界消失或缩小　　E. 墨菲征阳性

1024. 为确诊此患者,应选择的检查手段是

A. 血清淀粉酶测定　　B. 癌胚抗原测定　　C. 胃镜检查

D. 腹部 X 线片　　E. 中腹部 B 超

(1025~1027 题共用题干)男,26 岁。反复上腹痛 4 年,常于秋冬换季时发作,饥饿时加重,餐后可缓解。

1025. 该患者最可能的诊断是

A. 胃癌　　B. 十二指肠溃疡　　C. 慢性浅表性胃炎

D. 慢性萎缩性胃炎　　E. 胃溃疡

1026. 该患者 2 小时前突发上腹部剧烈疼痛,难以忍受。最可能发生了

A. 消化道穿孔　　B. 消化道出血　　C. 消化道梗阻

D. 胆石症　　E. 急性胰腺炎

1027. 为明确诊断,应首先选择的检查是

A. 上消化道钡剂造影　　B. 腹部超声　　C. 立位腹部 X 线片

D. 卧位腹部 X 线片　　E. 胃镜检查

(1028~1030题共用题干)男,30岁。上腹痛7天,餐后突然加剧6小时,并很快波及全腹,既往有胃病史。当时查体:全腹压痛反跳痛,肌紧张,肝浊音界消失,肠鸣音减弱。

1028. 入院后最可能的诊断是
A. 急性阑尾炎穿孔　B. 胃、十二指肠溃疡穿孔　C. 绞窄性肠梗阻
D. 急性胆囊炎穿孔　E. 急性出血性胰腺炎

1029. 以下哪项检查最有助于诊断?
A. 腹腔穿刺　B. 直肠指诊　C. 腹部B超
D. 腹部CT　E. 立位腹部X线片

1030. 该患者进行手术治疗的主要目的是
A. 明确诊断　B. 去除病因　C. 清洗腹腔
D. 腹腔引流　E. 预防腹腔脓肿形成

1031. 男,45岁。间断性上腹部不适1年。经检查诊断为"慢性胃炎合并幽门螺杆菌感染"。医生建议其服用奥美拉唑20mg、阿莫西林1.0g、克拉霉素0.5g,均每日2次。上述药物的服用疗程应是
A. 1~2天　B. 3~5天　C. 7~14天
D. 15~20天　E. >30天

1032. 初次诊断活动期十二指肠溃疡,下列治疗中最适合的是
A. 联合应用两种黏膜保护剂　B. 促动力剂+H_2受体拮抗剂　C. 质子泵抑制剂+黏膜保护剂
D. 质子泵抑制剂+两种抗生素　E. 抗酸剂

1033. 男,25岁。反复上腹痛、反酸4年。胃镜检查提示十二指肠球部溃疡,尿素酶试验阳性,治疗方案首选抑酸药加
A. 一种有效抗生素　B. 解痉药　C. 胃黏膜保护剂
D. 促胃动力药　E. 两种有效抗生素

1034. 对降低消化性溃疡复发率最有效的治疗措施是
A. 抗生素治疗　B. 根除幽门螺杆菌治疗　C. 高选择性迷走神经切断术
D. 抗酸剂治疗　E. 胃黏膜保护剂治疗

1035. 为判断幽门螺杆菌是否被根除,正确的检查时间应在治疗结束后至少
A. 3天　B. 1周　C. 2周
D. 3周　E. 4周

1036. 男,30岁。饥饿性上腹痛2年,进食后可缓解。胃镜检查:十二指肠溃疡愈合期,快速尿素酶试验阳性。最有效的治疗方案是
A. 奥美拉唑+枸橼酸铋钾+克拉霉素　B. 法莫替丁+阿莫西林+克拉霉素
C. 西咪替丁+克拉霉素+左氧氟沙星　D. 奥美拉唑+硫糖铝
E. 奥美拉唑+阿莫西林+替硝唑

1037. 男,32岁。间断上腹痛3年。腹痛多发生在饥饿时,进食后可缓解。查体:T36.5℃,P80次/分,R18次/分,BP100/60mmHg。双肺呼吸音清,未闻及干、湿啰音,心律齐,腹软,无压痛。胃镜检查:十二指肠溃疡愈合期,^{13}C尿素呼气试验阳性。最有效的治疗方案是
A. 西咪替丁+克拉霉素+左氧氟沙星　B. 法莫替丁+阿莫西林+克拉霉素+铝碳酸镁
C. 奥美拉唑+枸橼酸铋钾+克拉霉素　D. 奥美拉唑+硫糖铝
E. 奥美拉唑+阿莫西林+替硝唑+枸橼酸铋钾

1038. 患者,男性,35岁。间断上腹痛2年。查体:无贫血貌,皮肤巩膜无黄染,心肺无异常,腹软,无压痛,肝脾无肿大,^{13}C尿素呼气试验阳性。主要治疗药物不包括

A. 阿米卡星　B. 阿莫西林　C. 克拉霉素
D. 枸橼酸铋钾　E. 奥美拉唑

1039. 幽门螺杆菌(Hp)阳性的十二指肠溃疡患者首选的治疗是
A. 抑酸剂+抗 Hp 治疗　B. 胃黏膜保护剂+抗 Hp 治疗　C. 抑酸剂+胃黏膜保护剂
D. 抗 Hp 治疗+碱性药　E. 胃黏膜保护剂+碱性药

(1040~1042 题共用题干)男,38 岁。腹痛、反酸 5 年。1 周来症状加重,并出现夜间痛,进食能部分缓解。

1040. 诊断首先考虑是
A. 胃癌　B. 肠易激综合征　C. 慢性胃炎
D. 十二指肠球部溃疡　E. 胃溃疡并幽门梗阻

1041. 最有助于明确诊断的检查是
A. 胃液分析　B. 胃肠钡餐　C. 胃镜
D. 结肠镜　E. 腹部 B 超

1042. 最佳的治疗方案是
A. 手术治疗　B. 胃黏膜保护剂+抗生素　C. 胃黏膜保护剂+铋剂
D. 质子泵抑制剂　E. 质子泵抑制剂+抗生素

1043. 男,26 岁。周期性上腹痛 3 年,空腹及夜间加重,进食后缓解。^{13}C 尿素呼气试验阳性。预防复发的最重要措施是
A. 外科手术　B. 内镜治疗　C. 抗酸剂维持治疗
D. 根除幽门螺杆菌治疗　E. 胃黏膜保护剂维持治疗

1044. 患有幽门螺杆菌相关性胃炎的患者,给予哪种抗生素最适宜?
A. 四环素　B. 红霉素　C. 庆大霉素
D. 先锋霉素Ⅳ　E. 羟氨苄青霉素

1045. 男,62 岁。上腹痛 2 周。既往高血压病史 10 余年,反复心前区疼痛发作 2 个月,口服阿司匹林100mg/d。上消化道 X 线钡剂造影:胃角切迹壁外龛影,^{13}C 尿素呼气试验阴性。最适宜的治疗药物是
A. 雷尼替丁　B. 多潘立酮　C. 枸橼酸铋钾
D. 奥美拉唑　E. 氢氧化铝

1046. 幽门梗阻时禁用哪种药物?
A. 抗胆碱能药　B. 枸橼酸铋钾　C. H_2 受体拮抗剂
D. 质子泵抑制剂　E. 抗菌药物

1047. 消化性溃疡治疗中需要抑制胃酸分泌的药物,以下所选药物中哪种是错误的?
A. 氢氧化铝　B. 阿托品　C. 丙谷胺
D. 雷尼替丁　E. 奥美拉唑

1048. 治疗消化性溃疡患者上腹部疼痛效果最好的药物是
A. 黏膜保护剂　B. 质子泵抑制剂　C. H_2 受体拮抗剂
D. 抗酸药　E. 促胃肠动力药

1049. 男,65 岁。上腹部无规律性隐痛 2 个月,因饮酒后呕吐咖啡样物 150ml,柏油便 300ml 来诊,无肝病史。查体:BP90/60mmHg,P100 次/分,Hb90g/L,上腹部轻度压痛,肝脾肋下未触及。其止血措施最好选择
A. 维生素 K_1 静脉滴注　B. 奥美拉唑静脉注射　C. 6-氨基己酸静脉滴注
D. 三腔二囊管压迫　E. 垂体后叶素静脉滴注

A. 氢氧化铝凝胶　B. 硫酸镁　C. 西咪替丁

D. 奥美拉唑　　E. 枸橼酸铋钾

1050. 能强烈抑制胃酸分泌又能提高抗生素对幽门螺杆菌疗效的药物是

1051. 口服可以导泻的药物是

1052. 不用于胃溃疡治疗的药物是

A. 奥美拉唑　　B. 巴曲酶　　C. 硫糖铝

D. 凝血酶　　E. 生长抑素制剂

1053. 治疗消化性溃疡并出血时首选

1054. 治疗食管曲张静脉破裂出血时首选

A. 抑制胃酸分泌　　B. 拮抗组胺作用　　C. 保护胃黏膜

D. 中和胃酸　　E. 抑制胃蛋白酶

1055. 枸橼酸铋钾的主要药理作用是

1056. 奥美拉唑的主要药理作用是

1057. 非甾体抗炎药引起的消化性溃疡，当不能停用非甾体抗炎药时，首选的治疗药物是

A. 雷尼替丁　　B. 硫糖铝　　C. 西沙必利

D. 奥美拉唑　　E. 法莫替丁

1058. 关于消化性溃疡的治疗，正确的说法是

A. 需长期应用黏膜保护剂以降低溃疡复发率　　B. 为降低复发率，需长期服用质子泵抑制剂

C. 只要内镜证实溃疡已经愈合，溃疡就不会复发　　D. 根除幽门螺杆菌可以降低溃疡复发率

E. 有消化道出血的溃疡患者必须长期维持治疗

第 17 章　肠结核与结核性腹膜炎

一、肠结核（执业医师需掌握）

1059. 女，31 岁。腹泻、便秘交替出现 4 个月，大便多为糊状，无黏液脓血，无里急后重，伴低热、乏力、盗汗。查体：轻度贫血貌，右下腹有轻压痛。粪常规(-)。最可能的诊断是

A. 肠易激综合征　　B. 结肠癌　　C. 溃疡性结肠炎

D. 肠阿米巴病　　E. 肠结核

A. 病变主要位于回盲部　　B. 病变主要位于直肠和乙状结肠　　C. 病变多位于回肠远段

D. 病变不可能位于空肠　　E. 病变以全结肠弥漫性改变为主

1060. 肠结核

1061. 克罗恩病

1062. 增生型肠结核患者不经常出现的临床表现是

A. 腹泻　　B. 便秘　　C. 腹痛

D. 腹部包块　　E. 发热

1063. 肠结核最常见的并发症是

A. 肠穿孔　　B. 下消化道出血　　C. 癌变

D. 肠梗阻　　E. 肠内瘘管

1064. 患者，女，25 岁。反复右下腹痛、腹泻便秘交替出现半年。发热以午后为主，体温未查。查体：心、肺阴性，右下腹轻压痛，无反跳痛。X 线钡剂检查可见升结肠痉挛，回盲部跳跃征。最可能的诊断是

A. 肠易激综合征　　B. 淋巴瘤　　C. 克罗恩病

D. 肠结核　　E. 溃疡性结肠炎

1065. 女，22 岁。间断腹泻半年。大便 3~4 次/天，伴下腹部疼痛。既往有肺结核病史。查体：T37.5℃，P90 次/分。心、肺未见异常。右下腹压痛（+），可触及边界不清的包块。实验室检查：ESR60mm/h。PPD 试验（+++）。最可能的诊断是

A. 结肠癌　　B. 肠易激综合征　　C. 细菌性痢疾

D. 肠结核　　E. 克罗恩病

1066. 男，35 岁。腹泻、腹痛伴低热、乏力、盗汗 2 个月。查体：右下腹可触及包块，压痛（+），边界不清。结肠镜发现回盲部环形溃疡。最可能的诊断是

A. 结肠癌　　B. 克罗恩病　　C. 肠结核

D. 溃疡性结肠炎　　E. 阿米巴肠病

1067. 对肠结核最有诊断价值的检查是

A. X 线钡剂灌肠发现肠腔狭窄　　B. 结肠镜检查示回盲部炎症　　C. 粪便中查到结核分枝杆菌

D. 结核菌素试验强阳性　　E. 结肠镜下活检找到干酪性上皮样肉芽肿

1068. 男，32 岁。发热、下腹痛、腹泻 1 个月。体温最高 38.1℃，大便 3 次/日，黄稀便，无脓血。查体：T37.5℃，P90 次/分，R18 次/分，BP120/80mmHg。双肺呼吸音清，未闻及干、湿啰音，心律齐，腹软，无压痛。腹部 B 超示右下腹部肠壁增厚。对诊断最有意义的检查是

A. 腹部 X 线片　　B. 腹部 CT　　C. 腹腔镜

D. 结肠镜　　E. 下消化道 X 线钡剂造影

（1069~1070 题共用题干）女性，25 岁。低热、便秘腹泻交替 3 年。查体：右下腹 5cm×5cm 肿块，质中等，较固定，轻压痛。

1069. 最具有诊断意义的检查是

A. 血沉　　B. 血常规　　C. 结肠镜检查

D. X 线钡剂透视　　E. 诊断性腹腔穿刺

1070. 最可能的诊断是

A. 结肠癌　　B. 肠结核　　C. 克罗恩病

D. 溃疡性结肠炎　　E. 肠血吸虫病

二、结核性腹膜炎（执业医师及助理医师均需掌握）

A. 经口　　B. 经血液循环　　C. 经淋巴管道

D. 腹腔病变直接蔓延　　E. 腰椎病变直接蔓延

1071. 肠结核的主要感染途径是

1072. 结核性腹膜炎的主要感染途径是

1073. 女，30 岁。低热、腹胀、腹痛 1 个月。查体：腹部弥漫性压痛，揉面感，移动性浊音阳性。对诊断最有意义的检查是

A. 结核菌素试验　　B. 血清结核抗体　　C. 血沉

D. 腹腔穿刺抽液检查　　E. 血常规

1074. 对结核性腹膜炎最有诊断价值的检查是

A. PPD 试验　　B. 结肠镜检查　　C. CT 检查

D. 腹水常规　　E. 腹腔镜检查+腹膜活检

1075. 有关结核性腹膜炎临床表现的描述，正确的是

A. 主要表现为腹痛、腹胀，结核中毒症状少见　　B. 为局限的慢性化脓性腹膜炎

C. 青壮年多见,男女比例约1:2　D. 多数可触及腹部包块　E. 多数可伴有肝脾结核

1076. 结核性腹膜炎不可能出现的体征是
A. 腹部压痛　B. 腹部触诊呈揉面感　C. 移动性浊音阴性
D. 振水音　E. 腹部包块

1077. 女,32岁。脐周胀痛伴低热1月余。腹部B超示腹腔积液。腹水常规有核细胞1000×10^6/L,淋巴细胞0.90。最可能的诊断是
A. 原发性腹膜炎　B. 肝硬化腹水　C. 结缔组织病
D. 结核性腹膜炎　E. 腹腔恶性肿瘤

1078. 结核性腹膜炎最常见的并发症是
A. 急性肠穿孔　B. 慢性肠穿孔　C. 感染中毒性休克
D. 肠梗阻　E. 腹腔脓肿

(1079~1080题共用题干)男,45岁。1个月前出现腹胀,无呕吐,伴发热,体温最高38℃,夜间盗汗,12小时前突发腹部绞痛,未排气排便。查体:T37.7℃,P88次/分,R16次/分,BP110/80mmHg。心、肺未见异常,腹部呈揉面感,可见肠型及蠕动波,肠鸣音亢进。

1079. 该患者最可能的诊断是
A. 结肠癌并肠梗阻　B. 淋巴瘤并肠梗阻　C. 结核性腹膜炎并肠梗阻
D. 家族性息肉病　E. 溃疡性结肠炎

1080. 目前首选的检查是
A. 血沉　B. 结肠镜　C. 腹部B超
D. 腹部CT　E. 立位腹部X线片

1081. 下列关于结核性腹膜炎诊断的各项中错误的是
A. 有结核病史　B. 长期低热　C. 腹痛、腹胀伴腹水
D. 腹壁柔韧感可以触诊　E. 腹水检查结核分枝杆菌阳性率较高

(1082~1083题共用题干)女,35岁。腹痛、腹胀1个月。伴发热,下午较明显,无寒战,无恶心、呕吐、腹泻。查体:T37.5℃,P80次/分,R18次/分,BP120/80mmHg。双肺呼吸音清,未闻及干、湿啰音,心律齐。腹部膨隆,全腹弥漫性压痛,无反跳痛,移动性浊音(+)。胸部X线片检查:右上肺可见钙化灶。

1082. 应首先考虑的诊断是
A. 腹膜间皮瘤　B. 结核性腹膜炎　C. 心源性腹水
D. 腹膜转移癌　E. 肝硬化腹水

1083. 为明确诊断,应首选的检查是
A. 血白蛋白　B. PPD试验　C. 腹部CT
D. 血常规+血沉　E. 腹腔穿刺及腹水化验

A. 血性腹水　B. 腹水白细胞数$>500\times10^6$/L,以多核细胞为主
C. 乳糜性腹水　D. 腹水比重<1.018,蛋白<25g/L
E. 腹水比重>1.018,蛋白>30g/L,腹水白细胞以单核细胞为主

1084. 最支持结核性腹膜炎诊断的是
1085. 最支持肝硬化腹水诊断的是

1086. 女,20岁。3个月来发热、盗汗、腹痛、腹胀。查体:巩膜无黄染,颈静脉无怒张。腹部移动性浊音(+)。腹水比重1.020,蛋白定量40g/L,白细胞600×10^6/L,单核细胞0.80。最可能的诊断是

A. 缩窄性心包炎　　B. 原发性腹膜炎　　C. 结核性腹膜炎
D. 肝硬化腹水　　E. 化脓性腹膜炎

1087. 女,37 岁。腹胀、腹泻与便秘交替半年,常有午后低热,夜间盗汗。体检:腹壁柔韧感,轻度压痛,肝脾肋下未触及,腹水征(+)。腹水检验:比重 1.018,蛋白 25g/L,白细胞 0.7×10^9/L,中性粒细胞 0.30,淋巴细胞 0.70,红细胞 0.30×10^9/L。最可能的诊断是
A. 结核性腹膜炎　　B. 原发性腹膜炎　　C. 癌性腹膜炎
D. 巨大卵巢囊肿　　E. 肝静脉阻塞综合征

1088. 治疗结核性腹膜炎最重要的方法是
A. 大量抽腹水　　B. 手术清除病灶　　C. 卧床休息,加强营养
D. 正规的抗结核治疗　　E. 腹腔内注入糖皮质激素

1089. 渗出性结核性腹膜炎的最佳强化治疗方案是
A. 异烟肼、利福平、吡嗪酰胺、链霉素　　B. 异烟肼、链霉素、对氨基水杨酸
C. 异烟肼、利福平　　D. 异烟肼、链霉素、对氨基水杨酸加手术腹腔引流
E. 异烟肼、链霉素、对氨基水杨酸、肾上腺糖皮质激素

第 18 章　炎症性肠病与功能性胃肠病

一、溃疡性结肠炎(执业医师及助理医师均需掌握)

1090. 目前认为,溃疡性结肠炎发病的因素主要是
A. 细菌感染　　B. 精神因素　　C. 变态反应
D. 理化因素刺激　　E. 免疫和遗传因素

1091. 男,35 岁。间断腹泻、脓血便 4 年,再发 1 个月,口服抗生素无缓解。结肠镜检查示:直肠和乙状结肠弥漫充血水肿,黏膜粗颗粒样改变,质地脆,易出血。其黏膜活检可能的病理发现是
A. 非干酪性肉芽肿　　B. 可见阿米巴滋养体　　C. 抗酸染色阳性
D. 隐窝脓肿　　E. 干酪性肉芽肿

1092. 男,28 岁。间断腹痛、发热 3 年。结肠镜检查:回肠末段见 4cm×1cm 纵行溃疡,周围黏膜铺路石样改变。活检标本可能出现的主要病理改变是
A. 隐窝脓肿　　B. 杯状细胞减少　　C. 非干酪样肉芽肿
D. 干酪样肉芽肿　　E. 可见包涵体

A. 空肠　　B. 末段回肠　　C. 回盲部
D. 全结肠　　E. 直肠、乙状结肠

1093. 溃疡性结肠炎的病变部位大多位于
1094. 克罗恩病的病变部位大多位于

A. 不规则深大溃疡　　B. 多发浅溃疡　　C. 纵行溃疡
D. 环形溃疡　　E. 烧瓶样溃疡

1095. 克罗恩病最典型的肠道溃疡形态是
1096. 溃疡性结肠炎最常出现的肠道溃疡形态是

1097. 典型溃疡性结肠炎患者的粪便特点是
A. 脂肪泻　　B. 白陶土样便　　C. 含泡沫黄稀便
D. 大量水样便　　E. 黏液脓血便

1098. 溃疡性结肠炎的临床表现,错误的是
A. 腹痛→便意→便后缓解　B. 左下腹有压痛　C. 常有腹胀
D. 易形成肠瘘　E. 可有发热

1099. 女,31岁。间断腹痛、腹泻10个月。大便3~4次/天,无发热。粪镜检:红细胞及白细胞满视野。应用甲硝唑、左氧氟沙星治疗2周症状无缓解。最可能的诊断是
A. 阿米巴肠病　B. 肠易激综合征　C. 慢性细菌性痢疾
D. 结肠癌　E. 溃疡性结肠炎

1100. 溃疡性结肠炎最多见的临床类型是
A. 初发型　B. 慢性复发型　C. 慢性持续型
D. 急性暴发型　E. 临床终末型

1101. 不属于溃疡性结肠炎常见并发症的是
A. 中毒性巨结肠　B. 直肠结肠出血　C. 癌变
D. 多发性瘘管　E. 急性肠穿孔

1102. 溃疡性结肠炎并发中毒性巨结肠的常见诱因是
A. 低血镁　B. 低血钠　C. 低血钾
D. 低蛋白血症　E. 低血钙

1103. 急性暴发型溃疡性结肠炎最常见的并发症是
A. 腹腔内脓肿　B. 肠穿孔　C. 癌变
D. 肠梗阻　E. 中毒性巨结肠

1104. 女,32岁。确诊溃疡性结肠炎6年。腹痛腹泻加重伴高热、腹胀3天,2天来大量便血,腹胀明显。查体:全腹压痛、反跳痛明显,腹部听诊3分钟未闻及肠鸣音。首选的检查是
A. 结肠镜　B. 腹部B超　C. 结肠X线气钡双重造影
D. 腹部CT　E. 立位腹部X线片

(1105~1106题共用题干)男,30岁。黏液脓血便伴里急后重2年。近1周腹痛加重,高热。体检:体温39.2℃,心率110次/分,贫血貌,腹部膨隆,全腹有压痛,肠鸣音消失。

1105. 该患者最可能的诊断是
A. 肠结核并发肠穿孔　B. 溃疡性结肠炎并发中毒性巨结肠
C. 结肠癌并发肠梗阻　D. 肠易激综合征　E. 克罗恩病

1106. 该患者不宜选做的检查是
A. 血常规　B. 血沉　C. 免疫指标测定
D. 钡剂灌肠　E. 腹部B超

1107. 下列X线钡剂灌肠检查所见不符合溃疡性结肠炎的是
A. 病情轻微者可正常　B. 肠壁呈毛刺状或锯齿状　C. 结肠袋消失
D. 可呈跳跃征　E. 可见圆形或卵圆形充盈缺损

1108. 女,36岁。反复腹泻2年,间有脓血便,粪培养阴性,多种抗生素治疗无效。为明确诊断,首选的检查是
A. 腹部X线片　B. X线胃肠钡餐检查　C. 钡剂灌肠造影
D. 结肠镜检查　E. 腹部CT

1109. 男,36岁。1年来反复出现脓血便,抗生素系统治疗无效。结肠镜检查发现病变位于直肠和乙状结肠,黏膜弥漫性充血水肿,颗粒不平,质脆,血管纹理消失。最可能的诊断为
A. 结肠癌　B. 溃疡性结肠炎　C. 细菌性痢疾
D. 克罗恩病　E. 肠结核

1110. 男性农民,30 岁。腹痛、腹泻半个月,大便 4~8 次/天,便量多,为暗红色,有腥臭味,肉眼可见血液及黏液,患者无发热,左下腹隐痛。大便镜检:WBC10~15 个/HP,RBC 满视野。该患者最可能的诊断是

A. 细菌性痢疾　　B. 肠伤寒合并肠出血　　C. 阿米巴痢疾

D. 溃疡性结肠炎　　E. 血吸虫病

1111. 女性,29 岁。右下腹疼痛、持续发热 4 周。查体:右下腹压痛(+),抗生素治疗无效。镜检病变呈节段性、非对称性分布,见鹅卵石样改变。最可能的诊断是

A. 恶性淋巴瘤　　B. 克罗恩病　　C. 结肠癌

D. 溃疡性结肠炎　　E. 肠易激综合征

A. 肠易激综合征　　B. 肠结核　　C. 克罗恩病

D. 溃疡性结肠炎　　E. 结肠癌

下列各例的诊断最可能是

1112. 女,34 岁。下腹痛、腹泻、黏液血便 6 个月。贫血,血沉 30mm/h。钡剂灌肠检查示左侧结肠缩短,结肠袋消失,呈“铅管样”

1113. 男,24 岁。低热、右下腹痛、腹泻 3 个月。有时腹泻与便秘交替。消瘦,贫血。血沉 40mm/h。钡餐检查:回盲部黏膜粗乱,充盈不佳,呈“跳跃征”

1114. 女,30 岁。低热、右下腹痛、腹泻伴黏液便 9 个月。消瘦,贫血。右下腹压痛。血沉 40mm/h。钡餐检查:回肠末端有三段肠壁僵硬、狭窄,皱襞粗乱,有“卵石样”充盈缺损及“线样征”

1115. 女,32 岁。左下腹痛 2 个月。黄稀便,每日 3 次。结肠镜示:直肠、乙状结肠糜烂及浅溃疡,大范围充血、水肿。最可能的诊断是

A. 克罗恩病　　B. 肠结核　　C. 结肠癌

D. 慢性肠炎　　E. 溃疡性结肠炎

1116. 男,30 岁。间断黏液脓血便 10 年,抗生素治疗效果不佳。肠镜示乙状结肠及直肠黏膜广泛充血糜烂,病理检查可见隐窝脓肿。首选的治疗药物是

A. 蒙脱石散　　B. 地衣芽胞杆菌制剂　　C. 黄连素

D. 5-氨基水杨酸　　E. 左氧氟沙星

1117. 水杨酸类制剂在溃疡性结肠炎治疗中,主要适用于

A. 轻中度病例　　B. 重度病例　　C. 中毒性巨结肠

D. 激素治疗无效者　　E. 顽固病例

1118. 女,37 岁。慢性腹泻 2 年,排便每天 2~3 次,常带少量黏液。反复粪便致病菌培养阴性。结肠镜检查见直肠、降结肠和横结肠充血、水肿,有少数散在浅溃疡。拟诊为溃疡性结肠炎。首选的治疗方案是

A. 泼尼松口服　　B. 诺氟沙星口服　　C. 甲硝唑保留灌肠

D. 氢化可的松保留灌肠　　E. 5-氨基水杨酸口服

1119. 有关糖皮质激素治疗溃疡性结肠炎的说法,正确的是

A. 柳氮磺吡啶治疗无效时应用激素治疗效果亦差

B. 特别适合于重型活动性溃疡性结肠炎

C. 不可用于灌肠治疗

D. 不可与柳氮磺吡啶联合治疗

E. 可以作为试验性治疗用于溃疡性结肠炎的鉴别诊断

1120. 男,26 岁。间断腹泻 6 个月,大便 3~4 次/日,带黏液及脓血,无发热及体重下降。结肠镜示乙状结肠以下弥漫充血水肿,黏膜颗粒样改变,质脆易出血,病理可见隐窝脓肿,曾连续口服环丙沙星 3

周，无效。该患者最适宜的治疗是

A. 口服柳氮磺吡啶　B. 禁食及静脉高营养　C. 静脉用头孢菌素
D. 口服蒙脱石散　E. 静脉用甲泼尼龙

1121. 女，18 岁。间断排黏液脓血便伴发热 2 个月。大便 10 余次/日。体温波动在 38.0~39.5℃，广谱抗生素治疗 1 周后症状无好转。结肠镜检查示全结肠弥漫性充血、糜烂，伴溃疡形成。首选的治疗是

A. 应用免疫抑制剂　B. 应用糖皮质激素　C. 更换抗生素
D. 应用硫唑嘌呤　E. 应用柳氮磺吡啶

（1122~1123 题共用题干）男，29 岁。间断腹痛、腹泻、黏液血便 1 年，加重 2 周，大便 10 余次/日。静脉点滴左氧氟沙星及甲硝唑 10 天后症状无好转。T39℃，Hb75g/L。粪便培养未见致病菌生长。结肠镜示全结肠弥漫性充血、水肿，伴糜烂及不规则浅溃疡。病理为重度慢性炎症，隐窝脓肿形成。

1122. 该患者应首先考虑的诊断是

A. 肠结核　B. 溃疡性结肠炎　C. 肠易激综合征
D. 克罗恩病　E. 慢性细菌性痢疾

1123. 该患者首选的治疗药物是

A. 泼尼松龙　B. 美沙拉嗪　C. 头孢类抗生素
D. 异烟肼　E. 蒙脱石

（1124~1126 题共用题干）男，18 岁。反复腹泻、脓血便 6 个月，抗生素治疗无效。近 2 周来脓血便 2~3 次/日，粪便镜检 WBC 及 RBC 成堆，细菌培养阴性。

1124. 为明确诊断，首选的检查是

A. 结肠镜　B. 腹部 X 线片　C. 腹部 CT
D. 腹部 B 超　E. X 线钡剂灌肠

1125. 最可能的诊断是

A. 肠结核　B. 结肠癌　C. 慢性细菌性痢疾
D. 慢性阿米巴痢疾　E. 溃疡性结肠炎

1126. 首选的治疗是

A. 异烟肼　B. 手术治疗　C. 左氧氟沙星
D. 柳氮磺吡啶　E. 强的松

二、克罗恩病（执业医师需掌握）

1127. 对克罗恩病最有诊断意义的病理改变是

A. 肠腺隐窝脓肿　B. 炎性息肉　C. 肠瘘形成
D. 肠壁非干酪性上皮样肉芽肿　E. 肠系膜淋巴结肿大

1128. 女，40 岁。腹泻 1 年。体检发现一肛瘘，结肠镜示回盲部铺路石样改变。最可能的诊断是

A. 结肠癌　B. 溃疡性结肠炎　C. 细菌性痢疾
D. 克罗恩病　E. 肠结核

1129. 克罗恩病的最常见并发症是

A. 中毒性休克　B. 结肠大出血　C. 肠梗阻
D. 急性肠穿孔　E. 癌变

1130. 女，33 岁。右下腹痛、便秘 1 年。X 线钡剂灌肠检查发现回肠末段及升结肠起始部纵行溃疡及鹅卵石征，病变呈节段性，PPD 试验阴性。最可能的诊断是

A. 肠结核　B. 克罗恩病　C. 溃疡性结肠炎

D. 结肠癌　　E. 阿米巴肠病

A. 小肠肿瘤　　B. 克罗恩病　　C. 溃疡性结肠炎
D. 降结肠癌　　E. 升结肠癌

1131. 男,62 岁。腹胀、右下腹部隐痛 6 个月。阵发性隐痛,乏力,消瘦,近 3 个月贫血,首先应考虑的诊断是

1132. 女,24 岁。腹痛、腹泻、便秘交替 2 年。便无脓血和黏液。近 1 年来消瘦、乏力、贫血。下午有时低热。首先考虑的诊断是

1133. 克罗恩病的手术指征不包括
A. 肠内瘘　　B. 慢性肠穿孔　　C. 发热、腹痛、体重下降
D. 肠管狭窄　　E. 持续出血

1134. 克罗恩病的主要手术指征是
A. 持续性粪隐血阳性　　B. 疑有恶变　　C. 严重腹泻
D. 合并结肠息肉　　E. 营养不良、体重减轻

(1135~1137 题共用题干)男,30 岁,间断右下腹痛 1 年,加重伴腹泻 1 月。大便每日 4~5 次,黄色稀便,无黏液脓血,伴低热,体重减轻 4kg。既往反复发作肛瘘 1 年,曾手术治疗。查体:T37.5℃,右下腹轻压痛,肛门视诊可见肛瘘开口,粪隐血(+++)。肠镜检查发现回肠末端、回盲部多发溃疡,病变间黏膜基本正常。结肠、直肠未见明显异常。

1135. 最可能的诊断是
A. 贝赫切特病　　B. 溃疡性结肠炎　　C. 克罗恩病
D. 淋巴瘤　　E. 肠结核

1136. 肠黏膜活检病理检查最有助于诊断的发现是
A. 抗酸染色阳性　　B. 淋巴细胞浸润　　C. 含铁血黄素沉积
D. 隐窝脓肿　　E. 非干酪样肉芽肿

1137. 最适宜的治疗是
A. 益生菌治疗　　B. 抗结核治疗　　C. 抗生素治疗
D. 化疗　　E. 英夫利昔单抗治疗

三、功能性消化不良(执业医师需掌握)

1138. 女,35 岁。早饱、体重下降 1 年。每餐进食约 50g 固体食物即感上腹部饱胀而无法继续进食。胃镜检查:黏膜光滑,花斑,以红为主。该患者胃运动障碍主要为
A. 胃体蠕动减弱　　B. 胃窦蠕动减弱　　C. 胃底容受性舒张障碍
D. 胃排空延迟　　E. 幽门痉挛

1139. 患者,女,40 岁。进食后上腹饱胀 4 年。每次进食正常餐量就感腹胀。无发热,无呕血、黑便,无乏力、纳差,精神可。查体:腹软,无压痛、反跳痛、肌紧张,肝脾未触及。血常规:肝肾功能未见异常。该患者最可能的诊断是
A. 功能性消化不良　　B. 肠易激综合征　　C. 溃疡性结肠炎
D. 胃癌　　E. 胃食管反流病

1140. 提示存在消化道肿瘤的报警症状中不包括
A. 黑便　　B. 贫血　　C. 消瘦
D. 吞咽困难　　E. 嗳气

1141. 提示结直肠癌诊断的最重要的报警症状是
A. 腹胀　　B. 腹痛　　C. 腹泻

D. 便秘　　E. 便血

A. 呼吸困难　　B. 反复反酸、烧心伴胸痛
C. 上腹痛伴贫血　　D. 突发上腹刀割样疼痛向腰背部放射
E. 间断餐后上腹部胀痛伴嗳气,不影响睡眠

1142. 首先考虑功能性消化不良的临床表现是
1143. 首先考虑胃癌的临床表现是

四、肠易激综合征(执业医师需掌握)

1144. 符合肠易激综合征临床特点的是
A. 与食物无明显关系　　B. 症状多进行性加重　　C. 可伴有精神心理障碍
D. 好发于老年男性　　E. 常出现明显的体重下降

(1145~1147 题共用题干)女,45 岁。腹泻 10 年。精神紧张时加剧,排便前腹痛,排便后腹痛可缓解。大便为糊状,发病以来体重无明显变化。既往体健,平素进食好,睡眠差。查体:T36.5℃,P80 次/分,R18 次/分,BP120/80mmHg。未见皮疹,双肺呼吸音清,未闻及干、湿啰音,心律齐。腹软,无压痛。

1145. 最有可能的诊断是
A. 克罗恩病　　B. 结肠癌　　C. 肠易激综合征
D. 慢性细菌性痢疾　　E. 肠结核

1146. 为明确诊断,首选的检查是
A. 结肠镜　　B. 小肠镜　　C. 腹部血管造影
D. 腹部 CT　　E. 全消化道 X 线钡剂造影

1147. 适宜的治疗措施是
A. 抗生素　　B. 微生态制剂　　C. 抗结核治疗
D. 手术治疗　　E. 糖皮质激素

(1148~1149 题共用题干)女,28 岁。间断下腹痛 4 年余,大便 2~3 次/日,稀便,无脓血,便后下腹痛可缓解。粪常规检查:未见细胞,隐血试验阴性。查体无异常发现。

1148. 该患者最可能的诊断是
A. 溃疡性结肠炎　　B. 克罗恩病　　C. 肠结核
D. 肠易激综合征　　E. 慢性细菌性痢疾

1149. 该患者最适合的治疗药物是
A. 柳氮磺吡啶　　B. 喹诺酮类抗生素　　C. 泼尼松龙
D. 异烟肼　　E. 匹维溴铵

第 19 章　脂肪性肝病与肝硬化

一、脂肪性肝病(执业医师需掌握)

1150. 女,45 岁。平素无不适,无饮酒史。查体:身高 160cm,体重 79kg,未见肝掌、蜘蛛痣。ALT38U/L,Glu8.1mmol/L,血甘油三酯(TG)35mmol/L。B 超提示肝轻度肿大,近场回声弥漫性增强,远场回声逐渐衰减。患者进行肝穿刺活检,最可能的病理表现是
A. 结节性肝细胞再生　　B. 肝细胞内淤胆　　C. 假小叶形成

D. 肝细胞脂肪变性　　E. 肝细胞桥接坏死

1151. 男,40 岁。体检发现肝大。有糖尿病史 5 年,近 1 年来体重明显增加。否认其他病史。查体:肝肋下 2cm,质地中等,表面光滑,边缘整齐,无触痛,无其他阳性体征。肝功能检查正常。最可能的诊断是

A. 脂肪肝　　B. 淤血肝　　C. 肝硬化

D. 慢性肝炎　　E. 肝癌

1152. 男,45 岁。发热、血 ALT 升高(ALT42~78U/L)1 个月。身高 170cm,体重 90kg。各项病毒学指标及自身免疫抗体均阴性。腹部 B 超:肝回声增强,后部衰减。最佳的治疗措施是

A. 应用降脂药　　B. 休息并减少体力活动　　C. 应用保肝药物

D. 抗肝纤维化治疗　　E. 调整生活方式并减轻体重

二、肝硬化(执业医师及助理医师均需掌握)

1153. 我国肝硬化最常见的病因是

A. 慢性酒精中毒　　B. 乙型病毒性肝炎　　C. 自身免疫性肝炎

D. 丙型病毒性肝炎　　E. 药物中毒

1154. 在肝硬化的发病机制中,形成肝纤维化的主要细胞是

A. 肝星状细胞　　B. 肝细胞　　C. Kupffer 细胞

D. 上皮细胞　　E. 内皮细胞

1155. 下列不属于肝硬化门静脉高压症表现的是

A. 腹壁静脉曲张　　B. 食管静脉曲张　　C. 脾大

D. 腹水　　E. 肝大

1156. 肝硬化失代偿期时,肝功能减退的表现是

A. 脾大　　B. 肝掌、蜘蛛痣　　C. 腹壁静脉曲张

D. 腹水　　E. 食管胃底静脉曲张

1157. 鉴别肝性和心包疾患引起的腹水,下列哪项最有价值?

A. 心动过速　　B. 肝大　　C. 下肢水肿

D. 颈静脉怒张　　E. 脾大

1158. 肝硬化腹水形成的决定性因素是

A. 中心静脉压增高　　B. 门静脉高压　　C. 醛固酮分泌增加

D. 抗利尿激素增加　　E. 肝内淋巴液容量增加和淋巴回流不畅

1159. 肝硬化门静脉高压症最具诊断价值的表现是

A. 腹腔积液　　B. 脾大,脾功能亢进　　C. 腹壁静脉曲张

D. 食管下段、胃底静脉曲张　　E. 黄疸

1160. 男,40 岁。乏力、反复牙龈出血及皮肤出血点 1 年。乙型肝炎病史 10 余年。查体:左肋下可触及包块,边界清,质地韧,有切迹,随呼吸移动,无压痛。该包块可能是

A. 左肾　　B. 胰腺癌　　C. 脾

D. 胃癌　　E. 肝左叶

1161. 肝硬化门静脉高压症患者,出现全血细胞减少最主要的原因是

A. 营养不良　　B. 脾功能亢进　　C. 溶血

D. 消化道出血　　E. 病毒感染

1162. 男,45 岁。疲乏,贫血 4 个月入院。既往有乙型肝炎病史 10 年。查体:睑结膜略苍白,腹软,可见腹壁静脉曲张,肝肋下未触及,脾大,移动性浊音阳性。血 Plt50×10^9/L。血小板减少最可能的原因是

A. 营养不良　B. 溶血　C. 骨髓抑制
D. 脾功能亢进　E. 出血

1163. 关于肝硬化腹水形成的因素，不正确的是
A. 门静脉压力增高　B. 原发性醛固酮增多　C. 低白蛋白血症
D. 肝淋巴液生成过多　E. 抗利尿激素分泌过多

1164. 下列各项临床表现中，诊断肝硬化意义最小的是
A. 厌食、乏力　B. 腹水形成　C. 肝掌及蜘蛛痣
D. 男乳女化　E. 腹壁静脉曲张

1165. 肝硬化失代偿期最突出的临床表现是
A. 腹水　B. 肝大　C. 脾大及脾亢进
D. 低蛋白血症　E. 门静脉高压

1166. 肝硬化时下列临床表现中与内分泌失调有关的是
A. 夜盲　B. 黄疸　C. 全身恶病质
D. 蜘蛛痣　E. 出血点或出血斑

1167. 男性肝硬化患者性欲减退、睾丸萎缩、肝掌的原因是
A. 雄激素过多　B. 肾上腺皮质激素过多　C. 雌激素过多
D. 甲状腺激素过多　E. 醛固酮过多

1168. 提示肝对雌激素灭活功能减退的体征是
A. 蜘蛛痣　B. 皮肤紫癜　C. 腹壁静脉曲张
D. 脾大　E. 巩膜黄染

1169. 影响肝硬化患者出血倾向的原因不包括
A. 维生素 A 缺乏　B. 毛细血管脆性增加　C. 维生素 K 缺乏
D. 凝血因子合成障碍　E. 血小板质和量异常

1170. 男，58 岁。乏力、腹胀伴尿少 3 个月。慢性肝病史 17 年。查体：巩膜轻度黄染，肝掌(+)，肝肋下未触及，脾肋下 4cm，移动性浊音阳性。化验：ALT50U/L，Alb28g/L，AFP10μg/L，HBsAg(+)，抗 HCV Ab(-)。最可能的诊断是
A. 慢性乙型肝炎　B. 慢性丙型肝炎　C. 原发性肝癌
D. 原发性胆汁性肝硬化　E. 乙肝肝硬化

1171. 肝硬化最常见的并发症是
A. 门静脉血栓形成　B. 原发性肝癌　C. 肝性脑病
D. 上消化道大出血　E. 自发性腹膜炎

1172. 患者，男，50 岁。呕吐鲜血 4 小时，呕吐量 500ml。既往乙肝病史 20 年。查体：血压 96/62mmHg，颈部有蜘蛛痣，腹部无压痛、反跳痛。与消化道出血最相关的结构是
A. 肠系膜上静脉　B. 肠系膜下静脉　C. 直肠静脉丛
D. 食管静脉丛　E. 脐部静脉丛

1173. 肝硬化最严重的并发症是
A. 上消化道出血　B. 肝肾综合征　C. 电解质紊乱
D. 原发性腹膜炎　E. 肝性脑病

1174. 肝硬化最常见的死亡原因是
A. 肝性脑病　B. 上消化道出血　C. 原发性肝癌
D. 自发性腹膜炎　E. 肝肾综合征

1175. 乙型肝炎后肝硬化的主要合并症不包括

A. 肝癌　B. 门静脉高压症　C. 急性肠系膜上静脉血栓形成
D. 肝功能衰竭　E. 急性肝静脉血栓形成

1176. 男,52岁。反复肝功能异常12年,1个月来尿少,双下肢水肿,腹胀并逐渐加重。3天前腹泻,黄稀水样便3次/日。2天来腹痛、发热,体温38.5℃。该患者最可能的诊断是
A. 结核性腹膜炎　B. 肝硬化并原发性腹膜炎　C. 急性细菌性痢疾
D. 急性胰腺炎　E. 胆系感染

1177. 肝硬化患者近期肝进行性增大,应首先考虑的情况是
A. 并发肝癌　B. 肝淤血　C. 门静脉高压加重
D. 肝硬化加重　E. 肝炎活动

1178. 男,58岁。反复腹胀、尿少3年,加重伴双下肢水肿、腹围明显增加2周。乙型肝炎病史15年。腹部查体中不可能出现的体征是
A. 腹式呼吸减弱　B. 尺压试验阳性　C. 全腹膨隆
D. 移动性浊音阳性　E. 液波震颤阳性

1179. 肝硬化自发性细菌性腹膜炎的常见感染途径是
A. 直接扩散　B. 上行性感染　C. 透壁性感染
D. 血行播散　E. 淋巴道感染

1180. 男,52岁。乏力、腹胀1年,加重伴腹痛2天。慢性乙型肝炎病史12年。查体:体温38.8℃,前胸可见数个蜘蛛痣,腹部饱满,全腹弥漫压痛及反跳痛,移动性浊音阳性。最可能的诊断是
A. 肝癌破裂　B. 结核性腹膜炎　C. 自发性腹膜炎
D. 上消化道穿孔　E. 腹膜转移癌

1181. 男,38岁。患肝硬化3年。1周来畏寒发热,体温38℃左右,全腹痛,腹部明显膨胀,尿量500ml/d。以下体征中,对目前病情判断最有意义的是
A. 全腹压痛及反跳痛　B. 蜘蛛痣及肝掌　C. 腹部移动性浊音阳性
D. 脾大　E. 腹壁静脉曲张呈海蛇头样

(1182～1184题共用题干)女,38岁。肝硬化腹水患者。1周来低热,腹部隐痛,血白细胞$11\times10^9/L$,中性粒细胞0.80。

1182. 查体应注意的体征是
A. 蜘蛛痣及肝掌　B. 腹壁静脉曲张　C. 脾大
D. 腹部压痛及反跳痛　E. 腹部移动性浊音

1183. 首先考虑诊断是肝硬化合并
A. 肝肾综合征　B. 原发性肝癌　C. 门静脉血栓形成
D. 自发性腹膜炎　E. 急性胆囊炎

1184. 治疗措施中最重要的是
A. 限制水、钠摄入　B. 大剂量广谱抗生素　C. 应用利尿药
D. 放腹水　E. 输白蛋白

1185. 女,52岁。肝炎肝硬化10年,近3个月腹围明显增大,1周来少尿。无腹痛、发热。查体:腹部无压痛,移动性浊音(+)。实验室检查:血肌酐130 μmol/L,甲胎蛋白正常。最可能的并发症是
A. 肝癌　B. 自发性腹膜炎　C. 肝肾综合征
D. 门静脉血栓形成　E. 继发性腹膜炎

1186. 男,45岁。腹胀、乏力半年,加重伴尿量减少3天。尿量100～200ml/d。查体:P80次/分,R19次/分,慢性病容,口唇无发绀,可见蜘蛛痣,巩膜黄染。腹膨隆,无压痛及反跳痛,肝肋下未触及,

脾平脐，移动性浊音(+)，双下肢凹陷性水肿。实验室检查：WBC2.8×10^9/L，N0.62，HBsAg(+)，ALT52U/L，AST86U/L，TBil46μmol/L，BUN18.6mmol/L，Scr258.3μmol/L。最可能的诊断为乙肝肝硬化合并

A. 肝肺综合征　B. 结核性腹膜炎　C. 肝癌
D. 自发性腹膜炎　E. 肝肾综合征

1187. 肝硬化合并自发性细菌性腹膜炎时，选择抗生素的原则是

A. 针对 G^- 杆菌，兼顾 G^+ 球菌　B. 针对 G^+ 球菌，兼顾厌氧菌
C. 针对 G^+ 杆菌，联合抗真菌药物　D. 针对 G^- 球菌，兼顾厌氧菌
E. 针对 G^- 杆菌，联合抗真菌药物

1188. 男，45 岁。因肝硬化(失代偿期)入院。1 天前出现明显呼吸困难。查体：体温正常，双肺呼吸音清，血气分析示低氧血症。抗感染治疗无效。最可能发生的并发症是

A. 肺炎　B. 肝肾综合征　C. 肝肺综合征
D. 支气管哮喘　E. 急性左心衰竭

1189. 反映肝纤维化的血清学指标是

A. 直接胆红素　B. 白蛋白　C. 胆碱酯酶
D. 丙氨酸氨基转移酶　E. Ⅳ型胶原

1190. 反应肝硬化肝脏合成功能减退的指标是

A. 白蛋白　B. 丙氨酸氨基转移酶　C. 乳酸脱氢酶
D. γ-谷氨酰转肽酶　E. 碱性磷酸酶

1191. 对判断肝硬化患者预后意义不大的指标是

A. 腹腔积液　B. 白蛋白　C. 血清电解质
D. 凝血酶原时间　E. 肝性脑病

A. 渗出性　B. 血性　C. 乳糜性
D. 介于渗出液、漏出液之间　E. 漏出液

1192. 肝硬化并自发性腹膜炎腹水的性质为
1193. 结核性腹膜炎腹水的性质为

1194. 男，58 岁。反复腹胀、尿少、双下肢水肿 2 年，加重伴腹痛 1 周。口服螺内酯及呋塞米后尿量无明显增加。慢性乙型肝炎病史 15 年。腹腔穿刺抽出淡黄色腹水，腹水白细胞 750×10^6/L，中性粒细胞 580×10^6/L。以下治疗措施中错误的是

A. 腹水浓缩回输　B. 应用广谱抗生素　C. 限制钠盐摄入
D. 补充白蛋白　E. 腹腔穿刺放液

(1195~1196 题共用题干)男性，55 岁。有饮酒史 20 年，每日半斤白酒。2 年来间断上腹隐痛，腹胀乏力，大便不成形，双下肢水肿。B 超：肝回声不均匀增强，脾大，少量腹水。

1195. 该患者最可能的诊断为

A. 慢性胰腺炎　B. 胰腺癌　C. 酒精性肝硬化
D. 慢性胆囊炎　E. 胃癌

1196. 为明确诊断，最有价值的检查方法是

A. 腹部 CT　B. ERCP 造影　C. 肝穿刺
D. 腹部核磁　E. 静脉胆道造影

1197. 男性，55 岁。肝硬化 8 年，查体有少量腹水，如患者应用利尿药，首选的是

A. 甘露醇　　B. 螺内酯(安体舒通)　　C. 乙酰唑胺
D. 氢氯噻嗪(双氢克尿塞)　　E. 呋塞米

1198. 近年来开展的经颈静脉肝内门体分流术治疗肝硬化门静脉高压症,其最大副作用是易诱发
A. 肝肾综合征　　B. 肝肺综合征　　C. 肝性脑病
D. 感染　　E. 电解质和酸碱平衡紊乱

(1199~1200 题共用题干)女,30 岁。因食欲不振、尿少、腹胀 2 个月住院。19 岁检查时曾发现肝大。体检:消瘦,腹膨隆,肝未触及,脾肋下 3cm,腹部移动性浊音阳性。腹水检查:比重 1.012,黏蛋白定性试验(-),细胞数 80×10^6/L。

1199. 本病诊断首先考虑是
A. 结核性腹膜炎　　B. 肝硬化腹水　　C. 原发性肝癌
D. 脾肿瘤　　E. 巨大卵巢囊肿

1200. 对该患者腹水的治疗,原则上不采用
A. 利尿药　　B. 静脉滴注白蛋白　　C. 腹腔穿刺放液
D. 腹水浓缩回输　　E. 腹腔-颈内静脉分流术

(1201~1202 题共用题干)男,55 岁。慢性乙型肝炎病史 15 年,乏力、间断下肢水肿 5 年。腹泻 4 天,发热、腹胀、尿少 3 天。查体:全腹压痛,移动浊音阳性。

1201. 最可能的诊断是
A. 急性细菌性痢疾　　B. 急性肾衰竭　　C. 结核性腹膜炎
D. 自发性腹膜炎　　E. 肝癌

1202. 对明确诊断,最有帮助的检查是
A. 腹部 B 超　　B. 腹部 CT　　C. 粪细菌培养
D. 结核菌素试验　　E. 腹腔穿刺抽液检查

1203. 下列属于肝硬化肝肾综合征诊断标准的是
A. 肝硬化不合并腹水　　B. 有休克　　C. 近期未使用肾毒性药物
D. 可有肾实质损害　　E. 血肌酐大于 123μmol/L

第 20 章　原发性肝癌与肝性脑病

(执业医师及助理医师均需掌握)

1204. 最易并发原发性肝癌的是
A. 病毒性肝炎后肝硬化　　B. 酒精性肝硬化　　C. 原发性胆汁性肝硬化
D. 淤血性肝硬化　　E. 血吸虫病性肝硬化

1205. 原发性肝癌转移最主要的部位是
A. 肺　　B. 骨　　C. 肝内
D. 腹腔内种植　　E. 左锁骨上淋巴结

1206. 原发性肝癌肝内播散最主要的途径是
A. 经肝静脉　　B. 直接侵犯　　C. 经肝动脉
D. 经淋巴管　　E. 经门静脉

1207. 原发性肝癌的肝外血行转移最多是
A. 肺　　B. 骨　　C. 脑

D. 脾　　E. 胰

1208. 原发性肝癌最多见的淋巴结转移部位是
A. 肝门　　B. 胰腺后　　C. 腹膜后
D. 主动脉旁　　E. 锁骨上

1209. 原发性肝癌最常见的首发临床表现是
A. 肝大　　B. 食欲减退　　C. 恶心、呕吐
D. 肝区疼痛　　E. 体重下降

1210. 肝癌的临床表现中,提示属晚期的表现是
A. 腹胀、乏力　　B. 肝区疼痛　　C. 食欲不振
D. 肝区肿块　　E. 体重下降

1211. 男,60 岁。慢性乙型病毒性肝炎病史 35 年,3 次查血甲胎蛋白升高。肝脏触诊无异常。肝功能正常。腹部 B 超示肝内见直径 2cm 占位性病变。对诊断及治疗最有意义的检查是
A. 放射性核素扫描　　B. 腹部 CT 平扫　　C. 腹部增强 CT
D. 腹部 X 线片　　E. MRCP

1212. 男,55 岁。慢性乙型肝炎病史 15 年,肝区隐痛 2 个月。腹部 B 超提示肝后叶直径约 2cm 的低回声结节。对诊断最有意义的实验室检查是
A. 碱性磷酸酶　　B. 癌胚抗原　　C. γ-谷氨酰转移酶
D. 甲胎蛋白　　E. CA199

1213. 男,58 岁。3 年前曾行直肠癌根治术,近 3 个月右上腹及背部胀痛,无发热,大便正常。查体:锁骨上未触及肿大淋巴结,腹平软,未触及肿物,肝肋下未触及。实验室检查:血 WBC10×10^9/L,AFP 无升高。腹部 B 超示:肝右叶多个实性占位,最大直径约 3cm。首先应考虑的诊断是
A. 阿米巴肝脓肿　　B. 肝血管瘤　　C. 多发肝囊肿
D. 原发性肝癌　　E. 肝转移癌

1214. 男,64 岁。散步时突然自觉腹部不适、恶心、头晕、出虚汗、心率加快、心悸,急诊就诊。查体:心率 118 次/分,血压 100/60mmHg,心律齐,面色苍白,腹部广泛压痛,尤以右侧腹明显,轻度肌紧张。既往有肝炎后肝硬化史,但无出血史,亦未做进一步检查。最可能的诊断是
A. 脾破裂　　B. 肝癌破裂　　C. 溃疡病穿孔
D. 急性坏死性胰腺炎　　E. 急性化脓性胆囊炎

1215. 男,68 岁。乏力、腹胀 3 个月,加重伴尿少 1 个月。慢性肝炎病史 20 余年。查体:巩膜轻度黄染,肝肋下 4cm,质硬,脾肋下 3cm,移动性浊音阳性,双下肢水肿。对诊断最有意义的实验室检查是
A. 腹水铁蛋白　　B. 血癌胚抗原　　C. 血甲胎蛋白
D. 血 CA125　　E. 腹水腺苷脱氨酶

1216. 普查原发性肝癌最常用的影像学检查是
A. 放射性核素肝扫描　　B. 肝脏 CT　　C. 肝脏 MRI
D. 肝脏 B 超　　E. 腹部 X 线片

1217. 有关 AFP 升高的临床意义,正确的是
A. AFP>200μg/L 时可诊断肝细胞癌　　B. 肝转移癌患者 AFP 常显著增高
C. 肝功异常伴有 AFP 增高常提示合并肝癌　　D. 消化道其他肿瘤 AFP 不会升高
E. 肝细胞癌术后 AFP 又升高提示复发

1218. 男,40 岁。肝区疼痛 3 个月,无发热。右肋下触及肝脏,质硬,表面有直径 5cm 结节,无触痛。既往慢性乙型病毒性肝炎病史 10 年。为确定诊断,最有意义的检查是
A. 腹部 CT　　B. 穿刺活检　　C. 选择性肝动脉造影

D. 腹部 B 超　　E. 腹部 MRI

1219. 男,50 岁。慢性肝炎史 20 年,5 年前出现食管黏膜下静脉曲张,3 个月前发现肝右叶拳头大肿物,甲胎蛋白阳性。正确的诊断是

A. 慢性肝炎　　B. 慢性肝炎伴肝硬化　　C. 慢性肝炎伴胆管上皮癌
D. 慢性肝炎伴食管静脉曲张　　E. 肝硬化伴肝细胞性肝癌

A. AFP<20μg/L　　B. AFP>100μg/L　　C. AFP>200μg/L 持续 6 周
D. AFP>200μg/L 持续 8 周　　E. AFP>500μg/L 持续 2 周

1220. 可以诊断肝细胞癌的依据是

1221. 可以诊断胆管细胞癌的依据是

A. 血淀粉酶检测　　B. 血清甲胎蛋白检测　　C. 腹部 CT 检查
D. 血 CEA　　E. 血 CRP

1222. 诊断急性出血坏死性胰腺炎最有意义的检查是

1223. 诊断早期原发性肝癌最有意义的检查是

(1224~1225 题共用题干)男性,45 岁。肝炎病史 20 余年,近 2 个月来出现右侧季肋部持续性胀痛,伴厌食、乏力和腹胀。查体:右侧肋缘下可触及到肿大的肝脏,质地坚硬,边缘不规则。AFP>1000μg/L。

1224. 首先考虑的疾病是

A. 肝硬化　　B. 慢性肝炎活动期　　C. 原发性肝癌
D. 细菌性肝脓肿　　E. 肝脏血管瘤

1225. 有确定诊断意义的检查是

A. 肝功能检查　　B. CT　　C. MRI
D. 肝穿刺针吸细胞学检查　　E. 选择性肝动脉造影

1226. 男,44 岁。肝区疼痛 2 个月。呈持续性钝痛,放射至右肩背部,消瘦,乏力。查体:巩膜无黄染,肝肋下 3cm,质地稍硬,有结节感。AFP800μg/L。B 超示肝右叶 8cm×6cm 占位病变,向外生长,周边血流量增多,门静脉正常。最理想的治疗方法是

A. 肿瘤切除加放疗　　B. 姑息性肝切除术　　C. 根治性肝切除术
D. 肝动脉化疗栓塞　　E. 局部射频治疗

1227. 男,53 岁。右季肋部胀痛 1 月余。查体:无黄疸,肝肋缘下 3cm,质硬,无腹水征。B 超示肝右叶低回声病灶,约 11cm×10cm,肝左叶见多个小低回声区。AFP>1000μg/L。最佳的治疗措施是

A. 抗感染治疗　　B. 肝动脉插管栓塞化疗　　C. 剖腹探查术
D. 放射治疗　　E. 中草药治疗

1228. 肝性脑病的诱因不包括

A. 消化道出血　　B. 高钾性酸中毒　　C. 便秘
D. 低血糖　　E. 缺氧

1229. 肝硬化患者,血氨增高的常见诱因是

A. 肠道内细菌活动减弱　　B. 肠道内细菌活动增强　　C. 高蛋白饮食
D. 糖摄入增多　　E. 脂肪摄入增多

1230. 肝性脑病患者可采取下列哪种溶液灌肠?

A. 肥皂水　　B. 醋酸　　C. 地塞米松
D. 谷氨酸钾　　E. 精氨酸

1231. 肝性昏迷患者灌肠或导泻时应禁用

A. 25%硫酸镁　B. 肥皂水　C. 生理盐水
D. 生理盐水加食醋　E. 乳果糖加水

1232. 治疗肝性脑病时,可以促进氨代谢的药物是
A. 新霉素　B. 支链氨基酸　C. 乳果糖
D. 氟马西尼　E. *L*-鸟氨酸-*L*-天冬氨酸

1233. 男,55 岁。诊断乙肝肝硬化 4 年,黑便 2 天,不认家人、吵闹 2 小时。下列治疗中不恰当的是
A. 口服利福昔明　B. 口服地西泮　C. 口服乳果糖
D. 静脉应用生长抑素　E. 静脉应用奥美拉唑

1234. 有助于诊断肝性脑病的血液化验指标是
A. 球蛋白　B. 丙氨酸氨基转移酶　C. 白蛋白
D. 血小板计数　E. 血氨

1235. 慢性肝病患者,血氨升高导致肝性脑病发生的机制,是干扰了大脑的
A. 蛋白质代谢　B. 脂肪代谢　C. 微量元素代谢
D. 水盐代谢　E. 能量代谢

1236. 肝性脑病前驱期的主要表现是
A. 性格改变　B. 计算能力减退　C. 定向力减退
D. Babinski 征阳性　E. 生理反射亢进

1237. 女,53 岁。腹痛、腹胀、低热 4 周,表情淡漠、嗜睡 1 天。腹部 B 超示:肝实质弥漫性病变、脾大及腹水。对该患者诊断最有意义的阳性体征是
A. 肌张力增高　B. Babinski 征阳性　C. 扑翼样震颤阳性
D. 腹壁反射消失　E. 腱反射亢进

1238. 男,58 岁。进食高蛋白食物后出现神志不清 1 天。大量饮酒 25 年,否认肝炎病史及家族史。查体:T36.5℃,P80 次/分,R18 次/分,BP120/80mmHg。面色晦暗,双肺呼吸音清,未闻及干、湿啰音,心律齐,腹软,无压痛,扑翼样震颤(+)。该患者意识障碍最可能的原因是
A. 肝性脑病　B. 慢性酒精中毒　C. 酒精戒断反应
D. 电解质紊乱　E. 低血糖发作

1239. 男,40 岁。腹胀、乏力 5 个月,嗜睡、言语混乱 2 天。既往患乙型肝炎 20 年。查体:T36.5℃,P80 次/分,R18 次/分,BP120/80mmHg。神志不清,消瘦,皮肤巩膜黄染。双肺呼吸音清,未闻及干、湿啰音,心律齐。腹软,无压痛,移动性浊音(+)。诱发患者出现神经精神症状的因素中,最不可能的是
A. 应用大剂量利尿剂　B. 摄入大量蛋白　C. 应用苯二氮䓬镇静剂
D. 便秘　E. 摄入大剂量维生素 C

1240. 男,50 岁。烦躁、昼睡夜醒 2 天。肝炎肝硬化病史 5 年。对明确意识障碍病因最有意义的实验室检查是
A. 血糖　B. ALT/AST　C. 血清蛋白电泳
D. 血氨　E. 血电解质

1241. 男,50 岁。肝炎肝硬化 10 年。门-腔静脉分流术后 3 年。睡眠倒错、计算能力下降 2 天,该患者不宜进食的食物种类是
A. 淀粉类食物　B. 高纤维素食物　C. 低脂饮食
D. 高维生素食物　E. 高蛋白饮食

1242. 男,45 岁。肝功能异常 15 年,门-腔静脉分流术后 2 年,性格改变、睡眠倒错 3 天。以下处理措施正确的是
A. 输血　B. 口服乳果糖　C. 碱性肥皂水灌肠

D. 静脉滴注抗生素　　E. 口服巴比妥

1243. 乳果糖治疗肝性脑病的作用机制是

A. 促进肝细胞再生　　B. 抑制肠道细菌增殖　　C. 吸附肠内毒素

D. 减少肠内氨的形成和吸收　　E. 供给糖，以提供热量

A. 甘露醇　　B. 支链氨基酸　　C. 糖皮质激素

D. 左旋多巴　　E. 乳果糖

1244. 治疗肝性脑病时，为减少肠内毒素生成和吸收，应使用的药物是

1245. 治疗肝性脑病时，具有纠正氨基酸代谢紊乱作用的药物是

（1246～1249 题共用题干）男性，45 岁。肝硬化病史 5 年。3 天前与朋友聚餐时出现呕血，鲜红色，量约 1000ml。患者出现头晕、心悸、出冷汗等。经输血、补液和应用止血药物治疗后病情好转，血压和心率恢复正常。1 天前出现睡眠障碍，并出现幻听和言语不清。化验检查示：血氨 130μg/dl，血糖5.6 mmol/L，尿素氮 7.2mmol/L。

1246. 最可能的诊断是

A. 尿毒症　　B. 脑血管意外　　C. 乙型脑炎

D. 糖尿病酮症酸中毒　　E. 肝性脑病

1247. 首先考虑的治疗方案是

A. 抗生素治疗　　B. 应用降氨药物　　C. 胰岛素治疗

D. 血液透析治疗　　E. 应用镇静药物

1248. 消化道出血的原因最可能是

A. 胃癌　　B. 胃溃疡　　C. 十二指肠溃疡

D. 食管静脉曲张破裂　　E. 胃黏膜病变

1249. 为明确出血原因，待病情稳定后，最好行的检查是

A. 钡餐透视　　B. 吞线试验　　C. 胃镜检查

D. 腹部 B 超　　E. 腹部 CT

（1250～1253 题共用题干）男，42 岁。呕吐、腹泻 2 天，意识模糊、烦躁不安半天急诊入院。查体：BP110/70mmHg，神志恍惚，巩膜中度黄染，颈部可见数枚蜘蛛痣。心、肺未见异常，腹软，肝肋下未触及，脾肋下 3cm，双上肢散在出血点。Hb90g/L，WBC3.22×10^9/L，血糖 7.0mmol/L，尿糖（+），尿酮（-），尿镜检（-）。

1250. 最可能的诊断是

A. 肝性脑病　　B. 糖尿病酮症酸中毒　　C. 高渗性非酮症糖尿病昏迷

D. 尿毒症　　E. 脑血管病

1251. 对确诊最有价值的辅助检查是

A. 血气分析　　B. 腹部 CT　　C. 肾功能

D. 肝功能　　E. 血氨

1252. 如果患者躁动不安，不宜选用

A. 东莨菪碱　　B. 地西泮　　C. 水合氯醛

D. 氯苯那敏　　E. 异丙嗪

1253. 对此患者的治疗，下列各项中不正确的是

A. 禁食蛋白质　　B. 口服乳果糖　　C. 静脉滴注精氨酸

D. 肥皂水灌肠　　E. 补充支链氨基酸

第21章　消化道大出血

（执业医师及助理医师均需掌握）

1254. 上消化道出血范围是
A. 贲门以上出血　B. 幽门以上出血　C. Treitz 韧带以上出血
D. 空回肠交界处以上出血　E. 回盲部以上出血

1255. 发生应激性溃疡最常见的部位是
A. 十二指肠　B. 空肠　C. 口腔
D. 食管　E. 胃

1256. 上消化道出血最常见的病因是
A. 消化性溃疡　B. 食管贲门黏膜撕裂　C. 胃癌
D. 胃血管畸形　E. 食管胃底静脉曲张破裂

1257. 男，50岁。呕血、黑便4小时。发病前曾食硬质食物。发现HBsAg阳性30年。查体：P108次/分，BP90/60mmHg。烦躁、面色苍白、皮肤湿冷。应首先考虑的出血原因是
A. 急性胃黏膜病变　B. 食管肿瘤　C. 胃溃疡
D. 十二指肠溃疡　E. 食管胃底静脉曲张破裂

1258. 剧烈呕吐后出现呕血的情况强烈提示
A. 食管胃底静脉曲张破裂　B. 慢性胃炎　C. 消化性溃疡
D. 食管贲门黏膜撕裂综合征　E. 食管癌

1259. 女，32岁。进食油腻食物后剧烈呕吐胃内容物数次，末次呕吐鲜血200ml。既往体健。查体：T36.5℃，P110次/分，R22次/分，BP90/60mmHg。皮肤黏膜未见出血点，浅表淋巴结未触及肿大，双肺呼吸音清，未闻及干、湿啰音，心律齐，腹软，无压痛。最可能的出血原因是
A. 胃癌　B. 急性胃黏膜病变　C. 消化性溃疡
D. 胃血管异常　E. 食管贲门黏膜撕裂综合征

1260. 骨关节炎患者服用阿司匹林后出现黑便，应先考虑
A. 食管静脉曲张破裂出血　B. 急性胃炎出血　C. 十二指肠溃疡出血
D. 胃癌出血　E. 反流性食管炎出血

1261. 上消化道出血表现为呕血或黑便，主要取决于
A. 出血的速度和量　B. 出血部位的高低　C. 病变的性质
D. 凝血机制　E. 胃肠蠕动情况

1262. 患者排柏油样便最可能出血的部位是
A. 胃　B. 回肠　C. 空肠
D. 乙状结肠　E. 直肠

1263. 上消化道出血的特征性表现是
A. 贫血　B. 发热　C. 呕血与黑粪
D. 氮质血症　E. 失血性周围循环衰竭

1264. 肝硬化食管静脉曲张大出血后，可能出现的表现不包括
A. 血尿素氮增高　B. 脾脏缩小　C. 腹水减少
D. 意识障碍　E. 少尿

1265. 对鉴别上、下消化道出血可能有帮助的是

A. 粪便潜血阳性　　B. 血尿素氮升高　　C. 血肌酐升高
D. 血红蛋白下降　　E. 血氨升高

1266. 成人出现粪便隐血阳性时,消化道出血量至少大于
A. 10ml　　B. 9ml　　C. 8ml
D. 6ml　　E. 5ml

1267. 下列疾病可表现为肠鸣音活跃的是
A. 上消化道出血　　B. 肠系膜上动脉栓塞　　C. 麻痹性肠梗阻
D. 急性胰腺炎　　E. 上消化道穿孔

1268. 男,32岁。初冬季上腹痛3年,口服抑酸剂有效。1天来呕血1次,黑便3次。近期因关节痛口服"止痛片"数次。查体:皮肤及巩膜无黄染。腹平软,剑突下压痛(+),肝脾未触及。该患者最可能的出血原因是
A. 食管贲门黏膜撕裂综合征　　B. 食管胃底静脉曲张破裂　　C. 消化性溃疡
D. 反流性食管炎　　E. 胃癌

1269. 男,60岁。1小时前突发呕血500ml。既往有慢性乙肝病史。查体:P105次/分,BP95/70mmHg,轻度烦躁。目前首要的处理是
A. 输注胶体扩容　　B. 输全血　　C. 输红细胞悬液
D. 输注晶体扩容　　E. 应用止血药物

1270. 男,45岁。反复上腹痛2年,黑便2天,呕血伴头晕4小时。最适宜的止血治疗方式是
A. 急症手术　　B. 经胃镜止血　　C. 静脉滴注血管加压素
D. 冰盐水胃腔灌洗　　E. 口服凝血酶

1271. 不支持食管静脉曲张破裂出血的是
A. 有肝炎史10余年　　B. 上腹痛伴呕吐咖啡样物　　C. 蜘蛛痣
D. 脾大　　E. 移动性浊音阳性

1272. 在确定急性上消化道出血的原因时不合适的检查是
A. 急诊胃镜　　B. 急诊X线钡剂造影　　C. 血常规
D. 肝、肾功能检查　　E. 腹部B超

1273. 男,57岁。进食后呕吐大量鲜血6小时,既往乙肝病史30余年。为迅速明确出血病因,首选的检查是
A. 腹部CT　　B. 选择性腹腔动脉造影　　C. 上消化道X线钡餐造影
D. 胃镜　　E. 腹部B超

1274. 外科急诊不适合做内镜检查的是
A. 上消化道出血　　B. 下消化道出血　　C. 梗阻性黄疸
D. 上消化道异物　　E. 多种炎性急腹痛

1275. 男,36岁。间断上腹痛10余年,饥饿及夜间加重。1天前饮酒后腹痛加剧,1小时前排柏油样便300ml,伴头晕。为明确诊断,首选的检查是
A. 腹部B超　　B. 上消化道钡剂造影　　C. 胃镜
D. 结肠镜　　E. 粪常规+隐血

(1276~1278题共用题干)男,22岁。饥饿性上腹痛伴反酸1月余。2小时前呕血1次,暗红色,量约200ml。体重无明显变化。否认慢性肝病史。查体:贫血貌,腹软,上腹部有压痛,无反跳痛,肝脾肋下未触及。

1276. 应首先考虑的出血原因是

A. 胃癌　B. 胃黏膜脱垂　C. 食管胃底静脉曲张破裂
D. 消化性溃疡　E. 急性糜烂性胃炎

1277. 最有助于确诊的检查是
A. 腹部X线片　B. 腹部B超　C. 胃镜
D. 腹腔血管造影　E. 腹部CT

1278. 最合适的药物是
A. 止血环酸　B. 法莫替丁　C. 奥美拉唑
D. 凝血酶　E. 垂体后叶素

1279. 男,65岁,上腹部无规律隐痛2个月,因饮酒后呕咖啡样物250ml,柏油样便300ml来诊,无肝病史。查体:BP90/60mmHg,P100次/分,Hb90g/L,上腹部轻度压痛,肝脾肋下未触及。其止血措施最好选择
A. 维生素 K_1 静脉滴注　B. 奥美拉唑静脉注射　C. 6-氨基已酸静脉滴注
D. 三腔二囊管压迫　E. 垂体后叶素静脉滴注

1280. 男,67岁。20分钟前呕吐咖啡色液体1次,量约300ml,伴上腹不适。否认肝脏病史。1个月来口服阿司匹林。查体:P84次/分,BP130/70mmHg,腹软,剑突下轻压痛,肝脾肋下未触及。最重要的处理措施是
A. 口服胃黏膜保护剂　B. 口服阿托品　C. 口服止血剂
D. 静脉滴注止血剂　E. 急诊胃镜及镜下止血

1281. 男,55岁。呕鲜血4小时,共2次,约200ml,黑便1次,约300g。查体:贫血貌,肝掌阳性,前胸可见数个蜘蛛痣。肝肋下未触及,脾肋下2cm,移动性浊音阳性。最适宜的药物止血措施是
A. 静脉滴注生长抑素　B. 静脉滴注止血环酸　C. 静脉滴注质子泵抑制剂
D. 口服胃黏膜保护剂　E. 肌内注射维生素 K_1

1282. 肝硬化消化道出血,伴高血压、冠心病患者,下列止血措施中最不恰当的是
A. 三腔二囊管压迫　B. 去甲肾上腺素胃管滴注　C. 垂体后叶素静脉推注
D. 6-氨基已酸静脉滴注　E. 冰生理盐水洗胃

(1283~1285题共用题干)男,48岁,呕血5小时。查体:P120次/分,BP95/60mmHg,营养状况差,巩膜明显黄染,腹壁可见静脉曲张,肝未触及,脾肋下6cm,移动性浊音阳性。

1283. 该患者最可能的呕血原因是
A. 胃癌　B. 消化性溃疡　C. 急性糜烂出血性胃炎
D. 胆道出血　E. 食管胃底静脉曲张破裂

1284. 当前最有意义的检查是
A. 腹部X线片　B. 腹部CT　C. 胃镜
D. 腹部B超　E. 上消化道X线钡剂造影

1285. 首先应输注的液体是
A. 5%葡萄糖溶液　B. 平衡盐溶液　C. 全血
D. 人血白蛋白　E. 复方氨基酸溶液

(1286~1288题共用题干)男,49岁,有"慢性胃痛"史多年,因头晕半天,黑便3次,急诊入院。血压80/50mmHg,心率124次/分,面色苍白,冷汗。

1286. 首先考虑
A. 急性肠炎　B. 急性胃出血　C. 心绞痛
D. 心肌梗死　E. 急性胃穿孔

1287. 急救措施首选
A. 抗炎补液治疗　B. 开腹探查　C. 含服硝酸甘油
D. 溶栓治疗　E. 补液、输血，纠正休克

1288. 待病情稳定后，最能尽快明确诊断的检查是
A. 超声心动图　B. CT　C. 血生化、心肌酶学
D. 胸部 X 线片　E. 胃镜

第 22 章　尿液检查与肾小球疾病

一、肾小球疾病总论（执业医师及助理医师均需掌握）

1289. 蛋白尿的定义是 24 小时尿蛋白超过
A. 100mg　B. 150mg　C. 200mg
D. 250mg　E. 300mg

1290. 根据蛋白尿的发生机制，尿蛋白可分为五类，下列哪一类是错误的？
A. 肾小球性蛋白尿　B. 肾小管性蛋白尿　C. 溢出性蛋白尿
D. 分泌性蛋白尿　E. 假性蛋白尿

1291. 选择性蛋白尿的特点是
A. 溶菌酶为主　B. 白蛋白为主　C. 本-周蛋白为主
D. IgA 为主　E. β_2 微球蛋白为主

1292. 肾病综合征蛋白尿的分类属于
A. 肾小管性蛋白尿　B. 肾小球性蛋白尿　C. 溢出性蛋白尿
D. 组织性蛋白尿　E. 功能性蛋白尿

1293. 溢出性蛋白尿的主要成分为
A. 白蛋白　B. 单克隆轻链蛋白　C. β_2 微球蛋白
D. Tamm-Horsfall 蛋白　E. IgG

1294. 男，70 岁。发现大量蛋白尿 2 周入院。入院后查本周蛋白尿阳性。为明确诊断，检查意义最大的是
A. 肾活检　B. 骨髓穿刺　C. 核素骨扫描
D. 全身 X 线骨摄片　E. 血清蛋白电泳

1295. 女，68 岁。高血压病史 20 年，发现尿蛋白 3 年，尿比重 1.010，红细胞 0~1/HP，尿蛋白 0.45g/d，尿蛋白分析 β_2-MG、α_1-MG 升高。该患者蛋白尿属于
A. 组织性　B. 溢出性　C. 肾小管性
D. 功能性　E. 肾小球性

1296. 肾小管性蛋白尿中不会出现的是
A. β_2 微球蛋白　B. 视黄醇结合蛋白　C. 溶菌酶
D. 免疫球蛋白 G　E. α_1 微球蛋白

1297. 女，70 岁。蛋白尿 1 个月，尿蛋白 6g/d，蛋白电泳显示以小分子蛋白为主，呈单株峰。其蛋白尿的性质应该为
A. 肾小管性蛋白尿　B. 肾小球性蛋白尿　C. 分泌性蛋白尿
D. 组织性蛋白尿　E. 溢出性蛋白尿

1298. 男，16 岁。参加学校运动会 5000m 长跑后出现泡沫尿，乏力。实验室检查：尿蛋白(+)。休息 1 天的复查尿常规正常。该蛋白尿最可能是

A. 溢出性蛋白尿　B. 分泌性蛋白尿　C. 组织性蛋白尿
D. 小管性蛋白尿　E. 功能性蛋白尿

1299. 男,63岁。2型糖尿病14年,血压升高5年,尿蛋白定量2.6g/d,血肌酐132μmol/L。其蛋白尿性质应为
A. 肾小球性　B. 功能性　C. 肾小管性
D. 溢出性　E. 分泌性

1300. 不出现管型尿的疾病是
A. 肾病综合征　B. 急性肾小球肾炎　C. 急进性肾小球肾炎
D. 急性肾盂肾炎　E. 急性膀胱炎

A. 白细胞管型　B. 蜡样管型　C. 透明管型
D. 红细胞管型　E. 颗粒管型

1301. 慢性肾衰竭尿中常见的管型为
1302. 急性肾盂肾炎尿中最常见的管型为

A. 肾小管性蛋白尿　B. 混合性蛋白尿　C. 肾小球性蛋白尿
D. 溢出性蛋白尿　E. 生理性蛋白尿

1303. 多发性骨髓瘤本周蛋白尿属于
1304. 原发性肾病综合征蛋白尿属于

1305. 关于血尿描述正确的是
A. 尿沉渣高倍镜下视野红细胞>5个　B. 尿沉渣低倍镜下视野红细胞>5个
C. 尿沉渣高倍镜下视野红细胞>3个　D. 尿沉渣低倍镜下视野红细胞>3个
E. 1000ml尿液含有10ml血方可表现为肉眼血尿

1306. 血尿的常见原因不包括
A. 输尿管结石　B. 急性膀胱炎　C. IgA肾病
D. 单纯性肾囊肿　E. 膀胱癌

1307. 肉眼血尿伴有凝血块可见于
A. 急进性肾小球肾炎　B. 急性肾小球肾炎　C. 慢性肾小球肾炎
D. 膀胱癌　E. Alport综合征

1308. 男,38岁。间断活动后尿色加深1周。既往反复痛风发作2年。查体:BP120/80mmHg。尿常规:RBC40~50/HP,WBC3~5/HP,尿蛋白(-)。首选的进一步检查是
A. 尿红细胞形态　B. 肾脏增强CT　C. 尿脱落细胞检查
D. 清洁中段尿培养　E. 肾穿刺活检

1309. 女,34岁。全程肉眼血尿1天,无血丝、血块,无尿频、尿急、尿痛,无发热及腰腹疼痛。尿沉渣镜检RBC满视野,WBC4~5/HP,尿蛋白(++)。首先应进行的检查是
A. 尿相差显微镜检查　B. 静脉肾盂造影　C. 清洁中段尿培养
D. 同位素肾动态扫描　E. 膀胱镜检查

1310. 女,18岁。咽痛、发热1天,浓茶色尿半天。首选的检查项目是
A. 尿渗透压　B. 尿蛋白定量　C. 尿细菌培养
D. 尿蛋白电泳　E. 尿常规加沉渣镜检

1311. 鉴别血尿和血红蛋白尿的首选检查是
A. 尿沉渣镜检　B. 尿蛋白定量　C. 红细胞管型
D. 白细胞管型　E. 尿蛋白电泳

1312. 肾小球源性血尿的特点是
A. 终末血尿　B. 有凝血块的尿　C. 尿痛伴血尿
D. 变形红细胞尿　E. 初始血尿

1313. 尿相差显微镜检查示正常红细胞的情况最常属于
A. 慢性肾小球肾炎　B. 急性肾小球肾炎　C. 急性肾盂肾炎
D. Alport 综合征　E. 急进性肾小球肾炎

1314. 原发性肾小球疾病的临床分类不包括
A. 急进性肾小球肾炎　B. 慢性肾小球肾炎　C. 肾病综合征
D. 肾盂肾炎　E. 无症状性血尿和(或)蛋白尿

1315. 原发性肾小球疾病的病理分型不包括
A. 轻微肾小球病变　B. 局灶性节段性病变　C. 肾病综合征
D. 膜性肾病　E. 增生性肾炎

1316. 原发性肾小球疾病的发病机制,多数是
A. 链球菌感染所致　B. 病毒感染所致　C. 药物所致
D. 免疫介导性炎症所致　E. 遗传变异基因所致

二、急性肾小球肾炎(执业医师及助理医师均需掌握)

1317. 女,19 岁。双下肢水肿 3 天。2 周前患急性扁桃体炎,经口服抗生素后痊愈。查体:BP150/90mmHg,尿常规:蛋白(++),尿沉渣镜检红细胞 10~20/高倍视野,血肌酐 91μmol/L,补体 C3 下降。最可能的发病机制为
A. 病毒直接对肾脏的破坏　B. 细菌直接对肾脏的破坏　C. 感染所致的免疫反应
D. 机体代谢紊乱　E. 感染所致的中毒反应

1318. 女,16 岁,肉眼血尿伴水肿 2 天。半个月前曾患"急性扁桃体炎"。查体:BP140/95mmHg,眼睑及双下肢水肿。尿红细胞 40~50 个/高倍视野,尿蛋白(++),血肌酐 55μmol/L。抗链球菌溶血素"O"500U/ml(正常值<200U/ml),补体 C3 下降。其肾脏病理最可能的表现为
A. 膜性肾病　B. 硬化性肾小球肾炎　C. 微小病变型肾病
D. 新月体性肾炎Ⅲ型　E. 毛细血管内增生性肾小球肾炎

1319. 引起急性肾小球肾炎最常见的病原体为
A. 结核分枝杆菌　B. 金黄色葡萄球菌　C. 柯萨奇病毒
D. 寄生虫　E. 溶血性链球菌

1320. 急性肾小球肾炎的临床表现中最常见和必不可少的项目是
A. 蛋白尿　B. 水肿　C. 镜下血尿
D. 高血压　E. 肾功能损害

1321. 女,15 岁。眼睑水肿 3 天,2 周前患扁桃体炎。尿量 400ml/d,尿蛋白(++),尿红细胞 10~20 个/高倍视野,红细胞管型 1~2 个/低倍视野。血补体 C3 降低。其水肿最可能的原因是
A. 大量尿蛋白丢失　B. 抗利尿激素分泌过多　C. 肾小球滤过率下降
D. 心力衰竭　E. 醛固酮增高

1322. 临床表现与急性肾小球肾炎不符合的是
A. 病程中出现 C3 下降　B. 可并发心力衰竭　C. 高血压持续 2 个月以上
D. 部分患者可有 ASO 水平升高　E. 链球菌感染后 2 周出现血尿、蛋白尿

1323. 男,50 岁。水肿 2 周,少尿伴血压升高 1 周。3 周前曾有皮肤感染史。尿常规:尿蛋白(+),沉渣镜检红细胞 20~30/HP,血肌酐 170μmol/L,尿素氮 11mmol/L,血 C3 降低,肾穿刺提示为毛细血管内

增生性肾小球肾炎。通常该患者血C3恢复正常的时间约为

A. 2周　B. 8周　C. 3个月　D. 半年　E. 1年

1324. 链球菌感染后急性肾小球肾炎与膜增生性肾小球肾炎相鉴别的要点是

A. ASO是否升高　B. 有无前驱感染　C. 是否伴肾病综合征表现　D. 早期有无少尿、无尿及肾功能恶化　E. 低补体血症是否于8周内恢复

A. 急性链球菌感染后肾小球肾炎　B. 原发性肾病综合征　C. 紫癜性肾炎　D. 急进性肾炎　E. 狼疮性肾炎

1325. 男,26岁,急起血尿、少尿、水肿、高血压,肾功能急剧恶化。B超提示双肾增大,肾活检可见70%肾小球的肾小囊中有大新月体形成

1326. 女,19岁。以大量蛋白尿伴镜下血尿入院。体检:贫血貌,血压稍增高,血肌酐140μmol/L,血清补体C3降低,血清抗核抗体阳性,抗ds-DNA抗体阳性

1327. 男,15岁。上呼吸道感染后10余天出现腹痛和便血,经泼尼松治疗后好转。第4周出现尿蛋白(++)、红细胞15~20个/HP,肾功能及血清补体C3正常

1328. 女,22岁。咽痛、发热伴咳嗽2周,颜面水肿3天。查体:BP150/100mmHg,全身皮肤无皮疹。尿常规:蛋白(++)。尿沉渣镜检:RBC20~30/HP。血肌酐115μmol/L,补体C3降低,ASO升高。下列治疗不适宜的是

A. 抗生素　B. 休息　C. 应用激素　D. 利尿　E. 控制血压

1329. 急性肾小球肾炎与急进性肾小球肾炎临床相似之处为

A. 中度贫血　B. 预后不佳　C. 以急性肾炎综合征起病　D. 肾功能急剧恶化　E. 早期出现急性肾衰竭

1330. 急进性肾炎与急性肾炎的最主要鉴别点为

A. 蛋白尿及血尿的严重程度　B. 有无高血压及心脏并发症　C. 水肿的严重程度　D. 肾功能下降的速度及严重程度　E. 有无前驱链球菌感染的证据

1331. 男,15岁。"上呼吸道感染"2周后出现肉眼血尿,血压150/95mmHg,临床诊断为急性肾小球肾炎,控制血压应首选

A. 血管紧张素转换酶抑制剂　B. 血管紧张素Ⅱ受体阻滞剂　C. 钙通道阻滞剂　D. α受体拮抗剂　E. 利尿剂

(1332~1335题共用题干)男,19岁。咽痛、发热伴咳嗽2周,眼睑水肿伴肉眼血尿3天。查体:BP150/100mmHg,全身皮肤无皮疹。实验室检查:尿蛋白(++),尿红细胞30~40/HP,管型3~5/HP,血C3降低,Scr126μmol/L。

1332. 该患者最可能的诊断为

A. 急进性肾小球肾炎　B. 肾病综合征　C. 慢性肾小球肾炎　D. 急性肾小球肾炎　E. 急性肾盂肾炎

1333. 该患者最可能出现的管型是

A. 白细胞管型　B. 透明管型　C. 上皮细胞管型　D. 红细胞管型　E. 蜡样管型

1334. 该患者的治疗不包括

A. 休息　　B. 控制血压　　C. 利尿
D. 抗生素　　E. 糖皮质激素

1335.【假设信息】若患者 4 天后出现尿量进行性减少，肌酐进行性升高，应首先考虑进行的检查是
A. 泌尿系统 B 超　　B. 同位素肾动态显像　　C. 肾穿刺活检
D. 静脉肾盂造影　　E. 清洁中段尿培养+药敏

三、急进性肾小球肾炎（执业医师需掌握）

1336. 男，22 岁。水肿，进行性少尿 1 周。查体：BP155/100mmHg，双下肢水肿。尿 RBC20～40/HP，蛋白（++）。Scr679μmol/L，抗 GBM 抗体阳性。肾活检病理示新月体性肾小球肾炎。其最重要的发病机制是
A. 循环免疫复合物沉积引起的体液免疫反应　　B. 原位免疫复合物形成引起的体液免疫反应
C. 高血压、蛋白质、高血脂等非免疫因素　　D. 细胞免疫
E. 遗传因素

1337. 男，22 岁。乏力、纳差 1 个月，水肿、少尿伴血压升高 1 周。尿蛋白（++），尿 RBC30～50/HP，血 Hb76g/L，补体 C3 正常，Scr421μmo1/L。B 超提示双肾增大，血清抗肾小球基底膜抗体阳性。最可能的诊断是
A. 急进性肾小球肾炎Ⅰ型　　B. 急进性肾小球肾炎Ⅱ型　　C. 急进性肾小球肾炎Ⅲ型
D. 急性肾小球肾炎　　E. 急性肾小管坏死

1338. 寡免疫复合物型新月体性肾炎最常见的血清学指标变化是
A. 单克隆免疫球蛋白升高　　B. 抗中性粒细胞胞质抗体阳性　　C. 抗肾小球基底膜抗体阳性
D. 抗核抗体阳性　　E. 补体下降

1339. 急进性肾小球肾炎Ⅱ型最常见的检测异常是
A. 血冷球蛋白阳性　　B. 血抗肾小球基底膜抗体阳性　　C. 血单克隆免疫球蛋白升高
D. 循环免疫复合物阳性　　E. 血抗中性粒细胞胞质抗体（ANCA）阳性

1340. 男，68 岁。间断发热 1 个月，咯血伴进行性少尿 10 天。查体：BP165/100mmHg，双中下肺可闻及湿啰音，双下肢水肿。尿常规：RBC40～50/HP，Pro（++）。Scr455μmol/L，BUN18.5mmol/L。B 超示双肾增大。抗中性粒细胞胞质抗体（ANCA）阳性。最可能的诊断是
A. 急进性肾小球肾炎Ⅰ型　　B. 急进性肾小球肾炎Ⅱ型　　C. 急进性肾小球肾炎Ⅲ型
D. IgA 肾病　　E. 急性肾小球肾炎

1341. 急进性肾小球肾炎的病理特征为
A. 肾小球有坏死　　B. 肾小球有大量新月体形成　　C. 肾小球明显硬化
D. 肾小球内系膜细胞增生明显　E. 肾小球有大量中性粒细胞浸润

1342. 男，32 岁。咽痛、咳嗽 7 天，水肿、伴尿少 5 天。化验：Hb90g/L，尿蛋白（+++），血肌酐 500μmol/L，血尿素氮 23mmol/L。B 超示双肾增大。其最可能的临床诊断是
A. 肾病综合征　　B. 慢性肾小球肾炎　　C. 急性肾小球肾炎
D. 急性肾盂肾炎　　E. 急进性肾小球肾炎

1343. 男，25 岁。肉眼血尿、进行性尿量减少伴恶心、呕吐 1 周。查体：BP160/90mmHg，双下肢中度凹陷性水肿。尿蛋白（++），尿 RBC20～30/HP，血 Hb90g/L，Scr490μmol/L。B 超示双肾增大。最可能的临床诊断是
A. 急性肾盂肾炎　　B. 急性间质性肾炎　　C. 急进性肾小球肾炎
D. 急性肾小球肾炎　　E. 慢性肾小球肾炎急性发作

1344. 男，24 岁。颜面部水肿、肉眼血尿伴咳嗽、痰中带血 1 周，少尿 3 天。BP160/100mmHg，Pro（++），RBC20～30/HP，Scr420μmol/L，血清抗肾小球基底膜抗体阳性。B 超示双肾增大。目前最关键的

治疗是
A. 血液透析　B. 泼尼松　C. 血浆置换
D. 丙种球蛋白　E. 泼尼松联合环磷酰胺

1345. 属于激素冲击治疗适应证的是
A. 新月体性肾炎　B. 毛细血管内增生性肾小球肾炎　C. 系膜增生性肾小球肾炎
D. 局灶节段性肾小球硬化　E. 急性间质性肾炎

(1346~1347 题共用题干)男,25 岁。间断咳嗽、咳痰带血 1 个月,乏力、纳差伴尿少、水肿 1 周。实验室检查:血 WBC8.6×10^9/L,Hb90g/L;尿沉渣镜检 Pro(++),RBC8~10/HP;Scr268μmol/L,BUN22.6mmol/L,抗肾小球基底膜抗体(+),ANCA 阴性。

1346. 其肾脏最可能的病理类型为
A. 膜性肾病　B. 新月体性肾小球肾病　C. 系膜增生性肾小球肾炎
D. 微小病变性肾病　E. 毛细血管内增生性肾小球肾炎

1347. 其最可能的免疫病理所见是
A. 无或仅微量免疫复合物　B. IgG 和 C3 呈线条状沉积于毛细血管壁
C. IgG 和 C3 呈细颗粒状沿毛细血管壁沉积　D. IgG 和 C3 呈颗粒状沉积于系膜区及毛细血管壁
E. IgG、IgA、IgM、C3 呈多部位沉积

四、慢性肾小球肾炎(执业医师及助理医师均需掌握)

1348. 男,35 岁。乏力、纳差 1 个月,全身皮肤瘙痒 1 周。既往:10 余年前曾发现蛋白尿,3 年前发现血压升高。查体:BP160/90mmHg,贫血貌。尿 Pro(++),尿 RBC6~8/HP,血 Hb90g/L,Scr446μmol/L。最可能的诊断是
A. 急进性肾小球肾炎　B. 急性肾小球肾炎　C. 慢性肾小球肾炎
D. 慢性肾盂肾炎　E. 良性小动脉性肾硬化症

1349. 男,38 岁。反复发作肉眼血尿 8 年,均在上呼吸道感染后 1~2 天出现。发作间期多次查尿常规示蛋白(+~++),沉渣镜检 RBC8~10/HP,无肾脏病及高血压家族史。查体:BP150/85mmHg,双下肢无水肿。尿蛋白定量 0.8g/d,肾功能正常。该患者临床诊断为
A. 肾病综合征　B. 慢性肾小球肾炎　C. 高血压肾损害
D. 慢性间质性肾炎　E. 无症状性血尿和(或)蛋白尿

1350. 男,62 岁。双下肢水肿 2 个月。年轻时曾有尿常规异常,高血压 10 年,糖尿病 5 年。查体:BP175/100mmHg,双下肢中度水肿。尿沉渣镜检 RBC30~40/HP,80%为变形红细胞,尿蛋白 2.3g/d,Scr125μmol/L,血糖 7.2mmol/L,抗中性粒细胞胞质抗体(-)。眼科检查示视网膜动脉硬化。最可能的临床诊断是
A. 原发性小血管炎肾损伤　B. 肾淀粉样变性　C. 高血压肾损伤
D. 慢性肾小球肾炎　E. 糖尿病肾病

(1351~1353 题共用题干)男,38 岁。间歇性水肿 10 余年,伴恶心、呕吐 1 周。查血红蛋白 80g/L,血压 155/110mmHg,尿蛋白(++),颗粒管型 2~3/HP,尿比重 1.010~1.012。

1351. 可能的诊断是
A. 肝炎后肝硬化　B. 原发性高血压　C. 慢性肾盂肾炎
D. 慢性肾小球肾炎　E. 肾病综合征

1352. 该患者还应立即做的检查项目是
A. 24 小时尿蛋白定量　B. 乙肝病毒全套　C. 肝功能全套

D. 血肌酐、尿素氮　　E. 血胆固醇

1353. 为了解该患者双侧肾脏是否已缩小，应首选的检查是

A. 静脉肾盂造影　　B. ECT　　C. CT

D. 放射性核素肾图　　E. B 超

（1354～1355 题共用题干）女，45 岁。间断水肿 3 年，乏力 3 个月。查体：BP155/110mmHg，双下肢轻度凹陷性水肿。尿 RBC20～30/HP，尿蛋白 2.1g/d，血 Hb78g/L，Scr342μmol/L，BUN 16.1mmol/L。B 超示双肾稍萎缩。

1354. 最可能的临床诊断是

A. 慢性肾小球肾炎　　B. 慢性间质性肾炎　　C. 急性肾小球肾炎

D. 高血压肾损害　　E. 肾病综合征

1355. 为改善乏力症状，最有效的治疗措施是

A. 激素及免疫抑制治疗　　B. 利尿治疗　　C. 降压治疗

D. 血液净化治疗　　E. 注射促红细胞生成素及补充造血原料

1356. 慢性肾炎治疗的主要目的不包括

A. 防止肾功能进行性恶化　　B. 延缓肾功能进行性恶化　　C. 改善或缓解临床症状

D. 防治严重并发症　　E. 消除尿蛋白及尿红细胞

A. 120/70mmHg 以下　　B. 125/75mmHg 以下　　C. 130/80mmHg 以下

D. 140/90mmHg 以下　　E. 140/85mmHg 以下

1357. 慢性肾小球肾炎患者，尿蛋白≥1g/d，血压应控制在

1358. 慢性肾小球肾炎患者，尿蛋白<1g/d，血压应控制在

A. β 受体拮抗剂　　B. 呋塞米　　C. 血管紧张素转换酶抑制剂

D. 钙通道阻滞剂　　E. α 受体拮抗剂

1359. 慢性肾小球肾炎，主要原因为水钠潴留的高血压，治疗可首选

1360. 治疗慢性肾小球肾炎，可引起高血钾的药物是

（1361～1364 题共用题干）男，40 岁。发现血尿、蛋白尿 5 年。查体：BP150/90mmHg，双下肢轻度凹陷性水肿。实验室检查：尿 Pro1.0～1.7g/d，尿 RBC5～15/HP，Scr100μmol/L。B 超示双肾大小正常。

1361. 该患者首先考虑的临床诊断是

A. 慢性肾小球肾炎　　B. 肾病综合征　　C. 急性肾小球肾炎

D. 高血压肾损害　　E. 无症状性血尿和（或）蛋白尿

1362. 该患者应首选的进一步检查项目是

A. 肾动脉造影　　B. 肾活检病理检查　　C. 24 小时尿钠测定

D. 双肾 CT 检查　　E. 尿找肿瘤细胞

1363. 该患者应首选的降压药物是

A. 袢利尿剂　　B. β 受体拮抗剂　　C. α 受体拮抗剂

D. 钙通道阻滞剂　　E. 血管紧张素转换酶抑制剂

1364. 其治疗的最终目标是

A. 控制血压　　B. 消除水肿　　C. 延缓肾脏病进展

D. 消除尿蛋白　　E. 消除血尿

（1365～1367 题共用题干）女，25 岁。发热、咽痛 2 天后出现肉眼血尿，1 天后肉眼血尿消失，但 6 周后尿沉渣镜检 RBC20～25/HP，以变形红细胞为主，尿蛋白阴性。查体未见异常，BP130/80mmHg。

血肌酐正常，ANA 及 ANCA 均阴性，C3 正常。父母及哥哥体健。

1365. 最可能的临床诊断是
A. 急性肾小球肾炎　B. 急进性肾小球肾炎　C. 慢性肾小球肾炎
D. 隐匿性肾小球肾炎　E. 肾病综合征

1366. 还应除外的疾病是
A. 薄基底膜肾病　B. Alport 综合征　C. 狼疮肾炎
D. 急性肾小球肾炎　E. 小血管炎

1367. 最合适的处理是
A. 肾活检明确病理类型　B. 青霉素治疗　C. 肾盂造影
D. 膀胱镜检查　E. 定期复查尿常规、血压、肾功能

1368. 男，32 岁。反复发作无痛性肉眼血尿 4 年，多于上呼吸道感染后出现，间歇期尿 RBC3~5/HP，无水肿及高血压，无肾脏病家族史。其血尿最可能的原因是
A. 肾小球肾炎　B. 尿路结石　C. 前列腺炎
D. 泌尿系结核　E. 尿路感染

1369. 女，28 岁。体检发现镜下血尿、蛋白尿半年。无高血压、糖尿病病史。父母体健。查体：BP110/80mmHg，下肢无水肿。尿红细胞 10~15 个/高倍视野，90%变形。尿蛋白定量 0.4g/d，血肌酐 72μmol/L，补体正常，抗核抗体阴性。该患者最可能的诊断是
A. 肾病综合征　B. 急性肾小球肾炎　C. 慢性肾小球肾炎
D. 慢性间质性肾炎　E. 无症状性血尿和(或)蛋白尿

1370. 男，19 岁。反复镜下血尿 2 年。无水肿、高血压。尿沉渣镜检红细胞 10~20/HP，变形红细胞为主，尿蛋白阴性，血肌酐 70μmol/L。临床诊断为
A. 泌尿系统肿瘤　B. 慢性肾小球肾炎　C. 无症状性血尿
D. 急性肾小球肾炎　E. IgA 肾病

1371. 男，46 岁。发现镜下血尿伴蛋白尿 2 个月。查体：BP120/70mmHg，双下肢无水肿。尿沉渣镜检红细胞 25~30/高倍视野，尿蛋白定量 0.8g/d，血肌酐 75μmol/L，白蛋白 41g/L。B 超示双肾大小、形态正常。首先考虑的临床诊断为
A. 急性肾小球肾炎　B. 慢性肾小球肾炎　C. 急进性肾小球肾炎
D. 肾病综合征　E. 无症状性血尿和(或)蛋白尿

1372. 隐匿性肾炎可具有的临床特点是
A. 肾功能减退　B. 水肿　C. 镜下血尿
D. 高血压　E. 溢出性蛋白尿

五、肾病综合征(执业医师及助理医师均需掌握)

1373. 肾病综合征最基本的表现是
A. 尿蛋白定量>3.5g/24h　B. 尿颗粒管型　C. 血浆白蛋白<35g/L
D. 高度水肿　E. 高脂血症

1374. 诊断肾病综合征的指标不包括
A. 血清白蛋白<30g/L　B. 高血压　C. 水肿
D. 高脂血症　E. 24 小时尿蛋白>3.5g

(1375~1376 题共用题干)男，15 岁。全身水肿 1 周。查体：BP120/70mmHg，腹部移动性浊音阳性。尿 Pro6.5g/d，沉渣 RBC0~2/HP。血 Alb22g/L，TC8mmol/L，BUN6.5mmol/L，Scr98μmol/L。ASO 升

高。血补体 C3 为 0.88g/L(正常值 0.8~1.5g/L)。

1375. 最可能的临床诊断是
A. 原发性肾病综合征　B. 狼疮肾炎　C. 急进性肾小球肾炎
D. 急性肾小球肾炎　E. 慢性肾小球肾炎

1376. 最可能的肾脏病理类型是
A. 新月体性肾炎　B. 膜性肾病　C. 微小病变型肾病
D. 重度系膜增生性肾炎　E. 系膜毛细血管性肾炎

1377. 不属于原发性肾病综合征常见的病理类型是
A. 微小病变型肾病　B. 系膜增生性肾炎　C. 毛细血管内增生性肾炎
D. 膜性肾病　E. 局灶节段性肾小球硬化

1378. 在我国成人中引起原发性肾病综合征最常见的病理类型是
A. 微小病变型肾病　B. 系膜增生性肾炎　C. 系膜毛细血管性肾炎
D. 膜性肾病　E. 局灶节段性肾小球硬化

1379. 老年人继发性肾病综合征常见的疾病是
A. 乙肝病毒相关性肾炎　B. 狼疮肾炎　C. 过敏性紫癜肾病
D. 轻链沉积病　E. 糖尿病肾病

1380. 引起老年人继发性膜性肾病最常见的病因是
A. 系统性血管炎　B. 系统性红斑狼疮　C. 过敏性紫癜
D. 恶性肿瘤　E. 乙肝病毒相关性肾小球肾炎

1381. 男,17 岁。双下肢出血点伴关节痛 2 周,水肿 1 周。实验室检查:尿红细胞 30~40/高倍视野,尿蛋白 4.2g/d,血浆白蛋白 28g/L。肾免疫病理示 IgA 沉积于系膜区。其病因诊断为
A. IgA 肾病　B. 原发性肾病综合征　C. 过敏性紫癜肾炎
D. 狼疮肾炎　E. 乙肝病毒相关性肾炎

1382. 以下可引起微小病变型肾病的药物是
A. 血管紧张素转换酶抑制剂　B. 氨基糖苷类　C. 非甾体抗炎药
D. 环孢素 A　E. 磺胺类药物

1383. 女,60 岁。肾病综合征,肾活检免疫荧光为 IgG、C3 沿肾小球毛细血管壁颗粒状沉积,光镜下仅见肾小球基底膜增厚,其病理诊断应为
A. 微小病变型肾病　B. 局灶节段性肾小球硬化　C. 系膜增生性肾炎
D. 膜增生性肾炎　E. 膜性肾病

1384. 女,15 岁,双下肢水肿 1 个月。实验室检查:尿 RBC25~30/HP,尿蛋白定量 3.9g/d,肾功能正常,血 Alb29g/L,抗核抗体(-),HBsAg 阳性。肾脏病理提示膜性肾病。最可能的诊断是
A. 狼疮性肾炎　B. 原发性肾病综合征　C. 过敏性紫癜性肾炎
D. 乙肝病毒相关性肾炎　E. 急性肾小球肾炎

1385. 女孩,10 岁。全身水肿 2 周、尿蛋白定量 4.5g/24h,血浆白蛋白 20g/L,血脂升高。行肾脏穿刺活检:光镜下肾小球未见异常。现行电镜观察肾小球可能的病理类型是
A. 基膜弥漫性增厚　B. 基膜电子致密物沉积　C. 脏层上皮细胞足突消失
D. 系膜区电子致密物沉积　E. 上皮下驼峰样电子致密物沉积

1386. 男,17 岁。原发性肾病综合征,泼尼松 60mg/d 治疗,2 周后尿蛋白转阴。最可能的肾脏病理类型是
A. 膜性肾病　B. 膜增生性肾小球肾炎　C. 微小病变型肾病
D. IgA 肾病　E. 毛细血管内增生性肾小球肾炎

1387. 女,28岁。水肿1周,伴肉眼血尿3天。起病前1周有上呼吸道感染病史。BP155/95mmHg,尿红细胞满视野,尿蛋白4.3g/d,Scr128μmol/L,Alb28g/L,补体C3下降。最合理的处理是
A. 尽早肾活检明确病理类型　B. 休息及对症处理　C. 激素联合细胞毒药物治疗
D. 青霉素治疗　E. 足量激素治疗

1388. 肾病综合征最常见的并发症为
A. 低钠低钾低钙血症　B. 呼吸道感染　C. 高凝状态及血栓形成
D. 低血容量性休克　E. 急性肾功能不全

1389. 肾病综合征易出现的并发症是
A. 心力衰竭　B. 肾性贫血　C. 高血压脑病
D. 肾静脉血栓　E. 肾周脓肿

1390. 男性,35岁。因蛋白尿待查入院,24小时尿蛋白定量3.8g,血白蛋白30g/L。肾活检示:轻度系膜增生性肾炎。该患者最不易出现的并发症是
A. 感染　B. 肾静脉血栓形成　C. 急性肾衰竭
D. 脑卒中　E. 蛋白营养不良

1391. 最易发生血栓合并症的肾病综合征病理类型是
A. 系膜增生性IgA肾病　B. 膜性肾病　C. 局灶节段性肾小球硬化
D. 微小病变型肾病　E. 系膜增生性肾炎(非IgA肾病)

1392. 肾病综合征患者发生血栓并发症,最常见于
A. 肾静脉　B. 冠状血管　C. 下肢静脉
D. 肺静脉　E. 下腔静脉

1393. 男,50岁。肾病综合征患者,肾活检病理示膜性肾病。治疗过程中突然出现右侧腰痛,伴肉眼血尿,B超示右肾体积较前增大。首先考虑的并发症是
A. 急性肾盂肾炎　B. 肾结石　C. 肾静脉血栓
D. 泌尿系结核　E. 泌尿系肿瘤

(1394~1395共用题干)男,40岁。双下肢水肿1个月。查体:BP150/100mmHg。尿红细胞3~5/HP,尿蛋白5g/d,血白蛋白20g/L,血肌酐70μmol/L。近3天腰痛,尿量减少。复查尿常规:尿红细胞30~50/HP。B超示右肾增大。

1394. 血尿加重最可能的原因是
A. 急性过敏性间质肾炎　B. 肾静脉血栓形成　C. 合并泌尿系统肿瘤
D. 进展为新月体性肾炎　E. 尿路感染

1395. 为明确诊断,最重要的检查是
A. 肾血管彩超检查　B. 肾活检　C. 尿培养
D. 测尿钠排泄分数及尿渗透压　E. ANCA及抗GBM抗体检查

1396. 男,78岁。水肿、大量蛋白尿3周余。肾活检示膜性肾病,近2日出现右下肢水肿加重,胀痛。应首先考虑的并发症是
A. 动脉栓塞　B. 痛风发作　C. 静脉血栓
D. 静脉曲张　E. 淋巴管炎

1397. 女,36岁。已诊断为肾病综合征,近2日右下肢痛、凉,右足背动脉搏动触摸不清,趾端皮肤发绀。应首先考虑的合并症是
A. 下尿路感染　B. 右下肢静脉血栓　C. 心源性休克
D. 急性肾衰竭　E. 右下肢动脉栓塞

1398. 女,20 岁。双下肢及颜面水肿 1 周。尿蛋白定量 4.2g/d,尿 RBC0~2/HP,血 Alb28g/L,Scr78μmol/L,肾活检病理诊断为微小病变型肾病。该患者应用糖皮质激素治疗的最主要机制为
A. 抑制体液免疫　B. 抑制细胞免疫　C. 抑制巨噬细胞功能
D. 抑制补体活化　E. 抑制蛋白合成

1399. 女,15 岁。双下肢及颜面水肿 2 周。查尿蛋白 5.2g/d,尿 RBC0~2/HP,血白蛋白 28g/L,Scr90μmol/L,抗核抗体阴性。应首选的治疗措施是
A. 泼尼松足量足疗程　B. 泼尼松联合环磷酰胺　C. 静脉点滴白蛋白
D. 口服 ACEI 类药物　E. 低分子肝素抗凝

A. 糖尿病肾病　B. 紫癜性肾病　C. IgA 肾病
D. 微小病变型肾病　E. 肾淀粉样变

1400. 以上疾病首选糖皮质激素治疗的是
1401. 以上疾病禁用糖皮质激素治疗的是

(1402~1403 题共用题干)男,35 岁。双下肢水肿 2 周。查体:BP130/80mmHg,双下肢轻度凹陷性水肿。尿常规:Pro(+++),RBC(++)。血浆 Alb28g/L,Scr78μmol/L。尿蛋白定量 3.6g/d。肾活检示肾小球系膜轻度增生,系膜区可见免疫复合物沉积。

1402. 最可能的病理诊断为
A. 局灶节段性肾小球硬化　B. 系膜毛细血管性肾小球肾炎　C. 微小病变型肾病
D. 膜性肾病　E. 系膜增生性肾小球肾炎

1403. 首选的治疗药物为
A. 糖皮质激素　B. 环孢素 A　C. 霉酚酸酯
D. 环磷酰胺　E. 血管紧张素转换酶抑制剂

(1404~1405 题共用题干)男,18 岁。双下肢及颜面水肿 1 周。实验室检查:尿 Pro12.2g/d,RBC 0~2/HP,血 Alb18g/L,Scr79μmol/L,ANA(-),乙型肝炎病毒标志物均(-)。

1404. 该患者最可能的肾脏病理类型是
A. 微小病变型肾病　B. 膜增生性肾小球肾炎　C. 膜性肾病
D. 局灶节段性肾小球硬化　E. 毛细血管内增生性肾小球肾炎

1405. 如果经足量糖皮质激素治疗 12 周无效,其病理类型最可能是
A. 微小病变型肾病　B. 膜增生性肾小球肾炎　C. 膜性肾病
D. 局灶节段性肾小球硬化　E. 毛细血管内增生性肾小球肾炎

1406. 女,40 岁。双下肢水肿 9 天,尿量减少 2 天。查体:BP150/100mmHg,双下肢重度水肿。尿蛋白(+++),血 Alb17g/L。给予口服泼尼松、间断静脉滴注白蛋白及呋塞米。应用白蛋白的目的为
A. 治疗原发病　B. 缩短激素的疗程　C. 提高血浆胶体渗透压
D. 补充营养　E. 控制血压

1407. 男,19 岁。初发肾病综合征,应用泼尼松 60mg/d 治疗 8 周,水肿无明显好转,复查尿蛋白仍大于 3.5g/d,肾活检提示微小病变型肾病。下一步最适宜的治疗是
A. 增加泼尼松剂量　B. 加用人血白蛋白　C. 加用 ACEI/ARB
D. 加用免疫抑制剂　E. 大剂量静脉应用免疫球蛋白

1408. 男,15 岁。双下肢水肿 2 周。查体:眼睑轻度水肿,双下肢凹陷性水肿。尿常规:红细胞(-),蛋白(+++),尿蛋白定量 4.8g/d,血浆白蛋白 19g/L。肾穿刺活检示微小病变型肾病。不恰当的治疗是
A. 低盐低脂饮食　B. 抗凝　C. 糖皮质激素

D. 利尿剂　E. 预防性应用抗生素

1409. 男性,20岁。原发性肾病综合征患者,首次治疗,每日用泼尼松60mg,3周后尿蛋白仍为(++++),此时应

A. 改为地塞米松　B. 将泼尼松加量到80mg/d　C. 改用环磷酰胺
D. 用原量继续观察　E. 减少泼尼松量到40mg/d,加用免疫抑制剂

1410. 女,68岁。双下肢及颜面水肿1周,尿蛋白8.8g/24h,肾活检病理诊断为膜性肾病。对其主要治疗应是

A. 强的松足量足疗程　B. 强的松联合环磷酰胺　C. 硫唑嘌呤
D. 静脉输注白蛋白　E. 口服血管紧张素转换酶抑制剂

1411. 肾病综合征合并脑血栓者,治疗中作用肯定的药物是

A. 阿司匹林　B. 双嘧达莫　C. 低分子肝素
D. 低分子右旋糖酐　E. 氯吡格雷

(1412~1414题共用题干)男性,35岁。双下肢水肿2周。查体:血压130/80mmHg,双下肢轻度凹陷性水肿。尿常规:蛋白(++++),红细胞(++)。Scr122μmol/L,血浆Alb28g/L。

1412. 为明确诊断,不需要的检查项目是

A. 肾活检　B. 双肾超声　C. 肾CT
D. 尿蛋白定量　E. 血脂

1413. 若肾活检示肾小球系膜轻度增生,系膜区可见免疫复合物沉积,最可能的诊断为

A. 系膜增生性肾小球肾炎　B. 系膜毛细血管性肾小球肾炎　C. 微小病变型肾病
D. 局灶节段性肾小球硬化　E. 膜性肾病

1414. 若为上述病理类型,首选治疗药物为

A. 环磷酰胺　B. 环孢素A　C. 霉酚酸酯
D. 糖皮质激素　E. 硫唑嘌呤

A. 卡托普利　B. 环磷酰胺　C. 低分子肝素
D. 甲泼尼龙(甲基泼尼松龙)　E. 呋塞米(速尿)

1415. 预防肾病综合征肾静脉血栓形成

1416. 肾动脉狭窄者慎用

A. 双肾B超　B. 双肾CT　C. 静脉肾盂造影
D. 肾动脉造影　E. 肾活检

1417. 慢性肾盂肾炎主要辅助检查项目应是

1418. 肾病综合征主要辅助检查项目应是

1419. 在原发性肾小球肾炎的病理分型中,预后最好的是

A. 轻微病变　B. 硬化性病变　C. 系膜毛细血管性病变
D. 膜性肾病　E. 局灶节段性病变

六、IgA肾病(执业医师需掌握)

1420. IgA肾病最常见的临床表现是

A. 水肿　B. 高血压　C. 血尿
D. 蛋白尿　E. 肾衰竭

1421. IgA肾病发展过程中加重肾损害最重要的因素是

A. 反复发作肉眼血尿　B. 水肿　C. 高脂血症
D. 高血压　E. 血清IgA水平升高

1422. 下列关于 IgA 肾病错误的说法是
A. 病理类型主要为系膜增生性肾小球肾炎　B. 确诊有赖于肾活检病理检查
C. 青少年好发　D. 预后良好,很少有肾功能恶化
E. 常在感染后 72 小时以内发作肉眼血尿

1423. 男,35 岁。发现血尿、蛋白尿 3 周,既往经常有咽炎发作。查体:血压 145/95mmHg,下肢轻度水肿。血肌酐 88μmol/L,尿蛋白定量 1.25g/d,尿红细胞 5~10/高倍视野。患者最可能的肾脏病变诊断是
A. 膜增生性肾炎　B. IgA 肾病　C. 微小病变肾病
D. 膜性肾病　E. 新月体性肾炎

(1424~1425 题共用题干)男,22 岁。受凉后出现咽痛、咳嗽、发热,1 天后出现全程肉眼血尿 2 次,无尿频、尿急、尿痛。尿常规:蛋白(++),尿沉渣镜检:红细胞满视野。血肌酐 74μmol/L。

1424. 最可能的疾病是
A. 急性间质性肾炎　B. 急性肾盂肾炎　C. 急进性肾小球肾炎
D. 急性肾小球肾炎　E. IgA 肾病

1425. 下列最有助于诊断的检查是
A. 肾穿刺活检　B. 尿培养　C. 膀胱镜
D. 泌尿系 B 超　E. 腹部 CT

第 23 章　尿路感染

(执业医师及助理医师均需掌握)

1426. 肾盂肾炎最常见的感染途径是
A. 上行感染　B. 血行感染　C. 淋巴管道感染
D. 外伤直接感染　E. 肾周围器官直接感染蔓延

1427. 上行性尿路感染是最常见的尿路感染途径,占总尿路感染的
A. 50%　B. 65%　C. 85%
D. 70%　E. 95%

1428. 尿路感染的易感因素不包括
A. 膀胱输尿管反流　B. 留置导尿管　C. 神经源性膀胱
D. 糖尿病　E. 青年男性

A. 急性膀胱炎　B. 急性肾盂肾炎　C. 泌尿系结核
D. 膀胱结石　E. 膀胱肿瘤

1429. 女性患者无发热和腰痛,有膀胱刺激征和血尿

1430. 男性患者有无痛性血尿,可能是

A. 脓尿、菌尿、管型尿　B. 少尿、血尿、蛋白尿、管型尿　C. 多尿、夜尿、尿比重降低
D. 血红蛋白尿　E. 反复咯血伴蛋白尿

1431. 弥漫性毛细血管内增生性肾小球肾炎的主要临床表现是

1432. 急性肾盂肾炎的主要临床表现是

A. 大肠埃希菌　B. 肠球菌　C. 金黄色葡萄球菌
D. β 溶血性链球菌　E. 厌氧菌

1433. 导致尿路感染最常见的致病菌是

1434. 急性膀胱炎最常见的致病菌是

1435. 无症状性细菌尿最常见的致病菌是
1436. 诱发急性肾小球肾炎最常见的病原体是

1437. 细菌性泌尿系感染,最重要的诊断依据是
A. 静脉尿路造影　　B. 尿频、尿急、尿痛　　C. 腰痛,发热
D. 尿常规　　E. 尿细菌培养和菌落计数

1438. 诊断尿路感染的最重要依据是
A. 有尿痛、尿频、尿急症状　　B. 腰痛和肾区叩击痛　　C. 有真性细菌尿
D. 有白细胞尿　　E. 有蛋白尿

1439. 女,24岁。发热1天后出现肉眼血尿,无尿急、尿频、尿痛。尿常规:蛋白(+),红细胞30~40/HP,白细胞10~20/HP。为明确诊断,应进行的检查是
A. 尿蛋白定量　　B. 膀胱镜　　C. 肾盂造影
D. 尿细菌培养　　E. 血常规检查

1440. 金黄色葡萄球菌所致尿路感染的主要感染途径是
A. 上行感染　　B. 淋巴道感染　　C. 性接触感染
D. 血行感染　　E. 直接感染

A. <1000/ml　　B. 1000/ml　　C. 1万/ml
D. 5万/ml　　E. 10万/ml

1441. 链球菌引起的尿路感染,清洁中段尿培养,有临床诊断意义的最低菌落计数为
1442. 克雷伯杆菌引起的尿路感染,清洁中段尿培养,有临床诊断意义的最低菌落计数为

A. 上皮细胞管型　　B. 白细胞管型　　C. 颗粒管型
D. 红细胞管型　　E. 脂肪管型

1443. 对急性肾盂肾炎诊断有意义的尿常规检查是
1444. 对急性肾小球肾炎诊断有意义的尿常规检查是

1445. 临床有慢性肾盂肾炎表现,而尿培养阴性,为了确定尿中有无原浆型菌株存在,应该
A. 取清晨第1次尿做培养　　B. 尿标本应1小时内送培养　　C. 做尿低渗培养
D. 做尿等渗培养　　E. 做尿高渗培养

1446. 有助于鉴别肾盂肾炎与膀胱炎的尿液检查是
A. 蛋白定量　　B. 白细胞管型　　C. 尿培养
D. 白细胞计数　　E. 红细胞计数

1447. 鉴别上、下尿路感染的依据是
A. 中段尿细菌培养　　B. 尿抗体包裹细菌检查　　C. 尿蛋白定量
D. 3小时尿白细胞计数　　E. 尿中脓细胞检查

1448. 下列检查结果对区分上、下尿路感染没有意义的是
A. 尿白细胞管型　　B. B超示肾盂形态异常　　C. 膀胱穿刺培养示大肠埃希菌
D. 肾区叩痛　　E. 外周血WBC明显升高

1449. 女,40岁。畏寒、高热伴腰痛,尿频、尿急、尿痛2天。查体:左侧肾区有压痛和叩击痛,尿WBC 40~50/HP,白细胞管型50/HP。血WBC15.4×10^9/L,N0.87。最可能的诊断是
A. 急性膀胱炎　　B. 尿路结石　　C. 急性肾盂肾炎
D. 急性肾小球肾炎　　E. 尿路综合征

1450. 女,70岁。劳累后突发寒战、高热、左侧腰痛1天。无尿频、尿急、尿痛。查体:左侧肾区叩击痛阳性。尿沉渣镜检示WBC30~40/HP,RBC5~8/HP。为明确诊断,需要做的检查是

A. 血培养　B. 静脉尿路造影　C. 尿细胞学检查
D. 腰部 B 超　E. 尿中段培养+药敏

A. 敏感抗生素分组轮流使用　B. 用药后症状消失即停药　C. 应用消炎痛
D. 用糖皮质激素　E. 用药 72 小时无效应换药,疗程 2 周

1451. 急性肾盂肾炎的治疗是
1452. 慢性肾盂肾炎的治疗是

(1453~1455 题共用题干)患者,女,30 岁。1 周来发热、尿频、尿急、尿痛伴腰痛,既往无类似病史。查体:体温 38.3℃,心、肺检查未见异常,腹软,肝脾肋下未触及,双肾区有叩击痛。化验:尿蛋白(+),白细胞 30~50/HP,可见白细胞管型。

1453. 对该患者最可能的诊断是
A. 急性肾小球肾炎　B. 急性尿道炎　C. 急性膀胱炎
D. 急性肾盂肾炎　E. 尿道综合征

1454. 不宜作为首选的治疗药物是
A. 喹诺酮类　B. 头孢菌素类　C. 红霉素
D. 半合成广谱青霉素　E. 克林霉素

1455. 一般用药的疗程是
A. 3 天　B. 7 天　C. 14 天
D. 20 天　E. 30 天

1456. 女性,28 岁。尿频尿急尿痛 3 天,无发热。查体:肾区无叩击痛,血 WBC5.6×10^9/L,N0.66。尿沉渣镜检 WBC25~30/HP。下一步采取的最佳措施是
A. 抗生素治疗 3 天　B. 抗生素治疗 2 周　C. 抗生素治疗 4 周
D. 单剂量抗生素治疗　E. 多饮水,不用抗生素

1457. 女,28 岁。寒战发热伴尿频 3 天。查体:T39.5℃,右肾区叩击痛,尿常规红细胞 5~10/高倍视野,白细胞 20~30/高倍视野。该患者抗生素治疗的疗程是
A. 3 天　B. 1 周　C. 4 周
D. 2 周　E. 3 周

1458. 女,62 岁。尿频、尿急、尿痛 1 天。尿中可见血丝,伴排尿时下腹痛。无发热。不宜采用的检查方法是
A. 膀胱镜检查　B. 尿常规检查　C. 尿菌落计数
D. 静脉尿路造影　E. 尿细菌培养+药物敏感试验

1459. 诊断慢性肾盂肾炎的可靠依据是
A. 临床症状迁延不愈超过半年　B. 反复发作超过半年　C. 中段尿细菌培养多次阳性
D. 尿常规中有蛋白及红、白细胞　E. 静脉肾盂造影示肾盂、肾盏变形或双肾大小不一

1460. 女,42 岁。间断发热、腰痛伴尿频 2 年,每次发作应用抗生素治疗可好转。近半年来夜尿增多。尿常规:尿比重 1.015,RBC0~2/HP,WBC3~5/HP。静脉肾盂造影见肾盂肾盏狭窄变形,肾小盏扩张。首先考虑的诊断是
A. 慢性肾炎　B. 肾积水　C. 肾囊肿合并感染
D. 慢性肾盂肾炎　E. 肾结核

1461. 对诊断慢性肾盂肾炎最有意义的是
A. 尿频、尿急、尿痛反复发作　B. 清洁中段尿细菌培养计数>10^5/ml
C. 畏寒发热,尿白细胞数增高　D. 尿亚硝酸盐还原试验阳性

E. 肾小管功能持续性损害

1462. 需要治疗的无症状性菌尿见于
A. 老年女性　B. 长期留置导尿　C. 糖尿病
D. 绝经期前非妊娠妇女　E. 妊娠妇女

第 24 章　急性肾损伤与慢性肾衰竭

(执业医师及助理医师均需掌握)

1463. 可以导致肾前性急性肾损伤的因素为
A. 前列腺增生　B. 应用庆大霉素　C. 输尿管结石
D. 大量丢失体液　E. 应用马兜铃酸类中药

A. 肾前性急性肾损伤　B. 急性肾小管坏死　C. 急性间质性肾炎
D. 急进性肾小球肾炎　E. 肾后性急性肾损伤

1464. 因"急性肠炎"静脉输注庆大霉素 1 周后出现少尿,尿钠>40mmol/L。少尿最可能的原因是

1465. 肝硬化伴大量腹水,进行性尿量减少 1 周,尿比重 1.030,尿红细胞(-),蛋白(-)。少尿最可能的原因是

1466. 男,68 岁。高血压 15 年,规律服用氢氯噻嗪和卡托普利降压,近 3 天来腹泻,呈稀水样便,尿量 300~400ml/d。实验室检查:血肌酐 158μmol/L,血尿素氮 19mmol/L,尿渗透压600mOsm/(kg·H_2O)。患者出现上述异常检测结果的最可能原因是
A. 血容量减低　B. 急性间质性肾炎　C. 急性肾小管坏死
D. 药物不良反应　E. 肾后性梗阻

1467. 急性肾衰竭少尿期结束的标志,是指 24 小时尿量至少增加至
A. 250ml　B. 300ml　C. 350ml
D. 400ml　E. 500ml

1468. 急性肾衰竭少尿期最常见的血镁、磷、钙代谢异常是
A. 高镁、高磷、低钙　B. 低镁、高磷、低钙　C. 高镁、低磷、高钙
D. 低镁、高磷、高钙　E. 高镁、高磷、高钙

1469. 急性肾衰竭少尿期的表现正确的是
A. 低钾　B. 高氯　C. 高钠
D. 低钙　E. 低镁

1470. 急性肾衰竭少尿或无尿期最为危险的是
A. 水中毒　B. 血钠、血钙降低　C. 高血钾
D. 代谢性酸中毒　E. 高血压

1471. 急性肾衰竭造成死亡的常见电解质紊乱是
A. 高血钾　B. 高血镁　C. 低血钾
D. 低血钙　E. 低血钠

1472. 急性肾衰竭少尿期最常见的酸碱失衡是
A. 代谢性酸中毒　B. 呼吸性酸中毒　C. 代谢性碱中毒
D. 呼吸性碱中毒　E. 呼吸性酸中毒合并代谢性碱中毒

1473. 尿液检查下列哪项对慢性肾衰竭的诊断最有价值?
A. 蛋白量　B. 红细胞数　C. 白细胞数

D. 比重固定于 1.010　　E. 颗粒管型

A. 肾后性急性肾衰竭　　B. 肾前性氮质血症　　C. 急性肾小管坏死
D. 急进性肾炎　　E. 急性间质性肾炎

1474. 充血性心力衰竭加重期出现少尿，血 BUN/Scr>20，尿比重 1.025，最可能的诊断是

1475. 老年糖尿病肾病患者腹部增强 CT 检查后出现少尿，尿钠 54mmol/L，最可能的诊断是

1476. 女，59 岁。因高热、腹泻静脉点滴庆大霉素治疗，5 天后出现恶心、呕吐，伴少尿。查血白细胞总数及分类正常，尿比重 1.010，蛋白(+)，红细胞 0~2/HP，白细胞 3~5/HP。血肌酐 320μmol/L，尿素氮 17mmol/L，尿钠 100mmol/L。该患者肾衰竭最可能的原因是
A. 急性肾小管坏死　　B. 急性间质性肾炎　　C. 急进性肾小球肾炎
D. 肾前性氮质血症　　E. 急性肾小球肾炎

1477. 急性肾衰竭患者少尿期或无尿期出现水中毒的常见原因是
A. 钠中毒　　B. 酸中毒　　C. 未严格限制入水量
D. 体内内生水过多　　E. 抗利尿激素增加

1478. 在急性肾衰竭患者少尿期或无尿期，需紧急处理的电解质失调是
A. 低氯血症　　B. 低钠血症　　C. 低钙血症
D. 高镁血症　　E. 高钾血症

1479. 禁用于肾功能不全患者的抗菌药物是
A. 青霉素 G　　B. 阿莫西林　　C. 头孢曲松
D. 阿米卡星　　E. 阿奇霉素

1480. 急性肾衰竭(损伤)高钾血症选择血液透析，血钾浓度的下限是
A. 5.5mmol/L　　B. 6.0mmol/L　　C. 6.5mmol/L
D. 7.0mmol/L　　E. 7.5 mmol/L

1481. 男，50 岁。间断水肿 3 年，加重伴乏力 1 个月。3 年来反复出现颜面和双下肢水肿，未予诊治。1 个月来水肿加重。查体：BP170/85mmHg。双下肢中度水肿。尿常规：尿 RBC(-)，蛋白(++)。血 Hb70g/L，Scr865μmol/L，K^+ 6.5mmol/L，Ca^{2+} 1.79mmol/L，全段甲状旁腺激素(iPTH)710pg/ml。需要紧急处理的临床情况是
A. 血 K^+ 6.5mmol/L　　B. 血 Ca^{2+} 1.79mmol/L　　C. Scr865μmol/L
D. 血 Hb70g/L　　E. 血 iPTH710pg/ml

1482. 男性，62 岁。急性重症胰腺炎患者，于保守治疗中，尿量逐渐减少，无尿 2 日，出现气促、全身水肿。血压 180/92mmHg，心率 120/分，听诊闻及两下肺布满细湿啰音。查血钾 6.9mmol/L，尿素氮 25.2mmol/L，肌酐 577μmol/L，目前应采取的最有效治疗手段是
A. 袢利尿剂静脉注射　　B. 静脉滴注甘露醇利尿　　C. 口服甘露醇或硫酸镁导泻
D. 控制入液量，停止补钾　　E. 及时紧急透析

1483. 急性肾衰竭伴高钾血症患者，心率 40 次/分，应首先采取的治疗措施是
A. 静脉点滴 5%碳酸氢钠　　B. 静脉点滴 10%葡萄糖+胰岛素　　C. 口服降钾树脂
D. 静脉注射 10%葡萄酸钙　　E. 血液透析

1484. 男，60 岁。急性肾衰竭患者，血钾 5.6mmol/L，下列治疗措施有原则性错误的是
A. 10%氯化钾 20ml 静脉滴注　　B. 口服钠型树脂 15g，每日 3 次
C. 山梨醇 5g，每 2 小时口服一次　　D. 5%碳酸氢钠溶液 100ml，缓慢静脉推注
E. 25%葡萄糖注射液加胰岛素(3~5U)200ml，缓慢静脉推注

1485. 常规血液透析的禁忌证是

A. 严重代谢性酸中毒　B. 新发脑出血　C. 肺感染
D. 糖尿病　E. 高血压

(1486～1488题共用题干)女性,50岁。因呕吐、腹泻、低热于门诊应用庆大霉素32万单位/天,共5天,近日来觉尿量有所减少,为700～800ml/d,伴乏力、头晕。实验室检查尿蛋白(+),血红蛋白100g/L,血清钾6.5mmol/L,血尿素氮13.5mmol/L,血肌酐884μmol/L。

1486. 该患者最可能的诊断是
A. 庆大霉素导致的急性肾衰竭　B. 庆大霉素过敏　C. 急性胃肠炎致肾损害
D. 腹泻脱水致急性肾功能异常　E. 急性间质性肾炎

1487. 最有助于诊断的进一步检查是
A. 肾脏B超　B. 静脉肾盂造影　C. 放射性核素肾图
D. 肾活检　E. 血气分析

1488. 最应采取的治疗手段是
A. 口服离子交换树脂　B. 大剂量呋塞米静脉注射　C. 限制入水量
D. 透析治疗　E. 按3～6g葡萄糖:1U胰岛素比例静脉滴注补液

(1489～1491题共用题干)女性,34岁。宫外孕大出血,血压曾下降至60/40mmHg,紧急手术,术后2天出现少尿,补液2000ml后,尿量无明显增加。查体:BP110/80mmHg,贫血貌,HCO_3^-21mmol/L,血肌酐186μmol/L。尿常规:比重1.015,蛋白(++),血红蛋白80g/L。

1489. 该患者最可能的诊断
A. 肾前性少尿　B. 急性肾小管坏死　C. 急性间质性肾炎
D. 尿路梗阻　E. 肾动脉梗阻

1490. 该患者最不可能出现的检查结果是
A. 尿钠增高　B. 尿渗透压降低　C. 血尿素氮/血肌酐比例升高
D. 颗粒管型　E. 尿沉渣镜检可见少量红、白细胞

1491. 下述治疗措施中,正确的是
A. 静脉点滴新鲜全血　B. 静脉点滴氯化钾　C. 血液透析
D. 静脉点滴呋塞米　E. 静脉点滴碳酸氢钠

1492. 男,45岁。因恶心、呕吐1周就诊。检查发现:贫血貌,血压195/110mmHg。血肌酐981μmol/L。肾脏B超:长轴7.8cm。最可能的诊断是
A. 急性肾小管坏死　B. 急性间质性肾炎　C. 急性肾小球肾炎
D. 慢性肾衰竭　E. 恶性高血压

1493. 慢性肾脏病(CKD)4期是指
A. GFR<10ml/(min·1.73m^2)　B. GFR<15ml/(min·1.73m^2)
C. GFR15～29ml/(min·1.73m^2)　D. GFR50～59ml/(min·1.73m^2)
E. GFR≥60ml/(min·1.73m^2)

1494. 男,27岁。头晕1周,加重伴乏力、心悸、牙龈出血就诊。查体:血压165/105mmHg。血红蛋白69g/L,血肌酐879μmol/L,尿蛋白(++),尿红细胞2～3/HP。B超示左肾8.9cm×4.8cm×4.2cm,右肾8.6cm×4.7cm×3.9cm,双肾皮质变薄。该患者最可能的诊断为
A. 慢性肾小球肾炎(CKD3期)　B. 慢性肾小球肾炎(CKD4期)　C. 慢性肾小球肾炎(CKD5期)
D. 急性肾小球肾炎　E. 急进性肾小球肾炎

(1495～1496题共用题干)女,63岁。夜尿增多伴血压升高2年,乏力、纳差1个月。既往间断服用

"龙胆泻肝丸"多年。查体：BP150/95mmHg，双下肢无水肿。实验室检查：Hb82g/L，Scr238μmol/L，Glu5.4mmol/L。尿常规：RBC（-），蛋白（+），糖（+）。放射性核素肾动态显像示左肾 eGFR 10.2ml/(min·1.73m²)，右肾 eGFR11.5ml/(min·1.73m²)。

1495. 该患者的肾功能分期为慢性肾脏病
A. 1 期　B. 2 期　C. 3 期
D. 4 期　E. 5 期

1496. 患者肾功能减退最可能的病因是
A. 糖尿病肾病　B. 慢性肾小球肾炎　C. 慢性肾盂肾炎
D. 慢性间质性肾炎　E. 高血压肾小动脉硬化

（1497~1499 题共用题干）患者，男，50 岁。1 年来头晕、乏力，半月加重伴心悸、纳差、恶心，血压增高为 165/105mmHg。化验尿 Pro(++)，沉渣 RBC4~8/HP，血 Hb80g/L，Scr610μmol/L，BUN25mmol/L。

1497. 根据国际公认的"肾脏病生存质量指导"（K/DOQI）的分期，该患者慢性肾脏疾病的分期是
A. 1 期　B. 2 期　C. 3 期
D. 4 期　E. 5 期

1498. 根据肾功能损害程度，该患者符合
A. 肾储备能力下降期　B. 氮质血质期　C. 肾衰竭期
D. 尿毒症期　E. 肾衰竭潜伏期

1499. 该患者最不可能出现的电解质紊乱是
A. 低镁血症　B. 低钠血症　C. 低钙血症
D. 高磷血症　E. 代谢性酸中毒

1500. 在我国，目前慢性肾功能不全最常见的病因是
A. 高血压肾病　B. 糖尿病肾病　C. 遗传性肾病
D. 原发性肾小球肾炎　E. 慢性肾盂肾炎

1501. 引起慢性肾功能不全的最常见继发性肾脏病是
A. 乙肝相关性肾炎　B. 淀粉样变肾病　C. 糖尿病肾病
D. 良性肾小动脉硬化　E. 系统性红斑狼疮

1502. 不属于促进慢性肾炎恶化因素的是
A. 肾脏基础病变活动　B. 高血压　C. 高蛋白饮食
D. 高脂血症　E. 遗传因素

1503. 下列哪项不是慢性肾脏疾病肾功能恶化的诱因
A. 感染　B. 应用肾毒性药物　C. 饮食中蛋白质不足
D. 有效循环血量减少　E. 严重高血压或血压骤减

1504. 慢性肾功能不全恶化的常见诱因，应除外的是
A. 感染、发热　B. 外伤、失血　C. 呕吐伴腹泻
D. 血尿酸或血钙过低　E. 心力衰竭

1505. 尿毒症症状加重最常见的诱因是
A. 心力衰竭　B. 感染　C. 脱水
D. 肾毒性药物　E. 高蛋白饮食

1506. 慢性肾衰竭患者常出现的电解质紊乱是
A. 高磷血症，低钙血症　B. 低磷血症，高钙血症　C. 低钙血症，低钾血症
D. 低磷血症，高钾血症　E. 低钾血症，高钙血症

1507. 慢性肾衰竭最常并发的电解质及酸碱平衡紊乱是
A. 高钾血症、代谢性碱中毒　B. 高钾血症、代谢性酸中毒　C. 低钾血症、代谢性酸中毒
D. 高钾血症、呼吸性酸中毒　E. 低钾血症、呼吸性碱中毒
1508. 尿毒症患者高血压最主要的原因是
A. 肾素增多　B. 促红素减少　C. 水钠潴留
D. 血管加压素增多　E. 交感神经兴奋
1509. 男,40岁。慢性肾衰竭患者,饮食控制欠佳。突发抽搐,意识丧失,心搏骤停。死亡原因最可能是
A. 代谢性酸中毒　B. 高血压　C. 心功能不全
D. 高钾血症　E. 尿毒症脑病
1510. 慢性肾功能不全尿毒症期必有的临床表现是
A. 贫血　B. 蛋白尿　C. 水肿
D. 高血压　E. 血尿
1511. 慢性肾衰竭进展过程中最早出现的临床表现常为
A. 消化道症状　B. 贫血　C. 出血
D. 反复感染　E. 骨痛
1512. 尿毒症患者血液系统的临床表现为
A. 小细胞低色素性贫血　B. 白细胞出现,中性粒细胞增加　C. 血小板异常增多
D. 贫血常为轻、中度　E. 促红细胞生成素增加
1513. 尿毒症患者贫血的最主要原因是
A. 慢性失血　B. 血红蛋白合成障碍　C. 红细胞寿命缩短
D. 促红细胞生成素缺乏　E. 铁及叶酸摄入不足
1514. 鉴别急性肾衰竭与慢性肾衰竭首选的检查是
A. 同位素肾动态显像　B. 肾脏B超　C. 尿钠排泄分数
D. 内生肌酐清除率　E. 尿沉渣镜检
1515. 慢性肾功能不全周围神经病变较明显的症状是
A. 弛缓性瘫痪　B. 震颤　C. 不宁腿综合征
D. 肌无力　E. 偏身瘫痪
1516. 慢性肾功能不全继发甲状旁腺功能亢进最主要的原因是
A. 血肌酐增高　B. 血钾升高　C. 血磷增高
D. 维生素D减少　E. 酸中毒
1517. 尿毒症患者发生纤维性骨炎的主要原因是
A. 尿钙排泄增多　B. 继发性甲状旁腺功能亢进　C. 尿磷排泄减少
D. 营养不良和低蛋白血症　E. 活性维生素D合成障碍

(1518~1519题共用题干)女,36岁。慢性肾衰竭4年。1周来水肿加重,伴恶心、呕吐、胸痛、呼吸困难。查体:体温38.1℃,血压180/100mmHg,心前区可闻及心包摩擦音。血红蛋白63g/L,血尿素氮28.6mmol/L,血肌酐870.9μmol/L。

1518. 此患者病情危重的主要表现是
A. 内分泌失调　B. 高血压　C. 呼吸困难
D. 贫血　E. 水肿
1519. 目前治疗错误的是
A. 血液透析　B. 利尿　C. 抗感染

D. 快速补充血容量　E. 控制血压

(1520~1521题共用题干)男,35岁。发热、咳黄痰10天,水肿伴恶心、呕吐、呼吸困难1周。1天前突发抽搐、昏迷。既往IgA肾病5年。查体:BP180/110mmHg,贫血貌,深大呼吸,双中下肺野闻及湿啰音,心率120次/分,双下肢水肿。Hb68g/L,Scr1325μmol/L。

1520. 患者意识障碍最可能的原因是
A. 高血压脑病　B. 低钙血症　C. 尿毒症脑病
D. 贫血　E. 脑血管病

1521. 当前最有效的治疗措施是
A. 血液透析　B. 大剂量利尿剂　C. 输血
D. 降压　E. 抗感染

(1522~1524题共用题干)男,38岁。间歇性水肿10余年,伴恶心、呕吐1周,血压155/110mmHg。血常规Hb80g/L。尿常规:尿蛋白(++),颗粒管型2~3/HP。Scr485μmol/L。

1522. 原发病的诊断可能是
A. 隐匿性肾炎　B. 原发性高血压病　C. 慢性肾盂肾炎
D. 慢性肾小球肾炎　E. 肾病综合征

1523. 为了判断上述患者是否为慢性肾功能不全,应首选的检查是
A. 肾穿刺　B. 静脉肾盂造影　C. 肾脏CT
D. 肾脏MRI　E. 肾脏B超

1524. 上例患者肾功能损害分期为
A. 肾功能正常期　B. 肾功能不全代偿期　C. 肾功能不全氮质血症期
D. 肾功能衰竭期　E. 尿毒症晚期

1525. 对控制慢性肾脏病变肾功能进行性减退无明确作用的措施是
A. 限制蛋白质的摄入　B. 减少蛋白尿　C. 控制血压
D. 消除水肿　E. 纠正血脂异常

1526. 女,25岁。乏力3个月。查体:BP170/105mmHg。化验检查:Hb84g/L。尿常规:蛋白(++),颗粒管型2~3/低倍视野。BUN12.3mmol/L,Scr276.8μmol/L。针对该患者不应采取的措施是
A. 控制血压　B. 根据尿量适当限水　C. 高蛋白饮食
D. 低钠饮食　E. 低磷饮食

1527. 慢性肾小球肾炎,GFR65ml/(min·1.73m^2),最主要的治疗是
A. 应用包醛氧化淀粉　B. 低蛋白饮食　C. 应用β受体阻滞剂
D. 应用ACEI　E. 应用α-酮酸

A. 糖皮质激素　B. 磷结合剂　C. 促红细胞生成素
D. 血管紧张素转换酶抑制剂　E. 碳酸氢钠

1528. 慢性肾功能不全继发甲状旁腺功能亢进症患者应给予
1529. 糖尿病肾病大量蛋白尿患者应给予

A. 口服碳酸钙　B. 必需氨基酸疗法　C. 补充1,25-$(OH)_2D_3$
D. 促红细胞生成素　E. 血液透析治疗

1530. 慢性肾功能不全出现肾性贫血最合适的治疗药物是
1531. 尿毒症患者伴高钾血症降血钾最有效的疗法是
A. 氢氧化铝凝胶　B. 血液透析　C. 口服碳酸氢钠

D. 蛋白同化激素　E. 抗生素

1532. 慢性肾功能不全患者血钾>6.5mmol/L

1533. 慢性肾功能不全代偿期轻度代谢性酸中毒

A. 降钾树脂　B. 碳酸氢钠　C. 促红素

D. 呋塞米(速尿)　E. 活性维生素 D_3

1534. 慢性肾衰竭高钾血症选用哪项治疗?

1535. 慢性肾衰竭继发性甲状旁腺功能亢进选用哪项治疗?

A. 口服碳酸钙　B. 静脉注射碳酸氢钠　C. 补充1,25-$(OH)_2D_3$

D. 给予促红细胞生成素　E. 做血液滤过治疗

1536. 慢性肾功能不全伴高磷血症的治疗应首选

1537. 慢性肾功能不全伴心力衰竭的治疗应选

1538. 不属于洛丁新(苯那普利)发挥肾保护作用主要机制的是

A. 降低血压　B. 减少蛋白尿　C. 减轻血尿

D. 减轻肾脏炎症反应　E. 抑制肾脏纤维化

1539. 男,35岁。发现蛋白尿、镜下血尿3年,血压升高1个月。BP160/100mmHg,尿RBC30~35/HP,尿Pro1.8g/d,Scr130μmol/L,BUN8.2mmol/L。该患者首选的降压药物是

A. β受体拮抗剂　B. 利尿剂　C. 钙通道阻滞剂

D. α受体拮抗剂　E. 血管紧张素转换酶抑制剂

第25章　贫　血

一、贫血总论(执业医师及助理医师均需掌握)

1540. 诊断成年女性贫血的标准为血红蛋白浓度低于

A. 140g/L　B. 130g/L　C. 120g/L

D. 110g/L　E. 100g/L

1541. 重度贫血的血红蛋白浓度是

A. <30g/L　B. 30~59g/L　C. 60~89g/L

D. 90~100g/L　E. >100g/L

1542. 属于正细胞正色素性贫血的疾病是

A. 慢性失血性贫血　B. 急性溶血性贫血　C. 缺铁性贫血

D. 地中海贫血　E. 营养性巨幼细胞性贫血

1543. 下列贫血性疾病中,属于大细胞性贫血的是

A. 再生障碍性贫血　B. 地中海贫血　C. 慢性病性贫血

D. 缺铁性贫血　E. 恶性贫血

1544. 血红素合成障碍所致的贫血是

A. 缺铁性贫血　B. 再生障碍性贫血　C. 海洋性贫血

D. 巨幼细胞贫血　E. 慢性病贫血

1545. 属于红细胞破坏过多性贫血的是

A. 巨幼细胞贫血　B. 骨髓病性贫血　C. 铁粒幼细胞性贫血

D. 珠蛋白生成障碍性贫血　E. 慢性病性贫血

A. 再生障碍性贫血　B. 巨幼细胞贫血　C. 缺铁性贫血
D. 慢性失血性贫血　E. 海洋性贫血

1546. 叶酸缺乏性贫血
1547. 珠蛋白合成障碍性贫血

1548. 再生障碍性贫血的主要原因是
A. 骨髓造血功能衰竭　B. 红细胞破坏过多　C. 红细胞寿命缩短
D. 造血原料缺乏　E. 红细胞内在缺陷

1549. 由造血干细胞损伤所致的贫血性疾病是
A. 溶血性贫血　B. 再生障碍性贫血　C. 巨幼细胞贫血
D. 缺铁性贫血　E. 慢性病性贫血

1550. 哪一种贫血不是由于红细胞破坏过多引起的？
A. 海洋性贫血　B. 蚕豆病　C. 铁粒幼细胞性贫血
D. 镰刀细胞性贫血　E. 遗传性球形细胞增多症

1551. 下列疾病与引起促红细胞生成素分泌不足而造成贫血无关的是
A. 肾功能不全　B. 垂体功能低下　C. 肿瘤性疾病
D. 甲状腺功能减退症　E. 肝病

1552. 常见贫血的临床表现不包括
A. 面色苍白　B. 活动后心悸　C. 头晕
D. 乏力　E. 皮疹

1553. 诊断贫血较为重要的依据是
A. 皮肤黏膜颜色　B. 红细胞计数　C. 血红蛋白浓度
D. 红细胞比容　E. 红细胞平均体积

1554. 外周血反映骨髓幼红细胞增生程度的最可靠指标是
A. 血红蛋白及红细胞计数　B. 网织红细胞百分率　C. 网织红细胞绝对值
D. 出现有核红细胞　E. 红细胞内出现 Howell-Jolly 小体

1555. 贫血的治疗原则首先是
A. 使用抗贫血药物　B. 补充造血原料　C. 刺激骨髓造血
D. 使用肾上腺糖皮质激素　E. 去除或纠正病因

二、缺铁性贫血（执业医师及助理医师均需掌握）

1556. 下列属于贮存铁的是
A. 血红蛋白铁　B. 肌红蛋白铁　C. 转铁蛋白结合的铁
D. 乳铁蛋白结合的铁　E. 含铁血黄素

1557. 人体铁吸收率最高的部位是
A. 回肠远段及回盲部　B. 升结肠及降结肠　C. 食管及胃
D. 十二指肠及空肠上段　E. 空肠下段及回肠近段

1558. 在缺铁性贫血的实验室检查中，最能说明体内贮存铁缺乏的指标是
A. 小细胞低色素　B. 血清铁降低　C. 总铁结合力升高
D. 血清铁蛋白降低　E. 骨髓铁染色，铁粒幼细胞减少

1559. 有关铁的描述，正确的是
A. 食物中的铁以二价铁为主　B. 肠黏膜吸收的铁为二价铁　C. 转铁蛋白结合的铁为二价铁
D. 血红蛋白中的铁为三价铁　E. 体内铁蛋白中结合的铁为二价铁

1560. 关于铁代谢，下列哪项是正确的？
A. 正常肠黏膜可吸收三价铁　B. 血清铁离子一般是亚铁离子　C. 维生素C能把食物中铁游离化
D. 铁以 Fe^{2+} 形式运输　E. 切除空肠可导致缺铁性贫血

1561. 下列不属于缺铁性贫血病因的是
A. 女性妊娠和哺乳　B. 女性子宫肌瘤月经量增多　C. 胃大部切除术后
D. 痔出血　E. 肝硬化食管胃底静脉曲张破裂大出血

1562. 男性，55岁。3个月来乏力、面色苍白，体重下降6kg。既往体健。化验Hb60g/L，RBC3.0×10^{12}/L，WBC8.2×10^{9}/L，Plt310×10^{9}/L，外周血涂片见红细胞中心淡染区扩大。为寻找贫血的原因，首选的检查是
A. 腹部B超　B. 血清铁蛋白　C. 尿常规
D. 大便潜血　E. 骨髓检查

1563. 男，45岁。便血、面色苍白3个月。血常规：Hb60g/L，MCV72fl，MCHC27%，WBC8.0×10^{9}/L，Plt138×10^{9}/L，网织红细胞0.025。最可能出现的特有临床表现是
A. 酱油色尿　B. 匙状甲　C. 皮肤瘀斑
D. 肝、脾肿大　E. 巩膜黄染

1564. 女，20岁。头晕、乏力1年。实验室检查：Hb70g/L，RBC3.0×10^{12}/L，WBC4.1×10^{9}/L，Plt200×10^{9}/L，血清铁蛋白4μg/L。最可能的诊断是
A. 慢性病性贫血　B. 巨幼细胞贫血　C. 缺铁性贫血
D. 地中海贫血　E. 骨髓增生异常综合征

1565. 缺铁性贫血患者因组织缺铁而发生的临床表现不包括
A. 口腔炎、舌炎　B. 匙状甲　C. 吞咽困难
D. 头晕、乏力　E. 皮肤干燥、皱缩

1566. 缺铁性贫血病人发生Plummer-Vinson综合征时的临床特点是
A. 儿童发育迟缓　B. 智商低　C. 烦躁、易怒
D. 吞咽困难　E. 异食癖

1567. 女，31岁。2年前因胃出血行胃大部切除术，近1年半来头晕，乏力，面色逐渐苍白，平时月经量稍多。检查：Hb76g/L，RBC3.1×10^{12}/L，WBC5.3×10^{9}/L，网织红细胞0.015。在进行体格检查时，不可能出现的体征是
A. 皮肤干燥，毛发干燥易脱落　B. 行走不稳，深感觉减退　C. 口腔炎、舌乳头萎缩
D. 指甲变脆，变平或匙状甲　E. 心尖部收缩期吹风样杂音

1568. 成年典型缺铁性贫血患者，下列血象结果中不支持的是
A. WBC18×10^{9}/L　B. MCV76fl　C. 网织红细胞0.02
D. MCHC28%　E. P1t350×10^{9}/L

1569. 下列疾病中，骨髓有核红细胞出现"核老浆幼"现象的是
A. 巨幼细胞贫血　B. 急性红血病　C. 骨髓增生异常综合征
D. 缺铁性贫血　E. 再生障碍性贫血

1570. 女，30岁。乏力、头晕伴月经过多半年。化验：Hb60g/L，RBC3.1×10^{12}/L，WBC7.3×10^{9}/L，红细胞中心淡染区扩大。该患者最可能的化验结果是
A. 血清铁降低，总铁结合力降低，红细胞游离原卟啉降低
B. 血清铁降低，总铁结合力降低，红细胞游离原卟啉增高
C. 血清铁降低，总铁结合力增高，红细胞游离原卟啉增高
D. 血清铁增高，总铁结合力增高，红细胞游离原卟啉降低

E. 血清铁降低，总铁结合力增高，红细胞游离原卟啉降低

1571. 慢性失血性贫血的外周血实验室检查特点是
A. 正细胞正色素性贫血　B. 小细胞低色素性贫血　C. 小细胞正色素性贫血
D. 大细胞低色素性贫血　E. 大细胞正色素性贫血

A. 血清铁增加，铁蛋白增加，总铁结合力降低　B. 血清铁降低，铁蛋白降低，总铁结合力升高
C. 血清铁降低，铁蛋白增加，总铁结合力升高　D. 血清铁降低，铁蛋白降低，总铁结合力降低
E. 血清铁降低，铁蛋白增加，总铁结合力降低

1572. 缺铁性贫血患者的改变是
1573. 慢性病性贫血患者的改变是

1574. 诊断缺铁性贫血最肯定的依据是
A. 有慢性失血史　B. 血涂片见典型小细胞低色素性红细胞
C. 转铁蛋白饱和度降低　D. 骨髓小粒可染铁消失　E. 血清铁降低

1575. 女，22 岁。头晕、乏力 1 年。实验室检查：血 Hb70g/L，RBC3.0×10^{12}/L，WBC4.1×10^9/L，Plt 200×10^9/L，血清铁蛋白 4μg/L。最可能的诊断是
A. 地中海贫血　B. 慢性病性贫血　C. 巨幼细胞贫血
D. 缺铁性贫血　E. 骨髓增生异常综合征

1576. 女，25 岁。头晕、乏力 2 个月。既往体健，近 1 年来月经量明显增多。实验室检查：Hb95g/L，RBC 3.5×10^{12}/L，红细胞大小不等，中心淡染区扩大，WBC4.5×10^9/L，Plt310×10^9/L，粪隐血(－)。最根本的治疗措施是
A. 治疗妇科疾病　B. 给予雄性激素　C. 给予铁剂
D. 给予糖皮质激素　E. 给予维生素 B_{12}及叶酸

1577. 缺铁性贫血的补铁治疗中，下列属于无机铁的是
A. 琥珀酸亚铁　B. 右旋糖酐铁　C. 富马酸亚铁
D. 硫酸亚铁　E. 山梨醇铁

1578. 营养性缺铁性贫血的有效治疗药物是
A. 叶酸加维生素 B_{12}　B. 硫酸亚铁加维生素 C　C. 反复多次输血
D. 口服枸橼酸铁胺　E. 肌内注射右旋糖酐铁

1579. 缺铁性贫血患者应用铁剂治疗有效的最早指标是
A. 血清铁蛋白上升　B. 血红蛋白上升　C. 网织红细胞上升
D. 血清铁上升　E. 红细胞总数上升

1580. 口服铁剂治疗缺铁性贫血，待血红蛋白正常后，还需继续服用铁剂的时间是
A. 3~7 天　B. 1~2 周　C. 3~4 周
D. 4~6 个月　E. 6 个月至 1 年

1581. 女性，30 岁。月经量多已 2 年，近 3 个月来感乏力、头晕、心悸。查血红蛋白 65g/L，白细胞 6.0×10^9/L，血小板 140×10^9/L。骨髓象：粒/红为 1:1，红细胞增生活跃，中晚幼红细胞 45%，体积小，胞质偏蓝。治疗首选
A. 肌内注射维生素 B_{12}　B. 口服铁剂　C. 输血
D. 脾切除　E. 口服叶酸

1582. 女性，34 岁。2 年来月经量多，乏力、心悸。检查面色较苍白。血红蛋白 70g/L，白细胞 8×10^9/L，血小板 110×10^9/L，血清铁 3μg/L。治疗首选
A. 输血　B. 硫酸亚铁口服　C. 维生素 B_{12}肌内注射

D. 右旋糖酐铁肌内注射　　E. 肾上腺糖皮质激素

（1583～1584 题共用题干）女性，25 岁，未婚，半年来乏力，面色苍白，1 周来加重，既往有十二指肠溃疡病 5 年。化验血 Hb75g/L，RBC3.5 $\times 10^{12}$/L，WBC8.5$\times 10^{9}$/L，Plt325$\times 10^{9}$/L，诊断为缺铁性贫血。

1583. 下列致病原因中，最不可能的是
A. 月经过多　　B. 消化道失血　　C. 偏食
D. 需铁量增加　　E. 溃疡病出血

1584. 该患者最不适宜的处理是
A. 口服琥珀酸亚铁　　B. 肌内注射右旋糖酐铁　　C. 口服稀盐酸
D. 浓缩红细胞输注　　E. 口服硫酸亚铁

三、巨幼细胞贫血（执业医师需掌握）

1585. 男，71 岁。乏力伴食欲不振半年。查体：贫血貌，心、肺、腹未见异常。化验血常规：WBC 3.0$\times 10^{9}$/L，Hb88g/L，Plt75$\times 10^{9}$/L，MCV122fl，MCH34pg，Ret0.04。该患者最可能的诊断是
A. 再生障碍性贫血　　B. 缺铁性贫血　　C. 脾功能亢进
D. 慢性病性贫血　　E. 巨幼细胞贫血

1586. 孕期出现巨幼细胞贫血主要是由于缺乏
A. 维生素 B_{12}　　B. 泛酸　　C. 叶酸
D. 蛋白质　　E. 铁

1587. 下列不属于巨幼细胞贫血实验室检查结果的是
A. 外周血红细胞 MCV 增大　　B. 外周血中性粒细胞呈多分叶
C. 骨髓可见巨中、晚幼粒细胞　　D. 骨髓巨核细胞胞体增大，分叶过多
E. 骨髓有核红细胞呈“幼浆老核”现象

A. 地图舌　　B. 共济失调　　C. 肝脾肿大
D. 匙状甲　　E. 杵状指

1588. 上述体征中，符合缺铁性贫血临床表现的是
1589. 上述体征中，符合维生素 B_{12} 缺乏所致巨幼细胞贫血临床表现的是

四、再生障碍性贫血（执业医师及助理医师均需掌握）

A. 发热、贫血、出血　　B. 出血　　C. 贫血
D. 明显的脾大　　E. 发热、贫血、出血、肝脾肿大

1590. 急性白血病的主要临床表现
1591. 再生障碍性贫血的主要临床表现

1592. 慢性再生障碍性贫血患者最常见的感染是
A. 败血症　　B. 肠道感染　　C. 尿路感染
D. 上呼吸道感染　　E. 皮肤感染

1593. 最容易引起再生障碍性贫血的药物是
A. 氯霉素　　B. 磺胺嘧啶　　C. 环磷酰胺
D. 保泰松　　E. 甲巯咪唑

1594. 引起继发性再生障碍性贫血较常见的病因是
A. 药物及化学物质　　B. 物理因素　　C. 病毒感染
D. 细菌感染　　E. 营养因素

1595. 男，23 岁。头晕、乏力 1 个月，加重伴鼻出血 3 天。查体：贫血貌，全身皮肤散在出血点，浅表淋巴

结未触及肿大,心、肺及腹部未见异常。实验室检查:Hb75g/L,WBC1.2×10^9/L,Plt15×10^9/L,网织红细胞 0.002。该患者可能的免疫异常是

A. $CD4^+$T 细胞比例降低　B. $CD8^+$T 细胞比例增高　C. TNF 水平降低

D. 补体降低　E. $\gamma\delta TCR^+$T 细胞比例降低

1596. 骨髓检查巨核细胞明显减少最常见于

A. 缺铁性贫血　B. 再生障碍性贫血　C. 巨幼细胞贫血

D. 特发性血小板减少性紫癜　E. 溶血性贫血

1597. 男,20 岁。发热伴皮肤出血点 1 周。查体:浅表淋巴结无肿大,胸骨压痛(-),肝脾肋下未触及。血常规:Hb70g/L,WBC1.5×10^9/L,N0.20,L0.80,Plt110×10^9/L,Ret0.001。该患者最可能的诊断是

A. 溶血性贫血　B. 再生障碍性贫血　C. 巨幼细胞贫血

D. 急性白血病　E. 特发性血小板减少性紫癜

A. 骨髓巨核细胞增多,大多为颗粒型巨核细胞　B. 骨髓巨核细胞数量显著减少

C. 骨髓巨核细胞增多,原始巨核细胞显著增多　D. 骨髓巨核细胞增多,小巨核细胞增多

E. 骨髓巨核细胞增多,病态巨核细胞增多

1598. 符合再生障碍性贫血的表现是

1599. 符合特发性血小板减少性紫癜的表现是

1600. 下列不符合急性再生障碍性贫血诊断标准的是

A. 贫血进行性加重　B. 脾大　C. 网织红细胞绝对值<15×10^9/L

D. 中性粒细胞<0.5×10^9/L　E. 血小板<20×10^9/L

1601. 支持重型再生障碍性贫血诊断的是

A. 网织红细胞绝对值 18×10^9/L　B. 血小板计数 10×10^9/L

C. 中性粒细胞计数 1.0×10^9/L　D. 骨髓全片见巨核细胞 8 个

E. 中性粒细胞碱性磷酸酶积分减低

1602. 男,24 岁。头晕、乏力、鼻出血 3 个月,加重伴牙龈出血 1 周。查体:皮肤可见出血点,牙龈有渗血,胸骨无压痛,肝脾肋下未触及。实验室检查:Hb60g/L,WBC1.8×10^9/L,N0.2,L0.80,Plt18×10^9/L,网织红细胞绝对值 11×10^9/L。骨髓细胞学检查示增生明显低下,全片未见巨核细胞。该患者最可能的诊断是

A. 重型再生障碍性贫血　B. 巨幼细胞贫血　C. 特发性血小板减少性紫癜

D. 慢性再生障碍性贫血　E. 急性白血病

1603. 阵发性睡眠性血红蛋白尿特异性的诊断依据为

A. 红细胞寿命缩短　B. Coombs 试验(+)　C. 尿含铁血黄素试验(+)

D. Ham 试验(+)　E. 网织红细胞增高

1604. 男,44 岁。头晕、乏力、面色苍白 3 年。巩膜轻度黄染,脾肋下 2cm。血红蛋白 56g/L,红细胞 1.8×10^{12}/L,白细胞 2.2×10^9/L,血小板 32×10^9/L。骨髓增生减低,但红系增生活跃,以中、晚幼红为主,尿 Rous 试验(+),Ham 试验(+),首先考虑

A. 缺铁性贫血　B. 巨幼细胞贫血　C. 再生障碍性贫血

D. 阵发性睡眠性血红蛋白尿　E. 自身免疫性溶血性贫血

(1605~1607 题共用题干)患者,女,28 岁。3 个月来乏力,1 周来发热伴皮肤紫癜和口腔颊黏膜血疱,浅表淋巴结及肝脾均不大,胸骨无压痛。化验:Hb65g/L,RBC2.2×10^{12}/L,Ret0.2%,WBC 2.4×10^9/L,分类:N24%,L70%,M6%,Plt10×10^9/L。胸部 X 线片检查示右下肺炎症。

1605. 对该患者最可能的血液病学诊断是
A. 骨髓增生异常综合征　B. 再生障碍性贫血　C. 急性淋巴细胞白血病
D. 巨幼细胞贫血　E. 溶血性贫血

1606. 为确定诊断,首选的检查是
A. 血清铁和铁蛋白　B. 血清叶酸和维生素 B_{12}　C. 骨髓穿刺
D. 骨髓活检　E. 胸腹 CT

1607. 根据病史,该患者最急需的治疗是
A. 抗生素治疗　B. 补充叶酸和维生素 B_{12}　C. 雄激素治疗
D. 血小板成分输注　E. 口服硫酸亚铁

(1608~1609 题共用题干)男,26 岁。乏力、间断鼻出血 3 周,既往体健。查体:T36℃,面色略苍白,双下肢可见数个瘀斑,浅表淋巴结未触及肿大,巩膜无黄染,舌尖可见血疱。心、肺检查无异常。腹平软,肝脾肋下未触及。血常规 Hb70g/L,RBC2.3×10^{12}/L,WBC2.9×10^{9}/L,分类 N0.30,L0.65,M0.05,Plt22×10^{9}/L,Ret0.001。

1608. 该患者最可能的诊断是
A. 骨髓增生异常综合征　B. Evans 综合征　C. 阵发性睡眠性血红蛋白尿
D. 再生障碍性贫血　E. 巨幼细胞贫血

1609. 如需进一步明确诊断,最重要的检查是
A. 血清铁和铁蛋白测定　B. 血清叶酸和维生素 B_{12} 测定　C. 多部位骨髓穿刺
D. Coombs 试验　E. 血细胞 CD55、CD59 测定

(1610~1611 题共用题干)女,50 岁。面色苍白、月经过多 2 个月。查体:贫血貌,四肢皮肤散在出血点,心、肺检查无异常,肝脾肋下未触及。实验室检查:血常规:Hb60g/L,WBC2.9×10^{9}/L,Plt12×10^{9}/L。分别在髂前及髂后上棘行骨髓穿刺涂片见有核细胞少,成熟淋巴细胞多见,胸骨穿刺涂片见骨髓增生尚活跃,粒系与红系成熟停滞于晚期阶段,全片未见巨核细胞。

1610. 该患者最可能的诊断是
A. 巨幼细胞贫血　B. 再生障碍性贫血　C. 急性白血病
D. 缺铁性贫血　E. 特发性血小板减少性紫癜

1611. 该患者最宜选择的治疗是
A. 口服铁剂　B. 补充叶酸、维生素 B_{12}　C. 成分输血后选择化疗
D. 应用糖皮质激素　E. 应用雄性激素、抗人淋巴细胞球蛋白

1612. 抗胸腺细胞球蛋白(ATG)治疗重型再生障碍性贫血的机制是
A. 刺激造血干细胞增殖　B. 抑制 T 细胞,使造血功能恢复
C. 改善骨髓微环境　D. 稳定血管内皮细胞,减少出血　E. 提高体内 EPO 水平

1613. 男性,24 岁。近 3 月来感乏力,面色苍白,近 1 周来反复鼻出血。查体:贫血面容,肝脾未及。血小板 25×10^{9}/L,骨髓细胞增生低下,巨核细胞明显减少。首选的治疗为
A. 肾上腺糖皮质激素　B. DA 方案　C. 长春新碱
D. 一叶萩碱　E. 雄激素

1614. 可进行骨髓移植治疗的贫血是
A. 巨幼细胞贫血　B. 再生障碍性贫血　C. 自身免疫性溶血性贫血
D. 慢性病贫血　E. 缺铁性贫血

五、溶血性贫血(执业医师需掌握)

1615. 血管外溶血时,红细胞破坏的最主要场所是

A. 骨髓　　B. 肾　　C. 肝
D. 脾　　E. 心

1616. 可引起红细胞渗透脆性增高的溶血性贫血是
A. 缺铁性贫血　　B. 海洋性贫血　　C. 镰状细胞贫血
D. 阵发性睡眠性血红蛋白尿　　E. 遗传性球形细胞增多症

1617. 主要由于免疫因素异常引起溶血性贫血的情况是
A. 大面积烧伤　　B. 疟疾　　C. 血型不合的输血
D. 毒蛇咬伤　　E. 人工心脏瓣膜置换术后

1618. 由红细胞膜异常引起的贫血性疾病是
A. 蚕豆病　　B. 不稳定血红蛋白病　　C. 遗传性球形细胞增多症
D. 镰状细胞贫血　　E. 地中海贫血

1619. 诊断溶血性贫血最可靠的实验室检查异常结果是
A. 血清红细胞生成素减低　　B. 血清间接胆红素升高　　C. 红细胞渗透脆性增加
D. 红细胞寿命缩短　　E. 外周血红细胞形态异常

1620. 原位溶血见于
A. 自身免疫性溶血性贫血　　B. 巨幼细胞贫血　　C. 血型不合输血
D. 阵发性睡眠性血红蛋白尿　　E. 遗传性球形细胞增多症

A. 血间接胆红素增高、贫血、网织红细胞增高
B. 血间接胆红素增高、贫血、网织红细胞正常或升高
C. 血间接胆红素增高、无贫血、网织红细胞正常
D. 血间接胆红素正常、贫血、网织红细胞降低
E. 血间接胆红素正常、贫血、网织红细胞正常

1621. 符合 MDS 的是
1622. 符合再生障碍性贫血的是

1623. 溶血性贫血时,能提示骨髓代偿性增生的实验室检查是
A. 周围血出现晚幼红细胞　　B. 周围血出现破碎红细胞　　C. 血清胆红素增高
D. 血清结合珠蛋白降低　　E. 尿含铁血黄素试验阳性

1624. 男性患者,13 岁。食蚕豆后突感畏寒,发热,皮肤发黄。血红蛋白 70g/L,网织红细胞 0.15,尿胆原阳性,胆红素阴性。对明确诊断最重要的检查是
A. 血总胆红素测定　　B. 酸化血清溶血试验　　C. 抗人球蛋白试验
D. 骨髓检查　　E. 高铁血红蛋白还原试验

1625. 慢性再生障碍性贫血患者出现酱油色尿,最特异的诊断性检查是
A. 热溶血试验　　B. 蔗糖溶血试验　　C. 酸溶血试验
D. 荧光斑点试验　　E. 抗人球蛋白试验

1626. 下列实验室检查结果支持阵发性睡眠性血红蛋白尿诊断的是
A. 红细胞渗透脆性增高　　B. 高铁血红蛋白还原试验阳性　　C. 酸溶血(Ham)试验阳性
D. 血红蛋白电泳异常　　E. 抗人球蛋白(Coombs)试验阳性

1627. 男,15 岁。贫血伴尿色黄 6 年,未诊治。其弟弟有类似表现。查体:巩膜轻度黄染,脾肋下 2cm。检查:Hb70g/L,MCV70fl,MCHC29%,网织红细胞 0.09,尿胆红素(-),尿胆原强阳性。下列检查对诊断最有帮助的是
A. 酸溶血试验　　B. 自体溶血试验　　C. Coombs 试验

D. 血红蛋白电泳　E. 红细胞脆性试验

A. 阵发性睡眠性血红蛋白尿　B. 缺铁性贫血　C. 再生障碍性贫血
D. 巨幼细胞贫血　E. 自身免疫性溶血性贫血

1628. 外周血中全血细胞减少,Ham 试验阴性,见于

1629. 血红蛋白 50g/L,血小板 100×10^9/L,Coombs 试验阳性,见于

A. 贫血,网织红细胞 20%,Coombs 试验(+)　B. 贫血,黄疸,Ham 试验(+)
C. 贫血,网织红细胞减少,骨髓巨核细胞减少　D. 贫血,红细胞体积小,成熟红细胞苍白区扩大
E. 贫血、红细胞体积正常,末梢血原始粒细胞>40%

1630. 自身免疫性溶血性贫血

1631. 缺铁性贫血

1632. 女,20 岁。头晕、心悸、乏力 3 个月。查体:贫血貌,浅表淋巴结未触及肿大,巩膜轻度黄染,心、肺未见异常,腹平软,肝肋下 1cm,脾肋下 3cm。实验室检查:Hb75g/L,RBC2.5×10^{12}/L,WBC 8.2×10^9/L,Plt151×10^9/L,网织红细胞 0.12,Coombs 试验(+)。最可能的诊断是
A. 缺铁性贫血　B. 巨幼细胞贫血　C. Evans 综合征
D. 地中海贫血　E. 自身免疫性溶血性贫血

1633. 女,25 岁,3 个月来乏力伴四肢关节痛、脱发,脾肋下 1cm。化验:Hb70g/L,WBC7.0×10^9/L,N0.72,L0.25,M0.03,Plt135×10^9/L,网织红细胞 0.10,尿蛋白(++),血肌酐 93μmol/L,酸溶血试验阴性,骨髓检查示增生明显活跃,粒/红倒置。最可能的诊断是
A. 自身免疫性溶血性贫血　B. 骨髓增生异常综合征　C. 脾功能亢进
D. 肾性贫血　E. 阵发性睡眠性血红蛋白尿

1634. 诊断阵发性睡眠性血红蛋白尿最有意义的血细胞膜免疫标志是
A. CD19、CD20　B. CD3、CD4　C. CD33、CD34
D. CD3、CD8　E. CD55、CD59

1635. 发生温抗体型自身免疫性溶血性贫血时,部分红细胞可出现的异常形态是
A. 泪滴状　B. 棘形　C. 球形
D. 椭圆形　E. 镰刀形

1636. 溶血性贫血进行脾切除最有价值的是
A. 海洋性贫血　B. PNH　C. 再生障碍性贫血
D. 遗传性球形红细胞增多症　E. 糖皮质激素治疗无效的自身免疫性溶血性贫血

1637. 女,20 岁。面色苍白、乏力、心悸 1 周。实验室检查:Hb65g/L,WBC9.4×10^9/L,Plt212×10^9/L,Ret0.12,Coombs 试验阳性。该患者首选的治疗措施是
A. 脾切除　B. 应用硫唑嘌呤　C. 应用环孢素
D. 应用糖皮质激素　E. 输注红细胞

(1638~1640 题共用题干)女性,15 岁。发现贫血、黄疸 5 年。脾肋下 2.5cm,质中。血红蛋白 90g/L,网织红细胞 0.05,白细胞和血小板均正常。红细胞渗透脆性试验:0.7%盐水溶液开始溶血。其父也有轻度黄疸。

1638. 下列哪种贫血最有可能?
A. 缺铁性贫血　B. 海洋性贫血　C. 遗传性球形红细胞增多症
D. 遗传性铁粒幼细胞性贫血　E. 巨幼细胞贫血

1639. 要明确诊断,最有价值的实验室检查是
A. 周围血涂片　B. 骨髓象　C. 血清总铁结合力

D. 血红蛋白电泳　　E. 肝功能试验

1640. 考虑治疗措施时应首选

A. 输血　　B. 肾上腺皮质激素　　C. 脾切除

D. 叶酸　　E. 维生素 B_{12}

第 26 章　白细胞减少和粒细胞缺乏症

（执业医师及助理医师均需掌握）

1641. 周期性中性粒细胞减少症是由于粒细胞

A. 破坏过多　　B. 释放障碍　　C. 分布异常

D. 在脾脏滞留　　E. 生成减少

1642. 对判断白细胞分布异常最有意义的检查是

A. 氢化可的松试验　　B. 白细胞聚集试验　　C. 骨髓细胞学检查

D. 骨髓造血干细胞培养　　E. 肾上腺素试验

1643. Felty 综合征引起的中性粒细胞减少的最可能机制是

A. 生成减少　　B. 成熟障碍　　C. 免疫性破坏过多

D. 非免疫性破坏过多　　E. 分布异常

A. $4.0\times10^9/L$　　B. $3.0\times10^9/L$　　C. $2.0\times10^9/L$

D. $1.0\times10^9/L$　　E. $0.5\times10^9/L$

1644. 粒细胞缺乏症是指外周血中粒细胞绝对值低于

1645. 白细胞减少是指外周血白细胞绝对值持续低于

A. 低增生性白血病　　B. 骨髓增生异常综合征　　C. 假性粒细胞减少

D. Felty 综合征　　E. 巨幼细胞贫血

1646. 由免疫机制引起中性粒细胞减少的疾病是

1647. 由分布异常引起中性粒细胞减少的疾病是

第 27 章　骨髓增生异常综合征与白血病

一、骨髓增生异常综合征（执业医师需掌握）

1648. 男，60 岁，面色逐渐苍白，乏力伴牙龈出血半年。检查：Hb60g/L，WBC$3.3\times10^9/L$，Plt$35\times10^9/L$。经骨髓穿刺细胞学检查诊断为骨髓增生异常综合征。为进行 FAB 分型，最重要的检查是

A. 网织红细胞　　B. 骨髓铁染色　　C. 染色体检查

D. 骨髓活检　　E. 血清铁测定

1649. 女，55 岁。5 个月来乏力、面色苍白，既往体健。化验 Hb72g/L，WBC$3.5\times10^9/L$，分类 N65%，L32%，M3%，Plt $45\times10^9/L$。骨髓增生明显活跃，原始细胞 15%，可见 Auer 小体，全片见巨核细胞 48 个，易见小巨核细胞，骨髓细胞外铁（++），内铁见环状铁粒幼细胞 10%。临床考虑 MDS，根据 FAB 分型最可能的类型是

A. RA 型　　B. RAS 型　　C. RAEB 型

D. RAEB-T 型　　E. CMML 型

1650. MDS-RCMD 患者不可能出现的异常表现是

A. 难治性贫血　B. 骨髓原始细胞>5%　C. 外周血可见幼稚细胞
D. 血小板减少　E. 骨髓造血祖细胞培养集落形成减少

1651. 骨髓象常见病态造血的疾病是
A. 再生障碍性贫血　B. 慢性失血所致贫血　C. 叶酸缺乏所致贫血
D. 维生素 B_{12} 缺乏所致贫血　E. 骨髓增生异常综合征

1652. 不属于骨髓增生异常综合征骨髓常见病态造血表现的是
A. 红系核浆发育不平衡　B. 粒系核分叶过多　C. 粒系细胞颗粒过多
D. 粒系细胞颗粒过少　E. 见到淋巴样小巨核细胞

1653. 下列哪种疾病骨髓红系增生情况与网织红细胞计数不一致?
A. 再生障碍性贫血　B. 缺铁性贫血　C. 急性白血病
D. 自身免疫性溶血性贫血　E. 骨髓增生异常综合征(MDS)

1654. 女,24岁。头晕、乏力伴月经量增多1年。既往体健。查体:下肢皮肤瘀点,肝脾肋下未触及。血常规 Hb60g/L,WBC2.8×10^9/L,Plt38×10^9/L,Ret0.001。胸骨骨髓细胞学检查:骨髓增生活跃,未见巨核细胞。最可能的诊断是
A. 骨髓增生异常综合征　B. 阵发性睡眠性血红蛋白尿　C. 特发性血小板减少性紫癜
D. 慢性失血性贫血　E. 再生障碍性贫血

二、白血病(执业医师及助理医师均需掌握)

1655. 男性,30岁。1周来发热伴皮肤出血点。化验血呈全血细胞减少,骨髓检查增生极度活跃,原始细胞占骨髓非红系有核细胞的40%,各阶段粒细胞占50%,各阶段单核细胞占30%,诊断急性白血病,其FAB分类的类型是
A. M_1　B. M_2　C. M_4
D. M_5　E. M_6

1656. 女,35岁。发热、牙龈出血20天。查体:左侧颈部触及一个2cm×2cm大小淋巴结,质韧,无压痛。胸骨压痛(+),肝肋下未触及,脾肋下2cm。血常规:Hb105g/L,WBC3.6×10^9/L,Plt19×10^9/L,骨髓细胞学检查示大的原始细胞占0.80,细胞大小均匀一致,胞质内可见明显空泡,PAS(+),其余细胞系受抑。该患者最可能的诊断是
A. 急性髓细胞白血病(M_1)　B. 急性髓细胞白血病(M_2)　C. 急性淋巴细胞白血病(L_1)
D. 急性淋巴细胞白血病(L_2)　E. 急性淋巴细胞白血病(L_3)

1657. 急性白血病引起贫血最重要的原因是
A. 出血　B. 红系增殖受白血病细胞干扰　C. 无效红细胞形成
D. 造血原料缺乏　E. 红细胞寿命缩短

(1658~1660题共用题干)男,36岁。5天前发热、咽痛,应用抗生素治疗无效,颈部浅表淋巴结肿大,咽部充血。扁桃体Ⅱ度肿大,下肢少许瘀斑。白细胞16.6×10^9/L,原始细胞60%,血红蛋白80g/L,血小板34×10^9/L。

1658. 最可能的诊断是
A. 特发性血小板减少性紫癜　B. 缺铁性贫血　C. 再生障碍性贫血
D. 溶血性贫血　E. 急性白血病

1659. 体检中应特别注意的体征是
A. 睑结膜苍白　B. 胸骨压痛　C. 浅表淋巴结肿大
D. 皮肤出血点　E. 心脏杂音

1660. 为明确诊断,应做的检查是

A. 血小板抗体　　B. 血清铁蛋白　　C. 骨髓扫描
D. 淋巴结活检　　E. 骨髓涂片细胞学检查

(1661~1662 题共用题干)男性,28 岁。头晕、乏力 1 个月,发热伴牙龈出血 1 周。查体:T38℃,皮肤见散在出血点,舌尖有一血疱,浅表淋巴结未触及,巩膜无黄染,胸骨有压痛,心、肺未见异常,腹平软,肝肋下未触及,脾肋下 1cm。实验室检查:Hb95g/L,MCV88fl,WBC30×10^9/L,Plt16×10^9/L。

1661. 该患者最可能的诊断是
A. 慢性再生障碍性贫血　　B. 急性再生障碍性贫血　　C. 急性白血病
D. 特发性血小板减少性紫癜　　E. 巨幼细胞贫血

1662. 导致该患者死亡的最可能原因是
A. 咯血　　B. 尿血　　C. 眼底出血
D. 消化道出血　　E. 颅内出血

A. 急性粒细胞白血病　　B. 急性早幼粒细胞白血病　　C. 急性单核细胞白血病
D. 红白血病　　E. 急性淋巴细胞白血病

1663. 易导致肝、脾、淋巴结明显肿大的是
1664. 可导致弥散性血管内凝血(DIC)的是
1665. 常可导致牙龈肿胀、口腔溃疡的是

1666. 易侵犯中枢神经系统的白血病是
A. 急性粒细胞白血病　　B. 急性单核细胞白血病　　C. 急性早幼粒细胞白血病
D. 急性淋巴细胞白血病　　E. 慢性粒细胞白血病

1667. 中枢神经系统白血病最常发生于急性白血病的阶段是
A. 起病时　　B. 缓解时　　C. 复发时
D. 耐药时　　E. 进展期

1668. 高白细胞性白血病的白细胞数量最低限是
A. 150×10^9/L　　B. 80×10^9/L　　C. 200×10^9/L
D. 100×10^9/L　　E. 50×10^9/L

1669. 男,35 岁。牙龈出血、皮肤瘀斑、间断鼻出血 10 天。既往体健。血常规:Hb64g/L,WBC10.5×10^9/L,Plt26×10^9/L。骨髓细胞学检查:增生明显活跃,胞质中有较多颗粒且 MPO 染色强阳性的细胞占 0.65,其中有的可见成堆 Auer 小体。若进行流式细胞术检查,此种细胞最可能的细胞免疫学表型是
A. CD13 阳性、HLA-DR 阳性　　B. CD33 阳性、HLA-DR 阴性　　C. CD14 阳性、CD61 阳性
D. CD10 阳性、CD19 阳性　　E. CD14 阳性、HLA-DR 阴性

1670. 女,31 岁。发热伴乏力、牙龈出血 1 周。化验血常规:Hb100g/L,WBC2.1×10^9/L,Plt65×10^9/L。骨髓细胞学检查:骨髓增生极度活跃,原始细胞占 0.80,少数细胞胞质内可见 Auer 小体,MPO 染色(+),PAS(-),NSE 染色(+),且不被 NaF 抑制,流式细胞术免疫表型:CD34(+),CD13(+),CD33(+)。最可能的诊断是
A. AML-M_2　　B. AML-M_3　　C. AML-M_4
D. AML-M_5　　E. AML-M_6

1671. 男,25 岁。高热 1 周,头痛、呕吐 2 天。血常规:Hb87g/L,WBC33.5×10^9/L,Plt30×10^9/L,幼稚细胞占 0.82,为判断该类细胞来源,目前最准确的检查技术是
A. 细胞糖原染色　　B. 细胞髓过氧化物酶染色　　C. 染色体检查
D. 流式细胞术检查　　E. 细胞非特异性酯酶染色

1672. 男,25 岁。发热伴皮肤出血点 2 周。查体:双下肢皮肤可见出血点,胸骨下段压痛(+),肝肋下 3cm,脾肋下 1.5cm。血常规 Hb105g/L,WBC2.0×10^9/L,分类可见幼稚细胞,Plt35×10^9/L。最可能的诊断是

A. 再生障碍性贫血　B. 脾功能亢进　C. 巨幼细胞贫血
D. 急性白血病　E. 阵发性睡眠性血红蛋白尿

1673. 女,18 岁。发热、鼻出血 3 天。查体:全身浅表淋巴结肿大,最大者 2.5cm×2cm 大小,胸骨压痛(+),肝脾肋下均可触及边缘。骨髓细胞学检查:骨髓原始细胞占 0.65,髓过氧化物酶(-),非特异性酯酶染色(-)。最可能的诊断是

A. 急性早幼粒细胞白血病　B. 急性粒-单核细胞白血病　C. 急性单核细胞白血病
D. 急性淋巴细胞白血病　E. 急性红白血病

1674. 中性粒细胞碱性磷酸酶活性明显增高见于

A. 慢性粒细胞白血病　B. 类白血病反应　C. 急性粒细胞白血病
D. 急性淋巴细胞白血病　E. 淋巴瘤

1675. 男,25 岁。发热、乏力 2 周。查体:T38.1℃,贫血貌,牙龈肿胀,胸骨下段压痛(+),脾肋下 2cm。血常规:Hb71g/L,WBC31.4×10^9/L。骨髓细胞学检查见原始细胞占 0.68,少数细胞胞质中可见 Auer 小体,MPO 染色为弱阳性。最可能的诊断是

A. 急性单核细胞白血病　B. 急性红白血病　C. 急性淋巴细胞白血病
D. 急性巨核细胞白血病　E. 急性早幼粒细胞白血病

1676. 女性,28 岁。月经量多 1 年。近 10 日来经常鼻出血。肝脾肿大。血红蛋白 90g/L,白细胞 20×10^9/L,血小板 30×10^9/L。骨髓检查:粒细胞系增生旺盛,可见原始细胞。应诊断为

A. 缺铁性贫血　B. 再生障碍性贫血　C. 特发性血小板减少性紫癜
D. 溶血性贫血　E. 急性白血病

1677. 女性,30 岁。发热伴牙龈出血 3 周。查体:贫血貌,脾肋下 3cm,胸骨压痛(+)。血红蛋白 70g/L,白细胞 14.0×10^9/L,血小板 35×10^9/L,骨髓增生明显活跃,原始细胞占 62%。为进一步诊断,应首选的检查是

A. 染色体核型分析　B. 细胞化学染色　C. 血清铁测定
D. 血细菌培养　E. 抗血小板抗体检测

1678. 患者,男,30 岁。高热伴皮肤瘀斑 1 周。查体:T39℃,胸部和下肢可见瘀斑,浅表淋巴结不大,巩膜不黄,胸骨压痛,右下肺可闻及少许啰音,心率 110 次/分,律齐,腹软,肝脾未及。检查:Hb75g/L,WBC2.8×10^9/L,Plt20×10^9/L。骨穿示增生极度活跃,见大量细胞胞质内有粗大颗粒,易见 Auer 小体,有的呈柴捆状,POX 染色强阳性。最可能诊断是

A. 急性淋巴细胞白血病　B. 急性单核细胞白血病　C. 急性粒单核细胞白血病
D. 急性早幼粒细胞白血病　E. 急性巨核细胞白血病

1679. 男性,40 岁。发热伴鼻出血 1 周,检查牙龈肿胀,肝脾轻度肿大。血红蛋白 40g/L,白细胞 6.0×10^9/L,血小板 15×10^9/L。骨髓象原始细胞占 60%,髓过氧化物酶染色阳性,非特异性酯酶阳性,阳性反应可被氟化钠抑制。应诊断为

A. 急性粒细胞性白血病　B. 急性早幼粒细胞白血病　C. 急性淋巴细胞性白血病
D. 急性红白血病　E. 急性单核细胞性白血病

1680. 男,35 岁。1 周来乏力、发热伴牙龈肿胀出血。化验 Hb65g/L,WBC3.0×10^9/L,分类见原幼细胞 30%,Plt35×10^9/L。骨髓检查原始细胞 80%,POX 染色部分呈弱阳性,非特异性酯酶染色阳性,NaF 可抑制。该例急性白血病最可能的 FAB 分型是

A. M_1 型　B. M_2 型　C. M_3 型

D. M_4 型　　E. M_5 型

(1681～1683 题共用题干)男性,26 岁。5 天来鼻及牙龈出血,皮肤瘀斑。血红蛋白 55g/L,白细胞 $10.0\times10^9/L$,血小板 $16\times10^9/L$。骨髓增生活跃,幼稚细胞占 80%,胞质内有大小不等颗粒及成堆棒状小体,髓过氧化物酶染色强阳性。

1681. 诊断应考虑
A. 急性早幼粒细胞白血病　B. 急性淋巴细胞白血病　C. 急性粒细胞白血病
D. 慢性粒细胞白血病急变　E. 急性单核细胞白血病

1682. 患者临床容易出现
A. 巨脾　B. DIC　C. 严重感染
D. 中枢神经系统受侵犯　E. 齿龈肿胀

1683. 患者治疗首选
A. DA 方案　B. 全反式维 A 酸　C. 羟基脲
D. VP 方案　E. 骨髓移植

A. 急性巨核细胞白血病　B. 急性早幼粒细胞白血病　C. 急性单核细胞白血病
D. 慢性粒细胞白血病　E. 急性淋巴细胞白血病

1684. 非特异性酯酶(+),不被氟化钠抑制见于
1685. 非特异性酯酶(+),能被氟化钠抑制见于

A. 骨髓细胞内可见 Auer 小体　B. 中性粒细胞碱性磷酸酶积分增高
C. Ph 染色体阳性　D. 糖原染色阳性
E. 非特异性酯酶(+),阳性可被氟化钠抑制

1686. 慢性粒细胞性白血病
1687. 类白血病样反应

A. 髓过氧化物酶强阳性　B. 中性粒细胞碱性磷酸酶偏低
C. 非特异酯酶染色阳性,可被氟化钠抑制　D. 细胞内铁染色强阳性
E. 糖原染色阳性,呈块状或颗粒状

以上细胞化学染色有助于诊断下列疾病的是

1688. 急性早幼粒细胞白血病
1689. 急性单核细胞白血病
1690. 急性淋巴细胞白血病

1691. 染色体检查结果为 t(15;17)的白血病类型是
A. AML-M_3　B. AML-M_2　C. CML
D. AML-M_5　E. ALL

1692. 男,15 岁。因发热、乏力、刷牙时牙龈出血 1 周入院。查体:T38.5℃,牙龈肿胀,胸骨压痛(+),双下肢小腿出现散在出血点及瘀斑。血常规:Hb80g/L,WBC$10.1\times10^9/L$,Plt$30\times10^9/L$。骨髓增生极度活跃,原始细胞占 0.60,POX 染色呈弱阳性,非特异性酯酶染色阳性,可被 NaF 抑制。该患者原始细胞最可能的免疫表型是
A. $CD14^+$　B. $CD41^+$　C. $CD8^+$
D. $CD3^+$　E. $CD4^+$

1693. 男,25 岁。牙龈出血 1 周。骨髓细胞学检查:增生极度活跃,原始淋巴细胞占 0.72,行 VDLP 方案化疗 14 天后体温 37.4℃。复查血常规:Hb75g/L,WBC$1.4\times10^9/L$,分类 N0.10,L0.90,Plt$30\times10^9/L$。目前首选的治疗是

A. 输注悬浮红细胞　B. 应用抗生素控制感染　C. 输注新鲜血浆
D. 输入浓缩血小板　E. 皮下注射 G-CSF

1694. 男，25 岁。头晕、乏力 1 周，发热伴牙龈出血 2 天。既往体健。查体：T38.2℃，四肢及躯干皮肤可见出血点，胸骨压痛（+），心、肺未见异常，腹平软，肝脾肋下未触及。实验室检查：Hb78g/L，WBC 2.0 $\times10^9$/L，Plt20$\times10^9$/L。骨髓细胞学检查原始细胞占 0.85，髓过氧化物酶染色（-），非特异性酯酶染色（-）。该患者应选择的化疗方案是
A. VAD 方案　B. VDLP 方案　C. ABVD 方案
D. DA 方案　E. CHOP 方案

1695. 治疗急性白血病的药物中，易引起凝血因子减少的是
A. 阿糖胞苷　B. 长春新碱　C. 柔红霉素
D. 左旋门冬酰胺酶　E. 足叶乙苷

（1696～1698 题共用题干）男性，20 岁。发热 2 周，体温 38～39℃。检查皮肤散在紫癜，颈部及腋下可触及 0.5cm×1.5cm 大小淋巴结 5～6 个，脾肋下 3cm。血红蛋白 85g/L，白细胞 10$\times10^9$/L，血小板 25$\times10^9$/L。

1696. 对诊断帮助最大的检查
A. 血细菌培养　B. 白细胞分类　C. 胸部 X 线片
D. 骨髓象检查　E. 血小板抗体测定

1697. 此患者治疗 3 周后，出现高热、头痛、呕吐、Kernig 征（+），应采取的治疗方案为
A. 应用广谱抗生素　B. 链霉素、雷米封、利福平联合治疗
C. 化疗+鞘内注射 MTX　D. 肾上腺糖皮质激素+先锋霉素　E. 输血小板

1698. 此患者在发热、头痛、呕吐第 2 天做脑脊液检查，最可能的发现为
A. 脑脊液中性粒细胞增高　B. 细菌培养阳性　C. 脑脊液发现结核分枝杆菌
D. 脑脊液白血病细胞增多　E. 脑脊液蛋白量显著增高、糖定量减低

1699. 治疗脑膜白血病首选药物是
A. 长春新碱　B. 环磷酰胺　C. 三尖杉酯碱
D. 6-巯基嘌呤　E. 甲氨蝶呤

1700. 急性白血病骨髓移植治疗错误的是
A. 应采用 HLA 匹配的同胞异基因骨髓　B. 应在第一次化疗缓解后进行
C. 应及早进行，与年龄性别无关　D. 可选择自体干细胞移植
E. 异基因骨髓移植可能治愈急性白血病

1701. 急非淋白血病最佳诱导治疗缓解方案为
A. VP　B. ATRA　C. DA
D. CHOP　E. MTX

（1702～1704 题共用题干）女，25 岁，发热伴下肢和腹部皮肤瘀斑 5 天。查体：双下肢和腹部皮肤有多处瘀斑，双侧颈部、腋窝和腹股沟可触及淋巴结肿大，活动，无压痛，最大者为 2cm×2.5cm，胸骨压痛（+），腹软，肝肋下 1.5cm，脾肋下 2cm。化验：Hb78g/L，WBC18$\times10^9$/L，分类可见原始和幼稚细胞，Plt25$\times10^9$/L，Ret0.002。

1702. 该患者最可能的诊断是
A. 急性淋巴细胞白血病　B. 非霍奇金淋巴瘤　C. 急性粒细胞白血病
D. 霍奇金淋巴瘤　E. 系统性红斑狼疮

1703. 为明确诊断，首选的检查是
A. 骨髓细胞学检查　B. 淋巴结活检　C. 骨髓活检

D. 腹部 B 超　　E. ANA 谱

1704. 明确诊断后,首选的治疗措施是

A. ABVD 方案化疗　　B. VDLP 方案化疗　　C. 给予大剂量糖皮质激素

D. DA 方案化疗　　E. CHOP 方案化疗

(1705~1707 题共用题干)男,27 岁。发热、头昏、视物模糊 1 周。血常规示血红蛋白 69g/L,白细胞 15×10^9/L,分类中可见原始细胞。

1705. 对诊断最有价值的检查是

A. 血涂片碱性磷酸酶染色　　B. 骨髓形态学检查　　C. 骨髓细胞染色体检查

D. 脑脊液幼稚细胞检查　　E. 骨髓细胞化学染色检查

1706. 本患者骨髓涂片中早幼粒细胞占 0.60,应诊断为哪型急性非淋巴细胞白血病?

A. M_1 型　　B. M_2 型　　C. M_3 型

D. M_4 型　　E. M_5 型

1707. 本患者首选的诱导治疗为

A. 长春新碱+泼尼松　　B. 环磷酰胺+泼尼松　　C. 柔红霉素+阿糖胞苷

D. 三尖杉酯碱+阿糖胞苷　　E. 全反式维 A 酸

A. 甲氨蝶呤　　B. 阿霉素　　C. DA 方案

D. 环磷酰胺　　E. VP 方案

1708. 急性粒细胞白血病

1709. 急性淋巴细胞白血病

1710. 脾大最显著的疾病是

A. 急性粒细胞白血病　　B. 急性淋巴细胞白血病　　C. 急性单核细胞白血病

D. 慢性粒细胞白血病　　E. 慢性淋巴细胞白血病

1711. 男性,28 岁。因左上腹肿块进行性肿大就诊。查体:肝肋下 2cm,脾肋下 4cm。血红蛋白 140g/L,白细胞 120×10^9/L,血小板 200×10^9/L。最可能的诊断为

A. 肝硬化脾功能亢进　　B. 急性粒细胞白血病　　C. 慢性粒细胞白血病

D. 类白血病反应　　E. 骨髓纤维化

1712. 当前治疗慢性粒细胞白血病慢性期首选的化疗药物是

A. 马利兰　　B. 羟基脲　　C. 靛玉红

D. 美法仑　　E. 高三尖杉酯碱

1713. 男性,28 岁。低热、乏力伴左上腹肿块半年,检查肝肋下 3cm,脾肋下 8cm。化验血红蛋白 85g/L,白细胞 100×10^9/L,骨髓象原始细胞 3%,Ph 染色体阳性。正确的治疗是

A. DA 方案　　B. CHOP 方案　　C. 羟基脲

D. VP 方案　　E. 脾切除

1714. 使慢性粒细胞白血病达到血液学缓解的首选药物是

A. 白消安　　B. 羟基脲　　C. 靛玉红

D. 干扰素　　E. 环磷酰胺

1715. 使慢性粒细胞白血病达到遗传学缓解的首选药物是

A. 干扰素　　B. 羟基脲　　C. 马法仑

D. 马利兰　　E. 甲基苄肼

1716. 男性,30 岁。全身乏力,低热,伴左上腹肿块半年,肝肋下 2cm,脾肋下 7cm。化验:血红蛋白80g/L,

白细胞 $140×10^9/L$,血小板 $100×10^9/L$,骨髓象原始粒细胞 0.02,Ph 染色体阳性。正确的治疗为
A. 大剂量抗生素抗感染　B. 脾切除　C. HOAP 方案化疗
D. 羟基脲口服　E. VAP 方案化疗

1717. 不支持慢性粒细胞白血病加速期的血常规检查结果是
A. 外周血嗜碱性粒细胞>20%　B. 血小板进行性减少　C. 血小板增高
D. 血红蛋白逐渐下降　E. 外周血原始粒细胞<10%

1718. 支持 CML 急变期的检查结果是
A. 血中原粒细胞>5%　B. 血中原粒+早幼粒细胞>20%
C. 骨髓中原始细胞>20%　D. 骨髓中原粒细胞+早幼粒细胞>40%
E. 骨髓活检显示胶原纤维显著增生

1719. 有关白血病的叙述,错误的是
A. Ph 染色体仅见于慢性粒细胞白血病
B. 急性淋巴细胞白血病无 Auer 小体
C. 慢性粒细胞白血病中性粒细胞碱性磷酸酶活性减低
D. 急性粒细胞白血病髓过氧化物酶染色阳性
E. 红白血病幼红细胞糖原染色呈强阳性

1720. 患者,男,41 岁。因发热、咽痛 10 天来诊。化验 WBC$89×10^9/L$,疑诊为慢性粒细胞白血病(CML)。下列选项中,支持 CML 慢性期的化验结果是
A. 血小板降低　B. NAP 阳性率明显降低　C. 外周血可见有核红细胞
D. 骨髓中巨核细胞减少　E. 骨髓中原粒+早幼粒细胞>50%

1721. 慢性粒细胞白血病与类白血病反应最主要的区别是
A. 外周血白细胞计数高　B. 外周血可见中幼粒、晚幼粒细胞
C. 脾大　D. 骨髓检查:粒细胞增生活跃　E. Ph 染色体阳性

(1722～1724 题共用题干)女,65 岁。常规体检发现脾左肋下 5cm。化验:Hb135g/L。WBC $117×10^9/L$,分类中幼粒细胞 5%,晚幼粒细胞 12%,杆状核粒细胞 22%,分叶中性粒细胞 34%,嗜酸性粒细胞 8%,嗜碱性粒细胞 5%,淋巴细胞 14%,Plt$560×10^9/L$,NAP(-)。

1722. 为确定诊断,首选的检查是
A. 腹部 CT　B. 腹部 B 超　C. 肝功能
D. 血免疫球蛋白　E. 骨髓检查

1723. 进一步应采取的检查是
A. 骨髓干细胞培养　B. 染色体核型　C. 食管造影
D. 同位素扫描　E. 骨髓活检

1724. 最有效的治疗是
A. 羟基脲　B. 脾切除　C. 阿糖胞苷
D. 糖皮质激素　E. 伊马替尼

(1725～1727 题共用题干)男,35 岁。纳差、腹胀 2 个月。查体:浅表淋巴结未触及,巩膜无黄染,肝肋下未触及,脾肋下 8.5cm,质硬。化验血常规:Hb100g/L,WBC$67.7×10^9/L$,原始细胞 0.02,早幼粒细胞 0.02,中幼粒细胞 0.13,晚幼粒细胞 0.18,杆状核粒细胞 0.08,分叶核粒细胞 0.37,E0.06,B0.09,L0.04,M0.01,Plt$543×10^9/L$。

1725. 该患者最可能的诊断是
A. 慢性粒细胞白血病　B. 巨幼细胞贫血　C. 急性早幼粒细胞白血病

D. 骨髓纤维化　　E. 慢性淋巴细胞白血病

1726. 该患者最可能的染色体改变是
A. t(15;17)(q22;q21)　　B. t(8;16)(p11;p13)　　C. t(8;21)(q22;q22)
D. t(9;22)(q34;q11)　　E. t(9;21)(q34;q21)

1727. 应首选的治疗药物是
A. 亚砷酸,全反式维 A 酸　　B. 维生素 B_{12},叶酸　　C. 沙利度胺,红细胞生成素
D. 羟基脲,甲磺酸伊马替尼　　E. 苯丁酸氮芥,糖皮质激素

第 28 章　淋巴瘤与多发性骨髓瘤

(执业医师需掌握)

1728. 对霍奇金淋巴瘤最具诊断意义的细胞是
A. R-S 细胞　　B. 霍奇金细胞　　C. 陷窝细胞
D. 多形性瘤细胞　　E. 嗜酸性细胞

1729. 男,18 岁。发热伴颈部淋巴结进行性无痛性肿大 3 个月。最高体温 38.7℃。血常规:WBC 8.0×10^9/L,N0.70,L0.30。骨髓细胞学检查未见异常。淋巴结活检可见里-斯(R-S)细胞。最可能的诊断是
A. 霍奇金淋巴瘤　　B. 淋巴结转移癌　　C. 非霍奇金淋巴瘤
D. 急性淋巴细胞白血病　　E. 急性粒细胞白血病

1730. 病理类型可属于 T 细胞淋巴瘤的是
A. 边缘区淋巴瘤　　B. 滤泡性淋巴瘤　　C. 间变性大细胞淋巴瘤
D. 套细胞淋巴瘤　　E. 黏膜相关性淋巴样组织淋巴瘤

A. 边缘区淋巴瘤　　B. 间变性大细胞淋巴瘤　　C. Burkitt 淋巴瘤
D. 弥漫性大 B 细胞淋巴瘤　　E. 套细胞淋巴瘤

1731. 属于 T 细胞淋巴瘤的是
1732. 属于惰性淋巴瘤的是

A. 小无裂细胞型　　B. 滤泡性小裂细胞型　　C. 弥漫性小裂细胞型
D. 滤泡性大细胞型　　E. 弥漫性大细胞型

1733. 属于低度恶性淋巴瘤的是
1734. 属于高度恶性淋巴瘤的是

1735. 非霍奇金淋巴瘤的病理类型中,属于中度恶性的是
A. 滤泡性小裂细胞型　　B. 小无裂细胞型　　C. 弥漫性小裂细胞型
D. 免疫母细胞型　　E. 小淋巴细胞型

1736. 男性,65 岁,无痛性双颈部淋巴结肿大半个月,到医院行淋巴结活检病理检查,发现淋巴结结构破坏,弥漫性小淋巴细胞浸润,免疫染色 CD20 阳性,有 t(11;14),表达 bcl-1。诊断为非霍奇金淋巴瘤(NHL),最可能的类型是
A. 单核细胞样 B 细胞淋巴瘤　　B. 脾边缘区细胞淋巴瘤　　C. 黏膜相关性淋巴样组织淋巴瘤
D. 滤泡性淋巴瘤　　E. 套细胞淋巴瘤

1737. 女,36 岁。右侧颈部淋巴结肿大 1 月余,左侧颈部淋巴结肿大伴发热 1 周。既往体健。查体:T38.1℃,双侧颈部可触及数个肿大淋巴结。左颈部淋巴结活检示淋巴结结构完全破坏,弥漫性大

细胞浸润,免疫组化:CD20(+),CD30(-),CD5(-)。最可能的诊断是
A. 滤泡性淋巴瘤 B. 间变性大细胞淋巴瘤 C. 套细胞淋巴瘤
D. 霍奇金淋巴瘤 E. 弥漫性大B细胞淋巴瘤

1738. 霍奇金淋巴瘤特征性的热型是
A. 间歇热 B. 稽留热 C. 弛张热
D. 周期性发热 E. 不规则热

1739. 霍奇金淋巴瘤最典型的临床表现是
A. 发热 B. 面色苍白 C. 无痛性淋巴结肿大
D. 肝脾肿大 E. 体重减轻

1740. 非霍奇金淋巴瘤(NHL)累及胃肠道的最常见部位是
A. 食管 B. 胃 C. 回肠
D. 十二指肠 E. 结肠

1741. 男,45岁。不明原因发热半个月。查体:T38℃,两侧颈部、腋窝和腹股沟区均可触及淋巴结肿大,最大者3cm×2cm,均质韧,活动,无触痛,肝肋下2cm,脾肋下4cm。颈部淋巴结活检诊断为非霍奇金淋巴瘤。要确定该患者的临床分期,所需的辅助检查不包括
A. 盆腔CT B. 腹部B超 C. 骨髓细胞学检查
D. 浅表淋巴结B超 E. 胸部CT

1742. 男,36岁。双侧颈部淋巴结肿大伴发热1周。查体:T38.4℃,颈部和右侧腹股沟区可触及数枚肿大淋巴结,最大3cm×2cm,均活动,无压痛,心、肺未见异常,腹平软,肝肋下未触及,脾肋下2cm。实验室检查:Hb128g/L,WBC6.0×10^9/L,Plt120×10^9/L。左侧颈部淋巴结活检诊断为霍奇金淋巴瘤。根据Ann Arber临床分期标准,该患者的临床分期是
A. ⅡB B. ⅡEB C. ⅢA
D. ⅢEB E. ⅢSB

1743. 男,40岁。无痛性双侧颈部淋巴结进行性肿大伴发热半个月,发病以来体温最高37.5℃,无盗汗,体重无明显变化。查体:双侧颈部各触及一个2cm×2cm大小淋巴结,左腋窝一个2cm×1cm大小淋巴结,活动,无压痛,腹软,肝脾肋下未触及。化验:Hb126g/L,WBC5.3×10^9/L,Plt155×10^9/L。胸腹部CT未见明显淋巴结肿大。右颈部淋巴结活检为弥漫性大B细胞淋巴瘤。最可能的分期是
A. ⅢA B. ⅢB C. ⅡA
D. ⅡB E. ⅣB

(1744~1746题共用题干)男,55岁。颈部淋巴结进行性肿大2个月,发热2周。发病以来体重减轻14kg。查体:T38.7℃,双侧颈部和右腋窝均有数个直径2~5cm大小淋巴结,均活动,无压痛,心、肺未见异常,腹平软,肝脾肋下未触及。血常规和骨髓检查均未见异常。左颈部淋巴结活检确诊为弥漫性大B细胞淋巴瘤。

1744. 为判断该患者淋巴瘤诊断是A组或B组,还应询问的病史是
A. 发热类型 B. 皮肤有无瘙痒 C. 是否有盗汗
D. 食欲情况 E. 睡眠情况

1745. 为判断淋巴瘤临床分期,首选的辅助检查是
A. 胸、腹部CT B. 肝功能 C. 肾功能
D. 心电图 E. 血常规

1746. 该患者的治疗方案应首选
A. ABVD B. MOPP C. VDLP

D. DA　　E. R-CHOP

A. MOPP 方案　　B. ESHAP 方案　　C. ABVD 方案
D. CHOP 方案　　E. VLDP 方案

1747. 治疗结节硬化型霍奇金淋巴瘤首选的方案是
1748. 治疗弥漫性大 B 细胞淋巴瘤首选的方案是

(1749～1751 题共用题干)女,58 岁。乏力、低热 1 个月。查体:双侧颈部、腋窝和腹股沟均可触及肿大淋巴结,最大者直径 2cm、质韧、无触痛,胸骨无压痛,肝肋下未触及,脾肋下 3cm。实验室检查:Hb76g/L,WBC5.2×10^9/L,Plt123×10^9/L,网织红细胞 0.14,Coombs 试验(+),尿胆红素(-),尿胆原(+++)。

1749. 最可能的诊断是
A. 急性粒细胞白血病　　B. 淋巴瘤　　C. 淋巴结炎
D. 急性淋巴细胞白血病　　E. 骨髓增生异常综合征

1750. 为确诊首选的辅助检查是
A. 腹部 B 超　　B. 骨髓活检　　C. 骨髓细胞学检查
D. 胸部 X 线片　　E. 淋巴结活检

1751. 针对该患者的贫血首选的治疗药物是
A. 泼尼松　　B. 促红细胞生成素　　C. 环磷酰胺
D. 环孢素 A　　E. 丙种球蛋白

(1752～1754 题共用题干)男,70 岁。乏力、腰痛半个月,既往体健。查体:轻度贫血貌,第 2～4 腰椎局部压痛。实验室检查:血清总蛋白 108g/L,白蛋白 30g/L,血肌酐 177μmol/L。骨髓细胞学检查示骨髓中异常浆细胞占 0.45,腰椎 X 线片示第 2 腰椎压缩性骨折。

1752. 为进一步明确诊断,下一步需做的检查是
A. 血清 β_2 微球蛋白测定　　B. 尿本周蛋白测定　　C. 尿常规
D. 血清钙测定　　E. 血、尿免疫球蛋白鉴定

1753. 根据目前的临床资料及 Durie 和 Salmon 临床分期标准,该患者最可能的临床分期是
A. Ⅰ期 B 组　　B. Ⅱ期 A 组　　C. Ⅱ期 B 组
D. Ⅲ期 A 组　　E. Ⅲ期 B 组

1754. 该患者疾病最可能的类型是
A. IgD 型　　B. IgG 型　　C. IgE 型
D. 轻链型　　E. 不分泌型

1755. 女,65 岁。乏力、胸痛 1 个月。既往体健。查体:轻度贫血貌,双侧肋骨有局部压痛。实验室检查:Hb80g/L,WBC5.6×10^9/L,Plt120×10^9/L;血清 TP100g/L,Alb27g/L,Scr190μmol/L;骨髓细胞学检查示骨髓中幼浆细胞占 0.45。为明确诊断,最重要的检查是
A. 尿本周蛋白测定　　B. 尿常规　　C. 血沉
D. 血、尿免疫固定电泳　　E. 血清 β_2 微球蛋白测定

第29章　出血性疾病

一、概述(执业医师及助理医师均需掌握)

1756. 血管壁功能异常见于
A. 特发性紫癜　B. 血友病　C. 过敏性紫癜
D. 弥散性血管内凝血　E. 血小板增高

1757. 血小板消耗过多导致的血小板减少性疾病是
A. 特发性血小板减少性紫癜　B. 弥散性血管内凝血　C. 白血病
D. 病毒感染　E. 再生障碍性贫血

1758. 男,15岁。因拔牙后出血不止2小时来院急诊。查体:皮肤无出血点及瘀斑,拔牙处牙龈渗血不止。心、肺、腹未见异常。最可能出现的异常是
A. 血管壁缺陷　B. 血小板数量减少　C. 血小板功能异常
D. 凝血功能障碍　E. 纤溶异常

1759. 下列临床表现不属于凝血机制障碍所致的出血是
A. 迟发出血　B. 深部血肿　C. 皮肤出血点、紫癜
D. 关节腔出血　E. 肌肉出血

1760. 血管壁异常所致出血的特点是
A. 内脏出血　B. 迟发出血　C. 皮肤黏膜出血
D. 关节腔出血　E. 肌肉出血

1761. 男性,16岁。3天来左膝关节肿胀。自幼于外伤后易出血不止。查体:皮肤黏膜未见出血及紫癜,出血时间为2分钟,凝血时间30分钟,凝血酶原时间正常。疾病分类应为
A. 纤维蛋白生成障碍　B. 凝血酶生成障碍　C. 血小板异常
D. 凝血活酶生成障碍　E. 血管壁功能异常

1762. 男性,18岁。自幼有出血倾向。出血时间延长,凝血时间正常,血小板 $150\times10^9/L$,血小板黏附率降低,部分凝血活酶时间延长,凝血酶原时间正常。父亲也有类似病史。考虑的诊断是
A. 血友病　B. 血管性血友病　C. 过敏性紫癜
D. 维生素K缺乏　E. 遗传性出血性毛细血管扩张症

1763. 属于纤溶异常的实验室检查是
A. 血vWF测定　B. 血栓素 B_2 测定　C. 血FDP测定
D. 血TAT测定　E. 血PC测定

1764. 维生素K缺乏时,不会出现的实验室检查结果是
A. PT延长　B. FDP增加　C. CT延长
D. INR升高　E. APTT延长

1765. 凝血酶时间(TT)延长见于
A. 纤维蛋白原降低　B. 凝血酶原降低　C. 凝血因子Ⅲ降低
D. 凝血因子Ⅷ降低　E. 凝血因子Ⅸ降低

A. 出血时间　B. 纤维蛋白原定量　C. 血块收缩试验
D. 3P试验　E. 血小板计数

1766. 检查凝血功能的化验是
1767. 检查纤溶异常的化验是

A. 肾上腺素试验　B. 凝血活酶生成及纠正试验　C. D-二聚体测定
D. 血小板聚集试验　E. 毛细血管脆性试验

1768. 确诊血友病的检查是
1769. 了解是否存在纤溶亢进的检查是
1770. 下列凝血因子缺乏时，可引起 PT 和 APTT 同时延长的是
A. Ⅶ　B. Ⅷ　C. Ⅸ
D. Ⅹ　E. Ⅺ
1771. 男，19 岁。拔牙后出血不止 2 天。查体：心、肺、腹未见异常。实验室检查：Hb115g/L，WBC 5.4×10^9/L，Plt130×10^9/L，PT11 秒（正常对照 13 秒），APTT65 秒（正常对照 38 秒），TT16 秒（正常对照 17 秒）。该患者出血最可能的原因是
A. 纤维蛋白原缺乏　B. 维生素 K 缺乏　C. 凝血因子Ⅹ缺乏
D. 凝血酶原缺乏　E. 凝血因子Ⅺ缺乏

A. 血 vWF 测定　B. PF_3 有效性测定　C. 血栓素 B_2 测定
D. 血 PC 测定　E. 血 D-二聚体测定

1772. 属于抗凝异常的实验室检查的是
1773. 属于纤溶异常的实验室检查是

二、过敏性紫癜（执业医师及助理医师均需掌握）

1774. 双下肢对称性紫癜伴荨麻疹者常见于
A. 过敏性紫癜　B. 再生障碍性贫血　C. 激素性紫癜
D. 血小板减少　E. 特发性血小板增多症
1775. 下列不符合腹型过敏性紫癜临床表现的是
A. 皮肤紫癜　B. 恶心、呕吐　C. 便秘
D. 腹泻　E. 便血
1776. 不符合关节型过敏性紫癜临床表现的是
A. 关节肿胀　B. 多发生于大关节　C. 部位固定，非游走性
D. 呈反复性发作　E. 不遗留关节畸形
1777. 14 岁，男孩。因腹痛送院就诊。查：双下肢出现对称性成片状小出血点，尿常规发现血尿（+++），该患者最可能的诊断是
A. 肾血管畸形　B. 过敏性紫癜肾炎　C. 肾绞痛
D. 急性肾盂肾炎　E. 肾下垂
1778. 女，16 岁。近 3 天双下肢伸侧出现紫癜，分批出现，两侧对称，颜色鲜红，伴腹痛及关节痛，Plt100×10^9/L，WBC10×10^9/L，Hb100g/L，凝血时间正常。应首先考虑
A. 特发性血小板减少性紫癜　B. 过敏性紫癜　C. 急性白血病
D. 再生障碍性贫血　E. 血友病
1779. 男，17 岁。双下肢出血点伴关节痛 2 周，水肿 1 周。实验室检查：尿红细胞 30～40/HP，尿蛋白 4.2g/d，血浆白蛋白 28g/L，肾免疫病理示 IgA 沉积于系膜区。其病因诊断为
A. IgA 肾病　B. 狼疮肾炎　C. 过敏性紫癜肾炎
D. 乙肝病毒相关性肾炎　E. 原发性肾病综合征
1780. Henoch 型过敏性紫癜的临床表现，除皮肤紫癜外，还有
A. 关节肿痛　B. 便血　C. 尿血

D. 视网膜出血　　E. 虹膜炎

1781. 符合过敏性紫癜的实验室检查是
A. 血小板减少　　B. 出血时间延长　　C. 凝血时间延长
D. 血块收缩不良　　E. 毛细血管脆性试验可阳性

(1782~1783 题共用题干)男,32 岁。皮肤反复出现紫癜 1 个月,加重并出现恶心、腹痛 2 天。查体:四肢皮肤散在紫癜,心、肺未见异常,腹平软,脐周轻压痛,无反跳痛和肌紧张,肝脾肋下未触及,肠鸣音活跃。

1782. 下述情况对明确病因意义不大的是
A. 有无花粉、尘埃过敏　　B. 应用药物情况　　C. 有无食用鱼、虾、蟹等
D. 发病前有无呼吸道感染　　E. 皮肤紫癜有无瘙痒

1783. 该患者目前不需要的治疗药物是
A. 山莨菪碱　　B. 低分子肝素　　C. 泼尼松
D. 异丙嗪　　E. 芦丁

(1784~1786 题共用题干)男,32 岁。反复皮肤紫癜 1 个月,加重并腹痛 2 天。查体:四肢皮肤散在紫癜,心、肺未见异常,腹平软,脐周轻压痛,无反跳痛和肌紧张,肝脾肋下未触及,肠鸣音 6 次/分。临床诊断为过敏性紫癜。

1784. 根据目前的临床资料,首先考虑最可能的临床类型是
A. 单纯型　　B. 混合型　　C. 肾型
D. Schonlein 型　　E. Henoch 型

1785. 可证实上述诊断类型的检查结果是
A. 大关节肿胀,有压痛　　B. 尿常规异常(血尿、蛋白尿、管型尿)
C. 毛细血管脆性试验阳性　　D. 粪常规异常(有红细胞,隐血阳性)
E. 粪隐血阳性、尿沉渣镜检红细胞 6~8/HP

1786. 该患者目前不合适的治疗药物是
A. 芦丁片　　B. 泼尼松　　C. 低分子肝素
D. 维生素 C　　E. 山莨菪碱

三、原发免疫性血小板减少症(执业医师及助理医师均需掌握)

1787. 慢性特发性血小板减少性紫癜常见于
A. 幼儿　　B. 儿童　　C. 青年女性
D. 壮年男性　　E. 老年人

1788. 特发性血小板减少性紫癜可有
A. 骨髓巨核细胞消失　　B. 凝血时间延长　　C. 血小板寿命缩短
D. 网织红细胞绝对值降低　　E. Coombs 试验(+)

1789. 女,40 岁。皮肤出血点及瘀斑、牙龈出血 1 周。查体:肝脾不大。血常规:Hb110g/L,WBC4.0×10^9/L,Plt10×10^9/L。骨髓细胞学检查:巨核细胞 95/2cm×2cm,产板型巨核细胞 1 个。最可能的诊断是
A. 急性白血病　　B. 特发性血小板减少性紫癜　　C. 再生障碍性贫血
D. 骨髓增生异常综合征　　E. 巨幼细胞贫血

1790. 慢性特发性血小板减少性紫癜合并贫血最适宜的检查是
A. 血清铁蛋白测定　　B. 血清叶酸测定　　C. 血红蛋白电泳
D. 酸溶血试验　　E. 红细胞渗透脆性试验

1791. 关于特发性血小板减少性紫癜,正确的是
A. 急性型常见于老年人　B. 慢性型常见于男性　C. 脾一般不增大
D. 骨髓巨核细胞大多减少　E. 脾切除对慢性型无效

1792. 下列支持 ITP 诊断的是
A. PAC3 阴性　B. 脾切除有效　C. 肝脾大
D. PAIg 阴性　E. 骨髓中产板型巨核细胞增多

1793. 女,25 岁。间断牙龈出血、皮肤瘀斑 2 个月,反复发生口腔溃疡。查体:双下肢和腹部散在瘀斑,浅表淋巴结无肿大,巩膜无黄染,腹软,肝肋下未及,脾肋下刚可触及。化验:Hb121g/L, WBC4.5×10^9/L,Plt25×10^9/L。为除外继发免疫性血小板减少性紫癜,最重要的检查是
A. 血小板功能　B. 血小板抗体　C. 抗核抗体谱
D. 腹部 B 超　E. 胸部 X 线片

(1794~1795 题共用题干)女,18 岁。皮肤瘀斑、月经量过多 3 个月。实验室检查:Hb100g/L, WBC6.0×10^9/L,Plt20×10^9/L。骨髓细胞学检查:在 1.5cm×2.0cm 涂片膜上颗粒型巨核细胞可见 110 个,产板型巨核细胞为 0。

1794. 该患者最可能的诊断是
A. 血友病　B. 弥散性血管内凝血　C. 特发性血小板减少性紫癜
D. 过敏性紫癜　E. 急性白血病

1795. 目前应首选的治疗是
A. 输注新鲜血浆加抗凝治疗　B. 输注浓缩血小板　C. 凝血因子替代治疗
D. 应用糖皮质激素　E. 联合化疗

1796. 在 ITP 的免疫抑制治疗中,最常用的免疫抑制剂是
A. 长春新碱　B. 环磷酰胺　C. 硫唑嘌呤
D. 环孢素　E. 甲氨蝶呤

1797. 糖皮质激素治疗慢性特发性血小板减少性紫癜,错误的是
A. 一般为首选治疗　B. 一般选用泼尼松　C. 近期有效率约为 80%
D. 复发时再应用常无效　E. 治疗缓解后一般小剂量维持 3~6 个月

1798. 特发性血小板减少性紫癜患者,应用糖皮质激素治疗多长时间未见效,才考虑切脾?
A. 1 个月　B. 2 个月　C. 3~6 个月
D. 4~9 个月　E. >6 个月

1799. 女,28 岁。反复牙龈出血和月经增多半年。查体:轻度贫血貌,巩膜无黄染,肝脾肋下未触及。实验室检查:Hb82g/L,RBC4.0×10^{12}/L,WBC5.6×10^9/L,Plt13×10^9/L。骨髓增生明显活跃,红细胞系占 36%,巨核细胞明显增多,产板型巨核细胞少,骨髓内、外铁均减少。该患者最可能的诊断是
A. 溶血性贫血　B. 慢性 ITP 合并缺铁性贫血　C. 慢性再生障碍性贫血
D. 急性白血病　E. 骨髓增生异常综合征

(1800~1802 题共用题干)女性,26 岁。10 天来全身皮肤出血点伴牙龈出血来诊。化验 Plt 35×10^9/L,临床诊断为慢性特发性血小板减少性紫癜(ITP)。

1800. 支持 ITP 诊断的是
A. 皮肤有略高出皮面的紫癜　B. 面部蝶形红斑　C. 口腔溃疡
D. 下肢肌肉血肿　E. 脾不大

1801. 支持 ITP 诊断的实验室检查是
A. 凝血时间延长　B. 血块收缩良好　C. 抗核抗体阳性

D. 骨髓巨核细胞增多,产板型增多 E. 骨髓巨核细胞增多,幼稚、颗粒型增多

1802. 该患者的首选治疗是
A. 糖皮质激素 B. 脾切除 C. 血小板输注
D. 长春新碱 E. 达那唑

四、弥散性血管内凝血(执业医师需掌握)

1803. 诱发 DIC 最常见的病因为
A. 恶性肿瘤 B. 手术及外伤 C. 革兰阴性细菌感染
D. 产科意外 E. 代谢性酸中毒

1804. 能同时启动内源和外源性凝血途径引起 DIC 的是
A. 羊水栓塞 B. 急性早幼粒细胞白血病 C. 广泛创伤
D. 大型手术 E. 严重感染

1805. 男,59 岁。畏寒、高热 1 周余。查体:T39.5℃,P132 次/分,R28 次/分,BP85/50mmHg。左臂皮肤可见瘀斑,胸骨无压痛,双肺呼吸音粗,右下肺可闻及湿啰音,肝脾肋下未触及。实验室检查:Hb102g/L,WBC16.8×10^9/L,Plt45×10^9/L,PT18 秒(对照 12 秒),纤维蛋白原 1.19g/L。该患者最可能的诊断是
A. 肺结核 B. 脓毒症 C. 肺部感染合并 DIC
D. 急性白血病 E. 肺血栓栓塞症

1806. 女,43 岁。乙肝肝硬化 10 年,近 1 周来高热伴乏力,出现鼻出血和皮肤多处瘀斑。为确定患者是否并发 DIC,最有价值的实验室检查指标是
A. 血浆 FⅧ:C 下降 B. APTT 延长 C. 血浆凝血酶原下降
D. 血浆纤维蛋白原下降 E. PT 延长

1807. 急性型 DIC 高凝期患者的治疗原则,除消除病因、治疗原发病外,应首先考虑
A. 补充水与电解质 B. 应用抗血小板药物 C. 积极抗纤溶治疗
D. 及早应用肝素 E. 输注全血或血浆

1808. 治疗弥散性血管内凝血时,监测肝素用量的试验是
A. 血小板计数 B. 3P 试验 C. 出血时间
D. 纤维蛋白原定量 E. APTT(激活的部分凝血活酶时间)

1809. 男,45 岁。呕血、胸痛 4 周,经检查诊断为肺栓塞,低分子肝素治疗 3 天,欲加用华法林,为监测其抗凝治疗的疗效和安全性,应首选的评价指标是
A. APTT B. D-二聚体 C. FDP
D. INR E. 纤维蛋白原

A. 肝素 B. 输新鲜血浆 C. 输新鲜全血
D. 氨基己酸 E. 输浓缩血小板

1810. DIC 纤溶亢进期治疗时禁用
1811. DIC 消耗性低凝期首选

(1812~1814 题共用题干)女,50 岁,高热、寒战 5 天,意识模糊 1 天。既往体健。查体:T39℃,P120 次/分,R22 次/分,BP80/50mmHg。皮肤散在出血点和瘀斑,双肺未见异常,心率 120 次/分,律齐,腹软,肝肋下 0.5cm,脾肋下及边。检查:Hb100g/L,WBC25.3×10^9/L。血培养示大肠埃希菌生长,PT18 秒(正常对照 13 秒),INR2.1,血纤维蛋白原定量 108g/L。诊断为大肠埃希菌败血症,可能合并 DIC。

1812. 下述检查对确诊 DIC 意义不大的是

A. 复查血纤维蛋白原定量　B. 复查血小板数　C. 血小板功能
D. APTT　E. FDP 测定

1813. 下列能反映 DIC 纤溶情况的检查是
A. 血纤维蛋白原测定　B. 凝血因子Ⅷ:C 活性测定　C. PC、PS 测定
D. ATⅢ测定　E. D-二聚体测定

1814. 确诊 DIC,需立即进行下列治疗,除了
A. 抗感染　B. 抗休克　C. 肝素抗凝
D. 抗纤溶　E. 输新鲜冰冻血浆

第 30 章　输　血

(执业医师及助理医师均需掌握)

1815. 保证血液安全的前提和基础是
A. 无偿献血　B. 血液检测　C. 成分输血
D. 自身输血　E. 避免不必要的输血

1816. 不属于有形成分输血优点的是
A. 一血多用　B. 提高疗效　C. 减少输血反应
D. 降低心脏负荷　E. 有效改善血容量

1817. 成分输血的优点不包括
A. 纯度高　B. 保护血液资源　C. 容易制备
D. 便于保存　E. 疗效好

1818. 关于成分输血的描述,错误的是
A. 减少输血传播传染病的危险　B. 治疗效果不如全血好　C. 输血不良反应少
D. 节约血液资源　E. 便于保存和使用

1819. 保存期内的全血最主要的有效成分是
A. 红细胞　B. 白细胞　C. 血小板
D. 凝血因子　E. 免疫球蛋白

1820. 全血在保存过程中,发生了"保存损害",丧失了一些有用成分,它们是
A. 血小板、粒细胞、不稳定的凝血因子　B. 红细胞、白细胞、血小板
C. 白细胞、血小板、稳定的凝血因子　D. 白细胞、血小板、纤维蛋白原
E. 血小板、淋巴细胞、凝血因子Ⅶ

1821. 全血在 4~6℃保存过程中,活性得到较长时间保存的血液成分是
A. 血小板　B. 凝血因子Ⅴ　C. 凝血因子Ⅷ
D. 红细胞　E. 白细胞

1822. 全血在保存过程中,发生了"保存损害",增加了一些有害物质,其中有
A. 钾　B. 钠　C. 钙
D. 铁　E. 镁

1823. 制备洗涤红细胞的主要目的是
A. 去除红细胞碎片　B. 去除细菌　C. 去除白细胞
D. 去除血浆蛋白　E. 去除血小板

1824. 去除白细胞和血小板、肝炎病毒和抗 A、B 抗体的红细胞属于

A. 浓缩红细胞　　B. 洗涤红细胞　　C. 冰冻红细胞
D. LPRBC　　E. 冷沉淀

1825. 洗涤红细胞的特点是
A. 淋巴细胞含量与全血相同　　B. 血浆蛋白的含量很少　　C. 红细胞含量与全血相同
D. 血小板含量与全血相同　　E. 粒细胞含量与全血相同

1826. 急性大量失血患者需要输注红细胞时,应首选的品种是
A. 悬浮红细胞　　B. 浓缩红细胞　　C. 辐照红细胞
D. 洗涤红细胞　　E. 去除白细胞的红细胞

1827. 准备进行骨髓移植的患者需要输血改善贫血症状,首选的血液制品为
A. 全血　　B. 红细胞悬液　　C. 少白细胞的红细胞
D. 洗涤红细胞　　E. 浓缩红细胞

1828. 不需要通过辐照来预防输血相关移植物抗宿主病的血液成分是
A. 洗涤红细胞　　B. 浓缩血小板　　C. 新鲜冰冻血浆
D. 悬浮红细胞　　E. 浓缩白细胞

1829. 男,20岁。因重型再生障碍性贫血入院,准备10天后接受异基因造血干细胞移植。因大量鼻出血和牙龈出血拟行输血,需要预订的血液成分是
A. 单采血小板　　B. 辐照单采血小板　　C. 辐照冷沉淀
D. 辐照新鲜冷冻血浆　　E. 新鲜冷冻血浆

1830. 为了预防输血相关移植物抗宿主病,输注前需要进行辐照的血液成分是
A. 新鲜冰冻血浆　　B. 普通冰冻血浆　　C. 新鲜血浆
D. 浓缩血小板　　E. 冷沉淀

1831. 对于存在凝血功能障碍的肝病患者,应给予输注
A. 全血　　B. 新鲜冰冻血浆　　C. 白蛋白
D. 血小板　　E. 红细胞悬液

1832. 临床输注冰冻血浆的目的是补充
A. 凝血因子　　B. 白蛋白　　C. 免疫球蛋白
D. α球蛋白　　E. 电解质

1833. 输注血小板的主要目的是
A. 增加血管致密度　　B. 抑制纤溶活性　　C. 改善止血功能
D. 降低抗凝功能　　E. 加强凝血功能

1834. 女,25岁。足月妊娠,因前置胎盘发生DIC,阴道大出血入院。查体:T35℃,P130次/分,R25次/分,BP90/40mmHg。实验室检查:Hb55g/L,Plt20×10^9/L,血浆纤维蛋白原1.6g/L。不正确的输血处理措施是输注
A. 新鲜冰冻血浆　　B. 浓缩血小板　　C. 普通冰冻血浆
D. 冷沉淀　　E. 悬浮红细胞

1835. 患者,男,16岁。血友病15年。因右下肢肌肉血肿、关节腔出血1周入院。需要输注的血液制品首选
A. 冷沉淀　　B. 全血　　C. 浓缩红细胞
D. 洗涤红细胞　　E. 白细胞

1836. 女,20岁。因患地中海贫血需反复输血治疗,应为该患者选择的最佳血液成分是
A. 去除白细胞的红细胞　　B. 冷冻红细胞　　C. 悬浮红细胞
D. 洗涤红细胞　　E. 悬浮红细胞和血浆

1837. 女，40 岁，因患再生障碍性贫血入院治疗，既往曾多次输血。此时应考虑输注
A. 浓缩红细胞　　B. 去除白细胞的红细胞　　C. 全血
D. 悬浮红细胞　　E. 辐照红细胞

1838. 男性，50 岁。因胃癌伴重度贫血入院，既往体健，无输血史。术前化验 Hb56g/L。为纠正贫血，最适合的输血治疗是
A. 输全血　　B. 输浓缩红细胞　　C. 输洗涤红细胞
D. 输去白细胞的红细胞　　E. 输冷冻红细胞

1839. 男，65 岁。患再生障碍性贫血 2 年，多次输血治疗，最近 2 次输血过程中出现发热，体温达 39℃ 以上，经对症处理症状缓解。此次拟输血改善贫血症状，应输注的血液成分是
A. 浓缩红细胞　　B. 辐照红细胞　　C. 去除白细胞的红细胞
D. 冰冻红细胞　　E. 悬浮红细胞

1840. 女，36 岁。因前置胎盘大出血入院行手术治疗。术中输注红细胞悬液 26 单位，机采血小板 2 个治疗量，手术创面渗血不止。实验室检查：血红蛋白 100g/L，血小板 90×10^9/L，凝血酶原时间(PT)为 21 秒(正常对照为 11～15 秒)，血浆纤维蛋白原 0.6g/L。此时应输注
A. 全血　　B. 红细胞悬液　　C. 浓缩血小板
D. 新鲜冰冻血浆　　E. 浓缩白(粒)细胞

1841. 成年患者输注 1 单位红细胞估计可提升的血红蛋白数量是
A. 1g/L　　B. 3g/L　　C. 5g/L
D. 7g/L　　E. 10g/L

1842. 成人失血 500～800ml，首先考虑输入
A. 全血　　B. 血浆　　C. 浓缩红细胞
D. 白蛋白　　E. 晶体液

1843. 女，30 岁，体重 45kg。因外伤引起急性失血约 600ml，手术治疗后出血停止。术后 1 天查体：P85 次/分，BP95/60mmHg。化验 Hb105g/L。患者要求输血，此时应采取的正确措施是
A. 输注人血蛋白质 4g　　B. 输注普通冰冻血浆 400ml　　C. 输注全血 200ml
D. 输注新鲜冰冻血浆 400ml　　E. 无需输注血液或血液制品

1844. 男，52 岁。因患十二指肠球部溃疡合并幽门不全梗阻入院施行胃大部切除术。术中出血约 600ml，心率 92 次/分，呼吸 21 次/分，血压 98/60mmHg，血红蛋白 105g/L。输血的正确做法是
A. 输注晶体液补充血容量，原则上不输血　　B. 输全血 600ml 补充丢失的失血量
C. 输血浆和红细胞各 300ml 代替丢失的全血　　D. 输红细胞悬液 600ml，不必输注全血
E. 输血浆 600ml 补充血容量，不必输注红细胞

1845. 男，30 岁。外伤后急性失血约 1000ml，给予手术止血，并输注平衡盐溶液和羟乙基淀粉。术后查体：P95 次/分，BP100/60mmHg，Hb80g/l。此时应采取的治疗措施是
A. 输注红细胞悬液 1 单位　　B. 输注红细胞悬液 5 单位　　C. 输注全血 1000ml
D. 输注血浆 400ml　　E. 暂不输血，继续观察

1846. 女，45 岁。急性白血病接受化疗过程中诉食欲差、疲乏无力，时有恶心。查体：T37℃，P90 次/分，R18 次/分，BP110/70mmHg。血常规：Hb90g/L，RBC3.1×10^{12}/L，WBC5.6×10^9/L，Plt65×10^9/L。患者要求输血，此时正确的处理措施是
A. 输注悬浮红细胞 1 单位　　B. 输注全血 1 单位　　C. 输注机采血小板 1 个治疗量
D. 输注血浆 200ml　　E. 不予输血并向患者说明理由

1847. 男，58 岁。患肝炎已 10 余年，因无力、纳差、腹胀 20 天诊断为乙肝后肝硬化(失代偿期)入院。肝功能试验显著异常，其中白蛋白减低，球蛋白升高，白蛋白与球蛋白比率倒置。为治疗低白蛋白血

症,首选的血液制品是
A. 全血 B. 新鲜冰冻血浆 C. 普通冰冻血浆
D. 冷沉淀 E. 白蛋白

1848. 关于急性失血患者的输血,正确的是
A. 用等量的全血补充所估计的失血量
B. 在晶体液、胶体液扩容的基础上,适当输注全血
C. 在晶体液、胶体液扩容的基础上,合理输血(主要是输红细胞)
D. 先输注血浆补充血容量,再输注红细胞纠正贫血
E. 红细胞、新鲜冰冻血浆及血小板三者合理搭配输注

1849. 一位体重60kg的女患者,因外伤引起急性出血约2000ml,经手术止血并在应用晶体液和人造胶体液补足血容量(血压已稳定)的基础上,宜输注的血制品是
A. 红细胞悬液(添加剂红细胞) B. 保存全血 C. 洗涤红细胞
D. 新鲜冰冻血浆 E. 新鲜全血

1850. 男,38岁。因胃癌行胃大部分切除术,术前查Hb110g/L,术中失血约1100ml,已输入平衡盐溶液2000ml。术后第1天感胸闷、气促。查体:T37.0℃,BP100/60mmHg。实验室检查:Hb80g/L,最好应给患者输注
A. 悬浮红细胞 B. 浓缩血小板 C. 全血
D. 普通冰冻血浆 E. 新鲜冰冻血浆

1851. 男,35岁。既往身体健康。因外伤性骨盆骨折入院。查体:神志恍惚,面色苍白,脉搏120次/分,血压90/70mmHg,血红蛋白70g/L。首选的治疗方案是输注
A. 全血 B. 胶体液和全血 C. 晶体液和全血
D. 新鲜冰冻血浆和红细胞悬液 E. 晶体液和红细胞悬液

1852. 健康人血白蛋白(白蛋白)主要用于
A. 补充营养 B. 增强机体抵抗力 C. 低血容量性休克的扩容治疗
D. 自身免疫性疾病的治疗 E. 低丙种球蛋白血症的替代疗法

1853. 下列属于输注血小板禁忌证的是
A. 骨髓造血功能衰竭 B. 血小板功能障碍
C. 血小板减少患者手术前输注血小板 D. 血栓性血小板减少性紫癜
E. 大量输血所致的稀释性血小板减少

1854. 最能减少输血的并发症且无传染疾病危险的是
A. 输新鲜血 B. 输新鲜冰冻血浆 C. 输浓缩红细胞
D. 输白细胞制剂 E. 自体输血

1855. 贮存式自身输血时,患者血红蛋白量的标准是
A. Hb≥140g/L B. Hb≥130g/L C. Hb≥120g/L
D. Hb≥110g/L E. Hb≥100g/L

1856. 男,35岁,体重75kg。因陈旧性股骨干骨折入院手术。查体:P85次/分,BP125/80mmHg。一般状况良好,心、肺无异常。实验室检查:Hb130g/L,凝血功能检查结果正常,肝、肾功能正常。如果手术中出血,下列输血方案中不应首选的是
A. 术后回收式自身输血 B. 术中回收式自身输血 C. 急性等容血液稀释
D. 术前贮存式自身输血 E. 输注异体红细胞和新鲜冰冻血浆

1857. 男,35岁,体重75kg。因外伤性股骨颈骨折第2次入院手术。患者一般状况良好,BP125/80mmHg,Hb150g/L。血型鉴定为A型,抗体筛查发现存在多种红细胞抗体,交叉配血试验无法配上相容性

血液。若需输血,应考虑的输血策略是

A. 输注其亲属的全血　B. 输注 O 型红细胞　C. 输注洗涤红细胞

D. 贮存式自身输血　E. 输注 Rh 阴性红细胞

1858. 麻醉中手术患者发生溶血的最早征象是

A. 呼吸困难　B. 寒战、高热、头痛　C. 心前区压迫感和腰背酸痛

D. 血红蛋白尿　E. 伤口渗血和低血压

1859. 输血后 7~14 天发生的输血并发症是

A. 非溶血性发热性输血反应　B. 变态反应　C. 迟发性溶血反应

D. 细菌污染反应　E. 输血相关的急性肺损伤

1860. 女,35 岁,因输卵管妊娠破裂出血 1 小时急诊入院。怀孕 3 次,自然流产 2 次,顺产 1 胎。术前查 Hb75g/L,术中输注悬浮红细胞 5 单位。术后第一天复查 Hb100g/L。术后第 8 天出现皮肤、巩膜黄染,发热,T38.5℃。检查 Hb70g/L。该患者可能发生的输血不良反应是

A. 细菌污染反应　B. 非溶血性发热性反应　C. 输血性肝炎

D. 过敏反应　E. 迟发性溶血反应

1861. 女,28 岁,妊娠 38 周。B 超示胎儿脐带绕颈 2 周,拟行剖宫产术。4 年前曾因外伤住院,接受输血后出现严重过敏反应。孕妇一般状况良好,心、肝、肾功能正常。血 Hb100g/L。术前拟申请备血 400ml,应选择的血液成分是

A. 洗涤红细胞　B. 悬浮红细胞　C. 浓缩血小板

D. 新鲜冰冻血浆　E. 冷沉淀

1862. 男,45 岁。行脊柱肿瘤切除术,术中给予输血,输注悬浮红细胞 15 分钟后,血压下降到 70/40mmHg,导尿管中的尿液呈酱油色。患者最可能发生的输血不良反应是

A. 细菌污染反应　B. 输血相关急性肺损伤　C. 急性溶血性输血反应

D. 严重过敏反应　E. 输血相关循环超负荷

1863. 临床上最常见的输血反应是

A. 非溶血性发热反应　B. 变态反应　C. 过敏反应

D. 溶血反应　E. 细菌污染反应

1864. 女,30 岁。因再生障碍性贫血 3 个月入院输血治疗。输注悬浮红细胞 30 分钟后出现寒战。既往有输血史。查体:T39.5℃,BP130/75mmHg。患者最可能出现的输血不良反应是

A. 过敏反应　B. 输血相关循环超负荷　C. 输血相关移植物抗宿主病

D. 非溶血性发热反应　E. 急性溶血性输血反应

1865. 免疫性非溶血性发热性输血反应的主要原因和发病机制是

A. 输入血液中的白细胞和患者血浆中的白细胞抗体发生免疫反应

B. 输入血液中的红细胞和患者血浆中相应抗体发生免疫反应

C. 输入血液中的血小板和患者血浆中相应抗体发生免疫反应

D. 输入血液中的血浆蛋白在患者体内引起变态反应

E. 输入血液中污染的致热原导致发热性反应

1866. 女,40 岁,因宫颈癌接受化疗。近 3 天来常发生牙龈出血,血小板计数 20×10^9/L。遂给予血小板输注,输注后 20 分钟,患者突然寒战、发热、恶心,体温 39.5℃,尿色正常。该患者很可能发生的输血不良反应是

A. 非溶血性发热性输血反应　B. 溶血性输血反应　C. 过敏反应

D. 细菌污染反应　E. 循环超负荷

1867. 男,63 岁。皮肤黏膜散在出血点 10 天。既往肝硬化病史多年。给予输注新鲜冰冻血浆治疗。输

注开始后20分钟,患者出现皮肤瘙痒、荨麻疹表现。此时正确的处理措施是
A. 停止输注 B. 减慢输注速度,并给予肾上腺素治疗
C. 换一袋血浆输注 D. 减慢输注速度,并给予抗组胺药物治疗
E. 继续输注,不做任何处理

1868. 男,46岁。因双眼睑及四肢无力入院。入院诊断:重症肌无力。决定给予血浆置换治疗,置换液为新鲜冰冻血浆。在血浆置换过程中患者出现面部瘙痒、潮红,胸部及四肢出现少量荨麻疹。体检:体温37.6℃,血压115/65mmHg。该患者可能出现的输血反应为
A. 非溶血性发热性输血反应 B. 细菌污染反应 C. 过敏反应
D. 溶血性输血反应 E. 循环超负荷

1869. 引起变态反应的主要血液成分是
A. 红细胞 B. 血浆 C. 淋巴细胞
D. 血小板 E. 中性粒细胞

1870. 男,40岁。因急性粒细胞白血病入院。查体:四肢皮肤多处出血点和瘀斑。化验Plt8×10^9/L。给予单采血小板输注。输注4小时后,患者出现胸闷、呼吸困难。急查胸部X线片可见弥漫性阴影。患者最可能发生的输血不良反应是
A. 急性过敏反应 B. 急性溶血反应 C. 细菌性感染
D. 循环超负荷 E. 输血相关急性肺损伤

1871. 最容易引起细菌污染反应的血液制品是
A. 浓缩红细胞 B. 白蛋白 C. 新鲜冰冻血浆
D. 冷沉淀 E. 浓缩血小板

1872. 男性,70岁,体重50kg,因胃癌进行手术治疗。为补充术中失血,给予输注全血。当全血输注至1000ml时,患者突然出现呼吸困难,咳嗽,肺部湿啰音,脉搏130次/分,血压160/90mmHg。患者很可能发生了
A. 溶血性输血反应 B. 输血相关变态反应 C. 输血相关循环超负荷
D. 输血相关败血症 E. 输血相关急性肺损伤

1873. 女,50岁。因外伤骨盆骨折急诊入院手术治疗,术后第5天。查体:P100次/分,BP100/60mmHg。实验室检查:Hb75g/L。当日子女两人各献出全血200ml给患者输注。术后第15天,患者出现腹泻,4~6次/日。查体:T39℃,皮肤出现斑丘疹。实验室检查:Hb56g/L,WBC2.36×10^9/L,Plt20×10^9/L,ALT300U/L。该患者可能发生了
A. 急性溶血反应 B. 输血传播艾滋病 C. 细菌性反应
D. 严重过敏反应 E. 输血相关移植物抗宿主病

1874. 患者,女,46岁。输浓缩红细胞5单位后出现手足抽搐。查体:脉率106次/分,血压130/80mmHg,意识清楚,瞳孔等大,对光反射正常,腱反射亢进。应诊断为
A. 高钾血症 B. 低钾血症 C. 高钙血症
D. 低钙血症 E. 过敏反应

1875. 急性输血不良反应发生的时间为输血开始后
A. 8小时内 B. 12小时内 C. 24小时内
D. 36小时内 E. 48小时内

1876. 不能通过输血传播的病原是
A. 单纯疱疹病毒 B. EB病毒 C. 巨细胞病毒
D. 肝炎病毒 E. HIV

1877. 传播病毒危险性最大的血液成分是

A. 红细胞　B. 白细胞　C. 血小板
D. 血浆　E. 冷沉淀

1878. 在我国尚未列入献血者血液筛查的病原体是
A. 艾滋病病毒　B. 巨细胞病毒　C. 乙型肝炎病毒
D. 丙型肝炎病毒　E. 梅毒螺旋体

1879. 与输入血液质量有关的早期输血反应为
A. 酸碱平衡失调　B. 过敏反应　C. 出血倾向
D. 丙型肝炎　E. 疟疾

1880. 患者确需临床输血的,应由经治医师逐项填写的医疗文书是
A. 输血治疗同意书　B. 临床输血申请单　C. 交叉配血报告单
D. 输血反应回报单　E. 同型输血认可书

1881. 为便于追查输血不良反应的原因,血液发出后,受血者和供血者的血样保存于 2~6℃冰箱的时间至少
A. 3 天　B. 4 天　C. 5 天
D. 6 天　E. 7 天

1882. 女性,55 岁。因患乙状结肠癌行肿瘤切除、结肠造瘘术。术中顺利,在关腹前,输 A 型血约 50ml,病员突然出现寒战,伤口渗血,导尿为全程血尿。当即认定系输血引起的溶血反应,立即停止输血、进行抢救;同时复查,病员系 O 型血,即改输 O 型血 400ml。由于发现及时,抢救得当,病员转危为安。经调查发现,系血库工作人员甲将血样试管搞错,导致定错血型,发生溶血反应。甲的行为违反了《临床输血技术规范》的
A. 输血申请规定　B. 受血者血样采集和送检规定　C. 交叉配血规定
D. 发血规定　E. 输血规定

1883. 受血者配血试验的血标本必须是输血前
A. 2 天之内的　B. 3 天之内的　C. 4 天之内的
D. 5 天之内的　E. 6 天之内的

第 31 章　内分泌疾病总论与下丘脑-垂体疾病

一、内分泌疾病总论(执业医师及助理医师均需掌握)

1884. 下列不属于内分泌腺体功能减退常见原因的是
A. 肿瘤　B. 增生　C. 感染
D. 药物　E. 遗传

1885. GH 兴奋试验有助于明确病因诊断的情况是
A. 身材矮小　B. 身材高大　C. 消瘦
D. 肥胖　E. 肢端肥大

1886. 患者,女,40 岁。脸色苍白、乏力 1 年余,月经周期延长,临床疑有内分泌腺功能低下。此时不需做的检查是
A. 动态功能抑制试验　B. 动态功能兴奋试验　C. 靶腺激素测定
D. 影像学检查　E. 自身抗体测定

1887. 内分泌疾病定位诊断的方法不包括
A. B 型超声检查　B. 静脉导管分段取血　C. 磁共振成像
D. 放射性核素显像　E. 血清靶器官激素水平测定

1888. 内分泌疾病检查方法中属于功能诊断检查的是
A. MRI或CT扫描　B. 甲状腺核素^{131}I摄取率　C. B型超声仪探查
D. 动脉插管造影术　E. 静脉导管分段取血

1889. 内分泌功能减退性疾病目前较普遍使用的替代治疗方法是给予
A. 生理剂量的靶腺激素　B. 药理剂量的靶腺激素　C. 药理剂量的促垂体激素
D. 药理剂量的垂体激素　E. 调节神经递质或受体的药物

二、垂体肿瘤(执业医师需掌握)

1890. 无功能性垂体腺瘤可能分泌的是
A. 促甲状腺激素　B. 黄体生成素　C. 生长激素
D. α-亚单位　E. 泌乳素

1891. 有功能的垂体腺瘤最常见的是
A. ACTH瘤　B. TSH瘤　C. GH瘤
D. PRL瘤　E. FSH/LH瘤

1892. 提示垂体腺瘤有激素分泌功能的表现是
A. 双颞侧头痛　B. 眼睑下垂　C. 视野缺损
D. 脑脊液鼻漏　E. 手足增大

1893. 女性垂体泌乳素腺瘤的典型临床表现是
A. 持续泌乳及头痛　B. 视野缺损和视力下降　C. 月经稀发
D. 闭经,泌乳　E. 体重增加并糖耐量减低

1894. 女,34岁。停经、溢乳3个月。查体:T36.5℃,P80次/分,R18次/分,BP120/80mmHg,乳房挤压有少量乳白色液体,未触及肿块,余体格检查未见异常。该患者最可能的诊断是
A. 泌乳素瘤　B. 多囊卵巢综合征　C. 颅咽管瘤
D. 垂体柄损伤　E. 早期妊娠

1895. 男,38岁。口干、多饮、多尿3个月。查体:唇肥厚,下颌前突,咬合困难,手脚粗大肥厚。实验室检查:空腹血糖7.2mmol/L,甘油三酯3.0mmol/L,尿比重1.020。最可能的诊断是
A. 尿毒症　B. 糖尿病　C. 高甘油三酯血症
D. 肢端肥大症　E. 甲状腺功能减退症

1896. 男,35岁。面容变丑10年,鞋子号码从42增加到44,近半年明显出汗和体力欠佳,并有明显口渴、多饮、勃起功能障碍。查体:BP160/100mmHg。为明确诊断,首选的检查是
A. T_3、T_4、TSH　B. FSH、LH　C. 胰岛素低血糖兴奋试验
D. OGTT试验　E. 葡萄糖生长激素抑制试验

1897. 女,40岁。闭经、溢乳半年。磁共振发现垂体1.5cm×1.0cm占位病变,需做激素检查。下列无助于诊断的检查是
A. 生长激素　B. 促肾上腺皮质激素　C. 血管加压素
D. 促甲状腺激素　E. 泌乳素

1898. 不属于垂体腺瘤典型症状或体征的是
A. 癫痫发作　B. 停经、泌乳　C. 双颞侧偏盲
D. 肢端肥大　E. 视神经萎缩

1899. 垂体泌乳素腺瘤妇女的高泌乳素血症长期不予治疗可发生
A. 高血压　B. 低钾血症　C. 骨质疏松症
D. 低蛋白血症　E. 甲状腺功能减退

1900. 疑为垂体腺瘤时,定位诊断首选
A. 脑电图　B. CT　C. MRI
D. 放射性核素扫描　E. 脑血管造影

1901. 高泌乳素血症的药物治疗首选
A. 赛庚啶　B. 溴隐亭　C. 奥曲肽
D. 酮康唑　E. 黄体酮

1902. 男,40岁。性欲降低及勃起功能障碍1年,伴头痛。无视野缺损和视觉障碍,无乳腺增生,无药物服用史。查体:睾丸质软。实验室检查:血清泌乳素水平700μg/L(正常<15μg/L)。头颅MRI发现蝶鞍部有一2.5cm×2.1cm×1.5cm大小的肿物,位于视神经交叉下方5mm,并延伸进入双侧海绵窦。此时该患者最佳的处理措施为
A. 经蝶窦手术切除肿瘤　B. 口服溴隐亭　C. 放射治疗
D. 定期复查垂体MRI　E. 开颅手术切除肿瘤

1903. 男,38岁。性欲减退、阳痿3年,近1年轻度头痛。头颅磁共振(MRI)检查发现直径2.8cm垂体大腺瘤、压迫视神经交叉、浸润左侧海绵窦。第2天晨取血查垂体及其靶腺功能后接受了γ刀垂体外照射放射治疗。5天后化验报告血睾酮0.7mmol/L、FSH及LH均<2mmol/L(垂体-性腺轴功能减低),血PRL、GH、ACTH及TSH、T_3、T_4水平均无特殊。符合垂体无功能性大腺瘤。垂体腺瘤治疗为
A. 采用γ刀放射治疗是合理的选择　B. 用睾酮类药物替代治疗后再放射治疗
C. 首选溴隐亭等多巴胺激动剂治疗　D. 手术治疗后加用放射治疗
E. 无功能性垂体腺瘤可暂不处理,观察1~2年

A. 开颅手术　B. 溴隐亭　C. 放射治疗
D. 经蝶窦手术　E. 长效奥曲肽

1904. 巨大生长激素瘤,首选的治疗方法是

1905. 泌乳素瘤应首选的治疗方法是

三、腺垂体功能减退症(执业医师及助理医师均需掌握)

1906. 腺垂体功能减退症的最常见原因是
A. 希恩(Sheehan)综合征　B. 各种垂体肿瘤　C. 原发性空蝶鞍症
D. 糖尿病血管病变　E. 颅内感染后遗症

1907. 可引起继发性腺垂体功能减退症的是
A. 垂体大腺瘤　B. 希恩综合征　C. 真菌性垂体脓肿
D. 外伤性垂体柄断裂　E. 垂体卒中

1908. 引起希恩综合征的常见原因是
A. 垂体腺瘤压迫浸润　B. 产后大出血　C. 脑垂体卒中
D. 垂体腺瘤手术治疗后　E. 创伤性垂体柄损伤

1909. 腺垂体功能减退症常表现为
A. 皮肤色素沉着　B. 继发性糖尿病　C. 尿崩症
D. 溢乳-闭经　E. 长期闭经

1910. 腺垂体功能减退症最早出现的靶腺功能减退是
A. 肾上腺皮质功能减退　B. 甲状腺功能减退　C. 性腺功能减退
D. 肾上腺与甲状腺功能减退　E. 甲状腺与性腺功能减退

1911. 产后大出血引起的希恩综合征最早出现的表现是
A. 无乳汁分泌　B. 闭经不育　C. 食欲减退

D. 怕冷、便秘　　E. 毛发稀少

1912. 男，45 岁。畏寒、乏力、性欲减低 1 年。2 年前曾因脑部肿瘤行放射治疗。多次因低血压、低血钠入院，静脉输注生理盐水治疗可好转。查体：T36℃，卧位 BP120/70mmHg，心率 90 次/分，坐位 BP100/60mmHg，心率 110 次/分。皮肤黏膜干燥，阴毛、腋毛稀疏，睾丸小。实验室检查：Hb103g/L，血细胞比容 30%，血清尿素氮 4mmol/L，血肌酐 88.4μmol/L，血钠 123mmol/L，血钾 3.9mmol/L，血浆渗透压 264mOsm/(kg · H_2O)，尿渗透压 354mmol/L。该患者最可能的诊断是

A. 原发性甲状腺功能减退症　B. 抗利尿激素分泌失调综合征　C. 腺垂体功能减退症
D. 直立性低血压　E. 原发性肾上腺皮质功能减退症

(1913～1915 题共用题干) 女，42 岁。10 年前分娩后闭经。1 周前因不洁饮食出现腹泻，食欲减退，精神萎靡，卧床不起。今日上午被家人发现神志不清来急诊。查体：BP80/50mmHg，皮肤苍白，毛发稀疏，消瘦，心率 90 次/分。血糖 2.4mmol/L，血钠 128mmol/L。胸部 X 线片示“左上肺陈旧性结核”。

1913. 应了解的最重要的既往史是
A. 胃肠道疾病史　B. 糖尿病病史　C. 分娩出血史
D. 结核病病史　E. 进食异常

1914. 低血糖最可能的原因是
A. 长期营养不良　B. 肾上腺结核　C. 慢性胃炎
D. 早期糖尿病　E. 腺垂体功能减退

1915. 最有助于诊断的检查是
A. 肝功能检查　B. 胰腺 MRI　C. 糖化血红蛋白
D. 垂体激素检查　E. 肾上腺 CT

1916. 男，20 岁。乏力，皮肤色素沉着 1 年余，经常感冒，食欲差，偶尔恶心、呕吐。查体：P84 次/分，BP90/60mmHg。体型偏瘦，皮肤较黑，掌纹、乳晕、齿龈、颊黏膜等色素沉着明显，余未见异常，最可能的诊断是
A. 库欣综合征　B. 嗜铬细胞瘤　C. 家族性肠息肉病
D. 炎症性肠病　E. 原发性慢性肾上腺皮质功能减退症

1917. 原发性慢性肾上腺皮质功能减退症典型体征是
A. 皮肤紫纹　B. 轻度肥胖　C. 皮肤黏膜色素沉着
D. 皮肤多汗及低热　E. 脉率增快

1918. 严重的腺垂体功能减退症易发生低血糖主要是缺乏
A. PRL 及 LH　B. PRL 及 TSH　C. PRL 及 ACTH
D. GH 及 TSH　E. GH 及 ACTH

1919. 腺垂体功能减退症危象最常见的诱发因素是
A. 过度疲劳　B. 感染性疾病　C. 服用镇静剂
D. 激素替代治疗中断　E. 蝶鞍区放射治疗

1920. 女，31 岁。2 年前分娩时发生出血性休克，至今无月经。目光呆滞，畏寒，嗜睡，性欲低下。妇科检查提示子宫明显小于正常。引起该患者闭经的病变部位在
A. 甲状腺　B. 子宫　C. 卵巢
D. 垂体　E. 下丘脑

1921. 女，43 岁。乏力、厌食、嗜睡 5 年，逐渐加重 2 年。20 年前产后大出血休克，昏迷 7 小时，产后闭经至今。具体治疗不详，近 3 年多中断治疗。首选的治疗药物是

A. 雌激素　B. 血管加压素　C. 左旋甲状腺素钠
D. 肾上腺皮质激素　E. 孕激素

1922. 在治疗重症希恩综合征的过程中，单独使用可能诱发垂体危象的是
A. 雄激素　B. 孕激素　C. 氢化可的松
D. 生长激素　E. 左旋甲状腺素钠

四、尿崩症(执业医师需掌握)

1923. 下列属于由内分泌疾病而引起尿量增多的原因是
A. 摄水过多　B. 急性肾衰竭多尿期　C. 应用利尿剂
D. 中枢性尿崩症　E. 慢性肾盂肾炎

1924. 尿渗透压降低常见于
A. 中枢性尿崩症　B. 甲状旁腺功能亢进症　C. 甲状腺功能亢进症
D. 糖尿病　E. 原发性醛固酮增多症

1925. 肾性与中枢性尿崩症的鉴别方法是
A. 禁水(禁饮)试验　B. 测定尿渗透压和血钠　C. 测定尿渗透压和比重
D. 测定血浆和尿渗透压　E. 加压素试验

1926. 对中枢性尿崩症，为减少尿量，应首选的药物是
A. 升压素水剂长期替代　B. 每天肌内注射油剂鞣酸升压素
C. 口服去氨升压素替代　D. 升压素水剂与氢氯噻嗪合用
E. 非激素类抗利尿药物

1927. 男性，30 岁。烦渴、多饮、多尿 2 个月。尿量每天 8000ml，禁饮水 7 小时血渗透压 305mOsm/(kg·H_2O)，尿量 110ml/h，尿渗透压 250mOsm/(kg·H_2O)，尿比重 1.006。皮下注射垂体后叶素 3mg 后，第 2 小时尿量 25ml，尿渗透压 480mOsm/(kg·H_2O)，尿比重 1.012。诊断为完全性中枢性尿崩症，首选的处理是
A. 嘱限制饮水量　B. 去氨加压素治疗　C. 鞍区 MRI 检查
D. 垂体功能检查　E. 测定血清电解质水平

第 32 章　甲状腺功能亢进症与甲状腺功能减退症

一、甲状腺功能亢进症(执业医师及助理医师均需掌握)

1928. 血中 FT_3、FT_4 和 TSH 均升高时应检查
A. 甲状腺 ^{131}I 摄取率　B. 甲状腺 B 超　C. 甲状腺核素显像
D. 头颅 MRI　E. TSH 受体抗体

1929. 甲状腺功能亢进症最常见的病因是
A. 甲状腺腺瘤　B. 甲状腺癌　C. 慢性淋巴细胞性甲状腺炎
D. 弥漫性毒性甲状腺肿　E. 结节性毒性甲状腺肿

1930. 引起弥漫性毒性甲状腺肿(Graves 病)基本的原因是
A. 长期碘摄入不足　B. 长期碘摄入过多
C. 各种因素致下丘脑分泌 TRH 过多　D. 各种原因致垂体分泌 TSH 过多
E. 遗传易感性和自身免疫功能异常

1931. 甲状腺功能亢进时，腹泻的主要发生机制是

A. 肠蠕动增强　　B. 肠内容物渗透压增高　　C. 肠腔内渗出物增加
D. 肠液分泌增多　　E. VIP 的作用

1932. 关于 Graves 病非浸润性突眼的描述,下列正确的是
A. 病变常与甲状腺功能亢进症治疗好转无关　　B. 突眼是由于病变累及球后组织引起的
C. 多有眼球胀痛、复视等　　D. 突眼常一般<18mm
E. 患者常有视力疲劳、异物感、怕光、流泪等表现

1933. Graves 病最重要的体征是
A. 皮肤湿润多汗,手颤　　B. 眼裂增大,眼球突出
C. 弥漫性甲状腺肿大伴血管杂音　　D. 收缩压升高,舒张压降低
E. 心脏扩大,心律不齐

1934. 女,32 岁。心悸、烦躁、怕热伴消瘦 2 个月。查体:血压 130/60mmHg,心率 112 次/分,心尖部闻及收缩期柔和吹风样杂音。最可能的诊断是
A. 心肌炎　　B. 心血管神经症　　C. 甲状腺功能亢进症
D. 风湿性心脏病　　E. 糖尿病

1935. 下列不属于抗甲状腺药物副作用的是
A. 乳酸酸中毒　　B. 血管炎　　C. 粒细胞缺乏症
D. 皮疹　　E. 中毒性肝病

(1936~1937 题共用题干)男,37 岁。多食、易饥、大便次数增多、体重下降 3 个月,发作性软瘫 1 天。查体:P110 次/分,BP150/60mmHg,体型中等,匀称,皮肤潮湿。血钾 3.0mmol/L。

1936. 对明确诊断最有帮助的检查是
A. 空腹血糖　　B. 24 小时尿游离皮质醇　　C. 24 小时尿儿茶酚胺
D. FT_3、FT_4 和 TSH　　E. 24 小时尿钾

1937. 该患者血钾降低的原因是
A. 腹泻、排钾增多　　B. 钾摄入不足　　C. 尿钾排出增多
D. 出汗、排钾增加　　E. 细胞内外钾分布异常

1938. 下列不符合甲状腺危象表现的是
A. 高热达 39℃以上　　B. 心率>140 次/分　　C. 厌食
D. 恶心、呕吐、腹泻　　E. 白细胞总数和中性粒细胞常减低

1939. 男,30 岁。患甲状腺功能亢进症,突然出现双下肢不能动。检查:双下肢膝腱反射减退,无肌萎缩。血钾测定 2.3mmol/L,你认为最可能是下列哪种情况?
A. 甲状腺功能亢进性肌病　　B. 周期性瘫痪　　C. 周围神经炎
D. 重症肌无力　　E. 癔症

(1940~1942 题共用题干)男,35 岁。消瘦、乏力、怕热、手颤 2 个月,夜间突然出现双下肢软瘫。急诊查:神志清,血压 140/80mmHg,心率 108 次/分,律齐,甲状腺轻度增大,无血管杂音。

1940. 导致患者双下肢软瘫的直接原因可能是
A. 脑栓塞　　B. 运动神经元病　　C. 重症肌无力
D. 呼吸性碱中毒　　E. 血钾异常

1941. 为明确诊断,应首先进行的检查项目是
A. 头颅 CT 及血糖测定　　B. 肌电图及血电解质测定
C. 血气分析及电解质测定　　D. 胸部 CT 及血抗乙酰胆碱受体抗体测定
E. 血电解质测定及甲状腺功能测定

1942. 此患者的急诊处理为
A. 螺内酯治疗 B. 纠正电解质紊乱 C. 静脉滴注氯化钾及胰岛素
D. 溴吡斯的明和糖皮质激素 E. 脱水降颅压治疗

(1943~1945 题共用题干)男,28 岁。心悸、无力、手颤抖 3 个月,大便每天 2~3 次,不成形,体重下降 5kg。1 周前诊断为甲状腺功能亢进症,尚未治疗。昨晚饮白酒半斤,呕吐一次,晨起醒来发现双下肢不能活动。

1943. 为明确下肢不能活动的原因首先应测定
A. 血钠 B. 血镁 C. 血糖
D. 血钾 E. 血钙

1944. 下肢不能活动的紧急处理是
A. 口服大剂量 β 受体阻滞剂 B. 静脉补钾 C. 口服丙硫氧嘧啶
D. 注射 B 族维生素 E. 静脉滴注氢化可的松

1945. 为避免再次出现下肢不能活动,甲状腺功能亢进症的治疗应采用
A. 抗甲状腺药物 B. 放射性碘 C. 肾上腺皮质激素
D. 立即行甲状腺手术 E. 复方碘溶液

A. TSH 受体抗体(TRAb) B. 游离三碘甲腺原氨酸(FT_3) C. 游离甲状腺素(FT_4)
D. ^{131}I 摄取率 E. 促甲状腺素(TSH)

1946. 反应甲状腺功能变化最早期敏感的指标是
1947. 诊断弥漫性毒性甲状腺肿(GD),预测 GD 复发的重要指标是

A. FT_3 正常,FT_4 减低,TSH 增高 B. FT_3 正常,FT_4 正常,TSH 减低 C. FT_3 正常,FT_4 正常,TSH 增高
D. FT_3 减低,FT_4 减低,TSH 增高 E. FT_3 正常,FT_4 正常,TSH 正常

1948. 单纯性甲状腺肿的甲状腺功能表现是
1949. 亚临床甲亢的甲状腺功能表现是

1950. 诊断甲状腺功能亢进最可靠的检查是
A. 基础代谢率 B. 甲状腺摄 ^{131}I 率 C. 甲状腺激素
D. 甲状腺刺激免疫球蛋白 E. TSH

1951. 检查甲状腺功能选用
A. MRI B. B 超 C. 抗甲状腺抗体
D. 吸 ^{131}I 率 E. 放射性核素扫描

1952. 女性,18 岁。心慌、怕热、多汗、体重下降 3 个月,双手有细颤,突眼不明显,甲状腺Ⅱ度弥漫性肿大、质地软、有血管杂音,心率 108 次/分,两肺呼吸音清,考虑为 Graves 病。为明确诊断,首先要检查
A. 甲状腺摄 ^{131}I 率 B. 血 TSH、FT_3、FT_4 C. 甲状腺放射性核素扫描
D. 甲状腺 B 型超声 E. 抗甲状腺抗体 TG-Ab、TPO-Ab

1953. 男,38 岁。心悸、多汗、食欲亢进 2 个月。体重下降 3kg,大便 2 次/日,糊状。昨夜聚餐,大量饮用可乐,今晨起乏力,下肢无法活动。查体:T37.1℃,P108 次/分,R18 次/分,BP145/70mmHg,双肺呼吸音清,未闻及干、湿啰音,心律齐,腹软,无压痛。双下肢肌力 1 级,肌张力明显减弱。实验室检查:血 K^+ 2.8mmol/L,Na^+ 140mmol/L,Glu6.4mmol/L。下列检查对明确病因意义最大的是
A. OGTT 试验 B. 肾上腺皮质功能 C. 血气分析
D. 血儿茶酚胺 E. 甲状腺功能

1954. 男,31 岁。受凉感冒后出现双下肢软瘫,不能活动 1 小时。既往有甲状腺疾病史。就诊时急查血

K^+2.3mmol/L。补钾后 3 小时症状缓解，复查血 K^+4.3mmol/L。入院后第 2 天，患者最可能出现的检查结果是

A. 24 小时尿钾正常，血 TSH 降低　B. 24 小时尿钾降低，血 TSH 升高
C. 24 小时尿钾降低，血 TSH 降低　D. 24 小时尿钾升高，血 TSH 降低
E. 24 小时尿钾升高，血 TSH 升高

A. FT_3、FT_4　B. TT_3、TT_4　C. TRAb
D. rT_3　E. 甲状腺摄 ^{131}I 率

1955. 诊断甲状腺功能亢进症的首选实验室检查是
1956. 甲状腺功能亢进症内科治疗停药首选实验室检查是

1957. 诊断自主性功能亢进性甲状腺腺瘤最佳的甲状腺检查是
A. B 超　B. 放射性核素扫描　C. CT
D. ^{131}I 摄取率　E. MRI

1958. 患者发生甲状腺功能亢进时，其 ^{131}I 摄取率 2 小时至少超过
A. 15%　B. 20%　C. 25%
D. 30%　E. 35%

（1959~1961 题共用题干）女，17 岁。疲乏无力，心烦易怒，怕热多汗半年。易饿、体重下降 11kg，月经量减少，经期仅 1~2 天。查体：血压 140/70mmHg，皮肤微潮，手有细颤，轻微突眼，甲状腺Ⅰ度弥漫性肿大，质软，无触痛。

1959. 该患者最可能的诊断是
A. 亚急性甲状腺炎　B. 糖尿病　C. 单纯性甲状腺肿
D. 自主神经功能紊乱　E. Graves 病

1960. 明确诊断的主要检查是
A. 甲状腺放射性核素扫描　B. 垂体功能测定　C. 血甲状腺素水平测定
D. 口服葡萄糖耐量试验　E. 甲状腺摄 ^{131} 碘率

1961. 最可能的检查结果是
A. FT_3 及 FT_4 升高　B. TSH 升高　C. 甲状腺摄 ^{131}I 降低
D. 继发性垂体功能降低　E. 血糖升高

1962. 女，40 岁。发现颈部肿大 6 年，近半年来常感心悸，多汗，食量加大。检查：无突眼，甲状腺Ⅱ度肿大、结节状，脉搏 116 次/分，心、肺、腹无异常发现。其诊断可能是
A. 结节性甲状腺肿　B. 原发性甲状腺功能亢进　C. 继发性甲状腺功能亢进
D. 高功能甲状腺腺瘤　E. 甲状腺腺瘤

1963. 抗甲状腺药物的主要作用是
A. 抑制甲状腺组织对碘的吸收　B. 抑制甲状腺激素合成　C. 减少 T_4 转化为 T_3
D. 抑制甲状腺自身免疫反应　E. 促进甲状腺激素分解代谢

1964. 甲状腺功能亢进症 ^{131}I 治疗后，发生永久性甲状腺功能减退症的原因是
A. 甲状腺组织细胞遭破坏　B. 甲状腺激素合成障碍　C. 甲状腺腺体发育障碍
D. 甲状腺激素代谢异常　E. 组织对甲状腺激素抵抗

1965. 女，47 岁。心悸、怕热、出汗 6 个月，体重下降约 5kg。查体：BP120/60mmHg，皮肤潮湿，双手有细颤，眼裂较大，眼球未突出，甲状腺Ⅰ度肿大，质软。双肺呼吸音清晰，心率 100 次/分，律齐，双下肢无水肿。血 WBC3.3×10^9/L。该患者的最佳治疗选择是

A. 复方碘溶液　B. 抗甲状腺药物　C. 甲状腺手术
D. 放射性碘　E. 左旋甲状腺素钠

1966. 可选择放射性核素治疗的疾病是
A. 原发性甲状腺功能减退症　B. 原发性甲状旁腺功能亢进症　C. 原发性甲状腺功能亢进症
D. 特发性中枢性尿崩症　E. 肾上腺皮质功能减退症

1967. 甲状腺功能亢进症核素^{131}I 治疗前的准备是
A. 普萘洛尔(心得安)　B. 复方碘溶液　C. 甲巯咪唑(他巴唑)
D. 核素^{131}I 吸收率试验　E. 甲状腺 B 超

1968. 14 岁初中二年级女学生,患 Graves 病,治疗宜选用
A. 抗甲状腺药物　B. 立即手术治疗　C. ^{131}I 治疗
D. 镇静剂　E. 鼓励多食海带

1969. 甲状腺功能亢进症的患者,停用他巴唑的指征是
A. 全身酸痛、出汗　B. 突眼加重、流泪　C. 胃肠道症状、肝大
D. 白细胞<3×10^9/L　E. 心悸、头昏、抽搐

1970. 男性,28 岁。心悸、怕热、多汗、消瘦、易饿 4 个月。甲状腺弥漫性 Ⅰ 度肿大。血 TSH 降低,T_3 和 T_4 增高,诊断为甲状腺功能亢进症。他巴唑 30mg/d,20 天后血白细胞 2.2×10^9/L。甲状腺功能亢进症的下一步治疗宜选
A. 他巴唑剂量减半再用　B. 他巴唑与升白细胞药合用　C. 改用丙硫氧嘧啶
D. 核素^{131}I 治疗　E. 白血球恢复正常后立即手术治疗

1971. 女性,38 岁。Graves 病甲状腺次全切除术后 10 年。近 4 个月心悸、怕热、多汗、手颤抖,体重下降 5kg。血 TSH、FT_3、FT_4 检查证实甲状腺功能亢进症复发,服他巴唑 2 周后因严重药疹而停药。下一步治疗应
A. 他巴唑加抗过敏药物　B. 改用丙硫氧嘧啶　C. 改用 β 受体阻滞剂
D. 再次手术治疗　E. 用核素^{131}I 治疗

1972. 女,28 岁。21 岁时因心悸、怕热、多汗、消瘦就诊,确诊为 Graves 病,他巴唑治疗 2 年。25 岁时甲状腺功能亢进症复发,再次他巴唑治疗,2 个月后甲状腺功能正常,继续治疗一年半停药。最近 2 个月甲状腺功能亢进症的症状、体征再现,查血 T_3、T_4 及 TSH 确诊为甲状腺功能亢进症第 2 次复发。患者结婚 5 年,尚未生育,希望治疗甲状腺功能亢进症后妊娠,甲状腺功能亢进症的治疗拟
A. 大剂量碘剂
B. 再次他巴唑治疗,疗程延长至 3~4 年
C. 用他巴唑,甲状腺功能正常后加用^{131}I 治疗
D. 用他巴唑,甲状腺功能正常后行甲状腺大部切除手术
E. 直接行甲状腺大部切除

1973. 女,30 岁,既往无甲状腺功能亢进症病史。妊娠 2 个月时出现怕热、心悸、多汗。查体:甲状腺 Ⅰ 度肿大,FT_3、FT_4 升高,TSH 降低,TRAb 阳性。该患者最合适的治疗是
A. 应用丙硫氧嘧啶　B. 外科手术　C. 应用碘化钠溶液
D. ^{131}I 治疗　E. 应用甲巯咪唑

A. 硫脲类制剂　B. 碘制剂　C. 普萘洛尔
D. ^{131}I　E. 手术

1974. 女性 40 岁,中度甲状腺功能亢进症合并迁延性肝炎,且对抗甲状腺药物过敏,首选何种治疗?
1975. 女性 56 岁,结节性甲状腺肿伴甲亢,首选何种治疗?

1976. 甲状腺功能亢进症患者的手术禁忌证是
A. 妊娠早期重度甲亢　B. 高功能腺瘤　C. 中高度 Graves 病
D. 青少年患者　E. 胸骨后甲状腺肿伴甲亢

1977. 女,36岁。心悸、怕热、多汗3个多月,体重下降5kg。查体:无突眼,双手细颤,甲状腺Ⅱ度大,可闻血管杂音,心率108次/分。结合实验室检查确诊为 Graves 病。白细胞 3.0×10^9/L,肝功能 ALT46U/L,AST36U/L。患者能否用核素 ^{131}I 治疗的关键检查是
A. 肝功能　B. 血白细胞计数　C. 抗甲状腺抗体水平
D. 甲状腺核素扫描　E. 甲状腺 ^{131}I 摄取率

1978. 女,21岁。心悸、怕热、多汗3个月,考虑 Graves 病。白细胞 4.0×10^9/L,中性粒细胞 2.5×10^9/L。给予甲巯咪唑和美托洛尔治疗2周后,复查白细胞 1.0×10^9/L,中性粒细胞 0.4×10^9/L。中性粒细胞缺乏最可能的原因是
A. 粒细胞分布异常　B. β受体阻断剂副作用　C. 甲亢病情加重
D. 抗甲状腺药物副作用　E. 叶酸或维生素 B_{12} 缺乏

(1979~1981题共用题干)女,59岁。乏力伴心悸、多汗、手颤、易饿3个月,脾气暴躁。每天大便4~5次,不成形。体重下降6.0kg。查体:甲状腺Ⅱ度肿大,质软,心率110次/分,律齐,心音有力。

1979. 该患者最可能的诊断是
A. 1型糖尿病　B. 溃疡性结肠炎　C. 2型糖尿病
D. 甲状腺功能亢进症　E. 更年期综合征

1980. 目前确定诊断的主要检查项目是
A. 口服葡萄糖耐量试验　B. 结肠镜检查　C. 胰岛素释放试验
D. 甲状腺功能测定　E. 甲状腺摄 ^{131}I 率

1981. 该患者适宜的治疗是
A. 胰岛素　B. 口服泼尼松　C. 口服降血糖药
D. ^{131}I 治疗　E. 抗甲状腺药物

1982. 丙硫氧嘧啶治疗甲亢过程中,需停药处理的是
A. 血中性粒细胞 $<1.5\times10^9$/L　B. T_3、T_4 恢复正常　C. 甲状腺较治疗前明显增大
D. 突眼情况加重　E. 规则用药已6个月,甲亢仍未控制

1983. 44岁,男性。Graves 病病史11年,因抗甲状腺药物治疗不规则,病情长期未获满意控制。近1个月来出现心悸、气短、多汗而入院检查。诊断为 Graves 病、甲状腺功能亢进、甲状腺功能亢进性心脏病(心房颤动)。其心脏病治疗的关键措施是
A. 电转复　B. 大剂量普萘洛尔　C. 卧床休息,镇静剂
D. 毛花苷丙治疗　E. 正规的抗甲状腺药物治疗控制甲状腺功能亢进

1984. 甲状腺毒症心脏病的老年患者,甲状腺功能亢进症的根治
A. 复方碘溶液　B. 大剂量普萘洛尔　C. 抗甲状腺药物
D. 核素 ^{131}I 治疗　E. 立即行甲状腺手术

(1985~1987题共用题干)女,17岁。疲乏无力、心悸、怕热、多食半年。大便3次/日,不成形。体重下降约11kg。查体:BP140/70mmHg,身高168cm,体重46kg。皮肤潮,手有细颤,轻微眼突,甲状腺Ⅰ度弥漫性肿大,质软,无触痛,心率108次/分。抗甲状腺药物治疗2个月后症状明显缓解。

1985. 此例抗甲状腺药物的作用机制是
A. 破坏甲状腺滤泡细胞　B. 阻断甲状腺激素的作用　C. 抑制甲状腺激素的合成
D. 加速甲状腺激素的消除代谢　E. 减少甲状腺组织

1986. 治疗中可能发生的最严重不良反应是
A. 粒细胞减少　B. 转氨酶轻度增高　C. 药疹
D. 永久性甲状腺功能低下　E. 甲状腺肿大

1987. 抗甲状腺药物治疗的疗程是
A. 6 个月　B. 9 个月　C. 1 年
D. 1 年半以上　E. 3 个月

(1988~1990 题共用题干)男,36 岁。心悸、怕热、手颤、乏力 1 年。大便不成形,每天 3~4 次,体重下降 11kg。查体:脉搏 90 次/分,血压 128/90mmHg。皮肤潮湿,双手细颤,双眼突出,甲状腺弥漫性Ⅱ度肿大,可闻及血管杂音。心率 104 次/分,律不齐,心音强弱不等。腹平软,肝脾肋下未及,双下肢无水肿。

1988. 为明确诊断,首选检查是
A. 甲状腺摄^{131}I 率　B. 血 TSH、T_3、T_4　C. T_3 抑制试验
D. TRH 兴奋试验　E. 抗甲状腺抗体

1989. 心律不齐最可能是
A. 窦性心律不齐　B. 阵发性期前收缩　C. 心房颤动
D. 心房扑动　E. 二度房室传导阻滞

1990. 患者治疗首选
A. 丙硫氧嘧啶　B. 立即行甲状腺大部分切除　C. 核素^{131}I
D. 心得安　E. 复方碘溶液

(1991~1992 题共用题干)患者,女,25 岁。半月来怕热、心悸、出汗多,体重下降 5kg。查体:血压 120/65mmHg,无突眼,甲状腺轻度弥漫性肿大,可闻及血管杂音,心率 120 次/分,心律整。

1991. 对患者首选的治疗方案是
A. 口服抗甲状腺药物　B. 口服 β 受体阻断剂　C. 放射性碘治疗
D. 口服碘剂　E. 口服甲状腺素片

1992. 若治疗 8 周后原症状消失,但甲状腺肿加重,下一步的治疗方法是
A. 继续原治疗　B. 加服左甲状腺素(L-T_4)　C. 加用另一种抗甲状腺药物
D. 加大碘剂用量　E. 手术治疗

1993. 女,28 岁。结节性甲状腺肿 10 年,近半年出现怕热、多汗。T_3、T_4 值高于正常值近 1 倍。妊娠 4 个月,有哮喘史。最适合的治疗方法是
A. 抗甲状腺药物治疗　B. 普萘洛尔治疗　C. 碘剂治疗
D. 放射性碘治疗　E. 甲状腺大部切除术

1994. Graves 病最可能的检查结果为
A. 血 FT_3、FT_4 降低,TSH 升高　B. 血 FT_3、FT_4 升高,TSH 降低
C. 血 FT_3、FT_4 正常,甲状腺摄碘率升高　D. 血 FT_3、FT_4 升高,甲状腺摄碘率降低
E. 血 FT_3、FT_4 升高,TSH 升高

二、甲状腺功能减退症(执业医师及助理医师均需掌握)

1995. 引起原发性甲状腺功能减退症最常见的病因是
A. 希恩综合征　B. 缺碘性地方性甲状腺肿　C. 慢性淋巴细胞性甲状腺炎
D. 先天性甲状腺发育不全　E. 甲状腺次全切除术后

1996. 早期确诊甲状腺功能减退症的实验室检查是

A. 甲状腺抗体的测定　B. TRH 兴奋试验　C. 血清 T_3、T_4、TSH 测定
D. 甲状腺扫描　E. 骨龄测定

1997. 用于鉴别原发性与继发性甲状腺功能减退症的指标是
A. TSH　B. TT_3　C. TT_4
D. FT_3　E. FT_4

1998. 原发性甲状腺功能减退症血中升高的是
A. TT_3　B. FT_3　C. TRAb
D. rT_3　E. TSH

A. FT_3　B. TT_3　C. FT_4
D. TT_4　E. TSH

1999. Graves 病甲状腺功能亢进时最早出现异常的是
2000. 原发性甲状腺功能减退症最早出现异常的是

2001. 女，70 岁。畏寒、乏力、嗜睡 1 年。查体：T36.5℃，P56 次/分，R18 次/分，BP120/80mmHg。毛发稀疏，皮肤干燥，双肺呼吸音清，未闻及干、湿啰音，心律齐，腹软，无压痛，双下肢非凹陷水肿。最可能的诊断是
A. 甲状腺功能减退症　B. 甲状旁腺功能减退症　C. 肾上腺皮质功能减退症
D. 心力衰竭　E. 心包积液

2002. 继发性甲状腺功能减退症治疗用
A. 甲状腺素　B. α 受体阻断剂　C. 复方碘溶液
D. 氢化可的松　E. 去氨升压素

2003. 女，42 岁。乏力、怕冷、便秘伴声音嘶哑 1 年，体重增加 8kg，经检查诊断为甲状腺功能减退症。拟用左甲状腺素替代治疗，最适宜的起始剂量为
A. 125μg　B. 100μg　C. 75μg
D. 50μg　E. 25μg

2004. 关于原发性甲状腺功能减退症替代治疗，不正确的是
A. TSH 是评价疗效的最佳指标　B. 替代过程中需要定期监测　C. 替代用量应注意个体化
D. 确诊后即刻足量替代　E. 从小剂量开始逐增至最佳剂量

2005. 男性，65 岁，因声音嘶哑、反应迟缓、水肿入院，诊断为慢性淋巴性甲状腺炎、甲状腺功能减退症，有黏液性水肿、心包积液。经左旋甲状腺素钠（L-T_4）每日 25μg 起始、逐渐递增剂量治疗后，上述症状、体征已基本消失。调整 L-T_4 剂量是依据
A. TSH　B. TT_3　C. TT_4
D. FT_3　E. FT_4

2006. 下列情况可诱发黏液水肿性昏迷，除了
A. 替代治疗中断　B. 使用镇静剂　C. 寒冷
D. 手术　E. 饱餐

2007. 预防甲状腺功能减退症黏液水肿性昏迷的关键是
A. 坚持甲状腺素替代治疗　B. 水摄入量不宜过多　C. 禁用镇静、安眠药
D. 增强免疫力　E. 避免过度劳累

第 33 章　库欣综合征与原发性醛固酮增多症

（执业医师需掌握）

2008. 库欣综合征（皮质醇增多症）最常见的病因是
A. 肾上腺皮质腺瘤　B. 肾上腺皮质癌　C. 垂体 ACTH 分泌过多
D. 异位 ACTH 综合征　E. 医源性皮质醇增多症

2009. 血 ACTH 水平不升高的库欣综合征，其病因可能是
A. 垂体 ACTH 微腺瘤　B. 垂体 ACTH 细胞增生　C. 支气管类癌
D. 小细胞肺癌　E. 肾上腺皮质腺瘤

2010. 库欣病是指下列哪种病因引起的皮质醇增多症？
A. 原发于肾上腺本身的肿瘤　B. 垂体分泌 ACTH 过多　C. 垂体外癌瘤产生 ACTH
D. 大剂量应用糖皮质激素　E. 不依赖 ACTH 的双侧肾上腺结节性增生

2011. 库欣综合征分泌过多的激素是
A. 肾上腺素　B. 去甲肾上腺素　C. 醛固酮
D. 肾素　E. 皮质醇

2012. 库欣综合征女性患者有显著的男性化表现，最可能的诊断是
A. 服用过量皮质类固醇激素　B. 垂体 ACTH 分泌腺瘤　C. 异位 ACTH 分泌综合征
D. 肾上腺皮质腺瘤　E. 肾上腺皮质癌

2013. 小剂量地塞米松抑制试验适用于
A. 醛固酮增多症定性　B. 肾上腺皮质醇增多症定性　C. 肾上腺皮质醇增多症定位
D. 肾上腺皮质功能减退症定性　E. 肾上腺皮质功能减退症定位

2014. 女，52 岁。进行性体重增加伴头晕、腰痛 2 年。查体：BP180/112mmHg，多毛，面圆，有痤疮。实验室检查：尿糖（++），血浆皮质醇：早 8 时 810nmol/L（正常 165～441nmol/L），下午 4 时 752nmol/L（正常 55～248nmol/L），午夜 12 时 770nmol/L（正常 55～138nmol/L），初步诊断为库欣综合征。为进一步明确诊断，应进行的检查是
A. 葡萄糖耐量试验　B. ACTH 兴奋试验　C. 酚妥拉明抑制试验
D. 地塞米松抑制试验　E. 螺内酯抑制试验

2015. 女，40 岁。向心性肥胖伴乏力 3 年。查体：BP180/110mmHg，满月脸，多血质，皮肤可见宽大紫纹，血糖 12.8mmol/L，血钾 3.8mmol/L，尿皮质醇增高，小剂量地塞米松试验不能抑制，但大剂量地塞米松试验能抑制。为明确病因，除肾上腺 CT 检查外，最需要进行的检查是
A. 鞍区 MRI　B. 肾区 B 超　C. 胸部 CT
D. 肾动脉造影　E. 头颅 X 线片

（2016～2017 题共用题干）女，28 岁。脸部变圆伴血压升高 6 个月，闭经 2 个月，无高血压家族史。查体：BP160/100mmHg，向心性肥胖，满月脸，水牛背，腹部见宽大紫纹，双下肢水肿。实验室检查：血钠 149mmol/L，血钾 3.2mmol/L。

2016. 该患者最可能的诊断是
A. 单纯性肥胖　B. 原发性醛固酮增多症　C. 库欣综合征
D. 妊娠　E. 嗜铬细胞癌

2017. 为明确诊断，该患者首先要做的检查是
A. 肾素、醛固酮　B. 泌乳素　C. 尿绒毛膜促性激素

D. 肾上腺素　E. 促肾上腺皮质激素、皮质醇

2018. 肾上腺皮质肿瘤引起的库欣综合征与库欣病的鉴别,最有意义的试验检查是
A. 血皮质醇昼夜节律消失　B. 葡萄糖耐量试验　C. 测试 24 小时尿 17-羟类固醇
D. 小剂量地塞米松抑制试验　E. 大剂量地塞米松抑制试验

2019. 鉴别肥胖症与皮质醇增多症最有意义的试验为
A. 小剂量地塞米松抑制试验　B. 大剂量地塞米松抑制试验　C. VMA 测定
D. 酚苄明试验　E. 尿 17-羟类固醇和 17-酮类固醇测定

(2020~2022 题共用题干) 女,45 岁。脸圆、变红 1 年,体重增加、月经稀发 6 个月。查体:BP160/100mmHg,向心性肥胖,皮肤薄,面部痤疮较多,下颌小胡须,全身毳毛增多,腹部、大腿根部可见宽大紫纹。血钾 3.3mmol/L,空腹血糖 15.4mmol/L。

2020. 该患者最可能的诊断是
A. 原发性醛固酮增多症　B. 原发性高血压　C. 女性男性化
D. 库欣综合征　E. 糖尿病

2021. 定性诊断最主要的检查是
A. 大剂量地塞米松抑制试验　B. 血 ACTH 测定　C. 小剂量地塞米松抑制试验
D. 血皮质醇测定　E. 血醛固酮测定

2022. 有助于了解其病因或病变部位的检查是
A. 大剂量地塞米松抑制试验　B. OGTT　C. 小剂量地塞米松抑制试验
D. 血皮质醇测定　E. 血醛固酮测定

(2023~2025 题共用题干)女,26 岁。产后面色变红、肥胖 1 年半,乏力、头痛加重半年,并口渴、多饮,夜间尿量达 1700ml,比白天多。查体:血压 170/120mmHg,脉率 110 次/分,向心性肥胖,面色红黑,皮肤色素沉着,皮肤薄,乳晕及指关节伸侧色较深,腹壁、腋窝及腋窝周围有紫纹,双下肢有可凹性水肿。

2023. 最可能的诊断是
A. 产后高血压伴肥胖　B. 2 型糖尿病　C. 醛固酮增多症
D. 库欣综合征　E. 肾上腺嗜铬细胞瘤

2024. 对诊断最有提示意义的是血中
A. 血脂↑　B. 血糖↑　C. 醛固酮↑
D. 皮质醇↑　E. 肾上腺素↑

2025. 为明确诊断,应选择
A. ACTH 兴奋试验　B. 小剂量地塞米松抑制试验　C. 糖耐量试验
D. 螺内酯(安体舒通)试验　E. 24 小时尿儿茶酚胺测定

(2026~2028 题共用题干)女性,35 岁。脸圆、脸红、向心性肥胖 1 年余,患者感明显乏力与口干。腹部皮肤可见紫纹,皮肤薄。血压 160/80mmHg。闭经 1 年。

2026. 对定性诊断最有帮助的实验室检查是
A. 24 小时游离皮质醇测定　B. 大剂量地塞米松抑制试验　C. 小剂量地塞米松抑制试验
D. 早 8 点血皮质醇检测　E. 下午 4 点皮质醇水平检测

2027. 如果该患者行胸部 CT 检查发现左肺有占位性病变,考虑的可能诊断是
A. 库欣病　B. 异位 ACTH 综合征　C. 肺部肿瘤
D. 肺部感染　E. 肺结核

2028. 要明确左肺占位性病变与本病是否相关，需要进行的检查为
A. 大剂量地塞米松抑制试验　B. 血 ACTH　C. 过夜皮质醇节律+抑制试验
D. 生长抑素显像　E. 胸部 MRI

(2029~2030 题共用题干)女，28 岁。发现血压升高 3 年，下肢无力 1 年。无高血压家族史。查体：血压 160/100mmHg，无向心性肥胖，无满月脸和水牛背，未见紫纹，双下肢无水肿。实验室检查：尿比重 1.005，尿 pH7.0，余正常。血钠 149mmol/L，血钾 3.1mmol/L，肝、肾功能正常。

2029. 该患者最可能的诊断是
A. 嗜铬细胞瘤　B. 慢性肾小球肾炎　C. 库欣综合征
D. 原发性醛固酮增多症　E. 1 型糖尿病

2030. 患者高血压的特效治疗药物是
A. ARB　B. 螺内酯　C. ACEI
D. α 受体阻断剂　E. β 受体阻断剂

2031. 男，42 岁。高血压 1 年，乏力 1 周，未服药。查体：BP160/100mmHg，心率 76 次/分，律齐，腹软，全腹叩诊呈鼓音，肠鸣音 1 次/分。实验室检查：血钾 2.9mmol/L。腹部 B 超示左侧肾上腺结节 1.5cm×1.5cm。最有助于明确诊断的筛查指标是
A. 血气分析　B. 血浆游离间苄肾上腺素水平　C. 血浆肾素水平
D. 血促肾上腺皮质激素水平　E. 血浆醛固酮/血浆肾素活性比值

2032. 女，66 岁。乏力 1 个月，既往高血压病史 4 年。查体：BP150/70mmHg，心率 67 次/分，律齐，腹软，腹部未闻及血管杂音。实验室检查：血钾 2.9mmol/L，血肾素水平降低、醛固酮水平增高。CT 示左侧肾上腺增生。该患者的最适宜降压药物是
A. 氢氯噻嗪　B. 美托洛尔　C. 呋塞米
D. 螺内酯　E. 普萘洛尔

2033. 多数原发性醛固酮增多症的最佳治疗是
A. 口服螺内酯　B. 口服钙拮抗剂　C. 手术治疗
D. 口服氨苯蝶啶　E. 口服阿米洛利

第 34 章　原发性慢性肾上腺皮质功能减退症与嗜铬细胞瘤

(执业医师需掌握)

2034. 女，67 岁。5 年来出现进行性乏力、纳差，逐渐加重，且不能耐受饥饿。既往有肺结核病史。查体：BP90/60mmHg，肤色黑，掌纹处明显，双肺呼吸音清，心率 90 次/分，腹软，无明显压痛。该患者的最可能诊断是
A. 黑棘皮病　B. 艾迪生病(Addison 病)　C. 肺结核
D. 肝硬化　E. 纳尔逊综合征(Nelson 综合征)

2035. 女，28 岁。恶心、呕吐、乏力、头晕 1 周。近 2 个月体重减低，皮肤变黑。查体：BP90/60mmHg，心率 84 次/分，立位 BP75/50mmHg，心率 99 次/分，身高 169cm，体重 50kg，皮肤黑，甲状腺I度肿大。心、肺、腹未见异常。实验室检查：血钠 124mmol/L，血钾 5.8mmol/L，血糖 3.5mmol/L。该患者最可能的诊断是
A. 甲状腺功能减退　B. 垂体卒中　C. 真菌感染
D. 慢性肾衰竭　E. 原发性慢性肾上腺皮质功能减退症

2036. 对原发性慢性肾上腺皮质功能减退症的诊断最有意义的血检结果是
A. 醛固酮下降　B. 血糖下降　C. 血钠下降

D. 皮质醇下降　　E. ACTH 下降

2037. 原发性慢性肾上腺皮质功能减退症典型体征是

A. 皮肤紫纹　　B. 轻度肥胖　　C. 皮肤黏膜色素沉着

D. 皮肤多汗及低热　　E. 脉率增快

2038. 男,31 岁。乏力、皮肤颜色变黑 2 年。1 周前受凉后出现恶心、呕吐。血 Na^+ 120mmol/L,血 K^+5.8mmol/L。可能的病变部位是

A. 肾上腺　　B. 肾脏　　C. 垂体前叶

D. 垂体后叶　　E. 下丘脑

2039. 女,25 岁。乏力,皮肤色素沉着 3 年余。经常感冒,食欲差,偶尔恶心、呕吐。查体:P90 次/分,BP90/60mmHg,全身皮肤较黑,掌纹、乳晕色深,齿龈、颊黏膜也可见色素沉着,余未见异常。该患者的替代治疗应用

A. 氢化可的松　　B. 地塞米松　　C. 泼尼松

D. 甲泼尼松　　E. 泼尼松龙

2040. 男,42 岁。2 年前诊断为原发性慢性肾上腺皮质功能减退症,长期口服氢化可的松(30mg/d)替代治疗。近 2 天发热 38℃,咽痛。目前氢化可的松应

A. 改用等效量的地塞米松　　B. 因有感染而暂时停用　　C. 剂量减少 1/2

D. 剂量维持不变　　E. 剂量增加为 2~3 倍

2041. 下列关于嗜铬细胞瘤患者的代谢紊乱,错误的是

A. 基础代谢率可增高　　B. 血糖升高　　C. 血游离脂肪酸增高

D. 血钾可升高　　E. 血钙可升高

2042. 下列选项中,不符合嗜铬细胞瘤消化系统表现的是

A. 可引起腹泻　　B. 胆石症发病率高　　C. 可引起胆汁潴留

D. 可引起肠出血　　E. 可引起肠扩张

2043. 女,50 岁,3 个月来发作性头晕,头痛伴面色苍白,心悸,冷汗,共发作 3 次,每次持续 20 分钟到 2 小时,发作时测血压 180~210/110~130mmHg,平时血压正常。查体:BP120/90mmHg,体型偏瘦,皮肤微潮,心率 90 次/分,律齐,四肢末端稍凉。该患者首先考虑的诊断是

A. 原发性高血压　　B. 原发性醛固酮增多症　　C. 嗜铬细胞瘤

D. 甲状腺功能亢进症　　E. 围绝经期综合征

2044. 有高血压的内分泌疾病中,尿儿茶酚胺增多见于

A. 甲状腺功能亢进症　　B. 库欣综合征　　C. 肢端肥大症

D. 原发性醛固酮增多症　　E. 嗜铬细胞瘤

2045. 女,22 岁。阵发性心悸、头痛、大汗 3 月余。多在体位变化、情绪激动时发作,体重减轻约 5kg。发作时面色苍白,多汗,血压最高时达 220/110mmHg,心率 100 次/分,静脉注射酚妥拉明后 1 分钟血压可降至 150/100mmHg。肾上腺 CT 示右肾上腺有一直径约 5cm 类球形占位。最可能的诊断是

A. 肾病综合征　　B. 嗜铬细胞瘤　　C. 库欣综合征

D. 甲状腺功能亢进　　E. 原发性醛固酮增多症

2046. 女,36 岁。发作性血压升高 8 个月,发作时血压为 210/110mmHg,伴面色苍白、大汗、心悸。发作期间血压正常。最有助于诊断的是

A. 螺内酯试验阳性　　B. 地塞米松抑制试验阳性　　C. 颅内蝶鞍 X 线检查阳性

D. 血压增高时血和尿儿茶酚胺及香草基杏仁酸水平明显增高

E. 血压增高时血和尿 17-羟类固醇及 17-酮类固醇水平明显增高

2047. 男,30 岁。发作性头晕、头痛,伴面色苍白、心悸、冷汗 9 个月。每次持续 20 分钟左右,发作时

BP180～220/110～140mmHg，平素血压正常。查体：BP120/80mmHg，体型偏瘦，心率 90 次/分，律齐，四肢末端稍凉。对明确诊断最有帮助的是在发作时检测

A. 血皮质醇　B. 血电解质　C. 血儿茶酚胺

D. 血醛固酮　E. 血浆肾素活性

A. 酚苄明　B. 氨苯蝶啶　C. 螺内酯

D. 普萘洛尔　E. 氯化钾

2048. 原发性醛固酮增多症术前药物准备首选

2049. 嗜铬细胞瘤术前药物准备首选

2050. 不宜单独用于治疗嗜铬细胞瘤的药物是

A. 哌唑嗪　B. 阿替洛尔　C. 酚妥拉明

D. 硝普钠　E. 酚苄明

2051. 哌唑嗪的不良反应可表现为

A. 低血钾　B. 消化性溃疡　C. 水钠潴留

D. 粒细胞减少　E. 直立性低血压

第 35 章　糖尿病与低血糖症

一、糖尿病（执业医师及助理医师均需掌握）

2052. 糖尿病的病理生理改变是

A. 葡萄糖耐量减低　B. 胰岛素绝对或相对分泌不足　C. 胰高血糖素分泌过多

D. 生长激素分泌过多　E. 糖皮质激素分泌过多

2053. 2 型糖尿病发病主要病理生理改变是

A. 胰岛素分泌绝对不足　B. 胰岛素受体功能异常　C. 胰高血糖素分泌过多

D. 胰岛素抵抗和分泌相对不足　E. 自身免疫介导胰岛 β 细胞破坏

2054. MODY 的发病是由于

A. β 细胞胰岛素分泌不足　B. 以胰岛素抵抗为主伴胰岛素分泌不足

C. 常染色体显性遗传　D. 胰岛素作用遗传性缺陷　E. 线粒体基因突变

2055. 女，28 岁。妊娠 28 周，口服葡萄糖耐量试验血糖水平：空腹、1 小时、2 小时、3 小时分别为 5.0mmol/L、9.5mmol/L、9.0mmol/L、8.5mmol/L。1 周后早餐后 2 小时血糖为 8.7mmol/L。患者系初次妊娠，既往无糖尿病病史。最可能的诊断为

A. 糖耐量正常　B. 糖尿病合并妊娠　C. 妊娠期糖尿病

D. 妊娠期糖耐量减低　E. 特殊类型糖尿病

2056. 区分 1 型、2 型糖尿病最有意义的检查是

A. 血浆胰岛素水平测定　B. 糖化血红蛋白测定　C. 口服葡萄糖耐量试验

D. 血酮体水平测定　E. 糖尿病相关抗体测定

2057. 下列不符合 1 型糖尿病特点的是

A. 容易发生酮症酸中毒　B. 常伴有胰岛素抵抗　C. 罕见高渗性非酮症性昏迷

D. 对胰岛素敏感　E. 血浆胰岛素水平明显减低

2058. 2 型糖尿病的特点是

A. 都有“三多一少”表现　B. 患者体型均较肥胖　C. 患者空腹血糖都增高

D. 空腹尿糖均呈阳性　E. 少数以酮症酸中毒为首发表现

2059. 2型糖尿病最常见的死亡原因是
A. 糖尿病高渗状态　B. 糖尿病神经病变　C. 糖尿病酮症酸中毒
D. 心脑血管并发症　E. 糖尿病肾病

2060. 以下属于糖尿病急性并发症的是
A. 急性心肌梗死　B. 高渗高血糖综合征　C. 脑血管意外
D. 肾衰竭　E. 糖尿病视网膜病变

2061. 属于糖尿病微血管病变的是
A. 脑血管意外　B. 冠心病　C. 糖尿病肾病
D. 肾动脉狭窄　E. 下肢坏疽

2062. 下列提示糖尿病微血管病变的是
A. 足部溃疡　B. 心肌梗死　C. 眼底出血
D. 脑卒中　E. 高血压

2063. 男,62岁。体检发现尿蛋白4个月。既往糖尿病史8年,2年前因糖尿病视网膜病变行激光治疗,高血压病史5年。查体:BP150/80mmHg,双下肢轻度凹陷水肿。尿常规:蛋白(++),红细胞(-)。尿蛋白定量2.6g/d。该患者蛋白尿的分类首先考虑为
A. 溢出性蛋白尿　B. 分泌性蛋白尿　C. 肾小球性蛋白尿
D. 组织性蛋白尿　E. 肾小管性蛋白尿

2064. 女,64岁。近2个月出现双下肢水肿。2型糖尿病病史10年。查体:BP140/100mmHg,神志清楚,营养差,甲状腺无肿大,双肺未闻及干、湿啰音,心率70次/分,律齐,肝脾未触及,双下肢明显凹陷性水肿。实验室检查:空腹血糖9.6mmol/L,血清总胆固醇7.6mmol/L,血浆白蛋白28g/L。为明确水肿原因,首选应进行的检查是
A. 肾功能　B. 双肾B超　C. 双肾CT
D. 肝功能　E. 尿蛋白定量

2065. 早期糖尿病肾病尿液检查重点检测的指标为
A. 24小时尿蛋白定量　B. 红细胞　C. 尿糖定量
D. 微量白蛋白　E. 颗粒管型

2066. 女,42岁。多饮、多食10年,空腹血糖经常高于10.8mmol/L。近两个月来眼睑及下肢轻度水肿,血压160/100mmHg,尿蛋白(++)。最可能的诊断为
A. 糖尿病肾病　B. 原发性高血压　C. 糖尿病合并肾盂肾炎
D. 肾小球肾炎　E. 糖尿病酮症酸中毒

2067. 男性,50岁。多饮、多尿、乏力、体重减轻12年,近3个月颜面及双下肢水肿。查体:血压170/110mmHg,身高175cm,体重53kg,贫血貌,尿蛋白(++)。应首先考虑
A. 肾动脉硬化　B. 肾盂肾炎　C. 肾小球肾炎
D. 糖尿病肾病　E. 肾动脉狭窄

2068. 女,64岁。2型糖尿病10年,口服降糖药治疗,近2个月出现头昏、视物模糊。查体:血压170/100mmHg,双肺呼吸音清晰,心界不大,肝脾未触及,双下肢水肿,空腹血糖9.6mmol/L,餐后血糖14.2mmol/L,血肌酐96μmol/L,尿蛋白定量0.7g/d。目前应诊断为糖尿病肾病
A. Ⅰ期　B. Ⅱ期　C. Ⅲ期
D. Ⅳ期　E. Ⅴ期

2069. 女,60岁。双下肢水肿2周。既往高血压10年,平时BP140/90mmHg,糖尿病3年。尿Pro3.8g/d,尿RBC3~5/HP,血Alb29g/L,空腹Glu8.5mmol/L,Scr198μmol/L。双侧眼底出血。以下最支持糖

尿病肾病诊断的是

A. 空腹血糖高　B. 眼底出血　C. 水肿
D. 血肌酐升高　E. 糖尿病病史 3 年

(2070~2071 题共用题干)男,68 岁。2 型糖尿病病史 14 年,血压升高 7 年,视物模糊 3 年,渐进性水肿 1 年。BP170/95mmHg,尿 RBC(-),尿 Pro3.8g/d,Scr182μmol/L。B 超示双肾大小正常。

2070. 最可能的临床诊断是

A. 急性肾小球肾炎　B. 慢性肾小球肾炎　C. 原发性肾病综合征
D. 高血压肾损害　E. 糖尿病肾病

2071. 最支持以上诊断的检查是

A. 尿渗透压下降　B. 血 ASO 升高　C. 血 Alb<30g/L
D. 血 IgA 正常　E. 眼底检查糖尿病眼底病变Ⅳ期

2072. 关于糖尿病病理变化的描述,错误的是

A. 胰岛 β 细胞减少 1 型比 2 型明显　B. 小血管改变主要为动脉粥样硬化
C. 血管病变是糖尿病重要病变之一　D. 视网膜水肿及渗出
E. 胰岛退行性改变以 1 型较为明显

2073. 男,59 岁,2 型糖尿病 12 年。空腹血糖 5.6mmol/L,餐后 2 小时血糖 14.6 mmol/L,糖化血红蛋白 7.6%。3 年前眼底检查可见微血管瘤和出血,近 2 个月来视力明显减退,眼底检查可见新生血管和玻璃体出血。目前糖尿病视网膜病变已进展为

A. 2 期　B. 3 期　C. 4 期
D. 5 期　E. 6 期

2074. 糖尿病最常见的神经病变是

A. 周围神经炎　B. 动眼神经麻痹　C. 坐骨神经痛
D. 自主神经病变　E. 腕管综合征

2075. 女,50 岁。糖尿病病史 9 年。因双足趾端麻木,大腿皮肤刺痛 3 月余就诊。查体:双手骨间肌萎缩,肌力Ⅳ级,病理反射(-)。空腹血糖 14.1mmol/L,血酮体(-)。应考虑的糖尿病慢性并发症是

A. 周围神经病变　B. 自主神经病变　C. 视网膜病变
D. 脑血管病变　E. 肾脏病变

2076. 患者,女性,48 岁。患 1 型糖尿病 30 年,长期使用胰岛素皮下注射治疗。主诉最近半年来经常感到双足趾针扎样刺痛,双足有穿着袜子的异常感觉。根据病史,应考虑患者出现的并发症是

A. 下肢动脉粥样硬化　B. 糖尿病肾病　C. 植物神经功能紊乱
D. 低血糖　E. 周围神经病变

2077. 男,40 岁。患糖尿病 10 余年,尿蛋白阴性,近 1 个月感下腹部胀,排尿不畅伴尿失禁。B 超显示"膀胱扩大,尿潴留"。其原因应考虑

A. 糖尿病自主神经病变　B. 糖尿病合并泌尿系感染　C. 糖尿病合并慢性前列腺炎
D. 糖尿病肾病　E. 糖尿病合并泌尿系结石

2078. 下列属于糖尿病自主神经病变表现的是

A. 直立性低血压　B. 动眼神经麻痹　C. 肌张力减低
D. 共济失调　E. 肢端感觉异常

2079. 对糖尿病检验结果的解释,正确的是

A. 尿糖阴性可以排除糖尿病　B. 尿糖阳性可以诊断为糖尿病
C. 尿酮阳性仅见于糖尿病　D. 空腹血糖正常可以排除糖尿病

E. 餐后2小时血糖正常可以是糖尿病

A. 血糖　　B. 胰岛素　　C. 糖化血红蛋白
D. C肽　　E. 糖化血浆白蛋白

2080. 糖尿病病人使用胰岛素控制血糖,反映胰岛功能的指标是
2081. 反映糖尿病患者血糖长期控制情况的指标是

2082. 有关糖尿病的诊断,正确是
A. 尿糖阴性可排除糖尿病　　B. 两次OGTT仍不能诊断时应做第3次
C. 空腹血糖升高是重要的诊断指标　　D. 糖耐量减低是糖尿病的一个亚型
E. 空腹血糖正常可排除糖尿病

2083. 标准口服葡萄糖耐量试验葡萄糖负荷量为
A. 60g　　B. 65g　　C. 70g
D. 75g　　E. 80g

2084. 女,35岁。身高162cm,体重56kg,近3个月来觉口渴、多饮。查空腹血糖6.8mmol/L,无糖尿病家族史。为确定有无糖尿病,最有意义的实验室检查是
A. 餐后2小时血糖　　B. 血谷氨酸脱羧酶抗体　　C. 口服葡萄糖耐量试验
D. 糖化血红蛋白　　E. 24小时尿糖定量

A. 24小时尿糖测定　　B. 餐后2小时血糖测定　　C. 糖化血红蛋白测定
D. 口服葡萄糖耐量试验　　E. 胰岛素释放试验

2085. 对糖尿病诊断首选
2086. 反映两个月血糖水平的是
2087. 对糖尿病分型首选

2088. 一患者常规体检时发现空腹血糖为6.5mmol/L,下列哪项不妥?
A. 进行口服葡萄糖耐量试验　　B. 空腹及餐后2小时血糖测定　　C. 分析影响血糖结果的因素
D. 口服降血糖药物治疗　　E. 24小时尿糖测定及糖化血红蛋白测定

2089. 依据糖尿病诊断标准,确诊糖尿病选用
A. 全血血糖　　B. 血浆血糖　　C. 糖化血红蛋白
D. 尿糖定性　　E. 24小时尿糖定量

2090. 糖尿病的诊断是糖尿病症状加上随机血糖
A. ≥7.1mmol/L　　B. ≥9.1mmol/L　　C. ≥10.1mmol/L
D. ≥11.1mmol/L　　E. ≥12.1mmol/L

2091. α-葡萄糖苷酶抑制剂最常见的不良反应是
A. 腹胀和腹泻　　B. 肝功能异常　　C. 肾功能异常
D. 严重低血糖　　E. 乳酸酸中毒

2092. 女,48岁。健康体检发现空腹血糖偏高。次日上午行75g口服葡萄糖耐量试验,血糖结果:服糖前6.8mmol/L、服糖后1小时12.2mmol/L、2小时7.6mmol/L、3小时5.8mmol/L。目前该患者的诊断是
A. 2型糖尿病　　B. 糖耐量正常　　C. 糖耐量减低
D. 1型糖尿病　　E. 空腹血糖调节受损

2093. 葡萄糖耐量试验结果示空腹血糖5.5mmol/L,葡萄糖负荷后2小时血糖8.5mmol/L,诊断是
A. 糖耐量减低　　B. 1型糖尿病　　C. 2型糖尿病
D. 空腹血糖受损　　E. 正常血糖

2094. 男,56岁。陈旧前壁心肌梗死1年,糖尿病病史3年,无高血压病史,有吸烟史。查体:血压130/80mmHg,心率67次/分,律齐。该患者血低密度脂蛋白胆固醇的治疗目标值是低于

A. 1.80mmol/L　　B. 2.59mmol/L　　C. 3.11mmol/L
D. 3.37mmol/L　　E. 4.14mmol/L

A. 空腹血糖5.5mmol/L,餐后2小时血糖7.2mmol/L
B. 空腹血糖5.8mmol/L,餐后2小时血糖10.2mmol/L
C. 空腹血糖6.8mmol/L,餐后2小时血糖7.5mmol/L
D. 空腹血糖7.8mmol/L,餐后2小时血糖11.5mmol/L
E. 空腹血糖2.7mmol/L,餐后2小时血糖3.9mmol/L

2095. 属于正常血糖水平的是
2096. 可诊断糖尿病的血糖水平是

2097. 糖尿病患者最基础的治疗措施是

A. 饮食治疗　　B. 适当体育锻炼　　C. 双胍类降血糖药
D. 磺酰脲类降血糖药　　E. 胰岛素

2098. 反映糖尿病病情控制的指标是

A. 空腹及餐后2小时血糖　　B. 尿糖定性　　C. 血清胰岛素水平
D. 口服葡萄糖耐量试验　　E. 血清胰岛素细胞抗体

2099. 2型糖尿病控制良好的目标是HbA1c小于

A. 7.0%　　B. 6.5%　　C. 6.0%
D. 5.5%　　E. 7.5%

2100. 磺酰脲类药物可用于治疗

A. 糖尿病合并高热　　B. 重症糖尿病　　C. 糖尿病并发酮症酸中毒
D. 胰岛素依赖型糖尿病　　E. 胰岛功能尚存的非胰岛素依赖型糖尿病

(2101~2102题共用题干)女,55岁。糖尿病病史1年,服用二甲双胍治疗出现明显胃肠道反应,改为格列齐特缓释片30mg/d治疗6个月,复查空腹血糖6.5mmol/L,餐后2小时血糖10mmol/L,HbA1c7.5%,时有午餐前心慌、出汗。查体:BP150/90mmHg,双下肢水肿,BMI30kg/m^2。

2101. 该患者心慌、出汗的原因最可能是

A. 低血糖　　B. 过敏反应　　C. 高血压
D. 焦虑　　E. 心律失常

2102. 该患者目前最合理的治疗是改用

A. 瑞格列奈　　B. 阿卡波糖　　C. 吡格列酮
D. 甘精胰岛素　　E. 格列吡嗪

A. 罗格列酮　　B. 吡格列酮　　C. 阿卡波糖
D. 格列齐特　　E. 二甲双胍

2103. 促进胰岛素分泌的药物是
2104. 延缓肠道碳水化合物吸收的药物是

A. 双胍类　　B. 噻唑烷二酮类　　C. 磺酰脲类
D. 格列奈类　　E. α-葡萄糖苷酶抑制剂

2105. 刺激餐后胰岛素早期分泌的降血糖药是
2106. 严重心功能不全患者不宜使用的降血糖药是

2107. α-葡萄糖苷酶抑制剂的最佳服用时间是
A. 晨起空腹时　B. 餐前半小时　C. 与进餐同时
D. 餐后半小时　E. 任何时间

2108. 男,52 岁。初诊 2 型糖尿病 2 个月,每日进主食量约 500g,身高 171cm,体重 90kg,BMI30.8kg/m²。实验室检查:空腹血糖 7.5mmol/L,餐后 2 小时血糖 12.8mmol/L,糖化血红蛋白 7.2%。目前首选的治疗药物是
A. 格列本脲　B. 吡格列酮　C. 阿卡波糖
D. 二甲双胍　E. 那格列奈

2109. 男,59 岁。体检发现血糖升高。既往体健。查体:T36.5℃,P80 次/分,R18 次/分,BP120/80mmHg,BMI29kg/m²,腹型肥胖。75g 葡萄糖耐量试验结果如下表。HbA1c7.9%,ALT86U/L,AST34U/L,Scr101μmol/L。腹部超声提示中度脂肪肝。患者首选的降糖药物是

	空腹	30 分钟	1 小时	2 小时
血糖(mmol/L)	8.0	14.5	13.7	12.1
胰岛素(μIU/ml)	13.2	87.6	100.4	94.3

A. 胰岛素　B. 罗格列酮　C. 二甲双胍
D. 阿卡波糖　E. 那格列奈

2110. 可升高 2 型糖尿病患者血中胰高血糖素样肽-1(GLP-1)水平的药物是
A. 二甲双胍　B. 格列美脲　C. 西格列汀
D. 阿卡波糖　E. 吡格列酮

(2111~2112 题共用题干)男,40 岁。体检发现空腹血糖升高 2 个月。2 次查空腹血糖分别为 7.8mmol/L、7.4mmol/L,无口干、多饮、多食、多尿、体重下降。查体:身高 170cm,体重 90kg,BMI31.1kg/m²,余无异常。实验室检查:HbA1c7.8%。

2111. 该患者首选的治疗药物是
A. 罗格列酮　B. 胰岛素　C. 阿卡波糖
D. 二甲双胍　E. 格列本脲

2112. 药物治疗 2 个月后,空腹血糖降至 6.2mmol/L,餐后 2 小时血糖 9~10mmol/L。拟采用药物联合治疗,首选的治疗药物是
A. 罗格列酮　B. 格列本脲　C. 胰岛素
D. 二甲双胍　E. 阿卡波糖

A. 阿卡波糖　B. 胰岛素　C. 格列美脲
D. 吡格列酮　E. 二甲双胍

2113. 主要减少肝糖输出的药物是

2114. 属于过氧化物酶增殖体活化因子受体 γ 激动剂的是
A. 噻唑烷二酮类　B. 格列奈类　C. α-葡萄糖苷酶抑制剂
D. 磺酰脲类　E. 双胍类

2115. 容易引起严重低血糖的药物是

2116. 减少肝脏葡萄糖输出的药物是

(2117~2119 题共用题干)男,45 岁。体检发现空腹血糖 8mmol/L,餐后 2 小时血糖 13mmol/L,血清甘油三酯 3.5mmol/L,总胆固醇 5.0mmol/L,低密度脂蛋白 3.6mmol/L。无明显不适,半年内体重

下降10kg。查体:BP160/110mmHg,BMI28kg/m²。心、肺查体无阳性发现。

2117. 首选的降血糖药物是
A. 阿卡波糖　B. 瑞格列奈　C. 罗格列酮
D. 二甲双胍　E. 格列本脲

2118. 降血压首选的治疗药物是
A. α受体阻滞剂　B. 血管紧张素转换酶抑制剂　C. 钙离子拮抗剂
D. 利尿剂　E. β受体阻断剂

2119. 该患者首选的调脂药物是
A. 他汀类　B. 多烯酸乙酯　C. 贝特类
D. 维生素E　E. 烟酸类

(2120~2122题共用题干)男,45岁。体检发现血糖升高,空腹血糖7.6mmol/L,餐后2小时血糖13.6mmol/L,HbA1c7.8%。查体:BP150/100mmHg,BMI28kg/m²,心、肺、腹查体未见明显异常。

2120. 该患者HbA1c控制目标应小于
A. 5.5%　B. 6.0%　C. 6.5%
D. 7.0%　E. 7.5%

2121. 在控制饮食和运动基础上首选的降血糖药物是
A. 二甲双胍　B. 阿卡波糖　C. 那格列奈
D. 吡格列酮　E. 格列美脲

2122. 该患者首选的降血压药物是
A. 氨氯地平　B. 美托洛尔　C. 哌唑嗪
D. 氢氯噻嗪　E. 氯沙坦

2123. 男,52岁。初诊2型糖尿病2个月,每日进主食量约500g。身高171cm,体重90kg,BMI30.8。查空腹血糖5.5mmol/L,餐后2小时血糖12.8mmol/L,糖化血红蛋白7.2%。目前治疗不宜选用的降血糖药物是
A. 噻唑烷二酮类　B. 磺酰脲类　C. α-葡萄糖苷酶抑制剂
D. 双胍类　E. 格列奈类

2124. 糖尿病患者胰岛素治疗最主要的不良反应是
A. 注射处红肿疼痛　B. 注射处脂肪萎缩　C. 发生低血糖
D. 荨麻疹样皮疹　E. 过敏性休克

2125. 女,71岁。2型糖尿病病史8年,瑞格列奈2mg,口服,每日3次,近期血糖控制不佳。既往高血压病史10年,冠心病病史5年。身高158cm,体重50kg,BMI20kg/m²。实验室检查:空腹血糖12.5mmol/L,三餐后2小时血糖分别为7.8mmol/L和8.4mmol/L,夜间血糖10.5mmol/L,糖化血红蛋白9.2%。目前最适宜的治疗是加用
A. 长效胰岛素　B. 噻唑烷二酮降糖药　C. α-葡萄糖苷酶抑制药
D. 磺脲类降糖药　E. 双胍类降糖药

2126. 男,59岁。2型糖尿病病史16年。二甲双胍0.25g及格列齐特80mg,每日3次,糖尿病控制良好,近2个月感乏力,体重下降4~5kg,肠镜检查发现乙状结肠癌拟行手术治疗。围手术期糖尿病处理
A. 停口服降糖药、减少饮食量　B. 改用长效胰岛素
C. 胰岛素及其增敏剂联合治疗　D. 改用短效胰岛素
E. 改用α-葡萄糖苷酶抑制剂

2127. 男,50岁。多饮、多尿、体重减轻1个月后,颈后痛2周。查体:T38.6℃,BMI27.5kg/m²,神志清楚,

颈后4cm×3cm溃疡,表面有脓性分泌物。空腹血糖9.2mmol/L,尿糖(++),尿酮体(-)。外科清创换药和抗生素治疗的同时,为控制血糖,最应采取的治疗措施是

A. 单纯饮食控制　B. 应用磺酰脲类降糖药　C. 应用双胍类降糖药
D. 应用胰岛素　E. 应用α-葡萄糖苷酶抑制剂

(2128~2130题共用题干)男,59岁。2型糖尿病病史7年,口服格列本脲15mg/d和二甲双胍2.0g/d治疗。8个月前眼底检查可见微血管瘤、出血和硬性渗出。近1个月来视力明显减退,眼底检查可见视网膜新生血管形成和玻璃体积血。BP160/100mmHg,BMI28.4kg/m^2。空腹血糖7.1mmmol/L,餐后2小时血糖14.6mmol/L,糖化血红蛋白7.6%。

2128. 目前该患者糖尿病视网膜病变的分期为
A. Ⅰ期　B. Ⅱ期　C. Ⅲ期
D. Ⅳ期　E. Ⅴ期

2129. 对该患者糖尿病的治疗应调整为
A. 格列本脲加量　B. 改用胰岛素　C. 二甲双胍加量
D. 加用噻唑烷二酮类药　E. 加用α-葡萄糖苷酶抑制剂

2130. 对该患者糖尿病视网膜病变最合适的治疗为
A. 降血压治疗　B. 抗纤溶治疗　C. 激光治疗
D. 扩血管治疗　E. 抗凝治疗

(2131~2133题共用题干)女,48岁。近1个月感口渴,饮水量增加至每天2000ml。身高156cm,体重71kg。空腹血糖10.0mmol/L,餐后血糖14.0mmol/L,系初次发现血糖高,过去无糖尿病病史。

2131. 给患者的治疗建议
A. 饮食及运动治疗　B. 双胍类降血糖药　C. 磺酰脲类降血糖药
D. α-葡萄糖苷酶抑制剂　E. 胰岛素

2132. 按以上建议治疗3个月后空腹血糖8.6mmol/L,餐后血糖12.5mmol/L。进一步治疗建议
A. 氯磺丙脲　B. 格列齐特　C. 二甲双胍
D. 阿卡波糖　E. 正规胰岛素

2133. 4年后该患者被发现有浸润性肺结核,降血糖治疗宜
A. 原降血糖药增加剂量　B. 改用降血糖作用更强的口服降血糖药
C. 增加一种降血糖药　D. 双胍类、磺酰脲类、α-葡萄糖苷酶抑制剂联合使用
E. 胰岛素治疗

A. 饮食治疗　B. 正规胰岛素　C. 精蛋白锌胰岛素
D. 口服降血糖药　E. 口服降血糖药加小剂量胰岛素

2134. 1型糖尿病治疗选择

2135. 2型糖尿病并发急性感染时治疗选择

A. 半慢胰岛素锌混悬液　B. 慢胰岛素锌混悬液　C. 中性精蛋白锌胰岛素
D. 低精蛋白锌胰岛素　E. 精蛋白锌胰岛素

2136. 速效胰岛素是

2137. 长效胰岛素是

2138. 关于糖尿病的胰岛素治疗,正确的是
A. 肥胖的糖尿病患者较适宜用胰岛素治疗
B. 1型糖尿病患者可不用胰岛素治疗

C. 清晨高血糖而半夜有饥饿感、出冷汗的糖尿病病人应增加胰岛素剂量
D. 因感染发热而厌食的糖尿病患者应将胰岛素剂量加倍
E. 经一段时间的胰岛素治疗后，可产生胰岛素抗体

(2139~2141 题共用题干)女，64 岁。2 型糖尿病 6 年，口服格列本脲 15mg/d 和二甲双胍 1.5g/d 治疗。查体：BP170/100mmHg，双肺呼吸音清，心率 76 次/分，律齐，肝脾未触及，双下肢无水肿。空腹血糖9.6mmol/L，餐后血糖 14.2mmol/L，血肌酐 96μmol/L，血钾 4.1mmol/L，24 小时尿蛋白 0.7g。

2139. 目前应诊断为糖尿病肾病的
A. Ⅰ期　B. Ⅱ期　C. Ⅲ期
D. Ⅳ期　E. Ⅴ期

2140. 对糖尿病治疗调整应选择
A. 二甲双胍加量　B. 加用噻唑烷二酮类药　C. 加 α-葡萄糖苷酶抑制剂
D. 改用胰岛素　E. 格列本脲加量

2141. 对糖尿病肾病首选治疗为
A. 利尿剂　B. 血管紧张素受体阻断剂　C. 单胺氧化酶抑制剂
D. α 受体阻断剂　E. β 受体阻断剂

(2142~2144 题共用题干)女性，38 岁。糖尿病 12 年，每日皮下注射人混合胰岛素，早餐前 30U，晚餐前 24U，每日进餐规律，主食量 300g。近来查空腹血糖 12.5mmol/L，餐后血糖 7.6~9.0mmol/L。

2142. 为确定空腹高血糖的原因，最有意义的检查是
A. 多次测定空腹血糖　B. 多次测定餐后血糖　C. 测定糖化血红蛋白
D. 夜间血糖监测　E. 口服葡萄糖耐量试验

2143. 最可能的情况是
A. Somogyi 效应或黎明现象　B. 晚餐主食过多或过少　C. 未加口服降糖药物
D. 餐后血糖控制不佳　E. 存在胰岛素抵抗

2144. 较为合适的处理是
A. 调整进餐量　B. 胰岛素调整剂量　C. 加磺酰脲类降糖药物
D. 加双胍类降糖药物　E. 改用口服降糖药

(2145~2147 题共用题干)女性，58 岁。2 型糖尿病 15 年，长期口服格列本脲，10mg/d。查体：血压 145/90mmHg，心、肺和腹部检查未见异常，双下肢无水肿。眼底检查：视网膜病变Ⅲ期。空腹血糖 6.8mmol/L，餐后 2 小时血糖 10.6mmol/L，血尿素氮 6.2mmol/L，血肌酐 92.5μmol/L。尿常规检查尿糖 50mmol/L，蛋白阴性。

2145. 为排除糖尿病肾病，最需要的实验室检查是
A. 尿酸化功能试验　B. 尿相差显微镜检　C. 肌酐清除率
D. 尿微量白蛋白　E. 24 小时尿蛋白定量

2146. 糖尿病治疗应选择
A. 磺酰脲类降血糖药加量　B. 双胍类降血糖药　C. α-葡萄糖苷酶抑制剂
D. 噻唑烷二酮类　E. 胰岛素

2147. 经检查为糖尿病肾病，治疗应首选
A. 利尿剂　B. 血管紧张素转换酶抑制剂　C. α 受体阻断剂
D. β 受体阻断剂　E. 钙离子拮抗剂

A. 晚餐碳水化合物摄入过多　B. 夜间曾发生过低血糖　C. 夜间肝脏葡萄糖产生过多

D. 清晨胰岛素作用不足　　E. 清晨胰岛素拮抗激素增多

2148. Somogyi 效应的原因是

2149. 黎明现象的原因是

2150. 糖尿病的高危因素不包括

A. 年龄在45岁以上　　B. 巨大胎儿分娩者　　C. 共同生活者患有糖尿病

D. 曾有糖调节受损　　E. 肥胖（BMI≥28kg/m^2）

2151. 对于高血压合并2型糖尿病患者，下列药物中有利于延缓糖尿病肾病进展的是

A. 缬沙坦　　B. 氢氯噻嗪　　C. 硝苯地平

D. 吲达帕胺　　E. 普萘洛尔

2152. 糖尿病酮症酸中毒时，病人的呼吸气味可呈

A. 酒精味　　B. 蒜臭味　　C. 腥臭味

D. 烂苹果味　　E. 苦杏仁味

（2153～2154题共用题干）女，20岁。1型糖尿病病史10年，平时每日4次胰岛素强化治疗，近2日发热、咽痛、食欲不佳、摄食少，自行停用胰岛素，晨起家属发现患者答非所问，急诊就诊。查体：T38.5℃，精神差，轻度脱水貌。实验室检查：血钾4.8mmol/L，血钠142mmol/L，血糖19.1mmol/L，尿酮体（+++），血pH7.25，尿量40～50ml/h。

2153. 目前该患者合理的胰岛素使用方法是

A. 静脉小剂量短效胰岛素治疗　　B. 静脉大剂量短效胰岛素治疗

C. 使用基础胰岛素皮下注射治疗　　D. 改用两次预混胰岛素皮下注射治疗

E. 恢复4次胰岛素皮下注射治疗

2154. 关于纠正电解质及酸碱平衡紊乱，应立即采取的治疗措施是

A. 补碱、补钠治疗　　B. 补碱、补钾治疗　　C. 补钠治疗

D. 补钾、补钠治疗　　E. 补碱、补钾、补钠治疗

2155. 男，68岁。近2周来多饮，多尿，食欲减退，精神差，软弱无力。今晨被发现神志不清而就诊。血压80/60mmHg，血糖38.1mmol/L，尿糖（++++），尿酮体（±）。最可能的诊断是

A. 脑出血　　B. 脑血栓形成　　C. 糖尿病酮症酸中毒昏迷

D. 高渗性非酮症性糖尿病昏迷　　E. 乳酸性酸中毒昏迷

2156. 抢救糖尿病酮症酸中毒应用碳酸氢钠的指征是

A. 出现低钾血症　　B. 常规应用　　C. 出现严重心律失常

D. 合并严重感染　　E. 二氧化碳结合力<5.9mmol/L或血pH<7.1

（2157～2159题共用题干）男，20岁。神志不清2小时入院，既往患1型糖尿病5年，长期皮下注射胰岛素，近3天因腹泻停用。体检：血压70/50mmHg。皮肤中度失水征，呼吸深大，有烂苹果味，心率130次/分。

2157. 最可能的诊断为

A. 高渗性非酮症性糖尿病昏迷　　B. 糖尿病酮症酸中毒　　C. 糖尿病乳酸性酸中毒

D. 低血糖昏迷　　E. 感染性休克

2158. 最可能与诊断无关的检查是

A. 血气分析　　B. 血电解质测定　　C. 血糖

D. 尿糖、尿酮　　E. 血培养

2159. 需立即采取的治疗措施是

A. 静脉滴注5%碳酸氢钠　B. 纠正水电解质平衡紊乱　C. 补液并恢复皮下注射胰岛素
D. 补液加有效抗生素　E. 补液同时静脉滴注胰岛素

(2160~2162题共用题干)女,21岁。1型糖尿病8年,平素4次(R-R-R-N)胰岛素皮下注射治疗,定期查糖化血红蛋白7.5%~8%。2日前患者受凉后发热,体温37.5~38℃,因食欲不佳,自行停用胰岛素,改用阿卡波糖治疗,渐出现恶心、食欲不振、呕吐少量胃内容物,尿中有异味。查体:P102次/分,BP90/60mmHg,体重55kg,轻度脱水貌,精神萎靡。实验室检查:随机血糖26.5mmol/L,血K^+4.8mmol/L,血Na^+144mmol/L,糖尿(++++),尿酮体(+++),动脉血气分析pH7.25。

2160. 该患者目前最佳胰岛素治疗方案是
A. 常规人胰岛素持续静脉滴注,起始量5.5U/h
B. 恢复4次胰岛素注射治疗,并适当增加剂量
C. 常规人胰岛素持续静脉滴注,起始量11U/h
D. 长效胰岛素类似物持续静脉滴注,起始量5.5U/h
E. 速效胰岛素类似物持续静脉滴注,起始量11U/h

2161. 该患者pH值降低,合理的治疗是
A. 静脉滴注生理盐水　B. 静脉滴注1.25%碳酸氢钠,至尿酮体转阴
C. 静脉滴注5%碳酸氢钠,至血pH值正常　D. 静脉滴注5%碳酸氢钠,至尿酮体转阴
E. 静脉滴注1.25%碳酸氢钠,至血pH值正常

2162. 患者入院后尿量约50ml/h,复查血钾4.0mmol/L,关于补钾治疗,应采取
A. 开始口服补钾　B. 观察尿量如果有进一步的增加,则补钾
C. 开始静脉补钾　D. 每2小时测定血钾,低于3.5mmol/L开始补钾
E. 两次测血钾均正常,不需要补钾

2163. 女,16岁。口干、多饮、多尿1周,神志模糊1天。查体:T36.9℃,P80次/分,R26次/分,BP120/80mmHg,呼吸深快,双肺呼吸音清,未闻及干、湿啰音,呼气中有烂苹果味,心律齐,腹软,无压痛,病理反射阴性。治疗的关键是
A. 纠正电解质紊乱　B. 防治并发症　C. 大量补液
D. 皮下注射胰岛素　E. 纠正酸中毒

2164. 糖尿病高渗高血糖综合征常见于
A. 1型糖尿病　B. 青少年2型糖尿病　C. 老年2型糖尿病
D. 2型糖尿病合并妊娠　E. 饮食控制不佳的2型糖尿病

二、低血糖症(执业医师需掌握)

2165. 低血糖症是指血浆葡萄糖浓度低于
A. 2.0mmol/L　B. 2.8mmol/L　C. 3.0mmol/L
D. 3.3mmol/L　E. 4.0mmol/L

2166. 女,60岁。1周前家人发现晨起不能唤醒,急诊查血糖2.1mmol/L。既往无糖尿病病史。查体:BP120/85mmHg,心率105次/分,BMI为32kg/m^2。此时,该患者最有可能异常的激素是
A. 糖皮质激素　B. 生长激素　C. 胰岛素
D. 胰高血糖素　E. 甲状腺激素

2167. 具有典型Whipple三联征的疾病是
A. 胰岛素瘤　B. 胃泌素瘤　C. 肠肽瘤
D. 胰高血糖素瘤　E. 生长抑素瘤

2168. 有关低血糖症的论述中，正确的是
A. 口服α-葡萄糖苷酶抑制剂易发生低血糖
B. 低血糖可伴有精神症状
C. 2型糖尿病患者不表现为低血糖
D. 胰岛素瘤较少出现空腹低血糖
E. 腺垂体功能减退低血糖时血胰岛素升高

2169. 男，56岁。糖尿病患者，用胰岛素治疗，晚10时突起心慌，多汗，软弱，继而神志不清。查体：脉搏120次/分。尿糖(－)，尿酮(－)，血尿素氮10.0mmol/L。最可能为
A. 低血糖昏迷　B. 高渗性昏迷　C. 酮症酸中毒昏迷
D. 脑血管意外　E. 尿毒症昏迷

2170. 男，48岁。2年前因"胃溃疡穿孔"行胃次全切除术。近5个月常于清晨空腹时出现精神症状，进食后缓解。今晨被家人发现神志不清送来急诊。查血糖2.2mmol/L，静脉注射葡萄糖溶液后逐渐清醒。低血糖最可能的原因是
A. 自主神经功能紊乱　B. 营养不良　C. 胃次全切除术后
D. 胰岛素瘤　E. 反应性低血糖

2171. 女，45岁。间断发作心悸、大汗、手抖6月余。发作时伴饥饿感，无黑矇、眩晕等。查体：血压140/90mmHg，睑结膜无苍白。心率88次/分，律齐。发作时测血压与平素无明显变化。心悸反复发作最可能的病因是
A. 贫血　B. 心律失常　C. 低血糖症
D. 急性心肌炎　E. 甲状腺功能亢进症

2172. 下列各项诊断胰岛素瘤的方法中，效果不佳的是
A. Whipple三联征　B. 血胰岛素测定　C. 术前B超检查
D. 选择性动脉造影　E. CT和MRI

(2173～2175题共用题干)男性，46岁。自发性或运动后心悸、出汗、饥饿伴精神症状8个月，严重时曾发生昏迷，进糖水后清醒，发作时血糖1.8～2.2mmol/L。身高172cm，体重91kg。

2173. 发生该情况最可能的原因是
A. 自主神经功能紊乱　B. 1型糖尿病　C. 2型糖尿病
D. 胰岛素瘤　E. 反应性低血糖

2174. 确诊最有价值的检查是
A. 胰岛素和C肽释放试验　B. 肝功能　C. 头颅CT
D. 糖耐量试验　E. 血和尿皮质醇测定

2175. 确诊后，该患者的最佳治疗是
A. 饮食控制　B. 口服普萘洛尔　C. 口服二氮嗪
D. 口服双胍类药物　E. 手术治疗

第36章　风湿性疾病

一、风湿性疾病概论(执业医师及助理医师均需掌握)

2176. 风湿性疾病属于慢性疾病，它主要累及
A. 肾　B. 心　C. 肺
D. 骨骼肌肉系统　E. 中枢神经系统

2177. 关于风湿性疾病的临床特点,不正确的是
A. 病程多呈慢性经过　B. 临床表现差异很大　C. 反复发作与缓解交替出现
D. 免疫学异常表现复杂　E. 对治疗反应的个体差异不大

2178. 关于风湿性疾病的概念,说法正确的是
A. 风湿性疾病就是自身免疫性疾病　B. 风湿性疾病就是指风湿性关节炎和类风湿关节炎
C. 结缔组织病是风湿性疾病的一部分　D. 风湿性疾病是结缔组织病的一部分
E. 风湿性疾病就是结缔组织病

A. 骨关节炎　B. 强直性脊柱炎　C. 风湿热
D. 痛风　E. 类风湿关节炎

2179. 以上疾病,属于弥漫性结缔组织病的是

2180. 以上疾病,属于感染相关性风湿病的是

2181. 疾病主要累及的靶器官,以非炎症性病理改变为主要特点的风湿病是
A. 骨关节炎　B. 类风湿关节炎　C. 系统性红斑狼疮
D. 痛风　E. 干燥综合征

2182. 以滑膜炎为基本病理改变的风湿病是
A. 强直性脊柱炎　B. 类风湿关节炎　C. 风湿性关节炎
D. 骨关节炎　E. 痛风关节炎

2183. 以软骨变性破坏为主要病理改变的风湿病是
A. 类风湿关节炎　B. 强直性脊柱炎　C. 风湿热关节受累
D. 骨关节炎　E. 痛风关节炎

2184. 下列属于抗磷脂抗体的是
A. 抗核抗体　B. 类风湿因子　C. 狼疮抗凝物
D. 抗 Sm 抗体　E. 抗 ENA 抗体

2185. 抗角蛋白抗体谱的检查有助于类风湿关节炎的早期诊断。下列选项中,属于此类抗体的是
A. 抗核周因子抗体　B. 抗核抗体　C. 抗 RNP 抗体
D. 抗组蛋白抗体　E. 狼疮抗凝物

2186. 下列选项中,不属于改变病情的抗风湿药物是
A. 青霉胺　B. 氯喹　C. 萘普生
D. 甲氨蝶呤　E. 硫唑嘌呤

二、类风湿关节炎(执业医师及助理医师均需掌握)

2187. 在类风湿关节炎发病中起主要作用的细胞是
A. $CD3^+$ T 细胞　B. $CD4^+$ T 细胞　C. $CD8^+$ T 细胞
D. B 淋巴细胞　E. 巨噬细胞

2188. 下列可能引起类风湿关节炎的感染因子中,通过活化 B 淋巴细胞而致病的感染因子是
A. 支原体　B. EB 病毒　C. 大肠埃希菌
D. 链球菌　E. 柯萨奇病毒

2189. 类风湿关节炎的主要表现是
A. 游走性大关节肿痛　B. 全身关节肿痛伴发热、皮疹　C. 对称性小关节肿痛伴晨僵
D. 腰骶痛伴晨僵　E. 多关节肿痛伴四肢末梢感觉障碍

2190. 类风湿关节炎常见的关节表现是

A. 对称性近端指间、掌指和腕关节持续性肿痛　B. 手部关节出现 Heberden 结节
C. 下腰背痛伴晨僵活动后减轻　D. 单侧第一跖趾关节剧烈肿痛
E. 胸锁关节肿痛

2191. 类风湿关节炎最常见累及的关节是
A. 髋关节　B. 肘关节　C. 膝关节
D. 肩关节　E. 四肢小关节

2192. 以下关节中，类风湿关节炎较少累及的是
A. 髋关节　B. 掌指关节　C. 跖趾关节
D. 近端指间关节　E. 腕关节

2193. 类风湿关节炎的基本病理改变是
A. 血管炎　B. 滑膜炎　C. 骨髓炎
D. 肌腱鞘炎　E. 软骨炎

2194. 有晨僵的是
A. 骨关节炎　B. 痛风　C. 银屑病关节炎
D. 类风湿关节炎　E. 风湿性关节炎

2195. 类风湿关节炎的临床特点不包括
A. 类风湿因子常阳性　B. 晨僵持续时间大于 1 小时　C. 多关节、小关节受累
D. 反复发作虹膜睫状体炎　E. 非甾体抗炎药能改善关节疼痛

2196. 女，35 岁。双手第 2、3、5 近端指间关节、双腕和双肘关节肿痛 1 年，伴晨僵 1 小时。查体：上述关节肿胀、压痛。实验室检查：ESR48mm/h，CRP 升高。双手 X 线片：双手骨质疏松，第 2 近端指间关节可见骨质破坏。对诊断最有意义的实验室检查是
A. 血尿酸　B. 抗核抗体　C. 抗环瓜氨酸多肽抗体
D. 类风湿因子　E. 抗链“O”

2197. 类风湿关节炎（RA）患者中可以查到类风湿因子（RF），因此 RF
A. 是诊断 RA 的必备条件　B. 一旦出现，将不会发生改变　C. 可随疾病的变化而变化
D. 正常人不会出现　E. 在其他自身免疫病中不会出现

2198. 下列关于类风湿因子（RF）与类风湿关节炎（RA）的描述，不正确的是
A. 高滴度 RF 阳性对诊断 RA 有意义　B. RF 高滴度是 RA 预后不良的指标之一
C. RF 阳性可见于 RA 以外的其他疾病　D. 部分 RA 患者的血清 RF 阴性
E. RF 阳性是诊断 RA 的必备条件

2199. 在常规临床工作中测得的 RF 类型是
A. IgG　B. IgA　C. IgM
D. IgD　E. IgE

2200. 类风湿关节炎的诊断标准中有对称关节
A. 皮疹　B. 晨僵　C. 发热
D. 活动障碍　E. 肢体麻木

2201. 按诊断标准，下列哪项不是诊断类风湿关节炎的必备关节表现
A. 关节肿痛>6 周　B. 对称性关节肿　C. 腕、掌指、指间关节肿
D. 关节畸形　E. 晨僵

2202. 女，65 岁。多关节肿痛 2 年，晨僵约 1 小时。查体：双手掌指关节对称性肿胀、压痛。双手 X 线片：双侧第 2、3 掌指关节骨破坏。该疾病主要的治疗药物不包括
A. 羟氯喹　B. 来氟米特　C. 柳氮磺吡啶

D. 甲氨蝶呤　　E. 别嘌醇

2203. 女,22 岁。关节肿痛 7 个月。累及双手近端指间关节、双腕及双踝关节,晨僵大于 1 小时。无发热、皮疹。实验室检查:血沉 48mm/h,抗核抗体(-)。双手 X 线片:骨质疏松,近端指间关节间隙狭窄,可见囊性变。最可能的诊断是

A. 系统性红斑狼疮　　B. 类风湿关节炎　　C. 脊柱关节炎
D. 骨关节炎　　E. 风湿性关节炎

2204. 女,40 岁。双腕、双肘和足趾关节肿胀、疼痛 6 个月。晨僵大于 1 小时,活动后减轻。不伴发热、脱发、皮疹及光过敏等。实验室检查:血沉 39mm/h,抗环瓜氨酸肽抗体阳性。最可能的诊断是

A. 骨关节炎　　B. 强直性脊柱炎　　C. 风湿性关节炎
D. 痛风关节炎　　E. 类风湿关节炎

2205. 治疗类风湿关节炎首选的改变病情抗风湿药物是

A. 甲氨蝶呤　　B. 糖皮质激素　　C. 非甾体抗炎药
D. 环磷酰胺　　E. 羟氯喹

2206. 类风湿关节炎使用糖皮质激素治疗的原则是

A. 甲泼尼龙冲击治疗　　B. 小剂量泼尼松长期口服　　C. 小剂量泼尼松短期口服
D. 倍氯米松乳膏外涂　　E. 小剂量地塞米松静滴

(2207~2208 题共用题干)女,54 岁。双腕、双手近端指间关节、掌指关节肿痛 3 年,晨僵 1 小时。查体:双腕、双手 2~4 掌指关节及 3~4 近端指间关节肿胀,压痛(+)。ANA(-)。

2207. 最可能的诊断是

A. 强直性脊柱炎　　B. 类风湿关节炎　　C. 反应性关节炎
D. 骨关节炎　　E. 痛风关节炎

2208. 该患者关节病变的基本病理特征是

A. 血管炎　　B. 软骨炎　　C. 滑膜炎
D. 附着点炎　　E. 韧带炎

(2209~2210 题共用题干)女性,45 岁。双手和膝关节肿痛伴晨僵 1 年。体检:肘部可及皮下结节,质硬,无触痛。

2209. 诊断首先考虑

A. 系统性硬化症　　B. 骨关节炎　　C. 痛风
D. 类风湿关节炎　　E. 风湿性关节炎

2210. 最有助于确定诊断的是

A. 关节影像检查　　B. 滑液检查　　C. 抗核抗体
D. ESR　　E. CRP

2211. 不属于治疗类风湿关节炎的药物是

A. 双氯芬酸钠　　B. 青霉素　　C. 雷公藤总苷
D. 甲氨蝶呤　　E. 泼尼松

2212. 一类风湿关节炎患者,病程持续 1 年余,有对称性多关节肿痛,未经治疗,三大常规及肝肾功能检查正常。首选方案为

A. 一种非甾体抗炎药　　B. 两种非甾体抗炎药联合使用　　C. 慢作用药
D. 慢作用药加非甾体抗炎药　　E. 慢作用药加糖皮质激素

2213. 女性,50 岁。对称性多关节肿痛伴晨僵 1 年余,血 RF1:40(+),ESR100mm/h。目前暂不考虑的治疗措施是

A. 非甾体抗炎药　B. 泼尼松　C. 环磷酰胺
D. 甲氨蝶呤　E. 关节手术

(2214~2215题共用题干)女,40岁。反复手关节痛1年,曾诊断为类风湿关节炎,间断使用理疗和非甾体抗炎药,症状有缓解,近月来低热,关节痛加重,肘后出现多个皮下结节。检查ESR40mm/h,心脏彩超发现小量心包积液,考虑为类风湿关节炎活动。

2214. 对疾病活动性诊断最有意义的检查
A. C-反应蛋白　B. 心包积液病理　C. 类风湿因子效价
D. 关节影像学　E. 补体

2215. 最适宜的治疗措施是
A. 维持原治疗方案　B. 改用皮质激素　C. 加用青霉素
D. 选用慢作用抗风湿药　E. 应用皮质激素加慢作用抗风湿药

(2216~2217题共用题干)女性,50岁。类风湿关节炎病史7年,治疗不正规。近3个月来感双手指关节痛加重,晨僵约1小时。查体:双手第2~4掌指关节(MCP2~4)肿胀、左手第1~4近端指间关节(PIP1~4)肿胀,压痛明显,右手PIP2和PIP3肿胀伴压痛,双侧腕关节肿胀并屈伸明显受限。双手X线提示骨质疏松,双腕关节各骨融合,双手掌指关节和近端指间关节间隙变窄。

2216. 此患者双手X线达到类风湿关节炎的分期是
A. Ⅰ期　B. Ⅱ期　C. Ⅲ期
D. Ⅳ期　E. 无法分期

2217. 此患者的治疗方案中,除非甾体抗炎药对症治疗外,应该首选的慢作用抗风湿药是
A. 糖皮质激素　B. 柳氮磺吡啶　C. 雷公藤总苷
D. 金诺芬　E. 甲氨蝶呤

三、系统性红斑狼疮(执业医师及助理医师均需掌握)

2218. 与系统性红斑狼疮发病有关的因素不包括
A. 遗传　B. 病毒感染　C. 紫外线照射
D. 雌激素　E. 雄激素

2219. 系统性红斑狼疮患者的典型皮肤损害为
A. 环形红斑　B. 结节性红斑　C. 面部蝶形红斑
D. 多形性红斑　E. 网状青斑

2220. 以下关于系统性红斑狼疮临床特点的描述,错误的是
A. 育龄期妇女多见　B. 盘状红斑为该病特异性皮疹之一
C. 常有光过敏　D. 关节受累常表现为侵蚀性关节炎
E. 血清中可检测出多种自身抗体

2221. 系统性红斑狼疮的心血管损害中,最多见的是
A. 心肌炎　B. 心内膜炎　C. 心包炎
D. 心功能不全　E. 心律失常

A. 抗SSA抗体　B. 抗Sm抗体　C. 抗磷脂抗体
D. 抗dsDNA抗体　E. 抗RNP抗体

2222. 虽为系统性红斑狼疮标记性抗体,但与疾病活动性无关的是
2223. 与系统性红斑狼疮疾病活动性密切相关的自身抗体是
2224. 与狼疮肾损害关系最密切的自身抗体是

A. 抗 dsDNA 抗体　　B. 抗 RNP 抗体　　C. 抗 SSB 抗体
D. 抗 Sm 抗体　　E. 抗 SSA 抗体

2225. 与系统性红斑狼疮患者发生雷诺现象相关的自身抗体是
A. 抗 Sm 抗体　　B. 抗 RNP 抗体　　C. 抗 dsDNA 抗体
D. 抗 SSA 抗体　　E. ANA

2226. 提示与习惯性流产有相关性的检查是
A. 抗着丝点抗体　　B. 抗磷脂抗体　　C. 抗 RNP 抗体
D. 抗组蛋白抗体　　E. 抗中性粒细胞胞质抗体

2227. 与动、静脉血栓形成及反复流产相关的自身抗体是
A. 抗核抗体　　B. 抗心磷脂抗体　　C. 抗 Sm 抗体
D. 抗 dsDNA 抗体　　E. 抗 SSA 抗体

2228. 确诊系统性红斑狼疮最有价值的自身抗体是
A. 抗 SSA 抗体　　B. 抗 RNP 抗体　　C. 抗 dsDNA 抗体
D. ANA　　E. 抗 SSB 抗体

2229. 诊断系统性红斑狼疮最有价值的自身抗体是
A. 抗 Sm 抗体　　B. 抗环瓜氨酸多肽抗体　　C. 抗 SSA 抗体
D. 抗 Scl-70 抗体　　E. 抗核抗体

2230. 女,35 岁。确诊系统性红斑狼疮,用泼尼松 50mg/d 治疗 1 个月病情稳定,随后激素逐渐减量,至泼尼松 25mg/d 时出现发热,体温 38.4℃。对鉴别发热原因意义不大的检查是
A. 血沉　　B. 血常规　　C. 抗双链 DNA 抗体
D. 补体　　E. 血培养

2231. 女,25 岁。双手关节肿胀、疼痛 2 个月,面部蝶形红斑、发热 1 周。血白细胞 $2.1\times10^9/L$,血红蛋白 90g/L,血小板 $65\times10^9/L$。尿蛋白(++),红细胞(++)。胸部 X 线片示双侧少量胸腔积液。对明确诊断最有价值的检查是
A. 手关节 X 线片　　B. 骨髓穿刺　　C. 胸腔穿刺
D. 肾脏穿刺活检　　E. 抗核抗体谱

2232. 女,30 岁。面色苍白半年,2 个月前诊断为系统性红斑狼疮。查体:贫血貌,皮肤、巩膜轻度黄染,脾肋下 2cm。血常规:Hb78g/L,WBC$4.4\times10^9/L$,Plt$72\times10^9/L$,Ret0.14。最可能出现结果异常的实验室检查是
A. Ham 试验　　B. Coombs 试验　　C. 尿 Rous 试验
D. 红细胞渗透脆性试验　　E. 异丙醇试验

2233. 女,30 岁。4 年前血小板减少,2 年前间断面部红斑伴低热。实验室检查:抗核抗体(+),抗心磷脂抗体(+),诊断为系统性红斑狼疮。此次妊娠 6 个月,胎死宫内,同时出现左下肢深静脉血栓。考虑合并的疾病是
A. 妊娠期高血压疾病　　B. 干燥综合征　　C. 弥散性血管内凝血
D. 抗磷脂抗体综合征　　E. 血栓闭塞性脉管炎

2234. 女,32 岁。发热伴面部皮疹 2 个月,双膝、双踝关节肿痛 1 个月。查体:四肢皮肤散在瘀点。实验室检查:血红蛋白 78g/L,血小板 $42\times10^9/L$,网织红细胞 0.01,尿蛋白(+++),ESR40mm/h,Coombs 试验阳性。最可能的诊断是
A. 系统性红斑狼疮　　B. 慢性肾小球肾炎　　C. 风湿热
D. 败血症　　E. 淋巴瘤

(2235~2236 题共用题干)女,38 岁。发热、皮疹、脱发和口腔溃疡 6 个月。查体:T39.0℃,面部有充血性红斑,双手近端指间关节压痛,轻度肿胀,双下肢凹陷性水肿。实验室检查:尿蛋白(+++),尿红细胞(+++),24 小时尿蛋白 3.8g。Plt88×10^9/L,ANA1:640,抗 SSA 抗体(+),抗双链 DNA 抗体(+),补体 C3 低下。

2235. 不能提示患者疾病处于活动期的指标是
A. 补体 C3 低下　B. 尿蛋白(+++)　C. 抗双链 DNA 抗体(+)
D. 血小板减少　E. 抗 SSA(+)

2236. 最佳治疗方案是泼尼松 1mg/(kg·d)联合
A. 布洛芬　B. 血浆置换　C. 环磷酰胺
D. 青霉素　E. 柳氮磺吡啶

2237. 女,20 岁。发热伴口腔溃疡、关节痛 1 个月。血 WBC3.2×10^9/L,抗核抗体(+),抗 dsDNA(+),尿常规正常。首选的治疗药物是
A. 青霉素　B. 布洛芬　C. 泼尼松
D. 利血生　E. 阿司匹林

2238. 狼疮肾炎诱导期治疗中,以下免疫抑制剂中首选的是
A. 硫唑嘌呤　B. 甲氨蝶呤　C. 环磷酰胺
D. 来氟米特　E. 雷公藤

2239. 使用环磷酰胺治疗系统性红斑狼疮的指征是
A. 口腔溃疡　B. 关节炎　C. 肾炎
D. 浆膜炎　E. 蝶形红斑

(2240~2241 题共用题干)女,20 岁。反复高热伴游走性关节痛,口腔干燥、溃疡,脱发 1 月余。化验尿蛋白(++),颗粒管型 5 个/HP,间断有血尿。类风湿因子 1:20(+),抗 SSA 抗体阳性,抗双链 DNA 抗体阳性。

2240. 诊断首先考虑
A. 风湿性关节炎　B. 类风湿关节炎　C. 系统性红斑狼疮
D. 慢性肾小球肾炎急性发作　E. 干燥综合征

2241. 首选治疗药物的最佳组合为
A. 抗疟药+双氯芬酸　B. 非甾体抗炎药+小剂量糖皮质激素
C. 糖皮质激素+甲氨蝶呤　D. 雷公藤+柳氮磺吡啶
E. 糖皮质激素+环磷酰胺

2242. 女,20 岁。系统性红斑狼疮患者,狼疮肾炎,尿蛋白持续(++),足量糖皮质激素治疗 4 周后无效,应
A. 加大激素用量　B. 加用免疫抑制剂　C. 加抗疟药
D. 雷公藤　E. 加利尿药

2243. 应用大量环磷酰胺间歇静脉冲击治疗系统性红斑狼疮的主要作用是
A. 减轻心肌损害　B. 防止肾纤维化与肾功能恶化　C. 减轻血管炎性损害
D. 防止中枢神经系统损害　E. 增加血小板,防止溶血

A. 利妥昔单抗　B. 布洛芬　C. 来氟米特
D. 羟氯喹　E. 甲氨蝶呤
2244. 有助于降低系统性红斑狼疮病情复发的基础用药是
2245. 治疗类风湿关节炎首选的改变病情抗风湿药是

(2246~2248 题共用题干)女,30 岁。近 2 个月中等发热,全身肌痛,四肢关节肿痛,口腔溃疡。尿常规示红细胞(+),蛋白(++)。

2246. 最可能的诊断是

A. 类风湿关节炎 B. 败血症 C. 皮肌炎

D. 系统性红斑狼疮 E. 急性肾小球肾炎

2247. 免疫学检查最可能出现的抗体是

A. 抗核抗体 B. 抗 Jo-1 抗体 C. 抗 Scl-70 抗体

D. 类风湿因子 E. 抗中性粒细胞胞质抗体

2248. 为缓解病情,首选的药物是

A. 抗生素 B. 糖皮质激素 C. 非甾体抗炎药

D. 镇痛药 E. 抗疟药

四、骨关节炎(执业医师及助理医师均需掌握)

2249. 肥胖是下列哪种风湿病的易感因素?

A. 强直性脊柱炎 B. 骨关节炎 C. 类风湿关节炎

D. 反应性关节炎 E. 风湿性关节炎

2250. 骨关节炎的主要病变是

A. 关节内化脓性感染 B. 关节特异性炎症 C. 骨与关节慢性疼痛

D. 关节骨质疏松 E. 关节软骨退变和继发性骨质增生

2251. 骨关节炎最常累及的外周关节是

A. 远端指间关节、腕关节、膝关节 B. 腕关节、膝关节、髋关节

C. 远端指间关节、腕关节、肘关节 D. 远端指间关节、膝关节、髋关节

E. 远端指间关节、腕关节、髋关节

2252. 骨关节炎最典型的 X 线表现是

A. 软骨下骨硬化 B. 关节间隙变窄 C. 关节软骨侵蚀

D. 关节肿胀 E. 关节周围骨质疏松

2253. 女,65 岁。左膝关节严重疼痛,步行距离小于 500m。查体:左膝关节屈曲挛缩畸形,活动受限。负重位膝关节正位 X 线片显示左膝内侧关节间隙消失,骨质硬化,边缘骨赘增生。最可能的诊断是

A. 骨关节炎 B. 痛风关节炎 C. 化脓性关节炎

D. 骨关节结核 E. 风湿性关节炎

2254. 属于骨关节炎导致的畸形变是

A. 纽扣花样畸形 B. 方形手 C. 手关节尺侧偏斜

D. 天鹅颈样畸形 E. 杵状指

2255. 女,65 岁。右膝关节内侧严重疼痛,下蹲和下楼困难,步行距离 500 米。查体:右膝关节明显内翻畸形,屈伸受限,关节活动度(ROM):100°-20°-0°。负重位双膝关节 X 线片显示右膝内侧间隙明显狭窄,关节周边骨质增生,胫骨关节软骨磨损,关节面硬化,胫骨上下极骨赘形成。最合适的治疗方案是

A. 人工膝关节置换术 B. 关节镜清理术 C. 关节融合术

D. 关节腔药物注射 E. 口服非甾体抗炎药

2256. 男,70 岁。上、下楼梯时双膝关节疼痛 2 年。查体:双手远端指间关节背侧可见 Heberden 结节,双膝活动有摩擦感。实验室检查:ESR 正常,RF15U/ml(正常<20U/ml)。最可能的诊断是

A. 痛风关节炎 B. 类风湿关节炎 C. 半月板损伤

D. 风湿性关节炎　　E. 骨关节炎

2257. 缓解骨关节炎疼痛的首选药物是
A. 透明质酸钠　　B. 氨基葡萄糖　　C. 对乙酰氨基酚
D. 泼尼松　　E. 碳酸钙

A. 青霉素　　B. 甲氨蝶呤　　C. 环孢素 A
D. 泼尼松　　E. 氨基葡萄糖

2258. 上述药物中,治疗类风湿关节炎首选的改善病情抗风湿药是
2259. 上述药物中,治疗骨关节炎的常用药是

五、强直性脊柱炎(执业医师需掌握)

2260. 以慢性下腰痛和下肢大关节不对称关节炎为特征性临床表现的疾病是
A. 类风湿关节炎　　B. 腰肌劳损　　C. 痛风关节炎
D. 腰椎间盘突出症　　E. 强直性脊柱炎

2261. 男,20 岁。腰痛 3 年,膝关节痛 2 个月。查体:右膝肿胀、压痛,浮髌试验阴性。实验室检查:血尿酸正常,HLA-B27 阳性。X 线:双侧骶髂关节侵蚀改变,伴间隙狭窄。最可能的诊断是
A. 痛风关节炎　　B. 反应性关节炎　　C. 强直性脊柱炎
D. 银屑病关节炎　　E. 感染性关节炎

A. 脊椎呈“竹节”样　　B. 骨膜反应呈三角形　　C. 骨端膨胀呈肥皂泡样
D. 有死骨形成并有包壳　　E. 长管骨干骺区有骨性疣状突起

2262. 强直性脊柱炎的特征性 X 线片变化
2263. 骨巨细胞瘤的特征性 X 线片变化

(2264~2265 题共用题干)男,25 岁。因右膝关节肿痛 2 周就诊,腰痛 3 年。查体:右膝关节肿胀,有压痛,浮髌试验阳性,左侧“4”字征阳性,左侧骶髂关节压痛阳性。

2264. 最有意义的检查是
A. 骶髂关节 X 线片　　B. 血沉　　C. 类风湿因子
D. 抗“O”　　E. HLA-B27

2265. 检查类风湿因子、抗“O”均阴性,血沉 28mm/h,HLA-B27 阳性。骶髂关节 X 线片提示:左侧间隙狭窄,边缘不整,可见骨破坏。最可能的诊断是
A. 类风湿关节炎　　B. 骨关节炎　　C. 风湿性多肌炎
D. 化脓性关节炎　　E. 强直性脊柱炎

(2266~2267 题共用题干)男,25 岁。右膝关节和左足跟肿痛 4 周,曾有下半夜腰痛病史 4 年。查体:右膝肿胀压痛,浮髌征阳性,左侧 4 字征阳性,左侧骶髂关节压痛,左侧足跟肿胀压痛。

2266. 对诊断最有价值的检查是
A. 类风湿因子　　B. 骶髂关节 X 线片　　C. 抗 CCP 抗体
D. 右膝关节 X 线片　　E. HLA-B27

2267. 化验回报:类风湿因子和抗 CCP 抗体阴性,HLA-B27 阳性,右膝关节 X 线片正常,骶髂关节 X 线片显示双侧髂骨边缘虫蚀样破坏,可采取的治疗措施是
A. 碳酸氢钠+苯溴马隆　　B. 柳氮磺吡啶+关节内注射倍他米松
C. 青霉素+甲氨蝶呤　　D. 氨基葡萄糖+双醋瑞因　　E. 青霉素+阿奇霉素

(2268~2269 题共用题干)男,38 岁。右膝关节、右踝关节持续性肿痛 2 个月。既往腰痛 14 年,伴晨

僵,活动后改善。查体:右膝及右踝关节肿胀,有压痛,右膝关节积液,枕墙距2cm,双侧"4"字试验(+)。实验室检查:血常规 WBC13.2×10^9/L,Plt383×10^9/L。ESR78mm/h,RF(-),HLA-B27(+)。

2268. 最可能的诊断是
A. 风湿性关节炎　B. 化脓性关节炎　C. 骨关节炎
D. 类风湿关节炎　E. 强直性脊柱炎

2269. 首选的治疗药物是
A. 青霉胺　B. 硫酸氨基葡萄糖　C. 柳氮磺吡啶
D. 秋水仙碱　E. 羟基氯喹

2270. 改善外周型强直性脊柱炎患者病情最常用的药物是
A. 阿司匹林　B. 柳氮磺吡啶　C. 甲氨蝶呤
D. 糖皮质激素　E. 抗肿瘤坏死因子拮抗剂

六、痛风(执业医师及助理医师均需掌握)

2271. 男,72岁。发作性关节肿痛2年。查体:左膝关节红肿,压痛,浮髌试验阳性。实验室检查:血沉45mm/h,血尿酸增高。最可能的诊断是
A. 类风湿关节炎　B. 感染性关节炎　C. 银屑病关节炎
D. 反应性关节炎　E. 痛风关节炎

2272. 急性痛风关节炎的主要临床特点不包括
A. 常伴高尿酸血症　B. 秋水仙碱治疗可迅速缓解关节炎症状
C. 疼痛剧烈,初次发作常呈自限性　D. 单侧第一掌指关节肿痛最为常见
E. 在偏振光显微镜下,关节液内发现呈双折光的针形尿酸盐结晶

2273. 男,32岁。多次于饮酒后关节红肿疼痛发作,累及的关节包括第一跖趾关节、踝或膝关节。该患者最可能出现的检查结果是
A. 血尿酸水平升高　B. X线片示骶髂关节炎　C. 血 HLA-B27(+)
D. 尿渗透压降低　E. 关节腔穿刺液呈脓性

2274. 男,50岁。吃海鲜后夜间突发左足第一跖趾关节剧烈疼痛1天。查体:关节局部红肿,压痛明显。既往无类似发作。化验:血尿酸602μmol/L。目前最主要的治疗药物是
A. 苯溴马隆　B. 别嘌醇　C. 抗生素
D. 非甾体抗炎药　E. 甲氨蝶呤

2275. 男,50岁。反复发作第一跖趾关节红肿热痛2年。常于饮酒后出现,每次持续1周左右。既往:双肾结石3年,高脂血症5年。实验室检查:血尿酸630μmol/L,血肌酐96μmol/L。不宜使用的药物是
A. 布洛芬　B. 苯溴马隆　C. 糖皮质激素
D. 别嘌醇　E. 秋水仙碱

第37章　中毒与中暑

(执业医师及助理医师均需掌握)

2276. 中毒后临床表现为双侧瞳孔散大的毒物是
A. 阿托品　B. 有机磷杀虫药　C. 吗啡
D. 氯丙嗪　E. 阿片类药物

2277. 治疗口服中毒时最常用的吸附剂是
A. 树脂　B. 食用油　C. 牛奶

D. 活性炭　　E. 鸡蛋清

2278. 氰化物中毒时,患者的呼吸气味可呈
A. 烂苹果味　　B. 蒜臭味　　C. 腥臭味
D. 酒味　　E. 苦杏仁味

2279. 下列关于中毒诊治过程的描述,错误的是
A. 了解既往史,药物服用史　　B. 待毒物标本检验结果回报后治疗
C. 进行系统的体格检查　　D. 了解工作环境,毒物接触史　　E. 留取可能含毒物的相关标本

2280. 抢救经呼吸道吸入的急性中毒,首先采取的措施是
A. 清除尚未吸收的毒物　　B. 排出已吸收的毒物　　C. 使用解毒剂
D. 对症治疗　　E. 立即脱离现场及急救

2281. 关于急性中毒的治疗原则,不正确的是
A. 立即终止接触毒物
B. 酸性毒物污染皮肤、黏膜后应用碱性液体冲洗、中和
C. 根据患者不同情况进行对症治疗
D. 及早使用特效解毒剂和拮抗剂
E. 迅速清除进入体内已经被吸收或尚未被吸收的毒物

2282. 女性,26岁。服农药约20ml后,咳嗽,出汗多,继之先咳白色泡沫痰,后呈粉红色,抽搐,呼之不应。体检:呼吸26次/分,血压110/80mmHg,两侧瞳孔似针尖大,两肺布满啰音,心率80次/分,律整。衣服上有呕吐物,大蒜样气味。应立即给予
A. 洗胃　　B. 吸入经乙醇湿化的高浓度氧气　　C. 毛花苷丙静脉注射
D. 静脉注射阿托品　　E. 氨茶碱静脉注射

2283. 下列物品中毒抢救时,禁忌洗胃的是
A. 有机磷农药　　B. 浓硫酸　　C. 杀鼠剂
D. 安眠药　　E. 阿托品

2284. 女,40岁。1小时前服敌百虫200ml。查体:躁动,瞳孔缩小,四肢强直,肺部可闻及湿啰音。下列处理措施不恰当的是
A. 药物导泻　　B. 清洗呕吐物污染的皮肤　　C. 静脉应用阿托品
D. 应用解磷定　　E. 2%碳酸氢钠溶液洗胃

2285. 患者误服强碱性溶液后,不能用来口服治疗的是
A. 牛奶　　B. 蛋清　　C. 冷生理盐水
D. 弱酸性液体　　E. 弱碱性液体

A. 1∶5000高锰酸钾　　B. 2%碳酸氢钠　　C. 0.3% H_2O_2
D. 0.3%氧化镁　　E. 5%硫酸钠

2286. 有机磷(对硫磷)农药中毒的洗胃液
2287. 镇静药物中毒的洗胃液是

A. 生物毒类中毒　　B. 乙二醇中毒　　C. 氯酸盐中毒
D. 导眠能中毒　　E. 短效巴比妥类中毒

2288. 血液透析治疗急性中毒的首选治疗指征是
2289. 最适于血浆置换治疗的中毒是

A. 依地酸钙钠　　B. 亚甲蓝　　C. 二巯基丁二钠
D. 氟马西尼　　E. 纳洛酮

2290. 阿片类麻醉药的解毒药是

2291. 亚硝酸盐中毒的解毒药是

2292. 有机磷农药生产或使用过程中,导致人体中毒的主要途径是
A. 消化道　B. 皮肤　C. 黏膜
D. 呼吸道　E. 消化道和黏膜

2293. 有机磷农药中毒的临床表现中属于毒蕈碱样作用的是
A. 心动过速　B. 支气管平滑肌痉挛　C. 肌肉震颤
D. 昏迷,酣睡　E. 肌无力

2294. 属于有机磷杀虫药中毒的毒蕈碱样症状(M 样症状)是
A. 头晕　B. 皮肤水泡　C. 瞳孔缩小
D. 昏迷　E. 肌纤维颤动

2295. 有机磷农药中毒,属于烟碱样症状的是
A. 恶心、呕吐、腹痛　B. 多汗、流涎、流泪、流涕　C. 咳嗽、气促、肺水肿
D. 心跳缓慢和瞳孔缩小　E. 肌纤维颤动,肌肉强直性痉挛

2296. 女,21 岁。1 小时前被人发现昏迷,身边有空瓶,瓶内有刺激性气味。查体:P60 次/分,全身大汗,呼吸有蒜臭味,瞳孔针尖大小,两肺满布湿啰音。最可能的诊断是
A. 糖尿病酮症酸中毒　B. 镇静催眠药中毒　C. 有机磷杀虫药中毒
D. 乙醇中毒　E. 一氧化碳中毒

2297. 有机磷农药中毒最常见的死亡原因是
A. 急性心力衰竭　B. 中间型综合征　C. 呼吸衰竭
D. 心律失常　E. 休克

2298. 女,29 岁。病史不清,被人发现昏迷,身边有敌敌畏空瓶。查体:T36.2℃,P56 次/分,R29 次/分,BP110/85mmHg。昏迷,瞳孔缩小,口腔较多分泌物,皮肤湿冷,两肺闻及广泛湿啰音。胆碱酯酶活性 55%。该患者在院内治疗第 2 天不可能出现的并发症是
A. 呼吸衰竭　B. 心律失常　C. 肺水肿
D. 迟发型多发性神经病　E. 休克

2299. 中间型综合征常发生在有机磷中毒后
A. 4~12 小时　B. 24~96 小时　C. 7~9 天
D. 12~24 天　E. 30~60 天

2300. 女,35 岁。因误服有机磷农药半小时,意识障碍逐渐加重入院。经洗胃、导泻,应用阿托品、氯解磷定,对症支持等治疗后意识恢复,症状好转。3 天后患者突然出现视物模糊、面瘫、呼吸困难,并再次出现意识障碍,大小便失禁。查体:T36.7℃,P65 次/分,R15 次/分,BP135/75mmHg,肌力 3 级。SpO_2 93%,目前出现的情况最可能的原因是
A. 有机磷中毒加重　B. 急性有机磷中毒迟发型脑病　C. 中间型综合征
D. 急性脑卒中　E. 急性有机磷中毒迟发性多发性神经病变

2301. 男性,32 岁。因口服敌敌畏重度中毒 1 小时入院,经阿托品、氯解磷定等各项治疗 3 天后神志清醒,中毒症状缓解,体征消失,再用阿托品口服维持 6 天后,查全血胆碱酯酶活力仍处于 80%左右,究其原因,最可能是
A. 高毒类毒物中毒　B. 胃、肠、胆管内仍有残毒在吸收
C. 用解毒药剂量不足　D. 肝脏解毒功能差　E. 红细胞再生尚不足

2302. 胆碱酯酶复能药的药理作用中不包括

A. 提高全血胆碱酯酶活性
B. 恢复被抑制的胆碱酯酶活性
C. 恢复已经老化的胆碱酯酶活性
D. 减轻烟碱样症状
E. 与磷酰化胆碱酯酶中的磷形成结合物

2303. 女性,22岁。口服不详农药60ml后,呕吐,流涎,走路不稳,视物模糊,呼吸困难,口中有大蒜样气味。最重要的实验室检查是
A. 血液胆碱酯酶活力
B. 血电解质
C. 尿中磷分解产物检测
D. 肝、肾功能检查
E. 血气分析

2304. 下列符合中度有机磷中毒时的胆碱酯酶活力是
A. 35%
B. 25%
C. 15%
D. 10%
E. 5%

2305. 男,30岁。服毒自杀,被发现后急送医院。查体:昏迷状态,呼吸急促,皮肤湿冷,双侧瞳孔如针尖大小。使用阿托品治疗后,提示治疗效果不满意的指标是
A. 颜面潮红
B. 口干、皮肤干燥
C. 心率加快
D. 瞳孔大小无变化
E. 肺部啰音减少

2306. 女,35岁。与家人吵架后服敌百虫100ml,30分钟后被急送医院。查体:昏迷状态,呼吸困难,皮肤湿冷,双瞳孔如针尖大小。正确的紧急处理是
A. 气管插管气道保护后硫酸铜溶液洗胃+导泻
B. 直接应用大量生理盐水洗胃+导泻
C. 直接应用硫酸铜溶液洗胃+导泻
D. 气管插管气道保护后2%碳酸氢钠溶液洗胃
E. 气管插管气道保护后应用大量温水洗胃+导泻

2307. 阿托品对有机磷中毒的哪种症状无效?
A. 瞳孔缩小
B. 流涎
C. 流汗
D. 腹痛腹泻
E. 骨骼肌震颤

2308. 女,30岁,4小时前口服敌百虫。查体:躁动,瞳孔缩小,肺部湿啰音。错误的处置是
A. 应用阿托品
B. 应用解磷定
C. 吸氧
D. 应用抗生素
E. 地西泮肌内注射

2309. 治疗急性有机磷中毒致肺水肿的主要药物是
A. 西地兰
B. 阿托品
C. 解磷定
D. 安定(地西泮)
E. 地塞米松

A. 阿托品
B. 解磷定
C. 美解眠
D. 尼可刹米
E. 甘露醇

2310. 解除有机磷中毒时烟碱样毒性作用,首选
2311. 解除有机磷中毒时毒蕈碱样毒性作用,首选

2312. CO中毒的发病机制为
A. 还原血红蛋白增多
B. 抑制呼吸中枢
C. 形成COHb
D. 心肌受损
E. 抑制胆碱酯酶

2313. 一氧化碳中毒时,最容易损害的器官或组织是
A. 眼睛
B. 外周神经
C. 肝
D. 肾
E. 脑

2314. 不属于急性一氧化碳中度中毒的临床表现是
A. 口唇呈樱桃红色
B. 运动失调
C. 视物模糊
D. 肺水肿
E. 判断力降低

2315. 北方农村某农户，冬季采用炉灶取暖，家中老年人晨起后感到胸闷，呼吸困难，皮肤黏膜呈樱桃红色。引起这些症状的污染物最可能是

A. 二氧化氮　　B. 甲醛　　C. 一氧化碳
D. 二氧化碳　　E. 二氧化硫

2316. 重度 CO 中毒时，血 COHb 浓度至少应达到

A. 10%　　B. 20%　　C. 30%
D. 40%　　E. 60%

2317. 女，36 岁。因急性一氧化碳中毒入院，治疗 1 周后症状消失出院。2 个月后突然出现意识障碍。既往无高血压及脑血管病史。最可能的诊断是

A. 脑出血　　B. 脑梗死　　C. 肝性脑病
D. 中毒迟发脑病　　E. 中间型综合征

2318. 男，50 岁。因急性中度一氧化碳中毒、意识障碍入院治疗，经吸氧、支持及对症治疗后，患者意识恢复，好转出院。2 周后患者突然出现失语、不能站立、偏瘫、大小便失禁。查体：T36.5℃，P85 次/分，R16 次/分，BP125/70mmHg，双侧病理反射阳性。首先需要考虑的诊断是

A. 中枢神经系统感染　　B. 急性脑梗死　　C. 急性脑出血
D. 药物中毒　　E. 急性一氧化碳中毒迟发脑病

2319. 一氧化碳中毒有确诊价值的是

A. 血氧饱和度下降　　B. 皮肤黏膜樱桃红色　　C. 呼吸困难
D. 血氧血红蛋白浓度降低　　E. 血碳氧血红蛋白浓度升高

2320. 女，56 岁。冬天煤炉取暖过夜。清晨被家人发现昏迷不醒急送医院。查体：口唇樱桃红色。对诊断最有帮助的检查是

A. 血胆碱酯酶活力　　B. 血气分析　　C. 血糖测定
D. 血 COHb 测定　　E. 颅脑 CT

2321. 一氧化碳中毒现场急救首先采取

A. 吸氧　　B. 建立静脉通道　　C. 就地心肺复苏
D. 清洗皮肤　　E. 撤离现场

2322. 男性，60 岁。在家中浴室洗澡，2 小时后被发现已昏迷，呼吸不规则，有间歇性暂停，室内烧煤炉取暖，门窗紧闭。现场急救的首要措施是立即

A. 吸入高浓度氧　　B. 使呼吸道通畅　　C. 口对口人工呼吸
D. 撤离现场　　E. 给予呼吸兴奋剂

2323. 重症一氧化碳中毒患者的最有效治疗措施是

A. 鼻导管间断低流量吸氧　　B. 高压氧舱治疗　　C. 吸入纯氧
D. 鼻导管持续低流量吸氧　　E. 面罩吸氧

2324. 女性，62 岁。冬季房屋内煤火取暖，次日晨被发现昏迷。查体：呼吸 20 次/分，心率 97 次/分，昏迷，口唇呈樱桃红色。最适宜的治疗是

A. 静脉用抗生素　　B. 静脉用呼吸兴奋剂　　C. 静脉用甘露醇
D. 高压氧舱治疗　　E. 机械通气

2325. 救治急性一氧化碳中毒时最主要的措施是

A. 立即终止一氧化碳吸入并开始氧疗　　B. 静脉补液，注射甘露醇、葡萄糖、速尿
C. 给予呼吸兴奋剂　　D. 给予神经细胞营养剂
E. 应用洋地黄

2326. 男，25 岁。早晨被发现意识不清仰面倒在床上，床旁有呕吐物，房间内用煤炉取暖。急送医院。查

体:T36.5℃,P65 次/分,R25 次/分,BP95/65mmHg。昏迷状态,呼吸困难,面色潮红,口唇呈轻度发绀,双瞳孔等圆等大,两肺可闻及湿啰音,以右侧为著,SpO_2 85%。目前应立即采取的处理措施是

A. 立即高压氧舱治疗　B. 无创通气　C. 吸氧、应用糖皮质激素
D. 高浓度吸氧、强心利尿　E. 气管插管、清理气道、机械通气

2327. 中暑的病因不包括

A. 汗腺功能障碍　B. 散热障碍　C. 饮水过多
D. 人体产热增加　E. 环境温度过高

2328. 男,19 岁。在烈日下打篮球 1 小时,大汗后出现头痛、头晕、胸痛、心悸,恶心,并有腹肌疼痛。T38.3℃,P108 次/分,BP90/60mmHg,神志清楚,面色潮红,双肺未闻及干、湿啰音,心律齐。最可能的诊断是

A. 热痉挛　B. 热衰竭　C. 热射病
D. 低血糖　E. 脱水

2329. 患者,男,48 岁,建筑工人。下午 3 时于露天工作中发现大汗、头痛、腹痛、呕吐、抽搐,无尿便失禁、流涎、吐白沫。当日天气闷热,气温 38℃。既往体健。查体:体温 40℃,心率 126 次/分,血压 140/80mmHg,浅昏迷,多汗,唇无发绀,双侧瞳孔等大等圆,对光反射灵敏,直径约 3mm,双肺未闻及干湿啰音,四肢无活动障碍,急诊头颅 CT 未见异常。最可能的诊断为

A. 热衰竭　B. 热射病　C. 热痉挛
D. 癫痫发作　E. 蛛网膜下腔出血

2330. 男,26 岁。在气温 34℃时,负重跑步 5 公里后突发意识不清伴痉挛、抽搐 2 小时。查体:T41.5℃,P166 次/分,R28 次/分,BP100/42mmHg,瞳孔等大等圆,心尖部第一心音低钝,四肢肌张力高。最关键的治疗措施是

A. 氧疗　B. 甘露醇　C. 应用抗癫痫药物
D. 应用镇静药　E. 降温治疗

2331. 代谢综合征的临床特征主要包括(超纲题,2015 年执业医师考题)

A. 高血糖、高血压、色素沉着和电解质紊乱　B. 高尿酸血症、痛风关节炎、肾结石和肾功能不全
C. 肥胖、高血糖、血脂异常和高血压　D. 高血压、左心室增大、心功能不全和心律失常
E. 血脂异常、低蛋白血症、蛋白尿和水肿

第十五篇　传染病学与皮肤性病学

第1章　传染病学总论

（执业医师及助理医师均需掌握）

1. 在大多数传染病的感染过程中最常见的是
   A. 病原体被清除　B. 隐性感染　C. 显性感染
   D. 病原携带状态　E. 潜伏性感染
2. 描述传染病流行病学特征，不正确的是
   A. 暴发　B. 流行　C. 隐性感染
   D. 散发　E. 大流行
3. 病原体侵入人体后，临床上不显示任何症状、体征，但可产生特异性免疫，被称为
   A. 潜伏性感染　B. 病原体被清除　C. 隐性感染
   D. 显性感染　E. 病原携带状态
4. 在感染过程的5种结局中最不常见的表现是
   A. 病原体被清除　B. 隐性感染　C. 显性感染
   D. 病原携带状态　E. 潜伏性感染

   A. 消毒、杀虫　B. 预防接种　C. 药物预防
   D. 个人防护　E. 隔离、留验、医学观察
5. 属于针对传播途径的措施是
6. 属于针对传染源的措施是

7. 目前法定传染病的病原体中不包括的是
   A. 立克次体　B. 细菌　C. 原虫
   D. 弓形虫　E. 病毒
8. 关于感染过程中潜伏性感染特点的叙述，正确的是
   A. 迅速引起显性感染　B. 一旦免疫功能下降可引起显性感染
   C. 病原体不断排出体外　D. 病原体侵入人体后，潜伏在各个部位
   E. 每种感染性疾病均有潜伏性感染
9. 下列因素与传染病的病原体变异无关的是
   A. 抗生素的大量应用　B. 机体免疫力　C. 抗病毒药物的使用
   D. 病原体数量　E. 宿主的遗传因素
10. 参与传染病感染过程中的特异性免疫反应的是
    A. 补体　B. 细胞免疫　C. 溶菌酶
    D. 肿瘤坏死因子-α　E. 单核-巨噬细胞系统的吞噬作用
11. 可经过肠道传播的传染病是
    A. 丁型肝炎　B. 血吸虫病　C. 伤寒

D. 斑疹伤寒　E. 钩端螺旋体病

12. 构成传染病流行过程的三个基本条件是
A. 微生物、宿主、媒介　B. 传染源、传播途径、易感人群　C. 病原体、环境、宿主
D. 病原体数量、致病力、定位　E. 病原体、人体、他们所处的环境

13. 传染病的基本特征不包括
A. 感染后免疫　B. 病原体　C. 流行病学特征
D. 传染性　E. 遗传性

14. 传染病的病原学检查方法不包括
A. 病毒分离　B. 细菌培养　C. 病原体核酸检测
D. 特异性抗原检测　E. 粪便涂片革兰染色

15. 根据《传染病防治法》规定,需按照甲类传染病采取预防控制措施的乙类传染病是
A. 疟疾　B. 肺炭疽　C. 登革热
D. 梅毒　E. 肺结核

16. 病原体的侵袭力是指
A. 病原体的繁殖力　B. 病原体产生毒素的能力　C. 病原体的数量
D. 病原体的毒力　E. 病原体侵入机体并在机体内生长、繁殖的能力

17. 某县医院收治了数名高热伴头痛、鼻塞、流涕、全身酸痛等症状的患者,后被确诊为H7N9流感。为了防止疾病传播,该医院严格按照有关规定立即对患者予以隔离和治疗,同时在规定的时限内向当地计生行政部门进行了报告。该规定时限是
A. 3小时　B. 5小时　C. 4小时
D. 1小时　E. 2小时

18. 对传染病病人的隔离是指将处在某个时间段的患者,置于不传染人群的环境下,该时间段是指
A. 潜伏期内　B. 传染期内　C. 恢复期内
D. 前驱期内　E. 临床期内

第2章　病毒性肝炎与肾综合征出血热

(执业医师及助理医师均需掌握)

19. 具有逆转录过程的病毒是
A. 巨细胞病毒　B. 乙型肝炎病毒　C. 人乳头瘤病毒
D. 腺病毒　E. EB病毒

20. 属于DNA病毒的肝炎病毒是
A. HBV　B. HEV　C. HDV
D. HCV　E. HAV

21. 儿童感染戊肝病毒后,常表现为
A. 显性感染　B. 潜伏性感染　C. 隐性感染
D. 病毒携带者　E. 病毒清除

22. 病情恢复后不发生病原携带状态的传染病是
A. 乙型肝炎　B. 甲型肝炎　C. 细菌性痢疾
D. 丙型肝炎　E. 伤寒

23. 甲型肝炎病毒的主要传播途径是

A. 母婴传播　　B. 粪-口传播　　C. 性传播
D. 空气传播　　E. 接触传播

A. 输血、注射　　B. 消化道传播　　C. 生活接触
D. 呼吸道传播　　E. 性接触

24. 戊型肝炎的主要传播途径是
25. 丙型肝炎的主要传播途径是

A. 抗 HBs　　B. 抗 HBc IgM　　C. 抗 HBc IgG
D. 抗 Hbe　　E. HBV DNA

26. 乙型肝炎的保护性抗体是
27. 提示体内乙型肝炎病毒处于复制状态的标志是
28. 甲型肝炎病程中,传染性最强的阶段是

A. 潜伏期　　B. 黄疸前期　　C. 黄疸期
D. 恢复期　　E. 慢性期

29. 男,40 岁。恶心、呕吐、尿色变深 2 天。既往无肝炎病史。查体:巩膜黄染,肝肋下 2cm。实验室检查:ALT800U/L,TBil60μmol/L,抗 HAV IgM(-),HBsAg(+),抗 HBs(-),抗 HBc IgM(+)。该患者最可能的诊断是

A. 急性甲型肝炎　　B. 急性乙型肝炎　　C. 乙型肝炎恢复期
D. 甲型肝炎恢复期　　E. 急性肝炎,HBsAg 携带者

30. 男,46 岁。9 年前体检时发现 HBsAg 阳性,ALT 正常,之后未定期复查。近 4 年 ALT 反复升高,未予抗病毒治疗。3 周前过劳后出现食欲下降,尿黄,明显乏力,牙龈出血。经治疗上述症状无缓解,且出现腹胀、尿量减少。近 3 天睡眠颠倒,有时语无伦次。查体:注射部位有瘀斑,腹部移动性浊音阳性,扑翼样震颤阳性。实验室检查:血 ALT176U/L,TBil432μmol/L,凝血酶原活动度 30%。应诊断为

A. 慢性重型乙型肝炎　　B. 亚急性重型乙型肝炎　　C. 慢性乙型肝炎急性发作
D. 慢性乙型肝炎,慢性重度　　E. 乙肝肝硬化,活动期,失代偿期

31. 女,35 岁。发热 10 天,体温 37.9℃,周身不适,乏力。2 天后体温恢复正常,但乏力加重,尿色变黄,伴食欲不振,腹胀。既往无肝炎病史。实验室检查:ALT1008U/L,TBil87μmol/L,HBsAg(+),HBeAg(+),抗 HBc IgM(+),抗 HAV IgG(+),抗 HAV IgM(-)。最可能的诊断是

A. 病毒性肝炎,乙型,急性黄疸型,HAV 既往感染
B. 病毒性肝炎,甲型,急性黄疸型,HBV 携带者
C. 病毒性肝炎,甲型,急性黄疸型,HBV 既往感染
D. 病毒性肝炎,甲乙型病毒混合感染,急性黄疸型
E. 病毒性肝炎,乙型,急性黄疸型,HAV 携带者

32. 女,40 岁。体检发现 HBsAg(-),抗-HBs(+),抗-HBc(+),肝功能检查正常。最可能的情况是

A. 急性 HBV 感染　　B. 感染过 HBV,已产生免疫力　　C. 感染过 HBV,已开始恢复
D. 接种过乙肝疫苗　　E. 体内有病毒复制

33. 代表乙肝病毒(HBV)复制最重要的血清指标是

A. HBsAg(+)　　B. HBeAg (+)　　C. 抗-HBc(+)
D. 抗-HBs(+)　　E. 抗-HBe(+)

34. 血清中常规检查检测不到的 HBV 标志物是

A. HBsAg　　B. HBeAg　　C. HBcAg
D. 抗-HBe　　E. 抗-HBc

35. 男孩,14岁。1周前发热,伴乏力、食欲不振,2天后体温恢复正常,仍有恶心、厌油,并出现尿黄来诊。既往体健,经常进食街边小摊食物,无输血、服用损肝药物史。查体:神志清楚,皮肤、巩膜黄染,肝肋下1cm,有触痛。实验室检查:ALT1200U/L,血清TBil89μmol/L。在病毒学检查结果未回报之前,最可能的诊断是

A. 甲型肝炎　B. 乙型肝炎　C. 丙型肝炎
D. 丁型肝炎　E. 戊型肝炎

36. 男,32岁。恶心、呕吐、腹胀、乏力4天,发热、胡言乱语1天,既往无肝病史。查体:巩膜明显黄染,肝浊音界缩小,扑翼样震颤阳性。实验室检查:血ALT130U/L,TBil240μmol/L。该患者的肝可能发生的主要病理改变是

A. 肝淤血性改变　B. 假小叶形成　C. 肝细胞气球样变
D. 肝细胞广泛坏死　E. 肝细胞碎屑样坏死

37. 女,22岁。乏力、纳差、尿黄10天。近1个月经常在外进餐。既往无肝炎病史,无服用损肝药物史,查体:神志清楚,巩膜轻度黄染,肝掌(-)。腹软,肝区叩痛(+),肝脾肋下未触及。实验室检查:ALT2300U/L,AST410U/L,TBil60μmol/L,DBil40μmol/L。最可能的诊断是

A. 自身免疫性肝炎　B. 急性病毒性肝炎　C. 脂肪肝
D. 慢性肝炎急性发作　E. 药物性肝炎

38. 我国乙型肝炎的最主要传播途径是

A. 输血　B. 呼吸道飞沫　C. 共用注射器
D. 性传播　E. 母婴传播

39. 慢性乙型肝炎最重要的治疗药物是

A. 胸腺肽　B. 恩替卡韦　C. 甘草酸二铵
D. 利巴韦林　E. 扶正化瘀胶囊

(40~42题共用题干)男,45岁。乏力、纳差、眼黄、尿黄6天入院。病前2个月外出旅游20多天,多在餐馆进餐及进食生冷食物。实验室检查:ALT860U/L,AST620U/L,TBil260μmol/L,DBil160μmol/L,PTA85%。

40. 为明确诊断,应追问的病史不包括

A. 服用损肝药物史　B. 既往肝炎病史　C. 宠物接触史
D. 饮酒史　E. 输血史

41. 如查体发现患者有肝掌,脾大。化验抗-HAV IgM、抗-HCV IgM、抗-HEV IgM均(-),HBsAg、HBeAg及抗-HBc(+),HBV DNA5.1×10^6copies/ml。应诊断为

A. HBsAg携带者　B. 急性乙型肝炎　C. HBV携带者
D. 慢性乙型肝炎　E. 肝衰竭乙型

42. 最重要的治疗是

A. 保肝治疗　B. 对症治疗　C. 中药治疗
D. 抗肝纤维化治疗　E. 抗HBV治疗

(43~44题共用题干)男,45岁。近3个月自觉轻度乏力。母亲HBsAg(+)。实验室检查:血ALT 420U/L,TBil64μmol/L,PTA88%,HBsAg(+),HBeAg(+),抗-HBc(+),HBV DNA4.5×10^5copies/ml。

43. 首选的药物治疗是

A. 护肝片　B. 茵栀黄口服液　C. 恩替卡韦
D. 干扰素　E. 甘草酸二胺

44. 化验结果正常后的随访间隔时间最好是

A. 15 天　　B. 30 天　　C. 60 天
D. 90 天　　E. 180 天

45. 某护士在给乙型肝炎病毒(HBV)携带者注射时,不慎被患者用过的针头刺伤手指。为预防乙型肝炎病毒感染,应首先采取的措施是
A. 注射抗生素　　B. 注射丙种球蛋白　　C. 注射乙型肝炎疫苗
D. 注射 HBIG　　E. 注射干扰素 α

46. 我国肾综合征出血热的主要传染源是
A. 鼠类　　B. 患者　　C. 病毒携带者
D. 猪　　E. 犬

47. 流行性出血热早期休克的原因是
A. 变态反应性　　B. 失血浆性　　C. 出血性
D. 感染性　　E. 心源性

48. 肾综合征出血热“三痛征、三红征”发生于
A. 发热期　　B. 低血压休克期　　C. 少尿期
D. 多尿期　　E. 恢复期

49. 肾综合征出血热的临床分期不包括
A. 少尿期　　B. 多尿期　　C. 发热期
D. 肾衰期　　E. 低血压休克期

50. 男,40 岁,农民。因发热伴全身不适、头痛 4 天,少尿半天,于 1 月 10 日来诊。家中卫生条件差,有鼠。查体:T39.5℃,P120 次/分,BP80/50mmHg,神志清楚,腋下皮肤散在出血点,面颈部充血,眼睑水肿,颈无抵抗,Kernig 征(-)。实验室检查:血 WBC21×10^9/L,N0.7,异型淋巴细胞 0.15,Hb160g/L,尿 Pro(+++),镜检有红细胞及管型。最可能的诊断是
A. 流行性脑脊髓炎　　B. 钩端螺旋体病　　C. 流行性感冒
D. 败血症　　E. 肾综合征出血热

51. 男,35 岁,农民。发热 5 天,尿少 1 天。查体:体温 37.5℃,面部潮红,结膜充血水肿,腋下可见数个出血点。实验室检查:血 WBC19×10^9/L,有异型淋巴细胞,尿蛋白(+++)。最可能的诊断是
A. 肾综合征出血热　　B. 地方性斑疹伤寒　　C. 钩端螺旋体病
D. 败血症　　E. 急性肾盂肾炎

(52~55 题共用题干)男,45 岁。发热 3 天,少尿 1 天,于 12 月 15 日入院。查体:BP60/30mmHg,神志清,球结膜充血、水肿,双腋下有出血点。实验室检查:血 WBC25×10^9/L,Plt50×10^9/L,尿蛋白(+++)。

52. 最可能的诊断是
A. 立克次体病　　B. 急性肾小球肾炎　　C. 肾综合征出血热
D. 流行性感冒　　E. 钩端螺旋体病

53. 为明确诊断应进行的检查是
A. 肥达-外斐反应　　B. 钩端螺旋体显微凝集试验　　C. 尿培养
D. 咽拭子培养　　E. 血清病原体特异性抗体检测

54. 病原治疗首选药物是
A. 四环素　　B. 环丙沙星　　C. 利巴韦林
D. 金刚烷胺　　E. 青霉素

55. 不必要的处理是
A. 应用糖皮质激素　　B. 纠正酸中毒　　C. 应用抗病毒药

D. 快速补充血容量　　E. 静脉滴注青霉素

56. 肾综合征出血热最关键的预防措施是
A. 防鼠灭鼠　　B. 灭螨　　C. 伤口处理
D. 做好食品卫生工作　　E. 使用汉坦病毒灭活疫苗

第3章　流行性乙型脑炎与艾滋病

（执业医师及助理医师均需掌握）

A. 患者　　B. 猪　　C. 犬
D. 羊　　E. 啮齿动物
57. 肾综合征出血热的传染源是
58. 流行性乙型脑炎的传染源是
A. 人虱　　B. 鼠蚤　　C. 羌螨
D. 蜱　　E. 蚊
59. 流行性乙型脑炎的传播媒介是
60. 地方性斑疹伤寒的传播媒介是
61. 流行性斑疹伤寒的传播媒介是
A. 灭虱　　B. 灭鼠　　C. 灭蜱
D. 灭蚤　　E. 灭蚊
62. 流行性乙型脑炎的防疫措施是
63. 肾综合征出血热的防疫措施是

64. 流行性乙型脑炎的传播途径是
A. 性接触传播　　B. 眼结膜接触传播　　C. 呼吸道传播
D. 虫媒传播　　E. 消化道传播
65. 流行性乙型脑炎极期的临床表现不包括
A. 呼吸衰竭　　B. 惊厥或抽搐　　C. 持续高热
D. 意识障碍　　E. 肾衰竭
66. 下列病毒性疾病中，血白细胞总数及中性粒细胞比例升高的是
A. 病毒性肝炎　　B. 麻疹　　C. 艾滋病
D. 流行性腮腺炎　　E. 流行性乙型脑炎
67. 男，14岁。因发热伴剧烈头痛、频繁呕吐、抽搐2天，于8月10日来诊。家中住平房，蚊子多，周围有类似患者。查体：T39.8℃，P120次/分，BP150/90mmHg。神志不清，皮肤无皮疹，瞳孔等大等圆，对光反射存在，颈无抵抗，Kernig征及Babinski征(+)。实验室检查：血WBC15×10^9/L，N0.75。CSF检查：压力230mmH_2O，外观清亮，有核细胞数200×10^6/L，单核细胞0.9，蛋白轻度升高，糖、氯化物正常。最可能的诊断是
A. 流行性乙型脑炎　　B. 流行性脑脊髓膜炎　　C. 钩端螺旋体病
D. 结核性脑膜炎　　E. 肾综合征出血热

(68~70题共用题干)男，32岁。发热、头痛伴呕吐2天，意识障碍半天，于8月20日来诊。查体：T39.6℃，P130次/分，R23次/分，BP125/70mmHg，浅昏迷，皮肤未见瘀点，颈抵抗(+)，Kernig征(+)，Babinski征(+)。实验室检查：血WBC16.0×10^9/L，N0.73，L0.27。

68. 最可能的诊断是
A. 流行性乙型脑炎 B. 流行性脑脊髓膜炎 C. 结核性脑膜炎
D. 病毒性脑炎 E. 新型隐球菌脑膜炎
69. 对明确诊断最有价值的检查是
A. 头颅 CT B. 血培养 C. 血清特异性 IgM
D. 隐球菌抗原 E. 脑脊液培养
70. 目前迫切需要采取的措施是
A. 静脉高营养 B. 物理降温 C. 静脉点滴抗生素
D. 快速镇静 E. 快速静脉点滴甘露醇

(71~72 题共用题干)患儿,5 岁,8 月 10 日开始发热,头痛,恶心呕吐 1 次,次日稀便 3 次,精神不振,抽搐 1 次。体检:急性热病容,嗜睡状,颈强(+),克尼格征(++)。WBC15.2×10^9/L,脑脊液为无色透明,白细胞 100×10^6/L,中性 80%。
71. 该患儿哪种诊断的可能性最大?
A. 中毒性细菌性痢疾 B. 流行性脑脊髓膜炎 C. 结核性脑膜炎
D. 流行性乙型脑炎 E. 化脓性脑膜炎
72. 该患儿住院 2 天后,高热不退,反复抽搐,意识不清,呼吸节律不整,此时最重要的抢救措施是立即应用
A. 脱水剂 B. 呼吸兴奋剂 C. 地塞米松
D. 退热剂 E. 镇静剂

73. 艾滋病的病原体是
A. 沙眼衣原体 B. 疱疹病毒 C. 人免疫缺陷病毒
D. 苍白密螺旋体 E. 巨细胞病毒
74. 可通过母婴传播的传染病是
A. 甲型病毒性肝炎 B. 艾滋病 C. 流行性乙型脑炎
D. 疟疾 E. 狂犬病
75. HIV 感染导致大量减少的细胞是
A. $CD8^+$T 细胞 B. $CD4^+$T 细胞 C. 单核细胞
D. NK 细胞 E. 粒细胞
76. HIV 的感染途径不包括
A. 输血制品 B. 呼吸道传播 C. 母婴传播
D. 不洁注射 E. 性接触传播
77. 艾滋病患者肺部机会性感染最常见的病原体是
A. 白色念珠菌 B. 结核分枝杆菌 C. 疱疹病毒
D. 巨细胞病毒 E. 肺孢子虫
78. 艾滋病的诊断标准不包括
A. 抗 HIV 抗体阳性 B. $CD8^+$细胞显著减少 C. 肺孢子虫肺炎
D. Kaposi 肉瘤 E. 中青年出现痴呆
79. 男,32 岁。腹泻 3 个月,大便每日 7~10 次,稀便,无脓血黏液,伴乏力,体重减轻 5kg。患者 7 年前曾到东南亚某国打工 3 年。查体:慢性病容,肛门周围有疱疹,疱疹内容物镜检偶见白细胞。最可能的诊断是
A. 艾滋病 B. 结肠癌 C. 溃疡性结肠炎
D. 慢性细菌性痢疾 E. 慢性肠炎
80. 男,45 岁。发热、腹泻 2 个月,咳嗽 4 天。T37.6~38.8℃,腹泻 4~6 次/天,水样便,体重下降 5kg。有

静脉药瘾史。实验室检查：血 $CD4^+T$ 淋巴细胞减少。最可能的诊断是

A. 慢性细菌性痢疾　　B. 艾滋病　　C. 肺结核
D. 细菌性肺炎　　E. 溃疡性结肠炎

81. 属于抗 HIV 非核苷类反转录酶抑制剂的药物是

A. 奈韦拉平　　B. 齐多夫定　　C. 拉米夫定
D. 司他夫定　　E. 利托那韦

第 4 章　伤寒与霍乱

（执业医师需掌握）

82. 伤寒杆菌的主要致病因素是

A. 内毒素　　B. 外毒素　　C. 内毒素+外毒素
D. 神经毒素　　E. 菌体成分

83. 关于伤寒病原学的叙述，不正确的是

A. 革兰染色阴性　　B. Vi 抗体有助于诊断　　C. 属于沙门菌属的 D 组
D. 其内毒素是致病的重要因素　　E. 本菌有 O、H 和 Vi 抗原

84. 伤寒患者最具有特征性的病理改变部位是在

A. 回肠末端　　B. 升结肠　　C. 乙状结肠
D. 肝、脾　　E. 心、脑

A. 玫瑰疹　　B. 皮肤瘀点、瘀斑　　C. 淋巴结肿大
D. 关节痛　　E. 少尿

85. 流行性脑脊髓膜炎可有
86. 伤寒可有

87. 男，40 岁，农民。以高热伴食欲明显减退、呕吐 2 周入院。实验室检查：WBC3.2 $\times 10^9$/L，嗜酸性粒细胞 0。为该患者做了肥达试验，下列解释正确的是

A. H 效价不高、O 效价增高提示是非特异性回忆反应
B. O 效价不高、H 效价增高提示伤寒杆菌感染
C. H 效价不高、O 效价增高提示是预防接种的结果
D. O 和 H 效价均增高有助于伤寒的诊断
E. O 效价不高、H 效价增高提示与其他沙门菌间的交叉反应

88. 伤寒的临床特点不包括

A. 玫瑰疹　　B. 肝脾大　　C. 血白细胞升高
D. 持续发热　　E. 相对缓脉

89. 典型伤寒的临床表现不包括

A. 表情淡漠　　B. 脾大　　C. 相对缓脉
D. 持续发热　　E. 出血性皮疹

90. 一伤寒患者经治疗后体温渐降，但未降至正常，此后体温再次升高，血培养阳性。属于

A. 复发　　B. 再燃　　C. 重复感染
D. 混合感染　　E. 再感染

91. 关于伤寒，下列检查均有助于诊断，应除外

A. 血常规　　B. 血培养　　C. 肥达反应

D. 骨髓培养　　E. 血沉

92. 发热 1 周疑似伤寒的患者,此时阳性率最高的微生物学检查方法是

A. 胆汁培养　　B. 粪便培养　　C. 肥达反应
D. 血培养　　E. 尿液培养

93. 伤寒最严重的并发症是

A. 肠穿孔　　B. 心肌炎　　C. 中毒性肝炎
D. 肺炎　　E. 肠出血

94. 女,42 岁。乏力、纳差、腹胀伴发热 8 天,于 8 月 8 日来诊。开始为低热,近 3 天高热,体温波动于 39~39.8℃。查体:T39℃,P80 次/分,躯干散在少数充血性皮疹,脾肋下可及。实验室检查:血 WBC 3.6×10^9/L,N0.60,L0.40。最可能感染的病原体是

A. 立克次体　　B. 沙门菌　　C. 大肠埃希菌
D. 军团菌　　E. 布鲁菌

(95~96 题共用题干)男,38 岁。发热伴腹胀、乏力 1 周。查体:T39℃,P84 次/分,表情淡漠,胸部少许充血性皮疹,脾肋下可触及,质软。实验室检查:血 WBC3.6×10^9/L,N0.59,杆状核粒细胞 0.01,L0.40。

95. 最可能的诊断是

A. 斑疹伤寒　　B. 结核病　　C. 疟疾
D. 伤寒　　E. 布鲁菌病

96. 确诊最有价值的检查是

A. 外斐试验　　B. PPD 试验　　C. 血培养
D. 布氏杆菌凝集试验　　E. 血涂片找疟原虫

(97~98 题共用题干)男性,30 岁。发热 10 天,体温高达 39.6℃,伴头痛,无咳嗽,无呕吐、腹泻,曾按“感冒”治疗,无好转。体检:贫血貌,表情淡漠,脉搏 64 次/分,查肺未见异常,肝肋下未及,脾肋下刚触及。血白细胞计数 3.2×10^9/L,中性粒细胞 67%,淋巴细胞 33%,胸部 X 线片未见异常。

97. 最可能的诊断是

A. 系统性红斑狼疮　　B. 淋巴瘤　　C. 恶性组织细胞病
D. 伤寒　　E. 败血症

98. 对上述病例,首选治疗药物是

A. 青霉素　　B. 利福平　　C. 喹诺酮类药物
D. 头孢菌素类药物　　E. 磺胺类药物

A. 链霉素　　B. 青霉素　　C. 氯霉素
D. 环丙沙星　　E. 四环素

99. 伤寒治疗首选

100. 钩端螺旋体病治疗首选

101. 霍乱传播途径不包括

A. 粪便传播　　B. 空气传播　　C. 排泄物传播
D. 日常生活接触　　E. 苍蝇

102. 霍乱弧菌的主要致病物质是

A. 霍乱肠毒素　　B. 霍乱内毒素　　C. Zot 毒素
D. 透明质酸酶　　E. 荚膜

103. 不属于霍乱患者泻吐期临床特点的是

A. 多以无痛性腹泻开始，继以呕吐　　B. 多数腹泻伴有里急后重
C. 粪便以黄水便或清水便为多　　D. 粪便有鱼腥味，镜检无脓细胞
E. 排便每日数次至10数次或无法计数

104. 典型霍乱患者，发病后最先出现的常见症状是
A. 畏寒发热　　B. 声嘶　　C. 剧烈腹泻，继之呕吐
D. 腹部绞痛　　E. 腓肠肌痉挛

105. 霍乱的典型临床表现是
A. 发热、腹痛、果酱样便　　B. 发热、腹痛、黏液脓血便、里急后重
C. 发热、剧烈腹痛、水样便或血便　　D. 大量水样便、剧烈呕吐，无发热或明显腹痛
E. 无发热、腹痛、剧烈呕吐、少量黄水样便

106. 男，40岁，腹泻1天，约20多次，“米泔水样”便，继之呕吐数次，无明显发热及腹痛。查体：T36℃，P120次/分，BP60/40mmHg，意识模糊，重度脱水貌，腹软，无压痛，肠鸣音活跃。实验室检查：粪镜检未见白细胞，悬滴法观察粪便中细菌穿梭样运动，碱性蛋白胨水培养有细菌生长。引起本病的病原体是
A. 弯曲菌　　B. 霍乱孤菌　　C. 志贺菌
D. 大肠埃希菌　　E. 沙门菌

107. 男，28岁，船民。昨晚进食海蟹1只，晨起腹泻稀水便，10小时内排便20余次，量多，水样，无臭味，中午呕吐3~4次，初起水样，后为米泔水样。发病后无排尿，就诊时呈重度脱水征，神志淡漠，血压80/50mmHg。下列检查均有助于诊断，除了
A. 血培养　　B. 血清凝集试验　　C. 粪便悬滴镜检
D. 粪便碱性蛋白胨增菌培养　　E. 粪便涂片革兰染色镜检

108. 男，35岁。腹泻1天，于8月10日入院就诊。腹泻10余次，水样便，呕吐数次，无发热、腹痛及里急后重。两天前曾到海边旅游。查体：精神萎靡，烦躁，皮肤弹性差，肠鸣音活跃。体温36.1℃，脉搏110次/分，血压74/40mmHg。为明确诊断，需要做的检查是
A. 结肠镜　　B. 粪隐血　　C. 血生化
D. 血培养　　E. 粪动力学试验和制动试验

109. 男，41岁。腹泻1天，1天前进食海产品后出现腹泻，大便30余次，为米泔样便。查体：P110次/分，BP80/55mmHg，皮肤干皱，弹性稍差，眼窝凹陷。血常规：Hb162g/L，WBC13.7×10^9/L，N0.85，Plt142×10^9/L。该患者腹泻的发病机制是
A. 胆汁分泌减少引起胃肠功能紊乱　　B. 与致病菌引起的侵袭性病变有关
C. 主要由于脏器的实质性损害　　D. 主要由于结肠、乙状结肠肠管麻痹
E. 有关肠黏膜细胞内cAMP水平升高，过度分泌水及电解质

（110~112题共用题干）男性，30岁，农民。既往体健。7月2日来诊，腹泻2天，为水样便带少量黏液，量多，日10余次，相继呕吐数次。无发热，无腹痛。腓肠肌痉挛。体检：体温36.8℃，神志清，皮肤弹性差，脉细数，血压70/30mmHg。化验检查：粪便镜检白细胞0~2/HP，血红蛋白100g/L，血白细胞计数12×10^9/L，中性粒细胞78%，淋巴细胞12%，单核细胞10%。

110. 最可能的诊断是
A. 细菌性痢疾　　B. 急性肠炎　　C. 细菌性食物中毒
D. 霍乱　　E. 轮状病毒感染

111. 对确诊本病最有价值的检查是
A. 大便细菌培养　　B. 血细菌培养　　C. 血清学检查

D. 大便常规检查　E. 大便涂片染色

112. 本病治疗的关键环节是

A. 抗菌治疗　B. 抗病毒治疗　C. 补充液体和电解质

D. 低分子右旋糖酐扩容　E. 首选升压药,纠正低血压

第5章　细菌性痢疾与流行性脑脊髓膜炎

(执业医师及助理医师均需掌握)

113. 急性细菌性痢疾病变最显著的部位是

A. 回肠末端　B. 直肠与乙状结肠　C. 升结肠

D. 降结肠　E. 整个结肠

114. 我国细菌性痢疾主要流行菌群是

A. 宋内志贺菌　B. 痢疾志贺菌　C. 福氏志贺菌

D. 鲍氏志贺菌　E. 产志贺毒素大肠埃希菌

115. 慢性细菌性痢疾迁延型是指病情迁延不愈,病程至少超过

A. 150天　B. 60天　C. 28天

D. 14天　E. 7天

116. 男,35岁。发热、腹泻、呕吐2天。查体:T39.2℃。左下腹压痛(+),反跳痛(-),实验室检查:WBC12×10^9/L,N0.85。粪常规:WBC40个/HP,RBC2个/HP。最可能的诊断是

A. 急性阑尾炎　B. 溃疡性结肠炎　C. 霍乱

D. 急性细菌性痢疾　E. 急性肠阿米巴痢疾

117. 女,33岁。昨晚吃街边烧烤后于今晨3时突然畏寒、高热、呕吐、腹痛、腹泻,腹泻共4次,开始为稀水样便,继之便中带有黏液和脓血。在未做实验室检查的情况下,该患者可能的诊断是

A. 急性细菌性痢疾轻型　B. 急性细菌性痢疾普通型　C. 中毒性细菌性痢疾

D. 慢性细菌性痢疾急性发作　E. 慢性细菌性痢疾迁延型急性发作

118. 女,23岁。寒战、高热、腹泻5小时就诊。共腹泻4次,开始为稀水样便,继之便中带有黏液和脓血,伴下腹疼痛。实验室检查:血WBC14.2×10^9/L,粪常规WBC15~20/HP。首选的病原治疗药物是

A. 喹诺酮类　B. 大环内酯类　C. 四环素类

D. 氨基糖苷类　E. β-内酰胺类

119. 中毒性细菌性痢疾多见于

A. 2~7岁体格健壮的小儿　B. 3~6个月体格健壮的婴幼儿　C. 低出生体重儿

D. 8~10岁营养状况较差的儿童　E. 12~14岁青春期儿童

120. 抢救休克型中毒性细菌性痢疾,不恰当的措施为

A. 使用血管活性药物　B. 脱水　C. 扩容

D. 使用抗生素　E. 纠正酸中毒

121. 不属于中毒性细菌性痢疾临床特征的是

A. 起病时肠道症状可不明显　B. 迅速发生休克与呼吸衰竭　C. 均有脑膜刺激征

D. 多见于2~7岁儿童　E. 急起高热,反复惊厥

122. 男孩,5岁。突发高热4小时,惊厥2次来院。病前可疑不洁饮食史。查体:T39.5℃,BP80/50mmHg,热病容,昏睡状,心音尚有力,双肺无异常,腹部稍胀,四肢凉。实验室检查:WBC 19×10^9/L,N0.78。最可能的诊断是

A. 热性惊厥　B. 化脓性脑膜炎　C. 中毒性细菌性痢疾
D. 病毒性脑炎　E. 流行性脑脊髓膜炎

(123~124 题共用题干)男性,22 岁。昨晚进食海鲜,今晨开始畏寒、发热、腹痛,以左下腹甚,腹泻伴明显里急后重,排便 8 次,初为稀便,继之为黏液脓血便。

123. 此病例的诊断为
A. 急性细菌性痢疾轻型　B. 急性细菌性痢疾普通型　C. 中毒性细菌性痢疾
D. 慢性细菌性痢疾迁延型　E. 急性胃肠炎

124. 对该病例首先采用的抗菌药物是
A. 四环素　B. 喹诺酮类　C. 氯霉素
D. 庆大霉素　E. 呋喃唑酮

125. 流行性脑脊髓膜炎的病原体特征是
A. 革兰阳性双球菌　B. 革兰阴性双球菌　C. 革兰阳性杆菌
D. 革兰阴性杆菌　E. 革兰阴性梭菌

126. 脑膜炎双球菌有不同的菌群,目前我国流行的菌群以下列哪群为主?
A. A 群　B. B 群　C. C 群
D. D 群　E. E 群

127. 流行性脑脊髓膜炎流行期间,最重要的传染源是
A. 患者　B. 带菌者　C. 蚊蝇
D. 犬　E. 鼠类

128. 流行性脑脊髓膜炎的主要传播途径是
A. 经消化道传播　B. 经呼吸道传播　C. 密切接触传播
D. 蚊蝇叮咬传播　E. 经输血传播

129. 流行性脑脊髓膜炎败血症期患者皮肤瘀点的主要病理基础是
A. 血管脆性增强　B. 弥散性血管内凝血(DIC)　C. 血小板减少
D. 小血管炎致局部坏死及栓塞　E. 凝血功能障碍

130. 普通型流行性脑脊髓膜炎的特征性体征是皮肤
A. 瘀点或瘀斑　B. 水疱　C. 黑痂
D. 斑丘疹　E. 脓疡

A. 流行性脑脊髓膜炎　B. 流行性乙型脑炎　C. 结核性脑膜炎
D. 病毒性脑膜炎　E. 中毒性细菌性痢疾

131. 脑脊液外观浑浊,WBC>1000×10^6/L,N90%,蛋白质增高,糖及氯化物降低
132. 脑脊液外观透明,WBC(50~500)×10^6/L,N80%,蛋白质稍增高,糖及氯化物正常
133. 脑脊液外观毛玻璃样,WBC(50~500)×10^6/L,L20%,蛋白质显著增高,糖及氯化物明显降低

134. 普通型流行性脑脊髓膜炎临床分期不包括
A. 恢复期　B. 败血症期　C. 前驱期
D. 脑膜炎期　E. 发热期

135. 男,2 岁。发热伴皮肤出血点 1 天。昏迷 2 小时于 2 月 3 日就诊。查体:昏迷,血压测不出,全身可见较多瘀点、瘀斑,双下肢有融合成片的紫癜。为快速临床诊断,最重要的检查是
A. 凝血功能　B. 头颅 MRI　C. 血常规
D. 脑脊液常规　E. 瘀点涂片做细菌学检查

136. 引起流行性脑脊髓膜炎的脑膜炎球菌的特点不包括
A. 奈瑟菌属　B. 革兰染色阳性　C. 在体外易自溶而死亡
D. 13 个血清群　E. 多数由 A、B、C 群引起
137. 女性，5 岁。因发热、头痛、呕吐 2 天于 2 月 3 日入院。体检：神志恍惚，口唇单纯疱疹，皮肤上有大小不等的瘀斑，少数融合成片。诊断应首先考虑
A. 流行性乙型脑炎　B. 钩端螺旋体病脑膜脑炎型　C. 流行性出血热
D. 脑型疟疾　E. 流行性脑脊髓膜炎
138. 流行性脑脊髓膜炎与其他化脓性脑膜炎鉴别诊断最有意义的体征是
A. 颈抵抗　B. Babinski 征阳性　C. 皮肤瘀点瘀斑
D. 末梢皮肤发凉　E. Kernig 征阳性
139. 男，20 岁。因发热伴明显头痛、呕吐 2 天，神志恍惚半天，于 1 月 5 日来诊。1 个月前由外地前来打工，生活条件差。查体：T39.5℃，P120 次/分，BP130/80mmHg，神志恍惚，烦躁，皮肤散在皮疹，压之不褪色，颈抵抗，Kernig 征(+)。实验室检查：血 WBC21×10^9/L，N0.89。CSF 检查：压力 200mmH_2O，有核细胞 25000×10^6/L，多核细胞 0.95，蛋白升高，糖、氯化物降低。首先考虑的诊断应是
A. 结核性脑膜炎　B. 隐球菌性脑膜炎　C. 流行性脑脊髓膜炎
D. 病毒性脑膜炎　E. 流行性乙型脑炎
140. 男，7 岁。因发热、头痛半日于 1 月 30 日来急诊，来诊前曾呕吐数次，为胃内容物。青霉素过敏(曾用药后出现皮疹)。查体：体温 39.6℃，胸腹及四肢皮肤可见大小不等的瘀点，颈抵抗(±)，克尼格征(+)。该患者治疗宜首选
A. 氯霉素　B. 红霉素　C. 头孢曲松
D. 环丙沙星　E. 磺胺嘧啶

第 6 章　钩端螺旋体病与疟疾

一、钩端螺旋体病(执业医师需掌握)

141. 钩端螺旋体病的主要传播途径是
A. 消化道传播　B. 呼吸道传播　C. 接触疫水传播
D. 密切接触传播　E. 垂直传播
142. 引起我国雨水洪水型钩端螺旋体病的主要钩体群是
A. 七日群　B. 秋季群　C. 犬群
D. 黄疸出血群　E. 波摩那群
143. 不属于钩端螺旋体病并发症的是
A. 后发热　B. 虹膜睫状体炎　C. 反应性脑膜炎
D. 肾损害　E. 闭塞性脑动脉炎
144. 钩端螺旋体病最常见的临床类型是
A. 流感伤寒型　B. 肺出血型　C. 黄疸出血型
D. 肾衰竭型　E. 脑膜脑炎型

(145~147 题共用题干)男，46 岁。农民，发热 5 天，于 9 月 16 日入院。体温持续在 39℃以上，伴寒战，全身乏力，明显头痛，近 2 天出现腹泻，每日 3~5 次，水样便。既往体健。查体：T39.5℃，P 102 次/分，R22 次/分，BP135/78mmHg。结膜充血，巩膜轻度黄染，咽红，腹股沟淋巴结轻度肿大，有压痛，质软。心、肺未见异常，腹软，压痛及反跳痛(-)，肝肋下触及边缘，有触痛。脾肋下未触及，腓肠肌

压痛明显，双侧 Babinski 征(-)。实验室检查：血 WBC10.4×10^9/L，N0.80，L0.20。ALT210U/L，TBil40μmol/L。尿 Pro(+)。

145. 该患者最可能的诊断是
A. 病毒性肝炎急性黄疸型　B. 败血症　C. 钩端螺旋体病
D. 肾综合征出血热　E. 伤寒

146. 引起本病的病原是
A. 钩端螺旋体　B. 汉坦病毒　C. 肝炎病毒
D. 痢疾杆菌　E. 伤寒杆菌

147. 该疾病的传播途径是
A. 疫水按触　B. 蚊虫叮咬　C. 跳蚤叮咬
D. 尾蚴叮咬　E. 蜱虫叮咬

二、疟疾(执业医师及助理医师均需掌握)

148. 疟疾的传播途径是
A. 蚊虫叮咬　B. 蜱虫叮咬　C. 尾蚴叮咬
D. 体虱叮咬　E. 跳蚤叮咬

149. 疟疾典型临床发作的机制是由于
A. 疟原虫在肝细胞内增殖　B. 疟原虫在红细胞内增殖　C. 大量裂殖子入血
D. 大量配子体入血　E. 裂殖子及其代谢产物释放入血

150. 当雌性按蚊叮咬人体时，进入人体导致疟原虫感染的阶段是
A. 子孢子　B. 裂殖子　C. 配子体
D. 裂殖体　E. 滋养体

151. 引起恶性疟疾发作不规则的主要原因是
A. 恶性疟原虫侵犯各期红细胞　B. 潜伏在肝中的裂殖子侵犯红细胞
C. 恶性疟原虫在红细胞内发育时间不一致　D. 黏附在血管内的疟原虫再度侵犯新的红细胞
E. 疟原虫释放毒素

152. 男，35岁。4个月前从非洲旅行回国后出现寒战、高热、大汗，当地医院考虑为疟疾，给予氯喹治疗后体温正常。之后再没去过疟疾流行区。1周后再次出现寒战、高热、大汗。应考虑为
A. 复发　B. 再燃　C. 再次感染疟原虫
D. 混合感染　E. 疟原虫产生耐药

153. 平原地区间日疟传播的主要媒介是
A. 淡色库蚊　B. 中华按蚊　C. 三带喙库蚊
D. 刺扰伊蚊　E. 微小按蚊

154. 在流行区内，寄生于人体内的疟原虫，最常见的是
A. 间日疟原虫　B. 三日疟原虫　C. 恶性疟原虫
D. 卵形疟原虫　E. 各种疟原虫混合感染

155. 间日疟的典型发作中，不存在
A. 前驱期　B. 寒战期　C. 高热期
D. 大汗期　E. 间歇期

156. 男，46岁。间断发热2周，伴寒战、大汗，于9月10日就诊。发病前10天曾去泰国旅游，有蚊虫叮咬史。查体：T40.5℃，P100次/分，R23次/分，BP125/80mmHg。心、肺未见异常，腹软，肝肋下未触及，脾肋下可触及。血常规：Hb98g/L，RBC2.4×10^{12}/L，WBC8.5×10^9/L。该患者最可能的诊断是

A. 疟疾　　B. 斑疹伤寒　　C. 钩端螺旋体病
D. 伤寒　　E. 流行性感冒

157. 女，25 岁。间断发热 5 天，于 8 月底来诊。6 天前由南方到京，次日出现寒战、发热、头痛，服退热药后热退，2 天后再次高热，持续数小时，大汗后退热，伴乏力，精神差。实验室检查：血 WBC 6.5×10^9/L，L0.40。最可能的诊断是
A. 急性血吸虫病　　B. 流行性乙型脑炎　　C. 败血症
D. 伤寒　　E. 疟疾

158. 疟疾患者血常规的特点是
A. 网织红细胞减少　　B. 白细胞总数明显升高　　C. 淋巴细胞比例增加
D. 血小板明显降低　　E. 红细胞及血红蛋白减少

159. 临床上最简便的用于确诊疟疾的实验室检查方法是
A. 血或骨髓涂片检查疟原虫　　B. 间接荧光抗体测定
C. 间接红细胞凝集试验　　D. 聚合酶链反应测定血中疟原虫 DNA
E. 外周血液检查发现贫血和嗜酸性粒细胞增多

160. 用于防止疟疾复发及传播的药物是
A. 氯喹　　B. 奎宁　　C. 青蒿素
D. 伯氨喹　　E. 乙胺嘧啶

161. 男，43 岁。3 天前自非洲回北京，回京后开始发冷、寒战，继之高热，持续 3 小时后出汗、热退，每两天发作 1 次。血涂片见疟原虫滋养体。应选择的治疗方案是
A. 磺胺加乙胺嘧啶　　B. 氯喹加伯氨喹　　C. 青蒿素加氯喹
D. 奎宁加伯氨喹　　E. 乙胺嘧啶加伯氨喹

162. 主要用于预防疟疾的药物是
A. 乙胺嘧啶　　B. 奎宁　　C. 青蒿素
D. 伯氨喹　　E. 氯喹

A. 乙胺嘧啶　　B. 氯喹　　C. 奎宁
D. 哌喹　　E. 伯氨喹

163. 控制普通型疟疾发作多选用的药物是
164. 防止疟疾复发选用的药物是

第 7 章　日本血吸虫病与囊尾蚴病

一、日本血吸虫病（执业医师及助理医师均需掌握）

165. 血吸虫虫卵引起的病变主要发生在
A. 大肠壁和肝脏　　B. 肠系膜静脉　　C. 门静脉
D. 肺和肠　　E. 肝和脾

166. 日本血吸虫成虫寄生人体的主要部位是
A. 门静脉系统　　B. 肝　　C. 肺
D. 脑　　E. 结肠

167. 晚期血吸虫病中，最常见的临床类型是
A. 巨脾型　　B. 腹水型　　C. 侏儒型
D. 脑型　　E. 肺型

168. 晚期日本血吸虫病的临床分型不包括
A. 结肠肉芽肿型　B. 侏儒型　C. 巨脾型
D. 腹水型　E. 脑病型

169. 血吸虫病异位损害的部位常见于
A. 肝和脾　B. 结肠和小肠　C. 肺和肝
D. 肺和脑　E. 肝和脑

170. 血吸虫病病原治疗首选的药物是
A. 利福平　B. 酒石酸锑钾　C. 葡萄酸锑钾
D. 吡喹酮　E. 依米丁

二、囊尾蚴病(执业医师需掌握)

171. 囊尾蚴在人体最常见的寄生部位是
A. 脊髓　B. 心　C. 脑
D. 皮下及肌肉　E. 眼

172. 女,45 岁,厨师。头痛半年,加重伴呕吐 1 个月。无高血压、心脏病病史。查体:BP130/86mmHg,颈无抵抗。眼底检查发现视乳头水肿。头颅 CT 检查提示脑实质多个低密度病灶。最可能的诊断是
A. 脑脓肿　B. 脑出血　C. 脑肿瘤
D. 囊尾蚴病　E. 腔隙性脑梗死

173. 男性,30 岁,因反复出现癫痫大发作半年余,近 1 个月来智力有所下降,经 CT 检查诊断为脑囊虫病。应首先考虑的临床类型是
A. 脑实质型　B. 脑室型　C. 软脑膜型
D. 脊髓型　E. 混合型

174. 男,30 岁,厨师。多次大便排出白色条片,伴躯干部数个皮下结节就诊。既往体健,无手术外伤史,不爱好烟酒。为明确诊断,首选的检查是
A. 粪培养　B. 粪常规　C. 皮下结节活检
D. 血培养　E. 血常规

(175~176 题共用题干)男,35 岁。头痛伴视物模糊 3 个月,偶伴抽搐,曾在大便中发现带状节片。

175. 最可能的诊断是
A. 隐球菌性脑膜炎　B. 结核性脑膜炎　C. 病毒性脑膜炎
D. 脑肿瘤　E. 脑囊尾蚴病

176. 为明确诊断,最重要的检查是
A. 头颅 X 线片　B. 腰穿脑脊液检查　C. 脑室造影
D. 脑电图检查　E. 头颅 MRI

第 8 章　性传播疾病

(执业医师及助理医师均需掌握)

177. 我国重点监测的性传播疾病不包括
A. 淋病　B. 生殖器疱疹　C. 梅毒
D. 阴道念珠菌病　E. 尖锐湿疣

A. 苍白密螺旋体　B. 人乳头瘤病毒　C. 沙眼衣原体

D. 解脲支原体　E. 人免疫缺陷病毒

178. 梅毒的病原体是

179. 艾滋病的病原体是

180. 尖锐湿疣的病原体是

181. Ⅰ期梅毒的临床表现,错误的是

A. 不洁性交　B. 硬下疳　C. 梅毒血清学阳性

D. 心血管梅毒　E. 外阴表面溃疡,有浆液性渗出

182. 以硬下疳为主要表现的疾病是

A. 一期梅毒　B. 二期梅毒　C. 三期梅毒

D. 早期梅毒　E. 晚期梅毒

183. 出现肛周扁平湿疣的是

A. 一期梅毒　B. 二期梅毒　C. 三期梅毒

D. 早期梅毒　E. 晚期梅毒

184. 三期梅毒的特征病变是

A. 树胶样肿　B. 硬下疳　C. 梅毒疹

D. 软下疳　E. 腹股沟淋巴结肿大

185. 传染性最强的梅毒是

A. 一期梅毒　B. 二期梅毒　C. 三期梅毒

D. 晚期梅毒　E. 先天梅毒

186. 女,24 岁。体检发现右侧外阴大阴唇 1 元钱硬币大、硬韧、无痛性隆起物。近期有不洁性交史。最可能的诊断是

A. 淋病　B. 巨细胞病毒感染　C. 生殖器疱疹

D. 尖锐湿疣　E. 梅毒

187. 我国女性中居首位的性传播疾病是

A. 淋病　B. 尖锐湿疣　C. 生殖器疱疹

D. 梅毒　E. 艾滋病

188. 女性淋病的主要感染途径是

A. 血行感染　B. 淋巴途径　C. 上行感染

D. 直接蔓延　E. 透壁性感染

189. 针对女性患者,诊断淋病的金标准是

A. 尿培养　B. 血培养　C. 宫颈管分泌物培养

D. 血清学检查　E. 阴道分泌物培养

190. 女,25 岁,宫颈管分泌物涂片见中性粒细胞内有革兰阴性双球菌。首选的治疗药物是

A. 多西环素　B. 青霉素　C. 头孢曲松

D. 阿奇霉素　E. 红霉素

191. 初产妇,27 岁。妊娠 34 周,有不洁性交史。出现尿频、尿急、尿痛伴阴道口分泌物增多 5 天。查体:尿道口及宫颈口均见脓性分泌物。该患者应首选的治疗药物是

A. 四环素　B. 青霉素　C. 氧氟沙星

D. 头孢曲松　E. 红霉素

A. 红霉素　B. 头孢曲松　C. 氧氟沙星

D. 青霉素　E. 克林霉素

192. 孕妇感染生殖道沙眼衣原体首选的治疗药物是
193. 孕妇感染苍白密螺旋体首选的治疗药物是
A. 呼吸道传播　　B. 虫媒传播　　C. 性接触传播
D. 消化道传播　　E. 血液传播
194. 登革病毒的传播方式是经
195. 人乳头瘤病毒的传播方式是经
A. 青霉素　　B. 多西环素　　C. 四环素
D. 头孢曲松　　E. 红霉素
196. 治疗淋病首选的药物是
197. 孕妇患梅毒时首选的治疗药物是
198. 女,24 岁。外阴瘙痒伴阴道分泌物明显增多 1 周。妇科检查:阴唇后联合散在粉色小乳头状突起。最可能的诊断是
A. 淋病　　B. 外阴炎　　C. 尖锐湿疣
D. 外阴肿瘤　　E. 梅毒
199. 确诊为女性生殖器尖锐湿疣,不适宜的治疗是
A. 50%三氯醋酸　　B. 冷冻　　C. 激光
D. 口服红霉素　　E. 微波
200. 新生儿沙眼衣原体感染的主要途径是
A. 呼吸道感染　　B. 宫内感染　　C. 乳汁感染
D. 产道感染　　E. 唾液感染
201. 经产妇,28 岁,妊娠 30 周。阴道分泌物增多半个月。查体:外阴可见多个鸡冠状、指状突起。该患者不适宜的治疗是
A. 局部微波　　B. 局部冷冻　　C. 激光治疗
D. 三氯醋酸局部涂擦　　E. 干扰素软膏局部涂擦
202. 引起以泌尿生殖系统化脓性感染为主要表现的性传播疾病病原体是
A. 人乳头瘤病毒　　B. 淋病奈瑟菌　　C. 苍白密螺旋体
D. 金黄色葡萄球菌　　E. 沙眼衣原体
203. 女,22 岁,妊娠 30 周。外阴灰白色疣状物伴瘙痒、灼痛不适半个月。外阴皮损病理学检查见挖空细胞。最可能的诊断是
A. 梅毒　　B. 尖锐湿疣　　C. 淋病
D. 细菌性阴道病　　E. 滴虫阴道炎

第十六篇　神经病学

第1章　神经病学概论

（执业医师及助理医师均需掌握）

1. 下列结构损伤可以导致双眼颞侧偏盲的是
   A. 视神经　　B. 视觉中枢　　C. 视交叉中部
   D. 视束　　E. 视乳头
2. 偏盲型视野缺损最常见于
   A. 糖尿病性视神经乳头水肿　　B. Graves 病浸润性突眼
   C. 嗜铬细胞瘤阵发性高血压眼底出血　　D. 垂体腺瘤鞍上发展
   E. 希恩（Sheehan）综合征垂体梗塞
3. 当左侧三叉神经麻痹时，不会出现的临床症状是
   A. 左侧面部感觉障碍　　B. 左侧咀嚼肌瘫痪　　C. 左侧面部表情肌瘫痪
   D. 张口时下颌偏向左侧　　E. 左侧角膜反射消失
4. 人体司味觉的脑神经是
   A. 面神经和三叉神经　　B. 面神经和舌下神经　　C. 面神经和舌咽神经
   D. 三叉神经和迷走神经　　E. 舌下神经和舌咽神经
5. 受损后造成软腭、咽喉部肌肉麻痹的神经核是
   A. 迷走神经背运动核　　B. 下涎核　　C. 面神经核
   D. 疑核　　E. 三叉神经运动核
6. 迷走神经的耳廓凹面躯体感觉纤维中枢支终止于
   A. 下涎核　　B. 迷走神经背核　　C. 三叉神经脊束核
   D. 疑核　　E. 孤束核
7. 只受对侧大脑运动皮质支配的脑神经运动核为
   A. 三叉神经运动核　　B. 迷走神经背核　　C. 疑核
   D. 舌下神经核　　E. 动眼神经核
8. 左上睑下垂，左眼内收及上下视受限，左瞳孔散大，直接、间接对光反射均消失。病变部位是
   A. 视神经　　B. 三叉神经　　C. 动眼神经
   D. 展神经　　E. 滑车神经
9. 上运动神经元瘫痪的体征是
   A. 腱反射消失　　B. 浅反射活跃　　C. 肌张力降低
   D. 肌肉萎缩明显　　E. 病理征阳性
10. 双侧四肢远端出现手套袜子样麻木，病变的定位多在
    A. 脊髓后根　　B. 神经丛　　C. 神经末梢
    D. 脊髓后角　　E. 神经干
11. 引出 Chaddock 征提示

A. 皮质脑干束损害　　B. 脊髓丘脑束损害　　C. 锥体束损害
D. 薄束损害　　E. 楔束损害

A. Brudzinski 征　　B. Babinski 征　　C. Romberg 征
D. Kernig 征　　E. Weber 综合征

12. 深睡眠时可能出现的体征是
13. 小脑病损时可能出现的体征是
A. Kernig 征阳性　　B. 分离性感觉障碍　　C. Babinski 征阳性
D. 共济失调　　E. 屈颈试验阳性
14. 1 岁以下正常婴儿可能出现的体征是
15. 颈 1~4 神经根刺激可能出现的体征是

16. 男,72 岁。乏力,走路不稳 3 个月。查体:肌张力减低,共济失调,意向性震颤,指鼻试验阳性。该患者最可能的病变部位是
A. 小脑　　B. 皮质运动区　　C. 脑干
D. 基底神经节　　E. 脊髓
17. 感觉过度是指
A. 轻微的刺激引起强烈的感觉
B. 刺激后经一潜伏期感到自发的异常感觉
C. 刺激后经一潜伏期感到对刺激的认识倒错
D. 刺激后经一潜伏期感到定位不明确的强烈不适
E. 轻微的刺激引起剧烈的疼痛
18. 男,75 岁。因左臂丛损伤频发左上臂疼痛,该疼痛属于
A. 痛觉倒错　　B. 痛觉过敏　　C. 放射性痛
D. 扩散性痛　　E. 牵涉痛

A. 感觉倒错　　B. 感觉过度　　C. 感觉异常
D. 感觉缺失　　E. 感觉过敏
19. 轻微刺激即可引起患者强烈感觉的是
20. 即使没有外界刺激患者也可有自发感觉的是
21. 抑制性感觉障碍可表现为

22. 男,70 岁。因观看足球比赛突然晕倒而入院治疗。查体发现左侧上、下肢瘫痪,腱反射亢进,左侧眼裂以下面瘫,伸舌时舌尖偏向左侧。左半身深、浅感觉消失。双眼左侧半视野缺失,瞳孔对光反射存在。考虑病变的部位在
A. 左侧中央前、后回　　B. 右侧中央前回　　C. 左侧内囊
D. 右侧内囊　　E. 右侧中央后回
23. 男,35 岁。外伤后致双下肢瘫痪。查体:双上肢肌张力和肌力正常,双下肢肌力 2 级,双侧膝、踝反射亢进。其受损的部位是
A. 传入神经元　　B. 前角细胞　　C. 胸段脊髓
D. 颈段脊髓　　E. 腰段脊髓
24. 一侧颈 5 平面以下痛觉消失,对侧深感觉消失,病变部位在
A. 脊髓横贯　　B. 脊髓后根　　C. 脊髓半侧
D. 脊髓前联合　　E. 脊髓后角

25. 男,65岁。右侧肢体运动障碍、失语12小时,但能听懂他人的讲话内容,能按指示做相应的动作。既往糖尿病病史10年,血糖控制好。高血压病史15年,规则服药治疗,血压控制在130/80mmHg左右。对诊断最有价值的辅助检查是

A. 颈动脉B超　　B. 头颅CT　　C. 超声心动图
D. 经颅多普勒超声　　E. 脑电图

26. 患者,男,76岁。晨起突发头痛,右半身麻木伴感觉缺失1小时。既往高血压病史12年。查体:右侧偏身感觉减退伴轻度自发疼痛,四肢肌力正常。病变最可能累及的部位是

A. 下丘脑　　B. 上丘脑　　C. 左侧丘脑
D. 右侧丘脑　　E. 底丘脑

第2章　偏头痛

(执业医师及助理医师均需掌握)

27. 先兆偏头痛的先兆特点是

A. 视觉先兆多为偏盲　　B. 感觉先兆多为双侧麻木　　C. 多表现为偏侧运动障碍
D. 持续时间为5~60分钟　　E. 必须在头痛前发生而非与头痛同时发生

28. 男,31岁。持续性头痛6天,自觉后枕部紧箍样疼痛,无恶心、畏光和畏声。查体:T36.5℃,BP120/70mmHg,眼压无异常,张口颞颌关节无弹响,双颞肌和枕肌明显压痛,余神经系统检查无异常。脑MRI无异常。最可能的诊断是

A. 血管性头痛　　B. 颈椎病　　C. 无先兆偏头痛
D. 颞颌关节紊乱　　E. 紧张型头痛

29. 偏头痛的预防治疗药物是

A. 咖啡因麦角胺　　B. 英明格　　C. 苯噻啶
D. 小剂量阿司匹林　　E. 消炎痛

30. 下列药物中,可用于预防偏头痛发作的是

A. 舒马曲普坦　　B. 地西泮　　C. 普萘洛尔
D. 甲芬那酸(甲灭酸)　　E. 麦角胺咖啡因

31. 女,45岁。反复发作额颞部搏动样头痛,伴恶心呕吐、怕光,每次发作持续1~3天。发作头痛前有视物变形和亮点。多次脑CT检查阴性。头痛发作时其首选治疗药物是

A. 哌替啶　　B. 麦角胺　　C. 舒马曲普坦(英明格)
D. 丙戊酸　　E. 乙酰氨基酚

第3章　脑血管疾病

(执业医师及助理医师均需掌握)

32. TIA持续时间通常为

A. 30分钟内　　B. 2小时内　　C. 12小时内
D. 24小时内　　E. 48小时内

33. 女,74岁。间断感觉环境晃动伴恶心2天,共发作5次,每次持续10~15分钟。有高血压病史。发作时查体:水平眼震阳性,左侧指鼻试验和跟膝胫试验阳性,闭目直立试验阳性。发作间歇期查体正常,双侧前庭功能试验正常。头颅CT无异常。最可能的诊断是

A. 中脑梗死　　B. 脑桥梗死　　C. 小脑出血
D. 短暂性脑缺血发作　　E. 小脑梗死

34. 对频繁发作的短暂性脑缺血发作,应用的治疗是
A. 华法林　　B. 阿司匹林　　C. 噻氯匹定
D. 噻氯匹定加双嘧达莫　　E. 尼莫地平

(35~37 题共用题干)男,56 岁。心房颤动患者,突然发生命名物名困难。2 周来共发生过 5 次,每次持续 2~15 秒。查体无神经系统异常。脑 CT 无异常。

35. 可能的诊断是
A. 脑动脉瘤　　B. 脑血栓形成　　C. 脑出血
D. 脑血管畸形　　E. 短暂性脑缺血发作

36. 主要累及的血管是
A. 基底动脉系　　B. 椎动脉系　　C. 颈内动脉系
D. 大脑后动脉　　E. 大脑前动脉

37. 最适宜的预防治疗是
A. 阿司匹林　　B. 华法林　　C. 丙戊酸钠
D. 胞二磷胆碱　　E. 降纤酶

38. 男,65 岁。睡醒后发现右侧肢体无力,伴言语不利 1 小时。有高血压病史 10 年,未规律服药治疗。否认有糖尿病及血脂异常史。神经系统查体:神志清楚,运动性失语,右侧肢体肌力 0 级,两侧痛、温觉对称,右侧 Babinski 征(+)。头颅 CT 检查未见异常。最可能的诊断是
A. 脑炎　　B. 脑肿瘤　　C. 缺血性卒中
D. 脑出血　　E. 蛛网膜下腔出血

39. 脑血栓形成最常见的病因是
A. 血压偏低　　B. 高血压病　　C. 红细胞增多症
D. 各种脑动脉炎　　E. 脑动脉粥样硬化

40. 男,65 岁。突发头痛、头晕和行走困难 10 小时。既往有高血压和糖尿病病史 10 年。查体:神志清,颈有抵抗,对答尚清晰,双眼可见眼震,瞳孔等大且对光反射存在,无明确面舌瘫或肢体瘫痪,听力正常,腱反射对称,无深浅感觉异常,未引出病理征,行走步基宽大、不稳,直线行走不能。该患者最可能的诊断是
A. 小脑出血破入脑室　　B. 原发性脑室出血　　C. 延髓出血破入脑室
D. 脑桥出血破入脑室　　E. 丘脑出血破入脑室

41. 引起心源性脑栓塞最常见的病因是
A. 心房颤动　　B. 心肌梗死　　C. 心肌病
D. 心脏手术　　E. 感染性心内膜炎

42. 男,35 岁。3 小时前进餐时无诱因突然出现剧烈头痛,以枕部为著,伴频繁呕吐、面色苍白,随即出现意识丧失 10 余分钟。查体:精神差,颈强直。CT 示脑沟及脑池密度增高。正确的诊断是
A. 蛛网膜下腔出血　　B. 脑血管痉挛　　C. 脑栓塞
D. 急性脑梗死　　E. 急性脑膜炎

(43~45 题共用题干)男,64 岁,患糖尿病 15 年。今晨起床时发现吐字不清,右侧肢体不能活动。无明显头痛及呕吐。起病 3 小时后急诊入院。查体:患者神志清楚,血压 110/75mmHg,失语,右侧面瘫、舌瘫,右侧上、下肢肌力 3 级,右半身痛觉减退。急诊头颅 CT 检查未见异常。查血糖 5.5mmol/L。

43. 该患者最可能的诊断是

A. 脑血栓形成　B. 脑出血　C. 脑栓塞
D. 蛛网膜下腔出血　E. 癫痫发作

44. 该患者病变的部位可能在
A. 右侧大脑中动脉　B. 左侧大脑中动脉　C. 右侧大脑前动脉
D. 左侧大脑前动脉　E. 基底动脉

45. 该患者的首选治疗为
A. 抗凝治疗　B. 溶栓治疗　C. 抗血小板聚集治疗
D. 经皮腔内血管成形术　E. 外科手术治疗

46. 导致偏瘫最常见的疾病是
A. 吉兰-巴雷综合征　B. 癫痫　C. 急性脊髓炎
D. 缺血性卒中　E. 蛛网膜下腔出血

47. 脑梗死包括
A. 脑栓塞和脑血栓形成　B. 脑出血和脑血栓形成　C. 脑出血和蛛网膜下腔出血
D. 脑栓塞和脑出血　E. 短暂性脑缺血发作和脑血栓形成

48. 不属于延髓背外侧综合征(Wallenberg syndrome)临床表现的是
A. 锥体束征阳性　B. 眩晕、眼球震颤　C. 交叉性感觉障碍
D. 同侧肢体共济失调　E. 饮水呛咳、吞咽困难

49. 心肌梗死后附壁血栓引起的脑血管疾病最常见的是
A. 蛛网膜下腔出血　B. 脑血栓形成　C. 脑栓塞
D. 脑出血　E. 脑动脉炎

A. 分水岭脑梗死　B. 短暂性脑缺血发作　C. 脑栓塞
D. 脑血栓形成　E. 腔隙性脑梗死

50. 导致脑梗死最常见的病因是
51. 心房颤动引起的常见卒中类型是
52. 相邻两血管供血区分界处缺血所导致的卒中类型是

53. 男,60 岁。晨练时突发言语不能,伴右侧肢体无力半天。急诊头颅 CT 正常,心电图提示心房颤动。最可能的诊断是
A. 脑栓塞　B. 短暂性脑缺血发作　C. 蛛网膜下腔出血
D. 脑出血　E. 脑血栓形成

54. 基底节脑出血最常见的病因是
A. 糖尿病　B. 原发性高血压
C. 出血性疾病　D. 动脉粥样硬化
E. 脑动脉瘤

55. 男,63 岁。3 小时前长跑后头痛伴呕吐。查体:嗜睡,查体不合作。双瞳孔对光反射存在,颈项强直,四肢活动自如,肌张力略高,双侧 Babinski 征阴性。头颅 CT 如图。该患者的诊断是

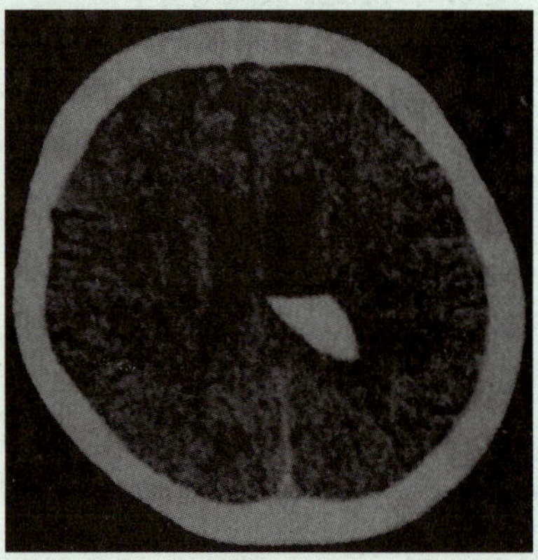

A. 脉络膜钙化　B. 脑室出血
C. 蛛网膜下腔出血　D. 脑室囊肿
E. 脑室肿瘤

56. 女,19岁。因发热伴头痛、呕吐、烦躁2天于8月10日入院。查体:T39.8℃,BP130/80mmHg。精神差,问话不能正确回答,颈抵抗,克尼格征及巴宾斯基征均阳性。该患者病变最严重的部位是
A. 脑桥和小脑　B. 基底核和丘脑　C. 小脑和延髓
D. 延髓和脑桥　E. 大脑皮质及丘脑

(57~59题共用题干)男,58岁。外出途中突然头痛、眩晕,伴呕吐、走路不稳前来急诊。查体:血压180/105mmHg,心率62次/分,双眼向右水平眼震,右手指鼻不准,右侧跟膝胫试验阳性。

57. 最可能的诊断是
A. 右小脑半球出血　B. 脑桥出血　C. 基底节区出血
D. 右枕叶出血　E. 右大脑梗死

58. 为进一步明确诊断,应采取的主要措施是
A. 脑血管造影　B. 详细追问有关病史　C. 脑电图
D. 头颅CT　E. 脑脊液检查

59. 首先应采取的处理措施是
A. 利血平降血压　B. 快速静脉滴注地塞米松10mg
C. 降低颅内压　D. 肌内注射苯巴比妥钠预防癫痫
E. 若CT示出血达到5ml时,行手术治疗

60. 高血压脑出血的好发部位是
A. 脑干　B. 基底节　C. 小脑
D. 脑室　E. 脑叶

61. 男,68岁,吸烟、饮酒40多年,有高血压病史。某年冬天晨起时发现左下肢不能动,入院后诊断为脑卒中。以下医生的建议,不合理的是
A. 告知患者康复注意事项　B. 告知患者天气太冷是引发该病的直接因素
C. 控制血压,预防再发　D. 告知患者定期来医院检查身体
E. 不良生活方式是疾病原因之一,应戒烟限酒

62. 男,56岁。3个月前出现左侧肢体无力,经头颅CT检查,诊断为脑出血。高血压病史11年。查体:脉搏和呼吸正常,血压150/94mmHg,神志清,言语清晰,左侧肢体肌张力高,肌力4级,腱反射活跃,左侧Babinski征阳性。余神经系统无异常发现。下列长期药物治疗中,对此病有预防作用的是
A. 他汀类　B. 降压药　C. 阿司匹林
D. B族维生素　E. 尼莫地平

63. 适合手术治疗的高血压脑内血肿是
A. 丘脑出血,深昏迷　B. 内囊型血肿,深昏迷　C. 脑桥出血,深昏迷
D. 外侧型血肿,病情加重　E. 外侧型血肿,病情稳定

64. 正确的脑出血手术治疗适应证是
A. 小脑血肿大于10ml,壳核出血大于40ml,严重脑室出血
B. 壳核出血大于40ml,额叶出血、脑桥出血
C. 小脑血肿大于10ml,壳核出血大于40ml,中脑出血
D. 小脑血肿大于10ml,延髓出血,严重脑室出血
E. 脑桥出血,额叶出血,严重脑室出血(按8版《神经病学》P214观点,无正确答案,2016年考题)

65. 自发性蛛网膜下腔出血的定性诊断检查是
A. 腰椎穿刺　B. 头颅CT　C. 头颅MRI
D. 脑血管造影　E. 头颅正侧位X线片

66. 与自发性蛛网膜下腔出血发病最不相关的因素是
A. 动脉瘤的大小　B. 血压上升的程度　C. 性别
D. 颅内压力的变化　E. 脑血管畸形范围

67. 最常见脑膜刺激征阳性的疾病是
A. 蛛网膜下腔出血　B. 高血压脑病　C. 脑栓塞
D. 脑血栓形成　E. 短暂性脑缺血发作

68. 女,65 岁。突发剧烈头痛后昏迷 1 小时。查体:深昏迷,颈强直,四肢无自主活动,肌张力高,腱反射活跃。头部 CT 示脑沟与脑池高密度影。最可能的诊断是
A. 脑血栓形成　B. 脑栓塞　C. 短暂性脑缺血发作
D. 蛛网膜下腔出血　E. 脑出血

(69~71 题共用题干)男性,58 岁。突然头痛呕吐,伴意识丧失 30 分钟。查体:神志清楚,颈抵抗,克尼格征阳性。右侧上睑下垂,右侧瞳孔 4mm,光反射消失。

69. 最可能的诊断是
A. 脑梗死　B. 蛛网膜下腔出血　C. 高血压脑出血
D. 脑动静脉畸形出血　E. 颅脑肿瘤

70. 最好的诊断措施是
A. 腰椎穿刺　B. 脑电图　C. 视力检查
D. 头颅 CT　E. 视神经孔像

71. 引起患者右侧上睑下垂、右侧瞳孔散大的最可能原因是
A. 面神经麻痹　B. 动眼神经麻痹　C. 小脑幕切迹疝
D. 糖尿病眼底病　E. 右侧视神经损害

第 4 章　阿尔茨海默病与单纯疱疹病毒性脑炎

(执业医师需掌握)

72. 阿尔茨海默病的早期症状主要为
A. 性格改变　B. 记忆减退　C. 情绪急躁易怒
D. 幻觉　E. 妄想

第 5 章　帕金森病与癫痫

一、帕金森病(执业医师需掌握)

73. 帕金森病的病损在
A. 中央前回　B. 黑质-纹状体　C. 颞叶
D. 枕叶　E. 小脑

74. 男,70 岁。右侧肢体动作迟缓伴震颤半年。查体:右侧肢体静止性震颤,肌张力齿轮样增高。病变可能的部位是
A. 大脑皮质　B. 黑质　C. 小脑
D. 内囊　E. 脑桥

75. 男,72 岁。右手震颤伴动作缓慢 6 年,翻身困难 1 年,诊断为帕金森病。有青光眼和轻度肾功能不全

病史，无消化性溃疡史。服用复方左旋多巴时症状改善明显，近1年来疗效减退，单剂疗效仅3小时。为改善症状，最合适增加的药物是

A. 金刚烷胺　　B. 溴隐亭　　C. 苯甲托品
D. 司来吉兰　　E. 苯海索

76. 男，70岁。服用氟桂利嗪3个月后出现动作徐缓，僵硬，手部震颤，跌倒一次。美多巴治疗无效。查体：智能正常，面具脸，四肢肌力正常，肌张力高。最可能的诊断是

A. 血管性帕金森综合征　　B. 帕金森叠加综合征　　C. 药物性帕金森综合征
D. 外伤性帕金森综合征　　E. 原发性帕金森病

(77~80题共用题干)患者，男，68岁。无明显诱因出现行动迟缓、随意运动减少1年余，慌张步态。体检见面容呆板，双眼凝视，静止性震颤，双侧肢体肌张力明显增高。无感觉障碍。头颅CT检查正常。

77. 本例最可能的诊断是

A. 小舞蹈病　　B. 亨廷顿病　　C. 帕金森病
D. 肝豆状核变性　　E. 肌张力障碍

78. 治疗首选

A. 地西泮　　B. 氯丙嗪　　C. *D*-青霉胺
D. 左旋多巴　　E. 多巴胺

79. 若经上述治疗，不能缓解的症状是

A. 面容呆板　　B. 随意运动减少　　C. 静止性震颤
D. 肌张力明显增高　　E. 行动迟缓

80. 本病治疗的目的主要是

A. 治愈疾病　　B. 改善症状　　C. 防止并发症
D. 阻止病情进展　　E. 避免神经系统受损

二、癫痫(执业医师及助理医师均需掌握)

81. 症状性癫痫的定义是指

A. 临床上不能分类的癫痫　　B. 从婴儿起始的癫痫
C. 抗癫痫药物无法控制的癫痫　　D. 脑部无病损或代谢异常的癫痫
E. 脑部有病损或代谢异常的癫痫

82. 继发性癫痫的临床特征是

A. 脑内无器质性病变　　B. 抗癫痫药疗效不佳　　C. 由其他疾病引起
D. 儿童开始发病　　E. 不能归入部分性或全面发作类型

A. 中央前回　　B. 锥体外系统　　C. 小脑
D. 枕叶　　E. 颞叶

83. 癫痫的复杂部分性发作的病损在
84. 帕金森病病损在

85. 男，20岁。近半年来常无诱因出现短暂意识丧失，伴左上肢节律性抽动及口角抽动，持续数分钟。最可能的癫痫类型是

A. 肌阵挛发作　　B. 强直阵挛发作　　C. 单纯部分性发作
D. 复杂部分性发作　　E. 失神发作

86. 女，20岁。吵架后突然倒在沙发上，全身抽搐。查体：面色苍白，呼吸急促，眼睑紧闭，眼球乱动，瞳孔对称，对光反射存在，双侧Babinski征未引出。常规脑电图未见异常。最可能的诊断是

A. 晕厥发作　B. 复杂部分性癫痫发作　C. 全身强直阵挛癫痫发作
D. 假性癫痫发作　E. 短暂性脑缺血发作

87. 男孩，15 岁。近 6 个月来多次在吃饭或游戏时发呆，呼之不应，手持物体失落，持续几秒钟后神志清醒，但不能回忆发作时情况，发作间期查体未见明显异常。最可能的癫痫类型是
A. 强直-阵挛性发作　B. 复杂部分性发作　C. 单纯部分性发作
D. 肌痉挛性发作　E. 失神发作

88. 男，17 岁。考试中突然意识丧失，手中钢笔掉在地上，全身强直伴抽搐，约 1 分钟后逐渐缓解，约 10 分钟后神志转清，过后对上述情况全无记忆，以后反复有类似发作。最可能的癫痫发作类型是
A. 单纯性发作　B. 强直-阵挛发作　C. 失神发作
D. 复杂部分性发作　E. 单纯部分性发作

89. 男，10 岁。上课时突然见讲台上老师变成"数寸长短的小人"，5~10 秒后此现象消失。伴随不自主发笑，事后不能回忆发笑之事。3 周内反复发作 9 次。查体和头颅 MRI 未见异常。可能的癫痫发作类型是
A. 单纯运动性发作　B. 单纯部分性发作　C. 复杂部分性发作
D. 单纯感觉性发作　E. 失神发作

90. 诊断癫痫主要依靠
A. 脑电图检查　B. 神经系统检查　C. 脑 CT
D. 临床表现　E. 脑脊液检查

91. 癫痫中应用 PET(正电子发射计算机断层)检查的重要目的是
A. 鉴别癫痫发作与假性癫痫　B. 癫痫发作形式分类　C. 鉴别原发和继发性癫痫
D. 指导药物的选择应用　E. 癫痫病灶定位

92. 临床上癫痫发作与假性癫痫发作的主要鉴别为发作时有
A. 全身抽搐　B. 突然跌倒　C. 呼吸急促，喉中发出叫声
D. 双手紧握，下肢僵直　E. 伴瞳孔散大，对光反应消失

93. 全身强直-阵挛性发作和失神发作合并发生时，药物治疗首选
A. 地西泮(安定)　B. 乙琥胺　C. 苯妥英钠
D. 苯巴比妥　E. 丙戊酸钠

94. 男，31 岁。夏天突然四肢抽搐，强直，口吐白沫，小便失禁。整个发作约 3 分钟，事后无回忆。发作间歇期查体无异常。最可能的诊断是
A. 晕厥　B. 癫痫　C. 脑血管意外
D. 癔症　E. 中暑

95. 男，36 岁。3 年内抽搐发作 20 余次。发作表现为无诱因的口角和右上肢抽搐，意识尚清，但不能对答，5~10 秒后意识丧失伴全身抽搐。持续 30 秒后，逐渐停止。事后不能回忆发作过程。发作间期的神经系统检查和常规脑电图检查未见异常。针对该患者的治疗首选药物是
A. 卡马西平　B. 苯妥英钠　C. 苯巴比妥
D. 乙琥胺　E. 氯硝西泮

96. 男，25 岁。发作性意识丧失伴四肢抽搐 8 年。2 天前自行调整治疗药物，次日出现频繁发作，意识不清。应立即采取的处理措施是
A. 鼻饲苯妥英钠　B. 口服丙戊酸钠　C. 静脉注射地西泮
D. 肌内注射苯巴比妥　E. 气管切开

(97~98 题共用题干)男，20 岁。突发右侧面部和肢体抽搐 1 分钟，先是右侧口角和面部抽动，程度渐重，然后右上肢强烈抽动，最后右下肢抽动，无法用力制止，数分钟后缓解，发作时神志清，既往有脑

外伤史，有频繁的类似发作2年，发作后查体无明显异常。

97. 患者发作的可能诊断是
A. 单纯部分感觉性发作　B. 全身强直阵挛发作　C. 假性癫痫发作
D. 单纯部分性发作　E. 复杂部分性发作

98. 该患者治疗的首选药物是
A. 拉莫三嗪　B. 卡马西平　C. 苯妥英钠
D. 苯巴比妥　E. 托吡酯

A. 丙戊酸钠　B. 苯巴比妥　C. 地西泮
D. 扑米酮　E. 卡马西平

99. 癫痫复杂部分性发作的首选药物是
100. 癫痫持续状态的首选药物的
101. 癫痫失神发作的首选药物是

A. 托吡酯　B. 左乙拉西坦　C. 卡马西平
D. 氯硝西泮　E. 乙琥胺

102. 治疗原发性三叉神经痛的首选药物是
103. 预防慢性偏头痛的药物是
104. 治疗典型失神发作的首选药物是

第6章　视神经脊髓炎与脊髓压迫症

一、视神经脊髓炎（执业医师及助理医师均需掌握）

105. 可以在体内发现AQP4抗体的疾病是
A. 急性脊髓炎　B. 视神经脊髓炎　C. 脊髓震荡
D. 脊髓肿瘤　E. 吉兰-巴雷综合征

二、脊髓压迫症（执业医师需掌握）

（106~108题共用题干）成年男性。3个月来双下肢无力、麻木逐渐加重，背后疼痛且咳嗽时加剧。查体：左半侧胸8以下痛、温觉消失。右下肢肌力3级，腱反射亢进，Babinski征阳性，右下肢足趾振动觉、位置觉消失。

106. 可能的诊断为
A. 胸8附近脊髓髓内病变　B. 左胸8附近脊髓髓外病变　C. 右胸8附近脊髓髓内病变
D. 胸8附近脊前动脉闭塞　E. 右胸8附近脊髓髓外病变

107. 病变脊髓处，MRI表现为
A. 脊髓呈梭形膨大，广泛低信号　B. 正常脊髓　C. 中央管扩大呈空腔
D. 脊髓外高信号肿块　E. 脊髓不膨大，髓内广泛点状高信号

108. 该脊髓损害为
A. 脊髓后角损害　B. 脊髓横贯性损害　C. Brown-Sequard综合征
D. 脊神经根损害　E. 脊髓后索和侧索联合损害

第 7 章　周围神经疾病

一、三叉神经痛(执业医师需掌握)

109. 面颊部有短暂反复发作的剧痛，检查时除“触发点”外无阳性体征，常见于
A. 特发性面神经麻痹　B. 三叉神经痛　C. 症状性癫痫
D. 面肌抽搐　E. 典型偏头痛

110. 左侧继发性三叉神经痛，除出现左面部痛觉减退外，尚有的体征为
A. 左角膜反射消失，下颌向右偏斜　B. 左角膜反射存在，下颌向右偏斜
C. 左角膜反射消失，下颌无偏斜　D. 左角膜反射消失，下颌向左偏斜
E. 左角膜反射存在，下颌无偏斜

111. 女，28 岁。频繁发作右下颌区剧烈疼痛 3 个月，呈闪电样、刀割样痛。洗脸、刷牙、讲话均可诱发。听力正常，面部无麻刺感，张口无困难，查体：颞颌关节无明显压痛。神经系统未见明显阳性体征。最可能的诊断是
A. 舌咽神经痛　B. 三叉神经痛　C. 颞颌关节紊乱
D. 腮腺炎　E. 牙周炎

(112～114 题共用题干)女性，85 岁。20 年来反复发作右面部闪电样疼痛，说话和鼻翼旁触摸诱发疼痛。今年已痛 10 月未缓解，伴面部肌肉反射性抽搐，口角偏向患侧。诊断为三叉神经痛。

112. 若为原发性三叉神经痛，应具备的条件是
A. 右角膜反射和右面部痛、温觉减退　B. 右面部分离性感觉障碍
C. 右角膜反射存在，右面部痛、温觉正常　D. 右角膜反射存在，右侧咀嚼肌无力
E. 右角膜反射减退，右侧咀嚼肌无力

113. 选用卡马西平镇痛的有效率为
A. 40%～50%　B. 50%～60%　C. 60%～70%
D. 70%～80%　E. 90%

114. 若患者药物镇痛无效，又出现肺气肿，不宜全身麻醉，选择最佳治疗方法为
A. 三叉神经显微血管减压　B. 射频热凝术　C. 三叉神经切断
D. 三叉神经脊髓束切断　E. 枕下开颅三叉神经减压

二、面神经麻痹(面神经炎)(执业医师及助理医师均需掌握)

115. 急性面神经炎的临床表现是
A. 偏侧面部疼痛　B. 偏侧面部全部表情肌瘫痪　C. 偏侧面上部表情肌瘫痪
D. 偏侧面下部表情肌瘫痪　E. 偏侧面部全部表情肌抽搐

116. 男，50 岁。晨起刷牙时左口角流水，伴左耳后痛。查体：左额纹消失，左眼闭合无力，左鼻唇沟浅，口角右歪。最可能的诊断是
A. 左面神经炎　B. 吉兰-巴雷综合征　C. 左三叉神经第 1 支受损
D. 中枢性面瘫　E. 左三叉神经第 3 支受损

117. 下列面神经炎治疗措施无效的是
A. 复合维生素 B　B. 糖皮质激素　C. 抗病毒药物
D. 物理治疗　E. 非甾体抗炎药

三、吉兰-巴雷综合征(执业医师及助理医师均需掌握)

118. 典型吉兰-巴雷综合征(急性炎症性脱髓鞘性多发性神经炎)的临床特征是
A. 近端为主的感觉障碍　B. 不对称性瘫痪　C. 突出的大小便功能障碍
D. 交叉性瘫痪　E. 对称性弛缓性瘫痪

119. Fisher 综合征的最主要临床特征是
A. 四肢弛缓性瘫痪伴眼外肌麻痹　B. 四肢对称性弛缓性瘫痪伴双侧面瘫
C. 双侧对称性眼外肌和面肌麻痹　D. 眼外肌麻痹、共济失调、腱反射消失
E. 由下肢逐渐向上肢进展的对称性弛缓性瘫痪

120. 高颈段急性脊髓炎休克期与吉兰-巴雷综合征急性期的主要区别是
A. 严重尿潴留　B. 弛缓性瘫痪　C. 肌张力降低
D. 呼吸肌麻痹　E. 腱反射消失

121. 吉兰-巴雷综合征危及患者生命的最主要的临床情况是
A. 肺部感染　B. 误吸　C. 电解质紊乱
D. 心肌炎　E. 呼吸肌瘫痪

122. 吉兰-巴雷综合征的脑脊液蛋白-细胞分离是指
A. 蛋白质正常,细胞数正常　B. 蛋白质增高,细胞数正常　C. 蛋白质增高,细胞数降低
D. 蛋白质降低,细胞数增高　E. 蛋白质正常,细胞数增高

123. 患者,男,35 岁。四肢无力、手套-袜套样感觉异常。最可能的诊断是
A. 吉兰-巴雷综合征　B. 重症肌无力　C. 多发性肌炎
D. 急性脊髓炎　E. 周期性麻痹

(124~125 题共用题干)女性,30 岁。3 周前患上呼吸道感染痊愈,4 天前出现双小腿无力伴刺痛感,且逐渐加重。查体:双下肢肌力 3 级,膝反射减弱,双小腿皮肤对称性感觉减退,两侧腓肠肌压痛阳性。

124. 最可能的诊断是
A. 急性脊髓炎　B. 急性横贯性脊髓炎　C. 周期性瘫痪
D. 脊髓压迫症　E. 吉兰-巴雷综合征

125. 治疗首选
A. 抗生素　B. 抗病毒药物　C. 皮质类固醇
D. 血浆置换　E. 抗凝治疗

(126~127 题共用题干)男,18 岁。5 天前晨起双下肢无力,当天下午不能独立行走,第 2 天出现双上肢不能抬举。无意识障碍、惊厥发作、视物不清、言语含糊。二便正常。查体:神志清、眼球运动正常,四肢肌张力低,上肢肌力 3~4 级,四肢腱反射消失,肢体感觉异常,未引出病理征。

126. 该患者的病变部位可能位于
A. 中枢　B. 内囊　C. 脑干
D. 周围神经　E. 小脑

127. 为明确诊断,应对患者进行的检查是
A. CT　B. B 超　C. X 线
D. 心电图　E. 神经传导速度检查

第 8 章　重症肌无力与周期性瘫痪

（执业医师需掌握）

128. 儿童重症肌无力的临床特点是
A. 多局限于眼外肌瘫痪　B. 局限于四肢肌无力　C. 易发生重症肌无力危象
D. 严重全身无力　E. 易发生延髓肌瘫痪

129. 重症肌无力患者出现反拗危象时的正确治疗原则是
A. 鼻饲大剂量吡啶斯的明和人工辅助呼吸　B. 肌内注射新斯的明和人工辅助呼吸
C. 静脉注射腾喜龙和人工辅助呼吸　D. 静脉注射洛贝林和人工辅助呼吸
E. 人工辅助呼吸

130. 女，42 岁，双眼睑下垂，复视伴吞咽困难 2 个月，症状在下午和劳累后加重。为明确诊断，无需进行的检查为
A. ACh 受体抗体滴度　B. 血清铜　C. 新斯的明试验
D. 纵隔 CT　E. 肌疲劳试验

131. 女，35 岁。1 年前出现右眼睑下垂、视物成双，伴四肢无力，休息后减轻，疲劳后加重。半年前出现右眼睑下垂伴饮水呛咳、声音嘶哑。该病的产生机制是
A. 运动神经末梢电压门控 Ca^{2+} 通道失活　B. 终板膜上的乙酰胆碱受体受到破坏
C. 终板膜因胆碱酯酶失活而持续去极化　D. 神经-骨骼肌接头处乙酰胆碱释放减少
E. 骨骼肌肌膜上的电压门控 Na^{+} 通道失活

132. 女，26 岁。感冒后出现全身无力，双眼睑下垂 3 天，晨起症状较轻，活动后加重。对该患者不必要的检查是
A. 胸腺 CT　B. 肌肉活检　C. 重复神经刺激
D. 甲状腺功能检查　E. 新斯的明试验

133. 重症肌无力患者应避免应用的药物是
A. 青霉素　B. 万古霉素　C. 免疫球蛋白 G
D. 头孢噻肟　E. 盐酸小檗碱

134. 重症肌无力患者应用胆碱酯酶抑制剂可出现的症状是
A. 瞳孔散大　B. 心率增快　C. 心输出量增加
D. 口干　E. 呼吸困难

135. 重症肌无力胆碱能危象是由于
A. 抗胆碱酯酶活性消失　B. 抗胆碱酯酶药物用量不足　C. 抗胆碱酯酶药物过敏
D. 抗胆碱酯酶药物过量　E. 抗胆碱酯酶药物作用突然消失

136. 不支持重症肌无力诊断的临床依据是
A. 波动性眼睑下垂和复视　B. 四肢肌无力晨轻暮重　C. 低频电刺激电位衰竭>10%
D. 运动后四肢易疲劳　E. 疲劳试验休息后症状无改善

137. 原发性醛固酮增多症患者出现肌无力的原因是
A. 持续性高血压　B. 血钠潴留过多　C. 持久尿量过多
D. 尿钾排出增多　E. 血钾浓度降低

138. 频发的周期性瘫痪应选的治疗是
A. 胸腺摘除　B. 乙酰唑胺　C. 泼尼松

D. 吡啶斯的明　　E. 卡马西平

(139~141 题共用题干)女性,30 岁。患甲状腺功能亢进症 2 年。夜间突然出现双下肢软瘫。查体:神志清楚,血压 120/55mmHg,心率 100 次/分,律齐。双侧甲状腺弥漫性Ⅱ度肿大,无血管杂音。双下肢膝反射减退,无肌萎缩,Babinski 征阴性。颅脑 CT 无异常。

139. 本病最可能的诊断是甲状腺功能亢进症合并
A. 甲状腺毒症心脏病　　B. 甲状腺功能亢进性肌炎　　C. 重症肌无力
D. 周期性瘫痪　　E. 癔症

140. 导致患者双下肢瘫痪的直接原因是
A. 重症肌无力　　B. 脑栓塞　　C. 血钾过低
D. 血钾过高　　E. 血钙过低

141. 此患者的急救处理是
A. 气管插管人工呼吸　　B. 静脉注射钙剂　　C. 静脉滴注氯化钾
D. 纠正电解质紊乱　　E. 抗凝治疗

A. 眼裂正常,瞳孔扩大,直接对光反射迟钝　　B. 眼裂扩大,瞳孔缩小,直接对光反射正常
C. 眼裂变小,瞳孔缩小,直接对光反射正常　　D. 眼裂变小,瞳孔正常,直接对光反射正常
E. 眼裂变小,瞳孔扩大,直接对光反射消失

142. 动脉瘤性动眼神经麻痹的临床表现是
143. 霍纳综合征的临床表现是
144. 重症肌无力眼肌型的临床表现是

第十七篇　精神病学

第1章　概述与症状学

（执业医师及助理医师均需掌握）

1. 关于精神障碍病因学的描述，正确的是
   A. 精神障碍均主要由心理因素导致　　B. 生活事件是精神分裂症发病的主要因素
   C. 性格缺陷是焦虑障碍的主要病因　　D. 5-羟色胺递质紊乱是躁狂发作的病因
   E. 急剧严重的精神刺激是急性应激障碍发病的直接原因
2. 属于虚幻的知觉体验是
   A. 幻觉　　B. 妄想　　C. 人格
   D. 错觉　　E. 知觉改变
3. 患者知觉体验中表现为错觉的是
   A. 看见面前的高楼变矮　　B. 将输液管看成一条蛇　　C. 感觉周围的事物变大
   D. 感觉皮肤上有蚂蚁在爬　　E. 听见汽车喇叭里有骂她的声音
4. 下列不属于感知觉综合障碍的是
   A. 感觉10米外的桌子距离自己很近，一放杯子时掉在地上
   B. 看到自己母亲的眼睛一时很大，一时又变小了
   C. 听到公交车的声音就听到自己被骂
   D. 感觉自己的手一会变小，一会变大
   E. 感觉周围的房子一会变大，一会又变小
5. 下列关于幻觉的叙述，最准确的是
   A. 错误的感知体验　　B. 虚幻的知觉体验　　C. 歪曲的知觉体验
   D. 歪曲的感觉体验　　E. 虚幻的感觉体验
6. 男，35岁。诊断为“酒精所致精神障碍”。入院后感到身体表面有许多虫子在皮肤上爬行、瘙痒难忍、烦躁不安。此症状最可能是
   A. 感觉过敏　　B. 感觉倒错　　C. 幻触
   D. 本体幻觉　　E. 错觉
7. 患者在空旷的操场上散步突然听到两个声音为患者衣着是否暴露而争吵不休，各说各理，而此时周围并无他人。这个症状是
   A. 思维化声　　B. 思维鸣响　　C. 争论性幻听
   D. 评论性幻听　　E. 命令性幻听
8. 每当听到电话铃声的同时就听到辱骂自己的声音，该症状是
   A. 心因性幻听　　B. 元素性幻听　　C. 反射性幻听
   D. 假性幻听　　E. 功能性幻听
9. 不符合精神检查原则的是
   A. 在交谈过程中需注意非言语性交流　　B. 建立良好的医患关系

C. 先提开放式问题,后提封闭式问题　D. 先问一般性问题,后问实质性问题
E. 针对患者的自述症状,应与其认真讨论并当面纠正

10. 对客观事物整体的感知正确,但对个体属性的感知错误。以下症状符合该描述的是
A. 幻觉　B. 谵妄　C. 视物变形症
D. 错觉　E. 妄想

11. 男,28岁。其看见或听到"和平"二字时,马上想起"战争";看见或听到"安全"二字时,便想到"危险"二字。此症状是
A. 强迫性穷思竭虑　B. 强迫意向　C. 牵连观念
D. 超价观念　E. 强迫性对立观念

12. 患者将一盏球形灯看成是一副娃娃脸的画面,此现象是
A. 视物变形　B. 幻视　C. 错视
D. 非真实感　E. 妄想

13. 破裂性思维的表现是
A. 句与句之间无意义上的联系　B. 联想缓慢,言语速度慢　C. 联想加速,思维活跃
D. 用具体概念来代替抽象概念　E. 逻辑倒错性思维

14. 患者感到周围的环境和事物失去了色彩生机,好像与自己隔了一层膜。该表现属于
A. 幻觉　B. 人格解体　C. 梦样状态
D. 朦胧状态　E. 非真实感

15. 下列疾病中,最常出现思维贫乏的是
A. 血管性痴呆　B. 精神发育迟缓　C. 抑郁症
D. 精神分裂症　E. 神经衰弱

16. 强迫症的核心症状为
A. 强迫行为　B. 强迫意向　C. 强迫表象
D. 强迫性恐惧　E. 强迫观念

17. 女,30岁,工人。医生检查问:"你在想什么?"答:"详细的讲就是细菌问题,细菌在我们脑子里有些冲动力,空气不大新鲜,也不奇怪,冻死苍蝇。"该患者的症状是
A. 思维插入　B. 思维破裂　C. 思维云集
D. 强制性思维　E. 音联意联

A. 思维被夺取　B. 思维被洞悉　C. 思维贫乏
D. 思维散漫　E. 思维迟缓

18. 患者讲了一番话,但周围的医师们都不理解他要说什么问题,该症状为
19. 患者对医师的问题只能在表面上产生反应,缺乏进一步的联想,该症状为

A. 强迫性思维　B. 思维奔逸　C. 联想散漫
D. 强制性思维　E. 思维插入

20. 患者反复出现一些想法,明知不必要或不合理,但无法控制。该症状为
21. 患者体验到脑内概念不断涌现,一个意念接着一个意念。该症状为

A. 思维贫乏　B. 病理性赘述　C. 思维迟缓
D. 思维散漫　E. 思维破裂

22. 患者在回答问题时需要医生反复提醒才能勉强回答,且语速慢,语量少,声音低微。该症状是
23. 患者在叙述一件事时思路曲折,加入许多不必要的细节,坚持一定要按他原来的方式讲完,最终才回到主题上来。该症状是

24. 男,28 岁。近 1 年来认为自己的五脏六腑都已经腐烂、变空了。患者的症状是
A. 幻觉　B. 虚构　C. 虚无妄想
D. 感知综合障碍　E. 错觉

25. 不符合妄想特征的是
A. 内容与客观现实不符合　B. 是一种病理的信念　C. 内容多与患者自身相关
D. 内容受文化背景影响　E. 受教育程度越高越容易出现妄想

26. 男,28 岁。以前精神正常,到某地出差刚下火车,突然感到要爆发战争了,因为好多人都往出口处跑。最可能的症状是
A. 错觉　B. 幻觉　C. 感知综合障碍
D. 原发性妄想　E. 继发性妄想

27. 不属于思维内容障碍的是
A. 思维散漫　B. 被监视感　C. 被洞悉感
D. 被控制感　E. 思维被播散

28. 患者觉得被跟踪,被监视,饭中有人下毒,属于
A. 夸大妄想　B. 关系妄想　C. 嫉妒妄想
D. 被控制妄想　E. 被害妄想

29. 女,26 岁。半年来无原因认为同事指桑骂槐地议论她,街上行人的举动及电视内容都针对她。为之心情烦躁,不敢上班。该患者的精神症状最可能是
A. 被害妄想　B. 情感脆弱　C. 影响妄想
D. 关系妄想　E. 焦虑

30. 男,21 岁。近 6 个月来在家中闭门不出,认为有人在拿自己做实验,用射线照射自己,有人监控自己,使自己活不下去了,只有躲在家中才安全。既往体健,无精神病家族史。该患者的主要症状为
A. 关系妄想　B. 被害妄想　C. 夸大妄想
D. 疑病妄想　E. 内心被揭露感

31. 女,26 岁,大学文化。3 天前听到自己丈夫在空难中死亡的噩耗后,突然表现动作减少,目光呆滞,表情茫然,言语迟缓,对问话的回答只言片语。该患者的精神症状属于
A. 偏执状态　B. 抑郁状态　C. 谵妄状态
D. 亚木僵状态　E. 痴呆状态

32. 随境转移主要见于
A. 精神分裂症　B. 适应障碍　C. 躁狂症
D. 脑器质性精神障碍　E. 精神发育迟滞

33. 模仿动作常见于
A. 精神分裂症　B. 抑郁症　C. 躁狂症
D. 脑器质性精神障碍　E. 老年痴呆

34. 以下疾病,最常出现智能障碍的是
A. 焦虑症　B. 抑郁发作　C. 精神分裂症
D. 强迫障碍　E. 脑器质性精神障碍

35. 外界轻微的刺激就容易引起情绪的强烈波动,或多愁善感,或兴奋激动。该症状是
A. 情感幼稚　B. 病理性激情　C. 情感倒错
D. 情感脆弱　E. 环性情绪

36. 男,35 岁。近 3 个月经常感到不明原因的紧张、害怕,对生活中的琐事思虑多,自己不能控制,为此感到苦恼,坐立不安,主动就诊。患者存在的主要症状是

A. 恐惧症状　B. 惊恐发作　C. 强迫症状
D. 焦虑症状　E. 强制思维

A. 情感淡漠　B. 抑郁状态　C. 痴呆状态
D. 脑衰弱综合征　E. 缄默状态

37. 意识清楚,记忆力差,生活自理能力下降,缺乏同情心,本能活动增多
38. 意识清楚,兴趣减退,思维迟缓,言语动作减少

39. 属于情感活动减退的症状是
A. 焦虑　B. 情感淡漠　C. 情感倒错
D. 情感低落　E. 情感脆弱
40. 有疑病妄想的患者到处求医,常表现为
A. 意志消沉　B. 意志减弱　C. 意志增强
D. 意志缺乏　E. 犹豫不决

A. 赘述症　B. 持续言语　C. 模仿言语
D. 刻板言语　E. 思维散漫
41. 患者在回答问题时对前一个问题的答案要重复多次才能转入后一个问题。该症状为
42. 患者不断地无目的地重复某些简单的言语。该症状为

43. 协调性精神运动性兴奋常见于
A. 激越性抑郁症　B. 创伤后应激障碍　C. 广泛性焦虑障碍
D. 精神分裂症青春型　E. 躁狂发作
44. 自知力是指
A. 对所服用药物的认知能力　B. 对既往身体状况的认知能力　C. 对躯体疾病的认知能力
D. 对自身精神状况的认知能力　E. 对未来身体状况的认知能力
45. 痴呆最常见于
A. 精神分裂症　B. 脑器质性精神障碍　C. 广泛性焦虑障碍
D. 抑郁症　E. 躁狂症
46. 关于脑衰弱综合征,错误的叙述是
A. 核心症状是易兴奋和易疲劳　B. 睡眠障碍是其常见症状之一　C. 可继发于许多躯体疾病
D. 可见于精神分裂症　E. 对于神经衰弱具有诊断特异性
47. 遗忘综合征的三大特点是
A. 记忆障碍、幻觉、定向障碍　B. 记忆障碍、虚构、定向障碍
C. 谵妄、虚构、定向障碍　D. 幻觉、虚构、定向障碍
E. 谵妄、幻觉、记忆障碍

第2章　脑器质性疾病与精神活性物质所致精神障碍

(执业医师及助理医师均需掌握)

48. 急性脑病综合征常见于
A. 精神分裂症　B. 抑郁症　C. 精神发育迟滞
D. 监护病房中的垂危患者　E. 心身疾病
49. 男,70岁。近3天夜间吵闹不安,称看见墙上有蜈蚣、蛇在爬,紧张、语乱。白天较安静,对夜间的行

为不能回忆。生活自理能力下降。当前最恰当的诊断是

A. 遗忘综合征　B. 癫狂状态　C. 幻觉状态

D. 痴呆状态　E. 谵妄状态

50. 急性脑综合征最多见的幻觉是

A. 视幻觉　B. 听幻觉　C. 嗅幻觉

D. 触幻觉　E. 味幻觉

51. 急性脑综合征在临床上最常见的表现是

A. 嗜睡　B. 谵妄状态　C. 昏迷

D. 意识混浊　E. 昏睡

52. 男,56岁。近半年工作压力大,经常出现差错,刚做过的事就记不起来,性格变得古怪,喜怒无常,有时情绪低落,一次喝了50ml啤酒后,找不到家而露宿街头。最可能的诊断是

A. 阿尔茨海默病　B. 酒精所致遗忘综合征　C. 抑郁发作

D. 躁狂发作　E. 分离(转换)性障碍

A. 常有妄想　B. 早期出现人格改变　C. 有意识障碍

D. 有记忆障碍和智能障碍　E. 常有错觉、幻觉

53. 阿尔茨海默病和血管性痴呆的共同点是

54. 阿尔茨海默病区别于血管性痴呆的特点是

(55~57题共用题干)男,59岁。进行性记忆力下降6个月。怀疑有人偷自己的东西,认为爱人对自己不忠诚,常与邻居发生争执,有时尾随年轻女性,行为幼稚、任性。家人无法管理而住院治疗。既往无脑血管病史。生命体征及神经系统检查正常。

55. 该患者最可能的诊断是

A. 偏执性精神病　B. 血管性痴呆　C. 中毒性脑病

D. 阿尔茨海默病　E. 精神分裂症

56. 病史中未提示存在的症状是

A. 近事遗忘　B. 强制性思维　C. 人格改变

D. 易激惹　E. 嫉妒妄想

57.【假设信息】该患者在住院期间,突然出现大量丰富的幻觉,这时对症处理应选用的药物是

A. 曲唑酮　B. 丁螺环酮　C. 利培酮

D. 阿普唑仑　E. 丙戊酸钠

58. 男,68岁。2年前出现过短暂的意识混浊,清醒后有几天听到空中有人在向他打招呼,思维迟缓,情感脆弱,几周后症状明显减轻。近半年来类似症状发作过2次,记忆力明显减退。头颅MRI示大脑多发性腔隙性梗死。最可能的诊断是

A. 精神分裂症　B. 血管性痴呆　C. 癫痫所致精神障碍

D. 阿尔茨海默病　E. 抑郁发作

59. 躯体疾病所致精神障碍,临床表现的共同特点,不正确是

A. 精神症状多有"昼轻夜重"的波动性

B. 可表现出急性或慢性脑病综合征

C. 精神症状一般发生在躯体疾病的恢复期

D. 病程及预后取决于原发躯体疾病的状况与治疗是否得当

E. 具有躯体疾病的临床表现和实验室阳性发现

(60~62 题共用题干)男,56 岁。2 年来表现为烦渴多食、多饮、多尿,体重下降,疲倦无力,注意力不集中,失眠,情绪低落,主动性差,反应迟钝。1 周前出现兴奋不安、言语紊乱而住院。

60. 该患者最可能的诊断是
A. 甲状腺功能减退所致精神障碍　B. 甲状腺功能亢进所致精神障碍
C. 糖尿病所致精神障碍　D. 肾上腺皮质功能减退所致精神障碍
E. 肾上腺皮质功能亢进所致精神障碍

61. 下列最有诊断价值的检查是
A. 尿常规　B. 血常规　C. T_3、T_4、TSH 测定
D. 血糖测定　E. ACTH 兴奋试验

62. 该患者最重要的治疗是
A. 控制血糖　B. 补充雌激素　C. 控制精神症状
D. 补充甲状腺素　E. 应用肾上腺皮质激素

63. 男,35 岁。近 1 年来经常吸食"冰毒"。1 个月前因工作差错被老板训斥,开始怀疑自己的一举一动被人监控,单位同事含沙射影暗示他将被老板谋害,曾数次报案请求公安局保护。该患者最可能的诊断是
A. 精神分裂症　B. 分裂情感性精神障碍　C. 应激相关障碍
D. 妄想性障碍　E. 苯丙胺类兴奋剂所致精神障碍

64. 下列属于酒精戒断综合征的是
A. Wernicke 脑病　B. 酒精所致幻觉症　C. 酒精性痴呆
D. 科萨科夫综合征　E. 震颤谵妄

65. 关于酒精戒断综合征的处理,正确的是
A. 常规使用抗癫痫药物预防癫痫发生　B. 短期使用苯二氮䓬类药物进行替代治疗
C. 一般无需补充 B 族维生素　D. 长期使用抗精神病药物预防震颤谵妄
E. 常规使用抗精神病药物预防精神症状

66. 男,48 岁。长期大量饮酒,自行戒酒 2 天后,出现心悸、大汗、发热、双手震颤、兴奋激越、烦躁不安,晚上还说看见有鬼。对该患者目前的治疗方案不恰当的是
A. 预防感染　B. 饮酒缓解戒断症状　C. 抗精神病药物控制兴奋状态
D. 用地西泮缓解戒断症状　E. 补充水、电解质、B 族维生素

67. 女,35 岁,近 2 个月来食欲增加,出汗增加,怕热,体重下降并易激惹,活动增加,独处时偶尔听到有人议论她,或觉得一些行人对她吐痰等。实验室检查:血 T_3、T_4 增加,空腹血糖 5.5mmol/L。该患者最可能的诊断是
A. 糖尿病所致精神障碍　B. 精神分裂症　C. 躁狂发作
D. 神经性贪食症　E. 甲状腺功能亢进症所致精神障碍

68. 男,25 岁。有一天饮一两白酒后出现意识不清,怀疑同饮者欲加害于他,言语行为狂暴,将同饮者打伤,数十分钟后进入酣睡,醒后完全不能回忆,幼年受过脑外伤。该患者最可能的诊断是
A. 病理性醉酒　B. 遗忘综合征　C. 妄想
D. 脑外伤所致精神障碍　E. 单纯性醉酒

69. 男,55 岁。大量饮酒 10 余年,停止喝酒后 2 天出现步态不稳、四肢震颤,看到床上有鱼、虾在跳,分不清方向,判断不了时间。头颅 CT 无异常。该患者最可能的诊断是
A. 癫痫所致精神障碍　B. 脑器质性精神障碍　C. 酒精性痴呆
D. 震颤谵妄　E. 精神分裂症

70. 关于戒酒综合征,错误的说法是

A. 与长期、大量饮酒有关　B. 症状初发于突然停酒后 48~96 小时内
C. 可有情绪障碍、思维障碍、意识障碍等表现　D. 为慢性酒精中毒的表现形式之一
E. 可导致患者死亡

A. 氯氮平　B. 氯丙嗪　C. 卡马西平
D. 氟西汀　E. 阿扑吗啡

71. 属非典型抗精神病药物的是
72. 属选择性五羟色胺重吸收抑制剂(SSRI)的是
73. 用于治疗酒精依赖的药物是

第 3 章　精神分裂症与心境障碍

(执业医师及助理医师均需掌握)

74. 不属于精神分裂症常见症状的是
A. 情感症状　B. 阴性症状　C. 冲动行为
D. 记忆力减退　E. 阳性症状

75. 属于精神分裂症阳性症状的是
A. 思维缺乏　B. 情感平淡　C. 思维散漫
D. 情感淡漠　E. 意志减退

76. 精神分裂症患者最常出现的幻觉是
A. 触幻觉　B. 视幻觉　C. 嗅幻觉
D. 听幻觉　E. 味幻觉

77. 对精神分裂症诊断特异性较高的症状是
A. 被害妄想　B. 夸大妄想　C. 疑病妄想
D. 嫉妒妄想　E. 物理影响妄想

78. 男,31 岁。精神分裂症急性发作入院,因兴奋躁动、敌对攻击严重,给予氟哌啶醇 5mg 一天 2 次肌内注射。次日患者出现双眼上翻、斜颈、面肌痉挛、角弓反张。此时首选的处理方法是
A. 立即停药　B. 口服普萘洛尔　C. 口服苯二氮䓬类药物
D. 电抽搐治疗　E. 肌内注射东莨菪碱

(79~81 题共用题干)女,23 岁。2 个月前无明显诱因出现自言自语,有时独自发笑,有时对空谩骂,感觉被人监视和跟踪,思想和行为被某种外力控制,情绪低落,觉得被逼得走投无路,曾报警寻求保护,睡眠差。实验室检查未发现异常。

79. 该患者最可能的诊断是
A. 妄想性障碍　B. 精神分裂症　C. 抑郁发作
D. 双相障碍　E. 分裂情感性精神障碍

80. 患者在药物治疗 2 个月后,症状缓解,但出现停经和泌乳现象。此治疗药物最可能的是
A. 奥氮平　B. 氯氮平　C. 利培酮
D. 喹硫平　E. 阿立哌唑

81. 最可能与该不良反应有关的多巴胺通路是
A. 中脑被盖区通路　B. 黑质纹状体通路　C. 中脑皮质通路
D. 下丘脑结节漏斗通路　E. 中脑边缘系统通路

A. 喹硫平　B. 氯氮平　C. 利培酮
D. 舒必利　E. 奥氮平

82. 最易出现锥体外系不良反应的药物是
83. 最易出现粒细胞缺乏不良反应的药物是

84. 男,20岁,大学生。不食、不语伴行为异常6个月,曾在当地医院就诊。此次入院检查:神志清,仰卧,头颈悬空不动,无自发言语,面无表情,拒绝服从医生的简单指令,眼球活动自如。有时突然拍门或抢病友的东西。体格检查未见异常,能够最快缓解其症状的治疗措施是
A. 静脉滴注氯丙嗪　B. 肌内注射氟哌啶醇　C. 肌内注射地西泮
D. 改良电抽搐治疗　E. 口服利培酮

85. 关于精神分裂症的临床特点,错误的是
A. 多在青壮年时发病　B. 多以急性方式起病　C. 常有自知力丧失
D. 偏执型是最常见的类型　E. 思维、情感、行为不协调

86. 不属于第二代抗精神病药的是
A. 喹硫平　B. 利培酮　C. 奥氮平
D. 氯氮平　E. 舒必利

87. 男,16岁。近2年来无明显原因出现与人交往减少,经常独自呆于一处,有时会不明原因发笑。对家人漠不关心。生活越来越懒散。以前感兴趣的事情,现在也不做了。最可能的诊断是
A. 重性抑郁症迟滞型　B. 中度精神发育迟滞　C. 精神分裂症紧张型
D. 精神分裂症衰退型　E. 精神分裂症单纯型

88. 女,25岁。3天前受惊吓后突然不语不动,不吃不喝,肢体僵硬,口中唾液外流,不知主动吐出,晚间自己到厨房找吃的。患者2年前曾有凭空闻语,捡拾垃圾等怪异行为,持续1个月好转。最可能的诊断是
A. 脑器质性精神障碍　B. 精神分裂症　C. 妄想性障碍
D. 急性应激障碍　E. 分离(转换)性障碍

89. 一个女孩跟同学发生争执,走到大街上后觉得人们都在议论自己,仿佛听见有人骂自己,遂站在马路上想让汽车撞死,治疗过程中出现肌肉震颤、手抖等锥体外系反应。应采取的处理方式是
A. 立即停药　B. 服用苯海索　C. 服用多巴胺受体激动剂
D. 服用溴隐亭　E. 服用抗组胺药物

A. 非苯二氮䓬类　B. 苯二氮䓬类　C. 5-羟色胺再摄取抑制剂
D. 心境稳定剂　E. 多巴胺和5-羟色胺受体拮抗剂

90. 治疗精神分裂症选用的药物是
91. 治疗抑郁症选用的药物是

(92~94题共用题干)男,40岁。精神分裂症病史18年,第3次入院。入院后给予氟哌啶醇治疗,3天后加至30mg/d,第7天出现肌肉僵硬、震颤、吞咽困难。体温39.8℃,意识不清,血清肌酸磷酸激酶升高。

92. 该患者出现的情况最可能是
A. 迟发型运动障碍　B. 急性肌张力障碍　C. 恶性综合征
D. 5-羟色胺综合征　E. 药源性帕金森综合征

93. 该患者首要的处理方法是
A. 即刻停用氟哌啶醇　B. 盐酸苯海索治疗　C. 降温、抗感染
D. 立即给予电抽搐治疗　E. 换用非典型抗精神病药物治疗

94. 针对该患者的情况,有特效的治疗药物是

A. β受体阻滞剂　　B. 多巴胺受体激动剂　　C. 广谱抗生素
D. 苯二氮䓬类药物　　E. 抗胆碱能药物

95. 在全球疾病负担中排首位的精神障碍是
A. 焦虑症　　B. 强迫症　　C. 抑郁症
D. 阿尔茨海默病　　E. 精神分裂症

96. 心境障碍的临床类型不包括
A. 躁狂发作　　B. 抑郁发作　　C. 惊恐发作
D. 恶劣心境障碍　　E. 环性心境障碍

97. 抑郁症的特征性睡眠障碍是
A. 入睡困难　　B. 唤醒困难　　C. 早醒
D. 睡眠过多　　E. 睡眠多梦

98. 下列属于选择性 5-羟色胺再摄取抑制剂的是
A. 文拉法辛　　B. 度洛西汀　　C. 氟西汀
D. 米氮平　　E. 利培酮

99. 女,26 岁。近 1 个月来出现失眠,难以入睡,食欲较差,体重减轻 2kg。自觉无用、孤独,没有人关心自己,对未来也不抱任何希望,偶尔出现生不如死的想法。目前此患者存在的突出症状是
A. "三无"症状　　B. 思维迟缓　　C. 睡眠障碍
D. "三自"症状　　E. 消极观念

100. 患者,女,21 岁。心情压抑、烦闷、兴趣下降 3 年。3 年前高考发挥不好,父母决定让其读二本,自己觉得学校不理想,抱怨都是父母让自己没有好的前途,渐渐做事情没动力,很少参加社团活动。近 3 年来虽然能完成学业,但一直感觉疲惫,生活没有色彩。该患者最可能的诊断是
A. 急性抑郁障碍　　B. 社交恐惧症　　C. 精神分裂症
D. 恶劣心境　　E. 双相障碍

101. 男,36 岁,诊断为抑郁症,服用帕罗西汀 40mg/d 治疗 6 个月,症状完全缓解 4 个月。2 天前患者自行停药,目前出现头晕、恶心、坐立不安、站立不稳。最可能的原因是
A. 5-羟色胺综合征　　B. 帕罗西汀停药反应　　C. 原有抑郁症状复发
D. 原有焦虑症状复发　　E. 恶性综合征

102. 男,45 岁。近 3 个月来早醒,食欲下降,疲乏无力,感觉头脑反应迟钝,话少,兴趣下降,认为前途暗淡,有厌世和消极念头。精神状况检查未发现幻觉和妄想,查体无明显异常发现,头颅 CT 正常。最可能的诊断是
A. 适应障碍　　B. 焦虑症　　C. 抑郁症
D. 分离性障碍　　E. 精神分裂症

(103~105 题共用题干)女,23 岁。1 个月前分娩后出现失眠、心情烦躁。近 2 周加重,认为自己很笨,没有能力带好小孩,怕小孩夭折,觉得丈夫不再喜欢自己了,猜疑丈夫有外遇,整日以泪洗面,称不想活了,甚至要带孩子一起去死,遂入院治疗。

103. 最可能的诊断是
A. 适应障碍　　B. 抑郁发作　　C. 焦虑状态
D. 妄想性障碍　　E. 分裂样障碍

104. 患者经治疗后,情绪逐渐好转,近 1 周显兴奋、容易激动,好管闲事,自我感觉良好,称将来要成为中国女首富,丈夫根本配不上自己。目前最可能的诊断是
A. 妄想性障碍　　B. 产后抑郁症　　C. 精神分裂症

D. 环性心境障碍　　E. 双相障碍、躁狂发作

105. 目前可换用的治疗方案是
A. 心境稳定剂+抗抑郁药物　B. 非典型抗精神病药+抗抑郁药物
C. 电抽搐治疗+抗抑郁药物　D. 抗抑郁药物+苯二氮䓬类药物
E. 心境稳定剂+非典型抗精神病药

(106~108 题共用题干)女,35 岁。半年前母亲突然病故,此后失眠、情绪低沉,不愿与人交往。近 3 个月来独处时常听见有声音对她讲话,说母亲病故与某人有关,故多次给公安机关写信反映母亲被害之事,后来又感到自己的思维、情绪不由自己支配,自己的想法还未说出已人人皆知,常独自哭泣。神经系统检查未见异常,有慢性肝炎病史 3 年,目前肝功 ALT80U/L。

106. 该患者没有出现的症状是
A. 被害妄想　B. 强制性思维　C. 情绪低落
D. 思维被洞悉妄想　E. 言语性幻听

107. 该患者最可能的诊断是
A. 抑郁症伴精神性症状　B. 反应性精神病　C. 神经衰弱
D. 精神分裂症伴抑郁症　E. 躯体疾病所致精神障碍

108. 该患者治疗首选的药物是
A. 氯硝西泮　B. 氟西汀　C. 氯丙嗪
D. 丙米嗪　E. 利培酮

第 4 章　神经症性障碍与分离(转换)性障碍

(执业医师及助理医师均需掌握)

109. 不符合神经症共同特点的是
A. 患者常有一定的易感素质　B. 症状可有相应的器质性病变　C. 社会功能多相对完好
D. 与心理社会因素有关　E. 多无明显的精神病性症状

110. 男,28 岁。近 1 个月来 3 次无明显诱因突发心悸、胸闷、窒息感、浑身冷汗,感觉自己快不行了,极度紧张害怕,持续 10 余分钟。每次去医院急诊,除心电图示窦性心动过速外,余无异常。事后总担心下次再发作。该患者最可能的诊断是
A. 恐惧性障碍　B. 广泛性焦虑障碍　C. 分离(转换)性障碍
D. 惊恐障碍　E. 心脏病所致焦虑障碍

111. 患者,女,44 岁。近 3 个月来频发胸闷、气短、心悸、濒死感,持续 15 分钟左右可自行缓解。查心电图、头颅 CT 无异常。治疗时,应长期服用的药物是
A. 普萘洛尔　B. 帕罗西汀　C. 他巴唑
D. 劳拉西泮　E. 阿立哌唑

A. 强迫观念和/或强迫动作　B. 被害妄想和被控制妄想　C. 紧张性木僵
D. 思维中断和思维不连贯　E. 自主神经功能亢进和运动性不安

112. 强迫症的主要症状是
113. 广泛性焦虑障碍的主要症状是

(114~116 题共用题干)女,36 岁。春节乘长途汽车回家途中,突然感到心前区发闷,呼吸困难,出汗,觉得自己就要不行了,不能自控,要发疯,为此感到紧张、害怕,立即被送到医院急诊。未经特殊

处理,半小时后症状消失。体格检查正常。

114. 该患者最可能的诊断是
A. 惊恐发作　B. 嗜铬细胞瘤　C. 支气管哮喘
D. 心绞痛　E. 分离(转换)性障碍

115. 该患者首先需要做的辅助检查是
A. 超声心动图　B. 胸部 X 线片　C. 头颅 CT
D. EEG　E. ECG

116. 该患者长期治疗应首选的药物是
A. 氨茶碱　B. 帕罗西汀　C. 地西泮
D. 苯乙肼　E. 普萘洛尔

117. 下列不属于特定恐惧症的恐惧对象是
A. 雷电　B. 社交场合　C. 动物
D. 尖锐物品　E. 鲜血

118. 分离(转换)性障碍最突出的特征是
A. 存在精神病性症状　B. 心理社会因素与发病无关　C. 社会功能受损
D. 发病与转归受暗示影响　E. 自知力缺乏

(119~120 题共用题干) 女,54 岁。30 年前与丈夫生气后突然出现意识不清,口吐白沫,角弓反张,四肢肌肉阵挛性收缩,半小时后恢复。发作过程中没有唇舌咬伤及大小便失禁。以后在心情稍有不顺或阴天打雷时就会有类似发作,发作间歇期正常。

119. 为明确诊断,应首选的辅助检查是
A. 头颅 CT　B. 心电图　C. 脑血流图
D. 肌电图　E. 脑电图

120. 该患者最可能的诊断是
A. 继发性癫痫　B. 恐惧性焦虑障碍　C. 分离(转换)性障碍
D. 急性应激障碍　E. 惊恐障碍

(121~123 题共用题干)女,53 岁。近 1 年来怕脏,不敢倒垃圾和上公共厕所。在街上遇到垃圾车也害怕,会反复洗手。自己知道不应该,但不能控制,为此感到苦恼而就诊。

121. 患者的诊断是
A. 疑病障碍　B. 广泛性焦虑障碍　C. 分离性障碍
D. 强迫障碍　E. 恐惧性焦虑障碍

122. 首选的治疗药物是
A. 氯米帕明　B. 奥氮平　C. 丁螺环酮
D. 利培酮　E. 阿普唑仑

123. 最宜联合使用的治疗方法是
A. 口服丙戊酸钠　B. 家庭治疗　C. 经颅磁刺激治疗
D. 电抽搐治疗　E. 认知行为治疗

124. 女,48 岁。1 年来常无故出现紧张不安、多虑、失眠、头晕、头痛、注意力不集中、阵发性心悸、胸闷、四肢无力,在多家医院就诊,ECG、心电图负荷试验、冠状动脉造影、头颅 MRI 检查均未发现异常。该患者最可能的诊断是
A. 躯体形式障碍　B. X 综合征　C. 广泛性焦虑障碍

D. 恐惧性焦虑障碍　　E. 疑病障碍

125. 关于躯体化障碍的描述，错误的是
A. 女性多于男性　　B. 症状无法用躯体疾病来解释　　C. 患者躯体症状是其真实的体验
D. 症状多种，而且多变　　E. 患者接受"症状并不等同于躯体疾病"的解释

126. 男，30岁，工程师。长期对工作不满。近半年失眠、多梦、易惊醒、头痛，部位不定，怀疑得了脑瘤，反复要求检查，没有阳性发现，医生解释也不能改变他的想法。注意力不集中，记忆力下降，工作效率降低。该患者最可能的诊断是
A. 强迫障碍　　B. 精神分裂症　　C. 疑病障碍
D. 恐惧性焦虑障碍　　E. 广泛性焦虑障碍

127. 女，22岁。一年来反复洗手、洗衣服，总担心洗不干净或者碰到脏东西，明知道担心过分却不能自已。为此不能正常工作和做家务，苦恼万分。该患者最可能的诊断是
A. 强迫障碍　　B. 疑病障碍　　C. 广泛性焦虑障碍
D. 恐惧性焦虑障碍　　E. 妄想性障碍

第5章　应激相关障碍与心理生理障碍

（执业医师需掌握）

128. 生活事件、日常困扰、重大变故和文化冲突等心理应激源所属的类型为
A. 社会性应激源　　B. 职业性应激源　　C. 生物性应激源
D. 环境性应激源　　E. 物理性应激源

129. 女，40岁。在听到家中房子因洪水倒塌的消息后，突然顿足哭喊，表情恐惧而紧张，拿砖头打砸旁边的房子，反复喊叫"我没有房子啦，我没有房子啦……"，1天后开始逐渐恢复平静。该患者最可能的诊断是
A. 分离(转换)性障碍　　B. 创伤后应激障碍　　C. 适应障碍
D. 急性应激障碍　　E. 急性短暂性精神病性障碍

130. 女，35岁。2个月前驾车发生重大交通事故致丈夫身亡，自己轻伤。近1个月频繁噩梦，梦境中反复呈现车祸惨象，时常感到心悸不安。不敢看交通事故的新闻，不敢再驾车，情感麻木，郁郁寡欢。该患者的诊断是
A. 抑郁症　　B. 焦虑症　　C. 创伤后应激障碍
D. 急性应激障碍　　E. 适应障碍

131. 女，19岁。近3个月至少每周2次因情绪波动而暴饮暴食，每次摄入常人4~5倍的量，无法自控。过后又担心发胖采用催吐的方法将食物全部吐出。暴食后出现内疚自责，甚至自杀观念。体重无明显下降。该患者的诊断是
A. 躁狂发作　　B. 神经性贪食　　C. 神经性呕吐
D. 神经性厌食　　E. 抑郁发作

132. 诊断神经性厌食时，BMI不高于
A. 16　　B. 17.5　　C. 18
D. 20　　E. 25

133. 男孩，7岁。近年来多次从睡眠中惊吓一声醒来，表情恐惧，呼吸急促，出汗，持续数分钟，对家人的呼唤没有相应的反应，早晨起来后往往不能回忆。脑电图检查无特殊发现。该患儿最可能的诊断是
A. 梦魇　　B. 夜惊　　C. 分离性障碍

D. 睡行症　　E. 神经衰弱

134. 男,23 岁。3 个月前劳务输出首次出国,出现紧张、心慌、易怒、失眠多梦,不愿上班,每天打电话向家人寻求安慰。回国 1 个月后症状自行缓解,恢复如常。该患者最可能的诊断是

A. 创伤后应激障碍　　B. 广泛性焦虑障碍　　C. 急性应激障碍

D. 社交焦虑障碍　　E. 适应障碍

(135~137 题共用题干)女,50 岁。入睡困难、多梦易醒 1 个月,每周至少 3 次。同时感到精力疲乏,工作效率下降,对睡眠质量产生恐惧感,担心免疫力下降,否认情绪低落和消极观念。

135. 该患者最可能的诊断是

A. 疑病症　　B. 恐惧症　　C. 焦虑症

D. 失眠症　　E. 神经衰弱

136. 对该患者应选择的治疗药物是

A. 苯巴比妥　　B. 奥氮平　　C. 氟西汀

D. 喹硫平　　E. 艾司唑仑

137. 该患者使用药物治疗的原则是

A. 大剂量冲击疗法　　B. 小剂量长疗程　　C. 足剂量短疗程

D. 足剂量按需服用　　E. 小剂量按需服用

(138~139 题共用题干)女,22 岁,在读大学生。于半年前觉得其身材不够苗条,开始极端地限制饮食,每餐只吃青菜、水果及极少量米饭。喝水较少,称水喝多了会水肿。体型日渐消瘦,但其仍认为偏胖。近 1 个月暴饮暴食,进食后为避免体重反弹而自行催吐,每周 4~5 次,并出现失眠,整夜难以入睡,情绪低落,不能坚持上课。

138. 该患者最可能的诊断是

A. 非器质性失眠症　　B. 抑郁症伴贪食　　C. 神经性呕吐

D. 神经性厌食症　　E. 神经性贪食症

139. 对患者的治疗措施不包括

A. 电抽搐治疗　　B. 认知行为治疗　　C. 抗抑郁药物治疗

D. 躯体支持治疗　　E. 小剂量抗精神病药物治疗

第十八篇　外科学

第 1 章　外科病人的体液和酸碱平衡失调

（执业医师及助理医师均需掌握）

1. 成人细胞外液占体重的百分比是
A. 35%　B. 30%　C. 40%
D. 20%　E. 25%
2. 外科病人最易发生水和钠代谢紊乱是
A. 原发性缺水　B. 低渗性缺水　C. 等渗性缺水
D. 高渗性缺水　E. 水过多
3. 男，65 岁。间断腹痛伴呕吐、乏力、少尿 6 小时，呕吐量大，无口渴。5 年前行“急性重症胰腺炎腹腔引流术”。此时患者最可能出现的水电解质平衡紊乱是
A. 高钾血症　B. 低渗性缺水　C. 等渗性缺水
D. 高渗性缺水　E. 稀释性低钠血症
4. 等渗性缺水的临床表现为
A. 化验检查见尿比重在 1.010 以下　B. 休克常伴有代谢性酸中毒　C. 明显口渴
D. 化验检查见血清 Na^+降低　E. 短期内体液的丧失达体重 3%时有休克
5. 男，20 岁。10000m 长跑后晕倒，眼窝下陷，神志欠清。急查血钾 5.3mmol/L，血钠 155mmol/L。该患者最可能的水电解质平衡紊乱类型是
A. 高渗性缺水　B. 低渗性缺水　C. 等渗性缺水
D. 低钠血症　E. 高钾血症
6. 治疗高渗性脱水理想的液体是
A. 5%碳酸氢钠液　B. 10%葡萄糖液　C. 0.9%氯化钠液
D. 0.45%氯化钠液　E. 平衡盐溶液
7. 高渗性缺水患者常见的临床表现是
A. 兴奋、手足麻木　B. 头晕、视力减退　C. 淡漠、反应迟缓
D. 呆滞、嗜睡　E. 口渴、谵妄
8. 男，25 岁，煤矿工人。被困井下 9 天，获救后诉口渴，体重由 70kg 降至 57kg，血钠 155mmol/L，血钾 4.0mmol/L。其水、电解质代谢紊乱的类型是
A. 高渗性缺水　B. 低渗性缺水　C. 等渗性缺水
D. 低钠血症　E. 高钾血症
9. 低渗性缺水的常见病因是
A. 大量出汗　B. 摄入水不足　C. 急性机械性肠梗阻
D. 急性化脓性腹膜炎　E. 大量使用利尿酸类利尿药
10. 下列溶液中，适合治疗等渗性缺水的是
A. 平衡盐溶液　B. 5%葡萄糖　C. 0.45%氯化钠

D. 10%葡萄糖　　E. 3%氯化钠

11. 仅用等渗盐水纠正等渗性缺水时,可导致
A. 高钠血症　　B. 高氯血症　　C. 水过多
D. 代谢性碱中毒　　E. 低钙

12. 等渗性脱水伴酸中毒的患者,在补充等渗盐水和碱性溶液,纠正脱水酸中毒后需注意可能发生
A. 低钠　　B. 低镁　　C. 低钾
D. 低氯　　E. 低磷

13. 女,50 岁。恶心呕吐伴乏力、少尿 6 小时,呕吐量大,无口渴。2 年前有腹部手术史。此时患者最可能出现的水电解质平衡紊乱是
A. 高渗性缺水　　B. 稀释性低钠血症　　C. 低渗性缺水
D. 等渗性缺水　　E. 高钾血症

14. 男,32 岁。大量呕吐、腹泻、少尿 1 天。查体:T36.5℃,P110 次/分,R24 次/分,BP85/55mmHg,体重 70kg,脉搏细速,双肺呼吸音清,未闻及干、湿啰音,心率 110 次/分,心律齐,腹软,无压痛。估计体液丢失量至少是
A. 2100ml　　B. 2800ml　　C. 3500ml
D. 4200ml　　E. 4900ml

(15~16 题共用题干)男,40 岁。急性肠梗阻 2 天,呕吐频繁、乏力、尿少、口唇干燥、眼窝下陷、皮肤弹性差,脉搏 116 次/分。化验:血红蛋白 163g/L,血细胞比容 0.55,血清钠 140mmol/L,血清钾 4mmol/L。

15. 该患者可能发生
A. 低渗性脱水　　B. 高渗性脱水　　C. 等渗性脱水
D. 水中毒　　E. 高钾血症

16. 治疗措施是
A. 快速输入高渗葡萄糖液　　B. 静脉滴注升压药物　　C. 静脉点滴 5%碳酸氢钠
D. 吸氧　　E. 快速输入等渗电解质溶液、胶体液

17. 女性,50 岁。因反复呕吐 5 天入院。血清钠 118mmol/L,脉搏 120 次/分,血压 70/50mmHg。应诊断为
A. 轻度缺钠　　B. 中度缺钠　　C. 重度缺钠
D. 中度缺水　　E. 重度缺水

18. 成人血清钠检测值为 125mmol/L,估计每千克体重缺氯化钠的量为
A. 0.25~0.45g　　B. 0.50~0.75g　　C. 0.80~1.00g
D. 1.05~1.25g　　E. 1.30~1.50g

19. 男,56 岁。因吞咽、饮水困难 2 周,现有乏力、尿少、极度口渴来诊。查体:血压正常,唇干,眼窝凹陷,烦躁不安,出现躁狂、幻觉,有时昏迷。该患者应考虑为
A. 中度低渗性缺水　　B. 中度等渗性缺水　　C. 重度等渗性缺水
D. 中度高渗性缺水　　E. 重度高渗性缺水

20. 男,35 岁。矿工。体重 60kg。被困井下 8 天,获救后口渴、躁狂,体重降至 55kg,血清钠 155mmol/L。应初步诊断为
A. 等渗性缺水　　B. 轻度缺水　　C. 中度缺水
D. 重度缺水　　E. 低渗性缺水

21. 高渗性缺水和低渗性缺水共有的表现为
A. 血红蛋白浓度升高　　B. 明显口渴感　　C. 尿比重增高
D. 血细胞比容降低　　E. 腱反射减弱

22. 女,50 岁。体重 60kg。因反复呕吐 5 天入院。血清钠 130mmol/L。入院当天应补充的钠量是

A. 25.5g　B. 21g　C. 4.5g
D. 15g　E. 10.5g

23. 男,36 岁。胃溃疡穿孔修补术后 1 年,近 1 周因粘连性肠梗阻行胃肠减压,每日引流液约 1000ml,测血钠 125mmol/L,血钾 3.54mmol/L,血 pH7.36。此时静脉补液治疗应首选的液体是

A. 林格氏液　B. 高渗盐水　C. 低渗盐水
D. 碳酸氢钠　E. 高渗葡萄糖

24. 幽门梗阻长期呕吐患者常发生的电解质紊乱是

A. 低钾低氯性酸中毒　B. 低钾低氯性碱中毒　C. 高钾高氯性酸中毒
D. 高钾高氯性碱中毒　E. 低钾高氯性碱中毒

25. 高钾血症的病因不包括

A. 应用袢利尿剂　B. 应用螺内酯　C. 挤压伤综合征
D. 大量输入库存血　E. 慢性肾衰竭

26. 心电图表现为高尖 T 波的电解质紊乱是

A. 高钙血症　B. 低钙血症　C. 高钾血症
D. 低钾血症　E. 低磷血症

27. 常以肌无力为最早表现的电解质紊乱是

A. 低钙血症　B. 高钙血症　C. 高磷血症
D. 低钾血症　E. 高钾血症

28. 低钾血症一般不表现为

A. 碱中毒　B. 碱性尿　C. 心电图出现 U 波
D. 恶心、呕吐　E. 腱反射减弱

29. 肠梗阻患者血清钾检测值为 2.9mmol/L,临床上一般不表现为

A. 四肢无力　B. ST 段降低　C. 皮肤苍白
D. 反常性酸性尿　E. 口苦

30. 低钾血症错误的临床表现是

A. 肌无力为最早的临床表现　B. 均有典型的心电图改变　C. 常与镁缺乏同时存在
D. 严重时可发生多尿　E. 发生碱中毒时尿呈酸性

31. 女性,45 岁。幽门梗阻行持续胃肠减压半月余,每日补 10%葡萄糖 2500ml,5%葡萄糖盐水 1000ml,10%氯化钾 30ml。2 天前开始出现全腹膨胀,无压痛及反跳痛,肠鸣音消失,每日尿量 1500ml 左右。最可能的原因是

A. 低钾血症　B. 低钠血症　C. 高钾血症
D. 高钠血症　E. 低钙血症

32. 女,65 岁。反复腹痛伴停止排气排便 5 天,少尿 2 天。查体:T37.8℃,P111 次/分,R22 次/分,BP80/50mmHg,全腹膨隆,全腹无压痛、反跳痛,未触及包块,肠鸣音减弱。电解质:K^+ 2.35mmol/L,Na^+ 137mmol/L,Cl^- 106mmol/L。以下治疗决策中正确的是

A. 见尿后补钾　B. 静脉少量补充氯化钾溶液　C. 利尿后补钾
D. 口服补钾　E. 静脉大量补充氯化钾溶液

33. 低钾血症的患者,补钾后病情仍无改善时,应首先考虑缺乏

A. 镁　B. 磷　C. 钠
D. 氯　E. 钙

34. 补钾速度一般每小时不宜超过

A. 10mmol　　B. 20mmol　　C. 30mmol
D. 40mmol　　E. 50mmol

35. 外周静脉输液时,5%葡萄糖氯化钠注射液 500ml 中,最多可加入 10%氯化钾
A. 10ml　　B. 15ml　　C. 20ml
D. 25ml　　E. 5ml

(36~38 题共用题干)男性,45 岁。因幽门梗阻、胃次全切除术第 5 天,术后排气 3 次,但腹胀逐渐加重,恶心,无呕吐,腹胀明显,无压痛反跳痛,肠鸣音弱,心电图示 T 波降低。

36. 根据目前情况应诊断为
A. 绞窄性肠梗阻　　B. 弥漫性腹膜炎　　C. 吻合口瘘
D. 低血钾　　E. 低血钙

37. 为了证实诊断,应做哪种检查?
A. 腹部 B 超　　B. 腹部穿刺　　C. 测定血钾
D. 胃肠造影　　E. 腹部 CT

38. 纠正低钾血症必需
A. 先补钾离子　　B. 先补氯离子　　C. 先输 5%葡萄糖
D. 尿量>40ml/h　　E. 先纠正代谢性酸中毒

39. 高钾血症常见的临床表现是
A. 心动过缓　　B. 肠蠕动消失　　C. 四肢肌张力增强
D. 腹胀　　E. 恶心、呕吐

40. 女,65 岁。因少尿诊断为慢性肾功能不全。血生化检测:Na^+ 136mmol/L,K^+ 6.0mmol/L,Ca^{2+} 2.1mmol/L,CO_2CP25mmol/L。下列处理措施不正确的是
A. 使用氨苯蝶啶　　B. 停用含钾药物　　C. 静脉滴注葡萄糖+胰岛素
D. 静脉滴注葡萄糖酸钙　　E. 静脉滴注碳酸氢钠溶液

41. 男,22 岁。因外伤性脾破裂、低血容量性休克行手术治疗。术中输血 1500ml。术后第 1 天神志清,P95 次/分,BP90/60mmHg,血 K^+ 6.5mmol/L。在以下治疗中,错误的是
A. 立即减慢正在输入的含钾溶液滴速　　B. 口服阳离子交换树脂
C. 静脉注射 10%葡萄糖酸钙溶液 20ml　　D. 静脉滴注 5%碳酸氢钠溶液 200ml
E. 血液透析

42. 代谢性酸中毒患者一般不表现为
A. 面部潮红　　B. 心率加快　　C. 呼吸深而快
D. 尿液呈中性　　E. 呼气有酮味

43. 男,56 岁。上腹部创伤高位肠瘘 5 天。血压 90/60mmHg,血 pH7.2,HCO_3^-15mmol/L。该患者酸碱平衡失调的类型是
A. 呼吸性碱中毒　　B. 代谢性碱中毒　　C. 呼吸性酸中毒
D. 代谢性酸中毒　　E. 呼吸性酸中毒合并代谢性碱中毒

44. 男,58 岁。胃部不适伴反酸 20 年,近 1 周来腹胀、恶心、呕吐,吐出大量宿食,每天 1~2 次。查体:呼吸浅,17 次/分,血压正常。上腹部可见胃型,轻压痛。测血 K^+ 3.0mmol/L,Na^+ 130mmol/L,Cl^-90mmol/L,CO_2CP45mmol/L。该患者酸碱平衡失调的类型是
A. 呼吸性碱中毒　　B. 呼吸性酸中毒　　C. 代谢性酸中毒
D. 代谢性碱中毒　　E. 呼吸性酸中毒+代谢性碱中毒

45. 代谢性碱中毒常伴发

A. 低钾血症　　B. 低钙血症　　C. 低钠血症
D. 低磷血症　　E. 低镁血症

46. 代谢性酸中毒在没有发展到循环衰竭程度时，首选治疗应该是
A. 使用碳酸氢钠　　B. 使用乳酸钠　　C. 使用枸橼酸钾
D. 使用三羟甲基氨基甲烷　　E. 实施病因治疗

47. 低钾性碱中毒常出现于
A. 尿毒症　　B. 胃肠减压　　C. 术后少尿
D. 挤压创伤　　E. 输血过量

48. 女性，40岁。反复呕吐2天，因幽门梗阻入院。测得血钾2.9mmol/L，血钠130mmol/L，血氯70mmol/L。最可能的情况是
A. 低钾、高钠、低氯、碱中毒　　B. 低钾、低钠、低氯、酸中毒　　C. 低钾、低钠、高氯、碱中毒
D. 低钾、低钠、低氯、碱中毒　　E. 低钾、高钠、高氯、酸中毒

49. 女性，35岁。下肢广泛挤压伤10小时。测血钾6mmol/L，血钠138mmol/L，血氯105mmol/L。最可能发生的酸碱平衡失调是
A. 代谢性碱中毒　　B. 代谢性酸中毒　　C. 呼吸性碱中毒
D. 呼吸性酸中毒　　E. 呼吸性酸中毒合并代谢性碱中毒

50. 代谢性碱中毒时应补氯化钾，除了
A. 尿钾含量少　　B. 尿量低于30ml/h　　C. 尿量超过60ml/h
D. 尿呈酸性　　E. 尿呈碱性

51. 女，40岁，体重50kg。胃大部切除术后2天，HCO_3^- 16mmol/L。输液时应首选
A. 5%葡萄糖氯化钠溶液　　B. 含5%碳酸氢钠50ml的葡萄糖溶液
C. 含5%碳酸氢钠100ml的葡萄糖溶液　　D. 含5%碳酸氢钠150ml的葡萄糖溶液
E. 含5%碳酸氢钠200ml的葡萄糖溶液

A. 呼吸性酸中毒　　B. 代谢性酸中毒　　C. 呼吸性碱中毒
D. 代谢性碱中毒　　E. 呼吸性酸中毒合并代谢性碱中毒

52. 幽门梗阻患者可发生
53. 重度肺气肿患者可发生
54. 外科临床上最常见的酸碱失衡是

（55~57题共用题干）男性，60岁。粘连性肠梗阻5天，出现呼吸深快。查体：面部潮红，心率110次/分，血压90/60mmHg，腱反射减弱。化验：血pH7.20，血浆HCO_3^- 15mmol/L。

55. 该患者酸碱失衡诊断为
A. 呼吸性酸中毒　　B. 代谢性酸中毒　　C. 呼吸性碱中毒
D. 代谢性碱中毒　　E. 呼吸性酸中毒合并代谢性酸中毒

56. 首选治疗措施是
A. 辅助呼吸，加速CO_2排出　　B. 静脉滴注生理盐水　　C. 静脉滴注5%碳酸氢钠
D. 快速输入高渗糖水　　E. 静脉滴注5%葡萄糖盐水

57. 如果输液后，患者出现手足抽搐，应立即静脉注射
A. 5%碳酸氢钠　　B. 地西泮（安定）　　C. 硫喷妥钠
D. 5%葡萄糖盐水　　E. 10%葡萄糖酸钙

（58~59题共用题干）男性，56岁。反复上腹胀痛1年，进食后呕吐1个月，呕吐物含有宿食。查体：贫血貌，消瘦，上腹可见胃型，可闻及振水音。

58. 最有价值的辅助检查是

A. B 超　　B. 腹部 CT　　C. 纤维胃镜

D. 腹部 X 线片　　E. 全消化道钡餐

59. 患者最早出现的酸碱平衡失调和水、电解质代谢紊乱的类型是

A. 低钾血症、代谢性碱中毒　　B. 高钾血症、代谢性酸中毒　　C. 高钾血症、代谢性碱中毒

D. 低钾血症、代谢性酸中毒　　E. 低氯血症、代谢性酸中毒

A. $PaCO_2$ 升高　　B. $PaCO_2$ 降低　　C. HCO_3^- 增多

D. HCO_3^- 减少　　E. 阴离子间隙减少

60. 代谢性酸中毒主要是由于体内

61. 代谢性碱中毒主要是由于体内

A. 长期胃肠减压　　B. 反复呕吐　　C. 盐皮质激素过多

D. 长期饥饿状态　　E. 挤压综合征

62. 高钾血症的常见原因是

63. 代谢性酸中毒的常见病因是

64. 手术区皮肤消毒范围边缘至少距手术切口

A. 10cm　　B. 13cm　　C. 15cm

D. 17cm　　E. 20cm

65. 消毒用医用酒精的常用浓度是

A. 40%　　B. 30%　　C. 90%

D. 70%　　E. 50%

第 2 章　休　克

（执业医师及助理医师均需掌握）

66. 各类型休克的根本变化是

A. 代谢性酸中毒　　B. 脉搏快　　C. 尿量减少

D. 组织灌注不足　　E. 低血压

67. 休克在微循环衰竭期最突出的情况是

A. 血管内高凝状态　　B. 后括约肌收缩状态　　C. 代谢性碱中毒

D. 前括约肌收缩状态　　E. 毛细血管内“可进可出”

68. 抗休克的最基本措施是

A. 输氧　　B. 使用血管活性药物　　C. 纠正代谢性酸中毒

D. 补充血容量　　E. 控制原发病

69. 关于治疗休克的叙述，错误的是

A. 失血性休克的治疗是扩容　　B. 感染性休克时可应用大剂量氢化可的松

C. 失血性休克时，止血是不可忽视的主要手段　　D. 感染性休克时，应首先使用升压药

E. 感染性休克应恢复有效循环血量

A. 组织缺氧，乳酸增多，代谢性酸中毒　　B. 交感-肾上腺髓质系统兴奋，释放大量儿茶酚胺

C. 无氧代谢下能量产生不足，细胞功能衰退　　D. 出现 DIC，血压下降

E. 出现多器官功能障碍

70. 休克代偿期的生理调节改变主要是

71. 休克失代偿期的生理调节改变主要是

72. 患者,男,40岁。高处坠落伤2小时。查体:T36.8℃,R18次/分,P130次/分,BP75/57mmHg。神志尚清,口渴,面色苍白,估计该患者出血量为

A. 300~500ml　B. 600~800ml　C. 800~ 1600ml
D. 1600~2000ml　E. 2000ml以上

73. 休克代偿期表现不包括

A. 舒张压升高　B. 兴奋　C. 过度通气
D. 烦躁　E. 血压下降

74. 男,55岁。车祸后6小时。6小时来未排尿,置导尿管导出黄色尿液50ml。查体:T36.5℃,P140次/分,R28次/分,BP65/50mmHg,意识模糊,双肺呼吸音清,未闻及干、湿啰音,心律齐,腹部膨隆,四肢冰冷。最可能的诊断为

A. 轻度休克,神经源性休克　B. 中度休克,神经源性休克　C. 中度休克,低血容量性休克
D. 重度休克,神经源性休克　E. 重度休克,低血容量性休克

75. 男,50岁。转移性右下腹痛2天,体温38.5℃,既往糖尿病病史10年。给予抗炎补液治疗。白细胞19.2×10^9/L,中性粒细胞0.91。BP130/80mmHg,P110次/分,R20次/分。入院2小时后患者疼痛加重,烦躁不安。T40℃,BP70/50mmHg,R28次/分,腹肌紧张,压痛明显。患者可能的休克类型是

A. 感染性　B. 失血性　C. 神经源性
D. 过敏性　E. 心源性

76. 女,25岁。右上腹刀刺伤1小时,烦躁、恶心、呕吐。查体:P106次/分,BP110/80mmHg。腹肌紧张,有局限压痛反跳痛。CVP4cmH_2O,Hb100g/L,血细胞比容0.35。首先应进行的处理是

A. 镇静、止痛　B. 胃肠减压　C. 抗生素静脉滴注
D. 快速输全血　E. 快速输平衡盐溶液

(77~79题共用题干)男性,30岁。从3楼跌下左腹部跌伤,左6、7、8肋骨骨折,脾破裂,肠破裂。入院时精神紧张,体温38.5℃,面色苍白,肢端冰冷,脉搏细数,110次/分,血压130/100mmHg,尿量减少。

77. 该患者的休克状态应属于

A. 休克前期　B. 中度休克　C. 重度休克
D. 暖休克　E. 冷休克

78. 目前不宜马上进行的检查是

A. 血常规　B. 腹腔穿刺　C. 静脉肾盂造影
D. 中心静脉压测定　E. 测定二氧化碳结合力

79. 首先考虑的治疗措施为

A. 静脉输注血管收缩药物　B. 立即剖腹探查　C. 迅速补充血容量
D. 大剂量应用抗生素　E. 滴注利尿剂改善肾功能

80. 休克期反映器官血流灌注最简单可靠的指标是

A. 收缩压　B. 舒张压　C. 脉压
D. 脉率　E. 尿量

81. 休克指数的计算方法是

A. 收缩压和舒张压之比　B. 心率与收缩压之比　C. 脉率与舒张压之比
D. 脉率与脉压之比　E. 脉率与收缩压之比

82. 休克监测中最常用的项目是

A. 心脏指数　B. 血气分析　C. 肺毛细血管楔压
D. 中心静脉压　E. 心排出量

83. 休克患者动态监测中心静脉压值为 $25cmH_2O$,表示
A. 肺梗死　B. 静脉血管床过度收缩　C. 肺循环阻力增加
D. 血容量不足　E. 充血性心力衰竭

84. 血压下降在休克中的意义为
A. 是诊断休克的唯一依据　B. 是休克最常见的临床表现　C. 是估计休克程度的主要指标
D. 是组织细胞缺氧的主要指标　E. 是休克最早的指标

85. 抗休克治疗后,下列提示微循环改善的指标中,临床上最有意义的是
A. 脉率减慢　B. 尿量已达 30ml/h　C. 肤色转红润
D. 神志变清楚　E. 肢端温度上升

86. 最能反映休克预后的检测指标是
A. 静脉血氧测定　B. 动脉血气分析　C. 动脉血乳酸盐值
D. 二氧化碳结合力　E. 血细胞比容

87. 判断休克已纠正,除血压正常外,尿量每小时至少应稳定在
A. 25ml 以上　B. 30ml 以上　C. 40ml 以上
D. 50ml 以上　E. 60ml 以上

88. 迅速出血后出现休克症状,表明至少已丢失全身总血量的
A. 10%　B. 15%　C. 20%
D. 25%　E. 30%

A. 动脉血压降低,尿量减少　B. 动脉血压升高,尿量减少　C. 动脉血压升高,尿量增加
D. 动脉血压降低,尿量增加　E. 动脉血压和尿量无显著改变

89. 重症急性胰腺炎患者出现血压下降,给予快速补液后,患者可出现的临床表现是
90. 重度失血患者失代偿时可出现的临床表现是
91. 肾动脉狭窄患者可出现的临床表现是

92. 男,50 岁。门静脉高压症食管胃底静脉曲张破裂出血,给予三腔管压迫止血及快速输液输血治疗,出血停止。此时,心率 150 次/分,血压 90/70mmHg,中心静脉压 $20cmH_2O$。提示该患者最可能是
A. 血容量不足　B. 肝性脑病　C. 心功能不全
D. 容量血管过度扩张　E. 容量血管过度收缩

93. 休克患者中心静脉压为 $5cmH_2O$,血压 80/65mmHg,处理原则为
A. 适当补液　B. 使用强心药物　C. 用扩血管药
D. 补液试验　E. 充分补液

94. 女,64 岁。大量呕血 1 天,给予禁食、外周补液治疗。查体:P100 次/分,BP90/60mmHg,CVP$5cmH_2O$。10 分钟内静脉输入等渗盐水 250ml 后,测得 BP110/70mmHg,CVP$5cmH_2O$。提示病情最可能的情况是
A. 创伤反应　B. 心力衰竭　C. 血容量不足
D. 血容量相对过多　E. 容量血管过度收缩

95. 治疗休克时,收缩压 88mmHg,但中心静脉压 $16cmH_2O$,错误的判断是
A. 心功能不全　B. 静脉血管床过度收缩　C. 血容量充足
D. 肺循环阻力增加　E. 充血性心力衰竭

96. 男,50 岁。行胃癌根治术后 2 小时腹腔引流出不凝血 800ml。BP86/60mmHg,CVP 由 $8cmH_2O$ 降至 $4cmH_2O$。此时应采取的最恰当措施是

A. 给予血管收缩药　　B. 补液观察　　C. 再次手术止血
D. 内镜电凝止血　　E. 输血观察

97. 男,30岁。外伤性脾破裂切除术后3天。查体:血压106/68mmHg,中心静脉压18cmH_2O。此时应采取的治疗措施是
A. 利尿　　B. 舒张血管　　C. 收缩血管
D. 适当补液　　E. 充分补液

A. 心功能不全,血容量正常　　B. 血容量不足　　C. 容量血管过度收缩
D. 心功能不全或血容量相对过多　　E. 心功能不全或血容量不足
98. 中心静脉压低,血压低提示
99. 中心静脉压高,血压低提示
A. 尿量少,CVP很高　　B. 尿量少,CVP较低　　C. 尿量多,CVP很低
D. 尿量多,CVP正常　　E. 尿量多,CVP偏高
100. 说明抗休克治疗时液体已补足的是
101. 说明抗休克治疗时血容量仍不足的是

(102~104题共用题干)男性,45岁。双侧股骨干骨折3小时,体温36.5℃,脉搏细弱,血压60/40mmHg,四肢冰冷,无尿。
102. 首先考虑的诊断是
A. 轻度休克　　B. 感染性休克　　C. 中度休克
D. 重度休克　　E. 高排低阻型休克
103. 首选的治疗措施是
A. 静脉注射强心药物　　B. 立即手术治疗　　C. 迅速补充血容量
D. 利尿剂改善肾功能　　E. 应用抗生素
104. 该患者应采取的体位是
A. 平卧位　　B. 下肢抬高10°
C. 头和躯干提高10°　　D. 头和躯干抬高20~30°,下肢抬高15~20°
E. 头和躯干抬高40~50°,下肢抬高30~40°

105. 创伤性休克早期最常出现的酸碱失衡类型
A. 呼吸性碱中毒　　B. 代谢性碱中毒　　C. 代谢性酸中毒
D. 呼吸性酸中毒　　E. 代谢性酸中毒合并呼吸性碱中毒
106. 感染性休克的常见病原体为
A. 革兰阴性细菌　　B. 革兰阳性细菌　　C. 病毒
D. 支原体　　E. 钩端螺旋体
107. 感染性休克的临床特点是
A. 暖休克患者神志淡漠或嗜睡　　B. 冷休克患者,每小时尿量大于30ml
C. 暖休克患者,每小时尿量大于30ml　　D. 冷休克患者脉搏慢、搏动清楚
E. 暖休克患者毛细血管充盈时间延长
108. 男性,40岁。腹痛、发热48小时,血压80/60mmHg,神志清楚,面色苍白,四肢湿冷,全腹肌紧张,肠鸣音消失。诊断为
A. 低血容量性休克　　B. 感染性休克　　C. 神经源性休克
D. 心源性休克　　E. 过敏性休克
109. 关于感染性休克患者应用糖皮质激素的依据与方法,不正确的是

A. 糖皮质激素可以稳定细胞及溶酶体膜,免受内毒素破坏
B. 大剂量糖皮质激素对心脏发挥正性肌力作用
C. 适当应用糖皮质激素可以减少合并症
D. 糖皮质激素应从大剂量开始
E. 要取得疗效至少要使用5天

110. 应用皮质激素治疗感染性休克时,其使用量为常规用量的
A. 1/4　B. 1/2　C. 2倍
D. 5倍　E. 10倍以上

111. 感染性休克大剂量应用糖皮质激素治疗的时间最长不宜超过
A. 1天　B. 5天　C. 3天
D. 7天　E. 2天

112. 外科救治感染性休克时不正确的做法是
A. 应用抗菌药物　B. 补充血容量　C. 待休克好转后手术处理感染灶
D. 使用皮质激素　E. 采用血管扩张药物治疗

113. 感染性休克手术治疗时机
A. 即刻手术　B. 短期抗休克治疗后　C. 抗休克治疗无效时
D. 感染灶局限化以后　E. 感染灶即将破溃前

114. 男,22岁。咳嗽伴发热3天,给予青霉素静脉滴注抗感染治疗,用药后患者突然出现气急、胸闷、烦躁不安。查体:T38.5℃,P140次/分,R37次/分,BP75/40mmHg,面色苍白,大汗淋漓,两肺可闻及喘鸣音,身体多部位红色皮疹。最可能的原因是
A. 急性左心衰竭　B. 哮喘急性发作　C. 过敏性休克
D. 急性呼吸窘迫综合征　E. 感染性休克

第3章　围术期处理

(执业医师及助理医师均需掌握)

115. 手术患者术前12小时禁食,4小时禁水是为了
A. 减少术后感染　B. 防止术后腹胀　C. 防止吻合口瘘
D. 防止术后伤口裂开　E. 防止麻醉或手术中呕吐

116. 非胃肠道手术,术前禁食时间是
A. 4小时　B. 6小时　C. 8小时
D. 8~12小时　E. 12~24小时

117. 按手术期限,下列属于限期手术的是
A. 慢性阑尾炎切除术　B. 直肠癌根治术　C. 完全性肠梗阻造瘘术
D. 可复性股疝修补术　E. 急性上消化道穿孔修补术

118. 对手术耐受力最差的心脏病类型是
A. 急性心肌炎　B. 房室传导阻滞　C. 非发绀型先天性心脏病
D. 风湿性心脏病　E. 高血压性心脏病

119. 男,40岁。右上臂刀割伤16小时。查体:右上臂外侧纵行伤口,长约4cm,边缘整齐。清创后,应放置的伤口内引流物是
A. 凡士林纱条　B. 负压吸引管　C. 乳胶管

D. 烟卷纱条　　E. 生理盐水纱条

120. 择期手术患者需进行营养支持治疗的是血浆白蛋白
A. <30g/L　　B. <31g/L　　C. <32g/L
D. <33g/L　　E. <34g/L

121. 男,65岁。左腹股沟可复性斜疝,拟于硬膜外麻醉下手术治疗。自服"阿司匹林"一年,术前需停用阿司匹林时间至少是
A. 2天　　B. 3天　　C. 5天
D. 7天　　E. 10天

122. 疝手术病人入院时血压150/96mmHg,针对此血压值正确的处理是
A. 术前用降压药　　B. 术前不用降压药　　C. 术中用降压药
D. 术后不用降压药　　E. 术前术后均用降压药

123. 男,70岁。右腹股沟区可复性肿物15年。查体:P84次/分,R20次/分,BP160/110mmHg。糖尿病病史7年,口服降糖药治疗,空腹血糖近1个月来维持在6.2~9.0mmol/L。吸烟20余年,20~30支/日。欲行右腹股沟无张力疝修补术,围手术期处理错误的是
A. 术前禁食12小时　　B. 术前戒烟2周　　C. 口服降压药控制血压
D. 术前应用胰岛素降低血糖　　E. 练习床上排便

124. 男,45岁。突发呕鲜血2小时,量约400ml。发现HBsAg(+)20年。查体:T36.5℃,P80次/分,R18次/分,BP120/80mmHg。巩膜无黄染,双肺呼吸音清,未闻及干、湿啰音,心律齐。腹膨隆,无压痛、反跳痛、肌紧张,肝脏肋下未触及,脾脏肋下4cm,移动性浊音(+)。准备急症手术治疗,术前检查中不包括
A. 腹水常规检查　　B. 肾功能测定　　C. 出、凝血功能测定
D. 血清电解质测定　　E. 肝功能测定

125. 对有心脑血管疾病的患者,以下关于术前准备的说法错误的是
A. 纠正水、电解质代谢紊乱　　B. 脑卒中者择期手术至少推迟2周
C. 高血压患者术前继续服药　　D. 心肌梗死发病后2个月安排择期手术
E. 不要求血压降至正常后手术

126. 男,49岁。拟行甲状腺癌根治术。既往有2型糖尿病病史10余年,平素糖尿病饮食,长期口服短效降糖药控制血糖。术前正确的处理措施是
A. 提前1天改服长效降糖药物　　B. 提前1周换用普通胰岛素　　C. 提前3天换用普通胰岛素
D. 术中皮下注射胰岛素　　E. 服用降糖药物至手术前1天晚上

127. 重症糖尿病患者施行择期手术前,血糖和尿糖应控制在
A. 血糖5.6~11.2mmol/L,尿糖(+~++)　　B. 血糖5.6mmol/L以下,尿糖阴性
C. 血糖11.2mmol/L以下,尿糖阴性　　D. 血糖小于5.6mmol/L,尿糖(+)
E. 血糖大于11.2mmol/L,尿糖(+)

128. 针对糖尿病患者的术前准备,下列正确的是
A. 口服长效降糖药者,应在术前1天停药　　B. 既往用胰岛素者,手术日晨也需要胰岛素
C. 既往仅饮食控制病情者,改用胰岛素控制　　D. 合并酮症酸中毒者,暂不实施择期手术
E. 禁食患者需要葡萄糖加胰岛素维持血糖值较低水平

129. 腹部手术后能进食的主要依据为
A. 胃管抽出澄清胃液　　B. 患者已下床活动　　C. 病人有明显饥饿感
D. 肠鸣音增强　　E. 肛门排气后

130. 下列切口不宜放置纱条引流的是

A. 腹壁切口感染　B. 脓性指头炎切开　C. 掌中间隙脓肿切开
D. 体表脓肿切开　E. 乳腺癌改良根治术

131. 腹部手术后,原则上鼓励早期活动,其理由不包括
A. 促进切口愈合　B. 改善全身血液循环　C. 减少深静脉血栓形成
D. 减少肺部并发症　E. 减少腹腔感染

132. 各种引流管处理不正确的是
A. 要注意观察各种引流管是否通畅　B. 仔细记录引流液的色泽和容量
C. 留置胆管内的"T"形管可在术后 1 周拔除　D. 胃肠功能恢复后可将胃肠减压管除去
E. 腹腔烟卷引流一般在术后 24~72 小时拔除

A. 4~5 天　B. 6~7 天　C. 7~9 天
D. 10~12 天　E. 14 天

133. 头、面、颈部手术切口拆线的时间应为术后
134. 减张缝线拆除时间应为术后

135. 男,64 岁。拟行胃癌根治术,平素吸烟 20 支/日。查体:T37.5℃,P90 次/分,BP155/95mmHg。血 K^+ 3.0mmol/L,Alb35g/L。正确的术前准备是
A. 静脉补充人血白蛋白　B. 口服肠道抗生素　C. 术前 3 天戒烟
D. 补钾　E. 降低血压至正常

136. 切口"乙级愈合"的表现不包括
A. 积液　B. 红肿　C. 血肿
D. 硬结　E. 化脓

137. 女,56 岁。全身麻醉下行右乳癌改良根治术术后 2 小时。查体:T36.9℃,P85 次/分,R21 次/分,BP130/85mmHg,意识清醒。此时宜采取的体位是
A. 斜坡卧位　B. 仰卧位　C. 头低脚高位
D. 侧卧位　E. 高半坐位卧式

138. 女,55 岁。垂体腺瘤切除术后 1 小时。查体:P96 次/分,R30 次/分,BP110/55mmHg,神志清楚。可采取的体位是
A. 高半坐位　B. 平卧位　C. 侧卧位
D. 下肢抬高 15°~20°　E. 15°~30°头高脚低斜坡卧位

139. 蛛网膜下腔麻醉术后 12 小时内应采取的体位是
A. 半卧位　B. 俯卧位　C. 头高脚低位
D. 平卧位　E. 侧卧位

(140~142 题共用题干)女,72 岁。胃癌根治术后第 6 天,出现上腹剧烈疼痛,逐渐加重,伴恶心、呕吐、腹胀。腹腔引流管引出咖啡色混浊液体。查体:腹膜刺激征(+)。腹部 B 超提示腹腔积液。

140. 最可能的诊断是
A. 急性胰腺炎　B. 吻合口漏　C. 急性梗阻性化脓性胆管炎
D. 急性胆囊炎　E. 肠系膜血管缺血性疾病

141. 应采取的治疗措施中不包括
A. 胃肠减压　B. 禁食　C. 肠外营养支持
D. 应用生长抑素　E. 吗啡止痛

142. 针对该患者,非手术治疗中最重要的措施是
A. 洗胃　B. 抗生素治疗　C. 低压灌肠

D. 止痛　　E. 胃肠减压

A. 小肠切除吻合术　　B. 化脓性阑尾炎手术　　C. 腹腔镜疝修补术
D. 胃后壁穿孔手术　　E. 结肠脾曲癌引起的急性肠梗阻手术

143. 属于Ⅰ类切口的手术是
144. 属于Ⅱ类切口的手术是

145. 化脓性阑尾炎行阑尾切除术，术后3天切口红肿，有脓性分泌物，10天后再次缝合而愈合，切口愈合类型应记为
A. Ⅱ/乙　　B. Ⅱ/丙　　C. Ⅲ/甲
D. Ⅲ/乙　　E. Ⅲ/丙

146. 引起手术切口血肿最主要的原因是
A. 伤口裂口　　B. 术前服用阿司匹林　　C. 高血压控制不满意
D. 术中止血不彻底　　E. 伤口感染继发出血

147. 男，62岁。全麻下腹膜后肿瘤切除术后3日，晨起剧烈咳嗽后觉腹部切口剧痛。查体：生命体征平稳，切口敷料湿透。检查：切口更换敷料发现小肠自伤口膨出。在病房中的紧急处理措施正确的是
A. 立即还纳小肠　　B. 无菌敷料覆盖小肠及伤口　　C. 无菌盐水清洗后还纳小肠
D. 局麻下分层缝合伤口　　E. 局麻下全层缝合伤口

148. 对于腹部手术后切口化脓性感染，错误的处理是
A. 应用抗菌药物　　B. 切口内放置引流条　　C. 局部理疗
D. 拆除缝线，敞开切口　　E. 切开引流冲洗后立即缝合

149. 预防术后肺不张最主要的措施是
A. 应用大量抗生素　　B. 雾化吸入　　C. 多翻身多做深呼吸，鼓励咳嗽
D. 应用祛痰药物　　E. 氧气吸入

150. 女，74岁。行胃癌根治术后7天，咳嗽后腹正中伤口内有多量淡红色液体流出。最可能出现的情况是
A. 切口内血肿　　B. 切口皮下积液　　C. 切口裂开
D. 切口下异物　　E. 切口感染

151. 急性阑尾炎手术后尿潴留的恰当处理是
A. 使用利尿剂　　B. 耻骨上膀胱造瘘　　C. 无菌导尿后拔出尿管
D. 无菌导尿后留置尿管　　E. 下床自行排尿

第4章　外科病人的代谢与营养治疗

（执业医师及助理医师均需掌握）

152. 手术创伤并术后禁食期间，患者机体代谢变化为
A. 蛋白分解减少、糖异生减少、脂肪分解减少　　B. 蛋白分解增加、糖异生减少、脂肪分解增加
C. 蛋白分解增加、糖异生增加、脂肪分解增加　　D. 蛋白分解增加、糖异生减少、脂肪分解减少
E. 蛋白分解减少、糖异生增加、脂肪分解增加

153. 排除体液因素，提示成人存在营养不良的指标是实际体重至少比标准体重低
A. 10%　　B. 20%　　C. 25%
D. 30%　　E. 35%

154. 机体发生创伤后，营养状况的评估指标中不包括的是
A. 血小板测定　　B. 体重　　C. 白蛋白测定

D. 皮褶厚度　　E. 淋巴细胞测定

155. 在饥饿早期,机体首先进行的供能形式是

A. 酮体供能　　B. 肌蛋白分解　　C. 消耗储备糖原

D. 糖异生作用　　E. 脂肪酸供能

156. 女,60 岁。身高 170cm,体重 65kg。每天所需基本热量约为

A. 1200kcal　　B. 1600kcal　　C. 2200kcal

D. 1000kcal　　E. 2900kcal

157. 男,60 岁,体重 55kg。全胃切除术后 5 天,左上腹疼痛,腹腔引流管内可见少量肠液。查体:T37.2 ℃,P100 次/分,R19 次/分,BP130/80mmHg,左上腹轻压痛,无反跳痛、肌紧张。予禁食,肠外营养。该患者的 REE(实际静息能量消耗)大约是

A. 60%　　B. 80%　　C. 100%

D. 140%　　E. 200%

158. 一般的择期手术患者的静息能量消耗值(REE)约增加

A. 10%　　B. 20%　　C. 30%

D. 40%　　E. 50%

A. 氮平衡试验　　B. 三头肌皮褶厚度　　C. 血清转铁蛋白

D. 上臂中部周长　　E. 肌酐/身高指数

159. 反映机体蛋白质营养状况的是

160. 评价患者营养摄入水平和分解代谢状况的是

161. 机体处于应激,如创伤、手术、感染等情况下,能量代谢的变化中,错误的是

A. 机体出现高代谢和分解代谢　　B. 脂肪动员加速　　C. 蛋白质分解加速

D. 处理葡萄糖能力增强　　E. 机体处于负氮平衡

162. 肠外营养的技术性并发症中最严重的是

A. 神经损伤　　B. 空气栓塞　　C. 胸导管损伤

D. 气胸　　E. 血胸

163. 男,75 岁。因胃癌行全胃切除术,术前患者营养状况良好,无水、电解质代谢紊乱。预计需行全胃肠外营养 5~7 天,为其配制的全营养混合液中不必加入

A. 脂溶性维生素　　B. 氨基酸溶液　　C. 电解质溶液

D. 水溶性维生素　　E. 脂肪乳剂

164. 常用的静脉营养液不包括

A. 低分子右旋糖酐　　B. 脂肪乳剂　　C. 复方氨基酸溶液

D. 无机盐溶液　　E. 维生素溶液

A. 急性胃肠炎　　B. 吸入性肺炎　　C. 急性胰腺炎

D. 急性胆管炎　　E. 全身性感染

165. 鼻饲肠内营养时最易发生的并发症是

166. 肠外营养时最易发生的并发症是

167. 长期肠外营养支持者,应选择的穿刺血管是

A. 颈内静脉　　B. 大隐静脉　　C. 颈外静脉

D. 足背静脉　　E. 头静脉

168. 男,26 岁。因肠系膜血管缺血性疾病行小肠近全切除术后 2 个月,术后第 2 天开始接受全胃肠外营养

支持治疗。现患者出现皮肤干燥、鳞状脱屑、脱发及伤口愈合延迟。其最可能的原因是营养液中缺乏

A. 维生素 A　B. 电解质　C. 微量元素
D. 氨基酸　E. 必需脂肪酸

169. 肠内营养并发症与输入速度及溶液浓度有关的是
A. 误吸　B. 腹胀、腹泻　C. 肠炎
D. 肠道细菌移位　E. 胆囊结石

170. 肠内营养最常出现的并发症是
A. 胆汁淤积　B. 胆石形成　C. 误吸
D. 肠源性感染　E. 肝酶谱升高

171. 通过胃管肠内营养时,判断有胃潴留的标准是在停止输营养液 30 分钟后,回抽量至少大于
A. 100ml　B. 150ml　C. 200ml
D. 250ml　E. 350ml

172. 外科病人鼻饲输注营养液时,为预防吸入性肺炎最主要的措施是
A. 尽量减少液体总量　B. 降低营养液浓度　C. 输注营养液时采取半卧位
D. 同时给予促胃动力药　E. 控制营养液输注速度

A. 短肠综合征　B. 冠状动脉搭桥手术后　C. 肺癌根治手术后
D. 长期昏迷患者　E. 直肠癌 Miles 术后

173. 需要接受肠内营养的是
174. 需要接受肠外营养的是

175. 长期肠外营养引起肝脂肪变性的主要原因是
A. 过高的能量供给　B. 输注白蛋白过量　C. 胆汁淤积
D. 糖氨基酸配比不合理　E. 维生素配比不合理

176. 回肠肠瘘患者所用的肠内营养制剂应该是
A. 以肽类为主　B. 以脂类为主　C. 增加维生素
D. 减少糖类　E. 增加纤维素

177. 男,56 岁。全胃切除术后 3 天行肠内营养,第 4 天出现腹泻。分析原因不包括
A. 营养液温度过低　B. 营养液污染　C. 小肠对脂肪耐受改变
D. 肠腔内渗透压过高　E. 营养液输注速度过慢

(178~180 题共用题干)男性,25 岁。因高位小肠瘘 1 天入院,入院后经颈内静脉插管滴入肠外营养液,2 周后突然出现寒战、高热,无咳嗽、咳痰,腹部无压痛和反跳痛。

178. 最可能的诊断是
A. 高渗性非酮症昏迷　B. 肺部感染　C. 气胸
D. 导管性脓毒症　E. 咽喉部感染

179. 观察 8 小时如果仍然有高热,应采取的措施是
A. 肠外营养液中增加胰岛素　B. 雾化吸入　C. 胸腔穿刺抽气
D. 拔除中心静脉导管　E. 咽拭子细菌培养

180. 如果 24 小时后发热仍不退,应采取
A. 使用抗生素　B. 胸腔穿刺抽气　C. 停止肠外营养
D. 气管切开　E. 增加胰岛素用量

(181~183 题共用题干)女,50 岁。因患短肠综合征给予全胃肠外营养治疗。应用 1 周后患者出现

昏迷,但尿内无酮体。患者既往曾有空腹血糖增高(11mmol/L)。

181. 此患者的诊断是
A. 高渗性非酮性昏迷　B. 肝性昏迷　C. 导管感染败血症
D. 糖尿病昏迷　E. 代谢性酸中毒

182. 此病的发病机制是由于
A. 内源性胰岛素分泌不足　B. 等渗性脱水　C. 输液导管细菌滋生
D. 肝功能损害　E. 肾功能损害

183. 此病的预防主要是
A. 开始 1 周内注意葡萄糖输注的浓度、速度和与胰岛素的比例
B. 加强保肝　C. 加强导管护理、无菌操作
D. 纠正水、电解质代谢紊乱,预防酸中毒发生　E. 保护肾功能

(184~186 题共用题干)男,62 岁。自 5m 高处坠落半小时,自述口渴。查体:P98 次/分,R35 次/分,BP128/95mmHg。表皮多处擦伤,腹部略隆起。腹部 B 超提示肝、脾被膜不连续,腹腔内有游离积液。

184. 此时估计患者总出血量(ml)为
A. <180　B. 200~800　C. 900~1200
D. 1300~1500　E. >1600

185. 该患者诊断为腹外伤,肝脾破裂,行脾切除、肝破裂修补术,并给予中心静脉插管补液。术后第 7 天突然寒战,体温 39.5℃,无尿频、尿痛,无腹痛腹泻。查体:腹部听诊未见异常,腹部切口愈合良好,无压痛。该患者发热最可能原因是
A. 脾感染　B. 腹腔脓肿　C. 肝脓肿
D. 导管相关性感染　E. 坠积性肺炎

186. 对本次发热应首先采取的措施是
A. 应用抗生素　B. 拔除中心静脉导管　C. 脓肿穿刺引流
D. 对症退热治疗　E. 应用糖皮质激素

第 5 章　外科感染

一、外科感染总论(执业医师及助理医师均需掌握)

187. 关于外科感染的特点,错误的是
A. 多为混合性感染　B. 有明显的局部症状　C. 常需外科处理感染
D. 伴器质性病变　E. 不会引起严重的全身性感染

188. 发生外科感染的必要条件不包括
A. 外界病菌大量侵入组织　B. 人体正常菌群变成病菌　C. 病菌在组织内大量繁殖
D. 人体抵抗能力有一定缺陷　E. 组织内的有氧环境

189. 二重感染的原因是
A. 全身免疫力低下　B. 使用多种抗菌药物　C. 使用免疫抑制剂
D. 细菌种类多　E. 正常菌群寄生部位改变

A. 疖　B. 痈　C. 丹毒
D. 急性化脓性腱鞘炎　E. 气性坏疽

190. 属于特异性感染的是

191. 一般不需要全身使用抗生素的是

192. 女,50岁。右侧乳腺癌行术前化疗4周期,施行右侧乳腺癌根治术后7天,发热1天。既往有糖尿病病史10年。检查手术切口见局部有红、肿、压痛。拆除红肿处切口缝线,取脓液做细菌培养,最可能的病原菌是
A. 铜绿假单胞菌　B. 白色念珠菌　C. 金黄色葡萄球菌
D. 克雷伯杆菌　E. 变形杆菌

193. 男,28岁。右大腿清创缝合术后6天,发热,局部伤口红肿,范围较大,疼痛明显。伤口局部见稀薄脓液,淡红色,量多,无异味。最可能感染的致病菌是
A. 大肠埃希菌　B. 铜绿假单胞菌　C. 溶血性链球菌
D. 金黄色葡萄球菌　E. 无芽胞厌氧菌

194. 不能引起特异性感染的是
A. 破伤风杆菌　B. 结核分枝杆菌　C. β溶血性链球菌
D. 真菌　E. 梭状芽胞杆菌

195. 感染转为局限性化脓的主要原因是
A. 人体抵抗力占优势　B. 病灶局部组织血循障碍　C. 病灶仍有大量细菌
D. 抗生素使用剂量不足　E. 致病菌毒力强大

196. 外科感染的局部治疗方法中错误的是
A. 散淤消肿　B. 患部适当活动,促进循环　C. 伴有严重中毒症状时切开减压
D. 必要时切除有炎症的脏器　E. 加强营养支持

二、软组织急性化脓性感染(执业医师及助理医师均需掌握)

197. 相邻多个毛囊及其周围组织的急性化脓性感染称为
A. 痈　B. 疖　C. 丹毒
D. 疖病　E. 蜂窝织炎

198. 下列疾病的患者中,最易合并疖病的是
A. 消化性溃疡　B. 糖尿病　C. 门静脉高压症
D. 胃癌　E. 肝炎

199. 女,50岁。背部皮肤红肿5天,初起为小片皮肤硬肿,中央多个脓点,范围约6cm,随后肿胀范围增大,疼痛渐加重,伴畏寒、发热。有糖尿病病史10年。最可能的诊断是
A. 丹毒　B. 痈　C. 疖
D. 急性蜂窝织炎　E. 皮脂腺囊肿感染

(200~201题共用题干)男,50岁。颈后肿痛5天,疼痛逐渐加重,伴畏寒、发热。有糖尿病病史10年。查体:颈后红肿,范围约5cm,边界不清,中央多个脓点。

200. 该患者最可能的诊断是
A. 皮脂腺囊肿感染　B. 颈部丹毒　C. 颈部痈
D. 颈部疖　E. 蜂窝织炎

201. 若行切开引流术,下列错误的处理措施是
A. 切口线不宜超过病变边缘　B. 未化脓但颜色已暗紫的组织也要清除
C. 切口线要深达筋膜　D. 可行"++"形切口切开引流
E. 创面内填塞敷料压迫止血

202. 男,12岁。10天前出现上唇部红肿,见脓头,自行挤压排脓液后出现发热,体温最高达39.9℃,寒战,

头痛剧烈，神志不清。其最可能的并发症是
A. 颌下淋巴结炎　B. 眼眶内感染　C. 海绵状静脉窦炎
D. 面部蜂窝织炎　E. 化脓性上颌窦炎

203. 丹毒是指
A. 多个毛囊同时感染　B. 皮肤管状淋巴管的急性炎症
C. 扩散到皮下组织的毛囊感染　D. 皮肤及其网状淋巴管的急性炎症
E. 有全身症状的毛囊及其所属皮脂腺的感染

204. 很少发生化脓的软组织感染是
A. 疖　B. 痈　C. 急性蜂窝织炎
D. 丹毒　E. 急性淋巴结炎

205. 男性，70 岁。上唇一个毛囊尖处出现红肿、疼痛的结节，中央部有灰黄色小脓栓形成，错误的处置是
A. 休息　B. 外敷鱼石脂膏　C. 挤出脓栓，以利引流
D. 应用抗生素　E. 湿热敷

206. 男，62 岁。背部皮肤红肿 7 天。初起时为小片皮肤硬肿约 3cm×2cm，有多个脓点，随后皮肤肿胀范围增大，出现浸润性水肿，局部疼痛加重，表面皮肤呈紫褐色，范围约为 6cm×5cm，体温 39.2℃。既往有糖尿病病史。来院就诊，拟手术治疗，下列处理方法不正确的是
A. 清除脓液及失活的组织　B. 切口线应超过病变边缘　C. 切口内可填塞纱条
D. 一期缝合切口　E. 作"++"形切口

207. 急性蜂窝织炎最主要的致病菌是
A. 厌氧菌　B. 肺炎链球菌　C. 铜绿假单胞菌
D. 表皮葡萄球菌　E. 溶血性链球菌

208. 男，39 岁。3 天前突然发热、畏寒，左下肢片状红疹，微隆起，色鲜红，中间稍淡，边界清楚，伴有烧灼样疼痛。有足癣史 10 余年。其最可能感染的病原体是
A. 真菌　B. 腐生葡萄球菌　C. 表皮葡萄球菌
D. 乙型溶血性链球菌　E. 金黄色葡萄球菌

209. 关于下肢丹毒临床表现的描述，正确的是
A. 常累及双侧肢体　B. 界限清楚　C. 局部多呈紫红色
D. 局部硬肿　E. 在中央部的表面有脓栓

210. 男，30 岁。喉结下肿痛 1 周。肿胀渐至颈中部，能讲话。查体：T38.7℃，BP100/60mmHg，右颈部明显肿胀、压痛、皮肤不红，无波动。WBC15×10^9/L，血培养阴性。该患者最可能的诊断是
A. 急性颌下腺炎　B. 急性淋巴管炎　C. 颈部蜂窝织炎
D. 急性咽喉炎　E. 急性腮腺炎

A. 大肠埃希菌　B. 拟杆菌　C. 铜绿假单胞菌
D. 乙型溶血性链球菌　E. 金黄色葡萄球菌

211. 痈的致病菌是

212. 丹毒的致病菌是

213. 脓液恶臭，普通细菌培养阴性的是

214. 示指腱鞘炎易蔓延至
A. 掌中间隙　B. 鱼际间隙　C. 桡侧滑液囊
D. 尺侧滑液囊　E. 中指骨膜下间隙

215. 女，30 岁。左手示指末节皮下感染 5 天，伴剧烈跳痛，肿胀明显。需切开引流，正确的切口应是

A. 经甲床切开　B. 经甲沟切开　C. 指末端鱼口状切口
D. 指侧面纵切口　E. 末节指腹横切口

216. 男,25岁,左手示指指甲旁红肿、疼痛1天。3天前该处曾被木刺刺伤。实验室检查:血WBC $15.0\times10^9/L$,N0.79。引起该患者感染的常见细菌是
A. 金黄色葡萄球菌　B. 草绿色链球菌　C. 大肠埃希菌
D. 破伤风梭菌　E. 铜绿假单胞菌

217. 掌深部间隙感染处理原则错误的是
A. 抬高患侧上肢　B. 早期静脉滴注大剂量青霉素　C. 纵轴切开引流
D. 切口不超过手掌远侧横纹　E. 切口常选在手背肿胀明显处

(218~221题共用题干)男,16岁。发热4天伴纳差2天急诊。检查:血压114/70mmHg,左脚趾甲沟部红肿破溃。血白细胞计数为 $20\times10^9/L$,中性粒细胞0.89。

218. 初步诊断是
A. 左脚趾甲沟炎　B. 左脚趾坏疽　C. 左侧小腿丹毒
D. 左小腿蜂窝织炎　E. 感染性休克

219. 左脚趾经切开引流处理后应给予
A. 大剂量青霉素　B. 糖皮质激素　C. 退热剂
D. 庆大霉素　E. 维生素

220. 经处理3天后患者体温升高,且血压和血小板计数下降,此时患者可能合并有
A. 脓毒症　B. DIC　C. 感染性休克
D. 多器官衰竭　E. 菌血症

221. 经血培养证实金黄色葡萄球菌阳性,根据经验首选抗生素是
A. 阿米卡星　B. 环丙沙星　C. 红霉素
D. 万古霉素　E. 甲硝唑

(222~224题共用题干)女性,45岁。被鱼刺刺伤右手示指尖2天,右手示指尖针刺样痛半天就诊。查体体温36.8℃,右手示指轻度肿胀、压痛,但压力不高,皮肤不红。

222. 最可能的诊断是
A. 甲沟炎　B. 指头炎　C. 指骨骨髓炎
D. 腱鞘炎　E. 滑囊炎

223. 下列处理错误的是
A. 抗生素控制感染　B. 保持右手下垂,以利于血液循环
C. 鱼石脂软膏外敷右手示指　D. 金黄散糊剂敷贴右手示指　E. 右手示指理疗

224. 患者右手示指肿胀加重,伴有剧烈搏动性跳痛,此时作切开引流,正确的操作是
A. 右手示指末端做鱼口形切口　B. 末节指侧面纵切口,远侧应超过甲沟的1/2
C. 末节指侧面纵切口,近侧超过指节横纹　D. 脓腔较大时,宜做对口引流
E. 突出切口的脂肪不应剪去,以防损伤血管、神经

三、全身性化脓性感染(执业医师及助理医师均需掌握)

225. 革兰阳性细菌败血症很少表现为
A. 稽留热　B. 转移性脓肿　C. 寒战
D. 皮疹　E. 昏迷

226. 脓毒症早期典型的临床表现是

A. 呼吸困难　　B. 休克　　C. 少尿
D. 昏迷　　E. 寒战、高热

227. 为提高脓毒症血培养的阳性率,抽血的最佳时间是
A. 每天晚间　　B. 寒战发热后　　C. 寒战发热时
D. 寒战发热前　　E. 每天早晨

228. 全身感染时,可导致低体温、低白细胞、低血压的致病菌是
A. 肺炎链球菌　　B. 金黄色葡萄球菌　　C. 变形杆菌
D. 溶血性链球菌　　E. 破伤风梭菌

229. 男,13 岁,学生。持续畏寒、发热 1 周,神志不清半天。病前有右足刺伤史。查体:T39.5℃,P123 次/分,BP65/45mmHg,右足跟部红肿。血常规 WBC24.3×10^9/L,N0.89,L0.11。导致本病最可能的病原体是
A. 革兰阴性菌　　B. 真菌　　C. 革兰阳性菌
D. 病毒　　E. 寄生虫

230. 以下关于全身性外科感染治疗的描述,正确的是
A. 均需应用抗真菌药物　　B. 等待培养结果再选用抗生素　　C. 尽早处理感染原发灶
D. 尽量选用窄谱抗生素　　E. 首要的措施是加强抗生素的应用

231. 女,45 岁。前额部疖肿 10 天,多次挤压排脓。今突发寒战、高热,伴头晕,无抽搐。查体:T40℃,P90 次/分,R26 次/分,BP100/70mmHg,神志清楚,前额红肿,伴脓头,胸壁及肢体皮下可见瘀斑。血 WBC20.2×10^9/L,核左移。血培养(-)。该患者目前的主要诊断是
A. 脓毒症　　B. 额部蜂窝织炎　　C. 菌血症
D. 颅内感染　　E. 感染性休克

232. 在全身性外科感染的综合性治疗中,最关键的是
A. 应用抗菌药物　　B. 保护重要脏器功能　　C. 全身支持治疗
D. 对症治疗　　E. 处理原发感染灶

(233~234 题共用题干)男,50 岁。右大腿被撞伤 12 天。局部肿痛,行走困难。近 3 天寒战、发热,体温最高达 40℃,伴恶心、烦躁。查体:P110 次/分,R22 次/分,BP100/70mmHg,重病容。扁桃体肿大,双肺呼吸音粗糙,右大腿外侧明显肿胀,压痛(+),局部无波动感。血 WBC24×10^9/L。

233. 为明确诊断,最有意义的检查方法是
A. 咽拭子培养　　B. 正侧位胸部 X 线片　　C. 右大腿肿胀处 B 超检查
D. 血常规+血沉　　E. 患者高热时行血培养检查

234. 若采取多种治疗未好转,体温每日仍波动于 38~40℃之间,呼吸深快,右大腿肿痛加重,有波动感。P120 次/分,BP90/50mmHg。应采取的主要治疗措施是
A. 积极补液抗休克　　B. 联合静脉内应用抗生素
C. 纠正代谢性酸中毒　　D. 右大腿脓肿穿刺并切开引流
E. 大剂量应用肾上腺糖皮质激素

(235~236 题共用题干)女性,35 岁。脾切除、小肠切除吻合术后第 5 天,已排气,头痛、恶心、腹胀,随后出现寒战,四肢发绀。体温 39.6℃,脉搏 108 次/分,血压 135/85mmHg,近 24 小时尿量 650ml。轻度腹胀,腹软,全腹轻度压痛无反跳痛肌紧张。肠鸣音 3 次/分。

235. 最有可能出现异常的是
A. 白细胞计数　　B. 尿常规检查　　C. 立位腹部透视
D. 腹部超声检查　　E. 血清钾离子

236. 最可能的原因为

A. 小肠吻合口漏　B. 手术后创面出血　C. 急性肾衰竭
D. 革兰染色阴性杆菌感染　E. 高位肠梗阻

A. 金黄色葡萄球菌　B. 溶血性链球菌　C. 大肠埃希菌
D. 铜绿假单胞菌　E. 大肠埃希菌+厌氧菌

237. 脓液稠厚,有恶臭或粪臭
238. 脓液稠厚,黄色,不臭
239. 常伴有转移性脓肿
240. 大面积烧伤创面感染最常见的细菌
241. 虽易引起败血症,但一般不发生转移性脓肿

四、破伤风(执业医师及助理医师均需掌握)

242. 破伤风患者易发生的并发症不包括
A. 昏迷　B. 窒息　C. 心力衰竭
D. 肺部感染　E. 骨折

243. 破伤风是
A. 败血症　B. 菌血症　C. 毒血症
D. 脓血症　E. 脓毒症

244. 男,25岁。1周前右足底被铁钉刺伤,未作清创处理。近日,感头痛、咬肌紧张酸胀,诊断为破伤风。其发病机制中错误的是
A. 破伤风梭菌产生的内毒素引起症状　B. 痉挛毒素是引起症状的主要毒素
C. 溶血毒素引起组织局部坏死和心肌损害　D. 破伤风是一种毒血症
E. 毒素也可影响交感神经

245. 诱发破伤风全身肌肉痉挛不常见的因素是
A. 光线　B. 温度　C. 声音
D. 震动　E. 碰触

246. 破伤风患者典型的症状是在肌紧张性收缩的基础上,发生阵发性肌肉强烈痉挛,通常最先受影响的肌群是
A. 面部表情肌　B. 咀嚼肌　C. 颈部肌群
D. 背部肌群　E. 四肢肌

247. 女,65岁。左手示指外伤11天,阵发性肌痉挛3天。查体:神志清,查体合作,苦笑面容。左手示指指间可见伤口,已结痂。最可能感染的病原体是
A. 艰难梭菌　B. 大肠埃希菌　C. 金黄色葡萄球菌
D. 产气荚膜梭菌　E. 破伤风梭菌

248. 男,21岁。足底被锈铁钉刺伤8天,四肢抽搐2天,发作时头颈部后仰、强直,牙关紧闭,口唇青紫,大汗淋漓。该患者最严重的并发症是
A. 骨折　B. 舌咬伤　C. 肺部感染
D. 窒息　E. 脑疝

249. 男,8岁。足部刺伤1小时,已接受计划性混合疫苗注射。为预防破伤风,最重要的正确处置是
A. 刺伤部切开不予缝合　B. 注射破伤风抗毒素750U　C. 注射破伤风抗毒素1500U
D. 注射破伤风抗毒素3000U　E. 注射破伤风类毒素0.5ml

250. 注射破伤风抗毒素(TAT)的目的是
A. 对易感人群进行预防接种　B. 对可疑或确诊的破伤风患者进行紧急预防或治疗

C. 杀灭伤口中繁殖的破伤风梭菌　　D. 主要用于儿童的预防接种
E. 中和与神经细胞结合的毒素

251. 男,45 岁。右足底外伤 5 小时,伤口深,及时彻底清创后,破伤风抗毒素(TAT)皮试阳性。首先考虑给予注射
A. 破伤风类毒素　　B. 人体破伤风免疫球蛋白　　C. 破伤风抗毒素(脱敏注射)
D. 青霉素　　E. 白喉、百日咳、破伤风三联疫苗

252. 破伤风的综合治疗措施中,不正确的是
A. 连续应用破伤风抗毒素　　B. 避免声、光刺激　　C. 保持呼吸道通畅
D. 防止交叉感染　　E. 应用镇静药物

(253~254 题共用题干)男,40 岁。田间劳动时右足底被割破,伤口长 2cm,深达肌腱,自行包扎。10 天后感乏力、畏光、咀嚼无力、下肢痛,无神经系统疾病史。查体:满面大汗,苦笑脸,张口困难,角弓反张,阵发性四肢痉挛,心、肺查体无异常,腹肌强直,无压痛。

253. 该患者早期典型的症状是
A. 四肢抽搐　　B. 畏光　　C. 咀嚼无力
D. 全身乏力　　E. 张口困难

254. 下列治疗措施中最重要的是
A. 控制肌肉痉挛　　B. 中和血中毒素　　C. 应用大剂量青霉素
D. 纠正水、电解质失衡　　E. 吸氧

(255~258 题共用题干)男性,10 岁。右足底被锈铁钉刺伤 10 天,突然出现张口困难,继之出现苦笑面容,角弓反张,声响及触碰患者可诱发上述症状,患者神志清楚,不发热。

255. 该病致病菌属于
A. 革兰染色阴性大肠埃希菌　　B. 革兰染色阴性厌氧拟杆菌　　C. 革兰染色阴性变形杆菌
D. 革兰染色阳性梭形芽胞梭菌　　E. 革兰染色阳性厌氧芽胞梭菌

256. 这种细菌感染发病率占污染者的百分比(%)
A. 0.1~0.2　　B. 0.3~0.4　　C. 0.5~0.6
D. 0.7~0.8　　E. 1.0~2.0

257. 该病属于
A. 毒血症　　B. 菌血症　　C. 败血症
D. 脓血症　　E. 脓毒血症

258. 对机体威胁最大的是
A. 肌肉断裂　　B. 骨折　　C. 尿潴留
D. 持续的呼吸肌痉挛　　E. 营养障碍

五、气性坏疽(执业医师需掌握)

259. 男,45 岁。右脚心被铁钉刺伤 24 小时,伤处红肿,剧痛,周围边界不清,创口中心皮肤坏死。最可能感染的致病菌是
A. 梭状芽胞杆菌　　B. 表皮葡萄球菌　　C. 铜绿假单胞菌
D. 金黄色葡萄球菌　　E. 乙型溶血性链球菌

260. 男,32 岁。左下肢肿胀、发紫、剧痛 2 小时。1 天前用粪便在农田施肥,伤及左足,半夜感胀裂样痛,症状加重,左下肢肿胀,皮肤由紫色变成紫黑色,水肿有疱。查体:局部失去弹性,皮下有捻发音,伤口处有恶臭的血性浆液渗出。该致病菌产生的酶中,毒性最强的是

A. 胶原酶　　B. 卵磷脂酶　　C. 透明质酸酶
D. DNA 酶　　E. 神经氨酸酶

261. 男性，45 岁。5 天前耕地时右下肢被拖拉机压伤，已清创缝合，现突然出现伤肢胀裂样剧痛，伤口周围皮肤变黑，伤口裂开，肌肉呈熟肉状，其周围有捻发音，渗出物恶臭。可诊断为
A. 芽胞菌性蜂窝织炎　　B. 厌氧性链球菌性蜂窝织炎　　C. 大肠埃希菌性蜂窝织炎
D. 梭状芽胞杆菌感染　　E. 变形杆菌感染

262. 男，35 岁。被倒塌的房屋压伤左下肢 6 小时入院。查体：T37℃，P108 次/分，R28 次/分，左小腿大片肌肉撕脱，伤口处留有大量污物，急诊行清创处理。术后 3 天，患者体温逐步上升，烦躁不安，大量出汗，尿量明显减少。观查伤口：左下肢明显肿胀，见大量恶臭浆液血性渗出物，皮下可触及捻发音。下面处理措施，不正确的是
A. 病变区多处切开　　B. 整块切除受累肌肉　　C. 术后勤换敷料
D. 应用高压氧治疗　　E. 首选氨基糖苷类抗生素

(263~264 题共用题干)男，20 岁。施工时左大腿开放伤，未发现骨折，行简单的创口缝合。2 天后感伤部包扎过紧，疼痛剧烈，患肢肿胀明显，缝合处血性液体渗出多，恶臭。

263. 该患者此时最可能的诊断为
A. 丹毒　　B. 气性坏疽　　C. 急性淋巴管炎
D. 伤口化脓感染　　E. 急性蜂窝织炎

264. 导致这种感染最主要的原因是
A. 初次缝合创面止血不充分　　B. 未应用广谱抗生素　　C. 伤口包扎过紧
D. 未行静脉营养　　E. 第一次清创不彻底

(265~267 题共用题干)男性，45 岁。36 小时前施工时右下肢被石板砸伤，X 线片未见骨折，行清创缝合。现突然出现烦躁不安，伴恐惧感，大汗淋漓，自述右下肢伤处疼痛加重，胀裂感。体温38.5℃，脉搏 128 次/分，血压 146/92mmHg，右小腿肿胀明显，大量浆液血性渗出物自切口渗出，皮肤表面呈大理石样花纹，渗出物有恶臭味。

265. 本病可诊断为
A. 芽胞菌性蜂窝织炎　　B. 厌氧性链球菌性蜂窝织炎　　C. 大肠埃希菌性蜂窝织炎
D. 梭状芽胞杆菌感染　　E. 变形杆菌感染

266. 治疗上不正确的是
A. 右下肢广泛、多处切开　　B. 800 万 U 青霉素静脉注射　　C. 输 200ml 同型新鲜血
D. 右下肢截肢　　E. 高压氧疗法

267. 出现本病的可能原因为
A. 清创不彻底　　B. 患者有复合创伤　　C. 未注射破伤风抗毒素(TAT)
D. 患者低蛋白血症　　E. 切口包扎过紧

(268~269 题共用题干)男，23 岁。右小腿开放性骨折伴严重肌肉挤压伤，手术复位、石膏固定。伤后 3 天，诉患肢疼痛剧烈，烦躁不安，大量出汗，尿色发红。查体：T39.5℃，P110 次/分。右小腿肿胀明显，已蔓延至大腿，皮肤呈大理石样花纹，伤口有大量浆液血性渗出物。

268. 最可能的诊断是
A. 产气性皮下蜂窝织炎　　B. 脓毒血症　　C. 气性坏疽
D. 骨筋膜室综合征　　E. 厌氧性链球菌感染

269. 预防此类疾病最关键的措施是
A. 避免使用止血带　　B. 石膏包扎不宜过紧　　C. 早期行筋膜切开减张

D. 应用大剂量抗生素　　E. 尽早彻底清创

六、抗菌药物的合理应用(执业医师需掌握)

270. 手术前不需要预防性使用抗生素的是
A. 先天性心脏病手术　　B. 乳腺癌根治术　　C. 肾移植术
D. 甲状腺腺瘤切除术　　E. 无张力疝修补术

第6章　创伤与烧伤

一、创伤总论(执业医师及助理医师均需掌握)

271. 男,45岁。骑车时摔倒。左前臂可见皮肤破损、肿胀。查体:T36.5℃,P80次/分,R18次/分,BP120/80mmHg,双肺呼吸音清,未闻及干、湿啰音,心律齐,腹软,无压痛。血常规:Hb120g/L,WBC9.6×10^9/L,Plt186×10^9/L。X线片提示左前臂桡骨中段骨折。其创伤按伤情分类是
A. 轻度开放伤　　B. 轻度闭合伤　　C. 中度开放伤
D. 中度闭合伤　　E. 重度闭合伤

272. 一患者车祸后2小时送至医院,诉咳嗽、胸部疼痛。查T36.5℃,P130次/分,R30次/分,BP90/60mmHg,神清,右胸部压痛明显,右肺呼吸音低,右下肢有骨折征。胸部X线片示右侧液气胸。创伤种类为
A. 穿透伤　　B. 盲管伤　　C. 开放伤
D. 挤压伤　　E. 闭合伤

273. 下列哪项因素有利于创伤修复和伤口愈合?
A. 细菌感染　　B. 血液循环障碍　　C. 异物存留
D. 局部制动　　E. 服用糖皮质激素类药物

274. 下列处理中,不属于现场急救措施的是
A. 判断伤者意识情况　　B. 伤口清创缝合　　C. 保持呼吸道通畅
D. 制动骨折部位　　E. 迅速将伤者送往附近医院

275. 男,30岁。由高处坠落,引起骨盆骨折及股骨开放性骨折,伤口大量出血。现场急救治疗首先应进行
A. 抗休克　　B. 下肢临时固定　　C. 清创缝合
D. 加压包扎止血　　E. 骨折复位

276. 男,55岁。车祸伤现场。查体:T36.5℃,P100次/分,R22次/分,BP100/60mmHg,意识模糊,呼吸浅促,右侧颞部皮肤裂口1cm,裂口内见搏动性出血,双肺呼吸音清,未闻及干、湿啰音,心律齐,腹软,无压痛。现场紧急的止血方法是
A. 填塞法　　B. 局部止血剂　　C. 止血带法
D. 指压法　　E. 三角巾包扎法

277. 止血带法止血,总使用时间一般不超过
A. 1小时　　B. 2小时　　C. 4小时
D. 6小时　　E. 8小时

278. 女,22岁。左额部被刀划伤12小时就诊。查体:左额部有3cm长伤口,深及骨膜,有血痂,伤口周边无红肿。宜采取的处理方法是
A. 清创后二期缝合　　B. 清创后一期缝合　　C. 清创后放置橡胶片引流
D. 伤口敷料覆盖　　E. 局部应用抗生素

279. 男,45岁。左腿车轮碾压伤2小时。查体:T37.2℃,P145次/分,R28次/分,BP89/55mmHg。神情淡

漠,面色苍白,口唇干燥,两肺呼吸音清,腹软,无压痛。左小腿中部开放性外伤,伤口近端在院外已用止血带缚扎30分钟,伤口无明显渗血,足背动脉搏动弱。此时该患者处理措施中错误的是

A. 备血　B. 补充血容量　C. 做好术前准备,急诊手术
D. 中心静脉置管　E. 放开止血带,以免远端肢体缺血

280. 男,25岁。跌倒致左下颌部皮肤裂口2.5cm,自行压迫贴敷6小时后,伤口红肿、渗血。其适应的处理方法是

A. 一般换药　B. 清创后延期缝合　C. 清创止血包扎
D. 清创后一期缝合　E. 清洗伤口加压包扎

281. 女,35岁。右小腿前不慎被锄头砸伤2小时,右胫前皮肤创口3cm,未见畸形。清创术中错误的处理是

A. 清创后放置引流片　B. 清洗创口周围皮肤　C. 上下纵行延长切口
D. 清除泥沙等异物　E. 过氧化氢冲洗

282. 软组织挫伤早期正确的处理是

A. 理疗　B. 应用镇痛药　C. 冷敷
D. 热敷　E. 局部使用抗生素

283. 患者,女,30岁。不慎摔伤左踝部2小时。感局部疼痛。查体:左踝部肿胀、压痛,无反常活动。下列处理不正确的是

A. 立即按摩　B. 冰敷　C. 固定踝部
D. 抬高患肢　E. 石膏固定

(284~286题共用题干)地震现场,一工人左腰及下肢被倒塌砖墙压住,震后6小时救出,4小时送抵医院。诉口渴,尿少,呈暗红色。检查:脉搏120次/分,血压95/70mmHg,左下肢明显肿胀,皮肤有散在淤血斑及水疱,足背动脉搏动较健侧弱,趾端凉,无骨折征。

284. 诊断首先考虑

A. 感染性休克　B. 肾挫伤　C. 左下肢挫伤
D. 左下肢血栓形成　E. 挤压伤综合征

285. 静脉输液宜首选

A. 全血　B. 血浆　C. 右旋糖酐
D. 5%葡萄糖溶液　E. 等渗盐水+1.25%碳酸氢钠溶液

286. 首先应采取的处理是

A. 止痛　B. 左下肢固定　C. 镇静
D. 胸腔闭式引流　E. 吸氧

二、火器伤(执业医师需掌握)

287. 初期处理火器伤清创后伤口应做一期缝合的是

A. 臀部　B. 腰部　C. 膝关节腔
D. 上臂　E. 手掌

288. 二期处理火器伤延期缝合应在清创处理后的

A. 12小时至1天　B. 2~3天　C. 3~5天
D. 8~14天　E. 14天以后

289. 男,40岁。不慎右小腿被手榴弹炸伤1小时,包扎后就诊。查体:右小腿后不规则伤口长4cm,肌肉破损、渗血,有弹药污染。宜采取的处理方法是

A. 清洗伤口、止血加压包扎　B. 消毒、探查伤口后包扎　C. 清创、引流缝合伤口
D. 清创、引流后延期缝合　E. 清创缝合伤口

(290~291 题共用题干)男,32 岁。右大腿枪弹伤 4 小时。伤口已经在院外经过初步处理。查体:T37.8℃,P141 次/分,R28 次/分,BP72/43mmHg。面色苍白,呼吸急促。双肺呼吸音清晰,心律齐。腹软,无压痛。大腿中下 1/3 处对穿性伤口,已经用纱布覆盖包扎,无明显渗血。足背动脉搏动弱。

290. 该患者首要的处理措施是

A. 拆开纱布,检查伤口　B. 急诊清创缝合　C. 注射破伤风抗毒素(TAT)
D. 建立静脉通道,补充血容量　E. DSA 检查了解有无血管损伤

291. 若对该患者行清创术,以下措施不正确的是

A. 沿大腿纵轴切开探查,切除创缘皮肤 1~2mm
B. 伤口内放置引流物　C. 若有大血管损伤,尽量修补
D. 伤口近端绕扎止血带　E. 若清创彻底,一期缝合伤口

三、热烧伤(执业医师及助理医师均需掌握)

292. 男,50 岁,厨师。右上肢烫伤,创面与本人手指并拢的 2 只手掌等大,相当于其体表面积的

A. 1.0%　B. 1.5%　C. 2.0%
D. 2.5%　E. 3.0%

293. 女,49 岁。烧伤后 3 小时入院。双大腿、小腿及足部布满大小不等的水疱,可见潮红创面,疼痛明显。该患者的烧伤面积是

A. 45%　B. 20%　C. 40%
D. 35%　E. 32%

294. 成年男性右侧膝关节以下烧伤,其烧伤面积占人体体表面积的百分比

A. 5%　B. 6%　C. 8%
D. 10%　E. 13%

295. 成人胸、腹、会阴和两侧大腿前侧烧伤时,烧伤面积估计是

A. 25%　B. 28%　C. 30%
D. 32%　E. 34%

296. 成年女性,背部、会阴和双臀部烧伤时,烧伤面积估计是

A. 22%　B. 24%　C. 16%
D. 18%　E. 20%

297. 女,36 岁。不慎跌入热水池中烫伤双下肢(不包括臀部)。按新九分法估算,其烧伤面积是

A. 43%　B. 41%　C. 40%
D. 39%　E. 42%

298. 男,36 岁。不慎跌入热水池中烫伤臀部及双下肢。按新九分法,其烧伤面积是

A. 27%　B. 36%　C. 46%
D. 54%　E. 68%

299. 男,26 岁。在工厂被锅炉高温蒸汽烫伤双上肢,伤处红肿明显,有大小不一的水疱形成,内含淡黄的澄清液体,创面红润、潮湿。对该患者病情描述正确的是

A. 患处痛觉迟钝　B. 愈后一般无色素沉着　C. 愈后常有瘢痕增生
D. 未伤及皮肤的真皮层　E. 如不感染,1~2 周内愈合

300. 烧伤深度达表皮生发层与真皮乳头层的是

A. 深Ⅱ度　B. Ⅲ度　C. Ⅲ度以上
D. Ⅰ度　E. 浅Ⅱ度

301. 男性,50 岁。上肢被开水烫伤,皮肤见多数较大水疱。其烧伤累及皮肤的深度为

A. 表皮　　B. 真皮浅层　　C. 真皮深层
D. 皮肤全层　　E. 皮肤及皮下组织

302. 浅Ⅱ度烧伤创面特征是
A. 局部红肿　　B. 局部水疱　　C. 红白相间
D. 可见网状栓塞血管　　E. 焦黄无水疱

303. 女,50岁。2小时前被烧伤双臀、双下肢(无双足),创面有大小不一的水疱,剧痛。请计算烧伤深度和面积
A. 浅Ⅱ度烧伤,40%　　B. 浅Ⅱ度烧伤,47%　　C. 深Ⅱ度烧伤,40%
D. Ⅲ度烧伤,40%　　E. Ⅲ度烧伤,47%

304. 深Ⅱ度烧伤,若无感染等并发症,通常愈合时间为
A. 2~3日　　B. 1周　　C. 2周
D. 3~4周　　E. 5周以上

305. 重度烧伤是指Ⅲ度烧伤面积
A. 不足10%　　B. 10%~19%　　C. 20%~29%
D. 30%~39%　　E. 40%以上

306. 男,52岁。烧伤患者,烧伤总面积35%,其中Ⅲ度烧伤面积10%。该患者属于烧伤的类型是
A. 轻度烧伤　　B. 中度烧伤　　C. 重度烧伤
D. 特重烧伤　　E. 小面积烧伤

307. 符合中度烧伤的Ⅱ度烧伤面积范围是
A. 51%~60%　　B. 11%~30%　　C. 5%~10%
D. 41%~50%　　E. 31%~40%

308. 属于成人中度烧伤的是
A. Ⅲ度烧伤面积小于10%　　B. 烧伤总面积达31%~50%　　C. Ⅱ度烧伤面积小于10%
D. Ⅱ度烧伤面积小于20%伴休克　　E. Ⅲ度烧伤面积11%~20%

309. 患者,女,30岁。臀部、会阴及双侧大腿烧伤2小时。查体:散在水疱,红白相间,疼痛迟钝。其烧伤面积及烧伤深度为
A. 28%,中度　　B. 32%,中度　　C. 34%,重度
D. 35%,轻度　　E. 64%,重度

310. 男性,8岁。右手烧伤,有水疱、剧痛。在现场急救中,为减轻疼痛,最正确的方法是
A. 安慰和鼓励伤者　　B. 肌内注射地西泮(安定)　　C. 肌内注射哌替啶(度冷丁)
D. 抽吸水疱　　E. 将手浸入冷水中

311. 女,39岁。在工厂被锅炉高温蒸汽灼伤右足背。现场急救的措施中错误的是
A. 干净敷料包扎　　B. 使用盐酸哌替啶镇痛　　C. 将衣裤用冷水冲淋后剪开取下
D. 伤处立即用清水连续冲洗　　E. 碘酊消毒伤处

312. 烧伤现场急救时,下列哪种做法不正确?
A. 迅速脱离热源,用凉水浸泡或冲淋局部
B. 剪去伤处衣、袜,用清洁被单覆盖
C. 酌情使用地西泮、哌替啶等药镇静止痛
D. 呼吸道灼伤者,应在严重呼吸困难时方行气管切开、吸氧
E. 有严重复合伤时,应先施行相应的急救处理

313. 深Ⅱ度烧伤创面处理不正确的是
A. 去除水疱皮　　B. 创面使用抗生素预防感染　　C. 油质纱布包扎创面

D. 面部创面不包扎　　E. 1∶2000 氯己定清洗创面,去除异物

314. 男,20 岁。右大腿前皮肤烧伤 3 小时,面积约为 8%,布满数个大水疱,创面湿润,痛觉明显。其创面处理应是
A. 新洁尔灭消毒烧伤处,包扎　　B. 烧伤处涂碘酒,覆盖敷料
C. 将水疱消毒后穿刺抽液,定时换药　　D. 消毒后将水疱全部剪除,包扎
E. 暴露伤口,观察

315. 患者,男,51 岁。烧伤半小时。体温 36.2℃,心率 112/分,血压 85/60mmHg,呼吸 24 次/分,痛苦貌,神志清,全身Ⅱ度烧伤达 50%。患者休克的主要原因是
A. 低血容量　　B. 过敏和继发感染　　C. 继发感染
D. 心输出量减少　　E. 组织坏死

316. 女,40 岁。烧伤 1 小时。查体:T37.8℃,P131 次/分,R27 次/分,BP82/53mmHg。双侧臀部、双侧大小腿及足部皮肤烧伤,创面无水泡,呈蜡白色,痛觉消失。体重 60kg。该患者第一个 24 小时补液理论上应是
A. 血浆 2760ml,平衡盐溶液 1380ml,5%碳酸氢钠溶液 2000ml
B. 血浆 1380ml,平衡盐溶液 2760ml,5%葡萄糖溶液 2000ml
C. 红细胞悬液 1000ml,平衡盐溶液 3000ml,5%葡萄糖溶液 1500ml
D. 血浆 2000ml,平衡盐溶液 2000ml,5%葡萄糖溶液 1500ml
E. 全血 1380ml,平衡盐溶液 2760ml,5%葡萄糖溶液 2000ml

(317~318 题共用题干)男,40 岁。体重 60kg,右上肢肩关节以下、右下肢膝关节以下烧伤深度为浅Ⅱ度至深Ⅱ度,右足部烧伤深度为Ⅲ度。

317. 该患者的烧伤总面积为
A. 20%　　B. 38%　　C. 37%
D. 19%　　E. 18%

318. 该患者第一个 24 小时的补液量应为
A. 2500ml　　B. 1700ml　　C. 2000ml
D. 3700ml　　E. 4000ml

319. 男,55 岁。大面积烧伤 5 天,突发寒战、高热伴意识不清 1 天。查体:T35.6℃,P120 次/分,BP90/55mmHg。血 WBC2.7×10^9/L。该患者最可能感染的致病菌是
A. 革兰阴性杆菌　　B. 金黄色葡萄球菌　　C. 肠球菌
D. 溶血性链球菌　　E. 白色念珠菌

320. 男孩,3 岁,体重 16kg,双下肢开水烫伤。查体:血压 85/60mmHg,烦躁不安,双下肢(包括臀部)Ⅱ度烧伤,尿量 15ml/h。第一个 24 小时应补充胶体量
A. 400ml　　B. 500ml　　C. 600ml
D. 700ml　　E. 800ml

321. 男性,体重 50kg,躯干部(不包括会阴)、双臀及双大腿Ⅱ度烧伤,双小腿及双足Ⅲ度烧伤,第一个 24 小时应补充的胶体量约为
A. 1500ml　　B. 1800ml　　C. 2700ml
D. 3200ml　　E. 3600ml

322. 男,25 岁,体重 50kg。Ⅱ度以上烧伤面积 40%,其第 1 个 24 小时的前 8 小时内补液量为
A. 1000ml　　B. 1500ml　　C. 2000ml
D. 2500ml　　E. 3000ml

(323~324题共用题干)男,32岁。后背及双上臂沸水烫伤4小时。查体:T37.4℃,P100次/分,R20次/分,BP130/90mmHg。意识清楚。后背及双上臂红肿明显,大量水疱,基底发红,疼痛明显。

323. 该患者烧伤深度及严重程度分度是
A. 浅Ⅱ度,轻度烧伤　B. 浅Ⅱ度,中度烧伤　C. 深Ⅱ度,轻度烧伤
D. 深Ⅱ度,中度烧伤　E. 深Ⅱ度,重度烧伤

324. 对该患者创面的处理措施正确的是
A. 穿刺抽出水疱液　B. 70%酒精消毒创面　C. 剪除水疱的皮
D. 患肢包扎固定　E. 干燥无菌纱布覆盖包扎

(325~327题共用题干)男,40岁。烧伤后3小时入院。疼痛剧烈,感口渴。面色苍白,心率150次/分,血压85/65mmHg,头颈部、躯干部布满大小不等的水疱,可见潮红创面,两上肢呈焦黄色,无水疱。

325. 该病员的烧伤总面积估计为
A. 7×9%　B. 6×9%　C. 5×9%
D. 4×9%　E. 3×9%

326. 该病员Ⅲ度烧伤面积为
A. 1×9%　B. 2×9%　C. 3×9%
D. 4×9%　E. 5×9%

327. 其中Ⅲ度创面的处理原则是
A. 休克期常规切痂　B. 开始补液后2小时内切痂　C. 休克期过后半个月内切痂
D. 常规分次切痂　E. 争取复苏平稳,据病情尽早切痂

四、电烧伤(执业医师需掌握)

328. 与电源直接接触所致电烧伤的主要特点是
A. 有明显的坏死层面　B. 电流"出口"处较"入口"处损伤重
C. 局部渗出较一般烧伤轻　D. 伤后坏死范围一般不会再扩大
E. 损伤范围通常外小内大

329. 电击伤主要损害
A. 心脏　B. 肺　C. 肝
D. 肾　E. 皮肤

330. 男性,47岁。因电击伤致心脏骤停,经初级复苏后转入病房,首先应检查
A. 脑功能　B. 肾功能　C. 循环功能
D. 肝功能　E. 呼吸功能

第7章　颅内压增高与脑疝

一、颅内压增高(执业医师及助理医师均需掌握)

331. 颅内压增高的常见原因不包括
A. 硬膜外血肿　B. 脑水肿　C. 梗阻性脑积水
D. 颅骨缺损　E. 脑肿瘤

332. 以下生理性与病理性因素中,不影响颅内压力变化的是
A. 脑脊液动力学改变　B. 颅骨的完整性　C. 脑组织肿胀
D. 脑组织血流改变　E. 颅骨密度改变

333. 急性颅压增高时患者早期生命体征改变为
A. 血压升高,脉搏变缓,脉压变小　B. 血压升高,脉搏增快,脉压增大
C. 血压降低,脉搏变缓,脉压变小　D. 血压降低,脉搏增快,脉压变小
E. 血压升高,脉搏变缓,脉压增大
334. 颅内压增高"三联征"为头痛、呕吐和
A. 意识障碍　B. 视神经乳头水肿　C. 失语
D. 偏瘫　E. 复视
335. 颅内压增高的昏迷患者,出现上呼吸道梗阻应最先采取的措施是
A. 应用呼吸兴奋剂　B. 气管插管　C. 胃肠减压
D. 吸氧　E. 加强翻身、拍背、吸痰
336. 男,80岁。2个月前轻微头部外伤。半月前出现头痛,间断呕吐,并逐渐出现左侧肢体无力。CT见右侧顶枕新月形低密度影,中线明显移位。首选的治疗措施是
A. 钻孔血肿引流　B. 开颅手术血肿清除　C. 静脉滴注脱水剂
D. 静脉滴注止血剂　E. 静脉滴注抗生素
337. 男,35岁。突发剧烈头痛伴恶心、呕吐、烦躁不安1天。查体:双眼视力重度减退、双颞侧偏盲。急诊CT示鞍区椭圆形占位性病变,3cm×2cm×2cm大小,内呈高密度影,可见液平面,幕上脑室扩大。应采取的有效治疗措施是
A. 立即给予糖皮质激素治疗　B. 立即给予神经营养药　C. 急症手术视神经减压
D. 迅速给予镇静处理　E. 保守治疗,病情稳定后手术治疗
338. 颅内压增高时不正确的处理是
A. 应用脱水剂　B. 高位灌肠　C. 密切观察生命体征
D. 轻泻剂疏通大便　E. 液体摄入量限制在每日1500~2000ml

二、脑疝(执业医师需掌握)

339. 腰穿的禁忌证
A. 脑动脉硬化　B. 神经系统变性病　C. 急性脊髓炎
D. 后颅窝占位病变　E. 神经系统炎症
340. 左侧小脑幕切迹疝最确切的解释是
A. 脑干受压左移　B. 左侧基底节受压左移　C. 左侧小脑幕的移位
D. 左侧小脑幕挤压脑干　E. 左侧颞叶钩回通过小脑幕切迹被推挤至幕下
341. 女,40岁。跌倒时枕部着地,30分钟后昏迷。抢救措施中不恰当的是
A. 立即经静脉给予脱水剂　B. 腰椎穿刺确定有无颅内出血　C. 立即输入止血剂
D. 静脉输入抗生素预防感染　E. 保持呼吸道通畅

A. 颅内动脉瘤　B. 后颅凹肿瘤　C. 颞部巨大硬脑膜外血肿
D. 脑挫裂伤　E. 脑膜膨出
342. 易造成蛛网膜下腔出血的疾病是
343. 易造成枕骨大孔疝的疾病是
344. 易造成小脑幕裂孔疝的疾病是

345. 女,45岁。车祸中头部受伤后出现短暂昏迷,1.5小时后剧烈头痛,频繁呕吐。急诊查体:神志不清,双侧瞳孔大小多变,对光反射迟钝,肢体活动正常。行头颅CT检查过程中,发生呼吸骤停。其呼吸骤停最可能的原因是

A. 脑干损伤　B. 脑挫裂伤
C. 脑震荡　D. 急性颅后窝血肿并发枕骨大孔疝
E. 急性颅内血肿并发小脑幕切迹疝

346. 枕骨大孔疝的临床表现不包括
A. 昏迷　B. 呕吐　C. 颈项强直
D. 双侧瞳孔大小多变　E. 尿崩

347. 男,26岁。头痛、头晕14天,加重伴频繁呕吐1天。查体:血压140/78mmHg,嗜睡。双侧瞳孔大小多变,头颅MRI显示第四脑室肿瘤,伴幕上脑室扩大。引起病情急剧恶化最可能的原因是
A. 脑水肿　B. 脑积水　C. 小脑幕切迹疝
D. 大脑镰下疝　E. 枕骨大孔疝

348. 急性小脑幕切迹疝,患侧瞳孔扩大的病理机制是
A. 视神经受损　B. 动眼神经受刺激　C. 交感神经受刺激
D. 动眼神经损伤　E. 脑干受压

349. 小脑幕切迹疝最有意义的临床定位体征是
A. 患侧肢体活动减少或消失　B. 对侧腹壁反射消失　C. 患侧瞳孔散大
D. 对侧肢体腱反射亢进　E. 患侧下肢病理反射阳性

350. 男,28岁。车祸后出现短暂昏迷。醒后轻微头痛,逐渐至剧烈头痛、频繁呕吐,伤后3小时意识丧失。查体:昏迷,右侧瞳孔散大,对光反射消失,左侧肢体瘫痪。头颅X线片显示右颞骨骨折,且向颅底方向延伸。其主要临床诊断是
A. 脑震荡　B. 脑干损伤　C. 颅底骨折
D. 脑疝　E. 脑挫裂伤

351. 单纯小脑幕裂孔疝的临床症状不包括
A. 昏迷　B. 呕吐　C. 偏瘫
D. 双侧瞳孔大小多变　E. 病侧瞳孔散大

352. 高血压脑出血患者来院时昏迷,已脑疝,应首先采取的急救措施是
A. 开颅手术　B. 腰穿放脑脊液　C. 脑室穿刺
D. 静脉快速滴注甘露醇　E. 静脉注射50%葡萄糖

353. 女性,35岁。35分钟前自汽车上跌下,左枕部着地,伤后昏迷未醒,枕部头皮挫伤,双瞳孔散大,对光反射弱,四肢强直,双下肢病理征阳性。在急诊室输20%甘露醇250ml后,左瞳孔缩小。下一步的治疗措施
A. 左侧颞肌下减压　B. 右侧颞肌下减压　C. 枕部开颅减压术
D. 右额开颅血肿清除　E. 左额开颅血肿清除

(354~356题共用题干)女,67岁。车祸后即昏迷,伤后2小时被送至医院。查体:昏迷状态,左顶枕部有一直径4cm头皮血肿,右侧瞳孔散大,对光反射消失,左侧肢体肌张力增高,病理反射阳性。头颅CT示右额颞部骨板下新月形高密度影。

354. 该患者最可能的诊断是
A. 右额颞脑内血肿,脑疝　B. 右额颞急性硬脑膜下积液,脑疝
C. 右额颞脑挫伤,脑疝　D. 右额颞急性硬脑膜外血肿,脑疝
E. 右额颞急性硬脑膜下血肿,脑疝

355. 该患者颅内出血最可能来自于
A. 硬脑膜中动脉　B. 矢状窦　C. 脑表面小血管

D. 大脑中动脉　　E. 蛛网膜颗粒

356. 需要立即采取的治疗措施是
A. 冬眠疗法　　B. 止血，抗感染　　C. 气管切开
D. 颅内血肿清除　　E. 激素治疗

（357~359 题共用题干）患者，男性，40 岁。因头晕 20 天，烦躁、频繁呕吐 1 天入院。入院体检：生命体征不平稳，头部 MRI 显示第四脑室肿瘤伴幕上脑室扩大。

357. 患者可能发生的脑疝是
A. 脑中心疝　　B. 小脑幕切迹疝　　C. 小脑幕切迹上疝
D. 枕骨大孔疝　　E. 大脑镰疝

358. 如术前突发脑疝，最有效的措施是
A. 高压灌肠　　B. 使用脱水药　　C. 腰穿放脑脊液
D. 给予镇静、镇痛药　　E. 脑室穿刺引流

359. 脑脊液快速流出后患者突然昏迷，双瞳散大，光反应迟钝。首先考虑的原因是
A. 肿瘤卒中　　B. 穿刺损伤　　C. 小脑幕切迹上疝
D. 休克　　E. 低颅压

第 8 章　颅脑损伤与颅内肿瘤

一、头皮损伤（执业医师及助理医师均需掌握）

360. 头部外伤后，最常扪及头皮下波动的是
A. 皮下血肿　　B. 帽状腱膜下血肿　　C. 骨膜下血肿
D. 皮下积液　　E. 皮下积脓

361. 头皮裂伤可在 24 小时内清创缝合的原因是
A. 头皮神经丰富　　B. 头皮具有垂直纤维带　　C. 头皮血供丰富
D. 头皮坚韧　　E. 头皮富有毛囊结构

362. 头皮裂伤时，在未使用抗生素的情况下，清创缝合时间不得超过
A. 8 小时　　B. 12 小时　　C. 16 小时
D. 20 小时　　E. 24 小时

363. 女，28 岁，工人，扎辫。工作时不慎致头皮撕脱。查体：痛苦面容，半侧颅骨（仅存骨膜）裸露，创面及撕脱的头皮清洁。其最理想的处理方法是
A. 行头皮血管吻合再植　　B. 在颅骨上钻孔、待肉芽生长后植皮
C. 将撕脱的头皮直接缝回　　D. 将撕脱的头皮做成全厚皮片植回
E. 将撕脱的头皮做成中厚皮片植回

364. 男，20 岁。因交通事故头顶部可见直径 10cm 血肿，意识清楚，恶心、呕吐。急救处置时不正确的措施是
A. 血压、脉搏、呼吸监测　　B. 注意意识状态　　C. 穿刺抽吸头皮下血肿
D. 给予镇静剂　　E. 给予脱水剂

二、颅骨骨折（执业医师及助理医师均需掌握）

365. 男，40 岁。车祸外伤后 10 小时，当时无昏迷。入院时查体：神志清楚，答话切题，右侧肢体肌力 4 级，霍夫曼征阳性，头颅 X 线片及 CT 均提示左顶骨凹陷性骨折，直径 3cm，深度 2cm。正确的治疗是
A. 抗感染治疗　　B. 手术摘除凹陷的骨折碎片，解除对脑组织压迫

C. 脱水治疗　　D. 观察病情变化,决定下一步治疗方案
E. 保守治疗,应用神经营养剂

366. 颅前窝骨折造成的“熊猫眼征”是指
A. 双眼视网膜出血　　B. 双额部皮肤青紫　　C. 乳突部皮下淤血
D. 双侧视神经乳头水肿　　E. 眶周广泛瘀血斑

367. 提示颅后窝骨折的临床表现是
A. 脑脊液鼻漏　　B. Battle 征　　C. 视神经损伤
D. 眼镜征　　E. 嗅神经损伤

368. 关于颅骨骨折的叙述,下列哪项不正确?
A. 骨折线跨过硬脑膜中动脉沟时须防硬膜外血肿的发生
B. 运动区部位的凹陷性骨折禁忌手术复位
C. 颅底骨折有脑脊液耳、鼻漏时禁忌堵塞耳、鼻道
D. 颅底骨折属内开放性颅脑损伤
E. 颅盖骨骨折的诊断主要依靠 X 线片

369. 闭合性颅脑损伤不包括
A. 头皮裂伤　　B. 颅底骨折　　C. 脑震荡
D. 颅盖骨线状骨折　　E. 颅骨凹陷骨折

370. 诊断颅盖部的线形骨折主要依靠
A. CT　　B. MRI　　C. X 线片
D. B 超　　E. 脑血管造影

371. 颅底骨折通常的诊断依据是
A. 脑脊液鼻、耳漏　　B. 头痛伴呕吐　　C. 偏瘫
D. 头皮血肿　　E. 昏迷

372. 开放性颅脑损伤特有的临床表现是
A. 颅骨骨折　　B. 头皮裂伤　　C. 头皮血肿
D. 脑脊液漏　　E. 头皮裂伤伴颅骨骨折

373. 女,35 岁。车祸后昏迷,被送至医院 3 小时后清醒。查体:神志尚清,双侧眶周青紫,右鼻孔有血性液体流出,嗅觉丧失,能遵嘱活动。临床诊断颅底骨折最可靠的依据是
A. 右鼻孔流出血性液体　　B. 同向性偏盲　　C. 嗅觉丧失
D. 眶周青紫　　E. 伤后昏迷时间较长

374. 男,28 岁。头部外伤,当即昏迷约 3 小时,醒后出现头痛、呕吐,右耳道流出血性液体。诊断应为
A. 脑震荡、颅前窝骨折　　B. 脑挫伤、颅中窝骨折　　C. 脑震荡、颅后窝骨折
D. 脑挫伤、颅前窝骨折　　E. 脑震荡、颅中窝骨折

375. 男,25 岁。头部摔伤,着力点位于右侧颞枕部,就医时出现“熊猫眼” 征,鼻孔流出血性液体。最可能的诊断是
A. 颅前窝底骨折　　B. 双眼眼睑挫伤　　C. 双眼结膜出血
D. 双侧视神经损伤　　E. 脑震荡

376. 治疗脑脊液鼻漏,错误的处理是
A. 注射抗生素　　B. 鼻腔填塞　　C. 卧床休息
D. 抬高头位　　E. 应用镇静剂

三、颅脑损伤(**执业医师及助理医师均需掌握**)

377. 脑震荡的临床表现不包括

A. 意识障碍不超过 30 分钟　B. 意识障碍期肌腱反射消失　C. 醒后常有头晕、头痛、恶心呕吐
D. 逆行性遗忘　E. 腰穿脑脊液红细胞 1000×10^6/L

378. 女,38 岁。头部受伤昏迷约 50 分钟,头颅 CT 示左额叶脑挫裂伤。最不可能出现的临床表现是
A. 肢体单瘫或偏瘫　B. 同向偏盲　C. 嗅觉丧失
D. 癫痫　E. 颈项强直

379. 下列属于对冲性脑挫裂伤的是
A. 着力点处大脑凸面的损伤　B. 左枕着力出现右额颞极的损伤
C. 枕部着力出现枕叶的损伤　D. 额部着力出现额叶的损伤
E. 左颞顶着力出现左顶叶的损伤

380. 关于脑干损伤,错误的是
A. 原发昏迷　B. 双侧瞳孔大小多变　C. 双侧病理征阳性
D. 高热　E. 尿崩

381. 男,28 岁。车祸后昏迷 3 周。查体:昏迷,压眶反射消失,颈后仰伸,四肢强直性伸直,上肢内收、过度旋前和下肢内收、内旋、踝跖屈。该患者的损害水平在
A. 脊髓　B. 脑干　C. 大脑皮质
D. 小脑　E. 基底节

382. 男,48 岁。摔倒后枕部着地。昏迷 30 分钟。急诊头颅 CT 检查示双额颞叶高低密度混杂影,最可能的诊断是
A. 脑干损伤　B. 脑震荡　C. 蛛网膜下腔出血
D. 脑挫裂伤　E. 硬脑膜下血肿

383. 急性硬膜外血肿最常合并的颅脑损伤是
A. 脑积水　B. 脑挫伤　C. 颅骨骨折
D. 脑干损伤　E. 脑水肿

384. 急性硬脑膜外血肿患者出现的中间清醒期的长短主要取决于
A. 出血的来源　B. 血肿形成的速度　C. 血肿部位
D. 原发性颅脑损伤的程度　E. 血肿的体积

385. 男,21 岁。右侧颞部受击伤后昏迷 30 分钟,清醒 5 小时后又转入昏迷,伴右侧瞳孔放大,左侧肢体瘫痪。首先考虑的诊断是
A. 脑干损伤　B. 左侧脑内血肿　C. 右侧脑挫伤
D. 右侧急性硬脑膜外血肿　E. 右侧急性硬脑膜下血肿

386. 男,80 岁。半个月前出现头痛、间断呕吐,并逐渐出现左侧肢体无力。3 个月前有头部外伤史。头颅 CT 示右顶枕新月形低密度影。最可能的诊断是
A. 急性硬脑膜外血肿　B. 硬脑膜下积脓　C. 慢性硬脑膜下血肿
D. 慢性硬脑膜外血肿　E. 急性硬脑膜下血肿

387. 男,35 岁。头部外伤后昏迷 1 小时,出现右侧肢体瘫痪,后逐渐好转。头颅 CT 示颅内有散在高密度影。应考虑为
A. 脑内血肿　B. 急性硬脑膜外血肿　C. 急性硬脑膜下血肿
D. 脑震荡　E. 脑挫裂伤

388. 头部外伤后腰椎穿刺检查脑脊液呈血性,最常见的临床情况是
A. 脑震荡　B. 急性颅内血肿　C. 脑挫裂伤
D. 急性硬膜外血肿　E. 急性硬膜下血肿

(389~390 题共用题干)男,25 岁。头部外伤昏迷 5 分钟后清醒,送医院途中再度陷入昏迷,伴呕吐。体检:浅昏迷,双侧瞳孔等大等圆,光反射迟钝,左侧肢体肌力Ⅳ级,巴宾斯基征阳性。

389. 最可能的诊断是
A. 脑震荡　B. 脑挫裂伤　C. 硬膜外血肿
D. 硬膜下血肿　E. 脑内血肿

390. 若行 CT 检查,典型表现是
A. 颅内无异常　B. 颅内散在点状高密度影　C. 脑内圆形高密度影
D. 颅骨内板下新月形高密度影　E. 颅骨内板与脑表面之间双凸镜形高密度影

(391~393 题共用题干)男,17 岁。骑摩托车时不慎摔倒,左颞顶部着地,短暂昏迷后清醒。伤后 30 分钟送医院,急诊头颅 CT 示左颞顶颅骨骨折。2 小时后头痛加剧,逐渐昏迷,左侧瞳孔散大,右侧肢体瘫痪。

391. 该患者左侧瞳孔散大的原因是
A. 动眼神经受刺激　B. 动眼神经麻痹　C. 动眼神经核功能丧失
D. 眼神经受损　E. 面神经受损

392. 首先考虑的诊断是
A. 颈椎损伤、颈髓受压　B. 脑挫裂伤、脑干损伤
C. 急性硬脑膜外血肿、小脑幕切迹疝　D. 急性硬脑膜下血肿、脑挫裂伤
E. 急性硬脑膜下血肿、枕骨大孔疝

393. 应采取的有效治疗措施是
A. 急诊行颈椎牵引术　B. 应用抗生素　C. 急诊行血肿清除减压术
D. 立即应用降颅压药物　E. 立即收入病房,观察生命体征变化

(394~396 题共用题干)男,45 岁。车祸致左枕部着地,当即意识丧失,送至附近医院途中右侧肢体间断性抽搐伴喷射状呕吐 3 次。查体:P56 次/分,BP160/95mmHg,浅昏迷、躁动,右侧瞳孔直径约 4mm,左侧 2mm;对光反射右侧存在,左侧消失;右侧肌力 3 级,左侧肌力 5 级;左枕部头皮血肿,颈项强直。

394. 最主要的诊断是
A. 右额急性硬脑膜下血肿伴左小脑幕切迹疝
B. 右额急性硬脑膜下血肿伴右小脑幕切迹疝
C. 左额广泛脑挫裂伤伴左小脑幕切迹疝
D. 左额急性硬脑膜下血肿伴左小脑幕切迹疝
E. 左额急性硬脑膜下血肿伴右小脑幕切迹疝

395. 颅内出血的来源是
A. 板障静脉　B. 脑表面小血管　C. 下矢状窦
D. 横窦　E. 硬脑膜中动脉

396. 优先采取的处理措施是
A. 给予消炎药和神经营养药　B. 适量输液和给予脱水剂　C. 注射止血剂和输血
D. 制动并注射镇静剂　E. 维持呼吸道通畅

397. 引起患者浅昏迷、瞳孔不等大及其他阳性体征的最可能原因是
A. 枕骨大孔疝　B. 小脑幕切迹疝　C. 左侧动眼神经麻痹
D. 左侧视神经损害　E. 脑干功能障碍

(398~400 题共用题干)女,45 岁。车祸致头部外伤伴昏迷 1 小时入院。查体:P55 次/分,R12 次/分,BP170/100mmHg。右侧顶枕部头皮血肿。GCS 评分 7 分,左侧瞳孔直径 4mm,对光反应

消失，右侧瞳孔直径 2mm，右侧肢体偏瘫。头颅 CT：左颞叶脑内高密度影，体积约 60ml，左额、颞底面广泛斑点状高密度影致同侧脑室受压，中线向右移位 1.5cm。

398. 最可能的诊断是
A. 急性硬脑膜外血肿　B. 急性硬脑膜下血肿　C. 脑挫裂伤伴脑内血肿
D. 脑震荡　E. 外伤性脑积水

399. 可能的损伤机制是
A. 减速性损伤　B. 加速性损伤　C. 切线性损伤
D. 挤压伤　E. 挥鞭伤

400. 最适宜采取的治疗措施为
A. 急诊开颅手术　B. 腰椎穿刺排放脑脊液　C. 脑室外引流
D. 大量应用激素　E. 绝对卧床休息

401. 开放性颅脑损伤最基本的处理原则是
A. 应用激素　B. 应用镇静剂　C. 清除颅内深部挫伤脑组织
D. 及时应用血管扩张剂　E. 清创后严密修补缝合硬脑膜

四、颅内肿瘤(执业医师需掌握)

402. 颅内肿瘤中最多见的是
A. 转移瘤　B. 脑膜瘤　C. 神经上皮性肿瘤
D. 垂体腺瘤　E. 胆脂瘤

403. 颅内肿瘤非定位症状的是
A. 头痛、视乳头水肿　B. 癫痫、幻嗅　C. 肢体运动和感觉障碍
D. 视力、视野障碍　E. 眼睑下垂、眼球运动障碍

404. 女，23 岁。跟邻居吵架时突发剧烈头痛、呕吐、视物双影 2 小时。平时偶有一侧头痛，严重时伴畏光、恶心、呕吐。查体：右眼睑下垂，右瞳孔散大，对光反射消失，右眼向上、下、内活动受限，颈强直。急诊首选的辅助检查是
A. 腰椎穿刺　B. 头颅 CT　C. 头颅 MRI
D. DSA　E. 经颅多普勒超声

405. 老年人最常见的硬脊膜外肿瘤是
A. 脊膜瘤　B. 淋巴瘤　C. 转移瘤
D. 胶质瘤　E. 脊索瘤

406. 脑膜瘤复发的重要因素是
A. 年龄　B. 组织类型　C. 肿瘤部位
D. 性别　E. 术后肿瘤残余

407. 与大脑半球肿瘤临床表现不符的是
A. 多尿　B. 进行性感觉障碍　C. 癫痫发作
D. 精神症状　E. 视野缺损

408. 额叶中央区胶质瘤最常见的临床表现是
A. 肢体无力　B. 弱视　C. 象限盲
D. 命名性失语　E. 失认

409. 脑血管畸形中最常见的类型是
A. 毛细血管扩张　B. 静脉畸形　C. 动静脉瘘
D. 海绵状血管畸形　E. 动静脉畸形

410. 男,45 岁。右眼睑下垂伴复视 2 个月。既往有蛛网膜下腔出血病史。查体:右眼球外斜位,右侧瞳孔散大,对光反射消失。增强 CT 检查显示鞍旁右侧有一直径约 0.5cm 圆形高密度影,其周围无脑水肿征。首先考虑的诊断是
A. 鞍旁脑膜瘤　B. 颈内动脉-后交通动脉瘤　C. 三叉神经鞘瘤
D. 颞叶胶质瘤　E. 颞叶脑肿瘤

411. 脑干胶质瘤最早出现的临床表现常为
A. 颅神经麻痹　B. 脑积水　C. 癫痫
D. 视乳头水肿　E. 头痛

412. 颅内肿瘤若表现为精神症状,常考虑的肿瘤部位为
A. 顶叶　B. 小脑　C. 额叶
D. 枕叶　E. 岛叶

413. 女孩,5 岁。头痛、呕吐、步行不稳 3 个月。查体:神志清楚,精神差,双侧视乳头水肿。最可能的诊断是
A. 小脑髓母细胞瘤　B. 颞叶胶质母细胞瘤　C. 矢状窦旁脑膜瘤
D. 顶叶恶性淋巴瘤　E. 枕叶星形细胞瘤

(414~416 题共用题干)男,38 岁。因反复左侧头痛半年,加重伴呕吐 3 天于急诊留观。查体:浅昏迷,双侧瞳孔为左侧 3mm,右侧 2mm,对光反应迟钝。右侧肢体肌力 4 级,右侧 Babinski 征阳性。

414. 最可能的诊断是
A. 脑梗死　B. 颅内血肿　C. 颅脑肿瘤
D. 蛛网膜下腔出血　E. 脑膜脑炎

415. 为明确诊断应首选的最简捷的检查方法是
A. 经颅彩色多普勒超声　B. 脑电图　C. 头颅 MRI
D. 头颅 X 线片　E. 头颅 CT

416. 基本治疗原则是
A. 实施开颅去骨瓣减压　B. 去病因治疗　C. 给予镇静治疗
D. 镇痛　E. 高压氧治疗

第 9 章　甲状腺与甲状旁腺疾病

一、甲状腺的应用解剖及生理功能(执业医师需掌握)

417. 一患者行甲状腺次全切除术后出现声音嘶哑。喉镜检查显示左侧声带麻痹,分析手术中可能损伤的结构是
A. 舌下神经　B. 喉上神经　C. 舌咽神经
D. 左侧喉返神经　E. 右侧喉返神经

418. 女,23 岁。因原发性甲状腺功能亢进症在气管内插管全麻下行甲状腺双侧次全切除术,术后清醒拔出气管插管后患者出现呼吸困难,伴有失音,无手足麻木。查体:T37.3℃,P92 次/分,R28 次/分,BP130/70mmHg,面红无发绀,颈部不肿,引流管通畅,有少许血液流出。引起该患者呼吸困难最可能的原因是
A. 双侧喉返神经损伤　B. 甲状腺危象　C. 喉上神经损伤
D. 伤口出血　E. 甲状旁腺损伤

(419~421 题共用题干)女性,30 岁。在颈丛麻醉下施行甲状腺腺瘤切除术,手术顺利。

419. 该患者返回病房时的体位是
A. 平卧 6 小时,改半卧位　B. 平卧 12 小时,改半卧位　C. 半卧位
D. 头低足高位　E. 下肢抬高 15°~20°,头部抬高 20°~30°
420. 术后患者出现饮水呛咳症状,最可能的原因是
A. 喉返神经损伤　B. 喉上神经内支损伤　C. 喉上神经外支损伤
D. 喉头水肿　E. 气管塌陷
421. 该患者的拆线时间为术后
A. 2~3 天　B. 4~5 天　C. 6~7 天
D. 8~9 天　E. 10~12 天
422. 甲状腺癌根治术时,Ⅵ区(中央组)淋巴结清扫是指清扫
A. 颈内静脉中群淋巴结　B. 颈后三角淋巴结　C. 颏下和颌下淋巴结
D. 前上纵隔淋巴结　E. 颈总动脉内缘至气管旁的淋巴结
423. 甲状旁腺激素对血液中钙、磷浓度的调节作用表现为
A. 降低血钙浓度,升高血磷浓度　B. 升高血钙浓度,降低血磷浓度
C. 升高血钙浓度,不影响血磷浓度　D. 降低血钙浓度,不影响血磷浓度
E. 升高血钙、血磷浓度

二、单纯性甲状腺肿(执业医师及助理医师均需掌握)

424. 以下关于甲状腺肿的描述,错误的是
A. 甲状腺肿是甲状腺上皮细胞的非炎症性非肿瘤增生
B. 单纯性甲状腺肿甲状腺功能正常
C. 单纯性甲状腺肿包括地方性、散发性和代偿性三种
D. 甲状腺肿分为非毒性甲状腺肿和毒性甲状腺肿两类
E. 单纯性甲状腺肿的发病率男性高于女性
425. 青春期甲状腺Ⅱ度肿大最佳的治疗方法是
A. 多食含碘食物　B. 甲状腺次全切除术　C. 放射性碘治疗
D. 口服碘剂　E. 口服小剂量甲状腺素片
426. 单纯性甲状腺肿的特点是甲状腺肿和
A. 抗甲状腺抗体阳性　B. 核素扫描为“热结节”　C. 摄 ^{131}I 率降低
D. 甲状腺功能正常　E. TSH 降低
427. 下列不符合单纯性甲状腺肿的是
A. 抗甲状腺抗体正常　B. 甲状腺轻度或中度弥漫性肿大
C. 甲状腺肿大伴震颤或血管杂音　D. 随病情发展呈多结节性甲状腺肿
E. 甲状腺肿大引起气管压迫症状
428. 地方性甲状腺肿的主要病因是
A. 自身免疫性甲状腺炎　B. 碘摄入过多　C. 甲状腺素合成障碍
D. 碘摄入不足　E. 致甲状腺肿物质损伤
429. 胸骨后甲状腺肿的治疗首选
A. 甲状腺手术　B. 抗甲状腺药物　C. 复方碘剂
D. 放射性碘　E. 普萘洛尔
430. 女,17 岁。颈部肿大 1 年,无怕热、多食、易激动。查体:脉率、血压正常,甲状腺弥漫性肿大,质地柔软,未触及结节,表面光滑。采用的最佳治疗措施是

A. 多吃含碘丰富的食物　　B. 小剂量甲状腺素治疗　　C. 口服甲基硫氧嘧啶治疗
D. 注射^{131}I 治疗　　E. 甲状腺大部切除术

431. 女,56 岁,颈前肿大 20 余年就诊。查体:甲状腺Ⅲ度肿大,质地硬,多个结节,最大结节直径 5.0cm,随吞咽活动,气管轻度左移。血 T_3、T_4、TSH 正常,TgAb、TPOAb 阴性。气管正侧位 X 线片示气管局部受压、向左侧移位。最佳的处理措施是
A. 长期服用甲状腺素　　B. 定期检测甲状腺功能　　C. 手术治疗
D. 多食含碘丰富的食物　　E. 禁用含碘药物

432. 不属于结节性甲状腺肿手术指征的是
A. 病史较长　　B. 有压迫症状　　C. 胸骨后甲状腺
D. 伴有甲状腺功能亢进　　E. 疑有癌变

433. 男,46 岁。甲状腺多发结节 10 年,近 1 个月来结节有明显增大,吞咽有异物感。B 超检查见双侧甲状腺多发结节伴囊性变,延伸至胸骨后 4cm。测 T_4 轻度增高。该患者最主要的手术指征是
A. T_4轻度增高　　B. 病程太长　　C. 近期甲状腺增大
D. 吞咽有异物感　　E. 胸骨后甲状腺肿

434. 女性,56 岁。颈粗 20 余年。查体甲状腺Ⅲ度肿大,多个结节,最大达 5.0cm,诊断为单纯性结节性甲状腺肿。因气管受压,于 3 周前接受了手术治疗。术后处理是
A. 不需用药,定期观察　　B. 多食含碘丰富的食物　　C. 忌用含碘食物或药物
D. 长期服用甲状腺素　　E. 核素^{131}I 治疗

三、甲状腺功能亢进症的外科治疗(执业医师及助理医师均需掌握)

435. 最常见的甲状腺功能亢进是
A. 继发于结节性甲状腺肿　　B. 高功能腺瘤　　C. 继发于甲状腺癌
D. 原发性甲亢　　E. 继发于甲状腺炎

436. 甲状腺功能亢进症手术治疗的适应证是
A. 青少年患者　　B. 中度甲亢内科治疗无效者　　C. 甲状腺Ⅰ度肿大
D. 症状较轻者　　E. 合并不稳定型心绞痛者

437. 女,36 岁。颈前包块 10 年,心慌、气短、怕热、多汗半年。查体:P110 次/分,BP160/70mmHg,无突眼,甲状腺触及多个结节,中等硬度,表面光滑,随吞咽可上下移动。实验室检查:T_3、T_4 增高,TSH 降低,TPOAb 及 TGAb 均阴性。最可能的诊断是
A. 弥漫性毒性甲状腺肿　　B. 结节性毒性甲状腺肿　　C. 慢性淋巴细胞性甲状腺炎
D. 甲状腺自主高功能腺瘤　　E. 单纯性甲状腺肿

438. 轻度甲状腺功能亢进症患者的基础代谢率测定值范围是
A. 30%~40%　　B. 10%~20%　　C. 1%~10%
D. 20%~30%　　E. 40%~50%

A. 血清甲状腺球蛋白升高　　B. 血清降钙素升高　　C. 血清甲状旁腺激素升高
D. 血清垂体促甲状腺激素升高　　E. 血清 T_3、T_4 升高

439. 甲状腺滤泡状癌行甲状腺切除术后复发

440. 甲状腺高功能腺瘤

441. 甲状腺功能亢进症患者的手术禁忌证是
A. 中度 Graves 病　　B. 胸骨后甲状腺肿伴甲亢　　C. 高功能腺瘤
D. 妊娠早期重度甲亢　　E. 青少年患者

442. 应及时行患侧叶甲状腺大部切除术的疾病是
A. 高功能甲状腺腺瘤　B. 甲状腺乳头状癌　C. 单纯性弥漫性甲状腺肿
D. 桥本病　E. 青少年原发性甲亢

(443~445 题共用题干)女性,35 岁。颈前区肿块 10 年,近年来易出汗、心悸,渐感呼吸困难。体检:晨起心率 104 次/分,血压 120/60mmHg,无突眼,甲状腺Ⅱ度肿大,结节状。心电图示窦性心律不齐。

443. 初步诊断最可能是
A. 原发性甲状腺功能亢进　B. 单纯性甲状腺肿　C. 继发性甲状腺功能亢进
D. 桥本甲状腺炎　E. 亚急性甲状腺炎

444. 确诊的主要根据是
A. 颈部 CT　B. 血 T_3、T_4 值　C. 甲状腺 B 超
D. 颈部 X 线检查　E. MRI

445. 最佳的治疗方法是
A. 内科药物治疗　B. 甲状腺大部切除术　C. 甲状腺全切术
D. 放射性核素治疗　E. 外放射治疗

446. 女,25 岁,妊娠 26 周。颈部增粗伴憋气 1 个月。查体:P100 次/分,BP100/70mmHg。甲状腺Ⅲ度肿大,气管左偏。实验室检查:T_3、T_4 高于正常。首选的治疗方法是
A. 口服甲状腺素片　B. 口服丙硫氧嘧啶　C. 外放射治疗
D. 同位素 ^{131}I 治疗　E. 手术治疗

447. 女性,25 岁。心悸、甲状腺肿大,并伴有轻度呼吸不畅,压迫感,首次妊娠 2 月余,诊断为原发性甲亢。最有效的治疗方法是
A. ^{131}I 治疗　B. 抗甲状腺药物治疗　C. 终止妊娠
D. 甲状腺大部切除术　E. 普萘洛尔(心得安)治疗

448. 对 Graves 病采用甲状腺次全切除术治疗,正确的是
A. 症状严重者应尽快　B. 甲状腺毒症心脏病者立即进行
C. 儿童甲状腺功能亢进症应首选　D. 应在药物控制甲状腺功能亢进后施行
E. 甲状腺肿大明显者不宜采用

449. 女,36 岁。发现颈部包块 2 年,包块逐渐增大,无甲状腺功能亢进表现,目前有憋闷感。查体:右侧甲状腺可触及 4cm×3cm 包块,光滑,质韧,随吞咽上下移动,无压痛,未触及肿大淋巴结。核素扫描:甲状腺右叶温结节。建议手术治疗,最主要的依据是
A. 易发生继发感染　B. 用力后包块易破裂　C. 可继发甲状腺功能亢进
D. 有压迫症状　E. 易发生恶变

450. 女,28 岁。甲状腺肿大 3 年。性情急躁,怕热,多汗,心悸,食欲强但消瘦。有哮喘病史。拟行手术治疗,其术前药物准备措施应首选的是
A. 单用复方碘剂　B. 单用硫脲类药物　C. 单用普萘洛尔
D. 应用普萘洛尔+硫脲类药物　E. 先用硫脲类药物,后加用复方碘剂

451. 为抑制甲状腺功能亢进患者甲状腺素的释放,外科手术前选择的常用药物是
A. 甲巯咪唑　B. 复方碘溶液　C. 卡比马唑
D. 丙硫氧嘧啶　E. 普萘洛尔

452. 复方碘溶液主要用于
A. 亚急性甲状腺炎　B. 甲状腺功能亢进症的术后复发　C. 甲状腺癌
D. 甲状腺功能减退症　E. 甲状腺功能亢进症的术前准备

453. 甲状腺功能亢进症患者术前准备可以手术的基础代谢率,至少降至
A. +10%以下　B. +20%以下　C. +25%以下
D. +30%以下　E. +35%以下

(454~456题共用题干)女,45岁。近1年来盗汗、心悸、易怒,食量增加。检查:突眼,心率110次/分,血压126/84mmHg,甲状腺弥漫性肿大Ⅲ度,心律齐、无杂音,举手颤动明显。查血T_3、T_4高于正常值。诊断为原发性甲状腺功能亢进症,经抗甲状腺药物治疗后复发,拟行甲状腺双侧次全切除术。

454. 若用丙硫氧嘧啶+碘剂作术前准备,未达手术要求的表现是
A. 心率在90~100次/分　B. 血T_3、T_4值均正常　C. 甲状腺缩小变硬
D. 甲亢症状缓解　E. 基础代谢率低于+20%

455. 该患者手术后最危急的并发症是
A. 手术区出血压迫气管　B. 双侧喉上神经损伤　C. 一侧喉返神经损伤
D. 甲状腺危象　E. 手术切口化脓性感染

456. 若术后发生甲状腺功能减退,其诊断的主要依据是
A. 四肢乏力、盗汗　B. T_3、T_4值持续低于正常值下限　C. 食欲下降或厌食
D. 颈部皮肤水肿　E. B超示残余甲状腺内结节性肿大

457. 能使90%~95%的甲状腺功能亢进症获得痊愈的最常用、有效的治疗方法是
A. 口服硫脲类药物治疗　B. 甲状腺大部分切除术　C. 口服碘剂治疗
D. 饮食治疗　E. 硫脲类药物加普萘洛尔联合治疗

458. 女性,34岁,因原发性甲状腺功能亢进症行甲状腺双侧次全切除术。有关术中操作,正确的是
A. 切除腺体的70%~80%　B. 结扎切断甲状腺下动脉要靠近甲状腺背面
C. 止血后不必放引流　D. 结扎切断甲状腺上动脉要远离甲状腺上极
E. 须保留腺体的背面部分

459. 甲状腺大部切除后48小时内,需注意最危急的并发症为
A. 喉上神经内侧支损伤　B. 喉返神经单侧损伤　C. 手足抽搐
D. 呼吸困难和窒息　E. 甲状腺危象

460. 女,55岁。因甲状腺功能亢进症行甲状腺次全切除术后1小时,突感呼吸困难。查体:面色青紫。引起呼吸困难最可能的原因是
A. 气管塌陷　B. 双侧喉返神经损伤　C. 切口内出血
D. 喉上神经内外支损伤　E. 甲状腺危象

461. 甲状腺功能亢进症术后呼吸困难多发生于术后
A. 6小时以内　B. 12小时以内　C. 24小时以内
D. 48小时以内　E. 72小时以内

462. 女,31岁。甲状腺次全切除术后6小时。见憋气、烦躁,迅速加重。查体:P110次/分,BP120/90mmHg,神志清楚,颈部肿胀,口唇发绀,无声音嘶哑,呼吸急促,双肺呼吸音粗,未闻及啰音。此时应给予的紧急处理措施是
A. 立即面罩高流量吸氧　B. 半坐位,充分吸痰　C. 立即注射呼吸兴奋剂
D. 保持引流管通畅　E. 开放伤口,根据情况行气管切开

463. 女,30岁。患甲状腺功能亢进症3年。经药物治疗和术前准备,行甲状腺大部切除术。术后6小时突然出现颈前部肿胀伴严重呼吸困难,最可能的原因是
A. 喉上神经损伤　B. 切口内出血压迫气管　C. 喉返神经损伤
D. 甲状腺危象　E. 甲状旁腺损伤

464. 女,30 岁。因甲状腺功能亢进症行甲状腺大部切除术后 3 小时,切口深面进行性肿胀,患者出现呼吸困难。紧急行气管插管后,呼吸困难解除。下一步最佳处理措施是

A. 拆开手术切口探查　B. 静脉应用广谱抗生素　C. 静脉注射葡萄糖酸钙

D. 静脉应用大剂量激素　E. 静脉注射止血药物

(465~467 题共用题干)女性,32 岁。颈前肿大饱满 2 个月。性情急躁,易激动,多汗,消瘦。检查:P106 次/分,BP140/80mmHg,双手颤动,甲状腺Ⅲ度弥漫性肿大,无结节和包块,周围淋巴结无肿大。FT_3、FT_4 增高。

465. 最有效的治疗方法是

A. 抗甲状腺药物　B. 增加含碘丰富的食品　C. 放射性^{131}I

D. 甲状腺大部切除术　E. 中药治疗

466. 若需要手术治疗,术前碘剂准备常规应用时间为

A. 3 天　B. 5 天　C. 10 天

D. 14 天　E. 20 天

467. 术后 16 小时若出现呼吸困难,坐立不安,首选处理措施是

A. 吸氧　B. 应用镇静剂　C. 气管插管

D. 气管切开　E. 剪开缝线,敞开切口

468. 男,39 岁。行甲状腺癌根治术后 1 天,感觉面部针刺样麻木,手足抽搐。正确的处理措施是

A. 静脉注射钙剂　B. 伤口切开　C. 口服维生素 D_3

D. 气管切开　E. 口服葡萄糖酸钙

(469~471 题共用题干)女性,26 岁。因甲状腺功能亢进症行甲状腺切除,术后第二天出现手足抽搐。

469. 最可能的原因是

A. 喉上或喉返神经损伤　B. 甲状腺功能低下　C. 甲状腺危象

D. 喉头水肿　E. 甲状旁腺功能低下

470. 采用的治疗方法是

A. 颈部理疗　B. 口服甲状腺素片　C. 口服复方碘化钾溶液

D. 气管切开　E. 静脉注射 10%葡萄糖酸钙

471. 该患者发作性手足抽搐 1 个月未缓解,且逐渐加重,最有效的治疗方法是

A. 静脉注射 10%氯化钠　B. 口服葡萄糖酸钙　C. 口服乳酸钙

D. 口服双氢速甾醇油剂　E. 口服维生素 D_3

(472~475 题共用题干)女,25 岁。发现心悸、盗汗、易怒 1 年,伴有饮食量增加、消瘦。查体:血压 110/80mmHg,心率 116 次/分,重度突眼,甲状腺弥漫性肿大,深入胸骨后上纵隔内。测血 T_3、T_4 值高于参考值上限 1 倍。

472. 该患者诊断是

A. Graves 病　B. 高功能腺瘤　C. 结节性甲状腺肿

D. 亚急性甲状腺炎　E. 慢性淋巴细胞性甲状腺炎

473. 对患者应尽早手术治疗,其适应证是

A. TSH 增高　B. T_3、T_4 值显著升高　C. 甲状腺弥漫性肿大

D. 甲状腺位于胸骨后　E. 重度眼突

474. 该患者术前最适合的药物准备是

A. 丙硫氧嘧啶　B. 碘剂　C. 抗甲状腺药+碘剂

D. 抗甲状腺药+普萘洛尔　E. 普萘洛尔

475. 该患者行双侧甲状腺次全切除术，术后第 2 天发生四肢抽搐。有效的处理方法应是

A. 口服钙剂　B. 10%葡萄糖酸钙静脉点滴　C. 口服镇静剂

D. 口服碘剂　E. 气管切开防窒息

（476～478 题共用题干）男，48 岁，颈增粗 20 年，近 1 年消瘦 10kg，并有心悸。体检发现双侧甲状腺多个结节。基础代谢率+31%，2 小时内甲状腺摄碘 29%。

476. 最可能的诊断是

A. 单纯性甲状腺肿　B. 结节性甲状腺肿　C. 原发性甲状腺功能亢进症

D. 继发性甲状腺功能亢进症　E. 甲状腺肿瘤

477. 最有效的治疗是

A. 长期抗甲状腺药物治疗　B. 手术治疗　C. 放射治疗

D. 甲状腺素治疗　E. 中医治疗

478. 甲状腺手术后 1 天，患者手足抽搐的处理方法是立即

A. 测定血清钙浓度　B. 口服钙剂　C. 口服二氢速甾醇

D. 行甲状旁腺移植术　E. 静脉注射 10%葡萄糖酸钙 10～20ml

479. 下列不符合甲状腺危象表现的是

A. 高热达 39℃以上　B. 心率>140 次/分　C. 厌食

D. 恶心、呕吐、腹泻　E. 白细胞总数和中性粒细胞计数常减低

480. 为预防甲状腺功能亢进症术后出现甲状腺危象，最关键的措施是

A. 术后用冬眠合剂镇静　B. 吸氧　C. 术后给予氢化可的松

D. 术后补钙　E. 术前使基础代谢率降至正常范围

四、亚急性甲状腺炎（执业医师需掌握）

481. 女，38 岁。2 周前突发颈前部疼痛，右侧尤甚，吞咽时疼痛加重，伴有午后低热。4 周前曾有咳嗽、咽痛。查体：无突眼，甲状腺Ⅱ度肿大，右侧可触及直径 1cm 质硬结节，有触痛。实验室检查：FT_3 升高，FT_4 升高，TSH 降低，TPOAb 和 TGAb 均阴性，^{131}I 摄取率降低。最可能的诊断是

A. 甲状腺腺瘤　B. 甲状腺功能亢进症　C. 亚急性甲状腺炎

D. 单纯性甲状腺肿　E. 慢性淋巴细胞性甲状腺炎

482. 在病程的不同阶段，甲状腺功能可以分别出现亢进和减退的情况最常见于

A. 亚急性甲状腺炎　B. 结节性甲状腺肿　C. Graves 病

D. 甲状腺腺瘤　E. 桥本甲状腺炎

五、慢性淋巴细胞性甲状腺炎（大纲不要求，但常考）

483. 女性，44 岁。健康体检发现甲状腺肿大就诊。查体甲状腺对称性Ⅱ度肿大，表面不平，中等硬度，无触痛，无血管杂音，心率 78 次/分。拟诊为慢性淋巴细胞性甲状腺炎，有助于确诊的首选检查是

A. TSH、FT_3、FT_4　B. 抗甲状腺抗体　C. 甲状腺 B 型超声

D. 甲状腺吸^{131}I率　E. 甲状腺 CT

A. 单纯性甲状腺肿　B. Graves 病　C. 慢性淋巴细胞性甲状腺炎

D. 结节性甲状腺肿　E. 亚急性甲状腺炎

484. TgAb、TPOAb 阳性率最高的疾病是

485. 恶性突眼常见于

六、甲状腺癌(执业医师及助理医师均需掌握)

486. 关于甲状腺乳头状癌特点的描述,正确的是
A. 多见于老年人　B. 常见于男性　C. 生长快、恶性程度高
D. 呈多中心倾向　E. 主要经血行转移

487. 甲状腺恶性肿瘤最常见的病理类型是
A. 乳头状癌　B. 未分化癌　C. 滤泡状腺癌
D. 髓样癌　E. 鳞状细胞癌

488. 与甲状腺髓样癌有关的激素是
A. 甲状腺素　B. 促甲状腺素　C. 降钙素
D. 促甲状腺激素释放激素　E. 胰高血糖素

489. 关于甲状腺滤泡状腺癌,正确的是
A. 多见于儿童　B. 生长慢,属低度恶性
C. 来源于滤泡旁降钙素分泌细胞　D. 有侵入血管的倾向
E. 预后优于甲状腺乳头状癌

490. 关于甲状腺髓样癌,论述错误的是
A. 甲状腺髓样癌起源于甲状腺滤泡上皮　B. 髓样癌占甲状腺癌7%
C. 甲状腺髓样癌的肿瘤标记物是降钙素　D. 手术原则同乳头状癌
E. 可兼有淋巴和血行转移

491. 女性,42岁。右颈侧肿块2月余,如蚕豆大,可活动,无压痛,无发热及咳嗽。鼻咽部无异常。甲状腺峡部可扪及直径0.5cm大小结节。其最可能的诊断是
A. 慢性淋巴结炎　B. 甲状腺癌转移　C. 淋巴结结核
D. 肺癌转移　E. 鼻咽癌转移

492. 女,20岁。甲状腺肿大5年,右侧叶明显,无不适,近年来出现Horner综合征。其诊断最可能是
A. 甲状腺腺瘤　B. 桥本甲状腺炎　C. 单纯性甲状腺肿
D. Graves病　E. 甲状腺癌

A. 乳头状癌　B. 滤泡状腺癌　C. 未分化癌
D. 髓样癌　E. 转移癌

493. 分泌大量降钙素的甲状腺癌是
494. 恶性程度最高的甲状腺癌是

495. 甲状腺癌预后最好的病理类型是
A. 鳞状细胞癌　B. 乳头状癌　C. 髓样癌
D. 滤泡状腺癌　E. 未分化癌

496. 女,40岁。甲状腺右叶结节2年,大小1.5cm×1.0cm,未触及颈部淋巴结肿大。穿刺活组织病理检查示甲状腺乳头状癌。骨扫描示肱骨转移。其临床分期为
A. 1期　B. 2期　C. 3期
D. 4期　E. 无法分期

(497~499共用题干)女,60岁。颈部肿块4个月,生长快,无疼痛。查体发现甲状腺右叶直径3cm的肿块,质硬,边界不清,吞咽时活动度小。

497. 以下体征中,对诊断最有意义的是
A. 心脏扩大　B. 气管移位　C. 颈部淋巴结肿大

D. 心率快　E. 脉压增大

498. 若细针穿刺细胞学检查诊断为甲状腺癌，治疗首选
A. 手术治疗　B. 外放射治疗　C. 放射性治疗
D. 口服甲状腺干制剂治疗　E. 化疗

499. 若术中冷冻切片报告为良性肿瘤，而行患侧甲状腺大部切除，术后石蜡切片报告为甲状腺乳头状癌。下一步的治疗首选
A. 外放射治疗　B. 重新手术，行甲状腺患侧、峡部全切，对侧大部切除术
C. 放射性治疗　D. 口服甲状腺干制剂治疗　E. 化疗

七、甲状腺结节（大纲不要求，但常考）

500. 儿童期出现的甲状腺结节恶性率为
A. 10%　B. 30%　C. 50%
D. 70%　E. 80%

501. 对甲状腺肿瘤性质诊断正确率可达80%以上的检查方法是
A. B超　B. CT　C. ECT
D. 磁共振　E. 细针穿刺细胞学

502. 对诊断甲状腺癌最有意义的临床表现除甲状腺肿物外，还伴有
A. 吞咽困难　B. 声音嘶哑　C. 体重减轻
D. 明显疼痛　E. 明显憋气

503. 女，20岁，左颈前肿块2个月来诊。查体：甲状腺右叶上极触及3cm×2cm肿块，表面光滑，颈部未触及肿大的淋巴结。该患者首选的检查是
A. 甲状腺B超　B. 颈部CT　C. 甲状腺核素扫描
D. 肿块针吸细胞学检查　E. 颈部正侧位X线片

504. 对甲状腺结节的诊断，首先进行的辅助检查是
A. 放射性核素扫描　B. 甲状腺B超　C. 穿刺细胞学
D. 颈部MRI　E. 颈部CT

505. 鉴别甲状腺结节囊实性最常用的方法是
A. 血甲状腺激素水平　B. 吸^{131}I率　C. B超检查
D. 放射性核素扫描　E. MRI或CT

506. 女，22岁。颈前肿物3个月。查体：右叶甲状腺可触及一质硬结节，直径2cm。同侧颈淋巴结可及2个，质中，活动。B型超声：甲状腺右叶一低回声实性团块。为明确肿物良恶性，首先应选择的检查是
A. 放射性核素扫描　B. 血清降钙素测定　C. 针吸细胞学检查
D. 颈部软组织显像　E. 右侧颈淋巴结活检

507. 女，35岁。右颈前肿块4个月。肿块生长快，无疼痛。查体：甲状腺右叶肿块，大小4cm×3cm，质地硬，表面不光滑，吞咽时上下移动度小。对诊断最有意义的体检结果是
A. 气管向左侧移位　B. 喉镜下见声带充血水肿　C. 局部听诊闻及血管杂音
D. 颈前浅静脉怒张　E. 右颈部淋巴肿大

508. 女，35岁。发现左颈部前一无痛性肿块1年，约1cm大小，近1个月来出现声音嘶哑。查体：甲状腺左下极质硬结节，直径1.5cm，随吞咽活动，颈部未触及肿大淋巴结。最可能的诊断是
A. 甲状腺囊肿　B. 甲状舌骨囊肿　C. 甲状腺癌
D. 甲状腺腺瘤　E. 结节性甲状腺肿

八、甲状旁腺功能亢进症(执业医师需掌握)

509. 女,60 岁。食欲不振伴恶心、呕吐 3 个月。既往有多次骨折病史。实验室检查:血 Ca^{2+} 3.3mmol/L,血清甲状旁腺激素高于正常值。骨密度检查示重度骨质疏松。为明确诊断,首选的检查是
A. 血清 CEA 监测　B. 胃镜　C. 上消化道钡餐透视
D. 头颅 CT　E. 颈部 B 超
510. 患者,女,45 岁。反复肾结石 5 年,全身骨痛 1 年。实验室检查:血钙 2.76mmol/L,血磷 0.8mmol/L(正常值 0.8~1.6mmol/L),ALP350U/L(参考值 30~100U/L)。最有助于明确诊断的实验室检查是
A. ACTH　B. TSH　C. PTH
D. LH　E. GH
511. 男,60 岁。体检发现血钙 2.9mmol/L,血磷 0.6mmol/L,PTH 升高。为明确诊断,最特异性的检查是
A. 颈部 B 超　B. 颈部 X 线片　C. 颈部 CT
D. 颈部 MRI　E. ^{99m}Tc-MIBI 核素显像
512. 符合甲状旁腺功能亢进症的实验室检查结果是
A. 低血钙、低血磷和高尿钙　B. 高血钙、低血磷和低尿钙　C. 高血钙、高血磷和低尿钙
D. 低血钙、高血磷和高尿钙　E. 高血钙、低血磷和高尿钙

九、颈部肿块(大纲不要求,但常考)

513. 不发生于颈侧区的疾病是
A. 胸腺咽管囊肿　B. 囊状淋巴管瘤　C. 颈动脉体瘤
D. 血管瘤　E. 甲状舌管囊肿
514. 男,50 岁。右侧颈部肿块 3 个月。查体:右侧颈部胸锁乳突肌上部前缘有一直径约 2cm 肿块,肿块有膨胀性搏动。下一步处理措施正确的是
A. 局麻下手术活检　B. 穿刺细胞学检查　C. 局部热敷、按摩
D. 切开引流　E. 超声多普勒检查

第 10 章　乳房疾病

一、乳腺解剖生理与检查(执业医师需掌握)

515. 每侧乳腺具有多少个腺叶?
A. 10~15 个　B. 15~20 个　C. 20~25 个
D. 25~30 个　E. 30~35 个
516. 腋窝Ⅱ组淋巴结位于
A. 胸大肌外侧　B. 胸小肌外侧　C. 胸大、小肌间
D. 胸小肌后　E. 胸小肌内侧
517. 中年妇女乳头鲜红色血性溢液应首先考虑
A. 乳管内乳头状瘤　B. 乳腺囊性增生症　C. 乳腺纤维腺瘤
D. 乳腺导管扩张症　E. 乳腺癌
518. 判断乳腺包块周围血供情况首选的检查方法是
A. 乳腺 MRI　B. 乳腺 B 超　C. 钼钯摄片
D. PET-CT　E. CT
519. 乳房干板静电摄影技术最重要的优点是

A. 血管影特别清晰　　B. 肿块边缘更为清晰　　C. 钙化影更为清晰
D. 乳房腺叶更为清晰　　E. 乳管影更为清晰

520. 女,43岁。左乳头溢液10余天,无不适症状。查体:乳房视诊无异常发现,未扪及肿块,无压痛,按压左乳房外上方可见黄褐色溢液。门诊首选的检查是
A. 热图像检查　　B. 钼靶X线摄片　　C. B型超声检查
D. 溢液涂片细胞学检查　　E. 近红外线扫描

521. 目前确定乳腺肿块性质最可靠的方法是
A. X线检查　　B. B超　　C. 近红外线扫描
D. 液晶热图像　　E. 活组织病理检查

522. 女,48岁。左乳房无痛性肿物2月余。查体:左乳外上象限有一1.0cm×1.5cm×1.0cm肿块,无压痛,表面不光滑,界限不清,活动度尚可。最确切的检查是
A. CT　　B. 乳腺B超　　C. 钼靶X线检查
D. 近红外线扫描　　E. 肿物完整切除病理检查

523. 目前认为乳腺癌最有效的检出方法是
A. 防癌普查体检　　B. 红外线　　C. B超
D. 钼靶摄片　　E. 核磁共振

二、急性乳腺炎(执业医师及助理医师均需掌握)

524. 急性乳腺炎最常发生在产后
A. 1个月　　B. 3个月　　C. 4个月
D. 5个月　　E. 6个月

525. 发生哺乳期急性乳腺炎的主要病因是
A. 乳晕皮肤皲裂　　B. 乳汁淤积,细菌入侵　　C. 乳腺组织发育不良
D. 乳汁分泌障碍　　E. 乳腺囊性增生病

A. 金黄色葡萄球菌　　B. 大肠埃希菌　　C. 结核分枝杆菌
D. 白色葡萄球菌　　E. 溶血性链球菌

526. 急性梗阻性化脓性胆管炎的主要致病菌是
527. 急性乳腺炎的常见致病菌是

528. 女,25岁。自然分娩后3周,母乳喂养。右乳外上红肿、疼痛伴发热3天。查体:体温39.3℃,右乳外上象限5cm范围皮肤红肿、触痛,波动感明显。实验室检查:WBC16.6×10^9/L。最主要的治疗措施是
A. 应用广谱抗生素　　B. 停止哺乳　　C. 切开引流
D. 脓液穿刺抽吸　　E. 局部热敷

(529~530题共用题干)女,30岁,哺乳期。左乳房胀痛、发热2天。查体:T39.4℃,P106次/分。左乳房外上象限6cm×4cm范围红肿,有明显压痛和波动感。急行切开引流术。

529. 错误的手术措施是
A. 脓腔最低处引流　　B. 按轮辐方向做切口
C. 行对口引流　　D. 切开扩张的乳腺导管充分引流
E. 切开后用手指探入脓腔间隔膜

530. 术后抗感染治疗针对的主要致病菌是
A. 白色葡萄球菌　　B. 金黄色葡萄球菌　　C. 表皮葡萄球菌
D. 腐生葡萄球菌　　E. 溶血性链球菌

531. 乳房后脓肿切开引流最好采用
A. 乳房表面放射状切口　B. 乳房表面横切口　C. 乳晕下缘弧形切口
D. 乳房下缘弧形切口　E. 乳房外侧斜切口
532. 乳房脓肿切开引流处理错误的是
A. 可以作对口引流　B. 应作放射状切开
C. 切开乳管充分引流　D. 乳晕下脓肿应沿乳晕边缘作弧形切口
E. 深部脓肿可沿乳房下缘作弧形切口
533. 初产妇哺乳期预防急性乳腺炎的措施错误的是
A. 养成定时哺乳习惯　B. 抗生素预防感染　C. 防止乳头皮肤损伤
D. 注意婴幼儿口腔卫生　E. 避免乳汁淤积

三、乳腺增生症与乳腺纤维腺瘤(执业医师及助理医师均需掌握)

534. 女性,30 岁。左乳外上象限肿块 2cm×2cm 大小,质如硬橡皮球,肿块表面光滑,活动。其诊断可能是
A. 乳腺皮下脂肪瘤　B. 乳房纤维腺瘤　C. 皮脂腺囊肿
D. 叶状囊肉瘤　E. 神经纤维瘤
535. 女,20 岁。左乳肿块 2 年,生长缓慢。查体:左乳外上象限扪及 2.5cm 分叶肿块,质硬,光滑,边界清楚,活动,无压痛,左侧腋窝未扪及肿大淋巴结。最可能的诊断是
A. 乳腺癌　B. 乳房纤维腺瘤　C. 乳房肉瘤
D. 乳腺囊性增生症　E. 乳管内乳头状瘤

A. 乳腺癌　B. 乳房纤维腺瘤　C. 乳房囊性增生病
D. 乳管内乳头状瘤　E. 乳房肉瘤
536. 女,32 岁。主诉右乳房肿痛,与月经周期有关,检查乳房有多个结节状肿块,边界不清,可推动。诊断首先考虑
537. 女,25 岁。右乳房外上象限有一肿块,3cm×3cm,质韧、光滑、边界清楚,易推动。诊断首先考虑
538. 女,34 岁。双侧乳房胀痛 5 年余。胀痛症状在月经前出现,自己在乳房触及到不规则的“包块”,来月经后症状缓解,“包块”变小,另外与情绪和疲劳有一定关系。对这种疾病的描述,错误的是
A. 多在双侧乳房出现不适症状　B. 癌变发生率高,视为癌前病变
C. 腺体可能会发生增生、萎缩等变化　D. 常见于 25~45 岁的女性
E. 一般认为与内分泌紊乱有关
539. 女,40 岁。双侧乳腺月经前明显胀痛,月经后可自行缓解。乳腺超声提示双侧乳腺多发小结节,大小约 0.4cm,无明显血流信号,双侧腋窝未见肿大淋巴结。最可能的诊断是
A. 乳腺癌　B. 乳腺纤维腺瘤　C. 乳腺囊性增生病
D. 乳腺结核　E. 非哺乳期乳腺炎

四、乳腺癌(执业医师及助理医师均需掌握)

540. 乳癌最多发的部位在乳房的
A. 外上象限　B. 内上象限　C. 外下象限
D. 内下象限　E. 乳晕区
541. 根据乳腺癌在不同部位发生率的多少,扪诊时最需要注意的是乳腺的
A. 内上象限　B. 内下象限　C. 外下象限
D. 外上象限　E. 中央区
542. 乳腺癌患者乳腺皮肤出现“酒窝征”的原因是

A. 肿瘤侵犯了周围腺体　B. 肿瘤侵犯了胸大肌　C. 肿瘤侵犯了局部皮肤
D. 肿瘤侵犯了 Cooper 韧带　E. 癌细胞堵塞了局部皮下淋巴管

543. 预后最好的乳腺癌病理类型是
A. 硬癌　B. 单纯癌　C. 导管内癌
D. 黏液腺癌　E. 髓样癌

544. 乳腺癌中,一般分化低、预后较差的病理类型是
A. 浸润性小叶癌　B. 髓样癌　C. 小管癌
D. 乳头状癌　E. 黏液腺癌

545. 乳腺癌局部表现中提示预后最差的是
A. 乳头内陷,偏向一侧　B. 乳头湿疹样变　C. 皮肤红肿、炎症样变
D. 局部皮肤凹陷,呈“酒窝征”　E. 皮肤呈橘皮样变

(546~547 题共用题干)女,55 岁。右乳房肿块 6 个月,不伴疼痛,无乳头溢液。查体:右乳外上象限可触及 6cm×5cm 肿块,质硬,边界不清,右腋窝可触及数个肿大淋巴结,部分融合。

546. 肿块穿刺活检确诊为乳腺癌后,首选治疗方法是
A. 保乳手术　B. 改良根治术　C. 放射治疗
D. 术前化疗　E. 靶向治疗

547. 确定该患者是否需要进行内分泌治疗的指征是
A. HER2 表达情况　B. 肿瘤大小　C. ER 表达情况
D. 是否伴有淋巴结转移　E. 是否伴有全身转移

548. 女性,46 岁。左乳头刺痒,伴乳晕发红、糜烂 3 个月。查体双侧腋窝无肿大淋巴结,乳头分泌物涂片细胞学检查见癌细胞。该患者癌变的类型是
A. 乳头湿疹样癌　B. 髓样癌　C. 鳞状细胞癌
D. 黏液细胞癌　E. 大汗腺样癌

(549~550 题共用题干)女,28 岁。左乳皮肤水肿、发红 2 个月,口服抗生素未见好转。查体:T37.0℃,左乳皮肤发红、水肿,呈“橘皮样”,乳头内陷,乳房质地变硬,无触痛,未扪及肿块。左腋下扪及多个肿大淋巴结、质硬、融合、无触痛。血常规:WBC8.0×10^9/L,N0.67。

549. 首先应考虑的诊断是
A. 炎性乳腺癌　B. 急性乳腺炎　C. 乳房后脓肿
D. 乳汁淤积　E. 乳腺囊性增生症

550. 最佳治疗方案是
A. 穿刺活检后行左乳房切除　B. 静脉应用广谱抗生素　C. 局部按摩
D. 局部热敷、理疗　E. 穿刺活检后化疗

(551~552 题共用题干)女,45 岁。左乳房包块 5 个月,乳房无不适症状。有时感左肩背部不适,隐痛。查体:一般情况好,左乳房外上象限可触及 3cm×2cm 包块,质硬,不光滑,活动,无压痛。左腋窝触及 3 枚肿大淋巴结。钼钯摄片:左乳房 2cm×2cm 高密度影,周边有毛刺,中央有细砂样钙化点。

551. 若患者拟行手术治疗,预防术后感染最重要的措施是
A. 缝合前彻底冲洗　B. 术前纠正贫血和低蛋白血症　C. 遵守无菌操作
D. 安置有效的术后引流　E. 术前、术中、术后应用广谱抗生素

552. 患者术后 3 年出现腰背部疼痛,逐渐加重,为明确诊断首选的主要检查是
A. PET-CT　B. CEA　C. CA153

D. 同位素骨扫描　　E. 免疫指标检测

553. T_1 乳腺癌其肿块最长径不超过

A. 1cm　　B. 2cm　　C. 3cm

D. 4cm　　E. 5cm

554. 女,45 岁。左乳外上象限扪及 4~5cm 质硬肿块,与皮肤、胸肌无粘连,左腋窝扪及肿大孤立的质硬淋巴结,活检穿刺细胞学检查见癌细胞。其余体检未见异常。其 TNM 分期是

A. $T_3N_1M_0$　　B. $T_4N_1M_0$　　C. $T_2N_1M_0$

D. $T_2N_2M_0$　　E. $T_1N_1M_0$

555. 女,40 岁。右乳外上象限无痛性肿块,直径 4cm,与皮肤轻度粘连,右腋下可触及一枚可推动淋巴结,检查未发现远处转移征象,诊断为“乳腺癌”。TNM 分期应为

A. $T_1N_1M_0$　　B. $T_1N_0M_0$　　C. $T_2N_1M_0$

D. $T_2N_0M_0$　　E. $T_1N_2M_1$

556. 女,48 岁。左乳肿块 2 年,发现时约小枣大小,未就诊。肿块逐渐增大,近 3 个月增长速度加快。查体:左乳可触及 8cm×5cm 肿块,表面皮肤红肿呈橘皮样改变,左侧腋窝扪及肿大、质硬、融合的淋巴结,左侧锁骨上区扪及一枚质硬淋巴结 2cm×1cm,可推动。首选的治疗是

A. 放疗　　B. 内分泌治疗　　C. 免疫治疗

D. 根治性手术　　E. 化疗

557. 乳癌患者,发现同侧腋下及胸骨旁有淋巴结转移,但一般情况尚可。宜行

A. 乳癌扩大根治术　　B. 单纯乳房切除术　　C. 乳癌根治术

D. 改良根治术　　E. 放疗加化疗

558. 乳腺癌腋下淋巴转移的常用术式是

A. 保留乳房的乳腺癌切除术　　B. 乳腺癌改良根治术　　C. 乳腺癌根治术

D. 乳腺癌扩大根治术　　E. 全乳房切除术

559. 目前国内治疗Ⅰ、Ⅱ期乳腺癌最常用的手术方式是

A. 乳腺癌根治术　　B. 保留乳房的乳腺癌切除术　　C. 乳腺癌改良根治术

D. 全乳房切除术　　E. 乳腺癌扩大根治术

560. 患者,女,35 岁。右乳房肿块半月。查体:右乳房外上象限 10 点处约 5cm 肿物,边界不清。B 超示周边有毛刺、钙化。应采取的手术方式为

A. 保留乳房的乳癌切除术　　B. 单纯肿瘤切除术　　C. 全乳房切除术

D. 乳腺癌根治术　　E. 乳癌改良根治术+腋窝淋巴结清扫

561. 乳腺癌扩大根治术的切除范围包括

A. 乳房及同侧腋窝脂肪淋巴组织

B. 乳房、胸大肌、胸小肌及其筋膜

C. 乳房、胸大肌、胸小肌及同侧腋窝脂肪淋巴组织

D. 乳房、胸大肌、胸小肌及同侧腋窝、锁骨上脂肪淋巴组织

E. 乳房、胸大肌、胸小肌及同侧腋窝、胸骨旁脂肪淋巴组织

562. 对乳腺癌治疗方案设计和预后判断最有意义的是检测前哨淋巴结

A. 大小　　B. 是否有癌转移　　C. 质地

D. 数量　　E. 染色的状况

563. 乳腺癌术后必须辅以放疗、化疗的术式是

A. 乳腺癌根治术　　B. 乳腺癌扩大根治术　　C. 乳腺癌改良根治术

D. 保留乳房的乳腺癌切除术　E. 全乳房切除术

(564~565 题共用题干) 女,33 岁。发现左乳房包块 10 天,无不适症状。查体:乳房视诊无异常,左乳房外上象限可触及 1.5cm×1.5cm 包块,质硬,不光滑,活动度良好,左腋窝未触及肿大淋巴结。钼靶 X 线片检查示 1.5cm×1.5cm 密度增高影,周边有小毛刺,中央可见聚集细小钙化点。

564. 准备手术治疗,以下可选择的术式中,必须在术后放疗的是
A. 乳腺癌根治术　B. 全乳房切除术　C. 保留胸大、小肌的改良根治术
D. 保留胸大肌的改良根治术　E. 保留乳房的乳腺癌切除术

565. 术后 10 天拟行综合治疗,决定是否可用靶向治疗(曲妥珠单抗)的肿瘤标记物是
A. ER　B. *HER*2　C. *P*53
D. *Ki*67　E. PR

566. 乳腺癌 CMF 化疗方案的药物是
A. 长春新碱、甲氨蝶呤、氟尿嘧啶　B. 环磷酰胺、阿霉素、氟尿嘧啶
C. 环磷酰胺、甲氨蝶呤、氟尿嘧啶　D. 长春新碱、阿霉素、氟尿嘧啶
E. 长春新碱、环磷酰胺、氟尿嘧啶

567. 乳腺癌术后是否选择内分泌治疗的主要依据是
A. 是否绝经　B. 病理类型　C. 手术方式
D. ER、PR 表达　E. 患者的愿望

568. 女性,76 岁,因乳腺癌手术治疗,术后病理检查结果:浸润性导管癌,2cm×2cm 大小,淋巴结无转移,ER(++),PR(+),术后最佳治疗应选
A. 放疗　B. 化疗　C. 内分泌治疗
D. 生物免疫治疗　E. 中药

569. 40 岁,月经正常,右乳腺癌根治术后。病理报告为右乳腺浸润性导管癌,右腋窝淋巴结(4/20)转移,雌激素、孕激素受体检测均为阴性。最适合的治疗是
A. 应用芳香化酶抑制药　B. 应用他莫昔芬　C. 联合化疗
D. 应用雄激素受体抑制剂　E. 卵巢切除

570. 雌激素受体阳性的乳癌在根治术后最常用的激素治疗方法是
A. 卵巢切除　B. 口服三苯氧胺　C. 口服甲地孕酮
D. 肌内注射丙酸睾丸酮　E. 口服泼尼松

(571~573 题共用题干)女性,40 岁。左乳房外上象限 4cm×3cm 肿块,距乳头 5cm,可推动,但患者双手叉腰时肿块活动度明显受限,左腋窝未扪及肿大淋巴结。

571. 该患者最佳的定性诊断方法是
A. 粗针穿刺活检　B. 钼靶 X 线摄片　C. 切取活检
D. 近红外线扫描　E. 细针穿刺细胞学检查

572. 该患者若确诊为乳腺癌,手术方式应选择
A. 乳腺癌根治术
B. 乳腺癌扩大根治术
C. 保留胸大、小肌的乳腺癌改良根治术
D. 保留胸大肌,切除胸小肌的乳腺癌改良根治术
E. 保留乳房的乳腺癌切除术

573. 术后选择 CMF 方案辅助化疗,应使用的周期数是
A. 2　B. 6　C. 10

D. 14　　E. 18

(574~576 题共用题干)女,40 岁。左乳腺癌施行了乳腺癌改良根治术,肿瘤直径 3cm,ER、PR 均阳性,C-erb B-2 阴性,腋淋巴结检查无转移。

574. 术后首选的治疗是
A. 放疗　　B. 化疗　　C. 内分泌治疗
D. 免疫治疗　　E. 靶向治疗

575. 术后内分泌治疗药物首选
A. 三苯氧胺　　B. 依西美坦　　C. 米曲唑
D. 阿那曲唑　　E. 甲孕酮

576. 乳腺癌术后辅助化疗 CAF 方案的三种药物为
A. 环磷酰胺、阿霉素、氟尿嘧啶　　B. 环磷酰胺、阿霉素、多西紫杉醇
C. 长春新碱、甲氨蝶呤、多西紫杉醇　　D. 长春新碱、阿霉素、氟尿嘧啶
E. 长春新碱、甲氨蝶呤、氟尿嘧啶

(577~579 题共用题干)女,38 岁。已婚,右乳外上象限可触及一直径 3cm 包块,同侧腋窝触到肿大淋巴结,其他器官系统未见异常。

577. 询问病史时,对诊断帮助最小的是
A. 家族中有乳癌病史　　B. EB 病毒感染史　　C. 结婚年龄
D. 生育史　　E. 月经史

578. 若体检结果为 $T_2N_1M_0$,按 TNM 分期法应属于
A. 0 期　　B. Ⅰ期　　C. Ⅱ期
D. Ⅲ期　　E. Ⅳ期

579. 术后病理诊断为乳腺导管浸润癌伴同侧腋窝淋巴结转移,将行粒子加速器治疗,预期疗效属于
A. 高度敏感　　B. 中度敏感　　C. 低度敏感
D. 不敏感　　E. 可能使病情加重

第 11 章　胸部损伤与脓胸

一、肋骨骨折(执业医师及助理医师均需掌握)

580. 胸外伤中,最易发生骨折的肋骨是
A. 第 1 肋骨　　B. 第 2、3 肋骨　　C. 第 4~7 肋骨
D. 第 8~10 肋骨　　E. 第 11、12 肋骨

581. 单侧多根多处肋骨骨折最严重的生理改变是
A. 疼痛,呼吸运动减弱　　B. 胸壁软化,反常呼吸　　C. 咳嗽,血痰
D. 严重皮下气肿　　E. 出血,休克

582. 造成浮动胸壁的原因是
A. 单根两处肋骨骨折　　B. 单根单处肋骨骨折　　C. 多根多处肋骨骨折
D. 多根单处肋骨骨折　　E. 单根多处肋骨骨折

583. 女性,25 岁。自行车撞伤右胸 1 天,胸痛,不敢深呼吸。查体见右锁骨中线第 5 肋有压痛。为明确有无肋骨骨折,在病史或查体方面最需补充
A. 受伤后有无呕吐　　B. 是否有血痰　　C. 受伤后意识是否清楚

D. 局部是否有血肿　　E. 胸廓挤压试验是否阳性

(584~585 题共用题干)男,28 岁。左胸外伤后 1 小时,胸痛、呼吸困难。查体:BP120/80mmHg,心率 100 次/分。左前外侧胸壁皮下瘀血,局部约 6cm×6cm 的区域反常呼吸运动。

584. 目前明确的诊断是
A. 气胸　　B. 血胸　　C. 肋骨骨折
D. 支气管断裂　　E. 胸腹联合伤

585. 胸部 X 线片发现左侧胸腔 2cm 气液平面,最可能合并的是
A. 气胸　　B. 血气胸　　C. 脓胸
D. 肺水肿　　E. 支气管断裂

586. 男,47 岁。从 3m 高处坠落致左胸外伤 8 小时。查体:T36.5℃,P95 次/分,R16 次/分,BP100/60mmHg。神清,气管居中,反常呼吸运动,左胸壁可触及多根多处肋骨断端,左肺呼吸音明显减弱。最佳治疗方案首选
A. 镇静止痛,鼓励排痰　　B. 胸壁加压包扎　　C. 开胸探查,肋骨固定
D. 胸腔闭式引流　　E. 胸腔穿刺排气排液

587. 男,50 岁。从 1.5m 高处摔下,右胸着地。体格检查:神清,呼吸 34 次/分,心率 100 次/分,血压 130/75mmHg,右胸壁畸形,无伤口,出现反常呼吸,双肺呼吸音粗,无干、湿啰音。身体其余部分无损伤。现场急救的最重要处理是
A. 静脉输液治疗　　B. 给氧、镇静、镇痛治疗　　C. 加压包扎,迅速消除反常呼吸
D. 行气管插管、人工控制呼吸　　E. 行气管切开术

588. 闭合性肋骨骨折的一般处理原则,错误的是
A. 提早下地活动　　B. 多根多处肋骨骨折做肋骨固定　　C. 酌情使用镇痛、镇静剂
D. 使用抗生素控制感染　　E. 鼓励患者咳嗽、排痰

589. 不适用于连枷胸的处理措施是
A. 开胸骨折固定　　B. 浮动胸壁牵引　　C. 胸壁加压,包扎固定
D. 胸腔镜骨折固定　　E. 气管插管吸痰,给氧辅助呼吸

二、气胸(执业医师及助理医师均需掌握)

590. 以下不属于张力性气胸临床表现的是
A. 纵隔明显向患侧移位　　B. 患侧胸膜腔压力升高　　C. 重度呼吸困难
D. 发生皮下气肿　　E. 患侧肺萎陷,健侧肺扩张受限

591. 可致纵隔扑动的疾病是
A. 闭合性气胸　　B. 张力性气胸　　C. 开放性气胸
D. 血气胸　　E. 脓胸

592. 开放性气胸是指
A. 肺裂伤　　B. 支气管破裂　　C. 胸部存在伤口
D. 胸部伤口深达肌层　　E. 胸部伤口与胸膜腔相通

593. 不符合张力性气胸病理生理改变的是
A. 严重皮下及纵隔气肿　　B. 血压下降、脉速　　C. 肺破口形成活瓣
D. 纵隔摆动　　E. 患侧肺萎陷,纵隔向健侧移位

594. 张力性气胸造成呼吸、循环障碍的机制是
A. 胸壁软化,反常呼吸　　B. 肺组织挫伤,通气受阻　　C. 肺泡间质水肿,换气受阻

D. 患侧肺萎陷,纵隔向健侧移位 E. 严重皮下气肿,肺内气体流失

595. 男,30 岁。激烈运动后突发右侧胸痛 2 小时。查体:急性面容,右肺叩诊鼓音,左侧无异常。最可能的诊断为

A. 支气管哮喘 B. 胸腔积液 C. 自发性气胸
D. 肺气肿 E. 肺栓塞

596. 男,73 岁。右上肺癌根治术后第 5 天突发高热,胸腔闭式引流管内持续大量气体溢出。胸部 X 线片示:右侧液气胸。最可能的原因是

A. 食管破裂 B. 支气管胸膜瘘 C. 肺边缘漏气
D. 自发性气胸 E. 肺大泡破裂

(597~599 题共用题干)男,73 岁。慢性咳嗽、咳痰 20 余年,每年持续 3~4 个月,近 2~3 年出现活动后气短,有时双下肢水肿。今日晨起突感左上胸针刺样疼痛,与呼吸有关,继之出现呼吸困难、大汗,不能平卧,来院就诊。

597. 该患者呼吸困难最可能的原因是

A. 自发性气胸 B. 急性胸膜炎 C. 急性肺栓塞
D. 急性心肌梗死 E. 急性心力衰竭

598. 该患者查体最可能出现的阳性体征是

A. 左肺闻及胸膜摩擦音 B. 心尖部闻及第四心音奔马律 C. 双下肺闻及中等量湿啰音
D. 左肺叩诊鼓音 E. 三尖瓣区闻及粗糙的反流性杂音

599. 对明确诊断最有价值的检查是

A. 心肌坏死标志物 B. 动脉血气分析 C. 胸部 X 线片
D. D-二聚体 E. 超声心动图

(600~601 题共用题干)男,28 岁。车祸后胸痛、呼吸困难 40 分钟。曾咳出少量血痰,无恶心、呕吐,无腹胀、腹痛,无意识障碍。查体:P118 次/分,R22 次/分,BP90/60mmHg。气管右偏,左侧胸壁皮肤淤青,无皮下气肿,左侧 4、5、7 肋骨触痛明显,可触及骨擦感,左胸叩诊鼓音,呼吸音减弱,心律齐,未闻及心脏杂音。腹软,无压痛,肝脾肋下未触及。四肢活动尚可,病理反射未引出。辅助检查:Hb100g/L,RBC3.2×10^{12}/L。胸部 X 线片示左侧 4、5、7 肋骨骨折,左侧气胸,肺组织压缩约 70%,左侧胸腔中等量积液。

600. 需要立即给予的处理是

A. 穿刺排气减压 B. 胸腔闭式引流 C. 静脉输血
D. 剖腹探查 E. 加压包扎固定胸壁

601. 根据患者目前病情推断,最有可能合并存在的情况是

A. 连枷胸 B. 张力性气胸 C. 创伤性窒息
D. 血胸 E. 肺爆震伤

602. 男性,25 岁。左胸刀刺伤 1 小时来院。呼吸困难、发绀,胸部广泛皮下气肿,脉细速,左胸叩诊鼓音,呼吸音消失,气管右偏。应立即

A. 吸氧输血输液 B. 用宽胶布固定胸壁 C. 行左侧肋间神经封闭
D. 用粗针头穿刺左胸腔减压 E. 气管插管接呼吸机

603. 男,18 岁。胸痛伴呼吸困难 1 天。查体:瘦高体型。胸部 X 线片示右侧气胸,纵隔明显左移。患者既往有类似症状,但程度较轻。此时应采取的诊治措施不包括

A. 右侧胸腔闭式引流 B. 胸腔镜手术 C. 右侧胸腔穿刺抽气
D. 面罩吸氧 E. 无创通气

604. 男性,20 岁。被刀刺伤,当你赶到现场,见患者神志清楚,血压、脉搏在正常范围,刀口在右肩胛下第 7 肋间,可听见气体进出刀口的声音。立即采取的措施是
A. 吸氧　B. 输液　C. 用无菌敷料包扎伤口
D. 立即行胸腔闭式引流　E. 胸腔穿刺

605. 男性,20 岁。右胸撞伤后疼痛,呼吸 20 次/分,脉搏 85 次/分,胸廓挤压征阳性,胸部 X 线片示右肺压缩 5%。最适当的处理是
A. 胸膜腔穿刺抽气　B. 胸腔闭式引流　C. 镇痛观察
D. 输液　E. 吸氧

606. 男,18 岁。自觉胸闷、气促 10 天,活动后加重。查体:左侧呼吸音明显减弱。胸部 X 线片示左侧气胸,左肺压缩 40%,肋膈角可见小液平面。既往无类似病史。首选处理方法是
A. 吸氧观察　B. 胸腔闭式引流　C. 胸腔镜检查
D. 腹腔镜检查　E. 开胸探查

(607~609 题共用题干)患者,男,30 岁。既往体健。半小时前从 4m 高处摔下,左胸疼痛,呼吸困难,急诊。神清合作,轻度发绀,左前胸壁 10cm×10cm 皮下瘀斑,胸壁浮动,可触及骨擦感,两肺未闻及湿啰音。胸部 X 线片示左 4、5、6 肋各有两处骨折,肋膈角稍钝。

607. 此时患者的呼吸困难主要不是
A. 胸壁软化　B. 纵隔扑动　C. 静脉血回心障碍
D. 精神过度紧张　E. 缺氧,二氧化碳潴留

608. 此时应采取的急诊处理是
A. 吸痰　B. 气管切开　C. 胸壁包扎固定、止痛
D. 气管内插管　E. 呼吸机辅助呼吸

609. 2 小时后呼吸困难加重,咳嗽,颈、胸部出现皮下气肿,左侧呼吸音消失。再次胸部 X 线片示左肺被压缩约 85%,未见液平面,此时应
A. 立即开胸探查　B. 行胸腔闭式引流　C. 气管内插管
D. 呼吸机辅助呼吸　E. 气管切开

(610~612 题共用题干)30 岁,男性。30 分钟前被刀刺伤右前胸部,咳血痰,呼吸困难。体检:血压 107/78mmHg,脉搏 96 次/分,右前胸有轻度皮下气肿,右锁骨中线 4 肋间可见 3cm 长创口,随呼吸有气体进出伤口响声。

610. 该患者纵隔的位置是
A. 右偏　B. 左偏　C. 正中位
D. 在右侧与正中间摆动　E. 在左侧与正中间摆动

611. 此时应采取的急救措施是
A. 吸氧　B. 静脉穿刺输液　C. 摄胸部 X 线片
D. 立即闭合胸部创口　E. 立即剖胸探查

612. 该患者半小时后被收入病房,患者呼吸困难,轻度发绀,右胸部皮下气肿明显加重。胸部 X 线片示右肺完全萎陷,纵隔向左侧偏移,右侧平膈肌水平可见液平面。正规处理是
A. 立即输血　B. 准备行手术探查　C. 伤口清创并行胸腔闭式引流
D. 用注射器穿刺排气　E. 继续观察

三、血胸(执业医师及助理医师均需掌握)

613. 男性,30 岁。右胸外伤后 2 小时,呼吸困难。气管左移,右侧呼吸音消失,叩诊右侧实音。应考虑为

A. 血胸　　B. 肋骨骨折　　C. 脓胸
D. 肺栓塞　　E. 张力性气胸

614. 男,20岁。1小时前被刀刺伤来诊。血压60/50mmHg,面色苍白,呼吸困难,颈静脉怒张,呼吸音尚好,心音遥远,创口在左锁骨中线第4肋间。最可能的诊断为
A. 肺损伤　　B. 开放气胸　　C. 心包积血
D. 血胸　　E. 张力性气胸

615. 进行性血胸的诊断依据不包括
A. 脉搏快、血压持续下降　　B. 胸腔引流连续3个小时,总量300ml
C. Hb、RBC反复测定呈持续下降　　D. 胸膜腔穿刺抽不出血,但X线示胸内阴影增大
E. 经输血补液后血压不回升,且逐渐下降

(616~617题共用题干)男,20岁。右胸刀刺伤2小时就诊。既往体健。查体:T36.5℃,P120次/分,R24次/分,BP80/50mmHg,面色苍白,皮肤潮湿,右胸腋前线第5肋间2cm伤口,有血液流出,右胸叩诊实音,呼吸音减弱。急行胸腔闭式引流,引流出血性液体约600ml,1小时内又引流出血性液体300ml。

616. 此时首先考虑的诊断是
A. 进行性血胸　　B. 创伤性湿肺　　C. 心脏压塞
D. 迟发性血胸　　E. 凝固性血胸

617. 最有效的处置措施是
A. 输液、输血　　B. 开胸探查　　C. 调整引流管位置
D. 镇静、吸氧　　E. 气管插管呼吸机辅助呼吸

618. 血气胸开胸手术处理的指征不包括
A. 大咯血不止　　B. 胸腔活动性出血,血压下降　　C. 大的开放性胸壁伤的闭合修补
D. 支气管断裂　　E. 胸腔闭式引流后呼吸系统症状缓解,血压稳定者

619. 男,26岁。左胸锐器伤后1小时,血压90/60mmHg,心率90次/分。胸部X线片示左肺压缩90%,伴宽大液平,清创缝合闭式引流,2小时引流约700ml,血压80/50mmHg,心率110次/分,伤后无尿。最关键的处理措施是
A. 开胸探查　　B. 强心利尿　　C. 输血补液
D. 吸氧　　E. 抗生素治疗

620. 男,19岁。1小时前被刺伤左胸,急诊血压80/50mmHg,心率120次/分,伤口不断有血液流出,快速输入血浆代用品及血液制品1000ml后,血压仍未见改善。积极的抢救措施应该是
A. 内科医师会诊,纠正休克　　B. 心电图检查,排除心脏疾患
C. 缝合伤口,加压包扎　　D. 体外心脏按压,增加心搏出量
E. 继续输血补液,立即准备开胸探查止血

621. 血胸欲行胸腔闭式引流术的最佳引流位置是
A. 腋前线第6~8肋间　　B. 腋前线与腋中线第6~8肋间　　C. 腋中线第6~8肋间
D. 腋后线第6~8肋间　　E. 腋中线与腋后线之间第6~8肋间

622. 关于胸腔闭式引流的描述,正确的是
A. 拔管时在患者深呼气屏气时拔除引流管
B. 气胸插管部位在腋中线与腋后线之间第6或7肋间隙
C. 引流管深入胸腔3~5cm
D. 闭式引流要保证胸腔内气、液体克服5~6cmH_2O
E. 每日要观察导管是否通畅与引流的质和量

四、脓胸(执业医师及助理医师均需掌握)

623. 急性脓胸最常继发于
A. 肺部感染　B. 胸部开放性损伤　C. 膈下脓肿
D. 脓毒血症　E. 胸外科手术后

624. 引起脓胸最常见的病原菌是
A. 肠球菌　B. 肺炎链球菌　C. 溶血性链球菌
D. 流感嗜血杆菌　E. 金黄色葡萄球菌

625. 可致纵隔向患侧移位的疾病是
A. 闭合性气胸　B. 开放性气胸　C. 张力性气胸
D. 慢性脓胸　E. 急性脓胸

626. 女,45岁。2周前发热、咳嗽、咳黄痰、胸闷、胸痛,经抗炎治疗好转。现再次高热,咳嗽无痰,感胸闷。查体:T38.5℃,P115次/分,R25次/分,气管明显左移,右肺语颤减弱,叩诊呈实音,呼吸音消失。血WBC22×10^9/L,N0.89。该患者首先考虑的诊断是
A. 脓胸　B. 肺不张　C. 肺炎链球菌肺炎
D. 肺脓肿　E. 阻塞性肺炎

627. 确诊脓胸的最佳检查方法是
A. 胸部B超　B. 胸部磁共振　C. 胸部X线片
D. 胸腔穿刺　E. 胸部CT

628. 不适用于治疗慢性脓胸的术式是
A. 胸腔闭式引流术　B. 胸膜纤维板剥除术　C. 胸廓成形术
D. 肺叶切除术　E. 胸膜肺切除术

629. 患者,男,40岁。因肺大疱于3个月前行右肺上、中叶切除。3天来发热T39℃,WBC19×10^9/L。胸部X线片示右上肺野可见液平面,胸穿抽出黄白色黏稠液体,伴臭味。当前治疗应首先选择
A. 胸膜纤维板剥脱术　B. 余肺全部切除术　C. 胸膜腔闭式引流术
D. 胸廓成形术　E. 胸膜全肺切除术

630. 男性,18岁。2个月前因急性脓胸经多次胸腔穿刺抽脓及抗菌治疗后,仍有低热、消瘦。胸部X线片示右胸仍可见包裹性脓腔。入院后行胸腔闭式引流术,每天引流脓液30~50ml,胸部X线片及胸部CT显示右下胸部有一10cm×6cm残腔,壁厚约2mm,未见钙化,肺内未见病变。进一步治疗应选择
A. 继续改进胸腔引流　B. 将闭式引流改为开放引流　C. 胸膜纤维板剥除术
D. 胸膜肺切除术　E. 改善全身情况,消除中毒症状和营养不良

631. 男性,40岁。左侧慢性脓胸伴左下肺支气管扩张,左下肺不张,左下肺支气管胸膜瘘。最适宜的手术方式是
A. 支气管瘘缝合术　B. 胸膜纤维板剥除术　C. 胸廓改形术
D. 左下肺叶切除术　E. 病肺切除加胸膜纤维板剥除术

第12章　肺癌、食管癌与纵隔肿瘤

一、肺癌(执业医师及助理医师均需掌握)

632. 预后最差的肺癌是
A. 鳞状细胞癌　B. 小细胞癌　C. 腺癌
D. 大细胞癌　E. 细支气管肺泡癌

A. 腺鳞癌　B. 大细胞肺癌　C. 小细胞肺癌
D. 鳞癌　E. 腺癌

633. 早期出现纵隔淋巴结广泛转移的肺癌类型是
634. 最常出现癌性空洞的肺癌类型是

635. 早期中心型肺癌的常见症状是
A. 高热、胸痛　B. 声嘶　C. 上肢及颜面部肿胀
D. 咳嗽、血痰　E. 胸闷、呼吸困难

636. 下列表现属于肺癌副癌综合征的是
A. 杵状指　B. 声音嘶哑　C. 胸壁静脉曲张
D. 吞咽困难　E. 一侧眼睑下垂、瞳孔缩小

637. 最有可能引起副肿瘤综合征的肺癌类型是
A. 小细胞癌　B. 鳞状细胞癌　C. 腺鳞癌
D. 肉瘤样癌　E. 乳头状腺癌

638. 肺癌患者出现声音嘶哑提示肿瘤侵犯
A. 上腔静脉　B. 喉返神经　C. 颈交感神经节
D. 腋神经　E. 隆突

639. 肺癌患者出现“杵状指”提示
A. 肿瘤恶性程度高　B. 肿瘤类型为小细胞癌　C. 肿瘤类型为鳞癌
D. 肿瘤已经扩散转移　E. 肿瘤出现非转移性胸外表现

640. 鉴别中心型肺癌和周围型肺癌最有价值的检查是
A. 血肿瘤标志物　B. 胸部正侧位 X 线片　C. 胸部 CT
D. 胸部核磁共振　E. 痰细胞学

641. 肺癌普查首选的检查方法是
A. 胸部 B 超　B. 胸部 CT　C. 支气管镜
D. 胸部 X 线片　E. 肿瘤标志物检测

642. 提高人群肺癌筛查检出率的首选方法是
A. 血清肿瘤标志物　B. 高分辨 CT　C. PET-CT
D. 低剂量 CT　E. 痰细胞学检查

643. 周围型肺癌的典型 X 线影像特点不包括
A. 团块有毛刺　B. 薄壁空洞，内见液平　C. 胸膜凹陷征
D. 孤立性团块影　E. 团块呈分叶状

644. 健康体检时，胸部 X 线片发现肺内靠近胸膜的孤立性小结节，此时应首先进行的检查是
A. 定期复查胸部 X 线片　B. 支气管镜　C. 痰细胞学
D. 胸部 CT　E. 经皮穿刺活检

645. 女，65 岁。体检时胸部 X 线示右下肺直径约 2cm 大小的类圆形结节影。患者无自觉症状，否认吸烟史。查体：双肺呼吸音清，未闻及干、湿啰音。为进一步明确诊断，下列检查中应首选的是
A. 痰细胞学检查　B. 血清肿瘤标志物　C. 支气管镜检查
D. 胸部增强 CT　E. 密切观察，定期复查胸部 X 线片

646. 男，38 岁。健康体检胸部 X 线片发现右肺上叶后段直径约 2cm 高密度结节影，边界欠清楚。查体：T36.5℃，P72 次/分，双肺呼吸音清，未闻及干、湿啰音。为明确诊断，应首选的检查是
A. MRI　B. 支气管镜　C. 胸部 CT

D. PET-CT　　E. 肺相关肿瘤标志物

647. 女,71岁。干咳2个月,无痰中带血,无低热、盗汗症状。40年前患“肺结核”,治愈后未复发。胸部X线片及CT发现左肺上叶舌段2cm×1.5cm周围型结节和右肺下叶背段3.5cm×3cm周围型结节。为明确诊断,首选的检查是

A. 经胸壁穿刺活检　　B. 胸腔镜　　C. 纤维支气管镜
C. 痰细胞学　　E. 胸部PET-CT

(648~649题共用题干)患者,男,65岁。头面部及双上肢肿胀2周,咳嗽、痰中带血伴喘息3日。吸烟25年,30支/天。胸部X线片见右肺门肿块影,右上纵隔明显增宽。

648. 该患者最可能的诊断为

A. 淋巴瘤　　B. 纵隔肿瘤　　C. 肺癌
D. 肺结核　　E. 肺源性心脏病

649. 患者出现面部及双上肢水肿的原因为

A. 头臂干动脉梗阻　　B. 上腔静脉梗阻　　C. 下腔静脉梗阻
D. 无名静脉梗阻　　E. 淋巴回流受阻

(650~651题共用题干)男,63岁。咳嗽、痰中带血丝半年余,吸烟40余年。胸部X线片示右上肺近肺门处肿块影。

650. 为明确病理诊断,首选的检查是

A. 开胸活检　　B. 胸腔镜活检　　C. 纵隔镜活检
D. 经胸壁肺穿刺活检　　E. 支气管镜活检

651. 如拟手术治疗,下列不属于手术禁忌证的是

A. 对侧肺门淋巴结转移　　B. 肝转移　　C. 锁骨上淋巴结转移
D. 同侧肺门淋巴结转移　　E. 脑转移

652. 肺癌最常见的转移部位是

A. 肠　　B. 胃　　C. 肾
D. 脾　　E. 脑

653. 男,57岁。干咳1个月,胸部CT示左肺门肿块,左主支气管狭窄,纵隔及左肺门淋巴结肿大,支气管镜活检病理示“小细胞肺癌”。该患者应首选的治疗措施是

A. 放疗　　B. 靶向治疗　　C. 生物治疗
D. 手术　　E. 化疗

654. 患者,男,70岁。咳嗽咳痰1个月,抗感染及镇咳药治疗效果欠佳。查体:36.8℃,右肺可闻及局限性哮鸣音。该患者应首先考虑的诊断是

A. 支气管结核　　B. 支气管异物　　C. 支气管哮喘
D. 慢性阻塞性肺疾病　　E. 支气管肺癌

(655~656题共用题干)女,62岁。咳嗽、痰中带血伴胸闷1月余。既往体健,吸烟30年,30支/天。查体:T36.5℃,右侧肺部可闻及少量湿啰音。实验室检查:血WBC8×10^9/L。胸部X线片及胸部CT如下图(真题翻拍,不清晰)。

655. 初步诊断首先考虑

A. 中央型肺癌　　B. 后纵隔肿瘤　　C. 浸润型肺结核
D. 大叶性肺炎　　E. 支气管扩张

656. 为进一步明确诊断,首选的检查是

A. 胸腔镜　　B. 纵隔镜　　C. PET-CT
D. 磁共振　　E. 纤维支气管镜

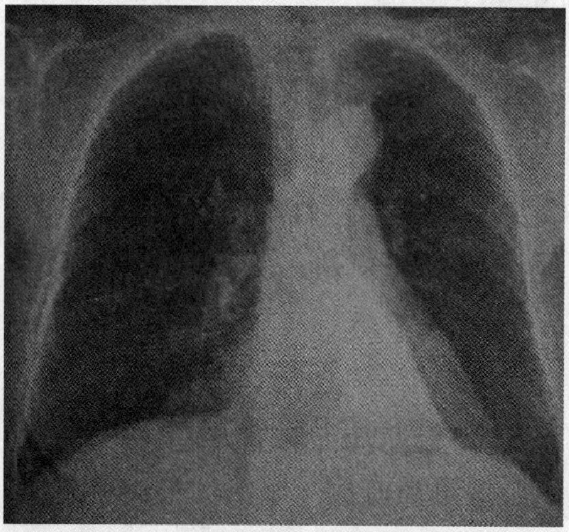

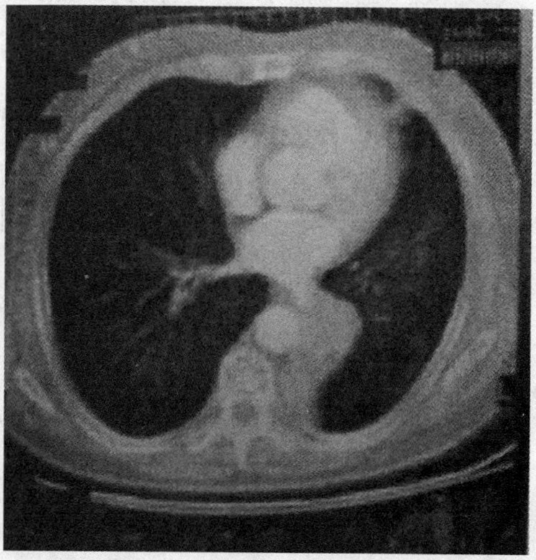

(657~659 题共用题干)男,70 岁。痰中带血 1 月余。吸烟 10 年,40 支/天。胸部 X 线片:右肺门大块影伴右上肺不张。支气管镜见右上叶开口内新生物。

657. 初步诊断首先考虑的肺癌类型是
A. 周围型　　B. 弥漫型　　C. 结节型
D. 中心型　　E. 混合型

658. 该患者肺癌的病理类型是
A. 鳞癌　　B. 腺癌　　C. 小细胞癌
D. 大细胞癌　　E. 腺鳞癌

659. 该患者首选的下一步检查是
A. 头颅 CT　　B. 全身骨扫描　　C. 腹部 CT
D. 胸部 CT　　E. 肝、肾、肾上腺 B 型超声

二、食管癌(执业医师及助理医师均需掌握)

660. 食管癌分型不包括
A. 髓质型　　B. 缩窄、硬化型　　C. 蕈伞型
D. 溃疡型　　E. 梗阻型

661. 食管癌最常见的发生部位是
A. 胸上段　　B. 胸中段　　C. 胸下段
D. 腹段　　E. 颈段

662. 早期食管癌的症状是
A. 持续胸背痛　　B. 声嘶　　C. 进食呛咳
D. 吞咽困难　　E. 进食梗噎

663. 食管癌的早期临床表现不包括
A. 食管内异物感　　B. 胸骨后针刺样疼痛　　C. 咽下食物时梗噎感
D. 进行性吞咽困难　　E. 上腹部烧灼感

664. 典型的食管癌症状特点是

A. 胸痛　B. 持续性胸骨后异物感　C. 反酸、烧心伴吞咽困难
D. 渐进性加重的吞咽困难　E. 间断吞咽困难伴呕吐

665. 男,59岁。进食梗噎1月余,症状逐渐加重。近半年来左胸痛,服用“救心丸”无改善。为明确诊断,首选的检查是
A. 超声心动图　B. 胸部CT　C. 胸部MRI
D. 心电图　E. 胃镜

666. 食管癌的X线表现不包括
A. 食管僵硬　B. 黏膜皱襞增粗　C. 黏膜呈串珠样改变
D. 黏膜皱襞撕裂　E. 充盈缺损或龛影

667. 男,60岁,吞咽时梗噎感2个月。食管X线钡剂造影检查示:食管偏心型充盈缺损,中心可见“龛影”,黏膜皱襞破坏,管壁僵硬。最可能的临床诊断是
A. 食管静脉曲张　B. 食管平滑肌瘤　C. 食管癌
D. 食管憩室　E. 贲门失弛缓症

668. 男,65岁。胸骨后不适6个月,进行性吞咽困难2个月,体重减轻5kg。对明确诊断最有意义的检查是
A. 胸部CT　B. 腹部B超　C. 胃镜
D. 心电图　E. 上消化道X线钡剂造影

669. 男,62岁。进食哽噎月余。胃镜检查:距门齿30~32cm处食管后壁肿物,黏膜表面破溃,距门齿38~40cm处黏膜粗糙、隆起,两处活检均为高分化鳞癌。心、肺及肝功能正常。未见其他部位转移征象。最佳治疗方案是
A. 二线药物化疗　B. 静脉营养支持　C. 食管癌放射治疗
D. 食管癌根治术　E. 胃造瘘肠内营养

670. 男,75岁。进行性吞咽困难3月余,目前能进半流食。胃镜检查:食管距门齿20cm处发现一长约6cm菜花样肿物,病理报告为鳞状细胞癌。其最佳治疗方法为
A. 放疗　B. 胃造瘘术　C. 食管癌根治术
D. 姑息性食管癌切除术　E. 化疗

671. 女性,23岁。间歇性吞咽困难3年,X线钡餐检查显示食管下端呈鸟嘴样狭窄。可能性最大的是
A. 食管下段癌　B. 贲门失弛缓症　C. 食管炎
D. 食管瘢痕性狭窄　E. 食管平滑肌瘤

672. 男,62岁。进行性吞咽困难2月余。既往体健。查体:T36.5℃,P80次/分,R18次/分,BP120/80mmHg。浅表淋巴结未触及肿大,双肺呼吸音清,未闻及干、湿啰音,心律齐,未闻及杂音,腹软,无压痛。上消化道X线钡剂造影:食管下段黏膜紊乱,部分管壁僵硬。为明确诊断,首选的检查是
A. 胸部增强CT　B. PET-CT　C. 食管拉网细胞学检查
D. 胃镜　E. 食管B超

673. 男,70岁。吞咽困难半个月。查体无明显阳性体征。上消化道X线钡剂造影示食管中段黏膜紊乱,管壁僵硬,管腔狭窄。该患者最可能的初步诊断是
A. 食管平滑肌瘤　B. 食管癌　C. 食管炎
D. 贲门失弛缓症　E. 食管憩室

674. 男,59岁。吞咽困难半年余。呈进行性加重,现只能进流食,并出现胸痛及呛咳。该患者食管X线钡剂造影检查最不可能出现的影像是
A. 部分食管腔明显狭窄　B. 食管管壁僵硬,蠕动中断
C. 局部食管腔扩张　D. 食管造影时气道内出现造影剂
E. 食管下端呈鸟嘴状改变,边缘光滑

(675~677 题共用题干)男性,62 岁。近 2 个月来常有吞咽困难,伴隐痛,但可进半流质饮食,自感体力不支,逐渐消瘦。

675. 该患者首先考虑的诊断是
A. 食管炎　B. 食管憩室　C. 食管癌
D. 食管平滑肌瘤　E. 贲门失弛缓症

676. 对诊断最有价值的检查是
A. 胸部 X 线片　B. 食管吞钡　C. 食管拉网
D. 纤维食管镜+活检　E. 纵隔 CT

677. 经检查见食管病变位于主动脉弓至肺下静脉平面,该部位是食管解剖分段的
A. 颈段　B. 胸上段　C. 胸中段
D. 胸下段　E. 腹段

(678~680 题共用题干)男性,44 岁。进食不适 3 年余,偶有吞咽困难,未予重视。近半年来吞咽不适逐渐加重就诊。

678. 为明确诊断,下列检查效果最差的是
A. 吞钡食管造影　B. 食管镜　C. 超声内镜
D. 正位胸部 X 线片　E. 胸部 CT

679. 吞钡食管造影结果:食管中段钡剂通过缓慢,黏膜光整,可见充盈缺损,呈瀑布征。依据造影结果应诊断为
A. 食管裂孔疝　B. 食管囊肿　C. 食管癌
D. 食管平滑肌瘤　E. 食管憩室

680. 最佳治疗方案应该选择
A. 改良贲门折叠术　B. 局部切除术　C. 胃食管弓上吻合术
D. 胃食管颈部吻合术　E. 结肠代食管术

(681~683 题共用题干)男,49 岁。既往体健,因头晕半天,黑便 3 次,急诊入院。血压 80/50mmHg,心率 124 次/分,面色苍白,冷汗。

681. 首先考虑
A. 急性肠炎　B. 急性胃穿孔　C. 心绞痛
D. 心肌梗死　E. 食管下段癌出血

682. 急救措施首选
A. 抗炎补液治疗　B. 开腹探查　C. 含服硝酸甘油
D. 溶栓治疗　E. 输血、补液,纠正休克

683. 最能尽快明确诊断的检查是
A. 超声心动图　B. CT　C. 血生化、心肌酶
D. 胸部 X 线片　E. 胃镜

三、纵隔肿瘤(执业医师需掌握)

684. 胸腺瘤好发部位是
A. 前上纵隔　B. 前下纵隔　C. 后上纵隔
D. 后下纵隔　E. 中纵隔(内脏器官纵隔)

685. 女,22 岁。双眼睑下垂 1 年余,诊断为重症肌无力。胸部 CT 发现前上纵隔占位,大小约 2cm×2cm×1cm。最可能的诊断是

A. 神经纤维瘤　　B. 胸内甲状腺　　C. 胸腺瘤
D. 畸胎瘤　　E. 淋巴瘤

686. 最常见的后纵隔肿瘤是
A. 脂肪瘤　　B. 神经源性肿瘤　　C. 淋巴瘤
D. 胸腺瘤　　E. 畸胎瘤

687. 位于后纵隔脊柱旁肋脊区内最常见的纵隔肿瘤是
A. 胸腺瘤　　B. 心包囊肿　　C. 畸胎瘤
D. 神经源性肿瘤　　E. 淋巴瘤

688. 纵隔畸胎瘤好发部位是
A. 前上纵隔　　B. 后上纵隔　　C. 前纵隔
D. 后纵隔　　E. 中纵隔

689. 40 岁,女性。3 年来劳累后气促,曾诊:X 线片示后纵隔类圆形阴影。最可能的诊断是
A. 淋巴瘤　　B. 神经源性肿瘤　　C. 肺癌
D. 胸骨后甲状腺肿　　E. 心包囊肿

690. 女性,38 岁。健康查体发现右前上纵隔椭圆形阴影,边界清晰,密度均匀,与周围组织界线明显。首先考虑诊断可能是
A. 胸腺瘤　　B. 淋巴瘤　　C. 神经源性肿瘤
D. 心包囊肿　　E. 支气管囊肿

691. 女,55 岁。健康体检发现右胸 8cm×7cm 占位,如下图。最可能的诊断是
A. 胸腺瘤　　B. 心包囊肿　　C. 神经源性肿瘤
D. 胸内甲状腺　　E. 中心型肺癌

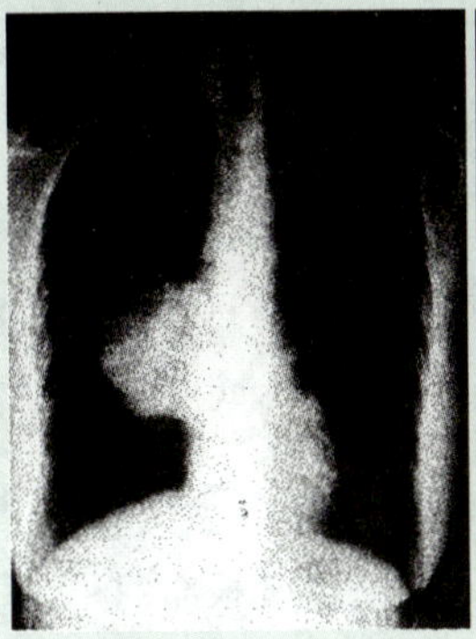
胸部X线片(正位)

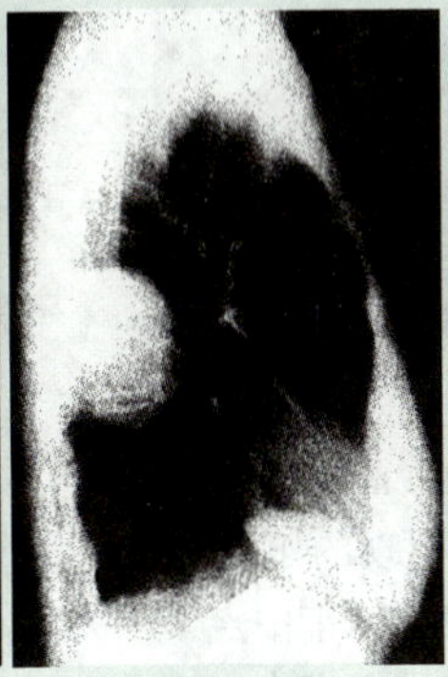
胸部X线片(侧位)

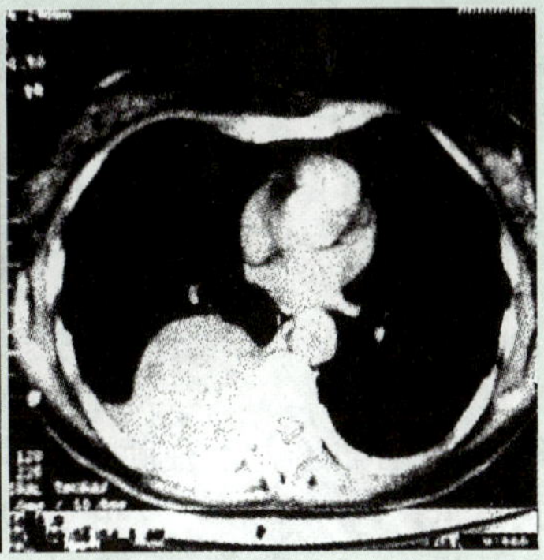
胸部CT

(692~693 题共用题干)女,48 岁。胸闷不适半年,近来出现进行性四肢无力。胸部 X 线片发现右前上纵隔阴影。

692. 该患者首先考虑的诊断是
A. 食管囊肿　　B. 胸腺瘤　　C. 神经源性肿瘤
D. 胸内甲状腺　　E. 支气管囊肿

693. 该患者首选的治疗措施是
A. 介入治疗　　B. 射频治疗　　C. 化疗
D. 放疗　　E. 手术治疗

第 13 章　腹外疝

（执业医师及助理医师均需掌握）

694. 疝囊壁的一部分为腹内容物时称为
A. 嵌顿性疝　　B. Littre 疝　　C. Richter 疝
D. 滑动性疝　　E. 绞窄性疝

695. 男性，59 岁。因右腹股沟斜疝行手术治疗。术中发现疝囊壁的一部分由盲肠组成。此时的诊断为
A. Richter 疝　　B. Littre 疝　　C. 滑动疝
D. 难复性疝　　E. 易复性疝

696. 嵌顿疝内容物是小肠憩室称为
A. 闭孔疝　　B. Richter 疝　　C. Littre 疝
D. 腹股沟滑动性疝　　E. 股疝

A. 疝内容物易回纳入腹腔　　B. 疝内容物不能完全回纳入腹腔　　C. 疝内容物有动脉性血循环障碍
D. 疝内容物为部分肠壁　　E. 疝内容物被疝环卡住不能还纳，但无动脉性循环障碍

697. 绞窄性疝为
698. 易复性疝为
699. 嵌顿性疝为
700. 难复性疝为

701. 最容易发生疝内容物坏死的临床类型是
A. 难复性疝　　B. 易复性疝　　C. 滑动性疝
D. 嵌顿性疝　　E. 绞窄性疝

702. 嵌顿疝与绞窄疝的鉴别要点是
A. 深(内)环口的大小　　B. 有无休克　　C. 不能还纳的时间
D. 有无肠梗阻　　E. 有无血循环障碍

703. 成人腹股沟管的长度应为
A. 2～3cm　　B. 4～5cm　　C. 6～7cm
D. 8～9cm　　E. 10～12cm

704. 腹股沟斜疝患者疝还纳后，使肿物不再出现的压迫部位是
A. 海氏三角　　B. 腹股沟韧带中点　　C. 阴囊根部
D. 斜疝外环　　E. 腹股沟韧带中点上方 2cm

705. 哪种腹外疝发生肠管壁疝的机会较多？
A. 斜疝　　B. 直疝　　C. 股疝
D. 脐疝　　E. 白线疝

706. 构成腹股沟管前壁的组织结构是
A. 腹横肌　　B. 腹横筋膜　　C. 腹股沟韧带
D. 腔隙韧带　　E. 腹外斜肌腱膜

707. 穿过股管下口的结构是
A. 股动脉　　B. 股静脉　　C. 股神经
D. 大隐静脉　　E. 子宫圆韧带或精索

708. 临床上最易发生嵌顿的疝是

A. 腹股沟直疝　　B. 小儿脐疝　　C. 腹股沟斜疝
D. 白线疝　　E. 股疝

709. 自 Hesselbach 三角向外突出的疝称为
A. 股疝　　B. 腹股沟直疝　　C. 腹股沟斜疝
D. 脐疝　　E. 白线疝

710. 先天性腹股沟斜疝发生的最主要原因是
A. 腹外斜肌发育不全　　B. 腹横筋膜发育不全　　C. 腹膜鞘突不闭锁
D. 腹横肌发育不全　　E. 腹内斜肌发育不全

711. 男,74 岁。腹股沟疝修补术后 2 年,复发 3 个月,要求再次手术治疗。考虑患者年老、腹壁薄弱,最适宜的术式是
A. Bassini 法　　B. McVay 法　　C. Halsted 法
D. Ferguson 法　　E. Lichtenstein 法

712. 多发生于年老体弱者的腹外疝是
A. 股疝　　B. 白线疝　　C. 腹股沟直疝
D. 腹股沟斜疝　　E. 脐疝

713. 腹股沟直疝最有诊断意义的临床表现是
A. 按压深环疝仍复出　　B. 容易发生嵌顿　　C. 疝囊颈位于腹壁下动脉外侧
D. 疝包块呈梨形　　E. 最常见于中年人

A. 腹股沟斜疝　　B. 腹股沟直疝　　C. 股疝
D. 脐疝　　E. 切口疝

714. 多见于老年人的是
715. 多见于中年女性的是
716. 多见于儿童及青壮年的是

717. 以下关于腹股沟直疝的描述,正确的是
A. 多数能进入阴囊　　B. 多见于儿童和青壮年　　C. 疝囊颈在腹壁下动脉外侧
D. 极少发生嵌顿　　E. 回纳后压住腹股沟内环,疝块不再突出

A. 乙状结肠　　B. 大网膜　　C. 小肠
D. 膀胱　　E. 横结肠

718. 难复疝不易回纳的内容物最多见的是
719. 腹外疝最多见的疝内容物是

720. 腹股沟斜疝与直疝最有意义的鉴别点是
A. 发病年龄　　B. 突出途径　　C. 疝块外形
D. 疝内容物是否进入阴囊　　E. 还纳疝内容物后,压迫深环疝内容物是否再突出

721. 男,30 岁。右下腹可复性包块 2 年。查体:右侧腹股沟区可见梨形包块,平卧回纳后压住腹股沟深环不再复出,无压痛。以下最可能的情况是
A. 直疝三角部分腹壁薄弱　　B. 精索在疝囊前外侧　　C. 疝囊颈位于腹壁下动脉外侧
D. 盲肠是疝囊壁的一部分　　E. 部分膀胱壁为疝囊壁的一部分

722. 男,70 岁。经腹股沟三角突出,半球形包块,易还纳,未进入阴囊,不透光。主要考虑为
A. 鞘膜积液　　B. 隐睾　　C. 股疝
D. 直疝　　E. 斜疝

723. 男,70 岁。右腹股沟区肿块 3 年,平卧消失。查体:右耻骨结节外上方有一半球形肿块,未进入阴囊,可用手回纳,压住腹股沟韧带中点上方咳嗽时仍可见肿块突出。最可能的诊断是

A. 股疝　B. 腹股沟斜疝　C. 腹股沟直疝

D. 精索鞘膜积液　E. 交通性鞘膜积液

724. 男性,左侧腹股沟区有肿物隆起,平卧后消失,咳嗽用力时明显,可进入阴囊,肿物复位后按压腹股沟中点上方 2cm 处,肿物不再复出。诊断为

A. 股疝　B. 隐睾　C. 交通性鞘膜积液

D. 腹股沟斜疝　E. 腹股沟直疝

725. 70 岁,老年男性患者。左侧腹股沟突出半球形包块,不降入阴囊,咳嗽冲击试验阴性,易还纳。应诊断为

A. 鞘膜积液　B. 隐睾　C. 股疝

D. 斜疝　E. 直疝

726. 男,58 岁。左腹股沟区可复性包块 5 年。2 天前感冒后出现咳嗽,3 小时前自觉包块进入阴囊,不能还纳伴疼痛。疼痛呈持续性胀痛,伴恶心、呕吐。查体:T36.5℃,P80 次/分,R18 次/分,BP120/80mmHg,双肺呼吸音清,未闻及干、湿啰音,心律齐,腹软,左侧阴囊内可触及包块,触痛明显,包块透光试验阴性。最可能的诊断是

A. 阴囊急性蜂窝织炎　B. 睾丸恶性肿瘤并内出血　C. 腹股沟直疝嵌顿

D. 腹股沟斜疝嵌顿　E. 睾丸鞘膜积液并感染

727. 行滑动性斜疝修补术时,应特别注意切开疝囊,因为易误伤

A. 空肠　B. 盲肠　C. 肠系膜血管

D. 回肠　E. 大网膜血管

728. 男,56 岁。右腹股沟包块 5 年,伴胀痛,平卧位包块不能完全回纳,同时有便秘,消化不良。包块部位听诊可闻及肠鸣音。手术治疗时,应特别注意不要误伤

A. 腹壁下动脉　B. 精索内动脉　C. 盲肠

D. 精索内静脉　E. 髂腹下神经和髂腹股沟神经

(729~730 题共用题干)男性,74 岁。右侧腹股沟区可复性肿块 8 年。查体:患者直立时,在腹股沟内侧端、耻骨结节上外方有一 4cm×4cm 半球形肿物,未进入阴囊,平卧后自行消失。

729. 该患者最可能的诊断是

A. 股疝　B. 隐睾　C. 交通性鞘膜积液

D. 腹股沟斜疝　E. 腹股沟直疝

730. 该患者最有效的治疗方法是

A. 用棉线束带或绷带压迫内环口　B. 禁烟、控制呼吸道感染　C. 注射硬化剂

D. 疝修补术　E. 疝囊高位结扎术

731. 腹股沟疝处理原则,正确的是

A. 2 岁以下,疝环直径小于 1.5cm 的婴幼儿可暂不手术

B. 如果伴有引起腹内压增高的疾病,必须处理后再择期手术

C. 无张力疝修补术强调必须高位结扎疝囊

D. 加强腹股沟管前壁是最常用的方法

E. 嵌顿时间在 6 小时内的疝应首先试行手法复位

732. 男性,6 个月大。哭闹时,右侧腹股沟隆起肿块,平静时肿块可自行消失。最佳处理方法是

A. 绷带压住腹股沟深环,观察　B. 尽早施行疝囊高位结扎术　C. 施行加强前壁的疝修补术

D. 施行加强后壁的疝修补术　E. 施行无张力疝修补术

A. Ferguson 法　　B. Bassini 法　　C. Halsted 法
D. Shouldice 法　　E. McVay 法

733. 在精索前方将腹内斜肌下缘、联合腱与腹股沟韧带缝合的疝修补方法是

734. 重点放在腹横筋膜重叠缝合加强的疝修补方法是

735. 加强腹股沟管前壁的疝修补方法是

A. Bassini 法　　B. Halsted 法　　C. Ferguson 法
D. McVay 法　　E. Shouldice 法

736. 儿童腹股沟疝的首选术式是

A. 单纯疝囊高位结扎术　　B. 弗格逊(Ferguson)法　　C. 麦克凡(McVay)法
D. 巴西尼(Bassini)法　　E. 疝成形术

737. 绞窄性腹股沟斜疝在行肠切除术后应行

A. Ferguson 法疝修补术　　B. Bassini 法疝修补术　　C. McVay 法疝修补术
D. 疝囊高位结扎　　E. Shouldice 法疝修补术

738. 女,62 岁。右侧股疝嵌顿 10 小时。查体:腹胀明显,右下腹局限性压痛(+),肌紧张,肠鸣音亢进。右侧腹股沟韧带下方隆起肿块,有压痛。手术时发现小肠坏死,行坏死小肠切除后,下一步正确的手术措施是

A. 单纯疝囊高位结扎术　　B. McVay 法疝修补术　　C. Bassini 法疝修补术
D. Halsted 法疝修补术　　E. Ferguson 法疝修补术

739. 男,74 岁。左腹股沟可复性包块 10 年,不能回纳 8 小时,以左腹股沟斜疝嵌顿急诊手术,术中见部分嵌顿小肠肠管色暗,无蠕动,行部分肠切除。此时不宜行疝修补术的理由是

A. 术前准备不充分　　B. 术后易出现腹胀　　C. 患者年龄大,伤口愈合能力低
D. 术后易继发手术野感染　　E. 术后易发生上呼吸道感染

740. 男性,80 岁。右腹股沟斜疝 6 小时来诊,既往有可复性腹股沟肿物史 30 年。检查:右侧腹股沟至阴囊 10cm×6cm 嵌顿疝,皮肤无红肿。首选的治疗方法是

A. 试行手法复位　　B. 手术复位并行疝囊高位结扎
C. 手术复位并行加强腹股沟管疝修补术　　D. 手术复位并行无张力疝修补术
E. 手法复位并行加强腹股沟管疝修补术

741. 男性,26 岁。右侧腹股沟区发现可复性肿块 4 年。6 小时前患者发现肿块突然增大、剧烈疼痛。查体:右侧腹股沟区有 6cm×5cm 椭圆形肿块,触痛明显,腹部无压痛、反跳痛、腹肌紧张。首选的有效治疗是

A. 禁食、补液　　B. 手法复位　　C. 应用镇痛或镇静剂
D. 急诊手术　　E. 应用抗生素

(742~744 题共用题干)男,6 个月,出生不久哭闹时右阴囊有一包块,平卧安静时包块明显缩小或消失。2 小时前因哭闹包块掉出,伴呕吐,不停哭闹,精神萎靡,右阴囊可见一似梨状包块。

742. 最有诊断价值的检查方法是

A. 测定血生化　　B. 腹部 X 线片　　C. 测定白细胞计数与分类
D. 直肠活检　　E. B 型超声检查

743. 最可能的诊断是

A. 交通性鞘膜积液　　B. 睾丸炎　　C. 嵌顿疝
D. 睾丸发育异常　　E. 睾丸扭转

744. 最有效的治疗措施是

A. 应用镇静剂　　B. 用止痛剂　　C. 静脉补液、纠正酸碱失衡
D. 试行手法复位　　E. 抗生素治疗

(745~747 题共用题干)女性,75 岁。右大腿卵圆窝部反复出现圆形包块 10 年。此次因便秘突出包块过大,用力还纳后右下腹持续疼痛伴呕吐而求医。下腹压痛,肌紧张,叩诊肝浊音界缩小,肠鸣音消失。

745. 此时对诊断最有帮助的检查是
A. 血常规　　B. 子宫及附件 B 超检查　　C. 立位做腹部 X 线片
D. 诊断性腹腔穿刺　　E. 肛门直肠指诊

746. 最可能的诊断为
A. 急性输卵管炎　　B. 急性阑尾炎穿孔　　C. 卵巢囊肿蒂扭转
D. 外伤性肠破裂　　E. 急性盆腔炎

747. 对此患者的处置中,不适当的是
A. 禁食、静脉输液　　B. 使用抗生素　　C. 半卧位
D. 胃肠减压　　E. 严密观察血压,如有下降即行手术治疗

748. 女,52 岁,肥胖。右腹股沟韧带下方卵圆窝处可见 3cm×3cm 半球状突起,局部有胀痛感。平卧时突起可变小、变软,但有时不完全消失。查体:卵圆窝处咳嗽冲击感不明显。最常用的手术方式是
A. McVay 法　　B. Halsted 法　　C. Bassini 法
D. Ferguson 法　　E. Shouldice 法

749. 中年妇女,剧咳后右股卵圆窝部肿物突然增大、变硬,疼痛难忍,第 2 天用手法还纳后,出现剧烈持续性下腹痛,并有明显的腹肌紧张、压痛与反跳痛。最可能的诊断为
A. 难复性疝　　B. 嵌顿疝　　C. 绞窄性疝
D. 易复性疝　　E. 急性腹膜炎

750. 女,51 岁。1 小时前因咳嗽突发右下腹疼痛,右腹股沟出现肿块。查体:全腹轻压痛,无腹肌紧张,肠鸣音亢进,右侧腹股沟韧带下方呈半球形隆起,不能回纳,有轻压痛。应采取的正确措施是
A. 急症手术复位,行 McVay 法疝修补术　　B. 急症手术复位,行 Ferguson 法疝修补术
C. 及时手法复位,密切观察　　D. 密切观察,病情加重及时手术
E. 应用抗生素、止痛剂观察

751. 女,44 岁。突发右下腹疼痛伴呕吐、停止排气排便 6 小时。查体:P110 次/分,BP120/80mmHg,右侧腹股沟韧带下方卵圆窝处可及半球形包块,压痛明显,不能还纳。下一步处理正确的是
A. 立即扩容补液　　B. 手法还纳包块　　C. 立即手术治疗
D. 密切观察病情变化　　E. 应用吗啡,缓解疼痛

(752~753 题共用题干)女,51 岁。右腹股沟下方包块 3 年,平卧后可变小,4 小时前搬重物后包块突然增大,并出现胀痛,逐渐加重。1 小时前出现右下腹阵发性绞痛。查体:表情痛苦,肠鸣音亢进,可闻及气过水声。右腹股沟下方可及 3cm×3cm 包块,触痛明显,无搏动感,平卧手法还纳未成功。

752. 如行外科治疗,传统术式中最常用的是
A. McVay 法　　B. Bassini 法　　C. Halsted 法
D. Ferguson 法　　E. Shouldice 法

753. 在处理疝囊后,一般将切断的腹股沟韧带修复后缝合在
A. 精索后方与腹外斜肌腱膜上　　B. 精索前方与联合腱上　　C. 精索后方与联合腱上
D. 精索前方与腹外斜肌腱膜上　　E. 耻骨肌筋膜上

第 14 章　腹部损伤

（执业医师及助理医师均需掌握）

754. 对腹膜刺激最轻的是
A. 血液　B. 肠液　C. 胰液
D. 胆汁　E. 胃液

755. 腹部空腔脏器破裂最主要的临床表现是
A. 胃肠道症状　B. 腹膜刺激征　C. 全身感染症状
D. 气腹征　E. 肠麻痹

756. 腹部损伤患者观察期间，按常规要求，每次检查腹部的间隔时间为
A. 30 分钟　B. 35 分钟　C. 40 分钟
D. 45 分钟　E. 50 分钟

757. 腹部闭合性损伤时，不支持腹腔内脏损伤诊断的是
A. 早期出现休克　B. 腹膜刺激征　C. 有气腹征
D. 移动性浊音(+)　E. 肠鸣音活跃

758. 男性，20 岁。创伤 10 分钟来院，神志清楚，面色苍白，右股外侧可见 3cm 长创口，无出血，肢体无反常活动，血压 90/60mmHg，脉搏 122 次/分，呼吸 28 次/分，患者自觉腹胀，排气 1 次。不正确的急诊处置是
A. 生命体征监护　B. 右股 X 线片检查　C. 腹部超声检查
D. 建立静脉输液通道　E. 立位胸腹部透视检查

759. 对疑有腹腔内空腔脏器破裂的腹部闭合性损伤患者，在观察期内处理错误的是
A. 使用广谱抗生素　B. 注射止痛剂　C. 禁饮食
D. 胃肠减压　E. 补充血容量

760. 破裂后液体进入腹腔引起腹膜刺激征最严重的腹部实质脏器是
A. 肾上腺　B. 肾脏　C. 肝脏
D. 胰腺　E. 脾脏

761. 下列哪项不是腹部损伤后手术探查的可靠指征？
A. 腹痛　B. 肠鸣音消失　C. 膈下有游离气体
D. 血压有下降趋势　E. 脉搏增快，体温升高

762. 腹腔内脏器损伤行剖腹探查的指征不包括
A. 明显腹胀　B. 腹膜刺激征范围扩大　C. 肠鸣音异常活跃
D. 顽固性休克　E. 膈下游离气体

763. 男，42 岁。腹部撞伤 3 小时，持续性腹痛，未排尿。查体：T37.5℃，P110 次/分，BP90/60mmHg，腹式呼吸受限，腹稍胀，全腹肌紧张，压痛(+)，腹部移动性浊音(+)，肠鸣音消失。实验室检查：Hb100g/L，WBC12×10^9/L。最佳治疗方案是
A. 胃肠减压观察　B. 广谱抗生素治疗观察　C. 急症剖腹探查
D. 导尿，留置尿管观察　E. 抗休克治疗观察

764. 腹部损伤时作诊断性腹腔穿刺，抽出不凝固血液，最可能的诊断为
A. 空腔脏器破裂　B. 误穿入腹腔血管　C. 前腹壁血肿
D. 实质性器官破裂　E. 后腹膜间隙血肿

765. 腹部闭合伤,确诊有无内脏伤最简便、最可靠的诊断方法为
A. X 线片　B. CT　C. 白细胞计数
D. B 超　E. 腹腔穿刺

766. 男,33 岁。右上腹外伤 2 小时。查体:P120 次/分,R28 次/分,BP90/60mmHg,全腹有压痛、反跳痛,以右上腹为著,移动性浊音(+)。最有意义的辅助检查是
A. 腹部 B 超　B. 立位腹部 X 线片　C. 腹部 CT
D. 诊断性腹腔穿刺　E. 腹部 MRI

767. 腹部损伤有腹内脏器损伤时,诊断性腹腔穿刺的诊断阳性率至少可达
A. 50%　B. 80%　C. 90%
D. 40%　E. 30%

768. 女,50 岁。车祸致腹部损伤 3 小时。伤后腹痛、腹胀。在急诊室非手术治疗观察期间,最重要的措施是
A. 实验室检查的动态监测　B. 腹部 B 超的动态检查　C. 腹部 X 线检查
D. 全面了解损伤经过　E. 观察腹部体征的变化

A. 胰破裂　B. 肝破裂　C. 小肠损伤
D. 肾损伤　E. 结肠损伤

769. 可引起外伤性血腹症的损伤是
770. 腹腔穿刺抽出稀薄的肠内容物应考虑

A. X 线检查有膈下游离气体　B. 移动性浊音阳性　C. 白细胞计数增高
D. 腹腔穿刺抽出不凝血液　E. 立位腹部 X 线片可见气液平面

771. 诊断脾破裂最有意义的检查结果是
772. 诊断胃穿孔最有价值的检查结果是

773. 下列情况禁用诊断性腹腔穿刺术的是
A. 小儿及老年人　B. 精神状态不正常者　C. 严重腹胀者
D. 昏迷者　E. 病史不清者

774. 腹部闭合性损伤剖腹探查手术时,应最先探查
A. 胰腺　B. 结肠　C. 肝、脾
D. 胃、十二指肠　E. 盆腔器官

775. 腹部闭合损伤时,最常受到损伤的空腔脏器是
A. 胃　B. 十二指肠　C. 小肠
D. 升结肠　E. 乙状结肠

776. 腹部闭合性损伤合并休克的处理原则是
A. 急诊剖腹探查　B. 输血并给止血药　C. 积极抗休克同时剖腹探查
D. 输血并给抗生素　E. 积极抗休克,休克纠正后手术探查

777. 男,28 岁。从 5m 高处坠落受伤 1 小时。面色苍白,腹部疼痛难忍。查体:P120 分/次,BP80/60mmHg。神志清楚,全腹压痛、肌紧张(+),诊断性腹腔穿刺抽出不凝血。首选的处理措施是
A. 给予止痛药物缓解疼痛　B. 给予缩血管药物升高血压　C. 纠正休克,手术剖腹探查
D. 胃肠减压,密切观察　E. 广谱抗生素抗感染治疗

778. 男,29 岁。左下胸受压,伴腹痛、恶心、呕吐入院。检查:面色苍白,四肢湿冷,脉搏 120 次/分,血压 80/60mmHg。腹腔穿刺抽出不凝血液。应采取正确的处理原则是
A. 直接送手术室手术　B. 大量快速输液,纠正休克　C. 积极抗休克,同时迅速手术
D. 休克好转后再手术　E. 抗感染、止血

779. 腹部闭合性损伤中最易损伤的实质性器官是
A. 肝脏　B. 脾脏　C. 胰腺
D. 肾脏　E. 肾上腺

780. 肝、脾损伤后可能发生的主要危险是
A. 腹腔内出血　B. 腹膜炎　C. 全身感染
D. 肠麻痹　E. 胃肠道出血

781. 男,26岁。因腹部外伤急诊入院,行剖腹探查,见肝右叶8cm长裂口,较深,有不易控制的动脉性出血。术中最有效的止血方法是
A. 用纱布或绷带条压迫止血　B. 全身和局部同时应用止血药物　C. 填塞大网膜后缝合裂口
D. 阻断肝门血流后止血　E. 明胶海绵或氧化纤维填入裂口

782. 男,28岁。右上腹撞伤后腹痛2小时。查体:P140次/分,R24次/分,BP80/40mmHg,神志清,面色苍白,双肺呼吸音清,腹部膨隆,腹式呼吸减弱,全腹压痛,以右上腹为著,伴反跳痛,肝区叩痛(+),肝浊音界无缩小。腹穿抽出不凝固血。血常规Hb78g/L,WBC13.5×10^9/L,N0.68,Plt135×10^9/L。最可能的诊断是
A. 脾破裂　B. 右肾裂伤　C. 小肠破裂
D. 肝破裂　E. 横结肠破裂

783. 男,38岁。右下胸部撞伤6小时,伤后感上腹部疼痛,头晕。查BP90/70mmHg,P110次/分,面色苍白,右腹部压痛、反跳痛、肌紧张较明显。X线透视示肝阴影扩大、右膈抬高。首先应考虑的诊断是
A. 外伤性血气胸　B. 肝破裂　C. 右肾破裂
D. 结肠肝区破裂　E. 胃十二指肠穿孔

784. 诊断脾破裂最有价值的是
A. 左上腹部有外伤史　B. 有休克表现　C. 有进行性贫血
D. 腹部有压痛和反跳痛　E. 腹腔穿刺抽出不凝血液

785. 女性,30岁。被汽车撞伤左季肋部1小时来诊。查体:体温37.5℃,脉搏110次/分,血压90/50mmHg。腹平坦,左上腹肌略紧张,局部压痛,全腹有反跳痛,有移动性浊音(+),听诊未闻肠鸣音。首选的检查是
A. 平卧位腹部X线片　B. 胸部X线片　C. 腹部CT
D. 上消化道钡餐透视　E. 诊断性腹腔穿刺

786. 男,35岁。左上腹被拖拉机撞伤后钝痛1天,突发左上腹剧痛3小时。查体:P140次/分,BP60/45mmHg,面色苍白,四肢厥冷,上腹中度压痛,肌紧张,腹部叩诊移动性浊音(+),腹腔穿刺抽出不凝固血液。最可能的诊断是
A. 肝破裂　B. 脾破裂　C. 胃破裂
D. 结肠破裂　E. 小肠破裂

787. 脾破裂术前最重要的治疗措施是
A. 控制感染　B. 应用止血药　C. 止痛
D. 补充血容量　E. 补充营养

788. 男,20岁。持续性左上腹痛2小时。查体:T38.7℃,P128次/分,R24次/分,BP60/40mmHg。谵妄,全身皮肤湿冷。左侧季肋部皮下瘀血,全腹压痛,反跳痛(+),移动性浊音(+),肠鸣音未闻及。紧急的处理措施是
A. 休克纠正后手术治疗　B. 应用镇痛剂　C. 升压药纠正血压
D. 抗休克的同时手术治疗　E. 立即输血

789. 脾切除术后引起凶险性感染的病原菌主要是
A. 肺炎球菌　B. 大肠埃希菌　C. 金黄色葡萄球菌

D. 痢疾杆菌　　E. 草绿色链球菌

(790~792 题共用题干)女,16 岁。被倒塌的房屋压伤后腹痛伴呕吐 1 小时。查体:P140 次/分,R26 次/分,BP80/54mmHg。神志清,痛苦面容,腹肌紧张,有压痛和反跳痛,移动性浊音(+),肠鸣音消失。

790. 伤后 1 小时,对判断有无腹部脏器损伤价值最小的实验室检查结果是
A. 粪便常规有大量红细胞　　B. 尿中可见大量红细胞　　C. 血细胞比容下降
D. 红细胞及血红蛋白下降　　E. 白细胞及中性粒细胞升高

791. 若行急症手术,原则上应首先探查
A. 空肠和回肠　　B. 肝脏和脾脏　　C. 结肠和直肠
D. 胃和大网膜　　E. 十二指肠和胰腺

792. 非手术治疗,最主要的措施是
A. 应用止血药物　　B. 应用止痛药物　　C. 快速补充血容量
D. 使用大剂量抗菌药物　　E. 给予一次大剂量糖皮质激素

(793~796 题共用题干)男,24 岁。背重物时突然晕倒 2 小时。查体:P130 次/分,R30 次/分,BP80/60mmHg。神志清楚,面色苍白,腹胀,轻度压痛及反跳痛,移动性浊音(+),肠鸣音弱,左下胸有皮肤瘀斑痕迹。自诉 1 周前因车祸撞伤过左下胸部,曾卧床休息 2 天。

793. 此患者最可能的诊断是
A. 脾破裂　　B. 胃破裂　　C. 小肠破裂
D. 肾破裂　　E. 结肠破裂

794. 为进一步明确诊断,首选的辅助检查是
A. CT　　B. B 超　　C. MRI
D. 腹部 X 线片　　E. 胸部 X 线片

795. 此患者腹腔穿刺最可能的结果是
A. 不凝血　　B. 含胆汁　　C. 有粪臭
D. 含食物残渣　　E. 有尿味

796. 此患者手术方式应采取
A. 脾切除　　B. 胃破裂修补　　C. 小肠切除、吻合
D. 肾切除　　E. 结肠造瘘

(797~799 题共用题干)男,45 岁。8 个月前骑电动车时摔倒,上腹部被车把撞伤,伴腹痛,经治疗后缓解。6 个月前觉上腹部逐渐隆起,伴上腹饱胀,近日来常恶心、呕吐。查体:上腹部可触及直径约 10cm 包块,无肌紧张、压痛、反跳痛。

797. 应首选的检查是
A. 腹部 CT　　B. 腹部 B 超　　C. 立位腹部 X 线片
D. 腹部 MRI　　E. 胃镜

798. 影像学检查提示该患者上腹 10cm×10cm 囊性肿物,最可能的诊断是
A. 腹膜后血肿　　B. 膈疝　　C. 肝左叶囊肿
D. 胰腺假性囊肿　　E. 十二指肠憩室

799. 该患者最合适的手术方式是
A. 腹膜后血肿清除术　　B. 膈疝修补术　　C. 肝左叶囊肿开窗术
D. 胰腺囊肿内引流术　　E. 十二肠憩室修补术

A. 不凝的血性液体　　B. 黄绿色透明液体,无臭味　　C. 稀脓性液体,略带臭味

D. 淡黄色透明液体　　E. 黄绿色稠厚液体,带有粪便样特殊臭味

800. 脾破裂

801. 胃十二指肠急性穿孔

802. 男,36 岁。上腹部被汽车方向盘挤压 3 小时,剑突下疼痛,并呕吐血性液体约 150ml 来院。此时检查主要注意的体征是

A. 腹肌紧张反跳痛　　B. 肝区叩痛　　C. 局限性上腹部疼痛

D. 皮下气肿　　E. 腹壁挫伤伴瘀血

803. 女性,50 岁。3 个月前被自行车把撞伤上腹部。近 3 周来上腹隆起,进食后上腹胀满伴恶心、呕吐。查体:上腹部扪及 18cm×13cm 囊性肿块。钡餐透视见横结肠下移。最可能的诊断是

A. 胰腺囊腺瘤　　B. 腹膜后血肿　　C. 胰腺假性囊肿

D. 肠系膜囊肿　　E. 脾包膜下血肿

804. 男,35 岁。3 周前上腹部被自行车把撞伤。近 5 天来上腹持续性胀痛,餐后加重,伴恶心、呕吐。查体:体温 38.5℃,上腹偏左明显膨隆,可扪及边界不清的痛性肿块,不活动。首选的检查应当是

A. 胸、腹部 X 线透视　　B. 胃肠道钡餐透视　　C. 纤维十二指肠镜检查

D. 腹部 B 超检查　　E. 腹腔动脉造影

(805~806 题共用题干)男,16 岁。左上腹撞伤 2 小时,伤后腹痛,呕吐 1 次,为胃内容物,自觉头晕、乏力、口渴、心慌。查:P110 次/分,BP85/60mmHg,面色苍白,四肢湿冷,左上腹见 4cm×5cm 皮下瘀血斑,全腹有压痛、轻度肌紧张和反跳痛,以左上腹为著,叩诊有移动性浊音,听诊肠鸣音较弱。

805. 根据患者症状与体征,最可能的诊断是

A. 肝破裂　　B. 脾破裂　　C. 空回肠破裂

D. 结肠破裂　　E. 胰腺损伤

806. 为明确诊断,最简便而重要的检查方法是

A. 腹部 X 线透视　　B. 消化道钡剂造影　　C. 腹部 CT 扫描

D. 血常规+血细胞比容　　E. 左下腹腔穿刺

(807~810 题共用题干)男性,37 岁。急刹车致使方向盘挤压上腹部 16 小时,上腹部、腰部及右肩疼痛,持续性,伴恶心、呕吐。查体:体温 38.4℃,上腹部肌紧张明显,有压痛,反跳痛不明显,无移动性浊音,肠鸣音存在,怀疑胰腺损伤。

807. 对明确诊断帮助不大的是

A. B 超　　B. CT　　C. 血细胞比容

D. 尿淀粉酶　　E. 血淀粉酶

808. 如果行剖腹探查术,术中最有可能发现合并损伤的脏器是

A. 十二指肠　　B. 胆总管　　C. 横结肠

D. 右肾　　E. 脾

809. 胰腺损伤在各种腹部损伤中所占比例为

A. 1%~2%　　B. 5%~10%　　C. 16%~20%

D. 25%~35%　　E. 40%~50%

810. 如果处理不当,最可能的远期并发症是

A. 胆总管狭窄　　B. 胰腺真性囊肿　　C. 脂肪泻

D. 胰腺假性囊肿　　E. 横结肠梗阻

811. 女,45 岁。被汽车撞伤 4 小时,出现右上腹及背部疼痛,向右肩部放射,呕吐物为血性。查体:

T36.5℃,P100 次/分,R18 次/分,BP110/70mmHg,神志清楚,双肺呼吸音清,未闻及干、湿啰音,心律齐,上腹部轻压痛,无明显肌紧张,直肠指检可在骶前触及捻发感,腹部 X 线片见腹膜后积气。应首先考虑损伤的脏器为

A. 右肺部损伤　　B. 肝脏损伤　　C. 右肾损伤
D. 十二指肠损伤　　E. 脾脏损伤

812. 男性,25 岁。腹部被倒墙压伤,中腹部剧痛伴呕吐 3 小时。血压 120/86mmHg,体温 38℃,腹胀、肌紧张、压痛、反跳痛阳性,肠鸣音消失。最可能的诊断是

A. 腹壁挫伤　　B. 腹膜后血肿　　C. 肝破裂
D. 小肠破裂　　E. 右肾挫伤

813. 男,26 岁。腹部撞伤 6 小时。腹痛先位于脐周,后蔓延至全腹。查体:BP100/85mmHg,神志清楚,全腹压痛、反跳痛(+),肌紧张,移动性浊音(+)。血常规:WBC11×10^9/L,Hb140g/L。腹部平片示膈下游离气体。首先考虑的诊断是

A. 脾破裂　　B. 肠破裂　　C. 肝破裂
D. 胰腺损伤　　E. 肾损伤

814. 判断有无小肠破裂最有价值的检查方法是

A. CT 检查　　B. 腹部 X 线片　　C. B 型超声检查
D. 腹腔穿刺和腹腔灌洗术　　E. 选择性肠腔血管造影

A. 腹膜炎出现早　　B. 腹膜炎严重,呈板状腹　　C. 腹膜炎出现较晚,但较重
D. 腹膜炎出现较晚且较轻　　E. 无腹膜刺激征

815. 结肠破裂
816. 胰腺损伤

817. 男,35 岁。左下腹外伤后 24 小时。入院时有弥漫性腹膜炎,行剖腹探查术。术中见腹腔内有黄色脓液及粪便,降结肠下段有一 0.5cm 穿孔,有粪便溢出。最合适的术式是

A. 单纯结肠穿孔修补术　　B. 穿孔处修补,横结肠造口　　C. 左半结肠切除术
D. 单纯腹腔引流术　　E. 降结肠穿孔处切除,端端吻合术

818. 十二指肠降段腹膜后部分外伤性破裂典型临床表现是

A. 全腹痛,明显腹膜刺激征,移动性浊音(+)
B. 全腹痛,轻度腹膜刺激征
C. 全腹痛,明显腹膜刺激征,肝浊音界消失
D. 右上腹和腰背部痛,明显腹膜刺激征,肝浊音界消失
E. 右上腹和腰背部痛,无明显腹膜刺激征

819. 关于结肠损伤的描述,不正确的是

A. 结肠损伤发生率低于小肠损伤
B. 结肠内细菌多,一旦损伤继发腹腔感染较严重
C. 腹部闭合损伤中,结肠损伤易漏诊
D. 结肠内细菌多,一旦损伤腹膜炎均很早表现出来
E. 部分结肠位居腹膜后,损伤常导致腹膜后感染

820. 腹部钝性损伤,腹壁未破裂却导致腹内下列某一脏器破裂时,出现腹膜炎症状最晚的是

A. 胃　　B. 十二指肠球部　　C. 空肠
D. 回肠　　E. 结肠

821. 男,23 岁。高处坠落,肛门部刺伤 1 小时。血液自肛门排出,直肠指检发现直肠前壁长约 2cm 纵行

裂伤。能保证直肠伤口愈合的关键措施是

A. 乙状结肠造瘘　B. 损伤肠段切除一期吻合　C. 经肛门伤口清创缝合

D. 直肠伤口置管引流　E. 留置肛管

822. 男，28 岁。腰背及腹部挤压伤后 1 小时。查体：P96 次/分，BP140/80mmHg。痛苦貌，腹部膨隆，轻压痛，无反跳痛，肠鸣音弱，腰肋部可见瘀斑。急症剖腹探查见后腹膜完整，腹膜后见 10cm×8cm×2cm 血肿，观察其大小无变化。该患者术后的治疗中最重要的是

A. 纠正水、电解质代谢紊乱　B. 防治感染　C. 防治肝肾功能障碍

D. 纠正贫血　E. 纠正低蛋白血症

第 15 章　急性化脓性腹膜炎

（执业医师及助理医师均需掌握）

A. 肝左下前间隙　B. 肝左下后间隙　C. 肝左上间隙

D. 肝右上间隙　E. 肝右下间隙

823. 网膜囊位置在

824. 位于肝胃韧带和胃前方的间隙为

825. 下列关于腹膜解剖生理描述错误的是

A. 由间皮细胞构成　B. 是双向性半透膜　C. 可分泌淋巴细胞及巨噬细胞

D. 受交感神经和迷走神经支配　E. 腹膜腔是人体最大的体腔

826. 关于腹膜解剖生理的叙述，正确的是

A. 腹膜分为壁腹膜、脏腹膜、肠系膜和网膜四个部分

B. 腹膜有很多皱襞，因此具有较大的表面积，相当于人体皮肤表面积的 1.7~2 倍

C. 腹膜上具有丰富的腺体，急性炎症时能够分泌大量的液体以稀释有害物质

D. 正常情况下，腹腔内有 75~100ml 澄清液体和少量气体以润滑、间隔腹腔内的脏器

E. 腹膜具有很强的吸收能力，能够吸收腹腔内的积液、血液和细菌毒素

827. 引起继发性腹膜炎的病因不包括

A. 急性阑尾炎　B. 溃疡穿孔　C. 胆囊穿孔

D. 肝硬化腹水感染　E. 手术污染

828. 急性化脓性腹膜炎的常见原因应除外

A. 腹腔内脏器穿孔　B. 损伤引起的腹壁或内脏破裂　C. 血源性感染

D. 手术污染　E. 吻合口瘘

829. 继发性腹膜炎最突出的腹痛特点是

A. 疼痛程度随时间变化　B. 腹痛范围有大小变化　C. 原发病灶处疼痛最显著

D. 疼痛呈阵发性加剧　E. 肛门排气、排便后腹痛可缓解

830. 男，30 岁。十二指肠溃疡 3 年。8 小时前突发上腹部疼痛。查体：全腹肌紧张，压痛、反跳痛（+）。立位腹部 X 线片示右侧膈下游离气体。继发感染的常见细菌是

A. 金黄色葡萄球菌　B. 变形杆菌　C. 肺炎克雷伯杆菌

D. 大肠埃希菌　E. 铜绿假单胞菌

A. 变形杆菌　B. 大肠埃希菌　C. 肺炎链球菌

D. 铜绿假单胞菌　E. 厌氧拟杆菌

831. 引起继发性腹膜炎的细菌主要是

832. 通过血行播散引起的原发性腹膜炎致病菌主要是

833. 急性腹膜炎最主要的临床症状是
A. 腹痛　B. 恶心、呕吐　C. 发热
D. 腹泻　E. 腹胀

834. 符合继发性腹膜炎腹痛特点的是
A. 剧烈、持续性全腹痛　B. 阵发性全腹绞痛　C. 疼痛与进食有关
D. 高热后全腹痛　E. 逐渐加重的阵发性腹痛

835. 腹膜炎的主要标志是
A. 明显的腹胀　B. 剧烈的腹绞痛　C. 腹部移动性浊音
D. 肠鸣音减弱或消失　E. 腹膜刺激征

836. 腹膜炎典型的三联征是
A. 腹痛、腹泻、肌紧张　B. 压痛、反跳痛、腹肌紧张　C. 腹痛、腹泻、压痛
D. 压痛、反跳痛、腹部包块　E. 腹痛、腹泻、腹部包块

837. 判断急性化脓性腹膜炎病情变化的标志性体征是
A. 腹式呼吸减弱或消失　B. 腹部压痛、腹肌紧张和反跳痛　C. 移动性浊音阳性
D. 腹胀　E. 肠鸣音减弱或消失

838. 女，45 岁。突发持续性中上腹痛，阵发加重 2 小时。疼痛向背部放射，频繁呕吐。查体：腹肌紧张，全腹明显压痛和反跳痛，移动性浊音阳性。血 WBC15×10^9/L。ECG 示心房颤动。为进一步确诊，最有意义的检查是
A. 尿三胆　B. 凝血功能　C. 腹部 X 线片
D. 诊断性腹腔穿刺　E. B 超

839. 男，44 岁。因急性继发性腹膜炎入院，行非手术治疗，观察 10 小时。若决定手术治疗，不属于其手术适应证的是
A. 呼吸性碱中毒　B. 出现休克　C. 腹痛进行性加重
D. 腹腔积液增多　E. 病因诊断不明

840. 在多数情况下，继发性腹膜炎最主要的治疗方法是
A. 静脉注射抗生素　B. 胃肠减压　C. 营养支持
D. 手术治疗　E. 腹腔灌洗

A. 左旁正中　B. 右肋缘下　C. 左肋缘下
D. 正中　E. 右旁正中

841. 病因不明的急性腹膜炎行剖腹探查时，手术切口一般多选择

842. 病因不明的腹部闭合性损伤行剖腹探查时，手术切口一般多选择

843. 无休克的急性腹膜炎非手术治疗时，应采取的体位是
A. 左侧卧位　B. 右侧卧位　C. 平卧位
D. 半卧位　E. 头、躯干和下肢各抬高约 20°

844. 患者因急性弥漫性腹膜炎需急症手术，正确的原则和步骤不包括
A. 寻找引起腹膜炎的原发灶　B. 用生理盐水冲洗腹腔至清洁
C. 术后一般放置腹腔引流　D. 关腹前在腹腔内用抗生素控制感染
E. 根据怀疑病变脏器的部位确定手术切口

845. 男性，60 岁。阑尾切除术后第 6 天起上腹隐痛，伴发热、寒战，体温高达 39.5℃，无腹泻。右下胸叩痛，呼吸音减弱。腹稍胀，右上腹压痛，腹肌软，未及肿块，肠鸣音不亢进。最可能的诊断是

A. 右侧肺炎　　B. 右侧肺不张　　C. 膈下脓肿
D. 盆腔脓肿　　E. 小肠梗阻

(846~847题共用题干)男,33岁。急性腹膜炎术后7天,发热,为弛张热,伴乏力、盗汗、纳差,右上腹、肋下持续性钝痛,深呼吸及咳嗽时疼痛加重。腹部B超及CT示肝右叶上方、膈肌下见6cm×4cm气液平面。诊断性穿刺可抽出脓液。

846. 若决定行切开引流,为防止脓液流入腹腔再次引起弥漫性腹膜炎,最主要的措施是
A. 进入脓腔分离时,不要破坏粘连层　　B. 切开引流同时应用有效抗生素
C. 选择合理切口,显露充分　　D. 麻醉效果良好,便于操作
E. 吸净脓液,低压灌洗后留置负压引流

847. 最常用的抗生素是
A. 第二代头孢菌素　　B. 半合成青霉素　　C. 第三代头孢菌素
D. 氨基糖苷类　　E. 克林霉素

848. 男,33岁。急性坏疽性阑尾炎手术后4天,出现尿频、尿急、大便次数增多、里急后重、发热。其最可能的并发症是
A. 急性肾盂肾炎　　B. 盆腔脓肿　　C. 肛周脓肿
D. 阑尾残株炎　　E. 急性膀胱炎

849. 女,27岁,已婚。急性腹膜炎后7天,体温升至38.9℃,自觉全身不适,食欲差,大便次数增多并有里急后重感,当天出现膀胱刺激征。最简便的检查手段是
A. 腹部B超检查　　B. 肛门镜检查　　C. 腹腔穿刺
D. 后穹隆穿刺　　E. 直肠前壁穿刺

850. 女,42岁。因胃溃疡穿孔行胃大部切除术后6天,发热,下腹痛3小时。最高体温38.2℃,有里急后重感。查体:T36.5℃,P80次/分,R18次/分,BP120/80mmHg,双肺呼吸音清,未闻及干、湿啰音,心律齐,腹软,手术切口愈合良好。最简便易行又有诊断意义的检查是
A. 粪常规　　B. 立位腹部X线片　　C. 腹部B超检查
D. 直肠指检　　E. 腹腔诊断性穿刺

851. 男,45岁。腹部撞伤后脐周疼痛2小时,呈持续性,伴恶心,无呕吐,腹痛范围迅速扩大。查体:P126次/分,BP146/90mmHg,全腹肌紧张,压痛和反跳痛阳性,肠鸣音消失。准备剖腹探查,手术治疗的原则不包括
A. 处理原发病灶　　B. 尽量分离粘连组织　　C. 留置引流管,保证引流管通畅
D. 术后禁食并行胃肠减压　　E. 关腹前用生理盐水反复冲洗腹腔

(852~853题共用题干)男,33岁。因急性坏疽性阑尾炎行阑尾切除,术后第10天出现发热,体温39.2℃,腹胀、恶心,肛门有下坠感,里急后重,曾排便4次,为黏液样便。

852. 此时首先应选用的检查是
A. 大便培养　　B. 腹部X线片　　C. 血常规
D. 腹部B超　　E. 直肠指诊

853. 诊断明确后,除抗感染和支持疗法外,以下处理措施应首选的是
A. 经下腹正中切口进入腹腔引流　　B. 经直肠穿刺抽液定位后切开引流
C. 经原麦氏切口进入腹腔引流　　D. 腹腔透热理疗
E. 温盐水加甲硝唑保留灌肠

第 16 章 消化性溃疡与胃癌

（执业医师及助理医师均需掌握）

854. 胃黏膜分泌盐酸的壁细胞主要分布于
A. 胃底和贲门 B. 胃底和胃体 C. 胃体和胃窦
D. 胃窦和幽门 E. 胃底和胃窦

855. 区分胃幽门与十二指肠的解剖标志是
A. 胃网膜右动脉 B. 胃短静脉 C. 幽门前静脉
D. 胃冠状静脉 E. 胃十二指肠动脉

856. 男，40 岁。呕血 2 小时急诊就诊。面色苍白，口渴，脉搏快但有力。既往十二指肠溃疡病史 10 年。在急诊室抢救时，胃镜止血未成功，24 小时输血量达到 1600ml 仍未改善症状。应采取的进一步治疗措施是
A. 急症剖腹探查 B. 冰盐水 200ml 加去甲肾上腺素 8ml 洗胃
C. 加用成分输血 D. 双静脉通道晶体、胶体同时输注
E. 静脉应用止血药

857. 以下不属于消化性溃疡手术治疗指征的是
A. 内科治疗无效 B. 常于夜间发作腹痛 C. 胃巨大溃疡
D. 饱餐后胃溃疡穿孔 E. 十二指肠溃疡合并幽门梗阻

858. 对十二指肠溃疡急性穿孔的描述，错误的是
A. 部分患者既往无溃疡病症状 B. 男性发病率高于女性
C. 穿孔部位最多见于十二指肠前壁 D. 明确诊断后，均应行急症手术治疗
E. 大部分立位腹部 X 线片可见膈下游离气体

859. 消化性溃疡穿孔的早期临床表现不包括
A. 寒战高热 B. 恶心呕吐 C. 有局限性压痛和反跳痛
D. 腹肌紧张 E. 肠鸣音减弱或消失

860. 男，30 岁，突发上腹剧痛 2 小时，怀疑消化道穿孔，无休克表现。针对该患者下一步处理错误的是
A. 行胃镜检查 B. 立位腹部 X 线片 C. 胃肠减压
D. 抗感染治疗 E. 维持水电解质平衡

861. 幽门梗阻患者，下列术前准备最重要的是
A. 纠正碱中毒 B. 生理盐水洗胃 C. 低渗盐水洗胃
D. 高渗盐水洗胃 E. 口服抗菌药物

862. 男，32 岁。周期性空腹及夜间上腹痛 3 年，口服抑酸剂可以缓解。饱餐后突发上腹剧烈疼痛 2 小时，不能忍耐。查体：全腹压痛、反跳痛（+）。该患者最可能出现的其他体征是
A. 肋脊点压痛阳性 B. 肠鸣音亢进 C. 肝浊音界消失
D. 振水音阳性 E. 莫菲（Murphy）征阳性

863. 男性，50 岁。胃溃疡病史 25 年。饭后突发上腹剧痛 1 小时。为进一步明确诊断，首选的检查方法是
A. 腹腔诊断性穿刺 B. 立位腹部 X 线片 C. CT 检查
D. B 超检查 E. X 线胃肠钡餐检查

864. 以下关于急腹症手术适应证的描述，最恰当的是
A. 急性胰腺炎，血淀粉酶不高者不考虑手术 B. 消化道穿孔不是剖腹手术的绝对适应证

C. 肠梗阻只有明确诊断绞窄时才可手术　　D. 粘连性肠梗阻不许手术治疗
E. 先有发热的急性腹痛,一般是外科急腹症,均应考虑手术

865. 男性,32 岁。上夜班时突发上腹部剧烈疼痛,20 分钟后疼痛波及至右下腹。检查肝浊音界消失,上腹部腹肌紧张,右下腹有明显压痛及反跳痛。该患者最可能的诊断是
A. 胃溃疡急性穿孔　　B. 急性阑尾炎　　C. 急性胆囊炎
D. 急性胰腺炎　　E. 急性小肠梗阻

866. 女性,34 岁。上腹部疼痛 3 年,右下腹疼痛 12 小时。体温 37.8℃,既往有溃疡病史,拟诊急性阑尾炎行手术探查。术中发现右髂窝内有较多淡黄色混浊液体,阑尾外观无异常。应考虑的原发病为
A. 急性盆腔炎　　B. 原发性腹膜炎　　C. 单纯性阑尾炎
D. 右侧输尿管结石伴感染　　E. 十二指肠溃疡穿孔

867. 采取非手术方法治疗急性消化性溃疡穿孔,错误的措施是
A. 静脉输液、营养支持　　B. 胃肠减压　　C. 静脉应用糖皮质激素
D. 静脉应用抗生素　　E. 静脉应用质子泵抑制剂

(868~870 题共用题干)男,25 岁。突感上腹部剧痛。检查:血压 130/80mmHg,脉搏 110 次/分,板状腹,肠鸣音消失。血红蛋白 120g/L,血白细胞 8.0×10^9/L。

868. 首先应采取的检查为
A. 腹部立位 X 线片　　B. 腹部 B 超　　C. 腹腔穿刺
D. 腹部 MRI　　E. 腹部 CT

869. 以下提示病情危险的是
A. 恶心呕吐频繁　　B. 体温持续升高,寒战　　C. 脉搏加快,体温升高
D. 腹痛加重,大汗淋漓　　E. 脉搏加快,体温下降

870. 若腹穿抽出较多液体,应尽早采取的治疗措施是
A. 手术探查　　B. 胃肠减压,输液　　C. 镇静、镇痛治疗
D. 全量应用抗生素　　E. 输液,纠正水、电解质代谢紊乱

871. 男,55 岁。胃溃疡病史 5 年。近 1 个月来症状加重,2 小时前餐后突发上腹部剧痛,并扩散至全腹,诊断为胃溃疡穿孔。最佳的治疗方法是
A. 非手术治疗　　B. 穿孔修补术　　C. 全胃切除术
D. 胃大部切除术　　E. 穿孔修补加选择性迷走神经切断术

872. 女性,40 岁。胃溃疡穿孔保守治疗 24 小时后症状加重,拟行手术治疗。1 年前因为溃疡穿孔行修补术。其手术过程中处理错误的是
A. 从原切口进入　　B. 全身麻醉　　C. 胃大部切除术
D. 放置腹腔引流管　　E. 甲硝唑及生理盐水清洗腹腔至清洁

873. 男,45 岁。5 年来每于餐后半小时出现上腹饱胀、疼痛,持续约 2 小时后可自行缓解,常有反酸、嗳气,偶有大便颜色发黑。近期行上消化道 X 线钡剂造影提示胃窦小弯侧 1cm 大小壁外龛影,边缘光滑。该患者若手术治疗,常采用的术式是
A. 全胃切除术　　B. 毕Ⅰ式胃大部切除术　　C. 毕Ⅱ式胃大部切除术
D. 选择性迷走神经切断术　　E. 高选择性迷走神经切断术

874. 男,64 岁。突发上腹痛 3 小时,持续性,由上腹扩展到全腹,伴恶心、呕吐。查体:P110 次/分,BP139/96mmHg。呼吸浅快,腹胀,腹肌紧张,压痛和反跳痛阳性,肝浊音界消失,肠鸣音消失。下列术前处理措施中最重要的是
A. 补液　　B. 胃肠减压　　C. 应用抗生素

D. 半卧位　　E. 吸氧

875. 胃溃疡所致瘢痕性幽门梗阻最突出的临床表现是
A. 持续呃逆　　B. 消瘦　　C. 腹部移动性浊音阳性
D. 呕吐胃内容物及胆汁　　E. 呕吐隔夜宿食、不含胆汁

876. 胃溃疡外科手术治疗的适应证是
A. 内科治愈后短期复发　　B. 腹痛周期性发作　　C. 年龄小于 45 岁
D. 溃疡直径小于 2.5cm　　E. 幽门螺杆菌反复感染

(877~880 题共用题干)男,32 岁。突发上腹剧痛 2 小时,蔓延至右下腹及全腹。既往有"胃痛"病史 10 余年,未诊治。查体:板状腹,压痛、反跳痛(+),肝浊音界消失。

877. 初步诊断应首先考虑
A. 绞窄性肠梗阻　　B. 急性阑尾炎合并穿孔　　C. 急性出血坏死性胰腺炎
D. 急性胆囊炎合并穿孔　　E. 胃十二指肠溃疡急性穿孔

878. 首选的检查方法是
A. 血生化　　B. 立位腹部 X 线片　　C. 血淀粉酶
D. 腹部 B 超　　E. 腹部 CT

879. 决定是否手术治疗,术前最长的观察治疗时间(指上腹剧痛后)是
A. 1~2 小时　　B. 3~5 小时　　C. 6~8 小时
D. 10~12 小时　　E. 14~16 小时

880. 非手术治疗中最重要的措施是
A. 止痛　　B. 胃肠减压　　C. 抗生素治疗
D. 洗胃　　E. 低压灌肠

881. 男,52 岁。上腹部疼痛反复发作 5 年,近 7 天出现腹胀,呕吐。经 X 线钡餐检查诊断为十二指肠溃疡伴幽门梗阻。最适宜的手术方式是
A. 毕Ⅰ式胃大部切除术　　B. 毕Ⅱ式胃大部切除术　　C. 胃空肠吻合术
D. 迷走神经干切断术　　E. 选择性胃迷走神经切断术

882. 男,52 岁。呕吐、消瘦 10 天,多于下午或晚间呕吐,量大,多为宿食,不含胆汁和酸水。查体:消瘦,双肺未闻及干、湿啰音。上腹部膨隆,可见胃蠕动波,有振水音。钡餐检查 24 小时后钡剂仍滞留在胃内。心电图:ST 段延长,T 波倒置。首选的术式是
A. 迷走神经干切断+胃窦切除术　　B. 胃空肠吻合术
C. 胃大部切除术　　D. 高选择性迷走神经切断+胃引流术
E. 选择性迷走神经切断+胃引流术

883. 采用高选择性迷走神经切断术治疗十二指肠溃疡的主要依据是
A. 溃疡很少恶变　　B. 能够减少胃酸分泌　　C. 患者年龄大于 70 岁
D. 能防治幽门螺杆菌感染　　E. 溃疡病灶小

(884~885 题共用题干)男,65 岁。大量呕血、黑便 1 天。既往有胃溃疡病史 20 年,曾有多次出血史。查体:P126 次/分,BP86/50mmHg,神情紧张,烦躁,手足湿冷,腹软,上腹部压痛(+),肠鸣音亢进。血常规:Hb90g/L,血细胞比容 0.30。心电图示窦性心动过速。

884. 对该患者目前首选的重要治疗措施是
A. 输注浓缩红细胞　　B. 立即静脉注射止血药物　　C. 立即静脉滴注垂体后叶素
D. 快速静脉滴注平衡盐溶液　　E. 冰盐水 200ml+去甲肾上腺素 8mg 胃内灌注

885. 经急诊胃镜发现胃角切迹大溃疡,活动性出血明显,决定行胃大部切除术,为达到治疗效果,至少应

切除胃的
A. 30%左右 B. 50%左右 C. 80%左右
D. 40%左右 E. 60%左右

A. 瘢痕性幽门梗阻 B. 胃十二指肠溃疡大出血 C. 胃十二指肠溃疡急性穿孔
D. 十二指肠溃疡并球部变形 E. 穿透性十二指肠溃疡

886. 胃十二指肠溃疡手术的绝对适应证是
887. 大多数可经非手术治疗好转的是

888. 男,38岁。突然呕血1天,呕吐物为血,混有食物,共4次,每次约100ml,伴头晕。既往消化性溃疡病史6年。查体:P110次/分,BP100/70mmHg,贫血貌,巩膜无黄染,腹平软,无压痛,未触及包块,腹水征(-)。临床确定出血部位应特别注意检查
A. 贲门部和十二指肠前壁 B. 胃底部和十二指肠球后部 C. 胃小弯和十二指肠后壁
D. 幽门和十二指肠前壁 E. 胃大弯和十二指肠侧壁

889. 对十二指肠溃疡采用选择性迷走神经切断术时,附加幽门成形术的作用是
A. 减少溃疡复发率 B. 利于消化与吸收 C. 防止发生腹泻
D. 避免发生胃潴留 E. 进一步降低胃酸

890. 行胃高选择性迷走神经切断术时,作为保留分支标志的是其
A. 胃后支 B. 胃前支 C. 肝胆支
D. 腹腔支 E. "鸦爪"支

891. 胃窦部溃疡的最佳手术方式是
A. 胃大部切除胃十二指肠吻合术 B. 胃大部切除胃空肠吻合术
C. 高选择性迷走神经切断术 D. 胃窦切除、选择性迷走神经切断术
E. 迷走神经干切断术

892. 男,45岁。胃镜检查提示十二指肠球部溃疡,经药物治疗3个月仍反复发作,行胃大部切除毕Ⅱ式吻合术。属于术后远期并发症的是
A. 输入袢梗阻 B. 输出袢梗阻 C. 早期倾倒综合征
D. 胃排空障碍 E. 十二指肠残端破裂

893. 属于胃十二指肠溃疡手术后早期并发症的是
A. 术后胃瘫 B. 营养性并发症 C. 早期倾倒综合征
D. 残胃癌 E. 碱性反流性胃炎

(894~896题共用题干)男性,60岁。因胃溃疡合并多次大出血,行胃大部切除术。

894. 该患者术后5天出现黑便,最可能的原因是
A. 小弯侧关闭止血不确切 B. 吻合口出血 C. 吻合口部分黏膜坏死脱落
D. 应激性溃疡 E. 术后胃内残余血

895. 术后10天,已进流质饮食,突然出现呕吐,禁食后症状好转。钡餐检查见残胃蠕动无力,残胃扩张,胃肠吻合口通过欠佳。该患者可选择的治疗措施不包括
A. 胃肠减压 B. 输血 C. 应用皮质激素
D. 肌内注射新斯的明 E. 即刻手术

896. 该患者术后可能出现的营养性并发症不包括
A. 体重减轻 B. 溶血性贫血 C. 腹泻
D. 脂肪泻 E. 骨病

897. 胃大部切除术后 24 小时以内的胃出血，最常见的原因是
A. 凝血障碍　B. 吻合口张力过高　C. 术中止血不确切
D. 吻合口感染　E. 吻合口黏膜脱落坏死

898. 男，68 岁。因胃溃疡出血行毕Ⅰ式胃大部切除术。术后第 6 天，有肛门排气后开始进流质饮食，进食后腹胀并呕吐，呕吐物中含胆汁。腹部可见胃型，无蠕动波。X 线片示残胃内大量胃液潴留。产生此症状最可能的原理是
A. 近端空肠梗阻　B. 远端空肠梗阻　C. 残胃蠕动功能障碍
D. 吻合口水肿　E. 吻合口不全梗阻

899. 胃大部切除术后患者，发生早期倾倒综合征的最晚时间是餐后
A. 10 分钟　B. 20 分钟　C. 30 分钟
D. 40 分钟　E. 50 分钟

900. 男性，38 岁。胃大部切除、毕Ⅱ式吻合术后 20 天，进食后 30 分钟上腹突然胀痛，喷射性呕吐大量不含食物的胆汁，吐后腹痛消失。最可能的原因是
A. 吻合口梗阻　B. 急性完全性输入段梗阻　C. 慢性不完全性输入段梗阻
D. 输出段梗阻　E. 倾倒综合征

901. 男，31 岁。2 天前因十二指肠球部溃疡行毕Ⅱ式胃大部切除术，今晨突然右上腹部剧痛、腹胀、恶心，呕吐少量血性液体。查体：腹肌紧张，伴有压痛、反跳痛，右侧为著。血常规：Hb120g/L，WBC 11.2×10^9/L，N0.85，Plt112×10^9/L。最可能的诊断是
A. 十二指肠残端破裂　B. 应激性溃疡穿孔　C. 急性胰腺炎
D. 胆囊穿孔　E. 胃肠吻合口漏

A. 急性输入段梗阻　B. 慢性输入段梗阻　C. 输出段梗阻
D. 吻合口狭窄　E. 急性胃扩张

902. 胃大部切除术毕Ⅱ式吻合后，呕吐物为大量胆汁，不含食物，属于
903. 胃大部切除术毕Ⅱ式吻合后，呕吐物量少，不含胆汁，属于

A. 倾倒综合征　B. 输出袢梗阻　C. 低血糖综合征
D. 碱性反流性胃炎　E. 慢性不完全性输入袢梗阻

904. 胃大部切除术后患者，进食后 20 分钟，出现心悸、乏力、出汗、头晕
905. 胃大部切除术后 3 个月，出现上腹部及胸骨后烧灼样疼痛，进食加重，呕吐胆汁样液体

906. 男，32 岁。因十二指肠溃疡行 BillrothⅡ式胃大部切除术后 6 个月。术后出现反酸、烧心症状，应用抑酸剂治疗无效。上述症状逐渐加重，并呕吐胆汁样物，上腹部及胸骨后烧灼样疼痛，体重减轻。查体：贫血貌，消瘦，营养不良，巩膜无黄染。胃液中无游离酸。胃镜检查见黏膜充血、水肿、糜烂。最适当的治疗措施是
A. 采用少食多餐方式　B. 应用 H_2 受体拮抗剂　C. 长期应用消胆胺治疗
D. 注意餐后勿平卧　E. 行 Roux-en-Y 胃空肠吻合术

907. 胃大部切除术后发生残胃癌的最短时间是术后
A. 1 年　B. 5 年　C. 10 年
D. 15 年　E. 20 年

908. 男，62 岁。因胃溃疡行胃大部切除术后 22 年。近半年来进食后上腹胀，有时恶心，无呕吐。近 2 个月大便发黑，消瘦，乏力。查体：舟状腹，剑突下触及 6cm×4cm 包块，稍硬，活动，轻压痛。首先应考虑
A. 溃疡复发　B. 术后输入段梗阻　C. 术后输出段梗阻
D. 术后倾倒综合征　E. 残胃癌

909. 男，55 岁。食欲下降、消瘦半年。胃镜示：胃窦大弯溃疡 1.2cm×1.0cm，边缘隆起。超声胃镜：黏膜下层及浅肌层结构不清。病理：胃腺癌。幽门螺杆菌阳性。最适宜的治疗是
A. 手术治疗　B. 放射治疗　C. 化疗
D. 胃镜下切除　E. 抗幽门螺杆菌治疗

910. 胃癌的发生部位，最多见于
A. 胃贲门部　B. 胃大弯　C. 胃小弯
D. 胃窦部　E. 胃底部

911. 女，65 岁。上腹痛 1 年。胃镜检查见胃窦 2cm 大小溃疡，边缘不规则，胃壁僵硬，基底部白苔，质脆，易出血。其最佳手术方法是
A. 胃窦切除术　B. 全胃切除术　C. 根治性胃大部切除术
D. 胃空肠吻合术　E. 单纯胃大部切除术

912. 男，68 岁。胃体癌，侵及浆膜层。探查肝脏、盆腔无转移，根治手术关腹前应用温热蒸馏水反复冲洗腹腔。其主要目的是防止
A. 肿瘤血行转移　B. 肿瘤腹膜种植转移　C. 肿瘤淋巴转移
D. 术后肠粘连　E. 肿瘤直接蔓延

913. 早期胃癌是指
A. 无症状的癌　B. 直径<2cm 的癌　C. 直径<1cm 的癌
D. 侵犯黏膜层及肌层的癌　E. 侵犯黏膜及黏膜下层的癌

914. 确定早期胃癌最重要的指标是
A. 肿瘤生长部位　B. 肿瘤直径　C. 肿瘤浸润范围
D. 肿瘤浸润深度　E. 是否淋巴转移

915. 下列属于特殊型胃癌的是
A. 类癌　B. 未分化癌　C. 腺鳞癌
D. 乳头状腺癌　E. 印戒细胞癌

916. 男，58 岁。上腹胀、隐痛 2 个月，伴食欲减退，乏力，消瘦，大便发黑。查体：消瘦，浅表淋巴结无肿大。上消化道钡剂造影见胃窦部小弯黏膜紊乱，可见直径 3.5cm 不规则充盈缺损，胃壁僵直。其最常见的转移途径是
A. 胃肠道内转移　B. 淋巴转移　C. 直接浸润
D. 血行转移　E. 腹腔内种植

917. 女，50 岁。胃癌根治术后半年出现肛门下坠、里急后重。肛诊直肠前窝有一 3cm×2cm 实性包块，提示转移癌。其转移方式是
A. 种植转移　B. 跳跃式转移　C. 血行转移
D. 淋巴转移　E. 直接蔓延

918. 胃体部癌肿发生淋巴转移，一般首先受累的淋巴结群位于
A. 腹主动脉旁　B. 腹腔动脉旁　C. 胃大弯
D. 肝十二指肠韧带　E. 结肠中动脉旁

919. 男，56 岁。上腹不适、进食后饱胀 2 个月，时有恶心、呕吐，上腹部隐痛，无烧心、反酸。查体：T36.5℃，P80 次/分，R18 次/分，BP120/80mmHg。身高 170cm，体重 52kg，心、肺、腹查体未见异常，上腹部轻压痛，无肌紧张、反跳痛。胃镜在胃体小弯侧见直径 2.5cm 溃疡，上有污秽苔，质脆易出血，其转移灶最常见的部位是
A. 骨　B. 胰　C. 肺
D. 肝　E. 脑

920. 提示胃恶性溃疡最重要的临床表现是
A. 呕吐宿食　B. 上腹隐痛　C. 反酸、烧心
D. 反复黑便及贫血　E. 腹胀

921. 男，41 岁。胃部不适、食欲减退 3 个月。胃镜检查发现胃窦前壁直径 0.5cm 的浅溃疡，幽门螺杆菌阳性。超声胃镜示病变侵及浅肌层，病理可见印戒细胞。最适当的治疗是
A. 根除幽门螺杆菌治疗　B. 应用质子泵抑制剂　C. 经胃镜病变黏膜切除术
D. 手术治疗　E. 应用胃黏膜保护剂

（922~924 题共用题干）男性，50 岁。"胃痛"史 15 年。近年来消瘦、乏力，持续性呕吐宿食，胃痛规律改变，伴腰背痛。

922. 最可能的诊断是
A. 胃窦癌　B. 多发性溃疡　C. 瘢痕性幽门梗阻
D. 萎缩性胃炎　E. 胃后壁溃疡浸润至胰腺

923. 对诊断最有价值的检查方法是
A. 胃液测定酸度　B. 查胃液脱落细胞　C. 纤维胃镜检查
D. 四环素荧光试验　E. CT 检查

924. 最可能出现的电解质酸碱失衡是
A. 高氯高钾酸中毒　B. 高氯高钾碱中毒　C. 低氯低钾酸中毒
D. 低氯低钾碱中毒　E. 高氯低钾碱中毒

925. 不能行胃癌根治手术的是
A. 子宫直肠窝转移　B. 肝十二指肠韧带内淋巴结转移
C. 脾门部淋巴结转移　D. 癌组织浸润胰尾部时　E. 癌组织浸润横结肠时

926. 胃癌诊断明确后，已不适宜行胃癌根治手术且预后差的是
A. 合并完全性幽门梗阻　B. 胃大弯癌肿已与横结肠粘连　C. 持续性粪隐血阳性
D. 合并中等量癌性腹水　E. 进展期胃癌

927. 男，51 岁。上腹部胀痛 8 个月，突发剧痛 2 小时。消瘦，贫血貌，左锁骨上淋巴结肿大 1.8cm×1.5cm，质硬。全腹肌紧张，上腹明显压痛、反跳痛（+）。腹部 X 线透视可见膈下游离气体。下一步治疗最合理的术式为
A. 胃空肠吻合术　B. 姑息性胃大部切除术　C. 胃造瘘术
D. 穿孔修补术　E. 胃癌根治术

第 17 章　肠梗阻与阑尾炎

（执业医师及助理医师均需掌握）

928. 引起单纯性机械性肠梗阻最常见的原因是
A. 腹膜后巨大血肿　B. 肠壁肿瘤　C. 肠蛔虫症
D. 先天性肠道闭锁　E. 腹内手术或炎症后形成的粘连

929. 阑尾残株炎所致的肠梗阻是
A. 动力性肠梗阻　B. 粘连性肠梗阻　C. 单纯性肠梗阻
D. 肠扭转　E. 粪石梗阻

930. 下列哪项不是机械性肠梗阻的原因？
A. 肿瘤　B. 嵌顿疝　C. 粪块阻塞

D. 粘连带压迫　　E. 弥漫性腹膜炎

931. 男,50 岁。胃大部切除术后 3 天出现阵发性腹痛,腹胀,无肛门排气,生命体征平稳。最可能的原因是
A. 吻合口炎　　B. 腹腔内血肿形成　　C. 肠系膜血管缺血性疾病
D. 肠扭转　　E. 手术后肠蠕动功能失调

A. 单纯性肠梗阻　　B. 绞窄性肠梗阻　　C. 痉挛性肠梗阻
D. 麻痹性肠梗阻　　E. 机械性肠梗阻

932. 急性小肠扭转一般应及时手术治疗,因为其易发生
933. 外伤性腹膜后巨大血肿易发生

934. 嵌顿性肠梗阻转变成绞窄性肠梗阻主要看
A. 梗阻部位　　B. 梗阻时间　　C. 肠壁血运情况
D. 肠壁扩张程度　　E. 梗阻的范围

935. 属于绞窄性肠梗阻的是
A. 粘连性肠梗阻　　B. 肠蛔虫堵塞　　C. 腹腔肿块压迫致肠梗阻
D. 肠扭转　　E. 炎症性狭窄

936. 关于低位小肠梗阻的描述,正确的是
A. 梗阻多位于空肠　　B. 腹胀及腹痛不明显　　C. 呕吐物只是胃内容物
D. 呕吐症状出现早　　E. 腹部 X 线片可见多个阶梯状气液平面

937. 急性机械性肠梗阻引起的首要病理生理改变是
A. 呼吸衰竭　　B. 感染　　C. 体液丧失
D. 毒素中毒　　E. 休克

938. 男,35 岁。28 小时前饱餐后参加剧烈运动时突发腹痛、腹胀。持续性,伴阵发性绞痛,并有频繁呕吐,无肛门排气。病情急剧加重并昏倒。查体:T35.6℃,P126 次/分,BP80/50mmHg,急性病容,四肢发绀,全身冷汗。全腹肌紧张,有压痛和反跳痛,肠鸣音消失。腹穿抽出血性液体。该患者所患疾病最主要的病理生理改变是
A. 细胞外液容量迅速减少　　B. 心输出量低,外周阻力高　　C. 左心室功能不全
D. 短时大量出血　　E. 下腔静脉回流障碍

939. 肠梗阻的四大典型临床表现是
A. 腹痛、腹胀、呕吐、停止排便排气　　B. 腹痛、腹胀、呕吐、肠鸣音亢进
C. 腹痛、肠型、呕吐、停止排便排气　　D. 腹痛、肠型、腹胀、停止排便排气
E. 腹痛、呕吐、停止排便排气、肠鸣音减弱

940. 单纯机械性肠梗阻腹痛最主要的特点是
A. 持续性绞痛　　B. 持续性胀痛　　C. 持续性隐痛
D. 间歇性隐痛　　E. 阵发性绞痛

941. 男,62 岁。腹部阵发性疼痛伴腹胀,停止排气排便 2 天。既往有类似发作,但较轻。查体:P100 次/分,BP110/70mmHg,腹肌紧张,压痛明显,反跳痛阳性,移动性浊音阳性。最可能的诊断是
A. 单纯性机械性肠梗阻　　B. 绞窄性肠梗阻　　C. 不全性粘连性肠梗阻
D. 麻痹性肠梗阻　　E. 完全性高位肠梗阻

942. 有肠绞窄的机械性肠梗阻临床征象表现为
A. 剧烈的阵发性腹痛,肠鸣音亢进　　B. 腹部明显隆起、对称
C. 呕吐物、胃肠减压液内有胆汁　　D. 有明显腹膜刺激征
E. 腹部 X 线片见孤立、突出的胀大肠袢随时间而改变位置

943. 诊断绞窄性肠梗阻最可靠的依据是
A. 阵发性腹部绞痛　B. X 线检查小肠有多个阶梯状液平　C. 有气过水音和金属音
D. 频繁呕吐,呕吐物为胃肠液　E. 腹肌紧张,有压痛和反跳痛

944. 在鉴别单纯性肠梗阻与绞窄性肠梗阻时,最有意义的化验检查项目是
A. 血气分析　B. 血红蛋白测定　C. 血白细胞计数
D. 尿常规检查　E. 呕吐物隐血试验

945. 机械性肠梗阻与动力性肠梗阻的主要区别在于早期
A. 有无酸碱失衡、电解质紊乱　B. 有无绞痛、腹胀和肠鸣音变化　C. 呕吐是否剧烈且频繁
D. 有无休克　E. 有无腹痛、腹胀及肛门停止排便排气

946. 腹腔穿刺抽出血性液体,臭气重,最可能的诊断是
A. 急性水肿性胰腺炎　B. 急性化脓性胆囊炎　C. 腹膜后血肿
D. 宫外孕破裂　E. 完全性绞窄性肠梗阻

947. 女,43 岁。腹痛 16 小时,呈持续性,阵发性加重,伴呕吐,无肛门排气。查体:全腹肌紧张,有压痛及反跳痛。行腹腔穿刺抽出的液体呈血性,伴臭味。最可能的诊断是
A. 绞窄性肠梗阻　B. 胃十二指肠溃疡穿孔　C. 急性阑尾炎穿孔
D. 结核性腹膜炎　E. 急性重症胰腺炎

948. 男性,31 岁。有胃溃疡穿孔手术史,3 天前出现腹胀、腹痛伴呕吐、肛门停止排便排气。经检查诊断为肠梗阻,现最为重要的是了解梗阻的
A. 原因　B. 部位　C. 程度
D. 发生速度　E. 是否绞窄

949. 男,63 岁。突发腹痛,停止排气排便 1 天。既往曾因十二指肠溃疡行胃大部切除术。查体:T37.8℃,P100 次/分,BP100/80mmHg,全腹压痛,反跳痛(+)。立即拍摄腹部 X 线片见多发气液平面。诊断性腹腔穿刺抽出血性液体。该患者下一步首选的处理是
A. 立即肛管排气　B. 快速补液,扩容　C. 立即手术探查
D. 全消化道 X 线钡剂造影　E. 严密观察病情 12 小时

950. 女,35 岁。术后粘连性肠梗阻 3 天,加重 1 天。查体:腹部可见肠型,右下腹有局限性压痛,肠鸣音亢进。多次立位腹部 X 线片可见固定肠袢。首选的治疗措施是
A. 注射吗啡止痛　B. 出现腹膜刺激征后手术　C. 剖腹探查
D. 灌肠治疗　E. 继续补液,观察病情变化

951. 最常见的大肠梗阻的原因是
A. 结肠扭转　B. 肠粘连　C. 结肠憩室
D. 克罗恩病　E. 结肠癌

952. 老年人初发机械性肠梗阻最常见的病因是
A. 蛔虫团块阻塞　B. 乙状结肠扭转　C. 腹股沟疝嵌顿
D. 小肠扭转　E. 肿瘤

953. 男,56 岁,阵发性腹痛 6 天,伴恶心、腹胀 2 天入院,无发热。体检:腹膨隆,见肠型。肠鸣音亢进,有气过水声。腹部 X 线片见腹中部扩张,小肠呈“阶梯状”液平,结肠内少量积气。可能的诊断是
A. 麻痹性肠梗阻　B. 低位小肠梗阻　C. 高位小肠梗阻
D. 坏死性小肠炎　E. 乙状结肠扭转

954. 男,60 岁。腹胀 6 天,肛门停止排气排便 4 天,偶有腹痛。查体:全腹胀,肠鸣音消失,血钾 3.1mmol/L。最可能的诊断是
A. 血运性肠梗阻　B. 假性肠梗阻　C. 痉挛性肠梗阻

D. 机械性肠梗阻　　E. 麻痹性肠梗阻

955. 决定急性肠梗阻手术探查的最主要依据是
A. 是否为绞窄性梗阻　　B. 近端肠管扩张程度　　C. 梗阻部位
D. 是否为完全性梗阻　　E. 梗阻持续时间长短

956. 肠梗阻患者保守治疗期间,病情进展需手术的最主要指征是
A. 肠鸣音减弱或消失　　B. 腹痛加重　　C. 呕吐频繁和量大
D. 腹膜刺激征加重　　E. 腹胀程度加重

A. 乙状结肠扭转　　B. 粘连性肠梗阻　　C. 结肠癌致肠梗阻
D. 肠套叠　　E. 小肠扭转

957. 小儿肠梗阻最常见的原因是
958. 成人机械性肠梗阻最常见的原因是

959. 男性,2 岁。因突发阵发性腹痛,哭闹,伴呕吐和果酱样血便 6 小时来诊。查体:腹肌软,脐右上方触及肿块,有压痛,右下腹触诊有空虚感。首选检查方法是
A. 腹部 B 超　　B. 空气或钡剂灌肠　　C. 腹部 CT
D. 腹部磁共振　　E. 腹腔穿刺

960. 患儿,男,1 岁。腹痛、哭闹、呕吐,伴果酱样血便 3 天,发热 1 天。查体:面色苍白,出汗。腹肌紧张,有压痛和反跳痛,脐右上方扪及腊肠样肿块,右下腹空虚。最佳的处理为
A. 空气灌肠　　B. 钡剂灌肠　　C. 结肠镜检查
D. 急诊手术　　E. 抗感染治疗

961. 婴儿肠套叠的三大典型临床表现是
A. 腹痛、血便、腹部肿块　　B. 腹痛、哭闹、腹部肿块　　C. 腹痛、呕吐、腹部肿块
D. 腹痛、血便、呕吐　　E. 腹痛、腹胀、呕吐

(962~963 题共用题干)男,1 岁。突然哭闹 4 小时,阵发性发作,不发作时如正常,发作时面色苍白伴呕吐,为所食牛奶,大便呈果酱样。

962. 发作时查体,最可能的腹部体征是
A. 全腹胀,可见肠型　　B. 肝浊音界消失　　C. 肠鸣音减弱或消失
D. 全腹肌紧张　　E. 右腹部可扪及腊肠形肿物

963. 常规首选的治疗方法是
A. 急症剖腹探查　　B. 低压空气灌肠　　C. 静脉滴注抗生素
D. 胃肠减压　　E. 镇静和止痛药物

(964~966 题共用题干)男,68 岁。阵发性腹痛 1 年,自觉有“气块”在腹中窜动,起初大便次数增加,近 3 个月腹胀、便秘,近 3 天无肛门排气、排便,呕吐物有粪便臭味,一直感乏力和低热。

964. 根据病史考虑肠梗阻应为
A. 高位完全梗阻　　B. 低位不完全梗阻　　C. 血运性肠梗阻
D. 高位不完全梗阻　　E. 低位完全梗阻

965. 该患者引起梗阻的病因最可能的是
A. 粪块　　B. 炎性狭窄　　C. 肠系膜血栓
D. 肿瘤　　E. 粘连带

966. 禁忌使用的检查是
A. 结肠镜　　B. 立位腹部 X 线片　　C. 腹部 B 超

D. 腹部 CT　　E. 全消化道钡餐造影

A. 横结肠　　B. 十二指肠　　C. 乙状结肠
D. 升结肠　　E. 小肠
967. 青壮年肠扭转最常见的部位是
968. 老年人肠扭转最常见的部位是
A. 充盈缺损　　B. 鹅卵石征　　C. 杯口征
D. 铅管征　　E. 鸟嘴征
969. 克罗恩病的典型 X 线征象是
970. 乙状结肠扭转的典型 X 线征象是

971. 不符合乙状结肠扭转临床特点的是
A. 呕吐早且频繁　　B. 可见不对称腹胀或肠型　　C. 钡剂灌肠影尖端呈“鸟嘴”形
D. 腹部压痛及肌紧张不明显　　E. 腹部 X 线片可见马蹄状充气肠袢
972. 女,62 岁。腹痛伴停止排气排便 1 天,无呕吐,既往便秘史 10 年。查体:T36.5℃,P80 次/分,R18 次/分,BP135/80mmHg,心、肺未见异常,腹部膨隆且不对称,以左下腹为著,有压痛,肠鸣音 7 次/分,移动性浊音阴性。直肠指检空虚,指套无染血。最可能的诊断是
A. 直肠癌　　B. 肠系膜血管栓塞　　C. 结肠癌
D. 麻痹性肠梗阻　　E. 乙状结肠扭转

A. 阑尾坏疽穿孔　　B. 阑尾类癌　　C. 形成阑尾周围脓肿
D. 门静脉炎　　E. 盲肠后位阑尾炎
973. 急性阑尾炎患者,未及时就诊,出现右下腹包块,有压痛,最可能的情况是
974. 急性阑尾炎患者,出现寒战、高热及巩膜黄染,最可能的情况是

975. 支配阑尾的神经是交感神经腹腔丛和
A. 内脏小神经　　B. 第 10 胸神经　　C. 第 12 胸神经
D. 内脏大神经　　E. 第 1 腰神经
976. 阑尾最常发生的肿瘤是
A. 淋巴瘤　　B. 平滑肌瘤　　C. 类癌
D. 腺癌　　E. 纤维肉瘤
977. 右下腹麦氏点压痛、反跳痛、肌紧张是急性阑尾炎的典型体征。其发生的主要机制是
A. 炎症致盲肠痉挛　　B. 内脏神经反射　　C. 炎症致阑尾痉挛
D. 阑尾腔压力增高　　E. 炎症刺激壁腹膜
978. 女,28 岁。腹痛 10 小时。起初上腹痛伴恶心、呕吐,之后局限在右下腹,持续性痛伴阵发性加剧。1 小时前腹痛从右下腹扩散到全腹,发热。查体:T39.1℃,急性病容,全腹肌紧张,压痛和反跳痛(+),右下腹最明显。血常规:WBC19.1×10^9/L,N0.91。考虑病情变化的主要解剖学基础是
A. 阑尾动脉为终末血管,出现梗塞缺血坏死　　B. 阑尾黏膜内有丰富淋巴系统,出现肿胀梗阻
C. 阑尾在盲肠的开口狭小,出现阻塞　　D. 阑尾蠕动慢而弱,进入的残渣和粪便嵌顿引起坏死
E. 阑尾长,阑尾系膜短,出现扭转坏死
979. 造成阑尾管腔阻塞从而诱发急性阑尾炎的最常见原因是
A. 阑尾肿瘤压迫　　B. 食物残渣进入阑尾管腔　　C. 阑尾壁淋巴滤泡增生
D. 蛔虫进入阑尾管腔　　E. 粪石阻塞管腔
980. 阑尾解剖位置的体表投影应当是

A. 通过脐横线与右锁骨中线的交点　B. 右髂前上棘至脐连线中内 1/3 处
C. 右腹股沟中点与脐连线的中外 1/3 处　D. 右髂前上棘至脐连线的中外 1/3 处
E. 位置不定，经常变异

981. 急性单纯性阑尾炎时，最不符合临床表现的是
A. 局部腹肌紧张　B. 脐周疼痛　C. 白细胞计数轻度升高
D. 右下腹局限性压痛　E. 有低热表现

982. 导致阑尾穿孔最主要的因素是
A. 阑尾腔阻塞　B. 阑尾壁受粪石压迫缺血　C. 细菌毒力
D. 淋巴管阻塞　E. 免疫力低

983. 女，30 岁。转移性右下腹痛 5 天，加重伴畏寒、发热 2 天。查体：全腹肌紧张，有明显压痛和反跳痛，麦氏点压痛明显，肠鸣音消失。腹腔穿刺抽出脓性液体，细菌培养结果最有可能是
A. 粪链球菌　B. 铜绿假单胞菌　C. 变形杆菌
D. 金黄色葡萄球菌　E. 大肠埃希菌

984. 女，60 岁。上腹胀痛伴恶心呕吐 2 天，右下腹痛阵发加剧、腹胀半天。查体：T38.3℃，P120 次/分，BP150/90mmHg，全腹压痛(+)，右下腹明显，有肌紧张，肝浊音界存在，未闻及肠鸣音。实验室检查：WBC13.0×10^9/L，N0.88。右下腹穿刺抽出黄色混浊液体 2ml，镜检脓细胞(++)。最可能的诊断是
A. 重症急性胰腺炎　B. 阑尾炎穿孔并弥漫性腹膜炎
C. 绞窄性肠梗阻　D. 消化性溃疡穿孔并弥漫性腹膜炎
E. 伤寒肠穿孔并弥漫性腹膜炎

985. 急性阑尾炎患者，当腹痛尚未转移至右下腹时，在诊断上具有重要意义的是
A. 已出现发热　B. 有白细胞显著升高　C. 已有脐周压痛反跳痛
D. 压痛已固定在右下腹　E. 脐区及右下腹具有压痛反跳痛

986. 不符合急性单纯性阑尾炎表现的是
A. 白细胞计数轻度升高　B. 右下腹局限性轻度反跳痛　C. 均有局部腹肌紧张
D. 有低热表现　E. 右下腹局限性压痛

987. 急性阑尾炎的体征中最有诊断意义的是
A. 右腹肌紧张　B. 转移性腹痛和右下腹部压痛　C. 右腹 Murphy 征阳性
D. 腰大肌试验阳性　E. 闭孔内肌试验阳性

(988~990 题共用题干)男，25 岁。晨起觉脐周疼痛，伴恶心。午后觉右下腹明显疼痛，不能忍受。查体：T38.0℃，BP110/80mmHg，右下腹肌紧张，压痛反跳痛阳性。

988. 该患者最可能的诊断是
A. 十二指肠溃疡穿孔　B. 肠系膜上动脉栓塞　C. 急性肠梗阻
D. 急性阑尾炎　E. 急性胆囊炎

989. 为明确诊断，首选的检查是
A. 诊断性腹腔穿刺　B. 胃镜　C. 腹部 B 超
D. 腹部 CT　E. 上消化道 X 线钡剂造影

990. 该患者行手术治疗，手术后 6 小时两次出现腹痛，烦躁焦虑。查体：P110 次/分，BP80/60mmHg，面色苍白，皮肤湿冷，腹稍胀，全腹压痛，轻度肌紧张，肠鸣音减弱。最有可能的术后并发症是
A. 消化道穿孔　B. 肠系膜血栓栓塞　C. 肠坏死
D. 腹腔内出血　E. 急性肠梗阻

991. 急性阑尾炎闭孔内肌试验阳性提示阑尾的位置是

A. 盲肠后位　　B. 盆位　　C. 盲肠外位
D. 回肠前位　　E. 回肠后位

992. 男,29 岁。急性化脓性阑尾炎 7 天,非手术治疗,突发高热,寒战,右季肋区疼痛。查体:T38.5℃,皮肤、巩膜轻度黄染,右季肋区叩痛。实验室检查:ALT、AST、总胆红素均轻度升高。腹部超声提示肝脏可见数个液性暗区。最可能的诊断是
A. 细菌性肝脓肿　　B. 肝棘球蚴病　　C. 阿米巴肝脓肿
D. 胆管囊肿继发感染　　E. 肝转移癌

(993~995 题共用题干)男性,29 岁。转移性右下腹痛伴发热 36 小时入院,诊断为急性阑尾炎。

993. 医师查体时,让患者仰卧,使右髋和右股屈曲,然后医师向内旋转其下肢,引起患者右下腹疼痛。提示其阑尾位置
A. 位于右上腹部　　B. 在右下腹麦氏点深面　　C. 靠近闭孔内肌
D. 位于腰大肌前方　　E. 靠近脐部

994. 入院后腹痛加重,伴有寒战,体温 40℃,巩膜轻度黄染,剑突下压痛,右下腹肌紧张,右下腹明显压痛、反跳痛。最可能的诊断是
A. 急性阑尾穿孔　　B. 阑尾炎合并胃穿孔　　C. 腹膜炎引起溶血性黄疸
D. 门静脉炎　　E. 阑尾与结肠形成内瘘

995. 急症行阑尾切除术,并大剂量抗生素治疗,术后第 8 天,体温 38.5℃,患者出现下腹坠痛,里急后重。首选的检查方法是
A. 腹部 B 超　　B. 盆腔 CT　　C. 直肠镜
D. 镇静剂灌肠　　E. 直肠指检

996. 处理阑尾断端不宜采用的方法是
A. 单纯结扎　　B. 结扎加荷包缝合包埋　　C. 单纯荷包缝合包埋
D. 包埋加系膜脂肪覆盖　　E. 断端直接用石炭酸烧灼

997. 男,28 岁。急性化脓性阑尾炎接受阑尾切除术后 5 小时,再次出现腹痛,伴烦躁、焦虑。查体:T37.8℃,P130 次/分,BP80/60mmHg,面色苍白,皮肤湿冷,双肺呼吸音清,未闻及干、湿啰音,腹胀,全腹轻度压痛,轻度肌紧张,未闻及肠鸣音。该患者首先要注意排除的危急情况是
A. 术后出血　　B. 肠瘘　　C. 粘连性肠梗阻
D. 盆腔脓肿　　E. 切口裂开

998. 阑尾切除术后最常见的并发症是
A. 出血　　B. 粪瘘　　C. 腹腔脓肿
D. 切口感染　　E. 粘连性肠梗阻

999. 患者,女,58 岁。上腹部疼痛 5 天,3 天前转移至右下腹,5 小时前突然出现右下腹剧烈疼痛,伴全腹压痛,右下腹较重,有反跳痛,腹肌紧张,WBC13.8×10^9/L,N 80%。手术后 4 天,患者切口处出现跳痛,检查发现切口红肿、化脓,患者术后的并发症为
A. 切口感染　　B. 残株炎　　C. 腹腔内出血
D. 外瘘形成　　E. 门静脉炎

1000. 患者,女,58 岁。上腹部疼痛 5 天,3 天前转移至右下腹,1 天前突然出现右下腹剧烈疼痛,伴全腹压痛,右下腹较重,有反跳痛,腹肌紧张。实验室检查:WBC13.8×10^9/L,N 0.83。该患者手术切口的位置是
A. 麦氏切口　　B. 上腹正中切口　　C. 下腹正中切口
D. 右腹直肌旁切口　　E. 左下腹切口

1001. 阑尾周围脓肿非手术治疗治愈，择期行阑尾切除的时间是治愈后
A. 1 周　B. 2 周　C. 1 个月
D. 2 个月　E. 3 个月

（1002～1004 题共用题干）女，22 岁。突发腹痛 12 小时。腹痛呈持续性，先以脐部为主，后固定于右下腹，逐渐加重，伴恶心，无呕吐。查体：T37.5℃，P100 次/分，R22 次/分，BP110/70mmHg。痛苦面容，双肺未闻及干、湿啰音，心律齐。腹软，右下腹压痛，无反跳痛，Murphy 征阴性，肝脾肋下未触及，肠鸣音减弱。血常规：Hb120g/L，WBC13×10^9/L，N0.85，Plt200×10^9/L。拟行手术治疗。

1002. 如腰大肌试验阳性，则术中阑尾最可能的位置是
A. 盆位　B. 回肠前位　C. 盲肠后位
D. 盲肠下位　E. 回肠后位

1003. 如该患者为妊娠期，以下处理不正确的是
A. 手术切口需偏高　B. 围手术期应加用黄体酮　C. 常规放置引流管
D. 术后使用广谱抗生素　E. 临产期可行剖宫产同时切除阑尾

1004.【假设信息】该患者术后 10 天，排便、排尿频繁，伴里急后重感。体温 38.5℃，直肠指诊在直肠前壁触及有波动感的包块，触痛明显。最主要的治疗方法是
A. 充分引流　B. 热水坐浴　C. 应用抗生素
D. 物理透热　E. 温盐水灌肠

1005. 关于小儿急性阑尾炎，叙述错误的是
A. 病情发展快且重　B. 右下腹体征明显　C. 穿孔率达 30%
D. 并发症及死亡率较高　E. 宜早期手术

1006. 老年急性阑尾炎的临床特点是
A. 阑尾容易缺血、坏死　B. 腹痛、恶心明显　C. 常有寒战、高热
D. 右下腹压痛明显　E. 显著腹肌紧张

1007. 女，25 岁。妊娠 5 个月，因转移性右下腹痛 2 小时就诊。经检查诊断为急性阑尾炎。其治疗措施错误的是
A. 行阑尾切除术　B. 围手术期加用黄体酮　C. 手术切口应偏低
D. 尽量不用腹腔引流　E. 可应用广谱抗生素

1008. 诊断慢性阑尾炎，钡剂灌肠后仍有钡剂在阑尾腔内残留的时间至少是
A. 12 小时　B. 24 小时　C. 36 小时
D. 48 小时　E. 72 小时

第 18 章　结、直肠与肛管疾病

一、直肠与肛管解剖（执业医师需掌握）

1009. 肛周手术为避免术后大便失禁最需要明确的结构是
A. 外括约肌皮下部　B. 外括约肌浅部　C. 内括约肌
D. 肛尾韧带　E. 肛管直肠环

1010. 直肠长度为
A. 5～10cm　B. 12～15cm　C. 16～20cm
D. 21～25cm　E. 26～30cm

1011. 有关齿状线解剖意义的描述中,错误的是
A. 齿状线以上是黏膜,以下是皮肤
B. 齿状线以上发生的痔是内痔,以下的痔是外痔
C. 齿状线以上由直肠上、下动脉供血,以下由肛管动脉供应
D. 齿状线以上淋巴引流入髂外淋巴结,以下入腹股沟淋巴结
E. 齿状线以上受自主神经支配,以下属阴部内神经支配
1012. 齿状线是直肠肛管的重要分界线,许多解剖结构中,不以齿状线为分界的是
A. 直肠上动脉与直肠下动脉　B. 直肠上静脉丛与直肠下静脉丛
C. 直肠与肛管的淋巴引流　D. 局部的交感、副交感神经与阴部神经
E. 直肠上静脉与直肠下静脉、肛管静脉
1013. 直肠癌行保肛手术时,应重视保护直肠下段。此措施最主要的意义在于
A. 保留葡萄糖吸收功能　B. 保留黏液分泌功能　C. 保持正常排便反射
D. 保留电解质吸收功能　E. 保留水吸收功能
1014. 男,55 岁。因低位直肠癌行 Dixon 术,术后吻合口位于齿状线上 1cm。患者术后最可能出现的情况是
A. 性功能障碍　B. 排尿功能障碍
C. 排便功能完全正常　D. 排便前有便意,但不能控制排便
E. 排便前无明显便意,排便控制不理想
1015. 直肠肛管检查的常用体位不包括
A. 左侧卧位　B. 右侧卧位　C. 膝胸位
D. 截石位　E. 蹲位

二、结、直肠息肉(执业医师需掌握)

1016. 男,7 岁。便血 10 天。大便时见粪便表面附有鲜血,有时在大便后有鲜血滴出,无腹痛,大便次数正常,粪便形状正常。首先考虑的诊断是
A. 内痔　B. 直肠脱垂　C. 直肠息肉
D. 肛窦炎　E. 肛裂
1017. 男,30 岁。便血 1 个月。无腹痛。体温、血压、呼吸频率均正常,呼吸音清。直肠指检于截石位 3 点,距肛缘 4cm 处扪及一肿物,直径约 1cm,柔软,光滑,带蒂,指套血染。最可能的诊断是
A. 直肠癌　B. 结肠癌　C. 血栓性外痔
D. 直肠息肉　E. 肛窦炎
1018. 直肠镜检查肠息肉外观为
A. 肠壁增厚狭窄　B. 火山口状深溃疡　C. 暗红黏膜团块状
D. 菜花状　E. 带蒂,形态规则,表面光滑
1019. 最易演变成结肠癌的疾病是
A. Peutz-Jeghers 综合征　B. 克罗恩病　C. 炎症性息肉
D. 家族性肠息肉病　E. 溃疡性结肠炎

A. 错构瘤性息肉　B. 管状腺瘤性息肉　C. 绒毛状腺瘤性息肉
D. 炎性息肉　E. 化生性息肉
1020. 10 岁以下儿童肠息肉最常见的类型是
1021. 克罗恩病所见息肉主要是

1022. 男,16 岁。腹痛、腹泻、消瘦 3 年。腹部阵发性疼痛。大便 3~4 次/日,伴黏液和血。有家族性结肠

息肉病史。查体：营养不良，贫血貌，腹平软，下腹部有轻压痛。结肠镜检查见结肠内全部布满息肉，直肠病变轻。最佳手术方式是

A. 结肠次全切除术　B. 全结肠切除、末端回肠直肠吻合术

C. 单纯回肠造瘘术　D. 电灼摘除息肉

E. 经腹会阴联合全结直肠切除术

三、结肠癌（执业医师及助理医师均需掌握）

1023. 直肠息肉中癌变倾向最大的是

A. 管状腺瘤　B. 绒毛状腺瘤　C. 增生性息肉

D. 炎性息肉　E. 幼年性息肉

1024. 下列疾病中，与大肠癌关系不密切的是

A. 家族性腺瘤样息肉病　B. 绒毛状腺瘤　C. 息肉状腺瘤

D. 混合性腺瘤　E. 增生性息肉

A. Dukes A_1 期　B. Dukes A_2 期　C. Dukes B 期

D. Dukes C 期　E. Dukes D 期

1025. 结肠癌病灶穿透肠壁，无淋巴结转移的是

1026. 结肠癌病灶侵犯肌层，但未穿透浆膜层的是

1027. 女性，60 岁。直肠癌手术后病理报告：中分化腺癌，5.8cm×4.2cm×3cm 大小，侵及阴道后壁，肠系膜淋巴结 3/7，查见转移癌。该患者 Dukes 分期应为

A. B_1 期　B. B_2 期　C. C_1 期

D. C_2 期　E. D 期

1028. 诊断结肠癌最可靠的依据是

A. X 线钡剂灌肠　B. 血 CEA 检查　C. B 超检查

D. CT 检查　E. 结肠镜+病理检查

1029. 男，64 岁。乏力、消瘦、大便次数增多 4 个月。查体：面色苍白，腹平软，右侧腹部可触及直径约 5cm 包块。实验室检查：Hb80g/L，粪隐血（+）。最可能的诊断是

A. 十二指肠癌　B. 胆囊癌　C. 阑尾类癌

D. 升结肠癌　E. 胰头癌

1030. 对明确直肠癌局部浸润状况最有意义的检查是

A. 结肠镜　B. 全消化道 X 线钡剂造影　C. 结肠 X 线钡剂造影

D. 腹部 B 超　E. 盆腹部增强 CT

1031. 结肠癌患者中血清 CEA 水平高于正常的约占

A. 30%　B. 40%　C. 45%

D. 50%　E. 60%

（1032~1033 题共用题干）男，68 岁。半年来每天排便 4~5 次，便中带血及黏液。突发腹胀、停止肛门排气排便 2 天。查体：T37.2℃。全腹轻微压痛，左侧腹部平脐可触及包块，腹部叩诊鼓音，肠鸣音 6~7 次/分，直肠指诊未触及肿物。实验室检查：Hb90g/L，WBC6.7×10^9/L，Plt135×10^9/L。X 线透视见全腹多个气液平面。

1032. 最可能的诊断是

A. 结肠肝曲癌　B. 结肠脾曲癌　C. 横结肠癌

D. 降结肠癌　E. 升结肠癌

1033. 为明确诊断,最合适的检查是
A. 结肠镜　B. 胃镜　C. 腹部 CT
D. 腹部 B 超　E. 全消化道钡剂造影

1034. 右侧结肠癌最多见的大体形态是
A. 浸润型　B. 溃疡型　C. 肿块型
D. 浸润溃疡型　E. 弥漫型

1035. 女,60 岁。全腹胀痛 3 个月,伴渐进性排便困难,从每日 1 次到 2~3 天排便 1 次,粪便有黏液或带血。体检:贫血貌,腹膨隆,未见肠型,肠鸣音亢进,未及肿块。其诊断最可能是
A. 回盲部结核　B. 粘连性肠梗阻　C. 溃疡性结肠炎
D. 降结肠癌　E. 家族性息肉病

1036. 女,54 岁。腹痛、腹胀、乏力 3 个月。腹部隐痛阵发性发作。查体:贫血貌,浅表淋巴结无肿大,巩膜无黄染,腹软,未见肠型,右下腹可触及一活动性包块。实验室检查:Hb90g/L,WBC9.5×10^9/L,肝功能正常,CEA20μg/L。粪隐血试验阳性。最可能的诊断是
A. 回盲部套叠　B. 回盲部结核　C. 溃疡性结肠炎
D. 回盲部肿瘤　E. 克罗恩病

1037. 男,73 岁。间断左下腹疼痛半年,有时粪便中带有鲜血,肛门下坠感,体重下降 5kg。查体:T36.5℃,P80 次/分,R18 次/分,BP140/80mmHg。贫血貌,心、肺查体未见异常,左下腹部有压痛。实验室检查:Hb85g/L,粪隐血试验阳性。最可能的诊断是
A. 痔　B. 肠易激综合征　C. 炎症性肠病
D. 结肠癌　E. 肠结核

1038. 降结肠癌最早出现的表现中,较常见的是
A. 排便习惯与粪便性状改变　B. 腹部肿块　C. 腹痛
D. 腹胀　E. 面色苍白、乏力

1039. 升结肠癌主要临床表现为
A. 肠梗阻　B. 便秘　C. 便血
D. 腹痛　E. 贫血

1040. 盲肠癌患者最少见的合并症是
A. 缺铁性贫血　B. 大肠梗阻　C. 右下腹包块
D. 急性阑尾炎　E. 原因不明的低热和消瘦

1041. 有关结肠癌的描述,正确的是
A. 溃疡型癌多见于右半结肠,一般预后良好
B. 肿块型癌多发生在乙状结肠,易引发肠梗阻
C. 肿块型癌多发生在升结肠,易引发肠梗阻
D. 浸润型癌多发生在左半结肠,易引起肠腔狭窄
E. 患者血清 CEA 均增高

1042. 女,45 岁。乏力、低热 3 个月。查体:贫血貌,腹平坦,右侧中腹部触及 5cm×3cm 肿块,可推动。血常规:Hb70g/L,WBC7.0×10^9/L,N0.60,Plt205×10^9/L。最可能的诊断是
A. 右输尿管肿瘤　B. 右肾肿瘤　C. 升结肠癌
D. 小肠肿瘤　E. 十二指肠肿瘤

1043. 男,65 岁。排便习惯改变、腹胀、乏力、消瘦 2 个月。直肠指诊(-),粪便隐血阳性。为明确诊断,最适宜的检查是

A. 腹部X线片　B. 血CEA　C. 腹部B超
D. 腹腔镜　E. 结肠镜

1044. 男性,50岁。发热、贫血、消瘦3个月,阵发性右下腹痛转为持续性,腹泻黏液血便,右下腹触及包块。诊断上可能性最大的是
A. 肠结核　B. 慢性阑尾炎　C. 肠套叠
D. 升结肠癌　E. 右髂窝脓肿

1045. 男性,45岁。进行性消瘦、贫血、乏力,右下腹扪及包块,大便隐血试验阳性。最可能的诊断是
A. 降结肠癌　B. 结肠息肉　C. 溃疡性结肠炎
D. 升结肠癌　E. 慢性细菌性痢疾

1046. 男,68岁。低热伴右侧腹部隐痛不适半年。查体:贫血貌,右侧中腹部扪及5cm×3cm质硬肿块,可推动,压痛不明显。首选的检查方法是
A. 胃镜　B. 全消化道钡剂造影　C. 结肠镜
D. 静脉肾盂造影　E. 腹部CT

(1047~1048题共用题干)男,54岁。反复脓血便半年,每天3~4次,在当地曾按"痢疾"治疗无明显效果。近1个月出现腹胀,伴阵发性腹痛。查体:消瘦,腹稍胀,软,下腹轻压痛,右下腹可扪及一肿块,质较硬,尚可活动。

1047. 根据上述资料,应诊断为
A. 慢性细菌性痢疾　B. 溃疡性结肠炎　C. 结肠息肉
D. 肠结核　E. 结肠癌

1048. 首选的辅助检查是
A. 大便细菌培养　B. CT　C. 钡餐检查
D. 纤维结肠镜检查　E. B超

(1049~1052题共用题干)男性,60岁。便血10天,伴腹痛,大便习惯改变,有里急后重感。纤维结肠镜检查并活检诊断为乙状结肠癌。

1049. 对判断预后和复发有意义的肿瘤标记物是
A. AFP　B. CEA　C. CA199
D. CA125　E. CA50

1050. 针对最常见发生远处转移的器官,首先注意检查
A. 脑　B. 肺　C. 骨
D. 肝　E. 胰

1051. 根治术后病理报告癌肿侵及浆膜层,系膜根部淋巴结2/5转移,Dukes分期应为
A. A期　B. B期　C. C_1期
D. C_2期　E. D期

1052. 根据术后诊断,常用的化疗方案为
A. 阿霉素　B. 表阿霉素　C. 顺铂
D. 紫杉醇　E. 5-FU+左旋咪唑或四氢叶酸

1053. 男,50岁。右下腹隐痛伴低热、贫血4个月。下消化道X线钡剂造影示回盲部有充盈缺损,升结肠起始部肠腔狭窄。血CEA明显增高。下列手术治疗术式最合理的是
A. 回肠、横结肠吻合术　B. 全结肠切除术　C. 局部切除
D. 右半结肠切除术　E. 回肠造口术

1054. 左侧结肠癌合并急性肠梗阻,最合理的手术方式是

A. 局部肠段切除术　　B. 回肠直肠吻合术
C. 癌近端肠管切除术　　D. 先行横结肠造口术,以后二期再行根治性左半结肠切除术
E. 即刻行左半结肠根治性切除术

1055. 患者因急性肠梗阻开腹探查证实为降结肠肿物所致,发现近端肠管充血水肿严重。下列哪种术式不宜采用?
A. 横结肠造瘘,二期肠切除吻合　　B. 左半结肠切除,一期吻合
C. 肿瘤不能切除时行横结肠双腔造瘘　　D. 肿瘤切除后近端造瘘,远端封闭
E. 盲肠造瘘,二期左半结肠切除

1056. 结肠肝曲癌手术方式为
A. 切除整个升结肠及右半横结肠　　B. 切除一半升结肠及整个横结肠
C. 十二指肠切除　　D. 局部修补术
E. 肠造口

四、直肠癌(执业医师及助理医师均需掌握)

1057. 分析直肠癌延误诊断的原因,最常见的是
A. 未查大便隐血试验　　B. 未作直肠指检　　C. 未仔细询问病史
D. 未作直肠镜检查　　E. 未查肿瘤标记物

1058. 怀疑肛管直肠肿瘤,最简单而重要的检查是
A. 直肠指诊　　B. 乙状结肠镜检查　　C. 直肠镜检查
D. X线气钡灌肠　　E. B型超声检查

1059. 直肠指检能够发现的直肠癌占总数的
A. 40%~49%　　B. 50%~59%　　C. 60%~69%
D. 70%~79%　　E. 80%~89%

A. 血CEA测定　　B. 直肠镜　　C. 直肠指检
D. B超　　E. 粪隐血试验

1060. 用于大规模筛查直肠癌的检查方法是
1061. 直肠癌首先采用的检查方法是

1062. 女,60岁。排便习惯改变半年,大便次数增多,有时带脓性黏液,偶尔混有血液,便后不适。最可能的诊断是
A. 直肠癌　　B. 直肠息肉　　C. 肛瘘
D. 内痔　　E. 肛裂

1063. 有关直肠癌的描述,错误的是
A. 多有里急后重、肛门下坠感　　B. 常以完全性肠梗阻就诊　　C. 组织学类型主要为腺癌
D. 多有带黏液的血便　　E. 早期可表现为大便习惯改变

1064. 男,50岁。大便变细、次数增多3个月,伴肛门下坠感、里急后重,常有黏液血便,进行性加重。首先应进行的检查是
A. 腹部B超　　B. 直肠镜　　C. 大便隐血
D. 直肠指诊　　E. 下消化道X线钡剂造影

1065. 腹膜返折以上直肠癌早期淋巴转移的主要途径是
A. 向腹股沟淋巴结转移　　B. 向直肠上动脉旁淋巴结转移　　C. 向髂内淋巴结转移
D. 向侧方淋巴结转移　　E. 向直肠下动脉旁淋巴结转移

1066. 女，30岁。里急后重伴排便不尽感2个月，大便带血近1个月。肛门见可复性肿物，直肠指诊于直肠侧壁触及柔软光滑有蒂包块。对于诊断最有意义的检查是

A. 盆腔CT　B. 结肠镜　C. 结肠X线钡灌肠检查
D. 经直肠B超　E. 经阴道B超

1067. 检测血液肿瘤标记物癌胚抗原(CEA)对直肠癌患者的意义是

A. 早期诊断　B. 确定是否有转移　C. 分期的依据
D. 决定手术方式　E. 预测预后和监测复发

(1068~1070题共用题干)男，65岁。排便次数增加6个月，伴里急后重、排便不尽感。1个月来大便变细，偶有大便表面带血，自觉乏力，体重减轻4kg。

1068. 首选的检查方法是

A. 腹部CT　B. 腹部超声　C. 直肠指检
D. 结肠镜　E. 粪隐血

1069. 决定该患者手术方式的要点是

A. 病灶浸润肠壁的周长　B. 病灶浸润肠壁的深度　C. 是否合并肠周淋巴结转移
D. 病灶浸润肠壁的长度　E. 病灶下缘距齿状线的距离

1070. 该疾病最常见的远处转移部位是

A. 脑　B. 脾　C. 肝
D. 肺　E. 骨骼

(1071~1073题共用题干)男性，58岁。进行性贫血、消瘦、乏力半年，有时右腹隐痛，无腹泻。查体：右中腹部扪及肿块，肠鸣音活跃。

1071. 下列各项检查可明确诊断的是

A. 纤维结肠镜　B. CEA　C. CT
D. B超　E. X线钡餐检查

1072. 如果需要手术治疗，术前准备最重要的是

A. 纠正营养　B. 肠道准备　C. 心、肺功能检查
D. 肝肾功能检查　E. 心理准备

1073. 行标准根治术后病理结果为Dukes B期，其5年生存率为

A. 25%　B. 35%　C. 45%
D. 55%　E. 65%

1074. 直肠癌手术是否能够保留肛门主要取决于

A. 肿瘤离肛门缘的距离　B. 患者的性别、年龄　C. 患者的肥瘦
D. 肿瘤的大小　E. 肿瘤占据直肠的周径比

1075. 男，46岁。因直肠癌入院。癌肿距肛缘5cm，大小为2cm×1cm。拟行手术治疗，患者强烈要求保留肛门。该患者是否可以保肛的病理依据是癌肿

A. 周围淋巴结状况　B. 浸润肠壁的深度　C. 是否侵及泌尿系统
D. 向下的纵向浸润范围　E. 组织学分类

1076. 选择直肠癌手术方式的主要依据不包括

A. 肿瘤部位　B. 肿瘤大小　C. 肿瘤活动度
D. 排便控制能力　E. 肿瘤病理类型

1077. 男，78岁。排便习惯改变3个月，大便带血1个月。肛门指诊发现距肛缘3cm处有一菜花状肿物，质硬。活检病理：低分化腺癌。对该患者手术不能保留肛门的主要依据是

A. 患者年龄大　B. 肿瘤呈菜花状　C. 病理为低分化腺癌
D. 肿瘤距肛缘 3cm　E. 可能已有淋巴结转移

1078. 距肛缘 4~5cm 的直肠癌,最常用的手术方式是
A. 直肠前切除术
B. 经腹直肠癌切除,远端封闭,近端造瘘术
C. 经腹会阴联合直肠癌根治术
D. 拉下式直肠癌切除术
E. 经直肠镜肿瘤切除术

1079. 距肛门 7cm 的直肠癌,最适宜的手术方式是
A. 保留肛门直肠癌切除术　B. 直肠镜肿瘤切除术　C. 腹会阴联合直肠癌根治术
D. 拉下式直肠癌切除术　E. 经腹直肠癌切除、人工肛门、远端封闭术

1080. 对伴有完全性肠梗阻的高位直肠癌,最常应用的手术方式是
A. 经腹直肠癌切除术(Dixon 手术)　B. 腹会阴直肠癌根治术(Miles 手术)
C. 升结肠造瘘术　D. 姑息性病灶切除吻合术
E. 经腹直肠癌切除、近端造口、远端封闭术(Hartmann 手术)

1081. 女性,50 岁。因便血 2 个月来诊。直肠镜检查发现距肛缘 4cm 直肠前壁 2cm×2cm 肿块,取活检病理检查为直肠乳头状腺癌。最佳的手术方式是
A. 经肛局部切除术　B. 骶后径路局部切除
C. 腹会阴联合直肠癌根治术　D. 经腹直肠癌切除、骶前吻合术
E. 经腹直肠癌切除、近端造口、远端封闭

(1082~1085 题共用题干)女性,63 岁。腹胀痛、腹泻便秘交替月余,伴里急后重感,无鲜血便。体格检查:腹平软,未及包块,左锁骨上、腹股沟淋巴结未触及。

1082. 该患者可能的诊断是
A. 直肠癌　B. 乙状结肠癌　C. 降结肠癌
D. 升结肠癌　E. 盲肠癌

1083. 进一步检查应首先采用
A. 肛门指诊、直肠镜检　B. 大便常规加涂片　C. 腹部 B 超
D. 腹部 X 线片　E. 钡剂灌肠

1084. 此患者主要的治疗应采取
A. 肠造瘘术　B. 根治性切除术　C. 化学治疗
D. 放射治疗　E. 免疫治疗

1085. 病理结果提示肿瘤累及肠壁肌层但未穿透浆膜,应属 Dukes
A. A_1 期　B. A_2 期　C. B 期
D. C_1 期　E. C_2 期

(1086~1088 题共用题干)男,52 岁。近 2 个月来排便次数增多,有肛门坠胀感及里急后重,粪便变细。常有黏液血便,经抗生素治疗症状可缓解,但不久又复发,且呈进行性加重。

1086. 首先应进行的检查是
A. 直肠指诊　B. 钡剂灌肠　C. 腹部 CT
D. 直(乙状结)肠镜检　E. B 超

1087. 若经病理检查证实为直肠腺癌,肿瘤下缘距肛门约 12cm,肿块直径约 4cm。最佳手术方式应选择
A. Miles 手术　B. 乙状结肠造口术　C. Hartmann 手术

D. Dixon 手术　　E. 局部切除

1088. 术后可不追加化疗的条件是
A. Dukes A 期　　B. Dukes B 期　　C. Dukes C 期
D. Dukes C_1 期　　E. Dukes C_2 期

五、肛裂和痔(执业医师及助理医师均需掌握)

1089. 不宜行直肠指诊的疾病是
A. 肛裂　　B. 肛窦炎　　C. 内痔
D. 肛瘘　　E. 肛周脓肿

1090. 肛裂"三联症"是指
A. 肛裂、前哨痔、肛乳头肥大　　B. 肛裂、疼痛、前哨痔　　C. 肛裂、出血、肛乳头肥大
D. 疼痛、出血、前哨痔　　E. 疼痛、便秘、出血

1091. 肛裂的主要特点是
A. 无痛性血便　　B. 肛门部位下坠感　　C. 肛门疼痛伴血便
D. 肛门口有分泌物　　E. 粪便上附有新鲜血液

1092. 有关肛裂患者肛门疼痛的特点，正确的是
A. 疼痛为隐痛　　B. 排便后出现肛门隐痛可延续到数小时
C. 疼痛无规律　　D. 排便前出现括约肌挛缩痛
E. 排便时与排便后疼痛之间有间歇期

1093. 男，29 岁。排便时肛门剧痛 1 周。有鲜血滴入便池，排便后肛门疼痛加重。造成便后肛门疼痛加重的机制是
A. 肛门括约肌痉挛　　B. 截石位的 12 点处神经敏感　　C. 粪便干燥，排便用力过度
D. 继发肛窦炎　　E. 肛管皮肤全层裂开并形成慢性溃疡

1094. 女性，30 岁。便秘 2 年，近半月来排便时肛门疼痛，粪便表面及便纸上附有鲜血。其诊断最可能是
A. 内痔　　B. 外痔　　C. 直肠癌
D. 肛瘘　　E. 肛裂

1095. 肛裂最常见于膝胸位
A. 3 点　　B. 6 点　　C. 3 点和 6 点
D. 9 点　　E. 12 点

1096. 以下肛门截石位中，内痔的好发部位是
A. 1 点　　B. 2 点　　C. 5 点
D. 6 点　　E. 7 点

1097. 内痔早期的典型症状是
A. 痔块脱出　　B. 无痛性、间歇性便后出血　　C. 疼痛伴血便
D. 肛门常有黏液分泌物　　E. 肛门瘙痒感

1098. 血栓性外痔的典型表现是
A. 肛周紫色不规则肿块、无压痛　　B. 肛周白色圆形肿块、无压痛
C. 肛周紫色不规则肿块、有压痛　　D. 肛周暗紫色圆形肿块、有压痛
E. 肛周白色圆形肿块、有压痛

1099. 男，36 岁。便血 2 年。初为排便后有少量鲜血滴出，无痛，便后出血自行停止。近半年来偶有块状物自肛门脱出，便后自行回缩。最可能的诊断是
A. 直肠癌　　B. 混合痔　　C. 外痔

D. 内痔　　E. 直肠脱垂

1100. 女,25 岁。肛门疼痛 2 天,无便血。检查:体温 36.7℃,肛门口有直径 1cm 暗紫色肿物,表面光滑,边界清楚,质硬,触痛明显。最可能的诊断是

A. 血栓性外痔　　B. 肛门黑素瘤　　C. 内痔脱出坏死

D. 直肠息肉脱出　　E. 肛裂所致前哨痔

A. 混合痔　　B. 环形痔　　C. 直肠脱垂

D. 内痔　　E. 外痔

1101. 排便时脱出肛门,需手推才能还纳的圆形肿物是

1102. 肿物呈梅花瓣样脱出肛门,同时肛门括约肌不松弛的是

六、肛管直肠周围脓肿(执业医师及助理医师均需掌握)

1103. 直肠肛管周围脓肿患者作切开引流术后,最有可能出现

A. 痔　　B. 肛瘘　　C. 大便失禁

D. 脱肛　　E. 肛裂

1104. 直肠肛管周围脓肿最常见的发病部位是

A. 骨盆直肠间隙　　B. 肛门周围皮下　　C. 肛管括约肌间隙

D. 坐骨肛管间隙　　E. 直肠壁内

1105. 女,30 岁。肛门周围胀痛,伴畏寒、发热 3 天。检查:肛门周围皮肤发红,压痛明显。最可能的诊断是

A. 肛门旁皮下脓肿　　B. 肛窦炎　　C. 混合痔

D. 内痔　　E. 肛瘘

1106. 女,35 岁。肛门胀痛伴发热 3 天。查体:T38.5℃,肛门旁右侧皮肤红肿,有明显压痛和波动感。血 WBC17.1×10^9/L,N0.89。最有效的治疗措施是

A. 应用抗生素　　B. 理疗　　C. 温水坐浴

D. 切开引流　　E. 外涂消炎止痛药膏

1107. 男,30 岁。肛门周围胀痛伴发热 3 天,排便时疼痛加重。查体:肛门周围皮肤发红、压痛明显。最可能的诊断是

A. 直肠黏膜下脓肿　　B. 肛管括约肌间隙脓肿　　C. 直肠后间隙脓肿

D. 肛周皮下脓肿　　E. 骨盆直肠间隙脓肿

1108. 男,54 岁。肛门胀痛 6 天。为持续性痛,逐渐加重,排便和行走时出现剧痛,有里急后重感和排便困难,伴发热,全身不适。查体:T39.6℃,肛门左侧红肿,有明显压痛。肛诊:直肠左侧饱满,压痛(+),有波动感。实验室检查:WBC21×10^9/L,N0.92。决定立即行切开引流术,最主要的依据是

A. 行走时出现剧痛　　B. 局部饱满有波动感　　C. 白细胞增高

D. 高热,全身症状　　E. 有排便困难

七、肛瘘(执业医师及助理医师均需掌握)

A. 肛裂　　B. 直肠癌　　C. 肛瘘

D. 内痔　　E. 直肠息肉

1109. 肛诊检查触及不规则肿物,质硬,固定,最可能是

1110. 肛诊检查触及肠腔内条索状肿物,质地稍硬,固定,最可能是

A. 外痔　　B. 内痔　　C. 肛周脓肿

D. 肛裂　　E. 肛瘘

1111. 肛周有暗紫色长圆形肿物,质硬,压痛明显,符合

1112. 肛门部潮湿、瘙痒，肛门旁有一小孔并有脓血性分泌物，符合
A. 瘘管切开　B. 挂线疗法　C. 肛瘘切除
D. 切开联合挂线　E. 激光治疗
1113. 高位单纯性肛瘘的治疗方法是
1114. 低位单纯性肛瘘的治疗方法是
1115. 女，42 岁。肛门处潮湿、瘙痒，有黏液流出 3 个月。查体：截石位 8 点处肛缘旁可见一小孔，挤压时有脓液排出。该患者最可能的诊断是
A. 内痔脱出　B. 外痔　C. 混合痔
D. 肛瘘　E. 肛裂
1116. 男，32 岁。反复发作肛门胀痛伴畏寒、发热 2 个月。症状逐渐加重，排尿不适，肛门旁出现局部红肿疼痛，继之破溃出脓液。确保疗效的关键步骤是
A. 瘘管切开，形成敞开的创面　B. 抗感染治疗后手术
C. 首先充分扩肛　D. 明确破溃外口和内口的位置
E. 1∶5000 高锰酸钾溶液坐浴
1117. 临床上最常见的肛瘘类型是
A. 经肛管括约肌型　B. 肛管括约肌间型　C. 肛管括约肌上型
D. 肛管括约肌外型　E. 骨盆直肠瘘

第 19 章　肝脓肿与门静脉高压症

一、肝的应用解剖（执业医师需掌握）

1118. 以下哪项解剖标志将肝脏分为大致相等的两半？
A. 镰状韧带　B. 右叶间裂　C. 正中裂
D. 冠状韧带　E. 左右三角韧带连线
1119. 肝蒂内包含的结构不包括
A. 肝动脉　B. 肝静脉　C. 门静脉
D. 淋巴管　E. 神经
1120. 肝脏 Glisson 纤维鞘内包裹的管道有
A. 门静脉、肝静脉、肝胆管　B. 门静脉、肝动脉、胆总管　C. 门静脉、肝动脉、肝静脉
D. 门静脉、肝动脉、肝胆管　E. 肝静脉、肝胆管、肝动脉
1121. 肝脏的血液供应来自门静脉的占
A. 30%～35%　B. 40%～45%　C. 50%～55%
D. 60%～65%　E. 70%～75%
1122. 向肝脏输送血液最多的血管是
A. 肠系膜上动脉　B. 肝静脉　C. 门静脉
D. 胃右动脉　E. 肝动脉
1123. 下列静脉血管中，属于门静脉系统的是
A. 髂内静脉　B. 肾静脉　C. 脾静脉
D. 肝静脉　E. 直肠下静脉

二、细菌性肝脓肿（执业医师及助理医师均需掌握）

1124. 细菌性肝脓肿最主要的原因是

A. 膈下脓肿蔓延　　B. 开放性肝脏损伤　　C. 化脓性门静脉炎
D. 脓毒症　　E. 胆管结石并感染

A. 艰难梭状芽胞杆菌　　B. 金黄色葡萄球菌　　C. 双歧杆菌
D. 大肠埃希菌　　E. 铜绿假单胞菌

1125. 与体表化脓感染相关的肝脓肿的常见致病菌是
1126. 与胆道感染相关的肝脓肿的常见致病菌是

1127. 男,44 岁。右上腹疼痛 3 天。伴寒战、高热(39.2℃),食欲不振,乏力。右上腹皮肤有凹陷性水肿,肝肋下 5cm,有压痛。血 WBC19×10^9/L,N0.92。B 超示右肝内多个 2~3cm 大小的液性暗区。X 线片示右膈肌升高,肝阴影增大。抗感染治疗主要针对的细菌是
A. 产气荚膜梭菌　　B. 无芽胞厌氧菌　　C. 溶血性链球菌
D. 肉毒梭菌　　E. 志贺菌

1128. 男,45 岁。持续性右上腹痛伴寒战高热、恶心呕吐 10 天。查体:皮肤、巩膜无黄染,右季肋部饱满,肝肋下 4cm,边缘钝,有压痛,无结节,右侧第 7、8 肋间腋中线皮肤水肿和压痛。血 WBC18.5×10^9/L,N0.91。腹部 B 超示肝右叶内 8cm×6cm 液性暗区。X 线片示右膈肌升高,运动受限。最可能的诊断是
A. 细菌性肝脓肿　　B. 胆囊结石伴感染　　C. 肝癌伴感染
D. 右膈下脓肿　　E. 肝囊肿

1129. 男,35 岁。10 天前淋雨后出现发热,按"感冒"治疗效果不佳。1 天前突发寒战、右上腹痛。查体:T39℃,BP120/80mmHg。双肺未闻及干、湿啰音,心律齐。肝肋下可触及,压痛明显,右腋前线第 8 肋间有叩痛。为明确诊断,应首选的检查是
A. 肝功能　　B. 胸部 X 线片　　C. 血甲胎蛋白
D. 腹部 B 超　　E. 肝炎病毒标志物检测

1130. 女,60 岁。5 天前无明显诱因出现右上腹胀痛,伴畏寒、发热,最高体温 39.2℃,食欲不振,乏力。查体:T38.5℃,P90 次/分,BP140/80mmHg,双肺未闻及干、湿啰音,心律齐,腹软,无肌紧张,肝肋下 5cm,有压痛。血常规:Hb120g/L,WBC12.2×10^9/L,N0.92,Plt122×10^9/L。腹部 B 超:右肝内多个直径 2~3cm 液性暗区。抗感染治疗主要针对细菌是
A. 大肠埃希菌　　B. 铜绿假单胞菌　　C. 鲍曼不动杆菌
D. 表皮葡萄球菌　　E. 梭状芽胞杆菌

1131. 肝脓肿的特点正确的是
A. 细菌性肝脓肿常为单发,较大　　B. 阿米巴肝脓肿起病急,伴寒战、高热
C. 阿米巴肝脓肿较小,多为多发性　　D. 阿米巴肝脓肿脓液为褐色,无臭味
E. 阿米巴肝脓肿患者粪便中可找到阿米巴原虫

1132. 不属于细菌性肝脓肿特征的是
A. 全身中毒症状明显　　B. 脓肿较小,常多发　　C. 常继发于胆道感染
D. 穿刺脓液为咖啡色　　E. 细菌培养可阳性

A. 补体结合试验阳性　　B. 甲胎蛋白阳性　　C. 右上腹绞痛及黄疸
D. 穿刺抽出棕褐色脓液　　E. 突发寒战高热,肝区疼痛,肝大

1133. 细菌性肝脓肿的特点是
1134. 阿米巴肝脓肿的特点是

(1135~1137 题共用题干)男,41 岁。突发寒战、高热伴肝区疼痛 5 天,呈弛张热,大量出汗,心慌,肝区胀痛不适,为持续性钝痛,伴恶心、食欲不振。查体:皮肤无黄染,肝肋下 4cm,有压痛,右肋弓

及腋中线处肋间皮肤水肿，压痛(+)。血常规：WBC18×10^9/L，N0.90。

1135. 首先考虑的诊断是
A. 肝囊肿合并感染　B. 急性胆囊炎　C. 肝癌并发感染
D. 细菌性肝脓肿　E. 胆石症并发感染

1136. 引起感染常见的致病菌是
A. 表皮葡萄球菌　B. 白色念珠菌　C. 草绿色链球菌
D. 破伤风梭菌　E. 大肠埃希菌

1137. 首选的检查方法是
A. 诊断性肝穿刺　B. 腹部B超　C. 腹部CT
D. 静脉法胆道造影　E. 腹部X线片

1138. 男，18岁。寒战、高热5天，伴右上腹痛、恶心、呕吐、全身乏力。血常规：WBC18.6×10^9/L，N0.92。腹部B超示肝内多发液性暗区，最大直径为1.5cm。目前最主要的治疗措施是
A. 腹腔镜引流术　B. 静脉滴注抗生素治疗　C. 肝叶切除术
D. 脓肿穿刺引流术　E. 脓肿切开引流术

1139. 女，55岁。寒战、发热、右上腹痛15天。体温每日高达39.8℃左右。腹部CT提示肝内2个脓肿，最大直径达6cm。其治疗方法应首选
A. 脓腔内注入抗生素　B. 全身大剂量应用抗生素　C. 经皮穿刺置管引流术
D. 右半肝切除术　E. 支持治疗

三、阿米巴性肝脓肿(执业医师需掌握)

1140. 男，40岁。右上腹腹痛伴间断发热3个月。1年前曾因"腹泻、细菌性痢疾？"住院治疗后缓解。腹部B超示：肝右叶单发直径10cm囊肿，曾于粪便中发现有叶状伪足的滋养体。此病原体从肠道感染至肝的途径是
A. 从腹腔经淋巴系统入肝　B. 从胆道上行入肝　C. 从小肠经门静脉入肝
D. 从胃经门静脉入肝　E. 从结肠经门静脉入肝

四、门静脉高压症(执业医师及助理医师均需掌握)

1141. 在门静脉与腔静脉间的交通支中最主要的是
A. 胃底静脉下段交通支　B. 直肠下端、肛管交通支　C. 前腹壁交通支
D. 腹膜交通支　E. 肝被膜交通支

1142. 对诊断门静脉高压最有价值的依据是
A. 肝功能异常　B. 脾大和脾功能亢进　C. 食管胃底静脉曲张
D. 腹水征阳性　E. 肝掌阳性

1143. 门静脉高压症最危险的并发症是
A. 肝性脑病　B. 血小板减少　C. 顽固性腹水
D. 充血性脾大　E. 食管胃底静脉曲张破裂大出血

1144. 门静脉高压患者并发食管胃底静脉曲张破裂出血的主要死亡原因是
A. 窒息　B. 失血性休克　C. 感染性休克
D. 肝衰竭　E. 肾衰竭

1145. 门静脉血流受阻后，首先出现的是
A. 充血性脾大　B. 门静脉高压性胃病　C. 脾功能亢进
D. 肝性脑病　E. 腹水

1146. 不符合门静脉血流受阻后病理生理变化的是
A. 腹水　B. 交通支扩张　C. 门静脉高压性胃病
D. 肝性脑病　E. 脾肿大

1147. 肝硬化门静脉高压症患者出现全血细胞减少,最主要的原因是
A. 营养不良　B. 消化道出血　C. 肝功能减退
D. 脾功能亢进　E. 病毒感染

1148. 门静脉高压症的主要原因是
A. 门静脉主干先天性畸形　B. 肝静脉血栓形成、狭窄　C. 肝段下腔静脉阻塞
D. 肝硬化　E. 各种原因致脾静脉血流量过大

1149. Child-Pugh 肝功能分级依据,不包括
A. 血清胆红素值　B. 血清白蛋白值　C. 食管静脉曲张程度
D. 是否存在腹水及其程度　E. 凝血酶原时间

1150. 外科治疗肝硬化门静脉高压症公认的重点是
A. 治疗和预防出血　B. 控制腹水　C. 预防肝癌
D. 防治门静脉高压性胃病　E. 治疗脾功能亢进

1151. 门静脉高压症手术,术后最易发生肝性脑病的术式是
A. 非选择性门体分流术　B. 食管下端胃底切除术　C. 限制性门体分流术
D. 远端脾-肾静脉分流术　E. 贲门周围血管离断术

1152. 男,36 岁。呕血 1 小时,患肝硬化门静脉高压症多年。查体:巩膜黄染,中等量腹水,血白蛋白 25g/L。首先应选择的治疗方法是
A. 断流手术　B. 选择性门体分流术　C. 三腔二囊管压迫止血
D. 非选择性门体分流术　E. 经颈静脉肝内门体分流术

1153. 女,39 岁。呕血、黑便 1 天。既往肝炎病史 20 年。查体:贫血貌,巩膜轻度黄染,腹膨隆,脾肋下 8cm,腹水征(+)。需要立即实施的措施中不包括的是
A. 静脉滴注生长抑素　B. 静脉滴注血管加压素　C. 开腹探查止血
D. 输血、输液　E. 急诊胃镜检查、止血

1154. 门静脉高压症的治疗,错误的是
A. 下腔静脉与门静脉吻合易造成肝性脑病
B. 食管胃底静脉曲张破裂出血非手术治疗首选三腔管压迫止血
C. 内镜下食管静脉呈蓝色曲张需紧急手术
D. 食管胃底静脉曲张时可行食管内镜注入硬化剂治疗
E. 静脉滴注垂体后叶素可以降低门静脉压

1155. 女性,51 岁。乙型肝炎病史 30 余年。2 小时前进食烧饼后突然出现呕血,量约 800ml。查体未发现全身皮肤、巩膜黄染和腹水。若该患者需要接受急诊手术,最佳手术方式是
A. 经颈静脉肝内门体分流术　B. 非选择性门体分流术　C. 选择性门体分流术
D. 贲门周围血管离断术　E. 脾切除术

1156. 贲门周围血管离断术需离断的血管中不包括
A. 胃冠状静脉　B. 胃短静脉　C. 胃网膜右静脉
D. 胃后静脉　E. 左膈下静脉

1157. 男性,46 岁。因反复出现头晕、鼻衄 3 年就诊。有疟疾病史。查体:巩膜无黄染,肝未触及,脾左肋下 8cm,无腹水征。肝功能正常。骨髓检查增生骨髓象。食管吞钡透视检查无食管静脉曲张。最有效的治疗方法是

A. 应用补血药　B. 用止血药　C. 输注全血
D. 脾切除术　E. 脾切除加门腔分流术

1158. 男，35 岁。患乙型肝炎 10 年，因鼻衄、牙龈出血求医。B 超、CT 检查示肝硬化、脾大。上消化道钡餐未见食管胃底静脉曲张。Plt40×10^9/L，SGPT75U/L（正常值 35U/L 以下），TBil42μmol/L。最佳治疗是
A. 内科保守治疗　B. 行脾切除治疗脾功能亢进
C. 行脾切除，脾肾静脉分流术　D. 行门腔分流术降低门静脉压力缓解脾功能亢进
E. 经股动脉插管行脾动脉栓塞术

（1159～1160 题共用题干）男，50 岁。呕血 3 小时。晚餐进食粗糙食物后突发呕鲜血，量约 60ml。乙肝病史 30 年，曾有黑便史。查体：T36.5℃，P110 次/分，R20 次/分，BP110/70mmHg。皮肤未见出血点，可见肝掌。双肺呼吸音清，未闻及干、湿啰音，心律齐。腹软，无压痛，肝肋下未触及，脾肋下 2cm。

1159. 该患者发生呕血最可能的原因是
A. 急性糜烂性胃炎　B. 十二指肠溃疡大出血　C. 食管胃底曲张静脉破裂
D. 胃溃疡大出血　E. 急性胆道大出血

1160. 患者拟接受手术止血，最主要的处置是
A. 结扎切断胃左及胃右动脉　B. 缝合结扎食管旁曲张静脉　C. 结扎切断胃十二指肠血管
D. 结扎切断左及右胃网膜血管　E. 结扎切断胃底贲门周围血管

（1161～1162 题共用题干）男，54 岁。20 天内呕血 2 次，每次约 300ml，之后大便发黑。乙肝病史 30 年。查体：贫血貌，浅表淋巴结未触及，皮肤无黄染、蜘蛛痣和出血点。腹软，肝未触及，脾肋下 4cm，腹水征（+）。肾功能正常。胃镜检查见食管静脉曲张。

1161. 最适宜的治疗方法是
A. 远端脾肾静脉分流术　B. 脾切除、胃底食管下段周围血管离断术
C. 脾切除、脾肾静脉分流术　D. 门腔静脉侧侧吻合分流术
E. 经颈静脉肝内门体分流术

1162. 如果治疗后又发生大出血，最易发生的并发症是
A. 肝性脑病　B. 急性左心衰竭　C. 重度腹水
D. 急性肾衰竭　E. 急性肝坏死

1163. 对于肝硬化引起的顽固性腹水，最有效的治疗方法是
A. 腹腔穿刺抽液　B. 腹腔置管引流　C. 肝内门体分流术
D. 腹腔静脉转流术　E. 肝移植

第 20 章　胆道疾病

一、胆道解剖（执业医师需掌握）

1164. 在绝大多数人中胆囊管汇合于
A. 右肝管　B. 肝总管　C. 左肝管
D. 乏特壶腹　E. 十二指肠球后部胆总管

1165. 有关胆管的叙述，正确的是
A. 左、右肝管汇合形成胆总管　B. 胆囊管与胆总管汇合形成肝总管
C. 胆总管分为十二指肠上段、后段和胰腺段　D. 乏特壶腹通常开口于十二指肠球部

E. 胆总管长 7~9cm,直径 0.4~0.8cm

1166. 胆囊动脉最多来源于

A. 肝总动脉　B. 肝固有动脉　C. 胃十二指肠动脉

D. 腹腔干　E. 肝右动脉

1167. Calot 三角组成包括肝脏下缘、胆囊管和

A. 副胆管　B. 胆总管　C. 肝总管

D. 右肝管　E. 左肝管

二、胆结石(执业医师及助理医师均需掌握)

A. 增强 CT　B. B 超　C. 经皮肝穿刺胆道造影(PTC)

D. MRI　E. 经内镜逆行胰胆管造影(ERCP)

1168. 胆道疾病检查首选

1169. 易诱发急性胰腺炎的是

1170. 急性结石性胆囊炎常见的致病菌是

A. 铜绿假单胞菌　B. 大肠埃希菌　C. 厌氧菌

D. 幽门螺杆菌　E. 粪肠球菌

1171. 男,32 岁。2 天前饮酒后出现右上腹疼痛,向右肩放射。查体:右上腹肌紧张,压痛(+),Murphy 征(+)。最可能的诊断是

A. 十二指肠球部溃疡　B. 急性胃炎　C. 急性胆囊炎

D. 急性胰腺炎　E. 右肾结石

1172. 首选腹腔镜胆囊切除术的是

A. 胆囊癌可能　B. 妊娠　C. 腹腔内粘连严重

D. 胆囊多发结石　E. 慢性胆囊炎合并胆道狭窄

1173. 女,40 岁。2 天前体检超声提示胆囊内 3cm 强回声团,后伴声影,胆囊壁厚 6mm。平素无不适。糖尿病病史 5 年,目前血糖控制良好。无腹部手术史。其他检查未见异常。最适合该患者的治疗方案是

A. 腹腔镜胆囊切除术　B. 保守治疗　C. ERCP 取石

D. 开腹胆囊切除术　E. 胆囊造瘘术

1174. 胆囊切除术中需探查胆总管的指征是

A. 胆囊壁明显增厚　B. 胆囊增大　C. 胆总管直径>1cm

D. 胆囊结石超过 2cm　E. 胆囊结石伴有胆囊息肉

1175. 男,42 岁。右上腹突发剧烈疼痛 2 小时,伴呕吐、尿黄。发病前 3 小时饮白酒 300ml,并进食较多油腻食物。查体:右上腹有压痛及反跳痛。最有诊断价值的检查是

A. 尿淀粉酶　B. 腹部 B 超　C. 胃镜

D. 血淀粉酶　E. 腹部 X 线片

1176. 治疗胆囊结石,方法正确又效果确切的是

A. 药物溶石治疗　B. 体外震波碎石法　C. 经皮胆囊取石术

D. 胆囊切除术　E. 胆囊切除,胆总管探查引流术

1177. 男性,75 岁。胆总管结石行 ERCP 和 EST 取石术后 3 小时,出现上腹痛并恶心、呕吐,剑突下压痛。最可能的诊断是

A. 急性胰腺炎　B. 急性胆囊炎　C. 急性胆管炎

D. 急性乳头炎　E. 十二指肠炎

1178. 女,35 岁。体检超声提示胆囊内强回声光团,直径 0.5cm,后伴声影,随体位改变而移动。既往无右

上腹疼痛、发热及黄疸等症状。血常规正常,血糖正常。该患者适当的处理是
A. 腹腔镜胆囊切除术　B. 观察随诊　C. 胆囊切开取石
D. 体外震波碎石　E. 给予利胆排石药物

1179. 无症状性胆囊结石,应考虑及时手术治疗的是
A. 高龄患者　B. 结石直径小于 1cm　C. 瓷性胆囊
D. 发现胆囊结石 3 年　E. 口服胆囊造影胆囊显影

1180. 对于下列无症状的胆囊结石,不做胆囊切除,只需观察随诊的情况是
A. 合并瓷化胆囊　B. 伴有胆囊息肉　C. 口服胆囊造影,胆囊不显影
D. 结石直径小于 1cm　E. 合并糖尿病且糖尿病已控制时

1181. 胆囊切除手术中,不适合胆总管探查指征的是
A. 胆总管有扩张　B. 曾有梗阻性黄疸史　C. 胆囊水肿
D. 术中胆管造影示胆管结石　E. 胆总管触到结石

1182. 女,31 岁。腹痛、寒战、高热、黄疸反复发作 3 年。1 天来上腹部持续性疼痛,伴阵发性绞痛,恶心,无呕吐。查体:T38.6℃,巩膜黄染,右上腹压痛(+),无反跳痛,胆囊大,Murphy 征(+)。最佳处理措施是
A. 胆总管 Oddi 括约肌切开术　B. 胆囊造瘘术
C. 单纯胆囊切除术　D. 胆囊切除术+胆总管探查 T 管引流术
E. 胆囊切除+胆总管十二指肠吻合术

1183. 胆总管探查术,安放 T 管引流,术后拔除 T 管的时间最短为
A. 术后 8 天　B. 术后 10 天　C. 术后 12 天
D. 术后 14 天　E. 术后 18 天

1184. 女,70 岁。因胆总管结石急症行胆总管探查术后 1 周。T 管每天引流 400~600ml。最可能的原因是
A. 肝脏功能障碍　B. 肝内胆管结石　C. 胆总管下端不通畅
D. 胆总管 T 管引流通畅　E. 胆汁引流袋位置过低

1185. 腹腔镜胆囊切除优于开腹胆囊切除不包括
A. 住院时间短　B. 术后疼痛轻　C. 可早期恢复正常活动
D. 腹壁创伤的并发症少　E. 胆管损伤的风险性小

1186. 男,35 岁。腹腔镜胆囊切除术后 5 天,腹胀伴皮肤黄染、粪便呈陶土样 1 天。查体:T36.5℃,P80 次/分,R18 次/分,BP120/80mmHg,皮肤、巩膜黄染,双肺呼吸音清,未闻及干、湿啰音,心律齐,右上腹轻度压痛,无反跳痛,移动性浊音(-)。最可能的原因是
A. 胃损伤　B. 结肠肝曲损伤　C. 胆囊管残端漏
D. 十二指肠损伤　E. 胆总管损伤

1187. Charcot 三联征是指
A. 腹痛、黄疸、发热　B. 黄疸、胆囊肿大、陶土色大便　C. 腹痛、寒战高热、黄疸
D. 畏寒、发热、黄疸　E. 腹痛、黄疸、休克

1188. Charcot 三联征最常出现于
A. 胰头或乏特壶腹癌　B. 胆囊结石　C. 肝内胆管结石
D. 胆总管结石　E. 肝门部胆管癌

1189. 女,48 岁。2 天前餐后突然出现右上腹阵发性绞痛,恶心,尿色呈浓茶样,以往有类似发作。查体:急性病容,巩膜黄染,腹部无肌紧张,右上腹深压痛。可能的诊断是
A. 胆总管结石　B. 胆道蛔虫病　C. 胆总管囊肿
D. 急性胰腺炎　E. 急性胆囊炎

A. 右上腹剧烈疼痛而体征轻微　　B. 右上腹持续性疼痛伴体质消瘦
C. 右上腹绞痛伴寒战、高热、黄疸　　D. 右上腹持续性疼痛伴发热
E. 右上腹钝痛伴黄疸进行性加重

1190. 胆道蛔虫病
1191. 胆总管结石

A. 胆总管结石　　B. 壶腹癌　　C. 胰头癌
D. 胆囊炎　　E. 肝门部肿瘤

1192. 不伴有胆囊肿大的是
1193. 右上腹绞痛伴黄疸的是

A. 急性胰腺炎　　B. 胆石继发胆管炎　　C. 急性十二指肠憩室炎
D. 急性胃炎　　E. 急性胆囊炎

1194. Charcot 三联征出现于
1195. 墨菲(Murphy)征出现于

A. 胆囊造瘘术　　B. 肝内胆管空肠吻合术
C. 胆总管切开、胆总管空肠 Y 型吻合术　　D. Oddis 括约肌切开成形术
E. 胆总管切开、T 管引流术

1196. 胆总管泥沙样结石伴远端狭窄宜选择的术式是
1197. 胆总管远端单发 1.0cm 的嵌顿结石目前常用的术式是

(1198~1199 题共用题干)女,73 岁。突发腹痛伴寒战、高热 5 天,巩膜黄染 2 天。查体:T39.1℃。P104 次/分,R22 次/分,BP100/72mmHg。上腹肌紧张,压痛、反跳痛(+),肝脾未触及,肠鸣音 2~3 次/分。血 WBC16×10^9/L,N0.79,ALT60U/L,AST55U/L,TBil69μmol/L,DBil61μmol/L,血、尿淀粉酶正常范围。

1198. 为明确诊断,首选的检查是

A. MRCP　　B. 腹部 B 超　　C. 腹部 CT
D. 腹部 X 线片　　E. ERCP

1199. 最适宜的急症手术是

A. 胆总管探查,T 形管引流术　　B. 胆囊切除术
C. 手术解除肠梗阻或系膜血管梗阻　　D. 胰腺坏死组织清除,腹腔引流术
E. 胆囊造瘘术

三、急性胆囊炎(执业医师及助理医师均需掌握)

1200. 引起急性胆囊炎的常见病因是

A. 胆道蛔虫进入胆囊　　B. 胆囊息肉继发感染　　C. 胆囊结石堵塞胆囊管
D. 胰腺炎致胰液反流　　E. 胆总管下端梗阻

1201. 急性胆囊炎的临床表现不包括

A. 右上腹压痛　　B. 大多伴有黄疸　　C. 右上腹局限性肌紧张
D. 可伴有右肩部不适症状　　E. 右上腹持续性痛并阵发性加重

1202. 急性胆囊炎最严重的并发症是

A. 细菌性肝脓肿　　B. 胆囊积脓　　C. 胆囊坏疽穿孔
D. 并发急性胰腺炎　　E. 胆囊十二指肠内瘘

A. 阵发性绞痛　　B. 持续性疼痛　　C. 持续性疼痛阵发性加剧

D. 持续闷胀痛　　E. 钻顶样绞痛

1203. 肝内胆管结石的疼痛是

1204. 急性胆囊炎的疼痛是

1205. 胆道蛔虫病的疼痛是

1206. 女,45 岁。右上腹痛 2 天,2 天前聚餐后突发右上腹疼痛,伴恶心,呕吐胃内容物 1 次。查体:T37.3℃,BP130/80mmHg,右上腹压痛(+),Murphy 征阳性。血 WBC14.1×10^9/L,N0.82。进一步检查首选

A. 腹部 B 超　　B. 腹部 CT　　C. 立位腹部 X 线片

D. 磁共振胰胆管成像　　E. ERCP

1207. 女,50 岁。进餐后右上腹痛 8 小时,疼痛向右肩背部放射,伴恶心、呕吐。查体:T38.5℃,P100 次/分。右上腹轻度肌紧张,有明显压痛。血 WBC15×10^9/L。最可能的诊断是

A. 急性胰腺炎　　B. 急性阑尾炎　　C. 急性胆囊炎

D. 胃溃疡穿孔　　E. 右肾结石

1208. 急性胆囊炎的典型体征是

A. 上腹部有压痛和反跳痛　　B. Grey-Turner 征阳性　　C. Murphy 征阳性

D. 肝浊音界缩小　　E. McBurney 点有压痛和反跳痛

1209. 女,45 岁。1 天前进高脂饮食后出现右上腹剧烈绞痛,阵发性加剧,并向右肩背部放射,伴恶心呕吐,发热,体温 38℃。该患者最可能的诊断是

A. 肝脓肿　　B. 胃溃疡穿孔　　C. 急性肺栓塞

D. 急性胆囊炎　　E. 急性胰腺炎

1210. 胆囊结石反复诱发急性胆囊炎最可靠的治疗是

A. 抗生素治疗　　B. 口服溶石剂　　C. 口服中药排石汤

D. 手术切除胆囊　　E. 碎石治疗

1211. 急性胆囊炎需要急诊手术的指征是

A. 发作 24 小时内　　B. 发作 72 小时以后　　C. 经非手术治疗无效者

D. 伴右肩部疼痛者　　E. 既往多次发作

(1212~1214 题共用题干)女性,48 岁。突发右上腹剧烈绞痛,伴右肩背痛、恶心呕吐 24 小时。既往有类似发作。吃油脂食物后右上腹胀,嗳气。T39.8℃,P98 次/分,BP140/90mmHg,无黄疸,可触及肿大胆囊,有明显腹膜刺激征,Murphy 征阳性。

1212. 首先考虑的诊断是

A. 十二指肠溃疡　　B. 肝外胆管结石　　C. 急性化脓性胆囊炎

D. 急性梗阻性化脓性胆管炎　　E. 急性胰腺炎

1213. 最重要的治疗方法是

A. 大剂量抗生素　　B. 对症治疗　　C. 禁食,输液

D. 胆囊切除术　　E. 中药治疗

1214. 若有继发性腹膜炎,最多见的致病菌是

A. 厌氧菌　　B. 大肠埃希菌　　C. 变形杆菌

D. 溶血性链球菌　　E. 肺炎双球菌

1215. 关于急性非结石性胆囊炎的描述,正确的是

A. 易发生缺血、坏死、穿孔　　B. 治疗方法与结石性胆囊炎相同　　C. 发病早期 B 超即可诊断

D. 腹痛症状易帮助诊断　　E. 在急性胆囊炎中发生率最高

四、急性梗阻性化脓性胆管炎(执业医师及助理医师均需掌握)

A. 胆囊结石　B. 胆管结石　C. 胆囊癌
D. 胆管癌　E. 胆道蛔虫病

1216. 引起急性化脓性梗阻性胆管炎最常见的原因是
1217. 具有突发性剑突下钻顶样剧烈疼痛症状的疾病是

1218. 急性梗阻性化脓性胆管炎特征性的表现是
A. Trendelenburg 征　B. Whipple 三联征　C. Reynolds 五联征
D. Babinski 征　E. Murphy 征

1219. 胆总管结石梗阻后最典型的临床表现是
A. Whipple 三联征　B. Charcot 三联征　C. Grey-Turner 征
D. Murphy 征阳性　E. Cullen 征

1220. 急性梗阻性化脓性胆管炎典型临床表现“Reynolds 五联征”不包括
A. 黄疸　B. 腹痛　C. 呕吐
D. 休克　E. 神经系统症状

1221. 急性梗阻性化脓性胆管炎的典型临床表现不包括
A. 黄疸　B. 寒战高热　C. 休克
D. 腹痛　E. 贫血

1222. 女,45 岁。突发右上腹疼痛 6 小时。发病前曾进食油腻食物,伴发热,无寒战。查体:T39.6℃,P130 次/分,BP86/60mmHg。神志淡漠,巩膜黄染,心、肺未见明显异常。右上腹压痛、反跳痛、肌紧张阳性。实验室检查:WBC20×10^9/L,TBil110μmol/L,DBil78μmol/L。腹部 B 超提示肝内外胆管扩张。该患者治疗的首要措施是
A. 胆道引流　B. 应用抗生素　C. 保护肝功能
D. 抗休克治疗　E. 解痉镇痛

1223. 男,64 岁。上腹疼痛 5 小时。胆囊多发结石病史 5 年。查体:T38.3℃,P100 次/分,BP85/60mmHg,皮肤、巩膜黄染,右上腹肌紧张,压痛(+)。为明确诊断,首选的检查是
A. 腹部 B 超　B. 腹部 CT　C. 胆道镜检查
D. 经皮肝穿刺胆管造影　E. 经内镜逆行胰胆管造影

(1224~1226 题共用题干)女,66 岁。右上腹疼痛伴发热、寒战 5 天。糖尿病病史 20 年,胆石症胆囊切除术后 2 年。查体:巩膜黄染,心、肺未见异常,肝肋下 2cm,压痛(+),肝区叩击痛(+)。血常规:WBC15×10^9/L,N0.85。

1224. 为明确诊断,首选的检查是
A. 腹部血管造影　B. 腹部 B 超　C. 腹部 X 线片
D. 肝脏穿刺　E. 静脉胆系造影

1225. 该患者最可能的病原体来源是
A. 皮肤及软组织　B. 胆道系统　C. 肠道
D. 呼吸系统　E. 泌尿系统

1226. 目前最重要的治疗是
A. 手术　B. 应用广谱抗生素　C. 抗结核
D. 抗真菌　E. 应用保肝药物

(1227~1229 题共用题干)女,68 岁。突发上腹阵发性绞痛 2 小时,短时间内寒战、高热,小便呈浓

茶样，随后嗜睡。查体：T39.6℃，P128 次/分，R30 次/分，BP80/50mmHg。神志不清，躁动，巩膜黄染，右上腹肌紧张，有压痛和反跳痛。

1227. 导致该患者所患疾病最可能的病因是
A. 胆管肿瘤　B. 胆管结石　C. 胆道蛔虫病
D. 胆管狭窄　E. 胆管畸形

1228. 以下非手术治疗措施中，错误的是
A. 持续吸氧　B. 联合使用足量抗生素　C. 纠正水、电解质代谢紊乱
D. 输注 2 个单位红细胞　E. 禁食、胃肠减压

1229. 急症手术最有效的手术方式是
A. 胆总管切开减压术　B. 腹腔镜胆囊切除术　C. 胆囊造瘘术
D. 胆总管空肠吻合术　E. 胆总管十二指肠吻合术

(1230~1233 题共用题干）女性，48 岁。发作性剑突下及右上腹绞痛 3 天，伴有寒战，半年前有类似发作史。查体：体温 39℃，脉搏 110 次/分，血压 140/85mmHg。血常规检查：WBC12×10^9/L，N80%，神志清楚，皮肤、巩膜轻度黄染，右肋缘下触及肿大的胆囊、触痛。

1230. 该患者最可能的诊断是
A. 细菌性肝脓肿　B. 肝外胆管结石并胆管炎　C. 急性化脓性胆囊炎
D. 肝内胆管结石并胆管炎　E. 急性梗阻性化脓性胆管炎

1231. 首选的检查方法是
A. 腹部 B 超　B. MRCP　C. ERCP
D. PTC　E. 腹部 CT

1232. 该患者皮肤、巩膜黄染加重，体温升高至 40℃，脉搏 130 次/分，血压 90/60mmHg，神志不清。此时最可能的诊断为
A. 细菌性肝脓肿破裂　B. 肝外胆管结石并胆管炎　C. 急性化脓性胆囊炎、穿孔
D. 肝内胆管结石并胆管炎　E. 急性梗阻性化脓性胆管炎

1233. 该患者此时最有效的治疗是
A. 胆总管切开减压、T 管引流　B. 联合应用大剂量抗生素　C. 补液、恢复血容量
D. 给予糖皮质激素　E. 物理降温，支持治疗

五、胆管癌（执业医师需掌握）

1234. 胆管癌的主要临床表现是
A. 厌食、恶心、呕吐　B. 腹痛、黄疸　C. 腹痛、黄疸和寒战、高热
D. 无痛性黄疸　E. 体重明显减轻

1235. 女，59 岁。无痛性进行性皮肤、巩膜黄染 3 个月。查体：T36.4℃，P60 次/分，BP120/90mmHg。皮肤巩膜黄染，右上腹可触及肿大的肝脏和胆囊，Murphy 征(-)。首先进行的腹部影像学检查是
A. MRI　B. B 超　C. X 线
D. 核素扫描　E. CT

1236. 男性，65 岁。皮肤、巩膜黄染进行性加重 1 个月来诊，自述尿色深黄，粪便灰白色。查体：胆囊无肿大，Murphy 征阴性，腹部未触及肿块。诊断首先考虑为
A. 胰头癌　B. 胆总管下端癌　C. 乏特壶腹癌
D. 肝门部胆管癌　E. 十二指肠腺癌

1237. 阻塞性黄疸患者不应表现为
A. 胆总管结石伴有发热　B. 胰头癌伴有胆囊肿大　C. 血中结合胆红素显著升高

D. 胆总管结石黄疸呈波动性　E. 尿中胆红素阴性

1238. 男,60 岁。上腹胀,隐痛伴皮肤黄染、食欲不振、厌油腻饮食 1 个月,症状进行性加重,体重共减轻 5kg。10 天前开始大便颜色逐渐变浅,近 2 天大便呈白陶土样。查体:巩膜明显黄染,肝肋下未触及,右肋缘下可触及肿大的胆囊底部,无触痛。实验室检查:血 TBil340μmol/L,血 AFP5μg/L。最可能的诊断是

A. 胆囊结石　B. 肝门部胆管癌　C. 肝癌
D. 胆总管下段癌　E. 胆总管结石

1239. 患者,男,40 岁。巩膜及皮肤黄染 1 周。皮肤瘙痒,粪便颜色变白,无发热。查体:右肋下可触及囊性肿块,无压痛。引起黄疸的最可能原因是

A. 溶血　B. 肝细胞损伤　C. 肝内胆汁淤积
D. 肝外胆管梗阻　E. 肝细胞对非结合胆红素摄取障碍

1240. 男,56 岁。皮肤黄染 1 个月,逐渐加深,伴皮肤瘙痒,大便灰白色,无发热。查体:T36.8℃,P85 次/分,R18 次/分,BP130/80mmHg,巩膜、皮肤黄染,双肺呼吸音清,未闻及干、湿啰音,心律齐。腹软,肝肋下 4cm,未触及肿大胆囊,Murphy 征阴性。腹部 CT:胆总管上段 1.5~2cm 占位病变。最适宜的术式是

A. 左三叶肝切除　B. 全胰腺切除术　C. ERCP 取石术
D. 胰头十二指肠切除术　E. 肝门胆管、胆囊、部分肝外胆管及部分肝门区的肝组织切除

六、胆道蛔虫病(大纲不要求掌握,但常考)

1241. 诊断胆道蛔虫病的主要依据是

A. 典型症状和体征　B. 静脉胆道造影　C. X 线钡餐造影
D. 内镜逆行胆管检查　E. 大便找虫卵

1242. 上腹部钻顶样剧痛症状的疾病是

A. 胆囊结石　B. 胆管结石　C. 胆囊癌
D. 胆管癌　E. 胆道蛔虫病

1243. 有关胆道蛔虫病的临床表现,错误的是

A. 呕吐蛔虫史　B. 疼痛呈间歇性发作　C. 伴恶心、呕吐
D. 严重时可出现急性胆管炎　E. 发病前 12~24 小时出现较明显黄疸

1244. 女,11 岁。半天来突发右上腹钻顶样剧烈绞痛,伴恶心、呕吐,间歇期完全缓解,腹软,无局限压痛。最可能的诊断为

A. 急性胃炎　B. 急性胆囊炎　C. 胆道蛔虫病
D. 急性肝脓肿　E. 急性胰腺炎

1245. 男性,10 岁。突发剑突下剧烈绞痛 1 小时,疼痛呈钻顶样,辗转不安。查体:腹肌柔软,右上腹部轻微压痛。首先考虑的诊断是

A. 急性胆囊炎　B. 胆总管结石　C. 胆道蛔虫病
D. 急性胰腺炎　E. 急性胃炎

1246. 男,22 岁。1 小时前突发剑突下钻顶样剧烈疼痛,为阵发性,伴恶心、干呕。查体:无明显阳性体征。最可能的诊断是

A. 胆道蛔虫病　B. 胆管结石　C. 急性胃炎
D. 胆囊结石　E. 急性胆囊炎

第21章 胰腺疾病

一、急性胰腺炎(执业医师及助理医师均需掌握)

1247. 国人急性胰腺炎最常见的病因是
A. 药物
B. 自身免疫异常
C. 胆道疾病
D. 高脂血症
E. 酒精

1248. 可导致急性胰腺炎的药物是
A. 法莫替丁
B. 青霉素
C. 生长抑素
D. 奥美拉唑
E. 糖皮质激素

1249. 在中国,急性胰腺炎最常见的诱发因素是
A. 暴饮暴食
B. 酗酒
C. 胆管结石病
D. 胃肠炎
E. 甲状旁腺功能亢进

1250. 下列因素中,最有可能诱发急性胰腺炎的是
A. 高血脂
B. 高血糖
C. 高尿酸
D. 高血钾
E. 高血钠

A. 脂肪酶
B. 磷脂酶 A_2
C. 弹力蛋白酶
D. 糜蛋白酶
E. 胰蛋白酶

1251. 在急性胰腺炎的发病机制中,与血管破坏导致出血关系最密切的酶是
1252. 在急性胰腺炎的发病机制中,与胰腺组织坏死和溶血关系密切的酶是

(1253~1254题共用题干)男,42岁。进油腻饮食后腹胀、腹痛4小时。持续性上腹痛,伴有恶心、呕吐、发热、腰背部不适。查体:T38.4℃,P124次/分,BP90/60mmHg,急性痛苦貌,巩膜无黄染,腹饱满,全腹肌紧张,有压痛和反跳痛,上腹为主,肠鸣音消失。右下腹穿刺抽出淡红色血性液。血WBC 16.2×10^9/L,N0.9。血清淀粉酶6000U/L(Somogyi法)。

1253. 出现这种病变的主要发病机制是
A. 细菌侵入胰周围和胰腺内
B. 胰腺供血动脉栓塞引起供血障碍
C. 穿透性十二指肠溃疡导致胰腺炎性反应
D. 胆囊炎、胆囊结石堵塞胆囊管,可引起胰管梗阻
E. 胰腺中的消化酶被激活后导致胰腺自身消化

1254. 引起这种疾病的常见因素不包括
A. 腹部外伤
B. 暴饮暴食
C. 酗酒
D. 胆道感染
E. 胃食管反流

1255. 急性胰腺炎所致腹痛的常见放射痛部位是
A. 左上臂内侧
B. 左腰背部
C. 下腰骶部
D. 左下颌部
E. 左肩部

1256. 急性胰腺炎的典型症状是
A. 阵发上腹部钻顶样疼痛,辗转体位
B. 上腹部剧烈疼痛,向左上臂内侧放射
C. 上腹部持续性剧烈疼痛,向腰背部放射
D. 上腹部烧灼样疼痛,进食后可缓解
E. 脐周阵发性疼痛,停止肛门排便和排气

1257. 女,42岁。突发上腹剧痛6天,加重伴发热2天。查体:T38℃,BP76/50mmHg。面色苍白,嗜睡,脉搏细速,尿少,中上腹压痛(+),伴反跳痛,上腹部可触及肿块,不活动。B超示胰腺周围液性包块,直径

10cm。尿淀粉酶10000U/dl(Somogyi法),血WBC18×10^9/L。引起该患者感染的致病菌最可能是
A. 肠球菌　B. 大肠埃希菌　C. 结核分枝杆菌
D. 溶血性链球菌　E. 白色念珠菌

1258. 急性胰腺炎最常见的临床表现是
A. 腹泻　B. 呕吐　C. 停止排气排便
D. 黄疸　E. 上腹部疼痛

1259. 出血坏死性胰腺炎时的Cullen征是指
A. 胁腹皮肤呈灰紫色斑　B. 脐周皮肤呈灰紫色斑　C. 胁腹皮肤青紫
D. 脐周皮肤青紫　E. 脐周皮肤红斑

1260. 提示重症胰腺炎的体征是
A. Courvoisier征阳性　B. 肝浊音界消失　C. Grey-Turner征阳性
D. Murphy征阳性　E. 肝区叩击痛阳性

A. 腹壁反射消失　B. 腱反射亢进　C. Grey-Turner征阳性
D. 扑翼样震颤阳性　E. Babinski征阳性

1261. 对急性重症胰腺炎诊断帮助最大的是
1262. 对肝性脑病诊断帮助最大的是

1263. 急性出血坏死性胰腺炎的局部并发症是
A. 上消化道出血　B. 急性肾衰竭　C. 胰性脑病
D. 胰腺假性囊肿　E. 血栓性静脉炎

1264. 急性胰腺炎最常见的并发症是
A. 上消化道大出血　B. 血栓性静脉炎　C. 胰腺假性囊肿
D. 胰性脑病　E. 急性肾衰竭

1265. 女,40岁。确诊为急性胰腺炎,内科正规治疗2周后体温仍在38~39℃,左上腹部压痛明显。尿淀粉酶256U/dl(Winslow法),血白细胞16×10^9/L,可能性最大的是
A. 病情迁延未愈　B. 并发胰腺脓肿　C. 并发胰腺假性囊肿
D. 败血症　E. 合并急性胆囊炎

1266. 急性胰腺炎假性囊肿形成的时间一般是病后
A. 1周　B. 2周　C. 3周
D. 4周　E. 6周

1267. 男,65岁。突发上腹痛1天,发热6小时,呼吸困难1小时。查体:T38.6℃,R32次/分,BP90/60mmHg,P110次/分。巩膜轻度黄染,上腹部压痛,轻度肌紧张,肠鸣音1次/分。血淀粉酶860U/L,血氧分压50mmHg。首先考虑的诊断是
A. 急性胆管炎并感染中毒性休克　B. 肠系膜动脉栓塞
C. 肺炎　D. 急性心肌梗死
E. 急性胰腺炎合并呼吸窘迫综合征

1268. 男,69岁。持续上腹痛伴呕吐6小时,腹痛逐渐加重,蜷曲位稍减轻。发病前曾与朋友聚餐。查体:巩膜无黄染,上腹部肌紧张,无反跳痛,Murphy征阴性,肠鸣音3次/分。最可能的诊断是
A. 急性胃炎　B. 急性胰腺炎　C. 急性胆囊炎
D. 消化性溃疡　E. 急性肠梗阻

1269. 诊断急性胰腺炎最广泛应用的化验指标是
A. 血清淀粉酶　B. 血清淀粉酶的同工酶　C. 血糖

D. 血清脂肪酶　　E. 血清钙

(1270~1271题共用题干)男,45岁。上腹部疼痛9小时,向腰背部放射,伴恶心呕吐。发病前大量饮酒。查体:T38.3℃,P100次/分,上腹部肌紧张,压痛,反跳痛阳性。

1270. 最可能的诊断是
A. 急性胰腺炎　　B. 十二指肠溃疡穿孔　　C. 急性胆囊炎
D. 急性胃肠炎　　E. 急性阑尾炎

1271. 为明确诊断,首选的检查是
A. 血清脂肪酶　　B. 血清淀粉酶　　C. 尿淀粉酶
D. 肝功能　　E. 立位腹部X线片

1272. 女,30岁。饮酒后突发上腹痛4小时,无发热。血常规:Hb120g/L,WBC8.5×10^9/L,Plt125×10^9/L。血淀粉酶1032U/L。腹部B超提示:胰腺略饱满。首要的治疗措施是
A. 应用5-氟尿嘧啶　　B. 应用广谱抗生素　　C. 禁食、胃肠减压
D. 胆管引流　　E. 剖腹探查

1273. 男,55岁。饮酒及高脂饮食后突发上腹疼痛4小时,向背部放射,伴呕吐、大汗、尿黄色。对诊断最有帮助的辅助检查是
A. 上消化道X线钡剂造影　　B. 腹部CT　　C. 肝胆核素扫描
D. 立位腹部X线片　　E. 胃镜

1274. 关于检测血、尿淀粉酶诊断胰腺炎的叙述,下列不正确的是
A. 血清淀粉酶常在起病后6~8小时开始升高
B. 尿淀粉酶常在起病后12~24小时开始升高
C. 血清淀粉酶>500U/dl(苏氏单位)有诊断意义
D. 血清淀粉酶升高程度与病情严重程度一致
E. 消化性溃疡穿孔、胆囊炎等急腹症血清淀粉酶也可增高

1275. 胰腺炎的血清淀粉酶测定的意义,错误的是
A. 8~12小时升高　　B. 急腹症的血清淀粉酶都会增高
C. 比正常值大3倍　　D. 血清淀粉酶升高与症状呈正比
E. 尿淀粉酶升高比血清淀粉酶升高持续时间长

1276. 有关急性胰腺炎时淀粉酶的变化,错误的是
A. 血淀粉酶的高低与病情严重程度成正比　　B. 发病后血淀粉酶升高早于尿淀粉酶
C. 胸腹水中淀粉酶也可升高　　D. 尿淀粉酶升高持续时间比血淀粉酶长
E. 血淀粉酶超过正常值5倍可诊断本病

1277. 急性胰腺炎患者血清淀粉酶值的高峰出现在发病后
A. 4小时　　B. 8小时　　C. 12小时
D. 24小时　　E. 48小时

1278. 急性胰腺炎尿淀粉酶开始升高的时间是发病后
A. 1~2小时　　B. 3~4小时　　C. 6~10小时
D. 12~24小时　　E. 36~48小时

1279. 急性胰腺炎诊断中,不正确的是
A. 血清淀粉酶在发病后3~12小时开始升高　　B. 血清淀粉酶在发病后24~48小时达到高峰
C. 血清淀粉酶值高于128Winslow单位　　D. 血清淀粉酶值高低与病情轻重成正比
E. 尿淀粉酶在发病12~24小时后开始上升

1280. 下列有关急性胰腺炎的各项检查中,最早出现异常的是
A. 血清脂肪酶　B. 血清乳酸脱氢酶　C. 血清淀粉酶
D. 尿淀粉酶　E. 血清正铁血白蛋白
1281. 急性胰腺炎首选的影像学检查方法是
A. 腹部 B 超　B. 腹部 X 线片　C. 增强 CT 扫描
D. MRI　E. 腹部透视
1282. 对急性胰腺炎诊断价值最大的辅助检查是
A. 腹部 CT　B. 腹部核素扫描　C. 胃镜
D. 腹部 B 超　E. 腹部 X 线片
1283. 对重症急性胰腺炎的诊断最有意义的检查是
A. 腹部增强 CT　B. 血清脂肪酶　C. 血清淀粉酶
D. 尿淀粉酶　E. 腹部 B 超

A. 血淀粉酶检测　B. 血清甲胎蛋白检测　C. 腹部 CT 检查
D. 血 CEA 检测　E. 血 CRP 检测
1284. 诊断出血坏死性胰腺炎最有意义的检查是
1285. 诊断早期原发性肝癌最有意义的检查是

1286. 女,54 岁。有胆囊结石病史 8 年。上腹剧痛 2 天,向腰部放射,伴恶心、呕吐,血淀粉酶升高 2 倍。最有价值的检查是
A. 腹部平片　B. 上消化道钡餐　C. 心电图
D. 腹部 CT　E. 胃镜
1287. 女,29 岁。进油腻饮食后上腹痛 7 小时,伴呕吐。疼痛呈持续性,向腰背部放射,蜷曲体位稍减轻,排成形大便 1 次。查体:左中上腹部明显压痛,无反跳痛,墨菲征阴性。最可能的诊断是
A. 急性阑尾炎　B. 急性肠梗阻　C. 急性胆囊炎
D. 急性胃炎　E. 急性胰腺炎
1288. 女,45 岁。饱餐后出现上腹部剧烈疼痛 10 小时,向后背放射,屈曲位腹痛减轻,伴呕吐。有胆囊结石病史。查体:腹软,上腹部有压痛、反跳痛,Murphy 征阴性,肠鸣音弱。最可能的诊断是
A. 急性胆囊炎　B. 消化道穿孔　C. 急性胰腺炎
D. 急性阑尾炎　E. 急性心肌梗死
1289. 男,45 岁。饮酒、饱餐后突发左上腹持续性疼痛 10 小时,吐后腹痛不缓解。无慢性胃病史。最可能的诊断是
A. 急性胆囊炎　B. 心肌梗死　C. 急性胰腺炎
D. 肾结石　E. 急性胃炎
1290. 男,30 岁。1 天前大量饮酒后出现上腹痛,呕吐,吐后疼痛不减轻,加重伴腹胀 3 小时。血压80/60mmHg,脉搏 120 次/分,脐周及背部可见大片青紫色瘀斑。血淀粉酶 650U/dl(Somogyi)。最可能的诊断为
A. 急性轻型胰腺炎　B. 急性重型胰腺炎　C. 急性胆囊炎
D. 急性肠梗阻　E. 急性胃肠炎
1291. 男性,40 岁。晚餐后 5 小时开始上腹疼痛,向左肩、腰、背部放射及恶心、呕吐、腹胀,现已 37 个小时。曾有胆结石史。体检:R24 次/分,T38.9℃,BP90/75mmHg。巩膜可疑黄染,全腹压痛,伴肌紧张和反跳痛,移动性浊音阳性。血白细胞 16×10^9/L,中性粒细胞 89%。为确定诊断,最有价值的检查是
A. 测定血淀粉酶　B. 测定尿淀粉酶　C. 腹腔穿刺液检查并测定淀粉酶
D. 腹部超声　E. 腹部 X 线片

1292. 对出血坏死性胰腺炎最具诊断价值的是
A. 血脂肪酶增高　B. 血淀粉酶增高　C. 血钙降低
D. 血胆红素增高　E. B 超检查胰腺增大

1293. 急性胰腺炎患者,下列哪项检查结果提示出血坏死性胰腺炎?
A. 血淀粉酶明显升高 15 倍以上　B. 血脂肪酶明显升高 15 倍以上
C. 血钾<2.5mmol/L　D. 血钙<2mmol/L
E. 血钠<125mmol/L

1294. 急性出血坏死性胰腺炎常发生
A. 血钙升高　B. 血糖降低　C. 血清淀粉酶可降低
D. 血钾升高　E. 白细胞多数降低

1295. 用于判断急性胰腺炎严重程度的血清学检查项目是
A. 丙氨酸氨基转移酶　B. 血清钾　C. 淀粉酶
D. 碱性磷酸酶　E. 血清钙

1296. 鉴别水肿性和出血坏死性急性胰腺炎,下列哪项意义不大?
A. 血清淀粉酶增高　B. 血钙降低　C. 血清正铁血白蛋白阳性
D. 发病后很快出现休克　E. 胁腹部及脐周皮肤出现紫色瘀斑

1297. 鉴别水肿性和出血坏死性胰腺炎最有价值的是
A. 上腹剧痛向左腰背部放射　B. 黄疸　C. 发热
D. Cullen 征　E. 呕吐

1298. 男性,63 岁。上腹痛 2 小时,伴恶心,呕吐胃内容物 2 次,疾病诊断中,可能性最小的是
A. 心肌梗死　B. 急性胰腺炎　C. 急性阑尾炎
D. 梅尼埃综合征　E. 急性胃炎

1299. 男,35 岁。1 天前饮酒后出现上腹剧烈疼痛,伴恶心、呕吐及腹胀,尿便正常。查体:上腹偏左腹肌紧张,明显压痛。腹部 X 线片膈下未见游离气体。最可能的诊断是
A. 消化性溃疡穿孔　B. 肠梗阻　C. 急性阑尾炎
D. 胆石症　E. 急性胰腺炎

1300. 男,70 岁。上腹痛 1 年,进食后加重,大便 10 次/天,可见脂肪滴。查体:上腹中部压痛(+)。腹部 B 超示胰腺多发钙化灶。应给予的药物是
A. 解痉止痛药物　B. 胰酶制剂　C. 消炎利胆药物
D. 钙通道阻滞剂　E. 质子泵抑制剂

(1301~1303 题共用题干)男,45 岁。进食高脂餐并饮酒后上腹持续疼痛 8 小时,呕吐 2 次后疼痛无缓解。查体:T37.8℃,上腹偏左压痛、反跳痛阳性。

1301. 最可能的诊断是
A. 急性胃炎　B. 急性胆囊炎　C. 肠梗阻
D. 急性胰腺炎　E. 急性心肌梗死

1302. 最有诊断意义的辅助检查是
A. 血清脂肪酶　B. 血常规　C. 血清淀粉酶
D. 立位腹部 X 线片　E. 心电图

1303. 如需使用抗生素治疗,抗生素选择的最佳配伍是甲硝唑和
A. 阿奇霉素　B. 克林霉素　C. 环丙沙星
D. 亚胺培南　E. 青霉素

(1304~1307 题共用题干)男性,45 岁。酗酒 8 小时后出现中上腹疼痛,放射至两侧腰部,伴恶心、呕吐。体检:腹部有压痛、肌紧张及两侧腰腹部出现蓝棕色斑,血压 75/55mmHg,脉搏 110 次/分。

1304. 最可能的诊断是
A. 急性胆囊炎　B. 急性胃炎　C. 急性肠梗阻
D. 急性胰腺炎　E. 急性胆管炎

1305. 下列检查应首先选择
A. 血、尿常规　B. 尿淀粉酶测定　C. 胸腹部 X 线片
D. 血清淀粉酶测定　E. 腹部 B 型超声检查

1306. 对诊断困难者应进一步采取
A. 剖腹探查　B. ERCP 检查　C. 抗感染治疗下严密观察
D. 抗休克治疗　E. 腹腔穿刺

1307. 在诊断未明确之前,不应采用的治疗措施是
A. 禁食、胃肠减压　B. 吗啡类止痛药　C. 胰酶抑制药
D. 体液补充　E. 营养支持

(1308~1310 题共用题干)男,30 岁。餐后突发右上腹及剑突下痛,放射到右肩及后背部,2 小时后疼痛剧烈,伴恶心,并吐出所进食物,仍不缓解,急诊就医。数年"胃病"史及胆石症病史,间有胆绞痛发作。查体:痛苦病容,体温 37.2℃,呼吸 28 次/分,浅快,律齐。全腹胀,上腹肌紧张,压痛及反跳痛(+)。移动性浊音(±)。白细胞 12×10^9/L,血红蛋白 125g/L,尿淀粉酶 400U(温氏法正常值 32U)。

1308. 下列初步诊断中,不可能的是
A. 胃十二指肠溃疡穿孔　B. 急性胆囊炎　C. 急性肠梗阻
D. 急性胰腺炎　E. 急性胃肠炎

1309. 排除该项诊断的最主要根据是
A. 患者有持续腹痛　B. 尿淀粉酶轻度升高　C. 上腹部存在肌紧张及反跳痛
D. 患者体温轻度升高　E. 患者有腹胀

1310. 为了确立诊断可选择的检查中,不包括
A. 急诊 B 超检查　B. 立位腹部平片检查　C. 血淀粉酶检查
D. 诊断性腹腔穿刺检查　E. 急诊上消化道钡餐检查

1311. 下列关于胰腺炎的叙述,不正确的是
A. 常在饱餐或饮酒后发作　B. 腹痛多向腰背部放射,以左侧为著
C. 治疗期间禁食、胃肠减压　D. 血清淀粉酶>300U/dl(Somogyi 法)即可诊断
E. 禁食期间靠 TPN 作营养支持

1312. 治疗急性胰腺炎时禁用
A. 抗胆碱药物　B. 吗啡止痛　C. 5-氟尿嘧啶
D. 钙剂　E. 抗生素

1313. 急性胰腺炎治疗时,下列属抑制胰酶活性的药物是
A. 抑肽酶　B. 胰升糖素　C. 降钙素
D. 生长抑素　E. 奥曲肽

1314. 轻型急性胰腺炎治疗中,不是必需措施的为
A. 禁食　B. 抑制胰腺分泌药物　C. 维持水电解质平衡
D. 对症治疗　E. 预防感染

1315. 治疗重症胰腺炎合并肠麻痹的患者时,不宜应用的药物是

A. 抗生素　B. 抗酸药　C. 抑酸药
D. 抗胆碱药　E. 抑制胰酶活性药

1316. 女，57 岁。上腹痛伴寒战、高热、黄疸 3 天，加重伴呕吐 2 天。查体：T39.2℃，P100 次/分，BP120/90mmHg，急性病容，皮肤、巩膜黄染，上腹部压痛(+)，轻度反跳痛。白细胞计数 21×10^9/L，中性粒细胞 0.91。血淀粉酶明显升高，血钙 1.9mmol/L。最主要的处理措施是
A. 静脉点滴抗生素　B. 皮下注射吗啡　C. 急诊剖腹探查
D. 静脉点滴生长抑素　E. 补液输血

1317. 不属于急性胰腺炎手术适应证的是
A. 多次反复发作胰腺炎　B. 继发性胰腺感染、脓肿　C. 胰腺假性囊肿
D. 急性水肿性胰腺炎　E. 胆源性胰腺炎

1318. 男，40 岁。饮酒后突发腹痛 24 小时，腹痛剧烈，呈持续性，腹痛从上腹部很快波及全腹，伴恶心、呕吐。查体：腹部膨胀，全腹肌紧张，有压痛、反跳痛，脐周 Cullen 征(+)。血清淀粉酶 8500U/L (Somogyi法)。决定手术治疗，术中常规处理措施最重要的是
A. 胰腺部分切除　B. 胆囊切除术　C. 空肠造瘘或胃造瘘
D. 探查并解除胆道梗阻　E. 坏死组织清除加引流术

1319. 治疗时需要绝对禁食的疾病是
A. 急性胰腺炎早期　B. 急性糜烂出血性胃炎　C. 慢性透壁性溃疡
D. 持续潜血阳性　E. 肝性脑病昏迷

(1320~1322 题共用题干)男，44 岁。大量饮酒后出现上腹部剧烈疼痛，伴呕吐，呕吐后腹痛不缓解。保守治疗 2 天，病情持续恶化，并出现休克。查体：T38.9℃，脐周及背部可见大片青紫瘀斑，上腹腹肌紧张，压痛反跳痛明显，肠鸣音减弱。

1320. 首先考虑的诊断是
A. 十二指肠乳头肿瘤　B. 消化性溃疡并穿孔　C. 急性肝脓肿
D. 重症急性胰腺炎　E. 急性梗阻性化脓性胆管炎

1321. 为明确诊断，首选的辅助检查是
A. 腹部 X 线片　B. 腹部 B 超　C. 血常规
D. 血 CA199　E. 肝功能

1322. 最重要的治疗措施是
A. 抗休克治疗　B. 急诊治疗　C. 择期手术
D. 纠正休克后急诊手术　E. 应用广谱抗生素

(1323~1326 题共用题干)男性，41 岁。上腹疼痛 7 小时。伴发热，体温 38.5℃，频繁呕吐。查体发现上腹部肌紧张，压痛，无移动性浊音。血白细胞 15×10^9/L。X 线检查：膈下未见游离气体。

1323. 最可能的诊断是
A. 急性心肌梗死　B. 急性胰腺炎　C. 胆石症
D. 胃溃疡穿孔　E. 肠梗阻

1324. 为明确诊断，急需检查的项目是
A. 血淀粉酶　B. 血常规　C. 血清脂肪酶
D. 尿淀粉酶　E. 尿常规

1325. 治疗的基本措施是
A. 急诊手术　B. 禁食和胃肠减压　C. 腹腔穿刺引流
D. 腹腔镜切除胆囊　E. 应用大量广谱抗生素

1326. 若患者治疗期间出现上腹部包块,首先考虑的诊断是
A. 腹膜转移癌　B. 粘连性肠梗阻　C. 胰腺假性囊肿
D. 胰腺癌　E. 结肠癌

(1327~1329题共用题干)男,50岁。饮酒后出现持续性上腹痛8小时,向腰背部放射,伴恶心、呕吐,无腹泻。查体T37℃,中上腹部压痛(+),无肌紧张及反跳痛,Murphy征(-)。

1327. 最可能的诊断是
A. 急性胆囊炎　B. 急性胰腺炎　C. 消化性溃疡
D. 急性胃炎　E. 急性肠梗阻

1328. 为明确诊断,最重要的检查是
A. 血尿淀粉酶　B. 血清电解质　C. 胃镜
D. 立位腹部X线片　E. 腹部B超

1329. 目前最重要的治疗是
A. 手术治疗　B. 应用质子泵抑制剂　C. 应用广谱抗生素
D. 对症治疗　E. 禁食补液

(1330~1332题共用题干)男,50岁。饮酒后上腹部胀痛8小时,伴呕吐,无腹泻。查体:T37.8℃,BP80/50mmHg,肥胖,Grey-Turner征(+),上腹部压痛(+),局部肌肉紧张。腹部B超:胆囊结石,胰腺显示不清楚。

1330. 目前对诊断意义最小的检查是
A. 血常规　B. 血清脂肪酶　C. 血尿淀粉酶
D. C反应蛋白　E. 血生化

1331. 对明确诊断和治疗措施选择最有价值的检查是
A. 腹部MRI　B. 腹部B超　C. 腹部CT
D. 腹部增强CT　E. ERCP

1332. 目前不宜进行的治疗是
A. 静脉应用抗生素　B. 静脉应用生长抑素　C. 静脉应用高浓度脂肪乳
D. 补充血容量　E. 胃肠减压

1333. 与急性胰腺炎预后无关的表现是
A. 休克症状　B. 血钙<2mmol/L　C. 血糖>11.2mmol/L
D. 血淀粉酶显著升高　E. 腹膜刺激征

1334. 患者,女,50岁。反复上腹疼痛6年余,平卧时加重,弯腰可减轻。查体:上腹部轻压痛,腹部摄片示左上腹部钙化。最可能的诊断为
A. 慢性胃炎　B. 慢性胆囊炎　C. 慢性胰腺炎
D. 十二指肠溃疡　E. 胃溃疡

二、胰腺癌(执业医师及助理医师均需掌握)

1335. 胰头癌最常见的病理类型是
A. 腺泡细胞癌　B. 乳头状癌　C. 未分化癌
D. 黏液腺癌　E. 导管细胞腺癌

1336. 胰头癌最主要的临床表现是
A. 左上腹痛、疼痛尤剧　B. 无痛性梗阻性黄疸　C. 消瘦、贫血
D. 食欲下降　E. 腹部肿块

1337. 胰头癌最常见的临床表现是
A. 腹痛、黄疸和消瘦　B. 腹痛、黄疸和呕吐　C. 腹痛、黄疸和上腹包块
D. 黄疸、消瘦和上腹包块　E. 黄疸、消瘦和腹胀

1338. 中晚期胰头癌最突出的临床特点是
A. 食欲不振，体重减轻　B. 寒战高热　C. 持续性剧烈腰背痛
D. 渐进性无痛黄疸　E. 肝脾肿大

1339. 胰头癌常见的首发临床表现是
A. 黄疸　B. 稀便　C. 贫血
D. 上腹隐痛　E. 皮肤瘙痒

1340. 男，60岁。发现皮肤黄染、尿色变深伴皮肤瘙痒2周。查体：皮肤巩膜黄染，右上腹可触及无痛性圆形肿块，随呼吸上下活动。该肿块可能是
A. 胆总管囊肿　B. 肝脏囊肿　C. 肿大胆囊
D. 胰头癌　E. 胆管癌

1341. 男，56岁。皮肤黄染进行性加重2个月，体重减轻5kg。查体：体温37.2℃，皮肤黄染，右肋下可触及肿大胆囊，无压痛。实验室检查：血清淀粉酶正常，血总胆红素222μmol/L。最可能的诊断是
A. 慢性胰腺炎　B. 胰头癌　C. 胆总管结石
D. 胆囊癌　E. 肝门部胆管癌

A. 壶腹部肿瘤　B. 胆总管结石　C. 病毒性肝炎
D. 肝硬化　E. 原发性肝癌

1342. 患者有黄疸症状，伴有上腹绞痛、寒战、高热。最可能的病因诊断是

1343. 患者有黄疸症状，无腹痛、发热，查体可触及肿大的胆囊，但无压痛。最可能的诊断是

1344. 男，56岁。无痛性黄疸2个月，呈渐进性加重。手术探查时见胆囊肿大，胆总管增粗，直径约1.8cm，胰头部可触及3cm×3cm质硬肿块，尚能推动。正确的手术方式是
A. 胰头十二指肠切除术　B. 胰腺空肠吻合术　C. 胰头部分切除术
D. 全胰切除术　E. 胆囊空肠吻合术

1345. 术前判断胰头癌是否侵犯大血管的首选检查方法是
A. 内镜超声　B. 腹腔血管造影　C. 增强CT
D. B型超声　E. MRCP

1346. 女，55岁。上腹隐痛、皮肤巩膜黄染1个月，呈进行性加重，伴乏力、食欲不振。查体：T36.5℃，P80次/分，R18次/分，BP120/80mmHg，双肺呼吸音清，未闻及干、湿啰音，心律80次/分，心律齐，腹部膨隆，腹软，未触及包块，肠鸣音减弱。血CA199和CEA增高。为明确诊断和设计手术方案，最有意义的检查方法是
A. 上消化道钡剂造影　B. 腹部MRI　C. 腹部增强CT
D. ERCP　E. 腹部B超

1347. 常用于胰腺癌诊断和术后随访的肿瘤标志物为
A. CA19-9　B. CA153　C. CA125
D. AFP　E. CEA

1348. 在梗阻性黄疸中，鉴别胆总管结石和胰头癌的主要依据是
A. 胆囊肿大　B. 黄疸进行性加重　C. 皮肤瘙痒
D. 肝功能改变分析　E. 血尿淀粉酶变化时间和幅度

（1349～1350题共用题干）女，55岁。皮肤黄染进行性加重1个月。10天前发现小便呈浓茶

样，近几天来大便呈灰白色。查体：T36.8℃，皮肤、巩膜黄染，腹软，右上腹可触及肿大的胆囊，无压痛，无反跳痛。

1349. 最可能的诊断是

A. 胆总管结石　B. 肝细胞性肝癌　C. 肝门部胆管癌

D. 胆囊结石　E. 胰头癌

1350. 该患者手术治疗后第4天发生上腹剧烈疼痛，腹腔引流量明显增加，引流液淀粉酶15000U/L。最可能发生的并发症是

A. 胰漏　B. 急性胰腺炎　C. 肠系膜血栓形成

D. 肠漏　E. 胆漏

1351. 目前胰腺癌患者预后较差的最主要原因是

A. 胰、十二指肠切除术，对患者创伤大　B. 黄疸对肝功能影响较大

C. 早期症状不明显，发现和确诊晚　D. 肿瘤细胞胰管浸润

E. 患者消化不良，营养状况差

1352. 男，68岁。皮肤及巩膜黄染2周，无腹痛及发热。查体：皮肤巩膜明显黄染，右上腹可触及肿大的胆囊，张力高，无压痛。最可能的诊断是

A. 胆管结石　B. 肝癌　C. 慢性胰腺炎

D. 胆囊结石　E. 胰头癌

第22章　周围血管疾病

一、动脉粥样硬化闭塞症与血栓闭塞性脉管炎（执业医师需掌握）

A. 多为有吸烟嗜好的青年女性　B. 患肢踝关节过度背伸试验阳性

C. 多有复发性游走性浅静脉炎病史　D. 患肢足背动脉搏动正常

E. 多合并高血压、高脂血症、糖尿病

1353. 血栓闭塞性脉管炎的临床特点是

1354. 动脉硬化性闭塞症的临床特点是

1355. 血栓闭塞性脉管炎查体的特异性体征是

A. 足背动脉搏动消失　B. Homans 征阳性　C. Trendelenburg 试验阳性

D. Perthes 试验阳性　E. Buerger 试验阳性

1356. 周围血管疾病用测定双侧肢体皮肤温差的方法判断动脉血流减少情况，温度相差至少应大于

A. 0.5℃　B. 1.0℃　C. 1.5℃

D. 2.0℃　E. 2.5℃

1357. 以缺血性静息痛为主要症状时，提示血栓闭塞性脉管炎的分期是

A. Ⅰ期　B. Ⅱa期　C. Ⅱb期

D. Ⅲ期　E. Ⅳ期

1358. 男，45岁。双下肢疼痛1年，加重1月。近1年来出现双下肢疼痛，行走150m左右需停下来休息后才能再次行走。吸烟史20年，8支/天。查体：T36.8℃，P120次/分，R18次/分，心、肺、腹查体未见异常，双下肢皮温降低，足背动脉搏动消失，考虑血栓闭塞性脉管炎。其临床分期为

A. Ⅰ期　B. Ⅱa期　C. Ⅱb期

D. Ⅲ期　E. Ⅳ期

1359. 男,76岁。左下肢跛行3年,加重1个月。既往高血压病史8年,冠心病病史5年,曾行冠状动脉支架置入术。查体:BP150/90mmHg,左足苍白,左足及左下肢皮温明显降低,左足背动脉、腘动脉搏动消失,左股动脉可触及搏动。最可能的诊断是左下肢

A. 急性动脉栓塞　B. 动脉硬化性闭塞症　C. 血栓闭塞性脉管炎
D. 深静脉血栓形成　E. 血栓性浅静脉炎

1360. 男,45岁。左下肢疼痛、发凉半年。既往有左下肢血栓性浅静脉炎病史,无高血压、糖尿病病史。吸烟20年,20支/天。查体:右下肢正常;左足苍白,皮温明显降低,左足背动脉搏动消失,左股、腘动脉可触及搏动,Buerger试验阳性。最可能的诊断是左下肢

A. 急性动脉栓塞　B. 血栓闭塞性脉管炎　C. 原发性下肢静脉曲张
D. 动脉硬化性闭塞症　E. 深静脉血栓形成

1361. 男,55岁。左下肢麻痛3年,间歇性跛行1年,左下肢疼痛逐渐加重,夜间疼痛更甚。吸烟史30年。查体:屈膝伸髋试验阳性,左小腿皮温较对侧降低,左侧足背动脉搏动消失。对该患者有助于诊断的试验是

A. Perthes试验　B. Buerger试验　C. Pratt试验
D. Homans试验　E. Trendelenburg试验

1362. 男,40岁。吸烟10年,近2个月双下肢出现间歇性跛行,伴患肢怕冷、麻木、刺痛,确诊为血栓闭塞性脉管炎。关于该疾病的叙述,不正确的是

A. 患者几乎都为男性,年龄25~45岁,病程缓慢
B. 患肢发凉、怕冷,对外界寒冷敏感是血栓闭塞性脉管炎常见的早期症状
C. 多伴有游走性浅静脉炎
D. 出现肢体动脉搏动减弱或消失
E. 发病后戒烟对治疗帮助不大

(1363~1364题共用题干)患者,男,38岁。出现下肢麻木、发凉,间歇性跛行8年,有20年吸烟史。近来病情发展,持续疼痛,夜间尤甚,右下肢肌肉萎缩,右足背动脉搏动消失,诊断为血栓闭塞性脉管炎。

1363. 初诊时最重要的医嘱是

A. 卧床休息　B. 使用止痛药　C. 注意保暖
D. 立即戒烟　E. 抬高患肢

1364. 不考虑该患者为下肢动脉硬化性闭塞症的主要依据是

A. 患者年轻,病史长　B. 间歇性跛行　C. 足背动脉搏动消失
D. 夜间疼痛重　E. 下肢肌肉萎缩

1365. 男,40岁。行走时右小腿和足部出现间歇性疼痛1年余。近3个月夜间呈持续性疼痛。足趾呈紫黑色、干冷。有吸烟史30余年,每天2包。该患者不应选择的治疗措施是

A. 热疗　B. 严格戒烟　C. 给予止痛剂及镇静剂
D. 手术治疗　E. 高压氧舱治疗

1366. 男,40岁。右下肢畏寒、疼痛间断发作4年。吸烟8年余。无高血压、糖尿病病史。查体:右下肢皮温降低,足背动脉搏动减弱。下列治疗措施,错误的是

A. 戒烟　B. 血管扩张药　C. 链激酶溶栓治疗
D. 腰交感神经节切除术　E. 高压氧舱治疗

二、单纯性下肢静脉曲张(执业医师及助理医师均需掌握)

1367. 引起单纯性下肢静脉曲张的原因是

A. 妊娠子宫压迫　B. 盆腔肿瘤压迫　C. 长时间站立
D. 髂股静脉血栓形成　E. 静脉壁薄弱和静脉内压持续升高

1368. 与单纯下肢静脉曲张发病相关的因素不包括
A. 遗传因素　B. 重体力劳动　C. 长期站立
D. 妊娠　E. 慢性腹泻

1369. 女,33 岁。右下肢浅静脉迂曲扩张 3 年。长时间站立,每天下午出现右下肢肿胀伴沉重感,近半年加重。若长期不予处理,可能出现的并发症不包括
A. 足趾坏死　B. 皮肤溃疡　C. 血栓性静脉炎
D. 足踝周围色素沉着　E. 曲张静脉出血

1370. 大隐静脉曲张症状严重,长期未规范治疗产生的并发症中,与营养障碍密切相关的是
A. 皮下瘀血　B. 局部血管破裂出血　C. 血栓性静脉炎
D. 皮肤溃疡　E. 下肢水肿

1371. 男,45 岁。右下肢静脉迂曲扩张 10 年。近期出现右下肢酸胀感,白天活动后肿胀,晨起消失。查体:右下肢踝部轻度水肿,足靴区皮肤色素沉着,大腿下 1/3 内侧及小腿后方浅静脉明显扩张、迂曲,大隐静脉瓣膜功能试验(+),深静脉通畅试验(-),交通静脉瓣膜功能试验(-)。该患者最可能的诊断是
A. 单纯性下肢静脉曲张　B. 下肢深静脉血栓形成　C. 血栓闭塞性脉管炎
D. 动静脉炎　E. 血栓性浅静脉炎

1372. 关于大隐静脉的描述,正确的是
A. 起于足背静脉弓外侧　B. 为下肢的深静脉　C. 经内踝前方上行
D. 经内踝后方上行　E. 与小隐静脉无交通

1373. 下肢静脉曲张最容易发生皮肤溃疡的部位是
A. 足背　B. 小腿中 1/3 外侧　C. 小腿中 1/3 内侧
D. 小腿下 1/3 内侧　E. 小腿下 1/3 外侧

1374. 诊断下肢大隐静脉曲张最可靠的依据是
A. 大隐静脉瓣膜功能试验　B. 深静脉通畅试验　C. 交通静脉瓣膜功能试验
D. 下肢静脉造影　E. 临床表现

1375. 男,35 岁。右下肢疼痛 1 年。让其抬高右下肢 80°,1 分钟后下肢皮肤苍白,再让其下肢垂于床沿,大约 1 分钟后下肢皮肤颜色方恢复正常。该检查结果提示
A. Buerger 试验阳性　B. 下肢静脉通畅度(Perthes)试验阳性
C. Lasegue 试验阳性　D. Pratt 试验阳性
E. 大隐静脉瓣膜和小腿交通支静脉瓣膜功能(Trendelenburg)试验阳性

1376. 下肢静脉曲张患者手术前应做的深静脉通畅试验,又称
A. Trendelenburg 试验　B. Perthes 试验　C. Pratt 试验
D. Buerger 试验　E. Finkelstein 试验

1377. 女,45 岁。下肢沉重感并浅静脉扩张 10 年,久站加重,休息可缓解。既往高血压病史 5 年。查体:右下肢小腿内侧局部皮肤色素沉着,皮下可触及硬结,大隐静脉瓣膜功能试验(+)。最可能的诊断是
A. 原发性下肢静脉曲张　B. 血栓性浅静脉炎　C. 动静脉瘘
D. 动脉硬化性闭塞症　E. 原发性深静脉瓣膜功能不全

1378. 男,55 岁。近 10 年来感左下肢酸胀,小腿内侧皮下静脉迂曲伴瘤样突起,下延至内踝部,皮肤色素沉着、湿疹样变。有高血压和糖尿病病史,药物控制。查体:左大隐静脉曲张明显,大隐静脉瓣膜功能不全。患者要求行大隐静脉手术,术前还应作的检查中最重要的是

A. 小隐静脉瓣膜功能试验　B. 检查下肢深静脉是否通畅　C. 检测空腹血糖
D. 连续测血压3天　E. 大隐静脉曲张并发症的严重程度

1379. 下肢静脉曲张行静脉造影显示静脉全程通畅呈直筒状，提示
A. 单纯性下肢静脉曲张　B. 动静脉瘘　C. 交通支瓣膜功能不全
D. 下肢深静脉血栓形成后遗症　E. 原发性下肢深静脉瓣膜功能不全

A. 大隐静脉有无阻塞　B. 深静脉有无阻塞　C. 大隐静脉瓣膜功能
D. 小隐静脉瓣膜功能　E. 交通静脉瓣膜功能

1380. Perthes 试验的目的是检查
1381. Pratt 试验的目的是检查

（1382~1383 题共用题干）女，29岁。右下肢内侧静脉迂曲8个月。下午症状明显，伴酸痛。平卧位下肢曲张静脉消失后，症状缓解。查体：站立时可见右大、小腿内侧静脉迂曲，无色素沉着及皮肤溃疡。

1382. 最可能的诊断是
A. 小隐静脉曲张　B. 大隐静脉曲张　C. 动静脉瘘
D. 下肢静脉炎　E. 深静脉血栓形成

1383. 平卧位下肢曲张静脉消失后，于腹股沟下方扎橡胶带阻断大隐静脉，然后站立，未释放止血带曲张静脉即迅速充盈。其临床意义是
A. 单纯性大隐静脉曲张　B. 下肢深静脉血栓形成　C. 隐-股静脉瓣膜功能不全
D. 交通静脉瓣膜功能不全　E. 原发性下肢深静脉瓣膜功能不全

1384. 处理下肢大隐静脉曲张的根本办法是
A. 穿弹力袜或用弹力绷带　B. 硬化剂注射和压迫疗法　C. 仅行静脉瓣膜修复术
D. 内科药物治疗　E. 高位结扎和抽剥大隐静脉，并结扎功能不全的交通静脉

三、下肢深静脉血栓形成（**执业医师及助理医师均需掌握**）

1385. 关于深静脉血栓形成的叙述，正确的是
A. 术后镇静药物应用过多　B. 硬膜外麻醉后较全麻更易发生
C. 术前活动过早　D. 胆囊切除术后较全髋置换术后更易发生
E. 直肠癌低位前切除术后较甲状腺癌手术更易发生

1386. 造成下肢深静脉血栓形成的相关因素不包括
A. 静脉损伤　B. 长期服用避孕药　C. 久病卧床
D. 妊娠　E. 脾功能亢进

1387. 女，62岁。发现右侧乳房肿块3个月，诊断为乳腺癌。发现血脂异常3年，未诊治。右乳腺癌改良根治术后第4天，感左小腿疼痛，左脚不能着地踏平。查体：T37.2℃，P86次/分，BP120/80mmHg，伤口局部无异常渗出，左小腿肿胀，左踝关节过度背屈试验可致小腿剧痛，右下肢检查未见异常。患者左小腿肿胀最可能的原因是
A. 血栓闭塞性脉管炎　B. 急性动脉栓塞　C. 血栓性浅静脉炎
D. 大隐静脉曲张　E. 深静脉血栓形成

1388. 男，35岁。左下肢突然肿胀24小时。起初左股三角区疼痛，皮肤温度增高，肿胀极度加重，左小腿和足背出现水疱，皮肤温度明显降低并呈青紫色（股青肿）。为挽救肢体首先应采取的措施是
A. 肝素抗凝治疗　B. 右旋糖酐和丹参祛聚疗法　C. Fogarty 导管取栓术
D. 抬高患肢，使用利尿剂　E. 应用尿激酶溶栓

1389. 女,65 岁。乳癌根治术后 3 天,晨起时突发左小腿疼痛,左足不能着地踏平,行走时疼痛加重。查体:左小腿肿胀,有深压痛,足背动脉搏动存在。对确诊最有意义的体征是
A. Homans 试验阳性　B. Trendelenburg 试验阳性　C. Perthes 试验阳性
D. Pratt 试验阳性　E. Buerger 试验阳性

1390. 女,60 岁。宫颈癌行子宫切除术后 3 天,晨起时突发左小腿疼痛,左足不能着地踏平,行走时疼痛加重。查体:左小腿肿胀,深压痛,足背动脉搏动存在。首选检查为
A. 同位素骨扫描　B. 下肢 CT　C. 下肢 X 线片
D. 下肢 MRI　E. 下肢超声多普勒

A. 动脉硬化性闭塞症　B. 雷诺综合征　C. 下肢深静脉血栓形成
D. 血栓闭塞性脉管炎　E. 单纯性下肢静脉曲张

1391. 可通过高位结扎及剥脱术治疗的疾病是
1392. 可出现 Homans 征阳性的疾病是

1393. 女,40 岁。产后卧床 5 天,突发左下肢肿胀、疼痛。查体:左股三角区压痛阳性,左大腿肿胀,皮温升高,小腿前静脉扩张,无压痛。该患者血栓形成最可能的部位是
A. 股静脉　B. 小隐静脉　C. 腘静脉
D. 大隐静脉　E. 髂-股静脉

1394. 男,55 岁。胰头癌行胰十二指肠切除术后 6 天,发现整个右下肢肿胀。查体:右下肢皮温增高,股三角区深压痛,足背动脉搏动存在。错误的治疗措施是
A. 应用止血药物　B. 口服阿司匹林　C. 皮下注射低分子肝素
D. 卧床休息、抬高患肢　E. 静脉输注低分子右旋糖酐

(1395~1396 题共用题干)男,50 岁。因左侧腹股沟斜疝行无张力疝修补手术后第 2 天,突发左侧下肢肿胀,左侧髂窝、股三角区有疼痛和压痛,左下肢皮温升高。

1395. 该患者最可能的诊断是
A. 深静脉血栓形成　B. 大隐静脉曲张　C. 丹毒
D. 淋巴水肿　E. 皮肤管状淋巴管炎伴淋巴结炎

1396. 术后第 3 天,患者上厕所时突然出现呼吸困难,继而出现呼吸、心跳骤停。吸痰为血性,经抢救无效死亡。最可能的死亡原因是
A. 急性肺栓塞　B. 急性脑出血　C. 急性心肌梗死
D. 呼吸道出血窒息　E. 急性脑血栓形成

1397. 急性肢体动脉栓塞的临床表现“5P”,不包括
A. 疼痛　B. 感觉异常　C. 麻痹
D. 脉快　E. 苍白

1398. 男,58 岁。因右下肢剧烈疼痛、麻木、发凉、苍白 6 小时就诊。既往有多年心房颤动病史。最可能的诊断为
A. 血管闭塞性脉管炎　B. 动脉硬化闭塞症　C. 动脉栓塞
D. 雷诺病　E. 深静脉血栓形成

第 23 章　隐睾症与泌尿系统外伤

一、隐睾症(执业医师需掌握)

1399. 隐睾最严重的后果是
A. 不育　B. 睾丸炎　C. 睾丸恶变
D. 睾丸扭转　E. 睾丸萎缩

1400. 单侧隐睾手术治疗应在
A. 2 岁以前　B. 3~6 岁　C. 7~10 岁
D. 青春期　E. 婚后影响生育时

1401. 男孩,2 岁。右腹股沟包块,卧位可消失,右侧阴囊内未触及睾丸。B 超示右侧睾丸位于右腹股沟。正确的治疗方法是
A. 腹股沟疝高位结扎术　B. 右侧睾丸切除　C. 睾丸下降固定术
D. 绒毛膜促性腺激素治疗　E. 疝囊高位结扎+睾丸下降固定术

二、泌尿系统外伤(执业医师及助理医师均需掌握)

1402. 最严重的肾外伤类型是
A. 肾挫伤　B. 肾全层裂伤　C. 肾蒂断裂
D. 肾部分损伤　E. 肾皮质裂伤

1403. 肾外伤血尿不明显的是
A. 肾挫伤　B. 肾蒂断裂　C. 肾全层裂伤
D. 肾部分裂伤　E. 肾盂部分撕裂

(1404~1405 题共用题干)男,30 岁。1 小时前从 3m 高处坠落,右腰部受伤,局部疼痛,肉眼血尿。查体:生命体征平稳,腹软。住院 5 天后下床活动,右腰部疼痛加剧并出现腰部包块。此时 P120 次/分,BP80/40mmHg。

1404. 为了解右腰部包块来源,应采用的检查是
A. 同位素肾图　B. B 超　C. KUB
D. 血常规　E. 尿常规

1405. 下一步最恰当的治疗措施是
A. 抗休克同时准备手术　B. 输血　C. 抗感染
D. 输液　E. 继续观察

1406. 男,40 岁。因塌方右腰部被砸伤,伤后出现大量肉眼血尿,右肾区明显肿胀,压痛,皮下可见瘀血斑,脉搏 120 次/分,BP80/50mmHg。印象诊断是
A. 肾挫伤　B. 肾实质损伤　C. 肾实质与肾盂肾盏破裂
D. 肾全层损伤　E. 肾蒂断裂

1407. 协助诊断肾挫伤,首要的检查是
A. 静脉尿路造影　B. 腹部 CT 平扫　C. 血细胞比容
D. 尿常规　E. 血肌酐

1408. 患者从高处跌下已 3 小时,左腰部受伤,疼痛剧烈,血尿。查体:BP80/60mmHg,左腰部触痛明显,腹部压痛,无反跳痛。其治疗方法是
A. 输液抗感染　B. 卧床休息　C. 手术治疗

D. 输血　　E. 镇痛

1409. 男,12 岁。反复左腰部胀痛 2 年。查体:左腰部包块,质软,呈囊性感。B 超提示左肾积水,肾皮质变薄。为了解左肾实质损害程度及分侧肾功能,首选的检查是

A. KUB　　B. 血 BUN、Scr　　C. CT 平扫

D. 放射性核素肾显像　　E. 逆行尿路造影

1410. 男,25 岁。发生左侧腹部及左下胸部撞击伤 3 小时。检查:神志清晰,体温 37℃,血压80/60mmHg,脉率 120 次/分,左侧腹压痛,有轻度反跳痛及肌紧张。血白细胞 20×10^9/L。尿镜检红细胞20/HP,正确的急救处理是

A. 大剂量抗菌药物治疗　　B. 输血、输液

C. 密切观察　　D. 纠正休克的同时,考虑立即剖腹探查

E. 应用 25%甘露醇静脉注射,密切观察尿液的改变

1411. 骑跨伤致尿道外伤的部位是

A. 前列腺部　　B. 膜部　　C. 球部

D. 阴茎部　　E. 尿道全部

1412. 球部尿道外伤后最有特征性的症状是

A. 初始血尿　　B. 终末血尿　　C. 全程血尿

D. 尿道溢血　　E. 会阴部肿痛

1413. 男,20 岁。跨栏比赛时会阴部受伤。伤后会阴部疼痛、青紫,尿道出血,不能自行排尿。应考虑的诊断是

A. 睾丸损伤　　B. 尿道球部外伤　　C. 膀胱破裂

D. 耻骨骨折　　E. 后尿道外伤

1414. 以下关于尿道外伤的叙述,不正确的是

A. 前尿道外伤多发生于球部　　B. 阴茎部尿道外伤多见　　C. 球部外伤多见于骑跨性损伤

D. 医源性尿道狭窄有增多趋势　　E. 后尿道外伤多发生于骨盆骨折

1415. 男,25 岁。骑跨性尿道外伤,不能自行排尿且有尿外渗。尿外渗的范围多见于

A. 前列腺周围　　B. 会阴部及阴囊　　C. 腹腔

D. 膀胱周围　　E. 耻骨后间隙

1416. 男,50 岁。车祸致下腹部受伤 2 小时。查体:T36.8℃,P90 次/分,R20 次/分,BP140/70mmHg,双肺呼吸音清,未闻及干、湿啰音,心律齐,未闻及杂音,下腹膨隆,有压痛,无肌紧张,移动性浊音阴性,耻骨联合处压痛,骨盆分离挤压试验阳性。予导尿,导尿管插入后仍未引出尿液,导尿管尖端见血迹。最可能的原因是

A. 导尿管插入深度不足　　B. 导尿管阻塞　　C. 导尿管插入方法不对

D. 骨盆骨折合并膀胱外伤　　E. 骨盆骨折合并尿道断裂

1417. 青年男性,自高处跌下,致骨盆骨折,发生排尿困难,尿潴留,会阴部肿胀,导尿管不能插入膀胱。外伤的部位应是

A. 膀胱　　B. 肛门直肠　　C. 后尿道

D. 尿道球部　　E. 阴茎部尿道

A. 试插导尿管　　B. 尿道造影　　C. 尿道探子

D. B 超　　E. 尿道镜检查

1418. 确定尿道外伤部位及程度,应选用的方法是

1419. 检查尿道是否连续、完整,首选的方法是

(1420~1421 题共用题干)男,35 岁。会阴部骑跨伤,受伤后尿道外口滴血,排尿时疼痛加重,会阴部和阴囊处轻度肿胀、瘀斑。

1420. 该患者泌尿系外伤的部位是
A. 膀胱颈部　B. 尿道阴茎部　C. 尿道前列腺部
D. 尿道球部　E. 尿道膜部

1421. 首选的处理方法是
A. 膀胱造瘘　B. 尿道断端吻合　C. 单纯血肿清除
D. 尿道会师复位　E. 试插导尿管引流尿液+抗感染治疗

(1422~1423 题共用题干)男,50 岁。车祸 2 小时急诊入院,经抢救后生命体征平稳,神志清醒。现出现下腹部疼痛,不能排尿 4 小时。查体:下腹部叩诊呈浊音,直肠指检可触及直肠前方饱满,前列腺尖端浮动感。X 线片显示骨盆骨折(耻骨下支断裂)。

1422. 最可能的诊断是
A. 肾外伤　B. 输尿管外伤　C. 前尿道外伤
D. 后尿道外伤　E. 膀胱破裂

1423. 后期需要补充的最重要的检查是
A. 尿道造影　B. 膀胱造影　C. CT
D. B 超　E. 静脉尿路造影

1424. 尿道外伤患者首选哪种检查方法?
A. 导尿术　B. B 超　C. 尿道造影
D. 尿道探子　E. 膀胱镜检查

1425. 男性患者后尿道外伤,针对尿道不全撕裂最常用的早期处理是
A. 尿外渗引流术　B. 耻骨上高位膀胱造瘘术　C. 留置导尿管
D. 经会阴尿道修补术　E. 尿道端端吻合术

1426. 男,45 岁。高处坠落伤 7 小时,伤后未排尿。查体:神志清,BP80/55mmHg,血氧饱和度 90%,颈部、背部、腰部、胸部无压痛,心率 122 次/分,腹部无压痛、肌紧张,上肢感觉活动正常,骨盆分离挤压试验(+),髋关节活动受限,大腿见多处皮肤擦伤并有沙粒污染,下肢感觉运动正常。入院后首先要进行的处理是
A. 立即留置导尿　B. 临时固定骨盆　C. 立即清创,防止创面感染
D. 立即开通静脉补液通路　E. 立即完善相关检查,明确诊断

1427. 男,25 岁。骨盆骨折伴后尿道外伤,急性尿潴留,试插尿管失败。最佳急诊处理办法
A. 针灸　B. 热敷　C. 耻骨上膀胱造瘘
D. 急症行尿道会师术　E. 急症行尿道断端吻合术

1428. 男,32 岁。会阴部骑跨伤 5 小时。随后会阴部疼痛,尿道口滴血,不能自行排尿。生命体征稳定,阴囊肿大、青紫。该患者适宜的处理方法是
A. 抗感染　B. 经会阴尿道断端吻合+引流尿外渗
C. 膀胱造瘘　D. 导尿　E. 应用止血药

第 24 章　前列腺炎、附睾炎与肾结核

一、前列腺炎(执业医师及助理医师均需掌握)

1429. 男,40 岁,出现排尿后尿道灼痛并溢尿 6 个月。前列腺按摩液检查:卵磷脂少量,白细胞

20~30个/HP。应诊断为

A. 膀胱炎　　B. 慢性前列腺炎　　C. 尿道炎
D. 肾结核　　E. 膀胱结石

1430. 男,42岁。寒战、高热、尿频、尿急、尿痛、排尿困难、会阴部胀痛1天。查体:尿道口无分泌物和红肿。首先考虑的疾病是

A. 膀胱结石　　B. 急性前列腺炎　　C. 急性尿道炎
D. 急性膀胱炎　　E. 急性附睾炎

二、附睾炎(执业医师需掌握)

尚未出题。

三、肾结核(执业医师及助理医师均需掌握)

1431. 病理改变在肾脏,临床表现为膀胱刺激症状,最常发生此种情况的泌尿系疾病是

A. 肾肿瘤　　B. 鹿角型肾结石　　C. 肾损伤
D. 泌尿系结核　　E. 肾积水

1432. 肾结核多起源于

A. 肠结核　　B. 骨结核　　C. 肺结核
D. 膀胱结核　　E. 生殖系结核

1433. 肾结核最具有特征性的临床表现是

A. 腰痛　　B. 发热伴盗汗　　C. 肉眼血尿
D. 慢性膀胱刺激症状　　E. 消瘦

A. 膀胱结石　　B. 急性肾盂肾炎　　C. 泌尿系结核
D. 膀胱肿瘤　　E. 急性膀胱炎

1434. 男,32岁。慢性膀胱刺激症状伴终末血尿,应首先考虑

1435. 男,40岁。慢性膀胱刺激症状,伴排尿困难及尿流中断,改变体位后可继续排尿,应首先考虑

1436. 男,29岁。尿频、尿急、尿痛伴尿道内不适1年余。近日晨起排尿终末可见尿道口“滴白”,下腹部及会阴部隐痛,无寒战和高热。最可能的诊断是

A. 良性前列腺增生　　B. 慢性膀胱炎　　C. 急性细菌性前列腺炎
D. 慢性前列腺炎　　E. 慢性尿道炎

1437. 确诊肾结核最可靠的依据是

A. IVU肾不显影　　B. 尿中找到抗酸杆菌　　C. 尿结核分枝杆菌培养阳性
D. 尿中见大量脓细胞　　E. 尿频、尿急、尿痛症状

1438. 对诊断肾结核最有意义的检查项目是

A. 尿路平片　　B. 肾图　　C. B超
D. 静脉尿路造影　　E. 膀胱镜检

1439. 决定肾结核的治疗方法,除全身情况外主要依据

A. 膀胱刺激症状　　B. 血尿程度　　C. 尿中找到结核分枝杆菌
D. 膀胱镜检查所见　　E. 静脉尿路造影或逆行肾盂造影

1440. 慢性膀胱刺激症状患者,静脉尿路造影见右肾上盏有破坏,可能的诊断为

A. 右肾肿瘤　　B. 右肾盂肾炎　　C. 右肾炎
D. 右肾结核　　E. 右肾乳头炎

(1441~1442题共用题干)女,32岁。慢性膀胱刺激症状逐渐加重3个月。KUB+IVU见右肾有钙

化影,肾影增大,无功能。

1441. 应考虑的疾病是
A. 右肾结核　B. 右肾肿瘤　C. 右肾结石
D. 肾盂肾炎　E. 右肾积水

1442. 对确诊最有价值的尿液检查是
A. 尿三杯试验　B. 尿蛋白测定　C. 尿结核分枝杆菌培养
D. 尿常规　E. 尿普通细菌培养

(1443~1444 题共用题干)男,18 岁。反复左侧腰部胀痛 3 年余,B 超见左肾重度积水,左输尿管显示不清。总肾功能正常。尿常规:RBC(-),WBC5~10/HP。IVU 检查示左肾显影不清晰,右肾正常。

1443. 为明确病变部位,最常用的检查方法是
A. KUB　B. 放射性核素肾显像　C. B 超
D. 逆行肾盂造影　E. CT 平扫

1444. 有效的治疗方法是
A. 抗感染治疗　B. 肾盂输尿管成形　C. 继续观察
D. 放置输尿管支架引流　E. 左肾切除

1445. 有关肾结核的手术治疗原则中,错误的是
A. 无泌尿、生殖系外的活动性结核　B. 术前抗结核治疗至少 2 周以上
C. 术后应用抗结核药 6 个月以上　D. 双肾结核应尽早手术切除
E. 术中应尽量保留健康肾组织

1446. 左肾结核无功能,右肾轻度积水,功能正常,经抗结核治疗仍有膀胱刺激症状。下步治疗方案为
A. 继续抗结核治疗　B. 加强支持疗法　C. 左肾切除术
D. 右肾造瘘术　E. 对症治疗

1447. 男,40 岁。诊断左肾结核,右肾严重积水伴尿毒症,膀胱容量 20ml。宜首先行
A. 膀胱扩大术　B. 右肾造瘘术　C. 左肾切除术
D. 左肾结核病灶清除术　E. 膀胱造瘘术

1448. 女,25 岁。右肾结核行右肾切除,抗结核治疗半年多,尿痛缓解,但尿频加重,每晚 7~8 次。静脉尿路造影见左肾显影尚好,仅伴轻度肾积水及膀胱挛缩,尿常规白细胞 0~2/HP。现治疗应选择
A. 左肾造瘘术　B. 继续抗结核治疗　C. 左输尿管皮肤造瘘术
D. 膀胱扩大术　E. 膀胱造瘘术

A. 抗结核治疗　B. 病灶清除术　C. 肾部分切除术
D. 肾切除术　E. 肾造瘘

1449. 一侧肾结核无功能,对侧肾正常,应行
1450. 一侧肾结核无功能,对侧肾重度积水并尿毒症,应先行
1451. 一侧肾结核,上肾盏有虫蚀样改变,应行

1452. 附睾结核多继发于
A. 肾结核　B. 骨结核　C. 淋巴结结核
D. 肠结核　E. 肺结核

(1453~1454 题共用题干)男,38 岁。会阴部不适,双侧睾丸疼痛 1 年。社区医院按“前列腺炎”治疗效果不明显,近期症状加重,出现血精。查体:睾丸正常,左侧附睾尾部肿大,质地偏硬,左输精管增粗,呈“串珠状”改变。直肠指检:前列腺略大,有大小不等的结节,无压痛。

1453. 最可能的诊断是
A. 前列腺癌　B. 附睾、输精管炎　C. 精囊炎
D. 慢性前列腺炎　E. 生殖系结核

1454. 为协助诊断,需补充的最重要的病史是
A. 不洁性生活史　B. 泌尿系感染史　C. 附睾炎病史
D. 睾丸炎病史　E. 结核病史

第 25 章　泌尿系统梗阻

一、肾积水(执业医师需掌握)

1455. 可同时了解肾积水患者的肾功能及其梗阻程度的检查方法是
A. 逆行肾盂造影　B. MRI　C. CT
D. B 超　E. 放射性核素肾图

1456. 女,16 岁。反复左腰部胀痛不适 2 年。B 超发现左肾积水 6cm×4cm,上尿路未见结石。为明确病因,最有价值的检查是
A. 腹部 CT　B. 腹部 X 线片　C. 静脉尿路造影
D. 左侧逆行肾盂造影　E. 放射性核素肾图

二、良性前列腺增生(执业医师及助理医师均需掌握)

1457. 前列腺增生的起始部位是
A. 移行带　B. 外周带　C. 中央带
D. 全部前列腺组织　E. 前列腺外科包膜

1458. 良性前列腺增生症最早出现的症状往往是
A. 尿频　B. 排尿困难　C. 血尿
D. 尿痛　E. 尿急

1459. 前列腺增生患者最重要的症状是
A. 排尿困难　B. 无痛性肉眼血尿　C. 尿失禁
D. 尿潴留　E. 尿频、尿急、尿痛

1460. 男性充溢性尿失禁的常见原因是
A. 使用利尿剂　B. 输尿管结石　C. 前列腺增生
D. 下尿路感染　E. 直肠脱垂

1461. 男,70 岁。进行性排尿困难 3 年,加重伴尿失禁 2 天。此尿失禁为
A. 充溢性尿失禁　B. 压力性尿失禁　C. 真性尿失禁
D. 混合性尿失禁　E. 急迫性尿失禁

1462. 判断前列腺大小较准确的检查方法是
A. 残余尿测定　B. B 超　C. 膀胱造影
D. 直肠指诊　E. 膀胱镜检查

1463. 测定残余尿量,最准确的检查方法是
A. 排泄性尿路造影　B. 膀胱区叩诊　C. 放射性核素肾图
D. B 型超声　E. 排尿后导尿术测定

1464. 男,59 岁。排尿困难 2 年。2 年来排尿困难逐渐加重,表现为尿线变细,尿滴沥。夜尿 3~4 次,无

尿痛及肉眼血尿。直肠指检及 B 超诊断为前列腺增生。确定排尿梗阻程度的有效检查方法是

A. 残余尿测定　　B. MRI　　C. 膀胱镜
D. CT　　E. 尿流率检查

(1465~1466 题共用题干)男性,68 岁。饮酒后不能自行排尿 5 小时急诊住院。体检见耻骨上包块,有轻压痛。

1465. 该患者最可能的病因是
A. 前列腺增生　　B. 尿道狭窄　　C. 膀胱肿瘤
D. 尿道结石　　E. 神经性膀胱

1466. 要确诊病因,最简便的影像学检查是
A. CT　　B. MRI　　C. B 超
D. KUB　　E. 膀胱造影检查

1467. 男,65 岁。进行性排尿困难 2 年,加重 3 个月,药物治疗无效。B 超检查:残余尿 100ml,双肾无积水,最大尿流率 10ml/s。心、肺、肝、肾功能正常。首选的治疗方法是
A. 耻骨后前列腺切除　　B. 经尿道热疗　　C. 耻骨上膀胱造瘘
D. 经尿道前列腺切除　　E. 耻骨上经膀胱前列腺切除

(1468~1469 题共用题干)男,72 岁。尿频、排尿困难、尿滴沥,尿不成线半年余。曾发生急性尿潴留 4 次,经检查确诊为良性前列腺增生。肺、肝、肾功能检查未见异常。

1468. 最佳的治疗方法是
A. 长期留置导尿管　　B. 服用 5α-还原酶抑制剂　　C. 手术治疗
D. 抗感染治疗　　E. 尿道扩张

1469. 若患者选择保守治疗,常用的治疗方案是
A. 间歇导尿　　B. 抗感染治疗　　C. 尿道扩张
D. 花粉制剂　　E. α 受体阻滞剂+5α-还原酶抑制剂

(1470~1471 题共用题干)男,70 岁。进行性排尿困难 10 年,夜尿 3~4 次。从未药物治疗。直肠指检:前列腺体积增大,中央沟消失,表面尚光滑,质地中等。B 超:双肾无积水,输尿管未见扩张。最大尿流率 10ml/s。

1470. 首先考虑的疾病是
A. 膀胱结石　　B. 膀胱颈部挛缩　　C. 前列腺癌
D. 前列腺增生　　E. 神经源性膀胱

1471. 首选的治疗方法是
A. 膀胱造瘘　　B. 根治性前列腺切除术　　C. 口服多沙唑嗪+非那雄胺
D. 膀胱切开取石　　E. 经尿道前列腺切除术(TURP)

1472. 男,72 岁。进行性排尿困难 6 年,近 1 周出现排尿疼痛伴发热,T39℃。B 超提示前列腺增大,残余尿 400ml,双肾积水。尿常规:WBC30~50/HP。血 BUN 及 Scr 升高。入院后首选的治疗是
A. 抗感染治疗　　B. α 受体阻滞剂　　C. 5α-还原酶抑制剂
D. 前列腺切除　　E. 耻骨上膀胱造瘘+抗感染治疗

三、急性尿潴留(执业医师及助理医师均需掌握)

1473. 引起急性尿潴留的病因中,属于动力性梗阻的是
A. 膀胱结石　　B. 膀胱肿瘤　　C. 尿道狭窄

D. 外伤性脊髓损伤　E. 良性前列腺增生

1474. 急性尿潴留病因中,属于机械性梗阻的是
A. 腰麻和肛管直肠术后　B. 外伤性高位截瘫　C. 使用药物阿托品、普鲁本辛后
D. 腹泻或长时间使用利尿剂　E. 尿道结石

1475. 老年男性急性尿潴留常见的病因是
A. 前列腺增生　B. 尿道结石　C. 尿道外伤
D. 膀胱异物　E. 尿道肿瘤

1476. 急性尿潴留时最常用的处理方法是
A. 利尿　B. 针灸　C. 膀胱穿刺抽尿
D. 膀胱造瘘　E. 导尿

1477. 男,70 岁。前列腺增生 10 年,口服药物治疗。1 天前饮酒后出现不能自行排尿,下腹胀痛。首选的治疗方法是
A. 耻骨上膀胱穿刺　B. 前列腺切除手术　C. 耻骨上膀胱穿刺造瘘
D. 口服 α_1 受体阻滞剂　E. 导尿并留置尿管

1478. 前列腺增生,合并急性尿潴留,双肾积水,应首选哪项治疗?
A. α 受体阻滞剂治疗　B. 导尿并留置导尿管　C. 雌激素治疗
D. 膀胱造瘘　E. 前列腺切除术

1479. 男,65 岁。排尿困难 2 年,尿线细,射程短,排尿时间延长。1 天前因感冒后突发不能自行排尿,下腹区胀痛难忍。应先行
A. 输液抗感染　B. 导尿　C. 前列腺切除术
D. 针刺　E. 理疗

1480. 男性,65 岁。进行性排尿困难已 5 年,不能自行排尿 8 小时,膀胱膨隆轻压痛。首选的治疗方法应是
A. 针灸　B. 耻骨上膀胱穿刺　C. 导尿并保留导尿管
D. 耻骨上膀胱造瘘　E. 药物治疗

第 26 章　尿路结石

一、尿路结石概述(执业医师及助理医师均需掌握)

1481. 腹部 X 线片不易显影的尿结石是
A. 磷酸盐结石　B. 草酸盐结石　C. 碳酸盐结石
D. 尿酸结石　E. 混合结石

1482. 与尿路梗阻和感染有关的结石是
A. 草酸盐结石　B. 磷酸镁铵结石　C. 胱氨酸结石
D. 黄嘌呤结石　E. 尿酸结石

1483. 鹿角形结石引起泌尿道的病理生理改变,最严重的后果是
A. 尿路上皮恶性变　B. 肾积水　C. 尿路梗阻
D. 尿路感染　E. 尿毒症

二、上尿路结石(执业医师及助理医师均需掌握)

1484. 活动后左腰部绞痛,伴肉眼血尿、恶心、呕吐。首先考虑的疾病是
A. 泌尿系结石　B. 慢性肾炎　C. 泌尿系肿瘤

D. 肾脏自发性破裂　　E. 肾结核

1485. 下面哪种血尿应考虑肾、输尿管结石？
A. 无痛性血尿　　B. 终末血尿　　C. 活动后血尿
D. 初期血尿　　E. 严重血尿伴血块

1486. 上尿路结石出现血尿的特点是
A. 尿频、尿急、尿痛　　B. 活动后绞痛并有血尿　　C. 间歇性无痛血尿
D. 下腹部疼痛并有恶心　　E. 排尿突然中断

1487. 男性，30 岁。突发左腰部绞痛伴镜下血尿，左腰部轻度压痛和叩击痛，无肌紧张。应考虑
A. 肾肿瘤　　B. 肾结核　　C. 急性肾盂肾炎
D. 肾输尿管结石　　E. 肾积水

A. 输尿管软镜激光碎石　　B. 体外冲击波碎石　　C. 药物排石
D. 经输尿管镜碎石　　E. 经皮肾镜碎石

1488. 右肾盂结石直径 3.5cm，B 超检查肾盂分离 3cm，应选择的治疗方法是
1489. 右输尿管上段结石 0.4cm×0.3cm，应选择的治疗方法是

1490. 男，40 岁。突发右腰部剧痛 3 小时，疼痛向右下腹放射，伴恶心、呕吐。最可能的疾病是
A. 胆石病　　B. 急性胆囊炎　　C. 上尿路结石
D. 急性阑尾炎　　E. 肾盂肾炎

1491. 鉴别上尿路结石与腹腔钙化灶常用的检查方法是
A. 静脉尿路造影　　B. CT　　C. 腹部侧位 X 线片
D. B 超　　E. MRI

（1492~1493 题共用题干）男，23 岁。突发右腰部绞痛伴镜下血尿，右腰部叩击痛阳性。

1492. 为了明确诊断，首选的检查方法是
A. B 超　　B. CT　　C. MRI
D. KUB+IVU　　E. 尿常规

1493. 了解分侧肾功能的检查方法是
A. KUB　　B. 肾功能　　C. 放射性核素肾显像
D. 逆行肾盂造影　　E. B 超

1494. 女，20 岁。近 1 年来时有右下腹疼痛伴膀胱刺激症状。体检：腹软，右下腹深压痛，右腰部轻叩痛。尿常规红细胞++/HP，白细胞+/HP。肾图检查：右侧呈梗阻型曲线。应考虑为
A. 慢性膀胱炎　　B. 急性阑尾炎　　C. 慢性附件炎
D. 急性肾盂肾炎　　E. 右输尿管下段结石

A. 无痛性全程肉眼血尿　　B. 终末血尿伴膀胱刺激征　　C. 初始血尿
D. 疼痛伴血尿　　E. 血红蛋白尿

1495. 泌尿系结核血尿特点是
1496. 泌尿系肿瘤血尿特点是
1497. 泌尿系结石血尿特点是

1498. 肾绞痛发作时，首选治疗方法是
A. 抗感染治疗　　B. 口服中药　　C. 针灸
D. 局部热敷　　E. 解痉止痛

1499. 男，35 岁。B 超发现右输尿管上段结石，大小 1.2cm×0.8cm，合并轻度右肾积水，无发热，静脉尿路

造影(IVU)显示右输尿管上段结石,右肾轻度积水,输尿管显影。首选的治疗方法是

A. 体外冲击波碎石　　B. 输尿管镜碎石取石　　C. 经皮肾镜碎石取石

D. 开放输尿管切开取石　　E. 腹腔镜输尿管切开取石

1500. 肾盂和输尿管交界处结石长径12mm,肾轻度积水,结石远端无梗阻,首选的治疗方法是

A. 腹腔镜下手术取石　　B. 体外冲击波碎石　　C. 开放手术取石

D. 经输尿管镜碎石　　E. 经皮肾镜碎石

1501. 男,22岁。右腰部胀痛伴血尿3月余,KUB+IVU诊断右肾盂结石,大小1.8cm×1.2cm,右肾轻度积水,肾功能正常。首选的治疗方法是

A. 经皮肾镜激光碎石　　B. 右肾盂切开取石　　C. 药物排石

D. 抗感染　　E. 体外冲击波碎石(ESWL)

A. 体外冲击波碎石　　B. 经皮肾镜碎石　　C. 经输尿管碎石

D. 药物治疗及大量饮水　　E. 腹腔镜下取石或开放性手术取石

1502. 输尿管结石4mm,结石远端无梗阻,首选治疗方案是

1503. 肾结石2.0cm,首选治疗方案是

(1504~1505题共用题干) 男,32岁,反复腰部胀痛1年。B超见右肾盂结石,大小1.5cm×1.0cm,左肾积水,左输尿管上段结石,大小1.0cm×0.8cm。尿常规:RBC5~10/HP,WBC16~20/HP。肾功能正常。

1504. 要了解该患者分肾功能首选的检查方法是

A. CT平扫　　B. 复查B超　　C. KUB

D. MRI　　E. IVU

1505. 首选的治疗方法是

A. 左输尿管结石体外冲击波碎石　　B. 右肾盂结石体外冲击波碎石

C. 左输尿管切开取石　　D. 药物排石

E. 右肾盂切开取石

1506. 肾结石行体外冲击波碎石的主要禁忌证是

A. 高血压　　B. 糖尿病　　C. 前列腺增生

D. 结石急性发作　　E. 输尿管狭窄

1507. 男,40岁。左肾盂结石1.5cm,静脉尿路造影显示左肾功能正常,逆行肾盂造影证实左侧肾盂输尿管交界处狭窄。首选治疗方法是

A. 大量饮水　　B. 服用药物排石　　C. 体外冲击波碎石

D. 经皮肾镜碎石　　E. 开放手术取石+肾盂输尿管成形

1508. 男,46岁。反复左腰部胀痛6个月,疼痛加重伴高热1周,经抗炎治疗后症状无缓解。左腰部触痛明显。既往有左肾绞痛、血尿病史。血常规:WBC11.2×10^9/L,N0.80。尿常规:WBC(++++)。B超和KUB检查提示左输尿管上段结石,长径1.5cm,平第4腰椎横突,左肾重度积水。首选治疗方法是

A. 输尿管切开取石　　B. 经皮肾镜碎石取石　　C. 体外冲击波碎石

D. 肾穿刺造瘘　　E. 输尿管镜碎石取石

三、膀胱结石(执业医师需掌握)

1509. 老年男性发生膀胱结石最常见的诱因是

A. 膀胱炎　　B. 前列腺炎　　C. 膀胱挛缩

D. 前列腺增生　　E. 膀胱异物

1510. 男孩,5 岁。排尿困难,尿流中断,跳动或改变体位姿势后又可排尿。最可能的疾病是
A. 尿道瓣膜　B. 尿道狭窄　C. 神经源性膀胱
D. 膀胱结石　E. 前尿道结石

A. 急性膀胱炎　B. 急性肾盂肾炎　C. 泌尿系结核
D. 膀胱结石　E. 膀胱肿瘤
1511. 中年男性,有顽固膀胱刺激症状伴终末血尿,应先考虑
1512. 时有膀胱刺激症状,伴排尿困难及尿流中断,改变体位后可继续排尿,应先考虑

第 27 章　泌尿系统肿瘤

一、肾癌、肾盂癌和肾母细胞瘤(执业医师及助理医师均需掌握)

1513. 男,60 岁。体检时 B 超发现左肾下极不均质的中等回声实性肿块,CT 增强扫描显示左肾下极恶性肿瘤,直径 3.5cm,右肾萎缩。最适宜的治疗是
A. 左肾切除术　B. 左肾动脉栓塞术　C. 左肾根治性切除
D. 左肾部分切除术　E. 密切观察
1514. 老年人无痛性肉眼血尿,首先应考虑
A. 泌尿系肿瘤　B. 泌尿系感染　C. 泌尿系结核
D. 泌尿系结石　E. 泌尿系畸形
1515. 肾肿瘤常见的三大症状是
A. 疼痛、包块、低热　B. 血尿、疼痛、包块　C. 血尿、包块、高血压
D. 消瘦、血尿、低热　E. 血尿、疼痛、乏力
1516. 成人肾肿瘤最常见的症状是
A. 腰部包块　B. 腰部疼痛　C. 高血压
D. 精索静脉曲张　E. 间断无痛性血尿

A. 急性膀胱炎　B. 急性肾盂肾炎　C. 泌尿系结核
D. 膀胱结石　E. 膀胱肿瘤
1517. 女性患者无发热和腰痛,有膀胱刺激征和血尿,可能是
1518. 男性患者有无痛性的血尿,可能是

1519. 男,55 岁。间歇性全程无痛肉眼血尿 2 个月。静脉尿路造影可见右肾盂充盈缺损。首先考虑的疾病是
A. 肾癌　B. 肾结核　C. 肾盂肾炎
D. 肾结石　E. 肾盂癌
1520. 肾癌患者出现血尿时肿瘤已
A. 累及肾包膜　B. 转移至膀胱　C. 累及肾周脂肪囊
D. 血行转移　E. 侵及肾盂肾盏
1521. 诊断肾细胞癌最可靠的影像学方法是
A. CT 平扫　B. B 超　C. 尿路平片+静脉尿路造影
D. 肾动脉造影　E. CT 增强扫描
1522. 男,45 岁。2 天前突然出现无痛性肉眼血尿,右腰部轻度不适,既往无血尿史,临床初步诊断为"肾肿瘤"。此时应首选的检查方法是

A. 尿路平片　　B. 肾动脉造影　　C. 排泄性尿路造影
D. B 超检查　　E. 同位素扫描

1523. 难以鉴别的肾癌和肾囊肿,最可靠的鉴别方法是
A. 排泄性尿路造影　　B. 逆行肾盂造影　　C. B 超
D. 肾动脉造影　　E. CT

1524. 一侧肾癌的主要治疗方法是
A. 肾肿瘤剜除术　　B. 单纯肾切除　　C. 根治性肾切除术
D. 肾输尿管全切除　　E. 化疗

1525. 女,50 岁。右肾区钝痛伴低热 2 个月。B 超检查发现右肾中部有一实性肿块,大小为 5cm×4cm。CT 检查发现右肾占位性病变,边缘不清。首选的治疗方法是
A. 免疫治疗　　B. 根治性右肾切除　　C. 放疗
D. 化疗　　E. 肾部分切除术

A. 免疫治疗　　B. 随访观察　　C. 根治性肾切除术
D. 肾部分切除术　　E. 放射治疗

1526. 5cm×4cm 的肾癌,靠近肾门,对侧肾功能正常,应选择的治疗方法是

1527. 右肾下极 2.5cm×2.0cm 肾癌,左肾无功能,应选择的治疗方法是

1528. 肾盂癌常见的症状是
A. 高血压　　B. 腹部包块　　C. 肾绞痛并有血尿
D. 间歇性无痛性血尿　　E. 精索静脉曲张

1529. 45 岁,男性。间歇性肉眼血尿 3 月余。IVU 见左肾盂内有不规则充盈缺损,膀胱镜检见左侧输尿管口喷血。应首先考虑
A. 肾结核　　B. 肾癌　　C. X 线不显影肾结石
D. 肾盂癌　　E. 肾炎

1530. 男,60 岁。发现全程肉眼血尿伴条状血凝块 1 周。无尿频、尿急、尿痛。B 超检查显示左肾实质占位,肿块直径 55mm。为明确肿块性质,进一步检查首选
A. 尿细胞学检查　　B. 肾动脉造影　　C. 静脉尿路造影
D. 腹部 CT 平扫+增强　　E. 尿路平片

1531. 需要切除病肾及全长输尿管的疾病是
A. 肾结核　　B. 肾癌　　C. 肾盂癌
D. 肾母细胞瘤　　E. 萎缩肾

1532. 女,42 岁。肉眼血尿 1 月余。IVU 显示双肾功能正常,右肾盂有充盈缺损 1.5cm×1.2cm。尿细胞学检查发现肿瘤细胞。治疗方法首选
A. 放疗　　B. 右肾输尿管全切术　　C. 化疗
D. 右肾切除术　　E. 肿瘤切除术

(1533~1534 题共用题干)男性,52 岁。反复无痛性肉眼血尿伴条状血块 2 个月。膀胱镜检见右输尿管口喷血,尿细胞学可见癌细胞。

1533. 静脉尿路造影最有诊断价值的 X 线表现是
A. 右肾不显影　　B. 右肾积水　　C. 右肾萎缩
D. 右肾盂充盈缺损　　E. 右肾盏破坏

1534. 明确诊断后,首选的治疗方法是
A. 右肾切除术　　B. 右肾输尿管全切除　　C. 化疗

D. 放疗　　E. 免疫治疗

(1535~1536 题共用题干)男性,52 岁。无痛性肉眼血尿伴条状血块,无膀胱刺激症状及排尿困难。

1535. 对诊断有帮助的尿液检查是
A. 尿常规　　B. 尿培养　　C. 尿沉渣找结核分枝杆菌
D. 尿三杯试验　　E. 尿细胞学检查

1536. 静脉尿路造影最有价值的 X 线表现是
A. 肾积水　　B. 患肾无功能　　C. 肾盂充盈缺损
D. 肾萎缩　　E. 肾畸形

1537. 肾母细胞瘤的临床特点是
A. 血尿　　B. 腰痛　　C. 腹部包块
D. 高血压　　E. 发热

1538. 患儿,4 岁。发现左上腹包块如拳头大小,质硬,可活动,无压痛,排尿正常。应首先考虑
A. 左肾积水　　B. 左肾母细胞瘤　　C. 脾大
D. 胰腺囊肿　　E. 左肾结核

1539. 男孩,4 岁。精神不振、低热、消瘦 3 个月,排尿正常。查体发现右上腹包块,表面光滑,有一定的活动度。CT 检查证实右肾占位病变,大小 5cm×6cm,边界清楚,左肾未见异常。最可能的诊断是
A. 肾囊肿　　B. 肾母细胞瘤　　C. 肾上腺神经母细胞瘤
D. 巨大肾积水　　E. 肾癌

1540. 女孩,3 岁。无意中被发现左上腹有鹅蛋大包块、质硬,随呼吸上下移动。应首先考虑
A. 肾结核　　B. 肾积水　　C. 脾大
D. 肾母细胞瘤　　E. 胰腺囊肿

1541. 男,4 岁。近 3 个月发现右侧腹部有一肿物,生长迅速,行经腹肾切除术,病理为肾母细胞瘤。术后首选的辅助治疗方法是
A. 化学治疗　　B. 放射治疗　　C. 生物治疗
D. 基因治疗　　E. 中医药治疗

二、膀胱癌(执业医师及助理医师均需掌握)

1542. 泌尿系肿瘤中最常见的是
A. 膀胱癌　　B. 肾细胞癌　　C. 肾盂癌
D. 前列腺癌　　E. 阴茎癌

1543. 膀胱肿瘤最常见的临床表现是
A. 尿频、尿急、尿痛　　B. 疼痛+血尿　　C. 镜下血尿
D. 排尿困难　　E. 全程肉眼血尿

1544. 膀胱肿瘤 T_1 期表明肿瘤侵及
A. 黏膜表面　　B. 黏膜固有层　　C. 浅肌层
D. 深肌层　　E. 外膜层

1545. 采用 TNM 分期标准,膀胱肿瘤浸润浅肌层的分期是
A. T_a 期　　B. T_1 期　　C. T_{2a} 期
D. T_{2b} 期　　E. T_3 期

1546. 判断膀胱肿瘤恶性程度的依据是
A. 血尿程度　　B. 肿瘤的大小　　C. 肿瘤细胞分化程度

D. 肿瘤的数目　　E. 肿瘤浸润深度

1547. 女,65 岁。间歇全程肉眼血尿 2 个月,尿呈洗肉水样,无尿频、尿急、尿痛。间断出现,近日血尿加重。配偶吸烟。最可能的疾病是

A. 膀胱癌　　B. 膀胱炎　　C. 肾盂肾炎

D. 尿路结石　　E. 肾癌

A. 移行细胞癌　　B. 透明细胞癌　　C. 横纹肌肉瘤

D. 鳞癌　　E. 腺癌

1548. 膀胱肿瘤最常见的组织类型是

1549. 肾细胞癌最常见的组织类型是

A. CT(平扫+增强)　　B. 膀胱镜+活检　　C. X 线片

D. B 超　　E. 尿细胞学

1550. 确诊膀胱肿瘤最直接的手段是

1551. 了解膀胱肿瘤的浸润范围及深度、是否有盆腔淋巴结转移,应选用的检查方法是

1552. 血尿患者,膀胱镜见膀胱右侧壁有 2.5cm×1.0cm 新生物,有蒂,距右输尿管口 3cm,活检诊断移行细胞癌 T_1 期。首选的治疗方法是

A. 膀胱灌注化疗　　B. 经尿道膀胱肿瘤切除术　　C. 膀胱部分切除术

D. 膀胱全切除　　E. 放疗

1553. 男,60 岁。1 年前行经尿道膀胱肿瘤电切术,病理诊断为高级别尿路上皮癌。术后未随访。3 天前因肉眼血尿再次入院,膀胱镜检查发现膀胱肿瘤复发,直径 3.0cm,活检病理仍为高级别尿路上皮癌。盆腔 CT 提示肿瘤侵犯膀胱全层。最佳治疗方案是

A. 经尿道膀胱肿瘤电切　　B. 膀胱根治性切除术　　C. 化疗+放疗+支持治疗

D. 膀胱部分切除术　　E. 化疗+支持治疗

1554. T_3 期多发性膀胱肿瘤治疗方法是

A. 膀胱部分切除术　　B. 经尿道膀胱肿瘤切除术　　C. 膀胱内灌注化疗

D. 放疗　　E. 根治性膀胱全切除术

1555. 男,52 岁。无痛性肉眼血尿 3 个月。膀胱镜检查见膀胱三角区有一 4cm×3cm 新生物,呈浸润性生长,病理诊断为膀胱腺癌。最适宜的治疗方法是

A. 膀胱部分切除　　B. 经尿道膀胱肿瘤电切　　C. 化疗

D. 根治性膀胱切除　　E. 放疗

1556. 血尿患者,膀胱镜检见膀胱三角区有 4cm×5cm 大小肿瘤,无蒂,表面有坏死,活检为 T_3 期。最佳的治疗方案应为

A. 化疗+放疗　　B. 肿瘤切除术　　C. 膀胱部分切除术

D. 膀胱全切除　　E. 髂内动脉栓塞

(1557~1558 题共用题干)男性患者,56 岁。自述间歇、无痛性肉眼血尿 5 个月来门诊就诊。查体:一般状态好,轻度贫血貌,双肾未触及,膀胱区叩诊浊音。

1557. 该病例临床诊断首先考虑

A. 尿路感染　　B. 前列腺增生症　　C. 泌尿系结核

D. 膀胱结石　　E. 泌尿系肿瘤,以膀胱肿瘤可能性大

1558. 该病例首选的简便检查方法是

A. B 型超声　　B. CT　　C. MRI

D. 腹部 X 线片　　E. 肾图

(1559～1560 题共用题干)男性,50 岁。间歇性无痛性血尿 3 个月,有血块。B 超见膀胱内有 1.5cm×2.0cm×1.0cm新生物,有蒂。

1559. 对诊断最重要的检查是
A. 尿常规　B. 尿脱落细胞　C. 膀胱镜+活检
D. IVU　E. CT

1560. 目前最常用的治疗方法是
A. 膀胱灌注化疗　B. 经尿道电切　C. 开放手术
D. 放疗　E. 全身化疗

(1561～1563 题共用题干)男,50 岁。2 个月来间歇性无痛性全程血尿,近 3 天来加重伴有血块。B 型超声双肾正常,膀胱内有 2cm×1cm×1cm 肿物。

1561. 根据病史与检查,最重要的进一步检查是
A. 尿常规　B. 尿脱落细胞检查　C. 膀胱镜检查
D. 静脉尿路造影　E. CT

1562. 治疗措施的选择主要根据
A. 肿瘤大小　B. 肿瘤数量　C. 肿瘤类型
D. 肿瘤浸润深度　E. 肿瘤分化程度

1563. 目前最常用的治疗方法是
A. 口服药物　B. 经尿道电切　C. 开放手术
D. 放疗　E. 化疗

三、前列腺癌、睾丸肿瘤与阴茎癌(执业医师需掌握)

A. 血清 PSA 检查　B. 前列腺 B 超　C. 前列腺 MRI
D. 直肠指检　E. 前列腺穿刺活检

1564. 确诊前列腺癌的检查是

1565. 前列腺癌临床分期常用的检查是

(1566～1567 题共用题干)男,75 岁。排尿困难 3 年,加重 2 周。直肠指检发现前列腺结节,质地硬。血清 PSA30ng/ml。

1566. 为明确诊断,最重要的检查是
A. 膀胱尿道镜检查　B. 前列腺 MRI　C. 前列腺增强 CT
D. 前列腺穿刺活检　E. 经直肠前列腺超声

1567. 下列检查对患者病情评价意义不大的是
A. 膀胱尿道造影　B. 前列腺 MRI　C. 放射性核素骨显像
D. 泌尿系 B 超　E. X 线片

1568. 直肠指检发现下列情况中,属于前列腺穿刺活检指征的是
A. 前列腺增大　B. 前列腺硬结　C. 前列腺触痛
D. 前列腺囊性变　E. 前列腺萎缩

1569. 男,60 岁。排尿困难 3 个月,体检发现前列腺稍硬。为排除前列腺癌,意义最大的实验室检查项目是
A. 血癌胚抗原　B. 血酸性磷酸酶　C. 血甲胎蛋白
D. 血碱性磷酸酶　E. 血前列腺特异抗原

1570. 男,62 岁。进行性排尿困难 1 年。直肠指检前列腺稍增大,左侧叶有 1 枚黄豆大小硬结,PSA15ng/ml。MRI 见前列腺增大,边界清,左侧外周带有低信号病灶,精囊形态正常。前列腺穿刺

诊断为前列腺癌，Gleason 分级评分 3+4=7。其余检查未见异常。首选的治疗方法是

A. 根治性前列腺切除术　　B. 经尿道前列腺切除术　　C. 内分泌治疗
D. 全身化疗　　E. 前列腺冷冻治疗

(1571～1572 题共用题干)男，78 岁。腰骶部疼痛 2 个月。直肠指诊前列腺增大，有结节，质地坚硬且侵犯直肠。血清 PSA80.6ng/ml。前列腺穿刺活检诊断为前列腺癌，放射性核素骨显像见腰椎转移病灶。

1571. 该患者的临床分期是

A. T_4 期　　B. T_3 期　　C. T_{2a} 期
D. T_{2b} 期　　E. T_1 期

1572. 应选择的最佳治疗方法是

A. 根治性前列腺切除术　　B. 药物去势+抗雄激素制剂　　C. 观察、对症处理
D. 双侧睾丸切除术　　E. 根治性前列腺切除术+内分泌治疗

1573. 男，25 岁。右侧阴囊坠胀 3 个月。查体：右侧睾丸增大、质硬，有沉重感。应首先考虑的疾病是

A. 鞘膜积液　　B. 睾丸炎　　C. 睾丸扭转
D. 睾丸肿瘤　　E. 睾丸结核

1574. 预防阴茎癌最主要的措施是

A. 体重控制　　B. 控制烟酒　　C. 控制血糖
D. 注意卫生　　E. 尽早行包皮环切

第 28 章　精索静脉曲张与鞘膜积液

一、精索静脉曲张(执业医师需掌握)

1575. 精索静脉曲张，左侧多于右侧的主要原因不是

A. 左肾下垂　　B. 肾静脉处瓣膜发育不全　　C. 乙状结肠压迫
D. 静脉壁平滑肌薄弱　　E. 左侧呈直角注入左肾静脉

1576. 检查精索静脉曲张患者，应采取

A. 左侧卧位　　B. 站立位　　C. 右侧卧位
D. 平卧位　　E. 俯卧位

二、鞘膜积液(执业医师及助理医师均需掌握)

1577. 最常见的鞘膜积液是

A. 精索鞘膜积液　　B. 继发性鞘膜积液　　C. 睾丸精索鞘膜积液
D. 交通性鞘膜积液　　E. 睾丸鞘膜积液

1578. 透光试验用于诊断的主要疾病是

A. 睾丸鞘膜积液　　B. 腹股沟疝　　C. 睾丸肿瘤
D. 精索静脉曲张　　E. 附睾炎

1579. 男，59 岁。发现右侧阴囊内肿物 5 年，逐渐增大。肿物呈球形，表面光滑，有囊性感，无压痛，触不到睾丸和附睾。透光试验(+)。B 超示液性暗区。平卧后肿物无消失或缩小。最可能的诊断是

A. 睾丸鞘膜积液　　B. 附睾炎　　C. 腹股沟斜疝
D. 睾丸肿瘤　　E. 精索囊肿

1580. 男孩，3 岁。右侧阴囊内肿块，光滑，有波动感，右侧睾丸未触及，卧位时肿块不消失。首先考虑的诊断是

A. 腹股沟疝　B. 精索鞘膜积液　C. 隐睾
D. 睾丸鞘膜积液　E. 交通性鞘膜积液

1581. 男,26 岁。右侧阴囊增大不适半年。检查肿块约 2.0cm ×2.5cm 大小,有囊性感,无压痛,平卧位不消失,透光试验阳性。双侧睾丸、附睾可清楚触及,大小位置正常。应诊断为
A. 睾丸鞘膜积液　B. 睾丸肿瘤　C. 腹股沟疝
D. 精索鞘膜积液　E. 阴囊象皮肿

1582. 4 岁,男孩。右侧阴囊包块,平卧可消失,透光试验阳性。应考虑的诊断是
A. 睾丸鞘膜积液　B. 交通性鞘膜积液　C. 右侧斜疝
D. 睾丸肿瘤　E. 附睾结核

1583. 阴囊内无痛性包块,透光试验阳性。最可能的诊断是
A. 睾丸肿瘤　B. 腹股沟斜疝　C. 附睾结核
D. 精索静脉曲张　E. 鞘膜积液

A. 睾丸鞘膜积液　B. 精索鞘膜积液　C. 交通性鞘膜积液
D. 腹股沟斜疝　E. 睾丸肿瘤

1584. 阴囊包块,透光试验阳性,平卧后消失,多见于
1585. 阴囊包块,透光试验阴性,平卧后消失,多见于
1586. 阴囊肿块,透光试验阳性,平卧后无缩小,表面光滑,无压痛,摸不到睾丸,多见于

1587. 以下鞘膜积液,不需要手术治疗的是
A. 精索鞘膜积液　B. 交通性鞘膜积液　C. 睾丸鞘膜积液
D. 婴儿鞘膜积液　E. 睾丸精索鞘膜积液

1588. 成人巨大睾丸鞘膜积液,最佳治疗措施是
A. 睾丸鞘膜翻转　B. 鞘膜囊全部切除　C. 等待自行吸收消退
D. 内环处高位结扎鞘状突　E. 鞘膜积液穿刺抽液

第 29 章　骨折概论

(执业医师及助理医师均需掌握)

1589. 某战士参加野营拉练归来途中自觉右小腿疼痛,经休息治疗 2 周后无好转,X 线片检查发现右腓骨下段横行骨折线,无移位。其骨折的主要成因是
A. 直接暴力　B. 疲劳性骨折　C. 间接暴力
D. 肌拉力　E. 骨髓炎

A. 骨折有移位、畸形　B. 骨折处软组织破裂,骨折端与外界相通
C. 骨折部碎成 3 块以上　D. 骨折处皮肤黏膜完整,骨折端不与外界相通
E. 发生于肌腱附着部位的骨折

1590. 开放性骨折
1591. 粉碎性骨折
1592. 撕脱性骨折

1593. 属于稳定性骨折的是
A. 斜形骨折　B. 螺旋骨折　C. 多段骨折
D. 横形骨折　E. 粉碎骨折

1594. 属于不稳定性骨折的类型是
A. 嵌入骨折　B. 斜形骨折　C. 裂纹骨折
D. 青枝骨折　E. 压缩骨折

1595. 属于稳定骨折的是
A. 粉碎骨折　B. 嵌入骨折　C. 斜形骨折
D. 螺旋骨折　E. 椎体 1/3 骨折

1596. 属于骨折全身表现的是
A. 休克　B. 肿胀　C. 疼痛
D. 畸形　E. 瘀斑

1597. 骨折休克的主要原因是
A. 肿胀　B. 出血　C. 疼痛
D. 惊吓　E. 发热

1598. 开放性骨折体温升高时应考虑有
A. 疼痛刺激　B. 感染　C. 休克
D. 失血　E. 组织液丢失

1599. 骨折 X 线检查的重要意义是
A. 了解骨折的发生机制　B. 明确骨折的诊断　C. 判断骨折的预后
D. 了解组织的损伤情况　E. 了解骨质密度

1600. 对骨折诊断中 X 线检查的叙述,不正确的是
A. X 线摄片时,只需将骨折断端包括在内
B. 对不易明确诊断者,需加摄对侧相应部位的 X 线片
C. 高度怀疑但 X 线片未见骨折征象者,应于伤后 2 周复查 X 线片
D. 怀疑骨折时,应常规进行 X 线检查
E. 确诊骨折时,需进行 X 线检查

1601. 男,16 岁。右肘部摔伤 2 天。右肘关节肿胀,压痛明显,活动受限,内上髁处有骨擦感。对诊断有意义的首选检查是
A. 核素骨扫描　B. X 线片　C. B 型超声
D. CT　E. MRI

1602. 女,65 岁。跌倒,臀部着地,当即腰部疼痛,不能活动。首选的检查方法是
A. X 线片　B. CT　C. MRI
D. 超声检查　E. 核素扫描

1603. 男,32 岁。车祸致左大腿受伤。X 线片示左股骨皮质连续性中断。对诊断最有意义的临床表现是
A. 反常活动　B. 瘀斑　C. 活动受限
D. 压痛　E. 肿胀

1604. 影响骨折愈合的最重要因素是
A. 神经损伤　B. 软组织损伤　C. 健康状况
D. 断端血供　E. 静脉血栓

A. 异常活动　B. 肿胀疼痛　C. 功能障碍
D. 皮肤瘀斑　E. 死骨形成

1605. 骨折的专有体征是
1606. 慢性骨髓炎的表现是

1607. 下列哪种骨折不会出现骨折专有体征？
A. 腕骨骨折 B. 头骨骨折 C. 肱骨骨折
D. 髋骨骨折 E. 股骨骨折

1608. 属于骨折早期并发症的是
A. 创伤性关节炎 B. 缺血性骨坏死 C. 关节僵硬
D. 骨筋膜室综合征 E. 坠积性肺炎

1609. 属于骨折晚期并发症的是
A. 急性骨萎缩 B. 休克 C. 骨筋膜室综合征
D. 脂肪栓塞综合征 E. 周围神经损伤

1610. 骨折引起脂肪栓塞是由于
A. 患者肥胖 B. 脂肪肝 C. 骨筋膜室压力过高
D. 创伤的应激作用 E. 静脉压力增高

1611. 最易出现失血性休克的骨折是
A. 脊柱骨折 B. 股骨颈骨折 C. 肱骨外上髁骨折
D. 骨盆骨折 E. 肱骨干骨折

1612. 男,35岁。左股骨干骨折内固定术后2天,突发右胸痛,咳嗽,氧饱和度显示92%,心、肺查体未见明显异常。应首先考虑的诊断是
A. 脂肪栓塞 B. 急性呼吸窘迫综合征 C. 肺血栓栓塞
D. 胸膜炎 E. 肺不张

1613. 严重外伤患者发生脂肪栓塞综合征,该综合征主要累及的部位是
A. 胰 B. 肾 C. 肝
D. 骨 E. 肺

1614. 骨折患者长期卧床可发生
A. 脂肪栓塞 B. 创伤性关节炎 C. 损伤性骨化
D. 缺血性骨坏死 E. 坠积性肺炎

1615. 关节内骨折最常见的并发症是
A. 创伤性关节炎 B. 缺血性骨坏死 C. 骨化性肌炎
D. 骨生成异常 E. 骨折不愈合

1616. 关于骨折合并症的叙述,错误的是
A. 肱骨中段骨折可伤及桡神经 B. 肱骨内上髁骨折可伤及肱动脉
C. 腓骨小头和颈部骨折可伤及腓总神经 D. 下胸壁肋骨骨折可发生肝、脾破裂
E. 股骨颈骨折可致股骨头缺血坏死

1617. 下列疾病中,最容易并发骨筋膜室综合征的是
A. 肩关节后脱位 B. 桡骨远端骨折 C. 股骨干骨折
D. 肱骨髁上骨折 E. 髋关节后脱位

1618. 男,28岁。车祸后急诊入院。查体:BP70/50mmHg。神志清楚,面色苍白,左侧肢体不敢活动,明显肿胀和压痛。X线片示左侧肱骨、股骨和胫腓骨骨折。最可能的并发症是
A. 休克 B. 骨髓炎 C. 神经损伤
D. 坠积性肺炎 E. 缺血性骨坏死

(1619~1621题共用题干)男,28岁。6小时前从4m高处坠落,不能站立行走。查体:左小腿明显肿胀,中段畸形,足背动脉搏动减弱,皮肤温度较对侧降低,被动屈伸足趾时疼痛加重。

1619. 下列治疗方法首选的是

A. 镇痛剂,激素治疗　B. 小腿石膏托固定　C. 筋膜室切开减压

D. 小夹板固定　E. 跟骨结节骨牵引

1620. 此类临床表现的最主要原因是

A. 胫腓骨骨折不稳定　B. 骨折压迫动脉影响血供　C. 骨折压迫静脉影响血流

D. 骨筋膜室内压力增高　E. 小腿部广泛软组织挫伤

1621. 预后状况最主要取决于

A. 手术减压的早晚　B. 外固定时间的长短　C. 内固定方式的选择

D. 有无及早抬高患肢　E. 有无应用脱水、抗感染治疗

1622. 男性儿童,左肘摔伤急诊就医,小夹板外固定后,前臂高度肿胀,手部青白发凉,麻木无力。经 X 线片诊断为左肱骨髁上骨折。若不及时处理,其最可能的后果是

A. 感染　B. 缺血性骨坏死　C. 骨化性肌炎

D. 关节僵硬　E. 缺血性肌挛缩

1623. 损伤性骨化最常见于

A. 腕关节　B. 肘关节　C. 髋关节

D. 膝关节　E. 肩关节

1624. 关节扭伤、脱位及关节附近骨折晚期最易并发

A. 骨肉瘤　B. 损伤性骨化　C. 骨结核

D. 骨髓炎　E. 腱鞘炎

A. 骨盆骨折　B. 肱骨髁上骨折　C. 股骨颈骨折

D. 锁骨骨折　E. Colles 骨折

1625. 易发生神经和血管损伤的骨折

1626. 易发生休克的骨折

1627. 易发生缺血性坏死的骨折

A. 肱骨髁上骨折　B. 前臂桡骨骨折　C. 胫骨下 1/3 骨折

D. 腓骨上段骨折　E. 踝部骨折

1628. 易发生福克曼肌萎缩的是

1629. 易发生延迟愈合的是

A. 膝关节　B. 肘关节　C. 前臂

D. 上臂　E. 大腿

1630. 最容易发生骨筋膜室综合征的部位是

1631. 最容易发生损伤性骨化的部位是

1632. 肱骨中下 1/3 骨折最可能导致

A. 桡神经损伤　B. 坠积性肺炎　C. 尺动脉损伤

D. 缺血性骨坏死　E. 创伤性关节炎

1633. 关于骨折愈合的过程,正确的是

A. 原始骨痂形成期膜内成骨比软骨内成骨慢

B. Wolff 定律即骨折愈合过程中板层骨总是沿断端承受的生理应力方向吸收

C. 临床上骨折愈合过程多为一期愈合

D. 新骨的爬行替代过程是在破骨细胞和成骨细胞同时作用下完成的

E. 骨板形成塑形期在应力轴线上的骨痂逐步消失

1634. 骨折愈合过程中,属于血肿机化演进期表现的是
A. 可形成内骨痂、外骨痂　B. 出现无菌性炎症反应　C. 出现膜内化骨
D. 多出现软骨内化骨　E. 可形成环状骨痂、髓内骨痂

1635. 骨折愈合的第三期是
A. 原始骨痂形成期　B. 血肿机化演进期　C. 骨痂改造塑形期
D. 膜内化骨期　E. 软骨内化骨期

1636. 骨折血肿炎症机化期一般需要
A. 3 天　B. 5 天　C. 1 周
D. 2 周　E. 3 周

1637. 关于上肢骨折临床愈合标准,不正确的叙述是
A. 局部无压痛　B. X 线片显示骨折处有连续性骨痂
C. 局部无异常活动　D. 拆除外固定后上肢平举 0.5kg 重物达 1 分钟
E. 局部无纵向叩痛

1638. 对解剖复位要求最高的骨折是
A. 胫骨平台骨折　B. 腓骨中段骨折　C. 锁骨骨折
D. 掌骨骨折　E. 肱骨干骨折

(1639~1641 题共用题干)男,40 岁。半小时前车祸中受伤,右大腿疼痛剧烈。查体:右大腿中段向外侧成角畸形并有异常活动。

1639. 现场急救处理首先应进行的是
A. 右下肢骨牵引　B. 输血、输液　C. 抗生素治疗
D. 右下肢临时固定　E. 应用止血药

1640. 入院后首选的辅助检查是
A. X 线片　B. CT　C. B 超
D. 血管造影　E. MRI

1641. 若患者急诊查体血压 60/40mmHg,心率 150 次/分。首先应进行的处理是
A. 应用大剂量抗生素　B. 立即补充血容量　C. 切开复位内固定
D. 右大腿夹板固定　E. 探查血管神经

1642. 影响骨折愈合的全身因素是
A. 年龄　B. 发热　C. 休克
D. 血压　E. 肥胖

1643. 下列影响骨折愈合的最主要因素是
A. 职业　B. 血压　C. 性别
D. 体重　E. 固定

1644. 胫骨中下 1/3 处骨折易发生延迟愈合的原因是
A. 骨形态转变处　B. 骨皮质薄,强度差　C. 骨营养动脉损伤
D. 前内侧位于皮下,有棱角　E. 骨干下 1/3 处肌肉丰富

1645. 男,24 岁。右股骨中段粉碎性骨折,手术复位时彻底清除骨折碎片,行钢板内固定,半年后骨折仍未愈合。最可能的原因是
A. 骨折固定不确实　B. 未配合药物治疗　C. 骨折处血液循环差
D. 功能锻炼不够　E. 骨折碎片清除过多

1646. 男,38 岁。肱骨干骨折行手法复位,夹板外固定治疗,既往体健。8 个月后复查 X 线片示骨折线存

在，断端有 0.3cm 间隙，断端骨髓腔已封闭硬化。此时应选择的治疗是

A. 手术植骨并内固定　B. 继续夹板固定　C. 改为牵引固定
D. 改为石膏外固定　E. 中医中药治疗

1647. 女，34 岁。右前臂骨折 2 小时。予手法复位，管型石膏固定 5 小时后患者感觉右前臂剧痛，手指麻木，肿胀，活动不灵。查体：生命体征平稳，心、肺、腹未见异常。目前最恰当的处理方法是

A. 立即手术　B. 立即松解外固定　C. 脱水
D. 止痛　E. 扩血管药物治疗

1648. 骨折急救固定的目的不包括

A. 便于搬动运送　B. 恢复肢体的正常解剖关系　C. 减轻患者疼痛
D. 减少骨折端活动　E. 避免搬运中造成血管、神经损伤

1649. 骨折的急救处理不包括

A. 止血、包扎　B. 心肺复苏　C. 骨折固定
D. 内脏脱出复位　E. 气管插管

1650. 骨折急救的基本原则不包括

A. 妥善固定　B. 迅速运转　C. 彻底清创
D. 包扎伤口　E. 抢救休克

1651. 男，30 岁。由高处跌落，引起骨盆骨折及股骨干开放性骨折，伤口大量出血。现场急救治疗首先应进行

A. 抗休克　B. 右下肢临时固定　C. 清创缝合
D. 加压包扎止血　E. 骨折复位

1652. 女性，50 岁。汽车撞伤左小腿，局部肿痛畸形，反常活动，有片状皮肤擦伤出血。现场紧急处理时最重要的是

A. 创口消毒　B. 创口包扎　C. 创口缝合
D. 夹板固定　E. 迅速运送医院，由医院处理

1653. 男，50 岁，车祸致左小腿骨折，断端外露，活动性出血。查体：体温 36.6℃。脉搏 96 次/分，血压 140/80mmHg，心率 96 次/分，双肺呼吸音清晰，未闻及干、湿啰音，腹软，无压痛。现场急救，行小夹板外固定的目的是

A. 利于手术复位　B. 防止休克　C. 减少出血
D. 预防脂肪栓塞　E. 防止搬运中加重损伤

1654. 骨折的治疗原则是

A. 创口包扎　B. 迅速运输　C. 积极手术
D. 正确搬运　E. 复位、固定、功能锻炼

1655. 不属于骨折治疗原则的做法是

A. 手法复位小夹板固定　B. 手术复位钢板内固定　C. 促进骨折愈合药物治疗
D. 指导患者做肌肉舒缩锻炼　E. 骨折复位后施以管型石膏

1656. 符合骨折功能复位标准的是

A. 骨折部位的分离移位不必完全矫正　B. 儿童下肢骨干骨折缩短 2cm 以内
C. 骨折部位的旋转移位不必完全矫正　D. 复位后骨折断端对位达 1/5
E. 允许下肢骨折存在与关节活动方向垂直的侧方成角

1657. 符合骨折功能复位的是

A. 10 岁女孩干骺端骨折对位达 1/4　B. 6 岁儿童股骨骨折短缩 1.5cm
C. 20 岁女孩肱骨干骨折分离移位 0.5cm　D. 45 岁女性股骨骨折短缩 2cm
E. 青年男性胫腓骨骨折侧方成角 20°

1658. 女,21 岁。左胫骨下段横行骨折,经手法复位石膏固定后复查 X 线片。符合功能复位的是
A. 断端重叠 2cm　B. 断端分离 1cm　C. 断端旋转 5°
D. 骨折向外侧成角 5°　E. 骨折向前方成角 5°

1659. 下列哪项不属于闭合性骨折切开复位内固定的适应证?
A. 骨折端间有软组织嵌插,手法复位失败　B. 关节内骨折,手法复位对位不好
C. 并发主要血管损伤　D. 并发主要神经损伤
E. 未达到解剖复位

1660. 成人股骨干骨折,并有足背及胫动脉搏动细弱。其首选的治疗方法是
A. 下肢皮牵引　B. 下肢骨牵引　C. 切开复位内固定
D. 手法复位夹板外固定　E. 手法复位石膏外固定

1661. 骨折切开复位比闭合复位的最大优点是
A. 达到解剖复位　B. 降低感染风险　C. 制动时间缩短
D. 缩短骨折愈合时间　E. 减少骨折部位创伤

1662. 开放性骨折处理正确的是
A. 不能切除创口的边缘　B. 失去活力的大块肌肉组织可以部分保留
C. 已污染的骨膜应完全切除　D. 游离污染的小骨片应该去除　E. 用毛刷洗刷创口内污染的骨质

1663. 与闭合性骨折比较,开放性骨折最大的危险是
A. 皮下组织严重损伤　B. 骨与软组织感染　C. 皮肤破裂
D. 骨不愈合　E. 肌肉严重损伤

第 30 章　上肢骨折

(执业医师及助理医师均需掌握)

1664. 男孩,4 岁。1 小时前摔倒后右肩部疼痛。查体:头向右侧偏斜,右肩下沉,右侧上肢活动障碍,Dugas征阴性。最可能的诊断是
A. 锁骨骨折　B. 正中神经损伤　C. 桡骨头半脱位
D. 肘关节脱位　E. 肩关节脱位

1665. 幼儿锁骨青枝骨折最适宜的治疗方法是
A. 八字绷带固定　B. 三角巾悬吊　C. 锁骨带固定
D. 手术钢板固定　E. 外固定架固定

1666. 男,54 岁。因外伤造成右肱骨外科颈骨折,臂不能外展,三角肌表面皮肤麻木。考虑是损伤了
A. 桡神经　B. 尺神经　C. 腋神经
D. 正中神经　E. 肌皮神经

1667. 肱骨外科颈的解剖部位是
A. 肱骨大、小结节交界处　B. 肱骨中上 1/3 交界处　C. 肱骨头周围环型沟
D. 肱骨上端之骨端　E. 肱骨大、小结节移行肱骨干之交界处

1668. 左肱骨干上 1/3 骨折,近折端向前、向内移位,远折端向外、向近端移位。造成这种骨折移位的最主要因素是
A. 肌肉的牵拉力　B. 暴力的大小　C. 搬运固定不当
D. 暴力的性质　E. 肢体的重量

1669. 患者,女性,80 岁。肩部摔伤 3 小时。既往高血压、心脏病病史 20 年。X 线片示粉碎性肱骨外科

颈骨折不伴明显移位。首选治疗方法是

A. 手法复位+石膏外固定　B. 手法复位+小夹板外固定　C. 切开复位+内固定
D. 切开复位+外固定　E. 三角巾悬吊

1670. 男,59 岁。外伤致右腕部疼痛、肿胀 1 小时。既往体健,无糖尿病病史。查体:T36.8℃,P70 次/分,R18 次/分,BP110/60mmHg,心、肺、腹未见异常,右腕部疼痛、肿胀、活动受限。X 线片检查:桡骨下端骨皮质不连续,对位对线良好,并有嵌插。最恰当的治疗措施是

A. 皮牵引　B. 手法复位外固定　C. 骨牵引
D. 切开复位内固定　E. 中药活血化瘀

1671. 女,78 岁。跌倒时左肩部着地受伤。既往脑梗死病史 8 年,遗留左侧肢体偏瘫。查体:左肩部肿痛,活动受限。X 线片示左肱骨大结节与肱骨干交界处可见多个碎骨块,对线尚可,略有侧方移位。首选治疗方法是

A. 切开复位内固定　B. 尺骨鹰嘴外展位骨牵引　C. 小夹板固定、皮牵引
D. 三角巾悬吊、对症治疗　E. 手法复位、外固定

1672. 肱骨中段骨折,最容易损伤的神经是

A. 尺神经　B. 桡神经　C. 正中神经
D. 肌皮神经　E. 腋神经

1673. 男,30 岁,被枪弹击伤上臂中段。体检:垂腕,各手指不能伸直,拇指、示指、中指背侧麻木,肘关节伸屈活动正常。X 线示:肱骨中段见一弹头形状的金属异物,骨质未见断裂。其最可能的神经损伤是

A. 桡神经　B. 正中神经　C. 尺神经
D. 臂丛神经　E. 以上皆不正确

1674. 男性,60 岁。左上肢摔伤,急诊来院。X 线摄片显示肱骨干横行骨折,并有移位,经手法复位不理想,后改为牵引治疗,又经 X 线影像见骨折端有分离。其最可能的后果是

A. 桡神经损伤　B. 肩关节强直　C. 肘关节僵直
D. 损伤性骨化　E. 骨折不愈合

1675. 伸直型肱骨髁上骨折多见于

A. 老年女性　B. 老年男性　C. 儿童
D. 中年女性　E. 中年男性

1676. 符合伸直型肱骨髁上骨折特点的描述是

A. 肘后三角异常改变　B. 骨折线由前上斜向后下　C. 骨折线由前下斜向后上
D. 不伴正中神经损伤　E. 患肘向前突出呈后伸位

1677. 男孩,11 岁。摔倒后左手着地受伤,左肘部疼痛、畸形,肘后三角正常,且伴有桡动脉搏动消失、手部感觉麻木。X 线片示肱骨远端骨折。最可能损伤的血管是

A. 尺动脉　B. 桡动脉　C. 腋动脉
D. 肱动脉　E. 锁骨下动脉

1678. 不属于肱骨髁上骨折的临床表现是

A. 肘部疼痛肿胀　B. 肘部皮下瘀斑　C. 肘后三角异常
D. 手部皮肤苍白、皮温较低　E. 前臂缺血性肌坏死

(1679~1681 题共用题干)男孩,9 岁。奔跑时跌倒,右肘着地摔伤 1 小时。查体:右肘肿胀,功能受限,异常活动,肘后三角正常,手部青紫、皮温低,拇指对掌功能障碍。

1679. 首选的检查方法是

A. X 线片　B. CT　C. 肌电图

D. 骨扫描　　E. MRI

1680. 明确诊断后,首选的治疗方法是

A. 尺骨鹰嘴骨牵引　　B. 手法复位外固定　　C. 手术治疗
D. 前臂三角巾悬挂　　E. 脱水止痛治疗

1681. 最常见的晚期并发症

A. 肘关节骨关节炎　　B. 骨折处异位骨化　　C. 骨折不愈合
D. 肘关节僵直　　E. 肘内翻畸形

(1682~1683 题共用题干)男孩,6 岁。摔倒时左手撑地,即出现左肘部疼痛、肿胀,桡动脉搏动减弱。局部检查明显压痛,有骨擦音,肘前方可扪到骨折断端。

1682. 最可能的诊断是

A. 桡骨头半脱位　　B. 桡骨头骨折　　C. 肱骨髁上骨折
D. 肱骨干骨折　　E. 尺骨鹰嘴骨折

1683. 伤后有垂腕表现,可能是

A. 肌损伤　　B. 正中神经损伤　　C. 桡神经损伤
D. 尺神经损伤　　E. 缺血性肌挛缩

1684. 女,58 岁。摔倒左手背着地,左腕部肿胀、疼痛。X 线片显示桡骨远端向掌侧、桡侧移位。最可能的诊断是

A. Chance 骨折　　B. Jefferson 骨折　　C. Smith 骨折
D. Barton 骨折　　E. Colles 骨折

1685. 女性,60 岁。不慎跌倒,右手背着地,当即右腕肿痛,腕下垂,活动受限。其首选的诊断是

A. Colles 骨折　　B. Smith 骨折　　C. 尺神经损伤
D. 桡神经损伤　　E. 腕关节脱位

1686. 伸直型桡骨下端骨折的畸形是

A. 垂腕型　　B. 银叉型　　C. 尺偏型
D. 爪型　　E. 僵硬型

1687. 女,75 岁。摔倒时右手撑地,腕部疼痛、肿胀。查体:右腕部呈"枪刺刀"畸形。最可能的诊断是

A. Galeazzi 骨折　　B. Colles 骨折　　C. Monteggia 骨折
D. Chance 骨折　　E. Smith 骨折

A. "餐叉"样畸形　　B. 下肢短缩、外旋畸形　　C. 腕下垂
D. 下肢短缩,内旋、内收畸形　　E. Dugas 征阳性

1688. Colles 骨折

1689. 肩关节脱位

1690. 女性,68 岁。不慎跌倒,手掌着地受伤,腕部出现"刺刀样"畸形,X 线检查证实 Colles 骨折。其最适合的治疗方法是

A. 持续骨牵引　　B. 持续皮牵引　　C. 外固定架固定
D. 手法复位小夹板固定　　E. 切开复位髓内针固定

第31章　下肢骨折

一、股骨颈骨折与股骨转子间骨折(执业医师及助理医师均需掌握)

1691. 股骨头的主要血液供应来源是
A. 旋股内、外侧动脉的分支　B. 股圆韧带内的小凹动脉　C. 股骨干的滋养动脉升支
D. 闭孔动脉　E. 阴部内、外动脉

1692. 股骨颈骨折后出现股骨头坏死最主要的原因是
A. 固定不牢固　B. 年龄高、体质虚弱　C. 采用切开复位内固定
D. 没有达到解剖学复位　E. 股骨头血运破坏

1693. 股骨颈骨折时,股骨头缺血性坏死率最高的是
A. 完全性头下骨折　B. 不完全性基底骨折　C. 完全性基底骨折
D. 不完全性经颈骨折　E. 完全性经颈骨折

1694. 男,26岁。2年前因“左股骨颈骨折”行加压螺钉内固定术。近3个月来左髋疼痛,功能受限。查体:左髋活动明显受限。MRI检查:左侧股骨头异常信号。最可能的诊断是
A. 骨折畸形愈合　B. 缺血性骨坏死　C. 骨折不愈合
D. 骨化性肌炎　E. 骨折延迟愈合

1695. 女,56岁。2小时前不慎摔倒,左髋部疼痛、无法行走。X线检查示左股骨颈中段骨折并有短缩完全移位,Pauwels角为60°。该患者股骨颈骨折的类型是
A. GardenⅠ型骨折　B. GardenⅡ型骨折　C. GardenⅢ型骨折
D. 内收型骨折　E. 外展型骨折

1696. 股骨颈骨折Pauwels角是指
A. 股骨颈长轴线与股骨干纵轴线之间的夹角　B. 股骨颈长轴线与股骨颈骨折线之间的夹角
C. 股骨颈骨折线与股骨干纵轴线之间的夹角　D. 股骨颈骨折线与两大转子连线之间的夹角
E. 股骨颈骨折线与两髂嵴连线之间的夹角

1697. 股骨颈骨折内收型,其Pauwels角
A. 大于50°　B. 小于50°　C. 小于40°
D. 小于30°　E. 等于30°

1698. 女,65岁。摔伤致右髋关节疼痛、功能障碍。X线片示右股骨颈头下骨皮质连续性中断,Pauwels角60°。该股骨颈骨折属于
A. 稳定性骨折　B. 关节外骨折　C. 不完全骨折
D. 外展骨折　E. 内收骨折

1699. 稳定型股骨颈骨折是
A. 头下骨折　B. 经颈骨折　C. 基底骨折
D. 内收骨折　E. 外展骨折

1700. 女,78岁。跌倒后感右髋部疼痛1小时来诊。X线片示右股骨颈头下型骨折,Pauwels角为60°。最适宜的治疗方法是
A. 手术治疗　B. 右下肢皮牵引　C. 石膏固定
D. 休息制动　E. 手法复位

1701. 女,78岁。跌倒右髋受伤2小时,局部疼痛,活动受限,患肢缩短,轴向叩击痛(+)。X线片显示右股骨颈基底部骨皮质连续性中断,断端嵌插,Pauwels角25°。一般状态差,既往高血压、肺源性心

脏病、糖尿病病史 30 余年,心功能Ⅳ级。最佳治疗方案是

A. 人工关节置换术　B. 转子间截骨矫正力线　C. 闭合复位内固定
D. 切开复位内固定　E. 下肢中立位皮牵引 6~8 周

(1702~1704 题共用题干)女,76 岁。跌倒后左髋部疼痛,不能站立行走。既往高血压、肺源性心脏病、糖尿病病史 20 余年,一般状态差。查体:BP190/110mmHg,左髋部压痛,左下肢呈短缩及外旋畸形。X 线检查示股骨头下骨折,Pauwels 角 55°,GardenⅢ。

1702. 首先应采取的治疗措施是
A. 闭合复位内固定　B. 切开复位钢板固定　C. 人工全髋关节置换术
D. 外固定架固定　E. 下肢中立位皮牵引

1703. 若该患者后期出现股骨头坏死,最主要的原因是
A. 股深动脉损伤　B. 闭孔动脉损伤　C. 小凹动脉损伤
D. 旋股内侧动脉损伤　E. 旋股外侧动脉损伤

1704. 如果该患者经治疗后心、肺功能良好,血压控制在 130/80mmHg,空腹血糖控制在 7~8mmol/L,那么最佳治疗方案是
A. 人工髋关节置换术　B. 下肢中立位皮牵引　C. 切开复位髓内钉固定
D. 切开复位钢板固定　E. 切开复位克氏针固定

1705. 女,60 岁。不慎路滑跌倒,右臀部着地,扶起不能行走,右髋部明显压痛。经 X 线片诊断为右股骨颈骨折。其右下肢畸形的位置应是
A. 屈曲内旋　B. 屈曲外旋　C. 屈曲内收
D. 延长内旋　E. 短缩外旋

1706. 男,70 岁。走路摔倒后疼痛,不能行走。检查:右侧下肢缩短,外旋畸形。其临床诊断可能是
A. 髋关节脱位　B. 髋关节挫伤　C. 髋臼骨折
D. 股骨颈骨折　E. 髋骨翼骨折

1707. 股骨颈骨折的体征不包括
A. 患肢常有外旋畸形　B. 患肢短缩　C. 大转子突出
D. 患髋轴向叩痛　E. Bryant 三角底边延长

1708. 老年女性。不慎摔倒,左髋部着地,当即左髋剧痛,不能站立,急诊来院。检查见左下肢缩短,外旋畸形。其最可能的诊断是
A. 左髋关节前脱位　B. 左髋关节后脱位　C. 左髋关节中心脱位
D. 左股骨颈骨折　E. 左股骨干骨折

1709. 女,50 岁。下楼梯时跌倒,左髋部剧烈疼痛,不能活动。X 线片见左股骨颈骨折,但断端相互嵌插,无明显移位,测 Pauwels 角<30°。其最佳治疗方法是
A. 切开复位内固定　B. 人工关节置换术　C. 转子间截骨术
D. 植骨或血管移植术　E. 持续皮牵引 6~8 周

1710. 男性,66 岁。5 年前诊断为左股骨颈骨折,近 1 年左髋疼痛,行走困难。X 线片示左髋关节间隙变窄,股骨头变形。最佳治疗方案是
A. 左下肢皮肤牵引　B. 切开复位钢板内固定　C. 人工关节置换术
D. 闭合复位内固定　E. 卧床休息对症治疗

1711. 下列各项中,哪项更有助于鉴别股骨颈骨折与股骨转子间骨折?
A. 髋关节压痛　B. 患肢轻度内收　C. Bryant 三角底边短缩
D. 患肢外旋角度　E. 患肢短缩程度

(1712~1714 题共用题干)女,72 岁。摔伤右髋部,既往全身状况良好。查体:右下肢短缩,外旋畸形,下肢轴向叩击痛阳性。

1712. 最可能的诊断是
A. 髋关节后脱位　B. 股骨干骨折　C. 髋部软组织损伤
D. 股骨颈骨折　E. 髋关节前脱位

1713. 首选的检查方法是
A. X 线片　B. 核素扫描　C. 关节造影
D. MRI　E. CT

1714. 最佳治疗方法是
A. 持续皮牵引　B. 股骨近端截骨术　C. 人工髋关节置换术
D. 持续骨牵引　E. 髋人字石膏固定

(1715~1716 题共用题干)女,65 岁。在地上滑倒,造成股骨近端骨折。

1715. 下列骨折类型预后最差的是
A. 头下型　B. 经颈型　C. 基底型
D. 粗隆型　E. 粗隆下型

1716. 如果是头下型骨折,并有移位,治疗应该是
A. 牵引至愈合　B. 手法整复后石膏裤　C. 手法整复,外固定架固定
D. 人工关节置换　E. 复位,物理治疗

二、股骨干骨折(执业医师需掌握)

1717. 股骨干下 1/3 骨折时骨折端移位方向是
A. 近折端向前上移位,远折端向前方移位　B. 近折端向前上移位,远折端向后方移位
C. 近折端向后上移位,远折端向前方移位　D. 近折端向后下移位,远折端向内侧移位
E. 近折端向后下移位,远折端向前方移位

1718. 股骨干下 1/3 骨折可损伤
A. 股神经　B. 股动脉　C. 股静脉
D. 胫神经　E. 闭孔神经

1719. 大腿受伤后确诊股骨干骨折最主要的依据是
A. 伤处严重瘀血　B. 大腿中部肿胀　C. 大腿中部静脉怒张
D. 大腿中部异常活动　E. 伤处疼痛剧烈不敢活动

1720. 青年男性,车祸致头部及左大腿外伤。检查见意识清楚,左大腿中段异常活动。X 线片示股骨干骨折,足背及胫后动脉搏动细弱。对其首选的治疗方案是
A. 垂直悬吊牵引　B. 持续骨牵引复位　C. 切开复位内固定
D. 手法复位夹板固定　E. 手法复位石膏外固定

1721. 股骨干骨折髓内针内固定的明确指征不包括
A. 非手术治疗失败　B. 伴有多发性损伤　C. 粉碎性骨折
D. 老年人不宜卧床过久者　E. 3 岁以内儿童

(1722~1723 题共用题干)一臀位娩出婴儿,生后发现左大腿肿胀,缩短畸形,并有异常活动。

1722. 为确定诊断首选的检查是
A. 血常规　B. 出凝血时间　C. X 线片
D. CT　E. MRI

1723. 如经检查诊断为左股骨干骨折,其首选的治疗方法应该是
A. 切开复位内固定手术 B. 手法复位,小夹板外固定 C. 垂直悬吊牵引
D. 蛙位石膏外固定 E. 将伤肢用绷带固定于胸腹部

1724. 对于3岁以下儿童股骨干骨折的治疗,正确的叙述是
A. 可以接受骨折断端有2cm以内的缩短 B. 常采用切开复位内固定治疗
C. 常采用骨牵引治疗 D. 可以接受轻度的旋转移位
E. 应与成人骨折的治疗原则一致

1725. 女,5岁。车祸致大腿外伤。X线显示右股骨中段骨折,轻度成角畸形,无明显移位。正确的治疗方法是
A. 垂直悬吊皮牵引 B. 切开复位髓内针内固定 C. 切开复位钢板内固定
D. 手法复位小夹板固定皮牵引 E. 切开复位外固定架固定

三、胫腓骨骨折(执业医师及助理医师均需掌握)

1726. 胫骨易发生骨折的部位是
A. 上端干骺端部位 B. 横切面三棱形部位 C. 横切面四边形部位
D. 踝上部位 E. 横切面三棱形与四边形移行部位

1727. 胫骨中下1/3交界处易骨折,其主要原因是
A. 胫骨形状有棱角 B. 负重量较大 C. 位于皮下软组织少
D. 易受直接或间接暴力 E. 骨的形态转变移行处

1728. 胫骨中下段粉碎性骨折行切开复位钢板内固定达到解剖复位,半年后骨折仍未愈合。最可能的原因是
A. 内固定强度不足 B. 骨折处血液循环差 C. 未到愈合时间
D. 未配合药物治疗 E. 功能锻炼不够

1729. 胫骨中下1/3骨折最常见的并发症是
A. 血管损伤 B. 神经损伤 C. 损伤性骨化
D. 骨筋膜室综合征 E. 骨折延迟愈合

1730. 男,35岁。胫骨中1/3骨折,最容易发生的并发症是
A. 腘动静脉受压 B. 骨筋膜室综合征 C. 腓总神经损伤
D. 骨折延迟愈合 E. 膝关节僵硬

1731. 男性,35岁。因车祸右小腿受伤,经X线片诊断为右胫骨中下1/3交界处斜形骨折。其易发生
A. 骨筋膜室综合征 B. 脂肪栓塞 C. 延迟愈合或不愈合
D. 血管损伤 E. 神经损伤

1732. 男,31岁。右小腿被撞伤,创口出血,骨外露24小时。X线片示右胫腓骨下段粉碎性骨折。最易出现的并发症是
A. 坠积性肺炎 B. 神经血管损伤 C. 骨筋膜室综合征
D. 感染 E. 急性骨萎缩

1733. 男,16岁。左胫腓骨闭合性骨折,管形石膏外固定,3小时后左小腿出现胀痛,并持续加重,足趾麻木,被动牵拉痛。对其首要的处理是
A. 给予止痛药物、继续观察 B. 立即拆除石膏 C. 给予脱水药、继续观察
D. 给予抗生素治疗 E. 不需处理、继续观察

1734. 男,26岁。右小腿受伤12小时。查体:右小腿中段前方皮肤有一10cm长伤口,软组织挫伤严重,胫骨断端外露,外侧足背动脉搏动对称,感觉正常。彻底清创后最适宜的进一步治疗方法是
A. 螺丝钉固定 B. 髓内针固定 C. 石膏固定
D. 钢板固定 E. 外固定架固定

四、胫骨平台骨折(执业医师需掌握)

1735. 胫骨平台骨折,最容易引起的并发症是
A. 骨筋膜室综合征　B. 缺血性骨坏死　C. 骨化性肌炎
D. 骨折不愈合　E. 创伤性关节炎

五、踝部骨折与踝部扭伤(执业医师及助理医师均需掌握)

尚未出题。

第 32 章　脊柱、脊髓损伤与骨盆骨折

一、脊柱骨折(执业医师及助理医师均需掌握)

1736. Chance 骨折是指胸腰椎
A. 单纯性压缩骨折　B. 骨折-脱位　C. 屈曲-牵拉性损伤
D. 稳定性爆破型骨折　E. 水平状撕裂性损伤

1737. 男,50 岁。半小时前自高空坠落,上下肢完全不能活动,双侧腹股沟水平以下感觉障碍,大小便失禁。CT 显示椎体爆裂骨折,椎管内可见骨折块。目前应选择的治疗方法是
A. 药物治疗　B. 石膏固定　C. 平卧硬板床
D. 手术治疗　E. 牵引治疗

二、脊髓损伤(执业医师需掌握)

1738. 某建筑工人,从高处坠落,腰背挫伤,双下肢弛缓性瘫痪,来院急诊。检查见腰椎不能活动,双侧腹股沟以下感觉、运动及反射消失。X 线片显示胸 12 椎体压缩性骨折。入院后 2 小时其双下肢功能逐渐恢复。该患者的脊髓损伤可能是
A. 脊髓震荡　B. 脊髓出血　C. 脊髓水肿
D. 脊髓受压　E. 马尾损伤

1739. 男,46 岁,建筑工人。半小时前从高处坠落,腰背疼痛。急诊查体:体温 38.0℃,双侧肋缘水平以下感觉、运动、反射均消失。受伤的脊髓水平在
A. 颈椎　B. 胸椎　C. 腰椎
D. 尾椎　E. 骶椎

1740. 患者,男,25 岁。不慎被汽车撞伤,当时昏迷,醒后感四肢麻木无力。查体:神清,四肢中枢性瘫,颈 4 以下的深浅感觉障碍。受损部位可能是
A. 颈膨大　B. 腰骶膨大　C. 胸髓
D. 颈膨大以上颈髓　E. 脑挫裂伤

1741. 男,56 岁。高空坠落伤。查体:呼吸困难,颈部压痛,双肺闻及痰鸣音,四肢瘫痪。X 线片显颈 4~5 骨折脱位。首先采取的治疗措施是
A. 颈托制动　B. 颌枕带牵引　C. 气管切开
D. 手术复位固定　E. 应用呼吸兴奋剂

1742. 男,22 岁。高处坠落受伤,出现颈部活动受限,四肢麻木无力,胸骨角平面以下痛温觉消失,不能自主排尿。最可能的诊断是
A. 臂丛神经损伤　B. 颅内出血　C. 胸椎骨折脱位伴脊髓损伤
D. 腰椎骨折伴神经损伤　E. 颈椎骨折脱位伴脊髓损伤

(1743~1746 题共用题干)男性矿工,38 岁。井下作业时发生塌方砸伤背部,当即倒于地上,下肢无力不能行走,立即来诊。检查见胸腰段后凸畸形并压痛,双下肢不全瘫,感觉异常平面位于双侧腹股沟水平。

1743. 为明确诊断应首选的辅助检查是
A. 肌电图　B. X 线　C. CT
D. MRI　E. B 超

1744. 正确的搬运方法是
A. 一人用一手抱颈另手抱腿放于担架上　B. 一人抬头,另人抬足放于木板上
C. 两人架其上肢助其走上担架车　D. 两人将其躯干成一体滚动至木板上
E. 三人分别抬其头和两腿放于担架上

1745. 如果伤后 3 个小时,患者双下肢感觉、运动逐渐恢复。其最可能的诊断是
A. 脊髓水肿　B. 脊髓出血　C. 脊髓震荡
D. 脊髓挫伤　E. 脊髓受压

1746. 如果伤后患者腹胀、腹痛、粪便秘结,那么可能是由于
A. 肾脏损伤　B. 直肠损伤　C. 膀胱损伤
D. 尿道损伤　E. 腹膜后血肿刺激

(1747~1749 题共用题干)男,44 岁,建筑工人。6 小时前不慎从高处坠落摔伤,腰部疼痛,活动受限,不能站立行走。

1747. 为明确有无合并神经损伤,最有意义的体格检查是
A. 直腿抬高试验　B. 双下肢感觉运动　C. 椎旁肌按压
D. 逐个棘突按压　E. 腰部过伸过屈

1748. 为明确是否有腰椎骨折,首选的影像学检查是
A. ECT　B. X 线　C. MRI
D. B 超　E. CT

1749. 为明确神经损伤情况,首选的检查是
A. ECT　B. 肌电图　C. CT
D. MRI　E. B 超

三、骨盆骨折(执业医师及助理医师均需掌握)

1750. 男,35 岁。井下作业时塌方被砸伤。查体:会阴部瘀斑,骨盆分离和挤压试验阳性。为进一步明确诊断,除普通 X 线片检查外,还应做的检查首选
A. 肌电图　B. CT　C. B 超
D. 血管造影　E. ECT

1751. 耻骨骨折不易出现
A. 血尿　B. 会阴部瘀斑　C. 坐骨神经损伤
D. 骨盆挤压试验阳性　E. 骨盆分离试验阳性

1752. 骨盆骨折的并发症不包括
A. 坐骨神经损伤　B. 尿道损伤　C. 直肠损伤
D. 脊髓损伤　E. 腹膜后血肿

1753. 女,34 岁。车祸致伤。查体:骨盆挤压和分离试验阳性,下腹部压痛,腹肌紧张。对腹腔脏器损伤诊断最有价值的检查方法是
A. 血常规　B. 腹部 X 线片　C. 腹部 CT

D. 腹腔穿刺　E. 腹部 B 超

1754. 男，25 岁。高处坠落致右髋骨受伤，局部疼痛。X 线片示右侧髂骨翼部骨折，无明显移位。正确的治疗措施是

A. 钢板内固定　B. 小夹板外固定　C. 卧床 3~4 周

D. 骨盆兜悬吊固定　E. 下肢牵引

1755. 男，52 岁。井下作业巷道塌方砸伤腹部。查体：P120 次/分，BP80/50mmHg，颜面苍白，腹部明显压痛，耻骨联合处压痛，挤压试验阳性。腹腔穿刺抽出约 15ml 血性液体。首先应考虑骨盆骨折合并

A. 肝脾破裂　B. 腹膜后血肿　C. 尿道损伤

D. 膀胱损伤　E. 直肠损伤

1756. 男，20 岁。高处坠落，下腹部疼痛。骨盆分离和挤压试验阳性，会阴部瘀斑。首先应考虑的诊断是

A. 耻骨骨折　B. 髋关节脱位　C. 尾骨骨折

D. 腰椎骨折　E. 骶骨骨折

第 33 章　关节脱位与损伤

一、肩关节脱位、桡骨头半脱位与髋关节脱位（执业医师及助理医师均需掌握）

1757. 下列最易发生脱位的关节是

A. 肩关节　B. 髋关节　C. 膝关节

D. 肘关节　E. 踝关节

1758. 肩关节脱位时，肱骨头最容易脱出的方向是

A. 前方　B. 外侧　C. 内侧

D. 上方　E. 后方

1759. 将患肢放在对侧肩部时，肘不能贴胸，而肘部贴胸时，手不能放在肩部，称为

A. 杜加征阳性　B. 托马斯征阳性　C. 川德伦伯征阳性

D. 盖氏征阳性　E. 加强试验阳性

1760. 男，28 岁。2 小时前摔倒后左肩受伤。X 线检查示左盂肱关节失去正常对应关系，未见骨折征象。予手法复位，复位成功的标志是

A. Mills 征阴性　B. Dugas 征阴性　C. 肩胛盂处有空虚感

D. 方肩　E. 弹性固定

1761. 中年男性，右上肢外展牵拉伤，患肩疼痛，以健手托患侧前臂。检查患侧方肩，杜加征阳性。其可能的诊断是

A. 锁骨骨折　B. 肱骨解剖颈骨折　C. 肱骨颈骨折

D. 肩关节脱位　E. 肩锁关节脱位

1762. 女，38 岁。右肩部外伤后疼痛、活动受限 2 小时。查体：右侧肩胛盂处有空虚感，Dugas 征阳性。X 线检查未见骨折。首选的治疗方法是

A. 切开复位　B. 肩部绷带固定　C. 三角巾悬吊固定

D. 外展支具固定　E. 麻醉下 Hippocrates 法复位

1763. 单纯性肩关节前脱位手法复位后应立即采取的措施是

A. 持续牵引　B. 三角巾悬吊　C. 夹板外固定

D. 石膏外固定　E. 肩关节功能锻炼

1764. 肘关节脱位的特有体征为

A. 患肘肿痛、不能活动　B. 以健侧手托患侧前臂　C. 肘后三角关系正常
D. 肘后三角关系异常　E. 肘关节处于半伸直位

A. “4”字试验阳性　B. 伸肌腱牵拉试验(Mills 征)阳性　C. 杜加(Dugas)征阳性
D. 压头试验阳性　E. 直腿抬高试验(Lasegue)阳性

1765. 肩关节脱位的主要体征是
1766. 肱骨外上髁炎主要体征是
A. 肩关节前脱位　B. 肘关节脱位　C. 膝关节脱位
D. 腕关节脱位　E. 髋关节脱位

1767. Hippocrates 法治疗的是
1768. Allis 法治疗的是

1769. 桡骨头半脱位易发生的年龄是
A. 26~30 岁　B. 21~25 岁　C. 16~20 岁
D. 10~15 岁　E. 5 岁以下

1770. 桡骨头半脱位的治疗措施是
A. 手法复位不必固定　B. 切开复位内固定　C. 切开复位韧带修复
D. 手法复位外固定　E. 切开复位外固定

1771. 3 岁,男童。母亲为之穿衣牵拉右手臂后突然哭闹,不敢屈肘持物。其诊断应首先考虑
A. 右肱骨髁上骨折　B. 右肩关节脱位　C. 右肘关节脱位
D. 右腕关节脱位　E. 右桡骨头半脱位

1772. 女孩,3 岁。1 小时前被牵拉右前臂后哭闹不安,不肯用右手持物。查体:右前臂处于半屈旋前位,右肘部轻度压痛,无明显肿胀。X 线检查未见明显异常。最可能的诊断是
A. 尺神经损伤　B. 肘关节脱位　C. 桡神经损伤
D. 正中神经损伤　E. 桡骨头半脱位

1773. 桡骨头半脱位正确的治疗方法是
A. 复位时需将腕、肘均伸直　B. 复位时需将肘屈曲旋转前臂　C. 局麻下进行手法复位
D. 全麻下进行手术治疗　E. 麻醉后伸肘手法复位

1774. 女,3 岁。被牵拉前臂后,出现肘部疼痛,不愿用手取物,桡骨近端压痛。X 线检查未见骨折征象。最适宜的治疗方法是
A. 石膏固定　B. 切开探查　C. 肩肘固定带悬吊
D. 手法复位　E. 外敷药物

1775. 男,21 岁。车祸致右髋关节受伤,出现右髋部疼痛、外展、外旋、屈曲畸形,弹性固定。正确的诊断是
A. 髋关节前脱位　B. 股骨干骨折　C. 骨盆骨折
D. 髋关节后脱位　E. 髋关节中心脱位

1776. 男性,30 岁。驾车撞树受伤,伤后右髋关节疼痛剧烈,不能活动。查体:患肢短缩,呈屈曲、内收、内旋畸形。应首先考虑的诊断是
A. 股骨颈骨折　B. 股骨干骨折　C. 髋关节后脱位
D. 髋关节前脱位　E. 坐骨神经损伤

1777. 女,37 岁。交通事故中右下肢受伤 3 小时。查体:右下肢缩短,右髋关节呈屈曲、内收、内旋畸形,右足背麻木,背屈无力。最可能的诊断是
A. 髋关节中心脱位,坐骨神经损伤　B. 髋关节前脱位,坐骨神经损伤
C. 髋关节前脱位,闭孔神经损伤　D. 髋关节后脱位,股神经损伤

E. 髋关节后脱位,坐骨神经损伤

(1778~1779 题共用题干)男,45 岁。乘汽车时急刹车,左髋关节挫伤,X 线片示股骨头向后方脱位,未见股骨头及髋臼骨折。

1778. 髋关节畸形位置应该为
A. 屈曲、内旋、内收　B. 屈曲、内收、外旋　C. 屈曲、外展、外旋
D. 屈曲、外展、内旋　E. 过伸位、内收、内旋

1779. 首选的治疗方案是
A. 手法复位,无需特殊处理　B. 切开复位,内固定　C. 切开复位,外固定
D. 手法复位,皮牵引　E. 手法复位,骨牵引

(1780~1782 题共用题干)男性,35 岁。驾车肇事,右髋致伤剧痛。检查见右下肢短缩,内旋、内收位弹性固定,足背不能背屈。

1780. 为明确诊断首先应进行的检查是
A. 肌电图　B. CT　C. MRI
D. X 线　E. 血型及血常规

1781. 如果检查确定为髋关节后脱位,那么其治疗方法应尽早考虑
A. 下肢皮牵引复位　B. 下肢骨牵引复位　C. 手法复位
D. 手术切开复位　E. 镇痛止痛、肢体重力复位

1782. 该患者出现的并发症是
A. 坐骨神经损伤　B. 急性骨萎缩　C. 股骨头坏死
D. 下肢深静脉血栓　E. 下肢淋巴水肿

1783. 髋关节后脱位复位的最佳时机是最初
A. 24~48 小时　B. 36~48 小时　C. 48~60 小时
D. 2~3 天　E. 3~4 天

1784. 下列各种复位方法,操作不当会发生股骨头骨折的是
A. Allis 法　B. Kocher 法　C. Biglew 法
D. Stimson 法　E. Hippocrates 法

1785. 髋关节后脱位复位时应该是
A. 在全麻或椎管麻醉下行手法复位　B. 复位后应行石膏固定 1~2 周
C. 复位后可即刻扶拐下地活动　D. 必须切开复位
E. 可先行牵引 2~3 天后进行复位

二、膝关节韧带及半月板损伤(执业医师需掌握)

1786. 对交叉韧带损伤有诊断意义的检查是
A. Hoffman 征　B. Mills 征　C. 直腿抬高试验
D. 拾物试验　E. 抽屉试验

第 34 章　手外伤与断肢(指)再植

(执业医师及助理医师均需掌握)

1787. 最可能出现 Froment 征阳性的是
A. 尺神经损伤　B. 指深屈肌断裂　C. 指浅屈肌断裂

D. 桡神经损伤　E. 正中神经损伤

1788. 左腕掌侧切割伤,小指和环指尺侧半感觉消失,夹纸试验阳性。可能损伤的神经是
A. 正中神经　B. 尺神经　C. 桡神经
D. 前臂内侧皮神经　E. 前臂骨间背神经

1789. Allen 试验主要用于检查
A. 手部神经损伤程度　B. 神经损伤后的恢复情况　C. 手部肌腱损伤情况
D. 手指末端血运情况　E. 桡、尺动脉的通畅和相互吻合情况

1790. 手部创伤止血时止血带应缚于
A. 上臂上 1/3 处　B. 上臂中 1/3 处　C. 上臂下 1/3 处
D. 前臂中段　E. 腕部

1791. 手部创口清创处理,一般不迟于
A. 8 小时　B. 9 小时　C. 10 小时
D. 11 小时　E. 12 小时

1792. 男,27 岁。工作中被壁纸刀割伤左手示指,创口长约 3cm,出血较多。现场紧急处理首选的是
A. 上臂行止血带捆扎　B. 夹板外固定　C. 清洁布类创口加压包扎
D. 腕部行止血带捆扎　E. 立即清创缝合

1793. 男性,26 岁。不慎被铡草机皮带绞伤左手,拇指骨折,皮肤及软组织损伤严重。对其治疗正确的做法是
A. 清创应不迟于伤后 24 小时　B. 清创无须应用止血带　C. 清创按从浅层到深层进行
D. 骨折可以暂不处理　E. 肌腱神经损伤必须一期修复

1794. 手外伤治疗的最终目的是
A. 骨折解剖复位固定　B. 一期闭合创口　C. 恢复手部运动功能
D. 组织修复　E. 早期彻底清创

1795. 手外伤正确的术后处理是
A. 患肢下垂,防止缺血　B. 用纱布将手指严密包扎　C. 用石膏托将手固定于功能位
D. 肌腱修复后固定 1~2 周　E. 神经修复后要固定 2~3 周

1796. 男性,20 岁。1 小时前被菜刀将示指末节掌侧切去一块皮肤,约 1cm×0.5cm,皮下脂肪裸露。治疗应
A. 三角皮瓣移植　B. 游离周围软组织予以覆盖　C. 单纯缝合皮肤
D. 鱼际皮瓣移植　E. 胸部皮瓣移植

1797. 男,25 岁。右手腕部被机器绞伤,皮肤脱套,异常活动,创口流血。正确的处理方法是
A. 简单包扎,消炎治疗　B. 直接缝合,包扎伤口
C. 清创后有骨折和脱位者,必须复位固定　D. 对重要血管损伤留待二期处理
E. 肌腱损伤修补后立即进行功能锻炼,防止粘连

1798. 患者,女,20 岁。被机械绞伤右前臂 1 小时,右前臂屈侧皮肤见长 8cm 的裂口,深达骨膜,边缘不整齐,污染严重,出血不止,且右腕不能背伸。对其处理错误的是
A. 应立即行清创术　B. 出血如非重要血管可结扎处理
C. 如有神经断裂争取一期修复　D. 肌腱如缺损严重可二期处理
E. 断裂主干血管应一期吻合

1799. 男,35 岁。机器碾压致腕部、手部受伤,手掌部皮肤严重缺损,肌腱外露,手指均不能屈曲,感觉消失,第 2~3 掌骨骨折。不正确的处理是
A. 骨折必须复位固定　B. 肌腱、神经损伤必须同时一期修复
C. 在止血带下清创　D. 影响血供的血管损伤应立即修复
E. 行皮瓣移植术

1800. 男,24 岁。在工厂流水线工作时,电锯切割致左手示指离断。对断指的正确保存方法是用无菌纱布包好放置在

A. 酒精中　B. 冰箱冷冻室中　C. 福尔马林溶液中
D. 干燥冷藏容器中　E. 生理盐水中

1801. 男,21 岁。3 小时前刀伤致右手五指完全离断。对断指正确的处理是

A. 分别予以标记置于保温箱　B. 捆扎一起包好　C. 浸泡酒精中消毒
D. 直接置于冰块中保存　E. 清洁布包好放入 4℃冰箱内

1802. 切纸工人,不慎将右拇指切断,因工地距医院较远,为争取再植成功,再植时限不超过

A. 6~8 小时　B. 9~11 小时　C. 12~14 小时
D. 15~17 小时　E. 18~20 小时

1803. 断肢再植成功率最高的上臂外伤种类是

A. 被机床压断的上臂　B. 被搅拌机绞断的上臂　C. 被火车辗压断的上臂
D. 被滚动皮带绞断的上臂　E. 被劫匪利刀砍断的上臂

第 35 章　周围神经损伤

(执业医师及助理医师均需掌握)

1804. 患者,男,25 岁。左手外伤 1 小时。查体:左手拇指、示指、中指可屈曲,拇指不能对掌,桡侧半 3 个手指感觉障碍。受损的神经是

A. 正中神经肘部以上　B. 正中神经腕部以下　C. 正中神经合并尺神经
D. 桡神经　E. 尺神经

1805. 男,30 岁。左上臂切割伤 5 小时。查体:T37.4℃,P16 次/分,BP120/82mmHg,P80 次/分。左侧小指感觉消失,环指、小指末节屈曲功能障碍。最可能的原因是

A. 尺神经损伤　B. 肌皮神经损伤　C. 正中神经损伤
D. 桡神经深支损伤　E. 桡神经浅支损伤

1806. 肱骨髁上骨折后出现手指不能内收、外展,夹纸试验阳性。最可能损伤的神经是

A. 桡神经　B. 肌皮神经　C. 尺神经
D. 正中神经　E. 腋神经

1807. 尺神经损伤的典型体征是

A. Finkelstein 试验阳性　B. 拇指感觉异常　C. 垂腕
D. 拇指对掌功能受限　E. Froment 征阳性

1808. 男,24 岁。左腕部切割伤 12 小时,伤及桡神经。其临床表现是

A. 拇、示、中指不能屈曲　B. 不能屈腕　C. 手部内在肌萎缩
D. 手背虎口区域麻木　E. 手掌桡侧感觉减弱

1809. 男,30 岁。被枪弹击伤上臂中段。体检:垂腕,各手指不能伸直,拇指、示指、中指背侧麻木,肘关节屈伸活动正常。X 线片示肱骨中段见 1 个弹头形状的金属异物,骨质未见断裂。其最可能的神经损伤是

A. 桡神经　B. 正中神经　C. 尺神经
D. 臂丛神经　E. 以上皆不正确

1810. 正中神经损伤的临床表现是

A. 垂腕畸形　B. 拇指对掌障碍　C. 爪形手畸形
D. 拇指背伸障碍　E. 手指内收、外展障碍

1811. 女,66 岁。人工膝关节置换术后膝关节周围加压包扎。1 天后发现右足不能背屈,跖屈正常,足背动脉搏动正常。最可能的原因是
A. 腓总神经损伤　　B. 骨筋膜室综合征　　C. 坐骨神经损伤
D. 胫神经损伤　　E. 深静脉血栓

1812. 男,18 岁。车祸致伤右膝关节及小腿,伤后即出现足跖屈、内翻、内收功能障碍,足底感觉消失。最可能损伤的神经是
A. 腓肠神经　　B. 足底内侧神经　　C. 腓总神经
D. 胫神经　　E. 股神经

1813. 男,32 岁。右上臂被重物砸伤 2 小时,局部疼痛、肿胀、活动受限。查体:右上臂中下部可见畸形及异常活动,垂腕,手指不能伸直。最可能合并损伤的神经是
A. 桡神经　　B. 肌皮神经　　C. 正中神经
D. 尺神经　　E. 腋神经

1814. 女,45 岁。不慎被汽车撞伤左下肢。查体:左膝部及小腿瘀血、肿胀、疼痛,膝关节屈伸受限,足背动脉触诊不清,足背屈、外翻功能障碍。其中,符合腓总神经损伤的表现是
A. 足背屈、外翻功能障碍　　B. 小腿瘀血,肿胀　　C. 足背动脉触诊不清
D. 膝关节屈伸受限　　E. 小腿疼痛,活动受限

A.“餐叉”样畸形　　B. 患侧下肢缩短、外旋、轴向叩痛
C. 杜加征阳性　　D. 患侧下肢缩短、内旋、弹性固定　　E. 足下垂

1815. 腓总神经损伤
1816. 伸直型 Colles 骨折

第 36 章　运动系统慢性损伤

一、颈椎病(执业医师及助理医师均需掌握)

1817. 脊髓型颈椎病最常见的临床表现是
A. 猝倒,视物障碍　　B. 眩晕,头痛　　C. 颈肩痛,压头试验阳性
D. 恶心、呕吐　　E. 四肢无力,行走及持物不稳

1818. 属于椎动脉型颈椎病临床表现的是
A. 听力下降　　B. 足下踩棉花感　　C. 手指麻木
D. 持物不稳　　E. 猝倒

1819. 男,56 岁。颈肩痛 1 个月,并向右手放射,右手拇指痛觉减弱,肱二头肌肌力弱。初步诊断是
A. 颈椎病　　B. 肩周炎　　C. 肩袖综合征
D. 臂丛神经炎　　E. 颈部劳损

1820. 男,50 岁。无明显诱因出现左肩、上臂、前臂外侧放射痛 3 个月。既往体健。查体:T36.6℃。P82 次/分,BP110/60mmHg,双肺呼吸音清,未闻及干、湿啰音,心律齐,未闻及杂音,腹软,无压痛,未触及包块,肩关节活动正常,上肢感觉及肌力均正常。Eaton 试验和 Spurling 试验阳性。首先考虑的诊断是
A. 肩峰撞击综合征　　B. 粘连性肩关节囊炎　　C. 冈上肌腱炎
D. 肩袖损伤　　E. 神经根型颈椎病

1821. 男,62 岁。四肢麻木、无力 3 个月,继而行走困难,双手持物力弱。查体:四肢肌张力增高,肌力弱,有不规则感觉减弱区,Hoffmann 征(+)。最可能的诊断是

A. 神经根型颈椎病　B. 椎动脉型颈椎病　C. 脊髓型颈椎病
D. 交感型颈椎病　E. 脊髓空洞症

1822. 女,45 岁。颈肩痛伴有左上肢放射痛 1 周。查体:Eaton 试验(+)。颈部 MRI 显示颈 5~6、颈 6~7 椎间盘向左后突出 5mm,关节突增生。颈椎斜位 X 线检查示颈 5~6 椎间孔稍变窄。首选的治疗措施是
A. 颈项肌锻炼　B. 椎板切除减压术　C. 前路椎间盘切除
D. 后路椎间盘摘除　E. 颌枕吊带牵引

1823. 男性,50 岁。平时常有头痛头晕,视物模糊,转头时突然跌倒。经检查临床诊断为颈椎病,其最可能的类型是
A. 神经根型　B. 脊髓型　C. 交感神经型
D. 椎动脉型　E. 混合型

A. 椎动脉型颈椎病　B. 脊髓型颈椎病　C. 交感神经型颈椎病
D. 神经根型颈椎病　E. 复合型颈椎病

1824. 手指麻木伴上肢放射痛,压头试验阳性,最可能的颈椎病类型是
1825. 手足无力、括约肌功能障碍、脚踩棉花感,最可能的颈椎病类型是

1826. 男,39 岁。颈肩痛 1 个月,向右上肢放射,右手拇指、示指感觉减退,无四肢无力、走路持物不稳、头痛、头晕、视力下降及眩晕、猝倒等症状。X 线片显示颈 5、6 椎间孔狭窄。其诊断首先考虑的是
A. 复合型颈椎病　B. 椎动脉型颈椎病　C. 神经根型颈椎病
D. 交感神经型颈椎病　E. 脊髓型颈椎病

1827. 椎动脉型颈椎病因脑血供不足可出现
A. 四肢肌肉萎缩　B. 四肢手足多汗　C. 四肢放射性疼痛
D. 眩晕、视觉障碍　E. 压头试验阳性

1828. 颌枕带牵引不适合于治疗颈椎病
A. 神经根型　B. 椎动脉型　C. 脊髓型
D. 交感神经型　E. 混合型

(1829~1830 题共用题干)女,45 岁。四肢无力,站立不稳,进行性加重半年,无外伤史。查体:双下肢肌张力高,腱反射亢进。Hoffmann 征(+),Babinski 征(+)。

1829. 其诊断为
A. 脊髓型颈椎病　B. 神经根型颈椎病　C. 椎动脉型颈椎病
D. 交感神经型颈椎病　E. 混合型颈椎病

1830. 应首先选择的治疗方法是
A. 理疗　B. 手术治疗　C. 推拿按摩
D. 颌枕带牵引　E. 带围领和颈托

A. 神经根型颈椎病　B. 肩关节脱位　C. 桡骨远端骨折
D. 儿童锁骨青枝骨折　E. 桡骨头半脱位

1831. 可仅用三角巾悬吊法进行治疗的是
1832. 首选悬吊牵引治疗的是
1833. 首选手法复位石膏固定进行治疗的是

二、狭窄性腱鞘炎(执业医师及助理医师均需掌握)

1834. 55 岁,女性。右手拇指晨起僵硬伴疼痛半年,近 2 周出现该处的肿胀及活动受限,被动活动患指可

出现伴疼痛的弹响。临床诊断最可能是
A. 类风湿关节炎　B. 关节内游离体　C. 骨关节炎
D. 风湿性关节炎　E. 狭窄性腱鞘炎

1835. 女,3岁。右手中指疼痛1个月。查体:中指曲屈,不能伸直,掌指关节掌侧可触及0.3cm×0.3cm大小硬结,压痛,可随屈肌腱上下活动。首选的治疗方法是
A. 局部封闭治疗　B. 手术治疗　C. 口服非甾体抗炎药
D. 局部制动　E. 物理治疗

1836. 拇指活动时出现弹响伴疼痛,最可能的原因是
A. 尺神经损伤　B. 腱鞘囊肿　C. 桡神经损伤
D. 狭窄性腱鞘炎　E. 正中神经损伤

1837. 弹响指的基本病理改变是
A. 腱鞘炎　B. 筋膜炎　C. 滑囊炎
D. 滑膜炎　E. 肌腱末端炎

三、肱骨外上髁炎(执业医师需掌握)

1838. 对肱骨外上髁炎有诊断意义的检查是
A. Dugas征　B. Thomas征　C. Spurling试验
D. Mills征　E. "4"字试验

1839. 肱骨外上髁炎的首选治疗方法是
A. 加强功能锻炼　B. 局部封闭　C. 肘关节制动
D. 抗生素消炎　E. 手术治疗

1840. 女,30岁。右肘关节外侧疼痛半年。查体:右侧Mills征阳性。X线检查未见异常。治疗和预防该病复发的关键是
A. 功能锻炼　B. 早期手术　C. 限制腕关节活动
D. 药物治疗　E. 局部按摩

四、粘连性肩关节囊炎(执业医师及助理医师均需掌握)

1841. 肩关节周围炎的好发年龄是
A. 20岁左右　B. 30岁左右　C. 40岁左右
D. 50岁左右　E. 各年龄发生率相等

1842. 肩周炎是自限性疾病,一般恢复时间需要
A. 1~3个月　B. 3~6个月　C. 6~12个月
D. 6~24个月　E. 12~36个月

1843. 肩周炎的临床特点为
A. 活动时疼痛、功能受限　B. 静息时疼痛、功能受限　C. 活动时疼痛、功能无受限
D. 静息时无痛、功能受限　E. 活动时无痛、功能受限

1844. 属于肩周炎诊断依据的是
A. 男性多于女性　B. 右侧多于左侧　C. 肩部疼痛,与动作无关
D. 肩关节外展、外旋、后伸受限　E. 肩部三角肌无萎缩

1845. 颈椎病的鉴别诊断中,肩周炎不可能出现
A. 三角肌萎缩　B. 斜方肌痉挛　C. 肩痛及上臂痛
D. 前臂和手疼痛　E. 大范围活动时,疼痛加剧

1846. 女,50岁。右肩部疼痛,不能梳头。查体:右肩三角肌萎缩,肩关节外展、外旋、后伸明显受限。X

线片未见骨质疏松,肩峰下钙化。其首选诊断为

A. 肩周炎　B. 肩关节结核　C. 肩关节肿瘤

D. 肱骨外上髁炎　E. 风湿性关节炎

1847. 女性,52 岁。右肩部疼痛进行性加重 1 年,冬春季重,夏秋季轻,活动障碍以外展、上举、旋转较重,关节无红、肿、热等征象。应首先考虑的诊断是

A. 肩关节脱位　B. 肩关节骨折　C. 肩关节肿瘤

D. 肩关节周围炎　E. 肩关节慢性感染

1848. 肩周炎不正确的治疗方法是

A. 理疗　B. 封闭　C. 按摩

D. 服用非甾体抗炎药　E. 限制肩关节活动

1849. 女,60 岁。左肩部疼痛 6 个月。梳头、洗面困难,肩袖间隙区明显压痛,部位局限,肩关节活动受限。X 线未见明显异常。不正确的处理是

A. 使用非甾体抗炎药　B. 早期给予理疗、按摩　C. 手术治疗

D. 保持肩关节主动活动　E. 使用激素类药物局部注射

五、股骨头坏死(执业医师及助理医师均需掌握)

1850. 女,56 岁。4 年前车祸外伤导致左股骨颈骨折,急诊行闭合复位螺钉内固定术,1 年前逐渐出现左髋疼痛,行走时加重,髋部活动受限。最可能出现的情况是

A. 髋关节感染　B. 股骨头坏死　C. 股骨颈骨折不愈合

D. 骨关节炎　E. 股骨颈再次骨折

1851. 女,60 岁。右髋部疼痛 20 余年,近 2 年加重。步行 200m 即出现明显髋痛,不能盘腿,髋关节内外旋均受限。X 线检查示右髋关节间隙消失,关节边缘骨质增生,股骨头变扁,头臼失去正常对合关系。首选的治疗方法是

A. 股骨近端截骨术　B. 关节镜清理术　C. 人工全髋关节置换术

D. 人工股骨头置换术　E. 口服非甾体抗炎药

1852. 诊断早期股骨头坏死最敏感的检查是

A. 血管造影　B. X 线　C. B 超

D. MRI　E. CT

(1853~1855 题共用题干)男,65 岁。1 年前无明显诱因出现髋关节进行性疼痛,休息后可好转,无消瘦、乏力。长期饮酒。查体:腹股沟区压痛(+)。类风湿因子(-)。X 线片显示髋关节间隙正常,股骨头可见弧形透明带。

1853. 最可能的诊断是

A. 股骨头缺血性坏死　B. 髋关节结核　C. 类风湿关节炎

D. 强直性脊柱炎　E. 髋关节骨关节炎

1854. 最有价值的辅助检查是

A. MRI　B. B 超　C. 关节液检查

D. 结核菌素试验　E. CT

1855. 最适宜的治疗措施是

A. 人工关节置换　B. 口服糖皮质激素　C. 关节镜下滑膜切除

D. 理疗、避免负重　E. 髋关节融合

六、腰椎间盘突出症(执业医师及助理医师均需掌握)

1856. 以下节段最常发生腰椎间盘突出的是

A. T_{12} ~ L_1　B. L_1 ~ L_2　C. L_2 ~ L_3
D. L_3 ~ L_4　E. L_4 ~ L_5

1857. 腰椎间盘突出症最常见的部位是
A. T_{12} ~ L_1　B. L_1 ~ L_2　C. L_2 ~ L_3
D. L_3 ~ L_4　E. L_5

1858. 鉴别中央型腰椎间盘突出症与椎管内肿瘤最有意义的检查是
A. 鞍区感觉　B. 肛门括约肌　C. X 线
D. MRI　E. CT

1859. 腰椎间盘突出症与腰椎管狭窄症临床症状的主要鉴别点是
A. 二便是否障碍　B. 有无鞍区感觉障碍　C. 腰痛及下肢放射痛的程度
D. 双下肢无力的程度　E. 间歇性跛行是否为主要特点

1860. 腰椎间盘突出症的典型症状是
A. 腰背痛　B. 下肢无力　C. 腰痛伴坐骨神经痛
D. 坐骨神经痛　E. 腰部活动受限

1861. 腰椎间盘突出症最多见的症状是
A. 腰痛　B. 下肢痉挛性瘫痪　C. 坐骨神经痛
D. 急性尿潴留　E. Babinski 征阳性

1862. 腰椎间盘突出症
A. 托马斯征阳性　B. 拾物试验阳性
C. 直腿抬高试验和加强试验阳性　D. 患部活动受限，好发于 50 岁左右
E. 早期局部分层穿刺有助于诊断

1863. 直腿提高试验，正常一般至少提高到
A. 40° ~ 49°　B. 50° ~ 59°　C. 60° ~ 70°
D. 80° ~ 99°　E. 90°及以上

1864. 直腿抬高试验阳性表明
A. Schmorl 结节　B. 马尾神经损伤　C. 慢性腰肌劳损
D. 腰 3 ~ 4 椎间盘膨出　E. 腰 4 ~ 5 或腰 5 ~ 骶 1 椎间盘突出症

1865. 关于腰椎间盘突出症的体征，叙述错误的是
A. 腰椎侧凸具有辅助诊断价值　B. 几乎全部患者有不同程度的腰部活动受限
C. 大多数患者在病变间隙的棘突间有压痛　D. 大多数患者有肌力下降
E. 直腿抬高试验及加强试验多为阴性

A. $L_{1\sim2}$ 椎间盘突出　B. $L_{2\sim3}$ 椎间盘突出　C. $L_{3\sim4}$ 椎间盘突出
D. $L_{4\sim5}$ 椎间盘突出　E. L_5S_1 椎间盘突出

1866. 导致踇趾背伸力弱的是
1867. 导致踇趾跖屈力弱的是

A. 下肢腱反射无改变　B. 膝腱反射减弱或消失　C. 跟腱反射减弱或消失
D. 下肢病理反射征阳性　E. 下肢腱反射亢进

1868. $L_{4\sim5}$ 椎间盘突出
1869. L_5 ~ S_1 椎间盘突出

1870. 男，35 岁。外伤后腰痛伴右下肢麻木 1 周。查体：腰部活动受限，右小腿外侧感觉减退，疑有腰椎间盘突出症。最有诊断价值的检查方法是

A. X 线　　B. 透视　　C. CT
D. 核素骨扫描　　E. 肌电图

1871. 对腰椎间盘突出症,可判断突出的节段、脊髓和神经根受压程度及范围的最佳手段是
A. 超声　　B. MRI　　C. 肌电图
D. X 线　　E. CT

1872. 女,42 岁。腰腿痛 2 个月。查体:下腰椎旁压痛,左下肢直腿抬高试验阳性(50°),加强试验阳性,外踝及足背外侧皮肤感觉减弱,踝反射消失,考虑为腰椎间盘突出症。最可能突出的间隙是
A. $L_{1\sim2}$　　B. $L_{2\sim3}$　　C. $L_{3\sim4}$
D. $L_{4\sim5}$　　E. $L_5\sim S_1$

(1873~1875 题共用题干)男,35 岁,腰痛伴右侧下肢放射性痛 3 个月,无明显发热、盗汗。查体:右侧直腿抬高试验阳性,小腿前外侧和足底感觉减退,踇背伸肌力减退。

1873. 最可能的诊断是
A. 腰椎间盘突出症　　B. 腰肌劳损　　C. 腰椎肿瘤
D. 腰椎结核　　E. 强直性脊柱炎

1874. 最可能的病变部位是
A. $L_{1\sim2}$　　B. $L_{2\sim3}$　　C. $L_{3\sim4}$
D. $L_{4\sim5}$　　E. $L_5\sim S_1$

1875. 最适合的治疗方法是
A. 联合应用抗生素　　B. 卧床休息,牵引理疗　　C. 抗结核药物治疗
D. 单纯椎板减压手术　　E. 髓核摘除术

(1876~1879 题共用题干)男,重体力劳动工人,腰腿痛,并向左下肢放射,咳嗽、打喷嚏时加重。检查腰部活动明显受限,并向左倾斜,直腿抬高试验阳性。病程中无低热、盗汗、消瘦症状。

1876. 首先考虑的诊断是
A. 腰肌劳损　　B. 腰椎管狭窄症　　C. 腰椎间盘突出症
D. 强直性脊柱炎　　E. 腰椎结核

1877. 若有小腿及足外侧麻木,足趾跖屈力及跟腱反射弱,病变的节段应考虑
A. 腰 1~2　　B. 腰 2~3　　C. 腰 3~4
D. 腰 4~5　　E. 腰 5~骶 1

1878. 为明确诊断,最有意义的检查是
A. X 线检查　　B. CT　　C. 超声
D. 腰椎穿刺　　E. 肌电图

1879. 若病史 2 年,并逐渐加重,已严重影响生活及工作,且出现尿便障碍。其治疗方法是
A. 理疗　　B. 按摩　　C. 牵引
D. 用药　　E. 手术

(1880~1883 题共用题干)40 岁,男性。腰痛伴右下肢放射痛 2 个月,反复发作,与劳累有关,咳嗽、用力排便时可加重疼痛。查体右直腿抬高试验 40°阳性,加强试验阳性。X 线片示腰 4 ~5 椎间隙变窄。

1880. 其最可能的诊断为
A. 急性腰扭伤　　B. 腰 3 横突综合征　　C. 腰椎椎管狭窄症
D. 腰椎间盘突出症　　E. 梨状肌综合征

1881. 可完全排除的诊断是
A. 腰椎结核　　B. 腰肌劳损　　C. 腰椎肿瘤

D. 脊椎滑脱症　　E. 腰椎管狭窄症

1882. 其右下肢麻木的区域可能为
A. 小腿外侧或足背　　B. 股前侧　　C. 小腿前内侧
D. 小腿后侧及足底　　E. 臀部及股后侧

1883. 对诊断有定位定性意义的检查方法是
A. X线　　B. CT　　C. 心功能检查
D. 心导管检查　　E. 超声心动图

(1884~1886题共用题干)男,35岁。1个月前搬重物时突然出现腰痛,经理疗1周腰痛缓解,后逐渐出现右下肢放射痛,劳累、咳嗽、排便时症状加重,无低热、盗汗。查体:直腿抬高试验阳性。

1884. 最可能的诊断是
A. 强直性脊柱炎　　B. 腰椎骨折　　C. 类风湿关节炎
D. 腰椎结核　　E. 腰椎间盘突出症

1885. 对其定位、定性、诊断最有帮助的检查是
A. 电生理检查　　B. X线　　C. 核素扫描
D. CT　　E. B超

1886. 目前首选的治疗方法是
A. 手术治疗　　B. 加大腰部活动　　C. 应用非甾体抗炎药
D. 背肌锻炼　　E. 休息牵引

1887. 男,35岁。间断发作腰痛伴右下肢麻木3年,CT提示中央型腰椎间盘突出症,经保守治疗缓解。近1个月症状逐渐加重,2小时前出现大小便障碍。首选的治疗方法是
A. 绝对卧床休息　　B. 理疗和按摩　　C. 髓核摘除术
D. 持续牵引　　E. 糖皮质激素硬膜外注射

A. 腰椎结核　　B. 腰椎骨折　　C. 腰椎骨关节炎
D. 腰椎间盘突出症　　E. 颈椎病

1888. X线片所见不能作为诊断依据的是
1889. X线显示腰大肌阴影增宽有助于诊断的是
1890. X线显示椎体边缘破坏,椎间隙变窄的是

1891. 某患者,男性,36岁。10天前抬重物扭伤腰部,腰痛伴右下肢后外侧放射痛,无大小便功能障碍。经检查诊断为腰椎间盘突出症,下列治疗措施哪项不宜采用?
A. 卧床休息　　B. 骨盆牵引　　C. 理疗和按摩
D. 皮质类固醇硬膜外注射　　E. 立即手术,行髓核摘除术

第37章　骨与关节感染

一、急性血源性骨髓炎(执业医师及助理医师均需掌握)

1892. 急性化脓性骨髓炎最常见的致病菌是
A. 乙型溶血性链球菌　　B. 铜绿假单胞菌　　C. 大肠埃希菌
D. 肺炎双球菌　　E. 金黄色葡萄球菌

1893. 急性血源性骨髓炎的好发年龄是
A. 婴幼儿　　B. 少年　　C. 青年

D. 中壮年　　E. 老年

1894. 儿童化脓性骨髓炎的脓肿不易进入关节腔的原因是

A. 骺板起屏障作用　　B. 关节囊对关节腔具有保护作用

C. 脓液容易局限和吸收　　D. 儿童关节对细菌的抵抗力强

E. 脓肿容易经由软组织溃破

1895. 对于急性化脓性骨髓炎早期诊断最具价值的检查是

A. B 超　　B. 白细胞计数　　C. CT

D. X 线　　E. 局部分层穿刺涂片与培养

1896. 男孩,12 岁。诊断为左胫骨近端骨髓炎,经局部引流后症状好转,但目前局部仍有窦道流脓。X 线检查示大块死骨及新生骨,有包壳形成。最主要的治疗措施是

A. 清除病灶　　B. 间断应用抗生素　　C. 石膏固定

D. 大剂量抗生素　　E. 窦道刮除术

1897. 下列表现对诊断急性化脓性骨髓炎最有意义的依据是

A. X 线片显示骨皮质破坏和骨膜反应　　B. 寒战、高热等全身感染中毒症状

C. 局部疼痛及患肢功能障碍　　D. 白细胞总数及中性粒细胞增高

E. 皮肤窦道有死骨排出

1898. 7 岁男孩。突发寒战、高热,烦躁不安,诉右膝下方剧痛,膝关节呈半屈曲状,拒动。查体:右小腿近端皮温高,压痛,病变区域穿刺抽出混浊液体,送细菌培养。最可能的结果是

A. 乙型溶血性链球菌　　B. 金黄色葡萄球菌　　C. 大肠埃希菌

D. 链球菌　　E. 无细菌生长

1899. 男孩,8 岁。高热伴右下肢剧痛、不能活动 2 天。查体:T39.4℃,P135 次/分,精神不振,右胫骨上端微肿,有深压痛。白细胞 26×10^9/L,血沉 80mm/h。X 线检查未见明显异常,核素扫描显示右胫骨上端有浓聚区。最可能的诊断是

A. 风湿性关节炎　　B. 膝关节结核　　C. 急性化脓性骨髓炎

D. 恶性骨肿瘤　　E. 急性化脓性关节炎

1900. 男孩,5 岁。突发寒战,体温 39℃。右膝部疼痛剧烈,不敢活动,局部无明显肿胀。应首先考虑的是

A. 慢性骨髓炎　　B. 化脓性关节炎　　C. 类风湿关节炎

D. 急性血源性骨髓炎　　E. 胫骨结节骨软骨病

1901. 关于急性化脓性骨髓炎的治疗叙述,正确的是

A. 患肢制动以减轻疼痛和防止病理骨折

B. 加强营养,纠正水、电解质代谢紊乱,多量输血

C. 凡确诊后立即静脉推入少量多种有效抗生素

D. 骨膜下抽到脓液,但无全身症状时不必切开排脓

E. 根据药敏试验选用最佳抗生素,直至全身症状消失即可停药

1902. 确诊急性骨髓炎后须立即

A. 抗感染　　B. 支持治疗　　C. 手术

D. 肢体制动　　E. 物理降温

1903. 男孩,4 岁。跑跳后左膝痛 1 周,未经诊治。1 天前疼痛加重,伴发热、呕吐。查体:T39.6℃,P160 次/分。左膝强迫微屈位,局部压痛(+),肿胀不明显。实验室检查:血 WBC25×10^9/L,N0.92。患膝及小腿 X 线片均未见异常。最可能的诊断是

A. 半月板损伤　　B. 急性血源性骨髓炎　　C. 恶性肿瘤

D. 急性蜂窝织炎　　E. 急性风湿性关节炎

(1904~1906题共用题干)5岁患儿突发寒战、高热,左大腿下端深压痛,患肢不敢动,白细胞总数升高。

1904. 应首先考虑的诊断为
A. 骨结核 B. 骨肿瘤 C. 急性化脓性骨髓炎
D. 慢性化脓性骨髓炎 E. 风湿性骨髓炎

1905. 最有意义的诊断方法是
A. X线 B. CT C. 血常规
D. 早期局部分层穿刺 E. 局部活检

1906. 确诊后立即采取的治疗方法为
A. 加强营养 B. 静脉滴注足量有效抗生素 C. 少量多次输血
D. 患肢皮牵引 E. 患肢石膏固定

(1907~1909题共用题干)女,5岁。咳嗽、咳痰2天,右大腿下段剧痛1天,伴烦躁不安,呕吐。查体:T39.5℃,右大腿下段外侧有明显的局限性压痛,膝关节未见明显肿胀,右下肢拒动。血常规:WBC20×10^9/L,N0.92。

1907. 最可能的诊断是
A. 蜂窝织炎 B. 关节炎 C. 骨结核
D. 骨肉瘤 E. 骨髓炎

1908. 为明确诊断,最有价值的检查是
A. MRI B. 局部分层穿刺 C. X线
D. CT E. 核素骨扫描

1909. 最适宜的治疗方法是
A. 钻孔引流 B. 开窗减压 C. 病灶清除
D. 休息制动 E. 联合应用大剂量抗生素

二、化脓性关节炎(执业医师需掌握)

1910. 男孩,8岁。左膝肿痛,急骤加重,活动剧痛,伴有高热。检查左膝关节明显红、肿、热及压痛。X线片示关节间隙增宽。其诊断首先应考虑为
A. 膝关节结核 B. 风湿性关节炎 C. 类风湿性膝关节炎
D. 化脓性关节炎 E. 痛风关节炎

1911. 男孩,10岁。左膝外伤后当晚出现寒战、高热,短暂谵妄。查体:T39.6℃,左膝局部肿胀、疼痛明显,浮髌试验阳性。实验室检查:血WBC14.0×10^9/L,N0.85,ESR75mm/h。X线检查未见明显异常。首先考虑的诊断是
A. 恶性骨肿瘤 B. 类风湿关节炎 C. 急性骨髓炎
D. 关节结核 E. 急性化脓性关节炎

1912. 化脓性关节炎早期诊断中,最有价值的方法是
A. 关节活动度检查 B. X线检查 C. MRI检查
D. 关节液检查 E. 手术探查

1913. 早期治疗膝关节化脓性关节炎最好的方法是
A. 合理有效抗生素加石膏固定 B. 足量有效抗生素加支持疗法
C. 足量有效抗生素加关节切开引流 D. 足量有效抗生素加功能锻炼及理疗
E. 足量有效抗生素加关节穿刺抽液并注入抗生素

1914. 早期治疗化脓性髋关节炎最好的方法是
A. 合理有效抗生素加石膏固定 B. 足量有效抗生素加支持治疗

C. 足量有效抗生素加功能锻炼及理疗
D. 足量有效抗生素加关节穿刺抽液并注入抗生素
E. 切开引流,使用足量抗生素

三、骨与关节结核(执业医师及助理医师均需掌握)

1915. 骨与关节结核发病率最高的部位是
A. 肩关节
B. 肘关节
C. 脊柱
D. 髋关节
E. 膝关节

1916. 脊柱结核发生率最高的部位是
A. 腰椎
B. 颈椎
C. 胸椎
D. 骶椎
E. 尾椎

1917. 关于脊柱结核的叙述,正确的是
A. 骨与关节结核中发病率最低
B. 一般无脊柱畸形
C. 疼痛是最先出现的症状,以夜间痛显著
D. 寒性脓肿是少数患者就医的最早体征
E. 一般没有低热、盗汗等全身症状

1918. 对脊柱结核具有早期诊断价值的检查是
A. 核素扫描
B. MRI
C. X 线
D. B 超
E. CT

1919. 脊柱结核主要的 X 线表现是
A. 椎体骨质破坏和椎间隙增宽
B. 椎体骨质增生和椎间隙狭窄
C. 脊柱竹节样改变
D. 椎体骨质破坏和椎间隙狭窄
E. 椎弓根骨质破坏和椎间隙正常

1920. 与脊柱结核有关的体格检查方法是
A. 研磨试验
B. 直腿抬高试验
C. 抽屉试验
D. "4"字试验
E. 拾物试验

1921. 女,38 岁。低热 2 个月,左大腿根部肿物 10 天。查体:左腹股沟可触及 5cm×5cm 质软圆形肿物,轻度压痛。B 超显示为低回声肿物。腰椎 X 线片上见腰大肌阴影增宽,L_2、L_3 椎体边缘骨质破坏,$L_{2\sim3}$椎间隙狭窄。首先应考虑的诊断是
A. 骨结核
B. 类风湿关节炎
C. 转移性骨肿瘤
D. 骨髓炎
E. 骨巨细胞瘤

1922. 女,40 岁,进行性背部疼痛。全身消瘦乏力 1 年。检查:第 6 胸椎后凸畸形,局部有压痛及叩痛,X 线片示胸椎 6、7 间隙变窄,上下缘模糊,血沉 60mm/h。临床诊断为
A. 椎体骨软骨病
B. 胸椎血管瘤
C. 胸椎结核
D. 胸椎转移癌
E. 化脓性脊柱炎

1923. 青年男性,左膝关节慢性肿痛半年,活动障碍,但皮肤色泽正常。X 线片示关节间隙变窄。诊断应考虑为
A. 单纯性骨结核
B. 单纯性滑膜结核
C. 全关节结核
D. 化脓性关节炎
E. 化脓性骨髓炎合并关节炎

A. 脊柱肿瘤
B. 腰椎骨关节炎
C. 腰椎间盘突出症
D. 强直性脊柱炎
E. 脊柱结核

1924. 腰部疼痛,晨僵,Schober 试验阳性,HLA-B27 阳性,X 线显示骶髂关节间隙狭窄。最可能的诊断是

1925. 低热,消瘦,生理前凸消失,X 线表现为腰椎骨质破坏,CT 显示腰大肌周围出现脓肿。最可能的诊断是

1926. 脊柱结核最严重的并发症是

A. 窦道形成,混合感染　B. 椎体的病理性骨折　C. 脊柱的活动功能障碍
D. 截瘫　E. 骨骺受累时可影响生长发育

1927. 骨与关节结核的手术适应证为
A. 年龄过小或过大　B. 有其他脏器活动性结核病变　C. 抗结核治疗在 2 周之内
D. 窦道流脓经久不愈　E. 全身中毒症状严重,抗结核药物效果不佳

1928. 骨关节结核患者需要手术病灶清除时,应
A. 立即手术　B. 术前至少抗结核治疗 2 周以上　C. 术前 5 天开始抗结核治疗
D. 死骨形成后再手术　E. 先做手术,然后立即开始抗结核治疗

(1929~1930 题共用题干)女性,45 岁。背痛、消瘦、乏力 6 个月,不能行走 1 周。查体:背部后凸畸形,叩痛,双下肢感觉、运动障碍,腱反射亢进。X 线片见胸 8 椎体骨质破坏,死骨形成,胸 8~9 椎间隙变窄,椎旁寒性脓肿影。血沉 80mm/h。

1929. 应首先考虑的诊断为
A. 骨折　B. 肿瘤　C. 结核
D. 骨髓炎　E. 强直性脊柱炎

1930. 其最佳治疗方案是
A. 休息,加强营养　B. 抗生素预防感染　C. 立即手术解除压迫
D. 抗结核药物治疗 3 周后手术　E. 抗肿瘤治疗 1 周后手术

(1931~1932 题共用题干)女,22 岁。腰痛伴低热、盗汗、乏力 5 个月,双下肢麻木、肌力减退 2 个月。查体:腰 1~2 椎体叩击痛阳性,腰肌痉挛,拾物试验阳性,双髋关节“4”字试验阴性。血沉 57mm/h。

1931. 不属于该病 X 线特征性表现的是
A. 腰椎椎体间隙狭窄　B. 腰椎椎体骨质模糊　C. 腰大肌阴影模糊
D. 腰椎后凸畸形　E. 腰椎边缘大量骨质增生

1932. 最合理的治疗方案是
A. 石膏背心固定　B. 单纯药物治疗 3 个月　C. 立即手术清除病灶
D. 卧床休息　E. 药物治疗有效 2 周,彻底清除病灶

(1933~1935 题共用题干)女,28 岁。出现进行性背痛、下肢无力 1 个月。查体:腰部叩痛阳性,拾物试验阳性。腰椎 X 线片示第 3、4 腰椎间隙变窄,可见椎旁软组织阴影。

1933. 最可能的诊断是
A. 类风湿关节炎　B. 腰椎间盘突出症　C. 腰椎结核
D. 强直性脊柱炎　E. 腰椎肿瘤

1934. 对确诊最有价值的检查是
A. 活检　B. MRI　C. B 型超声
D. 血沉　E. CT

1935. 目前最适宜的治疗方法是
A. 药物治疗　B. 休息牵引　C. 支持治疗
D. 手术治疗　E. 康复理疗

1936. 男,35 岁。腰背部疼痛 3 个月,伴有乏力、盗汗。查体:双下肢感觉、运动功能正常。X 线显示 L_2~L_3椎间隙狭窄,腰大肌影增宽。最适宜的治疗方法是
A. 抗结核药物治疗　B. 局部注射抗炎药物　C. 腰背部理疗按摩

D. 加强腰背肌锻炼　　E. 立即行病灶清除手术

1937. 有关髋关节结核的描述,正确的是

A. 多见于儿童　　B. 双侧发病居多　　C. 不会形成寒性脓肿

D. "4"字试验阴性　　E. 髋关节过伸试验阴性

1938. 关于髋关节结核的叙述,错误的是

A. 儿童多见　　B. 早期病变以单纯性骨结核多见　　C. 可出现膝关节处疼痛

D. 4 字征阳性　　E. 进行性关节间隙变窄为早期 X 线征象

1939. 男孩,8 岁。左髋部肿痛,跛行,伴低热、盗汗、食欲不振 3 周。查体:体温 37.6℃,左髋部活动受限,Thomas 征阳性。髋关节 X 线片见关节间隙略窄,边缘性骨破坏。其诊断首先应考虑为

A. 股骨头坏死　　B. 髋关节结核　　C. 急性骨髓炎

D. 骨关节炎　　E. 急性化脓性关节炎

A. Froment 试验　　B. Dugas 征　　C. Eaton 试验

D. Thomas 征　　E. Mills 征

1940. 肱骨外上髁炎的阳性体征是

1941. 髋关节屈曲挛缩的阳性体征是

第 38 章　骨肿瘤

(执业医师及助理医师均需掌握)

1942. 骨软骨瘤多见于

A. 长管骨骨端　　B. 长管骨干骺端　　C. 长管骨骨干

D. 长管骨骨骺　　E. 扁骨骨端

1943. 骨软骨瘤属于

A. 骨生长结构异常　　B. 骨生长方向异常　　C. 骨生长代谢异常

D. 骨生长速度异常　　E. 骨组织细胞异常

1944. 关于骨软骨瘤临床表现的叙述,正确的是

A. 一般无症状,生长缓慢的骨性突起　　B. 肿物与周围界限不清

C. X 线检查可见骨膜反应　　D. 肿块明显,皮肤有静脉怒张

E. 生长较快,伴明显疼痛

1945. 男性,22 岁。右膝内侧肿块 8 年,生长缓慢,无明显疼痛。X 线片显示股骨下端内侧干骺端杵状肿块,边缘清楚。应首先考虑为

A. 骨肉瘤　　B. 骨巨细胞瘤　　C. 软骨肉瘤

D. 骨软骨瘤　　E. 骨样骨瘤

1946. 男性,15 岁。无意中发现左大腿下端硬质、无痛性包块。X 线片见左股骨下干骺端外侧有一基底狭窄的骨性突出物,密度均匀与股骨一致,无骨质破坏。其诊断是

A. 骨结核　　B. 骨髓炎　　C. 骨肉瘤

D. 骨软骨瘤　　E. 骨巨细胞瘤

1947. 女性,20 岁。右小腿上端内侧发现肿物 4 年,无明显疼痛。X 线显示右胫骨上端内侧骨性突起,基底较宽,边界清,骨结构无明显破坏。可能诊断为

A. 骨肉瘤　　B. 慢性骨髓炎　　C. 骨巨细胞瘤

D. 骨软骨瘤　　E. 胫骨先天畸形

1948. 骨巨细胞瘤的特点是
A. 好发部位为胫骨下端 B. 主要症状为局部剧痛 C. X线表现为骨膜反应明显
D. 好发年龄是5~10岁 E. 潜在恶性骨肿瘤

1949. 骨巨细胞瘤的好发年龄是
A. 5~9岁 B. 10~19岁 C. 20~40岁
D. 41~60岁 E. 61~80岁

A. 骨软骨瘤 B. 骨巨细胞瘤 C. 骨肉瘤
D. 骨转移性癌 E. 骨囊肿

1950. 男,28岁。右膝内侧逐渐隆起伴隐痛半年。X线片示:右胫骨干骺端有一破坏区,边缘呈膨胀性改变,中央有肥皂泡样阴影。诊断首先考虑

1951. 女,18岁。左膝内下硬性肿块2个月,无痛。X线片示:左胫骨干骺端内侧有正常骨组织的疣状肿物,界限清楚,无骨膜反应。诊断首先考虑

A. 骨端膨胀性溶骨性破坏 B. 短骨膨胀,有蜂窝状骨吸收区夹杂钙化斑块
C. 自长骨干骺端突出的骨性病损 D. 骨膜板层状或"葱皮状"反应性骨形成和骨破坏
E. 长骨干骺端骨破坏和日光射线现象,可有Codman三角

1952. 骨软骨瘤的X线表现是

1953. 骨肉瘤的X线表现是

(1954~1956题共用题干)男性,26岁。左膝持续性隐痛1个月。查体:左小腿上端内侧略肿,压痛,X线片见左胫骨上端内侧有一肥皂泡样阴影,膨胀性生长,骨皮质变薄。

1954. 应首先考虑的诊断为
A. 骨结核 B. 骨髓炎 C. 骨肉瘤
D. 骨软骨瘤 E. 骨巨细胞瘤

1955. 其最佳治疗措施为
A. 单纯性化疗 B. 单纯性截肢手术 C. 病灶刮除植骨
D. 单纯放疗 E. 抗炎抗结核

1956. 【假设信息】如果最终确诊为骨肉瘤,那么其最佳治疗方案为
A. 单纯化疗 B. 单纯放疗 C. 单纯截肢手术
D. 肿瘤切除,人工关节置换 E. 化疗→肿瘤切除→化疗

1957. 男,14岁。左胫骨近端疼痛2个月,呈进行性加重。X线片检查发现左胫骨干骺端骨膜反应呈"日光射线"形态。最可能的诊断是
A. 骨肉瘤 B. 骨巨细胞瘤 C. 骨软骨瘤
D. 骨结核 E. 骨囊肿

1958. 女,14岁。右大腿下端肿痛1个月。查体:局部软组织肿胀、压痛,X线片示右股骨下端溶骨性破坏,伴有骨膜反应,血碱性磷酸酶明显增高。最可能的诊断是
A. 转移性骨肿瘤 B. 骨肉瘤 C. 骨髓炎
D. 骨结核 E. 骨巨细胞瘤

A. 骨囊肿 B. 骨巨细胞瘤 C. 骨软骨瘤
D. 骨肉瘤 E. 骨纤维异常增殖症

1959. X线显示日光放射状骨膜反应的疾病是

1960. X线显示干骺端圆形边界清楚的透明区,骨皮质变薄,无骨膜反应的疾病是

A. 血钙升高　　B. 血磷升高　　C. 血碱性磷酸酶升高
D. 血酸性磷酸酶升高　　E. 血总蛋白浓度升高

1961. 骨肉瘤可以有
1962. 广泛溶骨性转移性骨肿瘤可以有
A. 化疗　　B. 放疗　　C. 手术切除
D. 化疗和根治性手术　　E. 放疗和根治性手术

1963. 骨肉瘤采用的治疗方法是
1964. 骨巨细胞瘤采用的治疗方法是

(1965~1967 题共用题干)男,12 岁。1 个月前无明显诱因出现左胫骨近端肿痛,逐渐加重,皮肤表面静脉怒张,皮温增高。X 线片见左胫骨近端呈溶骨性破坏,伴有骨膜日光放射状表现。

1965. 确诊该病的检查方法是
A. CT　　B. MRI　　C. 组织活检
D. B 超　　E. 核素扫描

1966. 最可能的诊断是
A. 骨囊肿　　B. 骨巨细胞瘤　　C. 骨髓炎
D. 骨肉瘤　　E. 骨结核

1967. 最适合的治疗方法是
A. 刮除植骨　　B. 对症治疗　　C. 单纯截肢术
D. 放疗　　E. 化疗+保肢治疗

(1968~1971 题共用题干)男性,18 岁。右膝上方肿痛 2 个月,持续性,逐渐加重,夜间尤重。检查见患者消瘦,右膝肿胀,皮温稍热,静脉怒张,关节活动受限。

1968. 其诊断首先考虑
A. 骨髓炎　　B. 骨结核　　C. 风湿性关节炎
D. 骨关节炎　　E. 骨肉瘤

1969. 如果拍 X 线片,应表现为
A. 磨砂玻璃样改变　　B. 葱皮样改变　　C. 肥皂泡样改变
D. 骨性突起呈蒂状改变　　E. Codman 三角或日光放射样改变

1970. 为取得可靠的诊断,应作
A. 血常规检查　　B. 血沉检查　　C. 血碱性磷酸酶检查
D. 血尿酸检查　　E. 病理组织学检查

1971. 确定诊断后,应采取的治疗方法是
A. 手术引流　　B. 病灶清除术　　C. 抗风湿药物治疗
D. 关节融合术　　E. 截肢术

1972. 骨囊肿好发于
A. 长管骨干骺端　　B. 长管骨骨端　　C. 长管骨干部
D. 短管骨骨端　　E. 短管骨干部

1973. 男,10 岁。左上臂疼痛 1 周,有摔倒病史。查体:左上臂近段肿胀,压痛。X 线片显示肱骨近侧干骺端圆形境界清楚透亮区,骨皮质膨胀变薄,无骨膜反应。首先考虑的诊断是
A. 骨囊肿　　B. 骨结核　　C. 骨肉瘤
D. 骨软骨瘤　　E. 骨巨细胞瘤

(1974~1975 题共用题干)患者男性,16 岁。左小腿上端持续性隐痛 1 个月。查体:左小腿上端内侧略肿,压痛。X 线片见左胫骨上干骺端椭圆形透光区,边界清楚,骨皮质变薄。

1974. 应首先考虑的疾病是
A. 骨囊肿　B. 骨髓炎　C. 骨肉瘤
D. 骨软骨瘤　E. 骨巨细胞瘤

1975. 其最佳治疗措施是
A. 单纯化疗　B. 截肢术　C. 抗感染治疗
D. 单纯放疗　E. 刮除植骨

1976. 男,18 岁。左上臂近端疼痛、肿胀 1 个月,就诊的 X 线片显示左肱骨上段膨胀性囊状透亮区,边界清,内有骨性间隔将囊腔分成蜂窝状。最可能的诊断是
A. 骨囊肿　B. 骨纤维异样增殖症　C. 动脉瘤样骨囊肿
D. 内生性软骨瘤　E. 骨肉瘤

1977. 男,15 岁。平素健康。踢球时扭伤右膝,局部疼痛。X 线检查示右胫骨上端膨胀变粗,密质骨变薄,髓腔扩大呈磨砂玻璃样,界限清楚,无骨膜反应。首先考虑的诊断是
A. 骨结核　B. 骨髓炎　C. 骨肉瘤
D. 骨软骨瘤　E. 骨纤维异样增殖症

1978. 女,42 岁。近 1 个月出现进行性腰部疼痛,夜间加重。1 年前因"乳腺癌"行手术治疗。为明确腰痛原因,最有价值的检查是
A. 骨密度　B. X 线　C. CT
D. 核素扫描　E. B 超

A. 骨质破坏,死骨形成　B. 肥皂泡样骨质改变　C. 日光放射状骨膜反应
D. 葱皮样骨膜反应　E. 干骺端圆形边界清楚的溶骨性病灶

1979. 骨巨细胞瘤的典型 X 线表现是
1980. 骨肉瘤的典型 X 线表现是

第十九篇　妇产科学

第1章　女性生殖系统解剖与生理

（执业医师及助理医师均需掌握）

1. 外阴部外伤后最易发生血肿的部位是
A. 阴阜　B. 阴蒂　C. 大阴唇　D. 小阴唇　E. 会阴部

2. 女学生，18岁。骑自行车与三轮车相撞，自觉外阴疼痛难忍并肿胀就诊。根据女性外阴解剖学特点，可能发生的是
A. 小阴唇裂伤　B. 处女膜破裂　C. 大阴唇血肿　D. 阴道前庭损伤　E. 前庭大腺肿大伴出血

3. 关于女性外生殖器的解剖，不正确的是
A. 阴阜皮下有丰富的脂肪组织　B. 大阴唇富含神经末梢
C. 阴蒂由海绵体构成　D. 小阴唇为两股内侧的一对纵形皮肤皱襞，表面湿润
E. 阴道前庭为两侧小阴唇之间的菱形区域

4. 关于女性内生殖器解剖，正确的是
A. 子宫韧带共有3对　B. 阴道穹隆四部中前穹隆最深　C. 子宫内膜各层均发生周期性变化
D. 子宫峡部非孕期长约2cm　E. 站立时直肠子宫陷凹为女性腹膜腔最低位置

5. 卵巢内侧与宫角之间的韧带称为
A. 卵巢固有韧带　B. 子宫圆韧带　C. 宫骶韧带　D. 卵巢悬韧带　E. 主韧带

6. 防止子宫下垂最主要的韧带是
A. 子宫圆韧带　B. 子宫阔韧带　C. 子宫主韧带　D. 宫骶韧带　E. 腹股沟韧带

7. 卵巢动静脉通过的韧带是
A. 圆韧带　B. 主韧带　C. 宫骶韧带　D. 阔韧带　E. 骨盆漏斗韧带

8. 欲行全子宫加双附件切除，不需要切断的韧带是
A. 圆韧带　B. 卵巢固有韧带　C. 卵巢悬韧带　D. 阔韧带　E. 主韧带

9. 关于子宫韧带的解剖，正确的是
A. 圆韧带起于子宫角，止于腹股沟　B. 阔韧带富于肌纤维，与子宫体肌纤维相连
C. 卵巢固有韧带使子宫倾向后方　D. 主韧带横行于宫颈两侧和骨盆侧壁之间
E. 子宫动静脉从阔韧带上部穿过

10. 关于子宫的描述，正确的是
A. 子宫峡部下端为解剖学内口　B. 宫体与宫颈之间最狭窄的部分为子宫峡部

C. 幼年时宫体和宫颈的比例是2:1
D. 子宫峡部上端是组织学内口
E. 成年女子的子宫长7~8cm,宽4~5cm,厚4~5cm

11. 有关子宫峡部形态学特征的描述,正确的是
A. 上端为组织学内口
B. 非孕时长度约为1cm
C. 为子宫较宽的部分
D. 下端为解剖学内口
E. 临产后形成子宫下段达脐平

12. 卵巢表面的组织为
A. 腹膜
B. 卵巢白膜
C. 卵巢皮质
D. 结缔组织
E. 生发上皮

13. 关于卵巢形态学特征,说法正确的是
A. 卵巢白膜是平滑肌组织
B. 成年妇女卵巢重约15g
C. 卵巢表面无腹膜
D. 髓质内含许多始基卵泡
E. 皮质内含血管、神经、淋巴管

A. 单层高柱状上皮
B. 有纤毛的高柱状上皮
C. 复层鳞状上皮
D. 鳞状上皮化生
E. 生发上皮

14. 阴道黏膜上皮为
15. 宫颈黏膜上皮为

16. 不是女性生殖器官血液供应的主要来源
A. 髂外动脉
B. 卵巢动脉
C. 子宫动脉
D. 阴道动脉
E. 阴部内动脉

17. 子宫动脉来自
A. 腹主动脉
B. 髂总动脉
C. 髂内动脉
D. 髂外动脉
E. 肾动脉

18. 左侧卵巢静脉一般汇入
A. 髂总静脉
B. 髂内静脉
C. 髂外静脉
D. 肾静脉
E. 腹主静脉

19. 关于女性生殖器淋巴引流,错误的是
A. 宫颈淋巴大部分汇入髂外淋巴结及骶前淋巴结
B. 阴道下段的淋巴引流主要汇入腹股沟浅淋巴结
C. 阴道上段淋巴大部分汇入闭孔淋巴结及髂内淋巴结
D. 内生殖器淋巴分髂淋巴、腰淋巴和骶前淋巴组
E. 宫体两侧淋巴可沿圆韧带入腹股沟浅淋巴结

20. 不属于骨盆底外层范畴肌肉的是
A. 球状海绵体肌
B. 坐骨海绵体肌
C. 会阴浅横肌
D. 肛门外括约肌
E. 会阴深横肌

21. 属于骨盆底内层(即盆膈)肌肉的是
A. 肛提肌
B. 肛门外括约肌
C. 球海绵体肌
D. 坐骨海绵体肌
E. 会阴深横肌

A. 女型骨盆
B. 男型骨盆
C. 单纯扁平型骨盆
D. 类人猿型骨盆
E. 骨软化症骨盆

22. 骨盆入口呈横椭圆形,入口横径较前后径稍长,耻骨弓较宽,属于
23. 骨盆入口呈横椭圆形,骶岬向前下凸出,骨盆入口横径正常,属于

24. 分娩过程中,衡量胎先露部下降程度的重要标志是
A. 坐骨结节　B. 坐骨棘　C. 骶骨岬
D. 尾骨尖　E. 耻骨联合

25. 下列属于青春期女性生理特点的是
A. 自 18 岁至 48 岁　B. 卵巢功能减退　C. 卵泡无雌激素分泌
D. 开始出现女性特征　E. 月经初潮

26. 有关青春期生理特点的叙述,正确的是
A. 月经初潮　B. 卵巢体积无明显变化　C. 性腺轴功能已成熟
D. 肾上腺功能无明显变化　E. 乳房发育一般在月经初潮之后

27. 青春期开始的重要标志为
A. 卵泡开始发育　B. 出现周期性排卵　C. 第一次月经来潮
D. 开始出现第二性征　E. 出现体格发育第二高峰

28. 女性青春期最早出现的是
A. 月经来潮　B. 乳房发育　C. 体格发育
D. 骨盆变化　E. 脂肪蓄积

29. 关于月经的叙述,正确的是
A. 初潮年龄多在 15~16 岁　B. 经期多为 3~5 天　C. 月经周期一般为 28~35 天
D. 一次经量为 80~100ml　E. 一般在经期的 4~5 天经量最多

30. 月经周期中能够正反馈作用于下丘脑-垂体的激素为
A. 孕激素　B. 雄激素　C. 雌激素
D. 甲状腺素　E. 促性腺激素

31. 月经来潮前性激素的生理变化是
A. 孕激素出现两个高峰　B. 出现雌、孕激素高峰　C. 只出现雌激素高峰
D. 只出现孕激素高峰　E. 雌、孕激素均不出现高峰

A. 卵泡刺激素　B. 黄体生成素　C. 雌激素
D. 孕激素　E. 催乳激素

32. 卵泡早期分泌量少,排卵前达高峰,以后降低,排卵后期再度增高的激素是
33. 卵泡前半期分泌量少,排卵前一天骤升,一天骤降,并维持低水平的激素是
34. 卵泡期分泌量少,排卵后分泌量明显增加,8~9 天后下降的激素是

35. 女,25 岁。月经周期为 30 天,其末次月经是 2002 年 4 月 18 日,其排卵日期大约在 5 月
A. 2 日　B. 4 日　C. 6 日
D. 8 日　E. 10 日

36. 月经周期中,促进卵泡发育成熟的主要激素是
A. 黄体生成素　B. 孕激素　C. 雌激素
D. 卵泡刺激素　E. 人绒毛膜促性腺激素

37. 卵子由卵巢排出后未受精,黄体开始萎缩是在排卵后的
A. 5~7 天　B. 9~10 天　C. 11~12 天
D. 13~14 天　E. 15~16 天

38. 月经周期长短取决于
A. 黄体退化为白体时间　B. 白体寿命长短　C. 增生期长短
D. 分泌期长短　E. 月经期长短

39. 卵巢分泌的性激素主要有
A. 促性腺激素、雄激素、孕激素
B. 卵泡刺激素、雄激素、孕激素
C. 雌激素、孕激素、雄激素
D. 黄体生成素、孕激素、雌激素
E. 催乳素、雌激素、孕激素

40. 卵巢性激素以胆固醇为原料的合成途径,正确的是
A. 雄激素→雌激素→孕激素
B. 雌激素→孕激素→雄激素
C. 孕激素→雄激素→雌激素
D. 雌激素→雄激素→孕激素
E. 孕激素→雌激素→雄激素

41. 关于雌激素生理作用的叙述,不正确的是
A. 使子宫发育
B. 促进水与钠的排泄
C. 促进输卵管发育
D. 促进骨中钙的沉积
E. 促进阴道上皮细胞的增生

42. 属于雌激素作用的是
A. 宫颈黏液减少
B. 阴道上皮细胞脱落加快
C. 促进乳腺腺泡发育成熟
D. 促进水钠潴留
E. 抑制输卵管肌收缩的振幅

43. 关于卵巢性激素的叙述,正确的是
A. 雄激素主要由颗粒细胞分泌,促进乳房发育
B. 孕激素有促进水钠潴留作用,雌激素则促进水钠排泄
C. 孕激素使宫颈黏液分泌增加,性状变稀薄
D. 孕激素可使基础体温在排卵后升高 0.3~0.5℃
E. 雌激素使增生期子宫内膜转化为分泌期内膜

44. 对雌激素生理作用的叙述,正确的是
A. 抑制输卵管平滑肌节律性收缩的振幅
B. 促进水钠潴留,维持和促进骨基质代谢
C. 使宫颈口闭合,黏液分泌减少、变黏稠
D. 加快阴道上皮细胞脱落
E. 抑制子宫收缩

45. 属于孕激素生理作用的是
A. 使阴道上皮细胞脱落加快
B. 使宫颈黏液变稀薄
C. 使子宫肌层增厚
D. 使子宫内膜增生
E. 使血循环中胆固醇水平降低

46. 属于孕激素生理作用的是
A. 使子宫内膜增生
B. 促进卵泡发育
C. 使乳腺管增生
D. 促进钠与水的潴留
E. 排卵后使基础体温上升 0.3~0.5℃

A. 使阴道上皮细胞增生角化
B. 使阴道上皮细胞脱落加快
C. 能直接调控卵巢的周期性变化
D. 促进阴毛与腋毛生长
E. 抑制腺垂体卵泡刺激素分泌

47. 雄激素
48. 孕激素

49. 关于子宫内膜周期性变化的叙述,正确的是
A. 在雌激素作用下子宫内膜出现分泌期变化
B. 雌、孕激素撤退后增殖期子宫内膜脱落形成月经
C. 在孕激素作用下子宫内膜出现增殖期变化
D. 月经期子宫内膜基底层崩解脱落
E. 子宫内膜从组织形态学上可分为增殖期、分泌期、月经期3个阶段

50. 受卵巢激素的影响,子宫内膜发生周期性脱落的是
A. 全层
B. 表面2/3层
C. 表面1/2层
D. 表面1/4层
E. 表面1/3层

51. 在雌、孕激素作用下,出现周期性变化最显著的是

A. 子宫内膜　B. 宫颈上皮　C. 输卵管黏膜
D. 阴道黏膜　E. 卵巢表面上皮

52. 女性,月经周期是 28 天,现离上次月经来临 11 天。这时子宫内膜处于
A. 增生早期　B. 增生晚期　C. 排卵期
D. 分泌早期　E. 分泌晚期

53. 子宫内膜腺上皮细胞的核下出现含糖原小泡,相当于月经周期的
A. 增生早期　B. 分泌早期　C. 增生中期
D. 分泌中期　E. 增生晚期

54. 不发生周期性变化的组织是
A. 阴道黏膜上皮　B. 卵巢生发上皮　C. 子宫内膜
D. 宫颈黏膜　E. 输卵管黏膜

55. 造成宫颈黏液涂片干燥后镜下见羊齿状结晶的激素是
A. 雌激素　B. 催乳素　C. 雄激素
D. 孕激素　E. 甲状腺素

56. 下列检查结果中,提示卵巢排卵的是
A. 子宫内膜呈分泌期改变　B. 子宫内膜呈增殖期改变　C. 基础体温呈单相
D. 宫颈黏液涂片见大量椭圆体　E. 宫颈黏液涂片见大量羊齿状结晶

第 2 章　妊娠生理与妊娠诊断

(执业医师及助理医师均需掌握)

57. 精子获能的部位是
A. 睾丸　B. 附睾　C. 输精管
D. 曲细精管　E. 女性生殖道

58. 输卵管内卵子受精的部位,正确的是
A. 伞部　B. 峡部与间质部连接处　C. 间质部内
D. 内侧 1/3 处　E. 壶腹部与峡部连接处

59. 晚期囊胚在宫腔内着床时间是受精后
A. 6~7 天　B. 7~8 天　C. 8~9 天
D. 9~10 天　E. 10~11 天

60. 胚胎期指的是受孕后的
A. 8 周以内　B. 9 周以内　C. 10 周以内
D. 11 周以内　E. 12 周以内

61. 关于受精卵形成的描述,正确的是
A. 卵子在输卵管间质部与精子结合　B. 受精发生在排卵 24 小时后
C. 精子顶体反应帮助精子进入卵子　D. 精子进入卵子引发第一次减数分裂
E. 透明带反应保证多个精子受精顺利完成

62. 胎盘的组成为
A. 羊膜、叶状绒毛膜和底蜕膜　B. 羊膜、平滑绒毛膜和包蜕膜　C. 羊膜、叶状绒毛膜和包蜕膜
D. 羊膜、平滑绒毛膜和底蜕膜　E. 羊膜、平滑绒毛膜和真蜕膜

63. 底蜕膜在妊娠过程中将发育为

A. 叶状绒毛膜　B. 胎膜　C. 羊膜
D. 胎盘的母体部分　E. 固定绒毛

64. 关于胎盘的叙述,正确的是
A. 胎盘由羊膜和底蜕膜构成
B. 底蜕膜发育成胎盘的母体部分
C. 底蜕膜指位于宫底部分的蜕膜
D. 底蜕膜指与囊胚直接接触部分的蜕膜
E. 羊膜发育成胎盘的母体部分

65. 妊娠10周后,雌激素的主要来源是
A. 卵巢黄体　B. 胎儿-胎盘单位　C. 子宫平滑肌
D. 胎儿肾上腺皮质　E. 胎盘合体滋养细胞

66. 属于胎盘功能检查的是
A. 测定孕妇尿雌二醇值　B. 测定孕妇血清游离雌三醇值　C. 测定孕妇尿胎盘生乳素值
D. 测定孕妇尿催产素酶值　E. 以上都不是

67. 产生hCG的主要部位是
A. 胎膜　B. 卵巢黄体　C. 合体滋养层细胞
D. 叶状绒毛膜　E. 胎儿胎盘单位

68. 有关人绒毛膜促性腺激素的叙述,正确的是
A. 其分泌受垂体促性腺激素的影响
B. 由子宫蜕膜细胞产生
C. 是甾体激素
D. 尿中浓度随妊娠月份而增加
E. 与绝经期促性腺激素合用可诱发排卵

69. 孕妇血清绒毛膜促性腺激素(hCG)浓度达高峰是在妊娠
A. 5~7周　B. 8~10周　C. 11~13周
D. 14~16周　E. 17~19周

70. 正常脐带内含有
A. 一条脐动脉,一条脐静脉　B. 两条脐动脉,一条脐静脉　C. 两条脐动脉,两条脐静脉
D. 一条脐动脉,两条脐静脉　E. 两条脐动脉

71. 妊娠早期羊水的主要来源是
A. 胎膜　B. 胎儿尿液　C. 胎儿皮肤
D. 胎儿肺　E. 母血清经胎膜进入羊膜腔的透析液

72. 下列关于羊水的叙述,正确的是
A. 胎儿吞咽可以使羊水量趋于平衡
B. 母体与羊水交换主要通过脐带
C. 妊娠早期羊水主要来自胎儿尿液
D. 妊娠中期主要来源于胎盘
E. 妊娠晚期胎儿的肝脏参与羊水的生成

73. 正常妊娠38周时的羊水量约为
A. 500ml　B. 800ml　C. 1000ml
D. 1200ml　E. 1500ml

74. 足月妊娠时的羊水量约为
A. 1000ml　B. 800ml　C. 600ml
D. 400ml　E. 300ml

75. 正常足月妊娠,子宫腔容量平均比未孕时增加的倍数为
A. 100　B. 200　C. 300
D. 500　E. 1000

76. 妊娠子宫开始出现不规律无痛性收缩的时间是

A. 自妊娠 16 周起　B. 自妊娠 12 周起　C. 自妊娠 20 周起
D. 自妊娠 28 周起　E. 自妊娠 24 周起

77. 关于妊娠期母体乳房的变化,正确的是
A. 妊娠晚期开始乳汁分泌　B. 大量雌激素刺激乳腺腺泡发育
C. 大量孕激素刺激乳腺腺管发育　D. 初乳为白色浓稠液体
E. 乳头增大变黑、乳晕颜色加深

78. 初孕妇,26 岁,妊娠 38 周。查体:P90 次/分,R18 次/分,BP120/80mmHg。叩诊心浊音界稍向左扩大,心尖部闻及 2/6 级收缩期吹风样杂音,踝部轻度水肿。最可能的诊断是
A. 风湿性心脏病合并妊娠　B. 妊娠期高血压疾病性心脏病　C. 围生期心肌病
D. 正常妊娠改变　E. 心脏病合并妊娠,性质待查

79. 关于妊娠期母体内分泌系统的变化,正确的是
A. 黄体生成素增多　B. 催乳素增多　C. 游离甲状腺激素增多
D. 皮质醇减少　E. 卵泡刺激素增多

80. 妊娠末期心脏容量增加
A. 20%~25%　B. 30%~35%　C. 40%~45%
D. 50%~55%　E. 10%~15%

81. 妊娠期母体循环血容量达高峰的时期是在妊娠
A. 28~30 周　B. 32~34 周　C. 36~38 周
D. 20~22 周　E. 24~26 周

82. 关于妊娠期子宫的生理性变化,正确的是
A. 子宫血液量与妊娠孕周无关　B. 子宫增大主要是肌细胞数目的增加
C. 子宫颈黏液变得稀薄　D. 子宫内膜发生蜕膜样变分为四部分
E. 子宫峡部变软并逐渐拉长变薄

83. 妊娠 6~8 周出现的黑加征是指子宫
A. 增大变软　B. 双合诊呈前屈或后屈位
C. 前后径变宽,略饱满呈球形　D. 峡部极软,感觉宫颈与宫体似不相连
E. 双合诊感觉子宫半侧较另半侧隆起

84. 下列表现中,诊断早期妊娠最可靠的依据是
A. 乳房出现蒙氏结节　B. 厌恶油腻,恶心,晨起呕吐　C. 妇科检查双合诊子宫变软
D. 尿频,无尿急　E. 子宫增大变软与停经月份相符

85. 早期妊娠最具特异性的症状或体征
A. 乳房增大　B. 停经 10 天以上　C. 尿频
D. 晨起呕吐　E. 子宫增大变软

86. 下列能确诊为早期妊娠的是
A. 宫颈黏液量少　B. 血 hCG 增高　C. 子宫增大
D. 停经　E. B 超见原始心管搏动

87. 健康育龄妇女出现恶心、食欲减退等消化道症状。问诊时不应忽视的是
A. 传染病史　B. 肝炎病史　C. 不洁饮食史
D. 月经史　E. 胃炎病史

88. 阴道 B 型超声最早在宫腔内见到妊娠囊的时间是停经后
A. 8~9 周　B. 10~11 周　C. 2~3 周
D. 4~5 周　E. 6~7 周

89. 初孕妇自觉胎动,多数开始于
A. 妊娠12~14周　B. 妊娠15~17周　C. 妊娠18~20周
D. 妊娠21~23周　E. 妊娠24~26周

90. 30岁女性,既往月经不规律,因停经4个月来诊。查体:可于耻骨联合上3指触及子宫。推测其现在
A. 妊娠8周　B. 妊娠10周　C. 妊娠12周
D. 妊娠14周　E. 妊娠16周

91. 25岁,初产妇。末次月经2000年3月10日。于2000年10月13日就诊,检查宫底在脐上2横指,枕右前位,胎心率正常。现在应是
A. 妊娠满30周,宫底高度符合正常情况　B. 妊娠满30周,宫底高度低于正常
C. 妊娠满31周,宫底高度符合正常情况　D. 妊娠满31周,宫底高度低于正常
E. 妊娠满32周,宫底高度低于正常

92. 24岁,孕妇,G_1P_0。末次月经记不清。产科检查:宫高34cm(宫底于剑突下2横指),胎头入盆,胎心位于脐右下方。其孕周是
A. 妊娠20周　B. 妊娠24周　C. 妊娠28周
D. 妊娠34周　E. 妊娠40周

93. 足月妊娠时的胎心率正常值应是每分钟
A. 90~130次　B. 100~140次　C. 110~150次
D. 120~160次　E. 130~170次

94. 在孕妇腹壁上听诊,与母体心率相一致的音响是
A. 胎心音　B. 子宫杂音　C. 脐带杂音
D. 胎动音　E. 肠蠕动音

A. 胎方位　B. 胎先露　C. 骨盆轴
D. 胎姿势　E. 胎产式

95. 胎体纵轴与母体纵轴的关系

96. 胎儿先露部的指示点与母体骨盆的关系

97. 胎头矢状缝与母体骨盆入口右斜径一致,小囟门位于母体骨盆左前方,其胎位是
A. 枕左横　B. 枕右横　C. 枕左前
D. 枕右前　E. 枕右后

98. 胎头矢状缝与骨盆入口右斜径一致的胎位是
A. 枕左后　B. 枕左前　C. 枕左横
D. 枕右前　E. 枕右横

第3章　产前检查与孕期保健

一、产前检查(执业医师及助理医师均需掌握)

99. 围生期(围产期)国内采用的定义是指
A. 胎龄满27周至出生后7足天　B. 胎龄满27周至出生后15足天
C. 胎龄满28周至出生后7足天　D. 胎龄满28周至出生后15足天
E. 胎龄满29周至出生后15足天

100. 对于月经不规律的孕妇推算预产期相对准确的是

A. 根据末次月经干净的日期　B. 根据早孕反应开始的时间　C. 根据末次月经来潮的日期
D. 根据胎动开始出现的时间　E. 妊娠早期 B 超测得胚胎大小

101. 计算预产期的方法是从末次月经
A. 第 3 天算起　B. 第 4 天算起　C. 第 2 天算起
D. 第 1 天算起　E. 第 5 天算起

102. 末次月经第 1 日是 2008 年 6 月 24 日，推算预产期是 2009 年
A. 3 月 31 日　B. 4 月 1 日　C. 4 月 2 日
D. 4 月 3 日　E. 4 月 4 日

103. 月经周期规则，末次月经 2002 年 1 月 28 日，预产期应是
A. 2002 年 11 月 1 日　B. 2002 年 11 月 2 日　C. 2002 年 11 月 3 日
D. 2002 年 11 月 4 日　E. 2002 年 11 月 5 日

104. 月经周期规则，末次月经第 1 日是 2005 年 4 月 18 日，推算预产期应是
A. 2006 年 1 月 22 日　B. 2006 年 1 月 23 日　C. 2006 年 1 月 24 日
D. 2006 年 1 月 25 日　E. 2006 年 1 月 27 日

105. 月经规则，末次月经第 1 天是 2005 年 11 月 25 日，计算其预产期应是
A. 2006 年 9 月 1 日　B. 2006 年 9 月 2 日　C. 2006 年 9 月 4 日
D. 2006 年 9 月 5 日　E. 2006 年 9 月 6 日

106. 首次产前检查的时间应从
A. 确诊早孕时开始　B. 计划怀孕时开始　C. 出现宫缩时开始
D. 末次月经首日开始　E. 出现胎动时开始

107. 关于产前检查，正确的是
A. 首次产前检查是从妊娠 12 周开始　B. 一般孕妇共进行产前检查 10~12 次
C. 一般孕妇妊娠 20~36 周每 4 周检查 1 次　D. 高危孕妇从妊娠开始每 2 周 1 次
E. 妊娠 37 周后每周 2 次

108. 属于骨盆狭窄的径线是
A. 髂棘间径 24cm　B. 骶耻外径 19cm　C. 骨盆入口前后径 10cm
D. 坐骨棘间径 10cm　E. 坐骨结节间径 7.5cm，出口后矢状径 8cm

109. 骨盆测量数值为正常的是
A. 髂棘间径 20cm　B. 髂嵴间径 22cm　C. 骶耻外径 17cm
D. 坐骨棘间径 8.5cm　E. 坐骨结节间径 9cm

110. 若骨盆坐骨结节间径 7.5cm，应加测的骨盆径线是
A. 髂嵴间径　B. 出口后矢状径　C. 坐骨棘间径
D. 骶耻外径　E. 出口前矢状径

111. 对角径是指
A. 骨盆入口平面的前后径　B. 中骨盆平面的前后径　C. 坐骨棘间径
D. 耻骨联合下缘至骶尾关节　E. 耻骨联合下缘至骶岬上缘中点

112. 有助于判断中骨盆狭窄的重要指标是
A. 骶耻外径　B. 髂嵴间径　C. 髂棘间径
D. 坐骨结节间径　E. 坐骨切迹宽度

二、胎儿健康评估（执业医师及助理医师均需掌握）

113. 女，34 岁。孕 24 周，自觉无力，面色略苍白。实验室检查：Hb80g/L，RBC2.8×10^{12}/L。该孕妇应开始

进行胎儿健康状况评估的时间为

A. 孕20~24周　B. 孕36~38周　C. 孕40~42周
D. 孕26~28周　E. 孕32~34周

114. 25岁,初孕妇。停经18周,不觉胎动。产科检查:宫底高度在脐耻之间,胎方位及胎心不清。监测宫内胎儿情况首选的方法是

A. 腹部X线片　B. 多普勒超声检查　C. B型超声检查
D. 胎儿心电图检查　E. 测定羊水甲胎蛋白

115. 高危儿主要指

A. 产后感染　B. 新生儿的兄姐有婴儿期死亡　C. 高危产妇分娩的新生儿
D. 出生体重>2500g　E. 孕龄>37周或<42周

116. 下列胎心电子检测结果提示胎儿缺氧的是

A. 胎心率出现早期减速　B. 胎心率出现变异减速　C. 胎心率出现晚期减速
D. 胎心率出现加速　E. 胎心率出现无应激试验反应型

117. 胎心率晚期减速的原因

A. 胎儿缺氧　B. 胎动　C. 子宫收缩
D. 胎头受压　E. 胎盘功能减低

118. 胎心率早期减速的原因

A. 胎儿缺氧　B. 胎动　C. 子宫收缩
D. 胎头受压　E. 胎盘功能减低

119. 胎心率变异减速的特征不包括哪项?

A. 发生与宫缩无固定关系　B. 胎心率下降迅速　C. 胎心率恢复缓慢
D. 持续时间长短不一　E. 胎心率恢复迅速

A. 胎儿状况良好　B. 宫缩时胎头受压　C. 胎儿受镇静药物影响
D. 胎儿缺氧　E. 宫缩时脐带受压兴奋迷走神经

120. 胎心率减速出现在宫缩高峰后,下降慢,持续时间长,恢复慢,提示
121. 胎心率减速与宫缩无固定关系,下降迅速且下降幅度大,恢复也迅速,提示

A. 早期减速　B. 晚期减速　C. 变异减速
D. 基线胎心率有变异　E. 周期性胎心率加速

122. 枕先露,先露+2,胎膜已破,第二产程末,胎儿电子监护时可能出现
123. 疑有脐带受压或脐带绕颈,胎儿电子监护时可能出现
124. 过期妊娠,B型超声提示羊水过少,胎儿电子监护时可能出现

125. 初产妇,24岁。妊娠39周临产,产程进展顺利,枕左前位,S=0。胎心监护突然出现变异减速,胎心率70次/分且持续50秒。胎心率减慢最可能的原因为

A. 胎盘早剥　B. 脐带受压　C. 胎头受压
D. 胎盘功能减退　E. 慢性胎儿窘迫

126. 下列提示胎盘功能正常的情况是

A. 尿雌激素/肌酐比值>15　B. 胎动<10次/12小时　C. NST试验无反应型
D. OCT试验阳性　E. 血清胎盘生乳素突然降低50%

(127~129题共用题干)女,28岁,初孕妇。平素月经规律,妊娠40周,孕期检查正常,今自觉胎动减少,查体:T36.0℃,P70次/分,R20次/分,BP110/70mmHg。超声检查:羊水最大暗区2.5cm,指数

7.0cm。产科检查:宫颈管未消失,宫口未开,先露-3,胎心率 120 次/分。

127. 应进行的检查中不包括
A. 胎儿电子监护　　B. 尿雌激素/肌酐比值　　C. MRI
D. 胎儿生物物理评分　　E. B 超复查

128. 对该孕妇首选的处理措施是
A. 米索前列醇引产　　B. 催产素激惹试验(OCT)　　C. 静脉注射地西泮
D. 人工破膜　　E. 静脉滴注缩宫素引产

129. 该孕妇临产开始后,胎心监护示有频繁晚期减速,最恰当的处理措施是
A. 抑制宫缩　　B. 加压给氧　　C. 待宫口开全产钳助产
D. 继续观察产程　　E. 剖宫产

三、孕妇管理与孕期合理用药(执业医师需掌握)

130. 最易受外界不良因素影响而发生夭折、先天畸形或遗传性疾病的胎龄为
A. 12 周内　　B. 16 周内　　C. 20 周内
D. 24 周内　　E. 28 周内

131. 下列药物容易通过胎盘而影响胎儿的是
A. 脂溶性低的药物　　B. 极性药物　　C. 分子量大的药物
D. 所有激素类药物　　E. 血浆蛋白结合率低的药物

132. 初孕妇,26 岁。妊娠 30 周,尿频、尿急伴阴道分泌物增多半个月。查体:尿道口及宫颈口均见多量黏液脓性分泌物。下列治疗药物中不宜选择的是
A. 左氧氟沙星　　B. 阿奇霉素　　C. 红霉素
D. 头孢噻肟钠　　E. 头孢曲松

133. 孕妇分娩出院后,社区医院进行产后访视的次数至少应为
A. 1 次　　B. 2 次　　C. 3 次
D. 4 次　　E. 5 次

134. 关于我国孕产妇管理的说法,正确的是
A. 出院时保健手册应交给产妇　　B. 确保婴儿安全的基础上保证孕妇安全
C. 产后 3 个月结束系统管理　　D. 城市开展三级分工,农村开展二级分工
E. 妊娠 3 个月开始系统管理

第 4 章　遗传咨询、产前筛查与产前诊断

一、遗传咨询(执业医师需掌握)

尚未出题。

二、产前筛查(执业医师需掌握)

135. 孕妇,37 岁。G_2P_1,2 年前顺产 1 男婴,确诊为 21-三体综合征。本次自然受孕,现孕 16 周,咨询唐氏筛查事宜。对其合理的建议为
A. 行孕早期唐氏筛查　　B. 20~24 周 B 超筛查有无唐氏儿可能
C. 行孕中期唐氏筛查　　D. 行孕早期、孕中期联合唐氏筛查
E. 羊膜腔穿刺行染色体检查

三、产前诊断（执业医师需掌握）

136. 诊断胎儿遗传性疾病，准确性较差的产前诊断技术是
A. 孕妇血提取胎儿细胞　B. 羊水穿刺　C. 胎儿镜下活检
D. 经皮脐血穿刺技术　E. 绒毛穿刺取样

137. 产前诊断胎儿畸形最常用的手段是
A. 胎儿心电图　B. 羊膜腔穿刺羊水检查　C. 胎儿头皮血 pH 检查
D. 羊膜镜检查　E. B 超检查

138. 下列不属于产前诊断方法的是
A. 羊水穿刺　B. 绒毛穿刺取样　C. 血清学测甲胎蛋白
D. 胚胎植入前诊断　E. 经皮脐血穿刺

139. 女，35 岁，妊娠 12 周。2 年前曾因“无脑儿行引产术，其妊娠期进行产前诊断的方式不包括
A. 染色体核型分析　B. 基因检测　C. 脐血流监测
D. 影像学检查胎儿结构　E. 基因产物检测

第 5 章　妊娠并发症

一、自然流产（执业医师及助理医师均需掌握）

140. 流产的定义
A. 妊娠<37 周，胎儿体重<2500g 而终止者　B. 妊娠<28 周，胎儿体重<1000g 而终止者
C. 妊娠<38 周，胎儿体重<2500g 而终止者　D. 妊娠<24 周，胎儿体重<1500g 而终止者
E. 妊娠<36 周，胎儿体重<2500g 而终止者

141. 女，27 岁，已婚。停经 9 周，阵发性下腹痛 3 天，阴道少量流血 2 天。为判断是否能继续妊娠，首选的辅助检查是
A. 尿妊娠试验　B. B 超检查　C. 胎心监测
D. 胎盘功能检查　E. 监测血孕酮

A. 胚胎染色体异常　B. 免疫功能异常　C. 黄体功能不足
D. 宫颈口松弛　E. 甲状腺功能减退症

142. 早期流产的最常见原因是
143. 晚期习惯性流产的常见原因是

A. 肌内注射缩宫素治疗　B. 肌内注射苯巴比妥　C. 保胎治疗
D. 立即行清宫术　E. 肌内注射麦角新碱

144. 女，35 岁，已婚。停经 70 天，阴道中等量流血 1 天。妇科检查：宫口可见组织物堵塞，子宫稍大、软，双侧附件未触及异常。首选的处理措施是
145. 女，31 岁，已婚。停经 58 天，阴道少量流血、下腹隐痛 4 天。妇科检查：宫口闭，子宫如孕 50 天大，质软，双侧附件未触及异常。B 超显示有心管搏动。应首选的处理措施是

146. 流产感染易发生在
A. 先兆流产　B. 完全流产　C. 稽留流产
D. 不全流产　E. 难免流产

147. 不全流产的特征是
A. 易休克和感染　B. 腹痛　C. 阴道流血

D. 无妊娠物排出　E. 妊娠物完全排出

(148~150 题共用题干)女,25 岁,初孕妇。停经 50 天,下腹胀痛伴阴道少量流血半天。妇科检查:子宫前位,约 50 天妊娠大小,软,宫口未开。

148. 首先考虑的诊断是
A. 先兆流产　B. 不全流产　C. 难免流产
D. 稽留流产　E. 完全流产

149. 1 天后,下腹阵发性疼痛明显,阴道流血量增多。妇科检查:子宫约 50 天妊娠大小,可见宫口处有胚胎组织堵塞。此时最可能的诊断是
A. 先兆流产　B. 不全流产　C. 难免流产
D. 稽留流产　E. 完全流产

150. 此时最有效的处理措施是
A. 保胎　B. 给抗生素　C. 尽快清宫术
D. 左侧卧位　E. 静脉给缩宫素

(151~152 题共用题干)女,18 岁。有性生活史,停经 58 天,下腹痛伴阴道流血 10 天,5 天前似有组织块自阴道排出,近 3 天下腹疼痛加重,阴道流血量较月经多,有臭味。平素月经规律。查体:T38℃,尿 hCG(±)。妇科检查:阴道多量血液,有臭味,宫体稍大,触痛明显,附件略增厚,有压痛。血常规:Hb85g/L,WBC15×10^9/L,N0.9,Plt145×10^9/L。

151. 该患者最可能的主要诊断是
A. 宫外孕合并感染　B. 流产合并感染　C. 不全流产
D. 难免流产　E. 急性盆腔炎

152. 应首先进行的处理是
A. 抗感染同时行清宫术　B. 抗感染同时行剖腹探查术　C. 感染控制 2~3 日后再清宫术
D. 立即清宫术　E. 抗感染治疗,严密观察

(153~155 题共用题干)女,28 岁。既往月经规律,现停经 45 天,发现阴道流出少量咖啡色物 2 天,无腹痛,尿 hCG(+)。

153. 目前首先考虑的诊断可能为
A. 难免流产　B. 先兆流产　C. 完全流产
D. 不全流产　E. 感染流产

154. 对确诊最有帮助的检查是
A. 血 hCG　B. 血常规　C. B 超检查
D. 妇科检查　E. 测定基础体温

155. 最需要鉴别的疾病是
A. 子宫颈癌　B. 子宫内膜癌　C. 子宫肌瘤
D. 异位妊娠　E. 功能失调性子宫出血

156. 女,28 岁。妊娠 40 天,因下腹阵痛伴阴道少量出血 1 天就诊。查体:子宫增大与停经月份相符,宫口未开。既往妊娠 50 天时自然流产 1 次。目前对该患者的正确处置是
A. 静卧保胎　B. 行宫颈内口环扎术保胎　C. 行刮宫术清除宫内胚胎
D. 肌内注射炔雌醇抑制宫缩　E. 静脉点滴缩宫素止血

157. 女,23 岁。停经 2 个月,腹痛伴大量阴道流血 1 天,心率 100 次/分,妇科检查见宫口有组织物排出,子宫如 2 个月妊娠大小。对该患者的处理措施不包括

A. 查血常规　　B. 给予输液及止血药物　　C. 查血 hCG
D. 肌内注射黄体酮　　E. 立即行清宫术

158. 26岁,经产妇。停经8周,下腹阵发性剧烈疼痛10小时伴多量阴道流血,超过月经量。检查宫口开大近2cm。最正确的处置应是
A. 静脉滴注止血药物　　B. 口服硫酸舒喘灵　　C. 肌内注射硫酸镁
D. 肌内注射黄体酮　　E. 行负压吸宫术

159. 女,28岁。停经68天,阵发腹痛伴多量阴道流血1天。妇科检查:子宫6周妊娠大小,宫口开,有血液不断流出。处理首选的是
A. 立即清宫　　B. 立即抗感染　　C. 按摩子宫
D. 输血　　E. 剖腹探查

(160~162题共用题干)女,28岁。停经3个月,早孕反应消失,阴道少许流血2天。妇科检查:宫口闭,子宫如妊娠8周大,质软,双侧附件区未触及异常。

160. 为明确诊断,首选的检查是
A. 腹部CT检查　　B. 多普勒超声检查　　C. B超检查
D. 诊断性刮宫　　E. 血孕酮测定

161. 该患者最可能的诊断是
A. 完全流产　　B. 难免流产　　C. 流产感染
D. 稽留流产　　E. 先兆流产

162. 该患者正确的处理措施是
A. 继续观察1周　　B. 孕激素保胎治疗　　C. 静脉滴注缩宫素引产
D. 雌激素治疗后刮宫　　E. 孕激素治疗后刮宫

(163~165题共用题干)已婚妇女,停经46天,下腹部轻度阵发性疼痛及阴道少量流血10小时。妇科检查:子宫稍大,宫口未开。

163. 最可能的诊断是
A. 不全流产　　B. 稽留流产　　C. 先兆流产
D. 难免流产　　E. 习惯性流产

164. 若2天后阴道流血量增多,下腹阵发性疼痛明显加重。妇科检查:宫口通过1指,宫口处见胚胎组织堵塞。此时最可能的诊断是
A. 不全流产　　B. 稽留流产　　C. 先兆流产
D. 难免流产　　E. 习惯性流产

165. 此时最有效的处理措施是
A. 肌内注射立止血　　B. 纱布条填塞阴道压迫止血　　C. 尽早行刮宫术
D. 肌内注射维生素 K_1　　E. 压迫下腹部,排出胚胎组织

二、异位妊娠(执业医师及助理医师均需掌握)

166. 输卵管妊娠最常见的着床部位在输卵管的
A. 伞部　　B. 壶腹部　　C. 峡部
D. 壶腹部与峡部连接部　　E. 间质部

167. 输卵管妊娠最常见的病因是
A. 输卵管发育异常　　B. 慢性输卵管炎　　C. 输卵管结扎术后再通
D. 输卵管受肿瘤压迫　　E. 内分泌功能失调

168. 输卵管妊娠典型的临床症状为
A. 痛经、阴道流血　B. 腹痛、阴道流血、发热　C. 停经、腹痛、阴道流血
D. 腹痛、阴道流血、恶心　E. 腹痛、阴道流血、晕厥
169. 异位妊娠体征不包括
A. 阴道后穹隆饱满　B. 直肠子宫陷凹有触痛结节　C. 宫颈举痛
D. 子宫漂浮感　E. 子宫一侧有触痛包块

A. 急性阑尾炎　B. 输卵管卵巢囊肿　C. 稽留流产
D. 卵巢黄体破裂　E. 子宫穿孔
170. 最易与输卵管妊娠破裂相混淆的疾病是
171. 最易与陈旧性宫外孕相混淆的疾病是
A. 流产　B. 异位妊娠　C. 早产
D. 妊娠高血压综合征　E. 前置胎盘
172. 妊娠晚期反复无痛性阴道流血的是
173. 能引起急性腹痛的是
174. 患者可能发生抽搐的是

175. 已婚妇女，26 岁。月经规律，停经数天，今晨出现一侧下腹痛伴肛门坠胀感，查体：血压 90/60mmHg。该患者此时有诊断价值的体征是
A. 子宫稍大变软　B. 腹肌紧张　C. 宫颈举痛，后穹隆饱满
D. 双合诊黑加征（+）　E. 腹部移动性浊音（-）
176. 女，26 岁，已婚。突发一侧下腹部持续剧烈疼痛，阴道流血 1 天。体检：血压 60/40mmHg，阴道后穹隆穿刺抽出不凝血。最有价值的体征是
A. 突发腹痛　B. 阴道后穹隆穿刺抽出不凝血　C. 血压 60/40mmHg
D. 阴道流血 1 天　E. 一侧下腹部持续性剧烈疼痛
177. 下列异位妊娠的临床表现中错误的是
A. 有停经但小于 8 周　B. 多有不同程度的腹痛　C. 可以出现腹部包块
D. 多有阴道流血　E. 可导致失血性休克
178. 女，26 岁，结婚 1 年未孕。现停经 41 天，阴道少量流血 6 小时。今晨突感下腹部剧烈疼痛，伴明显肛门坠胀感。血压 66/44mmHg。妇科检查：宫颈举痛，摇摆痛明显，子宫稍大，稍软，左侧附件区压痛明显。恰当的处理措施是
A. 立即行剖腹探查术　B. 立即行刮宫术　C. 输液输血，同时行剖腹探查术
D. 输液输血，观察病情进展　E. 待纠正休克后行剖腹探查术
179. 女，26 岁。停经 50 天，左下腹胀痛不适 2 天，肛门坠胀 1 天。平素月经规律。血压 90/60mmHg。与诊断无关的体征是
A. 后穹隆饱满　B. 宫颈光滑　C. 宫颈举痛
D. 宫颈软并着色　E. 子宫稍大变软
180. 女，22 岁。停经 40 天，阴道少量流血 1 周。月经规律，周期为 28 天。有性生活史，曾行人工流产 2 次。妇科检查：子宫稍大，宫颈举痛（+），左侧附件区可触及 5cm×5cm 大小包块，质中，压痛（+）。为明确诊断，首选的常用辅助检查是
A. 腹腔穿刺　B. 诊断性刮宫　C. 宫腔镜检查
D. 超声检查　E. 腹腔镜检查

（181~182 题共用题干）女，26 岁。平素月经规则，停经 48 天，阴道不规则流血 10 天，突然右下腹撕

裂样疼痛急诊入院。查体:血压80/50mmHg,右下腹压痛反跳痛(+),肌紧张不明显。妇科检查:阴道后穹隆饱满,宫颈举痛(+),子宫漂浮感。尿妊娠试验阳性。

181. 最可能的诊断是
A. 输卵管妊娠破裂　B. 急性阑尾炎　C. 卵巢黄体破裂
D. 卵巢囊肿蒂扭转　E. 子宫肌瘤红色样变

182. 为明确诊断,最可靠的辅助检查是
A. B型超声检查　B. 阴道后穹隆穿刺　C. 盆腹腔CT检查
D. 盆腹腔磁共振检查　E. 血hCG

(183~185题共用题干)女,30岁,已婚,平时月经规律。停经40天,右下腹剧痛4小时伴头晕及肛门坠胀感。查体:血压80/56mmHg,面色苍白,痛苦病容,下腹部压痛及反跳痛(+),尤以右侧为著,肌紧张不明显,移动性浊音(+)。妇科检查:宫颈举痛,宫体稍大,右附件区触及不规则包块,大小约4cm×3cm×3cm,压痛(+)。实验室检查:Hb100g/L。

183. 该患者最可能的诊断是
A. 卵巢囊肿蒂扭转　B. 输卵管妊娠破裂　C. 卵巢滤泡囊肿破裂
D. 卵巢黄体囊肿破裂　E. 卵巢子宫内膜异位囊肿破裂

184. 该患者简单可靠的辅助检查是
A. 腹部CT检查　B. 阴道后穹隆穿刺　C. 腹部X线检查
D. 宫腔镜检查　E. 腹腔镜检查

185. 该患者正确的处理措施是
A. 口服止血药物　B. 肌内注射甲氨蝶呤　C. 手术治疗
D. 中药活血化瘀　E. 对症处理,严密观察

186. 女,30岁。停经45天,阴道少量流血1天,平素月经规律。查体:P96次/分,BP100/60mmHg。妇科检查:子宫稍大,左侧附件区增厚,压痛明显。B超提示左侧附件区有一3cm×3cm×2cm大小包块,少量盆腔积液。首选的处理是
A. 超声引导下包块穿刺　B. 诊断性刮宫　C. 严密观察
D. 介入治疗　E. 血hCG测定

187. 女,22岁。因下腹疼痛逐渐加重伴肛门坠胀感6小时急诊就诊。查体:P110次/分,BP90/60mmHg。面色苍白、表情痛苦、微汗。阴道后穹隆穿刺抽出不凝血。需对该患者采取的措施是
A. 中药活血化瘀治疗　B. 立刻行腹腔镜探查术　C. 期待疗法,密切随访
D. 立刻行刮宫术　E. 静脉滴注甲氨蝶呤

188. 符合输卵管妊娠化疗条件的是
A. 输卵管妊娠包块直径2cm　B. 血绒毛膜促性腺激素4000U/L　C. B超检查示中等量盆腔积液
D. 肝功能异常　E. 突发一侧下腹撕裂样疼痛

三、妊娠剧吐(执业医师需掌握)

189. 妊娠剧吐不能进食者,为预防Wernicke综合征,应补充的维生素是
A. 维生素A　B. 维生素C　C. 维生素E
D. 维生素B_1　E. 维生素B_6

四、妊娠期高血压疾病(执业医师及助理医师均需掌握)

190. 发生子痫前期的高危因素不包括
A. 双胎妊娠　B. 糖尿病　C. 羊水过多

D. 前置胎盘　　E. 营养不良

191. 妊娠期高血压疾病的基本病变为

A. 慢性弥散性血管内凝血　　B. 全身小动脉痉挛　　C. 血液高度浓缩
D. 水钠严重潴留　　E. 肾素-血管紧张素-前列腺素系统平衡失调

192. 子痫发作时孕妇的直接死亡原因是

A. 心脏病　　B. 脑出血　　C. Ⅲ度胎盘早剥
D. 急性重型肝炎　　E. 急性肝功能衰竭

193. 初孕妇,29岁,妊娠37周。头痛1周,今晨喷射性呕吐1次,1小时前突然抽搐并随即昏迷入院。查体:血压180/120mmHg。尿蛋白(+++)。该患者最可能的诊断是

A. 子痫　　B. 脑出血　　C. 癔症
D. 癫痫　　E. 脑血栓形成

194. 女,24岁,妊娠38周,头晕眼花1天。体格检查:血压160/96mmHg,宫底位于脐与剑突之间,胎头固定,枕右前位,胎心142次/分,尿蛋白(++)。正确的诊断应是

A. 妊娠期高血压　　B. 轻度子痫前期　　C. 重度子痫前期
D. 子痫　　E. 妊娠合并慢性高血压

195. 初孕妇,24岁。妊娠38周,自觉头痛,视物不清4天。下列情况与疾病严重程度关系较小的是

A. 血压水平　　B. 水肿程度　　C. 眼底检查
D. 自觉症状　　E. 尿蛋白

196. 初孕妇,妊娠30周。因头痛、突发视物不清1天急诊就诊。查体:P60次/分,BP160/110mmHg,脚踝部凹陷性水肿,神经系统检查未发现异常。产科检查:子宫底高度在脐上2横指,胎心率120次/分。为评估病情的严重程度,首选的检查是

A. 头颅CT　　B. 甲状腺功能测定　　C. 尿常规
D. 心脏彩超　　E. 眼底检查

197. 初孕妇,25岁,妊娠33周。血压150/90mmHg,尿蛋白0.5g/24h,伴有上腹部不适,头痛等症状。该患者属于

A. 妊娠期高血压　　B. 轻度子痫前期　　C. 重度子痫前期
D. 子痫　　E. 慢性高血压合并子痫前期

198. 重度先兆子痫孕妇血液生化改变不包括

A. 尿酸增高　　B. 尿素氮增高　　C. 血浆蛋白降低
D. 二氧化碳结合力升高　　E. 血小板计数降低

199. 女,22岁。妊娠34周,剧烈头痛并抽搐1次。查体:血压180/120mmHg,全身水肿,无宫缩,LOA,胎心150次/分。尿蛋白(++)。首选的处理方法是

A. 静脉滴注硫酸镁　　B. 静脉滴注小剂量缩宫素　　C. 静脉注射呋塞米
D. 静脉滴注白蛋白　　E. 静脉注射西地兰

200. 女,27岁,妊娠32周。头痛、头晕1天。查体:T37.5℃,呼吸24次/分,脉率92次/分,血压155/100mmHg,无腹部压痛。适宜的治疗措施是

A. 静脉滴注硝普钠　　B. 静脉注射呋塞米　　C. 静脉滴注硫酸镁
D. 静脉滴注缩宫素　　E. 静脉滴注抗生素

201. 治疗重度妊娠高血压综合征首选的药物是

A. 氯丙嗪　　B. 硫酸镁　　C. 双氢克尿塞
D. 20%的甘露醇　　E. 白蛋白

202. 大剂量硫酸镁治疗妊娠高血压综合征最早出现的中毒反应是

A. 心率明显减慢　B. 呼吸次数明显减少　C. 血压大幅度降低
D. 尿量明显减少　E. 膝反射消失

203. 子痫前期孕妇,硫酸镁治疗。查体:呼吸14次/分,膝反射消失。此时应立即采取的措施是
A. 吸氧,左侧卧位　B. 肌内注射冬眠合剂　C. 静脉注射钙剂
D. 静脉注射地西泮　E. 肌内注射哌替啶

204. 初孕妇,24岁。妊娠38周,既往血压正常,5天前突觉头痛且逐渐加重。血压166/112mmHg,双下肢水肿(++),24小时尿蛋白5g,血细胞比容0.42。此时首选的处理是
A. 头颅CT检查　B. 立即行剖宫产术　C. 呋塞米静脉注射
D. 硫酸镁缓慢静脉注射　E. 硝普钠静脉滴注

205. 女,35岁,初产妇。妊娠34^{+1}周,头痛1天。查体:血压170/110mmHg,胎心率150次/分,胎儿大小相当于32周,羊水深度2.0cm。尿蛋白(+++)。该患者正确的处理原则是
A. 对症处理继续妊娠　B. 降压治疗后继续妊娠　C. 硫酸镁解痉后剖宫产
D. 降压同时宫缩素引产　E. 解痉降压后羊膜腔内药物引产

206. 女,27岁。妊娠38周,伴头痛、头晕、视物不清1天。体格检查:血压180/110mmHg,尿蛋白(+),水肿(+),胎心140次/分。肛诊子宫颈管未消失。NST为无反应型。最正确的处理是
A. 静脉滴注硫酸镁,继续妊娠　B. 降压利尿　C. 治疗4天无好转行剖宫产术
D. 促宫颈成熟　E. 治疗同时行剖宫产

207. 初产妇孕38周,下肢水肿伴头晕眼花、视物模糊1周。血压160/104mmHg,尿蛋白(+)。NST有反应型。正确处理为
A. 立即剖宫产　B. 积极治疗,等待自然分娩　C. 积极治疗1周,终止妊娠
D. 立即静脉滴注催产素引产　E. 积极治疗24~48小时,终止妊娠

208. 初孕妇,24岁。妊娠38周,血压170/110mmHg,尿蛋白(+++),突然抽搐,后昏迷。首选的治疗方法是
A. 静脉推注硫酸镁　B. 引产
C. 积极治疗,24小时内行剖宫产　D. 积极控制抽搐,病情控制2小时后终止妊娠
E. 控制抽搐,稳定病情,至自然分娩

209. 初孕妇,25岁,妊娠37周。剧烈头痛并呕吐,自觉胎动减少1天。血压160/110mmHg,尿蛋白(++),胎心130次/分,子宫颈管未消失。OCT呈频繁晚期减速(迟发性减速)。最合适的处理是
A. 静脉滴注硫酸镁及肼苯达嗪控制病情　B. 硫酸镁加降压加扩容疗法控制病情
C. 积极治疗,48小时未能控制病情则行剖宫产　D. 破膜加静脉滴注缩宫素引产
E. 积极药物治疗的同时立即剖宫产

210. 初孕妇,28岁。妊娠37^{+4}周,剧烈头痛并呕吐3次。查体:血压170/110mmHg,尿蛋白(++),双下肢轻度水肿。无宫缩,枕右前位,胎心率138次/分,估计胎儿体重2800g。该患者应立即采取的处理措施是
A. 静脉滴注缩宫素　B. 人工破膜后静脉滴注缩宫素　C. 立即行剖宫产术
D. 肌内注射哌替啶　E. 静脉滴注硫酸镁及快速静脉滴注甘露醇

(211~213题共用题干)26岁,初孕妇。现妊娠40周,近半月头痛、眼花、视物模糊,今晨出现剧烈头痛并呕吐2次来院就诊。测血压180/110mmHg。

211. 最有参考价值的病史是
A. 既往有无头痛史　B. 既往血压正常　C. 有高血压家族史
D. 有患病毒性肝炎史　E. 有多次泌尿系统感染史

212. 为与慢性高血压鉴别,最有价值的血液检查结果是

A. 尿素氮值增高　　B. 尿素值增高　　C. 尿酸值增高
D. 肌酸值增高　　E. 肌酐值增高

213. 听胎心发现胎心率 176 次/分，此时恰当的处置应是
A. 静脉滴注硫酸镁　　B. 静脉快速滴注甘露醇　　C. 对症处理
D. 立即行剖宫产术　　E. 立即行催产素静脉滴注引产

(214~216 题共用题干)初产妇，26 岁。妊娠 39 周，近 3 天头痛、视物模糊。今晨开始头痛加重，呕吐 2 次，急诊入院。

214. 查体发现，最有意义的体征为
A. 下肢水肿　　B. 心率 90 次/分　　C. 24 小时尿蛋白 1g
D. 睑结膜苍白　　E. 血压 160/110mmHg

215. 假设诊断确定，最有重要价值的病史是
A. 既往血压正常　　B. 既往无头痛史　　C. 有高血压家族史
D. 曾患病毒性肝炎　　E. 曾患慢性盆腔炎

216. 随后若发现胎心率 184 次/分，最恰当的处理应为
A. 肌内注射地西泮　　B. 立即剖宫产　　C. 静脉滴注肼屈嗪
D. 立即缩宫素引产　　E. 静脉滴注硫酸镁、甘露醇后剖宫产

A. 人工破膜　　B. 剖宫产　　C. 引产
D. 会阴侧切　　E. 低位产钳术

217. 妊娠 36 周，子痫，抽搐控制 6 小时，此时应采取的措施是

218. 轻度妊娠期高血压疾病初产妇，妊娠 39 周，临产，宫口开全 1 小时，LOA，S+3，胎心率 110 次/分，羊水轻度胎粪污染。此时应采取的措施是

A. 硫酸镁静脉滴注　　B. 哌替啶肌内注射　　C. 肼苯达嗪静脉滴注
D. 甘露醇快速静脉滴注　　E. 氯丙嗪静脉推注

219. 重度妊娠高血压综合征孕妇头痛剧烈，伴呕吐，首选药物应是

220. 不协调性子宫收缩乏力时，首选药物应是

五、早产(执业医师及助理医师均需掌握)

221. 早产的常见病因是
A. 遗传因素　　B. 下生殖道感染　　C. 孕激素水平升高
D. 胎儿畸形　　E. 头盆不称

222. 引起早产最常见的原因是
A. 重度子痫前期　　B. 宫颈内口松弛　　C. 下生殖道感染
D. 羊水过少　　E. 胎膜早破

223. 早产临产后应慎用的药物是
A. 哌替啶(度冷丁)　　B. 利托君(羟苄羟麻黄碱)　　C. 沙丁胺醇(舒喘灵)
D. 硫酸镁　　E. 地塞米松

224. 女性，32 岁。妊娠 31 周，少量阴道流血，3 次早产史。主要处理应是
A. 抑制宫缩，促进胎儿肺成熟　　B. 左侧卧位　　C. 注意休息，给予镇静剂
D. 任其自然　　E. 氧气吸入，给予止血剂

225. 初产妇，24 岁。妊娠 33 周，出现规律子宫收缩，阴道少许血性分泌物。查体：胎膜未破，宫颈管缩短，无胎儿窘迫。首选的药物是

A. 静脉注射地西泮　B. 肌内注射吲哚美辛　C. 肌内注射哌替啶
D. 静脉滴注缩宫素　E. 静脉滴注利托君

226. 先兆早产的主要临床表现是
A. 宫颈扩张 1cm 以上　B. 不规则宫缩伴有宫颈管的进行性缩短
C. 宫颈展平≥80%　D. 规则宫缩 60 分钟内≥8 次伴有宫颈管的进行性改变
E. 规则宫缩 20 分钟内≥4 次伴有宫颈管的进行性改变

(227~229 题共用题干)初产妇,27 岁。妊娠 32 周,阴道少量流血及规律腹痛 2 小时。肛门检查:宫颈管消失,宫口开大 1.5cm。

227. 该患者最可能的诊断是
A. 先兆早产　B. 胎盘早剥　C. 前置胎盘
D. 晚期流产　E. 早产临产

228. 该患者不恰当的处理措施是
A. 静脉滴注硫酸镁　B. 使用缩宫素引产　C. 使用少量镇静剂
D. 口服沙丁胺醇　E. 左侧卧位

229. 为促使胎儿肺成熟,应给予
A. 5%葡萄糖液　B. 三磷酸腺苷　C. 倍他米松
D. 硝苯地平　E. 辅酶 A

六、过期妊娠(执业医师及助理医师均需掌握)

230. 与过期妊娠无关的是
A. 羊水过多　B. 头盆不称　C. 巨大胎儿
D. 雌孕激素比例失调　E. 胎盘缺乏硫酸酯酶

231. 胎儿成熟障碍常见于
A. 双胎妊娠　B. 慢性羊水过多　C. 妊娠期糖尿病
D. 过期妊娠　E. 妊娠合并甲状腺功能亢进症

232. 既往月经规律,妊娠 42^{+5} 周,下列情况最不可能出现的是
A. 胎儿生长受限　B. 胎儿过熟综合征　C. 羊水粪染
D. 羊水增多　E. 胎盘功能正常

233. 过期妊娠孕妇需迅速终止妊娠的情况是
A. 12 小时胎动 18 次　B. 无应激试验反应型　C. 胎儿监护早期减速
D. 缩宫素激惹试验阳性　E. B 超羊水最大暗区垂直深度 40mm

234. 下列属于过期妊娠引产指征的是
A. 胎儿宫内窘迫　B. CST 或 OCT 评估为Ⅲ类　C. 估计胎儿体重>4500g
D. 高龄初产妇　E. 宫颈条件成熟,胎头已经衔接

235. 女,30 岁,初孕妇。平素月经规律,妊娠 42 周,未临产,胎动正常。查体:一般情况可,心、肺无异常,腹部膨隆,头先露,ROA,胎心率 130 次/分,B 超提示双顶径 9.4cm,羊水指数 5.0cm。该孕妇可能存在
A. 胎儿成熟障碍　B. 胎盘功能减退　C. 羊水过多
D. 胎儿畸形　E. 羊膜腔感染

236. 女,28 岁。妊娠 42 周,OCT 试验阳性,羊水深度 3.0cm,胎头双顶径 10cm。此时最恰当的处理是
A. 宫颈评分　B. 人工破膜引产　C. 缩宫素引产
D. 前列腺素促宫颈成熟　E. 剖宫产终止妊娠

237. 26 岁初产妇,妊娠 42^{+1} 周,规律宫缩 10 小时。估计胎儿体重 3500g,枕左前位,胎头高浮,胎心率

166 次/分。骨盆不小,宫口开大 2cm,尿雌激素/肌酐比值为 7。恰当的分娩方式应是
A. 静脉滴注缩宫素加速产程 B. 等待宫口开全行产钳术助娩
C. 等待宫口开全行胎头吸引术助娩 D. 左侧卧位,吸氧,静脉注射 10%葡萄糖液
E. 尽快行剖宫产

第 6 章 妊娠合并内外科疾病

一、妊娠合并心脏病(执业医师及助理医师均需掌握)

238. 妊娠合并心脏病,其发病率最高的是
A. 先天性心脏病 B. 贫血性心脏病 C. 高血压心脏病
D. 风湿性心脏病 E. 围生期心脏病

239. 对妊娠早期心脏病孕妇能否继续妊娠,最主要的判定依据是
A. 心脏病种类 B. 胎儿大小 C. 病变部位
D. 孕妇年龄 E. 心功能分级

240. 妊娠合并心脏病最容易发生心力衰竭的时期是
A. 妊娠 26~28 周 B. 妊娠 30~32 周 C. 妊娠 32~34 周
D. 妊娠 28~30 周 E. 妊娠 34~36 周

241. 建议在妊娠 12 周前行人工流产的心脏病类型是
A. 动脉导管未闭 B. 二尖瓣关闭不全 C. 二尖瓣狭窄伴肺动脉高压
D. 轻度室间隔缺损 E. 二尖瓣狭窄行人工球囊扩张术后

242. 已婚妇女,25 岁。患二尖瓣狭窄,主动脉瓣关闭不全。现妊娠 10 周,需终止妊娠的依据是
A. 心功能Ⅰ级、缺铁性贫血 B. 心功能Ⅰ级、急性气管炎 C. 心功能Ⅰ级、漏斗骨盆
D. 心功能Ⅱ级 E. 心功能Ⅲ级

243. 女,36 岁,妊娠 8 周。心悸、气短 2 天。3 年前确诊为"风湿性心脏病,二尖瓣狭窄"。2 年前因"心力衰竭"住院治疗。适宜的处理是
A. 应用洋地黄 B. 二尖瓣扩张术 C. 负压吸引流产术
D. 继续妊娠 E. 药物流产

244. 关于妊娠合并心脏病的描述,正确的是
A. 均应剖宫产终止妊娠 B. 所有孕妇均可母乳喂养 C. 容易发生心力衰竭
D. 有心力衰竭史者可以妊娠 E. 最危险的时期是产褥期后 2 周

245. 女,35 岁,初产妇。妊娠 34 周,心慌,不能平卧 1 天。查体:P120 次/分,R30 次/分,BP140/90mmHg。心界向左下扩大,双肺满布湿啰音,胎心率 145 次/分。正确的处理措施是
A. 纠正心力衰竭后期待治疗 B. 纠正心力衰竭后引产 C. 纠正心力衰竭后剖宫产
D. 纠正心力衰竭同时破膜引产 E. 纠正心力衰竭同时剖宫产

246. 心脏病产妇胎儿娩出后应立即
A. 腹部放置沙袋 B. 静脉注射麦角新碱 C. 鼓励下床活动
D. 抗感染 E. 行绝育手术

247. 初产妇,28 岁,足月妊娠,合并风湿性心脏病,心功能Ⅱ级。检查枕左前位,胎心率正常,无头盆不称。决定经阴道分娩,其产程处理,下列哪项正确?
A. 产妇争取平卧位休息 B. 出现心力衰竭征象时吸氧 C. 第二产程鼓励产妇屏气用力
D. 产后常规注射麦角新碱 E. 胎儿娩出后腹部放置沙袋并用腹带包扎固定

248. 妊娠早期合并心力衰竭
A. 继续妊娠
B. 立即终止妊娠
C. 治疗心力衰竭的同时终止妊娠
D. 静脉注射西地兰
E. 治疗心力衰竭好转后终止妊娠

249. 26岁,风心病患者。现妊娠45天出现心力衰竭,其处理原则应是
A. 立即行负压吸宫术终止妊娠
B. 控制心力衰竭后继续妊娠
C. 边控制心力衰竭边终止妊娠
D. 控制心力衰竭后行负压吸宫术
E. 控制心力衰竭后行钳刮术

250. 经产妇,28岁。合并风湿性心脏病,现妊娠38周,心功能Ⅰ级,规律宫缩7小时来院。枕左前位,胎心率152次/分,估计胎儿3300g,宫口开大4cm,胎头=0。正确的处理措施是
A. 静脉滴注缩宫素,尽可能缩短第一产程
B. 不行阴道试产,行剖宫产术结束分娩
C. 适当使用镇静剂,阴道助产
D. 试产期间若出现心力衰竭症状,应立即行剖宫产
E. 避免用力屏气加腹压,胎头吸引或产钳助产

二、妊娠合并糖尿病(执业医师及助理医师均需掌握)

(251~253题共用题干)经产妇,31岁。现妊娠35周。查体:血压120/80mmHg,宫底35cm,胎心率136次/分。空腹血糖6.2mmol/L,尿糖(+)。2年前因妊娠8个月死胎行引产术。

251. 对该患者最有意义的辅助检查是
A. 血常规
B. 尿常规
C. 葡萄糖耐量试验
D. 尿雌三醇
E. 血生化检查

252. 经控制饮食2周后,空腹血糖6.1mmol/L,胎心率136次/分,无应激试验无反应型。此时最恰当的措施是
A. 间断吸氧
B. 自行胎动计数
C. 左侧卧位
D. 立即终止妊娠
E. 胎儿生物物理评分

253. 对该产妇分娩的新生儿,不必要的处理是
A. 按早产儿护理
B. 检测血钙值
C. 检测血糖值
D. 定时滴服葡萄糖液
E. 加压吸氧

254. 女,23岁。妊娠28周,尿糖阳性,OGTT空腹血糖正常,餐后1小时血糖升高。应首先给予的治疗是
A. 加强营养
B. 控制饮食
C. 口服降糖药物
D. 胰岛素治疗
E. 观察

255. 女,31岁,初孕妇。妊娠36周,患糖尿病2年,正规使用胰岛素,血糖控制良好。胎动正常。超声检查:胎儿双顶径9.2cm,胎盘羊水正常,胎心率136次/分。进一步采取的处理措施为
A. 剖宫产
B. 严密监护下继续妊娠
C. 前列腺素引产
D. 人工破膜
E. 静脉滴注催产素引产

三、妊娠合并病毒性肝炎(执业医师需掌握)

256. 重症肝炎产妇产后出血的常见原因是
A. 子宫收缩乏力
B. 软产道损伤
C. 胎盘粘连
D. 胎盘残留
E. 凝血功能障碍

257. 女,30岁。初孕妇,未临产。妊娠35周,恶心、呕吐、乏力伴皮肤黄染、瘙痒1周。结合化验检查诊断为妊娠合并乙型病毒性肝炎(重型)。除保肝治疗外,应采取的措施是

A. 尽快利凡诺尔腔内引产　B. 尽快使用子宫动脉栓塞术
C. 尽快行剖宫产术　D. 继续妊娠至 37 周
E. 静脉滴注催产素促进宫颈成熟

258. 孕妇于妊娠早期患重症肝炎,正确的处理应是
A. 药物治疗重症肝炎　B. 肝炎好转后继续妊娠
C. 先行人工流产术　D. 治疗肝炎的同时行人工流产术
E. 治疗肝炎待病情好转行人工流产术

259. 妊娠合并急性病毒性肝炎时,昏迷前期口服新霉素是为了
A. 预防感染　B. 减少游离氨及其他毒素的形成　C. 消除肠道内感染灶
D. 控制重症肝炎进展　E. 抑制需氧菌和厌氧菌

260. 初孕妇,26 岁。妊娠 36 周,恶心、呕吐进行性加重 5 天,明显黄疸 3 天。血丙氨酸氨基转移酶及血清胆红素明显增高,乙肝表面抗原(+)。该患者最佳的处理措施是
A. 卧床休息,口服保肝药物,继续妊娠　B. 隔离、保肝治疗,继续妊娠,密切观察
C. 立即行剖宫产　D. 治疗 1 周,肝功能无明显好转终止妊娠
E. 积极治疗 24 小时后终止妊娠

第 7 章　胎儿异常与多胎妊娠

一、胎儿生长受限(执业医师需掌握)

261. 下列导致胎儿生长受限的因素最常见的是
A. 妊娠期高血压疾病　B. 羊水过多　C. 多次刮宫导致宫腔粘连
D. 妊娠期糖尿病　E. 合并卵巢小囊肿

(262~263 题共用题干)初孕妇 25 岁,孕 35 周,既往有贫血病史,身材矮小。因头晕、乏力、胎动减少来院就诊。测血压 100/60mmHg,面色苍白,水肿。外周血血红蛋白 70g/L,尿蛋白(±),腹围 78cm,宫底高 25cm,体重 40kg。

262. 应首先考虑的诊断是
A. 妊娠合并肝硬化　B. 妊娠合并贫血　C. 妊娠合并肾炎
D. 胎儿生长受限　E. 先兆子痫

263. 确定诊断后,首选治疗措施是
A. 左侧卧位,吸氧　B. 纠正贫血　C. 营养支持
D. 沙丁胺醇口服　E. 立即终止妊娠

二、巨大胎儿(执业医师需掌握)

264. 我国诊断巨大胎儿的最低体重标准是
A. 3000g　B. 3500g　C. 4000g
D. 4500g　E. 5000g

265. 巨大胎儿经阴道分娩的常见并发症不包括
A. 产程延长　B. 产后出血　C. 肩难产
D. 头盆不称　E. 羊水栓塞

266. 孕妇 30 岁,妊娠 38 周,近 2 天自觉腹胀。检查:腹形较妊娠月份大,骨盆外测量正常,胎头浮,跨耻征(+)。B 型超声胎儿双顶径 11cm。应诊断为

A. 巨大胎儿　　B. 羊水过多　　C. 双胎妊娠
D. 胎头高直位　　E. 胎儿宫内发育迟缓

三、胎儿窘迫(执业医师及助理医师均需掌握)

267. 胎儿在子宫内急性缺氧初期表现为胎动
A. 减弱　　B. 增强　　C. 次数减少
D. 频繁　　E. 次数稍增多

268. 诊断胎儿窘迫的可靠依据是
A. 胎儿头皮血 pH7.28　　B. 胎心监护出现频发晚期减速　　C. 胎动时胎心率 170 次/分
D. 胎心监护出现多个变异减速　　E. 宫缩时胎心减慢,宫缩间期可恢复

269. 连续 24 小时测胎动次数,提示为胎儿窘迫应小于
A. 10 次　　B. 15 次　　C. 20 次
D. 25 次　　E. 30 次

270. 胎心变化中与胎儿窘迫无关的是
A. 胎心率>160 次/分　　B. 胎心率<110 次/分　　C. 胎心早期减速
D. 胎心晚期减速　　E. 胎心变异减速

271. 急性胎儿窘迫的重要临床征象不包括
A. 胎心率异常　　B. 胎动减少　　C. 羊水胎粪污染
D. 胎盘功能减退　　E. 胎儿头皮血 pH<7.20

272. 枕先露时胎儿窘迫的诊断依据不包括
A. 胎动频繁　　B. 胎动减弱　　C. 胎儿监护见到早期减速
D. 宫缩高峰时胎心 110 次/分　　E. 胎儿头皮血 pH 为 7.18

273. 25 岁,初产妇。妊娠 38 周,规律宫缩 12 小时,自然破膜 8 小时,宫口开大 3cm,胎心率 110 次/分,胎心监护有多个晚期减速出现。正确处置应是
A. 急查尿雌激素/肌酐比值　　B. 吸氧,严密观察产程进展
C. 静脉注射 25%葡萄糖液加维生素 C　　D. 静脉滴注缩宫素,加速产程
E. 立即行剖宫产术

274. 临产已 20 小时,血压 150/100mmHg,宫缩 45 秒,间隔 3 分钟,胎心率 116 次/分,S+3,宫口开全,羊水黄绿色,出现频发晚期减速。此时应采取的措施是
A. 肌内注射尼可刹米　　B. 静脉滴注缩宫素　　C. 静脉滴注硫酸镁
D. 产钳术助产　　E. 立即行剖宫产

四、死胎(执业医师及助理医师均需掌握)

275. 关于死胎,正确的说法是
A. 妊娠 24 周后胎儿在子宫内死亡　　B. 听不到胎心时可确诊为死胎
C. 一旦确诊为死胎,应尽快引产　　D. 死胎只能阴道分娩
E. 胎儿死亡 4 天尚未排出,必须行凝血功能检查

276. 女,23 岁。妊娠 22 周,胎动消失 2 天。B 超检查:胎心音消失,无胎动。目前适宜的处理方法是
A. 等待自然流产　　B. 利凡诺尔腔内引产　　C. 给予破膜后清宫
D. 剖宫产　　E. 观察

五、双胎妊娠(执业医师需掌握)

277. 不属于双胎妊娠常见并发症的是

A. 羊水过多　　B. 产后出血　　C. 过期妊娠
D. 胎盘早剥　　E. 胎儿畸形

278. 女,28 岁,初产妇。双胎妊娠,妊娠 39 周临产。P90 次/分,BP140/80mmHg。规律宫缩 10 小时后宫口开全,第一胎儿头位娩出,新生儿体重 2600g。第二胎儿为单臀先露,已衔接,胎心正常。恰当的处理措施是

A. 行外转胎位术　　B. 产钳牵引术　　C. 等待臀位助娩
D. 行内转胎位术　　E. 立即剖宫产术

279. 双胎妊娠的并发症不包括

A. 产后出血　　B. 产程延长　　C. 巨大胎儿
D. 早产　　E. 妊娠期高血压疾病

第 8 章　胎儿附属物异常

一、前置胎盘(执业医师及助理医师均需掌握)

280. 前置胎盘的常见致病因素不包括

A. 受精卵滋养层发育迟缓　　B. 子宫内膜炎　　C. 双胎妊娠
D. 多次刮宫史　　E. 初孕妇

281. 前置胎盘阴道流血的特征是

A. 阴道流血常有外伤史　　B. 子宫收缩时阴道流血停止　　C. 无痛性阴道流血
D. 有痛性阴道流血　　E. 阴道流血量与贫血严重程度不相符

282. 前置胎盘阴道流血的特征是

A. 常伴有下腹阵发性疼痛　　B. 常发生在妊娠中期
C. 阴道流血量与贫血程度不成正比　　D. 妊娠 28 周出现阴道流血多为完全性前置胎盘
E. 妊娠 35 周出现阴道流血多为边缘性前置胎盘

283. 女,28 岁。妊娠 29 周。反复无痛性阴道流血 3 次,且每次出血量逐渐增多。超声诊断为前置胎盘。此患者最可能的类型是

A. 前置状态　　B. 完全性　　C. 部分性
D. 边缘性　　E. 低置性

284. 前置胎盘最安全可靠的诊断方法是

A. 阴道内诊检查　　B. 腹部 X 线片　　C. 下腹部听诊胎盘杂音
D. B 型超声检查　　E. 放射性同位素扫描

A. 前置胎盘　　B. 羊水过多　　C. 胎盘早剥
D. 先兆子宫破裂　　E. 子宫破裂

285. 27 岁初孕妇。妊娠 38 周,患重度妊娠高血压综合征,昨晚突然出现阴道流血伴下腹痛。最可能的诊断应是

286. 26 岁初产妇。临产后出现下腹剧痛,烦躁不安,呼叫,下腹拒按。最可能的诊断应是

287. 经产妇,27 岁。32 周妊娠,昨日夜晚突然出现无痛性阴道流血。最可能的诊断是

288. 初产妇,32 岁,G_4P_0。妊娠 35 周,因阴道无痛性中等量流血 2 天入院。查体:P72 次/分,BP120/80mmHg。产科检查:子宫长度 33cm,无宫缩,头先露高浮,胎心率 150 次/分。该患者最可能的诊断是

A. 早产　　B. 临产　　C. 胎盘早剥

D. 宫颈炎 E. 前置胎盘

289. 女,30岁,初产妇,曾有2次自然流产。妊娠36周,反复阴道流血3次,今日再次发生阴道流血,且量多于月经量,自觉头晕,无腹痛。查体:P110次/分,R30次/分,BP80/50mmHg,面色苍白,胎头高浮,胎心率150次/分。此时正确的处理是

A. 抑制宫缩期待治疗 B. 缩宫素静脉滴注终止妊娠 C. 行宫颈检查决定分娩方式
D. 尽快剖宫产终止妊娠 E. 行肛门检查了解宫颈成熟度

290. 初孕妇,妊娠 37^{+2} 周,夜间睡眠中突然出现阴道大量流血,无阵发性腹痛。查体:重度贫血貌,P110次/分,BP80/60mmHg。妇科检查:子宫软,枕左前位,胎心率166次/分。此时最佳的处理措施是

A. 立即行B超检查 B. 输血同时行人工破膜 C. 立即输血纠正休克
D. 输血同时行剖宫产术 E. 立即行无应激试验

291. 初孕妇,27岁。妊娠37周。晚10时突然出现无痛性阴道较多量流血入院。查体:血压110/70mmHg。子宫软,枕左前位,胎心率164次/分。目前恰当的处理措施是

A. 剖宫产 B. 人工破膜引产 C. 器械助娩
D. 缩宫素引产 E. 等待自然分娩

(292~294题共用题干)女,28岁,经产妇,人工流产2次。妊娠37周,晨起发现阴道流血,多于月经量,无腹痛。查体:P80次/分,BP110/70mmHg,胎方位LOA,头浮,胎心率150次/分,耻骨联合上可闻及血管音。

292. 最可能的诊断是

A. 先兆临产 B. 胎盘早剥 C. 子宫破裂
D. 前置胎盘 E. 先兆早产

293. 为明确诊断应首先进行的检查是

A. 阴道双合诊 B. 肛门指诊 C. 超声检查
D. MRI扫描 E. 催产素激惹试验(OCT)

294. 本例最适合的处理是

A. 给予子宫收缩剂 B. 产钳助娩 C. 人工破膜
D. 行剖宫产术 E. 严密观察,等待自然临产

(295~298题共用题干)28岁经产妇,妊娠37周。今晨起床时发现阴道流血,量中等,无明显腹痛及宫缩,于上午8时来院就诊。

295. 最可能的诊断是

A. 前置胎盘 B. 胎盘早剥 C. 子宫破裂
D. 先兆子宫破裂 E. 妊娠期高血压疾病

296. 确诊检查结果是

A. 血压>160/100mmHg B. 胎心音听不清 C. 阴道后穹隆触及较厚软组织
D. 子宫局限性压痛 E. 贫血程度与阴道流血量不成正比

297. 为明确诊断,首选的检查是

A. 胎心监护 B. B超检查 C. 血hCG测定
D. 阴道后穹隆穿刺 E. 腹腔镜检查

298. 治疗首选

A. 剖宫产 B. 经阴道分娩 C. 产钳助产
D. 人工破膜 E. 给予子宫收缩剂

(299~301题共用题干)经产妇,26岁,妊娠37周。晨起发现阴道流血,无明显腹痛。查体有宫缩,

子宫大小大于孕周数,胎心存在。

299. 最可能的诊断是

A. 前置胎盘　B. 先兆流产　C. 胎盘早剥
D. 难免流产　E. 胎膜早破

300. 对确诊有价值检查的结果是

A. 胎位不正　B. 贫血程度与阴道流血量相符　C. 伴休克
D. 宫颈管消失　E. 贫血程度与阴道流血量不相符

301. 最适合的处置措施是

A. 阴道分娩　B. 行剖宫产术　C. 引产
D. 静脉滴注缩宫素　E. 人工破膜

(302~304 题共用题干)初孕妇,25 岁。妊娠 31 周,从妊娠 29 周起反复 3 次阴道流血,量少,无腹痛。再次阴道流血同月经量。查体:P88 次/分,BP110/70mmHg。子宫软,无宫缩,枕左前位,胎头高浮,胎心率 144 次/分。

302. 首先考虑的诊断是

A. 低置性前置胎盘　B. 中央性前置胎盘　C. 边缘性前置胎盘
D. 部分性前置胎盘　E. 前置血管破裂

303. 应进行的辅助检查是

A. 测定血雌三醇值　B. 血常规及尿常规　C. B 超检查
D. 肛查判断宫颈是否扩张　E. 盆腔 X 线片

304. 错误的处理方法是

A. 出血停止可期待治疗　B. 卧床休息,应用宫缩抑制剂
C. 直接阴道检查确定前置胎盘类型　D. 输液备血
E. 继续流血,应行剖宫产术

(305~306 题共用题干)女,30 岁,孕 33 周。反复阴道流血 3 次,少于月经量,无腹痛不适,臀位,胎心正常,G_5P_0,曾人工流产 4 次。

305. 最可能的诊断是

A. 生理性子宫收缩　B. 先兆早产　C. 早产临产
D. 前置胎盘　E. 胎盘早剥

306. 适宜的治疗措施是

A. 抗感染　B. 抑制宫缩　C. 前列腺素引产
D. 缩宫素引产　E. 剖宫产

二、胎盘早剥(执业医师及助理医师均需掌握)

307. 胎盘早剥出血发生在

A. 底蜕膜　B. 包蜕膜　C. 绒毛膜
D. 胎盘边缘血窦　E. 子宫螺旋动脉

308. 胎盘早剥的主要病理变化是

A. 底蜕膜出血　B. 真蜕膜出血　C. 包蜕膜出血
D. 胎盘边缘血窦破裂出血　E. 以上都不是

309. 有关Ⅲ度胎盘早剥的描述,正确的是

A. 一般胎儿存活　B. 易导致凝血功能障碍　C. 出现无原因无痛性阴道流血

D. 胎盘剥离面为胎盘面积的1/5 E. 阴道流血量与贫血程度成正比

310. Ⅲ度胎盘早剥的临床表现正确的是
A. 腹部柔软 B. 触诊胎位清楚 C. 听诊胎心正常
D. 妊娠晚期无痛性阴道出血 E. 休克程度与阴道流血量不成正比

311. 重型胎盘早剥与先兆子宫破裂共有的临床表现是
A. 剧烈腹痛 B. 合并重度妊娠期高血压疾病 C. 跨耻征阳性
D. 子宫板状硬 E. 出现病理缩复环

312. 女,35岁。妊娠35^{+2}周,2周前血压升高至160/100mmHg,未治疗。现突然持续腹痛,逐渐加重,感头晕、恶心,阴道有少量流血。查体:T36.8℃,P120次/分,BP100/60mmHg,呼吸急促。面色苍白,腹部隆起,板状腹,胎方位不清,未闻及胎心。最可能的诊断是
A. 胎盘早剥 B. 先兆子宫破裂 C. 早产临产
D. 临产伴急性阑尾炎 E. 妊娠合并急性胰腺炎

(313~315共用用题干)初孕妇,28岁,妊娠36周。血压升高3周,今晨突然腹痛,呈持续性,阵发性加重。血压150/98mmHg,心率112次/分,尿蛋白(++),阴道少量流血。

313. 体格检查最可能发现的子宫体征是
A. 不规则收缩,较硬,有压痛,宫缩间歇期子宫不完全松弛
B. 柔软,有压痛,无宫缩 C. 有规则阵发性收缩,宫缩间歇期子宫完全松弛
D. 局部隆起有包块,有压痛 E. 上段硬,下段膨隆压痛,交界处有环状凹陷

314. 此时对诊断最有价值的辅助检查是
A. 眼底检查 B. B型超声检查 C. 肝功能检查
D. 白细胞计数 E. 血细胞比容

315. 最可能出现的情况是
A. 前置胎盘 B. 子宫肌瘤红色样变 C. 先兆早产
D. 胎盘早剥 E. 先兆子宫破裂

A. 子宫破裂 B. 先兆子宫破裂 C. 胎盘早剥
D. 忽略性肩先露 E. 脐带脱垂

316. 经产妇,临产16小时,破膜18小时。宫缩强,下腹压痛,枕左前位,先露高,胎心率150次/分,宫口开大2cm,胎头双顶径9.6cm,导尿见肉眼血尿。最可能的诊断是

317. 初产妇,临产5小时,全腹痛1小时,阴道少量出血。检查:血压80/50mmHg,脉搏120次/分。腹部检查:子宫板状硬,胎位不清,胎心听不到。最可能的诊断是

318. 重型胎盘早期剥离的并发症不包括
A. 子宫胎盘卒中 B. 凝血功能障碍 C. 子宫破裂
D. 产后出血 E. 急性肾衰竭

319. 最易发生弥散性血管内凝血的疾病是
A. 前置胎盘 B. 胎盘早剥 C. 产后出血
D. 羊水过多 E. 轻度子痫前期

320. 初孕妇,26岁。妊娠34周。因腹部直接受撞击出现轻微腹痛,伴少量阴道流血,胎心率142次/分。正确处理应是
A. 静脉滴注止血药物 B. 卧床休息,给予镇静药观察病情变化
C. 立即肛查,了解宫口扩张情况 D. 立即阴道检查,根据宫口扩张程度决定分娩方式
E. 立即行剖宫产结束妊娠

(321~323 题共用题干)初孕妇,30 岁。妊娠 40 周,子痫前期。3 小时前突然腹痛伴阴道流血,色鲜红,量较多。查体:P116 次/分,BP100/80mmHg,胎位不清,胎心音消失,宫颈管未消失,宫口未开大。

321. 该患者最可能的诊断是
A. 子宫破裂　B. 先兆子宫破裂　C. 胎盘早剥
D. 前置胎盘　E. 早产

322. 此时最有价值的辅助检查是
A. 血常规、尿常规　B. B 超检查　C. 眼底检查
D. 凝血功能检查　E. 胎盘功能测定

323. 此时最恰当的处理措施是
A. 纠正休克为主,死胎不急于引产　B. 立即扩张宫口、破膜,缩宫素引产
C. 纠正休克同时尽快剖宫产　D. 立即人工破膜,等待自然分娩
E. 静脉滴注缩宫素引产

(324~326 题共用题干)女,35 岁,初产妇。妊娠 36 周,血压升高 1 个月,持续腹痛伴阴道少量流血 3 小时。查体:T36℃,P120 次/分,R28 次/分,BP90/60mmHg,神志清楚,全身水肿。子宫硬如板状,胎方位不清,胎心未闻及,宫口 2cm,先露-2。

324. 该患者最可能的诊断是
A. 临产　B. 胎盘早剥　C. 前置胎盘
D. 子宫破裂　E. 妊娠合并急性胰腺炎

325. 最有效的处理措施是
A. 缩宫素引产　B. 硫酸镁抑制宫缩　C. 立即剖宫产
D. 镇静止痛　E. 人工破膜引产

326. 该患者最可能发生的并发症是
A. 子痫　B. DIC　C. 心力衰竭
D. 产褥感染　E. HELLP 综合征

(327~328 题共用题干)患者,女性,23 岁,妊娠 32 周。腹部受撞击后持续性腹痛 1 小时。阴道少量出血。既往产检健康。查体:呼吸 22/分,脉搏 100 次/分,血压 90/ 60mmHg,痛苦表情,宫底位于剑突下 3 横指,子宫轮廓清楚,胎心 102 次/分,宫口未开。

327. 最可能的诊断是
A. 早产临产　B. 巨大胎儿　C. 胎盘早剥
D. 前置胎盘　E. 子宫破裂

328. 此时不易发生的并发症是
A. 急性肾衰竭　B. DIC　C. 产后出血
D. 胎盘残留　E. 胎儿宫内死亡

三、胎膜早破(执业医师及助理医师均需掌握)

329. 关于胎膜早破的正确描述是
A. 胎膜早破要立即剖宫产　B. 双胎妊娠易发生胎膜早破　C. 指临产后发生的胎膜破裂
D. 生殖道感染是其唯一原因　E. 足月胎膜早破不需要任何处理

330. 胎膜早破的病因不包括
A. 病原微生物上行感染　B. 羊膜腔压力增高　C. 胎膜受力不均
D. 维生素 C 缺乏　E. 钙缺乏

331. 初孕妇,26岁。妊娠38周,阴道流液4小时,无阵发性腹痛。体温36.8℃,腹部无压痛,胎心率140次/分,胎儿大小与实际孕周相符。血 WBC10×10^9/L。该患者最恰当的处理措施是
A. 期待疗法
B. 观察12小时,如仍未临产行剖宫产
C. 立即行剖宫产术
D. 不予处理,等待自然分娩
E. 观察12小时,如仍未临产给予引产

四、脐带先露与脐带脱垂(**执业医师及助理医师均需掌握**)

332. 初产妇,30岁。孕37周,规律宫缩3小时。产科检查:宫口开大2cm,臀先露,S=-2。2分钟前胎膜自然破裂,胎心监护显示胎心率90次/分,阴道内诊触及搏动条索状物。最恰当的处理措施是
A. 采取头低臀高位,立即行剖宫产术
B. 吸氧,胎心率恢复后立即行剖宫产术
C. 行外转胎位术后待自然分娩
D. 静脉滴注缩宫素,宫口开全行臀牵引
E. 行内转胎位术后待自然分娩

第9章　正常分娩

(**执业医师及助理医师均需掌握**)

333. 关于分娩的概念,正确的是
A. 妊娠满37周至不满42周分娩为足月产
B. 妊娠43周之后分娩为过期产
C. 妊娠28周至37周分娩为早产
D. 妊娠28周及28周以内分娩为流产
E. 临产后胎儿死亡为死胎

334. 关于产力的描述,正确的是
A. 第二产程主要是膈肌收缩力的作用
B. 产力只包括子宫收缩力,腹壁肌及膈肌收缩力
C. 子宫收缩力只在第一产程起作用
D. 子宫收缩力的特点有节律性,不对称性
E. 肛提肌收缩力协助胎先露在骨盆腔内进行内旋转

335. 临产后正常宫缩起自
A. 两侧宫角部
B. 两侧子宫侧壁
C. 宫颈部
D. 子宫下段
E. 宫底部

336. 不属于临产后正常宫缩特点的是
A. 节律性
B. 规律性
C. 对称性
D. 极性
E. 缩复作用

337. 临产后子宫收缩的特征,错误的是
A. 具有对称性
B. 子宫底部最强烈,下段最弱
C. 不自主的节律性收缩
D. 子宫收缩间歇越来越短,持续时间越来越长
E. 子宫肌纤维在宫缩时变宽变短,间歇时恢复如旧

338. 协助胎儿胎先露在骨盆腔进行内旋转的产力是
A. 阴道收缩力
B. 膈肌收缩力
C. 腹直肌收缩力
D. 腹内斜肌收缩力
E. 肛提肌收缩力

339. 胎儿是否衔接入盆的关键径线是
A. 坐骨棘间径
B. 入口前后径
C. 坐骨结节间径
D. 入口横径
E. 中骨盆前后径

340. 成年妇女骨盆倾斜度的正常值应是
A. 50°
B. 55°
C. 60°

D. 65°　　E. 70°

341. 临产后的宫颈变化,正确的是
A. 宫颈管消失过程为先形成漏斗状,逐渐短缩直至消失
B. 初产妇宫颈管消失与宫口扩张同步进行居多
C. 经产妇宫颈管先消失,宫口后扩张居多
D. 前羊水囊形成使宫口不易扩张
E. 破膜后胎先露部直接压迫宫颈,影响宫口扩张

342. 关于子宫下段的说法,正确的是
A. 为临产后的子宫颈　　B. 孕中期的子宫颈扩展为宫腔的一部分
C. 孕 16 周扩展成宫腔的一部分　　D. 临产后子宫颈伸展可达 7~10cm
E. 由非孕时的子宫峡部伸展形成

343. 枕左前位胎头进入骨盆入口时其衔接的径线是
A. 双顶径　　B. 双颞径　　C. 枕下前囟径
D. 枕额径　　E. 枕颏径

344. 枕先露时,通过产道最小径线是胎头的
A. 枕颏径　　B. 双顶径　　C. 枕下前囟径
D. 枕额径　　E. 枕顶径

345. 子宫下段形成的时期为
A. 分娩早期　　B. 分娩末期　　C. 妊娠早期
D. 妊娠中期　　E. 妊娠末期

346. 枕左前位胎头内旋转动作是使胎头
A. 矢状缝与入口径一致　　B. 矢状缝与中骨盆及骨盆出口前后径一致
C. 矢状缝与中骨盆及骨盆出口横径一致　　D. 前囟转向耻骨弓下
E. 后囟转向骶骨前方

347. 关于枕先露的分娩机制,正确的是
A. 胎头进入骨盆入口时以枕下前囟径衔接　　B. 胎头降至骨盆底时开始俯屈
C. 当胎头在中骨盆时开始内旋转　　D. 宫缩和腹压促使胎头仰伸
E. 分娩过程中胎头呈持续性下降

348. 属于枕左前位分娩机制的项目,正确的是
A. 下降动作呈持续性　　B. 进入骨盆入口时,胎头呈俯屈状态
C. 俯屈动作完成后,胎头以枕额径通过产道　　D. 胎头颅骨最低点达骨盆最大平面时,出现内旋转
E. 内旋转动作完成于第一产程末期

349. 枕先露行阴道助产时,确定胎位除注意囟门外,可作为依据的颅缝是
A. 额缝　　B. 矢状缝　　C. 冠状缝
D. 人字缝　　E. 颞缝

350. 假临产宫缩的特点是
A. 间歇时间长且不规则　　B. 伴有宫颈管缩短　　C. 伴有胎先露下降
D. 伴有宫口扩张　　E. 持续时间长且恒定

351. 关于临产开始的标志,错误的是
A. 规律宫缩　　B. 宫颈管展平　　C. 宫颈扩张
D. 胎先露部下降　　E. 见红

352. 正式发动分娩的主要表现为

A. 见红　　B. 下腹隐痛　　C. 宫颈变软
D. 规律宫缩　　E. 胎先露部衔接

353. 初产妇第二产程不应超过
A. 30 分钟　　B. 1 小时　　C. 90 分钟
D. 2 小时　　E. 3 小时

354. 第三产程不应超过多长时间?
A. 5 分钟　　B. 10 分钟　　C. 15 分钟
D. 20 分钟　　E. 30 分钟

355. 第一产程活跃期的减速期是指宫口扩张
A. 8~10cm　　B. 3~10cm　　C. 7~10cm
D. 5~10cm　　E. 9~10cm

356. 初产妇,27 岁。妊娠 39 周临产,规律宫缩 10 小时,破膜 9 小时。胎心率 140 次/分。肛查宫口开大 6cm,S+1。应诊断为
A. 胎膜早破　　B. 正常潜伏期　　C. 正常活跃期
D. 潜伏期延长　　E. 第一产程延长

357. 女,24 岁。规律宫缩 12 小时,连续观察 2 小时,宫口由 6cm 开大至 9cm,胎头 S+1,胎心率 140 次/分。正确处置应为
A. 严密观察产程进展　　B. 肌内注射哌替啶 100mg　　C. 静脉滴注缩宫素
D. 立即人工破膜　　E. 立即行剖宫产术

358. 女,28 岁,初孕妇。妊娠 40 周,规律宫缩 8 小时。查体:P90 次/分,BP140/80mmHg,宫口 7cm,先露 S=+1,胎心率 140 次/分。10 分钟后胎膜破裂,流出清亮液体。正确的处理方法是
A. 立即静脉滴注硫酸镁　　B. 立即静脉滴注缩宫素　　C. 立即行剖宫产术
D. 立即听胎心音　　E. 立即静脉滴注地塞米松

359. 临产后,肥皂水灌肠可用于
A. 胎膜早破　　B. 胎头未衔接　　C. 胎位异常
D. 初产妇宫口开大 3cm　　E. 严重心脏病

360. 临产后第一产程活跃期的最大加速期是指宫口扩张
A. 2~7cm　　B. 1~6cm　　C. 4~9cm
D. 3~8cm　　E. 5~10cm

361. 初孕妇,23 岁。孕 38 周,规律宫缩 10 小时就诊。查体:胎心率 136 次/分,宫口开大 8cm,胎头-2,胎膜未破。正确的处理措施是
A. 5U 缩宫素静脉滴注　　B. 继续观察产程　　C. 100mg 哌替啶肌内注射
D. 人工破膜并静脉注射缩宫素　　E. 立刻行剖宫产术

362. 临产后进入第二产程的主要标志是
A. 外阴膨隆　　B. 胎头拨露　　C. 胎头着冠
D. 宫口开大 10cm　　E. 肛门括约肌松弛

363. 临产后不能观察到子宫收缩的
A. 强度　　B. 极性　　C. 规律性
D. 间歇时间　　E. 持续时间

364. 经产妇,26 岁。阵发性腹痛 6 小时,宫缩 30 秒/3~4 分钟,中等强度。急诊室检查胎心率 140 次/分,枕右前位,宫口开大 3cm,胎膜膨出。最恰当的处理措施为
A. 住院入待产室　　B. 人工破膜后住院　　C. 急诊室观察处理

D. 急送产房消毒接产　　E. 温肥皂水灌肠减少污染

365. 女,22 岁,初产妇。妊娠 38 周,规律宫缩 7 小时。检查:宫口开大 5cm,S=0,枕左前位,胎心率 148 次/分,预估胎儿体重 2800g。目前应采取的处理是

A. 严密观察产程进展　　B. 静脉推注地西泮　　C. 人工破膜
D. 人工灌肠　　E. 静脉滴注缩宫素

366. 初产妇枕先露时,开始保护会阴的时间是

A. 宫口开全　　B. 胎头可见到时　　C. 胎头着冠时
D. 胎头复位时　　E. 胎头拨露使阴唇后联合紧张时

367. 女,30 岁,初产妇,孕期检查正常。妊娠 39 周,规律性腹痛 7 小时。查体:宫口开大 3cm,宫颈软,先露 S0,胎心率 140 次/分。此时给予的处理是

A. 观察产程　　B. 剖宫产　　C. 人工破膜
D. 缩宫素静脉滴注　　E. 宫颈封闭

368. 新生儿娩出后首先应

A. 断脐　　B. 擦洗新生儿面部　　C. 清理呼吸道
D. 刺激新生儿足部　　E. 抓紧娩出胎盘及胎膜

369. 新生儿出生后 1 分钟的 Apgar 评分及其意义,错误的是

A. 满分为 10 分,属正常新生儿　　B. 7 分以上只需进行一般处理
C. 4 分以下缺氧严重,应紧急抢救　　D. 应于出生 5 分钟内再次评分
E. 评分根据呼吸、心率及皮肤颜色

370. Apgar 评分为 3 分的小儿首先需要处理的是

A. 吸尽呼吸道堵塞物　　B. 吸氧　　C. 用镇静剂
D. 降温　　E. 心脏按压

371. 初产妇,26 岁。妊娠 39 周,临产后 9 小时,胎儿娩出 5 分钟,胎盘未娩出。不恰当的处理是

A. 下压宫底　　B. 检查宫体是否变硬　　C. 观察脐带有无自行延长
D. 阴道有无流血　　E. 测量血压

372. 初产妇,29 岁。胎儿娩出 30 分钟后,出现阴道流血 200ml,用手在产妇耻骨联合上方轻压子宫下段时,外露脐带回缩,此时正确的处理措施是

A. 等待胎盘剥离　　B. 按压宫底,牵拉脐带　　C. 立即输血
D. 徒手剥离胎盘　　E. 子宫体注射麦角新碱

373. 经阴道分娩时,为预防产后出血,静脉注射麦角新碱应在

A. 胎盘娩出时　　B. 胎头已着冠时　　C. 胎头娩出时
D. 胎肩娩出时　　E. 胎头拨露阴唇后联合紧张时

A. 1.25U　　B. 2.5U　　C. 5U
D. 10U　　E. 20U

374. 若胎盘娩出后出血较多,为防止产后大出血,可静脉滴注 5%葡萄糖溶液 500ml 加缩宫素

375. 对于协调性子宫收缩乏力,为增强子宫收缩,可静脉滴注 5%葡萄糖溶液 500ml 加缩宫素

第 10 章　异常分娩

一、产力异常(执业医师及助理医师均需掌握)

376. 初孕妇,26 岁。妊娠 40 周,宫缩持续 40 秒,间歇 5~6 分钟,强度中等,胎心率 154 次/分,胎头已拨

露,胎头先露已1小时无进展,阴道检查无异常。应诊断为

A. 协调性宫缩乏力　B. 不协调性宫缩乏力　C. 骨产道异常
D. 胎位异常　E. 胎儿窘迫

377. 初产妇第一产程活跃期停滞是指进入活跃期后宫口不再扩张超过

A. 1小时　B. 1小时30分　C. 2小时
D. 3小时　E. 4小时

378. 初产妇第一产程活跃期延长是指活跃期超过

A. 8小时　B. 12小时　C. 10小时
D. 4小时　E. 6小时

379. 初产妇第一产程潜伏期延长是指潜伏期超过

A. 8小时　B. 10小时　C. 12小时
D. 14小时　E. 16小时

380. 29岁初产妇,妊娠39周。于晨4时临产,10时宫口开大3cm,20时宫口开大7cm,应诊断为

A. 潜伏期延长　B. 活跃期延长　C. 活跃期停滞
D. 第二产程停滞　E. 第二产程延长

381. 初孕妇,26岁。妊娠38周,规律宫缩8小时,宫口开大6cm,S+1,胎膜已破,胎儿体重估计3000g,血压130/80mmHg,胎心率144次/分。2小时后肛查:宫口仍6cm,边薄,先露S+1,宫缩力弱,20秒/5~6分钟,胎心好。应诊断为

A. 潜伏期延长　B. 活跃期延长　C. 活跃期停滞
D. 第二产程延长　E. 滞产

A. 潜伏期延长　B. 正常产程　C. 胎头下降延缓
D. 活跃期停滞　E. 活跃期延长

382. 初产妇,28岁。妊娠40周,8时开始规律宫缩,15时宫口开大4cm,S=-3,18时宫口开大9cm,胎头+2。此时首先考虑的诊断是

383. 初产妇,29岁。妊娠39周,4时开始规律宫缩,10时自然破膜,宫口开大3cm,S=-3,15时宫口开大7cm,S=-2。此时首先考虑的诊断是

A. 活跃期停滞　B. 活跃期延长　C. 潜伏期延长
D. 第二产程延长　E. 正常产程

384. 初产妇,25岁。妊娠39周,临产10小时,宫缩正常,羊水清亮,宫口开大6cm,头先露,S=+1,4小时后宫口仍是6cm。最可能的诊断是

385. 初产妇,26岁。妊娠38周,临产22小时,胎心136次/分,宫口开大2cm,枕先露,S=2。最可能的诊断是

A. 第二产程停滞　B. 第二产程延长　C. 活跃期停滞
D. 活跃期延长　E. 潜伏期延长

386. 初产妇,24岁。宫口开全3小时10分钟尚未分娩。此时的诊断是

387. 初产妇,26岁。妊娠38周,凌晨3点出现规律宫缩,19时30分宫口开大2cm。此时的诊断是

388. 发生协调性子宫收缩乏力时的一般处理不包括

A. 预防感染　B. 排空膀胱　C. 补充能量
D. 静脉注射地西泮　E. 纠正酸中毒

389. 协调性子宫收缩乏力行人工破膜适用的临床情况是

A. 臀先露,宫口开大2cm　B. 胎头高直后位,宫口开大2cm　C. 足先露,宫口开大4cm

D. 肩先露,宫口开大 3cm　　E. 枕先露,S=0,宫口开大 4cm

390. 初产妇,23 岁。妊娠 39 周。血压 130/80mmHg,枕右前位,估计胎儿体重 2800g,临产后 10 小时,宫缩逐渐减弱,胎膜已破,宫口开大 7cm,胎头+2,胎心率 140 次/分。此时恰当的处理措施是

A. 静脉注射地西泮　　B. 肌内注射缩宫素　　C. 静脉滴注缩宫素
D. 静脉注射麦角新碱　　E. 立即行剖宫产术

391. 初孕妇,24 岁。规律宫缩 12 小时,羊膜囊完整,胎头 S+1,胎心率 140 次/分。对该患者的处理是

A. 立即行人工破膜　　B. 无需处理　　C. 立即剖宫产
D. 静脉滴注缩宫素　　E. 会阴剪切

392. Bishop 宫颈成熟度评分,应得 2 分的项目是

A. 宫口位置在前　　B. 宫口开大 5cm　　C. 宫颈管消退 80%
D. 宫颈中等度硬　　E. 胎头位置+1

393. Bishop 宫颈成熟度评分,得 2 分的是

A. 宫口开大 4cm　　B. 先露位置-2　　C. 宫颈管消退 80%
D. 宫口位置后方　　E. 宫颈中等硬度

(394~395 题共用题干)初产妇,26 岁,孕 39 周。肛查宫口 8cm,先露 S=0,胎膜未破,头先露,有宫缩,但子宫体部不变硬,持续时间 30 秒,间隔 5 分钟,胎心率 136 次/分。B 型超声示胎儿双顶径为 9.0cm。

394. 出现以上情况最可能的是

A. 子宫收缩过强　　B. 胎儿过大　　C. 子宫收缩乏力
D. 骨盆狭窄　　E. 胎儿畸形

395. 最正确的处理是

A. 人工破膜　　B. 立即剖宫产　　C. 静脉点滴催产素 5U
D. 肌内注射哌替啶 100mg　　E. 观察 2 小时后再决定

(396~397 题共用题干)27 岁,初产妇。妊娠 39 周,规律宫缩 6 小时,枕左前位,估计胎儿体重 2700g,胎心率 142 次/分。阴道检查:宫口开大 3cm,未破膜,S=+1,骨盆外测量未见异常。

396. 此时正确的处理应是

A. 行剖宫产术　　B. 等待自然分娩　　C. 人工破膜加速产程进展
D. 静脉滴注缩宫素　　E. 抑制宫缩,使其维持至妊娠 40 周

397. 若此后宫缩逐渐减弱,产程已 18 小时,胎膜已破,宫口开大 8cm。正确的处理应是

A. 静脉注射地西泮加速产程进展
B. 静脉滴注缩宫素　　C. 肌内注射缩宫素
D. 静脉注射麦角新碱　　E. 立即剖宫产术

(398~400 题共用题干)28 岁,初产妇。妊娠 39 周,枕右前位。阵发性腹痛 9 小时,宫缩 9 分钟 1 次,持续 35 秒,宫口开大 2cm。

398. 出现上述临床表现最可能的原因是

A. 子宫收缩节律异常　　B. 子宫收缩对称性异常　　C. 子宫收缩极性异常
D. 子宫收缩缩复作用异常　　E. 腹肌和膈肌收缩力异常

399. 此时治疗原则应是

A. 人工破膜　　B. 肌内注射哌替啶 100mg　　C. 肌内注射麦角新碱
D. 静脉滴注缩宫素　　E. 立即行剖宫产

400. 若已进入第二产程,S+3,胎心率 140 次/分,此时处理应是

A. 等待自然分娩　　B. 继续加强宫缩等待分娩　　C. 胎头吸引器助产

D. 产钳助产　　E. 立即行剖宫产术

(401~403题共用题干)女,24岁。足月妊娠临产10小时,宫口扩张2cm,自觉下腹部持续疼痛,孕妇烦躁不安,疼痛喊叫,宫缩频率高,子宫下段收缩最强。

401. 初步诊断是
A. 不协调性宫缩乏力　　B. 协调性宫缩乏力　　C. 骨盆狭窄
D. 胎位不正　　E. 正常分娩

402. 最可能的原因是
A. 羊水过多　　B. 头盆不称　　C. 多胎妊娠
D. 巨大胎儿　　E. 子宫畸形

403. 此时应首选的措施是
A. 静脉滴注缩宫素　　B. 行剖宫产　　C. 肌内注射哌替啶
D. 人工破膜　　E. 无需任何处理

404. 不协调性子宫收缩乏力的正确处理应是
A. 针刺合谷、三阴交穴位　　B. 温肥皂水灌肠　　C. 肌内注射哌替啶
D. 人工破膜　　E. 静脉滴注缩宫素

405. 急产是指
A. 第二产程不足1小时　　B. 经产妇总产程不足2小时　　C. 分娩总产程不足3小时
D. 初产妇总产程不足5小时　　E. 第一、第二产程不足6小时

406. 下列与子宫收缩过强无关的疾病是
A. 羊水栓塞　　B. 急产　　C. 胎儿窘迫
D. 产道裂伤　　E. 胎盘滞留

407. 初孕妇,32岁。妊娠39周,规律宫缩8小时,随后持续腹痛,拒按,无间歇期,胎心音不清,宫口开大5cm,胎头S-1,后囟位于1点处。该患者最可能的诊断是
A. 协调性宫缩乏力　　B. 强直性子宫收缩　　C. 先兆子宫破裂
D. 持续性枕后位　　E. 宫颈扩张活跃期停滞

A. 软产道损伤　　B. 胎盘滞留　　C. 胎盘粘连
D. 胎盘嵌顿　　E. 凝血功能障碍

408. 子宫收缩乏力易发生
409. 子宫收缩过强易发生

二、产道异常(执业医师及助理医师均需掌握)

410. 与中骨盆狭窄无关的是
A. 坐骨切迹宽度　　B. 骶尾关节活动度　　C. 坐骨棘间径
D. 骨盆侧壁倾斜度　　E. 骶骨弯曲度

411. 下列属于剖宫产绝对指征的是
A. 骶耻外径15.5cm　　B. 枕后位　　C. 持续性枕后位
D. 部分性前置胎盘　　E. 完全臀先露

412. 初产妇,25岁。妊娠41周,宫缩规律,枕左前位,胎心率144次/分,宫口开大3cm,胎头未衔接。最可能符合本产妇实际情况的骨盆测量数值是
A. 对角径13cm　　B. 髂棘间径25cm　　C. 坐骨棘间径10cm
D. 髂嵴间径27cm　　E. 骶耻外径17cm

413. 胎头于临产后迟迟不入盆，骨盆测量径线最有价值的是
A. 髂棘间径　B. 髂嵴间径　C. 骶耻外径
D. 坐骨棘间径　E. 对角径

414. 26 岁，初产妇。妊娠 39 周，规律宫缩 3 小时，胎心率 136 次/分。为估计头盆关系，检查头盆相称程度，结果如右图所示。这一结果不会出现的项目是
A. 子宫收缩过强　B. 髂嵴间径 27cm
C. 骶耻外径 17cm　D. 胎位异常
E. 第二产程延长

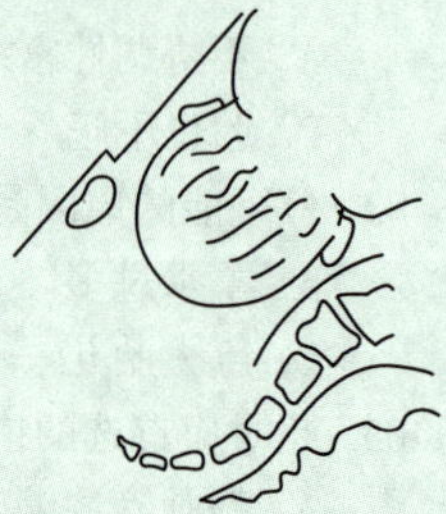

415. 初孕妇，25 岁。妊娠 40 周，规律性宫缩 8 小时，宫缩 40~50 秒/4~5 分，胎心率 140 次/分钟，枕左前位，胎头双顶径 10cm，先露 0，宫口开大 2cm，坐骨棘间径 9cm。该患者正确的处理是
A. 剖宫产　B. 肌内注射哌替啶
C. 静脉滴注缩宫素　D. 继续观察产程进展
E. 静脉注射 5%葡萄糖注射液

416. 胎头跨耻征阳性的初产妇于临产后检查，不可能出现的是
A. 子宫收缩力异常　B. 病理缩复环　C. 胎头衔接
D. 胎膜早破　E. 胎位异常

417. 初孕妇，25 岁。妊娠 38 周。骨盆外测量：骶耻外径 18.5cm，髂嵴间径 27cm，坐骨结节间径7.5cm。孕妇的骨盆应诊断为
A. 单纯扁平骨盆　B. 佝偻病性扁平骨盆　C. 均小骨盆
D. 漏斗型骨盆　E. 男型骨盆

418. 25 岁，初产妇。妊娠 40 周，规律宫缩 5 小时，胎心率 136 次/分。为估计头盆关系，检查头盆相称程度，结果如图所示。这一结果不会出现的项目是
A. 胎膜早破　B. 病理缩复环
C. 胎位异常　D. 胎头衔接
E. 子宫收缩乏力

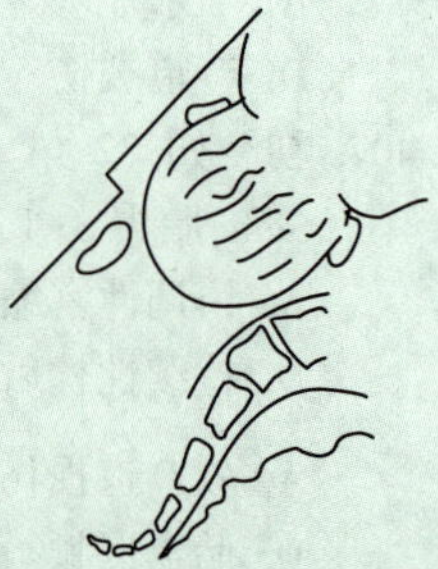

419. 女，28 岁，初孕妇，身高 147cm。妊娠 41 周，规律宫缩 12 小时后孕妇紧张、乏力，血压 140/90mmHg，胎心率 140 次/分，枕左前位，先露 S=-1，宫口开大 9cm，羊水清亮，坐骨棘间径 8cm。该患者正确的处理是
A. 徒手旋转胎头　B. 人工破膜加速胎头下降　C. 产钳助娩
D. 胎头吸引　E. 剖宫产

（420~422 题共用题干）初产妇，妊娠 39 周，骨盆各径线为：对角径 13cm，坐骨棘间径 9.5cm，坐骨结节间径 7cm，耻骨弓角度 80°。

420. 本例骨盆的诊断是
A. 扁平骨盆　B. 中骨盆狭窄　C. 漏斗骨盆
D. 均小骨盆　E. 畸形骨盆

421. 估计胎儿体重 3700g，其分娩方式应为
A. 等待自然分娩　B. 试产　C. 剖宫产
D. 产钳助产　E. 胎头吸引

422. 若出口后矢状径为 8.5cm，估计能从阴道分娩的条件是
A. 持续性枕后位　B. 估计胎儿体重 2800g　C. 胎儿窘迫

D. 完全臀先露　　E. 以上都不是

(423~425 题共用题干)初产妇,25 岁,妊娠 39 周。骶耻外径 19.5cm,髂棘间径 25cm,坐骨结节间径 7cm,出口后矢状径 7cm,胎儿体重估计 3000g,胎头高浮,胎心率 136 次/分。

423. 根据上述检查结果,最可能的诊断是
A. 中骨盆狭窄　　B. 骨盆入口狭窄　　C. 骨盆出口狭窄
D. 均小骨盆　　E. 偏斜骨盆

424. 今晨 3 时,产妇出现规律宫缩,中午 12 时入院。肛查宫口开大 4cm,产妇向下屏气用力。最可能的胎位是
A. 胎头高直位　　B. 持续性枕后位　　C. 持续性枕横位
D. 枕前位　　E. 前不均倾位

425. 入院后立即行人工破膜,羊水呈棕黄色,胎心率 104 次/分。此时正确的处理措施是
A. 立即行剖宫产术　　B. 宫口开全后产钳助产　　C. 吸氧,细致观察产程
D. 持续胎心监护　　E. 静脉滴注缩宫素

426. 孕$_1$产$_0$,孕 40 周,枕左前位,临产 16 小时入院。胎心好,宫口开全,先露 S-1。骨盆外测量:髂棘间径 23cm,髂嵴间径 26cm,骶耻外径 18.5cm,坐骨结节间径 7.5cm,出口后矢状径 6cm,胎儿体重估计 3000g。应选择
A. 静脉滴注缩宫素加强宫缩　　B. 胎吸术　　C. 产钳术
D. 自然分娩　　E. 剖宫产

三、胎位异常(执业医师及助理医师均需掌握)

427. 女,30 岁,初产妇。妊娠 41 周,规律宫缩 10 小时,已破膜。产科检查:LOT,羊水黄绿色,胎心率 100 次/分,宫口 9cm,胎头 S=0。该患者正确的处理措施是
A. 尽快产钳助娩　　B. 尽快胎头吸引　　C. 催产素促进产程
D. 旋转胎头后自然娩出　　E. 尽快剖宫产

428. 初产妇,足月妊娠,宫口开全 1 小时 30 分钟尚未分娩。阴道检查:头先露,宫口开全,胎头位于坐骨棘水平下 3cm,枕左横位(LOT),胎膜已破,羊水清,胎心率 140 次/分,估计胎儿体重 3200g。正确处理应是
A. 行剖宫产术　　B. 缩宫素静脉滴注　　C. 等待阴道自然分娩
D. 行产钳助产术　　E. 徒手将胎头枕部转向前方,然后阴道分娩

429. 单臀先露的两下肢姿势是
A. 髋关节屈曲,膝关节屈曲　　B. 髋关节伸直,膝关节伸直　　C. 髋关节伸直,膝关节屈曲
D. 髋关节屈曲,膝关节伸直　　E. 以上都不是

430. 完全性臀先露的特点为胎儿
A. 一膝或双膝关节先露　　B. 双髋关节及双膝关节均屈曲　　C. 双髋关节及双膝关节均伸直
D. 双髋关节伸直,双膝关节屈曲　　E. 双髋关节屈曲,双膝关节伸直

431. 26 岁初孕妇,妊娠 38 周,主诉肋下有块状物。腹部检查:子宫呈纵椭圆形,胎先露部较软且不规则,胎心在脐上偏左。应诊断为
A. 枕先露　　B. 臀先露　　C. 面先露
D. 肩先露　　E. 复合先露

432. 选用外转胎位术纠正臀先露的最佳时期是
A. 妊娠 22~24 周　　B. 妊娠 26~28 周　　C. 妊娠 30~32 周

D. 妊娠 32~34 周　　E. 妊娠 34~36 周

433. 臀先露孕妇于妊娠 26 周来院就诊,应采取的处理措施是
A. 内转胎位术　　B. 暂不需要处理　　C. 左侧卧位术
D. 外转胎位术　　E. 胸膝卧位

434. 围产儿预后相对较好的臀先露是
A. 单足先露　　B. 混合臀先露　　C. 单臀先露
D. 单膝先露　　E. 双膝先露

435. 初产妇,26 岁。妊娠 38 周,不完全臀先露,胎心良好,胎膜未破,估计胎儿体重 3800g。最恰当的处理方法是
A. 等待自然分娩　　B. 阴道镜检查　　C. 缩宫素静脉滴注
D. 人工破膜　　E. 行剖宫产

436. 嵌顿性肩先露通常不易引起
A. 病理缩复环　　B. 宫腔内感染　　C. 脐带脱垂
D. 胎盘早剥　　E. 胎死宫内

437. 与病理缩复环关系最密切的是
A. 嵌顿性肩先露　　B. 重度妊娠期高血压疾病　　C. 中央性前置胎盘
D. 重型胎盘早剥　　E. 双胎妊娠

438. 女,30 岁。初产妇,身高 160cm。妊娠 39^{+1} 周,规律腹痛 2 小时。查体:足先露,胎膜未破,胎心率 138 次/分,骨盆测量正常,宫口开大 1cm,估计胎儿体重 3950g。恰当的处理措施是
A. 取胸膝卧位　　B. 行外转胎位术　　C. 尽快剖宫产
D. 观察产程进展　　E. 人工破膜

四、异常分娩的处理要点(执业医师及助理医师均需掌握)

439. 初产妇,27 岁。妊娠 40 周,规律宫缩 12 小时。产科检查:胎头高浮,宫口开大 3cm,胎头枕骨靠近骶岬,胎心率 140 次/分。最恰当的处理措施是
A. 静脉滴注地诺前列酮　　B. 静脉滴注缩宫素　　C. 等待宫口开全产钳助娩
D. 等待经阴道分娩　　E. 尽早进行剖宫产术

440. 初产妇,29 岁。妊娠 41 周,枕右前位,骨盆测量正常,宫口开全 1 小时,胎心率 88 次/分,胎头 S+3。在吸氧同时,最恰当的处理措施是
A. 静脉滴注缩宫素　　B. 产钳助产术　　C. 应用前列腺素加强宫缩
D. 立即行剖宫产术　　E. 等待自然分娩

441. 初产妇,26 岁。妊娠 40 周,规律宫缩 13 小时,已破膜。产科检查:枕左前位。胎心率 92 次/分。宫口开全,胎头 S+3。该患者正确的处理措施是
A. 会阴侧切后产钳助娩　　B. 吸氧、备血　　C. 等待自然分娩
D. 会阴侧切后自然分娩　　E. 行剖宫产

(442~444 题共用题干)28 岁,初产妇。妊娠 39 周,规律宫缩 2 小时,枕右前位,胎心好,骨盆外测量正常,B 超测胎头双顶径 9.3cm,羊水平段 3.8cm。

442. 最正确的处理应是
A. 行剖宫产术　　B. 静脉滴注缩宫素　　C. 缓慢静脉注射能量合剂
D. 肌内注射维生素 K_1　　E. 严密观察产程进展

443. 若产妇宫缩正常,胎头降至+3,宫口开大 4cm,此时最正确的处理应是
A. 人工破膜　　B. 静脉滴注缩宫素　　C. 让产妇于宫缩时加腹压

D. 行温肥皂水灌肠　E. 行剖宫产术

444. 若宫口开全,宫缩减弱,肛查发现盆腔后部空虚,S=+4,阴道检查胎头前囟在骨盆左前方,此时的处理方法应是
A. 行剖宫产术　B. 会阴侧切,转正胎头,产钳助娩
C. 吸氧同时静脉注射地西泮　D. 静脉滴注缩宫素加速产程进展,经阴道自娩
E. 静脉注射葡萄糖液内加维生素 C,同时肌内注射哌替啶

(445~447 题共用题干)初孕妇,26 岁。妊娠 38 周,自觉胎动减少 10 小时入院。

445. 应立即采取的措施不包括
A. 胎儿电子监护　B. 间歇吸氧　C. 左侧卧位
D. 胎儿生物物理评分　E. 立即终止妊娠

446. 入院后 B 超检查提示羊水平段 5cm,无应激试验反应型。此时正确的处理措施是
A. 人工破膜　B. 间歇吸氧并严密观察　C. 复查无应激试验
D. 静脉滴注缩宫素　E. 米索前列醇引产

447. 5 小时后,产程发动,听诊胎心率 100 次/分。此时最恰当的处理措施是
A. 加压给氧　B. 产钳助产　C. 给予宫缩抑制剂
D. 继续观察　E. 剖宫产

448. 初产妇,35 岁。妊娠 40 周,出现规律宫缩 12 小时,枕右前位,宫口开大 6cm,S=0,阴道流出黄绿色羊水,胎心率 100 次/分。恰当的处理措施是
A. 吸氧,观察产程进展　B. 吸氧同时剖宫产　C. 静脉滴注缩宫素
D. 胎头吸引助产　E. 产钳助产

449. 初产妇,26 岁。宫口开全 1 小时 40 分,先露+1,枕右后位,宫缩由强转弱 50 分钟,宫缩间隔由 2 分钟延长为 6~8 分钟。最可能的原因是
A. 骨盆出口狭窄　B. 骨盆入口狭窄　C. 产妇乏力、肠胀气
D. 原发性子宫收缩乏力　E. 中骨盆狭窄

450. 女,31 岁,初产妇。妊娠 40^{+2} 周,临产后 11 小时分娩一女活婴,胎儿娩出 35 分钟,胎盘未娩出,无阴道流血。查体:P80 次/分,BP130/80mmHg,子宫轮廓清。此时不恰当的处理方法是
A. 探查宫腔和胎盘　B. 给予缩宫素　C. 建立静脉通道
D. 按摩子宫　E. 下压宫底并用力牵拉脐带

A. 等待自然分娩　B. 静脉滴注缩宫素加强宫缩　C. 立即剖宫产
D. 静脉滴注硫酸镁抑制宫缩　E. 米索前列醇加强宫缩

451. 初产妇,24 岁。孕 41 周,规律下腹疼痛 6 小时,骨盆测量正常,胎儿发育正常。胎心率 150 次/分,枕左前位,宫颈口开大 4cm。正确的处理措施是

452. 初产妇,23 岁。孕 42 周。规律宫缩 6 小时,宫颈口开大 4cm,胎膜破裂,羊水黄绿色,胎心率 102 次/分。首选的治疗措施是

第 11 章　分娩并发症

一、产后出血(执业医师及助理医师均需掌握)

453. 产后出血是指
A. 胎儿娩出后 2 小时出血超过 500ml　B. 胎盘娩出后出血超过 500ml

C. 胎儿娩出后 12 小时内出血超过 1000ml　D. 剖宫产 1 小时内出血超过 1000ml
E. 胎儿娩出后 24 小时内出血超过 500ml

454. 我国产妇死亡的首位原因是
A. 妊娠期高血压疾病　B. 产后出血　C. 产褥感染
D. 妊娠合并心脏病　E. 羊水栓塞

455. 产后出血最常见的原因是
A. 胎盘植入　B. 血小板减少　C. 子宫收缩乏力
D. 胎盘嵌顿　E. 胎盘粘连

456. 产后出血的主要原因不包括
A. 凝血功能障碍　B. 胎盘因素　C. 软产道损伤
D. 子宫收缩乏力　E. 胎膜早破,宫内感染

457. 初产妇,胎儿娩出 5 分钟后,阴道流血达 300ml,暗红色,有凝血块,首先考虑
A. 宫颈裂伤　B. 凝血功能障碍　C. 子宫收缩乏力
D. 胎盘部分剥离　E. 子宫胎盘卒中

(458~461 题共用题干) 女,30 岁。妊娠 40 周,临产 12 小时后在产钳助娩下分娩一 4100g 重女婴,胎儿娩出后 15 分钟胎盘人工剥离取出,检查胎盘无异常,继之发生阴道大量流血。

458. 该产妇最可能的诊断是
A. 产钳引起的软产道裂伤　B. 胎盘残留　C. 宫缩乏力性产后出血
D. 子宫内翻　E. 凝血功能障碍导致的产后出血

459. 下面的处理不恰当的是
A. 迅速补液　B. 按摩子宫　C. 配血
D. 刮宫术　E. 子宫注射或静脉滴注缩宫药物

460. 能说明处理有效的指标不包括
A. 出血减少　B. 子宫变硬　C. 血压上升
D. 心率增快　E. 尿量增加

461. 该患者分娩过程中,在胎肩娩出后为防止产后出血应预防性使用
A. 缩宫素　B. 输血浆　C. 输血
D. 止血药物　E. 抗生素

(462~463 题共用题干)初产妇,经胎头吸引器加会阴侧切助产分娩出足月活婴,胎盘胎膜完整。产后 4 小时阴道流血约 500ml。查:血压 90/60mmHg,脉搏 100 次/分,宫底脐上 3 横指,轮廓清,阴道口少量活动性流血,可凝固。

462. 导致出血最可能的原因是
A. 子宫收缩乏力　B. 软产道损伤　C. 胎盘残留
D. 凝血功能障碍　E. 尿潴留

463. 首选处理措施是
A. 按摩子宫　B. 导尿　C. 注射止血剂
D. 检查软产道　E. 刮宫

(464~465 题共用题干)38 岁,初产妇。在家中经阴道自然分娩,当胎儿及胎盘娩出后,出现时多时少的阴道持续流血已 1 小时,送来急诊。

464. 为明确诊断,需追问对本病有价值的病史是
A. 贫血　B. 滞产　C. 高龄初产妇

D. 臀先露经阴道分娩　E. 新生儿体重 3200g

465. 仔细检查见产妇流出的血液有凝血块。此时首选处置应是
A. 输液输血，补充血容量　B. 迅速补给纤维蛋白原　C. 静脉滴注缩宫素
D. 静脉推注麦角新碱　E. 消毒纱条填塞宫腔

（466~468 题共用题干）初产妇，32 岁。宫口开全后 2 小时行会阴侧切低位产钳术助产。娩出一体重 4000g 男婴。15 分钟后胎盘娩出，遂缝合侧切口。

466. 对该产妇正确的处理是
A. 留置产房观察 1 小时　B. 留置产房由家属陪护 24 小时　C. 留置产房观察 2 小时
D. 留置产房观察 4 小时　E. 立刻送回病房由家属监护

467. 该产妇胎盘娩出 30 分钟后，阴道出现多量流血。1 小时后产妇出现心慌、气短、口渴，查体：P110 次/分，BP90/50mmHg。面色苍白，子宫软，轮廓不清，阴道有多量血凝块。导致该产妇产后出血最可能的原因是
A. 阴道裂伤　B. 胎盘残留　C. 宫缩乏力
D. 凝血障碍　E. 子宫破裂

468. 此时应立即采取的措施是
A. 注射缩宫药物　B. 缝合撕裂阴道　C. 手取残留胎盘
D. 缝合破裂子宫　E. 静脉注射止血药物

二、羊水栓塞（执业医师及助理医师均需掌握）

469. 临床少见而产妇病死率极高的分娩期并发症是
A. 产后出血　B. 脐带脱垂　C. 子痫
D. 子宫破裂　E. 羊水栓塞

470. 羊水栓塞时，羊水进入母体的途径是
A. 子宫静脉　B. 子宫黏膜静脉　C. 阴道静脉
D. 卵巢静脉　E. 下肢深静脉

471. 孕产妇首先发生右心衰竭的疾病是
A. 妊娠合并二尖瓣狭窄　B. 子痫　C. 羊水栓塞
D. 重型胎盘早剥　E. 产褥感染

472. 初产妇，28 岁。孕足月临产后静脉滴注缩宫素，自然破膜 1 分钟后出现烦躁不安、呛咳、呼吸困难、发绀，数分钟后死亡。该患者最可能的诊断是
A. 子宫破裂　B. 重度胎盘早剥　C. 重度子痫前期
D. 子痫　E. 羊水栓塞

473. 初孕妇，25 岁，妊娠 40 周。入院前 1 日出现不规律子宫收缩，入院 24 小时后静脉滴注缩宫素引产，第一产程 5 小时，第二产程 10 分钟，胎儿娩出后 2 分钟产妇突然出现寒战、咳嗽、发绀，血压 60/40mmHg，随后阴道流血不止，立即配血进行抢救。最可能的诊断是
A. 缩宫素过敏　B. 羊水栓塞　C. 急性肺栓塞
D. 心源性休克　E. 子宫收缩乏力性出血

474. 羊水栓塞的确诊依据是
A. 突发呼吸困难　B. 查到胎儿有核红细胞　C. 休克及昏迷
D. 出血不止　E. 腔静脉中查到胎脂、胎粪

475. 抢救羊水栓塞的首要措施是
A. 纠正 DIC 及继发性纤溶　B. 纠正呼吸循环衰竭　C. 纠正肾衰竭

D. 立即终止妊娠　　E. 切除子宫

476. 羊水栓塞的正确处理应为

A. 慎用肾上腺皮质激素　　B. 休克早期禁用右旋糖酐　　C. 出血不止时,立即应用肝素

D. 解除肺动脉高压,纠正缺氧　　E. 立即终止妊娠,可提高治愈率

477. 初产妇,28岁。妊娠39周,临产后宫缩强,产程进展较快,6小时后宫口开大9cm,自然破膜后不久出现寒战、呛咳、气急、呼吸困难、血压下降,血涂片见羊水有形物质。此时首选的应急措施是

A. 立即气管切开正压给氧　　B. 静脉缓注氨茶碱250mg　　C. 静脉推注地塞米松20mg

D. 静脉滴注多巴胺20mg　　E. 静脉滴注低分子右旋糖酐

三、子宫破裂(执业医师及助理医师均需掌握)

478. 产程中,产妇子宫出现病理缩复环提示

A. 子宫发育畸形　　B. 子宫不协调性收缩　　C. 先兆子宫破裂

D. 子宫破裂　　E. 软产道损伤

479. 关于子宫破裂的描述,正确的是

A. 先兆子宫破裂应经阴道分娩　　B. 有古典式剖宫产史的子宫不易破裂

C. 子宫破裂伴胎儿死亡应经阴道引产　　D. 有病理缩复环应考虑子宫破裂

E. 有血尿即可诊断为子宫破裂

A. 子宫破裂　　B. 先兆子宫破裂　　C. 胎盘早剥

D. 忽略性肩先露　　E. 脐带脱垂

480. 经产妇,临产16小时,破膜18小时。宫缩强,下腹压痛,枕左前位,先露高,胎心率150次/分,宫口开大2cm,胎头双顶径9.6cm,导尿见肉眼血尿。最可能的诊断是

481. 初产妇,临产5小时,全腹痛1小时,阴道少量出血。检查:血压80/50mmHg,脉搏120次/分。腹部检查:子宫板状硬,胎位不清,胎心听不到。最可能的诊断是

482. 女,40岁。瘢痕子宫,妊娠39周,规律宫缩8小时。宫口6cm,先露S=+1,突然腹痛加剧。查体:T37.5℃,P100次/分,BP90/60mmHg,宫口4cm,先露S=-2,胎心率60次/分,2分钟后胎心音消失。最可能的诊断是

A. 子宫破裂　　B. 羊水栓塞　　C. 胎盘早剥

D. 腹腔感染　　E. 先兆子宫破裂

483. 初产妇,23岁。妊娠40周,临产8小时后出现烦躁不安,呼吸加快,下腹疼痛,拒按,胎心听不清,查体见下腹部近脐下方一环状凹陷,导尿为血尿。该患者最可能的诊断是

A. 羊水栓塞　　B. 子宫破裂　　C. 先兆子宫破裂

D. 重型胎盘早剥　　E. 急性阑尾炎

484. 初孕妇,29岁。妊娠39周,宫缩10小时。查体:BP140/90mmHg。下腹压痛明显并出现凹陷。预测胎儿体重3100g,枕左前位,胎心率148次/分。肛查:宫口开大4cm,S-2,胎膜未破。目前应立即采取的措施是

A. 哌替啶肌内注射　　B. 人工破膜　　C. 地西泮静推

D. 缩宫素静脉滴注　　E. 肥皂水灌肠

485. 初孕妇,24岁,妊娠38周。腹痛2天,加剧1小时。查体:血压130/90mmHg,心率106次/分。下腹拒按,阴道口可见胎儿上肢、胎心音消失。导尿呈淡红色。首选的处理措施是

A. 行胎头吸引术　　B. 内倒转后臀牵引　　C. 行毁胎术

D. 行产钳助产术　　E. 立即剖宫产

(486~487题共用题干)初产妇,妊娠37周。8小时前突然出现阴道流液,如尿样,6小时前开始出现规律宫缩,因胎手脱出于阴道口1小时就诊。查体:产妇烦躁不安,腹痛拒按,脉搏110次/分,呼吸28次/分,胎心率160次/分,导尿时见血尿。

486. 诊断首先考虑
A. 胎膜早破　B. 子宫破裂　C. 先兆子宫破裂
D. 前置胎盘　E. 胎盘早剥

487. 最适宜的处理是
A. 口服地西泮　B. 消毒后还纳肢体　C. 全麻下行内倒转术
D. 立即行剖宫产　E. 等待宫口开全后行牵引术

(488~491题共用题干)24岁初产妇,妊娠39周,规律宫缩9小时入院。查:髂棘间径24cm,骶耻外径19cm,坐骨棘间径10cm,坐骨结节间径7.5cm。枕左前位,胎心率140次/分。肛查宫口开大4cm,S=0。2小时后产妇呼叫腹痛难忍,检查宫缩1分钟1次,持续40秒,宫缩时胎心率116次/分,子宫下段压痛明显。阴道检查宫口开大5cm,先露为胎头。

488. 此时,产程受阻的原因主要是
A. 骨盆入口狭窄　B. 骨盆出口狭窄　C. 中骨盆狭窄
D. 扁平骨盆　E. 漏斗骨盆

489. 此时,最可能的诊断是
A. 胎儿窘迫　B. 不协调性子宫收缩过强　C. 不协调性子宫收缩乏力
D. 先兆子宫破裂　E. 重型胎盘早剥

490. 应采取的措施是
A. 即刻做宫缩应激试验,若异常行剖宫术　B. 停止静脉滴注缩宫素,继续观察产程
C. 立即肌内注射哌替啶或地西泮　D. 等待宫口开全行产钳术
E. 立即行剖宫产术

491. 经上述处理后,还应行
A. 立即行剖宫术　B. 等待自然分娩　C. 行产钳术助娩
D. 静脉滴注缩宫素加强宫缩　E. 静脉注射地西泮加速产程进展

第12章　产褥期与产褥期疾病

一、正常产褥(执业医师及助理医师均需掌握)

492. 符合产褥期正常临床表现的是
A. 血性恶露持续1个月　B. 产后呼吸浅快、脉搏缓慢
C. 产后5~7日出现宫缩痛　D. 宫底在产后第1日略上升至脐平
E. 产后24小时有<39℃的泌乳热

493. 胎盘附着部位的子宫内膜完全修复需到产后
A. 3周　B. 4周　C. 5周
D. 6周　E. 8周

494. 关于恶露的特点,正确的是
A. 白色恶露含少量胎膜　B. 浆液恶露持续3天　C. 正常恶露持续4~6周
D. 血性恶露持续7天　E. 血性恶露含有蜕膜及细菌

495. 女,24岁,经产妇。阴道分娩后72小时,自觉乳房胀痛,发热。体温37.5℃,下腹部阵发性疼痛伴阴

道少量流血。正确的处理是
A. 局部理疗　B. 口服镇痛剂　C. 排空乳房
D. 静脉滴注缩宫素　E. 应用抗生素

496. 关于产褥期血液系统的变化,正确的是
A. 产褥早期血液转为低凝状态　B. 红细胞沉降率于产后 1~2 周降至正常
C. 红细胞计数及血红蛋白值逐渐增高　D. 白细胞总数于产褥早期较低
E. 血小板减少

497. 初产妇,25 岁。会阴侧切分娩体重 3400g 健康男婴。其正常产褥期的临床表现是产后
A. 24 小时体温 38.2℃　B. 第 1 天宫底达脐下 3 指　C. 1 周血容量恢复至未孕状态
D. 2 周恶露开始转为浆液性　E. 4 周宫颈恢复至非孕时状态

二、产褥感染(执业医师及助理医师均需掌握)

498. 女,25 岁。产后 10 天,下腹痛伴发热 3 天。查体:T39℃,P98 次/分,R26 次/分。脓血性恶露,有恶臭。血常规:WBC13×10^9/L,N0.88。最可能的诊断是
A. 晚期产后出血　B. 产褥中暑　C. 急性膀胱炎
D. 正常产褥　E. 产褥感染

499. 产褥病率是指每日用口表测 4 次体温,每次间隔 4 小时,其中有两次体温在 38℃以上,时间范围是在
A. 产后 24 小时　B. 产后 24 小时以后的 1 周内　C. 产后 24 小时以后的 10 日内
D. 产褥期内　E. 产后 24 小时以后的半个月内

500. 产褥妇,28 岁。产后 8 天,发热、腹痛 5 日入院。体温 39.2℃,血压 96/60mmHg,急性痛苦病容,下腹压痛。妇科检查:子宫如妊娠 4 个月大,触痛明显。子宫右侧触及压痛性实性肿块。应诊断为
A. 急性子宫内膜炎　B. 急性子宫肌炎　C. 急性盆腔结缔组织炎
D. 急性盆腔腹膜炎　E. 弥漫性腹膜炎

三、晚期产后出血(执业医师需掌握)

501. 有关晚期产后出血的时间规定,正确的是
A. 胎儿娩出后至产褥期内　B. 分娩 24 小时内　C. 分娩 24 小时后
D. 分娩 24 小时后至产褥期内　E. 分娩 24 小时后至产褥 10 日内

502. 初产妇,28 岁。在家中自然分娩后 15 天,阴道多量流血 1 天。无寒战、高热。查体:T37℃,P80 次/分,R18 次/分,BP90/60mmHg,子宫如妊娠 3 个月大,质软,压痛不明显,宫口松,能容 2 指。其阴道流血最可能的原因是
A. 胎盘胎膜残留　B. 子宫颈裂伤　C. 子宫内膜炎
D. 子宫脱垂　E. 胎盘附着部位复旧不良

(503~505 题共用题干)产褥妇,26 岁。剖宫产术后 16 天,突然阴道大量流血 3 小时来院,入院时血压 84/60mmHg,心率 122 次/分,血红蛋白 84g/L。

503. 该患者应立即采取的处理措施不包括
A. 行 B 超检查　B. 建立静脉通道,补液、输血　C. 行清宫术止血
D. 静脉滴注缩宫素　E. 静脉滴注广谱抗生素预防感染

504. 该患者最可能的出血原因是
A. 胎盘附着面复旧不全　B. 胎盘胎膜残留　C. 胎盘附着面血栓脱落
D. 继发性子宫收缩乏力　E. 子宫切口裂开出血

505. 该患者最有效的处理措施是

A. 宫腔镜检查并止血　B. 剖腹探查，清创缝合
C. 剖腹探查，行子宫次全切除术　D. 剖腹探查，行子宫全切除术
E. 清宫术

第13章　外阴与阴道炎症

一、生殖道生理防御机制(执业医师需掌握)

506. 维持阴道微生态平衡最重要的菌群是
A. 乳杆菌　B. 念珠菌　C. 加德纳菌
D. 厌氧菌　E. 肠球菌

507. 阴道自净作用主要得益于
A. 巨噬细胞吞噬病原体　B. 乳酸杆菌将单糖转化为乳酸，抑制其他病原菌生长
C. 淋巴细胞的免疫预防功能　D. 阴道局部补体、细胞因子等体液免疫防御功能
E. 棒状杆菌产生抗微生物因子可抑制或杀灭其他细菌

508. 关于女性生殖道防御机制的描述，正确的是
A. 阴道黏膜为柱状上皮，抗感染能力强　B. 正常阴道菌群以乳杆菌和大肠埃希菌为主
C. 两侧大阴唇自然合拢，防止外界污染　D. 妇女正常月经可增加宫腔感染机会
E. 阴道正常为碱性环境，可抑制病原体生长

二、滴虫阴道炎(执业医师及助理医师均需掌握)

509. 滴虫阴道炎最常见的传播途径是
A. 间接接触感染　B. 性直接接触感染　C. 经淋巴循环感染
D. 经血循环感染　E. 内源性感染

510. 滴虫阴道炎典型的白带性状是
A. 泔水状恶臭白带　B. 白色稠厚凝乳状白带　C. 稀薄脓性泡沫状白带
D. 白色均质腥臭白带　E. 大量血性白带

511. 女，35岁。白带增多伴外阴瘙痒1月余。妇科检查：宫颈散在红色斑点，后穹隆有多量稀薄脓性泡沫状分泌物。其最可能感染的病原体是
A. 厌氧菌　B. 白色念珠菌　C. 淋菌
D. 加德纳菌　E. 阴道毛滴虫

512. 治疗哺乳期妇女滴虫性阴道炎，最适宜的方法是
A. 甲硝唑口服　B. 甲硝唑栓置入阴道　C. 甲硝唑口服及置入阴道
D. 1%龙胆紫涂抹阴道黏膜　E. 局部用克林霉素软膏

513. 女，35岁。外阴瘙痒、分泌物增多、性交痛2周。妇科检查：阴道黏膜充血、宫颈充血，阴道内多量白带，呈灰黄色、稀薄泡沫状，臭味。最可能的诊断是
A. 非特异性外阴炎　B. 滴虫阴道炎　C. 细菌性阴道炎
D. 萎缩性阴道炎　E. 外阴阴道假丝酵母菌病

514. 关于滴虫阴道炎的叙述，不正确的是
A. 传播方式有直接传播和间接传播　B. 主要症状是阴道分泌物增多及外阴瘙痒
C. 潜伏期为4~28日　D. 主要治疗药物为红霉素
E. 阴道分泌物常为稀薄液体或黄绿色脓性分泌物

515. 滴虫阴道炎的治愈标准是
A. 局部用药 3 个疗程　B. 连续 3 次月经后检查滴虫阴性　C. 连续 3 次月经前检查滴虫阴性
D. 临床症状消失　E. 治疗后悬滴法检查滴虫阴性

三、外阴阴道假丝酵母菌病(执业医师及助理医师均需掌握)

A. 直接或间接传播　B. 飞沫传播　C. 内源性感染
D. 血液传播　E. 垂直传播
516. 滴虫阴道炎的主要感染方式是
517. 外阴阴道假丝酵母菌病的主要感染方式是
518. 白色稠厚呈凝乳块状白带主要见于
A. 滴虫阴道炎　B. 细菌性阴道病　C. 淋菌性阴道炎
D. 萎缩性阴道炎　E. 念珠菌性阴道炎
519. 复发性外阴阴道假丝酵母菌病(RVVC)的维持治疗应持续
A. 1 个月　B. 3 天　C. 3 个月
D. 6 个月　E. 7~14 天
520. 女,29 岁。外阴瘙痒伴分泌物增多 3 天。妇科检查:外阴及阴道黏膜充血,阴道内大量豆渣状分泌物。正确的处理是
A. 克林霉素治疗　B. 甲硝唑治疗　C. 常规阴道冲洗
D. 抗真菌治疗　E. 雌激素治疗
521. 女,32 岁。外阴瘙痒伴烧灼感 4 天。妇科检查见外阴局部充血、小阴唇内侧及阴道黏膜表面有白色片状薄膜或凝乳状物。最可能的诊断为
A. 细菌性阴道病　B. 滴虫阴道炎　C. 外阴阴道念珠菌病
D. 淋菌性阴道炎　E. 萎缩性阴道炎
522. 念珠菌阴道炎的治疗,错误的是
A. 积极治疗糖尿病　B. 用 4% 碳酸氢钠液冲洗阴道　C. 克霉唑栓剂放置阴道
D. 咪康唑栓剂放置阴道　E. 1% 龙胆紫液涂擦阴道
523. 女性,56 岁。外阴瘙痒 1 周,白带乳块状,镜检发现真菌菌丝。正确的处理是
A. 阴道内放置咪康唑栓　B. 阴道内放置甲硝唑栓　C. 阴道内放置已烯雌酚栓
D. 外阴应用氢化可的松软膏　E. 外阴应用 0.5% 醋酸液清洗
524. 患者外阴瘙痒 1 周,查阴道黏膜覆以膜状物,擦后露出红肿黏膜面。正确的处理应是
A. 局部用克林霉素软膏　B. 阴道内放置达克宁栓　C. 阴道内放置甲硝唑片
D. 阴道内放置尼尔雌醇片　E. 外阴部用 0.5% 醋酸液洗涤
525. 女,35 岁。外阴痒伴烧灼感 2 天。妇科检查:外阴局部充血,阴道黏膜表面有白色片状薄膜覆盖。阴道分泌物镜检:清洁度Ⅱ度,未见滴虫,10% 氢氧化钾溶液镜下可见假菌丝。应选择的药物是
A. 放线菌素　B. 制霉菌素　C. 博来霉素
D. 克林霉素　E. 甲硝唑

A. 雌激素　B. 孕激素　C. 雄激素
D. 甲硝唑　E. 克霉唑
526. 治疗外阴阴道念珠菌病宜选用
527. 治疗滴虫阴道炎宜选用

四、细菌性阴道病(执业医师及助理医师均需掌握)

528. 细菌性阴道病最常见的病原体是

A. 金黄色葡萄球菌　B. 溶血性链球菌　C. 大肠埃希菌
D. 加德纳菌　E. 沙眼衣原体

529. 细菌性阴道病的诊断标准不包括
A. 线索细胞阳性　B. 阴道分泌物增多伴外阴瘙痒　C. 胺臭味试验阳性
D. 阴道分泌物 pH 值>4.5　E. 匀质、稀薄、灰白色阴道分泌物

530. 女,30岁。白带增多伴腥臭味1个月,妇科检查见阴道分泌物呈稀薄灰白色。镜检发现线索细胞。考虑诊断为
A. 滴虫阴道炎　B. 念珠菌性阴道炎　C. 细菌性阴道病
D. 支原体性阴道炎　E. 衣原体性阴道炎

531. 女,32岁。阴道分泌物增多1月。查体:阴道内稀薄白带。阴道 pH 值为5,阴道分泌物线索细胞阳性。首选的治疗药物是
A. 链霉素　B. 甲硝唑　C. 红霉素
D. 氧氟沙星　E. 青霉素

A. 均匀一致,灰白色　B. 稠厚,呈凝乳状或豆渣样　C. 脓性黄绿色泡沫状
D. 稀薄,呈淡黄色　E. 黏液脓性

532. 滴虫阴道炎的分泌物特征
533. 细菌性阴道病的分泌物特征
534. 念珠菌性阴道炎的分泌物特征

535. 不符合细菌性阴道病的是
A. 线索细胞阳性　B. 首选甲硝唑、克林霉素等治疗　C. 均质、淡薄、白色阴道分泌物
D. 碱性冲洗液阴道冲洗　E. 阴道分泌物呈鱼腥味改变,性交后加重

五、萎缩性阴道炎(执业医师需掌握)

536. 关于萎缩性阴道炎的描述,错误的是
A. 雌激素水平下降　B. 阴道黏膜变薄　C. 上皮细胞内糖原含量上升
D. 阴道内 pH 增高　E. 局部抵抗力降低

(537~539题共用题干)女,70岁。外阴、阴道灼热感4天。妇科检查:阴道黏膜有散在出血点,阴道内少许分泌物,淡黄色。

537. 该患者首先考虑的诊断为
A. 萎缩性阴道炎　B. 淋菌性阴道炎　C. 细菌性阴道病
D. 外阴阴道念珠菌病　E. 滴虫阴道炎

538. 其最可能的病因是
A. 雌激素水平低下　B. 淋菌感染　C. 阴道菌群失调
D. 念珠菌感染　E. 滴虫感染

539. 该患者首选的外用药物是
A. 制霉菌素　B. 红霉素　C. 孕激素
D. 雌激素　E. 甲硝唑

六、子宫颈炎(执业医师及助理医师均需掌握)

540. 女,25岁,初孕妇。妊娠12周,尿频、尿急、尿痛伴阴道分泌物增多4天。查体:尿道口及宫颈口均见脓性分泌物。为确诊,首选的辅助检查是
A. 羊水培养　B. 血培养　C. 宫颈管分泌物培养

D. 血清学检查　E. 尿培养

541. 宫颈糜烂的分度依据

A. 糜烂深度　B. 糜烂形状　C. 糜烂面积

D. 糜烂位置　E. 糜烂性质

542. 慢性宫颈炎患者的主要症状

A. 腰骶酸痛感　B. 下腹坠痛　C. 白带增多

D. 月经量增多　E. 血性白带

七、盆腔炎(执业医师及助理医师均需掌握)

543. 生殖道感染淋病奈瑟菌最常见的临床表现是

A. 输卵管炎　B. 盆腔腹膜炎　C. 宫颈黏膜炎

D. 子宫内膜炎　E. 输卵管积脓

544. 属于盆腔炎性疾病诊断特异标准(2010 年美国 CDC 诊断标准)的是

A. 宫颈或阴道异常黏液脓性分泌物　B. 实验室证实的宫颈淋病奈瑟菌或衣原体阳性

C. 宫颈举痛或子宫压痛或附件区压痛　D. 阴道分泌物生理盐水涂片见大量白细胞

E. 经阴道超声或核磁共振检查显示输卵管增粗、输卵管积液

545. 盆腔炎性疾病的最低诊断标准是

A. 血 C-反应蛋白升高　B. 体温超过 38.3℃　C. 红细胞沉降率升高

D. 宫颈脓性分泌物　E. 宫颈举痛或子宫压痛或附件区压痛

546. 女,35 岁。因下腹痛伴发热 2 天来急诊。查体:体温 38.9℃,急性病容。下腹部有压痛、反跳痛及肌紧张。妇科检查可见脓性阴道分泌物,宫颈有举痛,双侧附件区增厚,有压痛。最可能的诊断是

A. 卵巢囊肿破裂　B. 急性宫颈炎　C. 急性盆腔炎

D. 卵巢囊肿蒂扭转　E. 卵巢囊肿继发感染

(547~548 题共用题干)女,26 岁。人工流产术后 1 周,发热 5 天,下腹痛 3 天。查体:T39.2℃,P105 次/分,BP105/70mmHg。妇科检查:宫颈口脓性分泌物,宫颈举痛(+),子宫正常大小,压痛明显,双附件稍增厚,压痛(+),右侧为重。血 WBC14×10^9/L,N0.90。

547. 该患者最可能的诊断为

A. 急性膀胱炎　B. 流产不全　C. 异位妊娠破裂

D. 急性阑尾炎　E. 急性盆腔炎

548. 对治疗最有价值的辅助检查项目是

A. 盆腔 B 超　B. 尿妊娠试验　C. 病原体检查

D. 尿常规　E. 血常规

(549~551 题共用题干)女,35 岁。药物流产后 3 天,高热伴右下腹痛 1 天。妇科检查:白带脓性,宫颈举痛,宫体大小如妊娠 6 周,右附件区有明显压痛。

549. 该患者首先考虑的诊断是

A. 急性盆腔炎　B. 宫外孕　C. 急性阑尾炎

D. 肠梗阻　E. 以上都不是

550. 对诊断本病无价值的是

A. 阴道分泌物直接涂片　B. 后穹隆穿刺　C. B 型超声

D. 腹腔镜检　E. 尿 hCG 检测

551. 对该患者的正确处理是

A. 急诊剖腹探查　B. 妇科手术处理　C. 临床应用抗生素
D. 不作任何处理　E. 等待宫颈分泌物细菌培养结果

(552~554题共用题干)女,32岁。发热伴下腹坠痛2天。3天前因不孕症行宫腔镜检查,术后出现下腹部坠痛,阴道分泌物增多,伴有发热。查体:T39.2℃。下腹部压痛阳性,反跳痛阳性。双合诊可触及右侧附件区包块直径约5cm,触痛明显。血常规示:WBC18×10^9/L,N0.87。

552. 该患者最可能的诊断是
A. 盆腔结核　B. 宫外孕　C. 盆腔脓肿
D. 阑尾炎　E. 子宫穿孔

553. 最可能的病原是
A. 葡萄球菌　B. 白色念珠菌　C. 结核分枝杆菌
D. 大肠埃希菌　E. 支原体

554. 经常规治疗10天后,盆腔包块无缩小趋势。正确的处理是
A. 手术治疗　B. 更改治疗药物　C. 加用物理治疗
D. 加用中药治疗　E. 加大药物剂量

第14章　子宫内膜异位症、子宫腺肌病与子宫脱垂

一、子宫内膜异位症(执业医师及助理医师均需掌握)

555. 子宫内膜异位症常见侵犯的部位是
A. 卵巢　B. 脐　C. 膀胱
D. 肾　E. 肺

556. 子宫内膜异位症较少累及的部位是
A. 输卵管　B. 直肠子宫陷凹　C. 宫骶韧带
D. 子宫后壁下段　E. 卵巢

557. 子宫内膜异位症的典型症状是
A. 阴道分泌物增多　B. 阴道不规则流血　C. 接触性出血
D. 月经量增多　E. 继发性痛经

558. 女,33岁。继发性痛经3年。检查子宫后倾屈,7.5cm×7.0cm大小,质硬。不可能出现的临床表现为
A. 不孕　B. 性交疼痛　C. 经量过多
D. 经期延长　E. 月经稀发

559. 子宫内膜异位症的确诊依据是
A. 典型病史　B. B型超声波检查　C. 血CA125升高
D. 病理组织学检查　E. 妇科检查

560. 子宫内膜异位症临床分期的依据是
A. 彩色超声多普勒检查　B. 典型病史及妇科检查　C. 宫腔镜检查
D. 腹腔镜检查　E. 血清CA125测定

561. 女,32岁。进行性痛经8年,加重3年,婚后4年未孕。查体:子宫后位,大小正常,子宫左后方可触及约5cm的囊性包块,张力较大,触痛。血CA125为50U/ml,抗子宫内膜抗体(+)。首先应考虑的诊断是
A. 卵巢上皮癌　B. 转移性卵巢肿瘤　C. 子宫内膜异位症

D. 盆腔结核　E. 盆腔炎性包块

562. 女,25 岁。继发性痛经 5 年,加重 2 年。查体:双侧附件区手拳大小囊性包块,界限不清,不活动,无压痛。CA125 为 83U/ml。最可能的诊断是

A. 卵巢子宫内膜异位囊肿　B. 卵巢癌　C. 输卵管积水

D. 卵巢良性肿瘤　E. 输卵管、卵巢脓肿

563. 女性,42 岁,G_4P_1。继发性痛经进行性加重 8 年,痛经剧烈,服用止痛药物不能缓解,伴性交痛。查体:子宫后倾后屈,60 天妊娠大小,质硬不活动,子宫后壁触及米粒大小触痛结节,子宫右后方扪及约 8cm×8cm 大小包块,不活动,张力较大。该患者可能的诊断是

A. 阑尾周围脓肿　B. 输卵管卵巢囊肿　C. 子宫肌瘤

D. 卵巢系膜囊肿　E. 卵巢子宫内膜异位囊肿

564. 女性,38 岁,已婚未育。经期腹痛 4 月余,呈进行性加重。妇科检查:宫颈糜烂Ⅰ度,子宫正常大小,后倾,活动欠佳,附件增厚压痛,子宫骶韧带扪及触痛性结节。最可能的诊断为

A. 盆腔结核　B. 宫颈癌　C. 慢性盆腔炎

D. 子宫内膜异位症　E. 子宫肌瘤

(565~567 题共用题干)不孕女性,28 岁。痛经 3 年且逐渐加重。查体:子宫后壁有 2 个触痛性硬韧结节,右侧附件区扪及超鸭卵大、活动不良的囊性肿物,压痛不明显。

565. 右侧附件区囊性肿物最可能是

A. 卵巢滤泡囊肿　B. 卵巢黄体囊肿　C. 卵巢内膜异位囊肿

D. 输卵管卵巢囊肿　E. 多囊卵巢综合征

566. 为进一步确诊,最有价值的辅助检查方法是

A. 腹部 X 线片　B. 盆腔 B 型超声检查　C. 诊断性刮宫活组织检查

D. 子宫输卵管碘油造影　E. 腹腔镜检查

567. 确诊后合理的治疗方法是

A. 囊肿剥出及病灶切除　B. 右侧附件切除　C. 双侧附件切除

D. 子宫次全切除及双附件切除　E. 子宫全切除及双附件切除

568. 子宫内膜异位症根治手术适用于

A. 45 岁以上重度患者　B. 45 岁以下轻度患者　C. 45 岁以上轻度患者

D. 45 岁以下重度患者　E. 45 岁以下中度患者

569. 子宫内膜异位症采用性激素疗法的主要作用是

A. 镇静、止痛、对症治疗　B. 调节月经周期　C. 减轻痛经程度

D. 促进排卵　E. 抑制内膜增生

570. 女性,35 岁。发现右附件区囊性肿块 3 个月。腹腔镜手术剥离右卵巢子宫内膜异位囊肿,术后不宜使用的药物为

A. 孕激素　B. GnRH-α　C. 达那唑

D. 孕烯三酮　E. 雌激素

571. 应用高效孕激素和假孕疗法治疗子宫内膜异位症效果较差的是

A. 卵巢巧克力囊肿　B. 子宫直肠陷凹病灶　C. 膀胱的子宫内膜异位

D. 远处转移的子宫内膜　E. 子宫腺肌病

572. 女,30 岁。继发性痛经 7 年,婚后 2 年未孕。妇科检查:子宫后位,正常大小,固定,左侧附件区触及 5~6cm 囊性包块,边界欠清,固定,CA125 升高。该患者首选的治疗方法是

A. 人工助孕　B. 手术治疗　C. 中药治疗

D. 激素治疗　　E. 止痛治疗

A. 输卵管妊娠　　B. 生殖器结核　　C. 盆腔炎性疾病
D. 卵巢上皮性癌　　E. 子宫内膜异位症

573. 女,31岁。取环后10天,发热3天。查体:T38.6℃,P98次/分,R23次/分,BP100/80mmHg,宫颈举痛(+),子宫压痛,右侧附件区可触及腊肠型肿物,触痛明显,活动度差。该患者最可能的诊断是

574. 女,31岁。婚后2年未孕,性生活正常,既往痛经5年。查体:子宫后倾后屈位,正常大小,活动度差,后穹隆有触痛结节,子宫左侧可触及直径5cm包块。该患者最可能的诊断是

(575~576题共用题干)女,35岁。痛经进行性加重8年,婚后4年未孕。查体:子宫后位,大小正常,子宫左后方可触及约6cm的囊性包块,张力较大,触痛,子宫右后方触及类似包块,约5cm。血CA125为65U/ml,抗子宫内膜抗体(+)。

575. 首先考虑的诊断是
A. 盆腔结核　　B. 转移性卵巢肿瘤　　C. 盆腔炎性包块
D. 卵巢上皮癌　　E. 子宫内膜异位症

576. 术后拟给予药物治疗,最适合的药物是
A. 抗结核药物　　B. 免疫调节剂　　C. 抗生素
D. 化疗药物　　E. GnRH-α

二、子宫腺肌病(执业医师及助理医师均需掌握)

577. 关于子宫腺肌病的描述,错误的是
A. CA125可轻度升高　　B. 可有经量过多、经期延长　　C. 可有继发性进行性加重的痛经
D. 子宫均匀性增大　　E. 发病机制与子宫内膜异位症相同

578. 子宫腺肌病的典型症状是
A. 月经周期逐渐延长　　B. 月经期延长伴经量增多　　C. 阴道不规则流血
D. 继发性痛经进行性加重　　E. 阴道分泌物增多

579. 女,38岁。人工流产术后2年出现痛经,进行性加重,需服用止痛药物。妇科检查:子宫后倾屈,如妊娠50天大小,呈球状,质硬,活动受限。B超检查示子宫肌层回声不均匀,局部有短线状增强。最可能的诊断是
A. 盆腔结核　　B. 子宫内膜炎　　C. 慢性盆腔炎
D. 子宫腺肌病　　E. 子宫肌瘤

580. 女,35岁。5年前出现痛经并逐渐加重,经量较多。妇科检查子宫如60天妊娠大小,质韧,触痛明显,活动好,盆底无触痛结节。考虑诊断为
A. 子宫肌瘤　　B. 子宫肉瘤　　C. 子宫内膜癌
D. 子宫腺肌病　　E. 子宫内膜异位症

581. 女,45岁,G_2P_1。继发性痛经6年。查体:子宫如妊娠12周大小,质硬,活动受限。药物治疗后症状无缓解。最佳手术治疗方案是
A. 子宫切除术　　B. 广泛性子宫切除术　　C. 改良广泛性子宫切除术
D. 子宫切除加双附件切除术　　E. 骶神经切断术

(582~583题共用题干)女,45岁。G_2P_2。痛经进行性加重伴经量增多6年。妇科检查:宫体均匀增大如3个月妊娠大小,质软,压痛(+)。血红蛋白64g/L。

582. 该患者最可能的诊断是
A. 子宫肉瘤　　B. 子宫腺肌病　　C. 子宫内膜癌

D. 子宫肌瘤　E. 功能失调性子宫出血

583. 该患者首选的辅助检查是

A. B 超检查　B. MRI 检查　C. PET-CT 检查

D. 诊断性刮宫　E. 宫颈细胞学检查

(584~585 题共用题干)经产妇,40 岁。近 2 年痛经并逐渐加重,伴经量增多及经期延长,届时需服强镇痛药。查子宫均匀增大如妊娠 8 周,质硬,有压痛,经期压痛明显。

584. 痛经逐渐加重的原因,最可能的是

A. 功能性痛经　B. 子宫腺肌病　C. 子宫内膜结核

D. 子宫内膜癌　E. 子宫黏膜下肌瘤

585. 确诊后的处置应选择

A. 镇痛药物治疗　B. 雌激素治疗　C. 化学药物治疗

D. 手术治疗　E. 放射治疗

(586~588 题共用题干)女,46 岁。进行性痛经 4 年。近 2 年经期延长,经量增多,曾用药物保守治疗无效。现痛经加重,止痛药物无效。查体:贫血貌,子宫后倾后屈位,妊娠 3 个月大,质硬,有压痛,双侧附件未触及异常。

586. 该患者的初步诊断是

A. 子宫腺肌病　B. 子宫肌瘤　C. 子宫内膜癌

D. 功能失调性子宫出血　E. 子宫内膜炎

587. 对该患者有价值的辅助检查是

A. 血白细胞计数　B. 尿常规检查　C. 肝肾功能分析

D. 血 CA125 测定　E. 血糖测定

588. 该患者最佳的治疗方案是

A. 全子宫切除术　B. GnRH-α 治疗　C. 止痛药物治疗

D. 期待疗法　E. 全子宫切除术+双侧附件切除术

三、子宫脱垂(执业医师及助理医师均需掌握)

589. 子宫脱垂最常见的病因是

A. 慢性咳嗽　B. 肥胖体型　C. 习惯性便秘

D. 分娩损伤　E. 长期重体力劳动

590. 女,68 岁。顺产 3 个子女,腰骶部疼痛 2 年,站立时明显,休息时缓解。近半年行走时自觉有块状物自阴道口脱出。妇科检查:平卧位时用力向下屏气,宫颈达处女膜缘,阴道口可见宫颈。其子宫脱垂分度是

A. 一度轻型　B. 一度重型　C. 二度轻型

D. 二度重型　E. 三度

591. 女,56 岁。阴道脱出肿物 2 年。妇科检查:阴道前壁膨出,宫颈光滑,用力时宫颈及部分宫体脱出阴道口外。诊断为阴道前壁膨出和子宫脱垂

A. Ⅰ度轻型　B. Ⅰ度重型　C. Ⅱ度轻型

D. Ⅱ度重型　E. Ⅲ度型

592. 女,58 岁。绝经 8 年,发现阴道内脱出肿物 3 个月,休息后可消失。妇科检查:平卧位屏气向下用力时,宫颈脱出阴道口外,宫体仍在阴道内。该患者子宫脱垂的临床分度是

A. Ⅲ度　B. Ⅱ度重型　C. Ⅰ度轻型

D. Ⅱ度轻型　E. Ⅰ度重型

593. Manchester 手术适应证是
A. Ⅰ度子宫脱垂　B. Ⅱ度子宫脱垂　C. Ⅲ度子宫脱垂
D. 子宫脱垂合并膀胱膨出　E. 年龄较轻,宫颈较长的Ⅱ、Ⅲ度子宫脱垂

(594~595 题共用题干)女,60 岁,G_4P_4。近两年来阴道脱出一肿物,逐渐增大。妇科检查:宫颈光滑,屏气用力后宫颈和部分宫体脱出阴道口外,子宫萎缩,双侧附件正常。

594. 对该患者子宫脱垂程度判断正确的是
A. Ⅰ度轻型　B. Ⅲ度　C. Ⅱ度轻型
D. Ⅰ度重型　E. Ⅱ度重型

595. 该患者适宜的治疗方法是
A. 放置子宫托　B. 经阴道子宫切除术　C. 阴道纵隔形成术
D. Manchester 手术　E. 盆底肌肉锻炼

596. 女,56 岁,G_4P_2。绝经 5 年,阴道脱出肿物 4 年,脱出肿物增大 3 个月。不能自行回缩,伴排尿困难。妇科检查见宫颈及部分宫体已脱出于阴道口外。妇科超声及泌尿系统超声均未提示异常。适宜的处理为
A. Manchester 手术　B. 盆底修复及子宫切除术　C. 经腹圆韧带缩短术
D. 阴道全封闭术　E. 阴道半封闭术

597. 女性,37 岁。因阴部有块物脱出 5 年就诊。妇科检查见部分宫体与宫颈外露于阴道口,宫颈较长。正确处理应是
A. 阴道前后壁修补术　B. Manchester 手术　C. 阴道纵隔形成术
D. 经腹子宫全切除术　E. 阴道子宫全切除及阴道前后壁修补术

598. 女,39 岁。子宫Ⅱ度脱垂伴阴道前后壁轻度膨出,张力性尿失禁。妇检:宫颈长约 6cm,子宫后位,正常大小,附件未扪及块物,要求手术治疗。首选手术应是
A. 阴道前后壁修补术　B. 子宫切除+阴道前后壁修补术　C. Manchester 手术
D. 阴道纵隔形成术　E. 子宫悬吊术

第 15 章　子宫颈癌、子宫肌瘤与子宫内膜癌

一、子宫颈上皮内瘤变(大纲不要求掌握,但常考)

599. 与子宫颈上皮内瘤病变Ⅲ级(CINⅢ)发病关系最密切的是
A. HIV　B. HSV　C. HCV
D. HBV　E. HPV

600. 子宫颈上皮内瘤变确诊的手段是
A. 子宫颈细胞涂片　B. 醋酸涂抹　C. 子宫颈活组织检查
D. 阴道镜检查　E. 阴道分泌物检查

601. 女,45 岁。性交后出血半年。妇科检查:子宫颈Ⅰ度糜烂状。子宫颈细胞学检查结果为低度鳞状上皮内病变(LSIL)。为明确诊断,下一步应首选的处理是
A. 子宫颈电热圈切除术　B. 子宫颈冷刀锥切　C. 子宫颈管搔刮
D. HPV-DNA 检测　E. 阴道镜下活检

602. 女,28 岁,G_1P_1。因接触性出血来院就诊,患者行阴道镜下活检为 CIN_3。正确的处理方式

A. 子宫颈锥切术　　B. 全子宫切除术　　C. 手术加放疗
D. 放疗　　E. 改良根治性子宫切除术

(603~605 题共用题干)女,38 岁。接触性出血半年。妇科检查:外阴、阴道无异常,子宫颈轻度糜烂,触之易出血,子宫正常大小,宫旁组织及双侧附件未触及异常。

603. 首选的检查方法是
A. 阴道镜检查　　B. LEEP 锥切术　　C. 子宫颈活检
D. 子宫颈冷刀锥切术　　E. 子宫颈细胞学检查

604. 若检查结果为鳞状上皮内高度病变(HSIL),首选的处理方法是
A. 阴道镜下活检　　B. 子宫颈锥形切除术　　C. 子宫颈碘试验
D. 分段诊刮术　　E. 子宫颈细胞学检查

605. 若为子宫颈上皮内瘤变Ⅲ级,宜采取的处理方法是
A. 子宫切除术　　B. 放射治疗　　C. 化学治疗
D. 子宫颈锥形切除术　　E. 随访观察

二、子宫颈癌(执业医师及助理医师均需掌握)

606. 子宫颈癌的始发部位通常是
A. 子宫颈解剖学内口区　　B. 子宫颈组织学内口区　　C. 子宫颈鳞状上皮区
D. 子宫颈管柱状上皮区　　E. 子宫颈移行带区

607. 子宫颈鳞癌起源于
A. 子宫颈管内　　B. 子宫颈外口　　C. 子宫颈管内口及附近黏膜
D. 子宫颈阴道部　　E. 子宫颈外口鳞状上皮与柱状上皮交界处

608. 与子宫颈癌的发生密切相关的病原体是
A. 单纯疱疹病毒　　B. 滴虫　　C. 苍白密螺旋体
D. 人乳头瘤病毒　　E. 巨细胞病毒

609. 子宫颈癌最常见的病理类型是
A. 鳞腺癌　　B. 腺癌　　C. 恶性腺癌
D. 黏液腺癌　　E. 鳞状细胞癌

610. 下列不属于子宫颈癌相关危险因素的是
A. 未生育　　B. 过早性生活　　C. 不洁性行为
D. 多个性伴侣　　E. 吸烟

611. 女,35 岁,G_3P_2。性交后出血 2 个月。妇科检查:外阴阴道无异常,子宫颈可见菜花样肿物,质地较脆,直径 2cm,触血(+),子宫前位,正常大小,无压痛,双附件无异常。为明确诊断,首选的检查是
A. HPV 检查　　B. 子宫颈锥切术　　C. 超声检查
D. 子宫颈活检　　E. 子宫颈细胞学检查

612. 女,53 岁。接触性出血 1 个月。妇科检查:子宫颈后唇有一菜花样新生物,接触性出血阳性,宫体正常大小,附件(-)。该患者最可能的诊断是
A. 慢性子宫颈炎　　B. 急性子宫颈炎　　C. 子宫内膜炎
D. 子宫颈肌瘤　　E. 子宫颈癌

A. 淋巴转移和种植　　B. 血行转移和淋巴转移　　C. 直接蔓延和种植
D. 直接蔓延和淋巴转移　　E. 血行转移

613. 子宫颈癌的主要播散方式为

614. 卵巢癌的主要播散方式为
615. 绒毛膜癌的主要播散方式为
616. 不属于子宫颈癌淋巴转移一级组的是
A. 髂内　B. 髂外　C. 腹主动脉旁
D. 宫旁　E. 闭孔
617. 女，45 岁。接触性阴道流血 3 月余。妇科检查：宫颈前唇有直径约 2cm 大小的菜花状赘生物。镜下见异型细胞浸润生长，巢状排列，可见病理性核分裂象。可能最先转移到的器官是
A. 子宫颈旁淋巴结　B. 腹股沟淋巴结　C. 肺
D. 盆腔　E. 脑
618. 子宫颈癌临床分期依据是
A. 盆腔检查　B. 术中探查结果　C. 有无淋巴结转移
D. 临床表现　E. 病理检查
619. 下列表现属于子宫颈癌Ⅱ期的是
A. 原位癌　B. 癌局限在子宫颈内
C. 超出子宫颈，未及盆壁，侵及阴道上 2/3　D. 癌侵及盆腔壁及阴道下 1/3
E. 癌超越骨盆，或累及直肠、膀胱
620. 子宫颈癌临床分期ⅡA 是指
A. 癌累及阴道，未达阴道下 1/3 段，无明显宫旁浸润
B. 癌累及宫旁，无明显阴道浸润
C. 肉眼可见癌灶虽位于子宫颈，但体积$>4cm^3$
D. 癌累及阴道下 1/3 段，无明显宫旁浸润
E. 癌累及宫旁，间质浸润深度 3~5mm
621. 女性，45 岁。血性白带 2 个月。妇检阴道未受肿瘤侵犯，子宫颈菜花样，宫体正常大小，宫旁明显增厚，未达盆腔，子宫颈活检为鳞癌。其分期是
A. ⅠB 期　B. ⅠC 期　C. ⅡA 期
D. ⅡB 期　E. ⅢA 期
622. 女，45 岁。不规则阴道流血 2 个月。性交后出血，子宫颈锥切标本显微镜下可见低分化鳞状细胞癌，间质浸润深度 2mm，宽度 6mm。正确的分期为
A. ⅠA1 期　B. ⅠA2 期　C. ⅠB1 期
D. ⅠB2 期　E. ⅡA 期
623. 子宫颈癌最早出现的症状是
A. 尿频尿急　B. 接触性出血　C. 进行性下肢肿痛
D. 大量米汤恶臭白带　E. 绝经后长期阴道流血
624. 子宫颈癌的临床表现不包括
A. 绝经后阴道流血　B. 阴道排液　C. 接触性阴道流血
D. 不孕　E. 血性白带
625. 诊断子宫颈癌时有关碘试验，不正确的是
A. 若不染色为阳性　B. 鳞状上皮含糖原丰富　C. 本试验对癌有特异性
D. 主要识别子宫颈病变危险区　E. 提高诊断率
626. 普查子宫颈癌时，最有实用价值的检查方法是
A. 阴道镜检查　B. 妇科三合诊检查　C. 子宫颈碘试验

D. 子宫颈刮片细胞学检查　E. 子宫颈活组织检查

627. 早期发现子宫颈癌的简便、可靠的初筛方法是
A. 子宫颈刮片细胞学检查　B. 阴道镜　C. 子宫颈活检
D. 碘试验　E. 子宫颈锥形切除术

628. 女,39 岁。妇科普查时,子宫颈刮片细胞学检查结果为Ⅲ级。首先应做的检查项目为
A. 子宫颈碘试验　B. 重复子宫颈刮片细胞学检查　C. 阴道镜检查
D. 阴道镜指导下子宫颈活检　E. 子宫颈锥形切除送病理检查

629. 女,45 岁。同房后阴道流血 3 个月,G_5P_1。妇科检查:子宫颈重度糜烂状,下唇息肉样赘生物,直径 2cm。三合诊子宫颈旁组织无异常。取子宫颈赘生物送病理检查,提示子宫颈鳞癌。首选的治疗方法是
A. 根治性放疗　B. 广泛性子宫切除+盆腔淋巴结切除术
C. 筋膜外子宫切除术　D. 子宫颈切除+盆腔淋巴结切除术
E. 子宫颈锥形切除术

630. 早期子宫颈癌最有价值的诊断方法是
A. 子宫颈刮片细胞学检查　B. 子宫颈碘试验　C. 阴道镜检查
D. 高危型 HPV-DNA 检测　E. 子宫颈及子宫颈管活体组织检查

631. 慢性子宫颈炎与子宫颈癌早期肉眼难以鉴别,确诊方法应是
A. 子宫颈刮片细胞学检查　B. 子宫颈碘试验　C. 阴道镜检查
D. 子宫颈及子宫颈管活检　E. 氮激光肿瘤固有荧光诊断法

632. 女,48 岁。白带多、接触性出血半年。妇科检查:子宫颈糜烂状,阴道外观正常,子宫正常大小,双侧附件区无明显增厚。首选确诊检查是
A. 子宫颈锥形切除术　B. 子宫颈和子宫颈管活检　C. 子宫颈涂片检查
D. 阴道镜检查　E. 子宫颈荧光检查

633. 女,33 岁。阴道接触性出血,初步诊断为"子宫颈癌"。子宫颈刮片多次检查为阳性,而子宫颈活检为阴性。为确诊需做的进一步检查为
A. CT　B. MRI　C. 碘试验
D. 子宫颈锥切术　E. 不做任何处理,1 个月后再次活检

634. 女性,40 岁。不规则阴道流血 3 个月。妇科检查:子宫颈呈菜花样,约 5cm×4cm×4cm 大小,质脆易出血。三合诊左侧主韧带结节状增粗,已达盆壁。子宫颈活检示鳞状细胞癌。合适的治疗是
A. 子宫颈癌根治术　B. 化疗　C. 化疗后行子宫颈癌根治术
D. 放疗　E. 子宫颈癌根治术后加化疗

635. 女,49 岁,接触性出血 10 个月。妇科检查发现子宫颈有 4cm×4cm 菜花状肿物,累及阴道上 2/3,周围无盆腔浸润。该患者应该行的治疗是
A. 子宫全切术　B. 子宫颈锥切术　C. 手术加放疗
D. 放疗　E. 子宫切除术及盆腔淋巴结清扫术

(636~638 题共用题干)女,45 岁,G_4P_2。月经规律,白带增多半年,性交后阴道流血 2 个月。近 3 年未体检。妇科检查发现子宫颈重度糜烂状,触血(+),子宫附件未见明显异常。子宫颈活检组织病理报告为子宫颈鳞状细胞癌,浸润深度为 7mm。

636. 该患者的临床分期是
A. ⅠA1　B. ⅠA2　C. ⅠB1
D. ⅠB2　E. ⅡA

637. 宜选择的手术方案是
A. 改良广泛性子宫切除术+盆腔淋巴结切除术
B. 广泛性子宫颈切除术+盆腔淋巴结切除术
C. 筋膜内全子宫切除术+盆腔淋巴结切除术
D. 广泛性子宫切除术+盆腔淋巴结切除术
E. 筋膜外全子宫切除术+盆腔淋巴结切除术

638. 若术后组织病理学证实右侧髂外淋巴结转移,最恰当的处理是
A. 放化疗　B. 观察随访　C. 性激素治疗
D. 物理治疗　E. 生物治疗

(639~641 题共用题干)女性,55 岁。白带多,接触性出血 3 月余,3 年前曾因子宫颈糜烂行子宫颈冷冻治疗。妇科检查:外阴阴道未见异常,子宫颈肥大糜烂,质脆,子宫及双附件未见异常。

639. 为明确诊断,首选检查项目应是
A. 分段诊刮　B. 宫腔镜检查　C. 腹腔镜检查
D. 子宫颈锥切术　E. 子宫颈多点活检

640. 检查结果证实为子宫颈上皮内瘤样病变,异型细胞占子宫颈上皮全层 2/3 以上,伴人乳头瘤病毒(HPV)感染。应诊断为
A. CIN_1　B. CIN_2　C. CIN_3
D. 慢性子宫颈炎　E. 子宫颈浸润癌

641. 正确治疗为
A. 局部用药 3 个月后复查　B. 激光治疗 3 个月后复查　C. 随诊
D. 行全子宫切除　E. 局部用药+口服消炎药

(642~645 题共用题干)女,38 岁。接触性出血 1 月余,白带有恶臭。妇科检查:子宫颈Ⅱ度糜烂,前唇有 5cm 的质脆赘生物,易出血,子宫正常大,三合诊(-)。

642. 最可能的诊断是
A. 子宫颈息肉　B. 子宫颈结核　C. 子宫颈癌
D. 子宫内膜异位症　E. 子宫颈绒癌

643. 为确定诊断,最可靠的检查方法为
A. 子宫颈刮片细胞学检查　B. 碘试验　C. 阴道镜检查
D. 氮激光肿瘤固有荧光诊断法　E. 子宫颈活检

644. 确诊后,其临床期别为
A. ⅠA 期　B. ⅠB1 期　C. ⅠB2 期
D. ⅡA 期　E. ⅡB 期

645. 最正确的治疗方法是
A. 子宫颈锥切　B. 放射治疗　C. 全子宫切除术
D. 次广泛性子宫切除术加盆腔淋巴结切除术
E. 广泛性子宫切除术加盆腔淋巴结切除术

(646~648 题共用题干)女,48 岁,接触性出血 3 个月。妇科检查:子宫颈呈糜烂状,宫体正常大小,活动好,双侧附件区无异常。三合诊(-)。阴道镜下活检病理示鳞状细胞癌,间质浸润深度 6mm。

646. 该患者的临床分期应是
A. 子宫颈原位癌　B. 子宫颈癌ⅠA2 期　C. 子宫颈癌ⅠB2 期
D. 子宫颈癌ⅠA1 期　E. 子宫颈癌ⅠB1 期

647. 最适合的手术方式为
A. 筋膜内子宫全切术加盆腔淋巴结切除术　B. 改良广泛子宫切除术加盆腔淋巴结切除术
C. 子宫颈锥切术加盆腔淋巴结切除术　D. 广泛性子宫切除术加盆腔淋巴结切除术
E. 筋膜外子宫全切术加盆腔淋巴结切除术
648. 术后常规病理:各切缘阴性,中分化鳞癌,无淋巴结转移及脉管浸润,应给予
A. 随访观察　B. 放化疗　C. 放射治疗
D. 化学治疗　E. 物理治疗

三、子宫肌瘤(执业医师及助理医师均需掌握)

A. 阔韧带肌瘤　B. 肌壁间肌瘤　C. 子宫颈肌瘤
D. 黏膜下肌瘤　E. 浆膜下肌瘤
649. 临床最常见的子宫肌瘤是
650. 易阻碍受精卵着床导致不孕的是
651. 最常见的子宫肌瘤变性是
A. 囊性变　B. 玻璃样变　C. 红色变
D. 肉瘤变　E. 钙化
652. 妊娠期间,子宫肌瘤容易发生的变性是
A. 玻璃样变　B. 囊性变　C. 红色变
D. 肉瘤变　E. 钙化
653. 女,35岁。月经周期规律,经期延长,经量增多半年,阴道大出血10天。查体:贫血貌,妇科检查发现子宫增大如孕8周大小,质中等。B超提示宫腔实性占位,直径4cm。最可能的诊断是
A. 子宫阔韧带肌瘤　B. 子宫浆膜下肌瘤　C. 子宫颈肌瘤
D. 子宫肌壁间肌瘤　E. 子宫黏膜下肌瘤
654. 常伴有发热和腹痛的子宫肌瘤变性是
A. 玻璃样变　B. 囊性变　C. 红色变
D. 肉瘤变　E. 钙化
655. 初孕妇,32岁。妊娠20周,合并子宫肌壁间肌瘤,剧烈腹痛1天,无阴道流血。查体:T38.2℃。血常规:WBC10×10^9/L,N0.75。最可能的诊断是
A. 子宫肌瘤囊性变　B. 子宫肌瘤蒂扭转　C. 子宫肌瘤合并急性阑尾炎
D. 子宫肌瘤合并感染　E. 子宫肌瘤红色样变
656. 女,31岁。停经21周。剧烈腹痛、发热1天,伴恶心、呕吐,无阴道流血。查体:宫底平脐,子宫前壁压痛,胎心率156分/次。血WBC13×10^9/L,N0.78。彩色超声提示单胎妊娠合并子宫肌壁间肌瘤,肌瘤直径7cm。最可能是子宫肌瘤发生
A. 感染　B. 玻璃样变　C. 红色样变
D. 肉瘤样变　E. 囊性变
657. 女性,28岁。足月产后5天,下腹疼痛3天,发热1天,阴道分泌物无异味,子宫增大,既往有子宫肌瘤史。首先考虑的诊断是
A. 产褥感染　B. 肌瘤恶性变　C. 肌瘤玻璃样变
D. 肌瘤囊性变　E. 肌瘤红色样变
658. 子宫肌瘤患者与临床症状轻重关系密切的是
A. 肌瘤大小　B. 肌瘤数目　C. 肌瘤生长部位
D. 肌瘤与肌壁关系　E. 肌瘤有无变性

659. 子宫肌瘤引起月经量增多最主要的因素是
A. 肌瘤大小　B. 肌瘤与肌层的关系　C. 肌瘤生长速度
D. 发生年龄　E. 肌瘤的数目

660. 女,38 岁。经量增多半年,超声提示宫腔内低回声团块,直径 3cm。最佳的处理措施是
A. 口服避孕药　B. 宫腔镜检查及手术　C. 雌激素治疗
D. 子宫切除术　E. 口服止血药

661. 女,28 岁。已婚不孕 1 年。月经量增多、经期延长 2 年。近 1 个月出现不规则阴道流血。妇科检查:宫体增大如 2 个月妊娠大小。血红蛋白 85g/L。B 超检查:子宫前壁探及 3.5cm×1.5cm 大小的肌瘤,完全凸向宫腔。首选的治疗方案是
A. 米非司酮药物治疗　B. 开腹行肌瘤切除术　C. GnRH-a 药物治疗
D. 射频消融术　E. 宫腔镜肌瘤切除术

662. 女,36 岁。月经量增多 2 年。妇科检查:子宫增大,如孕 3 个月大小,形态不规则、质硬。该患者最可能的诊断是
A. 子宫内膜癌　B. 早期妊娠　C. 子宫肌瘤
D. 弥漫型子宫腺肌病　E. 急性子宫内膜炎

663. 下列关于子宫肌瘤的叙述,错误的是
A. 多无明显症状　B. 月经改变为最常见的症状　C. 腹部可有包块
D. 可有继发性贫血　E. 有症状的不需要手术

664. 丙酸睾酮治疗子宫肌瘤的每月总量不应超过
A. 150mg　B. 200mg　C. 250mg
D. 300mg　E. 350mg

665. 不具有明确手术指征的子宫肌瘤是
A. 黏膜下肌瘤,月经量增多　B. 后壁肌瘤,伴腹坠、便秘　C. 多发性肌瘤,无症状
D. 肌瘤短期内增长较快　E. 前壁肌瘤,伴尿频、尿急

666. 女,45 岁。月经增多,经期延长已 2 年,伴头晕、心悸。妇科检查子宫如妊娠 3 个月大,B 型超声检查提示子宫肌瘤。血红蛋白 80g/L。最恰当的处理是
A. 随访观察　B. 应用宫缩剂、止血药　C. 应用雄激素
D. 肌瘤摘除术　E. 子宫切除

667. 女,32 岁。月经周期正常,经量多。已婚未育,有生育要求,目前避孕中。妇科检查及 B 超提示子宫前壁肌瘤,直径 8cm。血红蛋白 80g/L。该患者应采取的最佳治疗方案是
A. 先行肌瘤切除术,待恢复后再考虑妊娠　B. 先解决生育问题,然后行肌瘤切除术
C. 行子宫次全切除术　D. 密切随访
E. 药物治疗,待肌瘤缩小后妊娠

668. 子宫肌瘤合并妊娠时发生红色变,首选的措施是
A. 立即行肌瘤切除术　B. 立即切除子宫　C. 立即终止妊娠
D. 止血治疗　E. 保守治疗

四、子宫内膜癌(执业医师及助理医师均需掌握)

669. 子宫内膜增生症对机体最大的危害是
A. 癌变　B. 导致性激素水平的紊乱　C. 导致功能性子宫出血
D. 导致不孕症　E. 导致流产

670. 子宫内膜癌的高危因素不包括

A. 不孕症　B. 卵巢早衰　C. 肥胖
D. 糖尿病　E. 无排卵性功能失调性子宫出血

671. 子宫内膜癌最多见的病理类型是
A. 腺角化癌　B. 腺癌　C. 透明细胞癌
D. 鳞腺癌　E. 鳞癌

672. 关于子宫内膜癌的描述,正确的是
A. 透明细胞癌是最常见的病理类型　B. 肿瘤侵及直肠黏膜时,分期为ⅣB
C. 非激素依赖型比激素依赖型预后差　D. 早期患者首选治疗方法是放射治疗
E. 血行转移是最常见的转移途径

673. 按现行 FIGO(2009)的子宫内膜癌手术分期标准,ⅡB 期是
A. 侵犯肌层>1/2　B. 累及子宫颈黏膜腺体　C. 侵犯宫颈间质
D. 侵犯子宫浆膜层　E. 盆腔淋巴结或阴道转移

674. 子宫内膜癌手术,病理分期ⅡA 是指
A. 病变侵犯肌层>1/2　B. 累及子宫颈黏膜腺体　C. 侵犯宫颈间质
D. 病变侵犯浆膜和(或)附件　E. 癌累及阴道上 1/3 段

675. 子宫内膜癌手术病理分期ⅢB 是指
A. 癌侵犯宫颈间质　B. 癌累及子宫颈黏膜腺体　C. 癌侵犯肌层>1/2
D. 癌侵犯浆膜和(或)附件　E. 癌累及阴道上 1/3 段

676. 子宫内膜癌已累及宫颈间质,其分期应为
A. ⅠB 期　B. Ⅲ 期　C. ⅠA 期
D. Ⅱ期　E. Ⅳ期

677. 子宫内膜癌早期最常见的症状
A. 下腹疼痛　B. 宫腔积脓　C. 绝经后阴道不规则流血
D. 低热　E. 阴道排出大量脓血性分泌物

678. 女,60 岁。绝经 5 年,反复阴道流血 3 次,量中等。平时白带少许。B 超示子宫稍大,宫腔内可见实质不均回声区,形态不规则,宫腔线消失。首先考虑的诊断是
A. 输卵管癌　B. 子宫内膜癌　C. 子宫颈癌
D. 子宫内膜炎　E. 萎缩性阴道炎

679. 诊断子宫内膜癌最可靠的方法是
A. 细胞学检查　B. B 超检查　C. 子宫镜检查
D. 分段诊刮　E. 淋巴造影

680. 女,65 岁。不规则阴道流血 1 年余。有高血压、糖尿病病史 3 年,BMI28kg/m^2。B 超发现宫腔内 2.0cm×2.5 cm占位性病变,有丰富血液,血流阻力指数为 0.36。在宫腔内膜活检确诊后,首选的治疗措施是
A. 手术治疗　B. 化学药物治疗　C. 生物治疗
D. 激素治疗　E. 放射治疗

681. 女,56 岁。绝经 2 年,阴道不规则流血 1 个月。妇科检查:外阴正常,阴道内少量暗红色血,子宫颈光滑。宫体大小正常,双侧附件区未触及异常。B 超检查:子宫 5cm×4cm×3cm,子宫内膜厚 10mm,回声不均。对确定诊断最有价值的处理是
A. 凝血功能检查　B. 诊断性刮宫　C. 血常规检查
D. 尿妊娠试验　E. 子宫颈细胞学检查

(682~684题共用题干)女,62岁。绝经11年,阴道反复流血4个月就诊。查体:肥胖,一般情况好,血压150/105mmHg。妇科检查:阴道少许血液,子宫颈光滑,子宫正常大,双附件正常。

682. 最可能的诊断是
A. 子宫颈癌　B. 老年性子宫内膜炎　C. 子宫内膜息肉
D. 萎缩性阴道炎　E. 子宫内膜癌

683. 下列哪项是首选的辅助检查?
A. 经阴道B超检查　B. 阴道镜检查　C. 阴道涂片细胞学检查
D. 腹腔镜检查　E. 后穹隆穿刺检查

684. 确诊的最佳方法是
A. 宫腔涂片细胞学检查　B. 子宫颈管细胞学检查　C. 子宫颈活检
D. 宫腔镜检查　E. 子宫分段诊刮

685. 女,60岁。绝经8年后阴道不规则流血1个月。糖尿病病史4年。查体:体重87kg,子宫如孕2个月大小,稍软。B超示子宫内膜1.8cm,其内探及1.2cm×0.8cm不均质回声光团,有丰富血流信号。最可能的诊断是
A. 子宫内膜炎　B. 黏膜下子宫肌瘤　C. 子宫内膜息肉
D. 子宫内膜癌　E. 子宫肉瘤

686. 女,45岁。月经不规律1年余,阴道不规则流血20天,高血压病史10年,服药后血压控制良好。1年前体检查HPV(-)。已绝育。妇科检查:子宫正常大小,稍软,无压痛,宫旁未触及异常。为明确诊断,首选的检查是
A. B超　B. 阴道镜检查　C. TCT
D. 分段诊刮　E. 盆腔MRI

687. 子宫内膜癌的治疗,叙述错误的是
A. Ⅱ期应行广泛子宫切除术及双侧盆腔淋巴结及腹主动脉旁淋巴结清扫术
B. 患者腹水中有癌细胞的手术加放疗　C. 患者有深肌层浸润的手术加放疗
D. 有浅肌层浸润者,术后常规应辅助放疗　E. 严重并发症不能耐受手术的放疗

688. 女,56岁。子宫内膜癌术后10天。病理示低分化子宫内膜样腺癌,侵及深肌层,淋巴结无转移,手术病理分期ⅠB。患者合并高血压,药物控制后血压120~130/70~80mmHg。术后首选的处理是
A. 中药治疗　B. 生物治疗　C. 放射治疗
D. 随访观察　E. 内分泌治疗

689. Ⅰ期子宫内膜癌患者的治疗首选
A. 手术治疗　B. 化学治疗　C. 放射治疗
D. 内分泌治疗　E. 免疫治疗

690. 女性,58岁。绝经10年,阴道流血伴流脓2个月就诊,行分段诊刮,诊断为子宫内膜癌Ⅰ期。首选治疗方案为
A. 腔内放射治疗　B. 盆腔外照射治疗
C. 全子宫切除术　D. 全子宫切除术及双侧附件切除术
E. 广泛性子宫切除术及盆腔淋巴结清扫术

691. 女,50岁。绝经3年,阴道流血5天。查体:子宫稍大稍软。行分段诊刮,宫腔内膜及子宫颈刮出物病理结果为腺癌。最适宜的手术方式是
A. 筋膜外子宫切除术保留双附件　B. 次广泛子宫切除+双附件切除
C. 广泛子宫切除+双附件切除　D. 广泛子宫切除+双侧盆腔淋巴结切除

E. 广泛子宫切除+双侧盆腔淋巴结切除+腹主动脉旁淋巴结活检或切除

(692~694 题共用题干)58 岁,绝经 8 年,不规则阴道流血 2 周,5 年前普查发现子宫肌瘤,高血压 10 余年治疗中,查体肥胖。妇检:子宫如妊娠 8 周,稍软,轻压痛。子宫颈轻度糜烂,B 型超声显示子宫内膜厚而不规则。

692. 为明确诊断,最常用的方法是
A. 子宫颈活检　B. 阴道镜检查　C. 分段诊刮
D. 腹腔镜检查　E. 血清肿瘤标志物测定

693. 最可能的诊断是
A. 黏膜下肌瘤　B. 子宫内膜癌　C. 子宫颈癌
D. 子宫肉瘤　E. 子宫内膜息肉

694. 经病理诊断后首选的治疗方法是
A. 手术治疗　B. 化学治疗　C. 放射治疗
D. 抗炎治疗　E. 中医药治疗

(695~697 题共用题干)女性,54 岁,绝经 5 年,近 2 个月阴道流水样白带,近 2 周出现阴道间断少量血性排液。妇科检查子宫颈光滑,宫体稍大且软,双侧附件未扪及异常。

695. 最可能的诊断是
A. 子宫内膜增生过度　B. 子宫内膜息肉　C. 子宫内膜癌
D. 子宫颈癌　E. 子宫黏膜下肌瘤

696. 最有确诊价值的方法是
A. B 超检查　B. 阴道镜检查　C. 分段诊断刮宫病理检查
D. 进行碘试验和阴道镜检查　E. 阴道后穹隆分泌物涂片检查

697. 确诊后,最佳治疗方案是
A. 刮宫　B. 子宫颈锥形切除　C. 子宫切除保留卵巢
D. 放射治疗　E. 全子宫切除及双附件切除术

698. 孕激素治疗不适用于
A. 早期子宫内膜癌　B. 晚期子宫内膜癌　C. 复发性子宫内膜癌
D. 不能手术治疗的子宫内膜癌　E. 早期、要求保留生育能力的子宫内膜癌

第 16 章　卵巢肿瘤

一、卵巢肿瘤总论(执业医师及助理医师均需掌握)

699. 最常见的卵巢恶性肿瘤是
A. 生殖细胞肿瘤　B. 性索间质肿瘤　C. 上皮性肿瘤
D. 非特异性间质肿瘤　E. 转移瘤

700. 卵巢肿瘤最常见的并发症是
A. 破裂　B. 恶变　C. 感染
D. 瘤体内出血　E. 蒂扭转

701. 易发生蒂扭转的卵巢囊肿是
A. 皮样囊肿　B. 巧克力囊肿　C. 黏液性囊腺瘤
D. 浆液性囊腺癌　E. 滤泡囊肿

702. 晚期卵巢癌最常见的症状是
A. 阴道出血　B. 便秘　C. 腹痛
D. 腹胀　E. 发热

703. 女,18 岁,未婚。月经规律,无停经史。突发下腹部疼痛伴恶心、呕吐 8 小时。查体:P78 次/分,BP100/70mmHg,直肠-腹部指诊:子宫前位,正常大小,右侧附件区触及一个 6cm×5cm×5cm 囊实性包块,边界清楚,触痛明显。最可能的诊断是
A. 卵巢黄体破裂　B. 输卵管妊娠破裂　C. 急性阑尾炎
D. 卵巢肿瘤蒂扭转　E. 浆膜下子宫肌瘤

704. 女性,30 岁。1 年前查体发现右侧卵巢囊肿直径 5cm,今晨起突发右下腹痛伴恶心、呕吐。妇科检查:扪及右下腹肿物增大,有压痛,蒂部最明显。首选的处理是
A. 密切观察　B. 急查盆腔磁共振成像　C. 抗生素治疗
D. 急查血清 CA125、甲胎蛋白　E. 剖腹探查或腹腔镜检查

705. 女,22 岁。月经周期规律。查体:左侧卵巢囊实性肿物,直径 6cm,表面光滑,规则,活动,无压痛。血 AFP 明显升高。卵巢肿物的性质最可能是
A. 支持-间质细胞瘤　B. 浆液性腺癌　C. 卵黄囊瘤
D. 颗粒细胞瘤　E. 黏液性腺癌

(706~708 题共用题干)女,65 岁。腹胀伴食欲不振半年余。查体:腹部膨隆,移动性浊音(+)。妇科检查:子宫颈光滑,盆底可触及多个质硬结节。左侧附件区可触及包块,约 6cm×5cm 大小,呈囊实性,界限不清。

706. 下列对该患者鉴别诊断价值最小的辅助检查是
A. 腹腔镜检查　B. 腹水查癌细胞　C. 血肿瘤标志物检测
D. 消化道内镜检查　E. B 超检查

707. 若检查结果示 CA125 为 1260U/ml,最可能的诊断是
A. 生殖器结核　B. 子宫内膜异位症　C. 卵巢库肯勃瘤
D. 卵巢上皮性癌　E. 乙状结肠癌转移

708. 该患者手术后首选的治疗是
A. 内分泌治疗　B. 抗结核治疗　C. 放射治疗
D. 化学药物治疗　E. 生物治疗

A. 血清 hCG　B. 血清雌激素　C. 血清 CA125
D. 血清 AFP　E. 血清雄激素

709. 卵巢内胚窦瘤标记物是
710. 卵巢浆液性囊腺癌最常用的肿瘤标记物是

711. 晚期卵巢癌的首选治疗方法是
A. 肿瘤切除术　B. 激素治疗　C. 化学治疗
D. 放射治疗　E. 肿瘤细胞减灭术+化学治疗

(712~713 题共用题干)患者,女性,42 岁。因消瘦乏力、下腹部发现包块 2 个月,腹胀 2 周就诊。体检:消瘦、腹部移动性浊音(+)。妇科检查:子宫正常大小,右侧有 12cm×8cm×6cm 不规则肿块,尚活动,后穹隆扪及少许结节、质硬。

712. 最可能的诊断是
A. 盆腹腔结核　B. 子宫内膜异位症　C. 慢性盆腔炎

D. 卵巢癌盆腹腔转移　　E. 晚期胃癌

713. 首选辅助检查方法是

A. 胸部X线片检查　　B. 血雌激素水平检测　　C. 血清CA125检测

D. 胃镜检查　　E. 旧结核菌素试验

(714~716题共用题干)女性,20岁,未婚。突发下腹疼痛1天急诊来院。否认性生活史,月经规律。直肠-腹部触诊扪及下腹肿物如拳头大小,触痛明显。急诊行剖腹探查术,术中见左侧卵巢肿大,为实囊性包块,包膜完整。右侧附件及子宫外观无异常。行患侧附件切除术,快速病理示左卵巢未成熟畸胎瘤,分化Ⅱ级。腹腔冲洗液未见癌细胞。

714. 该患者应选择的手术方式为

A. 患侧附件切除术　　B. 患侧附件切除术+保留生育功能的分期手术

C. 双侧附件切除术　　D. 患侧附件切除术+阑尾切除术

E. 子宫+双侧附件切除术

715. 患者术后病理诊断为左侧卵巢未成熟畸胎瘤Ⅱ级,病理分期ⅠA期。下一步处理方案为

A. 随诊　　B. 放疗　　C. 化疗

D. 内分泌治疗　　E. 化疗+放疗

716. 若选择化疗,应选择的化疗方案是

A. 顺铂　　B. 顺铂+环磷酰胺　　C. 顺铂+环磷酰胺+阿霉素

D. 顺铂+依托泊苷　　E. 顺铂+依托泊苷+博来霉素

(717~719题共用题干)女,58岁,腹胀、食欲不振1月余。G_2P_2。查体:T36.8℃,P78次/分,R18次/分,BP120/80mmHg。腹部膨隆,轻度压痛,无反跳痛,移动性浊音(+)。妇科检查:阴道后穹隆可触及散在结节,无触痛,子宫后位,大小正常,子宫左后方可触及质硬包块,边界及大小欠清,三合诊检查子宫后方包块活动度差,直肠黏膜光滑,血CA125为3865U/ml,CEA正常。

717. 最可能的诊断是

A. 卵巢转移性肿瘤　　B. 子宫内膜异位症　　C. 盆腔炎性包块

D. 卵巢上皮癌　　E. 盆腔结核

718. 首选的辅助检查是

A. 宫腔镜检查　　B. 胃肠镜检查　　C. 结核菌素试验

D. 盆腔超声检查　　E. 子宫颈分泌物培养

719. 术后拟给予药物治疗,最适合的药物

A. 抗结核药　　B. 性激素　　C. 抗生素

D. 化疗药物　　E. 维生素

二、卵巢上皮性肿瘤(执业医师及助理医师均需掌握)

720. 女性,64岁。绝经14年,阴道少量出血3次。查体:腹膨隆,如足月妊娠,腹水征(-)。B超示:巨大肿物40cm×50cm×30cm大,囊性,多房性。体重、食欲、二便均无变化。最可能为卵巢的

A. 浆液性囊腺瘤　　B. 黏液性囊腺瘤　　C. 皮样囊肿

D. 卵泡膜细胞瘤　　E. 透明细胞癌

721. 卵巢上皮癌的常用化疗方案为

A. 长春新碱+紫杉醇　　B. 紫杉醇+卡铂　　C. 博来霉素+长春新碱

D. 顺铂+长春新碱　　E. 顺铂+长春新碱+异环磷酰胺

722. 卵巢浆液性肿瘤来源于

A. 卵巢的生发上皮,向输卵管上皮分化　B. 卵巢的生发上皮,向子宫颈黏膜分化
C. 卵巢的生发上皮,恶变　D. 卵巢的生发上皮,发生逆转现象
E. 卵巢的生发上皮,向子宫内膜分化

723. 卵巢上皮性肿瘤不包括
A. 浆液性囊腺瘤　B. 黏液性囊腺瘤　C. 子宫内膜样肿瘤
D. 颗粒细胞瘤　E. 透明细胞癌

三、卵巢非上皮性肿瘤(执业医师及助理医师均需掌握)

A. 上皮性肿瘤　B. 生殖细胞肿瘤　C. 性索间质肿瘤
D. 转移性肿瘤　E. 非特异性间质肿瘤

724. 卵巢畸胎瘤
725. 卵巢颗粒细胞肿瘤

726. 属于肿瘤的囊肿是
A. 前庭大腺囊肿　B. 子宫颈腺囊肿　C. 卵巢巧克力囊肿
D. 输卵管卵巢囊肿　E. 卵巢皮样囊肿

727. 女,30岁。患卵巢肿瘤伴甲状腺功能亢进4年,如怀疑是由卵巢肿瘤引起,应考虑的肿瘤类型是
A. 颗粒细胞瘤　B. 无性细胞瘤　C. 卵泡膜细胞瘤
D. 高度特异性畸胎瘤　E. 纤维瘤

A. hCG升高　B. 有恶性程度的逆转倾向　C. 具有男性化作用
D. CA125升高　E. 是最常见的卵巢良性肿瘤

728. 卵巢未成熟畸胎瘤
729. 卵巢浆液性囊腺癌
730. 卵巢皮样囊肿

731. 对放射治疗最敏感的卵巢肿瘤是
A. 浆液性囊腺瘤　B. 黏液性囊腺瘤　C. 未成熟畸胎瘤
D. 内胚窦瘤　E. 无性细胞瘤

732. 下列卵巢肿瘤中,属于恶性的是
A. 浆液性囊腺瘤　B. 黏液性囊腺瘤　C. 皮样囊肿
D. 纤维瘤　E. 内胚窦瘤

733. 最常见于幼女和少女的卵巢肿瘤是
A. 黏液性囊腺瘤　B. 内胚窦瘤　C. 纤维瘤
D. 颗粒细胞瘤　E. 浆液性囊腺瘤

734. 卵巢肿瘤患者盆腔X线片显示牙齿及骨骼提示
A. 内胚窦瘤　B. 卵泡膜细胞瘤　C. 纤维瘤
D. 颗粒细胞瘤　E. 畸胎瘤

735. 卵巢内胚窦瘤的特异性肿瘤标志物是
A. AFP　B. CA125　C. hCG
D. PSA　E. CA199

736. 女,18岁,下腹疼痛2个月。盆腔B超检查子宫大小正常,左侧宫旁探及6cm×5cm×5cm大小肿物,边界清。血清AFP900μg/L。最可能的诊断是
A. 卵巢畸胎瘤　B. 卵巢内胚窦瘤　C. 卵巢颗粒细胞瘤

D. 卵巢卵泡膜细胞瘤　　E. 卵巢无性细胞瘤

737. 最常见的低度恶性卵巢性索间质肿瘤是
A. 颗粒细胞瘤　　B. 卵泡膜细胞瘤　　C. 颗粒-卵泡膜细胞瘤
D. 间质细胞瘤　　E. 无性细胞瘤

738. 属于卵巢性索-间质细胞肿瘤的是
A. 胚胎癌　　B. 颗粒细胞瘤　　C. 绒毛膜癌
D. 卵巢甲状腺肿　　E. 畸胎瘤

739. 能分泌雌激素的卵巢肿瘤为
A. 无性细胞瘤　　B. 颗粒细胞瘤　　C. 黏液性囊腺瘤
D. 浆液性囊腺瘤　　E. 间质瘤

740. 女,56 岁。下腹不适、腹胀半年,发现腹部包块 1 个月。3 年前行胃癌根治术,病理为胃窦部腺癌。妇科检查:外阴、阴道正常,宫颈光滑,萎缩,子宫正常大小,双侧附件区各触及一个约 8cm×6cm×5cm 大小的椭圆形包块,移动性浊音(-)。最可能的诊断是
A. 卵巢无性细胞瘤　　B. 卵巢畸胎瘤　　C. 卵巢上皮性癌
D. 卵巢纤维瘤　　E. 库肯勃瘤

741. 容易引起子宫内膜增生的卵巢肿瘤是
A. 纤维瘤　　B. 无性细胞瘤　　C. 颗粒细胞瘤
D. 卵巢转移性肿瘤　　E. 畸胎瘤

742. 能引起子宫内膜增生过长的卵巢肿瘤是
A. 成熟囊性畸胎瘤　　B. 卵泡膜细胞瘤　　C. 内膜样肿瘤
D. 内胚窦瘤　　E. 浆液性囊腺瘤

743. 绝经妇女出现不规则阴道出血首先考虑
A. 黏液瘤　　B. 卵巢颗粒细胞瘤　　C. 卵巢皮样囊肿
D. 卵巢畸胎瘤　　E. 无性细胞瘤

744. 女性,52 岁,绝经 6 年。阴道淋漓流血 10 天。查右附件区扪及手拳大肿物,阴道脱落细胞提示雌激素高度影响。最可能的诊断应是右侧卵巢
A. 纤维瘤　　B. 浆液性囊腺瘤　　C. 良性囊性畸胎瘤
D. 黏液性囊腺瘤　　E. 卵泡膜细胞瘤

745. 属于良性卵巢肿瘤的是
A. 内胚窦瘤　　B. 库肯勃瘤　　C. 颗粒细胞瘤
D. 无性细胞瘤　　E. 卵泡膜细胞瘤

A. 库肯勃瘤　　B. 纤维瘤　　C. 无性细胞瘤
D. 畸胎瘤　　E. 浆液性癌

746. 镜下可见典型印戒细胞的卵巢肿瘤是

747. 切除肿瘤后胸水、腹水可自行消失的卵巢肿瘤是

748. 卵巢纤维瘤伴胸腹水形成称为
A. Meniere 综合征　　B. Down 综合征　　C. Meigs 综合征
D. Cushing 综合征　　E. 类癌综合征

749. 卵巢恶性生殖细胞肿瘤的常用化疗方案为
A. 顺铂+紫杉醇　　B. 紫杉醇+卡铂　　C. 博来霉素+长春新碱
D. 顺铂+长春新碱　　E. 顺铂+长春新碱+异环磷酰胺

A. 顺铂+阿霉素　　B. 顺铂+拓扑替康　　C. 卡铂+紫杉醇
D. 卡铂+吉西他滨　　E. 顺铂+博来霉素+依托泊苷

750. 上皮性卵巢癌的治疗首选
751. 卵巢恶性生殖细胞肿瘤的治疗首选

(752~754题共用题干)女,23岁,G_0P_0。右下腹隐痛半个月,加重5小时。月经不规律。查体:T37.0℃,P96次/分,R23次/分,BP105/75mmHg。妇科检查:子宫右旁可触及大小约6cm的实性包块,触痛。子宫及左侧附件未触及异常,血清AFP900μg/L。

752. 最可能的诊断是卵巢
A. 卵黄囊瘤　　B. 颗粒细胞瘤　　C. 无性细胞瘤
D. 上皮性肿瘤　　E. 支持细胞-间质细胞瘤

753. 手术探查见右卵巢肿物,表面光滑,未破裂,子宫及左侧附件正常,盆、腹腔未见病灶,最适合的手术方式是
A. 子宫+右侧附件切除术　　B. 子宫+双侧附件切除术　　C. 单纯右侧卵巢肿瘤剥除术
D. 双侧附件切除术　　E. 保留生育功能的分期手术

754. 术后首选的治疗方式是
A. 化学治疗　　B. 内分泌治疗　　C. 放射治疗
D. 生物治疗　　E. 随访观察

第17章　妊娠滋养细胞疾病

一、葡萄胎(执业医师及助理医师均需掌握)

755. 完全性葡萄胎的恶变率,国内外报道有异,我国为
A. 10.5%　　B. 14.5%　　C. 20.5%
D. 30.5%　　E. 35%

756. 完全性葡萄胎和部分性葡萄胎的区别是
A. 合体滋养层细胞增生　　B. 细胞滋养层细胞增生　　C. 绒毛因间质高度水肿而增大
D. 绒毛间质内血管完全正常　　E. 前者间质内胎源性血管消失

757. 女,31岁,G_0P_0。停经85天,阴道不规则流血10余天。恶心、呕吐较重,伴下腹隐痛,无咳嗽、咯血。妇科检查:阴道黏膜未见异常,宫颈光滑,宫口可见血液流出,宫底平脐,质软,未触及胎体,未闻及胎心音。血hCG100 000U/L。应首先考虑的诊断是
A. 侵蚀性葡萄胎　　B. 葡萄胎　　C. 绒癌
D. 死胎　　E. 先兆流产

758. 女,34岁,G_1P_0。停经48天,阴道出血3天。平素月经规律,1周前自测尿妊娠试验阳性,伴下腹隐痛。体检发现宫口有血块堵塞,子宫增大如孕9周大小,质软,无压痛。妇科超声示宫腔内多发囊性区,呈"落雪状"。首先考虑的诊断是
A. 葡萄胎　　B. 侵蚀性葡萄胎　　C. 先兆流产
D. 难免流产　　E. 异位妊娠

759. 关于葡萄胎的处理措施,正确的是
A. 应先备血,再吸宫　　B. 应先静脉滴注缩宫素,再吸宫　　C. 应先化疗,再吸宫
D. 应先吸氧,再吸宫　　E. 应先行子宫动脉栓塞,再吸宫

(760~762 题共用题干)女性,25 岁。平时月经规则,3 个月前妇科检查有子宫肌瘤,现停经 2 月余,阴道流血 10 天。妇科检查子宫如妊娠 14 周大,软,轻压痛,双侧附件区触及 5cm 囊性包块,壁薄,活动好,无压痛。血 hCG 增高明显。

760. 最可能的诊断是
A. 宫外孕 B. 卵巢巧克力囊肿 C. 葡萄胎
D. 子宫肌瘤红色变 E. 早孕合并子宫肌瘤

761. 为确诊应首先进行的检查是
A. B 超 B. 血清 CA125 测定 C. 盆腔 CT
D. 腹部 X 线片 E. 腹腔镜检查

762. 最合适的治疗是
A. 立即清宫 B. 抗炎治疗 C. 腹腔镜
D. 宫腔镜 E. 性激素治疗

(763~764 题共用题干)女,35 岁,G_2P_1。停经 70 天。下腹隐痛、阴道不规则流血 6 天,子宫达脐水平。尿 hCG(+)。

763. 首选的辅助检查是
A. 盆腔 CT B. B 超检查 C. 血 hCG
D. 诊断刮宫 E. PPD 试验

764. 随访中无需常规进行的检查是
A. hCG 定量测定 B. 月经规律 C. 胸部 X 线片
D. 定期 B 超检查 E. 定期性激素水平测定

(765~766 题共用题干)女,28 岁。平时月经规律,停经 2 个月,阴道不规则流血 10 余天,偶有轻微阵发性腹痛。妇检子宫如孕 3 月大小,双附件区均扪及肿物。

765. 本例双附件区肿物应想到的疾病是
A. 输卵管结核 B. 输卵管积水 C. 卵巢畸胎瘤
D. 卵巢纤维瘤 E. 卵巢黄素化囊肿

766. 治疗方案应是
A. 吸宫清除宫腔内容物 B. 静脉滴注缩宫素使宫腔内容物排出 C. 预防性化疗
D. 行子宫切除术 E. 行子宫切除术,随后化疗

767. 葡萄胎患者清宫后最理想的避孕方法是
A. 长效口服避孕药 B. 短效口服避孕药 C. 放置宫内节育器
D. 避孕套 E. 避孕针

768. 葡萄胎清宫后随访时间至少为
A. 半年 B. 1 年 C. 1 年半
D. 2 年 E. 3 年

769. 葡萄胎清宫术后,不属于常规随访项目的是
A. 定期妇科检查 B. 避孕 1~2 年 C. 定期血 hCG 定量测定
D. 定期阴道脱落细胞学检查 E. 定期胸部 X 线片或 CT 检查

二、妊娠滋养细胞肿瘤(执业医师及助理医师均需掌握)

770. 关于妊娠滋养细胞肿瘤的发生,正确的是
A. 侵蚀性葡萄胎可继发于流产后 B. 侵蚀性葡萄胎不会发生子宫外转移

C. 绝经后妇女不会发生绒毛膜癌　　D. 绒毛膜癌可继发于足月妊娠或异位妊娠后
E. 侵蚀性葡萄胎多继发于葡萄胎清宫后1年以上

771. 女,35岁。剖宫产后1年余,不规则阴道流血2个月。血清hCG 3×10^4U/L。诊断性刮宫病理报告成堆滋养细胞浸润及出血坏死。该病最常见的转移部位是
A. 肺　B. 骨　C. 阴道
D. 脑　E. 肝

772. 绒毛膜癌常见的转移部位依次是
A. 肺、盆腔、肝、脑、阴道　B. 肺、阴道、盆腔、肝、脑　C. 肺、脑、盆腔、肝、阴道
D. 阴道、肺、盆腔、肝、脑　E. 肺、肝、阴道、盆腔、脑

773. 胎盘部位滋养细胞肿瘤免疫组化染色增强的标记物是
A. CA125　B. AFP　C. LDH
D. CEA　E. HPL

774. 绒毛膜癌与侵蚀性葡萄胎的主要鉴别依据是
A. 尿hCG阳性　B. 病理检查无绒毛结构　C. 有卵巢黄素化囊肿
D. 胸部X线片有棉团状阴影　E. 阴道有紫蓝色转移结节

775. 女,26岁,人工流产术后3个月后,出现阴道流血。B超检查可见子宫肌壁有不均匀密集光点或暗区蜂窝状。患者属于
A. 吸宫不全　B. 侵蚀性葡萄胎　C. 葡萄胎
D. 绒毛膜癌　E. 异位妊娠

(776~777题共用题干)女,26岁。人工流产后5个月,阴道不规则出血20天,伴头晕、乏力3天。近2天出现胸痛、咯血。妇科检查:子宫孕7周大小,质软,有轻度压痛,双侧可触及囊性肿物,直径均约5cm大小。胸部X线片提示双下肺多发圆形结节影。

776. 为明确诊断,首选的检查是
A. 血hCG　B. 血常规　C. B超
D. 痰细胞学检查　E. 诊断性刮宫

777. 确诊后首选的治疗方法是
A. 放疗　B. 化疗　C. 内分泌治疗
D. 子宫切除术　E. 子宫切除术+双侧附件切除术

778. 患者,25岁,女性。停经3个月,阴道淋漓流血2个月,阴道前壁有胡桃大紫蓝色结节,子宫软,如孕4个月大小,尿妊娠试验(+)。应考虑为
A. 葡萄胎　B. 侵蚀性葡萄胎　C. 双胎妊娠
D. 妊娠合并子宫肌瘤　E. 先兆流产

779. 女,25岁。葡萄胎清宫术后13个月,阴道流血2周。妇科检查:阴道口处见一直径2cm紫蓝色结节,子宫稍大,质软,双侧附件正常。胸部X线片未见异常。尿妊娠试验(+)。阴道病灶组织病理检查见成堆高度增生滋养细胞,无绒毛结构。最有可能的诊断是
A. 绒毛膜癌　B. 子宫内膜异位症　C. 葡萄胎
D. 侵蚀性葡萄胎　E. 阴道癌

780. 侵蚀性葡萄胎首选的治疗方法是
A. 化学治疗　B. 病灶切除术　C. 放射治疗
D. 广泛性子宫切除术　E. 全子宫切除术

781. 高危滋养细胞肿瘤患者首选的化学方案是

A. PVB　　B. TP　　C. BEP
D. EMA-CO　　E. EP-EMA

782. 下列癌症中,最常引起血道转移的是
A. 乳腺浸润性导管癌　　B. 子宫绒毛膜癌　　C. 甲状腺乳头状癌
D. 直肠未分化癌　　E. 肺鳞状细胞癌

783. 女,26 岁。自然流产后 2 个月,阴道不规则出血 10 天。妇科检查:阴道右侧壁紫蓝结节,直径约 0.5cm,子宫增大,质软。血 hCG 为 380 000U/L。最可能的诊断是
A. 葡萄胎　　B. 不全流产　　C. 胎盘部位滋养细胞肿瘤
D. 侵蚀性葡萄胎　　E. 绒毛膜癌

A. 放射治疗　　B. 化学药物治疗　　C. 中药治疗
D. 手术治疗　　E. 生物治疗

784. 绒毛膜癌首选的治疗方法是
785. 卵巢无性细胞瘤首选的治疗方法是

(786~787 题共用题干)已婚妇女,32 岁。1 年前曾人工流产并行绝育术,近 3 月阴道不规则流血。妇科检查:子宫稍大,双附件区未见异常,尿 hCG(+)。胸部 X 线片见右肺有 1cm 直径的两个阴影,边缘模糊。

786. 可能的诊断是
A. 异位妊娠　　B. 不全流产　　C. 月经失调
D. 侵蚀性葡萄胎　　E. 绒毛膜癌

787. 首选处理应为
A. 刮宫术　　B. 后穹隆穿刺术　　C. 子宫全切术
D. 化学药物治疗　　E. 腹腔镜检查

(788~790 题共用题干)女性,26 岁。产前检查发现子宫肌瘤直径 2cm,足月顺产后,阴道流血淋漓 2 月余,前日妇科检查子宫如孕 10 周,均匀增大,血 hCG 阳性。

788. 最可能的诊断是
A. 子宫复旧差　　B. 子宫内膜炎　　C. 滋养细胞疾病
D. 肌瘤变性　　E. 月经不调

789. 为明确诊断,应进行的检查
A. B 型超声波检查　　B. 宫腔镜检　　C. 盆腔 CT
D. 盆腔磁共振成像　　E. 腹部 X 线片

790. 首选的治疗是
A. 全子宫切除　　B. 全子宫切除+双附件切除　　C. 抗癌药物治疗(化疗)
D. 全子宫切除+化疗　　E. 广泛性子宫切除

(791~793 题共用题干)女性,28 岁。平时月经规律,此次停经 50 天,行人工流产术,术中见绒毛,术后至今已经 3 周余,阴道仍然淋漓出血。4 年前侵蚀性葡萄胎行化疗。妇科检查:子宫丰满,前壁凸出,质软,无压痛,活动好。彩超示前壁肌层有局限丰富血流信号,宫腔内未见有占位病灶。

791. 为明确诊断,首选的检查应是
A. 刮宫　　B. 血清 hCG 测定　　C. 宫腔镜
D. 腹腔镜　　E. 孕激素撤退试验

792. 若尿 hCG 测定为阳性,最可能的诊断是

A. 不全流产　　B. 月经不调　　C. 肌壁间子宫肌瘤
D. 绒毛膜癌　　E. 侵蚀性葡萄胎复发

793. 若胸部 X 线片未见异常,其最佳治疗方案为
A. 全子宫+双附件切除　　B. 全子宫切除+淋巴清扫　　C. 全身化疗
D. B 超下局部注射抗癌药物　　E. 全子宫切除

(794~795 题共用题干)女,28 岁。葡萄胎清宫术后阴道持续少量流血 3 个月。妇科检查:子宫如妊娠 50 天大小,质软,双侧附件均可触及囊性肿物,约 5cm×4cm,活动好,尿 hCG 阳性。盆腔超声示子宫肌层有一 4cm×3cm 不均质回声,血流信号丰富,两侧附件区有囊肿性低回声包块。

794. 最可能的诊断为
A. 侵蚀性葡萄胎　　B. 不全流产　　C. 早孕合并卵巢囊肿
D. 绒毛膜癌　　E. 子宫腺肌病合并卵巢囊肿

795. 首选的治疗为
A. 卵巢囊肿切除术　　B. 放射治疗　　C. 子宫病灶切除术
D. 清宫术　　E. 化学治疗

(796~798 题干共用题干)女,35 岁。停经 80 天,阴道不规则流血 4 天,下腹隐痛,呕吐反应剧烈。既往无孕产史。妇科检查:宫底平脐,质软,未触及胎体,未闻及胎心。尿 hCG(+)。

796. 首先考虑的诊断是
A. 葡萄胎　　B. 侵蚀性葡萄胎　　C. 绒毛膜癌
D. 先兆流产　　E. 稽留流产

797. 首选的辅助检查是
A. 胸部 X 线片检查　　B. 颅脑 CT 检查　　C. 盆腔超声检查
D. 凝血功能检查　　E. 血 hCG

798. 初始治疗 8 周后血 hCG 降至正常,后又出现升高。1 天前测 hCG10000U/L。超声检查:宫腔内未见异常,子宫后壁近右侧角部肌层内可探及不均质回声,内有丰富的低阻力型血流信号。双侧附件区均探及直径约 4cm 的囊性包块。下一步首选的治疗是
A. 化学治疗　　B. 双侧卵巢囊肿剥除术　　C. 子宫病灶局部切除术
D. 放射治疗　　E. 子宫+双附件切除术

第 18 章 生殖内分泌疾病

一、异常子宫出血(功能失调性子宫出血)(执业医师及助理医师均需掌握)

799. 无排卵性功能失调性子宫出血患者诊断性刮宫的病理结果,不可能出现的项目为
A. 分泌期与增生期内膜并存　　B. 子宫内膜单纯性增生　　C. 子宫内膜复杂性增生
D. 萎缩性子宫内膜　　E. 增生期子宫内膜

800. 关于无排卵性功能失调性子宫出血的描述,正确的是
A. 血清雌激素呈持续低水平　　B. 血 FSH 呈持续高水平　　C. 血 LH 不出现陡直高峰
D. 血清雌激素呈持续高水平　　E. 血清孕激素呈持续高水平

801. 女,43 岁。近 2~3 年月经不调,表现为周期延长,经量增多且淋漓不净。此次停经 3 个月。阴道流血 10 余天,量多,给予诊刮止血,刮出物病理学检查为子宫内膜复杂性增生。最可能的诊断是
A. 黄体功能不足　　B. 子宫内膜不规则脱落　　C. 子宫内膜炎

D. 子宫内膜癌前病变　E. 无排卵性功能失调性子宫出血

802. 与痛经无关的疾病是
A. 无排卵性异常子宫出血　B. 子宫黏膜下肌瘤　C. 慢性盆腔炎
D. 子宫内膜异位症　E. 子宫腺肌病

803. 了解子宫内膜周期性变化最可靠的诊断依据是
A. 血清雌激素测定　B. 宫颈黏液检查　C. 尿雌二醇测定
D. 基础体温测定　E. 诊断性刮宫

804. 检查卵巢功能简便易行的方法是
A. 阴道脱落细胞学检查　B. 基础体温测定　C. 宫颈黏液检查
D. 子宫内膜检查　E. 性激素测定

805. 无排卵性功能失调性子宫出血的特点是
A. 基础体温双相,月经周期延长,经期正常　B. 基础体温单相,月经周期紊乱,经期长短不一
C. 基础体温双相,月经周期正常,经期延长　D. 基础体温单相,月经周期正常,经期长短不一
E. 基础体温双相,月经周期缩短,经期正常

806. 女,16 岁。月经周期紊乱 1 年,伴经量多少不一,经期长短不定,基础体温单相。首先考虑的诊断是
A. 卵巢早衰　B. 子宫内膜异位症　C. 排卵性功能失调性子宫出血
D. 特纳综合征　E. 无排卵性功能失调性子宫出血

(807~808 题共用题干)女,18 岁。月经不规律 2 年,阴道大量流血 2 周,贫血貌。B 超示子宫及双侧附件未见异常,血 FSH、LH、T、PRL 水平正常。

807. 最可能的诊断是
A. 子宫内膜异位症　B. 卵巢功能性肿瘤　C. 功能失调性子宫出血
D. 多囊卵巢综合征　E. 子宫内膜癌

808. 经过治疗血止并撤退性出血后,首选的治疗是
A. 雌激素治疗　B. 雌孕激素序贯疗法　C. 孕激素治疗
D. 雄激素治疗　E. 氯米芬促排卵治疗

809. 不孕患者,检测排卵功能,对诊断关系不大的辅助检查方法为
A. B 超检测卵巢排卵　B. 月经周期后半期宫颈黏液检查　C. 肾上腺功能检测
D. 基础体温测定　E. 月经周期前半期子宫内膜活检

(810~812 题共用题干)女,48 岁,G_2P_2。月经周期紊乱伴潮热 1 年,阴道流血 35 天,伴头晕、乏力 10 天。妇科检查见宫颈轻度糜烂,无触血,子宫大小、形态正常,双侧附件区未触及异常。超声检查示子宫内膜厚 0.8cm,无血流信号。

810. 该患者最可能的诊断是
A. 异位妊娠　B. 功能失调性子宫出血　C. 子宫颈上皮内瘤变
D. 子宫颈鳞癌　E. 子宫内膜炎

811. 对明确诊断最有价值的检查是
A. 诊断性刮宫　B. HPV 检测　C. 尿妊娠试验
D. 性激素水平测定　E. 子宫颈细胞学检查

812. 若诊断成立,首选的治疗是
A. 腹腔镜探查术　B. 抗炎治疗　C. 子宫颈锥切
D. 广泛性子宫切除术　E. 激素类药物治疗

813. 女,16岁。月经初潮后2年,月经周期1~4个月,经量多,伴血块,此次阴道流血已10天,仍有大血块,伴头晕。血红蛋白70g/L。妇科超声提示子宫内膜厚度0.5cm,双侧附件未见异常。止血措施首选
A. 大剂量雄激素　B. 大剂量雌激素　C. 大剂量孕激素
D. 诊断性刮宫术　E. 抗纤溶及促凝药物

814. 青春期无排卵性功能失调性子宫出血的治疗原则
A. 减少出血,促使卵巢排卵　B. 止血,调整周期,促进排卵　C. 止血,调整周期
D. 促进黄体功能,促进排卵　E. 促进内膜剥落,调整月经周期

815. 46岁,妇女。月经周期延长,经量增多及经期延长,此次月经量多且持续12天。妇科检查子宫稍大稍软。有效的止血措施是
A. 静脉注射6-氨基己酸　B. 口服大剂量雌激素　C. 口服大量安宫黄体酮
D. 口服甲基睾丸素　E. 行刮宫术

816. 女,36岁。结婚8年未孕,月经规律,周期22天,经期5~6天,无痛经。基础体温为双相型,高温相为8天。月经来潮后6小时子宫内膜活检,病理检查结果最可能是
A. 子宫内膜单纯性增生　B. 萎缩性子宫内膜　C. 分泌期子宫内膜腺体分泌不良
D. 分泌期与增殖期内膜并存　E. 增殖期子宫内膜

817. 有排卵性功能失调性子宫出血多见于
A. 青春期　B. 生育期　C. 更年期
D. 绝经期　E. 老年期

818. 有排卵性功能失调性子宫出血的子宫内膜变化是
A. 增生性子宫内膜　B. 分泌性子宫内膜　C. 萎缩性子宫内膜
D. 子宫内膜腺囊型增生过长　E. 子宫内膜腺瘤型增生过长

819. 考虑黄体萎缩不全,诊断性刮宫时间应在
A. 月经干净后5天　B. 月经第5天　C. 月经来潮24小时内
D. 月经来潮12小时内　E. 随时刮宫

820. 女性,28岁。产后6个月,月经周期缩短,妇科检查无异常。基础体温曲线呈双相型,提示
A. 无排卵性异常子宫出血　B. 子宫内膜不规则脱落　C. 黄体功能不足
D. 早期妊娠　E. 不能确定诊断

A. 基础体温单相,无低温相　B. 基础体温单相,无高温相　C. 基础体温双相,低温相短
D. 基础体温双相,高温相短　E. 基础体温双相,高温相下降缓慢
821. 青春期无排卵性功能失调性子宫出血的体温特点是
822. 黄体功能不足的体温特点是

A. 月经5~6日刮宫子宫内膜呈增生和分泌并存　B. 月经5~6日刮宫子宫内膜呈分泌性
C. 经前诊断性刮宫子宫呈增生性　D. 经前诊断性刮宫子宫内膜呈蜕膜反应
E. 经前诊断性刮宫子宫内膜呈分泌不良
823. 无排卵性功能失调性子宫出血子宫内膜的表现是
824. 卵巢黄体功能不足子宫内膜的表现是

825. 黄体萎缩不全患者月经5~6天刮宫的病理表现是
A. 增殖期与分泌期并存　B. 增殖期内膜　C. 分泌期内膜
D. 单纯性内膜　E. 复杂性增殖

826. 黄体功能不足常见的症状是
A. 月经过多　B. 月经频发　C. 月经过少

D. 月经稀发　　E. 月经不规则

827. 女,26 岁。近 3 个月月经周期缩短。妇科检查无生殖器官器质性病变。基础体温双相型。子宫内膜活检示分泌反应落后 3 日。诊断为“排卵性月经失调”。下列不用于治疗的是

A. 小剂量雌激素　　B. 氯米芬　　C. hCG

D. 子宫内膜去除术　　E. 黄体酮

二、闭经(执业医师及助理医师均需掌握)

828. 闭经分类不包括

A. 垂体性闭经　　B. 子宫性闭经　　C. 卵巢性闭经

D. 阴道性闭经　　E. 下丘脑性闭经

829. 下列引起原发性闭经的疾病是

A. 空蝶鞍综合征　　B. 神经性厌食　　C. Asherman 综合征

D. Turner 综合征　　E. 颅咽管瘤

830. 临床上最常见的闭经类型是

A. 子宫性闭经　　B. 卵巢性闭经　　C. 垂体性闭经

D. 下丘脑性闭经　　E. 原发性闭经

831. 希恩(Sheehan)综合征属于

A. 下丘脑性闭经　　B. 神经性闭经　　C. 子宫性闭经

D. 卵巢性闭经　　E. 垂体性闭经

832. 女,31 岁。2 年前分娩时发生出血性休克。至今无月经,自觉畏寒、嗜睡、性欲低下。妇科检查提示子宫明显小于正常。引起该患者闭经的病变部位在

A. 子宫　　B. 卵巢　　C. 垂体

D. 下丘脑　　E. 甲状腺

833. 下列疾病属于下丘脑性闭经的是

A. 颅咽管瘤　　B. 空蝶鞍综合征　　C. 子宫内膜炎

D. 卵巢早衰　　E. Asherman 综合征

834. 女性,20 岁。继发性闭经 9 个月。检查卵巢不大。每日肌内注射黄体酮注射液 20mg,连用 5 日,停药后阴道流血。再静脉注射 GnRH100μg 后 45 分钟,血 LH 值增高近 3 倍。闭经的病变部位应在

A. 下丘脑　　B. 腺垂体　　C. 卵巢

D. 子宫　　E. 肾上腺

835. 女,18 岁,身高 1.40m。月经一直未来潮,智力正常,第二性征未发育,血 FSH 升高,雌二醇水平低下。最可能的诊断是

A. 唐氏综合征　　B. 特纳综合征　　C. 希恩综合征

D. 多囊卵巢综合征　　E. 雄激素不敏感综合征

836. Asherman 综合征属于

A. 子宫性闭经　　B. 卵巢性闭经　　C. 垂体性闭经

D. 下丘脑性闭经　　E. 精神性闭经

837. 36 岁,已婚妇女。闭经 8 个月。查子宫稍小。肌内注射黄体酮 20mg 连用 3 日,未见撤药性流血。再给予己烯雌酚 1mg,连服 20 日,后 3 天加用安宫黄体酮 10mg,出现撤药性流血。应诊断为

A. 子宫性闭经　　B. 第一度闭经　　C. 第二度闭经

D. 垂体性闭经　　E. 下丘脑性闭经

838. 诊断子宫性闭经的依据是

A. 注射黄体酮有撤退性出血　B. 注射黄体酮无撤退性出血　C. 雌-孕激素无撤退性出血
D. 雌-孕激素有撤退性出血　E. 雌激素有撤退性出血

(839~841 题共用题干)女,36 岁。近 2 年来月经周期延长,闭经 6 个月。既往月经规律。查体:子宫及双侧附件未见明显异常,挤压乳房有乳汁分泌。盆腔 B 超未见异常。

839. 最可能的诊断是
A. 特纳综合征　B. 雄激素分泌不敏感综合征　C. 希恩综合征
D. 闭经-溢乳综合征　E. 多囊卵巢综合征

840. 对诊断有价值的血清学指标是
A. 泌乳素　B. 雄激素　C. 雌激素
D. 孕激素　E. 绒毛膜促性腺激素

841. 主要的治疗药物是
A. 溴隐亭　B. 多巴胺　C. 克罗米芬
D. GnRH-α　E. 黄体酮

842. 闭经患者用孕激素治疗出现撤药性阴道流血,表示
A. 子宫内膜呈萎缩型　B. 子宫内膜有结核病灶　C. 体内缺乏雌激素
D. 子宫内膜对雌激素不起反应　E. 子宫内膜已受雌激素影响

843. 促进排卵的药物不包括
A. 尿促性素　B. 氯米芬　C. 人绒毛膜促性腺激素
D. 卵泡刺激素　E. 孕激素

844. 女,36 岁。月经稀发 3 年,停经 1 年。实验室检查:血 FSH48U/L,雌激素 10pg/ml。最可能的诊断为
A. 子宫内膜不规则脱落　B. 卵巢早衰　C. 黄体功能不足
D. 多囊卵巢综合征　E. 子宫内膜异位症

845. 女,35 岁。闭经 3 年,内分泌检测血 FSH55U/L。最可能的诊断是
A. 卵巢性闭经　B. 垂体性闭经　C. 子宫性闭经
D. 肾上腺性闭经　E. 下丘脑性闭经

846. 女,31 岁,停经 8 个月。孕激素试验有出血,血 FSH、LH 正常。垂体兴奋试验 LH 不增高。诊断为"继发性闭经"。该患者最有可能的病变部位是
A. 甲状腺　B. 卵巢　C. 下丘脑
D. 垂体　E. 子宫

847. 符合希恩综合征诊断的是
A. FSH、LH 均<5U/L　B. FSH、LH 均>10U/L　C. LH/FSH≥ 2
D. PRL$>25\mu g/L$　E. PRL 正常,FSH>40U/L

三、多囊卵巢综合征(执业医师需掌握)

848. 女,29 岁。体型肥胖,婚后 2 年未孕。月经周期 45~60 天,月经量少,血 LH/FSH>2。该患者的内分泌特征不包括
A. 高胰岛素血症　B. 胰岛素抵抗　C. 雌酮/雌二醇比例倒置
D. 高孕激素血症　E. 高雄激素血症

849. 符合多囊卵巢综合征内分泌特点的是
A. 空腹胰岛素水平降低　B. $E_1/E_2<1$　C. LH/FSH≥ 2
D. FSH 、LH 值均<5U/L　E. PRL 正常,FSH>40U/L

850. 多囊卵巢综合征的常见月经改变是
A. 月经稀发　B. 月经频发　C. 月经周期正常,经量过少
D. 月经周期正常,经量过多　E. 月经周期正常,经期延长

851. 女,28 岁。结婚 5 年未孕。自月经初潮起即 35~60 天行经 1 次。毛发浓密,面部痤疮明显,身高 158cm,体重 76kg。最可能的诊断是
A. 特纳综合征　B. 多囊卵巢综合征　C. Asherman 综合征
D. 对抗性卵巢综合征　E. 闭经泌乳综合征

(852~853 题共用题干)女,28 岁。婚后 4 年未孕,月经周期 4~5 天/2~3 个月,量偏少,身高 156cm,体重 75kg,面部可见痤疮,阴毛分布呈男性型。妇科检查:子宫未见异常,双侧卵巢稍大。基础体温单相。

852. 最可能的诊断是
A. 生殖器结核　B. 卵巢早衰　C. 子宫内膜异位症
D. 多囊卵巢综合征　E. 黄体功能不足

853. 该患者用氯米芬治疗,最需要注意防止的并发症是
A. 卵巢早衰　B. 卵巢过度刺激综合征　C. 肝肾功能损害
D. 盆腔炎性疾病　E. 黄素化卵泡不破裂综合征

四、绝经综合征(执业医师及助理医师均需掌握)

854. 女,50 岁。近 1 年月经不规律,月经周期延长,经量减少,伴潮热、出汗。查体:外阴阴道黏膜菲薄,宫颈及子宫萎缩。对该患者体内激素水平阐述正确的是
A. 雌激素下降,孕激素上升,促性腺激素上升　B. 雌激素上升,孕激素上升,促性腺激素上升
C. 雌激素下降,孕激素下降,促性腺激素下降　D. 雌激素下降,孕激素下降,促性腺激素上升
E. 雌激素下降,孕激素上升,促性腺激素下降

855. 女,50 岁。月经稀发 1 年,停经 6 个月。近 8 个月来有潮热,汗多,入睡困难。B 超发现左卵巢囊肿,直径 2cm。子宫内膜活检病理结果显示子宫内膜息肉。引起患者不适的原因是
A. 左卵巢囊肿　B. 绝经综合征　C. 神经症
D. 子宫内膜息肉　E. 月经不调

第 19 章　不孕症与辅助生殖技术

一、不孕症(执业医师及助理医师均需掌握)

856. 诊断原发性不孕的依据为
A. 结婚 2 年,未避孕 1 年,未孕　B. 结婚 2 年,安全期避孕,未孕
C. 结婚 3 年,未避孕,自然流产后未孕　D. 结婚 4 年,避孕套避孕,近 2 年未避孕未孕
E. 结婚 4 年,人工流产 1 次,近 2 年未避孕未孕

857. 最常见的女性不孕因素是
A. 宫体因素　B. 精神因素　C. 阴道因素
D. 输卵管因素　E. 宫颈因素

858. 女性,29 岁。结婚 3 年不孕。基础体温曲线呈单相型,经前 5 天取宫颈黏液,其特征应是
A. 量少黏稠　B. 量少稀薄　C. 量多黏稠
D. 量多稀薄　E. 量极少,不易取出

859. 女,30 岁。结婚 5 年未孕,经量减少 2 年,伴下腹坠胀。既往肺结核史。妇科检查:子宫后倾屈,活动受限,形状不规则,双附件区可触及形状不规则包块,质硬,表面不平。下列哪项无助于诊断?
A. 诊断性刮宫 B. 腹部 X 线片 C. 子宫输卵管碘油造影
D. 基础体温测定 E. 宫腔分泌物结核分枝杆菌培养
860. 不属于卵巢功能检查范畴的是
A. 宫颈细胞学检查 B. 性激素测定 C. 宫颈黏液检查
D. 基础体温测定 E. 月经期前子宫内膜活组织检查

(861~862 题共用题干)女,28 岁。结婚 3 年未孕,月经规律。妇科检查:子宫正常大,双侧附件正常。男方精液检查正常。
861. 应首先进行
A. 阴道脱落细胞学检查 B. 输卵管通畅检查 C. 宫颈黏液结晶
D. 子宫内膜病理检查 E. 子宫输卵管造影
862. 经检查诊断为黄体发育不良,最恰当的内分泌治疗是
A. 雌激素治疗 B. 排卵后黄体酮治疗 C. 人工周期
D. 少量肾上腺皮质激素 E. 口服溴隐亭

二、辅助生殖技术(执业医师需掌握)

863. 女,31 岁。婚后 3 年不孕。患者平素月经规律,妇科检查未发现异常,内分泌检查正常,造影示双侧输卵管堵塞。适宜的辅助生育技术是
A. 人工授精 B. 植入前遗传学诊断技术 C. 配子输卵管内移植
D. 胞浆内单精子注射 E. 体外受精与胚胎移植

第 20 章 计划生育与妇女保健

一、计划生育(执业医师及助理医师均需掌握)

864. 宫内节育器的抗生育原理主要为
A. 抗孕激素 B. 抗雌激素 C. 抑制排卵
D. 阻碍受精 E. 干扰着床
865. 含铜 IUD 的主要作用机制不包括
A. 压迫局部子宫内膜产生炎症反应 B. 影响子宫内膜细胞糖原代谢和雌激素摄入
C. 使受精卵运行速度与子宫内膜发育不同步 D. 铜离子使精子头尾分离,不得获能
E. 使宫颈黏液稠厚,不利于精子穿透
866. 下列情况可以放置宫内节育器的是
A. 流产后 2 个月 B. 产后 4 周 C. 宫腔≤5.5cm
D. 宫腔>9.0cm E. 心功能Ⅲ级
867. 不宜放置宫内节育器的是
A. 阴道炎治疗中 B. 月经干净后 3~7 天 C. 哺乳期已排除早孕
D. 人工流产术后 E. 刮宫产术后半年,月经已复潮
868. 不是宫内节育器放置禁忌证的是
A. 月经稀发 B. 生殖道急、慢性炎症 C. 生殖器肿瘤
D. 宫颈内口松弛 E. 子宫畸形

869. 宫内节育器取器适应证,错误的是
A. 带器妊娠　B. 计划再生育　C. 绝经2年者
D. 放置期已满,需要更换　E. 副反应治疗无效,而出现发炎

870. 放置宫内节育环的时间是
A. 月经前3~7天　B. 月经后3~7天　C. 月经后1天
D. 月经前1天　E. 无时间限制

871. 宫内节育器并发症不包括
A. 感染　B. 出血　C. 子宫穿孔
D. 腰酸　E. 闭经

872. 女,25岁。结婚2个月,月经规律,量较多。查体未见异常。近两年无生育计划,其不宜选用的避孕方法是
A. 外用避孕栓　B. 宫内节育器　C. 短效口服避孕药
D. 男用避孕套　E. 阴道避孕药环

873. 放置宫内节育器的注意事项不包括
A. 术后休息3日　B. 术后2周禁性交及盆浴　C. 带铜节育器可放置5年
D. 术后未见尾丝应行超声检查　E. 术后月经来潮注意节育器有无脱落

A. 月经来潮6小时内　B. 月经期第2~3日　C. 月经期第5~6日
D. 月经干净第3~7日　E. 月经干净第10~14日

874. IUD取出通常选择的时间在
875. 为了解黄体功能进行诊刮的时间应选在
876. 疑为子宫内膜不规则脱落时诊刮的时间应选在

877. 女,48岁。放置宫内节育器(IUD)10年,不规则阴道流血3个月。妇科检查:宫颈光滑,宫颈细胞学检查无异常。首选处理方法是
A. 止血药治疗　B. 抗感染治疗　C. 取出IUD+诊断性刮宫术
D. 取出IUD+抗感染治疗　E. 人工周期治疗

(878~879题共用题干)女,30岁。G_2P_1。既往月经规律,月经量少。身体健康。要求长期采取避孕措施。

878. 首选的避孕方法是
A. 宫内节育器　B. 紧急避孕药　C. 安全期避孕
D. 长效口服避孕药　E. 外用杀精子剂

879. 宫内节育器的避孕原理主要是
A. 干扰受精卵着床　B. 抑制卵巢排卵　C. 影响精子获能
D. 阻止精子和卵子相遇　E. 改变宫颈黏液性状

880. 关于短效口服避孕药的作用机制,不正确的是
A. 抑制排卵　B. 改变宫颈黏液性状　C. 影响精子获能
D. 抑制子宫内膜增殖变化　E. 使子宫内膜分泌不良

881. 甾体激素避孕药的避孕机制不包括
A. 改变宫颈黏液的性状　B. 影响输卵管生理功能　C. 阻止精子与卵子的结合
D. 抑制排卵　E. 改变子宫内膜形态与功能

882. 短效避孕药的禁忌证不包括

A. 慢性肝炎　B. 哺乳期　C. 月经稀少
D. 血栓性疾病　E. 宫颈糜烂

883. 短效口服避孕药含
A. 雌激素　B. 孕激素　C. 雌激素+雄激素
D. 孕激素+雄激素　E. 雌激素+孕激素

884. 复方短效避孕药是
A. 从月经第 1 天开始服用　B. 从月经第 5 天开始服用　C. 从月经干净第 5 天开始服用
D. 从月经周期第 7 天开始服用　E. 从月经周期第 10 天开始服用

885. 女性，28 岁。已婚，生育 1 子，两地分居，丈夫最近将回家探亲，拟服用探亲片(甲地孕酮)。正确的服药方法是
A. 月经来潮第 5 天服 1 片，12 天后再服 1 片　B. 月经来潮第 5 天开始，每晚 1 片，连服 22 天
C. 性交后服 1 片，次日晨加服 1 片　D. 探亲当日中午服 1 片，以后每次性交后服 1 片
E. 性交前 8 小时服 1 片，当晚再服 1 片，以后每晚 1 片，至探亲结束次日晨加服 1 片

886. 32 岁，经产妇。曾足月分娩 2 次。月经周期正常，经量中等。查阴道前后壁明显膨出，重度颗粒型宫颈糜烂，宫口松，子宫后倾，正常大，附件未见异常。患者要求避孕，最合适的避孕方法是
A. 安全期避孕　B. 阴茎套避孕　C. 外用避孕药
D. 宫内节育器　E. 口服短效避孕药

887. 33 岁经产妇，平时月经周期稍缩短，经量多。检查宫颈糜烂Ⅱ度，宫口松。最合适的避孕方法应是
A. 安全期避孕　B. 阴茎套避孕　C. 阴道隔膜避孕
D. 宫内节育器避孕　E. 口服避孕药避孕

888. 经产妇，34 岁。妇科检查：宫颈中度糜烂，宫颈口松弛，子宫后倾屈，双附件未扪及。应选择的避孕方法是
A. 口服短期避孕药　B. 阴茎套　C. 安全期避孕
D. 宫内节育器　E. 体外排精

889. 关于口服短效避孕药的反应，正确的是
A. 经量增多　B. 服药期间出现阴道流血，是由于撤退性出血所致
C. 体重增加　D. 白带增多是孕激素作用的结果
E. 类早孕反应是孕激素刺激胃黏膜所致

890. 复方短效口服避孕药的副作用，正确的是
A. 能引起经血量增多，不适用于经量偏多的妇女
B. 孕激素引起宫颈黏液量增多致白带增多
C. 体重减轻系因食欲不佳、进食少
D. 孕激素刺激胃黏膜致类早孕反应
E. 能使水钠潴留

891. 口服避孕药的副作用不包括
A. 短期闭经　B. 体重增加　C. 卵巢肿瘤
D. 类早孕反应　E. 色素沉着

892. 口服避孕药后不规则出血，正确的处理方法是
A. 加服少量雌激素　B. 需立即停药　C. 加服少量孕激素
D. 加服少量雄激素　E. 加倍服药

893. 服用短效口服避孕药在前半周期出现阴道不规则流血，正确处理应选择
A. 停药　B. 用止血药　C. 减少避孕药量
D. 加服避孕药　E. 加服炔雌醇

894. 女性,30 岁,与丈夫分居。在月经第 11 天时,丈夫回家,未避孕,要求房事后紧急避孕,首选的简便、安全、有效的措施为

A. 宫内节育器　B. 18-甲基炔诺酮　C. 甲地孕酮

D. 甲醚抗孕丸　E. 米非司酮

895. 45 岁,妇女。患Ⅱ度子宫脱垂伴阴道前后壁明显膨出。2 个月前患乙型肝炎住院治疗 50 天,现来院咨询避孕方法,应选用

A. 宫内节育器　B. 口服避孕药　C. 安全期避孕

D. 外用避孕药膜　E. 男用阴茎套

896. 女性,35 岁。慢性肝炎病史 3 年。妇科检查宫颈糜烂Ⅲ度,子宫正常大小,要求避孕,应选择

A. 避孕套　B. 短效避孕药　C. 阴道隔膜避孕

D. 宫内节育器　E. 安全期避孕

897. 女,35 岁,G_6P_1。月经量增多 3 年。经期及周期正常。妇科检查:子宫前位,饱满,活动差,无压痛。推荐该患者最佳的避孕方法是

A. 惰性宫内节育器　B. 避孕套　C. 体外排精

D. 紧急避孕药　E. 短效口服避孕药

898. 下列避孕方法中哪种最不可靠?

A. 宫内节育器　B. 避孕套　C. 安全期避孕

D. 皮埋避孕法　E. 短效避孕药

899. 关于不同方法的避孕原理,错误的是

A. 安全期避孕是通过将性生活避开排卵前后 1~2 日的不安全期而达到避孕目的

B. 宫内节育器通过干扰着床而达到避孕目的

C. 阴道隔膜可阻止精子进入宫腔而达到避孕目的

D. 口服避孕药主要通过抑制排卵、阻碍受精和着床而达到避孕目的

E. 阴茎套可阻止精子进入阴道而达到避孕目的

900. 输卵管绝育术的作用是

A. 抑制排卵　B. 杀灭精子　C. 阻止精子与卵子相遇

D. 降低宫颈黏液的黏稠度　E. 降低精子成活率

901. 女性,42 岁。患慢性肾炎 3 年,半年前因早孕行药物流产,现要求避孕指导。最正确的避孕措施应是

A. 安全期避孕　B. 口服短效避孕药　C. 皮下埋植避孕

D. 阴茎套避孕　E. 行输卵管结扎术

902. 女,35 岁,G_5P_0。停经 5 个月。患风湿性心脏病 20 年,心功能Ⅲ级。曾因风湿性心脏病行人工流产术 3 次。B 超示中期妊娠,拟行剖宫取胎术。最佳的避孕方法是

A. 紧急避孕药　B. 长效避孕针　C. 宫内节育器

D. 输卵管绝育术　E. 短效口服复方避孕药

903. 最适于进行输卵管结扎术的时间是

A. 月经来潮前 3~4 天　B. 足月产后 14 天　C. 难产后 72 天

D. 人工流产术后 3 天　E. 月经后 3~4 天

904. 输卵管绝育术并发症不包括

A. 出血与血肿　B. 月经异常　C. 脏器损伤

D. 子宫内膜异位症　E. 肠粘连

905. 人工流产负压吸宫术适用于妊娠时间最多不超过妊娠

A. 6 周　B. 8 周　C. 10 周

D. 12周　　E. 14周

906. 属于人工流产负压吸引术禁忌证的是
A. 哺乳期　　B. 慢性宫颈炎　　C. 剖宫产术后1年
D. 妊娠9周　　E. 间隔4小时再次体温超过37.5℃

907. 初孕妇,25岁,现妊娠9周,半年前曾因感冒诱发心力衰竭。查体:心率110次/分,心尖部闻及舒张期杂音,肝肋下可触及。正确的处理措施是
A. 继续妊娠,不需特殊治疗　　B. 继续妊娠,增加产前检查次数　　C. 终止妊娠,行钳刮术
D. 继续妊娠,需口服地高辛　　E. 终止妊娠,行负压吸引术

908. 关于人工流产术注意事项,错误的是
A. 仔细检查吸出物,测定出血量及吸出物容量,必要时送病理
B. 术时注意无菌操作,防止感染及子宫穿孔　　C. 吸宫吸头进出宫颈管时应关闭负压
D. 术后在观察室休息2小时　　E. 术后2月内禁盆浴及性生活

(909~910题共用题干)女性,28岁。停经55天,伴恶心呕吐。妇科检查:子宫增大约妊娠50天,双侧附件(-)。

909. 首选辅助检查是
A. B超　　B. 基础体温测定　　C. 宫颈黏液检查
D. 血hCG检测　　E. 黄体酮试验

910. 若确诊为妊娠,应选择最佳的终止妊娠方法是
A. 药物流产　　B. 人工流产吸宫术　　C. 人工流产钳刮术
D. 乳酸依沙吡啶引产　　E. 缩宫素静脉滴注

911. 妊娠9周行吸宫流产术时,出血量多。首要的处理是
A. 输液输血　　B. 按摩子宫　　C. 排空宫腔内容物
D. 静脉注射止血剂　　E. 肌内注射止血剂

912. 女,27岁。妊娠7周行人工流产负压吸引术,术者突觉"无底"感,患者随即感下腹部剧烈疼痛,伴恶心,心率75次/分。首先应考虑的诊断是
A. 失血性休克　　B. 流产不全　　C. 羊水栓塞
D. 子宫穿孔　　E. 人工流产综合反应

913. 女,35岁,G_3P_1。放置宫内节育器时出现心悸伴明显腹痛。P100次/分,BP90/50mmHg。为明确诊断,应采取最安全、简便的方法是
A. 子宫输卵管造影术　　B. 盆腔X线检查　　C. 剖腹探查
D. 宫腔镜探查术　　E. 盆腔B超检查

914. 钳刮术中见黄色脂肪样组织,不正确的处理是
A. 抗感染　　B. 停止宫腔操作　　C. 肌内注射子宫收缩剂
D. 立即行剖腹探查术　　E. 住院观察,有内出血征象行剖腹探查术

(915~916题共用题干)女,24岁。停经6周诊断为早孕,行人工流产术,吸宫后探宫腔发现探不到宫底,出血不多,自述心悸,轻度腹痛及恶心。

915. 最可能的诊断是
A. 子宫畸形　　B. 子宫穿孔　　C. 人工流产综合反应
D. 羊水栓塞　　E. 葡萄胎

916. 此时该患者首选的处理方法是
A. 吸氧,给予升压药　　B. 继续手术,清空子宫　　C. 暂停手术,密切观察病情

D. 静脉注射阿托品　E. 立即行剖腹探查术

917. 人工流产术后12日,仍有较多阴道流血,应首先考虑的是

A. 子宫穿孔　B. 子宫复旧不良　C. 吸宫不全
D. 子宫内膜炎　E. 子宫绒毛膜癌

918. 患者人工流产术后14天,仍阴道流血较多,伴下腹疼痛,体温38.5℃。双合诊子宫略大,呈球形,压痛明显。应考虑的诊断是

A. 吸宫不全　B. 吸宫不全并发感染　C. 漏吸
D. 输卵管妊娠　E. 人工流产综合反应

919. 患者妊娠8周行吸宫术后半月,阴道持续流血,量时多时少。妇科检查:宫口松,子宫如40天妊娠大小,较软。尿妊娠试验阳性。应考虑的诊断为

A. 绒毛膜癌　B. 吸宫不全　C. 子宫内膜炎
D. 侵蚀性葡萄胎　E. 子宫复旧不良

920. 人工流产综合反应的主要发生原因是

A. 较长时间仰卧截石位　B. 精神过度紧张　C. 疼痛刺激
D. 吸宫负压过大　E. 迷走神经兴奋

921. 女,31岁,G_3P_1,剖宫产史。因妊娠50天行人工流产负压吸引术,术中患者突感胸闷、头晕、大汗淋漓、下腹坠痛伴恶心。查体:P49次/分,BP90/60mmHg,面色苍白,阴道少量流血。首先考虑的诊断是

A. 人工流产综合反应　B. 羊水栓塞　C. 子宫穿孔
D. 失血性休克　E. 急性腹膜炎

922. 29岁,女性。人工流产术中突感胸闷、头晕、恶心。查体:面色苍白,大汗淋漓,血压70/50mmHg,脉搏50次/分。此时应首先给予

A. 输血输液　B. 阿托品静脉注射　C. 苯巴比妥钠肌内注射
D. 迅速清除宫腔内容物　E. 阿拉明静脉滴注

(923~924题共用题干)已婚妇女,停经50天,诊断为早孕,要求行负压吸宫术。术中出现恶心、呕吐,出汗。查体:面色苍白,血压70/50mmHg,心率48次/分。

923. 最可能的诊断是

A. HELLP综合征　B. Turner综合征　C. Sheehan综合征
D. 宫腔粘连综合征　E. 人工流产综合反应

924. 正确处理应是

A. 间断正压给氧　B. 静脉注射止吐剂　C. 静脉注射阿托品
D. 静脉注射抗生素　E. 静脉滴注升压药

(925~926题共用题干)女,28岁,停经44天。尿妊娠试验阳性,要求行人工流产术。术前妇科检查:宫体后倾位,稍大,稍软。术中探宫腔9cm,吸出物未见绒毛,出血少。

925. 吸出的组织最可能为

A. 葡萄胎　B. 蜕膜组织　C. 子宫内膜息肉
D. 增生期子宫内膜　E. 分泌期子宫内膜

926. B型超声显示妊娠囊在宫底部,此时诊断应为

A. 漏吸　B. 吸宫不全　C. 宫腔感染
D. 子宫畸形　E. 子宫穿孔

927. 人工流产术的近期并发症不包括

A. 子宫穿孔　　B. 宫腔粘连　　C. 出血
D. 人工流产综合反应　　E. 羊水栓塞

928. 米非司酮终止早孕的机制是
A. 抗雌激素　　B. 抑制子宫收缩　　C. 抗孕激素
D. 抑制子宫胶原合成　　E. 兴奋子宫肌

929. 属于药物流产的禁忌证的是
A. 严重骨盆畸形　　B. 妊娠剧吐　　C. 瘢痕子宫
D. 哺乳期妊娠　　E. 宫颈发育不良

930. 关于哺乳期避孕的叙述,正确的是
A. 不需避孕　　B. 应采用避孕药物　　C. 最好使用工具避孕
D. 使用埋植避孕剂　　E. 剖宫产术后 3 个月放置 IUD

931. 哺乳期妇女避孕应在产后
A. 6 周　　B. 12 周　　C. 18 周
D. 24 周　　E. 30 周

932. 女,26 岁。产后 42 天复查,要求进行避孕指导,现处于哺乳期。查体子宫恢复正常,已排除慢性全身性疾病。不适合该妇女的避孕方法是
A. 阴茎套　　B. 阴道套　　C. 宫内节育器
D. 复方口服避孕药　　E. 长效孕激素避孕针

933. 剖宫产术后 3 个月哺乳期妇女,最恰当的避孕方法应选择
A. 短效口服避孕药　　B. 安全期避孕法　　C. 宫内节育器
D. 皮下埋置法　　E. 阴茎套避孕法

934. 新婚夫妇欲婚后 1 年要孩子,最正确的避孕方法是
A. 安全期避孕　　B. 口服避孕药　　C. 放置宫内节育器
D. 皮下埋植 Norplant Ⅱ　　E. 阴茎套

A. 阴茎套　　B. 宫内节育器　　C. 体外排精
D. 安全期避孕　　E. 口服避孕药

935. 女,35 岁,月经规律,经量多。妇科检查:宫颈呈糜烂状,宫颈口松,子宫前位,正常大小。首选的避孕方式是

936. 女,29 岁。3 个月前剖宫产分娩,现行母乳喂养。首选的避孕方式是
A. IUD　　B. 安全期避孕　　C. 紧急避孕药
D. 复方短效口服避孕药　　E. 长效复方避孕注射剂

937. 女,24 岁。未育,近半年无生育计划,首选的避孕方法是

938. 顺产后 4 个月哺乳期女性,首选的避孕方法是

二、妇女保健(执业医师及助理医师均需掌握)

939. 降低孕产妇死亡率和围产儿死亡率属于
A. 孕期保健　　B. 生育期保健　　C. 产时保健
D. 哺乳期保健　　E. 围产期保健

第二十篇 儿科学

第1章 绪论、生长发育与儿童保健

（执业医师及助理医师均需掌握）

1. 易发生各种感染和传染病的时期是
   A. 新生儿期 B. 婴儿期 C. 幼儿期
   D. 学龄前期 E. 青春期
2. 符合幼儿期特点的是
   A. 体格生长发育速度最快 B. 语言思维和应人应物能力发展迅速
   C. 识别危险的能力较强 D. 免疫力增强，传染病发生率低
   E. 不易发生营养缺乏和腹泻病
3. 关于小儿年龄分期，错误的是
   A. 胎儿期是指从受精卵开始至胎儿出生为止 B. 新生儿期是指自胎儿出生脐带结扎到满 28 天
   C. 婴儿期是指自出生 28 天后到满 1 周岁前 D. 幼儿期是指自 1 周岁后到满 3 周岁前
   E. 学龄前期是指自 3 周岁后到 6~7 岁入小学前
4. 儿童死亡率最高的时期是
   A. 新生儿期 B. 胎儿期 C. 婴儿期
   D. 幼儿期 E. 围生期

   A. 体格 B. 心血管系统 C. 淋巴系统
   D. 生殖系统 E. 神经系统
5. 小儿生长发育速度呈先快后慢的是
6. 小儿生长发育速度呈快、慢、快的是
7. 小儿生长发育最迅速的时期是
   A. 婴儿期 B. 幼儿期 C. 学龄前期
   D. 学龄期 E. 青春期
8. 小儿体格发育的两个高峰期是
   A. 青春期，学龄期 B. 学龄期，学龄前期 C. 青春期，幼儿期
   D. 青春期，婴儿期 E. 学龄期，新生儿期
9. 小儿生长发育的规律不包括
   A. 两个高峰期 B. 个体差异 C. 各器官、系统发育不平衡
   D. 自下而上 E. 连续性、非匀速性、阶段性
10. 小儿生长发育的规律正确的是
    A. 生长发育没有一定的规律 B. 各系统发育的速度不一致 C. 体格发育有绝对的正常值
    D. 小儿体格发育青春期最快 E. 生长发育是量先增加后有质的变化
11. 判断小儿体格发育最常用的指标是

A. 动作发育能力　B. 语言发育程度　C. 智能发育水平
D. 神经反射发育　E. 体重、身高、头围

A. 体重　B. 身高　C. 头围
D. 胸围　E. 腹围

12. 衡量营养状况的重要指标是
13. 反映骨骼发育的重要指标是

14. 正常足月儿的出生体重是
A. <1000g　B. >1000g　C. >1500g
D. >2000g　E. >2500g

15. 出生后第1年身高增长约
A. 35cm　B. 32cm　C. 30cm
D. 21cm　E. 25cm

16. 1~2岁幼儿1年中身高约增长
A. 5cm　B. 7cm　C. 10cm
D. 12cm　E. 13cm

17. 2岁小儿身长约
A. 32cm　B. 50m　C. 75cm
D. 85cm　E. 95cm

18. 正常2岁小儿的头围大约是
A. 46cm　B. 48cm　C. 52cm
D. 44cm　E. 50cm

19. 3个月婴儿的标准头围是
A. 40cm　B. 42cm　C. 38cm
D. 36cm　E. 44cm

20. 5岁小儿头围是
A. 32cm　B. 34m　C. 46cm
D. 50cm　E. 56cm

21. 3个月小儿按公式计算其身高、头围约是
A. 55cm,38cm　B. 60cm,40cm　C. 65cm,42cm
D. 70cm,44cm　E. 75cm,46cm

22. 1岁小儿的胸围应约为
A. 34cm　B. 38cm　C. 42cm
D. 46cm　E. 50cm

23. 小儿头围与胸围大致相等的年龄是
A. 6个月　B. 1岁　C. 1.5岁
D. 2岁　E. 2.5岁

24. 新生儿生后4~6个月,体重每月增加
A. 100~200g　B. 300~400g　C. 500~600g
D. 700~800g　E. 900~1000g

25. 2~6岁小儿体重为
A. 年龄(岁)×2+9　B. 年龄(岁)×3+8　C. 年龄(岁)×1+8

D. 年龄(岁)×1+9　　E. 年龄(岁)×2+8

26. 2 岁小儿按公式计算体重约(kg)

A. 3　　B. 6　　C. 9

D. 12　　E. 15

27. 一正常婴儿,体重 7.5kg,身长 68cm。前囟 1.0cm,头围 44cm。出牙 4 个。能独坐,并能以拇、示指拿取小球。该婴儿最可能的月龄是

A. 5 个月　　B. 8 个月　　C. 12 个月

D. 18 个月　　E. 24 个月

28. 一小儿,身长 76cm,体重 9.5kg,头围 46cm,胸围 46cm,出牙 6 颗。最可能的年龄是

A. 10 个月　　B. 15 个月　　C. 24 个月

D. 12 个月　　E. 18 个月

29. 一健康儿童,体检结果:身高是 117cm,体重 20kg。该儿童的年龄可能是

A. 6 岁　　B. 7 岁　　C. 8 岁

D. 9 岁　　E. 10 岁

30. 正确测量头围的方法是

A. 将软尺绕头部一周测量最大周长　　B. 将软尺紧贴头皮沿枕骨及眉弓绕头一周

C. 将软尺紧贴头皮沿枕骨结节最高点及眉弓一周　　D. 将软尺紧贴头皮沿枕骨结节最高点及眉弓上缘一周

E. 以上都不是

31. 一健康女婴,体重 8kg,身长 68cm,已能抓物、换手、独坐久,能发复音。其符合的最早月龄是

A. 4~6 个月　　B. 7~8 个月　　C. 9~10 个月

D. 11~12 个月　　E. 13~15 个月

A. 36cm　　B. 40cm　　C. 46cm

D. 50cm　　E. 56cm

32. 5 岁儿童的头围约是

33. 3 月龄婴儿的头围约是

34. 前囟的正确测量方法是

A. 对边中点连线　　B. 邻边中点连线　　C. 邻角顶点连线

D. 对角顶点连线　　E. 周径长度

35. 小儿出牙延迟的判断标准是

A. >4 个月未出牙　　B. >6 个月未出牙　　C. >10 个月未出牙

D. >12 个月未出牙　　E. >24 个月未出牙

36. 正常小儿前囟闭合的时间应是

A. 6~12 个月　　B. 12~18 个月　　C. 1.5~2 岁

D. 2~2.5 岁　　E. 2.5~3 岁

37. 正常小儿后囟最晚闭合的时间一般为生后

A. 3~5 周　　B. 6~8 周　　C. 9~11 周

D. 12~14 周　　E. 15~18 周

38. 小儿脊柱出现胸椎后突的时间是出生后

A. 3 个月　　B. 6 个月　　C. 9 个月

D. 10 个月　　E. 1 岁

39. 在正常情况下,6 岁小儿手腕部骨化中心的数目应约为

A. 5　　B. 6　　C. 7
D. 8　　E. 4

40. 新生儿生理性体重下降发生的时期是在出生后
A. 1~2日内　　B. 3~4日内　　C. 5~7日内
D. 8~10日内　　E. 11~15日内

41. 多数小儿萌出第一恒磨牙的年龄是
A. 14岁　　B. 12岁　　C. 10岁
D. 8岁　　E. 6岁

42. 出齐的小儿乳牙数目是
A. 14个　　B. 16个　　C. 18个
D. 20个　　E. 22个

43. 恒牙骨化开始的年龄是
A. 新生儿　　B. 1岁　　C. 2岁
D. 3岁　　E. 4岁

44. 关于小儿骨骼发育的描述,正确的是
A. 颅缝闭合的时间一般是2月龄　　B. 前囟最晚闭合的时间是10月龄
C. 脊柱出现第1个生理弯曲的年龄是3个月　　D. 后囟最晚闭合的时间是1月龄
E. 脊柱出现第3个生理弯曲的年龄是2岁

45. 某小儿做健康体检,测体重12kg,身高85cm,头围48cm,胸围49cm,乳牙20枚。其相应的年龄应是
A. 1岁　　B. 2岁　　C. 3岁
D. 4岁　　E. 5岁

46. 一健康儿童体检结果为:身高115cm,体重20kg,尚未开始换牙,腕部骨化中心数为7个。按照小儿生长发育的一般规律,其最可能的年龄是
A. 4岁　　B. 5岁　　C. 6岁
D. 7岁　　E. 8岁

47. 一正常婴儿,体重7.5kg,身长68cm。前囟1.0cm,头围44cm。出牙4个。能独坐,并能以拇、示指拿取小球。该婴儿最可能的月龄是
A. 5个月　　B. 8个月　　C. 12个月
D. 18个月　　E. 24个月

48. 正常小儿,身长88cm,体重12.5kg,出牙16颗,现会双脚跳,会用勺子吃饭。其最可能的年龄是
A. 1岁　　B. 3岁　　C. 2岁
D. 4岁　　E. 5岁

49. 健康体检小儿,体重9kg,身长75cm,头围46cm,胸围46cm,出牙6颗,最可能的年龄是
A. 10个月　　B. 12个月　　C. 15个月
D. 18个月　　E. 24个月

50. 女孩,会用勺子吃饭,能双脚跳,会翻书,会说2~3个字的短句。最可能的年龄是
A. 2岁　　B. 4岁　　C. 1.5岁
D. 3.5岁　　E. 3岁

51. 一男婴,营养状况良好,头围46cm,前囟0.5cm,身长75cm。最可能的月龄是
A. 4个月　　B. 8个月　　C. 10个月
D. 6个月　　E. 12个月

(52~53 题共用题干)一正常小儿身高 80cm,前囟已闭,头围 47cm,乳牙 16 枚,能用简单的语言表达自己的需要,对人、事有喜乐之分。

52. 此小儿的年龄最可能是

A. 1 岁　　B. 1 岁半　　C. 2 岁半
D. 3 岁　　E. 3 岁半

53. 按公式计算此小儿的体重约是

A. 15kg　　B. 13.5kg　　C. 12kg
D. 10.5kg　　E. 9kg

(54~55 题共用题干)一小儿身高 85cm,前囟已闭,头围 48cm,乳牙 20 枚,已会跳并能用简单的语言表达自己的需求,对人、事有喜乐之分。

54. 此小儿的年龄最大的可能是

A. 1 岁　　B. 1 岁半　　C. 2 岁
D. 3 岁　　E. 3 岁半

55. 按公式计算此小儿的体重约是

A. 9kg　　B. 10kg　　C. 12kg
D. 13kg　　E. 14kg

(56~57 题共用题干)一婴儿能独坐,并坐得很稳,但不会爬,能无意识地发出复音,认识生熟人,不能听懂自己的名字。

56. 此小儿的年龄最大可能是

A. 5 个月　　B. 6 个月　　C. 7 个月
D. 8 个月　　E. 9 个月

57. 此小儿的身高体重按公式计算约是

A. 60cm,6kg　　B. 62.5cm,6.55kg　　C. 65cm,7kg
D. 66.5cm,8kg　　E. 69cm,8kg

58. 4 岁儿童必须复种的疫苗是

A. 脊髓灰质炎疫苗　　B. 乙脑疫苗　　C. 百白破疫苗
D. 麻疹疫苗　　E. 卡介苗

59. 我国规定 1 岁以内必须完成的计划免疫是

A. 卡介苗　　B. 乙脑疫苗　　C. 流脑疫苗
D. 流感疫苗　　E. 甲肝疫苗

60. 1 岁以后儿童完成计划免疫复种的第一个疫苗是

A. 乙脑疫苗　　B. 百白破疫苗　　C. 乙肝疫苗
D. 麻疹疫苗　　E. 卡介苗

A. 卡介苗　　B. 乙肝疫苗　　C. 麻疹疫苗
D. 脊髓灰质炎三价混合疫苗　　E. 百白破混合制剂

61. 出生时、出生 1 个月、出生 6 个月时需接种的疫苗是
62. 出生 2 个月、出生 3 个月、出生 4 个月时需接种的疫苗是
63. 出生 3 个月、出生 4 个月、出生 5 个月时需接种的疫苗是

A. 2~3 天　　B. 1 个月　　C. 2 个月
D. 3 个月　　E. 8 个月

64. 麻疹疫苗初种时间是出生后
65. 百白破疫苗初种时间是出生后
66. 按计划免疫接种程序，半岁以内需接种的疫苗不包括
A. 卡介苗　B. 百-白-破三联混合疫苗　C. 麻疹疫苗
D. 乙肝疫苗　E. 脊髓灰质炎减毒活疫苗
67. 7 个月婴儿，医院出生。根据其免疫特点和传染病发生的情况，完成计划免疫和预防接种应不包括
A. 卡介苗　B. 脊髓灰质炎减毒糖丸活疫苗　C. 百白破三联针
D. 乙肝疫苗　E. 麻疹减毒活疫苗

A. 卡介苗　B. 流感疫苗　C. 麻疹疫苗
D. 脊髓灰质炎疫苗　E. 百白破疫苗
68. 新生儿期接种的疫苗应是
69. 出生后 8 个月时应接种的疫苗是
A. 乙肝疫苗　B. 流感疫苗　C. 麻疹疫苗
D. 脊髓灰质炎疫苗　E. 百白破疫苗
70. 新生儿期接种的疫苗应是
71. 出生后 2 个月时应接种的疫苗是
A. 出生时接种　B. 出生时、出生 1 个月、出生 6 个月接种
C. 出生 3 个月、出生 4 个月、出生 5 个月接种　D. 出生 2 个月、出生 3 个月、出生 4 个月接种
E. 出生 8 个月接种
72. 百白破混合制剂预防免疫接种的计划是
73. 乙型肝炎疫苗预防免疫接种的计划是
74. 口服脊髓灰质炎减毒糖丸疫苗的时间是出生后

第 2 章　营养和营养障碍疾病

一、儿童营养基础（执业医师及助理医师均需掌握）

75. 5 岁小儿每日每千克所需总热量是
A. 400kJ(100kcal)　B. 460kJ(110kcal)　C. 500kJ(120kcal)
D. 540kJ(130kcal)　E. 580kJ(140kcal)
76. 1 岁以内婴儿每日每千克所需能量约为
A. 70kcal　B. 90kcal　C. 110kcal
D. 130kcal　E. 150kcal
77. 1 岁以内婴儿基础代谢，每日每千克约需
A. 80kcal　B. 66kcal　C. 55kcal
D. 44kcal　E. 30kcal
78. 1 岁半的男孩，基础代谢所需热量占总热量的比例是
A. 30%以下　B. 30%～40%　C. 50%～60%
D. 70%～80%　E. 80%以上
79. 小儿特有的能量需求是
A. 食物热力作用　B. 排泄丢失　C. 活动所需

D. 生长发育　　E. 基础代谢

80. 婴儿每日所需能量与营养素较成人相对要高,主要是由于小儿

A. 基础代谢所需较高　　B. 生长发育所需较高　　C. 食物特殊动力作用

D. 活动量大所需较高　　E. 消化吸收功能差,丢失较多

81. 不属于婴儿总热量分配的是

A. 基础代谢　　B. 生长发育　　C. 食物特殊动力作用

D. 思维活动　　E. 排泄损失

82. 不能为机体提供能量的营养素是

A. 糖类　　B. 淀粉类　　C. 蛋白质类

D. 维生素类　　E. 脂肪类

83. 小儿营养中最主要的能量来源是

A. 矿物质　　B. 糖类　　C. 脂类

D. 膳食纤维　　E. 蛋白质

84. 正常情况下,提供儿童总能量 55%~65% 营养素的是

A. 脂类　　B. 碳水化合物　　C. 蛋白质

D. 矿物质　　E. 维生素

85. 婴儿期每日热量及水的需要量约是

A. 460kJ/kg,150ml/kg　　B. 430kJ/kg,130ml/kg　　C. 380kJ/kg,120ml/kg

D. 380kJ/kg,110ml/kg　　E. 360kJ/kg,100ml/kg

86. 每 100kcal 热量的混合膳食产生的内生水是

A. 8ml　　B. 10ml　　C. 12ml

D. 14ml　　E. 16ml

二、婴儿喂养(执业医师及助理医师均需掌握)

87. 母乳喂养儿粪便中主要的细菌是

A. 大肠埃希菌　　B. 肠链球菌　　C. 副大肠杆菌

D. 变形杆菌　　E. 乳酸杆菌

88. 母乳与牛乳相比,对母乳特点的描述中错误的是

A. 乳糖含量高　　B. 铁吸收率高　　C. 钙磷比例适宜

D. 含饱和脂肪酸较多　　E. 含白蛋白多,酪蛋白少

89. 下列关于人初乳的描述,正确的是

A. 脂肪含量最高　　B. 蛋白质、糖及脂肪含量均最低　　C. 糖含量最高

D. 蛋白质含量较低　　E. 脂肪含量最少而蛋白质含量最多

A. 矿物质　　B. 维生素　　C. 脂肪

D. 蛋白质　　E. 碳水化合物

90. 每次哺乳时,母乳中呈先高后低变化的营养成分是

91. 每次哺乳时,母乳中呈先低后高变化的营养成分是

A. 尽早开始　　B. 1 小时　　C. 2 小时

D. 3 小时　　E. 4 小时

92. 正常足月儿生后母乳喂养开始时间是

93. 正常足月儿配方乳喂养的间隔时间是

94. 随着小儿年龄增长,母乳的量和质逐渐不能满足小儿所需,一般最迟断奶的年龄是
A. 6个月左右　B. 8个月左右　C. 10个月左右
D. 12个月左右　E. 18个月左右

95. 全脂奶粉加开水冲调,使其成分与鲜牛奶相似,其容积比应是
A. 1:1　B. 1:2　C. 1:4
D. 1:6　E. 1:8

96. 牛奶制品中,不宜作为婴儿主食的是
A. 全脂奶粉　B. 蒸发乳　C. 酸奶
D. 甜炼乳　E. 配方奶粉

97. 含8%糖的牛奶100ml约供能量
A. 80kcal　B. 100kcal　C. 120kcal
D. 140kcal　E. 160kcal

98. 人工喂养的婴儿估计每日奶量的计算是根据
A. 能量需要量　B. 胃容量　C. 身高
D. 体表面积　E. 年龄

A. 500ml　B. 550ml　C. 600ml
D. 650ml　E. 700ml

99. 5kg婴儿人工喂养每天约需8%糖牛奶
100. 6kg婴儿人工喂养每天约需8%糖牛奶

101. 男,3个月,健康婴儿。体重5kg,用牛奶喂养。一般每天应给予8%糖牛奶和另给水分的量分别是
A. 450ml和200ml　B. 500ml和250ml　C. 550ml和200ml
D. 600ml和100ml　E. 650ml和200ml

102. 发育正常男婴,一般每天应给予8%糖牛奶为600ml。对该男婴还应另补充的水分量是
A. 200ml　B. 250ml　C. 300ml
D. 100ml　E. 400ml

(103~104题共用题干)男,3个月。生长发育良好,体重为5kg,因母亲患慢性疾病,需停用母乳而改牛奶喂养。

103. 每日所需牛奶和水分的总量是
A. 850ml　B. 750ml　C. 650ml
D. 550ml　E. 450ml

104. 该婴儿每日所需8%糖牛奶量及另需补充的水分分别为(ml)
A. 350,100　B. 450,150　C. 500,250
D. 650,250　E. 750,300

(105~106题共用题干)2个月婴儿,体重4kg。母亲因黄疸型肝炎不能哺乳,需改用人工喂养。

105. 最适合的乳制品是
A. 全脂奶粉　B. 酸奶　C. 蒸发奶
D. 婴儿配方奶粉　E. 甜炼乳

106. 为保证能量需要,该婴儿每日需奶量(含8%的糖)应是
A. 200~240ml　B. 300~360ml　C. 400~480ml
D. 500~600ml　E. 700~720ml

107. 对 1~2 个月婴儿除哪项外均可为辅食？
A. 鲜果汁　B. 青菜汁　C. 米汤
D. 代乳粉　E. 蛋黄
108. 婴儿 5 个月时应添加的辅食是
A. 强化铁的米粉　B. 鱼类　C. 肉类
D. 蛋类　E. 面
109. 4~6 个月大的婴儿不宜添加的食物是
A. 菜泥　B. 水果泥　C. 配方奶
D. 肉末　E. 米粉

A. 肉末、豆腐、芋头　B. 果泥、菜泥、米糊　C. 果汁、菜汁、鱼肝油
D. 果汁、蛋黄、豆制品　E. 碎肉、碎菜、米汤
110. 出生后 1~3 个月添加的辅食是
111. 出生后 4~6 个月添加的辅食是
112. 出生后 7~9 个月添加的辅食是
A. 出生后 2 周内　B. 出生后 2 个月　C. 出生后 4~6 个月
D. 出生后 7~9 个月　E. 出生后 10~12 个月
113. 足月儿开始添加维生素 D 的时间是
114. 足月儿开始添加米粉的时间是
115. 足月儿开始添加肉末、菜末的时间是

三、蛋白质-能量营养不良（执业医师及助理医师均需掌握）

116. 儿童蛋白质-能量营养不良的诱发因素中，最常见的疾病是
A. 长期发热　B. 急、慢性传染病　C. 恶性肿瘤
D. 肠道寄生虫病　E. 消化系统疾病或先天畸形
117. 小儿蛋白质-能量营养不良最早期的临床表现是
A. 体重减轻　B. 皮下脂肪消失　C. 体重不增
D. 肌肉松弛　E. 身高增长停滞
118. 男孩，1 岁。食欲差 3 个月。母乳少，长期以米糊、稀饭喂养，未添加其他辅食。患儿最先出现的临床表现是
A. 皮下脂肪减少　B. 皮肤干燥　C. 身长低于正常
D. 体重不增　E. 肌张力降低
119. 蛋白质-能量营养不良患儿皮下脂肪逐渐减少的顺序是
A. 躯干→臀部→四肢→腹部→面颊　B. 四肢→躯干→腹部→臀部→面颊
C. 躯干→臀部→腹部→四肢→面颊　D. 腹部→躯干→臀部→四肢→面颊
E. 腹部→躯干→面颊→臀部→四肢

A. 5%~10%　B. 10%~15%　C. 15%~25%
D. 25%~40%　E. 40%~60%
120. 小儿中度营养不良的判断标准是体重低于正常均值的
121. 小儿轻度营养不良的判断标准是体重低于正常均值的

122. 男婴，6 个月。足月顺产，人工喂养。查体：体重 5.4kg，身长 66cm，前囟未闭，未出牙。皮肤干燥，腹部皮下脂肪厚度 0.6cm，心、肺未见异常。最可能的诊断是

A. 正常婴儿　　B. 轻度营养不良　　C. 中度营养不良
D. 重度营养不良水肿型　　E. 重度营养不良消瘦型

123. 女孩，4岁，身高90cm，体重8kg，皮肤松弛，皮下脂肪菲薄，面颊消瘦。近期发生腹泻，皮肤干燥，哭时泪少，眼球结膜可见毕脱斑。其诊断应是
A. 重度营养不良并发维生素A缺乏　　B. 重度营养不良并发维生素D缺乏
C. 中度营养不良并发维生素A缺乏　　D. 中度营养不良并发维生素B缺乏
E. 中度营养不良并发维生素D缺乏

124. 女孩，1岁。诊断为蛋白质-能量营养不良。患儿突然发生面色灰白，神志不清，脉搏减慢，呼吸暂停。应首先考虑
A. 低钠血症　　B. 自发性低血糖　　C. 继发感染
D. 心力衰竭　　E. 低钙血症

125. 重度蛋白质-能量营养不良患儿，夜间睡眠中突然昏迷、死亡。其最常见原因是
A. 窒息　　B. 自发性低血糖发作　　C. 心力衰竭
D. 低血容量休克　　E. 败血症并急性化脓性脑膜炎

126. 蛋白质-能量营养不良常见并发的维生素缺乏是
A. 维生素A　　B. 维生素 B_1　　C. 维生素C
D. 维生素D　　E. 维生素E

127. 女婴，5个月。母乳喂养不足，未及时添加辅食。查体：体重4.5kg，腹部皮下脂肪0.3cm，皮肤弹性差，肌肉松弛，双眼角膜外侧可见结膜干燥斑。最可能的诊断是
A. 中度营养不良伴维生素A缺乏　　B. 轻度营养不良伴维生素A缺乏
C. 中度营养不良伴维生素C缺乏　　D. 重度营养不良伴维生素C缺乏
E. 重度营养不良伴维生素A缺乏

128. 男孩，1岁。患重度营养不良，突然发生面色灰白，神志不清，脉搏减慢，呼吸暂停。首先考虑的并发症是
A. 心、肺功能衰竭　　B. 低钙血症　　C. 低钠血症
D. 自发性低血糖　　E. 继发重症感染

129. 蛋白质-能量营养不良的少见并发症是
A. 营养性贫血　　B. 呼吸道感染　　C. 腹泻
D. 自发性低血糖　　E. 佝偻病

（130～133题共用题干）男孩，3岁。自幼人工喂养，食欲极差，有时腹泻，身高85cm，体重7500g，皮肤干燥、苍白，腹部皮下脂肪厚度约0.3cm，脉搏缓慢，心音较低钝。

130. 主要诊断应是
A. 先天性甲状腺功能减退症　　B. 营养性贫血　　C. 婴幼儿腹泻
D. 营养不良　　E. 心功能不全

131. 假设此患儿出现哭而少泪，眼球结膜有毕脱斑，则有
A. 维生素A缺乏　　B. 维生素 B_1 缺乏　　C. 维生素C缺乏
D. 维生素D缺乏　　E. 维生素E缺乏

132. 假设此患儿清晨突然面色苍白，神志不清，体温不升，呼吸暂停，首先应考虑最可能的原因是
A. 急性心力衰竭　　B. 低钙血症引起喉痉挛　　C. 低钾血症引起呼吸肌麻痹
D. 自发性低血糖　　E. 脱水引起休克

133. 若上述情况发生，除立即给氧外，首先应采取的措施为
A. 给予呼吸兴奋剂　　B. 测血糖，静脉注射高渗葡萄糖　C. 测血钙，静脉补充钙剂

D. 给予强心药　　E. 输液纠正脱水

134. 女婴,8 个月,诊断为中度营养不良。开始供给热量每日应为

A. 40kcal/kg　　B. 50kcal/kg　　C. 70kcal/kg

D. 90kcal/kg　　E. 100kcal/kg

135. 小儿重度蛋白质能量营养不良饮食调整治疗,每日开始供给的热量应是

A. 80~100kcal/kg　　B. 60~80kcal/kg　　C. 40~60kcal/kg

D. 20~40kcal/kg　　E. 10~20kcal/kg

四、儿童单纯性肥胖(执业医师需掌握)

136. 男孩,10 岁。体重超过同性别、同身高体重均值的 30%。不正确的处理是

A. 药物治疗　　B. 心理辅导　　C. 控制饮食

D. 增加运动　　E. 监测体重

五、维生素 D 缺乏性佝偻病(执业医师及助理医师均需掌握)

137. 维生素 D 缺乏性佝偻病不易发生在哪个选项中?

A. 长期奶糕喂养　　B. 患儿偏食　　C. 长期米粉喂养

D. 患儿消化吸收障碍　　E. 单纯母乳或牛奶喂养

138. 维生素 D 缺乏性佝偻病初期的临床表现是

A. 免疫力低下　　B. 语言发育落后　　C. 运动减少

D. 肌肉松弛　　E. 非特异性神经精神症状

139. 佝偻病活动早期的主要表现是

A. 烦哭、夜惊、汗多　　B. 烦哭、方颅　　C. 多汗、蛙状腹

D. 夜惊、手镯　　E. 夜惊、多汗、方颅

140. 维生素 D 缺乏性佝偻病激期的血生化特点是

A. 血清钙正常,血清磷降低,碱性磷酸酶降低

B. 血清钙降低,血清磷降低,碱性磷酸酶增高

C. 血清钙降低,血清磷正常,碱性磷酸酶增高

D. 血清钙降低,血清磷增高,碱性磷酸酶降低

E. 血清钙正常,血清磷降低,碱性磷酸酶增高

141. 女孩,11 个月。多汗,烦躁,睡眠不安,可见肋膈沟,下肢轻度 O 形腿。血清钙稍低,血清磷降低,碱性磷酸酶增高。其佝偻病应处于

A. 前驱期　　B. 初期　　C. 激期

D. 恢复期　　E. 后遗症期

142. 维生素 D 缺乏性佝偻病最早出现的骨骼改变是

A. 肋骨串珠　　B. O 形腿　　C. 手镯、足镯

D. 方颅　　E. 颅骨软化

143. 3~4 个月婴儿佝偻病激期较特异的表现是

A. 颅骨软化　　B. 方颅　　C. 枕秃

D. 肋骨串珠　　E. 夜间惊啼

144. 维生素 D 缺乏性佝偻病活动期的主要表现为

A. 肌肉松弛　　B. 语言发育迟缓　　C. 骨骼系统的改变

D. 低热、盗汗　　E. 突然惊厥或喉痉挛

145. 患维生素D缺乏病的9~10个月婴儿多见的骨骼改变是
A. 颅骨软化　B. 肋骨串珠　C. 方颅
D. 鸡胸　E. 肋膈沟

146. 维生素D缺乏性佝偻病后遗症期的临床特征是
A. 骨骼畸形　B. 长骨干骺端异常　C. 血磷、钙降低
D. 血碱性磷酸酶升高　E. 易激惹、烦闹、多汗

147. 维生素D缺乏病由骨样组织增生所致的骨骼改变为
A. 方颅　B. 肋膈沟(赫氏沟)　C. 鸡胸或漏斗胸
D. O形腿或X形腿　E. 脊椎后突或侧弯

148. 下列哪项病变不是维生素D缺乏的临床症状?
A. 牙齿钙化发育不良　B. 牙齿萌出延缓　C. 皮肤瘀斑
D. 佝偻病　E. 成人骨质疏松

149. 维生素D缺乏病可靠的早期诊断指标是
A. 血钙降低　B. 血磷降低　C. 血1,25-(OH)$_2$D$_3$降低
D. 血25-(OH)D$_3$降低　E. 血碱性磷酸酶增高

150. 男婴,10个月。经常出现夜惊,近1周加重,多汗,烦闹。该患儿生后一直混合喂养,未添加辅食。此患儿体格检查最可能发现的阳性体征为
A. 皮下脂肪明显减少　B. 面色苍白　C. 皮肤弹性差
D. 肌张力增高　E. 方颅,乳牙未萌出

151. 男孩,6岁。自幼营养欠佳,较瘦小。可见方颅、肋膈沟和"O"形腿。查:血钙稍低,血磷降低,X线示干骺端临时钙化带呈毛刷样。考虑其确切的诊断是
A. 营养不良　B. 维生素D缺乏病　C. 维生素D缺乏性手足搐搦症
D. 抗维生素D病　E. 软骨营养不良

152. 女婴,11个月。2个月前因"睡眠不安、头部多汗、方颅"就诊,用维生素D及钙剂正规治疗2个月,症状好转。此时腕骨X线表现是
A. 临时钙化带模糊　B. 临时钙化带致密增厚　C. 临时钙化带消失
D. 长骨弯曲畸形,骨骺线正常　E. 长骨短粗和弯曲,干骺端变宽呈杯口状

153. 女婴,4个月。烦躁、多汗半个月,夜间哭闹不安。冬季出生,足月顺产,单纯牛奶喂养,未添加辅食。查体:体重6kg,有颅骨软化。最可能的诊断是
A. 蛋白质-能量营养不良　B. 维生素A缺乏症　C. 缺铁性贫血
D. 维生素D缺乏性佝偻病　E. 维生素D缺乏性手足搐搦症

154. 男婴,10个月。出生后牛奶喂养。经常出现多汗、烦躁,近1周加重,偶有腹泻、呕吐。查体:枕秃,前囟大,方颅。实验室检查:血钙稍低,血磷降低,碱性磷酸酶增高。X线片示干骺端临时钙化带呈毛刷样。最合适的治疗措施是
A. 维生素D330万IU肌内注射　B. 维生素D400~800IU/d口服　C. 维生素D2000~4000IU/d口服
D. 补充钙剂　E. 补充磷酸盐

155. 佝偻病患儿口服维生素D治疗,多长时间后改为预防量口服?
A. 1个月　B. 2个月　C. 3个月
D. 6个月　E. 12个月

156. 维生素D缺乏性佝偻病不正确的预防措施是
A. 适当多晒太阳　B. 提倡母乳喂养　C. 孕母补充维生素D及钙剂
D. 及时添加辅食　E. 早产儿2个月开始补充维生素D

157. 为预防营养性维生素 D 缺乏性佝偻病，小儿每日口服维生素 D 的剂量是
A. 1600~2000IU　B. 400~800IU　C. 1300~1500IU
D. 200~300IU　E. 900~1200IU

158. 关于维生素 D 缺乏性佝偻病的预防措施，不正确的是
A. 及时添加辅食　B. 生后 2 周即应补充维生素 D　C. 提倡母乳喂养
D. 增加户外活动　E. 每日补充维生素 D1000IU

159. 1 个月婴儿，冬季出生，母乳喂养。为预防佝偻病的发生，最好的办法是
A. 母亲摄入富含钙、磷的食物　B. 母亲摄入富含维生素 D 的食物
C. 婴儿每日补充维生素 D400IU　D. 婴儿每日补充维生素 D1 万 IU
E. 婴儿每日肌内注射维生素 D30 万 IU

六、维生素 D 缺乏性手足搐搦症（执业医师及助理医师均需掌握）

160. 维生素 D 缺乏性手足搐搦症的隐性体征是
A. 喉痉挛　B. Kernig 征阳性　C. Brudzinski 征阳性
D. Trousseau 征阳性　E. Babinski 征阳性

161. 疑为维生素 D 缺乏性手足搐搦症患儿，做陶瑟征检查时，袖带的压力应维持在
A. 舒张压以下　B. 收缩压与舒张压之间　C. 收缩压以下
D. 舒张压以上　E. 收缩压以上

162. 维生素 D 缺乏性手足搐搦症的发病机制与维生素 D 缺乏性佝偻病最根本的不同在于
A. 食物中磷含量过高　B. 维生素 D 缺乏的程度较重　C. 神经系统兴奋性较高
D. 食物中钙含量过低　E. 甲状旁腺反应迟钝，甲状旁腺激素代偿不足

163. 维生素 D 缺乏性手足搐搦症发生惊厥是由于
A. 血钾浓度降低　B. 血钠浓度降低　C. 血钙浓度降低
D. 血磷浓度降低　E. 血镁浓度降低

164. 有关维生素 D 缺乏性手足搐搦症的论述，错误的是
A. 因缺乏维生素 D 所致　B. 神经肌肉兴奋性增高　C. 甲状旁腺反应迟钝
D. 血磷基本正常　E. 出现惊厥时，血钙离子低于 1.25mmol/L（5mg/dl）

165. 患儿经补液纠正脱水酸中毒后发生惊厥，可能的原因是
A. 低钠血症　B. 低钾血症　C. 低钙血症
D. 低血糖　E. 碱中毒

166. 男婴，5 个月，人工喂养。1 天内反复惊厥 5 次，每次持续 1~2 分钟。查体：体温 37℃，体重 5.5kg，枕部颅骨有乒乓球样感，可见枕秃。首先考虑的诊断是
A. 蛋白质-能量营养不良　B. 婴儿痉挛症　C. 癫痫发作
D. 维生素 D 缺乏性佝偻病　E. 维生素 D 缺乏性手足搐搦症

167. 女婴，5 个月。今晨突然面肌、口角及眼角抽动约半分钟，抽后精神好，不发热，不吐。冬季出生，混合喂养，未加辅食。查体：体重 7kg，会笑，前囟平，有枕秃，双侧巴宾斯基征阳性。最可能的诊断及进一步检查是
A. 败血症，做血培养　B. 中枢神经系统感染，做腰穿　C. 癫痫，做脑电图
D. 低血糖，查血糖　E. 维生素 D 缺乏性手足搐搦症，查血钙

（168~169 题共用题干）男婴，4 个月。冬季出生。近 2 日经常出现面部、四肢抽动，双眼上翻，每次持续数 10 秒，1 日数次，可自然缓解，发作后玩耍如常，体温正常。母孕期有腿部抽筋病史。

168. 最可能的诊断是

A. 低血镁症　B. 低血糖症　C. 婴儿痉挛症
D. 甲状旁腺功能减低症　E. 维生素D缺乏性手足搐搦症

169. 就诊过程中,该患儿突然出现吸气困难,口唇青紫。错误的处理是
A. 吸氧　B. 缓慢静脉注射葡萄糖酸钙　C. 静脉注射地西泮
D. 肌内注射维生素D　E. 保持呼吸道通畅

170. 男,6岁。发热2周,轻咳,精神差,一直抗生素静脉滴注治疗,仍发热。近2日诉头痛,时有呕吐,突起抽搐,经用止痉剂、脱水剂好转后仍有间断抽搐。为明确诊断,首要的检查是
A. 血培养　B. 脑电图　C. 血钙测定
D. 脑脊液检查　E. 血PTH测定

171. 男,4个月。人工喂养,未添加辅食。两天来轻咳,流涕,伴低热,今晨抽搐4次,每次持续约2分钟,缓解后玩耍如常。为确诊,最有价值的化验检查是
A. 心电图　B. 腹部B型超声　C. 胸部X线片
D. 血钾、钠、氯、血糖测定　E. 血钙、磷、碱性磷酸酶测定

172. 患儿,4个月,生后牛乳喂养。突发四肢抽搐,面肌颤动,两眼上翻,持续数秒至数分钟后自然缓解。1天来发作4~5次,每次缓解后一切活动正常。急诊处理应给予
A. 止惊剂+钙剂　B. 止惊剂+脱水剂　C. 止惊剂+抗生素
D. 止惊剂+维生素A　E. 以上都不是

173. 维生素D缺乏手足抽搐症发生惊厥时,除给氧和保持呼吸道通畅外,应立即采取的措施是
A. 肌内注射维生素 D_3　B. 静脉注射钙剂　C. 静脉滴注硫酸镁
D. 静脉注射或肌内注射地西泮　E. 静脉滴注甘露醇

(174~177题共用题干)5个月婴儿,人工喂养。平时易惊,多汗,睡眠少。近3日咳嗽、低热。今晨突然双眼凝视,手足抽动。查体:枕后有乒乓球感。

174. 该患儿最可能的合并症是
A. 血钙降低　B. 血镁降低　C. 血磷降低
D. 血钠降低　E. 低血糖症

175. 该患儿最可能的诊断是
A. 癫痫发作　B. 低血糖症　C. 脑膜炎
D. 营养不良　E. 维生素D缺乏性手足搐搦症

176. 该患者的急救处理方案为
A. 10%葡萄糖静脉注射　B. 维生素 D_3 肌内注射　C. 20%甘露醇静脉滴注
D. 地西泮静脉注射　E. 10%葡萄糖酸钙稀释后缓慢静脉注射

177. 该患儿止抽后的适宜处理是
A. 钙剂静脉滴注　B. 立即吸氧　C. 地西泮静脉注射
D. 喂饲牛奶　E. 鱼肝油口服

第3章　新生儿与新生儿疾病

一、新生儿特点及护理(执业医师及助理医师均需掌握)

178. 早产儿的胎龄应是
A. >25周至<37足周　B. >26周至<37足周　C. >27周至<38足周

D. ≥28 周至<37 足周　　E. ≥28 周至<38 足周

179. 极低出生体重儿的标准是指婴儿出生后 1 小时内的体重低于

A. 800g　　B. 1000g　　C. 1500g

D. 2000g　　E. 2500g

A. 第 3 百分位以下　　B. 第 10 百分位以下　　C. 第 10~85 百分位

D. 第 10~90 百分位　　E. 第 90 百分位以上

180. 小于胎龄儿(SGA)的标准是指出生体重在同胎龄儿平均出生体重的

181. 适于胎龄儿(AGA)的标准是指出生体重在同胎龄儿平均出生体重的

A. 过期小于胎龄儿　　B. 足月儿　　C. 早产儿

D. 足月小样儿　　E. 过期产儿

182. 胎龄 37 周的新生儿属于

183. 胎龄 43 周的新生儿属于

184. 胎龄 35 周的新生儿属于

A. 早产儿　　B. 低出生体重儿　　C. 极低出生体重儿

D. 超低出生体重儿　　E. 巨大儿

185. 出生体重不到 2500g 者

186. 出生体重不到 1000g 者

187. 出生体重超过 4000g 者

188. 一顺产新生儿,胎龄 35 周,出生体重 1900g,位于同胎龄儿平均体重的第 5 百分位数。对该新生儿全面而准确的诊断是

A. 早产儿,小于胎龄儿　　B. 足月儿,小于胎龄儿　　C. 足月儿,低出生体重儿

D. 早产儿,适于胎龄儿　　E. 早产儿,极低出生体重儿

189. 男婴,胎龄 42^{+1}周,出生体重 3850g,体重位于同胎龄标准体重的第 80 百分位。以下诊断正确的是

A. 足月儿,适于胎龄儿　　B. 过期产儿,大于胎龄儿　　C. 过期产儿,适于胎龄儿

D. 足月儿,大于胎龄儿　　E. 足月儿,巨大儿

190. 36 周产女婴,出生后反应好,体检其指甲外观特点是

A. 指甲硬　　B. 反甲　　C. 甲面多白纹

D. 指甲未达指尖　　E. 指甲超过指尖

191. 足月儿皮肤外观的特点是

A. 皮肤发亮　　B. 皮肤水肿　　C. 皮肤毳毛多

D. 皮下脂肪少　　E. 肤色红润

192. 早产儿外生殖器特点是

A. 男婴睾丸已降　　B. 男婴阴囊皱褶少　　C. 女婴小阴唇被覆盖

D. 女婴阴蒂被覆盖　　E. 女婴大阴唇发育好

193. 早产儿跖纹外观特点是

A. 足底纹理多　　B. 足底纹理少　　C. 足跟纹理多

D. 足底血管多　　E. 足底纹理呈网状

194. 足月女婴,母乳喂养,吸吮好,哺后安睡,生后 4 天体重下降 7%。查体反应好,面色红润,心、肺(-)。可能的原因是

A. 进乳量多,进水少　　B. 进水多,进乳量少　　C. 败血症

D. 呆小病　　E. 生理性体重下降

195. 妊娠40周新生儿,出生时由口鼻排出部分肺内液体,其余经血液及淋巴管吸收的肺液约占

A. 1/4　　B. 1/3　　C. 1/2
D. 2/3　　E. 3/4

196. 关于新生儿呼吸系统生理特点的叙述,正确的是

A. 早产儿呼吸不规则,易出现呼吸暂停　　B. 湿肺是由于肺部感染炎性渗出造成的
C. 肺表面活性物质至孕28周时迅速增加　　D. 肺表面活性物质是由肺泡Ⅰ型上皮细胞产生的
E. 足月儿生后第1小时呼吸频率可达80~90次/分,伴呻吟、发绀

A. 110次/分　　B. 90次/分　　C. 70次/分
D. 50次/分　　E. 30次/分

197. 足月儿生后第1小时内呼吸频率约是

198. 足月儿生后1小时后呼吸频率约是

199. 新生儿开始排便的时间常为生后

A. 24小时　　B. 36小时　　C. 48小时
D. 60小时　　E. 72小时

200. 婴儿时期腰椎穿刺的椎间隙是

A. 胸12~腰1间隙　　B. 腰1~2间隙　　C. 腰2~3间隙
D. 腰3~4间隙　　E. 腰4~5间隙

201. 足月新生儿的原始反射不包括

A. 觅食反射　　B. 腹壁反射　　C. 握持反射
D. 拥抱反射　　E. 吸吮反射

202. 出生时可以存在,而以后逐渐消失的反射是

A. 吞咽反射　　B. 提睾反射　　C. 角膜反射
D. 拥抱反射　　E. 腹壁反射

203. 35周儿,出生体重1.5kg,出生3天体温不升,需置暖箱。该暖箱适宜的温度是

A. 35℃　　B. 34℃　　C. 33℃
D. 32℃　　E. 31℃

204. 将28周新生儿放入暖箱,湿度应该调至多少?

A. 70%~80%　　B. 60%~70%　　C. 50%~60%
D. 40%~50%　　E. 30%~40%

205. 足月儿每日钠的需要量是

A. 0.5~0.9mmol/kg　　B. 1~2mmol/kg　　C. 3~4mmol/kg
D. 5~6mmol/kg　　E. 7~8mmol/kg

206. 早产儿、新生儿出血,应首选

A. 肝素　　B. 去甲肾上腺素　　C. 维生素K
D. 氨甲苯酸　　E. 肾上腺素

207. 为防止早产新生儿出血,生后应立即肌内注射

A. 维生素K_1 1mg,连用3天　　B. 维生素K_1 5mg,连用3天　　C. 维生素K_1 5mg,连用1天
D. 维生素K_1 10mg,连用3天　　E. 维生素K_1 10mg,连用1天

208. 我国《母婴保健法》规定在新生儿期进行筛查的遗传代谢内分泌疾病是

A. 21-三体综合征,苯丙酮尿症　　B. 先天性甲状腺功能减退症,苯丙酮尿症

C. 先天性甲状腺功能减退症,21-三体综合征　D. 先天性甲状腺功能减退症,半乳糖血症
E. 21-三体综合征,半乳糖血症

二、新生儿窒息与复苏(执业医师及助理医师均需掌握)

209. 不属于新生儿窒息 Apgar 评分内容的是
A. 皮肤颜色　B. 心率　C. 呼吸
D. 肌张力　E. 拥抱反射

210. 女,新生儿。出生时躯干红而四肢青紫,心率 90 次/分,呼吸慢而不规则,四肢略屈曲,插管有皱眉反应。其 1 分钟 Apgar 评分是
A. 4 分　B. 7 分　C. 8 分
D. 5 分　E. 6 分

211. 一新生儿,出生时身体红,四肢青紫,呼吸 24 次/分,不规则,心率 90 次/分,四肢能活动,弹足底有皱眉反应。最可能的诊断是
A. 新生儿轻度缺氧缺血性脑病　B. 新生儿中度缺氧缺血性脑病　C. 新生儿重度窒息
D. 新生儿重度缺氧缺血性脑病　E. 新生儿轻度窒息

212. 孕 39 周,因胎心率减慢行剖宫产,羊水黄绿色。出生时患儿无呼吸,四肢青紫。此时应立即采取的首要复苏措施是
A. 复苏器加压给氧　B. 胸外心脏按压　C. 气管插管
D. 静脉滴注多巴胺　E. 吸净口、咽及鼻部黏液

三、新生儿缺氧缺血性脑病(执业医师及助理医师均需掌握)

213. 新生儿缺氧缺血性脑病的主要病因是
A. 窒息　B. 宫内感染　C. 肺表面活性物质缺乏
D. 吸入羊水　E. 体温过低

214. 女婴,2 天。嗜睡 1 天来诊,足月产,有窒息史。查体:呼吸 30 次/分,面色发绀,前囟饱满紧张,心率 90 次/分,心音低钝,四肢肌张力差,拥抱反射消失。最可能的诊断是
A. 胎粪吸入综合征　B. 新生儿湿肺　C. 新生儿低血糖
D. 新生儿肺透明膜病　E. 新生儿缺氧缺血性脑病

215. 足月婴儿出生时全身皮肤青紫,Apgar 评分为 3 分。查体:昏迷,吸吮反射消失,肌张力低下,心率慢,呼吸不规则,诊断为缺氧缺血性脑病。临床分度为
A. 极轻度　B. 轻度　C. 中度
D. 重度　E. 极重度

216. 判断新生儿缺氧缺血性脑病严重程度的主要依据是
A. 脑电图　B. 血清 CPK-BB　C. 颅脑超声
D. 临床表现　E. 头颅 CT

217. 女婴,出生 30 小时。出现嗜睡伴肌张力低下,初步诊断为缺氧缺血性脑病。为了解患儿丘脑、基底节有无病灶,应首选的检查是
A. 头颅 CT　B. 脑电图　C. 颅脑透照试验
D. B 超　E. 头颅 MRI

218. 新生儿缺氧缺血性脑病时发生惊厥,首选的药物是
A. 甘露醇　B. 地塞米松　C. 苯巴比妥
D. 苯妥英钠　E. 呋塞米

219. 男婴,胎龄 38 周出生。宫内窘迫,Apgar 评分 1 分钟 3 分,经抢救 10 分钟评分 9 分。生后 6 小时出

现抽搐。首选的药物是

A. 苯妥英钠　B. 苯巴比妥　C. 地塞米松
D. 呋塞米　E. 甘露醇

220. 新生儿缺氧缺血性脑病易出现低血糖，此时应选择的葡萄糖输注速度是每分钟

A. 3~5mg/kg　B. 6~8mg/kg　C. 9~11mg/kg
D. 16~20mg/kg　E. 12~15mg/kg

四、新生儿呼吸窘迫综合征（执业医师需掌握）

A. 25周　B. 28周　C. 30周
D. 35周　E. 40周

221. 羊水内出现肺表面活性物质的时间是
222. 羊水内肺表面活性物质迅速增加的时间是

223. 早产儿易发生肺透明膜病的原因是

A. 肺泡Ⅱ型细胞数量相对少　B. 肺水含量相对多　C. 肺泡表面活性物质少
D. 肺毛细血管通透性增加　E. 心脏代偿功能差

224. 早产儿出生后即出现进行性呼吸困难，最可能发生的疾病是

A. 先天性心脏病　B. 胎粪吸入综合征　C. 吸入性肺炎
D. 湿肺　E. 新生儿呼吸窘迫综合征

五、新生儿黄疸（执业医师及助理医师均需掌握）

225. 导致新生儿胆红素生成过多的疾病是

A. 新生儿败血症　B. 胆汁黏稠综合征　C. 先天性胆道闭锁
D. 新生儿窒息　E. 先天性甲状腺功能减退症

226. 足月男孩，18天。面部、躯干、前胸及四肢皮肤明显黄染，且有日渐加重趋势。查血清总胆红素118.5μmol/L。该男孩在治疗过程中应避免使用水杨酸、磺胺类等阴离子药物，因为此类药物可

A. 增加胆红素的生成量　B. 阻止胆红素进入肝细胞　C. 与胆红素竞争结合清蛋白
D. 抑制肾排出胆红素　E. 抑制肠道细菌还原成胆红素

227. 有关足月新生儿病理性黄疸的特点，错误的是

A. 黄疸退而复现　B. 血清总胆红素>221μmol/L　C. 生后24小时内出现黄疸
D. 黄疸持续时间>2周　E. 血清结合胆红素<34μmol/L

228. 新生儿生理性黄疸的特点是

A. 发生于所有的足月儿　B. 生后即出现黄疸　C. 4周后黄疸消退
D. 一般情况差　E. 血清胆红素<221μmol/L

229. 男婴，7天。生后第3天面部出现黄染，逐渐加重。胎龄38周，出生体重3.2kg，母乳喂养，一般情况好。实验室检查：Hb152g/L，血清TBil171μmol/L，DBil3.4μmol/L。首先考虑的诊断为

A. 新生儿生理性黄疸　B. 新生儿溶血病　C. 新生儿败血症
D. 新生儿母乳性黄疸　E. 新生儿肝炎

230. 男，足月产。生后3天出现皮肤轻度黄染，吃奶好，无发热。肝脾不大，脐无分泌物。血清总胆红素175μmol/L，血型母A型子O型。应考虑为

A. 新生儿溶血病　B. 新生儿败血症　C. 新生儿肝炎
D. 生理性黄疸　E. 新生儿胆道闭锁

231. 女，7天。足月顺产，出生体重3.2kg，母乳喂养，一般情况尚好，但出生后3天面部出现黄疸，近2日

加重。化验:血红蛋白 152g/L,血清总胆红素 171μmol/L。最可能的诊断是
A. 新生儿生理性黄疸　B. 新生儿母乳性黄疸　C. 新生儿败血症
D. 新生儿肝炎　E. 新生儿溶血病

六、新生儿溶血病(执业医师需掌握)

232. 男婴,3 天。2 天前出现皮肤黄染,逐渐加重,1 天来嗜睡拒奶。查体:反应差,皮肤重度黄染,心、肺未见异常,肝肋下 3cm,肌张力低下。血 RBC3.9×10^{12}/L,Hb120g/L,Ret0.09,血清 TBil359μmol/L。最可能的诊断是
A. 新生儿肝炎　B. 新生儿化脓性脑膜炎　C. 新生儿败血症
D. 新生儿溶血病　E. 新生儿缺氧缺血性脑病

233. 男婴,3 天。黄疸迅速加重 2 天,足月儿,母乳喂养。实验室检查:血清总胆红素 289μmol/L。母血型为 O 型、Rh 阳性,父血型为 AB 型、Rh 阳性。最可能的诊断是
A. 新生儿母乳性黄疸　B. 新生儿肝炎综合征　C. 新生儿败血症
D. Rh 血型不合溶血病　E. ABO 血型不合溶血病

234. 可能发生新生儿 ABO 溶血病的是
A. 母亲为 AB 型,婴儿为 A 型　B. 母亲为 AB 型,婴儿为 B 型　C. 母亲为 AB 型,婴儿为 AB 型
D. 母亲为 A 型,婴儿为 O 型　E. 母亲为 O 型,婴儿为 A 型或 B 型

235. 新生儿生后 24 小时内出现黄疸应首先考虑
A. 生理性黄疸　B. 新生儿败血症　C. 新生儿溶血病
D. 先天性胆道闭锁　E. 新生儿脑膜炎

236. 易导致胎儿期重度溶血的疾病是
A. 遗传性球形红细胞增多症　B. ABO 血型不合　C. Rh 血型不合
D. β 地中海贫血　E. 葡萄糖-6-磷酸脱氢酶缺乏症

237. 男婴,生后 20 小时出现黄疸,母亲血型 O 型。有确诊意义的检查是
A. 胆红素测定　B. 血型测定　C. 网织红细胞计数
D. 抗体释放试验　E. 血清游离抗体测定

238. 新生儿溶血病需要换血治疗的指征不包括
A. 患儿伴有肝脾肿大和心衰　B. 严重溶血
C. 已有胆红素脑病的早期表现　D. 血红蛋白<130g/L
E. 出生时脐血总胆红素>76μmol/L

(239~241 题共用题干)男婴,3 天。黄疸迅速加重 2 天,足月儿,母乳喂养。母亲血型为 O 型、Rh 阳性,父亲血型为 AB 型、Rh 阳性。实验室检查:TBil289μmol/L。

239. 最可能的诊断是
A. 新生儿败血症　B. 新生儿肝炎综合征　C. 新生儿母乳性黄疸
D. Rh 血型不合溶血病　E. ABO 血型不合溶血病

240. 为明确诊断,最有效的检查是
A. 血培养　B. 肝功能　C. 改良直接抗人球蛋白试验
D. 血型　E. 血涂片查红细胞形态

241. 首先应采取的治疗措施是
A. 使用抗生素　B. 光疗　C. 口服苯巴比妥
D. 输注白蛋白　E. 换血疗法

242. 新生儿溶血病需进行换血治疗时,换血量为每千克体重
A. 60~80ml　B. 90~110ml　C. 120~140ml
D. 150~180ml　E. 190~210ml

243. 新生儿出生体重3.2kg。生后48小时血清总胆红素258μmol/L,结合胆红素34.2μmol/L,诊断为新生儿溶血病,首选治疗为
A. 苯巴比妥肌内注射　B. 光照疗法　C. 换血疗法
D. 白蛋白静脉注射　E. 应用利尿药

244. Rh溶血病患儿,其血型为O、CcDEe,其母亲血型为A、ccdee,如需换血治疗,最适合的血型是
A. O、CcDEe　B. A、ccdee　C. O、ccdee
D. A、CcDEe　E. O、CCDEE

(245~247题共用题干)足月婴,生后1天内出现黄疸,拒哺。查体:嗜睡,面色苍白,血红蛋白90g/L,血清未结合胆红素342μmol/L。

245. 此患婴的可能诊断是
A. 新生儿肝炎　B. 新生儿胆管发育不佳　C. 新生儿溶血病
D. 新生儿败血症　E. 新生儿硬肿症

246. 首选的检查是
A. 肝功能　B. 血常规　C. 血培养
D. 血型　E. 肾功能

247. 首选的治疗是
A. 输注葡萄糖液　B. 应用抗生素　C. 应用病毒唑
D. 换血疗法　E. 光照疗法

七、新生儿败血症(执业医师及助理医师均需掌握)

248. 我国新生儿败血症多见的病原菌是
A. 肠球菌　B. 链球菌　C. 葡萄球菌
D. 大肠埃希菌　E. 铜绿假单胞菌

A. 孕母有菌血症　B. 阴道细菌上行　C. 脐部感染
D. 消化道入侵　E. 黏膜破损

249. 新生儿败血症产前感染的途径是

250. 新生儿败血症产后感染的途径是

251. 新生儿败血症的早期临床特点是
A. 发热　B. 体重不增　C. 不哭,懒动
D. 食欲减退　E. 缺乏特异性症状

252. 提示败血症较特殊的表现是
A. 精神欠佳　B. 体温不稳定　C. 哭声减弱
D. 黄疸退而复现　E. 食欲欠佳

253. 男婴,4天。体温不升伴拒奶2天。足月儿,羊膜早破。查体:T35℃,皮肤巩膜黄染,面色发绀。肺(-),心(-),肝肋下3cm,脾肋下1cm。实验室检查:血型O型,血WBC16.0×10^9/L,CRP20mg/L,TBil205μmol/L。最可能的诊断是新生儿
A. 败血症　B. 颅内出血　C. 低血糖
D. 肺炎　E. 溶血病

254. 女婴,10 天。拒乳 4 天。查体:周身皮肤明显黄染,脐部少许脓性分泌物,前囟平软。实验室检查:血白细胞 25.0×10^9/L,中性粒细胞 0.80,淋巴细胞 0.20。该患儿最重要的诊断是
A. 新生儿脐炎　B. 新生儿肝炎　C. 新生儿化脓性脑膜炎
D. 新生儿败血症　E. 新生儿颅内出血

255. 女婴,孕 38 周产,出生体重 2.3kg,体温不升,不吃不哭,巩膜黄染,肝脾肿大。患儿属于
A. 早产小样儿、新生儿败血症　B. 足月正常体重儿、新生儿败血症
C. 早产正常体重儿、新生儿败血症　D. 足月小样儿、新生儿败血症
E. 足月小样儿、新生儿溶血病

256. 男,5 天,昨起拒食,反应差,今日皮肤明显黄染而入院。体检:颈周、前胸多个小脓疱,分泌物涂片找到 G^+球菌,心、肺无异常,肝右肋下 2.5cm,脾肋下 1cm。最可能的诊断是
A. 新生儿肺炎　B. 新生儿败血症　C. 新生儿颅内出血
D. 新生儿核黄疸　E. 新生儿寒冷损伤综合征

257. 女,8 天,足月顺产,母乳喂养。近 2 日来哭声低弱,不吃奶,黄疸加深。体检:体温不升,面色发灰,脐部有脓性分泌物。血清总胆红素 221μmol/L,直接胆红素 17μmol/L。子血型 O 型,母血型 A 型。引起黄疸的原因是
A. 新生儿 Rh 溶血病　B. 新生儿肝炎　C. 新生儿败血症
D. 新生儿 ABO 溶血病　E. 母乳性黄疸

(258~259 题共用题干)女婴,5 天。出生时正常,不吃、不哭及体温不升 1 天。查体:反应差,皮肤轻度黄染并有花纹,呼吸急促。

258. 该婴的可能诊断是
A. 新生儿寒冷损伤综合征　B. 新生儿溶血病　C. 新生儿败血症
D. 新生儿窒息　E. 新生儿缺血缺氧性脑病

259. 该患婴需作的重要检查是
A. 血常规　B. 血培养　C. 免疫球蛋白测定
D. 血胆红素测定　E. 脑 CT

260. 确诊新生儿败血症最有意义的检查是
A. 血 CRP　B. 分泌物涂片革兰氏染色　C. 血常规
D. 血培养　E. 免疫功能测定

261. 新生儿败血症的主要治疗是
A. 碳酸氢钠　B. 地塞米松　C. 鲁米那
D. 头孢他啶　E. 地高辛

A. 万古霉素　B. 阿米卡星　C. 甲硝唑
D. 青霉素　E. 氨苄西林

262. 新生儿厌氧菌败血症的治疗首选
263. 新生儿金黄色葡萄球菌败血症的治疗首选

八、新生儿坏死性小肠结肠炎(执业医师需掌握)

264. 早产儿,胎龄 31 周,生后人工喂养。生后第 2 周出现精神萎靡,纳差,呕吐 2 次,腹胀,大便略稀,粪隐血试验阳性。腹部超声示肠蠕动和肠壁血流减弱。腹部 X 线平片中属于该病特征性影像的是
A. 肠壁间隙增厚　B. 肠袢扩张固定　C. 门静脉充气征
D. 气腹征　E. 腹腔积液

第4章 免疫性疾病

一、小儿免疫系统特点(执业医师需掌握)

A. 半岁　B. 1岁　C. 2岁
D. 3岁　E. 5岁

265. 小儿T细胞分泌IL-4达成人水平的年龄是
266. 小儿T细胞分泌IFN-γ达成人水平的年龄是

267. 外周血T细胞绝对数达成人水平的年龄段是
A. 学龄期　B. 婴儿期　C. 幼儿期
D. 学龄前期　E. 新生儿期

268. 小儿生理性免疫功能低下的时期最主要是
A. 学龄期　B. 围生期　C. 学龄前期
D. 青春期　E. 婴幼儿期

269. 小儿末梢血中性粒细胞和淋巴细胞的比例相等的时间是
A. 1~3天　B. 6~7天　C. 6~7月
D. 4~6岁　E. 6~7岁

270. 各种补体成分浓度达到成人水平的年龄是
A. 1~2个月　B. 2~3个月　C. 3~4个月
D. 3~6个月　E. 6~9个月

271. 对小儿特异性体液免疫的正确认识是
A. B细胞免疫的发育较T细胞免疫早　B. IgG类抗体应答需在出生1年后出现
C. IgM类抗体在胎儿期即可产生　D. 足月新生儿B细胞量低于成人
E. 免疫球蛋白均不能通过胎盘

272. 关于小儿免疫系统,错误的是
A. 新生儿时期各种T细胞亚群功能均显不足　B. 新生儿B淋巴细胞发育已完善
C. IgG不能通过胎盘　D. 脐血IgM水平过高,提示可能有宫内感染
E. 小儿血清补体浓度在生后3~6个月达成人水平

273. 婴儿从母体获得的抗体开始消失的月龄是
A. 1~2个月以后　B. 3~4个月以后　C. 5~6个月以后
D. 7~8个月以后　E. 9~10个月以后

A. 5周　B. 10周　C. 20周
D. 30周　E. 40周

274. T细胞具备各种抗原的特异性细胞免疫应答能力的胎龄是
275. 淋巴结发育起始的胎龄是

二、川崎病(执业医师及助理医师均需掌握)

276. 川崎病常见的临床表现不包括
A. 高热　B. 草莓舌　C. 颈部淋巴结肿大
D. 多形性红斑　E. 化脓性球结膜炎

277. 男孩,5岁。持续高热1周。查体:T39℃,P128次/分,R36次/分。热病容,双眼结合膜充血,口唇干

裂,可见草莓舌,皮肤呈弥漫性红斑,颈部浅表淋巴结肿大,心音有力,手指、足趾硬性水肿。最可能的诊断是

A. 川崎病　B. 手足口病　C. 败血症

D. 风湿热　E. 猩红热

278. 男,10 岁,因发热 7 天,抗生素治疗无效入院。查体:球结膜充血,口唇皲裂,杨梅舌,颈部淋巴结肿大,全身可见多形性红斑。临床治愈出院后 2 个月猝死于家中,其最可能的死因是

A. 心肌炎　B. 脑栓塞　C. 脑出血

D. 心包炎　E. 冠状动脉瘤破裂

279. 不属于川崎病诊断标准的是

A. 手足硬性水肿　B. 多形性红斑　C. 化脓性眼结合膜炎

D. 草莓舌　E. 颈淋巴结肿大

A. 蝶形红斑　B. 皮下小结　C. 丘疹样荨麻疹

D. 湿疹样改变　E. 手足硬性水肿

280. 风湿热的皮肤特征是

281. 川崎病的皮肤特征是

(282~284 题共用题干)男孩,1 岁。发热 8 天,皮疹 3 天入院,外院抗生素治疗 7 天无效。查体:T39℃,烦躁不安,全身淡红色斑丘疹,双眼结膜充血,口唇鲜红,干裂,草莓舌。右颈淋巴结蚕豆大,质硬,有压痛。双肺呼吸音粗,心率 130 次/分,腹软,肝、脾无肿大,指、趾端硬性肿胀。实验室检查:血 WBC19×10^9/L,N0.78,L0.22,Plt420×10^9/L,ESR120mm/h,血培养(-)。

282. 该患儿最可能的诊断为

A. 猩红热　B. 幼儿急疹　C. 麻疹

D. 川崎病　E. 咽结合膜热

283. 首选的治疗措施是

A. 对症治疗,观察　B. 丙种球蛋白+糖皮质激素　C. 青霉素

D. 阿司匹林+糖皮质激素　E. 丙种球蛋白+阿司匹林

284. 对预后有重要意义的随访检查项目是

A. 心电图　B. 尿常规　C. 血常规

D. 心脏彩超　E. ASO、ESR

第 5 章　感染性疾病

一、麻疹(执业医师及助理医师均需掌握)

285. 典型麻疹的出疹时间与发热的关系是

A. 发热 2~3 天出疹,出疹时伴低热　B. 发热 3~4 天出疹,出疹时热退

C. 发热 1~2 天出疹,出疹时热退　D. 发热 3~4 天出疹,出疹时热更高

E. 发热 1~2 天出疹,出疹时热更高

286. 麻疹早期诊断最有意义的临床表现是

A. 发热、流涕、咳嗽　B. 有感冒接触史　C. 耳后淋巴结肿大

D. 手、足出现红色斑丘疹　E. Koplik 斑

287. 典型麻疹的出疹顺序是

A. 先耳后、颈部，延及额面部，而后躯干、四肢　B. 先耳后、四肢，后躯干、手掌、足心
C. 先额部、面部，后躯干、四肢　D. 先躯干，后四肢，最后头面部
E. 先前胸，后背部，延及四肢、手心、足底

288. 女孩，2岁。发热、流涕、咳嗽3天，皮疹6小时。查体：精神萎靡，前额及耳后有浅红色斑丘疹，眼结膜充血，口腔黏膜粗糙，两肺呼吸音粗。最可能的诊断是
A. 川崎病　B. 咽结合膜热　C. 风疹
D. 幼儿急疹　E. 麻疹

289. 女孩，2岁。高热4天，皮疹1天，伴咳嗽、流涕、流泪。查体：T39.5℃，P120次/分，R32次/分，睑结膜充血，耳后、发际、额面及颈部皮肤可见散在红色斑丘疹，疹间皮肤正常，心、肺无异常。最可能的诊断是
A. 风疹　B. 幼儿急疹　C. 猩红热
D. 麻疹　E. 水痘

290. 患儿，2岁。发热4天，伴流涕、鼻塞、咳嗽、眼结膜充血，眼泪较多。今发现耳后、颈枕部出现散在红色丘疹，疹间皮肤正常。最可能的诊断为
A. 幼儿急疹　B. 水痘　C. 猩红热
D. 麻疹　E. 风疹

291. 男，2岁。发热，流涕、咳嗽3天，今晨前额及耳后出现浅红色斑丘疹，球结膜充血，口腔黏膜粗糙，声音嘶哑，精神萎靡，两肺呼吸音粗。最可能的诊断是
A. 川崎病　B. 风疹　C. 猩红热
D. 幼儿急疹　E. 麻疹

292. 男孩，2岁。高热4天，发现面部、躯干红色皮疹。出疹后第3天突发惊厥1次，伴呕吐3次。查体：T38.5℃，嗜睡，全身皮肤可见红色斑丘疹，疹间皮肤正常，心音有力，肺部无啰音，脑膜刺激征(+)。最可能的诊断是
A. 麻疹并发热性惊厥　B. 麻疹脑炎　C. 化脓性脑膜炎
D. 风疹脑炎　E. 风疹并发热性惊厥

293. 最易并发维生素A缺乏症的疾病是
A. 幼儿急疹　B. 麻疹　C. 川崎病
D. 风疹　E. 咽结合膜热

294. 丙种球蛋白用于小儿被动免疫，主要用于预防
A. 流感　B. 麻疹　C. 百日咳
D. 结核病　E. 乙型脑炎

295. 麻疹患者解除隔离的指标是
A. 隔离至热退　B. 皮疹完全消退后　C. 出疹后5天
D. 出疹后10~14天　E. 出疹后3~4天

A. 5天　B. 21天　C. 7天
D. 10天　E. 14天

296. 麻疹合并肺炎时应隔离至出疹后
297. 接触麻疹的易感者需检疫观察的时间是
298. 风疹需隔离至出疹后

299. 某幼儿园发现一麻疹患儿。为了控制麻疹进一步蔓延，不应采取的措施是
A. 暂不接受其他易感儿入托　B. 整个幼儿园中小儿每天口服利巴韦林(三氮唑核苷)

C. 易感者接触麻疹后应隔离检疫 3 周　D. 体弱多病的易感儿应立即肌内注射丙种球蛋白
E. 体健易感儿接触后 2 天内应急接种麻疹疫苗

(300~301 题共用题干)患儿,7 个月。发热 3 天,体温 39℃,流涕,咳嗽重。皮肤出现红色斑丘疹,体温升至 40℃。颊黏膜粗糙,可见白色斑点。

300. 最可能的诊断是
A. 风疹　B. 水痘　C. 麻疹
D. 猩红热　E. 幼儿急疹

301. 该患儿需隔离至出疹后
A. 3 天　B. 5 天　C. 7 天
D. 10 天　E. 14 天

二、水痘(执业医师及助理医师均需掌握)

302. 水痘发热后几日开始出疹?
A. 半天　B. 1~2 天　C. 3 天
D. 4 天　E. 5 天

303. 不符合水痘皮疹特点的是
A. 皮疹呈向心性分布　B. 皮疹最初形态为斑丘疹　C. 黏膜处也可见皮疹
D. 丘疹、疱疹、结痂可同时存在　E. 皮疹不伴瘙痒

304. 水痘的临床特点是
A. 潜伏期 5~7 天　B. 热退后全身出疹　C. 疹退后皮肤留有棕色色素沉着
D. 皮疹常有融合　E. 皮疹呈斑疹、丘疹、疱疹、结痂并存

305. 水痘最常见的并发症是
A. 肺炎　B. 心肌炎　C. 脑炎
D. 血小板减少　E. 皮肤感染

(306~308 题共用题干)患儿,4 岁。发热伴皮疹 2 天,皮疹瘙痒明显。查体:一般情况尚好,心、肺无明显异常,头面部、躯干见散在斑疹、丘疹、疱疹及结痂,口腔黏膜见散在疱疹。

306. 该患儿最可能的诊断是
A. 麻疹　B. 风疹　C. 水痘
D. 猩红热　E. 急性荨麻疹

307. 对该患儿进行呼吸道隔离的隔离期为
A. 出疹后 5 天　B. 出疹后 10 天　C. 热退后 5 天
D. 皮疹全部结痂　E. 结痂完全脱落

308. 治疗时,不宜使用的药物是
A. 阿昔洛韦　B. 干扰素　C. 糖皮质激素
D. 抗生素　E. 退热剂

三、风疹(执业医师及助理医师均需掌握)

309. 女孩,5 岁。发热,体温 38℃,发热 1 天后出疹,从面部开始,24 小时皮疹遍布全身,72 小时皮疹消退,枕后、耳后淋巴结肿大。最可能的诊断是
A. 手足口病　B. 幼儿急疹　C. 风疹
D. 猩红热　E. 麻疹

310. 风疹与麻疹的主要鉴别点是

A. 全身症状轻　　B. 皮疹为全身性分布　　C. 呈充血性斑丘疹
D. 皮疹1日内出齐　　E. 外周血白细胞减少

四、幼儿急疹(执业医师及助理医师均需掌握)

A. 柯萨奇病毒　　B. 带状疱疹病毒　　C. 腺病毒
D. 人类疱疹病毒6型　　E. 呼吸道合胞病毒

311. 幼儿急疹的病原体是
312. 疱疹性咽峡炎的病原体是
313. 咽结合膜热的病原体是

314. 幼儿急疹的出疹时间是
A. 先出疹后退热　　B. 退热后出疹　　C. 边出疹边退热
D. 出疹1~2天后退热　　E. 出疹3~5天后退热

315. 幼儿急疹的临床特点是
A. 发热1~2天出疹　　B. 热退后全身出疹　　C. 出疹时全身体温升高
D. 皮疹常有融合　　E. 疹退后皮肤留有棕色色素沉着

316. 不符合幼儿急疹特点的是
A. 高热时可有惊厥　　B. 红色斑丘疹在颈及躯干多见　　C. 可有耳后淋巴结肿大
D. 出疹期热度更高　　E. 高热3~5天

317. 男孩,1岁半。高热3天。体温高达39℃,第4天热退,皮肤出现红色斑丘疹,以躯干、颈部及上肢为多。最可能的诊断是
A. 风疹　　B. 麻疹　　C. 幼儿急疹
D. 猩红热　　E. 水痘

318. 幼儿,1岁。高热4天后热退疹出,最可能的诊断是
A. 麻疹　　B. 风疹　　C. 水痘
D. 猩红热　　E. 幼儿急疹

319. 女婴,6个月。发热3天,体温39℃。查体:一般情况良好,咽充血,耳后淋巴结肿大,心、肺无异常,肝、脾未触及。患儿热退后皮疹出现。可能的诊断是
A. 风疹　　B. 麻疹　　C. 水痘
D. 猩红热　　E. 幼儿急疹

(320~321题共用题干)患儿,7个月。发热3天,体温39~40℃。流涕,轻咳。查体:一般情况好,除咽部充血外,未见其他异常,一直服用中药治疗。今日热退,因皮肤出现红色斑丘疹而就诊。

320. 最可能的诊断是
A. 风疹　　B. 水痘　　C. 麻疹
D. 猩红热　　E. 幼儿急疹

321. 本病的病原体为
A. 麻疹病毒　　B. 腺病毒　　C. 人疱疹病毒6型
D. 柯萨奇病毒　　E. 水痘病毒

五、猩红热(执业医师及助理医师均需掌握)

322. 猩红热的病原菌是
A. 草绿色链球菌　　B. 金黄色葡萄球菌　　C. B组α溶血性链球菌
D. A组β溶血性链球菌　　E. B组β溶血性链球菌

323. 猩红热的皮疹出现在发热后
A. 12 小时之内　B. 12~48 小时　C. 49~60 小时
D. 61~72 小时　E. 大于 72 小时

A. 麻疹　B. 川崎病　C. 水痘
D. 猩红热　E. 幼儿急疹

324. 男婴,6 个月。发热 4 天,热退后出现皮肤潮红。查体:精神好,咽部轻度充血,躯体有较密集的红色小丘疹,疹间皮肤正常,左侧颈部可触及一个 0.5cm×0.5cm 大小的淋巴结。诊断为

325. 男孩,6 岁。发热伴皮疹 2 天。查体:咽部充血,双扁桃体Ⅱ度肿大,可见脓性分泌物,杨梅舌,全身红色鸡皮样疹,疹间皮肤潮红,双颌下各可触及一个 1.0cm×0.5cm 大小的淋巴结,有触痛。诊断为
A. 急性肺炎　B. 急性肝炎　C. 急性脑炎
D. 急性肾炎　E. 急性喉炎

326. 小儿麻疹最常见的并发症是

327. 猩红热的并发症是

328. 男,5 岁。高热 1 天,第 2 天出疹,全身皮肤弥漫性充血发红,可见密集均匀的红色细小丘疹,面部潮红,唇周苍白,咽扁桃体充血水肿,舌乳头红肿突起。最可能的诊断是
A. 风疹　B. 麻疹　C. 幼儿急疹
D. 猩红热　E. 水痘

329. 男孩,4 岁。体温 39℃,发热半天后即出疹,1 天布满全身,密集而均匀的红色细小丘疹,面部潮红,不见皮疹,口唇周围发白,有咽痛,扁桃体充血、水肿。最可能的诊断是
A. 幼儿急疹　B. 猩红热　C. 麻疹
D. 风疹　E. 水痘

330. 猩红热的首选治疗方法是
A. 复方新诺明 3~5 天　B. 利福平 3~5 天　C. 庆大霉素 5~7 天
D. 头孢曲松 7~10 天　E. 青霉素 7~10 天

六、手足口病(执业医师及助理医师均需掌握)

A. 腺病毒　B. 新型肠道病毒 71 型　C. 埃可病毒
D. 轮状病毒　E. 脊髓灰质炎病毒

331. 目前最常见的导致手足口病的病原体是

332. 可导致流行性角结膜炎的病原体是

七、结核病(执业医师及助理医师均需掌握)

333. 男孩,3 岁。反复咳嗽 1 个月,偶伴低热。既往体健,规范接种疫苗。查体:浅表淋巴结不大,心、肺、腹未见异常。PPD 试验局部硬结直径 20mm,血沉 10mm/h,胸部 X 线片未见异常。最可能的临床情况是
A. 接种卡介苗后反应　B. 新近结核分枝杆菌感染　C. 上呼吸道感染
D. 肺炎支原体肺炎　E. 既往有过结核分枝杆菌感染

334. 女孩,1 岁,无不适。未接种过卡介苗,与父母生活在一起,其父患活动性肺结核,并时有咯血。胸部 X 线片无明显异常。PPD 试验(+)。宜采取的措施是
A. 预防性抗结核治疗　B. 继续观察,暂不处理　C. 隔离观察
D. 痰培养　E. 接种卡介苗

335. 适宜卡介苗(BCG)接种的主要对象是
A. 结核性脑膜炎患者　B. 结核菌素试验阳性者　C. 严重的结核病患者

D. 细胞免疫功能低下者　　E. 新生儿及结核菌素试验阴性的儿童

336. 下列关于PPD试验的说法,最准确的是
A. 粟粒性肺结核PPD试验有时可呈阴性
B. PPD试验阳性可肯定有结核病
C. 初次感染结核分枝杆菌后2周,PPD试验呈阳性
D. 卡介苗接种成功,PPD试验呈强阳性
E. 凡是PPD试验阴性可除外结核病

337. 做PPD试验后观测结果的时间为
A. 12小时内　　B. 12~24小时　　C. 24~48小时
D. 48~72小时　　E. 72小时以后

338. 卡介苗接种后所致结核菌素阳性反应是指硬结直径
A. <5mm　　B. 5~9mm,3~5天后消失　　C. 10~15mm,1周后留有色素
D. 15~20mm　　E. >20mm

339. 女孩,3岁。出生时接种过卡介苗,2岁半时PPD试验硬结直径6mm,最近PPD试验硬结直径为18mm。其最可能是
A. 阴性反应　　B. 卡介苗接种后反应　　C. 新近有结核分枝杆菌感染
D. 假阳性反应　　E. 曾经有结核分枝杆菌感染

340. 结核菌素试验72小时注射部位出现红肿、硬结,硬结直径20mm,并出现水疱、坏死,判断结果是
A. "−"　　B. "+"　　C. "++"
D. "+++"　　E. "++++"

341. 男孩,3岁,咳嗽。偶有低热1个月,PPD试验2~3天后观察皮肤红肿硬结直径20mm。该结果属于
A. 阴性　　B. 阳性　　C. 中度阳性
D. 强阳性　　E. 极强阳性

342. 1岁小儿未接种卡介苗,PPD阳性表示
A. 近2~3周感染结核分枝杆菌　　B. 体内已有免疫力,不会再感染结核分枝杆菌
C. 体内有活动性结核病　　D. 对结核分枝杆菌无免疫力,需立即接种卡介苗
E. 受过结核分枝杆菌感染,不一定有活动性结核病

343. 结核菌素试验假阴性反应不包括
A. 部分危重结核病患者　　B. 结核变态反应前期(初次感染后4~8周内)
C. 急性传染病　　D. 应用肾上腺皮质激素治疗时
E. 原发或继发免疫缺陷病

344. PPD试验假阴性常见于
A. 患麻疹3个月后　　B. 急性粟粒性肺结核　　C. 接种卡介苗8周后
D. 患支气管肺炎时　　E. 未接种卡介苗

345. 女孩,1岁。未接种过卡介苗,其父患活动性肺结核,时有咯血。目前小儿与父母生活在一起,但无任何症状。小儿胸部X线片未见异常,PPD试验(+)。除隔离父亲外,宜对小儿采取的措施是
A. 立即接种卡介苗　　B. 口服异烟肼,疗程6~9个月　　C. 继续观察,暂不做任何处理
D. 口服利福平,疗程1年　　E. 口服利福平+异烟肼,疗程1年

346. 小儿最常见的结核病是
A. 原发型肺结核　　B. 粟粒性肺结核　　C. 结核性脑膜炎
D. 结核性胸膜炎　　E. 结核性腹膜炎

347. 肺结核原发综合征的临床表现是

A. 病灶常为多发结节　　B. 肺内可有一个或多个空洞　　C. 肺内常见结核球
D. 病灶位于锁骨上、下　　E. 原发灶、淋巴管炎及肺门淋巴结结核

(348~350 题共用题干)男性,2 岁。1 个月来食欲减退,消瘦乏力,低热盗汗干咳 2 个月,易怒。体检:颈部可见数个肿大淋巴结,肝肋下 1.5cm,结核菌素试验(++)。

348. 最可能的诊断是
A. 原发型肺结核　　B. 支气管肺炎　　C. 支气管淋巴结结核
D. 浸润性肺结核　　E. 颈部淋巴结结核+支气管淋巴结结核

349. 首选的检查方法
A. 胸部 X 线片　　B. 痰培养　　C. 血沉检查
D. 脑脊液检查　　E. 抗结核抗体

350. 进行治疗药物选择
A. 异烟肼　　B. 异烟肼+利福平　　C. 利福平+链霉素
D. 链霉素+乙胺丁醇　　E. 利福平

351. 小儿原发型肺结核出现类似百日咳样痉挛性咳嗽,是由于胸内淋巴结高度肿大,压迫
A. 气管　　B. 气管分叉处　　C. 支气管
D. 细支气管　　E. 喉返神经

352. 男孩,5 岁。低热,干咳,皮肤结节性红斑,疱疹性结膜炎,多发性一过性关节炎及颈淋巴结肿大。常见于
A. 风湿热　　B. 传染性单核细胞增多症　　C. 类风湿关节炎
D. 原发型肺结核　　E. 川崎病

353. 女童,2 岁。低热 1 个月,消瘦,乏力,颈淋巴结肿大,肺无啰音。出生接种过卡介苗,PPD(+++)。胸部 X 线片示肺门淋巴结肿大。最可能的诊断是
A. 霍奇金病　　B. 原发型肺结核　　C. 支气管肺炎
D. 支气管淋巴结结核　　E. 传染性单核细胞增多症

354. 有关活动性原发型肺结核的治疗原则,错误的是
A. 宜采用分阶段治疗方案　　B. 强化治疗采用 INH+RFP+PZA
C. 巩固维持治疗采用 INH+PZA　　D. RFP 疗程 6~12 个月
E. INH 疗程 12~18 个月

(355~357 题共用题干)男,4 岁。因反复低热、咳嗽和盗汗 15 天就诊。查体:T37.5℃,右眼球结膜充血,内眦部有一疱疹,咽部充血,右颈部可触及黄豆大小淋巴结,无明显压痛。心、肺无异常,肝肋下 1.5cm。外周血 WBC5.6×10^9/L,L0.70。

355. 最可能的诊断是
A. 咳嗽变异型哮喘　　B. 结核分枝杆菌感染　　C. 肺炎
D. 急性上呼吸道感染　　E. 支气管异物

356. 若胸部 X 片示肺门有直径 3cm 的圆形致密阴影,其肺部病灶的病理改变应为
A. 渗出、水肿、坏死　　B. 充血、水肿、渗出　　C. 渗出、增殖、坏死
D. 充血、水肿、坏死　　E. 充血、水肿、增殖

357. 宜采取的治疗措施是
A. 应用大环内酯类抗生素　　B. 糖皮质激素治疗　　C. 抗结核治疗
D. 抗病毒治疗　　E. 支气管镜取异物

358. 结核性脑膜炎常侵犯的颅神经是

A. 动眼神经　B. 面神经　C. 视神经
D. 听神经　E. 外展神经

359. 小儿结核性脑膜炎常引起颅神经损害,但不包括
A. 第Ⅶ对　B. 第Ⅵ对　C. 第Ⅴ对
D. 第Ⅳ对　E. 第Ⅲ对

360. 结核性脑膜炎早期症状的特点不包括
A. 表情淡漠,好哭,嗜睡　B. 低热,盗汗,食欲减退　C. 便秘,性情改变
D. 头痛,呕吐　E. 反复惊厥

361. 小儿结核性脑膜炎早期主要临床表现是
A. 脑膜刺激征阳性　B. 急性高热伴剧烈呕吐　C. 性格改变
D. 出现惊厥　E. 昏睡伴意识朦胧

362. 提示结核性脑膜炎进入晚期的表现是
A. 嗜睡　B. 呕吐　C. 昏迷
D. 头痛　E. 惊厥

363. 提示结核性脑膜炎进入晚期的临床表现是
A. 昏迷、频繁惊厥　B. 脑膜刺激征　C. 颅神经障碍
D. 性格改变　E. 肢体瘫痪或偏瘫

364. 男孩,3岁半。发热2周,头痛、呕吐1周,惊厥1次。查体:颈抵抗(+),双膝腱反射亢进,巴宾斯基征(+)。脑脊液检查:白细胞265×10^6/L,单核细胞0.76,多核细胞0.24,蛋白1.5g/L,糖1.2mmol/L,氯化物92mmol/L。目前最适宜的治疗是
A. 泼尼松龙　B. 四联抗结核药物　C. 大剂量丙种球蛋白
D. 阿昔洛韦　E. 头孢曲松+万古霉素

365. 男孩,10岁。反复低热伴头痛3月余,头痛加剧伴视力障碍1周。眼科检查发现视盘水肿。脑脊液沉渣涂片墨汁染色见厚荚膜发亮圆形菌体。最可能的诊断是
A. 结核性脑膜炎　B. 病毒性脑炎　C. 隐球菌性脑膜炎
D. 化脓性脑膜炎　E. 中毒性脑病

A. 白细胞数5×10^6/L,淋巴细胞为主,蛋白0.3g/L,糖3.5mmol/L
B. 白细胞数50×10^6/L,淋巴细胞为主,蛋白1.0g/L,糖1.5mmol/L
C. 白细胞数2000×10^6/L,中性粒细胞为主,蛋白1.0g/L,糖3.5mmol/L
D. 白细胞数50×10^6/L,淋巴细胞为主,蛋白0.8g/L,糖3.5mmol/L
E. 白细胞数5×10^6/L,淋巴细胞为主,蛋白0.3g/L,糖2.5mmol/L

366. 结核性脑膜炎的脑脊液改变
367. 中毒性脑病的脑脊液改变

(368~370题共用题干)女孩,5岁。精神欠佳半个月,发热、头疼、呕吐10天。半个月前开始出现精神不佳,10天来每天发热,最高体温38.1℃,进食减少,伴头痛,呕吐。2个月前患“麻疹”。查体:精神差,消瘦,右眼外展受限,颈抵抗(+),Kernig征(+),Brudzinski征(+)。PPD试验(-)。

368. 最可能的诊断是
A. 结核性脑膜炎　B. 化脓性脑膜炎　C. 流行性脑脊髓膜炎
D. 隐球菌性脑膜炎　E. 病毒性脑炎

369. 为明确诊断首选的检查是
A. 脑电图　B. 血沉　C. 头颅CT

D. 脑脊液检查　　E. 胸部 X 线片

370. 提示该疾病进入晚期的表现是

A. 颅神经受损　　B. 昏迷　　C. 惊厥

D. 腹壁反射消失　　E. 肢体偏瘫

(371~373 题共用题干)男孩,6 岁。因发热 2 周,头痛伴呕吐 3 天,惊厥 1 次入院。疑诊结核性脑膜炎。

371. 确诊该病的最主要依据是

A. 脑脊液中找到结核分枝杆菌　　B. 结核菌素试验阳性

C. 头颅 CT 示脑室扩大、脑实质改变　　D. 脑脊液蛋白增高,糖、氯化物降低

E. 脑脊液外观呈毛玻璃样

372. 确诊后,强化治疗阶段的最佳方案是

A. INH+RFP+SM+EMB　　B. INH+RFP+PZA　　C. INH+RFP+PZA+SM

D. INH+RFP+EMB　　E. INH+RFP+SM

373. 入院次日,患者突然心率增快,呼吸节律不整,双瞳孔不等大。错误的处理是

A. 腰椎穿刺减压　　B. 甘露醇静脉滴注　　C. 糖皮质激素静脉注射

D. 侧脑室引流　　E. 利尿剂静脉注射

第 6 章　消化系统疾病

一、儿童消化系统解剖生理特点(执业医师及助理医师均需掌握)

374. 有关小儿肠道菌群建立的论述,正确的是

A. 肠道菌群受食物成分影响　　B. 母乳喂养者以大肠埃希菌为主

C. 出生 24 小时后肠道开始出现细菌　　D. 肠道菌群可帮助合成维生素 D

E. 人工喂养者以双歧杆菌为主

二、先天性肥厚性幽门狭窄(执业医师需掌握)

375. 对于先天性肥厚性幽门狭窄,叙述错误的是

A. 症状出现在生后 2~4 周　　B. 呕吐是主要症状　　C. 80%可以摸到幽门肿块

D. 体重起初不增或下降　　E. 喂奶后可见到胃蠕动波,至脐左上方消失

376. 先天性肥厚性幽门狭窄所特有的临床表现是

A. 胃蠕动波　　B. 呕吐　　C. 黄疸

D. 右上腹肿块　　E. 消瘦、脱水

377. 关于先天性肥厚性幽门狭窄的临床表现,不正确的是

A. 喷射性呕吐为主要症状　　B. 呕吐物含大量胆汁　　C. 可有胃蠕动波

D. 可有右上腹肿块　　E. 代谢性酸中毒

378. 女婴,1 个月。生后间断呕吐,呕吐物为奶液,体重增长不满意。查体:可见胃蠕动波,右上腹触及包块。最可能的诊断是

A. 幽门痉挛　　B. 胃扭转　　C. 胃食管反流病

D. 先天性巨结肠　　E. 先天性肥厚性幽门狭窄

379. 男,1 个月,出生体重 3.5kg。呕吐 1 周,生后 3 周左右开始溢乳,逐日加重呈喷射性呕吐,奶汁带凝块,不含胆汁。查体:体重 3.5kg,皮肤轻度黄染,前囟稍凹,心、肺无异常,上腹部蠕动波,右季肋下肿块,质较硬,光滑,移动。最可能的原因是

A. 喂养不当　　B. 胃食管反流病　　C. 幽门痉挛
D. 先天性肥厚性幽门狭窄　　E. 胃扭转

三、先天性巨结肠(执业医师需掌握)

380. 对先天性巨结肠既简便又具有诊断价值的检查是
A. 钡剂灌肠　　B. 直肠黏膜活组织检查　　C. 肌电图检查
D. 立位腹部X线片　　E. 直肠、肛门测压

381. 先天性巨结肠最常见的并发症是
A. 肠梗阻　　B. 败血症　　C. 营养不良
D. 小肠结肠炎　　E. 肠穿孔

A. 先天性巨结肠　　B. 幽门痉挛　　C. 胃食管反流病
D. 胃扭转　　E. 先天性肥厚性幽门狭窄

382. 男,2个月。顽固性便秘、腹胀伴呕吐,营养不良。首先考虑
383. 男,1个月。无胆汁性喷射性呕吐,查体可见胃蠕动波和右上腹肿块。首先考虑

四、小儿腹泻病(执业医师及助理医师均需掌握)

384. 小儿腹泻的定义是
A. 星状病毒感染致腹泻　　B. 多为轮状病毒感染致秋季腹泻　　C. 致病性大肠埃希菌感染致腹泻
D. 食饵性腹泻　　E. 多病原、多因素引起的排便次数增多和性状改变

385. 小儿腹泻发病率高的年龄组是
A. <3月　　B. 3~5月　　C. 6月至2岁
D. 3~4岁　　E. 5~6岁

386. 哪项不是导致小儿腹泻病的内在因素?
A. 消化系统发育不成熟　　B. 消化道负担过重　　C. 肠道内感染
D. 胃内酸度低　　E. 血中免疫球蛋白及胃肠道分泌型IgA低

387. 婴儿腹泻重型与轻型的主要区别点是
A. 腹泻次数　　B. 体温高低　　C. 呕吐次数
D. 有无水、电解质平衡紊乱　　E. 有无全身中毒症状

388. 下述病原体中最易引起脓血便的是
A. 轮状病毒　　B. 产毒性大肠埃希菌　　C. 致病性大肠埃希菌
D. 隐孢子虫　　E. 鼠伤寒沙门菌

389. 不符合轮状病毒肠炎的特点是
A. 夏季多见　　B. 多见于6~24个月婴儿　　C. 大便呈蛋花汤样
D. 常出现脱水　　E. 常伴有发热

390. 轮状病毒肠炎容易出现
A. 败血症　　B. 脱水、酸中毒　　C. 中毒性脑病
D. 肠穿孔　　E. 高钠血症

391. 男孩,2岁。秋季发病。低热伴腹泻2天,为蛋花汤样,每天10余次,无腥臭味。粪便常规偶见白细胞。最可能的病原体是
A. 冠状病毒　　B. 肠道腺病毒　　C. 柯萨奇病毒
D. 诺沃克病毒　　E. 轮状病毒

392. 女孩,9个月,秋季发病,腹泻轻咳2天入院,大便每天10次,蛋花汤样。大便镜检:白细胞2~3/HP,

大便细菌培养阴性。血常规:白细胞 7.5×10^9/L,除轻度脱水征外,无其他异常。最可能的诊断为

A. 轮状病毒肠炎　B. 细菌性痢疾　C. 金黄色葡萄球菌肠炎

D. 真菌性肠炎　E. 致病性大肠埃希菌肠炎

393. 婴儿,8 个月。于 11 月 8 日因呕吐、水样泻、发热、流涕 2 天入院。大便镜检白细胞 1~3/HP,可见脂肪滴,大便 pH 偏酸性。可能的病原体是

A. 致病性大肠埃希菌　B. 霉菌　C. 腺病毒

D. 金黄色葡萄球菌　E. 轮状病毒

394. 患儿,男,7 个月。因腹泻 1 天,发热 39℃,于 9 月 13 日入院。查体:精神可,无明显脱水,咽红。粪便呈蛋花汤样,脂肪球(+)。其引起腹泻的最可能病因是

A. 细菌性痢疾　B. 进食过量或喂养不当　C. 病毒性肠炎

D. 生理性腹泻　E. 致病性大肠埃希菌肠炎

A. 致病性大肠埃希菌肠炎　B. 轮状病毒性肠炎　C. 生理性腹泻

D. 细菌性痢疾　E. 金黄色葡萄球菌肠炎

395. 多继发于长期使用广谱抗生素

396. 多发生在秋、冬季

397. 女,1 岁。于 7 月就诊,腹泻,呕吐 3 天,大便每天 10 余次,量中等,蛋花汤样,有黏液,霉臭味。查体:精神稍萎靡,皮肤弹性差,哭泪少。粪常规检查发现少量白细胞。最可能的病原体是

A. 致病性大肠埃希菌　B. 真菌　C. 铜绿假单胞菌

D. 轮状病毒　E. 痢疾杆菌

398. 男婴,8 个月。因患“支气管炎”用多种抗生素治疗半月余,病情好转。近 2 天再次发热伴呕吐、腹泻,大便每天 5~6 次,腥臭,呈暗绿色水样便。镜检见大量白细胞、脓球。最可能的诊断是

A. 病毒性肠炎　B. 真菌性肠炎　C. 致病性大肠埃希菌肠炎

D. 侵袭性大肠埃希菌肠炎　E. 金黄色葡萄球菌肠炎

399. 女,3 个半月。混合喂养,腹泻 2 个月,排便 5~6 次/日,稀或糊便,无脓血,食欲好。面部湿疹,体重 5.8kg。最可能的诊断是

A. 迁延性腹泻　B. 慢性腹泻　C. 感染性腹泻

D. 饮食性腹泻　E. 生理性腹泻

400. 婴儿,2 个月,母乳喂养。腹泻近 1 个月,大便每天 7~8 次,呈蛋花汤样,不伴发热,精神、食欲尚可,外观虚胖,面部可见湿疹。体重 5.5kg。最可能的诊断是

A. 生理性腹泻　B. 慢性腹泻　C. 食饵性腹泻

D. 过敏性腹泻　E. 轮状病毒肠炎

401. 男婴,3 个月。出生体重 2.8kg,母乳喂养,未添加辅食,食欲好。自出生至今大便每天 6~8 次,为黄色软便,无特殊臭味,经治疗无好转。现体重 5.5kg。体格检查无异常。最可能的诊断是

A. 慢性细菌性痢疾　B. 肠结核　C. 生理性腹泻

D. 真菌性肠炎　E. 迁延性腹泻

402. 婴儿感染性腹泻的治疗原则不包括

A. 纠正脱水　B. 加强护理　C. 调整饮食

D. 用止泻剂　E. 控制感染

403. 重度低渗脱水伴休克时,扩容治疗采用的液体张力是

A. 1/5 张　B. 1/3 张　C. 1/2 张

D. 2/3 张　E. 等张

404. 婴儿腹泻进行补液时兼有扩充血容量及纠正酸中毒作用最合适的溶液是
A. 2:3:1 溶液 B. 1.4%的碳酸氢钠 C. 5%的碳酸氢钠
D. 11.2%的乳酸钠 E. 5%的生理盐水

A. 2:1 等张含钠液 B. 4:3:2(2/3 张)混合液 C. 2:3:1(1/2 张)混合液
D. 1:4(1/5 张)混合液 E. 1:2(1/3 张)混合液
405. 腹泻患儿重度低渗性脱水扩容应首先选用
406. 婴儿肺炎维持体液平衡应选用
407. 重度营养不良腹泻时应选用

408. 口服补液盐(ORS)使用范围是
A. 轻、中度脱水 B. 中、重度脱水 C. 重度脱水
D. 低渗性脱水 E. 高渗性脱水

A. 50~60ml/kg B. 60~90ml/kg C. 90~120ml/kg
D. 120~150ml/kg E. 150~180ml/kg
409. 重度窒息新生儿推迟喂养,第 1 天静脉补液的量是
410. 小儿腹泻,中度脱水,第 1 天静脉补液的量是
411. 小儿腹泻,重度脱水,第 1 天静脉补液的量是

412. 小儿重度脱水有明显周围循环障碍,扩容液输注时间为
A. 10~20 分钟 B. 30~60 分钟 C. 70~90 分钟
D. 100~120 分钟 E. 130~150 分钟
413. 小儿腹泻病引起带泡沫豆腐渣样便的病原体是
A. 轮状病毒 B. 鼠伤寒沙门菌 C. 致病性大肠埃希菌
D. 金黄色葡萄球菌 E. 白色念珠菌
414. 女,2 岁。腹泻 3 天,诊断为重型腹泻,经静脉补充有效量的 3:2:1 液治疗,脱水明显纠正,尿量增加,但患儿仍有腹胀,精神差,肌张力低。首先需考虑
A. 低钠血症 B. 低钾血症 C. 低钙血症
D. 低镁血症 E. 低氯血症

(415~416 题共用题干)女,1 岁。体重 9kg,因发热、腹泻 2 天入院。精神萎靡,皮肤弹性差,眼窝明显凹陷,四肢冰凉,尿极少。
415. 扩容应输注的液体组成是
A. 0.9%氯化钠 60ml,1.4%碳酸氢钠 120ml B. 0.9%氯化钠 80ml,1.4%碳酸氢钠 100ml
C. 0.9%氯化钠 100ml,1.4%碳酸氢钠 80ml D. 0.9%氯化钠 120ml,1.4%碳酸氢钠 60ml
E. 0.9%氯化钠 140ml,1.4%碳酸氢钠 40ml
416. 扩容后补充累积损失量的输液速度,一般为每小时每千克体重
A. 5~7ml B. 8~10ml C. 11~13ml
D. 14~16ml E. 17~19ml

417. 低渗性脱水危及患儿生命的常见情况是
A. 低钙血症 B. 低钾血症 C. 代谢性酸中毒
D. 中枢神经系统并发症 E. 低血容量休克
418. 前囟凹陷常见于
A. 甲状腺功能减退 B. 维生素 A 中毒 C. 脱水

D. 脑发育不良　　E. 头小畸形

419. 男,10 个月。吐泻 1 周,嗜睡,口渴,尿量减少。皮肤弹性差,前囟及眼眶明显凹陷,脉细速,四肢稍凉,测血钠 125mmol/L。考虑为

A. 中度低渗性脱水　　B. 中度等渗性脱水　　C. 中度高渗性脱水
D. 重度低渗性脱水　　E. 重度等渗性脱水

420. 女婴,8 个月。发热、呕吐、腹泻、少尿 2 天。查体:哭无泪,眼窝、前囟明显凹陷,皮肤弹性差,呈花纹状。心音低钝,四肢末梢凉。实验室检查:粪常规未见红细胞、白细胞,可见脂肪滴。血清钠 135mmol/L。患儿的脱水程度属于

A. 重度等渗性脱水　　B. 中度等渗性脱水　　C. 重度低渗性脱水
D. 中度低渗性脱水　　E. 中度高渗性脱水

421. 男婴,9 个月。3 天来腹泻,每天 6~8 次,为黄色水样便,呕吐每天 3~5 次,为胃内容物,尿量减少,哭时少泪。查体:精神萎靡,口唇干燥,呼吸略深长,皮肤弹性差,眼窝及前囟明显凹陷,血钠 132mmol/L。最可能的诊断是

A. 重度低渗性脱水　　B. 中度低渗性脱水　　C. 中度等渗性脱水
D. 重度等渗性脱水　　E. 轻度等渗性脱水

422. 小儿符合中度等渗性脱水的是

A. 失水量占体重的 6%,血清钠 155mmol/L　　B. 失水量占体重的 3%,血清钠 135mmol/L
C. 失水量占体重的 7%,血清钠 120mmol/L　　D. 失水量占体重的 8%,血清钠 140mmol/L
E. 失水量占体重的 11%,血清钠 140mmol/L

423. 患儿,5 个月。因腹泻 3 天入院,稀水样便,尿少,哭时泪少,皮下脂肪 0.3cm,足稍凉。患儿脱水的程度及性质是

A. 轻度脱水,等渗性　　B. 轻度脱水,低渗性　　C. 中度脱水,等渗性
D. 中度脱水,低渗性　　E. 重度脱水,低渗性

(424~425 题共用题干)患儿,7 个月。呕吐、腹泻 4 天,大便每天 10~15 次,呈蛋花汤样,尿量极少,皮肤弹性差,呈花纹状,眼窝、前囟明显凹陷,心音低钝,四肢厥冷。大便镜检偶见白细胞。血清钠 124mmol/L。

424. 该患儿的诊断为

A. 中度等渗性脱水　　B. 重度等渗性脱水　　C. 中度低渗性脱水
D. 重度低渗性脱水　　E. 中度高渗性脱水

425. 导致患儿腹泻的病原体可能是

A. 真菌　　B. 金黄色葡萄球菌　　C. 产毒性大肠埃希菌
D. 耶尔森菌　　E. 铜绿假单胞菌

426. 配制 2:1 等张含钠液 120ml 需

A. 0.9%NaCl 80ml,5%$NaHCO_3$ 40ml　　B. 0.9%NaCl 80ml,1.8%$NaHCO_3$ 40ml
C. 0.9%NaCl 80ml,10%GS 40ml　　D. 0.9%NaCl 40ml,5%$NaHCO_3$ 80ml
E. 0.9%NaCl 80ml,1.4%$NaHCO_3$ 40ml

427. 小儿腹泻口服补盐液(ORS 液)的电解质渗透压是含钠液的

A. 1/4 张　　B. 1/3 张　　C. 2/5 张
D. 1/2 张　　E. 2/3 张

428. 女婴,9 个月。腹泻 4 天,约每天 10 次,呈稀水样,伴呕吐,每天 2~3 次,尿量减少。查体:皮肤干,弹性差,眼窝、前囟凹陷,心音低钝。最重要的处理措施是

A. 控制感染　B. 给予助消化药　C. 给予肠道微生态制剂
D. 纠正水、电解质平衡紊乱　E. 给予止吐药

(429~431 题共用题干)女孩,1 岁。腹泻 4 天。每天大便 10 余次,为蛋花汤水样便,伴呕吐、尿少。查体:T38.5℃,前囟、眼窝凹陷,皮肤弹性差,四肢稍凉。实验室检查:血 WBC6.0×10^9/L,血 Na^+ 127mmol/L,K^+ 3.7mmol/L,BE−15mmol/L。

429. 最可能的诊断是腹泻病伴
A. 中度等渗性脱水,代谢性碱中毒　B. 重度等渗性脱水,代谢性碱中毒
C. 轻度低渗性脱水,代谢性碱中毒　D. 轻度等渗性脱水,代谢性酸中毒
E. 中度低渗性脱水,代谢性酸中毒

430. 最可能的病原体是
A. 侵袭性大肠埃希菌　B. 白色念珠菌　C. 产毒性大肠埃希菌
D. 金黄色葡萄球菌　E. 轮状病毒

431. 补液过程中,患儿突然惊厥,此时首选的辅助检查是
A. 头颅 MRI　B. 血电解质　C. 头颅 CT
D. 脑脊液　E. 血糖

432. 小儿腹泻,中度脱水,伴中度酸中毒。血钠含量是 127mmol/L。此患儿补充累积损失量首选的液体是
A. 2:3:1 液　B. 4:3:2 液　C. 2:1 等张含钠液
D. 1:1 液　E. 1/3 张液

433. 小儿,1 岁。腹泻,重度脱水伴重度酸中毒。此患儿需补充累积损失的液量及首次补充的 5%碳酸氢钠的量分别约是
A. 600ml,25ml　B. 800ml,35ml　C. 1000ml,45ml
D. 1200ml,55ml　E. 1400ml,65ml

(434~436 题共用题干)女婴,8 个月。水样便 3 天,每天 10 余次,呕吐每天 3~4 次,尿量减少。查体:体重 8kg,眼窝凹陷,皮肤弹性差,四肢尚暖,血钠 125mmol/L。

434. 最可能的诊断是
A. 轻度低渗性脱水　B. 重度低渗性脱水　C. 中度低渗性脱水
D. 中度等渗性脱水　E. 轻度等渗性脱水

435. 第 1 天补液总量是
A. 80~100ml/kg　B. 150~180ml/kg　C. 100~120ml/kg
D. 120~150ml/kg　E. 60~80ml/kg

436. 第 1 天补充液体的种类是
A. 2/3 张含钠液　B. 1/4 张含钠液　C. 1/2 张含钠液
D. 1/3 张含钠液　E. 等张含钠液

(437~439 题共用题干)男婴,8 个月。腹泻 3 天,排便每天 10 余次,蛋花汤样伴少量黏液,呕吐,每天 4~5 次。嗜睡,口干,尿量少。体检:精神萎靡,皮肤干燥、弹性差,眼窝及前囟明显凹陷,哭时泪少。血钠 132mmol/L,血钾 4mmol/L。

437. 诊断为婴儿腹泻合并
A. 轻度等渗性脱水　B. 中度等渗性脱水　C. 重度等渗性脱水
D. 中度高渗性脱水　E. 重度高渗性脱水

438. 第 1 天选择的液体种类是

A. 1:4 含钠液　　B. 2:3:1 含钠液　　C. 口服补盐液(ORS)
D. 1.4%碳酸氢钠　　E. 2:6:1 含钠液

439. 第 2 天如需静脉补充生理需要量,液体应选择
A. 10%葡萄糖　　B. 0.9%氯化钠　　C. ORS
D. 1:4 含钠液　　E. 1:1 含钠液

(440~442 题共用题干)婴儿,6 个月。呕吐、腹泻 3 天,排便每天 10 余次,呈蛋花汤样,有腥臭味,尿量极少,皮肤弹性差,前囟、眼窝明显凹陷,四肢厥冷。粪便镜检白细胞偶见。血清钠 135mmol/L。

440. 病原学诊断最可能是
A. 金黄色葡萄球菌肠炎　　B. 难辨梭状芽胞杆菌肠炎　　C. 空肠弯曲菌肠炎
D. 产毒性大肠埃希菌肠炎　　E. 白色念珠菌肠炎

441. 脱水的程度和性质
A. 中度等渗性脱水　　B. 中度低渗性脱水　　C. 重度等渗性脱水
D. 重度低渗性脱水　　E. 重度高渗性脱水

442. 进行补液治疗,首批静脉输液应给予
A. 2:1 等张含钠液 20ml/kg　　B. 2:1 等张含钠液 100~120ml/kg　　C. 1/2 张含钠液 100~200ml/kg
D. 2/3 张含钠液 50~100ml/kg　　E. 1/2 张含钠液 50~100ml/kg

(443~447 题共用题干)女婴,10 个月。腹泻 3 天,加重 2 天。暗红色水样便每天 10 余次,量多,腥臭,伴高热、呕吐、少尿。查体:精神萎靡,呈嗜睡状,前囟眼窝凹陷,皮肤弹性差,心音较低钝,腹胀,肝脾不大。实验室检查:粪镜检有大量脓血细胞,血钠 135mmol/L,血钾 3.5mmol/L。

443. 患儿最可能的诊断是
A. 轮状病毒肠炎　　B. 大肠埃希菌肠炎　　C. 金黄色葡萄球菌肠炎
D. 细菌性痢疾　　E. 真菌性肠炎

444. 该患儿腹泻脱水的程度与性质应是
A. 重度等渗性　　B. 中度等渗性　　C. 中度低渗性
D. 中度高渗性　　E. 重度低渗性

445. 施行液体疗法,第 1 天补液的总量应是每千克体重
A. 160~180ml　　B. 70~110ml　　C. 120~150ml
D. 30~60ml　　E. 190~220ml

446. 第 1 天补液所采用液体的成分应是
A. 2/3 张含钠液　　B. 1/2 张含钠液　　C. 1/3 张含钠液
D. 1/5 张含钠液　　E. 等张含钠液

447. 对该患儿最不适合的处理是
A. 使用止泻剂　　B. 选用有效的抗生素　　C. 使用微生态制剂
D. 继续饮食　　E. 使用肠黏膜保护剂

(448~451 题共用题干)男孩,1 岁。腹泻 3 天,加重 2 天,于 2006 年 11 月就诊。黄色水样便,每天 10 余次,量多,无霉臭味和腥臭味,伴低热、呕吐,尿量明显减少 1 天。查体:精神萎靡,呈嗜睡状,方颅、枕秃,前囟 2.0cm,前囟、眼窝明显凹陷,皮肤弹性差,可见花纹,手脚凉,脉搏弱,心音低钝,双肺(-),腹较胀,肠鸣音正常,肝、脾不大。粪常规白细胞 1~2/HP,血钠 125mmol/L,血钾 3.5mmol/L。

448. 患儿最可能的诊断是
A. 细菌性痢疾　　B. 大肠埃希菌肠炎　　C. 金黄色葡萄球菌肠炎
D. 轮状病毒肠炎　　E. 埃可病毒肠炎

449. 施行液体疗法,第1天补液的总量应是每千克体重
A. 30~60ml　B. 70~100ml　C. 110~140ml
D. 150~180ml　E. 190~220ml

450. 若患儿经有效的含钠液治疗,脱水明显纠正,尿量增加,但精神仍差,腹胀加重,肌张力低下,首先需考虑的是
A. 低钠血症　B. 低钾血症　C. 低氯血症
D. 低钙血症　E. 低镁血症

451. 若患儿经有效的补液、纠酸治疗后,突然出现惊厥,最可能是
A. 低钠血症　B. 低钾血症　C. 低钙血症
D. 颅内感染　E. 中毒性脑病

第7章　呼吸系统疾病

一、小儿呼吸系统解剖生理特点(执业医师及助理医师均需掌握)

452. 小儿扁桃体发育的高峰年龄段是
A. 3~6个月　B. 1~2岁　C. 2~4岁
D. 4~10岁　E. 10~14岁

453. 婴幼儿易患呼吸道感染的主要原因是
A. 呼吸浅表　B. 呼吸频率快　C. 呈腹式呼吸
D. 呼吸道黏膜缺少SIgA　E. 鼻腔短小,狭窄,黏膜血管丰富

二、急性上呼吸道感染(执业医师及助理医师均需掌握)

454. 小儿上呼吸道感染最常见的病原体是
A. 呼吸道合胞病毒　B. 肺炎链球菌　C. 肺炎支原体
D. 轮状病毒　E. 金黄色葡萄球菌

A. 柯萨奇病毒　B. 带状疱疹病毒　C. 腺病毒
D. 人类疱疹病毒6型　E. 呼吸道合胞病毒

455. 幼儿急疹的病原体是
456. 疱疹性咽峡炎的病原体是
457. 咽结合膜热的病原体是

458. 男婴,9个月。发热3天,烦躁、流涎1天。查体:一般状态可,前囟平坦,咽部充血,咽峡及软腭部可见直径2~3mm的疱疹及溃疡,颈部无抵抗,心、肺听诊正常。其病原体最可能为
A. 溶血性链球菌　B. 流感嗜血杆菌　C. 柯萨奇病毒
D. 腺病毒　E. 副流感病毒

459. 女孩,2岁。发热3天。最高体温39℃,伴流涎、厌食、呕吐。查体:急性热病容,咽部充血,在咽腭弓的黏膜上可见多个2~4mm大小的疱疹,有的破溃成小溃疡。最可能的诊断是
A. 咽结膜热　B. 疱疹性口腔炎　C. 化脓性扁桃体炎
D. 流行性感冒　E. 疱疹性咽峡炎

460. 女孩,8岁。发热伴头痛及肌肉酸痛4天。查体:咽充血,扁桃体Ⅰ度肿大。同学中有数人发病。最可能的诊断是
A. 急性上呼吸道感染　B. 急性扁桃体炎　C. 疱疹性咽峡炎

D. 流行性感冒　E. 川崎病

461. 女孩,3 岁。高热,咽痛,纳差 3 天。查体:咽部充血,眼结膜充血,颈痛,耳后淋巴结肿大,心、肺无异常。最可能的病原体是
A. 副流感病毒　B. 腺病毒　C. 单纯疱疹病毒
D. 柯萨奇病毒　E. 流感病毒

(462~464 题共用题干)女孩,4 岁。夏季发病,发热、咽痛、眼痛流泪 2 天,不伴咳嗽、腹泻。查体:咽充血明显,双眼结膜滤泡性改变,全身皮肤无皮疹及出血点,颈部、耳后淋巴结肿大,心、肺、腹均无异常。

462. 最可能的诊断是
A. 咽结合膜热　B. 流行性感冒　C. 结膜炎
D. 猩红热　E. 扁桃体炎

463. 最可能感染的病原体是
A. 疱疹病毒　B. 流感病毒　C. 麻疹病毒
D. 溶血性链球菌　E. 腺病毒

464. 不适宜的治疗是
A. 中成药治疗　B. 抗生素治疗　C. 抗病毒治疗
D. 适当休息　E. 对症治疗

三、支气管哮喘(执业医师及助理医师均需掌握)

465. 小儿咳嗽变异型哮喘的诊断依据是
A. 临床有明显感染征象　B. 用支气管扩张剂可使咳嗽发作缓解
C. 低热 3 周以上　D. 以往有呛咳病史　E. 镇静剂可缓解病情

466. 女孩,6 岁。反复咳嗽 3 个月,活动后加重,常于夜间咳醒,痰不多,无发热。抗生素治疗无效。既往有湿疹史。查体:双肺呼吸音粗,余无异常。最可能的诊断是
A. 支气管炎　B. 支气管异物　C. 咳嗽变异型哮喘
D. 支气管肺炎　E. 喘息性支气管炎

A. 阵发性咳嗽　B. 喘息反复发作　C. 犬声样咳嗽
D. 喘憋明显　E. 清晨发作性咳嗽,痰少

467. 婴幼儿咳嗽变异型哮喘的表现是

468. 婴幼儿支气管哮喘的表现是

469. 男孩,6 岁。咳嗽伴喘息 1 天,无发热。既往有反复喘息发作 4~5 次。其外祖父患有支气管哮喘。查体:呼吸急促,可见轻度三凹征,呼气相延长,双肺满布哮鸣音。目前应首选的治疗是
A. 吸入沙丁胺醇　B. 静脉滴注青霉素　C. 口服白三烯调节剂
D. 静脉注射地塞米松　E. 口服西替利嗪

470. 婴幼儿哮喘最基本的治疗方法是应用
A. 局部糖皮质激素　B. 全身糖皮质激素　C. β_2 受体激动剂
D. 茶碱类药物　E. 细胞膜稳定剂

471. 支气管哮喘患儿长期控制治疗首选
A. 抗胆碱能药物吸入　B. 抗生素静脉滴注　C. β_2 受体激动剂吸入
D. 糖皮质激素吸入　E. 茶碱类(如氨茶碱)静脉滴注

472. 男,6 岁。因咳喘加重、呼吸困难、大汗淋漓、烦躁不安 8 小时就诊。既往反复咳嗽、气促,坚持药物

治疗，缓解3年。根据患儿病情，除氧疗外，宜尽早选用的处理是

A. 全身用糖皮质激素　B. 机械通气　C. 抗生素
D. 镇静剂　E. 补液纠酸

473. 哮喘持续状态有效的药物治疗是

A. 头孢他啶　B. 阿托品　C. 地塞米松
D. 哌替啶　E. 右旋糖酐

474. 男孩，8岁。2天前因“感冒”诱发咳嗽，口服糖皮质激素无缓解。3~8岁类似喘息发作10余次，曾查肺功能明显降低，支气管舒张试验阳性。查体：呼吸困难，大汗淋漓，不能平卧，面色青灰，三凹征，双肺呼吸音降低，无哮鸣音，心音较低钝。此时不适合的治疗是

A. 补液，纠正酸中毒　B. 使用吸入型糖皮质激素　C. 必要时辅以机械通气
D. 氧疗　E. 使用吸入型速效 β_2 受体激动剂

（475~479题共用题干）3岁，女孩。反复咳嗽2个月。查体：体温正常，浅表淋巴结(-)，咽(-)，两肺多哮鸣音，无水泡音。反复抗生素治疗不愈，以往无呛咳病史，有变态反应性鼻炎。

475. 可能的诊断是

A. 喘息性支气管炎　B. 毛细支气管炎　C. 肺炎
D. 气管异物　E. 咳嗽变异型哮喘

476. 首选的检查是

A. 胸部X线片　B. 支气管镜　C. 血培养
D. 气管分泌物病毒分离　E. 心电图

477. 首选的治疗是

A. 抗生素　B. 病毒唑　C. 沙丁胺醇
D. 骨化三醇　E. 多巴酚丁胺

478. 若肺部哮鸣音广而且持续存在，则不能使用

A. 氨茶碱　B. 比索洛尔　C. 地塞米松
D. 异丙肾上腺素　E. 碳酸氢钠

479. 若病情恶化，呼吸音减弱，应紧急采用

A. 纯氧吸入　B. 机械通气　C. 胸外按摩
D. 头部冰枕　E. 水合氯醛灌肠

四、肺炎（执业医师及助理医师均需掌握）

480. 小儿肺炎的病因分类中，不包括

A. 病毒性肺炎　B. 细菌性肺炎　C. 衣原体肺炎
D. 嗜酸性粒细胞性肺炎　E. 间质性肺炎

481. 小儿肺炎最主要的发病机制是

A. 缺氧　B. 二氧化碳潴留　C. 毒血症
D. 酸中毒　E. 水钠潴留

482. 判断小儿支气管肺炎严重程度的指标是

A. 白细胞高低　B. 呼吸频率　C. 有无累及其他系统
D. 胸部X线片显示程度　E. 感染菌群

483. 8个月，男婴。咳嗽3天，发热伴气促1天。查体：呼吸急促，口周略发青，咽部充血，双肺闻及中小水泡音，心腹(-)。WBC 10×10^9/L，N65%，L35%。最可能的诊断是

A. 支气管炎　B. 支气管哮喘　C. 原发型肺结核

D. 支气管肺炎　　E. 毛细支气管炎

484. 小儿重症肺炎出现严重腹胀,最可能的原因是
A. 低钙血症　　B. 消化不良　　C. 低钾血症
D. 低钠血症　　E. 中毒性肠麻痹

485. 小儿重症肺炎最常见的酸碱平衡紊乱是
A. 呼吸性酸中毒　　B. 代谢性酸中毒　　C. 呼吸性碱中毒
D. 代谢性碱中毒　　E. 混合性酸中毒

486. 支气管肺炎与支气管炎的主要区别点是
A. 发热、频咳　　B. 气促、喘憋　　C. 呼吸音减弱
D. 肺部可闻固定湿啰音　　E. 白细胞增高

(487~490 题共用题干)男孩,1 岁。发热伴咳嗽 3 天,食欲差,偶有呕吐,嗜睡,抽搐 2 次,双肺可闻及中细湿啰音,心率 110 次/分,呼吸 56 次/分,肝肋下 1cm,白细胞 $4×10^9$/L。

487. 目前的主要诊断为
A. 急性支气管肺炎　　B. 急性左心衰竭　　C. 支气管哮喘
D. 过敏性肺炎　　E. 支气管异物

488. 高热不退,呈弛张型,出现面色苍白,首选的检查是
A. 痰培养　　B. 胸部 X 线片　　C. 心电图
D. 血常规　　E. 血气分析

489. 病程中出现烦躁不安,脑脊液压力增高,可能并发
A. 中毒性脑病　　B. 脓胸　　C. 心力衰竭
D. DIC　　E. 癫痫

490. 还伴有凹陷性水肿,查血钠 120mmol/L,可能的诊断是
A. 肾病综合征　　B. 肾小球肾炎　　C. 水电解质失衡
D. 膜性肾病　　E. 抗利尿激素异常分泌综合征

491. 金黄色葡萄球菌肺炎患儿突然出现呼吸急促,首先应考虑
A. 高热　　B. 酸中毒　　C. 脓气胸
D. 炎症加重　　E. 心力衰竭

492. 易并发脓胸、脓气胸的肺炎是
A. 呼吸道合胞病毒肺炎　　B. 腺病毒肺炎　　C. 金黄色葡萄球菌肺炎
D. 支原体肺炎　　E. 衣原体肺炎

493. 患儿,2 岁。发热、咳嗽 3 天,惊厥、昏迷 1 天。体温 39℃,鼻扇,肺部散在干、湿啰音,心律齐,心率 130 次/分,肝未触及。诊断是支气管肺炎合并
A. 呼吸衰竭　　B. 心力衰竭　　C. 中毒性脑病
D. 中毒性肠麻痹　　E. DIC

494. 患儿,女,4 个月。因咳喘 3 天,诊断为支气管肺炎,体温持续 39~40℃,近 2 小时来两眼上翻,惊厥多次,神志半昏迷,前囟门紧张。可能合并
A. 癫痫　　B. 高热惊厥　　C. 中毒性脑病
D. 婴儿手足搐搦症　　E. 低血糖

A. 腺病毒　　B. 金黄色葡萄球菌　　C. 呼吸道合胞病毒
D. 肺炎链球菌　　E. 肺炎支原体

495. 引起支气管肺炎的常见病原体是

496. 引起肺脓肿的常见病原体是
497. 引起喘憋性肺炎的常见病原体是
A. 毛细支气管炎　B. 支气管肺炎　C. 腺病毒肺炎
D. 支原体肺炎　E. 葡萄球菌肺炎
498. 患儿，男，2 岁。发热、咳嗽 3 天。查体：T38℃，双肺闻及固定的中、细湿啰音。外周血 WBC 9×10^9/L，N0.55，L0.45。最可能的诊断是
499. 患儿，女，6 个月。咳嗽、喘憋伴低热 3 天。查体：呼吸快，三凹征(+)，肺部可闻及哮鸣音，呼气性喘鸣。胸部 X 线片显示有肺气肿和支气管周围炎。最可能的诊断是
A. 嗜酸性粒细胞增高　B. 体温一般不高，喘憋为主，肺部听诊有哮鸣音
C. 多为稽留热，肺部体征出现晚　D. X 线检查示肺部片状阴影，呈云雾状或游走性
E. 肺部体征出现较早，易引起肺脓肿、肺大疱
500. 金黄色葡萄球菌肺炎的主要临床特点是
501. 腺病毒肺炎的主要临床特点是

(502~504 题共用题干)女孩，2 岁。发热伴咳嗽、咳痰 4 天。查体：T38.8℃，P132 次/分，R42 次/分。轻度鼻扇，双肺闻及中细湿啰音，腹稍胀，肝肋下 2cm。胸部 X 线片见双下肺模糊斑片状影。实验室检查：血 WBC13.5×10^9/L，N0.72，L0.28。
502. 最可能的诊断是
A. 支气管炎　B. 支气管肺炎　C. 间质性肺炎
D. 毛细支气管炎　E. 大叶性肺炎
503. 首选的治疗药物是
A. 阿奇霉素　B. 万古霉素　C. 苯唑西林钠
D. 阿莫西林　E. 利巴韦林
504. 治疗中患儿呼吸困难加重，呕吐少许咖啡样物。查体：P140 次/分，R46 次/分，严重腹胀，听诊肠鸣音消失。考虑患儿最可能发生了
A. 中毒性肠麻痹　B. 感染性休克　C. 脑性低钠血症
D. 中毒性脑病　E. 心力衰竭

(505~506 题共用题干)男孩，3 岁。发热伴咳喘 2 天，加重 1 天。查体：T39℃，P120 次/分，R46 次/分。咽部充血，双侧扁桃体Ⅱ度肿大，充血明显。听诊背部两侧下方可闻及固定的中、细湿啰音，心律齐，未闻及杂音。腹平软，肝右肋下 1.5cm，脾未触及。
505. 最主要的诊断是
A. 毛细支气管炎　B. 支气管哮喘　C. 急性支气管肺炎
D. 急性扁桃体炎　E. 急性支气管炎
506. 若在病程中患儿病情加重，胸部 X 线示肋膈角变钝，肺部可见薄壁空洞，最可能的病原体是
A. 金黄色葡萄球菌　B. 腺病毒　C. 呼吸道合胞病毒
D. 流感嗜血杆菌　E. 肺炎链球菌

(507~509 题共用题干)女，8 个月。咳喘 3 天，近 1 天症状加重。查体：呼吸 70 次/分，口周发绀，心率 180 次/分，心音低钝。双肺密集细湿啰音，肝于右肋下 3cm。
507. 最可能的诊断是
A. 上呼吸道感染　B. 支气管炎　C. 支气管哮喘
D. 支气管肺炎　E. 脓胸
508. 伴有的合并症是

A. 心力衰竭　　B. 呼吸衰竭　　C. 中毒性脑病
D. 脓气胸　　E. 上呼吸道梗阻

509. 除吸氧外还应
A. 用呼吸兴奋剂　　B. 用强心药　　C. 用脱水剂
D. 穿刺抽脓　　E. 气管插管

510. 不符合肺炎支原体肺炎 X 线改变的是
A. 间质性肺炎改变　　B. 均质性的片状阴影　　C. 支气管肺炎改变
D. 多发空洞　　E. 肺门阴影增浓

511. 男,2 岁,发热伴咳嗽,诊断为链球菌肺炎。用抗生素治疗的疗程应持续至体温正常后
A. 2~4 天　　B. 5~7 天　　C. 8~10 天
D. 11~13 天　　E. 14~16 天

512. 支原体肺炎应用抗生素的疗程应是
A. 体温正常后停药　　B. 症状基本消失后　　C. 1 周
D. 2~3 周　　E. 4~6 周

513. 女,1 岁。发热伴咳喘 3 天,口周稍青紫。用鼻前庭导管吸氧,氧流量应为
A. 0.5~1L/min　　B. 1.5~2L/min　　C. 2.5~3L/min
D. 3.5~4L/min　　E. 4.5~5L/min

514. 肺炎时,不属于肾上腺糖皮质激素使用指征的是
A. 严重喘憋　　B. 中毒性脑病　　C. 感染性休克
D. 呼吸衰竭　　E. 气胸

515. 男,体重 6kg,体温 38℃,呼吸 80 次/分,脉搏 180 次/分,面色苍白,烦躁气促,鼻翼扇动,三凹征明显,两肺可闻及中、小湿啰音,心音低钝,肝肋下 3.5cm,诊断为肺炎合并心力衰竭,强心应用的毛花苷丙首次剂量为
A. 0.06mg　　B. 0.12mg　　C. 0.18mg
D. 0.24mg　　E. 0.30mg

516. 腺病毒肺炎最易出现的并发症是
A. 张力性气胸　　B. 心力衰竭　　C. 肺脓肿
D. 肺大疱　　E. 脓气胸、脓胸

(517~519 题共用题干)男孩,14 个月。发热、咳嗽 3 天,气急发绀、烦躁不安 2 小时入院。体检:体温39.5℃,气急,面色苍白,明显三凹征,呼吸 60 次/分,心率 180 次/分,两肺布满中细湿啰音,肝肋下 3cm。胸部 X 线片示右下肺点片状阴影。

517. 最可能的诊断是
A. 金黄色葡萄球菌肺炎　　B. 毛细支气管炎　　C. 支气管肺炎伴心力衰竭
D. 腺病毒肺炎　　E. 支气管肺炎伴败血症

518. 紧急处理原则是
A. 吸氧加用抗生素　　B. 镇静、退热、祛痰、止咳　　C. 地塞米松
D. 能量合剂　　E. 吸氧、镇静、强心、血管活性药

519. 患儿在治疗过程中,突然抽搐 1 次,呈全身性四肢抽动,前囟饱满,眼睑及球结膜水肿,立即行腰穿,脑脊液除压力增高外,余正常。最可能的诊断是
A. 高热惊厥　　B. 低钙　　C. 中毒性脑病
D. 低钠　　E. 癫痫

520. 男婴,4个月。发热、咳嗽伴喘息2天。查体:T38.5℃,呼吸急促,可见明显三凹征,双肺可闻及明显哮鸣音,背部可闻及细湿啰音,心率140次/分,律齐,腹稍胀,肝肋下2.5cm。胸部X线片示肺气肿。最可能的诊断是

A. 肺炎支原体肺炎　B. 金黄色葡萄球菌肺炎　C. 支气管哮喘
D. 腺病毒肺炎　E. 呼吸道合胞病毒肺炎

(521~522题共用题干)男孩,8个月。持续高热,频咳,精神萎靡5天,近2天气促加重,今抽搐3次,全身性发作,嗜睡。查体:体温40.0℃,呼吸56次/分,心率148次/分,双肺少量中细湿啰音,左下肺可闻管状呼吸音。白细胞计数4.0×10^9/L,腰椎穿刺颅压稍高,脑脊液常规正常。

521. 最可能的诊断是

A. 肺炎链球菌肺炎　B. 金黄色葡萄球菌肺炎　C. 支原体肺炎
D. 毛细支气管炎　E. 腺病毒肺炎

522. 惊厥的原因是

A. 心力衰竭　B. 高热惊厥　C. 败血症
D. 中毒性脑病　E. 癫痫

523. 男孩,2岁。持续高热,咳嗽1周,加重伴烦躁、气促1天。查体T39.5℃,P114次/分。口唇青紫,可见三凹征,双肺可闻及中细湿啰音,肝肋下2cm。实验室检查:血WBC20.0×10^9/L,N0.88,L0.12。胸部X线片示双肺散在斑片状阴影,可见肺大疱。最可能的诊断是

A. 腺病毒肺炎　B. 肺炎链球菌肺炎　C. 呼吸道合胞病毒肺炎
D. 肺炎支原体肺炎　E. 金黄色葡萄球菌肺炎

524. 男孩,6岁。高热伴剧烈咳嗽6天。既往体健,规范接种疫苗。查体:一般状况好,无明显呼吸困难,右中下肺呼吸音减低。胸部X线片示肺部薄云雾状浸润影,右侧胸腔少许积液。实验室检查:血WBC5.6×10^9/L,N0.34,L0.66,PPD试验(-)。最可能感染的病原体是

A. 金黄色葡萄球菌　B. 结核分枝杆菌　C. 肺炎支原体
D. 腺病毒　E. 肺炎链球菌

(525~527题共用题干)女孩,9岁。发热伴刺激性咳嗽1周,近3天咳嗽加重伴胸痛。既往体健。查体:T38℃,P100次/分,R24次/分,一般状态尚好,浅表淋巴结未触及,双肺呼吸音粗,未闻及干、湿啰音,心音有力。

525. 最可能的诊断是

A. 腺病毒肺炎　B. 呼吸道合胞病毒肺炎　C. 肺炎链球菌肺炎
D. 肺炎支原体肺炎　E. 金黄色葡萄球菌肺炎

526. 胸部X线片检查最可能出现的异常是

A. 斑片状阴影伴肺气肿　B. 单侧肺下叶浸润　C. 两下肺均一片状阴影
D. 多发肺脓肿、肺大泡　E. 肺段实变伴胸腔积液

527. 首选的治疗药物是

A. 青霉素　B. 万古霉素　C. 利巴韦林
D. 头孢菌素　E. 阿奇霉素

528. 男,1岁。高热6天,精神差,频繁咳嗽,阵发性喘憋。体检:鼻翼扇动,吸气性凹陷,两肺叩诊稍浊,呼吸音减低,双肺闻及少量中湿啰音。白细胞9.0×10^9/L。胸部X线片示双肺片状密度较淡阴影。最可能的诊断为

A. 金黄色葡萄球菌肺炎　B. 呼吸道合胞病毒肺炎　C. 腺病毒肺炎

D. 肺炎支原体肺炎　　E. 肺炎链球菌肺炎

(529~531 题共用题干)女婴,5 个月。咳嗽伴发热 3 天,喘憋 1 天。无明显咳痰,体温波动在 38~39℃,喘憋进行性加重。查体:T38.5℃,P150 次/分,R60 次/分,精神、反应可,双肺哮鸣音,双下肺可闻及细湿啰音,腹软,无明显压痛,肝肋下 2cm。

529. 最可能的诊断是
A. 腺病毒肺炎　　B. 金黄色葡萄球菌肺炎　　C. 肺炎支原体肺炎
D. 衣原体肺炎　　E. 呼吸道合胞病毒肺炎

530. 胸部 X 线片的典型表现是
A. 均一片状阴影　　B. 大小不等的片状阴影或融合成大病灶
C. 双肺纹理粗　　D. 小点片状、斑片状阴影伴肺气肿
E. 肺浸润伴多发性肺脓肿、肺大疱

531. 入院后患儿出现惊厥、双眼凝视、对光反射迟钝。正确的药物治疗不包括
A. 酚妥拉明　　B. 地塞米松　　C. 地西泮
D. 毛花苷丙　　E. 甘露醇

第 8 章　心血管系统疾病

一、小儿心血管系统生理特点(执业医师及助理医师均需掌握)

A. 生后 1~2 岁　　B. 生后 3~4 个月　　C. 生后 3 个月内
D. 生后 5~7 个月　　E. 生后 8~10 个月

532. 小儿卵圆孔解剖上关闭的时间是
533. 80%的小儿动脉导管解剖上关闭的时间是

534. 动脉导管解剖上关闭时间,95%在生后
A. 1 年内　　B. 半年内　　C. 3 个月内
D. 1 个月内　　E. 2 年内

二、先天性心脏病概述(执业医师及助理医师均需掌握)

535. 左向右分流型先天性心脏病出现显著肺动脉高压时,主要改变为
A. 左心房增大　　B. 右心房增大　　C. 左心室增大
D. 右心室增大　　E. 左心房增大、左心室增大

536. 属于无分流型先天性心脏病的是
A. 室间隔缺损　　B. 房间隔缺损　　C. 法洛四联症
D. 肺动脉狭窄　　E. 动脉导管未闭

537. 不符合左向右分流先天性心脏病共同特征的是
A. 生长发育落后　　B. 容易并发肺部感染　　C. 蹲踞现象
D. 胸骨左缘收缩期杂音　　E. 肺动脉瓣区第二心音增强

538. 婴儿期持续性青紫,见于
A. 房间隔缺损　　B. 室间隔缺损　　C. 肺动脉狭窄
D. 法洛四联症　　E. 动脉导管未闭

三、房间隔缺损(执业医师及助理医师均需掌握)

539. 房间隔缺损收缩期杂音产生的原理是

A. 三尖瓣相对狭窄　　B. 血流通过缺损部位　　C. 肺动脉瓣相对狭窄
D. 二尖瓣相对狭窄　　E. 主动脉瓣相对狭窄

540. 血流动力学改变示左心房、右心房、肺循环、右心室血量增多，而左心室、体循环血量减少的先天性心脏病可能是
A. 房间隔缺损　　B. 室间隔缺损　　C. 动脉导管未闭
D. 法洛四联症　　E. 肺动脉狭窄

541. 女孩，4岁。自幼体弱，易患呼吸道感染。查体：心前区稍隆起，无震颤，胸骨左缘第2肋间闻及3/6级收缩期杂音，P_2亢进，固定分裂。最可能的诊断是
A. 动脉导管未闭　　B. 法洛四联症　　C. 房间隔缺损
D. 风湿性心脏病　　E. 室间隔缺损

（542~544题共用题干）男孩，8岁。剧烈运动后胸闷、气短1个月。查体：心前区未触及震颤，胸骨左缘2~3肋间闻及3/6级收缩期喷射性杂音，P_2增强、固定分裂。

542. 最可能的诊断是
A. 动脉导管未闭　　B. 单纯肺动脉瓣狭窄　　C. 房间隔缺损
D. 中型室间隔缺损　　E. 小型室间隔缺损

543. 心脏杂音形成的最直接原因是
A. 肺动脉瓣明显狭窄　　B. 右心压力负荷增加　　C. 经肺动脉瓣血流量增多
D. 主动脉瓣相对狭窄　　E. 血液经房间隔缺损自左心房流入右心房

544. 最典型的心电图改变是
A. 左心室高电压　　B. 左心房肥大　　C. 一度房室传导阻滞
D. 二度房室传导阻滞Ⅰ型　　E. 不完全性右束传导阻滞和电轴右偏

（545~546题共用题干）男孩，4岁。生长落后，活动后气促。查体：胸骨左缘第2~3肋间有3/6级收缩期喷射性杂音，P_2亢进。X线片示右心房、右心室扩大。

545. 最可能的诊断是
A. 房间隔缺损　　B. 动脉导管未闭　　C. 室间隔缺损
D. 法洛四联症　　E. 肺动脉狭窄

546. 目前最佳的治疗方案是
A. 口服卡托普利　　B. 随访观察　　C. 防治感染
D. 手术修补　　E. 口服吲哚美辛

四、室间隔缺损（执业医师及助理医师均需掌握）

547. 室间隔缺损时不会出现的改变是
A. 左心室增大　　B. 右心房增大　　C. 右心室增大
D. 肺动脉凸出　　E. 左心房增大

548. 关于室间隔缺损的叙述，正确的是
A. X线显示右心室、左心室，甚至左心房增大
B. X线显示肺动脉段突出，主动脉弓增大
C. X线显示肺门影增浓，肺野清晰，无肺门舞蹈征
D. 肺动脉瓣第二心音亢进，伴有固定性分裂
E. 胸骨左缘有响亮粗糙的机械性杂音

549. 所谓Roger病是指

A. 原发性房间隔缺损　B. 继发性房间隔缺损　C. 小型室间隔缺损
D. 中型室间隔缺损　E. 大型室间隔缺损

550. 大型室间隔缺损后期出现青紫时肺血管的主要改变是
A. 动力型肺动脉高压　B. 肺血增多　C. 梗阻型肺动脉高压
D. 肺动脉痉挛　E. 肺血减少

551. 最不可能出现右心室肥大的疾病是
A. 房间隔缺损　B. 小型室间隔缺损　C. 肺动脉狭窄
D. 艾森门格综合征　E. 法洛四联症

552. 室间隔缺损的主要杂音是
A. 第 2 肋间Ⅱ级柔和的收缩期杂音　B. 第 4 肋间Ⅱ级柔和的舒张期杂音
C. 第 2 肋间Ⅱ级柔和的舒张期杂音　D. 第 4 肋间Ⅳ级粗糙的收缩期杂音
E. 第 4 肋间Ⅳ级粗糙的舒张期杂音

553. 男孩，3 岁。乏力 1 周。查体：胸骨左缘第 3~4 肋间闻及 4/6 级吹风样收缩期杂音，肺动脉瓣区第二心音亢进，心尖部闻及短促舒张期杂音。胸部 X 线片：双肺充血，左、右心室均大，以左心室为著，肺动脉段突出，主动脉结偏小。最可能的诊断是
A. 房间隔缺损　B. 房间隔缺损合并动脉导管未闭
C. 室间隔缺损　D. 室间隔缺损合并动脉导管未闭
E. 动脉导管未闭

554. 室间隔缺损伴艾森门格综合征的临床表现为
A. 生后即青紫　B. 暂时性青紫　C. 持续性青紫
D. 不出现青紫　E. 差异性青紫

555. 男孩，3 岁。剧烈活动后气促，青紫不明显。自幼反复呼吸道感染。查体：BP90/40mmHg，胸骨左缘第 2 肋间可闻及粗糙响亮的连续机器样杂音，第 4 肋间可闻及 4/6 级粗糙的全收缩期杂音伴震颤，P_2 亢进，闻及股动脉枪击音。胸部 X 线片示左心房及左、右心室增大，肺动脉段膨隆。最可能的诊断是
A. 房间隔缺损　B. 室间隔缺损　C. 动脉导管未闭
D. 法洛四联症　E. 室间隔缺损+动脉导管未闭

556. 女孩，8 岁。近 1 年来活动后感心悸、气促，生长发育尚可，无青紫。胸骨左缘 3~4 肋间可闻及(3~4)/6级全收缩期杂音，传导广泛，有震颤。胸部 X 线片示肺血管影增粗，肺门舞蹈征，肺动脉段突出，左、右心室及左心房增大。最可能的诊断是
A. 室间隔缺损　B. 房间隔缺损　C. 动脉导管未闭
D. 法洛四联症　E. 肺动脉瓣狭窄

557. 右心室、左心室增大，肺血流量大，主动脉结缩小的先天性心脏病是
A. 动脉导管未闭　B. 法洛四联症　C. 肺动脉瓣狭窄
D. 房间隔缺损　E. 室间隔缺损

558. 室间隔缺损和动脉导管未闭患儿压迫喉返神经是由于
A. 肺动脉扩张　B. 主动脉扩张　C. 右心房扩张
D. 左心房扩张　E. 左、右心房扩张

559. 左向右分流型先天性心脏病最常见的并发症为
A. 感染性心内膜炎　B. 脑血栓　C. 脑脓肿
D. 肺炎　E. 心力衰竭

560. 婴儿期最易合并心力衰竭的先天性心脏病是
A. 房间隔缺损　B. 室间隔缺损　C. 法洛四联症

D. 动脉导管未闭　　E. 肺动脉瓣狭窄

561. 患儿,10个月。出生后反复呼吸道感染,脉搏168次/分,胸骨左缘第3~4肋间可闻及3/6级粗糙收缩期杂音,双肺闻及湿啰音。最可能的诊断是

A. 室间隔缺损并急性支气管肺炎　　B. 房间隔缺损合并急性支气管肺炎
C. 动脉导管未闭合并支气管肺炎　　D. 法洛四联症并支气管肺炎
E. 单纯性室间隔缺损

562. 男,1岁。发热、咳嗽3天。今日突然出现气促,呼吸困难,发绀,面色苍白,心率增快达180次/分,两肺闻及粗湿啰音和哮鸣音,肝肋下3cm。最可能合并的疾病是

A. 急性心力衰竭　　B. 艾森门格综合征　　C. 脓胸
D. 气胸　　E. 心肌炎

563. 男,10个月。发热、咳嗽3天,气促、烦躁、纳差、尿少1天。生后患肺炎数次。查体:T37.5℃,R66次/分,心率180次/分,口唇青紫,两肺细湿啰音。胸骨左缘第3、4肋间闻及(3~4)/6级收缩期杂音,肺动脉瓣区第二心音亢进,肝右肋下3cm,双足背水肿。考虑诊断为

A. 室间隔缺损合并细菌性心内膜炎　　B. 室间隔缺损合并肺炎和心力衰竭
C. 室间隔缺损合并肺炎　　D. 房间隔缺损合并肺水肿
E. 动脉导管未闭合并心力衰竭

(564~566题共用题干)患儿,3岁。近1年多哭甚时出现青紫。查体:心前区隆起,胸骨左缘第3~4肋间可闻及4/6级收缩期杂音,可触及震颤。X线检查示:左、右心室及左心房增大,肺血管影增多,肺动脉段凸出。

564. 此患儿最可能的诊断是

A. 房间隔缺损　　B. 室间隔缺损　　C. 肺动脉瓣狭窄
D. 动脉导管未闭　　E. 法洛四联症

565. 此患儿如决定手术必须做的检查是

A. 心电图　　B. 磁共振成像　　C. 心功能检查
D. 心导管检查　　E. 超声心动图

566. 此患儿若出现永久性青紫,说明

A. 动脉系统淤血　　B. 形成艾森门格综合征　　C. 合并肺水肿
D. 静脉系统淤血　　E. 合并心力衰竭

(567~569题共用题干)患儿,男,10个月。反复患肺炎2次。查体:体重7kg,心前区隆起,胸骨左缘第3~4肋间可闻及4/6级粗糙的全收缩期杂音,传导广泛,可触及震颤,肺动脉瓣区第二心音亢进。

567. 最可能的诊断是

A. 房间隔缺损　　B. 室间隔缺损　　C. 动脉导管未闭
D. 法洛四联症　　E. 肺动脉瓣狭窄

568. 此患儿不大可能出现的并发症是

A. 肺水肿　　B. 心力衰竭　　C. 感染性心内膜炎
D. 支气管肺炎　　E. 脑血栓

569. 若患儿几年后出现青紫,心电图显示右心室肥大,心导管检查发现动脉血氧饱和度降低,肺动脉阻力显著增加,最准确的诊断是

A. Roger病　　B. 心力衰竭　　C. 艾森门格综合征
D. 卵圆孔未闭　　E. 肺动脉狭窄

五、动脉导管未闭(执业医师及助理医师均需掌握)

570. 动脉导管未闭时不会出现的改变是
A. 左心室增大 B. 右心房增大 C. 右心室增大
D. 肺动脉凸出 E. 左心房增大

571. 动脉导管未闭的 X 线改变是
A. 右心房及右心室增大 B. 左心房及左心室增大 C. 右心房及左心房增大
D. 左心室及右心室增大 E. 左心房及左、右心室增大

572. 女,2 岁。多次患肺炎。胸部 X 线片示肺纹理增强,左心房、左心室大,主动脉影增宽。应诊断为
A. 房间隔缺损 B. 室间隔缺损 C. 动脉导管未闭
D. 法洛四联症 E. 艾森门格综合征

573. 肺循环血量增多,并伴左心房左心室血量增多的先天性心脏病应是
A. 原发性房间隔缺损 B. 继发性房间隔缺损 C. 动脉导管未闭
D. 室间隔缺损 E. 法洛四联症

574. 临床上出现差异性青紫的先天性心脏病是
A. 法洛四联症 B. 完全性大动脉转位 C. 动脉导管未闭
D. 房间隔缺损 E. 室间隔缺损

(575~577 题共用题干)男孩,1 岁。发热伴咳嗽、气促 7 天,自出生后喂养困难,生长发育落后,多次患肺炎。查体:T38℃,P120 次/分,R50 次/分。消瘦,呼吸急促,双肺可闻及细湿啰音,胸骨左缘上方闻及粗糙响亮的双期杂音。腹软,肝肋下 3cm,质中,脾肋下未触及,手指甲床可见毛细血管搏动。

575. 该患儿最可能罹患的心脏病是
A. 法洛四联症 B. 房间隔缺损 C. 室间隔缺损
D. 动脉导管未闭 E. 肺动脉瓣狭窄

576. 该患儿手指甲床毛细血管搏动是由于
A. 动脉收缩压升高 B. 肺动脉向主动脉分流 C. 动脉舒张压降低
D. 动脉收缩压降低 E. 动脉舒张压升高

577. 该患儿目前最易发生的并发症是
A. 充血性心力衰竭 B. 肺动脉瘤样扩张 C. 营养不良
D. 血栓形成 E. 生长落后

578. 男孩,2 岁。自幼咳嗽、气急,生长发育落后。查体:胸骨左缘上方可闻及收缩期杂音。心导管检查发现肺动脉血氧含量高于右心室。最可能的诊断是
A. 房间隔缺损 B. 法洛四联症 C. 肺动脉高压
D. 动脉导管未闭 E. 肺动脉狭窄

579. 女,4 岁。因心悸、多汗入院。体检:消瘦、气急、水冲脉,心率 120 次/分,胸骨左缘第二肋间闻及粗糙的连续性机械样杂音,肺动脉瓣第二心音亢进。最可能的诊断是
A. 法洛四联症 B. 动脉导管未闭 C. 肺动脉瓣狭窄
D. 室间隔缺损 E. 房间隔缺损

580. 用药物可能治愈的先天性心脏病是
A. 法洛四联症 B. 动脉导管未闭 C. 房间隔缺损
D. 室间隔缺损 E. 大血管部分转位

581. 采用吲哚美辛治疗动脉导管未闭的最佳年龄段是

A. 新生儿期　B. 学龄期　C. 青春期
D. 幼儿期　E. 学龄前期

六、法洛四联症(执业医师及助理医师均需掌握)

582. 法洛四联症杂音响度主要取决于
A. 左、右心室之间压力差　B. 肺动脉狭窄的程度　C. 室间隔缺损大小
D. 主动脉骑跨程度　E. 右心室肥厚程度

583. 静脉血经异常通道进入体循环动脉血中所致发绀常见于
A. 肺炎　B. 右心衰竭　C. 严重休克
D. 法洛四联症　E. 阻塞性肺气肿

584. 小儿先天性心脏病中,属于青紫型的是
A. 室间隔缺损　B. 动脉导管未闭　C. 肺动脉狭窄
D. 法洛四联症　E. 主动脉缩窄

585. 法洛四联症患者青紫的程度主要取决于
A. 肺动脉狭窄的程度　B. 室间隔缺损的大小　C. 室间隔缺损的部位
D. 主动脉骑跨的程度　E. 右心室肥厚的程度

586. 法洛四联症不应出现的症状是
A. 蹲踞　B. 贫血　C. 突然晕厥
D. 杵状指(趾)　E. 活动耐力下降

587. 男婴,6个月。出生时诊断为法洛四联症。近2天常于哭闹时突发四肢抽搐,青紫加重,神志不清,呼吸急促,持续时间2~3分钟。首先应考虑为
A. 缺氧发作　B. 脑栓塞　C. 心力衰竭
D. 休克　E. 脑脓肿

588. 符合法洛四联症病理改变的是
A. 左心室肥大　B. 房间隔缺损　C. 肺动脉扩张
D. 主动脉缩窄　E. 主动脉骑跨

589. 小儿,5个月。2个月前出现面部灰暗,哭闹及吃奶时出现发绀。查体:较瘦,口周发绀,心前区可闻及3/6级左右收缩期喷射音。X线片示右心室肥大,肺动脉段凹陷,心脏呈靴形,肺野清晰。最可能的诊断是
A. 房间隔缺损　B. 室间隔缺损　C. 肺动脉瓣狭窄
D. 动脉导管未闭　E. 法洛四联症

590. 男孩,5岁。出生后数月逐渐出现青紫,活动后加重。查体:胸骨左缘第3肋间可闻及3/6级喷射性收缩期杂音。胸部X线片示心脏稍有增大,心尖圆钝上翘,肺动脉段凹陷,上纵隔增宽,肺门血管影缩小,肺野透亮度增加。最可能的诊断是
A. 房间隔缺损　B. 室间隔缺损　C. 动脉导管未闭
D. 法洛四联症　E. 完全性大动脉错位

591. 小儿,4个月。2个月前出现面部灰暗。哭闹及吃奶时出现明显发绀。查体:瘦弱,口周发绀,心前区可闻及3/6级收缩期喷射性杂音。X线片示心脏呈靴形,右心室肥大,肺动脉段明显凹陷,肺野清晰。最可能的诊断是
A. 房间隔缺损　B. 室间隔缺损　C. 肺动脉狭窄
D. 动脉导管未闭　E. 法洛四联症

A. 动脉导管未闭　B. 房间隔缺损　C. 小型室间隔缺损

D. 法洛四联症　　E. 大型室间隔缺损

592. 胸部 X 线片示肺野清晰的是

593. 胸部 X 线片示肺血多、主动脉弓增大的是

594. 胸部 X 线片示肺血多,右心房、右心室增大的是

(595~596 题共用题干)男孩,5 岁。自幼唇、指(趾)甲床青紫,乏力,活动后气促,体格发育落后,胸骨左缘第 2~3 肋间可闻及 3/6 级收缩期杂音,经超声心动图证实为先天性心脏病、法洛四联症。

595. 此患儿其心脏由哪 4 种畸形组成?

A. 主动脉狭窄、室间隔缺损、肺动脉骑跨、右心室肥厚

B. 主动脉狭窄、房间隔缺损、主动脉骑跨、左心室肥厚

C. 肺动脉狭窄、室间隔缺损、主动脉骑跨、右心室肥厚

D. 肺动脉狭窄、房间隔缺损、肺动脉骑跨、左心室肥厚

E. 肺动脉狭窄、房间隔缺损、主动脉骑跨、右心室肥厚

596. 此患儿突然发生昏厥、抽搐,最可能并发

A. 支气管肺炎　　B. 充血性心力衰竭　　C. 低钙惊厥

D. 肺动脉阻塞　　E. 癫痫

(597~600 题共用题干)男,4 岁,因怀疑先天性心脏病就诊。

597. 首先去检查

A. 血常规　　B. 脑电图　　C. 血钙、磷测定

D. 胸部 X 线片　　E. 腹部 B 超

598. 该患儿口唇黏膜青紫,轻度杵状指(趾),胸骨左缘 2~4 肋间听到(2~3)/6 级收缩期杂音,肺动脉瓣第二心音减弱,为确诊应做的检查是

A. 脑电图　　B. 头部 CT　　C. 心肌酶谱

D. 右心导管造影　　E. 腹部 B 超

599. 2 个月后患儿出现发热伴咽痛,2 周后出现头痛。右侧巴宾斯基征(+),WBC18×10^9/L,N0.86,L0.14。考虑合并

A. 肺炎　　B. 脑出血　　C. 脑脓肿

D. 心肌炎　　E. 结核性脑膜炎

600. 并发症治愈后,进一步治疗的方法为

A. 预防外伤　　B. 口服维生素　　C. 应用激素

D. 长期抗生素预防感染　　E. 施行心脏手术

(601~604 题共用题干)女孩,3 岁。生后发现口唇青紫,活动后加剧。平时喜蹲踞,哭吵时有突发呼吸急促、青紫加重,严重时伴晕厥,曾半年内晕厥 2 次,均于清晨或哭吵后发作,经 2~3 分钟自行恢复。今晨又出现晕厥,持续 5 分钟,即来急诊。查体:T37.0℃,P100 次/分,R22 次/分,BP82/55mmHg。神志不清,双肺听诊未见异常,胸骨左缘第 2~4 肋间闻及 3/6 级收缩期杂音,无震颤,肺动脉瓣第二心音减弱。口唇青紫,指、趾甲青紫,杵状指、趾,颈软,神经系统查体无异常。

601. 最可能的诊断为

A. 单纯肺动脉瓣狭窄　　B. 房间隔缺损伴轻度肺动脉瓣狭窄

C. 完全性大动脉转位　　D. 室间隔缺损伴重度肺动脉高压

E. 法洛四联症

602. 该疾病最典型的心电图改变是

A. 右心房扩大　　B. 预激综合征　　C. 左心室肥厚

D. 右心室肥厚　　E. 不完全性右束支传导阻滞

603. 患儿晕厥的原因是
A. 肺动脉漏斗部痉挛　　B. 血流缓慢　　C. 脑血栓形成
D. 长期缺氧　　E. 血液黏稠

604. 下列抢救措施中不合适的是
A. 静脉滴注碳酸氢钠　　B. 静脉注射普萘洛尔　　C. 皮下注射吗啡
D. 取胸膝位　　E. 口服普萘洛尔

605. 预防法洛四联症小儿缺氧发作,宜选用的药物是
A. 卡托普利　　B. 地高辛　　C. 螺内酯
D. 普萘洛尔　　E. 布洛芬

第9章　泌尿系统疾病

一、儿童泌尿系统解剖生理特点(执业医师及助理医师均需掌握)

606. 下列不属于小儿肾脏生理功能的是
A. 肾小球滤过　　B. 产生抗利尿激素　　C. 调节酸碱平衡
D. 尿液的浓缩和稀释　　E. 肾小管重吸收及排泄

607. 肾脏在胎儿期合成较多的激素是
A. 1,25-$(OH)_2D_3$　　B. 前列腺素　　C. 促红细胞生成素
D. 肾素　　E. 利钠激素

608. 婴儿少尿的标准是昼夜尿量少于
A. 100ml　　B. 200ml　　C. 300ml
D. 400ml　　E. 500ml

609. 正常儿童新鲜尿沉渣镜检时,每高倍视野下红细胞数应少于
A. 1个　　B. 2个　　C. 3个
D. 4个　　E. 5个

二、急性肾小球肾炎(执业医师及助理医师均需掌握)

610. 小儿急性肾小球肾炎的病因中最常见的相关病因是
A. 金黄色葡萄球菌　　B. β溶血性链球菌　　C. 肺炎支原体
D. 乙型肝炎病毒　　E. 肺炎链球菌

611. 急性链球菌感染后肾炎的严重病例常发生在起病
A. 1~2周内　　B. 2~3周内　　C. 3~4周内
D. 4~5周内　　E. 5~6周内

612. 小儿急性肾小球肾炎起病前常有皮肤感染,其前驱期多为
A. 1周以内　　B. 1~2周　　C. 2~4周
D. 3~4周　　E. 4~5周

613. 急性肾炎的主要临床表现是
A. 水肿、蛋白尿、高血压、高脂血症　　B. 高血压、血尿、蛋白尿、低蛋白血症
C. 水肿、血尿、少尿、高血压　　D. 少尿、水肿、蛋白尿、高脂血症
E. 少尿、水肿、血尿、低蛋白血症

614. 急性肾小球肾炎,下行性水肿,双膝关节以下指压凹陷明显,2 天来尿少,下列哪项检查最相符?
A. 大量蛋白尿　B. 低蛋白血症　C. 高胆固醇血症
D. 尿中有蜡样管型　E. 血尿素氮异常

615. 有关急性肾小球肾炎的描述,以下哪项是正确的?
A. 多见于 8 岁后的年长儿　B. 1/3~1/2 患者有镜下血尿
C. 患者均有不同程度的高血压　D. 水肿多为重度,指压凹陷性明显
E. 严重症状常在 1~2 周内发生

616. 急性链球菌感染后肾小球肾炎,补体 C3 恢复时间在病后
A. 4 周左右　B. 8 周左右　C. 12 周左右
D. 16 周左右　E. 20 周左右

A. 血浆球蛋白增高　B. 持续性氮质血症　C. 选择性蛋白尿
D. 24 小时尿钙增高　E. 病程早期血清补体 C3 降低

617. 小儿急性链球菌感染后肾小球肾炎可出现的异常结果是

618. 小儿单纯型肾病综合征可出现的异常结果是

619. 男孩,8 岁。眼睑水肿 4 天,伴茶色尿 1 天。2 周前有发热、咽痛。查体:BP120/90mmHg。尿常规:蛋白(++),尿沉渣镜检红细胞 40~50/HP,白细胞 8~10/HP。最可能的临床诊断是
A. 急进性肾炎　B. 急性泌尿系感染　C. IgA 肾病
D. 急性肾小球肾炎　E. 肾炎型肾病

620. 急性肾小球肾炎患儿在病程早期突然发生惊厥,最可能的原因是
A. 高血压脑病　B. 低钙惊厥　C. 中毒性脑病
D. 高热惊厥　E. 低钠血症

621. 患儿,8 岁。水肿、少尿 4 天。近 1 天来诉头痛、头昏、呕吐并抽搐 1 次。查体:体温 37.3℃,血压 170/120mmHg,血尿素氮 7.8mmol/L。尿常规示:蛋白(++),红细胞>100/HP,白细胞 30/HP。准确的诊断为
A. 急进性肾炎　B. 慢性肾炎急性发作　C. 急性肾炎,颅内出血
D. 急性肾炎,高血压脑病　E. 肾炎性肾病,高血压脑病

622. 女,10 岁。水肿、尿少 3 天。尿量每天约 400ml,伴头晕、头痛、眼花、恶心、频繁呕吐,无心悸、胸闷、气促。查体:BP150/100mmHg,双肺未见异常。尿常规:红细胞(++++),白细胞(++),蛋白(+++)。血肌酐 68μmol/L,血尿素氮 7.8mmol/L,抗链球菌溶血素 O 阳性,C3 为 0.27g/L。最可能的诊断是
A. 急性肾小球肾炎合并急性肾功能不全　B. 急性肾小球肾炎合并高血压脑病
C. 急性肾小球肾炎合并严重循环充血　D. 急进性肾小球肾炎
E. 急性肾小球肾炎

(623~624 题共用题干)女孩,8 岁。水肿、尿少 3 天入院。神清,眼睑水肿明显,双下肢非凹陷水肿,血压 140/90mmHg,心、肺无异常。

623. 最可能的诊断是
A. 急性泌尿系感染　B. 急性肾小球肾炎　C. 急进性肾炎
D. 肾炎性肾病　E. 单纯性肾病

624. 假若该患儿剧烈头痛,呕吐,抽搐,首先应考虑出现
A. 中毒性脑病　B. 颅内出血　C. 化脓性脑膜炎
D. 低钠性脑水肿　E. 高血压脑病

625. 男孩,10岁。半个月前曾患“脓皮病”,近3天晨起眼睑水肿,且逐日加重,尿少,尿色深。查体:血压140/90mmHg,心率114次/分,肝肋下1.5cm,轻压痛。首选的治疗是

A. 卡托普利　B. 吸氧　C. 利尿剂

D. 泼尼松　E. 强心药

626. 急性肾炎病儿参加体育锻炼的标准是

A. 尿常规正常　B. 血沉正常　C. 血压正常

D. 尿阿迪氏计数正常　E. 抗“O”滴度正常

627. 急性肾炎患儿恢复上学的标准是

A. 血尿消失　B. 血沉正常　C. 血压正常

D. 水肿消退　E. 蛋白尿消失

628. 男孩,10岁。患急性肾炎住院治疗4周,出院时水肿消退,血沉正常,尿沉渣镜检红细胞3~5/HP,尿蛋白(-)。正确的出院医嘱是

A. 正常生活　B. 可上学,不能剧烈运动　C. 可轻微活动,不上学

D. 卧床休息2周　E. 休学半年

629. 男孩,7岁。水肿4天,伴血尿、尿少2天。查体:P112次/分,R33次/分,BP120/85mmHg,颜面、双下肢明显水肿,烦躁不安、气促,双肺底可闻及湿啰音,肝肋下1.5cm。尿常规:蛋白(+)。尿沉渣镜检:RBC25/HP。目前应首选的药物是

A. 毛花苷丙　B. 硝普钠　C. 青霉素

D. 呋塞米　E. 地西泮

A. 泼尼松　B. 螺内酯　C. 呋塞米

D. 多巴胺　E. 硝普钠

630. 患儿,女,8岁。水肿、尿少3天,尿呈淡茶色。今天出现剧烈头痛、烦躁并惊厥1次,血压160/120mmHg。最适宜的治疗药物是

631. 患儿,女,10岁。水肿、尿少2天,血压130/90mmHg。尿常规检查:蛋白(+),红细胞12/HP。最适宜的治疗药物是

(632~634题共用题干)8岁,男孩。水肿、尿色红2天入院。查体:颜面眼睑水肿,心、肺听诊无异常,尿常规有红细胞(+++),蛋白(+),患儿半月前患过扁桃体炎。

632. 为明确诊断,最有意义的检查是

A. ASO与ESR　B. ASO与血浆蛋白电泳　C. ASO与补体C3

D. ESR与血BUN　E. 血BUN与Scr

633. 若患儿在病程中出现呼吸增快,心率增快,奔马律,双肺布满中、小水泡音,肝大,BP120/80mmHg,应首先考虑发生

A. 急性肺炎　B. 严重循环充血　C. 急性肾功能不全

D. 高血压脑病　E. 低钠血症

634. 发生上述情况,首先应采取的措施是

A. 使用降压药物　B. 加强抗生素的应用　C. 使用呋塞米(速尿)

D. 补充氯化钠　E. 血液透析

(635~637题共用题干)男,6岁。水肿、尿色红2天入院。查体:颜面眼睑水肿,心、肺听诊无异常。尿常规有红细胞(+++),蛋白(+)。半月前患过扁桃体炎。

635. 首先考虑的诊断是

A. 急性泌尿系统感染　B. 急进性肾炎　C. 单纯性肾病

D. 肾炎性肾病　　E. 急性肾小球肾炎

636. 若患儿在病程中出现精神萎靡，水肿加重，尿量减少，氮质血症，血钾增高和代谢性酸中毒，血压120/80mmHg，应首先考虑发生

A. 急性肺炎　　B. 严重循环充血　　C. 急性肾功能不全
D. 高血压脑病　　E. 急性肝功能不全

637. 发生上述情况，首先应采取的措施是

A. 使用降压药物　　B. 加强抗生素的应用　　C. 使用强心药
D. 补充电解质　　E. 血液透析

（638～640 题共用题干）女，8 岁。水肿、少尿、肉眼血尿 3 天，BP150/105mmHg。尿常规：Pro(+)，RBC(++++)，管型 1～2/HP。ASO 升高，ESR 增快，血补体 C3 下降。

638. 首选的降压药是

A. 卡托普利　　B. 二氮嗪　　C. 硝苯地平
D. 哌唑嗪　　E. 硝普钠

639. 应限制钠盐摄入直到

A. 血沉正常　　B. 尿常规正常　　C. 水肿消退，血压正常
D. 补体恢复正常　　E. 肉眼血尿消失

640. 血补体 C3 恢复正常的时间多为起病后

A. 1 周　　B. 2 周　　C. 4 周
D. 8 周　　E. 12 周

（641～643 题共用题干）男孩，6 岁。尿少、水肿 2 天。血压 130/90mmHg。尿常规：蛋白(++)，红细胞 25/HP，白细胞 15/HP。

641. 首先考虑的诊断是

A. 急性尿路感染　　B. 急进性肾炎　　C. 单纯性肾病
D. 急性肾小球肾炎　　E. 肾炎性肾病

642. 患儿在入院第 2 天突然出现头痛、恶心、呕吐、视物模糊，并抽搐 1 次，此时应考虑出现了

A. 急性肾衰竭　　B. 严重电解质紊乱　　C. 严重循环充血
D. 急性代谢性酸中毒　　E. 高血压脑病

643. 应采取的紧急措施是

A. 给予强心药　　B. 给予降血压剂　　C. 补钾、补钙
D. 血液透析　　E. 给予碱性液体

三、肾病综合征(执业医师及助理医师均需掌握)

644. 诊断小儿肾病综合征的必备条件是

A. 明显水肿及低蛋白血症　　B. 明显水肿及大量蛋白尿　　C. 明显水肿及高脂血症
D. 大量蛋白尿及高脂血症　　E. 大量蛋白尿及低白蛋白血症

645. 男孩，3 岁。眼睑及面部水肿 2 周。查体：全身高度水肿，呈凹陷性。实验室检查：血白蛋白 25g/L，总胆固醇 6.2mmol/L。尿常规：蛋白(++++)，白细胞 1～2/HP。为有利于该疾病的临床分型，首选的检查是

A. 血沉　　B. ASO　　C. 血电解质
D. 补体 C3　　E. 免疫球蛋白

646. 男孩，3 岁。因水肿伴尿少 5 天入院，血浆白蛋白 25g/L，红细胞 2～3/HP，血压 100/90mmHg，下肢凹

陷性水肿。可能的诊断是

A. 肾炎性肾病 B. 单纯性肾病综合征 C. 急进性肾炎
D. 急性肾炎 E. 慢性肾炎

647. 男孩,5岁。颜面、四肢水肿半个月。查体:BP120/80mmHg。尿常规:Pro(+++)。尿沉渣镜检:RBC20/HP。血TP40g/L,Alb25g/L。最可能的诊断是

A. 急性肾炎 B. 急进性肾炎 C. 慢性肾炎
D. 肾炎型肾病综合征 E. 单纯型肾病综合征

A. 微小病变肾病 B. 新月体性肾小球肾炎 C. IgA肾病
D. 膜性肾病 E. 毛细血管内增生性肾小球肾炎

648. 链球菌感染后急性肾小球肾炎的病理类型为

649. 儿童原发性肾病综合征最常见的类型为

650. 小儿肾病综合征最早出现的表现为

A. 肉眼血尿 B. 水肿 C. 少尿
D. 面色苍白 E. 精神萎靡

651. 小儿肾病综合征最常见的并发症是

A. 低钠血症 B. 感染 C. 低钾血症
D. 肾静脉血栓形成 E. 低钙血症

652. 肾病综合征并发电解质紊乱最常见的是

A. 低钠 B. 低钾 C. 低钙
D. 低镁 E. 高钾

653. 男孩,3岁。反复呕吐、精神萎靡5天,食欲差、乏力,今日突发全身抽搐1次。既往诊断为原发性肾病综合征,正规泼尼松治疗,长期无盐饮食。最可能的原因是

A. 低钠血症 B. 肾上腺皮质功能不全 C. 高血压脑病
D. 低钙血症 E. 低钾血症

654. 男,5岁。尿少2天。晨起眼睑水肿,下肢凹陷水肿,BP100/70mmHg。实验室检查:尿Pro(+++),RBC0~3/HP。首先考虑的诊断是

A. 肾炎性肾病 B. 单纯性肾病 C. 急进性肾炎
D. 急性肾炎 E. 慢性肾炎

(655~658题共用题干)男孩,5岁。水肿伴尿少3天,病前2天有"上呼吸道感染"史。查体:BP90/60mmHg,眼睑及颜面水肿,双下肢凹陷性水肿。实验室检查:血浆Alb22g/L,TC7.2mmol/L,肾功能正常,血C3为1.25g/L,PPD试验(-)。尿常规:RBC10/HP,Pro(++++)。

655. 该患儿最可能的诊断为

A. 病毒性肾炎 B. 慢性肾小球肾炎急性发作 C. IgA肾病
D. 急性链球菌感染后肾炎 E. 原发性肾病综合征

656. 首选的治疗药物是

A. 环孢素A B. 雷公藤多苷 C. 泼尼松
D. 甲泼尼松 E. 青霉素

657. 若住院期间,患儿经限盐并给予大剂量呋塞米治疗后,尿量明显增加,水肿消退,但随后出现精神萎靡、头昏、乏力、恶心、呕吐、尿量明显减少。查体:BP66/45mmHg,四肢凉。最可能发生的并发症是

A. 肾上腺皮质功能不全 B. 高血压脑病 C. 低血容量休克
D. 电解质紊乱 E. 急性肾衰竭

658. 若患儿经治疗,尿蛋白转阴 9 个月,已停药。2 周前出现发热、咳嗽、随后出现尿蛋白(+++)、水肿,现已无感染表现。以下治疗措施中错误的是
A. 加用免疫抑制剂治疗　B. 按初次方案重新开始治疗　C. 使用免疫调节剂
D. 抗凝利尿治疗,不必限盐　E. 本次治疗可不必使用抗生素

(659~660 题共用题干)女孩,9 岁。水肿 1 个月。查体:血压 135/95mmHg,颜面和四肢明显水肿。实验室检查:尿蛋白(++++),24 小时尿蛋白定量 2.5g,血浆白蛋白 28g/L,尿素氮 10mmol/L,血补体 C3 为 0.65g/L。

659. 最可能的诊断是
A. 急进性肾小球肾炎　B. 迁延性肾小球肾炎　C. 肾炎性肾病综合征
D. 单纯性肾病综合征　E. 急性肾小球肾炎

660. 若患儿突然出现肉眼血尿伴腰痛,最可能并发
A. 肾静脉血栓　B. 间质性肾炎　C. 肾衰竭
D. 肾结石　E. 泌尿系感染

A. 复发　B. 激素敏感型　C. 激素部分敏感型
D. 激素耐药型　E. 激素依赖型

661. 肾病综合征患儿,口服泼尼松 2mg/(kg · d),治疗 2 周后尿蛋白完全转阴,疗效判断为
662. 肾病综合征患儿,口服泼尼松 2mg/(kg · d),治疗 8 周后尿蛋白仍(++++),疗效判断为
663. 肾病综合征患儿,口服泼尼松 2mg/(kg · d),治疗 2 周后尿蛋白完全转阴。8 周后,尿蛋白再次(++++),疗效判断为

664. 6 岁,女孩。诊断为"肾病综合征",因水肿、尿少,给予利尿消肿治疗,患儿发生腹胀,乏力,膝反射减弱,心音低钝。心电图出现 U 波。治疗中需及时补充
A. 钠盐　B. 钾盐　C. 钙剂
D. 镁剂　E. 维生素 B_1

665. 男孩,12 岁。肾病综合征初次治疗,口服泼尼松片 2mg/(kg · d),2 周后尿蛋白转阴,巩固治疗 2 周开始减量,改成隔日晨顿服 2mg/kg,共 4 周,以后每 4~6 周减量 0.5mg/kg,直至停药。此激素治疗方案为
A. 中程疗法　B. 冲击疗法　C. 替代疗法
D. 长程疗法　E. 短程疗法

(666~668 题共用题干)男孩,10 岁。因高度水肿及大量蛋白尿,予泼尼松 60mg/d 治疗 10 周,病情未缓解来诊。查体:T36.5℃,P80 次/分,R18 次/分,颜面明显水肿,面色苍白,肺部未闻及啰音,心(-),腹部较膨隆,肝脾触及不清,四肢明显水肿。实验室检查:尿 Pro(+++),尿沉渣镜检 RBC50/HP,补体 C3 正常,肾功能正常。

666. 最可能的诊断是
A. 急性肾小球肾炎　B. 慢性肾小球肾炎　C. 单纯性肾病综合征
D. 肾炎性肾病综合征　E. 先天性肾病综合征

667. 对其激素治疗判断正确的是
A. 肾病复发　B. 肾病频复发　C. 激素耐药
D. 激素依赖　E. 激素敏感

668. 该患儿皮肤感染后出现发热、四肢冰凉、尿少。查体:BP60/40mmHg。实验室检查:血钠121mmol/L,血钾 5.0mmol/L。此时患儿出现的并发症是

A. 肾小管功能障碍　B. 急性肾衰竭　C. 肾静脉血栓形成
D. 低血容量性休克　E. 急性胃炎

(669~671 题共用题干)男孩,3 岁。水肿 1 周。尿中有泡沫,尿量减少。查体:T36.7℃,P120 次/分,R25 次/分,BP90/60mmHg。眼睑水肿,双下肢凹陷性水肿,双肺呼吸音粗,未闻及干、湿啰音,心前区未闻及杂音,腹膨隆,移动性浊音(+)。尿常规:Pro(+++)。尿沉渣镜检:RBC0~3/HP,WBC0~3/HP。血清 Alb20g/L,TC8.7mmol/L。

669. 最可能的诊断是
A. 急性肾小球肾炎　B. 急进性肾炎　C. 泌尿道感染
D. 单纯型肾病综合征　E. 肾炎型肾病综合征

670. 以下治疗方式不合适的是
A. 给予氢氯噻嗪利尿　B. 给予泼尼松治疗　C. 给予青霉素抗感染
D. 少盐饮食　E. 降脂治疗

671. 患儿在治疗中出现发热,最常见的原因是
A. 腹膜炎　B. 皮肤丹毒　C. 呼吸道感染
D. 尿路感染　E. 胃肠炎

第 10 章　造血系统疾病

一、小儿造血和血象特点(执业医师及助理医师均需掌握)

672. 小儿骨髓外的造血器官是
A. 胆囊　B. 肾上腺　C. 淋巴管
D. 肝脏　E. 盲肠

673. 小儿骨髓外的造血器官是
A. 卵巢　B. 胆囊　C. 脾脏
D. 淋巴管　E. 盲肠

674. 小儿出生后正常情况下造血器官主要是
A. 卵黄囊　B. 中胚叶　C. 肝脏
D. 骨髓　E. 脾脏

A. 骨髓　B. 胸腺　C. 脾
D. 中胚叶　E. 肝

675. 胚胎第 4 周时造血器官是
676. 胚胎第 6 周后主要造血器官是
A. 卵黄囊　B. 胆囊　C. 淋巴管
D. 肝脾　E. 骨髓

677. 胚胎期第 5 周造血出现在
678. 胚胎期第 5 月的重要造血器官

679. 关于骨髓的描述,正确的是
A. 位于长骨的骨髓腔内　B. 在胎儿和幼儿骨内是红骨髓
C. 在成人骨内是黄骨髓　D. 变为黄骨髓后仍具有造血功能
E. 成为黄骨髓后不能再转变为红骨髓

680. 婴儿生理性贫血的时间是出生后
A. 1 个月　B. 2~3 个月　C. 4~6 个月
D. 7~9 个月　E. 10 个月后

681. 小儿外周白细胞总数接近成人水平的年龄是
A. 4 岁　B. 6 岁　C. 8 岁
D. 10 岁　E. 12 岁

682. 女孩,5 岁。患急性感染治疗 1 周,临床表现恢复正常,门诊医生需根据外周血象的变化作分析,该患儿白细胞分类的正常比例应约为
A. 中性粒细胞 0.65,淋巴细胞 0.30　B. 中性粒细胞 0.30,淋巴细胞 0.65
C. 中性粒细胞 0.35,淋巴细胞 0.60　D. 中性粒细胞 0.60,淋巴细胞 0.35
E. 中性粒细胞 0.50,淋巴细胞 0.45

683. 白细胞分类中,中性粒细胞与淋巴细胞比例大致相等的时间是
A. 生后 2~4 天及 2~4 个月　B. 生后 4~6 个月及 4~6 岁
C. 生后 4~6 个月及 6~8 岁　D. 生后 4~6 天及 4~6 个月
E. 生后 4~6 天及 4~6 岁

二、小儿贫血概述(执业医师及助理医师均需掌握)

684. 6~14 岁儿童贫血的血红蛋白值的低限是
A. 90g/L　B. 100g/L　C. 110g/L
D. 120g/L　E. 130g/L

685. 男婴,20 天。面色苍白 7 天就诊。血常规 Hb50g/L。该患儿属于
A. 中度贫血　B. 极重度贫血　C. 重度贫血
D. 正常　E. 轻度贫血

A. Hb>120g/L　B. Hb~120g/L　C. Hb~90g/L
D. Hb~60g/L　E. Hb~30g/L

686. 6 岁小儿轻度贫血的诊断指标是
687. 8 岁小儿重度贫血的诊断指标是

A. Hb>120g/L　B. Hb~90g/L　C. Hb~60g/L
D. Hb~30g/L　E. Hb<30g/L

688. 小儿中度贫血的诊断指标是
689. 小儿极重度贫血的诊断指标是

A. 90g/L　B. 100g/L　C. 110g/L
D. 120g/L　E. 145g/L

690. 1~4 个月的婴儿贫血是指血红蛋白不能高于
691. 4~6 个月的婴儿贫血是指血红蛋白不能高于

三、营养性缺铁性贫血(执业医师及助理医师均需掌握)

692. 男,2 岁。偏食,不喜欢吃鱼、肉、蛋和蔬菜,喜欢啃泥土,常患口腔炎。实验室检查:血红蛋白 90g/L,血涂片示红细胞大小不等,小细胞为多。该患儿患病的主要病因是
A. 铁消耗过多　B. 先天储铁不足　C. 铁摄入不足
D. 红细胞破坏增加　E. 生长发育快

693. 儿童缺铁性贫血的临床表现不包括

A. 肝脾肿大　B. 心率、呼吸加快　C. 食欲不振
D. 肢体震颤　E. 面色苍白

694. 营养性缺铁性贫血的临床表现,错误的是
A. 年龄越大,肝脾肿大越明显　B. 注意力不集中,记忆力减退　C. 食欲减退,可出现异食癖
D. 免疫功能低下,易合并感染　E. 年长儿可有头晕、眼前发黑、耳鸣等

695. 诊断缺铁性贫血铁减少期的敏感指标是
A. 血清铁蛋白　B. 红细胞游离原卟啉　C. 血清铁
D. 转铁蛋白饱和度　E. 血红蛋白

696. 下列检查项目中最能反映体内贮存铁水平的是
A. 血清转铁蛋白饱和度　B. 骨髓铁染色　C. 外周血网织红细胞
D. 血清铁　E. 血清总铁结合力

697. 男婴,8 个月。面色苍白 2 个月,早产儿,鲜牛奶喂养,未添加辅食。查体:体重 8kg,心、肺检查未见异常,肝肋下 3cm,脾肋下 1.5cm。血常规:Hb70g/L,RBC3.0×10^{12}/L,MCV65fl,WBC11×10^{9}/L,Plt250×10^{9}/L。最可能的诊断是
A. 缺铁性贫血　B. 生理性贫血　C. 失血性贫血
D. 营养性巨幼细胞性贫血　E. 溶血性贫血

698. 婴儿,9 个月。面色苍白,食欲差。Hb68g/L,RBC2.8×10^{12}/L,Ret1%。肝肋下 2.5cm,脾肋下0.5cm。为明确诊断,应首选的检查是
A. 骨髓检查　B. 红细胞脆性试验　C. 测血清铁和总铁结合力
D. 测维生素 B_{12}和叶酸浓度　E. 血红蛋白电泳和 HbF 检查

A. MCV>94fl,MCH>32pg,MCHC>38%　B. MCV<80fl,MCH28~32pg,MCHC32%~38%
C. MCV80~94fl,MCH28~32pg,MCHC32%~38%　D. MCV<80fl,MCH<28pg,MCHC<32%
E. MCV>94fl,MCH>32pg,MCHC32%~38%

699. 营养性巨幼细胞性贫血的检查结果为
700. 缺铁性贫血的检查结果为

701. 与营养性缺铁性贫血的实验室检查结果不符的是
A. 血清铁蛋白降低　B. 血清铁降低　C. 转铁蛋白饱和度降低
D. 总铁结合力增高　E. 红细胞游离原卟啉降低

702. 女婴,9 个月。因皮肤黏膜苍白伴食欲欠佳 10 天就诊。查体:面色苍白,呼吸平稳,心、肺查体未见异常,肝肋下 3cm,脾肋下 1.5cm。实验室检查:血红蛋白 80g/L,红细胞 3.5×10^{12}/L,血清蛋白10g/L。血涂片可见红细胞大小不等,以小细胞为主,中心淡染区扩大。最可能的诊断是
A. 缺铁性贫血　B. 再生障碍性贫血　C. 铁粒幼细胞性贫血
D. 营养性巨幼细胞性贫血　E. 地中海贫血

(703~706 题共用题干)男孩,10 个月,母乳加米糕喂养,未添加其他辅食。近 2 个月来患儿面色苍白,食欲减退,肝脾轻度肿大。Hb80g/L,RBC3.5×10^{12}/L,WBC 正常。

703. 最可能的诊断是
A. 营养性缺铁性贫血　B. 营养性巨幼细胞性贫血　C. 地中海贫血
D. 混合性贫血　E. 再生障碍性贫血

704. 有助于确立本病诊断的检查是
A. 骨髓检查　B. 血清铁蛋白测定　C. 红细胞形态检查
D. 胎儿血红蛋白测定　E. 血红蛋白量测定

705. 本病治疗哪一项是正确的?
A. 铁剂加维生素 C　B. 维生素 B_{12}加叶酸　C. 维生素 C 加叶酸
D. 铁剂加抗生素　E. 输全血

706. 本病治疗的早期有效指标是
A. 血红蛋白量上升　B. 红细胞计数上升　C. 网织红细胞计数上升
D. 红细胞变大　E. 红细胞中心浅染、消失

(707~709 题共用题干)女,4 个月,双胎之小。单纯母乳喂养,面色苍白,食欲减退 2 个月。查体:肤色苍白,肝肋下 3.5cm,脾肋下 1.5cm。血 Hb80g/L,RBC3.3×10^{12}/L,MCV60fl,MCH24pg,MCHC25%,Plt、WBC 正常。

707. 最可能的诊断是
A. 再生障碍性贫血　B. 营养性巨幼细胞性贫血　C. 感染性贫血
D. 混合性贫血　E. 缺铁性贫血

708. 经有效治疗后,首先出现的变化是
A. 血红蛋白上升　B. 红细胞上升　C. 网织红细胞上升
D. 红细胞游离原卟啉上升　E. 细胞内含铁酶活性开始恢复

709. 若 Hb 恢复正常,还需要继续药物治疗的时间是
A. 3~4 周　B. 1~2 周　C. 9~12 周
D. 13~18 周　E. 6~8 周

(710~712 题共用题干)男孩,1 岁。面色苍白 2 个月。生后母乳喂养至今,未规律添加辅食,平日易感冒。查体:发育营养稍差,皮肤黏膜苍白,无黄疸,浅表淋巴结不大,心前区可闻及 2/6 级收缩期杂音,肝、脾无肿大。血常规:Hb85g/L,RBC3.5×10^{12}/L,MCV68fl,MCH24pg,MCHC0.28,WBC、Plt 正常。

710. 最可能的诊断是
A. 营养性巨幼细胞性贫血　B. 感染性贫血　C. 缺铁性贫血
D. 溶血性贫血　E. 再生障碍性贫血

711. 为进一步确诊,首选的检查是
A. 抗碱血红蛋白测定　B. 骨髓检查　C. 叶酸、维生素 B_{12}测定
D. 铁代谢指标测定　E. 血红蛋白电泳

712. 首选的治疗是
A. 红细胞输注　B. 维生素 C　C. 维生素 B_{12}
D. 琥珀酸亚铁　E. 叶酸

713. 早产儿使用铁剂预防贫血起始的月龄是
A. 1 个月　B. 2 个月　C. 3 个月
D. 4 个月　E. 5 个月

714. 不是预防小儿营养性缺铁性贫血的措施是
A. 提倡母乳喂养　B. 牛乳喂养应加热　C. 铁强化婴幼儿食品
D. 早产儿早期补铁　E. 早产儿补充维生素 B_{12}

715. 营养性缺铁性贫血的正确预防措施是
A. 提倡牛奶喂养　B. 提倡母乳喂养　C. 多补充维生素 B_{12}
D. 早产儿需早补锌　E. 婴儿奶粉应强化钙剂

四、营养性巨幼细胞性贫血(执业医师及助理医师均需掌握)

716. 小儿因叶酸缺乏所致营养性巨幼细胞性贫血的原因不包括

A. 叶酸转运功能障碍　　B. 单纯羊奶喂养　　C. 内因子缺乏
D. 慢性腹泻　　E. 生长发育较快

717. 维生素 B_{12} 缺乏与叶酸缺乏所致营养性巨幼细胞性贫血临床表现的主要区别点是
A. 骨髓象改变　　B. 神经系统症状　　C. 肝脾肿大
D. 贫血症状　　E. 血象改变

718. 不符合营养性巨幼细胞性贫血临床表现的是
A. 毛发稀疏、发黄　　B. 头围增大　　C. 肝、脾肿大
D. 震颤　　E. 舌炎

719. 女婴,10个月。面色苍白3个月,嗜睡1周。平时食欲差。生后羊乳喂养,6个月加米糊。查体:头发稀黄,面色苍白,巩膜轻度黄染,心尖部可闻及2/6级收缩期杂音,肝肋下2cm,脾肋下未触及。最可能的诊断是
A. 缺铁性贫血　　B. 再生障碍性贫血　　C. 营养性巨幼细胞性贫血
D. 地中海贫血　　E. 遗传性球形红细胞增多症

720. 婴儿,1岁。面色苍黄,毛发稀疏,易怒少哭。查体:体温正常,神志清楚,不会扶站,四肢抖动,踝阵挛,巴宾斯基征(+)。最可能的诊断是
A. 先天愚型　　B. 多动症　　C. 病毒性脑膜炎
D. 癫痫小发作　　E. 巨幼细胞性贫血

721. 男孩,1岁半。平日偏食,常有腹泻、咳嗽,已会独立行走,玩耍正常。近2个月来面色苍黄,逗之不笑,时有头部、肢体颤抖,不能独坐。外周血象:血红蛋白100g/L,红细胞 2.5×10^{12}/L,白细胞计数 4×10^{9}/L,中性粒细胞分叶过多。最可能的诊断是
A. 营养不良伴低钙血症　　B. 慢性腹泻伴低钙血症　　C. 缺铁性贫血伴低钙血症
D. 营养性巨幼细胞性贫血　　E. 营养性缺铁性贫血

722. 女婴,8个月,皮肤蜡黄、虚胖、手足颤抖2个月。体检:肝、脾轻度大。血象:血红蛋白80g/L,红细胞 2.1×10^{12}/L。可能的诊断是
A. 蚕豆病　　B. 营养性缺铁性贫血　　C. 混合性贫血
D. 再生障碍性贫血　　E. 营养性巨幼细胞性贫血

723. 女孩,1岁。面色苍黄1个月。易疲乏,食欲减退。体检:肝肋下3cm,质中,脾肋下1.5cm。查血常规:Hb90g/L,RBC2.45×10^{12}/L,MCV98fl,MCH34pg,MCHC35%。最可能的诊断是
A. 溶血性贫血　　B. 再生障碍性贫血　　C. 缺铁性贫血
D. 巨幼细胞性贫血　　E. 感染性贫血

724. 男婴,10个月。近2个月出现面色黄,少笑不哭,智力发育倒退。查体发现四肢及头部颤抖,腱反射亢进,踝阵挛阳性。不符合该患儿诊断的指标是
A. 平均红细胞血红蛋白浓度34%　　B. 幼红细胞胞质发育落后于胞核
C. 网织红细胞减少　　D. 平均红细胞血红蛋白量34pg
E. 平均红细胞容积106fl

725. 男婴,1岁。面色苍黄、毛发稀枯3个月。血常规示血红蛋白89g/L,中性粒细胞变大并有分叶过多。骨髓象示幼红细胞巨幼变。为了明确诊断,首先应选择的检查是血清
A. 维生素 B_6 测定　　B. 维生素 B_{12} 测定　　C. 乙酸测定
D. 铁蛋白测定　　E. 铁测定

726. 小儿,1岁。血常规检查结果为Hb80g/L,MCV98fl,MCH39pg,MCHC32%。最适宜的治疗是
A. 输血　　B. 脾切除　　C. 口服铁剂

D. 口服维生素 C　　E. 肌内注射维生素 B_{12}

727. 女婴,6 个月,因贫血住院。实验室检查血清叶酸<3μg/L。诊断为营养性巨幼细胞性贫血,给予叶酸治疗。为了提高疗效,应同时服用

A. 维生素 B_2　　B. 维生素 D　　C. 维生素 C
D. 维生素 A　　E. 维生素 E

728. 有明显神经精神症状的营养性巨幼细胞性贫血,应首选的治疗药物是

A. 叶酸　　B. 硫酸亚铁　　C. 维生素 C
D. 维生素 B_{12}　　E. 右旋糖酐铁

729. 营养性巨幼细胞性贫血伴有神经系统症状时,首选维生素 B_{12} 的治疗方案是

A. 每天 100μg 肌内注射,至少 2 周　　B. 每次 500μg 肌内注射,每周 2~3 次
C. 每天 500μg 肌内注射,至少 2 周　　D. 每次 1000μg 肌内注射,每周 2~3 次
E. 每天 1000μg 肌内注射,至少 2 周

730. 女孩,1 岁半。虚胖、面色腊黄 6 个月,肝、脾大,肢体和头部不规则震颤,甚至抽搐,肌张力增强。治疗该患儿主要的药物是

A. 维生素 C　　B. 维生素 B_{12}　　C. 铁剂
D. 铁剂加叶酸　　E. 泼尼松

(731~733 题共用题干)男,11 个月。母乳喂养,近 3 个月面色渐苍黄,间断腹泻,原可站立,现坐不稳,手足常颤抖。体检:面色苍黄,略水肿,表情呆滞。血红蛋白 80g/L,红细胞 $2.0×10^{12}$/L,白细胞 $6.0×10^{9}$/L。

731. 最可能的诊断是

A. 大脑发育不全　　B. 营养性缺铁性贫血　　C. 维生素 D 缺乏性手足搐搦症
D. 营养性维生素 D 缺乏　　E. 营养性巨幼细胞性贫血

732. 确诊需做的检查是

A. 脑 CT　　B. 脑电图检查　　C. 血清铁测定
D. 血清维生素 B_{12}、叶酸测定　　E. 血清钙、磷、碱性磷酸酶测定

733. 该患儿最正确的治疗是

A. 静脉补钙　　B. 维生素 C 口服　　C. 肌内注射维生素 B_{12}
D. 肌内注射维生素 D_3　　E. 肌内注射维生素 B_6

第 11 章　神经系统与内分泌系统疾病

一、小儿神经系统发育特点(执业医师及助理医师均需掌握)

734. 出生后即有且终生存在的神经反射是

A. 腹壁反射　　B. 膝腱反射　　C. 觅食反射
D. 握持反射　　E. 拥抱反射

735. 婴幼儿时期,外界刺激不易在大脑皮质造成明确兴奋灶的原因是

A. 树突,轴突少　　B. 树突、轴突短　　C. 神经元少
D. 神经元体积小　　E. 神经髓鞘形成和发育不完善

736. 不符合典型热性惊厥表现的是

A. 发作后短暂嗜睡　　B. 初期体温骤升达 39℃　　C. 惊厥复发总次数≤4 次
D. 惊厥持续>10 分钟　　E. 多数呈全身性强直-阵挛性发作

737. 脊髓下端上移至第 1 腰椎的年龄是

A. 6个月　B. 1岁　C. 2岁
D. 4岁　E. 3岁

二、热性惊厥(执业医师及助理医师均需掌握)

738. 符合单纯型热性惊厥诊断标准的是
A. 惊厥持续时间>15分钟　B. 多为局限性发作　C. 一次热程中有一次发作
D. 复发总次数>5次　E. 发作1周后EEG检查见棘波、尖波发放

739. 男婴,5个月。咳嗽1天,发热3小时。就诊过程中突然双目凝视,口吐白沫,四肢强直,呼之不应,持续1~2分钟缓解。查体:体温39.3℃,咽红,心、肺、腹及神经系统无异常,最可能诊断是
A. 低钙惊厥　B. 中毒性脑病　C. 化脓性脑膜炎
D. 癫痫　E. 热性惊厥

740. 小儿,3岁。夏季突然高热,体温40℃,惊厥1次。体检:神清,面色红,咽红,心、肺、腹(-),神经系统未见异常。最可能的诊断是
A. 高热惊厥　B. 中毒性痢疾　C. 流行性脑膜炎
D. 结核性脑膜炎　E. 脑脓肿

741. 女,8个月。流涕、轻咳2天,今突起惊厥。查体:体温39℃,前囟平,心、肺无异常。诊断为高热惊厥,首选的治疗是
A. 抗生素　B. 鲁米那　C. 棕色合剂
D. 甘露醇　E. 板蓝根冲剂

742. 女,25天。不明原因反复惊厥发作3次。首选的止惊药物是
A. 地西泮　B. 苯巴比妥　C. 苯妥英钠
D. 异丙嗪　E. 硫喷妥钠

743. 患儿,女,1岁。高热3小时,体温39℃,惊厥1次,为全身性发作。为控制惊厥,首选的药物和用药方法是
A. 肌内注射苯巴比妥　B. 肌内注射地西泮　C. 静脉注射苯妥英钠
D. 静脉注射副醛　E. 静脉注射地西泮

(744~748题共用题干)男,10个月。突发高热伴抽搐1次来院。最高体温40.2℃。查体:神志清楚,活泼,前囟平,背部少许散在皮疹。咽部轻度充血,扁桃体Ⅱ度肿大,心、肺、腹无阳性发现。病理反射征阴性。

744. 该患儿抽搐最可能的原因是
A. 低钙血症　B. 高热惊厥　C. 中毒性脑病
D. 化脓性脑膜炎　E. 维生素D缺乏性手足搐搦症

745. 与诊断无关的因素是
A. 突发高热　B. 病理反射征阴性　C. 背部少许散在皮疹
D. 神志清楚　E. 咽部充血,扁桃体Ⅱ度肿大

746. 若入院后10小时,体温再次上升到39℃,又发生惊厥抽搐,其止惊治疗首选
A. 地西泮静脉注射　B. 苯巴比妥静脉注射　C. 苯妥英钠静脉注射
D. 硫喷妥钠静脉注射　E. 物理降温

747. 该患儿在急救时,下列哪项措施不宜采用?
A. 物理降温　B. 保持呼吸道通畅　C. 气管插管
D. 静脉注射地西泮　E. 吸氧

748. 为预防该患儿再次发作惊厥,应采取的措施是

A. 行扁桃体摘除　B. 使用冬眠合剂　C. 口服地西泮
D. 肌内注射地西泮　E. 口服苯巴比妥

三、化脓性脑膜炎(执业医师及助理医师均需掌握)

A. 肺炎链球菌　B. 流感嗜血杆菌　C. 大肠埃希菌
D. 金黄色葡萄球菌　E. 隐球菌

749. 引起新生儿化脓性脑膜炎最常见的致病菌是
750. 引起年长儿化脓性脑膜炎最常见的致病菌是

751. 不支持新生儿化脓性脑膜炎临床表现的是
A. 苦笑面容　B. 吐奶　C. 面色青灰、发绀
D. 拒食　E. 黄疸

752. 女婴,2 个月。拒食、吐奶、嗜睡 3 天。查体:面色青灰,前囟紧张,脐部少许脓性分泌物。为明确诊断,最关键的检查是
A. 脐分泌物培养　B. 头颅 CT　C. 血常规
D. 血气分析　E. 脑脊液检查

753. 正常人脑脊液中糖的最低含量为
A. 4.0mmol/L　B. 3.5mmol/L　C. 3.0mmol/L
D. 2.5mmol/L　E. 2.0mmol/L

754. 男婴,6 个月。高热 3 天,惊厥 2 次,呕吐 2 次,不伴腹泻。查体:心、肺、腹均无异常。血 WBC18×10^9/L,N0.85。查体最应注意的体征是
A. 前囟隆起　B. 颈强直　C. Kernig 征(+)
D. Babinski 征(+)　E. Brudzinski 征(+)

755. 不符合化脓性脑膜炎脑脊液改变的是
A. 压力增高　B. 外观混浊　C. 糖和氯化物正常
D. 蛋白增高　E. 白细胞总数≥1000×10^6/L

756. 病毒性脑膜炎脑脊液的特点是
A. 白细胞数(50~200)×10^6/L,糖量减少,氯化物下降,蛋白质增多
B. 白细胞数<10×10^6/L,糖量正常,氯化物正常,蛋白质量降低
C. 白细胞数<10×10^6/L,糖量正常,氯化物降低,蛋白质增多
D. 白细胞数(50~200)×10^6/L,糖量正常,氯化物正常,蛋白质增多
E. 白细胞数>10×10^6/L,糖量减少,氯化物稍降低,蛋白质降低

757. 女婴,7 个月。发热伴轻咳 5 天,近 2 天出现频繁呕吐达 10 余次。查体:T38.2℃,P140 次/分,R32 次/分,嗜睡,前囟饱满,心、肺未见异常,双侧巴宾斯基征(+)。脑脊髓检查:外观混浊,WBC 800×10^6/L,N0.78,Pro2g/L,糖 1.2mmol/L,氯化物 100mmol/L。最可能的诊断是
A. 中毒性脑病　B. 隐球菌性脑膜炎　C. 病毒性脑膜炎
D. 化脓性脑膜炎　E. 结核性脑膜炎

758. 男婴,8 个月。高热 1 天,伴呕吐、烦躁、抽搐。查体:面色晦暗,前囟饱满,双目凝视,颈抵抗,Babinski 征(+)。为明确诊断,首选的检查是
A. 头颅 B 超　B. 脑电图　C. 头颅 CT
D. 血生化　E. 脑脊液

759. 化脓性脑膜炎最可靠的诊断依据是
A. 急性高热、惊厥、昏迷　B. 剧烈头痛、呕吐、抽搐　C. 脑膜刺激征阳性

D. 脑脊液细胞数升高　　E. 脑脊液中检出化脓性细菌

(760~762题共用题干)男孩,1岁。发热3天,呕吐1次,抽搐1次。既往6个月曾热性惊厥1次。按时预防接种,出生史无特殊。查体:T38.2℃,R30次/分,BP90/55mmHg,颈抵抗(+),双肺听诊未见异常,心率130次/分,律齐,腹软,肝、脾肋下未触及,四肢软,肌力、肌张力正常。Babinski征(+)。

760. 初步诊断首先考虑
A. 中毒性细菌性痢疾　　B. 中枢神经系统感染　　C. 脑发育不全
D. 热性惊厥　　E. 手足搐搦症

761. 为明确诊断,首先宜进行的检查是
A. 脑电图　　B. 血钙、磷测定　　C. 腰穿检查脑脊液
D. 粪镜检及培养　　E. 血培养加药物敏感试验

762.【假设信息】抗生素静脉滴注3天后热退,精神好转。但1周后又发热至38.5℃左右,并呕吐,惊厥1次。最可能出现的情况是
A. 并发脑脓肿　　B. 并发硬脑膜下积液　　C. 并发脑积水
D. 并发脑室管膜炎　　E. 院内上呼吸道感染

(763~765题共用题干)患儿,5岁。发热、头痛、呕吐3天,抽搐1次入院。查体:体温39℃,面色苍白,血常规示:白细胞$22×10^9$/L,中性粒细胞占0.88。

763. 最可能的诊断是
A. 高热惊厥(复杂型)　　B. 癫痫　　C. 化脓性脑膜炎
D. 病毒性脑炎　　E. 结核性脑膜炎

764. 体检中,最常见的体征是
A. 瞳孔不等大,对光反射迟钝　　B. 深昏迷,呼吸不规则　　C. 血压升高,皮肤有瘀点、瘀斑
D. 单侧肢体肌张力增高　　E. 颈有抵抗,神经系统检查异常

765. 为确诊,最为必要的检查是
A. 血常规　　B. 血培养　　C. 脑电图
D. 脑脊液检查　　E. 头颅CT

766. 易并发硬脑膜下积液的化脓性脑膜炎的病原菌是
A. 脑膜炎双球菌、肺炎链球菌　　B. 溶血性链球菌、脑膜炎双球菌　　C. 金黄色葡萄球菌、大肠埃希菌
D. 肺炎链球菌、流感嗜血杆菌　　E. 流感嗜血杆菌、金黄色葡萄球菌

767. 患儿,1岁。已诊断为"化脓性脑膜炎",曾用青霉素加氯霉素治疗1周,病情好转,体温正常。近3天又出现发热,抽搐。查体:前囟紧张。脑脊液检查示:外观清亮,白细胞$12×10^6$/L,蛋白450mg/L,氯化物110mmol/L,糖4.0mmol/L。应首先考虑的诊断是
A. 脑膜炎复发　　B. 硬脑膜下积液(脓)　　C. 脑水肿
D. 脑脓肿　　E. 脑膜炎后遗症

768. 男孩,10个月。诊断为流感嗜血杆菌脑膜炎,经抗生素治疗1周后病情好转,体温正常。近2天又出现发热,搐搦,前囟饱满,颅缝分离。应首先考虑的诊断是
A. 脑膜炎复发　　B. 脑膜炎后遗症　　C. 脑脓肿
D. 脑水肿　　E. 硬脑膜下积液

769. 下列各种脑脊液的改变中,单独存在即可确诊化脓性脑膜炎并发脑室管膜炎的是
A. 白细胞$>50×10^6$/L　　B. 糖<1.6mmol/L　　C. 蛋白质定量>400mg/L
D. 炎性改变明显　　E. 细菌培养、涂片阳性,与腰穿脑脊液检查结果一致

(770~771 题共用题干)男孩,10 个月。诊断为“化脓性脑膜炎”,经有效抗生素治疗 10 天,病情好转,体温正常。近 3 天又出现发烧、抽搐、前囟饱满,颅缝分离。

770. 首先考虑的情况是
A. 脑水肿 B. 脑室管膜炎 C. 脑性低钠血症
D. 硬脑膜下积液 E. 脑积水

771. 为确诊,必要的检查是
A. 血常规 B. 血培养 C. 脑电图
D. 脑脊液检查 E. 头颅 CT

772. 婴儿化脓性脑膜炎怀疑合并硬脑膜下积液,首选的简便诊断方法是
A. 颅脑 B 超检查 B. 颅脑 MRI 检查 C. 颅脑透光试验
D. 试验性硬脑膜下穿刺 E. 脑脊液检查

(773~776 题共用题干)女,8 个月。因发热 2 天,抽搐 2 次,伴呕吐,吃奶量减少,喜哭,易怒就诊。母乳喂养。查体:精神差,前囟饱满,心、肺、腹无异常发现,肌张力增高。脑脊液检查:外观混浊,白细胞 1000×10^6/L,中性粒细胞为主,糖 1mmol/L,氯化物 107mmol/L,蛋白质 2.0g/L。

773. 最可能的诊断是
A. 病毒性脑膜炎 B. 结核性脑膜炎 C. 隐球菌性脑膜炎
D. 化脓性脑膜炎 E. 中毒性脑病

774. 针对病因,首选的治疗药物是
A. 阿昔洛韦 B. 异烟肼 C. 甘露醇
D. 头孢曲松 E. 氯康唑

775. 若合并硬脑膜下积液,积液量较大,颅内压明显增高,应选择硬脑膜下穿刺放出积液,每次每侧放液量宜
A. 21~25ml B. 31~50ml C. 小于 15ml
D. 15~20ml E. 26~30ml

776. 治疗期间,若出现抗利尿激素异常分泌综合征,开始宜选用静脉滴注氯化钠的浓度为
A. 2% B. 0.9% C. 0.45%
D. 1.5% E. 3%

(777~779 题共用题干)女婴,3 个月。高热、频繁呕吐 3 天,嗜睡。查体:双眼凝视,前囟膨隆,反应差,脐部见少量脓性分泌物,心、肺正常,脑膜刺激征(-)。

777. 最可能的诊断
A. 颅内出血 B. 新生儿缺氧缺血性脑病 C. 化脓性脑膜炎
D. 脑发育不全 E. 低钙惊厥

778. 错误的处理措施是
A. 抗生素治疗 10~14 天 B. 用药 24 小时内杀灭脑脊液中致病菌
C. 严密观察生命体征 D. 必要时可以应用肾上腺皮质激素
E. 腰穿降颅压

779. 最易出现的并发症是
A. 脑积水 B. 智力低下 C. 硬脑膜下积液
D. 低钙抽搐 E. 脑萎缩

(780~784 题共用题干)男婴,2 个月。高热 2 天,继之体温不升,反应差,拒奶,时有尖叫,间断抽搐。查体:面色青灰,皮肤黄染,唇发绀,双眼凝视,前囟饱满,心、肺无异常,腹较胀,脐部红肿。

780. 首先要考虑的诊断是
A. 胆红素脑病　B. 化脓性脑膜炎　C. 颅内出血
D. 低钙血症　E. 热性惊厥
781. 为明确诊断,最有意义的检查是
A. 脑电图　B. 脑超声波　C. 脑脊液
D. 血胆红素　E. 血清钙测定
782. 明确诊断后,针对病因的主要治疗应是
A. 维生素 K_1　B. 钙剂　C. 蓝光治疗
D. 抗生素　E. 维生素 D
783. 若该婴儿经有效治疗 1 周后,体温正常,前囟平坦,精神食欲好转,近两天又出现发热、呕吐、抽搐,前囟饱满,首先考虑并发
A. 脑性低钠血症　B. 脑水肿　C. 脑积水
D. 脑室管膜炎　E. 硬脑膜下积液
784. 此时需首选的措施是
A. 滴注高渗盐水　B. 使用脱水剂　C. 硬脑膜下穿刺放液
D. 脑室穿刺引流　E. 使用地塞米松

A. 氨苄青霉素+庆大霉素　B. 青霉素+氯霉素　C. 大剂量青霉素
D. 半合成青霉素　E. 头孢曲松
785. 治疗大肠埃希菌性脑膜炎应首选
786. 治疗肺炎球菌性脑膜炎应首选
787. 病原菌不明的化脓性脑膜炎应首选

A. 结核性脑膜炎　B. 病毒性脑炎　C. 化脓性脑膜炎
D. 中毒性脑病　E. 隐球菌性脑膜炎
788. 上述疾病中,易侵犯颅神经,尤其是面神经的是
789. 上述疾病中,脑脊液墨汁染色阳性的是
790. 上述疾病中,易出现硬脑膜下积液的是

四、先天性甲状腺功能减退症(执业医师及助理医师均需掌握)

791. 先天性甲状腺功能减退症分类为
A. 原发性、继发性、散发性　B. 散发性、地方性　C. 碘缺乏性、非碘缺乏性
D. 遗传性、非遗传性　E. 碘缺乏性、非碘缺乏性、混合性
792. 与散发性先天性甲状腺功能减退症病因无关的是
A. 促甲状腺激素不足　B. 甲状腺发育不全　C. 甲状腺激素合成障碍
D. 甲状腺异位　E. 碘缺乏
793. 造成先天性甲状腺功能减退症最主要的原因是
A. 促甲状腺激素缺陷　B. 甲状腺素合成途径中酶缺乏　C. 碘缺乏
D. 甲状腺不发育或发育不全　E. 甲状腺或靶器官反应低下
794. 新生儿散发性甲状腺功能减退症最早出现的症状是
A. 腹泻　B. 贫血　C. 生理性黄疸消退延迟
D. 心率正常　E. 发热
795. 先天性甲状腺功能减退症的临床表现,错误的是
A. 智能低下　B. 身材矮小　C. 脉搏慢

D. 常有腹泻　　E. 血压低

796. 男,9 岁。表情淡漠,智力低下,发育迟缓,身材矮小。考虑缺乏

A. 生长激素　　B. 甲状腺激素　　C. 甲状旁腺激素

D. 胰岛素　　E. 胰高血糖素

797. 对先天性甲状腺功能减退症,新生儿筛查测定的项目是

A. 血清碘　　B. T_3,T_4　　C. TSH

D. 游离 T_3,游离 T_4　　E. 游离 T_3,游离 T_4,TSH

798. 先天性甲状腺功能减退症筛查以生后 2~3 天新生儿干血滴纸片,检测 TSH 浓度作为初筛,其阳性结果

A. >5mU/L　　B. >10mU/L　　C. >15mU/L

D. >20mU/L　　E. >25mU/L

799. 女孩,2 岁。身材矮小,语言、运动发育落后,平素纳差,便秘。查体:T36℃,P80 次/分,神志清楚,反应淡漠,眼睑水肿,眼距宽,鼻梁低平,舌大而厚,皮肤粗糙,腹膨隆,未触及包块,四肢短小。心脏超声示心包积液。对诊断最有帮助的检查是

A. 甲状腺功能检查　　B. 血苯丙氨酸测定　　C. 骨龄片

D. 染色体核型分析　　E. 立位腹部 X 线片

800. 早期确诊先天性甲状腺功能减退症的实验室检查是

A. 甲状腺抗体测定　　B. TRH 兴奋试验　　C. 骨龄测定

D. 甲状腺扫描　　E. 血清 T_3、T_4、TSH 测定

801. 新生儿先天性甲状腺功能减退症的典型实验室检查结果是

A. T_4 降低、TSH 正常　　B. T_4 升高、TSH 正常　　C. T_4 降低、TSH 升高

D. T_4 升高、TSH 下降　　E. T_4 升高、TSH 升高

802. 男孩,2 岁。智力和生长发育落后,经常便秘。查体:身高 70cm,皮肤粗糙,鼻梁低平,舌常伸出口外。为明确诊断,首选检查是

A. 血钙测定　　B. 骨龄测定　　C. 血 T_3、T_4、TSH 检测

D. 血氨基酸分析　　E. 染色体核型分析

803. 男孩,4 岁。头大颈短,皮肤苍黄粗糙,毛发稀少,经常便秘,3 岁才会走路,说话言语不清。查体:身材矮小,眼距宽,鼻梁低。心率 70 次/分,心音低钝,双肺(-),腹较膨胀,肝、脾不大。对明确诊断,最有帮助的检查是

A. 血钙、磷、碱性磷酸酶　　B. 血总蛋白、白蛋白、胆红素　　C. 染色体核型分析

D. 查血 T_4、TSH　　E. 血氨基酸分析

804. 患儿,男,10 个月。出生体重 4200g,生后即有腹胀、便秘,平时多睡,不爱哭闹,仍不会坐。查体:皮肤干燥,面部黏液水肿,舌大而宽厚,伸出口外。心率 86 次/分,心音低钝,腹部膨隆,有脐疝。最可能的诊断是

A. 佝偻病　　B. 先天性甲状腺功能减退症　　C. 21-三体综合征

D. 先天性巨结肠　　E. 苯丙酮尿症

805. 男婴,2 个月。孕 43 周分娩,出生体重 4000g,生后 48 小时排胎便,喂养困难,并常呕吐、便秘。查体:反应迟钝,皮肤中度黄染,心音低钝,腹胀,脐疝。最可能的诊断是

A. 婴儿肝炎综合征　　B. 先天性巨结肠　　C. 先天性甲状腺功能减退症

D. 21-三体综合征　　E. 胃食管反流病

806. 4 岁,女孩。面容特殊,眼距宽,鼻梁平,舌厚肥大,面部臃肿,皮肤粗糙,头发干稀,智力低下,身高 80cm。腕部 X 线检查显示一枚骨化中心。最可能的诊断是

A. 先天愚型　　B. 先天性甲状腺功能减退症　　C. 黏多糖病

D. 苯丙酮尿症　E. 软骨发育不良

807. 一婴儿诊断为散发性甲状腺功能减退症，不正确的治疗是
A. 应终身服用甲状腺素片　B. 明确诊断后立即治疗　C. 供给各种维生素和矿物质
D. 需加用碘剂治疗　E. 需供给充足的蛋白质

808. 2岁半儿，头大颈短，面容呆板，身长80cm，前囟未闭，乳牙18个，不会走路，反应迟钝。X线片见腕部有2个骨化中心，^{131}I吸收率为19%。诊断为散发性呆小病，应尽早使用
A. 甲状腺素片　B. 碘剂　C. 钙剂
D. 生长激素　E. 维生素D

809. 男孩，1岁。确诊为先天性甲状腺功能减退症，应用*L*-甲状腺素钠治疗，剂量为每日50μg。近几天患儿烦躁不安，多汗，腹泻，此时应
A. 先密切观察不做特殊处理　B. 改用甲状腺干粉片　C. 立即停药
D. 减少剂量　E. 增加剂量

（810～811题共用题干）男，6岁。身高80cm，智能落后，仅能数1～20个数。体检：皮肤粗糙，眼距宽，鼻梁宽平，舌宽厚，常伸出口外，毛发干枯，发际低。骨龄摄片仅有4枚骨化核。

810. 为确诊应做的检查是
A. 智能测定　B. 尿三氯化铁试验　C. 尿黏多糖分析
D. 血清T_3、T_4、TSH测定　E. 生长激素测定

811. 患儿确诊后治疗应选用
A. 低苯丙氨酸饮食　B. 甲状腺素　C. 生长激素
D. 低铜饮食　E. 脑活素、脑复康

（812～814题共用题干）女孩，3岁。身高75cm，智力低下，鼻梁低平，舌体宽厚，常伸出口外，腹轻胀，便秘，有脐疝。

812. 最可能的诊断是
A. 黏多糖病　B. 先天性甲状腺功能减退症　C. 21-三体综合征
D. 骨软骨发育不良　E. 先天性巨结肠

813. 为明确诊断，首选的检查是
A. 染色体核型分析　B. 尿黏多糖测定　C. 骨龄测定
D. 血T_3、T_4、TSH　E. B超检查肛管测压

814. 最佳的治疗方案是
A. 无需特殊治疗　B. 补充生长激素　C. 补充碘剂
D. 补充甲状腺激素　E. 补充多种维生素

815. 先天性甲状腺功能减退症在新生儿期最早引起注意的临床表现是
A. 智能发育落后　B. 生理性黄疸时间延长　C. 特殊面容
D. 皮肤粗糙　E. 生长发育迟缓

第12章　遗传性疾病

一、21-三体综合征（执业医师及助理医师均需掌握）

816. 21-三体综合征的特点不包括
A. 眼裂小，眼距宽　B. 张口伸舌，流涎多　C. 皮肤粗糙增厚

D. 常合并先天性畸形　　E. 精神运动发育迟缓

817. 女孩,2岁。身长60cm,会坐,不会站,肌张力低,表情呆滞,眼距宽,鼻梁低,眼外侧上斜,伸舌流涎,四肢短,手指粗短,小指内弯。最可能的诊断

A. 佝偻病　　B. 苯丙酮尿症　　C. 营养不良

D. 21-三体综合征　　E. 先天性甲状腺功能减退症

818. 男婴,10个月。不能独坐,眼距宽,眼裂小,鼻梁低平,皮肤细嫩,舌伸出口外,通贯掌。可能的诊断是

A. 呆小病　　B. 先天愚型　　C. 佝偻病活动期

D. 苯丙酮尿症　　E. 先天性脑发育不全

819. 女,2岁。智能落后,表情呆滞,眼距宽,眼裂小,鼻梁低,口半张,舌伸出口外,皮肤细嫩,肌张力低下,右侧通贯手。最可能的诊断是

A. 21-三体综合征　　B. 软骨发育不良　　C. 佝偻病

D. 苯丙酮尿症　　E. 先天性甲状腺功能减退症

820. 小儿智能低下,胸骨左缘闻及3~4级收缩期杂音,最可能的诊断是

A. 21-三体综合征　　B. 苯丙酮尿症　　C. 急性风湿热

D. 先天性心脏病　　E. 先天性甲状腺功能减退症

821. 21-三体综合征染色体核型分析最多见的是

A. 47,XX(XY),+21　　B. 46,XX(XY)

C. 46,XX(XY),-14,+t(14q21q)　　D. 46,XX(XY),-21,+t(21q21q)

E. 46,XX(XY)/47,XX(XY),+21

822. 易位型21-三体综合征最常见的核型是

A. 46,XY,-13,+t(13q21q)　　B. 46,XY,-21,+t(21q21q)　　C. 46,XY,-22,+t(21q22q)

D. 46,XY,-14,+t(14q21q)　　E. 46,XY,-15,+t(15q21q)

823. D/G易位型21-三体综合征最常见的核型是

A. 46,XY(或XX),-13,+t(13q21q)　　B. 46,XY(或XX),-14,+t(14q21q)

C. 46,XY(或XX),-15,+t(15q21q)　　D. 46,XY(或XX),-21,+t(21q21q)

E. 46,XY(或XX),-22,+t(21q22q)

824. G/G易位型21-三体综合征,染色体的核型是

A. 47,XX(或XY),+21　　B. 46,XX(或XY),-22,+t(21q22q)

C. 46,XX(或XY),-13,+t(13q21q)　　D. 46,XX(或XY),-14,+t(14q21q)

E. 46,XX(或XY),-15,+t(15q21q)

825. D/G易位型21-三体综合征的母亲为平衡易位染色体携带者,其核型应为

A. 46,XX　　B. 46,XX,-14,+t(14q21q)

C. 45,XX,-14,-21,+t(14q21q)　　D. 46,XX,-21,+t(14q21q)

E. 45,XX,-21,+t(14q21q)

826. 男孩,2岁。因智能低下查染色体核型为46,XY,-14,+t(14q21q),查其母为平衡易位染色体携带者,核型应为

A. 45,XX,-14,-21,+t(14q21q)　　B. 45,XX,-15,-21,+t(15q22q)

C. 46,XX　　D. 46,XX,-14,+t(14q21q)

E. 46,XX,-21,+t(14q21q)

827. 女,2岁。因智力低下就诊,查染色体核型为46,XX,-21,+t(21q21q),其母亲核型为45,XX,-21,-21,+t(21q21q)。若再生育,其下一代发生本病的风险为

A. 10%　　B. 25%　　C. 50%

D. 75%　　E. 100%

828. 男孩,3岁。因智力低下就诊。查染色体核型为46,XY,-14,+t(14q21q),其母亲核型为45,XX,-14,-21,+t(14q21q)。其母再次生育,发生本病的风险为

A. 10%　　B. 25%　　C. 50%

D. 75%　　E. 100%

829. 患儿被诊断为易位型21-三体综合征,其父正常,母亲为D/G平衡易位,则第二胎的患病风险率为

A. 10%　　B. 20%　　C. 1%　　D. 100%　　E. 50%

830. 对21-三体综合征最具诊断价值的是

A. 智能发育落后　　B. 特殊愚型面容　　C. 体格发育落后

D. 通贯手　　E. 染色体核型分析

831. 男孩,5岁。因生长和智力发育落后就诊。查体:身材矮小,头围小,眼距宽,鼻梁低,外耳小,通贯手,心脏听诊有杂音。为明确诊断,最合适的检查是

A. 智力测定　　B. 血清T_3、T_4检测　　C. 头颅CT

D. 超声心动图检查　　E. 染色体核型分析

832. 男孩,1岁。因身材矮小、智能发育迟缓就诊。查体:身长63cm,表情呆滞,四肢肌张力低下,眼距宽,鼻梁低平,眼外眦上斜,四肢短,手指短,小指内弯。对明确诊断最有意义的检查是

A. 血氨基酸分析　　B. 染色体核型分析　　C. 血T_3、T_4、TSH测定

D. 尿三氯化铁试验　　E. 血钙、磷、碱性磷酸酶检测

A. 唐氏综合征(21-三体综合征)　　B. 软骨发育不良　　C. 先天性甲状腺功能减退症

D. 维生素D缺乏病　　E. 苯丙酮尿症

833. 女,2岁。智能落后,表情呆滞,眼距宽,眼裂小,鼻梁低,口半张,舌伸出口外,皮肤细嫩,肌张力低下,右侧通贯手。最可能的诊断是

834. 男,1岁。智能落后,表情呆滞,皮肤毛发色素减少,有癫痫样发作,尿有鼠尿气味。最可能的诊断是

A. Turner综合征　　B. 21-三体综合征　　C. 黏多糖病

D. 先天性甲状腺功能减退症　　E. 软骨发育不良

835. 男孩,1岁。智力落后,表情呆滞,眼裂小,鼻梁宽,舌体宽厚,常伸于口外,皮肤粗糙,四肢短粗,腱反射减弱。最可能的诊断是

836. 男孩,2岁。智力落后,表情呆滞,眼距宽,眼裂小,鼻梁低平,舌体细尖,常伸于口外,皮肤细腻,右侧通贯手,肌张力低下。最可能的诊断是

二、苯丙酮尿症(执业医师及助理医师均需掌握)

837. 苯丙酮尿症的遗传形式为

A. 常染色体显性遗传　　B. 常染色体隐性遗传　　C. X连锁显性遗传

D. X连锁隐性遗传　　E. X连锁不完全显性遗传

838. 典型苯丙酮尿症,是由于缺乏

A. 酪氨酸羟化酶　　B. 苯丙氨酸羟化酶　　C. 二氢生物蝶呤还原酶

D. 鸟苷三磷酸环化水合酶　　E. 丙酮酰四氢生物蝶呤合成酶

839. 非典型苯丙酮尿症,是由于缺乏

A. 苯丙氨酸羟化酶　　B. 酪氨酸羟化酶　　C. 四氢生物蝶呤

D. 5-羟色胺　　E. 多巴胺

840. 非典型苯丙酮尿症缺乏的酶或辅酶不包括

A. 苯丙氨酸羟化酶　　B. 三磷酸鸟苷环化水解酶　　C. 6-丙酮酰四氢蝶呤合成酶

D. 二氢生物蝶呤还原酶　　E. 四氢生物蝶呤

841. 导致苯丙酮尿症发病的苯丙氨酸羟化酶缺乏的部位是
A. 肝细胞　　B. 脑细胞　　C. 甲状腺
D. 血细胞　　E. 肾组织

842. 苯丙酮尿症患儿需定期监测
A. 血酪氨酸　　B. 尿有机酸　　C. 血苯丙氨酸
D. 尿蝶呤　　E. 尿三氯化铁

843. 苯丙酮尿症患儿临床上最突出的表现是
A. 肌张力增高　　B. 毛发、皮肤色泽变浅　　C. 尿和汗液有鼠尿臭味
D. 智力低下　　E. 惊厥

844. 苯丙酮尿症患儿的特征性临床表现是
A. 智力发育落后　　B. 惊厥　　C. 毛发皮肤色泽变浅
D. 肌张力增高　　E. 尿和汗液有鼠尿臭味

845. 苯丙酮尿症主要的神经系统危害是
A. 智力发育落后　　B. 肌痉挛　　C. 癫痫小发作
D. 行为异常　　E. 多动

A. 尿氨基酸分析　　B. 尿有机酸分析　　C. 血氨基酸分析
D. 尿三氯化铁试验　　E. Guthrie 细菌生长抑制试验

846. 新生儿期苯丙酮尿症的筛查,宜选用

847. 儿童期苯丙酮尿症的筛查宜选用
A. 尿蝶呤分析　　B. 尿三氯化铁试验　　C. 染色体核型分析
D. 血浆氨基酸分析　　E. 血 TSH 测定

848. 儿童苯丙酮尿症初筛选用的检查是

849. 儿童苯丙酮尿症的确诊检查是

850. 男孩,6 岁。因智力发育落后就诊,头发呈金黄色,皮肤色白,时有抽搐,不伴发热,无腹泻。为协助诊断,应首选
A. 脑电图检查　　B. Guthrie 试验　　C. 尿三氯化铁试验
D. 尿蝶呤分析　　E. 血钙、磷检测

851. 对确诊苯丙酮尿症最有意义的检查是
A. 尿三氯化铁试验　　B. 尿蝶呤分析　　C. 尿 2,4-二硝基苯肼试验
D. Guthrie 细菌生长抑制试验　　E. 血液苯丙氨酸浓度测定

852. 鉴别非典型苯丙酮尿症,需进行
A. Guthrie 细菌生长抑制试验　　B. 尿蝶呤分析　　C. 有机酸分析
D. 尿三氯化铁试验　　E. 尿 2,4-二硝基苯肼试验

853. 男,2 岁。因间断抽搐半年就诊,1 岁以后智力逐渐落后,皮肤色泽变浅,头发变黄,常有呕吐。对明确诊断最有意义的检查是
A. 染色体核型分析　　B. 血钙　　C. 尿有机酸分析
D. 脑电图　　E. 血 TSH、T_4

854. 女孩,2 岁。因智力发育落后 1 年伴间断抽搐半年就诊。查体:皮肤色泽浅,头发呈黄色,肌张力较高。对明确诊断最有意义的检查是
A. 染色体核型分析　　B. 血甲状旁腺激素　　C. 尿有机酸分析

D. 血 TSH、T_4　　E. 血钙、磷、镁、碱性磷酸酶

(855~857 题共用题干)男孩,3 岁。出生时正常,母乳喂养,5 个月后智力渐落后,头发变黄,肤色变白,有时发生抽搐,肌张力较高。

855. 临床上应首先考虑的诊断是
A. 21-三体综合征　　B. 维生素 D 缺乏性手足搐搦症　　C. 苯丙酮尿症
D. 先天性甲状腺功能减退症　　E. 癫痫

856. 为协助诊断应选择的检查是
A. 血钙、磷测定　　B. 染色体核型分析　　C. 血 T_3、T_4 测定
D. 脑电图检查　　E. 尿三氯化铁试验

857. 假如该患儿出生不久,为早期诊断,应选择的检查项目是
A. 尿 2,4-二硝基苯肼试验　　B. 尿三氯化铁试验　　C. Guthrie 细菌生长抑制试验
D. 血 T_3、T_4、TSH 测定　　E. 染色体核型分析

858. 男,1 岁。头发稀黄,皮肤白嫩,头不能竖起,间断抽搐,尿有鼠尿味。该患儿的诊断是
A. 先天愚型　　B. 呆小病　　C. 先天性脑发育不全
D. 苯丙酮尿症　　E. 脑性瘫痪

859. 典型苯丙酮尿症最主要的治疗方法是给予
A. 低苯丙氨酸饮食　　B. 酪氨酸　　C. 四氢生物蝶呤
D. 5-羟色胺　　E. 左旋多巴

(860~862 题共用题干)男,3 岁。出生时正常,母乳喂养,5 个月后智力渐落后,头发变黄,肤色变白,多动,有肌痉挛,尿有鼠尿臭味。

860. 临床上应首先考虑的诊断是
A. 21-三体综合征　　B. 先天性甲状腺功能减退症　　C. 维生素 D 缺乏性手足搐搦症
D. 苯丙酮尿症　　E. 癫痫

861. 为协助诊断应选择的检查是
A. 血钙、磷测定　　B. 染色体核型分析　　C. 血 T_3、T_4、TSH 测定
D. 尿三氯化铁测定　　E. 脑电图检查

862. 主要的治疗是
A. 苯巴比妥　　B. 维生素 D　　C. 脑活素
D. 低铜饮食　　E. 低苯丙氨酸饮食

(863~865 题共用题干)男孩,1.5 岁,半岁后发现尿有怪臭味,1 岁时发现智力较同龄儿童低,尿有霉臭味,近 1 个月经常抽搐发作。体检:表情呆滞,毛发棕黄,面部湿疹,皮肤白皙。

863. 最可能的诊断是
A. 21-三体综合征　　B. 苯丙酮尿症　　C. 呆小病
D. 癫痫　　E. 佝偻病性手足抽搐症

864. 首选的检查方法是
A. 血钙测定　　B. 血氨基酸分析　　C. 尿三氯化铁试验
D. 血清 T_3、T_4、TSH 测定　　E. 染色体核型分析

865. 应采取的治疗措施是
A. 抽搐时给予止抽药物　　B. 口服甲状腺素片　　C. 口服碘化钾
D. 限制苯丙氨酸摄入量　　E. 静推 10%葡萄糖酸钙,同时口服维生素 D

第二十一篇　实践综合

（执业医师及助理医师均需掌握）

1. 局限性胸痛、按压后疼痛加重，提示病变主要累及的部位是
A. 邻近胸膜肺组织　B. 胸壁软组织　C. 脏层胸膜
D. 肋间神经　E. 壁层胸膜

2. 女，24 岁。间断喘息 2 个月，发作时以吸气性呼吸困难为主。查体：可见三凹征，吸气相延长，双肺未闻及哮鸣音及湿啰音。该患者发生呼吸困难最可能的原因是
A. 支气管哮喘　B. 慢性心力衰竭　C. 慢性阻塞性肺疾病
D. 上呼吸道阻塞　E. 阻塞性肺炎

3. 下列疾病中，最常表现为呼气性呼吸困难的疾病是
A. 气管异物　B. 急性喉炎　C. 气胸
D. 支气管哮喘　E. 心力衰竭

4. 异常性支气管呼吸音常见于
A. 气胸　B. 胸膜肥厚　C. 肺实变
D. 胸腔积液　E. 气道阻塞

A. 丙氨酸氨基转移酶　B. 碱性磷酸酶　C. 谷氨酸氨基转移酶
D. 白蛋白　E. 甲胎蛋白

5. 反映肝硬化肝功能减退的血清学指标是
6. 继发性肝癌一般不会发生变化的指标是

7. 患者意识障碍，可唤醒，但不能准确辨别人物和地点。该种意识状态属于
A. 浅昏迷　B. 谵妄　C. 意识模糊
D. 昏睡　E. 嗜睡

8. 少尿的定义是尿量少于
A. 100ml/24h 或 5ml/h　B. 400ml/24h 或 17ml/h　C. 200ml/24h 或 7ml/h
D. 500ml/24h 或 17ml/h　E. 300ml/24h 或 15ml/h

9. 下列最常表现为吸气性呼吸困难的疾病是
A. 胸腔积液　B. 气管肿物　C. 自发性气胸
D. 支气管哮喘　E. 慢性阻塞性肺疾病

10. 女，50 岁。双下肢水肿 10 余年，晨轻暮重，无眼睑水肿和泡沫尿。查体：BP130/70mmHg，双肺呼吸音清，心界不大，心率 87 次/分，律齐，腹软，肝脾肋下未触及，移动性浊音阴性，双下肢见凹陷性水肿，浅静脉呈蚯蚓状改变。该患者下肢水肿的最可能原因是
A. 下肢静脉压增高　B. 血浆胶体渗透压降低　C. 心肌收缩力降低
D. 血浆晶体渗透压降低　E. 淋巴液回流受阻

11. 观察有无贫血，最可靠的查体部位是
A. 手臂皮肤及口腔黏膜　B. 耳廓皮肤　C. 睑结膜、指甲及口唇
D. 颈部皮肤及舌面　E. 面颊、皮肤及上腭黏膜

12. 心底部听诊最清晰的心音是

A. 第一心音　B. 第二心音　C. 第三心音
D. 第四心音　E. 第五心音

13. 一般不会出现蜘蛛痣的部位是
A. 腹部　B. 上肢　C. 颈部
D. 面部　E. 胸部

14. 第二心音固定分裂,常见于
A. 二尖瓣关闭不全　B. 主动脉瓣关闭不全　C. 室间隔缺损
D. 房间隔缺损　E. 肺动脉瓣关闭不全

15. 下列情况中,血浆 D-二聚体测定结果正常的是
A. 原发性纤溶亢进症　B. 急性肺梗死　C. 下肢深静脉血栓形成
D. 急性心肌梗死　E. 弥散性血管内凝血

16. 右心衰竭时水肿形成的主要机制是
A. 小动脉壁通透性增高　B. 黏多糖在组织间隙内沉积　C. 血浆胶体渗透压降低
D. 淋巴液回流受阻　E. 毛细血管内静水压升高

17. 心尖部收缩中晚期喀喇音提示
A. 室壁瘤形成　B. 二尖瓣脱垂　C. 二尖瓣狭窄
D. 室间隔穿孔　E. 主动脉瓣关闭不全

18. 支气管镜检查对下述疾病诊断意义不大的是
A. 支气管肺癌　B. 支气管扩张　C. 肺孢子菌肺炎
D. 弥漫性肺泡出血　E. 结节病

19. 女,67 岁。发热、咳嗽 1 个月,胸闷 3 天。体温最高 38℃,咳少量痰液,近 3 天感渐进性胸闷,卧位时更明显。曾抗感染治疗效果欠佳。查体:右下胸略膨隆,语音震颤减弱,叩诊呈实音,呼吸音消失。该患者首先考虑的诊断是
A. 阻塞性肺炎　B. 肺炎支原体肺炎　C. 脓胸
D. 结核性胸膜炎　E. 浸润性肺结核

20. 女,72 岁。回肠及部分空肠切除术后出现腹泻,每日 10 余次稀水样便,进食后加剧。腹泻原因主要是
A. 吸收不良　B. 消化不良　C. 肠蠕动加快
D. 肠道感染　E. 分泌增加

21. 体格检查时发现肺下界下移的情况见于
A. 胸腔积液　B. 肺不张　C. 胸膜肥厚
D. 气胸　E. 肺炎

22. 下述疾病中,最常出现大咯血的是
A. 肺血栓栓塞　B. 慢性阻塞性肺疾病　C. 间质性肺疾病
D. 空洞性肺结核　E. 肺炎链球菌肺炎

23. 女,18 岁。晨起眼睑水肿 3 个月。查体:可见颜面、下肢水肿。尿常规:尿蛋白(++++)。其水肿原因主要考虑为
A. 组织液静水压降低　B. 淋巴回流受阻　C. 组织液胶体渗透压升高
D. 毛细血管血压增高　E. 血浆胶体渗透压降低

24. 区别血红蛋白尿与血尿的主要方法是
A. 尿蛋白电泳　B. 尿比重　C. 尿沉渣镜检
D. 尿胆红素　E. 尿蛋白定性试验

25. 心尖部收缩中晚期喀喇音提示

A. 二尖瓣脱垂　　B. 室壁瘤形成　　C. 二尖瓣狭窄
D. 主动脉瓣关闭不全　　E. 室间隔穿孔

26. 目前最常用的评价肾小球滤过率的指标是
A. 血尿素氮　　B. 菊粉清除率　　C. 内生肌酐清除率
D. 血肌酐　　E. 血尿素

27. 女,50 岁。双下肢水肿 10 余年,晨轻暮重,无眼睑水肿和泡沫尿。查体:血压 130/70mmHg,双肺呼吸音清,心界不大,心率 87 次/分,律齐,腹软,肝脾肋下未触及,移动性浊音阴性,双下肢凹陷性水肿,浅静脉呈蚯蚓状改变。该患者下肢水肿的最可能原因是
A. 心肌收缩力降低　　B. 淋巴液回流受阻　　C. 下肢静脉压增高
D. 血浆胶体渗透压降低　　E. 血浆晶体渗透压降低

28. 砖红色胶冻样血痰主要见于
A. 流感嗜血杆菌肺炎　　B. 铜绿假单胞菌肺炎　　C. 肺炎克雷伯杆菌肺炎
D. 金黄色葡萄球菌肺炎　　E. 肺炎链球菌肺炎

29. 硬管乙状结肠镜检查过程中,最严重的并发症是
A. 交叉性感染　　B. 肛门皮肤撕裂　　C. 肠壁穿破
D. 肠壁出血　　E. 误伤内痔或混合痔

30. 女,65 岁。慢性心力衰竭 5 年,因胸闷、乏力、下肢水肿加重 1 周就诊。服用强心药、利尿药后症状改善。用药后水肿改善的原因是
A. 血浆胶体渗透压降低　　B. 毛细血管后阻力增高　　C. 毛细血管血压降低
D. 毛细血管前阻力增高　　E. 血浆晶体渗透压升高

A. 房间隔缺损　　B. 室间隔缺损　　C. 动脉导管未闭
D. 法洛四联症　　E. 主动脉缩窄

31. 肺动脉瓣区第二心音(P_2)亢进、固定分裂见于
32. 肺动脉瓣区第二心音(P_2)减低见于

2021

金榜時代
GLIST 明德·弘毅·品质
靓银时代版

银成教育全国辅导机构
指定用书

贺银成

国家临床执业及助理医师资格考试
历年考点精析（下册）

编著 ◎ 武汉大学中南医院 贺银成

全国百佳图书出版单位
中国中医药出版社

前 言

国家临床执业及助理医师资格考试已进行了22年,大纲要求掌握的考点几乎都已涉及。因此,熟练掌握历年真题,对于把握重点、了解命题规律就显得尤为重要。

本书对1999—2020年执业及助理医师资格考试的每道真题进行了详细解答,明确指出了每道试题的每个选项为什么对,为什么错,错在什么地方,也纠正了目前一些医考辅导书中常见的错误答案。由于篇幅有限,部分未被本书收集的历年真题放在2021《贺银成国家临床执业(助理)医师资格考试辅导讲义同步练习》一书中,同学们可以参阅。

本书按2021年新大纲要求重新修订,删除了一些陈旧试题,添加了2020年新试题及解析内容。本书按照2021《贺银成国家临床执业(助理)医师资格考试辅导讲义》的体例和顺序进行编排,以方便同学们复习。本讲义配有由我主讲的全套课件。如需购买,可以通过以下方式联系:

本套执业(助理)医师资格考试复习参考书已全部出版,可以选用:

2021《贺银成国家临床执业(助理)医师资格考试辅导讲义》

2021《贺银成国家临床执业(助理)医师资格考试辅导讲义同步练习》

2021《贺银成国家临床执业及助理医师资格考试实践技能应试指南》

2021《贺银成国家临床执业(助理)医师资格考试全真模拟试卷及精析》

在使用本套图书过程中发现不足或错误之处,请随时指出(heyincheng2002@qq.com),每指出一处错误,奖励10元,多人指出同一处错误者,奖励首位指出者。

最后祝愿大家顺利通过执业(助理)医师资格考试!

贺银成

2020年12月

Contents 目录

目　录

上册——试题

Contents 目录

Contents 目录

下册——答案及精析

第一篇　解剖学试题答案及详细解答

（正确答案为绿色的选项）

1. ABCDE　①长骨分布于四肢，呈长管状，分为一体两端，如桡骨。②胸骨、肩胛骨、下颌骨均属于不规则骨，肋骨属于扁骨。

2. ABCDE　胸骨柄与胸骨体连接处微向前突，称为胸骨角，两侧平第2肋，是计数肋的重要标志。

3. ABCDE　①踝关节的关节囊前、后壁薄而松弛，内、外两侧均有韧带增厚加强。内侧韧带为坚韧的三角形纤维索，起自内踝尖，向下呈扇形展开，止于足舟骨、距骨和跟骨。外侧韧带由不连续的3条独立的韧带（距腓前韧带、跟腓韧带、距腓后韧带）组成，3条韧带均起自外踝，分别向前、向下、向后止于距骨与跟骨，均较薄弱。②胫腓前韧带、胫腓后韧带主要参与胫腓骨的连结，故不答AB。足底长韧带是连结跟骨与第2~5跖骨底的韧带，故不答E。

4. ABCDE　膈肌上有3个裂孔：食管裂孔有食管、迷走神经通过；主动脉裂孔有主动脉、胸导管通过；腔静脉孔有下腔静脉通过。膈神经经中心腱附近穿入膈肌。

5. ABCDE　①腹股沟管前壁为腹外斜肌腱膜和腹内斜肌，后壁为腹横筋膜和腹股沟镰，上壁为腹内斜肌和腹横肌的弓状下缘，下壁为腹股沟韧带。②腔隙韧带主要参与股环的组成。

6. ABCDE　食管分为颈部、胸部、腹部三部。胸部食管前面自上而下有气管、气管杈、左喉返神经、左主支气管、右肺动脉、迷走神经食管前丛、心包、左心房、膈等。ABCD均属于食管胸部后方的毗邻结构。

7. ABCDE　食管从上至下有3个生理性狭窄。第1狭窄为食管的起始处，距中切牙15cm；第2狭窄为食管在左主支气管的后方与其交叉处，距中切牙25cm；第3狭窄为食管通过膈的食管裂孔处，距中切牙40cm。

8. ABCDE　①胃小弯最低处弯曲成角切迹。②幽门是指胃远端接续十二指肠处。贲门位于胃的最上部而不是最低点，故不答BC。中间沟是指幽门部大弯侧一不甚明显的浅沟。

9. ABCDE　除直肠、肛管、阑尾外，结肠和盲肠均具有特征性的结肠带，空肠和回肠均属于小肠，无结肠带。

10. ABCDE　肝门静脉、肝固有动脉、肝胆管在肝内的走行、分支、配布基本一致，共同包绕在纤维囊（Glisson囊）内，称为Glisson系统，此为肝段划分的主要依据。

11. ABCDE　胆囊三角由胆囊管、肝总管和肝脏下缘围成，又称Calot三角。胆囊动脉常行经该三角，因此该三角是寻找和结扎胆囊动脉的标志。

12. ABCDE　胰可分为头、颈、体、尾4部分，胰体横位于第1腰椎体前方，其前方隔网膜囊与胃后壁相邻。

13. ABCDE　鼻旁窦是指鼻腔周围含气颅骨内的空腔，包括额窦、筛窦、蝶窦、上颌窦。额窦、前筛窦、中筛窦、上颌窦开口于中鼻道，后筛窦开口于上鼻道。蝶窦开口于蝶筛隐窝。

14. ABCDE　①甲状软骨是最大的喉软骨，位于环状软骨与会厌软骨之间。左、右侧甲状软骨板在前缘融合形成前角，前角上端向前突出，称为喉结。②杓状软骨、会厌软骨、环状软骨均属于喉软骨，构成喉的支架。气管软骨环参与气管的组成。

15. ABCDE　①胸膜隐窝包括肋膈隐窝、肋纵隔隐窝、膈纵隔隐窝等。肋膈隐窝是指肋胸膜与膈胸膜返折形成的一个半环形间隙，是诸胸膜隐窝中位置最低、容量最大的部位，胸膜腔积液常积存于此。②肋胸膜与纵隔胸膜构成肋纵隔隐窝。纵隔胸膜与膈胸膜构成膈纵隔隐窝。

16. ABCDE　①肾门是肾的血管、神经、淋巴管及肾盂出入肾的门户。出入肾门的结构为结缔组织所包裹，称为肾蒂。肾蒂内包含肾静脉、肾动脉、肾盂末端等结构。②输尿管为肾外结构，故答C。

17. ABCDE ①肾的表面自内向外有 3 层被膜包绕,即纤维囊、脂肪囊、肾筋膜。纤维囊由坚韧而致密的结缔组织和弹性纤维构成,肾部分切除时需缝合此膜。②脂肪囊是位于纤维囊外周、紧密包裹肾脏的脂肪层。肾筋膜分为肾前筋膜和肾后筋膜两层,其间有输尿管通过。

18. ABCDE 膀胱分为尖、体、底、颈四部。在膀胱底的内面,左、右侧输尿管口与尿道内口之间的三角形区域,称为膀胱三角,是肿瘤、结核的好发部位。

19. ABCDE ①乳腺癌侵犯悬韧带(Cooper 韧带),使其收缩可导致肿瘤表面皮肤凹陷,出现"酒窝征"。②铠甲状癌是指晚期乳腺癌累及胸大肌、胸小肌、筋膜、背部、对侧胸壁,融合成片。乳腺癌可累及皮下淋巴管,引起淋巴回流障碍,出现真皮水肿,皮肤呈现橘皮样变。

20. ABCDE ①脏器表面几乎全部被腹膜所覆盖的器官,称为腹膜内位器官。ABCE 均属于腹膜内位器官。②脏器仅一面被腹膜所覆盖的器官,称为腹膜外位器官,如十二指肠降部、肾、肾上腺、输尿管等。

21. ABCDE 22. ABCDE ①肝下间隙借镰状韧带、肝圆韧带划分为左肝下间隙与右肝下间隙。左肝下间隙再借小网膜分为左肝下前间隙与左肝下后间隙。左肝下前间隙介于肝左叶脏面腹膜与小网膜、胃前壁腹膜之间。左肝下后间隙即为网膜囊。②位于肝胃韧带和胃前方的间隙为肝左下前间隙。

23. ABCDE ①左心室腔以二尖瓣前尖(*左房室瓣前瓣*)为界,可分为左心室流入道、流出道两部分。左心室流入道位于二尖瓣前尖的左后方。左心室流出道为左心室的前内侧部分。

24. ABCDE ①与下肢本体感觉相关的传导束是薄束和楔束。肌腱、关节感受器接受的刺激,上传至脊髓神经节细胞,经薄束和楔束上传至薄束核和楔束核,此两核发出的纤维经内侧丘系至丘脑腹后外侧核,后者发出纤维至中央后回。②脊髓丘脑束主要传导痛温觉。皮质脊髓束、红核脊髓束、内侧纵束均属于下行传导束,为运动传导束,而不是感觉传导束,故不答 CDE。

25. ABCDE 舌下神经核位于延髓上部、舌下神经三角的深面,发出纤维组成舌下神经,支配舌内、外肌。

第二篇　生物化学试题答案及详细解答

（正确答案为绿色的选项）

1. ABCDE　在组成人体蛋白质的20种氨基酸中，没有鸟氨酸。鸟氨酸是尿素循环的中间产物。

2. ABCDE　氨基酸是组成蛋白质的基本单位。组成人体的20种氨基酸，除甘氨酸外，均属于*L*-α-氨基酸。

3. ABCDE　*D*型和*L*型是指氨基酸的对映体关系，好比平面镜成像中物体与像的空间位置关系。含有手性碳原子的手性氨基酸才有*D*型和*L*型之分。手性碳原子指碳原子共价结合的4个基团不相同。在氨基酸通式中，甘氨酸的R=H，α-碳原子上结合有2个相同的H，因此不属于手性碳原子。故甘氨酸不属于手性氨基酸，没有旋光性，无*L*型或*D*型之分。

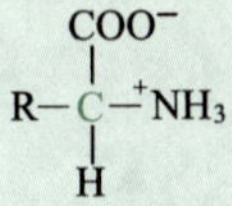
氨基酸通式

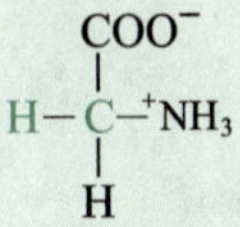
甘氨酸

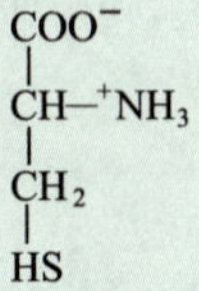
半胱氨酸

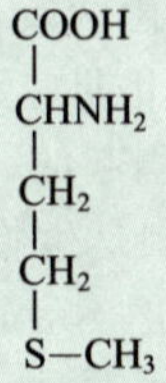
甲硫氨酸

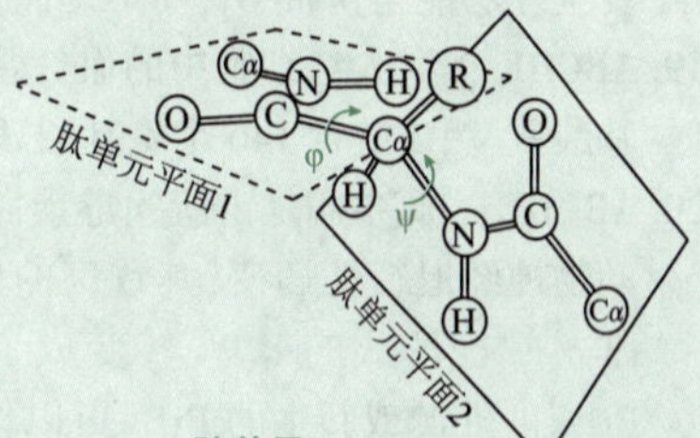

肽单元

4. ABCDE　疏水性氨基酸是指侧链具有高度疏水性的氨基酸，包括苯丙氨酸、甲硫氨酸、色氨酸、缬氨酸、亮氨酸、异亮氨酸、脯氨酸和丙氨酸。

5. ABCDE　酸性氨基酸包括谷氨酸、天冬氨酸。记忆为三伏天（酸-谷-天）。

6. ABCDE　根据氨基酸的吸收广谱，含有共轭双键的色氨酸在280nm波长附近具有最大吸收峰。A、B、D、E4种氨基酸的最大光吸收峰都不在280nm波长附近。

7. ABCDE　脯氨酸是亚氨基酸，在蛋白质合成加工时可被羟化修饰成羟脯氨酸。

8. ABCDE　9. ABCDE　①含巯基的氨基酸是半胱氨酸。蛋氨酸（甲硫氨酸）含有甲硫基，而不是巯基，故不答C。注意：半胱氨酸、蛋氨酸均属于含硫氨基酸。②鸟氨酸不属于组成人体蛋白质的20种氨基酸，它只以氨基酸的形式参加尿素合成。

10. ABCDE　蛋白质多肽链中连接两个氨基酸的酰胺键，称为肽键。肽键由位于同一平面的6个原子（$C_{\alpha1}$、C、O、N、H和$C_{\alpha2}$）组成。肽键的键长为0.132nm，介于C—N的单键长（0.149nm）和双键长（0.127nm）之间，有一定程度的双键性能，不能自由旋转。

11. ABCDE　①肽键是肽或蛋白质多肽链中连接两个氨基酸的酰胺键（C）。②疏水键是维持蛋白质分子三级结构的化学键。糖苷键是核酸分子中核糖与碱基结合的化学键。二硫键是维持蛋白质分子一级结构的化学键。3′,5′-磷酸二酯键是维持核酸分子一级结构的化学键。

12. ABCDE　①蛋白质分子的一级结构指从N-端至C-端的氨基酸排列顺序。维系一级结构的主要化学键是肽键，次要化学键是二硫键，故答E而不是D。②氢键是维系二、三、四级结构的化学键。盐键和疏水键是维系三级结构的化学键。

13. ABCDE　①α-螺旋为蛋白质分子的二级结构，其维系键为氢键。②盐键和疏水键是维系三级结构的化学键。肽键和二硫键是维系一级结构的化学键。

14. ABCDE　①蛋白质二级结构的表现形式包括α-螺旋、β-折叠、β-转角和无规卷曲。β-螺旋是错误的生化名称，故答 E。②在 α-螺旋结构中，多肽链的主链围绕中心轴作有规律的螺旋式上升，螺旋的走向为顺时针方向，即所谓的右手螺旋，也属于蛋白质分子的二级结构。请注意，不要与 DNA 的右手双螺旋结构混为一谈，很多医考参考书将答案错为 C，参阅 9 版《生物化学》P14。

15. ABCDE　①蛋白质二级结构是指蛋白质分子中某一段肽链的局部空间结构，其维系键是氢键（B）。②盐键、疏水作用是蛋白质三级结构的维系键，肽键、二硫键是一级结构的维系键。

16. ABCDE　蛋白质分子分为一级、二级、三级和四级结构。一级结构是指蛋白质分子中从 N 端至 C 端的氨基酸排列顺序。二级结构是指蛋白质分子中某一段肽链的局部空间构象（C）。三级结构是指整条肽链中所有原子在三维空间的排布位置。四级结构是指蛋白质分子中各亚基间的空间排布。

17. ABCDE　正常人血红蛋白 β 亚基第 6 位氨基酸是谷氨酸，镰刀形贫血患者血红蛋白分子中的谷氨酸被缬氨酸取代，使原本水溶性的血红蛋白聚集成丝状，导致红细胞变成为镰刀状而极易破碎，产生贫血。记忆为：镰刀的作用是割谷（谷）子，割累了，就歇（缬）会儿——镰刀形贫血—谷氨酸—缬氨酸。

18. ABCDE　血红蛋白（Hb）是含有血红素辅基的蛋白质，有 4 个亚基，每个亚基可结合 1 个血红素并携带 1 分子氧，因此 1 分子 Hb 可结合 4 分子氧。Hb 能与氧可逆结合，其氧解离曲线呈 S 形。Hb 的主要生理功能是携带 O_2，而不是储存 O_2。具有储存 O_2 功能的是肌红蛋白（C 错）。

19. ABCDE　成人红细胞中的血红蛋白主要由两条 α 肽链和两条 β 肽链组成（$\alpha_2\beta_2$）。α 链含 141 个氨基酸残基，β 链含 146 个氨基酸残基。胎儿期主要为 $\alpha_2\gamma_2$，胚胎期主要为 $\alpha_2\varepsilon_2$。

20. ABCDE　疯牛病是由朊病毒蛋白（PrP）引起的一组人和动物神经退行性病变，其致病的生化机制是生物体内正常 α-螺旋形式的 PrP^{C} 转变成了异常的 β-折叠形式的 PrP^{Sc}。外源或新生的 PrP^{Sc} 可以作为模板，通过复杂的机制诱导含 α-螺旋的 PrP^{C} 重新折叠成为富含 β-折叠的 PrP^{Sc}，并可形成聚合体。PrP^{Sc} 对蛋白酶不敏感，水溶性差，而且对热稳定，可以相互聚集，最终形成淀粉样纤维沉淀而致病。

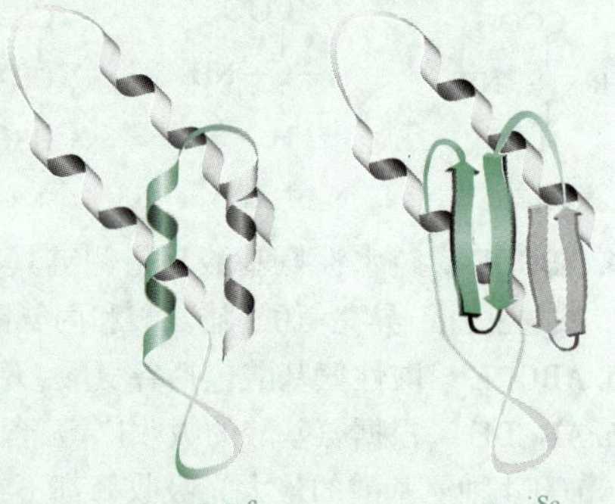

21. ABCDE　①核糖核酸酶加入尿素和 β-巯基乙醇，可解除其分子中的 4 对二硫键和氢键，使空间构象破坏，丧失生物学功能。变性后如用透析方法去除尿素和 β-巯基乙醇，并设法使巯基氧化成二硫键，则核糖核酸酶可恢复原有的空间构象（高级结构）。②蛋白质一级结构（氨基酸的序列）是高级结构与功能的基础，氨基酸序列可提供重要的生物进化信息。通过比较生物界不同种系间的蛋白质一级结构，可以帮助了解物种进化间的关系，如细胞色素 c，物种间越接近，则一级结构越相似。③多肽链的正确折叠对其正确空间构象的形成和功能的发挥至关重要。若蛋白质的折叠发生错误，可导致蛋白质构象疾病，如疯牛病。④蛋白质的功能除取决于一级结构外，还与特定的空间构象有关，如尽管肌红蛋白和血红蛋白各亚基的一级结构极为相似，但两者的功能却不相同；肌红蛋白的主要功能是储存 O_2，血红蛋白的主要功能是携带 O_2（D 错）。⑤人血红蛋白 β 亚基第 6 个氨基酸由谷氨酸突变为缬氨酸后，将导致镰状红细胞贫血，属于溶血性贫血。

22. ABCDE　蛋白质由氨基酸组成。蛋白质分子除两端的氨基和羧基可解离外，氨基酸残基侧链中的某些基团，在一定的溶液 pH 条件下，都可解离成带负电荷或正电荷的基团。当溶液 pH<pI 时，蛋白质解离成阳离子带正电荷；当溶液 pH>pI 时，蛋白质解离成阴离子带负电荷。当溶液 pH=pI 时，蛋白质解离成正、负离子的趋势相等，即成为兼性离子（A）。

23. ABCDE　在某些理化因素作用下，蛋白质空间构象被破坏，导致其理化性质的改变和生物学活性的丧失，称为蛋白质变性。蛋白质变性后，其溶解度降低、黏度增加、结晶能力消失、生物活性丧失，易被蛋白酶水解。蛋白质变性主要是二硫键和非共价键的破坏，不涉及一级结构的改变，故分子量不变。

24. ABCDE ①蛋白质在乙醇溶液中会发生变性,而不是溶于高浓度乙醇中。②蛋白质复性是恢复原有的空间构象和生理功能,并不是产生分子杂交。复性时能产生分子杂交的是核酸,而不是蛋白质。③蛋白质分子中含有共轭双键的酪氨酸和色氨酸,因此在280nm处有特征性吸收峰。在260nm处具有特征性吸收峰的是核酸,而不是蛋白质。④蛋白质变性后溶解度降低,而不是增高。⑤蛋白质具有两性电离性质,当溶液pH等于等电点(pI)时,蛋白质解离成正、负离子的趋势相等,形成兼性离子,净电荷为0。

25. ABCDE ①在某些理化因素的作用下,蛋白质空间构象被破坏,从而导致其理化性质的改变和生物学活性的丧失,称为蛋白质变性。②蛋白质变性只涉及空间构象的改变,并不涉及一级结构中氨基酸序列的改变。③蛋白质变性后,其水溶性降低、黏度增加。④若蛋白质变性程度较轻,去除变性因素后,有些蛋白质仍可恢复原有的构象和功能,称为复性。但并不是所有变性的蛋白质都能复性,若蛋白质变性时空间构象破坏严重,则不能复性,称为不可逆性变性,故答D。

26. ABCDE 27. ABCDE ①四级结构是指蛋白质分子中各亚基间的空间排布,因此亚基解聚时,蛋白质分子的四级结构被破坏(D)。②蛋白质水解时肽键断裂,因此其一级结构被破坏(A)。

28. ABCDE 29. ABCDE 30. ABCDE ①蛋白质分子分为一级结构、二级结构、三级结构和四级结构,后三者统称为空间结构,亚基结构属于四级结构,故属于空间结构。蛋白质一级结构不属于空间结构(A)。②整条肽链中全部氨基酸残基(所有原子)的相对空间位置,称为蛋白质的三级结构(C)。③蛋白质变性主要是空间结构的破坏,不涉及一级结构的改变(A)。

31. ABCDE ①核酸的基本组成单位是核苷酸、脱氧核苷酸。DNA是脱氧核苷酸通过3′,5′-磷酸二酯键聚合形成的线性大分子。RNA是由核糖核苷酸通过3′,5′-磷酸二酯键聚合形成的线性大分子。②核苷酸由磷酸和核苷(脱氧核苷)组成,核苷(脱氧核苷)由碱基和核糖(脱氧核糖)组成。

32. ABCDE ①真核生物DNA存在于细胞核和线粒体内,携带遗传信息,并通过复制的方式将遗传信息进行传代。DNA是以核苷酸为基本组成单位的生物信息分子,所携带的遗传信息取决于核苷酸排列顺序的变化(D)。②胆固醇、脂蛋白、氨基酸、脂肪酸都不是遗传信息的携带者。

33. ABCDE 组成核酸的碱基有5种,即A(腺嘌呤)、G(鸟嘌呤)、C(胞嘧啶)、T(胸腺嘧啶)、U(尿嘧啶)。

34. ABCDE 35. ABCDE 核酸分为RNA和DNA。组成RNA的碱基包括A(腺嘌呤)、G(鸟嘌呤)、C(胞嘧啶)、U(尿嘧啶)。组成DNA的碱基包括A(腺嘌呤)、G(鸟嘌呤)、C(胞嘧啶)、T(胸腺嘧啶)。

36. ABCDE ①DNA由多个脱氧核苷酸以3′,5′-磷酸二酯键连接而成,因此DNA的一级结构是指多核苷酸的排列顺序。②多聚A尾是真核生物mRNA3′-端剪接前的结构。双螺旋结构是指DNA的二级结构。核小体是真核生物染色质的基本组成单位,属于DNA的超螺旋结构。三叶草结构是tRNA的二级结构。

37. ABCDE ①DNA是由多个脱氧核苷酸以3′,5′-磷酸二酯键连接而成的多聚核苷酸(B)。②DNA两条脱氧核苷酸之间的碱基以氢键相连。

38. ABCDE DNA双链之间的互补碱基对,严格按照A=T、G≡C配对存在,故A+G与C+T的比值为1。

39. ABCDE DNA碱基组成遵守Chargaff规则:①腺嘌呤(A)与胸腺嘧啶(T)的摩尔数相等,鸟嘌呤(G)与胞嘧啶(C)的摩尔数相等;②不同生物种属的DNA碱基组成不同(E);③同一个体不同器官、不同组织的DNA碱基组成相同。因DNA是遗传信息的传递者,故同一个体,不同时期、不同营养状态下,组成DNA的碱基不会改变。

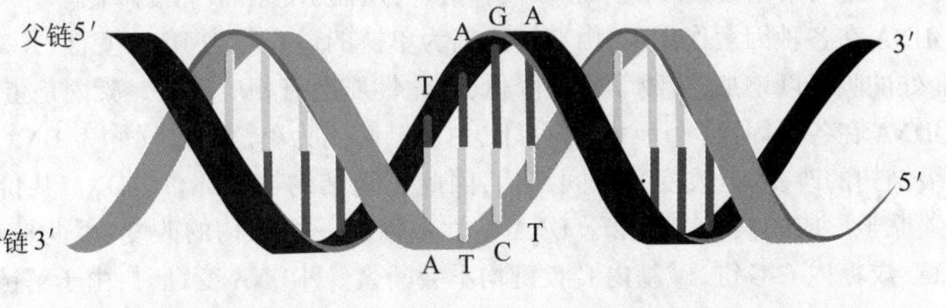

40. ABCDE ①DNA 的碱基组成规律具有种属特异性，即不同生物种属的 DNA 具有各自特异的碱基组成，如人、牛、大肠埃希菌的 DNA 碱基组成比例不一样。②DNA 碱基组成遵循 Chargaff 法则，即组成 DNA 的四种碱基，其腺嘌呤(A)与胸腺嘧啶(T)的摩尔数相等，鸟嘌呤(G)与胞嘧啶(C)的摩尔数相等(B 错 C 对)。③DNA 是遗传信息的携带者，其 DNA 碱基组成与遗传特性相关。④DNA 碱基组成无组织或器官特异性，不受年龄、营养状况、环境因素的影响。

41. ABCDE ①DNA 的二级结构是双螺旋结构(B)。②α-螺旋、β-折叠、无规卷曲均属于蛋白质的二级结构。三叶草状为 tRNA 的二级结构。

42. ABCDE 按 DNA 右手螺旋结构模型，螺旋直径为 2.37nm，螺距为3.54nm。每一螺旋有 10.5 个碱基对，每个碱基对之间的相对旋转角度为 36°。

43. ABCDE ①DNA 是反平行右手螺旋的双链结构，两条链的碱基位于双链的内侧，严格按A=T(两个氢键)、G≡C(3 个氢键)配对存在而形成互补碱基对(A)。②核苷酸是核酸的基本组成单位，组成 DNA 的核苷酸是脱氧核糖核苷酸，核苷酸之间的连接键为 3′,5′-磷酸二酯键。脱氧核糖与碱基之间的结合键为糖苷键。肽键为蛋白质一级结构的维系键。疏水键为蛋白质三级结构的维系键。

44. ABCDE ①核酸是由核苷酸组成的多聚核苷酸链，其骨架由戊糖和磷酸基团组成。组成 RNA 和 DNA 的戊糖分别为 β-*D*-核糖及 β-*D*-2′-脱氧核糖。②DNA 双链中，配对互补的碱基之间由氢键相连，位于双链的内侧，不能形成骨架。DNA 骨架位于双链的外侧。

45. ABCDE ①DNA 双螺旋结构是脱氧核糖核酸的二级结构，DNA 是反平行、右手螺旋的双链结构，两条多聚核苷酸链在空间上的走向呈反向平行，一条链的走向为 5′→3′，另一条为 3′→5′(D 错)。②DNA双链中，配对互补的碱基与碱基之间形成氢键相连，位于双链的内侧，维持双螺旋结构的横向稳定性。由脱氧核糖和磷酸基团组成的 DNA 骨架位于双链的外侧。

46. ABCDE 47. ABCDE 48. ABCDE ①核酸是由多个核苷酸组成的长链结构，其一级结构是指核苷酸的排列顺序(E)。②"tRNA 的三叶草结构"为核糖核酸(RNA)的二级结构，"DNA 的双螺旋结构"为脱氧核糖核酸(DNA)的二级结构，题干要求回答的是"核糖核酸的二级结构"，故答 B 而不是 C，很多医考参考书将答案错为 C。③DNA 双螺旋进一步盘曲形成更加复杂的结构，称为 DNA 的三级结构，即超螺旋结构。生物体的闭环 DNA 都以超螺旋形式存在，如细菌质粒、某些病毒、线粒体 DNA 等。线性 DNA 分子不能形成超螺旋结构。真核生物染色体 DNA 成线性，其三级结构是 DNA 双链进一步盘绕在以组蛋白为核心的结构表面构成核小体。可见，DNA 超螺旋结构为原核生物的 DNA 三级结构，核小体为真核生物 DNA 三级结构，故答 A 而不是 D。很多医考参考书将答案错为 D。

49. ABCDE ①核酸的最大吸收峰在 260nm 附近。②色氨酸、酪氨酸的最大吸收峰在 280nm 附近。

50. ABCDE ①DNA 在各种因素作用下，由双链解离为单链的过程称为 DNA 变性。DNA 变性时，维系碱基配对的氢键断裂，但并不破坏形成一级结构的 3′, 5′-磷酸二酯键。②由于 DNA 变性不涉及一级结构的改变，因此核苷酸内的化学键，如 N-C 糖苷键、戊糖内 C-C 键、碱基内 C-C 键不会断裂。

51. ABCDE ①DNA 变性时，维系碱基配对的氢键断裂，但不涉及一级结构的改变，因此多聚核苷酸链不会水解成单核苷酸。②DNA 变性时，由于解链过程中更多的共轭双键得以暴露，DNA 在 260nm 处的吸光度随之增加(B 对)，但最大光吸收峰波长不会发生转移。③DNA 变性时，由原来比较"刚硬"的双螺旋结构，分裂成两条比较柔软的单股多核苷酸链，从而引起溶液黏度降低。

52. ABCDE ①DNA 在各种因素作用下，由双链解离为单链的过程称为 DNA 变性(A 对)。②DNA 变性时，在 260nm 处的吸光度增加，生物学活性降低，理化性质会有相应改变。凝固是蛋白质的特性之一。

53. ABCDE ①DNA 在各种因素(如加热)作用下，由双链解离为单链的过程称为 DNA 变性。②DNA 变性不涉及一级结构的改变，但改变了空间结构，因此二级结构被破坏。③DNA 共价键是指碱基与脱氧核糖 1 位碳原子形成的核苷键。由于 DNA 变性不涉及一级结构的改变，因此核苷酸内的化学键，如 N-C 糖苷键、戊糖内 C-C 键、碱基内 C-C 键均不会断裂。④DNA 变性时，由于解链过程中更多的共轭双键得以暴露，DNA 在 260nm 处的吸光度随之增加（E 错）。

54. ABCDE ①解链温度（T_m）是指核酸分子内双链解开 50%时的温度。DNA 分子的碱基组成为A=T和G≡C。T_m 大小与 DNA 分子中的鸟嘌呤（G）和胞嘧啶（C）含量有关，GC 含量越高，T_m 值越大，这是由于G≡C碱基对含有 3 个氢键，比只有 2 个氢键的A=T碱基对更为稳定。②备选项 A 的 AT 占 15%，即 GC 占 85%；B 项 GC 占 25%；C 项 GC 占 40%；D 项的 AT 占 60%，即 GC 占 40%；E 项 GC 占 70%。可见 5 个备选项中 GC 含量最低的为 B 项，其 T_m 值最低。

55. ABCDE ①参与构成蛋白质合成场所的 RNA 是核糖体 RNA（rRNA）。rRNA 与核糖体蛋白共同构成核糖体，为蛋白质的生物合成提供必需的场所。②核内小 RNA（snRNA）主要是参与 mRNA 前体 hnRNA 中内含子的剪接。催化性 RNA（核酶）是具有催化功能的小分子 RNA，属于生物催化剂，可降解特异的 mRNA 序列。转运 RNA（tRNA）是蛋白质合成中氨基酸的载体。信使 RNA（mRNA）是蛋白质生物合成的模板。

56. ABCDE ①生物体内的 RNA 以 mRNA、tRNA 和 rRNA 为主，故可首先排除 AD。②rRNA 为细胞内含量最多的 RNA，约占 RNA 总量的 80%（C）。mRNA 占 RNA 的 2%~5%，tRNA 约占 15%。

57. ABCDE 真核 mRNA 初级产物（hnRNA）的结构为 5′-帽结构+ 5′-非翻译区 + 编码区 + 3′-非翻译区 + 3′-多聚腺苷尾。5′-帽结构是指 m^7GpppN（7-甲基鸟嘌呤-三磷酸核苷），是由鸟苷酸转移酶加到转录后的 mRNA 分子上的。

真核生物mRNA的结构示意图

58. ABCDE ①mRNA 多为线状单链结构，但也可通过链内的碱基配对形成局部双螺旋二级结构，其 5′-端有帽结构，3′-端有多聚腺苷尾。②mRNA 的主要功能是作为蛋白质合成的模板（B 对）。③5′-帽结构和 3′-多聚 A 尾共同维系 mRNA 的稳定性。④mRNA 上存在三个相连核苷酸组成的三联体密码子，并不是反密码子，反密码子存在于 tRNA 分子上。

59. ABCDE ①mRNA 的 5′-端有 m^7GpppN（7-甲基鸟嘌呤-三磷酸核苷）帽结构，3′-端有多聚 A 尾（多聚腺苷酸尾）结构。②成熟的 mRNA 由编码区和非编码区组成。从成熟 mRNA 5′-端起的第一个 AUG（即起始密码）至终止密码之间的核苷酸序列，称为开放阅读框（ORF），决定多肽链的氨基酸序列。在 mRNA 开放阅读框的两侧，还有非翻译序列，5′-端和 3′-端的非翻译序列分别称为 5′-UTR 和 3′-UTR。③内含子为 mRNA 前体（hnRNA）的结构，成熟 mRNA 中只含外显子而不含内含子（A 错）。

60. ABCDE ①mRNA 的 5′-端有帽结构，3′-端有多聚腺苷尾，这些结构共同维持 mRNA 的稳定性（C 对）。②内含子是 mRNA 中被转录但不被翻译的序列，是在剪接过程中被剪切的部分。双螺旋结构是 DNA 的二级结构。三叶草结构、茎环结构属于 tRNA 的二级结构。

61. ABCDE ①tRNA 均呈三叶草样二级结构，从 5′→3′-端依次为：DHU 环 + 反密码子环 + TψC 环 + 相同的 CCA-OH 结构。所有 tRNA 的 3′-端的最后 3 个核苷酸均为 CCA-OH。②5′-帽结构（m^7Gppp）、3′-端多聚腺苷酸、密码子均为 mRNA 的特点。有"大、小两个亚基"为 rRNA 的特点。

62. ABCDE ①所有 tRNA 的 3′-端的最后 3 个核苷酸均为 CCA—OH，这是氨基酸（不是糖类）的结合部位，称氨基酸接纳茎。活化的氨基酸连接于 3′-CCA—OH，用于蛋白质的合成（D 对）。②tRNA 分子上，反密码子环的功能是辨认 mRNA 上的密码子，TψC 环的功能是辨认与核糖体结合的组分，故不答 A、C。参与 tRNA 剪接修饰的是蛋白质，而不是 RNA，故不答 B。

63. ABCDE ①在一定范围内，反应体系温度越高，酶促反应速度越快。但当温度升高到一定临界值时，酶可发生变性，酶促反应速度反而下降。可见，温度可以影响酶促反应速度（B 错）。②体内酶促反应具有极高的催化效率，酶的催化效率通常比非催化反应高 $10^8 \sim 10^{20}$ 倍。酶促反应之所以能如此高效，是因为酶能大幅降低反应的活化能。酶只能催化热力学上允许的化学反应，只能加快反应速度，而不能改变反应的平衡点。体内许多关键酶的酶活性和酶量可受体内代谢物或激素的调节。

64. ABCDE 结合酶由酶蛋白和辅助因子组成，酶蛋白决定酶促反应的特异性，辅助因子决定酶促反应的种类和性质。酶在发挥作用之前，必须先与底物密切结合，只有能与酶蛋白结构相适应的底物才能与之结合，否则酶将不能发挥催化作用，因此酶蛋白决定了酶促反应的特异性。底物的类别是酶的选择对象，辅基、辅酶及金属离子都只是直接参加反应，或起稳定酶活性中心构象的作用。

65. ABCDE ①小分子有机化合物是一些化学稳定的小分子物质（如 NAD^+、$NADP^+$），称为辅酶。其主要作用是参与酶的催化过程，在反应中传递电子、质子或一些基团，即起运载体的作用（A）。②参与酶活性中心组成的必需基团包括结合基团和催化基团。一些活性中心外的必需基团，对维持酶活性中心应有的空间构象起重要作用。酶和底物结合可形成中间复合物，但辅酶不能促进其形成。酶分子中氨基酸残基的侧链由不同的化学基团组成，其中一些与酶活性密切相关的化学基团称为酶的必需基团。

66. ABCDE ①酶的辅助因子分为辅酶和辅基。辅酶常为小分子有机物，辅基常为金属离子及小分子有机化合物。②辅酶与酶蛋白结合疏松，以非共价键相连，可以用透析或超滤方法去除。辅基与酶蛋白以共价键紧密结合，不能通过透析或超滤的方法将其去除。③辅酶和辅基均可与酶蛋白结合后，参与相应的酶促反应。④辅酶和辅基均可含有维生素。

67. ABCDE ①核黄素即维生素 B_2，含有核黄素的辅酶包括 FMN（黄素单核苷酸）、FAD（黄素腺嘌呤二核苷酸）。②HS-CoA（辅酶 A）含有泛酸，NAD^+ 和 $NADP^+$ 含有维生素 PP，CoQ 是呼吸链中的递氢体。

68. ABCDE ①磷酸吡哆醛为维生素 B_6，辅酶 A 含泛酸（维生素 B_5），四氢叶酸含维生素 B_{11}，焦磷酸硫胺素含维生素 B_1。②细胞色素是一类含血红素样辅基的电子传递蛋白，不含 B 族维生素。

69. ABCDE ①NAD^+ 和 $NADP^+$ 含有维生素 PP。②FAD 和 FMN 含维生素 B_2，FH_4 含维生素 B_{11}。CoQ 不含维生素。

70. ABCDE ①硫胺素为维生素 B_1，泛酸为维生素 B_5，生物素为维生素 B_7，叶酸为维生素 B_{11}。②抗坏血酸为维生素 C。

71. ABCDE 72. ABCDE 73. ABCDE 74. ABCDE ①FAD（黄素腺嘌呤二核苷酸）含维生素 B_2（核黄素），NAD^+ 含维生素 PP（尼克酰胺），TPP（焦磷酸硫胺素）含维生素 B_1（硫胺素），辅酶 A 含泛酸（维生素 B_5）。②转甲基酶的辅酶含有维生素 B_{12}（钴胺素）。

75. ABCDE ①转氨酶的辅酶是磷酸吡哆醛（维生素 B_6）。②焦磷酸硫胺素（维生素 B_1）是 α-酮酸氧化脱羧酶多酶复合体的辅酶，生物素是羧化酶的辅酶，四氢叶酸是一碳单位转移酶的辅酶，泛酸在体内转变为辅酶 A（CoA）和酰基载体蛋白（ACP）后构成酰基转移酶的辅酶。

76. ABCDE ①所有活化的酶均具有活性中心，否则，酶怎能参与生化反应？故 A 对。②酶能大大降低反应的活化能，故可加快反应速度。③并不是所有的酶都具有绝对特异性，即一种酶只催化一种专一的反应。一些酶具有相对特异性，即一种酶催化一类反应。④酶在催化反应的过程中，自身的质和量保持不变。⑤只有结合酶才含有辅基或辅酶。单纯酶由氨基酸残基构成，不含有辅酶或辅基。

77. ABCDE ①酶原无活化中心或活性中心未暴露，只有酶原被激活后才有能起催化作用的活性中心。②酶的必需基团在一级结构上可能相距很远，但在空间结构上彼此靠近，组成具有特定空间结构的区域，能和底物特异结合并将底物转化为产物，这一区域称为酶的活性中心。③必需基团既可存在于酶的活性中心内，也可存在酶的活性中心外。④酶的活性中心多为氨基酸残基的疏水基团组成。⑤酶的活性中心含有必需基团，必需基团分为结合基团和催化基团两类（E 对）。

78. ABCDE ①关键酶的活性是可以被调节的，通过调节，这些酶可在有活性和无活性、高活性和低活性两种状态之间转变。②Cl^- 是唾液淀粉酶的非必需激活剂，缺少 Cl^- 时唾液淀粉酶活性将降低。参阅 9 版《生物化学》P71。③人体内的酶最适 pH 多在 6.5~8.0 之间，参阅第 3 版 8 年制《生物化学与分子生物学》P116。④Taq DNA 聚合酶的最适温度为72℃，而不是25℃。参阅9版《生物化学》P66。⑤酶活性检测可用于疾病的诊断，如测定血、尿淀粉酶可用于急性胰腺炎的诊断。

79. ABCDE　①同工酶是指催化相同的化学反应，但酶蛋白的分子结构、理化性质、免疫学性质均不相同的一组酶（E 错）。②某种同工酶在同一个体的不同器官具有不同的同工酶谱，如心肌细胞以 LDH_1 含量最高，骨骼肌以 LDH_5 含量最高。同工酶常由多个亚基组成。

80. ABCDE　乳酸脱氢酶同工酶有5种，LDH_1 主要存在于心肌（占67%），LDH_5 主要存在于肝（占56%）。

81. ABCDE　乳酸脱氢酶有5种同工酶，即 LDH_1 ~ LDH_5。

82. ABCDE　①既有在体内发挥作用的酶，也有在体外发挥作用的酶。②大多数酶的化学本质是蛋白质，少数酶（核酶）是核糖核酸。③酶只能缩短达到化学反应平衡的时间，但不能改变反应的平衡点。④酶能大大降低反应的活化能，因此可加快反应速度（D 对）。⑤有的酶只能与特定结构的底物分子结合，进行一种专一的反应，称为绝对特异性。但有的酶可与一类底物结合，呈相对特异性。

83. ABCDE　①许多酶的活性受体内代谢物或激素的调节，催化剂催化的反应则无调节性，故答 A。②B、D、E为酶和催化剂催化反应的共同点。与催化剂相比，酶的催化效率更高，故不答 C。

84. ABCDE　①有些酶也可在体外发挥作用，如胃蛋白酶可作为助消化药物使用。②酶的催化作用与温度有关，随反应体系温度的升高，酶促反应加快，但温度升高到一定临界值时，可使酶变性，从而酶促反应速率下降。③酶只能催化热力学上能进行的反应，不能改变反应的平衡点。④酶具有极高的催化效率，是因为酶能大大降低反应的活化能（D 对）。⑤酶的催化作用常受代谢物或激素的调控。

85. ABCDE　①酶只能催化热力学上能进行的反应。与一般催化剂相比，酶能更有效地降低反应的活化能，因此具有"催化高效性"。②酶只能缩短达到化学反应平衡的时间，但不能改变反应的平衡点。③酶对底物的选择性，决定了酶所催化反应的种类。

86. ABCDE　①酶促反应时，随着反应体系温度升高，底物分子的热运动加快，增加了分子碰撞的机会，酶促反应速度加快；但当温度升高达到一定临界值时，温度升高反使酶变性，导致酶促反应速率下降。②根据米-曼氏方程式可知，底物浓度对酶促反应速率的影响呈矩形双曲线。③当底物饱和（[S]远大于[E]）时，酶浓度对酶促反应速率的影响呈直线关系。此时，随着酶浓度的增加，酶促反应速率增大，两者呈正比关系。④酶浓度显然会影响酶促反应速率，故不答 D。

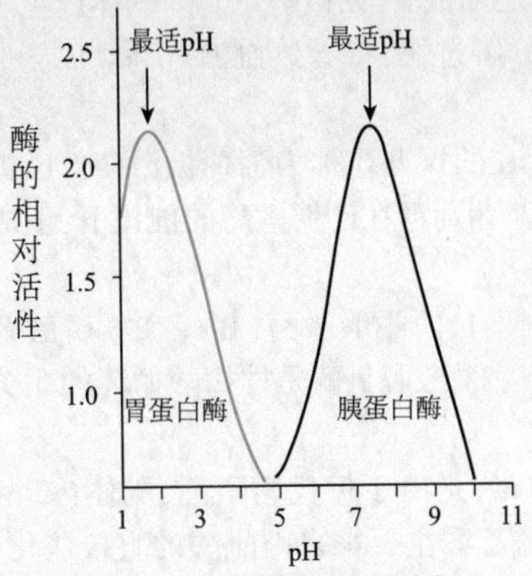

pH对酶促反应速率的影响

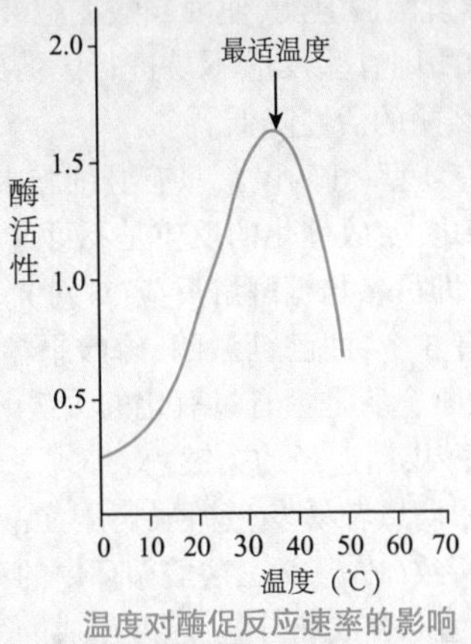

温度对酶促反应速率的影响

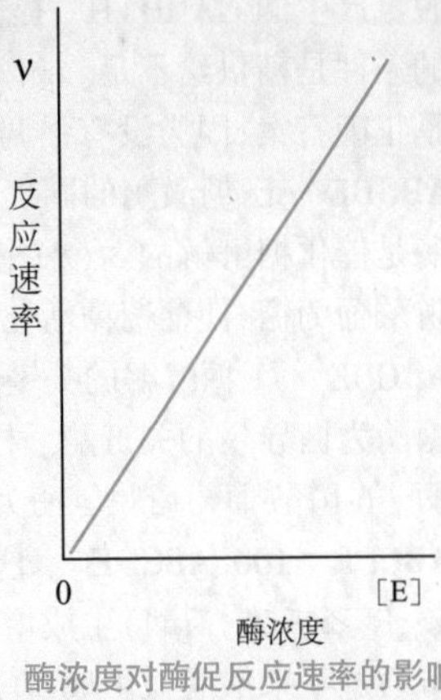

酶浓度对酶促反应速率的影响

87. ABCDE　①当底物足量，即[S]≥[E]时，反应中底物浓度的变化量可忽略不计。此时，随着酶浓度的增加，酶促反应速率增大，两者呈正比关系。②虽然 B、C、D、E 均可影响酶促反应速度，但与题意无关。

88. ABCDE　①酶催化活性最高时（此时反应速度最快）反应体系的 pH，称为酶促反应的最适 pH。②最适 pH 不是酶的特征性常数，因为它还受底物浓度、缓冲液种类及酶纯度等因素的影响。酶的最适 pH

是酶活性最高时的溶液 pH，并不是酶最稳定时的 pH。酶的等电点虽然与酶蛋白的解离状态有关，也可影响酶的活性，但不作为判断酶最适 pH 的依据。

89. ABCDE ①K_m 值是指酶促反应速度为最大速度一半时的底物浓度（E 对）。②酶-底物复合物的解离常数称为 K_s，而不是 K_m。③K_m 是酶的特征性常数之一，与酶的结构、底物、温度、pH、离子强度有关，而与酶浓度无关。④K_m 表示酶的亲和力，K_m 值越小，表示酶与底物的亲和力越大。

90. ABCDE ①酶的竞争性抑制剂与底物结构相似，可与底物竞争酶的活性中心（即底物结合部位），从而阻碍酶和底物结合成中间产物。②由于抑制剂与酶是非共价结合（E 错），因此这种结合是可逆的结合。当增加底物浓度时，抑制剂的作用可减弱，反应速度可加快。当底物浓度远远大于抑制剂浓度时，几乎所有的酶均被底物夺取，此时可达最大反应速度。③竞争性抑制时，V_{max} 不变，表观 K_m 值变大。

91. ABCDE 在可逆性抑制中，酶竞争性抑制的特点是表观 K_m 增大，最大速率 V_{max} 不变；酶非竞争性抑制的特点是 K_m 不变，V_{max} 降低；酶反竞争性抑制的特点是 K_m 降低，V_{max} 降低。

92. ABCDE 有机磷农药可与胆碱酯酶活性中心上的必需基团以共价键结合，不可逆地抑制胆碱酯酶，造成乙酰胆碱降解减少，在体内大量堆积，从而引起 M 样、N 样中毒症状及中枢神经系统症状。

93. ABCDE 变构酶是指一些效应剂与酶的非催化部位可逆性结合，使酶发生变构而影响酶活性的一组酶。变构酶多是代谢途径的关键酶，催化的反应常是不可逆反应（即非平衡反应）。变构效应剂（变构激活剂或变构抑制剂）可与变构酶可逆性结合，引起酶的构象变化，分别使酶活性升高或降低。变构酶具有催化中心和调节中心。变构酶常由多亚基组成，但并非都有催化亚基和调节亚基（D 错）。

94. ABCDE 95. ABCDE ①成熟红细胞没有线粒体，不含进行三羧酸循环的各种酶，因此只能以糖酵解的方式获得能量（B）。②红细胞内存在 2,3-二磷酸甘油酸（2,3-BPG）旁路，即在 1,3-BPG 处形成分支，生成中间产物 2,3-BPG，再转变为 3-磷酸甘油酸而返回糖酵解途径。红细胞内 2,3-BPG 的主要生理作用是调节血红蛋白的运氧能力（C）。③糖有氧氧化是体内葡萄糖供能的主要方式。糖异生主要参与体内血糖稳态的维持。磷酸戊糖途径的主要作用是提供核糖和 NADPH。

96. ABCDE ①在缺氧状态下，葡萄糖生成乳酸的过程称为糖酵解。糖的有氧氧化和无氧酵解有一段共同途径，即葡萄糖→丙酮酸。在供氧充足时进行有氧氧化，胞质中 3-磷酸甘油醛在 3-磷酸甘油醛脱氢酶的作用下，产生的 $NADH+H^+$ 进入线粒体氧化供能。②在供氧不足时进行无氧酵解，3-磷酸甘油醛脱氢产生的 $NADH+H^+$，提供给乳酸脱氢酶，使丙酮酸在胞液中还原成乳酸，故答 A。③酮体产生过多的条件是糖供给不足。缺少辅酶则有些反应不易进行。糖原分解过快，将导致血糖升高。E 显然不是正确答案，因为没有强调什么酶的活性降低。

97. ABCDE 己糖激酶的同工酶有 4 型（Ⅰ～Ⅳ），只有肝细胞中存在的Ⅳ型才称为葡萄糖激酶。己糖激酶是催化糖酵解的 3 个关键酶之一，故催化的反应是不可逆的。葡萄糖在己糖激酶的催化下，生成 6-磷酸葡萄糖，使葡萄糖活化后，即可参与糖酵解反应（C 对）。

98. ABCDE ①糖酵解的关键酶有 3 个，即己糖激酶、磷酸果糖激酶-1、丙酮酸激酶（B）。②6-磷酸葡萄糖酶为糖异生的关键酶。柠檬酸合酶是糖有氧氧化的关键酶。苹果酸脱氢酶是柠檬酸循环的非关键酶。6-磷酸葡萄糖脱氢酶为磷酸戊糖途径的关键酶。

99. ABCDE 100. ABCDE ①糖尿病患者易发生糖尿病酮症酸中毒，是由于糖代谢紊乱，酮体（乙酰乙酸、β-羟丁酸、丙酮）生成增多所致（E）。②三羧酸循环中的草酰乙酸主要来自丙酮酸的直接羧化，也可通过苹果酸脱氢生成（D）。糖原合成和分解、尿酸生成的生化过程不可能产生草酰乙酸。

101. ABCDE 在糖酵解过程中催化产生 NADH 和消耗无机磷酸的酶是 3-磷酸甘油醛脱氢酶。

$$\text{3-磷酸甘油醛} + NAD^+ + Pi \xrightleftharpoons{\text{3-磷酸甘油醛脱氢酶}} \text{1,3-二磷酸甘油酸} + NADH + H^+$$

102. ABCDE 6-磷酸果糖激酶-1 是糖酵解的关键酶，其变构抑制剂为柠檬酸、ATP，其变构激活剂为 2,6-二磷酸果糖、1,6-二磷酸果糖、ADP。由于 2,6-二磷酸果糖是 6-磷酸果糖激酶-1 最强的变构激活剂，1,6-二磷酸果糖的激活作用远弱于2,6-二磷酸果糖，因此最佳答案为C而不是A。

103. ABCDE　丙酮酸进入线粒体氧化脱羧，生成乙酰CoA是糖有氧氧化的第二阶段(B)。

$$丙酮酸 + NAD^+ + HS\text{-}CoA \xrightarrow{丙酮酸脱氢酶复合体} 乙酰CoA + NADH + H^+ + CO_2$$

104. ABCDE　三羧酸循环是指乙酰CoA与草酰乙酸缩合成柠檬酸→顺乌头酸→异柠檬酸→α-酮戊二酸→琥珀酰CoA→琥珀酸→延胡索酸→苹果酸→草酰乙酸。可见，丙二酸不参与此循环。

105. ABCDE　①三羧酸循环1周，有4次脱氢，其中3次脱氢由NAD^+接受生成3对$NADH+H^+$，产生7.5分子ATP；1次脱氢由FAD接受，生成1对$FADH_2$，产生1.5分子ATP。因此循环1周共产生10分子ATP，故不答A、B。②三羧酸循环1周的净结果是氧化了1分子的乙酰CoA，草酰乙酸在反应中起着催化剂的作用，本身并无量的变化，故不答C。③三羧酸循环1周有4次脱氢、2次脱羧过程，并生成2分子CO_2。通过脱羧作用生成CO_2，是机体产生CO_2的普遍规律，是不需要消耗氧的过程。

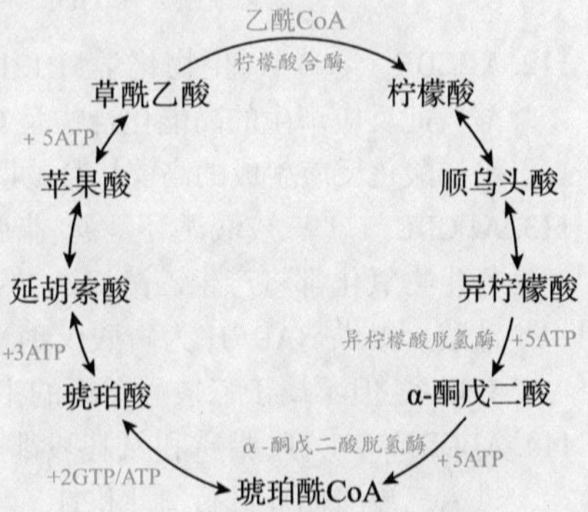

三羧酸循环过程

106. ABCDE　①苹果酸在苹果酸脱氢酶的作用下，脱氢生成草酰乙酸，此为三羧酸循环的最后一步反应(B)。②6-磷酸葡萄糖脱氢酶为磷酸戊糖途径的关键酶，丙酮酸脱氢酶复合体为糖有氧氧化的关键酶，葡糖-6-磷酸酶为糖异生的关键酶。NADH脱氢酶主要参与NADH氧化呼吸链的组成。

107. ABCDE　①催化三羧酸循环所需的酶全部位于线粒体内，包括线粒体外膜、内膜和基质上(A错)。②当线粒体内Ca^{2+}浓度升高时，Ca^{2+}可直接与异柠檬酸脱氢酶和α-酮戊二酸脱氢酶复合体结合，降低其对底物的K_m而使酶激活(B错)。③当$NADH/NAD^+$比值增高时，可抑制柠檬酸合酶、α-酮戊二酸脱氢酶复合体的活性。④氧化磷酸化的速率可调节关键酶的活性(D对)。三羧酸循环中脱下的氢进入呼吸链进行氧化磷酸化，若此反应不能顺利进行，则$NADH+H^+$和$FADH_2$仍处于还原状态，三羧酸循环的脱氢反应不能进行。⑤当血糖浓度较低时，为了保证机体所需的能量，必须利用少量葡萄糖产生更多的能量，三羧酸循环酶的活性增强(E错)。

108. ABCDE　1mol丙酮酸被彻底氧化生成CO_2和水，共产生12.5mol ATP：①丙酮酸→乙酰CoA(+2.5ATP)；②异柠檬酸→α-酮戊二酸(+2.5ATP)；③α-酮戊二酸→琥珀酰CoA(+2.5ATP)；④琥珀酰CoA→琥珀酸(+1GTP)；⑤琥珀酸→延胡索酸(+1.5ATP)；⑥苹果酸→草酰乙酸(+2.5ATP)。

109. ABCDE　葡萄糖氧化的大致过程为：葡萄糖→6-磷酸葡萄糖→6-磷酸果糖→1,6-二磷酸果糖→2×1,3-二磷酸甘油酸→2×丙酮酸(乳酸)→三羧酸循环彻底氧化。由于葡萄糖→6-磷酸葡萄糖、6-磷酸果糖→1,6-二磷酸果糖，均需消耗1 ATP，因此1,6-二磷酸果糖彻底氧化产生的能量肯定多于葡萄糖和糖原。1,6-二磷酸果糖为六碳糖，彻底氧化产生的能量肯定大于三碳中间代谢产物(1,3-二磷酸甘油酸、丙酮酸、乳酸)，因此1mol物质彻底氧化后产生ATP最多的是1,6-二磷酸果糖。

110. ABCDE　①三羧酸循环，每循环一周有4次脱氢反应，1次脱下的氢由FAD接受，生成$FADH_2$；3次脱下的氢由NAD^+接受，生成$NADH+H^+$，这是体内产生NADH的主要代谢途径。②糖酵解过程有1次脱氢，即3-磷酸甘油醛脱下的氢，交给NAD^+产生$NADH+H^+$，但产生的量极少。糖原分解时，从糖原→6-磷酸葡萄糖的反应不产生NADH。磷酸戊糖途径是产生NADPH(而不是NADH)的主要途径。糖异生基本上是糖酵解的逆反应，不可能是产生NADH的主要途径。

111. ABCDE　①糖代谢产生能量的方式有两种，即偶联磷酸化和底物水平磷酸化。若将底物的高能磷酸基直接转移给ADP或GDP，生成ATP或GTP，称为底物水平磷酸化。在三羧酸循环中，经底物水平磷酸化是指第 5 步反应。当琥珀酰 CoA 的高能硫酯键水解时,它可与 GDP 的磷酸化偶联,生成高能磷酸键,其高能化合物是 GTP。这是三羧酸循环中,唯一直接生成高能磷酸键的反应。②葡萄糖→6-磷酸葡萄糖、6-磷酸果糖→1,6-二磷酸果糖,均属于耗能反应,不可能是产能的底物水平磷酸化。③3-磷酸甘油醛→1,3-二磷酸甘油酸,若为无氧酵解,则此反应不产生 ATP;若为有氧氧化,则通过偶联磷酸化产能。④丙酮酸→乙酰 CoA 为偶联磷酸化产能。

$$\text{琥珀酰CoA} + \text{GDP} + \text{Pi} \xrightleftharpoons{\text{琥珀酰CoA合成酶}} \text{琥珀酸} + \text{HSCoA} + \text{GTP}$$

112. ABCDE ①8 版《生物化学》P121:在三羧酸循环中,经底物水平磷酸化反应为"琥珀酰 CoA→琥珀酸",此反应产生的高能化合物是 GTP,而不是 ATP。②9 版《生物化学》P99:三羧酸循环中,经底物水平磷酸化反应生成的高能化合物既可是 GTP,也可是 ATP。按 9 版《生物化学》观点,A、B 均正确。

113. ABCDE ①三羧酸循环是糖、脂肪、氨基酸三大营养物质的最终代谢通路,三大营养物质在体内进行生物氧化都将产生乙酰 CoA,然后进入三羧酸循环进行降解产能(B)。②三羧酸循环不能合成胆汁酸。提供 NADPH 为磷酸戊糖途径的生理功能。虽然三羧酸循环的中间产物与酮体、蛋白质代谢有联系,但不属于三羧酸循环的主要生理作用。

114. ABCDE ①糖、脂质和氨基酸都是能源物质,它们在体内的分解代谢最终都将产生乙酰 CoA,然后进入三羧酸循环进行氧化供能。②葡萄糖-丙氨酸循环主要是将骨骼肌中代谢产生的氨以丙氨酸形式经血液运送至肝。柠檬酸-丙酮酸循环主要是将线粒体内的乙酰 CoA 转运至胞质,用于脂肪酸的合成。鸟氨酸循环主要用于尿素合成。甲硫氨酸循环主要为体内的多种生化反应提供活性甲基。

115. ABCDE ①体内的核糖并不是从食物摄取,而是通过磷酸戊糖途径生成。葡萄糖经 6-磷酸葡萄糖脱氢、脱羧的氧化反应而产生 5-磷酸核糖,用于核苷酸的合成(D)。②A、B、C、E 均不产生核糖。

116. ABCDE ①磷酸戊糖途径的主要生理意义在于将 $NADP^+$ 还原成 NADPH。NADPH 与 NADH 不同,它携带的氢不是进入呼吸链氧化产能,而是参与多种代谢反应。②磷酸戊糖途径不能产生磷酸丙糖。糖代谢的枢纽是三羧酸循环。三羧酸循环可为氨基酸的合成提供各种原料。

117. ABCDE 磷酸戊糖途径产生的 NADPH 可用于维持红细胞中谷胱甘肽的还原状态。若红细胞缺乏磷酸戊糖途径的关键酶 6-磷酸葡萄糖脱氢酶(G6PD),则红细胞不能得到充足的 NADPH,使谷胱甘肽难以保持还原状态,此时红细胞易于破裂,发生溶血性贫血。患者常因食用蚕豆而发病,故称蚕豆病。

118. ABCDE ①磷酸戊糖途径的主要产物是磷酸核糖和 NADPH,NADPH 可作为供氢体参与多种代谢反应。②磷酸戊糖途径不产生能量 ATP。FMN、CoQ 为呼吸链的组成成分。cAMP 为第二信使物质。

119. ABCDE ①由非糖化合物转变为葡萄糖或糖原的过程,称为糖异生。糖异生的原料为乳酸、甘油、生糖氨基酸等。因为"丙酮酸→乙酰 CoA"这步反应不可逆,因此脂肪酸不能转变为葡萄糖,不能作为糖异生的原料。②糖异生的主要器官是肝,次要器官是肾。肌肉组织由于缺乏葡糖-6-磷酸酶,因此不能进行糖异生。③糖异生基本上是糖酵解的逆过程,但由于糖酵解 3 个关键酶催化的反应不可逆,因此只有越过这 3 个"能障",才能进行糖异生(E)。④机体可以利用乳酸异生为葡萄糖。

120. ABCDE ①糖异生的主要生理作用是补充血糖,维持血糖浓度的稳态(B 对)。②事实上,大量非糖物质转变成葡萄糖,都不是利用脂肪合成的,因此长期饥饿的结果是脂肪分解而消瘦,故不答 A、D。CE 与糖异生关系不大。

121. ABCDE 糖原的分解过程为:在糖原磷酸化酶的作用下,从糖原分子上分解下 1 个葡萄糖基,生成葡糖-1-磷酸。葡糖-1-磷酸再转变为葡糖-6-磷酸。经葡糖-6-磷酸酶催化,葡糖-6-磷酸水解成葡萄糖释放入血。由于葡糖-6-磷酸酶只存在于肝、肾组织,而不存在于肌肉中,因此肝、肾糖原分解可以转化为葡萄糖以补充血糖,但肌糖原不能分解为葡萄糖,只能进行糖酵解或有氧氧化供能,故答 B 而不是 D。ACE 产生的葡萄糖均可用于补充血糖。

122. ABCDE **123. ABCDE** **124. ABCDE** **125. ABCDE** **126. ABCDE** ①糖酵解的关键酶有 3 个,即己

糖激酶、6-磷酸果糖激酶-1、丙酮酸激酶。②糖原分解的关键酶有 1 个,即糖原磷酸化酶。③糖异生的关键酶有 4 个,即葡糖-6-磷酸酶、果糖二磷酸酶-1、丙酮酸羧化酶、磷酸烯醇式丙酮酸羧激酶。④酮体和胆固醇合成的起始反应是相同的,即在肝乙酰乙酰硫解酶作用下,2 分子的乙酰 CoA 缩合成乙酰乙酰 CoA,然后在 HMG-CoA 合成酶作用下,生成 HMG-CoA(羟甲基戊二酸单酰 CoA)。HMG-CoA在 HMG-CoA 裂解酶的作用下合成酮体。HMG-CoA在 HMG-CoA 还原酶作用下,最终生成胆固醇,HMG-CoA 还原酶为胆固醇合成的关键酶。因此参与酮体和胆固醇合成的共同酶是 HMG-CoA合成酶。

127. ABCDE　128. ABCDE　129. ABCDE　130. ABCDE　①NADH 脱氢酶又称复合体Ⅰ,是 NADH 氧化呼吸链的组分之一。②在三羧酸循环中,苹果酸脱氢酶可催化苹果酸生成草酰乙酸。③磷酸戊糖途径的关键酶是 6-磷酸葡萄糖脱氢酶。④糖异生的关键酶有 4 个,即葡糖-6-磷酸酶、果糖二磷酸酶-1、丙酮酸羧化酶、磷酸烯醇式丙酮酸羧激酶。⑤丙酮酸脱氢酶复合体为糖有氧氧化的关键酶。

131. ABCDE　132. ABCDE　①核黄素(维生素 B_2)吸收后可在小肠黏膜黄素激酶的催化下转变为黄素单核苷酸(FMN),FMN 在焦磷酸化酶催化下可进一步生成黄素腺嘌呤二核苷酸(FAD)。FAD 和 FMN 均为核黄素的活性形式(A)。②糖原合成起始于糖酵解的中间产物葡糖-6-磷酸。首先葡糖-6-磷酸变构生成葡糖-1-磷酸,后者再与尿苷三磷酸(UTP)反应生成尿苷二磷酸葡萄糖(UDPG)。UDPG为活性葡萄糖,是糖原合成的葡萄糖供体(E)。③ADP 为 ATP 脱去高能磷酸键后转变生成。NAD^+ 和 $NADP^+$ 是维生素 PP 的活性形式。

葡萄糖 —葡萄糖激酶/ATP→ 葡糖-6-磷酸 ←变位酶→ 葡糖-1-磷酸 ←UDPG焦磷酸化酶/UTP→ 尿苷二磷酸葡萄糖 (UDPG)

133. ABCDE　134. ABCDE　①糖原分解时,首先在糖原磷酸化酶作用下,分解下一个葡萄糖基,生成葡糖-1-磷酸,后者在变位酶作用下转变为葡糖-6-磷酸,再由葡糖-6-磷酸酶水解成葡萄糖释放入血。可见糖原分解首先生成的物质是葡糖-1-磷酸。②糖原合成时,葡萄糖首先在葡萄糖激酶的作用下,消耗 1 分子 ATP,生成葡糖-6-磷酸。后者再转变为葡糖-1-磷酸,进而合成 UDPG,最后在糖原合酶作用下,延长糖原的葡萄糖残基。可见葡糖-6-磷酸的生成是一个耗能过程。

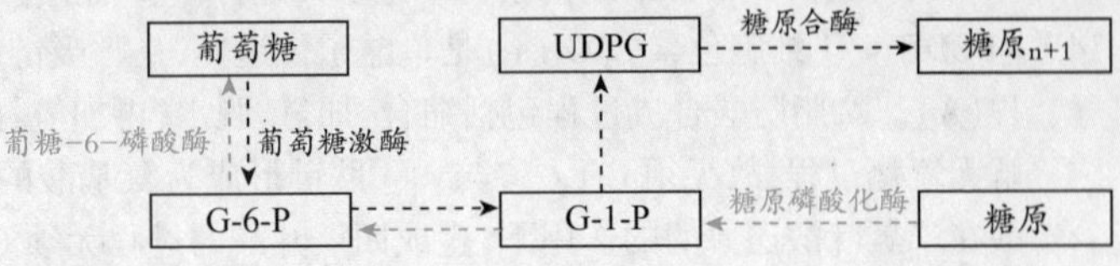

糖原合成(黑色所示)和糖原分解(绿色所示)

135. ABCDE　①持续剧烈运动后,需要葡萄糖无氧酵解产生能量,糖酵解增加会造成体内乳酸增多,乳酸可异生为葡萄糖(D)。②鸟氨酸是尿素循环的中间产物。苹果酸、柠檬酸是柠檬酸循环的中间代谢产物。丙氨酸也属于糖异生的原材料,但持续剧烈运动后,不会产生大量的丙氨酸,故答 D 而不是 E。

136. ABCDE　①甘油异生为葡萄糖的生化过程为:甘油→3-磷酸甘油⇌磷酸二羟丙酮⇌3-磷酸甘油醛⇌果糖-1,6-二磷酸→果糖-6-磷酸⇌葡糖-6-磷酸→葡萄糖。可见甘油异生成糖时最主要的中间产物是磷酸二羟丙酮。②柠檬酸、草酰乙酸均为柠檬酸循环的中间代谢产物。糖异生的中间过程不可能涉及脂肪酸,故不答 B。乙酰乙酸为酮体的成分,故不答 C。

137. ABCDE　①在糖异生的代谢途径中,葡糖-6-磷酸在葡糖-6-磷酸酶的催化下,可水解为葡萄糖。②葡糖-6-磷酸脱氢酶是催化磷酸戊糖途径的关键酶。苹果酸脱氢酶主要参与三羧酸循环反应。丙酮酸脱氢酶可催化丙酮酸氧化脱羧生成乙酰 CoA。NADH 脱氢酶主要参与生物氧化反应。

138. ABCDE　①乳酸循环所需的 NADH 主要来自糖酵解过程中 3-磷酸甘油醛脱氢产生的 NADH(C)。②三羧酸循环、脂酸 β-氧化及谷氨酸脱氢产生的 NADH 主要进入呼吸链氧化产能,不参与乳酸循环。磷酸戊糖途径产生的 NADPH 主要用于提供还原当量,不能转化为 NADH。

139. ABCDE ①葡萄糖在细胞内氧化分解供能,并释放出 CO_2 和水,是葡萄糖在体内的主要去路。葡萄糖可经代谢转变为各种非必需氨基酸、甘油三酯、其他单糖及衍生物等,也可在肝、肌中进行糖原合成。②葡萄糖不能转变为糖皮质激素,在体内转变为糖皮质激素的是胆固醇(C 错)。

140. ABCDE ①肾上腺素、糖皮质激素、胰高血糖素、生长激素均有升高血糖的作用。但肾上腺素主要在应激状态下发挥调节作用,对经常性,尤其是进食引起的血糖波动没有生理意义,故答 A。②血管加压素是调节水盐代谢的激素,不能调节血糖浓度。

141. ABCDE ①生物氧化是指糖、脂肪、蛋白质等营养物质在体内经分解代谢,最终生成 CO_2 和 H_2O,同时逐步释放能量的过程。②生物氧化方式包括加氧反应、脱氢反应、失电子反应等。

142. ABCDE 生物体内呼吸链有两条途径。①NADH 氧化呼吸链:NADH→FMN→Fe-S→Q→Cyt b→Fe-S→Cyt c_1→Cyt c→Cu_A→Cyt a→Cu_B-Cyt a_3→O_2。②$FADH_2$ 氧化呼吸链(琥珀酸氧化呼吸链):琥珀酸→FAD→Fe-S(Cyt b)→Q→Cyt b→Fe-S→Cyt c_1→Cyt c→Cu_A→Cyt a→Cu_B-Cyt a_3→O_2。

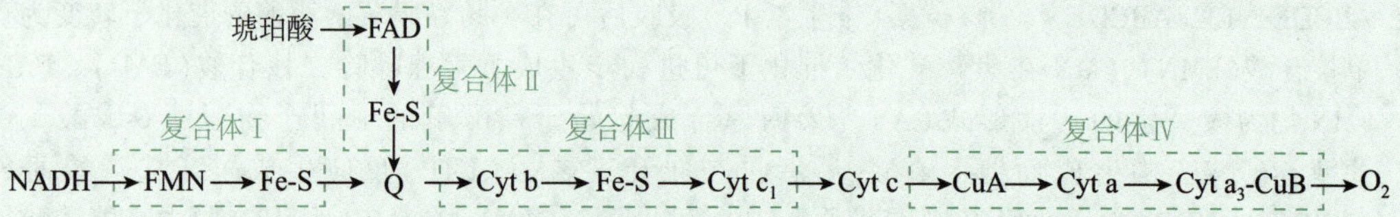

NADH氧化呼吸链和琥珀酸氧化呼吸链的组成及电子传递顺序

143. ABCDE 琥珀酸氧化呼吸链的组成及排列顺序为:琥珀酸→FAD→Fe-S(Cyt b)→Q→Cyt b→Fe-S→Cyt c_1→Cyt c→Cu_A→Cyt a→Cu_B-Cyt a_3→O_2,并不含有 FMN,FMN 为 NADH 呼吸链的组成成分。

144. ABCDE ①在氧化呼吸链中,能传递氢的酶或辅酶称为递氢体,能传递电子的酶或辅酶称为递电子体。铁硫蛋白和各种细胞色素为单电子传递体。②辅酶 Q 为递氢、递电子体,可传递 2H、2e。

145. ABCDE ①细胞色素 c(Cyt c)是单电子传递体,是呼吸链的组成成分之一,能直接参与生物氧化过程(A)。②脂肪酸合成过程包括缩合、加氢、脱水、再加氢,由 NADPH 供氢,而与 Cyt c 无关。③糖酵解无氧化过程,故无须 Cyt c 参与。④肽键形成为氨基酸的缩合过程,也无须 Cyt c 参与。⑤二氢叶酸在二氢叶酸还原酶的作用下,生成四氢叶酸的过程无须 Cyt c 的参与。

146. ABCDE ①一对电子通过氧化呼吸链传递给一个氧原子生成 1 分子 H_2O,其释放的能量可使 ADP 磷酸化合成 ATP,称为氧化磷酸化,故答案为 B。②UTP、CTP、GTP 等可为糖原、磷脂、蛋白质的合成提供能量,但它们一般不能从物质氧化过程中直接由 UDP、CDP、GDP 生成,只能在核苷二磷酸激酶的催化下,从 ATP 中获得高能磷酸键产生,故不答 A、C、E。

147. ABCDE ①一氧化碳可与氧化呼吸链的复合体Ⅳ中的还原型 Cyt a_3 结合,阻断电子传递给 O_2,从而抑制细胞氧化磷酸化速率(E)。②胰岛素、磷酸激酶、磷酸戊糖与细胞氧化磷酸化无关。细胞色素 c 是氧化呼吸链的组成成分,不能抑制氧化磷酸化,故不答 C。

148. ABCDE 149. ABCDE ①ATP 合酶又称复合体Ⅴ,由 F_1(亲水部分)和 F_0(疏水部分)组成。F_1 在线粒体内膜的基质侧,由 $\alpha_3\beta_3\gamma\delta\varepsilon$ 亚基复合体及 OSCP、IF_1 等组成,具有 ATP 合酶活性,可催化 ADP 磷酸化为 ATP。OSCP 为寡霉素敏感蛋白,IF_1 可调节 ATP 合成(A)。②F_0 是镶嵌在线粒体内膜中的质子通道,由 $a_1b_2c_{9\sim12}$ 亚基组成(E)。③单加氧酶主要存在于微粒体中,并不存在于线粒体。"结合 GDP 后发生构象改变"为 GTP 酶的活性。

150. ABCDE 151. ABCDE ①氧化磷酸化的主要作用是产生能量 ATP,ATP 是体内最主要的直接能量供应体,脱去高能磷酸键后转变成 ADP,故 ADP 可促进氧化磷酸化,ATP 可抑制氧化磷酸化(B)。②胆固醇合成是耗能过程,每合成 1 分子胆固醇,需要消耗 18 分子乙酰 CoA、36 分子 ATP、16 分子 NADPH,记忆为"三高",即高耗能(36 分子 ATP)、高耗料(原材料 18 分子乙酰 CoA)、高耗氢(16 分子 NADPH)。

152. ABCDE　153. ABCDE　①磷酸肌酸以高能磷酸键的形式储存能量。当 ATP 充足时，通过转移末端的高能磷酸键给肌酸，生成磷酸肌酸，储存于需能较多的骨骼肌、心肌、脑组织中。当 ATP 迅速消耗利用时，磷酸肌酸可将高能磷酸键转移给 ADP，生成 ATP，补充 ATP 的不足。可见，与 ADP 和 ATP 互变相关的过程是能量的贮存和利用（C）。②ATP 是体内主要的供能物质，主要经氧化磷酸化生成，即由代谢物脱下的氢，经线粒体氧化呼吸链电子传递释放能量，偶联驱动 ADP 磷酸化生成 ATP，因此也称为偶联磷酸化（A）。③CO 对电子传递的影响是 CO 中毒的生化机制。$2H^+$ 与 $1/2\ O_2$ 结合生成 H_2O，生成的 H_2O 通过亚基Ⅰ、Ⅲ间亲水通道排入膜间腔侧。乳酸脱氢酶催化的反应是丙酮酸还原生成乳酸。

$$\text{肌酸} + \text{ATP} \overset{\text{肌酸激酶}}{\rightleftharpoons} \text{磷酸肌酸} + \text{ADP}$$

154. ABCDE　①高能磷酸键是指水解时有较大自由能释放的磷酸键。1,6-双磷酸果糖分子中第 1、6 位都是磷酸酯键，而不是高能磷酸键。②A、B、C、D 均含有高能磷酸键，故属于高能磷酸化合物。

155. ABCDE　①每克脂肪氧化供能 9kcal，每克糖、蛋白质氧化供能均为 4kcal。②膳食纤维、矿物质不能氧化供能。

156. ABCDE　①长期饥饿是指未进食 3 天以上，此时机体主要依靠甘油三酯氧化供能，释放的脂肪酸在肝内氧化生成大量酮体。②短期饥饿主要靠葡萄糖氧化供能。泛酸、磷脂、胆固醇均不产生能量。

157. ABCDE　激素敏感性甘油三酯脂肪酶（HSL）是脂肪动员的关键酶，该酶对激素敏感。肾上腺素、去甲肾上腺素、胰高血糖素、促肾上腺皮质激素均可激活 HSL 而促进脂肪动员，称为脂解激素。胰岛素可抑制 HSL 活性，抑制脂肪动员，为抗脂解激素。

158. ABCDE　脂肪动员是指储存于脂肪细胞中的甘油三酯，被脂肪酶逐步分解为游离脂酸和甘油，并释放入血的过程。脂肪在脂肪细胞内分解的第一步由脂肪组织甘油三酯脂肪酶（ATGL）催化，生成甘油二酯和脂肪酸；第二步由激素敏感性甘油三酯脂肪酶（HSL）催化，生成甘油一酯和脂肪酸；第三步由甘油一酯脂肪酶催化，生成甘油和脂肪酸。脂肪动员的产物是游离脂酸和甘油。

脂肪动员（甘油三酯的水解）

159. ABCDE　①脂类是脂肪和类脂的总称。脂肪的生理作用包括氧化供能、保持体温、保护内脏、协助脂溶性维生素吸收等。②磷脂分子具有亲水端和疏水端，在水溶液中可聚集成脂质双层，是构成生物膜的重要成分。③磷脂酰肌醇是第二信使的前体，在激素刺激下可分解为甘油二酯（DAG）、三磷酸肌醇（IP_3），参与细胞内信息传递。④脂类不参与电子传递，氧化呼吸链的主要功能是传递电子。

160. ABCDE　①脂肪酸 β-氧化是脂酸氧化分解的主要方式，进行 β-氧化前脂肪酸首先需在胞液中活化生成脂肪酰 CoA，后者经肉碱脂酰转移酶Ⅰ转运进入线粒体内进行 β-氧化。脂酰 CoA 进入线粒体后，从脂酰基的 β 碳原子开始，经脱氢（受氢体为 FAD）、加水、再脱氢（受氢体为 NAD^+）、硫解 4 步酶促反应，形成比原来少 2 个碳原子的脂酰 CoA 及 1 分子乙酰 CoA。再照此循环，直至最后完成 β-氧化。②含 16 个碳原子的软脂酸只需经过 7 次循环即可完成 β 氧化（B 错）。

161. ABCDE　162. ABCDE　①酮体生成是以脂肪酸 β-氧化生成的乙酰 CoA 为原料，在肝线粒体内由酮体合成酶系完成的：2 分子乙酰 CoA 缩合成乙酰乙酰 CoA，后者与乙酰 CoA 缩合成羟甲基戊二酸单酰 CoA（HMG-CoA），HMG-CoA 裂解产生乙酰乙酸，乙酰乙酸还原成 β-羟丁酸，少量乙酰乙酸转变为丙酮。乙酰乙酸、β-羟丁酸和丙酮统称为酮体。可见，生成酮体的中间反应包括乙酰 CoA 缩合（B）。②丙酮酸在丙酮酸羧化酶的作用下，可转变生成草酰乙酸。丙酮酸羧化酶的辅酶是生物素。生物素先与 CO_2 结合，需消耗 ATP。然后，活化的 CO_2 再转移给丙酮酸生成草酰乙酸。此为三羧酸循环中草酰乙酸的主要来源(A)。③肝糖原分解主要用于补充血糖。黄嘌呤氧化可生成尿酸。

163. ABCDE　164. ABCDE　①三羧酸循环的中间产物包括柠檬酸、顺乌头酸、异柠檬酸、α-酮戊二酸、琥珀酰 CoA、琥珀酸、延胡索酸、苹果酸、草酰乙酸 9 个(C)。②羟甲基戊二酸单酰 CoA(HMG-CoA)在 HMG-CoA 裂解酶的作用下,脱去乙酰 CoA,生成乙酰乙酸(酮体),故答 E。③乙酰乙酰 CoA 是酮体氧化的产物。丙二酰 CoA、丙酰 CoA 均不参与三羧酸循环和酮体的合成代谢。

165. ABCDE　脂肪酸在肝内 β-氧化产生的大量乙酰 CoA,部分可转变为酮体。酮体包括乙酰乙酸、β-羟丁酸和丙酮。饥饿时,胰高血糖素分泌增多,脂肪动员加强,脂肪酸 β-氧化和酮体生成增多(B)。

166. ABCDE　①在脂肪代谢中产生的游离脂酸,进入肝细胞后主要有两条去路,一是在胞液中酯化合成甘油三酯及磷脂;另一是进入线粒体进行 β-氧化,生成乙酰 CoA 和酮体。当饥饿或糖的供应不足时,糖代谢减弱,3-磷酸甘油及 ATP 不足,脂酸酯化减少;游离脂酸主要在肝细胞内进行 β-氧化,酮体生成增多。②正常代谢状态下,体内会产生少量酮体,因此酮体不是病理性代谢产物。只要糖供应充足,糖代谢正常,即使脂肪摄入过多,肝也不会产生过多的酮体。当糖代谢或脂肪代谢紊乱时,酮体产生过多,超过肝外组织的利用能力时,酮体才是病理性代谢产物。

167. ABCDE　氧化酮体的酶系包括琥珀酰 CoA 转硫酶、乙酰乙酸硫激酶等。在酮体氧化过程中需要辅助因子辅酶 A,而不需要维生素 B_1、维生素 B_6、生物素及 $NADP^+$。

$$\text{乙酰乙酸}+\text{辅酶A}+\text{ATP}\xrightleftharpoons{\text{乙酰乙酸硫激酶}}\text{乙酰乙酰CoA}+\text{AMP}+\text{Pi}$$

168. ABCDE　①氧化酮体的酶系包括琥珀酰 CoA 转硫酶、乙酰乙酸硫激酶、乙酰乙酰 CoA 硫解酶等,其中以琥珀酰 CoA 转硫酶最重要。若肝细胞缺乏琥珀酰 CoA 转硫酶,则酮体不能氧化供能。②HMG-CoA合成酶、HMG-CoA 裂解酶、β-羟丁酸脱氢酶均参与酮体的合成,HMG-CoA 还原酶为胆固醇合成的关键酶。

169. ABCDE　酮体包括乙酰乙酸、β-羟丁酸和丙酮。糖尿病酮症酸中毒患者血液丙酮含量增高,可通过呼吸道排出,产生特殊的"烂苹果气味"。

170. ABCDE　①合成甘油三酯的基本原料是甘油和脂肪酸(C)。合成甘油三酯的 3-磷酸甘油主要来源于糖代谢,其次来自于游离甘油。②胆固醇、胆固醇酯均属于血浆脂质的主要成分。鞘氨醇是合成神经鞘磷脂的重要中间产物。胆碱是合成甘油磷脂的基本原料。

171. ABCDE　①乙酰 CoA 不能自由通过线粒体内膜,位于线粒体内的乙酰 CoA 只有通过柠檬酸-丙酮酸循环进入胞质,才能进行脂酸合成。所谓柠檬酸-丙酮酸循环,是指乙酰 CoA 首先在线粒体内与草酰乙酸缩合生成柠檬酸,然后经线粒体内膜上的三羧酸载体转运进入胞质。在胞质中,在柠檬酸裂解酶催化下,消耗 ATP,将柠檬酸裂解回乙酰 CoA 和草酰乙酸。进入胞质的乙酰 CoA 可用于脂酸合成,而草酰乙酸则在苹果酸脱氢酶的作用下,还原生成苹果酸。苹果酸又在苹果酸酶的催化下分解为丙酮酸,丙酮酸经内膜载体转运回线粒体,最终形成线粒体内的草酰乙酸,参与转运乙酰 CoA。②三羧酸循环是三大营养物质的最终代谢通路。乳酸循环是机体利用乳酸的代谢途径。糖醛酸循环的意义在于生成活化的葡萄糖醛酸。丙氨酸-葡萄糖循环可使肌肉中的氨以无毒的丙氨酸形式运送至肝。

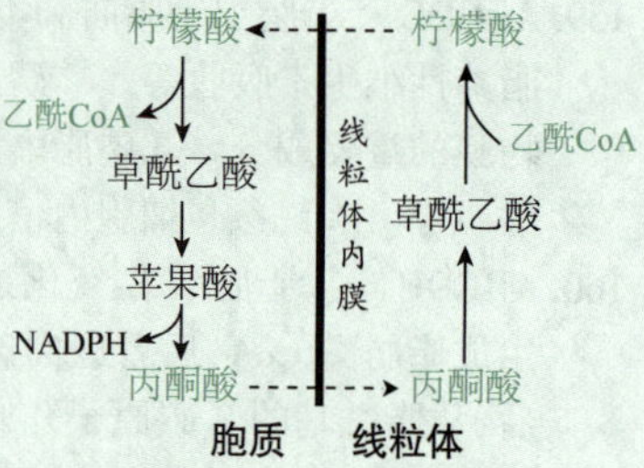

柠檬酸–丙酮酸循环

172. ABCDE　①乙酰 CoA 是合成脂酸的原料,主要来自葡萄糖的分解代谢。②用于脂肪酸合成的乙酰 CoA,不可能来自脂酸的分解代谢,否则就成了可逆反应。胆固醇分解代谢主要产生胆汁酸。氨基酸分解代谢主要产生氨和相应的 α-酮酸。这些代谢过程的主要产物都不是乙酰 CoA。

173. ABCDE　体内合成甘油三酯的主要部位是肝细胞、脂肪细胞、小肠黏膜细胞(A)。

174. ABCDE　175. ABCDE　①糖异生在肝细胞的线粒体及胞液中进行。三羧酸循环在肝线粒体内进行。②胆固醇合成在胞液及内质网中进行。磷脂合成在肝、肾、肠等组织细胞的内质网中进行。

176. ABCDE　177. ABCDE　胆固醇和脂肪酸合成的主要原料都是乙酰 CoA，主要来自糖的有氧氧化。

178. ABCDE　合成胆固醇的关键酶是 HMG-CoA 还原酶。胆固醇和酮体的合成原料都是乙酰 CoA，从下图可知，HMG-CoA 合成酶、HMG-CoA 还原酶和 HMG-CoA 裂解酶之间的区别和联系。

2×乙酰CoA→乙酰乙酰CoA —HMG-CoA合酶→ HMG-CoA —HMG-CoA还原酶→ MVA→鲨烯→胆固醇
HMG-CoA —HMG-CoA裂解酶→ 乙酰乙酸→酮体

179. ABCDE　①胆固醇在体内主要转变为胆汁酸（约占 50%）。②胆固醇是合成类固醇激素的原料，如在肾上腺皮质可合成醛固酮、雄激素，在卵巢可合成雌激素等。③胆固醇脱氢可转化为 7-脱氢胆固醇，后则在日光照射下，可转变成为维生素 D_3。④胆色素是血红素的代谢产物，而不是胆固醇的分解产物。

胆固醇 —7α-羟化酶→ 7α-羟胆固醇 →→ 初级游离胆汁酸 —甘氨酸/牛磺酸→ 初级结合胆汁酸 —肠菌/水解脱羟→ 次级游离胆汁酸

180. ABCDE　181. ABCDE　①胆固醇在肝中转化为胆汁酸，是胆固醇在体内代谢的主要去路。②血红素的主要代谢产物是胆色素。

182. ABCDE　人体内的不饱和脂酸主要包括油酸、软油酸、亚油酸、亚麻酸和花生四烯酸等。前 2 种可自身合成；后 3 种人体不能合成，必需从食物中摄取，称必需脂肪酸。

183. ABCDE　①合成卵磷脂（磷脂酰胆碱）时，首先由 3-磷酸甘油与活化的脂酸生成磷脂酸，然后水解脱磷酸转变为甘油二酯。甘油二酯再与CDP-胆碱经磷酸胆碱转移酶催化合成卵磷脂。可见，卵磷脂含有 CDP-胆碱。②乙醇胺、肌醇、丝氨酸分别是脑磷脂、磷脂酰肌醇、磷脂酰丝氨酸的组成成分。甘氨酸不是甘油磷脂的组成成分。左下图为甘油磷脂的通式，因取代基团—X 不同，组成不同的甘油磷脂，如右下图所示。

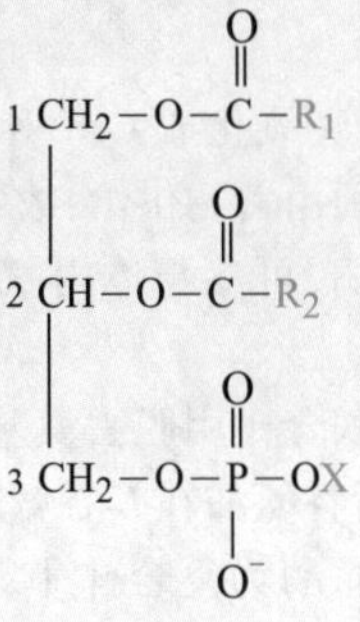

甘油磷脂

X—OH	甘油磷脂的名称
—H	磷脂酸
—胆碱	磷脂酰胆碱（卵磷脂）
—乙醇胺	磷脂酰乙醇胺（脑磷脂）
—丝氨酸	磷脂酰丝氨酸
—甘油	磷脂酰甘油
—磷脂酰甘油	二磷脂酰甘油（心磷脂）
—肌醇	磷脂酰肌醇

184. ABCDE　185. ABCDE　①VLDL（极低密度脂蛋白）是运输内源性甘油三酯的主要形式（B）。②HDL（高密度脂蛋白）可将肝外组织的胆固醇，通过血液循环转运至肝脏，转化为胆汁酸排出（E）。③IDL 为中间密度脂蛋白。LDL（低密度脂蛋白）是运输内源性胆固醇的主要形式。CM（乳糜微粒）主要转运外源性甘油三酯和胆固醇。

186. ABCDE　①载脂蛋白（apo）是血浆脂蛋白的蛋白质部分，分为 apo A～E 5 类。其中，apo AⅠ是 LCAT（卵磷脂胆固醇酯酰转移酶）的激活剂，apo AⅡ是 LCAT 的抑制剂，apo B_{100} 是 LDL 受体配基，apo CⅡ是 LPL 激活剂。②肝脏、小肠分泌的 HDL，进入血浆后，经 LCAT 催化生成溶血性卵磷脂及胆固醇酯。

187. ABCDE　①高密度脂蛋白（HDL）的生理作用是逆向转运胆固醇，即将肝外组织合成的胆固醇转运至肝内降解，因此 HDL 是抗动脉粥样硬化的因素，故在各型高脂蛋白血症中不增高（A）。②IDL 为中间密度脂蛋白，CM 为乳糜微粒，VLDL 为极低密度脂蛋白，LDL 为低密度脂蛋白。

188. ABCDE　WHO 将脂蛋白异常血症分为 5 型：①Ⅰ型：CM 增加、TG↑↑↑、TC↑；②Ⅱa 型：LDL 增加、TC↑↑；③Ⅱb 型：LDL 和 VLDL 同时增加、TG↑↑、TC↑↑；④Ⅲ型：CM 和 VLDL 残粒增加、TG↑↑、TC↑↑；⑤Ⅳ型：VLDL 增加、TG↑↑、TC↑；⑥Ⅴ型：VLDL 和 CM 同时增加、TG↑↑↑、TC↑。CM 为乳糜微粒，TG 为甘油三酯，TC 为总胆固醇。

189. ABCDE　A、B、C、D、E 均是体内蛋白质的生理功能，但氧化供能只是蛋白质的次要功能。成人能量仅 18%由蛋白质供给，82%由脂肪和糖类供给，且蛋白质的供能作用可由脂肪和糖类代替。

190. ABCDE　蛋白质的营养价值是指食物蛋白质在体内的利用率，其高低主要取决于食物蛋白质中必需氨基酸的种类、数量和比例。营养价值较低的蛋白质混合食用，彼此间必需氨基酸可以得到相互补充，从而提高蛋白质的营养价值，这种作用称为食物蛋白质的互补作用。

191. ABCDE　蛋白质的营养价值是指食物蛋白质在体内的利用率，其高低主要取决于食物蛋白质中必需氨基酸的种类、数量和比例。营养价值较低的蛋白质混合食用，彼此间必需氨基酸可以得到相互补充，从而提高蛋白质的营养价值，这种作用称为食物蛋白质的互补作用。因此纠正偏食习惯，增加蛋白质膳食，可补充多种氨基酸，维持互补作用，促进生长。

192. ABCDE　蛋白质的营养价值主要取决于食物蛋白质中必需氨基酸的种类、数量和比例。营养价值较低的蛋白质混合食用，彼此间必需氨基酸可以得到相互补充，从而提高蛋白质的营养价值，这种作用称为食物蛋白质的互补作用。例如：谷类含赖氨酸较少而含色氨酸较多，豆类含赖氨酸较多而含色氨酸较少，两者混合食用即可提高蛋白质的营养价值。

193. ABCDE　人体不能合成，必须由食物供给的氨基酸，称为营养必需氨基酸，包括苯丙氨酸、蛋氨酸（甲硫氨酸）、赖氨酸、苏氨酸、色氨酸、亮氨酸、异亮氨酸、组氨酸、缬氨酸共 9 种，记忆为笨蛋来宿舍晾一晾足（球）鞋（苯-蛋-赖-苏-色-亮-异亮-组-缬）。注意：9 版《生物化学》P172 将必需氨基酸由 8 版《生物化学》的 8 种改为 9 种，新增了组氨酸。

194. ABCDE　生糖兼生酮氨基酸有 5 种，即异亮氨酸、苯丙氨酸、酪氨酸、色氨酸、苏氨酸，记忆为一本落色书——异-苯-酪-色-苏。

195. ABCDE　①氨基酸脱氨基后生成的 α-酮酸可经三羧酸循环彻底氧化成 CO_2 和 H_2O，并释放能量。②必需脂肪酸、必需氨基酸、维生素均不能在体内自身合成，必须由食物供给，故不答 B、C、D、E。

196. ABCDE　磷酸吡哆醛（维生素 B_6 的活性形式）是转氨酶的辅酶，可参与体内氨基酸的转氨基反应（E）。一碳单位可以参与转甲基反应。

197. ABCDE　①联合脱氨基主要通过转氨酶和 *L*-谷氨酸脱氢酶的联合作用脱去氨基（D）。氨基酸先与 α-酮戊二酸进行转氨基作用，生成相应的 α-酮酸及谷氨酸，然后谷氨酸在 *L*-谷氨酸脱氢酶作用下，脱去氨基生成原来的 α-酮戊二酸并释放出氨。②NADH-泛醌还原酶为复合体Ⅰ，为呼吸链的组分之一，主要参与生物氧化。HMG-CoA 还原酶为胆固醇合成的关键酶。葡糖-6-磷酸酶为糖异生的关键酶。丙酮酸脱氢酶复合体为糖有氧氧化的关键酶。

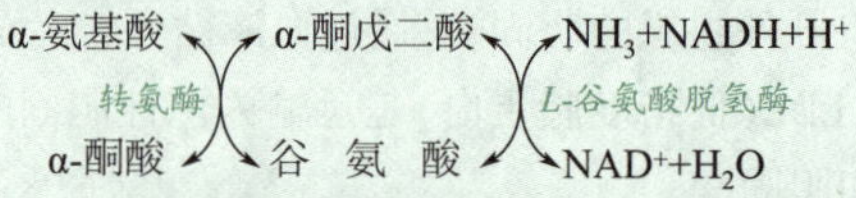

转氨脱氨作用（联合脱氨）

198. ABCDE　氨基酸可通过多种方式脱去氨基，包括转氨基与谷氨酸氧化脱氨基的联合作用、嘌呤核苷酸循环等，其中联合脱氨基是体内脱氨基的主要方式。肝、肾等组织由于 *L*-谷氨酸脱氢酶活性高，主要以联合脱氨基方式进行。肌肉组织（骨骼肌和心肌）由于 *L*-谷氨酸脱氢酶活性低，不能将 *L*-谷氨酸氧化脱氨成 α-酮戊二酸，主要通过嘌呤核苷酸循环方式脱去氨基（A）。转氨基作用仅有氨基的转移,并没有氨基的真正脱落。谷氨酸氧化脱氨基作用仅能使谷氨酸的氨基脱落。

199. ABCDE α-酮酸经氨基化生成非必需氨基酸,如丙酮酸→丙氨酸、草酰乙酸→天冬氨酸、α-酮戊二酸→谷氨酸。可见谷氨酸相应的α-酮酸为α-酮戊二酸,后者为三羧酸循环的中间产物。

200. ABCDE 201. ABCDE ①氨基酸(丙氨酸、天冬氨酸)分子中的氨基在转氨酶的催化下,转移给α-酮戊二酸,可生成谷氨酸,与 Na^+结合生成谷氨酸钠(E)。②酮体包括乙酰乙酸、β-羟丁酸、丙酮,故答 B。

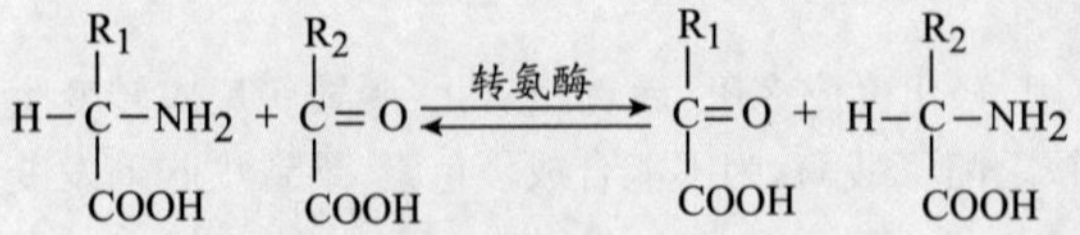

转氨酶催化的转氨基作用通式

谷氨酸+丙酮酸 $\underset{}{\overset{ALT}{\rightleftharpoons}}$ α-酮戊二酸+丙氨酸

谷氨酸+草酰乙酸 $\underset{}{\overset{AST}{\rightleftharpoons}}$ α-酮戊二酸+天冬氨酸

丙氨酸转氨酶和天冬氨酸转氨酶催化的转氨基反应

202. ABCDE 203. ABCDE 氨在血液中的运输形式主要是丙氨酸+谷氨酰胺;脑中氨的主要去路是合成谷氨酰胺;肌肉中氨的主要去路是合成丙氨酸;脑中的氨运输至肝的形式是谷氨酰胺;肌肉中的氨运输至肝的形式是丙氨酸+谷氨酰胺。

204. ABCDE ①鸟氨酸循环也称尿素循环,是尿素合成的途径。②柠檬酸-丙酮酸循环是脂酸合成时乙酰 CoA 由线粒体进入胞液的机制。嘌呤核苷酸循环是肌肉组织中氨基酸脱氨基的主要方式。

205. ABCDE 正常情况下,体内的氨主要在肝合成尿素。

206. ABCDE 肝合成尿素的亚细胞部位在胞质和线粒体。尿素合成的鸟氨酸循环主要有 5 步反应,前两步反应在线粒体内完成,后 3 步反应在胞液中进行:①氨基甲酰磷酸的合成;②氨基甲酰磷酸和鸟氨酸反应生成瓜氨酸;③瓜氨酸与天冬氨酸反应生成精氨酸代琥珀酸;④精氨酸代琥珀酸裂解成精氨酸和延胡索酸;⑤精氨酸水解释放尿素。

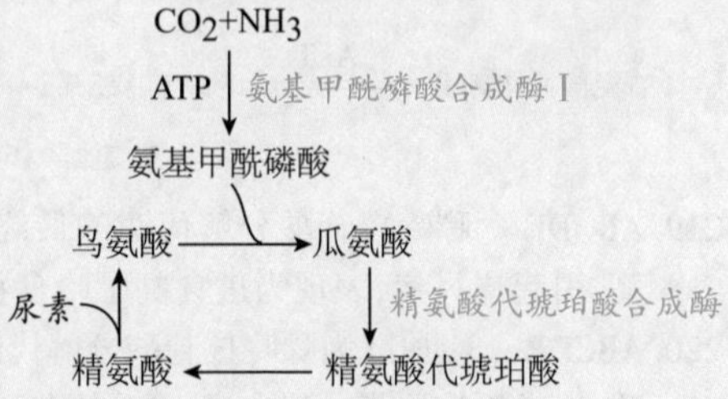

207. ABCDE 鸟氨酸循环(尿素循环)主要在肝细胞胞质和线粒体中进行。鸟氨酸循环是从 NH_3、CO_2 和 ATP 缩合生成氨基甲酰磷酸开始的(B 对),每次鸟氨酸循环需消耗 2 分子氨和 3 分子 ATP。

208. ABCDE ①正常情况下,体内的氨主要在肝内合成尿素。当肝功能严重受损时,尿素合成障碍,将使血氨浓度升高(C)。②在肝功能正常的情况下,肠道氨吸收增加一般不会导致血氨增高。蛋白质摄入不足将导致体内蛋白质分解加强,严重影响体内代谢过程。肾衰竭将导致水电解质平衡紊乱。血氨增高可引起脑组织供能不足,但不能说血氨升高的原因是脑组织供能不足。

209. ABCDE 半胱氨酸可氧化为磺酸丙氨酸,后者脱羧生成牛磺酸。体内经代谢可转变生成牛磺酸的氨基酸是半胱氨酸(形象地记忆为:牛和半很相像)。

210. ABCDE "施舍一根竹竿,让你去参加四清运动!"即提供一碳单位的氨基酸是"施(丝)舍(色)竹(组)竿(甘)"(丝色组甘),一碳单位的运载体(辅酶)——"四清"(四氢叶酸)。

211. ABCDE ①酪氨酸在酪氨酸羟化酶的作用下,可转化为多巴。多巴在多巴脱羧酶的作用下,脱去羧基可生成多巴胺。多巴胺是一种神经递质(E)。②组胺是组氨酸的衍生物;精胺、腐胺均属于鸟氨酸的衍生物;5-羟色胺为色氨酸的衍生物。

212. ABCDE 能经代谢转变提供一碳单位的氨基酸是丝氨酸、色氨酸、组氨酸、甘氨酸、甲硫氨酸。

213. ABCDE 在体内,苯丙氨酸可转变为酪氨酸,但酪氨酸不能转变为苯丙氨酸,故补充酪氨酸可节省体内的苯丙氨酸。

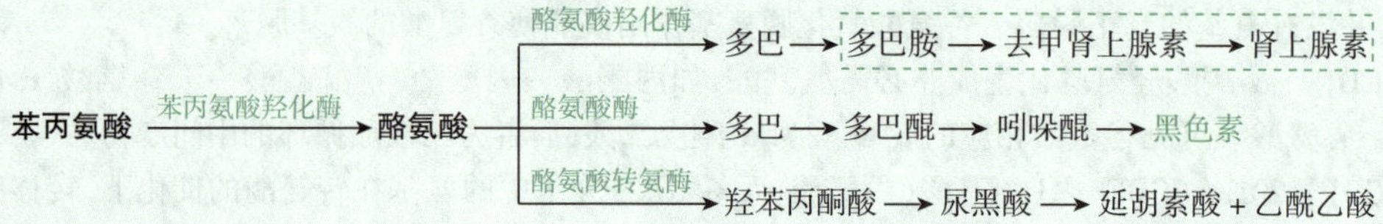

214. ABCDE　酪氨酸在酪氨酸羟化酶催化下，可最终转变为多巴、多巴胺、去甲肾上腺素和肾上腺素，后三者统称为儿茶酚胺。

215. ABCDE　在黑色素细胞中，酪氨酸经酪氨酸酶作用，羟化生成多巴，后者经氧化、脱羧等反应转变生成吲哚醌，最后吲哚醌聚合为黑色素。若先天性缺乏酪氨酸酶，因不能合成黑色素，导致皮肤毛发变白，称为白化病。

216. ABCDE　谷氨酸 $\xrightarrow{\text{谷氨酸脱羧酶}}$ γ-氨基丁酸 + CO_2。

217. ABCDE　218. ABCDE　①氨基酸的转氨基作用是指在转氨酶的催化下，可逆地把 α-氨基酸的氨基转移给 α-酮酸，结果是氨基酸脱去氨基生成相应的 α-酮酸，而原来的 α-酮酸则转变为另一种氨基酸。丙氨酸氨基转移酶(ALT)和天冬氨酸氨基转移酶(AST)的共同底物是谷氨酸(B)。②在黑色素细胞中，酪氨酸经酪氨酸酶作用，羟化生成多巴，多巴经氧化、脱羧等反应转变成吲哚醌，最后吲哚醌聚合为黑色素。参阅 9 版《生物化学》P192。

丙氨酸转氨酶和天冬氨酸转氨酶催化的转氨基反应

219. ABCDE　嘌呤核苷酸分解代谢的最终产物是尿酸，当此代谢途径异常时，可导致血中尿酸含量增高，引起痛风症，表现为进食高嘌呤食物(肉类)时病情加重。

220. ABCDE　①尿酸为嘌呤核苷酸分解代谢的终产物。体内嘌呤核苷酸首先在核苷酸酶的作用下脱去磷酸，生成嘌呤核苷。其中，腺嘌呤核苷酸经过脱氨、水解生成次黄嘌呤，然后在黄嘌呤氧化酶催化下氧化为黄嘌呤。鸟嘌呤核苷则被直接水解，生成鸟嘌呤，然后经脱氨基作用生成黄嘌呤。黄嘌呤在黄嘌呤氧化酶催化下生成尿酸。尿酸在体内堆积浓度过高可导致痛风症，与体内尿酸堆积相关的酶是黄嘌呤氧化酶(D)。②A、C、E 均是嘌呤核苷酸合成所需的酶。四氢叶酸还原酶应为二氢叶酸还原酶。

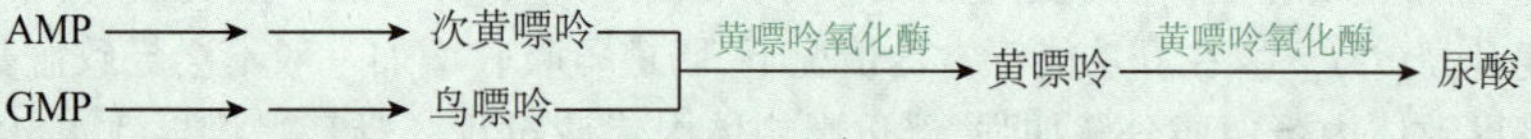

嘌呤核苷酸的分解代谢

221. ABCDE　①尿酸是嘌呤核苷酸分解代谢的终产物。②尿素、NH_3 是氨基酸代谢的产物。β-丙氨酸是胞嘧啶、尿嘧啶的分解代谢产物。β-氨基异丁酸是胸腺嘧啶的代谢产物。

222. ABCDE　①嘌呤核苷酸(AMP、GMP、IMP)的分解代谢产物是尿酸，故答 B。②胞嘧啶的分解代谢产物是 β-丙氨酸。阿糖胞苷是嘧啶核苷酸合成的抗代谢物。乳清酸是嘧啶核苷酸从头合成的中间代谢产物。

223. ABCDE　①痛风症是指患者血中尿酸含量升高，尿酸盐晶体沉积于关节、软组织、软骨及肾脏等处，而导致关节炎、尿路结石等，可能与嘌呤核苷酸分解代谢异常有关(D)。②β-氨基异丁酸、β-丙氨酸为嘧啶核苷酸的分解代谢产物，与痛风无关。

224. ABCDE　抗癌药 5-氟尿嘧啶(5-FU)的化学结构与胸腺嘧啶相似，在体内可转变为一磷酸脱氧核糖氟尿嘧啶核苷(FdUMP)。FdUMP 与 dUMP 结构相似，是胸苷酸合酶的抑制剂，使 dTMP 合成受阻。

225. ABCDE　嘌呤从头合成的原料为天冬氨酸、谷氨酰胺、甘氨酸、CO_2、FH_4。嘧啶的合成原料为天冬氨酸、谷氨酰胺、CO_2。记忆为：①嘌呤合成的元素来源："甘氨酸中间站，谷酰坐两边。左上天冬氨，头顶二氧化碳。"②嘧啶合成的元素来源："天冬氨酸右边站，谷酰直往左上蹿，剩余废物二氧化碳。"

说明左上 3 位 N 来源于谷氨酰胺、左下 C 来源于 CO_2 的 C。

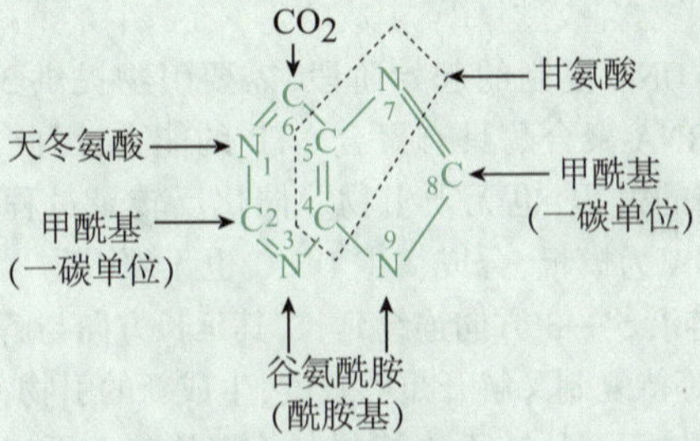

嘌呤碱合成的元素来源

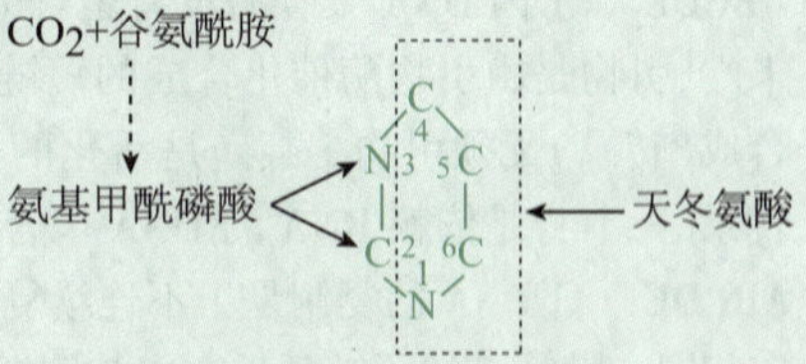

嘧啶碱合成的元素来源

226. ABCDE 嘌呤的合成原料为天冬氨酸、谷氨酰胺、甘氨酸、CO_2、FH_4，嘧啶的合成原料为天冬氨酸、谷氨酰胺、CO_2，因此嘌呤和嘧啶合成的共同原料是天冬氨酸(D)。

227. ABCDE ①AMP、GMP 的分解代谢产物是尿酸。CMP、UMP 的代谢产物是 β-丙氨酸(记忆为：丙酮→丙铜→丙 Cu→丙 CU)。②TMP 的分解代谢物是 β-氨基异丁酸(记忆为："T"和"丁"很相像)。

胞嘧啶(C) ⟶ 尿嘧啶(U) ⟶⟶ 二氢尿嘧啶 ⟶ β-丙氨酸 + CO_2 + NH_3

胸腺嘧啶(T) ⟶⟶ ⟶ ⟶ β-脲基异丁酸 ⟶ β-氨基异丁酸 + CO_2 + NH_3

228. ABCDE 谷胺酰胺是嘌呤碱 N_3 和 N_9 的元素来源，因此谷胺酰胺是嘌呤核苷酸从头合成的原料之一。因氮杂丝氨酸与谷胺酰胺结构类似，故氮杂丝氨酸可干扰谷胺酰胺在嘌呤核苷酸中的合成。

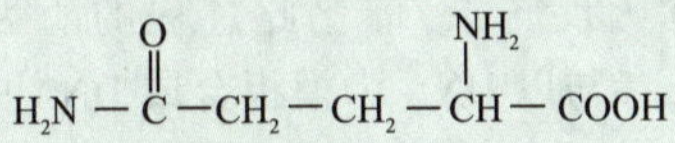

谷氨酰胺

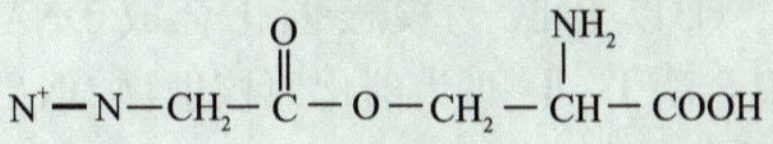

氮杂丝氨酸

229. ABCDE 230. ABCDE ①dTMP 是由 dUMP 经甲基化生成的，此反应需要 N^5,N^{10}-甲烯 FH_4 提供甲基。N^5,N^{10}-甲烯 FH_4 提供甲基后生成 FH_2，FH_2 又可在二氢叶酸还原酶的作用下，重新生成 FH_4。甲氨蝶呤的结构与叶酸类似，能竞争性抑制二氢叶酸还原酶，使叶酸不能还原成 FH_2 和 FH_4，从而抑制 dUMP 转变生成 dTMP(B)。②别嘌呤醇与次黄嘌呤结构类似，只是分子中 N_7 与 N_8 互换了位置，故可竞争性抑制黄嘌呤氧化酶，从而抑制尿酸的生成(D)。③6-巯基嘌呤与次黄嘌呤结构类似，主要干扰嘌呤核苷酸的从头合成。链霉素主要干扰蛋白质的合成。

231. ABCDE ①合成 DNA 的原料是脱氧三磷酸核苷(dNTP)，即 dATP、dGTP、dCTP、dTTP。②RNA 的合成原料为 NTP，即 ATP、GTP、CTP 和 UTP。

232. ABCDE ①DNA 聚合酶主要催化 DNA 的生物合成，DNA 链的生成需要 RNA 引物和 DNA 模板，遵照碱基互补规律，由照模板指导合成子链。新链延长为 5′→3′，因为底物的 5′-P 是加到延长中的子链(或引物)3′-端核糖的 3′-OH 上生成磷酸二酯键。②DNA 合成原料是 dNTP，而不是 NTP，NTP 是 RNA 的合成原料(D 错)。③原核生物的三种 DNA 聚合酶均具有 3′→5′核酸外切酶活性。

233. ABCDE DNA 复制的原则是碱基互补和方向相反。碱基互补是指 DNA 双链的碱基A=T、G≡C配对，方向相反是指 DNA 模板链的方向为 5′→3′，其产物子代 DNA 的方向为 3′→5′。本题 DNA 模板为 5′-TAGA-3′，则子代互补链为 3′-ATCT-5′，转换为 5′→3′，即为 5′-TCTA-3′。

234. ABCDE DnaA 的作用是辨认复制起始点 oriC。DnaB(解螺旋酶)的作用为解开 DNA 双链。DnaC 的作用是运送和协同 DnaB。DnaG 也称引物酶，能催化 RNA 引物的生成。SSB 为单链 DNA 结合蛋白，能稳定已解开的 DNA 单链。

235. ABCDE 引物酶是一种特殊的 RNA 聚合酶。在复制起始部位，因 DNA 聚合酶没有聚合 dNTP 的能力，引物酶先利用模板，游离 NTP，形成一段 RNA 引物，提供 3′-OH 末端，使 DNA 链延长。引物的合成方向是 5′→3′。在 DNA pol Ⅲ的催化下,引物末端与 dNTP 生成磷酸二酯键。新链每次反应后也留下 3′-OH 末端,DNA 复制就可进行下去。请注意:在 DNA 生物合成过程中,生成的是 RNA 引物。

236. ABCDE ①因 DNA 聚合酶没有聚合 dNTP 的能力,在 DNA 复制的起始阶段,需要引物提供 3′-OH 末端,引物是由引物酶催化合成的短链 RNA 分子。②RNA 聚合酶具有聚合 NTP 的能力,因此 RNA 合成(转录)无须引物。翻译是活化的氨基酸形成肽链的过程,也无须引物。催化反转录过程的反转录酶,本身是依赖 RNA 的 DNA 聚合酶,可以病毒 RNA 为模板,合成宿主 DNA,也无须引物。

237. ABCDE ①DNA 的复制是半不连续复制,领头链的子链沿 5′→3′方向连续延长,其延长方向与解链方向相同。随从链的子链延长方向与解链方向相反,需要等待复制叉解开足够长度,生成新的引物,然后再在引物 3′-OH 末端上延长。也就是说,领头链连续复制而随从链不连续复制。随从链上不连续的 DNA 片段称为冈崎片段。复制完成后,这些不连续片段经过去除引物,填补空隙,连接成完整的 DNA 链。②*E. coli* 上有一固定的复制起始点,在 82 分钟位点上,称 *oriC*。*oriC* 的跨度为 245bp。

238. ABCDE DNA 复制既可为单向复制,也可为双向复制。DNA 复制是半保留复制,领头链为连续复制,随从链为不连续复制。DNA 复制有特定的起始点,原核生物有一个复制起始点 oriC,真核生物的复制起始点可多达千个(D 对)。"由遗传密码控制"为蛋白质合成的特点。

239. ABCDE 真核生物的 DNA 复制与原核生物类似,如两者前导链的合成都是连续的,而后随链合成的都是不连续的冈崎片段,需在 DNA 连接酶的作用下重新合成一条长链,该过程需由 ATP 供给能量。真核生物的 DNA 合成也有许多特点,如 RNA 引物和冈崎片段的长度小于原核生物;复制速度较慢,仅为原核生物的 1/10;真核生物 DNA 复制具有多个复制起始点(E 错)。

240. ABCDE ①以 RNA 为模板催化合成 DNA 的过程称为反转录,催化此过程的酶为反转录酶。②DNA聚合酶Ⅰ、Ⅱ、Ⅲ为催化原核生物 DNA 合成的酶,参与以 DNA 为模板合成 DNA 的生化反应。③RNA 聚合酶为催化转录所需的酶,参与以 DNA 为模板合成 RNA 的生化反应。

241. ABCDE ①紫外线对 DNA 损伤的机制主要是 DNA 链上相邻的 2 个嘧啶碱基发生共价结合形成嘧啶二聚体。②碱基缺失、碱基插入、碱基置换为 DNA 突变的分子改变类型。磷酸二酯键断裂为 DNA 分子的水解机制。

242. ABCDE ①插入突变是指 DNA 链上某碱基的插入,造成的框移突变。由于有异常碱基的插入,因此新生成 DNA 子链的核苷酸数目将增多。②置换突变是指 DNA 链上某碱基的置换,不会引起子链 DNA 核苷酸数目的改变。③DNA 链间交联、链内交联是指 DNA 分子内部发生交联引起的严重 DNA 损伤,能够阻断 DNA 的复制和转录。

243. ABCDE 244. ABCDE ①镰状红细胞贫血症血红蛋白 β 基因链上 CTC 转变成 CAC,导致血红蛋白 β 亚基的第 6 位氨基酸由正常的谷氨酸变成了缬氨酸,使原来水溶性的血红蛋白,聚集成丝状,相互黏着,导致红细胞由双凹蝶形变成了镰刀状而极易破碎,产生贫血。这种 DNA 链上一个碱基的置换,可引起氨基酸的改变,称为点突变(C)。②重组修复系统能够修复 DNA 双链断裂损伤。重组蛋白 RecA 的核酸酶活性可将另一健康的母链与缺口部分进行交换,以填补缺口。所谓健康母链,是指同一细胞内已完成复制的链或来自亲代的一股 DNA 链(D)。③插入和缺失可引起框移突变。

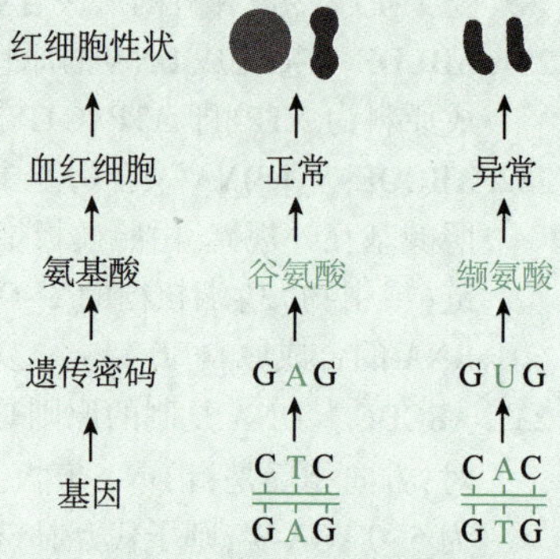

镰状红细胞贫血发病机制图解

245. ABCDE ①真核生物 RNA 聚合酶分为 RNA polⅠ、Ⅱ、Ⅲ 3 种(A)。②原核(不是真核)生物 RNA 聚合酶是由 5 种亚基组成的六聚体蛋白质($\alpha_2\beta\beta'\omega\sigma$),其中 $\alpha_2\beta\beta'\omega$ 亚基称核心酶,$\alpha_2\beta\beta'\omega\sigma$ 称为全酶。

246. ABCDE 真核生物 RNA-pol 分 RNA-pol Ⅰ、Ⅱ、Ⅲ。①RNA-pol Ⅰ转录产物为 45S-rRNA。②RNA-pol Ⅱ转录产生 hnRNA 及 mRNA,记忆为两(Ⅱ)个桥洞(hn 或 m)。③RNA-pol Ⅲ转录产生 tRNA、5SrRNA、snRNA，记忆为3个三：Ⅲ（three→t）、三五香烟（Ⅲ→5）、汉语拼音的san（san→sn→snRNA）。

247. ABCDE　248. ABCDE　249. ABCDE　催化原核生物转录的RNA聚合酶是由5种亚基组成的六聚体蛋白质（$\alpha_2\beta\beta'\omega\sigma$）。各亚基的功能为：α亚基决定哪些基因被转录；β亚基促进聚合反应中磷酸二酯键的生成，与转录全过程有关（催化）；β′亚基结合DNA模板（开链）；ω亚基与β′折叠及稳定性、σ募集有关；σ因子为辨认转录起始点的亚基。

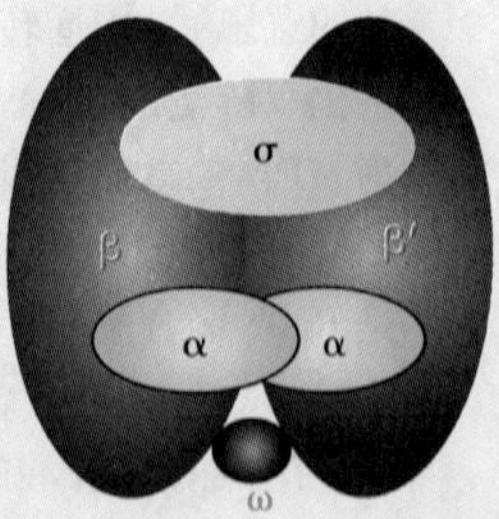

RNA聚合酶

250. ABCDE　①原核生物mRNA的转录终止因子是Rho（ρ）因子。Rho因子与RNA转录产物结合后使RNA聚合酶发生构象变化而停顿，解螺旋酶的活性使DNA/RNA杂化双链拆离，有利于产物从转录复合物中释放。②σ因子是转录的起始因子。③原核释放因子（RF-1、RF-2、RF-3）主要参与肽链合成的终止。④信号肽是指各种新生分泌蛋白质N端的保守氨基酸序列，与转录无关。⑤DnaB（解螺旋酶）可解开DNA双链，是参与复制起始的蛋白质。

251. ABCDE　真核生物转录产物mRNA的加工包括：①5′-端加帽、3′-端加尾（多聚腺苷酸尾）；②G的甲基化；③剪除内含子、连接外显子；④RNA的编辑等。加工过程中，并无磷酸化修饰。磷酸化修饰是酶的一种最常见的化学修饰，通过酶的磷酸化和去磷酸化使酶的活性升高或降低。

252. ABCDE　①hnRNA（不均一核RNA）是mRNA的未成熟前体（即hnRNA→mRNA）。在hnRNA转变为成熟mRNA时，切除了内含子，保留的外显子重新合成mRNA。②rRNA主要参与组成核糖体，构成蛋白质合成的场所。tRNA主要参与蛋白质合成时氨基酸的转运。核内小RNA（snRNA）主要参与hnRNA的剪接和转运。核仁小RNA（snoRNA）主要参与rRNA的加工修饰。

253. ABCDE　①遗传密码共64个，除3个终止密码外，其余61个密码子代表20种氨基酸。大多数氨基酸均有2个或多个密码子，遗传密码的简并性是指多个密码子可代表同一种氨基酸。②起始密码为AUG，mRNA 5′-端第1个AUG为起始密码，位于中间者为甲硫氨酸密码。③一个密码子只能代表一种氨基酸，但一种氨基酸可以有多个密码子。④密码子与反密码子之间不严格配对的现象，称为遗传密码的摆动性。⑤所有的生物都使用同一套密码，称为遗传密码的通用性。

254. ABCDE　①蛋白质的合成是以mRNA为模板进行的（B）。②以DNA为模板的生物合成称为复制。tRNA为蛋白质合成时氨基酸的运载工具，rRNA为蛋白质合成的场所，hnRNA为mRNA的前体。

255. ABCDE　tRNA反密码子与mRNA密码子的配对原则为碱基配对（A—U、G—C）、方向相反。反密码子为5′-CAG-3′，则mRNA密码子为3′-GUC-5′，因为密码子的阅读方向规定为5′→3′，故将答案变更为5′-CUG→3′，正确答案为B，而不是A。很多医考参考书将答案错为A，是因为没有注意其方向性。

256. ABCDE　①核糖体是由rRNA与核糖体蛋白共同构成的，是蛋白质合成的场所。②“有转运氨基酸作用”的是tRNA，“遗传密码的携带者”是mRNA。

257. ABCDE　①氨基酰-tRNA合成酶催化氨基酸与tRNA特异结合为氨基酰-tRNA，此酶对底物氨基酸和tRNA均有高度特异性。该酶通过分子中相分隔的活性部分分别识别并结合特异氨基酸和携带简并密码子的数种tRNA，且该酶具有校正活性，可立即改正反应过程中出现的错配。因题干要求回答的是“氨基酸与tRNA特异结合”，故答E而不是B，很多医考参考书将答案错为B。若题干要求回答的是“翻译准确性”的原因，则正确答案为B。②tRNA中的反密码子通过与mRNA的密码子配对，来保证翻译的准确性。氨基酸上没有密码子，密码子存在于mRNA上。tRNA中的氨基酸臂为氨基酸的结合部位。tRNA中的TψC环主要功能是识别核蛋白体。

258. ABCDE　蛋白质合成的起始阶段是指mRNA和起始氨基酰-tRNA分别与核糖体大、小亚基结合而形成翻译起始复合物。可见，翻译起始复合物不包括DNA。

259. ABCDE　260. ABCDE　①蛋白质的合成过程包括起始、延长和终止三个阶段。肽链延长是一个在核糖体上重复进行的进位、成肽和转位的循环过程，称为核糖体循环。转肽酶主要催化两个氨基酸之间肽键形成的反应(B)。②应用逆转录酶作为获取基因工程目的基因的重要方法,称为 cDNA 法(c 是互补的意思)。用逆转录酶催化 dNTP 在 RNA 模板指引下聚合生成 RNA/DNA 杂化双链。用酶或碱把杂化双链上的 RNA 去除,剩下的 DNA 单链再作为第二条链合成的模板。第二次合成的双链 DNA,称为 cDNA。③RNA 聚合酶主要参与 RNA 的合成,引物酶、DNA 聚合酶主要参与 DNA 的合成。

261. ABCDE　262. ABCDE　①转录是指生物体以 DNA 为模板合成 RNA 的过程,催化 RNA 合成的主要是 RNA 聚合酶(E)。②复制过程中合成的短链 RNA 分子,称为引物。催化引物合成的主要是引物酶(DnaG)。③DNA 聚合酶是 DNA 合成的主要酶。核酸内切酶是指可水解核酸分子链内部磷酸二酯键生成寡核苷酸的酶。DNA 连接酶是常参与 DNA 复制、切除修复过程的酶。

263. ABCDE　①以染色质形式组装在细胞核内的 DNA 所携带的遗传信息表达直接受到染色质结构的制约。转录活跃区域的染色质中组蛋白的化学修饰(如乙酰化、磷酸化、甲基化等)可引起染色质结构和功能的改变,从而直接影响基因转录,故答 C。参阅 9 版《生物化学》P314。②血浆白蛋白主要参与血浆胶体渗透压的形成、多种物质的运输。脂蛋白是血脂的运输形式及代谢形式。载脂蛋白是指血浆脂蛋白中的蛋白质。血红蛋白是红细胞中最重要的成分,参与氧的运输。

264. ABCDE　羟赖氨酸和羟脯氨酸在蛋白质合成后的修饰过程中分别由赖氨酸、脯氨酸羟化而成。磷酸丝氨酸为丝氨酸经磷酸化修饰而成。胱氨酸为 2 分子半胱氨酸通过脱氢后以二硫键结合修饰而成。只有甲硫氨酸(蛋氨酸)没经化学修饰(E)。

265. ABCDE　①羟脯氨酸在蛋白质合成后由脯氨酸羟化修饰而成。②半胱氨酸经化学修饰后成为胱氨酸;甲硫氨酸不经化学修饰;丝氨酸和酪氨酸的残基经磷酸化修饰后成为磷酸丝氨酸、磷酸酪氨酸。

266. ABCDE　①链霉素能与原核生物核蛋白体小亚基结合,引起构象改变,致读码错误,使结核分枝杆菌蛋白失活。②红霉素、氯霉素均可与核蛋白体大亚基结合,抑制转肽酶,阻止肽链延长,抑制细菌蛋白质的合成。嘌呤霉素的结构类似酪氨酰-tRNA,可取代酪氨酰-tRNA 进入核蛋白体 A 位,终止真核生物和原核生物的肽链合成。放线菌酮可抑制真核生物核蛋白体转肽酶、阻止肽链合成的延长过程。

267. ABCDE　268. ABCDE　①嘌呤霉素结构与酪氨酰-tRNA 相似,在原核生物和真核生物翻译过程中可取代酪氨酰-tRNA 而进入核糖体 A 位,但延长中的肽酰-嘌呤霉素容易从核糖体脱落,从而中断肽链合成。②白喉毒素可使 eEF-2 发生 ADP 糖基化共价修饰,生成 eEF-2 腺苷二磷酸核糖衍生物,使 eEF-2 失活,从而抑制真核生物的蛋白质合成。③链霉素、氯霉素、林可霉素均可作用于原核生物核糖体,阻止原核生物蛋白质合成,而作为抗菌药物在临床上使用。

269. ABCDE　①在生物体内,有些基因在特定环境信号刺激下表达增强称为诱导,表达减弱称为阻遏(D 对)。②DNA 损伤是指个别 dNMP 残基以至片段 DNA 在构成、复制或表型功能的异常变化。DNA 修复是使已发生分子改变的 DNA 恢复为原有的天然状态。DNA 表达是指基因转录及翻译的过程。

270. ABCDE　①管家基因在一个生物个体的几乎所有细胞中持续表达,这类基因表达只受启动程序或启动子与 RNA 聚合酶相互作用的影响,而不受其他机制的调节。②可诱导基因是一类在环境信号刺激下表达增强的基因。可阻遏基因是一类在环境信号刺激下表达降低的基因。操纵基因和启动基因都属于原核操纵子的结构。

271. ABCDE　在遗传信息传递的各个水平上(复制→转录→翻译→翻译后加工修饰)均可进行基因表达调控,但发生在转录水平,尤其是转录起始水平的调控,对基因表达起着至关重要的作用,即转录起始是基因表达的基本控制点。可见,A、B、C、D 水平均可进行基因表达调控,但不是基本控制点。

272. ABCDE　①启动子是指 RNA 聚合酶结合并启动转录的特异 DNA 序列。②外显子是 mRNA 上被转录也被翻译的序列。增强子是指远离转录起始点,决定基因的时间、空间特异性表达,增强启动子转录活性的 DNA 序列。密码子位于 mRNA 上。终止因子又称释放因子,参与蛋白质合成的终止。

273. ABCDE　①绝大多数原核基因按功能相关性成簇地串联、密集在染色体上,共同组成一个转录单位,称为操纵子。操纵子是原核生物基因表达调控的基本结构单元,在原核基因表达调控中具有普遍意义。②密码子主要参与蛋白质合成，而不是基因表达调控。启动子、增强子、沉默子均属于顺式作用元件，主要参与真核基因表达调控。

274. ABCDE　一个操纵子通常含有一个启动序列和数个编码基因。如乳糖操纵子即由3个编码基因Z、Y、A+操纵序列O+启动序列P+调节基因I组成。

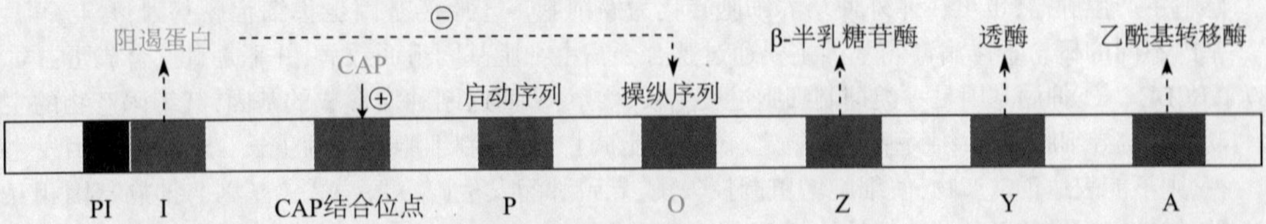

乳糖操纵子结构示意图

275. ABCDE　乳糖操纵子包括3个结构基因Z、Y、A+操纵序列O+启动序列P+调节基因I。结构基因Z、Y、A分别编码β-半乳糖苷酶、透酶和乙酰基转移酶。调节基因I编码的是一种阻遏蛋白，它与O序列结合，使操纵子受阻遏而处于关闭状态。

276. ABCDE　①顺式作用元件是指可影响自身基因表达活性的DNA序列，常见的顺式作用元件包括启动子、增强子、沉默子等。②转录抑制因子、转录激活因子均属于反式作用因子。σ因子为原核转录起始因子，ρ因子为原核转录终止因子，均不属于真核基因顺式作用元件。

277. ABCDE　反式作用因子是指通过DNA-蛋白质相互作用激活另一基因转录的某一基因编码的蛋白质，是真核基因调节蛋白，也称反式作用蛋白。

278. ABCDE　279. ABCDE　①沉默子是可抑制基因转录的特定DNA序列，可与转录调节因子结合，抑制基因表达。②启动子是RNA聚合酶结合模板DNA的部位，也是控制转录起始的关键部位。③增强子常介导真核生物转录的正性调节。密码子、反密码子主要参与蛋白质的合成而不是转录调节。

280. ABCDE　DNA连接酶可催化DNA相邻的3′-OH和5′-磷酸基团形成3′,5′-磷酸二酯键，而将两段相邻的DNA片段连接起来。在DNA重组实验中，DNA连接酶可将目的DNA与线性化载体连接起来。

281. ABCDE　克隆载体又称基因载体，是指为"携带"感兴趣的外源DNA，实现外源DNA的无性繁殖或表达有意义的蛋白质所采用的一些DNA分子。可充当克隆载体的DNA分子有质粒DNA、噬菌体DNA和病毒DNA，它们经适当改造后仍具有自我复制的能力。为增加克隆载体插入外源基因的容量，还设计有柯斯质粒载体和酵母人工染色体载体。大肠埃希菌DNA一般不用作克隆载体。

282. ABCDE　①获取目的基因（特异性DNA片段）的方法包括化学合成法、基因克隆、利用反转录酶合成、聚合酶链反应（PCR）等。目前，以PCR最为常用。PCR是一种在体外利用酶促反应获得特异序列基因组DNA或cDNA的专门技术。②目前，很少从外周血细胞制备而获取目的DNA。

283. ABCDE　①DNA重组的克隆载体包括质粒、噬菌体和病毒等。②限制性核酸内切酶是重组DNA技术中常用的工具酶，其作用是识别特异序列，切割DNA。③目标DNA（目的DNA）与载体DNA连接在一起即为重组DNA。④重组DNA分子通过转化、转染或感染等方式导入宿主细胞后，可随受体细胞生长、增殖，使重组DNA分子得以复制、扩增。⑤如果构建的表达载体不符合一定的条件，*E. coli*就不能正确表达目标蛋白质，因此并不是所有进入细胞内的重组DNA均能表达为目标蛋白质（E错）。

284. ABCDE　①cDNA是指以mRNA为模板，利用反转录酶合成的与mRNA互补的单链DNA。②反转录是以RNA为模板的生物合成过程。cDNA合成的模板链主要为mRNA或病毒RNA（而不是RNA病毒）。

285. ABCDE　①癌基因分为病毒癌基因和细胞癌基因。病毒癌基因是一类存在于肿瘤病毒（大多数是逆转录病毒）中的，能使宿主细胞（靶细胞）发生恶性转化的基因（D对）。②细胞癌基因是指存在于正常细胞基因组中的癌基因，一般情况下以非激活形式存在，故又称为原癌基因，是与病毒癌基因不同的概念。③原癌基因存在于正常细胞，其表达产物可调节细胞的正常生长与分化，为生命活动所必需。④“表达产物可抑制细胞恶性变”为抑癌基因的特点。

286. ABCDE ①病毒癌基因主要存在于逆转录病毒中，逆转录病毒感染宿主后，在宿主细胞内以病毒RNA为模板，在逆转录酶催化下合成双链DNA前病毒，以前病毒形式在宿主细胞中代代相传(A错)。随后病毒DNA随机整合于宿主细胞基因组中而致病(E对)。②病毒癌基因既可在体内使敏感宿主产生肿瘤，也可在体外使培养细胞转化为癌细胞。③原癌基因也称细胞癌基因，是与病毒癌基因不同的概念。④病毒癌基因主要通过整合于宿主细胞基因组而致病，并不是直接合成蛋白质。

287. ABCDE ①抑癌基因是一类抑制细胞过度生长、增殖，从而遏制肿瘤形成的基因，其编码产物的主要功能是诱导细胞分化、维持基因组稳定、诱导细胞凋亡，能抑制细胞的恶性生长。若抑癌基因发生突变，则不能表达正常产物，使细胞增殖调控失衡，导致肿瘤发生(A对)。②癌基因与抑癌基因相互制约，维持细胞增殖正负调节信号的相对稳定，癌基因的过量表达、过度激活，或抑癌基因的丢失、失活，均可导致肿瘤的发生。抑癌基因存在于正常细胞，起抑制细胞增殖的作用。

288. ABCDE ①抑癌基因是一类抑制细胞过度生长、增殖，从而遏制肿瘤形成的基因。目前发现的抑癌基因有10余种：如*P53*、*RB*、*P16*、*APC*、*DCC*等。②*RAS*、*MYC*、*ALK*、*SIS*均为癌基因。

289. ABCDE 290. ABCDE ①受体-G蛋白-腺苷酸环化酶(AC)途径是膜受体介导的信号转导的主要途径，如果受体偶联的G蛋白被激活，则G蛋白可进一步激活腺苷酸环化酶(AC)，后者可催化AMP生成cAMP。cAMP作为细胞内的第二信使，通过激活蛋白激酶A(PKA)来实现信号转导。②IP_3(肌醇三磷酸)和DAG(甘油二酯)可以激活蛋白激酶C(PKC)。cGMP可以激活蛋白激酶G(PKG)。PIP_3为3,4,5-三磷酸磷脂酰肌醇。

291. ABCDE ①依赖cAMP的蛋白激酶是PKA(蛋白激酶A)，故答D。②依赖cGMP的蛋白激酶是PKG。依赖DAG和IP_3的蛋白激酶是PKC。在细胞信号转导过程中，受体型PTK(酪氨酸蛋白激酶)和非受体型PTK均没有第二信使的参与，但均涉及PTK的激活。

292. ABCDE ①表皮生长因子受体是具有酪氨酸蛋白激酶(PTK)活性的生长因子受体，主要经受体型PTK-Ras-MAPK途径进行信号转导。②甲状腺激素受体、雄激素受体均为核受体，主要通过影响DNA转录发挥生物学效应。肾上腺素主要通过受体-G蛋白-AC-cAMP-PKA进行信号转导。

293. ABCDE ①蛋白激酶是催化ATP的γ-磷酸基转移至靶蛋白的特定氨基酸残基上的一类酶，激活的蛋白激酶C(PKC)能磷酸化的氨基酸残基为丝氨酸/苏氨酸，属于蛋白丝氨酸/苏氨酸激酶。②蛋白酪氨酸激酶能催化酪氨酸的酚羟基。蛋白组氨酸激酶能催化咪唑环。

294. ABCDE G蛋白也称鸟苷酸结合蛋白(guanylate binding protein)，它是一类和GTP或GDP结合的、位于细胞膜胞液面的外周蛋白，由α、β、γ三个亚基组成。G蛋白的种类很多，不同的G蛋白能特异地将受体和与之相适应的效应酶偶联起来，使后者发挥相应的生物学效应。

295. ABCDE ATP在腺苷酸环化酶的作用下，去焦磷酸环化生成cAMP。cAMP在磷酸二酯酶的作用下，分解为5′-AMP而失活。腺苷酸环化酶活性增高，则cAMP生成增多；磷酸二酯酶活性增高，则cAMP降解加快。可见，与cAMP含量有关的酶是腺苷酸环化酶和磷酸二酯酶。

$$\text{ATP} \xrightarrow{\text{腺苷酸环化酶}} \text{cAMP} \xrightarrow{\text{磷酸二酯酶}} \text{5'-AMP (失活)}$$

296. ABCDE ①第一信使是指细胞间的信息物质，如激素之类的胞外物质即为第一信使。第二信使是指在细胞内传递信息的小分子化合物(即细胞内信号分子)，包括环磷酸腺苷(cAMP)、甘油二酯(DAG)、肌醇三磷酸(IP_3)、Ca^{2+}、环磷酸鸟苷(cGMP)等。第三信使是指负责细胞核内外信息传递的物质，即它们激活的核内蛋白。②可见，甘油二酯属于细胞内信号分子(第二信使)，胰岛素、肾上腺素属于第一信使。甲状腺激素和类固醇激素可直接进入细胞核，形成第三信使进行信息传导。

297. ABCDE 生长因子是一类由细胞分泌的、类似于激素的信号分子，多数为肽类或蛋白质类物质。生长因子的受体多位于靶细胞膜上，生长因子通过受体介导的细胞信号转导而发挥作用。

298. ABCDE　临床上常采用醋酸纤维素薄膜电泳分离血浆蛋白质，以 pH8.6 的巴比妥溶液作缓冲液，可将血浆蛋白质分为 5 条区带，即清蛋白、α_1 球蛋白、α_2 球蛋白、β 球蛋白和 γ 球蛋白。

299. ABCDE　血浆蛋白电泳分离时，清蛋白分子量小，所带电荷相对较多，在电场中最先向阳极泳动。γ 球蛋白分子量大，泳动速度最慢。从阳极至阴极为：清蛋白→α_1 球蛋白→α_2 球蛋白→β 球蛋白→γ 球蛋白。

300. ABCDE　血浆蛋白中，清蛋白含量最多，约占 50%，浓度达 38～48g/L。球蛋白浓度为 15～30g/L。

301. ABCDE　302. ABCDE　①铜蓝蛋白不是铜在血浆中的运输形式，而是一种含铜的氧化酶，除能氧化酚类、胺类、维生素 C 外，还可使 Fe^{2+} 氧化为 Fe^{3+}，以利于 Fe^{3+} 与转铁蛋白结合而运输。②血浆清蛋白能与脂肪酸、Ca^{2+}、胆红素、磺胺等物质结合，起运输作用。③免疫球蛋白在体液免疫中起重要作用。肌红蛋白的主要功能是储存 O_2。脂蛋白是血浆脂类物质的运输形式。

303. ABCDE　合成血红素的原料是琥珀酰 CoA、甘氨酸、Fe^{2+} 等小分子化合物。

304. ABCDE　①合成血红素的第一步反应是由琥珀酰 CoA 与甘氨酸缩合生成 δ-氨基-γ-酮戊酸（ALA）。此反应由 ALA 合酶催化，此酶是合成血红素的关键酶，受血红素的反馈调节。②葡萄糖激酶、丙酮酸激酶为糖酵解的关键酶。HMG-CoA 裂解酶为合成酮体的酶。异柠檬酸脱氢酶为柠檬酸循环的关键酶。

305. ABCDE　①血红蛋白由珠蛋白和血红素组成。血红素的合成原料为琥珀酰 CoA、甘氨酸、Fe^{2+}。参与血红蛋白组成的血红素主要在骨髓的幼红细胞和网织红细胞中合成。②血红蛋白中珠蛋白的合成受血红素的调控。肾分泌的促红细胞生成素（EPO）可通过促进血红素的生成而调节血红蛋白的合成（D 对）。③血红蛋白中血红素的合成受多种因素的调节。如 ALA 合酶、ALA 脱水酶、亚铁螯合酶等均可调节其合成，ALA 合酶只是合成血红素的关键酶。

306. ABCDE　①生物转化是指机体对非营养物质进行氧化、还原、水解以及各种结合反应，使其水溶性增高，极性增强，有利于从尿或胆汁排出体外的过程。生物转化可使大多数非营养物质生物活性降低，或使有毒物质的毒性减低或消除，也称为解毒作用，答案为 A。②肌糖原磷酸化可使糖原分解供能。三羧酸循环是三大营养物质氧化供能的最后通路。乳酸循环既能回收乳酸中的能量，又可避免乳酸堆积而引起酸中毒。甘油三酯分解可提供能量。

307. ABCDE　生物转化是指机体对非营养物质进行氧化、还原、水解以及各种结合反应，使其水溶性增高，极性升高，有利于从尿或胆汁排出体外的过程。无论何种非营养物质，经生物转化后其极性均升高，具有普遍意义，因此最佳答案为 D，而不是 A。很多医考参考书将答案错为 A。因为经生物转化后，有的生成物毒性降低，有的生成物毒性反而增强，毒性降低不具有普遍性。

308. ABCDE　①肝的生物转化分为两相反应（两个阶段）：第一相反应（第一阶段）包括氧化、还原、水解反应；第二相反应（第二阶段）主要是各种结合反应，其中以葡糖醛酸结合反应最普遍、最重要。②脂化反应是指长链脂肪酸生成甘油酯的反应，与肝的生物转化无关。

309. ABCDE　①肝生物转化的第二相反应主要是结合反应。硫酸基转移酶参与硫酸结合反应；甲基转移酶参与甲基化反应；葡糖醛酸基转移酶参与葡糖醛酸结合反应；谷胱甘肽-S-转移酶参与谷胱甘肽结合反应。②肽基转移酶（转肽酶）主要参与肽链的生物合成，而不是生物转化（C）。

310. ABCDE　①机体在排出非营养物质之前，需对它们进行代谢转变，使其水溶性增加，极性增强，易于通过胆汁或尿液排出，这一过程称为生物转化。肝是机体内进行生物转化最重要的器官，皮肤、肺、肾等也有一定的生物转化作用。有些非营养物质经过肝的生物转化作用后，虽然溶解性增加，但其毒性反而增强。②有些物质（如环磷酰胺、水合氯醛等）只有经生物转化才能转变为活性物质，因此生物转化的实质并不是裂解生物活性物质（D）。

311. ABCDE　胆汁的主要固体成分是胆汁酸盐（习惯上胆汁酸、胆汁酸盐、胆盐三词混用），约占固体成分的 50%，其次是无机盐、黏蛋白、磷脂、胆固醇、胆色素等。

312. ABCDE ①初级非结合胆汁酸是指肝脏中新合成,7位有羟基的胆汁酸,包括胆酸、鹅脱氧胆酸(C);若与甘氨酸、牛磺酸结合形成甘氨胆酸(A)、牛磺胆酸(B)、甘氨鹅脱氧胆酸、牛磺鹅脱氧胆酸(D),则称为初级结合胆汁酸。②初级胆汁酸进入肠道后,一部分在肠道细菌的作用下,7位脱去羟基,包括脱氧胆酸、石胆酸(E),称为次级非结合胆汁酸;若与甘氨酸、牛磺酸结合,则称为次级结合胆汁酸。

313. ABCDE ①胆固醇在肝细胞内转变为初级胆汁酸的过程非常复杂,需经多步酶促反应。胆固醇首先在7α-羟化酶的作用下,生成7α-羟胆固醇,后者经3α及12α羟化、加氢还原,最后侧链氧化断裂后生成24碳的胆烷酰CoA。24碳的胆烷酰CoA可水解生成游离型初级胆汁酸(胆酸和鹅脱氧胆酸),也可直接与甘氨酸或牛磺酸结合生成相应的结合型初级胆汁酸。胆固醇7α-羟化酶为胆汁酸合成的限速酶(C)。②HMG-CoA还原酶为胆固醇合成的限速酶。

314. ABCDE 胆固醇7α-羟化酶是胆汁酸合成的关键酶,受终产物胆汁酸的负反馈调节。当胆汁酸浓度升高时,可负反馈抑制7α-羟化酶的合成(B)。

315. ABCDE ①细胞色素c是以铁卟啉为辅基的电子传递蛋白,并不能由胆色素转变生成。②血浆球蛋白主要具有免疫作用,故称为免疫球蛋白,并不参与物质的运输。参与物质运输的是血浆清蛋白。③代谢产物是胆汁酸的物质为胆固醇,而不是胆色素。④胆色素是铁卟啉类化合物的分解代谢产物,包括胆绿素、胆红素、胆素原和胆素(D对)。⑤铁卟啉化合物包括血红蛋白、肌红蛋白、细胞色素等,血红蛋白可分解为珠蛋白和血红素,血红素则由单核吞噬系统细胞降解生成胆红素。

316. ABCDE ①红细胞的平均寿命约为120天,衰老的红细胞被单核吞噬系统细胞识别并吞噬,释放出血红蛋白,随后分解为珠蛋白和血红素。血红素则由单核吞噬系统细胞降解生成胆红素。②胆红素、胆素原虽是血红蛋白的分解代谢产物,但不是直接代谢产物,故不答A、E。血栓素主要是由血小板合成的二十碳多不饱和脂肪酸衍生物。Cyt c是含血红素样辅基的单电子传递体,主要参与生物氧化。

血红蛋白 ⟶ 血红素 —血红素加氧酶→ 胆绿素 —胆绿素还原酶→ 胆红素 —氧化→ 胆素原 —还原→ 胆素

317. ABCDE ①在肝脏的滑面内质网,未结合胆红素在UDP-葡糖醛酸转移酶(UGT)的催化下,生成水溶性的葡糖醛酸胆红素(结合胆红素),易于随尿排出。苯巴比妥可诱导肝微粒体UGT的合成,增加结合胆红素的生成,从而减轻新生儿黄疸(A)。②B、C、D、E均无此特殊药理作用。

318. ABCDE 在肝脾单核吞噬细胞系统内,血红素经代谢转变为胆红素,此胆红素未与葡糖醛酸结合,称为游离胆红素。游离胆红素是难溶于水的脂溶性物质,不易随尿液经肾排出,对细胞膜的通透性较大(C)。游离胆红素分子内有氢键存在,不能直接与重氮试剂反应,只有在加入乙醇或尿素等破坏氢键后才能与重氮试剂反应,生成紫红色偶氮化合物,故游离胆红素与重氮试剂呈间接反应。与葡糖醛酸结合的胆红素称为结合胆红素或直接胆红素。

319. ABCDE ①血清总胆红素(TB)包括非结合胆红素(UCB,*也称间接胆红素*)和结合胆红素(CB,*也称直接胆红素*)。UCB在肝细胞内可与葡萄糖醛酸结合形成CB。肝细胞受损时,肝细胞对胆红素的摄取、结合能力降低,因此血清UCB增加;而未受损的肝细胞仍能将部分UCB转变为CB,因此肝细胞性黄疸患者血清CB、UCB均增加,故血清总胆红素增加。②肝细胞性黄疸患者血清直接胆红素(CB)/总胆红素(TB)=20%~40%,可见直接胆红素含量低于间接胆红素。③肝细胞性黄疸患者尿胆红素阳性,尿胆原正常或轻度增加(D错)。

320. ABCDE ①梗阻性黄疸时,由于胆汁排泄障碍,可使胆小管和毛细胆管内压力增高而破裂,导致结合胆红素反流入血。大量结合胆红素可从肾小球滤出,尿胆红素呈阳性反应。②梗阻性黄疸时,由于胆管排入肠道的胆红素减少,生成的胆素原减少,因此胆素原进入体循环经肾排出的尿胆原减少,呈阴性反应。故答C而不是D,很多医考参考书将答案误为D。

321. ABCDE 322. ABCDE ①肝细胞性黄疸患者由于肝细胞严重受损,导致肝细胞对胆红素的摄取、结合功能降低,因此血清间接胆红素增加;而未受损的肝细胞仍能将部分间接胆红素转变为直接胆红素,因此血清直接胆红素升高。尿中胆红素定性试验阳性,尿胆原可因肝功能障碍而增高(B)。②梗阻性黄疸患者胆汁排泄受阻,阻塞上方胆管内压力升高,可导致小胆管与毛细胆管破裂,胆汁中的胆红素反流入血,造成血清直接胆红素、间接胆红素均增高,尿胆红素阳性。因肠肝循环被阻断,故尿胆原缺如(E)。

323. ABCDE　**324.** ABCDE　①维生素 B_1 缺乏时,糖代谢中间产物丙酮酸的氧化脱羧反应发生障碍,血中丙酮酸和乳酸堆积。由于以糖有氧供能为主的神经组织供能不足及神经细胞膜髓鞘磷脂合成受阻,导致慢性末梢神经炎和其他神经肌肉变性病变,称为脚气病。②维生素 C 是胶原蛋白形成所必需的物质,有助于保持细胞间质物质的完整。当维生素 C 严重缺乏时可引起坏血病,表现为毛细血管脆性增加、易破裂、创伤不易愈合。③维生素 D 缺乏可导致佝偻病。碘缺乏可导致克汀病。

325. ABCDE　①维生素 D 是类固醇衍生物。天然维生素 D 有 D_2 和 D_3 两种。人体皮肤储存有从胆固醇生成的 7-脱氢胆固醇,即维生素 D_3 原,在紫外线的照射下,可转变为维生素 D_3。植物中含有麦角固醇,在紫外线照射下,可转化为维生素 D_2。进入血液中的维生素 D_3 主要与血浆中的维生素 D 结合蛋白(DBP)相结合而运输。在肝微粒体 25-羟化酶的催化下,维生素 D_3 被羟化为 25-OH-D_3。25-OH-D_3 在肾小管细胞线粒体 1α-羟化酶的作用下,生成 1,25-$(OH)_2$-D_3。1,25-$(OH)_2$-D_3 为维生素 D 的活性形式,作为激素,可经血液运输至靶细胞发挥作用(A 错)。②1,25-$(OH)_2$-D_3 可促进小肠对钙磷的吸收,影响骨组织的钙代谢,从而维持血钙和血磷的正常水平,促进骨的钙化,维生素 D 缺乏时可导致成人骨软化症。

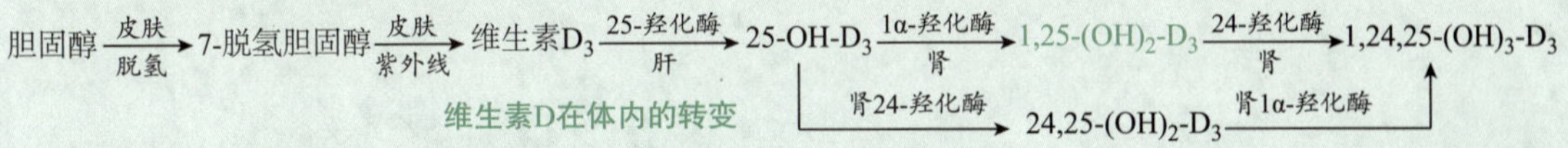

维生素D在体内的转变

326. ABCDE　①维生素 D 属于脂溶性维生素,若摄入过多可发生体内积蓄中毒(C)。②维生素 B_1、维生素 B_2、维生素 B_{12}、维生素 C 均属于水溶性维生素,若摄入过多,可随尿排出体外,体内很少积蓄,一般不会发生中毒。

327. ABCDE　①维生素 A 缺乏时,视紫红质合成减少,对弱光敏感性降低,从明处到暗处看清楚所需的时间即暗适应时间延长,严重者会发生夜盲症(A)。②维生素 B_1 缺乏可引起脚气病。维生素 B_2 缺乏可引起口角炎。维生素 B_{12} 缺乏可引起巨幼细胞性贫血。维生素 C 缺乏可导致坏血病。维生素 D 缺乏可引起佝偻病。维生素 E 缺乏可引起轻度贫血。

328. ABCDE　①维生素 PP 的活性形式是 NAD^+、$NADP^+$,是多种脱氢酶的辅酶,参与生物氧化。因脱氢酶的辅酶以 NAD^+ 更多见,故最佳答案为 A。②CoA 主要参与体内酰基的转移。Cyt c 主要参与呼吸链的组成。$FADH_2$ 是黄素酶的辅酶,主要参与生物氧化。

329. ABCDE　视杆细胞的感光色素是视紫红质。视紫红质由视蛋白和视黄醛组成。在下述转换过程中,由于少量的视黄醛可被消耗掉,最终靠食物中的维生素 A 来补充,若长期缺乏维生素 A,则视紫红质的合成不足,会影响人的暗视觉,引起夜盲症。

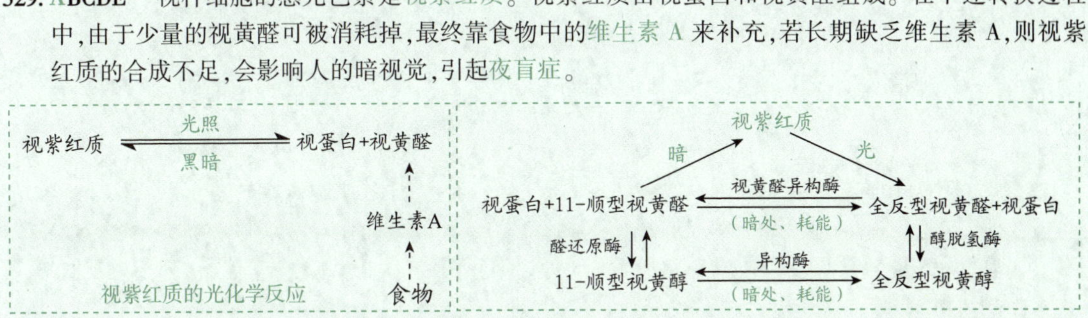

视紫红质的光化学反应

330. ABCDE　①硫胺素(维生素 B_1)是 α-酮酸脱羧酶多酶复合体的辅酶,当维生素 B_1 缺乏时,糖代谢中间产物丙酮酸的氧化脱羧反应发生障碍,血中丙酮酸、乳酸堆积。由于以糖有氧分解供能为主的神经组织供能不足,以及神经细胞膜髓鞘磷脂合成受阻,导致慢性末梢神经炎和其他神经肌肉变性病变,称为脚气病(B)。②叶酸缺乏可导致巨幼细胞贫血。维生素 D 缺乏可导致佝偻病、软骨病、骨质疏松症。维生素 A 缺乏可导致夜盲症。核黄素(维生素 B_2)缺乏可导致口角炎、唇炎、阴囊炎。

331. ABCDE ①维生素 A 缺乏时,视紫红质合成减少,对弱光敏感性降低,从明处到暗处看清楚所需的时间即暗适应时间延长,严重者会发生夜盲症(A)。②维生素 C 缺乏可导致坏血病。维生素 D 缺乏可引起佝偻病。维生素 E 缺乏可引起轻度贫血。维生素 K 缺乏可引起凝血因子 FⅡ、Ⅶ、Ⅸ、Ⅹ缺乏,导致凝血障碍。

第三篇　生理学试题答案及详细解答

（正确答案为绿色的选项）

1. ABCDE　①排尿反射属于典型的正反馈调节。②B、C、E 均属于负反馈调节。屈肌反射属于神经调节。

2. ABCDE　①Na^+通过钠离子通道的跨膜转运过程是经通道的易化扩散。②Na^+经钠泵的转运过程属于主动转运。单纯扩散为脂溶性物质的跨膜转运方式。出胞和入胞为大分子物质的跨膜转运方式。

3. ABCDE　①Na^+泵广泛存在于哺乳动物的细胞膜上，也称 Na^+，K^+-ATP 酶，每分解 1 分子 ATP，可将 3 个 Na^+移出细胞外，同时将 2 个 K^+移入细胞内。由于 Na^+泵的活动，可使细胞内的 K^+浓度约为细胞外液的 30 倍，而细胞外液的 Na^+浓度约为胞质内的 10 倍，因此并不是使细胞膜内外 Na^+、K^+呈均匀分布（A 错）。②Na^+泵建立的 Na^+跨膜浓度梯度，为葡萄糖、氨基酸在小肠和肾小管的吸收建立势能储备，提供驱动力。③Na^+泵活动造成的细胞外高 Na^+浓度，可维持细胞内外正常渗透压和细胞容积。④Na^+泵活动造成的细胞内高 K^+浓度为胞质内许多代谢反应所必需，如核糖体合成蛋白质就需要高 K^+环境。

4. ABCDE　①钠泵是镶嵌在细胞膜脂质双分子层中的一种特殊蛋白质，具有 ATP 活性，可以分解 ATP 获得能量，并利用能量逆浓度梯度或电位梯度进行 Na^+、K^+的主动转运。②钠泵每分解 1 分子 ATP，可将 3 个 Na^+ 移出细胞外，同时将 2 个 K^+ 移入细胞内，因此当细胞内 Na^+浓度增高或细胞膜外 K^+浓度增高时，钠泵被激活（D 错）。

5. ABCDE　经载体介导的易化扩散易发生饱和现象，是由于细胞膜中载体的数量和转运速率有限，当被转运的底物浓度增加到一定程度时，底物的扩散速度便达到最大值，不再随底物浓度的增加而增大（E）。

6. ABCDE　①细胞膜内外 Na^+、K^+浓度差的维持是 Na^+-K^+依赖式 ATP 酶（Na^+-K^+泵）作用的结果。②A 为静息电位产生的机制。B 为动作电位的产生机制。D 为易化扩散的机制。

7. ABCDE　①出胞是指胞质内的大分子物质以分泌囊泡的形式排出细胞的过程。运动神经末梢突触囊泡内的神经递质是 ACh，神经末梢对 ACh 的释放是以囊泡为单位，以出胞形式倾囊而出的。②单纯扩散是气体分子的跨膜转运方式。易化扩散是指物质跨膜转运时需要离子通道或载体的帮助。主动转运是指物质跨膜转运时需钠泵、钙泵等的参与。

8. ABCDE　①葡萄糖从近端小管重吸收是通过 Na^+-葡萄糖同向转运体经继发性主动转运而实现的，钠泵活动造成的膜两侧 Na^+浓度差为继发性主动转运提供势能储备（D）。②葡萄糖从近端小管的吸收不是原发性主动转运，因此不会直接利用钠泵水解 ATP 释放的能量，故不答 A。同向转运体本身不能水解 ATP 释放能量，故不答 B。膜内外两侧的电位差为静息电位，不能提供能量。与葡萄糖一起同向转入细胞的物质是 Na^+，Na^+本身不能提供能量，故不答 E。

9. ABCDE　①静息状态下，细胞膜两侧存在着外正内负的电位差，称为静息电位。生理学上常将这种外正内负的状态，称为极化。②静息电位是细胞膜两侧离子跨膜扩散所致，而不是 K^+内流形成的，因为静息状态下，各种离子的净内流或净外流为 0（B 错）。③静息时细胞膜对 K^+通透性大约是 Na^+的 10~100 倍。静息电位与细胞膜上 Na^+-K^+泵的活动有关。

10. ABCDE　①由于静息电位是细胞膜两侧离子跨膜扩散的结果，因此膜对哪一种离子的通透性越高，则该离子的跨膜扩散对静息电位的影响就越大。事实上，在静息时细胞膜对 K^+通透性大约是 Na^+的 10~100 倍，因此静息电位非常接近 K^+的平衡电位。②锋电位属于动作电位范畴。超射是指动作电位中膜电位高于零电位的部分。

11. ABCDE　静息电位的绝对值越大，去极化时产生动作电位的幅度也就越大。静息状态下，细胞膜内 K^+ 浓度约为膜外 30 倍，膜外 Na^+ 浓度为膜内 10 倍。钠泵活动是维持细胞膜内外 Na^+ 和 K^+ 浓度差的基础，因此当低温、缺氧或代谢障碍使钠泵活动受抑制后，将导致这种浓度差减小，静息电位绝对值减小，去极化时产生动作电位的幅度也减小。

12. ABCDE　①细胞膜在静息状态下，对 K^+ 的通透性大约是 Na^+ 的 10～100 倍（B）。②除 K^+、Na^+ 外，细胞膜两侧溶液中还有 Cl^-、Ca^{2+} 等离子，但它们对静息电位的形成均无明显作用，故不答 C、D、E。

13. ABCDE　①静息状态下，细胞膜两侧离子的分布是不均匀的，细胞膜内的 K^+ 浓度是膜外的 30 倍，而 Na^+ 的细胞膜外浓度是膜内的 10 倍。②当神经纤维受刺激时，膜上 Na^+ 通道开放，即对 Na^+ 通透性最大，当去极化达阈电位水平时，Na^+ 迅速内流引起动作电位的去极相。

14. ABCDE　①静息电位接近于 K^+ 的平衡电位，K^+ 平衡电位取决于细胞内、外 K^+ 浓度差，而这种浓度差的维持是钠泵活动的结果。因此，当低温、缺氧、酸中毒时，钠泵活动受到抑制，将导致细胞内外 K^+ 浓度差减小，静息电位绝对值变小。②细胞膜对 Cl^- 不存在原发性主动转运。Cl^- 在膜两侧的分布是被动的，因此静息电位与 Cl^- 浓度无关。③K^+ 浓度改变当然可影响静息电位。

15. ABCDE　①静息电位绝对值是动作电位上升支的负数部分，超射值是指去极化后膜电位>0 直至最大值的部分，因此动作电位幅度应为静息电位绝对值与超射值之和。②静息电位接近钾离子平衡电位。

16. ABCDE　①动作电位幅度主要由动作电位上升支决定，而动作电位上升支是去极化达阈电位水平时，膜对 Na^+ 通透性增大，Na^+ 向膜内易化扩散的结果，因此细胞内、外 Na^+ 浓度差是影响动作电位幅度的主要因素（D）。②刺激强度、刺激时间、阈电位水平都是引起动作电位的条件，而不是影响动作电位幅度的主要因素。神经纤维直径主要影响动作电位的传导速度，而不是影响动作电位的幅度。

17. ABCDE　①极化是指静息状态下，细胞膜电位外正内负的状态。②超极化是指细胞膜静息电位向膜内负值加大的方向变化（如膜电位从-90mV 变为-100mV），故答 C。③去极化是指细胞膜静息电位向膜内负值减小的方向变化（如膜电位从-90mV 变为-70mV）。④反极化是指去极化至零电位后，膜电位进一步变为正值。⑤复极化是指细胞去极化后，再向静息电位方向恢复的过程。

18. ABCDE　①动作电位是以局部电流形式进行传导的，由于受刺激部位膜上电位差为内正外负，而未兴奋处仍为安静时内负外正的极化状态，因此局部电流是双向流动的，即动作电位呈双向传导（B）。②根据动作电位的“全或无”的原理，动作电位在细胞膜的某处产生后，其传导不衰减，无论传导距离多远，其幅度和形状均不改变。动作电位一经产生，其幅度就达最大，与传导距离无关。刺激强度只要超过阈值，就可产生动作电位，其传导与刺激强度无关。

19. ABCDE　动作电位在同一细胞上的传导，实际上是已兴奋的膜处，通过局部电流刺激未兴奋的细胞膜，使之出现可沿细胞膜传导到整个细胞的动作电位。由于动作电位的传导其实是沿细胞膜不断产生新的动作电位，因此它的形状和幅度在长距离传导中保持不变，其幅度不会随神经纤维直径增加而降低（B 错）。有髓纤维是沿郎飞结的跳跃式传导，其传导速度比无髓纤维快得多。有髓纤维的跳跃式传导速度与其直径成正比。

20. ABCDE　①可兴奋细胞发生兴奋后，其兴奋性需要经过“绝对不应期→相对不应期→超常期→低常期→恢复正常”的过程。处于绝对不应期的细胞，阈值无限大，无论给予多强的刺激都不能使细胞再次兴奋，表明细胞已失去兴奋性，此时兴奋性为零（A）。②可兴奋细胞兴奋性高于正常的是超常期，兴奋性低于正常的是相对不应期和低常期，各种可兴奋细胞的兴奋性不可能无限大。

21. ABCDE　①兴奋性是指可兴奋细胞接受刺激后，发生反应的能力。②应激是指机体遭受伤害刺激时发生的非特异性适应反应。适应是指细胞、组织、器官对有害因子和刺激作用产生的非损伤性应答反应。反射是指神经系统活动的基本过程。内环境稳态的维持是机体自我调节的结果。

22. ABCDE　①阈值是指能引起动作电位的最小刺激强度，是衡量细胞或组织兴奋性大小的最好指标。②阈电位是可兴奋细胞的一个重要参数，表示要引起组织兴奋，刺激所引起的膜的去极化至少需要达到这个程度。刺激强度变化率为刺激量的三个参数之一。③动作电位需要去极到达阈值才能引发，此时钠通道开放，钠离子迅速内流。动作电位的阈值不是衡量组织兴奋性的指标。

23. ABCDE　①可兴奋细胞(心肌细胞)发生一次兴奋后，其兴奋性的周期性变化规律为：绝对不应期→相对不应期→超常期→低常期→恢复正常。在绝对不应期，无论施加多强的刺激均不可能再次引起兴奋。在相对不应期，若刺激强度大于阈值，可引起兴奋。在低常期，需阈上刺激才能引起细胞再次兴奋。②在超常期，电压门控钠(或钙)通道已基本复活，但膜电位尚未完全恢复到静息电位，由于距离阈电位水平较近，因而只需阈下刺激即可使膜去极化达到阈电位水平而再次兴奋(E)。

24. ABCDE　阈电位是造成膜对 Na^+ 通透性突然增大的临界膜电位，即在一段膜上能使 Na^+ 通道开放的数目足以引起正反馈式的更多 Na^+ 通道开放，从而引起动作电位上升支的膜去极化的临界水平。

25. ABCDE　26. ABCDE　①静息电位是指细胞在未接受刺激时，细胞膜两侧存在的外正内负的膜电位。②阈电位是造成细胞膜对 Na^+ 通透性突然增大的临界膜电位。③动作电位是指可兴奋细胞接受刺激后，产生的可传播的膜电位波动。在锋电位后出现的膜电位低幅、缓慢的波动，称为后电位。局部电位是指细胞接受阈下刺激时，细胞膜两侧产生的较小的膜去极化或超极化反应。

27. ABCDE　骨骼肌的神经-肌接头由接头前膜-接头间隙-接头后膜(终板膜)组成。在接头前膜上有许多乙酰胆碱(ACh)囊泡，在接头后膜上有 N_2 型 ACh 受体。当神经冲动到达神经末梢时，接头前膜的囊泡内乙酰胆碱大量释放，经接头间隙扩散至终板膜，引起终板膜去极化产生终板电位。可见在神经-肌接头处的化学递质是乙酰胆碱。

28. ABCDE　①在骨骼肌神经-肌接头的终板膜上，分布有乙酰胆碱酯酶，可将乙酰胆碱分解为胆碱和乙酸，使乙酰胆碱迅速消除。②腺苷酸环化酶是催化 ATP 裂解去除焦磷酸形成 cAMP 的酶。ATP 酶是一类能将 ATP 催化水解为 ADP 和磷酸根离子的酶。单胺氧化酶是催化单胺氧化脱氨反应的酶。Na^+-K^+ 依赖式 ATP 酶即为钠泵。

29. ABCDE　骨骼肌神经-肌接头处兴奋传递特点如下：①单向传递：兴奋只能由前一级神经元的轴突末梢向下一级神经元的树突或胞体传递，或由传出神经纤维末梢向肌或其他效应器传递，而不能作相反方向的传递；②化学传递：突触传递过程需化学性递质完成；③时间延搁：兴奋通过突触或神经效应器接头，一般最少需 0.5~1 毫秒，比相同距离的神经纤维传递所需时间长得多；④易受药物或其他环境因素的影响。⑤在正常情况下，一次神经冲动所引起的乙酰胆碱的释放量，大约超过引起肌细胞动作电位需要量的 3~4 倍，因此神经-肌接头处的兴奋传递通常是一对一的，即运动纤维每一次神经冲动到达末梢，都能引起一次肌肉收缩，这一点与神经元之间的兴奋传递明显不同(E 错)。

30. ABCDE　骨骼肌神经-肌接头由接头前膜、接头间隙、接头后膜(终板膜)组成。当神经纤维传来的动作电位到达神经末梢时，神经兴奋→接头前膜去极化→前膜对 Ca^{2+} 通透性增加→Ca^{2+} 内流→ACh 囊泡破裂释放入接头间隙→ACh 与终板膜 ACh 受体结合→终板膜对 Na^+ 通透性增高→Na^+ 内流→产生终板电位→总和达阈电位时产生肌膜动作电位。可见，骨骼肌兴奋-收缩耦联的耦联因子是 Ca^{2+}。

31. ABCDE　正常成年人的血液总量相当于体重的 7%~8%。体重 60kg 的人，血量为 4.2~4.8L。

32. ABCDE　①血细胞比容是指血细胞在血液中所占容积百分比，故血细胞比容可反映血液中红细胞在血浆中的相对浓度(B)。②血液黏滞性是指血液内部分子或颗粒间的摩擦力。血浆渗透压主要反映血浆中晶体物质的数目多少。血液比重主要反映血液中红细胞数量与全血重量之间的关系。血红蛋白主要反映红细胞比重的情况。

33. ABCDE　溶液渗透压的高低取决于溶液中溶质颗粒(分子或离子)数目的多少，而与溶质的种类和颗粒大小无关。由蛋白质所形成的渗透压称为胶体渗透压。在血浆蛋白中，白蛋白分子量小，其分子数量远多于球蛋白，故血浆渗透压的 75%~80%来源于白蛋白。球蛋白由于分子量大，分子数量少，所形成的胶体渗透压小。

34. ABCDE　①血浆 pH 正常值为 7.35~7.45，其相对恒定有赖于血液中的缓冲物质。血浆内的缓冲物质包括$NaHCO_3/H_2CO_3$、蛋白质钠盐/蛋白质和 Na_2HPO_4/NaH_2PO_4 三个缓冲对，其中最重要的是$NaHCO_3/H_2CO_3$，因血浆中 HCO_3^- 和 H_2CO_3的量最大(B)。②K_2HPO_4/KH_2PO_4 和 $KHCO_3/H_2CO_3$ 是红细胞内的缓冲对，虽然也参与维持血浆 pH 值的恒定，但所起的作用远不如血浆缓冲对重要。

35. ABCDE ①正常红细胞在外力作用下具有变形的能力，称为可塑变形性。红细胞的可塑变形性使红细胞能通过口径比自身直径(6μm)小得多的微小血管和脾窦孔隙。衰老红细胞的变形能力降低，难以通过直径只有 0.5~3μm 的脾窦，而被脾窦中的巨噬细胞吞噬清除，参阅 3 版 8 年制《生理学》P96。②红细胞渗透脆性增加、细胞体积增大常见于遗传性球形红细胞增多症，红细胞体积增大，表面积和体积之比下降，其变形能力将减弱。红细胞悬浮稳定性下降，将导致血沉增快。红细胞内血红蛋白减少，可因红细胞黏度降低而使红细胞变形能力增强。

36. ABCDE 红细胞的生成需要足够的蛋白质、铁、叶酸及维生素 B_{12}。其中，蛋白质和铁是合成血红蛋白的重要原料；叶酸和维生素 B_{12}是红细胞成熟所必需的物质。

37. ABCDE 促红细胞生成素(EPO)主要由肾皮质肾小管周围的间质细胞产生，可促进红细胞的生成。类似的：血小板生成素(TPO)主要由肝实质细胞产生。

38. ABCDE ①晚期红系祖细胞因存在较密集的促红细胞生成素(EPO)受体，主要接受 EPO 的调节，是 EPO 作用的主要靶细胞。②早期红系祖细胞因 EPO 受体稀疏较少受 EPO 的影响。造血干细胞主要受干细胞因子(SCF)的调节。幼红细胞、网织红细胞没有 EPO 受体，故不答 BC。

39. ABCDE 40. ABCDE 血沉试验时，红细胞第 1 小时末下沉的距离称血沉。血沉与红细胞叠连有关，而后者又主要取决于血浆变化，因此血沉与血浆变化有关，而与红细胞本身无关。

41. ABCDE 42. ABCDE ①血液由血浆和血细胞组成，因此血液中除去血细胞的液体是血浆(C)。②血液凝固后，血凝块中的血小板收缩，可使血清析出(D)。

43. ABCDE 血液中除去血细胞的液体是血浆。血液凝固后，血凝块中的血小板收缩，可使血清析出。血清和血浆的主要不同点是血清不含纤维蛋白原(E)。

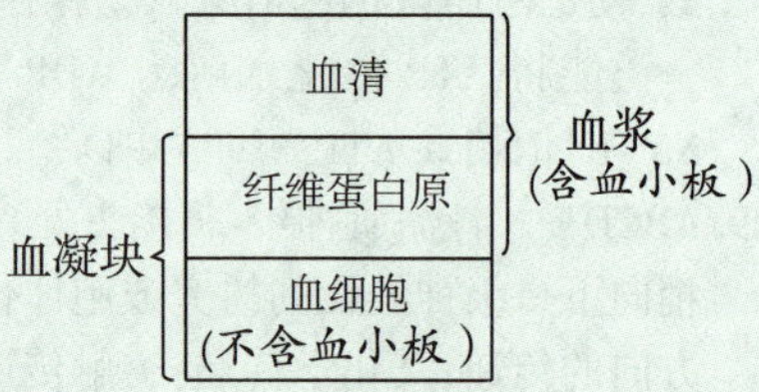

全血的组成

44. ABCDE 45. ABCDE ①血友病甲、乙是先天性缺乏凝血因子Ⅷ、Ⅸ所致(A)。②肠切除术后肠瘘患者长期禁食，可造成体内维生素 K 缺乏，导致维生素 K 依赖的凝血因子Ⅱ、Ⅶ、Ⅸ、Ⅹ的缺乏(B)。

46. ABCDE ①外源性凝血途径是指血管受损时，暴露出组织因子(即 FⅢ)而启动的凝血过程(A)。②内源性凝血途径是指 FⅫ结合到异物表面而启动的凝血过程(C)。第Ⅹ因子为内源性和外源性凝血途径的共同激活因子。凝血酶形成为凝血过程的第二阶段。血小板第 3 因子是血小板膜的磷脂成分之一，是血小板参与凝血过程的重要因子。

47. ABCDE ①肝素具有很强的抗凝作用，它可使抗凝血酶与凝血酶的亲和力增强 100 倍。但在缺乏抗凝血酶的条件下，其抗凝作用很弱，故肝素主要是通过增强抗凝血酶的活性而发挥间接抗凝作用。②蛋白质 C、组织因子途径抑制剂、α_2-巨球蛋白均为生理性抗凝物质，均不能增强抗凝血酶的抗凝作用。

48. ABCDE ①血型是指红细胞膜上特异性抗原(凝集原)的类型。通常所说的血型是指红细胞血型。②凝集素是指能与红细胞膜上的凝集原起反应的特异性抗体。凝集素为 γ-球蛋白，存在于血浆中。

49. ABCDE ①红细胞膜上凝集原的本质是抗原，血清中凝集素的本质是抗体。根据特异性抗原-抗体反应可发生红细胞凝集的原理，一个人的血液中，不可能在红细胞膜上出现相应的凝集原，同时在血清中出现相应凝集素。若不区分 A_1、A_2 亚型，则 A 型血红细胞膜上含有 A 凝集原，血清中含有抗 B 凝集素(A)。②B 型血的血清中存在抗 A 凝集素。AB 型血的血清中既不含抗 A 凝集素，也不含抗 B 凝集素。O 型血的血清中既含有抗 A 凝集素，也含有抗 B 凝集素。A_2B 型血的血清中含有抗 A_1 凝集素。

50. ABCDE　51. ABCDE　52. ABCDE　一个人的血液中,不可能在红细胞膜上出现相应的凝集原,同时在血清中出现相应凝集素。①A型血红细胞膜上含有A凝集原,血清中含有抗B凝集素(C)。②B型血红细胞膜上含有B凝集原,血清中含有抗A凝集素(D)。③AB型血红细胞膜上含有A、B两种凝集原,血清中无凝集素(E)。④O型血红细胞上无A无B凝集原,血清中含抗A+抗B凝集素。

53. ABCDE　①目前,已发现的红细胞血型系统有30个,如ABO、Rh、MNSs、Lutheran等,它们都可产生溶血性输血反应。因此,即使ABO血型系统相符,也需要进行交叉配血,主侧次侧均无凝集反应才能输血(A错)。②因为O型血的红细胞上没有A、B凝集原,不会被受血者的血浆凝集,因此过去称O型血的人为"万能供血者"。同样的道理将AB型血的人称为"万能受血者"。③通常将红细胞上含有D抗原者称Rh阳性,红细胞上缺乏D抗原者称Rh阴性。由于Rh阴性血的红细胞上没有D抗原(凝集原),不会被受血者的血浆凝集,故Rh阳性的人可以接受Rh阴性的血液。

54. ABCDE　①将供血者的红细胞与受血者的血清进行血型配合试验,称为交叉配血主侧。将受血者的红细胞与供血者的血清作配合试验,称为交叉配血次侧。凝集原的本质是抗原,存在于红细胞膜上。凝集素的本质是抗体,存在于血清中。正常机体为了避免发生抗原-抗体凝集反应,不可能有特异性抗原-抗体同时存在。②已知供血者为A型,若受血者为AB型,则将供血者红细胞(膜上含A凝集原)与受血者的血清(无抗A和抗B凝集素)混合,主侧不会发生凝集反应;若将受血者的红细胞(膜上含A、B凝集原)与供血者的血清(含抗B凝集素)混合,次侧会发生凝集反应,符合题意,故受血者血型为AB型。

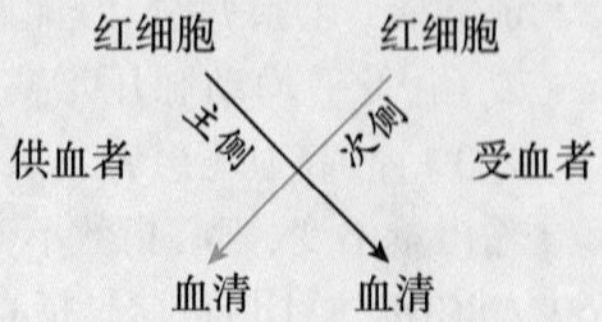

交叉配血试验

55. ABCDE　①与临床关系最为密切的血型系统是ABO、Rh血型系统。ABO血型抗体分天然抗体和免疫性抗体两类:天然抗体属于IgM,分子量大,可导致输血反应;免疫性抗体多属IgG,分子量小,可通过胎盘,引起新生儿溶血病。②Rh血型抗体多属于不完全抗体IgG,可通过胎盘引起胎儿溶血。

56. ABCDE　①在心动周期中,左心室压力快速升高的时期,肯定出现于收缩期,舒张期压力会快速降低,故不答D、E。当左心室开始收缩时,室内压升高,推动房室瓣关闭。从房室瓣关闭到主动脉瓣开启前的这段时间,心室容积不变,称为等容收缩期。由于心室继续收缩,但心室容积不变,因此室内压急剧升高,为心室内压力上升最快的阶段。②当左心室压高于主动脉压时,主动脉瓣开放,进入快速射血期,左心室内压可继续缓慢升高至峰值。随后进入缓慢射血期,左心室内压下降。

57. ABCDE　在一个心动周期中,主动脉压最低的时期,是在心室射血之前,即等容收缩期末。

58. ABCDE　主动脉瓣关闭的开始,意味着左心室充盈血液的开始,可首先排除A、D。从心动周期的几个时期来看,主动脉瓣关闭只能在等容舒张期初或减慢射血期末,故正确答案为C。

59. ABCDE　左心室舒张时,靠心室舒张的抽吸作用使血液充盈左心室(占充盈量的70%)。此后左心房收缩,将血液射入左心室,使左心室进一步充盈(占充盈量的25%)。因此,在心房收缩期末,左心室达最大充盈,此时左心室容积最大(D)。

60. ABCDE　以左心室为例,典型心动周期的分期为:等容收缩期→快速射血期→减慢射血期→等容舒张期→快速充盈期→减慢充盈期→心房收缩期。左心室收缩,血液泵出心室时,左心室容积开始缩小,在快速射血期和减慢射血期容积明显减小,至减慢射血期末左心室容积达最小。在紧接着的等容舒张期,左心室容积没有变化。因选项中没有减慢射血期末,故选择"等容舒张期末"作为最佳答案。

61. ABCDE　在等容舒张期,顾名思义,左、右心室的容积保持不变,因此房室瓣(二尖瓣及三尖瓣)与动脉瓣(主动脉瓣及肺动脉瓣)均应处于关闭状态。

62. ABCDE　①每个心动周期持续约0.8秒,心房收缩0.1秒,舒张0.7秒;心室收缩0.3秒,舒张约0.5秒。可见心室舒张期的前0.4秒期间,心房也处于舒张状态,这一时期称为全心舒张期。在此期间,二尖瓣和三尖瓣处于开启状态、肺动脉瓣和主动脉瓣处于关闭状态(D)。②心室最大充盈在心房收缩期末,而不在全心舒张期。由于心室处于舒张期,因此其容积变大,心室内压略低于心房内压。

63. ABCDE 心室开始收缩后,室内压超过房内压,房室瓣关闭。房室瓣在心室等容收缩期和射血期一直处于关闭状态,直至心室舒张期开始后,室内压降低,动脉瓣关闭后的等容舒张期末,室内压进一步下降到低于房内压时,房室瓣才开放。故从房室瓣关闭到开放的时间相当于心室收缩期+等容舒张期。

64. ABCDE 心室的充盈主要依靠心室舒张的抽吸作用(占 70%),其次为心房的收缩射血(占 25%)。

65. ABCDE 心输出量是指一侧心室每分钟泵出的血液量,即心输出量=每搏输出量×心率。

66. ABCDE 心指数=心输出量/体表面积=(每搏输出量×心率)/体表面积。

67. ABCDE 高血压患者出现喘憋,左心房和左心室增大,左室射血分数(LVEF)<50%,应诊断为左心衰竭。LVEF 是指左心室搏出量占左心室舒张末期容积的百分比,是衡量左心室射血功能的重要指标。LVEF 正常值>50%,若<50%应诊断为左心衰竭,轻度下降为 40%~50%,中度下降为 30%~40%,重度下降<30%。按此标准,本例为中度左心衰竭,故答案为 E。

68. ABCDE ①高血压患者未出现左心衰竭时,可通过自身调节维持心输出量不变,以满足各器官的血流需要。心脏每分功=心输出量×(平均动脉压-6)×13.6×9.807×(1/1000)。高血压患者心输出量不变,由于平均动脉压增高,心脏做功量增加(D)。②射血分数=每搏输出量/心室舒张末期容积×100%,故高血压患者当未出现心腔扩大时,射血分数不会下降。心指数=心输出量/体表面积,若心输出量不变,则心指数不变。心脏的效率是指心脏所做的外功占心脏总能量消耗的百分比。

69. ABCDE ①后负荷是指心肌开始收缩时所遇到的负荷,因此体循环(即主动脉)高压为左心室后负荷增加(B),肺循环高压为右心室后负荷增加。②回心血量增加,使右心室充盈量增加,舒张末期容积增大,将导致右心室前负荷增加。③主动脉瓣关闭不全时,左心室射入主动脉的血液可逆流回左心室,使左心室充盈量增加,使其前负荷增加。④血红细胞比容增大,将使全血黏度增加,心脏做功量增加。

70. ABCDE ①异长自身调节是指通过改变心肌细胞收缩的初长度来调节心输出量。心肌收缩初长度取决于心室舒张末期容积(心室舒张末期压)的大小。在一定范围内,心肌收缩强度与其初长度成正比,而影响心肌收缩初长度的直接因素是舒张末期的心室容积。按 Starling 定律,心脏前负荷增加→心室舒张末期压增高→心室肌初长度增加→心肌收缩力增强→输出量增加。因此,根据异长自身调节,每搏量取决于心室舒张末期容积。②心力储备是指心输出量随机体代谢需要而增加的能力;心率储备指在一定范围内,心率增快时心输出量增加的能力,两者都是指心泵功能的储备能力,并不是异长自身调节。

71. ABCDE 判断等长调节和异长自身调节的方法,就是看调节过程中是否有心肌细胞初长度的改变,A、B、E 均涉及心肌细胞初长度的改变,因此是异长自身调节。不同的初长度可改变心肌细胞粗细肌丝间横桥结合的数目,故 C 也是异长自身调节。只有通过改变心肌收缩力进行的调节才是等长调节。

72. ABCDE 正常成人的最佳心率为 60~80 次/分。当心率>180 次/分时,心室充盈期缩短,造成心室充盈不足,导致每搏量明显减少。虽然心率增快,但心输出量(=每搏量×心率)仍减少。

73. ABCDE ①甲状腺功能亢进时机体代谢增强,心输出量增加。反之,甲状腺功能减退时心输出量减少。②妊娠、运动、贫血、焦虑时心输出量增加。

74. ABCDE 心室肌细胞动作电位平台期(2 期)的离子流包括 Ca^{2+}内流、K^+外流、少量 Na^+负载。

75. ABCDE 76. ABCDE ①窦房结细胞是慢反应细胞,其动作电位 0 期去极化的原因是 Ca^{2+}缓慢内流。②浦肯野细胞是快反应细胞,其动作电位 0 期去极化的原因是 Na^+内流。

77. ABCDE 78. ABCDE 动作电位去极相有超射现象、复极时间长于去极时间,均是动作电位的普遍现象。心室肌细胞和窦房结细胞动作电位的总时间均长于骨骼肌,但心室肌细胞动作电位的主要特点是有复极 2 期平台期,而窦房结细胞动作电位的主要特点是有明显的 4 期自动去极化。

79. ABCDE 心室肌细胞在一次兴奋过程中兴奋性的周期性变化为:有效不应期(绝对不应期+局部反应期)→相对不应期→超常期。心肌细胞兴奋性变化的特点是有效不应期特别长,达 200~300 毫秒,这是使心肌不会产生强直收缩的原因,答案为 B。

80. ABCDE 刺激迷走神经(面部浸于冰水)可使心动过速突然终止,是室上性心动过速的特点,即本题的题意为“迷走神经兴奋使室上性心动过速终止的机制是什么？”。①迷走神经兴奋对心脏是负性效应，可导致窦房结自律性降低、房-室延搁时间增加，房室传导减慢，故B、D错。②“异常传导通路的兴奋性提高”为预激综合征的发生机制，迷走神经兴奋不涉及异常传导通路的兴奋性，故不答C。③房室交界区不应期延长的意义是使在于使心肌不产生强直收缩，故不答A。房室交界区细胞4期自动去极化减弱，将导致心率减慢，故答E。

81. ABCDE　①本例为窦性心动过缓，其心脏起搏点为窦房结。窦房结心率的快慢主要取决于P细胞4期自动去极化的速率，而P细胞4期自动去极化的离子机制是一种外向电流（K^+外流）逐渐减弱及两种内向电流（Na^+内流+Ca^{2+}内流）逐渐增强所致，故窦房结细胞K^+外流衰减加快、内向离子流增强，将导致4期自动去极化加速，心率增快，故不答B、E。窦房结细胞T型钙通道激活减少，Ca^{2+}内流减少，将导致窦房结4期自动去极化减慢，使心率减慢，故答案为A。②“房-室延搁时间延长”“房室交界区的前传不应期延长”的生理意义是使心房和心室不同步收缩，故不答C、D。

82. ABCDE　①心电图示“提前出现的宽大畸形的QRS波群”，应诊断为室性期前收缩。故本题的题意为“室性期前收缩完全性代偿间歇”的机制是什么？②期前收缩有自身的有效不应期，当紧接在期前兴奋后的一次窦房结兴奋传到心室时，如果正好落在期前兴奋的有效不应期内，则此次正常下传的窦房结兴奋将不能引起心室的兴奋和收缩，即形成一次兴奋和收缩的“脱失”，须等待下一次窦房结的兴奋传来时才能引起兴奋和收缩。这样，在一次期前收缩之后往往会出现一段较长的心室舒张期，称为代偿间歇。可见，代偿间歇的产生主要是由于心肌有效不应期长（E）。③房-室延搁的生理意义是使心房和心室不同步收缩，故不答A。B、D与心肌传导性有关，而与心肌兴奋性无关，故不答B、D。自律细胞兴奋性增加将导致心率加快，而不是产生代偿间歇，故不答C。

83. ABCDE　心肌细胞发生兴奋后，从动作电位0期开始到3期复极化至-60mV这段时间内，心肌不能产生新的动作电位，这段时间称为有效不应期。当心肌正在收缩时，肯定不能接受新的刺激再次产生兴奋，因此有效不应期一定包含收缩期。与神经细胞和骨骼肌细胞相比，心肌细胞的有效不应期特别长，达200～300毫秒，一直延续到舒张早期。因此有效不应期应包括收缩期+舒张早期。

84. ABCDE　①心肌细胞的有效不应期相当长，达200～300毫秒，在此期间，心肌细胞处于不应期，任何强的刺激均不能引起心肌细胞的兴奋和收缩，这是使心肌不会产生强直收缩的原因（D）。②心肌细胞之间存在缝隙连接，兴奋可以在细胞间迅速传播，因此心肌可以看作一个功能上的合胞体，这种特性可保证整个心室肌细胞几乎同时收缩。房-室延搁的生理意义是使心室和心房不发生同步收缩。窦房结对潜在起搏点有抑制作用，以使窦房结成为心脏正常的起搏点。

85. ABCDE　4期自动去极是自律细胞产生自动节律的基础。窦房结起搏细胞最大特点就是有明显的4期自动去极化，且自动去极速度快。在每个心动周期中，窦房结细胞4期最先去极达到阈电位水平，产生一个新的动作电位，使之成为心脏正常的起搏点。

86. ABCDE　心脏的兴奋传导系统由窦房结→心房肌→房室交界区→心室肌构成，但兴奋在心脏各部的传导速度不同，在心房内传导速度为1.0～1.2m/s，心室浦肯野纤维的传导速度约为4m/s，房室交界区的传导速度最慢，仅0.02m/s。因此，兴奋在房室交界区内的传导有一个时间延搁，称为房-室延搁。房-室延搁的生理意义是使心室的收缩必定发生在心房收缩之后，不会发生重叠收缩。

87. ABCDE　88. ABCDE　89. ABCDE　①兴奋在心脏各部的传导速度分别为：心房肌1.0～1.2m/s，心室浦肯野纤维4m/s，房室交界0.02m/s。因此心脏内传导速度最慢的部位是房室交界，最快的部位是浦肯野纤维。②自律性是指心肌细胞自动兴奋的频率。窦房结P细胞、房室交界、房室束、浦肯野纤维的自律性分别为100次/分、50次/分、40次/分、25次/分，可见窦房结P细胞的自律性最高，为心脏正常起搏点。

90. ABCDE　只有心房肌去极（P波）能在心电图中看到，其他各项均不能看到。心电图波形的意义如下。①P波：心房肌去极的电位变化；②PR间期：心房开始去极到心室开始去极；③QRS波群：心室肌去极全过程;④ST 段:心室缓慢复极过程;⑤T 波:心室快速复极时的电位变化;⑥QT 间期:心室肌去极和复极全过程。

91. ABCDE 92. ABCDE ①血压的形成,首先是由于心血管系统内有血液充盈,其次是心脏射血。心室肌收缩时所释放的能量可分为两部分,一部分用于推动血液流动,是血液的动能;另一部分形成对血管壁的侧压,即血压。因此,动脉收缩压主要反映每搏输出量(A)。②当血液从主动脉流向外周时,因不断克服血管对血流的阻力而消耗能量,血压逐渐降低。因此,动脉舒张压的高低主要反映外周血管阻力的大小(C)。

93. ABCDE 94. ABCDE 95. ABCDE ①心室收缩时,主动脉压升高,在收缩期的中期达到最高值,此时的动脉血压值称收缩压。②脉压=收缩压-舒张压。③心室舒张时,主动脉压下降,在心舒末期动脉血压的最低值,称为舒张压。④一个心动周期中每一瞬间动脉血压的平均值,称为平均动脉压。

96. ABCDE 老年男性,胸痛 4 小时,心电图示Ⅱ、Ⅲ、aVF 导联 ST 段抬高 0.3mV,应考虑急性下壁心肌梗死。患者心率 55 次/分,窦性心律,可能合并房室传导阻滞。患者起搏治疗后,心率由 55 次/分增高至 60 次/分时,舒张期缩短,左心室充盈时间缩短,回心血量减少导致收缩压和舒张压降低。

97. ABCDE ①每搏量主要影响收缩压,心率主要影响舒张压。每搏量减少可导致收缩压降低,舒张压升高不明显。心率减慢可导致舒张压降低,对收缩压影响不明显。患者收缩压从 130~150mmHg 降至 80mmHg,主要是每搏量降低所致;舒张压从 60~70mmHg 降至 50mmHg,主要是心率减慢所致,故答 D。②左心室后负荷是指主动脉压,目前患者主动脉压降低,故 A 错。左心室舒张功能损害将导致舒张期心力衰竭。心包内压力增加可导致脉压减小。左心室前负荷是指左心室舒张末期的压力。

98. ABCDE 99. ABCDE ①血量增加→回心血量增加→心输出量增加→动脉压升高(以收缩压升高为主)。血量增加→静脉回心血量增加→中心静脉压升高。②心脏射血能力增强→心肌收缩能力增强→每搏量增加→动脉压升高。心脏射血能力增强→能及时将回心血射入动脉→中心静脉压降低。

100. ABCDE ①冬天进入浴室后,因室温突然升高,皮肤血管舒张,皮肤血管中容纳的血量增多(即血管容量增加),故回心血量减少,从而导致心输出量减少、脑部供血不足,突然晕倒。②因为题干要求回答的是"始动因素",因"心输出量减少"是"血管容量增加"的结果,故答 C 而不是 B。

101. ABCDE ①当人从卧位到站立位时,身体低垂部分的静脉可因跨壁压增大而充盈,容纳的血量增多,静脉回流减少。②注射肾上腺素,可使心肌收缩增强,使中心静脉压降低,有利于静脉回流。③在慢跑时,两下肢肌肉泵的挤压作用使静脉回流加速。④人浸泡在水中与站在空气中相比,由于前者静脉血管跨壁压减小,因此有利于下肢静脉回流。⑤吸气时,胸膜腔负压更低,有利于静脉血回流至右心房。

102. ABCDE ①组织液是由血浆经毛细血管壁滤过到组织间隙而形成的。正常情况下,组织液由毛细血管的动脉端不断滤出,同时约 90%的组织液又经毛细血管静脉端返回毛细血管内,约 10%的组织液则经毛细淋巴管回流入血液循环,以维持组织液生成量与回流量的动态平衡(E)。若毛细淋巴管回流减少,将造成组织液增多,导致局部水肿。②A 为微循环中,调节毛细血管血压的机制。B、D 是微循环血流量调节的特点,并不是组织液维持平衡的机制。C 是病理状态下,影响组织液生成的因素。

103. ABCDE ①组织液是血浆经毛细血管壁滤过形成的,其有效滤过压=(毛细血管血压+组织液胶体渗透压)-(组织液静水压+血浆胶体渗透压)。右心衰竭的患者,由于静脉血回流右心房受阻,引起毛细血管血压增高,其有效滤过压增高,导致组织液生成增多,下肢水肿(A)。②低蛋白血症发生水肿的原因为血浆胶体渗透压降低。丝虫病引起水肿的原因为淋巴回流受阻。炎症、过敏反应引起水肿的原因为毛细血管通透性增高。

104. ABCDE 组织液是由血浆经毛细血管壁滤过到组织间隙而形成的,其有效滤过压=(毛细血管血压+组织液胶体渗透压)-(组织液静水压+血浆胶体渗透压)。血浆蛋白浓度降低,尤其白蛋白浓度降低,可造成血浆胶体渗透压降低,导致有效滤过压增大而发生水肿(D)。

105. ABCDE ①组织液生成的有效滤过压=(毛细血管血压+组织液胶体渗透压)-(组织液静水压+血

浆胶体渗透压)。②心力衰竭引起的静脉压升高可导致毛细血管血压升高;肾病引起的蛋白尿,使血浆蛋白降低,血浆胶体渗透压降低,均可使有效滤过压升高,组织液生成增多。③丝虫病引起的淋巴管阻塞,可造成组织液经淋巴管回流至血液循环减少,导致组织液生成增多。④毛细血管通透性降低,血浆蛋白滤入组织间液将减少,组织液胶体渗透压降低,组织液生成减少(D)。

106. ABCDE ①组织液是血浆经毛细血管壁滤过形成的,其有效滤过压=(毛细血管血压+组织液胶体渗透压)-(组织液静水压+血浆胶体渗透压)。因此,静脉注射白蛋白,可提高血浆胶体渗透压,降低有效滤过压,促使组织液水分移至毛细血管内,导致组织液生成减少(E)。②有效滤过压与血浆胶体渗透压有关,而与晶体渗透压无关,因此输入1.5%的氯化钠溶液,不会促使组织液水分移至毛细血管内。血浆胶体渗透压主要由白蛋白产生,丙种球蛋白主要参与机体免疫反应,故不答B。葡萄糖溶液主要功能是供给能量,而对血浆渗透压影响不大,故不答C、D。

107. ABCDE ①迷走神经兴奋引起心肌负性效应,即心率减慢、传导减慢、心肌收缩减弱、心输出量降低。静脉注射去甲肾上腺素可使全身血管收缩,引起动脉血压升高。动脉血压升高可刺激颈动脉窦压力感受器,引起减压反射,表现为心率减慢、心输出量减少、动脉血压回降。②肾上腺素与心脏β_1受体结合,可产生正性效应,使心输出量增加(E)。

108. ABCDE ①肾素是肾脏近球细胞分泌的一种酸性蛋白酶,经肾静脉进入血液循环,以启动肾素-血管紧张素-醛固酮系统(E)。②皮质醇是由肾上腺皮质束状带和网状带分泌的激素。醛固酮是由肾上腺皮质球状带分泌的激素。肾上腺素、去甲肾上腺素是由肾上腺髓质分泌的激素。

109. ABCDE ①减压反射是通过对颈动脉窦和主动脉弓压力感受器的刺激而引起的。夹闭家兔一侧颈总动脉,阻断了颈动脉窦血流,颈动脉窦压力降低(D),减弱了对压力感受器的刺激,通过减压反射调节后心输出量增加、动脉压升高。②夹闭颈总动脉,不会导致血管容积减少,故不答A。夹闭颈总动脉,颈动脉窦压力降低,受到的牵拉刺激将减少而不是增加,故不答B。颈动脉体为调节呼吸的化学感受器,感受的是缺氧、CO_2分压及H^+浓度,而不是血管壁的被动扩张程度,故不答C、E。

110. ABCDE 动脉压力感受器并不是直接感受血压的变化,而是感受血管壁的机械牵张程度。当动脉血压升高时,动脉壁被牵张的程度升高,压力感受器发放的冲动增多,冲动由颈动脉窦神经、主动脉神经传入中枢,反射性引起血压降低。压力感受器的传入神经称为缓冲神经,因为它的作用是纠正偏离正常水平的血压波动。若切断传入神经会导致血压波动范围过大,并非动脉血压明显升高(E错)。

111. ABCDE ①血管紧张素Ⅱ可直接促进全身微动脉收缩,使血压升高;也可促进静脉收缩,使回心血量增多(微动脉为阻力血管,静脉为容量血管)。②交感-肾素-血管紧张素-醛固酮系统是一个调节轴,因此血管紧张素Ⅱ可促进肾上腺皮质释放醛固酮。③血管紧张素Ⅱ还能刺激交感神经末梢释放肾上腺素和去甲肾上腺素。④下丘脑合成的血管升压素经轴浆运输到神经垂体并储存,在机体需要时释放入血。血管紧张素Ⅱ可促进神经垂体释放血管升压素,并不是促进下丘脑合成并释放血管升压素,答案为D。

112. ABCDE 肾上腺素可与α、β受体结合。①在心脏,肾上腺素与β_1受体结合,产生正性效应,使心率增快、心肌收缩力增强、心输出量增加。②在血管,肾上腺素的作用取决于血管平滑肌上α、β受体的分布情况。在皮肤、内脏血管平滑肌上,α_1受体在数量上占优势,肾上腺素可引起皮肤血管、内脏血管收缩;在骨骼肌血管上,β_2受体占优势,肾上腺素可引起血管舒张(D错)。

113. ABCDE ①去甲肾上腺素主要与α受体结合,也可与心肌的β_1受体结合,但与血管平滑肌上β_2受体结合的能力较弱。静脉注射去甲肾上腺素后,可使全身血管广泛收缩,外周阻力增大,动脉血压升高(B)。②理论上,去甲肾上腺素与心肌β_1受体结合,可使心率加快。但在完整机体中,注射去甲肾上腺素后,由于血压升高,可通过压力感受性反射使心率减慢,掩盖心肌β_1受体激活引起的效应。因此,总效应为心率减慢。③强心是洋地黄类药物的生理作用。④去甲肾上腺素可使收缩压升高,但同时又因收缩血管使外周阻力增大,舒张压增高,故增大脉压的效应并不明显。

114. ABCDE　①患者外伤后发生失血性休克,可导致交感神经兴奋,儿茶酚胺分泌增加,不重要脏器(如胃肠、肾脏)血管收缩,重要脏器(如脑、心脏)血管不收缩,以保证重要脏器血液供应。②儿茶酚胺分泌增加,可使外周小血管收缩,导致外周血管阻力增加(A)。

115. ABCDE　①失血引起的生理反应取决于失血量的多少和失血速度。若失血量不超过总血量的10%(400ml),则机体不会出现心血管机能障碍和临床表现。若失血量达总血量的20%(800ml)即可引起休克。若失血量超过总血量的30%,则可能危及生命。②健康成人献血100ml,若不考虑交感神经兴奋的影响,通过血管的自身调节,则心率、血压无明显变化(C)。

116. ABCDE　①患者阵发性心悸,突发突止,发作时心电图示QRS波正常,未见明显P波,应诊断为室上性心动过速,颈动脉窦按摩可反射性引起心率减慢、终止室上性心动过速发作(E)。②减弱心迷走神经紧张、加强心交感神经紧张均可导致心率增快,不会终止室上性心动过速发作,故不答A、C。颈动脉体主要感受动脉血PaO_2、$PaCO_2$、H^+浓度变化,故颈动脉窦按摩不会兴奋颈动脉体感受器。颈动脉窦按摩不会刺激主动脉弓压力感受器,故不答D。

117. ABCDE　118. ABCDE　119. ABCDE　①颈动脉窦压力感受性反射路径为:颈动脉窦压力感受器→窦神经→舌咽神经→延髓孤束核→迷走神经、交感神经→生理效应。压力感受性反射属于典型的负反馈调节,且具有双向调节能力。当发生直立性低血压时,压力感受器传入冲动减少,使心迷走紧张减弱,交感紧张加强,于是心率加快,心输出量增加,外周血管阻力增高,血压回升(A)。参阅5版《生理学》P121。②按摩颈动脉窦,可使颈动脉窦压力感受器传入冲动增加,颈动脉窦神经冲动增多,心迷走紧张加强,交感紧张减弱,可反射性引起心率减慢、终止室上性心动过速发作(C)。③颈动脉窦灌注压升高,可使压力感受器传入冲动增加,引起心迷走紧张加强,交感紧张减弱,其效应为心率减慢,心输出量减少,外周血管阻力降低,动脉血压降低(C)。

120. ABCDE　121. ABCDE　122. ABCDE　①甲状腺功能亢进患者主要表现为收缩压增高,舒张压变化不大,脉压增大(A)。参阅9版《外科学》P228。②老年人由于动脉管壁硬化,管壁弹性纤维减少而胶原纤维增多,导致血管可扩张性降低,大动脉的弹性储器作用减弱,对血压的缓冲作用减弱,因而收缩压增高而舒张压降低,导致脉压明显增大(B)。参阅9版生理学P121。③外周血管阻力主要受小动脉和微动脉的影响,而外周阻力以影响舒张压为主。当小动脉硬化,外周阻力增大时,心舒期内血液外流的速度减慢,因而舒张压明显升高(C)。参阅9版《生理学》P121。

123. ABCDE　①一般而言,心肌收缩时可压迫冠状动脉,使冠状动脉血流量减少,舒张期冠状动脉血流量增加,因此收缩期延长可使冠状动脉血量减少,舒张期延长、舒张压升高可使冠状动脉血量增加(C)。②体循环外周阻力减小,将使舒张压降低,冠状动脉血流量减少。③心率增快,左心室充盈时间缩短,左心室舒张末期压降低,左心室射血减少,冠状动脉血流量减少。

124. ABCDE　125. ABCDE　①肺通气的生理过程为:呼吸肌收缩和舒张→胸廓扩大和缩小→肺的舒缩→大气和肺泡间周期性压力差→通气。可见,肺通气的直接动力是外界环境与肺内压力差,肺通气的原动力是呼吸肌的收缩与舒张。②肺泡表面活性物质可降低肺泡表面张力,增加肺泡稳定性。

126. ABCDE　①平静呼吸时,吸气由吸气肌(膈肌和肋间外肌)收缩引起,是一个主动过程;呼气并不是呼气肌收缩引起,而是由膈肌和肋间外肌舒张所致,是一个被动过程。②用力吸气时,膈肌和肋间外肌加强收缩,辅助吸气肌也参与收缩。用力呼气时,除吸气肌(膈肌和肋间外肌)舒张外,还有呼气肌(肋间内肌和腹肌)参与收缩。可见无论平静呼气,还是用力呼气,肋间外肌均保持舒张状态(E错)。

127. ABCDE　胸膜腔内的压力称为胸膜腔内压。胸膜腔受到两种力的作用:一是使肺泡扩张的肺内压(力的方向向外),另一是使肺泡缩小的肺回缩压(力的方向向内)。胸膜腔内压就是这两种方向相反的力的代数和,即胸膜腔内压=肺内压+(-肺回缩压)。在吸气末或呼气末,肺内压=大气压,则胸膜腔内压=大气压-肺回缩力。

128. ABCDE　①平静呼吸时,胸膜腔内压始终低于大气压,即胸膜腔内压为负压。②胸膜腔内负压作用于壁薄而可扩张性大的腔静脉等，使之扩张而有利于静脉血的回流。③由于胸膜腔内压为负压，在呼吸过程中肺可被向外牵引而始终处于扩张状态。④在外伤或疾病等原因导致胸壁或肺破裂形成气胸时，胸膜腔与大气相通，胸膜腔内压等于大气压，即为0，而不是负压增大（E错）。

129. ABCDE 胸膜腔由脏层胸膜和壁层胸膜构成，是肺和胸廓之间一个潜在性的密闭腔隙，只有胸膜腔密闭，才能在肺弹性回缩力的作用下维持负压。

130. ABCDE ①因胸膜腔的密闭性及两层胸膜间液体分子的吸附力，使两层胸膜不能分开，胸膜腔不能增大，只有肺被动地随之扩张，故无论吸气还是呼气时，肺总是处于一定程度的扩张状态。②胸膜腔内负压作用于壁薄而可扩张性大的腔静脉，使之扩张而有利于静脉回流。③肺与外界环境之间的气体交换过程称为肺通气。肺通气的直接动力是外界环境与肺泡之间的压力差，而肺内压=胸膜腔内压+肺回缩压，因此胸膜腔负压对于维持正常肺通气具有重要意义。④中心静脉压是指右心房和胸腔内大静脉的血压。在吸气时，胸膜腔负压的绝对值进一步增大，使胸腔内的大静脉和右心房更加扩张，中心静脉压将降低。在呼气时，则中心静脉压将升高，因此不能笼统地说：胸膜腔负压使中心静脉压升高（D错）。⑤胸膜腔负压对维持肺的扩张状态具有重要意义，气胸患者胸膜腔负压消失，将导致相应部位的肺叶塌陷。

131. ABCDE 肺通气阻力包括弹性阻力和非弹性阻力，气道阻力占非弹性阻力的80%～90%。由于气道阻力与其管道半径的4次方成反比，因此气道管径的大小是影响气道阻力的主要因素。吸气时，胸膜腔内负压增大，因肺的扩展而使弹性成分对小气道的牵引作用增强，可使气道口径增大，气道阻力减小；呼气时则相反，气道口径变小，气道阻力增加。因此，支气管哮喘患者呼气比吸气更为困难。

132. ABCDE ①肺表面活性物质可降低肺泡液-气界面的表面张力，减小肺泡的回缩力，因此，肺表面活性物质减少将导致肺泡回缩，肺萎陷，肺难于扩张（A对）。②肺表面活性物质可使肺顺应性增大，减小肺的弹性阻力。③肺表面活性物质可降低肺泡表面张力，使小肺泡表面张力减小，大肺泡表面张力增大，从而维持大小肺泡内压的稳定。

133. ABCDE ①肺表面活性物质能降低肺泡表面张力，有助于肺泡的稳定性。当肺泡变大时，其密度减小，使肺泡表面张力增大，可防止肺泡过度膨胀；当肺泡变小时，其密度增大，使肺泡表面张力减小，可维持肺泡的扩张状态，防止肺泡塌陷。②肺泡表面张力是肺弹性阻力的主要组成部分，而肺弹性阻力与肺顺应性成反比，因此肺表面活性物质可降低肺泡表面张力，使肺顺应性增大（D错）。③肺表面活性物质可减少肺组织液生成，防止毛细血管内的液体流入肺泡内而导致肺水肿。

134. ABCDE ①用力肺活量（FVC）是指一次最大吸气后，尽力尽快呼气所能呼出的最大气体量。用力呼气量（FEV）是指一次最大吸气后尽力尽快呼气，在一定时间内所能呼出的气体量，通常以第1秒末的FEV所占FVC的百分数表示（FEV_1/FVC）。FEV_1/FVC是判断肺通气功能的较好指标，在临床上鉴别阻塞性肺疾病和限制性肺疾病中具有重要意义（D）。②补吸气量是指平静吸气末，再尽力吸气所能吸入的气体量。潮气量是指每次呼吸时吸入或呼出的气体量。肺活量是指尽力吸气后，从肺内所能呼出的最大气体量。功能余气量是指平静呼气末尚存留在肺内的气体量。

135. ABCDE 肺总量是指肺所能容纳的最大气体量。肺总量=肺活量+余气量=深吸气量+功能余气量=补吸气量+潮气量+补呼气量+余气量。

136. ABCDE ①用力呼气量（FEV）是指一次最大吸气后尽力尽快呼气，在一定时间内所能呼出的气体量。由于肺的主要是从外界吸入 O_2 而呼出 CO_2，因此FEV能反映 CO_2 的呼出量。②肺泡通气量是反映气体交换量的指标。最大通气量是估计人体最大运动量的指标。肺通气量是指每分钟吸入或呼出的气体量，是反映吸入 O_2 或呼出 CO_2 量的指标。肺活量是反映一次通气最大能力的指标。

137. ABCDE ①老年患者反复咳嗽、咳痰10余年，FEV_1/FVC＜70%，应诊断为慢性阻塞性肺疾病（COPD）。肺弹性阻力主要来自于肺的弹性成分，包括肺自身的弹力纤维和胶原纤维等结构，COPD患者肺弹性成分大量破坏，肺弹性回缩力减小，弹性阻力减小，导致肺通气功能障碍（D）。②非弹性阻力包括惯性阻力、黏滞阻力和气道阻力，其中气道阻力占 80%～90%，而气道阻力主要受气道口径的影响。COPD 患者气道口径缩小，气道阻力增大，导致非弹性阻力增大。③COPD 患者由于肺泡通气不良，导致肺内功能性分流增加。④COPD 患者由于肺泡周围毛细血管受膨胀肺泡的挤压而退化，致使肺毛细血管大量减少，肺泡间的血流量减少，此时肺泡虽有通气，但肺泡壁无血流灌注，导致肺泡无效腔增大。⑤COPD 患者由于肺泡及毛细血管大量丧失，弥散面积减小。

138. ABCDE ①用力肺活量（FVC）是指一次最大吸气后，尽力尽快呼气所能呼出的最大气体量。一秒量也称第 1 秒用力呼气量（FEV_1），是指最大吸气后尽力尽快呼气，在第 1 秒内所能呼出的气体量。一秒率是指 FEV_1/FVC。②胸腔积液为限制性通气功能障碍，以肺容量减少为主，表现为残气量（RV）、肺总量（TLC）、一秒量（FEV_1）、用力肺活量（FVC）下降，但一秒率（FEV_1/FVC）仍可基本正常。

139. ABCDE ①阻塞性通气功能障碍的特点是以流速（FEV_1）降低为主，限制性通气功能障碍则以肺容量（VC）减少为主。阻塞性肺气肿患者早期即可出现 FEV_1 降低。第 1 秒用力呼气量（FEV_1）是指尽力最大吸气后，再尽力尽快呼气，第 1 秒所能呼出的最大气体量。②肺活量（VC）、潮气量（TV）降低，肺总量（TLC）、功能残气量（FRC）增加，均为阻塞性肺气肿的晚期表现。

140. ABCDE ①深吸气量是指从平静呼气末做最大吸气时，所能吸入的气体量，是衡量最大通气潜能的指标。肺活量是指尽力吸气后，从肺内所能呼出的最大气体量，是反映肺一次通气最大能力的指标。用力呼气量是指最大吸气后再尽力尽快呼气时，在一定时间内所能呼出的气体量，是反映肺活量大小及呼吸阻力变化的指标。②功能余气量是指平静呼气末尚存留在肺内的气体量。因功能余气量的稀释作用，吸气时，肺内 PO_2 不致突然升得太高，PCO_2 不致降得太低；呼气时，则 PO_2 不致降得太低，PCO_2 不致突然升得太高，故功能余气量可缓冲呼吸过程中肺泡 PO_2 和 PCO_2 的变化幅度。

141. ABCDE ①用力肺活量（FVC）是指一次最大吸气后，尽力尽快呼气所能呼出的最大气体量，是测定呼吸道有无阻力的重要指标。支气管哮喘急性发作时，可有阻塞性通气障碍，常表现为 FVC 显著降低（C）。②功能余气量主要是缓冲呼吸过程中肺泡气 PO_2 和 PCO_2 的变化幅度。支气管哮喘早期肺活量正常，晚期减低。补呼气量、补吸气量为肺容积的指标，主要反映呼气、吸气的储备量。

142. ABCDE ①由于生理无效腔的存在，每次吸入的新鲜空气不能全部到达肺泡与血液进行气体交换，因此，只有肺泡通气量才能真正反映肺的有效通气量。肺泡通气量是指每分钟吸入肺泡的新鲜空气量。肺泡通气量=（潮气量-无效腔气量）×呼吸频率。②补吸气量是指平静吸气末，再尽力吸气所能吸入的气体量。每分通气量=潮气量×呼吸频率，是指每分钟吸入或呼出的气体总量。肺活量是指尽力吸气后，从肺内所能呼出的最大气体量。生理无效腔包括肺泡无效腔和解剖无效腔。

143. ABCDE 肺泡通气量=（潮气量-无效腔气量）×呼吸频率。无效腔气量=150ml。若潮气量减少一半，而呼吸频率加快一倍，则每分肺通气量不变，肺泡通气量减少。

	潮气量（ml）	呼吸频率（次/分）	每分通气量（ml）	肺泡通气量（ml）
平静呼吸	500	16	500×16=8000	（500-150）×16=5600
浅快呼吸	250	32	250×32=8000	（250-150）×32=3200
深慢呼吸	1000	8	1000×8=8000	（1000-150）×8=6800

144. ABCDE **145. ABCDE** ①由于生理无效腔的存在，每次吸入的新鲜空气不能全部到达肺泡与血液进行气体交换，因此，只有肺泡通气量才能真正反映其有效通气量。肺泡通气量是指每分钟吸入肺泡的新鲜空气量。肺泡通气量=（潮气量-无效腔气量）×呼吸频率。②肺活量是指尽力吸气后，从肺内所能呼出的最大气体量。时间肺活量（第 1 秒用力呼气量）是指尽力最大吸气后，再尽力尽快呼气，第 1 秒所能呼出的最大气体量。由于测定肺活量时不限制呼气时间，因此难以反应气道阻塞情况和肺组织的弹性状况。故时间肺活量能更好地反映肺通气功能，是评价肺通气功能较好的指标。

146. ABCDE　①肺泡与肺毛细血管血液之间的气体交换过程称为肺换气。肺换气必须通过呼吸膜(肺泡-毛细血管膜)才能进行。②肺通气是指肺与外界环境之间的气体交换过程,因此支气管、细支气管、肺泡小管都是肺通气时气体通过的部位,而不是肺换气时气体通过的部位。

147. ABCDE　①肺换气是指肺泡与肺毛细血管血液之间的气体交换过程,是以单纯扩散方式进行的,其动力是呼吸膜两侧的气体分压梯度(气压差)。气压差决定了气体的交换方向,因为气体总是从压力高的一侧向压力低的一侧净移动。②虽然呼吸膜通透性、气体分子溶解度、呼吸膜气体交换面积等均可影响肺部气体的交换量,但都不是最重要的因素。气体分子与血红蛋白亲和力主要影响气体在血液中的运输而不是肺换气,故不答 C。

148. ABCDE　149. ABCDE　血液由心脏→动脉→毛细血管→组织细胞→静脉→心脏。随着血液循环,心脏射出的含氧丰富的动脉血,经肺毛细血管与肺泡之间、组织液和细胞之间进行气体交换后,O_2 分压越来越低,CO_2 分压越来越高。①体内氧分压排序为:吸入气>肺泡气>动脉血>毛细血管>静脉血>组织液>细胞内液,因此 O_2 分压最高的部位是肺泡气,最低的部位是细胞内液。②CO_2 分压由高到低的顺序通常是组织细胞>静脉血>肺泡气>呼出气。组织细胞代谢产生 CO_2,因此 CO_2 分压最高。因为所有的代谢过程均在细胞内进行,所以细胞内液的 CO_2 分压最高,组织液次之。

150. ABCDE　通气/血流($\dot{V}_A/\dot{Q}$)比值是指每分钟肺泡通气量与每分钟肺血流量的比值。①$\dot{V}_A/\dot{Q}$增大说明$\dot{V}_A$增大(肺通气过度),或$\dot{Q}$降低(肺血流量减少),部分肺泡无法进行气体交换,相当于肺泡无效腔增大。②$\dot{V}_A/\dot{Q}$减小说明$\dot{V}_A$减小(肺通气不足),或$\dot{Q}$增大(肺血流量过剩),部分静脉血流经通气不良的肺泡,相当于发生了动-静脉短路。③因此,$\dot{V}_A/\dot{Q}$比值无论增大或减小都降低了肺的换气效率。④生理情况下,肺内各部位的$\dot{V}_A/\dot{Q}$比值也不相同。如直立时肺尖为 3.3,肺底部为 0.63,平均为 0.84。

151. ABCDE　CO_2 在血液中的运输形式包括物理溶解和化学结合。物理溶解占总运输量的 5%。化学结合为主要运输形式,其中以碳酸氢盐(HCO_3^-)形式运输的占 88%,以氨基甲酰血红蛋白(HHbNHCOOH)形式运输的占 7%。因此 CO_2 在血液中运输的主要方式是形成碳酸氢盐。

152. ABCDE　酸中毒时,血浆 pH 降低,血红蛋白对氧的亲和力降低,P_{50} 增大,氧解离曲线右移,促进 HbO_2 解离,从而向组织释放氧增加(E 对)。

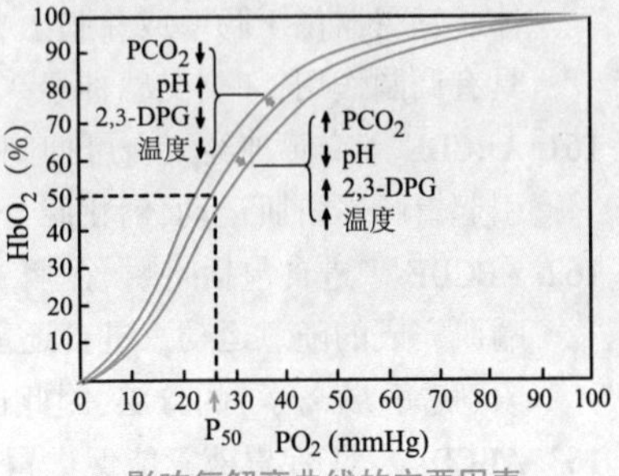

影响氧解离曲线的主要因素

153. ABCDE　①当 2,3-二磷酸甘油酸(2,3-DPG)增加时,血红蛋白对氧的亲和力降低,氧解离曲线右移。②我们最熟悉的肺通气阻力增加的病因就是 COPD,COPD 患者易导致呼吸性酸中毒,pH 降低,氧解离曲线右移。因此肺通气阻力减少,将导致氧解离曲线左移。

氧解离曲线右移——PCO_2↑、2,3-DPG↑、体温↑、pH↓。

氧解离曲线左移——PCO_2↓、2,3-DPG↓、体温↓、pH↑。

154. ABCDE　①调节呼吸运动的化学感受器包括中枢化学感受器和外周化学感受器。低氧只能通过外周化学感受器对呼吸进行调节,故答 C。缺氧时 PaO_2 降低,可刺激颈动脉体、主动脉体化学感受器,冲动经窦神经和迷走神经传入延髓,反射性引起呼吸加深加快。②缺氧对中枢的直接作用是抑制,故不答 A、B、D、E。

155. ABCDE　①CO_2 是调节呼吸运动最重要的生理性化学因素。$PaCO_2$ 增高对呼吸的调节既可通过刺激外周化学感受器(颈动脉体和主动脉体),也可通过刺激中枢化学感受器进行,但中枢感受器的敏感性高于外周感受器,故答 B 而不是 C。②中枢感受器的生理性刺激是脑脊液中的 H^+,而不是 CO_2,因此 CO_2 不能直接刺激中枢的呼吸神经元。颈动脉窦和主动脉弓为调节循环的减压反射感受器,心肺感受器为调节循环的容量感受器,DE 均不参与呼吸运动的调节。

156. ABCDE　呼吸反射性调节的化学感受器包括中枢感受器和外周感受器,其中中枢感受器对 PaO_2 的变化不敏感,外周感受器感受的是 PaO_2,并不是 O_2 含量。贫血和 CO 中毒时,虽然血红蛋白氧含量降低,但由于溶解在血液中的氧所决定的 PaO_2 并不降低,而是仍处于正常水平,因此不能兴奋外周化学感受器,反射性引起呼吸加深加快。

157. ABCDE ①颈动脉体和主动脉体为外周化学感受器,延髓腹外侧浅表部位的头端和尾端为中枢化学感受器。H^+浓度变化既可通过外周感受器,也可通过中枢感受器对呼吸进行调节。然而由于 H^+ 难以通过血脑屏障,限制了它对中枢化学感受器的作用,因此,对于脑脊液,中枢感受器对 H^+ 的敏感性>外周感受器;在动脉血中,中枢感受器对 H^+ 的敏感性<外周感受器。题干要求回答的是"血液 H^+ 浓度变化对呼吸的调节",故答 E 而不是 C。②支气管壁内肺牵张感受器主要引起肺牵张反射。颈动脉窦和主动脉弓为心血管反射的感受器。肺毛细血管旁感受器(J 感受器)主要在肺毛细血管充血、肺泡壁间质积液时,引起反射性呼吸暂停。

158. ABCDE CO_2 是调节呼吸运动最重要的生理性化学因素。高碳酸血症时,血液中的 PCO_2 升高,可刺激呼吸运动增强,反射性使呼吸加深加快,答案为 A。

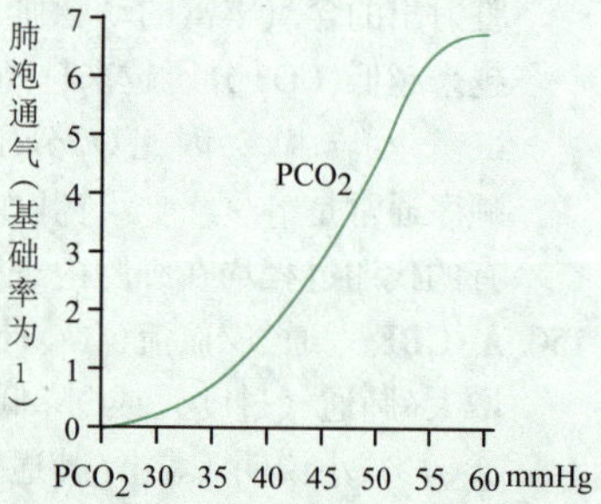

动脉血PCO_2变化对肺泡通气的影响

159. ABCDE ①CO_2 是调节呼吸运动最重要的生理性化学因素。正常人过度通气后,大量 CO_2 呼出,动脉血 $PaCO_2$ 降低,可出现呼吸暂停(D)。②虽然血 pH 升高、PaO_2 升高,均可使呼吸运动受到抑制,但与 PCO_2 比较,H^+浓度、PaO_2 变化都不是调节呼吸最重要的因素。题干并没有明确指出呼吸肌疲劳,故不答 C。$PaCO_2$ 降低并不会直接抑制呼吸中枢,故不答 E。

160. ABCDE ①支配消化道的神经包括内在神经系统和外来神经系统。内在神经系统包括黏膜下神经丛和肌间神经丛(A 对),广泛分布于消化道壁内,由大量神经元(总数约 10^8 个)和神经纤维组成神经网络。②内在神经系统释放的神经递质包括乙酰胆碱、血管活性肠肽(VIP)、P 物质等,去甲肾上腺素为交感神经释放的递质。③内在神经系统不仅参与消化道运动的控制,还含有感觉纤维的细胞体。感受器位于肠壁或黏膜上,能感受食糜成分(如 H^+)及牵张刺激等。④外来神经对内脏神经丛具有调制作用,如副交感神经兴奋可引起胃肠平滑肌收缩,交感神经兴奋可抑制胃肠运动。

161. ABCDE 交感神经兴奋可抑制胃肠运动,抑制消化腺分泌,使胃肠括约肌收缩。副交感神经兴奋可引起胃肠平滑肌运动,消化腺分泌增加,胃肠括约肌舒张。

162. ABCDE 进食包括咀嚼、吞咽、食管蠕动、胃容受性舒张、消化液分泌等过程。咀嚼是神经支配的咀嚼肌完成的随意运动。进食还能反射性引起胃、胰、肝、胆等的活动,还能促进各种激素(如促胃液素、胰酶、胰岛素)的分泌,因此进食调节是神经和体液共同作用的结果。

163. ABCDE ①促胃液素能促进胃酸和胃蛋白酶原的分泌。促胃液素能促进胃体和胃窦的收缩,有利于增加胃内压。②促胃液素可促进胰岛素的分泌。③促胃液素能刺激胃泌酸腺区黏膜和十二指肠黏膜 DNA、RNA 和蛋白质的合成,从而促进消化道黏膜的生长。④促胃液素通过促进胃酸分泌,引起促胰液素释放,进而促进胰液分泌,但促胃液素对胆固醇的合成影响不大(E 错)。

164. ABCDE ①唾液中水分占 99%,有机物主要有黏蛋白、黏多糖、唾液淀粉酶、溶菌酶、免疫球蛋白、血型物质等。②凝乳酶原由主细胞分泌后活化为凝乳酶,主要存在于胃液中。③麦芽糖酶属于寡糖酶。肽酶是一种能够水解肽链的酶。蛋白水解酶包括胰蛋白酶、糜蛋白酶等,均存在于胰液中。

165. ABCDE ①唾液分泌的调节完全是神经反射性调节,因此最依赖迷走神经(副交感神经)。②胃液、胃蛋白酶原、胰液、胆汁的分泌均受神经及体液因素的调节。

166. ABCDE ①在胃黏膜表面,由上皮细胞、黏液颈细胞等分泌的黏液,与非泌酸细胞分泌的碳酸氢盐,共同构成黏液-碳酸氢盐屏障,可中和胃酸,在一定程度上能有效保护胃黏膜免受 H^+ 的直接侵蚀,同时也使胃蛋白酶原在上皮细胞侧不被激活，因而使胃黏膜不会被胃液所消化(B)。②胃液中含有的胃蛋白酶原被激活后可消化胃黏膜。内因子的作用是促进维生素 B_{12}的吸收，而不是保护胃黏膜。胃液中可中和胃酸的是 HCO_3^-，而不是糖蛋白。单独的 HCO_3^- 不能保护胃酸、胃蛋白酶对胃黏膜的损伤。

167. ABCDE　①胃蛋白酶原在胃酸作用下被激活成胃蛋白酶，因此当胃酸分泌减少时，胃蛋白酶对蛋白质的消化会受到影响。②胃酸可杀灭随食物进入胃内的细菌，因此胃酸减少可导致这种杀菌作用减弱。③胃酸可促进促胰液素、缩胆囊素的释放，从而促进胰液和胆汁的分泌，当胃酸分泌减少时，胰液和胆汁的分泌将减少。④胃酸可与 Ca^{2+} 和 Fe^{2+} 结合，形成可溶性盐，从而促进它们在小肠内的吸收，当胃酸分泌减少时，将影响钙和铁的吸收。⑤壁细胞分泌的内因子可促进维生素 B_{12}的吸收，因此胃酸减少不会影响维生素 B_{12}的吸收(E 错)。

168. ABCDE　①壁细胞可分泌胃酸和内因子，内因子可促进维生素 B_{12}的吸收。胃大部切除患者由于胃体壁细胞减少，胃酸和内因子分泌均减少，内因子减少可导致维生素 B_{12}的吸收减少。②正常情况下，胃酸造成的酸性环境有利于铁的吸收，故胃酸减少将使铁的吸收减少。③胃酸可使食物中的蛋白质变性，有利于蛋白质的水解。若胃酸减少，胃液对食物蛋白的消化能力将减弱。④胃蛋白酶原由主细胞分泌，胃大部切除后主细胞减少，胃蛋白酶原分泌将减少。⑤胃酸随食糜进入小肠后，可促进促胰液素的分泌，进而引起胰液中 HCO_3^- 的分泌。若胃酸减少，将使胰液中 HCO_3^- 的分泌减少。

169. ABCDE　①患者乏力，面色苍白，Hb70g/L，应诊断为中度贫血。主细胞分泌的胃蛋白酶原经胃酸激活为胃蛋白酶，后者可将食物中的蛋白质水解为胨、多肽、氨基酸。胃蛋白酶只有在酸性环境中才能发挥作用，因此胃酸减少，将导致食物蛋白质吸收不良，而不是导致贫血。②手术可致叶酸缺乏，导致巨幼细胞贫血，故不答 A。胃大部切除患者壁细胞减少，胃酸及内因子分泌减少。内因子的作用是促进维生素 B_{12}的吸收，内因子减少将导致维生素 B_{12} 缺乏，故不答 C。胃酸造成的酸性环境有利于小肠对铁的吸收，胃酸减少将造成铁的吸收障碍，导致铁的缺乏，引起缺铁性贫血，故不答 D、E。

170. ABCDE　①胃体分布有主细胞和壁细胞。当胃体萎缩时，主细胞减少，胃蛋白酶原分泌减少。②由于胃酸可促进铁的吸收，当胃体萎缩时壁细胞减少，胃酸分泌减少，铁吸收减少。③内因子是由壁细胞分泌的，可促进维生素 B_{12}的吸收。当胃体萎缩时，由于壁细胞受损，内因子分泌减少，当然维生素 B_{12} 吸收减少。④胃体萎缩时，壁细胞分泌胃酸减少，对促胃液素的负反馈减弱，故血清促胃液素增加。

171. ABCDE　①促胃液素由胃窦 G 细胞分泌，可促进壁细胞分泌胃酸，促进胃黏膜上皮的生长(B)。②转化生长因子-α 由巨噬细胞、表皮细胞产生，可诱导上皮发育。促胰液素的主要功能是促进胰液分泌。生长抑素可抑制 G 细胞分泌促胃液素。乙酰胆碱可促进胃酸分泌。

172. ABCDE　①胃酸进入十二指肠后，可促进促胰液素、缩胆囊素的释放，进而促进胰液、胆汁和小肠液的分泌。②胃蛋白酶的作用是消化水解蛋白质，内因子的作用是促进维生素 B_{12} 的吸收，黏液和 HCO_3^- 共同构成黏液-碳酸氢盐屏障，保护胃黏膜免受胃内盐酸和胃蛋白酶的攻击。

173. ABCDE　①胃泌素(促胃液素)是由胃窦部 G 细胞分泌的一种肽类激素，分布于胃体和胃底的壁细胞主要分泌胃酸和内因子。②蛋白质的消化产物，如肽类和氨基酸，是引起胃泌素释放的主要因素。但胃酸(HCl)可直接抑制胃窦部 G 细胞释放胃泌素。③胃泌素可促进壁细胞分泌胃酸(C 对)。④胃泌素的生理作用主要由其 C 端的 4 个氨基酸引起，故该部分为胃泌素具有生物活性的最小片段。⑤因分泌胃泌素的 G 细胞主要分布于胃窦部，故切除胃窦的患者，胃泌素的分泌将减少(E 错)。

174. ABCDE　胃液分泌分头期、胃期和肠期三个时相。将蛋白质类食物通过胃瘘直接放入胃内引起胃液分泌，属于胃期胃酸分泌。胃期胃酸分泌的特点是持续时间长，可达 3~4 小时；胃液分泌量最大，占整个消化期的 60%；胃液酸度高；所含胃蛋白酶原比头期少，消化能力比头期弱，但比肠期强，因此胃期胃液的消化能力较强，而不是最强，故答 B。

175. ABCDE　迷走神经兴奋刺激头期胃液分泌存在两种机制：①迷走神经释放乙酰胆碱直接作用于壁

细胞分泌胃酸;②迷走神经释放铃蟾素(蛙皮素),刺激胃窦部G细胞释放胃泌素,后者促进壁细胞分泌胃酸,故答C。

176. ABCDE　177. ABCDE　178. ABCDE　①胃蛋白酶原由主细胞分泌,并无活性,进入胃腔后,在盐酸的作用下,从酶原分子中脱去一个小分子肽段后,转变为有活性的胃蛋白酶。已被激活的胃蛋白酶对胃蛋白酶原有正反馈激活作用(D)。②盐酸是胃液的主要成分。消化期食物进入胃内后,可刺激盐酸分泌。当盐酸分泌过多时,可负反馈抑制胃酸的分泌(C)。③当胃酸(盐酸)随食糜进入小肠后,可刺激小肠黏膜S细胞释放促胰液素(C)。④内因子的作用是促进维生素 B_{12} 的吸收。黏液和碳酸氢盐共同构成黏液-碳酸氢盐屏障,保护胃黏膜免受胃酸破坏。

179. ABCDE　180. ABCDE　①促胃液素是由胃窦、十二指肠和空肠上段黏膜中的G细胞分泌的一种胃肠激素(C)。②组胺主要由肥大细胞、嗜碱性粒细胞、血小板分泌的一种炎症介质,参阅9版《病理学》P74。此外,肠嗜铬样细胞(ECL)也可分泌组胺,参阅9版《生理学》P188。③主细胞主要分泌胃蛋白酶原。壁细胞主要分泌胃酸和内因子。黏液细胞主要分泌黏液。

181. ABCDE　促胆囊收缩素(缩胆囊素)由小肠上部I细胞分泌,引起缩胆囊素分泌的因素,按由强至弱的顺序为蛋白质分解产物、脂酸钠、盐酸、脂肪。糖类没有刺激作用。

182. ABCDE　胃容受性舒张是指由进食动作和食物对咽、食管等处感受器的刺激,反射性引起胃底和胃体肌肉的舒张。其传入、传出神经都是迷走神经,故称迷走-迷走反射。在这个反射过程中,传出通路是抑制性的,其末梢释放的递质为血管活性肠肽(VIP)或一氧化氮(NO)。

183. ABCDE　①胃排空是指食糜由胃排入十二指肠的过程。一般在食物入胃后5分钟即开始有胃排空。②胃排空的速度与食糜的物理性状和化学组成有关:小颗粒食物比大块食物排空快;3种营养物质中,糖类排空最快,蛋白质次之,脂肪排空最慢;等渗溶液比高渗溶液排空快。混合性食物由胃完全排空的时间为4~6小时(E对)。

184. ABCDE　三种营养物质中,糖类胃排空最快,蛋白质次之,脂肪排空最慢(C)。

185. ABCDE　①胃排空是指食糜由胃排入十二指肠的过程。大量食物进入胃内,对胃壁的机械和化学刺激,通过壁内神经丛反射和迷走-迷走反射促进胃排空(A)。②进入十二指肠内的酸、脂肪、高渗溶液及食物本身的机械和化学刺激,均可通过肠-胃反射而抑制胃排空。

186. ABCDE　①在十二指肠壁上存在多种感受器,酸、脂肪、高渗溶液及机械扩张均可刺激这些感受器,反射性抑制胃的运动,从而抑制胃排空,称为肠-胃反射(E)。②壁内神经丛反射、迷走-迷走反射、进入胃内的食物均可促进胃排空。组胺是刺激胃酸分泌的因素。

187. ABCDE　188. ABCDE　①胃容受性舒张是指由进食动作和食物对咽、食管等处感受器的刺激,反射性引起胃底和胃体肌肉的舒张,其传入、传出神经都是迷走神经,故称为迷走-迷走反射。②胃内食物,对胃壁的扩张刺激,通过迷走-迷走反射和壁内神经丛反射,可使胃运动加强,而促进胃排空。

189. ABCDE　190. ABCDE　191. ABCDE　①胰蛋白酶、糜蛋白酶均以酶原形式存在于胰液中。当胰液分泌入十二指肠后,胰蛋白酶原首先被小肠液中的肠激酶激活,转变为有活性的胰蛋白酶。随后胰蛋白酶又可激活胰蛋白酶原(正反馈),也可激活糜蛋白酶原生成糜蛋白酶。②能将胰蛋白酶原转变为胰蛋白酶的物质很多,如肠激酶、胃酸、胰蛋白酶本身以及组织液等,其中最重要的是肠激酶。

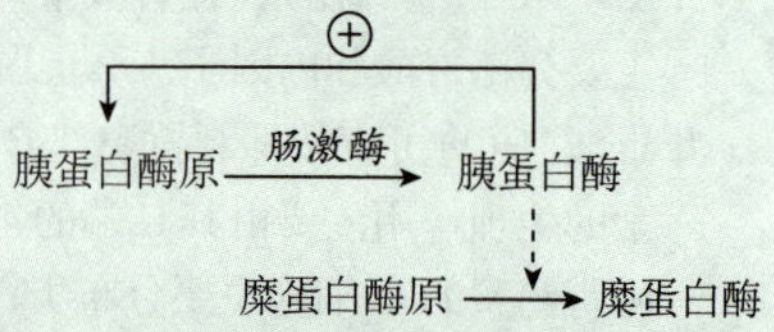

192. ABCDE　胃蛋白酶原由胃的主细胞分泌,进入胃腔后,在盐酸的作用下,分离出1个小分子多肽,即可形成有活性的胃蛋白酶。已被激活的胃蛋白酶对胃蛋白酶原有正反馈激活作用。

193. ABCDE　194. ABCDE　①促胰液素可作用于胰腺导管细胞,分泌富含水和碳酸氢盐,但含胰酶少的胰液。②胆囊收缩素可作用于胰腺腺泡细胞,分泌富含胰酶,但含水分和碳酸氢盐少的胰液。③血管活性肠肽可抑制胃酸分泌、舒张胃肠平滑肌。去甲肾上腺素为交感神经兴奋时分泌的神经递质,可抑制胰液分泌，但作用不强。促胃液素可促进胃酸分泌。

195. ABCDE　①在非消化期，肝细胞持续分泌的胆汁大部分流入胆囊储存。②在消化期，胆汁可直接由肝脏和胆囊经胆总管排至十二指肠。③按9版《生理学》P195观点，胆汁是不含任何消化酶的。但按7版《生物化学》P420观点，胆汁中含有多种消化酶，如脂肪酶、磷脂酶、淀粉酶、磷酸酶等。④胆汁中起消化作用的成分主要是胆盐（D对）。胆盐、胆固醇和卵磷脂可作为乳化剂乳化脂肪，从而促进脂肪的消化分解；胆盐也可帮助脂肪酸、甘油一酯从小肠黏膜吸收。⑤胆汁中的胆盐主要是促进脂肪及脂溶性维生素的吸收，蛋白质的消化和吸收主要由胰液完成。

196. ABCDE　①胆汁中促进脂肪消化吸收的主要成分是胆盐。胆盐、胆固醇和卵磷脂可作为乳化剂乳化脂肪，从而促进脂肪的消化分解；胆盐也可帮助脂肪酸、甘油一酯从小肠黏膜吸收。②胰脂肪酶可帮助脂肪的消化，胆固醇可乳化脂肪，有利于脂肪的消化分解，但脂肪酶和胆固醇在消化吸收中的作用不及胆盐重要。故答D而不是A、E。胆红素、胆绿素均属于胆色素，与脂肪的消化吸收无关。

197. ABCDE　①胆汁的主要功能是促进脂肪及脂溶性维生素A、D、E、K的吸收（D）。②胃酸可促进钙、铁的吸收。胰液可促进蛋白质及糖类的消化吸收。内因子可促进维生素B_{12}的吸收。

198. ABCDE　①胰脂肪酶对脂肪的分解需要辅脂酶的存在，辅脂酶对胆盐微胶粒具有较高的亲和力，可使胰脂肪酶、辅脂酶和胆盐形成复合物，有助于胰脂肪酶锚定于脂滴表面发挥其分解脂肪的作用。若胆汁排出障碍，则胆盐分泌减少，导致胰脂肪酶对脂肪的消化作用减弱（D）。②肠激酶的主要作用是激活胰蛋白酶原。胰蛋白酶、糜蛋白酶主要帮助蛋白质的消化。胰淀粉酶主要帮助糖类的消化。

199. ABCDE　①脂肪泻是脂肪吸收不良所致的腹泻，而脂肪的吸收与胰脂肪酶的活性有关，胰脂肪酶主要存在于胰液之中，故不答ACD。②患者胃镜检查提示消化性溃疡，实验室检查提示基础胃酸分泌量、血清促胃液素显著增高，应诊断为胃泌素瘤。胃泌素瘤患者因胃酸分泌增加，促胰液素大量分泌，导致胰液分泌增加，故答E而不是B。

200. ABCDE　①患者胆囊萎缩，说明胆汁的浓缩和储存受到影响，而胆汁的主要功能是促进脂肪的吸收，因此患者脂肪分解产物吸收不良，可导致腹胀、便秘、食欲不振（D）。②蛋白质的分解吸收主要与胃液、胰液中的消化酶有关，故不答A、B。单糖主要由小肠上皮细胞吸收，故不答C。淀粉样食物的消化分解主要与唾液（淀粉酶）、胰液（胰淀粉酶）等有关，故不答E。

201. ABCDE　①当小肠被食糜充盈时，肠壁的牵张刺激可引起该段肠管一定间隔距离的环行肌同时收缩，将小肠分成许多小的节段；随后，原来收缩的部位发生舒张，而原来舒张的部位发生收缩。如此反复，使小肠内的食糜不断地被分割，又不断地混合。小肠的这种运动形式称为分节运动。分节运动的主要作用是使食糜和消化液充分混合，使食糜与肠壁紧密接触，有利于消化和吸收（A）。②“将食糜不断向前推进”是蠕动的生理作用。刺激小肠内分泌细胞释放胃肠激素的因素为机械性刺激、温度和组织液、血液等局部环境的变化，而不是小肠的分节运动。

202. ABCDE　小肠有利于吸收的因素包括：①小肠绒毛内部含有丰富的毛细血管、毛细淋巴管、平滑肌等结构，进食可引起绒毛产生节律性的伸缩和摆动，加速绒毛内血液和淋巴流动，有助于吸收；②食物在小肠内停留时间较长，一般为3～8小时，有利于吸收；③小肠黏膜表面积巨大：成人小肠长4～5m，其黏膜具有许多环状皱褶，可使小肠黏膜的总面积达200～250m^2；④营养物质在小肠内已被消化为结构简单的可吸收物质。注意B为“小肠富含平滑肌”，而不是小肠绒毛内富含平滑肌。

203. ABCDE　①小肠是营养物质的重要吸收部位。②食管一般不能吸收营养物质。在胃内，食物很少被吸收，仅有乙醇和少量水分可被吸收。③大肠主要吸收水分和无机盐。

204. ABCDE　铁的主要吸收部位在小肠上部。

205. ABCDE　胆盐、维生素B_{12}的主要吸收部位在回肠。

206. ABCDE　食物中每克碳水化合物、脂肪和蛋白质可供给的能量分别约为4kcal、9kcal、4kcal。

207. ABCDE　①食物的氧热价是指食物氧化消耗1L氧所产生的热量。②1g食物氧化时所释放的热量，称为这种食物的热价。1g 食物体外燃烧时所释放的热量,称为这种食物的物理热价。

208. ABCDE　A、B、C、D、E 均为影响能量代谢的因素,其中以肌肉活动对能量代谢的影响最为显著。

209. ABCDE　①进食能刺激机体额外消耗能量的作用,称为食物的特殊动力效应。由于食物的特殊动力效应,为维持机体的能量平衡,应适当增加能量摄入总量。②蛋白质的主要生理作用不是供能,因此增加蛋白质的摄入量,不能保证机体的能量平衡。"调整各种营养成分的摄入比例"只能提高食物的营养价值,并不能增加能量供给。"细嚼慢咽"只能利于食物的消化吸收,但不能增加能量供给。

210. ABCDE　食物的特殊动力效应是指人体进食后刺激机体额外消耗能量的作用。特殊动力效应为:蛋白质 30%(最强)、糖 6%、脂肪 4%、混合性食物 10%。维生素和无机盐不产生特殊动力效应。

211. ABCDE　①基础代谢率是指基础状态下单位时间内的能量代谢。A、B、D、E 均会导致基础代谢率增高。②基础代谢率降低见于甲状腺功能减退症、垂体性肥胖症、肾病综合征、肾上腺皮质功能减低等。

212. ABCDE　①甲状腺激素是调节产热活动最重要的体液因素。甲状腺激素大量分泌,可使机体代谢率增加 20%~30%。甲状腺功能亢进时,由于甲状腺激素分泌增多,基础代谢率可比正常值高25%~80%。②虽然肾上腺素也可刺激产热,提高基础代谢率,但维持时间较短,作用不强,故不答 B。

213. ABCDE　基础代谢率是指人体在清醒和极度安静的情况下,不受精神紧张、肌肉活动、食物及环境因素等影响时的能量代谢率。测定基础代谢率,应在清晨未进餐之前(即进食后 12~24 小时)进行。前一餐最好是清淡饮食,且不要吃得太饱,以排除食物特殊动力效应的影响。测定前应静卧半小时以上,测定时应平卧,使全身肌肉松弛,尽量排除肌肉活动的影响。还应使受试者排除精神紧张的影响。室温应保持在 18~25℃,以排除环境因素的影响。

214. ABCDE　直肠温度的正常值为 36.9~37.9℃,口腔温度的正常值为 36.7~37.7℃,腋窝温度的正常值为 36.0~37.4℃。这三处体温的正常值由高到低的排序为:直肠>口腔>腋窝(D)。

215. ABCDE　正常人体温在一昼夜之间有周期性波动,在清晨 2~6 时体温最低,午后 1~6 时最高。

216. ABCDE　正常体温呈昼夜周期性波动,在清晨 2~6 时最低,午后 1~6 时最高,昼夜间体温波动的幅度不超过 1℃。体温的这种昼夜周期性波动,称为日节律,是由下丘脑视交叉上核控制的。

217. ABCDE　①虽然甲状腺激素、肾上腺素、去甲肾上腺素均可刺激产热,但甲状腺激素是调节产热活动最重要的体液因素,故答 A 而不是 B、C。1mg T_4 可使机体产热量增加约 4200kJ。②乙酰胆碱不能刺激产热。孕激素可使育龄妇女的基础体温呈双相曲线。

218. ABCDE　①肾上腺素和甲状腺激素均可引起机体发热。肾上腺素刺激产热的特点是作用迅速,但维持时间短。甲状腺激素刺激产热的特点是作用缓慢,但维持时间长,故答 B。②胰岛素、皮质醇也可刺激机体产热,但 9 版《生理学》未讲述,参阅 4 版《人体生理学》P1764。醛固酮不能刺激产热。

219. ABCDE　安静状态下主要的产热器官是肝脏,运动时主要的产热器官是骨骼肌(D)。褐色脂肪组织是新生儿在寒冷环境下的主要产热组织。肌紧张的生理意义在于维持姿势反射,不要误答 C。

220. ABCDE　①解答此类试题时,首先看给定的温度条件,然后决定散热方式。如皮肤温度>环境温度,则散热方式包括辐射、传导、对流、不感蒸发,其中辐射是机体在安静状态下的主要散热方式,占总散热量的 60%。如皮肤温度≤环境温度,则可感蒸发(发汗)为唯一散热方式。②本例给定的条件是环境温度低于 30℃,人体的正常体温为 37℃,故皮肤温度>环境温度,其主要散热方式为辐射散射。

221. ABCDE　222. ABCDE　223. ABCDE　①由于水的比热较大,导热性能较好,皮肤与冷水接触时因热传导带走的热量大,临床上常利用冰帽、冰袋给高热患者降温,此为传导散热(C)。②由于酒精容易蒸发,因此给高热患者进行酒精擦浴可增加蒸发散热(D)。③游泳时,既可通过与冷水接触皮肤而进行传导散热,又可通过皮肤表面水分的蒸发而散热,故答 E。

224. ABCDE　汗液中水分占 99%,固体成分不到 1%。在固体成分中,大部分为 NaCl,也有少量 KCl 和尿素。汗液中 NaCl 的浓度一般低于血浆(约 0.25%)。汗液不是简单的血浆滤出物,而是汗腺细胞主动分泌的。刚分泌出来的汗液与血浆是等渗的，但在流经汗腺管腔时，在醛固酮的作用下，汗液中的 Na^+ 和 Cl^- 被重吸收，因此最后汗液是低渗的（B错）。

225. ABCDE　①在炎热环境中，发汗可以通过汗液蒸发带走大量体热，是人体一种十分有效的散热形式。②皮肤是机体散热的主要部位，机体可通过交感神经控制皮肤血管的口径，改变皮肤血管的舒缩状态，来调节皮肤血流量，从而调节体热的散失量。在炎热环境中，交感神经紧张性活动降低，皮肤小动脉舒张，动-静脉吻合支开放，皮肤血流量增多，散热量增加。③对于某一特定机体来说，皮肤的散热面积是一定的，机体不可能通过增加有效辐射面积来维持体热平衡。④由于正常体温为37℃，外界环境温度已定，机体也不可能通过增加皮肤与环境之间的温度差来调节体热平衡。

226. ABCDE　①体温调节的基本中枢在下丘脑，下丘脑的视前区-下丘脑前部（PO/AH）是体温调节中枢整合结构的中心部位。②大脑是各种高级活动的中枢。延髓是生命活动中枢。小脑与基底神经节都参与运动的设计和程序的编制、运动的协调、肌紧张的调节。

227. ABCDE　体温调节中枢感受器包括热敏神经元和冷敏神经元，热敏神经元主要分布于视前区-下丘脑前部，冷敏神经元主要分布于脑干网状结构和下丘脑弓状核。下丘脑视交叉上核为体温日节律中枢。

228. ABCDE　①根据体温调定点学说，当体温与调定点的水平一致时，机体的产热和散热取得平衡，这是由PO/AH温度敏感神经元的工作特性所决定的。疟疾所致的发热是由于致热原的作用，使体温调节的调定点上移（A），PO/AH热敏神经元的温度反应阈值升高，而冷敏神经元的阈值下降。在开始发热时，先出现寒战等产热反应，直到体温升高到39℃以上时才出现散热反应。②高温环境也可引起机体体温升高，但不是体温调定点的上移，而是由于体温调节功能障碍所致（E）。

229. ABCDE　①肾脏的泌尿活动，一方面可排出代谢终产物，另一方面又能调控体液中大多数晶体成分的浓度。因此，肾脏在维持机体内环境相对稳定的过程中，起着极其重要的作用（E）。②排泄代谢终产物、调节水盐代谢、维持酸碱平衡都是肾脏泌尿功能的具体表现。另外，肾脏还可产生一些生物活性物质，如肾素、促红细胞生成素。可见，A、B、C、D均属于肾脏的部分功能，不全面。

230. ABCDE　①肾小球滤过膜由毛细血管内皮细胞、基膜和足细胞的足突构成。这三层结构的裂孔分别为70~90nm、2~8nm、4~11nm，此为滤过膜的机械屏障。此外，这三层结构均含有带负电荷的蛋白质，因此带负电荷的物质不易通过滤过膜，此为滤过膜的电荷屏障。由于血浆白蛋白分子量大，且带负电荷，因此受机械屏障和电荷屏障的阻碍，不能自由通过肾小球滤过膜。②A、B、C、D由于分子量小，不带电荷或带正电荷，均容易通过滤过膜。

231. ABCDE　肾小球滤过膜主要由毛细血管内皮细胞、基膜和脏层足细胞的足突构成，三层结构的孔隙直径分别为70~90nm、2~8nm和4~11nm，可见内皮细胞孔径>足细胞间隙>内皮下基膜的网孔，而对于带同等电荷的物质来说，是否能通过滤过膜主要取决于三层结构中孔隙直径最小的那层结构，此为滤过膜的机械屏障作用，因此滤过膜最主要的结构是毛细血管内皮下基膜（D）。

232. ABCDE　①肾小球有效滤过压＝肾小球毛细血管血压－血浆胶体渗透压－囊内压，因此当血浆胶体渗透压升高时，将导致肾小球有效滤过压降低，肾小球滤过率减小。②肾小球有效滤过压与血浆晶体渗透压无关。肾小球毛细血管血压升高可导致肾小球有效滤过压增高，肾小球滤过率增大。

233. ABCDE　①肾小球入球小动脉和出球小动脉血管平滑肌受交感神经支配。肾交感神经兴奋时，神经末梢释放去甲肾上腺素作用于血管平滑肌α受体，可使肾血管强烈收缩，肾血流量减少，肾小球毛细血管血压下降，肾小球有效滤过压降低，尿量减少（A对）。②交感神经兴奋时，血浆白蛋白浓度不会改变，因此血浆胶体渗透压不变。交感-肾素-血管紧张素-醛固酮系统为一调节轴，当交感神经兴奋时，肾素、醛固酮分泌增加。交感神经兴奋时，血 Na^+ 浓度不会改变，血浆晶体渗透压不变，因此不会刺激抗利尿激素的分泌。

234. ABCDE　①剧烈运动时，交感神经兴奋，肾小球入球小动脉强烈收缩，肾血流量减少，导致肾小球滤过率降低，尿量减少（C）。②剧烈运动时，交感神经兴奋，入球小动脉收缩，肾小球毛细血管血流量和毛细血管血压降低，故不答 A。③剧烈运动时，血浆晶体渗透压不会升高，不会刺激抗利尿激素的分泌。交感神经兴奋，可刺激醛固酮的分泌，保水保钠排钾增加，尿量减少，但不是少尿的主要原因。④剧烈运动时，没有肾小球损害，其滤过膜面积不会减少。

235. ABCDE ①肾小球有效滤过压=肾小球毛细血管血压-血浆胶体渗透压-囊内压，故肾小囊内压升高、毛细血管血压降低、血浆胶体渗透压升高，均可导致肾小球有效滤过压降低，肾小球滤过率降低。②肾血浆流量增多并不是通过改变肾小球有效滤过压，而是通过改变平衡点，使肾小球滤过率增加。

236. ABCDE 正常人肾小球滤过率约为125ml/min，两肾每天生成超滤液（原尿）的量约 180L，而每天的终尿量仅 1.5L，表明原尿在肾脏被重吸收的比率约为 99%。

237. ABCDE 正常情况下，从肾小球滤过的 HCO_3^- 几乎全部被肾小管和集合管重吸收，高达 80% 的 HCO_3^- 是由近端肾小管重吸收的。由于 HCO_3^- 带负电荷不易通过细胞膜，因此重吸收时首先与通过 Na^+-H^+ 交换分泌到小管腔中的 H^+ 结合生成 H_2CO_3，H_2CO_3 分解为 CO_2 和 H_2O。CO_2 具有高度脂溶性，很快以单纯扩散方式进入管腔上皮细胞内。在碳酸酐酶作用下，CO_2 和 H_2O 重新合成 H_2CO_3，H_2CO_3 又很快解离为 H^+ 与 HCO_3^-。HCO_3^- 与 Na^+ 同时吸收入血；H^+ 则通过顶端膜上的 Na^+-H^+ 交换逆向转运进入小管液。在近端小管前半段，HCO_3^- 的重吸收伴 Na^+-H^+ 交换，Cl^- 不被重吸收。在近端小管后半段，有 Na^+-H^+ 交换和 Cl^--HCO_3^- 逆向转运体，转运结果是 Na^+、Cl^- 进入细胞内，H^+、HCO_3^- 进入小管液。进入细胞内的 Cl^- 由基底侧膜上的 K^+-Cl^- 同向转运体转运到细胞间隙，再吸收入血。可见，近端小管重吸收 HCO_3^- 是以 CO_2 的形式，而不是以 HCO_3^- 形式进行的，且 HCO_3^- 的重吸收优先于 Cl^- 的重吸收（E 错），且与 H^+ 分泌相耦联。

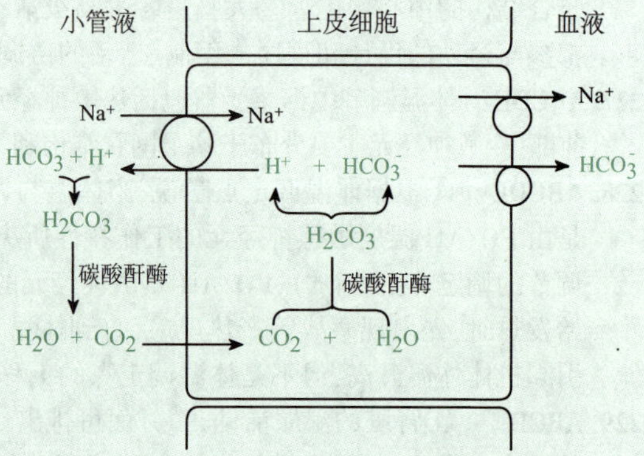

近端小管重吸收 HCO_3^- 的细胞机制

238. ABCDE ①近端小管对 Na^+ 和水的重吸收随肾小球滤过率的变化而改变，称为球-管平衡（B 对），近端小管对 Na^+ 和水的重吸收率总是占肾小球滤过量的 65%~70%。②在近端小管前半段，Na^+ 的重吸收与葡萄糖的转运相耦联。在近端小管后半段，Na^+ 经细胞旁途径被重吸收，与葡萄糖的重吸收无平行关系。在整个近端小管，对水的重吸收是通过渗透作用进行的等渗性重吸收，也与葡萄糖的重吸收无平行关系。③远端小管（不是近端小管）对 Na^+ 和水的重吸收，可根据机体的水、盐平衡状况进行调节。Na^+ 重吸收受醛固酮的调节，水的重吸收受血管升压素的调节。

239. ABCDE ①葡萄糖的重吸收是通过近端小管顶端膜中的 Na^+-葡萄糖同向转运体（一种蛋白质载体），以继发性主动转运的方式被重吸收的，而不是经通道的易化扩散进行重吸收（B 错）。②正常情况下，肾小球滤过的葡萄糖，均在近端小管被重吸收。当血糖浓度达 10mmol/L 时，肾小管对葡萄糖的吸收已达极限，尿中开始出现葡萄糖，此时的血浆葡萄糖浓度称为肾糖阈，正常值为 10mmol/L。

240. ABCDE 血管升压素有 V_1 和 V_2 两种受体。V_1 受体分布于血管平滑肌。V_2 受体主要分布于肾远端小管和集合管上皮细胞，属于 G 蛋白耦联受体，其跨膜信号转导是通过 V_2 受体-Gs-AC-cAMP-PKA 通路而实现的，最终使上皮细胞内含水孔蛋白 AQP-2 的小泡镶嵌到上皮细胞的顶端膜中，形成水通道，从而使顶端膜对水的通透性增加。小管液中的水在肾小管、集合管上皮细胞之间渗透压梯度的作用下，通过水通道而进入上皮细胞。进入上皮细胞内的水再经基底侧膜的水孔蛋白 AQP-3、AQP-4 进入细胞间液而被重吸收入血。血管升压素在高浓度情况下可促进 AQP-2 的合成。通过对 AQP-2 膜转位和合成的调控，血管升压素能控制肾小管上皮细胞顶端膜对水的通透性，从而影响水的吸收。X 染色体连锁的肾性尿崩症患者，由于集合管上皮细胞 V_2 受体缺陷，导致血管升压素无法发挥正常的生理学功能，可使尿量增加、尿渗透压降低。

241. ABCDE　从肾小球滤过的 NaCl，65%～70%在近端小管被重吸收，约 20%在髓袢被重吸收，约 12%在远曲小管和集合管被重吸收。

242. ABCDE　葡萄糖和氨基酸属于小分子物质，可以自由通过肾小球滤过膜，然后在近端小管几乎 100%被重吸收。因此，正常情况下终尿中几乎不含葡萄糖和氨基酸，若尿中发现大量葡萄糖和氨基酸，说明近端小管的重吸收功能受损(A)。

243. ABCDE　给家兔静脉内注入葡萄糖，血糖升高，当超过肾糖阈及肾小管的最大重吸收能力时，葡萄糖不能被肾小管完全重吸收，肾小管溶质浓度增高，形成渗透性利尿，导致尿量增多。

244. ABCDE　糖尿病患者血糖升高，当超过肾糖阈及肾小管的最大重吸收能力时，葡萄糖不能被肾小管完全重吸收，肾小管溶质浓度增高，形成渗透性利尿，导致尿量增多。因此，引起血糖增高的原因都可引起渗透性利尿，使尿量增多。

245. ABCDE　血管加压素也称抗利尿激素，由下丘脑视上核和室旁核合成，可增加远端小管和集合管对水的通透性，从而使水的重吸收增加，尿量减少，血压升高(A)。

246. ABCDE　汗液为低渗液，大量出汗将导致高渗性脱水。由于血浆晶体渗透压升高，刺激血管升压素(ADH)分泌增加，增加远曲小管和集合管对水的通透性，使水重吸收增加，导致尿量减少(B)。

247. ABCDE　甘露醇静脉注射后，以原形从肾小球滤过，但不能被肾小管重吸收，造成肾小管甘露醇浓度增高，小管液渗透压升高，导致髓袢升支和近曲小管对水的重吸收减少，从而产生渗透性利尿。

248. ABCDE　①肾小球有效滤过压＝肾小球毛细血管血压－血浆胶体渗透压－囊内压，因此，输入大量生理盐水后，可引起血浆白蛋白浓度稀释性降低，从而使血浆胶体渗透压降低，肾小球有效滤过压增高，导致尿量增加(B)。②输入大量生理盐水后，由 Na^+、Cl^- 产生的血浆晶体渗透压不会改变，因此不会刺激血管升压素的分泌。

249. ABCDE　①大量饮清水后，体液被稀释，由于血浆晶体渗透压降低，血管升压素分泌减少(D)，肾远曲小管和集合管对水的重吸收减少、尿量增多，这是大量饮清水后尿量增多(水利尿)的主要原因。②大量饮清水后，血浆容量增多，肾血浆流量会相应增加；因体液被稀释，血浆胶体渗透压会相应降低，但这都不是引起尿量增多的主要原因，故不答 C。③虽然肾小球滤过率增加、醛固酮分泌减少都可使尿量增多，但大量饮清水后，不会出现肾小球滤过率增加和醛固酮分泌减少的生理效应。醛固酮分泌主要受肾素-血管紧张素-醛固酮调节轴的控制。

250. ABCDE　①刺激醛固酮分泌的最强因素是血钠降低、血钾增高。②血糖浓度增高主要刺激胰岛素分泌。血钙浓度降低主要刺激甲状旁腺激素的分泌。循环血量增多主要刺激心房钠尿肽的分泌。

251. ABCDE　①刺激抗利尿激素(血管升压素)分泌的最强因素是血浆晶体渗透压增高，次要因素是血容量减少，故答 B 而不是 A。②刺激抗利尿激素分泌的是血浆晶体渗透压增高，而不是血浆胶体渗透压增高，故不答 C。③大量饮清水后，体液被稀释，因血浆晶体渗透压降低，抗利尿激素分泌将减少，故不答 D。④血钾浓度增高可刺激醛固酮的分泌，但不能刺激抗利尿激素的释放，故不答 E。

252. ABCDE　血管紧张素Ⅱ对入球小动脉和出球小动脉均有收缩作用，但由于出球小动脉对血管紧张素Ⅱ的敏感性比入球小动脉大，因此对出球小动脉的收缩作用大于入球小动脉(B)。

253. ABCDE　①肾对物质的排出是通过肾小球滤过、肾小管与集合管的重吸收和分泌而完成的。因此，若某物质可自由通过肾小球滤过膜，该物质在肾小管既不被重吸收，也被不分泌，则该物质的清除率＝肾小球滤过率。这种物质即为测定肾小球滤过率的理想物质，菊粉就是符合这一条件的物质。②肌酐可由肾小球全部滤出，但在肾小管有少量吸收、少量分泌，因此其清除率≈肾小球滤过率。碘锐特或对氨基马尿酸(PAH)的清除率＝有效肾血浆流量。

254. ABCDE　①清除率是指两肾在 1 分钟内能将多少毫升血浆中的某一物质完全清除(排出)，这个被完全清除了该物质的血浆的毫升数，就称为该物质的清除率。肾小球滤过率的正常值为125ml/min。②若测得某物质的肾清除率为 80ml/min，小于肾小球滤过率的正常值，则说明从肾小球滤过的该物质一定被肾小管部分吸收了，或者肾小管分泌的量小于吸收的量，故答案为 A。

255. ABCDE 排尿反射是一种脊髓反射，其初级中枢位于骶髓（C）。

256. ABCDE 257. ABCDE 258. ABCDE ①葡萄糖从肾小球自由滤过后，可被近端小管全部重吸收（B）。②Na^+从肾小球自由滤过后，可被近端小管大部分（65%～70%）重吸收，20%被髓袢重吸收（A）。③对氨基马尿酸随血流流经肾脏一次后，约 90%被肾脏从血浆中清除（D）。④肌酐既能被肾小管、集合管少量分泌，也能少量重吸收。菊粉可从肾小球自由滤过，在肾小管、集合管中既不被重吸收，也不被分泌。

259. ABCDE ①神经末梢能经常释放一些营养性因子，持续地调整所支配组织的内在代谢活动，影响其持久性的结构、生化和生理的变化，这一作用称为神经的营养性作用。当神经被切断后，它所支配的肌肉由于失去其营养作用，将导致糖原合成减慢，蛋白质分解加速，肌肉逐渐萎缩。②神经纤维的主要功能是传导兴奋。支持作用为胶质细胞的功能。允许作用为激素之间的相互作用。

260. ABCDE 261. ABCDE 经典的突触由突触前膜、突触间隙和突触后膜组成。当神经冲动传来时，神经末梢的动作电位使突触前膜去极化，突触前膜 Ca^{2+}通道开放，Ca^{2+}进入突触前膜，引起神经递质的释放，经突触间隙扩散至突触后膜，使突触后膜对某种离子的通透性改变，引起突触后膜的去极化或超极化，从而形成突触后电位。可见影响神经末梢递质释放量的关键因素是进入突触前膜的 Ca^{2+}数量。

262. ABCDE ①银环蛇毒可阻断胆碱能突触后膜的 N_2 型乙酰胆碱受体通道，影响骨骼肌-神经肌接头处兴奋的传递。②新斯的明、有机磷农药可抑制突触后膜上的乙酰胆碱酯酶，阻碍乙酰胆碱水解使其持续发挥作用。阿托品为乙酰胆碱的竞争性拮抗药。酚妥拉明为 α 肾上腺素受体阻断药。

263. ABCDE 突触前抑制的结构基础是轴突-轴突突触，表现为突触前膜被兴奋性递质去极化，使膜电位绝对值变小，当其发生兴奋时动作电位变小，释放的兴奋性递质减少（D），导致突触后兴奋性突触后电位（EPSP）减小，最终使突触后神经元兴奋性降低。

264. ABCDE ①突触后膜在某种神经递质作用下产生的局部超极化电位变化，称为抑制性突触后电位（IPSP）。其产生机制是抑制性中间神经元释放的抑制性递质（如 γ-氨基丁酸）作用于突触后膜，使后膜上的递质门控 Cl^-通道开放，引起 Cl^-内流，导致突触后膜发生超极化。②虽然 IPSP 的形成还可能与突触后膜 K^+外流有关，但不是主要因素，因此答 D 而不是 E。

265. ABCDE 266. ABCDE 267. ABCDE ①经典的突触由突触前膜、突触间隙、突触后膜组成。当神经冲动传来时，神经末梢的动作电位使突触前膜去极化，突触前膜 Ca^{2+}通道开放，Ca^{2+}进入突触前膜，引起神经递质的释放（C）。②抑制性突触后电位的产生机制是抑制性中间神经元释放的抑制性递质作用于突触后膜，使后膜上的递质门控 Cl^-通道开放，引起 Cl^-内流，导致突触后膜发生超极化（D）。③静息状态下，细胞膜对 K^+的通透性最大，静息电位主要是 K^+跨膜扩散的结果。

268. ABCDE ①兴奋性突触后电位（EPSP）是指突触后膜在某种神经递质作用下产生的局部去极化电位变化。EPSP 属于局部电位，具有局部电位的特点（D）。②锋电位、动作电位均具有"全或无"特点。终板电位是骨骼肌神经-肌接头终板膜上出现的局部电位。局部电流为动作电位的传导形式。

269. ABCDE ①经典的突触由突触前膜、突触间隙、突触后膜组成。突触后膜在神经递质作用下，对 Na^+和 K^+通透性增高，导致突触后膜去极化，使突触后神经元对刺激的兴奋性增高，而产生兴奋性突触后电位（B）。②若突触后膜在神经递质作用下，发生超极化，将产生抑制性突触后电位。极化是指静息状态下细胞膜电位的外正内负状态。反极化是指动作电位上升支在到达零电位后继续上升的部分。复极化是指动作电位到达最高点后向静息电位方向恢复的过程。

270. ABCDE 抑制性突触后电位（IPSP）的发生机制是某种抑制性递质作用于突触后膜，导致 Cl^-通道开放，Cl^-内流，使突触后膜发生超极化。因此IPSP是局部超极化电位，而不是去极化电位。由于IPSP是局部电位，因此不具备“全或无”性质（此为动作电位的特性）。IPSP的产生主要是突触后膜对Cl^-通透性增加所致，也可能与Na^+通透性减小有关，但绝不是因突触前膜递质释放量减少引起。

271. ABCDE　①经典的突触由突触前膜、突触间隙和突触后膜组成。突触传递易发生疲劳，可能与神经递质的耗竭有关（D错）。②突触传递特征包括：单向传递、突触延搁、兴奋的总和、兴奋节律的改变、易疲劳、对内环境变化敏感。

272. ABCDE　反射的结构基础是反射弧，由感受器、传入神经、神经中枢、传出神经和效应器5个部分组成。反射中枢的突触传递最易发生疲劳，可能与神经递质的耗竭有关（C）。

273. ABCDE　“呼吸困难、多汗、流涎、瞳孔缩小”为毒蕈碱样症状（M样症状），为胆碱能系统亢进，乙酰胆碱在体内堆积所致（A）。

274. ABCDE　①筒箭毒可阻断N_1受体及N_2受体［记忆为：一箭双雕（N_1+N_2）］。②普萘洛尔（心得安）可阻断β_1受体及β_2受体。酚妥拉明可阻断α_1受体及α_2受体。阿托品可阻断M受体。烟碱可模拟N样作用。

275. ABCDE　①六烃季铵可阻断N_1受体，十烃季铵可阻断N_2受体。②阿托品可阻断M受体。酚妥拉明可阻断α_1受体及α_2受体。普萘洛尔（心得安）可阻断β_1受体及β_2受体。

276. ABCDE　①虹膜环形肌存在M受体，当其兴奋时可引起缩瞳效应。②虹膜辐射肌存在α_1受体，当其兴奋时，可引起扩瞳效应。

277. ABCDE　①运动神经末梢与肌膜构成骨骼肌的神经-肌接头，在神经末梢内有许多突触囊泡，内含大量神经递质乙酰胆碱（ACh）。ACh释放后可与终板膜上ACh受体结合产生终板电位，刺激肌膜产生动作电位，从而引起肌肉收缩。②多巴胺、去甲肾上腺素、肾上腺素、谷氨酸均为中枢性神经递质。

278. ABCDE　①大多数交感节前神经纤维释放的神经递质是乙酰胆碱，大多数交感节后释放的神经递质是去甲肾上腺素。②肾上腺素和5-羟色胺均为中枢性神经递质，去甲肾上腺素为中枢性及外周性神经递质，ATP属于嘌呤递质。

279. ABCDE　去甲肾上腺素与冠状动脉、脑血管、皮肤黏膜血管、竖毛肌的α_1受体结合后引起收缩效应，与小肠平滑肌的α_2受体结合产生舒张效应。参阅9版《生理学》P336表10-4。

280. ABCDE　281. ABCDE　282. ABCDE　①肾上腺素与心脏的β_1受体结合，引起心率加快、传导加速、心肌收缩力加强。②肾上腺素与支气管平滑肌的β_2受体结合，产生强大的舒张效应。③乙酰胆碱与胃肠平滑肌的M受体结合，产生收缩效应，从而促进胃肠运动。参阅9版《生理学》P336表10-4。

283. ABCDE　284. ABCDE　①肾上腺素与肌细胞β_2受体结合，加强糖酵解。②肾上腺素可激活甘油三酯酶，加速脂肪分解，使血液中游离脂肪酸浓度升高，可能与激动β_3受体有关。

285. ABCDE　286. ABCDE　①分布于骨骼肌细胞膜（终板膜）上的受体为乙酰胆碱N_2受体，即N_2型乙酰胆碱受体阳离子通道。N_1受体主要分布于自主神经节突触后膜上。M受体主要分布于大多数副交感节后、少数交感节后。②心肌细胞膜上的肾上腺素能受体主要是β_1受体。

287. ABCDE　288. ABCDE　①反射弧由感受器、传入神经、神经中枢、传出神经和效应器5个部分组成。肌梭是牵张反射的长度感受器，专门感受肌纤维长度的变化。②脊髓可完成一些简单的反射活动，如牵张反射、排便反射等，故脊髓为低位中枢。因此，脊髓的抑制性中间神经元属于神经中枢。

289. ABCDE　290. ABCDE　①牵张反射是指骨骼肌受到外力牵拉时引起受牵拉的同一肌肉收缩的反射活动，包括腱反射和肌紧张。腱反射是指快速牵拉肌腱时发生的牵张反射。其反射过程为：牵拉肌肉→肌梭感受→Ⅰa、Ⅱ类传入纤维→α运动神经元→α传出纤维→梭外肌收缩。可见在腱反射中，肌梭为感受器，梭外肌纤维属于效应器。②肌紧张是指缓慢牵拉肌腱时发生的牵张反射。在肌紧张反射中，感受器也是肌梭，效应器为慢肌纤维，神经中枢为脊髓前角运动神经元。

291. ABCDE　当肌肉受到外力牵拉而被拉长时，首先兴奋肌梭感受器而引发牵张反射，使受牵拉的肌肉收缩以对抗牵拉。当牵拉力量加大时,腱器官可因牵拉力的增加而兴奋,使牵张反射受到抑制,这种由腱器官兴奋引起的牵张反射被抑制,称为反牵张反射,其生理意义是避免被牵拉的肌肉受到损伤。

292. ABCDE ①条件反射是指通过后天学习和训练而形成的反射,其中枢部位在大脑皮层。"叩击股四头肌肌腱引起小腿前伸"(膝反射)的反射中枢位于腰 2~4,不在大脑皮层,因此不属于条件反射。②条件反射的建立要求在时间上把某一无关刺激与非条件刺激结合多次,因此只有多次闻到食物香味,才能形成分泌唾液的条件反射(B)。③咀嚼、吞咽食物引起胃酸分泌,无须反复训练才能建立,这是非条件反射。④强光刺激视网膜引起瞳孔缩小、异物接触角膜引起眼睑闭合,都是正常的神经反射,属于非条件反射。

293. ABCDE 若每次给狗喂食之前,先出现一次铃声(无关刺激或条件刺激),然后再给予食物(非条件刺激),经多次结合训练后,则狗听到铃声就会分泌唾液,这就是条件发射。条件反射就是由无关刺激(条件刺激)与非条件刺激在时间上多次结合而建立起来的,这是大脑形成条件反射的基本条件。训练过程中,无关刺激一定要出现在非条件刺激之前。

294. ABCDE ①反射分为条件反射和非条件反射。条件反射是指通过后天学习和训练而形成的反射(B对),是一种高级反射活动。条件反射可强化或消退,因此其反射弧并不是固定不变的。②非条件反射是指生来就有、数量有限、比较固定和形式低级的反射活动,是先天遗传的,为种族共有的反射,如防御反射、食物反射、性反射、吸吮反射等。

295. ABCDE ①感觉投射系统分特异与非特异投射系统。丘脑特异感觉接替核及其投射至大脑皮层的神经通路称为特异投射系统,它们投向大脑皮层的特定区域,具有点对点的投射关系,其主要功能是引起特定感觉(B对)。②A、C、D、E 均为非特异投射系统的特点。

296. ABCDE 丘脑非特异投射核及其投射至大脑皮层的神经通路称为非特异投射系统。该系统经多次更换神经元后弥散性投射到大脑皮层的广泛区域,因而不具有点对点的投射关系。它本身不能单独激发皮层神经元放电,主要功能是维持大脑皮层兴奋状态(C对)。因此该系统被切断后,动物将处于昏睡状态;刺激该系统,动物将处于清醒状态。

297. ABCDE ①非特异投射系统的主要功能是维持大脑皮层的兴奋状态,切断该系统可使机体进入睡眠状态(E)。②大多数痛觉、温度觉、触觉都是经特异投射系统投射至大脑皮层的特定区域。

298. ABCDE ①非特异投射系统一方面经多次换元并弥散性投射到大脑皮层的广泛区域,因此与大脑皮层不具有点对点的投射关系;另一方面通过脑干网状结构,间接接受来自感觉传导到第二级神经元侧支的纤维投射。由于该系统没有专一的感觉传导功能,因而不能引起各种特定感觉(C)。②网状结构上行激动系统是通过非特异投射系统发挥作用的,存在于脑干网状结构内。由于它是多突触接替系统,因此易受药物影响而发生传导阻滞,如巴比妥类的作用机制就是阻断这一系统的传导。

299. ABCDE 脑干网状结构上行激动系统通过非特异投射系统发挥作用,可弥散投射至大脑皮层的广泛区域,本身不能单独激发皮层神经元放电,主要作用是维持和改变大脑皮层兴奋状态,具有上行唤醒作用(A对)。因它是多突触接替系统,易受巴比妥类药物影响而发生传导阻滞,故不答 C、D。快痛是经特异投射系统到达大脑皮层第一、第二感觉区,但也有少数痛觉纤维经非特异投射系统投射到大脑皮层的广泛区域,故不答 E。

300. ABCDE 内脏痛的特点为:①定位不准确为最主要的特点;②发生缓慢、持续时间长;③对牵拉刺激、扩张性刺激敏感,对切割、烧灼刺激不敏感;④特别能引起不愉快的情绪活动。

301. ABCDE ①牵涉痛指某些内脏疾病引起远隔的体表部位发生疼痛或痛觉过敏。例如:心肌缺血时,常感到心前区、左肩和左上臂牵涉痛(A)。②胃、胰病变常表现为左上腹和肩胛间牵涉痛。肝胆疾病常表现为右肩胛区牵涉痛。阑尾炎常表现为上腹部和脐区牵涉痛。

302. ABCDE ①急性胆囊炎、急性阑尾炎患者炎性渗出液刺激壁层腹膜,可分别出现墨非(Murphy)征阳性、麦氏点压痛,均为躯体性疼痛,不属于牵涉痛,故不答 A、B。②冠心病患者胸骨后疼痛为典型的缺血性胸痛，也不属于牵涉痛，故不答 C。③右下肺炎的典型症状为胸痛，右肩部疼痛为牵涉痛（D）。④肋间神经炎患者电击样痛为典型的神经性疼痛，不属于牵涉痛，故不答 E。

303. ABCDE ①牵涉痛指内脏性疼痛牵涉到身体体表部位，即内脏痛觉信号传导至相应脊髓节段，引起该节段支配的体表部位疼痛。如胆石症常表现为右上腹绞痛，可放射至右肩区、右背部（B）。②躯体痛指壁腹膜受到刺激产生的痛觉。

304. ABCDE ①牵张反射包括腱反射和肌紧张。肌紧张是指缓慢持续牵拉肌腱时发生的牵张反射，表现为受牵拉的肌肉发生紧张性收缩，阻止被拉长。肌紧张是维持躯体姿势最基本的反射活动，是姿势反射的基础（D）。②骨骼肌收缩和舒张的主要功能是做外功，而不是维持躯体姿势。腱反射虽属姿势反射，但可引起明显的动作，容易疲劳，不能持久进行。屈肌反射具有保护意义，不属于姿势反射。

305. ABCDE ①牵张反射包括腱反射和肌紧张。肌紧张是维持躯体姿势最基本的反射。②跟腱反射、肱二头肌反射均属于腱反射。腱反射虽然属于姿势反射，但可引起明显的动作，容易疲劳，不能持久进行。对侧伸肌反射也是一种姿势反射，在保持躯体平衡中具有重要意义，但不是最基本的姿势反射。

306. ABCDE 牵张反射是指骨骼肌在受到外力牵拉时能引起受牵拉的同一肌肉收缩的反射活动。

307. ABCDE 牵张反射分为腱反射、肌紧张两种类型，其感受器都是肌梭。肌梭是一种长度感受器，可感受肌纤维的长度变化。肌梭外有一结缔组织囊，囊内含有梭内肌纤维，囊外为梭外肌纤维。肌梭与梭外肌呈并联关系。梭内肌纤维的收缩成分位于两端，感受装置位于中间，两者呈串联关系。由于肌梭感受器与梭外肌并联、与梭内肌串联，因此，当梭外肌收缩时，肌梭感受器受到的牵拉刺激将减少（D 错）；当梭内肌收缩时，感受器的敏感性将提高。肌梭的传入神经为Ⅰa 类纤维和Ⅱ类纤维。

308. ABCDE ①在动物中脑上、下丘之间切断脑干后，动物出现抗重力肌（伸肌）的肌紧张亢进，表现为四肢伸直，坚硬如柱，头尾昂起，脊柱挺硬，这一现象称为去大脑僵直。②肢体痉挛性麻痹属于硬瘫范畴，为上运动神经元受损的表现。在 C_5 离断的动物常出现脊髓休克。若大脑皮层和皮层下失去联系，可出现明显的下肢伸肌僵直及上肢的半屈状态，称为去皮层僵直。

309. ABCDE 310. ABCDE 黑质和纹状体之间有许多往返纤维联系，从黑质至纹状体的纤维是多巴胺能系统，从纹状体至黑质的纤维是 γ-氨基丁酸（GABA）能系统，在纹状体内部还有乙酰胆碱（ACh）能系统。多巴胺系统的作用是抑制 ACh 递质系统的功能。帕金森病（震颤麻痹）患者由于黑质-纹状体多巴胺能系统受损，黑质分泌的多巴胺减少，使脑内多巴胺含量下降，对 ACh 能系统的抑制作用减弱，机体出现 ACh 递质亢进的症状。表现为全身肌张力增高、肌肉强直、动作迟缓、表情呆板、静止性震颤。静止性震颤是由中缝核 5-羟色胺能系统受损所致，此为帕金森病的次要病因。

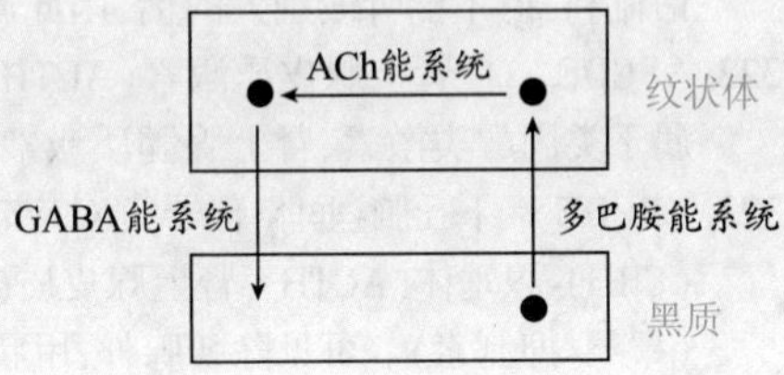

311. ABCDE ①帕金森病的主要症状包括全身肌张力增高，肌肉强直，随意运动减少，动作缓慢，面部表情呆板，静止性震颤（C）。②运动共济失调、骨骼肌张力降低、意向性震颤为脊髓小脑受损的表现。

312. ABCDE ①帕金森病是由于黑质受损，脑内多巴胺含量下降，对乙酰胆碱能系统的抑制作用减弱，机体出现的乙酰胆碱递质亢进症状，常表现为全身肌张力增高、肌肉强直、随意运动减少、动作迟缓、表情呆板等。临床上，给予多巴胺的前体（左旋多巴）或 M 受体拮抗剂（东莨菪碱、阿托品），可明显缓解这些症状。②帕金森病患者还可出现静止性震颤，此症状与中缝核 5-羟色胺能系统受损有关，而与黑质受损无关，因此不能被左旋多巴或 M 受体拮抗剂缓解，而给予 5-羟色胺酸（5-羟色胺的前体）治疗，可显著改善静止性震颤症状。

313. ABCDE ①根据小脑的传入、传出纤维联系，可将小脑分为前庭小脑、脊髓小脑和皮层小脑三个功能部分。前庭小脑由绒球小结叶组成，主要功能是控制躯体平衡和眼球运动。因此，绒球小结叶受损常表现为身体平衡功能障碍，如站立不稳、步基宽、步态蹒跚、容易跌倒，但随意运动的协调不受影响(D 对)。②皮层小脑(半球外侧部)参与随意运动的设计和程序编制。脊髓小脑的功能是调节正在进行的动作,协调大脑皮层对随意运动的控制。

314. ABCDE ①副交感神经兴奋时,神经末梢释放的乙酰胆碱与虹膜环行肌的 M 受体结合,使其收缩,导致瞳孔缩小;与膀胱逼尿肌的 M 受体结合引起逼尿肌收缩(C 对);与胃肠括约肌的 M 受体结合使其舒张。②骨骼肌血管由交感胆碱能纤维支配,因此副交感神经兴奋不能使其舒张。糖原分解加强是由肾上腺素 β_2 受体介导的,因此副交感神经兴奋与糖原分解无关。

315. ABCDE 交感神经兴奋时,神经末梢释放的肾上腺素与虹膜辐射状肌的 α_1 受体结合,使其收缩,引起瞳孔扩大;与逼尿肌的 β_2 受体结合,使其舒张;与消化道括约肌的 α_1 受体结合,使其收缩;与有孕子宫的 α_1 受体结合,使子宫平滑肌收缩(D 对);与支气管平滑肌的 β_2 受体结合,使其舒张。

316. ABCDE 317. ABCDE ①瞳孔对光反射的路径为:强光照射视网膜时,产生的冲动经视神经传到中脑顶盖前区更换神经元,然后到达双侧动眼神经缩瞳核,再沿动眼神经中的副交感纤维传出,使瞳孔括约肌收缩,瞳孔缩小。可见,瞳孔对光反射中枢位于中脑。②因为心血管活动、呼吸运动、胃肠运动、消化腺分泌等基本反射中枢均位于延髓,因此延髓被认为是基本生命中枢的所在部位。③脊髓是某些初级反射的中枢部位,如血管张力反射、发汗反射、排便反射等。下丘脑是参与体温调节、水平衡调节、生物节律控制的中枢。大脑为高级中枢。

318. ABCDE ①婴幼儿正常时,成人熟睡时脑电波应为 δ 波(E)。②θ 波见于少年正常时、成人困倦时。α 波见于成人安静、闭眼、清醒时。β 波见于成人活动时。

319. ABCDE 正常成人安静状态下出现的脑电波常为 α 波。

320. ABCDE ①大脑皮层中央前回底部前方的 Broca 区受损常导致运动失语症,表现为能看懂文字和听懂别人的谈话,但不能说话(E)。②额中回后部接近中央前回的手部代表区受损常导致失写症。角回受损常导致失读症。颞上回后部受损常导致感觉性失语。弓状束受损常导致传导性失语。

321. ABCDE 运动性失语是指能看懂文字和听懂别人的谈话,但不能说话,发音器官正常。命名性失语是指命名不能,表现为患者把词"忘记",多数是物体的名称。传导性失语是指患者对部分词语不能很好地组织起来,言语错乱。感觉性失语是指患者能说话,但听不懂别人的谈话,听力正常。本例说话流利,但不能听懂别人的话,因此属于感觉性失语(D)。

322. ABCDE 促肾上腺皮质激素(ACTH)、促甲状腺激素(TSH)均属于蛋白质类激素,肾上腺皮质激素属于类固醇类激素,肾上腺髓质激素(儿茶酚胺)、甲状腺激素均属于胺类激素。

323. ABCDE 下丘脑-垂体-靶器官对应轴为:①下丘脑(TRH)-腺垂体(TSH)-甲状腺(T_3、T_4);②下丘脑(CRH)-腺垂体(ACTH)-肾上腺皮质(糖皮质激素);③下丘脑(GnRH)-腺垂体(LH/FSH)-睾丸/卵巢-(睾酮/抑制素)。可见除胰腺外,甲状腺、肾上腺皮质、睾丸、卵巢都是腺垂体的靶腺(C)。

324. ABCDE ①下丘脑视上核和室旁核合成抗利尿激素和缩宫素后,经下丘脑-垂体束运送至神经垂体,故下丘脑和神经垂体之间的功能联系主要依靠下丘脑-垂体束(C)。②垂体门脉系统为下丘脑和腺垂体之间的联系网络。下丘脑促垂体区是指神经元胞体所在的下丘脑内侧基底部(包括正中隆起),其肽能神经元可分泌下丘脑调节肽。

325. ABCDE ①血管加压素是由下丘脑视上核、室旁核产生的激素(E)。②促肾上腺皮质激素、生长激素、泌乳素均为腺垂体分泌的激素。血管紧张素主要在血液循环中合成。

326. ABCDE 327. ABCDE ①腺垂体可分泌 7 种激素:生长激素(GH)、泌乳素(催乳素 PRL)、促甲状腺激素(TSH)、促肾上腺皮质激素(ACTH)、卵泡刺激素(FSH)、黄体生成素(LH)、促黑素(MSH)。答案为 B。②神经垂体不含腺细胞,其自身不能合成激素。所谓的"神经垂体激素",实际上是由下丘脑合成后,由神经垂体储存的激素,包括血压加压素和缩宫素。答案为 D。③皮质醇是肾上腺皮质分泌的。肾上腺素是肾上腺髓质分泌的。促甲状腺激素释放激素是下丘脑分泌的。

328. ABCDE ①生长激素可促进蛋白质代谢,总效应是合成大于分解,特别是促进肝外组织的蛋白质合成。②生长激素可激活激素敏感性脂肪酶，促进脂肪分解，增强脂肪酸的氧化分解，提供能量（B错）。③生长激素当然能促进生长发育。④生长激素可抑制外周组织摄取和利用葡萄糖，减少葡萄糖消耗，升高血糖水平。生长激素H分泌过多时，可造成垂体性糖尿。⑤生长激素能促进氨基酸进入细胞，增强DNA、RNA的合成，减少尿氮排出，呈正氮平衡。

329. ABCDE　①生长激素的分泌呈日周期变化，进入深睡眠（慢波睡眠）1小时达分泌高峰，转入异相睡眠时分泌减少，觉醒时分泌更少。熟睡时生长激素分泌增多有利于机体的生长发育和体力的恢复。②饥饿、寒冷均可促进生长激素分泌，但不是最高水平，故不答C、D。

330. ABCDE　腺垂体、甲状腺、甲状旁腺、肾上腺、性腺、胰岛均属于内分泌腺，前列腺不属于内分泌腺。

331. ABCDE　甲状腺激素是促进胎儿和新生儿脑发育的关键激素。在胚胎期，甲状腺激素可促进神经元增殖、分化和突触形成等。如先天性甲状腺发育不全的患儿出生时，即可有脑发育障碍，一般出生后数周至3~4个月，即可有明显智力低下。

332. ABCDE　甲状腺激素是促进神经系统发育最重要的激素，原料碘的缺乏，将造成甲状腺激素合成不足，导致脑发育障碍及甲状腺肿大。本例不要想当然地错答为“内分泌紊乱”。

333. ABCDE　①甲状腺激素是胎儿和新生儿脑发育的关键激素。在胚胎期，甲状腺激素可促进神经元增殖、分化、突起和突触形成，促进胶质细胞生长和髓鞘形成，促进神经元骨架的发育。虽然甲状腺激素和生长激素都能促进生长发育，但前者可促进神经系统的生长发育，后者则不能。因此，影响神经系统发育最重要的激素是甲状腺激素。②胰岛素是蛋白质合成和储存不可缺少的激素。

334. ABCDE　甲状腺激素可刺激骨化中心的发育成熟，使软骨骨化，促进长骨的生长。同时，甲状腺激素也是促进神经系统发育最重要的激素，因此甲状腺激素对促进骨和脑的生长发育最为重要。

335. ABCDE　①幼儿甲状腺激素分泌不足可导致呆小症，成人甲状腺激素分泌不足可导致黏液性水肿（A）。②小儿麻痹是脊髓灰质炎的后遗症。幼儿生长激素分泌过多可导致巨人症，分泌过少可导致矮小症。成人生长激素分泌过多可导致肢端肥大症。

336. ABCDE　337. ABCDE　①甲状腺激素的分泌受“下丘脑（TRH）-垂体（TSH）-甲状腺（T_3、T_4）”轴的调节，TRH（促甲状腺激素释放激素）、TSH（促甲状腺激素）均可促进甲状腺激素的分泌（C）。②皮质醇的分泌受“下丘脑（CRH）-垂体（ACTH）-肾上腺皮质（糖皮质激素）”轴的调节，CRH（促肾上腺皮质激素释放激素）、ACTH（促肾上腺皮质激素）均可促进皮质醇的分泌（A）。③LH/FSH（黄体生成素/卵泡刺激素）可促进性激素的释放。GH（生长激素）的分泌受GHIH/GHRH的调节。

338. ABCDE　①降钙素是由甲状腺滤泡旁细胞分泌的肽类激素。②甲状旁腺主细胞分泌的是甲状旁腺激素。成骨细胞和破骨细胞相互协同，在骨骼的发育和形成过程中发挥重要作用。

339. ABCDE　降钙素的主要作用是降低血钙和血磷，主要靶器官是骨和肾脏，主要是通过抑制破骨细胞活动、促进成骨细胞活动、增强肾脏对钙磷的排泄，而降低血钙和血磷。

340. ABCDE　甲状旁腺激素（PTH）的靶器官是肾和骨，可调节钙磷代谢。PTH可促进近端小管对钙的重吸收，促进骨钙入血，而升高血钙。PTH可抑制近端小管对磷的重吸收，促进尿磷排出，使血磷降低。

341. ABCDE　甲状旁腺激素的主要生理功能是调节血钙、血磷浓度。

342. ABCDE　甲状旁腺激素（PTH）的作用是升血钙降血磷。PTH可促进近端小管对钙的重吸收，也可促进骨钙入血，从而升高血钙。PTH可抑制近端小管对磷的重吸收，促进尿磷排出，使血磷降低。

343. ABCDE　344. ABCDE　胰岛α（A）细胞分泌胰高血糖素；胰岛β（B）细胞分泌胰岛素；胰岛δ（D）细胞分泌生长抑素；胰岛D_1细胞分泌血管活性肠肽；胰岛F细胞分泌胰多肽；胰岛G细胞分泌促胃液素。

345. ABCDE　①体内唯一可降低血糖的激素是胰岛素。胰岛素还可促进蛋白质合成，抑制蛋白质分解。因此，胰岛素是降糖升蛋白的激素。②生理量甲状腺激素、雄激素、雌激素、生长激素均可促进蛋白质合成，均为升蛋白激素，但都不能降低血糖。

346. ABCDE　①A、B、C、D、E 5种激素均可促进胰岛素的分泌，其中以抑胃肽的作用最强。小肠吸收的葡萄糖、氨基酸、脂肪酸等可刺激小肠黏膜分泌抑胃肽，进而直接刺激胰岛素分泌。②促胃液素、促胰液素、生长激素、皮质醇可能是通过升高血糖而间接刺激胰岛素分泌，因此刺激作用不及抑胃肽显著。

347. ABCDE ①在所有调节胰岛素分泌的因素中，血糖水平是调节胰岛素分泌的最重要因素。胰岛 B 细胞对血糖水平的变化十分敏感，血糖水平升高时，胰岛素可立即分泌使血糖水平降低。②许多氨基酸可刺激胰岛素分泌，其中以精氨酸和赖氨酸的作用最强。③脂肪酸对胰岛素分泌的刺激作用较弱。④迷走神经兴奋、胰高血糖素均可间接刺激胰岛素分泌。

348. ABCDE ①胰岛素能促进全身组织摄取、利用葡萄糖，促进肝糖原和肌糖原合成，抑制糖异生，从而降低血糖。②胰岛素可促进葡萄糖转变为脂肪酸。③抑胃肽可促进胰岛素分泌。④胰岛素可抑制脂肪酶的活性，减少脂肪分解；胰岛素能使氨基酸进入细胞的速度加快，并促进细胞内蛋白质合成，抑制蛋白质分解（D 错）。⑤胰岛素与生长激素共同作用，能产生明显的促生长协同效应。

349. ABCDE ①胰岛素可在蛋白质合成的各环节发挥作用而促进蛋白质合成：促进氨基酸进入细胞的主动转运过程；加速复制和转录过程；加速核糖体的翻译过程，促进蛋白质合成；抑制蛋白质分解；抑制糖异生，使血中用于葡萄糖异生的氨基酸可用于蛋白质合成。因此，胰岛素是蛋白质合成与储存不可缺少的激素。②胰高血糖素主要作用是升血糖。胰多肽可抑制胆囊收缩素和胰酶释放。生长抑素的主要作用是抑制生长激素的分泌。氢化可的松为糖皮质激素，生理作用复杂。

350. ABCDE ①糖皮质激素主要通过减少肝外组织对糖的利用、加速糖异生而升高血糖（B 对）。②促进糖类转变为脂肪、促进葡萄糖氧化的结果肯定是降低血糖而不是升高血糖，故不答 C、E。糖皮质激素可提高四肢脂肪酶的活性，促进脂肪分解，故不答 D。

351. ABCDE ①糖皮质激素可抑制外周组织摄取、利用葡萄糖，加速肝糖异生。②糖皮质激素可刺激骨髓造血，使血液中红细胞、血小板、中性粒细胞数量增多，而淋巴细胞和嗜酸性粒细胞数量减少。③糖皮质激素可促进脂肪分解，抑制脂肪合成。④糖皮质激素可加速肝内蛋白质合成，促进肝外（肌肉）组织蛋白质分解（D 对）。⑤糖皮质激素可参与应激，提高机体抗伤害刺激的能力。

352. ABCDE ①糖皮质激素可促进脂肪分解和脂肪酸在肝内的氧化，抑制脂肪合成。且对不同部位脂肪细胞代谢的影响存在差异。糖皮质激素分泌过多时，可引起躯体脂肪的异常分布，如项背分布增加，而四肢减少，呈现“向心性肥胖”的现象。②甲状腺激素分泌过多见于甲状腺功能亢进症。生长激素分泌过多见于巨人症或肢端肥大症。肾上腺素分泌过多见于嗜铬细胞瘤。胰岛素分泌不足见于糖尿病。

353. ABCDE ①应激时，机体启动下丘脑-腺垂体-肾上腺皮质系统，引起皮质醇、ACTH、儿茶酚胺、生长激素、催乳素、胰高血糖素、抗利尿激素、醛固酮分泌增加，但以皮质醇增加最为明显。当机体受到应激原刺激时，下丘脑 CRH 神经元分泌增强，刺激腺垂体 ACTH 分泌，导致血中皮质醇显著增高（A）。②应激时血糖浓度应增高，因此胰岛素分泌应减少。雄激素主要促进男性的生长发育。

354. ABCDE ①机体处于应急状态下，交感-肾上腺髓质系统活动加强，分泌大量肾上腺髓质激素，引起中枢神经系统兴奋，表现为心率加快，心输出量增加，血压升高，全身血量重新分布，以保证心脑血液供应；呼吸加深加快，血糖升高，脂肪分解，以满足机体在应急状态下的能量需求（C）。②机体在应激状态下，下丘脑-腺垂体-肾上腺皮质轴的活性增强。请注意应急反应与应激反应的区别。

355. ABCDE ①糖皮质激素受下丘脑（CRH）-垂体（ACTH）-肾上腺-糖皮质激素轴的调节。当长期使用糖皮质激素时，可负反馈抑制 CRH、ACTH 的分泌，导致血中 CRH、ACTH 减少（B）。②TSH 主要受下丘脑（TRH）-垂体（TSH）-甲状腺-T_3、T_4 轴的调节；生长激素（GH）主要受下丘脑分泌的生长激素释放激素/生长激素抑制激素（GHRH/GHIH）的双重调节；催乳素（PRL）主要受下丘脑分泌的催乳素释放因子/催乳素抑制因子（PRF/PIF）的双重调节，这些都与糖皮质激素的生理调节无关。

356. ABCDE ①胰岛素是体内唯一的降糖激素。甲状腺激素、肾上腺素、去甲肾上腺素均可升高血糖。②醛固酮主要参与水盐代谢的调节，而与糖代谢的调节无关（E）。

357. ABCDE　①男性性腺(睾丸)分泌的激素包括由间质细胞分泌的睾酮、由支持细胞分泌的抑制素、雌激素。睾酮为主要激素,属于类固醇激素;雌激素量少,也属于类固醇激素;抑制素属于蛋白质激素,量少,故最佳答案为E。②儿茶酚胺是体内嗜铬组织分泌的激素。

358. ABCDE　睾丸间质细胞分泌睾酮,支持细胞分泌抑制素,生精细胞产生精子,成纤维细胞和肌样细胞不分泌激素。

359. ABCDE　①睾丸间质细胞的主要功能是分泌雄激素(睾酮),故答C。②曲细精管上皮由生精细胞和支持细胞构成,生精细胞的功能是产生精子,支持细胞的功能是"营养和支持生殖细胞"。睾酮可促进精子成熟,具有维持生精作用。支持细胞之间的紧密连接构成血睾屏障。

360. ABCDE　①睾酮可刺激生殖器官的生长发育,促进男性副性征的出现,并维持正常性欲。②睾酮具有维持生精作用,睾酮自间质细胞分泌后,可进入支持细胞并转变为双氢睾酮,随后进入曲细精管,促进生精细胞的分化和精子的生成。③睾酮可促进骨骼生长,并不是具有溶骨作用(C错)。④睾酮可促进肾脏合成促红细胞生成素,刺激红细胞生成。

361. ABCDE　①睾酮可刺激生殖器官的生长发育,促进男性副性征的出现,并维持正常性欲。②睾酮具有维持生精作用,可促进精子的生长发育。③睾酮可促进骨骼的生长发育。④睾酮能促进蛋白质的合成,特别是促进肌肉和生殖器的蛋白质合成(B错)。

362. ABCDE　①雌激素可促进子宫和输卵管的发育;促进阴道黏膜上皮细胞增生角化;增强成骨细胞活动和骨中钙磷沉积,促进骨的生长。②雌激素可促进肾小管对水和钠的重吸收,导致水钠潴留。

363. ABCDE　①孕激素可使增生期子宫内膜进一步增厚,并进入分泌期,为受精卵的生存和着床提供适宜的环境(B)。②A、C、D均为雌激素的生理作用。E为催产素的生理功能。

364. ABCDE　正常女性基础体温在排卵后可升高0.5℃,并在黄体期一直维持在此水平,临床上将这一基础体温的变化,作为判定排卵的指标之一。目前认为基础体温的升高与孕激素有关(D)。

365. ABCDE　正常月经周期平均为28天,分为排卵前期(卵泡期)和排卵后期(黄体期),各激素水平随月经周期而变化。①卵泡刺激素(FSH)、黄体生成素(LH)浓度逐渐升高→雌激素分泌增加(排卵前1天达第1次高峰)→LH高峰→排卵。②LH升高,作用于黄体细胞分泌雌激素和孕激素→导致排卵后雌激素第2次高峰→促进黄体分泌孕激素→排卵后5~10天出现孕激素高峰→黄体退化,雌激素、孕激素降低。可见雌激素出现第2次高峰的直接原因为LH的作用。

366. ABCDE　黄体生成素(LH)在孕激素的配合下,可使卵泡壁溶解酶的活性增强,导致卵泡壁溶化而排卵。排卵前会出现LH高峰,LH高峰是控制排卵的关键因素,若消除这一高峰,则排卵被抑制。不要想当然的认为排卵是由卵泡刺激素(FSH)引起的。

367. ABCDE　①育龄期女性月经周期中,促进卵泡发育成熟的主要激素是卵泡刺激素(FSH)。在每个月经周期的黄体期向卵泡期转化时,由于垂体FSH分泌增加,一群10~20个小窦状卵泡进入FSH高度依赖的快速生长,此为周期性募集。但在被募集的卵泡中,一般仅有一个成为优势卵泡,最后成熟并排卵。②黄体生长素是控制排卵的关键激素。人绒毛膜促性腺激素是促使黄体变成妊娠黄体的主要激素。雌激素、孕激素是维持育龄期女性月经周期的主要激素。

368. ABCDE　①子宫周期又称月经周期,一般为28天左右,月经期3~5天。②一个月经周期中,卵巢的大致过程为:FSH、LH浓度逐渐升高→雌激素分泌增加(排卵前1天达第1次高峰)→LH高峰→排卵。LH升高,作用于黄体细胞分泌雌激素和孕激素→导致排卵后雌激素第2次高峰→促进黄体分泌孕激素→排卵后5~10天出现孕激素高峰→黄体退化,雌激素(E_2)、孕激素(P)显著降低,引起子宫内膜血管痉挛收缩、内膜脱落,月经来潮,答案为E。

第四篇　医学微生物学试题答案及详细解答

（正确答案为绿色的选项）

1. ABCDE　①真菌属于真核细胞型微生物，细胞核分化程度高，有核膜和核仁，有完整细胞器。②立克次体、放线菌、细菌、衣原体均属于原核细胞型微生物，无核膜和核仁，细胞器很不完善，只有核糖体。

2. ABCDE　①原核细胞型微生物细胞核分化程度低，无核仁和核膜。除核糖体外，无其他细胞器，这类微生物包括细菌、支原体、衣原体、立克次体、螺旋体、放线菌。②真菌属于真核细胞型微生物。

3. ABCDE　①微生物分为非细胞型、原核细胞型、真核细胞型微生物三类，病毒属于非细胞型微生物（B）。②细菌、支原体、衣原体、立克次体均属于原核细胞型微生物。

4. ABCDE　①细菌、支原体、衣原体、立克次体、螺旋体、放线菌均属于原核细胞型微生物（B）。②真菌（念珠菌、隐球菌、小孢子菌、酵母菌）属于真核细胞型微生物。

5. ABCDE　6. ABCDE　①衣原体、支原体、立克次体均属于原核细胞型微生物，其中支原体缺乏细胞壁，体积最小，故答D。衣原体、立克次体均有细胞壁，严格细胞内寄生。②真菌属于真核细胞型微生物，细胞核高度分化，有核仁和核膜，细胞器完整（C）。③病毒属于非细胞型微生物。

7. ABCDE　①细菌细胞壁位于细菌细胞的最外层，其主要成分为肽聚糖，为细菌所特有（A）。②外膜为G^-菌的特有结构，G^+菌的细胞壁无外膜。外膜由脂蛋白、脂质双层和脂多糖三部分组成。类脂A为脂多糖的成分之一。可见，B、C、D、E均不是细菌细胞壁的特有成分。

8. ABCDE　青霉素能与细菌竞争合成肽聚糖过程中所需的转肽酶，抑制四肽侧链上*D*-丙氨酸与五肽交联桥之间的联结，使细菌不能合成完整的肽聚糖，在一般渗透压环境中，可导致细菌死亡（E）。

9. ABCDE　①细菌的遗传物质称为核质。"核质以外的遗传物质"包括质粒、噬菌体、转位因子，故答C。质粒编码的细菌性状有菌毛、细菌素、毒素和耐药性的产生等。②mRNA、核蛋白体都不是遗传物质，只有DNA才是遗传物质，故不答A、B。异染颗粒是细菌普遍存在的贮藏物，主要成分是RNA和多偏磷酸盐。性菌毛可通过接合作用传递F质粒，但它不是遗传物质，故不答E。

10. ABCDE　①质粒是细菌染色体以外的遗传物质，存在于细胞质中，为闭合环状双链DNA，带有遗传信息。质粒编码的细菌性状有菌毛、细菌素、毒素和耐药性的产生等（C）。②性菌毛主要通过接合作用传递F质粒，也是某些噬菌体吸附于菌细胞的受体。细菌染色体为遗传物质。鞭毛为细菌的运动器官，具有抗原性，与致病性有关。异染颗粒是细菌普遍存在的贮藏物，主要成分是RNA和多偏磷酸盐。

11. ABCDE　12. ABCDE　13. ABCDE　①中介体多见于G^+菌，是细菌部分细胞膜内陷、折叠、卷曲形成的囊状物。中介体的形成，有效地扩大了细胞膜的面积，相应地增加了酶的含量和能量的产生，而这些酶类主要参与细胞的呼吸和能量代谢，其功能类似于真核细胞的线粒体，也称拟线粒体（A）。②异染颗粒是细菌普遍存在的贮藏物，主要成分是RNA和多偏磷酸盐，嗜碱性强，用亚甲蓝染色时着色较深。异染颗粒常见于白喉杆菌，位于菌体两端，有助于细菌鉴定（E）。③某些受病毒感染的细胞内，光镜下可见到与正常细胞结构和着色不同的圆形或椭圆形斑块，称为包涵体。包涵体常见于病毒大量增殖过程中（B）。④吞噬体与吞噬细胞的杀菌作用有关。质粒是细菌染色体以外的遗传物质。

14. ABCDE　①荚膜是某些细菌在其细胞壁外包绕的一层黏液性物质，与细胞壁结合牢固，能抵抗宿主吞噬细胞的吞噬和消化作用，增强细菌的侵袭力，是病原菌的重要毒力因子（C）。②芽胞主要与细菌对外界的抵抗力有关。肽聚糖是细菌细胞壁特有的成分，主要功能是保持菌体固有形态，维持菌体内外的渗透压。核糖体是细菌合成蛋白质的场所。异染颗粒可用于某些细菌的鉴定。

15. ABCDE　①肺炎链球菌无鞭毛，无芽胞，但有荚膜。荚膜有抗吞噬作用，是肺炎链球菌的主要毒力因子(C)。②C-反应蛋白为炎症时相蛋白，与肺炎链球菌的致病性无关。肺炎链球菌的毒力因子还包括表面蛋白黏附素、分泌性IgA蛋白酶、溶血素、磷壁酸、肽聚糖，而不是自溶酶、内外毒素。

16. ABCDE　①细菌芽胞对外界不良环境抵抗力强，对热力、干燥、辐射、化学消毒剂等理化因素均有强大抵抗力。一般细菌繁殖体在80℃水中迅速死亡，而有的芽胞细菌可耐100℃数小时。临床上常以芽胞是否被杀死作为判断灭菌效果的指标。因此，细菌芽胞最显著的特性是耐热性(C)。②抗吞噬性、黏附性是荚膜的特性。侵袭性是菌毛的特性。芽胞没有毒素活性。

17. ABCDE　①细菌一般以简单的二分裂方式进行无性繁殖(D)。G^+菌的染色体与中介体相连，当染色体复制时，中介体一分为二，移向两端，细胞膜内陷形成横隔，同时细胞壁内陷，最终分裂为2个子代细菌。G^-菌无中介体，染色体直接连接在细胞膜上，复制产生的新染色体附着在邻近的一个点上，在两点之间形成的新细胞膜将各自的染色体分隔在两侧。最终细胞壁沿横隔内陷，整个细胞分裂成两个子代细胞。②有性繁殖为真菌的繁殖方式之一。放线菌主要以孢子形式无性繁殖，也可通过菌丝断裂繁殖。细胞出芽为单细胞生物常见的繁殖方式之一。核酸复制为病毒的繁殖方式。

18. ABCDE　幽门螺杆菌是一种单极、多鞭毛、螺旋形弯曲的细菌，革兰染色阴性，微需氧(D对)，生长时需要CO_2，营养要求高，培养时需动物血清或血液。

19. ABCDE　①细菌素是某些细菌产生的一类具有抗菌作用的蛋白质，对与产生菌有亲缘关系的细菌有杀伤作用，故可用于细菌分型和流行病学调查(B)。②抗生素是指某些微生物代谢过程中产生的一类能抑制或杀死某些其他微生物的物质。抗生素多由放线菌和真菌产生，不能作为细菌分型的依据。热原质为细菌细胞壁的脂多糖，与细菌感染引起的发热有关。细菌可产生内毒素和外毒素，主要与细菌的致病力有关。有些细菌能产生色素，对细菌的鉴别有一定的意义，而与细菌分型和流行病学调查无关。故答B而不是E，很多医考参考书将答案错为E。

20. ABCDE　①波长240～300nm的紫外线具有杀菌作用(A)。紫外线主要作用于细菌DNA，使DNA链上两个相邻的胸腺嘧啶以共价键结合，形成二聚体，干扰DNA的复制与转录，导致细菌变异或死亡。因紫外线的穿透力较弱，故一般用于空气消毒，或不耐热物品的表面消毒。②γ射线多以^{60}Co为放射源，常用于一次性医用塑料制品的消毒。微波主要依靠热效应进行消毒，多用于食品、非金属器械、食品用具、药杯等的消毒。红外线、可视线不能用于消毒。

21. ABCDE　①高压蒸汽灭菌法是目前应用最普遍的灭菌方法，灭菌效果最可靠。②高压蒸汽灭菌法适用于耐高温和耐湿物品的灭菌，如金属器械、玻璃、敷料、橡胶制品等的灭菌。当蒸汽压力达到104.0～137.3kPa，温度121～126℃，30分钟，即可杀灭包括芽胞在内的一切微生物，答案为D。

22. ABCDE　①高压蒸汽灭菌法是灭菌效果最好的方法，常用于耐高温、耐湿热物品的灭菌，如普通培养基、生理盐水等的灭菌(C)。②巴氏消毒法常用于牛奶的消毒。煮沸法常用于剪刀、注射器等的灭菌。流通蒸汽灭菌法常用于日常餐具的消毒。间歇灭菌法适用于不耐高热培养基的灭菌。

23. ABCDE　①细菌通过性菌毛相互连通，将质粒从供菌转给受菌的方式，称为接合(B)。能通过接合方式转移的质粒称为接合性质粒，如F质粒、R质粒。②转化是供菌裂解释放的DNA片段被受菌直接摄取，使受菌获得新的性状。转导是指由噬菌体介导，将供菌的DNA片段转入受菌，使受菌获得供菌的部分遗传性状。易位是指染色体片段位置的改变。溶原性转换是指温和噬菌体感染宿主菌后，以前噬菌体形式与细菌基因组整合成为溶原性细菌，从而获得由噬菌体基因编码的某些性状。

24. ABCDE　菌群失调是指在应用抗生素治疗感染性疾病的过程中，宿主某部位正常菌群中各菌种间的比例发生较大幅度变化而产生的病症。若正常微生物的种群发生了严重的定量或定性的异常变化，可使宿主产生一系列临床症状，称为菌群失调症。可见，引起菌群失调症的原因是正常菌群的组成和数量明显改变(D)，主要诱因是抗生素的滥用。

25. ABCDE　①引起肠道菌群失调的原因是长期、大量使用抗生素后，大多数正常菌群被抑制或杀灭，而原处于劣势的菌群或外来耐药菌趁机大量繁殖而致病(C)。②A、B、D、E 是导致宿主感染的主要原因。

26. ABCDE　①致病菌能突破宿主皮肤、黏膜生理屏障，进入机体并在体内定植、繁殖扩散的能力，称为侵袭力。细菌的侵袭力包括黏附素、荚膜、侵袭素、侵袭性酶类、细菌生物被膜等。细菌首先通过黏附素黏附并定植在宿主黏膜上皮细胞表面，才能侵入细胞生长繁殖而致病。荚膜具有抗吞噬作用，能使细菌在宿主体内大量繁殖和扩散。细菌生物被膜是细菌在生长过程中，为了适应周围环境而形成的一种保护性生存方式。透明质酸酶可分解细胞间质的透明质酸，利于细菌及毒素的扩散。可见，A、B、C、E 均与细菌的侵袭力有关。②外毒素只引起宿主细胞的功能损害，而与细菌的侵袭力无关。

27. ABCDE　①病原菌突破宿主的皮肤黏膜生理屏障后，可在黏附因子作用下，黏附并定植在宿主黏膜上皮细胞表面，然后侵入细胞生长繁殖而致病。②荚膜、微荚膜具有抗吞噬作用，能使病原菌在宿主体内大量繁殖和扩散而致病。③许多细菌可释放侵袭性胞外酶，有利于病原菌的抗吞噬作用并向周围组织扩散。④病原菌可产生内、外毒素，直接引起宿主细胞的功能损害而致病。可见，A、B、C、D 都与病原菌的致病机制有关。⑤感染的发生还与入侵宿主的细菌数量有关，如伤口污染细菌的数量若超过 10^5 个常引起感染，低于此数量则较少发生感染(E 错)。

28. ABCDE　①内毒素是革兰阴性菌细胞壁的脂多糖组分(E)，其分子结构由 O 特异性多糖、非特异性核心多糖和脂质 A 三部分组成。②肽聚糖为细菌细胞壁的主要成分。外毒素的成分为蛋白质，内毒素的成分为脂多糖。脂蛋白为革兰阴性菌细胞壁外膜的组分之一。核酸为病原微生物的遗传物质。

29. ABCDE　内毒素是多种革兰阴性菌的细胞壁成分，由菌体裂解后释出，其主要化学成分为脂多糖。内毒素耐热且稳定，抗原性弱，可刺激机体产生抗体，但无中和作用形成抗毒素，经甲醛处理不能脱毒成为类毒素(B 错)。经甲醛处理可脱毒成为类毒素的是外毒素。

	细菌外毒素	细菌内毒素
来源	革兰阳性菌和少数革兰阴性菌	革兰阴性菌
编码基因	质粒、前噬菌体或染色体基因	染色体基因
释放方式	多由活菌分泌，少数为细菌崩解后释出	为细菌细胞壁组分，只能在细菌崩解后释出
化学成分	蛋白质	脂多糖
毒性作用	毒性作用强，对组织器官具有高度选择性	毒性作用较弱，对组织器官无选择性
稳定性	不稳定，60~80℃，30 分钟被破坏	耐热，160℃，2~4 小时才被破坏
抗原性	抗原性强，能刺激机体产生抗毒素	抗原性弱，刺激机体产生的中和抗体作用弱
甲醛处理	经甲醛处理可脱毒成类毒素	经甲醛处理不能形成类毒素

30. ABCDE　①内毒素是革兰阴性菌的细胞壁成分，只能由革兰阴性菌产生，革兰阳性菌不能产生内毒素(A 对)。请注意：外毒素既可由革兰阳性菌产生，也可由革兰阴性菌产生。②由于内毒素是革兰阴性菌的细胞壁成分，因此只能在细菌死亡、菌体裂解后释放出来。细菌在生活状态下即可释放出来的是外毒素。③内毒素抗原性较弱，耐热，加热 160℃ 2~4 小时才被破坏。

31. ABCDE　①菌血症是指致病菌由局部侵入血流，但未在血流中生长繁殖，只是短暂的一过性通过血液循环到达体内适宜部位后再进行繁殖而致病，如伤寒早期即为菌血症期(E)。②霍乱弧菌引起的霍乱、肉毒梭菌引起的食物中毒、白喉棒状杆菌引起的白喉、破伤风梭菌引起的破伤风均为毒血症。参阅 3 版 8 年制《医学微生物学》P88。

32. ABCDE　①金黄色葡萄球菌是烧伤感染的常见致病菌，可产生血浆凝固酶、杀白细胞素、肠毒素等致病物质。根据题干，本例应诊断为金黄色葡萄球菌(E)。②A、B、C、D 均不能产生凝固酶。

33. ABCDE　①夏秋季节引起细菌性食物中毒最常见的致病菌为金黄色葡萄球菌(A)。临床分离的金黄色葡萄球菌约 1/3 能产生肠毒素。肠毒素能引起急性胃肠炎即食物中毒。②溶血性链球菌主要引起感染性心内膜炎。肺炎链球菌主要导致大叶性肺炎。脑膜炎奈瑟菌主要导致化脓性脑膜炎。淋病奈瑟菌常引起淋病。

34. ABCDE　①食物中毒是由血浆凝固酶阳性的金黄色葡萄球菌肠毒素所致，而与血浆凝固酶阴性葡萄球菌无关（A）。②B、C、D、E 均属于血浆凝固酶阴性葡萄球菌所致的疾病。

35. ABCDE　金黄色葡萄球菌可分泌毒性综合征毒素-1（TSST-1），引起发热、休克、脱屑性皮疹。TSST-1 能增加机体对内毒素的敏感性，感染产毒菌株后，可引起机体多个器官系统的功能紊乱或毒性休克综合征。

36. ABCDE　①患者术后第 7 天，高热，咳脓血痰，双肺湿啰音，应诊断为肺炎。②A 族链球菌常引起皮肤及皮下组织化脓性感染、风湿热、急性肾小球肾炎，很少引起肺炎，故不答 A。D 族链球菌常引起皮肤、胆道、肠道感染，很少引起肺炎，故不答 B。脑膜炎奈瑟菌为 G^- 双球菌，故不答 C。③肺炎链球菌常导致社区获得性肺炎，咳铁锈色痰液，故不答 D。金黄色葡萄球菌常引起院内肺炎，咳脓血性痰，故答 E。

37. ABCDE　①根据细胞壁中抗原结构的不同，可将链球菌分为 A～H、K～V20 群。对人致病的链球菌菌株，90%左右属 A 群，含有 M 蛋白，M 蛋白与其致病性有关。肺炎链球菌无群抗原，不含 M 蛋白，答案为 A。②B、C、D、E 均属于肺炎链球菌的致病物质。

38. ABCDE　①流行性脑脊髓膜炎是由脑膜炎奈瑟菌引起的急性化脓性脑膜炎（A）。②念珠菌属、隐球菌属主要引起真菌感染。链球菌属、葡萄球菌属主要引起化脓性疾病。

39. ABCDE　淋病奈瑟菌为革兰染色阴性球菌，常成双排列，两菌接触面平坦，似一对咖啡豆。

40. ABCDE　41. ABCDE　42. ABCDE　①肺炎链球菌有典型的荚膜结构，荚膜有抗吞噬作用，是肺炎链球菌的主要毒力因子（C）。②淋病奈瑟菌能产生 IgA1 蛋白酶，破坏黏膜表面存在的特异性 IgA1 抗体，使淋病奈瑟菌能黏附在尿道黏膜表面，引起泌尿生殖系感染（E）。③引发猩红热的病原体是 A 组溶血性链球菌（B）。

43. ABCDE　肠杆菌能分解多种糖和蛋白质，其中乳糖发酵试验可初步鉴别致病菌（志贺菌、沙门菌）和非致病菌，致病菌一般不能发酵乳糖，而非致病菌大多能发酵乳糖。A、B、C、D 均无鉴别意义。

44. ABCDE　①肠出血型大肠埃希菌（EHEC）为出血性结肠炎的病原体，血清型主要为 O 157:H7。出血性结肠炎主要表现为严重腹痛、大量腹泻、血样便。②黏液脓血便见于溃疡性结肠炎、急性细菌性痢疾。米泔水样便见于霍乱。蛋花样便见于小儿轮状病毒肠炎。

45. ABCDE　①肠出血性大肠埃希菌 O157:H7 血清型可引起出血性结肠炎，常表现为反复出血性腹泻、严重腹痛（D）。②伤寒沙门菌主要引起伤寒。金黄色葡萄球菌主要引起化脓性感染。霍乱弧菌主要引起霍乱。副溶血性弧菌主要导致食物中毒。

46. ABCDE　①解题时应注意大肠菌群数与细菌总数的区别，前者为卫生标准（9 版微生物学 P106），后者为卫生部标准（2 版 8 年制《医学微生物学》P129）。大肠菌群数指数是指每升样品中的大肠菌群数。细菌总数是指每毫升或每克样品中所含细菌数。②2007 年我国卫生标准规定，大肠菌群在每升饮水中≤3 个，每 100ml 瓶装汽水、果汁中≤5 个。卫生部标准是饮用水、饮料中细菌总数 < 100 cfu/ml，故答案为 B。

47. ABCDE　志贺痢疾杆菌产生的志贺毒素与肠出血型大肠埃希菌（EHEC）产生的毒素相同，由 1 个 A 亚单位和 5 个 B 亚单位组成，B 亚单位与宿主细胞糖脂受体结合，导入细胞内的 A 亚单位可裂解 60S 核糖体亚单位的 28S rRNA，阻止其与氨基酰-tRNA 结合，致使蛋白质合成中断。志贺毒素主要导致肠黏膜上皮损伤，还可介导肾小球内皮细胞损伤，导致溶血性毒素综合征。EHEC 为急性出血型结肠炎的病原体。

48. ABCDE　①患者有不洁饮食史，突发发热、腹痛腹泻、黏液脓血便，伴里急后重，应诊断为普通型痢疾，其致病菌为痢疾杆菌。可取粪便的脓血或黏液部分，接种于肠道选择培养基上，37℃ 孵育 18～24

小时,即可见无色半透明可疑菌落,然后进行菌群、菌型鉴定(E)。②伤寒主要表现为持续高热、缓脉、脾大、玫瑰疹等,故不答 A。葡萄球菌食物中毒常于进餐后 1~6 小时发病,一般不会 3 天后发病,故不答 B。沙门菌食物中毒常于进餐后 6~24 小时发病,故不答 C。霍乱常为水样便,无里急后重,故不答 D。

49. ABCDE ①肥达试验(Widal test)是采用伤寒杆菌菌体抗原(O)、鞭毛抗原(H),使用凝集法分别测定患者血清中相应抗体的凝集效价。伤寒杆菌凝集价的正常值为:H 效价<1:160,O 效价<1:80。当间隔 1~2 周复查,若抗体效价比上次结果增高 2~4 倍,具有诊断价值。本例 H 效价>1:160,O 效价>1:80,即两者同时增高,且均较上次增高 4 倍,故应诊断为伤寒(A)。②若抗 H 效价明显升高,抗 O 效价不高,提示伤寒预防接种或接种后的回忆反应。若抗 O 效价明显升高,抗 H 效价不高,提示伤寒早期或其他沙门菌感染。

50. ABCDE ①霍乱弧菌革兰染色阴性,有菌毛,无芽胞,在菌体一端有单鞭毛,运动非常活泼。取患者米泔水样粪便做悬滴观察,细菌呈穿梭样运动。霍乱弧菌为兼性厌氧菌,营养要求不高,耐碱不耐酸,在碱性蛋白胨培养基上生长良好。②El-Tor 生物型是 O_1 群霍乱弧菌的 1 个亚型,无芽胞(D 错)。

51. ABCDE ①霍乱弧菌有鞭毛和菌毛。其鞭毛运动有助于细菌穿过肠黏膜表面黏液层而接近肠壁上皮细胞。细菌的普通菌毛是细菌定居于小肠所必需的因子,只有黏附定居后方可致病。②霍乱弧菌分为两个生物型,即古典生物型和 El Tor 生物型,两型弧菌均无荚膜,而 1992 年发现的新流行株 O139 群有荚膜。由于前两型是引起霍乱流行的主要致病菌,因此霍乱弧菌的致病因素不包括荚膜(C)。③霍乱弧菌既可分泌内毒素,也可分泌外毒素。内毒素系多糖体,耐热,存在菌体内部,是制作菌苗引起抗菌免疫的主要成分。外毒素即霍乱肠毒素,可导致剧烈腹泻。

52. ABCDE ①副溶血性弧菌存在于近海的海水、海底沉积物和鱼类、贝壳等海产品中。在含有 35g/L NaCl 的培养基上最易生长,无盐则不能生长,故称为嗜盐弧菌(C)。副溶血性弧菌主要引起食物中毒。注意:另外一个嗜盐弧菌为霍乱弧菌。②A、B、D、E 均不属于嗜盐弧菌。

53. ABCDE 幽门螺杆菌与胃黏膜相关 B 细胞淋巴瘤的发病密切相关,针对该菌的治疗可使淋巴瘤得到缓解。

54. ABCDE ①患者长期上腹胀痛,多为餐后痛,具有季节性,应考虑胃溃疡。患者胃黏膜活检示细菌感染,最可能为幽门螺杆菌(HP)。②HP 革兰染色阴性,是一种微需氧菌,营养要求较高,培养时需加入 5%~10%羊血或马血,最适生长温度为 37℃,培养 2~6 天可长出针尖大小无色透明的菌落。HP 富含尿素酶,可迅速分解尿素释放氨,是鉴定该菌的主要依据之一。一种质子泵抑制剂(奥美拉唑)+2 种抗生素(羟氨苄青霉素+甲硝唑)联合使用,可根除 HP。

55. ABCDE ①患者右足锈铁钉刺伤,6 天后出现张口困难,颈项强直,角弓反张,应诊断为破伤风,其致病菌为破伤风梭菌。②破伤风梭菌为厌氧芽胞杆菌,必须在厌氧的环境中才能生长繁殖,因此感染必须具有厌氧环境(E 对)。③芽胞对热、干燥较耐受,通常 100℃1 小时才能破坏芽胞,在干燥的土壤和尘埃中可存活数年。破伤风梭菌革兰染色阳性,只能分泌外毒素,而不能分泌内毒素。

56. ABCDE ①破伤风是由破伤风梭菌引起的特异性感染,潜伏期约为 7 天。破伤风梭菌为革兰阳性厌氧菌,芽胞位于菌体顶端,厌氧培养菌落疏松,不规则,呈羽毛状为其特征,故答案为 A。②产气荚膜梭菌虽然厌氧培养阳性,但无羽毛样菌落,故不答 B。C、D、E 均不属于厌氧菌。

57. ABCDE ①产气荚膜梭菌为厌氧革兰阳性杆菌,不分泌内毒素,故答案为 D。②产气荚膜梭菌能产生 10 余种外毒素而致病,如卵磷脂酶、溶血素、透明质酸酶、胶原酶、DNA 酶等。

58. ABCDE ①2/3 的厌氧菌感染合并有需氧菌的混合感染。需氧菌消耗氧、破坏组织,为厌氧菌的生长繁殖创造了厌氧的条件。两类细菌的协同作用,使坏死组织增多,易于形成脓肿。②无芽胞厌氧菌可产生多种毒素、胞外酶,如肠毒素、胶原酶、蛋白酶、纤溶酶、溶血素、DNA 酶、透明质酸酶等,这些酶通过脱氮、脱氨、发酵作用而产生大量不溶性气体,如硫化氢、氮等,气体积聚在组织间,可散发出恶臭味。坏死组织分泌物可呈血性或棕黑色等。③无芽胞厌氧菌多为革兰染色阴性厌氧杆菌，因此分泌物直接涂片+革兰染色可见细菌存在。④无芽胞厌氧菌只有在厌氧的环境中才能生长，因此在普通肉汤培养基上（有氧环境中）不能生长，而在无氧环境下的血平板中可长出微小菌落（D 错）。

59. ABCDE　患者有足部外伤史，1 天后局部剧痛，肿胀，皮肤变黑，皮下有捻发音，血性浆液渗出，恶臭味，应诊断为气性坏疽，最可能的致病菌为梭状芽胞杆菌。

60. ABCDE　①结核分枝杆菌脂质占菌体干重的 20%~40%，占胞壁干重的 60%。因此，结核分枝杆菌化学组成最显著的特点是细胞壁含有大量脂质，与其染色特性、培养特性、抵抗力、致病性等密切相关。故答案为 B。②结核分枝杆菌体内含有多种蛋白质，其中最重要的是结核菌素，它可与蜡质 D 结合，引起迟发型超敏反应。多糖是结核分枝杆菌发生凝集反应的特异性表面抗原。结核分枝杆菌的 rRNA 能刺激机体产生特异性细胞免疫。磷壁酸为革兰阳性菌细胞壁的成分。

61. ABCDE　①结核分枝杆菌的胞壁含有大量脂质，难以用普通染料染色，需用助染剂并加温使之着色，着色后不宜用含有 3%HCl 的乙醇脱色，因此称为抗酸杆菌。若用齐-尼抗酸染色，结核分枝杆菌被染成红色，其他非抗酸性细菌则被染成蓝色。因此，抗酸染色常用于结核分枝杆菌的鉴别，为最常用的染色方法（B）。②革兰染色常用于普通细菌的染色。亚甲蓝染色常用于检测细菌数量的多少。镀银染色常用于细菌鞭毛染色。因为荚膜含水分较多，不易着色，因此荚膜染色常采用负性染色法，即将菌体和背景着色而荚膜不着色，从而使荚膜在菌体周围呈现透明圈。

62. ABCDE　①年轻男性，腰痛、低热、L_1 棘突压痛，X 线片提示骨质破坏、腰大肌影增宽，脓肿穿刺涂片提示抗酸染色阳性，应诊断为腰椎结核，其病原体为结核分枝杆菌。为明确病原体，首选罗氏培养基进行细菌培养（A）。②巧克力培养基主要用于奈瑟菌的分离培养。SS 琼脂培养基常用于沙门菌的分离培养。双糖铁培养基常用于大肠埃希菌的分离培养。疱肉培养基常用于厌氧菌的分离培养。

63. ABCDE　①布鲁菌引起的布鲁菌病是一类人畜共患传染病（C）。②淋病奈瑟菌引起的淋病、梅毒螺旋体引起的梅毒均为性传播疾病。白喉棒状杆菌引起的白喉为呼吸道传染病。霍乱弧菌引起的霍乱为经消化道传播的甲类传染病。A、B、D、E 只传人不传畜，不是人畜共患传染病。

64. ABCDE　①人类鼠疫的病原菌是鼠疫耶尔森菌，革兰染色阴性，主要通过被染疫的鼠蚤叮咬而感染。腺鼠疫以急性淋巴结炎为特点。鼠疫耶尔森菌能在吞噬细胞内生长繁殖，沿淋巴液到达局部淋巴结，多在腹股沟和腋下引起严重的淋巴结炎，局部肿胀、化脓和坏死。答案为 D。②伤寒杆菌主要引起肠伤寒，临床特点为高热、缓脉、脾大、玫瑰疹。大肠埃希菌引起急性淋巴结炎少见。奈瑟球菌多引起脑膜炎和泌尿生殖道感染。流感嗜血杆菌常引起上呼吸道感染。

65. ABCDE　①白喉棒状杆菌主要引起白喉，最主要的致病物质是白喉外毒素（B），此外还有索状因子、K 抗原。当棒状杆菌噬菌体侵袭无毒白喉棒状杆菌时，其编码外毒素的 *tox* 基因与宿主菌染色体整合，无毒白喉棒状杆菌则成为产毒的白喉棒状杆菌而产生白喉毒素。此毒素是一种毒性和抗原性均很强的蛋白质。②白喉杆菌为革兰阳性杆菌，不分泌内毒素，故不答 A。白喉杆菌无荚膜，无鞭毛，无芽胞。

66. ABCDE　①白喉外毒素为白喉杆菌的主要致病物质。当 β 棒状杆菌噬菌体侵袭无毒白喉棒状杆菌时，其编码外毒素的 *tox* 基因与宿主菌染色体整合，无毒白喉棒状杆菌则成为产毒的白喉棒状杆菌而产生白喉毒素（C）。②A、B、D、E 所产生的毒素与噬菌体无关。

67. ABCDE　放线菌病可累及全身任何系统和器官，其中以面颈部最为常见，约占 60%（D）。临床表现为后颈面部肿胀，不断产生新结节、多发性脓肿和瘘管形成。

68. ABCDE　①钩端螺旋体病（钩体病）流行于夏秋季，接触疫水是主要感染方式。患者于流行季节发病，病前有疫水接触史，急性起病，发热，全身酸痛，腓肠肌压痛，腹股沟淋巴结肿大，应诊断为钩体病。其病原体为钩端螺旋体而不是细菌，故不答 A、C、D、E。②钩端螺旋体呈细长丝状，有 12~18 个螺旋，菌体弯曲成钩状，革兰染色阴性，在光镜下镀银染色呈黑色。钩体需氧，常用含兔血清培养基培养。

69. ABCDE　70. ABCDE　①解脲脲原体属于支原体，其黏附素能黏附于泌尿生殖道上皮细胞，导致宿主细胞损伤,引起非淋病性尿道炎(B)。②肾综合征出血热的病原体以汉坦病毒最多见(E)。③炭疽芽胞杆菌主要引起炭疽。柯萨奇 B 组病毒常引起病毒性心肌炎。伯氏疏螺旋体主要引起莱姆病。

71. ABCDE 72. ABCDE 73. ABCDE ①登革热病毒是登革热的病原体,埃及伊蚊和白纹伊蚊是登革热病毒的主要传播媒介(A)。人类和其他灵长类动物是登革热病毒的自然宿主。②地方性斑疹伤寒是由莫氏立克次体引起,以鼠蚤为传播媒介的急性传染病(C)。立克次体感染家鼠后,通过鼠蚤在鼠间传播。鼠蚤叮咬人体后,可排出含病原体的粪便和呕吐物污染伤口,立克次体经抓破处进入人体。③流行性斑疹伤寒是由普氏立克次体引起,以人虱为传播媒介的急性传染病(B)。

74. ABCDE ①病毒属于非细胞型微生物,无细胞核,只有一种核酸,即 DNA 或 RNA(B 错)。②病毒是形态最小,结构简单的微生物,其大小的测量单位为纳米(nm)。病毒缺乏增殖所需的酶系统,只能寄生于活细胞内进行增殖。病毒的增殖是以病毒核酸分子为模板进行的自我复制。

75. ABCDE ①病毒体的基本结构是由核心和衣壳构成的核衣壳。核心位于病毒体的中心,为核酸。包绕在核酸外面的蛋白质外壳,称为衣壳。因此病毒体=核衣壳=核酸+衣壳(E 对)。②有的病毒在核衣壳外还有包膜,称为包膜病毒。有的病毒无包膜,称为裸露病毒。因此,包膜不可能是病毒体的基本组成单位,故不答 B、D。③在包膜的表面常有不同形状的突起,称为刺突。可见刺突是包膜外的结构之一,因此刺突也不可能是病毒体的基本组成单位,故不答 A。④有些包膜病毒在核衣壳外层和包膜内层之间存在基质蛋白质,可见基质蛋白质不属于核衣壳,因此不是病毒体的基本组成单位,故不答 C。

76. ABCDE ①病毒缺乏增殖所需的酶系统,只能寄生在活细胞内进行增殖。病毒增殖的方式是以其基因组为模板,在 DNA 聚合酶或 RNA 聚合酶作用下,经过复杂的生化合成过程,复制出病毒的基因组。病毒基因组则经过转录、翻译过程,合成大量的病毒结构蛋白,再经过装配,最终释放出子代病毒。这种以病毒核酸为模板进行复制的方式称为自我复制(C)。②细菌、衣原体、立克次体都是以二分裂方式进行繁殖。真菌是以孢子方式进行繁殖。

77. ABCDE ①病毒寄生于活细胞内,以病毒核酸为模板进行自我复制。从病毒进入宿主细胞开始,经过基因组复制,到最后释放出子代病毒,称为一个复制周期。②人和动物病毒的复制周期依次为吸附、穿入、脱壳、生物合成及组装、成熟和释放等步骤。可见,复制周期不包括扩散(E)。

78. ABCDE ①妊娠早期(3 个月内)血胎屏障发育不完善,此时孕妇若感染风疹病毒、巨细胞病毒,可导致胎儿畸形或流产(B)。②细菌性阴道炎、念珠菌阴道炎主要造成局部感染,对胎儿的发育影响甚微,故不答 A、D。目前尚无证据表明沙眼衣原体感染与绒毛膜羊膜炎、剖宫产后盆腔感染有关,胎儿经污染产道可感染沙眼衣原体,主要引起新生儿肺炎和眼炎,对孕早期影响不大,故不答 C。尖锐湿疣有垂直传播的风险,但宫内感染极少见,故不答 E。

79. ABCDE ①病毒是一种良好的抗原,可刺激机体产生特异性免疫应答,包括体液免疫和细胞免疫。体液免疫只能通过特异性抗体对细胞外的病毒起作用,清除感染细胞内的病毒主要依靠细胞免疫。具有细胞免疫功能的效应细胞主要是 $CD8^+$ 的细胞毒性 T 细胞(CTL),特异性 CTL 可识别并杀伤被病毒感染的靶细胞(B)。②机体免疫受抑制时易发生病毒感染,因此免疫系统清除病毒感染细胞不可能通过诱导免疫抑制而起作用。IL-10 主要由 Th2 细胞分泌,可抑制活化的单核细胞产生细胞因子,促进 B 细胞增殖。免疫耐受是指对抗原特异性的免疫无应答,诱导免疫耐受将会加重病毒感染,若解除免疫耐受,则有利于消灭病毒,故不答 D。下调 HLA 分子的表达,将不能有效激活机体 CTL 而杀灭病毒,故不答 E。

80. ABCDE 病毒感染机体后,在体内由局部向远处扩散的方式包括:①直接接触播散,病毒经过细胞-细胞接触播散;②经血流播散,有些病毒可从入侵部位直接进入血液,向全身播散;③经淋巴液播散;④经神经系统播散,病毒和感染部位的神经元接触,发生感染并向全身播散。经血行播散的病毒首先在入侵机体的局部及其所属淋巴增殖,随后进入静脉引起第一次病毒血症。此时,若病毒未受到中和抗体的作用,则在肝脏、脾脏细胞内进一步增殖,再进入动脉引起第二次病毒血症,播散到全身。可见

B、C、D、E 均属于病毒的播散方式，故答 A。参阅 3 版 8 年制《医学微生物学》P281、9 版《医学微生物学》P212。

81. ABCDE ①目前病毒分离培养的方法主要有动物接种、鸡胚培养和细胞培养。其中，动物接种为最早的病毒分离方法，细胞培养为分离病毒最常用的方法(C)。②肉汤培养基培养为细菌的培养方法，故不答 A。病毒人体接种不符合医学伦理道德，显然不属于正确答案，故不答 E。

82. ABCDE ①副黏病毒包括副流感病毒、呼吸道合胞病毒、麻疹病毒、腮腺炎病毒、尼派病毒、人偏肺病毒等。②禽流感病毒是甲型流感病毒，属正黏病毒，不属于副黏病毒(E)。

83. ABCDE ①甲型流感病毒是变异最为频繁的一个类型，每隔十几年就会产生一个新的毒株，这种变化称为抗原转换，可能与神经氨酸酶、血凝素的抗原结构改变有关(B)。②包膜脂类、基质蛋白、核蛋白均不易变异。病毒的基本结构是衣壳蛋白，不易发生变异。

84. ABCDE ①风疹病毒可通过垂直传播导致胎儿畸形，尤其是妊娠前 3 个月胎儿畸形率可高达 80%，因此妊娠妇女严禁接种风疹减毒活疫苗(D)。②临床上，风疹减毒活疫苗的接种对象主要是进入育龄期的女青年，尤其是结婚之前的育龄女性。

85. ABCDE ①甲型流感病毒属于正黏病毒，其表面抗原 HA(血凝素)和 NA(神经氨酸酶)易于发生抗原性变异，从而造成流感大流行(A)。②B、C、D、E 均属于副黏病毒，很少发生抗原变异。

86. ABCDE 87. ABCDE ①人类腺病毒分为 A～G 共 7 组，42 个血清型，多数可以引起人类呼吸道、胃肠道、泌尿道及眼部感染等(B)。②风疹病毒可通过垂直传播引起胎儿先天性感染，导致先天性耳聋、先天性心脏病、白内障等(A)。③麻疹病毒是麻疹的病原体。腮腺炎病毒是流行性腮腺炎的病原体。呼吸道合胞病毒是婴儿支气管炎、支气管肺炎的病原体。

88. ABCDE ①人类肠道病毒属于无包膜的小 RNA 病毒，主要经粪-口途径传播，隐性感染多见(D 错)。②病毒在肠道中增殖，却引起多种肠道外感染性疾病，如脊髓灰质炎、无菌性脑膜炎、心肌炎等。

89. ABCDE ①肠道病毒是指经消化道感染和传播，能在肠道中复制并引起人类相关疾病的胃肠道感染病毒，有些肠道病毒虽然经消化道感染，但主要引起肠道外疾病，如脊髓灰质炎、无菌性脑膜炎、心肌炎、手足口病等。②尿道炎主要由大肠埃希菌、淋病奈瑟菌等引起。

90. ABCDE ①丙型肝炎主要经输血或血制品传播，输血后肝炎 70%以上是丙型肝炎(C)。②甲型肝炎、戊型肝炎主要经粪-口传播。乙型肝炎、丁型肝炎也可经输血传播，但不如丙型肝炎常见，故答 C 而不是 B、D。

91. ABCDE ①A 表示 HBV 现症感染或为无症状携带者。B 提示 HBV 处于复制状态，具有传染性。C 为小三阳，提示乙肝急性感染趋向恢复。D 表示乙肝恢复期。可见，A、B、C、D 均具有传染性，不能作为献血员。②E 提示既往感染或接种过乙肝疫苗，无传染性，可以作为献血员。

92. ABCDE ①患者，有不洁饮食史，发热，纳差，黄疸，ALT、AST 增高，应诊断为急性甲型肝炎。甲型肝炎最常见于青少年及儿童。②甲肝病毒(HAV)属于小 RNA 病毒科、单股线状正链 RNA 病毒。参阅 3 版 8 年制《医学微生物学》P341。

93. ABCDE ①流行性乙型脑炎(乙脑)的病原体是乙型脑炎病毒，其传染源是带毒的猪、牛、马、羊等家畜和鸟类。幼猪是最重要的传染源和中间宿主(A)。②乙脑病毒的主要传播媒介是三节吻库蚊。蚊子不仅是传播媒介，而且是重要的储存宿主。病毒通过蚊子在蚊子-动物-蚊子中不断循环，其间带毒蚊子若叮咬人类，则可引起人类感染。

94. ABCDE ①妊娠 3 个月以内，孕妇感染巨细胞病毒后，可通过垂直传播导致胎儿先天性感染，先天性感染率为 0.5%～2.5%(E)。②沙眼衣原体主要引起沙眼，泌尿生殖道感染，但不引起胎儿先天性感染。淋病奈瑟菌常引起淋病，患淋病性阴道炎的母亲，在胎儿娩出时，可经产道感染导致婴儿淋球菌性结膜炎，但不会导致胎儿先天性感染。白假丝酵母菌常引起鹅口疮。人乳头瘤病毒 HPV16、18 型主要引起宫颈癌，HPV6、11 型主要引起生殖器尖锐湿疣。

95. ABCDE ①EB 病毒为嗜 B 细胞的人类疱疹病毒，相关疾病包括传染性单核细胞增多症、Burkitt 淋巴瘤、鼻咽癌、淋巴组织增生性疾病等。②与宫颈癌有关的是高危性人乳头瘤病毒（HPV16、HPV18 型），故答 C。

96. ABCDE 97. ABCDE ①人类嗜 T 细胞病毒（HTLV）是成人 T 淋巴细胞白血病的病原体（B）。②水痘-带状疱疹病毒（VZV）是水痘和带状疱疹的病原体。其中，水痘为原发感染，带状疱疹为复发感染。潜伏性感染是指经急性或隐性感染后，病毒基因组潜伏在特定组织或细胞内，在某些情况下可被激活而急性发作。如 VZV 原发感染后，VZV 可潜伏于脊髓后根神经节或颅神经的感觉神经节中，当机体细胞免疫功能低下时，潜伏的 VZV 被激活可发生带状疱疹。③EB 病毒（EBV）主要引起 Burkitt 淋巴瘤、鼻咽癌。乙肝病毒（HBV）主要引起乙型肝炎。人乳头瘤病毒（HPV）16、18 型主要引起宫颈癌。

98. ABCDE 99. ABCDE ①人乳头瘤病毒（HPV）有很多类型，HPV6、11 型主要引起生殖道尖锐湿疣，HPV16、18 型主要引起宫颈癌（C）。②单纯疱疹病毒（HSV）有两种血清型，HSV-1 主要通过密切接触感染，HSV-2 主要通过性接触引起生殖器疱疹，导致男女生殖器出现疼痛性水疱样损伤（E）。③淋病奈瑟菌是淋病的病原体。苍白密螺旋体为梅毒的病原体。沙眼衣原体主要引起沙眼、包涵体结膜炎、非淋菌性尿道炎等。

100. ABCDE 艾滋病病毒（HIV）的受体分子是 CD4 分子（C），HIV 进入人体后，其包膜糖蛋白 gp120 首先与 $CD4^+$ T 细胞表面的 CD4 分子结合，然后再与辅助受体结合，包膜糖蛋白产生分子构象改变，暴露 gp41 融合肽，介导病毒包膜与细胞膜融合，病毒核衣壳进入细胞内脱壳，释放出基因组 RNA 进行复制。

101. ABCDE 艾滋病病毒（HIV）与感染细胞膜上 CD4 分子结合的病毒刺突是 gp120。

102. ABCDE ①人乳头瘤病毒 HPV16、18 型与宫颈癌的发生密切相关（E）。②HAV、HBV、HEV 分别引起甲型肝炎、乙型肝炎、戊型肝炎。HIV 主要引起艾滋病。

103. ABCDE ①朊粒在人和动物中可引起朊粒病，即传染性海绵状脑病，是一种中枢神经系统慢性退行性、致死性疾病。朊粒病包括羊瘙痒病、牛海绵状脑病（疯牛病）、库鲁病、克-雅病等（D）。②类病毒是目前已知的只含 RNA 一种核酸的，专性细胞内寄生的分子生物，主要引起植物疾病，如菊花矮缩病、菊花绿斑病、柑橘剥皮病等。拟病毒为类类病毒，是一种环状 RNA 病毒，主要感染植物。对人致病的衣原体主要有沙眼衣原体、肺炎嗜衣原体、鹦鹉热嗜衣原体，分别导致沙眼、肺炎、鹦鹉热。

104. ABCDE 真菌由菌丝和孢子组成。孢子是真菌的生殖结构，以出芽方式繁殖（E）。

105. ABCDE 新生隐球菌属于隐球菌属，是机会性致病真菌，主要引起隐球菌病（C）。

106. ABCDE ①真菌由菌丝和孢子组成，从题干可知，该微生物由菌体和孢子组成，应属于真菌，故不答 A、B，A、B 均属于细菌。②白色念珠菌革兰染色阳性，以出芽方式繁殖，在普通琼脂、血琼脂、沙保弱琼脂培养基上均可长出厚膜孢子。毛癣菌在沙保弱培养基上可长出形态各异的菌落，如颗粒状、粉末状、绒毛状。可见，该微生物应为白色念珠菌而不是毛癣菌。③放线菌革兰染色阳性，但无芽胞，无荚膜。

107. ABCDE 108. ABCDE ①结核分枝杆菌感染可引起肺结核病（D）。②肺孢子菌属于真菌，故真菌感染引起的疾病是肺孢子菌肺炎（B）。③大叶性肺炎的常见致病菌是肺炎链球菌。小叶性肺炎的常见致病菌是葡萄球菌、肺炎球菌。病毒性肺炎常见的病原体是流感病毒、呼吸道合胞病毒、腺病毒等。

第五篇　医学免疫学试题答案及详细解答

（正确答案为绿色的选项）

1. ABCDE　免疫系统有三大功能。①免疫防御：指机体防止外界病原体的入侵及清除已入侵的病原体及其他有害物质。②免疫自稳：指机体通过自身免疫耐受和免疫调节达到免疫系统内环境的稳定。③免疫监视：指机体随时发现和清除体内出现的"非己"成分。免疫应答是指免疫系统识别和清除抗原的整个过程，分为固有免疫和适应性免疫两大类。免疫记忆是适应性免疫的特征之一。

2. ABCDE　①机体的免疫系统随时发现和清除体内由基因突变而产生的肿瘤细胞，称为免疫监视（A）。②免疫防御是指机体的免疫系统防止外界病原体的入侵、清除已入侵病原体及有害物质的现象。免疫调节是指免疫系统的各因素之间相互协调与制约，维持机体内环境的稳定。免疫耐受是指免疫系统对自身组织细胞不产生免疫应答的现象。免疫缺陷是指因遗传因素或其他原因造成的免疫系统先天发育障碍或后天损伤。

3. ABCDE　4. ABCDE　5. ABCDE　①杀伤细胞抑制受体（KIR）是指抑制 NK 细胞杀伤作用的受体（A）。②T 细胞受体（TCR）为 T 细胞的特征性标志，可与 CD3 分子结合，形成 TCR-CD3 复合物，TCR 的作用是识别并结合抗原（C）。③补体可通过经典途径、旁路途径、MBL 途径被激活。MBL 激活途径是指由血浆中甘露糖结合的凝集素（MBL）直接识别病原微生物的凝集素激活途径，故 MBL 为补体激活物（D）。④杀伤细胞活化受体（KAR）是指能激发 NK 细胞杀伤作用的受体。CEA 为癌胚抗原。

6. ABCDE　①完全抗原是指既有免疫原性又有抗原性的抗原。不完全抗原也称半抗原，是指只有抗原性，而无免疫原性的简单小分子抗原，不是蛋白质大分子。由于半抗原具有抗原性，因此可以引起免疫反应（C 对）。②半抗原一旦与纯蛋白（载体）结合，就成为该蛋白的一个抗原决定簇，故 D、E 错。

7. ABCDE　①一般而言，抗原分子量越大，含有抗原表位越多，结构越复杂，则免疫原性越强，越有利于刺激机体免疫系统产生抗体。蛋白质分子量很大，故免疫原性最强。②多糖也是重要的抗原物质，但寡糖、单糖的免疫原性较弱。核苷酸多无免疫原性，但若与蛋白质结合成核蛋白则具有免疫原性。

8. ABCDE　①预先或与抗原同时注入体内，可增强机体对该抗原的免疫应答或改变免疫应答类型的非特异性免疫增强型物质，称为佐剂（D 错）。②佐剂可改变抗原的物理性状，延缓抗原降解和排除，延长抗原在体内的滞留时间。③佐剂可刺激淋巴细胞的增殖分化，从而增强免疫应答能力。

9. ABCDE　①佐剂是非特异性免疫增强剂，因此不可能作用于特异性的 T 细胞抗原受体（A 错）。②B、C、D、E 均属于佐剂的作用机制和功能。

10. ABCDE　①原发性免疫缺陷是由遗传因素、先天性免疫系统发育不全造成的免疫功能障碍，常导致反复感染（E）。②原发性免疫缺陷也可造成自身免疫性疾病、肿瘤等，但由于反复感染的发生率远高于自身免疫性疾病和肿瘤，故答 E 而不是 A、B。白血病、艾滋病为单一性肿瘤，故不答 C、D。

11. ABCDE　①胸腺是 T 细胞分化、成熟的主要场所；胸腺基质细胞所产生的多种细胞因子，对外周免疫器官和免疫细胞具有调节作用。因此新生期切除动物的胸腺，将导致 T 细胞缺乏和细胞免疫缺陷；也可导致胸腺对外周免疫细胞的调节功能障碍，而出现体液免疫功能受损，故答案为 D。②骨髓具有造血功能，因此骨髓受损将表现为机体造血和细胞免疫、体液免疫功能均受损。

12. ABCDE　①胸腺是 T 细胞分化、成熟的主要场所。德乔治综合征（DiGeorge 综合征）也称先天性胸腺发育不全。胸腺发育不全将导致 T 细胞数量减少，缺乏 T 细胞免疫应答，导致细胞免疫功能缺乏；B 细胞数量正常，但在特异性 TD 抗原刺激后不产生相应抗体，故体液免疫功能受影响。可见，DiGeorge

综合征主要表现为细胞免疫缺乏和体液免疫受损(D 错)。②由于患者细胞免疫功能缺乏,因此抗病毒免疫力显著降低。③结核菌素试验是基于Ⅳ型变态反应的原理,用来检测机体细胞免疫功能的方法。Di George 综合征由于 T 细胞缺乏,即使感染过结核分枝杆菌,结核菌素试验仍会呈假阴性。

13. ABCDE ①胸腺是 T 细胞分化、成熟的主要场所,因此胸腺发育不全的患儿常表现为细胞免疫缺陷,容易导致病毒、真菌、细胞内寄生菌、原虫的感染(B)。②原发性免疫缺陷病是指免疫系统先天性发育障碍引起的疾病。继发性免疫缺陷是指后天因素造成的免疫缺陷性疾病。患儿尸检发现其胸腺发育不全,应诊断为原发性免疫缺陷,故不答 A。先天性胸腺发育不全主要表现为细胞免疫缺陷和体液免疫受损,以细胞免疫缺陷为主,故答 B 而不是 C。③吞噬细胞缺陷、补体功能缺陷常表现为反复发生化脓性细菌感染,本例为真菌性感染,故不答 D、E。

14. ABCDE ①黏膜免疫系统也称黏膜相关淋巴组织(MALT),包括呼吸道、胃肠道、泌尿生殖道黏膜固有层和上皮细胞下散在的无被膜淋巴组织,如扁桃体、小肠派氏(Peyer)集合淋巴结、阑尾等(C)。②胸腺和骨髓为中枢免疫器官。脾脏为外周免疫器官。肝脏不属于免疫器官。

15. ABCDE ①最早到达病原体感染局部的免疫细胞是中性粒细胞。中性粒细胞分泌防御素破坏尚未进入宿主细胞的胞内菌,从而控制早期感染。②随后,活化的巨噬细胞在吞噬、杀灭胞内菌的过程中起着重要作用。在巨噬细胞的协同下,NK 细胞被活化而杀伤宿主细胞。最后产生 T 细胞免疫应答。

16. ABCDE ①机体受外源性抗原刺激后,发生免疫应答的主要场所是淋巴结(B)。②骨髓是造血的主要部位。胸腺是 T 细胞分化、成熟的主要场所。腔上囊是鸟类 B 细胞分化、发育成熟的中枢免疫器官。

17. ABCDE ①B 细胞表面有 CD19、CD20、CD21、CD22、CD29 等分化抗原。可见,CD20 为 B 细胞的表面标志(A)。②CD3、CD4、CD8、CD28 为 T 细胞的表面标志。

18. ABCDE ①膜表面免疫球蛋白(mIg)是 B 细胞的特征性表面标志(A)。②FcγR 是 IgG Fc 受体,主要表达于免疫细胞膜上。FcγR 分为 FcγR Ⅰ、FcγR Ⅱ、FcγR Ⅲ 3 类。FcγR Ⅰ(CD64)存在于单核细胞和巨噬细胞膜表面。FcγR Ⅱ(CD32)存在于骨髓细胞表面。FcγR ⅢA 存在于巨噬细胞、肥大细胞、NK 细胞膜表面;FcγR ⅢB 存在于中性粒细胞表面。③CD5 表达于 T 细胞表面。虽然 mIg、CD40、CD80 均可表达于 B 细胞表面,但因 mIg 为 B 细胞的特征性表面标志,故答 A 而不是 C、E。

19. ABCDE 细胞毒性 T 细胞(CTL)是抗肿瘤免疫的主要效应细胞,需要经过肿瘤抗原激活才能发挥作用。CTL 在识别和攻击靶细胞(肿瘤细胞)时都受 MHC Ⅰ类分子的约束,因此肿瘤细胞被 CTL 杀伤的关键条件是表达 MHC Ⅰ类分子,从而诱导 CTL 活化(B)。

20. ABCDE ①CD40 组成性表达于成熟 B 细胞。CD40 的配体(CD40L)表达于活化的 T 细胞。CD40 与 CD40L 两者结合、相互作用可产生协同刺激信号(B 细胞活化第二信号),使 T 细胞激活。②CD4 为 T 细胞的表面标志,可与 MCH Ⅱ类分子结合,进行信号转导。CD19、CD21 为 B 细胞的表面标志,可调节 B 细胞发育、活化、分化。CD28 与 CD80、CD86 互为配体,提供 T 细胞协同刺激信号。

21. ABCDE ①膜表面免疫球蛋白(mIg)是 B 细胞的特征性表面标志,以单体形式存在,能结合特异性抗原。②B、C、D、E 均无特性性抗原受体。

22. ABCDE 天然血型抗体多为 IgM,分子量大,不能通过胎盘(B)。

23. ABCDE 24. ABCDE 25. ABCDE ①细胞毒性 T 细胞(Tc)属于 T 细胞亚群,具有特异性细胞毒作用,可介导细胞免疫,是杀伤病毒感染细胞、肿瘤细胞的效应细胞(D)。②B 细胞主要参与体液免疫,受抗原刺激后会增殖分化,产生大量浆细胞分泌抗体(E)。③抗原提呈细胞是指能够加工处理抗原,并将抗原信息提呈给 T 淋巴细胞的一类细胞,B 细胞即为专职性抗原提呈细胞(B)。④NK 细胞主要参与抗体依赖的细胞介导的细胞毒作用。肥大细胞主要引起速发型过敏反应。

26. ABCDE 27. ABCDE ①B 淋巴细胞的主要功能是产生抗体,介导体液免疫应答;还可提呈可溶性抗原,产生细胞因子参与免疫调节(E)。②HIV 可特异性侵犯 $CD4^+T$ 淋巴细胞,造成 $CD4^+T$ 淋巴细胞进行性减少,导致 $CD4^+T/CD8^+T$ 细胞比例倒置。采用流式细胞术检测 $CD4^+T$ 淋巴细胞计数,可用于艾滋病的辅助诊断(B)。

28. ABCDE　①T细胞和B细胞表面都有相应的抗原识别受体，故不答A。②补体C3的受体，存在于多形核白细胞、巨噬细胞、B细胞、人O型血的红细胞表面，故不答B。③细胞因子有很多种，其受体存在于多种细胞表面，不是T细胞所特有，故不答C。④TCR、CD3、CD4、CD8、CD28都是T细胞主要的表面标志(D对)。⑤在T细胞和B细胞表面都存在有丝分裂原受体，故不答E。

29. ABCDE　Th细胞有Th1、Th2、Th17三个亚型。其中，Th1主要分泌白细胞介素-2(IL-2)、γ干扰素(IFN-γ)、淋巴毒素α(LTα)；Th2细胞主要分泌IL-4、IL-5、IL-6、IL-10、IL-13；Th17主要分泌IL-17。

30. ABCDE　①Th1细胞主要分泌IL-2、IFN-γ，刺激细胞毒性T细胞(CTL)、NK细胞、巨噬细胞分化增殖，表达细胞毒效应(A)。②B、C、D、E均由Th2细胞分泌。

31. ABCDE　①IL-2由Th1细胞(T辅助细胞1)分泌，答案为C。②巨噬细胞能分泌多种细胞因子，如集落刺激因子(CSF)、IL-1、IL-3、IL-6、TNF-α、TNF-β。肥大细胞颗粒可释放肝素、组胺、5-羟色胺。B细胞可分化为浆细胞产生抗体。嗜酸性粒细胞颗粒中含有过氧化物酶、嗜酸性粒细胞阳离子蛋白等。

32. ABCDE　①T细胞能产生多种细胞因子，如IL-2、IL-4、IL-5、IL-6、IL-10、IL-13、IFN-γ等。②T细胞产生的免疫应答是细胞免疫，T细胞可与靶细胞特异性结合，破坏靶细胞膜，直接杀伤靶细胞。③抗体依赖的细胞介导的细胞毒作用(ADCC)是指NK细胞、巨噬细胞和中性粒细胞表面表达的IgG Fc受体，与靶细胞表面IgG的Fc段结合，杀伤肿瘤细胞、病毒感染细胞。可见，ADCC无T细胞参与，故答D。④辅助性T细胞(Th)可诱导抗体的类别转换。

33. ABCDE　①巨噬细胞不能产生抗体，抗体是浆细胞产生的。巨噬细胞也不表达T细胞受体(TCR)，TCR为T细胞表面的特征性标志。②巨噬细胞可产生多种细胞因子，如集落刺激因子(CSF)、IL-1、IL-3、IL-6、TNF-α、TNF-β等(C对)。③巨噬细胞不表达CD3分子，CD3分子是T细胞的表面标志。④在免疫应答中，巨噬细胞不会发生基因重排，发生基因重排的是免疫球蛋白(Ig)基因。

34. ABCDE　①致敏T淋巴细胞、抗体(Ig)是针对抗原的特异性免疫，故不答A、B、C、D。②单核-巨噬细胞是非特异性免疫的效应细胞。

35. ABCDE　①巨噬细胞能在病原体等趋化因子的作用下，趋化至炎症部位，通过分泌多种炎性细胞因子(如IL-1、IL6、TNF-α)，参与炎症反应过程(A)。②IL-2、IL-4、IL-5、IL-10均由T细胞产生。

36. ABCDE　①在免疫应答识别阶段，无论T细胞与抗原提呈细胞(APC)的结合，还是T细胞对靶细胞的裂解，都涉及一个重要的问题，即T细胞对细胞表面抗原的反应不仅是对抗原的特异性识别，而且还必须识别细胞上的自身抗原或MHC分子(主要组织相容性复合体)，否则反应不会发生。可见，反应的发生受限于MHC分子，称为MHC限制性。②在病毒感染靶细胞后，细胞毒性T细胞(CTL)对带有抗原的靶细胞的杀伤过程受到MHC的限制，即在CTL杀伤病毒感染细胞过程中，CTL必须首先识别两类抗原，一类为特异性抗原(病毒)，另一类为自身的MHC分子。③树突状细胞在摄取、加工、提呈抗原的过程中，针对不同的抗原，具有不同的MHC限制性。其中，对于外源性抗原具有MHCⅡ类限制性，对于内源性抗原具有MHCⅠ类限制性。注意：树突状细胞提呈抗原具有MHC限制性，但摄取抗原并无MHC限制性，故答A而不是E，很多医考参考书将答案错为E。④NK细胞表面不表达特异性抗原识别受体，故NK细胞杀伤肿瘤细胞不受MHC限制。巨噬细胞吞噬细菌无选择性，也不受MHC限制。抗体结合病毒也无MHC限制性。

37. ABCDE　所有有核细胞均表达MHCⅠ类分子，而通过内源性抗原加工提呈。A、B、D、E均属于有核细胞，红细胞属于无核细胞，故答C。参阅7版《医学免疫学》P95。

38. ABCDE　①$CD4^+$T细胞主要是辅助性T细胞(Th)，故不答A。②单核吞噬细胞为专职抗原提呈细胞(APC)，具有MHCⅡ类限制性，因此活化的单核吞噬细胞MHCⅡ类抗原阳性。③细胞毒性T细胞(CTL)为$CD8^+$T细胞。④NK细胞的表面标志为CD16、CD56、KIR等。CD4为T细胞的表面标志(D错)。⑤MHCⅠ类抗原存在几乎所有有核细胞表面，但红细胞没有细胞核，因此MHCⅠ类抗原阴性。

39. ABCDE ①自然杀伤(NK)细胞不表达特异性抗原识别受体,而是通过表面活化性受体和抑制性受体对"自身"与"非己"进行识别,并直接杀伤病毒感染的靶细胞(E)。②中性粒细胞主要参与细菌感染所致的急性炎症反应,T细胞主要参与适应性免疫应答,B细胞主要参与体液性免疫应答,但都不能直接杀伤病毒感染的细胞。肥大细胞主要引起速发型过敏反应。

40. ABCDE 抗体依赖的细胞介导的细胞毒作用(ADCC)是指表达IgG Fc受体(FcγR Ⅲ)的NK细胞通过与结合在病毒感染细胞、肿瘤细胞等靶细胞表面的IgG抗体的Fc段结合,杀伤这些靶细胞。即IgG抗体+靶细胞抗原→FcγR(NK细胞)结合→杀伤靶细胞。可见,介导ADCC的是IgG,故答B。

41. ABCDE ①抗体依赖的细胞介导的细胞毒作用(ADCC)是指表达IgG Fc受体的NK细胞,与病毒感染细胞、肿瘤细胞等靶细胞表面的IgG抗体的Fc段结合,活化后的NK细胞通过分泌穿孔素、颗粒酶等杀伤这些靶细胞。②补体不参与ADCC过程,故答C。

42. ABCDE 43. ABCDE 44. ABCDE ①TCR、CD3、CD4、CD8、CD28都是T细胞主要的表面标志(A)。②树突状细胞为专职抗原提呈细胞,其表面具有丰富的抗原提呈分子(MHCⅠ、MHCⅡ),内源性抗原主要通过MHCⅠ类分子途径提呈,外源性抗原主要通过MHCⅡ类分子途径提呈(D)。③NK细胞表面有两种不同的受体,即杀伤细胞活化受体(KAR)和杀伤细胞抑制受体(KIR),前者能激发NK细胞的杀伤作用,后者能抑制NK细胞的杀伤作用(C)。

45. ABCDE ①抗体(Ab)是B细胞接受抗原刺激后增殖分化为浆细胞所产生的糖蛋白,通过与相应抗原特异性结合,发挥体液免疫功能。免疫球蛋白(Ig)是指具有抗体活性或化学结构与抗体相似的球蛋白。可见,抗体和免疫球蛋白的含义不同,但有相关性。②免疫球蛋白分为分泌型(sIg)和膜型(mIg)。sIg主要存在于血液及组织液中,具有抗体的各种功能。mIg构成B细胞膜上的抗原受体(BCR)。可见,mIg属于免疫球蛋白,但不是抗体。故抗体均为免疫球蛋白,但免疫球蛋白并不一定都是抗体(D对)。③抗体主要存在于血清中,免疫球蛋白的sIg主要存在于血液及组织液中,mIg主要存在于B细胞膜上。

46. ABCDE 47. ABCDE ①体液免疫是指有抗体(免疫球蛋白)介导的免疫反应,因此,血清免疫球蛋白测定可反映体液免疫状态,答案为C。②细胞免疫是指由T细胞介导的免疫反应。皮肤迟发型超敏反应属于Ⅳ型变态反应,是T细胞介导的超敏反应。因此皮肤迟发型超敏反应可反映T细胞免疫功能,答案为A。③血清谷丙转氨酶测定主要反映肝功能。血清β微球蛋白测定主要反映近端肾小管的功能。硝基四唑氮蓝还原试验(NBT试验)主要用于检测中性粒细胞的胞内杀菌能力。

48. ABCDE 49. ABCDE ①IgM是个体发育过程中最早分泌的抗体,也是初次体液免疫应答中最早产生的抗体,是机体特异性抗感染的先头部队,血清中检出病原体特异性IgM抗体,提示新近感染,可用于感染的早期诊断(A)。②IgG分子量最小,可透过胎盘屏障,在新生儿抗感染免疫中起重要作用(C)。其他免疫球蛋白都不能透过胎盘屏障。

50. ABCDE ①免疫球蛋白单体呈"Y"字型,由两条相同的重链(H链)和两条相同的轻链(L链)通过链间二硫键连接而成。可变区(V区)是指轻链和重链中靠近N端氨基酸序列变化较大的区域,分别占轻链的1/2和重链的1/4。恒定区(C区)是指轻链和重链中靠近C端氨基酸序列相对恒定的区域,分别占轻链的1/2和重链的3/4。根据其重链(H链)恒定区抗原特异性的不同,可将重链分为μ、γ、α、δ、ε5种,相应的免疫球蛋白分为5类,即IgM、IgG、IgA、IgD、IgE,故答B。②Ig轻链C区为Ig分型、细分亚型的依据。③根据同一类重链的抗原性及二

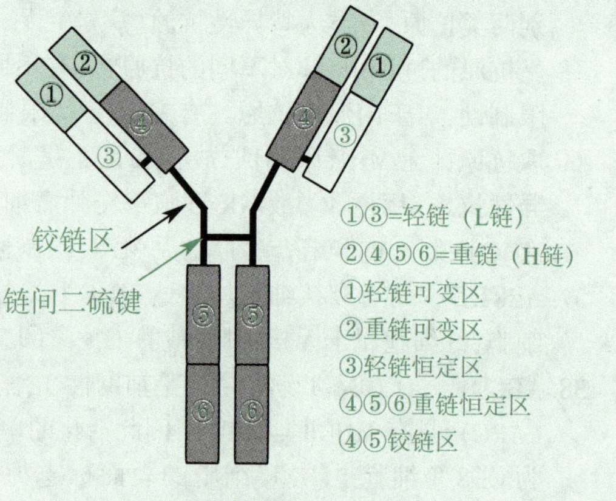

免疫球蛋白基本结构示意图

硫键数目和位置的不同,可将 Ig 分为多个亚类。

51. ABCDE　免疫球蛋白的分类依据是 Ig 重链恒定区(C 区)所含抗原表位的不同。

52. ABCDE　①IgA 有血清型和分泌型两型,分泌型 IgA(SIgA)由黏膜上皮细胞分泌,主要参与黏膜局部免疫应答,通过与相应病原微生物结合,阻止病原体黏附到细胞表面,从而在局部抗感染中发挥重要作用(B)。②IgM 是体液免疫应答中最早出现的抗体,IgG 是唯一可通过胎盘的抗体,IgE 主要与机体抗寄生虫免疫有关,IgD 功能不清。

53. ABCDE　补体的激活途径有 3 条。①经典激活途径:指激活物与 C1q 结合,顺序活化 C1r、C1s、C2、C4、C3,形成 C3 转化酶与 C5 转化酶的级联酶促反应过程,其激活物为 IgG 或 IgM 与抗原形成的复合物。②旁路激活途径:指不依赖于抗体,而由微生物或外源异物直接激活 C3,由 B 因子、D 因子和备解素参与,形成 C3 转化酶与 C5 转化酶的级联酶促反应过程,其激活物为细菌、内毒素、脂多糖(LPS)等。③MBL激活途径:指甘露糖结合凝集素(MBL)直接识别病原体表面的 N 氨基半乳糖或甘露糖,依次活化 MASP1、MASP2、C4、C2、C3,形成 C3 转化酶与 C5 转化酶的级联酶促反应过程。可见,IgM 参与经典途径的补体激活,LPS 参与旁路途径的补体激活,答案为 E。A、C、D 不参与补体激活。

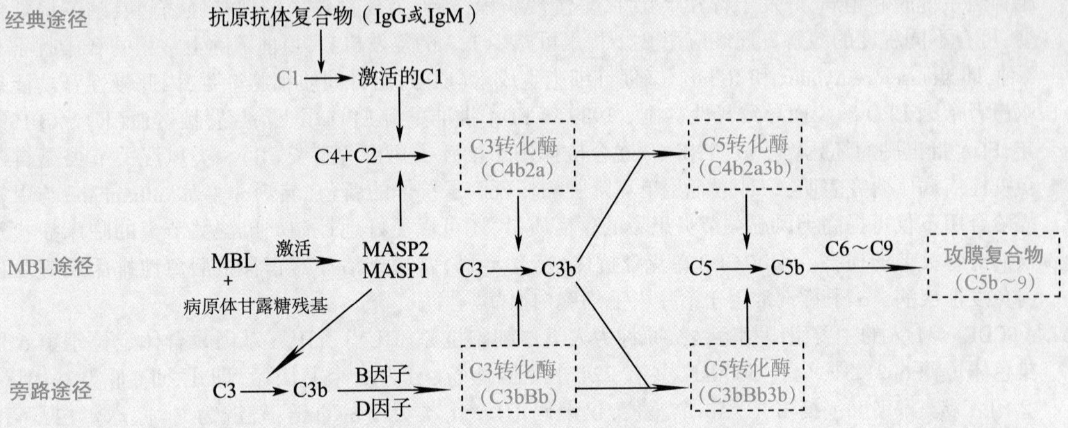

54. ABCDE　①参与替代途径(旁路途径)激活补体的物质是脂多糖(LPS)。②IgG 或 IgM 为补体经典途径的激活物,甘露糖结合凝集素(MBL)为补体 MBL 途径的激活物。

55. ABCDE　根据补体经典激活途径的原理,抗原与 IgG 或 IgM 结合,形成抗原抗体复合物,后者与 C1q 结合,顺序活化 C1r、C1s、C4、C2、C3,形成 C3 转化酶与 C5 转化酶的级联酶促反应过程,故答 C。

56. ABCDE　57. ABCDE　58. ABCDE　①补体经典激活途径的 C3 转化酶是 C4b2a(D)。②旁路激活途径的 C3 转化酶是 C3bBb(C)。③补体经典激活途径的 C5 转化酶为 C4b2a3b(A)。

59. ABCDE　①补体激活后可产生攻膜复合物(MAC),形成穿膜的亲水性通道,破坏局部磷脂双层,最终导致细菌裂解(E)。②A、B、C、D 均与补体的激活无关。

60. ABCDE　补体是存在于正常人血清和组织液中的一组经活化后具有酶活性的蛋白质。血清含有调理素,其与细菌及其他颗粒物质结合,可促进吞噬细胞对其吞噬,称为调理作用。补体激活过程中产生的 C3b、C4b 和 iC3b 均是重要的调理素,它们固定于细菌或其他颗粒型物质表面,可通过与吞噬细胞表面 CR1(C3b/C4bR)、CR3(iC3bR,CD11b/CD18)或 CR4(iC3bR,CD11c/CD18)结合而促进吞噬细胞的吞噬作用,答案为 B。

61. ABCDE　①遗传性血管神经性水肿为常见的补体缺陷病,由 *C1INH* 基因缺陷所致。这种补体调节蛋白缺乏引起 C2 裂解失控,C2a 产生过多,导致血管通透性增高。患者表现为反复发作的皮肤黏膜水肿。②急性肾小球肾炎属于Ⅲ型超敏反应性疾病。接触性皮炎属于Ⅳ型超敏反应性疾病。过敏性休克属于Ⅰ型超敏反应性疾病。桥本甲状腺炎属于自身免疫病。

62. ABCDE ①细胞因子是由免疫原、丝裂原或其他因子刺激细胞所产生的低分子量可溶性蛋白质，为生物信息分子，可以调节固有免疫应答和适应性免疫应答，促进造血，刺激细胞活化、增殖和分化。细胞因子包括白细胞介素（IL-2）、干扰素、肿瘤坏死因子、集落刺激因子、趋化因子、其他细胞因子（如血管内皮生长因子）等。②过敏毒素是指补体活化过程中产生的具有炎症介质作用的活性片段 C3a、C4a、C5a，它们作为配体能与肥大细胞和嗜碱性粒细胞表面应受体结合，激发细胞脱颗粒，释放组胺类活性物质，引起血管扩张、通透性增高、平滑肌收缩、支气管痉挛等，故过敏毒素不属于细胞因子。

63. ABCDE ①IL-2 的主要功能是刺激 T 细胞的生长和分化，激活 NK 细胞和巨噬细胞，促进 CTL 功能。干扰素具有干扰病毒感染和复制的能力。IL-4 的主要功能是刺激 B 细胞增殖，参与 Th2 细胞分化。IL-1 主要是参与 T 细胞、NK 细胞、巨噬细胞的活化，诱导急性反应蛋白和发热。②肿瘤坏死因子（TNF）分为 TNF-α 和 TNF-β，它们在调节适应性免疫、杀伤靶细胞和诱导细胞凋亡等过程中发挥重要作用。TNF-α 可直接杀伤肿瘤细胞或病毒感染细胞（B）。

64. ABCDE 65. ABCDE 66. ABCDE ①1993 年美国国家食品和药品管理局（FDA）批准重组 β 干扰素可用于治疗多发性硬化症（C）。参阅 3 版 8 年制《医学免疫学》P147。多发性硬化症是一种常见的中枢神经系统脱髓鞘病，好发于青壮年女性，呈慢性病程，特点为反复发作的视神经、脊髓、脑的局灶病变，可有不同程度的缓解。连续应用 β 干扰素可减少 1/3 的复发机会，目前国际上常用的 β 干扰素有 3 种，即 Betaseron、Avonex 和 Rebif。②促红细胞生成素（EPO）由肾间质细胞产生，因此慢性肾功能衰竭患者常因 EPO 减少而导致肾性贫血。1989 年 FDA 批准重组 EPO 用于治疗肾性贫血（E）。③1997 年，FDA 批准肿瘤坏死因子-α（TNF-α）嵌合抗体用于治疗类风湿关节炎（B）。类风湿关节炎是自身免疫性疾病。研究表明，一种嵌合型单克隆肿瘤坏死因子抗体的新药（英利昔单抗 infliximab）与甲氨蝶呤合用不仅可提高类风湿关节炎患者的生活质量，还可以更好地控制类风湿关节炎的临床症状及疾病对骨关节的损害。④抗 CD3 单克隆抗体（莫罗单抗）常用于治疗器官移植后急性排斥反应及自身免疫性疾病。α 干扰素常用于治疗人毛细胞白血病。

67. ABCDE ①人的主要组织相容性抗原称为人类白细胞抗原（HLA）。HLA 基因复合体定位于第 6 号染色体短臂 6p21.31，全长 3600kb，共有 224 个基因座位，分为 3 个基因区，即 Ⅰ、Ⅱ、Ⅲ 类基因区。②HLA Ⅰ 类基因区包括 B、C、A3 个座位，仅编码 HLA Ⅰ 类分子的重链；轻链为 β_2 微球蛋白，不由 HLA 复合体基因编码，而由 15 号染色体编码（B 错）。③HLAⅡ类基因区由 DP、DQ、DR3 个亚区组成，分别编码 HLA Ⅱ类分子的 α 链和 β 链，形成DPα-DPβ、DQα-DQβ、DRα-DRβ3 种异二聚体。④HLAⅢ类基因区介于 HLAⅠ类和 HLAⅡ类基因之间，编码补体成分 C2、C4、B 因子、肿瘤坏死因子的基因。

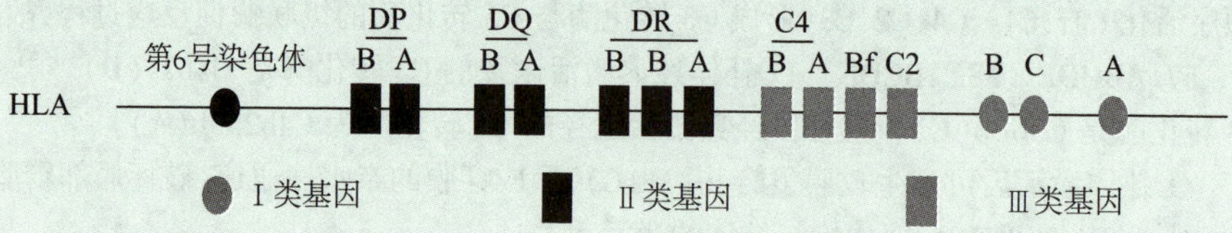

68. ABCDE ①HLA Ⅱ 类基因区由 DP、DQ、DR3 个亚区组成，HLA Ⅰ 由 α 链和 β_2m 链组成（A 错）。②HLA Ⅱ 类分子分布于抗原提呈细胞（APC）活化的 T 细胞表面，可识别和提呈外源性抗原，与辅助受体 CD4 结合，对 T 辅助细胞（Th）的识别起限制作用（B 对）。③HLA Ⅰ 类分子几乎表达于所有有核细胞表面，HLA Ⅱ 分子仅表达于专职 APC 表面（C 错）。④HLA Ⅰ 类分子由 HLA A、B、C 等基因编码（D 错）。⑤HLA Ⅰ 类分子的抗原是 CD8 分子的配体（E 错）。

69. ABCDE 70. ABCDE ①抗原提呈细胞（APC）将外源性抗原摄取、加工、处理后，可通过 MHC Ⅱ 类分子途径提呈给 $CD4^+T$ 细胞（主要是 Th 细胞），答案为 B。②同样，内源性抗原可经 APC 摄取、处理后，通过 MHC Ⅰ 类分子途径提呈给 $CD8^+T$ 细胞（主要是 CTL），答案为 A。

71. ABCDE 强直性脊柱炎与 HLA-B27 高度相关，阳性率 58%～98%，答案为 D。

72. ABCDE　①同种异体器官移植的成败主要取决于供、受者之间的组织相容性，其中 HLA 等位基因的匹配程度尤为重要。组织相容程度的确定，有赖于对供受者分别作 HLA 分型测定和供受者之间的交叉配合试验(A)。参阅 7 版《医学免疫学》P73。②供受者 ABO 血型相同是异基因造血干细胞移植(Allo-HSCT)的基本原则，若供受者 ABO 血型不符，则需对供者骨髓血细胞进行去红细胞和血浆处理，故不答 B。输注辐照血液主要是为了预防 GVHD。输注脐带血干细胞是 Allo-HSCT 的方式之一，故不答 D。应用免疫抑制药物可减少排斥反应。

73. ABCDE　①抗原初次刺激机体所引发的应答，称为初次免疫应答。初次免疫应答的潜伏期长，B 细胞产生的抗体以 IgM 为主，抗体数量少，滴度低，亲和力低，维持时间短(B)。②再次免疫应答潜伏期短，以 IgG 为主，抗体滴度高，维持时间长。参阅 7 版《医学免疫学》P113、P114。

74. ABCDE　①胎盘屏障由母体子宫内膜的基蜕膜和胎儿绒毛膜滋养层细胞共同组成，主要参与非特异性(固有)免疫应答。参阅 7 版《医学免疫学》P115。2020 年真题，超纲题。②B、C、D、E 均参与特异性免疫应答。

75. ABCDE　免疫耐受是指免疫活性细胞接触抗原性物质时所表现的特异性无应答状态。20 世纪 50 年代，英国免疫学家 Medawar 已通过实验证实，在胚胎时期或新生儿，引入外源性抗原，很容易诱导个体产生对该抗原的耐受。研究表明，抗原在胚胎期最易诱导免疫耐受，在新生儿期次之，成年期较难。

76. ABCDE　中枢性免疫耐受是指胚胎期及出生后 T 细胞和 B 细胞发育过程中，遇到自身抗原形成的耐受。当 T 细胞在胸腺微环境中发育时，编码 TCR 的 V 区基因片段发生随机重排，会产生识别自身抗原的 TCR，发育至表达功能性抗原识别受体(TCR-CD3)阶段，这类 TCR 与微环境基质细胞表面表达的自身抗原肽-MHC 分子复合物呈高度亲和力，可启动凋亡程序被清除而发生阴性选择，至克隆消除。B 细胞发育到不成熟 B 细胞阶段，其细胞表达 mIgM-Igα/Igβ BCR 复合物，当它们在骨髓中与自身抗原呈高度亲和力结合时，也被克隆清除。表达对自身抗原识别的 B 细胞受体(BCR)的克隆，也可因受体编辑，形成新的 BCR 的 B 细胞克隆，不再对自身抗原应答。

77. ABCDE　①根据免疫耐受的原理，若诱导机体产生免疫耐受，使 T 细胞及 B 细胞在发育阶段经受克隆消除，则可显著减少自身免疫性疾病的发生，答案为 C。②若在慢性感染、肿瘤生长过程中，解除免疫耐受，则有利于消灭病原体及肿瘤，使疾病得到控制。

78. ABCDE　①超敏反应分为Ⅰ、Ⅱ、Ⅲ、Ⅳ型。Ⅰ型超敏反应是指变应原与结合在肥大细胞和嗜碱性细胞上的 IgE 结合并交联，使细胞释放生物活性介质，引起平滑肌收缩、血管扩张、通透性增强、黏膜腺体分泌增加，常见于药物过敏性休克、血清过敏性休克、过敏性哮喘、过敏性鼻炎、过敏性胃肠炎、荨麻疹、特应性皮炎(湿疹)、血管神经性水肿(B)。②血清病、免疫复合物性肾小球肾炎、类风湿关节炎均属于Ⅲ型超敏反应。感染性迟发型超敏反应属于Ⅳ型超敏反应。

79. ABCDE　80. ABCDE　①血清病属于Ⅲ型超敏反应，通常是在初次大量注射抗毒素后 1~2 周发生，表现为发热、皮疹、淋巴结肿大、关节肿痛、一过性蛋白尿等(E)。这是由于患者体内新产生的针对抗毒素的抗体与大量未排出的抗毒素结合形成大量中分子免疫复合物所致。②自身免疫性溶血性贫血属于Ⅱ型超敏反应，某些病毒感染可使红细胞膜表面成分发生改变，刺激机体产生相应的抗体，这种抗体与改变的红细胞表面成分特异性结合，激活补体，溶解红细胞，可导致自身免疫性溶血性贫血(C)。③支气管哮喘、荨麻疹均属于Ⅰ型超敏反应。接触性皮炎属于Ⅳ型超敏反应。

81. ABCDE　Ⅱ型超敏反应又称溶细胞型超敏反应，特点是由 IgG 或 IgM 类抗体与靶细胞表面相应抗原结合后，在补体、吞噬细胞和 NK 细胞参与下，引起的以细胞溶解或组织损伤为主的病理性免疫反应。

82. ABCDE　患者输血 10 分钟后突发寒战高热，腰背部疼痛，无尿，血浆游离血红蛋白增高，应诊断为急性溶血性输血反应，多发生于 ABO 血型不符的输血，属于Ⅱ型超敏反应(B)。为供血者红细胞表面的血型抗原与受血者血清中的天然抗体(IgM)结合后激活补体，而使红细胞溶解引起的溶血反应。

83. ABCDE　Ⅳ型超敏反应是由于致敏 T 细胞与相应抗原作用，而引起的以单个核细胞(巨噬细胞、淋巴细胞)浸润和细胞变性坏死为主要特征的炎性反应(C 对)。此型超敏反应发生缓慢,一般在接受相应抗原刺激 24~72 小时后发病,故又称迟发型超敏反应。此型反应无需抗体介导,也无需激活补体。

84. ABCDE ①Ⅳ型超敏反应是由于致敏 T 细胞与相应抗原作用而引起的以单个核细胞浸润和细胞变性坏死为主要特征的炎性反应。此型超敏反应是由 T 细胞介导的,CTL 直接识别细胞性抗原杀伤靶细胞(A)。②Ⅰ型超敏反应由 IgE 介导,Ⅱ型超敏反应由 IgG/IgM 介导,Ⅲ型超敏反应由 IgG 介导。

85. ABCDE 86. ABCDE ①Ⅰ型超敏反应是指变应原与结合在肥大细胞、嗜碱性细胞上的 IgE 结合并交联,使细胞释放生物活性介质,引起的局部或全身反应(E)。②题干要求回答的是 MHC“非限制性杀伤”的细胞,故只能选择 NK 细胞作为正确答案,因为只有 NK 无需抗原预先致敏,即可通过抗体依赖细胞介导的细胞毒作用直接杀伤靶细胞(C)。T 细胞毒细胞(CTL 细胞)受 MHC Ⅰ类分子限制。

87. ABCDE Ⅳ型超敏反应也称迟发型超敏反应,是 T 细胞介导的免疫应答,与抗体和补体无关。结核菌素试验通过皮内注射 PPD(*结核分枝杆菌细胞壁的纯蛋白衍生物*),48~72 小时后观察局部迟发型超敏反应的强度,以检测机体细胞免疫(*Ⅳ型超敏反应*)针对抗原的应答强度(D)。

88. ABCDE 结核病属于Ⅳ型过敏反应,本质上为细胞免疫反应。

89. ABCDE 佩戴金属首饰引起的接触性皮炎属于Ⅳ型超敏反应,是一种由 T 细胞介导、环境中抗原所诱导的湿疹样皮肤病。引起本病的抗原主要是天然或合成的有机物和金属,如镍、染料、磺胺等。参阅 2 版 8 年制《医学免疫学》P298。

90. ABCDE ①新生儿溶血症属于Ⅱ型超敏反应性疾病(B)。②荨麻疹、过敏性鼻炎、过敏性休克均属于Ⅰ型超敏反应性疾病,血清病属于Ⅲ型超敏反应性疾病。

91. ABCDE ①自身免疫性疾病分为自身抗体介导的和自身反应性 T 细胞介导的自身免疫性疾病。体内存在的针对自身反应性 $CD8^+$CTL 和 Th1 细胞都可造成自身细胞的免疫性损伤,从而引起自身反应性 T 细胞介导的自身免疫性疾病,如胰岛素依赖性糖尿病患者体内存在的自身反应性 T 细胞,可持续杀伤胰岛中的 B 细胞,而引起糖尿病。②A、B、C、D 均属于自身抗体介导的自身免疫性疾病。

92. ABCDE 93. ABCDE ①有些微生物与人体的细胞或细胞外成分有类似的抗原表位,在感染人体后引发的针对微生物抗原的免疫应答,也能攻击含有相似表位的人体细胞或细胞外成分,这种现象称为分子模拟。如柯萨奇病毒感染诱发的免疫应答可攻击胰岛 B 细胞,引发糖尿病(C)。②生物、物理、化学、药物等因素可使自身抗原发生改变引起自身免疫病,如一些小分子药物青霉素可吸附到红细胞表面,使其获得免疫原性,刺激机体产生抗体,引起药物相关的溶血性贫血(D)。③B 淋巴细胞的多克隆激活可产生自身抗体,识别并结合自身抗原,造成人体的免疫损伤。一个抗原分子可能有多种表位,存在优势表位和隐蔽表位,免疫系统针对一个优势表位发生免疫应答后,可能对隐蔽表位相继发生免疫应答,这种现象称为表位扩展。隐蔽抗原的释放可导致自身免疫病。

94. ABCDE ①胸腺发育不全(Di George 征)是典型的 T 细胞缺陷所致的原发性免疫缺陷病,而不是获得性免疫缺陷病(B),参阅 3 版 8 年制《医学免疫学》P327。②某些病毒(*如 HIV、麻疹病毒、巨细胞病毒*)感染,可不同程度影响机体免疫系统,导致获得性免疫缺陷。肿瘤放疗和化疗、长期使用免疫抑制剂均可抑制机体免疫系统,引起获得性免疫缺陷病。营养不良是引起获得性免疫缺陷病最常见的因素。

95. ABCDE 慢性肉芽肿病是以皮肤、肺及淋巴结广泛肉芽肿损害为特征的遗传性粒细胞杀菌功能缺陷病,主要缺陷为宿主吞噬细胞系统产生的 H_2O_2 不足,不能杀灭过氧化酶阳性菌,致感染扩散。

96. ABCDE ①免疫缺陷病分为原发性和获得性免疫缺陷病。艾滋病为 HIV 感染所致的获得性免疫缺陷病。C、D、E 均属于原发性免疫缺陷病,遗传性血管神经性水肿为补体缺陷所致,X-连锁慢性肉芽肿病为吞噬细胞功能缺陷所致,X-连锁无丙种球蛋白血症为抗体缺陷所致。②系统性红斑狼疮为自身免疫病,不属于免疫缺陷性疾病(A)。

97. ABCDE ①遗传性血管神经性水肿是常见的补体缺陷病,由 *C1INH* 基因缺陷所致。这种补体调节蛋白缺乏引起 C2 裂解失控,C2a 产生过多,导致血管通透性增高。参阅 7 版《医学免疫学》P168。②急性肾小球肾炎、过敏性休克、接触性皮炎分别属于Ⅲ型、Ⅰ型、Ⅳ型超敏反应所致的变态反应性疾病。桥本甲状腺炎属于自身免疫性疾病。

98. ABCDE　99. ABCDE　100. ABCDE　101. ABCDE　①癌胚抗原(CEA)是一种富含多糖的蛋白质。早期胎儿的胃肠均可合成 CEA，但妊娠 6 个月后逐渐降低，出生后含量极低。若出生后血清 CEA 增高，常提示胃肠癌(C)。②肺癌患者血清 α 酸性糖蛋白增高(B)。③众所周知，原发性肝癌患者甲胎蛋白(AFP)增高(D)。④抗 EB 病毒的 IgA 抗体(VCA-IgA 抗体)对鼻咽癌特异性较高，鼻咽癌患者血清 VCA-IgA 阳性率约为 90%(E)。⑤血酸性磷酸酶升高常见于前列腺癌。

102. ABCDE　①肿瘤相关抗原是指肿瘤细胞和正常细胞均可表达的抗原，只是其含量在细胞癌变时明显增高，此类抗原只表现出量的变化而无严格肿瘤特异性，如癌胚抗原(CEA)、甲胎蛋白(AFP)等。②TNF 为肿瘤坏死因子，LPS 为脂多糖，IFN 为干扰素，HBsAg 为乙肝表面抗原。

103. ABCDE　肿瘤相关抗原是指既存在于肿瘤细胞，也可存在于正常细胞的抗原物质，只是在肿瘤细胞的表达量远超过正常细胞，仅表现为量的变化而无严格的肿瘤特异性。因肿瘤相关抗原多为正常细胞的一部分，而且免疫原性较弱，故一般难以刺激机体产生有效抗体，发挥抗肿瘤免疫应答。

104. ABCDE　急性同种异基因移植排斥反应常于移植后数天至 2 周左右出现。受体 $CD4^+T$ 细胞和 $CD8^+T$ 细胞是参与该种排斥反应的主要细胞。$CD4^+T$ 细胞主要识别 MHCⅡ类分子 APC 所提呈的抗原，介导针对移植物的迟发型超敏反应性炎症。$CD8^+T$ 细胞主要识别 MHCⅠ类分子 APC 所提呈的抗原，介导对移植物细胞的特异性杀伤。

105. ABCDE　106. ABCDE　①超急性排斥反应是指移植器官与受者血管接通后数分钟至 24 小时内发生的排斥反应，其发病原因主要为受者体内预先存在抗供者组织抗原的抗体(IgM)，包括供者 ABO 血型抗原、血小板抗原、HLA 抗原、血管内皮细胞抗原的抗体，供体缺血时间过长(C)。②移植物抗宿主反应是指当受者处于免疫无能或免疫抑制状态时，移植物内含有较多成熟的供者 T 细胞，通过识别受者抗原而产生攻击受者的免疫应答。主要是由于供者 HLA 配型不符产生的免疫反应(E)。

107. ABCDE　同种异体肾移植早期，异体肾作为异种抗原可能引发免疫排斥反应，但临床上免疫抑制剂的应用，使机体对异体肾的排斥反应显著减弱，长期适应以后，受者对移植物产生了免疫耐受。受者体内虽有供体 HLA 表达，但也不发生明显的排斥反应(D)。

108. ABCDE　①超急性排斥反应是指移植器官与受者血管接通后数分钟至 24 小时内发生的排斥反应，常见于反复输血、多次妊娠、长期血液透析(B)。该反应是由于受者体内预先存在抗供者组织抗原的抗体，包括抗供者 ABO 血型抗原、血小板抗原、HLA 抗原的抗体。②异种移植是指不同种属个体间的移植，故不答 A。急性排斥反应常由细胞免疫应答引起，慢性排斥反应常由血管慢性排斥反应引起，故不答 C、D。自体移植是指移植物取自受者自身，不会发生排斥反应。

109. ABCDE　①同种异体移植是指同种内遗传基因不同的个体间移植，如母子间的肾移植(B)。②同基因移植也称同系移植，是指供受体基因完全相同(如同卵双生)的异体移植。异种移植是指不同种属个体间的移植。自体移植是指移植物取自受者自身。

110. ABCDE　①凝集反应分为直接凝集反应和间接凝集反应两类。直接凝集反应是指颗粒性抗原本身直接与相应的抗体反应，出现凝集现象。间接凝集反应是指将可溶性抗原或抗体先吸附在颗粒载体上，然后再与相应抗体或抗原进行反应，出现凝集现象。可见，直接凝集反应检测的是颗粒抗原，间接凝集反应检测的是可溶性抗原，答案为 A。②C、D、E 检测的都是可溶性抗原。

111. ABCDE　A、B、C、D 均属于直接凝集反应，免疫印迹试验不属于凝集试验。免疫印迹又称 Western blotting，是将十二烷基磺酸钠(SDS)聚丙烯酰胺凝胶电泳(PAGE)分离得到的按分子量大小排列的蛋白质转移到固相载体膜上，再用标记的特异性抗血清或单克隆抗体对蛋白质进行定性或定量分析的技术。

112. ABCDE　①外周血单个核细胞(PBMC)包括淋巴细胞和单核细胞，是免疫学试验最常用的细胞。分离免疫细胞的方法有 Ficoll-Hypaque 离心（葡聚糖-泛影葡胺密度梯度离心法）、磁珠分离法、流式细胞术（FCM），其中以流式细胞术最常用（A）。②B、C、D 都不是免疫细胞的分离方法，而是抗体的检测方法。

113. ABCDE 疫苗是指用各类病原微生物制作的用于预防接种的生物制品，分为活疫苗和灭活疫苗两类。麻疹活疫苗由毒力弱的麻疹病毒制成，接种后能在体内繁殖一段时间，由于毒力弱不会使正常人致病，但可能使免疫缺陷患者致病，因此免疫缺陷患者不能接种活疫苗，但可接种灭活疫苗。灭活脊髓灰质炎疫苗、重组乙型肝炎疫苗、多糖疫苗、流行性出血热疫苗均属于灭活疫苗，故答 D。

114. ABCDE 人工免疫分为人工主动免疫和人工被动免疫。人工主动免疫是指人为提供具有免疫原性的制剂，使机体主动产生特异性免疫力，如狂犬疫苗的接种。人工被动免疫是指人为提供免疫应答的特异性抗体，直接发挥免疫效应，如应用抗狂犬病免疫血清。

第六篇　病理学试题答案及详细解答

(正确答案为绿色的选项)

1. ABCDE　①组织适应性改变包括萎缩、肥大、增生、化生4种形式。②细胞内脂肪沉积(脂肪变)、玻璃样变性属于可逆性损伤,坏死、坏疽属于不可逆损伤。
2. ABCDE　萎缩、增生、肥大、化生为适应的4种表现形式,属于非损伤性改变。变性为可逆性损伤。
3. ABCDE　细胞和组织的适应性反应有4种,即萎缩、肥大、增生、化生。再生是指损伤周围的同种细胞完成修复的过程,不属于适应性改变。
4. ABCDE　①化生是指一种分化成熟的细胞或组织类型被另一种分化成熟的细胞或组织类型所取代的过程(D)。②机化是指由肉芽组织逐渐取代血栓的过程。钙化是指血栓未能软化又未完全机化,发生的钙盐沉着。分化是指肿瘤组织在形态和功能上与某种正常组织的相似性。适应是指细胞、组织、器官对内外环境中有害因子和刺激作用而产生的非损伤性应答反应。
5. ABCDE　①化生是指一种分化成熟的组织转变为另一种组织的过程。软组织中出现了另一种组织(骨组织),应考虑化生(D)。②增生时没有组织类型的改变,均为同种组织内实质细胞数量的增多,故不答A、B、C。癌前病变是指具有癌变倾向的病变。
6. ABCDE　①正常情况下,支气管被覆纤毛柱状上皮,现演变成为鳞状上皮,因此有从一种细胞类型(纤毛柱状上皮)转变为另一种细胞类型(鳞状上皮)的过程,故称为鳞状上皮化生(鳞化)。在鳞化的基础上可发生鳞癌,但活检结果未见癌细胞,因此本例只能诊断为鳞化,而不能诊断为鳞癌,故答A而不是D、E。②肥大、萎缩均不涉及细胞类型的转变,故不答B、C。
7. ABCDE　①化生是指一种成熟的组织转变为另一种分化成熟组织的过程。假复层纤毛柱状上皮转变为鳞状上皮,应属于化生(E)。②变性是指细胞的可逆性损伤。机化是指坏死灶由肉芽组织所取代。增生时没有组织类型的改变,故不答C。再生是指组织损伤后,由周围的同种细胞来完成修复的过程。
8. ABCDE　9. ABCDE　①缺碘性甲状腺肿是由于甲状腺激素合成减少,通过反馈刺激垂体TSH分泌增多,导致的甲状腺滤泡上皮增生,使甲状腺均匀性肿大,为病理性增生(D)。参阅3版8年制《病理学》P3。②瘢痕疙瘩是由于创伤愈合过程中,成纤维细胞和血管过度增生所致,也属于病理性增生。
10. ABCDE　①变性现已改称可逆性损伤,是指细胞受损后,由于代谢障碍,使细胞内或细胞间质内出现异常物质或正常物质异常蓄积的现象(A)。②坏死、坏疽属于不可逆损伤。梗死是指器官或局部组织由于血管阻塞、血流停止导致缺氧而发生的坏死,不属于细胞损伤范畴。
11. ABCDE　①变性现是指细胞受损后,细胞内或细胞间质内出现异常物质或正常物质异常蓄积的现象(D)。②坏死属于不可逆损伤。增生、化生均属于适应的表现形式。变质属于炎症的基本病变。
12. ABCDE　细胞水肿是指因线粒体受损,ATP生成减少,细胞膜钠泵功能障碍,导致细胞内水钠潴留。
13. ABCDE　细胞水肿镜下可见细胞肿大明显,线粒体和内质网肿胀,胞质高度疏松呈空泡状。
14. ABCDE　肝细胞是脂肪代谢的重要场所,最常发生脂肪变性(D)。此外,心肌细胞、肾小管上皮细胞、骨骼肌细胞也可发生脂肪变性。
15. ABCDE　16. ABCDE　①脂肪变性的心肌呈黄色,正常心肌呈暗红色,形成黄红相间的斑纹,称为虎斑心。②病毒性肝炎时,肝细胞严重水肿,镜下表现为细胞明显肿胀如气球样,称为气球样变。③玻璃样变、黏液变性、淀粉样变均属于变性范畴,属于可逆性损伤。
17. ABCDE　18. ABCDE　①肝细胞水肿时,细胞内水钠异常潴留,导致肝细胞明显肿大,包膜紧张,胞质高度疏松、淡染、透明度增加(因水分在HE染色过程中不能着色)。②肝细胞脂肪变性时,由于大量甘油三酯异常蓄积于肝细胞胞质中,导致肝细胞体积增大,胞质内出现大小不等的球形脂滴。因脂肪在石蜡切片过程中被有机溶剂溶解,故脂滴呈空泡状。若当冰冻切片时,应用苏丹Ⅲ等特殊染色,可使脂肪着色而呈橘红色,称为苏丹Ⅲ染色阳性。

19. ABCDE ①肝细胞水肿和脂肪变,在普通HE染色切片上均可表现为肝细胞体积增大,空泡状。前者是因为肝细胞内异常蓄积的水分在HE染色时,不易着色而呈空泡状;后者是因为制片过程中异常蓄积的脂肪被有机溶剂溶解而呈空泡状。为确定空泡的性质,常常采用苏丹Ⅲ染色,若能使脂肪特异染色为橘红色,则为肝细胞脂肪变,否则为肝细胞水肿。②普鲁士蓝染色常用于诊断缺铁性贫血。嗜银染色为区分类癌与腺癌的常用方法。免疫组化是应用抗原抗体特异性结合的原理,通过化学反应使标记抗体的显色剂显色来确定组织细胞内抗原的类型。电镜检查为常用的形态学检查方法。

20. ABCDE 玻璃样变性是指细胞内或间质中出现半透明状蛋白质蓄积,好发于细胞内、纤维结缔组织和细动脉壁(B)。血浆蛋白渗入细动脉壁称为细动脉壁玻璃样变,常见于缓进型高血压。

21. ABCDE ①"细胞质内出现大小不等、圆形、均质红染物质"为细胞内玻璃样变,常见于慢性肾炎的近端小管上皮细胞、浆细胞、酒精性肝病的肝细胞。所给5个选项中,符合题意的为E。慢性肾小球肾炎时,肾小球通透性增高,大量蛋白质滤过,被近端小管上皮细胞所吞饮,在胞质中与溶酶体融合,形成玻璃样小滴,HE染色呈圆形均质红染状。②A、B、D表现为纤维结缔组织的玻璃样变,C表现为细小动脉壁的玻璃样变,均不属于细胞内玻璃样变,故不答A、B、C、D。

22. ABCDE 23. ABCDE 24. ABCDE ①病毒性肝炎时,肝细胞严重水肿,表现为细胞体积增大,胞质高度疏松呈空泡状,称为气球样变。②酒精性肝病时,肝细胞胞质内细胞中间丝前角蛋白变性,形成Mallory小体,属于细胞内玻璃样变。③瘢痕组织的胶原蛋白交联、变性、融合,称为结缔组织玻璃样变。④脂质沉积为脂肪变的表现,血管壁玻璃样变常见于缓进型高血压。

25. ABCDE 26. ABCDE 27. ABCDE ①玻璃样变是指细胞内或间质中蛋白质的异常蓄积,为可逆性损害。缓进型高血压患者因血浆蛋白渗出而沉积于细动脉壁,称细动脉壁玻璃样变。②多发性骨髓瘤患者肿瘤性浆细胞分泌大量的免疫球蛋白轻链(即本周蛋白)沉积于组织中,形成淀粉样变性。③酒精性肝病时,肝细胞胞质内细胞中间丝前角蛋白变性,形成Mallory小体,属于细胞内玻璃样变。

28. ABCDE ①湿性坏疽多发生于与外界相通的内脏,如肺、肠、子宫、阑尾、胆囊等(A)。②脾、肝、肾多发生凝固性坏死,四肢多发生干性坏疽。

29. ABCDE ①萎缩的心肌细胞内常出现脂褐素。②橙色血质为胆色素的成分之一(胆色素的主要成分为胆红素)。③间日疟或恶性疟的大滋养体内可出现疟色素。④慢性肺淤血时,肺泡腔的巨噬细胞内有大量含铁血黄素颗粒。⑤黑色素主要存在于黑色素细胞、色素痣、基底细胞癌等。

30. ABCDE ①骨和牙齿外的软组织内固态钙盐的蓄积称为病理性钙化,分为营养不良性钙化和转移性钙化。转移性钙化是由于全身钙磷代谢异常(高钙血症)而致钙盐沉积于正常组织,常发生于排酸器官,如肺泡壁、肾小管、胃黏膜上皮(B)。②营养不良性钙化常见于变性坏死的组织,如血栓内、干酪样坏死、动脉粥瘤内、死亡的血吸虫卵等。

31. ABCDE ①细胞坏死是以酶溶性变化为特点的活体内局部组织细胞的死亡。细胞坏死的形态学特征为细胞核的变化,即核固缩、核碎裂和核溶解(D)。②核分裂象过多、细胞核异型为肿瘤细胞的特点。线粒体肿胀为细胞水肿的特点。细胞质脂质增多常见于脂肪变性。

32. ABCDE ①坏死分为凝固性坏死、液化性坏死、纤维素样坏死、坏疽等类型。凝固性坏死是指蛋白质变性凝固且溶酶体水解作用较弱时,坏死区呈灰黄、干燥、质实状态,多见于心、肝、肾、脾等实质脏器(A)。②脑常发生液化性坏死,肠、子宫、肺常发生湿性坏疽。

33. ABCDE ①湿性坏疽常发生于水分不易蒸发,且与外界相通的内脏,如肺、肠、子宫、阑尾、胆囊等(E)。②脑常发生液化性坏死,肝、脾、肾常发生凝固性坏死。

34. ABCDE　①坏疽属于坏死的特殊类型，分为干性坏疽、湿性坏疽、气性坏疽 3 类。因阑尾动脉是终末动脉，故阑尾容易发生湿性坏疽。②心、肝、脾、肾等实质性脏器，常发生凝固性坏死。

35. ABCDE　①脑组织不发生坏疽，常发生液化性坏死，因为脑组织蛋白质少，不易凝固，而含磷脂及水分多，有利于液化。②肺、阑尾、小肠常发生湿性坏疽，下肢常发生干性坏疽。

36. ABCDE　①坏疽是指局部组织大块坏死并继发腐败菌感染，分为干性坏疽、湿性坏疽、气性坏疽 3 类。②A、B、D 均为局部血液循环障碍所致的病理改变，而不是组织细胞损伤的表现形式。干酪样改变为彻底的凝固性坏死，为结核病具有诊断意义的病理表现，不属于坏疽，故不答 C。

37. ABCDE　①干酪样坏死是结核病具有诊断意义的病变，是特殊类型的凝固性坏死，因蛋白质变性凝固且溶酶体水解作用较弱，故坏死区干燥。②肉眼观颜色微黄，质地松软、细腻，状似奶酪而得名，参阅 3 版 8 年制《病理学》P25。③由于干酪样坏死属于特殊类型的凝固性坏死，故不易溶解液化，答案为 C。

38. ABCDE　①软化灶常发生于液化性坏死过程，多见于含蛋白质少，而含磷脂及水分丰富的部位，如脑组织、胰腺等。在液化过程中，常形成囊状软化灶，故脑组织坏死又称脑软化。②萎缩属于细胞组织的适应性变化。变性、水肿属于细胞组织的损伤形式。脓肿属于局限性化脓性炎症。

39. ABCDE　①干性坏疽多发生于四肢。如血管闭塞性脉管炎时，由于动脉阻塞但静脉回流较通畅，病变部分干固皱缩呈黑色，且界限清楚。②湿性坏疽多发生于与外界相通的内脏。气性坏疽常发生于狭窄深长的厌氧伤口。干酪样坏死多见于结核病。液化性坏死多见于脑组织。

40. ABCDE　①组织坏死后形成的只开口于皮肤黏膜表面的深在性盲管，称为窦道（C）。②较深的组织缺损称为溃疡，较浅的组织缺损称为糜烂。肾、肺等器官的坏死组织液化后，经自然管道（输尿管、气管）排出，留下的空腔，称为空洞。连接两个内脏器官或从内脏器官通向体表的通道样缺损，称为瘘管。

41. ABCDE　①再生是指组织和细胞损伤后，由周围的同种细胞来完成修复的过程。②增生、化生和肥大都是细胞和组织的适应性反应。机化是指坏死灶由肉芽组织所取代的过程。

42. ABCDE　43. ABCDE　根据再生能力将人体细胞分为不稳定细胞、稳定细胞和永久性细胞 3 类。

细胞分类	定义	常见细胞
不稳定细胞	这类细胞总在不断地增殖，以代替衰亡或破坏的细胞，其再生能力很强	表皮细胞、呼吸道及消化道黏膜被覆上皮细胞 淋巴细胞、造血细胞、间皮细胞
稳定细胞	生理情况下，这类细胞增殖不明显，但受到组织损伤的刺激时，再生能力较强	腺体实质细胞（肝、胰、汗腺、内分泌腺） 肾小管上皮细胞、平滑肌细胞
永久性细胞	这类细胞不能进行再生	神经细胞、骨骼肌细胞、心肌细胞

44. ABCDE　肝脏损伤后主要靠肝细胞来完成修复，因此起再生作用的细胞主要是肝细胞，属于稳定细胞。

45. ABCDE　①骨组织的再生能力非常强，骨折后可完全再生修复，故答 B 而不是 D。病理学上讲到的完全再生修复包括骨组织、肝细胞点状坏死、嗜酸性坏死，其余均为不完全再生修复。②心肌细胞和神经细胞属于永久性细胞，无再生能力，损伤后一般都是瘢痕修复。平滑肌组织的平滑肌细胞属于稳定细胞，再生能力弱。上皮组织的再生能力较强，但若基底膜破坏，则难以再生。

46. ABCDE　肉芽组织由新生的毛细血管、增生的成纤维细胞、炎性细胞组成。

47. ABCDE　①肉芽组织由新生毛细血管、增生的成纤维细胞、炎性细胞组成。肉芽组织中一些成纤维细胞具有类似平滑肌细胞的收缩功能，称为肌成纤维细胞。②平滑肌细胞不属于肉芽组织的组成成分。

48. ABCDE　①肉芽组织由新生的毛细血管、增生的成纤维细胞和炎性细胞组成。其中发挥抗感染作用的成分当然是炎性细胞（C）。②毛细血管内皮细胞增生形成扩张的毛细血管，主要功能是提供营养。肌成纤维细胞具有收缩功能。成纤维细胞主要产生基质和胶原。胶原纤维为瘢痕组织的主要成分。

49. ABCDE　①瘢痕组织是指肉芽组织经改建成熟形成的纤维结缔组织，因此完成瘢痕修复的物质基础是肉芽组织。②上皮组织主要起保护作用，毛细血管网主要提供营养。纤维蛋白网架主要见于血栓中。炎性渗出物多见于炎症反应。

50. ABCDE ①一期愈合的手术切口,表皮再生一般在1~2天内将伤口覆盖。肉芽组织在第3天从边缘将伤口填满。5~7天伤口两侧出现胶原纤维连接,此时伤口可以拆线(B)。②1周后,肉芽组织中的毛细血管和成纤维细胞仍继续增生,胶原纤维不断积聚,形成瘢痕组织,第2周末瘢痕开始变白。

51. ABCDE ①充血是指器官或组织动脉输入血量增多。②淤血是指器官或组织静脉血流受阻,血液淤积于小静脉和毛细血管内,又称静脉性充血。炎症时局部血管扩张、血流加速会导致局部发红。

52. ABCDE ①发生淤血的器官和组织,可因血液淤积而引起淤血性水肿。②淤血时,血流减慢,有利于血栓形成。③长期慢性淤血可导致实质细胞萎缩、变性、坏死,而不是增生(E错)。④长期慢性淤血可导致间质纤维组织增生。

53. ABCDE 慢性肝淤血时,肝小叶中央区因严重淤血呈暗红色,肝小叶周边肝细胞因脂肪变性呈黄色,致使肝切面上出现红(淤血区)黄(肝脂肪变区)相间的状似槟榔切面的条纹,称为槟榔肝。

54. ABCDE ①槟榔肝镜下可见肝小叶中央肝血窦高度扩张淤血、出血、肝细胞萎缩,肝小叶周边部肝细胞脂肪变性。②肝小叶结构破坏常见于假小叶形成。肝细胞坏死常见于病毒性肝炎。门静脉分支扩张淤血常见于门静脉高压症。

55. ABCDE 慢性肺淤血时,由于肺泡壁纤维化,质地变硬,肉眼呈棕褐色,称为肺褐色硬化。慢性肺淤血时,肺泡毛细血管通透性增高,大量红细胞漏出,被巨噬细胞吞噬后释放出含铁血黄素,在巨噬细胞内出现棕黄色含铁血黄素颗粒。这种细胞常在左心衰竭等情况下出现,称为心衰细胞。

56. ABCDE ①左心衰竭时,左心腔内压力升高,阻碍肺静脉回流,可造成肺淤血、水肿(E)。②槟榔肝见于慢性右心衰竭。脐周静脉呈“海蛇头”样改变、脾淤血、脾肿大常见于门静脉高压症。临床上脑淤血少见,脑水肿常为脑组织受损的继发性改变。

57. ABCDE ①急性肺淤血时,肺泡壁毛细血管扩张充血,肺泡壁变厚,肺泡间隔水肿,部分肺泡腔内充满伊红色水肿液。②心力衰竭细胞主要见于慢性肺淤血。肺泡腔内充满纤维蛋白为大叶性肺炎的特点。肺泡腔内出现大量中性粒细胞为小叶性肺炎的特点。肺泡上皮细胞不会分泌黏液。

58. ABCDE ①严重肺淤血时,局部缺氧,毛细血管通透性增高,炎性细胞渗出增多,易致炎症。毛细血管通透性增高,可引起红细胞漏出,导致肺泡淤血性出血。毛细血管通透性增高,漏出液潴留在肺泡内,引起肺泡淤血性水肿。出血灶中的红细胞碎片被巨噬细胞吞噬,血红蛋白被溶酶体分解,析出含铁血黄素,并堆积在巨噬细胞胞质内,称为含铁血黄素细胞(心衰细胞)。②肺严重淤血不会导致透明膜形成,此为急性呼吸窘迫综合征的病理改变(B)。

59. ABCDE 60. ABCDE ①慢性左心衰竭可引起肺淤血,导致肺泡壁纤维化,质地变硬,肉眼呈棕褐色,称为肺褐色硬化(E)。②急性左心衰竭时,由于左心腔压力升高,阻碍肺静脉回流,可造成肺水肿(C)。③肺气肿是末梢肺组织因含气量过多、肺泡间隔破坏,导致肺体积膨大、功能降低的一种疾病。肺不张是指全肺或部分肺呈收缩和无气状态。肺脓肿是肺组织坏死形成的脓腔。

61. ABCDE ①循环血液中的异常物质随血液流动,阻塞血管腔,称为栓塞。栓子是指循环血液中,阻塞血管的异常物质。②B、C、D、E均属于栓子的物质类型。

62. ABCDE A、B、C、D、E均可作为栓子,临床上以血栓最常见(D)。

63. ABCDE ①血管内皮细胞损伤是血栓形成最重要、最常见的原因。②新生血小板增多,其黏性增加,易于黏集形成血栓。③血流减慢和涡流形成有利于血栓的形成。④晚期肿瘤患者癌细胞可释放出组织因子,此为促凝因子,可导致血栓形成。⑤纤维蛋白溶酶可促使纤维蛋白溶解,清除沉着于血管内皮细胞表面的纤维蛋白,具有溶栓作用,不是血栓形成的条件(D)。

64. ABCDE ①静脉血栓在形成过程中不断沿血管延伸而增长,称为延续性血栓。延续性血栓的头部、体部、尾部分别为白色血栓、混合性血栓、红色血栓。②透明血栓主要见于毛细血管。

65. ABCDE ①透明血栓主要见于毛细血管,如弥散性血管内凝血(DIC)的微血栓。②静脉血栓的头、体、尾部分别为白色血栓、混合性血栓、红色血栓。

66. ABCDE　①纤维素性血栓主要由纤维素构成,常发生于微循环的毛细血管内。②下肢深静脉、门静脉、心室壁瘤等发生的血栓多为混合性血栓(1版《病理学》P52)。左心耳发生的血栓多为白色血栓。

67. ABCDE　①微血栓(透明血栓)主要由纤维素构成,常见于弥散性血管内凝血。②由血小板和少量纤维素构成的血栓称为白色血栓。由大量红细胞和少量白细胞构成的血栓称为红色血栓。

68. ABCDE　①在活体的心脏或血管内,血液发生凝固或血液中某些有形成分凝集形成固体质块的过程,称为血栓形成。所形成的固体质块,称为血栓(A)。②在血液循环中出现的不溶于血液的异常物质,随血流运行阻塞血管腔的现象称为栓塞。阻塞血管的异常物质称为栓子。器官或局部组织静脉血液回流受阻,血液淤积于小静脉和毛细血管内,导致血量增加,称为淤血。血液由流动的液体状态变成不能流动的凝胶状态,称为凝血。

69. ABCDE　70. ABCDE　①静脉血栓的头部、体部、尾部分别为白色血栓、混合血栓、红色血栓。白色血栓主要由血小板及少量纤维蛋白构成(A)。②红色血栓主要由纤维蛋白和红细胞构成(E)。③混合血栓主要由血小板、纤维蛋白、红细胞构成。

71. ABCDE　①混合性血栓主要见于静脉血栓的体部,但在动脉血栓下游形成的延续性血栓、心房颤动或二尖瓣狭窄时左心房内形成的球形血栓也属于混合性血栓。②白色血栓、红色血栓分别常见于静脉血栓的头部、尾部。透明血栓常见于毛细血管。延续性血栓多为静脉血栓。

72. ABCDE　①在血栓机化过程中,由于水分被吸收,血栓干燥收缩或部分溶解而出现裂隙,周围新生的血管内皮细胞长入并被覆于裂隙表面形成新的血管,并相互吻合沟通,使被阻塞的血管部分地重建血流,这一过程称为血栓再通。②血栓溶解、机化、再通、钙化均为血栓的常见结局。血栓脱落将造成血管栓塞,不属于血栓的结局,而属于血栓的并发症。

73. ABCDE　血栓的结局包括软化、溶解、吸收、机化、再通、钙化,不包括硬化(E)。

74. ABCDE　①纤维素性血栓多见于弥散性血管内凝血,在弥散性血管内凝血早期经抗凝治疗,容易溶解吸收。②长久的血栓未能充分机化者,可发生钙盐沉着形成静脉石或动脉石。③血栓机化后,部分栓塞可再通,部分恢复血流,但不能完全恢复正常血液循环(C错)。④血栓当然可阻塞动脉或静脉。⑤血管炎可导致血管内皮细胞损伤,此为血栓形成的最重要最常见的原因。

75. ABCDE　①活体内,在循环血液中出现的不溶于血液的异常物质,随血流运行阻塞血管腔的现象,称为栓塞。②阻塞血管的异常物质称为栓子。在活体心脏和血管内,血液发生凝固或血液中某些有形成分凝集形成固体质块的过程,称为血栓形成。梗塞是指局部血管堵塞,血流停止。梗死是指器官或局部组织由于血管阻塞、血流停止导致缺氧而发生的坏死。

76. ABCDE　①栓子随血流运行,可栓塞远端血管。体循环动脉栓塞的栓子80%来自左心。血流经左心房→左心室→主动脉→颈总动脉→颈内动脉→大脑中动脉,故答A。②下肢股静脉→右心房→右心室→肺动脉,因此B、C、D血栓脱落常造成肺动脉栓塞。③肠系膜静脉回流入门静脉,因此肠系膜静脉血栓脱落常造成门静脉栓塞。

77. ABCDE　①血流经左心室→主动脉→颈总动脉→颈内动脉→大脑中动脉,因此左心室血栓脱落常造成大脑中动脉栓塞。②髂静脉、肝静脉→下腔静脉→右心房→右心室→肺动脉,因此肝静脉、髂静脉、右心房血栓脱落常造成肺动脉栓塞。③因为门静脉远端为肝内门静脉分支,因此门静脉血栓脱落后只能栓塞肝内门静脉分支。

78. ABCDE　79. ABCDE　①股静脉→下腔静脉→右心房→右心室→肺动脉,因此股静脉血栓脱落,常顺血流方向运行导致肺动脉栓塞。②冠状动脉血栓形成将导致心肌缺血梗死。

80. ABCDE　①股静脉→下腔静脉→右心房→右心室→肺动脉,故来自下肢深部静脉(股静脉、髂静脉)的血栓栓子脱落常造成肺动脉栓塞。②来源于左心的血栓栓子脱落常造成体循环栓塞。

81. ABCDE　①右股深部巨大血管瘤术中可能损伤股静脉,加之术后长时间卧床,易造成股静脉血栓形成。拆线后下床活动，在下肢肌肉泵挤压作用下，股静脉血栓脱落，造成肺动脉栓塞可导致患者迅速死亡。②脑血管意外常发生于左心血栓脱落，心肌梗死多见于老年人动脉粥样硬化，脂肪栓塞多见于股骨干骨折等。本例没有休克征象，故不答 C。

82. ABCDE ①患者有风湿性心内膜炎病史，发热，白细胞增高，皮肤、黏膜出血点，应诊断为亚急性感染性心内膜炎，二尖瓣赘生物脱落，可导致脑动脉栓塞。患者死前有"头痛，呕吐，左下肢麻木"症状，应诊断为脑动脉栓塞(E)。②心肌梗死多表现为心前区疼痛，很少倒地即亡。脑出血多见于老年高血压患者。肺动脉栓塞常表现为呼吸困难、胸痛、咯血三联征，故不答 C。肺炎不会导致患者猝死。

83. ABCDE ①股骨骨折后，大量脂肪滴可经静脉入右心，再到达肺，引起肺动脉及其分支栓塞。②少量直径<20μm 的脂肪滴可经肺泡壁毛细血管→肺静脉→左心→体循环→引起全身多器官栓塞，但少见。

84. ABCDE ①右心感染性心内膜炎三尖瓣赘生物脱落，可随血流经右心室进入肺动脉，造成肺动脉栓塞。②冠状动脉、肾动脉、大脑中动脉、下肢动脉均属于体循环系统，其栓塞的栓子多来源于左心。

85. ABCDE ①动脉栓塞的血栓多为心源性(占 86%~91%)，其次为血管源性(占 5%~10%)，其他原因少见。②栓子可为血栓、动脉粥样斑块、空气、异物、羊水、脂肪等，但以左心房血栓最常见(D 错)。③周围动脉栓塞中，发生在下肢者占 90%以上，远较上肢多见。

86. ABCDE ①减压病又称沉箱病，是气体栓塞的一种，是指潜水员若迅速从水底上浮，由于压力降低，原来溶于血液中的气体(包括 O_2、CO_2 和 N_2)迅速游离形成气泡。O_2 和 CO_2 由于弥散快，可迅速再溶于体液内被吸收，但 N_2 在体液内溶解缓慢，在血液和组织内形成气泡，引起气体栓塞(实质为氮气栓塞)。②B、C、D、E 均为栓塞的常见病理类型，其中以血栓栓塞最常见。

87. ABCDE ①妊娠时母血呈高凝状态。羊水具有凝血致活酶作用。当发生羊水栓塞时，羊水进入母血易在血管内产生大量的微血栓，消耗大量凝血因子及纤维蛋白原，发生弥散性血管内凝血。②空气栓塞也可引起弥散性血管内凝血，但发生率较低，故答 D 而不是 C。参阅 9 版《病理学》P58。③血栓栓塞主要引起血管支配器官的血供障碍。脂肪栓塞的后果取决于栓塞部位及脂滴数量的多少。化脓菌栓塞可引起所支配器官的血供障碍及感染中毒症状。

88. ABCDE ①羊水栓塞是分娩过程中羊水突然进入母体血液循环所致。羊水有形成分可形成栓子，经子宫黏膜静脉窦进入母体下腔静脉→右心房→右心室→肺动脉→肺动脉栓塞。因此肺血管内(而不是肺泡腔内)，镜检见到羊水有形成分，如胎儿毳毛、胎脂、胎粪、角化上皮细胞等，即可确诊羊水栓塞(A)。②肺泡腔内透明膜形成为急性呼吸窘迫综合征的特点。肺泡腔内广泛出血为肺爆震伤的特点。微循环内透明血栓为弥散性血管内凝血的特点。

89. ABCDE 90. ABCDE ①梗死灶的形状取决于器官的血管分布方式。心脏的供血血管冠状动脉分支不规则，故心肌梗死灶的形状也不规则，呈地图状(E)。②肾和肺的血管呈锥形分布，因此其梗死灶也呈锥形分布，切面呈扇形，其尖端位于血管阻塞处，常指向肾门和肺门，底部为器官表面。由于肾常发生贫血性梗死，而肺常发生出血性梗死，故答 C 而不是 A。③脑多发生贫血性梗死。肠多发生出血性梗死，呈节段形。

91. ABCDE 出血性梗死常发生于严重淤血、组织疏松的器官，如肺和肠。心、肾、脾、脑常发生贫血性梗死。

92. ABCDE ①炎症是具有血管系统的动物针对损伤因子所发生的复杂的防御反应(C 对)。只有具有血管的生物才会发生炎症反应，如单细胞、多细胞生物也能对局部损伤发生各自的反应，但这些反应不能称为炎症。②炎症既有对机体有利的一面，也有对机体不利的一面。炎症过程中的变质、代谢障碍、发炎器官的功能障碍等，都是对机体不利的损害性反应；而充血、代谢增强、渗出等则属于对机体有利的抗损害性反应。

93. ABCDE 凡是能引起组织和细胞损伤的因子都能引起炎症，所列 A、B、C、D、E 均为炎症的病因，但以生物性因子(如细菌、病毒、立克次体感染)最常见。

94. ABCDE ①炎症的基本病理变化为变质、渗出和增生。②组织细胞的变性坏死属于变质范畴，组织的炎性充血水肿属于渗出范畴，都只是炎症的基本病理变化之一。③红、肿、热、痛、功能障碍为炎症的局部表现。周围血液中白细胞增多，为炎症的全身表现。炎区白细胞浸润，为炎症最重要的特征。

95. ABCDE　①以变质为主的炎症，实质细胞常出现的变质性变化包括细胞水肿、脂肪变性、凋亡、细胞凝固性坏死和液化性坏死等（B）。间质细胞常出现的变质性变化包括黏液变性和纤维素性坏死等。②萎缩、增生属于适应的表现形式。再生属于损伤的修复形式。

96. ABCDE　①由于炎症过程中所释放的炎症介质 IL-1 和 TNF 可导致白细胞从骨髓储存库释放加速，因此大多数细菌感染均可引起外周血白细胞计数增高。但伤寒杆菌感染则引起白细胞计数减少，可能与骨髓的粒细胞系统受到细菌毒素的抑制、粒细胞的破坏增加和分布异常有关，参阅 9 版《传染病学》P157。②玫瑰疹、肝脾大、持续发热、相对缓脉，均为伤寒的典型临床表现。

97. ABCDE　①红肿热痛、功能障碍为炎症的局部表现。急性炎症时组织变红主要是由于局部血管扩张、血流加快所致。②组织间隙水肿为急性炎症时渗出的结果。炎症反应最重要的功能是将炎症细胞输送至炎症病灶，炎症细胞浸润是炎症反应的重要特点。由于急性炎症时局部血管扩张、血流加速，因此很少发生血栓形成。慢性炎症可见肉芽肿增生，而不是肉芽组织增生。

98. ABCDE　当组织受到炎症因子刺激时，通过神经反射或肾上腺素能神经的作用，迅速发生细动脉的短暂痉挛。然后细动脉和毛细血管扩张，局部血流加快，血压升高，血流量增多，局部组织含氧量增多，这一过程称为炎性充血（动脉性充血）。参阅 1 版《病理学》P70，9 版《病理学》已删除。

99. ABCDE　①急性炎症局部组织可发生一系列血管反应，包括充血和渗出。炎性充血的血流动力学变化为：在损伤后，立即发生细动脉短暂痉挛（C）；然后细动脉和毛细血管扩张，引起动脉性充血；最后在炎症介质的作用下，毛细血管和细静脉因回流障碍而充血。②体液渗出、白细胞渗出（附壁），均属于炎性渗出范畴，均发生在炎性充血之后。

100. ABCDE　①炎症细胞自血管内游出后，沿浓度梯度向着化学刺激物作定向移动的现象，称为趋化作用。②炎症细胞由血管渗出到组织间隙内的现象，称为炎性浸润。炎性渗出是指炎症病灶内血管中的液体成分和细胞成分通过血管壁进入组织内的过程。漏出一般由单纯血液循环障碍引起，而不是炎症所致（C 错）。阿米巴样运动为炎症细胞游出血管的方式。

101. ABCDE　①炎症的基本病理变化包括变质、渗出和增生，其中渗出是炎症最具特征性的变化。白细胞的游出和趋化是炎症反应最重要的特征，因此白细胞渗出最支持炎症的诊断（C）。②细胞变性坏死是坏死性炎的表现。毛细血管扩张充血是炎症过程中血流动力学的改变。纤维组织和实质细胞增生是慢性增生性炎的病理改变。

102. ABCDE　①急性炎症不同的阶段浸润的炎症细胞不同：在炎症早期（24 小时内）以中性粒细胞浸润为主，24～48 小时则以单核细胞浸润为主。②嗜酸性粒细胞浸润常见于寄生虫病。淋巴细胞和浆细胞无吞噬能力，主要见于慢性炎症。

103. ABCDE　白细胞渗出是炎症反应最重要的特征，致炎因子不同，渗出的白细胞也不相同。葡萄球菌感染以中性粒细胞浸润为主。病毒感染以淋巴细胞浸润为主。寄生虫病以嗜酸性粒细胞浸润为主。急性炎症 24～48 小时以单核细胞浸润为主。

104. ABCDE　寄生虫感染以嗜酸性粒细胞浸润为主。

105. ABCDE　106. ABCDE　①组胺主要存在于肥大细胞和嗜碱性粒细胞的颗粒中，释放后作用于血管内皮细胞的 H_1 受体，可使细动脉扩张和细静脉通透性增加（C）。②中性粒细胞、巨噬细胞受到微生物、免疫复合物、细胞因子等刺激后，可释放氧自由基，杀死和降解吞噬的微生物及坏死细胞。氧自由基的大量释放可加重组织损伤（E）。③导致发热的炎症介质为 IL-1、IL-6 和 TNF。引起白细胞趋化的炎症介质包括可溶性细菌产物、C5a、白三烯、IL-8。引起疼痛的炎症介质为 PGE_2、缓激肽。

107. ABCDE　108. ABCDE　①浆液性炎是指以浆液渗出为主要特征的急性炎症。感冒初期的鼻黏膜炎、Ⅱ度烧伤的皮肤水疱均属于浆液性炎。参阅 1 版《病理学》P86。②纤维素性炎、化脓性炎、出血性炎分别是以纤维素、中性粒细胞、红细胞渗出为主的急性炎症。变质性炎是以变质为主的炎症。

109. ABCDE　①以变质为主的炎症称为变质性炎。流行性乙型脑炎由乙型脑炎病毒感染引起，以神经细胞变性坏死为主的变质性炎（E）。②A 为浆液性炎，B、C 为纤维素性炎，D 为化脓性炎。

110. ABCDE　①纤维素性炎是以纤维素渗出为主的急性炎症，好发于黏膜（如气管、结肠）、浆膜（如胸膜、心包）和肺组织。②皮肤属于上皮组织，常发生化脓性炎。

111. ABCDE　①纤维素性炎是以纤维素渗出为主的炎症，好发于黏膜、浆膜和肺组织。②发生于浆膜的纤维素性炎，若纤维素吸收不完全，则易导致浆膜粘连。③心外膜的纤维素性炎，可导致心脏表面呈绒毛状，称为绒毛心。④大叶性肺炎患者若中性粒细胞渗出过少，释放的蛋白酶不足以溶解渗出的纤维素时，则纤维素被肉芽组织取代而机化，形成肺肉质变（D 错）。⑤纤维素性炎为急性炎症，早期常伴中性粒细胞浸润。

112. ABCDE　①蜂窝织炎是指疏松结缔组织的弥漫性化脓性炎，常发生于皮肤、肌肉和阑尾（D）。②肉芽肿是由巨噬细胞局部增生构成的境界清楚的结节状病灶，见于慢性特异性炎症。浆液性炎是以浆液渗出为主的急性炎症。卡他性炎是指黏膜组织发生的一种较轻的渗出性炎症。纤维素性炎是以纤维素渗出为主的急性炎症。

113. ABCDE　蜂窝织炎是指疏松结缔组织的弥漫性化脓性炎，主要由溶血性链球菌感染引起，链球菌能分泌透明质酸酶和链激酶，透明质酸酶可降解疏松结缔组织中的透明质酸，链激酶能溶解纤维素，因此细菌易于通过组织间隙和淋巴管扩散，表现为组织内大量中性粒细胞浸润。

114. ABCDE　①纤维素性炎是以纤维素渗出为主的炎症，常见于白喉、细菌性痢疾等。②浆液性炎、化脓性炎和出血性炎的渗出物分别为浆液、中性粒细胞、红细胞。③变质性炎是指以变质为主的炎症。

115. ABCDE　①发生于黏膜的纤维素性炎，渗出的纤维蛋白、坏死组织、中性粒细胞共同形成假膜，称为假膜性炎。急性细菌性痢疾的特征性病变即为假膜性炎（D）。②肠伤寒为急性增生性炎。肠结核、肠血吸虫病为慢性肉芽肿性炎。阿米巴痢疾为变质性炎。

116. ABCDE　发生于黏膜的纤维素性炎，渗出的纤维素、坏死组织、中性粒细胞共同形成假膜，称为假膜性炎。

117. ABCDE　①青年女性腹痛、发热、麦氏点压痛、反跳痛，外周血白细胞总数和中性粒细胞比例增高，应诊断为急性阑尾炎，故阑尾壁各层应弥漫性浸润中性粒细胞（C）。②嗜酸性粒细胞大量浸润常见于寄生虫感染，巨噬细胞、淋巴细胞大量浸润常见于慢性炎症，嗜碱性粒细胞大量浸润常见于过敏性疾病、血液病。

118. ABCDE　①化脓性炎是指以中性粒细胞渗出为主，并伴有不同程度组织坏死和脓液形成为特点的急性炎症，包括表面化脓和积脓、蜂窝织炎、脓肿。转移性脓肿为金黄色葡萄球菌引起的迁徙性脓肿，属于化脓性炎。②嗜酸性脓肿是指急性血吸虫虫卵结节中嗜酸性粒细胞的大量浸润。阿米巴肝脓肿是由阿米巴溶组织酶所引起的液化性坏死。冷脓肿是指结核分枝杆菌引起的特异性感染。炎性肉芽肿为巨噬细胞增生构成的结节状病灶。A、B、C、E 均不属于化脓性炎。

119. ABCDE　120. ABCDE　121. ABCDE　122. ABCDE　123. ABCDE　①急性细菌性痢疾的特征性病变为假膜性炎。假膜性炎是纤维素性炎的特例。②阿米巴肝脓肿是由阿米巴溶组织酶所引起的液化性坏死，为变质性炎。③急性化脓性阑尾炎应属于蜂窝织炎症，不要误答为化脓性炎症。④乙型脑炎为主要累及脑实质的变质性炎。⑤渗出性结核性胸膜炎属于浆液纤维素性炎，答案 B 不严谨。

124. ABCDE　①慢性肉芽肿性炎是以肉芽肿形成为特征的炎症。肉芽肿是由巨噬细胞局部增生构成的境界清楚的结节状病灶（E 错）。肉芽组织是纤维性修复的基础，由毛细血管、成纤维细胞及炎性细胞构成。②梅毒、结核病均为典型的肉芽肿性炎。

125. ABCDE　①肉芽肿是由巨噬细胞局部增生构成的境界清楚的结节状病灶。从骨髓进入血液的单核细胞，在血液停留 2～3 天后迁入组织，继续发育成巨噬细胞，故常将两者合称为单核-巨噬细胞。②中性粒细胞为化脓性炎的主要浸润细胞。淋巴细胞为慢性炎的主要浸润细胞。嗜酸性粒细胞、嗜碱性粒细胞主要参与机体抗寄生虫的免疫应答。

126. ABCDE　①慢性肉芽肿性炎是以肉芽肿形成为特征的炎症，如结核病是以结核结节为肉芽肿的慢性肉芽肿性炎。②伤寒是以巨噬细胞增生为特征的急性增生性炎，伤寒小结为肉芽肿，伤寒为肉芽肿性炎。注意：增生性炎大多为慢性炎症，但伤寒为急性增生性炎。肠阿米巴病为变质性炎。慢性支气管炎、慢性阑尾炎均属于普通慢性炎症。

127. ABCDE　①血吸虫病、结核病、梅毒、伤寒都是肉芽肿性炎，其肉芽肿分别是血吸虫虫卵结节、结核结节、树胶样肿、伤寒小结。②淋病是淋病奈瑟菌引起的泌尿系统化脓性炎(E)。

128. ABCDE　①肿瘤性增殖一般都是单克隆性，即一个肿瘤中的肿瘤细胞群，是由发生了肿瘤性转化的单个细胞反复分裂繁殖产生的子代细胞组成的。非肿瘤性增殖一般为多克隆增殖(A错)。②增生细胞分化不一，分化程度高的肿瘤，恶性程度较低；分化程度低的肿瘤恶性程度较高。研究表明，肿瘤发生是一个多基因、多步骤的过程，肿瘤细胞的恶性转化和增生，一般需要多个基因的改变，如数个癌基因的激活、抑癌基因的失活等。肿瘤细胞有异型性，异型性越大，其恶性程度越高。

129. ABCDE　母细胞瘤是指来源幼稚的一类肿瘤，大部分为恶性肿瘤，如视网膜母细胞瘤、神经母细胞瘤、髓母细胞瘤、肾母细胞瘤、肝母细胞瘤等，但也有一部分是良性肿瘤，如肌母细胞瘤、骨母细胞瘤、软骨母细胞瘤、脂肪母细胞瘤等。

130. ABCDE　①内胚窦瘤(卵黄囊瘤)是起源于婴幼儿生殖细胞的高度恶性肿瘤。库肯伯格瘤是指原发于胃癌的卵巢转移癌。颗粒细胞瘤是起源于女性性索间质细胞的低度恶性肿瘤。无性细胞瘤是由原始生殖细胞组成的恶性肿瘤。②卵泡膜细胞瘤为起源于女性性索间质细胞的良性肿瘤。

131. ABCDE　132. ABCDE　①髓母细胞瘤为恶性肿瘤(B)。②畸胎瘤是来源于性腺或胚胎剩件中全能细胞的肿瘤，往往含两个以上胚层的多种组织成分(D)。③骨母细胞瘤为良性肿瘤。间皮瘤分为腺瘤样间皮瘤、囊性间皮瘤、恶性间皮瘤三类。迷离瘤是指误位于异常部位的分化正常的组织。

133. ABCDE　134. ABCDE　135. ABCDE　①癌前病变是指具有发展为恶性肿瘤潜能的病变，家族性多发性腺瘤性息肉病，到青春期几乎均会发生癌变，为结直肠癌的癌前病变。②浸润黏膜层及黏膜下层的胃肠道癌，称为早期癌。突破了基底膜的癌，称为浸润癌。③未成熟型畸胎瘤又称恶性畸胎瘤，肿瘤由分化程度不同的未成熟组织构成。④交界性肿瘤是介于良性和恶性之间的肿瘤。

136. ABCDE　交界性肿瘤是指介于良性和恶性之间的肿瘤，可能形态上属良性，但有恶性的表现，如呈浸润性生长(C)。

137. ABCDE　①原位癌是指累及上皮全层，但未突破基底膜的癌。②突破了基底膜的癌称为浸润癌。上皮细胞异乎常态的增生称为非典型增生。“累及上皮下部的1/3~2/3处”为中度非典型增生，“累及上皮2/3以上”为重度非典型增生。

138. ABCDE　①本例病理检查已发现癌细胞，应确诊为癌，而不是上皮内瘤变和非典型增生，故不答A、B、C。②原位癌是指未突破基底膜的癌，突破基底膜的癌称为浸润癌，故本例应诊断为原位癌。

139. ABCDE　①癌前病变是指具有发展为恶性肿瘤潜能的良性病变，但不一定会发展为恶性肿瘤，即可能逆转(D)。②癌前病变不属于癌，不是癌的早期阶段。癌前病变是肿瘤发展过程中的一个阶段，并不属于良性肿瘤的恶变。

140. ABCDE　黏膜白斑常发生于口腔、外阴等处，可能转变为鳞状细胞癌，属于皮肤癌的癌前病变。溃疡性结肠炎为结肠腺癌的癌前病变。十二指肠溃疡不会癌变，故不属于癌前病变。乳腺导管上皮乳头状瘤样增生为乳腺癌的癌前病变。家族性腺瘤性肠息肉病为结直肠癌的癌前病变。

141. ABCDE　①乳腺纤维囊性增生症为癌前病变，但乳腺纤维腺瘤不会癌变，不属于癌前病变(C)。②黏膜白斑常发生于口腔、外阴等处，可能转变为鳞状细胞癌，为皮肤癌的癌前病变。子宫颈糜烂为宫颈癌的癌前病变。结肠多发性息肉为结肠癌的癌前病变。慢性萎缩性胃炎为胃癌的癌前病变。

142. ABCDE　143. ABCDE　144. ABCDE　145. ABCDE　①交界性肿瘤是指介于良性和恶性之间的肿

瘤,如卵巢交界性浆液性乳头状囊腺瘤伴非典型增生。请注意:交界性肿瘤临床上常按低度恶性肿瘤进行处理,不要将“卵巢浆液性乳头状囊腺瘤伴非典型增生”错答为癌前病变,因为癌前病变尚未达到“癌”的阶段,尚不属于低度恶性。②胃黏膜重度非典型增生,时间长久可能转变为癌,为胃癌的癌前病变。③肉芽肿是由巨噬细胞局部增生构成的境界清楚的结节状病灶,属于慢性肉芽肿性炎的特征性病变,是非肿瘤性病变。④结肠多发性腺瘤性息肉为结肠癌的癌前病变。⑤癌肉瘤是指既有癌组织,又有肉瘤组织的肿瘤。原位癌是指累及上皮全层,但未突破基底膜的癌。

146. ABCDE　分化是指细胞从幼稚到成熟的过程,是功能的专职化。若肿瘤细胞与原来正常细胞非常相似,称为高分化;若不相似,则为低分化。分化程度是指肿瘤细胞与起源组织细胞的相似程度。

147. ABCDE　①分化程度是指肿瘤细胞与起源组织细胞的相似程度。若肿瘤细胞与原来正常细胞非常相似,称为高分化;若不相似,则为低分化。②肿瘤细胞分化程度越高,表明异型性越小,其恶性程度越低;肿瘤细胞分化程度越低,表明异型性越大,其恶性程度越高(E)。

148. ABCDE　①肿瘤细胞在形态和组织结构上与其起源正常组织的差异,称为异型性。良性肿瘤细胞的异型性小,恶性肿瘤细胞的异型性大。肿瘤细胞的异型性是诊断恶性肿瘤的主要组织学依据(D)。②A、B、C、E 都不是恶性肿瘤的诊断依据。

149. ABCDE　①良性肿瘤的异型性小,恶性肿瘤的异型性大。肿瘤细胞的异型性是鉴别良、恶性肿瘤的主要组织学依据(C)。②A、B、D、E 都只能作为鉴别良、恶性肿瘤的辅助参考。

150. ABCDE　①根据恶性肿瘤细胞异型性的高低,将肿瘤的恶性程度分为三级。Ⅰ级为高分化,分化良好,恶性程度低;Ⅱ级为中分化,中度恶性;Ⅲ级为低分化,恶性程度高。②分化程度与异型性成反比,因此高分化者较低分化者核分裂象少。Ⅲ级分化较Ⅰ级分化细胞排列紊乱。③肿瘤细胞分化程度越低,恶性程度越高,细胞增殖能力越强,合成 DNA 和 RNA 的能力也越强(D 对)。

151. ABCDE　152. ABCDE　①病理学上,肿瘤的分级主要是依据肿瘤细胞的分化程度、异型性、核分裂象的数目,其中以分化程度最重要(A)。②肿瘤的分期是指恶性肿瘤的生长范围和播散程度,对肿瘤进行分期还需考虑原发肿瘤的大小、浸润深度、浸润范围、淋巴结转移、远处转移情况等(D)

153. ABCDE　①肺癌可经支气管旁、肺门淋巴结,转移至锁骨上、颈部淋巴结。②所有淋巴结均可反应性增生。③颈部淋巴结是恶性淋巴瘤、淋巴结结核的好发部位。④肉瘤间质的结缔组织较少,但血管丰富,故肉瘤主要经血道转移,经淋巴转移少见(E)。

154. ABCDE　①恶性肿瘤有很多特性,如细胞异型性明显、生长迅速、浸润生长、转移等,但最具特征性的表现是肿瘤转移。肿瘤一旦转移,则一定为恶性。②A、B、C、D 良恶性肿瘤均可发生,并非恶性肿瘤特有。

155. ABCDE　156. ABCDE　①结肠癌可经肠系膜上/下静脉→门静脉→肝脏,导致结肠癌肝转移。②经椎旁静脉系统转移到骨的肿瘤包括乳癌椎体转移、甲状腺癌颅骨转移、前列腺癌骨盆转移。

157. ABCDE　158. ABCDE　肿瘤的生长方式主要有 3 种:膨胀性生长、外生性生长和浸润性生长。良性肿瘤多呈膨胀性生长及外生性生长,恶性肿瘤多呈浸润性生长,也可为外生性生长。

159. ABCDE　良性肿瘤一般对机体的影响较小,主要表现为局部压迫和阻塞症状。其严重程度主要与肿瘤发生部位有关(A)。如颅内的良性肿瘤,可压迫脑组织引起严重后果。

160. ABCDE　来源于上皮组织的恶性肿瘤称为癌,来源于间叶组织的恶性肿瘤称为肉瘤。间叶组织包括纤维组织、脂肪、肌肉、血管、淋巴管、骨、软骨组织等。故来源于纤维组织的恶性肿瘤称为纤维肉瘤。

161. ABCDE　①临床上,癌的发病率较高,约为肉瘤的 9 倍。②肉瘤多见于年轻人或儿童。③癌多经淋巴道转移,肉瘤多经血道转移。④称“瘤”的有的是恶性肿瘤,如精原细胞瘤、黑色素瘤,有的是良性肿瘤,如脂肪瘤、纤维瘤等(D 错)。⑤恶性肿瘤多数呈浸润性生长,少数呈外生性生长。

162. ABCDE　①来源于上皮组织的恶性肿瘤称为癌,来源于间叶组织的恶性肿瘤称为肉瘤。因此区别癌与肉瘤的主要依据是组织来源。②癌和肉瘤均属于恶性肿瘤,均可浸润性生长,均可无包膜,均可有明显异型性,均可通过血道转移,在晚期体积均可很大,因此 A、B、C、E 均不能作为癌和肉瘤的鉴别点。

163. ABCDE　①肿瘤细胞与相应正常细胞有不同程度的差异,称为肿瘤细胞的异型性。异型性是肿瘤细胞出现成熟障碍和分化障碍的表现,是区别良恶性肿瘤的重要指标。良性肿瘤异型性小,恶性肿瘤异型性明显,故答案为E。②细胞质出现空泡常见于脂肪变性。胞质黏液明显增多常见于黏液癌。细胞核大小一致、核仁清楚常见于正常细胞。

164. ABCDE　肉瘤是指来源于间叶组织的恶性肿瘤,其间质的结缔组织较少,但血管丰富,故肉瘤主要经血道转移,经其他途径转移少见。癌主要经淋巴道转移。

165. ABCDE　166. ABCDE　167. ABCDE　①胚胎性肿瘤常称母细胞瘤,如神经母细胞瘤、肾母细胞瘤。精原细胞瘤是起源于睾丸原始生殖细胞的恶性肿瘤,不属于胚胎性肿瘤。故答C而不是D,很多医考参考书将答案错为D。②来源于间叶组织的恶性肿瘤称为肉瘤。③来源于上皮组织的恶性肿瘤称为癌。④霍奇金淋巴瘤为恶性肿瘤。

168. ABCDE　来源于上皮组织的恶性肿瘤称为癌,来源于间叶组织的恶性肿瘤称为肉瘤。软骨组织属于间叶组织,发生的恶性肿瘤称为肉瘤而不是癌。A、B、C、D均含有上皮细胞,发生的恶性肿瘤可称为癌。

169. ABCDE　①有的肿瘤实质由两种以上不同类型的组织构成,称为混合瘤。最复杂的混合瘤是畸胎瘤,其肿瘤实质由来源于3个胚层的各种类型的组织混杂在一起构成(C)。②无性细胞瘤、内胚窦瘤是来源于生殖细胞的肿瘤;颗粒细胞瘤是来源于卵巢性索间质细胞的肿瘤;绒毛膜癌是来源于滋养细胞的肿瘤;这些肿瘤均只有一个胚层成分。

170. ABCDE　①皮肤乳头状癌少见,恶性程度不高。②皮肤鳞状细胞癌恶性程度低,以局部浸润及转移为主。③恶性黑色素瘤为高度恶性的黑色素细胞肿瘤(C)。④纤维肉瘤的恶性程度与分化程度有关,分化好者恶性程度低,分化差者恶性程度高。⑤基底细胞癌很少发生转移,为低度恶性的肿瘤。

171. ABCDE　172. ABCDE　①上皮组织包括被覆上皮和腺上皮。乳腺髓样癌是来源于上皮组织的恶性肿瘤(D)。②间叶组织包括脂肪组织、血管、淋巴管、平滑肌、横纹肌、纤维组织、骨组织等,因此颈部淋巴管瘤属于间叶组织分化的良性肿瘤(A)。③子宫绒毛膜癌是来源于胎盘组织的恶性肿瘤,睾丸精原细胞瘤是来源于生殖细胞的恶性肿瘤,皮肤恶性黑色素瘤属于神经外胚叶肿瘤。参阅1版《病理学》P106。

173. ABCDE　黑色素瘤为高度恶性的黑色素细胞肿瘤。

174. ABCDE　未成熟型畸胎瘤又称恶性畸胎瘤,是来源于原始生殖细胞的恶性肿瘤(D)。

175. ABCDE　①乳头状瘤多见于鳞状上皮、尿路上皮被覆的部位,称为鳞状细胞乳头状瘤。乳头状瘤呈外生性向体表或腔面生长,形成指状或乳头状突起(C)。②A、B、D、E均属于间叶组织良性肿瘤。

176. ABCDE　①来源于上皮组织的恶性肿瘤称为癌,因此肺腺癌、宫颈鳞状细胞癌、基底细胞癌、胃胶样癌均属于上皮组织的恶性肿瘤。②胃淋巴瘤为间叶组织的恶性肿瘤。

177. ABCDE　骨肉瘤镜下可见瘤细胞呈高度异型性,大小不等,形状不一,易见病理性核分裂象。肿瘤性成骨是诊断骨肉瘤最重要的组织学依据,其形状极不规则,周边可见肿瘤性骨母细胞。

178. ABCDE　179. ABCDE　①脂肪瘤是最常见的良性软组织肿瘤,多呈分叶状,好发于成人肩、背、颈、四肢(C)。②乳腺纤维腺瘤瘤组织内的胶原纤维排成束状,外观呈结节状,与周围组织分界明显(D)。

180. ABCDE　①神经母细胞瘤是起源于神经嵴的高度恶性的胚胎性肿瘤,好发于3岁以内的小儿(占90%)。常见症状为腹胀、腹部肿块。腹部肿块位于腹膜后,呈结节状或圆球形,坚硬而固定。②错构瘤是指受累器官的正常组织在发育过程中出现错误的组合排列,多见于肝和肺。神经鞘膜肿瘤包括神经鞘瘤和神经纤维瘤。畸胎瘤是来源于多能胚胎细胞的肿瘤。平滑肌肉瘤多见于子宫。

181. ABCDE　①基底细胞癌多见于老年人面部,如眼睑、颊及鼻翼等处,生长缓慢,并可浸润破坏局部深层组织,很少发生转移,临床上呈低度恶性。②A、B、C、E均是恶性程度较高的肿瘤,转移概率大。

182. ABCDE　183. ABCDE　184. ABCDE　A为鳞状细胞癌(鳞癌)的病理特点。B为黏液癌的病理特点。C 为印戒细胞癌的病理特点。D 为实性癌的病理特点。E 为腺癌的病理特点。

185. ABCDE ①抑癌基因是一类抑制细胞过度生长、增殖，从而遏制肿瘤形成的基因，如 *Rb*、*P53*、P16、*APC*、*DCC*、*VHL* 等，其中 *Rb* 是最早发现的抑癌基因。②*ras*、*myc*、*c-erbB2*、*sis* 均为细胞癌基因。

186. ABCDE ①不对称的亚硝胺常引起食管癌，对称的亚硝胺常引起肝癌。在胃内酸性环境中，亚硝酸和食物中的二级胺作用合成亚硝胺而导致胃癌。亚硝胺是目前已知的导致大肠癌发生最强烈的致癌物质。②胆囊癌的发生与胆囊结石、胆汁中的胆蒽和甲基胆蒽有关，而与亚硝胺无关。

187. ABCDE 黄曲霉菌广泛存在于霉变食品中。黄曲霉毒素有多种，其中黄曲霉毒素 B1 致癌性最强。黄曲霉毒素 B1 属于异环芳烃，在肝脏代谢为环氧化物，诱发肝细胞癌，故答 B。

188. ABCD ①胃黏膜相关淋巴样组织（MALT）淋巴瘤的发病与幽门螺杆菌（Hp）感染密切相关，几乎所有胃淋巴瘤患者的胃黏膜上均可发现 Hp 存在。②EBV（EB 病毒）与鼻咽癌的发病有关。HIV（艾滋病病毒）是艾滋病的病原体。HPV（人乳头瘤病毒）与子宫颈癌的发病有关。HTLV-1（人类嗜 T 细胞病毒）是成人 T 淋巴细胞白血病的病原体。

189. ABCDE ①人类乳头瘤病毒（HPV）有多种，其中 HPV16、18 型与子宫颈癌的发生有关（C）。其发生机制是 HPV 的 E6 和 E7 蛋白能与 Rb 和 p53 蛋白结合，抑制它们的功能，而 *Rb* 和 *P53* 都属于抑癌基因。②HIV 感染引起艾滋病，HAV、HBV、HCV 感染分别引起甲型、乙型、丙型病毒性肝炎。

190. ABCDE ①神经纤维瘤病Ⅰ型为常染色体显性遗传性疾病（D）。②Bloom 综合征、着色性干皮病、Fanconi 贫血和毛细血管扩张性共济失调症均属于常染色体隐性遗传性疾病。

191. ABCDE 肿瘤相关抗原是指既存在于肿瘤细胞，也存在于某些正常细胞的抗原，只不过在肿瘤细胞高表达，而在正常细胞低表达，如甲胎蛋白。

192. ABCDE 193. ABCDE ①肿瘤相关抗原是指既存在于肿瘤细胞，也存在于某些正常细胞的抗原，胚胎抗原是其中的典型代表，如甲胎蛋白既可见于胎肝细胞，也可见于肝细胞癌中，故属于肿瘤相关抗原（D）。②自身抗原是指引起自身免疫应答的自身组织成分，如甲状腺球蛋白可刺激机体产生甲状腺球蛋白抗体，而导致自身免疫性甲状腺疾病（A）。③异种抗原是指与宿主不同种属的抗原。异嗜性抗原是一类与种属特异性无关，存在于不同种系生物间的共同抗原。肿瘤特异性抗原是指肿瘤细胞特有的抗原，不存在于正常细胞中。

194. ABCDE ①高密度脂蛋白（HDL）可逆向转运胆固醇，清除动脉壁的胆固醇，防止动脉粥样硬化的发生。②甘油三酯、胆固醇、低密度脂蛋白（LDL）、极低密度脂蛋白（VLDL）均可导致动脉粥样硬化。

195. ABCDE ①低密度脂蛋白（LDL）被动脉壁细胞氧化修饰，生成氧化低密度脂蛋白（ox-LDL），后者是最重要的致粥样硬化因子。ox-LDL 不能被正常 LDL 受体识别，而被巨噬细胞的清道夫受体识别而快速摄取，促进巨噬细胞吞噬脂质后生成泡沫细胞，导致动脉粥样硬化的发生。因此与动脉粥样硬化发生关系最密切的是 ox-LDL，而不是 LDL。②乳糜微粒、低密度脂蛋白、极低密度脂蛋白都是导致动脉粥样硬化的病因，但不是最重要的因素。高密度脂蛋白是抗动脉粥样硬化的因素。

196. ABCDE ①按动脉粥样硬化的损伤应答学说，多种病因可引起血管内皮细胞损伤。损伤的内皮细胞可分泌生长因子，吸引单核细胞进入血管内皮下间隙，转化为巨噬细胞，形成巨噬细胞源性泡沫细胞，这是动脉粥样硬化早期病变脂纹的主要成分。②动脉粥样硬化时，无红细胞、中性粒细胞、脂肪细胞进入动脉内膜，故不答 A、C、D。可有少量 T 淋巴细胞浸润，功能不明，故不答 B。

197. ABCDE ①脂纹是动脉粥样硬化肉眼可见的最早病变，由大量泡沫细胞聚集而成（D）。②泡沫细胞来源于平滑肌细胞和单核细胞，故不答 A、B。动脉粥样硬化不会有急性炎症发生，故无中性粒细胞浸润，但可有少量 T 淋巴细胞浸润，其功能不明。

198. ABCDE ①患者冠状动脉造影见前降支中段狭窄>76%，应诊断为冠状动脉粥样硬化Ⅳ级。②按损伤-应答反应学说，血管内皮细胞受损及其功能失调是动脉粥样硬化发病的始动环节（D）。只有血管内皮细胞受损，血浆脂蛋白才可能过量地融入动脉壁，导致单核细胞、平滑肌细胞吞噬发生氧化的脂质,形成泡沫细胞。晚期可导致内皮下脂质沉积、纤维帽破溃、血栓形成。

199. ABCDE 200. ABCDE ①缓进型高血压可因血浆蛋白渗入和基底膜代谢物质沉积,使肾小球细动脉管壁增厚,管腔狭窄,称为细动脉壁玻璃样变。②动脉粥样硬化的纤维斑块由脂纹发展而来,病灶表面含大量胶原纤维,其胶原纤维可发生玻璃样变,属于结缔组织的玻璃样变,故答 C 而不是 B,很多医考参考书将答案错为 B。请注意:动脉粥样硬化为血管壁玻璃样变。

201. ABCDE ①萎缩是指发育正常的组织细胞或器官体积缩小。脑动脉粥样硬化后,血管腔变窄,脑组织缺乏足够的血液供应,可引起脑萎缩,为目前引起脑萎缩的最常见病因。②脑水肿、脑脓肿、脑外伤、脑结核等,常常导致颅内压增高。

202. ABCDE 冠状动脉粥样硬化的好发部位:左前降支>右主干>左主干或左旋支>后降支。

203. ABCDE ①心肌梗死约 50%发生在左前降支供血的区域,如左心室前壁、心尖部及室间隔前 2/3,其中以左心室前壁最常见(D)。②约 25%发生于右冠状动脉供血的区域,如左心室后壁、室间隔后 1/3、右心室;其他部位少见。

204. ABCDE 急性心肌梗死于梗死后 6 小时肉眼可以辨认,梗死灶呈苍白色,8~9 小时后呈土黄色。

205. ABCDE ①细动脉硬化是高血压的主要病变特征,表现为细小动脉玻璃样变。高血压时,由于细动脉长期痉挛,加之血管内皮细胞受到长期高血压的刺激而受损,导致通透性增加,血浆蛋白渗入到血管壁中,引起细动脉壁的玻璃样变。②肾入球小动脉壁纤维素样坏死为恶性高血压的特征性表现。动脉壁脂质沉着为动脉粥样硬化的病理特点。高血压时,细动脉一般不出现动脉壁纤维化和水肿。

206. ABCDE 试题要求回答的是可逆性病变,当然是血管痉挛,A、B、D、E 不可能是可逆性病变,故答 C。

207. ABCDE ①高血压患者由于左心室负荷过大,可致左心室肥大,胸部 X 线片表现为靴形心(B)。②球形心常见于二尖瓣关闭不全。梨形心常见于二尖瓣狭窄。绒毛心常见于纤维素性心包炎。虎斑心常见于心肌脂肪变性。

208. ABCDE 209. ABCDE ①高血压时,肾入球小动脉发生玻璃样变(即细小动脉硬化)和肌型小动脉硬化,管壁增厚,管腔狭窄。②高血压动脉病变期,小动脉硬化主要累及肾小球叶间动脉、弓状动脉和脑动脉,表现为小动脉内膜胶原纤维及弹力纤维增生,中膜平滑肌增生肥大。③粥样硬化主要累及大中动脉。血管破裂出血为高血压的并发症。全身细小动脉间歇性痉挛为高血压功能紊乱期的表现。

210. ABCDE ①原发性颗粒性固缩肾最常见于高血压肾病。高血压时,由于入球小动脉玻璃样变性和肌型小动脉硬化,使病变区的肾小球缺血发生纤维化和玻璃样变性,相应的肾小管因缺血而萎缩。病变相对较轻的肾小球代偿性肥大,相应的肾小管代偿性扩张。肉眼观双侧肾脏对称性缩小、质地变硬,肾表面凸凹不平,呈细颗粒状。肾脏以上的病变特点称原发性颗粒性固缩肾。类似的:慢性肾小球肾炎可导致继发性颗粒性固缩肾。②动脉粥样硬化可导致肾脏单发性贫血性梗死及多发性大凹陷瘢痕肾,称动脉粥样硬化性固缩肾。③高血压时极少发生肾动脉瘤,肾脏淤血不是特异性病理改变。

211. ABCDE 高血压脑出血常发生于基底节、内囊,其次为脑白质、脑桥和小脑。

212. ABCDE ①高血压脑出血多见于基底节区域,尤以豆状核区最多见,这是因为供应该区域的豆纹动脉从大脑中动脉呈直角分支,直接受到大脑中动脉压力较高的血流冲击和牵引,致豆纹动脉易破裂出血。②本题若答案项中未出现豆纹动脉,则选大脑中动脉作为答案。

213. ABCDE ①恶性高血压最突出的受累器官为肾脏,其病理特征为肾小动脉壁纤维素样坏死(E 对)。②肾小球微血管炎常见于Ⅲ型急进性肾小球肾炎。肾小球纤维化多见于晚期肾小球肾炎。大、中动脉粥样硬化常见于动脉粥瘤。

214. ABCDE ①风湿病主要累及全身结缔组织,早期表现为结缔组织基质的黏液变性和胶原的纤维素样坏死。巨噬细胞吞噬纤维素样坏死物质后形成风湿细胞(阿绍夫细胞)组成 Aschoff 小体,是风湿病的特征性病变,具有病理诊断意义。②风湿病主要累及心肌间质,很少累及心肌细胞。风湿性心内膜炎主要累及心瓣膜,风湿性心外膜炎主要表现为心外膜浆液性渗出,而不是纤维素渗出。

215. ABCDE ①在风湿病变质渗出期,可有结缔组织的黏液变性和胶原的纤维素样坏死,周围有少量淋巴细胞、浆细胞、单核细胞浸润。②在风湿病增生期,可有 Aschoff 小体形成。③风湿病属于变态反应性疾病,不会有脓肿形成。脓肿形成为急性化脓性感染的表现。

216. ABCDE ①巨噬细胞吞噬胶原的纤维素样坏死物质后即为风湿细胞或 Aschoff 细胞,周围有少量淋巴细胞浸润,称为风湿小体。这是风湿病的特征性病变。②结核结节常见于结核病。假结核结节常见于血吸虫病。伤寒结节是伤寒的病理特点。小胶质细胞结节为乙脑的典型病变。

217. ABCDE ①风湿病是 A 组乙型溶血性链球菌感染引起的变态反应性疾病,病变主要累及全身结缔组织,最常侵犯心脏、关节等处,以心脏病变最为严重。②风湿性关节炎为浆液性及纤维素性渗出,渗出物可完全吸收,一般不遗留关节畸形(E 错)。"遗留关节畸形"为类风湿关节炎的特点。

218. ABCDE 风湿病是 A 组乙型溶血性链球菌感染引起的变态反应性疾病,病变主要累及全身结缔组织。风湿性心肌炎并不累及心肌细胞,而是累及心肌间质结缔组织(B),常表现为灶状间质性心肌炎、间质水肿及少量 T 淋巴细胞浸润等。在心肌间质内,风湿小体位于间质小血管旁。

219. ABCDE 风湿性心内膜炎主要侵犯心瓣膜,其中以二尖瓣最常受累,其次为二尖瓣和主动脉瓣同时受累,主动脉瓣、三尖瓣和肺动脉瓣单独受累少见。

220. ABCDE 疣状赘生物是指风湿性心内膜炎时发生在心瓣膜上的附壁血栓,它属于白色血栓,主要由血小板组成,其间黏附一些嗜中性粒细胞、红细胞和少量纤维蛋白等。

221. ABCDE 222. ABCDE ①风湿性心内膜炎的发病与 A 组乙型溶血性链球菌感染引起的变态反应有关。②亚急性细菌性心内膜炎主要由毒力相对较弱的草绿色链球菌引起(约占 75%)。③金黄色葡萄球菌、肺炎球菌为急性细菌性心内膜炎的常见致病菌。

223. ABCDE ①亚急性细菌性心内膜炎最常侵犯二尖瓣和主动脉瓣,病变特点是受累瓣膜赘生物形成,且该赘生物容易破碎脱落形成血栓栓子,顺血流方向运行,经左心→主动脉瓣→主动脉→颈总动脉→颈内动脉→脑动脉,造成脑动脉栓塞,也可经体循环造成内脏动脉、四肢动脉栓塞等,但临床上以脑动脉栓塞最常见。患者下床活动后突然昏迷、偏瘫,应诊断为脑动脉栓塞(B)。②肺动脉栓塞常表现为胸痛、呼吸困难、咯血三联征。冠状动脉栓塞常表现为急性心肌梗死。四肢动脉栓塞常表现为远端肢体缺血坏死。四肢静脉栓塞常表现为四肢肿胀。

224. ABCDE 二尖瓣狭窄时,心脏舒张期从左心房流入左心室的血流受阻,血液瘀积在左心房,使左心房压力增大,久而久之,出现左心房代偿性肥大扩张。晚期升高的左心房压力逆传引起肺淤血、肺动脉高压。长期肺动脉高压,可导致右心室代偿性肥大扩张,三尖瓣相对关闭不全,右心室部分血液反流回右心房,加重了右心房负担,最终引起右心房肥大。可见狭窄时,各心腔肥厚扩大的顺序为:左心房→右心室→右心房;左心室早期正常,晚期废用性萎缩。

225. ABCDE ①二尖瓣狭窄时,各心腔肥厚扩大的顺序为:左心房→右心室→右心房。左心室早期正常,晚期废用性萎缩(D)。②二尖瓣狭窄时,X 线显示左心房增大,晚期左心室缩小,呈梨形。

226. ABCDE ①左心房增大合并明显肺动脉高压时心界呈梨形,常见于二尖瓣狭窄。②普大形心是指心影向两侧均匀增大,较对称,以心肌炎和全心衰竭最多见。三角烧瓶形心见于心包积液。球形心见于二尖瓣关闭不全。靴形心见于主动脉瓣关闭不全。

227. ABCDE ①肺炎链球菌常引起大叶性肺炎(占 90%)。②支气管肺炎也称小叶性肺炎,常见致病菌为葡萄球菌、嗜血流感杆菌、链球菌等。肺脓肿的常见致病菌为厌氧菌。支气管哮喘属于变态反应性疾病,若不合并感染则无致病菌。胸膜炎的常见致病菌为结核分枝杆菌、化脓性细菌等。

228. ABCDE 大叶性肺炎是由肺炎链球菌引起的以肺泡内弥漫性纤维素渗出为主的纤维素性炎。

229. ABCDE ①大叶性肺炎分为 4 期:即充血水肿期、红色肝样变期、灰色肝样变期、溶解消散期。灰色肝样变期肺叶肿大,但充血消退,质实如肝。镜下见肺泡腔内大量纤维素渗出,纤维素网中有大量中性粒细胞浸润,但红细胞少见(D)。②肺泡腔内充满纤维素和红细胞为红色肝样变期的表现。大叶性肺炎为纤维素性炎，不会有大量浆液渗出。

230. ABCDE　①肺肉质变是由于大叶性肺炎时中性粒细胞渗出过少，释放的蛋白酶不足以溶解渗出物中的纤维素，大量未被溶解吸收的纤维素被肉芽组织机化取代而形成。②慢性左心衰竭、慢性肺淤血常导致肺褐色硬化。小叶性肺炎常导致肺脓肿。急性肺淤血常导致肺泡内出现伊红色水肿液。

231. ABCDE　①小叶性肺炎是由化脓菌引起的，以肺小叶为病变单位的急性化脓性炎症。②大叶性肺炎为纤维素性炎。卡他性炎、浆液性炎、出血性炎均属于急性渗出性炎。

232. ABCDE　小叶性肺炎的病变特征是以肺小叶为病变单位的急性化脓性炎症，病变常以细支气管为中心，双肺散在分布，以下叶和背侧多见。严重病例，病灶可相互融合成片，甚至累及整个大叶。由于 E 为本病的特征性病理改变，故最佳答案为 E。

233. ABCDE　①小叶性肺炎的病理特点是肺小叶的急性化脓性炎，表现为肺泡腔内充满大量脓性渗出物，故答 C。②慢性肺淤血常表现为肺泡壁毛细血管充血扩张，肺泡间隔水肿。大叶性肺炎灰色肝样变期常表现为肺泡腔内大量纤维素及中性粒细胞浸润。大叶性肺炎溶解消散期常表现为渗出的纤维素溶解消失。肺结核变质渗出期常表现为浆液性或浆液纤维素性渗出。

234. ABCDE　①慢性阻塞性肺疾病早期常累及较大的支气管，常表现为管壁充血、水肿，淋巴细胞、浆细胞浸润(E)。参阅 8 版病理学 P169。②巨噬细胞为晚期炎症细胞，中性粒细胞为早期炎症细胞，树突状细胞为抗原递呈细胞，嗜酸性粒细胞多见于支气管哮喘急性发作。

235. ABCDE　慢性支气管炎典型病变包括：①纤毛柱状上皮变性坏死脱落，杯状细胞增生，并伴鳞状上皮化生；②黏膜下腺体增生肥大，黏液增多；③管壁充血水肿，淋巴细胞、浆细胞浸润；④支气管软骨变性萎缩。慢性支气管炎时支气管内不会出现泡沫细胞，泡沫细胞为动脉粥样硬化的特征性细胞。

236. ABCDE　①慢性支气管炎反复发作，病情不断加重，受累的细支气管不断增多，炎症易向管壁周围组织及肺泡扩展，形成细支气管周围炎。细支气管炎和细支气管周围炎是引起慢性阻塞性通气功能障碍的病变基础。②ABCD 均属于慢性支气管炎的病理变化，故不答 A、B、C、D。参阅 9 版病理学 P191。

237. ABCDE　①慢性支气管炎患者黏液腺增生、肥大和浆液性上皮黏液腺化生，导致黏液分泌增多，咳嗽多痰。②黏膜上皮细胞变性坏死脱落、黏膜上皮纤毛倒伏脱失可导致呼吸道-纤毛排送系统受损。细支气管周围炎可引起阻塞性通气功能障碍。

238. ABCDE　①阻塞性通气功能障碍常见于慢性支气管炎、肺气肿和支气管哮喘，因此可直接排除 A、B、C、D，得出正确答案为 E。肺纤维化、气胸为限制性通气功能障碍，肺不张和支气管扩张为混合性通气功能障碍。②事实上，慢性支气管炎可造成细支气管及其周围炎、管腔狭窄，导致呼气时气流受阻，使肺内残气量增加，肺组织过度膨胀，肺泡扩张，形成肺气肿。

239. ABCDE　①α_1-抗胰蛋白酶可抑制弹性蛋白酶的水解活性，当 α_1-抗胰蛋白酶缺乏时，弹性蛋白酶活性增强，导致细支气管和肺泡壁弹力蛋白、Ⅳ型胶原降解，肺组织破坏，导致全腺泡型肺气肿。②间质性肺气肿是指肋骨骨折、胸壁开放伤等导致细支气管或肺泡间隔破裂，空气进入肺间质所致。瘢痕旁肺气肿是指出现在肺组织瘢痕灶周围，由肺泡破裂融合形成的局限型肺气肿。

240. ABCDE　①硅肺是长期吸入含有游离 SiO_2 的粉尘沉着于肺组织所引起的一种常见职业病，其形成与吸入的 SiO_2 颗粒大小、形状、接触时间、SiO_2 浓度等有关。SiO_2 尘粒>5μm 不易吸入肺内，不易致病。1~2μm 的硅尘致病性最强。②硅肺的特征性病变为硅结节。硅尘进入肺泡内被巨噬细胞吞噬，早期形成细胞性硅结节。晚期可纤维化形成纤维性硅结节，部分结节中胶原纤维可发生玻璃样变。③硅肺最早出现的硅结节在肺门淋巴结，而不在肺组织内(B 错)。

241. ABCDE　硅尘致病力与 SiO_2 尘粒的大小、接触时间、SiO_2 浓度等有关。SiO_2 尘粒>5μm 不易吸入肺内，不易致病。1~2μm 的硅尘致病性最强。硅结节内免疫球蛋白含量明显高于胶原蛋白含量。硅尘表面的 SiO_2 与 H_2O 聚合成硅酸，可破坏巨噬细胞膜的稳定性，使之发生自溶(B 对)。硅肺的早期是细胞性硅结节，晚期为纤维性结节。硅肺患者胸膜可因弥漫性纤维化而广泛增厚。

242. ABCDE ①硅肺的特征性病变是硅结节。早期为细胞性硅结节,晚期为纤维性硅结节。②相邻的硅结节可相互融合成大的结节状病灶,如中央区缺血坏死液化,可形成硅肺空洞。③类上皮肉芽肿、胸膜呈斑状增厚、肺间质纤维化,可见于多种疾病,不可能是硅肺的特征性病变。

243. ABCDE ①硅肺患者易并发肺结核,称硅肺结核病。Ⅰ、Ⅱ期硅肺患者并发率 10%~30%,Ⅲ期高达 70%以上。②其他常见并发症包括肺部感染、肺源性心脏病、肺气肿等,但 A、B、C、E 并发症很少发生。

244. ABCDE ①中央型肺癌是指发生于主支气管或叶支气管的肺癌,其病理类型以鳞癌最多见,肺鳞癌 80%~85%为中央型(D)。②肺腺癌多为周围型。小细胞癌、大细胞癌多为中央型肺癌,但因临床上少见,故 D 而不是 C、E。肺类癌更少见。

245. ABCDE ①周围型肺癌是指肺段支气管开口以远,位于肺周围部分的肺癌,以腺癌最多见(E)。②中央型肺癌是指肺段支气管开口以近,位置靠近肺门的肺癌,以鳞癌最多见。肺类癌少见,恶性程度最低。大细胞肺癌、小细胞肺癌临床上少见。

246. ABCDE ①中心型肺癌占肺癌总数的 60%~70%,以鳞状细胞癌多见(A)。②周围型肺癌以腺癌多见,较早可发生胸膜转移。较早发生血行转移、淋巴转移是小细胞肺癌的特点。

247. ABCDE 248. ABCDE 肺癌的恶性程度依次为:小细胞癌>大细胞癌>腺癌>鳞癌>类癌。

249. ABCDE 250. ABCDE ①肺小细胞癌镜下观,癌细胞小,常呈圆形或椭圆形,也可呈梭形或燕麦形,有时也可围绕小血管形成假菊形团结构(E)。②肺高分化鳞癌癌巢中有角化珠形成,中低分化鳞癌无角化珠形成(D)。③癌细胞呈列兵样排列常见于乳腺浸润性小叶癌。癌细胞形成管状结构常见于管状腺癌。癌细胞形成乳头状结构常见于浆液性乳头状囊腺癌。

251. ABCDE 252. ABCDE ①肺腺癌好发于女性,约占 50%以上。②食管癌 90%以上为鳞状细胞癌,其次为腺癌,偶见腺棘皮癌、燕麦小细胞癌等。③肺鳞癌、肺小细胞未分化癌好发于男性。印戒细胞癌、黏液腺癌都是胃肠道肿瘤的常见病理类型。

253. ABCDE 胃镜见胃黏膜苍白、皱襞稀疏,提示为慢性萎缩性胃炎,表现为主细胞和壁细胞数量减少,固有层内有多量淋巴细胞和浆细胞浸润,常出现肠上皮化生。在肠上皮化生中,可有异型性增生。

254. ABCDE ①胃溃疡好发于胃小弯胃窦部,直径多在 2cm 以内。溃疡边缘整齐,底部平坦、洁净。溃疡周围的胃黏膜皱襞因受溃疡底部瘢痕组织的牵拉向溃疡集中而呈放射状(E 对)。②溃疡边缘隆起不整齐、底部凹凸不平,为胃癌的表现。

255. ABCDE ①胃溃疡瘢痕底部小动脉因炎症刺激常有增殖性动脉内膜炎,使小动脉管壁增厚、管腔狭窄,伴有血栓形成及血栓机化(B)。②溃疡组织不会释放凝血酶原,胃液不会促进凝血过程。

256. ABCDE 慢性胃溃疡的并发症:出血(占 10%~35%),穿孔(5%),幽门梗阻(3%),癌变(<1%)。

257. ABCDE 胃溃疡的并发症:出血(占 10%~35%),穿孔(5%),幽门梗阻(3%),癌变(<1%)。

258. ABCDE ①病毒性肝炎是由肝炎病毒引起的以肝实质细胞变性、坏死为主要病变的一种变质性炎症。②浆液性炎、化脓性炎、出血性炎的渗出物分别为浆液、中性粒细胞、红细胞。增生性炎症是以组织细胞增生为主要特征的炎症。

259. ABCDE ①肝细胞点状坏死是急性普通型肝炎的病理特点,表现为肝小叶内散在的灶性肝细胞坏死,每个坏死灶仅累及一个至几个肝细胞。②肝细胞核碎裂为小点状,是肝细胞坏死时光镜下见到的细胞核的自溶性改变。破坏肝细胞界板的坏死是碎片状坏死,常见于慢性肝炎。嗜酸性坏死是肝细胞凋亡的表现。肝虽然是脂肪变性最常见的器官,但病毒性肝炎很少发生严重脂肪变性,脂肪变性仅见于丙型病毒性肝炎。

260. ABCDE ①急性普通型肝炎镜下特点为肝细胞广泛变性,而坏死轻微。变性以肝细胞胞质疏松和气球样变为主;坏死轻微,肝小叶内可见点状坏死。急性普通型肝炎分黄疸型和无黄疸型两种,以无黄疸型多见。②题干要求作答"急性普通型肝炎的主要变化",而不是"坏死类型",故答 A 而不是 E。

261. ABCDE ①男性青年乏力、纳差,黄疸,剑突下轻压痛,血清总胆红素>17.1μmol/L,病史未超过半年，应诊断为急性黄疸型肝炎而不是慢性肝炎、肝硬化，其病理特点是肝脏肿大，肝细胞广泛变性、点灶状坏死(D)。②A为亚急性重型肝炎的病理特点。B为慢性肝炎的病理特点。C为淤胆性肝硬化的病理特点。E无特异性。

262. ABCDE　①长期肝病患者，肝病面容(面色晦暗)，肝掌，蜘蛛痣，腹水征，应考虑肝硬化。患者肝功能Child-Pugh B级，PTA60%，TBil>35μmol/L，应诊断为失代偿性肝硬化，而肝硬化的典型病理改变是肝细胞灶状坏死，假小叶形成(C)。②肝细胞水肿为急性普通型肝炎的病变，故不答A、E。肝细胞大片坏死为重症肝炎的特征性病变，故不答B。肝细胞亚大片坏死为不规范的病理学名称，故不答D。

263. ABCDE　①患者病程短，肝体积缩小(肝浊音界缩小)，明显黄疸，肝酶和胆红素明显增高，意识改变，应诊断为急性重型肝炎，故典型病理改变为肝细胞弥漫性大块坏死(C)。②因患者病程仅为3天，不可能出现肝细胞脂肪变性、汇管区纤维化，故不答A、B。肝脏淤血多见于慢性右心衰竭，急性肝炎肝脏淤血不严重。病毒性肝炎浸润的炎性细胞多为淋巴细胞，而不是中性粒细胞，故不答E。

264. ABCDE　患者低热、纳差、黄疸，肝酶和胆红素明显增高，应诊断为急性黄疸型肝炎。可出现B、C、D、E病理改变，不会出现假小叶形成，答案为A。假小叶为肝硬化的特征性病理改变。

265. ABCDE　①桥接坏死是严重肝细胞损伤导致的相邻肝小叶的肝细胞坏死，形成两个中央静脉之间、两个汇管区之间，或中央静脉与汇管区之间的连续性坏死带，常见于中、重度慢性肝炎。②急性普通型肝炎、轻度慢性肝炎以点状坏死常见。急性重型肝炎、亚急性重型肝炎以大片坏死常见。

266. ABCDE　①慢性重度肝炎常发生明显的碎片状坏死和大范围桥接坏死，故答D而不是C。②慢性中度肝炎多为中度碎片状坏死及桥接坏死。急性重型肝炎、亚急性重型肝炎多为大片坏死。病理学分类依据不是有无黄疸，无论哪种类型的肝炎，只要有肝细胞损害，均可出现黄疸，故不答A。

267. ABCDE　①肝细胞大片坏死，应考虑急性重型肝炎、亚急性重型肝炎。"肝细胞结节状再生"需要一定的时间，故不可能为急性重型肝炎，只能诊断为亚急性重型肝炎(D)。②急性普通型肝炎多为点状坏死，重度慢性肝炎多为碎片状坏死及桥接坏死，门脉性肝硬化以假小叶形成为特点，故不答A、B、E。

268. ABCDE　①急性普通型肝炎和轻度慢性肝炎均可出现点状坏死，但因急性普通型肝炎病程短，不可能出现"纤维组织增生"，故本例应诊断为轻度慢性肝炎(B)。②中、重度慢性肝炎多为碎片状坏死及桥接坏死，故不答C、D。肝硬化以假小叶形成为特点，故不答E。

269. ABCDE　急性重型病毒性肝炎的肝细胞坏死广泛而严重，表现为弥漫性大片坏死。

270. ABCDE　①患者食欲减退6天，ALT、血胆红素增高，应诊断为急性黄疸型肝炎。急性重型肝炎常表现为凝血酶原活动度(PTA)<40%、血总胆红素(TBil)>171μmol/L，而患者PTA88%、TBil 56μmol/L，故应诊断为普通型肝炎，不能诊断为重型肝炎。患者HBV DNA4.5×10^5copies/ml，应诊断为急性乙型肝炎。HBV DNA正常值<1000copies/ml。②急性普通黄疸型肝炎镜下可见肝细胞广泛变性，以细胞水肿为主，而肝细胞坏死轻微，故答C。③肝细胞大块坏死为急性重型肝炎的病理特点。淋巴细胞浸润无特异性。病毒性肝炎不会出现大量中性粒细胞浸润，故不答D。肝细胞点状、灶状坏死为慢性中度肝炎的病理改变。

271. ABCDE　①慢性肝炎多有单核细胞和淋巴细胞浸润，慢性活动性肝炎炎细胞浸润、纤维组织增生、肝细胞增生均较慢性持续性肝炎重，但这不是两者最主要的区别。②两者最主要的区别在于肝细胞坏死的程度、部位和类型。慢性持续性肝炎的变性坏死较轻，肝小叶界板无破坏；慢性活动性肝炎多有碎片状坏死，有明显肝小叶界板破坏，坏死程度较重(A)。

272. ABCDE　273. ABCDE　274. ABCDE　①急性普通型肝炎变性重，坏死轻。变性以细胞水肿(严重者呈气球样变性)为主，坏死以点状坏死多见。②慢性活动性肝炎多为碎片状坏死及桥接坏死，慢性持续性肝炎的肝小叶界板无破坏，故无碎片状坏死。③急性、亚急性重型肝炎均可有肝细胞大片坏死，但因前者病程短，不可能有肝细胞结节状再生，故仅后者表现为大片坏死及结节状再生。

275. ABCDE　①本题的考点就是"毛玻璃样肝细胞"。毛玻璃样肝细胞并非指肝细胞的"玻璃样变性"，而是指肝细胞内含有 HBsAg,免疫酶标显示 HBsAg 反应阳性。组织学上表现为胞质内充满嗜酸性细颗粒状物,不透明,似毛玻璃样。电镜显示其胞质滑面内质网增生,HBsAg 颗粒积存于此(C)。②肝细胞玻璃样变时,前角蛋白细丝可在肝细胞胞质内堆积,称 Mallory 小体,故不答 D。

276. ABCDE　病毒性肝炎是肝硬化最常见的病因,多由乙肝和丙肝引起,其中以乙肝最常见。

277. ABCDE　肝硬化的特征性病理变化是假小叶形成。本例肝穿刺见假小叶,故答案为 E。假小叶是指广泛增生的纤维组织分割原来的肝小叶并包绕成大小不等的圆形或类圆形的肝细胞团。

278. ABCDE　①患者家庭成员有乙肝病史,长期乏力,水肿,可见蜘蛛痣、肝掌,脾大,血浆白蛋白降低,应诊断为肝硬化。肝穿刺活检,其特征性病理改变是假小叶形成(A)。②肝细胞气球样变、碎片状坏死、桥接坏死为慢性病毒性肝炎的病理改变。肝硬化很少出现肝细胞脂肪样变。

279. ABCDE　假小叶是指广泛增生的纤维组织分割原来的肝小叶并包绕成大小不等的圆形或类圆形的肝细胞团。假小叶内肝细胞排列紊乱,可变性、坏死、再生。再生的肝细胞体积大、核大且深染,可有双核。假小叶内中央静脉常缺如、偏位或两个以上,可有慢性炎细胞浸润,并可见小胆管增生(D 错)。

280. ABCDE　①中年男性长期乙肝病史,可能发展为肝硬化。患者超声检查示肝脏回声不均匀,脾大,门静脉增宽,腹水,应诊断为肝硬化,其特征性病理改变为假小叶形成(B)。②A、C、D、E 均属于慢性肝炎的病理改变。

281. ABCDE　肝硬化合并门静脉高压时,可导致慢性淤血性脾大,红细胞淤滞。镜下见脾窦扩张,窦内皮细胞增生、肿大,脾小体萎缩,红髓内纤维组织增生,部分可见含铁结节(A)。

282. ABCDE　283. ABCDE　284. ABCDE　285. ABCDE　①肝硬化可引起门静脉高压。当门静脉压力增高时,侧支循环开放,门静脉血经胃冠状静脉、食管静脉丛、奇静脉入上腔静脉,导致胃底食管下端静脉曲张。②体内的氨通过肝脏合成尿素排出体外。当肝脏解毒功能下降时,尿素合成减少,血氨增高造成氨中毒。③雌激素主要在肝脏内灭活。当肝功能减退时,雌激素灭活障碍致体内雌激素水平升高,男性乳腺发育。④大多数凝血因子均在肝脏合成。当肝功能减退时,凝血因子合成减少,导致出血。⑤黄疸是肝细胞受损的表现。

286. ABCDE　食管癌以中段最多见(占 50%),其次为下段(30%),上段最少见(10%~20%)。

287. ABCDE　①患者长期反酸、烧心,应考虑胃食管反流病,长期慢性病例可形成 Barrett 食管。Barrett 食管是指食管下段黏膜的鳞状上皮被化生的腺上皮所取代。Barrett 食管是食管下段癌的癌前病变,其癌变率较正常人高 30~40 倍。②根据胃镜检查结果,本例应诊断为食管下段癌,可能为 Barrett 食管癌变所致。③虽然普通食管癌好发于中段,以鳞癌最多见(约占 95%),但 Barrett 食管所致的食管癌好发于下段,以腺癌最多见,故答 E 而不是 D。参阅 3 版 8 年制《病理学》P255、P271。

288. ABCDE　中老年患者,吞咽困难,食管中段溃疡伴狭窄,管壁僵硬,应首先考虑食管癌,最常见的病理类型为鳞状细胞癌(D)。

289. ABCDE　胃癌好发于胃窦小弯侧(约占 50%),其次为贲门部,胃体及全胃相对较少。

290. ABCDE　大肠癌好发于直肠(占 50%),其余依次为乙状结肠(20%)、盲肠及升结肠(16%)、横结肠(8%)、降结肠(6%)。

291. ABCDE　292. ABCDE　①早期胃癌大体分 3 型,即隆起型、表浅型、凹陷型,其中以凹陷型最多见。②中晚期胃癌肉眼形态可分为 3 型,即息肉型或蕈伞型(占 3%~5%)、溃疡型(约占 50%)、浸润型(占 30%~40%),其中以溃疡型最多见。

293. ABCDE　294. ABCDE　在早期胃癌中,直径<0.5cm 的称为微小胃癌,直径 0.6~1.0cm 的称为小胃癌。

295. ABCDE　①早期胃癌是指病变仅局限于黏膜或黏膜下层,未侵犯肌层的癌,无论病灶大小,无论有无淋巴结转移(D)。②肿瘤直径小于 1cm 为小胃癌。肿瘤直径小于 0.5cm 为微小胃癌。

296. ABCDE　印戒细胞为印戒细胞癌的特征性病理变化,印戒细胞癌属于腺癌的特殊类型。

297. ABCDE　①正常胃黏膜为腺上皮,具有腺腔样结构。胃腺癌的癌细胞分化程度越高,与正常细胞就越相似,越接近,恶性程度就越低;反之分化程度越低,则与正常细胞相差越大。因此病理检查结果"无腺管形成"提示未分化癌(A)。②胃印戒细胞癌属于特殊类型的腺癌,因此B、C、D、E都属于腺癌,均可或多或少出现"腺管",故不答。

298. ABCDE ①胃癌是来源于胃黏膜上皮、腺上皮的恶性肿瘤,最常见的病理类型是腺癌。②胃癌也可有鳞状细胞癌、未分化癌、印戒细胞癌等病理类型,但少见。

299. ABCDE 对鉴别胃良恶性溃疡最有意义的检查当然是胃黏膜活组织病理检查。2018年考题。

300. ABCDE ①患者乙肝病史10年,肝右叶巨大肿块,血清AFP明显增高,应考虑原发性肝细胞性肝癌。②肝细胞性肝癌起源于肝细胞,高分化肝癌的癌细胞类似于肝细胞,可分泌胆汁,癌细胞排列呈巢状,血管多间质少(D)。③"发生于肝内胆管上皮,癌细胞呈腺管状排列,可分泌黏液,癌组织间质较多"均属于肝胆管细胞癌的特点,故不答A、B、C、E。

301. ABCDE ①肝癌大体病理分为3型,即块状型、结节型、弥漫型。小肝癌、大肝癌均属于临床分型,而不是病理分型,故不答D、E。结节型肝癌呈大小、数目不等的癌结节,直径<5cm,常伴肝硬化。②小肝癌是指癌肿直径<3cm,大肝癌是指癌肿直径>5cm。巨块型肝癌是指癌肿直径>10cm。弥漫型肝癌是指米粒至黄豆大小的癌结节,弥漫分布于整个肝脏。

302. ABCDE ①猫抓病是由汉赛巴通体属立克次体感染引起的自限性淋巴结炎。病理变化是由组织细胞演变的上皮样细胞形成肉芽肿,肉芽肿中央可见中性粒细胞浸润,形成化脓性肉芽肿,有较多B淋巴细胞浸润。②结节病、结核病镜下可见大量巨噬细胞浸润形成的特异性肉芽肿,而不是中性粒细胞浸润,故不答AD。反应性淋巴节炎镜下可见中性粒细胞浸润,但无肉芽肿形成,故不答C。组织细胞坏死性淋巴结炎镜下可见片状或灶状坏死,中性粒细胞稀少或缺如,故不答E。

303. ABCDE CD3、CD4为T细胞的免疫标记。CD19为B细胞的免疫标记。CD34为髓系细胞的免疫标记。CD56为NK细胞的免疫标记。

304. ABCDE ①弥漫性大B细胞淋巴瘤表达成熟B细胞分化抗原,如CD19、CD20、CD79a,故答C。②$CD10^+$为滤泡生发中心的免疫标记,虽然弥漫性大B细胞淋巴瘤也可阳性,但不是最佳答案。

305. ABCDE 黏膜相关淋巴组织(MALT)是黏膜免疫系统的主要组成部分,包括位于肠道的肠相关淋巴组织、位于鼻腔及呼吸道的鼻咽相关淋巴组织和支气管相关淋巴组织。MALT淋巴瘤好发于胃肠道,其次为眼附属器、皮肤、甲状腺、肺、涎腺、乳腺等。

306. ABCDE 淋巴瘤分为霍奇金淋巴瘤HL(占10%~20%)和非霍奇金淋巴瘤NHL(占80%~90%)。NHL中,弥漫性大B细胞淋巴瘤占30%~40%,是最常见的NHL,也是临床上最常见的淋巴瘤。

307. ABCDE 急性弥漫性增生性肾小球肾炎简称急性肾炎,镜下可见肾小球弥漫性肿胀,以毛细血管内皮细胞和系膜细胞增生肿胀为主,伴有中性粒细胞和单核细胞浸润,基底膜无明显改变。

308. ABCDE ①急性链球菌感染后肾小球肾炎也称急性肾炎,光镜下表现为毛细血管内皮细胞和系膜细胞增生,电镜特点为"驼峰"样电子致密物沉积于上皮下(D)。②A为微小病变性肾病的特点。B为Ⅱ型膜增生性肾炎的特点。C为系膜增生性肾炎的特点。E为急性肾炎早期的一般病理改变。

309. ABCDE ①新月体性肾炎的特征性病变是新月体形成,新月体由增生的壁层上皮细胞和渗出的单核细胞构成,可有中性粒细胞、淋巴细胞浸润。②肾小球系膜细胞和内皮细胞增生为急性肾炎的特点。

310. ABCDE ①男性患者,发热,少尿,蛋白尿,水肿,高血压,肾衰竭,应考虑急进性肾炎。抗中性粒细胞胞质抗体阳性常见于Ⅲ型急进性肾小球肾炎,其特征性病理变化是大量新月体形成(E)。②A为慢性肾小球肾炎的特点。C为膜性肾小球肾炎的特点。

311. ABCDE ①肾小球囊壁层上皮细胞增生和渗出的单核细胞构成新月体,此为新月体性肾炎的特征性病变(A)。②急性肾小球肾炎常表现为毛细血管内皮细胞及系膜细胞增生。膜性肾炎的特点是肾小球基底膜弥漫性增厚,形成钉状突起。脂性肾炎的特点是电镜下弥漫性上皮细胞足突消失。膜增生性肾炎的特点是系膜细胞和系膜基质增多,基底膜增厚。

312. ABCDE ①新月体形成是急进性肾小球肾炎的特征性病变(A)。②原发性肾病综合征的关键病理改变是肾小球毛细血管壁的损伤。隐匿性肾炎病理改变轻微,可由多种病理类型的原发性肾小球病所致。急性肾炎表现为毛细血管内皮细胞及系膜细胞增生。狼疮性肾炎病理表现多种多样。

313. ABCDE ①弥漫性新月体性肾小球肾炎也称急进性肾炎,临床特点为肾功能急剧衰竭,患者迅速出现少尿、无尿、氮质血症(C)。②蛋白尿、血尿为其早期表现,无特异性,故不答 A、B。管型尿由蛋白质、细胞或碎片在肾小管、集合管中凝固而成。乳糜尿是指尿中混有淋巴液而呈稀牛奶状。急进性肾炎很少出现管型尿、乳糜尿。

314. ABCDE ①慢性肾盂肾炎特点为肾小管-间质的慢性炎症、纤维化和瘢痕形成,大体表现为肾脏体积缩小、质地变硬,表面可见粗大、分布不均的、不规则的凹陷性瘢痕(E)。②晚期肾小球肾炎表现为继发性颗粒性固缩肾。良性高血压病表现为原发性颗粒性固缩肾。B、C 肾脏大体改变无特殊。

315. ABCDE ①慢性肾小球肾炎是各种肾小球肾炎的终末阶段,其病理特点是大量肾小球发生玻璃样变和硬化,故又称慢性硬化性肾小球肾炎,肉眼观两侧肾体积缩小,表面呈弥漫性细颗粒状,故称为继发性颗粒性固缩肾,参阅 9 版《病理学》P273,答案为 A。②高血压肾病表现为原发性颗粒性固缩肾(9 版《病理学》P161)。动脉粥样硬化表现为动脉粥样硬化性固缩肾(9 版《病理学》P161)。慢性肾盂肾炎表现为不规则瘢痕肾(9 版《病理学》P276)。新月体性肾小球肾炎和膜性肾小球肾炎表现为大白肾。急性弥漫性增生性肾小球肾炎也称急性肾炎,表现为大红肾、蚤咬肾。

316. ABCDE 317. ABCDE ①弥漫性毛细血管内增生性肾小球肾炎表现为双肾充血肿胀,肾脏表面有散在粟粒大小的出血点,称为大红肾(E)。②弥漫性膜性增生性肾小球肾炎的病理特点是肾小球基膜增厚、系膜细胞增生和系膜基质增多,增生的系膜细胞突起插入邻近毛细血管袢,形成车轨征(双轨征、分层状),为其特征性病理表现(D)。③轻微病变性肾小球肾炎表现为电镜下弥漫性肾小球脏层上皮细胞足突消失。系膜增生性肾小球肾炎表现为弥漫性系膜细胞增生及系膜基质增多。新月体性肾小球肾炎的特点是大量新月体形成。

318. ABCDE ①膜性肾小球肾炎表现为肾小球基底膜上皮细胞侧出现免疫复合物沉积,致基底膜显著增厚,基底膜伸出钉状突起,插入沉积物之间,此为特征性病理改变(C)。②毛细血管内增生性肾小球肾炎的特点是驼峰状电子致密物沉积。膜性增生性肾小球肾炎的特点是车轨征。轻微病变性肾小球肾炎的特点是脏层上皮细胞足突消失。新月体性肾小球肾炎的特点是新月体形成。

319. ABCDE ①膜性增生性肾小球肾炎的病理特点是肾小球基膜增厚、系膜细胞增生和系膜基质增多(D)。系膜增生性肾炎的特点为系膜细胞增生和基质增多。虽然膜性增生性肾炎和系膜增生性肾炎均有系膜细胞增生和基质增多,但膜性增生性肾炎还有另一特点基底膜增厚,故答 D 而不为 C。②壁层细胞增生形成新月体是急进性肾炎的特点。

320. ABCDE 膜性增生性肾小球肾炎根据免疫病理和电镜表现分为Ⅰ、Ⅱ型。其中Ⅱ型可见大量电子致密物(C3)沿基底膜呈带状沉积,故称为致密沉积物病。

321. ABCDE 322. ABCDE ①链球菌感染后急性肾小球肾炎表现为毛细血管内增生性肾小球肾炎(D)。②轻微病变性肾病(脂性肾病)是儿童原发性肾病综合征的最常见病因。老年人最常见的肾病综合征类型为膜性肾病。

323. ABCDE ①膜性肾病的病理特点是肾小球毛细血管基底膜弥漫性增厚,形成钉状突起。②微小病变肾病光镜下肾小球基本正常,电镜下见弥漫性脏层上皮细胞肿胀、足突广泛融合而消失。③急进性肾炎的特点是广泛(50%以上)的肾小球囊腔内有大新月体(占肾小球囊腔 50%以上)形成。④急性链球菌感染后肾小球肾炎常表现为毛细血管内皮细胞及系膜细胞弥漫性增生。⑤系膜增生性肾炎的病理特点是系膜细胞增生和系膜基质增多,而肾小球基膜无增厚(E 错)。

324. ABCDE ①微小病变型肾病的发病与 T 细胞功能紊乱,造成细胞免疫功能异常有关。免疫功能异常导致细胞因子释放和脏层上皮细胞损伤,引起蛋白尿。②肾小球毛细血管内微血栓形成常见于弥散性血管内凝血。微小病变型肾病的肾小球内无免疫复合物沉积,故不答 C。补体 C3 异常多见于急性肾小球肾炎。抗基底膜抗体形成常见于Ⅰ型急进性肾炎。

325. ABCDE　①慢性肾盂肾炎是肾小管和肾间质的慢性化脓性炎症,表现为慢性间质性炎症、纤维化和瘢痕形成。②慢性肾盂肾炎主要累及肾间质,而肾小球肾炎主要累及肾小球,肾间质受累少,两者不属于同一种类型的疾病,故不答 A。肾小球免疫复合物性肾炎常见于肾小球肾炎,而不是肾盂肾炎,故不答 B。化脓性炎属于渗出性炎范畴,并不属于以增生、变质为主的炎症,故不答 C、D。

326. ABCDE　肾盂肾炎是肾小管和肾间质的化脓性炎症,一般不累及肾小球,因此肾小球病变最轻。A、B、C、D 均属于肾小管-肾间质范畴,因此病变较重。

327. ABCDE　慢性肾盂肾炎多由上行性感染引起,因此肾脏瘢痕两侧不对称,数量多少不等,分布不均,称为不规则凹陷性瘢痕肾。慢性肾小球肾炎两侧肾脏病变对称,颗粒细小,分布均匀,称为继发性颗粒性固缩肾。此为两者肉眼观的主要鉴别点。

328. ABCDE　①慢性肾盂肾炎的特征是两肾不对称性缩小,出现不规则瘢痕(E)。②慢性肾小球肾炎常表现为两肾对称性弥漫性颗粒状改变,称为继发性颗粒性固缩肾。膜性肾病常表现为双肾肿大、苍白,称为大白肾。急性肾小球肾炎常表现为双肾弥漫性肿大,肾表面充血,散在出血点。

329. ABCDE　肾细胞癌多见于肾脏上、下极,以上极更常见。常表现为单个圆形肿物。切面呈淡黄色或灰白色。肿瘤界限清楚,可有假包膜形成。

330. ABCDE　若异型增生的细胞累及子宫颈黏膜上皮全层,但未超过基底膜,则称为子宫颈原位癌(C)。若癌细胞突破了基底膜,则称为浸润癌。

331. ABCDE　①子宫颈上皮非典型增生是指子宫颈黏膜的部分上皮细胞被异型增生的细胞所取代,但未达上皮全层。若异型增生的细胞累及子宫颈黏膜上皮全层,但未超过基底膜,则称为子宫颈原位癌。若癌细胞突破了基底膜,则称为浸润癌。原位癌的癌细胞可由表面沿基底膜通过宫颈腺口蔓延至子宫颈腺体内,取代部分或全部腺上皮,但仍未突破腺体的基底膜,称为原位癌累及腺体,仍然属于原位癌的范畴。②子宫颈腺体均被癌细胞充满,一般会突破基底膜,则为浸润癌,而不属于原位癌(A 错)。原位癌不会超过子宫颈黏膜上皮的基底膜,更不会突出表面而影响腺体分泌排出(B 错)。C 叙述的是原位癌的发生部位和顺序,故不选。子宫颈原位癌突破基底膜侵及腺体,称为浸润癌(D 错)。

332. ABCDE　①非典型增生是指异型细胞取代部分上皮,但未达上皮全层。原位癌是指异型细胞侵犯上皮全层,而未突破基底膜。浸润癌是指癌细胞突破了基底膜。"子宫颈黏膜上皮全层异型增生",说明病变已达上皮全层,应诊断为原位癌而不是非典型增生,故不答 A。"病变未突破基底膜",不能诊断为浸润癌,故不答 D、E。②"子宫颈黏膜上皮全层异型增生并延伸到腺体",故答 C 而不是 B。

333. ABCDE　①患者宫颈上皮病理活检镜下可见异型细胞局限于宫颈上皮的下 1/3 黏膜下,应诊断为子宫颈上皮异型增生Ⅰ级,相当于 CINⅠ级,按 9 版《病理学》新的分类标准应归入低级别鳞状上皮内病变(LSIL)。②患者子宫颈上皮异型细胞未突破基底膜,不能诊断为浸润癌,故不答 A。患者子宫颈上皮可见异型细胞,故不能诊断为慢性宫颈炎、慢性宫颈炎伴鳞状上皮化生。宫颈高级别鳞状上皮内病变相当于 CINⅡ、Ⅲ级,故不答 C。

334. ABCDE　子宫颈鳞癌分早期浸润癌和浸润癌。早期浸润癌指癌细胞突破基底膜向固有层浸润,但浸润深度不超过基底膜下 5mm。浸润癌指癌细胞浸润深度超过基底膜下 5mm。

335. ABCDE　①淋巴道转移是子宫颈癌最常见和最重要的转移途径。癌组织首先转移至子宫颈旁淋巴结,然后依次至闭孔、髂内、髂外、髂总、腹股沟及骶前淋巴结,晚期可转移至锁骨上淋巴结,转移至腹腔淋巴结少见。②子宫颈癌经直接蔓延、血道转移、腹腔种植较淋巴道转移少见。

336. ABCDE　①绒毛膜癌是起源于绒毛膜滋养层上皮的高度恶性肿瘤(B)。②来源于腹膜间皮细胞的恶性肿瘤为恶性间皮瘤。来源于子宫颈上皮细胞的恶性肿瘤为子宫颈癌。来源于子宫内膜上皮细胞的恶性肿瘤为子宫内膜癌。来源于输卵管黏膜上皮的恶性肿瘤为原发性输卵管癌。

337. ABCDE ①肿瘤的组织成分包括实质和间质两个部分。肿瘤实质是指肿瘤细胞,肿瘤间质由结缔组织、血管、淋巴管等组成。绒毛膜癌是来源于滋养层细胞的恶性肿瘤,只有滋养层肿瘤细胞,而无肿瘤间质结构(E),由于没有间质血管,因此只能从宿主细胞获得营养。②乳腺纤维腺瘤由增生的腺体和纤维间质组成。印戒细胞癌癌细胞分泌的黏液聚集在癌细胞内,将核挤向一侧,使该细胞呈印戒状。恶性黑色素瘤是能产生黑色素的高度恶性肿瘤,癌细胞可呈巢状、条索状、腺样排列。横纹肌肉瘤是由各种不同分化阶段的横纹肌细胞组成。这些肿瘤均有间质成分。

338. ABCDE ①侵蚀性葡萄胎的特点是:有绒毛,且绒毛侵入子宫肌层;有间质,且间质高度水肿;无间质血管。绒毛膜癌的特点是三无——无绒毛、无间质、无间质血管。因此,侵蚀性葡萄胎与绒毛膜癌的最主要区别是镜下有无绒毛结构。②两种滋养层肿瘤细胞侵袭血管的能力都很强,都可造成子宫反复出血,阴道流血。两者的肿瘤细胞均可坏死脱落,排出葡萄状坏死物。两者均属于滋养层细胞肿瘤,均可产生大量 hCG,使尿 hCG 增高。两者都可因肿瘤生长,使子宫明显增大。故不答 A、B、C、D。

339. ABCDE ①子宫颈癌、子宫内膜癌都不是滋养层细胞肿瘤,不可能出现异型的滋养层细胞团,故不答 B、D。②绒毛膜癌的镜下特点是无绒毛,侵蚀性葡萄胎、水泡状胎块均有绒毛,故答 C 而不是 A、E。

340. ABCDE ①子宫内膜癌、子宫颈癌均不属于滋养层细胞肿瘤,不可能出现异型的滋养层细胞,故不答 B、E。②绒毛膜癌的镜下特点是无绒毛,水泡状胎块(葡萄胎)、侵蚀性葡萄胎均有绒毛,故不答 D。③因肿瘤细胞可"浸润子宫壁深肌层",故应诊断为侵蚀性葡萄胎,而不是水泡状胎块,因属于良性病变,无侵袭性。

341. ABCDE ①绒毛膜癌无肿瘤间质,必需从宿主细胞获得营养,故侵袭破坏血管的能力很强,极易经血道转移,以肺转移最常见,其次可转移至脑、胃肠道、肝、阴道壁等处。②葡萄胎为良性病变,不会发生转移。③侵蚀性葡萄胎为交界性肿瘤,恶性程度较低,以局部浸润为主。子宫内膜癌以直接蔓延为主。子宫颈癌以淋巴道转移为主。B、D、E 都很少经血道转移。

342. ABCDE 颗粒细胞瘤属于卵巢性索间质肿瘤。卵黄囊瘤、畸胎瘤属于卵巢生殖细胞肿瘤。卵巢黏液性囊腺瘤属于上皮性肿瘤。卵巢黄素化囊肿见于葡萄胎,并不属于肿瘤。

343. ABCDE 乳腺硬化性腺病是增生性纤维囊性乳腺病的少见类型,主要特征为小叶中央或小叶间纤维组织增生使小叶腺泡受压而扭曲变形,一般无囊肿形成。镜下可见每一终末导管的腺泡数目增加,小叶轮廓尚存;病变部位纤维组织增生,腺泡受压而扭曲。在偶然情况下,腺泡明显受挤压,管腔消失,成为细胞条索,组织图像与浸润性癌相似。腺泡外层的肌上皮细胞明显可见,这是区别于浸润性癌的主要特征。

344. ABCDE 乳腺癌是来源于乳腺终末导管上皮及腺泡上皮的恶性肿瘤。

345. ABCDE 346. ABCDE ①5%~10%的乳腺癌患者有家族遗传,研究表明,抑癌基因 *BRCA1* 点突变或缺失与具有遗传倾向的乳腺癌发病相关(E)。②Dukes 分期常作为结肠癌的分期标准(B)。

347. ABCDE ①乳腺特殊类型癌包括小管癌、黏液癌、典型髓样癌、乳头 Paget 病伴导管浸润癌(A)。②B、E为浸润性癌,C、D 为非浸润癌。

348. ABCDE ①乳腺导管内癌属于原位癌,当然预后最好(B)。②乳腺髓样癌、单纯癌、黏液腺癌、硬癌均属于乳腺浸润癌,预后均较原位癌差。

349. ABCDE ①癌细胞未突破基底膜称为原位癌。癌细胞突破了基底膜称为浸润癌。本例"癌细胞分布于乳腺导管内,未突破基底膜",应诊断为原位癌,而不是浸润癌,故不答 A、E。湿疹样乳腺癌、黏液癌均属于特殊类型的浸润性癌,故不答 B、D。②粉刺癌属于导管内原位癌,故答 C。切面可见扩张的乳腺导管内含灰黄色膏样坏死物质,挤压时可由导管内溢出,状如皮肤粉刺,此为粉刺癌的特点。

350. ABCDE ①原位癌是指未突破基底膜的癌。突破了基底膜的癌称为浸润癌。乳腺导管内癌的癌细胞局限于扩张的导管内,导管基底膜完整,属于原位癌。②小肝癌、胃黏膜内癌和大肠黏膜下癌都属于早期癌,早期癌包括原位癌,但并不是所有的早期癌都是原位癌。

351. ABCDE 352. ABCDE ①乳腺单纯癌的特点为肿瘤实质(肿瘤细胞)与肿瘤间质(纤维间质)大致相等(C)。②乳腺硬癌的特点为癌细胞(即肿瘤实质)少而纤维间质丰富,癌细胞排列为不规则条索状,散在于大量增生的纤维间质中(D)。③乳腺导管癌可局限于导管内生长,称导管内癌;也可突破导管基底膜,向外周组织呈浸润性生长,称浸润性导管癌。乳腺髓样癌的特点是癌细胞多而纤维间质少。

353. ABCDE 粉刺癌属于导管内原位癌,切面可见扩张的导管内含有灰黄色软膏样坏死物质,挤压时可由导管内溢出,状如皮肤粉刺,故称为粉刺癌(C)。

354. ABCDE ①乳腺 Paget 病也称湿疹样乳腺癌,常表现为乳头乳晕区湿疹样改变,局部皮肤脱屑、结痂,在表皮下可见大而异型,胞质透明的肿瘤细胞,称为 Paget 细胞。这些细胞可孤立散在,或成簇分布(D)。②A、B、C、E 均属于淋巴瘤的肿瘤细胞。

355. ABCDE ①患者术后病理检查可见癌细胞已浸润乳腺间质,应诊断为浸润性癌,而不是原位癌,故不答 B、C。②乳腺浸润性小叶癌的病理特点是癌细胞小,大小一致,呈单行串珠状排列(列兵样排列),故答 E。③浸润性导管癌的病理特点是癌细胞大小形态各异,呈巢状、团索状排列。乳腺髓样癌少见。

356. ABCDE ①结节性甲状腺肿常为多发性结节,多无包膜,镜下见滤泡上皮呈柱状或乳头样增生。②滤泡腔内大量胶质贮积为弥漫性胶性甲状腺肿的病理特点。弥漫性增生性甲状腺肿、弥漫性胶性甲状腺肿、结节性甲状腺肿镜下都可见小滤泡形成,故不答 E。

357. ABCDE ①甲状腺癌分为乳头状癌、滤泡癌、髓样癌、未分化癌 4 种病理类型。乳头状癌预后好,镜下特点为:乳头分支多,乳头中心有纤维血管间质,间质内有钙化小体,细胞核呈透明状或毛玻璃状,无核仁(A)。②印戒细胞是胃肠腺癌的特殊类型。“腺腔高度扩张呈囊状”为囊腺癌的特点。“含大量黏液”为黏液癌的特点。“癌巢少而间质纤维组织多”为硬癌的特点。

358. ABCDE ①甲状腺癌病理分 4 型:乳头状癌、滤泡癌、髓样癌和未分化癌。乳头状癌镜下特点为乳头分支多,间质内可见砂粒体。癌细胞分化程度不一,核常呈毛玻璃状,无核仁。癌细胞核呈毛玻璃状是乳头状癌最重要的组织学诊断依据。②癌细胞核异型明显见于分化差的滤泡癌。癌细胞有大量核分裂象见于未分化癌。

359. ABCDE 组织学上,甲状腺未分化癌可细分为小细胞癌、梭形细胞癌、巨细胞癌和混合性癌。隐匿性癌是指直径<1cm 的乳头状癌,不属于未分化癌。

360. ABCDE ①甲状腺髓样癌是由滤泡旁细胞(C 细胞)发生的恶性肿瘤,能分泌降钙素,因此免疫标记降钙素阳性(C)。②A、B、D、E 均不能分泌降钙素。

361. ABCDE ①甲状腺癌病理分为乳头状癌、滤泡癌、髓样癌、未分化癌 4 型,无鳞癌,故不答 A。②乳头状癌镜下可见肿瘤间质内呈同心圆状的钙化小体(即砂粒体),B 超示细小钙化,具有诊断价值,故答 D。③滤泡癌、髓样癌、未分化癌均无砂粒体,故无细小钙化。

362. ABCDE ①甲状腺滤泡状癌镜下可见不同分化程度的滤泡,但分化极好的滤泡癌与腺瘤难以鉴别。若镜下见包膜、血管受侵犯,则为滤泡癌,否则为腺瘤(C)。②A、E 为甲状腺乳头状癌的病理特点,D 为髓样癌的特点。B 为分化差的滤泡状癌的特点,可见答案 B 并不全面,故最佳答案为 C 而不是 B。

363. ABCDE ①甲状腺癌病理分 4 型:乳头状癌最常见(约占 60%),滤泡癌(约占 20%),髓样癌(约占 7%),未分化癌(约占 15%)。②梭形细胞癌、巨细胞癌均属于未分化癌的细分类型。

364. ABCDE 流行性乙型脑炎主要累及脑实质,表现为:①脑实质血管高度充血,血管周围间隙增宽,并有多量淋巴细胞围绕血管周围形成淋巴细胞套;②脑组织水肿,严重时发生灶性神经组织液化性坏死,形成染色较淡的镂空筛网状病灶,称为筛状软化灶;③小胶质细胞增生,形成小胶质细胞结节;④神经细胞变性坏死,坏死的神经细胞被周围小胶质细胞或巨噬细胞吞噬,称为噬神经细胞现象;变性坏死的神经细胞被增生的少突胶质细胞围绕,称为卫星现象。⑤流行性乙型脑炎为病毒感染所致,不可能有大量中性粒细胞浸润(C 错)。C 为流行性脑脊髓膜炎的病理特点。

365. ABCDE ①流行性乙型脑炎是脑实质的变质性炎,病变以大脑皮质、基底核和视丘最为严重,小脑皮质、丘脑和脑桥次之,脊髓病变最轻(B)。②流行性脑脊髓膜炎以软脑膜和脊髓的病变最重。

366. ABCDE ①患者于8月份发病,此为流行性乙型脑炎(乙脑)的好发季节。患者突发高热,头痛,呕吐,意识障碍,脑膜刺激征及病理征阳性,无皮肤瘀斑,应诊断为乙脑。②乙脑为变质性炎,病变以大脑皮质、基底核、视丘最为严重,小脑皮质、丘脑、脑桥次之,脊髓病变最轻。

367. ABCDE 脑组织表面从内向外为:脑组织→软脑膜→蛛网膜下腔→蛛网膜→硬脑膜→硬膜外腔→颅骨。流行性脑脊髓膜炎是由脑膜炎双球菌引起的脑脊髓膜的急性化脓性炎症,主要累及软脑膜和蛛网膜,很少累及脑实质,故不答A、B、E。硬脑膜在蛛网膜以外,很少受累,故不答C。

368. ABCDE 脑组织表面从内向外为:脑组织→软脑膜→蛛网膜下腔→蛛网膜→硬脑膜→硬膜外腔→颅骨。流行性脑脊髓膜炎是由脑膜炎双球菌引起的脑脊髓膜的急性化脓性炎症,主要累及软脑膜和蛛网膜,很少累及脑实质,脓液主要积聚在软脑膜与蛛网膜之间的蛛网膜下腔内。

369. ABCDE ①流行性脑脊髓膜炎是由脑膜炎双球菌引起的脑脊髓膜的急性化脓性炎症,蛛网膜下腔可见大量脓性渗出物堆积(D)。②A、B、C、E均为流行性乙型脑炎的病理特点。

370. ABCDE 371. ABCDE ①流行性脑脊髓膜炎是由脑膜炎双球菌引起的脑脊髓膜的急性化脓性炎。②流行性乙型脑炎是乙型脑炎病毒感染引起脑实质的变质性炎。③浆液性炎、纤维素性炎、化脓性炎均属于急性渗出性炎,渗出物分别为浆液、纤维素、中性粒细胞。增生性炎大多数为慢性炎症。

372. ABCDE 流行性脑脊髓膜炎是由脑膜炎双球菌引起的脑脊髓膜的急性化脓性炎症,好发于儿童和青少年,冬春季多发,可有明显脑膜刺激征,皮肤瘀斑为其特点。根据题干,本例应诊断为流行性脑脊髓膜炎。其肉眼观,脑脊膜血管高度扩张充血,蛛网膜下腔充满灰黄色脓性渗出物(E)。

373. ABCDE ①青年女性,于冬春季突然发病,高热,皮肤瘀斑,明显脑膜刺激征,脑脊液压力增高,混浊,细胞数增多,应诊断为流行性脑脊髓膜炎。②镜下可见蛛网膜血管扩张充血,水肿,蛛网膜下腔增宽,其中可见大量中性粒细胞、浆液、纤维素渗出和少量淋巴细胞、单核细胞浸润(E错)。

374. ABCDE 结核病是由结核分枝杆菌引起的慢性肉芽肿性炎,为慢性特异性炎症(E)。

375. ABCDE ①结核坏死灶由于含脂质较多呈淡黄色,均匀细腻,质地较实,状似奶酪,故称干酪样坏死,具有诊断价值(C)。干酪样坏死是凝固性坏死的特例,故答C而不是A。②液化性坏死好发于脑组织。坏疽是指局部组织大块坏死并继发腐败菌感染。纤维素样坏死好发于结缔组织及小血管。

376. ABCDE 结核结节是结核病的特征性病变,由上皮样细胞、朗汉斯巨细胞、淋巴细胞等构成,故答E。

377. ABCDE ①结核结节是结核病的特征性病变,由上皮样细胞、朗汉斯巨细胞、淋巴细胞、少量成纤维细胞构成。②结核分枝杆菌进入机体后,作为异物被巨噬细胞吞噬。吞噬了结核分枝杆菌的巨噬细胞称为上皮样细胞,多个上皮样细胞相互融合形成朗汉斯巨细胞。即巨噬细胞→上皮样细胞→朗汉斯巨细胞。上皮样细胞和朗汉斯巨细胞为结核结节具有诊断意义的细胞。③中性粒细胞见于急性化脓性炎。浆细胞、淋巴细胞见于慢性炎症。异物巨细胞是巨噬细胞吞噬异物后相互融合而来。

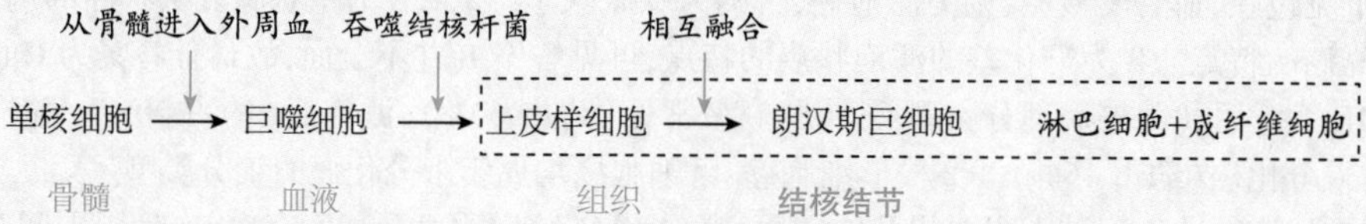

378. ABCDE ①结核性脑膜炎好发于儿童,病变以脑底最明显,在脑桥、脚间池、视神经交叉、大脑外侧裂等处的蛛网膜下腔内,有多量灰黄色混浊的胶冻样渗出物积聚,可有散在的粟粒状结核结节形成。镜下可见软脑膜弥漫性炎细胞浸润,以单核细胞、淋巴细胞为主。根据题干,本例应诊断为结核性脑膜炎(D)。②流行性乙型脑炎常累及脑实质,引起神经细胞变性坏死,病变以大脑皮质、基底核、视丘最为严重。化脓性脑脊髓膜炎镜下观蛛网膜下腔积脓,以中性粒细胞浸润为主,无肉芽肿形成。真菌性脑膜炎起病缓慢,常表现为脑膜刺激征及颅内高压征。多发性脑脓肿常分布于大脑各部,境界不清，无脓肿膜形成，镜下见中性粒细胞积聚。

379. ABCDE　原发性肺结核的病理特点是原发综合征，包括原发病灶、淋巴管炎、肺门淋巴结结核。继发性肺结核包括局灶型肺结核、浸润型肺结核、慢性纤维空洞型肺结核、干酪样肺炎、结核球、结核性胸膜炎等类型。无论原发性肺结核还是继发性肺结核，均可通过血道播散引起粟粒性结核病（A）。

380. ABCDE　①原发性肺结核好发于小儿，95%可以自愈，但少数营养不良或免疫力低下的患儿，原发灶的干酪样坏死物质破入邻近大静脉，或因含有结核分枝杆菌的淋巴液由胸导管回流，经静脉入右心，播散至全身，导致全身粟粒性结核病，此为血源性播散（B）。②原发性肺结核也可经淋巴道播散。继发性肺结核常经支气管播散，而潜伏的病菌重新繁殖、沿组织间隙蔓延则少见。

381. ABCDE　382. ABCDE　①肺外结核病可累及任何器官，但以肠道、腹膜、肾、脑膜、骨关节等多见。在所给5个选项中，只有C选项正确，因为肠结核好发于回盲部（约占85%），可有肠壁高度肥厚、肠腔狭窄（C）。②慢性肺淤血主要由左心衰竭引起，晚期左心衰竭可发展为全心衰竭，当出现右心衰竭时可导致肝脏淤血性肿大（E）。③直肠息肉形成常见于溃疡性结肠炎。脾脏白色锥形梗死灶常见于脾动脉阻塞所致的贫血性梗死。胃壁溃疡形成主要与长期胃酸分泌增多有关。

383. ABCDE　①浸润型肺结核是临床上成人最常见的活动性、继发性肺结核（B）。②局灶型肺结核是继发性肺结核的早期病变，属于非活动性结核病。慢性纤维空洞型肺结核是成人肺结核的次常见类型。干酪样肺炎多由浸润型肺结核恶化进展而来。结核性胸膜炎发生于5%的肺结核患者。

384. ABCDE　①继发性肺结核常见于成人，其特点可归纳为32个字：肺尖开始，病程迁延；自上而下，气道蔓延；时好时坏，波浪前进；上重下轻，上旧下新。②肺门淋巴结显著肿大为原发性肺结核的特点。

385. ABCDE　肠结核好发于回盲部，原因为：肠内容物在回盲部停留时间久；回盲部淋巴组织丰富。

386. ABCDE　①伤寒是由伤寒杆菌引起的以巨噬细胞增生为特征的急性增生性炎。注意：增生性炎大多属于慢性炎症，但伤寒属于急性增生性炎。②变质性炎是以变质为主的炎症。浆液性炎、化脓性炎、出血性炎均属于急性渗出性炎，其渗出物分别为浆液、中性粒细胞和红细胞。

387. ABCDE　①伤寒是由伤寒杆菌引起的以巨噬细胞增生为特征的急性增生性炎。②白喉为假膜性炎。风湿性心包炎为浆液性炎或纤维素性炎。急性重型肝炎、流行性乙型脑炎为变质性炎。

388. ABCDE　①伤寒是由伤寒杆菌引起的以巨噬细胞增生为特征的增生性炎。当巨噬细胞吞噬伤寒杆菌后，称为伤寒细胞。伤寒细胞聚集成团形成小结节，称为伤寒小结。可见伤寒小结的主要组成细胞是伤寒细胞，而伤寒细胞的本质是巨噬细胞，故答D。②类上皮细胞为结核结节的特征性细胞。淋巴细胞、浆细胞为慢性炎症的常见浸润细胞。多核巨细胞常由巨噬细胞吞噬异物后融合演变而来。

389. ABCDE　肠伤寒好发于肠道淋巴小结，而肠道淋巴小结以回肠下段最密集，因此伤寒肠道病变以回肠下段集合淋巴小结的病变最为常见和明显（A）。

390. ABCDE　肠伤寒好发于肠道淋巴小结，尤其回肠下段集合淋巴小结的病变最为常见且明显（C）。坏死灶常位于局部肠黏膜内，故D也正确，本题不严谨。

391. ABCDE　①肠穿孔是伤寒最严重的并发症，穿孔后常引起弥漫性腹膜炎（B）。参阅3版8年制《病理学》P476。②伤寒并发肠出血，严重者可引起失血性休克。③伤寒并发支气管肺炎，多为小儿肠伤寒并发肺炎球菌感染所致。④中毒性脑病是毒物引起的中枢神经系统器质性病变，并不是伤寒的常见并发症。⑤大多数伤寒患者胆囊无明显病变，且伤寒杆菌可在胆汁中大量繁殖，故不答C。

392. ABCDE　①患者夏秋季发病，长期高热，精神萎靡，相对缓脉（体温39.8℃而脉率仅为80次/分），皮疹，脾大，外周血白细胞计数降低，应诊断为伤寒，其主要病理特点是全身单核-巨噬细胞系统增生性反应（B）。②梅毒的基本病变是小血管炎。艾滋病的主要病变在淋巴结和胸腺。细菌性痢疾的病理特点是肠黏膜呈弥漫性纤维蛋白渗出性炎症。

393. ABCDE　394. ABCDE　①肠道淋巴小结包括集合淋巴小结和孤立淋巴小结。肠伤寒好发于肠道淋巴小结，其中以集合淋巴小结的病变最明显，由于集合淋巴小结与肠道长轴平行，因此其坏死后形成的溃疡多呈圆形或椭圆形，其长轴与肠道长轴平行(B)。②急性细菌性痢疾的肠道病变早期表现为急性卡他性炎改变，而后发展为典型的假膜性炎。假膜坏死脱落后，可形成形状不规则的浅表地图状溃疡(E)。③A 为肠结核溃疡的病理特点，C 为肠阿米巴病溃疡的病理特点，D 为癌性溃疡的病理特点。

395. ABCDE ①患者腹痛腹泻，里急后重，黏液脓血便，偶见假膜排出，应诊断为急性细菌性痢疾，其肠道病变为假膜性炎，属于纤维素性炎的特例(A)。②变质性炎常见于乙型肝炎、乙型脑炎、肠阿米巴痢疾等。浆液性炎常见于渗出性结核性胸膜炎、Ⅱ度烧伤的水疱等。出血性炎常见于流行性出血热、钩端螺旋体病、鼠疫等。化脓性炎包括表面化脓、积脓、蜂窝织炎、脓肿等。

396. ABCDE 中毒性痢疾多见于2~7岁儿童，起病急骤，全身中毒症状严重，但肠道症状较轻。患者对细菌毒素反应强烈，发病后数小时即可出现中毒性休克。致病菌多为毒力较低的福氏痢疾杆菌或宋内氏痢疾杆菌，而不是毒力较强的志贺氏痢疾杆菌，可能与特异体质有关(C 错)。

397. ABCDE 细菌性痢疾好发于乙状结肠和直肠(E)。病变严重者可波及整个结肠，甚至回肠下段。

398. ABCDE 日本血吸虫病临床分为4型：急性血吸虫病、慢性血吸虫病、晚期血吸虫病、异位血吸虫病，不包括肝硬化型血吸虫病。

399. ABCDE 血吸虫发育的各阶段(尾蚴、童虫、成虫、虫卵)均可引起病变，但由虫卵引起的损害最重要。寄生在门静脉及肠系膜静脉内的成虫产下的虫卵，可随血流进入肝脏，也可逆流进入肠壁。因此，虫卵引起的病变主要发生在大肠壁和肝脏(A)，其他部位(如肺、胃、脾)少见。

400. ABCDE ①尾蚴主要产生尾蚴性皮炎，是 IgG 介导的Ⅰ型变态反应。②血吸虫成虫对机体损害较轻。③虫卵造成主要病损，基本病理变化为虫卵结节，表现为虫卵在肝、肠、肺组织内的沉集(D)。④毛蚴、幼虫很少引起人体损害。

401. ABCDE ①湖北为血吸虫病流行区域，患者为渔民，有疫水接触史，可能感染血吸虫而导致血吸虫肝硬化。②患者腹痛，腹泻，腹部膨隆，脾脏肿大，腹水，外周血两系减少，应诊断为血吸虫肝硬化失代偿期，合并脾功能亢进。肝内门静脉分支周围纤维化为门静脉高压症的病理改变，故答 B。③血吸虫肝硬化的肝小叶破坏不严重，故不形成明显假小叶，故不答 E。参阅 9 版《病理学》P358。干酪样坏死为结核病具有诊断意义的病变。肝静脉血栓形成、门静脉血栓形成为肝硬化的并发症。

402. ABCDE ①获得性免疫缺陷综合征(艾滋病)的病原体是艾滋病病毒(HIV)。CD4 分子为 HIV 的主要受体，当 HIV 进入人体后，嵌于病毒包膜上的 gp120 与 $CD4^+$T 细胞膜上的 CD4 受体结合，使$CD4^+$T 细胞大量破坏和功能受损，导致细胞免疫缺陷，因此艾滋病患者主要受损的靶细胞是 $CD4^+$T 细胞。②$CD8^+$T 细胞、B_1 细胞、B_2 细胞主要参与体液免疫。NK 细胞主要参与固有免疫。

403. ABCDE ①由于 CD4 分子是人类免疫缺陷病毒(HIV)的主要受体，因此 $CD4^+$T 细胞在 HIV 直接、间接作用下，细胞功能受损和大量破坏，导致细胞免疫缺陷而致病。②HIV 可感染组织中的单核-巨噬细胞。存在于脑、淋巴结和肺等器官中的单核-巨噬细胞可有 10%~50%被感染。病毒可在巨噬细胞内大量复制，成为 HIV 的主要储存场所，在病毒扩散中起重要作用。库普弗细胞和小神经胶质细胞的本质都是巨噬细胞，因此也可被感染。③由于 $CD4^+$T 细胞在免疫应答中起主要作用，且 CD4 分子是 HIV 的主要受体，因此 HIV 主要感染 T 细胞，而不是 B 细胞。

404. ABCDE 艾滋病患者由于免疫功能障碍，A、B、C、D、E 所列 5 项机会性感染均可发生，但以肺孢子虫感染最常见。70%~80%艾滋病患者可经历肺孢子虫感染，约有 50%患者死于肺孢子虫肺炎。

405. ABCDE ①70%~80%的艾滋病患者可经历一次或多次肺孢子虫感染。约 70%的病例有中枢神经系统受累，其中继发性机会感染有弓形虫、新型隐球菌感染所致的脑炎；巨细胞病毒和乳头瘤空泡病毒感染所致的进行性多灶性白质脑病。②EB 病毒感染少见，答案为 C。EB 病毒感染多导致 Burkitt 淋巴瘤、鼻咽癌等。

406. ABCDE 淋病是由淋球菌引起的急性化脓性炎，是最常见的性传播疾病，以 20~24 岁最常见。

407. ABCDE　①尖锐湿疣镜下表现为表皮角质层轻度增厚，细胞角化不全，棘层肥厚，有乳头状瘤样增生；表皮浅层出现凹空细胞。凹空细胞较正常细胞大，胞质空泡化，细胞边缘常残存带状胞质。凹空细胞的出现有助于尖锐湿疣的诊断。②基底细胞缺如有助于前列腺癌的诊断。镜影细胞常见于霍奇金淋巴瘤。泡沫细胞常见于动脉粥样硬化。毛玻璃样细胞常见于乙型病毒性肝炎。

408. ABCDE　树胶肿是梅毒的基本病理变化，其特点为：①镜下结构颇似结核结节，中央为凝固性坏死，状似干酪样坏死，但坏死不如干酪样坏死彻底，尚残留有弹性纤维，因此弹性纤维染色可见原有血管壁轮廓（E对）。②坏死灶周围含大量淋巴细胞和浆细胞。③类上皮细胞和朗汉斯巨细胞少见。

409. ABCDE　①树胶样肿为梅毒的特征性病变，镜下特点为：类似干酪坏死，但绝少钙化；坏死灶周围含大量淋巴细胞、浆细胞（D）；上皮样细胞和朗汉斯巨细胞少见。由于梅毒不是急性炎症，因此不可能有大量中性粒细胞浸润。②结核性肉芽肿的镜下特点为：干酪样坏死灶，可有钙化，含有大量淋巴细胞、上皮样细胞和朗汉斯巨细胞。

410. ABCDE　①后天性梅毒分一、二、三期。硬下疳、梅毒疹、树胶样肿分别为一期、二期、三期梅毒的特征性病变，答案为B。闭塞性动脉内膜炎是梅毒的基本病变。②软下疳由杜克雷嗜血杆菌引起。

411. ABCDE　412. ABCDE　①三期梅毒若侵犯主动脉，可引起梅毒性主动脉炎、主动脉瓣关闭不全、主动脉瘤等；若累及中枢神经系统及脑脊髓膜，可导致麻痹性痴呆和脊髓痨（D）。②钩端螺旋体病黄疸出血型可表现为肝损害、黄疸、出血等症状（A）。③链球菌感染可引起咽峡炎。类风湿关节炎可导致关节畸形。疟疾可导致反复发热与缓解。

第七篇　病理生理学试题答案及详细解答

（正确答案为绿色的选项）

1. ABCDE　①患者动脉血氧分压正常（正常值 95～100mmHg）、动脉血氧饱和度正常（正常值 95%～98%）、动脉血氧含量降低（正常值 8.55～9.45mmol/L），应考虑血液性缺氧，常见病因是严重贫血（B）。②肺气肿、室间隔缺损、房间隔缺损常导致低张性缺氧，表现为动脉血氧分压下降、动脉血氧饱和度下降、动脉血氧含量下降。休克常导致循环性缺氧，表现为动脉血氧分压正常、动脉血氧饱和度正常、动脉血氧含量正常。

2. ABCDE　肺动脉栓塞、弥散性血管内凝血时，部分肺泡血流量减少，患部肺泡血流量减少且通气未相应减少甚至增多，可导致通气/血流比值显著增大，使患部肺泡通气不能充分被利用，称为死腔样通气。部分肺泡血流不足时，病变肺区肺泡通气/血流比值可高达 10 以上，流经的血液 PaO_2 显著升高。而在健康的肺区，却因血流量增加而使其通气/血流比值低于正常，这部分血液不能充分动脉化，其氧分压与氧含量均显著降低，$PaCO_2$ 与 CO_2 含量均明显增高。最终混合而成的动脉血 PaO_2 和氧含量降低，$PaCO_2$ 的变化则取决于代偿性呼吸增强的程度，可以降低、正常或升高。参阅 9 版《病理生理学》P218。

3. ABCDE　A、B、C、D、E 都是急性肾功能不全少尿期高钾血症的原因，但尿量减少使钾随尿排出减少为主要原因。

第八篇　药理学试题答案及详细解答

（正确答案为绿色的选项）

1. ABCDE　①药物口服后，从胃肠道吸收入门静脉在到达全身血循环之前必先通过肝脏，如果肝脏对其代谢能力很强，或由于胆汁排泄的量大，则使进入全身血循环内的有效药物量明显减少，这种作用称为首过消除。口服是最常用的给药途径，故答 C。②舌下给药、直肠给药可在很大程度上避免首过消除。

2. ABCDE　①肝脏是人体代谢的中心工厂，许多药物进入人体后，均可经肝脏代谢，因此肝是药物首过消除最主要的器官（A）。②有些药物在肺内代谢，肺也就成为了另一个首过消除的器官。此外，肠黏膜细胞也具有首过消除作用。

3. ABCDE　①首过消除是指从胃肠道吸收的药物在到达全身血液循环前被肝脏部分代谢，从而使进入全身血液循环内的药物浓度降低的现象（C）。②生物转化是指机体在排出有毒物质之前，需对它们进行代谢转变，使其水溶性提高，极性增强，易于通过胆汁或尿液排出。肝脏本身不能重吸收药物，故不答 B。首剂效应是指首剂药物引起强烈效应的现象。肠肝循环是指经胆汁排入肠道的药物，在肠道中重新被吸收，经门静脉又返回肝脏的现象。

4. ABCDE　①药物吸收后从血循环达到机体各个部位和组织的过称，称为分布。药物在体内的分布受很多因素的影响，包括药物的脂溶度、毛细血管通透性、器官和组织的血流量、与血浆蛋白和组织蛋白的结合能力、药物的 p*K*a、局部的 pH 值、血脑屏障等。②药物在体内的分布与给药剂量无关（C）。

5. ABCDE　已知生物化学公式：p*K*a＝pH+lg（未解离离子浓度/已解离离子浓度），即 p*K*a＝pH+lg（非离子型浓度/离子型浓度）。推导出 lg 非离子型浓度/离子型浓度＝p*K*a－pH，非离子型浓度/离子型浓度＝$10^{(pKa-pH)}$，即离子型浓度/非离子型浓度＝$10^{(pH-pKa)}$。由于人体正常 pH 值＝7.4，已知 p*K*a＝3.4，故离子型浓度/非离子型浓度＝10^4＝10000。假设离子型浓度＝10000，非离子型浓度＝1（这种情况下，原等式成立），则总的药物量＝10000+1，因此该药物在血浆中的解离百分率＝10000/（10000+1）＝99.99%。

6. ABCDE　①一级消除动力学是指体内药物在单位时间内消除的药物百分率不变，即单位时间内消除的药物量与血浆浓度成正比，血浆浓度越高，单位时间内消除的药物越多。②一级消除动力学的特点为药物消除半衰期恒定，而与剂量或药物浓度无关。③绝大多数药物都按一级动力学消除，这些药物在体内经过 5 个 $t_{1/2}$后，体内药物可基本消除干净（B 对）。④体内药物按瞬时血药浓度以恒定的百分比消除，但单位时间内实际消除的药量随时间递减。

7. ABCDE　一级消除动力学的药物消除半衰期恒定，为大多数药物的消除方式，单位时间内实际消除的药量随时间而递减，并非恒速消除；消除速度与瞬时血药浓度有关，而不是与初始血药浓度有关。

8. ABCDE　①临床上，大多数药物治疗是采用多次给药，其体内药物总量随着不断给药而逐步增多，直至达到稳态浓度。药物达到稳态浓度的时间仅取决于药物的消除半衰期，而药物消除半衰期是血浆药物浓度下降一半所需要的时间，其长短可反映体内药物消除速度。因此用药的间隔时间主要取决于药物的消除速度（D）。②药物与血浆蛋白的结合率，与药物的体内分布密切相关。

9. ABCDE　根据药物与受体结合后所产生效应的不同，将作用于受体的药物分为阻断药（拮抗药）和激动药。阻断药是指药物与受体有亲和力，而无内在活性的药物。激动药是指药物与受体既有亲和力，又有内在活性的药物。

10. ABCDE　①后遗效应是指药物停用后，血药浓度已降至最小有效浓度以下时残存的药理效应。②耐受性是指机体在连续多次用药后对药物的反应性降低。特异质反应是指少数特异质患者对某些药物反应特别敏感,反应性质也可能与常人不同,但与药物固有的药理作用基本一致。由于药物选择性低,药理效应涉及多个器官,当某一效应用作治疗目的时,其他效应就成为了副作用。停药反应是指长期用药的患者,突然停药后原有疾病加剧的现象。

11. ABCDE 药物的副作用一般较轻微,而毒性反应一般很严重。副反应是在治疗剂量下发生的(D),是难以避免的,产生的原因与药物作用的选择性低有关。

12. ABCDE 药物的副作用也称药物副反应,是在治疗剂量下发生的,是药物本身固有的作用,是难以避免的,一般较轻微,是与药物治疗目的无关的效应(B 错)。药物作用选择性越低,副反应越多。

13. ABCDE ①半数有效量(ED_{50})是指质反应中,能引起 50%的试验动物出现阳性反应时的药物剂量。半数致死量(LD_{50})是指质反应中,能引起 50%的试验动物死亡的药物剂量。②通常将药物的LD_{50}/ED_{50}的比值称为治疗指数(TI),用以表示药物的安全性(E 对)。相对来说,治疗指数越大,药物越安全,但以治疗指数来评价药物的安全性,并不完全可靠,故不答 A。

14. ABCDE ①毛果芸香碱(匹鲁卡品)为 M 胆碱能受体激动药,能直接作用于副交感神经节后纤维支配的效应器,使 M 胆碱能受体产生生理学效应,如作用于动眼神经副交感纤维支配的瞳孔括约肌,可使瞳孔缩小,称为缩瞳作用。②毛果芸香碱能使瞳孔缩小,虹膜向中心拉动,虹膜根部变薄,从而使前房角间隙扩大,房水易于进入巩膜静脉窦,从而降低眼内压。③毛果芸香碱可使睫状肌紧张,悬韧带松弛,晶状体变凸,适于视近物,造成视远物模糊不清,称为调节痉挛(A)。

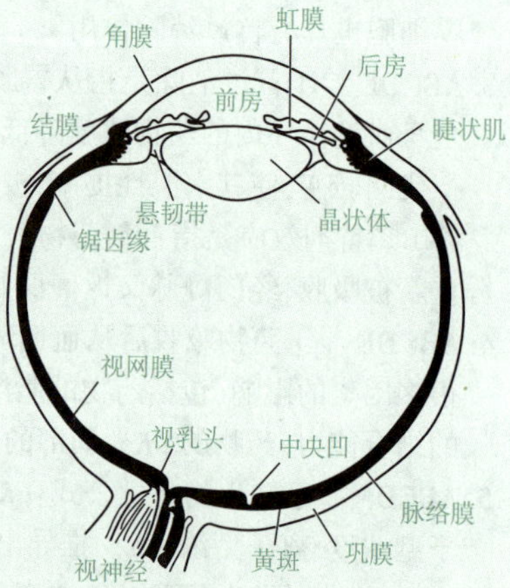

15. ABCDE ①乙酰胆碱在胆碱酯酶作用下分解失活。新斯的明为抗胆碱酯酶药,能与胆碱酯酶结合抑制其活性,造成乙酰胆碱在体内堆积,产生拟胆碱作用,能促进胃肠道平滑肌收缩,促进肠内容物排出,故新斯的明禁用于机械性肠梗阻。②A、C、D、E 均属于新斯的明的适应证。

16. ABCDE ①有机磷酸酯类可抑制胆碱酯酶,造成体内乙酰胆碱大量堆积,产生 M 样、N 样及中枢神经系统症状。M 样症状表现为腺体(唾液腺、支气管、胃肠道腺体)分泌增加,胃肠平滑肌兴奋,瞳孔缩小,支气管平滑肌收缩,膀胱逼尿收缩导致小便失禁。②N 样症状表现为肌无力,严重者引起呼吸肌麻痹。③严重中毒时,可见自主神经节先兴奋后抑制。M 样作用主要引起心率减慢、血压下降。当患者同时出现 N 样症状时,则血压可升高,故此时心血管作用复杂(D 对)。

17. ABCDE 有机磷农药中毒可抑制胆碱酯酶,造成乙酰胆碱在体内的大量蓄积,引起 M 样症状、N 样症状和中枢神经系统症状。有机磷农药中毒的解毒剂包括胆碱酯酶复能剂和抗胆碱能药。胆碱酯酶复能剂(氯解磷定)能恢复被抑制的胆碱酯酶的活力,提高全血胆碱酯酶活性,但对中毒 24~48 小时后已老化的胆碱酯酶无复活作用(A 错)。此外,胆碱酯酶复能剂还能作用于外周 N_2 受体,对抗外周 N 胆碱受体活性,有效解除烟碱样症状。与解除 M 样症状的阿托品合用,可发挥协同作用。

18. ABCDE 氯丙嗪能阻断 α 受体,因此过量使用时,可导致血压降低,此时不能用肾上腺素来升压。因为肾上腺素既能兴奋 α 受体,又能兴奋 β 受体。故当使用过量氯丙嗪阻断 α 受体后,再使用肾上腺素,肾上腺素就只能兴奋 β 受体了,且主要兴奋 $β_2$ 受体,表现为外周血管舒张,血压降低(B),这种现象称为"肾上腺素作用的翻转"。

19. ABCDE 20. ABCDE 21. ABCDE ①迷走神经兴奋分泌乙酰胆碱,阿托品可竞争性拮抗 M 胆碱受体(B)。②交感缩血管神经末梢释放的递质主要是去甲肾上腺素。酚妥拉明能竞争性非选择性阻断

α受体，对 α_1、α_2 受体有相似的亲和力，可拮抗肾上腺素的α型作用(E)。③去甲肾上腺素激动α受体作用强大，对 α_1、α_2 受体无选择性，能强烈收缩血管，主要使小动脉和小静脉收缩(D)。④左旋多巴为抗帕金森病药。毛果芸香碱为胆碱受体激动药。

22. ABCDE　23. ABCDE　24. ABCDE　①去甲肾上腺素可非选择性激动 α_1、α_2 受体，强烈收缩小动脉和小静脉，使外周阻力增高，故临床上常作为升压药使用(B)。②普萘洛尔为非选择性β受体阻断药，对 β_1、β_2 受体的选择性很低。用药后心率减慢，心肌收缩力和心输出量降低(A)。③交感缩血管神经末梢释放的主要神经递质是去甲肾上腺素(B)。

25. ABCDE　①低浓度的多巴胺作用于肾脏的多巴胺(D_1)受体，可使肾血管舒张，肾血流量增加，肾小球滤过率增加，尿量增多(A 错)。②多巴胺主要作用于血管平滑肌的α受体，对 β_2 受体作用很弱。③多巴胺可激动α、β和外周多巴胺受体。高浓度的多巴胺可作用于心脏 β_1 受体，增强心肌收缩力，增加心排量。④低浓度多巴胺主要激动血管平滑肌的 D_1 受体，使血管舒张。⑤多巴胺可促进神经末梢释放去甲肾上腺素，产生心血管效应。

26. ABCDE　①阿托品属于M胆碱受体阻断剂，能阻断乙酰胆碱与胆碱受体的结合，缓解胃肠平滑肌痉挛，常用于各种内脏绞痛的治疗。②阿替洛尔为 β_1 受体阻断药，可导致支气管平滑肌痉挛。酚妥拉明为非选择性α受体阻断药，可缓解血管平滑肌痉挛，常用于治疗外周血管痉挛性疾病。育亨宾为选择性 α_2 受体阻断剂，常用作实验研究的工具药。筒箭毒碱为 N_1+N_2 受体阻断剂，常作为肌松药使用。

27. ABCDE　①肾上腺素和异丙肾上腺素均可激动支气管平滑肌 β_2 受体，舒张支气管，从而缓解支气管哮喘的急性发作(D)。②过敏性休克的急救首选肾上腺素，而不是异丙肾上腺素。虽然肾上腺素可兴奋心脏的β受体，使心率加快，传导加速，但作用远不如异丙肾上腺素，故临床上肾上腺素不用于房室传导阻滞的治疗。③能用于局部止血的是去甲肾上腺素，而不是肾上腺素。肾上腺素可与局麻药配伍，延长局麻药的作用时间，但异丙肾上腺素无此作用。

28. ABCDE　①普萘洛尔为β受体阻断药，可拮抗交感神经β受体活性，用于治疗室上性心律失常(A)。②肾上腺素、组胺等具有促进血小板聚集的作用。普萘洛尔可阻断支气管平滑肌的 β_2 受体，导致支气管平滑肌痉挛。能够升高眼内压的药物是阿托品，而不是普萘洛尔。普萘洛尔可抑制肾素的释放，使血浆肾素的浓度下降，参阅17版《新编药理学》P353。

29. ABCDE　①β受体阻断药可阻断心脏 β_1 受体，使心肌收缩减弱，心率减慢，心排量减少。②β受体阻断药可阻断支气管平滑肌的 β_2 受体，使支气管痉挛，从而诱发或加重支气管哮喘发作(B)。③β受体阻断药可阻断脂肪组织的 β_3 受体，减少游离脂肪酸的释放和分解。④β受体阻断药可阻断肾小球旁器细胞的 β_1 受体，而抑制肾素的释放。⑤β受体阻断药可减少房水形成，降低眼内压。

30. ABCDE　31. ABCDE　①血管紧张素转化酶抑制药(ACEI)有致畸作用，如肾脏损伤、面部颅骨畸形等，故妊娠期高血压患者禁用(D)。②非选择性β受体阻断药可阻断支气管平滑肌的 β_2 受体，使支气管痉挛，诱发或加重支气管哮喘，故哮喘患者不宜使用(C)。

32. ABCDE　①丁卡因也称地卡因，属于酯类局麻药，对黏膜的穿透力强，常用于表面麻醉(E)。本药因毒性较大，一般不用于浸润麻醉。②丁卡因的化学结构与普鲁卡因相似，但麻醉强度较普鲁卡因强10倍。亲脂性、非解离型是所有局麻药的必要条件，故不答B。

33. ABCDE　①丁卡因对黏膜的穿透力强，常用于表面麻醉，答案为A。②普鲁卡因常用于浸润麻醉、传导麻醉、蛛网膜下腔麻醉、硬膜外麻醉等。苯妥英钠、奎尼丁临床上一般不用作局麻药。利多卡因是目前应用最多的局麻药，常用于传导麻醉、硬膜外麻醉等。

34. ABCDE　普鲁卡因可使注射区血管明显扩张，能加速药物的吸收。在局麻药物普鲁卡因溶液中加入适量肾上腺素，可使血管收缩，延缓普鲁卡因的吸收，导致作用时间延长，减少毒性反应的发生。

35. ABCDE　①本题要求回答的是"抗焦虑药物"的主要作用，故答A。虽然苯二氮䓬具有中枢性肌肉松弛作用，但不属于抗焦虑作用，故不答B、C。②苯二氮䓬可与γ-氨基丁酸(GABA)受体结合，增强其中枢抑制作用,但不能阻断多巴胺受体和5-羟色胺受体,故不答D、E。

36. ABCDE　苯二氮䓬类具有镇静催眠作用,能明显缩短入睡时间,显著延长睡眠持续时间,减少觉醒次数。主要延长非快动眼睡眠(NREMS)的第2期,对快动眼睡眠(REMS)影响较小,停药后出现反跳性快动眼睡眠延长较巴比妥类轻(E对)。苯二氮䓬类的作用部位主要在边缘系统的BZ受体,其抗焦虑作用选择性较高,小剂量即可明显改善焦虑症状。

37. ABCDE　①苯二氮䓬类能加强中枢抑制性神经递质γ-氨基丁酸(GABA)的功能,具有中枢性(不是周围性)肌松作用,可缓解大脑损伤所致的肌肉僵直(B错)。②苯二氮䓬类具有镇静、催眠、抗焦虑作用,地西泮为苯二氮䓬类的代表药,是目前治疗癫痫持续状态的首选药物。

38. ABCDE　①治疗癫痫持续状态,首选地西泮静脉注射(B)。②苯妥英钠是癫痫局限性发作的首选药物。

39. ABCDE　γ-氨基丁酸(GABA)为中枢抑制性神经递质,苯二氮䓬类通过与脑内苯二氮䓬受体结合,促进了γ-氨基丁酸(GABA)与GABA受体结合,使Cl^-通道开放的频率增加,导致更多的Cl^-内流,从而增加了GABA能神经的抑制效应,答案为A。

40. ABCDE　①癫痫小发作也称失神性发作,常见于儿童,发作时脑电图呈3Hz/s高幅左右对称的同步化棘波,丘脑对此种异常放电起重要作用。乙琥胺可抑制丘脑细胞低阈值T型钙通道,从而抑制3Hz/s异常放电的发生,为癫痫小发作的首选药物,答案为A。②硫酸镁是控制妊娠高血压疾病子痫抽搐的首选药物。苯巴比妥常用于治疗癫痫大发作、癫痫持续状态,但一般不作为首选药物。扑米酮只用于其他药物不能控制的癫痫患者。苯妥英钠为癫痫大发作、局限性发作的首选药。

41. ABCDE　①苯妥英钠为癫痫大发作、局限性发作的首选药,但无镇静催眠作用,故答案为B。②地西泮、苯巴比妥都是临床上常用的镇静催眠药物。扑米酮化学结构类似苯巴比妥,具有镇静、催眠作用。

42. ABCDE　①丙戊酸钠为广谱抗癫痫药,对各型癫痫都有一定疗效,答案为D。②乙琥胺为癫痫小发作的首选药。苯妥英钠为癫痫大发作、局限性发作的首选药。卡马西平是治疗癫痫单纯性局限性发作、大发作的首选药物之一。苯巴比妥常用于治疗癫痫大发作、癫痫持续状态,但一般不作为首选药物。

43. ABCDE　①苯妥英钠是治疗癫痫大发作和局限性发作的首选药物,但对小发作无效,甚至可使病情加重,答案为E。②苯妥英钠可用于治疗中枢疼痛综合征,对三叉神经痛、舌咽神经痛效果较好,可减轻疼痛,减少发作次数,甚至完全消失,其作用机制可能与细胞膜稳定性有关。

44. ABCDE　45. ABCDE　46. ABCDE　①吗啡可降低脑干呼吸中枢对血液CO_2张力的敏感性,抑制脑桥呼吸调节中枢,即使治疗剂量的吗啡也有明显呼吸抑制作用,可使呼吸频率减慢、潮气量降低、每分通气量减少(B)。吗啡可使瞳孔缩小,故不答A。②碳酸锂常用于治疗躁狂症,但不良反应较多,主要涉及神经系统,常表现为意识障碍、昏迷、肌张力增高、深反射亢进、共济失调、震颤、癫痫发作等(C)。③乙琥胺是癫痫小发作的首选药物,常见副作用为胃肠道反应,其次为中枢神经系统症状,偶见嗜酸性粒细胞、中性粒细胞缺乏症,严重者可发生再生障碍性贫血(E)。

47. ABCDE　①左旋多巴是治疗帕金森病的首选药。左旋多巴口服后经小肠芳香族氨基酸转运体迅速吸收,而不是在胃内、肾内被吸收。②左旋多巴为多巴胺的前体,需进入脑内转变为多巴胺发挥治疗作用。口服后,99%在外周(肠黏膜、肝、心、肾)被*L*-芳香族氨基酸脱羧酶脱羧成为多巴胺,仅约1%的左旋多巴能进入中枢神经系统,在中枢脱羧酶的作用下,转化为多巴胺而发挥治疗作用(E)。

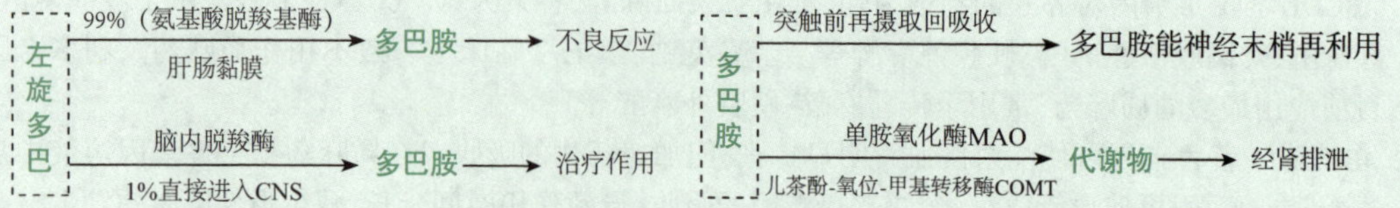

48. ABCDE　①黑质和纹状体之间有许多往返纤维联系,从黑质→纹状体的纤维是多巴胺能系统,从纹状体→黑质的纤维是γ-氨基丁酸(GABA)能系统,在纹状体内部还有乙酰胆碱(ACh)能系统。多巴胺系

统的作用是抑制 ACh 递质系统的功能。帕金森病患者由于黑质受损，黑质分泌的多巴胺减少，使纹状体内多巴胺含量下降，对 ACh 能系统的抑制作用减弱，机体出现 ACh 递质亢进的症状。②左旋多巴为多巴胺的前体，本身无治疗作用，必须进入中枢神经系统转变为多巴胺，才具有治疗作用，故不答A、C、E。③帕金森病是因纹状体多巴胺降低所致，左旋多巴的作用是补充纹状体内多巴胺的不足(B)。

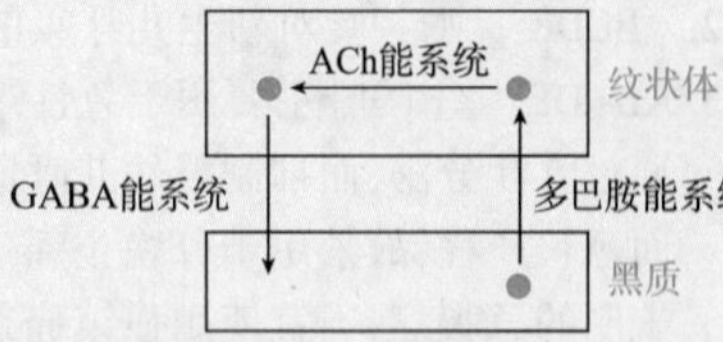

49. ABCDE　卡比多巴是氨基酸脱羧酶抑制剂，不易通过血脑屏障，治疗帕金森病时，常与左旋多巴合用。卡比多巴能抑制外周氨基酸脱羧酶的活性，减少左旋多巴在外周转化为多巴胺的量，使进入脑内的左旋多巴增加，而减少不良反应，减轻症状波动，答案为 B。

50. ABCDE　①多巴胺(DA)是中枢神经系统的重要神经递质，通过与脑内多巴胺受体结合，参与神经精神活动的调节，其功能亢进或减弱均可导致严重神经精神疾病。抗精神病药物的主要机制是阻断中脑-边缘通路和中脑-皮质通路中的 D_2 受体而发挥疗效，故答 C。②抗精神病药物也可非特异性阻断黑质-纹状体通路的多巴胺受体，不同程度地引起锥体外系的副作用。抗精神病药物也可阻断结节-漏斗系统中的 D_2 受体，促进催乳素分泌，抑制促性腺激素、糖皮质激素分泌，此与其治疗作用无关。

51. ABCDE　52. ABCDE　①高浓度的多巴胺可激动心脏 β_1 受体，使心肌收缩力增强，心排出量增加，可用于心源性休克的治疗。低浓度的多巴胺时可作用于 D_1 受体，舒张肾血管，使肾血流量和肾小球滤过率增加，而用于急性肾衰竭的治疗，故答 D。②氯丙嗪配合物理降温可降低患者体温，用于低温麻醉。氯丙嗪、异丙嗪、哌替啶合用，可使患者深睡，体温、基础代谢、组织耗氧量均降低，增强患者对缺氧的耐受力，减轻机体对伤害性刺激的反应，可使机体处于“人工冬眠”状态，故答 B。

53. ABCDE　①氯丙嗪镇吐作用较强。小剂量可阻断延脑第四脑室底部的催吐化学感受区的 D_2 受体，对抗多巴胺受体激动剂阿扑吗啡引起的呕吐反应。大剂量可直接抑制呕吐中枢。但氯丙嗪对前庭刺激引起的呕吐无效(A)。②氯丙嗪对下丘脑体温调节中枢有很强的抑制作用，可降低正常人体温。③氯丙嗪可阻断脑内 D_2 受体，增加催乳素的分泌，抑制促性腺激素和糖皮质激素的分泌。④氯丙嗪能增强苯二氮䓬类的中枢抑制效应，加强其催眠作用。

54. ABCDE　①氯丙嗪能显著缓解精神分裂症的阳性症状，如攻击、亢进、妄想、幻觉等，常用于Ⅰ型精神分裂症的治疗。对器质性精神病(如感染中毒性精神病、脑动脉硬化性精神病)也有效。②氯丙嗪对多种药物(如洋地黄、吗啡、四环素等)引起的呕吐具有显著的镇吐作用，对顽固性呃逆具有显著疗效，但对前庭刺激所致的晕动症无效(E)。

55. ABCDE　①氯丙嗪可阻断脑内 D_2 受体，增加催乳素的分泌(B)。②长期大量服用氯丙嗪，可导致锥体外系反应，引起帕金森综合征、坐立不安、急性肌张力障碍；此外，还可引起迟发性运动障碍。

56. ABCDE　①碳酸锂为治疗躁狂症的常用药物，但不良反应较多。早期中毒症状包括厌食、恶心呕吐、腹痛等胃肠道反应。②B、C、D 均属于晚期不良反应。碳酸锂很少引起下肢水肿、多尿等不良反应。

57. ABCDE　58. ABCDE　59. ABCDE　①氯丙嗪为吩噻嗪类抗精神病药，可阻断中脑-边缘通路和中脑-皮质通路中的多巴胺受体(D_1、D_2 受体)，常用于精神分裂症的治疗(D)。②丙米嗪为三环类抗抑郁药，能阻断去甲肾上腺素(NA)、5-羟色胺(5-HT)在神经末梢的再摄取，从而使突触间隙的 NA、5-HT 浓度增高，促进突触传递。丙米嗪对心肌有奎尼丁样直接抑制作用，表现为心动过缓、血压降低、心脏传导阻滞、缺血性心律失常等(A)。③碳酸锂常用于治疗躁狂症，其药理机制为抑制脑内去甲肾上腺素和多巴胺的释放，促进儿茶酚胺的再摄取，降低突触间隙 NA 的浓度(B)。

60. ABCDE　61. ABCDE　①地西泮有较强的肌肉松弛作用，在小剂量可抑制脑干网状结构下行系统对 γ 神经元的易化作用；较大剂量可增强脊髓神经元的突触前抑制，抑制多突触反射，引起肌肉松弛。临床上常用于脑血管意外、脊髓损伤等引起的中枢性肌强直(A)。②氯丙嗪具有较强的镇吐作用，大剂量可直接抑制呕吐中枢，对顽固性呃逆具有显著疗效(D)。③异丙嗪常用于晕动病引起的呕吐。

苯妥英钠具有抗癫痫、抗心律失常作用。乙琥胺为癫痫小发作的首选药。

62. ABCDE 哌替啶对新生儿呼吸的抑制作用极为敏感,因此产妇临产前 2~4 小时内不宜使用(A)。

63. ABCDE ①吗啡主要用于急性严重创伤、烧伤、手术等引起的剧痛和晚期癌症疼痛(C)。②吗啡可通过乳汁分泌,而抑制婴幼儿呼吸,故禁用于哺乳期妇女止痛。吗啡可对抗缩宫素对子宫的兴奋作用而延长产程,故禁用于分娩止痛。吗啡可抑制呼吸、缩小瞳孔,故禁用于颅脑外伤所致的疼痛。诊断未明的急腹症,不宜使用强镇痛剂吗啡,否则易掩盖病情,造成严重后果。

64. ABCDE ①吗啡可提高大小肠平滑肌张力,减弱推进性蠕动,抑制消化腺分泌,具有止泻作用。哌替啶也可提高肠道平滑肌的张力,但因作用时间短,故无止泻作用(B)。②吗啡、哌替啶均不会导致直立性低血压。吗啡和哌替啶均可作为镇痛剂使用,久用均可产生成瘾性,两者均可抑制呼吸。

65. ABCDE ①前列腺素(PG)是活性很强的炎症介质,具有扩张小血管、增强微血管通透性、致热、吸引中性粒细胞聚集等作用。②解热镇痛药的解热作用机制是抑制下丘脑环氧化酶(COX)活性,减少下丘脑 PG 的生物合成,使发热时升高的体温调定点恢复到正常水平,以增加散热的方式降低体温。

66. ABCDE ①非甾体抗炎药(NSAIDs)具有解热、镇痛、抗炎、抗风湿作用,其作用机制是抑制体内环氧化酶(COX)活性,而减少局部组织前列腺素的生物合成。②COX 有两种同工酶,即 COX-1 和 COX-2。COX-1 主要表达于胃黏膜,COX-2 产生的前列腺素主要见于炎症部位,导致炎症组织的肿、热、痛。非甾体抗炎药可抑制 COX-1,减少前列腺素的合成,导致急性胃炎等胃肠道不良反应(C)。

67. ABCDE ①阿司匹林对 COX-1 和 COX-2 的抑制作用基本相当,具有解热镇痛抗炎作用,可用于治疗风湿性关节炎。低浓度的阿司匹林能使 COX 活性中心的丝氨酸乙酰化失活,不可逆地抑制血小板 COX,减少血小板中血栓素 A_2(TXA_2)的生成,影响血小板的聚集及抗血栓形成,故答 C。②肝素为抗凝剂。布洛芬具有解热镇痛抗炎作用,可用于治疗风湿性关节炎,但无抗血栓形成作用。喷他佐辛、哌替啶为中枢性镇痛剂,也无抗血栓形成作用。

68. ABCDE ①选择性钙通道阻滞药分为 3 类:二氢吡啶类(硝苯地平、尼卡地平、尼群地平、氨氯地平、尼莫地平)、苯并噻氮䓬类(地尔硫䓬、克仑硫䓬)、苯烷胺类(维拉帕米、加洛帕米)。②普尼拉明、哌克昔林、氟桂利嗪均属于非选择性钙通道阻滞药。

69. ABCDE ①钙通道阻滞药(硝苯地平)可扩张外周血管,降低动脉压,有利于高血压的治疗。钙通道阻滞药可抑制钙离子进入心肌内,抑制心肌收缩,减少心肌氧耗;扩张冠状动脉,解除冠状动脉痉挛,有利于心绞痛的治疗。长期应用钙通道阻滞药,可使肺循环阻力下降,特别适合心源性哮喘的患者。钙通道阻滞药有排钠利尿作用,对肾脏具有保护作用。因此硝苯地平适用于高血压伴心绞痛、哮喘及肾功能不全者,故答 C。②卡托普利为血管紧张素转换酶抑制剂(ACEI),虽可降低高血压,但不能控制心绞痛(2 版 8 年制《内科学》P290),故不答 A。普萘洛尔为非选择性 β 受体阻滞药,可阻断支气管平滑肌 β_2 受体,引起支气管痉挛,因此哮喘患者不宜使用,故不答 B。氢氯噻嗪为噻嗪类利尿药,无抗心绞痛作用,故不答 D。哌唑嗪为 α 受体阻滞药,易引起直立性低血压,临床上少用。

70. ABCDE ①尼莫地平可选择性舒张脑血管平滑肌,对外周血管作用较小,是缺血性脑血管病(尤其是脑血管痉挛)的首选药,故答 E。②维拉帕米为不稳定型心绞痛的首选药。硝苯地平为高血压合并冠心病的首选药。地尔硫䓬为稳定型心绞痛的首选药。普尼拉明常用于心绞痛的防治。

71. ABCDE ①维拉帕米属于非二氢吡啶类钙通道阻滞药,可阻滞心肌细胞、平滑肌细胞的 L 型电压依赖性钙通道,抑制 Ca^{2+} 内流,具有广泛的药理作用,如抗心律失常、降低血压等(B)。②维拉帕米可使心肌细胞内 Ca^{2+} 量减少,导致心肌收缩力减弱,心率减慢。能够抑制血管紧张素转换酶活性的是 ACEI,而不是维拉帕米。能够抑制远曲小管近端 Na^+-Cl^- 共转运子的是氢氯噻嗪,而不是维拉帕米。

72. ABCDE ①变异型心绞痛多由冠状动脉痉挛引起,硝苯地平的冠状动脉扩张作用明显,其疗效最佳(D)。②胺碘酮为Ⅲ类抗心律失常药。ACEI 为血管紧张素转换酶抑制剂,特别适合高血压合并糖尿病、肾功能轻度损害的治疗。利多卡因为Ⅰb 类抗心律失常药。普萘洛尔为 β 受体阻滞剂。

73. ABCDE ①稳定型心绞痛多为冠状动脉粥样硬化所致，钙通道阻滞药可舒张冠状动脉，减慢心率，降低血压而发挥治疗效果，所有钙通道阻滞药均可使用。地尔硫䓬可选择性扩张冠状动脉，而扩张外周血管作用较弱，因此为稳定型心绞痛的首选药，答案为D。②硝苯地平扩张外周血管作用较强，特别适合高血压伴冠心病患者。尼莫地平特别适合冠心病伴脑血管病患者。

74. ABCDE ①普罗帕酮属于Ⅰc类抗心律失常药(C)。②奎尼丁为Ⅰa类抗心律失常药，利多卡因为Ⅰb类抗心律失常药，胺碘酮为Ⅲ类抗心律失常药，维拉帕米为Ⅳ类抗心律失常药。

75. ABCDE ①利多卡因为Ⅰb类抗心律失常药，可抑制动作电位2期少量钠内流，缩短浦肯野纤维、心室肌的动作电位时程，延长有效不应期，常用于室性心律失常的治疗，对房性心律失常(如心房颤动)疗效差(C)。②强心苷常用于心房颤动所致的心力衰竭。奎尼丁为广谱抗心律失常药，适用于心房颤动、心房扑动、室上性心动过速和室性心动过速等。维拉帕米可降低窦房结自律性，减慢房室传导，对室上性心律失常效果好。普萘洛尔为β受体阻断药，可减慢心房颤动患者的心率，降低氧耗。

76. ABCDE ①心室肌细胞动作电位由0、1、2、3、4期构成，动作电位时程(APD)主要由2期(平台期)的长短决定，而2期主要由Ca^{2+}内流、K^+外流及少量Na^+负载形成。胺碘酮可阻滞K^+、Na^+通道，减少K^+外流和Na^+负载，使心室肌细胞2期延长，从而延长APD。因动作电位2期的离子机制主要由Ca^{2+}内流及K^+外流形成，而Na^+负载所起作用较小，故答E而不是A。②胺碘酮也可轻度阻滞Ca^{2+}内流，此生理作用主要与降低窦房结自律性及减慢房室传导有关，故不答B。胺碘酮不能阻止Mg^{2+}、Cl^-通道，故不答C、D。

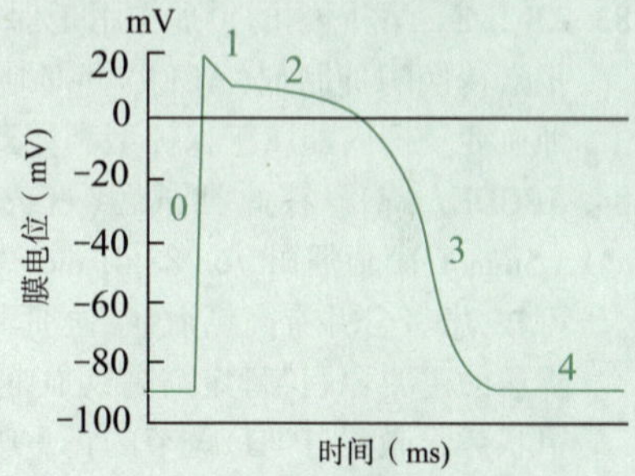

心室肌细胞动作电位

77. ABCDE ①胺碘酮对心脏多种离子通道(如I_{Na}、$I_{Ca(L)}$、I_K、I_{K1}、I_{to})均有抑制作用，可降低窦房结、浦肯野纤维的自律性和传导性，明显延长动作电位时程和有效不应期(B)。②胺碘酮可非竞争性抑制α、β肾上腺素能受体，扩张血管平滑肌，扩张冠状动脉、增加冠状动脉流量，减少心肌耗氧量。

78. ABCDE ①维拉帕米的不良反应包括便秘、腹胀、头痛、瘙痒等(B)。②硝苯地平的不良反应包括面部潮红、心悸、窦性心动过速、恶心呕吐、口干、头痛等。氯沙坦不良反应较少，偶有眩晕等。普萘洛尔的不良反应为窦性心动过缓、房室传导阻滞、诱发心力衰竭和支气管哮喘等。卡托普利不良反应包括咳嗽、皮疹、嗜酸性粒细胞增多、味觉异常等。

79. ABCDE ①普萘洛尔为非选择性β受体阻滞剂，可使心率减慢，心肌收缩力和心排量降低，冠状动脉血流量下降，心肌耗氧量明显减少，对高血压患者可使其血压降低，因此可用于心律失常、高血压、心绞痛的治疗(B)。②可乐定为中枢性降压药。利多卡因为抗室性心律失常药。硝酸甘油为常用的抗心绞痛药。氢氯噻嗪为利尿药，可用于轻、中度高血压的治疗。

80. ABCDE ①呋塞米主要作用于髓袢升支粗段，抑制Na^+-K^+-Cl^-共转运子，抑制NaCl的重吸收，而引起利尿作用(D)。②螺内酯为醛固酮的竞争性拮抗药，主要作用于远曲小管。氨苯蝶啶主要作用于远曲小管和集合管，通过阻滞管腔Na^+通道而减少Na^+的重吸收。甘露醇为渗透性利尿药，主要作用于近曲小管、髓袢升

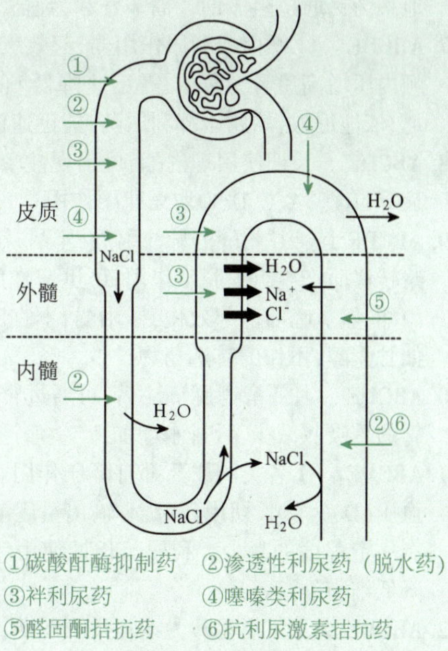

利尿药的作用部位

支、远曲小管,使水的重吸收减少。氢氯噻嗪主要作用是抑制远曲小管 Na^+-Cl^- 共转运子,抑制 NaCl 的重吸收。常见利尿药的作用部位如图所示。

81. ABCDE ①呋塞米属于袢利尿药,静脉注射后能迅速扩张容量血管,使回心血量减少,缓解肺水肿。急性肾衰竭时,呋塞米可增加尿量和 K^+ 的排出,冲洗肾小管,减少肾小管的萎缩坏死。因此心力衰竭合并肾衰竭患者首选呋塞米静脉注射(C)。②肾衰竭患者常合并高钾血症,因此不宜使用保钾型利尿药,如阿米洛利、氨苯蝶啶、螺内酯,故不答 A、B、D。噻嗪类利尿药(氢氯噻嗪)对慢性心力衰竭急性发作、急性肺水肿无效,故不答 E。

82. ABCDE ①噻嗪类利尿药通过排 Na^+ 使血浆渗透压降低而减轻尿崩症患者的口渴感,从而明显减少尿量,常用于肾性尿崩症和加压素治疗无效的垂体性尿崩症(A)。B、C、D、E 均无抗尿崩症作用。②氢氯噻嗪为利尿药,可用于尿崩症的治疗。这种与药理作用相反的适应证还有:乙酰唑胺可增加尿钾排出,降低血钾,但能预防低钾型周期性瘫痪的发作,请一并记忆。

83. ABCDE 醛固酮的生理作用是保水保钠排钾,醛固酮减少可导致排钾减少而形成高钾血症。血管紧张素转换酶抑制剂(ACEI)可抑制交感-肾素-血管紧张素-醛固酮系统,导致醛固酮减少,从而引起高钾血症。螺内酯属于保钾型利尿药,因此长期使用 ACEI 和螺内酯,可导致血钾升高。

84. ABCDE ①解答此类试题,首先应牢记一些常考的正常值:血钙 2.25~2.58mmol/L,血钾 3.5~5.5mmol/L,血肌酐 76~88.4μmol/L,血低密度脂蛋白≤3.12mmol/L,血糖 3.9~6.0mmol/L。对照题干可知,患者合并有高钙血症,血肌酐高于正常值上限,其他均正常。因此患者"不宜使用噻嗪类利尿药降压的主要原因"肯定与高钙血症有关,故可首先排除 B、C、D。②噻嗪类利尿药可促进远曲小管由甲状旁腺激素(PTH)调节的钙重吸收,减少尿液中 Ca^{2+} 浓度,导致高钙血症,因此对于高钙血症患者不宜使用,答案为 A。E 说法本身是错误的,故不选 E。

85. ABCDE 86. ABCDE ①噻嗪类利尿药(氢氯噻嗪)主要以有机酸的形式从肾小管分泌,可与尿酸的分泌产生竞争,从而使尿酸的分泌速率降低,故高尿酸导致的痛风患者不宜选用氢氯噻嗪(A)。②β 受体包括心脏的 $β_1$ 受体和支气管平滑肌的 $β_2$ 受体等,因此支气管哮喘患者禁用 β 受体阻断药(美托洛尔),以免支气管平滑肌痉挛加重病情,答案为 E。③厄贝沙坦为血管紧张素Ⅱ受体拮抗药。硝苯地平为钙通道阻滞剂。福辛普利为血管紧张素受体拮抗药。

87. ABCDE ①螺内酯利尿作用弱,起效缓慢而持久。服药后 1 天起效,2~4 天达最大效应。而脑外伤、颅内压增高患者为急诊,需迅速降低颅内压,此种情况下,不宜选用螺内酯(C)。②呋塞米、布美他尼、依他尼酸,均属于袢利尿药,能迅速消除脑水肿,可以选用。甘露醇为降低颅内高压的首选药。

88. ABCDE 长期使用螺内酯,可出现性激素样副作用,表现为男子乳房女性化和性功能障碍、妇女多毛症等(B)。A、C、D、E 均无此副作用。

89. ABCDE ①甘露醇静脉注射后,不易从毛细血管渗入组织,能迅速提高血浆渗透压,使组织间液向血浆转移而产生组织脱水作用,可迅速降低颅内压,是治疗脑水肿、降低颅内压的首选药物(A)。②螺内酯、氢氯噻嗪因起效慢,作用弱,不宜用于脑水肿的治疗。呋塞米虽可用于脑水肿的治疗,但效果不如甘露醇,不作为首选药物。

90. ABCDE 甘露醇静脉滴注后,可通过肾小球滤过,但不易被肾小管重吸收,使水在髓袢升支和近曲小管的重吸收减少,肾排水增加,产生渗透性利尿(D)。

91. ABCDE ①各类利尿药都有降压作用。用药初期,利尿药通过减少细胞外液容量及心输出量而降低血压(D)。②长期用药时,心输出量逐渐恢复到给药前水平而降压作用仍能维持,但细胞外液容量仍有一定程度的减少。利尿药长期使用后可降低血管阻力,其可能机制是持续地降低体内 Na^+ 浓度及降低细胞外液容量。

92. ABCDE ①氢氯噻嗪为噻嗪类利尿药,是最常用的降压药物。用药初期,利尿药可减少细胞外液容量及心输出量。长期用药后,心输出量逐渐恢复至给药前水平而降压作用仍能维持,此时细胞外液容量仍有一定程度的减少(D)。②氢氯噻嗪不能阻断钙通道,也不能扩张血管,故不答 A、B、C。

93. ABCDE　①钙通道阻滞药分为二氢吡啶类和非二氢吡啶类,维拉帕米属于非二氢吡啶类钙通道阻滞药。②氨氯地平、硝苯地平、非洛地平均属于二氢吡啶类钙通道阻滞药。吲达帕胺为非噻嗪类利尿药。

94. ABCDE　①卡托普利为血管紧张素转化酶抑制药(ACEI)。②酚妥拉明为非选择性 α 受体阻断药。硝酸甘油、肼屈嗪、硝酸异山梨酯均为扩血管药。

95. ABCDE　①血管紧张素转化酶抑制药(ACEI)可抑制交感-肾素-血管紧张素-醛固酮系统,扩张血管而降压;还可改善和延缓心室重塑,减少纤维化,故适合于高血压伴左心室肥厚的患者。②ACEI 可使主动脉瓣狭窄患者冠状动脉灌注减少,故禁用于高血压伴主动脉瓣狭窄。③ACEI 可引起妊娠妇女胎儿畸形、发育不良,甚至死胎,应禁用。④交感-肾素-血管紧张素-醛固酮系统是一个调节轴,ACEI 可抑制血管紧张素Ⅱ的合成,使醛固酮生成减少,从而使排钾减少,引起血钾增高,故 ACEI 禁用于高血压伴高钾血症者。⑤对于双侧肾动脉狭窄者,若使用 ACEI,将减少血管紧张素Ⅱ的合成,使肾灌注压降低,导致肾小球滤过率降低,故禁用。

96. ABCDE　①血管紧张素转化酶抑制药(ACEI)可抑制缓激肽的降解,使血浆缓激肽水平增高(A 错)。②ACEI 可抑制交感-肾素-血管紧张素-醛固酮系统,当然会使血管紧张素Ⅱ(Ang Ⅱ)的合成减少,血浆 Ang Ⅱ水平降低。ACEI 可抑制交感神经系统活性,因此其神经递质儿茶酚胺分泌减少,血液儿茶酚胺水平降低。③Ang Ⅱ可促进神经垂体释放血管加压素,因此 ACEI 使血浆 Ang Ⅱ减少,将导致血液加压素水平降低。④ACEI 通过抑制 Ang Ⅱ合成,而使细胞内 cAMP 水平增高。

97. ABCDE　98. ABCDE　①醛固酮的作用是保水保钠排钾。卡托普利为 ACEI,可抑制交感-肾素-血管紧张素-醛固酮系统,而使醛固酮生成减少。醛固酮减少,将导致排钾减少,从而引起高钾血症,答案为 A。②肝素为抗凝剂,使用过量将导致凝血障碍,因此使用时必需监测出凝血时间,答案为 C。

99. ABCDE　100. ABCDE　①血管紧张素转化酶抑制药可导致妊娠患者胎儿畸形、发育不良,甚至死胎,故妊娠患者应禁用(E)。②非选择性 β 受体阻断药可阻断支气管平滑肌的 $β_2$ 受体,引起支气管痉挛,故不宜用于哮喘患者(C)。

101. ABCDE　102. ABCDE　①美托洛尔为 β 受体阻断药,可引起支气管痉挛,故高血压伴哮喘禁用美托洛尔(E)。②螺内酯为保钾性利尿药,故禁用于高钾血症患者(A)。氢氯噻嗪为排钾性利尿药,故适用于高钾血症。③氨氯地平、维拉帕米为钙通道阻滞药,可用于支气管哮喘、高钾血症患者。

103. ABCDE　104. ABCDE　①交感-肾素-血管紧张素-醛固酮系统是一个调节轴,血管紧张素转化酶抑制药(ACEI)可减少血管紧张素的合成。血管紧张素Ⅱ对入球小动脉和出球小动脉均有收缩作用,但由于出球小动脉对血管紧张素Ⅱ的敏感性大于入球小动脉,因此血管紧张素Ⅱ对出球小动脉的收缩作用大于入球小动脉,从而维持肾灌注压。可见,血管紧张素Ⅱ在肾灌注的维持中起重要作用。若双侧肾动脉狭窄患者使用 ACEI,将使血管紧张素Ⅱ的合成减少,使肾灌注压降低,导致肾小球滤过率降低。故 ACEI(贝那普利)禁用于双侧肾动脉狭窄(D)。②氢氯噻嗪主要以有机酸的形式从肾小管分泌,可与尿酸的分泌产生竞争,从而使尿酸的分泌速率降低,故高尿酸导致的痛风患者不宜选用氢氯噻嗪(C)。

105. ABCDE　氯沙坦为选择性血管紧张素Ⅱ受体(AT_1 受体)阻断药。A、B、C、D 均属于钙通道阻滞药。

106. ABCDE　氯沙坦为选择性血管紧张素Ⅱ受体(AT_1 受体)阻断药,因此通过测定其抗 AT_1 受体的活性,可观察氯沙坦的药理作用。

107. ABCDE　①卡托普利属于血管紧张素转化酶抑制药(ACEI),其抗心力衰竭的机制,当然是减少血管紧张素Ⅱ的生成(D)。②ACEI 可抑制交感活性,因此去甲肾上腺素的分泌应减少。③ACEI 可抑制缓激肽的降解,使具有血管扩张作用的前列腺素生成增多。④ACEI 不能拮抗钙离子的作用,能够拮抗钙离子的是钙通道阻滞药。⑤ACEI 可抑制交感活性,不可能增加心肌耗氧量。

108. ABCDE　①卡托普利属于 ACEI,能缓解慢性心力衰竭的症状,逆转左心室肥厚,防止心室重构,降低心力衰竭患者的病死率，改善预后。②强心苷可增强心肌收缩力，显著改善心力衰竭患者的短期症状，但不能降低远期死亡率。哌唑嗪为 α_1 受体阻断药，不用于慢性心力衰竭的治疗。硝酸甘油主要用于心绞痛的治疗。酚妥拉明为非选择性 α 受体阻断药，主要用于外周血管痉挛性疾病的治疗。

109. ABCDE ①强心苷可增强心肌收缩力，显著改善心力衰竭患者的短期症状，对先天性心脏病所致的慢性心力衰竭疗效较好(D)。②甲状腺毒症心脏病、维生素 B_1 缺乏所致的心力衰竭，均属于高排量心力衰竭，并不是心肌收缩减弱所致，故强心苷的效果不好。严重二尖瓣狭窄患者，血液从左心房进入左心室受阻，导致左心室容量减少，所致的心力衰竭并不是左心室收缩障碍引起，故禁用强心苷。缩窄性心包炎为舒张性心力衰竭，不宜使用强心苷。

110. ABCDE ①洋地黄(强心苷)治疗心房颤动的目的主要是减慢快速的心室率。洋地黄主要是通过兴奋迷走神经或对房室结的抑制作用，而减慢房室传导、增加房室结中隐匿性传导、减慢心室率、增加排血量，从而改善循环障碍，多数患者并不能转复为窦性心律，答案为 B，而不是 C，很多医考参考书将答案错为 C。请注意，洋地黄抑制的是房室结而不是窦房结，延长的是房室结的不应期，而不是心房肌的不应期(C、E 错)。②缩短心房有效不应期的药物可能使心房肌的兴奋性增高，对于心房颤动的治疗是不利的，因此可排除 A。洋地黄并不能直接抑制心房颤动，故不答 D。

111. ABCDE 强心苷中毒最常见和最早出现的心律失常是室性期前收缩，约占心脏毒性发生率的 1/3，也可发生二联律、三联律，甚至心室颤动等，答案为 C。

112. ABCDE HMG-CoA(羟甲基戊二酸单酰 CoA)还原酶为胆固醇合成的关键酶，因此 HMG-CoA 还原酶抑制剂的药理作用为阻断 HMG-CoA 转化为甲羟戊酸。

$$2\times\text{乙酰CoA}\rightarrow\text{乙酰乙酰CoA}\xrightarrow{\text{HMG-CoA合成酶}}\text{HMG-CoA}\xrightarrow{\text{HMG-CoA还原酶}}\text{甲羟戊酸}\rightarrow\text{鲨烯}\rightarrow\text{胆固醇}$$

113. ABCDE ①辛伐他汀的副作用轻微，如胃肠道反应、失眠、皮疹等，严重者可出现横纹肌溶解症，常表现为肌痛、无力、肌酸磷酸激酶增高等。根据题干，本例应诊断为辛伐他汀不良反应(B)。②雷米普利的不良反应包括皮疹、瘙痒、味觉障碍、蛋白尿、中性粒细胞减少、干咳等。阿司匹林的不良反应包括胃肠道反应、加重出血倾向、水杨酸反应、过敏反应等。美托洛尔的不良反应主要为心脏负性作用。患者血清肌钙蛋白水平正常，可排除再发心肌梗死，故不答 D。

114. ABCDE 硝酸甘油作为一氧化氮(NO)的供体。硝酸甘油在平滑肌细胞内经谷胱甘肽转移酶的催化释放出 NO。NO 属于内源性血管内皮舒张因子，可舒张血管平滑肌，扩张冠状动脉而抗心绞痛(E)。此外，硝酸甘油还可通过产生 NO 而抑制血小板聚集、黏附，也有利于冠心病的治疗。

115. ABCDE ①硝酸甘油可扩张静脉血管，减少回心血量，降低心脏前负荷，减小心室内压，降低心室壁张力，降低心肌氧耗量。②硝酸甘油可选择性扩张较大的心外膜血管，增加缺血区血液灌注。③硝酸甘油可降低左心室充盈压，增加心内膜供血。④硝酸甘油不能降低交感神经活性，具有此作用的药物是血管紧张素转化酶抑制药(ACEI)，故答 E。

116. ABCDE 普萘洛尔为 β 受体阻断药，与硝酸酯类合用治疗心绞痛时，能协同降低心肌细胞耗氧量(B)；同时普萘洛尔能对抗硝酸酯类所引起的反射性心率加快和心肌收缩力增强，硝酸酯类可缩小普萘洛尔所致的心室前负荷增大、心室射血时间延长。

117. ABCDE 硝酸甘油和普萘洛尔抗心肌缺血的机制包括：①普萘洛尔可对抗硝酸甘油所引起的反射性心率加快和心肌收缩力增强；②硝酸甘油可对抗普萘洛尔所致的心室容积增加和心室射血时间延长(E 错)；③普萘洛尔可减慢心率，降低心肌耗氧量，减少心脏做功。

118. ABCDE ①患者心前区疼痛，心电图示 ST 段抬高，冠状动脉痉挛，应诊断为变异型心绞痛。②硝苯地平为钙通道阻滞药，具有强大的扩张冠状动脉的作用，可增加心肌供血，变异型心绞痛是其最佳适应证(B)。③A 为硝酸甘油治疗心绞痛的药理机制。C、D 为 β 受体阻断药治疗心绞痛的药理机制。E 为血管紧张素转化酶抑制药治疗冠心病的药理机制。

119. ABCDE　①横纹肌溶解症为辛伐他汀的严重不良反应，常表现为肌痛、肌无力、肌酸激酶升高等。肌酸激酶（CK）以骨骼肌、心肌含量最多，正常值为15~163U/L。患者血清肌钙蛋白正常，CK显著增高，应排除心肌损害，而诊断为横纹肌溶解症（D）。②糖尿病足常见于糖尿病病史10年以上的患者，多缓慢起病，病程迁延，故不答A。主动脉夹层常表现为突发胸骨后剧烈疼痛，血压增高，故不答B。患者双侧足背动脉搏动一致，故不答C。题干所述与腰椎间盘突出症无关，故不答E。

120. ABCDE　①肝素的抗凝作用主要通过增强抗凝血酶Ⅲ的活性，加速因子Ⅱa、Ⅸa、Ⅹa、Ⅺa、Ka的灭活。肝素在体内、体外均有强大抗凝作用（A）。②阿司匹林为抗血小板药，链激酶为纤维蛋白溶解药，右旋糖酐为血容量扩充药，三者均不属于抗凝药，故不答B、D、E。③香豆素类为口服抗凝药，为维生素K拮抗剂，通过抑制维生素K依赖性凝血因子Ⅱ、Ⅶ、Ⅸ、Ⅹ的合成而起抗凝作用，因此只能体内抗凝，无体外抗凝作用，故不答C。

121. ABCDE　①肝素与抗凝血酶Ⅲ（AT Ⅲ）结合后，可使后者的抗凝活性增强2000倍。AT Ⅲ是凝血酶及FⅨa、Ⅹa、Ⅺa、Ⅻa的抑制剂（C）。②阻碍凝血因子Ⅱ、Ⅶ、Ⅸ、Ⅹ的合成，为香豆素类的抗凝血机制。抑制血小板聚集为阿司匹林的作用机制。降低血中钙离子浓度为枸橼酸钠的抗凝机制。促进纤维蛋白溶解为尿激酶、链激酶的作用机制。

122. ABCDE　①抗凝血酶Ⅲ是凝血酶及FⅨa、Ⅹa、Ⅺa、Ⅻa的抑制剂，可封闭凝血因子的活性中心（A）。②抑制前列腺素（PG）合成，是解热镇痛药的作用机制。抑制血小板聚集、抑制TXA_2形成，为阿司匹林的作用机制。增加纤维蛋白溶解为尿激酶、链激酶的作用机制。

123. ABCDE　①甲磺丁脲、奎尼丁、羟基保泰松可与香豆素类竞争性结合血浆蛋白，故可加强后者的抗凝血作用。②阿司匹林为血小板抑制药，可与香豆素类产生协同作用。③口服避孕药可加速香豆素类的代谢，降低其抗凝作用（D对）。

124. ABCDE　西咪替丁属于肝药酶抑制药，可使香豆素类抗凝作用加强。A、B、C均属于肝药酶诱导药，可加速香豆素类药物代谢，降低其抗凝作用。E既不是肝药酶抑制药也不是诱导药。参阅北京大学医学出版社第3版《药理学》P263。2020年真题，超教材内容。

125. ABCDE　链激酶为纤维蛋白溶解药，其溶解血栓的机制是与内源性纤维蛋白溶酶原结合成复合物，并促使纤维蛋白溶酶原转变为纤溶酶，纤溶酶迅速水解血栓中的纤维蛋白，导致血栓溶解（B）。

126. ABCDE　127. ABCDE　①华法林的结构式与维生素K相似，在体内可阻断维生素K依赖性凝血因子Ⅱ、Ⅶ、Ⅸ、Ⅹ的合成，造成凝血障碍，故常用于预防心房颤动患者血栓形成（C）。②环丙沙星为氟喹诺酮类药物，可用于革兰阴性杆菌所致的呼吸道、泌尿生殖道、消化道感染（A）。③阿托品常用于缓解胃肠痉挛痛。普萘洛尔常用于室上性心律失常的治疗。乙胺丁醇为抗结核药物。

128. ABCDE　①叶酸主要用于治疗巨幼红细胞性贫血（C）。②地中海贫血为遗传性疾病，不能治愈。缺铁性贫血首选口服硫酸亚铁治疗。溶血性贫血应行病因治疗。

129. ABCDE　130. ABCDE　①雷贝拉唑为质子泵抑制剂，可抑制胃酸分泌（C）。②雷尼替丁为H_2受体阻断药，也可抑制胃酸分泌（C）。③现已淘汰的氢氧化铝凝胶为胃酸中和药。硫糖铝、枸橼酸铋钾、米索前列醇是胃黏膜保护药。丙谷胺可阻断胃泌素受体。

131. ABCDE　①沙丁胺醇为选择性β_2受体激动剂，可舒张支气管，主要用于支气管哮喘急性发作的治疗（C）。②茶碱为茶碱类支气管扩张药。肾上腺素为$\alpha+\beta$受体激动剂，可用于控制支气管哮喘的急性发作，但由于不良反应太大，临床上少用。色甘酸钠为肥大细胞膜稳定剂，为抗过敏平喘药。异丙肾上腺素既可激动β_1受体，也可激动β_2受体，故不答E。

132. ABCDE　①氨茶碱可增强心肌收缩力，增加心输出量，低剂量一般不加快心率（A）。参阅17版《新编药理学》P447。②B、C、D、E均无强心作用。

133. ABCDE　色甘酸钠可稳定肥大细胞膜，抑制肺组织的肥大细胞由抗原诱发的过敏介质释放，对速发型过敏反应具有明显抑制作用，常用于Ⅰ型变态反应所致的哮喘。A、B、C、E均无此作用。

134. ABCDE ①奥美拉唑是胃壁细胞 H^+ 泵抑制剂的代表药物，可抑制胃酸分泌，常用于消化性溃疡的治疗。②硫糖铝、枸橼酸铋钾、米索前列醇是胃黏膜保护药。丙谷胺是胃泌素受体阻断药。西咪替丁、雷尼替丁等属于 H_2 受体阻断药。阿托品属于 M 胆碱受体阻断药。

135. ABCDE ①奥美拉唑为胃壁细胞质子泵抑制剂。②哌仑西平为 M 胆碱受体阻断药。氢氧化镁为抗酸药。枸橼酸铋钾是胃黏膜保护药。雷尼替丁为 H_2 受体阻断药。

136. ABCDE 奥美拉唑可抑制胃壁细胞质子泵，从而抑制胃酸分泌，其抑酸作用强大而持久，是目前抑酸作用最强、疗效最好的制酸剂，主要用于治疗消化性溃疡、反流性食管炎、幽门螺杆菌感染。

137. ABCDE ①奥美拉唑为质子泵（H^+-K^+-ATP 酶）抑制药，可抑制胃酸分泌，且其抑酸作用最强，是目前治疗反流性食管炎效果最好的药物（C）。②苯海拉明、异丙嗪均为 H_1 受体阻断药，主要用于治疗皮肤变态反应性疾病。肾上腺皮质激素药理作用广泛。雷尼替丁为 H_2 受体阻断药，也可抑制胃酸分泌，但抑酸作用较弱，常用于轻、中度反流性食管炎的治疗。

138. ABCDE ①糖皮质激素具有强大的抗炎作用，能抑制多种原因（如物理性、化学性、免疫性及病原生物性等）所引起的炎症反应（A 对）。②能抑制机体的免疫反应，降低机体的防御功能。③糖皮质激素能加速组织蛋白质分解代谢，用药后可引起肌肉消瘦、骨质疏松、皮肤变薄，不利于创口愈合。④糖皮质激素可抑制免疫系统功能，导致病原菌在体内生长繁殖不受限制，使感染扩散。

139. ABCDE ①糖皮质激素能加速组织蛋白质分解代谢，用药后可引起肌肉消瘦、骨质疏松，故答案为D。②急性粟粒性肺结核中毒症状严重，在有效抗结核治疗的同时，早期、短程应用糖皮质激素，可减轻中毒反应，有利于争取时间，进行抢救。③由免疫性因素导致的血小板减少症，应用糖皮质激素疗效较好。④中毒性休克患者，在有效抗菌药物治疗下，可早期、短时间突击使用大剂量糖皮质激素。⑤脑（腺）垂体前叶功能减退，可给予糖皮质激素进行替代治疗。

140. ABCDE ①大剂量糖皮质激素具有抗休克作用，常用于重度感染性休克的治疗（E）。②糖皮质激素可导致血糖增高，故糖尿病患者不宜使用。糖皮质激素可刺激胃酸、胃蛋白酶的分泌，降低胃黏膜抵抗力，诱发消化性溃疡，故不答 B。长期大量使用糖皮质激素，可造成骨质疏松，故不答 C。糖皮质激素可诱发感染，或使体内潜在的水痘感染病灶扩散，故水痘患儿不宜使用。

141. ABCDE ①地塞米松属于糖皮质激素，能刺激骨髓造血，使红细胞、血红蛋白含量增加，大剂量可使血小板增多。②地塞米松可抑制环氧化酶 2（COX- 2）的表达，从而阻断相关炎性介质的产生，发挥抗炎作用。③地塞米松可稳定溶酶体膜，减少心肌抑制因子（MDF）的形成。④在炎症后期，地塞米松可通过抑制毛细血管和成纤维细胞的增生，抑制胶原蛋白、黏多糖的合成及肉芽组织的增生，防止粘连。⑤地塞米松不能中和细菌毒素或使毒素灭活，但可提高机体对细菌内毒素的耐受力（D 错）。

142. ABCDE 糖皮质激素常用于感染性休克的治疗，其作用机制为：①抑制某些炎性因子的产生，减轻全身炎症反应综合征及组织损伤，改善休克状态；②稳定溶酶体膜，减少心肌抑制因子的形成；③扩张痉挛收缩的血管，兴奋心脏，增强心脏收缩力；④提高机体对细菌内毒素的耐受力。糖皮质激素并不能中和细菌毒素（E 错）。

143. ABCDE 144. ABCDE ①糖皮质激素可提高中枢神经的兴奋性，有些患者因大量长期应用，可引起欣快、激动、失眠，偶可诱发精神失常、躁狂。B、C、D、E 均不会导致患者精神失常。②糖皮质激素对有些组织细胞虽无直接活性，但可给其他激素发挥作用创造有利条件，称为允许作用。如糖皮质激素可增强儿茶酚胺的血管收缩作用而升高血压，故答 A。

145. ABCDE 146. ABCDE ①丙硫氧嘧啶可抑制甲状腺过氧化物酶，进而抑制酪氨酸的碘化及偶联，阻断甲状腺激素的生物合成，常用于甲状腺功能亢进症的治疗（D）。②酚苄明为非选择性 α 受体阻断药（B）。③放射性碘主要通过破坏甲状腺组织来治疗甲状腺功能亢进症。左旋甲状腺素钠通过补充生理量的甲状腺素来治疗甲状腺功能减退症。溴隐亭为 D_2 受体强激动药，常用于治疗催乳素瘤。

147. ABCDE ①磺酰脲类为口服降糖药，主要是通过促进胰岛 B 细胞释放胰岛素而降低血糖（B）。当该类药物与胰岛 B 细胞膜上磺酰脲受体结合后，可阻滞与受体偶联的 ATP 敏感性钾通道而阻滞钾外流，致使细胞膜去极化，增强电压依赖性钙通道开放，促进胞外钙内流，胞内游离钙浓度增加后，触发胰岛素的释放。②磺酰脲类可通过降低血糖而间接影响血清胰高血糖素水平。③磺酰脲类能促进抗利尿激素的分泌，故可用于治疗尿崩症。

148. ABCDE ①由于磺酰脲类药物的降糖机制主要是促进胰岛残存的 B 细胞释放胰岛素，因此其降糖作用的前提是胰岛 B 细胞功能尚存。研究表明，至少要有 1/3 以上的 B 细胞残存，磺酰脲类才能发挥降血糖作用，因此磺酰脲类主要适用于胰岛功能尚存的非胰岛素依赖型糖尿病的治疗(B)。②A、C、D、E 均属于胰岛素治疗的适应证。

149. ABCDE ①钩端螺旋体对青霉素极其敏感，钩端螺旋体病的治疗首选青霉素(B)。②青霉素对立克次体、衣原体、支原体、真菌等均不敏感。立克次体、衣原体感染的治疗首选四环素。支原体感染的治疗首选大环内酯类。真菌感染的治疗可以选用酮康唑、氟康唑等。

150. ABCDE ①青霉素属于 β-内酰胺类抗生素，可作用于细菌菌体青霉素结合蛋白，抑制细菌细胞壁肽聚糖的合成，使菌体失去渗透屏障而膨胀、裂解，同时借助细菌的自溶酶溶解而产生抗菌作用(E)。②氨基糖苷类抗生素可干扰细菌蛋白质合成。磺胺类的抗菌机制是抑制细菌核酸合成代谢。

151. ABCDE 152. ABCDE ①β-内酰胺类抗生素可作用于细菌菌体青霉素结合蛋白，抑制细菌细胞壁的合成而产生抗菌作用(A)。②喹诺酮类抗生素可抑制 DNA 螺旋酶，从而干扰细菌 DNA 的合成而发挥抗菌作用(C)。③氨基糖苷类抗生素的作用机制是抑制细菌蛋白质的合成。

153. ABCDE ①变态反应(过敏)是青霉素最常见的不良反应，发生率为 3%~10%。②青霉素无肝、肾毒性，故不答 A、D。听力减退为链霉素的常见不良反应。胃肠道反应为喹诺酮类的常见副作用。

154. ABCDE ①第三代头孢菌素对 β-内酰胺酶有较高的稳定性(C 错)。②第三代头孢菌素对 G^+ 菌的作用不及第一、二代，但对 G^- 有较强的作用。第三代头孢菌素基本没有肾脏毒性。第三代头孢菌素对组织的穿透力强，能渗入各种组织，故在体内作用时间长，分布较广。

155. ABCDE ①大肠埃希菌为 G^- 菌。头孢曲松为第三代头孢菌素，对 G^- 敏感，因此本例应首选头孢曲松(D)。②青霉素、红霉素、林可霉素均对 G^+ 菌敏感，对 G^- 菌不敏感。灰黄霉素为抗真菌药。

156. ABCDE 对军团菌、支原体、衣原体均敏感的抗生素为大环内酯类(D)。

157. ABCDE 军团菌感染首选红霉素，答案为 B。可采用同音记忆法记忆为：支-援-红-军-送-白-糖(支原体和军团菌首选红霉素，克雷伯杆菌首选氨基糖苷类)。

158. ABCDE 159. ABCDE ①红霉素对 G^+ 菌敏感，抗菌作用强，如肺炎链球菌、金黄色葡萄球菌感染，均可选用红霉素(D)。②阿米卡星为氨基糖苷类抗生素，对肠道 G^- 杆菌敏感(E)。③真菌感染的治疗可以选用酮康唑、氟康唑等。结核分枝杆菌感染可以选用异烟肼、利福平、链霉素等。

160. ABCDE 161. ABCDE ①阿昔洛韦为抗病毒药，具有抗 DNA 病毒的作用(D)。②克林霉素对需氧 G^+ 菌高度敏感，对金黄色葡萄球菌引起的骨与关节感染为首选药(B)。③对铜绿假单胞菌(绿脓杆菌)最敏感的氨基糖苷类是妥布霉素，对其最敏感的喹诺酮类抗生素是环丙沙星。支原体肺炎的首选药物是红霉素。对念珠菌有强大抗菌作用的是氟康唑。

162. ABCDE ①氨基糖苷类的抗菌机制主要是抑制细菌蛋白质的合成，还能破坏细菌胞质膜的完整性。②青霉素的抗菌机制是抑制细菌细胞壁合成。喹诺酮类的抗菌机制是抑制细菌 DNA 的合成。

163. ABCDE 链霉素的抗菌机制是与细菌核糖体小亚基结合，致读码错误，抑制翻译起始。红霉素的抗菌机制是与细菌核糖体大亚基结合，抑制转肽酶，阻断翻译延长过程，答案为 C。

164. ABCDE 氨基糖苷类主要不良反应包括耳毒性、肾毒性、神经肌肉麻痹、过敏反应(B)。

165. ABCDE 对铜绿假单胞菌最敏感的氨基糖苷类是妥布霉素，最敏感的喹诺酮类是环丙沙星(D 对)。

166. ABCDE 167. ABCDE 168. ABCDE ①立克次体、衣原体感染治疗首选四环素(A)。②对铜绿假单胞菌最敏感的氨基糖苷类抗生素是妥布霉素(C)。③利巴韦林为抗病毒药，能抑制 DNA 病毒

（B）。④氟康唑为广谱抗真菌药。林可霉素对需氧 G^+ 敏感。

169. ABCDE　170. ABCDE　①多西环素为四环素类抗生素的首选药，对立克次体、支原体、衣原体均有效（E）。②磺胺药可抑制细菌二氢蝶酸合酶，通过抑制四氢叶酸合成，影响细菌核酸合成而抗菌（D）。③利巴韦林对病毒感染有效。氟康唑对念珠菌感染有效。异烟肼可杀灭。

171. ABCDE　①早产儿和新生儿肝脏缺乏葡糖醛酸转移酶，肾排泄功能不完善，对氯霉素解毒能力差。药物剂量过大可致中毒，表现为循环衰竭、呼吸困难、进行性血压下降、皮肤苍白和发绀，称为灰婴综合征（D）。②A、B、C、E 均不会导致灰婴综合征。

172. ABCDE　①第三代喹诺酮类药物的抗菌机制是抑制 DNA 螺旋酶，从而抑制细菌 DNA 合成（C）。②氨基糖苷类的抗菌机制是抑制细菌蛋白质合成。青霉素的抗菌机制是抑制细菌细胞壁的合成。甲氧苄啶的抗菌机制是抑制二氢叶酸还原酶。

173. ABCDE　①氟喹诺酮类属于广谱抗菌药，对 G^- 菌、G^+ 菌、、军团菌、支原体、衣原体、厌氧菌等均有杀灭作用。②氟喹诺酮类口服易吸收，同类药物间有交叉耐药，但与其他抗菌药物之间无交叉耐药。③氟喹诺酮类为全化学合成药，性能稳定，不良反应较少（D 错）。使用后在体内分布广泛，组织浓度高，可达有效抑菌或杀菌浓度。

174. ABCDE　喹诺酮类药物易浓缩、沉积于骨髓中，直接损害软骨细胞的发育，影响儿童和胎儿的骨骼发育，故孕妇和 12 岁以下的小儿禁用。乳母服药期间，应停止哺乳。A、C、D、E 均可用于妊娠期。

175. ABCDE　176. ABCDE　177. ABCDE　178. ABCDE　①对磺胺药敏感的细菌，不能利用现成的叶酸，必须以对氨基苯甲酸（PABA）为原料，在二氢蝶酸合酶的作用下生成二氢蝶酸，并进一步与谷氨酸生成二氢叶酸。后者在二氢叶酸还原酶催化下被还原成四氢叶酸。活化后的四氢叶酸，作为一碳单位载体的辅酶参与核苷酸的合成。磺胺药的结构与 PABA 类似，可与 PABA 竞争二氢蝶酸合酶，抑制叶酸合成，影响细菌核酸合成而抗菌（A）。②甲氧苄啶（TMP）可抑制二氢叶酸还原酶，通过抑制四氢叶酸合成，影响细菌核酸合成而抗菌（B）。③复方磺胺甲噁唑为磺胺+甲氧苄啶的复方制剂，因此其抗菌机制为 E。④氟喹诺酮类的抗菌机制是抑制 DNA 回旋酶，从而抑制细菌 DNA 合成（D）。

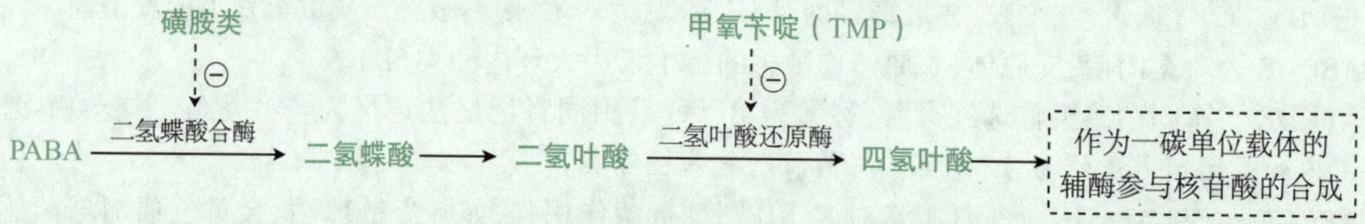

179. ABCDE　180. ABCDE　181. ABCDE　①氟康唑是广谱抗真菌药，对隐球菌属、念珠菌属、球孢子菌属等均有作用（D）。②麻风病是由麻风杆菌引起的特异性感染，利福平可快速杀灭麻风杆菌，毒性小，常用于麻风病的治疗（A）。③环磷酰胺是一种常用的烷化剂，其免疫抑制作用强，常用于治疗器官移植后的排斥反应（E）。④利巴韦林为抗病毒药。伯氨喹为控制疟疾复发和传播的药物。

182. ABCDE　①异烟肼的结构与维生素 B_6 相似，长期服用异烟肼可使维生素 B_6 排泄增加而致体内缺乏，导致周围神经炎（B）。②利福平的不良反应为胃肠道反应、肝毒性。阿昔洛韦的不良反应为胃肠功能紊乱、头痛和斑疹。吡嗪酰胺的不良反应为肝损害。卡那霉素的不良反应为耳毒性、肾毒性。

183. ABCDE　利福平抗菌谱广且作用强大，对结核分枝杆菌、麻风杆菌、多种球菌（金黄色葡萄球菌、脑膜炎奈瑟菌）、G^- 菌（大肠埃希菌、变形杆菌、流感杆菌等）均有抗菌活性。A、B、C、D 均对麻风杆菌无效。

184. ABCDE　利福平在大剂量间隔使用时，可出现发热、寒战、头痛、肌肉痛等类似感冒的症状，称为流感综合征，其发生频率与剂量大小、间隔时间有关，答案为 A。

185. ABCDE　186. ABCDE　①异烟肼对各种类型的结核病均为首选药，故答 C。②对铜绿假单胞菌最敏感的氨基糖苷类抗生素是妥布霉素，最敏感的喹诺酮类抗生素是环丙沙星（E）。③磺胺嘧啶对 A 群链球菌、肺炎链球菌、脑膜炎奈瑟菌等敏感。四环素不良反应严重，一般不作为首选药。甲氧苄啶一般与磺胺甲噁唑组成复方制剂应用于临床。

187. ABCDE　188. ABCDE　①红霉素属于大环内酯类抗生素，对军团菌、布鲁斯菌、百日咳鲍特菌、流感杆菌等高度敏感（E）。②利福平不仅对结核分枝杆菌敏感，而且对麻风杆菌有效（D）。③庆大霉素、乙胺嘧啶、头孢噻肟均对军团菌、结核分枝杆菌、麻风杆菌无效。

189. ABCDE　抗疟药作用于疟原虫生活史的不同环节，从而抑制或杀灭疟原虫。根据用药目的，将抗疟药分为3类。①主要用于控制症状的药物：如氯喹、奎宁、青蒿素等，均能杀灭红细胞内期裂殖体，控制症状；②主要用于控制远期复发和传播的药物：如伯氨喹，能杀灭肝脏中的休眠子，控制疟疾的远期复发；并能杀灭各种疟原虫的配子体，控制疟疾传播；③主要用于病因预防的药物：如乙胺嘧啶，能杀灭红细胞外期的子孢子，发挥病因预防作用（A对）。

190. ABCDE　①患者应诊断为间日疟。伯氨喹能杀灭肝脏中的休眠子，控制疟疾的远期复发（D）。②乙胺嘧啶常用于病因性预防。奎宁常用于控制间日疟的症状。青蒿素常用于脑性疟的抢救及耐氯喹的恶性疟的治疗。甲氟喹主要用于控制疟疾症状，但起效较慢。

191. ABCDE　192. ABCDE　①氯喹对各种疟原虫的红细胞内期裂殖体均有较强的杀灭作用，能迅速有效地控制疟疾的临床发作，因此是控制间日疟发作的首选药物。虽然氯喹和奎宁都可控制间日疟的发作症状，但临床上氯喹较奎宁常用，故答C而不是E。②伯氨喹能杀灭肝脏中的休眠子，控制疟疾的远期复发（D）。③吡喹酮常用于治疗血吸虫病。乙胺嘧啶常用于疟疾病因性预防。

193. ABCDE　194. ABCDE　①氯喹和奎宁都是控制普通型疟疾发作症状的药物，但临床上氯喹较奎宁常用，故答B而不是C。②防止疟疾复发的药物是伯氨喹（E）。

195. ABCDE　196. ABCDE　①阿霉素的不良反应包括心脏毒性（最严重）、骨髓抑制、消化道反应、皮肤色素沉着、脱发等（A）。②顺铂的不良反应包括骨髓抑制、消化道反应、周围神经炎、耳毒性、大剂量可致肾毒性（D）。

197. ABCDE　198. ABCDE　①长春新碱的不良反应包括周围神经炎、骨髓抑制、消化道反应、脱发等（C）。②阿霉素最严重的不良反应为心脏毒性，可表现为心肌退行性变、心肌间质水肿等（D）。③环磷酰胺的不良反应包括骨髓抑制、恶心呕吐、脱发、出血性膀胱炎等。甲氨蝶呤的不良反应包括口腔炎、胃炎、腹泻、便血、骨髓抑制、肝肾损害等。左旋门冬酰胺酶的不良反应包括肝功能损害、胰腺炎、凝血因子及白蛋白合成减少、过敏反应等。

第九篇　医学心理学试题答案及详细解答

（正确答案为绿色的选项）

1. ABCDE　医学心理学的具体任务包括：①心理社会因素在疾病的发生、发展和变化过程中的作用规律；②心理评估手段在疾病的诊断、治疗、护理与预防中的作用；③运用心理治疗的方法达到治病、防病和养生保健的目的；④患者心理活动的特点及心理护理方法的运用。显然不包括“医院管理中存在的心理问题系统的解决方法”这些具体的事情，答案为C。

2. ABCDE　①B、C、D、E为医学模式的几个不同阶段，故不答A。②1977年，美国医生恩格尔提出了生物-心理-社会医学模式。该模式认为，当在思考人类的疾病和健康问题时，无论是致病、治疗，还是预防和康复，都应将人视为一个整体，充分考虑到心理因素和社会因素的作用，综合考虑各方面因素的交互作用，而不能机械地将它们分割开(E)。③生物医学模式以哈维提出的血液循环学说为标志，是以生物躯体为中心的生物医学观点。④自然哲学的医学模式于公元前3000年前后开始出现。希波克拉底指出：“治病先治人”“一是语言，二是药物”的治疗观，属于自然哲学的医学模式观点。⑤神灵主义的医学模式大约形成于1万年以前的原始社会。由于当时的生产力水平极为低下，科学思想尚未确立，人们对健康和疾病的理解是超自然的，相信万物有灵，认为人类的生命和健康由神灵所主宰，疾病和灾祸是天谴神罚。

3. ABCDE　医学模式的发展经历了以下几个阶段。①神灵主义医学模式：大约形成于1万年以前的原始社会。由于当时的生产力水平极为低下，科学思想尚未确立，人们对健康和疾病的理解是超自然的，相信“万物有灵”，认为人类的生命和健康由神灵所主宰，疾病和灾祸是天谴神罚。②自然哲学医学模式：公元前3000年前后开始出现。中医典籍中有关“天人合一”“天人相应”的观点，正是这一模式的反映，这一观点至今仍有一定的指导意义，但毕竟是基于朴素的唯物论，带有一定的局限性。③生物医学模式：形成于欧洲14~17世纪的文艺复兴运动。哈维等人提出的血液循环学说，把医学推向了一个新的时期，这就是以生物躯体为中心的生物医学观的时期。④生物-心理-社会医学模式：该模式认为，在思考人类的疾病和健康问题的时候，无论是致病、治病、预防及康复，都应将人视为一个整体，充分考虑到心理因素和社会因素的作用，综合考虑各方面因素的交互作用，而不能机械地将它们分割开。

4. ABCDE　医学心理学的6个基本观点为：①心身统一的观点；②社会对个体影响的观点；③认知评价的观点；④主动适应和调节的观点；⑤情绪因素作用的观点；⑥个性特征作用的观点——面对同样的社会应激，有的人得病，有的人则游刃有余，很快渡过难关，这之中与不同人的个性特征有十分密切的关系。

5. ABCDE　医学心理学的基本观点包括心身统一的观点、社会对个体影响的观点、认知评价的观点、情绪因素作用的观点、个性特征作用的观点、主动适应和调节的观点（不是被动适应的观点）。

6. ABCDE　医学心理学是研究人的疾病和健康及其相互转化过程中所涉及的各种心理行为问题及解决这些问题的方法和措施。也就是说，医学心理学要解决各种影响人们身心健康的心理学问题。

7. ABCDE　人的心理本质体现在：心理是脑的功能，脑是心理活动的器官；客观现实是心理的源泉和内容，人的一切心理活动都是人脑对客观现实的能动反映。心理是人脑对客观物质世界的主观反映，而不是客观反映(E错)。

8. ABCDE　①形象思维是指依赖事物的具体形象和已有的表象解决问题的思维。如外科医生思考第2天所做手术时，在他头脑中会出现若干正常手术过程及其手术意外的场景(A)。②聚合思维是指将问题提供的各种信息聚合起来，得出一个正确的或最好的答案。发散思维是指根据已有信息，从不同角度、不同方向思考，寻求多样性答案的一种展开性思维方式。抽象思维是指运用概念进行判断、推理的思维活动。创造性思维是指具有主动性和独创性的思维。

9. ABCDE　按需要的起源和发展，可将人的需要分为生物性需要和社会性需要。生物性需要是指维持个体保存和种族延续而产生的需要，如空气、食物、水、休息、配偶等。社会性需要是指人在社会活动中为适应社会生活而产生的需要，如交往、求知、劳动、尊重等。

10. ABCDE　①由于刺激物对感受器的持续作用，从而使感受性提高或降低的现象，称为感觉适应。如刚进入电影院时，除了屏幕什么也看不见，过一会则能看清座位上的观众，这种现象称为暗适应，是视觉感受性的提高。在各种感觉中，嗅觉的适应性最强，“入芝兰之室，久而不知其香，入鲍鱼之肆久而不闻其臭”，就是指嗅觉适应(B)。②感觉过敏是指轻微感觉的刺激，引起患者强烈的感觉。感觉相互作用是指某种感觉器官受到刺激而对其他器官的感受性造成影响的现象。感觉减退是指对外界刺激的感受性降低。人的各种感受性都是在生活实践中发展起来的，在某种感受受损或缺失后，其他感受会予以补偿，这种现象称为感受性补偿。

11. ABCDE　感觉是人脑对直接作用于感觉器官的客观事物的个别属性的反映(A)。知觉是人脑对直接作用于感觉器官的客观事物的整体属性的反映(B)。

12. ABCDE　①知觉是人脑对直接作用于感觉器官的客观事物的整体属性的反映。知觉具有选择性、整体性、理解性和恒常性的特点。知觉的理解性是指人以知识经验为基础，对感知的事物加工处理，并用词语加以概括，用概念的形式反映事物的特征(D)。②知觉的多维性，是一个错误的概念，故不答A。知觉的整体性是指人根据自己的知识经验，把直接作用于感官的客观事物的多种属性整合为统一整体的过程。知觉的恒常性是指当知觉的客观条件在一定范围内改变时，知觉的映像仍然保持不变。知觉的选择性是指人类根据当前的需要，对外来的刺激物有选择地作为知觉对象进行加工的过程。

13. ABCDE　识记是个体获取经验，记住事物的过程，也就是外界信息输入大脑并进行编码的过程。识记的内容不能再认与回忆称为遗忘。德国心理学家艾宾豪斯(H · Ebbinghaus)通过实验研究，发现的遗忘曲线表明：①遗忘的速度是先快后慢，遗忘最快发生在识记后的第1天(A)，以识记后的第1小时最显著；②遗忘的数量随时间推移而增加；③1天以后，虽然时间间隔很长，但所剩的记忆内容基本上不再明显减少而趋于平稳。

14. ABCDE　迁移是指已获得的知识、技能和方法对解决新问题的影响。这种影响可能产生积极的、有利的作用，称为正迁移，如举一反三、触类旁通；也可能产生消极的、不利的作用，称为负迁移，如方言太浓可能影响普通话的正确发音等。

15. ABCDE　思维是人脑对客观现实概括的、间接的反映，是认识的高级形式。认知过程是指人们获得知识或应用知识的过程，是对客观世界的认识和察觉，包括感觉、知觉、记忆、思维与想象、注意等心理活动。因此思维是属于心理活动的认知过程，答案为B。

16. ABCDE　人类心理过程的认知过程是指人们获得知识或应用知识的过程，包括感觉、知觉、记忆、思维与想象、注意等心理活动，不包括信念(B)。

17. ABCDE　①注意是心理活动对某种事物的指向和集中，指向性和集中性是注意的两个特点(A)。②人格是指一个人的整个精神面貌，具有一定倾向性的、稳定的心理特征的总和。记忆是人脑对过去经历过的事物的反映。情感是人的高级心理现象，是人对精神性和社会性需要的态度性体验。想象是对大脑中已有表象进行加工改造，形成新形象的过程。

18. ABCDE　①认知过程是指人们获得知识或应用知识的过程，是对客观世界的认识和察觉，包括感觉、知觉、记忆、思维、注意、想象等心理活动(E)。②意志是人自觉地确定目的、支配行为、克服困难以实现预定目的的心理过程。人格倾向性是指对事物的选择性反应。人格特征包括倾向性、复杂性、独特性、稳定性、完整性和积极性。情感过程包括内心体验、外显行为和生理变化3个方面。

19. ABCDE ①人在生活过程中，个体经验的获得而引起行为发生相对持久变化的过程，称为学习(C)。②记忆是人脑对过去经历过的事物的反映。感觉是人脑对直接作用于感觉器官的客观事物的个别属性的反映，是最基本的认知过程。知觉是人脑对直接作用于感觉器官的客观事物的整体属性的反映。思维是人脑间接地概括地对客观事物的反映。

20. ABCDE 情绪和情感是对客观事物与个人需要之间关系的体验过程，是人对客观事物是否符合自身需要而产生的态度体验。从产生的基础和特征表现上来看，两者是有区别的：①情绪出现较早，多与人的生理性需要相联系；情感出现较晚，多与人的社会性需要相联系。②情绪是人和动物共有的，但只有人才会有情感。③情绪具有情景性和暂时性；情感则具有深刻性和稳定性(D对)。④情绪具有冲动性和明显的外部表现；情感则比较内隐。

21. ABCDE 20世纪60年代，美国心理学家沙赫特提出了情绪的产生受认知过程、环境刺激、生理反应3种因素的制约，其中，认知因素对情绪的产生起关键作用，故称为情绪认知理论。

22. ABCDE ①心境是指微弱而持久，带有渲染性的情绪状态(A)。②情绪状态分为心境、激情和应激3种状态，心情和热情不属于情绪状态，可首先排除C、D。激情是一种迅猛爆发、激动短暂的情绪状态。应激是指人们遇到某种危险或面临某种突然事变时，身心处于高度紧张的状态。

23. ABCDE 意志品质是指构成人意志的某些比较稳定的心理特征。①自觉性：意志的自觉性是指一个人有明确的行动目的，能主动地支配自己的行动，使其能达到既定目标的心理过程。它具体表现在意志行动过程中确定目的的自觉性、行动服从目的的自觉性、行动过程中克服困难的自觉性、行动结果时自我评价的自觉性。意志自觉性的品质，贯穿于意志行动的全过程，故答E。②坚韧性是指一个人在执行决定时能坚持到底，顽强地克服各种困难的意志品质。果断性是指一个人善于明辨是非、抓住时机、迅速而合理地作出决定，并实现所做决定的意志品质。自制力是指在意志行动中善于控制和约束自己的能力。C本身是错误的，故不答C。

24. ABCDE 美国心理学家马斯洛将需要分为5个不同的层次。①生理的需要：在人类的各种需要中占最强的优势，其中以饥饿和渴的需要为主；②安全的需要：如生命安全、财产安全、职业安全、心理安全等；③归属和爱的需要：当上述需要获得满足后，人类就会产生进一步的社会性需要，即归属和爱的需要；④尊重的需要：指个体对自身价值的认同；⑤自我实现的需要：在前四种需要获得满足的基础上产生的最高层次的需要，如理想、抱负的实现等。

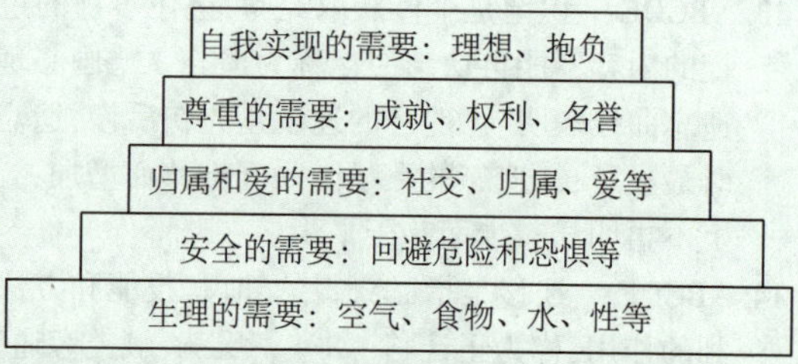

马斯洛需要层次理论

25. ABCDE 动机是推动人从事某种活动，并朝一个方向前进的内部动力，为实现一定目的而行动的原因。动机和人们的需要有着密切的联系，需要是动机的基础和根源。引起动机的内在条件是需要，引起动机的外在条件是诱因(E对)。诱因是指驱使机体产生一定行为的外部因素。

26. ABCDE 动机冲突分为双趋冲突、双避冲突、趋避冲突、双重趋避式冲突4类，不包括矛盾冲突。

27. ABCDE 动机冲突分为4种基本类型：①双趋冲突也称接近-接近式冲突，是指两个目标具有相同的吸引力，引起同样强度的动机，但无法同时实现，二者必择其一，即鱼和熊掌不可兼得。②双避冲突也称避-避式冲突，是指一个人同时受到两种事物的威胁，产生同等强度的逃避动机，但迫于情势，必须接受其中一个，才能避开另一个，处于左右为难，进退维谷的紧张状态，即前有狼，后有虎。③趋避冲突也称接近-避式冲突，是指一个人对同一事物同时产生两种动机，既向往得到它，同时又想拒绝和避开它，既对人有吸引力，又要付出代价。④双重趋避式冲突也称双重接近-避式冲突，是指人们常会遇到多个目标，每个目标对自己都有利有弊，反复权衡拿不定主意所产生的冲突。本例既对人有吸引力(参加比赛)，又要付出代价(被人讥笑)，因此属于趋避冲突(C)。

28. ABCDE 本例属于双避冲突,答案为B。

29. ABCDE 战士有两个目标(一个为参加抢洪救灾,另一个为回家探望生病的母亲)具有相同的吸引力,但这两个目标无法同时实现,二者必择其一,故属于双趋冲突。

30. ABCDE 31. ABCDE 32. ABCDE ①《传染病防治法》规定,淋病属于乙类传染病(B)。甲类传染病包括鼠疫、霍乱两种。按甲类管理的乙类传染病有4种,即传染性非典型肺炎、炭疽中的肺炭疽、人感染高致病性禽流感、脊髓灰质炎。②在临床诊疗过程中,医生应遵循保密守信原则,但若隐私涉及他人或社会的利益,对他人或社会具有一定的危害性时,可以解密。因此,本例中医生应劝说患者告知其妻子实情(C)。因医生应尊重患者的隐私,故不宜将实情直接告知其妻子。D、E显然不是正确答案。③医生一方面要将实情告知其妻子,另一方面患者拒绝将病情告知其妻子,医生处于左右为难,进退维谷的状态,属于双避冲突(C)。

33. ABCDE ①古希腊著名医学家希波克拉底将人的气质分为多血质、黏液质、胆汁质、抑郁质4种类型。胆汁质气质的人常表现为精力充沛,动作快而猛,有力,性急,易冲动,情绪易爆发,不易自制,活动中缺乏耐性(D)。②多血质常表现为活泼好动,敏感但不持久,注意力易转移,兴趣易变换,精力易分散。黏液质常表现为安静沉着,注意稳定,善忍耐,情绪反应慢,持久而不显露,容易冷淡。抑郁质常表现为敏感怯懦,情感体验深,稳定而不易表露,动作缓慢,有时近于呆板,易伤感,孤僻,善于观察细小事情。

34. ABCDE 希波克拉底将人的气质分为多血质、胆汁质、黏液质和抑郁质4种类型。①胆汁质(兴奋型):这种气质的人神经活动强而不均衡,兴奋性很高,脾气暴躁,性情直率,精力旺盛,能以很高的热情埋头事业。兴奋时,决心克服一切困难;精力耗尽时,情绪又一落千丈(C)。②多血质为活泼型,黏液质为安静型,抑郁质为抑制型气质。

35. ABCDE 36. ABCDE 性格是人在生活过程中形成,对客观现实稳固的态度,以及与之相适应的习惯了的行为方式。性格特征如下。①态度特征:主要表现在对各种社会关系的处理上,包括3方面,一是对社会、集体、他人的态度(如爱集体、善交际、有礼貌,还是孤僻、粗暴等);二是对工作、学习、生活的态度(认真负责,还是敷衍了事,得过且过);三是对自己的态度(如自信或自卑、羞怯或大方等);②情绪特征:包括情绪活动的强度、情绪的稳定性、情绪的持久性及主导心境;③意志特征:个体对自己行为自觉调整和控制的水平特点;④理智特征:指人们在感知觉、记忆、思维和想象等认知过程中所表现出现来的个体差异。

37. ABCDE Friedman(1965)提出的A型行为是指容易发生冠心病的行为模式,其特征为:①时间紧迫感,行为急促,说话快,走路快,办事快;②脾气暴躁,容易激动;③争强好胜;④对人有敌意等。A型行为性格的人容易得冠心病(C)。C型行为的人容易得溃疡病、哮喘、癌症、糖尿病、皮肤病等。

38. ABCDE ①A型行为的人有强烈的进取心和竞争欲,有时间紧迫感,脾气暴躁,容易激动,人际关系不协调,有敌意倾向(A对)。②B型行为的人与A型行为相反,缺乏竞争性,喜欢不紧张的工作,喜欢过松散的生活,无时间紧迫感,有耐心,无主动的敌意。③C型行为的人面对不愉快的、压力大的事情,比较压抑自己的情绪,过分的忍让,谦虚,过分依从社会,回避矛盾。④混合型行为的人表现为两种气质的综合。

39. ABCDE 心理卫生也称心理健康,是指以积极的、有效的心理活动,平稳的、正常的心理状态,对当前和发展着的社会、自然环境及自我内环境的变化具有良好的适应能力,并由此不断地发展健全的人格,提高生活质量,保持旺盛的精力和愉快的情绪。

40. ABCDE A、B、C、D、E均属于心理健康的标准。其中,智力正常是人正常生活的最基本的心理条件,是心理健康的首要标准。

41. ABCDE ①人际和谐是心理健康的标准之一,包括乐于与人交往,既有稳定而广泛的人际关系,又有知己的朋友;在交往中保持独立而完整的人格,有自知之明,不卑不亢;能客观评价别人,取人之长补己之短,宽以待人,乐于助人。②人际和谐不包括自我完善。

42. ABCDE ①心理健康的研究角度包括病理学角度、统计学角度和文化学角度,故可首先排除 B、C。②病理学角度是指脑的结构、生理生化方面发生障碍而出现的心理异常。统计学角度是指将大多数在统计坐标上分配居中(即接近平均数)者视为正常,而把两端视为异常。文化学角度是指依据个体的心理和行为是否符合社会生活环境与行为规范来判断心理是否健康的研究角度,可见正确答案为 D。

43. ABCDE 心理健康的标准有 5 条:智力正常,情绪良好,人际和谐,适应环境,人格完整,不包括意识清晰。

44. ABCDE 心理健康的 5 条标准为:智力正常、情绪良好、人际和谐、适应环境、人格完整(不是人格完美)。

45. ABCDE 心理健康的研究角度分为病理学角度、统计学角度、文化学角度。文化学角度认为人总是生活在一定的社会文化环境中,在正常情况下,人与其文化氛围应是协调一致的,可依照其社会生活的需要来适应和改造环境,故可从人的心理和行为是否符合其生活环境的要求,是否符合社会行为规范、道德标准等方面来判断。符合者为正常,否则为异常。这种标准也不是一成不变的,会随着时间的变迁而变化。

46. ABCDE ①应激源按属性可分为躯体性应激源、心理性应激源、社会性应激源、文化性应激源,可首先排除答案 D。②社会性应激源是指造成个人生活样式或风格的变化,并要求人们对其做出调整或适应的事件或刺激,如应激性生活事件、日常生活困扰、工作相关应激源、环境应激源等。躯体性应激源是指对人的躯体直接产生刺激作用的刺激物,如高温、低温、酸碱刺激、不良食物、微生物等。最为常见的文化性应激源是"文化性迁移",如由一种语言环境进入另一种语言环境,或由一个民族聚居区迁入另一个民族聚居区、一个国家迁入另一个国家。心理性应激源是指来自自身的紧张性信息,如心理冲突、不切实际的期望、不祥预感等。按照题意,正确答案为 C。

47. ABCDE ①社会支持是指在应激状态下的个体,受到来自社会各方面的心理上和物质上的支持或援助(D)。②催眠疗法是运用暗示的方法使患者进入一种特殊的意识状态,控制患者的心身活动,从而解除和治疗患者的心身问题,显然本例不属于催眠治疗。自我防御反应是指借助于自我防御机制,个体面对环境的挑战,对自己的应对效果作出新的解释,以减轻应激所引起的紧张和内心痛苦,本例显然没有自我防御。本例与专业思想教育无关,故不答 C。从题干可知,该新生未退学,没有回避应激源,故不答 E。

48. ABCDE 应对心理应激的方法包括:①消除、逃避或回避应激源。②调整对应激事件的认知和态度,常常需要降低期望值。③增加对应激事件的可控性和可预测性。④提高自身应对能力与经验。⑤采用自我防御机制。⑥学会放松和自我调节。⑦取得社会支持和安慰,利用各种有效的外在资源。⑧请心理咨询师或心理治疗师给予帮助,必要时选用适当药物。按照题意,正确答案为 B。

49. ABCDE 心身疾病是指心理社会因素在疾病的发生、发展过程中起重要作用的躯体性器质性疾病。心身疾病不包括神经症和精神病。2020 年真题。

50. ABCDE ①心身疾病是指心理社会因素在发病、发展过程中起重要作用的躯体器质性疾病。A 型行为的人易得冠心病,C 型行为的人容易得消化性溃疡、哮喘、癌症、糖尿病、皮肤病等。此外高血压的发病也与心理社会因素有关,也属于心身疾病。②精神分裂症不属于心身疾病,而属于精神病(A)。

51. ABCDE 个体应对应激的心理反应包括情绪反应、认知反应、行为反应 3 个方面。情绪反应包括焦虑、抑郁、恐惧、愤怒等。认知反应包括偏执、灾难化、反复沉思、闪回与闯入。行为反应分为积极的和消极的行为性应激,积极的行为应激反应包括问题解决策略和情绪缓解策略;消极的行为应激反应包括逃避与回避、退化与依赖、敌对与攻击、无助与自怜、物质滥用等。逃避是指已经接触应激源后远离应激源的行为;回避是指预先知道应激源会出现,而提前远离,如拖延、闭门不出、离家出走、离校、辞职等。可见,受到批评后选择辞职,属于消极的行为应激反应(D)。

52. ABCDE 在个体觉察到应激源的威胁后,通过心理和生理中介机制的整个作用产生心理、生理反应,这种变化称为应激反应,包括应激的生理反应和心理反应。应激的生理反应包括神经系统、内分泌系统和免疫系统反应。应激的心理反应包括情绪反应、认知反应和行为反应。①应激的情绪反应常表现为焦虑、抑郁、恐惧、愤怒。②应激的认知反应常表现为偏执、灾难化、反复沉思、闪回与闯入，其中偏执是指个体在应激后出现认知狭窄、偏激、钻牛角尖，平日非常理智的人变得固执、蛮不讲理。可见本例属于认知反应的偏执，故答案为 E 而不是 C，很多医考参考书将答案错为 C。③应激的行为反应包括积极和消极的行为性应激。

53. ABCDE　A、B、C、D、E 均属于应激的情绪反应。焦虑是个体预期将要发生危险或不良后果的事物时所表现的紧张、恐惧、担心等情绪状态。恐惧是个体企图摆脱、逃避某种情境，或面临、预感危险而又缺乏应付能力时产生的情绪(C)。愤怒是愿望得不到满足，实现愿望的行为一再受阻引起的紧张积累而产生的情绪。悲哀是个体失去某种他所重视和追求的事物时产生的情绪。

54. ABCDE　布雷迪(Brady)用“作抉择的猴子”实验说明应激与消化性溃疡的关系。让两只猴子各自坐在约束的椅子上，每 20 秒给一次电击。每个猴子都有一个压杆，其中一个若在接近 20 秒时压一下，能使两只猴子避免电击。否则，两只猴子便一起受到同样电击。因此，这只猴子总是惦记压杠杆，以免被电击；另一只猴子是否压杠杆与电击无关。结果表明，两只猴子被电击的次数和强度虽然一致，但疲于压杆的猴子患上了胃溃疡，另一只猴子却安然无恙，答案为 A。参阅 2 版 8 年制《医学心理学》P219。

55. ABCDE　①心理评估是根据心理学的理论和方法对人的心理品质及水平所作出鉴定，常用方法包括观察法、会谈法、调查法、心理测验法、作品分析法、临床评定量表。②心理评估常用的方法不包括实验法。

56. ABCDE　A、B、C、D、E 都属于心理评估的方法。会谈法的基本形式是主试者与被评估者面对面地进行语言交流，是心理评估中最常用的方法(A)。

57. ABCDE　A、B、C、D、E 都属于心理评估的方法。调查法是借助于各种问卷、调查表、晤谈等方式了解被评估者的心理特征。观察法是通过对被评估者的行为表现进行观察而进行心理评估。会谈法是主试者与被评估者面对面进行语言交流的评估方法。作品分析法是指通过分析被评估者的作品(如被评估者所作的日记、书信、图画、工艺等)评估其心理水平和心理状态。心理测验法是指用数量化手段对心理现象或行为进行测量的方法。按照题意，正确答案为 C。

58. ABCDE　①心理测验是一种心理测量的工具，是根据一定的法则和心理学原理，使用一定的操作程序，给人的认知、行为、情感的心理活动予以量化(C)。②心理评估是指根据心理学的理论和方法对人的心理品质及水平所作出的鉴定。

59. ABCDE　心理测验工作应遵守的原则如下。①标准化原则：因为心理测验是一种数量化手段，因此标准化原则必须坚持；②保密原则：包括测验工具的保密、测验结果的保密；③客观性原则：对结果作出评价时要遵循客观性原则，不能仅依靠一两次测验结果就下结论。信度、效度、常模为标准化心理测验的技术指标。

60. ABCDE　①心理测验的基本原则包括标准化原则、保密原则、客观性原则，故不答 B、D。保密原则是指有关测验的内容、答案、记分方法，只有做此项工作的有关人员才能掌握，不允许随意扩散，更不允许在出版物上公开发表，否则会影响测验结果的真实性(A)。②标准化原则是指测验工具的标准化，操作措施标准化，指导用语标准化。心理测验的结果只是测出来的东西，对结果作出评价时要遵循客观性原则。

61. ABCDE　①心理测验所遵循的原则包括标准化原则、保密原则和客观性原则，故不答 B、C。②心理测验的结果只是测出来的东西，所以对结果作出评价时要遵循客观性原则。对结果的解释要符合受试者的实际情况。如两个智力测验的结果，智商同样是 85 分，未接受过正规教育的老年人，可考虑他的智力水平基本正常；而另一个是大学教授，应考虑颅脑损伤所致的智力障碍(A)。③标准化原则是指测验工具的标准化，操作措施标准化，指导用语标准化。保密性原则包括测验工具的保密和测验结果的保密。

62. ABCDE　智力测验是评估智力的主要方法，根据智商(IQ)的不同，将智力水平划分为 9 个等级：天才

IQ = 145 ~ 160,极超常 IQ = 130 ~ 145,超常 IQ = 115 ~ 130,平常 IQ = 85 ~ 115,边界 IQ = 70 ~ 85,轻度智力低下 IQ = 55 ~ 70,中度智力低下 IQ = 40 ~ 55,重度智力低下 IQ = 25 ~ 40,极重度智力低下 IQ<25。试题数据取材于老版教材,与 7 版医学心理学 P83 数据不一致。

63. ABCDE ①Wechsler 提出的离差智商计算公式为:IQ = [15(X-M)]/S+100。式中,M 为该年龄阶段样本智力测验的平均成绩,X 为某受试者智力测验的成绩,S 为样本成绩的标准差。②比率智商由 Terman 提出,计算公式为 IQ = (MA/CA)×100。式中,MA 为心理年龄(智力年龄),是某一儿童在智力测验时成绩所达到的水平。CA 为实际年龄,即儿童在测验时的实际岁数。③C、D、E 都不是正确的心理学名称。

64. ABCDE ①作业法是非文字测验,让被检者进行实际操作,多用于测量感知和运动操作能力。②会谈法是主试者与被检者面对面交流的一种心理评估方法。投射法的测验材料无严谨的结构,如一些意义不明的图像、一片模糊的墨迹或一句不完整的句子,要求被检者根据自己的理解随意作出回答,借以诱导出被检者的经验、情绪或内心冲突。如洛夏墨迹测验即使用 10 张墨迹图,让被检者说出从图中看到了什么,通过被检者的想象而将其心理活动从内心深处投射出来。问卷法多采用结构式问题的方式,让被检者以“是”或“否”,或在有限的几种选项中作出回答的心理评估方法。观察法是指通过对被检者的行为表现直接或间接的观察而进行心理评估的一种方法。

65. ABCDE ①8 岁男孩学习成绩不好,心理治疗师首先应评估该男童的智力是否正常,8 岁男童多采用韦克斯勒儿童智力量表(WISC)进行评估,WISC 适用于 6 ~ 16 岁儿童,故答 A。②抑郁自评量表(SDS)主要用于评估患者的抑郁严重程度。卡特尔 16 项人格因素问卷(16PF)、艾森克人格问卷(EPQ)主要用于人格测验。焦虑自评量表(SAS)主要用于评估焦虑严重程度。

66. ABCDE ①比奈-西蒙量表由法国心理学家比纳(Binet)和西蒙(Simon)两人提出,是世界上最早的智力测验量表(A)。②常有的人格测量方法包括行为评定量表、投射测验、观察、晤谈、问卷法等。神经心理测验主要用于筛查患者有无神经病学问题,并初步判断是器质性或功能性问题。

67. ABCDE 人格测量主要分为两大类。①客观性人格测量:如艾森克人格问卷(EPQ)、明尼苏达多项人格调查表(MMPI)、卡特尔 16 项人格因素问卷(16PF)等。②投射性人格测量:如洛夏墨迹测验、主题统觉测验(TAT)等。16PF 由卡特尔(Cattell)采用主成分分析方法编制而成。他认为 16 个根源特质是构成人格的内在基础因素,测量这些特质即可知道人体的人格特征。16PF 用来测量以下特质:A 乐群性,B 智慧性,C 稳定性,E 恃强性,F 兴奋性,G 有恒性,H 敢为性,I 敏感性,L 怀疑性,M 幻想性,N 世故性,O 忧虑性,Q1 激进性,Q2 独立性,Q3 自律性,Q4 紧张性。

68. ABCDE ①投射测验是指观察个体对一些模糊的或者无结构材料所作的反应,通过被试的想象而将其心理活动从内心深处暴露或投射出来的一种测验,用于了解被试的人格特征和心理冲突。主题统觉测验(TAT)是由亨利·默里在 1938 年创立的,主试向被试者呈现模糊情景图片,要求被试者根据所给图片讲述一个故事,以了解被试者的人格特征(D)。②明尼苏达多项人格调查表、卡特尔 16 项人格因素问卷常用于人格测量。比奈智力量表常用于智力测验。SCL-90 项症状自评量表常用于心理测验。

69. ABCDE ①“受试者根据自己的理解和感受对一些意义不明的图像、墨迹作出回答,借以诱导出受试者的经验、情绪或内心冲突”,此为洛夏测验,是现代心理测验中最常用的投射测验(B)。②智力测验常采用比奈智力量表。运动测验常采用斯特龙伯格敏捷测验、奥康纳手指灵活测验等。感知测验常采用 B-L 视觉测验、视知觉发展测验(DTVP)等。人格测验常采用明尼苏达多项人格调查表、卡特尔 16 项人格因素问卷等。

70. ABCDE ①洛夏测验是现代心理测验中最主要的投射测验,其测验材料由 10 张结构模糊的墨迹图组成,常用于正常和异常人格的理论和临床研究(A)。②B、C、D、E 都是心理评估时常用的方法。

71. ABCDE ①明尼苏达多项人格调查表(MMPI)是编织者先以大量题目施测于效标组(临床已确诊的

心理异常者)和控制组(临床确定为无任何异常的正常人),然后比较两组被试者对每道题目的反应,选择两组反应明显不同的题目构成的。MMPI 以精神患者作为效标团体,可以协助医生对患者的精神状况作出诊断,并确定病情轻重,对疗效判断和病情预后有一定参考价值。②艾森克人格问卷(EPQ)、焦虑自评量表(SAS)一般用于正常人。SCL-90 为常用的自评量表。主题统觉测验(TAT)主要用于人格测量。

72. ABCDE ①弗洛伊德将意识结构分为 3 个层面,即意识、前意识和潜意识。潜意识也称无意识,是指人们对自己一些行为的真正原因和动机不能意识到,当被觉察到时会引起难堪和焦虑,所以常常被意识所排斥,但也常常在不经意中流露出来,如日常生活中的口误、笔误、做梦等。本例中,该经理在开幕式上致辞后宣布"会议闭幕",即为潜意识(无意识)的口误所致(A),参阅 3 版 8 年制《医学心理学》P16。②意识是指人们在清醒状态下能觉察到的各种有目的的心理活动。前意识是指在意识下面,平时不为人所知,但集中注意或加以提醒可进入意识。超我是理想的自我,代表一个人的良知、良心,是心灵的道德知觉和人们的理想抱负。本我是与生俱来的,具有生物的基本属性。

73. ABCDE 弗洛伊德把人的心理活动分为意识、潜意识和前意识 3 个层次。潜意识又称无意识,是人的心理活动的深层结构,是不能被人意识到的。正常人的大部分心理活动都是在潜意识中进行的。潜意识里的心理活动内容包括人的原始的盲目冲动、各种本能活动和被压抑的愿望(E)。

74. ABCDE ①精神分析学派弗洛伊德提出的心理地形学认为,人的心理活动分为意识、前意识、潜意识 3 个层次,故不答 A、E。②意识是指那些在任何时刻都被知觉到的心理要素,包括感觉系统所提供的对外部世界的感受、知觉及各种情绪体验。潜意识是指人的心理结构的深层,那些我们意识不到的,但激发我们大多数的言语、情感、行为的原始冲动或本能欲望。前意识介于意识和潜意识之间,包括所有当时意识不到,但在某些情况下可以意识到的那些心理因素。

75. ABCDE ①精神分析学派认为童年时的特殊事件或压抑在潜意识中的心理冲突是引起各种心理障碍的根源。精神分析师可耐心地倾听患者的自由联想,随患者的联想走进患者的潜意识世界,寻找精神障碍的病因,分析导致思维、情感、行为异常的无意识隐私,然后通过解释帮助患者逐步重新认识自己,使被压抑在潜意识的内容不断通过自由联想和梦的解析显露出来,以此达到治疗的目的。本例即可采用精神分析疗法进行治疗(B)。②生物反馈疗法主要用于治疗紧张性头痛、血管性头痛等。系统脱敏主要用于治疗焦虑症、恐怖症。眼动治疗主要用于创伤、灾难后的心理康复。放松训练常用于治疗焦虑症。

76. ABCDE 心理治疗的适应证包括各类神经症性障碍,如焦虑症、抑郁症、强迫症、恐惧症、躯体形式障碍、人格障碍、性心理障碍、恢复期(不是急性发作期)精神分裂症等。

77. ABCDE ①A、B、C、D、E 均属于精神分析法常用的技术。移情是指患者把自己早年生活中对某个人的情感或态度转移到治疗师身上。②投射是一种常见的心理防御机制,常将自己认为要不得的观念、品质归于他人,经常对他人怀有敌意,以减轻自己内心的不安和痛苦。患者迟到后大发雷霆,显然是一种投射的表象。释文是指心理治疗师对出现在自由联想、梦、阻抗和治疗关系中的行为进行解释或引导。变形是指梦中将潜意识的欲望或意念用其他相反的形式表现出来。象征是指用一种中性事物来替代一种忌讳的事物,可减少避免引起梦中自我的痛苦或创伤。

78. ABCDE ①移情是指患者将过去对其有重要影响的人物的情绪在与治疗者的关系里重现出来,表现为患者对治疗者产生强烈的情绪反应。焦虑患者将自己不安的心情(可能下雨、气温可能下降)移情至治疗师身上,故答 B。②认同和投射主要强调患者与治疗师之间的两人互动关系。象征是指用一种中性事物来替代一种忌讳的事物,以减少避免引起梦中自我的痛苦或创伤。阻抗是指患者抵制痛苦的治疗过程的各种力量。

79. ABCDE ①关系限定原则是指心理治疗师在心理治疗时,应按照本专业的道德规范与患者建立良好的治疗关系,不得利用患者对自己的信任或依赖谋取私利,不得与患者发展专业工作以外的社会关系

(D)。②真诚原则是指在心理治疗过程中,医生对患者要真诚。回避原则是指心理治疗师不要给亲友、熟人进行心理治疗。保密原则是指在心理治疗过程中,治疗师应尊重患者的权利和隐私。客观中立原则是指在心理治疗时,治疗师应保持中立的态度和立场。

80. ABCDE 心理治疗关系的建立原则如下。①单向性:治疗关系一旦建立,就是单向性的,一切为了患者的利益,它不同于友谊的双向互利关系(C)。②系统性:心理治疗有着明确的目的和对象,治疗者应采取一系列措施,有计划地帮助患者解决问题。③正式性:治疗者的目的和职责是给患者提供帮助,一切活动均不能超出这种关系约定的目标与范围。④时限性:治疗关系是以达到治疗目标为终结的,如果以后再有问题,还可以重新建立治疗关系。保密性为心理治疗原则,而不是心理治疗关系建立的原则,故不答A。

81. ABCDE ①厌恶疗法是用引起躯体痛苦反应的非条件刺激与形成不良行为的条件刺激结合,使患者发生不良行为的同时感到躯体的痛苦反应,从而对不良行为产生厌恶而使其逐渐消退。此法主要适用于恋物癖、性变态者、酒精依赖等。②人本主义疗法主要用于治疗轻度心理障碍。自由联想、梦的分析均属于精神分析疗法,主要用于治疗各种神经症、心境障碍。系统脱敏主要用于治疗恐惧症、癔症。

82. ABCDE ①厌恶疗法是一种通过轻微的惩罚来消除适应不良行为的治疗方法。当某种适应不良行为即将出现或正在出现时,当即给予一定的痛苦刺激,如轻微的电击、针刺或催吐剂,使其产生厌恶的主观体验。经过反复实施,患者最终放弃适应不良行为。②代币疗法是通过强化而产生某种期望的良好行为出现,故不答A。系统脱敏疗法、冲击疗法主要用于治疗恐惧症。习惯转换法为不规范化名称。

83. ABCDE ①代币疗法也称奖励标记法,是指通过强化而产生某种期望的良好行为的行为疗法。当来访者做出预期的良好行为表现时,马上就能获得奖励,即可得到强化,从而使来访者所表现的良好行为得以形成和巩固,同时使其不良行为得以消退。当孤独症患儿出现良好表现时,立即给予奖励(小星星)予以强化,即为代币疗法。②自我管理包括自我监督、自我奖赏、自我契约、刺激控制和自我榜样等,主要用于治疗贪食症、焦虑、抑郁等。系统脱敏、满灌疗法(冲击疗法)主要用于治疗恐怖症、癔症等。

84. ABCDE ①该患者应诊断为社交恐怖症。系统脱敏的最佳适应证是恐怖症,包括社交恐怖症、广场恐怖症等,因此本例应首选系统脱敏治疗(B)。②生物反馈疗法主要用于治疗紧张性头痛、血管性头痛等。自由联想属于精神分析疗法,主要用于治疗各种神经症、心境障碍等。催眠疗法主要用于治疗各种神经症、心身疾病等。人本主义疗法主要用于治疗轻度心理障碍。

85. ABCDE ①冲击疗法和系统脱敏法都是将患者置于他所惧怕的情境中,但前者是将患者一开始就暴露于他最惧怕的情境中,而后者是采取缓和的方法,逐步暴露于他所惧怕的情境中。前者能较快的消除恐惧症状,后者需时较长。答案为C而不是A。②惩罚法、习惯转换法都不是心理学规范名词,故不答B、E。厌恶疗法常用于治疗恋物癖、性变态者、酒精依赖等。

86. ABCDE ①患者对高压氧舱的封闭环境感到十分恐惧,应诊断为恐惧症。系统脱敏法和冲击疗法均可用于恐惧症的治疗。两者都是将患者暴露于患者所恐惧的情境中,前者是采用缓和的、逐步消除恐惧的方法,后者是在治疗开始时即将患者处于她所最害怕的情境中。根据题干,本例应诊断为冲击疗法而不是系统脱敏,故答D。②厌恶疗法常用于治疗露阴癖、酒精依赖等。放松疗法常用于治疗紧张性头痛、失眠症等。认知调整常用于改变患者的不良认知。

87. ABCDE ①以人为中心疗法的特点是:以来访者为中心,把心理治疗看成一个转变过程,非指令性治疗。其主要技术包括真诚一致、无条件的积极关注、共情(C)。②精神分析疗法主张通过内省的方式,以自由联想、精神疏泄、分析解释的方法,把压抑在"无意识"中的某些幼年时期的精神创伤或痛苦的体验挖掘出来,从中发现焦虑根源,启发并帮助患者彻底领悟而重新认识它,从而改变原有的病理模式,重建自己的人格,达到治疗的目的。行为疗法是根据行为学习、条件反射理论,消除和纠正异常并建立一种新的条件反射和行为的治疗方法。催眠疗法是指用催眠的方法,使来访者的意识范围变得极度狭窄,借助暗示性语言,以消除病理心理和躯体障碍的一种心理治疗方法。认知疗法是通过改变个体的认知过程和由这一过程中产生的观念，来纠正个体适应不良的情绪和行为。

88. ABCDE　①治疗焦虑症患者时，让其将内心的恐惧讲出来，治疗师只是认真倾听，不做指导，这是以人为本的人本主义理论(C)。②精神分析理论包括自由联想、阻抗、移情、释梦和解梦。认知行为学派认为个体对周围事件的认知影响其社会功能、情绪和行为。心理生理学派认为躯体器官的生理活动取决于遗传素质和个性特征。行为主义学派认为各种心理疾病和心身疾病的产生都是通过错误学习而习得的条件反射。

89. ABCDE　人本主义疗法的特点是以患者为中心，把心理治疗看成一个转变过程，而不是指令性治疗。治疗过程中，心理治疗师只是认真地倾听，而不做指令性指导(E)。

90. ABCDE　①厌恶疗法是将欲戒除的目标行为或症状与某种不愉快的或惩罚性的刺激相结合，反复多次，通过厌恶性条件作用，达到使患者最终因感到厌恶而戒除或减少目标行为的目的。厌恶疗法的主要适应证为恋物癖、性变态、嗜烟、酒精依赖、药物成瘾等。本例 13 岁小孩养成抽烟习惯，可行厌恶疗法戒烟。②条件反射是由条件刺激与非条件刺激在时间上的结合而建立起来的。E 为移情疗法。

91. ABCDE　①家庭治疗是以家庭为干预单位，通过会谈、行为作业及其他非言语技术消除病理现象，促进个体和家庭系统功能的心理治疗方法。循环提问是家庭治疗中最重要的提问技术(C)。②行为疗法是根据行为学习及条件反射，消除和纠正异常，并建立一种新的条件反射和行为的治疗方法。人本主义疗法是以人为本的治疗方法。精神分析疗法是通过内省的方式，以自由联想、精神疏泄、分析解释的方法，改变原有的病理模式，重建自己的人格，达到治疗目的。认知疗法是通过改变个体的认知过程和由这一过程中产生的观念，来纠正个体适应不良的情绪和行为。

92. ABCDE　心理治疗的原则包括信赖性原则(真诚原则)、整体性原则、发展性原则、个性化原则、中立性原则、保密性原则、回避性原则等，不包括正义原则(A)。

93. ABCDE　①B、D 不属于心理治疗的原则，因此可首先排除 B、D。②心理治疗的灵活原则是指治疗师应根据不同的病人、不同的病情阶段进行不同的治疗。中立原则是指治疗师在心理治疗过程中，应保持中立的态度和立场。回避性原则是指治疗师不能给亲友和熟人进行心理治疗。本例中，咨询师不替患者做出择友决定，显然遵守的是中立原则(C)。

94. ABCDE　①心理治疗的保密原则要求心理医师尊重患者的权利和隐私。②心理治疗的其他原则还包括：信赖原则、整体性原则、发展性原则、个性化原则、中立性原则、回避原则、尊重原则、接纳原则等。

95. ABCDE　①冥想结合深呼吸的方法来改善自己的情绪是自我调节放松的基本方法(D)。②取得社会支持是指在应激状态下个体受到来自社会各方面的心理上和物质上的支持或援助。恰当评估应激事件、自己的应对风格和能力，并能合理运用心理防御机制，能较好地适应和应对应激源。调整认知评价是指调整个体对应激事件所抱有的态度和信念。本例应激源(术后限制亲属探视)显然没有消除，故不答 C。

96. ABCDE　①心理咨询的中立原则要求咨询师不能替患者做任何决定(如是否离婚)，而应该逐步疏导，站在中立的角度去帮助她，让她自己做出是否离婚的决定(B)。②回避原则是指咨询师不能为亲友及熟人进行心理咨询。耐心原则不属于心理治疗的原则。综合原则是指治疗师应将各种心理治疗方法综合使用，才能取得良好的疗效。灵活原则是指治疗师应根据不同的病人、不同的病情阶段进行不同的治疗。

97. ABCDE　①保密原则是心理治疗的基本原则，要求治疗师应保护患者隐私。本例中，该治疗师故意对曾经治疗过的患者视而不见，是因为患者正和其熟人在一起，如果上前交谈势必会使熟人知晓患者的既往病史，不符合保密原则。因此，治疗师不理睬他的患者遵循的是心理治疗的保密原则(B)。②真诚原则是指心理治疗过程中，治疗师要真诚一致、无条件的积极关注患者，与患者建立相互信任的工作联盟。中立原则是指咨询师不能替患者做任何决定。回避原则是指咨询师不能为亲友及熟人进行心理咨询。灵活原则是指治疗师应根据不同的患者、不同的病情阶段进行不同的治疗。

98. ABCDE 心理治疗需患者主动参与,与治疗师建立相互信任的工作联盟,因此要求患者具有自主性。

99. ABCDE A、B、C、D、E 均属于心理治疗的原则,由于心理治疗中往往涉及个人隐私,交谈十分深入,因此不宜给熟人做心理治疗,此为回避原则。

100. ABCDE ①心理治疗中往往要涉及个人隐私,交谈十分深入,同时要保持中立,这些在亲友和熟人中都难以做到。因此,一般情况下要回避亲友和熟人进行心理治疗,此为心理治疗的回避原则(D)。②保密原则是指心理治疗师应尊重患者的隐私。真诚原则是指心理治疗过程中,治疗师要真诚一致、无条件的积极关注患者,与患者建立相互信任的工作联盟。中立原则是指治疗者不能替患者做任何决定。

101. ABCDE 心理咨询的手段如下。①接受其宣泄:指来咨询者将其郁积已久的情绪烦恼及变态行为倾诉给咨询人员的过程。②帮助其领悟:指来询者在咨询人员的帮助下,全面深刻地认识其心理不适与情绪障碍的过程。③强化自我控制:可使来询者解除某种不良情绪状态与行为对自我的禁锢,协调个人与环境的关系,从而获得内心的和谐。④指导其放松:调节自我与环境的不协调,以乐观的态度对待人生。心理治疗的成功在一定程度上取决于治疗师能否唤起患者的希望、获得患者的信任,因此治疗初期的重点应放在建立一个适合患者与治疗师相互信任的工作联盟上,而不是"对质其懦弱"。

102. ABCDE 超纲题,此为危机干预试题。首先应对危机干预进行评估,确保当事人安全是工作的首要前提(包括对患者及相关人员其女友的保护)。同时对患者提供支持,选择相应的方法进行心理诊治,故答案为 C。

103. ABCDE 医患交谈应遵循的原则包括:尊重病人、有针对性、及时反馈。针对性原则是指医患交往毕竟是医疗活动的一部分,交谈应该有目的、有计划地进行,在交谈之前,医护人员应做好充分的准备,明确交谈的目的、步骤、方式(E)。A、B、C、D 都不是医患交谈的原则。

104. ABCDE 医患沟通中的非言语沟通是指通过表情动作、目光接触、周围环境信息等手段表达自己的情感,从而达到交往的目的。其沟通形式包括面部表情、身段姿势、目光接触、人际距离、语调表情等,不包括引导话题(A)。引导话题属于言语沟通。

105. ABCDE ①导致医患沟通障碍的因素可来自医患双方。在诊治过程中,若医生经常使用专业术语,未被患者理解,甚至造成患者误解,可造成医患沟通障碍。②依从性差是指患者对医嘱的执行率较低。医生使用专业术语,为沟通方式问题,并不表明医生同情心不够、信息缺乏。回忆不良是指患者记不住医嘱。

106. ABCDE 医患沟通过程中,医生采用以下措施有助于患者的记忆。①将医嘱内容进行归纳:所患疾病的名称,病情可能出现的变化,需要进一步做的检查,要进行的处理,生活方式做哪些改变等。②指导问题力求具体:对需要患者进行配合的要求应明确具体,不要一般而言或模糊笼统。③重要的医嘱首先提出:心理学中的首因效应提示最先认识的项目回忆最好。④语句表达通俗易懂,简洁明了。⑤复述可以增加记忆:在患者离开前让其将医嘱复述一遍,有利于增强记忆。

107. ABCDE 医生可以采取以下措施有助于加强患者对医嘱的记忆:①尽量采用书面形式,特别是重要的医嘱。②重要的医嘱首先提出,心理学中的首因效应提示最先认识的项目回忆最好。③让患者复述医嘱可增强记忆。④让患者将医嘱写下来,以便记忆。医嘱只说一次,显然不利于患者对医嘱的记忆,故答 A。

108. ABCDE ①除非某些重要医疗文书的签署,在医患沟通中很少采用书面沟通,故不答 A。②尽量不要采用医学术语进行医患沟通,以免造成对方误解。③医患沟通时,应抓住主要问题,并不是提供的信息越多越好。④医患沟通时,应善用问句,引导话题(D)。交谈过程必须围绕交谈目的,既要充分交流,又要简单明了。运用提问引导话题,有利于抓住核心问题。⑤医患沟通时,应善于表达态度和情感。

109. ABCDE 医患交往主要以口头语进行,医生不要以专业术语(如热量不超过 1200kcal、低盐低脂、低糖饮食)交流,否则患者难以理解,故答案为 D 而不是 A、B。糖尿病患者应控制碳水化合物的摄入,故不答 C、E。

110. ABCDE 医患关系是指医生和患者在健康与疾病问题上建立起来的真诚、信任、彼此尊重的人际关系，是一种特殊的人际关系。医患双方虽然在人格上是平等的，但医生与患者在疾病治疗方面的知识、信息、能力上是不对等的，故D错。A、B、C、E显然是正确的。

111. ABCDE　病人角色又称病人身份，是一种特殊的社会角色，是处于患病状态中同时有求医的要求和医疗行为的社会角色。①病人角色行为缺如是指病人未能进入病人角色，不承认自己是病人，虽然医生已做出疾病的诊断，但病人尚未意识到自己患病或不愿承认自己是病人（E）。②角色行为强化是指病人“小病大养”。角色行为冲突是指同一个体承担着多个社会角色，在适应病人角色过程中，与病前的各种角色发生心理冲突，而引起行为的不协调。角色行为减退是指个体进入病人角色后，由于某种原因又重新承担起本应免除的社会角色的责任，放弃病人角色去承担其他角色的活动。角色行为异常是指病人无法承受患病或不治之症的挫折和压力，对病人角色感到厌倦、悲观、绝望，由此导致行为异常。

112. ABCDE　患者被确诊为糖尿病，但本人不相信自己有病，此为病人角色行为缺如（B）。

113. ABCDE　①角色行为减退是指个体进入病人角色后，由于某种原因又重新承担起本应免除的社会角色的责任，放弃病人角色，去承担其正常时角色的责任和义务。本例先进入病人角色，接受手术，休息2个月后，再次正常工作，应诊断为角色行为减退。若患者从未进入病人角色，不承认自己有病，不接受手术，则诊断为角色行为缺如。②角色行为强化是指小病大养。角色行为异常是指病人无法承受患病或不治之症的挫折和压力，对病人角色感到厌倦、悲观、绝望，由此导致行为异常。角色行为冲突是指同一个体承担着多个社会角色，在适应病人角色过程中，与病前的各种角色发生心理冲突，而引起行为的不协调。

114. ABCDE　①角色行为冲突是指当多种社会地位和多种角色集于一人时，在其自身内部产生的冲突。个体在适应病人角色过程中，与其病前的各种角色发生心理冲突而引起行为的不协调。患者病前的社会角色是工程师，生病后需要休息和静养，但病人还是按照自己以往的习惯行事，自行离院回单位开会，从而引起角色行为冲突（E）。②角色行为强化即“小病大养”。角色行为异常是指病人无法承受患病或不治之症的挫折和压力，对病人角色感到厌倦、悲观、绝望，由此导致行为异常。角色行为适应是指病人与病人角色的期望基本相符合。角色行为缺如是指患者未能进入病人角色，不承认自己是病人。

115. ABCDE　角色行为异常是指病人无法承受患病或不治之症的挫折和压力，对病人角色感到厌倦、悲观、绝望，由此导致行为异常。本例因无法承受慢性肾衰竭的压力，而出现攻击性行为，应诊断为角色行为异常。

116. ABCDE　①角色行为适应是指患者基本上已与患者角色的“指定心理活动和行为模式”相符合，表现为比较冷静、客观地面对现实，“既来之，则安之”，关注自身的疾病，遵行医嘱，主动采取必要的措施减轻疾病（E）。②角色行为冲突是指同一个体承担着多个社会角色，在适应患者角色过程中，与病前的各种角色发生心理冲突，而使患者焦虑不安、烦恼、甚至痛苦等。角色行为减退是指个体进入病人角色后，由于某种原因又重新承担起本应免除的社会角色的责任，放弃病人角色去承担其他角色的活动。角色行为异常是指患者无法承受患病或患不治之症的挫折和压力，表现出悲观、绝望、冷漠。角色行为缺如是指病人未能进入患者角色，不承认自己是病人。

117. ABCDE　常见的求医行为分为3种：①主动求医行为：是指人们为治疗疾病、维护健康而主动寻求医疗帮助的行为。②被动求医行为：是指病人无法或无能力作出求医决定和实施求医行为，而由第三者帮助代为求医的行为，如婴幼儿、休克、昏迷、危重病人。③强制性求医行为：是指公共卫生机构或病人的监护人为了维护人群或病人的健康和安全，而给予强制性治疗的行为，主要对象是严重危害公众安全的传染病和精神病人。由病人的家长、家属或他人决定的求医类型，属于患者被动接受的被动求医（B）。

118. ABCDE　情绪不稳定是患病后普遍存在的情绪反应，病人控制能力下降，易激惹。可出现焦虑、行为退化、愤怒、抑郁、悲观、孤独、猜疑心加重等反应。行为退化是指其行为表现与年龄、社会角色不相称，退回到婴儿时期，患病后常有行为退化，表现为：以自我为中心，兴趣变得有限，情绪的依赖性增强，全神贯注于自己的机体功能(B)。

119. ABCDE ①儿童在患病期间，对父母更加依赖，对门诊或住院治疗造成与父母短时或相对较长时间的分离，会引起儿童的极大情绪反应，造成“分离性焦虑”情绪。②学龄期儿童初入院时有惧怕心理，缺乏安全感，表现为孤僻、胆怯、悲伤、焦虑等。③儿童患者一般不会出现抑郁心境，故答C。

120. ABCDE 青少年的情绪情感发展较快，特点如下。①情感丰富：自我情感、社会情感日益丰富。②情感倾向稳定：青少年的自我意识逐步发展，爱憎变得十分分明。③情绪强烈：青少年处于狂风怒涛时期，对很多事情均反应十分强烈。④情绪不稳定：时高时低，甚至上午情绪良好，下午就想自杀。⑤情绪心境化：可能出现较长时期的心情郁闷不乐，大多由生活事件所致。

121. ABCDE 心理护理的目标包括：①提供良好的心理环境；②满足患者的合理需求；③消除不良的情绪反应(B对)；④提高患者的适应能力。

122. ABCDE 心理护理的原则包括交往原则、服务性原则、主动性原则、启迪性原则、针对性原则、自我护理的原则。①针对性原则是指心理护理无统一的模式，它应根据每个患者在疾病的不同阶段所出现的不同心理状态，分别有针对性地采取各种对策(B)。②启迪性原则是指护士对患者进行心理护理，必须不断地运用医学知识及医学心理学知识向患者作宣传解释，给病人以启迪，从而消除患者对疾病的错误观点、错误认识，使患者正确对待疾病、对待治疗，并在态度上由被动转为主动。

第十篇　医学伦理学试题答案及详细解答

（正确答案为绿色的选项）

1. ABCDE　①伦理学学派众多，其中，规范伦理学、元伦理学、描述伦理学是学术界普遍接受的伦理学的三种基本类型。规范伦理学是指围绕着道德价值、道德义务和道德品质展开其理论形式，确定其道德原则、准则等行为规范的伦理学。规范伦理学又分为一般规范伦理学和应用规范伦理学。医学伦理学属于规范伦理学（E）。②元伦理学又称分析伦理学，是指研究伦理学本身，即对伦理学的性质、道德概念、道德逻辑分析和道德判断等进行研究，而不制定道德规范和价值标准，并且对任何道德规范、价值标准都采取中立立场的伦理学。描述伦理学又称记述伦理学，是指对道德现象的研究，既不涉及行为的善恶及其标准，也不谋求制定行为准则或规范，只是依据其特有的学科立场和方法对道德现象进行经验性描述和再现的伦理学。

2. ABCDE　①伦理学的基本理论有美德论、义务论和效果论等，效果论又称目的论、功利论，主张以行动者的行为所产生的可能或实际效果作为道德价值的评价标准。19世纪，英国哲学家杰里米·边沁和约翰·斯图亚特·密尔确立了功利论理论体系，被称为功利论主义之父。边沁主张所谓"善或好的东西"就是那些能够最大程度地促进人的快乐和减少痛苦的行为或事物，提出"最大多数人的最大幸福"原则（A）。密尔对边沁的功利主义进行了批判和修正，强调快乐不仅有量上的区别，也有质上的区别；不仅有肉体感官上的快乐，而且有精神上的快乐，且后者较前者更为高尚。②苏格拉底、亚里士多德为美德论的代表。康德为义务论的代表。

3. ABCDE　医学伦理学具有3个显著的特征：实践性、继承性、时代性，故答B。

4. ABCDE　①此语出自晋代名医杨泉《物理论》，答案为A。②唐代孙思邈的常考名言为：《备急千金要方》"人命至重，有贵千金，一方济之，德逾于此"，《大医精诚论》"大慈恻隐之心，好生之德"，"普同一等，一心赴救"。宋代林逋的常考名言为：《省心录·论医》"无恒德者，不可以为医"。

5. ABCDE　①《大医精诚论》的作者是唐代孙思邈（D）。②《伤寒杂病论》的作者是东汉张仲景。华佗、扁鹊为古代名医。希波克拉底是古希腊《希波克拉底誓言》的作者。

6. ABCDE　医学伦理学的研究对象包括医学实践中所有的医德现象，即以医患关系道德为核心的医疗、预防、科研、健康诸方面的医德活动、医德关系、医德意识等。具体研究对象包括医务人员与患者及家属之间、医务人员相互之间、医务人员和社会之间、医务人员和医学科学发展之间的关系。

7. ABCDE　孙思邈是唐代名医，在《备急千金要方》中提出"人命至重，有贵千金，一方济之，德逾于此"。

8. ABCDE　医学伦理学是研究医学道德关系的科学，同时，它是医学与伦理学的交叉学科，是认识、解决医疗卫生实践和医学科学发展中人们之间、医学与社会之间伦理道德关系的科学（B）。

9. ABCDE　医学伦理学具有3个显著的特征。①实践性：医学伦理学是与实践密切相关的学科。②继承性：弘扬伦理道德是医学进步的基本条件和重要标志。③时代性：医学道德反映社会对医学的需求，为医学的发展导航，为符合道德的医学行为辩护是医学伦理学的任务。直接提高医务人员的医疗技术为临床医学的任务，而不是医学伦理学的任务（C错）。

10. ABCDE　①医学伦理学的基本观点包括生命观和人道观。人道观是关于为人之道的根本观点，简而言之就是应当把人当作人来对待的基本观点。医学人道观主要是指尊重患者的生命，尊重患者的人格，平等地对待患者，尊重患者的生命价值，其中尊重患者的生命是医学人道主义最基本的思想，尊重患者平等的医疗保健权利是医学人道观的基本主张和重要目标。②对患者尽量使用高新技术涉及医学新技术伦理，并不是医学人道观的基本内容(C)。

11. ABCDE ①尊重原则是指在医疗实践中，医务人员对患者的人格尊严及其自主性的尊重，包括尊重患者的生命权、人格尊严权、个人隐私权、自主选择权、知情同意权等。②社会免责权为患者角色的特征之一，而不属于尊重原则的基本内容(B)。

12. ABCDE ①医学伦理学的尊重原则是指在医疗实践中，医务人员对患者的人格尊严及其自主性的尊重。患者的自主性是指患者对与自己有关的医护问题，经过深思熟虑后，所作出的合乎理性的决定并据此采取行动。如知情同意、知情选择、要求保守秘密等。因此尊重原则要求医务人员尊重患者知情同意和选择的权利，对无行为能力的患者，应由其家属代理履行知情同意(A)。②有利原则是指在医疗实践中，医务人员的诊治、护理行为对患者有益，既能减轻痛苦，又能促进康复。不伤害原则是要求医务人员在诊疗护理过程中，不使患者的身心受到损伤。公正原则是指在同样有医疗需求的患者，应得到同样的医疗待遇。公益原则不属于医学伦理学的原则，故不答 D。

13. ABCDE 医学伦理学的尊重原则是指在医疗实践中，医务人员对患者的人格尊严及其自主性的尊重。患者享有人格权，所谓人格权，是一个人生下来即享有并应该得到肯定和保护的权利，如人的生命权、健康权、身体权、姓名权、肖像权、名誉权、隐私权、遗体权等。可见，医患纠纷的原因是患者的隐私权未得到医生的尊重(E)。

14. ABCDE 15. ABCDE 16. ABCDE ①不伤害原则是指医务人员在诊疗过程中，不使患者的身心受到损伤。因此，"医师检查病人时，由于消毒观念不强，造成交叉感染"违背了不伤害原则(A)。②有利原则是指医务人员的诊治行为以保护患者的利益、促进患者健康、增进其幸福为目的。有利原则应遵循最优化原则，当有利原则与其他原则发生冲突时，应抓住主要矛盾来处理。如医务人员的行为可使某个患者收益，但却给别的患者造成了较大的伤害。此时，给别的患者造成较大的伤害就是主要矛盾。因此，E 是违反有利原则的(E)。③尊重原则是指在医疗实践中，医务人员对患者的人格尊严及其自主性的尊重，对人格的尊重包括保护患者的隐私权。如果医务人员有高于保密的社会责任(如传染病报告)、隐私涉及他人或社会，且有对他人或社会构成伤害的危险及法律需要时可以解密。因此医师并不是满足患者的一切保密要求，故 B 项违反了尊重原则(B)。④C 遵守了不伤害原则。

17. ABCDE ①早在 2500 多年前，古希腊名医希波克拉底在其主要著作《希波克拉底誓言》中最早提出"不伤害原则、为患者利益原则和保密原则"(A)。②古罗马盖伦指出"作为医生，不可能一方面赚钱，一方面从事伟大的艺术——医学"。维萨里为近代解剖学的创始人。

18. ABCDE ①早在 2500 多年前，古希腊名医希波克拉底在其主要著作《希波克拉底誓言》中最早提出"不伤害原则、为患者利益原则和保密原则"(B)。②明代陈实功《外科正宗·医家五戒十要》就医生的专业学习、道德修养、言行举止、服务态度及如何处理好与同行之间的关系，做了明确论述。德国胡弗兰德《医德十二箴》论述了救死扶伤、治病救人。东汉张仲景《伤寒杂病论·自序》论述了"精研方术"，"爱人知人"，"上以疗君亲之疾，下以救贫贱之厄，中可保身长全"。1948 年，世界医协大会将《希波克拉底誓言》修定为《日内瓦宣言》，将它作为国际医务道德规范。

19. ABCDE ①临床上可能对患者造成伤害的情况有：医务人员的知识和技能低下；对患者的呼叫或提问置之不理；歧视、侮辱、谩骂患者或家属；强迫患者接受某项检查或治疗措施；施行不必要的检查或治疗；医务人员的行为疏忽，粗枝大叶；不适当地限制约束患者自由等。②为达到治疗的目的，可对某些患者，如烦躁不安者、躁狂症患者，给予适当地限制或约束，并不违反伤害原则(E)。

20. ABCDE 维护患者的健康和生命，捍卫患者的正当权益，是医务人员的共同义务和天职(A)。

21. ABCDE ①有利原则是指医务人员的诊治、护理行为对患者有益，既能减轻痛苦，又能促进康复。有利原则要求医务人员的行为：要与解除患者的痛苦有关；可能减轻或解除患者的痛苦；对患者利害共存时，要使行为给患者带来最大的利益和最小的伤害；为使患者受益而不会给他人带来太大的伤害。

②若医疗实践使患者受益,但给别人造成了较大的伤害,是不符合有利原则的(D)。③在人体试验中,受试者可能并不收益,但这种实验对社会大众有好处,这是不违反有利原则的,故不答 E。

22. ABCDE　医学伦理学的基本原则包括尊重原则、不伤害原则、有利原则和公正原则,不包括克己。

23. ABCDE　医疗公正是指社会上的每一个人都具有平等合理享受卫生资源或享有公平分配的权利,享有参与卫生资源的分配和使用的权利。在医疗实践中,公正不仅指形式上的公正,更强调公正的内容。

24. ABCDE　分配卫生资源时,应坚持公正的原则,包括绝对公正和相对公正。绝对公正是指对于基本医疗保健,应人人同样享有,即同样的人给予相同的待遇,对不同的人给予不同的待遇。相对公正是指对于特殊医疗保健,如稀有医疗资源分配,必须根据每个人的实际需要、能力和对社会的贡献为依据,其中医学标准是优先保证的首要标准,而不应该是个人之间的平均分配(B)。

25. ABCDE　公正原则包括形式公正和内容公正。形式公正是指对同样的人给予相同的待遇,对不同的人给予不同的待遇(A)。内容公正是指依据个人的地位、能力、贡献、需要等分配相应的负担和收益。

26. ABCDE　①公正原则是分配和实现医疗和健康利益的伦理原则。当代倡导的医学服务公正观,应该是形式公正与内容公正的有机统一。即具有同样医疗需要以及同等社会贡献和条件的患者,则得到同样的医疗待遇,不同的患者则分别享受有差别的医疗待遇(C)。②尊重原则、不伤害原则、有利原则也属于医学伦理学的基本原则。医学伦理原则不包括公益原则。

27. ABCDE　28. ABCDE　①公正原则要求分配基本医疗卫生资源时,做到绝对公正,即人人同样享有,故答 A。②在患者充分知情并同意后实施医疗决策,称为知情同意,此为尊重原则的具体体现,故答 E。③不伤害原则是指医务人员在整个医疗行为中,均应避免对患者造成伤害。有利原则是指医务人员的诊治、护理行为对患者有益,既能减轻痛苦,又能促进康复。整体性原则不属于医学伦理学基本原则。

29. ABCDE　30. ABCDE　①人体试验的伦理原则为:医学目的原则,知情同意原则,维护受试者利益的原则,随机对照原则。故临床诊疗或开展以人为研究对象的医学研究时,首先应坚持知情同意原则(A)。②医疗公正是指社会上的每一个人都具有平等合理享受卫生资源或享有公平分配的权利。人人享有卫生保健是公正原则的体现(E)。③B、D 为心理治疗的基本原则。C 为处以医际关系的原则。

31. ABCDE　①A、B、C、D、E 均属于我国《医疗机构从业人员行为规范》规定的医师行为规范。规范行医是指严格遵循临床诊疗和技术规范,使用适宜诊疗技术和药物,因病施治,合理医疗,不隐瞒、误导或夸大病情,不过度医疗(A)。②严格权限是指严格遵守医疗技术临床应用管理规范和单位内部规定的医师执业等级权限,不违规临床应用新的医疗技术。救死扶伤是指认真履行医师职责,积极救治,尽职尽责为患者服务,增强责任安全意识,努力防范和控制医疗责任差错事件。重视人文是指学习掌握人文医学知识,提高人文素质,对患者实行人文关怀,真诚、耐心与患者沟通。规范文书是指认真执行医疗文书书写与管理制度,规范书写、妥善保存病历材料,不隐匿、伪造或违规涂改、销毁医学文书及有关资料,不违规签署医学证明文件。

32. ABCDE　道德作为医学的本质特征蕴涵在医学实践之中。医务工作者献身于医学事业,崇高的道德境界就体现在他们所从事的认识疾病、治疗疾病的医学活动之中。A、B 不全面,D、E 本身为错误选项。

33. ABCDE　①医际关系是指医务人员之间的关系,正确处理医际关系的原则为:共同维护患者利益和社会公益;彼此平等,相互尊重;彼此独立,相互支持和帮助;彼此信任,相互协作和监督;相互学习,共同提高和发挥优势。答案为 B。②A 不正确,C、D、E 只是涵盖医际关系的一部分,不全面。

34. ABCDE　医务人员之间的相互关系称为医际关系。正确处理医际关系的原则为彼此信任,相互协作。

35. ABCDE　36. ABCDE　37. ABCDE　①医学伦理学的基本范畴包括:权利与义务,情感与良心,审慎与保密(B)。②医学伦理学的基本原则包括:不伤害,有利,尊重,公正(A)。③医学伦理学的基本规范为:救死扶伤,实现社会主义人道主义;尊重病人的人格与权力;文明礼貌服务;廉洁奉公,自觉遵守法纪,不以医谋私;为病人保守医密;互学互尊,团结协作;严谨求实,奋发进取,钻研医术,精益求精(C)。

38. ABCDE　医患关系是指医疗卫生活动中,以医务人员为一方和以患者及其家属为一方所建立的各种联系。从伦理上说,医患关系是一种信托关系,医务人员和医疗机构受患者的信托和委任,保障患者在诊治、护理过程中的健康利益不受损害,并有所促进。在这种关系中,患者缺乏医学知识,对医务人员和医疗机构抱着极大的信任,将自己的生命和健康交托给医务人员和医疗机构,促使医务人员努力维护患者的健康,完成患者的信托。医患双方在人格上是平等的非主从关系。

39. ABCDE 医患关系的本质特征是具有契约性质的信托关系。

40. ABCDE 医患关系的本质特征是具有契约性质的信托关系。

41. ABCDE 医患关系是一种具有契约性质的信托关系。从法律上说,医患关系是一种医疗契约关系。然而这种契约关系与一般的契约关系不完全相同,这种契约没有订立一般契约的相关程序和条款,承诺内容未必与要约内容完全一致,医方负有更重的义务,如注意义务、忠实义务、披露义务、保密义务,以及急危重症时强制的缔约义务等,对患者一方没有严格的约束力等。

42. ABCDE ①医患关系的基本模式分为 3 种类型:主动-被动型、指导-合作型和共同参与型,故不答 B、E。共同参与型是指在医疗活动中,医务人员与患者具有近似相等的权利和地位,医患双方共同制订并实施诊断方案。这种模式适用于患慢性病且具有一定医学科学知识水平的患者,故答 D。②主动-被动型是指在医疗活动中,医务人员处于完全主动的地位,而患者则处于完全被动的地位,这种模式适合于昏迷、休克、严重精神患者、严重智力低下、婴幼儿等。指导-合作型是指在医疗活动中,医患双方具有一定的主动性,但仍以医务人员为主,医务人员具有权威性并充当指导,患者接受医务人员的指导并主动或被动地进行配合,医患双方在一定程度上进行信息交流,这种模式主要适合于大多数患者,尤其是急性患者、虽然病情较重但神志清楚、能够表达表情而与医生合作的患者。

43. ABCDE 急性阑尾炎术后的患者神志清楚,病情较轻,可在医务人员指导下进行康复,因此可采用指导-合作型模式(C)。

44. ABCDE ①主动-被动型医患关系是指在医疗活动中,医务人员处于完全主动的地位,而患者则处于完全被动的地位,这种模式适合于昏迷、休克、严重精神患者(精神分裂症缺乏自知力)、严重智力低下(痴呆)、婴幼儿患者(C)。②焦虑障碍患者宜采用共同参与型(B)。

45. ABCDE 医患关系分为 A、B、C 三种类型。本例为昏迷患者,医患关系应属于主动-被动型(B)。

46. ABCDE 知情同意原则是临床诊疗的基本伦理原则,即在临床诊治过程中,医生在决定和实施诊疗措施前,都应向患者作出详尽的说明,并取得患者的充分理解,并表示同意。对于一些特殊检查、特殊治疗和手术,以患者本人签字为据(B)。

47. ABCDE 最优化原则是指医务人员在诊治疾病的过程中,从各种可能的诊治方案中选择代价最低而效果最优的方案。最优化原则要求医务人员做到:效果最佳、痛苦最小、耗费最少、安全无害。

48. ABCDE ①医务人员之间的医际关系特点包括协作性、平等性、同一性和竞争性,故不答 C。医务人员之间的竞争性体现在医疗质量、护理质量、诊疗水平、科研成果、服务内容等各个方面。竞争的目的是为了形成"比、学、赶、帮、超"的人际关系,以取得良好的医学角色地位,实现更好地为患者或人群服务的医德宗旨。②协作性是指医院的分科和医务人员的专业分工越来越细,面对一个患者往往需要诸多科室医务人员的共同努力和密切配合。平等性是指医务人员之间有职责分工不同,但没有高低贵贱之分,彼此处于相互平等的同志关系之中。同一性是指医务人员的一切诊疗活动,都以救死扶伤、防病治病,为人民的健康服务为宗旨。

49. ABCDE 《执业医师法》规定,医师在执业活动中具有下列权利:①在注册的执业范围内,进行医学诊查、疾病调查、医学处置、出具相应的医学证明文件,选择合理的医疗、预防、保健方案;②按照国务院卫生行政部门规定的标准,获得与本人执业活动相当的医疗设备基本条件;③从事医学研究(C)、学术交流、参加专业学术团体;④参加专业培训,接受继续医学教育;⑤在执业活动中,人格尊严、人身安全不受侵犯;⑥获取工资报酬和津贴,享受国家规定的福利待遇;⑦对所在机构的医疗、预防、保健工作和卫生行政部门的工作提出意见和建议,依法参与民主管理。A、B、D、E 均属于医生的道德义务,而不是法定权利。

50. ABCDE　医生的干涉权又称为医生的特殊权，是指在特定情况下，限制患者自主权利以达到对患者应尽责任的目的。医生干涉权的应用范围有：①精神病患者和自杀未遂等患者拒绝治疗时，可采取约束措施控制其行为；②在进行人体试验性治疗时，虽然患者已知情同意，但在出现高度危险时，医生必须终止试验以保护患者利益；③对需要进行隔离的传染病患者进行隔离（A 对）；④危重病患者要求了解自己疾病的真相，但当了解后很可能不利于诊治或产生不良后果时，医生有权隐瞒真相；⑤若患者要求提供不符合事实的病情介绍和证明，医生在了解情况、全面分析的基础上，能行使干涉权。

51. ABCDE　《执业医师法》规定，医生在执业活动中应履行的法定义务包括：①遵守法律、法规，遵守技术操作规范；②树立敬业精神，遵守职业道德，履行医师职责，尽职尽责为患者服务；③关心、爱护、尊重患者，保护患者的隐私；④努力钻研业务，更新知识，提高专业技术水平；⑤宣传卫生保健知识，对患者进行健康教育。答案为 E。

52. ABCDE　知情同意权是指在临床诊疗过程中，医务人员为患者作出诊断和治疗方案后，应当向患者提供包括诊断结论、治疗决策、病情预后及诊疗费用等方面的真实、充分的信息，使患者或家属经过深思熟虑后自主地作出选择，并以相应的方式表达其接受或拒绝此种诊疗方案的意愿和承诺。对于一些特殊检查、特殊治疗和手术，以患者或其家属（或监护人）签字为据。

53. ABCDE　①《医疗机构管理条例及其实施细则》规定，医疗机构对危重患者应当立即抢救，故不答 A、B、D。②在临床诊治过程中，医生应遵循知情同意原则。即医生在决定和实施诊疗措施前，应向患者（或家属）作详尽的说明，并取得患者或其家属的充分理解，并签字同意，故不答 C。排除 A、B、C、D，正确答案为 E。

54. ABCDE　①任何患者都有健康权，社区医师不应放弃对患者的诊治，故不答 A。患者生病，显然不应报告派出所，故不答 B。任何人都有信仰自由，故不答 C。除非是甲类传染病，否则不能对患者实行强制诊治，故不答 D。②患者具有知情同意权，对于拒绝接受治疗的患者，医师只能利用自己的专业知识，耐心解释，规劝其接受相应诊治，故答 E。

55. ABCDE　知情同意原则是指在临床诊疗过程中，医生在决定和实施诊疗措施前，都应向患者作详尽的说明，并取得患者的充分理解，并表示同意。对于一些特殊检查、特殊治疗和手术，以患者或其家属（或监护人）签字为据。有权同意具有完全民事行为能力且意识清醒的患者实施特殊治疗的人员是患者本人。

56. ABCDE　手术前的伦理要求是：①严格掌握手术指征，手术动机纯正；②患者或患者家属知情同意（A 对）；③认真做好术前准备，为手术的顺利进行创造条件。手术中的伦理要求是：①关心患者，体贴入微；②态度严肃，作风严谨；③精诚团结，密切协作。手术后的伦理要求是：①严密观察，勤于护理；②减轻痛苦，加速康复。可见正确答案为 A。

57. ABCDE　在医疗活动中，患者在道德上享有正当权利和利益的同时，也负有道德义务（D 错）。

58. ABCDE　①医际关系是指医疗活动中，医务人员之间的关系。医患关系是指医疗活动中，医务人员和患方的关系。可见，医际关系和医患关系都是在医疗实践活动中产生，因此医际关系与医患关系既互相独立又相互关联，良好的医际关系有助于形成良好的医患关系，反之良好的医患关系也有助于维持和谐的医际关系。当然，医际关系的恶化在一定程度上将对医患关系产生不良影响，医患关系的恶化也在一定程度上影响医际关系。②处理医际关系的伦理原则为：共同维护患者利益和社会公益；彼此平等，相互尊重；彼此独立，相互帮助；彼此信任，相互监督；相互学习，共同提高。处理医患关系的伦理原则为：相互尊重，平等协作；科学行医，文明就医；社会公益，以人为本；共同遵守法律和规章制度。故处理医际关系和医患关系所依据的伦理原则并不相同，参阅 8 年制《医学伦理学》P91、P94。

59. ABCDE　①知情同意是临床诊疗工作的基本伦理原则，A 显然不符合此原则。按照临床诊疗的患者至上原则，护士打错针后应马上告诉护士长采取应急措施，以保证患者安全（C 对）。②打错针后护士对患者进行了严密观察，但若发生过敏反应，来不及救治，则违背患者至上原则，故不选 B。根据常识，D、E 显然不正确。

60. ABCDE 体格检查时，医生应遵守的伦理要求为：①全面系统，认真细致；②关心体贴，减少痛苦；③尊重患者，心正无私。医生简单检查后漏诊宫外孕，违背了“全面系统，认真细致”的临床诊疗原则。

61. ABCDE 62. ABCDE 63. ABCDE ①医师开具精神药品处方时，首先应遵守《麻醉药品和精神药品管理条例》。②医生进行药物治疗的伦理要求为：“对症下药，剂量安全；合理配伍，细致观察；节约费用，公正分配”。B、D、E 均属于药物治疗的伦理要求，医生根据临床诊断选择相应的药物，为对症下药。③医生采取“多头堵”“大包围”的方式开具大处方，不符合“合理配伍”的用药原则。

64. ABCDE 65. ABCDE 66. ABCDE ①体格检查的伦理要求是：全面系统，认真细致；关心体贴，减少痛苦；尊重患者，心正无私(B)。②询问病史的伦理要求是：举止端庄，态度热情；全神贯注，语言得当；耐心倾听，正确引导(D)。③医务人员在手术中应遵循的伦理要求是：关心患者，体贴入微；态度严肃，作风严谨；精诚团结，密切协作(C)。④A 为辅助检查过程中，医技人员应遵循的伦理要求。廉洁奉公为药学技术人员应遵循的伦理要求。

67. ABCDE 68. ABCDE ①询问病史过程中，医师应遵守的伦理原则为：举止端庄，态度热情；全神贯注，语言得当；耐心倾听，正确引导(A)。②体格检查过程中，医师应遵守的伦理原则为：全面系统，认真细致；关心体贴，减少痛苦；尊重患者，心正无私(D)。③B 为辅助检查过程中，医技人员应遵守的伦理原则。C 为手术治疗前，医师应遵守的伦理原则。E 为药物治疗时，医师应遵守的伦理原则。

69. ABCDE 临终关怀是一种特殊服务，是指向临终患者及其家属提供包括医疗、护理、心理和社会等各方面的照护，目的是使临终患者的症状得到控制，痛苦得以缓解，生存质量得以提高(C)。

70. ABCDE 主动安乐死是指在无法挽救患者生命的情况下，医务人员或其他人采取措施主动结束患者生命或加速患者死亡的过程。实施安乐死的首要社会条件是安乐死合法化。由于安乐死在我国没有合法化，我国医务人员对于临终患者只能提供临终关怀，而不能实施安乐死(B)。

71. ABCDE ①消极安乐死也称被动安乐死，是指医生应临终患者或家属请求，不再给予积极治疗，而仅仅给予减轻痛苦的适当维持治疗，任其自行死亡。②积极安乐死又称主动安乐死，是指鉴于患者治愈无望，极度痛苦，应患者和家属的请求，医生采用药物或其他积极手段结束患者的生命，让其安然逝去。根据题干，本例显然不属于终止治疗，故不答 C。医助自杀是不规范的伦理学名词，故不答 E。

72. ABCDE 对于符合安乐死条件的病人，医生使用药物结束其痛苦的生命，称为主动安乐死。

73. ABCDE 实施脑死亡标准的伦理意义包括：①更科学地判断人的死亡；②维护了死者的尊严；③有利于节约卫生资源和减轻家属的负担；④有利于器官移植。其中，①②是实施脑死亡标准的动机和直接目的，③④是实施脑死亡标准的间接效果，故答案为 C。

74. ABCDE 2002 年，比利时成为世界上第二个安乐死合法化的国家。

75. ABCDE 公共卫生伦理原则如下。①全社会参与原则：公共卫生是全民的医学，以关注人群健康为宗旨，为达到预防疾病、促进健康和提高生活质量的目的，不能单靠医疗保健人员的孤军奋战，必须依靠政府、社会、团体和公众的广泛参与才能实现；②社会公益原则；③社会公正原则；④互助协同原则；⑤信息公开原则。B、C、D 为医学伦理学的基本原则。

76. ABCDE 公共卫生伦理原则包括全社会参与原则、社会公益原则、社会公正原则、互助协同原则和信息公开原则，不包括以患者为中心原则，故答 C。

77. ABCDE ①A、B、C、D、E 均属于公共卫生伦理原则。社会公益原则是指应将社会公共利益置于优先考虑的位置，并兼顾个人权利与健康福利，要坚持个人利益服从社会利益，坚持局部利益服从全局利益、眼前利益服从长远利益。对疑似甲类传染病患者予以隔离，该干预措施可能对个人效益很小，但对整个社会的健康却有很大的好处(B)。②社会公正原则是指公共卫生政策制定、资金的筹措、资源的分配、公共卫生相关信息的公开等都要坚持社会公正原则。互助协同原则是指公共卫生工作不仅需要全社会的参与,而且需要不同领域的人员相互协作。全社会参与原则是指公共卫生工作必须依靠政府、社会、团体及公众的广泛参与才能实现。信息公开原则是指让广大群众知晓预防疾病、防范和控制疫情的有关情况。

78. ABCDE　公共卫生从业人员在传染病防控中应遵循的伦理原则为:①积极开展传染病的防控,对广大群众的健康负责;②遵守国家法律规定,认真做好传染病的监测和报告,履行其道德和法律责任;③尊重科学,具有奉献精神;④尊重传染病患者的人格和权利;⑤严格执行隔离消毒措施和各项操作规程。医患冲突是临床医生与患者之间的矛盾,不属于公共卫生处理原则,故答 B。

79. ABCDE　80. ABCDE　①手术前让患者签署知情同意书是尊重原则的具体体现(C)。②公共卫生道德原则包括:全社会参与原则、社会公益原则、社会公正原则、互助协同原则、信息公开原则(A)。③有利原则和不伤害原则是医学伦理学的基本原则。医学目的原则为人体试验的伦理原则。

81. ABCDE　涉及人的生物医学研究首先应进行伦理审查,故不答 C。涉及人的生物医学研究应遵循的伦理原则包括:医学目的原则,知情同意原则,维护受试者利益的原则,随机对照原则、免费和补偿原则等。免费和补偿原则要求对受试者参加研究不得收取任何费用,对于受试者在受试过程中支出的合理费用还应给予适当补偿,故答 A。

82. ABCDE　动物实验应遵循的伦理要求包括:①尽可能用没有知觉的实验材料代替活体动物,或使用低等动物替代高等动物;②尽可能使用最少量的动物获取同样多的试验数据,或使用一定数量的动物获得更多的实验数据;③尽量减少非人道程序对动物的影响范围和程度。

83. ABCDE　涉及人的生物医学研究的伦理审查:①卫计委、省级卫生行政部门的医学伦理专家委员会是伦理审查指导的咨询组织,必要时可组织对重大科研项目的伦理审查;②各医疗卫生机构、疾病预防控制机构、科研院所、妇幼保健机构设立的伦理委员会,对本机构涉及人的生物医学研究进行伦理审查。

84. ABCDE　涉及人的生物医学研究进行伦理审查的目的旨在保护所有受试者的尊严、权利、安全和福利,保障研究结果的可信性,促进社会公正;同时,在某种意义上对科研人员也有一定的保护作用。

85. ABCDE　86. ABCDE　87. ABCDE　①唐代孙思邈《大医精诚论》"若有疾厄来求救者,不得问其贵贱贫富、长幼妍媸、怨亲善友、华夷愚智,普同一等,皆如至亲之想,亦不得瞻前顾后,自虑吉凶,护惜生命"(B)。②"凡我所耳闻目睹的关于人们的私生活,我绝不到处宣扬,我绝不泄露作为应该守密的一切细节",这段话是关于保守医学秘密的箴言,出自于《希波克拉底誓言》(E)。③"病人对某些科学研究拒绝参加时,绝对不能使医生和病人间的关系受到影响或妨碍",这段话是关于人体试验的箴言,出自于《赫尔辛基宣言》(C)。④"怪当今居世之士,曾不留神医药,精究方术。上以疗君亲之疾,下以救贫贱之厄,中以保身长全,以养其生",出自张仲景《伤寒杂病论》。⑤"我决心竭尽全力除人类病痛,助健康之完美,维护医术的圣洁和荣誉",出自国家教委高教司《医学生誓言》。

88. ABCDE　89. ABCDE　90. ABCDE　①在人体试验开始之前,让准备参加试验的人员知情同意,并签字;对缺乏或丧失自主能力的受试者,应由家属、监护人或代理人代表签署知情同意书。故"弱势人群若参加试验,需要监护人签字",体现了人体试验的知情同意原则(D)。②知情同意原则允许受试者在任何阶段无条件退出研究,即使已参加人体试验的受试者,在任何时候都可以退出试验,而无需得到专家的允许(E)。A 为人体试验的定义,故不答 A。B、C、D 显然不是正确答案。③在人体试验过程中,应遵循医学科学研究的规律,采用试验对照和双盲的方法(B)。

91. ABCDE　《人类辅助生殖技术和人类精子库伦理原则》规定:医务人员不得为任何女性实施代孕技术。

92. ABCDE　体外授精-胚胎移植技术引发的伦理问题包括:①供精、供卵、供胚胎、代孕的父母如何确定?②代孕母亲能否商业化?③剩余的胚胎、卵子如何处理?浪费胚胎、卵子是不是浪费生命?能否用于科学研究?④卵泡浆内单精子注射生育的后代风险高,那么如何权衡风险与收益?⑤是否可以利用胎儿和尸体的生殖细胞通过培育进行体外受精?《人类辅助生殖技术管理办法》第十七条规定,实施人类辅助生殖技术的医疗机构不得进行性别鉴定。

93. ABCDE ①《人类辅助生殖技术管理办法》第三条规定，医疗机构和医务人员不得实施任何形式的代孕技术（C错）。②A、B、D、E均为人类辅助生殖技术的操作方法。

94. ABCDE 《人类辅助生殖技术和人类精子库伦理原则》规定，供精者应是完全自愿地参加供精，并有权知道其精液的用途及限制供精次数的必要性，并签署知情同意书；供精者在心理、生理不适或其他情况下有权随时终止供精；应建立完善的供精者管理机制，严禁同一供精者多处供精并使5名以上妇女受孕；为保护供精者和受者夫妇及所出生后代的权益，供精者和受者夫妇应保持互盲，供精者和实施人类辅助生殖技术的医务人员应保持互盲，供精者和后代应保持互盲。可见，不是供精者与精子库的医务人员保持互盲，而是供精者与实施人类辅助生殖技术的医务人员应保持互盲（E错）。

95. ABCDE 2003年原卫生部发布《人类辅助生殖技术和人类精子库伦理原则》规定，同一供者的精子、卵子最多只能使5名妇女受孕（D）。

96. ABCDE 《人体器官移植条例》第八条规定，医疗机构摘取尸体器官的，必须取得死者配偶、成年子女、父母的书面同意。器官移植首先征得家属的知情同意是一个最基本的伦理原则（D）。

97. ABCDE ①参与器官移植的医生，不应在本地、本国或国际上从事宣传；不能参与死后捐赠器官者的死亡判断；不能接受器官接受者与提供器官移植器械、药品的厂家或公司的"红包"或任何馈赠；如果是伦理委员会成员的，要回避自己参加的器官移植的伦理审查，以防止利益冲突。②对尸体捐赠者，应坚持家属知情同意，医师准确无误地判定死亡后摘取器官，且参与抢救的人员不能参加手术移植。对器官分配，应坚持医学标准和参照社会价值标准，尽量做到公正分配，并且使器官得到最佳利用（B对）。

98. ABCDE 医学道德修养是指医务人员在医德方面所进行的自我教育、自我锻炼和自我陶冶的过程，以及在此基础上达到的医学道德境界（A）。

99. ABCDE 医学道德修养来源于医疗实践，又服务于实践，因此医务人员坚持医疗卫生保健实践是医学道德修养的根本途径和方法。同时还要坚持自觉、不断地学习医德理论知识和医学道德榜样人物、有的放矢、持之以恒、追求慎独等医学道德修养的途径或方法。

100. ABCDE 医学道德评价标准是判断医学道德行为善恶以及行为者品德优劣的价值尺度。其具体评价标准主要有：①是否有利于患者疾病的缓解和康复（C）；②是否有利于人类生存和环境的保护与改善；③是否有利于优生和人群的健康长寿；④是否有利于医学科学的发展和社会的进步。其中，第①条是医学道德评价的首要的至上标准，故答C而不是A、B。

101. ABCDE ①医学道德评价的方式分为3种，即社会舆论、传统习俗、内心信念，故不答A、C。②内心信念是指医务人员发自内心的对医学道德义务的真诚信仰和强烈的责任感，是对自己行为进行善恶评价的精神力量（D）。③社会舆论是众人对医务人员的医学伦理行为发表的各种议论、意见和看法，表明的褒贬态度和情感。传统习俗是人们在漫长的历史发展过程中逐渐积累形成和沿袭下来的习以为常的行为倾向、行为规范和道德风尚。

102. ABCDE 《医疗机构从业人员行为规范》中《医疗机构从业人员基本行为规范》"以人为本，践行宗旨"包括：坚持救死扶伤、防病治病的宗旨，发扬大医精诚理念和人道主义精神，以病人为中心，全心全意为人民服务。

103. ABCDE 104. ABCDE ①我国《医疗机构从业人员行为规范》规定，医疗机构从业人员的基本行为规范是：以人为本，践行宗旨；遵纪守法，依法执业；尊重患者，关爱生命；优质服务，医患和谐；廉洁自律，恪守医德；严谨求实，精益求精；爱岗敬业，团结协作；乐于奉献，热心公益（E）。②我国《医疗机构从业人员行为规范》规定，医师行为规范为：尊重科学，规范行医，重视人文，规范文书，严格报告，救死扶伤，严格权限，规范试验（D）。

105. ABCDE 106. ABCDE 107. ABCDE ①医疗机构从业人员理想的人格形象应是一种崇高医德人格，即"大医精诚"。其中，精是指医术修养达到高超水准，诚是指医德修养进入高尚境界。②全心全意为人民健康服务是医务人员在执业活动中的具体体现，也是医学道德的价值目标（D）。③防病治病，救死扶伤，保护人民健康是执业医师的神圣职责（E）。超纲题。

108. **ABCDE**　人体试验的基本伦理原则包括维护受试者利益原则、医学目的原则、知情同意原则、随机对照原则，其中首要原则是维护受试者利益原则。凡人体试验首先应考虑的是维护受试者的健康利益，必须有益于改进疾病的诊治、了解疾病的病因和发病机制。当这一原则与人体试验的其他原则发生矛盾时，应遵循这一原则，把这一原则放在高于科学与社会利益的位置。参阅 3 版《医学伦理学》P166。

第十一篇　医学统计学试题答案及详细解答

（正确答案为绿色的选项）

1. ABCDE　P 值是指由 H_0（无效假设）所规定的总体做重复随机抽样，获得≥（或≤）当前检验统计量的概率。在假设检验中，若 $P>\alpha$，则不拒绝 H_0，可得出统计学结论差异没有统计学意义，意为比较的总体本质可能无差异，样本统计量的差异由抽样误差引起的可能性很大。当拒绝 H_0 时，研究者相信比较的总体本质有差异，样本统计量间的差异不仅仅是由抽样误差造成的。

2. ABCDE　由于抽样不同引起的样本均数与总体均数之间的差异称为抽样误差。抽样误差产生的原因包括：①个体之间存在变异（B）；②抽样时只能抽取总体中的一部分样本。

3. ABCDE　统计工作分为实验设计、收集资料、整理资料和分析资料 4 个步骤。其中，实验设计是整个研究工作的基础，是指根据研究的目的，制订总的研究方案。

4. ABCDE　实验设计必须遵循 3 个基本的统计学原则，即对照原则、随机原则和重复原则。对照原则要求实验设计必须设立对照组，以衬托处理因素的效应。本药物试验没有合理地设计对照组，因此不能作出恰当的统计学结论，答案为 B。

5. ABCDE　统计变量分为定性变量、定量变量和有序变量 3 种类型。①定性变量：也称分类变量、计数资料，其观察值是定性的，为互不相容的类别或属性，包括分类变量（如职业、性别）和有序变量（如满意度的好坏）；②定量变量：也称计量资料，变量的观察值是定量的，如脉搏、白细胞计数等；③有序变量：也称半定量变量、等级资料，变量的观察值是定性的，但各类别（属性）之间有程度或顺序上的差别，如尿糖化验结果分为-、+、++、+++、++++，药物治疗效果分为显著、有效、好转、无效等。故答 B。

6. ABCDE　①定性变量的观察值是定性的，为互不相容的类别，如 ABO 血型即属于定性资料，故不答 D。②定量变量的观察值是定量的，其特点是能够用数值大小衡量其水平的高低，一般有计量单位，如年龄、腰围、体重即属于定量资料，故不答 A、C、E。③等级资料的观察值是定性的，但各属性之间有程度或顺序上的差别，如病情严重程度分为轻、中、重、危重等，答案为 B。

7. ABCDE　频数分布表由变量值的分组和各组段的例数构成，对资料的组数、组距、组段均有要求。组数通常选择在 8~15 之间，若资料在 100 例以上，一般取 10 组左右（答案为 B）。组距=（数据中的最大值-最小值）/组数，根据习惯和专业知识作适当的调整。

8. ABCDE　①平均数是描述数值变量资料集中趋势的指标，包括算术平均数、几何平均数与中位数。有些呈偏态分布的资料经过对数转换后呈对称分布，即可用几何均数描述其平均水平。如医学研究中的某些特殊资料，如抗体滴度、细菌计数、药物的平均效价等。本例描述的是血清抗体滴度，应选用几何平均数来描述集中趋势（D）。②标准差为描述资料变异程度的指标。极差、四分位间距为描述离散趋势的指标。算术平均数是描述计量资料集中趋势的指标。

9. ABCDE　①算术均数常用于描述对称分布变量的集中趋势，中位数常用于描述偏态分布变量的集中趋势，本例属于偏态分布资料，故应选用中位数作为描述集中趋势的指标。②标准差常用于描述正态分布或近似正态分布变量的离散程度。极差和四分位间距都是描述离散程度的指标，其中极差适用于任何类型的变量，但反映变异程度常常较粗略和不稳定；四分位间距主要用于反映偏态分布变量的离散程度。本例尿铅值呈偏态分布，故应选用四分位间距描述离散程度。答案为 C。

10. ABCDE　将一组观测值按从小到大的顺序排列，各等分含 1%的观察值，分割界限上的数值就是百分位数。某生理指标服从偏态分布，且过低属于异常，只要计算出 P_5，$>P_5$ 的数值即为95%正常参考值范围。

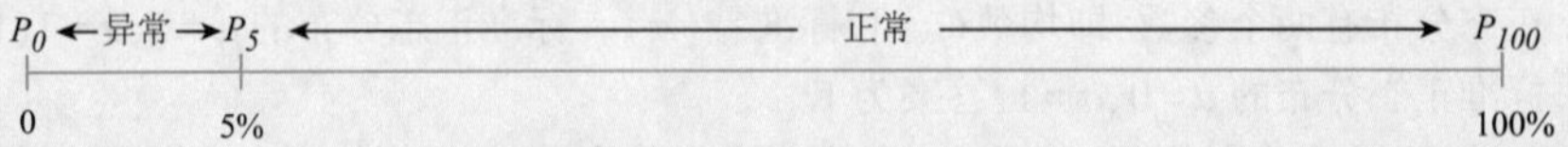

11. ABCDE　自由度 $\nu=n-1$（n 为样本例数），故本统计资料自由度 $=10-1=9$，答案为A。

12. ABCDE　①对定量资料的统计描述，若两组观察值度量单位相同，且均数相差不大时，使用标准差来直接比较两组数据的变异程度。若两组观察值度量单位不同或均数相差较大，则常用变异系数来比较两组数据的变异程度。由于身高和体重两组数据单位不同，因此比较两组数据变异程度的大小，只能选用变异系数（A）。②方差是描述多组数据变异程度的指标，一般不用于描述两组数据的变异程度。极差、四分位数间距是描述偏态分布资料离散程度的指标。

13. ABCDE　①两组正态分布的数值变量资料，均数相差很大，若比较离散趋势，宜选用的指标是变异系数。②A、B是描述偏态分布资料离散程度的指标。C是描述多组（并不是两组）数据变异程度的指标。两组正态分布的数值变量资料，均数相差不大，若比较离散趋势，宜选用的指标为标准差。

14. ABCDE　①变异系数常用于比较度量单位不同或均数相差较大的两组（或多组）观察值的变异程度（A）。②衡量正态分布变异程度的指标是均数（μ）和标准差（σ）。衡量测量准确度的指标是随机测量误差。衡量偏态分布变异程度的指标是四分位数间距。衡量样本抽样误差大小的指标是标准误。

15. ABCDE　①标准差是描述正态分布的数值变量资料离散程度的常用指标（D）。资料的变异程度越小，其标准差越小，说明观察值离散程度越小，也说明用均数反映平均水平的代表性越好。②全距（极差）是描述数据分布离散程度的指标。百分位数常用来描述资料的观察值序列在某百分位置的水平。变异系数常用于比较度量单位不同或均数相差较大的两组（或多组）观察值的变异程度。

16. ABCDE　①有些呈偏态分布的资料（如抗体滴度、细菌计数）经对数转换后呈对称分布，可使用几何均数描述其集中趋势（E）。②调和均数即倒数平均数，少用。众数是指一组数据中出现次数最多的数值。中位数常用于描述偏态分布资料的集中趋势。算术均数常用于描述正态分布资料的集中趋势。

17. ABCDE　18. ABCDE　①反映一组观察值离散程度的最好指标是标准差（D）。虽然四分位数间距也是反映离散趋势的指标，但因没有考虑全部观察值的变异度，故不答A。四分位数间距常用于描述偏态分布及分布的一端或两端无确切数值资料的离散程度。②若偏态分布资料一端或两端无确切的数值，描述其集中趋势的常用指标是中位数，因为中位数的确定仅取决于它在数据序列中的位置，而不是由全部观察值综合计算得出，因此不受少数特大值、特小值、两端数值的影响（C）。③算术均数、几何均数均属于描述正态分布资料集中趋势的指标。

19. ABCDE　标准差可反映全部观察值的离散程度，标准差越大说明观察值变异越大，数据越分散，均数代表性越差。标准差越小说明观察值离散程度越小，观察值越集中，均数反映平均水平的代表性越好。

20. ABCDE　正态分布是一种重要的连续分布的钟型曲线，以均数为中心，左右两侧基本对称，靠近均数两侧频数较多，离均数越远，频数越少，形成一个中间多，两侧逐渐减少，基本对称的分布。正态分布

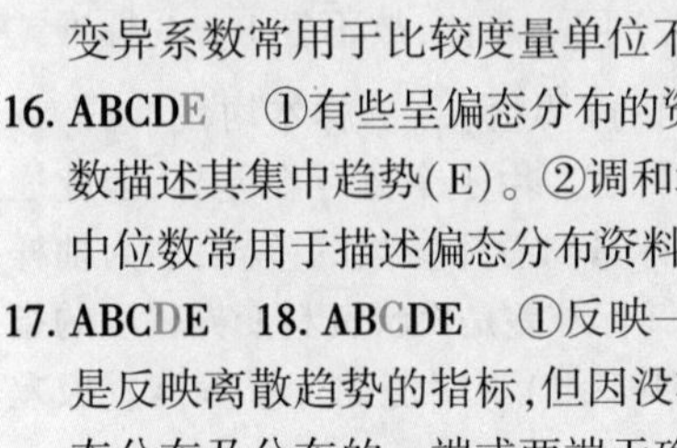

正态分布

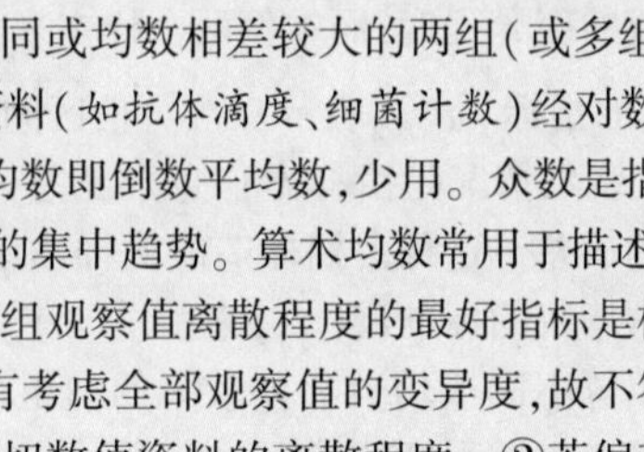

标准正态分布

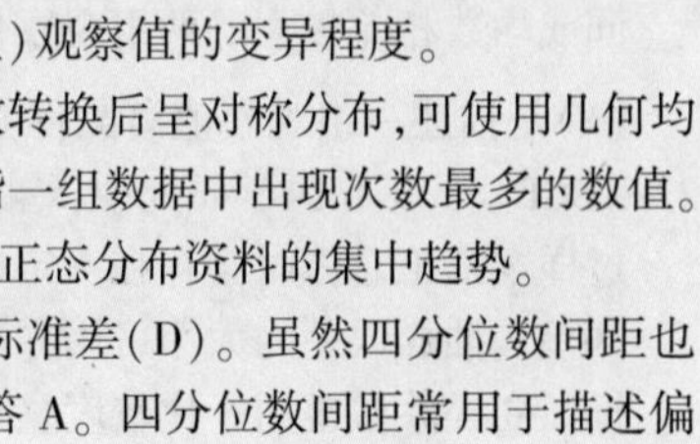

当ν趋近于∞时，t 分布逼近标准正态分布曲线

t 分布

有两个参数，即均数(μ)和标准差(σ)，答案为 B。

21. ABCDE　正态分布有两个参数，即均数(μ)和标准差(σ)。标准正态分布的$\mu=0$、$\sigma=1$(B)。

22. ABCDE　标准正态分布的$\mu=0$、$\sigma=1$，答案为 E。

23. ABCDE　①对于正态分布的资料，单侧 95%的医学参考值为 P_{95}。根据临床专业知识，血铅值过高为异常，因此血铅含量的 95%医学参考值范围为<P_{95}，故答 A。②$P_{2.5}\sim P_{97.5}$为双侧 95%医学参考值范围。

24. ABCDE　①在医学研究中，通过抽取样本推论总体时会存在一定的误差，如样本均数 $\overline{X}$ 往往不等于总体均数μ。这种由抽样造成的样本均数与总体均数的差异，称为抽样误差(D)。②系统误差是指由于仪器未调零、标准试剂未校正、医生掌握疗效的标准偏差，而造成的观察结果倾向性偏大或偏小。测量误差属于随机误差。B、C 说法本身是错误的。

25. ABCDE　抽样误差的大小用样本均数的标准误($\sigma_{\overline{X}}$)来衡量。

$$\sigma_{\overline{X}}=\frac{\sigma}{\sqrt{n}}$$

式中，σ 表示总体标准差，n 为样本例数，$\sigma_{\overline{X}}$ 为标准误。实际工作中，总体标准差 σ 往往是未知的，因此常常用样本均数标准误来反映均数抽样误差的大小。样本均数标准误的估计值 $S_{\overline{X}}$ 的计算公式为

$$S_{\overline{X}}=\frac{S}{\sqrt{n}}$$

26. ABCDE　①样本均数标准误($S_{\overline{X}}$)是反映均数抽样误差的大小的常用指标。$S_{\overline{X}}$ 越小，其样本均数越接近总体均数，即样本均数估计总体均数时更为可靠(A)。②变异系数(CV)常用于比较度量单位不同或均数相差较大的两组观察值的变异程度，而本例两个样本来源于同一总体，故不答 B。③标准差(S)是描述一组观察值离散程度的指标。$t_{0.05/2}$表示 95%可信区间内的 t 界值。$\overline{X}$ 为样本均数。

27. ABCDE　①在医学研究中，绝大多数情况是由样本信息推断总体特征。由于个体存在差异，因此通过样本推论总体时会存在一定的误差。这种由抽样造成的样本统计量与总体参数的差异，称为抽样误差。抽样误差的大小可用样本均数的标准误($\sigma_{\overline{X}}$)来衡量(E)。②标准差是反映资料变异程度的指标。变异系数常用于比较度量单位不同或均数相差较大的两组(或多组)观察值的变异程度。极差和四分位数间距都是反映偏态资料离散程度的指标。

28. ABCDE　对于抽样研究来说，抽样误差是不可避免的。抽样误差的大小可用样本均数的标准误($\sigma_{\overline{X}}$)来衡量。标准误是指样本均数的标准差，其计算公式为：

$$\sigma_{\overline{X}}=\frac{\sigma}{\sqrt{n}}$$

式中，σ 表示总体标准差，n 为样本例数，$\sigma_{\overline{X}}$ 为标准误。可见标准误与样本含量的平方根($\sqrt{n}$)成反比，说明在同一总体中随机抽样，样本含量 n 越大，标准误越小。因此，增加样本含量可减少抽样误差。

29. ABCDE

$$\text{样本均数的标准误 } S_{\overline{X}}=\frac{S}{\sqrt{n}}=\frac{\text{标准差}}{\sqrt{\text{样本例数}}}=\frac{0.7920}{\sqrt{100}}=0.0792$$

30. ABCDE　①参数估计是指用样本指标推断总体指标值，主要有两种方法，即点估计和区间估计，故可首先排除 A、D、E。②总体均数的点估计是直接用随机样本的样本均数作为总体均数的点估计值，总体均数的区间估计是按预先给定的概率($1-\alpha$)所确定的包含未知总体参数的一个范围。由于题干要求回答的是“总体均数所在的范围”，故答 B 而不是 C。

31. ABCDE　t 检验是一种假设检验，其目的是比较总体参数之间有无差别。两样本均数比较的 t 检验是由两样本均数去推断总体均数，比较两样本所属的总体均数是否相等(B)。

32. ABCDE　①两样本均数进行 t 检验的目的是推断两样本所代表的总体均数是否相等，因此无效假

设，应为：$H_0:\mu_1=\mu_2$，即两总体均数相等(C)。备择假设应为：$H_1:\mu_1\neq\mu_2$，即两总体均数不相等。②然后计算检验统计量，确定 P 值，判断两总体均数差异有无统计学意义。

33. ABCDE　正态分布的数值变量，两独立大样本($n>50$)均数的比较，采用 μ 检验，μ 值的计算公式为：

$$\mu=\frac{\overline{X}_1-\overline{X}_2}{S_{\overline{X}_1-\overline{X}_2}}$$

34. ABCDE　本例属于两独立样本均数的 t 检验，其目的是检验两样本所来自总体的均数是否相等。可见，t 检验了解的是两样本所代表的各自总体均数(而不是两样本的均数)是否存在差异，即不是检验甲、乙两组样本的均数(175cm 和 179cm)是否有差异，而是检验甲、乙两组均数所代表的甲、乙两地所有正常成年男子的总体均数是否相等，因此正确答案为 D。

35. ABCDE　概率(P)是描述某事件发生可能性大小的度量。在统计学上，统计推断的结论都是基于一定概率得出的，习惯上将 $P\leqslant0.05$ 的事件称为小概率事件，表示在一次试验中发生的可能性很小。作两样本均数差别的 t 检验时，P 值越小，说明当前试验结果显示的差别是由于“偶然”所致的可能性越小，那么就越有理由说两总体均数不同(C)。

36. ABCDE　统计学中，假设检验无论是拒绝无效假设(H_0)，还是不拒绝 H_0，都可能犯错误，其错误分为两类：①Ⅰ类错误即假阳性错误，是指拒绝了实际上成立的 H_0，属于“弃真”的错误，其统计学符号为检验水准 α。若取 $\alpha=0.05$，则犯Ⅰ类错误的概率为 0.05，即理论上每 100 次抽样有 5 次发生这类错误。②Ⅱ类错误为假阴性错误，即没有拒绝实际上不成立的 H_0，属于“存伪”的错误，其统计学符号为 β。当样本含量 n 固定时，α 越小则 β 越大，反之，α 越大则 β 越小(D)。

37. ABCDE　统计学中，假设检验无论是拒绝无效假设(H_0)，还是不拒绝 H_0，都可能犯错误，其错误分为两类：①Ⅰ类错误即假阳性错误，是指拒绝了实际上成立的 H_0，属于“弃真”的错误，其统计学符号为 α。②Ⅱ类错误为假阴性错误，即没有拒绝实际上不成立的 H_0，属于“存伪”的错误，其统计学符号为 β。同时减小 α 和 β 的唯一方法是增加样本含量(B)。

38. ABCDE　①率表示在一定范围内某现象的发生数与可能发生的总数之比，说明某现象出现的强度或频度。通常以百分率(%)、千分率(‰)、万分率(/万)、十万分率(/10 万)表示，答案为 A。

$$率=\frac{某事物或现象发生的实际数}{某事物或某现象发生的所有可能数}\times 比例基数$$

②构成比表示事物内部各个组成部分所占的比重，各部分相对数之和应为 100%。相对比表示有关事物指标之对比。均数和标准差常用于描述定量资料，而题干要求的是变量资料的描述，故不答 D、E。

39. ABCDE　率表示在一定范围内某现象的发生数与可能发生的总数之比，说明某现象出现的强度或频度。率=某事物或现象发生的实际数/某事物或某现象发生的所有可能数×比例基数。某一部分率的变化并不影响其他部分率的变化，且其平均率不能简单地将各率相加后平均求得(A)。

40. ABCDE　①在比较两个不同人群的患病率、发病率、死亡率等资料时，为消除其内部构成(如年龄、性别、病程长短、病情轻重等)对率的影响，可以使用标准化率进行比较。如本例由于甲、乙两地老年人组成比例不同，而年龄又是影响冠心病死亡的主要因素之一，因此不能用甲、乙两地的死亡率直接进行比较，而应计算标化率后再进行比较，以消除甲、乙两组年龄构成不同对死亡率的影响，故 A 对 E 错。②秩和检验主要适用于资料总体分布未知，或不符合参数检验条件资料的统计分析。两个率比较的 χ^2 检验、率的 Z 检验主要适用于资料总体分布已知的统计分析。

41. ABCDE　表中的数据都是构成比而不是发病率，因此将“构成比”与“率”混为一谈。构成比只能说明某事物内部各组成部分的比重和分布，不能说明该事物某一部分发生的强度和频率。说明某现象出现的强度或频率的指标是率，具体到本题就是“发病率”，答案为 B。

42. ABCDE　①比数比(OR)也称优势比，常用于流行病学中病例对照研究资料，估计某因素与疾病的联系程度。设 P 是某事件的发生率或发生概率，则比数 $Odds=P/(1-P)$。比数比是一种情况下，比数 $Odds1$ 与另一种情况下的比数 $Odds2$ 之比，其计算公式为：

$$OR=\frac{P_1/(1-P_1)}{P_0/(1-P_0)}=\frac{\text{疾病组的暴露数}}{\text{对照组的暴露数}}$$

②相对危险度（RR）是流行病学中常用的指标，表示在两种不同条件下某疾病发生的概率之比。

43. ABCDE 样本率与总体率比较，常采用 u 检验，其适用条件是：样本含量 n 足够大，样本率 P 和 $(1-P)$ 均不接近 0。此时 P 的分布近似正态分布，统计量 u 值的计算公式为：

$$u=\frac{|P-\pi|}{\sigma_P}=\frac{|P-\pi|}{\sqrt{\frac{\pi(1-\pi)}{n}}}$$

44. ABCDE 45. ABCDE 46. ABCDE ①本例属于两个样本总体率的比较。

本例中，$n_1=2110, X_1=226, P_1=226/2110=0.1071$

$n_2=7440, X_2=310, P_2=310/7440=0.0417$

$$P_C=\frac{X_1+X_2}{n_1+n_2}=\frac{226+310}{2110+7440}=536/9550=0.0561$$

因 $n>50$，且样本率 P 和 $(1-P)$ 均不接近 0，故用两个大样本率的 u 检验。

首先应建立假设，确定检验水准：

$H_0: \pi_1=\pi_2$，即 BMI≥25kg/m^2 者糖尿病患病率与 BMI<25kg/m^2 的糖尿病患病率两者相同。

$H_1: \pi_1>\pi_2$，即 BMI≥25kg/m^2 者糖尿病患病率高于 BMI<25kg/m^2 的糖尿病患病率。

$\alpha=0.05$

由于题干要求作答“BMI≥25kg/m^2 者糖尿病患病率是否高于 BMI<25kg/m^2 者”，故 H_1 假设应为 $\pi_1>\pi_2$，即单侧检验；若题干要求作答的是“两者患病率是否相等”，则 H_1 假设为 $\pi_1\neq\pi_2$，行双侧检验。

②两总体率的假设检验主要是通过在两个总体中分别进行抽样所得的样本率 P_1 和 P_2，来推断总体率 π_1 和 π_2 是否相等。根据二项分布的正态近似原理，两个大样本率的 u 检验的统计量：

$$u=\frac{|P_1-P_2|}{S_{P1-p2}}$$

③已知 $u_{0.05}=1.96$ 时，对应 $P=0.05$；$u_{0.01}=2.58$ 时，对应 $P=0.01$。本例计算出的 u 值 $=2.95$，即计算所得 u 值 $>u_{0.01}$，故 $P<0.01$。

47. ABCDE ①四格表资料两个样本总体率的比较，多采用 χ^2 检验。

进行 χ^2 检验时，首先建立假设，确定检验水准：

$H_0: \pi_1=\pi_2$，两个样本的总体率相等。

$H_1: \pi_1\neq\pi_2$，两个样本的总体率不等；$\alpha=0.05$

②然后计算统计量 χ^2 值。

③最后，查 χ^2 界值表，确定 P 值，推断结论。本例 $\chi^2>\chi^2_{0.05}$，故按 $\alpha=0.05$ 的水准，$P<0.05$，即两样本总体率有统计学差异，拒绝 H_0，接受 H_1，答案为 D。

48. ABCDE 进行 χ^2 检验时，计算得出的统计量 $\chi^2>\chi^2_{0.05}$，以 $\alpha=0.05$ 为水准，则推断 $P<0.05$，即两样本总体率有统计学差异，拒绝 $H_0(\pi_1=\pi_2)$，接受 $H_1(\pi_1\neq\pi_2)$，答案为 B。

49. ABCDE ①行×列表资料是指有两个或两个以上比较的组，记录的观察结果也有两个或两个以上。行×列表资料的 χ^2 检验用于两个以上率（或构成比）差异的比较。试题要求回答的是 4 组人群 4 种血型的分布是否有差别，即每组人群 4 种血型的构成比有无差别，此为 4 行×4 列资料总体率的统计学检验。故可以使用 4×4 列表资料的 χ^2 检验，答案为 E。②u 检验主要适用于大样本率与总体率的比较，或两个样本率的比较，即不能进行多组比较，故不答 A。回归分析主要研究分类反应变量与诸多自变量之间的相互关系。秩和检验主要适用于多个样本均数的比较，但任两总体方差不齐。t 检验主要适用于小样本均数与总体均数的比较，或两个小样本均数的比较，不能进行多组比较，故不答 D。

50. ABCDE　此为行×列表资料的 χ^2 检验，自由度 ν=（行数-1）（列数-1）=（4-1）（2-1）= 3。

51. ABCDE　52. ABCDE　53. ABCDE　①这是从 5 个样本率（5 个不同职业人群）推导出的 5 个总体率的比较，可以选用行×列表资料的 χ^2 检验。首先建立假设，确定检验水准：

$H_0:\pi_1=\pi_2=\pi_3=\pi_4=\pi_5$，即 5 种职业冠心病患病率的总体率相等。

$H_1:\pi_1\neq\pi_2\neq\pi_3\neq\pi_4\neq\pi_5$，即 5 种职业冠心病患病率的总体率不等。

$\alpha=0.05$

②直条图是用等宽直条的长短来表示相互独立的统计指数数值大小和它们之间的对比关系。题干要求图示对比 5 种不同职业人群的冠心病患病率的高低，可采用单式直条图（C）。普通线图是用线段的升降来表现指标的连续变化趋势，适用于描述一个变量随另一个变量变化的趋势。直方图常用于描述一组资料的频数分布。圆图常用于描述构成比的资料。散点图常用于描述两指标之间的直线相关关系。

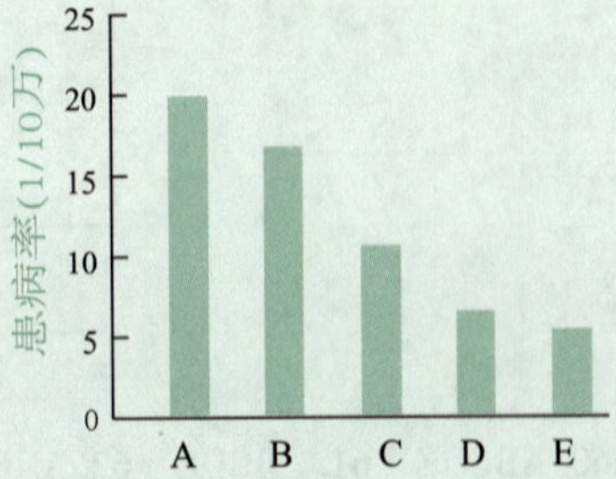

5种不同职业人群冠心病的患病率

54. ABCDE　两直线相关变量 X、Y 的相关系数（r）的计算公式为：

$$r=\frac{L_{XY}}{\sqrt{L_{XX}l_{YY}}}$$

式中分母只能为正数，故相关系数的正负取决于分子 L_{XY}，答案为 E。

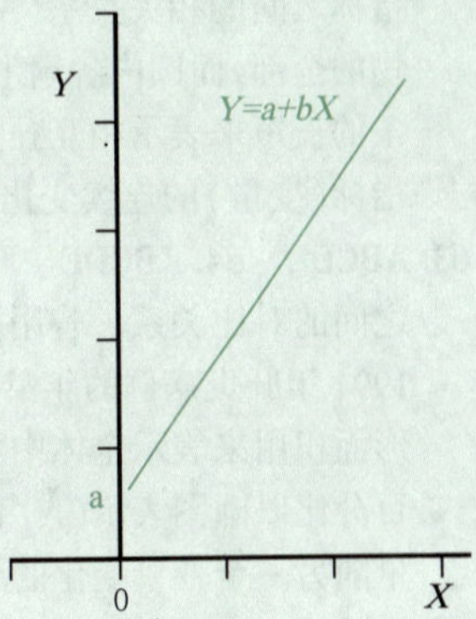

55. ABCDE　实验结果统计分析显示身高和体重的相关系数 $r=0.39$ 且 $P<0.01$，说明身高和体重之间存在直线相关关系，而且是正相关。

56. ABCDE　根据题意，因变量 Y 与自变量 X 的直线回归方程为：$Y=a+bX$，其中 b 为回归系数，即直线的斜率，表示变量 X 每改变一个单位，Y 平均改变 b 个单位。本题中回归系数 $b=0.2$，为正数，因此含义为：X 增大一个单位，Y 增大 0.2 个单位。

57. ABCDE　由样本资料计算的回归系数 b 和其他统计量一样，存在抽样误差，即使总体回归系数 $\beta=0$，由样本资料计算的回归系数 b 也不能恰好等于 0。因此无论计算出来的回归系数 b 为多少，都需要对线性回归方程进行假设检验，故答 B。

58. ABCDE　①统计表需要有标题，放在表上方的中间位置，简明扼要地说明表的主要内容。表中的数字用阿拉伯数字表示，位数对齐，同一指标的小数位数应保留一致。表内不留空格，无数字用“-”表示，缺失数字用“…”表示。②统计表格一般采用“三线表”的格式，即一张表格以三条线为基础，根据内容需要在表内可以适当附加 1~2 条细线。表的顶线和底线把表的主要内容与标题分隔开，中间一条线把纵标目与数据分隔开，不宜使用竖线和斜线（E 错）。

59. ABCDE　①线图是用线段的升降来表示指标（变量）的连续变化情况，适用于描述一个变量随另一个变量的变化趋势。通常纵坐标是统计指标，横坐标是时间变量，普通线图的坐标均以算术尺度标记刻度。②条图适用于分类资料各组之间指标的比较。圆图适用于描述计数资料的构成比。直方图适用于描述连续变量频数分布情况。散点图是指用点的密集程度和变化趋势来描述两指标之间的有无相关关系。

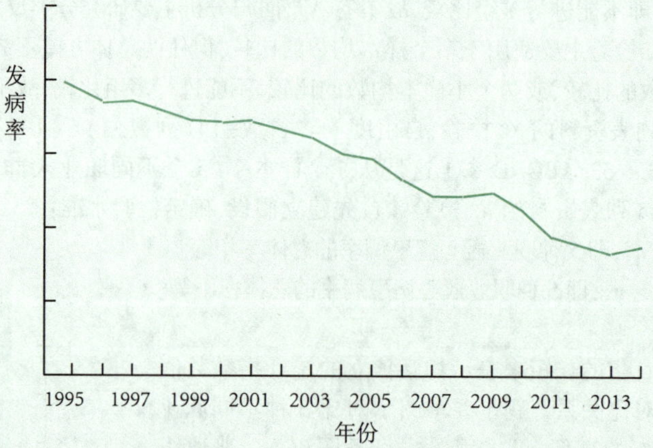

某省血吸虫疫区1995~2014年血吸虫病发病率

60. ABCDE　61. ABCDE　62. ABCDE　①直方图用直条矩形面积代表各组频数,各矩形面积总和代表频数的总和,主要用于描述连续变量频数分布情况(D)。②散点图用点的密集程度和变化趋势表示两指标之间的相关关系(A)。③圆图适合于描述计数资料的构成比,将圆的总面积作为100%,表示事物的全部,而圆内各扇形面积用来表示事物内部各组成部分所占的比例(B)。④直条图是用等宽直条的长短来表示相互独立的统计指标数值大小和它们之间的对比关系。线图是用线段的升降来表示指标(变量)的连续变化情况,适用于描述一个变量随另一个变量变化的趋势。

63. ABCDE　64. ABCDE　①直条图是用等宽直条的长短来表示相互独立的统计学指标数值大小和它们之间的对比关系。若用横坐标表示年份,纵坐标表示患者年龄,即可使用单式直条图表示某地1990~1994年肝炎病例的年龄分布(E)。②圆图是将圆的总面积作为100%,表示事物的全部,而圆内各扇形面积用来表示全体中各部分所占的比例。5种病毒性肝炎作为总体100%,每种病毒性肝炎所占的百分比以圆图表示(A)。③线图是指用线段的升降来表示变量的连续变化情况,适用于描述一个变量随另一个变量变化的趋势。散点图主要是用点的密集程度和变化趋势表示两指标之间的直线或曲线关系。直方图主要用于表示连续变量频数分布情况。

65. ABCDE　①对于单向有序的$R\times2$列联表资料,若R是等级资料,比较的目的是推断两处理组之间的等级是否不同时,不宜采用χ^2检验,通常选用两组等级资料比较的秩和检验,参阅2版8年制《医学统计学》P173。②t检验、Z检验、方差分析均只适合正态分布资料的统计检验,而本例资料呈偏态分布,故不宜选用。

66. ABCDE　①疗效评定为"很有效、较有效、效果一般、基本无效",此为等级资料。根据题意本例为单向有序的R×2列联表资料(两组等级资料)的统计学处理,宜选用的统计学方法为秩和检验(E)。②χ^2检验常用于四格表资料的统计学分析。方差分析主要用于多个样本均数的比较。回归分析多用于二分类因变量或多分类因变量与一组自变量的关系。

67. ABCDE　①对于单向有序的$R\times2$列联表资料,若R是等级资料,比较的目的是推断两处理组之间的等级是否不同,不宜采用χ^2检验,而应采用两组等级资料的秩和检查(B)。②四格表χ^2检验常用于推断两个总体率和构成比之间有无差异。线性回归主要用于描述两个变量间依存变化的数量关系。直线相关常用于分析双变量正态分布资料。两样本t检验常用于正态分布的两样本均数的比较。

第十二篇 预防医学试题答案及详细解答

（正确答案为绿色的选项）

1. ABCDE 预防医学是以人群健康为主要研究对象，采用现代科学技术和方法，研究各种环境因素对人群健康和疾病的作用规律，分析和评价环境中致病因素对人群健康的影响，提出改善不良环境因素的卫生要求，并通过公共卫生措施达到预防疾病、增进健康的一门科学。根据该定义，预防医学的研究重点在人群健康与环境因素之间的关系，答案为A。

2. ABCDE 预防医学不同于临床医学，其特点为：①预防医学的研究对象包括个体及确定的群体，主要着眼于健康和无症状患者；②研究方法上注重微观和宏观相结合，但更侧重于影响健康的因素与人群健康的关系；③采取的对策更具积极的预防作用，具有较临床医学更大的人群健康效益。预防医学的研究重点在群体而不是个体治疗，研究个体治疗的是临床医学（C错）。

3. ABCDE ①恶性肿瘤的第一级预防是指病因预防，包括控制吸烟、合理膳食、控制感染及消除职业危害。第二级预防是指早期发现、早期诊断、早期治疗。第三级预防是指对癌症患者提供规范化康复指导。②用巴氏涂片法进行宫颈癌的筛查，有利于早期诊断，为宫颈癌的第二级预防措施（C）。

4. ABCDE ①疾病的预防分为三级，第一级预防是指通过采取措施促进健康，或消除致病因素对机体危害的影响、提高机体的抵抗力来预防疾病的发生。第二级预防是指在疾病的临床前期进行早期发现、早期诊断、早期治疗的预防措施。第三级预防是指采取及时、有效的治疗措施，终止疾病的发展、防止病情恶化、预防并发症的发生；对已丧失劳动力或残疾者，促使功能恢复，延长寿命。②可见高血压的管理，控制高脂肪饮食等属于第一级预防，服用降压药物属于第三级预防，故答A。③控烟、整治环境有害因素、体力活动促进均属于第一级预防。脑卒中患者的功能锻炼属于第三级预防。

5. ABCDE 6. ABCDE ①疾病的预防采取三级预防策略。第一级预防又称病因预防。孕妇易发生巨幼细胞性贫血，因此在妊娠期补充叶酸，即为病因预防，也就是一级预防（A）。②高血压患者的早期诊断、糖尿病和乳腺癌的筛检是为了早期发现疾病，均属于第二级预防。③COPD患者的康复护理指导属于确诊后的治疗措施之一，因此属于第三级预防。

7. ABCDE ①临床医学以出现症状的患者个体为研究对象，而流行病学则从群体宏观的角度研究医学问题，遵循群体原则（E）。②A、B、C、D都是预防医学的研究特点。

8. ABCDE ①流行病学的研究方法包括观察法、实验法、数理法。观察法又分为描述性研究、分析性研究。实验法也称实验性研究，故答B。②描述性研究与观察性研究同意，故不答A。病例对照研究、队列研究均属于分析流行病学的研究方法，故不答C。实验性研究与干预性研究同意，故不答D。统计学检验、控制偏倚均不属于流行病学的研究方法，故不答E。

9. ABCDE ①描述流行病学主要是揭示人群中疾病或健康状况的分布现象，描述某些因素与疾病或健康状况之间的关联，以逐步建立病因假设（E）。②队列研究主要用于验证病因假设、确定病因。

10. ABCDE 实验设计的三大原则包括对照原则、随机化原则、重复原则。只有设立了对照组，才能消除非处理因素对实验结果的影响，从而使处理因素的效应得以体现。临床上有许多疾病，如感冒等不经药物治疗，也会自愈，因此必须设立对照组。本研究未设立对照组，因此所得出的结论不能肯定。

11. ABCDE 盲法临床试验，分为：①单盲——指研究对象不知道自己被分在哪组和接受干预措施的具体内容；②双盲——指研究对象和观察者均不知道患者分组情况和接受治疗措施的具体内容；③三盲——指研究对象、观察者和资料分析者均不知道患者的分组情况和接受治疗措施的具体内容。本例属于随机单盲试验，因此接受治疗的患者不了解试验分组情况(E)。

12. ABCDE 13. ABCDE 14. ABCDE ①该药物的有效率=有效数/治疗总数×100%=(40/60)×100%=66.7%(D)。②治疗组有效率为66.7%，对照组有效率=20/60×100%=33.3%，经统计学检验，两组差异具有统计学意义，说明治疗组有效率高于对照组有效率，故答D。③双盲是指观察者和受试者均处于盲态。单盲是指受试者处于盲态。三盲是指观察者、受试者、资料收集和分析者均处于盲态。非盲是指观察者和受试者均知道患者采用何种处理。根据题干，本例应属于双盲(A)。

15. ABCDE 临床试验中为了控制偏倚，应严格遵循随机化原则，不能更换已经随机分组的研究样本(A错)。

16. ABCDE ①罹患率是指小范围、短时间内监测人群新发病例的频率(A)。②发病率是指在一定期间内，特定人群中某病新病例出现的频率。发病比为累积发病率。如对于一个包含1000人的未患病风险人群进行为期2年的观察后，发现有28人患病，则发病率为14人/千人年，发病比为28例/千人，可见发病率是按时人计算，而发病比是按人计算的。患病率是指某特定时间内，总人口中现患某病新旧病例数所占的比例。感染率是指在某个时间内被检查的人群中，某病现有感染者人数所占的比例。

17. ABCDE 罹患率是监测人群新病例发生频率的指标，适用于小范围、短时间内疾病频率的监测，常用于疾病暴发流行期间的调查，用以描述暴发疫情的严重性。

18. ABCDE 病死率是指一定时期内，患某病的全部病人中因该病死亡者所占的比例，常用于描述确诊患者的死亡概率，反映疾病的严重程度，适用于病程较短且易引起死亡的疾病，特别是急性传染病，如新冠肺炎等。

19. ABCDE 患病率是指某特定时间内，总人口中现患某病新旧病例数所占的比例。

$$患病率 = \frac{某特定时间内一定人群中现患某病的新旧病例数}{同期的平均人口数(被观察人口数)} \times k(k = 100\%, 1000‰\cdots)$$

患病率主要用于描述病程较长的慢性病的发生或流行情况(C)。

20. ABCDE ①发病率是指一定时间内(一般为1年)，特定人群中某病新发病例出现的频率。罹患率与发病率一样，也是测量人群新发病例发生频率的指标，主要适用于小范围、短时间内(多以日、周、旬、月为单位)疾病频率的测量。患病率是指特定时间内一定人群中现患某病新旧病例数占同期平均人口数的比例，主要用于描述病程较长的慢性病的发病情况。可见，发病率、罹患率、患病率均可反应发病情况，故答E。②死亡率、病死率均是反映死亡情况的指标。流行率为不规范化的名称。

21. ABCDE 患病率=某特性时间内一定人群中现患某病的新旧病例数/同期的平均人口数(被观察人口数)=(136+12)/[(11500+8500)÷2]=148/10000(D)。

22. ABCDE ①患病率常用于描述慢性病的发生或流行情况，近视眼为慢性病，故应使用患病率来描述发生频率(A)。②累积发病率是指已知无某种疾病的人群，经过一定特定的观察期(超过1年)之后，发生某病的频率。病残率是指一定期间内，某人群中实际存在病残人数的比例。发病率常用于描述急性感染性疾病的发生频率。罹患率常用于传染病、食物中毒等暴发的调查。

23. ABCDE 患病率=(某特定时间内一定人群中现患某病的新旧病例数)/(同期被观察人口数)×k(k=100%，1000‰，或10 000/万…)。

24. ABCDE ①疾病的流行强度是指某疾病在某地区、某人群中，一定时期内发病数量的变化及各病例间联系的程度，常用散发、流行、大流行、暴发等指标来表示。②短期波动是描述疾病时间分布特征的指标之一，不是表示疾病流行强度的指标(C)。

25. ABCDE ①散发是指某病发病率维持在历年的一般水平。流行是指某病在某地区的发病率显著超过历年散发的发病率水平。大流行是指疾病迅速蔓延，涉及地域广，短时间内可跨越省界、国界或洲界。暴发是指一个局部地区或集体单位中，短时间内，突然出现大量相同患者的现象。②短时间内一个幼儿园出现大量手足口病患者，称为暴发(E)。

26. ABCDE　①疾病的三间分布是指疾病在不同时间、不同地区和不同人群中的存在状态及发生发展规律。②国家、地区和城乡分布属于疾病的地区分布。短期波动、季节性和周期性分布属于疾病的时间分布。

27. ABCDE　横断面研究也称现况研究，是在某一人群中，应用普查或抽样调查的方法收集特定时间内、特定人群中疾病、健康状况及有关因素的资料，并加以描述的方法。因研究所得到的率是在特定时间、特定人群中的患病率，因此又称为患病率研究，故答案为D。

28. ABCDE　①观察法是指不对研究对象施加任何干预或实验措施，观察人群在自然状态下疾病、健康状况及有关因素的分布情况。实验法是指对研究对象有所介入或干预，并前瞻性地观察介入手段或措施的效应。因此，观察法与实验法的根本区别在于是否有人为干预(C)。②A、B、D、E均属于实验设计的范畴。

29. ABCDE　①现况研究属于描述性研究，是一种观察性研究，并不对研究对象人为施加干预措施。②现况研究也称横断面研究，只能在同一时间横断面上获得疾病、健康状态等有关资料，因而只能判断它们之间是否有关联，但不能确定因果关联。③由于现况研究强调在一定时间内完成，因此不会随访观察研究对象。④现况研究是将所获得的资料按照不同地区、不同时间、不同人群特征进行分组，因此研究对象不是随机分组，也无需特设对照组(E)。

30. ABCDE　31. ABCDE　①系统抽样又称机械抽样，是按照一定顺序，机械地每隔若干单位从总体中抽取一个调查单位的抽样方法(B)。②分层抽样是将调查的总体按照某种特征分成若干层(组群)，然后在每层(组群)中进行随机抽样(A)。③整群抽样是指将总体分成若干群，以群组为抽样单位进行随机抽样，被抽到的群组中的全部个体均作为调查对象。单纯随机抽样是指从总体N个对象中，利用抽签、随机数字等方法抽取n个对象组成一个样本。普查是对总体中所有个体均进行调查。

32. ABCDE　①分层抽样是将调查的总体按某种特征分为若干层，然后在每层中进行随机抽样的方法。分层变量应是导致总体内部变异的主要因素。本例已知山区、丘陵、湖区是影响婴幼儿体格发育的主要因素，因此可将调查对象先按山区、丘陵、湖区进行分层，然后在各层中随机抽样。这样可保证总体中每一层都有相应比例的个体被抽到，所以抽样误差较其他抽样方法小，答案为D。②整群抽样的抽样误差较大，不宜采用。单纯随机抽样、系统抽样(机械抽样)均不适合大型流行病学调查，因为抽到的个体分散，不易组织实施。

33. ABCDE　整群抽样是指将总体分为若干群组，以群组为抽样单位进行随机抽样，被抽到群组中的全部个体均作为调查对象，故答C。

34. ABCDE　影响抽样调查中样本含量的因素包括：干预措施的效应大小、I型错误的概率、把握度、单侧或双侧检验、研究对象分组数量等，而与调查者的数量无关，答案为B。

35. ABCDE　①队列研究是先将人群按是否暴露于危险因素，分为不同的亚组，然后追踪观察各组的结局，需长期追踪观察，因此是前瞻性研究，是由因到果的研究(C)。②病例对照研究是先将人群分为病例组和对照组，然后调查各组人群过去暴露于某种危险因素的水平，是回顾性研究，是由果到因的研究。生态学研究属于描述性研究的一种类型，它是在群体水平上研究某种因素与疾病之间的关系，以群体为观察和分析单位，通过描述不同人群中某因素的暴露状况与疾病的频率，分析该暴露因素与疾病之间的关系。筛检也称筛查，是运用快速简便的检验、检查或其他措施，在健康人群中，发现那些表面健康，但可疑有病或有缺陷的人。现状研究又称横断面研究，是应用普查或抽样调查的方法对特定时间、特定人群中的疾病、健康状况进行研究，是对某个特定时间点的研究。

36. ABCDE　①队列研究是按照研究对象的暴露状态分组，观察各组的结局并比较其差异，从而判定暴露因素与结局之间有无关联及其关联强度的大小。研究对象一旦出现预期结局，则达到观察终点，之后将不再对其继续随访。②未达到观察终点而脱离随访的情况称为失访，某研究对象死于非研究疾病也视为失访，故不答B、D、E。③研究的随访工作截止时间是观察终止时间，而不是观察的终点，故不答C。

37. ABCDE　①病例对照研究是先将人群分为病例组和对照组，然后调查各组人群过去暴露于某种危险因素的水平,是回顾性研究,是由果至因的研究。队列研究是先将人群按是否暴露于危险因素,分为不同的亚组,然后追踪观察各组的结局,需长期追踪观察,因此是前瞻性研究,是由因到果的研究。本例先将人群按是否饮酒分为两组,然后追踪观察多年,比较其心血管疾病死亡率,故属于队列研究,答案为 C。②横断面研究是应用普查或抽样调查的方法,对特定时间、特定人群的健康状况进行研究,是对某个特定时间点的研究,无需长期追踪观察。临床试验是在医院进行的试验,常以临床病人为研究对象。生态学研究是在群体水平上研究某种因素与疾病之间的关系,以群体为观察和分析单位,通过描述不同人群中某因素的暴露状况与疾病的频率,分析该暴露因素与疾病之间的关系。

38. ABCDE 本研究先将人群按饮食习惯不同分为两组,然后追踪观察两组发生结肠癌的情况,这种由因到果的研究属于队列研究。

39. ABCDE ①本研究将 HIE 患儿和正常新生儿分为两组,回顾性研究其可能的暴露因素,为由果至因的病例对照研究。②实验研究为不规范的流行病学名称。现况研究是应用普查或抽样调查的方法,对特定时间、特定人群的健康状况进行的研究。本研究没有进行随访,因此不属于临床随访研究。

40. ABCDE ①现况研究是在某一人群中,应用普查或抽样调查的方法收集特定时间内、特定人群中疾病、健康状况及有关因素的资料,并对资料的分布状况、疾病与因素的关系加以描述。因为现况研究所获得的资料是在某一时间横断面上收集的,故又称横断面研究。又因现况研究得到的率是在特定时间、特定人群中的患病率,因而又称为患病率研究(C)。②病例对照研究和队列研究均属于分析流行病学的研究方法,目的是检验病因假设而不是进行患病情况的调查,也不是针对某个特定时点进行研究,故不答 A、B。临床试验是将临床患者随机分为试验组和对照组,试验组给予某临床干预措施,对照组不给予该措施,通过比较各组效应的差别来判断临床干预措施效果的一种前瞻性研究。人群现场试验是在社区或现场环境下,以尚未患病的人群为研究对象进行的试验。

41. ABCDE 42. ABCDE 43. ABCDE ①现况调查研究是指研究某一特定时间点和特定范围内人群中的有关变量(因素)与疾病或健康状况的关系。因此对于短期内发生的不明原因的腹泻,为寻找病因,首先应进行现况调查研究(E)。②病例对照研究是以目前已经确诊的患者作为病例,以不患该病但具有对比性的个体作为对照,研究各种可能危险因素的暴露史,找出危险因素与疾病之间是否存在统计学上的关联。为明确腹泻是否与某厂饮料有关,应采取病例对照研究(A)。③若要证实导致腹泻的病因,只能进行病例调查(C)。

44. ABCDE *OR* 值也称比值比,是指某事物发生的可能性与不发生的可能性之比。在病例对照研究中:

$$OR=\frac{\text{病例组的暴露比值}}{\text{对照组的暴露比值}}=\frac{a/c}{b/d}=\frac{ad}{bc}=\frac{300\times700}{100\times500}=4.2。$$

	病例组	对照组
有暴露史	300(a)	100(b)
无暴露史	500(c)	700(d)

45. ABCDE ①归因危险度是指暴露组发病率(或死亡率)与对照组发病率(或死亡率)的差值,是衡量某疾病的原因归因于暴露某危险因素程度的最好指标(B)。②归因危险度百分比是指暴露人群因某因素暴露所致的某病发病或死亡占该人群该病全部发病或死亡的百分比。人群归因危险度是指人群中某病发病(死亡)率与非暴露人群该病发病(死亡)率的差值。人群归因危险度百分比是指总人群因暴露于某因素所致的某病发病(死亡)占总人群该病全部发病(死亡)的百分比。相对危险度是指暴露组发病率(死亡率)与非暴露组发病率(死亡率)的比值。

46. ABCDE 相对危险度(*RR*)是指暴露组发病率(死亡率)与非暴露组发病率(死亡率)的比值,表示暴露组发病或死亡的危险是非暴露组的多少倍,*RR* 值越大,暴露与结局关联强度越大,因此 *RR* 是衡量某病和某暴露因素间联系强度的最佳指标(A)。

47. ABCDE　相对危险度(relative risk)简称就是 RR,因此答案为 E。

48. ABCDE　归因危险度(AR)是指暴露组发病率与对照组发病率的差值,其计算公式为:

$$AR = I_e - I_0 = (a/n_1) - (c/n_0)$$

其中,a 为暴露组病例数,c 为非暴露组病例数,n_1 为暴露组总例数,n_0 为非暴露组总例数。

故 $AR=(a/n_1)-(c/n_0)=(30/200)-(15/150)=0.15-0.1=0.05$,答案为 D。

49. ABCDE　相对危险度(RR)是指暴露组发病率(死亡率)与非暴露组发病率(死亡率)的比值。

$$RR = \frac{I_e}{I_0} = \frac{a/n_1}{c/n_0}$$

其中,a 为暴露组病例数,c 为非暴露组病例数,n_1 为暴露组总例数,n_0 为非暴露组总例数。

故 $RR=(a/n_1)\div(c/n_0)=(45/500)\div(10/500)=4.5$。

50. ABCDE　51. ABCDE　52. ABCDE　①队列研究是指根据是否暴露于所研究的因素,将研究对象分组,前瞻性观察它们的发病水平有无差别。本研究按有无高脂肪饮食分为高脂肪摄入组和低脂肪摄入组,前瞻性观察 10 年,看两组之间发病率有无差别,应属于队列研究(D)。病例对照研究是按是否患病将研究对象分组,了解它们对研究因素的暴露有无差别。现况调查是应用普查或抽样调查的方法收集特定时间、特定人群中的疾病、健康状况及有关因素的资料,对资料的分布特征加以描述的方法。实验研究是将来自同一总体的研究对象,随机分为实验组和对照组,实验组给予实验因素,对照组不给于该因素,然后前瞻性地随访各组的结局,并比较其差别的程度,从而判断实验因素的效果。生态学研究是描述性研究的一种,分为生态比较研究和生态趋势研究。②相对危险度(RR)$=(a/n_1)\div(c/n_0)=(20/200)\div(10/200)=2.0$(D)。③特异危险度也称归因危险度(AR),是指暴露组发病率与对照组发病率的差值。

$$AR = I_e - I_0 = (a/n_1) - (c/n_0) = (20/200) - (10/200) = 5/100。$$

其中,a 为暴露组病例数,c 为非暴露组病例数,n_1 为暴露组总例数,n_0 为非暴露组总例数。

53. ABCDE　临床试验是临床医学中最常用的研究方法,它以患者为研究对象,评价药物或措施的临床疗效。随机分组的目的是将研究对象分配到试验组和对照组,使比较组间具有相似的临床特征和预后因素,即两组具备充分的可比性(C)。

54. ABCDE　A、B、C 是实验设计的基本要求。评价临床疗效当然应该有明确的疗效判断标准,故不答 E。

55. ABCDE　①偏倚是指在研究或推论过程中所获得的结果系统地偏离真实值。偏倚可分为选择性偏倚、信息偏倚和混杂偏倚三类。选择性偏倚是指由于研究对象的确定、诊断、选择等方法不正确,使被选入的研究对象与目标人群的重要特征具有系统的差异,使得从样本得到的结果推及总体时出现了系统的偏倚。选择偏倚包括入院率偏倚、检出症候偏倚、现患病例-新发病例偏倚、无应答偏倚、易感性偏倚、时间效应偏倚、领先偏倚等。②回忆偏倚属于信息偏倚,而不属于选择性偏倚,故答 B。

56. ABCDE　57. ABCDE　①在病例对照研究中,研究对象一般为某病的现患病例或存活病例,不包括死亡病例和病程短的病例。选用确诊一年的糖尿病患者作为病例组,此为现患病例,和新发病例的疾病情况会有差别,所得到的研究结果会出现偏倚,称为现患病例-新发病例偏倚(E)。②采用医院患者作为研究对象的病例对照研究,易发生入院率偏倚(A)。这种偏倚主要来自于患者入院风险同患者的多种情况有关,由于疾病症状的严重程度、患者就医条件、人群对某一疾病的认识程度、医疗保健制度、社会文化经济等多种因素的差异,使患者出现了不同的住院率,因而可能会夸大或掩盖某因素与某疾病的真实联系。③回忆偏倚是指在病例对照研究、回顾性队列研究中,研究对象不真实的回忆所导致的误差。由于所调查的因素发生于过去,其准确性必然受回忆间期长短的影响。失访偏倚常常存在于队列研究、干预性研究这些观察时间较长的研究中。

58. ABCDE　推论病因与疾病因果关联的判断标准为:①关联的强度;②关联的重复性;③关联的特异性;

④关联的时间性;⑤剂量-反应关系;⑥关联的合理性;⑦实验证据;⑧相似性。无关联的地区性(E)。

59. ABCDE ①流行病学的三角模型也称流行病学三角,该模型强调疾病的产生是宿主、环境和致病因子三大要素相互作用的结果。三个因素各占等边三角形的一个角,当三者处于相对平衡状态时,人体保持健康。当模型中某一因素发生变化,三者平衡状态被打破,则疾病产生。②不要误答 A,因为有些疾病的产生并无病原体,如甲状腺功能减退症即为碘缺乏所致,故 A 并不严谨。

60. ABCDE 筛检是运用快速简便的检验、检查或其他措施,在健康人群中,发现那些表面健康,但可疑有病或有缺陷的人。筛检的目的包括:①早期发现可疑患者,做到早诊断、早治疗,提高治愈率,实现疾病的二级预防;②发现高危人群,以便实施相应的干预,降低人群的发病率,实现疾病的第一级预防;③了解疾病自然史;④进行疾病监测。

61. ABCDE 疾病的筛检是指运用快速简便的检验、检查或其他措施,在健康人群中,发现那些表面健康,但可疑有病或有缺陷的人。筛检的目的是早期发现可疑患者,做到早诊断、早治疗,提高治愈率,实现疾病的二级预防(C)。

62. ABCDE 为防止疾病漏诊,应提高诊断试验的灵敏度(E)。灵敏度是指金标准确诊的病例中被评试验也判断为阳性者所占的百分比,也称真阳性率。特异度也称真阴性率。假阳性率也称误诊率。

63. ABCDE ①筛检试验的特异度也称真阴性率,是指金标准确诊的非病例中被评试验也判断为阴性者所占的百分比,即实际无病,筛检试验被确定为无病的百分比(D)。②B 为灵敏度(真阳性率),C 为漏诊率,E 为假阳性率(误诊率)。

64. ABCDE 65. ABCDE 66. ABCDE 为保证资料的准确无误,评价试验结果整理如下表。

筛检试验	活检确诊结果		合计
	乳腺癌	非乳腺癌	
阳性	a(真阳性)[80]	b(假阳性)[40]	$a+b$
阴性	c(假阴性)[320]	d(真阴性)[360]	$c+d$
合计	$a+c$ [400]	$b+d$ [400]	$n(a+b+c+d)$

①灵敏度指金标准确诊的病例中筛检试验也判断为阳性者所占的百分比,灵敏度 $=a/(a+c)\times100\%=(80/400)\times100\%=20\%$,答案为 B。②特异度(真阴性率)是指金标准确诊的非病例中筛检试验也判断为阴性者所占的百分比,特异度 $=d/(b+d)\times100\%=(360/400)\times100\%=90\%$,答案为 D。③阳性似然比是指试验结果真阳性率与假阳性率之比,阳性似然比 = 灵敏度/(1-特异度) = 0.20/(1-0.9) = 2,答案为 E。

67. ABCDE ①下级监测单位按照常规上报监测资料,而上级监测单位被动接受,称为被动监测。我国法定传染病报告属于被动监测。上级监测单位专门组织调查或者要求下级监测单位严格按照规定收集资料,称为主动监测。传染病漏报调查属于主动监测(C 对)。②横断面研究是指现况研究,而不是疾病监测,故不答 A。哨点监测与被动监测属于疾病监测的不同分类方法,故不答 B。疾病监测是连续地、系统地收集疾病的资料,经过分析、解释后及时将信息反馈给所有应该知道的人,并且利用监测信息的过程,故 E 错。

68. ABCDE 疾病监测是连续地、系统地收集疾病的资料,经过分析、解释后及时将信息反馈所有应该知道的人。疾病监测属于描述性研究,其目的是描述疾病分布及变化趋势,预测疾病流行,监测疾病暴发,确定主要卫生问题,有针对性地开展疾病预防和干预,并评价疾病预防效果,并不是为了验证病因假设。

69. ABCDE ①Meta 分析的统计方法包括固定效应模型和随机效应模型。固定效应模型假设各个研究的效应指标统计量是同质的,即都是基于来自同一总体的独立随机样本,各个研究效应指标统计量之间的差异仅仅来自于抽样误差,不同研究间的变异很小,各研究的效应指标统计量与总体参数 θ 的差异均由抽样误差所致。随机效应模型则是假设各个研究的效应指标统计量是不同质的,即是基于来自不同总体的独立随机样本，各个研究效应指标之间的差异不能用抽样误差来解释，各研究间的变异很大。②Meta 分析时，进行异质性检验的目的就是检验各个独立研究的结果是否同质：若 $P \leqslant 0.05$，则拒绝 H_0，可认为各研究间异质性大，应采用随机效应模型；若 $P>0.05$，则不拒绝 H_0，可认为各研究间具有同质性，应采用固定效应模型，答案为 B。

70. ABCDE　偏倚是指在资料收集、分析、解释和发表时任何可能导致结论系统地偏离真实结果的情况。Meta 分析中的偏倚分类如下。①抽样偏倚：包括研究结果没有统计学意义导致文献未能发表，可产生发表偏倚；数据库中数据标引不准确可产生索引偏倚；检索词不准确可产生查找偏倚；收集文献时依赖综述可产生引用偏倚；检索文献时限定英语可产生语种偏倚；同一组研究对象的观察结果被作者分为 2 篇或多篇论文发表可产生多次发表偏倚。②选择偏倚：指根据文献纳入和剔除标准选择符合 Meta 分析的文献时产生的各种偏倚，包括纳入标准偏倚、筛选者偏倚等。③研究内偏倚：是指纳入研究中提取用于 Meta 分析的数据信息阶段产生的各种偏倚。Meta 分析中常见的偏倚不包括失访偏倚(D)。超纲题，7 版《预防医学》未讲述。

71. ABCDE　①临床预防服务是指医务人员在临床场所对健康者和无症状患者的健康危险因素进行评价，实施个性化的预防干预措施来预防疾病和促进健康。临床预防服务的提供者是临床医务人员，服务对象是健康人和无症状患者(E 对)。②临床预防服务并不是医学的基础学科，也不属于三级预防。临床医学的主要目的是治疗疾病，促进康复。预防医学的重点是影响健康的因素与人群健康的关系。

72. ABCDE　健康管理是针对个体或群体健康进行全面监测、分析、评估、提供健康咨询和指导以及对健康危险因素进行干预的全过程。健康管理有以下三个基本步骤。①收集服务对象的健康信息：包括个人一般情况、目前健康状况、疾病家族史、生活方式、体格检查、血尿实验室检查等。②健康与疾病的风险评估；③健康干预：在前两步的基础上，以多种形式帮助个人采取行动、纠正不良生活方式和习惯、控制健康危险因素，实现个人健康管理计划。因此，健康管理的首要步骤是收集健康信息(B)。此题为人卫社 3 版《预防医学复习指导与习题集》P115 第 20 题原题。

73. ABCDE　①实施临床预防服务时，应先收集危险因素(成人的首位死因为心脏病)；然后医患双方共同决策；以健康咨询为先导；合理选择健康筛查；开展有针对性的临床预防服务。②B 为临床医师的服务职责，而不是预防医师的职责，故答 B。

74. ABCDE　①临床预防服务的内容包括：求医者的健康咨询、健康筛检、免疫接种和化学预防。②慢性病的自我管理属于社区公共卫生范畴，不属于临床预防服务，答案为 A。

75. ABCDE　根据美国《临床预防服务指南》中推荐的临床预防服务，结合费效比，制订出有效临床预防服务的优先次序为：阿司匹林化学预防心脑血管病、儿童计划免疫接种、烟草干预计划、结直肠癌筛查、高血压筛检、流感的免疫接种、肺炎球菌的免疫接种、酗酒者指导、成人视力筛检、血脂异常筛检、乳腺癌筛检等，故答 A。参阅 5 版《预防医学》P149 表 9-1。

76. ABCDE　健康维护计划是指在明确个人健康危险因素分布的基础上，有针对性地制订将来一段时间内个体化的维护健康的方案，并以此来实施个性化的健康指导。健康维护计划的制订应遵循的原则：①健康为导向的原则；②个性化的原则；③综合性利用原则；④动态性原则；⑤个人积极参与的原则。

77. ABCDE　①健康促进是指增加人们对健康及其决定因素的控制能力，从而促进健康的过程。在居民小区建设健康步道，改善小区绿化环境，可通过创造健康的支持性环境，进行健康促进。②卫生宣传是指宣传一般科普知识。临床预防服务是指医务人员在临床场所对“健康者”和无症状“患者”的健康危险因素进行评价，实施个性化的预防干预措施来预防疾病和促进健康。健康教育是指有计划地运用循证的教学原理与技术，为学习者提供获取科学的健康知识、数理健康观念、掌握健康技能的机会，帮助他们做出有益健康的决定和有效且成功地执行有益健康的生活行为方式的过程。社区启蒙不是规范化的预防医学名称。

78. ABCDE　①健康信念模式认为要使患者接受医生的建议而采取某种有益健康的行为或放弃某种危

害健康的行为,需要以下几个方面的认识:对疾病严重性和易感性的认识、对行为有效性的认识、自我效能、行为线索。②行为线索是指诱发健康行为发生的因素,是导致个体行为改变的最后推动力,指任何与健康问题有关的促进个体行为改变的关键事件和暗示(A)。行为线索越多,权威性越高,个体采纳健康行为的可能性越大。

79. ABCDE ①尼古丁是烟草成瘾的主要物质。尼古丁吸入肺部后数秒钟到达大脑,作用于大脑中的尼古丁受体,刺激多巴胺释放,产生快感(E)。②一氧化碳是烟草烟雾中的主要成分。二氧化碳是物质氧化后的产物。烟草焦油中的多环芳香烃是一种常见的致癌物质。烟尘是吸烟时室内污染的重要来源。

80. ABCDE 81. ABCDE 82. ABCDE ①影响健康行为的因素包括倾向因素、促成因素和强化因素三类,因此可首先排除 D、E。倾向因素是指为行为改变提供理由或动机的先行因素,是产生某种行为的动机或愿望,或诱发产生某行为的因素。促成因素是指允许行为动机或愿望得以实现的先行因素,即实现或达到某行为所必需的技术和资源,包括干预项目、服务、行为和环境改变的必需资源、行为改变所需的新技能等。强化因素是指对象实施某行为后所得到的加强或减弱该行为的因素。可见,倾向因素和促成因素都属于先行因素,强化因素属于后行因素。本例中患者还没有开始戒烟,因此不可能为强化因素,故不答 C。"家人的督促戒烟"为促成因素,"戒烟后得到家人的鼓励"属于强化因素,故正确答案为 B。②行为改变阶段模式分为无打算阶段、打算阶段、准备阶段、行动阶段和行为维持 5 个阶段。无打算阶段是指患者没有在 6 个月中改变自己行为的考虑,或有意坚持不改。患者目前不考虑戒烟,也就是有意坚持不改,故属于无打算阶段(C)。③对于没有戒烟意愿的吸烟者,应提供 5R 法动机干预,即相关性→危险性→益处→障碍→反复。相关性是动机干预的第一步,是指使吸烟者认识到戒烟与他们密切相关,越个体化越好,如患者目前的健康状态或发生某种疾病的危险性、家庭或周围环境、年龄、性别等。本例患者处于无打算戒烟阶段,因此首先应进行相关性干预(C)。A 不属于 5R 法的干预措施,故不答 A。B 属于第四步干预措施(即障碍),D 属于第二步干预措施(即危险性),故不答 B、D。E 属于第三步干预措施(即益处),故不答 E。参阅人卫社 3 版《预防医学复习指导与习题集》P138 第 8 题、P141 第 31 题。

83. ABCDE ①对于本次有戒烟意愿的患者,应提供简单的戒烟帮助,如提供戒烟方法咨询、推荐到戒烟门诊、拨打戒烟热线、帮助制定戒烟计划、必要时推荐戒烟药物(E)。②对于本次没有准备好戒烟的患者,应采取 5R 动机访谈,以提高戒烟动机。B、C、D 显然不是正确答案。

84. ABCDE ①行为维持阶段是指已经维持新行为状态长达 6 个月以上,已达到预期目的。在行为维持阶段,应改变环境来消除或减少诱惑,通过帮助建立自我强化、学会信任来支持行为改变(D)。②A、B 为准备阶段和行动阶段应采取的干预措施。E 为无打算阶段、打算阶段应采取的干预措施。

85. ABCDE ①5A 戒烟法也称简短戒烟干预,包括:Ask 询问患者关于吸烟的问题,Advise 建议吸烟者戒烟,Assess 评估吸烟者的戒烟意愿,Assist 提供戒烟药物或者行为咨询治疗,Arrange 安排随访。②"你想戒烟吗?"应属于评估吸烟患者的戒烟意愿。

86. ABCDE ①社会认知理论属于人际水平的行为改变理论,是可以用来解释广泛人类行为(包括健康行为)的综合行为理论(B)。社会认知理论由 Bandura 于 1986 年提出,其主要观点是:个体的行为既不是单由内部因素驱动,也不是单由外部刺激控制,而是行为、个人的认知和其他内部因素、环境三者之间交互作用决定的。因此社会认知理论也称为"交互决定论",这是一种综合性的人类行为理论。②健康信念模式、知-信-行模式均属于个体水平的健康行为改变理论。创新扩散理论、社区组织理论均属于社区和群体水平的健康行为改变理论。

87. ABCDE ①人体的蛋白质在不断地进行分解与合成,组织细胞也在不断地更新,但机体的蛋白质总量却以动态的形式维持不变。若在一定时间内,摄入的氮量等于排出的氮量,即为氮平衡,常见于健康的成人。若摄入量的氮量大于排出的氮量,称为正氮平衡,如婴幼儿、妊娠期间为了满足组织细胞增长的需要,需处于正氮平衡,其摄入氮量大于排出氮量(E)。②若摄入氮量小于排出氮量,称为负氮平衡,如饥饿、疾病状态(贫血、出血、创伤等)。

88. ABCDE　①食物蛋白质营养价值的高低主要从食物蛋白质的含量、被消化吸收的程度和被人体利用的程度三方面进行评价(E)。②氨基酸模式是指某种蛋白质中各种必需氨基酸的构成比例。食物蛋白质氨基酸模式与人体的越接近,必需氨基酸被机体利用的程度越高,食物中蛋白质的营养价值也就越高。

89. ABCDE　90. ABCDE　①适宜摄入量是指通过观察或实验获得的健康人群某种营养素的摄入量。纯母乳喂养的足月健康婴儿,从出生到4~6个月,他们的营养全部来自母乳,母乳中供给的营养素量就是他们的适宜摄入量(A)。②推荐摄入量是指可满足某一特定性别、年龄及生理状况的群体中97%~98%个体需要量的摄入水平,相当于传统的每日膳食中营养素供给量(C)。③平均需要量是指某一特定性别、年龄及生理状况的群体中,个体对某营养素需要量的平均值。参考摄入量是在每日膳食中营养素供给量基础上发展起来的一组每日平均膳食营养素摄入量的参考值。可耐受最高摄入量是指平均每日摄入营养素的最高限量。

91. ABCDE　畜禽类、鱼类、蛋类的蛋白质含量为10%~20%,鲜奶类为1.5%~3.8%,大豆为20%~40%,粮谷类为8%~10%。患者蛋白质缺乏,在A、B、C、D、E中,大豆及其制品的蛋白质含量最高,故答E。

92. ABCDE　①膳食中的铁主要来源于动物肝脏、动物全血、畜禽类、鱼类、海带、黑木耳等,故答D。②豆类蛋白质含量高。粮谷类、蔬菜、水果的碳水化合物含量较高。牛奶及奶制品的钙含量较高。

93. ABCDE　①新鲜蔬菜富含膳食纤维、水溶性维生素、矿物质(无机盐)等,参阅7版《预防医学》P202。②奶制品富含蛋白质、维生素、矿物质、钙等。谷类富含蛋白质、维生素、无机盐等。肉类、蛋类富含蛋白质、脂肪、维生素、矿物质等。

94. ABCDE　95. ABCDE　96. ABCDE　①体质指数(BMI)是评价成人营养状况的常用指标。BMI<18.5 kg/m^2 为消瘦,BMI18.5~23.9kg/m^2 为正常,BMI24.0~27.9kg/m^2 为超重,BMI≥28kg/m^2 为肥胖。本例BMI=26.6kg/m^2,应诊断为超重(C)。②血清甘油三酯正常值为0.56~1.7mmol/L,血清胆固醇正常值为2.86~5.98mmol/L。根据题干,本例应诊断为高血压,超重,血清甘油三酯增高,故应严格控制总能量和脂肪摄入,保持理想体重(D)。心血管疾病患者可适量摄入蛋白质,少吃甜食(糖类食物),故不答A、E。患者血清胆固醇正常,故不答B、C。③单纯性肥胖患者的身体活动量,至少要达到一般成年人的推荐量。减控体重每天需达到3.5MET·h的身体活动量。运动频率至少每周5次,每天30~60分钟(B错)。建议中等至高强度运动,这样效果更佳。为增加能量消耗,提倡进行多种形式和强度的身体活动,运动形式以大肌肉群参与的有氧运动为主,辅以平衡训练和抗阻训练。肥胖者运动中产热较多,易发生脱水和中暑,故应合理安排补液。

97. ABCDE　豆类及其制品是我国居民膳食中蛋白质的重要来源。大豆蛋白质含量较高,一般为20%~40%,是植物性食品中蛋白质含量最高的食品。大豆含有多种必需氨基酸和非必需氨基酸,除甲硫氨酸、胱氨酸等不足外,其氨基酸模式接近人体氨基酸模式,为植物中的优质蛋白质。在"平衡膳食宝塔"中第四层要求每人大豆及其制品的摄入量为30~50g/d,是为了提高膳食蛋白质质量。

98. ABCDE　①有氧运动是指人们躯干、四肢等大腿肌肉群参与为主的、有节律、时间较长,能够维持在一个稳定状态的身体活动(E)。②阻力活动也称强壮肌肉活动,是指肌肉对抗阻力的重复运动,具有保持或增强肌肉力量、体积和耐力的作用。体适能是指人们拥有或获得的、与完成身体活动的能力相关的一组要素或特征。协调性活动是指改善人体协调性的组合活动,可改善人体运动能力。无氧运动是指以无氧代谢为主要供能途径的身体活动形式,一般为肌肉的强力收缩活动。

99. ABCDE　①18~64岁成年人每周至少参与5次以上(共150分钟)中等强度有氧体力活动。②高强度身体活动对心、肺功能有更好的改善作用,但也更容易引起身体伤害。③不同的身体活动类型、时间、强度、频率、总量促进健康的作用不相同。中等强度身体活动,如4~7km/h的快走、<7km/h的慢跑,可以降低心血管病、糖尿病、结肠癌、乳腺癌等慢性病的风险和病死率。④高血压患者应该进行有氧、中低强度、持续10分钟以上的身体活动,运动形式以大肌肉群参与的有氧耐力运动为主(D错)。

⑤适度增加身体活动量(时间、频率、强度)可以获得更大的健康效益。

100. ABCDE ①机会性筛检是指利用人们(往往是一些高危人群)就医的机会,进行某些针对性的检查,以早期发现可疑疾病(E)。②特殊性体检为不规范的名词,故不答 A。健康体检是指对健康人进行身体的全面检查,即应用体检手段对健康人群的体格检查。社会性体检是指办理入职、入学、入伍、驾照、出国、结婚、保险等手续时进行的体检。医疗性体检是指以疾病诊治为目的的体检。

101. ABCDE ①医疗性体检是指以疾病诊治为目的的体检。患者到医院看病,医生帮他测量血压,即属于医疗性体检(A)。②社会性体检是指办理入职、入学、入伍、驾照、出国、结婚、保险等手续时进行的体检。机会性筛检是指利用一些高危人群就医的机会,进行某些针对性的检查,以早期发现可疑疾病。定期健康检查是指按一定时间间隔进行的健康检查。随机性筛查是不规范的名称。

102. ABCDE ①疾病管理是以疾病发展的自然过程为基础的、综合的、一体化的保健和费用支付管理体系。其特点是以人群为基础,重视疾病发生发展的全过程,强调预防、保健、医疗等多学科的合作,提倡资源的早利用,减少发病之后非必需的医疗花费,提高卫生资源和资金的使用效率。②健康维护计划是指在明确个人健康危险因素分布的基础上,有针对性地制订将来一段时间内个体化的维护健康的方案,并以此来实施个性化的健康指导。B、D、E 均属于不规范的名称。

103. ABCDE ①疫苗接种后流行病学效果评价的最好指标是疫苗保护率和疫苗效果指数(B)。疫苗保护率(%)=[(对照组发病率-接种组发病率)/对照组发病率]×100%;疫苗效果指数=(对照组发病率/接种组发病率)×100%。②发病率、感染率、死亡率、病死率均属于描述疾病分布的常用指标。

104. ABCDE ①疫苗效果评价包括免疫学效果评价和流行病学效果评价。免疫学效果评价指标包括接种后人群抗体阳转率、抗体平均滴度和抗体持续时间。抗体阳转是指疫苗接种前后保护性抗体滴度增高 4 倍以上者,因此观察甲肝疫苗预防的效果,应选择无免疫力的人群,即观察接种前抗体阴性的人群在接种后抗体阳转率。②流行病学效果评价指标包括疫苗保护率和疫苗效果指数,疫苗保护率=(对照组发病率-接种组发病率)/对照组发病率×100%;疫苗效果指数=对照组发病率/接种组发病率。因此评价流行病学效果的指标均与发病率有关,若选择甲肝高发区进行研究,则可减少样本例数,节约工作量,故答 B 而不是 C。③近期甲肝暴发地区的人群,其特异性抗体已阳性,无需再次接种甲肝疫苗,故不答 A。D、E 显然不是正确答案。

105. ABCDE 人群健康策略强调的是全人群策略和高危人群相结合的策略。在全人群中进行一级预防,对高危人群进行三级预防,答案为 E。

106. ABCDE ①高血压属于慢性病,所有慢性病的健康教育都按照“全人群策略和高危人群策略并重”进行,故答案为 A。②目前我国高血压的流行特点是“三高、三低”,即发病率高、并发症发生率高和死亡率高,检出率低、服药率低、控制率低。因此高血压防治中健康教育的主要目标是在一般人群中预防高血压的发生,在高危人群中降低血压水平。

107. ABCDE 慢性病的防治原则包括:①强调在社区和家庭水平上降低最常见慢性病的 4 种共同危险因素(吸烟、饮酒、不健康饮食、静坐生活方式),进行生命全程预防;②三级预防并重,采取以健康教育、健康促进为主要手段的综合措施;③全人群策略和高危人群策略并重(A 错)。

108. ABCDE 恶性肿瘤的三级预防如下。①第一级预防:包括控制吸烟、合理膳食、控制感染及消除职业危害;②第二级预防:癌症的早期发现、早期诊断、早期治疗是降低死亡率、提高生存率的主要策略;③第三级预防:要求对癌症患者提供规范化诊治方案和康复指导,进行生理、心理、营养和锻炼指导;对慢性患者进行姑息镇痛治疗;注意临终关怀,提高晚期癌症患者的生存质量。可见 E 属于癌症的二级预防目的,A、B、C 为第三级预防策略,D 为第一级预防。

109. ABCDE 慢性病自我管理的三大任务如下。①所患疾病的医疗和行为管理:如按时服药、加强锻炼、就诊、改变不良饮食习惯等;②角色管理:如维持日常角色,做家务,工作,社会交往等;③情绪管理:如愤怒、对未来担心、挫折感或偶尔的情绪低落等。

110. ABCDE　污染物是指进入环境并引起环境污染的有害物质。一次污染物又称原生污染物，是指污染源直接排入环境，其物理和化学性质未发生变化的污染物（B）。相对于二次污染物，后者由前者转化而来。某些污染物既可能是由污染物直接排放的一次污染物，也可能是在排入环境后转化而成的二次污染物。如空气中的 SO_3 和 NO_2，既可能是燃煤或汽车尾气排放的一次污染物，也可能由排放的 SO_2 和 NO 在空气中经氧化而生成的二次污染物。

111. ABCDE　①大气污染物分为一次污染物和二次污染物。从污染源排入大气后，直接污染空气的，称为一次污染物。二次污染物是由阳光照射污染物、污染物间相互发生化学反应、污染物与大气成分发生化学反应生成的有害物质，其理化性状与一次污染物完全不同。二次污染物的毒性一般比一次污染物高。②光化学烟雾是汽车尾气中 NO_x 和烃类污染物在强烈日光作用下，经过一系列光化学反应，产生的以氧化剂（如 O_3、甲醛、丙烯醛）为主的二次污染物。③沉降的污染物因刮风再次进入大气，其理化性质没有改变，仍属于一次污染物，而不是二次污染物（E 错）。

112. ABCDE　①碘缺乏可导致先天性甲状腺功能低下，表现为生长发育落后、智力障碍，故答 E。②砷中毒、铅中毒、氟中毒均为常见疾病，故砷缺乏、铅缺乏、氟缺乏显然不是正确答案。硒缺乏主要表现为心律失常、心脏扩大、心力衰竭、心源性休克等，故不答 D。

113. ABCDE　生物地球化学性疾病是指由于地球地壳表面化学元素分布不均匀，使某些地区的水和（或）土壤中某些元素过多或过少，而引起的某些特异性疾病。如碘缺乏病、地方性克汀病等。

114. ABCDE　大气污染对人体健康的危害包括直接危害和间接危害，直接危害如下。①急性中毒：如煤烟型烟雾事件和光化学烟雾事件等；②变态反应：甲醛、SO_2、某些洗涤剂等具有致敏作用，可引起变态反应性疾病；③机体免疫力下降：严重污染地区居民唾液溶菌酶、SIgA 含量降低，使机体免疫力下降；④致癌作用：苯并芘、石棉、镍、铬等可引起肺癌。儿童维生素 D 缺乏病是维生素 D 摄入不足导致的营养不良性疾病，并不属于大气污染对健康的直接损害（E 错）。

115. ABCDE　①生产性毒物中，窒息性气体包括氢氰酸、一氧化碳、硫化氢、甲烷等（A）。窒息性气体可使空气中氧含量明显降低，使肺内氧分压下降或使血液运送氧的能力或组织利用氧的能力降低，引起机体缺氧。②氯气、一氧化氮为刺激性气体。苯、氯乙烯为有机溶剂。

116. ABCDE　①粮食烘干机的核心部件是微波加热设备，其频率固定在 2450MHz。微波对眼睛具有独特的伤害作用，长期接触大强度微波的工人，可导致眼晶状体混浊、视网膜改变，造成放射性白内障（A）。②虽然紫外线辐射也可以造成白内障，但常见于电焊工、气焊工、电炉炼钢厂工人，而不是从事粮食烘干的工人，故不答 E。参阅 2 版 8 年制《预防医学》P119、P120。B、C、D 显然不是正确答案。

117. ABCDE　空气动力学直径（AED）$<15\mu m$ 的粉尘可进入呼吸道，称为可吸入粉尘。直径 $<5\mu m$ 的粉尘可到达呼吸道深部和肺泡区，称为呼吸性粉尘（A）。

118. ABCDE　①有害物质危险度评价包括危害鉴定、暴露评价、剂量-反应关系评定、危险度特征分析 4 种。暴露评价属于有害物质的危险度评价，可以估计人群对某化学物质暴露的强度、频率和持续时间，与评价该化学物质毒性效应的诱发时间、潜伏期有关。②评估某化学物质是否对机体健康产生危害效应，属于危害鉴定。研究某化学物质的浓度与对机体产生危害程度的关系，属于剂量-反应关系评定。

119. ABCDE　①剂量-反应关系评价是环境化学物暴露与健康效应之间的定量评价，是指利用人或动物定量研究资料，得到某有害物质的剂量与健康效应的定量关系，从而确定暴露水平与健康效应发生率之间的关系。②剂量-反应关系是针对群体而言的，剂量-效应关系是针对个体而言的，故答 E 而不是 B。

120. ABCDE　①经济发展与人群健康关系密切，两者具有双向作用，两者是辨证统一的关系。经济发展对人群健康的影响是多方面的，如可通过提高教育水平、改变营养状况、改善公共卫生条件等影响人群健康。②人群的健康对经济发展具有重要的促进作用。③单纯注重经济增长将危害人类的健康，如现代社会病的产生，心理紧张因素的增加等。④经济发展应与社会发展、促进人群健康协调进行。

⑤人群收入的绝对水平虽然对健康有影响，但也与其经济分配政策密切相关，再好的经济收入，如果分配政策不利民、不公平，也不可能产生有利于人群健康的结果（E 错）。2017 年考题，超纲题，参阅 3 版 8 年制《预防医学》P213。

121. ABCDE　122. ABCDE　①酸雨是指 pH<5.6 的酸性降水，包括雨、雪、冰、雹等降水。形成酸雨的主要原因是大气中的 SO_2、氮氧化物（NO_X）等污染物溶于水汽中，经过氧化、凝结而成（B）。②光化学烟雾是指汽车尾气中的氮氧化物（NO_X）、挥发性有机物（VOC_s）在强烈日光紫外线照射下，经过一系列光化学反应，而生成浅蓝色烟雾。其成分极为复杂，主要含有臭氧、过氧酰基硝酸酯、醛类、酮类、过氧化氢等二次污染物（E）。③硝酸盐为食品中常见的污染物。水体富营养化是指水体受磷、氮污染导致藻类过度生长所致。甲基汞常导致水俣病。

123. ABCDE　①由于人为活动使大气中某些能吸收红外线等长波辐射的气体浓度大量增加，直接影响地表热量向大气中放散，而使地球表面气温升高的现象，称为温室效应。这些气体统称为温室气体，主要包括 CO_2、甲烷（CH_4）、氧化亚氮（N_2O）、氯氟烃（CFCs）等。研究表明，各种温室气体对温室效应的贡献率不同，CO_2 为 55%、CFCs 为 25%、CH_4 为 15%、N_2O 为 6%，可见大气中 CO_2 增加是造成全球变暖的主要原因（C）。参阅 3 版 8 年制预防医学 P41。②SO_2 和 NO_X 为酸雨的主要成分。

124. ABCDE　①光化学烟雾是汽车尾气中氮氧化物（NO_X）和挥发性有机物（VOC_s）在强烈日光紫外线照射下，经过一系列光化学反应，而生成浅蓝色烟雾，常见于夏秋季。这种烟雾具有很强的刺激性，受害者的主要症状为眼睛红肿、流泪、咽喉痛、严重上呼吸道感染等。根据题干，本例应诊断为光化学烟雾事件（C）。参阅 3 版 8 年制《预防医学》P39。②CO 急性中毒常表现为胸闷、气短、呼吸困难、昏迷、口唇黏膜呈樱桃红色。B、E 显然不是正确答案。煤烟型烟雾事件是由于烟煤和工业废气大量排入大气且得不到充分扩散所致，主要污染物为 SO_2 和烟尘，多发生于冬春季节。

125. ABCDE　职业卫生服务（OHS）是以保护和促进职业从事者的安全与健康为目的，以职业人群和工作环境为对象的一种特殊形式的卫生服务。其实施原则如下。①保护和预防原则：保护职工健康，预防工作中的危害；②适应原则：使工作和环境适合于人的能力；③健康促进原则：增进职工的躯体和心理健康以及社会适应能力；④治疗与康复原则：使职业危害、事故损伤、职业病和工作有关疾病的影响减少到最低程度；⑤全面的初级卫生保健原则：为职工及其家属提供全面的卫生保健服务。

126. ABCDE　就业前健康检查是指用人单位对作业人员从事某种有害作业前进行的健康检查，目的在于掌握作业人员就业前的健康状况及有关健康基础资料、发现职业禁忌证（A）。

127. ABCDE　我国防尘的八字经验为：革、水、密、风、护、管、教、查。①革：指改革工艺过程，革新生产设备，这是消除粉尘危害的根本措施（A）；②水：采用湿式作业；③密：指密闭尘源，防止粉尘外逸；④风：指抽风除尘；⑤护：指加强粉尘作业的个人防护；⑥管：加强粉尘设备、防尘制度的监督管理；⑦教：加强宣传教育；⑧查：接尘工人的健康检查。参阅 3 版 8 年制《预防医学》P117。

128. ABCDE　①劳动者在职业活动中，组织器官受到工作场所毒物的毒性作用而引起的功能性和（或）器质性疾病，称为职业中毒，属于职业病细分类别。接触职业性有害因素的职业史是诊断职业病的先决条件（D）。参阅 3 版 8 年制《预防医学》P94。②职业病的诊断依据还包括生产环境劳动卫生学调查、临床资料（疾病史、体格检查、实验室检查）。

129. ABCDE　对职业人群进行医学检查和医学实验以确定其处在职业危害中是否出现职业性疾患，称为医学监护。包括：①就业前健康体检；②定期健康检查；③离岗或转岗时体格检查；④职业病的健康筛查。职业有害因素监测属于职业环境监测，不属于医学监护，答案为 C。

130. ABCDE　职业人群健康监护是以预防为目的，通过对职业人群健康状况的各种检查，以及系统、定期地收集、整理、分析和评价有关健康资料，掌握职业人群健康状况，及时发现损害征象，并连续地监控职业病、工作有关疾病等的分布和发展趋势，以便适时地采取相应的预防措施，防止有害因素所致疾患的发生和发展。

131. ABCDE　①工作相关疾病是指疾病的发生、发展与职业性有害因素有关，但职业性有害因素不是其唯一的直接因素，而是诸多因素之一，如矿工的消化性溃疡、监狱警察的高血压、行政主管的冠心病、与职业有关的抑郁症、焦虑症等(B)。②职业病是指与工作有关并直接与职业性有害因素有因果关系的疾病，如职业性肿瘤、职业性铅中毒、职业性苯中毒均属于法定职业病。工伤是指在工作时间和工作场所内，因工作原因发生意外事故而造成职业从事者的健康伤害。

132. ABCDE　职业病应遵循三级预防原则。①一级预防(病因预防)：从根本上阻止职业性有害因素对人体的损害作用，为最有效的预防措施，如 a.通过生产工艺改革和生产设备改进，合理利用防护设施及个人防护用品，使劳动者尽可能不接触或少接触职业性有害因素；b.通过制定职业接触限值，控制作业场所有害因素在职业安全卫生标准允许限度内；c.针对高危个体进行职业禁忌证检查。②二级预防(临床前期预防)：对职业病早期发现、早期诊断、早期治疗。③三级预防(临床预防)：及时治疗职业病患者。A、B、D、E 均属于一级预防措施。C 属于二级预防措施(C)。

133. ABCDE　①食品污染是在各种条件下，有害物质进入到食物，造成食品安全性、营养性、感官性状发生改变的过程。其污染性质包括生物性污染、化学性污染和物理性污染。A、D、E 为化学性污染，B 为生物性污染。②河豚自身含有河豚毒素，可导致食物中毒，并不属于食品污染，答案为 C。

134. ABCDE　食物中毒是指食用了被有毒有害物质污染的食品或者食用了含有毒有害物质的食品后出现的急性、亚急性疾病。其发病特点如下。①暴发性：潜伏期多在 24～48 小时，呈暴发性发病。②特定性：发病与特定的食物有关，发病范围局限于食用同样有毒有害食物的人群中(A 对)。③相似性：临床表现相似，常表现为恶心呕吐、腹痛腹泻。④非传染性：人与人之间无直接传染，中毒事件的发病曲线呈突然上升之后又迅速下降之趋势，无传染病流行时发病曲线之余波。

135. ABCDE　A、B、C、D、E 均属于食物中毒范畴，在我国以细菌性食物中毒最常见，病原菌依次为：沙门菌属、变形杆菌、葡萄球菌肠毒素、副溶血弧菌、其他细菌或毒素(D)。

136. ABCDE　①导致食物中毒的副溶血性弧菌最容易污染的食品主要是海产品，以墨鱼、带鱼、虾蟹多见(C)。②剩米饭易导致葡萄球菌食物中毒。禽肉类及其制品易导致沙门菌食物中毒。

137. ABCDE　①食物中毒的发病与特定食物有关，患者都曾进食同一批某种食物，发病范围局限在食用该食物的人群中，其他急性疾病不具备此特点，故答 E。②很多疾病都具有急性胃肠道症状，故不答 A。发病场所集中、很多人同时发病、潜伏期短很可能是某些传染病的特点，故不答 B、C、D。

138. ABCDE　①副溶血性弧菌主要存在于海产品中，其食物中毒好发于 6~9 月。批量患者使用海鲜食品后出现腹痛、腹泻，粪便呈洗肉水样，应诊断为副溶血性弧菌食物中毒(D)。②沙门菌食物中毒常见于进食动物性食品后。葡萄球菌食物中毒多于进食奶制品、熟肉制品后发生。肉毒梭菌食物中毒多于进食自制豆类食品后发生。李斯特菌食物中毒多于进食鲜奶后发生。

139. ABCDE　140. ABCDE　①葡萄球菌食物中毒是因进食被金黄色葡萄球菌肠毒素污染的食品引起，导致中毒的食物主要是乳及乳制品、肉类、剩饭等(A)。②引起沙门菌食物中毒的食品主要为动物性食品，特别是畜肉类及其制品，其次为禽肉、蛋类、乳类，由植物性食物引起者少见(B)。

141. ABCDE　142. ABCDE　143. ABCDE　①食用污染的乳制品(奶油蛋糕等)最易引起金黄色葡萄球菌肠毒素食物中毒(E)，本病好发于夏秋季，潜伏期一般为 2~5 小时，起病急，有恶心呕吐，中上腹部疼痛和腹泻，体温正常或有低热。副溶血性弧菌食物中毒多由进食海产品引起，好发于青壮年，7~9 月为高发季节，潜伏期多为 14~20 小时，常表现为上腹部疼痛，粪便水样、血水样、黏液或脓血便等。肉毒梭菌毒素食物中毒好发于冬春季，多以家庭或个体形式发病，很少集体暴发，潜伏期一般为 1~7 天，主要表现为头晕、无力、视物模糊、眼睑下垂、咀嚼困难、吞咽困难、呼吸困难等。蜡样芽胞杆菌食物中毒多因进食淀粉类食物引起，常表现为呕吐、腹泻，病情轻，病程短，很少超过 12 小时。②引起金黄色葡萄球菌肠毒素食物中毒的食品，除奶制品外，还有肉类、剩饭等(E)。进食海产品常引起副溶血性弧菌食物中毒。进食蔬菜、水果不易引起食物中毒。进食罐头制品易引起肉毒梭菌毒素食物中毒。③金黄色葡萄球菌肠毒素食物中毒的治疗措施为对症治疗，及时纠正水、电解质代谢紊乱(E)。目前尚无针对金黄色葡萄球菌肠毒素的抗体，故不答 A。服用改变肠道菌群的制剂，为婴幼儿腹泻的治疗措施。应用止痛剂为对症治疗措施。彻底洗胃、灌肠为有机磷农药中毒的治疗措施。

144. ABCDE ①黄曲霉毒素为真菌毒素，广泛存在于霉变食品中，以霉变的花生、玉米、谷类含量最高。黄曲霉毒素主要损害肝脏，中毒后常表现为厌食、恶心呕吐、黄疸、腹水、下肢水肿等。根据题干，本例应诊断为黄曲霉毒素中毒，故答 D。②急性镉中毒常表现为恶心呕吐、腹痛腹泻及中枢神经系统中毒症状，故不答 A。多环芳烃造成的急性损害常表现为日光性皮炎、痤疮性皮炎、毛囊炎等，故不答 B。有机磷农药中毒常表现为毒蕈碱样症状、烟碱样症状与中枢神经系统症状，故不答 C。玉米中混进了有毒植物种子，无特定含义，故不答 E。

145. ABCDE ①四季豆含有皂素和植物凝血素，皂素对消化道黏膜具有强烈的刺激性，凝血素具有凝血作用。四季豆毒素在 100℃30 分钟可被破坏，若食用未煮熟煮透的四季豆，毒素未被破坏，则易导致食物中毒(A)。②食用荷兰豆、绿豆、赤豆、豌豆一般不会导致食物中毒。

146. ABCDE ①确定食物中毒的可疑食物主要是根据实验室检查，包括对可疑食物或患者样品(呕吐物、粪便、血样)等进行实验室检查，如细菌学培养、分离鉴定菌型、细菌毒素检测等(D)。②A、B、C均为诊断食物中毒的临床依据，不能作为确定可疑食物的依据。

147. ABCDE ①鱼类引起的组胺中毒是指摄入大量含组胺的鱼类所引起的以急性过敏反应为主的食物中毒，其潜伏期为 10 分钟至 2 小时，常表现为面部、胸部或全身皮肤潮红，眼结膜充血，头痛头晕，心慌胸闷，呼吸加快。根据题干，本例应诊断为组胺中毒(B)。②河豚鱼中毒常表现为恶心呕吐，腹痛腹泻，便血，口唇、舌尖及肢端麻痹，眼睑下垂等。肉毒梭菌毒素中毒常表现为头晕，无力，视物模糊，眼睑下垂，复视，咀嚼无力，饮水发呛，张口和伸舌困难等。麻痹性贝类中毒的临床表现以神经系统麻痹为主，如四肢肌肉麻痹、运动失调、呼吸困难等。副溶血性弧菌中毒常表现为恶心呕吐，腹泻，发热，水样便，黏液便或脓血便，里急后重不明显。

148. ABCDE ①医院常见的有害因素包括 B、C、D、E4 项，故可首先排除 A。②医院专业因素也称医源性因素，主要是指医务人员在专业操作过程中的不当或过失行为，给患者造成的不安全感或者不安全结果(B)。医院专业因素是临床上造成患者医疗不安全的主要因素。③医院管理因素是指由于医院的各项组织管理措施不到位或不落实、运行机制不顺畅等原因造成的患者或医务人员安全受到威胁的因素。医院社会因素是指可能引发患者和医务人员健康危害的医院相关的外界社会因素。医院环境因素是医院建筑卫生、卫生工程、消毒隔离、环境卫生、营养卫生、作业劳动卫生诸多环境卫生学因素对患者和医务人员健康和安全的潜在威胁。

149. ABCDE ①医务人员职业暴露环境中的危险因素主要有物理因素、化学因素、生物因素、社会因素等与工作有关的因素。锐器伤是医务人员，特别是护理人员最常见的职业事故(D)。调查表明，护理人员每年针刺伤发生率为 80%。②辐射也是造成医务人员职业危害的一个重要物理因素。

150. ABCDE “三查七对”制度的三查是指：操作前、操作中、操作后；七对是指：床号、姓名、药名、浓度、剂量、用法、时间。

151. ABCDE “大气污染造成居民肺癌死亡率上升”这种慢性事件不属于突发公共卫生事件(B)。A、C、D、E均属于突发公共卫生事件。

152. ABCDE 急性中毒的急救处理要点为：①脱离中毒环境，立即脱离现场及急救(E)；②彻底清洗衣物、眼睛、皮肤、毛发等；③口服毒物者应迅速催吐、洗胃、灌肠或导泻；④吸入中毒者应保持呼吸道通畅；⑤心肺复苏；⑥尽早使用解毒剂。

153. ABCDE 我国卫生事业的性质是政府实行一定福利政策的社会公益事业。在社会主义市场经济体制下，我国的卫生事业是由国家、集体和个人共同投资、共同受益的公益事业，不以营利为目的。同时，政府对卫生事业实行一定的福利政策，各级政府都应明确给予卫生事业合理的投入，并随着经济的发展而不断提高投入的比例。

154. ABCDE　卫生系统的功能为:①卫生服务提供;②公平对待所有人;③满足人群非卫生服务的期望。

155. ABCDE　公共卫生的功能包括:①预防疾病的发生和传播;②保护环境免受破坏;③预防意外伤害;④促进和鼓励健康行为;⑤对灾难做出应急反应,并帮助社会从灾难中恢复;⑥保证卫生服务的有效性和可及性。"研究具体的临床治疗措施"为临床执业医师的功能,不属于公共卫生的功能(D)。

156. ABCDE　卫生服务需求是从经济和价值观念出发,在一定时期内和一定价格水平上,人们愿意而且有能力消费的卫生服务量。卫生服务需求分为两类。①第一类是由需要转化而来的需求:人们的卫生服务需要只有转化为需求,才有可能去利用卫生服务。但在现实生活中,并不是所有的卫生服务都能转化为需求。需要能否转化的需求,除了与居民本身是否觉察到有卫生服务需要相关外,还与多种因素如收入水平、享有的健康保障制度、交通便利程度、风俗习惯及卫生机构提供的服务类型和质量有关。②第二类是没有需要的需求:通常由不良的就医和行医两种行为造成。有时候居民提出的一些"卫生服务需求",可能经医疗卫生专家按服务规范判定是不必要的,或被认为是过分的要求。另外,在不规范的卫生服务市场条件下,由于经济利益的驱动使某些医疗卫生人员对就诊者实施一些不必要的检查、治疗等,诱导病患过度的服务需求。答案为D。

157. ABCDE　①卫生服务需求的形成必须具备两个条件:消费者的购买愿望和消费者的支付能力(C、D对)。卫生服务需求分为两类,即由需要转化而来的需求、没有需要的需求,可见需求可以由需要转化而来(B对)。有些需求不是必要的,如有些医务人员为了经济利益对就诊者实施一些不必要的检查、治疗等(E对)。②卫生服务需要主要取决于居民的自身健康状况,是依据人们的实际健康状况与"理想健康状态"之间存在差距而提出的对预防、保健、医疗、康复等服务的客观要求。卫生服务需求是从经济和价值观念出发,在一定时期内和一定价格水平上,人们愿意而且有能力消费的卫生服务量。需求与需要有相互联系,也有区别,故A错。

158. ABCDE　卫生服务需求分为两类。①第一类是由需要转化而来的需求,人们的卫生服务需要只有转化为需求,才有可能去利用卫生服务。②第二类是没有需要的需求:通常由不良的就医和行医两种行为造成(B对)。有时候居民提出的一些"卫生服务需求",可能经医疗卫生专家按服务规范判定是不必要的,或被认为是过分的要求。另外,在不规范的卫生服务市场条件下,由于经济利益的驱动使某些医疗卫生人员对就诊者实施一些不必要的检查、治疗等,诱导病患过度的服务需求。

159. ABCDE　卫生服务需求是从经济和价值观念出发,在一定时期内和一定价格水平上,人们愿意而且有能力消费的卫生服务量。卫生服务需求的形成必须具备两个条件:消费者的购买愿望和消费者的支付能力。

160. ABCDE　161. ABCDE　162. ABCDE　①卫生服务利用是指需求者实际利用卫生服务的数量(即有效需求量),是人群卫生服务需要量和卫生资源供给量相互制约的结果(D)。②卫生服务需求是指从经济和价值观念出发,在一定时期内、一定价格水平上,人们愿意而且有能力消费的卫生服务量(C)。卫生服务需求的形成必须具备两个条件:消费者的购买欲望;消费者的支付能力。③卫生服务需要主要取决于居民的自身健康状况,是依据人们的实际健康状况与"理想健康状态"之间存在差距而提出的对预防、保健、医疗、康复等服务的客观要求,包括个体觉察到的需要和由医疗卫生专业人员判定的需要(A)。

163. ABCDE　卫生领域中的公平性是指生存机会的分配应以需求为导向,而不是取决于社会特权或者收入差异公平性;应该是社会进步的成果,而不是分摊不可避免的不幸和健康权利的损失(C)。

164. ABCDE　①国家医疗保险模式优点包括:资金来源稳定,全民医保,覆盖范围广,共济能力强,医疗服务免费或低收费,体现社会公平性和福利性。②国家医疗保险模式的缺点是医疗服务效率低下。

165. ABCDE　①目前,德国的医疗保险模式主要属于社会医疗保险(B)。②英国、加拿大为国家医疗保险模式;美国为商业医疗保险模式;新加坡、斯里兰卡为储蓄医疗保险模式。

166. ABCDE　①医疗保险制度通常由国家立法,强制实施,建立基金制度,作为社会保障的一个重要组成部分,资金由国家、集体、个人三方面共同筹集(D)。②医疗保险费由医疗保险机构支付。社会医疗保险基金由七部分组成,即雇主(单位)资助、雇员(个人)出资、国家补贴、利息收入、调剂收入、转移收入、其他收入(滞纳金及财政部门核准的其他收入)。

167. ABCDE ①城镇职工基本医疗保险的参保范围覆盖城镇所有用人单位和职工,不同性质单位的职工都能享受基本医疗保险,基本医疗保险费由用人单位和职工个人双方共同缴纳(A)。②补充医疗保险由单位、企业或特定人群,根据自己的经济承担能力,在基本医疗保险制度基础上自愿参加的各种辅助性医疗保险,主要解决参保人员基本医疗保险支付范围以外的医疗费用。城镇居民基本医疗保险属于自愿参保,参保范围为:不属于城镇职工基本医疗保险制度覆盖范围的中小学阶段的学生(包括职业高中、中专、技校学生)、少年儿童和其他非从业城镇居民。社会医疗救助是在政府支持下,依靠社会力量建立的针对特殊困难群体的医疗费用实施补助的制度。商业医疗保险是由商业保险公司开办,以营利为目的的,参保人员自愿参加的一种医疗保险制度。

168. ABCDE 我国农村新型合作医疗(新农合)一般以县(市)为单位进行统筹。

169. ABCDE ①起付线又称扣除保险,是指医疗保险开始支付医疗费用的最低标准,低于起付线的医疗费用由被保险人自负,超过起付线以上的医疗费用由医疗保险按规定支付(D)。②封顶线也称最高支付限额,低于封顶线的医疗费用由医疗保险支付,超出封顶线的医疗费用由被保险人自己负担,这种方式称为最高支付限额方式。A、B、E 都是不规范的名称。

170. ABCDE ①目前城镇职工基本医疗保险统筹基金的共付措施包括起付线、共付比例、封顶线三种,故可首先排除 C、D。②起付线是指医疗保险开始支付医疗费用的最低标准,低于起付线的医疗费用由被保险人自负,超过起付线以上的医疗费用由医疗保险按规定支付,如本例中的 800 元即为起付线。共付比例是指医疗保险机构按照合同或政府的规定对被保险人的医疗费用按一定的比例进行补偿,剩余比例的费用由个人自己负担,称为共同付费方式,又称按比例分担。如本例中的 7000 元即为共同付费。③封顶线也称最高支付限额,低于封顶线的医疗费用由医疗保险支付,超出封顶线的医疗费用由被保险人自己负担。

171. ABCDE ①社会医疗保险是国家通过立法形式强制建立实施的一种社会保险制度。医疗保险基金的来源主要由雇主和雇员按一定比例缴纳,政府适当补贴(E)。②国家医疗保险的保险基金由国家财政预算支出。储蓄医疗保险是通过立法,强制劳方或劳资双方缴费,以雇员或家庭的名义建立保健储蓄账户,并逐步积累,用以支付个人及家庭成员日后患病所需的医疗费用。商业医疗保险是由商业保险公司承办,以营利为目的的一种医疗保险形式,主要通过市场机制来筹集费用和提供服务。补充医疗保险是由单位、企业或特定人群,根据自己的经济承受能力,在基本医疗保险制度基础上自愿参加的各种辅助性医疗保险。

172. ABCDE ①城镇职工基本医疗保险是为补偿企事业单位职工因疾病风险遭受经济损失而建立的一项社会保险制度,基本医疗保险费由用人单位和职工个人双方共同缴纳。其中,用人单位缴费为工资总额的 6%,个人缴费为工资总额的 2%。②由国家财政缴纳医疗保险费的是国家医疗保险。

173. ABCDE 城镇职工基本医疗保险统筹基金的共付措施包括起付线、共付比例、封顶线三种。①起付线是指医疗保险开始支付医疗费用的最低标准,低于起付线的医疗费用由被保险人自负,超过起付线以上的医疗费用由医疗保险按规定支付。②共付比例是指医疗保险机构按照合同或政府的规定对被保险人的医疗费用按一定的比例进行补偿,剩余比例的费用由个人自己负担,也称为共同付费。③封顶线也称最高支付限额,低于封顶线的医疗费用由医疗保险支付,超出封顶线的医疗费用由被保险人自己负担。如本例中的 50000 元即为封顶线。

174. ABCDE 疾病保险付费方式包括按病种付费、按总额预付、按人头预付、按服务单元付费(而不是按病种单元付费)。为控制医疗费用的不合理利用,有时需划定封顶线,即限定最高支付金额。

第十三篇　卫生法规试题答案及详细解答

（正确答案为绿色的选项）

1. ABCDE　①行政处罚是指行政机关对违反行政法律规范的单位或者个人予以制裁的行为，如卫生行政部门处以警告、罚款、没收违法所得、没收非法财物、责令停产停业、暂扣或者吊销许可证等。②根据我国《行政处罚法》第八条规定，行政拘留也属于行政处罚，故本题并不严谨，无正确答案可供选择。

2. ABCDE　《执业医师法》明确规定，医师应当具备良好的职业道德和医疗执业水平，发扬人道主义精神，履行防病治病、救死扶伤、保护人民健康的神圣职责（E）。

3. ABCDE　4. ABCDE　①取得助理医师证书后，专科生工作满2年，中专生满5年，可以参加执业医师资格考试。②可以参加执业医师资格考试的条件为本1专2中5（本科1年、专科2年、中专5年）。

5. ABCDE　《执业医师法》规定，吊销医师执业证书后不满2年的，不予注册。

6. ABCDE　《执业医师法》规定，医师在执业活动中，违反规定，有下列行为之一的，由县级以上人民政府卫生行政部门给予警告或者责令暂停6个月以上1年以下执业活动；情节严重的，吊销其执业证书；构成犯罪的，依法追究刑事责任：①违反卫生行政规章制度或者技术操作规范，造成严重后果的（A）；②由于不负责任延误急危患者的抢救和诊治，造成严重后果的；③造成医疗责任事故的；④未经亲自诊查、调查，签署诊断、治疗、流行病学等证明文件或者有关出生、死亡等证明文件的。

7. ABCDE　医师中止执业活动2年以上，申请重新执业，应当重新注册。重新申请注册的人员，应该先到县级以上卫生行政部门指定的医疗、预防、保健机构或组织，接受3~6个月的培训，并经考核合格，方可依照有关规定重新申请执业注册，答案为E。

8. ABCDE　《执业医师法》规定，医师在执业活动中享有的权利包括：①在注册的执业范围内，进行医学诊查、疾病调查、医学处置、出具相应的医学证明文件，选择合理的医疗、预防、保健方案；②按照国务院卫生行政部门规定的标准，获得与本人执业活动相当的医疗设备基本条件；③从事医学研究、学术交流，参加专业学术团体；④参加专业培训，接受继续医学教育；⑤在执业活动中，人格尊严、人身安全不受侵犯；⑥获取工资报酬和津贴，享受国家规定的福利待遇；⑦对所在机构的医疗、预防、保健工作和卫生行政部门的工作提出意见和建议，依法参与所在机构的民主管理（E）。A、B、C、D均属于医师在执业活动中应履行的义务，而不是享有的权利。

9. ABCDE　《执业医师法》规定，医师注册后有下列情形之一的，其所在的医疗、预防、保健机构应当在30日内报告准予注册的卫生行政部门，卫生行政部门应当注销注册，收回医师执业证书：①死亡或者被宣告失踪的；②受刑事处罚的；③受吊销医师执业证书行政处罚的；④因考核不合格，暂停执业活动期满，经培训后再次考核仍不合格的；⑤中止医师执业活动满2年的；⑥有国务院卫生行政部门规定不宜从事医疗、预防、保健业务的其他情形的。

10. ABCDE　《执业医师法》规定，对急危患者，医师应当采取紧急措施进行诊治，不得拒绝急救处置，故答A。

11. ABCDE　C为医师在执业活动中享有的权利，而不是应履行的义务。A、B、D、E均属于医师在执业活动中应履行的义务。

12. ABCDE　13. ABCDE　14. ABCDE　①A为医师在执业活动中享有的权利。②B为医师在执业活动中应履行的义务。③C为《执业医师法》三十三条规定的表彰或者奖励政策。④D为《执业医师法》第二十五条规定的执业规则（执业要求）。⑤E为《执业医师法》第三十一条规定的考核和培训规则。

15. ABCDE 16. ABCDE ①B 为医师在执业活动中应履行的义务(B)。②《执业医师法》规定的执业要求为:对急危患者,医师应当采取紧急措施进行诊治,不得拒绝急救处置(A)。③C、D、E 均属于医师在执业活动中应享有的权利。

17. ABCDE 受县级以上人民政府卫生行政部门委托的机构或者组织应当按照医师执业标准,对医师的业务水平、工作成绩和职业道德状况进行定期考核(E)。对医师的考核结果,考核机构应当报告准予注册的卫生行政部门备案。

18. ABCDE 《医师定期考核管理办法》明确规定,国家对医师施行定期考核的内容是业务水平、工作成绩和职业道德状况(C)。

19. ABCDE 《执业医师法》第三十一条规定,对考核不合格的医师,县级以上人民政府卫生行政部门可以责令其暂停执业活动 3~6 个月,并接受培训和继续医学教育。

20. ABCDE 对考核不合格的医师,县级以上人民政府卫生行政部门可以责令其暂停执业活动 3~6 个月,并接受培训和继续医学教育(B)。

21. ABCDE 对考核不合格的,由县级以上人民政府卫生行政部门注销注册,收回医师执业证书(D)。

22. ABCDE 《执业医师法》第三十七条规定,医师出现下列情形之一的,由县级以上卫生行政部门给予警告或者责令暂停 6 个月以上 1 年以下执业活动;情节严重的,吊销其执业医师证书:①未取得处方权或者被取消处方权后开具药品处方的;②未按照《处方管理办法》规定开具药品处方的;③违反《处方管理办法》其他规定的。

23. ABCDE 《执业医师法》第三十七条规定,医师在执业活动中,违反规定,有下列行为之一的,由县级以上人民政府卫生行政部门给予警告或者责令暂停 6 个月以上 1 年以下执业活动;情节严重的,吊销其医师执业证书:①违反卫生行政规章制度或者技术操作规范,造成严重后果的;②由于不负责任延误急危患者的抢救和诊治,造成严重后果的;③造成医疗责任事故的;④未经亲自诊查、调查,签署诊断、治疗、流行病学等证明文件或者有关出生、死亡等证明文件的;⑤隐匿、伪造或者擅自销毁医学文书及有关资料的;⑥使用未经批准使用的药品、消毒药剂和医疗器械的;⑦不按照规定使用麻醉药品、医疗用毒性药品、精神药品和放射性药品的;⑧未经患者或者其家属同意,对患者进行实验性临床医疗的(B 对);⑨泄露患者隐私,造成严重后果的;⑩利用职务之便,索取、非法收受患者财物或者牟取其他不正当利益的;⑪发生自然灾害、传染病流行、突发重大伤亡事故以及其他严重威胁人民生命健康的紧急情况时,不服从卫生行政部门调遣的;⑫发生医疗事故或者发现传染病疫情,患者涉嫌伤害事件或者非正常死亡,不按照规定报告的。

24. ABCDE 25. ABCDE 《执业医师法》第三十七条规定,医师在执业活动中:①未经患者或者其家属同意,对患者进行实验性治疗的,由县级以上人民政府卫生行政部门给予警告或者责令暂停 6 个月以上 1 年以下执业活动(B);②不按规定使用麻醉药品、精神药物,由县级以上人民政府卫生行政部门给予警告或者责令暂停 6 个月以上 1 年以下执业活动;情节严重的,吊销其医师执业证书(D)。

26. ABCDE 27. ABCDE 《执业医师法》第三十七条规定,医师在执业活动中:①利用职务之便,索取、非法收受患者财物或者牟取其他不正当利益的,由县级以上人民政府卫生行政部门给予警告或者责令暂停 6 个月以上 1 年以下执业活动(B);②发生自然灾害、传染病流行、突发重大伤亡事故以及其他严重威胁人民生命健康的紧急情况时,不服从卫生行政部门调遣的,由县级以上人民政府卫生行政部门给予警告或者责令暂停 6 个月以上 1 年以下执业活动;情节严重的,吊销其医师执业证书。本题要求回答的是"情节严重的",因此正确答案为 D 而不是 B。

28. ABCDE 《执业医师法》第三十七条规定,执业医师未经亲自诊查、调查,签署诊断、治疗、流行病学等证明文件或者有关出生、死亡等证明文件的,由县级以上人民政府卫生行政部门给予警告或者责令暂停 6 个月以上 1 年以下执业活动;情节严重的,吊销其医师执业证书。

29. ABCDE ①《执业医师法》第三十九条规定,未经批准擅自开办医疗机构行医或者非医师行医的,由县级以上人民政府卫生行政部门予以取缔，没收其违法所得及其药品、器械，并处十万元以下的罚款；对医师吊销其执业证书；给患者造成损害的，依法承担赔偿责任；构成犯罪的，依法追究刑事责任。②本例中，王某为无证非法行医，应予以取缔，不能责令改正，故答案为A。

30. ABCDE　《执业医师法》第三十九条规定，未经批准，医师擅自开办诊所，给患者造成损害的，依法承担赔偿责任。本例尚未造成损害，故不能责令赔偿患者损失（B）。

31. ABCDE　2002年7月全国卫生工作会议中明确通报非法行医的三大类型——无执业许可证、有证但超范围执业、聘用非卫生技术人员。本例属于外科医师超范围执业医疗美容，属于典型的非法行医。

32. ABCDE　①《执业医师法》规定，医师在执业活动中，泄露患者隐私，造成严重后果的，由县级以上地方人民政府卫生行政部门给予警告或责令暂停6个月以上1年以下执业活动；情节严重的，吊销其执业证书；构成犯罪的，依法追究刑事责任，故答A。②《药品管理法（条例）》主要是规定执业医师开具处方药品的法律责任。《行政处罚法》是规范行政处罚的设定和实施的法律，显然不是正确答案。《母婴保健法》主要是规定医疗保健人员从事母婴保健的法律责任。《精神卫生法》主要是规定医务人员在精神障碍患者诊疗过程中的法律责任。

33. ABCDE　①《医疗机构管理条例及其实施细则》规定，医疗机构执业，必须进行登记，领取《医疗机构执业许可证》。任何单位或者个人，未取得《医疗机构执业许可证》，不得开展诊疗活动。②《设置医疗机构批准书》为医疗机构向登记机关申请《医疗机构执业许可证》时必需提供的文件。《设置医疗机构备案回执》为登记机关收到《设置医疗机构备案书》后给予医疗机构的回执。《医疗机构校验申请书》为医疗机构向登记机关申请校验时的专用表格。《医疗机构申请变更登记注册书》为医疗机构申请变更登记事项的表格。

34. ABCDE　①《医疗机构管理条例及其实施细则》第二十八条规定，医疗机构不得使用非卫生技术人员从事医疗卫生技术工作（B）。②A、C、D、E均为非医疗卫生技术工作，可以由非卫生技术人员从事。

35. ABCDE　《医疗机构管理条例及其实施细则》第五十三条规定，医疗机构门诊病历的保存期不得少于15年，住院病历的保存期不得少于30年。超纲题，2016年考题。

36. ABCDE　《医疗机构管理条例及其实施细则》第三十条规定，医疗机构工作人员上岗工作，必须佩带载有本人姓名、职务或者职称的标牌（D）。

37. ABCDE　《医疗机构管理条例及其实施细则》第三十一条规定，医疗机构对危重病人应当立即抢救。对限于设备或者技术条件不能诊治的病人，应当及时转诊，答案为B。

38. ABCDE　《医疗机构管理条例及其实施细则》规定，医疗机构对危重病人应当立即抢救（B）。对限于设备或者技术条件不能诊治的病人，应当及时转诊。

39. ABCDE　《医疗机构管理条例》规定，医疗机构执业必须进行登记，领取《医疗机构执业许可证》。医疗机构应当于校验期满前3个月向登记机关申请办理校验手续。

40. ABCDE　《医疗机构管理条例及其实施细则》规定，未经医师（士）亲自诊查病人，医疗机构不得出具疾病诊断书、健康证明书或者死亡证明书等证明文件；未经医师（士）、助产人员亲自接产，医疗机构不得出具出生证明书或者死产报告书。

41. ABCDE　《医疗机构管理条例及其实施细则》规定，医疗机构施行手术、特殊检查或者特殊治疗时，必须征得患者同意，并应当取得其家属或者关系人同意并签字。无法取得患者意见时，应当取得家属或者关系人同意并签字。无法取得患者意见又无家属或者关系人在场，或者遇到其他特殊情况时，经治医师应当提出医疗处置方案，在取得医疗机构负责人或者被授权负责人员的批准后实施。

42. ABCDE　《医疗机构管理条例及其实施细则》规定，医疗机构违反规定，使用非卫生技术人员从事医疗卫生技术工作的，由县级以上人民政府卫生行政部门责令其限期改正，并可根据情节处以5千元以下的罚款，情节严重的，吊销其《医疗机构执业许可证》。

43. ABCDE　①《医疗事故处理条例》第十三条规定，医务人员在医疗活动中发生或者发现医疗事故、可能引起医疗事故的医疗过失行为或者发生医疗事故争议的，应当立即向所在科室负责人报告。②科室负责人应当及时向本医疗机构负责医疗服务质量监控的部门报告；负责医疗服务质量监控的部门接到报告后，应当立即进行调查、核实，将有关情况如实向本医疗机构的负责人报告。

44. ABCDE 《医疗事故处理条例》规定：①因抢救急危患者，未能及时书写病历的，有关医务人员应当在抢救结束后6小时内据实补记，并加以注明。②医疗机构有下列情形之一的，由卫生行政部门责令改正；情节严重的，对负有责任的主管人员和其他直接责任人员依法给予行政处分或者纪律处分：没有正当理由，拒绝为患者提供复印或者复制病历资料服务的；未在规定时间内补记抢救工作病历内容的。本例补记病历时间超过规定的6小时时限，且医疗机构不予查阅病历，故卫生行政部门应责令该医院改正。

45. ABCDE　46. ABCDE ①《医疗事故处理条例》第五十五条规定，医务人员发生医疗事故的，依照刑法关于医疗事故罪的规定，依法追究刑事责任；尚不够刑事处罚的，依法给予行政处分或者纪律处分。对发生医疗事故的有关医务人员，卫生行政部门可以责令暂停6个月以上1年以下执业活动；情节严重的，吊销其执业证书(D)。②《医疗事故处理条例》第五十六条规定，医疗机构没有正当理由，拒绝为患者提供复印或者复制病历资料服务的，由卫生行政部门责令改正(E)；情节严重的，对负有责任的主管人员和其他直接责任人员依法给予行政处分或者纪律处分。

47. ABCDE 《医疗事故处理条例》规定，对发生医疗事故的有关医务人员，卫生行政部门可以责令暂停6个月以上1年以下执业活动；情节严重的，吊销其执业证书。

48. ABCDE ①《医疗事故处理条例》第十条规定，患者有权复印或者复制其门诊病历、住院志、体温单、医嘱单、化验单(检验报告)、医学影像检查资料、特殊检查同意书、手术同意书、手术及麻醉记录单、病理资料、护理记录。②发生医疗事故争议时，死亡病例讨论记录、疑难病例讨论记录、上级医师查房记录、会诊意见、病程记录应当在医患双方在场的情况下封存和启封(A)。

49. ABCDE 《医疗事故处理条例》第八条规定，医疗机构应当按照国务院卫生行政部门规定的要求，书写并妥善保管病历资料。因抢救急危患者，未能及时书写病历的，有关医务人员应当在抢救结束后6小时内据实补记，并加以注明。

50. ABCDE 《医疗事故处理条例》第十八条规定，患者死亡，医患双方当事人不能确定死因或者对死因有异议的，应当在患者死亡后48小时内进行尸检；具备尸体冻存条件的，可以延长至7日。

51. ABCDE 《传染病防治法》第二条规定，国家对传染病防治实行预防为主的方针，防治结合、分类管理、依靠科学、依靠群众(B)。

52. ABCDE ①《传染病防治法》第三条规定，甲类传染病有两种，即鼠疫和霍乱(D)。②SARS(传染性非典型肺炎)、狂犬病、炭疽、高致病性禽流感、伤寒、流行性出血热，均属于乙类传染病。③黑热病属于丙类传染病。天花已绝迹，不属于法定传染病，故可首先排除C。

53. ABCDE ①《传染病防治法》规定，医疗机构在预防传染病院内传播中的职责包括：承担医疗活动中与医院感染有关的危险因素监测、安全防护、消毒、隔离和医疗废物处置工作(A)。②B、C、D、E均属于各级疾病预防控制机构在传染病预防控制中应履行的职责。

54. ABCDE ①《传染病防治法》第三条规定，人感染高致病性禽流感属于乙类传染病(C)。②鼠疫、霍乱属于甲类传染病。流行性感冒、黑热病属于丙类传染病。

55. ABCDE ①《传染病防治法》第三条规定，艾滋病属于乙类传染病(C)。②鼠疫、霍乱属于甲类传染病。流行性感冒、手足口病属于丙类传染病。

56. ABCDE 《传染病防治法》规定，法定传染病的责任报告人包括疾病预防控制机构、医疗机构和采供血机构及其执行职务的人员。医疗机构的就诊者为义务疫情报告人，故答A。

57. ABCDE　58. ABCDE ①对乙类传染病中传染性非典型肺炎、炭疽中的肺炭疽、脊髓灰质炎，必须采取甲类传染病的报告、控制措施(D)。②霍乱属于甲类传染病(B)。③黄热病于1907年被《国际卫生公约》列为国际检疫传染病。伤寒为乙类传染病。风疹为丙类传染病。

59. ABCDE　《传染病防治法》第四条规定，传染性非典型肺炎、肺炭疽、人感染高致病性禽流感，虽然属于乙类传染病，但应采取甲类传染病的预防、控制措施(B)。请注意：9版《传染病学》P16新观点已将“人感染高致病性禽流感”从按甲类管理的乙类传染病中去除。若按9版《传染病学》观点，无正确答案可供选择。

60. ABCDE　传染性非典型肺炎虽然属于乙类传染病，但应采取甲类传染病的预防、控制措施(B)。

61. ABCDE　《传染病防治法》第十五条规定，国家对儿童实行预防接种制度。国家免疫规划项目实行免费预防接种。医疗机构、疾病预防控制机构与儿童的监护人应当相互配合，保证儿童及时接受预防接种。

62. ABCDE　《传染病防治法》第二十六条规定，国家对传染病菌种、毒种的采集、保藏、携带、运输和使用实行分类管理，建立健全严格的管理制度，答案为C。

63. ABCDE　《传染病防治法》第二十八条规定，在国家确认的自然疫源地计划兴建水利、交通、旅游、能源等大型建设项目的，应当事先由省级以上疾病预防控制机构对施工环境进行卫生调查。建设单位应当根据疾病预防控制机构的意见，采取必要的传染病预防、控制措施。

64. ABCDE　《传染病防治法》规定，在国家确认的自然疫源地计划兴建水利、交通、旅游、能源等大型建设项目的，应当事先由省级以上疾病预防控制机构对施工环境进行卫生调查(B)。

65. ABCDE　《传染病防治法》第三十条规定，疾病预防控制机构、医疗机构和采供血机构及其执行职务的人员，为责任疫情报告人，在发现传染病疫情或者发现其他传染病暴发、流行以及突发原因不明的传染病时，应当遵循疫情报告属地管理原则，按规定报告。

66. ABCDE　按照传染病疫情报告的属地管理原则，任何单位和个人发现疫情，均应及时向所在地的疾病预防控制机构报告(E)。

67. ABCDE　《传染病防治法》规定，任何单位和个人发现疫情，均应及时向所在地的疾病预防控制机构报告。

68. ABCDE　①《传染病防治法》规定，麻疹属于法定乙类传染病，对于确诊或疑似病例，应在24小时内，向所在地的疾病预防控制机构报告。②请上级医师会诊、转诊、隔离治疗等，均不属于法定内容。

69. ABCDE　《传染病防治法》规定，医疗机构违反规定，有下列情形之一的，由县级以上人民政府卫生行政部门责令改正，通报批评，给予警告；造成传染病传播、流行或者其他严重后果的，对负有责任的主管人员和其他直接责任人员，依法给予降级、撤职、开除的处分，并可以依法吊销有关责任人员的执业证书；构成犯罪的，依法追究刑事责任：①未按照规定承担本单位的传染病预防、控制工作、医院感染控制任务和责任区域内的传染病预防工作的；②未按照规定报告传染病疫情，或者隐瞒、谎报、缓报传染病疫情的；③发现传染病疫情时，未按照规定对传染病病人、疑似传染病病人提供医疗救护、现场救援、接诊、转诊的，或者拒绝接受转诊的；④未按照规定对本单位内被传染病病原体污染的场所、物品以及医疗废物实施消毒或者无害化处置的；⑤未按照规定对医疗器械进行消毒，或者对按照规定一次使用的医疗器具未予销毁，再次使用的；⑥在医疗救治过程中未按照规定保管医学记录资料的；⑦故意泄露传染病病人、病原携带者、疑似传染病病人、密切接触者涉及个人隐私的有关信息、资料的。

70. ABCDE　①本例应疑诊为霍乱，属于法定甲类传染病。按修订后的《传染病防治法》规定，甲类传染病的报告时限为2小时(A)。②乙类传染病的报告时限为24小时。

71. ABCDE　《传染病防治法》第三十九条规定，医疗机构发现甲类传染病时，应当及时采取下列措施：①对病人、病原携带者，予以隔离治疗；②对疑似病人，确诊前在指定场所单独隔离治疗(C对)；③对医疗机构内的病人、病原携带者、疑似病人的密切接触者，在指定场所进行医学观察；④拒绝隔离治疗或隔离期未满擅自脱离隔离治疗的，可由公安机关协助医疗机构进行强制隔离治疗。

72. ABCDE　新冠肺炎属于按甲类防控的乙类传染病。《传染病防治法》第三十九条规定，对于甲类传染病的密切接触者，应在指定场所进行医学观察，即留验。

73. ABCDE 《传染病防治法》规定，医疗机构的职责为：①必须严格执行国务院卫生行政部门规定的管理制度、操作规范，防止传染病的医源性感染和医院感染。②医疗机构应当确定专门的部门或者人员，承担传染病疫情报告、本单位的传染病预防、控制以及责任区域内的传染病预防工作。③承担医疗活动中与医院感染有关的危险因素监测、安全防护、消毒、隔离和医疗废物处置工作。④医疗机构使用的血液和血液制品，必须遵守国家有关规定，防止因输入血液、使用血液制品引起经血液传播疾病的发生。开展流行病学调查为疾病预防控制机构的职责，并不是医院的职责，故答 A。

74. ABCDE ①8 版《传染病学》老观点：人感染高致病性禽流感属于乙类传染病，需按甲类传染病进行处理。对疑似病人，确诊前在指定场所单独隔离治疗。②9 版《传染病学》P16 新观点已将“人感染高致病性禽流感”从按甲类管理的乙类传染病中去除。此题为老旧试题，按老观点答 C。

75. ABCDE ①《传染病防治法》规定，省、自治区、直辖市人民政府可以决定对本行政区域内的甲类传染病疫区实施封锁（D）。②对已经发生甲类传染病病例的场所或者该场所内的特定区域的人员，所在地的县级以上地方人民政府可以实施隔离措施。③当传染病暴发、流行时，县级以上地方人民政府报经上一级人民政府决定，可以采取停工、停业、停课等紧急措施。④甲类、乙类传染病暴发、流行时，县级人民政府报经上一级人民政府决定，可以宣布本行政区域部分或者全部为疫区。可施行紧急措施，并可以对出入疫区的人员、物资和交通工具实施卫生检疫。

76. ABCDE 对从事传染病预防、医疗、科研的人员以及现场处理疫情的人员，所在单位应当采取防治措施和医疗保健措施（C）。

77. ABCDE 78. ABCDE 79. ABCDE ①传染性非典型肺炎虽然属于乙类传染病，但必须采取甲类传染病的报告、控制措施。纪某诊断为疑似传染性非典型肺炎，应行隔离治疗。传染病防治法规定，拒绝隔离治疗或隔离期未满擅自脱离隔离治疗的，可由公安机关协助医疗机构进行强制隔离治疗（E）。显然，A、B、C、D 均不能采取强制措施。②角色行为减退是指个体进入病人角色后，由于某种原因又重新承担起本应免除的社会角色的责任，放弃了病人角色去承担其他角色的活动。如纪某隔离治疗 2 天后，溜出医院并回家，即属于角色行为的减退（A）。角色行为强化是指小病大养。角色行为冲突是指当多种社会地位和角色集于一人时，在其自身内部产生的冲突。角色行为缺如是指病人未进入病人角色，不承认自己有病。角色行为异常是指病人无法承受患病或不治之症的挫折和压力，对病人角色感到厌倦、绝望。③在医疗活动中，病人应履行的道德义务包括：配合医师诊治的义务、遵守医院规章制度和尊重医务人员及其劳动的义务、给付医疗费用的义务、保持和恢复健康的义务、支持临床实习和医学发展的义务。纪某从医院溜出回家，显然未履行配合医师诊治的义务（D）。

80. ABCDE ①《传染病防治法》第四十二条规定，当传染病暴发、流行时，县级以上地方人民政府应当立即组织力量，按照预防、控制预案进行防治，切断传染病的传播途径（E）。②县级政府宣布疫区，限制或者停止集市、集会，停业、停工、停课，均需报经上一级人民政府决定，故不答 A、B、C。D 不属于传染病暴发流行时的紧急措施，故不答 D。

81. ABCDE ①当传染病暴发流行时，县级以上地方政府有权在本行政区域内立即调集各级各类医疗、防疫人员，按照预防、控制预案进行防治，切断传染病的传播途径（A）。②县级政府停业、停工、停课，宣布疫区，均需报上级政府决定，故不答 B、E。③封锁甲类或按甲类传染病管理的传染病疫区，需经省级政府决定。封锁跨省、直辖市的疫区，需经国务院决定。

82. ABCDE 流行性出血热属于乙类传染病，按传染病防治法规定，疑诊病人应在 24 小时内向当地疾病防疫控制机构报告。医疗机构不具备相应救治能力的，应当将患者及其病历记录复印件一并转院。

83. ABCDE 《艾滋病防治条例》规定：国家实行艾滋病自愿咨询和自愿检测制度。县级以上地方人民政府卫生主管部门指定的医疗卫生机构，为自愿接受艾滋病咨询、检测的人员免费提供咨询和初筛检测。

84. ABCDE ①《艾滋病防治条例》第四十三条规定，医疗卫生机构应当对孕产妇提供艾滋病防治咨询和检测，对感染艾滋病病毒的孕产妇及其婴儿，提供预防艾滋病母婴传播的咨询、产前指导（D 对）、阻断、治疗、产后访视、婴儿随访和检测等服务。②A、B、C、E 均属于有偿服务,D 为无偿服务。

85. ABCDE　①隐私权为患者的道德权利之一。《艾滋病防治条例》规定,未经本人或者其监护人同意,任何单位或者个人不得公开艾滋病病毒感染者、艾滋病病人及其家属的姓名、住址、工作单位、肖像、病史资料以及其他可能推断出其具体身份的信息。医师在业务交流过程中,未征得患者同意,公开其工作单位信息,侵犯了患者的隐私权(E)。②A、B、C、D 均为患者的权利。

86. ABCDE　《突发公共卫生事件应急条例》第四十一条规定,对传染病和疑似传染病病人,应当采取就地隔离、就地观察、就地治疗的措施(D)。

87. ABCDE　《突发公共卫生事件应急条例》规定,国家建立突发事件的信息发布制度。国务院卫生行政主管部门负责向社会发布突发事件的信息。必要时,可以授权省、自治区、直辖市人民政府卫生行政主管部门向社会发布本行政区域内突发事件的信息。

88. ABCDE　重大食物中毒事件属于突发公共卫生事件。按《突发公共卫生事件应急条例》规定,医疗卫生机构发现重大食物中毒事件后,应当在 2 小时以内向所在地县级人民政府卫生行政主管部门报告。

89. ABCDE　《突发公共卫生事件应急条例》第四十五条规定,在突发事件应急处理工作中,有关单位和个人未依照规定履行报告职责,隐瞒、缓报或者谎报,阻碍突发事件应急处理工作人员执行职务,拒绝国务院卫生行政主管部门或者其他有关部门指定的专业技术机构进入突发事件现场,或者不配合调查、采样、技术分析和检验的,对有关责任人员依法给予行政处分或者纪律处分(D);违反治安管理行为的,由公安机关依法予以处罚;构成犯罪的,依法追究刑事责任。

90. ABCDE　《突发公共卫生事件应急条例》规定,医疗卫生机构有下列行为之一的,由卫生行政主管部门责令改正、通报批评、给予警告;情节严重的,吊销《医疗机构执业许可证》;对主要负责人、负有责任的主管人员和其他直接责任人依法给予降级或撤职的纪律处分;造成传染病传播、流行或者对社会公众健康造成其他严重危害后果,构成犯罪的,依法追究刑事责任:①未依照本条例的规定履行报告职责,隐瞒、缓报或者谎报的;②未依照本条例的规定及时采取控制措施的;③未依照本条例的规定履行突发事件监测职责的;④拒绝接诊病人的;⑤拒不服从突发事件应急处理指挥部调度的。

91. ABCDE　《突发公共卫生事件应急条例》规定,医疗卫生机构拒绝接诊病人的,由卫生行政主管部门责令改正、通报批评、给予警告;情节严重的,吊销《医疗机构执业许可证》(B)。

92. ABCDE　药品是用于预防、治疗、诊断人的疾病,有目的地调节人的生理功能并规定有适应证、用法和用量的物质。包括中药材、中药饮片、中成药、化学原料及其制剂、抗生素、生化药品、放射性药品、血清疫苗、血液制品和诊断药品等。血液不属于药品(B)。

93. ABCDE　假药是指药品所含成分与国家药品标准规定的成分不符,以及以非药品冒充药品或者以他种药品冒充此种药品的。有下列情形之一的药品,按假药论处:①国务院药品监督管理部门规定禁止使用的;②依照《药品管理法》必须批准而未经批准生产、进口,或者必须检验而未检验即销售的;③变质的;④被污染的;⑤使用依照《药品管理法》必须取得批准文号而未取得批准文号的原料药生产的;⑥所标明的适应证或者功能主治超出规定范围的。保健食品不可能合法取得药品批准文号,故属于假药(B)。

94. ABCDE　假药是指药品所含成分与国家药品标准规定的成分不符,以及以非药品冒充药品或者以他种药品冒充此种药品的。A、B、C、D 均属于劣药,而不是假药。

95. ABCDE　《药品管理法》规定,药品生产企业、药品经营企业和医疗机构必须经常考察本单位所生产、经营、使用的药品质量、疗效和反应。发现可能与用药有关的严重不良反应,必须及时向当地省、自治区、直辖市人民政府药品监督管理部门和卫生行政部门报告(A)。

96. ABCDE　《药品管理法》第九十条规定,药品的生产企业、经营企业、医疗机构在药品购销中暗中给予、收受回扣或者其他利益的,药品的生产企业、经营企业或者其代理人给予使用其药品的医疗机构的负责人、药品采购人员、医师等有关人员以财物或者其他利益的,由工商行政管理部门处 1 万元以上 20 万元以下的罚款,有违法所得的,予以没收;情节严重的,由工商行政管理部门吊销药品生产企业、药品经营企业的营业执照,并通知药品监督管理部门,由药品监督管理部门吊销《药品生产许可证》、《药品经营许可证》;构成犯罪的,依法追究刑事责任。本例中,对给予回扣的 F 药厂,可以作出行政处罚的部门是工商行政管理部门(B)。

97. ABCDE　医疗机构的负责人、药品采购人员、医师等有关人员收受药品生产企业、药品经营企业或者其代理人给予的财物或者其他利益的,由卫生行政部门或者本单位给予处分,没收违法所得;对违法行为情节严重的执业医师,由卫生行政部门吊销其执业证书;构成犯罪的,依法追究刑事责任。

98. ABCDE　《药品管理法》规定,医疗机构的负责人、药品采购人员、医师等有关人员收受药品生产企业、药品经营企业或者其代理人给予的财物或者其他利益的,由卫生行政部门或者本单位给予处分,没收违法所得;对违法行为情节严重的执业医师,由卫生行政部门吊销其执业证书;构成犯罪的,依法追究刑事责任。

99. ABCDE　《药品管理法》第二十五条规定,医疗机构配制的制剂,应当是本单位临床需要而市场上没有供应的品种,并须经所在地省、自治区、直辖市人民政府药品监督管理部门批准后方可配制。

100. ABCDE　《麻醉药品和精神药品管理条例》规定,对临床需要而市场无供应的麻醉药品和精神药品,持有医疗机构制剂许可证和印鉴卡的医疗机构需要配制制剂的,应当经所在地省、自治区、直辖市人民政府药品监督管理部门批准(C)。医疗机构配制的麻醉药品和精神药品制剂只能在本医疗机构使用,不得对外销售。

101. ABCDE　《麻醉药品和精神药品管理条例》规定,具有麻醉药品和第一类精神药品处方资格的执业医师,违反规定开具麻醉药品和第一类精神药品处方的,由其所在医疗机构取消其麻醉药品和第一类精神药品处方资格;造成严重后果的,由原发证部门吊销其执业证书(B)。

102. ABCDE　《处方管理条例》规定:每张处方不得超过 5 种药品(A)。

103. ABCDE　①经注册的执业医师在执业地点取得相应的处方权(B)。②进修医师由接受进修的医疗机构认定后授予相应的处方权。医师资格考试合格后取得执业资格证。执业医师在本单位进行麻醉药品和精神药品使用知识和规范化管理的培训,经考试合格后,取得麻醉药品和第一类精神药品的处方权。

104. ABCDE　《处方管理条例》规定,处方开具当日有效。特殊情况下需延长有效期的,由开具处方的医师注明有效期限,但最长不得超过 3 天。

105. ABCDE　处方保存期限为:①普通处方、急诊处方、儿科处方为 1 年;②医疗用毒性药品、第二类精神药品处方为 2 年;③麻醉药品和第一类精神药品处方为 3 年(C)。

106. ABCDE　《处方管理办法》规定,医疗机构应当对超常处方 3 次以上,且无正当理由的医师提出警告,限制其处方权。限制处方权后,仍连续 2 次以上出现超常处方且无正当理由的,取消其处方权。

107. ABCDE　108. ABCDE　《处方管理条例》规定,急诊处方一般不得超过 3 日用量,普通处方一般不得超过 7 日用量。

109. ABCDE　110. ABCDE　①《执业医师法》规定,医师注册后有下列情形之一的,其所在的医疗、预防、保健机构应当在 30 日内报告准予注册的卫生行政部门,卫生行政部门应当注销注册,收回医师执业证书:死亡或者被宣告失踪的;受刑事处罚的;受吊销医师执业证书行政处罚的;因考核不合格,暂停执业活动期满,经培训后再次考核仍不合格的;中止医师执业活动满 2 年的;有国务院卫生行政部门规定不宜从事医疗、预防、保健业务的其他情形的。②《处方管理条例》规定,处方保存期限为普通处方、急诊处方、儿科处方为 1 年;医疗用毒性药品、第二类精神药品处方为 2 年;麻醉药品和第一类精神药品处方为 3 年。

111. ABCDE　《献血法》第二条规定,国家实行无偿献血制度,提倡 18 至 55 周岁的健康公民自愿献血(D)。

112. ABCDE　《献血法》第十六条规定,医疗机构临床用血应当制订用血计划,遵循合理、科学的原则,不得浪费和滥用血液(D)。

113. ABCDE　《医疗机构临床用血管理办法》规定，为保证应急用血，医疗机构可以临时采集血液，但在临时采集血液后10日内应将情况报告县级以上人民政府卫生行政部门。

114. ABCDE　《临床输血技术规范》第二条规定，推行临床科学合理用血的最主要目的是保护血液资源，避免浪费，杜绝不必要的输血(C)。

115. ABCDE　为保障公民临床急救用血的需要，国家提倡并指导择期手术的患者自身储血(D)，动员家庭、亲友、所在单位以及社会互助献血。

116. ABCDE　①公民临床用血时只交付用于血液的采集、储存、分离、检验等费用。②无偿献血的血液不得买卖(D错)。

117. ABCDE　118. ABCDE　119. ABCDE　①《献血法》第二条规定，国家实行无偿献血制度(A)，提倡18至55周岁的健康公民自愿献血(C)。②《献血法》第七条规定，国家鼓励国家工作人员、现役军人和高等学校在校学生率先献血，为树立社会新风尚作表率(E)。

120. ABCDE　①《献血法》第九条规定，血站对献血者每次采血量一般为200ml，最多不得超过400ml，两次采集间隔不少于6个月。②刘某现在50周岁，至55岁，还可无偿献血5年，最多可献血10次。

121. ABCDE　122. ABCDE　血站对献血者每次采血量一般为200ml(A)，最多不得超过400ml(D)。

123. ABCDE　《医疗机构临床用血管理办法》规定，医疗机构应当建立临床用血医学文书管理制度，确保临床用血信息客观真实、完整、可追溯。医师应当将患者输血适应证的评估、输血过程和输血后疗效评价情况记入病历；临床输血治疗知情同意书、输血记录单等随病历保存，故答B。

124. ABCDE　《献血法》规定，医疗机构的医务人员违反规定，将不符合国家规定标准的血液用于患者的，由县级以上地方人民政府卫生行政部门责令改正；给患者健康造成损害的，应当依法赔偿，对直接负责的主管人员和其他直接责任人员，依法给予行政处分；构成犯罪的，依法追究刑事责任。

125. ABCDE　医疗机构出售无偿献血的血液的，由县级以上地方人民政府卫生行政部门予以取缔，没收违法所得，可以并处10万元以下的罚款(A)；构成犯罪的，依法追究刑事责任。

126. ABCDE　127. ABCDE　①《献血法》第二十二条规定，医疗机构的医务人员违反规定，将不符合国家规定标准的血液用于患者的，由县级以上地方人民政府卫生行政部门责令改正(B对)。②血站违反规定，向医疗机构提供不符合国家规定标准血液的，由县级以上人民政府卫生行政部门责令改正(B对)；情节严重，造成经血液途径传播的疾病传播或者有传播严重危险的，限期整顿，对直接负责的主管人员和其他直接责任人员，依法给予行政处分；构成犯罪的，依法追究刑事责任。

128. ABCDE　《医疗机构临床用血管理办法》规定，医疗机构应当建立临床用血申请管理制度：①同一患者一天申请备血量少于800ml的，由具有中级以上专业技术职务任职资格的医师提出申请，上级医师核准签发后，方可备血。②同一患者一天申请备血量在800ml至1600ml的，由具有中级以上专业技术职务任职资格的医师提出申请，经上级医师审核，科室主任核准签发后，方可备血。③同一患者一天申请备血量达到或超过1600ml的，由具有中级以上专业技术职务任职资格的医师提出申请，科室主任核准签发后，报医务部门批准，方可备血。

129. ABCDE　《医疗机构临床用血管理办法》规定，医疗机构法定代表人为临床用血管理的第一责任人。

130. ABCDE　《侵权责任法》规定，医务人员在诊疗活动中应当向患者说明病情和医疗措施。需要实施手术、特殊检查、特殊治疗的，医务人员应当及时向患者说明医疗风险、替代医疗方案等情况，并取得其书面同意。医务人员未尽到前述义务，造成患者损害的，医疗机构应当承担赔偿责任。

131. ABCDE　《侵权责任法》规定，医疗机构承担赔偿责任的情形：①医务人员在诊疗活动中应当向患者说明病情和医疗措施，并取得其书面同意。②医务人员在诊疗活动中未尽到与当时的医疗水平相应的诊疗义务，造成患者损害的(E)。③医疗机构及其医务人员泄露患者隐私或者未经患者同意公开其病历资料，造成患者损害的。

132. ABCDE　①《侵权责任法》规定，推定医疗机构有过错的情形包括：违反法律、行政法规、规章以及其他有关诊疗规范的规定;隐匿或者拒绝提供与纠纷有关的病历资料;伪造、篡改或者销毁病历资料(C)。②《侵权责任法》规定,医疗机构应承担赔偿责任的情形包括:医务人员未尽到说明义务,造成患者损害的;医务人员在诊疗活动中未尽到与当时的医疗水平相应的诊疗义务,造成患者损害的;医疗机构及其医务人员泄露患者隐私,造成患者损害的,故不答 A、B、D。限于当时的医疗水平难以诊疗的,医疗机构不承担赔偿责任,故不答 E。

133. ABCDE 《侵权责任法》规定,患者有损害,但因下列情形之一的,医疗机构不承担赔偿责任:①患者或者其近亲属不配合医疗机构进行符合诊疗规范的诊疗;②医务人员在抢救生命垂危的患者等紧急情况下已经尽到合理诊疗义务;③限于当时的医疗水平难以诊疗。A、B、C、E 医疗机构均要承担赔偿责任。

134. ABCDE 《侵权责任法》规定,医疗机构承担赔偿责任的情形包括:①医务人员在诊疗活动中应当向患者说明病情和医疗措施,医务人员未尽到说明义务,造成患者损害的;②医务人员在诊疗活动中未尽到与当时的医疗水平相应的诊疗义务,造成患者损害的;③医疗机构及其医务人员泄露患者隐私或者未经患者同意公开其病历资料,造成患者损害的。

135. ABCDE ①《人体器官移植条例》规定,捐献人体器官的公民应当具有完全民事行为能力,且需有书面形式的捐献意愿;任何组织或个人不得摘取未满 18 周岁公民的活体器官用于移植,故可排除 B、C、E。②《人体器官移植条例》规定,实施人体器官移植手术的医疗机构及其医务人员应当对人体器官捐献人进行医学检查,对接受人因人体器官移植感染疾病的风险进行评估,并采取措施,降低风险。接受乙肝患者捐献的肾脏很可能造成接受人感染乙肝,故正确答案为 A 而不是 D。

136. ABCDE 我国提倡的活体供体器官获取方式是自愿捐赠。《人体器官移植条例》规定,人体器官捐献应当遵循自愿、无偿的原则。

137. ABCDE 《放射诊疗管理规定》明确指出,非特殊需要,对受孕 8 至 15 周的育龄妇女,不得进行下腹部放射影像检查(A)。

138. ABCDE 《放射诊疗管理规定》规定:①装有放射性同位素和放射性废物的设备、容器,应设置电离辐射标志;②放射性同位素和放射性废物储存场所,应设置电离辐射警告标志及必要的文字说明;③放射诊疗工作场所的入口处,应设置电离辐射警告标志;④放射诊疗工作场所应当按照有关标准的要求分为控制区、监督区,在控制区进出口及其他适当位置,应设置电离辐射警告标志和工作指示等。

139. ABCDE 《放射诊疗管理规定》规定,医疗机构违反规定,未按照规定使用安全防护装置和个人防护用品的,由县级以上卫生行政部门给予警告,责令限期改正,并可处 1 万元以下的罚款。

140. ABCDE 《抗菌药物临床应用管理办法》规定:①具有高级职称的医师,可授予特殊使用级抗菌药物处方权。②具有中级职称的医师,可授予限制使用级抗菌药物处方权。③具有初级职称的医师、助理医师以及乡村医生,可授予非限制使用级抗菌药物处方权。

141. ABCDE 《抗菌药物临床应用管理办法》规定:①主要目标细菌耐药率>30%的抗菌药物,应当将预警信息通报本机构医务人员;②主要目标细菌耐药率>40%的抗菌药物,应当慎重经验用药;③主要目标细菌耐药率>50%的抗菌药物,应当参照药敏试验结果选用;④主要目标细菌耐药率>75%的抗菌药物,应当暂停针对此目标细菌的临床应用。

142. ABCDE 《抗菌药物临床应用管理办法》规定,预防感染、治疗轻度或者局部感染应当首选非限制使用级抗菌药物;严重感染、免疫功能低下合并感染或者病原菌只对限制使用级抗菌药物敏感时,方可选用限制使用级抗菌药物。

143. ABCDE ①《抗菌药物临床应用管理办法》规定,医疗机构应当对出现抗菌药物超常处方 3 次以上且无正当理由的医师提出警告,限制其特殊使用级和限制使用级抗菌药物处方权(E)。②限制处方权后,仍出现超常处方且无正当理由的,医疗机构应当取消其处方权。

144. ABCDE 《抗菌药物临床应用管理办法》规定,医疗机构应当对出现抗菌药物超常处方 3 次以上且无正当理由的医师提出警告,限制其特殊使用级和限制使用级抗菌药物处方权。

145. ABCDE　146. ABCDE　①《抗菌药物临床应用管理办法》规定,医疗机构应当对出现抗菌药物超常处方 3 次以上且无正当理由的医师提出警告,限制其特殊使用级和限制使用级抗菌药物处方权。②《抗菌药物临床应用管理办法》规定,医师出现下列情形之一的,医疗机构应当取消其处方权:抗菌药物考核不合格的;限制处方权后,仍出现超常处方且无正当理由的;未按照规定开具抗菌药物处方,造成严重后果的;未按照规定使用抗菌药物,造成严重后果的;开具抗菌药物处方牟取不正当利益的。

147. ABCDE　《精神卫生法》规定,精神障碍医学鉴定的要求包括:①鉴定人应当到收治精神障碍患者的医疗机构面见、咨询患者,该医疗机构应当予以配合;②鉴定人本人或者近亲属与鉴定事项有利害关系,可能影响其独立、客观、公正进行鉴定的,应当回避;③鉴定机构、鉴定人应当遵守有关法律、法规、规章的规定,尊重科学,恪守职业道德,按照精神障碍鉴定的实施程序、技术方法和操作规范,依法独立进行鉴定,出具客观、公正的鉴定报告;④鉴定人应当对鉴定过程进行实时记录并签名。

148. ABCDE　《精神卫生法》规定,承担再次诊断的医疗机构应当在接到再次诊断要求后指派 2 名初次诊断以外的精神科执业医师进行再次诊断,并及时出具再次诊断结论(B)。

149. ABCDE　《精神卫生法》规定,精神障碍的住院治疗应实行自愿原则。有下列情形之一的,应当住院治疗:①已经发生伤害自身的行为,或者有伤害自身危险的;②已经发生危害他人安全的行为,或者有危害他人安全危险的。住院治疗需经监护人同意;监护人不同意的,医疗机构不得对患者实施住院治疗。

150. ABCDE　151. ABCDE　152. ABCDE　①心理学家将动机冲突分为双趋冲突、双避冲突、趋避冲突和双重趋避 4 种类型,故不答 C。趋避冲突也称接近-避式冲突,是指一个人对同一事物同时产生两种动机,既想得到它,同时又想拒绝和避开它。因此患者对"父母的探视表现出既想见又不想见的矛盾心理"属于趋避冲突(B)。双趋冲突是指"鱼和熊掌不可兼得"。双避冲突是指"前有狼,后有虎"的矛盾冲突。双重趋避式冲突是指人们常会遇到多个目标,难以拿定主意。②临床诊疗的伦理原则包括患者利益至上原则、最优化原则、知情同意原则、保密守信原则等。患者利益至上原则是指医务人员在诊疗过程中始终以患者为中心,并把患者的利益放在首位。患者决定拒绝见其父母,应尊重患者意愿,才能体现患者利益至上原则,答案为 C。协同一致原则、公正原则、公益原则都属于公共卫生伦理原则,而不是临床诊疗伦理原则,故不答 A、D、E。③《精神卫生法》第四十六条规定,医疗机构及其医务人员应当尊重住院精神障碍患者的通讯和会见探访者等权利;除在急性发病期或者为了避免妨碍治疗可以暂时性限制外,不得限制患者的通讯和会见探访者等权利(C)。

153. ABCDE　154. ABCDE　155. ABCDE　①《精神卫生法》规定,精神障碍患者在医疗机构内发生或者将要发生伤害自身、危害他人安全、扰乱医疗秩序的行为,医疗机构及其医务人员在没有其他可替代措施的情况下,可以实施约束、隔离等保护性医疗措施(C)。②实施保护性医疗措施应当遵循诊断标准和治疗规范,并在实施后告知患者的监护人。《医疗机构管理条例及其实施细则》规定,"医疗机构应尊重患者对自己的病情、诊断、治疗的知情权,在实施手术、特殊检查、特殊治疗时应当向患者作出必要的解释,因实施保护性医疗措施不宜向患者说明情况,应当将有关情况通知家属"(D)。③医患关系分为主动-被动型、指导-合作型、共同参与型三型,故不答 C、D。主动-被动型主要适用于休克、昏迷、精神病、难以表达主观意见的患者,本例为精神病患者,故答 A。指导-合作型主要适用于病情较轻的患者,如阑尾炎手术后。共同参与型主要适用于大多数慢性病的治疗。

156. ABCDE　《精神卫生法》规定,医疗机构及其工作人员有下列行为之一的,由县级以上人民政府卫生行政部门责令改正,对直接责任的主管人员和其他直接责任人员依法给予或责令给予降低岗位等级或者撤职的处分;对有关医务人员,暂停 6 个月以上 1 年以下执业活动;情节严重的,给予或责令给予开除的处分,并吊销有关医务人员的执业证书:①违反规定实施约束、隔离等保护性医疗措施的;②违反规定,强迫精神障碍患者劳动的;③违反规定对精神障碍患者实施外科手术或者实验性临床医疗的;④违反规定,侵害精神障碍患者的通讯和会见探访者等权利的;⑤违反精神障碍诊断标准,将非精神障碍患者诊断为精神障碍患者的(E)。

157. ABCDE　预防接种异常反应是指合格的疫苗在实施规范接种过程中或者实施规范接种后造成受种者机体组织器官、功能损害,相关各方均无过错的药品不良反应(B)。A、C、D、E 均不属于预防接种异常反应的情形。

158. ABCDE　《疫苗管理法》规定,国家对儿童实行预防接种证制度。在儿童出生后 1 个月内,其监护人应当到儿童居住地承担预防接种工作的接种单位为其办理预防接种证。

159. ABCDE　《疫苗管理法》规定,预防接种记录保存时间不得少于 5 年。

160. ABCDE　161. ABCDE　162. ABCDE　①多名小学生疫苗接种后突然出现头痛、呕吐、四肢无力,但经医护人员解释、安抚后,大多数症状很快消失,说明不是器质性疾病,故可首先排除 A、D、E,应诊断为预防接种引起的群体性心因性反应(B)。《疫苗管理法》规定,因心理因素发生的个体或群体的心因性反应不属于预防接种异常反应,故不答 C。②首诊医师及时处置并报告医院有关部门所遵循的伦理要求是恪守职责,因为这是他的职责所在(D)。A、B、C、E 与题干所述无关。③对于群体性心因性反应,应分散治疗,进行心理疏导,必要时可给予暗示治疗、催眠治疗(D)。

163. ABCDE　《药品不良反应报告和监测管理办法》规定,医疗机构应当主动收集药品不良反应,获知或者发现药品不良反应后,应当在 15 日内报告,其中死亡病例须立即报告。

164. ABCDE　①《母婴保健法》第八条规定,婚前医学检查的疾病包括:严重遗传性疾病;指定传染病(如艾滋病、淋病、梅毒、麻风病);有关精神病(如精神分裂症、躁狂抑郁型精神病及其他重型精神病)。答案为 E。②ABCD 均为婚前保健服务内容,不属于婚前医学检查服务。

165. ABCDE　①《母婴保健法》第八条规定,婚前医学检查的疾病包括:严重遗传性疾病、指定传染病、有关精神病(C)。②"指定传染病"是指艾滋病、淋病、梅毒、麻风病 4 种疾病,并不等于法定传染病。"有关精神病"不等于重型精神病,而是指精神分裂症、躁狂抑郁型精神病及其他重型精神病。

166. ABCDE　《母婴保健法》规定,从事母婴保健工作的人员违反规定,出具有关虚假医学证明或者进行胎儿性别鉴定的,由医疗保健机构或者卫生行政部门根据情节给予行政处分;情节严重的,依法取消执业资格。

167. ABCDE　《母婴保健法》第十四条规定,孕产期保健服务的内容包括:母婴保健指导,孕妇、产妇保健,胎儿保健,新生儿保健,不包括胎儿性别诊断(D)。《母婴保健法》第三十二条规定,除非医学上确有需要,严禁采用技术手段对胎儿进行性别鉴定。

168. ABCDE　《母婴保健法》第十七条规定,经产前检查,医师发现或者怀疑胎儿异常的,应当对孕妇进行产前诊断(A)。B、C、D、E 均属于孕产期保健服务的内容。

169. ABCDE　《母婴保健法》第十九条规定,对于依法接受终止妊娠或者结扎手术的,应当给予免费服务(B)。

170. ABCDE　①《母婴保健法》规定,医疗、保健机构或者人员未取得母婴保健技术许可,擅自从事婚前医学检查、遗传病诊断、产前诊断、终止妊娠手术、医学技术鉴定、出具《母婴保健法》规定的有关医学证明的,由卫生行政部门给予警告,责令停止违法行为,没收违法所得。②A、C、D、E 都是普通医院妇产科都可进行的执业项目。

171. ABCDE　《母婴保健法》规定,从事遗传病诊断、产前诊断的人员,必须经过省、自治区、直辖市人民政府卫生行政部门的考核,并取得相应的合格证书。从事婚前医学检查、施行结扎手术和终止妊娠手术的人员以及从事家庭接生的人员,必须经过县级以上地方人民政府卫生行政部门的考核,并取得相应的合格证书。

172. ABCDE　《母婴保健法》第三十三条规定,从事婚前医学检查、施行结扎手术和终止妊娠手术的人员以及从事家庭接生的人员,必须经过县级以上地方人民政府卫生行政部门的考核,并取得相应的合格证书。

173. ABCDE　《母婴保健法》规定,从事母婴保健工作的人员违反规定,出具有关虚假医学证明或者进行胎儿性别鉴定的,由医疗保健机构或者卫生行政部门根据情节给予行政处分;情节严重的,依法取消执业资格。

第十四篇　内科学试题答案及详细解答

（正确答案为绿色的选项）

1. ABCDE　吸烟是慢性阻塞性肺疾病(COPD)最重要的环境发病因素,吸烟者COPD的患病率比不吸烟者高2~8倍(D)。A、B、C、E都是COPD的病因。呼吸道感染是COPD急性发作期的主要原因。

2. ABCDE　慢性支气管炎是指除外慢性咳嗽的其他已知原因后,病人每年咳嗽、咳痰3个月以上并连续2年者。2020年真题。

3. ABCDE　慢性阻塞性肺疾病急性加重最常见的原因是细菌或病毒感染,参阅9版《内科学》P26。吸烟是COPD最重要的环境发病因素,参阅9版《内科学》P19。题干要求回答的是"COPD急性发作"的原因,故正确答案为E而不是B,很多医考参考书将答案错为B。

4. ABCDE　气道、肺实质、肺血管的慢性炎症是COPD的特征性病理改变,中性粒细胞、巨噬细胞、T淋巴细胞均参与了COPD的发病过程。中性粒细胞的活化和聚集是COPD炎症过程的一个重要环节,通过释放中性粒细胞弹性蛋白酶等多种生物活性物质引起慢性黏液高分泌状态,并破坏肺实质(C)。

5. ABCDE　①COPD患者氧化应激增加,可引起气道上皮损伤,导致抗蛋白酶失活,黏液过度分泌,造成气道潴留物增多,促炎介质(IL-6、IL-8、NO)基因表达增强。参阅14版《实用内科学》P1695。②IL-4主要功能是抑制细胞免疫。IL-5主要功能是促进嗜酸性粒细胞增殖活化。IL-10主要功能是下调MHCⅡ的表达,减弱抗原提呈。IL-13主要功能是抑制细胞因子分泌和细胞免疫。

6. ABCDE　①阻塞性肺气肿的特征性病理生理改变是持续气流受限致肺通气功能障碍。随着病情的发展,肺组织弹性日益减退,肺泡持续扩大,回缩力减弱,导致残气量增加(D)。②支气管扩张常表现为支气管壁结构破坏,支气管异常持续扩张。慢性支气管炎常表现为支气管黏膜及其周围组织慢性非特异性炎症。弥漫性泛细支气管炎常表现为进行性细支气管炎。慢性纤维空洞性肺结核常表现为纤维厚壁空洞和广泛的纤维增生。

7. ABCDE　①慢性阻塞性肺疾病的特点是持续气流受限导致的阻塞性通气功能障碍,随着病情的发展,肺组织弹性日益减退,不能完全恢复(E)。②慢性阻塞性肺疾病常表现为阻塞性通气功能障碍,而不是限制性通气功能障碍,故不答A。B、C均为支气管哮喘的特点。D无特异性。

8. ABCDE　①老年患者,咳嗽咳痰30年,胸部X线片示双肺透光度增加,应诊断为COPD。体检可有双侧语颤减弱,两肺呼吸音减低,叩诊肺部过清音,心浊音界缩小,肺界下移(D对)。②三凹征提示吸气性呼吸困难,常见于气管、大支气管阻塞,而COPD主要表现为呼气性呼吸困难。

9. ABCDE　慢性支气管炎胸部X线检查早期可无异常。反复发作者表现为肺纹理增粗、紊乱,呈网状或条索状、斑点状阴影,以双下肺明显。

10. ABCDE　①老年患者长期咳嗽,咳痰,应考虑COPD。诊断COPD的必要条件是持续气流受限,即吸入支气管舒张剂后$FEV_1/FVC<70\%$。本例吸入支气管舒张剂后FEV_1/FVC为67%,故应诊断为COPD。②支气管哮喘的诊断标准为吸入支气管舒张剂后FEV_1增加≥12%,根据题干所给条件,不能诊断为支气管哮喘。支气管结核好发于年轻人,常表现为低热,盗汗,咳嗽,咳痰,痰中带血。支气管扩张症常表现为反复咳嗽,咳大量臭脓痰。特发性肺纤维化常表现为进行性呼吸困难,双肺底闻及Velcro啰音。

11. ABCDE　①老年男性,长期大量吸烟,现间断咳嗽,咳痰半年,为明确有无COPD,应首选肺功能检查

(A)。②动脉血气分析常用于诊断呼吸衰竭。胸部 CT 常用于肺部占位性病变的诊断。支气管镜常用于中央型肺癌的诊断。超声心动图常用于了解心脏形态变化。

12. ABCDE ①第一秒用力呼气容积/用力肺活量(FEV_1/FVC)是评估气流受限的一项敏感指标。使用支气管扩张剂后,$FEV_1/FVC<70\%$,可确定为持续气流受限(D)。②残气量/肺总量(RV/TLC)>0.40 对诊断阻塞性肺气肿有重要价值。FEV_1 占预计值的百分比为评价 COPD 严重程度的指标。峰流速(PEF)、用力肺活量(FVC)对诊断早期气流受限价值不大。

13. ABCDE ①临床上常根据患者吸入支气管扩张剂后,$FEV_1/FVC<70\%$来诊断 COPD;再根据 FEV_1 占预计值的百分比来判断 COPD 严重程度的分级。②轻度:$FEV_1\%pred\geq80\%$;中度:$50\%\leq FEV_1\%pred<80\%$;重度:$30\%\leq FEV_1\%pred<50\%$;极重度:$FEV_1\%pred<30\%$。

14. ABCDE ①老年男性,反复咳嗽、咳痰 12 年,桶状胸,胸部 X 线片示双肺野透亮度增高,应诊断为 COPD。②COPD 为典型的阻塞性通气功能障碍,肺功能检查常表现为第 1 秒用力呼气容积(FEV_1)降低、第一秒用力呼气容积/用力肺活量(FEV_1/FVC)降低、用力肺活量(FVC)降低、肺活量(VC)降低或正常、功能余气量(FRC)增加。

15. ABCDE ①老年患者,咳嗽、咳痰 20 年,应诊断为 COPD。COPD 出现呼吸困难的主要机制是阻塞性通气功能障碍,而不是限制性通气功能障碍,故答 D。②COPD 晚期因毛细血管受膨胀肺泡的挤压而退化,而使肺毛细血管大量减少,肺泡间的血流量减少,此时肺泡虽有通气,但肺泡壁无血液灌流,可导致无效腔增加(C)。也有部分肺区虽有血流灌流,但肺泡通气不良,不能参与气体交换,可导致功能性分流增加,从而产生通气/血流比例失衡(E)。同时,肺泡及毛细血管大量丧失,弥散面积减少,可导致弥散功能障碍(B)。

16. ABCDE 17. ABCDE ①自发性气胸是 COPD 常见的并发症,表现为呼吸困难突然加重,胸痛,发绀,患侧肺部叩诊呈鼓音,听诊呼吸音减弱或消失。根据题干,本例应诊断为 COPD 并发自发性气胸(B)。急性心肌梗死很少造成呼吸困难及呼吸音明显减弱,故不答 A。阻塞性肺不张、胸腔积液、肺栓塞均不属于 COPD 的并发症,故不答 C、D、E。②为明确气胸的诊断,当然首选胸部 X 线片检查(D)。CT 肺动脉造影(CTPA)常用于确诊肺血栓栓塞症。胸腔穿刺常用于诊断胸腔积液。支气管镜常用于诊断中央型肺癌。心电图常用于诊断心律失常。

18. ABCDE ①COPD 患者 $PaO_2<60mmHg$,$PaCO_2>50mmHg$,应诊断为Ⅱ型呼吸衰竭。对 COPD 并发慢性呼吸衰竭者,长期家庭氧疗(LTOT)可提高生活质量和生存率,对血流动力学、运动能力、精神状态均会产生有益的影响,故答 E。②COPD 稳定期患者不主张预防性使用抗生素,故不答 A。吸入糖皮质激素可增加运动耐量、减少急性加重发作频率、提高生活质量,但不能改善预后,故不答 B。使用支气管舒张剂主要用于缓解喘息症状,故不答 C。肺康复锻炼包括健康教育、运动锻炼、物理治疗等,为一般性治疗措施,故不答 D。

19. ABCDE ①尽管 COPD 的气道阻塞和气流受限是不可逆的,但不是完全不可逆的,因此支气管舒张剂仍可明显缓解患者的气短症状,提高生活质量,因此支气管舒张剂是 COPD 稳定期最主要的治疗药物(A)。参阅 3 版 8 年制《内科学》P40。②长期吸入糖皮质激素仅用于 COPD 高风险患者,祛痰药仅用于痰液不易咳出者。抗氧化剂、黏液生成抑制剂不宜使用。

20. ABCDE ①老年患者,反复咳嗽、咳痰 20 年,应诊断为 COPD。患者端坐位,口唇发绀,左下肺呼吸音明显减弱,应考虑 COPD 并发自发性气胸,故首选检查为胸部 X 线片(D)。②心电图常用于诊断心律失常。本例外周血白细胞总数及中性粒细胞比例均不高,合并细菌感染的可能性不大,因此不首选痰细菌培养。患者重度缺氧,端坐位,不可能去做肺功能检查。血气分析常用于诊断呼吸衰竭。

21. ABCDE ①COPD 患者出现神志改变,首先应考虑合并肺性脑病。球结膜水肿、口唇发绀为 CO_2 潴留、缺氧所致。②电解质代谢紊乱、左心衰竭不会突然出现意识不清,故不答 A、B。脑梗死、感染中毒性脑病与题干所述无关,故不答 C、E。

22. ABCDE　①对于慢性支气管炎痰多不易咳出的患者，可给予祛痰剂，但严禁使用中枢性镇咳剂（如可待因），以免加重呼吸道阻塞，导致病情恶化（E）。②氧氟沙星为氟喹诺酮类抗生素，可用于呼吸道的敏感菌感染。溴己新、羧甲司坦、氨溴索均为祛痰药，可用于老年慢性支气管炎痰多、黏稠者。

23. ABCDE　24. ABCDE　①COPD 的氧疗宜采用持续低流量给氧（即氧浓度<35%，氧流量 1～2L/min，每日维持 10 小时以上），严禁采用高浓度给氧，因 COPD 常伴 CO_2 潴留，呼吸中枢对 CO_2 反应性差，呼吸的维持主要依靠低氧血症对外周化学感受器的兴奋作用，输入高浓度氧后可导致 CO_2 麻醉。②无创机械通气是指经面罩给氧，有创机械通气是指经气管插管、气管切开机械供氧。COPD 伴早期呼吸功能不全，说明持续低流量吸氧不能保证氧供，此时患者一般无昏迷，可采用无创机械通气。若呼吸衰竭进一步加重，出现肺性脑病，可行有创机械通气。③间断高浓度吸氧为Ⅰ型呼吸衰竭的氧疗方法。持续高频呼吸机通气主要在手术麻醉中使用。

25. ABCDE　①戒烟是预防 COPD 的重要措施。接种流感疫苗、肺炎链球菌疫苗等对防止 COPD 患者反复感染可能有益。对于因过敏因素引起的 COPD，脱离变应原将是预防 COPD 急性发作的关键。②感染只是 COPD 加重的诱因，而不是根本病因，因此不能预防性使用抗生素。

26. ABCDE　①青年人运动后气促，双肺哮鸣音，心率正常，应考虑支气管哮喘（运动性哮喘）而不是急性左心衰竭引起的肺水肿，故不答 B。②CDE 都是支气管哮喘的发病机制，其中气道高反应性（AHR）是哮喘的基本特征，故答 D 而不是 C、E。AHR 是指气道对各种刺激因子，如变应原、理化因素、运动等呈现的高度敏感状态，表现为患者接触这些刺激因子时气道出现过强或过早的收缩反应，本例即为运动导致的气道高反应性诱发。③气道重构可导致不可逆的气道狭窄，是难治性哮喘的发病机制，而本例不属于难治性哮喘，故不答 E。肺血管阻力增加为肺源性心脏病的发病机制，故不答 A。

27. ABCDE　气道慢性炎症是支气管哮喘的基本特征，存在于所有的哮喘患者，表现为气道上皮肥大细胞、嗜酸性粒细胞、巨噬细胞、淋巴细胞、中性粒细胞浸润，以及气道黏膜下组织水肿、微血管通透性增加、支气管平滑肌痉挛、纤毛上皮细胞脱落、杯状细胞增生、气道分泌物增加等。

28. ABCDE　支气管哮喘发作是典型的Ⅰ型变态反应，即外源性变应原进入患者体内产生的 IgE 抗体吸附在肥大细胞、嗜碱性粒细胞表面。当这种变应原再次进入体内并与 IgE 抗体结合后，肥大细胞、嗜碱性粒细胞释放出组胺、白三烯等炎性介质，使支气管平滑肌痉挛，导致速发相哮喘反应。同时，外源性变应原也可使嗜酸性粒细胞、淋巴细胞、中性粒细胞、巨噬细胞释放出嗜酸性粒细胞阳离子蛋白、主要碱性蛋白、白三烯等炎症介质，使气道黏膜上皮破坏，腺体分泌增加，导致迟发相哮喘反应。可见，组胺是由嗜碱性粒细胞而不是嗜酸性粒细胞释放的，故答 E 而不是 D，很多医考参考书将答案错为 D。参阅 2 版 8 年制《内科学》P50。

29. ABCDE　外源性支气管哮喘的发病机制为Ⅰ型变态反应。

30. ABCDE　青年男性，反复咳嗽伴呼吸困难，使用支气管舒张剂后可缓解，应诊断为支气管哮喘。外源性支气管哮喘的发病机制为Ⅰ型变态反应，其发病与 IgE 密切相关。

31. ABCDE　①支气管哮喘的典型症状是发作性伴有哮鸣音的呼气性呼吸困难，但也可有不典型表现。如咳嗽变异性哮喘常表现为反复发作性干咳、胸闷（A）。②支气管异物常表现为吸气性呼吸困难。支气管肺炎、支气管结核、支气管肺癌的症状都不会阵发性反复发作，故不答 C、D、E。

32. ABCDE　支气管哮喘发作时，双肺可闻及广泛哮鸣音，以呼气相为主。A、B、C、D 均为肺气肿的体征。

33. ABCDE　①支气管哮喘为发作性呼气性呼吸困难、胸闷或咳嗽，可自行缓解或经药物治疗后缓解（D 对）。本病气流受限可逆，故缓解后无任何症状和体征。②在轻度哮喘或非常严重哮喘发作，哮鸣音可不出现。哮喘长期发作可导致肺气肿，但并不是所有哮喘都有肺气肿体征。

34. ABCDE　①患者每年秋季发作哮喘，发病时端坐呼吸，两肺广泛哮鸣音，应诊断为支气管哮喘。②患者病史 5 年，不可能诊断为急性支气管炎。急性左心衰竭常有心脏病病史，常于劳累、剧烈活动时发病，多表现为咳嗽，咳粉红色泡沫痰，不能自行缓解。支气管结核不会间断发作，闻及肺部广泛哮鸣音。慢性喘息性支气管炎应以慢性咳嗽，咳痰为主，急性发作期常有白细胞总数及中性粒细胞比例增高。

35. ABCDE ①咳嗽变异性哮喘是指发作时以咳嗽为唯一症状的哮喘，可自行缓解，抗生素治疗无效，在发作间歇期，无任何症状和体征。根据题干，本例应诊断为咳嗽变异性哮喘(D)。②支原体肺炎、慢性支气管炎经抗生素治疗常有效。支气管结核胸部X线片可有阳性发现。支气管扩张常表现为慢性咳嗽，咳大量臭脓痰。

36. ABCDE ①支气管哮喘常表现为发作性呼气性呼吸困难，有时咳嗽为唯一症状。在夜间或凌晨发作是哮喘的特征之一，这是因为夜间或凌晨时，迷走神经兴奋性增强，容易引起支气管痉挛狭窄，导致哮喘发作(C)。②A、B、D、E4 种疾病都没有凌晨反复发作的特点。

37. ABCDE ①患者反复咳嗽、喘息，使用支气管舒张剂后可缓解；肺功能检查示 $FEV_1/FVC<70\%$，提示气流受限；支气管舒张试验示 FEV_1 改善 ≥12%，提示气流受限可逆，故应诊断为支气管哮喘而不是COPD，因 COPD 气流受限不可逆，COPD 常表现为 $FEV_1/FVC<70\%$、支气管舒张试验 FEV_1 改善<12%。②慢性心力衰竭常表现为呼吸困难，满肺湿啰音。过敏性肺炎常表现为接触抗原数小时后出现发热、干咳、呼吸困难、胸痛、发绀等。嗜酸性粒细胞性肺炎常表现为肺组织中嗜酸性粒细胞增多。

38. ABCDE ①正常人吸气运动主要是由膈肌和肋间外肌收缩完成，辅助吸气肌也参与收缩。当膈肌麻痹时，吸气运动只能由肋间外肌与辅助吸气肌收缩完成，胸膜腔负压经薄弱的膈肌传至腹腔，使吸气时腹壁内陷，与正常相反，称为胸腹矛盾运动。重症哮喘发作时，由于长时间呼气性呼吸困难，呼气费力，容易产生膈肌疲劳麻痹，从而出现胸腹矛盾运动(D)。②支气管哮喘常表现为呼气性呼吸困难，无论病情轻重均可有呼气相延长。③由于肺循环受呼吸负压的影响，哮喘时肺静脉回流入左心室的血量减少，左心室输出量减少，收缩压降低，导致脉压减小，而不是增加。④哮喘发作时可有缺氧，PaO_2 降低，由于过度通气可使 $PaCO_2$ 降低，pH 上升，表现为呼吸性碱中毒；当重度哮喘时，气道阻塞严重，缺氧加重并出现 CO_2 潴留，$PaCO_2$ 上升，表现为呼吸性酸中毒。若缺氧明显，可合并代谢性酸中毒。由此可见，只有出现呼吸性酸中毒、代谢性酸中毒时，才提示病情危重。⑤烦躁不安是脑组织缺氧的一般表现，并不能反映病情轻重，故不答 E。

39. ABCDE ①患者既往皮肤常出现瘙痒并起风团，服用扑尔敏可好转，说明患者为过敏体质。患者受凉后干咳，自服阿奇霉素无效，提示肺炎可能性不大。根据题干，本例应考虑支气管哮喘。为明确诊断，应首选肺功能检查(B)。②A、C、D、E 均属于支气管哮喘的辅助诊断方法。

40. ABCDE 发病时有鼻痒、喷嚏症状，暗示为过敏所致。患者突发呼吸困难，既往有类似发作史，应诊断为支气管哮喘。哮喘发作时表现为阻塞性通气功能障碍，即肺活量减低或正常、FEV_1/FVC 下降、功能残气量增加、肺总量正常或增加、CO 弥散量正常。

41. ABCDE ①支气管哮喘表现为发作性呼吸困难、胸闷、咳嗽，多数患者可自行缓解或经治疗后缓解，发作间歇期检查阴性，抗生素治疗无效。根据题干，本例应考虑支气管哮喘。为明确诊断，应首选支气管激发试验，若支气管激发试验阳性即可确诊(C)。②胸部 CT、心脏超声检查对确诊哮喘无帮助。动脉血气分析常用于诊断呼吸衰竭。纤维支气管镜常用于诊断中央型肺癌。

42. ABCDE ①患者反复发作喘息、呼吸困难、咳嗽 2 年，应考虑支气管哮喘。确诊首选支气管舒张试验，若 FEV_1 较支扩剂使用前增加≥12%(或≥200ml)，即可确诊(D)。②A、B、C 均为哮喘发作时肺功能的表现。若哮喘长期反复发作，胸部 X 线片可显示肺纹理稍多。A、B、C、E 均无确诊价值。

43. ABCDE ①支气管哮喘发作时可有缺氧，PaO_2 降低，由于过度通气可使 $PaCO_2$ 降低，pH 上升，表现为呼吸性碱中毒。②在重度哮喘时，气道阻塞严重，缺氧加重并出现 CO_2 潴留，$PaCO_2$ 上升，表现为呼吸性酸中毒，D 为严重哮喘的表现。早期支气管哮喘、肺血栓栓塞、ARDS 的血气分析结果均为 A。

44. ABCDE 45. ABCDE ①支气管哮喘患者，意识恍惚，胸腹矛盾运动，应诊断为危重支气管哮喘。参阅 7 版《内科学》P73。轻度哮喘发作常表现为 PaO_2 和 $PaCO_2$ 正常或轻度降低。中度哮喘发作常表

现为 PaO_2 下降而 $PaCO_2$ 正常。重度哮喘发作常表现为 PaO_2 明显下降而 $PaCO_2$ 增高，出现呼吸性酸中毒和(或)代谢性酸中毒。本例为重度哮喘发作，故答 D。参阅 3 版 8 年制《内科学》P47。②危重哮喘发作的治疗，应持续雾化吸入短效 β_2 受体激动剂；吸氧；尽早静脉滴注糖皮质激素；维持水电解质平衡；若上述治疗无效，则应给予机械通气治疗，故答 B 而不是 C、E。

46. ABCDE　47. ABCDE　①肺炎链球菌肺炎常表现为大叶性肺炎。当肺实变时，可出现肺部叩诊浊音，触觉语颤增强，并可闻及支气管呼吸音(B)。②支气管哮喘发作时可有双肺广泛哮鸣音，由于气流受限具有可逆性，因此缓解后哮鸣音消失(D)。③支原体肺炎为间质性肺炎，肺部检查常为阴性。慢性支气管炎急性发作可于双肺底闻及干、湿啰音。支气管扩张症可闻及背部局限性湿啰音，无哮鸣音。

48. ABCDE　49. ABCDE　①支气管哮喘发作时，两肺广泛哮鸣音，β_2 受体激动剂可迅速舒张支气管平滑肌，缓解哮喘症状。②中央型支气管肺癌若向支气管内生长，引起部分气道阻塞，可出现局限性哮鸣音，β_2 受体激动剂疗效不佳。③C 为慢性支气管炎急性感染期；D 为心源性哮喘；E 无特异性。

50. ABCDE　①心源性哮喘见于急性左心衰竭，由于肺淤血，肺泡和支气管黏膜血管破裂，可咯粉红色泡沫痰；而支气管哮喘发作时可咳白色黏液痰，此为两者的主要鉴别点(E)。②慢性阵发性季节性发作史为支气管哮喘的特点。心源性哮喘于吸气、呼气两相均可出现呼吸困难，常有心脏病史和心脏异常的体征。心源性哮喘和支气管哮喘发作时，均可听到哮鸣音，故不答 C。

51. ABCDE　①COPD 和支气管哮喘都有气流受限，但前者气流受限不可逆，后者气流受限具有可逆性，因此这是两者鉴别的关键，临床上常用支气管舒张试验来测定气流受限的可逆性。如吸入支气管舒张剂后，FEV_1 较用药前≥12%(≥200ml)，为支气管舒张试验阳性，此为支气管哮喘的特点。②过敏原试验常用于寻找支气管哮喘的变应原。支气管激发试验常用于测定气道反应性，具有一定的危险性，临床上少用。低氧激发试验常用于预测高原反应。运动试验常用于了解心肌缺氧情况。

52. ABCDE　支气管哮喘早期由于缺氧，过度通气导致 $PaCO_2$ 降低。若病情加重，则在 PaO_2 降低的基础上伴有 CO_2 潴留，表现为 $PaCO_2$ 升高。因此 $PaCO_2$ 增高提示患者病情危重(C)。

53. ABCDE　支气管哮喘急性发作的病情严重度分为 4 级：①轻度为脉率<100 次/分，PaO_2 正常，$PaCO_2$ <45mmHg；②中度为脉率 100～120 次/分，$PaO_2 \geq 60mmHg$，$PaCO_2 \leq 45mmHg$；③重度为脉率>120 次/分，$PaO_2<60mmHg$，$PaCO_2>45mmHg$；④危重为脉率减弱，甚至无脉搏。按此分级标准，本例属于急性发作中度(B)。

54. ABCDE　55. ABCDE　56. ABCDE　①患者呼吸困难以夜间为甚，可自行缓解，有过敏性鼻炎病史，非发作期肺部检查正常，应诊断为支气管哮喘(B)。A、C、D、E 都不能在短期内自行缓解。②为确诊支气管哮喘，当然首选肺功能检查(A)。睡眠呼吸监测常用于诊断睡眠呼吸暂停综合征。胸部 CT 常用于诊断胸部占位性病变。动脉血气分析常用于诊断呼吸衰竭和酸碱失衡。冠状动脉 CT 血管造影术常用于诊断冠心病。③患者入院后仍间断发作憋气，说明处于哮喘发作期，可出现肺部广泛哮鸣音，因此体检时应特别注意心、肺体征(D)。A 常用于了解心功能分级。B 常用于诊断上呼吸道感染。C 常用于了解高血压的治疗效果。E 常用于了解有无慢性缺氧。

57. ABCDE　①支气管哮喘患者突发胸痛、呼吸困难，应考虑哮喘并发自发性气胸，此为哮喘的常见并发症(B)。②支气管哮喘急性发作用氨茶碱、甲泼尼龙治疗后常可缓解。支气管哮喘继发感染、肺不张均不会突然出现胸痛，故不答 C、E。心力衰竭所致的哮喘使用氨茶碱后常可获得缓解，故不答 D。

58. ABCDE　①短效 β_2 受体激动剂(沙丁胺醇、特布他林)为治疗支气管哮喘急性发作的首选药物，有吸入、口服、静脉给药三种制剂，首选吸入给药，数分钟内起效，疗效可维持数小时(E)。②口服短效 β_2 受体激动剂通常在服药后 15～30 分钟起效，故不用于哮喘急性发作的治疗。③口服糖皮质激素副作用大，很少用于支气管哮喘的治疗。吸入型糖皮质激素是支气管哮喘长期治疗的首选药物。氨茶碱心血管系统副作用较大，临床上少用。

59. ABCDE ①长效 β_2 受体激动剂(LABA)可舒张支气管 12 小时以上,但不能减轻哮喘的气道炎症,故不宜单独使用,应与适量吸入型糖皮质激素(ICS)联合使用,故答 D 而不是 E。LABA 与 ICS 联合使用,具有协同的抗炎和平喘作用,并可增加患者的依从性,减少大剂量 ICS 引起的不良反应,尤其适合中重度持续哮喘的长期治疗。参阅 14 版《实用内科学》P1706。②规律使用白三烯调节剂或吸入糖皮质激素,可控制哮喘发作。按需使用短效 β_2 受体激动剂,可缓解哮喘发作。

60. ABCDE 治疗支气管哮喘的药物分为两类:①控制哮喘发作的药物,也称为抗炎药,如糖皮质激素、白三烯调节剂、组胺 H_1 受体拮抗剂;②缓解哮喘发作的药物,也称为支气管舒张药,如短效 β_2 受体激动剂、抗胆碱药(M 受体拮抗剂)、茶碱类药物。③D、E 均属抗炎药,但因临床上白三烯受体调节剂(孟鲁司特、扎鲁司特)常用,而 H_1 受体拮抗剂(酮替芬)少用,故答 D 而不是 E。

61. ABCDE 患者发作性喘息 1 年,应考虑支气管哮喘。本次再发 3 天,坐位,口唇发绀,双肺满布哮鸣音,应诊断为哮喘持续状态。A、B、C、E 都是其治疗措施。哮喘持续发作,不宜给予呼吸兴奋剂,否则会加重呼吸肌疲劳,加重 CO_2 潴留(D)。

62. ABCDE ①哮喘患者,再发 2 天,双肺满布哮鸣音,应考虑支气管哮喘急性发作期,应尽快缓解气道痉挛,控制发作。按支气管哮喘急性发作期的治疗原则,无论轻度、中度,还是重度患者,均应首选吸入短效 β_2 受体激动剂(SABA),故答 D。②吸入糖皮质激素只在吸入 SABA 无效时使用,故不答 A。口服抗过敏药不能控制支气管哮喘急性发作,故不答 B。支气管哮喘是支气管痉挛所致,而不是细菌感染,故无需使用抗生素。无创通气仅适用于 $PaCO_2$>45mmHg、意识障碍的危重患者,故不答 E。

63. ABCDE ①迷走神经张力过高,可释放乙酰胆碱,导致气道狭窄,引起内源性支气管哮喘。异丙托溴铵属于吸入型抗胆碱药,为胆碱能 M 受体拮抗剂,可降低迷走神经兴奋性而舒张支气管,主要用于迷走神经张力过高引起的夜间哮喘(B)。②A、C、D、E 均不能降低迷走神经兴奋性。

64. ABCDE ①支气管哮喘的治疗药物分为缓解性药物和控制性药物两类,题干要求回答的是控制性治疗药物。糖皮质激素是控制哮喘最有效的药物。吸入型糖皮质激素(ICS)剂量小,全身不良反应少,是目前哮喘长期控制治疗的首选药物,答案为 C。②氨茶碱、β_2 受体激动剂为缓解性药物,故不答 A、D。口服糖皮质激素、肌内注射长效糖皮质激素副作用较多,一般不宜采用,故不答 B、E。

65. ABCDE ①色甘酸钠可抑制 IgE 介导的肥大细胞释放介质,能预防变应原引起的 I 型变态反应,常用于预防支气管哮喘发作(D)。②氨茶碱、特布他林均属于治疗哮喘的缓解性药物。肾上腺素是 α、β 受体激动剂、异丙肾上腺素为非选择性 β 受体激动剂,均因选择性差而不用于哮喘的治疗。

66. ABCDE ①患者发作性喘息,双肺散在哮鸣音,应诊断为轻度支气管哮喘急性发作。氨茶碱常用于轻至中度哮喘急性发作及哮喘的维持治疗。口服缓释茶碱尤其适用于夜间哮喘症状的控制(A)。参阅 9 版《内科学》P33。②吸入糖皮质激素是哮喘长期治疗的首选方法,故不答 B。长效 β_2 受体激动剂不能单独用于哮喘的治疗,故不答 C。口服糖皮质激素常用于吸入激素无效的哮喘病人,故不答 D。吸入短效 β_2 受体激动剂是治疗哮喘急性发作的首选方法,故不答 E。

67. ABCDE ①糖皮质激素为控制支气管哮喘急性发作最有效的药物,本例为支气管哮喘持续发作,应紧急采用的治疗措施为静脉点滴糖皮质激素(B)。②经上述紧急处理后,病情仍无改善,应及时行机械通气,其指征为:呼吸肌疲劳、$PaCO_2 \geq$45mmHg、意识改变。本例 $PaCO_2$70mmHg,应行机械通气。但因机械通气是在急救之后采取的治疗措施,故答 B 而不是 A。③补充液体为一般性治疗,故不答 C。支气管哮喘的本质是支气管痉挛,而不是细菌感染,无需使用抗生素,故不答 D。静脉注射氨茶碱常用于缓解哮喘急性发作,但疗效不如糖皮质激素,故不答 E。

68. ABCDE 69. ABCDE 70. ABCDE ①患者反复发作性喘息,可自行缓解,发作时双肺可闻及哮鸣音,应诊断为支气管哮喘(D)。睡眠呼吸暂停综合征常表现为睡眠时反复出现低通气和(或)呼吸中断,引起间歇性低氧血症伴高碳酸血症。先天性心脏病常可闻及特征性心脏杂音,故不答 B。特发性肺动脉高压常表现为呼吸困难、胸痛、头晕、晕厥、咯血等,故不答 C。慢性阻塞性肺疾病多见于老年人,表现为长期咳嗽咳痰。②为明确支气管哮喘的诊断，当然首选肺功能检查(A)。睡眠呼吸监测常用于确诊睡眠呼吸暂停综合征。胸部X线片、超声心动图均对支气管哮喘的诊断价值不大。动脉血气分析常用于了解重症哮喘患者酸碱失衡情况。③缓解支气管哮喘急性发作，应首选吸入短效 β_2 受体激动剂(E)。中度哮喘可联合雾化吸入短效M受体拮抗剂。重度哮喘可联合吸入糖皮质激素。吸氧为一般性治疗，故不答B。舌下含服硝酸甘油常用于治疗心绞痛，故不答C。

71. ABCDE　肾上腺素为非选择性 α、β 受体激动剂，可使心肌收缩力加强，心率加快，心肌耗氧量增加，因此冠心病患者禁用(D)。A、B、C、E没有此类副作用。

72. ABCDE　吗啡可抑制呼吸中枢，使呼吸频率减慢、潮气量降低、每分通气量减少，故禁用于支气管哮喘。

73. ABCDE　①氨茶碱既可用于支气管哮喘，又可用于心源性哮喘，若两者鉴别困难时，可以选用(C)。②肾上腺素禁用于心源性哮喘。呋塞米、吗啡、西地兰可用于心源性哮喘，但对支气管哮喘无效。

74. ABCDE　对于中度支气管哮喘急性发作的缓解治疗，应雾化吸入短效 β_2 受体激动剂，第1小时内持续雾化吸入。可联合应用雾化吸入短效抗胆碱药、激素混悬液，故答E。

75. ABCDE　76. ABCDE　77. ABCDE　①患者反复咳嗽、咳痰、喘息，发作时可闻及哮鸣音，最大呼气流速(PEF)日变异率>10%，可确诊支气管哮喘。支喘可分为急性发作期和非急性发作期。急性发作期是指症状(喘息、气急、胸闷、咳嗽)突然加重，常有呼吸困难，以呼气流量降低为特征。非急性发作期是指患者没有急性发作，但在相当长时间内仍不同频度和程度地出现症状。本例现在每周发作3次以上，故应属于非急性发作期(B)。②对于哮喘非急性发作期的治疗，应首先对患者进行病情严重程度分级。哮喘的病情严重程度分为间歇性、轻度持续、中度持续、重度持续4级。本例PEF日变异率为35%，经常出现夜间喘息，不能入睡，应属于重度持续(第4级)。哮喘非急性发作重度持续的治疗原则是：每日吸入糖皮质激素>1000μg，应规律吸入 β_2 受体激动剂或口服 β_2 受体激动剂、茶碱控释片，故答D。③支气管哮喘为终身制疾病且不可根治，因此需长期治疗，应自己学会在家中进行病情监测。若为中、重度持续，则应每日规律吸入糖皮质激素，为此需正确掌握气雾剂的使用方法(A)。B、C、D说法本身是错误的。并不是所有哮喘患者均需长期使用 β_2 受体激动剂，故不答E。

	间歇状态	轻度持续	中度持续	重度持续
级别	第1级	第2级	第3级	第4级
症状	<1次/周	≥1次/周，但<1次/天	每天有症状	每天有症状
频度	短暂出现	可影响活动和睡眠	影响活动和睡眠	频繁出现
夜间哮喘	<2次/月	>2次/月，但<1次/周	≥1次/周	经常出现
FEV_1 占预计值的百分比	≥80%	≥80%	60%~79%	<60%
PEF日变异率	<20%	20%~30%	>30%	>30%

78. ABCDE　79. ABCDE　80. ABCDE　81. ABCDE　①$PaCO_2$ 为呼吸性指标，正常值为35~45mmHg，$PaCO_2$>45mmHg为呼吸性酸中毒，$PaCO_2$<35mmHg为呼吸性碱中毒。本例 $PaCO_2$ 为32mmHg，应考虑呼吸性碱中毒。HCO_3^- 为代谢性指标，正常值为22~27mmol/L，HCO_3^->27mmol/L为代谢性碱中毒，HCO_3^-<22mmol/L为代谢性酸中毒。本例 HCO_3^- 为19.3mmol/L，应考虑代谢性酸中毒。故本例应诊断为呼吸性碱中毒合并代谢性酸中毒(E)。②患者处于支气管哮喘急性发作期，PaO_2>60mmHg，$PaCO_2$<45mmHg，应诊断为中度哮喘急性发作，治疗首选雾化吸入短效 β_2 受体激动剂(A)。③最大呼气流量(PEF)可用微型峰流速仪连续监测，操作简单，是支气管哮喘患者病情监测的常用指标(B)。PEF正常值<20%，若日变异率明显增大，提示病情加重，参阅9版诊断学P543。④哮喘患者病情加重，需行机械通气的指征为：意识模糊、PaO_2<60mmHg、$PaCO_2$>45mmHg。按照此标准，本例应行气管插管+机械通气(E)。哮喘患者急性发作期，不宜使用呼吸兴奋剂及碳酸氢钠(仅在pH<7.20时补碱)，以免

加重组织缺氧,故不答 A、B。中度哮喘使用氨茶碱效果不佳,故不答 C。

82. ABCDE 支气管哮喘患者慢性持续期,规律使用吸入糖皮质激素+长效 β_2 受体激动剂控制哮喘发作,属于哮喘的 3 级治疗,应诊断为中度哮喘。中度哮喘急性发作时,可连续吸入(雾化吸入)短效 β_2 受体激动剂 1 小时,若效果欠佳,应尽早口服糖皮质激素,同时吸氧(A)。

83. ABCDE ①老年男性多有前列腺增生肥大。M 受体拮抗剂(如异丙托溴铵、噻托溴铵)可舒张支气管平滑肌,常用于支气管哮喘、COPD 支气管痉挛的治疗。但 M 受体拮抗剂也可舒张膀胱平滑肌,导致排尿困难、尿潴留,尤其前列腺增生应慎用(B)。②A、C、D、E 均不会导致排尿困难。

84. ABCDE ①支气管扩张症的主要病因是支气管-肺感染和支气管阻塞。两者相互影响,反复发生支气管炎症,致使支气管壁结构破坏,引起支气管异常和持久性扩张,答案为 A,不要误答为 E。②支气管肺癌多与吸烟有关。慢性支气管炎多与吸烟、大气污染、呼吸道感染等有关。支气管哮喘多与患者过敏体质及外界环境的影响有关。阻塞性肺气肿多由慢性支气管炎引起。

85. ABCDE ①支气管扩张症可弥漫性发生于双肺的多个肺段,但以引流不畅的下叶肺段最多见。当反复急性发作继发感染时,可于肺底部闻及固定而持久的局限性粗湿啰音,此为支扩最有意义的体征(A)。②慢性阻塞性肺疾病可闻及双肺散在干、湿啰音。急性左心衰竭可闻及双肺满布湿啰音和哮鸣音。肺结核可于肺尖闻及细湿啰音。特发性肺纤维化可于双肺底闻及 Velcro 啰音。

86. ABCDE ①支气管扩张症继发感染时,可于肺底部闻及固定而持久的局限性粗湿啰音,此为支气管扩张症最有意义的体征。②贫血、消瘦、杵状指均为非特异性症状。双肺多变的哮鸣音常见于支气管哮喘。

87. ABCDE ①支气管扩张的典型临床表现是慢性咳嗽咳大量脓痰、反复咯血、反复肺部感染三大症状(C)。②慢性支气管炎的典型症状为咳痰喘。支气管肺癌的典型表现为刺激性干咳、血痰、气短或哮鸣,很少大咯血。肺结核常表现为低热盗汗、咳嗽咳痰、咯血。肺炎病程较短,不会反复发作。

88. ABCDE ①青年女性,间断咳嗽、咳痰 10 余年,为脓性痰,体检可闻及湿啰音,胸部 X 线片示右下肺多发薄壁囊腔,可见液平,应诊断为支气管扩张症(D)。②肺囊肿很少反复感染,导致间断咳嗽咳痰 10 余年,故不答 A。慢性肺脓肿胸部 X 线片示厚壁脓腔,内壁不光整,脓腔周围炎性浸润。肺包虫病少见。纤维空洞性肺结核胸部 X 线片示多个虫蚀样空洞,且空洞形态不一。

89. ABCDE ①患者幼年起病,反复发作,有慢性咳嗽、咳痰、反复咯血的表现,加上左肺湿啰音,可诊断为支气管扩张症(B)。②A、C、D、E 都不会自幼年起病,慢性迁延 46 年。

90. ABCDE ①青年患者,反复咳嗽,咳脓性痰,多次胸部 X 线片示右下肺炎,本次发作闻及右下肺中小水泡音,说明病变部位固定局限,应考虑支气管扩张症。为明确诊断,最有意义的检查是胸部高分辨率 CT(HRCT)。②肺癌好发于老年人,患者病史 4 年,说明病情进展缓慢,中央型肺癌导致阻塞性肺炎的可能性不大,故不答 A、D。患者病变部位在右下肺,而不是肺尖,且病情不是进行性加重,肺结核的可能性不大,故不答 B。患者多次胸部 X 线片均未发现肺脓肿,故不答 E。

91. ABCDE ①支气管扩张的典型症状为慢性咳嗽、咳痰、反复咯血,其痰量较大,可达每日数百毫升。痰液呈脓性,黄绿色,常带臭味,放置后痰液分为 4 层:上层为泡沫,下悬脓液成分,中层为混浊黏液,下层为坏死组织沉淀物(B)。②白色泡沫痰为肺炎的表现。大量粉红色泡沫痰见于急性左心衰竭。粉红色乳状痰见于金黄色葡萄球菌肺炎。白色黏液状痰见于急性支气管炎、支气管哮喘、肺结核等。

92. ABCDE ①肺动脉是运送血液至肺进行气体交换的功能性血管,支气管动脉是肺的营养血管。支气管扩张大咯血多为支气管动脉分支破裂所致,因此支气管动脉造影可明确支气管扩张症咯血患者出血的部位,故答 A 而不是 C。②胸部高分辨 CT 是确诊支气管扩张症的首选检查,但不能明确出血部位,故不答 B。支气管镜、胸部 X 线片均只能作为支气管扩张症的辅助检查。

93. ABCDE ①支气管扩张症手术治疗禁忌证包括双肺弥漫性病变,合并肺气肿、哮喘、肺源性心脏病(C)。②双肺弥漫性支气管扩张为手术禁忌证,双下肺局限性支气管扩张不属于手术禁忌证,不要误答 B。参阅 9 版《外科学》P262。A、D、E 显然不是正确答案。

94. ABCDE ①患者反复咳嗽咳痰，咯血，左下肺囊柱状支气管扩张，应诊断为支气管扩张症。患者病变局限于左下肺叶，反复咯血，量大，应手术切除病变肺叶。②A、B、C、D 均为保守治疗措施，不能根治支气管扩张症咯血。

95. ABCDE ①患者间断咳嗽、咳痰、咯血多年，胸部 X 线片示多发囊状及柱状影，可见液平，应诊断为支气管扩张症。对于反复咯血的支气管扩张症患者，若咯血量少，可口服安络血、云南白药；若出血量中等，可静脉滴注垂体后叶素；若出血量大，内科治疗无效，可考虑介入栓塞或手术治疗。本例反复咯血 10 余年，近 2 天咯血 600ml，说明咯血量极大，应行介入治疗或手术治疗，因此答案可能为 A 或 D。只有局限性支气管扩张症，才考虑手术治疗，而患者胸部 X 线片提示为弥漫性支气管扩张症，故答 A 而不是 D，很多医考参考书将答案错为 D，请参阅 14 版《实用内科学》P1714。②支气管扩张症患者仅在儿童期规律使用流感疫苗有益，本例为 35 岁妇女，故不答 B。当支气管扩张症急性感染期出现痰量增多时才考虑联合使用抗生素，本例为咯血量增加，故不答 C。抗生素预防感染可减少支气管扩张症急性发作的次数，不能用于咯血的治疗。

96. ABCDE ①杵状指是因肢体末端慢性缺氧、代谢障碍，导致手指末端增生、肥厚，使指甲从根部到末端拱形隆起呈杵状。在呼吸系统疾病，杵状指主要见于慢性脓毒性疾病（如慢性肺脓肿、支气管扩张），也可见于肿瘤（如支气管肺癌），不常见于慢性阻塞性肺疾病（如慢性支气管炎、阻塞性肺气肿、支气管哮喘）。②支原体肺炎为自限性疾病，病程短，没有慢性缺氧，不会出现杵状指。

97. ABCDE 因继发性肺结核的好发于上叶尖后段、下叶背段，故肺结核晚期纤维组织收缩，可导致上叶尖后段发生干性支气管扩张（C）。

98. ABCDE ①中年患者，反复咯鲜血，肺部无阳性体征，胸部 X 线片正常，应考虑支气管扩张症。为明确诊断，首选肺部高分辨率 CT 检查（E）。②支气管动脉造影、肺动脉造影均为有创检查，一般不作为首选。支气管镜主要用于中央型肺癌的诊断。上呼吸道检查无特异性，故不答 D。

99. ABCDE 支气管扩张反复感染的病原体以铜绿假单胞菌最常见，其次为金黄色葡萄球菌、流感嗜血杆菌、肺炎链球菌、卡他莫拉菌等。因此对于反复感染的支气管扩张症患者，首选抗生素应针对铜绿假单胞菌。

100. ABCDE 101. ABCDE 102. ABCDE ①青年女性，突发大量咯血，肺底部细小湿啰音，为典型支气管扩张的表现。早期支气管扩张症胸部 X 线片可无阳性发现。支气管扩张症患者反复大咯血主要是扩张的支气管动脉破裂所致，故止血治疗以血管收缩剂效果最佳。垂体后叶素可收缩小动脉，是大咯血的首选止血药物（A）。而 6-氨基己酸、立止血、氨基甲酸、安络血均是通过凝血机制或直接作用于毛细血管而止血，只适合少量咯血的治疗，不适合大咯血的止血。②确诊支气管扩张症现在首选肺部高分辨 CT（HRCT）检查（A）。支气管造影为过去确诊支气管扩张症的方法，由于为有创检查，现已淘汰。痰液检查、纤维支气管镜检查、X 线断层摄片均不能确诊支气管扩张症。③支气管扩张症患者作体位引流时，应使病变部位处于最高位。该患者右肩胛下可闻及细小湿啰音，说明为右侧支气管扩张，因此患者应取头低足高左侧卧位（B）。

103. ABCDE ①支气管扩张患者长期咯血，药物治疗无效，病变局限于右肺中叶，可手术切除病变肺叶。②酚妥拉明为 α 受体阻断药，常用于治疗外周血管痉挛性疾病。鱼精蛋白常用于对抗肝素过量。支气管镜下不能对支气管扩张咯血进行介入治疗。支气管动脉栓塞常用于治疗病变广泛的支气管扩张症。

104. ABCDE 社区获得性肺炎（CAP）是指在医院外罹患的感染性肺实质炎症，常见病原体为肺炎链球菌（最常见、占 50%）、肺炎支原体、衣原体、流感嗜血杆菌、呼吸道合胞病毒等。

105. ABCDE ①口咽部定植菌吸入是医院获得性肺炎（HAP）最主要感染途径，50%~70%的健康人睡眠时可有口咽部分泌物吸入下呼吸道（D）。②经污染空气吸入、血源性播散引起的 HAP 少见，故不答 A、C。胃食管反流物误吸是口咽部革兰阴性杆菌定植增加的因素之一，故不答 B。气溶胶传播是儿科病房医院获得性病毒性肺炎的主要传播途径，故不答 E。参阅 3 版 8 年制《内科学》P73。

106. ABCDE 革兰阴性杆菌是引起社区感染性肺炎的常见病原体，其中以流感嗜血杆菌最常见。

107. ABCDE 医院获得性肺炎是指患者入院时不存在，也不处于潜伏期，而于入院 48 小时后在医院内发生的肺炎。其病原体依次为革兰阴性杆菌（占 50%～70%）、金黄色葡萄球菌（占 15%～30%）、厌氧菌（占 10%～30%）、流感嗜血杆菌（占 10%～20%）、病毒（占 10%～20%）、军团菌（占 4%）、真菌（<1%）等。此为 13 版《实用内科学》P1761 数据。

108. ABCDE 医院获得性肺炎的常见致病菌可分为两种类型：①无感染高危因素患者的常见病原体依次为肺炎链球菌、流感嗜血杆菌、金黄色葡萄球菌、大肠埃希菌、肺炎克雷伯杆菌等；②有感染高危因素患者的常见病原体依次为金黄色葡萄球菌（E）、铜绿假单胞菌、肠杆菌属、肺炎克雷伯杆菌等。

109. ABCDE ①老年患者，发热、咳嗽、双下肺湿啰音、胸部 X 线片示双下肺感染，应诊断为院外肺炎（CAP）。②CAP 经验性抗感染治疗的选药原则为：青壮年、无基础疾病的 CAP，首选青霉素类、第一代头孢菌素。老年人、有基础疾病或住院的 CAP，首选氟喹诺酮类、第二或三代头孢菌素、β-内酰胺类/β-内酰胺酶抑制剂，可联合大环内酯类药物。根据此原则，正确答案应为 B。

110. ABCDE 社区获得性肺炎的非典型病原体包括军团菌、支原体、衣原体、立克次体等。这些病原体多寄生在细胞内，没有细胞壁，因此可渗入细胞内的大环内酯类对其治疗有效，而作用于细胞壁的抗生素，如 β-内酰胺类等无效。

111. ABCDE ①社区获得性肺炎的常见病原体依次为肺炎链球菌、支原体、衣原体、流感嗜血杆菌、呼吸道合胞病毒等。②铜绿假单胞菌是有感染高危因素医院获得性肺炎患者常见的病原体，答案为 A。

112. ABCDE 113. ABCDE ①社区获得性肺炎的常见病原体依次为肺炎链球菌（约占 50%）、支原体、衣原体、流感嗜血杆菌、呼吸道合胞病毒等，答案为 E。②金黄色葡萄球菌为革兰阳性球菌，血浆凝固酶阳性，其致病力可用血浆凝固酶来测定（D）。

114. ABCDE 115. ABCDE ①患者白细胞总数及中性粒细胞比例均显著增高，应考虑化脓性细菌感染，故可首先排除 B、D、E。患者受凉后起病，咳嗽咳痰，气促，高热，双肺湿啰音，说明为肺部感染而不是中枢神经系统感染，故答 C 而不是 A。②患者 $PaO_2<60mmHg$、$PaCO_2<50mmHg$，应考虑Ⅰ型呼吸衰竭，故应诊断为重症肺炎合并Ⅰ型呼吸衰竭，应行机械通气。重症肺炎使用糖皮质激素，可使感染扩散；使用呼吸兴奋剂可促发呼吸肌疲劳；进行补碱治疗可能加重组织缺氧，均不宜使用。

116. ABCDE 117. ABCDE ①老年患者，咳嗽 20 天，胸闷气促 1 周。查体：肺实变体征（右中下肺语音震颤增强，叩诊呈浊音），呼吸音减弱，应诊断为老年肺炎（C）。老年肺炎多不典型，常缺乏咳嗽、咳痰、寒战、高热、胸痛等肺炎的典型症状。胸腔积液常表现为叩诊浊音，语颤减弱，呼吸音减弱或消失。支气管哮喘常表现为反复发作性呼气性呼吸困难。心力衰竭常表现为心源性哮喘、肝脾肿大、颈静脉怒张。肺结核好发于青年患者，多有低热、盗汗等症状，均与本例不符。②确诊肺炎，当然首选胸部 X 线片检查（B）。心脏彩超主要用于了解心脏形态学改变，心电图常用于心律失常的诊断，胸部 B 超常用于胸腔积液的诊断。胸部 CT 价格昂贵，不作为首选检查。

118. ABCDE 肺炎链球菌既不产生内毒素，也不产生外毒素，其致病力主要与高分子多糖体荚膜的侵袭作用有关（C 对）。肺炎链球菌肺炎属纤维素性炎，病变消散后纤维素可完全吸收，肺组织多无结构破坏，不留纤维瘢痕，也不会引起变态反应性炎症。

119. ABCDE ①肺炎链球菌肺炎患者呈急性热病容，口角及鼻周有单纯疱疹。有败血症者，可出现皮肤、黏膜出血点，巩膜黄染。肺实变时可闻及支气管呼吸音。消散期可闻及湿啰音。②肺炎链球菌肺炎不会出现肋间带状疱疹，因为带状疱疹是由水痘-带状疱疹病毒感染所引起的（B 错）。

120. ABCDE 大叶性肺炎（肺炎链球菌肺炎）早期可闻及胸膜摩擦音，肺部叩诊浊音。肺实变时，可闻及支气管呼吸音。消散期可闻及湿啰音。大叶性肺炎不会出现气管向健侧移位。

121. ABCDE ①中年患者，咳嗽咳痰 1 周，右下肺少量湿啰音，应首先考虑肺炎，故首选检查为胸部 X 线片(A)。②支气管镜为有创检查，常用于中央型肺癌的确诊，一般不作为首选检查。痰找癌细胞常用于确诊肺癌。PPD试验、痰找结核分枝杆菌常用于肺结核的诊断。

122. ABCDE　①年青女性，受凉后突发高热、咳嗽、咳脓痰，右下肺叩诊浊音，闻及湿啰音，语音共振增强，应诊断为肺炎链球菌肺炎。②急性肺脓肿常表现为高热、咳嗽、咳大量臭脓痰。金黄色葡萄球菌肺炎常有基础疾病，多表现为突发寒战高热、咳嗽、咳脓性痰，早期可出现循环衰竭。干酪性肺炎多发生于机体免疫力低下、体质衰弱，又受到结核分枝杆菌感染的患者。肺炎支原体肺炎好发于儿童，常表现为剧烈咳嗽，无痰，肺部无湿啰音。

123. ABCDE　①肺炎链球菌肺炎好发于青年人，典型表现为大叶性肺炎，因此胸部X线片可见"大片状致密影"。此外，少数患者可发生感染性休克，因此本例最可能的诊断是肺炎链球菌肺炎(B)。②支原体肺炎好发于儿童，常表现为阵发性剧烈咳嗽，少痰或无痰，胸部X线片示节段性分布的浸润影。军团菌肺炎多见于老年人，常表现为肌痛、头痛、咳嗽、咳少量黏痰或脓痰，胸部X线片示斑片状阴影。金黄色葡萄球菌肺炎胸部X线片多表现为肺段或肺叶实变，早期可形成空洞、液气囊腔。患者病史仅5天，外周血白细胞升高，可首先排除E。

124. ABCDE　①年轻患者，突起寒战高热，白细胞总数及中性粒细胞显著增高，应考虑为细菌性肺炎，故可首先排除A、B、D、E，故答C。②支气管扩张症常表现为慢性咳嗽、咳痰、咳大量脓痰、咯血等。病毒性肺炎、干酪性肺炎多伴淋巴细胞比例增高，而不是中性粒细胞增多。肺炎支原体肺炎一般起病较缓，中毒症状轻，很少高热，以干咳为主要症状。

125. ABCDE　126. ABCDE　①金黄色葡萄球菌肺炎起病急，中毒症状严重，咳嗽，痰液脓性，带血丝。胸部X线片示肺段或肺叶实变，早期可形成空洞，其中有单个或多个液气囊腔(圆形透亮区)，故答A。②胸部X线片示"叶间裂弧形下坠"为肺炎克雷伯杆菌肺炎的特征性表现，答案为C。

127. ABCDE　①肺炎链球菌为革兰阳性球菌，治疗首选青霉素类抗生素。若青霉素过敏，可选用氧氟沙星。②红霉素是肺炎支原体肺炎、军团菌肺炎的首选药。庆大霉素是克雷伯杆菌肺炎的首选药。

128. ABCDE　①肺炎链球菌肺炎的治疗首选青霉素。若对青霉素过敏，可选用氟喹诺酮类(如左氧氟沙星)、头孢噻肟或头孢曲松(D)。②庆大霉素、阿米卡星、链霉素均属于氨基糖苷类，为克雷伯杆菌肺炎的首选药。阿莫西林为广谱青霉素类，可用于肺炎链球菌肺炎的治疗，但禁用于青霉素过敏者。

129. ABCDE　①青年女性，受凉后突发寒战、高热、咳嗽、咳痰，右肺呼吸音减弱，语颤增强，胸部X线片示大片阴影，应诊断为肺炎链球菌肺炎。其治疗首选青霉素，对青霉素过敏者，可选用左氧氟沙星、头孢曲松等。阿莫西林(羟氨苄青霉素)对肺炎链球菌也有效。②阿米卡星属于氨基糖苷类抗生素，主要用于革兰阴性杆菌所致的全身感染，对革兰阳性球菌(肺炎链球菌)不敏感(B)。

130. ABCDE　①男性青年，受凉后畏寒高热，右胸痛，右下肺叩诊浊音，右下肺闻及支气管呼吸音，应诊断为肺炎链球菌肺炎(大叶性肺炎)。患者右上腹痛，中上腹轻压痛，为肺炎链球菌肺炎的牵涉痛所致。患者心率增快，血压降低，肢端湿冷为中毒性休克所致，此为肺炎链球菌肺炎常见并发症。②对于合并中毒性休克的患者，除抗感染治疗外，应首先采取的诊疗措施是液体复苏，抗休克治疗。

131. ABCDE　①金黄色葡萄球菌肺炎毒血症状明显，常与呼吸道症状不平行，表现为白细胞计数增高、核左移、并有中毒颗粒。本例为老年女性，全身毒血症明显，咳脓血痰，肺部散在湿啰音，白细胞总数高，并有中毒颗粒，胸部X线片示大片絮状浓淡不均阴影，应诊断为金黄色葡萄球菌肺炎(C)。②肺炎链球菌肺炎为铁锈色痰；克雷伯杆菌肺炎为红棕色胶冻痰；肺脓肿为大量臭脓痰，均与本例不符。干酪性肺炎属继发性肺结核，血象不高。

132. ABCDE　①患者白细胞计数、中性粒细胞比例显著增高，应考虑普通细菌感染性疾病，故可首先排除D、E。②根据题干，本例应考虑肺炎。胸部X线片提示双肺多个脓肿和肺气囊肿，应诊断为葡萄球菌肺炎，因为葡萄球菌肺炎X线表现为坏死性肺炎，如肺脓肿、肺气囊肿和脓胸。③肺炎链球菌肺炎的胸部X线片表现为大片实变影、支气管充气征、假空洞征等。克雷伯杆菌肺炎胸部X线片表现为肺叶实变,其中有不规则透亮区,叶间隙下坠。支原体肺炎呈节段浸润影。干酪性肺炎胸部 X 线片呈大叶性密度均匀磨玻璃状阴影。

133. ABCDE ①患者咳嗽,咳血痰,双肺散在湿啰音,白细胞计数增高,应考虑肺炎。患者胸部 X 线片示大片阴影、多个气囊腔,为金黄色葡萄球菌肺炎的典型表现,故答 A。②肺炎链球菌肺炎胸部 X 线片不会出现多个液气囊腔。患者白细胞总数显著增高,可排除 C、D、E。干酪性肺炎胸部 X 线片呈大叶性密度均匀磨玻璃状阴影。

134. ABCDE ①万古霉素属糖肽类抗生素,可与细菌细胞壁黏肽合成中的 D-丙氨酰-D-丙氨酸形成复合物,抑制细菌细胞壁的合成。其作用部位与 β-内酰胺类不同,不与青霉素类竞争结合部位。由于其作用机制独特,故与青霉素无交叉耐药现象,临床上主要用于耐甲氧西林金黄色葡萄球菌(MRSA)感染的治疗(D)。②青霉素类(青霉素 G、苯唑西林)和头孢菌素类(头孢唑林 、头孢呋辛)均属于 β-内酰胺类抗生素,都是作用于细菌菌体内的青霉素结合蛋白,通过抑制细菌细胞壁的合成而发挥抗菌作用。MRSA 对所有通过 β-内酰胺酶发挥作用的抗生素均有交叉耐药,因此不宜选用。

135. ABCDE ①肺炎支原体肺炎胸部 X 线片可有多种形态的浸润影,以肺下野多见。作为间质性肺炎,早期主要表现为肺下叶间质性肺炎改变,晚期当发生肺实质病变后,常于一侧出现边缘模糊的斑片状阴影,呈支气管肺炎征象,故答 A。②B 为克雷伯杆菌肺炎,C 为金黄色葡萄球菌肺炎,D 为肺炎链球菌肺炎,E 为干酪性肺炎。这些特征性 X 线胸部 X 线片征象请牢记,在解答病例题时往往用得着。

136. ABCDE ①患者发热伴刺激性干咳,无痰,血常规正常,应考虑间质性肺炎,如病毒性肺炎、肺炎支原体肺炎。患者胸部 X 线片示右下肺少许薄片状阴影,应诊断为肺炎支原体肺炎,而不是病毒性肺炎。病毒性肺炎胸部 X 线片示磨玻璃状阴影。②肺炎支原体肺炎的治疗首选大环内酯类抗生素阿奇霉素(B)。③阿莫西林、头孢呋辛、阿米卡星对肺炎支原体不敏感。奥司他韦(达菲)常用于流感的治疗。

137. ABCDE ①支原体肺炎属间质性肺炎,不累及肺实质,可有阵发性刺激性干咳,无痰或少痰。由于支原体无细胞壁,因此阿莫西林无效。根据题干,本例应诊断为肺炎支原体肺炎,首选大环内酯类治疗(A)。②青霉素类为肺炎链球菌肺炎的首选药,氨基糖苷类为克雷伯杆菌肺炎的首选药,氟喹诺酮类为肺炎链球菌肺炎、支原体肺炎的次选药,头孢菌素类为葡萄球菌肺炎的首选药。

138. ABCDE ①肺炎支原体肺炎治疗首选大环内酯类抗生素,如红霉素、罗红霉素、阿奇霉素等(D)。因肺炎支原体无细胞壁,故青霉素或头孢菌素无效。②干酪性肺炎应行抗结核治疗。肺炎链球菌肺炎首选青霉素治疗。葡萄球菌肺炎首选耐青霉素酶的半合成青霉素或头孢菌素。克雷伯杆菌肺炎首选氨基糖苷类抗生素治疗。

139. ABCDE ①肺炎支原体肺炎好发于青年,突出症状是阵发性刺激性咳嗽,白细胞计数可正常或稍增高,胸部 X 线片表现各异。根据题干,本例应诊断为支原体肺炎。②干酪性肺炎中毒症状严重,胸部 X 线片示大片磨玻璃影。葡萄球菌肺炎、肺炎链球菌肺炎均为化脓菌感染,均可累及肺实质,故有典型咳嗽咳痰症状。肺孢子菌肺炎主要见于免疫功能低下者,常有严重症状与轻微体征分离现象。

140. ABCDE 患者入院时未患肺炎,入院后超过 48 小时,在医院内发生肺炎,应诊断为医院获得性肺炎。其常见致病菌包括革兰阴性杆菌(铜绿假单胞菌、肺炎克雷伯杆菌、大肠埃希菌、不动杆菌)占 50%~70%、金黄色葡萄球菌占 15%~30%、厌氧菌占 10%~30%、流感嗜血杆菌占 10%~20%、肺炎链球菌等,肺炎支原体少见(C)。参阅 3 版 8 年制《内科学》P73。

141. ABCDE ①胸部 CT 示双肺弥漫分布的磨玻璃影,为病毒性肺炎的典型表现,故答 C。②肺孢子菌肺炎多见于免疫功能低下的患者,如 HIV,胸部 CT 示双侧肺门周围弥漫性渗出,呈网状或小结节状影。肺炎支原体肺炎常表现为高热、干咳,肌痛。军团菌肺炎常表现为寒战高热、咳嗽、胸痛,胸部 CT 示浸润影或胸腔积液。肺结核好发于年轻人,常表现为咳嗽、咳痰,低热盗汗,肺尖部阴影。

142. ABCDE 143. ABCDE ①近年来,葡萄球菌对青霉素 G 的耐药率已高达 90%左右,故应选用耐青霉素酶的半合成青霉素或头孢菌素。很多医考参考书将此题答案错为 A 或 E。A 为老教材的陈旧观点，故不答 A。万古霉素仅在耐甲氧西林金黄色葡萄球菌感染时选用，故不答 E。②支原体肺炎首选大环内酯类抗生素，如红霉素等。

144. ABCDE　145. ABCDE　①肺炎链球菌不产生毒素，不引起原发性肺组织坏死或空洞形成(A)，急性期仅表现为肺组织充血水肿，纤维素渗出。②支原体肺炎主要累及肺间质，不累及肺实质，呈典型间质性肺炎的病理改变(E)。③葡萄球菌、铜绿假单胞菌、克雷伯杆菌均属于化脓性细菌，均可引起肺组织坏死、破坏，均可累及肺实质。

146. ABCDE　147. ABCDE　①支气管肺癌属于中央型肺癌，癌肿向支气管内生长，可出现刺激性咳嗽。肿块缺血坏死可导致痰中带血。由于肿瘤造成较大支气管不同程度的阻塞，可以出现胸闷、气急、哮鸣等症状，且不能被支气管解痉剂缓解(C)。②支原体肺炎好发于儿童和青年，属于间质性肺炎，主要累及肺间质而不累及肺实质，常表现为阵发性刺激性咳嗽，无痰或少痰，肺部体征不明显，可伴发热、肌痛(D)。③支气管哮喘常表现为反复发作性呼吸困难，可自行缓解或用支气管解痉药缓解。喘息型慢性支气管炎常表现为长期咳痰喘痰。克雷伯杆菌肺炎患者常咳砖红色胶冻痰。

148. ABCDE　149. ABCDE　①患者高热，胸痛，胸部 X 线片示肺下叶实变，其内可见多发气囊，应诊断为金黄色葡萄球菌肺炎(A)。金黄色葡萄球菌肺炎以肺组织广泛出血性坏死、多发性小脓肿形成为特点，因病情进展快，组织破坏严重，故极易形成脓气胸，胸部 X 线片上示多发液气囊腔。②病毒性肺炎的典型胸部 X 线片可见肺纹理增多，弥漫性磨玻璃状阴影，小片状浸润。根据题干，本例应诊断为病毒性肺炎(E)。③肺炎链球菌肺炎的典型胸部 X 线片为大片炎症浸润阴影，其内可见支气管充气征。肺炎克雷伯杆菌肺炎的典型胸部 X 线片为肺大叶实变，多发性蜂窝状肺脓肿，水平叶间裂弧形下坠。肺炎支原体肺炎的典型胸部 X 线片为多种形态浸润影。

150. ABCDE　①金黄色葡萄球菌肺炎起病急骤，寒战高热，咳嗽咳痰，多为脓血性痰，量多，双肺散在湿啰音，白细胞总数增高，胸部 X 线片示肺段、肺叶实变影，多发液气囊腔为其特点。根据题干，本例应诊断为金黄色葡萄球菌肺炎。②肺炎克雷伯杆菌肺炎常咳红棕色胶冻痰，胸部 X 线片示多发性蜂窝状肺脓肿。肺炎链球菌肺炎好发于青壮年，发病前多有受凉、淋雨等病史，胸部 X 线片示大片炎性浸润影或实变影。军团菌肺炎常表现为头痛、肌痛、呼吸急促、发绀、水样腹泻、消化道出血，胸部 X 线片示斑片状影或肺段实变。肺炎支原体肺炎的突出表现为刺激性咳嗽，无痰或少痰，胸部无明显阳性体征，白细胞总数多正常。

151. ABCDE　①红色胶冻状痰为肺炎克雷伯杆菌肺炎的特征性痰液，故答 E。②真菌性肺炎常为酵臭味痰。厌氧菌肺炎常为大量臭脓痰。干酪性肺炎常为痰中带血。肺炎链球菌肺炎常为铁锈色痰。

152. ABCDE　①克雷伯杆菌可在肺泡内大量生长繁殖，破坏肺泡壁，引起肺组织坏死、液化，形成单个或多个脓肿(多发性蜂窝状脓肿)和空洞(D 错)。胸部 X 线片显示肺大叶或肺小叶实变；因炎性渗出物黏稠而重，致使叶间隙呈弧形下坠。②因肺炎链球菌不产生毒素，不引起原发性肺组织坏死或空洞形成，在急性期仅表现为肺组织充血水肿，纤维素渗出；而克雷伯杆菌肺炎可引起肺组织坏死、液化，故胸部 X 线片上实变阴影较肺炎链球菌肺炎深而致密。

153. ABCDE　①克雷伯杆菌肺炎呈大叶或大叶融合的实变，由于病变渗出液黏稠而重，常使叶间隙下坠(B)。②克雷伯杆菌在肺泡内生长繁殖，破坏肺泡壁，导致肺组织坏死、液化，胸部 X 线片上可见单个或多发性脓肿。C、D、E 为肺炎链球菌肺炎的特点。

154. ABCDE　①胸部 X 线片示"肺叶实变，叶间隙弧形下坠"为克雷伯杆菌肺炎的特征性表现，故答 C。②肺炎链球菌肺炎好发于年轻人，常于受凉后急性起病，咳铁锈色痰，胸部 X 线片显示肺大叶实变，但不会形成空洞或脓肿。肺脓肿多有误吸病史，咳大量臭脓痰，胸部 X 线检查显示大片浓密模糊浸润影。干酪性肺炎常有结核病史，胸部 X 线片显示大叶性密度均匀磨玻璃状阴影，常有空洞形成。金黄色葡萄球菌肺炎常表现为咳脓血性痰，胸部 X 线片显示肺脓肿、肺气囊肿等。

155. ABCDE ①治疗军团菌肺炎首选大环内酯类和氟喹诺酮类，美国 FDA 推荐使用的抗菌药物有红霉素、阿奇霉素、左氧氟沙星。②青霉素 G 为肺炎链球菌肺炎的首选药。氯霉素为肠伤寒的首选药。四环素、土霉素临床上少用。

156. ABCDE ①患者有“冠周炎”病史，提示为口腔内厌氧菌的吸入性感染。无论是厌氧菌所致的肺炎，还是吸入性肺脓肿，其早期化脓性炎症阶段的典型 X 线征象均为大片浓密模糊炎症浸润阴影。且该患者伴畏寒发热，白细胞总数及中性粒细胞比例增高，应诊断为厌氧菌感染(C)。②肺炎克雷伯杆菌肺炎胸部 X 线片显示肺叶实变，中间区透亮，叶间隙弧形下坠。肺炎链球菌肺炎好发于年轻人，常于受凉后发病，咳铁锈色痰。表皮葡萄球菌为条件致病菌，一般不引起肺部感染。金黄色葡萄球菌肺炎毒血症状明显，胸部 X 线片示肺段或肺叶实变，可见多个液气囊腔。

157. ABCDE 支气管扩张、支气管囊肿、支气管肺癌、肺结核空洞等都是肺脓肿常见的基础病变。本例长期咳嗽，咯血，咳大量脓痰，应考虑为支气管扩张所致(E)。

158. ABCDE ①肺脓肿分为原发性肺脓肿、继发性肺脓肿、血源性肺脓肿三类。原发性肺脓肿也称吸入性肺脓肿，最常见，是指病原体经口、鼻、咽腔吸入所致的肺脓肿，病原体多为厌氧菌(占 90%)。②B、C、D 均可引起原发性肺脓肿，但临床上少见。金黄色葡萄球菌为血源性肺脓肿最常见的致病菌。

159. ABCDE ①皮肤疖肿可导致脓毒症，菌栓经血行播散到肺，引起小血管栓塞、炎症、坏死而形成血源性肺脓肿，致病菌常为金黄色葡萄球菌(A)。②牙周脓肿、鼻窦炎常导致吸入性肺脓肿，致病菌多为厌氧菌。膈下脓肿、食管穿孔可穿破至肺，导致继发性肺脓肿，致病菌多为大肠埃希菌、肺炎克雷伯杆菌等。

160. ABCDE 血源性肺脓肿是指菌血症因血行播散到肺形成的肺脓肿，最常见的病原体是金黄色葡萄球菌(E)。A、B、C、D 虽可引起血源性肺脓肿，但临床上少见。

161. ABCDE 肺脓肿是指肺组织坏死形成的脓腔，临床特征为高热、咳嗽、咳大量臭脓痰，其中咳大量脓臭痰为特征性症状。A、B、C、E 均无特异性。

162. ABCDE ①昏迷后洗胃易导致误吸，而误吸是急性肺脓肿最常见的病因。患者发热、咳嗽、咳脓痰 3 天，胸片示左肺大片状致密阴影，内有液气平面，应诊断为急性肺脓肿。②肺结核发病缓慢，病程长，多有结核中毒症状。金黄色葡萄球菌肺炎、军团菌肺炎、肺炎克雷伯杆菌肺炎一般没有误吸史，故不答 B、D、E。

163. ABCDE ①青年患者突起寒战、高热、咳嗽，胸部 X 线片显示多发性空洞，应考虑急性肺脓肿。患者半月前颈部皮肤疖肿，多为金黄色葡萄球菌感染引起，金黄色葡萄球菌易发生转移性脓肿。肺部病变为多发性，应诊断为血源性肺脓肿，确诊价值最大的检查为血细菌培养(E)。②痰标本易被污染，故涂片革兰染色不能确诊本病。支气管镜、胸部 CT 常用于诊断中央型肺癌。动脉血气分析常用于诊断呼吸衰竭。

164. ABCDE ①患者高热，白细胞总数及中性粒细胞比例增高，说明为化脓性细菌感染，故不答 A、B、E。②患者醉酒后可能发生误吸，而误吸是肺脓肿的常见病因。患者寒战高热，咳嗽，咳大量臭脓痰，胸部 X 线片示右中肺团块状影、空洞及气液平面，应诊断为肺脓肿而不是大叶性肺炎，大叶性肺炎不会出现肺部空洞。

165. ABCDE ①吸入性肺脓肿多为厌氧菌感染所致，一般对青霉素敏感，仅脆弱拟杆菌对青霉素不敏感，但对克林霉素、林可霉素、甲硝唑敏感(A)。②红霉素是支原体肺炎、衣原体肺炎的首选药；庆大霉素是肺炎克雷伯杆菌肺炎的首选药；万古霉素常用于耐甲氧西林金黄色葡萄球菌(MRSA)的治疗。

166. ABCDE 167. ABCDE ①中年男性，高热，咳嗽，咳脓痰，有臭味，胸部 X 线片示大片阴影中出现空洞，应诊断为急性肺脓肿。治疗首选青霉素，次选甲硝唑(C)。②急性肺脓肿抗生素总疗程应为 6～8 周(9 版《内科学》P60 为6～8 周，7 版《内科学》P38 为 8～12 周)。

168. ABCDE 169. ABCDE ①肺炎支原体肺炎属于间质性肺炎，常表现为剧烈咳嗽，无痰或少痰。患童,发热,干咳无痰,全身肌痛,间质性肺炎,应诊断为支原体肺炎,治疗首选大环内酯类抗生素,如阿奇霉素、红霉素等(E)。②患者发热,咳嗽,咳大量臭脓痰,胸部X线片示空洞影,应诊断为急性肺脓肿。最常见的致病菌为厌氧菌,治疗首选青霉素,次选克林霉素、甲硝唑等(D)。

170. ABCDE　①肺脓肿经内科治疗3个月以上脓腔仍不缩小,则需手术治疗。患者经内科治疗4个月无效,脓腔仍存在,且间断发热、咯血,故需外科手术切除病变组织(D)。②经皮穿刺引流适用于贴近胸壁的巨大脓腔。祛痰及体位引流适用于痰液黏稠、发热不高的患者。纤维支气管镜冲洗引流适用于有明显痰液阻塞征象者。患者抗生素治疗已4月余,继续抗感染治疗效果不佳。

171. ABCDE　①肺鳞癌可发生坏死液化,形成空洞,空洞壁较厚,呈偏心性,残留的肿瘤组织使内壁凹凸不平,空洞四周炎症病变少。②肺脓肿为圆形透亮区,内有液平,内壁光整或略不规则。空洞性肺结核为厚壁空洞,内无液平。肺囊肿继发感染为薄壁空洞,内有气液平面。

172. ABCDE　结核分枝杆菌对干燥、冷、酸、碱等抵抗力强,但对紫外线较敏感。太阳光直射下痰中结核分枝杆菌2~7小时可被杀死,10W紫外线灯距照射物0.5~1m,照射30分钟即可杀灭。

173. ABCDE　5个备选项均为结核分枝杆菌的生物学特性,其中抗酸性对临床诊断最有意义(E)。普通细菌一般无抗酸性,抗酸染色是鉴别结核分枝杆菌与其他细菌的方法之一。

174. ABCDE　①慢性纤维空洞性肺结核的空洞长期不愈,洞壁内层含有大量结核分枝杆菌,且长期成活,病变空洞可与支气管相通,患者痰中经常排菌,成为结核病最重要的传染源。②B、C、D、E没有经痰液排菌的途径,不能成为肺结核的主要传染源。

175. ABCDE　结核病在人群中的传染源主要是涂阳肺结核患者,因此控制结核病传播最根本的方法是治愈活动性肺结核患者(E)。

176. ABCDE　①结核病的免疫保护机制主要是T细胞参与的细胞免疫,而与B细胞参与的体液免疫关系不大(A对B错)。当结核分枝杆菌进入人体后,肺泡中的巨噬细胞大量分泌细胞因子,吸引淋巴细胞和单核细胞聚集到结核分枝杆菌入侵部位,形成结核性肉芽肿,限制并杀灭结核分枝杆菌。T细胞有独特作用,可与巨噬细胞相互作用和协调,对完善免疫保护起着非常重要的作用,故答A而不是D。②NK细胞主要参与肿瘤免疫。中性粒细胞主要参与急性化脓性炎症的反应。

177. ABCDE　原发型肺结核由肺内原发病灶(Ghon灶)、淋巴管炎和肺门淋巴结结核构成,原发灶多位于肺上叶下部或下叶上部近胸膜处,肺内一般不会形成空洞。结核球属于继发型肺结核。

178. ABCDE　年轻患者,咳嗽,低热,外周血白细胞总数及中性粒细胞比例不高,可排除普通细菌感染性肺炎,故可首先排除A、C、D、E,正确答案为B。肺结核若渗出病变的范围较大,可有肺实变体征,如触觉语颤增强,叩诊浊音。肺结核的好发部位是上叶尖后段,因此胸部X线片可见肺上叶或肺尖斑片状阴影,其内可有空洞形成。

179. ABCDE　①颈部串珠状淋巴结肿大为颈部淋巴结结核的典型体征。急性粟粒型肺结核为重症肺结核,起病急,持续高热,中毒症状较重,浅表淋巴结和肝脾肿大,胸部X线片示肺纹理增多,肺尖至肺底呈大小、密度、分布三均匀的粟粒状结节影,直径约2mm。根据题干,本例应诊断为急性粟粒型肺结核(C)。②真菌性肺炎常继发于大量长期使用广谱抗生素、糖皮质激素、免疫抑制剂后,胸部X线片示支气管肺炎、大叶性肺炎、肿块影、空洞等。过敏性肺炎常表现为接触抗原数小时后出现发热、干咳、呼吸困难、胸痛、发绀等。病毒性肺炎常表现为剧烈咳嗽,干咳,无痰,胸部无阳性体征。患者使用广谱抗生素治疗半月无效,普通细菌性肺炎的可能性不大。

180. ABCDE　人体感染结核分枝杆菌后,需4~8周才建立充分变态反应,参阅9版《内科学》P66。

181. ABCDE　肺结核引起的支气管扩张好发于上叶尖后段,若发生感染,则于肩胛间区可闻及湿啰音,不要误诊答为"肺尖部"。参阅1版《内科学》P50,9版《内科学》已删除。

182. ABCDE　胸部X线检查是诊断肺结核的重要方法,可以发现早期轻微病变,确定病变范围、部位、形态、密度、活动性等。A、C、D、E只是诊断肺结核某一方面的方法。

183. ABCDE ①痰培养结核分枝杆菌阳性为确诊肺结核的"金标准",故答案为 D。②结核菌素试验只能检出结核分枝杆菌的感染,而不能确诊肺结核。痰结核分枝杆菌 PCR 检测对肺结核的诊断敏感性较高,但特异性较差,故不答 B。血清结核抗体阳性仅提示已被结核分枝杆菌感染过,并不能确诊肺结核。"胸部 X 线片示肺部空洞性病变"无特异性,因为很多疾病都可出现肺部空洞,故不答 E。

184. ABCDE ①青年男性,咳嗽咳痰 2 周,病变位于左上肺,应考虑肺结核。为明确诊断,应首选痰涂片抗酸染色,它是确诊肺结核简单、快速、易行、可靠的方法(D)。②痰结核分枝杆菌培养虽是确诊肺结核的"金标准",但培养费时较长,临床上少用,主要用于科研,故不答 A。痰细胞学检查主要用于诊断肺癌。痰涂片找真菌主要用于诊断真菌性肺炎。痰涂片找含铁血黄素细胞可用于诊断慢性左心衰竭。

185. ABCDE ①痰涂片找到抗酸杆菌,说明患者正处于排菌状态,当然具有传染性,故答 D。②血沉增快只提示患者处于结核病活动期,并不提示是否具有传染性。反复痰中带血是肺结核的常见临床表现。结核菌素试验阳性提示患者曾受结核分枝杆菌感染。胸部 X 线片显示空洞性病变有助于肺结核的诊断,并不能说明处于排菌状态。

186. ABCDE 肺结核化疗的目的是彻底治愈,消灭传染源,预防复发。而痰菌阳性的患者是重要的传染源,因此评价化疗效果的首要指标是看痰菌是否转阴(A)。临床症状、血沉的影响因素很多,表现各异;胸部 X 线片变化太慢;感染结核分枝杆菌后抗体很难转阴,故 B、C、D、E 均不能作为化疗效果的评价指标。

187. ABCDE ①结核菌素(PPD)试验阳性只表示曾感染结核分枝杆菌,并不表示一定患病。因城市居民结核分枝杆菌感染率超过 70%,年龄越小,自然感染率越低,故 PPD 阳性仅对 3 岁以下的儿童有临床意义。PPD 阳性不能区分是结核分枝杆菌的自然感染还是卡介苗接种的免疫反应。因此 PPD 阳性,对提示未接种卡介苗的婴幼儿的活动性结核病最有价值(A)。②长期发热的患者,PPD 试验可能弱阳性。没有任何症状的健康查体者,若已接种卡介苗,PPD 阳性的临床意义也不大。E 为成年人,PPD 阳性的意义不大。

188. ABCDE ①临床上,主要根据胸部 X 线片结果来判断肺结核有无活动性。活动性病变在胸部 X 线片上常表现为边缘模糊不清的斑片状阴影,可有中心溶解和空洞,或出现播散灶。非活动性病变在胸部 X 线片上常表现为钙化、硬结、纤维化。痰涂片抗酸杆菌染色阳性说明患者正处于排菌状态,具有传染性。故答案为 D 而不是 E,很多医考参考书将答案错为 E。参阅 9 版《内科学》P67。请牢记:判断肺结核有无活动性的检查首选胸部 X 线片,判断肺结核有无传染性的检查首选痰涂片抗酸染色。②血清结核抗体阳性、PPD 试验强阳性,只说明患者曾受结核分枝杆菌感染,不能确诊结核病,更不能判断结核病的活动性。肺结核处于活动期虽可表现为血沉显著增快,但无特异性,故不答 C。

189. ABCDE ①2004 年我国采用新的结核病分类标准,将结核病分为原发型肺结核、血行播散型肺结核、继发型肺结核、结核性胸膜炎、其他肺外结核、菌阴肺结核 6 类,分类的主要依据是胸部 X 线征象。胸部 X 线片不仅可早期发现肺结核,而且可对病灶部位、范围、性质、发展情况和治疗效果作出判断,是目前诊断肺结核和判断肺结核临床类型的重要方法。②肺部体征、全身中毒症状、结核菌素试验对诊断肺结核只有参考价值,痰菌检查是确诊肺结核的方法,不能作为分类依据。

190. ABCDE ①按照 2004 年我国新的结核病分类标准,继发型肺结核分为 5 类,即浸润性肺结核、空洞性肺结核、结核球、干酪样肺炎、纤维空洞性肺结核。②胸内淋巴结结核属于原发型(A)。

191. ABCDE ①结核分枝杆菌侵入人体后 4~8 周,身体组织对结核分枝杆菌及其代谢产物所发生的敏感反应称为变态反应,属于迟发型(Ⅳ型)变态反应,可表现为结核菌素(PPD)试验阳性。因此,PPD 试验阳性只表示曾感染结核分枝杆菌,并不表示一定患病(A 对)。②曾接触肺结核患者,若未感染,则 PPD 试验仍为阴性(B 错)。若患者为重症结核病,即使处于活动期,PPD 试验仍可阴性,因此 PPD 试验不能确定结核病是否处于活动期(C 错)。结核病的发病机制主要是 T 细胞参与的细胞免疫,而不是体液免疫,因此 PPD 试验阳性说明患者细胞免疫功能正常而不是体液免疫功能正常(D

错)。感染结核分枝杆菌后,90%(而不是100%)的患者可获得免疫力,故不答E。

192. ABCDE　①异烟肼的常见不良反应包括周围神经炎、肝功能损害。周围神经炎常表现为四肢感觉障碍、肌痉挛、视神经炎、视神经萎缩等。患者治疗过程中出现双手、双足麻木感,应首先考虑异烟肼引起的周围神经炎,服用维生素 B_6 可消除中毒症状,无需停用异烟肼。但异烟肼引起的肝功能损害,若血清ALT升高达正常值上限3倍以上者,需停用异烟肼,参阅14版《实用内科学》P584。②利福平的不良反应为肝功能损害、过敏反应,吡嗪酰胺的不良反应主要为胃肠不适、肝功能损害、高尿酸血症,乙胺丁醇的不良反应为视神经炎。可见,这些药物的不良反应与题干所述无关。

193. ABCDE　①干酪样肺炎胸部X线片呈大叶性密度均匀磨玻璃状阴影,逐渐出现溶解区,呈虫蚀样空洞。②慢性纤维空洞性肺结核为纤维性厚壁空洞,而不是虫蚀样空洞。浸润性肺结核可坏死、液化形成空洞,但也不是虫蚀样空洞。故最佳答案为C而不是B、E,很多医考参考书将答案错为E,参阅9版《内科学》P68。原发型肺结核由原发灶、淋巴管炎、肺门淋巴结结核组成,不会出现空洞。血行播散型肺结核主要表现为粟粒状或结节状阴影,少有空洞形成。

194. ABCDE　①痰菌阴性肺结核是指3次痰涂片及1次培养阴性的肺结核。众所周知,PPD试验阳性对肺结核的诊断意义不大。血清结核抗体阳性仅说明曾经感染过结核分枝杆菌,且已产生相应抗体。痰结核分枝杆菌PCR灵敏度高,若阳性,仅提示感染结核分枝杆菌,不能说明一定发病。血ADA(腺苷脱氨酶)增高可以由许多疾病引起,如结核病、恶性肿瘤等,无诊断特异性。②典型的临床症状+胸部X线表现对诊断痰菌阴性肺结核意义最大,答案为B。

195. ABCDE　①原发型肺结核好发于儿童,症状轻微,胸部X线片显示由原发灶、淋巴管炎、肿大的肺门淋巴结形成的哑铃状阴影,即原发综合征。病程较长的肺结核可导致消瘦,可有颈部淋巴结肿大。本例"右上钙化灶"即为原发灶。根据题干,本例应诊断为原发型肺结核(A)。②浸润性肺结核好发于成人,胸部X线片见肺尖、锁骨下片状阴影。血行播散型肺结核胸部X线片示粟粒状或结节状阴影。结核性渗出性胸膜炎常表现为呼吸困难、胸痛、胸腔积液等。慢性纤维空洞性肺结核多见于成人,病程迁延,胸部X线片见厚壁空洞、肺门上抬、肺纹理呈垂柳样。

196. ABCDE　①肺下叶背段是继发性肺结核的好发部位。青年患者长期低热、咳嗽,咳痰,胸部X线片示右下叶背段斑片状影,空洞,应诊断为肺结核。为明确诊断,首选的检查是痰涂片抗酸染色(B)。②痰涂片革兰染色常用于诊断普通细菌性肺炎。支气管镜常用于诊断中央型肺癌。痰真菌培养常用于诊断真菌性肺炎。胸部CT为影像学检查,不能进行病原学确诊。

197. ABCDE　①青年患者,长期咳嗽,咯血,有结核中毒症状(低热、乏力、纳差、进行性消瘦),应考虑肺结核,故可首先排除C、D、E。②浸润性肺结核胸部X线片示肺尖、锁骨下区小片状或斑点状阴影,可融合形成空洞。干酪性肺炎胸部X线片示大叶性密度均匀磨玻璃状阴影,逐渐出现溶解区,呈虫蚀样空洞。本例胸部X线片示右肺上叶虫蚀样空洞,应诊断为干酪性肺炎,故答案为B而不是A。

198. ABCDE　199. ABCDE　200. ABCDE　A为支气管哮喘;B为肺炎支原体肺炎;C为支气管扩张或肺脓肿;D为肺结核;E为支气管扩张。

201. ABCDE　①青年女性,低热,咳嗽,咳少量痰,右上肺斑片状影伴空洞形成,应考虑肺结核。少数青年女性可以有类似风湿样表现,称为结核性风湿症,常累及四肢大关节,伴结节性红斑或环形红斑,间歇出现,故应诊断为肺结核。参阅9版《内科学》P65。②A、B、D、E均不会出现皮肤结节、红斑。

202. ABCDE　①青年女性,低热,咳嗽,痰中带血,消瘦,两上肺斑片状影,应诊断为肺结核(B)。②肺炎支原体肺炎多表现为低热,干咳,无痰中带血,肺部阴影以肺下野多见。肺炎链球菌肺炎多表现为突发寒战高热,咳铁锈色痰。真菌性肺炎多见于长期大量使用广谱抗生素、糖皮质激素之后,临床表现缺乏特异性。肺炎克雷伯杆菌肺炎常表现为咳砖红色胶冻痰,胸部X线片示叶间裂下坠。

203. ABCDE　①原发型肺结核好发于青少年,常表现为咳嗽,低热,消瘦,肺门淋巴结肿大,抗生素治疗无好转。患者胸部X线片示右肺门密度增高的团块影,应诊断为肺门淋巴结结核,此为原发型肺结核的典型表现,故答 B。②结节病多表现为双肺门淋巴结肿大、关节炎、结节性红斑。肺脓肿常表现为高热,咳嗽,咳大量臭脓痰。肺部真菌感染多见于长期大量使用广谱抗生素、糖皮质激素之后,临床表现缺乏特异性。淋巴瘤生长迅速,1 个月病程常充满整个纵隔。

204. ABCDE ①链霉素对巨噬细胞外碱性环境中的结核分枝杆菌有杀菌作用(E)。②乙胺丁醇为抑菌剂,不是杀菌药物。利福平、异烟肼对巨噬细胞内外的结核分枝杆菌均有杀菌作用。吡嗪酰胺主要杀灭巨噬细胞内酸性环境中的结核分枝杆菌。

205. ABCDE 乙胺丁醇为抑菌剂,不能杀灭结核分枝杆菌(B)。A、C、D、E 均可杀灭结核分枝杆菌。

206. ABCDE ①异烟肼可抑制结核分枝杆菌 DNA 的生物合成,还能通过抑制分枝菌酸的合成而使结核分枝杆菌细胞壁合成受阻,导致细菌死亡,起到杀菌效果(A)。②利福平可抑制结核分枝杆菌mRNA 合成,乙胺丁醇可抑制结核分枝杆菌 RNA 合成,链霉素可抑制结核分枝杆菌蛋白质合成,吡嗪酰胺为吡嗪酸抑菌。

207. ABCDE ①吡嗪酰胺(PZA)的代谢产物吡嗪酸可促进肾小管对尿酸的重吸收,从而抑制尿酸的排泄,进而引起高尿酸血症,因此痛风患者应避免使用(E)。②乙胺丁醇(EMB)也可引起高尿酸血症,参阅 9 版药理学 P427,可见此题答案并不严谨。异烟肼(INH)、利福平(RFP)、链霉素(SM)、对氨基水杨酸钠(PAS)均不会引起高尿酸血症。

208. ABCDE 吡嗪酰胺的代谢产物吡嗪酸可促进肾小管对尿酸的重吸收,从而抑制尿酸的排泄,进而引起高尿酸血症,因此痛风患者不宜使用。注意:乙胺丁醇也可引起高尿酸血症,本题也不严谨。

209. ABCDE 乙胺丁醇是常用抗结核药,常见副作用为球后视神经炎,可引起弱视、红绿色盲、视野缩小,故应定期检查视力;偶见胃肠道反应、过敏反应、高尿酸血症。

210. ABCDE ①异烟肼的结构与维生素 B_6 相似,可使维生素 B_6 排泄加快,导致体内维生素 B_6 缺乏,而出现周围神经炎,常表现为手脚麻木、肌肉震颤、步态不稳等,故使用异烟肼治疗时应常规补充维生素 B_6。②A、C、D、E 均不会引起周围神经炎。

211. ABCDE 许多抗结核药均可造成肝脏损害,在正规联合化疗过程中,若丙氨酸氨基转氨酶(ALT)超过正常值上限 3 倍时需停药。参阅 3 版 8 年制《内科学》P101。

212. ABCDE ①利福平口服后常集中在肝脏,主要经胆汁排泄。用药后若出现一过性转氨酶上升可继续用药,加保肝治疗观察。若出现黄疸,应立即停药。本例抗结核治疗后总胆红素显著增高,应立即停药利福平(A)。②异烟肼、吡嗪酰胺虽然也可造成肝脏损害,但少见且较轻微,出现黄疸时无需立即停药。乙胺丁醇主要副作用为视神经炎。链霉素主要副作用为听力障碍、肾功能损害。

213. ABCDE ①乙胺丁醇的常见副作用为球后视神经炎,常表现为弱视、红绿色盲、视野缩小、视物模糊(C)。②类赫氏反应是指患者在抗结核治疗期间出现的暂时性症状恶化,是由于大量结核分枝杆菌在短期内被杀死,已处于高敏状态的机体发生的强烈变态反应。溶血尿毒综合征常见于伤寒,多表现为溶血性贫血、急性肾衰竭。异烟肼的常见副作用为周围神经炎,少数可出现视神经炎,因视神经炎少见,故答 C 而不是 D。利福平的常见副作用为胃肠道反应、肝脏受损、流感综合征等。

214. ABCDE 抗结核病联合化疗的主要目的是延缓耐药菌株的产生(C)。

215. ABCDE 初治涂阳肺结核的短程化疗由 2 个月的强化期及 4~6 个月的巩固期组成。强化期通常采用 3~4 个杀菌药联合应用,如异烟肼(INH)+吡嗪酰胺(PZA)+利福平(RFP),有时可加上抑菌药乙胺丁醇(EMB)。其中,INH 可杀灭结核病灶中快速生长的结核分枝杆菌,PZA 可杀灭酸性环境中半休眠状态的结核分枝杆菌,RFP 可杀灭处于休眠状态而突发生长的结核分枝杆菌。

216. ABCDE ①年轻患者,长期低热,咳嗽、咳痰,PPD 试验阳性,胸片示上肺尖后段高密度阴影,血沉增快,应诊断为肺结核,故可首先排除答案 C、D、E。②A、B 均属于肺结核非标准化疗方案,由于异烟肼(INH)、利福平(RFP)为抗结核化疗的必备药物,故答 B 而不是 A。SM 为链霉素,PAS 为对氨基水杨酸。

217. ABCDE 患者低热,咳嗽,胸部 X 线片示右上肺浸润影,右肺门淋巴结肿大,PPD 试验阳性,应诊断为活动性原发型肺结核。治疗宜采用直接督导下短程化疗(2HRZE/4HR)，即强化阶段选用异烟肼(H)+利福平(R)+吡嗪酰胺(Z)+乙胺丁醇(E)，2个月；巩固阶段选用异烟肼(H)+利福平(R)，4个月。

218. ABCDE　异烟肼(INH)成人剂量为每日300mg，顿服；儿童为5~10mg/kg，最大剂量不超过300mg/d。

219. ABCDE　①肺结核的少量咯血，多以安慰、消除紧张、卧床休息为主。②对于大量咯血，可给予垂体后叶素止血，因垂体后叶素可收缩小动脉，使肺循环血量减少而达到较好的止血效果。

220. ABCDE　①患者咯血后突感胸闷气促，不能说话，张口瞪目，应考虑咯血窒息。急救时应首先开放气道，置患者头低足高45°的俯卧位，同时拍击健侧背部，保持充分体位引流，尽快使积血从气管排出。必要时进行气管插管或气管切开。②口对口人工呼吸、高压给氧应在气道通畅后进行，故不答A、B。垂体后叶素静脉推注为大咯血的治疗措施，不适合咯血窒息的急救。咯血窒息时，血块一般位于气管内，口腔中少有血凝块，故不答D。

221. ABCDE　①控制结核病流行，必须从控制传染源，切断传播途径和增强免疫力、降低易感性三方面着手。排菌患者是最重要的社会传染源，因此治疗此类患者，消灭传染源，是预防结核病流行的根本措施(D对)。②接种卡介苗是降低人群易感性的预防措施。严格管理、隔离患者为切断传播途径的预防措施。异烟肼预防化疗可保护易感人群。对患者咳出的痰液消毒焚烧，可减少传染源。

222. ABCDE　肺血栓栓塞症的继发性危险因素是指后天获得的易发生本病的多种病理生理改变，包括年龄、骨折、创伤、手术、恶性肿瘤、口服避孕药等。其中，年龄是独立危险因素，随着年龄的增长，肺血栓栓塞症的发病率逐渐增高(B)。

223. ABCDE　①患者双肺呼吸音清晰，可首先排除A、B，因为急性左心衰竭、全心衰竭均可有双下肺湿啰音。②患者长期卧床，可能造成下肢深静脉血栓形成，脱落后可导致肺血栓栓塞。肺血栓栓塞常表现为呼吸困难，心率增快，肺动脉高压，P_2亢进。根据题干，本例应诊断为肺血栓栓塞(C)。③冠心病常表现为阵发性胸痛，一般不会出现进行性呼吸困难。慢性阻塞性肺疾病好发于老年人，多表现为长期咳嗽咳痰，肺动脉高压，但肺部常可闻及干、湿啰音。

224. ABCDE　①呼吸过快、心动过速、口唇发绀是机体缺氧的常见症状，肺栓塞和左心衰竭均可出现，不可能作为两者的鉴别依据，故不答A、D、E。②肺栓塞患者因急性肺动脉高压和右心功能不全，可出现颈静脉怒张、双下肢水肿等体征，而左心衰竭不会出现这两种体征，故可作为肺栓塞和左心衰竭的鉴别依据。由于肺栓塞时下肢水肿出现较晚，且特异性较差，因此最佳答案为B而不是C。

225. ABCDE　①肺血栓栓塞症患者最常出现的体征是呼吸急促(A)。②患者因缺氧，可有口唇发绀。③肺动脉栓塞后，通过机械阻塞作用，加上神经体液和低氧引起的肺动脉收缩，导致肺循环阻力增加、肺动脉高压，可出现肺动脉瓣区第二心音(P_2)亢进或分裂。④肺动脉高压可造成右心室后负荷增加，出现右心室代偿性扩大，导致三尖瓣相对性关闭不全，可于三尖瓣区闻及收缩期杂音。⑤右心室后负荷增加，可使右心房压力负荷增加，颈静脉怒张。可见，B、C、D、E均属于肺栓塞的晚期表现。

226. ABCDE　①老年患者大手术后长时间卧床休息，突发晕厥，胸闷，呼吸困难，P_2亢进，应首先考虑肺血栓栓塞症。为明确诊断，首选CT肺动脉造影(CTPA)检查。②动脉血气分析、超声心动图、血D-二聚体均不能确诊肺血栓栓塞症。头颅CT常用于颅内占位病变的诊断。

227. ABCDE　①肺栓塞常表现为胸痛、呼吸困难、咯血三联征，可有肺动脉高压($P_2>A_2$)。肺动脉高压可造成右心室后负荷增加，出现右心室代偿性扩大，导致三尖瓣相对性关闭不全，可于胸骨左缘第4、5肋间闻及收缩期杂音。根据题干，本例应诊断为肺血栓栓塞(A)。②急性左心衰竭一般无胸痛，常表现为突发呼吸困难，双肺满布湿啰音。结肠癌肺转移一般不会出现呼吸困难、胸痛。重症肺炎常有咳嗽、咳痰，全身中毒症状。急性心肌梗死常表现为持续性胸痛，无呼吸困难。

228. ABCDE　①抗凝治疗是急性肺栓塞的标准治疗，确诊后只要没有禁忌证，均需立即开始抗凝治疗，疗程3~6个月，常用药物是肝素和华法林。华法林起效慢，需口服数天后才能在体内发挥作用，因此不适用于肺栓塞急性期抗凝，需与肝素重叠使用至少5天，待INR达标后才可单独使用，故答B而不是 A。②氯吡格雷、阿司匹林均为抗血小板聚集药，无需使用。急性肺栓塞的溶栓治疗仅需使用重组组织型纤溶酶原激活剂(rt-PA)50mg 持续静脉滴注 2 小时即可，无需维持治疗，故不答 D。

229. ABCDE　肺血栓栓塞行溶栓治疗，可迅速溶解肺动脉血栓，恢复肺组织再灌注，降低死亡率。溶栓治疗的指征为：肺血栓栓塞症合并右心功能不全、持续性低血压。参阅 14 版《实用内科学》P1813。

230. ABCDE　①特发性肺动脉高压主要引起动脉性肺动脉高压(D)。②睡眠呼吸障碍、慢性阻塞性肺疾病主要引起肺疾病和(或)低氧所致肺动脉高压。二尖瓣狭窄主要引起左心肌病所致肺动脉高压。肺动脉栓塞主要引起慢性血栓栓塞性肺动脉高压。参阅 9 版《内科学》P105 表 2-11-1。

231. ABCDE　①急性肺源性心脏病是由于肺动脉栓塞使肺循环阻力增加，心排血量降低，引起急性右心功能衰竭的临床病理生理综合征，常见于肺血栓栓塞(E)。参阅 14 版《实用内科学》P1565。②慢性阻塞性肺疾病是慢性肺源性心脏病最常见的病因，不要误答 C。A、B、D 均属于慢性肺源性心脏病的病因。

232. ABCDE　①一氧化氮(NO)是血管舒张因子，可通过激活鸟苷酸环化酶，升高 cGMP 水平而舒张肺血管。②花生四烯酸在脂氧化酶作用下可生成白三烯(LT)，可使血管收缩；在环氧合酶作用可生成多种前列腺素(PG)，有的可使血管收缩，有的可使血管舒张，其中血栓素 A_2(TXA_2)具有缩血管效应。内皮素具有强烈的缩血管效应。可见 A、B、C、D 均为缩血管物质。

233. ABCDE　①特发性肺动脉高压常表现为呼吸困难、P_2 亢进。肺动脉高压时，右心室后负荷增加，可造成右心室代偿性增大，导致三尖瓣相对关闭不全，出现三尖瓣区收缩期杂音。右心室后负荷增加，可引起右心房压力增高，导致颈静脉怒张、肝颈回流征阳性。增粗的肺动脉压迫喉返神经可引起声音嘶哑。根据题干，本例应诊断为特发性肺动脉高压(A)。②风湿性心脏瓣膜病一般不会出现声音嘶哑。房间隔缺损、室间隔缺损都不会在三尖瓣区闻及收缩期杂音。扩张型心肌病主要以心腔扩大为主。

234. ABCDE　①患者胸痛，进行性呼吸困难，三尖瓣区闻及 3/6 级收缩期杂音，剑突下心脏搏动，应考虑原发性肺动脉高压。为明确诊断，最有意义的检查是超声心动图(A)。②CT 肺动脉造影主要用于确诊肺栓塞。肺通气功能检查主要用于诊断慢性阻塞性肺疾病。血气分析主要用于诊断呼吸衰竭和酸碱失衡。胸部 X 线片主要用于了解胸部疾病的形态学改变。

235. ABCDE　236. ABCDE　①肺源性心脏病是指由支气管-肺组织、胸廓或肺血管病变导致肺血管阻力增加，产生肺动脉高压，继而右心室结构、功能改变的病变。可见，引起肺源性心脏病的先决条件是肺动脉高压。②肺源性心脏病失代偿期出现精神障碍症状，如嗜睡、表情淡漠、神志恍惚、谵妄等，称为肺性脑病。③肺泡毛细血管急性损伤常见于急性呼吸窘迫综合征(ARDS)，支气管肺感染和阻塞常见于支气管扩张症，肺弥散功能障碍常见于间质性肺疾病。

237. ABCDE　A、B、C、D、E 都是继发性肺动脉高压的原因，但以 COPD 最多见，占 80%~90%。

238. ABCDE　①COPD 引起肺动脉高压的原因是肺血管阻力增加，其病因包括解剖学因素和功能性因素，其中以功能性因素为主。功能性因素是指缺氧、高碳酸血症、呼吸性酸中毒引起肺血管痉挛收缩，其中缺氧是最重要的因素，称为缺氧性肺血管收缩反应(C)。②A、B、D、E 均属于引起肺动脉高压的解剖学因素，在 COPD 引起肺动脉高压的病因中占次要地位。

239. ABCDE　①由于缺氧是肺动脉高压形成的最重要因素，因此纠正缺氧，舒张肺血管，即可明显降低肺动脉压。②A、C、D、E 都是引起肺动脉高压的解剖学因素，但不起主要作用。

240. ABCDE　241. ABCDE　①老年患者，长期咳嗽、咳痰，应考虑 COPD。患者 $P_2>A_2$，说明合并肺动脉高压，应考虑肺源性心脏病。患者剑突下可闻及 3/6 级收缩期杂音，为相对性三尖瓣关闭不全所致，提示右心室肥厚。患者肝大，肝颈征阳性，双下肢水肿，提示右心衰竭。故本例应诊断为 COPD 合并慢性肺源性心脏病，肺心功能失代偿期(D)。冠心病常表现为阵发性胸痛，少有发热及肺部哮鸣音，故不答 A。心肌病是因心肌本身病变所致，而本例是 COPD 所致，故不答 B。肺血栓栓塞症常表现为呼吸困难、胸痛、咯血三联征。患者剑突下收缩期杂音为右心室扩大导致的相对性三尖瓣关闭不全所致，并不是风心病。②为明确肺源性心脏病的诊断，宜行超声心动图检查，若发现肺动脉增宽、右心室增大增厚，即可确诊。胸部X线片对肺源性心脏病的诊断价值不如超声心动图，故答B而不是A。动脉血气分析常用于诊断呼吸衰竭。心电图常用于诊断心律失常。血D-二聚体常用于筛查肺血栓栓塞症。

242. ABCDE　患者咳嗽咳痰20年，应考虑COPD。患者P_2亢进($P_2>A_2$)，应诊断为肺源性心脏病。肺动脉高压形成的最主要机制是缺氧、CO_2潴留致肺小血管收缩，即功能性因素，答案为E。

243. ABCDE　244. ABCDE　①肺血管阻力增加导致肺动脉高压。肺源性心脏病肺动脉高压形成的解剖学因素是指肺血管解剖结构的变化，造成肺循环血流动力学障碍，导致的肺动脉压力增高。慢性缺氧所致的肺血管重建，由于有肺血管的结构改变，称为肺动脉高压形成的解剖学因素(A)。②肺源性心脏病肺动脉高压形成的功能因素是指缺氧、高碳酸血症、呼吸性酸中毒所致的肺血管收缩和痉挛，其中缺氧是最重要的因素，称为缺氧性肺血管收缩反应(B)。③支气管肺感染和阻塞常见于支气管扩张症。血液黏稠度增加是引起肺动脉高压的血流动力学因素，它既不属于功能性因素，也不属于解剖学因素。气道炎症为支气管哮喘的本质。

245. ABCDE　①第二心音(S_2)由主动脉瓣和肺动脉瓣关闭引起，因此S_2包括两个部分，即主动脉瓣部分(A_2)和肺动脉瓣部分(P_2)。一般情况下，青少年$P_2>A_2$，成年人$P_2=A_2$，老年人$P_2<A_2$。当肺动脉高压时，肺循环阻力增高，导致S_2的肺动脉瓣部分(P_2)亢进，此为肺动脉高压的主要临床表现(C)。②肺气肿是引起肺动脉高压的常见病因，并不是肺动脉高压的临床表现。肺动脉高压是引起呼吸衰竭的病因之一。剑突下异常搏动常见于右心室肥大。三尖瓣区收缩期杂音常见于三尖瓣关闭不全。

246. ABCDE　①正常情况下，右心室是最前方的心腔，位于胸骨左缘4、5肋软骨的后方，与胸廓相邻，构成胸肋面的大部分。因此当右心室肥大时，可有剑突下心脏搏动增强(D)。②心音低钝常见于心肌炎、心肌病等。右心室肥大时，心界应向左侧扩大，而不是缩小。正常成人$P_2=A_2$，慢性肺源性心脏病右心室肥大时，常伴肺动脉高压，导致$P_2>A_2$。双肺闻及湿啰音常见于肺部感染或左心衰竭。

247. ABCDE　①A、B、C症状缺乏特异性，因此不可能为正确答案。②剑突下心脏搏动增强提示右心室肥大，可出现于慢性肺源性心脏病的病程早期。颈静脉怒张提示右心衰竭，常出现于慢性肺源性心脏病的病程晚期。由于题干要求作答的是慢性肺源性心脏病的“早期”临床表现，故正确答案应为D而不是E，很多医考参考书将答案错为E。参阅9版《内科学》P111。

248. ABCDE　①右心衰竭时，可引起肝淤血肿大，用手压迫肝脏可使颈静脉怒张更明显，称为肝颈静脉回流征阳性，为诊断右心衰竭的特异性体征，故答B。②慢性肺源性心脏病右心衰竭可出现双下肢水肿、肝大及触痛阳性，但无特异性，故不答A、D。心脏向左扩大提示右心室肥大，P_2亢进提示肺动脉高压。

249. ABCDE　①患者呼吸困难1年，唇绀，说明存在慢性缺氧。患者P_2亢进、分裂，说明有肺动脉高压。三尖瓣区可闻及2/6级收缩期杂音，此为右心室肥大导致的相对性三尖瓣关闭不全。下肢水肿，说明右心室功能失代偿，故本例应诊断为慢性肺源性心脏病肺心功能失代偿期(A)。②冠心病常表现为发作性胸痛。本例心界无扩大，不能诊断为扩张型心肌病，故不答C。先天性心脏病、风湿性心脏瓣膜病常幼年发病，与本例不符，故不答D、E。

250. ABCDE　251. ABCDE　①老年患者，间断咳嗽、咳痰10年，应考虑COPD。球结膜充血水肿为CO_2潴留的表现，口唇发绀为缺氧的表现，故本例应考虑已发生Ⅱ型呼吸衰竭。患者“肝大，肝颈征阳性，双下肢水肿”，为失代偿性右心衰竭的表现。因此，本例应诊断为COPD、慢性肺源性心脏病、右心功能失代偿。患者出现意识障碍(烦躁不安)，说明已发生肺性脑病，故答案为D。感染中毒性脑病、脑血管意外、肝性脑病虽然均可出现昏迷，但与题干所述无关，故不答A、B、C。患者血Na^+129mmol/L，虽属于低钠血症，但不足以导致意识障碍，故不答E。②患者近3天病情加重，右下肺闻及湿啰音，说明患者处于COPD、肺源性心脏病的急性加重期，最重要的治疗措施是控制肺部感染而不是氧疗

(无创通气),故正确答案为A而不是C,很多医考参考书将答案错为C。虽然每年医学考试中心都不会公布执医试题及其答案,但西医综合考试每年都公布标准答案,例如2002西医综合考试第56题医学考试中心公布的标准答案即为"控制肺部感染"而不是"氧疗"。静脉滴注支链氨基酸为肝性脑病的治疗。利尿、纠正电解质代谢紊乱只是对症治疗措施,故不答D、E。

252. ABCDE ①慢性肺源性心脏病患者正位胸部X线片常表现为右下肺动脉干增宽,肺动脉段凸出,心尖上凸(A)。②慢性肺源性心脏病右心室肥大,可导致心脏向左移位而不是向左扩大,故不答C。心脏普大常见于心包积液,心腰部凹陷常见于主动脉瓣关闭不全的靴形心。

253. ABCDE ①肺源性心脏病患者由于肺动脉高压,可导致右下肺动脉干扩张增宽,其横径≥15mm;肺动脉段明显突出或其高度≥3mm。②慢性肺源性心脏病其原发病若为COPD,则常表现为纵隔变窄,心脏呈垂直位,心影狭长,呈水滴型心。③肺源性心脏病患者由于右心室肥大,可导致心尖圆隆上翘。参阅2版8年制《内科学》P46。④"心脏向左下扩大,呈靴型"为左心室增大的表现,而肺源性心脏病主要表现为右心室肥大,故答E。

254. ABCDE ①右心室肥大的心电图诊断标准:a.电轴右偏;b.重度顺钟向转位;c.RV_1+SV_5≥1.05mV;d.肺型P波;e.右束支阻滞;f.肢体低电压。其中a~d为主要诊断条件,e~f为次要诊断条件,故答D而不是B。②A常见于左心房肥大;C常见于心肌广泛前壁缺血;E常见于心肌侧壁缺血。

255. ABCDE 心电图是诊断肺源性心脏病的参考条件,主要为右心室肥大的表现:①电轴右偏,额面平均电轴≥+90°;②重度顺钟向转位;③RV_1+SV_5≥1.05mV(C错);④可有肺型P波;⑤V_1~V_3可出现酷似陈旧心肌梗死的QS波;⑥可有右束支传导阻滞及低电压。

256. ABCDE 患者心电图示胸前导联重度顺钟向转位,V_1导联呈Rs型,$V_5R/S<1$,$R_{V1}+S_{V5}$≥1.05mV,应诊断为右心室肥大。在A、B、C、D、E5个选项中,慢性肺源性心脏病会出现右心室肥大。

257. ABCDE ①COPD患者突发精神症状,出现昏迷,应诊断为慢性肺源性心脏病、肺性脑病。球结膜水肿说明伴CO_2潴留,为明确诊断,首先应行动脉血气分析(A)。②昏迷患者不可能进行肺功能检查,因此不要误选E。胸部X线片常用于诊断肺部感染。心脏超声、心电图检查主要用于了解有无右心室肥大,对明确昏迷原因帮助不大。

258. ABCDE ①患者反复咳嗽、咳痰41年,应考虑为COPD。近1周症状加重,双肺干、湿啰音,应考虑为急性加重期。P_2亢进说明肺动脉高压。"三尖瓣区闻及收缩期杂音"为右心室肥大导致的相对性三尖瓣关闭不全。"肝大,肝颈回流征阳性,下肢水肿"说明右心衰竭,故本例应诊断为"COPD+肺源性心脏病急性加重期+肺心功能失代偿期"。肺源性心脏病急性加重期的治疗原则是控制感染、畅通呼吸道、改善呼吸功能、纠正缺氧、控制呼吸衰竭和心力衰竭,其中最重要的首要措施是控制感染。②肺源性心脏病患者在感染得到控制、呼吸功能改善后,心力衰竭便可改善,因此正性肌力药、利尿药、血管扩张药应慎用。祛痰为对症治疗。

259. ABCDE ①肺源性心脏病患者急性加重期出现心力衰竭的主要原因是心肌缺氧,因此在积极控制感染、改善呼吸功能后,心力衰竭便能得到明显改善,不宜使用强心苷及利尿药,且肺源性心脏病患者对洋地黄耐受性极差,容易发生洋地黄中毒。②D为最重要治疗措施;E为次要治疗措施;A、C为对症治疗措施。

260. ABCDE 261. ABCDE 262. ABCDE ①老年患者,反复咳嗽、咳痰40余年,应考虑COPD。COPD一般按慢性支气管炎→肺气肿→肺源性心脏病→肺性脑病的病程进展。患者出现嗜睡等精神症状,说明合并肺性脑病。故本例应诊断为COPD、慢性肺源性心脏病、肺性脑病(B)。②慢性肺源性心脏病的特点是肺动脉高压及右心室肥大,肺动脉高压的特征性表现为P_2亢进,因此体检时应特别注意有无肺动脉瓣区第二心音亢进(D)。心音强弱快慢不等常见于心房颤动。心界向左下扩大常见于左心室肥大,而不是右心室肥大,因为右心室肥大常表现为心界向左扩大。心界向左右两侧扩大常见于扩张型心肌病、心包积液。心尖区吹风样收缩期杂音常见于二尖瓣关闭不全,而肺源性心脏病右心室肥大造成的三尖瓣关闭不全常表现为三尖瓣区收缩期杂音。③COPD 患者出现昏睡等精神症状，说明合并肺性脑病（C）。代谢性碱中毒常表现为呼吸浅慢。虽然中毒性脑病、脑梗死、脑出血均可出现昏睡，但与题干所述无关。

263. ABCDE　264. ABCDE　①老年患者，间断咳嗽 30 年，应考虑 COPD。患者体检发现桶状胸，说明存在肺气肿。伴意识障碍，说明合并肺性脑病。患者烦躁不安，球结膜充血，说明存在缺氧及 CO_2 潴留。因此对诊断最有意义的检查是动脉血气分析，以了解呼吸衰竭的类型及酸碱失衡情况（D）。心电图、脑电图、胸部 CT 对确诊本病价值不大。痰细菌培养常用于肺炎的诊断。②COPD 急性加重期最常见的原因是肺部感染，因此最重要的治疗措施是控制感染（头孢曲松）。此外，还可舒张支气管（氨茶碱、糖皮质激素）。本例已并发肺性脑病，不宜使用地西泮，以免抑制呼吸，故答 B。

265. ABCDE　肺源性心脏病急性加重期 $PaCO_2>50mmHg$，说明伴 CO_2 潴留，可诊断为Ⅱ型呼吸衰竭。患者酸碱平衡失调的根本原因是缺氧伴 CO_2 潴留，因此只要控制感染，改善通气功能，酸碱失衡即可自行代偿恢复，而不必做特殊处理。只有 pH<7.2 的严重代谢性酸中毒患者，才给予补碱治疗。

266. ABCDE　慢性肺源性心脏病急性加重期，如使用利尿药过猛，易导致低钾、低氯性碱中毒。使用利尿药，尤其是排钾性利尿药，可造成 K^+ 从尿液中丢失，导致低钾血症。低钾时，一方面 H^+ 转入细胞内；另一方面肾小管细胞内的 H^+ 排出增加，Na^+、HCO_3^- 重吸收增加，产生低钾性碱中毒，常伴低氯血症。

267. ABCDE　肺源性心脏病患者对洋地黄耐受性很差，疗效也差，极易导致中毒，故洋地黄不能作为肺源性心脏病心力衰竭的首选药物，应用时应十分谨慎。用药时宜选用作用快、排泄快的洋地黄制剂，用药剂量为常用量的 1/2~2/3。肺源性心脏病患者缺氧可使心率增快，因此不能以心率快慢作为洋地黄的疗效指标。

268. ABCDE　慢性肺源性心脏病引起的心律失常以房性期前收缩及阵发性室上性心动过速最常见，其中，以紊乱性房性心动过速最具有特征性，也可有心房扑动和心房颤动。

269. ABCDE　①类风湿关节炎可累及胸膜，使胸膜毛细血管通透性增高，导致渗出性胸腔积液（D）。②肝硬化、肾病综合征可造成血清白蛋白降低，使胸膜毛细血管内胶体渗透压降低，导致漏出性胸腔积液。左心衰竭、缩窄性心包炎可使体循环、肺循环静水压增高，造成胸膜毛细血管静水压升高，导致漏出性胸腔积液。

270. ABCDE　①胸导管是人体最大的淋巴管。乳糜胸是指胸腔积液中含淋巴乳糜液，是由于胸导管堵塞或破裂，使乳糜液溢入胸腔所致，其病因较多，以手术损伤、肿瘤侵犯、丝虫病等多见。②A、B、D、E 均为胸膜毛细血管通透性增高引起的胸腔积液。

271. ABCDE　①胸腔积液分为渗出液和漏出液两类，渗出液是指炎性积液，漏出液是指非炎性积液。结核性胸膜炎是结核分枝杆菌引起的特异性胸膜炎症，因此产生的胸腔积液多为炎性渗出液，少数为血性，脓性罕见。②漏出性胸腔积液常由充血性心力衰竭、肝硬化等引起。乳糜性胸腔积液常由胸导管堵塞引起。

272. ABCDE　273. ABCDE　274. ABCDE　275. ABCDE　①胸腔积液分为渗出液和漏出液两类，渗出液是指炎性积液，漏出液是指非炎性积液。充血性心力衰竭不是炎症病变，因此不可能引起炎性渗出液，而是由于胸膜毛细血管内静水压增高引起的漏出性胸腔积液（A）。②系统性红斑狼疮是自身免疫性炎症性结缔组织病，引起的胸腔积液多为渗出性胸腔积液（B）。③金黄色葡萄球菌为化脓性细菌，可引起脓性胸液，属于渗出液的特例。若没有“脓性胸液”选项，可将渗出液作为正确答案（C）。④乳糜性胸腔积液常由胸导管堵塞或破裂引起（E）。⑤血性胸液常见于胸外伤、气胸、肺梗死等。

276. ABCDE　大量胸腔积液患者，呼吸困难的最主要原因是限制性通气功能障碍（C）。COPD 表现为阻塞性通气功能障碍，而胸腔积液表现为限制性通气功能障碍，参阅 9 版《内科学》P11。

277. ABCDE　278. ABCDE　①胸腔积液总蛋白<30g/L、LDH<200U/L、葡萄糖含量正常（>3.35mmol/L），应考虑漏出性胸腔积液。5 个备选项中，只有心力衰竭所致胸腔积液为漏出液，B、C、D、E 均为渗出液,故答 A。②胸腔积液首先应区分漏出液和渗出液:胸腔积液蛋白/血清蛋白>0.5,胸腔积液 LDH>200U/L,胸腔积液 LDH/血清 LDH>0.6,符合 3 条标准中任何 1 条者考虑渗出液,反之为漏出液。患者胸腔积液 LDH475U/L,应考虑渗出液,故可首先排除 A。患者胸腔积液细胞计数>500×10^6/L,以单个核细胞为主,考虑恶性胸腔积液可能性大。恶性胸腔积液 ADA<20U/L,LDH>500U/L(C)。类风湿关节炎胸腔积液和恶性胸腔积液的腺苷脱氨酶(ADA)均可降低,前者 ADA 常<45U/L,后者常<20U/L;类风湿关节炎胸腔积液的葡萄糖含量常低于 1.10mmol/L,而本例葡萄糖(Glu)2.4mmol/L,故不答 B。乳糜性胸腔积液常呈乳状混浊,甘油三酯>1.21mmol/L,根据题干不能确诊乳糜性胸腔积液,故不答 D。类肺炎性胸腔积液的细胞计数明显增高,但应以中性粒细胞为主,故不答 E。

279. ABCDE　280. ABCDE　①腺苷脱氨酶(ADA)在淋巴细胞内含量较高。结核性胸腔积液时,因细胞免疫受刺激,淋巴细胞明显增多,故胸腔积液中 ADA 显著增高(常>45U/L),其诊断结核性胸腔积液的敏感度较高。恶性胸腔积液 ADA 常<45U/L。ADA 为鉴别结核性胸腔积液与恶性胸腔积液最有价值的指标。②Light 标准为判断渗出液的金标准:胸腔积液蛋白质/血清蛋白质>0.5;胸腔积液 LDH 大于血清 LDH 正常值上限的 2/3;胸腔积液 LDH/血清 LDH>0.6。符合以上 3 条中任何 1 条即可诊断为渗出液,反之为漏出液。因此,最常用于鉴别漏出液和渗出液最有价值的指标是 LDH。

281. ABCDE　①胸腔积液时,细菌侵犯胸膜腔,经糖酵解途径分解葡萄糖供能。脓胸也可造成胸膜纤维素沉积和机化,导致胸膜增厚。增厚的胸膜可阻滞葡萄糖进入胸膜腔,因此脓胸时,葡萄糖水平显著降低(A)。②肺血栓栓塞症为渗出性胸腔积液,葡萄糖浓度常轻度降低。心力衰竭、肾病综合征、肝硬化均可导致漏出性胸腔积液,葡萄糖浓度多为正常。

282. ABCDE　①胸部 X 线片示右下肺大片致密影,上缘呈弧形,此为胸腔积液的特征性胸部 X 线片表现。根据题干,本例应考虑右侧胸腔积液。为明确诊断,应首选胸部超声检查(A)。②痰找抗酸杆菌常用于肺结核的诊断。支气管镜检查常用于中央型肺癌的诊断。胸部 CT 常用于肺部占位性病变的诊断。痰培养+药敏常用于细菌性肺炎的诊断。

283. ABCDE　①患者右下肺叩诊实音,右侧胸廓饱满,应考虑胸腔积液。②右下胸腔积液患者,由于右下胸腔充满液体,因此,右下肺不可能闻及湿啰音、胸膜摩擦音、支气管呼吸音,故不答 A、B、E。③右下胸腔积液可出现气管左移,右下肺语音共振减弱,故答 D。

284. ABCDE　①患者肋间隙变宽,可能为气胸、肺气肿、胸腔积液,不可能是肺不张(肋间隙缩窄)、肺实变(肋间隙不变),故可首先排除 A、B。②气胸患者叩诊为鼓音,肺气肿叩诊为过清音,故不答 C、D。③中至大量胸腔积液叩诊,在积液区为实音,在积液区上方为浊音,积液区呼吸音、语音共振明显减弱或消失,故答案为 E。

285. ABCDE　①恶性胸腔积液多由恶性肿瘤(如肺癌、乳腺癌、淋巴瘤)侵犯胸膜引起,原发于胸膜的恶性间皮瘤引起者少见,故不答 E。②A、B、C、D 均属于肺癌的病理类型,其中,腺癌富含血管,局部浸润和血行转移较早,最易累及胸膜引起胸腔积液。参阅 9 版《内科学》P77。

286. ABCDE　①"胸部 X 线片示右下肺大片状密度增高影,上缘呈外高内低弧形",为大量胸腔积液的典型征象。患者右下肺呼吸音消失,语音共振减弱,应诊断为右侧胸腔积液。为明确胸腔积液病因,其首选检查为胸腔穿刺抽液检查(A)。②B 超为确诊胸腔积液的首选检查方法,胸腔穿刺抽液为确诊胸腔积液后明确病因的首选检查方法。本例已拍摄胸部 X 线片确诊了胸腔积液,为明确胸腔积液的病因,当然首选胸穿抽液检查,故答 A 而不是 D。B、C、E 显然不是正确答案。

287. ABCDE　①结核性胸腔积液胸液 LDH 常明显增高(>200U/L)。②因结核性胸腔积液为渗出性胸腔积液,故胸液总蛋白增高(>30g/L),B 错。③腺苷脱氨酶(ADA)在淋巴细胞内含量较高,因此结核性胸膜炎时,细胞免疫受刺激,淋巴细胞明显增加,导致胸腔积液 ADA 明显增高。④血性胸腔积液见于肿瘤、结核性、肺栓塞。⑤结核性胸腔积液以淋巴细胞为主,单个核细胞比例明显增加。

288. ABCDE　①化脓性胸膜炎所致的胸腔积液常以中性粒细胞增多为主,LDH 应在 200~500U/L,CEA

正常，故不答 A。②胸腔积液呈乳糜样，苏丹染色阴性为假性乳糜性胸腔积液的表现，真性乳糜胸苏丹Ⅲ染色应为阳性，故不答 D。③老年患者，胸腔积液为渗出液，应考虑结核性和恶性胸腔积液的可能。患者胸腔积液 LDH>500U/L，CEA 明显增高，说明恶性的可能性较大，故答 C。PPD 阳性对于成人结核病的诊断意义不大，故不答 B。④结缔组织疾病所致的胸腔积液临床上少见，故不答 E。

289. ABCDE　①患者胸部 X 线片示右侧胸腔积液，故可首先排除 A、E。结核性渗出性胸膜炎常表现为低热，盗汗，呼吸困难，不会出现高热及白细胞计数显著增高，故不答 C。肺癌不会出现高热，右下肺大片致密影，故不答 D。②肺炎旁胸腔积液是指因细菌性肺炎、肺脓肿、支气管扩张引起的胸腔积液。患者发热、咳黄色脓痰、右肺闻及湿啰音，胸部 X 线片示右肺下叶大片致密影，应诊断为肺炎。患者抗生素治疗 2 天后症状加重，出现胸痛、呼吸困难，胸腔积液，应诊断为肺炎合并肺炎旁胸腔积液(B)。

290. ABCDE　①右下肺炎患者头孢菌素治疗 3 天后，右肩胛线第 8 肋以下语颤减弱，叩诊呈实音，说明胸腔积液量较治疗前增多。此时应行胸腔穿刺抽液检查+胸腔积液培养+药敏试验，根据试验结果合理选用抗菌药物，故答 B 而不是 D、E。②患者使用头孢曲松 3 天无效，不宜继续使用，故不答 A。患者咳嗽为胸腔积液引起的刺激性症状，一般无痰或少痰，故不作痰液培养。

291. ABCDE　292. ABCDE　293. ABCDE　①青年胸腔积液患者，低热、盗汗、消瘦 3 个月，此为典型结核中毒症状，故应诊断为结核性胸腔积液(A)。B、C、D、E 均不会出现结核中毒症状。②为明确胸腔积液的病因，应首选胸腔穿刺抽液检查(A)。血培养常用于诊断感染性心内膜炎。PPD 试验对成人结核病诊断价值不大。胸部 CT 常用于诊断肺癌。胸腔镜检查为有创检查，一般不作为首选。③右侧胸腔积液体检时可能发现：右肺底上移、气管向左侧移位(B)、右侧积液区上方(*不是右上肺*)可能闻及管样呼吸音、右侧胸廓肋间隙增宽、肝界下移。

294. ABCDE　295. ABCDE　296. ABCDE　①腺苷脱氨酶(ADA)在淋巴细胞内含量较高，因此结核性胸膜炎时，细胞免疫受刺激，淋巴细胞明显增加，导致 ADA 明显增高，对结核性胸膜炎诊断的敏感性和特异性分别为 92%、90%，远高于其他指标，故答 C。氯化物含量降低为结核性脑膜炎的脑脊液特点。结核性胸腔积液常表现为 LDH 轻度增高(>200U/L)，黏蛋白试验阳性，葡萄糖含量轻度降低(<3.3mmol/L)。②因结核性胸腔积液量大，且蛋白质含量极高，容易引起胸膜粘连，故应反复穿刺抽取胸腔积液，只在有指征时才行胸腔闭式引流，故答 B 而不是 D。糖皮质激素疗效不肯定。一般情况下，抽取胸腔积液后没有必要向胸腔内注入抗结核药，但可注入链激酶(*不是尿激酶*)等防止胸膜粘连。③结核性胸膜炎的治疗一般采用痰菌阳性肺结核的治疗方案 2HRZE/4HR，即异烟肼+利福平+吡嗪酰胺+乙胺丁醇，顿服 2 个月，用于强化治疗；然后异烟肼+利福平，顿服 4 个月用于巩固治疗，疗程共6~9个月。注意：结核病的化疗现在多采用统一的标准短程方案，答案为 A，而不是 C。很多医考参考书将答案错为 C，C 为原来老的化疗方案。

297. ABCDE　①患者胸腔积液有核细胞总数>500×10^6/L，以多核细胞为主，葡萄糖低于血糖水平，LDH>200U/L，应诊断为渗出性胸腔积液。②患者高热，外周血白细胞总数及中性粒细胞比例增高，LDH 显著增高(>500U/L)，应诊断为脓胸。③脓胸的治疗原则是控制感染、引流胸腔积液、促使肺复张。引流是脓胸最基本的治疗方法，常采用反复抽脓或胸腔闭式引流。患者高热，中毒症状严重，应首选胸腔闭式引流(A)。

298. ABCDE　①中年男性，右下胸语颤减弱，叩浊，呼吸音降低，应考虑胸腔积液。患者低热 2 周，应考虑结核病或肺癌。患者无咳嗽、咳痰、咯血等肺癌常见症状，故结核性胸膜炎可能性大。②浸润性肺结核多无胸痛和胸腔积液，故不答 D。肺炎链球菌肺炎、支原体肺炎很少引起胸腔积液，故不答 A、B。

299. ABCDE　①糖皮质激素对结核性胸膜炎的疗效不肯定，不宜常规应用，仅在全身毒性症状严重、大量胸腔积液时试用，答案为 B。②因结核性胸膜炎胸腔积液蛋白含量高，容易引起胸膜粘连，故应反复胸腔穿刺抽液以免后遗胸膜粘连(A 对)。③结核病是慢性消耗性疾病，故应常规给予营养支持治疗(C 对)。④抗结核药肝毒性较大，且使用时间长，应定期检查肝功能(D 对)。⑤结核病常采用联合化疗，如异烟肼(H)、利福平(R)、吡嗪酰胺(Z)和乙胺丁醇(E)三联或四联化疗(E对)。

300. ABCDE ①治疗结核性胸膜炎时，应用糖皮质激素可减轻结核分枝杆菌引起的变态反应，改善全身中毒症状。②由于糖皮质激素对结核性胸膜炎疗效不肯定，因此不应作为常规应用(C)。只有在全身毒性症状严重、大量胸腔积液者，才可试用泼尼松。③糖皮质激素可抑制免疫功能，导致结核分枝杆菌在体内播散。④待体温正常、全身毒性症状减轻后应及时逐渐减量至停药，停药速度不宜过快，否则易出现反跳。

301. ABCDE ①结核性胸膜炎所致的胸腔积液蛋白质含量高，容易引起胸膜粘连，故应反复胸腔穿刺抽液，以减轻胸膜肥厚。②一般情况下，抽胸腔积液后没有必要向胸腔内注入抗结核药，但可注入链激酶(不是尿激酶)等防止胸膜粘连。糖皮质激素疗效不肯定，不宜应用。参阅14版《实用内科学》P1822。

302. ABCDE 303. ABCDE ①对于结核性胸腔积液的治疗，糖皮质激素不能作为常规，只有在全身毒血症状严重，且伴大量胸腔积液时，才可尝试使用泼尼松(D)。②大量结核性胸腔积液，应首先行抽液治疗，首次抽液量不应超过700ml，以后每次抽液量不应超过1000ml。过多过快抽液，易发生复张后肺水肿或循环衰竭。③结核病应按标准统一方案进行化疗，不能随意加大抗结核药物剂量，否则易引起肝、肾损害。单纯结核性胸腔积液，若未合并普通化脓菌感染，则无需加用抗生素。

304. ABCDE 305. ABCDE ①大量胸腔积液患者，为明确积液性质，当然首选胸腔穿刺抽液检查(B)。支气管镜常用于诊断中心型肺癌。胸腔镜虽然可用于确诊胸腔积液性质，但为有创检查，一般不作为首选。纵隔镜常用于诊断纵隔疾病。胸部CT是影像学检查方法，不能明确胸腔积液性质。②本例应诊断为左下肺癌($T_1N_3M_0$)，有纵隔淋巴结转移，已失去手术切除机会，应行全身化疗。

306. ABCDE 急性呼吸窘迫综合征(ARDS)患者由于肺间质和肺泡水肿、充血，肺表面活性物质减少引起肺表面张力增加，肺容量及残气量降低，导致肺顺应性明显降低。肺内分流量增加和通气/血流比例失调都可引起低氧血症，但肺内分流量增加是引起顽固性低氧血症的主要原因(A对)。残气量降低和广泛肺不张使肺容量明显降低，可减少至正常肺容量的1/2以下，无效腔通气明显增加，加上通气/血流比例失调，使静脉血得不到充分氧合，肺内真正分流量增加，导致低氧血症，参阅7版《外科学》P58，9版《外科学》已删除该知识点。

307. ABCDE ①急性呼吸窘迫综合征最重要的临床特征是顽固性低氧血症，且这种低氧血症不能被普通的吸氧方法所改善，故答D。②A、B、C、E无特异性，因为普通肺炎也可有这些表现。

308. ABCDE ①急性呼吸窘迫综合征(ARDS)的主要病理变化为肺广泛性充血水肿和肺泡内透明膜形成。由于肺泡毛细血管内皮细胞和肺泡上皮细胞损伤，肺泡膜通透性增加，引起肺间质和肺泡水肿，加上肺表面活性物质减少，可导致小气道陷闭和肺泡萎陷不张(E)。②气道阻塞、肺部感染是COPD急性感染期的表现。肺不张只是ARDS的病理改变之一。急性心力衰竭与题干所述关系不大。

309. ABCDE 氧合指数(PaO_2/FiO_2)=氧分压/吸入氧的比例。吸入氧的比例(%)=21+4×氧流量(L/min)=21+4×3=33%=0.33。因此氧合指数=66/0.33=200，答案为A。

310. ABCDE ①氧合指数(PaO_2/FiO_2)正常值为400~500mmHg，氧合指数≤300mmHg(7版《内科学》为≤200mmHg)是诊断ARDS的必要条件(C)。②ARDS常表现为气急、呼吸次数增快，呼吸频率多为25~50次/分。ARDS常表现为肺泡-动脉氧分压差增大，PaO_2降低，$PaCO_2$降低，肺内分流增加。

311. ABCDE 除原发病的相应症状和体征外，急性呼吸窘迫综合征最早出现的症状是呼吸窘迫(D)，呼吸频率加快。A、B、C、E均为较晚期的表现。

312. ABCDE ①成人急性呼吸窘迫综合征(ARDS)呼吸困难的特点是呼吸深快、费力，病人常感到胸廓紧束、严重憋气，即呼吸窘迫。②呼吸浅慢见于麻醉剂、镇静剂过量和颅内压增高。呼吸浅快见于呼吸肌麻痹、腹腔积液、肥胖等。呼吸深慢见于严重代谢性酸中毒所致的库斯莫尔呼吸。呼吸不规则多发生于临终前。

313. ABCDE ①通过Swan-Ganz导管可测量肺动脉楔压(PAWP)。ARDS患者PAWP一般<12mmHg，但心源性肺水肿患者PAWP常>18mmHg，故鉴别ARDS和心源性肺水肿最有价值的检查是Swan-Ganz

导管测量 PAWP(E)。②ARDS 和心源性肺水肿均病情危重,不能进行肺功能检查,故不答 A。超声心动图、动脉血气分析、胸部 X 线片均只能作为两者的辅助检查。

314. ABCDE　①氧疗是纠正 ARDS 顽固性低氧血症的基本手段,宜早期使用呼气末正压给氧(PEEP)。PEEP 可使萎缩的小气道和肺泡重新开放,防止肺泡随呼吸周期反复开闭,使呼气末肺容量增加,并可减轻肺损伤和肺泡水肿,从而改善肺泡弥散功能和通气/血流比值,减少肺内分流,达到改善氧合和肺顺应性的目的。②持续高浓度吸氧常用于Ⅰ型呼吸衰竭的治疗。持续低流量吸氧产常用于Ⅱ型呼吸衰竭的治疗。糖皮质激素对 ARDS 效果不肯定,故不答 C。

315. ABCDE　①患者严重外伤手术后第 1 天出现呼吸困难,血氧饱和度降低,且经高流量吸氧后不能缓解,双肺湿啰音,应诊断为 ARDS,顽固性低氧血症经普通吸氧治疗不能缓解是 ARDS 的特点,答案为 E。②气胸常有胸部外伤史,患肺呼吸音消失。肺血栓栓塞常表现为胸痛、呼吸困难、咯血三联征。腹腔内出血常有腹部外伤史,血压降低,脉搏增快,腹部刺激征。急性左心衰竭常表现为突发性呼吸困难,端坐位,咳粉红色泡沫痰。

316. ABCDE　①溺水是 ARDS 的常见病因。患者溺水后缺氧发绀,双肺湿啰音,普通吸氧方法(面罩吸氧)不能改善其低氧血症(氧饱和度只有 85%),应诊断为 ARDS,可立即给予无创通气。若无创通气后仍无法纠正低氧血症,则应行机械通气。②静脉注射地塞米松常用于治疗支气管哮喘急性发作。静脉注射毛花苷丙、呋塞米,皮下注射吗啡常用于治疗急性左心衰竭。

317. ABCDE　318. ABCDE　①溺水是 ARDS 的常见病因。氧合指数 $= PaO_2/FiO_2 = 60/0.5 = 120mmHg$。中年男性,溺水 1 小时,烦躁不安,口唇发绀,两肺广泛湿啰音,氧合指数 $<300mmHg$,Ⅰ型呼吸衰竭,应诊断为 ARDS。ARDS 出现严重呼吸衰竭的最主要原因是肺顺应性降低、肺内分流显著增加(D)。肺泡通气量下降是Ⅱ型呼吸衰竭的主要原因,故不答 A。虽然 ARDS 也可引起肺泡弥散功能障碍、通气/血流比例失调,但不是 ARDS 导致Ⅰ型呼吸衰竭的最重要原因,故不答 B、C。ARDS 早期,呼吸中枢活动加强,可导致呼吸加深加快,故不答 E。②ARDS 最关键的治疗是采用呼气末正压给氧(PEEP),进行机械通气(C)。

319. ABCDE　320. ABCDE　321. ABCDE　①重症肺炎患者 $PaO_2<60mmHg$、$PaCO_2<50mmHg$,应考虑Ⅰ型呼吸衰竭。患者入院次日即突发持续性呼吸困难,发绀,烦躁不安,呼吸频率增快,两肺闻及湿啰音,双肺实变影,应诊断为 ARDS。急性肺梗死常表现为胸痛、呼吸困难、咯血三联征。急性左心衰竭常表现为端坐呼吸,双肺满布湿啰音和哮鸣音。自发性气胸、肺不张均不会出现肺部湿啰音,故不答 C、D。②ARDS 的治疗首选呼气末正压通气(PEEP),因为普通的吸氧方法难以纠正 ARDS 的低氧血症。PEEP 是指在机械通气时,呼气末气道内压大于 0。高频通气多用于术中呼吸管理。持续气道内正压通气(CPAP)是指呼吸机在整个呼吸周期内,提供一恒定的压力,比 PEEP 能更好地防止气道萎陷,但易产生并发症。高浓度吸氧常用于治疗普通的Ⅰ型呼吸衰竭。双气道正压通气(Bi-PAP)可允许自主呼吸在两个压力水平上间断随意发生,故可改善人机配合。③为减轻 ARDS 肺水肿,应合理限制液体入量,以保持肺脏处于相对“干”的状态。在血压稳定和保证组织灌注的前提下,液体出入量宜轻度负平衡,可使用利尿药促进水肿的消退,使入量<出量(D)。

322. ABCDE　323. ABCDE　①青年人溺水后液体可能进入肺部,2 小时后突发呼吸困难,呼吸频率加快,烦躁,发绀,双肺湿啰音,胸部 X 线片示双肺大片阴影,应诊断为 ARDS。为明确诊断,应首选动脉血气分析,典型表现为Ⅰ型呼吸衰竭,即 $PaO_2<60mmHg$、$PaCO_2$ 正常或稍下降、pH 升高(C)。心电图、心动图对 ARDS 的诊断帮助不大。脑部 CT 常用于颅内占位性病变的诊断。心肌损伤标志物常用于急性心肌梗死的诊断。②ARDS 的治疗首选呼气末正压(PEEP)+小潮气量机械通气(E)。

324. ABCDE　①Ⅱ型呼吸衰竭是指 $PaO_2<60mmHg$ 合并 $PaCO_2>50mmHg$,由肺泡通气不足引起,多见于气道阻塞、神经肌肉疾病。膈肌瘫痪患者肺本身无明显病变,而是呼吸中枢受损或呼吸肌功能减退造成的肺泡通气不足,故常导致Ⅱ型呼吸衰竭(C)。②肺实质性疾病(肺结核、硅肺)、间质性肺疾病

(特发性肺纤维化)、肺水肿常导致Ⅰ型呼吸衰竭。参阅3版8年制《内科学》P171。

325. ABCDE ①Ⅰ型呼吸衰竭是指 PaO_2<60mmHg、$PaCO_2$<50mmHg,主要见于肺换气功能障碍。ARDS常因肺换气功能障碍,导致Ⅰ型呼吸衰竭。②A、B、C、D常导致Ⅱ型呼吸衰竭。

326. ABCDE ①Ⅱ型呼吸衰竭是指缺氧伴 CO_2 潴留,常见于慢性阻塞性肺疾病(COPD)。②肺部感染疾病(胸膜炎、肺结核、肺炎)常导致Ⅰ型呼吸衰竭。特发性肺动脉高压引起呼吸衰竭少见。

327. ABCDE 328. ABCDE Ⅰ型呼吸衰竭的诊断标准为 PaO_2<60mmHg、$PaCO_2$<50mmHg。Ⅱ型呼吸衰竭的诊断标准为 PaO_2<60mmHg、$PaCO_2$>50mmHg。注意:严格来说C项不属于Ⅱ型呼吸衰竭,因Ⅱ型呼吸衰竭的诊断标准为 $PaCO_2$>50mmHg,而不是等于50mmHg。

329. ABCDE 330. ABCDE ①Ⅰ型呼吸衰竭的发病机制为换气功能障碍,包括通气/血流比例失调、弥散功能障碍、肺内动-静脉分流,其中肺内动-静脉分流为通气/血流比例失调的特例。支气管哮喘由于可逆性气流受限,引起通气/血流比例失调,是导致Ⅰ型呼吸衰竭的主要原因。支气管哮喘肺弥散功能正常,故不答C。②Ⅱ型呼吸衰竭的发病机制为肺通气功能不足,可分为限制性通气不足和阻塞性通气不足两类。支气管哮喘常表现为阻塞性通气功能障碍,严重者可引起Ⅱ型呼吸衰竭。

331. ABCDE 332. ABCDE ①正常人肺泡通气/血流(V/Q)比值约为0.8,V/Q比值无论增大还是减小,都会影响肺换气功能,导致Ⅰ型呼吸衰竭。Ⅰ型呼吸衰竭只有低氧血症(PaO_2<60mmHg),而无 CO_2 潴留($PaCO_2$ 正常或降低)。因此,V/Q比例失调通常发生单纯低氧血症,而无 CO_2 潴留,故答B。②弥散功能障碍是指 O_2、CO_2 通过肺泡膜的弥散过程发生障碍。因 CO_2 的弥散系数是 O_2 的20倍,故弥散功能障碍常以低氧血症为主,此为Ⅰ型呼吸衰竭的主要发病机制。虽然通气/血流比例失调、肺内动静脉分流均可导致Ⅰ型呼吸衰竭,但都不是主要发病机制,故最佳答案为A而不是B、D。③氧耗量增加是造成低氧血症的原因,为Ⅰ型和Ⅱ型呼吸衰竭共有的发病机制,故不答C。肺泡通气量下降为Ⅱ型呼吸衰竭的发病机制,故不答E。

333. ABCDE ①患者血气分析示 PaO_2<60mmHg,$PaCO_2$<50mmHg,应诊断为Ⅰ型呼吸衰竭,其主要发病机制是弥散功能障碍。②虽然肺内分流、通气/血流比例失调均可导致Ⅰ型呼吸衰竭,但都不是主要发病机制,故最佳答案为B而不是A、E。肺通气不足为Ⅱ型呼吸衰竭的发病机制,故不答C。氧耗量增加为Ⅰ型和Ⅱ型呼吸衰竭共有的发病机制,故不答D。

334. ABCDE ①患者 PaO_2<60mmHg、$PaCO_2$>50mmHg,应诊断为Ⅱ型呼吸衰竭,其主要发病机制为肺通气功能障碍。②肺换气功能障碍为Ⅰ型呼吸衰竭的主要机制。C、D、E均属于肺换气功能障碍的常见原因。

335. ABCDE ①Ⅰ型呼吸衰竭的主要病因是换气功能障碍而通气功能基本正常,给予高浓度的氧疗常可迅速改善低氧状态而不致引起 CO_2 潴留。若存在肺内动-静脉解剖分流,则肺动脉内的静脉血未经氧合直接流入肺静脉,将导致 PaO_2 降低。在这种情况下,即使增加吸氧浓度也不能提高分流静脉血的氧分压。肺内动-静脉解剖分流属于通气/血流比例失调的特例,因此最佳答案为D而不是C。②给予高浓度的氧疗,常可迅速改善弥散障碍的低氧状态,故不答A。肺泡通气量下降为Ⅱ型呼吸衰竭的主要发病机制。氧耗量增加为Ⅰ型和Ⅱ型呼吸衰竭共有的发病机制,故不答E。

336. ABCDE ①CO_2 容易透过血脑屏障,因此 CO_2 潴留可使脑脊液 H^+ 浓度增高,导致脑组织酸中毒,而不是碱中毒(C错)。②脑组织缺氧可导致脑细胞及其间质水肿,患者可出现烦躁不安、谵妄,甚至神志不清、昏迷等。

337. ABCDE ①慢性Ⅱ型呼吸衰竭将导致 PaO_2 降低、$PaCO_2$ 增高、pH下降,发生呼吸性酸中毒。慢性呼吸衰竭时,CO_2 潴留发展缓慢,肾脏可通过增加 HCO_3^- 的回吸收来维持pH恒定(C)。②慢性呼吸衰竭时,由于能量不足,体内转运离子的钠泵功能障碍,使细胞内 K^+ 转移至血液,可造成高钾血症。③慢性呼吸衰竭时,由于缺氧,组织细胞能量代谢过程,如三羧酸循环受到抑制,体内乳酸和无机磷产生增加，导致阴离子间隙增大，可造成代谢性酸中毒。④急性呼吸衰竭合并酸中毒时，主要通过肺加快加深呼吸（呼吸频率增加、潮气量增加）来调节酸碱失衡。慢性呼吸衰竭合并酸中毒时，主要通过肾脏增加 HCO_3^- 回吸收来调节酸碱失衡，故答 C 而不是 D、E。

338. ABCDE　①呼吸困难是呼吸衰竭最早出现的症状，发绀是缺氧的典型表现，球结膜水肿是 CO_2 潴留的典型表现。老年患者呼吸困难，嗜睡，球结膜水肿，口唇发绀，应考虑为Ⅱ型呼吸衰竭。为明确诊断，应首选动脉血气分析（E）。②胸部 CT 对本病的诊断价值不大。心肌坏死标志物检测、心电图检查主要用于确诊急性心肌梗死。头颅 CT 检查主要用于诊断颅内占位性病变。

339. ABCDE　①呼吸困难是呼吸衰竭最早出现的症状，发绀是呼吸衰竭缺氧的典型表现。②呼吸费力伴呼气延长为呼气性呼吸困难的表现，常见于支气管哮喘。呼吸频率增快为呼吸衰竭的早期表现。神经精神症状为呼吸衰竭的晚期表现。双肺大量湿啰音常见于肺部感染、急性左心衰竭。

340. ABCDE　①血液中氧合血红蛋白（HbO_2）呈鲜红色，还原型血红蛋白（Hb）呈蓝紫色。当 Hb 含量达 50g/L 以上时，皮肤、黏膜呈暗紫色，称为发绀。发绀程度与 Hb 含量有关。发绀是缺氧的典型表现（D）。②呼吸困难、呼吸急促、心率增快都是呼吸衰竭的常见表现，但并不一定是缺氧所致，故不答 A、B、C。神经精神症状为呼吸衰竭患者晚期严重缺氧的表现，而不是典型表现。

341. ABCDE　①慢性呼吸衰竭患者行氧疗的指征是 $PaO_2<60mmHg$；行机械通气的指征为 $PaO_2<40mmHg$、$PaCO_2>70mmHg$、R>35 次/分、肺性脑病。故本例应行氧疗而不是机械通气，因此可首先排除 C、D。这些数据请牢记，解题时经常用到，9 版《内科学》未讲述，请参阅 2 版 8 年制《内科学》P168、P169。②COPD 早期可表现为Ⅰ型呼吸衰竭，晚期表现为Ⅱ型呼吸衰竭。患者咳嗽咳痰 12 年，可诊断为 COPD。患者 $PaO_2<60mmHg$，$PaCO_2<50mmHg$，应诊断为Ⅰ型呼吸衰竭。本例虽然是Ⅰ型呼吸衰竭，可以适当提高吸氧浓度，但也不宜超过 40%，因为 COPD 引起的是慢性呼吸衰竭，而不是急性呼吸衰竭（Ⅰ型急性呼吸衰竭可采用高浓度给氧），因此应以持续低流量吸氧为宜，答案为 A。③慢性呼吸衰竭患者临床上最常用最简便的氧疗是使用鼻导管吸氧，故不答 B、E。

342. ABCDE　吸氧浓度与氧流量之间的换算公式为：吸入氧浓度（%）= 21+4×氧流量（L/min）。将题干给出的数据代入本公式，27 = 21+4×氧流量，计算得氧流量 = 1.5L/min。

343. ABCDE　①呼吸衰竭患者进行氧疗时，其首要条件是保持呼吸道通畅，A、C、D、E 均属于治疗措施。②可待因为中枢性镇咳剂，可抑制咳嗽反射，使痰液不能顺利排出而堵塞气道，因此禁用于呼吸衰竭患者。

344. ABCDE　①COPD 常发生Ⅱ型呼吸衰竭，即缺氧伴 CO_2 潴留。患者呼吸中枢的化学感受器对 CO_2 反应性差，呼吸主要依靠低氧血症对颈动脉体、主动脉体化学感受器的刺激来维持。若吸入高浓度氧，使血氧迅速上升，解除了低氧对外周化学感受器的刺激，便会抑制呼吸，造成通气状况进一步恶化，导致 CO_2 潴留，故 COPD 只能给予持续低流量氧疗。本例 COPD 患者，因呼吸困难增加氧流量，造成 CO_2 潴留而出现昏迷（D）。②电解质紊乱一般不会出现昏迷。脑梗死、感染中毒性脑病与题干所述无关。患者 PaO_2 71mmHg，不能诊断为氧中毒；只有在 $PaO_2<30mmHg$ 时才会出现昏迷。

345. ABCDE　①老年患者咳嗽、咳痰 30 年，应考虑 COPD，应行持续低流量氧疗，即给氧浓度<35%，1~2L/min，严禁采用高浓度吸氧。本例不仅将氧流量提高至 4L/min，而且加服抑制呼吸中枢的舒乐安定，易导致二氧化碳潴留，引起肺性脑病。②电解质紊乱很少引起昏迷。氧中毒常表现为面色苍白，出冷汗，心悸不适，反复惊厥，昏迷。患者口服 2 片舒乐安定，一般不会发生镇静剂中毒。脑梗死与题干所述无关，故不答 E。

346. ABCDE　①老年患者反复咳嗽、咳痰 30 年，诊断为 COPD，应行持续低流量氧疗，严禁采用高浓度吸氧。本例不仅提高吸氧浓度，而且加服可抑制呼吸中枢的舒乐安定，易导致二氧化碳蓄积，引起肺性脑病，出现昏睡。因为 COPD 患者常合并Ⅱ型呼吸衰竭，呼吸主要靠低氧血症对颈动脉体、主动脉体化学感受器的刺激来维持。若吸入高浓度的氧，将使血氧迅速升高，解除低氧对外周化学感受器的刺激，便会抑制呼吸中枢，导致二氧化碳蓄积。②题干并未叙述口服舒乐安定的剂量，并不能诊断为舒乐安定中毒。B、C、D 与题干所述无关。

347. ABCDE ①老年患者，长期咳嗽咳痰，桶状胸，胸部叩诊呈过清音，$FEV_1/FVC<70\%$，应诊断为 COPD。患者动脉血 $PaO_2<60mmHg$，$PaCO_2>50mmHg$，应考虑Ⅱ型呼吸衰竭。故本例应诊断为 COPD 合并Ⅱ型呼吸衰竭，应给予持续低流量吸氧，不宜吸入高浓度氧。因为吸入高浓度氧，可使血氧迅速上升，解除了低氧对外周化学感受器的刺激，导致患者呼吸受抑制。②低氧只能通过外周化学感受器调节呼吸运动，而对中枢感受器不敏感，故不答 B、D。低氧对呼吸中枢的直接作用是抑制而不是兴奋，故不答 C。外周感受器不会对低氧存在适应现象，故不答 E。

348. ABCDE ①肺源性心脏病患者 $PaO_2<60mmHg$，$PaCO_2>50mmHg$，应诊断为Ⅱ型呼吸衰竭。Ⅱ型呼吸衰竭患者不宜采用高浓度吸氧（吸氧浓度应<35%），因为高碳酸血症患者呼吸中枢的化学感受器对 CO_2 反应性差，呼吸主要靠低氧血症对颈动脉体、主动脉体化学感受器的刺激来维持。若吸入高浓度的氧，将使血氧迅速升高，解除低氧对外周化学感受器的刺激，便会抑制呼吸中枢，造成通气状况恶化，导致 $PaCO_2$ 增高（E）。②氧中毒的诊断条件为吸入高压氧，吸入纯氧，或吸入高浓度氧（>50%），且持续时间较长。本例吸入氧浓度仅为 36%，且仅吸氧半小时，不会发生氧中毒，故不答 A。气道阻力增加常见于气道平滑肌痉挛，吸氧不会导致气道狭窄，故不答 B。本例吸氧仅半小时，不会导致膈肌疲劳，故不答 C。心力衰竭加重常表现为呼吸困难加重，双肺湿啰音，肝大，颈静脉怒张等，故不答 D。

349. ABCDE ①COPD 急性加重早期及时应用无创机械通气可以防止呼吸功能不全加重，缓解呼吸肌疲劳，减少后期气管插管率，改善预后。患者为 COPD 急性加重期，故应尽早采用无创机械通气（E）。②口、鼻面罩属于无创性人工气道，特别适合 COPD 呼吸衰竭患者。鼻导管较经口导管为好，为理想的给氧途径。由于 A、C、D 说法范围较窄，因此最佳答案为 E 而不是 A、C、D。慢性呼吸衰竭多需要反复机械通气，一般不考虑行气管切开（有创通气），故不答 B。

350. ABCDE ①患者 $PaO_2<60mmHg$，$PaCO_2>50mmHg$，可诊断为Ⅱ型呼吸衰竭。机械通气是治疗急性呼吸衰竭、慢性呼吸衰竭急性加重最有效的手段，其适应证为：$PaCO_2>70mmHg$；严重低氧血症，合理氧疗后 $PaO_2<40mmHg$；呼吸频率>35 次/分或出现呼吸抑制；并发肺性脑病。参阅 2 版 8 年制《内科学》P168，该指征常考，9 版《内科学》未讲述。支气管哮喘伴急性呼吸衰竭患者，$PaCO_2$ 70mmHg，神志不清，应行气管插管+机械通气（E）。②题干已明确交代大剂量激素治疗无效，因此再次静脉推注地塞米松并不适宜。对于Ⅱ型呼吸衰竭患者给予高浓度吸氧，将导致 CO_2 麻醉，使病情恶化。使用碳酸氢钠纠酸，可使 pH 升高，氧解离曲线左移，加重组织缺氧。支气管哮喘发作是支气管痉挛所致，并不是细菌感染引起，因此无需联合使用抗生素。

351. ABCDE Ⅱ型呼吸衰竭是指缺氧伴 CO_2 潴留，氧疗时应给予持续低流量给氧，防止血氧浓度过高。因为慢性高碳酸血症患者呼吸中枢的化学感受器对 CO_2 反应性差，呼吸主要依靠低氧血症对颈动脉体、主动脉体化学感受器的刺激来维持。若吸入高浓度氧，使血氧迅速上升，解除了低氧对外周化学感受器的刺激，便会抑制呼吸，导致病情恶化（C 错）。A、B、D、E 均属于Ⅱ型呼吸衰竭的治疗措施。

352. ABCDE ①呼吸衰竭患者一般不宜补碱，否则易导致碱中毒，使血液 pH 升高，氧解离曲线左移，减少氧的利用，加重组织缺氧（D）。②A、B、C、E 均属于呼吸衰竭的一般性治疗措施，不会造成组织缺氧。

353. ABCDE ①昏迷患者不宜施行无创通气治疗，因为患者的气道保护能力差，易导致误吸，需行气管切开，进行有创通气治疗（C）。②A、B、D、E 均可施行无创通气治疗。参阅 9 版《内科学》P144。

354. ABCDE 355. ABCDE 356. ABCDE ①患者 $PaO_2<60mmHg$，$PaCO_2>50mmHg$，应诊断为Ⅱ型呼吸衰竭，即高碳酸性呼吸衰竭（B）。Ⅱ型呼吸衰竭尽管有低氧血症和高碳酸血症，但 C、D 均只反映了Ⅱ型呼吸衰竭一个方面的特点，故不准确。从血气分析结果，不能确诊该患者合并呼酸，故不答 E。②Ⅱ型呼吸衰竭多为肺泡通气不足所致（A），Ⅰ型呼吸衰竭多为肺换气功能障碍所致。D、E 均为Ⅰ型呼吸衰竭的病理生理改变。③COPD 患者急性发作期最重要的治疗措施是控制感染和改善呼吸功能(D)。本例 $PaCO_2$>70mmHg,应行气管插管、机械通气,此为最佳治疗,但未出现在答案选项中,故只能选 D 作为正确答案。A、B、C 均为 COPD 急性期的一般性治疗措施,不要误答 C。COPD 慎用呼吸兴奋剂。

357. ABCDE　①血气分析的标本可采自动脉血和静脉血两种,但临床上常用动脉血,故可排除 C、D、E。②酸中毒包括代谢性酸中毒和呼吸性酸中毒。由于 HCO_3^- 是代谢性指标,因此失代偿性代谢性酸中毒时,pH 和 HCO_3^- 明显降低;代偿性代谢性酸中毒时,pH 可维持在正常范围内;呼吸性酸中毒时,pH 明显下降而 HCO_3^- 可以正常。因此动脉血 pH 和 HCO_3^- 可准确判断酸中毒性质及严重程度。

358. ABCDE　①pH 正常值为 7.35~7.45,本例 pH 7.21,应诊断为失代偿性酸中毒,可首先排除 A。②$PaCO_2$ 为呼吸性指标,判断有无呼吸性酸中毒或呼吸性碱中毒,就看该指标。$PaCO_2$ 正常值为 35~45mmHg,$PaCO_2$<35mmHg 为呼吸性碱中毒,$PaCO_2$>45mmHg 为呼吸性酸中毒。本例 $PaCO_2$ 为 75mmHg,应判定为呼吸性酸中毒。③HCO_3^- 为代谢性指标,判断有无代谢性酸中毒或代谢性碱中毒,就看该指标。HCO_3^- 正常值为 22~27mmol/L,HCO_3^-<22mmol/L 为代谢性酸中毒,HCO_3^->27mmol/L为代谢性碱中毒。本例 HCO_3^- 为 19.6mmol/L,说明合并有代谢性酸中毒(B)。

359. ABCDE　360. ABCDE　361. ABCDE　①pH 正常值 7.35~7.45,若 pH<7.35 为失代偿性酸中毒,pH>7.45 为失代偿性碱中毒,pH 正常为代偿性。PaO_2 只用于判断有无呼吸衰竭,并不是酸碱失衡的判断指标。$PaCO_2$ 为呼吸性指标,判断有无呼吸性酸中毒或呼吸性碱中毒,就看该指标。$PaCO_2$ 正常值为 35~45mmHg,$PaCO_2$>45mmHg 为呼吸性酸中毒,$PaCO_2$<35mmHg 为呼吸性碱中毒。②A"pH7.38,$PaCO_2$40mmHg"说明既无呼吸性酸中毒也无呼吸性碱中毒,且为代偿性酸碱平衡。B"pH7.30,$PaCO_2$80mmHg"为失代偿性呼吸性酸中毒。C"pH7.40,$PaCO_2$65mmHg"为代偿性呼吸性酸中毒。D"pH7.35,$PaCO_2$20mmHg"为代偿性呼吸性碱中毒。E"pH7.25,$PaCO_2$30mmHg"为混合性酸碱平衡失调。

362. ABCDE　363. ABCDE　①HCO_3^- 为代谢性指标,正常值为 22~27mmol/L,HCO_3^-<22mmol/L 为代谢性酸中毒;HCO_3^->27mmol/L 为代谢性碱中毒。②剩余碱(BE)是指在一定状态下,将血液标本滴定至 pH 等于7.40,所需要的酸或碱的量。需加酸者表示血中有多余的碱,BE 为正值;需加碱者表明血中碱缺失,BE 为负值。BE 正常值为 0±2.3mmol/L。③代谢性酸中毒时 BE 负值增大,即 BE 负值的绝对值增大,BE 实际上是降低的;代谢性酸中毒时 HCO_3^- 降低,pH 当然降低(C)。④代谢性碱中毒时,BE 正值增大,即 BE 升高,HCO_3^- 升高,pH 当然升高(D)。本题 BE 没说明正负,仅说 BE 升高或降低,不严谨。

364. ABCDE　肺弥散功能障碍可导致Ⅰ型呼吸衰竭,即 PaO_2 下降,$PaCO_2$ 正常或下降。

365. ABCDE　①心力衰竭是指心肌收缩力下降,心排血量不能满足机体代谢的需要,同时出现肺循环和(或)体循环淤血的表现。②心力衰竭早期由于心肌代偿性收缩,心排出量可维持在正常范围内。③心功能不全是指心脏收缩或舒张功能异常,其中一部分心功能不全没有临床症状,另一部分伴有临床症状,称心力衰竭。④慢性左心衰竭常表现为肺循环淤血,而不是肺循环的主动充血(D 错)。

366. ABCDE　①按心排出量不同,可将心力衰竭分为低排出量心衰、高排出量心衰。临床上大多数为低排出量心衰,高排出量心衰常见于甲状腺功能亢进症、动静脉瘘、脚气病(维生素 B_1 缺乏)、严重贫血等。②二尖瓣关闭不全常引起低排出量心力衰竭。

367. ABCDE　①主动脉瓣关闭不全患者左心室舒张期,已经射入主动脉内的血液经关闭不全的主动脉瓣反流回左心室,使左心室开始收缩前的充盈量增加,即左心室前负荷(容量负荷)增加(C)。②二尖瓣狭窄时,左心房内的血液难以经狭窄的二尖瓣口进入左心室,使左心室的充盈量较正常时减少,从而左心室前负荷减小。③肺动脉瓣狭窄时,在收缩期右心室需克服很大的阻力才能将血液射入肺动脉内,从而使右心室后负荷增加。同样的道理,主动脉瓣狭窄可使左心室后负荷增加。④体循环高压时,主动脉压力增加,左心室当然需克服更大的阻力才能将血液射入主动脉,因此左心室后负荷增加。

368. ABCDE ①左心室后负荷是指左心室收缩后所负载的负荷,即动脉血压。因此,高血压患者左心室后负荷增加(B)。②二尖瓣反流、主动脉瓣反流均可导致左心室前负荷增加,房间隔缺损、室间隔缺损均可导致右心室前负荷增加。

369. ABCDE 慢性心力衰竭诱因包括感染、心律失常、血容量增加、过劳、情绪激动、治疗不当、原有心脏病加重等,其中以感染最常见,尤其是呼吸道感染是最常见最重要的诱因。

370. ABCDE 冠状动脉粥样硬化性心脏病是心力衰竭的常见基本病因,A、B、C、D 均为心力衰竭的常见诱因而不是基本病因。

371. ABCDE 心力衰竭的分期:①前心衰阶段(A期):患者存在心衰高危因素,但目前尚无心脏结构或功能异常,也无心衰的症状和(或)体征;②前临床心衰阶段(B期):患者无心衰的症状和(或)体征,但已发展为结构性心脏病,如左心室肥厚、无症状瓣膜性心脏病、既往心肌梗死史等;③临床心衰阶段(C期):患者已有基础结构性心脏病,既往或目前有心衰的症状和(或)体征;④难治性终末期心衰阶段(D期):患者虽经严格优化内科治疗,但休息时仍有症状。根据以上标准,答案为B。

372. ABCDE ①心力衰竭 NYHA 分级标准如下。Ⅰ级:患者有心脏病,但活动量不受限制,平时一般活动时不引起症状;Ⅱ级:体力活动受到轻度限制,休息时无自觉症状;Ⅲ级:患者体力活动明显受限,小于平时一般活动即引起症状;Ⅳ级:患者休息状态下也出现心衰症状。②心力衰竭的临床分期包括前心衰阶段、前临床心衰阶段、临床心衰阶段、难治性终末期心衰阶段四期。临床心力衰竭阶段开始出现临床症状,至少相当于 NYHAⅡ级。Killip 分级为急性心肌梗死心泵功能的分级,故不答E。

373. ABCDE 心力衰竭的 NYHA 分级和急性心肌梗死(不是陈旧性心肌梗死)的 Killip 分级是常考点,解题此类试题的步骤如下:①首先区分题干要求是进行急性心肌梗死的 Killip 分级还是心力衰竭的 NYHA 分级(注意陈旧性心肌梗死按 NYHA 分级)。②若为 Killip 分级,则看是否休克,若合并休克,血压<90/60mmHg,为Ⅳ级;若无休克再看有无湿啰音,无湿啰音为Ⅰ级,有湿啰音且<1/2 肺野为Ⅱ级,有湿啰音且>1/2 肺野为Ⅲ级。③若为心力衰竭的 NYHA 分级,则先看体位,若平卧位有症状则为Ⅳ级,若体力活动不受限为Ⅰ级,若参加日常活动有症状为Ⅱ级,若参加轻微活动有症状为Ⅲ级。

	心力衰竭的 NYHA 分级	急性心肌梗死泵衰竭 Killip 分级
Ⅰ级	体力活动不受限制	无肺部啰音
Ⅱ级	体力活动受到轻度限制,一般活动出现症状	肺部啰音<50%肺野
Ⅲ级	体力活动明显受限,小于平时活动引起症状	肺部啰音>50%肺野
Ⅳ级	不能从事体力活动,休息状态也出现症状	心源性休克,血压<90/60mmHg
适用证	单纯性左心衰竭、收缩性心力衰竭	急性心肌梗死

本例为急性左心衰竭,应行 NYHA 分级。患者呈端坐呼吸,应诊断为 NYHA Ⅳ级。

374. ABCDE 患者有陈旧性心肌梗死病史,但2个月来心电图无变化,说明无急性心肌梗死发生,则进行 NYHA 分级,首先排除C、D、E。患者体力活动明显受限,为 NYHA Ⅲ级。

375. ABCDE ①患者有扩张型心肌病病史,活动后气短,上呼吸道感染后出现喘憋,不能平卧,双肺底湿啰音,应诊断为急性左心衰竭(A)。②肺血栓栓塞症常表现为呼吸困难、胸痛、咯血三联征。右心衰竭常表现为肝脾肿大,颈静脉怒张,腹水,双下肢水肿。患者双肺湿啰音为左心衰竭肺淤血所致,并不能诊断为肺炎,因为肺炎常表现为高热、咳嗽、咳脓性痰。支气管哮喘常自幼反复发作,可自行缓解,抗生素治疗无效。

376. ABCDE　①患者胸痛 10 小时，心电图示 $V_1 \sim V_4$ 导联 ST 段抬高，应诊断为急性心肌梗死，故应行 Killip 分级，可首先排除 B、C。②患者血压 120/80mmHg，未休克，说明不属于 KillipⅣ级。患者双肺闻及湿啰音且>1/2 肺野，应诊断为 Killip Ⅲ级，答案为 E。

377. ABCDE　①急性心肌梗死患者应行心泵功能的 Killip 分级，而不是心力衰竭的 NYHA 分级，故可首先排除 D、E。②患者收缩压>90mmHg，说明无心源性休克表现，故不能诊断为 Killip 分级Ⅳ级。③患者双肺可闻及少量湿啰音，未超过 50%的肺野，应诊断为 Killip 分级Ⅱ级。

378. ABCDE　①患者活动后心悸、气短，受凉后加重，夜间不能平卧，双肺湿啰音，心界向左扩大，应诊断为左心衰竭(B)。②支气管哮喘多自幼发病，常表现为阵发性呼吸困难，可自行缓解，发作时双肺散在哮鸣音。肺栓塞常表现为呼吸困难、胸痛、咯血三联征，可有右心室扩大、P_2 亢进。急性心肌炎患者病前 1~3 周多有上呼吸道感染史，常表现为发热、心悸、胸痛、呼吸困难、各种类型的心律失常等。患者否认慢性咳嗽病史，不能诊断为慢性支气管炎，故不答 E。

379. ABCDE　①左心衰竭的心脏体征包括：心脏增大，相对性二尖瓣关闭不全的反流性杂音，舒张早期奔马律(A)。②心尖部第一心音增强、开瓣音常见于二尖瓣狭窄。心包叩击音常见于缩窄性心包炎。主动脉瓣第二心音亢进常见于高血压、动脉粥样硬化。

380. ABCDE　①超声心动图是诊断心力衰竭最常有的检查方法，收缩性心力衰竭的诊断标准为左室射血分数(LVEF)<50%，正常 LVEF>50%。②室壁运动障碍为舒张功能不全的参考指标，故答 E 而不是 B。并非所有心力衰竭患者均有心影增大，因此不能以胸部 X 线片示心胸比增大作为心力衰竭的诊断依据。心电图运动负荷试验阳性常见于冠心病。胸部 X 线片示肺部渗出影，无特异性，故不答 D。

381. ABCDE　①患者心尖搏动位于第 5 肋间锁骨中线外 2cm，说明心脏向左移位，提示右心室增大。患者活动后心悸，双肺底闻及湿啰音，应考虑左心衰竭。患者双下肢凹陷性水肿，应考虑右心衰竭，故本例应诊断为全心衰竭。为明确诊断，最有意义的检查是心脏超声心动图(B)。②胸部 X 线片可了解有无肺淤血，但不能确诊心力衰竭，故不答 A。尿常规、血常规无特异性，故不答 C、D。心电图常用于诊断心律失常，故不答 E。

382. ABCDE　①左心衰竭主要引起肺淤血症状，表现为各种形式的呼吸困难。慢性左心衰竭呼吸困难的进展顺序为：劳力性呼吸困难→端坐呼吸→夜间阵发性呼吸困难→急性肺水肿，均为典型症状。因此，劳力性呼吸困难是左心衰竭最早出现的症状。②咯血是肺淤血晚期的表现。少尿是肾血流量明显减少时的症状，均为左心衰竭的晚期症状。

383. ABCDE　①急性肺水肿(急性左心衰竭)主要引起肺淤血症状，表现为各种形式的呼吸困难、咳嗽、咳粉红色泡沫痰为其特点(D)。②左肺底湿啰音无特异性，因为肺炎也可导致左肺底湿啰音，故不答 A。气促、发绀为缺氧的表现，无特异性，故不答 B。心尖区收缩期杂音常见于二尖瓣关闭不全。肺动脉瓣区第二心音亢进常见于肺动脉高压。

384. ABCDE　①单纯左心衰竭主要引起肺淤血症状，双肺底可闻及湿啰音(B)。②A、C、D、E 都是体循环淤血的体征，为右心衰竭的临床表现。

385. ABCDE　①交替脉是指节律规则而强弱交替的脉搏，主要见于左心功能不全、高血压性心脏病、急性心肌梗死、主动脉瓣关闭不全导致的心力衰竭(C)。②奇脉见于大量胸腔积液、大量心包积液、缩窄性心包炎、肺气肿、支气管哮喘。③迟脉即心动过缓，是指心率<60 次/分。④水冲脉见于甲状腺功能亢进症、脚气病、严重贫血、主动脉瓣关闭不全、动脉导管未闭、动静脉瘘。⑤重搏脉见于伤寒、长期发热。

386. ABCDE　①血流运行的方向为：上下腔静脉→右心房→右心室→肺动脉→肺毛细血管→肺静脉→左心房→左心室→主动脉，因此当左心衰竭时，左心室不能将血液射入主动脉，血液淤积在左心室，造成左心室压力升高，导致左心房压力增高→肺静脉压增高→肺毛细血管压增高→肺动脉压增高。由于肺水肿是指肺组织的充血水肿，因此与肺组织充血水肿最早最直接相关的是肺静脉压增高，然后才是肺动脉压增高，因此最佳答案为 C 而不是 A。②由于左心室舒张末压升高必须经左心房传导至肺静脉，才能使肺静脉压增高，引起肺水肿，因此左心室舒张末压升高不是引起肺水肿的最直接原因。③B、E 是慢性右心衰竭的表现，不可能作为答案项。

387. ABCDE ①心力衰竭患者水肿是由于体静脉压力升高所致，其特征是首先出现于身体最低垂的部位（D）：能活动者最早出现于踝内侧，经常卧床者最早出现于腰骶部，颜面一般不水肿。②“首先从眼睑、颜面开始，然后波及全身的水肿”是肾源性水肿。双手、腹部水肿往往是水肿的晚期表现。

388. ABCDE ①老年患者，长期高血压病史，劳力性呼吸困难 4 年，端坐呼吸 2 天，双肺底闻及湿啰音，S_3 奔马律，应诊断为左心衰竭，心功能 NYHA Ⅳ级，严禁使用具有心肌负性作用的 β 受体阻滞剂美托洛尔。②急性左心衰竭患者，A、B、C、D 均可使用。

389. ABCDE ①右心衰竭常表现为体循环淤血，因上、下腔静脉压力增高、淤血，故可有颈静脉怒张、肝颈静脉回流征阳性、肝大、腹腔积液。当右心衰竭引起肝淤血肿大时，用手压迫肝脏可使颈静脉怒张更明显，称为肝颈静脉回流征阳性，为右心衰竭的特征性体征。②A、B、C、D 均为左心衰竭肺淤血的表现。

390. ABCDE 肝颈静脉回流征阳性为右心衰竭的特征性体征。B、C、D、E 均不会出现肝颈征阳性。

391. ABCDE ①奔马律是心肌严重损害的体征，常见于心力衰竭、急性心肌梗死、重症心肌炎等，具有诊断意义。重症左心衰竭时可于心尖部闻及舒张早期奔马律，重症右心衰竭时可于三尖瓣听诊区（胸骨左缘 4~5 肋间）闻及舒张早期奔马律，故答 C。②右心衰竭时，可因右心室显著扩大而出现三尖瓣关闭不全的反流性杂音，于三尖瓣区可闻及高调吹风样全收缩期杂音。请注意：三尖瓣听诊区位于胸骨左缘 4~5 肋间，而不是胸骨左缘 3~4 肋间，故 D 不正确。③心率明显增快无特异性，可见于绝大多数心脏病。心律显著不齐见于心房颤动。肺动脉瓣区第二心音明显亢进见于肺动脉高压。

392. ABCDE ①患者活动后心悸、气急，体循环淤血征（肝大、腹水、下肢水肿），应诊断为右心衰竭。患者肝脏淤血性肿大，腹部移动性浊音阳性提示腹水形成，故答 E。②肝硬化晚期常表现为肝脏缩小，很少出现活动后心悸、气急。肝癌常表现为肝大，质硬，表面结节或肿块状，不光滑。由于肝脏血液循环丰富，因此肝结核临床上罕见。题干所述与肾病综合征无关，故 A、B、C、D 均与本例不符。

393. ABCDE ①左心衰竭主要表现为肺淤血，可出现各种形式的呼吸困难（喘憋）。若同时发生右心衰竭，则右心室向肺动脉内射血减少，可使肺内血流量减少，肺淤血减轻，“喘憋”症状反而减轻。②A、B、D、E 均为单纯性右心衰竭的临床表现，与题意不符。

394. ABCDE ①老年急性心肌梗死患者，端坐位，呼吸频率增快，双肺满布湿啰音，应诊断为急性左心衰竭。②患者血压 110/60mmHg，可排除休克。患者病史仅 10 小时，不可能诊断为肺部感染。确诊呼吸衰竭的标准为 $PaO_2<60mmHg$。心肌梗死后综合征多发生于急性心肌梗死后数周至数月，故不答 E。

395. ABCDE 患者活动耐力下降，夜间阵发性呼吸困难，双肺闻及湿啰音，应考虑左心衰竭。患者颈静脉怒张，肝颈静脉回流征阳性，双下肢凹陷性水肿，应考虑右心衰竭。故本例应诊断为全心衰竭。

396. ABCDE ①患者夜间阵发性呼吸困难、双肺湿啰音，为肺淤血的常见症状，应诊断为急性左心衰竭（B）。②肺炎常表现为高热、咳嗽咳痰，肺部湿啰音，不会出现夜间阵发性呼吸困难。右心衰竭常表现为体循环淤血，如肝大，腹水，颈静脉怒张，双下肢水肿等。心肌炎病前 1~3 周常有上呼吸道感染史，可有发热、心悸、胸痛等症状。支气管哮喘常表现为反复发作性呼气性呼吸困难，可自行缓解。

397. ABCDE ①呋塞米为排钾性利尿药，长期使用可导致低钾血症，因此需监测血钾变化（A）。②糖化血红蛋白为监测糖尿病患者血糖变化的常用指标。血脂是高脂血症患者常用的监测指标。呋塞米对肝、肾功能的影响较小，无需常规监测。尿渗透压是反映远端小管和集合管功能的常用指标。

398. ABCDE ①二尖瓣狭窄合并急性肺水肿患者，若使用洋地黄可加强右心室收缩功能而加重肺水肿，故不宜使用。②A、E 为治疗心力衰竭的常用方法。静脉注射呋塞米有利于缓解肺水肿。硝酸甘油可扩张小静脉，降低回心血量，减轻心脏负荷，故可以使用。

399. ABCDE ①患者咳嗽、咳痰 20 年，应考虑 COPD。患者近 2 天气短，半坐位，发绀，双肺闻及啰音，应考虑哮喘。患者心界向左下扩大，为左心室肥大的表现，没有右心室肥大的体征（右心室肥大心界应向左扩大），不能诊断为肺源性心脏病（多为右心衰竭）。从题干上来看，很难区分COPD急性加重期和左心衰竭引起的肺水肿。氨茶碱能够同时用于COPD喘息型和心源性哮喘，故可选用氨茶碱以缓解哮喘症状（B）。②毛花苷丙、呋塞米常用于左心衰竭的治疗，但对肺源性心脏病所致的心力衰竭效果不佳。当心源性哮喘和支气管哮喘难以鉴别时，禁用肾上腺素、吗啡治疗。

400. ABCDE　①静脉注射呋塞米，除利尿作用外，还可迅速扩张外周静脉，使回心血量减少，有利于缓解肺水肿，是急性肺水肿的首选药物之一。②A、B、C、E起效较晚，利尿作用不强，且没有静脉扩张的独特作用，主要用于慢性左心衰竭的治疗，不适用于急性左心衰竭患者。

401. ABCDE　①超声心动图是一种简单、安全的无创检查方法，是评价心脏功能最常用的检查手段。②常规心电图、心电图运动负荷试验常用于冠心病的诊断。胸部X线检查常用于肺炎的诊断。核素心肌显像常用于判断心肌缺血性梗死的范围。

402. ABCDE　①超声心动图评价心脏收缩功能常用的指标是左室射血分数（LVEF值）。正常LVEF>50%，LVEF<50%为收缩性心衰的诊断标准。②评价心脏舒张功能常用的指标为E/A值。心动周期中，舒张早期心室充盈速度最大值为E峰，舒张晚期心室充盈最大值为A峰，正常人E/A≥1.2。B、C、D均为心功能评价的粗略参考指标。

403. ABCDE　①患者突发呼吸困难，双肺满布湿啰音，心率增快，应诊断为急性左心衰竭，首选呋塞米静脉推注（C）。呋塞米除利尿作用外，还可迅速扩张容量血管，使回心血量减少，有利于缓解肺水肿。②A、D、E均为口服利尿剂，利尿作用弱，且发挥作用缓慢，不宜使用。多巴胺为升压药物，不宜使用。

404. ABCDE　利尿剂是治疗慢性心力衰竭最常用的药物，其作用原理为排钠排水，减轻水肿，缓解淤血症状。故D也正确，但"减轻水肿"是"排钠排水"的结果，因此最佳答案为A。利尿剂对心肌收缩力、心排出量无明显影响，故不答B、C。可提高心肌收缩力、增加心排量的是洋地黄制剂。利尿剂可减少水钠潴留，降低动脉血压，但这不是利尿剂治疗心力衰竭的主要机制，故不答E。

405. ABCDE　①患者心律不齐，S_1强弱不等，脉搏短绌（心率>脉率）等，应考虑心房颤动。患者活动耐量下降，夜间憋醒，不能平卧，双肺底湿啰音，应考虑慢性左心衰竭，故本例应诊断为心房颤动伴左心衰竭。快速心房颤动伴收缩性心衰是应用洋地黄的绝佳指征，故答A。②利多卡因常用于室性心律失常的治疗，而本例为心房颤动，故不答B。美托洛尔为β_1受体拮抗剂，严禁用于NYHA Ⅳ级的严重心力衰竭患者，故不答C。地尔硫䓬为钙通道阻滞剂，常用于伴有心绞痛或高血压的慢性心力衰竭患者。普罗帕酮为ⅠC类药物，可导致严重室性心律失常，因此严重器质性心脏病患者不宜使用。

406. ABCDE　循证医学证据表明，目前可用于慢性心衰治疗的β受体拮抗剂主要有比索洛尔、卡维地洛、美托洛尔三种，并不是所有的β受体拮抗剂都可用于慢性心力衰竭的治疗。

407. ABCDE　慢性心力衰竭由于持续性交感神经系统异常激活，心脏中去甲肾上腺素的浓度足以引起心肌细胞损伤，介导心肌重构，且β_1受体介导效应明显大于β_2受体和α_1受体，因此选择性β_1受体阻滞剂（美托洛尔）可抑制心肌重构，改善心肌顺应性，从而降低死亡率。参阅3版8年制《内科学》P220。

408. ABCDE　①β受体拮抗剂因其负性肌力作用，可用于慢性心力衰竭的治疗，但禁用于急性心力衰竭的治疗。②高血压患者，突发气急，不能平卧，咳粉红色泡沫样痰，双肺湿啰音，应诊断为急性左心衰竭，故禁用β受体拮抗剂美托洛尔（B）。③A、D、E均属于急性左心衰竭的治疗措施。因患者血压高达190/110mmHg，故静脉滴注硝普钠以迅速降低血压。

409. ABCDE　①高血压患者间断喘憋，夜间憋醒，应考虑高心病引起的慢性左心衰竭。血管紧张素转换酶抑制剂不仅可以抑制血管紧张素系统，扩张血管，改善心力衰竭时血流动力学状态，还可以降低心力衰竭患者代偿性神经-体液的不利影响，限制心肌、小血管的重塑，维持心肌功能，推迟充血性心力衰竭的进展，改善预后，降低远期死亡率。②A、B、C、D均不能改善慢性心力衰竭患者的预后。

410. ABCDE　①洋地黄可兴奋迷走神经，减慢心室率，且不增加心肌耗氧量，因此洋地黄最适宜治疗快速心房颤动并急性肺水肿(A)。②洋地黄可兴奋迷走神经,抑制心脏传导系统,因此二度Ⅱ型、三度房室传导阻滞不宜应用,故不答 B、E。③预激综合征伴心房颤动患者若使用洋地黄,会因洋地黄缩短旁路不应期而使心率加快,故不宜使用。④病态窦房结综合征是窦房结病变导致的功能减退,若使用加强心肌收缩的洋地黄不仅无效,而且可加重心肌缺氧,故不宜应用。

411. ABCDE ①洋地黄的最佳适应证是伴有快速心房颤动的收缩性心力衰竭,故答 D。②腺苷是阵发性室上性心动过速的首选药物。美托洛尔为选择性 β_1 受体拮抗剂,常用于慢性心力衰竭的治疗。伊布利特为Ⅲ类抗心律失常药物,常用于终止心房扑动、心房颤动的发作。维拉帕米常用于心律失常、心绞痛的治疗。

412. ABCDE **413. ABCDE** ①电解质紊乱是长期使用利尿剂最常见的副作用,特别是低钾血症或高钾血症,故答 A。②慢性全心衰竭患者长期体循环淤血,可导致心源性肝硬化。

414. ABCDE ①急性心肌梗死早期出现的心力衰竭主要是因为心肌充血水肿、顺应性下降所致,而左心室舒张末期容量并不增加,若使用加强心肌收缩的洋地黄,不仅不能改善心肌充血水肿,而且会加重心肌缺血缺氧,因此急性心肌梗死 24 小时内严禁使用洋地黄(B)。②急性左心衰竭应用吗啡可解除疼痛;应用利尿剂可减轻心脏前负荷;应用血管扩张剂(硝酸甘油)可减轻心脏前、后负荷;应用多巴酚丁胺既可升高血压,又可改善肾血流,维持肾小球滤过率。

415. ABCDE ①洋地黄中毒的临床表现包括心律失常、胃肠道症状、神经系统症状三类,其中以心律失常最常见,可出现各类心律失常,但以室性期前收缩最多见,约占心脏反应的 33%。②洋地黄中毒无胸痛表现,胸痛为心肌缺血的表现。黄视或绿视为洋地黄中毒的神经系统症状。恶心为洋地黄中毒的胃肠道症状。咳粉红色泡沫痰为急性左心衰竭的症状。

416. ABCDE ①洋地黄中毒可出现各类心律失常,但以室性期前收缩最多见,约占心脏反应的 33%(A)。②ST-T 呈鱼钩样改变、心房颤动、房室传导阻滞均为洋地黄中毒的少见心律失常类型。QT 间期缩短常见于心率增快。

417. ABCDE 氢氯噻嗪为排钾性利尿剂,长期使用会造成低钾血症。洋地黄的作用是抑制心肌细胞膜上的强心苷受体 Na^+-K^+-ATP 酶(钠泵),低钾可增加心肌对洋地黄的敏感性,增强洋地黄与钠泵的亲和力。由于洋地黄用药的安全窗很小,因此低钾时更容易发生洋地黄中毒。洋地黄中毒最常见的表现就是室性期前收缩。故本例出现多源性室性期前收缩,首先应考虑低血钾诱发地高辛中毒。

418. ABCDE ①洋地黄中毒所致的室性心动过速严禁行直流电复律,其机制是洋地黄可使钠泵受抑,从而抑制心肌细胞内外 Na^+-K^+ 的转运,过量的洋地黄可使心肌细胞内的 Na^+ 堆积,从而使细胞内的 Ca^{2+} 超负荷,心肌细胞发生后除极,导致异位冲动发放,引起快速性心律失常。在室性期前收缩或室性心动过速的基础上,心率再进一步加速,无疑会导致心室颤动。而这种心室颤动用电复律治疗是无效的,只能药物治疗。②洋地黄中毒时,若血钾浓度降低则可以静脉补钾;如血钾不低,可使用利多卡因、苯妥英钠等治疗。

419. ABCDE 洋地黄中毒可表现为:厌食、恶心呕吐、视物模糊、黄视、绿视、室性期前收缩二联律、房室传导阻滞等。本例系风心病二尖瓣狭窄伴心房颤动患者,长期服用洋地黄制剂,有洋地黄中毒的胃肠道毒性、心律失常等症状,应诊断为洋地黄中毒(E)。患者心率 38 次/分,律整,为完全性房室传导阻滞。因此该患者就诊的直接原因是洋地黄中毒引起的完全性房室传导阻滞。

420. ABCDE ①氢氯噻嗪为排钾性利尿剂,长期使用易导致低钾血症。低血钾易诱发洋地黄(地高辛)中毒,表现为恶心、呕吐、室性期前收缩二联律。根据题干,本例应诊断为洋地黄中毒,治疗时首先要停用地高辛,纠正低钾血症,故答 B。②洋地黄中毒不能行电复律治疗,否则易致心室颤动。

421. ABCDE ①舒张期左心室需靠左心房的血液充盈,当二尖瓣重度狭窄时,左心房的血液经二尖瓣流入左心室受阻,使得左心室充盈不足,则收缩期左心室射血将减少。为了满足机体的氧供需要,机体必需依靠升高左心室充盈压来维持心排量。此时,若使用小动脉扩张剂,使外周阻力减小,左心室充盈压降低，其排血量将减少，对机体将极其不利。因此对于那些依赖升高左心室充盈压来维持心排量的阻塞性心瓣膜病，如二尖瓣狭窄、主动脉瓣狭窄等不宜应用血管扩张剂。②血管扩张剂可用于瓣膜反流性心脏病，如二尖瓣关闭不全、主动脉瓣关闭不全、室间隔缺损等，扩张型心肌病也可应用。

422. ABCDE　高血压患者体循环压力增高，对左心室而言相当于压力负荷（后负荷）增加，因此使用扩血管药物降低血压相当于降低了心肌的后负荷（D）。

423. ABCDE　424. ABCDE　①硝普钠既可扩张小动脉，又可扩张小静脉，因此可降低心室前后负荷（C）。②呋塞米是一种高效利尿剂，利尿后可使血液总量减少，回心血流减少，心室充盈量减少，使心室前负荷降低（A）。③硝普钠、呋塞米均不影响心肌收缩力，不影响心排血量，故不答D、E。

425. ABCDE　顽固性心力衰竭也称难治性心力衰竭，是指经各种治疗心力衰竭不见好转，甚至还有进展者。对这类患者应积极寻找病因，并设法纠正。同时调整用药，如强效利尿剂、血管扩张剂、正性肌力药联合应用。

426. ABCDE　①二尖瓣腱索断裂可造成严重二尖瓣反流，导致急性左心衰竭（B）。参阅14版《实用内科学》P1485。②频发室性期前收缩，只要不发展为心室颤动，不易导致急性左心衰竭。临床上，大量Ⅰ级高血压、慢性持续性心房颤动患者可长期存活而无心力衰竭，故不答C、E。反复发作的肺栓塞常导致右心衰竭而不是急性左心衰竭，故不答D。

427. ABCDE　①快速心房颤动患者由于心率过快，左心室充盈减少，血液淤积在左心房，可导致左心房压力增高，肺静脉压增大，而出现急性肺水肿（急性左心衰竭）。参阅1版《内科学》P145。②偶发房性期前收缩、偶发室性期前收缩、一度房室传导阻滞均为轻度心律失常，可见于正常人，一般不引起急性心力衰竭。除非严重的窦性心动过缓，导致心跳骤停，否则不易引起急性心力衰竭，故不答B。

428. ABCDE　①咳粉红色泡沫样痰为急性肺水肿的特征性临床表现。②咳脓性痰为葡萄球菌肺炎的特点；咳铁锈色痰为肺炎链球菌肺炎的特点；咳棕红色胶冻痰为肺炎克雷伯杆菌肺炎的特点；咳巧克力样痰为阿米巴肺脓肿的特点。

429. ABCDE　①改善急性左心衰竭症状最有效的药物是强效利尿剂（A），如呋塞米20~40mg快速静脉注射，可于10分钟内起效，持续3~4小时。呋塞米除利尿作用外，还可扩张静脉，缓解肺水肿。②洋地黄是缓解慢性心力衰竭最有效的药物。血管紧张素转换酶抑制剂是慢性心力衰竭改善预后的药物。β受体阻滞剂是禁用于急性心力衰竭的药物。钙通道阻滞药为降压药物。

430. ABCDE　①急性左心衰竭的典型体征为两肺满布湿啰音和哮鸣音（E）。②颈动脉异常搏动常见于主动脉瓣关闭不全、高血压、甲状腺功能亢进症、严重贫血。B、C、D均为慢性右心衰竭的典型体征。

431. ABCDE　①老年患者，突发呼吸困难，端坐位，双肺闻及湿啰音，应诊断为急性左心衰竭。为明确诊断，首选B型钠尿肽（BNP）检测。BNP的半衰期为22分钟，若50岁以下血浆BNP>900ng/L，对急性心力衰竭诊断的敏感性和特异性分别为91%、95%，若BNP<100ng/L，则几乎可排除急性心力衰竭，其阴性预测值为99%。②超声心动图主要用于评价急性心肌梗死的机械并发症、心脏的结构与功能。心电图常用于诊断心律失常。胸部X线片是确诊左心衰竭肺水肿的主要依据。参阅3版8年制《内科学》P224。

432. ABCDE　①高血压患者，血压200/120mmHg，情绪激动后突发呼吸困难，咳白色泡沫痰，端坐位，双肺闻及喘鸣音及湿啰音，应诊断为急性左心衰竭。抢救措施包括：静脉注射呋塞米快速利尿，以减轻心脏前负荷；皮下注射吗啡镇静；静脉滴注硝普钠扩张小血管；取坐位，以减少静脉回流；采用高流量吸氧，以改善组织缺氧。②美托洛尔为β_1受体阻滞剂，具有心肌负性作用，严禁用于急性左心衰竭（C）。

433. ABCDE　①患者突发喘憋，端坐位，双肺底湿啰音，应诊断为急性左心衰竭。患者血压230/100mmHg，故导致左心衰竭的原因为高血压危象，因此该患者最适宜的治疗是静脉滴注硝普钠，以迅速降低血压（E）。②口服硝苯地平、阿替洛尔、哌唑嗪，降压缓慢且效果差，故不答A、B、D。因严重副作用，目前临床上很少使用利血平降血压，故不答C。

434. ABCDE ①患者突发呼吸困难，双肺满布干、湿啰音，心界扩大，应诊断为急性左心衰竭。患者心律绝对不齐，应诊断为心房颤动。故患者目前的诊断为高血压，心房颤动，急性左心衰竭。②美托洛尔为β受体拮抗剂，可用于慢性心力衰竭的治疗，但禁用于急性左心衰竭的治疗，故可首先排除 A、D。③洋地黄（毛花苷丙）是心房颤动所致急性左心衰竭的最佳适应证，故选项中要有毛花苷丙，可排除 B、C，得出正确答案为 E。④患者血压高达 180/130mmHg，可选用硝普钠静脉滴注，尽快降低血压。

435. ABCDE ①患者既往有心脏病史、高血压病史多年，大量输液后突发喘憋，双肺闻及湿啰音和哮鸣音，应诊断为急性左心衰竭（急性肺水肿）。②气胸不会出现双肺湿啰音和哮鸣音，故不答 A。肺血栓栓塞症常表现为呼吸困难、胸痛、咯血三联征，故不答 C。单纯性急性心肌梗死一般不会出现肺水肿的临床表现，故不答 D。患者自幼无支气管哮喘病史，故不答 E。

436. ABCDE 437. ABCDE 438. ABCDE 439. ABCDE 440. ABCDE ①患者心肌梗死病史，夜间阵发性呼吸困难、端坐呼吸、双肺闻及湿啰音及哮鸣音，可诊断为急性左心衰竭（E）。气道梗阻常表现为吸气性呼吸困难，三凹征，不会出现肺部湿啰音。肺动脉栓塞常表现为突发胸痛、呼吸困难、咯血三联征。支气管哮喘好发于年轻人，少有心脏病病史，多为反复发作性呼气性呼吸困难，满肺哮鸣音而无湿啰音。急性心肌梗死多有胸痛，心电图有阳性发现，血清肌钙蛋白升高。②对于急性左心衰竭的治疗，可使用洋地黄（毛花苷丙）、利尿剂（呋塞米）、血管扩张剂（硝普钠、硝酸甘油），但不能使用β受体阻滞剂（卡维地洛）。β受体阻滞剂可用于慢性心力衰竭的治疗，但因其心肌负性作用而禁用于急性心力衰竭的治疗。③急性心力衰竭患者应行 NYHA 分级，而不是急性心肌梗死的 Killip 分级，故可首先排除 A、B、C。该患者端坐呼吸，即休息状态下也出现心力衰竭症状，因此属于 NYHA Ⅳ级（E）。④控制高血压的目标值一般为<140/90mmHg。糖尿病、慢性肾病、心力衰竭、病情稳定的冠心病合并高血压患者，血压控制目标值应<130/80mmHg。本例为高血压合并急性左心衰竭，故答案为 E。⑤患者多次餐后 2 小时血糖>11.1mmol/L，可诊断为糖尿病。高血压合并糖尿病的降压治疗应首选血管紧张素转换酶抑制剂（ACEI），ACEI 能有效减轻和延缓糖尿病肾病的进展，改善血糖控制，答案为 A。

441. ABCDE 442. ABCDE 443. ABCDE ①老年患者，有高血压病史，突发喘憋，端坐位，双肺闻及哮鸣音及湿啰音，应诊断为急性左心衰竭所致的心源性哮喘，而不是支气管哮喘（D 对）。支气管哮喘好发于年轻人，常表现为反复发作性呼气性呼吸困难，无心脏病史，体检心脏无阳性体征。慢性支气管炎急发常表现为发热，咳嗽咳痰，很少有心悸、端坐卧位，可有双肺底湿啰音，但满肺哮鸣音少见。慢性肺源性心脏病多由慢性支气管炎、肺气肿进展而来，不会有哮喘突然发作。肺动脉栓塞常表现为突发胸痛、呼吸困难、咯血三联征。②患者心律不齐，脉搏短绌（心率大于脉率），心电图示 P 波消失，代之以 f 波，心室律绝对不整，可确诊为心房颤动（B）。③本例为急性左心衰竭合并心房颤动，心率较快，治疗应首选洋地黄（西地兰），故答 C。若一时难以区分心源性哮喘和支气管哮喘，可先用氨茶碱缓解症状。患者血压高达 190/110mmHg，可以使用硝普钠以快速降低血压。卡维地洛禁用于急性心力衰竭。心律平（普罗帕酮）为Ⅰ类抗心律失常药，常用于治疗室性或室上性心动过速。

444. ABCDE 445. ABCDE ①患者突发气急，咳粉红色泡沫样痰（此为急性左心衰竭的特征性痰液），双肺闻及细湿啰音及哮鸣音，血压 220/130mmHg，应诊断为高血压合并急性左心衰竭（E）。肺动脉栓塞常表现为胸痛、呼吸困难、咯血三联征。患者 COPD 病史 20 年，但目前合并急性左心衰竭而不是右心衰竭，故不答 B。肺部感染病程不可能短至 4 小时，故不答 C。COPD 急性加重不会咳粉红色泡沫样痰，故不答 D。②氨茶碱虽然可缓解心源性哮喘，用于急性左心衰竭的辅助治疗，但也可引起心率增快、心悸、心律失常等，故严重心律失常者禁用，参阅 17 版《新编药理学》P447。本例心率 120 次/分，心尖部闻及舒张早期奔马律，故不宜使用氨茶碱。呋塞米除利尿作用外，还可扩张静脉，降低左心房压，缓解肺水肿，尤其适用于高血压性心脏病引起的急性肺水肿。吗啡可使患者镇静，舒张小血管，减轻心脏负担，可以使用。静脉滴注硝普钠可迅速减轻心脏前后负荷，降低血压，尤其适用于高血压急症所致的急性左心衰竭。本例为急性左心衰竭，心率较快，为洋地黄（毛花苷丙）的适应证。

446. ABCDE　窦性停搏是指窦房结不能产生冲动。心电图表现为在较正常 PP 间期显著长的时间内无 P 波发生，或 P 波与 QRS 波均不出现，长的 PP 间期与基本的窦性 PP 间期无倍数关系。过长时间的窦性停搏（>3 秒）且无逸搏发生时，病人可出现黑矇、短暂意识障碍、晕厥，甚至死亡。2020 年真题。

447. ABCDE　①病态窦房结综合征多由窦房结退行性病变所致，常规心电图特点为窦性心动过缓、窦性停搏、窦房阻滞。部分患者可并发房性心动过速、心房扑动、心房颤动，当这些心律失常终止时，可记录到较长的窦性停搏（>3 秒），继之严重的窦性心动过缓，称为慢-快综合征。动态心电图特点为总心跳<8 万次/24 小时，反复出现>2 秒的 RR 长间歇，可伴房室交界性逸搏。②A、B、C、D 均无特异性。

448. ABCDE　①房性期前收缩的心电图表现为 P 波提前发生，后多有 QRS 波群，可有不完全性或完全性代偿间歇。由于存在代偿间歇，故表现为心律不齐（A）。②B、C、E 体检时一般不会出现心律不齐。窦性心动过缓仅在部分严重患者才会出现心律不齐，故最佳答案为 A 而不是 D。

449. ABCDE　①患者反复劳力性胸痛，每次 5～10 分钟，可自行缓解，应考虑劳力性心绞痛。患者心率 110 次/分，律齐，应诊断为窦性心动过速。②美托洛尔为 β_1 受体阻滞剂，可减慢心率、减弱心肌收缩力、降低血压，从而降低心肌氧耗、减少心绞痛发作、增加运动耐量。本例为劳力性心绞痛伴窦性心动过速、高血压，可首选美托洛尔控制心率（A）。③胺碘酮为广谱抗心律失常药物，但不能治疗心绞痛，故不答 B。普罗帕酮为ⅠC 类药物，可致室性心律失常，严重器质性心脏患者不宜使用，故不答 C。维拉帕米为非二氢吡啶类钙通道阻滞剂，是变异型心绞痛合并高血压的首选治疗药物。本例为劳力性心绞痛，故不答 D。美西律为ⅠB 类药物，主要用于治疗室性心律失常，故不答 E。

450. ABCDE　窦性心动过缓是指成人窦性心率<60 次/分，常见于健康的青年人、运动员、睡眠状态、病理状态等。为鉴别生理性和病理性窦缓，可运动后再次测量心率。生理性窦性心动过缓的窦性心率可逐渐加快，其增快的心率与原有的心率不成倍数关系；而病理性窦性心动过缓则不然，如窦房阻滞 2:1 或3:1传导患者的心率可突然增加 1 倍或成倍增加。

451. ABCDE　①心电图示 P 波提前出现，形态与窦性 P 波不同，PR 间期正常，QRS 波群正常，应诊断为房性期前收缩（E）。②窦性心动过速心率>100 次/分，窦性心动过缓心率<60 次/分，故不答 A、C。心房颤动为 P 波消失，代之以 f 波，节律不整。室性期前收缩常表现为 QRS 波群提前出现，且宽大畸形。

452. ABCDE　①心电图示提前出现的 P 波，QRS 波群形态正常，代偿间歇不完全，应诊断为房性期前收缩。②对于偶发的房性期前收缩，应积极寻找和去除病因，无需特殊治疗。当有明显症状或因房性期前收缩触发室上性心动过速时，可给予治疗，治疗药物包括普罗帕酮、莫雷西嗪或 β 受体拮抗剂。

453. ABCDE　室性期前收缩的心电图特点为提早发生的 QRS 波群，且宽大畸形，时限>0.12 秒，ST-T 段与 QRS 主波方向相反。因 QRS 波群提前出现，故其前常无 P 波出现。室性期前收缩后常出现完全性代偿间歇。

454. ABCDE　①无器质性心脏病的室性期前收缩不会增加心脏性死亡的危险性，如无明显症状，无需特殊治疗（A）。②对于症状明显者可给予 β 受体阻滞剂 、美西律、普罗帕酮、莫雷西嗪等。

455. ABCDE　①严重心力衰竭伴频发室性期前收缩，多存在器质性心脏病，治疗首选Ⅲ类抗心律失常药胺碘酮；严禁使用ⅠC 类药物（氟卡尼、普罗帕酮），因为ⅠC 类药可导致致命性室性心律失常。②索他洛尔常用于预防室性期前收缩的发作。多巴酚丁胺为升压药，对心律失常无效。参阅 3 版 8 年制《内科学》P253。

456. ABCDE　治疗合并慢性器质性心脏病（陈旧性心肌梗死）的频发性室性期前收缩，可选用 β 受体阻滞剂，因可降低死亡率，此为心肌梗死的二级预防措施（D）。应禁用Ⅰ类抗心律失常药（慢心律、普罗帕酮、奎尼丁），因可导致致死性心律失常。钙通道阻滞剂为Ⅳ类药物，常用于治疗阵发性室上性心动过速。

457. ABCDE　①治疗洋地黄中毒引起的室性期前收缩，可以选用利多卡因或苯妥英钠。虽然利多卡因和苯妥英钠均属于ⅠB类抗心律失常药物，但苯妥英钠可特异性与洋地黄竞争 Na^+-K^+-ATP 酶，抑制洋地黄所致的滞后除极，可用于洋地黄中毒引起的室性、室上性心律失常；而利多卡因不能与洋地黄竞争特异性受体，只具有抗室性心律失常的作用，故洋地黄中毒所致的室性期前收缩，治疗时首选苯妥英钠。故答C而不是A，很多医考参考书将答案错为A。②一般都不会将答案错为B、D、E。

458. ABCDE 抗快速心律失常药物的分类如下表。普罗帕酮属于ⅠC类抗心律失常药物。

分类	作用原理	代表药物
Ⅰ类	阻断快速钠通道	—
ⅠA类 ⅠB类 ⅠC类	减慢0相上升速度(V_{max})，延长动作电位时程 不减慢 V_{max}，缩短动作电位时程 减慢 V_{max}，减慢传导、轻微延长动作电位时程	奎尼丁、普鲁卡因胺、丙吡胺 美西律、苯妥英钠、利多卡因 氟卡尼、恩卡尼、普罗帕酮
Ⅱ类	阻断β肾上腺素能受体	美托洛尔、阿替洛尔、比索洛尔
Ⅲ类	阻断钾通道、延长复极	胺碘酮、索他洛尔
Ⅳ类	阻断慢钙通道	维拉帕米、地尔硫䓬

459. ABCDE ①室性期前收缩是指早于窦性心律提前出现的室性冲动，心脏听诊可闻及提前出现的心搏，第一心音增强，之后出现长间歇，表现为心律不齐(C)。②室性心动过速、室上性心动过速、窦性心动过速节律均整齐。三度房室传导阻滞由于心房和心室活动各自独立，互不相关，听诊时闻及心室率多为40~60次/分，心律整齐。

460. ABCDE ①阵发性室上性心动过速多由折返机制引起，少数为自律性增高或平行心律。其特点是突发突止，常由一个房性期前收缩触发，持续时间可长可短，可反复发作。发作期心率多为150~250次/分，节律绝对规则，QRS波群多正常。心音有力，第一心音强弱一致(D错)。②第一心音强弱不等为心房颤动的特点。

461. ABCDE 阵发性室上性心动过速的特点是突发突止，发作期心率多为150~250次/分。

462. ABCDE 逆行P波为交界性心动过速的特征性心电图表现。交界性心动过速属于室上性心动过速。预激综合征最常见的心律失常为室上性心动过速，对于有预激综合征病史的室上性心动过速，应避免刺激迷走神经(如按摩颈动脉窦、Valsalva动作)，不宜使用西地兰、维拉帕米等药物，因为它们可以延长房室结不应期并缩短旁路不应期，当室上性心动过速发展至心房扑动、心房颤动时，易诱发致命性室性心律失常，如室性心动过速、心室颤动等。在这种情况下，可以静脉注射普罗帕酮。

463. ABCDE 洋地黄(地高辛)、长效钙通道阻滞剂(维拉帕米)、β受体拮抗剂(美托洛尔)均是预防室上性心动过速复发的有效药物，但不能根治。现在，导管射频消融具有成熟、安全、有效且能根治室上性心动过速的优点，可优先考虑应用(D)。射频消融是根治由旁路引发的折返性室上性心动过速的首选治疗方法。

464. ABCDE 465. ABCDE ①突发突止，持续时间长短不一，为阵发性室上性心动过速的临床特点。患者每次发作时心律整齐，心电图示QRS波群形态和时限正常，应诊断为室上性心动过速。A、B、C、D均无突发突止的特点。②终止室上性心动过速发作，首选腺苷静脉注射，起效迅速(E)。静脉注射洋地黄适用于室上性心动过速伴心力衰竭者。静脉注射利多卡因常用于治疗室性心律失常。口服β受体拮抗剂可终止室上性心动过速发作，但临床上少用。

466. ABCDE ①患者发作时心率达180次/分，可排除E，因为三度房室传导阻滞的心室率为40~60次/分。患者发作时心律整齐，可排除心房颤动，心房颤动为心律绝对不整。②“突发突止”为室上性心动过速的特点，故答C。③窦性心动过速、心房扑动均无突发突止的特点，发作时心率分别为100~150次/分、150次/分。

467. ABCDE　①突发突止，用刺激迷走神经的方法（如按摩颈动脉窦、Valsalva 动作）能终止发作，是阵发性室上性心动过速的特点。②A、B、C、E 均不能用此法终止发作。

468. ABCDE　①治疗阵发性室上性心动过速时，若无血流动力学障碍（如严重心绞痛、低血压、充血性心力衰竭），轻症者可试用刺激迷走神经的方法（如按摩颈动脉窦、Valsalva 动作）终止发作；中、重症者进行药物治疗，首选腺苷，次选维拉帕米，再选普罗帕酮、洋地黄等。若有血流动力学障碍，则首选直流电复律（洋地黄中毒引起者不能应用）。②本例不伴血流动力学障碍（心力衰竭），选项中也没有首选药物腺苷，只有选次选药维拉帕米作为答案（B）。③利多卡因、苯妥英钠、美西律（慢心律）均为治疗室性心动过速的药物，故不答 A、C、E。10%的氯化钾不能直接静脉滴注，故不答 D。

469. ABCDE　①阵发性室上性心动过速合并血流动力学障碍（心力衰竭），治疗首选直流电复律（C）。②维拉帕米为阵发性室上性心动过速的次选药，适用于无血流动力学障碍者，故不答 A。Valsalva 动作为刺激迷走神经的方法，可用于轻症阵发性室上性心动过速，本例已发生急性心力衰竭，属于重症室上性心动过速，故不答 B。心脏起搏器常用于治疗重度房室传导阻滞。射频消融常用于根治由旁路折返引发的室上性心动过速。

470. ABCDE　①室性融合波为室性心动过速的特征性表现，故答 C。②心房扑动的心电图表现为 P 波消失，代之出现 F 波；QRS 波群形态大多正常。房性心动过速的心电图表现为心房率 150~200 次/分，节律规则，QRS 波群一般正常。对于交界区心动过速，出现逆行 P 波为其心电图特点。窦性心动过速常表现为心率 100~150 次/分，P 波及 QRS 波形态多正常。

471. ABCDE　①静脉注射硫酸镁可终止和预防尖端扭转型室性心动过速的短时间内发作。②ⅠC 类药物（普罗帕酮）、Ⅲ类药物（胺碘酮）均可使 QT 间期延长，故不宜使用。ⅠB 类药物（利多卡因）对本病无效。肾上腺素不属于抗心律失常药物，故不答 D。

472. ABCDE　①心室夺获和室性融合波是室性心动过速的特征性心电图改变，为室性心动过速最主要的诊断依据，故答 D。②室性心动过速时，提早出现的 QRS 波群宽大畸形，时限>0.12 秒。心室率常为 100~250 次/分，节律整齐或轻度不整齐。心房独立活动与 QRS 波群无固定关系，形成房室分离。由于一些提早出现的 QRS 波群没有 P 波出现，因此室率>房率，不可能有房率>室率。

473. ABCDE　①室性心动过速和室上性心动过速伴室内差异性传导的心电图极为相似，容易混淆。室性心动过速常有房室分离，而室上性心动过速罕见，因此房室分离可作为两者最主要的鉴别依据（B对）。②QRS 波群的形态也可作为室性心动过速和室上性心动过速的鉴别点，但不是主要鉴别依据：室性心动过速 QRS 波群宽大畸形，时限≥0.12 秒，而室上性心动过速 QRS 波群时限常<0.12 秒。③室性心动过速的心室率多为 100~250 次/分，室上性心动过速的心率多为 150~250 次/分，故不答 C。④室性心动过速按摩颈动脉窦不影响心室率，但可使心房率减慢从而显示房室分离。室上性心动过速按摩颈动脉窦，可能对心率无影响，也可能使室上性心动过速突然转复为窦性心律。⑤普罗帕酮为广谱抗心律失常药，对室性心动过速和室上性心动过速均有作用，故不答 E。

474. ABCDE　心室夺获和室性融合波为室性心动过速的特征性心电图表现，故答 A。B、C、D、E 均不会出现心室夺获和室性融合波。

475. ABCDE　没有任何症状的室性期前收缩，无需特殊治疗，可随访观察。

476. ABCDE　①治疗无显著血流动力学障碍的持续性室性心动过速，可选用利多卡因、胺碘酮静脉推注（C）。②毛花苷丙常用于持续性心房颤动的治疗。腺苷、地尔硫䓬用于阵发性室上性心动过速的治疗。比索洛尔常用于扩张型心肌病、充血性心力衰竭的治疗。

477. ABCDE　①患者心电图示宽大畸形 QRS 波群，且心动过速，T 波方向与 QRS 波群主波方向相反，此为室性心动过速的特点。阵发性室性心动过速患者血压下降，说明合并血流动力学异常，应首选直流电复律治疗，故答 C。②普罗帕酮对阵发性室性心动过速有效，但不宜用于心肌梗死、心力衰竭患者。呋塞米、西地兰主要用于治疗急性左心衰竭，对终止室性心动过速发作无效。多巴胺为升压药，但本例低血压主要为室性心动过速导致的心排量减低所致，故治疗的关键在于终止室性心动过速发作，而不是升高血压。

478. ABCDE　479. ABCDE　①心电图示宽大畸形的 QRS 波群，偶提前出现，ST-T 与 QRS 波群主波方向相反，此为室性心动过速的特点。若室性期前收缩连续≥3 个以上，称为室性心动过速，否则称为频发室性期前收缩。本例"心律稍不规则"，说明大量连续出现的 QRS 波群均为室性期前收缩的波形，频发室性期前收缩常心律整齐，故应诊断为室性心动过速，而不是频发室性期前收缩。阵发性室上性心动过速、心房颤动、房性期前收缩的 QRS 波群形态通常正常，故不答 C、D、E。②阵发性室性心动过速患者突发心悸 1 小时，无血流动力学障碍，应行药物治疗，故不答 D。无显著血流动力学障碍的室速发作，可以选用利多卡因、β 受体阻滞剂或胺碘酮静脉推注，故答 A。口服美托洛尔起效慢，不宜采用，故不答 A。西地兰为洋地黄制剂，华法林为抗凝制剂，均不适合室性心动过速的治疗。

480. ABCDE　481. ABCDE　482. ABCDE　①急性心肌梗死患者出现室性期前收缩可静脉注射利多卡因，若频繁发作应使用胺碘酮(A)。室性期前收缩严禁使用肾上腺素，否则易发生心室颤动。普罗帕酮属于ⅠC 类药物，本身易导致心律失常，故不宜使用。阿托品可使心率加快，应禁用。急性心肌梗死 24 小时内严禁使用洋地黄，故不答 E。②急性心肌梗死合并频发室性期前收缩的患者出现呼吸困难，双下肺湿啰音，心率增快，应考虑并发急性左心衰竭(B)。患者病程仅 7 小时，急性肺部感染的可能性不大。急性肺栓塞常表现为呼吸困难、胸痛、咯血三联征，故不答 C。气胸不会出现双肺湿啰音，故不答 D。支气管哮喘常闻及满肺哮鸣音，故不答 E。③急性心肌梗死合并室性心动过速，伴血流动力学障碍(血压<90/60mmHg)，治疗首选同步直流电复律。若为心室颤动，可采用非同步直流电复律。目前交流电复律已弃用，故不答 C。室性心动过速若无血流动力学障碍，可选用利多卡因、胺碘酮进行药物治疗。

483. ABCDE　①心房颤动患者心室率过快时，控制心室率是缓解症状、改善心功能的重要措施。若心功能正常，可选用 β 受体阻滞剂(美托洛尔)控制心室率。若心房颤动合并心功能不全，可选用洋地黄控制心室率。本例除"活动后心悸"外，无典型心力衰竭临床表现，故答 E 而不是 B。②胺碘酮是心房颤动的复律药物，而不是控制心室率的药物，故不答 A。索他洛尔为Ⅲ类药物，可维持心房颤动的窦性心率，但不作为首选药物。普罗帕酮为ⅠC 类药物，可导致心律失常，器质性心脏病患者不宜使用，故不答 D。

484. ABCDE　485. ABCDE　①阵发性室上性心动过速的特点为突发突止，刺激迷走神经(按摩颈动脉窦)可终止发作。②室性心动过速发作时间<30 秒，称为非持续性室性心动过速，对血流动力学影响较小。室性心动过速发作时间>30 秒，称为持续性室性心动过速，将严重影响血流动力学，出现心脑供血不足表现。③心房扑动往往不稳定，可恢复窦性心律或进展为心房颤动，对血流动力学影响较小。心房颤动虽然可使心排量减少 25%以上，但可长期维持，因此心房颤动对血流动力学影响也较小。窦性心动过速则对血流动力学影响更小。

486. ABCDE　①甲状腺功能亢进症患者甲状腺激素分泌过多，可导致心肌收缩加强、排血量增加、心动过速、心房颤动、心力衰竭等。甲状腺功能亢进症患者中心房颤动的发生率约 15%~20%，老年甲状腺功能亢进症可能存在心肌的器质性损害，更易发生心房颤动。甲状腺功能亢进症是心房颤动最主要的心外疾病。参阅 14 版《实用内科学》P1387。②其他引起心房颤动的心外疾病包括急性缺氧、高碳酸血症、血流动力学异常等，A、B、D、E 不是心房颤动的常见病因。

487. ABCDE　①心房颤动的心电图特点是窦性 P 波消失，代之以形态、间距、振幅绝对不规则的 f 波。f 波是心房颤动的特异性心电图表现，故答 B。②心房扑动常表现为窦性 P 波消失，代之以 F 波，可见"窦性 P 波消失"并无特异性，故不答 A。③心房颤动时，由于心室律绝对不规则，因此 RR 间距绝对不等。心房颤动时 QRS 波群形态大多正常，只有在心室率过快，发生室内差异性传导阻滞时，QRS 波群才会增宽变形。心房颤动时，QRS 波形态大多正常，说明 QRS 波为室性而不是室上性。

488. ABCDE　489. ABCDE　①心房颤动的心电图特点是 P 波消失，代之以 f 波出现，频率为 350～600 次/分。②阵发性室上性心动过速的心室率为 150～250 次/分。③心房扑动的心房率为 250～300 次/分，室性心动过速的心室率为 100～250 次/分，心室扑动的频率为 150～300 次/分。

490. ABCDE　①患者脉搏短绌（心率>脉率），心律不齐，S_1 强弱不等，应诊断为心房颤动。心房颤动症状的轻重受心率快慢的影响。当心率>150 次/分时，患者可有心绞痛、充血性心力衰竭的表现。心室率不快时，患者可无任何症状。②患者心率 160 次/分，突然心悸、喘憋，双肺湿啰音，应考虑并发急性左心衰竭，其心源性哮喘最可能的诱因是心房颤动（A）。B、C、D、E 均与题干所述无关。

491. ABCDE　①患者心律不齐，心电图示 P 波消失，代之大小不等的 f 波，应诊断为心房颤动。心房颤动的三大体征为第一心音强弱不等、心律绝对不齐、脉搏短绌，因此该患者最可能出现的体征为脉搏短绌（C）。脉搏短绌的原因为许多心室搏动过弱以致未能开启主动脉瓣，或因动脉血压太低，未能传导至外周动脉。②发绀为缺氧的典型表现，常见于呼吸衰竭。二尖瓣面容常见于二尖瓣狭窄。A_2 亢进常发生于体循环阻力增高或血流增多时，如主动脉压增高。双下肢水肿常见于右心衰竭。

492. ABCDE　493. ABCDE　494. ABCDE　①患者心律绝对不齐，心音强弱不等，为心房颤动的典型表现，可诊断为心房颤动（A）。房性期前收缩、室性期前收缩、窦性心律不齐常无临床表现。二度Ⅰ型房室传导阻滞可表现为第一心音强度逐渐减弱并有心搏脱落。②患者咳嗽、咳痰、喘憋、端坐位为左心衰竭的典型表现，颈静脉怒张为右心衰竭的典型表现（D）。A、B、C、E 均不会导致颈静脉怒张。③心房颤动的治疗原则为预防复发，发作时控制心室率，答案为 A。抗凝治疗是心房颤动转复窦性心律前、后的治疗方法。C、D、E 均为慢性心力衰竭的治疗。

495. ABCDE　①洋地黄（强心苷）用于心房颤动治疗的目的主要是减慢快速的心室率。洋地黄主要是通过兴奋迷走神经或对房室结的抑制作用，而减慢房室传导、增加房室结中隐匿性传导、减慢心室率、增加排血量，从而改善循环障碍，多数患者并不能转复为窦性心律。答案为 B，而不是 C，很多医考参考书将答案错为 C。请注意，洋地黄抑制的是房室结而不是窦房结，延长的是房室结的不应期，而不是心房肌的不应期，故 C、E 错。②缩短心房有效不应期的药物可能使心房肌的兴奋性增高，对于心房颤动的治疗是不利的，因此可排除 A。洋地黄并不能直接抑制心房颤动，故不答 D。

496. ABCDE　①阵发性房颤是指心房颤动持续时间≤7 天，能自行终止发作者，其治疗原则是预防复发，发作时控制心室率（A）。②心房颤动急性发作时，可静脉注射 β 受体拮抗剂、钙通道阻滞剂，以减慢心室率。若发作频繁或伴明显症状，可口服普罗帕酮、胺碘酮等，以减少发作次数与持续时间。

497. ABCDE　心房颤动（房颤）的临床分类如下。①首诊房颤：首次确诊（首次发作或首次发现）；②阵发性房颤：持续时间≤7 天，能自行终止；③持续性房颤：持续时间>7 天，非自限性；④长期持续性房颤：持续时间≥1 年，患者有转复愿望；⑤永久性房颤：持续时间>1 年，不能终止或终止后又复发，无转复愿望。参阅 9 版《内科学》P188，若按 7 版《内科学》老的分类方法，应答 A。

498. ABCDE　①心房颤动的栓塞发生率较高，需行抗凝治疗。合并心脏瓣膜病变者，需用华法林抗凝（B）。②阿司匹林为抗血小板药物，常用于非心脏瓣膜病且 CHA_2DS_2-VASc 评分＝1 分的房颤患者的抗凝治疗。替罗非班、氯吡格雷、潘生丁（双嘧达莫）均属于抗血小板药物，但很少作为心房颤动的抗凝药物使用。

499. ABCDE　①心房颤动的栓塞发生率较高，常需抗凝治疗。若合并心脏瓣膜病，则需使用华法林抗凝。若不合并心脏瓣膜病，需先采用 CHA_2DS_2-VASc 评分法对患者进行危险分层，然后进行相应治疗：评分≥2 分，需抗凝治疗；评分 1 分，优先抗凝；评分为 0 分，无需抗凝。②男性患者，55 岁，未叙述心脏瓣膜病史，1 年前曾发作语言不利伴肢体活动障碍（提示脑血栓栓塞史），CHA_2DS_2-VASc 评分＝2 分，应行抗凝治疗，首选华法林。CHA_2DS_2-VASc 评分标准如下表。

危险因素	CHA_2DS_2-VASc(分)
充血性心力衰竭/左心室功能障碍(C)	1
高血压(H)	1
年龄≥75 岁(A)	2
糖尿病(D)	1
脑卒中/短暂性脑缺血发作/血栓栓塞病史(S)	2
血管疾病(心肌梗死、外周动脉疾病、主动脉斑块)	1
年龄 65~74 岁(A)	1
性别(女性,Sc)	1

阿司匹林为抗血小板药物,常用于非心脏瓣膜病且 CHA_2DS_2-VASc 评分=1 分的心房颤动患者的抗凝治疗。尿激酶属于溶栓药物。低分子肝素为皮下注射剂,多作为住院期间使用的抗凝药物。潘生丁(双嘧达莫)为抗血小板药物,很少作为心房颤动的抗凝药物使用。

500. ABCDE 心尖部闻及舒张期隆隆样杂音,第一心音增强,应诊断为二尖瓣狭窄。"心律节律不规则,第一心音强弱不一致,心率大于脉率",应诊断为心房颤动,故答案为 D。

501. ABCDE ①患者心电图示 P 波消失,代之以 f 波,节律绝对不规则,应诊断为心房颤动。因病史仅 4 小时,故应诊断为首诊房颤。首诊房颤减慢心室率,可静脉注射 β 受体阻滞剂(美托洛尔)、钙通道阻滞剂,故答 A。②阿托品可加快心率,沙丁胺醇为 β 受体激动剂,均不宜使用。利多卡因常用于治疗室性心律失常,对心房颤动无效。新斯的明为拟胆碱药,常用于治疗重症肌无力、肠麻痹等。

502. ABCDE 对于无器质性心脏病的心房颤动患者,应将静息心室率控制在 110 次/分以下。对于症状明显或出现心动过速心肌病时,应控制静息心室率<80 次/分。参阅 9 版《内科学》P190。

503. ABCDE 6 版《内科学》P192:心房颤动的最初治疗目标是控制心室率,应使安静时心率保持在 60~80 次/分,轻微运动后不超过 100 次/分。故答 D 而不是 B,因为题干所说的是"轻微活动时",而不是"轻微活动后",很多医考参考书将答案错为 B。9 版《内科学》P190 已改为:无症状的心房颤动,且左心室收缩功能正常者,控制心室率<110 次/分;有症状的心房颤动,应控制静息心室率<80 次/分。

504. ABCDE 505. ABCDE ①控制心房颤动患者心室率的药物包括 β 受体拮抗剂(美托洛尔)、钙通道阻滞剂(异搏定、硫氮革酮)、洋地黄(地高辛)等。但不能使用普罗帕酮,因为普罗帕酮为 I C 类药物,可引起室性心律失常,严重器质性心脏病(风心病 20 年)患者不宜使用,故答 E。②心房颤动合并风心病,发生血管栓塞的危险性极高,应长期抗凝治疗,首选药物为华法林(A)。阿司匹林常用于非心脏瓣膜病且 CHA_2DS_2-VASc 评分=1 分的房颤患者的抗凝治疗。肝素为强抗凝剂,只在紧急复律治疗时才选用。尿激酶为溶栓药,不能当作抗凝药使用。复方丹参片为中成药,疗效未获公认。

506. ABCDE ①胺碘酮为Ⅲ类药物,普罗帕酮为IC 类药物,均常用于心房颤动的复律治疗。但普罗帕酮可引起室性心律失常,因此,对于合并严重器质性心脏病(如陈旧性心肌梗死)的患者严禁使用。胺碘酮引起心律失常的发生率很低,为合并器质性心脏病患者的首选药物,故答 A。②阿托品常用于治疗房室传导阻滞。利多卡因常用于治疗室性心律失常。美托洛尔常用于控制心房颤动的心室率。

507. ABCDE 508. ABCDE ①心房颤动转复窦律前后一般都要进行抗凝治疗,以免发生血管栓塞并发症。其原则是心房颤动不超过 24 小时,可直接复律而无需作抗凝治疗(A)。②否则应在复律前使用华法林抗凝治疗 3 周,复律后继续抗凝治疗 3~4 周(记忆为前 3 后 4)。

509. ABCDE ①患者有预激综合征病史,突发心悸,心律不齐,心电图示 QRS 波宽大畸形,应诊断为预激综合征伴心房颤动,极易与室性心动过速混淆。对于预激综合征合并心房颤动患者,若有血流动力学障碍(血压降低),应立即行同步直流电复律。②维拉帕米可加速预激综合征合并心房颤动患者的心室率，洋地黄可缩短旁路不应期而使心室率加快，均应禁用，故不答 A、D。颈动脉窦按摩、Valsalva 动作均为预激综合征患者发作正向房室折返性心动过速不伴血流动力学障碍的治疗方法，故不答 B、E。

510. ABCDE　①心房颤动患者的栓塞发生率较高，血栓栓子常来源于左心耳，脱落后顺血流移动，经左心耳→左心室→主动脉→腹腔内脏动脉，可造成内脏动脉栓塞。②主动脉夹层常表现为胸骨后撕裂样剧痛，血压增高，而不是降低。肝淤血、肾结石、急性心肌梗死与题干所述无关，故不答 C、D、E。

511. ABCDE　华法林的结构与维生素 K 相似，进入体内后可竞争性抑制维生素 K 依赖的凝血因子Ⅱ、Ⅶ、Ⅸ、Ⅹ的生物合成，因耗竭凝血因子而达到抗凝目的。由于凝血因子减少可使凝血酶原时间延长，因此用华法林抗凝治疗期间，应定期监测凝血酶原时间或凝血酶原时间的国际标准化率（INR），以免用药过量导致出血，而不能使用 A、B、C、D 来代替 INR。

512. ABCDE　心房颤动患者服用华法林抗凝治疗期间，应维持凝血酶原时间的国际标准化率（INR）在 2.0~3.0，才能安全而有效地预防脑卒中的发生。

513. ABCDE　514. ABCDE　①患者心律不齐，第一心音强弱不等，为心房颤动的典型表现（D）。心尖部舒张期隆隆样杂音提示二尖瓣狭窄。A、B、C、E 均不会出现第一心音强弱不等。②为确诊心房颤动，当然首选心电图检查（A）。超声心动图、胸部 X 线片、心脏听诊均不能明确心律失常的性质。

515. ABCDE　①窦房传导阻滞是指窦房结冲动传导至心房时发生延缓或阻滞，可导致心率减慢。高钾血症时，由于细胞外液高钾，造成心肌细胞膜内外 K^+ 浓度差减小，静息电位绝对值减小，则 0 期钠通道不易开放，使 0 期去极化速度减慢、幅度变小，因此心肌传导速度减慢。严重高钾血症时，可导致窦房传导阻滞（A）。参阅 9 版病理生理学 P35。②B、C、D、E 都是窦性心动过速的病因。

516. ABCDE　①一度房室传导阻滞时，每个心房冲动（P 波）都能传导到心室产生 QRS 波群，但 PR 间期 >0.20 秒，PR 间期正常值为 0.12~0.20 秒。②心电图上 PR 间期不可能消失，除非心跳停止，不出现 P 波及 QRS 波群。PR 间期逐渐延长见于二度Ⅰ型房室传导阻滞。

517. ABCDE　①患者心率 98 次/分，PR 间期>0.20 秒（正常值为 0.12~0.20 秒），无 QRS 波脱落，应诊断为一度房室传导阻滞（E）。②窦性心动过速心率应>100 次/分，正常心率为 60~100 次/分。窦性心律不齐不会出现 PR 间期延长。二度Ⅰ型房室传导阻滞表现为 PR 间期进行性延长。二度Ⅱ型房室传导阻滞表现为 PR 间期恒定不变，且下传搏动的 PR 间期大多正常。

518. ABCDE　①二度Ⅰ型房室传导阻滞表现为 PR 间期进行性延长，直至一个 P 波受阻不能下传至心室（C），相邻 RR 间期进行性缩短，直至一个 P 波不能下传心室。②A、B 本身是错误的说法。D 为一度房室传导阻滞的心电图表现。E 为二度Ⅱ型房室传导阻滞的心电图表现。

519. ABCDE　520. ABCDE　①P 波逆行为室上性心动过速的特点，逆行 P 波常埋藏于 QRS 波群内或位于其终末部分，P 波与 QRS 波群保持固定关系（E）。②二度Ⅰ型房室传导阻滞的心电图常表现为 PR 间期进行性延长，直至一个 P 波受阻不能下传至心室（B）。③A 为左心房肥大的心电图表现，C 为心房颤动的心电图表现。D 为三度房室传导阻滞的心电图表现。

521. ABCDE　522. ABCDE　①二度Ⅰ型房室传导阻滞的心电图特点为 PR 间期进行性延长，直至一个 P 波受阻不能下传心室，导致 QRS 波周期性脱落，这种现象周而复始，称为文氏周期（D）。②心房扑动的特点是 P 波消失，代之出现 F 波，为心房活动时所产生的锯齿状扑动波（C）。③出现 f 波、心室律不规整为心房颤动的心电图特点。

523. ABCDE　①二度Ⅰ型房室传导阻滞表现为 PR 间期进行性延长，直至一个 P 波受阻不能下传至心室，QRS 波群脱漏，如此周而复始。故本例应诊断为二度Ⅰ型房室传导阻滞（B）。②二度Ⅱ型房室传导阻滞的心电图特点为 PR 间期恒定，且下传搏动的 PR 间期大多正常，P 波产生的冲动按一定的比例下传至心室产生 QRS 波群。心房颤动的心电图表现为心律不整，P 波消失，代之以 f 波出现。一度房室传导阻滞无 QRS 波群脱漏，但 PR 间期恒定延长>0.20 秒。三度房室传导阻滞表现为心房活动（P 波）与心室活动（QRS 波群）各自独立、互不相关。

524. ABCDE ①P 波规律出现，每隔 2 个 P 波后有 1 个 QRS 波群脱漏，应诊断为二度Ⅱ型房室传导阻滞(C)。②一度房室传导阻滞无 QRS 波群脱漏。二度Ⅰ型房室传导阻滞虽有 QRS 波群脱漏，但 PR 间期是进行性延长的。三度房室传导阻滞常表现为 P 波与 QRS 波群毫不相关。房性心动过速伴 3:2 房室传导阻滞患者，由于房性心动过速，心率常增快，PR 间期常缩短，而不会延长>0.2 秒。

525. ABCDE ①正常情况下，心室收缩一定落在心房收缩之后。若心房和心室几乎同时收缩时，第一心音增强，称为大炮音，常见于完全性(三度)房室传导阻滞、心房颤动。②二尖瓣狭窄常闻及开瓣音，而不是大炮音。PR 间期缩短，心率增快，心室充盈减少，可闻及第一心音增强，不会出现大炮音。运动、发热、甲状腺功能亢进症由于心肌收缩力加强和心动过速，可闻及第一心音增强，也不能闻及大炮音。

526. ABCDE ①长期使用洋地黄可造成洋地黄中毒，引起完全性房室传导阻滞。由于第一心音主要由心室收缩产生，因此完全性房室传导阻滞心脏听诊时可有心律整齐。由于房室传导完全阻滞，心室由房室交界处或心室自主节律控制，前者频率 35~50 次/分，后者<35 次/分，远小于正常窦性频率(60~100 次/分)。因此对于心律整齐，但心率只有 40 次/分左右的病例，即可诊断为完全性房室传导阻滞。②窦性心动过缓常伴有窦性心律不齐。典型心房扑动的心房率通常为 250~300 次/分，心室率为 150 次/分，心率不会降至 41 次/分。病态窦房结综合征常表现为心动过缓-心动过速交替出现，不会出现“心率 41 次/分，律齐”的单一表现。房性逸搏心率约为 50 次/分。

527. ABCDE ①严重心律失常是意识障碍的常见原因，二度Ⅱ房室传导阻滞属于重度传导阻滞，若心室率过慢(本例仅 48 次/分)，即可导致脑缺血，患者可出现暂时性意识丧失，甚至猝死(E 对)。②低血糖常表现为心慌，出冷汗，饮糖水后缓解。迷走神经张力增高常表现为心动过缓，多于睡眠、屏气时发生，很少数分钟内缓解。癫痫发作常表现为肢体抽搐，意识丧失，口吐白沫，大小便失禁。本例意识障碍发作与体位无关，可排除直立性低血压。

528. ABCDE ①急性心肌梗死合并三度房室传导阻滞心律失常的处理原则为：若心率>50 次/分，无须处理，只需严密监护；若心率<50 次/分，需安置临时心脏起搏器，待传导阻滞消失后撤除；若急性心肌梗死后 2~3 周进展为三度房室传导阻滞或阻滞部位在希氏束以下者，应安装永久心脏起搏器。根据此原则，本例应植入临时心脏起搏器。参阅 3 版 8 年制《内科学》P337。②异丙肾上腺素可用于三度房室传导阻滞的治疗，但应用于急性心肌梗死时应十分慎重，因可能导致严重室性心律失常，故不答 A。肾上腺素可导致心律失常，禁用。多巴酚丁胺为升压药物，对房室传导阻滞无效，故不答 C。

529. ABCDE ①患者心电图示 PR 间期逐渐延长直至 QRS 波群脱落，应诊断为二度Ⅰ型房室传导阻滞。美托洛尔为选择性 β_1 受体拮抗剂，可导致窦性心动过缓、房室传导阻滞等。患者大量使用美托洛尔后出现二度Ⅰ型房室阻滞，此为美托洛尔作为降压药物使用时的严重副作用，最恰当的处理是停用美托洛尔(D)。②二度Ⅰ型房室传导阻滞为美托洛尔的副作用，不宜植入心脏起搏器，故不答 A。患者长期服用钙通道阻滞剂降压效果不满意，不能加用同类药物地尔硫䓬，故不答 E。

530. ABCDE ①患者突发胸痛 3 小时，心电图示Ⅱ、Ⅲ、aVF 导联 ST 段抬高 0.3mV，应考虑急性下壁心肌梗死，故本例应诊断为急性心肌梗死合并三度房室传导阻滞。阿托品、异丙肾上腺素均可提高房室阻滞的心率，但因异丙肾上腺素可导致严重室性心律失常，而禁用于急性心肌梗死，故答 B 而不是 E。②肾上腺素、去甲肾上腺素均不适于急性心肌梗死患者，故不答 A、D。多巴酚丁胺为升压药物，故不答 C。

531. ABCDE 532. ABCDE ①大炮音常见于三度房室传导阻滞及心房颤动，故答 D。窦性心动过缓、一度及二度房室传导阻滞、室内传导阻滞，均不会出现心房和心室同时收缩，故都不会闻及大炮音。②完全性房室传导阻滞患者，心率仅 40 次/分，最适宜的首选治疗措施是临时植入心脏起搏器(D)。阿托品主要用于阻滞部位在房室结的轻、中度房室传导阻滞。硝酸甘油常用于冠心病的治疗。肾上腺素不能用于房室传导阻滞的治疗，且易引起严重心律失常。患者为完全性房室传导阻滞，并不是心脏节律异常，因此不宜复律治疗。

533. ABCDE ①老年患者，持续胸痛 5 小时，心电图示Ⅱ、Ⅲ、aVF 导联 ST 段弓背向上抬高，应诊断为急性下壁心肌梗死。急性下壁心肌梗死易并发房室传导阻滞。三度房室传导阻滞由于心房和心室活动各自独立，互不相关，因此听诊时心室率约 40 次/分。三度房室传导阻滞患者由于心率太慢，易导致脑缺血缺氧而突发意识障碍。可见，本例意识障碍最可能的原因是三度房室传导阻滞（D）。②本例心律整齐，不可能为心房颤动，故不答 A。左、右束支传导阻滞不会出现意识障碍，故不答 B、E。窦性停搏是指窦房结不能产生冲动，心电图表现为在较正常 PP 间期显著长的间歇内无 P 波发生，长的 PP 间期与基本的窦性 PP 间期无倍数关系。

534. ABCDE　535. ABCDE　536. ABCDE　537. ABCDE　①永久性心房颤动患者，心室率快，无血流动力学改变（血压不低），应首选西地兰治疗，以控制心室率（D）。②二度Ⅰ型房室传导阻滞，心室率略低（50 次/分），血压正常，属于轻度房室传导阻滞，可行药物治疗。阿托品可提高房室传导阻滞的心率，适用于阻滞部位在房室结的患者（E）。③晕厥患者，心电图示宽 QRS 波型，心动过速，心室率 150 次/分，应诊断为室性心动过速。患者血压 60/45mmHg，说明存在血流动力学障碍，不能药物治疗，应立即行直流电复律（C）。④三度房室传导阻滞属于重度房室传导阻滞，药物（如阿托品）治疗无效。患者心室率仅 40 次/分，应立即植入临时心脏起搏器（A）。

538. ABCDE　①肥胖可导致血浆甘油三酯及胆固醇水平增高，是冠心病的高危因素（D）。②A、B、C、E 都不是冠心病的高危因素。

539. ABCDE　①众所周知，A、B、C 均属于冠心病的易感因素。②糖尿病患者冠心病发病率较非糖尿病者高出数倍，故不答 E。③甲状腺功能亢进症可导致血清胆固醇降低，故不是冠心病的高危因素（D）。

540. ABCDE　①血脂正常值：血清总胆固醇（TC）<5.2mmol/L，低密度脂蛋白胆固醇（LDL-C）<2.6mmol/L，甘油三酯（TG）<1.7mmol/L，高密度脂蛋白胆固醇（HDL-C）>1.0mmol/L。可见，患者血脂异常以 TG 增高为主，首选降脂药物为非诺贝特（C）。②普罗布考主要用于降低 TC 和 LDL-C。阿托伐他汀、考来烯胺、依折麦布主要降低 TC。

541. ABCDE　542. ABCDE　①辛伐他汀可竞争性抑制 HMG-CoA 还原酶的活性，从而抑制胆固醇的合成。因此辛伐他汀主要是降低血胆固醇，也降低血甘油三酯（B）。②吉非贝齐属于氯贝丁酯类药物，其降血甘油三酯的作用强于降总胆固醇，并使 HDL 增高，且可减少组织胆固醇沉积（A）。

543. ABCDE　①典型劳力性心绞痛为稳定型心绞痛，多在劳动、情绪激动等状态下发生，而不是常在夜间发作。胸痛持续时间多在 15 分钟以内。胸痛常为压迫、发闷或紧缩感。胸痛发作时，绝大多数患者可因心内膜下缺血而出现心电图 ST 段压低。②胸痛常在休息时或含服硝酸甘油后缓解。

544. ABCDE　劳力性心绞痛也称稳定型心绞痛，常表现为阵发性前胸压榨性疼痛，主要位于胸骨后部，常于劳累时发生，持续数分钟，休息或用硝酸甘油后疼痛消失。

545. ABCDE　①初发型劳力性心绞痛是指首发症状 1~2 个月以内，很轻的体力活动可诱发（A）。②恶化型劳力性心绞痛是指在相对稳定的劳力性心绞痛基础上，心绞痛逐渐增强，疼痛更剧烈、时间更长或更频繁。自发性心绞痛是指胸痛发作与心肌需氧量的增加无关，休息也可发作心绞痛。某些自发性心绞痛患者发作时出现暂时性 ST 段抬高，称为变异型心绞痛。稳定型劳力性心绞痛是指劳力性心绞痛病程稳定 1 个月以上。

546. ABCDE　①中年男性，胸痛 20 分钟可缓解，应考虑心绞痛而不是急性心肌梗死，故不答 C。②患者心电图示Ⅱ、Ⅲ、aVF 导联 ST 段抬高，应诊断为变异型心绞痛，其他类型的心绞痛心电图均表现为 ST 段下移。

547. ABCDE　①患者活动时胸痛，每次发作时间不超过 30 分钟，应考虑心绞痛而不是心肌梗死，故不答 E。静息型心绞痛多于休息时发作，而不是活动时发作，故不答 B。患者发作时心电图示Ⅱ、Ⅲ、avF 导联 ST 段压低，而不是抬高，应排除变异型心绞痛，故不答 C。初发型心绞痛是指首发 1~2 个月以内的心绞痛，而本例病史已 2 年，故不答 D。②恶化型心绞痛是指相对稳定的劳力性心绞痛基础上，心绞痛逐渐增强。根据题干，本例应诊断为恶化型心绞痛（A）。

548. ABCDE　对于冠心病患者，只要没有禁忌证，均应行抗血小板治疗，首选阿司匹林+氯吡格雷。早期保守治疗的患者至少应用 1 个月，如能延长到 12 个月更好。对于植入药物洗脱支架或裸支架的患者，至少联合应用 12 个月。参阅 3 版 8 年制《内科学》P322。

549. ABCDE　①老年患者，劳累时胸痛 1 年，含服硝酸甘油可缓解，应诊断为稳定型心绞痛。能预防心肌梗死，改善患者预后的药物包括抗血小板药物（阿司匹林）、β 受体拮抗剂（美托洛尔）、他汀类（辛伐他汀）、ACEI（福辛普利）或 ARB。②硝酸异山梨酯为缓解心绞痛发作的药物，不能改善预后。

550. ABCDE　冠状动脉狭窄常由动脉粥样硬化引起，按管腔的狭窄程度分为 3 级：轻度狭窄为 30%以上，中度狭窄为 50%以上，重度狭窄为 70%以上。

551. ABCDE　①心绞痛是指冠状动脉供血不足，心肌急剧的、暂时的缺血与缺氧所引起的临床综合征，发作时可见心内膜下心肌缺血的心电图表现，即 ST 段下移，T 波倒置、直立、双向等（D）。②A 为高钾血症的表现，B 为左心室肥大的表现，E 为心肌梗死的表现。窦性心动过速无特异性。

552. ABCDE　患者反复胸痛，劳累时发作，服用硝酸甘油可缓解，应诊断为稳定型心绞痛。为明确诊断，可行 B、C、D、E 检查。不宜行心电图运动负荷试验，因为该试验可激发心肌缺血，具有一定的风险，临床上很少使用（A）。

553. ABCDE　①中老年患者，2 年来间断胸闷，休息后缓解，应考虑冠心病。由于近 4 个月无胸闷发作，为明确诊断，最常用的检查是心电图运动负荷试验（A）。②动态心电图一般连续记录 24 小时，但本例 4 个月未发作，故动态心电图可能为阴性。放射性核素静态心肌显像主要用于了解心肌梗死者心肌缺血的部位。胸部 X 线片、超声心动图对冠心病的诊断价值不大。

554. ABCDE　①发作性胸痛 1 个月，每次发作含服硝酸甘油后缓解，应考虑稳定型心绞痛，可行心电图运动负荷试验，通过增加心脏负荷，激发心肌缺血，从而记录到典型心电图改变。若为阳性，结合病史可以确诊（B）。②动态心电图是让患者在正常活动状态下，连续记录 24 小时的心电图，当胸痛不发作时，心电图表现可能正常而无诊断价值。故答 B 而不是 D，很多医考参考书将答案错为 D。③心脏 X 线摄片、超声心动图对心绞痛诊断价值不大。放射性核素检查常用于诊断急性心肌梗死。

555. ABCDE　①运动负荷试验为诊断冠心病常用的无创检查方法。若运动中出现心绞痛，心电图改变以 ST 段水平型或下斜型压低≥0.1mV（J 点后 60~80 毫秒），持续 2 分钟为阳性标准（E）。②若检查前患者心电图正常，运动后出现 ST 段弓背向上抬高>0.1mV，为急性心肌梗死的诊断标准。

556. ABCDE　①冠状动脉造影可清楚显示冠状动脉是否通畅，狭窄的部位、狭窄程度，是目前诊断冠心病的“金标准”（C）。②放射性核素检查常用于诊断急性心肌梗死。心电图是诊断心绞痛最常用的方法。运动负荷试验是诊断冠心病最常用的无创检查方法。动态心电图常用于阵发性胸痛的诊断。

557. ABCDE　目前对不稳定型心绞痛有早期保守治疗和早期侵入治疗两种策略。早期侵入性策略分为急诊（<2 小时）、早期（<24 小时）及 72 小时内。对于有顽固性心绞痛、伴有心力衰竭、威胁生命的室性心律失常、血流动力学不稳定者，建议行急诊（<2 小时）冠状动脉造影及血运重建术。

558. ABCDE　①患者发作性胸痛 3 天，于劳累时发作，休息 5 分钟可缓解，每天发作 3~4 次，应考虑劳力性心绞痛。2 小时内发作频率增加，持续时间延长，说明已转变为恶化型心绞痛。为防止长时间冠状动脉持续痉挛，导致心肌缺血梗死，应立即收住院监测心电图和血清肌钙蛋白（D）。②超声心动图、胸部 X 线片检查对心绞痛诊断价值不大。患者已转变为恶化型心绞痛，故不宜行心电图运动负荷试验。门诊动态心电图检查常需耗时 24 小时，而患者目前存在心肌梗死的高风险，故不宜采用。

559. ABCDE　①患者每于快步行走或负重时发作心绞痛，且病程稳定在 1 个月以上，应诊断为稳定型劳力性心绞痛。②初发型劳力性心绞痛是指劳力性心绞痛病程在 1~2 个月以内。变异型心绞痛是指患者在心绞痛发作时，心电图出现暂时性 ST 段抬高。“混合性心绞痛”的名称已弃用。恶化型劳力性心绞痛是指同等程度劳累所诱发的胸痛次数、严重程度、持续时间突然加重。

560. ABCDE　①老年患者，劳累时出现胸骨后疼痛，持续时间不超过 30 分钟，应考虑稳定型心绞痛。为明确诊断,最适宜的检查是胸痛发作时作心电图,多数患者可出现 ST 段移位。②心电图运动负荷试验有一定危险性,临床上少用,故正确答案为 D 而不是 E。动脉血气分析常用于诊断呼吸衰竭。胸部 CT 为影像学检查,对心绞痛诊断价值不大。肺功能检查主要用于诊断 COPD。

561. ABCDE　①钙通道阻滞剂(CCB)可阻滞心肌细胞的 L 型钙通道,抑制心肌细胞收缩,减少心肌耗氧;扩张冠状动脉,解除冠状动脉痉挛,改善心肌供氧。②CCB 也可阻滞血管平滑肌的 L 型钙通道,扩张周围血管,降低动脉血压,减轻心脏后负荷。③此外,CCB 还可降低血液黏度,抗血小板聚集,改善心肌微循环。④CCB 分为二氢吡啶类和非二氢吡啶类两种类型。二氢吡啶类(如氨氯地平)可引起反射性交感活性增强,使心率增快;非二氢吡啶类(如维拉帕米)可抑制心脏传导,使心率减慢,因此减慢心率不是 CCB 治疗心绞痛的主要机制。

562. ABCDE　①阿司匹林通过抑制环氧合酶而达到抗血小板聚集的作用,可预防心肌梗死,改善患者的临床预后,所有冠心病患者只要没有用药禁忌证均应服用。②利多卡因常用于治疗室性心律失常,对稳定型心绞痛无效。尿激酶常用于急性心肌梗死的溶栓治疗。速效救心丸、硝酸甘油仅能缓解稳定型心绞痛的胸痛症状,不能改善预后。

563. ABCDE　①使用他汀类药物治疗冠状动脉粥样硬化性心脏病,在急性期可促使内皮细胞释放一氧化氮,在远期有抗炎症和稳定斑块的作用,可降低冠状动脉疾病的死亡和心肌梗死发生率,因此冠心病患者均应使用他汀类药物治疗(A)。②抗凝药物、抗血小板药物可减少冠心病患者冠状动脉血栓形成。硝酸酯类药物可扩张小静脉和冠状动脉,降低心肌氧耗量,缓解心肌缺血。冠心病无需使用抗生素。

564. ABCDE　①稳定型劳力性心绞痛是指劳力性心绞痛的诱发条件、发作性质稳定 1 个月以上。患者近 2 个月胸痛发作次数增多,显然不属于稳定型心绞痛,而属于不稳定型心绞痛,答案为 B。②心内膜下心肌梗死为非 ST 段抬高型心肌梗死,表现为 ST 段普遍压低≥0.1mV,无病理性 Q 波,ST 段改变一般持续数日或数周才能恢复,不可能一过性恢复,故不答 C。中间综合征是指病人具有心绞痛或类似心绞痛的症状,而冠状动脉造影正常。变异型心绞痛常表现为 ST 段上抬,而不是压低。

565. ABCDE　①冠心病患者,发作性胸闷,心电图示相关导联 ST 段一过性抬高,应诊断为变异型心绞痛,治疗首选钙通道阻滞剂(硝苯地平),答案为 B。变异型心绞痛多为冠状动脉痉挛所致,受累的血管既可能是病变冠状动脉,也可能是正常冠状动脉。由于钙通道阻滞剂能阻断血管平滑肌细胞 Ca^{2+} 内流,扩张冠状动脉,解除冠状动脉痉挛,故临床上将其作为变异型心绞痛的首选药物。②洋地黄为强心药,能增加心肌氧耗,加重心肌缺血缺氧。利多卡因常用于治疗室性心律失常。β 受体拮抗剂能减慢心率,可与硝苯地平合用,治疗变异型心绞痛。利尿剂常用于治疗心力衰竭和高血压。

566. ABCDE　①患者阵发性胸痛,每次不超过 30 分钟,硝酸甘油可缓解,应考虑心绞痛。发作时心电图示 ST 段抬高,应诊断为变异型心绞痛(D)。②初发型心绞痛病程应在 1~2 个月以内。卧位型心绞痛是指平卧位时发生的心绞痛,发作时需立即坐起甚至站立方能缓解。稳定型心绞痛一般于劳累时发生。恶化型心绞痛是指同等程度劳累所诱发的胸痛次数、严重程度及持续时间突然加重。

567. ABCDE　①冠心病具有家族史,父亲患有冠心病,儿子应积极预防。长期口服阿司匹林可抑制血小板聚集,预防心肌梗死,改善冠心病预后。因此,只要没有禁忌证,所有冠心病患者均应长期口服阿司匹林。②应控制膳食总热量,采用低脂饮食,脂肪摄入量不宜超过总热量的 30%。③积极控制冠心病的高危因素,如高血压、糖尿病、血脂异常等,因此定期测量血压是正确措施。④对于冠心病患者应限制饮酒,严格戒烟,因为吸烟是冠心病的高危因素之一,故 D 错。⑤参加一定的体力劳动和体育活动,是预防冠心病的一项积极措施,每周至少 150 分钟以上中等强度的有氧运动。

568. ABCDE　①患者劳累时胸痛,不超过 30 分钟,硝酸甘油可缓解,应诊断为稳定型心绞痛。长期口服他汀类药物,能有效降低血清胆固醇、低密度脂蛋白,延缓粥样斑块进展,预防心肌梗死,改善预后。②B、E 不属于稳定型心绞痛的常规治疗。C、D 为血管重建治疗,可改善症状,但不能改善预后。

569. ABCDE　①变异型心绞痛为冠状动脉痉挛所致。β 受体拮抗剂可阻断冠状动脉的 $β_1$ 受体,导致冠状动脉收缩或痉挛加重,因此使用后可加重变异型心绞痛的症状(E)。②A、B、C、D 均不会导致冠状动脉痉挛而加重病情。

570. ABCDE　动脉粥样硬化患者的饮食要求:①氯化钠摄入量正常人 4~6g/d,合并高血压或心力衰竭者 2~3g/d(A 错);②超重者应减少每日进食的总热量,且脂肪摄入量不超过总热量的 30%;③宜采用低胆固醇饮食,胆固醇每日不超过 250~300mg;④脂肪摄入每日不宜超过 20g,其中饱和脂肪每日不超过 2g,其余用单不饱和脂肪;⑤应增加纤维摄入量,可溶性纤维每日至少摄入 5~10g。9 版《内科学》未讲述,参阅 14 版《实用内科学》P1464。

571. ABCDE　①肌酸激酶(CK)主要存在于心肌、骨骼肌等组织中,因此心肌和骨骼肌损伤均可导致血清 CK 水平增高。CK 是由 M 和 B 两种亚单位组成的二聚体,骨骼肌中主要是 MM,心肌组织中含有 MB 和 MM 两种同工酶。急性心肌梗死后 6 小时,血清中 CK 水平升高,且 CK-MB/CK>5%,16~24 小时达高峰,持续 3 天后下降。骨骼肌损伤也可有 CK 水平增高,但 CK-MB/CK<6%,故答 C。②左下肺湿啰音常见于左下肺感染。胸骨后刺痛、心电图提示新出现的完全性左束支传导阻滞均无特异性,故不答 B、E。胸痛持续 5 分钟自行缓解常提示心绞痛而不是心肌梗死。

572. ABCDE　①患者发作性胸痛,多在夜间发作,与活动无关,每次发作不超过 30 分钟,发作时 ST 段抬高,应诊断为变异型心绞痛,治疗首选钙通道阻滞剂(C)。②硝酸酯类对稳定型心绞痛效果较好,但对变异型心绞痛疗效较差。β 受体拮抗剂可加重变异型心绞痛的病情,不宜使用。洋地黄制剂对变异型心绞痛无效,且可增加心肌氧耗。胺碘酮常用于治疗心律失常。

573. ABCDE　急性心肌梗死的基本病因是冠状动脉粥样硬化,偶为冠状动脉栓塞、炎症、先天性畸形、痉挛等,可造成一支或多支血管管腔狭窄和心肌供血不足。在此基础上,一旦血供急剧减少或中断,使心肌严重而持久地急性缺血达 20~30 分钟以上,即可发生急性心肌梗死。大多数心肌梗死是由于不稳定的粥样斑块破溃,继而出血和管腔内血栓形成,而使管腔闭塞,故答 A 而不是 E,因为 E 只涉及冠状动脉粥样硬化的基本病理改变,而没涉及复合性病变。

574. ABCDE　动脉粥样硬化是急性心肌梗死的基本病因,最常累及冠状动脉左前降支,然后依次为右冠状动脉>左回旋支>左冠状动脉主干等。由于左前降支最常受累,因此左前降支支配的左心室前壁最易发生缺血梗死(D)。

575. ABCDE　心绞痛的典型表现是发作性胸痛,疼痛部位主要在胸骨体之后,可波及心前区,有手掌大小范围,常放射至左肩、左臂内侧达无名指和小指,或至颈、咽部、下颌部。稳定型心绞痛发作时胸痛部位多位于中下段胸骨后。

576. ABCDE　①急性心肌梗死时,局部心肌缺血坏死释放多种炎性致痛物质,因此最先出现和最突出的症状是胸骨后剧烈疼痛,且难以缓解(B)。②1/6~1/3 的患者疼痛部位和性质不典型,可表现为上腹痛,恶心呕吐等,此为不典型症状。发热和心律失常一般在心肌梗死后 1~2 天发生。心力衰竭多于起病后数小时至数日内发生,这些都不是最早出现的症状。

577. ABCDE　①老年患者,持续性胸痛>30 分钟,心电图示 $V_1 \sim V_6$ 导联 ST 段抬高,血清肌钙蛋白升高,应诊断为急性广泛前壁心肌梗死(D)。②稳定型心绞痛的胸痛时间一般不超过 30 分钟,心电图示相关导联 ST 段压低,血清肌钙蛋白正常,故不答 A。变异型心绞痛虽有部分导联 ST 段抬高,但由于没有心肌坏死,因此血清肌钙蛋白正常,故不答 B。室壁瘤多为急性心肌梗死的并发症,无持续胸痛,常表现为左侧心界扩大,心电图示 ST 段抬高,故不答 C。急性心包炎由于没有心肌梗死,故血清肌钙蛋白正常,心电图示除 aVR 和 V_1 导联外的所有常规导联 ST 段呈弓背向下型抬高,故不答 E。

578. ABCDE　①老年患者持续胸痛超过 30 分钟,心电图示 $V_1 \sim V_6$ 导联 ST 段弓背向上抬高,应诊断为急性广泛前壁心肌梗死。血清肌钙蛋白 I 常于心肌梗死后 3~4 小时开始升高,而本例发病仅 2 小时,故血清肌钙蛋白正常。②肺血栓栓塞常表现为呼吸困难、胸痛、咯血三联征,故不答 B。变异型心绞痛是不稳定型心绞痛的特例,胸痛不超过 30 分钟,不要仅凭部分导联(*不是广泛导联*)ST 段抬高、血清肌钙蛋白正常而误答 C。急性心包炎虽可有 ST 段抬高，血清肌钙蛋白正常，但病程不会短至 2 小时，故不答 D。急性心肌炎病前 1～3 周常有上呼吸道感染病史，病程不会短至 2 小时，故不答 E。

579. ABCDE　580. ABCDE　581. ABCDE　①高血压、糖尿病、吸烟都是冠心病的高危因素。老年患者 2 年来于剧烈活动后出现剑突下疼痛，持续数分钟可自行缓解，应考虑稳定型心绞痛。2 周来发作频繁，应考虑已恶化为不稳定型心绞痛。2 小时前出现剑突下剧痛，持续不缓解，应诊断为急性心肌梗死(B)。患者腹软，无压痛，无腹膜刺激征，故不答 A、C、D。急性肺栓塞常表现为呼吸困难、胸痛、咯血、$P_2>A_2$。②急性心肌梗死患者早期可发生各种类型的心律失常，以室性心律失常最多见，易恶化为心室颤动，成为最重要的死亡原因(D)。A、B、C、E 都不是急性心肌梗死的常见并发症。③为确诊急性心肌梗死，首选检查当然是心电图(D)。血气分析常用于诊断呼吸衰竭，急诊胃镜常用于诊断上消化道出血，血尿淀粉酶测定常用于诊断急性胰腺炎，急诊腹部 B 超常用于诊断急性胆囊炎。

582. ABCDE　583. ABCDE　584. ABCDE　①主动脉夹层常表现为突发胸部撕裂样疼痛，约半数患者伴苍白、出冷汗，常有上肢血压增高，两侧肢体血压及脉搏明显不对称，为本病特点(B)。②劳力性心绞痛常表现为活动后发作胸骨后剧烈疼痛，持续 3～5 分钟，休息后可缓解，含服硝酸甘油多有效(D)。③急性心肌梗死常于安静时发作胸骨后剧烈疼痛，呈压榨样，程度较重，持续时间较长，休息和含服硝酸甘油不能缓解(E)。④胸部和背部持续烧灼样疼痛为胃食管反流病的非典型症状(A)。心前区针刺样疼痛为心血管神经症的表现(C)。

585. ABCDE　①75%～95%的急性心肌梗死患者可发生心律失常，多发生于起病后 24 小时内。各种心律失常中以室性心律失常最多见，其中心室颤动是急性心肌梗死早期的主要死因。②虽然急性心肌梗死可发生心力衰竭、心源性休克，但不是主要死因。心脏破裂、肺栓塞为急性心肌梗死晚期的并发症。

586. ABCDE　①急性前壁心肌梗死易发生心律失常，急性下壁心肌梗死易发生房室传导阻滞。②急性前壁心肌梗死常发生室性心律失常，其中以室性期前收缩最多见，如室性期前收缩频发可导致室性心动过速，而室上性心律失常(如心房颤动、非阵发性交界性心动过速)、预激综合征等较少见。

587. ABCDE　①急性心肌梗死早期可发生心源性休克，为心肌广泛坏死，心排血量急剧下降所致，神经反射引起的周围血管扩张属于次要原因，此外尚有血容量不足的因素参与。②也可应用生理学知识解题：每搏量主要影响收缩压，外周血管阻力主要影响舒张压。患者血压由140～150/70～80mmHg降至 90/70mmHg，主要表现为收缩压降低而舒张压下降不明显，故应为每搏量降低所致。

588. ABCDE　急性心肌梗死泵衰竭 Killip 分级标准：Ⅰ级为无肺部湿啰音；Ⅱ级为肺部湿啰音小于 50%肺野；Ⅲ级为肺部湿啰音大于 50%肺野；Ⅳ级有心源性休克，血压<90/60mmHg。

589. ABCDE　①一般情况下，右冠状动脉发出房室结支支配房室结。因此当右冠状动脉阻塞时，除导致急性下壁心肌梗死外，常导致房室结缺血，引起房室结及房室束缺血、水肿及炎症，极易造成房室传导阻滞。②请记忆：急性下壁心肌梗死易并发房室传导阻滞；急性前壁心肌梗死易导致室性心律失常。

590. ABCDE　①老年患者，持续性胸痛 4 小时，心电图示Ⅱ、Ⅲ、aVF 导联 ST 段抬高，应诊断为急性下壁心肌梗死，故最易并发房室传导阻滞(B)。②室性期前收缩为急性前壁心肌梗死的常见心律失常类型。急性心肌梗死时，室上性心律失常(如阵发性室上性心动过速、房性期前收缩、心房颤动)均少见，故不答 A、D、E。

591. ABCDE　急性下壁心肌梗死易并发房室传导阻滞，且阻滞部位多在房室结，故多造成完全性房室传导阻滞。

592. ABCDE　593. ABCDE　①高侧壁心肌梗死定位于Ⅰ、aVL 导联(C)。②前间壁心肌缺血定位于 V_1～V_3导联(A)。③局限前壁心肌梗死定位于 V_3～V_5 导联。下壁心肌梗死定位于Ⅱ、Ⅲ、aVF 导联。正后壁心肌梗死定位于 V_7～V_9 导联。

594. ABCDE　595. ABCDE　①Ⅱ、Ⅲ、aVF 导联定位于急性下壁心肌梗死(E)。②$V_{3\sim5}$导联定位于急性前壁心肌梗死(B)。③急性前间壁心肌梗死定位于 V_1～V_3 导联。急性广泛前壁心肌梗死定位于

$V_{1\sim5}$导联。急性前侧壁心肌梗死定位于$V_{5\sim7}$、Ⅰ、aVL 导联。

596. ABCDE 597. ABCDE ①老年患者,突发胸痛 3 小时,硝酸甘油不能缓解,应考虑急性心肌梗死,而不是心绞痛。心绞痛发作性胸痛一般不超过 30 分钟,硝酸甘油多可缓解。该患者病程仅 3 小时,不可能为急性心包炎、心肌病和心肌炎,故不答 B、D、E。②心电图示Ⅱ、Ⅲ、aVF 导联 ST 段弓背向上抬高,应诊断为急性下壁心肌梗死(B)。

598. ABCDE ①肌钙蛋白是诊断急性心肌梗死最常用、特异性最高的血清学指标,其特异性高达93%~99%。②肌酸磷酸激酶(CPK)、天冬氨酸氨基转移酶(AST)、肌红蛋白、乳酸脱氢酶(LDH)对急性心肌梗死诊断的特异性及敏感性远不如肌钙蛋白,临床上已很少使用。

599. ABCDE 急性心肌梗死后血清酶学开始升高的时间分别为:肌酸磷酸激酶(CPK)6 小时,天冬氨酸氨基转移酶(AST)6~10 小时,乳酸脱氢酶(LDH)6~10 小时,肌酸磷酸激酶同工酶(CPK-MB)4 小时,肌钙蛋白 I3~4 小时。可见,急性心肌梗死后最早升高的是肌钙蛋白 I。

600. ABCDE 急性心肌梗死后血清酶学恢复正常的时间分别为:肌红蛋白 24~48 小时,肌酸激酶 48~72 小时,肌酸激酶同工酶 3~4 天,天冬氨酸氨基转移酶 3~6 天,肌钙蛋白 7~10 天,故答 E。

601. ABCDE 按非 ST 段抬高型心肌梗死危险分层标准(ESC 标准),具有下列特点之一者属极高危组:①通过正规、强化药物治疗后仍有心绞痛发作;②症状发作时伴严重心力衰竭;③症状发作时合并危及生命的室性心律失常;④症状发作时血流动力学不稳定。本例发作时血压下降,血流动力学不稳定,属于极高危患者,故答 B。血清肌钙蛋白水平升高属于高危组而不是极高危组,故不答 C。

602. ABCDE ①无脉电活动是引起心脏性猝死相对少见的原因,常见于急性心肌梗死伴心室破裂、大面积肺梗死。心脏破裂常在急性心肌梗死 1 周内发生,多为心室游离壁破裂,可造成心包积血引起心脏压塞而猝死。根据题干,本例应诊断为心脏破裂引起的心脏性猝死(A)。②B、C、D、E 一般不会导致患者心脏骤停而突然死亡。

603. ABCDE 肌钙蛋白分为肌钙蛋白 I 和肌钙蛋白 T 两类,肌钙蛋白 I(cTnI)于急性心肌梗死 3~4 小时后升高,11~24 小时达高峰,7~10 天恢复正常。肌钙蛋白 T(cTnT)于急性心肌梗死 3~4 小时后升高,24~48 小时达高峰,10~14 天后恢复正常(B 错)。A、C、D、E 均正确,9 版《内科学》已删除部分内容。

604. ABCDE ①患者再发胸痛 8 小时不缓解,心电图示Ⅰ、aVL 导联 ST 段弓背向上抬高,血清肌钙蛋白升高,可诊断为急性高侧壁心肌梗死(D)。②心脏破裂少见,常于心肌梗死后 1 周发病,可于胸骨左缘第 3~4 肋间闻及响亮收缩期杂音。心室膨胀瘤多见于左心室,体检见左侧心界扩大,可有收缩期杂音。急性心包炎可闻及心包摩擦音。心绞痛的胸痛一般不会超过半小时。

605. ABCDE ①室间隔穿孔是急性心肌梗死的少见并发症,可于胸骨左缘第 3~4 肋间闻及响亮的收缩期杂音,常伴震颤。根据题干,本例应诊断为室间隔穿孔(D)。②支气管哮喘可闻及满肺哮鸣音,不会闻及心脏杂音,故不答 A。心房颤动患者的心律绝不整齐,故不答 B。急性感染性心内膜炎常累及主动脉瓣,造成关闭不全,可有第一心音减弱或消失,P_2 亢进,于主动脉瓣区可闻及柔和、短促的舒张期杂音,与本例不符,故不答 C。肺炎常有发热、咳嗽、咳痰、肺部湿啰音,无心脏杂音,故不答 E。

606. ABCDE ①急性心肌梗死最常见的并发症是乳头肌功能失调或断裂,发生率约为 50%。②心肌梗死后综合征发生率约为 10%,血管栓塞总发生率为 1%~6%,心室膨胀瘤发生率为 5%~20%。

607. ABCDE ①急性心肌梗死后第 4 天出现喘憋,双肺湿啰音,说明合并急性左心衰竭。心尖部出现收缩期吹风样杂音,说明并发乳头肌功能失调、二尖瓣关闭不全(D)。D 选项为乳头肌断裂,不严谨。②自发性气胸、感染性心内膜炎、肺栓塞、肺炎都不是急性心肌梗死的常见并发症。

608. ABCDE 609. ABCDE 610. ABCED ①老年患者突发胸闷、喘憋 10 小时,心电图示 $V_1\sim V_6$ 导联 ST 段抬高,应诊断为急性广泛前壁心肌梗死(D)。肺动脉栓塞常表现为胸痛、呼吸困难、咯血三联征。支气管哮喘不会出现双肺湿啰音及 $V_1\sim V_6$ 导联 ST 段抬高。糖尿病酮症酸中毒常表现为呼吸深快,呼出气带烂苹果味,血糖升高,尿酮体强阳性,昏迷等。患者病程仅 10 小时,肺部感染的可能性不大。②硝酸甘油可扩张冠状动脉,增加冠状动脉血流量,缓解胸痛,大多数心肌梗死有应用硝酸甘油的指征(D)。华法林为抗凝药,不宜使用。糖皮质激素对急性心肌梗死无效。急性心肌梗死24小时内禁用洋地黄制剂,故不答C。急性心肌梗死为心肌缺血缺氧所致,无需使用抗生素。③急性心肌梗死后第5天,呼吸困难加重,咳粉红色泡沫痰,说明合并急性左心衰竭。患者心尖部闻及收缩期杂音,说明并发急性乳头肌功能不全(C)。肺血栓栓塞常表现为胸痛、呼吸困难、咯血三联征,不会出现心尖部收缩期杂音,故不答A、B。哮喘急性发作常可闻及双肺满布哮鸣音,而无心脏杂音,故不答D。肺部感染可有咳嗽,咳脓性痰而不是咳粉红色泡沫痰,故不答E。

611. ABCDE 612. ABCDE ①乳头肌功能失调是急性心肌梗死最常见的并发症,二尖瓣乳头肌因缺血、坏死,导致收缩功能受损,造成不同程度的二尖瓣脱垂并关闭不全,心尖区可出现收缩中晚期喀喇音和吹风样收缩期杂音(E)。②心肌梗死后综合征常于心肌梗死后数周至数月内出现,表现为心包炎、胸膜炎、肺炎、发热、胸痛、白细胞增多、血沉增快等。心包炎患者B超检查可见心包腔内液性暗区,故答案为D。③左心室血栓脱落常导致脑、远端肢体栓塞。心室膨胀瘤常表现为心界向左侧扩大,心搏弥散,B超检查可见反常搏动。室间隔穿孔可于胸骨左缘3、4肋间闻及响亮的收缩期杂音。

613. ABCDE 急性心肌梗死并发心脏破裂少见,常在起病后1周内出现(C)。

614. ABCDE 急性心肌梗死并发心脏破裂少见,多为左心室游离壁破裂(D),偶为心室间隔破裂。

615. ABCDE 急性心肌梗死后并发的室壁膨胀瘤,简称室壁瘤,主要见于左心室(A)。

616. ABCDE ①急性心肌梗死后并发左心室室壁瘤,体检可见心界向左侧扩大,心尖搏动弥散,可有收缩期杂音。心电图ST段持续抬高,故答案为B。②急性心包炎常见于心肌梗死后综合征,体检发现心界向两侧扩大,可闻及心包摩擦音。变异型心绞痛常于休息时发作,与劳累无关,胸痛时间一般不超过半小时。梗死后心绞痛是指急性心肌梗死发病后48小时至1个月内出现的心绞痛。急性心肌梗死不会多次发作后自行缓解,不会出现心界向左侧扩大及心尖搏动弥散。

617. ABCDE ①急性心肌梗死后并发室壁瘤,超声心动图可见局部心缘突出,搏动减弱或有反常搏动,即左心室壁局部于收缩期向外突出,呈矛盾运动(B)。②限制型心肌病超声心动图表现为双心房扩大和心室肥厚。梗阻性肥厚型心肌病超声心动图提示心室不对称肥厚而无心室腔增大。扩张型心肌病超声心动图示各心腔扩大,以左心室扩大为著。风心病常有相应瓣膜损害。

618. ABCDE ①急性心肌梗死后综合征常于急性心肌梗死数周至数月内出现,表现为心包炎、胸膜炎或肺炎,有发热、胸痛等症状,可闻及心包摩擦音和胸膜摩擦音。根据题干,本例应诊断为急性心肌梗死后综合征(C)。对解题最有意义的体征为心包摩擦音。②反应性心包炎、病毒性心包炎,均不属于急性心肌梗死的并发症。心脏破裂常在急性心肌梗死后1周内发生,可于胸骨左缘第3~4肋间闻及响亮收缩期杂音,常伴震颤。室壁瘤可见心界向左侧扩大,心尖搏动弥散,可有收缩期杂音。

619. ABCDE 哌替啶为解除急性心肌梗死胸痛的常用药物,常用量为50~100mg肌内注射(C)。

620. ABCDE 621. ABCDE ①高血压、血脂异常属于冠心病的高危因素。老年患者持续性胸痛超过半小时,心电图示$V_1\sim V_6$导联ST段抬高,应诊断为急性广泛前壁心肌梗死(E)。变异型心绞痛胸痛时间一般不超过半小时。急性心肌炎、急性心包积液不会突发持续性剧烈胸痛。急性肺血栓栓塞常表现为呼吸困难、胸痛、咯血三联征。②在急性心肌梗死早期(起病3~6小时内)进行心肌再灌注,可使闭塞的冠状动脉再通,濒临坏死的心肌可能得以存活或使坏死范围缩小,减轻梗死后心肌重塑,改善预后,是一种非常重要的治疗措施。B、C、D、E不属于急性心肌梗死的常用治疗药物。

622. ABCDE 老年患者,突发心前区疼痛2小时,心电图示$V_1\sim V_6$导联ST段弓背向上抬高,应诊断为急性广泛前壁心肌梗死。因患者起病仅2小时,故最关键的治疗措施是心肌再灌注治疗(即介入治疗),可使闭塞的冠状动脉再通,濒临坏死的心肌可能得以存活。A、B、D、E均属一般性治疗措施。

623. ABCDE ①在急性心肌梗死溶栓治疗时,常用的溶栓剂有3种:尿激酶(UK)、链激酶(SK)和重组组织型纤维蛋白溶酶原激活剂(rt-PA),答案为B。②肝素属于抗凝剂。去纤酶也称降纤酶,常用于血栓栓塞性疾病的治疗。蝮蛇抗栓酶可分解纤维蛋白原，抑制血栓形成，常用于急性缺血性脑血管疾病的治疗。阿司匹林为抗血小板药物，并不是溶栓剂。

624. ABCDE ①主动脉夹层患者，当近端夹层的内膜破裂下垂物遮盖冠状窦口可致急性心肌梗死，多见于右冠窦，常引起下壁心肌梗死。此种情况下，严禁溶栓和抗凝治疗，否则会引发灾难性大出血，死亡率高达71%，答案为C。②急性心肌梗死溶栓治疗的禁忌证包括：既往发生过出血性脑卒中，6个月内发生过缺血性脑卒中或脑血管事件；入院时血压>180/110mmHg；近期(<2周)曾有在不能压迫部位的大血管行穿刺术；近期(2~4周)有活动性内脏出血等。

625. ABCDE ①急性心肌梗死溶栓治疗是否成功，可根据冠状动脉造影结果直接判断。其他判断指标包括：心电图抬高的ST段于2小时内回降>50%；胸痛2小时内基本消失；2小时内出现再灌注性心律失常(如频发室性期前收缩)；血清肌酸激酶同工酶(CK-MB)峰值提前出现(14小时内)。②窦性心动过速是正常人都可发生的心律失常，无特异性，不能作为急性心肌梗死后溶栓是否成功的判断指标。

626. ABCDE ①急性心肌梗死并发室性心律失常(室性期前收缩或室性心动过速)，若无血流动力学障碍，应首选利多卡因治疗。如室性心律失常反复发作可使用胺碘酮治疗。②维拉帕米常用于治疗急性心肌梗死合并室上性心律失常。普萘洛尔可用于各种心律失常，但对于急性心肌梗死合并室性期前收缩，不是首选药物。地西泮为镇静催眠药。苯妥英钠常用于利多卡因无效的室性期前收缩。

627. ABCDE ①老年患者，胸骨后持续疼痛6小时，心电图示$V_1 \sim V_6$导联ST段下移，血清肌钙蛋白增高，应诊断为急性广泛前壁心肌梗死，此为非ST段抬高型心肌梗死(NSTEMI)。②NSTEMI患者不宜溶栓治疗，因为溶栓治疗溶解的是纤维蛋白而不是血小板。ST段抬高型心肌梗死多为冠状动脉内纤维蛋白交联形成的红色血栓，早期溶栓治疗效果好。而NSTEMI的冠状动脉血栓多为血小板聚集形成的白色血栓，溶栓治疗对于血小板为主的白色血栓不仅无效，而且还会激活凝血机制，恶化病情，答案为E。③患者无下壁心肌梗死、无右心室心肌梗死、无明显低血压，故可使用硝酸甘油(A对)。未行溶栓治疗的心肌梗死患者，可以皮下注射低分子肝素(B对)。各种类型的心肌梗死均需应用阿司匹林(C对)。吸氧为心肌梗死的常规治疗(D对)。

628. ABCDE ①急性心肌梗死早期静脉注射β受体拮抗剂，可缩小梗死面积、降低再梗死率、降低心室颤动发生率和病死率而改善预后(A)。②急性心肌梗死24小时内禁用洋地黄。利尿剂常用于治疗急性左心衰竭，并不能改善心肌梗死患者的预后。硝酸酯类药物、钙通道阻滞剂，均可扩张冠状动脉，缓解急性心肌梗死的近期症状，但不能改善预后。

629. ABCDE 630. ABCDE ①老年患者，突发胸痛，Ⅰ、aVL、V_5、V_6导联ST段抬高，有病理性Q波，血清CK-MB升高，应诊断为急性前侧壁心肌梗死(B)。急性心包炎常可闻及心包摩擦音。扩张型心肌病心界常向两侧扩大。患者心尖区收缩期吹风样杂音为急性心肌梗死并发的二尖瓣乳头肌功能失调所致，不要误诊为风心病二尖瓣关闭不全，故不答D。风心病二尖瓣狭窄患者心尖部可闻及舒张期隆隆样杂音，故不答E。②室性心律失常是急性心肌梗死最常见的心律失常，一旦出现室性期前收缩，应立即给予利多卡因静脉注射，以免恶化为心室颤动(D)。普罗帕酮为ⅠC类药物，本身可引起严重心律失常，故不宜使用。维拉帕米常用于室上性心动过速的治疗，对室性期前收缩效果不好。急性心肌梗死24小时内禁用洋地黄，故不答C。苯妥英钠常用于利多卡因无效的室性期前收缩。

631. ABCDE 632. ABCDE 633. ABCDE ①老年患者，胸痛5小时，心电图示$V_1 \sim V_5$导联ST段抬高0.5mV，应考虑急性广泛前壁心肌梗死。为明确诊断，最有价值的实验室检查指标是血清肌钙蛋白测定(E)。血糖常用于诊断糖尿病。血脂分析常用于高脂血症的诊断。肝肾功能、血常规检查均为一般检查项目，故不答B、C、D。②卧床休息、静脉滴注极化液、硝酸甘油、丹红注射液(内含丹参、红花)，有助于解除急性心肌梗死的胸痛症状，但不能改善预后，故不答A、B、C、D。静脉注射瑞替普酶(rt-PA)可溶解冠状动脉内的血栓，改善预后(E)。③急性心肌梗死1周，患者突发呼吸困难，端坐位，双肺湿啰音，胸骨左缘第4肋间闻及收缩期吹风样杂音，应考虑合并室间隔破裂穿孔。为明确诊断,最有意义的检查是超声心动图(E)。胸部X线片对本病的诊断价值不大。血B型钠尿肽测定常用于诊断心力衰竭。血气分析常用于诊断呼吸衰竭。心电图常用于诊断心律失常。

634. ABCDE　①急性心肌梗死若合并心源性休克、末梢循环障碍,应首先静脉滴注低分子右旋糖酐补充血容量(B)。因低分子右旋糖酐能提高血浆胶体渗透压,使已聚集的红细胞和血小板解聚,降低血液黏滞性,改善微循环和组织灌注。当中心静脉压>18cmH_2O(正常值为5~10cmH_2O)时应停止补液。②肾上腺素可加强心肌收缩,增加心肌氧耗,禁用于急性心肌梗死。急性心肌梗死24小时内禁用洋地黄,故不答C。硝普钠、硝苯地平均为降压药物,不适于心源性休克的治疗。

635. ABCDE　大多数急性心肌梗死患者可使用硝酸甘油,但下壁心肌梗死、右心室心肌梗死患者不宜使用硝酸甘油,因为硝酸甘油会进一步影响右心室充盈,从而导致低血压,甚至休克。B、C、D、E均可使用。

636. ABCDE　637. ABCDE　638. ABCDE　①患者2周来发作性胸痛,休息缓解,应考虑心绞痛。3小时前持续性胸痛,应考虑急性心肌梗死。心尖部闻及3级收缩期杂音,提示二尖瓣乳头肌功能失调。患者气促,不能平卧,双肺散在哮鸣音及湿啰音,应考虑急性左心衰竭,故本例应诊断为急性心肌梗死合并左心衰竭(E)。A、B、C、D均不会出现持续性胸痛。②心电图是诊断急性心肌梗死最常用的检查方法,胸痛发作15分钟后即可有心肌缺血的表现(B)。胸部X线片、超声心动图对急性心肌梗死的诊断价值不大,故不答A、C。血清肌钙蛋白需发病3~4小时后才开始升高,而患者发病刚刚3小时,故血清肌钙蛋白可能为阴性,故不答D。心肌核素扫描常用于了解心肌缺血坏死的范围。③急性心肌梗死合并左心衰竭的患者,首先要使用吗啡解除疼痛,其次要使用速效利尿剂,迅速减轻心脏前负荷,积极纠正左心衰竭(D)。本例肺部出现湿啰音为急性左心衰竭,而不是感染所致,因此无需使用抗生素,故不答A。β受体拮抗剂严禁用于急性左心衰竭,故不答B。急性心肌梗死24小时内禁用洋地黄,故不答C。糖皮质激素可用于支气管哮喘的治疗,但对急性左心衰竭无效,故不答E。

639. ABCDE　640. ABCDE　641. ABCDE　642. ABCDE　643. ABCDE　①急性前壁心肌梗死的典型心电图表现为V_1~V_5导联异常Q波(病理性Q波)伴ST段弓背向上抬高(B)。A为急性下壁心肌梗死的心电图表现。C为右心房增大的心电图表现。频发室性期前收缩为急性心肌梗死最常见的心律失常类型,三度房室传导阻滞为急性下壁心肌梗死常见的并发症。②急性心肌梗死时,最有诊断价值的血清学指标是肌钙蛋白,其次为肌酸激酶同工酶(CK-MB),因所给选项中无肌钙蛋白,故选CK-MB作为正确答案(D)。乳酸脱氢酶(LDH)、谷丙转移酶(GPT)、谷草转氨酶(GOT)等,因特异性及敏感性远不如肌钙蛋白、肌酸激酶同工酶,临床上已弃用,故不答A、B、C。急性心肌梗死时,血清肌红蛋白应是升高的,而不是下降,故E错。③室性心律失常是急性心肌梗死早期常见的临床表现,一旦出现室性期前收缩、短阵室性心动过速,若无血流动力学障碍,应立即给予利多卡因静脉注射(C)。急性心肌梗死24小时内禁用洋地黄(西地兰),故不答A。美西律、普鲁卡因酰胺、妥卡尼均为Ⅰ类抗心律失常药物,本身可引起严重的心律失常,故不宜使用。利多卡因虽然属于ⅠB类药物,但本身不引起心律失常,故可用于急性心肌梗死合并室性心律失常的治疗。④患者急性心肌梗死合并心源性休克,应尽快补充血容量,而不能使用呋塞米强行利尿,否则只会导致血压更低(B)。急性心肌梗死合并心源性休克是主动脉内气囊反搏术进行辅助循环,然后介入治疗的最佳指征,故不答A。对于急性心肌梗死合并休克者,在补足血容量后若血压仍不回升,可以使用多巴胺、多巴酚丁胺,以升高血压。在溶栓治疗后,可以使用低分子肝素行抗凝治疗。⑤心肌梗死后综合征常于心肌梗死后数周至数月发生,常表现为心包炎、胸膜炎、肺炎,伴发热等。患者心肌梗死后4周出现低热、心包摩擦音、肺部湿啰音,为典型的心肌梗死后综合征(D)。肺结核、感染性心内膜炎、肺栓塞均不会出现心包摩擦音,故不答A、C、E。尿毒症虽然可闻及心包摩擦音,但不会出现肺部湿啰音,故不答B。

644. ABCDE　645. ABCDE　646. ABCDE　①患者持续胸痛8小时,心电图示病理性Q波,应诊断为急性心肌梗死。患者心电图示Ⅰ、aVL、V_1~V_6导联ST段抬高0.1~0.4mV,应诊断为广泛前壁及高侧壁心肌梗死。急性心包炎、高血压急症均不会出现病理性 Q 波,故不答 A、C。患者病史仅 8 小时,急性心肌炎的可能性不大。肥厚型心肌病常表现为呼吸困难,胸骨左缘第 3~4 肋间闻及粗糙收缩期杂音,可有病理性 Q 波。②急性心肌梗死患者应行心泵功能 Killip 分级,故不答 D、E。患者血压 >90/60mmHg,肺部有湿啰音但小于 1/2 肺野,应诊断为 Killip 分级Ⅱ级(B)。③急性心肌梗死 24 小时内出现肺水肿主要是坏死的心肌间质充血、水肿引起顺应性降低所致,而左心室舒张末期容量尚未增大,因此在心肌梗死 24 小时内不宜使用洋地黄(毛花苷丙),洋地黄的正性肌力作用将加重心肌缺血缺氧,故答 B。A、C、D、E 均可用于急性心肌梗死的治疗。

647. ABCDE ①患者急性心肌梗死合并左心功能不全,血压 170/100mmHg,提示左心室后负荷过重,其治疗应首选硝普钠静脉滴注,可迅速扩张小血管,减轻心脏前后负荷,降低血压(C)。②卡托普利为血管紧张素转换酶抑制剂,起效缓慢,使用后 3~4 周才达最大降压效应,因此不适合急性心肌梗死合并左心衰竭的治疗,故正确答案为 C 而不是 E,很多医考参考书将答案错为 E。③β 受体拮抗剂常用于慢性心力衰竭治疗,但因其心肌的负性作用而禁用于急性心力衰竭的治疗,故不答 A。急性心肌梗死 24 小时内禁用洋地黄(地高辛),故不答 B。α 受体拮抗剂副作用较多,目前少用。

648. ABCDE 主动脉内气囊反搏术的主要作用是提高舒张期主动脉内血压,从而改善冠状动脉血供;减轻收缩期左心室后负荷,增加心输出量,改善肾、脑血供,有利于危重和休克患者的恢复。急性心肌梗死如并发心源性休克,为降低死亡率,可先行主动脉内气囊反搏术进行辅助循环(A),然后作选择性冠状动脉造影,随即施行介入治疗或主动脉-冠状动脉旁路移植手术。

649. ABCDE 650. ABCDE ①急性右心室心肌梗死常引起右心衰竭伴低血压,若无左心衰竭,宜扩容治疗,而不宜使用利尿药呋塞米(B)。②溶栓治疗溶解的是纤维蛋白而不是血小板。ST 段抬高型心肌梗死多为冠状动脉内纤维蛋白交联形成的红色血栓,故早期溶栓治疗效果较好。非 ST 段抬高型心肌梗死冠状动脉内多为血小板聚集形成的白色血栓。溶栓治疗对白色血栓不仅无效,而且会激活凝血机制,恶化病情,故非 ST 段抬高型心肌梗死不宜使用尿激酶作溶栓治疗(E)。③非 ST 段抬高型心肌梗死患者,若血流动力学稳定,应以阿司匹林、低分子肝素治疗为主;若血流动力学不稳定,则首选介入治疗。

651. ABCDE 心肌梗死患者,为预防再梗和猝死,应常规使用 β 受体阻滞剂(美托洛尔),此为急性心肌梗死的二级预防策略。

652. ABCDE 653. ABCDE ①老年患者,阵发性胸痛 1 周,持续 6 小时,心电图示Ⅱ、Ⅲ、aVF 导联 ST 段抬高,应诊断为急性下壁心肌梗死。为明确诊断,应首选血清肌钙蛋白测定。A、C、D、E 均不能确诊急性心肌梗死。②急性下壁心肌梗死易并发房室传导阻滞。患者心率 45 次/分,律齐,应诊断为三度房室传导阻滞。故不能口服 β 受体拮抗剂,因为 β 受体拮抗剂可减慢心率,减慢传导。A、B、C、E 均可使用。

654. ABCDE WHO 规定的高血压诊断标准为收缩压≥140mmHg 和(或)舒张压≥90mmHg。

655. ABCDE ①高血压 1 级血压为 140~159/90~99mmHg,2 级血压为 160~179/100~109mmHg,3 级血压为≥180/110mmHg。可见高血压的分级依据是血压值的高低,即血压增高的程度,答案为 E。②A、B、C、D 均为高血压分期的指标。9 版《内科学》已删除相关知识点。

656. ABCDE ①临界收缩期高血压是单纯收缩期高血压的亚组,其诊断标准为收缩压 140~149mmHg,舒张压<90mmHg。在所给 5 个选项中,符合此条件的是 E。9 版《内科学》未讲述。②临界高血压是 1 级高血压的亚组,其诊断标准为:收缩压 140~149mmHg,舒张压 90~94mmHg。

657. ABCDE ①单纯收缩期高血压是指收缩压≥140mmHg,而舒张压正常,即<90mmHg。故本例可诊断为单纯收缩期高血压。②血压正常高值是指血压为 120~139/80~89mmHg。正常血压应<120/80mmHg。高血压 2 级为 160~179/100~109mmHg。

658. ABCDE ①高血压的分级标准:1 级为收缩压 140~159mmHg 和(或)舒张压 90~99mmHg,2 级为收

缩压 160~179mmHg 和(或)舒张压 100~109mmHg,3 级为收缩压≥180mmHg 和(或)舒张压≥110mmHg。本例最高血压 170/110mmHg,应诊断为 3 级高血压。②按高血压患者心血管危险分层标准,3 级高血压合并糖尿病应诊断为很高危,故答案为 C。

659. ABCDE ①中年男性,非同日多次测量血压≥140/90mmHg,应诊断为高血压。②患者收缩压 155mmHg,为高血压 1 级。患者舒张压 100mmHg,应为高血压 2 级。根据就高不就低的原则,本例应诊断为高血压 2 级。③患者高血压 2 级,合并糖尿病,应诊断为很高危,故答 E。

660. ABCDE ①恶性高血压也称急进型高血压,起病急骤,多见于中青年,血压显著升高,舒张压持续≥130mmHg,常有头痛、视物模糊、眼底出血、渗出和视盘水肿,以肾脏损害为突出表现。根据题干,本例应诊断为恶性高血压(C)。②急性视盘病变只是该患者的部分临床表现。脑出血、脑梗死好发于老年,常有神经系统定位体征。高血压脑病常表现为严重头痛、呕吐、意识障碍、抽搐、昏迷等。

661. ABCDE ①恶性高血压的病理特征是肾小动脉纤维素样坏死,其突出临床表现为肾功能急剧减退,可在短期内死于肾衰竭,这是与缓进型高血压最主要的鉴别点(C)。②恶性高血压和晚期缓进型高血压均可出现视乳头水肿、心力衰竭、脑出血等,因此这些不能成为两者的鉴别点。

662. ABCDE ①主动脉夹层常表现为突发胸骨后撕裂样疼痛,疼痛可放射到肩背部、胸腹部、下肢等处。95%以上的患者可因剧痛使血压升高,两上肢或上下肢血压不等。胸部 X 线片可有主动脉增宽。根据题干,本例应诊断为主动脉夹层(C)。②患者持续胸痛 10 小时,血清肌酸激酶同工酶(CK-MB)正常,心电图正常,可排除急性心肌梗死。变异型心绞痛的胸痛时间一般不超过 30 分钟,心电图示部分导联 ST-T 抬高,故不答 B。急性胆囊炎常表现为右上腹痛,Murphy 征阳性,故不答 D。急性心包炎常表现为前胸钝痛,呼吸困难,心包摩擦音等。

663. ABCDE 664. ABCDE ①高血压分级标准:高血压 1 级血压为 140~159/90~99mmHg,2 级血压为 160~179/100~109mmHg,3 级血压为≥180/110mmHg。本例血压为 160/95mmHg,如按收缩压标准分级为高血压 2 级,如按舒张压标准分级为高血压 1 级,而高血压分级是为了评估脑血管意外的风险性,因此应以高级别为准,故本例应诊断为高血压病 2 级而不是 1 级(B)。②高血压危象是指血压急剧升高,出现剧烈头痛、恶心呕吐、视物模糊、抽搐昏迷等。高血压脑病是指血压严重升高,超过了脑血管的自身调节能力,脑组织血流灌注过多所引起的脑水肿,常表现为严重头痛、恶心呕吐、意识障碍、抽搐昏迷等。因此两者临床表现相似,区分高血压危象和高血压脑病的关键是:前者血压短期内急剧升高,后者血压缓慢严重升高。本例为血压骤然升高,故应诊断为高血压危象,而不是高血压脑病(D)。

665. ABCDE ①高血压最严重最常见的并发症及最常见的死因均是脑出血,故答 D。②A、B、C、E 均为高血压的病理改变,但不是最严重的病变。

666. ABCDE 由于血压的波动性,应至少 2 次在未用降压药的情况下,非同日静息状态下测得血压(血压值应以连续测量 3 次的平均值计)升高,才可诊断为高血压(A)。不能仅凭 1 次血压测定值来确诊高血压,而需要一段时间的随访,观察血压变化和总体水平。

667. ABCDE ①肾性高血压常先有肾功能损害且肾损害较严重,然后出现血压升高。原发性高血压肾损害常先有高血压病史多年,而后才出现肾损害,且肾损害较轻,这是两者的鉴别要点(E)。②肾性高血压和原发性高血压均可出现高血压、血尿、肾功能损害、病程较长者均可出现左心室增大,因此这些均不能作为两者的鉴别要点。

668. ABCDE 诊断高血压主要根据诊室测量的血压值,应测量安静休息坐位时上臂肱动脉部位的血压,一般需非同日测量 3 次血压值,收缩压均≥140mmHg 和(或)舒张压均≥90mmHg,即可诊断为高血压。根据高血压的诊断标准,正确答案应为 B。

669. ABCDE ①主动脉缩窄引起血压升高主要由机械因素所致:主动脉缩窄段造成血流阻力增大,缩窄近端血压升高,缩窄远端血供减少,血压降低。主动脉缩窄好发于锁骨下动脉起始点远端的腹主动脉或降主动脉,因此锁骨下动脉支配的上肢血压增高。下肢由缩窄远端的髂外动脉支配,故血压降低。从而造成上、下肢血压不等,此为主动脉缩窄的特点(B)。②库欣综合征常表现为血压增高,满月脸,水牛背,尿17-酮类固醇、17-羟类固醇显著增高。嗜铬细胞瘤常表现为血压阵发性增高,尿苦杏仁酸增高。原发性醛固酮增多症常表现为高血压、低血钾。单侧肾动脉狭窄常表现为血压增高,上腹部或背部肋脊角处可闻及血管杂音。

670. ABCDE 醛固酮的生理作用是保水保钠排钾,因此原发性醛固酮增多症(原醛症)患者由于醛固酮增多,排钾增多,会导致低钾血症;由于保水保钠增多,造成水钠潴留,引起血压增高。故原醛症的特点即为高血压、低血钾。

671. ABCDE 672. ABCDE ①患者突发胸骨后撕裂样疼痛 1 小时,放射至上腹部,血压高达200/110mmHg,应诊断为主动脉夹层(E)。患者双肺呼吸音清晰,张力性气胸可能性小,故不答 A。患者胸痛时间超过半小时,心绞痛的可能性较小,故不答 B。患者心电图示 $V_4 \sim V_6$ 导联 ST 段压低而不是明显抬高,故不答 C。肺动脉栓塞常表现为呼吸困难、胸痛、咯血三联征,故不答 D。②确诊主动脉夹层,首选 CT 血管造影检查,其敏感性和特异性可达98%。超声心动图也可选用,但敏感性、特异性均不如 CT 血管造影,故答 B 而不是 A。心肌损伤标志物常用于急性心肌梗死的诊断。胸部 X 线片对主动脉夹层无特异性诊断价值。动态心电图常用于冠心病的诊断。

673. ABCDE ①肾血管性高血压患者由于单侧或双侧肾动脉狭窄,约 50%可在上腹部闻及连续高调的血管杂音为其特点,答案为 B。②对于近期发生的高血压、难治性高血压,应警惕肾血管性高血压,但无特异性,故不答 C。氮质血症是肾功能不全的表现。

674. ABCDE 675. ABCDE ①库欣综合征是指肾上腺皮质分泌皮质醇过多所致的临床综合征,常表现为高血压、向心性肥胖、满月脸、多血质、皮肤紫纹。②高血压患者上肢血压高于下肢是主动脉缩窄的典型临床表现。③肾动脉狭窄的典型表现为血压增高,上腹部可闻及连续高调的血管杂音。嗜铬细胞瘤常表现为高血压,血清儿茶酚胺增加。原发性醛固酮增多症常表现为高血压、低血钾。

676. ABCDE 改善生活行为适用于所有高血压患者,措施如下。①减轻体重:尽量将体重指数(BMI)控制在<24kg/m^2;②减少钠盐摄入:每人每天食盐量不宜超过 6g;③减少脂肪摄入:膳食中脂肪量应控制在总热量的 25%以下;④限制饮酒:饮酒量每日不可超过相当于 50g 乙醇;⑤增加运动:较好的运动方式是低或中等强度的等张运动,可选择慢跑或步行,每周 3~5 次,每次 20~60 分钟(C 对)。

677. ABCDE ①无合并症的高血压患者血压控制目标值应<140/90mmHg(E)。②高血压合并糖尿病、慢性肾脏病、心力衰竭,血压控制目标值应<130/80mmHg。

678. ABCDE ①单纯收缩期高血压的诊断标准为收缩压≥140mmHg 和舒张压<90mmHg,根据此标准,应诊断为单纯收缩期高血压。②普通高血压患者的降低目标是血压<140/90mmHg。单纯收缩期高血压患者,收缩压应控制在 150mmHg 以下,如能耐受可降至 140mmHg 以下(D 对)。

679. ABCDE ①患者收缩压≥140mmHg、舒张压<90mmHg,应诊断为单纯收缩期高血压。②老年收缩期高血压,收缩压应控制在 150mmHg 以下,如能耐受可降至 140mmHg 以下。糖尿病合并高血压患者血压控制目标值应<130/80mmHg。若按老年收缩期高血压的降压标准,则答案为 E。若按糖尿病合并高血压的控制目标值,则答案为 B。根据降压标准就低不就高的原则,最佳答案应为 B。

680. ABCDE ①普通高血压患者的降低目标是血压<140/90mmHg。若高血压合并糖尿病、慢性肾脏病、心力衰竭、冠心病,则血压控制目标值<130/80mmHg。老年收缩期高血压,收缩压应控制在150mmHg 以下,如能耐受可降至 140mmHg 以下。②患者收缩压≥140mmHg、舒张压<90mmHg,故应诊断为单纯收缩期高血压。根据题干,患者合并有肾功能不全。因此,若按老年收缩期高血压的降压标准则答案为 E。若按高血压合并肾病的标准,则答案为 A。根据降压标准就低不就高的原则,最佳答案应为 A。

681. ABCDE ①依那普利属于血管紧张素转换酶抑制剂(ACEI),可导致肾功能一过性恶化,故血肌酐明显升高(>265μmol/L)者应慎用(A)。②氨氯地平、硝苯地平为钙通道阻滞剂,美托洛尔为选择性 β_1 受体阻滞剂、阿罗洛尔为 $\alpha+\beta$ 受体阻滞剂,均可作为降压药使用,但对肾功能无明显影响。

682. ABCDE　①氢氯噻嗪为噻嗪类利尿剂,通过排钠排水而降低血压,主要适用于轻、中度高血压,尤其适合伴水肿的高血压(A)。②硝苯地平为钙通道阻滞剂,哌唑嗪为 α_1 受体拮抗剂,均可降低血压,但不能消除水肿,故不答 B、C。卡托普利为血管紧张素转换酶抑制剂,既可降低血压,也可导致血管性水肿。可乐定为 α_2 受体拮抗剂,可引起水钠潴留,加重水肿,禁用于伴水肿的高血压患者。

683. ABCDE　老年收缩期高血压的特点是大动脉弹性储器作用减弱,动脉壁顺应性降低,导致收缩压升高,舒张压下降,脉压增大。利尿药的作用机制是排水排钠排钾,而 Na^+ 可诱导动脉结构和功能的改变,小剂量利尿剂可预防胶原聚集并缓解动脉僵硬度,故利尿剂可作为老年收缩期高血压的首选药作初始治疗。老年收缩期高血压的另一首选药物是长效二氢吡啶类钙通道阻滞剂。参阅 5 版《内科学》P266,9 版《内科学》未讲述。

684. ABCDE　①交感-肾素-血管紧张素-醛固酮系统是一个调节轴,血管紧张素转换酶抑制剂(ACEI)可减少血管紧张素的合成。血管紧张素Ⅱ(ATⅡ)对肾小球入球小动脉和出球小动脉均有收缩作用,且对出球小动脉的收缩作用大于入球小动脉,从而维持肾灌注压。可见,ATⅡ在维持肾灌注压的过程起重要作用。若双侧肾动脉狭窄患者使用 ACEI,将使 ATⅡ的合成减少,使肾灌注压降低,导致肾小球滤过率降低。故 ACEI 禁用于双侧肾动脉狭窄的高血压患者。②A、C、D、E 均可应用。

685. ABCDE　①血管紧张素转换酶抑制剂(ACEI)可抑制交感-肾素-血管紧张素-醛固酮系统,扩张外周血管而降压;还可改善、延缓心室重塑,减少纤维化,故尤其适合于高血压伴左心室肥厚的患者(C)。②ACEI 可使主动脉瓣狭窄患者冠状动脉灌注减少,故禁用于高血压伴主动脉瓣狭窄。ACEI 可引起妊娠妇女胎儿畸形,故应禁用。ACEI 可抑制血管紧张素Ⅱ的合成,使醛固酮生成减少,导致排钾减少,引起血钾增高,故 ACEI 禁用于高血压伴高钾血症。ACEI 禁用于高血压伴双侧肾动脉狭窄。

686. ABCDE　687. ABCDE　688. ABCDE　①噻嗪类为排钾性利尿剂,可引起血钾降低,故禁用于合并低钾血症的高血压患者(A)。②血管紧张素转换酶抑制剂(ACEI)既可降低血压,又可改善胰岛素抵抗,故特别适合糖尿病合并高血压的患者(C)。③血管紧张素转换酶抑制剂(ACEI)可抑制激肽酶,使缓激肽降解减少,造成体内缓激肽增多,导致刺激性干咳,干咳发生率为 10%~20%(C)。④临床上,α 受体拮抗剂因副作用太多,较少作为降压药使用。二氢吡啶类钙通道阻滞剂为广谱抗高血压药。β 受体拮抗剂适用于各种不同程度的高血压,尤其是心率较快的中、青年患者或合并心绞痛的患者。

689. ABCDE　690. ABCDE　①血肌酐正常值为 76~88μmol/L,血尿酸正常值为 268~488μmol/L,可见该患者血肌酐、血尿酸值略增高。高血压患者血压控制目标值一般为<140/90mmHg,高血压合并慢性肾病者应控制在<130/80mmHg。本例血肌酐增高,故血压控制的目标值应<130/80mmHg(A)。②噻嗪类利尿剂可影响血脂、血糖、血尿酸代谢,禁用于高尿酸、痛风患者(B)。血管紧张素转换酶抑制剂禁用于血肌酐>265μmol/L 者,故本例可以选用。

691. ABCDE　①血管紧张素转换酶抑制剂、血管紧张素Ⅱ受体拮抗剂均可舒张出球小动脉,降低肾灌注压,导致肾小球滤过率与肾功能降低,加重肾损害,因此血肌酐 CR>265μmol/L 的患者不宜使用,故不答 A、C。②噻嗪类利尿剂可诱发高尿酸血症,因此痛风患者不宜使用,故不答 B。③β 受体拮抗剂可减慢心率,而患者心率仅 50 次/分,故不宜使用。排除 A、B、C、E 后,得出正确答案为 D。

692. ABCDE　①血管紧张素Ⅱ受体拮抗剂既可降低血压,又可减少尿蛋白形成,是高血压合并糖尿病的最佳适应证。血管紧张素Ⅱ受体拮抗剂在血肌酐>265μmol/L、高钾血症时,不宜使用,而本例血肌酐 160μmol/L,血钾正常,故可使用。②A、B、C、D 都没有减少尿蛋白形成的独特作用。

693. ABCDE　美托洛尔为选择性 β_1 受体拮抗剂,虽对 β_2 受体的阻断作用较弱,但仍可增加呼吸道阻力,故支气管哮喘不宜使用。A、B、C、E 均不会导致支气管痉挛,故可用于高血压合并支气管哮喘。

694. ABCDE　①β 受体拮抗剂既可减少心输出量、抑制肾素释放、交感活性而降低血压;也可减少心肌氧耗量，改善缺血区代谢，缩小心肌梗死范围，因此适合心绞痛的治疗。由于心肌 β_1 受体阻断后，心率减慢，因此 β 受体拮抗剂尤其适合心率增快的高血压合并劳力性心绞痛的患者，答案为 A。注意：β 受体拮抗剂不适合变异型心绞痛。②血管紧张素转换酶抑制药适合高血压合并心肌肥厚者。α 受体拮抗剂临床上少用。钙通道阻滞药特别适合高血压合并变异型心绞痛者。利尿药适合各种轻、中度高血压患者，尤其盐敏性高血压者。

695. ABCDE　①高血压合并心肌梗死病史者首选 β 受体阻滞剂，此为心肌梗死的二级预防。②高血压合并急性心肌梗死首选血管紧张素转换酶抑制剂，高血压合并冠心病心绞痛首选钙通道阻滞剂。

696. ABCDE　①心肌梗死的二级预防，常规使用 β 受体拮抗剂，可降低死亡率。患者 2 年前有心肌梗死病史，合并高血压，心率较快，治疗应首选 β 受体拮抗剂(美托洛尔)，答案为 A。②维拉帕米为钙通道阻滞剂，适用于高血压合并冠心病者。卡托普利为 ACEI，主要适用于高血压合并急性心肌梗死。吲达帕胺具有利尿、钙拮抗作用，为一种新型强效、长效降压药，适用于轻、中度高血压。哌唑嗪为 α_1 受体拮抗剂，主要通过松弛血管平滑肌而产生降压作用，适用于轻、中度高血压。

697. ABCDE　①钙通道阻滞剂可阻滞细胞外 Ca^{2+} 经 L 型钙通道进入血管平滑肌，减弱兴奋-收缩偶联，通过降低阻力血管的反应性而降低血压；也可抑制心肌收缩，减少心肌氧耗；扩张冠状动脉，解除冠状动脉痉挛，因此钙通道阻滞剂尤其适合于高血压合并冠状动脉痉挛性心绞痛的治疗(D)。②β 受体拮抗剂主要适用于高血压合并心肌梗死病史的治疗。利尿剂常用于盐敏性轻、中度高血压的治疗。血管紧张素转换酶抑制剂适合于高血压合并糖尿病、肾病的治疗。α 受体拮抗剂临床上少用。

698. ABCDE　①卡托普利为血管紧张素转换酶抑制剂，在血肌酐>265μmol/L、血钾>5.5mmol/L 时不宜使用(A)。②袢利尿剂为排钾性利尿剂，可用于肾功能不全伴高钾血症者，故不答 B。硝苯地平为钙通道阻滞剂，不影响血糖、血钾、血肌酐，故不答 C。α 受体阻滞剂很少单独作为降压药使用。美托洛尔适用于心率较快的高血压患者，本例心率 85 次/分，可以使用。

699. ABCDE　①依那普利为血管紧张素转换酶抑制剂(ACEI)，ACEI 具有改善胰岛素抵抗、减少尿蛋白的作用，尤其适合于高血压合并肥胖、糖尿病、左心室轻度肥厚的患者。②硝苯地平为二氢吡啶类钙通道阻滞剂，可反射性引起心率增快，故适合于高血压合并心率缓慢的患者。普萘洛尔适用于高血压合并心率增快的患者。氢氯噻嗪适合于单纯性收缩期高血压、盐敏感性高血压等。哌唑嗪很少作为降压药单独使用。

700. ABCDE　701. ABCDE　702. ABCDE　①长效二氢吡啶类钙通道阻滞剂作用长久，不会引起反射性儿茶酚胺刺激作用，故不影响心率，不会引起心动过速，且对血脂、血糖、胰岛素抵抗等无不利影响，故适合老年患者。与 β 受体拮抗剂、ACEI 相比，钙通道阻滞剂降压效果好，因此老年收缩期高血压的首选治疗为长效二氢吡啶类钙通道阻滞剂(A)。参阅 2 版 8 年制《内科学》P269，9 版《内科学》未讲述。②合并糖尿病、尿蛋白阳性的高血压患者降压治疗首选血管紧张素Ⅱ受体拮抗剂(E)。③β 受体拮抗剂可拮抗心肌 β_1 受体，使心率减慢，因此禁用于高血压合并心动过缓的患者(C)。

703. ABCDE　①维拉帕米为非二氢吡啶类钙通道阻滞剂，可抑制心肌收缩性、自律性和传导性，导致心率减慢，故心率缓慢者不宜使用，本例心率仅 56 次/分，故不答 A。②美托洛尔为 β 受体拮抗剂，具有负性心率作用，故不宜选用。③利血平起效慢，副作用大，目前临床少用，故不答 C。④氨氯地平为二氢吡啶类钙通道阻滞剂，可致窦性心动过速，引起心率轻度增快，故答 D。⑤血肌酐超过 265μmol/L 者，不宜使用血管紧张素转换酶抑制剂，本例血肌酐 365μmol/L，故不宜选用贝那普利。

704. ABCDE　①高血压患者有痛风病史，不宜使用氢氯噻嗪，因为氢氯噻嗪可导致血清尿酸增高，故可首先排除 B、E。美托洛尔为 β_1 受体拮抗剂，可减慢心率，而本例心率仅 52 次/分，不宜使用，故应排除 A、C。②氨氯地平为二氢吡啶类钙通道阻滞剂，既可降低血压，又可增快心率，是本例的绝佳适应证。缬沙坦为血管紧张素Ⅱ受体拮抗剂，可降低血压。缬沙坦在血肌酐>265μmol/L、高钾血症时，不宜使用，而本例血肌酐 110μmol/L，血钾正常，故可使用。

705. ABCDE ①利血平起效慢,副作用大,临床上现已少用,故不答 B。②维拉帕米为非二氢吡啶类钙通道阻滞剂,可抑制心肌收缩性、自律性和传导性,导致心率减慢,故心率缓慢者不宜使用。本例心率仅 56 次/分,故不答 C。③比索洛尔为 β 受体拮抗剂,具有负性心率作用,本例心率仅 56 次/分,故不宜选用。④哌唑嗪为选择性 α_1 受体拮抗剂,因副作用较多,临床上很少作为降压药物使用,故不答 E。⑤培哚普利为血管紧张素转换酶抑制剂,可以选用,答案为 A。

706. ABCDE ①高血压患者血压突然升高,突发眼底出血(Ⅲ级眼底),应诊断为高血压危象,其急救处理首选硝普钠静脉滴注。硝普钠可同时扩张小静脉和小动脉,降低前后负荷,适用于各种高血压急症。②A、B、C、D 均不适合高血压急症的治疗。

707. ABCDE 708. ABCDE ①硝普钠能同时扩张小静脉和小动脉,降低左心室前、后负荷,主要用于高血压急症的治疗(C)。②呋塞米为袢利尿剂,可促进水钠排泄,减少血容量,降低左心室前负荷,常用于急性左心衰竭的治疗(D)。

709. ABCDE ①扩张型心肌病的特征是心室扩大,心肌收缩功能减退,超声心动图可见室壁运动普遍减弱(C 对)。②心肌舒张功能障碍常见于肥厚型心肌病,而不是扩张型心肌病,故不答 A。扩张型心肌病病因不明,光镜下表现为非特异性心肌细胞肥大、变性,故不答 B。"心室充盈受限和舒张期容量下降"为限制型心肌病的特征。"右心室心肌被纤维脂肪组织所替代"为致心律失常性右心室心肌病的特点。

710. ABCDE 711. ABCDE ①扩张型心肌病是一类以左心室或双心室扩张,伴收缩功能障碍为特征的心肌病,故答 A。②肥厚型心肌病是以心室非对称性肥厚为特征的遗传性心肌病,故答 B。③C 为高血压性心脏病的特点;D 为限制型心肌病的特点;E 为急性心肌梗死室壁膨胀瘤的特点。

712. ABCDE ①扩张型心肌病的特征为左心室或双心室扩张,伴收缩功能障碍。②因心室肌收缩功能障碍,故听诊心音减弱。常可闻及第三或第四心音,心率快时呈奔马律。扩张型心肌病因瓣膜环扩大而出现相对性二尖瓣关闭不全,可于心尖部闻及收缩期杂音。晚期可出现充血性心力衰竭的表现,如下肢水肿、肝肿大等。A、C、D、E 均属于扩张型心肌病的一般临床表现,B 为特征性表现,故答 B。

713. ABCDE ①扩张型心肌病以心室扩大,心室收缩功能不全为特征,临床症状以充血性心力衰竭为主(A)。②部分患者可发生栓塞或猝死。食欲不振、肺部感染无特异性,故不答 D、E。

714. ABCDE ①患者心界向两侧扩大,应首先考虑扩张型心肌病和心包积液。扩张型心肌病由于左心室扩大,可有相对性二尖瓣关闭不全的表现,故可在心尖部闻及收缩期杂音。心包积液可于心前区闻及心包摩擦音。可见正确答案为 A 而不是 C。②晚期肺源性心脏病可有右心室肥大,出现心界向左扩大而不是向两侧扩大,故不答 B。风心病二尖瓣关闭不全可有心尖部收缩期杂音,心界向左下扩大而不是向两侧扩大,故不答 D。缺血性心肌病常表现为胸前区疼痛,与本例不符,故不答 E。

715. ABCDE ①扩张型心肌病左心衰竭时表现为肺淤血,出现各种形式的呼吸困难。但若同时发生右心衰竭,则右心室向肺动脉内射血减少,使肺内血流量减少,肺淤血减轻,患者的临床症状反而减轻,答案为 B。②A、C、D、E 均为有关因素,但不是主要因素。

716. ABCDE ①超声心动图是诊断扩张型心肌病的重要手段,常表现为心腔扩大,以左心室扩大为著,室壁运动普遍减弱,心肌收缩力下降。二尖瓣本身无变化,但前叶舒张期活动振幅降低,瓣口开放极小,呈钻石样双峰图形(D)。②A 为室壁瘤的表现,B、C 为肥厚型心肌病的表现,E 为心脏瓣膜病变的表现。参阅 5 版《内科学》P346,9 版《内科学》已删除部分内容。

717. ABCDE ①患者心界向两侧扩大,首先应考虑扩张型心肌病。扩张型心肌病由于左心室扩大,可导致相对性二尖瓣关闭不全,心尖部可闻及收缩期杂音。晚期若出现充血性心力衰竭,可表现为颈静脉怒张、肝肿大、双下肢水肿、腹水。根据题干,本例应诊断为扩张型心肌病。②A、C、D、E 均不会出现心界向两侧扩大。风心病二尖瓣关闭不全可闻及心尖部收缩期杂音,但心界应向左下扩大,故不答 D。

718. ABCDE ①患者超声心动图显示全心扩大,以左心室扩大为主,二尖瓣前叶舒张活动振幅降低,瓣口开放小，呈钻石样双峰图形，为扩张型心肌病的典型表现(E)。②风心病多幼年发病，有相应瓣膜受损的表现。纤维蛋白性心包炎、渗出性心包炎超声心动图检查均可发现液性暗区。肥厚型心肌病常于胸骨左缘3~4肋间闻及收缩期杂音，超声心动图示室间隔的非对称性肥厚，舒张期室间隔厚度与左心室后壁之比≥1.3。

719. ABCDE ①超声心动图为无创检查方法，是诊断肥厚型心肌病的主要手段，可显示室间隔的非对称性肥厚，舒张期室间隔厚度与左心室后壁厚度之比≥1.3。有梗阻的病例，可见室间隔流出道部分向左心室内突出，二尖瓣前叶在收缩期向前运动(SAM)。②肥厚型心肌病可在心电图部分导联出现深而不宽的病理性Q波(A错)。“出现深而宽的病理性Q波”常提示急性心肌梗死。“胸骨左缘第3~4肋间有响亮的收缩期杂音”提示流出道梗阻。用力时心前区闷痛及晕厥史，常提示心排血量减低。体检时部分患者可闻及第四心音。B、C、E均无特异性，不能确诊肥厚型心肌病。

720. ABCDE 721. ABCDE 722. ABCDE ①扩张型心肌病超声心动图显示心脏四腔均增大，以左心室扩大为主，室间隔、左心室后壁运动减弱。因心室扩大，故流出道增宽(A)。②肥厚型心肌病超声心动图显示室间隔非对称性肥厚，舒张期室间隔厚度与左心室后壁厚度之比≥1.3，间隔运动低下，具有确诊价值(B)。③正常心包腔内可有20~30ml起润滑作用的液体，超声心动图难以发现。若在整个心动周期均有心脏前后液性暗区，则可确诊心包积液(C)。④D为感染性心内膜炎的超声心动图特点。E为二尖瓣狭窄的超声心动图特点。

723. ABCDE ①扩张型心肌病常表现为气急、水肿、肝大等充血性心力衰竭症状，以心腔扩大为主要特征，以左心室扩大为著。发生左心衰竭时，可闻及两肺底湿啰音。扩张型心肌病因相对性二尖瓣关闭不全，可于心尖部闻及收缩期杂音。根据题干，本例应诊断为扩张型心肌病(B)。②急性心包炎不影响心脏瓣膜，超声心动图提示心脏前后液性暗区。急性病毒性心肌炎超声心动图多无异常发现。二尖瓣狭窄可于心尖部闻及舒张期杂音。肺源性心脏病多有慢性咳嗽、咳痰病史多年，常有右心室肥大。

724. ABCDE ①心脏杂音的强弱主要受心肌收缩力、心肌前负荷(容量负荷)的影响。心肌收缩力增强、前负荷减轻，可导致杂音增强；心肌收缩力减弱、前负荷增加，可导致杂音减轻。美托洛尔属于选择性β_1受体阻滞剂，可减弱心肌收缩力，导致肥厚型心肌病的心脏杂音减轻。②多巴胺、地高辛均可加强心肌收缩力，故可使心脏杂音增强。硝酸甘油通过扩张外周小血管使回心血量减少，呋塞米通过利尿减少血容量，两者均可使左心室容量减少，导致左心室前负荷减轻，而使心脏杂音增强。参阅5版《内科学》P348，9版《内科学》P266将“心脏前负荷”错为“心脏后负荷”。

725. ABCDE 梗阻性肥厚型心肌病的心脏杂音常因左心室容积减少，即前负荷减小(如含服硝酸甘油)或心肌收缩力增强(如剧烈活动)而增强(D对)。反之，左心室容积增加(如下蹲位)或心肌收缩力减弱(如服用β受体阻滞剂)可使心脏杂音减弱。

726. ABCDE ①肥厚型心肌病以心室肥厚为特征，常伴非对称性室间隔肥厚，若有流出道梗阻，则左心室与左心室流出道压差>20mmHg，Brockenbrough现象阳性。Brockenbrough现象是指在完全代偿间歇的室性期前收缩时，期前收缩后的心搏增强，心室内压上升，但同时因为收缩力增强梗阻也加重，所以主动脉内压反而降低。此现象为梗阻性肥厚型心肌病的特异性表现，故答B。②扩张型心肌病以心室扩张为主，病理性Q波少见，早期心导管检查正常，Brockenbrough现象阴性。限制型心肌病常表现为心室充盈受限、舒张容量下降，无心室肥大和病理性Q波。未定型心肌病是指扩张型、肥厚型、限制型、致心律失常型以外的心肌病。特异性心肌病即继发性心肌疾病。

727. ABCDE ①超声心动图是诊断肥厚型心肌病最主要的手段，舒张期室间隔与后壁厚度之比≥1.3、SAM征阳性(二尖瓣前叶在收缩期前移)是肥厚型梗阻性心肌病的特点。部分肥厚型梗阻性心肌病患者可出现晕厥，常于运动时发生。根据题干，本例应诊断为肥厚型梗阻性心肌病。②A、B、C、D均不会出现肥厚型心肌病所特有的典型超声心动图表现，故不答A、B、C、D。

728. ABCDE　729. ABCDE　①肥厚型心肌病以心室肥厚为主，常伴室间隔非对称性肥厚。超声心动图的诊断标准为室间隔与左心室后壁厚度之比≥1.3。按照此诊断标准，本例应确诊为肥厚型心肌病（D对）。肥厚型心肌病若有流出道梗阻，可于胸骨左缘3、4肋间闻及收缩期喷射性杂音。A、B、C、E不符合超声心动图诊断标准。②β受体拮抗剂（美托洛尔）是梗阻性肥厚型心肌病的首选药，可改善心室松弛，增加心室舒张期充盈时间，减少室性及室上性心动过速，答案为C。对于合并流出道梗阻的肥厚型心肌病，不宜使用硝酸甘油，以免加重梗阻。地高辛可增加肥厚型心肌病患者心肌的收缩性，加重梗阻，故禁用。氢氯噻嗪仅用于合并慢性心力衰竭者。氨茶碱常用于治疗支气管哮喘。

730. ABCDE　①梗阻性肥厚型心肌病常有左心室流出道受阻，应禁止使用洋地黄类药物，以免心肌收缩力增强，射血增多，而加重左心室流出道梗阻。②A、B、C、E均为洋地黄的适应证。

731. ABCDE　732. ABCDE　733. ABCDE　①梗阻性肥厚型心肌病可有劳力性胸痛及呼吸困难，头晕。体检可有心脏轻度增大，可闻及第四心音，胸骨左缘第3~4肋间可闻及收缩期杂音。若二尖瓣前叶移向室间隔，可导致二尖瓣关闭不全，而出现心尖部收缩期杂音。根据题干，本例应诊断为梗阻性肥厚型心肌病（D）。冠心病心绞痛可有发作性胸痛，但无心脏增大，也无心脏杂音。二尖瓣关闭不全可于心尖部闻及收缩期杂音，但不会出现胸骨左缘第3~4肋间收缩期杂音。主动脉瓣狭窄可于胸骨右缘第2肋间闻及收缩期杂音。病毒性心肌炎病前1~3周常有上呼吸道感染史，各种心律失常，一般无心脏杂音。②超声心动图是确诊梗阻性肥厚型心肌病最有价值的检查，若发现室间隔非对称性肥厚，室间隔厚度与后壁厚度之比≥1.3，即可确诊（C）。胸部X线片只能了解心脏的大致外形，不能确诊肥厚型心肌病。心电图常用于诊断心律失常。心脏核素检查常用于诊断急性心肌梗死。冠状动脉造影常用于诊断冠心病。③梗阻性肥厚型心肌病的治疗首选β受体阻滞剂（普萘洛尔），故答C。肥厚型心肌病应避免使用增强心肌收缩力和减少心脏容量负荷的药物，如地高辛、硝酸甘油等，以免加重左心室流出道梗阻。卡托普利、双氢克尿塞仅在并发心力衰竭时使用。

734. ABCDE　①多种病毒可引起病毒性心肌炎，其中以柯萨奇病毒最常见，占30%~50%。②其他常见病毒包括孤儿病毒、脊髓灰质炎病毒，少见病毒包括人类腺病毒、流感病毒、风疹病毒、脑炎病毒、肝炎病毒、EB病毒、巨细胞病毒、HIV病毒等。

735. ABCDE　①病毒性心肌炎可见与发热程度不平行的心动过速（心率增速与体温升高不相称）。②病毒性心肌炎时，心肌收缩力下降，心尖部第一心音明显减弱，不会出现第一心音增强（B错）。③重症心肌炎可出现舒张早期奔马律。④心肌炎累及心包时，可出现心包摩擦音。⑤心肌炎累及心脏起搏和传导系统时，可出现各种类型的心律失常，其中以室性期前收缩最常见。

736. ABCDE　①约50%的病毒性心肌炎患者于发病前1~3周有病毒感染等前驱症状，如发热、倦怠、恶心呕吐等消化道症状，然后出现心悸、胸痛、呼吸困难、水肿等。可出现各种心律失常，其中以室性心律失常、房室传导阻滞最常见。②部分患者心尖区可闻及收缩期吹风样杂音。③正常人体温每升高1℃，心率相应增快10~15次/分。但病毒性心肌炎患者的心率增速与体温不相称，甚至可表现为心率异常缓慢（E错）。

737. ABCDE　①在病毒性心肌炎急性期从心内膜、心肌组织、心包中检出病毒，可确诊本病。②血肠道病毒核酸阳性提示近期肠道病毒感染，不能确诊本病。B、E为病毒近期感染的阳性标准，只是支持病毒性心肌炎的诊断，但不能确诊。血C反应蛋白水平增高表示感染处于急性期。

738. ABCDE　①病毒性心肌炎患者病前1~3周常有上呼吸道感染史，然后出现胸闷、心悸。心电图可见各种心律失常，其中以室性期前收缩最常见。根据题干，本例应诊断为病毒性心肌炎。②急性心包炎常表现为胸痛、呼吸困难、心包摩擦音等，心电图示ST段抬高。扩张型心肌病常表现为充血性心力衰竭，心界向两侧扩大，一般无上呼吸道感染史。风湿性心肌炎好发于儿童，病程长，多有关节炎、环形红斑等体征。风心病多累及二尖瓣、主动脉瓣等，多有特征性心脏杂音。

739. ABCDE　740. ABCDE　741. ABCDE　742. ABCDE　①扩张型心肌病起病缓慢，常表现为气急、端坐

呼吸、水肿、肝大等充血性心力衰竭的症状和体征。体检可发现心脏扩大,常闻及第三或第四心音,心率快时呈奔马律。超声心动图示左心室扩大或双室扩大,室壁运动减弱(E)。②肥厚型心肌病患者多有心悸、胸痛、劳力性呼吸困难,伴左心室流出道梗阻时可有运动时眩晕,于胸骨左缘第 3~4 肋间可闻及喷射性收缩期杂音,屏气时杂音增强(C)。③病毒性心肌炎患者病前 1~3 周常有上呼吸道感染史,心率增快与体温升高程度不平行,可出现各种心律失常,以室性期前收缩最常见。由于心肌受损,CPK、GOT、LDH 均可增高(D)。④恶性高血压多见于中青年,血压明显升高,舒张压持续≥130mmHg,并有头痛、视物模糊、眼底出血渗出、视盘水肿。因其特征性病理改变为肾小动脉纤维素样坏死,故表现为急进性肾衰竭(A)。⑤B 为高血压脑病的表现。

743. ABCDE **744. ABCDE** ①"发病前 1~3 周有上呼吸道感染史"是病毒性心肌炎的特点,病毒性心肌炎常有心肌损害,因此血清肌钙蛋白升高,不要以此误诊为急性心肌梗死。根据题干,本例应诊断为病毒性心肌炎(E)。扩张型心肌病、肥厚型心肌病病程均较长,不会出现发热,由于没有心肌的急性损害,因此血清肌钙蛋白正常,故不答 A、B。急性心肌梗死常表现为持续性胸痛,可有血清肌钙蛋白增高,但病程不会长达 3 周,故不答 C。肺血栓栓塞症常表现为胸痛、咯血、呼吸困难三联征。②病毒性心肌炎患者由于心肌受损,可出现各种类型的心律失常。临床诊断的病毒性心肌炎绝大多数是以心律失常为主诉或首见症状,参阅 9 版《内科学》P271。患者主诉为"自觉喘憋、心悸、乏力",故喘憋最可能的病因是心律失常,答案为 D。血气分析常用于诊断呼吸衰竭。病毒性心肌炎患者超声心动图可正常,因此超声心动图检查不能确诊患者喘憋的病因,故最佳答案为 D 而不是 B,很多医考参考书将答案错为 B。冠状动脉造影常用于确诊冠心病。血常规无特异性,故不答 E。

745. ABCDE ①"病前 1~3 周有上呼吸道病毒感染史"是病毒性心肌炎的特点。青年女性,2 周前上呼吸道感染,3 天前心悸,频发室性期前收缩,血清肌钙蛋白升高,应诊断为病毒性心肌炎(A)。②感染性心内膜炎常表现为发热、心脏杂音、Osler 结节、Roth 斑等,故不答 B。病毒性心肌炎常有心肌受损,因此血清肌钙蛋白升高,不要因此误诊为急性心肌梗死。急性心肌梗死常表现为持续性心前区疼痛。风心病常可闻及心脏杂音。心绞痛好发于老年人,常反复发作胸痛,每次胸痛时间不超过 30 分钟。

746. ABCDE ①正常情况下,血液由右心房→三尖瓣→右心室→肺动脉→肺毛细血管→肺静脉→左心房→二尖瓣→左心室→主动脉瓣→主动脉。因此,当二尖瓣狭窄时,血液从左心房流入左心室受阻,血液淤积在左心房内,出现左心房高压,久而久之,导致左心房代偿性肥大和扩张。②升高的左心房压力被动向后传递,导致肺静脉压增高→肺动脉压增高→右心室压力增高→右心房压力增高,引起右心室肥大,右心房肥大。可见二尖瓣狭窄时,各心腔的代偿性肥大的顺序为:左心房肥大→右心室肥大→右心房肥大。左心房是第一个代偿性肥大和扩张的心腔(A)。

747. ABCDE ①严重二尖瓣狭窄时,首先出现左心房扩大,晚期可出现右心室肥大,右心房肥大。②二尖瓣狭窄时,由于血液从左心房流入左心室受阻,导致左心室充盈量减少,左心室内压力降低,可导致左心室早期正常,晚期废用性萎缩,故答案为 D。

748. ABCDE ①严重二尖瓣狭窄患者,左心房血液进入左心室受阻,导致左心房压力增高,肺静脉高压,支气管静脉破裂出血,引起咯血(D)。②肺毛细血管破裂是肺结核痰中带血的原因。急性肺水肿常表现为咳粉红色泡沫痰,而不是大咯血。支气管动脉破裂是支气管扩张反复咯血的原因。

749. ABCDE 严重二尖瓣狭窄患者,左心房血液进入左心室受阻,导致左心房压力增高,肺静脉高压,支气管静脉破裂出血,引起咯血。二尖瓣狭窄是最易引起咯血的风湿性心脏瓣膜病(A)。

750. ABCDE 正常二尖瓣瓣口面积 4~6cm^2。

751. ABCDE 二尖瓣口面积:轻度狭窄 1.5~2.0cm^2,中度狭窄 1.0~1.5cm^2,重度狭窄<1cm^2。

752. ABCDE ①重度二尖瓣狭窄患者常有二尖瓣面容,两颧绀红。②正常情况下,血液由右心房→三尖瓣→右心室→肺动脉→肺→肺静脉→左心房→二尖瓣→左心室→主动脉瓣→主动脉。当二尖瓣狭窄时,左心房血液进入左心室受阻,血液淤积于左心房,引起左心房压力增高,久而久之,则左心房代偿性增大(C)。升高的左心房压被动向后传递,引起肺静脉压增高导致肺水肿(D);引起肺动脉高压,使肺动脉段膨出(B)。③二尖瓣狭窄时,心尖区可闻及第一心音亢进。心音弱而远为心包积液的特点。

753. ABCDE　①P 波是心房肌去极化的电位变化,正常时限≤0.11 秒。当重度二尖瓣狭窄合并左心房增大时,左心房收缩增强,导致 P 波宽大>0.12 秒,伴切迹,呈双峰 P 波,两峰间距≥0.04 秒,称为二尖瓣型 P 波(B)。②高尖 P 波(肺型 P 波)常见于右心房肥大。逆行 P 波常见于房室交界性期前收缩。QRS 波群增宽常见于室性期前收缩。T 波明显倒置常见于陈旧性心肌梗死。

754. ABCDE　①二尖瓣狭窄的特征性体征是心尖部闻及舒张期隆隆样杂音,系舒张期左心房的血液流入左心室,经过狭窄的二尖瓣引起涡流所致(D 对)。②颈静脉怒张是二尖瓣狭窄合并右心衰竭的体征。二尖瓣狭窄时,舒张期左心室充盈不足,心室开始收缩时二尖瓣位置较低,瓣叶需经过较长距离达到闭合位置,振动幅度增大,致第一心音亢进。当长期肺动脉高压导致肺动脉扩张,引起相对性肺动脉瓣关闭不全时,可在胸骨左缘第 2 肋间闻及舒张早期吹风样杂音,称为 Graham-Steell 杂音。当二尖瓣狭窄合并肺动脉高压时,可出现肺动脉瓣区第二心音亢进伴分裂。A、B、C、E 均无特异性。

755. ABCDE　①风心病患者心尖部闻及舒张期杂音,应考虑二尖瓣狭窄。患者突发喘憋,端坐位,双肺闻及湿啰音,心率增快,应考虑急性左心衰竭,故本例应诊断为风心病二尖瓣狭窄合并急性左心衰竭。②普通急性左心衰竭的治疗首选洋地黄(地高辛),但风心病二尖瓣狭窄伴急性左心衰竭严禁使用洋地黄,因洋地黄可加强右心室收缩能力而加重肺水肿,参阅 9 版《内科学》P172。对于风心病二尖瓣狭窄合并急性左心衰竭,洋地黄仅用于心房颤动伴快速心室率者,以减慢心室率,参阅 9 版《内科学》P289。而患者心律整齐,说明无心房颤动,故严禁使用地高辛。呋塞米为袢利尿剂,可快速减轻心脏前负荷,可以选用,故答 E 而不是 D,很多医考参考书将答案错为 D。③A、B 均属于抗心律失常药物,不宜应用。患者端坐位,说明心功能为 NYHA Ⅳ级,严禁使用 β 受体拮抗剂美托洛尔。

756. ABCDE　①心尖区舒张期震颤提示二尖瓣狭窄,心尖区收缩期震颤提示重度二尖瓣关闭不全。②胸骨右缘第 2 肋间收缩期震颤提示主动脉瓣狭窄。胸骨左缘第 2 肋间连续性震颤提示动脉导管未闭。

757. ABCDE　①二尖瓣狭窄最有诊断价值的检查是心脏听诊时于心尖部闻及舒张期隆隆样杂音,故答 E。②心电图检查常用于诊断心律失常。胸部 X 线片常用于诊断肺炎。血沉检查常用于了解风湿热的活动性。抗“O”检查常用于了解近期有无链球菌感染。

758. ABCDE　①二尖瓣狭窄时由于左心房增大,后前位胸部 X 线片可见左心缘变直,心脏外形呈梨形,称为梨形心,又称二尖瓣型心。②心腰是指主动脉与左心室的凹陷处,心腰部凹陷使心脏呈靴形,常见于主动脉瓣狭窄。C、E 均为二尖瓣关闭不全的典型体征。水冲脉是主动脉瓣关闭不全的典型体征。

759. ABCDE　①二尖瓣狭窄患者因血液从左心房进入左心室受阻,故左心房容量负荷增加,导致压力负荷增加,引起肺淤血,出现呼吸困难。晚期,若出现右心衰竭,则右心室射入肺动脉的血液减少,肺淤血减轻,故呼吸困难缓解。②出现右心衰竭时,肝大、颈静脉怒张、肝压痛、双下肢水肿将加重,而不是减轻。

760. ABCDE　**761. ABCDE**　**762. ABCDE**　①二尖瓣狭窄的特征性表现为心尖部闻及舒张中晚期低调的隆隆样杂音,故答 E。二尖瓣关闭不全的特征性表现为心尖部闻及收缩期吹风样杂音。主动脉瓣关闭不全的特征性表现为主动脉瓣区舒张期叹气样杂音。主动脉瓣狭窄的特征性表现为胸骨右缘 1~2 肋间粗糙而响亮的收缩期杂音。室间隔缺损表现为胸骨左缘第 3~4 肋间粗糙的全收缩期杂音。②心房颤动为二尖瓣狭窄最常见的心律失常。常先有房性期前收缩,继而阵发性心房扑动、颤动,之后转为慢性心房颤动。左心房淤血、左心房压力增高导致左心房扩大及房壁纤维化是心房颤动持续存在的病理基础。③患者突发心悸,心律绝对不齐,应诊断为二尖瓣狭窄并心房颤动,因为心律绝对不齐是心房颤动的临床特点。将心房颤动转复为窦性心律的方法包括药物复律、电转复、导管消融等。若患者心房颤动发作时,已有血流动力学障碍(急性心力衰竭、血压下降),应紧急施行电复律,否则行药物复律;若电复律和药物复律均无效,则选择导管消融治疗。本例心房颤动发作时,血压已降至 70/40mmHg,故应直接电复律治疗,答案为 E。非同步直流电复律主要用于治疗心室颤动。置入临时起搏器常用于治疗三度房室传导阻滞。静脉注射毛花苷丙常用于控制心房颤动的心室率。静脉注射胺碘酮为药物复律措施。

763. ABCDE ①约 20%的二尖瓣狭窄并发体循环栓塞,其中,2/3 的体循环栓塞为脑动脉栓塞。二尖瓣关闭不全患者也可发生脑动脉栓塞,但较二尖瓣狭窄少见,仅见于合并左心房增大、慢性心房颤动者,故最佳答案为 A 而不是 B,很多医考参考书将答案错为 B。②主动脉瓣狭窄、主动脉瓣关闭不全、肺动脉瓣狭窄患者发生体循环栓塞少见。

764. ABCDE 20%的二尖瓣狭窄可发生体循环栓塞,尤其合并心房颤动者更易发生。血栓栓塞以脑栓塞最常见,约占 2/3,也可发生四肢、脾、肾、肠系膜等动脉栓塞,栓子多来自扩大的左心房伴房颤者。

765. ABCDE ①二尖瓣狭窄时,左心房的血液进入左心室受阻,造成左心房压力增高、左心房扩大及房壁纤维化,最终导致心房颤动。因此,心房颤动是二尖瓣狭窄最常见的心律失常(B)。②二尖瓣关闭不全也可发生心房颤动,但较二尖瓣狭窄少见,故答 B 而不是 A。③主动脉瓣狭窄、主动脉瓣关闭不全、三尖瓣关闭不全并发心房颤动少见。

766. ABCDE ①风心病二尖瓣狭窄伴房颤患者,若二尖瓣赘生物脱落可发生体循环栓塞,以脑动脉栓塞最常见。患者突发晕厥、左侧肢体活动障碍,应诊断为脑动脉栓塞,即缺血性脑卒中。②出血性脑卒中常见于中老年高血压患者,常于劳动或激动时发病。洋地黄中毒、癫痫、骨折与题干所述无关。

767. ABCDE 768. ABCDE ①二尖瓣狭窄伴急性左心衰竭严禁使用洋地黄,因洋地黄可加强右心室收缩而加重肺水肿,参阅 9 版《内科学》P172。但二尖瓣狭窄伴急性左心衰竭,合并心房颤动者,可首选洋地黄进行治疗,以减慢心室率,参阅 9 版《内科学》P289。②因洋地黄和钙通道阻滞剂(维拉帕米、地尔硫䓬)能加快旁路前传,故禁用于预激综合征合并心房颤动者,此时最好选用延长房室旁路不应期的药物,如普罗帕酮等(E)。由于预激综合征多表现为房室折返性心动过速(约占 80%),因此也不能使用抗室性心律失常的药物利多卡因。

769. ABCDE ①二尖瓣狭窄患者由于左心房血液进入左心室受阻,造成左心房压力增高,导致肺静脉压升高、肺淤血,早期即可出现呼吸困难、咳嗽、咯血。随着肺循环压力增高,右心室负荷加重,最终出现右心衰竭,常表现为腹胀、肝脾肿大、双下肢水肿、颈静脉怒张等。在右心衰竭后,因右心室射入肺动脉的血量减少,肺淤血减轻,呼吸困难、咯血症状可明显减轻,故答 D。②二尖瓣狭窄是由于炎症、黏液样变性等机械因素所致,未经特殊治疗,其狭窄程度不可能突然减轻。二尖瓣狭窄合并肾小球肾炎,可能发生肾功能衰竭导致水钠潴留,出现腹水、腹胀、双下肢水肿,但不会出现呼吸困难减轻、咯血次数减少。二尖瓣狭窄合并主动脉瓣狭窄时,左心室压力负荷增加,升高的左心室压逆传至左心房,使左心房压力增高,导致呼吸困难和咯血加重。二尖瓣钙化可导致二尖瓣反流。

770. ABCDE ①二尖瓣狭窄的自然病程为"左心房扩大→右心室扩大→右心房扩大"。在病程晚期可出现右心衰竭,表现为肝脾大、腹水。在右心衰竭后,收缩期右心室射入肺动脉的血液减少,肺循环血量减少,肺淤血减轻,可导致呼吸困难、咳嗽、咯血症状减轻,故答 E。②随着病程进展,二尖瓣狭窄程度只可能越来越重,不可能减轻,故不答 A。单纯性二尖瓣关闭不全、主动脉瓣狭窄、主动脉瓣关闭不全一般不会出现,故不答 B、C、D。

771. ABCDE ①"双颧呈紫红色"为典型的二尖瓣面容。心尖部闻及舒张期强杂音,应考虑二尖瓣狭窄。患者既往有游走性关节肿痛病史,说明引起二尖瓣狭窄的病因为风湿热。二尖瓣狭窄叩诊可有心界向左扩大。根据题干,本例应诊断为风心病二尖瓣狭窄(B)。②主动脉瓣关闭不全可于主动脉瓣第二听诊区闻及叹气样舒张期杂音。主动脉瓣狭窄常于胸骨右缘第 2 肋间闻及收缩期杂音。肺动脉瓣狭窄常于肺动脉瓣区闻及喷射性收缩期杂音。二尖瓣关闭不全常于心尖部闻及收缩期杂音。

772. ABCDE ①患者双颊紫红为二尖瓣面容,"心尖部舒张期隆隆样杂音,第一心音亢进"为二尖瓣狭窄的特征性体征。根据题干,本例应诊断为二尖瓣狭窄。绝大多数二尖瓣狭窄由风湿热引起,即风心病,故预防二尖瓣狭窄的关键措施是积极预防链球菌感染及风湿热活动(D)。②A、B 为一般性措施，对疾病的防治无特异性。C 为冠心病的防治措施。E 为预防化脓性感染的措施。

773. ABCDE　774. ABCDE　775. ABCDE　①患者两颧发绀为二尖瓣面容，心尖区闻及舒张期隆隆样杂音为二尖瓣狭窄的典型体征。胸骨左缘第 3～4 肋间闻及二尖瓣开放拍击音，说明狭窄瓣膜的柔顺性良好。P_2 亢进及分裂是由于二尖瓣狭窄时肺动脉高压，导致肺动脉瓣关闭较主动脉瓣延迟所致。四肢关节疼痛病史提示可能曾患风湿热。根据题干，本例应诊断为风心病二尖瓣狭窄（A）。二尖瓣关闭不全可闻及心尖部收缩期吹风性杂音。主动脉瓣狭窄可于胸骨右缘第 2 肋间闻及收缩期喷射性杂音。主动脉瓣关闭不全可于胸骨左缘第 3 肋间闻及舒张期叹气样杂音。②患者第一心音强弱不等，心律绝对不规则，脉搏短绌（脉率<心率），为心房颤动的典型体征（D）。窦性心动过速、阵发性室上性心动过速不会出现心律不整。心房扑动、窦性心律不齐不会出现脉搏短绌。③二尖瓣狭窄合并心房颤动因心室率较快，造成舒张期充盈时间缩短，导致左心房压力急剧增加，同时心排血量减少，因而应立即使用洋地黄（毛花苷丙）控制心室率（C）。普萘洛尔仅在洋地黄疗效不佳时应用，故不答 A。利多卡因、苯妥英钠常用于治疗室性心律失常，对心房颤动无效，故不答 B、E。新斯的明为拟胆碱药，常用于治疗肌无力。

776. ABCDE　①患者风心病 10 余年，于心尖部闻及开瓣音及舒张期隆隆样杂音，应诊断为风心病二尖瓣狭窄。②二尖瓣狭窄时可有第一心音亢进。若合并肺动脉高压，可有肺动脉瓣区第二音亢进，第二心音通常分裂。当长期肺动脉高压导致肺动脉扩张引起相对性肺动脉瓣关闭不全时，可在肺动脉瓣区（胸骨左缘第 2 肋间）闻及舒张早期吹风样杂音（Graham Steell 杂音），故答 A。

777. ABCDE　778. ABCDE　①主动脉瓣狭窄患者于主动脉瓣区可闻及粗糙的收缩期杂音（D）。由于主动脉瓣狭窄，左心室不易将血液射入主动脉内，导致左心室容量负荷增加，久而久之，使左心室代偿性肥大，心尖搏动向左下移位（A），心脏形态呈靴型（B）。可见，A、B、D 均属于主动脉瓣狭窄的临床表现，作为 A 型题，只可能有 1 个答案项正确，故可首先排除 A、B、D。主动脉瓣第二听诊区闻及叹气样舒张期杂音，应考虑主动脉瓣关闭不全。主动脉瓣关闭不全患者舒张期血流从主动脉反流入左心室，使左心室容量负荷增加，左心室代偿性扩大，左心室舒张压急剧上升，导致左心房压增高和肺淤血，与题干所述的体循环淤血（颈静脉怒张、肝大、双下肢水肿）不符，故不答 E。排除 A、B、D、E 后，正确答案应为 C。"心尖部听到舒张期杂音"，应考虑二尖瓣狭窄。二尖瓣狭窄患者早期出现肺淤血，晚期因右心衰竭可出现体循环淤血，与题干所述相符，故再次验证正确答案为 C。②二尖瓣狭窄时，于心尖部可闻及第一心音亢进，若二尖瓣前叶柔顺、活动度好，还可闻及开放拍击音。若伴肺动脉高压，则可于肺动脉瓣区闻及第二心音亢进、第二心音通常分裂。可见，B、C、D、E 都是二尖瓣狭窄的常见体征。二尖瓣狭窄时可有心尖部第一心音增强，并不是第二心音增强（A 错）。

779. ABCDE　①患者有反复关节痛病史，可能为风湿热发作。两颊紫色为二尖瓣面容，心尖部闻及舒张期杂音为二尖瓣狭窄的特征性体征，故本例应考虑风心病二尖瓣狭窄。为明确诊断，当然首选超声心动图检查（D）。超声心动图为确诊和量化诊断二尖瓣狭窄的可靠方法。②血培养+药敏为确诊感染性心内膜炎的首选方法。血常规检查无特异性。胸部 X 线片只能反映心脏的外形，心电图常用于诊断心律失常，均不能确诊二尖瓣狭窄。

780. ABCDE　二尖瓣狭窄时，心尖部可闻及舒张期隆隆样（滚筒样）杂音。瓣膜口狭窄的杂音是血流通过狭窄处时产生湍流而形成的，杂音强度随狭窄程度而增强。二尖瓣狭窄时，左心房的血液经二尖瓣流入左心室受阻，使血液淤积于左心房，左心房压力升高。升高的左心房压被动向后传递至肺静脉、肺动脉，导致肺动脉压力增高，使 S_2 的肺动脉瓣部分（P_2）亢进。肺动脉压越高，则 P_2 越高亢。答案为 D。

781. ABCDE　在发达国家，慢性二尖瓣关闭不全的病因以二尖瓣黏液样变性最常见。其他病因包括冠心病、先天性畸形、二尖瓣瓣环钙化、左心室扩大、二尖瓣脱垂等。

782. ABCDE　在发展中国家，慢性二尖瓣关闭不全的病因以风湿性损害最常见（约占 1/3）。风湿性病变可使二尖瓣瓣膜僵硬、变性、瓣缘卷缩、连接处融合以及腱索融合缩短，导致关闭不全。

783. ABCDE ①二尖瓣关闭不全的特异性体征是心尖部闻及全收缩期吹风样高调一贯型杂音。②A 为动脉导管未闭；B 为主动脉瓣狭窄；D 为主动脉瓣关闭不全；E 为二尖瓣狭窄。

784. ABCDE ①二尖瓣脱垂是指二尖瓣瓣叶在心脏收缩时向左心房脱垂，导致二尖瓣关闭不全。听诊时，在心尖部可闻及收缩中期非喷射性喀喇音，此音在第一心音后 0.14 秒以上出现，为二尖瓣脱入左心房，瓣叶突然紧张或腱索的突然拉紧产生震动所致。随后出现收缩晚期吹风样杂音，此为二尖瓣关闭不全所致，故答 C。②心绞痛无心肌缺血坏死，一般不会出现喀喇音和心脏杂音。③风湿性二尖瓣关闭不全是由瓣叶挛缩引起，只会出现心尖部收缩期吹风样杂音，不会出现收缩中期喀喇音，只有二尖瓣脱垂导致的二尖瓣关闭不全才会出现收缩期喀喇音+杂音。④扩张型心肌病主要表现为心脏扩大，常可听到第三或第四心音。⑤乳头肌功能不全常为急性心肌梗死的并发症，是二尖瓣乳头肌因缺血、坏死，造成不同程度的二尖瓣脱垂并关闭不全，也可于心尖部闻及收缩中晚期喀喇音和吹风样收缩期杂音，但因乳头肌功能不全不是病名而是一并发症，且其本质是二尖瓣脱垂，故答 C 而不是 E。

785. ABCDE 急性二尖瓣关闭不全时，二尖瓣反流可使左心房和左心室压力骤然上升，导致左心房、左心室增大及肺淤血，患者可突发肺水肿及心源性休克。E 为左心室肥大（不是增大）的心电图表现。

786. ABCDE ①患者心尖部闻及收缩期吹风样杂音，应考虑急性二尖瓣关闭不全，可能为冠状动脉介入治疗时损伤二尖瓣所致，故答案为 E。②左心室流出道狭窄常于胸骨左缘第 3~4 肋间闻及粗糙的收缩期杂音，杂音不在心尖部，故不答 A。由于心尖部杂音是新近出现的，因此不能诊断为风湿性心脏瓣膜病，故不答 B。主动脉瓣脱垂常导致主动脉瓣关闭不全，可于心尖部闻及柔和、短促的舒张期杂音，故不答 C。急性心包炎不会在心尖部闻及杂音，而是在心前区闻及心包摩擦音，故不答 D。

787. ABCDE ①二尖瓣狭窄合并二尖瓣关闭不全首选二尖瓣置换术。由于患者目前已出现急性左心衰竭，故应先行抗心力衰竭治疗，再择期行二尖瓣置换术，故答 D 而不是 A。②二尖瓣修补术常用于治疗重度单纯二尖瓣关闭不全，故不答 B。严重的二尖瓣狭窄，不适合行球囊扩张术，应行二尖瓣置换术，故不答 C。严重二尖瓣狭窄合并二尖瓣关闭不全，应手术治疗，不宜药物治疗，故不答 E。

788. ABCDE 789. ABCDE ①患者心尖部闻及 3/6 级收缩期杂音，应考虑二尖瓣关闭不全，故最有助于明确诊断为检查是超声心动图(E)。②老年患者，突发胸痛伴大汗 3 小时，应考虑冠心病，其首选检查是心电图(D)。吸烟是冠心病的高危因素之一。胸部 X 线片、超声心动图均不能确诊冠心病。心肌核素显像常用于了解心肌缺血坏死范围。冠状动脉 CT 造影常用于确诊冠心病，由于价格昂贵，一般不作为首选检查项目。

790. ABCDE 心导管检查可测量跨主动脉瓣压差，平均压差 < 25mmHg 为轻度主动脉瓣狭窄；25~40mmHg为中度主动脉瓣狭窄；>40mmHg 为重度主动脉瓣狭窄（此为 9 版《内科学》P308 新数据，7 版《内科学》P315 为 50mmHg）。

791. ABCDE 正常主动脉瓣口面积为 3~4cm^2。若 > 1.5cm^2 为轻度狭窄，1.0~1.5cm^2 为中度狭窄，<1.0cm^2 为重度狭窄，以上为 9 版《内科学》P296 的新数据，与 7 版《内科学》P315 数据不同。

792. ABCDE ①主动脉瓣狭窄常表现为呼吸困难、心绞痛、晕厥三联征。患者有典型心绞痛、晕厥症状，主动脉瓣区闻及收缩期喷射样杂音，应诊断为主动脉瓣狭窄(C)。②高血压一般不会出现心绞痛、晕厥及心脏杂音。患者血压 90/50mmHg，不能诊断为高血压。主动脉扩张也称主动脉瘤，常表现为压迫症状和搏动性肿块，若出现剧痛，常为破裂先兆。主动脉粥样硬化一般无晕厥、血压降低、心脏杂音等表现。主动脉瓣关闭不全常表现为胸骨左缘第 3 肋间舒张期叹气样杂音。

793. ABCDE ①主动脉瓣狭窄易发生晕厥，多为脑缺血引起，常发生于直立、剧烈运动时(C)。其机制为：剧烈运动时，周围血管扩张，而狭窄的主动脉瓣口限制了心排出量的相应增加；运动时心肌缺血加重；运动时左心室收缩压急剧上升，过度激活室内压力感受器通过迷走神经传入纤维兴奋血管减压反应，导致外周血管阻力降低。②静坐休息、睡眠、静息状态下心肌耗氧减少，发生晕厥少见。

794. ABCDE　①约 1/3 主动脉瓣狭窄的患者易发生晕厥(B)。当主动脉瓣狭窄时,左心室后负荷增加,左心室排血受阻,从而造成脑供血不足,引起晕厥。主动脉瓣狭窄的典型临床表现为呼吸困难、心绞痛、晕厥三联征。②二尖瓣狭窄、肺动脉瓣狭窄、二尖瓣关闭不全、主动脉瓣关闭不全等患者均不易发生晕厥。

795. ABCDE　①主动脉瓣狭窄最常见的并发症是心律失常,约 10%的患者可发生心房颤动(C)。②主动脉瓣狭窄患者发生体循环栓塞、右心衰竭、心脏性猝死少见,发生感染性心内膜炎不常见。

796. ABCDE　①患者劳累后心悸、胸痛为稳定型心绞痛的表现,主动脉瓣区闻及收缩期粗糙的喷射性杂音,应诊断为主动脉瓣狭窄(C)。左心室轻度扩大,升主动脉根部常见狭窄后扩张为主动脉瓣狭窄的特点。②冠心病心绞痛无心肌缺血梗死,不会出现心脏杂音。非梗阻性肥厚型心肌病可有心脏轻度扩大,但无心脏杂音。主动脉瓣关闭不全可于胸骨左缘第 3 肋间闻及舒张期叹气样杂音。高血压性心脏病一般无心肌缺血症状及心脏杂音。

797. ABCDE　①胸骨右缘第 2 肋间闻及响亮而粗糙的收缩期杂音,为主动脉瓣狭窄的典型体征,答案为 E。②动脉导管未闭可于胸骨左缘第 2 肋间闻及连续性机械样响亮杂音。主动脉瓣关闭不全可于胸骨左缘第 3 肋间闻及舒张期叹气样杂音。二尖瓣关闭不全可于心尖部闻及收缩期吹风样杂音。室间隔缺损可于胸骨左缘 3、4 肋间闻及响亮粗糙的收缩期杂音。

798. ABCDE　①主动脉瓣狭窄的主要治疗是人工瓣膜置换术,手术适应证为重度狭窄伴心绞痛、晕厥、心力衰竭(D)。②主动脉瓣球囊成形术的临床应用范围局限,多用于不适合手术治疗的严重钙化性主动脉瓣狭窄患者。主动脉瓣狭窄伴心绞痛可试用硝酸甘油治疗。主动脉瓣狭窄伴心力衰竭可给予洋地黄制剂强心、慎用利尿剂。

799. ABCDE　①主动脉瓣狭窄的手术适应证为:重度狭窄伴心绞痛、晕厥、心力衰竭。重度狭窄是指瓣口面积<$0.75cm^2$,或平均跨瓣压差>50mmHg,故答 E。②主动脉瓣狭窄手术时机取决于瓣口的狭窄程度,而不是取决于病程及瓣膜是否钙化。若主动脉瓣狭窄合并房性期前收缩,应给予抗心律失常治疗,预防心房颤动的发生,因为主动脉瓣狭窄患者不能耐受心房颤动。

800. ABCDE　①主动脉瓣狭窄患者,左室射血分数(LVEF)<50%,说明合并左心衰竭。②主动脉瓣狭窄的主要治疗方法是主动脉瓣置换术,手术指征为重度狭窄伴心绞痛、晕厥、心力衰竭。重度狭窄是指瓣口面积<$0.75cm^2$,或平均跨瓣压差>50mmHg。患者常发生晕厥,合并左心衰竭,跨瓣压差>50mmHg,具有换瓣指征,故答 B。主动脉瓣狭窄药物治疗效果不明显。

801. ABCDE　①患者确诊为主动脉瓣狭窄,由于左室射血分数(LVEF)>50%,故不能诊断为心力衰竭。对于没有心力衰竭、心绞痛或晕厥的主动脉瓣狭窄患者,可行内科治疗。可每 2 年复查 1 次超声心动图,避免剧烈体力活动。②患者近期咳嗽、咳痰,为肺部感染征象,可拍摄胸部 X 线片,并使用抗生素、化痰药物对症治疗。③对于主动脉瓣狭窄患者,不宜使用小血管扩张剂(血管紧张素转换酶抑制剂),以免血压过低(C)。

802. ABCDE　①主动脉瓣关闭不全主要是主动脉瓣和(或)主动脉根部疾病所致。感染性心内膜炎的感染性赘生物致瓣叶破损或穿孔可导致主动脉瓣关闭不全。②风心病患者由于主动脉瓣瓣叶纤维化、增厚和缩短,导致舒张期瓣叶边缘对合不良可引起主动脉瓣关闭不全。③先天性二叶主动脉瓣患者,由于一叶边缘有缺口或一叶脱垂入左心室,可引起主动脉瓣关闭不全。④主动脉瓣黏液样变性致瓣叶舒张期脱垂入左心室,可导致主动脉瓣关闭不全。可见,A、B、C、E 都是主动脉瓣病变引起的主动脉瓣关闭不全。⑤梅毒性主动脉炎所致的主动脉瓣关闭不全为主动脉炎致主动脉根部扩张所致,与主动脉瓣瓣叶病变无关(D)。

803. ABCDE　①胸骨左缘第 3~4 肋间闻及叹气样舒张期杂音,股动脉闻及射枪音,为主动脉瓣关闭不全的典型体征。心尖区闻及隆隆样舒张早期杂音,为主动脉瓣关闭不全时重度反流所形成的 Austin-Flint杂音。故本例应诊断为主动脉瓣关闭不全(B)。②二尖瓣狭窄为心尖部舒张期隆隆样杂音。二尖瓣关闭不全为心尖部收缩期吹风样杂音。主动脉瓣狭窄为胸骨右缘第 2 肋间响亮而粗糙的收缩期杂音。室间隔缺损可于胸骨左缘 3、4 肋间闻及响亮粗糙的收缩期杂音。

804. ABCDE　805. ABCDE　806. ABCDE　①患者心脏向左下扩大，说明左心室增大。患者主动脉瓣听诊区闻及舒张期泼水样杂音，为典型主动脉瓣关闭不全的体征。心尖部出现舒张期滚筒样杂音，是主动脉瓣关闭不全时重度反流所形成的 Austin-Flint 杂音。根据题干，本例应诊断为主动脉瓣关闭不全(E)。二尖瓣关闭不全可于心尖部闻及收缩期吹风样杂音。二尖瓣狭窄可于心尖部闻及舒张期隆隆样杂音。主动脉瓣狭窄可于胸骨右缘第 2 肋间闻及收缩期杂音。梗阻性肥厚型心肌病可于胸骨左缘 3~4 肋间闻及收缩期喷射性杂音。②超声心动图是诊断主动脉瓣关闭不全最重要的无创检查方法(C)。胸部 X 线片对主动脉瓣关闭不全的诊断价值不大。心电图常用于诊断心律失常。心脏核素检查常用于了解心肌缺血的范围。冠状动脉造影常用于诊断冠心病。③主动脉瓣关闭不全患者有心悸、乏力、活动后气急、左心室扩大等心力衰竭表现，应行手术治疗。手术治疗前可试用血管紧张素转换酶抑制剂(卡托普利)，有助于防治心功能恶化(D)。必要时可加用利尿剂(双氢克尿塞)和洋地黄(地高辛)。硝酸甘油主要适用于主动脉瓣关闭不全合并心绞痛者。普萘洛尔常用于心律失常的治疗。

807. ABCDE　808. ABCDE　①二尖瓣关闭不全时心尖部可闻及收缩期吹风样杂音，向左腋下和左肩胛下区传导。后叶损害时，杂音可向胸骨左缘和心底部传导(C)。②主动脉瓣关闭不全可于胸骨左缘第 3 肋间闻及舒张期叹气样杂音，向胸骨左下方和心尖部传导(D)。

809. ABCDE　主动脉关闭不全时，动脉收缩压增高，舒张压降低，脉压增大，常出现周围血管征，如点头征、水冲脉、股动脉枪击音、毛细血管搏动征等。B、C、D、E 均不易产生周围血管征。

810. ABCDE　周围血管征包括枪击音、Duroziez 双重杂音、毛细血管搏动征、水冲脉等，主要见于脉压增大的情况，如重度主动脉瓣关闭不全、甲状腺功能亢进症、严重贫血等。周围血管征不包括脉压增大。

811. ABCDE　①主动脉瓣关闭不全患者，发生重度主动脉瓣反流时，心尖部可闻及舒张中晚期隆隆样杂音，称为 Austin-Flint 杂音(B)，其产生机制是严重的主动脉瓣反流使左心室舒张压快速升高，导致二尖瓣处于半关闭状态，使二尖瓣相对狭窄。②Graham Steell 杂音是指二尖瓣狭窄时，肺动脉高压引起肺动脉扩张，导致肺动脉瓣相对关闭不全，在胸骨左缘第 2 肋间出现的舒张期吹风样杂音。Duroziez 征、Traube 征、DeMusset 征均为周围血管征，常见于主动脉瓣关闭不全。

812. ABCDE　主动脉瓣第二听诊区闻及叹气样舒张期杂音，应考虑主动脉瓣关闭不全。主动脉瓣关闭不全患者动脉收缩压增高，舒张压降低，脉压增大，可出现周围血管征，如水冲脉。

813. ABCDE　①主动脉瓣关闭不全最重要的体征是于胸骨左缘第 3 肋间(主动脉瓣第二听诊区)闻及叹气样、递减型、舒张期杂音，向胸骨左下方和心尖区传导(E)。②二尖瓣狭窄患者若肺动脉扩张，导致肺动脉瓣相对性关闭不全，可于肺动脉瓣区闻及高调叹气样舒张早期杂音，称为 Graham Steell 杂音。主动脉瓣关闭不全患者由于脉压增加，可有水冲脉，心尖呈抬举样搏动。主动脉瓣关闭不全患者由于心界向左下增大而心腰不大，因而心浊音界轮廓呈靴形。B、C、D 都是主动脉瓣关闭不全一般性体征，故不答。

814. ABCDE　患者胸骨左缘第 3 肋间闻及舒张期叹气样杂音，周围血管征阳性，应诊断为主动脉瓣关闭不全。主动脉瓣关闭不全可导致左心室增大，叩诊心界向左下扩大，心腰凹陷，心界呈靴形(A)。

815. ABCDE　①患者胸骨左缘第 3 肋间闻及舒张期叹气样杂音，应诊断为主动脉瓣关闭不全。严重的主动脉瓣反流使左心室舒张压快速升高，使二尖瓣处于半关闭状态，导致二尖瓣相对狭窄，于心尖部可闻及舒张中晚期隆隆样杂音，称为 Austin-Flint 杂音(C)。②Ewart 征常见于大量心包积液。心尖部开瓣音常见于二尖瓣狭窄。二尖瓣狭窄伴相对性肺动脉瓣关闭不全时，可出现 Graham Steell 杂音。奇脉常见于大量胸腔积液、大量心包积液、缩窄性心包炎、肺气肿、支气管哮喘。

816. ABCDE　患者胸骨左缘第 3 肋间可闻及舒张期叹气样杂音，应诊断为主动脉瓣关闭不全。严重的主动脉瓣反流使左心室舒张压快速升高,使二尖瓣处于半关闭状态,导致二尖瓣相对狭窄,可于心尖部闻及舒张中晚期隆隆样杂音,称为 Austin-Flint 杂音,故答 B。

817. ABCDE　①急性心包炎的病因原来以结核性最常见,现以病毒感染最常见,参阅 9 版《内科学》P302。②缩窄性心包炎的病因以结核性最常见,参阅 9 版《内科学》P306。

818. ABCDE　慢性缩窄性心包炎常继发于急性心包炎,其病因在我国以结核性最为常见,其次为急性非特异性心包炎、化脓性、创伤性心包炎后演变而来。少数为放射性心包炎、心包肿瘤等。

819. ABCDE　①Ewart 征,即心包积液征,是指渗出性心包炎有大量心包积液时,在左肩胛骨下可出现浊音及支气管呼吸音。②纤维素性心包炎由于积液量较少,不会出现 Ewart 征,但会出现心包摩擦音。A、C、D 一般不会出现心包积液,故无 Ewart 征。

820. ABCDE　①心包摩擦音是纤维蛋白性心包炎的典型体征,是因炎症而变得粗糙的壁层心包和脏层心包在心脏活动时相互摩擦而产生的,呈抓刮样粗糙音。②心包叩击音见于缩窄性心包炎。大量心包积液时,可在左肩胛骨下出现浊音及左肺受压所引起的支气管呼吸音,称为心包积液征(Ewart 征)。心浊音界扩大见于心包积液。奇脉常见于大量胸腔积液、大量心包积液、缩窄性心包炎。

821. ABCDE　①胸骨左缘 3、4 肋间闻及搔抓粗糙摩擦音,为心包摩擦音,此为纤维蛋白性心包炎的特征性体征。急性心包炎心电图表现为除 aVR、V_1 导联外的所有导联 ST 段弓背向下抬高。根据题干,本例应诊断为急性心包炎(D)。②急性胸膜炎的典型体征为胸膜摩擦音,屏气后消失可与心包摩擦音鉴别。急性肺栓塞常表现为胸痛、呼吸困难、咯血三联征,无心包摩擦音。变异型心绞痛、急性心肌梗死虽可表现为心电图部分导联 ST 段抬高,但无心包摩擦音。

822. ABCDE　①胸骨后、心前区疼痛为急性心包炎的特征,疼痛可放射到颈部、左肩、左臂,与呼吸运动相关,常因咳嗽、深呼吸、吞咽动作而加重(E 对)。②随着心包渗液量的增多,心包脏层与壁层分离,胸痛可逐渐减轻,而呼吸困难加重。

823. ABCDE　心脏压塞是射频消融术的常见并发症。患者射频消融术中突然出现呼吸困难,颈静脉怒张,心界扩大,奇脉,应诊断为急性心脏压塞。心脏压塞患者由于心室舒张期充盈受阻,周围静脉压升高,导致心脏排血量显著降低,收缩压下降,而舒张压变化不大,故脉压变小。

824. ABCDE　①缩窄性心包炎常继发于急性心包炎于 1 年内形成,而该患者发病仅 1 周,可排除 B。心绞痛常表现为发作性胸痛,持续时间一般不超过 30 分钟,急性心肌梗死的胸痛一般不超过 2 天,本例胸痛 1 周,用硝酸甘油不能缓解,因此心绞痛和急性心肌梗死的可能性较小,故不答 A、C、D。②急性渗出性心包炎可有持续性胸痛,心音低钝,肘静脉压增高,ST 段弓背向下抬高,故答 E。

825. ABCDE　①结核性心包炎应尽早抗结核治疗,直至结核活动停止后 1 年再停药。晚期若心包积液量较大,出现心脏压塞,则行心包穿刺抽液。题干要求回答的是"结核性心包炎初期",故最关键的治疗是抗结核治疗,心包穿刺引流仅用于心脏压塞患者,故答 B 而不是 D。请注意,结核性胸膜炎的早期治疗是药物治疗+反复穿刺抽液;结核性心包炎的早期治疗是药物治疗。②糖皮质激素的疗效不确切,不应作为常规,故不答 A。营养支持、口服利尿药属一般性治疗,故不答 C、E。

826. ABCDE　①患者心界向两侧扩大,心音低钝,心电图肢体导联 QRS 波群低电压,应诊断为急性心包炎(E)。②缩窄性心包炎、肥厚型心肌病、急性心肌梗死均不会出现心界向两侧扩大,故不答 A、B、C。风心病各瓣膜听诊区常可闻及特征性心脏杂音,故不答 D。

827. ABCDE　①患者心电图示 aVR 导联 ST 段压低,其余导联 ST 段凹面向上抬高,肌酸磷酸激酶正常,应诊断为急性心包炎(B)。②患者血清肌酸磷酸激酶正常,说明无心肌急性受损,故病毒性心肌炎、急性心肌梗死可能性不大。扩张型心肌病常有心界扩大,心电图无特异性改变。变异型心绞痛发作性胸痛很少超过 30 分钟,但本例胸痛持续 2 天,故不答 E。

828. ABCDE　①心前区疼痛为心包炎的主要症状。风湿性心包炎若积液量较少,则呼吸困难不明显,心包摩擦音清晰可闻。若积液量较大,则呼吸困难明显,心包摩擦音消失。②心包炎患者由于存在心包积液,可表现为心音遥远而低钝,不可能出现心音增强(D 错)。③心包炎可导致心包积液,使心室舒张期充盈受阻,周围静脉压升高,从而使颈静脉怒张。

829. ABCDE ①心脏压塞时,心音低钝而遥远,可因心包积液压迫气管、食管而产生干咳、声音嘶哑及吞咽困难。②亚急性或慢性心脏压塞时,可表现为体循环静脉淤血、静脉压升高、奇脉等。③心脏压塞时,由于静脉回流障碍,可出现颈静脉怒张、肝肿大、肝颈静脉反流征阳性。④心包积液一般不会出现肺淤血的表现,如双肺满布干、湿啰音,此为急性肺水肿的征象(E 错)。

830. ABCDE ①心音低钝可见于心脏压塞、心肌炎、心肌病、心肌梗死等。声音嘶哑常见于急性喉炎、喉返神经受压、心包积液压迫气管等。奇脉常见于心脏压塞、缩窄性心包炎、肺气肿、支气管哮喘。肝颈静脉反流征阳性常见于心脏压塞、右心衰竭。可见 A、B、C、D 均不是心脏压塞的特征性体征。②心脏压塞时,大量心包积液可在左肩胛骨下出现浊音及左肺受压所引起的支气管呼吸音,称为心包积液征(Ewart 征)。Ewart 征为心包积液(心脏压塞)的特征性体征,故答 E。

831. ABCDE ①呼吸困难是心包积液最突出的症状,可能与支气管、肺受压及肺淤血有关(C)。②心前区疼痛为纤维蛋白性心包炎最主要的症状。发热为炎症的常见表现。心包积液压迫气管、食管可产生声音嘶哑及吞咽困难。

832. ABCDE ①超声心动图诊断心包积液简单易行,准确可靠,若发现心前壁前和心后壁后有液性暗区,即可确诊心包积液(B)。②心电图常用于诊断心律失常。冠状动脉造影常用于诊断冠心病。核素心肌显像常用于诊断心肌缺血范围。心包穿刺常用于心脏压塞的急救。

833. ABCDE 患者呼吸困难 2 周,脉压小,心浊音界向两侧扩大,心音低而遥远,心电图示各导联低电压,应诊断为急性心包炎。患者端坐位,颈静脉怒张,奇脉,说明出现了心脏压塞,因此最关键的治疗措施为心包穿刺抽液,以解除心脏压塞(D)。

834. ABCDE ①当有心脏压塞时,行心包穿刺抽液可减轻症状。②心包穿刺术常用于判断积液性质,如结核性心包炎、肿瘤性心包炎患者由于积液量大,可行心包穿刺抽液检查,以尽快明确诊断。③对于化脓性心包炎,经穿刺排脓、冲洗、注药,可作为治疗手段之一。④对于主动脉夹层合并心包积液者,应急诊外科手术治疗,严禁行心包穿刺术(B)。

835. ABCDE 心包穿刺抽液量第一次在 100~200ml,重复抽液可逐渐增加到 300~500ml,抽液速度要慢,如抽液过快、过多,可导致肺水肿。

836. ABCDE 837. ABCDE 838. ABCDE ①患者发热、胸痛伴心包摩擦音,应诊断为急性纤维蛋白性心包炎。2 周后,呼吸困难加重,心音遥远,体循环淤血征阳性(肝大、下肢水肿),说明心包积液量增大导致了心脏压塞(B)。肾功能不全常表现为少尿、无尿,不会出现呼吸困难加重。右心功能不全可有肝大、下肢水肿,但不会出现心音遥远。肝硬化不会出现心脏压塞征。黏液性水肿仅能解释下肢水肿,不能解释其他临床表现。②大量心包积液时可出现奇脉(C)。奇脉是指触诊时桡动脉搏动呈吸气性显著减弱或消失、呼气时复原的现象。水冲脉常见于主动脉瓣关闭不全。交替脉常见于左心衰竭。重搏脉常见于梗阻性肥厚型心肌病。短绌脉常见于心房颤动。③本例诊断为心脏压塞,应立即行心包穿刺抽液以缓解症状(D)。心脏压塞主要是心肌舒张功能障碍,不能使用加强心脏收缩能力的药物洋地黄。利尿剂呋塞米对缓解心脏压塞症状效果不显著。抗生素不是心脏压塞的首选治疗措施。体外反搏主要用于急性心肌梗死伴休克。

839. ABCDE ①Ewart 征为心包积液的特征性体征,是指大量心包积液时可在左肩胛骨下出现浊音及左肺受压引起支气管呼吸音。②Musset 征(点头征)、Duroziez 征均常见于主动脉瓣关闭不全。脉搏短绌是指脉率<心率,常见于心房颤动。Roth 斑为视网膜的卵圆形出血斑,常见于亚急性感染性心内膜炎。Rotch 征是指急性心包炎时,在胸骨右缘第 3~6 肋间出现浊音。

840. ABCDE ①急性心脏压塞常见于心包腔内大量积液,因心脏舒张受限,导致舒张期心室充盈减少,从而使左心室排血量减少,收缩压下降,而舒张压变化不大,故脉压减小。大量心包积液可导致上、下腔静脉回流受阻，出现颈静脉怒张。心包积液时叩诊心界向两侧扩大，听诊心音遥远而低钝。答案为 A。②奇脉和双下肢水肿都是亚急性或慢性（不是急性）心脏压塞的表现，故不选 B、D、E。

841. ABCDE　Beck 三联征是指颈静脉压升高、心音低钝、动脉压降低，常见于急性心脏压塞。

842. ABCDE　①患者呼吸困难 2 周，心界向两侧扩大，心音遥远，应诊断为急性心包积液。②患者端坐位，颈静脉怒张，奇脉，应考虑急性心脏压塞，故最关键的治疗措施是心包穿刺（E）。

843. ABCDE　844. ABCDE　①心包积液患者行胸部 X 线片检查，可见心影向两侧增大，呈“烧瓶样”（A）。②二尖瓣狭窄胸部 X 线片检查可见左心房增大，左心缘变直，主动脉弓缩小，肺动脉主干突出，右心室增大，心脏呈“梨形”（D）。③主动脉瓣关闭不全心影呈“靴形”。主动脉瓣狭窄心影一般不大。二尖瓣关闭不全可有左心房、左心室增大。

845. ABCDE　846. ABCDE　①吸气时动脉收缩压较呼气时下降 10mmHg 以上，称为奇脉，常见于大量心包积液导致的心脏压塞。患者呼吸困难，心尖搏动减弱，心界向两侧扩大，心音遥远而低钝，奇脉，应诊断为心脏压塞。Ewart 征为心包积液的特征性体征，故答 B。DeMusset 征（点头征）、Corrigan 脉（水冲脉）、Quincke 征（毛细血管搏动征）、Traube 征（枪击音）均常见于主动脉瓣关闭不全。②确诊心包积液简单易行，准确可靠的检查是超声心动图（D）。胸部 X 线片对心包积液的诊断价值不如超声心动图，故答 D 而不是 A。动态血压监测常用于危重患者的监护。心电图常用于诊断心律失常。肺功能检查常用于诊断 COPD。

847. ABCDE　感染性心内膜炎为心脏内膜表面的微生物感染，最常累及心脏瓣膜，也可累及间隔缺损部位、腱索、心室内膜、心房内膜。

848. ABCDE　849. ABCDE　①急性感染性心内膜炎主要由金黄色葡萄球菌引起，少数由肺炎球菌、淋球菌、A 族链球菌、流感杆菌等引起。②亚急性感染性心内膜炎的致病菌以草绿色链球菌最常见，其次为 D 族链球菌（牛链球菌、肠球菌）、表皮葡萄球菌，其他细菌少见。

850. ABCDE　851. ABCDE　①所给 5 个选项中，除 Janeway 损害多见于急性感染性心内膜炎之外，其他均以亚急性感染性心内膜炎多见（A）。②Roth 斑为视网膜的卵圆形出血斑，中心呈白色（D）。③Janeway损害为手掌和足底处直径 1~4mm 的无痛性出血红斑。瘀点可出现于任何部位，以锁骨以上皮肤、口腔黏膜和睑结膜常见。Osler 结节为指和趾垫出现的豌豆大小的红色或紫色痛性结节。

852. ABCDE　①皮肤环形红斑为风湿热的特征性皮损，不见于亚急性感染性心内膜炎，故答 B。②15%~50%的亚急性感染性心内膜炎患者可有脾大。亚急性感染性心内膜炎患者心瓣膜赘生物脱落后，可栓塞肾动脉，引起肾梗死。感染性心内膜炎患者可有皮肤黏膜出血点。

853. ABCDE　①15%~50%的感染性心内膜炎患者有脾大，多见于病程超过 6 周的患者。②约 70%~90%的患者有进行性贫血，早期多为轻、中度贫血，晚期可有重度贫血（B 错）。③发热是感染性心内膜炎最常见的症状，可有弛张性低热，一般<39℃。④80%~85%的患者可闻及心脏杂音，且杂音强度、性质易变。⑤亚急性感染性心内膜炎患者可出现皮肤黏膜瘀点。

854. ABCDE　①亚急性感染性心内膜炎常继发于心脏瓣膜病，尤其主动脉瓣关闭不全、二尖瓣关闭不全者，常表现为发热、心脏杂音、脾大、瘀点、贫血等。急性感染性心内膜炎常累及正常心脏瓣膜，而不是器质性病变的瓣膜，故答 C 而不是 B。②结缔组织病属于风湿性疾病，常表现为肌肉关节病变等。小叶性肺炎、大叶性肺炎常表现为寒战高热、咳嗽、咳痰等。

855. ABCDE　①血致病微生物培养是诊断感染性心内膜炎最重要的方法。在近期未接受过抗生素治疗的患者血培养阳性率可高达 95%以上。②尿常规、血常规、血沉测定无特异性，故不答 B、C、E。B 超发现瓣膜赘生物，有助于感染性心内膜炎的诊断，但不能确诊，故答 A 而不是 D。

856. ABCDE　①亚急性感染性心内膜炎患者几乎均有发热，最常见的致病菌是草绿色链球菌，室间隔缺损为其常见基础病变。根据题干，本例应诊断为亚急性感染性心内膜炎。为明确诊断，最有价值的检查是经食道超声心动图，敏感性高达 95%以上（B）。②类风湿因子检测常用于诊断类风湿关节炎。补体测定常用于诊断急性肾炎。血涂片常用于诊断疟疾。眼底检查常用于高血压的诊断。

857. ABCDE 血培养是诊断感染性心内膜炎的最重要方法。一般间隔采血 3 次，每次采集静脉血 10~20ml作需氧和厌氧菌培养，至少应培养 3 周。

858. ABCDE ①患者胸骨左缘第 3~4 肋间闻及粗糙收缩期杂音，应考虑室间隔缺损。患者具有感染性心内膜炎的基础病变室间隔缺损，有贫血、心脏杂音、脾大、多次血培养阳性，应考虑感染性心内膜炎。患者突发呼吸困难、胸痛、咯血，应考虑急性肺栓塞，此为感染性心内膜炎的右心赘生物脱落，顺血流运行栓塞肺动脉所致。根据题干，本例应诊断为感染性心内膜炎合并急性肺栓塞(B)。②室间隔缺损合并急性心力衰竭、肺部感染、支气管扩张症，均不会出现多次血培养阳性，故不答 A、D、E。

859. ABCDE **860. ABCDE** **861. ABCDE** ①患者有感染性心内膜炎的基础病变室间隔缺损，拔牙后出现长期低热，贫血，心脏杂音，皮肤瘀点，脾大，应诊断为感染性心内膜炎(E)。心肌炎多在发病前 1~3 周有上呼吸道感染史，常表现为发热、心动过速、各型心律失常、心力衰竭等。心包炎常表现为心前区疼痛、心包摩擦音等。左心衰竭常表现为肺淤血，端坐呼吸，咯血等，一般无发热。心房颤动常表现为第一心音强弱不等、心律不齐、脉搏短绌等。②确诊感染性心内膜炎的首选检查为血培养(C)。腹部 B 超、血常规、尿蛋白检测对确诊本病价值不大。血清铁测定常用于诊断缺铁性贫血。③由于感染性心内膜炎的常见致病菌为草绿色链球菌和金黄色葡萄球菌，因此抗生素治疗是最重要的措施(B)。铁剂常用于治疗缺铁性贫血。洋地黄常用于治疗心力衰竭。题干未叙述心律失常，因此无需使用抗心律失常药物。血管紧张素转换酶抑制剂常用于高血压、心力衰竭的治疗。

862. ABCDE ①根据感染性心内膜炎的 Duke 诊断标准，只要同时出现两项主要诊断标准，即可确诊。血培养阳性为主要诊断标准，若加上 B 项(新出现的心脏病理性杂音也属于主要诊断标准)，即可确诊感染性心内膜炎(B)。②A、C、D 均为次要诊断标准，但 1 项主要诊断标准(血培养阳性)及 1 项次要诊断标准不能确诊感染性心内膜炎，故不答 A、C、D。心瓣膜上的脓肿为主要诊断标准，但转移性脓肿不属于感染性心内膜炎的诊断标准，故不答 E。转移性脓肿为金黄色葡萄球菌感染的特点。

863. ABCDE 超声心动图发现心脏瓣膜赘生物为感染性心内膜炎的主要诊断标准。A、B、C、D 均属于次要诊断标准。

864. ABCDE ①亚急性感染性心内膜炎的抗生素应用原则是：早期应用，在连续送 3 次血培养后，即可开始治疗；应以静脉用药为主，以保持高而稳定的血药浓度(E 对)。②不能根据体温变化给药，因为亚急性感染性心内膜炎最常见的症状就是发热，故不答 A。③需足量、大剂量、长疗程、联合用药，旨在完全消灭藏于赘生物内的致病菌，故不答 B。④因为亚急性感染性心内膜炎最常见的致病菌是草绿色链球菌，所以在药敏结果回报前应首选青霉素为主，或加用庆大霉素静脉滴注。

865. ABCDE ①青霉素主要作用于细菌的细胞壁，氨基糖苷类(如链霉素、庆大霉素)主要阻碍细菌蛋白质的合成，使细菌细胞膜通透性增高，两者联用有协同抗菌作用。草绿色链球菌为革兰阳性球菌，对青霉素敏感，青霉素为首选药物，联合使用链霉素有协同抗菌作用(B 对)。②氨苄西林加庆大霉素主要用于急性感染性心内膜炎的经验治疗。万古霉素主要用于对青霉素耐药的链球菌性、金黄色葡萄球菌性心内膜炎。环丙沙星主要用于革兰阴性杆菌所致的心内膜炎。

866. ABCDE **867. ABCDE** **868. ABCDE** ①患者有感染性心内膜炎的基础病变二尖瓣关闭不全，长期低热，超声心动图提示二尖瓣上有赘生物，应考虑亚急性感染性心内膜炎。对于未经治疗的亚急性感染性心内膜炎患者，应在第 1 日间隔 1 小时采血 1 次，共 3 次，作细菌培养(C)。②亚急性感染性心内膜炎最常见的致病菌为草绿色链球菌(B)，其他细菌少见。金黄色葡萄球菌为急性感染性心内膜炎的常见致病菌。③草绿色链球菌对青霉素敏感，且耐药少见，故应首选青霉素治疗(A)。联合使用庆大霉素，可提高疗效，但庆大霉素不是首选药物。萘夫西林、苯唑西林主要用于急性感染性心内膜炎的经验治疗。万古霉素主要用于青霉素耐药者。

869. ABCDE ①术前 1 天肌内注射青、链霉素至术后 3 天停药，为预防感染性心内膜炎的老观点，参阅 1

版《内科学》P259。②9 版《内科学》P314 观点为：抗生素术前 30~60 分钟使用 1 次。

870. ABCDE ①真菌性心内膜炎，不容易治愈，赘生物大而脆，容易脱落，可造成较大的动脉栓塞，应早期手术治疗（E 对）。②脑损害为心内膜炎常见的栓塞并发症。金黄色葡萄球菌性心内膜炎对多种抗生素有效，无需手术治疗。心脏杂音性质发生变化，多为瓣膜关闭不全所致，不属于手术指征。Janeway 损害为急性心内膜炎常见的周围体征，也不是手术指征。

871. ABCDE ①心脏破裂的典型表现为持续性心前区疼痛，可迅速发生循环衰竭、急性心包填塞，心电图呈电-机械分离，即无脉性电活动（有心肌组织电活动，但无有效的机械收缩）。故心脏破裂可有电活动，应首先排除 B、D、E。②心脏破裂患者心音不可能正常，故答案为 C。心脏破裂常表现为呼吸急促，心率快，心音弱或消失，血压降低甚至测不到，颈静脉怒张。

872. ABCDE ①各种心肌病引起的心脏性猝死占 5%~15%，是 35 岁前心脏性猝死的主要原因，如梗阻性肥厚型心肌病、致心律失常型右心室心肌病等。②B、C、D、E 均属于心脏性猝死的少见病因。

873. ABCDE ①91%的心脏骤停由心律失常所致，以心室颤动、室性心动过速最常见，其次为缓慢性心律失常、无脉性电活动，心脏破裂、心脏压塞、室性停搏少见。②窦性心动过速不会导致心脏骤停。

874. ABCDE 心脏骤停后，大部分患者在 4~6 分钟内开始发生不可逆性脑损害，随后经数分钟过渡到生物学死亡。心脏骤停后，10 秒左右患者出现意识丧失。

875. ABCDE ①心脏骤停可导致患者意识突然丧失，大动脉搏动消失，呼吸断续或停止，皮肤苍白或发绀，瞳孔散大，听诊心音消失。②颈动脉和股动脉搏动消失为诊断心脏骤停的金标准；听诊心音消失为诊断心脏骤停的银标准（A）；桡动脉搏动消失、意识丧失、呼吸断续对心脏骤停的诊断意义差。

876. ABCDE ①大动脉（颈动脉和股动脉）搏动消失为诊断心脏骤停的金标准，心脏骤停即为心脏性猝死（D）。②A、B、E 均不会数分钟内立即死亡。癫痫大发作可有意识丧失，但不会出现心脏骤停。

877. ABCDE 心脏骤停时最常见的心律失常是心室颤动，终止心室颤动最有效的方法是电除颤。

878. ABCDE ①发现有人晕倒时，首先需要判断患者的反应，确定是否心脏骤停。②在不延缓实施心肺复苏的同时，设法通知并启动急救医疗系统。③一旦确立心脏骤停，应立即进行心肺复苏，即胸外按压→开放气道→人工呼吸。

879. ABCDE ①患者突然意识丧失、大动脉搏动消失，应诊断为心脏骤停，应立即进行心肺复苏。复苏顺序为人工胸外按压、开放气道、人工呼吸，故答 A。②开放静脉、静脉注射肾上腺素都是高级复苏措施。

880. ABCDE 无论单人还是双人进行心肺复苏，每按压心脏 30 次，应做口对口人工呼吸 2 次，即 30:2，交替进行，答案为 D。

881. ABCDE 心肺复苏时，胸外心脏按压和人工呼吸的比例为 30:2，即每胸外心脏按压 30 次，接下来做人工呼吸 2 次，依次循环进行。

882. ABCDE 进行胸外按压的部位是胸骨下半部，双乳头连线中点。

883. ABCDE 进行人工胸外按压时，患者应仰卧平躺于硬质平面上，或在患者背部垫以硬板。胸外按压部位在胸骨下半部，双乳头连线中点。按压频率为 100~120 次/分，按压胸骨的幅度至少为 5cm。无论单人还是双人进行心肺复苏，每按压心脏 30 次，应做口对口人工呼吸 2 次，即 30:2，交替进行。

884. ABCDE 电除颤是目前治疗心室颤动的最有效方法，双相波电除颤首次能量选择 150 或 150J。治疗心室颤动时，应首先电除颤 1 次。若首次电除颤失败，应让除颤器重新充电，同时立即行胸外心脏按压和人工呼吸，5 个周期心肺复苏后（约 2 分钟）再次分析心律，必要时再次除颤。第 2 次电除颤能量可增至 200~300J，第 3 次可增至 360J。参阅 14 版实用《内科学》P1425、7 版《黄家驷外科学》P352。

885. ABCDE ①为防治心脏停搏后缺氧性脑损伤所采取的措施称为脑复苏。在心肺复苏，自主循环恢复，脑组织再灌注后，脑缺血性改变仍在继续发展，脑细胞发生不可逆损害是在再灌注之后，相继发生脑充血、脑水肿及持续低灌注状态，使脑细胞继续缺血缺氧，导致细胞变性和坏死，称为脑再灌注损伤。脑复苏的重点是防治脑水肿和颅内压升高，以减轻或避免脑组织的再灌注损伤，保护脑细胞功能。促进脑细胞功能恢复为后期复苏的治疗措施。故答 B 而不是 C。②脱水、降温、肾上腺皮质激素治疗为防治脑水肿的主要措施。低温可降低脑细胞的氧耗量。

886. ABCDE ①心脏骤停后，脑急性缺氧可致脑组织损害，发生脑水肿，常表现为体温升高、抽搐、惊厥等(D)。②体温升高、抽搐、惊厥的表现与肺水肿、心力衰竭、肾衰竭无关，故不答 A、B、C。脑死亡常表现为肌张力完全丧失，而不是抽搐、惊厥等肌张力增高的表现。

887. ABCDE ①心室颤动最有效的治疗措施是非同步电除颤(B)。②胸外按压、人工呼吸为心肺复苏措施。静脉推注西地兰常用于治疗急性左心衰竭。气管插管常用于治疗上呼吸道梗阻。

888. ABCDE 终止心室颤动最有效的方法是非同步电除颤(D)。如采用双相波电除颤，首次能量一般为 120J 或 150J；如采用单相波电除颤，首次能量应选择 360J。一次电除颤无效，可在 5 个周期的心肺复苏(约 2 分钟)后，再次除颤。心室颤动的治疗必需争分夺秒，电除颤前无需静脉推注安定，也不一定需要心电监测。

889. ABCDE 除颤仪有两种工作模式，即单向波电除颤和双向波电除颤。除颤仪上有两个电极，单向波电除颤只发出一次电流，电流流经身体的时间由身体的电阻决定，由于是单向电流，因此除颤时所需能量较大(360J)。双向波电除颤则在发出一次电流后，还可发出一次反向电流，而且能够控制电流流通的时间，由于电流两次流经人体，因此除颤时所需能量较小(120J 或 150J)。

890. ABCDE ①患者目前最大的问题是严重心动过缓，可静脉注射阿托品，以提高心率，答案为 A。②心肺复苏时很少使用普罗帕酮，因其可产生严重心律失常。利多卡因、胺碘酮主要适用于心肺复苏、除颤 2~3 次后仍是心室颤动、无脉室性心动过速的患者。多巴酚丁胺主要用于严重低血压者。

891. ABCDE 青年患者突然晕倒，脉搏弱，血压低，神志不清，应考虑阵发性心室颤动、心跳骤停，急救药物首选肾上腺素 1mg 皮下注射(D)。

892. ABCDE 患者意识丧失，心电监护示心电波形、振幅与频率均极不规则，无法辨认 QRS 波群，应诊断为心室颤动，其首选治疗为 360J 直流电除颤(C)。电除颤是治疗心室颤动的首选方法。

893. ABCDE ①对心脏骤停者进行心肺复苏时，应在 5 组心肺复苏后(即 2 分钟后)，作心跳检查以判断复苏效果，方法为触扪颈动脉或股动脉搏动(D)。②不能将血压、桡动脉搏动、末梢循环状况等作为复苏是否有效的指标。③呼喊患者看其是否清醒，为判断昏迷的方法，不能用于判断心脏骤停。

894. ABCDE ①A、B、C、D、E 都是心肺复苏后的治疗措施。其中，维持循环功能的稳定是一切复苏措施之所以能奏效的先决条件。故答 B 而不是 D，很多医考参考书将答案错为 D，参阅 7 版《外科学》P118。因为只有循环功能稳定，才能保证充分的氧合和把各种药物输送到全身各组织，才能保证全身各器官有充足的血液灌注。②维持良好的呼吸功能，主要作用是为机体供氧，但氧气向全身的输送必需要有血流动力学的稳定。防治肾衰竭的前提是循环功能稳定，保证肾脏的血流灌注。脑复苏为心肺复苏最后成功的关键。防治感染为一般性治疗措施。

895. ABCDE 896. ABCDE ①预激综合征伴心房颤动时，若血流动力学稳定，可选择延长房室旁路不应期的药物，如普罗帕酮、胺碘酮；若血流动力学不稳定(如伴晕厥、低血压)，则应立即选用同步电复律。本例为预激综合征伴心房颤动患者，血压<90/60mmHg，应选用电转复(B)。维拉帕米、西地兰可抑制正常房室传导路径，从而加速预激综合征合并心房颤动者的心室率，应禁用。②患者突然意识丧失，心音消失，应考虑心跳骤停。心电图示心室颤动，应立即行非同步直流电除颤(C)。

897. ABCDE 898. ABCDE 899. ABCDE ①冠心病及其并发症是心脏骤停的最常见病因，约占 85%。患者有陈旧性心肌梗死病史，因此导致心脏骤停最可能的原因是冠心病(A)。B、C、D、E 引起心脏骤停的可能性较小。②心脏骤停进行心肺复苏时，首选药物为肾上腺素(B)。肾上腺素能同时兴奋心肌 α、β 受体，有助于自主心律的恢复。普鲁卡因酰胺、普罗帕酮、胺碘酮为心肺复苏时常用的抗心律失常药。碳酸氢钠为心肺复苏时纠正严重代谢性酸中毒的常用药物。③目前心肺复苏首选的给药途径是静脉给药(A)。如果静脉穿刺不成功,某些复苏药物可经气管给予。心内注射是30年前的老方法,现已淘汰。肌内注射、皮下注射起效较慢,不宜采用。

900. ABCDE ①胃食管反流病是由于食管下括约肌(LES)受损,压力降低,造成胃十二指肠内容物反流入食管所致。钙通道阻滞剂可一过性松弛LES,降低LES压力,加重胃食管反流病的病情,故不宜使用(A)。②B、D、E均属于治疗胃食管反流病的常用药物,不可能降低LES压力。β受体拮抗剂对LES压力无明显影响。

901. ABCDE ①食管下括约肌(LES)属于抗反流屏障,可防止胃内容物反流入食管。当其结构受损时,可使LES压降低而导致胃食管反流病。②食管对反流物的酸廓清能力降低,可引起胃食管反流病。③胃排空延迟,可使胃内压增高,引起LES压相对降低而导致胃食管反流病。④正常情况下,吞咽时LES一过性松弛,食物得以进入胃内。LES一过性松弛频繁,是引起胃食管反流病的主要原因。⑤胃食管反流病的发生与夜间胃酸分泌过多无关,此为十二指肠溃疡的发病机制,故答A。

902. ABCDE ①患者胸骨后疼痛半年,伴反酸、咳嗽,心电图、肌电图、胸部X片均未见异常,应诊断为胃食管反流病,其发病机制主要是一过性食管括约肌松弛,造成胃十二指肠内容物反流入食管所致。②冠状动脉痉挛为冠心病的发病机制。胃痉挛多由神经功能性异常所致。气道高反应性为支气管哮喘的发病机制。Oddi括约肌痉挛为多种胆胰疾病的发病机制。

903. ABCDE ①反流性食管炎由胃十二指肠内容物反流入食管引起,与食管抗反流防御机制减弱和反流物对食管黏膜的攻击作用有关,而与幽门螺杆菌(Hp)感染无关。②我国是Hp高感染率国家,人群中感染率为40%~70%,其感染率与慢性胃炎、胃癌的患病率呈平行关系。众所周知,Hp感染是导致消化性溃疡的重要原因。Hp也是引起胃黏膜相关淋巴组织淋巴瘤的主要原因。

904. ABCDE ①烧心和反流是胃食管反流病最常见的症状,具有特征性,被称为典型症状(E)。烧心是指胸骨后或剑突下烧灼感,常由胸骨下段向上延伸。反流是指胃内容物在无恶心和不用力的情况下涌入咽部或口腔的感觉,含酸味或仅有酸水时称为反酸。②餐后上腹胀痛、上腹部钝痛、嗳气等消化不良症状常见于慢性胃炎,胃食管反流病少见。部分胃食管反流病患者可有吞咽困难。

905. ABCDE ①胃食管反流病的临床表现分为食管症状和食管外症状两类。胸痛是由反流物刺激食管引起,为非典型食管症状,不属于食管外刺激症状(C)。②食管外症状为反流物刺激食管以外的组织和器官引起。慢性咳嗽、哮喘、声音嘶哑、咽喉炎均属于食管外症状。

906. ABCDE ①反酸、烧心是胃食管反流病的典型临床表现,胸痛、咳嗽为非典型症状,因此本例应诊断为胃食管反流病(B)。②消化性溃疡常表现为周期性上腹痛,与进食有关。食管癌常表现为进行性吞咽困难。贲门失弛缓症常表现为间歇性吞咽困难。胸膜炎常表现为发热、胸痛、胸膜摩擦音。

907. ABCDE ①Barrett食管是指食管的鳞状上皮被柱状上皮取代。在此基础上可发生溃疡或腺癌,因此应加强随访,定期进行内镜复查,以预防癌变(D)。②非糜烂性反流病为最常见的胃食管反流病,约占70%,无恶变倾向,无需定期内镜复查。胃食管反流病合并食管裂孔疝,可使反流更易发生。反酸、烧心为胃食管反流病的典型症状,咽部异物感为非典型症状。B、C、E均不是内镜复查的指征。

908. ABCDE　909. ABCDE ①患者胸骨后烧灼感,称为烧心。烧心是胃食管反流病最常见的典型症状。吞咽不畅为其非典型症状,故本例应诊断为胃食管反流病。消化性溃疡多表现为长期上腹周期性疼痛,而本例病史仅2周,故不答A。患者口服质子泵抑制剂可缓解症状,故不答B、C。贲门失迟缓症常表现为间歇性吞咽困难。②为明确诊断,应首选胃镜检查,次选24小时食管pH监测。心电图常用于诊断心律失常,冠状动脉造影常用于诊断冠心病。超声心动图常用于诊断心肌病。

910. ABCDE ①胃镜检查是诊断反流性食管炎最准确的方法,可以根据胃镜下食管黏膜的损害程度进行分级(B)。②食管测压只是诊断反流性食管炎的辅助方法,价值不大。食管24小时酸监测仅在内镜检查阴性时采用。反酸、烧心为反流性食管炎的典型症状,但是单凭临床症状不能确诊本病。^{13}C尿素呼气试验阳性提示幽门螺杆菌感染,但反流性食管炎与幽门螺杆菌感染无关,故不答E。

911. ABCDE 912. ABCDE ①题干要求回答的是“酸反流”的辅助检查，当然首选24小时食管pH监测。该检查是诊断胃食管反流病的重要方法，常用于胃镜不能确诊的患者(B)。②胃镜检查+活检是诊断反流性食管炎最可靠的方法(E)。③食管压力测定是诊断反流性食管炎的辅助方法。胸部X线片对诊断反流性食管炎价值不大。食管酸滴注试验可确定临床症状是否与酸敏感有关。

913. ABCDE ①烧心是胃食管反流病最常见的典型症状，故本例应考虑胃食管反流病。胃镜没有发现典型反流性食管炎的征象，应行24小时食管pH监测，以明确诊断(A)。②食管脱落细胞学检查常用于诊断食管癌。胸部CT、食管钡剂造影、动态心电图均对本病的诊断价值不大。

914. ABCDE ①高脂肪饮食、咖啡、浓茶均可引起食管下括约肌(LES)功能障碍，导致抗反流屏障受损，而加重胃食管反流病(C错E对)。②促胃肠动力药可增加LES压力，改善食管蠕动，促进胃排空，从而减少胃内容物反流。③应用抗酸制剂是治疗胃食管反流病的主要措施。④肥胖可使腹内压增高，加重胃食管反流。因此，减肥是本病的辅助治疗。

915. ABCDE ①胃食管反流病的主要治疗是应用抑酸药物。奥美拉唑为质子泵抑制剂，其制酸效果及疗效均优于H_2受体拮抗剂雷尼替丁，故答C而不是E。②多潘立酮为D_2受体阻断药，主要用于促进胃肠运动。枸橼酸铋钾、铝碳酸镁偶用于消化性溃疡的治疗，故不答B、D。

916. ABCDE 青年女性，咽部不适、声音嘶哑伴反酸、恶心，应诊断为胃食管反流病，治疗首选质子泵抑制剂。

917. ABCDE ①前列腺素可增加胃黏膜黏液和碳酸氢盐的分泌，促进黏膜血流，在维持胃黏膜屏障和修复功能中起重要作用。非甾体抗炎药可通过抑制前列腺素合成的关键酶环氧合酶(COX)而阻断前列腺素的合成，削弱胃黏膜屏障作用，引起急性胃炎(C)。②能够激活磷脂酶A的是胰蛋白酶。能够抑制弹性蛋白酶的是α_1抗胰蛋白酶。促进胃窦G细胞合成促胃液素的是蛙皮素。

918. ABCDE ①急性糜烂出血性胃炎是以胃黏膜多发性糜烂为特征的急性胃黏膜病变，常见病因包括：口服非甾体抗炎药(最常见)、应激、乙醇等。②不洁饮食常导致胃肠炎。剧烈呕吐常导致贲门撕裂综合征。刺激性食物常导致消化性溃疡。长期大量口服抗生素将导致肠道菌群失调。

919. ABCDE ①B、C、D、E都是急性胃炎的常见病因。酒精具有亲脂性和溶脂性能，可导致胃黏膜糜烂、出血。严重感染、脑血管意外引起的应激状态，可导致急性胃炎。非甾体抗炎药是最常引起急性胃炎的药物。②免疫异常常导致慢性A型胃炎，并不是急性胃炎，故答A。

920. ABCDE 921. ABCDE ①慢性萎缩性胃炎(并不是慢性浅表性胃炎)是胃癌的癌前病变，低酸、细菌生长等胃内微环境改变，可导致内源性亚硝基化合物形成而癌变。中、重度慢性萎缩性胃炎的胃癌年发生危险性约为0.5%，参阅3版8年制《内科学》P475。②非甾体抗炎药可抑制环氧合酶，阻断前列腺素的合成，削弱胃黏膜屏障，而导致急性糜烂出血性胃炎。

922. ABCDE 923. ABCDE ①胃溃疡的癌变率约为1%，是最易癌变的溃疡(B)。Cushing溃疡和Curling溃疡都属于应激性溃疡，不会癌变。食管腐蚀性溃疡是外伤所致的溃疡，也不会癌变。十二指肠溃疡绝不癌变。②Curling溃疡是指严重烧伤所致的应激性溃疡(C)。Cushing溃疡是指重度脑外伤所致的应激性溃疡。

924. ABCDE 925. ABCDE ①患者既往有饥饿性上腹痛，进食可缓解，此为十二指肠溃疡的典型表现。目前大量呕血、黑便，应诊断为十二指肠溃疡出血(A)。②应激是急性胃黏膜病变的常见病因之一。本例车祸致胸腹复合伤后4天，出现上消化道出血，首先应考虑应激所致的急性胃黏膜病变出血(B)。③胃癌出血常见于老年人，常有不规律上腹隐痛史。胃溃疡出血多有长期饱餐后上腹疼痛史。食管胃底静脉曲张破裂出血常有肝硬化、长期肝病病史。

926. ABCDE 吲哚美辛属于非甾体抗炎药，是导致急性胃炎的常见病因。患者口服吲哚美辛后上腹痛，呕吐咖啡样物，应诊断为急性胃炎上消化道出血。为明确诊断，当然首选胃镜检查(A)。

927. ABCDE ①患者烧伤后出现上消化道出血，应首先考虑Curling溃疡(应激性溃疡)所致，答案为E。

②慢性胃炎出血少见。胆道出血常表现为周期性出血(每1~2周出血1次、每次100~200ml)、腹痛、黄疸三联征。消化性溃疡出血常有慢性周期性上腹部疼痛病史。食管溃疡出血临床上罕见。

928. ABCDE　①急性胃炎是上消化道出血的常见病因之一,故不答B。急性胃炎可表现为上腹隐痛、恶心、呕吐等,故不答C、D、E。②急性胃炎的临床表现不包括黄疸。黄疸是肝胆疾病的常见症状。

929. ABCDE　①严重创伤、大手术、大面积烧伤、颅内病变、败血症等应激状态,均可导致急性胃黏膜病变,导致上消化道出血。中枢神经系统疾病所致的急性胃黏膜病变,称为Cushing溃疡。本例即为脑出血所致的Cushing溃疡(C)。②A、B、D、E均属于急性胃炎的病因,但与题干所述不符。

930. ABCDE　①老年患者,长期服用非甾体抗炎药双氯芬酸钠,上腹饱满半年,应考虑急性胃黏膜病变。②今突发剧烈腹痛,全腹压痛,应诊断为胃穿孔,故答B。

931. ABCDE　932. ABCDE　①老年患者,饮酒后呕吐咖啡样物,黑便,应诊断为急性胃炎出血,首选治疗药物是质子泵抑制剂奥美拉唑。多巴胺为升压药。硫糖铝为胃黏膜保护剂,偶用于消化性溃疡的治疗。止血芳酸对上消化道出血疗效较差,不宜使用。纳洛酮常用于治疗酒精中毒。②为明确上消化道出血的病因,当然首选胃镜检查。B、C、D、E均属影像学检查,不能确诊急性胃炎,不宜使用。

933. ABCDE　934. ABCDE　①急性胃炎多表现为胃黏膜充血、水肿、出血、糜烂,钡餐造影不能显影,腹部CT、B超检查常为阴性,其确诊有赖于胃镜检查(A)。胃液分析可用于消化性溃疡的辅助诊断,现已少用。②胃液分析是指经胃管抽取胃液测定胃酸基础分泌量、最大泌酸量等指标,以了解消化性溃疡患者胃酸分泌情况。A、B、C、D均属于形态学检查,不可能了解胃酸分泌情况。

935. ABCDE　①患者烧伤后出现上消化道出血,应考虑Curling溃疡出血,治疗首选质子泵抑制剂(C)。②H_2受体拮抗剂也可应用,但抑酸效果不如质子泵抑制剂,故不答D。胃黏膜保护剂为辅助治疗药物,故不答A。急性胃黏膜病变所致的上消化道出血,静脉应用止血药效果不佳,故不答B。患者脉搏稍快,血压正常,处于休克代偿期,说明出血量不大,无需输血,故不答E。

936. ABCDE　①青年患者,夜间上腹痛,伴呕吐黑便,应考虑十二指肠溃疡出血,治疗首选质子泵抑制剂奥美拉唑。②雷尼替丁、甲氰咪胍为H_2受体拮抗剂,抑酸效果不如质子泵抑制剂。多潘立酮为促胃肠动力药,对十二指肠溃疡出血无效。枸橼酸铋钾是胃黏膜保护剂,为辅助用药。

937. ABCDE　①中年男性,长期服用非甾体抗炎药物阿司匹林后出现上腹痛、上腹轻压痛,应诊断为急性胃炎,治疗首选质子泵抑制剂奥美拉唑(A)。②阿莫西林、克拉霉素为抗幽门螺杆菌治疗的常用药物。多潘立酮为胃动力药。硫酸镁为妊娠高血压疾病的常用治疗药物。

938. ABCDE　慢性胃炎的主要病因是幽门螺杆菌(Hp)感染,占80%~90%。Hp感染可引起胃黏膜炎症,感染后机体难以将其清除,而造成慢性感染。人群中Hp感染率大致相当于慢性胃炎的患病率。2018年真题。

939. ABCDE　答题时请注意:慢性胃炎的主要病因是幽门螺杆菌感染,占80%~90%。慢性胃窦炎最常见病因是幽门螺杆菌感染,占90%。慢性胃体炎多由自身免疫反应引起。2020年真题。

940. ABCDE　①患者胃镜检查示胃皱襞减少,黏膜不平,黏膜下血管透见,应考虑慢性萎缩性胃炎,可有胃体黏膜主细胞数量减少,不可能出现壁细胞数量增加(D错)。②胃镜见胃窦直径2cm深溃疡,周边隆起,说明胃癌可能性较大,故不答A。B、E为胃癌的癌前病变,故不答B、E。

941. ABCDE　慢性胃炎的病理学特点为炎症、萎缩和肠化生。炎症常表现为黏膜层淋巴细胞、浆细胞浸润,幽门螺杆菌引起的慢性胃炎常有淋巴滤泡形成。中性粒细胞大量浸润常提示活动性炎症,称为慢性活动性胃炎。因此判断慢性胃炎有无活动性的病理学依据是有无中性粒细胞浸润。答案为D。

942. ABCDE　①慢性萎缩性胃炎易发生肠上皮化生、不典型增生而癌变,其癌变率高达2%~10%。因此,慢性萎缩性胃炎属于胃癌的癌前疾病(D)。②十二指肠溃疡、十二指肠球炎均不会发生癌变,胃食管反流病癌变率低。慢性浅表性胃炎若不伴胃黏膜萎缩,不会发生癌变。

943. ABCDE　①慢性萎缩性胃炎是指胃黏膜发生了萎缩性改变的慢性胃炎。萎缩常伴有化生,化生又分为肠上皮化生和假幽门腺化生。肠化生是指胃固有腺体被肠腺样腺体所替代,假幽门腺化生是指胃底腺体内出现幽门腺结构。若慢性萎缩性胃炎进一步发展,胃上皮或化生的肠上皮在再生过程中发生发育异常,可形成不典型增生。可见,慢性萎缩性胃炎的发展过程为:萎缩→化生(肠化生和假幽门腺化生)→不典型增生→癌变。研究表明,化生与癌变并无直接联系,只有胃黏膜细胞不典型增生才是癌前病变,故答 B。②胃小凹上皮可以发生增生,但无特异性。

944. ABCDE ①慢性萎缩性胃炎是指胃黏膜已发生萎缩性改变,典型胃镜表现为黏膜红白相间,白相为主,黏膜下血管透见,色泽灰暗,皱襞扁平甚至消失(D)。②溃疡形成为胃溃疡的典型胃镜表现。颗粒不平为慢性萎缩性胃炎伴增生的典型胃镜表现。黏膜糜烂为三种慢性胃炎(包括慢性萎缩性胃炎、慢性非萎缩性胃炎、特殊类型胃炎)的共同胃镜特点。充血水肿为急性胃炎的胃镜表现。

945. ABCDE 患者上消化道症状明显,为明确诊断,当然首选胃镜检查,送分题。

946. ABCDE ①胃镜示"胃窦皱襞平坦,黏膜血管透见"为慢性萎缩性胃炎的典型表现(E)。②慢性浅表性胃炎(现已改称非萎缩性胃炎)内镜表现为红斑、黏膜粗糙不平、出血点/斑、黏膜水肿渗出等。故不答 C。③消化性溃疡表现为周期性上腹痛,内镜下可见圆形或椭圆形溃疡,边缘光整。本例病史已 2 年,不可能为急性胃炎,故不答 B。胃癌内镜下可见肿瘤表面凹凸不平,糜烂,有污秽苔。

947. ABCDE ①壁细胞主要分布于胃底和胃体,可分泌内因子,而内因子的作用是促进维生素 B_{12} 的吸收。胃体萎缩性胃炎(A 型胃炎)由于壁细胞受损,内因子减少,可造成维生素 B_{12} 缺乏,导致巨幼细胞贫血(B)。②胃窦萎缩性胃炎、非萎缩胃炎、浅表性胃炎均不会出现贫血。

948. ABCDE **949. ABCDE** ①慢性萎缩性胃炎常表现为黏膜层淋巴细胞、浆细胞浸润。若胃黏膜内中性粒细胞浸润增多,则是炎症活动的客观证据(C)。A、B、D 均不是炎症的镜下表现。②A 型胃炎也称慢性胃体炎,主要累及胃体部(E)。A 型胃炎属于自身免疫性胃炎,故壁细胞抗体、内因子抗体常为阳性。因壁细胞受损,故胃酸、内因子分泌减少。胃酸减少,可导致消化不良,出现明显厌食、体重减轻。内因子分泌减少将造成维生素 B_{12} 缺乏,导致恶性贫血。

950. ABCDE **951. ABCDE** **952. ABCDE** ①胃镜示"胃体皱襞稀疏,黏膜血管透见"为慢性萎缩性胃炎的典型表现。根据题干,本例应诊断为慢性萎缩性胃炎(C)。Menetrier 病也称巨大胃黏膜肥厚症,常表现为胃体、胃底黏膜皱襞粗大、肥厚,扭曲呈脑回状。慢性浅表性胃炎内镜下可见红斑、黏膜粗糙不平、黏膜水肿渗出。慢性淋巴细胞性胃炎极少见。胃癌内镜下可见肿瘤表面凹凸不平,糜烂,有污秽苔。②从内镜表现来看,病变主要累及胃体,可诊断为 A 型胃炎,属于自身免疫性胃炎,多表现为壁细胞抗体和内因子抗体阳性,因此作壁细胞抗体检查有助于明确诊断(D)。癌胚抗原常用于诊断结直肠癌。血清胃泌素、胃蛋白酶原测定对慢性胃炎的诊断价值不大。血抗线粒体抗体 M_2 亚型检测常用于诊断原发性胆汁性肝硬化。③A 型胃炎多累及胃体的壁细胞,使内因子分泌减少,维生素 B_{12} 吸收障碍,可导致恶性贫血(E)。维生素 C 缺乏将导致坏血病。慢性消化道失血、铁吸收障碍将导致缺铁性贫血。蛋白质吸收障碍将导致营养不良。

953. ABCDE **954. ABCDE** ①壁细胞主要分布于胃体和胃底,可分泌胃酸和内因子。因此重度萎缩性胃体胃炎患者,壁细胞大量破坏,将使胃酸分泌明显减少(A)。②G 细胞主要分布于胃窦部,可分泌胃泌素,间接刺激壁细胞分泌胃酸。因此萎缩性胃窦胃炎患者,由于累及的是胃窦部的 G 细胞,因此胃酸分泌轻度减少或正常(E)。

955. ABCDE 胃镜检查提示胃体黏膜变薄,血管透见,皱襞稀疏,应诊断为慢性萎缩性胃炎。慢性萎缩性胃炎分为 A 型胃炎和 B 型胃炎。A 型胃炎体内可出现针对壁细胞的自身抗体,作为靶细胞的壁细胞数量减少,内因子分泌减少,导致维生素 B_{12} 吸收障碍,出现巨幼细胞性贫血(C)。

956. ABCDE A 型萎缩性胃炎患者血清壁细胞抗体升高。

957. ABCDE ①患者胃镜检查示胃黏膜菲薄,血管显露,应诊断为慢性萎缩性胃炎,故不答 C、D、E。②慢性萎缩性胃炎又细分为多灶性萎缩性胃炎(慢性萎缩性胃窦炎)和自身免疫性萎缩性胃炎(慢性萎缩性胃体炎）两类。慢性萎缩性胃体炎由于胃体受累，壁细胞受损，内因子分泌减少，维生素 B_{12} 吸收障碍，可导致巨幼细胞贫血，即大细胞性贫血。慢性萎缩性胃体炎患者血清抗壁细胞抗体及内因子抗体阳性。慢性萎缩性胃窦炎不会出现大细胞性贫血及血清抗壁细胞抗体，故答 A。③1982 年，我国将慢性胃炎分为浅表性胃炎、萎缩性胃炎、肥厚性胃炎三类，浅表性胃炎是老的分类方法，现已淘汰。

958. ABCDE　①胃镜示胃黏膜颜色灰暗，红白相间，皱襞低平稀少，应诊断为慢性萎缩性胃炎。慢性萎缩性胃炎分为 A 型胃炎和 B 型胃炎。A 型胃炎内因子减少、胃酸分泌显著减少、pH 较正常升高。B 型胃炎内因子正常、胃酸正常或稍减低，pH 正常或稍增高。可见无论是 A 型胃炎还是 B 型胃炎，胃液 pH 均可能增高，答案为 E。②A 型胃炎可导致壁细胞减少，B 型胃炎可导致 G 细胞减少，而碳酸氢盐由胃黏膜非泌酸细胞分泌，故慢性胃炎患者胃液碳酸氢盐正常（A 错）。A 型胃炎由于胃体受损，主细胞分泌胃蛋白酶原减少，导致经胃酸激活后生成的胃蛋白酶也减少。

959. ABCDE　胃镜示胃黏膜苍白、粗糙、皱襞稀疏，应诊断为慢性萎缩性胃炎。常表现为主细胞、壁细胞数量减少，固有膜淋巴细胞、浆细胞浸润，可有肠上皮化生。在肠上皮化生中，可出现细胞异型增生。

960. ABCDE　①慢性胃炎的胃黏膜层以淋巴细胞和浆细胞浸润为主，若出现大量中性粒细胞浸润，提示有活动性炎症，称为慢性活动性胃炎，多为幽门螺杆菌感染所致，因此其治疗应特别注意抗幽门螺杆菌（C）。②由于慢性胃炎与症状之间并不存在明确的关系，因此症状治疗实际上属于功能性消化不良的经验性治疗，如抑酸药、胃黏膜保护剂、促胃肠动力药、抗抑郁药等。

961. ABCDE　①多潘立酮为胃肠道多巴胺 D_2 受体拮抗剂，可增强胃肠运动，促进胃排空，减少胆汁反流，常用于胆汁反流明显的慢性胃炎（A）。②糖皮质激素常用于治疗自身免疫性疾病。硫糖铝属于胃黏膜保护剂，偶用于消化性溃疡的治疗。甲硝唑、奥美拉唑常用于抗幽门螺杆菌治疗。

962. ABCDE　①慢性胃炎可发生不典型增生（异型增生），重度不典型增生是胃癌的癌前病变。因此慢性萎缩性胃炎伴轻至中度不典型增生者，应密切观察，定期胃镜活检复查，有助于发现早期胃癌。对伴有重度不典型增生者，应行预防性手术，目前多采用内镜下胃黏膜切除术。本例伴中度不典型增生，故应密切观察（E）。②补充微量元素锌、硒，有助于胃黏膜之肠化和不典型增生的逆转。口服胃蛋白酶合剂有助于消化功能的改善。米索前列醇属胃黏膜保护剂。D 为一般性治疗措施。

963. ABCDE　①慢性萎缩性胃炎的治疗首先是根除幽门螺杆菌，其指征包括：伴有胃黏膜糜烂、萎缩、肠化生、异型增生者；有消化不良症状者；有胃癌家族史者。本例胃镜提示慢性萎缩性胃炎合并中至重度肠化，Hp 阳性，因此首选根除幽门螺杆菌治疗（C）。②应用质子泵抑制剂、促胃肠动力药、抗酸剂等均属于对症治疗，故不答 A、B、D。慢性胃炎常表现为上腹隐痛，很少使用止痛剂，故不答 E。

964. ABCDE　①胃黏膜异型增生是胃癌的癌前病变，对于轻中度异型增生应严密随访，定期胃镜复查。对于重度异型增生则宜行预防性手术，目前多采用内镜下胃黏膜切除术（A）。②胃大部切除术创伤较大，不宜采用。质子泵抑制剂、H_2 受体拮抗剂、胃黏膜保护剂均属于次要治疗措施。

965. ABCDE　①慢性萎缩性胃炎的发展过程为：萎缩→化生→不典型增生→癌变。患者为慢性萎缩性胃炎伴重度肠上皮化生，为防止癌变，应定期胃镜检查（D）。②腹部 CT、腹部 B 超、上消化道造影均为影像学检查方法，不能发现早期胃癌。截至目前，尚未发现胃癌的特异性肿瘤标志物。

966. ABCDE　①慢性萎缩性胃炎合并重度肠上皮化生属于胃癌的癌前病变，故应定期作纤维胃镜复查（D）。②A、B、E 均属于影像学检查方法，不能确诊胃癌。截至目前，尚未发现胃癌的特异性肿瘤标志物，故不答 C。

967. ABCDE　①患者长期服用非甾体抗炎药物阿司匹林，上腹隐痛 2 天，呕吐咖啡样液体，胃镜示胃黏膜糜烂及出血，应诊断为急性胃炎并出血，治疗首选质子泵抑制剂奥美拉唑（B）。②多潘立酮常用于促进胃蠕动。枸橼酸铋钾、硫糖铝、法莫替丁常用于治疗消化性溃疡。

968. ABCDE　①老年患者，突发头痛、呕吐、肢体偏瘫、昏迷，应考虑颅内出血。1 小时前上消化道出血，应诊断为 Cushing 溃疡，即中枢神经系统疾病所致的急性胃黏膜病变（A）。②Dieulafoy 病变即胃横径动脉瘤,临床上罕见。胃癌、十二指肠溃疡的发病与题干所述病因不符。肝硬化食管下段胃底曲张静脉破裂出血患者多有长期慢性乙肝病史,且出血凶猛,出血量较大。

969. ABCDE 胃镜检查提示胃黏膜变薄,黏膜下血管透见,应诊断为慢性萎缩性胃炎。由于病变主要在胃体,应诊断为 A 型胃炎。A 型胃炎患者由于胃体萎缩,壁细胞受累,因此胃酸和内因子分泌减少,导致基础胃酸分泌减少、血液胃酸水平降低。胃酸降低将使促胃液素负反馈抑制减弱,导致血清促胃液素分泌增加。由于内因子的主要生理作用是促进维生素 B_{12} 的吸收,因此内因子减少将导致血清维生素 B_{12} 水平降低(E 对)。长期缺乏维生素 B_{12},将导致机体巨幼细胞贫血。

970. ABCDE ①消化性溃疡发病的主要机制是胃酸、胃蛋白酶的侵袭作用与黏膜的防御能力间失去平衡,胃酸对黏膜产生自我消化的结果(A)。②部分患者幽门括约肌功能障碍,导致十二指肠-胃反流,反流液中的胰酶、胆汁对胃黏膜有一定的损伤作用。精神、心理因素在应激性溃疡的发病中占有重要地位。食物的理化刺激在发病中也起一定作用,如高盐饮食可增加胃溃疡的发病危险性。

971. ABCDE ①幽门螺杆菌(Hp)感染是消化性溃疡重要的致病因素,十二指肠溃疡 Hp 感染率可高达 90%以上,胃溃疡 Hp 阳性率为 60%~90%。②A、B、C、D 均可引起消化性溃疡,但都不是重要因素。

972. ABCDE ①前列腺素可抑制胃酸分泌、增加黏液和 HCO_3^- 分泌、改善胃黏膜血流量、促进损伤胃黏膜上皮的修复,从而起到保护胃黏膜的作用(B)。②胃酸/胃蛋白酶是胃十二指肠黏膜最强的侵袭因子。十二指肠-胃反流液中的胆盐、胰酶对胃黏膜也有一定的损伤作用。非甾体抗炎药可抑制环氧合酶,阻断前列腺素的合成,从而损害胃黏膜屏障。A、C、D、E 均属于胃十二指肠黏膜的侵袭因素。

973. ABCDE ①布洛芬为非甾体抗炎药,可抑制环氧合酶,阻断前列腺素的合成,而导致消化性溃疡,故禁用于溃疡病活动期(E)。②胶体铋(枸橼酸铋钾)、前列腺素制剂(米索前列醇)、硫糖铝都属于胃黏膜保护剂,可用于消化性溃疡的治疗。呋喃唑酮常用于消化性溃疡根除幽门螺杆菌的治疗。

974. ABCDE ①壁细胞可分泌胃酸和内因子。十二指肠溃疡患者壁细胞总数比正常人高 1 倍左右,内因子分泌增多而不是减少(A)。②十二指肠溃疡患者常有迷走神经功能亢进,同时对促胃液素、组胺的敏感性增强,因而分泌大量胃酸和胃蛋白酶。十二指肠溃疡晚期,常有胃蠕动减弱,出现胃潴留而兴奋胃窦部 G 细胞,导致促胃液素分泌过多,参阅 1 版《内科学》P317。

975. ABCDE ①患者长期反复餐后痛,伴反酸,应考虑胃溃疡。胃溃疡好发于胃角和胃窦小弯,胃大弯和胃底较少见,故答案为 B。②十二指肠溃疡常表现为饥饿痛而不是餐后痛,故不答 A。

976. ABCDE ①胃溃疡多伴有慢性萎缩性胃炎,若胃窦长期受到十二指肠液反流的损害,则易发生萎缩性胃炎,而炎症可削弱胃黏膜的抗酸能力,导致胃溃疡的发生。②胃溃疡好发于胃角和胃窦小弯,而不是胃体大弯侧(B 错)。③胃溃疡的癌变率约为 1%。④常规抑酸治疗后愈合的消化性溃疡年复发率为 50%~70%,若根除幽门螺杆菌后消化性溃疡的复发率可降至 5%以下。⑤口服非甾体抗炎药可削弱胃黏膜的防御和修复功能而导致胃溃疡。

977. ABCDE ①中年患者长期周期性上腹痛,X 线钡剂造影示溃疡直径<2.5cm,龛影位于胃腔轮廓之外,大弯侧有痉挛性切迹,应诊断为胃溃疡(C)。②胃憩室多无症状,钡餐检查可见胃腔内突出物,周围平整光滑,故不答 A。慢性胃炎多无症状,钡餐检查常无阳性发现,故不答 B。胃癌常表现为无规律性上腹部疼痛,溃疡直径>2.5cm,龛影位于胃腔轮廓之内,故不答 D。胃平滑肌瘤多无症状,钡餐检查示胃局部黏膜隆起,呈凸向胃腔内的类圆形充盈缺损,故不答 E。

978. ABCDE ①空腹痛及夜间痛是十二指肠溃疡的特点,故答 B。②胃癌好发于老年人,病史多较短,腹痛无规律。胰腺癌多见于老年人,常表现为左上腹痛。胃溃疡常表现为餐后痛,而不是空腹痛。食管溃疡常表现为颈部、胸骨后痛。

979. ABCDE ①胃溃疡多为餐后 1 小时开始上腹疼痛,1~2 小时逐渐缓解,下次进餐再痛,具有进食→疼痛→缓解的规律。患者餐后痛,餐前缓解,应诊断为胃溃疡(E)。②胃癌的上腹疼痛无规律性。慢性胃炎、慢性胆囊炎多无症状。十二指肠溃疡多为空腹痛。

980. ABCDE　①反复上腹饥饿性痛为十二指肠溃疡的特点，结合病史及临床表现，本例应诊断为十二指肠溃疡(D)。②胆囊炎常表现为脂肪餐后右上腹绞痛，Murphy 征阳性。胃癌常表现为无规律性上腹隐痛。胃溃疡常表现为饱餐痛。胰腺炎常表现为饱餐后左上腹剧痛，无反复发作。

981. ABCDE　982. ABCDE　①胃溃疡多为餐后1小时疼痛，1~2小时后逐渐缓解，下次进餐前再痛，具有进食→疼痛→缓解的规律(C)。②肠易激综合征常表现为下腹和左下腹痛，多于排便或排气后缓解，具有疼痛→排便→缓解的规律(E)。③A 为胃癌的腹痛特点。D 为十二指肠溃疡的腹痛特点。

983. ABCDE　984. ABCDE　①十二指肠溃疡多为餐前痛，进餐后缓解，餐后3~4小时再痛，具有疼痛→进食→缓解的规律(D)。②结核性腹膜炎多表现为脐周、下腹持续性隐痛或钝痛(A)。③C 为胃溃疡的腹痛特点。E 为肠易激综合征的腹痛特点。

985. ABCDE　986. ABCDE　①慢性胃炎多无明显症状，可有反复上腹部胀痛，以进餐为甚，可有嗳气、反酸、食欲不振，饮食不节时加重(E)。②胃溃疡常表现为饱餐痛，即周期性餐后上腹部疼痛，至下一餐前缓解(A)。③B 为急性胰腺炎的腹痛特点；C 为肝外胆管结石的腹痛特点；D 为十二指肠溃疡的腹痛特点。

987. ABCDE　①十二指肠分为球部、降部、水平部和升部四段。十二指肠溃疡好发于十二指肠球部，约占十二指肠溃疡总数的90%。②发生在球部远段十二指肠的溃疡称为球后溃疡，多发生于十二指肠乳头的近端。其特点为：以午夜痛和背部放射痛多见，对药物治疗反应较差，较易并发出血(C 对)。③注意：球后溃疡并不是指十二指肠球部后壁的溃疡，而是指十二指肠球部后方的溃疡。

988. ABCDE　幽门管溃疡属于特殊类型的消化性溃疡(A 对)，病变发展较快。患者上腹痛节律性不明显，对药物治疗反应性差，呕吐较多见。由于幽门管易痉挛和形成瘢痕，因此易发生幽门梗阻，也可出现穿孔和出血。9版《内科学》已删除部分知识点，可参阅1版《内科学》P319。

989. ABCDE　①老年人胃溃疡的临床症状多不明显，疼痛多无规律。胃溃疡多位于胃体上部，溃疡常较大，易误诊为胃癌。②因溃疡多位于胃体上部，而不是胃窦部，故不易合并幽门梗阻(C 错)。

990. ABCDE　①血清抗幽门螺杆菌(Hp)抗体检测，是间接检查 Hp 感染的方法，阳性表明受试者感染过 Hp，且产生了相应的抗体，但不表示目前仍有 Hp 存在，不能作为判断 Hp 是否根除的依据(E)。②A、B、C、D 都是直接检验 Hp 是否存在的方法，阳性均说明 Hp 仍然存活，尚未根除；反之，则可判定 Hp 已根除，故 A、B、C、D 均可作为判断 Hp 是否根除的检验方法。

991. ABCDE　①血清幽门螺杆菌 IgG 抗体检测只能提示近期是否感染过 Hp，不能确定是否为现症感染，故常用于流行病学调查(A)。②^{13}C 尿素呼气试验可检测胃中是否存在 Hp，胃黏膜活检 Hp 培养或快速尿素酶试验可检测胃黏膜中是否存在 Hp，粪便 Hp 抗原检测可确定胃肠道有无 Hp 存在，故 B、C、D、E 均可证实有无 Hp 的现症感染。

992. ABCDE　993. ABCDE　①幽门螺杆菌检测分为侵入性和非侵入性检查两大类。侵入性检查方法是指需要通过胃镜取胃黏膜活组织进行检测，包括快速尿素酶试验、组织学检查、Hp 培养等。其中，快速尿素酶试验操作简便，费用低廉，是侵入性检查的首选方法(B)。胃组织学检查虽可直接检测 Hp，但需后期组织学处理，操作复杂，故临床上少用。Hp 培养技术要求高，目前仅用于科研。②非侵入性检查是指不需要胃镜就能进行的检查，包括^{14}C 尿素呼气试验、粪便 Hp 抗原检测、血清学检查等。其中^{14}C 尿素呼气试验检测 Hp 的敏感性及特异性极高，且无需胃镜，因此临床上常作为根除治疗后复查的首选方法(D)。③血清学检查主要用于 Hp 感染的流行病学调查，故临床上少用。

994. ABCDE　①胃镜+活检是确诊胃溃疡的首选检查方法(A)。X 线钡剂造影为确诊胃溃疡的次选检查方法，常用于不愿接受胃镜检查或对胃镜检查有禁忌者。②24 小时食管 pH 监测常用于诊断胃食管反流病。幽门螺杆菌检测常用于了解是否有 Hp 感染，胃液分析目前少用，不能确诊胃溃疡。

995. ABCDE　①患者反复上腹隐痛5年，X 线钡剂造影提示十二指肠球部龛影，向腔外突出，可诊断为十二指肠球部溃疡(D)。②其他部位溃疡与 X 线钡剂造影结果不符。

996. ABCDE ①患者反复发作上腹痛，有季节性，应考虑为消化性溃疡。患者腹痛于夜间加重，说明十二指肠溃疡的可能性大。对于消化性溃疡的确诊首选胃镜，次选 X 线钡剂造影，所给 5 个选项中无胃镜检查，故最佳答案选 A。②CT 和 B 超检查对消化性溃疡的诊断价值不大。胃液细胞学检查可用于胃癌的辅助诊断。胃液分析可用于慢性胃炎分型、胃泌素瘤的辅助诊断。

997. ABCDE ①患者反复上腹痛 6 年，为饥饿痛，X 线钡剂造影示十二指肠球部变形，应考虑为十二指肠球部溃疡。患者近日腹痛加重，呈持续性，向腰背部放射，低热，外周血白细胞计数增高，应考虑溃疡向后壁慢性穿孔。根据题干，本例应诊断为十二指肠球溃后壁穿孔（D）。②X 线钡剂造影提示病变部位在十二指肠球部，而不是在胃部，故不答 A、B、C、E。

998. ABCDE 999. ABCDE ①确诊胃溃疡首选胃镜，次选 X 线钡剂造影（D）。②克罗恩病可累及整个大小肠，需结肠镜与 X 线检查相互配合才能明确诊断。确诊结肠克罗恩病首选结肠镜检查，次选钡剂灌肠检查。确诊小肠克罗恩病，则首选消化道 X 线钡剂造影（E）。③腹部 B 超、CT 检查对胃肠道病变的诊断价值不大。粪便潜血试验无特异性。

1000. ABCDE 胃癌的溃疡直径常>2cm，不规则，呈火山口状，底部凹凸不平（D），常有肿瘤组织出血坏死；边缘不整齐、隆起；周围黏膜皱襞中断，呈结节状肥厚。A、B、C、E 均为消化性溃疡的特点。

1001. ABCDE ①胃良性溃疡粪便潜血试验可阳性，但治疗后转阴；胃恶性溃疡则粪便潜血试验持续阳性。②胃良性溃疡胃酸正常或稍低，但无真性缺酸；胃恶性溃疡则真性缺酸较多。③胃良性溃疡青中年居多，恶性溃疡多见于中年以上。④X 线钡剂造影时，胃良性溃疡龛影位于胃腔轮廓之外，恶性溃疡则位于胃腔轮廓之内。⑤胃镜检查时，胃良性溃疡质软，边界清楚，不易出血；恶性溃疡则组织僵硬，质脆，易出血（E 对）。

1002. ABCDE ①胃溃疡是胃癌的癌前病变之一，癌变率约为 1%。胃溃疡的上腹痛有规律性，若腹痛变得没有节律性，食欲下降，粪便隐血试验持续阳性，应警惕溃疡恶变。胃肠钡餐检查，胃溃疡直径多<2.0cm，边界清楚；恶性溃疡直径多>2.0cm，边缘不整。根据题干，本例应诊断为胃溃疡恶变（D）。②胃溃疡并出血、胃溃疡并胃息肉的上腹疼痛节律均不会改变，故不答 A、B。X 线钡剂造影提示龛影位于胃窦部，故不能诊断为幽门管溃疡。胃溃疡合并幽门梗阻常表现为呕吐不含胆汁的宿食。

1003. ABCDE ①B、C、D、E 均属于消化性溃疡的并发症，腹腔脓肿是克罗恩病的常见并发症，而不是消化性溃疡的并发症，故可首先排除 A。②消化性溃疡最常见的并发症是上消化道出血，占总数的 10%～35%（B）。③穿孔约占 5%，幽门梗阻约占 3%，胃溃疡癌变<1%，十二指肠溃疡无癌变。

1004. ABCDE ①十二指肠后壁溃疡常穿透至毗邻的胰十二指肠动脉而致大出血（E）。虽然十二指肠后壁溃疡也可发生慢性穿孔，但发生率（5%）远低于出血（10%～35%），故答 E 而不是 A，很多医考参考书将答案错为 A。②幽门梗阻虽是消化性溃疡的并发症，但并不是十二指肠后壁溃疡的最常见并发症。胆囊炎和胰腺炎不属于消化性溃疡的并发症，为干扰项。

1005. ABCDE ①青年患者上腹痛 3 个月，便血 2 天，应考虑消化性溃疡或胃癌。为明确诊断，应首选胃镜+活组织检查（D）。②X 线钡剂造影为次选检查项目，主要用于胃镜检查有禁忌证或不愿接受胃镜检查者。大便隐血试验只能明确消化道是否出血，但不能明确出血的原因和部位。血常规为一般性检查项目，无特异性。腹部 B 超检查对空腔脏器疾病的诊断价值不大。

1006. ABCDE ①瘢痕性幽门梗阻为手术治疗的绝对适应证，不能保守治疗。②80%～85%的胃十二指肠溃疡大出血患者，可经保守治疗痊愈，仅有 15%～20%的患者需手术治疗（B）。③绝大多数消化性溃疡急性穿孔需急诊手术处理，仅有少数症状较轻的空腹小穿孔可行保守治疗。④十二指肠溃疡并球部变形，说明局部瘢痕收缩粘连严重，保守治疗很难使溃疡愈合，需手术治疗。⑤穿透性十二指肠溃疡多为后壁溃疡慢性穿孔所致，局部粘连严重，保守治疗溃疡不易愈合，需手术治疗。

1007. ABCDE 1008. ABCDE ①胃溃疡癌变时，原有的腹痛变得没有节律性，粪便隐血试验持续阳性（D）。②消化性溃疡大出血患者，当失血量>800ml 时，可有面色苍白、尿少、血压下降等休克症状

(A)。③B 缺乏特异性,C 常见于消化性溃疡并幽门梗阻,E 常见于消化性溃疡并穿孔。

1009. ABCDE　1010. ABCDE　①青年患者,呕吐咖啡色液体和黑便,应考虑上消化道出血。患者血压 100/60mmHg,心率 92 次/分,无明显休克体征,说明出血量<800ml,故最可能的诊断是十二指肠溃疡出血(B)。若为食管静脉曲张破裂出血,则出血凶猛,出血量大(800~1200ml),可在短期内休克。胃癌出血常见于老年患者,出血量一般很小,呕血少见。食管贲门撕裂综合征多为剧烈咳嗽后,大量呕吐鲜血,短期内可致休克。促胃液素瘤多表现为顽固性溃疡、腹泻和明显消瘦,易并发出血、穿孔等。②十二指肠溃疡出血患者生命体征稳定,可行保守治疗,首选质子泵抑制剂(A)。硫糖铝、枸橼酸铋钾、米索前列醇均属胃黏膜保护剂,是治疗消化性溃疡的二线药物,并不能作为首选。生长抑素常用于治疗门静脉高压症食管胃底静脉曲张破裂出血。

1011. ABCDE　十二指肠球部溃疡的并发症包括出血、急性穿孔、慢性穿孔、幽门梗阻。十二指肠溃疡无癌变可能(C)。癌变是胃溃疡的并发症。

1012. ABCDE　消化性溃疡的急性穿孔多位于十二指肠前壁或胃前壁,慢性穿孔多位于十二指肠球部后壁或胃后壁。由于临床上,急性穿孔远多于慢性穿孔,因此本题的最佳答案为 A 而不是 B。

1013. ABCDE　①腹腔游离气体是消化道穿孔的直接证据,气体积聚在右膈下可致肝浊音界缩小或消失,为消化性溃疡穿孔最有价值的临床表现,答案为 E。②突发上腹痛、上腹压痛反跳痛阳性、腹式呼吸消失,均可出现于消化性溃疡急性穿孔的患者,但对确诊本病无特异性。

1014. ABCDE　①消化性溃疡急性穿孔时,胃或十二指肠内的气体进入游离腹腔,积聚在右膈下可致肝浊音界缩小或消失,而不是肝浊音区扩大。②消化性溃疡穿孔后,大量胃肠内容物进入游离腹腔,导致严重腹膜炎,出现腹膜刺激征,表现为板状腹、全腹压痛反跳痛、肠鸣音减弱或消失。

1015. ABCDE　①急性上消化道穿孔后,胃肠道气体进入游离腹腔,积聚在右膈下,可致肝浊音界消失。消化道穿孔后胃肠内容物进入游离腹腔,可引起严重的腹膜刺激征,表现为腹部压痛反跳痛、肌紧张。②急性上消化道穿孔可导致弥漫性腹膜炎,肠鸣音将减弱或消失,不会出现肠鸣音增强。

1016. ABCDE　①患者突发上腹剧痛,迅速蔓延至全腹,查体板状腹,腹膜刺激征阳性,应考虑消化性溃疡急性穿孔,故应首选立位腹部 X 线片检查,若发现膈下游离气体即可确诊(C)。②直肠指检常用于直肠癌的诊断。诊断性腹腔穿刺、腹部 B 超常用于肝脾破裂的诊断。血常规无特异性,故不答 E。

1017. ABCDE　①中年男性,反复上腹痛 5 年,多为饥饿痛,口服碱性药物可缓解,应考虑十二指肠溃疡,故不答 A、B、C。②患者近 1 个月上腹痛不能被碱性药物缓解,说明出现了并发症。2 天来上腹痛加重,且向后背放射,应诊断为十二指肠球部后壁溃疡慢性穿孔(E)。③十二指肠球部前壁溃疡多引起急性穿孔,常表现为突然上腹剧痛,后扩散至全腹部。

1018. ABCDE　消化性溃疡伴幽门梗阻的特征性症状为呕吐隔夜宿食,量大,不含胆汁(A)。若梗阻时间较长,可出现腹胀、消瘦、脱水、贫血等症状,但无特异性,故不答 B、C、D、E。

1019. ABCDE　①消化性溃疡伴幽门梗阻的特征性症状为呕吐宿食(C)。②幽门梗阻可表现为上腹饱胀不适,呕吐多发生在下午或晚间,呕吐量大,一次可达 1000~2000ml。因幽门梗阻,十二指肠内的胆汁不能反流入胃,故呕吐物不含胆汁。呕吐后自觉胃部饱胀改善。A、B、D、E 均无特异性。

1020. ABCDE　①患者查体时闻及振水音,高度提示幽门梗阻。②肠鸣音亢进见于多种疾病,如机械性肠梗阻、急性细菌性痢疾等。上腹膨隆可见于胃癌、急性肠梗阻等。明显脱水见于腹泻、高热、大量体液丢失等。上腹部固定压痛可见于消化性溃疡、胆囊炎等。可见,B、C、D、E 均无特异性,故不答。

1021. ABCDE　1022. ABCDE　1023. ABCDE　1024. ABCDE　①中年男性,上腹饥饿性隐痛反复发作 10 年,服用抑酸剂可缓解,应诊断为十二指肠溃疡(C)。胃癌、胰腺癌的上腹疼痛均无节律性,抑酸剂均不能缓解,故不答 A、B。慢性胆囊炎多见于 40 岁以上的肥胖女性,常表现为脂肪餐后右上腹阵发性绞痛,无饥饿痛。慢性胰腺炎常由胆石症引起,常表现为左上腹隐痛,可放射至后背。②消化性溃疡患者突发上腹持续性剧痛,应考虑合并急性穿孔(D)。根据上题答案项,可排除 A、B、C、E。

③腹腔游离气体是消化道穿孔的直接证据，气体积聚在右膈下可致肝浊音界缩小或消失，为消化性溃疡穿孔最有价值的临床表现，答案为 D。腹肌紧张为腹膜炎的表现，但无特异性。腹壁柔韧感常见于结核性腹膜炎和癌性腹膜炎。消化性溃疡穿孔将导致弥漫性腹膜炎而使肠鸣音减弱或消失，而不是亢进。墨菲征阳性常见于急性胆囊炎。④消化性溃疡穿孔时，胃肠内的气体大量进入游离腹腔，积聚在右膈下，在立位腹部平片上发现膈下游离气体即可确诊，此为首选检查方法(D)。血清淀粉酶测定常用于诊断急性胰腺炎。癌胚抗原测定常用于诊断结直肠癌。腹部 B 超对消化性溃疡穿孔的诊断价值不大。注意：确诊消化性溃疡首选胃镜检查，但消化性溃疡穿孔严禁胃镜检查。

1025. ABCDE 1026. ABCDE 1027. ABCDE ①青年男性，反复上腹痛 4 年，饥饿痛，进食可缓解，为十二指肠溃疡的典型表现(B)。胃癌、慢性浅表性胃炎、慢性萎缩性胃炎均不会出现节律性上腹痛，故不答 A、C、D。胃溃疡常表现为进餐痛，餐后缓解，故不答 E。②十二指肠溃疡患者突发上腹部剧烈疼痛，最可能并发了急性穿孔(A)。并发出血常表现为呕吐咖啡样胃内容物和黑便。并发幽门梗阻常表现为呕吐不含胆汁的宿食。胆石症常表现为脂肪餐后右上腹阵发性绞痛。急性胰腺炎常表现为饱餐后左上腹持续性疼痛，呕吐后腹痛不减轻。③为明确消化性溃疡急性穿孔的诊断，应首选立位腹部 X 线片，不能行胃镜检查(C)。卧位时，进入游离腹腔的气体扩散至全腹，不能在右膈下显示游离气体，诊断价值将大大降低，故不答 D。消化性溃疡并穿孔时，严禁行上消化道钡剂造影，否则钡剂可经穿孔进入游离腹腔。腹部超声检查对消化性溃疡穿孔的诊断价值有限。

1028. ABCDE 1029. ABCDE 1030. ABCDE ①患者突然上腹痛加剧，很快波及全腹，查体全腹典型腹膜刺激征，且肝浊音界消失，肠鸣音减弱，应考虑空腔脏器穿孔所致。患者既往有胃病史，故胃十二指肠溃疡穿孔的可能性最大(B)。阑尾炎穿孔多表现为右下腹痛，后扩展至全腹，肝浊音界消失少见。绞窄性肠梗阻、急性胆囊炎穿孔、急性出血性胰腺炎均不会出现肝浊音界消失，故不答 C、D、E。②为明确消化性溃疡穿孔的诊断，应首选立位腹部 X 线片检查，若发现膈下游离气体，即可确诊，阳性率可达 80%(E)。直肠指检、腹腔穿刺、腹部 B 超、CT 检查均可用于辅助诊断。③消化性溃疡穿孔的治疗，首先应处理原发灶，去除病因，终止胃肠内容物继续漏入腹腔(B)；其次应彻底清理腹腔，充分引流，防止腹腔脓肿形成；最后若条件允许，可行消化性溃疡的彻底根治手术。

1031. ABCDE 9 版《内科学》P356：根除幽门螺杆菌多采用四联治疗，即 1 种质子泵抑制剂+1 种铋剂+2 种抗生素，疗程 10~14 天。8 版《内科学》P366 为三联治疗。

质子泵抑制剂	胶体铋剂	抗菌药物
奥美拉唑 20mg，每日 2 次	枸橼酸铋钾 240mg，每日 2 次	克拉霉素 500mg，每日 2 次
兰索拉唑 30mg，每日 2 次	次碳酸铋 300mg，每日 2 次	阿莫西林 1000mg，每日 2 次
泮托拉唑 20mg，每日 2 次		甲硝唑 400mg，每日 2 次
以上任选 1 种	以上任选 1 种	以上任选 2 种

1032. ABCDE 8 版《内科学》观点：对于幽门螺杆菌引起的消化性溃疡，无论是初发还是复发，无论是活动期还是愈合期，均应行三联疗法根除幽门螺杆菌，其方案为质子泵抑制剂或胶体铋剂任选 1 种+抗菌药物(克拉霉素、阿莫西林、甲硝唑)任选 2 种，疗程 1~2 周。9 版《内科学》：根除幽门螺杆菌多采用四联疗法，即 1 种质子泵抑制剂+1 种铋剂+2 种抗生素，疗程 10~14 天。

1033. ABCDE ①患者胃镜确诊为十二指肠球部溃疡，尿素酶试验阳性，说明存在幽门螺杆菌感染。按 8 版《内科学》观点应采用三联疗法根除幽门螺杆菌，其方案为质子泵抑制剂 1 种+抗菌药物(克拉霉素、阿莫西林、甲硝唑)任选 2 种，疗程 1~2 周，故答 E。按 9 版《内科学》观点，根除幽门螺杆菌应采用四联疗法。②研究表明，质子泵抑制剂+两种抗生素的三联治疗有较高的幽门螺杆菌根除率，故不答 A。应用解痉药、促胃动力药、胃黏膜保护剂均为辅助治疗措施。

1034. ABCDE ①对幽门螺杆菌引起的消化性溃疡，根除幽门螺杆菌不但可促进溃疡愈合，而且可预防溃疡复发,从而彻底治愈溃疡。用常规抑酸治疗愈合的溃疡年复发率为 50%~70%,而根除幽门螺杆菌可使溃疡复发率降至 5%以下,故答 B。②抗生素治疗只是根除幽门螺杆菌的方法之一,故不答 A。高选择性迷走神经切断术的溃疡复发率约为 5%。胃黏膜保护剂(抗酸剂)治疗消化性溃疡的效果不佳。

1035. ABCDE　判断幽门螺杆菌(Hp)是否被根除,应在治疗结束后至少 4 周进行,且在检查前应停用质子泵抑制剂或铋剂 2 周,否则会有假阴性。首选非侵入性的^{14}C尿素呼气试验进行 Hp 检查。

1036. ABCDE　十二指肠溃疡活动期患者,快速尿素酶试验阳性,说明有 Hp 感染,应行根除 Hp 治疗。按 8 版《内科学》观点应采用三联疗法,其方案为质子泵抑制剂(奥美拉唑)或胶体铋剂任选 1 种+抗菌药物(克拉霉素、阿莫西林、替硝唑)任选 2 种,疗程 1~2 周,故答 E。

1037. ABCDE　①十二指肠溃疡无论是活动期还是愈合期,只有幽门螺杆菌(Hp)阳性,均应行根除治疗。本例^{13}C尿素呼气试验阳性,故应行根除 Hp 治疗。②按 9 版《内科学》P356 观点,根除幽门螺杆菌应采用四联疗法,即 1 种质子泵抑制剂、1 种铋剂、2 种抗生素,故答 E。

1038. ABCDE　患者^{13}C尿素呼气试验阳性,说明有幽门螺杆菌感染,应行抗幽门螺杆菌治疗。B、C、D、E 均可根除幽门螺杆菌,A 对幽门螺杆菌无效。

1039. ABCDE　幽门螺杆菌(Hp)阳性的十二指肠溃疡首选抗 Hp+质子泵抑制剂治疗。胃黏膜保护剂为其辅助治疗,不作为首选。碱性药物目前已很少用于消化性溃疡的治疗。

1040. ABCDE　1041. ABCDE　1042. ABCDE　①患者腹痛反酸 5 年,夜间痛,进食能缓解,为十二指肠溃疡的典型表现(D)。胃癌患者腹痛无节律性,病程长达 5 年者少见。肠易激综合征多表现为下腹、左下腹疼痛,常于排便后缓解,腹痛无节律性。慢性胃炎常表现为上腹隐痛,但无节律性,也无夜间痛。胃溃疡并幽门梗阻常表现为呕吐不含胆汁的宿食,呕吐后腹痛减轻。②为明确十二指肠溃疡的诊断,当然首选胃镜检查(C)。胃液分析常用于胃泌素瘤的辅助诊断。胃肠钡餐虽可确诊十二指肠溃疡,但不是首选检查。结肠镜检查、腹部 B 超对十二指肠溃疡的诊断价值不大。③十二指肠溃疡多合并幽门螺杆菌感染,按 8 版《内科学》观点应采用三联疗法根除幽门螺杆菌,即 1 种质子泵抑制剂+2 种抗生素。患者无手术指征,故不答 A。B、C、D 都不是正规的消化性溃疡的治疗方案。

1043. ABCDE　①患者周期性上腹痛,空腹及夜间加重,进食后缓解,应诊断为十二指肠溃疡。^{13}C尿素呼气试验阳性提示存在幽门螺杆菌感染。预防消化性溃疡复发的最重要措施是根除幽门螺杆菌。②A、C、E 均属于消化性溃疡的治疗措施,但均不能预防溃疡复发。消化性溃疡不宜内镜治疗。

1044. ABCDE　能根治幽门螺杆菌的抗生素包括克拉霉素(甲红霉素)、阿莫西林(羟氨苄青霉素)、甲硝唑(或呋喃唑酮)、替硝唑等。

1045. ABCDE　①患者上腹痛 2 周,X 线钡剂造影见胃角切迹龛影位于胃腔轮廓之外,应诊断为胃溃疡。患者^{13}C尿素呼气试验阴性,说明无幽门螺杆菌感染。患者 2 个月来长期服用非甾体药物阿司匹林,此为引起胃溃疡的病因。②对于非甾体抗炎药阿司匹林引起的胃溃疡,其治疗首先应停用阿司匹林,同时服用质子泵抑制剂奥美拉唑。A、B、C、E 的治疗效果都不如奥美拉唑。

1046. ABCDE　抗胆碱能药能抑制迷走神经兴奋而减少胃酸分泌,但也能延缓胃排空引起胃潴留,因此禁用于幽门梗阻的患者。B、C、D、E 均可用于幽门梗阻。

1047. ABCDE　①氢氧化铝为碱性抗酸剂,主要作用是中和胃酸,而不是抑制胃酸分泌,答案为 A。②阿托品为抗胆碱能药物,主要通过抑制迷走神经兴奋而抑制胃酸分泌。丙谷胺为胃泌素受体拮抗剂,可抑制经胃泌素刺激的壁细胞的胃酸分泌。雷尼替丁为 H_2 受体拮抗剂,奥美拉唑为质子泵抑制剂,都是临床上常用的抑酸药。

1048. ABCDE　①治疗消化性溃疡止痛效果最好的药物是碱性抗酸药,如氢氧化铝凝胶、碳酸氢钠片等,已淘汰。治疗消化性溃疡疗效最好,抑酸效果最好的药物是质子泵抑制剂。正确答案为 D 而不是 B,很多医考参考书将答案错为 B,参阅 1 版《内科学》P323,9 版《内科学》已删除。②胃黏膜保护剂、H_2 受体拮抗剂都是治疗消化性溃疡的常用药物。促胃肠动力药常用于对症治疗。

1049. ABCDE ①患者饮酒后呕吐咖啡样物伴黑便,应考虑上消化道出血。患者上腹部隐痛2个月,呕血量不大,故应诊断为消化性溃疡伴上消化道出血。其止血措施首选抑酸剂,通过抑制胃酸分泌,提高胃内pH值,加强血小板聚集而达到止血目的。目前抑酸作用最强的药物是质子泵抑制剂,如奥美拉唑等,其止血效果最好(B)。②维生素 K_1 主要用于凝血因子 FⅡ、Ⅶ、Ⅸ、Ⅹ缺乏所致的凝血障碍。6-氨基己酸为抗纤溶药物,主要用于出血性疾病的治疗。三腔二囊管、垂体后叶素常用于治疗门静脉高压症食管胃底静脉曲张破裂出血,不宜用于消化性溃疡出血。

1050. ABCDE 1051. ABCDE 1052. ABCDE ①奥美拉唑为质子泵抑制剂,可抑制壁细胞胃酸分泌终末步骤中的关键酶 H^+-K^+-ATP 酶,使其不可逆失活,是目前抑酸作用最强,作用最持久,疗效最好的抑酸药物。奥美拉唑也能通过抑制胃酸分泌,增强口服抗生素的抗菌活性而提高幽门螺杆菌的根除率(D)。②硫酸镁口服后不能被吸收,在肠腔内形成一定的渗透压,使肠腔内保有一定的水分,刺激肠道蠕动而发挥导泻作用(B)。③硫酸镁无抑酸作用,不能治疗胃溃疡(B)。④氢氧化铝凝胶、枸橼酸铋钾均属于胃黏膜保护剂,均可用于胃溃疡的治疗。西咪替丁为 H_2 受体拮抗剂,奥美拉唑为质子泵抑制剂,常用于胃溃疡的治疗。

1053. ABCDE 1054. ABCDE ①消化性溃疡出血的止血治疗首选抑酸剂,通过抑制胃酸分泌,提高胃内pH值,加强血小板聚集而达到止血目的。质子泵抑制剂(奥美拉唑)的抑酸作用最强,止血效果最好,应为首选药物。②食管静脉曲张破裂出血常见于门静脉高压症,治疗时应以降低门静脉压为主。生长抑素可明显减少门静脉及其侧支循环血量,止血效果肯定,是目前最常用的药物。③巴曲酶、凝血酶都是局部止血药,仅在胃镜下止血用。硫糖铝属胃黏膜保护剂,不属于止血药。

1055. ABCDE 1056. ABCDE ①枸橼酸铋钾属胃黏膜保护剂,其分子量较大,在酸性溶液中呈胶体状态,可与溃疡基底面的蛋白形成蛋白-铋复合物,覆盖于溃疡表面,阻断胃酸、胃蛋白酶对胃黏膜的自身消化(C)。②奥美拉唑为质子泵抑制剂,可使 H^+-K^+-ATP 酶失去活性,抑制胃酸分泌(A)。③拮抗组胺作用为 H_2 受体拮抗剂的作用机制。中和胃酸为弱碱性抗酸剂的作用机制。抑制胃蛋白酶为抑肽素的作用机制。

1057. ABCDE 服用非甾体抗炎药(NSAID)的患者10%~25%可发生消化性溃疡,如情况允许,应立即停用NSAID。若因病情需要不能停用,应首选质子泵抑制剂(如奥美拉唑)进行治疗(D)。因质子泵抑制剂的疗效最好,其抑酸作用比 H_2 受体拮抗剂(如雷尼替丁、法莫替丁)更强,且作用更持久。西沙必利是胃肠动力药,只能用于对症治疗。硫糖铝是胃黏膜保护剂,疗效差。

1058. ABCDE ①根除Hp不仅可促进溃疡的愈合,而且可明显降低溃疡复发率。用常规抑酸治疗后愈合的溃疡年复发率50%~70%,而根除Hp后复发率可降至5%以下。②根除Hp溃疡愈合后,一般无需长期使用胃黏膜保护剂和质子泵抑制剂,来降低复发率。仅在下列情况下进行长程维持治疗:不能停用NSAID者、Hp未被根除者、Hp阴性溃疡、有严重并发症的高龄患者。

1059. ABCDE ①肠结核好发于回盲部,典型症状是腹泻与便秘交替出现,常有结核中毒症状,如低热、盗汗,可有右下腹轻压痛。根据题干,本例应诊断为肠结核(E)。②肠易激综合征为功能性肠病,无低热盗汗等结核中毒症状。结肠癌好发于老年,可有低热但无盗汗,右下腹可触及硬质肿块。溃疡性结肠炎常表现为腹痛腹泻,黏液脓血便。肠阿米巴病多表现为腹泻,果酱样大便。

1060. ABCDE 1061. ABCDE ①肠结核的好发部位是回盲部,其他部位依次为升结肠、空肠、横结肠、降结肠、阑尾、十二指肠和乙状结肠等(A)。②克罗恩病可累及从口腔至肛门的各段消化道,但以末段回肠最常见,病变呈节段性或跳跃式分布(C)。③病变主要累及直肠和乙状结肠,为急性细菌性痢疾的特点。病变以全结肠弥漫性改变为主,为溃疡性结肠炎的特点。

1062. ABCDE ①腹泻是溃疡型肠结核的常见表现,增生型肠结核多以便秘为主要表现。②无论增生型还是溃疡型肠结核均可出现右下腹或脐周间歇性疼痛,于进餐后加重,排便后缓解。约2/3的增生型肠结核可扪及右下腹包块。发热多见于溃疡型肠结核，而增生型肠结核多无发热。参阅 8 版《内科学》P380，若按 8 版《内科学》观点，A、E 均错。9 版《内科学》已删除部分内容。

1063. ABCDE　①肠结核的并发症以肠梗阻最常见，多见于增生型肠结核，多因肠壁环形狭窄、腹膜粘连、肠系膜挛缩、肠袢扭曲变形引起。其他并发症还包括肠内瘘管、腹腔脓肿、肠出血、肠穿孔等。②癌变是炎症性肠病的并发症，而不是肠结核的并发症。

1064. ABCDE　①肠结核好发于回盲部，多表现为右下腹隐痛，右下腹轻压痛。X 线钡剂造影示回盲部跳跃征，为溃疡性肠结核的典型表现，故答 D。②A、B、C、E 的钡剂造影均不会出现回盲部跳跃征。

1065. ABCDE　①肠结核常继发于肺结核，好发于回盲部，增生型肠结核可出现右下腹包块。青年女性，间断腹泻，右下腹压痛，可触及包块，血沉增快，结核菌素试验强阳性，应诊断为肠结核(D)。②结肠癌可于右下腹触及肿块，质硬，边界不规则。肠易激综合征为功能性肠病，细菌性痢疾主要累及结直肠黏膜和黏膜下层，均不会出现右下腹肿块。克罗恩病不会出现 PPD 试验阳性。

1066. ABCDE　①青年患者低热盗汗，有结核中毒症状。腹痛腹泻，右下腹包块，结肠镜检查发现回盲部环形溃疡，应诊断为肠结核(C)。②结肠癌无结核中毒症状，常为火山口状溃疡，而不是环形溃疡。克罗恩病好发于回肠末端，而不是回盲部，无结核中毒症状，病变肠管呈跳跃性，极少表现为环形溃疡。溃疡性结肠炎好发于直肠、乙状结肠，多表现为腹痛腹泻，脓血便，一般无结肠肿块。阿米巴肠病中毒症状轻，很少出现回盲部肿块。

1067. ABCDE　①干酪性肉芽肿是结核病具有诊断意义的病理改变，故答案为 E。②很多疾病(如结肠癌、克罗恩病)均可有肠腔狭窄，无特异性，故不答 A。单凭“回盲部炎症”，更不能确诊肠结核，故不答 B。粪便中找到结核分枝杆菌，只能说明肠道内有结核分枝杆菌，并不能确诊肠结核，如开放性菌阳肺结核患者，若将含菌痰液吞下，也可在粪便中找到结核分枝杆菌，故不答 C。结核菌素试验强阳性，只能说明该被检者曾受结核分枝杆菌感染，并不能确诊肠结核。

1068. ABCDE　①青年男性，长期低热，下腹痛，腹泻，B 超示右下腹肠壁增厚，应考虑肠结核，因为肠结核好发于回盲部。为明确肠结核的诊断，最有意义的检查是结肠镜+活组织检查(D)。②A、B、E 均属于影像学检查，不能确诊肠结核。腹腔镜对肠结核的诊断价值不大。

1069. ABCDE　1070. ABCDE　①结肠镜检查，可同时取活组织进行病理检查，对许多结肠疾病具有确诊价值(C)。血沉检查只能了解疾病是否处于活动期，不能确诊结肠疾病。血常规检查无特异性。X 线钡剂透视为影像学检查，也不能确诊肠疾病。诊断性腹腔穿刺为腹部闭合性损伤最有价值的检查，本例无腹部外伤史，故不答 E。②青年女性，长期低热，腹泻便秘交替，为肠结核引起的胃肠功能紊乱的典型表现。查体右下腹包块，应诊断为增生型肠结核(B)。结肠癌可有右下腹包块，但一般质地坚硬，不规则，无压痛。克罗恩病多有腹痛、腹泻、瘘管形成。溃疡性结肠炎多表现为腹痛、脓血便，一般无腹部包块。肠血吸虫病多有血吸虫感染史，无低热、腹泻便秘交替等表现。

1071. ABCDE　1072. ABCDE　①90%的肠结核起源于肺结核，患者多有开放性肺结核病史，经常吞下含结核分枝杆菌的痰液而发病(A)。肠结核也可经血行播散、腹腔内结核病灶直接蔓延引起，但较少见。②结核性腹膜炎多由腹腔内的结核病灶直接蔓延感染腹膜引起(D)，原发灶多为肠系膜淋巴结结核、输卵管结核、肠结核等，少数病例由血行播散引起。

1073. ABCDE　①腹部揉面感是结核性腹膜炎的典型表现。患者低热、腹胀腹痛，腹部弥漫性压痛，腹水征阳性，应考虑结核性腹膜炎。在所给 5 个选项中，只有腹腔穿刺液检查可确诊本病(D)，若腹水培养发现结核分枝杆菌即可确诊，但阳性率很低。②结核菌素试验阳性、血清结核抗体阳性只能说明患者曾受结核分枝杆菌感染，并不能确诊结核性腹膜炎。血沉是反映结核病是否处于活动期的指标，不能确诊结核性腹膜炎。血常规检查无特异性。

1074. ABCDE　①对结核性腹膜炎最有诊断价值的检查是腹腔镜检查+腹膜活检。②A、B、C、D 均不能确诊结核性腹膜炎。

1075. ABCDE ①结核性腹膜炎常有低热、盗汗等结核中毒症状，还可有脐周隐痛，腹水征，腹胀感。②结核性腹膜炎为结核分枝杆菌引起的慢性弥漫性特异性腹膜感染，而不是局限性化脓性腹膜炎。③结核性腹膜炎可见于任何年龄，以中青年多见，女性较多，男女之比约为 1:2(C 对)。④腹部包块并不多见，在粘连型、干酪型患者偶可触及腹部包块。⑤结核性腹膜炎多由肠系膜淋巴结结核、输卵管结核、肠结核等直接蔓延而来，而肝脾结核少见。

1076. ABCDE ①振水音是指胃内多量液体和气体相互撞击的声音，常见于幽门梗阻、胃扩张，不见于结核性腹膜炎。②结核性腹膜炎可有腹部轻压痛。若腹水较少，可表现为移动性浊音阴性。腹壁触诊揉面感为结核性腹膜炎的特点。粘连型、干酪型结核性腹膜炎可于脐周扪及腹部包块。

1077. ABCDE ①患者腹水有核细胞计数>500×10^6/L，以淋巴细胞为主，应考虑渗出性腹水，可首先排除 B，因肝硬化腹水为漏出液。②中年患者，长期低热，腹腔积液，渗出性腹水以淋巴细胞为主，应诊断为结核性腹膜炎(D)。③原发性腹膜炎是指原因不明的腹膜炎，腹水有核细胞分类应以中性粒细胞为主。结缔组织病、腹腔恶性肿瘤也可表现为渗出液，但与题干所述不符，故不答 C、E。

1078. ABCDE ①结核性腹膜炎最常见的并发症是肠梗阻，多见于粘连型(D)。②结核性腹膜炎并发肠穿孔、感染中毒性休克、腹腔脓肿少见。

1079. ABCDE 1080. ABCDE ①腹部揉面感是结核性腹膜炎、腹膜转移癌具有诊断意义的体征。患者腹胀、低热、盗汗、腹壁揉面感，应诊断为结核性腹膜炎。患者 12 小时前突发腹部绞痛，腹胀，肛门未排气排便，腹部可见肠型及蠕动波，肠鸣音亢进，应考虑肠梗阻，故答 C。结肠癌多表现为排便习惯改变，贫血，腹部肿块。淋巴瘤常表现为颈部淋巴结无痛性肿大。家族性息肉病常表现为腹痛，便血，多有家族史。溃疡性结肠炎多表现为腹痛，黏液脓血便，间断反复发作。②结核性腹膜炎合并肠梗阻首选立位腹部 X 线片检查，既可明确肠梗阻的诊断，又可能发现散在钙化影而有助于结核性腹膜炎的诊断(E)。血沉、腹部 B 超、CT 检查均无特异性。结肠镜检查对结核性腹膜炎和肠梗阻的诊断价值均不大。

1081. ABCDE 结核性腹膜炎多由肠系膜淋巴结结核、输卵管结核、肠结核等直接蔓延而来，因此患者多有结核病史。患者结核毒血症常见，以长期低至中度发热多见。常表现为腹痛、腹胀及腹水，腹壁柔韧感是结核性腹膜炎的常见体征。由于结核分枝杆菌生长繁殖缓慢，腹水检查阳性率很低(E 错)。

1082. ABCDE 1083. ABCDE ①患者低热，午后明显，为结核中毒症状。青年女性，腹痛腹胀，腹部移动性浊音阳性，全腹压痛，应诊断为结核性腹膜炎。腹膜间皮瘤常表现为腹痛腹胀，腹水，腹部包块，但无结核中毒症状。心源性腹水常见于慢性右心衰竭，多伴下肢水肿、颈静脉怒张等。腹膜转移癌常表现为腹胀、腹水、腹部包块、恶病质等症状，无结核中毒症状。肝硬化腹水常表现为肝掌、蜘蛛痣、门静脉高压症。②为明确诊断，最有价值的检查是腹腔穿刺+腹水化验检查(E)。血清白蛋白测定主要用于了解肝脏的合成功能。PPD 试验、血常规、血沉常用于结核病的诊断，但均不能确诊结核病。腹部 CT 为影像学检查，也不能确诊结核性腹膜炎。

1084. ABCDE 1085. ABCDE ①结核性腹膜炎腹水为渗出液，淡黄色，静置后自行凝固，比重>1.018，黏蛋白(Rivalta)试验阳性，蛋白定量>30g/L，细胞总数>500×10^6/L，分类以淋巴细胞或单核细胞为主(E)。②肝硬化腹水若未合并细菌感染，应为漏出液，透明清亮，静置后不凝固，比重<1.018，Rivalta 试验阴性，蛋白定量<25g/L，细胞总数<100×10^6/L，分类以淋巴细胞为主(D)。③血性腹水常见于肿瘤，乳糜性腹水常见于淋巴管阻塞，B 为不典型的渗出性腹水。

1086. ABCDE ①患者腹水比重>1.018，蛋白定量>30g/L，细胞总数>500×10^6/L，应为渗出性腹水，故可首先排除 A、D，因为缩窄性心包炎、肝硬化所致的腹水常为漏出液。②青年女性，长期低热盗汗，应考虑结核病。患者腹痛腹胀，腹水征阳性，且为渗出性腹水，细胞分类以单核细胞为主，应诊断结核性腹膜炎。③原发性腹膜炎多见于肝硬化腹水，常表现为腹痛，腹胀，腹水量突然增加，腹膜刺激征明显。化脓性腹膜炎常表现为高热，持续性腹痛，腹水细胞应以中性粒细胞为主。

1087. ABCDE　①患者长期低热盗汗，应考虑结核病。患者腹泻，腹胀，腹壁柔韧感(此为典型体征)，腹水以淋巴细胞为主，应诊断为结核性腹膜炎(A)。②原发性腹膜炎常见于肝硬化腹水，多表现为腹痛，腹胀，腹水量突然增加，腹膜刺激征明显。癌性腹膜炎可有腹壁柔韧感，但无低热、盗汗等结核中毒症状，可有腹水，但多为血性腹水，且生长迅速。巨大卵巢囊肿无低热盗汗，一般无腹水。肝静脉阻塞综合征无低热盗汗，也无腹膜刺激征，多为漏出性腹水。

1088. ABCDE　①结核性腹膜炎是由结核分枝杆菌引起的特异性腹膜感染，因此治疗的关键是早期、合理、足够疗程的抗结核治疗(D)。②对于有大量腹水者，可适当放腹水以减轻症状。结核性腹膜炎大多经内科治疗痊愈，需手术治疗的极少。卧床休息，加强营养，为一般性治疗措施。反复腹腔穿刺易导致感染，腹腔内注入糖皮质激素易使感染扩散，故临床上少用。

1089. ABCDE　①结核性腹膜炎的治疗效果略差于肺结核和肠结核，应尽量选用3~4种杀菌剂联合使用，且要适当延长疗程。异烟肼是目前已知的作用最强的杀菌剂，利福平对结核分枝杆菌有快速杀灭作用，两者都是各种治疗方案的必备药物。吡嗪酰胺主要杀灭巨噬细胞内的结核分枝杆菌，链霉素主要杀灭巨噬细胞外的结核分枝杆菌。可见A是4种杀菌剂的联合，且兼顾了巨噬细胞内外的杀菌，是最佳的强化治疗方案(A)。②对氨基水杨酸为抑菌剂，疗效差。B、D、E均为2种杀菌剂与1种抑菌剂的联合，C为2种杀菌剂的联合，杀菌能力都不及A的联合方案。③结核性腹膜炎的治疗主要是抗结核化疗而不是手术，故不答D。糖皮质激素可使结核感染扩散，故不答E。

1090. ABCDE　①溃疡性结肠炎的发病可能为环境因素作用于遗传易感者，在肠道菌群的参与下，启动了肠道免疫和非免疫系统，最终导致免疫反应和炎症过程。可能由于抗原的持续刺激和/或免疫调节紊乱，这种免疫炎症反应表现为过度亢进和难于自限。②精神因素是肠易激综合征的发病机制。

1091. ABCDE　①患者腹泻、脓血便多年，抗生素治疗无效。结肠镜检示病变局限于直肠和乙状结肠，黏膜充血水肿，颗粒样改变，应诊断为溃疡性结肠炎。病理检查可见固有膜全层弥漫性炎症、隐窝脓肿、隐窝结构明显异常、杯状细胞减少(D)。②非干酪性肉芽肿为克罗恩病的病理特点。阿米巴滋养体为肠阿米巴病的特点。抗酸染色阳性、干酪性肉芽肿为肠结核的特点。

1092. ABCDE　①克罗恩病好发于末段回肠，结肠镜特征性表现为纵行溃疡、铺路石样改变，故本例应诊断为克罗恩病，其特征性病理改变为非干酪样肉芽肿(C)。②隐窝脓肿、杯状细胞减少为溃疡性结肠炎的病理改变。干酪样肉芽肿为肠结核的病理特点。病毒包涵体为病毒感染的特异性表现。

1093. ABCDE　1094. ABCDE　①溃疡性结肠炎可累及整个大肠，其发病率：直肠、乙状结肠>降结肠、横结肠>全结肠，以直肠、乙状结肠最常见(E)。②克罗恩病可累及全消化道，为非连续性全层炎症，最常累及末段回肠(B)。③回盲部为肠结核的好发部位。

1095. ABCDE　1096. ABCDE　①克罗恩病的特点是肠壁纵行溃疡(裂隙溃疡)，可深达黏膜下层，甚至肌层，肠黏膜鹅卵石样改变(C)。②溃疡性结肠炎主要累及大肠黏膜和黏膜下层，可见肠黏膜糜烂、多发性浅溃疡(B)。③环形溃疡为肠结核的特点。烧瓶样溃疡为阿米巴肠病的特点。

1097. ABCDE　①溃疡性结肠炎的典型表现是腹痛腹泻，黏液脓血便，系黏膜炎性渗出、糜烂、溃疡所致(E)。②脂肪泻常见于慢性胰腺炎。白陶土样便常见于梗阻性黄疸。含泡沫黄稀便常见于真菌性肠。大量水样便常见于霍乱。

1098. ABCDE　①溃疡性结肠炎的好发部位为直肠、乙状结肠，因此常表现为左下腹阵发性疼痛，有"疼痛—便意—便后缓解"的规律，常伴里急后重。左下腹常有轻压痛。可有腹胀，严重病例有食欲不振、恶心呕吐。中、重型患者可有低至中度发热。②溃疡性结肠炎一般仅累及肠黏膜和黏膜下层，很少深入肌层，故很少导致穿孔、形成肠瘘(D错)。易形成肠瘘为克罗恩病的特点。

1099. ABCDE　①青年女性，长期腹痛、腹泻，为脓血便(粪便镜检示红细胞、白细胞满视野)，应诊断为溃疡性结肠炎。溃疡性结肠炎并不是细菌感染所致，故甲硝唑、左氧氟沙星治疗无效。②阿米巴肠病常表现为腹痛腹泻，多为果酱样大便。肠易激综合征为功能性肠病，绝无脓血便。结肠癌常表现为腹痛、腹泻、脓血便、腹部肿块,病程进展较快。

1100. ABCDE　溃疡性结肠炎的临床分型如下。①初发型:指无既往史的首次发作;②慢性复发型:临床上最多见,发作期与缓解期交替(B);③慢性持续型:症状持续,间以症状加重的急性发作;④急性暴发型:少见,病情严重,全身毒血症明显。

1101. ABCDE　溃疡性结肠炎的并发症包括:①中毒性巨结肠,常见于暴发型或重症患者,发生率约5%;②直肠结肠出血,发生率约3%;③癌变,多发生于广泛结肠病变者;④急性肠穿孔,多与中毒性巨结肠有关。溃疡性结肠炎仅累及黏膜和黏膜下层,不深入肌层,一般不引起多发性瘘管(D错)。多发性瘘管形成是克罗恩病的常见并发症。

1102. ABCDE　①溃疡性结肠炎一般仅累及黏膜和黏膜下层,但重症或暴发型病例,病变广泛而严重,可累及肌层和肠肌神经丛,导致肠壁张力减退,结肠蠕动消失,引起急性结肠扩张,称为中毒性巨结肠。常因低血钾、钡剂灌肠、使用抗胆碱能药物而诱发。②低血钾可导致肠蠕动减慢,甚至消失,腹胀加重,使结肠进一步扩张,故可诱发中毒性巨结肠(C)。

1103. ABCDE　①约5%重症溃疡性结肠炎可并发中毒性巨结肠,此时结肠病变广泛而严重。②腹腔内脓肿、肠穿孔、肠梗阻为克罗恩病的常见并发症。溃疡性结肠炎发生癌变常见于病程超过20年者。

1104. ABCDE　①溃疡性结肠炎患者腹胀、高热、全腹压痛反跳痛,应考虑并发中毒性巨结肠。为明确诊断,应首选立位腹部X线片检查。若横结肠肠腔直径>5cm,应诊断为中毒性巨结肠,参阅14版《实用内科学》P1968,9版《内科学》未讲述。②对于中毒性巨结肠,不宜行结肠镜、钡灌肠等检查,以免加重病情,造成肠穿孔,故不答A、C。腹部B超、CT对中毒性巨结肠的诊断价值不大,故不答B、D。

1105. ABCDE　1106. ABCDE　①黏液脓血便伴里急后重为溃疡性结肠炎的典型表现。中毒性巨结肠是溃疡性结肠炎的常见并发症,表现为病情急剧恶化,毒血症明显,高热,腹部膨隆,腹部压痛反跳痛,肠鸣音消失。结合病史和临床表现,本例应诊断为溃疡性结肠炎并发中毒性巨结肠(B)。肠结核好发于回盲部,克罗恩病好发于末段回肠,肠易激综合征为功能性肠病,均不会出现里急后重,故不答A、D、E。结肠癌若不累及直肠,也不会出现里急后重,故不答C。②钡剂灌肠可使结肠内压增大,结肠扩张,因此中毒性巨结肠患者严禁作钡剂灌肠检查(D)。A、B、C、E均为普通检查项目。

1107. ABCDE　①溃疡性结肠炎若病情较轻,钡剂灌肠检查可无阳性发现。其阳性表现包括:多发性浅溃疡,肠管壁边缘毛糙,呈毛刺状或锯齿状;若有炎性息肉,则表现为多个圆形或椭圆形充盈缺损;肠管缩短,结肠袋消失,肠壁变硬,可呈铅管状,而不是跳跃征。②跳跃征主要见于溃疡型肠结核。

1108. ABCDE　①溃疡性结肠炎的典型表现为长期反复腹痛腹泻,黏液脓血便,可伴里急后重。本病为自身免疫性疾病,因此粪便细菌培养阴性,抗生素治疗无效。根据题干,本例应考虑溃疡性结肠炎。为明确诊断,应首选结肠镜检查(D)。②本病结肠镜检查比钡剂灌肠检查准确,只有肠镜检查失败时才行钡剂灌肠,故答D而不是C。腹部X线片、腹部CT不能确诊溃疡性结肠炎。溃疡性结肠炎病变部位在结肠,胃肠钡餐检查对其诊断价值不大。

1109. ABCDE　①溃疡性结肠炎好发于直肠和乙状结肠,表现为反复脓血便,抗生素治疗无效。结肠镜示肠黏膜血管纹理模糊,充血水肿,质脆,呈颗粒状。根据题干,本例应诊断为溃疡性结肠炎(B)。②结肠癌可有脓血便,但镜下可见癌性肿块。细菌性痢疾也可有脓血便,但抗生素治疗应有效。克罗恩病无脓血便,镜下特点为纵行溃疡、鹅卵石样改变。肠结核好发于回盲部,无脓血便。

1110. ABCDE　①患者大便镜检:WBC10~15个/HP,RBC满视野,为典型的脓血便。患者无发热,左下腹隐痛,腹泻,黏液脓血便,且便量多,为暗红色,有腥臭味,为急性阿米巴痢疾的特点。溃疡性结肠炎常有黏液脓血便,但粪便无腥臭味。因此本题正确应为C而不是D,很多医考参考书将答案错为D,就是因为没有正确区分阿米巴痢疾与溃疡性结肠炎粪便的特点。②细菌性痢疾起病急,常有畏寒高热,可有黏液脓血便,但每次便量少,常伴里急后重。肠伤寒多表现为长期高热,恶心呕吐,右下腹痛,腹泻,但腹泻较轻,肠出血多发生于病程2~3周,有内出血表现。血吸虫病常有血吸虫疫水接触史，有发热、过敏反应及消化道症状。

1111. ABCDE　①病变节段性分布，鹅卵石样改变为克罗恩病的特征性内镜表现，故答B。②恶性淋巴瘤、结肠癌结肠镜检查均可发现肿瘤。溃疡性结肠炎内镜表现为黏膜血管纹理模糊，肠黏膜充血水肿，呈细颗粒状。肠易激综合征为功能性肠病，肠镜检查应为阴性。

1112. ABCDE　1113. ABCDE　1114. ABCDE　①溃疡性结肠炎常表现为腹痛腹泻，黏液脓血便，钡剂灌肠呈铅管征为其特征性表现(D)。②肠结核常有低热盗汗，右下腹痛，腹泻和便秘交替，钡餐检查呈跳跃征为溃疡型肠结核的特征性表现(B)。③克罗恩病好发于末段回肠，可有右下腹痛，腹泻，钡剂灌肠呈鹅卵石样、纵行溃疡(线样征)为其特征(C)。

1115. ABCDE　①患者左下腹痛，腹泻。结肠镜检示直肠、乙状结肠糜烂及浅溃疡，应诊断为溃疡性结肠炎(E)。②克罗恩病好发于末端回肠，镜下特点为纵行溃疡、鹅卵石样改变。肠结核好发于回盲部，多为环形溃疡或肿块。结肠癌多为火山口状溃疡或肿块。慢性肠炎一般无肠黏膜溃疡。

1116. ABCDE　①中年患者，间断黏液脓血便，乙状结肠及直肠黏膜充血糜烂、隐窝脓肿，应诊断为溃疡性结肠炎，故治疗首选5-氨基水杨酸(D)。②蒙脱石散为止泻药，多用于肠易激综合征的对症治疗。地衣芽胞杆菌制剂多用于急性肠炎、肠道菌群失调的治疗。溃疡性结肠炎为自身免疫性疾病，黄连素、左氧氟沙星均为肠道抗菌药物，不宜应用。

1117. ABCDE　①氨基水杨酸制剂(柳氮磺吡啶)是治疗溃疡性结肠炎的常用药物，主要适合轻、中度患者或重度经糖皮质激素治疗已缓解的患者(A)。②重度病例(包括中毒性巨结肠)可用糖皮质激素治疗。激素治疗无效者、顽固性病例可使用免疫抑制剂。

1118. ABCDE　①溃疡性结肠炎选择治疗方案前，首先要进行临床严重程度分度。轻度：腹泻<4次/日，便血轻或无，脉搏正常，无发热及贫血，血沉<20mm/h；重度：腹泻>6次/日，明显黏液脓血便，T>37.8℃，脉搏>90次/分，Hb<75%正常值，血沉>30mm/h；中度：介于轻度与重度之间。本例腹泻2~3次/日，少量黏液，为轻度病例，故应首选5-氨基水杨酸制剂口服(E)。②泼尼松口服仅适合重度患者。氢化可的松保留灌肠主要适用于病变局限在直肠乙状结肠的患者。③溃疡性结肠炎为自身免疫性疾病，不是细菌感染性疾病，因此诺氟沙星、甲硝唑无效，只用于控制肠道感染。

1119. ABCDE　对于溃疡性结肠炎的治疗，轻、中度病例首选氨基水杨酸制剂，重度活动性病例首选糖皮质激素(B对)。对于氨基水杨酸无效的轻、中度患者可以试用糖皮质激素。当症状控制，病情缓解后，可逐渐减少糖皮质激素用量，加用氨基水杨酸制剂接替激素治疗(D错)。对于病变局限于直肠乙状结肠的患者，可给予激素灌肠治疗，以减少全身不良反应。糖皮质激素一般用于诊断明确的病例，而不作为试验性治疗。

1120. ABCDE　①患者间断腹泻，为黏液脓血便，结肠镜检示乙状结肠黏膜颗粒样改变，病理可见隐窝脓肿，抗生素治疗无效，应诊断为溃疡性结肠炎。②患者腹泻<4次/日，应诊断为轻度溃疡性结肠炎，故治疗首选柳氮磺吡啶(A)。③禁食及静脉高营养为支持治疗措施。溃疡性结肠炎为自身免疫性疾病，无需使用抗生素，故不答C。患者腹泻次数不多，无需口服蒙脱石散。静脉滴注甲泼尼龙常用于重度患者或氨基水杨酸制剂无效的患者。

1121. ABCDE　①患者腹泻，黏液脓血便，结肠镜示全结肠弥漫性充血、糜烂、溃疡形成，应诊断为溃疡性结肠炎。患者腹泻≥6次/日，应诊断为重度溃疡性结肠炎，治疗首选糖皮质激素(B)。②免疫抑制剂常用于糖皮质激素无效者。柳氮磺吡啶常用于轻中度患者。溃疡性结肠炎无需使用抗生素。

1122. ABCDE　1123. ABCDE　①溃疡性结肠炎的典型表现为间断腹痛腹泻，黏液脓血便，结肠镜下黏膜充血水肿，糜烂，浅溃疡，隐窝脓肿。根据题干，本例应诊断为溃疡性结肠炎(B)。肠结核可有低热盗汗，无黏液脓血便，结肠镜下可见结核性肉芽肿。肠易激综合征为功能性肠病，绝无脓血便，结肠镜检查应为阴性。克罗恩病无黏液脓血便，结肠镜下可见纵行溃疡、鹅卵石样改变。慢性细菌性痢疾抗生素治疗常有效。②治疗轻、中度溃疡性结肠炎首选氨基水杨酸制剂(美沙拉嗪)；治疗重度溃结首选糖皮质激素(泼尼松龙)。本例腹泻>6 次/日、体温>37.8℃、Hb<100g/L,应诊断为重度溃疡性结肠炎,治疗首选泼尼松龙,故答 A 而不是 B。头孢类抗生素可控制肠道感染,异烟肼为抗结核药物,均不适合溃疡性结肠炎的治疗。蒙脱石为吸附止泻药,常用于对症治疗。

1124. ABCDE　1125. ABCDE　1126. ABCDE　①青年患者反复脓血便,抗生素治疗无效,应首先考虑溃疡性结肠炎。为明确诊断,应首选结肠镜检查(A)。钡灌肠造影准确性比肠镜差,不作为首选检查。腹部平片、B 超、CT 检查对溃疡性结肠诊断价值不大。②肠结核多有低热盗汗,无脓血便。结肠癌好发于老年人,故不答 B。慢性细菌性痢疾抗生素治疗常有效,慢性阿米巴痢疾为果酱样大便,故不答 C、D。③患者腹泻<4 次/日,应诊断为轻度溃疡性结肠炎,治疗首选氨基水杨酸制剂(柳氮磺吡啶),故答 D。强的松常用于治疗重度溃疡性结肠炎。异烟肼为抗结核药,左氧氟沙星为抗生素,均对溃疡性结肠炎无效。本例为轻度患者,也无并发症,无需手术治疗。

1127. ABCDE　①克罗恩病是一种胃肠道慢性炎性肉芽肿性疾病,组织学特点为:由类上皮细胞、多核巨细胞构成的非干酪性肉芽肿,具有病理诊断意义,答案为 D。②肠腺隐窝脓肿、炎性息肉为溃疡性结肠炎的特点。肠瘘形成为克罗恩病的常见并发症。肠系膜淋巴结肿大无特异性。

1128. ABCDE　肛瘘为克罗恩病的常见临床表现,内镜下铺路石样改变为克罗恩病的特征,故答案为 D。A、B、C、E 均不会出现这两项特征性改变。

1129. ABCDE　克罗恩病最常见的并发症是肠梗阻(C),占 25%,多为不全肠梗阻;其次为腹腔内脓肿、急性穿孔、大量出血;结直肠黏膜受累者可发生癌变。中毒性休克为溃疡性结肠炎的常见并发症。

1130. ABCDE　①患者右下腹痛,钡剂灌肠检查示末段回肠纵行溃疡、鹅卵石征,病变节段性分布,应诊断为克罗恩病(B)。②肠结核好发于回盲部,多为环形溃疡或肿块。溃疡性结肠炎好发于直肠、乙状结肠,常表现为腹痛腹泻,脓血便,多发浅表性溃疡。结肠癌钡灌肠检查可见充盈缺损,无鹅卵石征,病变局限,无节段性分布的特点。阿米巴肠病多表现为腹痛腹泻,果酱样大便。

1131. ABCDE　1132. ABCDE　①老年男性,消瘦,乏力,贫血,应考虑晚期肿瘤。患者右下腹隐痛,腹胀,考虑升结肠癌的可能性较大(E)。②年轻患者腹痛,腹泻便秘交替,无脓血,有低热,应考虑克罗恩病的可能(B)。③小肠肿瘤常表现为中腹部隐痛,便血。溃疡性结肠炎常表现为腹痛腹泻,脓血便。结肠癌多见于老年人,可有腹部隐痛,大便习惯改变。

1133. ABCDE　①克罗恩病的手术指征包括完全性肠梗阻、瘘管与腹腔脓肿、急性肠穿孔或不能控制的大量出血。②发热、腹痛、体重下降,说明患者处于活动期,不是手术指征,答案为 C。

1134. ABCDE　克罗恩病具有复发倾向,手术后复发率高,故应严格掌握手术适应证。手术指征包括合并完全性肠梗阻、急性穿孔、不能控制的大出血、内科治疗失败的瘘管与脓肿形成、癌变等。参阅 5 版《内科学》P434,9 版《内科学》已删除部分内容。

1135. ABCDE　1136. ABCDE　1137. ABCDE　①克罗恩病好发于青少年,病程进展缓慢,常表现为腹痛,腹泻,瘘管形成。结肠镜检查示节段性病变、纵行溃疡、卵石样外观。根据题干,本例应诊断为克罗恩病。贝赫切特病常表现为口腔溃疡、外阴溃疡、皮肤病变、眼炎等。溃疡性结肠炎多表现为长期反复腹痛腹泻,黏液脓血便,结肠镜检查示连续性病变。淋巴瘤结肠镜检查多可发现肿块。肠结核好发于回盲部,结肠镜检查可见环形溃疡或肿块。②克罗恩病是一种慢性炎性肉芽肿性疾病,因此肠黏膜活检发现非干酪样肉芽肿,即可明确诊断(E)。抗酸染色阳性、淋巴细胞浸润多见于肠结核。含铁血黄素沉积常见于慢性淤血。隐窝脓肿常见于溃疡性结肠炎。③英夫利昔单抗属于抗肿瘤坏死因子-α 的单克隆抗体,对活动性克罗恩病疗效较好。克罗恩病并不是肠道菌群紊乱所致,故益生菌治疗无效。本例不是肠结核,故不宜行抗结核治疗。本例无明显感染征象,故不宜行抗生素治疗。本例不是肿瘤,故不宜行化学治疗。

1138. ABCDE　①青年女性,以餐后饱胀、早饱为主要症状,病程超过半年,胃镜检查无器质性病变,应诊断为功能性消化不良。餐后饱胀、早饱主要是由于胃底容受性舒张功能受损,顺应性下降,餐后胃内容物分布异常所致，故答 C。②功能性消化不良患者胃电节律紊乱，可导致胃排空延迟，引起餐后腹胀、恶心、呕吐等症状，故不答 D。A、B、E 不属于功能性消化不良的病理生理改变。

1139. ABCDE ①C、D、E 均属于器质性疾病，体检和实验室检查均可能发现异常，与题干所述不符。②功能性消化不良常表现为餐后饱胀、早饱感，症状至少 6 个月，故答 A。③肠易激综合征常表现为腹痛、排便习惯和粪便性状改变，与题干不符。2020 年真题。

1140. ABCDE ①提示存在消化道肿瘤的报警症状和体征为：45 岁以上，近期出现消化不良症状；有消瘦、贫血、呕血、黑便、吞咽困难、腹部肿块、黄疸等；消化不良症状进行性加重。②嗳气不是消化道肿瘤的报警症状（E）。

1141. ABCDE 提示存在消化道肿瘤的报警症状和体征为：①45 岁以上，近期出现消化不良症状；②有消瘦、贫血、呕血、黑便、吞咽困难、腹部肿块、黄疸等；③消化不良症状进行性加重。

1142. ABCDE 1143. ABCDE ①功能性消化不良常表现为餐后饱胀、早饱感、上腹胀痛、嗳气、上腹灼热感、食欲不振、恶心等，由于是功能性胃肠病，故不影响睡眠（E）。②胃癌常表现为上腹痛、餐后加重、纳差、厌食、体重减轻、贫血（C）。③呼吸困难无特异性，见于多种疾病。反复反酸、烧心伴胸痛是胃食管反流病的特点。突发上腹刀割样疼痛为消化性溃疡穿孔的特点。

1144. ABCDE 肠易激综合征是一种功能性肠病，多表现为腹痛或腹部不适，精神、饮食因素可使症状加重（A 错）。患者症状反复发作，病程可长达数年或数十年，但全身健康状况不受影响，症状不会进行性加重，也不会造成明显的体重下降。研究表明，患者焦虑、抑郁积分显著高于正常人，说明患者常伴有精神心理障碍（C 对）。本病好发于中青年，男女比例约为 1:2。

1145. ABCDE 1146. ABCDE 1147. ABCDE ①中年女性，腹泻在精神紧张时加剧，说明不是器质性病变。患者排便前腹痛，排便后缓解，大便糊状，无脓血，体检阴性，应诊断为肠易激综合征（C）。克罗恩病常表现为腹痛腹泻，腹部包块，可反复发作，病程迁延。结肠癌常表现为腹痛腹泻，脓血便。慢性细菌性痢疾多表现为腹痛腹泻，里急后重，可有脓血便。肠结核多有低热盗汗等结核中毒症状，右下腹可扪及包块。②为明确诊断，应首选纤维结肠镜检查，多无阳性发现（A）。小肠镜常用于诊断小肠癌。腹部血管造影常用于诊断消化道出血。腹部 CT、全消化道 X 线钡剂造影对肠易激综合征的诊断价值不如结肠镜。③肠易激综合征为功能性肠病，无器质性病变，治疗目的在于改善症状，肠道微生态制剂为常用对症治疗之一。肠易激综合征不是细菌感染所致，无需使用抗生素。C、D 显然不是正确答案。糖皮质激素常用于治疗炎症性肠病。

1148. ABCDE 1149. ABCDE ①年轻女性，间断下腹痛，便后缓解，腹泻，稀便，但无脓血，多种检查结果均为阴性，应诊断为肠易激综合征（D）。溃疡性结肠炎、克罗恩病、肠结核、慢性细菌性痢疾查体和实验室检查均可有阳性发现，与本例不符。②肠易激综合征属于功能性肠病，治疗的重点在于调节肠道功能和精神因素的影响，缓解症状。患者主诉是间断腹痛，故可使用匹维溴铵进行对症治疗。匹维溴铵为选择性作用于胃肠道平滑肌的钙拮抗药，能够缓解平滑肌痉挛，减轻腹痛。柳氮磺吡啶、泼尼松龙常用于治疗炎症性肠病。喹诺酮类、异烟肼对肠易激综合征无益。

1150. ABCDE ①中年女性，体重指数（BMI）= 体重/身高^2 = 79/1.60^2 = 30.8kg/m^2 > 28，应为肥胖体型。肝脏 B 超示肝区近场回声弥漫性增强，远场回声逐渐衰减，此为脂肪肝的典型超声影像，应诊断为脂肪肝。肝穿刺活检最可能的病理表现是肝细胞脂肪变性（D）。②结节性肝细胞再生常见于亚急性重型肝炎，肝细胞内淤胆常见于淤胆性肝硬化，假小叶形成常见于肝硬化，肝细胞桥接坏死常见于慢性肝炎。

1151. ABCDE ①脂肪肝起病隐匿，发病缓慢，部分患者可有肝大。单纯性脂肪肝患者肝功能基本正常。根据题干，本例应诊断为脂肪肝（A）。②淤血肝可有肝大，但常伴下肢水肿、颈静脉怒张等。肝硬化早期可有肝大，但质地较硬，表面呈结节状。慢性肝炎可有肝大，蜘蛛痣，肝掌，肝功能异常。肝癌可有肝大，质地硬，可触及肿块。

1152. ABCDE ①患者体重指数(BMI)= 体重/身高^2 = 90/1.7^2 = 31.1kg/m^2 > 28,应为肥胖体型。肝脏 B 超示肝区近部回声增强,后部明显衰减,此为脂肪肝的典型超声影像。患者血清 ALT 轻度升高,其他各项实验室指标正常,应诊断为脂肪肝。②单纯性脂肪肝无需药物治疗,控制饮食、增加运动、控制体重,是其最佳治疗措施(E)。

1153. ABCDE ①引起肝硬化的病因很多,在我国以病毒性肝炎最多见,占 60%~80%,其中又以乙肝后肝硬化最多见(B)。②在欧美国家,肝硬化的病因以慢性酒精中毒最多见。自身免疫性肝炎、药物中毒等都是引起肝硬化的病因,但临床上少见。

1154. ABCDE 正常肝的纤维组织形成和降解保持平衡,如形成增多而降解减少就可导致肝纤维化。肝星状细胞是形成肝纤维化的主要细胞(A),在肝受到刺激而激活时,细胞因子生成增加,细胞外基质合成增多,胶原合成过多(可增加 4~7 倍)。此外,Kupffer 细胞和肝细胞也有合成胶原的功能,而上皮细胞和内皮细胞无此功能。

1155. ABCDE ①肝硬化的临床表现分为两类,即门静脉高压和肝功能减退引起的临床表现。门静脉高压可引起门体侧支循环开放,导致腹壁静脉、食管静脉曲张,故不答 A、B。门静脉高压也可导致脾脏淤血性肿大、腹水,故不答 C、D。②肝大与肝功能减退密切相关,不属于门静脉高压所致。

1156. ABCDE 肝硬化的临床表现分为两类,即门静脉高压和肝功能减退引起的临床表现。A、C、D、E 属于门静脉高压所致,B 为肝功能减退所致。

1157. ABCDE ①缩窄性心包炎由于心脏舒张受阻,心搏量下降,为维持心排血量,心率必然增快;同时由于上、下腔静脉回流受阻,出现静脉压升高,可有颈静脉怒张、肝脾肿大、腹水、下肢水肿等。②肝性腹水患者有效血容量不足,心率必然增快。肝功能不良可出现肝大、下肢低蛋白性水肿,脾脏因门静脉高压出现淤血性肿大,但肝性腹水无颈静脉怒张。因此,有无颈静脉怒张是临床上鉴别肝性腹水和心包疾病引起的腹水最有价值的体征(D)。

1158. ABCDE B、C、D、E 都是肝硬化腹水形成的机制,其中门静脉高压,腹腔内脏血管床静水压增高,组织液回吸收减少而漏入腹腔,是腹水形成的决定性因素。参阅 9 版《内科学》P407。

1159. ABCDE ①门静脉高压症可导致门-体侧支循环开放、脾淤血性肿大、腹水形成三大临床表现。尤其是门-体侧支循环开放,对诊断肝硬化门静脉高压症具有特征性意义。在所有的门-体侧支循环中,以食管下段胃底静脉曲张最为重要,故答 D。②虽然腹腔积液、脾大、脾功能亢进都是门静脉高压所致,但诊断意义不及侧支循环开放,故不答 A、B。黄疸是肝功能减低所致,故不答 E。

1160. ABCDE 中年男性,乙肝病史 10 余年,很可能已发展为肝硬化。患者反复牙龈出血、皮肤出血点,说明外周血血小板减少,提示合并脾功能亢进,故应诊断为肝硬化、脾大、脾功能亢进。左肋下包块很可能为肿大的脾脏。

1161. ABCDE ①肝硬化门静脉高压时,脾脏可出现淤血性肿大,晚期可发生脾功能亢进,导致外周全血细胞减少(B)。②营养不良、溶血常表现为红细胞减少,但白细胞、血小板多正常,故不答 A、C。消化道出血是肝硬化门静脉高压症最常见的并发症,大量出血可导致一过性全血细胞减少,但不是全血细胞减少的主要原因,故不答 D。肝炎病毒感染与全血细胞减少无关,故不答 E。

1162. ABCDE ①肝炎患者病情发展的一般规律为:肝炎→肝硬化→肝癌→肝性脑病,解题时应牢记在心。本例肝炎病史 10 年,腹壁静脉曲张,脾大,腹水,应考虑肝炎后肝硬化失代偿期。由于脾大,血小板减少,贫血,可诊断为脾功能亢进。脾功能亢进可导致外周血全血减少,尤其是血小板、白细胞减少,因此本例血小板减少最可能的原因是脾功能亢进(D)。②营养不良、溶血时血小板多正常,故不答 A、B。肝硬化不会出现骨髓抑制,故不答 C。题干未叙及出血病史,故不答 E。

1163. ABCDE 肝硬化腹水的形成机制如下。①门静脉压力增高:使肝窦压升高,大量液体进入 Disse 间隙,造成肝脏淋巴液生成增多,从肝包膜直接漏入腹腔形成腹水;②低蛋白血症:肝脏合成白蛋白减少,造成低蛋白血症,使血浆胶体渗透压降低,致血管内液体进入组织间隙,在腹腔内形成腹水;

③有效血容量不足:激活交感-肾素-血管紧张素-醛固酮系统,导致继发性(不是原发性)醛固酮分泌增多,使水钠潴留,形成腹水,答案为 B;④抗利尿激素分泌增加可能与水钠潴留有关。

1164. ABCDE　①厌食、乏力缺乏特异性,对肝硬化的诊断价值不大,答案为 A。②肝硬化的临床表现主要由肝功能减退和门静脉高压引起。肝功能减退可导致肝掌、蜘蛛痣、男乳女化。门静脉高压可导致腹壁静脉曲张。腹水形成是肝功能减退及门静脉高压的共同结果,故不答 B、C、D、E。

1165. ABCDE　A、B、C、D、E 都属于肝硬化失代偿期的临床表现。其中,腹水(腹腔积液)系肝功能减退和门静脉高压的共同结果,是肝硬化失代偿期最突出的临床表现。

1166. ABCDE　①肝硬化肝功能减退时,对雌激素的灭活作用减弱,可使体内雌激素浓度增高,导致肝掌、蜘蛛痣、男乳女化等,答案为 D。②肝硬化时可引起脂溶性维生素缺乏,维生素 A 缺乏可导致夜盲症;维生素 K 缺乏和肝脏合成凝血因子减少,将导致凝血障碍,出血倾向,因此不答 A、E。黄疸是肝功能减退的结果。全身恶病质是晚期肝硬化多方面导致的结果,并不是内分泌失调所致。

1167. ABCDE　①雌激素、醛固酮均在肝脏灭活,当肝硬化肝功能减退时,雌激素、醛固酮灭活减少,体内雌激素、醛固酮增加。雌激素过多可导致男性患者性欲减退、睾丸萎缩、肝掌、蜘蛛痣(C 对)。继发性醛固酮增多,可导致水钠潴留,腹水形成。②肝硬化患者雌激素增多,可负反馈抑制垂体-性腺轴及垂体-肾上腺皮质轴,导致雄激素、肾上腺皮质激素减少。③肝硬化患者血清 T_3、T_4 均减低。

1168. ABCDE　①蜘蛛痣是由于肝功能减退时,雌激素灭活减少,导致雌激素浓度增高所致(A)。②皮肤紫癜是由于肝脏合成功能减退,凝血因子合成减少,导致凝血障碍所致。腹壁静脉曲张、脾大是门静脉高压所致。巩膜黄染是肝脏对胆红素的解毒功能减退,导致血清总胆红素增高所致。

1169. ABCDE　肝硬化患者常有出血倾向,其原因为:①肝功能减退,导致凝血因子合成减少;②门静脉高压时,脾功能亢进所致的血小板减少;③纤维蛋白溶解时,其降解产物(FDP)可干扰血小板聚集;④毛细血管脆性增加是出血倾向的附加原因(参阅 1 版《内科学》P263);⑤肝硬化时可引起脂溶性维生素缺乏,维生素 K 缺乏可使维生素 K 依赖的凝血因子 FⅡ、Ⅶ、Ⅸ、Ⅹ减少,导致凝血障碍。维生素 A 缺乏主要导致夜盲症,而与患者的出血倾向无关,答案为 A。

1170. ABCDE　①肝炎患者病情发展的一般规律为肝炎→肝硬化→肝癌→肝性脑病。患者肝炎病史 17 年,出现脾大、腹水、腹胀,说明已有门静脉高压的表现,应考虑肝硬化。因患者 HBsAg(+),故应诊断为乙肝肝硬化。②慢性乙肝不会出现脾大、腹水等门静脉高压的表现,故不答 A。抗-HCV 阴性,故不答 B。原发性肝癌时甲胎蛋白常>400μg/L,故不答 C。原发性胆汁性肝硬化常有明显黄疸,本例仅轻度黄疸,故不答 D。

1171. ABCDE　肝硬化最常见的并发症是上消化道出血,此为门静脉高压食管胃底静脉曲张破裂出血所致。

1172. ABCDE　①患者有乙肝病史 20 年,可能演变为肝硬化。蜘蛛痣为肝硬化失代偿期的典型临床表现。患者呕吐鲜血 500ml,应考虑肝硬化门静脉高压症食管胃底曲张静脉破裂出血,故答 D。②肝硬化失代偿期可有直肠静脉丛曲张破裂出血,常表现为痔出血;可有脐部静脉丛曲张,呈"海蛇图样"改变。

1173. ABCDE　肝硬化最严重的并发症是肝性脑病。A、B、C、D 也属于肝硬化的并发症,但不是最严重。

1174. ABCDE　肝硬化最常见的死亡原因是肝性脑病。B、C、D、E 都是肝硬化的并发症。

1175. ABCDE　①10%~25%的肝硬化可并发原发性肝癌。②乙肝肝硬化可导致窦后阻塞,引起门静脉高压症。③约 10%的肝硬化可发生门静脉血栓形成,因肠系膜上静脉是门静脉属支,故 C 对。④肝硬化病情进展,可发生肝功能衰竭。⑤肝静脉属于出肝血管,在第二肝门,肝左、肝中、肝右静脉进入下腔静脉。肝硬化时,肝血窦受阻,入肝的门静脉血流缓慢,可导致门静脉血栓形成,但不可能造成出肝血流受阻,而导致肝静脉血栓形成,故答 E 而不是 C,很多医考参考书将答案错为 C。

1176. ABCDE　①患者长期肝功能异常,可能发生肝硬化。患者近期腹胀并逐渐加重,说明腹水逐渐增多。2 天来腹痛、发热,可能并发原发性腹膜炎,故答 B。②结核性腹膜炎多有结核病病史,低热盗汗，脐周隐痛，腹壁柔软感。急性细菌性痢疾常有高热，腹痛腹泻，里急后重。患者病程 12 年，不可能诊断为急性胰腺炎。胆系感染常有右上腹疼痛，寒战高热，黄疸，无腹水形成。

1177. ABCDE ①肝炎发展的一般规律为肝炎→肝硬化→肝癌→肝性脑病，因此肝硬化患者出现肝区疼痛、肝脏进行性增大、血性腹水，应首先考虑并发肝癌（A）。②肝淤血为慢性右心衰竭的表现。门静脉高压加重常表现为食管胃底静脉曲张加重，甚至破裂，导致上消化道大出血。肝硬化加重常表现为肝脏萎缩变小，而不是进行性增大。肝炎活动常表现为食欲减退、黄疸、肝功能减退。

1178. ABCDE ①患者长期乙肝病史，反复腹胀，腹围明显增加，应诊断为乙肝肝硬化合并腹水。大量腹水的患者可有腹式呼吸减弱、全腹膨隆、移动性浊音阳性、液波震颤阳性。②患者不会出现尺压试验阳性，尺压试验阳性见于卵巢囊肿：患者仰卧位，用一硬尺横置于腹壁上，医师两手将尺压下，如为卵巢囊肿，则腹主动脉的搏动可经囊肿壁传到硬尺，使尺发生节奏性搏动；如为腹水，则搏动不能被传导，硬尺无此种搏动（B）。

1179. ABCDE 肝硬化患者肠道细菌过度生长、肠壁通透性增加，肠壁局部免疫防御功能下降，使肠腔内细菌发生易位经过肠系膜淋巴结进入循环系统造成菌血症，导致自发性细菌性腹膜炎。参阅 15 版《实用内科学》P1589。

1180. ABCDE ①患者长期乙肝病史，前胸见蜘蛛痣，说明合并肝硬化。腹部饱满，移动性浊音阳性，说明存在腹水。根据题干，本例应诊断为乙肝肝硬化并腹水。患者突然腹胀，腹痛，全腹压痛反跳痛，说明合并自发性腹膜炎（C）。②肝癌破裂常表现为突发右上腹持续性剧痛，后扩散至全腹部，可有腹腔内出血征象及明显腹膜刺激征。结核性腹膜炎可有低热盗汗，腹壁柔韧感，但无蜘蛛痣等肝硬化征象。上消化道穿孔常有消化性溃疡病史，突发上腹部剧痛，扩散至全腹部，腹肌紧张，板状腹，肝浊音界消失。腹膜转移癌可有腹水征，但腹水增加迅速，常为血性。

1181. ABCDE ①患者长期肝硬化，腹部明显膨胀，说明有腹水形成。患者发热，全腹痛，应考虑肝硬化合并自发性腹膜炎。因此对患者病情判断最有意义的体征是全腹压痛反跳痛（A）。②题干已明确交代患者有肝硬化，因此 B、C、D、E 均可出现。

1182. ABCDE 1183. ABCDE 1184. ABCDE ①肝硬化腹水患者发热，腹痛，外周血白细胞总数和中性粒细胞比例增高，应考虑合并自发性腹膜炎。体检时应特别注意有无腹部压痛反跳痛，故答 D。A 提示肝功能减退，B、C 提示门静脉高压，E 提示腹水，均与自发性腹膜炎的临床表现无关。不要误答 E，因为题干已经明确交代患者有腹水，故腹部移动性浊音肯定阳性。②肝肾综合征常表现为少尿或无尿、氮质血症、血肌酐增高，低血钠、低尿钠等。原发性肝癌常表现为右上腹痛，肝区包块，肝脏进行性增大，血性腹水。门静脉血栓形成常表现为剧烈腹痛、腹胀、短期内脾脏增大、腹水迅速增加。急性胆囊炎不是肝硬化腹水的并发症。③自发性腹膜炎最重要的治疗措施是抗生素的应用，应早期、足量、联合应用。限制水钠摄入、应用利尿药、放腹水、输白蛋白均为腹水的治疗措施。

1185. ABCDE ①肝炎肝硬化患者腹部移动性浊音阳性，应考虑肝硬化腹水。腹水为肝肾综合征的诊断标准之一。患者 1 周来少尿，血肌酐 130 μmol/L，应考虑合并肝肾综合征（C）。②肝癌常表现为肝区疼痛，血性腹水，AFP 显著升高。自发性腹膜炎、继发性腹膜炎常表现为发热、腹痛、腹部压痛反跳痛。门静脉血栓形成常表现为腹痛、腹胀、脾大、顽固性腹水、肠坏死、消化道出血等。

1186. ABCDE ①乙肝肝硬化患者尿量减少，腹部移动性浊音阳性，血肌酐>226μmol/L，应诊断为肝肾综合征（E）。②肝肺综合征常表现为呼吸困难、发绀、杵状指等。结核性腹膜炎与题干所述不符。肝癌常表现为右上腹持续性胀痛，肝脏肿块进行性增大。自发性腹膜炎常表现为发热，腹痛，腹部压痛反跳痛。

1187. ABCDE 自发性腹膜炎的致病菌以 G^- 杆菌（大肠埃希菌）为主，因此应早期、足量、联合使用抗菌药物，应选用肝毒性小、针对 G^- 杆菌兼顾 G^+ 球菌的抗菌药物，如氨苄西林、头孢噻肟钠、喹诺酮类，选择 2~3 种联合应用，疗程不得少于 2 周。参阅 6 版《内科学》P447，9 版《内科学》已删除。

1188. ABCDE　①肺炎、支气管哮喘、急性左心衰竭都不是肝硬化的并发症，可首先排除A、D、E。②肝硬化合并肝肾综合征常表现为少尿或无尿、氮质血症、血肌酐增高，低血钠、低尿钠等。③肝肺综合征是指发生在严重肝病基础上的低氧血症，患者多有呼吸困难，故答C。

1189. ABCDE　①反映肝纤维化的血清学指标包括Ⅳ型胶原、Ⅲ型前胶原氨基末端肽(PⅢP)、透明质酸、层粘连蛋白等。参阅7版《内科学》P451，9版《内科学》已删除。②直接胆红素、白蛋白、丙氨酸氨基转移酶为反映肝功能的血清学指标。胆碱酯酶是用于诊断有机磷农药中毒的指标。

1190. ABCDE　①除γ球蛋白外，几乎所有的血浆蛋白均在肝脏合成，因此血清白蛋白浓度可以作为肝硬化患者肝脏合成功能减退的指标(A)。②丙氨酸氨基转移酶、乳酸脱氢酶、γ-谷氨酰转肽酶可反映肝细胞膜的通透性。当肝细胞受损时，肝细胞膜通透性增高，这些酶可从肝细胞内进入血清中，导致血清酶学增高。碱性磷酸酶可反映肝脏胆汁排出是否受阻。

1191. ABCDE　①肝硬化的预后与病因、肝功能代偿程度及并发症有关。腹水(腹腔积液)的发生与肝功能减退和门静脉高压有关，白蛋白、凝血酶原时间主要反映肝脏的合成功能，故与肝硬化预后有关。肝硬化最严重的并发症是肝性脑病，最常见的死因也是肝性脑病，故肝性脑病与肝硬化预后有关。②肝硬化的预后与血清电解质关系不大，答案为C。

1192. ABCDE　1193. ABCDE　①肝硬化腹水为典型的漏出液，但合并感染(自发性腹膜炎)后常表现为介于渗出液和漏出液之间的中间型，若感染严重可表现为渗出液(D)。②结核性腹膜炎腹水为炎性腹水，当然表现为渗出液(A)。③血性腹水常提示合并原发性肝癌。乳糜性腹水常见于腹腔内肿瘤、腹腔结核、胸导管阻塞等。

1194. ABCDE　患者长期乙肝病史，很可能发展为乙肝肝硬化。患者腹水征阳性，1周前出现腹痛，腹水白细胞总数$>500\times10^6$/L，以中性粒细胞为主，说明为渗出液，应考虑乙肝肝硬化并发自发性腹膜炎。对于感染性腹水，严禁浓缩回输。B、C、D、E都是肝硬化腹水的常规治疗方法。

1195. ABCDE　1196. ABCDE　①长期大量酗酒可导致酒精性肝硬化，常表现为右上腹隐痛，腹胀腹水，脾大，肝脏回声不均，答案为C。B超检查提示病变部位主要在肝脏，故不答A、B、D、E。②确诊肝硬化最有价值的检查当然是肝穿刺活检，若发现假小叶即可确诊(C)。腹部CT、磁共振均为影像学检查，不能确诊肝硬化。ERCP常用于诊断胰头、壶腹部病变。静脉胆道造影常用于诊断胆道疾病。

1197. ABCDE　①肝硬化患者腹水形成的原因之一是继发性醛固酮增多，而螺内酯的化学结构与醛固酮类似，可与醛固酮竞争远曲小管和集合管细胞的醛固酮受体，从而抑制醛固酮的作用。此外，肝硬化腹水患者多合并低钾血症，而螺内酯正是一种低效的保钾性利尿剂，可以纠正低钾血症，故肝硬化患者腹水的治疗首选螺内酯(B)。②甘露醇在临床上主要用于脱水。③乙酰唑胺为碳酸酐酶抑制剂，利尿作用弱，现已很少单独用于利尿。④氢氯噻嗪是排钾性利尿剂，不宜单独用于肝硬化腹水的治疗。⑤呋塞米(速尿)是强效排钾性利尿剂，易加重肝硬化腹水的低钾血症，不宜应用。

1198. ABCDE　经颈静脉肝内门体分流术(TIPS)是一种以介入放射学的方法在肝内门静脉和肝静脉的主要分支间建立分流通道。此方法能有效降低门静脉压，创伤小，安全性高，适合于门静脉压增高明显的难治性腹水，但易诱发肝性脑病，这是此疗法最大的副作用，答案为C。

1199. ABCDE　1200. ABCDE　①患者腹水比重<1.018、黏蛋白试验阴性、细胞计数$<100\times10^6$/L，应考虑漏出液，故可首先排除A、C，因为结核性腹膜炎、原发性肝癌多为渗出性腹水。患者长期肝病，腹胀，脾大，漏出性腹水，应诊断为肝硬化腹水(B)。脾脏属于免疫器官，故脾肿瘤罕见。巨大卵巢囊肿可有腹水，腹胀，但无脾大等体征。②给予利尿剂、静脉滴注白蛋白、腹穿放液都是腹水的常规治疗措施，故不答A、B、C。对于大量腹水患者可行自身腹水浓缩回输，以防蛋白质丢失，故不答D。腹腔-颈内静脉分流术适用于门静脉压增高明显的难治性腹水，但易诱发肝性脑病，现已少用。

1201. ABCDE　1202. ABCDE　①患者长期乙肝病史，可能演变为乙肝肝硬化。患者乏力、水肿、腹胀、腹水征阳性，应诊断为乙肝肝硬化失代偿期。3天来患者发热，腹水征阳性，全腹压痛，应考虑合并自发性腹膜炎，此为肝硬化常见的感染性并发症（D）。患者无不洁饮食史，无腹泻、里急后重，故不答A。题干未交待血肌酐值及肾小球滤过率，不能确诊急性肾衰竭，故不答B。结核性腹膜炎常有肺结核病史，多表现为低热盗汗，腹壁柔韧感。肝癌常表现为右上腹痛，肝脏增大，右肋缘下可触及包块，质硬，结节状。②为明确肝硬化腹水患者是否合并自发性腹膜炎，应首选腹腔穿刺抽液检查，若培养出致病菌，即可确诊（E）。腹部B超、CT均为影像学检查方法，不能确诊自发性腹膜炎。粪细菌培养主要用于确诊细菌性痢疾。结核菌素试验常用于诊断儿童肺结核。

1203. ABCDE　肝肾综合征的诊断标准：①肝硬化合并腹水；②急进型血肌酐在2周内升至2倍基线值，或>226μmol/L，缓进型血肌酐>133μmol/L；③在应用白蛋白扩张血容量并停用利尿剂至少2天后血肌酐不能降至133μmol/L以下；④无休克；⑤近期未使用肾毒性药物；⑥不存在肾实质疾病。

1204. ABCDE　①10%～25%的肝硬化患者可发生原发性肝癌，原发性肝癌合并肝硬化的发生率约为50%～90%。在我国，原发性肝癌主要在病毒性肝炎后肝硬化基础上发生。②在欧美国家，肝癌常在酒精性肝硬化基础上发生。C、D、E较少发生肝癌。

1205. ABCDE　①肝癌最早最主要的转移是肝内转移，多经门静脉及其分支进行转移（C）。②肺、骨是晚期肝癌常见的血行转移部位。腹腔内种植为胃癌的常见转移方式，在肝癌少见。左锁骨上淋巴结转移为晚期肝癌的淋巴转移方式，少见。

1206. ABCDE　原发性肝癌肝内播散，多经门静脉及其分支进行（E）。

1207. ABCDE　肝癌肝外血行转移最常见的部位是肺，占46.7%，其他包括胸、肾上腺、肾、骨等。

1208. ABCDE　原发性肝癌最常见的淋巴转移部位是肝门淋巴结（占12.6%），也可转移至胰、脾、主动脉旁及锁骨上淋巴结。

1209. ABCDE　①肝区疼痛为肝癌最常见的症状，且多为首发症状，表现为持续性钝痛或胀痛。肝脏肿大为肝癌最常见的体征。正确答案应为D而不是A，很多医考参考书将答案错为A。参阅3版8年制《内科学》P536。②B、C、E为一般性表现，无特异性，故不答。

1210. ABCDE　肝癌患者肝区持续性疼痛，常为首发症状。肝癌可有全身症状和消化道症状，如乏力、消瘦、食欲不振、腹胀等。肝区肿块为中晚期肝癌最常见的主要体征，约占95%，答案为D。

1211. ABCDE　①老年男性，长期乙肝病史，很可能发展为肝癌。腹部B超示肝脏占位性病变，为明确诊断，最有价值的影像学检查是肝脏增强CT（C）。②放射性核素扫描对肝癌分辨率较低，临床上少用。对于肝癌的影像学诊断，腹部CT平扫的敏感性不如增强CT，故答C而不是B。腹部X线片对于肝癌的诊断价值不大。MRCP主要用于胆道占位性病变的诊断。

1212. ABCDE　①患者长期乙肝病史，很可能演变为乙肝肝硬化或肝癌。患者B超提示肝脏占位性病变，应首先考虑肝细胞性肝癌。为明确诊断，最有意义的实验室检查指标当然是甲胎蛋白（AFP）。②碱性磷酸酶、γ-谷氨酰转移酶测定常用于诊断胆道阻塞。癌胚抗原测定常用于诊断结直肠癌。癌抗原199（CA199）测定常用于胰腺癌的诊断。

1213. ABCDE　①患者腹部B超示肝右叶实质占位性病变，故可首先排除A、B、C，因为A、B、C的B超影像应为液性暗区，而不是实性占位。②直肠癌易经门静脉入肝，转移至肝脏，形成肝转移癌。患者有直肠癌病史，B超示肝内多个结节，血清甲胎蛋白（AFP）不升高，应诊断为肝转移癌而不是原发性肝癌，故答E。原发性肝癌常表现为单个肿块，甲胎蛋白显著增高。

1214. ABCDE　①肝炎发展的三步曲为肝炎→肝硬化→肝癌。患者有肝炎后肝硬化病史多年，有可能发展为肝癌。患者心率增快，血压降低，面色苍白，此为腹腔内出血的表现。患者腹部广泛压痛，肌紧张，此为实质性脏器破裂的表现。同时具备腹腔内出血及腹膜刺激征两项体征者，以肝破裂可能性最大，故应诊断为肝癌破裂（B）。②脾破裂常表现为腹腔内出血，而无腹膜刺激征。溃疡病穿孔、急性坏死性胰腺炎、急性化脓性胆囊炎均表现为腹膜刺激征，而无腹腔内出血表现。

1215. ABCDE　①长期慢性肝炎可演变为肝硬化，继而发展为肝癌。老年患者，肝脏增大，质硬，腹水征，应考虑原发性肝癌,最有价值的实验室检查是血清甲胎蛋白测定(C)。②腹水铁蛋白常用于恶性腹水的诊断。血清癌胚抗原测定常用于结直肠癌复发的监测。血清癌抗原 125(CA125)常用于卵巢上皮性癌的诊断。腹水腺苷脱氨酶常用于结核性腹水的诊断。

1216. ABCDE　①肝脏 B 超和血清 AFP 测定是临床上筛查肝癌的首选方法(D)。②放射性核素肝扫描阳性率低,目前少用。肝脏 CT 和 MRI 虽然对肝癌检出率高于 B 超,但由于价格昂贵,不作为筛查的首选。腹部 X 线片很少用于肝癌的诊断。

1217. ABCDE　①原发性肝癌的诊断标准为:AFP>400μg/L;AFP>200μg/L 持续 8 周以上。②70%的原发性肝癌 AFP 阳性,少数肝转移癌可呈假阳性,但升高幅度不如原发性肝癌。③部分慢性肝炎、肝硬化患者血清 AFP 可低浓度升高,多不超过 200μg/L,因此肝功能异常伴 AFP 增高并不一定就是肝癌。④其他消化道肿瘤,如胃癌、胰腺癌等,AFP 也可升高。⑤AFP 可用于肝癌预后的判断,肝细胞癌术后,若 AFP 又升高常常提示复发(E 对)。

1218. ABCDE　①乙型肝炎的发展规律一般是乙肝→肝硬化→肝癌,因此长期乙肝病史的患者,很可能发展为肝癌。患者肝区疼痛,肝脏巨大肿块,无触痛,质硬,应首先考虑肝癌。为明确诊断,首选的检查当然是经皮肝穿刺活组织检查(B)。②A、C、D、E 均属于影像学检查,不能确诊肝癌。

1219. ABCDE　①肝炎发展的三部曲为肝炎→肝硬化→肝癌。患者肝炎病史 20 年,5 年前出现食管黏膜下静脉曲张,说明已发展为肝硬化门静脉高压。3 个月前出现肝脏巨大肿块,甲胎蛋白阳性,说明已发展为肝细胞性肝癌,故应诊断为肝硬化伴肝细胞性肝癌(E)。②慢性肝炎不会出现食管静脉曲张。慢性肝炎伴肝硬化或食管静脉曲张均不会出现肝脏肿块。胆管上皮癌 AFP 常为阴性。

1220. ABCDE　1221. ABCDE　①原发性肝细胞肝癌的诊断标准为:AFP>400μg/L;AFP>200μg/L 持续 8 周;AFP 由低浓度逐渐升高不降持续 8 周(D 对)。②胆管细胞癌患者 AFP 不升高,AFP 的正常值<25μg/L,答案为 A。

1222. ABCDE　1223. ABCDE　①血清淀粉酶测定是诊断急性胰腺炎的常用方法,但淀粉酶的高低与病情严重程度并不成正比,出血坏死性胰腺炎患者血清淀粉酶可升高、降低或正常,因此血清淀粉酶测定不是诊断急性出血坏死性胰腺炎的最有意义的检查项目。腹部增强 CT 是诊断出血坏死性胰腺炎的最佳方法,故答 C 而不是 A,很多医考参考书将答案错为 A。假如本题题干改为"诊断急性水肿型胰腺炎最有意义的检查是",则答案为 A。②诊断早期原发性肝癌最有意义的检查是甲胎蛋白检测(B)。③血清癌胚抗原(CEA)测定常用于结直肠癌预后的判断。血 C 反应蛋白(CRP)测定常用于急性炎症的辅助诊断。

1224. ABCDE　1225. ABCDE　①肝炎发展的三步曲为肝炎→肝硬化→肝癌。患者肝炎病史 20 年,很可能发展为肝癌。患者肝区持续性胀痛,肝大,质地坚硬,AFP>1000μg/L(正常值<25μg/L),应诊断为原发性肝癌。肝硬化、肝炎、细菌性肝脓肿、肝血管瘤都不可能出现 AFP>1000μg/L。②对确诊原发性肝癌最有意义的检查当然是病理学检查,即经皮肝穿刺针吸细胞学检查(D)。肝功能检查无特异性。肝脏 CT、MRI、选择性肝动脉造影均属于影像学检查,均不能确诊肝癌。

1226. ABCDE　①患者肝脏占位性病变,血清甲胎蛋白>400μg/L,应诊断为肝细胞性肝癌,首选手术治疗。因 B 超显示门静脉内无癌栓形成,癌肿局限于肝右叶,故应争取做根治性肝切除术(C)。②肝细胞癌对放疗不敏感,故不答 A。姑息性肝切除术适用于不能根治性肝叶切除的患者。肝动脉化疗栓塞、局部射频治疗均适用于不能切除的肝癌,即晚期肝癌的综合治疗。

1227. ABCDE　①老年患者,右季肋部胀痛,肝脏肿大,质硬,B 超示肝右叶占位性病变,AFP>400μg/L,应诊断为肝细胞性肝癌。肝左叶见多个小低回声区,应为原发性肝癌的肝内转移灶。患者肝左、右叶均有癌灶,故不能行肝癌根治性切除。患者无腹水征,说明肝功能属于 Child A 级,可以手术治疗。对于不能根治切除的巨块型肝癌,首选肝动脉插管栓塞化疗(B)。②肝癌不是肝脓肿,无需抗感染治疗。患者目前诊断明确,无需剖腹探查。肝癌对放疗不敏感,中草药治疗效果不佳。

1228. ABCDE ①氨是肝性脑病最主要的神经毒素，消化道是产氨的主要部位。100ml 血液约含 20g 蛋白质，因此消化道大出血时，肠内产氨增多，可诱发肝性脑病。②便秘时，含氮物质与肠菌接触时间延长，有利于氨的产生和吸收。③葡萄糖的氧化磷酸化过程有助于 NH_3 与谷氨酸结合，故低血糖可增加氨的毒性。④缺氧可导致肾性氮质血症，使血氨增高，故 A、C、D、E 均是肝性脑病的诱因。⑤NH_3 和 NH_4^+ 在体内可受 pH 梯度的影响而相互转化（$NH_3+H^+ \rightleftharpoons NH_4^+$）。$NH_3$ 在酸性环境下（pH<6.0），可与 H^+ 结合形成毒性小的 NH_4^+，随粪便排出体外。在碱性环境下，结肠 pH>6.0 时，NH_4^+ 离解为 NH_3 和 H^+，NH_3 大量弥散入血，导致肝性脑病。因此缺钾性碱中毒是肝性脑病的诱因，而高钾性酸中毒可使血氨降低，不是其诱因，答案为 B。

1229. ABCDE ①高蛋白饮食可造成含氮食物摄入过多，导致肠内产氨增多，血氨增高（C）。②肠道细菌活动与氨的形成和代谢有关，而血氨的高低主要受肠道 pH 梯度的影响，故不答 A、B。③低血糖时能量减少，脑内去氨活动停滞，可导致血氨增高，故不答 D。④脂肪摄入过多，对血氨影响不大。

1230. ABCDE ①氨是肝性脑病最主要的神经毒素。NH_3 和 NH_4^+ 在体内可受 pH 影响而相互转化。在酸性环境中，NH_3 可与 H^+ 结合形成毒性小的 NH_4^+，随粪便排出体外。在碱性环境中，NH_4^+ 离解为 NH_3 和 H^+，NH_3 大量弥散入血，导致肝性脑病。因此肝性脑病的患者应采用弱酸灌肠，以促进氨的排出，故答 B。②肥皂水多为碱性溶液，灌肠后会诱发肝性脑病。地塞米松、谷氨酸钾、精氨酸为静脉注射剂，一般不用于灌肠治疗。

1231. ABCDE ①NH_3 为肝性脑病的毒性物质。$NH_3+H^+ \rightleftharpoons NH_4^+$，在酸性环境中，$NH_3$ 可与 H^+ 结合形成毒性小的 NH_4^+ 随粪便排出体外；在碱性环境中，NH_4^+ 可离解为 NH_3，而使毒性增加。因此肝性脑病患者严禁使用碱性肥皂水灌肠或导泻（B）。可给予生理盐水或弱酸性溶液（如稀醋酸）清洁灌肠。②25%硫酸镁口服导泻，可清除肠道内积血，减少氨的吸收。乳果糖在小肠不会分解，到达结肠后被乳酸杆菌分解为乳酸、乙酸等降低肠道的 pH 值，可使肠道内产氨减少。

1232. ABCDE ①*L*-鸟氨酸-*L*-天冬氨酸可促进体内氨的代谢而降低血氨，它是鸟氨酸与天冬氨酸的混合制剂，其中鸟氨酸能增加氨基甲酰磷酸合成酶活性，加速鸟氨酸循环，而降低血氨；天冬氨酸可增加谷氨酰胺合成酶的活性，促进脑肾组织利用氨合成谷氨酰胺而降低血氨。②口服新霉素、乳果糖可减少肠道氨的产生、吸收而降低血氨。支链氨基酸可减少假性神经递质的形成，而用于肝性脑病的治疗。氟马西尼可拮抗内源性苯二氮䓬所致的神经抑制，对部分患者有促醒作用。

1233. ABCDE ①患者长期乙肝肝硬化，黑便 2 天提示有上消化道出血，此为肝性脑病的常见诱因。患者 2 小时前出现意识障碍，应诊断为乙肝肝硬化合并肝性脑病，不宜口服镇静催眠药地西泮，以免加重病情（B）。②口服利福昔明可抑制肠道产尿素酶的细菌生长繁殖，减少氨的产生。口服乳果糖可降低肠道 pH，减少肠道细菌产氨。静脉应用生长抑素、奥美拉唑均有助于上消化道止血。

1234. ABCDE ①氨是肝性脑病最主要的神经毒素，约 90%的肝性脑病患者有血氨明显升高，因此血氨测定有助于诊断肝性脑病（E）。②虽然肝性脑病患者因肝功能不良，可有血清白蛋白降低，球蛋白和丙氨酸氨基转移酶（ALT）增高，但这些指标均缺乏特异性。血小板计数更无特异性，故不答 D。

1235. ABCDE ①肝性脑病患者血氨增高，血氨可通过血脑屏障进入脑组织，产生中枢神经系统毒性。大脑对氨的去毒作用是通过与 α-酮戊二酸结合成谷氨酸，谷氨酸与氨结合成谷氨酰胺，消耗大量 ATP 而实现的。三羧酸循环的重要中间产物 α-酮戊二酸大量消耗，将使脑细胞能量供给不足，不能维持正常功能，故答 E。②肝性脑病患者血氨升高对蛋白质、脂肪、微量元素、水盐代谢影响较小。

1236. ABCDE ①肝性脑病的临床过程分为 5 期，即 0 期（潜伏期）、1 期（前驱期）、2 期（昏迷前期）、3 期（昏睡期）、4 期（昏迷期）。前驱期主要表现为轻度性格改变和精神失常，如焦虑、欣快激动、淡漠、睡眠倒错、健忘等。②计算能力减退、定向力障碍，为 2 期临床表现。Babinski 阳性为 2 期、3 期临床表现。生理反射亢进为 3 期、4 期临床表现。

1237. ABCDE ①患者 B 超示肝实质弥漫性病变，说明原发病灶位于肝脏。患者腹痛、腹胀、低热、脾大及腹水，应考虑肝硬化腹水。患者近 1 天来表情淡漠、嗜睡，说明已合并肝性脑病。为明确诊断，最有意义的体征当然是扑翼样震颤阳性(C)。扑翼样震颤是肝性脑病具有诊断意义的体征，是指患者平伸手指及腕关节时，腕关节突然屈曲，然后又迅速伸直，如此震颤多动，类似鸟的翅膀在扇动，是由于基底节病变及小脑共济失调所致。②2 期、3 期肝性脑病可有肌张力增高、Babinski 征阳性、腱反射亢进，但无特异性，故不答 A、B、E。腹壁反射消失见于锥体束受损。

1238. ABCDE ①患者长期大量饮酒，很可能导致酒精性肝硬化。进食高蛋白食物后，产氨增多，可诱发肝性脑病。扑翼样震颤为肝性脑病具有诊断意义的体征。患者进食高蛋白饮食后神志不清，扑翼样震颤，应首先考虑肝性脑病(A)。②慢性酒精中毒不会突然发病，故不答 B。题干未提及停酒史，故不答 C。低钙血症常导致四肢抽搐，而不是扑翼样震颤，故不答 D。低血糖发作常表现为饥饿时发病，发病时测定血糖<2.8mmol/L，服用糖水后缓解。

1239. ABCDE 中年男性，长期乙肝病史，腹胀、乏力，消瘦，黄疸，移动性浊音阳性，应诊断为失代偿性肝硬化。2 天来嗜睡、言语混乱，应诊断为肝性脑病。A、B、C、D 均属于肝性脑病的常见病因。摄入大量维生素 C 当然不会导致肝性脑病。

1240. ABCDE ①中年男性，长期肝炎肝硬化病史，突然神志改变，应考虑肝性脑病。为明确意识障碍的原因，应首选血氨测定，因为肝性脑病患者血氨常升高(D)。②血糖测定常用于诊断糖尿病酮症酸中毒。ALT/AST 常用于肝炎的诊断。血清蛋白电泳常用于多发性骨髓瘤的诊断。血电解质测定为一般性检查。

1241. ABCDE ①患者长期肝炎肝硬化病史，门腔静脉分流术后 3 年(肝性脑病的常见诱因)，出现意识障碍，应考虑肝性脑病。蛋白质经肠道细菌分解可产生氨，正常情况下肠道产生的氨可在肝中合成尿素排出体外。肝功能减退患者，尿素合成减少，血氨增高，可导致肝性脑病。为减少血氨来源，肝性脑病患者应限制蛋白质饮食，故答 E。②A、B、C、D 均不会导致血氨增加，可以选用。

1242. ABCDE ①门腔静脉分流术是肝性脑病常见的诱因。长期肝功能异常患者出现性格改变、睡眠倒错，应诊断为肝性脑病前驱期。肝性脑病患者不宜输入库存血，以免加重氮质血症，增加血氨来源，加重病情。②口服乳果糖后在小肠不被分解，达结肠后可被分解为乳酸、乙酸而降低肠道 pH，减少氨的吸收(B 对)。③碱性肥皂水灌肠可增加肠道对氨的吸收，不宜采用。④口服抗生素(甲硝唑、利福昔明、新霉素)，可抑制肠道产尿素酶的细菌生长繁殖，减少氨的生成，但静脉滴注抗生素无此作用。⑤巴比妥为镇静催眠药，可加重肝性脑病，不宜使用。

1243. ABCDE ①氨中毒学说是肝性脑病的主要发病机制。乳果糖口服后，在小肠不会被分解，到达结肠后可被乳酸杆菌分解为乳酸和乙酸，使肠道 pH 降低，不利于肠道产尿素酶的细菌生长，使肠道氨的形成减少；此外，酸性的肠道环境可减少氨的吸收，并促进血液中的氨渗入肠道排出。乳果糖可用于各期肝性脑病的治疗(D 对)。②A 为促肝细胞生长素的作用机制。B 为口服新霉素、甲硝唑的作用机制。C 为人工肝的作用机制。乳果糖在小肠内不能分解吸收供能，故不答 E。

1244. ABCDE 1245. ABCDE ①肝性脑病患者肠内毒素主要是氨。乳果糖经口服到达结肠后，可被乳酸杆菌分解为乳酸和乙酸，使肠道 pH 降低，不利于肠道产尿素酶的细菌生长，使肠道氨的形成减

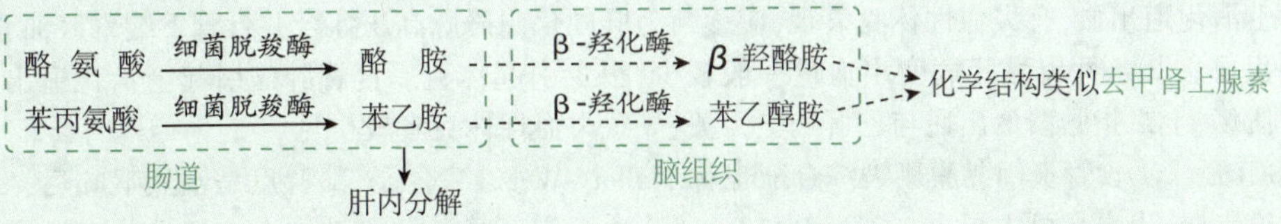

少；酸性的肠道环境也可减少氨的吸收(E)。②食物中的芳香族氨基酸(酪氨酸、苯丙氨酸)，经肠菌脱羧酶的作用，分别转变为酪胺和苯乙胺。正常情况下，这两种胺在肝内被分解清除。肝性脑病时，清除发生障碍，这两种胺进入脑组织，经 β-羟化酶的作用分别转变为假性神经递质 β-羟酪胺和

苯乙醇胺。后二者的化学结构与正常神经递质去甲肾上腺素相似，但不能传递神经冲动，当被神经细胞摄取后，可发生传导障碍，导致肝性脑病。肝性脑病患者支链氨基酸/芳香族氨基酸的比值由正常的3~3.5降至1以下，芳香族氨基酸进入脑内产生脑毒性。支链氨基酸是一种以亮氨酸、异亮氨酸、缬氨酸为主的复合氨基酸，可竞争性抑制芳香族氨基酸进入大脑，减少假性神经递质的形成（B）。③甘露醇为脱水药，糖皮质激素为激素类药物，左旋多巴为治疗帕金森药物。

1246. ABCDE　1247. ABCDE　1248. ABCDE　1249. ABCDE　①肝硬化患者，上消化道大出血后，出现神经精神症状，血氨增高（血氨正常值为18~72μmol/L，或40~70μg/dl），应考虑肝性脑病（E）。尿毒症多有长期肾脏病史，一般不会发生上消化道大出血。脑血管意外常见于老年人，常有高血压病史，多有偏瘫症状。乙型脑炎主要表现为脑实质受损。患者血糖5.6mmol/L，可排除糖尿病酮症酸中毒。②血氨增高是肝性脑病最主要的发病机制，其首选治疗应是降低血氨（B）。口服抗生素为降低血氨的措施之一。胰岛素常用于治疗糖尿病酮症酸中毒。血液透析常用于治疗肾衰竭。肝性脑病严禁使用镇静药物。③该患者为上消化道大出血，且出血凶猛，有长期肝硬化病史，应考虑肝硬化门静脉高压症所致的食管胃底曲张静脉破裂出血（D）。A、B、C、E所致上消化道出血的出血量较小，一般为250~500ml，故不答A、B、C、E。④为明确上消化道出血的病因，待病情稳定后应首选胃镜检查，次选钡餐检查，故答C而不是A。吞线试验主要用于判断上消化道出血的活动性，适用于不能耐受X线、内镜或动脉造影检查者。腹部B超、CT检查对上消化道出血的诊断价值不大。

1250. ABCDE　1251. ABCDE　1252. ABCDE　1253. ABCDE　①患者巩膜黄染，颈部可见蜘蛛痣，肝肋下未触及，脾大，为肝硬化失代偿期的典型表现。患者呕吐、腹泻后出现意识障碍，说明已发生肝性脑病，故本例应诊断为肝硬化后肝性脑病（A）。患者血糖7.0mmol/l，尿糖（+），尿酮体阴性，故可排除糖尿病酮症酸中毒、高渗性非酮症糖尿病昏迷（高渗高血糖综合征）。患者尿镜检阴性，故可排除尿毒症。脑血管病常见于老年人，多有高血压病史，常伴四肢偏瘫。②血氨增高是肝性脑病最主要的发病机制，因此对确诊本病最有价值的辅助检查是血氨测定（E）。血气分析、肝肾功能、腹部CT对确诊肝性脑病价值不大。③肝性脑病患者躁动不安，严禁使用水合氯醛、巴比妥类、吗啡；可减量使用地西泮、东莨菪碱；异丙嗪、氯苯那敏等抗组胺药物可作为镇静药代用。参阅5版《内科学》P484，9版《内科学》已删除部分知识点。④肥皂水多为碱性溶液，可增加肠道氨的吸收，故肝性脑病患者严禁使用肥皂水灌肠（D）。为减少蛋白质分解产生氨，应限制蛋白质摄入。口服乳果糖可减少氨的产生和吸收。静脉滴注精氨酸可促进氨的代谢，具有降氨作用（现在认为无效）。补充支链氨基酸可减少假性神经递质的产生。

1254. ABCDE　消化道以屈氏（Treitz）韧带为界。Treitz韧带以上的消化道出血，称为上消化道出血。Treitz韧带以下的消化道出血，称为下消化道出血。

1255. ABCDE　应激性溃疡也称急性胃黏膜病变，当然好发部位在胃，位于十二指肠者少见，故答E。

1256. ABCDE　A、B、C、D、E均可导致上消化道出血，但上消化道出血的病因以消化性溃疡最常见（占40%~50%）、食管胃底静脉曲张破裂出血（占20%~25%）、胃癌（3%~5%），B、D均属少见病因。

1257. ABCDE　①中年男性，乙肝病史多年，很可能已发展为肝硬化门静脉高压症。患者进食硬质食物后上消化道出血，有失血性休克表现，应诊断为肝硬化门静脉高压症合并食管下端胃底曲张静脉破裂出血。②急性胃黏膜病变出血量一般较少，很少引起休克。食管肿瘤引起上消化道出血少见。胃溃疡、十二指肠溃疡出血与乙肝病史无关，导致失血性休克者较少见。

1258. ABCDE　①食管贲门黏膜撕裂综合征也称Mallory-Weiss综合征，其特点是剧烈呕吐后，发生上消化道出血，出血量可大可小，多为鲜血（D）。②食管胃底静脉曲张破裂多由门静脉高压症引起，多在进食粗糙坚硬食物后出血，出血凶猛，出血量大。慢性胃炎发生呕血少见。消化性溃疡出血好发于长期上腹痛患者，出血量不大。食管癌多发生于进行性吞咽困难患者。

1259. ABCDE　①食管贲门黏膜撕裂综合征也称Mallory-Weiss综合征，其特点是剧烈呕吐后，发生上消化道出血,出血量可大可小,多为鲜血(E)。②胃癌出血多见于老年人,常表现为无规律上腹痛,黑便,出血量少。急性胃黏膜病变常表现为应激状态下上消化道出血。消化性溃疡多表现为长期周期性上腹痛后出现上消化道出血。胃血管异常多为胃横径动脉瘤(Dieulafoy 病变),临床上罕见。

1260. ABCDE ①长期服用非甾体抗炎药(阿司匹林)可抑制环氧合酶,阻断前列腺素的合成,削弱胃黏膜屏障,导致急性胃炎出血,常表现为黑便,故答 B。②食管静脉曲张破裂出血多见于门静脉高压症。十二指肠溃疡出血常见于上腹部周期性饥饿痛患者。胃癌出血与题干所述无关。反流性食管炎出血多见于长期反酸、烧心患者。

1261. ABCDE ①上消化道出血常表现为呕血与黑便,其临床表现主要取决于出血量和出血速度,而出血部位的高低则是次要因素。如果出血很急、量很多,则既有呕血,也有便血;若出血较慢,量较少,则常出现黑粪症,呕血少见。②上消化道出血的表现与病变性质关系不大。凝血机制是否正常与消化道出血有关,而与呕血或便血关系不大。胃肠蠕动快慢与便血颜色有关,若肠蠕动过快,多为鲜红色血便;若胃肠蠕动慢,血液在胃肠道内停滞时间较长,经胃肠液作用后,多为柏油样便。

1262. ABCDE 柏油样便多为血液在胃肠道内长时间停滞,经胃肠液作用形成,常见于上消化道出血。Trietz 韧带以上的消化道出血称为上消化道出血,在所给 5 个答案项中,仅胃是上消化道,故答 A。

1263. ABCDE A、B、C、D、E 均为上消化道出血的临床表现,但呕血与黑粪是其特征性表现(C)。上消化道大量出血后,均有黑粪。出血部位在幽门以上者多为呕血;若出血量较少,出血速度较慢,也可无呕血。出血部位在幽门以下者多为黑粪;若出血量大、出血速度快,可有呕血。

1264. ABCDE ①肝硬化食管静脉曲张大出血后,由于大量血液蛋白质的消化产物在肠道被吸收,血中尿素氮可升高,称为肠源性氮质血症。大量出血后,门静脉系统内血量减少,脾脏可暂时缩小,不易扪及。大量出血后易诱发肝性脑病,出现意识障碍。大量出血后,血容量减少,可导致少尿。②大量出血可导致肝脏缺血缺氧,肝功能损害,腹水增多(C 错)。

1265. ABCDE ①无论是上消化道,还是下消化道出血,均可导致粪便潜血阳性、血红蛋白降低。由于有效血容量下降,肾血流量减少,可造成肾前性少尿,血肌酐升高。消化道出血可使肠道内氨的生成和吸收增加,导致血氨升高,故 A、C、D、E 均不能用于消化道出血部位的鉴别。②肠源性氮质血症是由于大量血液蛋白质的消化产物在肠道吸收所致。若为下消化道出血,血液未经肠道消化吸收,血尿素氮不升高。故只有上消化道出血时,血尿素氮才会升高。因此血浆尿素氮增高可作为上、下消化道出血的鉴别指标之一,答案为 B。

1266. ABCDE 每日消化道出血>5~10ml,粪便隐血试验阳性。每日出血量 50~100ml 可出现黑粪。

1267. ABCDE ①肠鸣音>10 次/分,称为肠鸣音活跃。肠鸣音是肠蠕动产生的,当上消化道出血时,血液积聚在肠道,刺激肠管引起肠蠕动增强,可导致肠鸣音活跃(A)。②肠系膜上动脉栓塞可致肠管缺血坏死,肠蠕动减弱或消失,故肠鸣音减弱甚至消失。麻痹性肠梗阻无肠管蠕动,故肠鸣音消失。急性胰腺炎、上消化道穿孔可引起急性腹膜炎,故肠鸣音减弱甚至消失。

1268. ABCDE ①青年患者,周期性上腹痛 3 年,口服抑酸剂有效,应诊断为消化性溃疡。患者服用非甾体抗炎药(止痛片)后出现呕血与黑便,应考虑合并上消化道出血。②食管贲门黏膜撕裂综合征多表现为剧烈呕吐后呕吐鲜血。食管胃底静脉曲张破裂出血多见于肝硬化门静脉高压症,常有肝脾肿大。反流性食管炎多表现为反酸、烧心,无季节性。胃癌常表现为无规律性上腹痛,抑酸剂无效。

1269. ABCDE ①老年男性,慢性乙肝病史多年,可能已进展为肝硬化门静脉高压症。患者 1 小时前呕血,血压降低,脉搏增快,应诊断为门静脉高压症食管胃底曲张静脉破裂出血合并失血性休克,因此目前首要的治疗措施是抢救休克,首选平衡盐溶液(晶体液)扩容。②若大量输入平衡盐溶液后仍不能维持血压稳定,则应输入胶体溶液、红细胞悬液,甚至全血。使用止血药物为一般性治疗措施。

1270. ABCDE ①中年男性,反复上腹痛 2 年,应考虑消化性溃疡。黑便 2 天,呕血伴头晕,应诊断为消化性溃疡并出血。其止血措施主要有抑制胃酸分泌(质子泵抑制剂)、胃镜止血,若不成功可行急症手术治疗。②静脉滴注血管加压素为门静脉高压症食管胃底静脉曲张破裂出血的止血方法。冰盐水胃腔灌洗为普通止血措施，现已少用。凝血酶为局部止血药物，一般在胃镜下进行。

1271. ABCDE ①食管静脉曲张破裂出血多见于肝硬化门静脉高压症，多有长期肝炎病史，蜘蛛痣，脾脏肿大，若有腹水可出现移动性浊音阳性。②食管静脉曲张破裂出血来势凶猛，出血量较大，常达500~1000ml，主要表现为呕吐鲜血。呕吐咖啡样物说明出血量较少，此为消化性溃疡的出血特点。

1272. ABCDE ①急诊胃镜是目前诊断上消化道出血病因的首选检查方法。血常规、肝肾功能、腹部B超均有助于上消化道出血病因的判断，为辅助检查方法。②对于急性上消化道出血的患者，不能进行急诊X线钡剂造影，而应在出血停止数天后进行。

1273. ABCDE ①慢性乙肝易演变为肝硬化，引起门静脉高压食管胃底静脉曲张破裂出血，且出血量较大。为明确出血原因，应首选纤维胃镜检查(D)。②腹部CT、腹部B超为辅助检查方法。选择性腹腔动脉造影为有创检查，一般不作为首选。上消化道出血期间，不宜进行急诊X线钡剂造影，故不答C。

1274. ABCDE ①多种腹部炎性疾病的急性期是消化道内镜检查的禁忌证，否则易导致胃肠道穿孔、感染扩散。②上消化道出血、下消化道出血分别是胃镜、结肠镜检查的适应证。梗阻性黄疸患者可行ERCP检查。上消化道异物可在胃镜下取出。

1275. ABCDE ①中年男性，间断上腹饥饿痛及夜间痛10余年，应考虑十二指肠溃疡。1小时前排柏油样便，应考虑合并上消化道出血。为明确诊断，应首选纤维胃镜检查(C)。②腹部B超不能确诊十二指肠溃疡出血。十二指肠溃疡出血急性期，严禁行上消化道钡剂造影。结肠镜是下消化道出血的首选检查。粪常规+隐血只能确定消化道出血，不能明确出血原因。

1276. ABCDE 1277. ABCDE 1278. ABCDE ①青年男性，饥饿性上腹痛1个月，应考虑十二指肠溃疡。2小时前呕血1次，应诊断为十二指肠溃疡并出血(D)。胃癌出血常见于老年人，多有无规律性上腹疼痛病史。胃黏膜脱垂常表现为进食和右侧卧位中上腹痛，无周期性和节律性。患者否认慢性肝病史，故门静脉高压食管胃底静脉曲张破裂出血的可能性较小。急性糜烂性胃炎多有长期服用非甾体抗炎药物病史或应激史，出血量小，多表现为黑便。②为明确十二指肠溃疡出血的诊断，应首选纤维胃镜检查(C)。腹部X线片、B超、CT对本病的诊断价值不大。腹腔血管造影可明确出血部位，但为有创检查，一般不作为首选，故不答D。③十二指肠溃疡并出血的治疗首选质子泵抑制剂奥美拉唑，因其抑酸止血效果最好(C)。止血环酸对消化性溃疡出血效果不佳。法莫替丁、垂体后叶素的止血效果不如奥美拉唑，故不答B、E。凝血酶可用于胃镜下局部止血。

1279. ABCDE ①患者上腹隐痛2月，饮酒后出现呕血与黑便，应考虑胃黏膜损害导致的上消化道出血。患者肝脾不大，可排除门静脉高压食管胃底静脉曲张破裂出血。对于胃黏膜损害引起的上消化道出血，应首选质子泵抑制剂奥美拉唑治疗，其抑酸止血效果最好(B)。②维生素K_1为促凝药，常用于凝血障碍所致的出血。6-氨基己酸为抗纤溶药，常用于纤溶亢进所致的出血。三腔二囊管、垂体后叶素均用于食管胃底静脉曲张破裂出血。A、C、D、E均对胃黏膜损害所致的出血效果不佳。很多医考参考书将答案错为E，是将食管胃底静脉曲张出血与非曲张静脉出血的止血措施混为一谈。

1280. ABCDE ①长期口服非甾体抗炎药(阿司匹林)后突然发生上消化道出血，应考虑急性糜烂出血性胃炎。患者无肝病病史，肝、脾无肿大，可排除门静脉高压食管胃底静脉曲张破裂出血。急性糜烂出血性胃炎的出血量一般不大，且常呈间歇性，可在短期内自愈，因此多采用保守治疗，而不首选胃镜止血，故不答E。②对于轻症急性糜烂出血性胃炎，可口服胃黏膜保护剂(硫糖铝、铝碳酸镁)。患者脉搏、血压平稳，说明出血量不多，属于轻症患者，故答A。③对于疼痛明显者，可加用H_2受体抑制剂；对于严重出血者，可加用质子泵抑制剂。参阅14版《实用内科学》P1911。④阿托品因副作用太多，已不作为抑酸剂在临床上使用。口服止血剂(8%去甲肾上腺素盐水)主要用于治疗消化性溃疡出血。急性糜烂出血性胃炎的治疗重点在于静脉应用抑酸药及胃黏膜保护剂，而不是静脉点滴止血剂。故答A而不是D或E，很多医考参考书将答案错为D或E。

1281. ABCDE ①患者肝掌阳性、蜘蛛痣、肝肋下未触及，应考虑肝硬化。患者脾大，移动性浊音阳性，提示存在门静脉高压。现呕鲜血，黑便，应诊断为肝硬化门静脉高压、食管胃底静脉曲张破裂出血。最适宜的药物止血措施是静脉应用生长抑素（A）。②止血环酸、维生素 K_1 对上消化道出血效果不佳。质子泵抑制剂、胃黏膜保护剂常用于消化性溃疡所致的出血。

1282. ABCDE ①垂体后叶素可收缩内脏血管，减少门静脉血流量，降低门静脉压力，常用于治疗门静脉高压所致的食管胃底静脉曲张破裂出血。但由于垂体后叶素也可收缩冠状动脉，因此高血压、冠心病患者不宜使用（C）。②当药物治疗无效时，可使用三腔二囊管压迫止血。8%去甲肾上腺素盐水胃管滴注、冰生理盐水洗胃均属于局部止血措施，可以选用。由于胃酸对去甲肾上腺素的灭活作用较强，胃内局部使用不会导致全身血管收缩，血压升高，因此高血压、冠心病患者可以使用。6-氨基己酸为抗纤溶药物，常用于纤溶亢进所致的出血。

1283. ABCDE 1284. ABCDE 1285. ABCDE ①患者呕血后心率增快，血压降至 95/60mmHg，说明出血量>800ml。患者黄疸明显，说明肝功能不全。患者腹壁静脉曲张，脾大，腹水征阳性，说明有门静脉高压症。因此本例最可能的呕血原因是门静脉高压食管下段胃底静脉曲张破裂出血，其出血量一般较大，可达 500~1000ml，可引起休克（E）。A、B、C、D 导致的出血，出血量一般<500ml，很少引起休克。②为确诊上消化道出血的病因，最有价值的检查当然是纤维胃镜（C）。腹部 X 线片、B 超、CT 对上消化道出血的诊断价值不大。上消化道出血急性期，不宜作 X 线钡剂造影检查。③上消化道大出血患者，P120 次/分，BP95/60mmHg，说明处于休克代偿期，补液首选平衡盐溶液（B）。

1286. ABCDE 1287. ABCDE 1288. ABCDE ①患者慢性胃痛史多年，突然黑便，血压降低，心率增快，应考虑急性胃出血（B）。急性肠炎导致出血性休克少见。心绞痛常表现为发作性胸痛，血压正常或增高，不会有上消化道出血的表现。心肌梗死常表现为突发持续性胸痛，血压可降低，但无内出血的征象。急性胃穿孔常表现为突发上腹持续性剧烈疼痛，板状腹，无内出血征象。②患者血压<90/60mmHg，心率增快，说明合并失血性休克，首要的急救措施是抗休克治疗，应立即补液、输血、纠正休克（E）。开腹探查只在有手术指征时施行。硝酸甘油常用于心绞痛的治疗。溶栓治疗为急性心肌梗死的治疗措施。③待休克纠正后，确诊急性胃出血当然首选胃镜检查（E）。超声心动图、心肌酶学测定常用于诊断急性心肌梗死。CT、胸部 X 线片对急性胃出血的诊断价值不大。

1289. ABCDE 蛋白尿是指尿蛋白>150mg/d，或尿蛋白/肌酐>200mg/g，或尿蛋白定性试验阳性。

1290. ABCDE ①尿蛋白的发生机制分为 4 类：生理性蛋白尿、肾小球性蛋白尿、肾小管性蛋白尿、溢出性蛋白尿（老教材分为 5 类，还包括分泌性蛋白尿）。②假性蛋白尿属于病理性蛋白尿范畴，是指尿中混有大量血、脓、黏液而导致蛋白定性试验阳性，肾脏本身没有受损。假性蛋白尿是针对蛋白尿的临床意义而言的，而不是蛋白尿的产生机制，故答 E。

1291. ABCDE ①当肾小球滤过膜受损时，血浆蛋白质可经滤过膜漏出，若超过了肾小管重吸收能力而出现在终尿中，称为肾小球性蛋白尿。当滤过膜病变较轻时，尿中出现以白蛋白为主的中小分子量蛋白质，称为选择性蛋白尿，故答 B。②尿中以溶菌酶、β_2-微球蛋白为主，是肾小管性蛋白尿的特点。尿中以本-周蛋白为主，是溢出性蛋白尿的特点。尿中以 IgA 为主，是分泌性蛋白尿的特点。

1292. ABCDE ①肾病综合征患者由于肾小球滤过膜受损，通透性增高，当血浆蛋白质滤出并超过肾小管重吸收能力时，可形成大量蛋白尿，称为肾小球性蛋白尿（B）。②肾小管性蛋白尿是由于肾小管受损所致，常见于急性肾盂肾炎。溢出性蛋白尿常见于多发性骨髓瘤。组织性蛋白尿常见于肾组织坏死。功能性蛋白尿是指泌尿系统无器质性病变，尿中暂时出现的尿蛋白。

1293. ABCDE ①溢出性蛋白尿的主要成分是血红蛋白、肌红蛋白、本-周蛋白。本-周蛋白即单克隆轻链蛋白，常见于多发性骨髓瘤（B）。②白蛋白、IgG 主要见于肾小球性蛋白尿。β_2 微球蛋白常见于肾小管性蛋白尿。Tamm-Horsfall 蛋白常见于组织性蛋白尿。

1294. ABCDE 本周蛋白尿为多发性骨髓瘤的特征性蛋白尿，确诊首选骨髓穿刺（B）。

1295. ABCDE ①$β_2$-MG($β_2$-微球蛋白)、$α_1$-MG($α_1$-微球蛋白)的分子量分别为 11800、26000,均为低分子量蛋白质,可经肾小球自由滤过,正常情况下 99%以上的 $β_2$-MG,$α_1$-MG 可经近端肾小管重吸收。尿中 $β_2$-MG,$α_1$-MG 升高,说明近端小管重吸收功能受损,为肾小管性蛋白尿(C)。②组织性蛋白尿以 Tamm-Horsfall 糖蛋白为主。溢出性蛋白尿以本-周蛋白、血红蛋白、肌红蛋白为主。功能性蛋白尿是指健康人出现的暂时性蛋白尿。选择性肾小球性蛋白尿以白蛋白为主。

1296. ABCDE ①正常肾小球滤过膜具有机械屏障作用,只允许分子量<40000 的蛋白质滤过。$β_2$ 微球蛋白分子量为 14000,视黄醇结合蛋白分子量为 21000,溶菌酶分子量为 14000、$α_1$ 微球蛋白分子量为 26000,均可自由通过肾小球滤过膜,而出现于终尿中。②免疫球蛋白 G 分子量为 150000,不能通过肾小球滤过膜,不会出现在终尿中。

1297. ABCDE ①溢出性蛋白尿是指血中小分子量蛋白质(如本周蛋白,即 M 蛋白)异常增多,从肾小球滤出,超过肾小管重吸收阈值所致的蛋白尿。②正常血浆蛋白电泳从正极至负极分别是白蛋白、$α_1$ 球蛋白、$α_2$ 球蛋白、β 球蛋白和 γ 球蛋白 5 个区带。多发性骨髓瘤患者骨髓中克隆性浆细胞异常增生,并分泌单克隆免疫球蛋白(M 蛋白),其他免疫球蛋白明显降低,电泳时呈现单株峰,以小分子蛋白为主,区带大致分布于 $α_2$ 至 γ 球蛋白之间。③本例大量蛋白尿,蛋白电泳以小分子蛋白为主,呈单株峰,提示为 M 蛋白,此为溢出性蛋白尿,应诊断为多发性骨髓瘤(E)。

1298. ABCDE ①功能性蛋白尿属于生理性蛋白尿,见于剧烈运动、发热、紧张等应激状态所导致的一过性蛋白尿,多见于青少年,定性试验尿蛋白不超过(+)。本例为男性青少年,运动后出现蛋白尿,1 天后尿蛋白转阴,应诊断为功能性蛋白尿(E)。②A、B、C、D4 种蛋白尿,均不会在 1 天内突然由阳转阴。

1299. ABCDE ①血液中的肌酐主要经肾小球滤过排出,肾小管基本不重吸收且排出量也较少,因此在外源性肌酐摄入量稳定的情况下,血肌酐浓度取决于肾小球滤过能力,故血肌酐主要反映肾小球的滤过功能,血肌酐升高时的蛋白尿多提示肾小球性蛋白尿(A)。男性血肌酐正常值为 53~106μmol/L。②功能性蛋白尿多为一过性蛋白尿。肾小管性蛋白尿多为小分子蛋白尿,如溶菌酶、核糖核酸酶等。溢出性蛋白尿多为本周蛋白、血红蛋白、肌红蛋白等。分泌性蛋白尿多为 IgA。

1300. ABCDE ①管型尿是蛋白质、细胞、碎片在肾小管、集合管中凝固而成的圆柱形蛋白聚体,因此管型形成的先决条件是蛋白质在肾小管或集合管中淤滞。由于急性膀胱炎的病变部位在膀胱而不在肾小管或集合管,因此不可能出现管型尿。②A、B、C、D 均可累及肾小管、集合管,故可出现管型尿。

1301. ABCDE 1302. ABCDE ①慢性肾衰竭患者尿中可有不同程度的红细胞管型、颗粒管型、蜡样管型,但蜡样管型的出现反映了肾小管间质瘢痕形成、肾小管肥大,标志着肾衰竭进展至严重阶段,故最佳答案为 B 而不是 D、E。参阅 2 版 8 年制《内科学》P671。②急性肾盂肾炎是肾盂、肾间质和肾小管的化脓性炎症,因此尿中最常见的管型是白细胞管型(A)。③透明管型偶见于正常人。

1303. ABCDE 1304. ABCDE ①血中的小分子量蛋白质,如本周蛋白、血红蛋白、肌红蛋白异常增多,从肾小球滤出,超过肾小管重吸收能力所致的蛋白尿,称为溢出性蛋白尿(D)。尿中出现大量本周蛋白常见于多发性骨髓瘤。②原发性肾病综合征患者肾小球滤过膜的滤过屏障受损,致使大量蛋白质从尿中丢失,此为肾小球性蛋白尿(C)。③肾小管性蛋白尿常见于肾盂肾炎、间质性肾炎。混合性蛋白尿常见于糖尿病、狼疮肾炎。生理性蛋白尿见于剧烈运动、发热、寒冷、精神紧张。

1305. ABCDE 尿沉渣镜检高倍镜下每视野红细胞超过 3 个,称为镜下血尿(C 对)。1000ml 尿液中含 1ml 以上的血液可表现为肉眼血尿。

1306. ABCDE A、B、C、E 均可导致血尿,单纯性肾囊肿一般不出现血尿(D)。

1307. ABCDE ①肾小球性疾病患者,红细胞从滤过膜滤出后经肾小管排出,可凝固呈条形,不可能形成血凝块,故不答 A、B、C、E。②膀胱癌的癌组织坏死脱落,出血积聚在膀胱中可形成凝血块,故答 D。

1308. ABCDE ①患者尿色加深,镜下血尿,应首先行尿沉渣相差显微镜镜检,观察尿红细胞形态,以明确是肾小球源性血尿还是非肾小球源性血尿(A)。②肾脏增强 CT 为形态学检查,对确定血尿类型价值不大。尿脱落细胞学检查主要用于诊断肾盂癌。清洁中段尿细菌培养主要用于诊断尿路感染。肾穿刺活检为有创检查，一般不作为首选。

1309. ABCDE　①患者肉眼血尿 1 天，尿镜检 RBC 满视野，应首先行尿相差显微镜检查，以鉴别肾小球源性血尿和非肾小球源性血尿（A）。②静脉肾盂造影常用于诊断慢性肾盂肾炎。清洁中段尿培养常用于诊断尿路感染。同位素肾动态扫描常用于诊断尿路梗阻。膀胱镜检查常用于诊断膀胱癌。

1310. ABCDE　①年轻女性上呼吸道感染后 1 天，出现血尿，应首先考虑 IgA 肾病。尿液呈浓茶色，应考虑血红蛋白尿、肌红蛋白尿，应与血尿相鉴别。为区分肉眼血尿与血红蛋白尿、肌红蛋白尿，应首选尿常规加沉渣镜检（E）。②尿渗透压测定可了解肾的浓缩和稀释功能。尿蛋白定量常用于诊断肾病综合征。尿细菌培养常用于诊断尿路感染。尿蛋白电泳常用于诊断多发性骨髓瘤。

1311. ABCDE　①血尿离心后上清红色消退，尿沉渣镜检见大量红细胞，尿隐血试验阴性或弱阳性。血红蛋白尿离心沉淀后上清颜色不变，尿沉渣镜检无红细胞，尿隐血试验强阳性。因此，鉴别血尿和血红蛋白尿的首选检查是尿沉渣镜检，看有无大量红细胞。参阅 1 版《实用诊断学》P659。②尿蛋白定量常用于诊断肾病综合征。尿红细胞管型常见于急性肾炎。尿白细胞管型常见于急性肾盂肾炎。尿蛋白电泳常用于诊断多发性骨髓瘤。

1312. ABCDE　①肾小球源性血尿是由于肾小球基底膜断裂，红细胞通过该裂缝时受血管内压力挤压受损所致，受损的红细胞随后通过肾小管各段时，受不同渗透压和 pH 作用，呈现变形红细胞尿为其特点（D）。②终末血尿常提示病变部位位于膀胱颈部、尿道前列腺部。初始血尿常提示病变部位位于尿道。有凝血块的尿液常见于膀胱病变。尿痛伴血尿常见于泌尿系结石。

1313. ABCDE　①尿相差显微镜检查示正常红细胞尿，说明为非肾小球源性血尿，常见于肾间质性疾病，如急性肾盂肾炎（C）。②A、B、D、E 均属于肾小球疾病，均表现为肾小球源性血尿，尿相差显微镜检查示变形红细胞尿。

1314. ABCDE　原发性肾小球疾病的临床分型包括急性肾小球肾炎、急进性肾小球肾炎、慢性肾小球肾炎、无症状性血尿和（或）蛋白尿、肾病综合征 5 型，不包括肾盂肾炎（D）。

1315. ABCDE　原发性肾小球疾病的病理分型分为 4 类：①轻微肾小球病变；②局灶性节段性病变；③弥漫性肾小球肾炎，包括膜性肾病、增生性肾炎、硬化性肾小球肾炎，其中增生性肾炎又细分为系膜增生性肾小球肾炎、毛细血管内增生性肾小球肾炎、系膜毛细血管性肾小球肾炎、新月体性和坏死性肾小球肾炎；④未分类的肾小球肾炎。肾病综合征为临床分型而不是病理分型，故答 C。

1316. ABCDE　①大多数原发性肾小球疾病是免疫介导性炎症疾病。一般认为，免疫机制是肾小球病的始发机制，在此基础上炎症介质参与，最后导致肾小球损伤，产生临床症状。②β-溶血性链球菌感染常导致急性肾小球肾炎。病毒（如流感病毒、埃可病毒、乙肝病毒）感染后可发生肾炎。药物（抗生素、磺胺、非甾体抗炎药）常引起急性间质性肾炎。遗传因素与肾小球肾炎的易感性有关。

1317. ABCDE　①患者病前 2 周有上呼吸道感染史，现出现血尿、蛋白尿、水肿、高血压、肾功能轻度受损、血清 C3 下降，应诊断为急性肾小球肾炎。②急性肾小球肾炎是由 β-溶血性链球菌感染所诱发的免疫反应。目前认为链球菌的致病抗原系胞质成分、分泌蛋白，诱发免疫反应后可通过循环免疫复合物沉积于肾小球而致病。

1318. ABCDE　①急性肾炎病前 1~3 周常有上呼吸道感染史，常表现为血尿、蛋白尿、水肿、高血压、抗 O 滴度增高，血清 C3 下降。根据题干，本例应诊断为急性肾炎，其病理改变为毛细血管内增生性肾小球肾炎（E）。②患者尿蛋白仅（++），不能诊断为肾病综合征，故不答 A、B、C。患者血肌酐正常，不能诊断为新月体性肾炎，因为新月体性肾炎的临床特征是短时间内肾功能急剧衰竭。

1319. ABCDE　引起急性肾小球肾炎最常见的病原体为 β-溶血性链球菌 A 组 12 型和 49 型。

1320. ABCDE　急性肾小球肾炎几乎所有患者均有肾小球源性镜下血尿，故答 C。95%的患者有轻、中度蛋白尿。80%的患者有水肿和高血压。大多数患者有一过性肾功能不全。

1321. ABCDE ①患者2周前有扁桃体炎病史，现有血尿、蛋白尿、水肿、少尿、血清补体C3下降，应诊断为急性肾炎。肾炎性水肿是由于肾小球滤过率下降，而肾小管重吸收基本正常造成“球-管失衡”，导致的水钠潴留所致（C）。②肾炎性水肿时，血容量增加，可抑制肾素-血管紧张素-醛固酮系统活性，导致醛固酮、抗利尿激素分泌减少。大量尿蛋白丢失为肾病性水肿的发病机制，故不答A。该患者的水肿为肾炎性水肿，与心力衰竭无关，故不答D。

1322. ABCDE ①急性肾炎主要由β-溶血性链球菌感染所诱发的免疫反应引起，因此起病初期血清C3下降。②40%的老年患者可发生充血性心力衰竭。③80%的患者可有轻、中度一过性高血压，多在2周左右趋于正常（C错），参阅13版《实用内科学》P2257。④70%～90%的患者抗链球菌溶血素O（ASO）滴度升高。⑤急性肾炎多于链球菌感染后1～3周发生血尿、蛋白尿、水肿和高血压。

1323. ABCDE ①患者3周前有皮肤感染史，现发现血尿、蛋白尿、水肿、高血压、血肌酐增高、补体C3降低，肾穿刺活检提示毛细血管内增生性肾小球肾炎，应诊断为急性肾小球肾炎。②急性肾小球肾炎患者常伴血清C3降低，多于发病8周内逐渐恢复正常（B）。

1324. ABCDE 链球菌感染后急性肾炎常伴补体C3下降，并于发病8周内逐渐恢复正常。膜增生性肾炎无自愈倾向，多表现为持续性低补体血症，C3不能在8周内恢复正常。此为两者的鉴别要点。

1325. ABCDE 1326. ABCDE 1327. ABCDE ①急进性肾炎的病理特点为50%以上的肾小球囊腔内有大新月体形成（占肾小球囊腔50%以上），临床表现表现为急进性肾炎综合征，即血尿、蛋白尿、水肿、高血压、肾功能急剧恶化，故答D。②抗ds-DNA抗体为诊断系统性红斑狼疮（SLE）的标记抗体。患者贫血貌、血压增高，抗ds-DNA抗体、抗核抗体均阳性，应诊断为SLE。患者血清C3降低，说明处于活动期。SLE患者大量蛋白尿、血尿、血肌酐增高，应诊断为狼疮性肾炎（E）。③过敏紫癜性肾炎发病前1～3周常有上呼吸道感染史，表现为皮肤紫癜、脐周和下腹疼痛、1周后可有肾损害表现，如无症状血尿、蛋白尿等，肾功能多正常，对糖皮质激素治疗有效。结合病史及临床表现，本例应诊断为紫癜性肾炎（C）。④急性链球菌感染后肾炎虽可有上呼吸道感染史、血尿，但多无腹痛，血清C3常降低。肾病综合征可表现为大量蛋白尿，但多无腹痛、便血。

1328. ABCDE ①青年女性，发病前2周上呼吸道感染史，血尿、蛋白尿、水肿、高血压、血肌酐轻度增高、C3降低，ASO升高，应诊断为急性肾小球肾炎。②急性肾炎为自限性疾病，主要治疗是卧床休息，对症处理，无需使用糖皮质激素（C）。若合并扁桃体炎，可给予抗生素治疗。若水肿明显，可给予利尿剂。若血压过高，可给予降压药物治疗。

1329. ABCDE ①急性肾炎常无贫血，肾功能可一过性受损，发生急性肾衰竭少见，其预后较好，为自限性疾病。急进性肾炎常伴中度贫血，肾功能在短期内急剧恶化，早期即可发生肾功能衰竭，因此预后极差。②急性肾炎和急进性肾炎均可以急性肾炎综合征起病，即血尿、蛋白尿、水肿、高血压，故答C。

1330. ABCDE ①无论是急性肾炎还是急进性肾炎均可有前驱链球菌感染史，均可表现为急性肾炎综合征，如血尿、蛋白尿、水肿、高血压等，因此可首先排除A、B、C、E。②急进性肾炎的临床特点是肾功能在短期内急剧恶化，早期即可发生肾衰竭。急性肾炎虽然也可有肾功能损害，但多为一过性轻度受损，多于1～2周逐渐恢复正常。故肾功能下降的速度和严重程度为两者最主要的鉴别点（D）。

1331. ABCDE ①急性肾小球肾炎的高血压多因肾小球滤过率下降，水钠潴留所致，因此控制高血压的首选药物是利尿剂，而不是血管紧张素转换酶抑制剂（ACEI）或血管紧张素Ⅱ受体阻滞剂（ARB）。②只有当利尿后高血压控制仍不满意时，才加用ACEI、ARB、钙通道阻滞剂等降压药。ACEI或ARB为慢性肾小球肾炎降压治疗的首选药。α受体拮抗剂副作用较大，很少作为降压药使用。

1332. ABCDE 1333. ABCDE 1334. ABCDE 1335. ABCDE ①患者病前2周有上呼吸道感染史，出现血尿、蛋白尿、水肿、高血压、血肌酐轻度升高、血清C3降低，应诊断为急性肾小球肾炎（D）。急进性肾小球肾炎的特点是肾功能短期内急剧衰竭，而患者血肌酐仅轻度升高，故不答A。患者尿蛋白仅（++），不能诊断为肾病综合征。患者病史不超过3个月，不能诊断为慢性肾小球肾炎。急性肾盂肾炎好发于已婚女性，常表现为寒战高热，尿频尿急尿痛，肾区叩痛。②急性肾小球肾炎尿中常出现红细胞管型（D）。白细胞管型常见于急性肾盂肾炎。透明管型常见于正常人。肾小管上皮细胞管型常见于肾小管损伤。蜡样管型常见于肾小管变性坏死。③急性肾小球肾炎属于自限性疾病，不宜使用糖皮质激素治疗（E）。A、B、C、D 均为急性肾炎的一般性治疗。④患者进行性少尿，血肌酐进行升高，说明肾功能急剧衰退。急性肾小球肾炎患者肾功能短期内急剧减退，应考虑急进性肾炎并及时进行肾穿刺活检，以明确诊断（C）。泌尿系统 B 超、同位素肾动态显像均为影像学检查，不能确诊急进性肾炎，故不答 A、B。静脉肾盂造影常用于诊断慢性肾盂肾炎。清洁中段尿培养+药敏常用于诊断尿路感染。

1336. ABCDE　①肾活检病理示新月体性肾小球肾炎，抗肾小球基底膜（GBM）抗体阳性，应诊断为Ⅰ型急进性肾炎。Ⅰ型急进性肾炎是由于抗肾小球基底膜抗体与基底膜抗原相结合，激活补体而致病，属于原位免疫复合物形成引起的体液免疫反应（B）。②A 为Ⅱ型急进性肾炎的发病机制。高血压、蛋白质、高血脂等非免疫因素主要是导致肾功能恶化，而不是急进性肾炎的致病因素，故不答 C。细胞免疫在急进性肾炎的发病中不占重要地位，故不答 D。此外，遗传因素也在急进性肾炎的发病中发挥一定作用，但不是主要作用，故不答 E。

1337. ABCDE　①青年患者，血尿、蛋白尿、水肿、高血压，应考虑急性肾炎综合征。患者贫血、血肌酐显著增高，说明肾功能急剧损伤，应考虑急进性肾炎而不是急性肾小球肾炎，因为急性肾小球肾炎患者肾功能不会急剧减退。②患者血清抗肾小球基底膜抗体阳性，应诊断为急进性肾小球肾炎Ⅰ型（A）。③急进性肾小球肾炎Ⅱ型常表现为血清循环免疫复合物阳性，急进性肾小球肾炎Ⅲ型常表现为血清抗中性粒细胞胞质抗体（ANCA）阳性。

1338. ABCDE　①寡免疫复合物型肾炎也称Ⅲ型新月体性肾炎，50%～80%的患者血清抗中性粒细胞胞质抗体（ANCA）阳性（B）。②单克隆免疫球蛋白升高常见于免疫增殖性疾病。抗肾小球基底膜抗体阳性常见于Ⅰ型急进性肾炎。抗核抗体阳性常见于结缔组织病。补体下降常见于急性肾炎。

1339. ABCDE　①急进性肾小球肾炎分三型：Ⅰ型常表现为血清抗肾小球基底膜抗体阳性，Ⅱ型常表现为血清循环免疫复合物阳性，Ⅲ型常表现为血清抗中性粒细胞胞质抗体阳性。②血清冷球蛋白阳性常见于原发性巨球蛋白血症。血清单克隆免疫球蛋白升高常见于多发性骨髓瘤。

1340. ABCDE　①抗中性粒细胞胞质抗体（ANCA）阳性为急进性肾炎Ⅲ型的典型表现，故答 C。②A、B、D、E 均不会出现 ANCA 阳性。急进性肾炎Ⅰ型常表现为抗肾小球基底膜抗体阳性，急进性肾炎Ⅱ型常表现为血循环免疫复合物阳性。

1341. ABCDE　①急进性肾炎的病理特征为肾小球壁层上皮细胞增生形成新月体，若 50%以上的肾小球囊腔内有大新月体形成，即可诊断为急进性肾炎（B）。②Ⅲ型急进性肾炎常可见肾小球节段性纤维素样坏死。肾小球明显硬化常见于局灶节段性肾小球硬化。Ⅱ型急进性肾炎常有肾小球内皮细胞、系膜细胞明显增生。急进性肾炎不是化脓性炎症，不可能有大量中性粒细胞浸润。

1342. ABCDE　①青年患者 1 周前有上呼吸道感染史，以蛋白尿、水肿、贫血为主要临床表现，肾功能迅速恶化，1 周内发展为血肌酐 500μmol/L、血尿素氮 23mmol/L，应诊断为急进性肾炎（E）。②肾病综合征、急性肾炎、急性肾盂肾炎均不可能在 1 周内出现急性肾衰竭，故不答 A、C、D。患者病史仅 1 周，不能诊断为慢性肾炎，故不答 B。

1343. ABCDE　①患者血尿、蛋白尿、水肿、高血压，应考虑急性肾炎综合征。患者中度贫血，进行性少尿，血肌酐（Scr）490μmol/L，说明 1 周内肾功能急剧减退，应诊断为急进性肾炎而不是急性肾炎，故答 C 而不是 D。②急性肾盂肾炎、急性间质性肾炎均不会在 1 周内出现肾衰竭，故不答 A、B。患者 B 超示双肾增大，不能诊断为慢性肾炎，慢性肾炎多表现为肾萎缩，故不答 E。

1344. ABCDE　①血清抗肾小球基底膜抗体阳性为Ⅰ型急进性肾炎的特征性表现，故本例应诊断为Ⅰ型急进性肾炎。Ⅰ型急进性肾炎也称肺出血-肾炎综合征，由于抗肾小球基底膜抗体可与肺泡基膜发生交叉免疫反应,因此可引起肺出血。Ⅰ型急进性肾炎首选强化血浆置换治疗(C)。血浆置换时,应用血浆置换机分离患者的血浆和血细胞,弃去血浆(内含致病性抗肾小球基底膜抗体),再以等量正常人的血浆和患者血细胞重新输入体内。②血液透析的指征为血肌酐>442μmol/L,本例无需血液透析。单用泼尼松治疗急进性肾炎无效。丙种球蛋白不用于急进性肾炎的治疗。泼尼松联合环磷酰胺主要用于Ⅱ、Ⅲ型急进性肾炎的治疗,对Ⅰ型急进性肾炎效果差。

1345. ABCDE ①甲泼尼龙冲击属于强化治疗,常用于治疗Ⅱ、Ⅲ型新月体性肾炎(A对)。②毛细血管内增生性肾小球肾炎为自限性疾病,治疗以休息及对症处理为主,严禁激素冲击治疗,故不答B。系膜增生性肾炎、局灶节段性肾小球硬化均属于肾病综合征,常采用糖皮质激素长期维持治疗,而不是冲击治疗。重症急性间质性肾炎可采用糖皮质激素长期治疗,维持2~3个月。

1346. ABCDE 1347. ABCDE ①患者血尿,蛋白尿,水肿,短期内血肌酐及尿素氮显著增高,应诊断为新月体性肾炎。患者抗肾小球基底膜抗体阳性,应诊断为Ⅰ型新月体性肾小球肾病。抗肾小球基底膜抗体与肺泡基膜可发生交叉反应,引起肺出血,表现为间断咳嗽,痰中带血。患者尿蛋白仅(++),不能诊断为肾病综合征,故不答A、C、D,因为A、C、D均表现为肾病综合征。毛细血管内增生性肾小球肾炎也称为急性肾炎,为自限性疾病,病程一般不超过1个月,很少出现肾衰竭,故不答E。②Ⅰ型新月体性肾炎免疫病理可见IgG和C3呈线条状沉积于毛细血管壁(B)。A为微小病变性肾病的特点,C为Ⅱ型新月体性肾炎的特点,D为系膜增生性肾炎的特点。E显然不是正确答案。

1348. ABCDE ①患者病史10年,不可能诊断为急进性肾炎、急性肾炎,故不答A、B。②患者病史超过3个月,血尿、蛋白尿、高血压、贫血、血肌酐增高,应诊断为慢性肾小球肾炎(C)。③慢性肾盂肾炎常有反复发作的泌尿系统感染史,静脉肾盂造影常有肾盂肾盏变形、缩窄。良性小动脉性肾硬化症即高血压引起的继发性肾损害,常表现为长期高血压病史,其后出现肾损害。

1349. ABCDE ①患者病史超过3个月,病情迁延,上呼吸道感染后病情加重,有血尿、蛋白尿、高血压,应诊断为慢性肾小球肾炎(B)。②患者尿蛋白<3.5g/d,不能诊断为肾病综合征。患者无高血压病史,故不能诊断为高血压肾损害。慢性间质性肾炎常表现为肾小管功能损害,如夜尿增多、低比重尿等。患者血压增高,不能诊断为无症状性血尿和(或)蛋白尿。

1350. ABCDE ①患者尿沉渣镜检RBC30~40/HP,变形红细胞≥80%,应考虑肾小球源性血尿。患者尿常规异常病史数十年,表现为血尿、蛋白尿、水肿、高血压、肾功能轻度减退,应诊断为慢性肾小球肾炎(D)。视网膜动脉硬化为高血压的靶器官损害。②患者抗中性粒细胞胞质抗体阴性,故不答A。肾淀粉样变性常表现为蛋白尿、肾病综合征,可有肾功能损害,但血尿少见,故不答B。高血压肾损伤早期以肾小管受损为主,而本例为肾小球源性血尿、血肌酐增高,说明肾小球受损为主,故不答C。糖尿病肾病好发于糖尿病病史10年以上者,而本例糖尿病病史仅5年,故不答E。

1351. ABCDE 1352. ABCDE 1353. ABCDE ①青年患者有高血压、水肿、蛋白尿、管型尿、低比重尿等表现,病史长达10余年,应诊断为慢性肾小球肾炎(D)。肝炎后肝硬化与题干所述不符,故不答A。原发性高血压肾损害好发于老年人,多有长期高血压病史,肾脏损害较轻。慢性肾盂肾炎常反复发作尿频尿急尿痛、夜尿增多等。患者尿蛋白(++),不能诊断为肾病综合征。②慢性肾小球肾炎首选检查当然是血肌酐、尿素氮测定,以了解肾功能受损情况(D)。24小时蛋白尿定量、血清胆固醇测定常用于诊断肾病综合征。乙肝病毒全套、肝功能全套常用于诊断乙型肝炎。③慢性肾炎晚期常有肾脏萎缩,为了解双肾是否萎缩,应首选双肾B超检查(E)。静脉肾盂造影常用于诊断慢性肾盂肾炎。ECT、CT检查由于价格昂贵,一般不作为首选。放射性核素肾图常用于了解分肾功能。

1354. ABCDE 1355. ABCDE ①患者病程超过3个月,表现为血尿、蛋白尿、水肿、高血压、肾性贫血、肾功能不全,B超示双肾萎缩,应诊断为慢性肾小球肾炎(A)。慢性间质性肾炎、高血压肾损害早期常表现为肾小管功能损害,如夜尿增多、低比重尿等,故不答B、D。患者病程3年,不可能诊断为急性肾小球肾炎。患者尿蛋白<3.5g/d,不可能诊断为肾病综合征。②促红细胞生成素(EPO)由肾间

质细胞分泌，当肾功能减退时 EPO 分泌减少，可导致肾性贫血。患者长期乏力、Hb78g/L，应诊断为肾性贫血。为改善乏力症状，最有效的治疗是注射 EPO、补充造血原料（Fe^{2+}、蛋白质、维生素 B_{12}），故答 E。慢性肾炎病理类型、病因各异，故不主张行糖皮质激素及免疫抑制治疗。利尿、降压治疗主要针对高血压，血液净化治疗主要针对高钾血症，这些均与乏力症状的改善无关。

1356. ABCDE　慢性肾炎的治疗目的是防止或延缓肾功能进行性恶化、改善或缓解临床症状、防止严重合并症，而不以消除尿红细胞或轻微尿蛋白为目标，答案为 E。

1357. ABCDE　1358. ABCDE　慢性肾炎高血压的控制目标为：①若尿蛋白≥1g/d，血压应控制在 125/75mmHg 以下（B）；②若尿蛋白<1g/d，血压应控制在 130/80mmHg 以下（C），此为 7 版《内科学》P510 观点。9 版《内科学》P479 观点为：无论尿蛋白水平高低，血压均应控制在 130/80mmHg 以下。

1359. ABCDE　1360. ABCDE　①慢性肾炎主要为水钠潴留引起的容量依赖性高血压，治疗应首选噻嗪类利尿剂，若无效则改用袢利尿剂呋塞米（速尿）。由于题干未提供"噻嗪类"的选项，因此选"呋塞米"为最佳答案（B）。②血管紧张素转换酶抑制剂（ACEI）为慢性肾炎首选的降压药。交感-肾素-血管紧张素-醛固酮系统为一调节轴，因此 ACEI 可抑制血管紧张素的合成，使醛固酮合成减少，而醛固酮的生理作用是保钠、保水、排钾，当醛固酮合成减少时，排钾作用减弱，将导致高钾血症。故 ACEI 可引起高血钾（C）。呋塞米为排钾性利尿剂，可引起低钾血症。α 受体拮抗剂、β 受体拮抗剂、钙通道阻滞剂均对血钾无明显影响。

1361. ABCDE　1362. ABCDE　1363. ABCDE　1364. ABCDE　①患者病程超过 3 个月，表现为血尿、蛋白尿、水肿、高血压、血肌酐轻度增高，应诊断为慢性肾小球肾炎（A）。患者尿蛋白<3.5g/d，不能诊断为肾病综合征。患者病程 5 年，不可能诊断为急性肾小球肾炎。患者血压增高不显著，但肾损害相对较重，故不答 D。患者有水肿、高血压、肾功能减退，故不答 E。②慢性肾小球肾炎病理类型各异，为明确诊断，最有价值的进一步检查当然是肾活检病理检查（B）。肾动脉造影常用于诊断肾动脉狭窄。24 小时尿钠测定常用于鉴别肾前性肾衰竭和急性肾小管坏死。双肾 CT 检查为影像学检查，不能确诊慢性肾小球肾炎。尿找肿瘤细胞常用于诊断肾盂癌。③慢性肾炎合并高血压，其降压治疗首选血管紧张素转换酶抑制剂（ACEI），因为 ACEI 除可降低血压外，还可减少尿蛋白生成、延缓肾功能恶化（E）。A、B、C、D 都没有这种独特的肾脏保护作用。④慢性肾炎的治疗应以延缓肾功能进行性恶化，改善临床症状为主要目的，而不以消除尿红细胞、轻度蛋白尿为目标，故答 C 而不是 D、E。控制血压是延缓肾功能恶化的措施之一。消除水肿为对症治疗。

1365. ABCDE　1366. ABCDE　1367. ABCDE　①患者反复发作肉眼血尿，以变形红细胞尿为主，说明为肾小球源性血尿。隐匿型肾炎也称无症状性血尿和（或）蛋白尿，是指无水肿、高血压及肾功能损害，仅表现为肾小球源性血尿或（和）蛋白尿的一组肾小球疾病。根据题干，本例应诊断为隐匿型肾小球肾炎（D）。患者无水肿、高血压、肾功能损害，不可能诊断为急性肾炎。患者血肌酐正常，说明肾功能正常，不可能诊断为急进性肾炎。患者病程未超过 3 个月，不可能诊断为慢性肾小球肾炎。患者尿蛋白阴性，不可能诊断为肾病综合征。②"父母及哥哥体健"，可排除性连锁遗传性疾病 Alport 综合征。患者抗核抗体（ANA）阴性，可排除狼疮肾炎。患者血清 C3 正常，可排除急性肾小球肾炎。患者血清抗中性粒细胞胞质抗体（ANCA）阴性，可排除小血管炎。因此，还需除外的疾病是薄基底膜肾病，答案为 A。薄基底膜肾病常表现为持续性镜下血尿，免疫病理显示 IgA 阴性，电镜下显示弥漫性肾小球基底膜变薄。③隐匿型肾炎无需特殊治疗，但应定期（每 3～6 个月 1 次）复查尿常规、尿蛋白、肾功能和血压的变化。

1368. ABCDE　①患者反复发作无痛性肉眼血尿，其他症状均为阴性，应诊断为无症状性血尿和（或）蛋白尿，即隐匿型肾小球肾炎（A）。②尿路结石常表现为发作性有痛性血尿，可伴肾区叩痛。前列腺炎常表现为寒战、高热，尿频尿急尿痛，会阴部胀痛等。泌尿系结核常表现为慢性膀胱刺激征，如尿频、尿急、尿痛等。尿路感染常有急性膀胱刺激征，脓尿等。

1369. ABCDE ①患者尿沉渣镜检示 RBC≥5/HP，提示镜下血尿。80%以上为变形红细胞，说明为肾小球源性血尿。无症状性血尿和(或)蛋白尿常表现为肾小球源性血尿、蛋白尿，无水肿、高血压及肾功能损害，故答 E。②患者尿蛋白<3.5g/d，不能诊断为肾病综合征。患者病史超过 1 个月，不能诊断为急性肾炎。慢性肾小球肾炎常表现为血尿、蛋白尿、高血压、水肿、肾功能进行性减退，而本例肾功能正常，故不答 C。慢性间质性肾炎常表现为夜尿增多、低比重、低渗透压尿，故不答 D。

1370. ABCDE ①患者血尿，以变形红细胞为主，应考虑肾小球源性血尿。无症状性血尿是指无水肿、高血压、肾功能损害，仅表现为肾小球源性血尿的一组肾小球疾病。患者单纯性血尿，而无蛋白尿、水肿、高血压、肾功能损害，应诊断为无症状性血尿。②IgA 肾病可表现为反复单纯性血尿，但典型表现为上呼吸道感染 24~72 小时后出现血尿，60%的患者伴有少量蛋白尿，50%的患者伴血清 IgA 增高，故答 C 而不是 E。泌尿系统肿瘤好发于老年人，常表现为无痛性肉眼血尿。慢性肾小球肾炎常表现为血尿、蛋白尿、水肿、高血压、肾功能损害。患者病史已 2 年，不可能诊断为急性肾小球肾炎。

1371. ABCDE ①无症状性血尿和(或)蛋白尿常表现为血尿或(和)蛋白尿，无水肿、高血压、肾功能减退等症状。根据题干，本例应诊断为无症状性血尿和(或)蛋白尿(E)。②急性肾小球肾炎常表现为血尿、蛋白尿、水肿、高血压、肾功能一过性受损。患者病史未超过 3 个月，不能诊断为慢性肾小球肾炎。患者血肌酐正常，说明无肾衰竭，故不答 C。肾病综合征的诊断标准为尿蛋白>3.5g/d，血浆白蛋白<30g/L，故不答 D。

1372. ABCDE ①隐匿性肾炎现已改称无症状性血尿和(或)蛋白尿，顾名思义，只可能表现为血尿和(或)蛋白尿，答案为 C。②隐匿性肾炎无水肿、高血压、肾功能减退。溢出性蛋白尿多为本周蛋白、血红蛋白、肌红蛋白等，常见于多发性骨髓瘤、溶血性贫血等。

1373. ABCDE 肾病综合征的诊断标准为：①尿蛋白>3.5g/24h；②血浆白蛋白<30g/L；③水肿；④血脂升高。其中，①②两项为诊断所必需的最基本表现。C 数据不正确。

1374. ABCDE 肾病综合征的诊断标准包括：大量蛋白尿、低白蛋白血症、水肿、高脂血症。高血压是急性肾炎的常见临床表现。

1375. ABCDE 1376. ABCDE ①患者尿蛋白>3.5g/d，血浆白蛋白<30g/L，应诊断为原发性肾病综合征。狼疮性肾炎可导致继发性肾病综合征，但常有多系统损害，与题干所述不符。C、D、E 不会导致肾病综合征。②儿童最常见的原发性肾病综合征为微小病变型肾病(脂性肾病)，老年人最常见的原发性肾病综合征为膜性肾病。本例为 15 岁儿童，故最可能的肾脏病理类型为微小病变型肾病。

1377. ABCDE 毛细血管内增生性肾炎也称急性肾小球肾炎，表现为急性肾炎综合征，并不是肾病综合征的病因，答案为 C。A、B、D、E 均属于原发性肾病综合征的常见病因。

1378. ABCDE ①A、B、C、D、E 是原发性肾病综合征的五大常见病因。其中，脂性肾病(微小病变型肾病)是儿童最常见的病因，膜性肾病是中老年最常见的病因，参阅 9 版《内科学》P470。14 版《实用内科学》P2172 观点：膜性肾病可见于任何年龄，但以成人多见，平均发病年龄约为 35 岁，故答 D。②系膜增生性肾炎、局灶节段性肾小球硬化均好发于青少年，系膜毛细血管性肾炎好发于青壮年。

1379. ABCDE ①老年人继发性肾病综合征常见病因包括糖尿病肾病、肾淀粉样变性、骨髓瘤性肾病、淋巴瘤或实体肿瘤性肾病。其中，以糖尿病肾病最常见，故答 E。类似的：老年人原发性肾病综合征最常见的病因是膜性肾病。②A、B、C 为儿童、青少年继发性肾病综合征的常见原因。轻链沉积病属于多发性骨髓瘤的肾损害形式之一，发生肾病综合征罕见。

1380. ABCDE ①B、C、D、E 均属于继发性肾病综合征的常见病因，故不答 A。系统性红斑狼疮、过敏性紫癜、乙肝病毒相关性肾小球肾炎为儿童、青少年继发性肾病综合征的病因。②恶性肿瘤所致的老年人继发性膜性肾病约占 20%，其中以肺癌、乳腺癌、肾癌、淋巴瘤、消化道肿瘤常见。

1381. ABCDE ①患者血清白蛋白<30g/L，尿蛋白>3.5g/d，应诊断为肾病综合征。过敏性紫癜肾炎好发于青少年，可表现为继发性肾病综合征，可有皮肤出血点、关节肿痛、腹痛，肾活检示弥漫性系膜增生，免疫病理以 IgA、C3 沉积于系膜区为主，故答 C。②IgA 肾病、原发性肾病综合征一般无皮肤出血点和关节痛，故不答 A、B。狼疮肾炎常见于青年女性，可累及全身各系统，可有多种自身抗体阳性。乙肝病毒相关性肾炎多见于儿童和青年，血清 HBsAg 阳性。

1382. ABCDE　①非甾体抗炎药过敏可引起微小病变型肾病，常表现为肾病综合征，伴有间质性肾炎和肾功能减退。参阅 9 版《内科学》P487。②血管紧张素转换酶抑制剂常引起急性肾小管坏死。氨基糖苷类常引起近端小管受损。环孢素 A 常引起慢性间质性肾炎。磺胺类药物常引起急性间质性肾炎。参阅 14 版《实用内科学》P2247。

1383. ABCDE　①膜性肾病的病理特点是肾小球基底膜增厚，免疫荧光显示 IgG、C3 呈细颗粒状沿肾小球毛细血管壁沉积(E)。②微小病变型肾病无免疫复合物沉积，光镜下肾小球正常，近端小管可见脂肪变性。局灶节段性肾小球硬化免疫荧光显示 IgM 和 C3 沉积于肾小球的受累节段，光镜下肾小球呈局灶、节段性硬化。系膜增生性肾炎的病理特点是弥漫性系膜细胞增生及系膜基质增多，IgG、C3 沉积于系膜区。膜增生性肾炎的病理特点是系膜细胞及系膜基质增生，基底膜增厚，免疫荧光显示 IgG、C3 沉积于系膜区及毛细血管壁。

1384. ABCDE　①患者尿蛋白定量>3.5g/d，血清白蛋白<30g/L，应诊断为肾病综合征。急性肾小球肾炎不会导致肾病综合征，因此可首先排除 E。A、C、D 均属于继发性肾病综合征。②原发性肾病综合征在小儿以脂性肾病最常见，在老年人以膜性肾病最常见。而本例为儿童，但病理检查提示为膜性肾病，故可排除 B。③患者抗核抗体阴性，可排除 A。④乙肝病毒相关性肾炎多见于儿童和青少年，以肾病综合征为主要表现，常见病理类型为膜性肾病。患者 HBsAg 阳性，肾脏病理示膜性肾病，应诊断为乙肝病毒相关性肾炎，故答 D。

1385. ABCDE　①病儿尿蛋白>3.5g/24h、血浆白蛋白<30g/L，应诊断为肾病综合征。儿童最常见的肾病综合征类型是微小病变性肾病，光镜下肾小球正常；电镜下肾小球基膜正常，主要病变为弥漫性脏层上皮细胞足突消失。②基膜弥漫性增厚、基膜电子致密物沉积为膜增生性肾小球肾炎的病理特点。系膜区电子致密物沉积为系膜增生性肾炎的病理特点。上皮下驼峰样电子致密物沉积为急性肾炎的病理特点。

1386. ABCDE　①青少年原发性肾病综合征以微小病变型肾病最多见（占 41%），对糖皮质激素有效率约为 90%，故答 C。②膜性肾病为老年人原发性肾病综合征的常见病因，对糖皮质激素的有效率约为 50%。膜增生性肾小球肾炎仅占青少年肾病综合征的 16%。IgA 肾病不属于原发性肾病综合征的常见病因。毛细血管内增生性肾小球肾炎常表现为肾炎综合征，而不是肾病综合征。

1387. ABCDE　①患者血浆白蛋白<30g/L，尿蛋白>3.5g/d，应诊断为肾病综合征。系膜毛细血管性肾小球肾炎好发于青壮年，常表现为上呼吸道感染后出现肾病综合征，几乎所有患者均有血尿，可有高血压、肾功能损害，50%～70%的病例可出现血清 C3 降低。根据题干，本例应诊断为系膜毛细血管性肾小球肾炎。本病治疗困难，糖皮质激素及细胞毒药物仅对部分儿童病例有效，成人疗效差，故答 A 而不是 C、E。B、D 为急性肾小球肾炎的治疗措施。②急性肾炎可表现为血尿、蛋白尿、水肿、高血压、肾功能一过性受损，但常为轻、中度蛋白尿，很少出现大量蛋白尿，甚至肾病综合征。因此，本例不能诊断为急性肾炎而误答 B。

1388. ABCDE　①感染是肾病综合征最常见的并发症，常见感染部位依次为：呼吸道>泌尿道>皮肤，答案为 B。②肾病综合征发生电解质紊乱、低血容量性休克少见，但可有低钙血症、有效血容量不足。当血浆白蛋白<20g/L 时，易发生肾静脉血栓形成。急性肾衰竭为最严重的并发症，少见。

1389. ABCDE　肾静脉血栓是肾病综合征的常见并发症。A、B、C、E 均不属于肾病综合征的并发症。

1390. ABCDE　①系膜增生性肾炎属于原发性肾病综合征，其常见并发症包括：感染（最常见并发症）、肾静脉血栓形成、急性肾衰竭（最严重并发症）、蛋白质及脂肪代谢紊乱。故不答 A、B、C、E。②肾病综合征患者由于血液浓缩、高脂血症造成血液黏稠度增加，容易发生血栓、栓塞并发症，其中以肾静脉栓塞最常见,也可发生脑血管栓塞,但脑卒中少见(D)。

1391. ABCDE 膜性肾病极易发生血栓栓塞并发症,肾静脉血栓发生率可高达 40%~50%,答案为 B。

1392. ABCDE 肾病综合征患者血液呈高凝状态,易发生血栓、栓塞并发症,其中以肾静脉血栓最常见,发生率 10%~50%。冠状血管、下肢静脉、下腔静脉、肺血管均可栓塞,但都不如肾静脉栓塞常见。

1393. ABCDE ①肾病综合征容易形成血栓、栓塞并发症,尤其膜性肾病最易发生肾静脉血栓形成,常表现为突发腰痛、血尿、少尿、尿蛋白增加、肾脏增大、肾功能减退。根据题干,本例应诊断为肾静脉血栓形成(C)。②A、B、D、E 均不属于肾病综合征的常见并发症。急性肾盂肾炎常表现为发热、尿频尿急尿痛、肾区叩痛、尿白细胞管型等。肾结石常表现为阵发性腰痛伴血尿。泌尿系结核常表现为慢性膀胱刺激征。泌尿系肿瘤常表现为无痛性肉眼血尿。

1394. ABCDE 1395. ABCDE ①患者尿蛋白>3.5g/d,血浆白蛋白<30g/L,应诊断为肾病综合征。患者突然腰痛,尿量减少,出现血尿,肾脏增大,应考虑并发肾静脉血栓形成。肾病综合征不会进展为急性过敏性间质肾炎及新月体性肾炎,故不答 A、D。泌尿系统肿瘤常表现为无痛性肉眼血尿,故不答 C。尿路感染常表现为尿频尿急尿痛,故不答 E。②为明确肾病综合征的病理类型,最重要的检查是肾活检。不要误选 A,因为肾血管彩超检查不能探查肾静脉的栓塞情况。确诊肾静脉血栓形成需作肾静脉造影,核素肾图、CT 检查有辅助诊断价值。尿细菌培养常用于诊断诊尿路感染。尿钠排泄分数及尿渗透压测定常用于鉴别肾性和肾前性肾衰竭。ANCA(抗中性粒细胞胞质抗体)阳性常见于Ⅲ型急进性肾炎,抗 GBM(肾小球基底膜)抗体阳性常见于Ⅰ型急进性肾炎。

1396. ABCDE ①膜性肾病是最易发生血栓栓塞并发症的肾病综合征类型,发生率高达 40%~50%,无论动脉和静脉均可栓塞。该患者右下肢水肿加重、胀痛,应考虑静脉血栓栓塞(C)。②若为动脉栓塞,则表现为远端肢体缺血,而不是肿胀。B、D、E 都不是肾病综合征的并发症。

1397. ABCDE ①肾病综合征患者血液呈高凝状态,易发生血栓、栓塞并发症,全身动静脉均可受累。患者右足背动脉搏动减弱,趾端皮肤发绀,应诊断为右下肢动脉栓塞,而不是右下肢静脉血栓形成,因为后者常表现为下肢进行性肿胀。②下尿路感染常表现为膀胱刺激征。心源性休克常表现为心率增快,血压降低,四肢末端对称性发绀。急性肾衰竭常表现为少尿或无尿,肾功能减退。

1398. ABCDE 微小病变型肾病的治疗首选糖皮质激素。糖皮质激素既可抑制细胞免疫和炎症反应,降低肾小球基底膜的通透性,而消除尿蛋白;也可抑制醛固酮、抗利尿激素的分泌,而发挥利尿作用(B)。参阅 1 版《内科学》P432。

1399. ABCDE ①患者尿蛋白定量>3.5g/d,血清白蛋白<30g/L,应诊断为肾病综合征。儿童最常见的肾病综合征类型是微小病变型肾病(脂性肾病),故本例最可能的诊断是脂性肾病。约 90%的脂性肾病患者对糖皮质激素敏感,故其治疗首选泼尼松口服,足量足疗程应用(A)。②泼尼松联合环磷酰胺主要用于激素依赖型或激素抵抗型患者,故不答 B。患者血清白蛋白降低是由于大量蛋白从尿中丢失所致,在肾病综合征病情改善后,尿蛋白可随之减少,一般无需静脉补充白蛋白,故不答 C。口服 ACEI 主要用于纠正蛋白尿、高血压。低分子肝素抗凝主要用于治疗血栓栓塞并发症。

1400. ABCDE 1401. ABCDE ①微小病变型肾病首选糖皮质激素治疗(D)。②糖皮质激素可促进肝糖原分解,升高血糖,因此禁用于糖尿病肾病患者(A),参阅 17 版《新编药物学》P610。③紫癜性肾病应用糖皮质激素可改善关节炎及腹痛症状,但不能预防复发。IgA 肾病若有大量蛋白尿、急性肾衰竭等,可给予糖皮质激素治疗。肾淀粉样变的标准治疗方法为美法仑+糖皮质激素。

1402. ABCDE 1403. ABCDE ①患者尿蛋白>3.5g/d,血浆白蛋白<30g/L,应诊断为肾病综合征。肾活检示肾小球系膜轻度增生,系膜区可见免疫复合物沉积,应诊断为系膜增生性肾炎(E)。局灶节段性肾小球硬化的病理特点是肾小球受累节段硬化、免疫复合物沉积。系膜毛细血管性肾炎的病理特点是系膜细胞和系膜基质弥漫性增生,插入基底膜呈双轨征,免疫复合物沉积于系膜区和毛细血管壁。微小病变型肾病的病理特点是脏层上皮细胞足突融合,无免疫复合物沉积。膜性肾病光镜

下可见肾小球弥漫性病变，基底膜增厚，免疫复合物沉积于毛细血管壁。②系膜增生性肾炎的治疗首选糖皮质激素；若激素无效，病变较重者，可加用细胞毒药物环磷酰胺；合并高血压者可加用血管紧张素转换酶抑制剂。参阅 3 版 8 年制《内科学》P639，9 版《内科学》未讲述。

1404. ABCDE　1405. ABCDE　①患者血浆白蛋白<30g/L，尿蛋白>3.5g/d，应诊断为肾病综合征。儿童最常见的肾病综合征类型是脂性肾病（微小病变型肾病），中老年以膜性肾病最常见。患者为 18 岁青少年，故最佳答案为 A。②90%的微小病变型肾病对糖皮质激素敏感，而本例不敏感，故不答 A。膜增生性肾小球肾炎好发于青壮年，多数对糖皮质激素无效，故答 B。膜性肾病好发于中老年人，而本例为青少年，故不答 C。局灶节段性肾小球硬化好发于青少年男性，多数对糖皮质激素有效，故不答 D。毛细血管内增生性肾小球肾炎常表现为急性肾炎综合征，而不是肾病综合征，故不答 E。

1406. ABCDE　①患者尿蛋白（+++），血清白蛋白<30g/L，应诊断为肾病综合征。②肾病综合征患者静脉滴注白蛋白，可提高血浆胶体渗透压，促进组织中水分的回吸收，利尿消肿（C）。③原发性肾病综合征往往病因不明，故不答 A。静脉滴注白蛋白并不能缩短激素疗程、控制血压，其主要目的也不是补充营养。

1407. ABCDE　①肾病综合征对糖皮质激素的治疗反应，可分为三类：激素敏感型（激素治疗 8～12 周内病情缓解）、激素依赖型（激素减药到一定程度即复发）、激素抵抗型（常规激素治疗无效）。本例应用泼尼松治疗 8 周后尿蛋白仍>3.5g/d，说明为激素抵抗型，应减小激素剂量，并加用免疫抑制剂进行治疗（D）。参阅 3 版 8 年制《内科学》P638。②对于激素抵抗型肾病综合征，增加泼尼松剂量不仅无效，而且会加重激素副作用，故不答 A。加用人血白蛋白常用于消除水肿。加用 ACEI/ARB 可减少尿蛋白的形成。肾病综合征的治疗无需使用免疫球蛋白。

1408. ABCDE　①微小病变型肾病患者水肿时应采用低盐饮食（<3g/d），为减轻高脂血症，宜采用低脂饮食。②当血浆白蛋白<20g/L 时，提示存在高凝状态，应行预防性抗凝治疗。③微小病变型肾病首选糖皮质激素治疗，有效率可达 90%。④患者双下肢水肿，可给予利尿剂行消肿治疗。⑤肾病综合征患者无需预防性使用抗生素，否则不但达不到预防目的，反而可能诱发真菌二重感染（E）。

1409. ABCDE　①应用糖皮质激素治疗肾病综合征的用药原则是：起始足量、缓慢减药、长期维持；口服糖皮质激素 8～12 周。该病例服用泼尼松仅 3 周，尿蛋白仍为（++++），因此目前的治疗方案为“原量继续观察”（D）。②只有在足量糖皮质激素治疗 8～12 周以上无效时，才称为激素抵抗型或难治型肾病综合征，才考虑加用细胞毒药物或免疫抑制剂。由于每年医考中心并不公布医考考题及答案，因此一些医考参考书将本题的答案错得五花八门，事实上本题正确答案应为 D，此题为研究生入学考试西医综合 1997 年第 53 题，考试中心公布的正确答案为 D。

1410. ABCDE　①糖皮质激素虽是治疗肾病综合征的首选药物，但单用糖皮质激素对膜性肾病无效，必须联合细胞毒药物进行治疗。硫唑嘌呤、环磷酰胺均属于细胞毒药物，但硫唑嘌呤疗效不佳，临床上以环磷酰胺最常用，故答 B 而不是 A、C。②D、E 均为对症治疗，不是主要治疗措施。

1411. ABCDE　①肾病综合征合并脑血栓患者，应尽早给予溶栓治疗，同时配合抗凝治疗，其中以低分子肝素的作用较为肯定。因答案项中无溶栓剂（尿激酶、链激酶），故答 C。②阿司匹林、双嘧达莫、氯吡格雷均属于抗血小板药物，常用作预防性抗凝治疗。低分子右旋糖酐为血容量扩充药。

1412. ABCDE　1413. ABCDE　1414. ABCDE　①患者尿蛋白（++++），血浆白蛋白<30g/L，应考虑肾病综合征。肾活检可明确肾病综合征的病理类型。肾病综合征的肾脏多无明显形态学改变，一般无需行双肾 B 超及 CT 检查，因 CT 检查较 B 超检查昂贵，故最佳答案为 C。若尿蛋白定量>3.5g/24h，加上血浆白蛋白<30g/L，即可确诊肾病综合征，故应行尿蛋白定量测定。血脂增高为肾病综合征的次要诊断标准，故应常规测定血脂。②肾小球系膜细胞和系膜基质弥漫性增生，系膜区免疫复合物颗粒状沉积，为系膜增生性肾炎的病理特点，故答 A。系膜毛细血管性肾炎表现为系膜细胞和系膜基质弥漫重度增生，插入基底膜和内皮细胞之间，使毛细血管袢呈“双轨征”。微小病变型肾病的

特点是肾小球脏层上皮细胞足突消失。局灶节段性肾小球硬化常表现为肾小球受累节段硬化，相应肾小管萎缩、肾间质纤维化。膜性肾病的病理特点为肾小球基底膜增厚，钉突形成。③系膜增生性肾炎的治疗首选糖皮质激素（D），轻症者疗效较好，重症者疗效较差，可加用细胞毒药物（环磷酰胺、硫唑嘌呤）。环孢素 A、霉酚酸酯为免疫抑制剂，临床上很少使用。

1415. ABCDE　1416. ABCDE　①肾病综合征患者，当血浆白蛋白<20g/L 时，提示存在高凝状态，即有静脉血栓形成的可能，应给予预防性抗凝治疗，可以选用低分子肝素、华法林等（C）。②交感-肾素-血管紧张素-醛固酮系统是一个调节轴，血管紧张素转换酶抑制剂（ACEI）可减少血管紧张素的合成。血管紧张素Ⅱ（ATⅡ）对出球小动脉的收缩作用大于入球小动脉，从而维持肾灌注压。若肾动脉狭窄患者使用 ACEI 卡托普利，将使 ATⅡ的合成减少，使肾灌注压降低，导致肾小球滤过率下降，故卡托普利禁用于双侧肾动脉狭窄（A）。③环磷酰胺是治疗肾病综合征最常用的细胞毒药物。甲泼尼龙常用于肾病综合征水肿严重、泼尼松疗效不佳者。呋塞米常用于治疗水肿。

1417. ABCDE　1418. ABCDE　①静脉肾盂造影显示肾盂肾盏变形、缩窄为慢性肾盂肾炎的三项诊断标准之一，故确诊慢性肾盂肾炎应常规行静脉肾盂造影。②肾病综合征病因复杂，但多无明显肾脏形态学改变，各种影像学检查（如 A、B、C、D）对其诊断帮助不大，最有意义的检查是肾穿刺活检。

1419. ABCDE　①决定肾病综合征预后的主要因素是病理类型和临床因素。轻微病变型肾病病理损害较轻，预后最好，30%~40%的病例可在发病后数月内自行缓解，治疗缓解率可达 90%以上，故答 A。②系膜毛细血管性肾炎疗效不佳，预后差，较快进入慢性肾衰竭。膜性肾病治疗效果较差。局灶节段性肾小球硬化对糖皮质激素的有效率约为 50%，预后较差。

1420. ABCDE　IgA 肾病是肾小球系膜区以 IgA 沉积为主的原发性肾小球病，几乎所有患者均有血尿。10%~20%的患者有水肿、蛋白尿，5%~10%的患者有高血压，10%的患者可合并急性肾衰竭。

1421. ABCDE　①IgA 肾病发展过程中加重肾损害的重要因素包括高血压、尿蛋白>1g/d。高血压可造成肾小球硬化，严重蛋白尿可造成肾间质纤维化，两种因素均可加重肾损害（D）。②肉眼血尿反复发作、血清 IgA 水平增高不会加重肾损害，不影响患者预后。参阅 14 版《实用内科学》P2179，9 版《内科学》未讲述。IgA 肾病较少表现为水肿、高脂血症，此为肾病综合征的常见表现，故不答 B、C。

1422. ABCDE　①IgA 肾病病理变化多种多样，涉及增生性肾炎几乎所有的病理类型，但以系膜增生性肾小球肾炎最常见。②确诊本病有赖于肾活检标本的免疫病理检查。③IgA 肾病好发于青少年，男性多见。④10%的 IgA 肾病患者可合并急性肾衰竭（D 错）。参阅 5 版《内科学》P543。⑤IgA 肾病患者起病前多有上呼吸道感染，部分患者在感染后 24~72 小时出现突发性肉眼血尿。

1423. ABCDE　①患者尿蛋白<3g/d，不能诊断为肾病综合征，故不答 A、C、D，因为 A、C、D 均属于肾病综合征的病理类型。②患者发病 3 周，血肌酐正常，说明没有肾功能的急剧衰竭，不能诊断为新月体性肾炎，故不答 E。③患者常有上呼吸道感染，表现为血尿、蛋白尿、水肿，应诊断为 IgA 肾病（B）。

1424. ABCDE　1425. ABCDE　①男性青年，上呼吸道感染 1 天后出现肉眼血尿，无膀胱刺激征，应诊断为 IgA 肾病（E）。上呼吸道感染后 24~72 小时出现肉眼血尿，为 IgA 肾病的特点。上呼吸道感染后 1~3 周出现肉眼血尿，为急性肾小球肾炎的特点，故答 E 而不是 D。急性间质性肾炎常表现为肾小管功能损害，如夜尿增多、低比重尿等。急性肾盂肾炎常表现为发热、尿频、尿急、尿痛、肾区叩痛、外周血白细胞计数增高。②IgA 肾病的病理类型复杂，诊断主要依靠肾穿刺活检（A）。尿培养常用于诊断尿路感染。膀胱镜常用于诊断膀胱内占位性病变。泌尿系 B 超常用于肾结石的诊断。腹部 CT 常用于诊断腹部占位性病变。

1426. ABCDE　A、B、C、D、E 均是肾盂肾炎的感染途径，其中以上行感染最常见，约占尿路感染的 95%。上行感染是指病原菌由尿道上行至膀胱，甚至输尿管、肾盂引起的感染。血行感染是指病原菌通过血运达到肾脏和尿路其他部位引起的感染，少见，不足 2%。

1427. ABCDE　上行性尿路感染约占尿路感染的 95%（E）。

1428. ABCDE　①膀胱输尿管反流可使尿液从膀胱逆流到输尿管,甚至肾盂,导致细菌在局部定植,发生尿路感染。②留置导尿管1天,尿路感染发生率约为50%,超过3天者,感染发生率可达90%。③神经源性膀胱患者由于支配膀胱的神经功能障碍,长时间尿液潴留,可导致尿路感染。④糖尿病患者免疫功能下降,易导致尿路感染。⑤女性因尿道较短,易污染,故易发生尿路感染,而青年男性很少发生尿路感染,故答E。

1429. ABCDE　1430. ABCDE　①急性膀胱炎好发于育龄期女性,主要表现为尿频、尿急、尿痛等膀胱刺激征,约30%患者可有血尿。急性膀胱炎一般无发热等全身症状,无腰痛及肾区叩击痛(A)。②膀胱癌好发于50~70岁男性,典型症状是无痛性间歇性肉眼血尿(E)。③急性肾盂肾炎常表现为腰痛、膀胱刺激征、发热、肾区叩痛。泌尿系结核常表现为低热盗汗、膀胱刺激征。膀胱结石常表现为排尿中断、改变体位后可继续排尿、膀胱刺激征等。

1431. ABCDE　1432. ABCDE　①弥漫性毛细血管内增生性肾小球肾炎也称急性肾小球肾炎,常表现为血尿、蛋白尿、水肿、高血压、肾功能一过性减退(少尿),尿沉渣镜检可见红细胞管型(B)。②急性肾盂肾炎常表现为真性细菌尿、脓尿,尿沉渣镜检可见白细胞管型(A)。③C常见于慢性肾盂肾炎。D常见于血管内溶血。E常见于Ⅰ型急进性肾炎(肺出血-肾炎综合征)。

1433. ABCDE　1434. ABCDE　1435. ABCDE　1436. ABCDE　①尿路感染最常见的致病菌是大肠埃希菌,占全部尿感的80%~90%,其次为变形杆菌、克雷伯杆菌、革兰阳性菌等。金黄色葡萄球菌常见于血源性尿感。②急性膀胱炎最常见的致病菌是大肠埃希菌(约占85%),其次为克雷伯杆菌、变形杆菌、柠檬酸杆菌属等。③无症状细菌尿是指患者有菌尿而无任何尿感症状,致病菌多为大肠埃希菌。④急性肾小球肾炎是由β-溶血性链球菌感染所致的自身免疫反应性疾病。

1437. ABCDE　①细菌性泌尿系感染称为尿路感染,最有价值的诊断依据是尿细菌培养和菌落计数(E)。清洁中段尿细菌定量培养,细菌数≥10^5/ml,即可确诊尿路感染。②静脉尿路造影常用于诊断慢性肾盂肾炎。B、C、D均无特异性,不能作为确诊尿路感染的依据。

1438. ABCDE　①尿路感染的诊断以真性细菌尿为标准。凡有真性细菌尿者,均可诊断为尿路感染,此为诊断尿感最重要的依据。②若尿培养发现真性细菌尿,即使无尿频、尿急、尿痛、腰痛、肾区叩痛、白细胞尿、蛋白尿,也可确诊尿路感染,故答C而不是A、B、D、E。

1439. ABCDE　①青年女性,虽无膀胱刺激征,但尿常规发现白细胞尿(白细胞>5/HP),对尿路感染的诊断意义较大。故应进一步做尿细菌培养,若检查结果为真性细菌尿,即可确诊尿路感染。患者肉眼血尿1天,镜下血尿RBC>3/HP,为明确血尿来源,应行相差显微镜检查,但未出现在答案项中,故正确答案为D。②尿蛋白定量主要用于肾病综合征的诊断。膀胱镜检主要用于膀胱肿瘤的诊断。肾盂造影主要用于慢性肾盂肾炎的诊断。血常规检查无特异性。

1440. ABCDE　①尿路感染的感染途径包括上行感染、血行感染、直接感染、淋巴道感染,故不答C。②上行感染的致病菌以大肠埃希菌最多见,血行感染的致病菌以金黄色葡萄球菌最常见(D)。

1441. ABCDE　1442. ABCDE　①尿细菌培养是确诊尿路感染最重要的依据。清洁中段尿培养,若为革兰阴性杆菌,尿菌落计数≥10^5为真性细菌尿。如为球菌,尿菌落计数在10^3~10^4/ml,即可确诊尿路感染。②若女性患者致病菌为大肠埃希菌、克雷伯杆菌、变形杆菌、凝固酶阴性葡萄球菌,即使尿菌落计数≥10^2/ml,也可拟诊为尿感。参阅5版《内科学》P550,9版《内科学》已删除该知识点。

1443. ABCDE　1444. ABCDE　①急性肾盂肾炎是肾间质的化脓性感染疾病,因此尿中出现白细胞管型有助于诊断(B)。②几乎所有的急性肾炎患者均可有镜下血尿,因此若尿中出现红细胞管型,有助于诊断(D)。③上皮细胞管型、脂肪管型常见于肾病综合征。颗粒管型常见于肾小球疾病。

1445. ABCDE　原浆型(L型)菌株是指致病菌在抗生素、体液抗体作用下,细菌胞膜破裂,但细菌原浆质仍然存在,这种菌株仍然长期保持生命力,一旦环境好转,它可重新获得胞膜,并开始繁殖而使感染复燃。原浆型菌株只能存活在肾髓质和肾乳头的高渗环境内,它对低渗或等渗环境均不耐受,故不能在普通培养基上生长。因此，当临床上有慢性肾盂肾炎表现而常规培养阴性时，应做尿高渗培养，以确定有无原浆型菌株的存在。据报告，在尿常规培养阴性的慢性肾盂肾炎患者中，约有 20% 可找到原浆型菌株。参阅 1 版《内科学》P454，9 版《内科学》已删除。

1446. ABCDE ①管型是蛋白质、细胞、碎片在肾小管中凝固而成的圆柱形蛋白聚体。急性肾盂肾炎尿中可出现白细胞管型，急性膀胱炎不可能出现白细胞管型，故白细胞管型的有无可作为两者的鉴别要点（B）。②尿蛋白定量常用于诊断肾病综合征。尿细菌培养、尿沉渣白细胞计数常用于诊断尿路感染，但不能区分肾盂肾炎和膀胱炎。无论是肾盂肾炎还是膀胱炎均可出现血尿，故不答 E。

1447. ABCDE ①中段尿细菌培养、3 小时尿白细胞计数、尿中脓细胞检查，均有助于诊断尿路感染，但都不能用于尿路感染的定位诊断，故不答 A、D、E。尿蛋白定量常用于诊断肾病综合征断，故不答 C。②尿抗体包裹细菌检查是指用荧光素标记的抗人球蛋白抗体处理尿沉渣中的细菌，观察它们表面有无抗体包裹，若阳性则属上尿路感染，阴性多为下尿路感染。参阅 1 版《内科学》P455。

1448. ABCDE ①膀胱穿刺尿培养示大肠埃希菌，为诊断尿感的金标准，但不能用于尿感定位，故答 C。②A、B、D、E 均提示上尿路感染可能性大，下尿路感染可能性小。

1449. ABCDE ①中年女性，腰痛、尿频、尿急、尿痛 2 天，脓尿（尿 WBC40～50/HP），应考虑急性尿路感染。患者高热，左肾区叩痛，白细胞管型，外周血白细胞增高，应诊断为急性肾盂肾炎，而不是急性膀胱炎。②尿路结石常表现为腰痛及血尿，而不是脓尿，故不答 B。急性肾小球肾炎常表现为血尿、蛋白尿、水肿、高血压，而不是脓尿及白细胞管型尿。尿路综合征常表现为尿频、尿急、尿痛，但无高热、肾区叩痛、外周血白细胞增高。

1450. ABCDE ①老年女性，突发寒战高热、腰痛 1 天，肾区叩痛，尿沉渣镜检示大量白细胞，血尿，应诊断为急性肾盂肾炎。为明确诊断，最有价值的检查是尿中段细菌培养+药敏试验（E）。②血培养对急性肾盂肾炎的诊断价值不大。静脉尿路造影常用于肾结核的诊断。尿细胞学检查常用于肾盂癌的诊断。腰部 B 超常用于肾结石的诊断。

1451. ABCDE 1452. ABCDE ①急性肾盂肾炎的致病菌多为大肠埃希菌，经验治疗应首选对革兰阴性杆菌有效的药物，治疗 72 小时无效需根据药敏结果更换抗生素，疗程 2 周（E）。②1 版《内科学》P457 观点：慢性肾盂肾炎治疗，应根据细菌对药物的敏感度，选择数种抗菌药，分为 2～3 组，轮流使用，每组药物用一疗程（1～3 周），停药 5～7 天，然后开始下一组药物治疗，直至尿常规正常、尿细菌培养阴性为止，总疗程 2～4 个月。因此按 1 版《内科学》观点，应选 A。9 版《内科学》已删除该知识点。③消炎痛常作为解热镇痛药使用。肾盂肾炎使用糖皮质激素将导致感染扩散。

1453. ABCDE 1454. ABCDE 1455. ABCDE ①青年女性，尿频尿急尿痛，脓尿，应考虑急性尿路感染，故可排除 A。患者发热（T>38.0℃），双肾区叩痛，白细胞管型尿，应诊断为急性肾盂肾炎，而不是急性尿道炎、急性膀胱炎、尿道综合征，故答 D。②急性肾盂肾炎最常见的致病菌为大肠埃希菌，因此应首选对革兰阴性杆菌有效的药物，常用药物包括喹诺酮类、半合成广谱青霉素、头孢菌素类、克林霉素等。红霉素主要针对革兰阳性菌，不适于大肠埃希菌的治疗，故答 C。③急性肾盂肾炎抗菌治疗的疗程一般为 2 周（C）。3 天疗程为急性膀胱炎的治疗方案。

1456. ABCDE ①年轻女性，尿频尿急尿痛 3 天，无发热，肾区无叩痛，尿沉渣镜检示脓尿，应诊断为急性膀胱炎，抗生素治疗宜采用 3 日疗法。②抗生素治疗 2 周为急性肾盂肾炎的治疗措施。单剂量抗生素治疗复发率高，现已少用。

1457. ABCDE ①患者尿频，脓尿（尿常规 WBC20～30/HP），应考虑尿路感染。②患者高热（T>38.0℃），肾区叩击痛，应诊断为急性肾盂肾炎，而不是急性膀胱炎，故抗生素疗程为 2 周。

1458. ABCDE ①老年女性，尿频、尿急、尿痛，血尿，排尿时下腹痛，应考虑尿路感染或尿路结石。为明确诊断，可行 B、C、D、E 检查。②疑有尿路感染的患者，不宜进行膀胱镜检查，以免感染扩散，因为膀胱镜为有创检查（A）。

1459. ABCDE　慢性肾盂肾炎的诊断标准,除反复发作尿路感染病史之外,尚需结合影像学及肾功能检查:①肾外形凹凸不平,两肾大小不等;②静脉肾盂造影可见肾盂肾盏变形、缩窄;③肾小管功能持续性损害。具备①、②条的任何一条,再加第③条即可确诊慢性肾盂肾炎。可见,诊断慢性肾盂肾炎的可靠依据之一就是静脉肾盂造影结果(E)。A、B、C、D 均是慢性肾盂肾炎的一般性表现,无特异性。

1460. ABCDE　①静脉肾盂造影见肾盂肾盏变形狭窄是诊断慢性肾盂肾炎最重要的依据。患者病程 2 年,发热、腰痛、尿频,静脉肾盂造影见肾盂肾盏变形,夜尿增多提示肾小管功能受损,应诊断为慢性肾盂肾炎(D)。②慢性肾炎主要累及肾小球,而不是肾盂,一般不会出现肾盂肾盏变形,故不答 A。肾盂造影没有提示肾积水、肾囊肿,故不答 B、C。肾结核常表现为慢性膀胱刺激征,静脉尿路造影检查提示患肾不显影,而不是肾盂肾盏变形,故不答 E。

1461. ABCDE　慢性肾盂肾炎的诊断标准,除反复发作尿路感染病史之外,尚需结合影像学及肾功能检查:①肾外形凹凸不平,两肾大小不等;②静脉肾盂造影可见肾盂肾盏变形、缩窄;③肾小管功能持续性损害。具备①、②条的任何一条,再加第③条就可确诊。可见,肾小管功能持续性损害,为诊断慢性肾盂肾炎必备的条件,故答 E。A、B、C、D 均为急性尿路感染的常见临床表现。

1462. ABCDE　①无症状性细菌尿是一种隐匿型尿感,即患者有菌尿而无任何尿感症状。孕妇患无症状性细菌尿者占 5%,如不治疗,约 20%会发生急性肾盂肾炎,故妊娠妇女无症状性细菌尿需要积极治疗(E)。②老年人健康不好,才会发生无症状性细菌尿,细菌尿本身不会影响老人的寿命,因此在老年女性、绝经期前非妊娠妇女不需治疗。长期留置导尿、糖尿病为尿感的易感因素。

1463. ABCDE　①患者体液大量丢失,有效血容量不足,可使肾脏血液灌注不足,有效滤过率下降,导致肾前性急性肾损伤(D)。②前列腺增生、输尿管结石常导致肾后性急性肾损伤。应用庆大霉素、马兜铃酸类中药常导致肾性急性肾损伤。

1464. ABCDE　1465. ABCDE　①庆大霉素属于氨基糖苷类抗生素,易导致急性肾小管坏死,表现为尿钠 >20mmol/L(9 版《内科学》P515 数据)。根据题干,本例应诊断为急性肾小管坏死(B)。②肝硬化大量腹水,大量体液进入游离腹腔,造成血容量减少,导致肾前性急性肾损伤,表现为尿比重 >1.018,尿钠<10mmol/L,肾脏损害不重,故尿红细胞、尿蛋白均可阴性。根据题干,本例应诊断为肾前性急性肾损伤(A)。③急性间质性肾炎常表现为肾小管功能损害,如夜尿增多、低比重尿等。急进性肾小球肾炎常表现为血尿、蛋白尿、水肿、高血压、肾功能急剧衰竭。肾后性急性肾损伤常见于输尿管结石。

1466. ABCDE　①老年患者,突发少尿,血肌酐、血尿素氮增高(正常值分别为 76~88μmol/L、3.2~7.1mmol/L),应考虑急性肾衰竭。患者发病前腹泻稀水样便 3 天,故最可能为血容量减少导致的肾前性肾衰竭(A)。②B、C、D 均为肾性肾衰竭的病因。E 为肾后性肾衰竭的病因。

1467. ABCDE　急性肾衰竭少尿期一般为 7~14 天。如 24 小时尿量增加至 400ml 以上,为多尿期开始。

1468. ABCDE　①正常情况下,60%的镁和磷由粪便排泄,40%经尿液排泄。急性肾衰竭少尿期,经尿液排出的镁、磷减少,可导致高镁血症、高磷血症。②当血磷增高时,60%~80%的磷转向肠道排泄,并与钙结合成不溶性的磷酸钙,影响钙的吸收,从而导致低钙血症(A)。

1469. ABCDE　①急性肾衰竭少尿期表现为高镁、高磷、低钙血症(D)。②急性肾衰竭少尿期由于肾排钾减少,酸中毒,可导致高钾血症。由于水钠潴留,可导致稀释性低钠、低氯血症。

1470. ABCDE　①高钾血症可引起心跳骤停,是急性肾衰竭少尿期最危险的电解质紊乱,是少尿期常见的死因。②少尿期可表现为低钠、低钙、代谢性酸中毒、高血压等,但一般不会导致患者死亡。水中毒虽然也是急性肾衰竭少尿期的主要死因,但因不会导致患者猝死,故答 C 而不是 A。

1471. ABCDE　①高钾血症可造成心室颤动,甚至心跳骤停,是急性肾衰竭少尿期常见的死亡原因。低钾血症是急性肾衰竭多尿期常见的死亡原因。因临床上肾衰竭患者少尿期死亡远较多尿期常见,故最佳答案为 A 而不是 C。②高血镁、低血钙、低血钠一般不会导致患者死亡。

1472. ABCDE 急性肾衰竭少尿期最常见的酸碱失衡是代谢性酸中毒(A),主要是因为肾排酸能力减退,同时患者多处于高分解代谢状态,使酸性产物明显增多。

1473. ABCDE ①肾脏通过浓缩稀释功能来调节机体水的平衡,若尿比重降低,且固定于1.010,则说明肾小管吸收功能受损,肾脏已失去浓缩稀释功能,保持着原尿的比重值。因此,"尿比重固定于1.010"是诊断慢性肾衰竭最有价值的指标(D)。②尿蛋白定量常用于诊断肾病综合征。尿红细胞计数主要反映肾炎的活动性。尿白细胞计数常用于诊断尿路感染。颗粒管型常见于慢性肾炎、肾盂肾炎。

1474. ABCDE 1475. ABCDE ①急性肾衰竭分为肾前性、肾性和肾后性3类。充血性心力衰竭由于心脏排血量减少,血容量相对不足,可导致肾前性氮质血症,表现为尿比重>1.020、血尿素氮(BUN)/血肌酐(Scr)>20、尿钠浓度<20mmol/L、肾衰指数<1(B)。②糖尿病肾病常伴肾脏受损,腹部增强CT造影时,需注射具有肾毒性的造影剂,可导致急性肾小管坏死,常表现为尿比重<1.010、血尿素氮/血肌酐<(10~15)、尿钠浓度>40mmol/L、肾衰指数>1(C)。③肾后性肾衰竭常见于急性尿路梗阻。急进性肾炎、急性间质性肾炎常导致肾性肾衰竭。

1476. ABCDE ①庆大霉素为氨基糖苷类抗生素,具有严重肾毒性,长期大量使用可导致急性肾性肾衰竭。②患者血肌酐320μmol/L,属于肾功能失代偿期。③患者尿比重<1.010、尿钠浓度>40mmol/L,应诊断为急性肾小管坏死,而不是肾前性肾衰竭,故答A。④急性间质性肾炎常表现为全身过敏、少尿、肾小管功能损害。急进性肾炎常表现为血尿、蛋白尿、水肿、高血压、肾功能急剧衰竭。急性肾小球肾炎常表现为上呼吸道感染后出现血尿、蛋白尿、水肿、高血压、一过性肾功能受损、C3降低。

1477. ABCDE ①急性肾衰竭少尿期,体内水分大量积蓄,若不严格限制水、钠摄入,再加上体内每天产生的内生水可到450~500ml,极易造成水中毒。无论是生理情况下,还是急性肾衰竭少尿期均可产生内生水,故导致水中毒的主要原因是未严格控制入量,故答C。②急性肾衰竭少尿期可有低钠血症,而不是钠中毒,故不答A。酸中毒、抗利尿激素增加与水中毒无关,故不答B、E。

1478. ABCDE ①高钾血症可引起心室颤动,甚至心跳骤停,是急性肾衰竭少尿期常见的死亡原因。当血钾>6.5mmol/L时,需紧急处理。②A、B、C、D均不会导致患者迅速死亡,无需紧急处理。

1479. ABCDE ①氨基糖苷类可引起肾小管,尤其是近端小管受损,甚至导致肾衰竭,故肾功能不全患者严禁使用氨基糖苷类抗生素阿米卡星。②青霉素G、阿莫西林、头孢曲松、阿奇霉素一般无肾毒性。

1480. ABCDE 急性肾衰竭合并严重高钾血症(血钾>6.5mmol/L)时,需行血液透析治疗。

1481. ABCDE ①患者血肌酐>707μmol/L,应诊断为慢性肾衰竭。慢性肾衰竭患者可并发高钾血症(血钾正常值3.5~5.5mmol/L)、低钙血症(血钙正常值2.25~2.58mmol/L)、氮质血症(血肌酐正常值76~88.4μmol/L)、贫血(Hb正常值120~160g/L)、继发性甲状旁腺功能亢进(iPTH正常值230~630ng/L)。其中,严重高钾血症(血K^+>6.5mmol/L)需及时治疗抢救,以免心跳骤停(A)。②B、C、D、E均不会造成患者猝死。

1482. ABCDE ①重症胰腺炎患者,无尿,水肿、高血压,血肌酐577μmol/L,应诊断为急性肾衰竭。患者血肌酐>442μmol/L、血钾>6.5mmol/L,均属于肾透析的指征。②袢利尿剂呋塞米对已发生的、需透析治疗的急性肾衰竭无效。渗透性利尿剂甘露醇少用。D为高钾血症的基本治疗。

1483. ABCDE ①急性肾衰竭少尿期易发生高钾血症,常表现为心肌收缩力减弱、心音低钝、心率减慢、房室传导阻滞、心室颤动,甚至心跳停搏。患者心率40次/分,说明已有十分严重的高血钾,导致了三度房室传导阻滞,因此血液透析是最有效的治疗(E)。②A、B、C、D都是高钾血症的一般性治疗。

1484. ABCDE ①血钾正常值3.5~5.5mmol/L,患者血钾5.6mmol/L,为轻度高钾血症。故应停止补钾,可采用B、C、D、E治疗措施降低血钾。②临床上即使需要补充氯化钾,也只能口服给予,或缓慢静脉滴注且浓度<0.3%,若10%氯化钾直接静脉滴注,可能造成心脏骤停(A错)。

1485. ABCDE 常规血液透析的禁忌证包括:休克、严重活动性出血、严重心脑并发症、严重心律失常、精神障碍不能合作等。参阅 14 版《实用内科学》P2123。超纲题，2019 年考题。

1486. ABCDE　1487. ABCDE　1488. ABCDE　①庆大霉素为氨基糖苷类抗生素，可引起肾小管损害，导致急性肾衰竭。患者使用大量庆大霉素 5 天，突然少尿、血钾增高、血肌酐>707μmol/L，应考虑庆大霉素导致的急性肾衰竭尿毒症期（A）。临床上庆大霉素过敏罕见，常表现为皮疹、发热、血管神经性水肿等。急性胃肠炎导致肾损害少见。腹泻脱水可导致肾前性肾衰竭，常表现为血尿素氮/血肌酐>20，而患者该比值<20，故不答 D。急性间质性肾炎常表现为肾小管功能损害，如低比重尿、低渗透压尿等。②本例为庆大霉素导致的急性肾衰竭，最有助于诊断的检查当然是肾穿刺活检（D）。肾脏 B 超主要用于了解肾脏的形态学改变。静脉肾盂造影主要用于慢性肾盂肾炎的诊断。放射性核素肾图主要用于了解分肾功能。血气分析对无特异性。③患者血钾>6.5mmol/L、血肌酐>442μmol/L，属于肾透析的指征（D）。A、B、C、E 为高钾血症的一般性治疗措施。

1489. ABCDE　1490. ABCDE　1491. ABCDE　①患者宫外孕大出血，血压降至 60/40mmHg，可导致肾前性肾衰竭（肾前性少尿）。若低血压时间较长，可因肾灌注不足，肾脏长时间缺血缺氧而导致急性肾小管坏死。肾前性肾衰竭属于功能性肾衰竭，大量快速补液后，肾功能可恢复，尿量增加。而本例补液 2000ml 后，尿量仍未增加，说明患者已发展为急性肾小管坏死，故答 B 而不是 A。急性间质性肾炎主要造成肾小管功能受损，常表现为低比重尿、低渗透压尿，故不答 C。题干与尿路梗阻、肾动脉梗阻无关，故不答 D、E。②急性肾小管坏死常表现为尿钠增高（>40mmol/L）、尿渗透压降低（<350mOsm/kg・H_2O）、血尿素氮/血肌酐比例降低（<15）、棕色颗粒管型、尿沉渣镜检可见少量红、白细胞，故答 C。③急性肾小管坏死少尿期多合并高钾血症，不能补充氯化钾，应避免输血。患者血肌酐<442μmol/L，不宜血液透析。急性肾衰竭少尿期仅在严重代谢性酸中毒（HCO_3^-<15mmol/L）时，才考虑补碱。患者 HCO_3^-21mmol/L，无需补碱，故不答 E。患者少尿，补液 2000ml 后尿量无增加，可给予袢利尿剂呋塞米，可能增加尿量，故答 D。

1492. ABCDE　①患者病程看似 1 周，但有贫血貌，B 超示肾萎缩（正常肾脏长轴 10~12cm，本例7.8cm），说明患者实际病程很长，故应诊断为慢性肾衰竭，而不能诊断为急性肾小管坏死、急性间质性肾炎、急性肾小球肾炎。患者血肌酐>707μmol/L，应诊断为慢性肾衰竭尿毒症期（D）。②恶性高血压常表现为血压显著升高、头痛、视物不清、肾功能急剧减退。

1493. ABCDE　肾小球滤过率（GFR）正常值为（100±10）ml/（min・1.73m²）。CKD 分为 5 期：1 期 GFR≥90ml/（min・1.73m²）；2 期 GFR（60~89）ml/（min・1.73m²）；3a 期 GFR（45~59）ml/（min・1.73m²）；3b 期 GFR（30~44）ml/（min・1.73m²）；4 期 GFR（15~29）ml/（min・1.73m²）；5 期 GFR<15ml/（min・1.73m²）。

1494. ABCDE　①我国慢性肾衰竭的分期以血肌酐（Scr）作为判断标准，分为 4 期：肾功能代偿期 Scr133~177μmol/L，肾功能失代偿期 Scr186~442μmol/L，肾功能衰竭期 Scr451~707μmol/L，尿毒症期 Scr≥707μmol/L；分别相当于 CKD2、3、4、5 期。患者 Scr879μmol/L，应诊断为慢性肾小球肾炎尿毒症期，即 CKD5 期（C）。②患者双肾萎缩，合并肾性贫血，说明病程迁延，并不是主诉的 1 周，因此不能诊断为急性肾炎、急进性肾炎。

1495. ABCDE　1496. ABCDE　①肾小球滤过率（GFR）是指单位时间内两肾生成原尿的量。患者左肾 eGFR 为 10.2ml/（min・1.73m²），右肾 eGFR 为 11.5ml/（min・1.73m²），故其总的肾小球滤过率应为 21.7ml/（min・1.73m²）。慢性肾脏病（CKD）的分期标准为：GFR≥90ml/（min・1.73m²）为 CKD1 期，GFR60~89ml/（min・1.73m²）为 CKD2 期，GFR30~59ml/（min・1.73m²）为 CKD3 期，GFR15~29ml/（min・1.73m²）为 CKD4 期，GFR<15ml/（min・1.73m²）为 CKD5 期。根据此分期标准，本例应诊断为 CKD4 期。②患者以夜尿增多为主诉就诊，说明突出症状为肾小管功能受损。慢性间质性肾炎的常见病因为马兜铃酸肾病，为服用含有马兜铃酸类成分中药（龙胆泻肝丸含关木通）所致，其特征性表现为肾小管功能受损，可有贫血、尿糖，一般无水肿和高血压。根据题干，本例应诊断为慢性间质性肾炎（D）。参阅 3 版 8 年制《内科学》P655。患者血糖正常，故不答 A。慢性肾小球肾

炎主要表现为肾小球功能受损，而不是肾小管功能受损，故不答 B。患者无白细胞尿，故慢性肾盂肾炎的可能性较小。患者夜尿增多与血压增高同时出现，故不答 E。

1497. ABCDE　1498. ABCDE　1499. ABCDE　①我国慢性肾衰竭的分期依据是血肌酐值，本例血肌酐 610μmol/L，应诊断为肾功能衰竭期，相当于 CKD 分期的 4 期。②慢性肾功能衰竭时，由于少尿，水钠潴留，可导致体内稀释性低钠血症、低钙血症。当肾小球滤过率下降时，尿中磷排出量减少，可导致高磷血症。镁约 40%由肾排出，当肾功能减退时，可导致高镁血症（A 错）。慢性肾衰竭少尿期最常见的酸碱平衡失调是代谢性酸中毒。

1500. ABCDE　①在我国，慢性肾衰竭的病因以原发性肾小球肾炎最常见，近年来糖尿病肾病导致的慢性肾衰竭明显增加，有可能将成为导致我国慢性肾衰竭的首要病因。参阅 9 版《内科学》P519。②在发达国家，糖尿病肾病、高血压肾小球动脉硬化是慢性肾衰竭的主要病因。

1501. ABCDE　引起慢性肾功能不全的最常见继发性肾脏病是糖尿病肾病（C）。引起慢性肾功能不全最常见原发性肾脏病是慢性肾小球肾炎。

1502. ABCDE　①肾脏基础病变活动当然会促进慢性肾炎病情恶化。②高血压可增加肾小球内毛细血管压力，引起肾血管病变，导致肾缺血性损伤，肾小球硬化，促进肾功能进行性损害。③高蛋白饮食可增加肾小球内压力，增强肾小管高代谢，增加蛋白尿，而促进慢性肾炎的进展。④高脂血症可造成脂蛋白沉积于系膜区，刺激系膜细胞和细胞外基质的产生，导致肾小球硬化，促进肾功能恶化。⑤遗传因素不促进慢性肾炎的恶化，故答 E。参阅 14 版《实用内科学》P2099。

1503. ABCDE　①饮食中蛋白质负荷加重，可增加肾小球高滤过，促进肾小球硬化，增加尿蛋白排泄而加重尿蛋白的损伤作用，故饮食中蛋白质不足不是导致肾功能恶化的诱因（C）。参阅 3 版 8 年制《内科学》P701。②A、B、D、E 均可促进慢性肾病患者肾功能恶化。

1504. ABCDE　①严重感染常促进肾功能恶化。发热、外伤、失血、呕吐伴腹泻，均可导致有效血容量减少，造成肾小球滤过降低，是引起慢性肾功能不全恶化的常见诱因。心力衰竭将导致肾脏有效循环血量不足，使肾功能恶化。②高尿酸血症和高钙血症易引起泌尿系结石，恶化肾功能，故血尿酸或血钙过低不会诱发肾衰竭，答案为 D。

1505. ABCDE　①尿毒症患者症状加重最常见的诱因是感染，感染常促进肾功能恶化。②心力衰竭、脱水、肾毒性药物、高蛋白饮食等均属于促进肾功能恶化的诱因，但都不是最常见的诱因，故答 B。

1506. ABCDE　①慢性肾衰竭时尿磷排出减少，可导致高磷血症；由于钙摄入不足、活性维生素 D 缺乏、代谢性酸中毒等，易出现低钙血症。②慢性肾衰竭患者，由于肾脏排钾能力降低，易出现高钾血症。

1507. ABCDE　慢性肾衰竭时，肾脏排钾能力降低，易出现高钾血症。慢性肾衰竭时，由于肾小管分泌 H^+ 障碍或 HCO_3^- 重吸收能力下降，酸性代谢产物排泄障碍，可导致代谢性酸中毒，故答 B。

1508. ABCDE　①尿毒症患者由于尿量减少，造成机体水钠潴留，可导致不同程度的高血压，答案为 C。②交感神经兴奋，可刺激肾素、血管紧张素分泌，使外周小血管收缩，主要导致动脉血压增高，而对水钠潴留的影响较小，故不答 A、D、E。③促红素减少与肾性贫血有关，而与高血压无关。

1509. ABCDE　在所给的 5 个死因中，只有高钾血症可以造成患者突然心跳骤停死亡（D）。

1510. ABCDE　①慢性肾功能不全（慢性肾衰竭）尿毒症期必有的临床表现是贫血，主要与肾功能减退，肾间质细胞合成促红细胞生成素减少有关。故答 A 而不是 B，很多医考参考书将答案错为 B，参阅 1 版《内科学》P468，9 版《内科学》已删除。②B、C、D、E 是慢性肾功能不全可能出现的临床表现，而不是必有表现。

1511. ABCDE　①消化道症状是慢性肾衰竭最早、最突出的症状。初期以厌食、腹部不适为主，以后出现恶心、呕吐、腹泻、口腔有尿臭味、胃黏膜糜烂等，故答 A，参阅 1 版《内科学》P468。②贫血是慢性肾衰竭必有的临床表现。反复感染是导致慢性肾衰竭肾功能恶化的最常见诱因。慢性肾衰竭患者可有出血倾向、骨痛等表现，但一般均在病程晚期出现。

1512. ABCDE ①尿毒症患者由于肾功能减退，肾间质细胞合成促红细胞生成素（EPO）减少，可造成肾性贫血，一般为轻、中度的正常色素性正细胞性贫血，而不是小细胞低色素性贫血，参阅5版《内科学》P572。②尿毒症若不合并感染，白细胞计数常不高，当合并感染时，白细胞总数及中性粒细胞比例均增高。③尿毒症时，血小板质量较差，容易破坏，常导致外周血小板数量减少，而不是增多，参阅1版《内科学》P469。故正确答案为D，而不是C，很多医考参考书将答案错为C。

1513. ABCDE ①促红细胞生成素（EPO）主要由肾间质细胞产生，其生理作用是促进红细胞的生成。尿毒症患者由于肾功能损害，EPO合成减少，故可导致肾性贫血（D）。②慢性失血、铁摄入不足、血红蛋白合成障碍为缺铁性贫血的常见病因。红细胞寿命缩短为溶血性贫血的生理机制。叶酸摄入不足为巨幼细胞贫血的常见病因。

1514. ABCDE ①急性肾衰竭（现已改称急性肾损伤）是指病程<3个月的肾脏功能或结构异常。慢性肾衰竭是指肾脏损伤或肾小球滤过率（GFR）下降≥3个月。因此，“患者病程是否超过3个月”是鉴别急性肾衰竭、慢性肾衰竭的关键。在患者病史欠详时，可先行肾脏B超检查，如双肾明显缩小，则支持慢性肾衰竭的诊断。虽然同位素肾动态显像也可用于急性肾衰竭、慢性肾衰竭的鉴别，但临床上少用，故最佳答案是B而不是A，参阅9版《内科学》P522。②尿钠排泄分数测定主要用于鉴别肾前性肾衰竭与急性肾小管坏死。内生肌酐清除率主要用于判断肾小球损害的程度。晚期尿毒症患者尿沉渣可基本正常，故尿沉渣镜检不能作为急性肾衰竭、慢性肾衰竭的鉴别依据。

1515. ABCDE ①慢性肾功能不全患者周围神经病变很常见，主要表现为肢端袜套样感觉丧失、肢体麻木、疼痛、深反射迟钝，可有神经肌肉兴奋性增加的表现，如肌肉震颤、痉挛、不宁腿综合征、肌萎缩、肌无力等。周围神经病变所致的下肢疼痛、痛觉过敏，在运动后消失，故患者常活动腿，称为不宁腿综合征。在周围神经病变的B、C、D3项症状中，以不宁腿综合征的表现最明显，故最佳答案为C。②弛缓性瘫痪常见于下运动神经元受损，偏身瘫痪常见于上运动神经元受损。

1516. ABCDE ①慢性肾功能不全时，尿磷排出减少，导致血磷升高。血磷浓度增高会与血钙结合成磷酸钙沉积于软组织，使血钙降低。高血磷、低血钙均可刺激甲状旁腺大量分泌甲状旁腺激素，引起继发性甲状旁腺功能亢进，故答C。②慢性肾功能不全患者可有血肌酐增高、血钾增高、1,25-$(OH)_2D_3$生成障碍、代谢性酸中毒，但与继发性甲状旁腺功能亢进无关。

1517. ABCDE ①尿毒症时，高磷血症和低钙血症均可刺激甲状旁腺增生，引起继发性甲状旁腺功能亢进。甲状旁腺功能亢进时，甲状旁腺激素（PTH）分泌增加，使破骨细胞过度活跃，引起骨盐溶化，骨质重吸收增加，骨的胶原基质破坏，而代以纤维组织，形成纤维性骨炎，故答案为B。②尿毒症时，尿磷排泄减少是导致血磷升高的主要原因。磷从肠道排出而与钙结合，限制了钙的吸收，加上肾病时的低蛋白血症，以及肾病后活性维生素D合成障碍，是使血钙降低的主要原因。可见，C是导致高磷的原因，D、E都是导致低钙的原因，故不是最佳答案。

1518. ABCDE 1519. ABCDE ①慢性肾衰竭患者心前区可闻及心包摩擦音，提示合并心包积液。患者感呼吸困难，此为心包积液的表现，是病情危重的征象（C）。A、B、D、E都是慢性肾衰竭的常见临床表现，但患者都不会在近期内死亡，故不是病情危重的表现。②患者心包积液，最有效的治疗是血液透析，应控制液体入量，不应快速补液（D错）。患者水肿加重，可给予利尿治疗。可给予肾毒性小的抗生素预防感染。患者血压高达180/100mmHg，应控制血压。

1520. ABCDE 1521. ABCDE ①尿毒症脑病常表现为反应淡漠、谵妄、惊厥、幻觉、昏迷、精神异常等。患者长期IgA肾病，现发热，咳黄痰，说明合并肺部感染，此为慢性肾衰竭恶化的常见诱因。患者血肌酐>707μmol/L，属于慢性肾衰竭尿毒症期。1天前突发抽搐、昏迷，应诊断为尿毒症脑病（C）。高血压脑病常见于重症高血压患者，多表现为严重头痛、呕吐、意识障碍等，但本例无头痛，故不答A。低钙血症只表现为抽搐，不会昏迷，故不答B。肾性贫血不会引起意识障碍，故不答D。脑血管病与题干所述不符，故不答E。②慢性肾衰竭肾透析的指征为血肌酐>442μmol/L，患者血肌酐

1325μmol/L,需行肾透析治疗,故答A。大剂量利尿剂可导致电解质紊乱,应慎用。输血可加重氮质血症,故尿毒症患者一般不宜输血。患者血压180/110mmHg,应行降压治疗,但不是最重要治疗,故不答D。患者发热、咳黄痰、双中下肺野闻及湿啰音,说明合并肺部感染,也可给予肾毒性小的三代头孢菌素抗感染治疗,但不是最重要的治疗措施。

1522. ABCDE　1523. ABCDE　1524. ABCDE　①患者间断水肿10余年,血肌酐485μmol/L(正常值76~88μmol/L),应诊断为慢性肾衰竭。在我国,引起慢性肾衰竭最常见的病因是慢性肾小球肾炎,答案为D。A、B、C、E均可导致慢性肾衰竭,但都不是最常见的病因。②肾脏B超为无创检查,价格便宜,可了解肾脏形态,应作为首选检查(E)。慢性肾衰竭终末期,不宜行肾穿刺活检,以免加重肾脏损害。静脉肾盂造影主要用于慢性肾盂肾炎的诊断。肾脏CT、MRI因价格昂贵,一般不作为首选检查,故不答C、E。③我国慢性肾衰竭诊断及分期的主要依据血肌酐值(Scr)而定:肾功能代偿期Scr133~177μmol/L,肾功能失代偿期Scr186~442μmol/L,肾功能衰竭期Scr451~707μmol/L,尿毒症期Scr≥707μmol/L。本例血肌酐Scr485μmol/L,应诊断为慢性肾功能衰竭期(D)。

1525. ABCDE　①对于慢性肾脏病患者,消除水肿只能减轻症状,不能控制肾功能进行性恶化,故答D。②对于慢性肾衰竭患者,限制蛋白摄入,可减轻肾小球硬化和肾间质纤维化。减少蛋白尿、控制高血压,可保护靶器官免受损害,延缓病情进展。纠正血脂异常有助于减轻血脂异常对肾脏的损害。

1526. ABCDE　①患者血肌酐276.8μmol/L,应诊断为肾功能失代偿期,相当于CKD3期。限制蛋白饮食可减少含氮代谢产物生成,延缓病情进展。CKD1~2期,推荐蛋白摄入量0.8g/(kg·d);CKD3~5期,应采用低蛋白饮食,推荐蛋白入量0.6g/(kg·d)。本例为CKD3期,不宜给予高蛋白饮食(C)。②患者血压170/105mmHg,应控制血压。若尿量减少,应根据尿量适当限制水的摄入、给予低钠饮食,以免水钠潴留。慢性肾衰竭常有高磷血症,应给予低磷饮食。

1527. ABCDE　①美国肾脏病基金会根据肾小球滤过率(GFR),将慢性肾脏病(CKD)分为5期:1期GFR≥90ml/(min·1.73m^2),2期GFR60~89ml/(min·1.73m^2),3期GFR30~59ml/(min·1.73m^2),4期15~29ml/(min·1.73m^2),5期GFR<15ml/(min·1.73m^2)。GFR正常值为(100±10)ml/(min·1.73m^2)。本例GFR65ml/(min·1.73m^2),应诊断为CKD2期,应采用低蛋白饮食(B)。注意:若按7版《内科学》P555观点,慢性肾衰竭患者无论分期,均应采用低蛋白饮食。9版《内科学》P523规定CKD3~5期采用低蛋白饮食。②包醛氧化淀粉为尿素氮吸附剂。应用β受体拮抗剂可减慢心率。慢性肾脏病的降压治疗首选ACEI或ARB。应用α-酮酸可减轻肾小球硬化和肾间质纤维化。A、C、D、E均为慢性肾脏病的治疗措施,但不是本例的主要治疗措施。

1528. ABCDE　1529. ABCDE　①慢性肾功能不全时,高血磷和低血钙可刺激甲状旁腺,引起继发性甲状旁腺功能亢进。治疗时,应限制磷的摄入,口服磷结合剂(碳酸钙、氢氧化铝凝胶),故答B。②血管紧张素转换酶抑制剂(ACEI)可降低血压,减低肾小球高滤过,减少蛋白尿,减轻肾小球基底膜损害,故适用于糖尿病肾病大量蛋白尿患者(D)。③糖皮质激素主要用于肾病综合征的治疗。促红细胞生成素主要用于肾性贫血的治疗。碳酸氢钠主要用于纠正代谢性酸中毒。

1530. ABCDE　1531. ABCDE　①慢性肾功能不全时,由于肾间质细胞合成促红细胞生成素减少,可导致肾性贫血,其治疗首选重组人促红细胞生成素(rHuEPO),答案为D。②尿毒症患者伴高钾血症,降低血钾最有效的措施是血液透析(E)。③口服碳酸钙为降低血磷的措施。必需氨基酸疗法有助于减轻氮质血症、改善蛋白营养状况。补充1,25-$(OH)_2D_3$可纠正低钙血症。

1532. ABCDE　1533. ABCDE　①慢性肾功能不全患者,血钾>6.5mmol/L为血液透析的指征(B)。②慢性肾功能不全代偿期轻度代谢性酸中毒,口服碳酸氢钠1.5~3.0g/d即可纠正,答案为C。③氢氧化铝凝胶为磷结合剂,主要用于高磷血症的治疗。蛋白同化激素(苯丙酸诺龙、丙酸睾丸素)可促进蛋白质合成,减轻氮质血症,现已少用,8版《内科学》已删除该知识点。抗生素主要用于防治感染。

1534. ABCDE　1535. ABCDE　①对于慢性肾衰竭高钾血症患者,口服降钾树脂、使用碳酸氢钠纠正酸中毒、给予利尿剂呋塞米增加尿钾排出，均可降低血钾。可见 A、B、D 均为高钾血症的治疗措施，但选 A 似乎更合适，本题不严谨。②慢性肾衰竭时，高血磷和低血钙均可刺激甲状旁腺，引起继发性甲状旁腺功能亢进。对血钙明显降低者，可口服活性维生素 D_3。③促红素常用于治疗肾性贫血。

1536. ABCDE　**1537.** ABCDE　①慢性肾衰竭常伴高磷血症，可口服磷结合剂碳酸钙，以降低血磷。②慢性肾功能不全伴心力衰竭的主要原因是肾小球滤过率下降导致循环充血，因此，最有效的治疗是进行血液滤过，减少循环充血，以减轻心脏负荷(E)。③静脉注射碳酸氢钠常用于治疗重度代谢性酸中毒。补充 1,25-$(OH)_2D_3$ 常用于治疗严重低钙血症。促红细胞生成素常用于治疗肾性贫血。

1538. ABCDE　苯那普利属于血管紧张素转换酶抑制剂(ACEI)，其生理作用包括：①抑制血管紧张素Ⅱ的合成，使外周阻力血管舒张而降低血压。②扩张出球小动脉和入球小动脉，改善肾脏血流动力学，降低肾小球毛细血管跨膜压，减少蛋白尿的产生。③抑制肾小管间质单核-巨噬细胞及成纤维细胞积聚，减轻肾脏炎症反应，抑制肾脏纤维化。苯那普利不能减轻血尿，故答案为 C。

1539. ABCDE　①中年男性患者，血压升高，伴蛋白尿、血尿、肾功能不全，其降压治疗首选血管紧张素转换酶抑制剂(ACEI)。ACEI 可抑制血管紧张素Ⅱ的合成，使外周阻力血管舒张而降低血压，同时可减低肾小球高滤过、减少蛋白尿形成、减轻肾小球基底膜损害。ACEI 禁用于血肌酐>265μmol/L 的患者，本例血肌酐 130μmol/L，可以使用。②A、B、C 均是临床上常用的降压药，但都不是高血压合并肾功能不全的首选药。α 受体阻滞剂目前很少作为降压药应用于临床。

1540. ABCDE　贫血的诊断标准为在我国海平面地区，成年男性血红蛋白(Hb)<120g/L，成年女性(非妊娠)Hb<110g/L，孕妇 Hb<100g/L。答案为 D。

1541. ABCDE　贫血的严重度划分标准是血红蛋白(Hb)：极重度贫血 Hb<30g/L，重度贫血 Hb30～59g/L，中度贫血 Hb60～89g/L，轻度贫血 Hb90～110(女)/120(男)g/L。

1542. ABCDE　①急性溶血性贫血为正细胞正色素性贫血(B)。②A、C、D 为小细胞性贫血，E 为大细胞性贫血。

1543. ABCDE　①恶性贫血是因胃黏膜萎缩，胃液中缺乏内因子，导致维生素 B_{12} 吸收障碍，而发生巨幼细胞贫血，属于大细胞性贫血(E)。②再生障碍性贫血属于正常细胞性贫血，地中海贫血、慢性病性贫血、缺铁性贫血均属于小细胞性贫血。

1544. ABCDE　①缺铁性贫血是由于红细胞内原料铁缺乏，血红素合成障碍，血红蛋白合成减少，导致的小细胞低色素性贫血。②再生障碍性贫血是骨髓造血功能衰竭，外周红细胞生成减少所致。海洋性贫血是血红蛋白的珠蛋白肽链异常导致的溶血性贫血。巨幼细胞贫血是叶酸、维生素 B_{12} 缺乏导致细胞核 DNA 合成障碍所致的贫血。慢性病贫血是指慢性疾病引起的铁代谢异常性贫血。

1545. ABCDE　①血红蛋白由血红素和珠蛋白组成，若珠蛋白肽链结构异常(镰状细胞贫血)或数量异常(地中海贫血)，均可使珠蛋白生成障碍、血红蛋白合成缺陷，导致红细胞破坏过多而致贫血，答案为 D。②A、B、C、E 均属于红细胞生成减少性贫血。

1546. ABCDE　**1547.** ABCDE　①巨幼细胞贫血是叶酸、维生素 B_{12} 缺乏导致细胞核 DNA 合成障碍所致的贫血(B)。②血红蛋白由血红素和珠蛋白组成。海洋性贫血是珠蛋白肽链数量异常，使珠蛋白生成障碍，血红蛋白合成缺陷，导致溶血性贫血(E)。③再生障碍性贫血是骨髓造血功能衰竭所致。缺铁性贫血是原料铁缺乏，血红素合成障碍所致。慢性失血性贫血是外周血红细胞丢失所致。

1548. ABCDE　再生障碍性贫血是骨髓造血功能衰竭，外周血红细胞生成减少所致(A)。

1549. ABCDE　①再生障碍性贫血是指造血干细胞缺陷，导致骨髓造血功能衰竭所致的贫血。②溶血性贫血是红细胞破坏过多所致的贫血。巨幼细胞贫血、缺铁性贫血是造血原料不足所致的贫血。慢性病性贫血是由慢性炎症、恶性肿瘤等引起的铁代谢异常所致，属于造血原料利用障碍所致的贫血。

1550. ABCDE　①铁粒幼细胞贫血是由于铁利用障碍，使血红蛋白合成减少导致的贫血，并非红细胞破坏过多引起，答案为 C。②A、B、D、E 都是溶血性贫血，都是红细胞破坏过多引起的贫血。

1551. ABCDE ①促红细胞生成素(EPO)是由肾脏和肝脏合成的,能促进红细胞生成,因此肾病和肝病患者,EPO合成减少均可导致贫血,故不答A、E。肾上腺是垂体控制的靶腺之一,故垂体功能低下,可影响EPO的分泌。甲状腺功能减退时,对肾上腺也有一定影响,也会影响EPO的分泌,故不答B、D。②肿瘤性疾病所致的贫血是一种消耗性贫血,与EPO不足无关,答案为C。

1552. ABCDE 贫血常表现为面色苍白、活动性心悸、头晕、乏力,不会出现皮疹(E)。

1553. ABCDE ①贫血的诊断标准及严重度划分都是依据外周血血红蛋白浓度(Hb)。在我国海平面地区,若成年男性Hb<120g/L,成年女性(非妊娠)Hb<110g/L,孕妇Hb<100g/L,即可诊断为贫血。答案为C。②皮肤黏膜苍白是贫血的临床表现之一。红细胞计数为诊断贫血的辅助指标。红细胞比容可反映血液中红细胞的相对浓度。红细胞平均体积(MCV)是贫血的红细胞形态分类指标之一。

1554. ABCDE ①红细胞在骨髓发育成熟后转移到外周血被利用,其发育过程为:各系祖细胞→红系→原始红→早幼红→中幼红→晚幼红→网织红细胞→成熟红细胞。骨髓中的晚幼红细胞脱核之后成为网织红细胞,进一步发育成为外周血成熟的红细胞。因此,网织红细胞计数可间接反映骨髓红系增生程度及代偿情况。骨髓增生越活跃,网织红细胞计数越高。由于网织红细胞百分率可受贫血程度的影响,因此不是反映骨髓红系增生程度的最可靠指标,故答C而不是B。②血红蛋白及红细胞计数为诊断贫血的可靠指标。外周血出现有核红细胞常反映骨髓红系成熟障碍。Howell-Jolly小体是细胞核的残留物,表现为在成熟或晚幼红细胞胞质内有一至数个深紫红色小圆点,常见于巨幼细胞贫血、溶血性贫血、脾切除后,可见Howell-Jolly小体不能反映骨髓增生程度。

1555. ABCDE ①治疗贫血的首要原则是采取适当措施消除病因(E),因为很多时候,原发病比贫血本身的危害大得多。②由于各种贫血的病因和发病机制不同,因此目前尚没有对各种贫血均有效的抗贫血药物。补充造血原料常用于治疗缺铁性贫血、巨幼细胞贫血。刺激骨髓造血常用于治疗再生障碍性贫血。糖皮质激素常用于治疗自身免疫性溶血性贫血。

1556. ABCDE 体内的铁分为两种:一种是功能状态铁,包括血红蛋白铁、肌红蛋白铁、转铁蛋白铁以及乳铁蛋白、酶和辅因子结合的铁;另一种为贮存铁,包括铁蛋白和含铁血黄素,答案为E。

1557. ABCDE 食管、胃、结肠都不是人体主要的吸收部位,可首先排除A、B、C。铁的吸收部位主要在十二指肠和空肠上段(D)。叶酸在十二指肠和空肠近端被吸收,维生素B_{12}在回肠被吸收。

1558. ABCDE ①体内铁分为功能状态铁和贮存铁两种,贮存铁包括铁蛋白和含铁血黄素。血清铁蛋白(SF)测定是估计骨髓铁贮备状态的一种敏感方法,SF和体内贮存铁相关性极好,可作为贮存铁缺乏的指标(D)。②小细胞低色素是贫血的细胞形态学分类之一;血清铁是指与转铁蛋白结合的铁;总铁结合力=血清铁+血清铁结合力。A、B、C均不能反映体内贮存铁状态。③骨髓铁染色的观察指标有两个:含铁血黄素颗粒及铁粒幼细胞。其中,含铁血黄素为反映贮存铁的指标,而铁粒幼细胞不是,故答D而不是E。缺铁性贫血时,骨髓铁染色示含铁血黄素颗粒消失、铁粒幼细胞减少。

1559. ABCDE 动物食品常含Fe^{2+},植物食品常为Fe^{3+}。国人以谷类为主食,食物中的铁以Fe^{3+}为主。肠黏膜细胞吸收的铁主要为Fe^{2+},食物中的Fe^{3+}需还原成Fe^{2+}再进行吸收。1分子转铁蛋白可与2分子Fe^{3+}结合后进行铁的转运,可见体内铁蛋白中结合的铁为Fe^{3+}。血红蛋白中的铁为Fe^{2+}。

1560. ABCDE ①食物中的铁主要是以Fe^{2+}被肠黏膜细胞吸收(A错)。②血清铁为Fe^{3+}。③维生素C能使食物中的Fe^{3+}还原成Fe^{2+}(并非将铁游离化),从而促进铁的吸收。④1分子转铁蛋白可与2分子Fe^{3+}结合后进行铁的运输,可见体内铁是以Fe^{3+}形式进行运输的。⑤铁的吸收部位主要在十二指肠和空肠上部,因此切除空肠将导致缺铁性贫血(E对)。

1561. ABCDE ①肝硬化食管胃底静脉曲张破裂大出血常导致正细胞正色素性贫血,而不是缺铁性贫血,缺铁性贫血属于小细胞低色素性贫血(E)。②女性妊娠和哺乳期,需铁量增加,常出现缺铁性贫血。B、D均可造成慢性失血,导致缺铁性贫血。胃大部切除术后,胃酸分泌不足且食物快速进入空肠,绕过铁的主要吸收部位十二指肠,使铁吸收减少,导致缺铁性贫血。

1562. ABCDE　①患者有贫血的临床表现（乏力、面色苍白），Hb<120g/L，应确诊为贫血。外周血涂片见红细胞中心淡染区扩大，说明红细胞血红蛋白合成障碍，应考虑缺铁性贫血。男性缺铁性贫血最常见的原因是消化道慢性失血（痔出血），因此应首选大便潜血试验，以了解有无胃肠道出血，答案为D。②腹部B超、尿常规检查对缺铁性贫血的诊断无帮助。血清铁蛋白主要用于了解骨髓贮存铁状况。骨髓检查为有创检查，一般不作为首选。

1563. ABCDE　①患者面色苍白，Hb60g/L，应诊断为中度贫血。MCV<80fl，MCHC<32%，应考虑为小细胞低色素性贫血。男性患者长期便血，应诊断为缺铁性贫血。最可能出现的体征为匙状甲，此为组织缺铁的特征性临床表现（B）。②酱油色尿常见于急性血管内溶血。皮肤瘀斑常见于特发性血小板减少性紫癜。肝脾肿大、巩膜黄染常见于慢性血管外溶血。

1564. ABCDE　①女性青年，头晕，乏力，Hb70g/L，应诊断为中度贫血。缺铁性贫血是临床上最常见的贫血。患者血清铁蛋白降低（正常值12~150μg/L），应诊断为缺铁性贫血（C）。②A、B、D并不常见。骨髓增生异常综合征常表现为外周血三系减少，但本例仅红系减少，故不答E。

1565. ABCDE　头晕、乏力是贫血的临床表现，A、B、C、E均属于组织缺铁的临床表现。

1566. ABCDE　①Plummer-Vinson综合征是指与缺铁性贫血有关的吞咽困难，其特点为吞咽时感觉有食物黏附在咽部（D）。②儿童发育迟缓、智商低、烦躁、易怒、异食癖都是组织缺铁的临床表现。

1567. ABCDE　①患者有贫血的临床表现（头晕、乏力、面色苍白），Hb76g/L，可诊断为中度贫血。②胃大部切除易导致铁的吸收障碍，加之月经量过多，更易引起缺铁性贫血。A、C、D均为缺铁性贫血的组织缺铁表现。③缺铁性贫血患者由于组织缺氧，可刺激心率增快、心搏增强，久而久之，可出现左心室代偿性肥大，造成二尖瓣相对性关闭不全，于心尖部可闻及轻柔的收缩期吹风样杂音（E对），参阅5版《内科学》P588，9版《内科学》已删除。④"行走不稳，深感觉减退"为巨幼细胞贫血的表现，而不是缺铁性贫血的表现。故答B而不是E，很多医考参考书将答案错为E。

1568. ABCDE　缺铁性贫血患者的外周血象呈小细胞低色素性贫血（MCV<80fl，MCHC<32%），网织红细胞正常或轻度增高（网织红细胞正常值0.005~0.015）；白细胞和血小板可正常或减低，部分患者血小板升高［WBC正常值$(4\sim10)\times10^9/L$，血小板正常值$(100\sim300)\times10^9/L$］。对比上述正常值，仅A项不支持缺铁性贫血的诊断标准（A）。

1569. ABCDE　①缺铁性贫血时由于铁缺乏，导致血红蛋白合成不足，胞质发育迟于胞核，此为核老浆幼。②巨幼细胞贫血表现为核幼浆老。B、C、E均无血红蛋白生成障碍，不会出现"核老浆幼"现象。

1570. ABCDE　①女性患者Hb60g/L，应诊断为中度贫血。月经过多为成年女性缺铁性贫血最常见的原因。患者月经过多，红细胞中心淡染区扩大，应诊断为缺铁性贫血。②缺铁性贫血常表现为血清铁降低，总铁结合力增高，转铁蛋白饱和度降低，红细胞游离原卟啉增高（C）。

1571. ABCDE　①慢性失血性贫血多见于缺铁性贫血，常为小细胞低色素性贫血（B）。②慢性失血在男性多为痔出血，女性多为月经过多。

1572. ABCDE　1573. ABCDE　①缺铁性贫血常表现为血清铁降低、血清铁蛋白降低、转铁蛋白饱和度降低、总铁结合力增高（B）。②慢性病性贫血常表现为血清铁降低、血清铁蛋白增高、转铁蛋白饱和度降低、总铁结合力降低（E）。

1574. ABCDE　①骨髓铁染色是诊断缺铁性贫血最可靠的方法，表现为骨髓小粒可染铁消失（D）。②不能仅凭慢性失血史诊断缺铁性贫血。③小细胞低色素性红细胞常见于缺铁性贫血、铁粒幼细胞性贫血、慢性病贫血等，故不答B。④转铁蛋白饱和度降低常见于缺铁性贫血、慢性病贫血等，故不答C。⑤血清铁并非缺铁的敏感指标，如炎症性肠病、结缔组织病、恶性肿瘤等，均可使血清铁降低。

1575. ABCDE　①青年女性，头晕、乏力，血Hb70g/L，应诊断为中度贫血。血清铁蛋白正常值12~152μg/L。本例血清铁蛋白降低，应诊断为缺铁性贫血。②A、B、C、E均不会出现血清铁蛋白降低。

1576. ABCDE　①患者头晕、乏力，Hb95g/L，应诊断为轻度贫血。"红细胞中心淡染区扩大"为缺铁性贫血的典型表现。女性月经量过多是缺铁性贫血最常见的病因。根据题干,本例应诊断为缺铁性贫血,其根本治疗措施是病因治疗,即纠正月经过多(A)。②雄激素常用于再生障碍性贫血的治疗。给予铁剂为缺铁性贫血的对症治疗,而不是根本治疗,故不答C。糖皮质激素常用于治疗免疫性溶血性贫血。维生素B_{12}及叶酸常用于治疗巨幼细胞贫血。

1577. ABCDE 硫酸亚铁为无机铁,A、B、C、E均属于有机铁。

1578. ABCDE ①缺铁性贫血是因原料铁缺乏,血红蛋白合成障碍所致的贫血,因此治疗首选口服铁剂。硫酸亚铁属于无机铁,为口服铁剂中的标准制剂,临床上最常用。维生素C为还原剂,可使Fe^{3+}还原成Fe^{2+},从而促进铁的吸收,因此临床上常将硫酸亚铁和维生素C同时服用,答案为B。②叶酸加维生素B_{12}主要用于治疗巨幼细胞贫血。如果患者骨髓造血功能正常,服用铁剂后疗效迅速而明显,一般无需输血治疗。枸橼酸铁胺为有机铁,常在患者不能耐受硫酸亚铁的胃肠道反应时才使用,故不作为首选药物。右旋糖酐铁为注射剂,仅在口服铁剂不能耐受、吸收障碍时才使用。

1579. ABCDE ①缺铁性贫血患者口服铁剂后,首先是外周血网织红细胞增高,在治疗后3~4天开始升高,5~10天达高峰,答案为C。②口服铁剂2周后血红蛋白开始升高,2个月左右恢复正常。③血清铁、血清铁蛋白、红细胞总数均在晚期才恢复正常。

1580. ABCDE 口服铁剂治疗缺铁性贫血,待血红蛋白正常后,还需继续服用铁剂4~6个月,待铁蛋白正常后才能停药,以补足贮存铁。贮存铁包括铁蛋白和含铁血黄素。

1581. ABCDE ①患者有贫血的临床表现(乏力、头晕、心悸),血红蛋白65g/L,应诊断为中度贫血。女性患者月经过多,骨髓红系增生活跃,中晚幼红细胞为主,应诊断为缺铁性贫血,治疗首选口服铁剂。②肌内注射维生素B_{12}、口服叶酸常用于巨幼细胞贫血的治疗。缺铁性贫血患者骨髓造血功能正常,服用铁剂后疗效迅速而明显,一般无需输血治疗。脾切除常用于治疗遗传性球形细胞增多症。

1582. ABCDE ①患者有贫血的临床表现(乏力、心悸、面色苍白),血红蛋白70g/L,应诊断为中度贫血。女性患者月经过多,血清铁降低(<8.95μg/L),应诊断为缺铁性贫血,其治疗首选硫酸亚铁口服(B)。②缺铁性贫血患者骨髓造血功能正常,服用铁剂后疗效迅速而明显,无需输血治疗。肌内注射维生素B_{12}常用于治疗巨幼细胞贫血。右旋糖酐铁为注射剂,仅在口服铁剂不能耐受或吸收障碍时使用。糖皮质激素常用于自身免疫性溶血性贫血的治疗。

1583. ABCDE **1584. ABCDE** ①缺铁性贫血最常见的病因在女性是月经过多。该患者有十二指肠溃疡病史多年,因此贫血病因可能是球溃出血。患者为25岁未婚女性,也可能因减肥节食等导致偏食引起缺铁性贫血。铁需求量增加多见于婴幼儿、青少年、妊娠期和哺乳期妇女,而患者为成年未婚女性,因此贫血的病因最不可能是铁需求量增加(D)。②缺铁性贫血的首选治疗是口服硫酸亚铁或琥珀酸亚铁。若口服铁剂不能耐受,可肌内注射右旋糖酐铁。若严重贫血,可输注浓缩红细胞。患者有十二指肠溃疡病史,不宜口服稀盐酸(C)。

1585. ABCDE ①老年男性,乏力,贫血貌,Hb88g/L,应诊断为中度贫血。患者红细胞平均体积(MCV)>100fl,平均红细胞血红蛋白(MCH)>32pg,应诊断为大细胞性贫血,以巨幼细胞贫血最常见,故答E。②再生障碍性贫血、脾功能亢进均属于正常细胞性贫血。缺铁性贫血、慢性病性贫血均属于小细胞性贫血。

1586. ABCDE ①巨幼细胞贫血的病因多样,但以叶酸和(或)维生素B_{12}缺乏最常见,故可首先排除B、D、E。②叶酸的机体储备有限,且主要依靠外源性摄入,故叶酸缺乏常在短时间(4~5个月)内导致贫血。体内维生素B_{12}的储备较多,故其缺乏多需数年才会导致贫血,因此临床上维生素B_{12}缺乏所致的巨幼细胞贫血仅见于严格的素食者、长期拒绝动物性食品的偏食者。孕妇出现巨幼细胞贫血多为妊娠期叶酸需求量增加,造成的叶酸相对缺乏所致,而不是维生素B_{12}缺乏引起,故正确答案应为C而不是A,很多医考参考书将答案错为A。参阅3版8年制《内科学》P784,9版《内科学》未讲述。

1587. ABCDE　①巨幼细胞贫血属于大细胞性贫血，外周血红细胞平均体积（MCV）增大，血片中可见中性粒细胞核分叶过多。②巨幼细胞贫血患者骨髓穿刺检查可见骨髓增生活跃，红系增生显著、巨幼变，胞体增大，胞质较胞核成熟，称为“核幼浆老”，有核红细胞“幼浆老核”见于缺铁性贫血（E错）；粒系也有巨幼变，可见巨中、晚幼粒细胞，成熟粒细胞分叶多；巨核细胞体积增大，分叶过多。

1588. ABCDE　1589. ABCDE　①匙状甲是缺铁性贫血患者组织缺铁的临床表现（D）。②维生素 B_{12} 缺乏所致巨幼细胞贫血可有神经精神症状，如对称性远端肢体麻木、深感觉障碍、共济失调或步态不稳（B）。③地图舌常见于核黄素缺乏。杵状指常见于慢性肺脓肿、支气管扩张、支气管肺癌。

1590. ABCDE　1591. ABCDE　①白血病由于正常骨髓造血功能受到抑制，可导致外周血三系减少，表现为发热、贫血、出血。白血病为恶性疾病，可浸润肝脾，导致肝脾肿大。②再生障碍性贫血是由于骨髓造血功能衰竭所致，也可导致外周血三系减少，表现为发热、贫血、出血。但由于再生障碍性贫血不属于恶性疾病，因此无肝脾浸润症状，不会出现肝脾肿大。③B、C、D 均不全面，故不能作为正确答案。

1592. ABCDE　再生障碍性贫血患者由于外周血白细胞计数减少，因此常并发感染。其中，以上呼吸道感染最常见，其次为牙龈炎、支气管炎、扁桃体炎，而肺炎、败血症等重症感染少见（D）。

1593. ABCDE　A、B、C、D、E 均可引起再生障碍性贫血，其中以氯霉素引起的再生障碍性贫血最多见。氯霉素是一种氮苯衍生物，可抑制骨髓细胞线粒体的蛋白质合成，从而导致再生障碍性贫血，参阅1版《内科学》P497，9版《内科学》已删除。

1594. ABCDE　再生障碍性贫血的病因如下。①药物及化学物质：最常见，如氯霉素、磺胺类药物、抗肿瘤化疗药物；②病毒感染：如肝炎病毒、微小病毒 B19 等；③物理因素：长期接触 X 射线、镭、放射性核素等，可影响 DNA 复制，导致造血干细胞数量减少。由细菌感染、营养因素所致再生障碍性贫血少见。

1595. ABCDE　①患者贫血（头晕、乏力、贫血貌）、出血（鼻出血、皮肤出血点），浅表淋巴结无肿大，外周血三系（RBC、WBC、Plt）减少，应诊断为再生障碍性贫血。②辅助性 T 细胞分为 Th1 和 Th2 两种亚型，Th1 细胞分泌 IL2、IFN-γ 和 TNF，Th2 细胞分泌 IL4、IL5 和 IL10。再生障碍性贫血患者骨髓中 T 细胞总数显著增多，表现为 $CD4^+$T 细胞、$CD8^+$T 细胞、$γδTCR^+$T 细胞比例均增高；且 T 细胞亚群失衡，表现为 Th1 细胞增多，而 Th2 细胞代偿不足，Th1/Th2 平衡向 Th1 偏移，导致 IL2、IFN-γ、TNF 产生过多。

1596. ABCDE　①再生障碍性贫血因骨髓造血功能衰竭，骨髓红系、粒系、巨核系三系细胞增生受到抑制，表现为红系、粒系、巨核细胞明显减少，答案为 B。②缺铁性贫血、巨幼细胞贫血、溶血性贫血只累及红系，巨核系细胞基本正常。特发性血小板减少性紫癜骨髓象巨核细胞增加。

1597. ABCDE　①患者发热、皮肤出血点，外周血 Hb、WBC 减少，Ret 减少（正常值0.005~0.015），提示骨髓造血衰竭，累及红系和粒系，无肝脾、淋巴结肿大，应诊断为再生障碍性贫血。②患者除血红蛋白降低外，还有白细胞减少，故不能诊断为溶血性贫血、巨幼细胞贫血。患者胸骨无压痛，肝脾、浅表淋巴结均无肿大，说明无浸润症状，故不答 D。患者血小板数量正常，故不答 E。

1598. ABCDE　1599. ABCDE　①再生障碍性贫血由于骨髓造血功能衰竭，骨髓增生低下，骨髓象红系、粒系、巨核系细胞均显著减少（B）。②特发性血小板减少性紫癜（ITP）是血小板成熟障碍所致，表现为骨髓巨核系增生活跃，巨核细胞显著增多，而外周血小板减少。骨髓巨核细胞分为产板型（最终产生血小板者）、幼稚型和颗粒型三型，ITP 由于血小板成熟障碍，其骨髓象表现为巨核细胞数量增加，产板型减少，而幼稚型、颗粒型巨核细胞增多（A）。

1600. ABCDE　①A、C、D、E 均属于急性重型再生障碍性贫血的诊断标准。②再生障碍性贫血是良性疾病，不可能有脾脏浸润的表现，故不会出现脾肿大（B）。③脾大为白血病的常见体征。

1601. ABCDE　重型再生障碍性贫血的诊断标准：发病急，贫血进行性加重，常伴严重感染和（或）出血。血象具备下述 3 项中 2 项：①网织红细胞绝对值 $<15×10^9/L$；②中性粒细胞 $<0.5×10^9/L$；③血小板 $<20×10^9/L$。再生障碍性贫血患者骨髓巨核细胞数量显著减少、中性粒细胞碱性磷酸酶积分增高。

1602. ABCDE ①患者多处出血点、贫血，外周血三系减少，网织红细胞绝对值减少[正常值(24~84)×10^9/L]，骨髓增生低下，无胸骨压痛，无肝脾浸润，应诊断为再生障碍性贫血。患者网织红细胞绝对值<15×10^9/L、血小板<20×10^9/L，应诊断为重型再生障碍性贫血，而不是慢性再生障碍性贫血，故答A而不是D。②巨幼细胞贫血仅累及红系，故外周血WBC、Plt应正常，故不答B。特发性血小板减少性紫癜常表现为外周血Plt减少，而Hb、WBC应正常，故不答C。患者无胸骨压痛，无肝脾肿大，故不答E。

1603. ABCDE ①Ham试验也称酸溶血试验，是指将患者红细胞与含5%盐酸的正常同型血清混合，pH6.4，37℃，孵育2小时，若明显溶血，称为Ham试验阳性，为阵发性睡眠性血红蛋白尿(PNH)的特异性检查(D)。②红细胞寿命缩短常见于溶血性贫血。Coombs试验(抗人球蛋白试验)阳性常见于温抗体型自身免疫性溶血性贫血。尿含铁血黄素试验阳性常见于慢性血管内溶血。网织红细胞增高常见于缺铁性贫血。

1604. ABCDE ①Ham试验阳性为阵发性睡眠性血红蛋白尿(PNH)的特异性检查，故本例应诊断为PNH，答案为D。②患者有慢性贫血表现，且有黄疸、脾大，尿Rous试验(含铁血黄素尿)阳性，提示为溶血性贫血，故不答A、B、C。③该患者血象为三系减少，骨髓增生低下，符合PNH的临床特点，而自身免疫性溶血性贫血仅累及红系，不会累及粒系和巨核系，且骨髓增生活跃。

1605. ABCDE 1606. ABCDE 1607. ABCDE ①患者临床表现为贫血、出血、感染(发热及右下肺炎)，外周血象示全血细胞(RBC、WBC、Plt)减少，无肝脾肿大，无胸骨压痛，应诊断为再生障碍性贫血(B)。骨髓增生异常综合征可有全血细胞减少，但脾肿大常见。急淋白血病多有肝脾肿大，胸骨压痛。巨幼细胞贫血、溶血性贫血均只累及红系，外周血粒细胞、血小板多正常。②确诊再生障碍性贫血，首选检查是多部位骨髓穿刺(C)。血清铁和铁蛋白测定常用于诊断缺铁性贫血。血清叶酸和维生素B_{12}测定常用于诊断巨幼细胞贫血。骨髓活检操作复杂，仅用于科研，临床上少用。胸腹CT为影像学检查，不能确诊再生障碍性贫血。③患者血小板<20×10^9/L，有颅内出血的危险，急需输注血小板悬液(D)。参阅8版《内科学》P626，9版《内科学》已删除。抗生素、雄激素均可用于本例的治疗，但不是急需的治疗。补充叶酸和维生素B_{12}常用于治疗巨幼细胞贫血。口服硫酸亚铁常用于治疗缺铁性贫血。

1608. ABCDE 1609. ABCDE ①患者有贫血(乏力、面色苍白)、出血(鼻出血、舌尖血疱)等症状，无肝脾淋巴结浸润，外周血三系减少(RBC、WBC、Plt)减少，网织红细胞减少(正常值0.005~0.015)，应诊断为再生障碍性贫血(D)。骨髓增生异常综合征(MDS)也可表现为外周血三系减少，但题干没有提及骨髓病态造血，故不能诊断为MDS。Evans综合征、阵发性睡眠性血红蛋白尿均可表现为外周血三系减少，但临床上罕见，故不答B、C。巨幼细胞贫血仅累及红系，一般不累及粒系和巨核系，因此外周粒细胞和血小板多正常，故不答E。②确诊再生障碍性贫血，首选检查是多部位骨髓穿刺(C)。血清铁和铁蛋白测定常用于诊断缺铁性贫血。血清叶酸和维生素B_{12}测定常用于诊断巨幼细胞贫血。Coombs试验常用于诊断温抗体型自身免疫性溶血性贫血。血细胞CD55、CD59测定常用于诊断阵发性睡眠性血红蛋白尿。

1610. ABCDE 1611. ABCDE ①患肢外周血三系(Hb、WBC、Plt)减少，肝脾无浸润性肿大，多部位骨髓穿刺示增生低下，应诊断为再生障碍性贫血(B)。巨幼细胞贫血、缺铁性贫血一般仅累及红系，常表现为外周血红细胞减少，骨髓增生活跃，以红系增生为主，故不答A、D。急性白血病常表现为外周血Hb、Plt减少，而WBC显著增高，肝脾浸润性肿大，骨髓穿刺涂片示骨髓增生活跃，以原始细胞增生为主，故不答C。特发性血小板减少性紫癜常表现为外周血小板减少，红细胞、白细胞总数正常，骨髓巨核细胞增多，巨核细胞成熟障碍，产板型巨核细胞减少，故不答E。②再生障碍性贫血应行促造血、免疫抑制治疗，前者可选用雄性激素，后者可选用抗人淋巴细胞球蛋白(E)。口服铁剂常用于治疗缺铁性贫血。补充叶酸、维生素B_{12}常用于治疗巨幼细胞贫血。成分输血后选择化疗常用于急性白血病的治疗。糖皮质激素常用于治疗自身免疫性溶血性贫血。

1612. ABCDE　①抗胸腺细胞球蛋白(ATG)为强力免疫抑制剂,主要是通过去除抑制性T淋巴细胞对骨髓造血的抑制而发挥作用(B)。参阅14版《实用内科学》P2317,9版《内科学》未讲述。②刺激造血干细胞增殖为雄激素治疗再生障碍性贫血的机制。改善骨髓微环境为免疫诱导剂的作用机制。

1613. ABCDE　①患者有贫血、出血症状,肝脾不肿大,骨髓增生低下,巨核细胞明显减少,病史3个月,应诊断为慢性再生障碍性贫血,治疗首选雄激素以促进造血(E)。②肾上腺糖皮质激素、长春新碱常用于特发性血小板紫癜的治疗。DA方案常用于急粒白血病的诱导缓解治疗。一叶萩碱为中枢神经系统兴奋药,常用于治疗小儿麻痹、面神经麻痹等。

1614. ABCDE　①造血干细胞移植(骨髓移植)主要用于重型再生障碍性贫血的治疗(B)。②巨幼细胞贫血的治疗主要是补充叶酸和维生素B_{12}。自身免疫性溶血性贫血的治疗包括糖皮质激素、脾切除、免疫抑制剂等。慢性病贫血的治疗主要是针对原发病。缺铁性贫血的治疗主要是补充铁剂。

1615. ABCDE　①正常人红细胞的平均寿命为120天,每天约有0.8%的衰老红细胞被破坏。90%的衰老红细胞由于变形能力减退,脆性增高,难以通过微小的孔隙,而滞留在脾和骨髓中被巨噬细胞吞噬,称为血管外破坏。因巨噬细胞主要存在于脾脏而不是骨髓,故最佳答案为D而不是A。②约10%的衰老红细胞在血管中受机械冲击而破损,称为血管内破坏。

1616. ABCDE　①红细胞在低渗氯化钠溶液中细胞逐渐膨胀甚至破裂而溶血。遗传性球形细胞增多症的红细胞呈球形,球形红细胞的面积/体积的比值较正常红细胞略小,故渗透脆性增加,球形细胞在0.51%~0.72%的盐水中就开始溶血,在0.45%时已完全溶血,称为红细胞渗透脆性增高。②缺铁性贫血、海洋性贫血的红细胞渗透脆性降低。镰状细胞贫血的体外重亚硫酸钠镰变试验阳性。阵发性睡眠性血红蛋白尿的酸溶血试验阳性。

1617. ABCDE　①血型不合的输血反应引起的贫血属于同种免疫性溶血性贫血(C)。②大面积烧伤所致的贫血属于理化因素所致的溶血性贫血。疟疾、毒蛇咬伤所致的贫血属于生物因素所致的溶血性贫血。人工心脏瓣膜置换术后所致的贫血属于血管性溶血性贫血。

1618. ABCDE　①遗传性球形细胞增多症为常染色体显性遗传性疾病,病理基础是红细胞膜骨架蛋白基因异常,致膜骨架蛋白缺陷,细胞膜脂质丢失,细胞表面积减小,细胞球形变,导致红细胞变形能力和柔韧性降低,当通过脾脏时容易被破坏,而出现血管外溶血性贫血。可见,遗传性球形细胞增多症是红细胞膜异常引起的溶血性贫血(C)。②蚕豆病为红细胞酶缺乏所致的贫血。不稳定血红蛋白病、镰状细胞贫血、地中海贫血均为珠蛋白生成障碍所致的贫血。

1619. ABCDE　①溶血是指红细胞遭到破坏,寿命缩短的过程。当溶血超过骨髓的代偿能力,引起贫血时,称为溶血性贫血。正常红细胞的生存时间平均为120天,溶血性贫血的红细胞生存时间常缩短至15~20天以下。红细胞寿命缩短是诊断溶血性贫血最可靠、最直接的实验室检查证据(D)。参阅1版《内科学》P507。②慢性溶血性贫血时,由于机体缺氧,可刺激红细胞生成素的合成,导致血清红细胞生成素增多。血清间接胆红素升高、外周血红细胞形态异常均说明红细胞破坏增加。红细胞渗透脆性增加常见于遗传性球形红细胞增多症。

1620. ABCDE　①原位溶血常见于骨髓增生异常综合征、巨幼细胞贫血(B)。②自身免疫性溶血性贫血、遗传性球形细胞增多症均属于血管外溶血,血型不合输血、阵发性睡眠性血红蛋白尿均属于血管内溶血。但这些溶血的部位,都不在骨髓,因此都不属于是原位溶血。

1621. ABCDE　1622. ABCDE　①骨髓增生异常综合征(MDS)有骨髓内无效造血和原位溶血。红细胞溶血后,释放的血红蛋白分解为珠蛋白和血红素,血红素再分解为铁和卟啉,卟啉再分解为游离胆红素,因此出现间接胆红素增高。由于原位溶血导致红细胞大量破坏,因此可出现贫血。外周红细胞减少可刺激骨髓造血,故网织红细胞可正常或升高(B)。②再生障碍性贫血由于骨髓造血功能衰竭,可有外周血红细胞减少,可出现贫血。因再生障碍性贫血不伴原位溶血,故间接胆红素正常。由于骨髓造血功能衰竭,即使外周血红细胞减少,也不能刺激骨髓造血,因此网织红细胞计数减低(D)。

1623. ABCDE ①红细胞在骨髓发育成熟后转移到外周血被利用,其发育过程为:各系祖细胞→红系祖细胞→原始红细胞→早幼红细胞→中幼红细胞→**晚幼红细胞**→网织红细胞→成熟红细胞。溶血性贫血时,外周血红细胞减少,可刺激骨髓代偿性增生造血,严重时尚未在骨髓中发育成熟的晚幼红细胞可出现在外周血中,答案为A。②周围血出现破碎红细胞,提示机械性贫血。血清胆红素增高提示原位溶血。血清结合珠蛋白降低、尿含铁血黄素试验(Rous试验)阳性提示血管内溶血。

1624. ABCDE ①食蚕豆后发生血管内溶血性贫血,应考虑蚕豆病。蚕豆病为红细胞葡萄糖-6-磷酸脱氢酶(G6PD)缺乏所致。高铁血红蛋白还原试验可检测G6PD缺乏所致的NADPH减少,本法简便易行,为蚕豆病的过筛试验,故答E。②血总胆红素测定常用于鉴别血管内溶血和血管外溶血。酸化血清溶血试验常用于确诊阵发性睡眠性血红蛋白尿。抗人球蛋白试验常用于诊断温抗体型自身免疫性溶血性贫血。骨髓检查对贫血的诊断价值不大。

1625. ABCDE ①慢性再生障碍性贫血患者尿呈酱油色,应考虑血红蛋白尿。血红蛋白尿常提示血管内溶血,常见于溶血性贫血、阵发性睡眠性血红蛋白尿(PNH)等。热溶血试验和蔗糖溶血试验为PNH的筛选试验,阴性可排除PNH;阳性还见于巨幼细胞贫血、再生障碍性贫血、自身免疫溶血性贫血等,需再作酸溶血试验(Ham试验),此试验为PNH的特异性检查,答案为C。②荧光斑点试验常用于诊断蚕豆病。抗人球蛋白试验(Coombs试验)常用于诊断温抗体型自身免疫性溶血性贫血。

1626. ABCDE ①酸化溶血试验又称Ham试验。阵发性睡眠性血红蛋白尿(PNH)患者的红细胞对补体敏感性增高,在酸化的血清中(pH6.6~6.8),经37℃孵育,容易溶血。Ham试验阳性为PNH的特异性检查(C)。②红细胞渗透脆性增高常见于遗传性球形细胞增多症。高铁血红蛋白还原试验阳性常见于蚕豆病。血红蛋白电泳异常多见于珠蛋白异常性溶血性贫血,如海洋性贫血。Coombs试验阳性常见于温抗体型自身免疫性溶血性贫血。

1627. ABCDE ①患者有贫血、黄疸、脾肿大三联征,尿胆原强阳性,尿胆红素阴性,应考虑血管外溶血。血管外溶血常见于遗传性球形细胞增多症、温抗体型自身免疫性溶血性贫血等。②患者有遗传病史(*弟弟有类似表现*)、实验室检查示小细胞低色素性贫血(MCV<80fl、MCHC<32%),应诊断为遗传性球形细胞增多症,其最有意义的检查是红细胞渗透脆性试验(E)。③温抗体型自身免疫性溶血性贫血多无遗传病史,其最有意义的检查为Coombs试验(抗人球蛋白试验),本病多为正常细胞性贫血,而本例为小细胞低色素性贫血,故不答C。④确诊阵发性睡眠性血红蛋白尿(PNH)首选检查为酸溶血试验(Ham试验),PNH为血管内溶血,而本例为血管外溶血,故不答A。⑤自体溶血试验常用于诊断蚕豆病,而蚕豆病主要表现为急性血管内溶血,故不答B。⑥血红蛋白电泳试验常用于诊断珠蛋白异常性溶血性贫血,既可发生血管内溶血,也可发生血管外溶血,故不答D。

1628. ABCDE 1629. ABCDE ①阵发性睡眠性血红蛋白尿(PNH)和再生障碍性贫血均可有外周血全血细胞减少,但PNH酸溶血试验(Ham试验)阳性,再生障碍性贫血Ham试验阴性,故答C。缺铁性贫血、巨幼细胞贫血、自身免疫溶血性贫血主要累及红系,多表现为红细胞减少,而粒细胞、血小板正常,故不答BDE。②Coombs试验(抗人球蛋白试验)阳性,为温抗体型自身免疫性溶血性贫血的特异性表现,故答E。

1630. ABCDE 1631. ABCDE ①Coombs试验阳性为温抗体型自身免疫性溶血性贫血的特异性表现。由于溶血,故可有贫血表现。外周血红细胞减少可刺激骨髓造血,故网织红细胞可增高(*正常值为0.5%~1.5%*),答案为A。②缺铁性贫血为小细胞低色素性贫血,红细胞体积较小。原料铁缺乏,可导致血红蛋白合成障碍,故成熟红细胞苍白区扩大(D)。③B为阵发性睡眠性血红蛋白尿,C为再生障碍性贫血,E为急性粒细胞性白血病。

1632. ABCDE Coombs试验(抗人球蛋白试验)阳性是温抗体型自身免疫性溶血性贫血的特征,故答E。

1633. ABCDE ①骨髓增生异常综合征(MDS)、脾功能亢进常表现为骨髓增生活跃,但外周血三系减少。

本例外周血仅红系减少，故不答 B、C。②肾性贫血常见于慢性肾衰竭，但本例肾功能正常（血肌酐93μmol/L），故不答 D。③阵发性睡眠性血红蛋白尿常表现为酸溶血试验阳性，但本例阴性，故不答 E。④患者乏力，骨髓增生活跃，外周血红系减少（Hb70g/L），白细胞和血小板正常，应诊断为自身免疫性溶血性贫血（A）。

1634. ABCDE　阵发性睡眠性血红蛋白尿（PNH）是一种后天获得性造血干细胞基因突变所致的红细胞膜缺陷性溶血病。由于造血干细胞基因突变，使血细胞膜上糖化磷脂酰肌醇（GPI）锚合成障碍，从而造成 GPI 锚连蛋白缺失，导致红细胞易被补体破坏，发生血管内溶血。CD55 和 CD59 是最重要的 GPI 锚连膜蛋白，CD55 在补体激活的 C3、C5 转化酶水平起抑制作用，CD59 可阻止液相的补体 C9 转变成膜攻击复合物。PNH 时，粒细胞、单核细胞、红细胞、淋巴细胞膜上的 CD55、CD59 表达均下降（E）。

1635. ABCDE　①温抗体型自身免疫性溶血性贫血的抗体（IgG）为不完全抗体，可吸附于红细胞表面。致敏红细胞易被巨噬细胞破坏，部分膜破坏可形成球形红细胞，答案为 C。②泪滴状红细胞多见于骨髓纤维化。棘形红细胞多见于棘形细胞增多症、脾切除后、尿毒症等。椭圆形红细胞多见于遗传性椭圆形细胞增多症、巨幼细胞贫血。镰刀形红细胞多见于镰状细胞贫血。

1636. ABCDE　①遗传性球形红细胞增多症的红细胞呈球形，球形红细胞脆性增加，变形能力差，通过脾窦时极易被阻拦，而被单核-巨噬细胞系统吞噬消化引起血管外溶血，故切除脾脏对本病有显著疗效。术后虽然球形细胞仍然存在，但黄疸和贫血症状可显著改善（D）。②尽管部分海洋性贫血、需大剂量糖皮质激素治疗的自身免疫性溶血性贫血也可行脾切除，但效果不显著，故不答 A、E。阵发性睡眠性血红蛋白尿（PNH）和再生障碍性贫血严禁行脾切除，故不答 B、C。

1637. ABCDE　①患者面色苍白，乏力，心悸，Hb65g/L，应诊断为中度贫血。Coombs 试验阳性，应考虑温抗体型自身免疫性溶血性贫血，治疗首选糖皮质激素，有效率约 80%（D）。②脾切除为温抗体型自身免疫性溶血性贫血的二线治疗，主要用于糖皮质激素无效者。硫唑嘌呤、环孢素 A 主要用于糖皮质激素和脾切除不能缓解病情者。贫血较重者可输注洗涤红细胞。

1638. ABCDE　1639. ABCDE　1640. ABCDE　①患者慢性起病，有"贫血、黄疸、脾大"三联征，应考虑血管外溶血，最常见于温抗体型自身免疫性溶血性贫血、遗传性球形红细胞增多症，而红细胞渗透脆性试验阳性为后者的特异性表现，故本例应诊断为遗传性球形红细胞增多症（C）。缺铁性贫血、铁粒幼细胞性贫血、巨幼细胞贫血，均无血管外溶血，故既无黄疸，也无脾肿大，故不答 A、D、E。海洋性贫血可有脾大，但红细胞渗透脆性试验阴性，故不答 B。②周围血涂片示"小球形红细胞>10%"，为遗传性球形红细胞增多症的特征，故答 A。骨髓检查对确诊贫血类型价值不大。血清总铁结合力常用于诊断缺铁性贫血。血红蛋白电泳试验常用于诊断海洋性贫血。肝功能试验无特异性。③脾切除为遗传性球形红细胞增多症的首选治疗措施，故答 C。输血仅适合于严重贫血的患者。溶血严重时，应加用叶酸，以防叶酸缺乏加重贫血或诱发再生障碍性贫血危象。糖皮质激素常用于治疗自身免疫性溶血性贫血。维生素 B_{12} 常用于治疗巨幼细胞贫血。

1641. ABCDE　周期性中性粒细胞减少症也称 Sutton 病，以反复发作的周期性中性粒细胞减少，并发发热、感染为特征，每隔 3 周发作 1 次，每次持续约 3 天。本病的发病机制未明，可能与骨髓遗传性粒系造血干细胞缺陷，导致中性粒细胞生成减少有关。9 版《内科学》未讲述。

1642. ABCDE　正常人每日在骨髓中产生大量的中性粒细胞（称为骨髓贮备池），可随时释放入血。进入外周血液中的中性粒细胞约一半附着于小血管壁（称为边缘池），另一半在血液循环中（称为循环池）。临床上，血常规中所测的中性粒细胞计数即为循环池的计数。①氢化可的松试验：应用糖皮质激素后可使骨髓粒细胞释放，以了解骨髓贮备粒细胞的量及释放功能。②白细胞聚集试验：用以判断是否存在抗粒细胞抗体，免疫性粒细胞减少者，在粒细胞表面或血清中可测得抗粒细胞抗体。③骨髓细胞学检查：骨髓象的表现随原发病而异。④骨髓造血干细胞培养：观察粒系集落生成单位，可了解干细胞和骨髓基质有无缺陷。⑤肾上腺素试验：也称粒细胞边缘池功能检测，皮下注射肾上腺素0.2mg,20 分钟后白细胞计数较注射前增高 2×10^9/L,提示粒细胞过多地聚集于血管壁(边缘池)。如无脾大,可考虑假性粒细胞减少。可见,肾上腺素试验阳性常见于有粒细胞分布异常的假性粒细胞减少,故答 E。参阅 14 版《实用内科学》P2460,9 版《内科学》未讲述。

1643. ABCDE Felty 综合征是指类风湿关节炎患者伴有脾大、中性粒细胞减少、血小板减少和贫血。类风湿关节炎是自身免疫性疾病,中性粒细胞与抗粒细胞抗体结合,可被免疫细胞或免疫器官破坏,导致中性粒细胞数量减少(C)。参阅 7 版《内科学》P594,9 版《内科学》未详细讲述。

1644. ABCDE 1645. ABCDE ①粒细胞缺乏症是指外周血中性粒细胞绝对值低于 0.5×10^9/L(E)。②白细胞减少是指外周血白细胞计数持续低于 4.0×10^9/L(A)。

1646. ABCDE 1647. ABCDE ①Felty 综合征是指类风湿关节炎患者伴有脾大、中性粒细胞减少、血小板减少和贫血。类风湿关节炎是自身免疫性疾病,中性粒细胞与抗粒细胞抗体结合,可被免疫细胞或免疫器官破坏,导致中性粒细胞数量减少(D)。参阅 7 版《内科学》P594。②正常人每日在骨髓中产生大量的中性粒细胞(称为骨髓贮备池),可随时释放入血。进入外周血液中的中性粒细胞约一半附着于小血管壁(称为边缘池),另一半在血液循环中(称为循环池)。临床上,血常规中所测的中性粒细胞计数即为循环池的计数。假性粒细胞减少是粒细胞分布异常所致,是指中性粒细胞转移至边缘池导致循环池的粒细胞相对减少,但粒细胞总数并不减少。③低增生性白血病、骨髓增生异常综合征为中性粒细胞生成减少所致。巨幼细胞贫血为中性粒细胞成熟障碍所致。

1648. ABCDE FAB(法美英)协作组将骨髓增生异常综合征(MDS)分为 5 型。①难治性贫血(RA):外周血原始细胞<1%,骨髓原始细胞<5%;②环形铁粒幼细胞性难治性贫血(RAS):外周血原始细胞<1%,骨髓原始细胞<5%、环形铁粒幼细胞>骨髓有核红细胞 15%;③难治性贫血伴原始细胞增多(RAEB):外周血原始细胞<5%,骨髓原始细胞 5%~20%;④难治性贫血伴原始细胞增多转变型(RAEB-t):外周血原始细胞≥5%,骨髓原始细胞 20%~30%,或幼粒细胞出现 Auer 小体;⑤慢性粒-单核细胞性白血病(CMML):外周血原始细胞<5%、单核细胞绝对值>1×10^9/L,骨髓原始细胞 5%~20%。可见 MDS 的分型指标包括:外周血原始细胞比例和单核细胞计数(由外周血涂片获得)、骨髓象原始细胞比例、Auer 小体(由骨髓涂片获得)及环形铁粒幼细胞(由骨髓铁染色获得)。该患者已作外周血和骨髓涂片检查,为了进行 FAB 准确分型,还缺乏的指标为环形铁幼粒细胞计数及比例,因此还需进行的重要检查是骨髓铁染色。正确答案为 B,而不是 D。很多医考参考书将答案错为 D。请注意:骨髓活检操作复杂,目前仅用于科研,临床上少用。②网织红细胞、染色体异常情况及血清铁,都不是 MDS 的分型依据,因此无需进行 A、C、E 检查。

1649. ABCDE FAB 分型 RAEB-t 型的诊断标准为:外周血原始细胞≥5%;骨髓原始细胞比例 20%~30%;或幼粒细胞出现 Auer 小体。以上 3 项中满足 1 项,即可诊断为 RAEB-t 型。虽然本例骨髓原始细胞比例没有达到 20%~30%的诊断标准,但已出现 Auer 小体,故仍需诊断为 RAEB-t 型(D)。

1650. ABCDE MDS-RCMD 是指骨髓增生异常综合征的难治性血细胞减少伴多系病态造血,常表现为难治性贫血,骨髓原始细胞<5%(B 错),外周血可见幼稚细胞(<1%),血小板可减少,体外集落培养常出现集落流产(集落形成减少)。

1651. ABCDE 骨髓增生异常综合征是一组起源于造血干细胞,以血细胞病态造血为特征的异质性髓系肿瘤性疾病。A、B、C、D 均无病态造血。

1652. ABCDE 病态造血为骨髓异常增生综合征的特征,其表现如下。①红系:比例过大或过少;奇数核、核碎裂、核间桥;核浆发育不平衡。②粒-单核系:核分叶过多或过少;核浆发育不平衡;粒系细胞颗粒过少(C 错)。③巨核系:出现淋巴样小巨核细胞、单圆核小巨核细胞、多圆核小巨核细胞。

1653. ABCDE MDS 骨髓呈病态造血,虽骨髓红系增生活跃,但因骨髓内原位溶血,故外周血网织红细胞计数下降,导致骨髓红系增生与网织红细胞计数不一致。A、B、C、D 均无骨髓内原位溶血,故两者一致。

1654. ABCDE ①骨髓增生异常综合征(MDS)的特点是骨髓增生活跃,而外周血三系减少。患者骨髓增生活跃，外周血三系（Hb、WBC、Plt）减少，肝脾无肿大，故应诊断为 MDS（A）。②阵发性睡眠性血红蛋白尿常表现为间歇发作的慢性血管内溶血和血红蛋白尿。特发性血小板减少性紫癜常表现为外周血小板减少，但红细胞、粒细胞正常。慢性失血性贫血常表现为外周血红细胞减少而白细胞、血小板正常。再生障碍性贫血不会出现骨髓增生活跃，故不答 E。

1655. ABCDE　FAB 将急性髓系白血病分为 M_0~M_7 8 型。M_1（急性粒细胞白血病未分化型）：原粒细胞占骨髓非红系有核细胞（NEC）>90%；M_2（急性粒细胞白血病部分分化型）：原粒细胞占 NEC 的 30% ~89%，其他粒细胞>10%，单核细胞<20%；M_4（急性粒-单核细胞白血病）：骨髓中原始细胞占 NEC>30%，各阶段粒细胞 30%~80%，单核细胞>20%；M_5（急单）：骨髓 NEC 中原单核+幼单核+单核细胞≥80%；M_6（红白血病）：骨髓中幼红细胞≥50%，NEC 中原始细胞≥30%。根据此分型标准，本例应属于 M_4 型，答案为 C。

1656. ABCDE　①患者骨髓细胞学检查示原始细胞>30%，应诊断为急性白血病。患者骨髓涂片糖原染色（PAS）阳性，应诊断为急淋白血病，故不答 A、B。②急淋白血病分为三型。L_1 型：原始和幼淋巴细胞以小细胞为主；L_2 型：原始和幼淋巴细胞以大细胞为主；L_3 型：原始和幼淋巴细胞以大细胞为主，大小较一致，细胞内有明显空泡，胞质嗜碱性，染色深。根据题干，本例应诊断为急淋白血病 L_3 型。

1657. ABCDE　①白血病是一类造血干细胞的恶性克隆性疾病，在骨髓中大量白血病细胞（原始细胞）增生累积，使正常造血受到抑制，导致外周血红细胞减少而引起贫血（B）。②白血病出血多由血小板减少引起，而与贫血关系不密切。无效红细胞形成常见于骨髓增生障碍综合征、巨幼细胞贫血。造血原料缺乏常见于缺铁性贫血和巨幼细胞贫血。红细胞寿命缩短常见于溶血性贫血。

1658. ABCDE　1659. ABCDE　1660. ABCDE　①患者外周血原始细胞（即白血病细胞）占 60%，WBC 增高，Hb、Plt 减少，浅表淋巴结浸润，应诊断为急性白血病（E）。特发性血小板减少性紫癜常表现为外周血小板减少，而白细胞、红细胞正常。缺铁性贫血、溶血性贫血常表现为外周血红细胞减少，而白细胞、血小板正常。再生障碍性贫血常表现为外周血三系减少，无淋巴结浸润。②胸骨压痛、浅表淋巴结肿大均为急性白血病的浸润症状，但胸骨下段压痛较淋巴结肿大更有临床意义，故最佳答案为 B 而不是 C。睑结膜苍白、心脏杂音为贫血的临床表现，皮肤出血点为血小板减少的临床表现，可见 A、D、E 均无特异性，故不答。③确诊急性白血病首选骨髓穿刺涂片+细胞学检查（E）。血小板抗体检测常用于诊断特发性血小板减少性紫癜。血清铁蛋白测定常用于诊断缺铁性贫血。骨髓扫描常用于诊断恶性肿瘤的骨转移。淋巴结活检常用于诊断淋巴瘤。

1661. ABCDE　1662. ABCDE　①青年男性，有贫血（头晕、乏力）、感染（发热）、出血（牙龈出血、皮肤出血点、舌尖血疱）三大症状，有浸润症状（胸骨压痛、脾大），外周血红细胞、血小板减少，而白细胞增高，应诊断为急性白血病（C）。再生障碍性贫血常表现为外周血三系减少，无胸骨压痛、肝脾淋巴结肿大。特发性血小板减少性紫癜常表现为外周血小板减少，而白细胞、红细胞正常。巨幼细胞贫血常表现为红细胞减少，而白细胞、血小板正常。②急性白血病最常见的死亡原因是颅内出血，约占 87%（E）。咯血、消化道出血少见。尿血、眼底出血一般不会导致患者死亡。

1663. ABCDE　1664. ABCDE　1665. ABCDE　①肝、脾、淋巴结肿大最常见于急性淋巴细胞白血病，初诊时约 60%的病例有肝大，48%有脾大，62%有淋巴结肿大（E）。②急性早幼粒细胞白血病（APL）患者异常早幼粒细胞颗粒增多，可释放促凝因子诱发 DIC（B）。③白血病细胞浸润可发生牙龈肿胀、口腔溃疡，多见于急性单核细胞白血病、急性粒-单核细胞白血病（C）。④绿色瘤（粒细胞肉瘤）常见于急性粒细胞白血病（A）。

1666. ABCDE　①中枢神经系统白血病以急性淋巴细胞白血病最常见，约占 70%，故答 D。②急性粒细胞白血病易发生绿色瘤，急性单核细胞白血病易发生牙龈肿胀，APL 易发生 DIC，慢性髓系白血病易发生脾大。

1667. ABCDE　中枢神经系统白血病可发生于急性白血病的各个时期，但最常发生在化疗后缓解期，这是由于化疗药物难以通过血脑屏障，隐藏在中枢神经系统的白血病细胞不能被有效杀灭所致。

1668. ABCDE　白血病患者的外周血白细胞计数大多数升高：>10×10⁹/L 为白细胞增多性白血病，>100×10⁹/L为高白细胞性白血病，>200×10⁹/L 为白细胞淤滞症。

1669. ABCDE　①中年男性，骨髓增生活跃，原始细胞占>30%，应诊断为急性白血病。骨髓涂片染色髓过氧化物酶(MPO)强阳性，Auer 小体成堆，应诊断为急性早幼粒细胞白血病(APL)。APL 通常表达 CD13、CD33、CD117，不表达 HLA-DR 和 CD34。②CD14 阳性常见于单核细胞白血病，CD10 阳性常见于 B 淋巴细胞白血病。

1670. ABCDE　①青年女性，发热、乏力、牙龈出血，骨髓穿刺示原始细胞>30%，应诊断为白血病。骨髓涂片示 MPO 染色阳性，应考虑急性粒细胞白血病、急性单核细胞白血病。NSE 染色，且不被 NaF 抑制，应考虑急性粒细胞白血病，故不答 C、D、E。AML-M_4 为急性粒-单核细胞白血病，AML-M_5 为急性单核细胞白血病，AML-M_6 为红白血病。②AML-M_3 为急性早幼粒细胞白血病(APL)，常表现为 CD13(+)、CD33(+)、CD34(-)。根据题干，正确答案应为 A 而不是 B。

1671. ABCDE　①患者高热，头痛，呕吐，外周血红细胞和血小板减少，中性粒细胞显著增高，幼稚细胞占82%，应诊断为急性白血病。②白血病分型检查主要包括细胞化学染色检查(细胞糖原染色、细胞髓过氧化物酶染色、细胞非特异性酯酶染色)、免疫学检查、染色体检查三种。其中，以染色体检查是最可靠的分子标志。参阅 8 版诊断学 P478。

1672. ABCDE　①患者有贫血(Hb<120g/L)、感染(发热)、出血(皮肤出血点)三大症状，有浸润体征(胸骨压痛、肝脾大)，外周血三系减少，且可见幼稚细胞，应诊断为急性白细胞不增多性白血病(D)。②再生障碍性贫血、脾功能亢进、阵发性睡眠性血红蛋白尿均表现为外周血三系减少，但不会出现肝脾肿大、胸骨压痛等浸润性症状，故不答 A、B、E。巨幼细胞贫血常表现为外周血红细胞减少，但白细胞、血小板应正常，故不答 C。

1673. ABCDE　①骨髓原始细胞≥30%，应确诊为急性白血病。髓过氧化物酶和非特异性酯酶染色均为阴性，应诊断为急性淋巴细胞白血病(D)。②急性早幼粒细胞白血病表现为髓过氧化物酶强阳性。急性单核细胞白血病表现为髓过氧化物酶阳性，非特异性酯酶染色阳性且能被氟化钠抑制。

1674. ABCDE　①中性粒细胞碱性磷酸酶(NAP)主要存在于成熟阶段的中性粒细胞，其他血细胞均呈阴性反应。NAP 的检查方法是外周血涂片经染色后，在油镜下连续观察 100 个中性粒细胞，记录其阳性反应细胞所占的百分率(阳性率)。NAP 阳性率计数的是 100 个中性粒细胞，故 NAP 阳性率与外周血粒细胞总数无关，而与中性粒细胞是否发育成熟有关，只要成熟阶段的中性粒细胞数量增多，即使总的中性粒细胞计数减少，NAP 阳性率照样增高。②急、慢性粒细胞白血病为造血干细胞的恶性疾病，有粒细胞分化和成熟障碍，尽管外周血粒细胞计数很高，但 NAP 阳性率仍降低。③急性淋巴细胞白血病、淋巴瘤主要是影响淋巴细胞的发育，对中性粒细胞的发育、成熟影响相对较小，因此 NAP 阳性率中度增高。④类白血病反应是指患者在严重感染时，出现外周血白细胞显著增高，这是正常人的正常反应，其外周血多为成熟中性粒细胞，因此 NAP 阳性率显著增高(B)。

1675. ABCDE　①骨髓细胞学检查见原始细胞>30%，应诊断为白血病。少数细胞胞质中可见 Auer 小体，应除外急性淋巴细胞白血病，故不答 C。②髓过氧化物酶(MPO)染色为弱阳性，应考虑急性粒细胞白血病或急性单核细胞白血病。③牙龈肿胀常见于急性单核细胞白血病或急性粒-单核细胞白血病，故答 A。

1676. ABCDE　①青年女性，出血，肝、脾受累，外周血红系、血小板减少而白细胞增多，骨髓粒系增生活跃，可见原始细胞，应诊断为急性白血病(E)。②缺铁性贫血、溶血性贫血常表现为外周血红细胞减少，而白细胞、血小板正常，骨髓以红系增生为主。患者骨髓增生旺盛，故不答 B。特发性血小板减少性紫癜常表现为外周血小板减少，而红细胞、白细胞正常，骨髓以巨核系增生为主。

1677. ABCDE　①患者骨髓增生活跃，原始细胞>30%，应诊断为急性白血病。在白血病确诊后，应进一步进行细胞化学染色检查，以明确白血病类型（B）。②染色体核型分析需在确定白血病类型后进行，故答B而不是A，很多医考参考书将答案错为A。血清铁测定常用于诊断缺铁性贫血。血细菌培养常用于诊断感染性心内膜炎。抗血小板抗体检测常用于诊断特发性血小板减少性紫癜。

1678. ABCDE　①急性白血病患者骨髓穿刺细胞见Auer小体，提示急非淋巴细胞白血病（急性粒细胞白血病、急性粒-单核细胞白血病、急性单核细胞白血病）而不是急性淋巴细胞白血病，故不答A。②髓过氧化物酶（POX，9版《内科学》P572为MPO）强阳性提示急性粒细胞白血病，故不答B、C、E。急性早幼粒细胞胞质内含有较多粗大颗粒，易于识别，为其镜下特征，故答D。

1679. ABCDE　①患者骨髓象原始细胞>30%，可确诊为急性白血病。②髓过氧化物酶染色阳性常见于急性粒细胞白血病、急性单核细胞白血病，阴性见于急性淋巴细胞白血病，故不答C。③非特异性酯酶阳性，阳性反应可被氟化钠抑制见于急性单核细胞白血病，阳性反应不能被氟化钠抑制见于急性粒细胞白血病，故应诊断为急性单核细胞白血病。

1680. ABCDE　①急性白血病患者髓过氧化物酶（POX/MPO）染色弱阳性见于急性粒细胞白血病、急性单核细胞白血病。②非特异性酯酶染色阳性，阳性反应可被氟化钠抑制见于急性单核细胞白血病，阳性反应不能被氟化钠抑制见于急性粒细胞白血病，故本例应诊断为急性单核细胞白血病（M_5型），故答E。③M_1型为急性粒细胞白血病未分化型，M_2型为急性粒细胞白血病部分分化型，M_3型为急性早幼粒细胞白血病，M_4型为急性粒-单核细胞白血病。

1681. ABCDE　1682. ABCDE　1683. ABCDE　①患者骨髓检查原始细胞（幼稚细胞）>30%，应诊断为急性白血病。髓过氧化物酶染色强阳性常见于急性早幼粒细胞白血病（APL），弱阳性常见于急性粒细胞白血病、急性单核细胞白血病，阴性见于急性淋巴细胞白血病，故不答B、C、E。APL细胞胞质内含有较多粗大颗粒为其特点，故答A。患者病史仅5天，不可能诊断为慢性粒细胞白血病急变，故不答D。②APL细胞颗粒中含有促凝物质，故极易并发弥散性血管内凝血（DIC），参阅14版《实用内科学》P2372。巨脾常见于慢性粒细胞白血病。严重感染常见于急性白血病。急性淋巴细胞白血病易侵犯中枢神经系统。齿龈肿胀多见于急性单核细胞白血病、急性粒-单核细胞白血病。③90%的APL有t（15;17）（q22;q12），该基因易位使15号染色体上的PML基因（早幼粒细胞白血病基因）与17号染色体上的RARA基因（维A酸受体基因）形成PML-RARA融合基因。全反式维A酸为APL的首选药物，可作用于RARA，使APL细胞分化成熟，缓解率高达70%~95%（B）。DA（柔红霉素+阿糖胞苷）为急性粒细胞白血病的化疗方案。羟基脲为慢性粒细胞白血病的常用化疗药物。VP（长春新碱+泼尼松）为急性淋巴细胞白血病的化疗方案。骨髓移植常用于急性粒细胞白血病缓解后的治疗。

1684. ABCDE　1685. ABCDE　①非特异性酯酶细胞化学染色阳性，不被氟化钠抑制见于急性粒细胞白血病，故答B。②非特异性酯酶细胞化学染色阳性，能被氟化钠抑制见于急性单核细胞白血病，故答C。③非特异性酯酶细胞化学染色阴性见于急性淋巴细胞白血病。

1686. ABCDE　1687. ABCDE　①慢性粒细胞白血病Ph染色体阳性率约95%，显带分析为t（9;22）（q34;q11），故答C。②类白血病样反应中性粒细胞碱性磷酸酶（NAP）积分显著增高，故答B。③A为急性髓系白血病，D为急性淋巴细胞白血病，E为急性单核细胞白血病。

1688. ABCDE　1689. ABCDE　1690. ABCDE　①髓过氧化物酶（POX/MPO）对急性粒细胞白血病的反应各异，对分化差的原粒细胞呈阴性反应，对分化好的粒细胞呈阳性反应，如M_1型（急性粒细胞白血病未分化型）呈阴性或弱阳性反应，M_2型（急性粒细胞白血病部分分化型）呈阳性反应，M_3型（急性早幼粒细胞白血病）呈强阳性反应，故答A。②急性单核细胞白血病非特异酯酶染色阳性，其阳性可被氟化钠抑制，故答C。③急性淋巴细胞白血病的糖原染色为强阳性，呈块状或粗颗粒状，故答E。④B见于急性粒细胞白血病，D见于铁粒幼细胞贫血。

1691. ABCDE　90%的急性早幼粒细胞白血病（M_3型）有t（15;17）（q22;q12），该基因易位使15号染色

体上的 *PML* 基因(早幼粒细胞白血病基因)与 17 号染色体上的 *RARA* 基因(维 A 酸受体基因)形成 *PML-RARA* 融合基因。这是 M_3 型发病和用全反式维 A 酸治疗有效的分子基础。该成果的发现者王振义院士获得了 2010 年国家最高科学技术奖,这是我国少有的得到国际公认的科技成果之一。

1692. ABCDE ①患者骨髓增生极度活跃,原始细胞>30%,应诊断为急性白血病。②髓过氧化物酶(POX/MPO)染色呈弱阳性常见于急性粒细胞白血病、急性单核细胞白血病。非特异性酯酶染色阳性,阳性反应可被 NaF 抑制,见于急性单核细胞白血病;阳性反应不能被 NaF 抑制,见于急性粒细胞白血病,故本例应诊断为急性单核细胞白血病。其免疫学标记为 $CD13^+$、$CD14^+$、$CD15^+$、$CD64^+$,故答 A。③$CD3^+$、$CD4^+$、$CD8^+$ 为 T 细胞的免疫学标记。$CD41^+$ 为巨核细胞的免疫学标记。

1693. ABCDE ①急性淋巴细胞白血病行 VDLP 联合化疗后外周血三系减少,应行对症治疗。输注悬浮红细胞的指征为 Hb<70g/L,输注浓缩血小板的指征为 $Plt<20\times10^9/L$。患者 Hb75g/L,$Plt30\times10^9/L$,故不答 A、D。目前患者体温 37.4℃,控制感染不是首选治疗,故不答 B。输注新鲜血浆的目的是补充凝血因子,患者出血的原因是血小板减少而不是凝血因子减少,故不答 C。②患者外周血中性粒细胞(N) $<0.5\times10^9/L$,应诊断为粒细胞缺乏症,首要治疗是皮下注射粒细胞集落刺激因子(G-CSF)。

1694. ABCDE ①患者骨髓细胞学检查原始细胞>30%,应诊断为急性白血病。髓过氧化物酶染色和非特异性酯酶染色均为阴性,应诊断为急性淋巴细胞白血病,化疗首选 VDLP 方案,即长春新碱(VCR)+柔红霉素(DNR)+左旋门冬酰胺酶(*L*-ASP)+泼尼松(P),答案为 B。②VAD 方案常用于多发性骨髓瘤的治疗。ABVD 为霍奇金淋巴瘤的首选化疗方案。DA 为急性髓系白血病的常用化疗方案。CHOP 为非霍奇金淋巴瘤的首选化疗方案。

1695. ABCDE ①左旋门冬酰胺酶的副作用包括凝血因子合成减少、肝功能损害、胰腺炎、过敏反应(D)。②阿糖胞苷的副作用为小脑共济失调、皮疹、发热、眼结膜炎。长春新碱的副作用为末梢神经炎、便秘。柔红霉素的副作用为心脏毒性。足叶乙苷的副作用为骨髓抑制、消化道反应、脱发。

1696. ABCDE 1697. ABCDE 1698. ABCDE ①患者有贫血(Hb85g/L)、感染(体温 38~39℃)、出血(皮肤紫癜)三大症状,有浸润体征(脾及淋巴结肿大),外周血红细胞、血小板减少,而白细胞增多,应考虑急性白血病,对诊断帮助最大的检查为骨髓穿刺检查(D)。血细菌培养常用于诊断感染性心内膜炎。白细胞分类无特异性。胸部 X 线片常用于诊断肺炎。血小板抗体检测常用于诊断特发性血小板减少性紫癜。②急性白血病化疗 3 周后,患者突然出现高热、头痛、呕吐、Kernig 征阳性,说明已侵犯中枢神经系统。中枢神经系统白血病(CNSL)的治疗,在全身化疗的同时,应首选甲氨蝶呤(MTX)鞘内注射(C)。白血病不是细菌感染性疾病,无需使用广谱抗生素,故不答 A、D。白血病无需抗结核治疗,故不答 B。患者 $Plt>20\times10^9/L$,无需紧急输注血小板。③CNSL 的脑脊液压力高,清澈或混浊,有大量白血病细胞(而不是中性粒细胞),无细菌,蛋白质增多、糖定量减低。因 E 无特异性,故答 D 而不是 E。A、B 为化脓性脑膜炎的特点,C 为结核性脑膜炎的特点。

1699. ABCDE ①治疗脑膜白血病,应首选甲氨蝶呤(MTX)鞘内注射,可通过血脑屏障,快速控制中枢神经系统白血病。②长春新碱、环磷酰胺常用于急性淋巴细胞白血病的治疗。高三尖杉酯碱常用于急性髓系白血病的治疗,对急性淋巴细胞白血病无效。6-巯基嘌呤常用于慢性髓系白血病急变期的治疗。

1700. ABCDE 骨髓移植是急性白血病的重要治疗方法,异基因骨髓移植应采用 HLA 匹配的同胞异基因骨髓,年龄应控制在 50 岁以内,除儿童非高危组以外,均应在第一次化疗缓解期后进行。自体干细胞移植较自体骨髓移植简便,骨髓造血功能恢复快。故 C 项的"与年龄、性别无关"是错误的。

1701. ABCDE ①急性髓系白血病的诱导缓解首选 DA 方案,即柔红霉素(DNR)+阿糖胞苷(Ara-C),故答 C。②VP(长春新碱+泼尼松)为急性淋巴细胞白血病的诱导缓解方案。ATRA(全反式维 A 酸)为急性早幼粒细胞白血病的首选化疗药物。CHOP(环磷酰胺+阿霉素+长春新碱+泼尼松)为非霍奇金淋巴瘤的化疗方案。MTX(甲氨蝶呤)为中枢神经系统白血病的首选化疗药物。

1702. ABCDE　1703. ABCDE　1704. ABCDE　①患者发热、皮肤出血，胸骨压痛，外周血红细胞和血小板减少，白细胞增多，分类见原始和幼稚细胞，应考虑急性白血病。患者全身多处浅表淋巴结肿大，故急性淋巴细胞白血病的可能性大(A)。非霍奇金淋巴瘤、霍奇金淋巴瘤一般仅有浅表淋巴结肿大，不会出现胸痛及外周血白细胞增高，故不答 B、D。急性粒巴细胞白血病虽可出现浅表淋巴结肿大，但一般不会多处肿大，故不答 C。系统性红斑狼疮常表现为多系统受累，尤其肾脏受累，与题干所述不符，故不答 E。②为确诊急淋白血病，当然首选骨髓细胞学检查(A)。淋巴结活检是确诊淋巴瘤的常用方法。骨髓活检仅用于科研，目前临床上很少应用。腹部 B 超无助于确诊白血病。抗核抗体(ANA)谱常用于系统性红斑狼疮的诊断。③急性淋巴细胞白血病的化疗首选 VDLP 方案(长春新碱+柔红霉素+左旋门冬酰胺酶+泼尼松)，答案为 B。ABVD 为霍奇金淋巴瘤的首选化疗方案。DA 是急性髓系白血病的化疗方案。CHOP 为非霍奇金淋巴瘤的化疗方案。

1705. ABCDE　1706. ABCDE　1707. ABCDE　①患者红系减少，白细胞增多，且外周血中见原始细胞，应考虑为急性白血病。患者发热、头晕、视物模糊，说明白血病已累及中枢神经系统。为明确诊断，当然首选骨髓细胞学检查。B、C、E 均属于骨髓细胞学检查方法，骨髓形态学检查主要用于确诊白血病，骨髓细胞化学染色检查、染色体检查都是在确诊白血病之后，需对白血病进行分型时才做的检查项目，故答 B 而不是 C、E。血涂片检查不能确诊急性白血病，故不答 A。脑脊液幼稚细胞检查仅提示白血病是否累及中枢神经系统，并不是确诊急性白血病必做的检查项目，故不答 D。②骨髓涂片中，若含粗大颗粒的早幼粒细胞>30%，应诊断为急性早幼粒细胞白血病(M_3 型)，故答 C。M_1 型(急性粒细胞白血病未分化型)是指原粒细胞占 90%以上。M_2 型(急性粒细胞白血病部分分化型)是指原粒细胞占 30%～89%，其他粒细胞>10%，单核细胞<20%。M_4 型(急性粒-单核细胞白血病)是指原始细胞≥30%，各阶段粒细胞 30%～80%，各阶段单核细胞>20%。M_5 型(急性单核细胞白血病)是指各阶段单核细胞>80%。③AML-M_3 型的治疗首选全反式维 A 酸。A、B 常用于急性淋巴细胞白血病的化疗。C、D 常用于急性髓系白血病的化疗。

1708. ABCDE　1709. ABCDE　①急性粒细胞白血病，除急性早幼粒细胞白血病采用全反式维 A 酸化疗外，其他均首选 DA 方案(柔红霉素+阿糖胞苷)，故答 C。②急性淋巴细胞白血病诱导缓解的基本方案为 VP 方案(长春新碱+泼尼松)，故答 E。③甲氨蝶呤是中枢神经系统白血病的首选药物。

1710. ABCDE　①脾脏显著增大，肯定需要很长的时间"长大"，不可能为急性白血病，故不答 A、B、C。②慢性粒细胞白血病最显著的体征是脾脏肿大，常可达脐或脐下。慢性淋巴细胞白血病主要表现为淋巴结肿大。

1711. ABCDE　①患者脾大，白细胞显著增高，血红蛋白和血小板正常，最可能的诊断为慢性粒细胞白血病，而不能诊断为急性粒细胞白血病。②急性粒细胞白血病常表现为外周血红细胞和血小板减少，白细胞增高。肝硬化、脾功能亢进常表现为脾大，但外周血三系减少。类白血病反应常有白细胞显著增多，但不会出现脾进行性增大。骨髓纤维化可有脾大，但外周血红细胞常减少、白细胞多正常。

1712. ABCDE　①慢性粒细胞白血病的化疗首选药物：7 版《内科学》P611 为羟基脲，9 版《内科学》P578 为伊马替尼。羟基脲可随细胞周期特异性抑制 DNA 的合成，起效快，副作用少，耐受性好。②马利兰(白消安)为一种烷化剂，现已少用。美法仑、靛玉红、高三尖杉酯碱仅在上述药物无效时选用。

1713. ABCDE　①患者左上腹肿块为巨脾所致，Ph 染色体阳性，应诊断为慢性粒细胞白血病，其治疗首选羟基脲(9 版《内科学》P578 首选伊马替尼)。②DA(柔红霉素+阿糖胞苷)为除急性早幼粒细胞白血病外的急性粒细胞白血病的首选化疗方案。CHOP(环磷酰胺+阿霉素+长春新碱+泼尼松)为非霍奇金淋巴瘤的化疗方案。VP(长春新碱+泼尼松)为急性淋巴细胞白血病诱导缓解的基本方案。本例为慢性粒细胞白血病，不是脾功能亢进所致，故无需脾切除。

1714. ABCDE　7 版《内科学》：能使慢性粒细胞白血病达血液学缓解的首选药物是羟基脲。9 版《内科学》P578：能使慢性粒细胞白血病达到完全细胞遗传学缓解的首选药物是伊马替尼，其缓解率为 92%。

1715. ABCDE　7 版《内科学》:能使慢性粒细胞白血病达遗传学缓解的首选药物是干扰素。9 版《内科学》P578:能使慢性粒细胞白血病达到完全细胞遗传学缓解的首选药物是伊马替尼,其缓解率为 92%。

1716. ABCDE　①患者左上腹肿块,巨脾,外周血红细胞减少,血小板正常,而白细胞显著升高,骨髓原始粒细胞 2%,Ph 染色体阳性,应诊断为慢性粒细胞白血病,治疗首选羟基脲(9 版《内科学》P578 首选伊马替尼),答案为 D。②慢性粒细胞白血病患者无需使用抗生素治疗,也不宜行脾切除。HOAP 为原急性非淋巴细胞白血病的化疗方案,VAP 为原急性淋巴细胞白血病的化疗方案,现已少用,参阅 1 版《内科学》P534。

1717. ABCDE　慢性粒细胞白血病加速期常表现为:①进行性贫血(即血红蛋白逐渐下降);②外周血或骨髓原始细胞≥10%(E 错);③外周血嗜碱性粒细胞>20%;④不明原因的血小板进行性减少或增加。

1718. ABCDE　慢性髓系白血病分为慢性期、加速期和急变期,急变期的诊断标准为:①外周血中原粒细胞+早幼粒细胞>30%;②骨髓中原始细胞或原淋细胞+幼淋细胞或原单单核+幼单细胞>20%;③骨髓中原粒细胞+早幼粒细胞>50%;④出现髓外原始细胞浸润。E 为加速期的诊断标准。

1719. ABCDE　①Ph 染色体阳性常见于慢性髓系白血病(阳性率约为 95%),还可见于急性粒细胞白血病(2%)、成人急性淋巴细胞白血病(25%)、儿童急性淋巴细胞白血病(5%),不见于慢性淋巴细胞白血病(A 错)。②Auer 小体常见于急性粒细胞白血病、急粒-单核细胞白血病、急性单核细胞白血病,而不见于急性淋巴细胞白血病。③慢性髓系白血病由于中性粒细胞成熟障碍,可导致中性粒细胞碱性磷酸酶活性减低。④急性髓系白血病在分化差的原始细胞髓过氧化物酶呈阴性或弱阳性反应,在分化好的原始细胞呈强阳性。⑤红血病或红白血病时,幼红细胞糖原染色呈强阳性,有助于与其他红系疾病鉴别。

1720. ABCDE　①慢粒白血病慢性期外周血血小板计数多在正常水平,部分患者增多。②中性粒细胞碱性磷酸酶(NAP)主要存在于成熟阶段的中性粒细胞,其他血细胞均呈阴性反应。NAP 的检查方法是外周血涂片经染色后,在油镜下连续观察 100 个中性粒细胞,记录其阳性反应细胞所占的百分率(即为阳性率)。可见,NAP 阳性率与外周血中性粒细胞总数无关,而与中性粒细胞是否发育成熟有关。慢粒白血病存在中性粒细胞分化和成熟障碍,尽管外周血中性粒细胞总数很高,但 NAP 阳性率仍明显降低(B 对)。③慢粒白血病慢性期可有正常细胞正常色素性贫血,外周血一般见不到有核红细胞。④骨髓象巨核细胞常明显增多。⑤E 为慢粒白血病急变期的表现。

1721. ABCDE　①慢性粒细胞白血病和类白血病反应均可出现脾大、外周血白细胞计数增高,且可见中、晚幼粒细胞,骨髓象检查均可见粒系增生活跃,因此 A、B、C、D 均不能作为两者的鉴别要点。②慢性粒细胞白血病 Ph 染色体阳性,但类白血病反应 Ph 染色体阴性,此为两者的鉴别要点,答案为 E。

1722. ABCDE　1723. ABCDE　1724. ABCDE　①患者有巨脾,外周血白细胞计数显著增高,粒细胞比例增高,且见原始细胞,NAP 阴性,考虑为慢性粒细胞白血病。为明确诊断,应首选骨髓检查(E)。腹部 B 超、CT 均为影像学检查方法,不能确诊慢性粒细胞白血病。肝功能检查无特异性。血浆免疫球蛋白测定主要用于诊断多发性骨髓瘤。②确诊慢性粒细胞白血病后,进一步检查应作染色体核型分析,因为 95%以上的慢性粒细胞白血病均可表达 Ph 染色体,其显带分析为 t(9;22)(q34;q11),答案为 B。骨髓干细胞培养、骨髓活检操作复杂,目前仅用于科研,临床上少用,一般不作为答案项,故不答 A、E。食管造影、同位素扫描对慢性粒细胞白血病的诊断价值不大,故不答 C、D。③慢性粒细胞白血病的化疗首选伊马替尼,其完全细胞遗传学缓解率为 92%。羟基脲为 7 版《内科学》治疗慢性粒细胞白血病的首选药物。慢性粒细胞白血病不是脾亢,不应行脾切除。阿糖胞苷常用于急性粒细胞白血病的治疗。糖皮质激素常用于急性淋巴细胞白血病的治疗。

1725. ABCDE　1726. ABCDE　1727. ABCDE　①脾脏显著肿大(巨脾)是慢性粒细胞白血病的特点,故答 A。B、C、D、E 均不会出现巨脾。②慢性粒细胞白血病的特征性染色体改变是 t(9;22)(q34;q11),即 9 号染色体长臂上 *C-ABL* 原癌基因易位至 22 号染色体长臂的断裂点簇集区(*BCR*)形成

BCR-ABL 融合基因。t(15;17)(q22;q21)为急性早幼粒细胞白血病的特异性染色体改变。③慢性粒细胞白血病的治疗首选酪氨酸激酶抑制剂甲磺酸伊马替尼，其完全细胞遗传学缓解率92%。羟基脲为过去慢性粒细胞白血病的首选药物，故答D。亚砷酸、全反式维A酸常用于急性早幼粒细胞白血病的治疗。维生素 B_{12}、叶酸常用于巨幼细胞贫血的治疗。沙利度胺、红细胞生成素常用于骨髓增生异常综合征的治疗。苯丁酸氮芥、糖皮质激素常用于慢性淋巴细胞白血病的治疗。

1728. ABCDE　①霍奇金淋巴瘤具有诊断意义的细胞是R-S细胞，答案为A。请注意：R-S细胞是霍奇金淋巴瘤"具有诊断意义"的细胞，但并非霍奇金淋巴瘤特有。R-S细胞还可见于传染性单核细胞增多症、结缔组织病等。②霍奇金淋巴瘤的肿瘤细胞包括R-S细胞(诊断性R-S细胞、镜影细胞)、霍奇金细胞(单核瘤巨细胞)、陷窝细胞、L&H细胞(爆米花细胞)、多核瘤巨细胞等。

1729. ABCDE　①里-斯细胞(Reed-Sternberg)也称R-S细胞，是霍奇金淋巴瘤"具有诊断意义"的细胞，故答A。②非霍奇金淋巴瘤、淋巴结转移癌、急性白血病均无R-S细胞。

1730. ABCDE　间变性大细胞淋巴瘤属于T细胞淋巴瘤，A、B、D、E均属于B细胞淋巴瘤。

1731. ABCDE　1732. ABCDE　①间变性大细胞淋巴瘤属于T细胞淋巴瘤，A、C、D、E均属于B细胞淋巴瘤。②边缘区淋巴瘤属于惰性淋巴瘤，B、C、D、E均属于侵袭性淋巴瘤。

1733. ABCDE　1734. ABCDE　在所给5个选项中，属于低度恶性的淋巴瘤是滤泡性小裂细胞型(B)，属于高度恶性的淋巴瘤是小无裂细胞型(A)，C、D、E均属于中度恶性淋巴瘤。

1735. ABCDE　非霍奇金淋巴瘤的国际工作分型分为4型。①低度恶性：小淋巴细胞型、滤泡性小裂细胞型、滤泡性小裂细胞与大细胞混合型；②中度恶性：滤泡性大细胞型、弥漫性小裂细胞型、弥漫性小细胞与大细胞混合型、弥漫性大细胞型；③高度恶性：免疫母细胞型、淋巴母细胞型、小无裂细胞型(Burkitt或非Burkitt淋巴瘤)；④其他：毛细胞型、皮肤T细胞型、组织细胞型、髓外浆细胞瘤、不能分型。可见，A、E为低度恶性，B、D为高度恶性，C为中度恶性，答案为C。

1736. ABCDE　非霍奇金淋巴瘤(NHL)患者需根据免疫学标记、染色体异常来进一步分类，常考的特征性染色体易位标记包括：套细胞性淋巴瘤为t(11;14)，边缘区淋巴瘤为t(11;18)，滤泡性淋巴瘤为t(14;18)，弥漫性大B细胞淋巴瘤为t(14;18)，Burkitt淋巴瘤为t(8;14)，间变大细胞淋巴瘤为t(2;5)。患者特征性染色体易位为t(11;14)，应诊断为套细胞淋巴瘤，故答E。

1737. ABCDE　①滤泡性淋巴瘤的瘤细胞呈CD20(+)、CD5(+)，故不答A，参阅6版《内科学》P622。②间变性大细胞淋巴瘤的瘤细胞呈CD20(-)、CD30(+)，故不答B，参阅7版《内科学》P620。③套细胞淋巴瘤的瘤细胞呈CD20(+)、CD5(+)，故不答C，参阅7版《内科学》P619。④霍奇金淋巴瘤的肿瘤细胞免疫表型常为CD20(-)，CD30(+)，参阅14版《实用内科学》P2428。⑤弥漫性大B细胞淋巴瘤的瘤细胞呈CD19(+)、CD20(+)、CD30(-)，CD5(-)，故答E。

1738. ABCDE　①霍奇金淋巴瘤特征性的热型为Pel-Ebstein热，表现为周期性发热。②间歇热常见于疟疾。稽留热常见于大叶性肺炎。弛张热常见于败血症。不规则热常见于结核病。

1739. ABCDE　无痛性进行性淋巴结肿大是淋巴瘤的共同临床表现，具有诊断意义，答案为C。

1740. ABCDE　非霍奇金淋巴瘤(NHL)有远处转移和结外浸润倾向，可累及人体各器官、系统。累及胃肠道的最常见部位是回肠(占50%)，其次是胃，结肠较少受累。

1741. ABCDE　①淋巴瘤的临床分期主要依据淋巴结及结外器官(如胸腔、腹腔、盆腔脏器)受累情况而定。胸部、盆腔CT有助于了解胸腔、盆腔脏器及淋巴结有无受累，腹部B超有助于了解腹腔脏器及腹膜后淋巴结有无受累，浅表淋巴结B超有助于了解浅表淋巴结有无受累，故不答A、B、D、E。②骨髓细胞学检查对于淋巴瘤的临床分期诊断价值不大，故答C。

1742. ABCDE　①霍奇金淋巴瘤(HL)的全身症状分为两组，凡无以下症状者为A组，凡有以下症状之一者为B组：不明原因发热T>38℃；盗汗；半年内体重下降10%以上。本例T38.4℃，应诊断为B组，故可首先排除C。②患者在横膈两侧(颈部和腹股沟)同时有淋巴结受累，应属于Ⅲ期，故可排除

A、B。患者有脾脏受累,应诊断为ⅢS。患者无结外器官受累,可排除ⅢE,故答E。

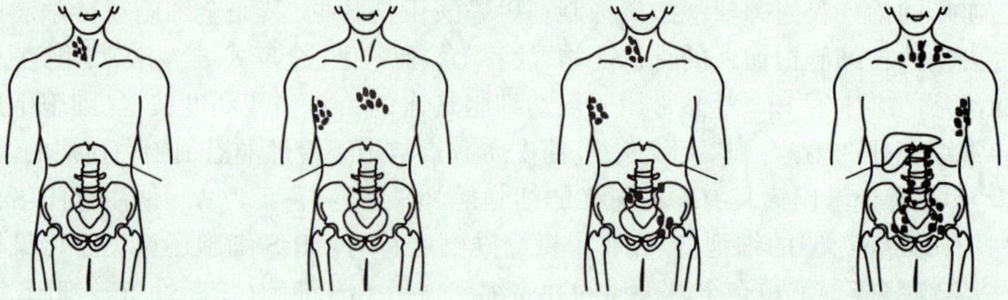

1743. ABCDE ①患者双侧颈部、左腋窝淋巴结受累,受累淋巴结位于横膈的同侧,应为Ⅱ期。②患者最高体温<38℃,无盗汗,体重无变化,故按9版《内科学》P585标准不能诊断为B组,故应为ⅡA期。

1744. ABCDE 1745. ABCDE 1746. ABCDE ①淋巴瘤常根据全身症状分为A、B两组。凡无以下症状者为A组,凡有以下症状之一者为B组:不明原因发热T>38℃;盗汗;半年内体重下降10%以上。题干已交代患者体温38.7℃、体重减轻14kg,因此为判断该患者分组情况,还需询问是否有盗汗(C)。②淋巴瘤的分期依据是全身浅表、胸腹部淋巴结转移情况,结外器官受累情况,肝脾有无浸润等,故应首选胸腹部CT检查,以明确临床分期(A)。肝肾功能、心电图、血常规对淋巴瘤临床分期的判断价值不大。③弥漫性大B细胞淋巴瘤(DLBCL)属于侵袭性非霍奇金淋巴瘤,化疗首选CHOP方案(环磷酰胺+阿霉素+长春新碱+泼尼松)。DLBCL可表达CD20,故可加用CD20单抗(利妥昔单抗)进行生物治疗,称为R-CHOP方案,是DLBCL的经典治疗方案(E)。ABVD为霍奇金淋巴瘤的首选化疗方案,MOPP为过去霍奇金淋巴瘤的化疗方案。VDLP为急淋白血病的化疗方案。DA为急性髓系白血病的化疗方案。

1747. ABCDE 1748. ABCDE ①霍奇金淋巴瘤的化疗方案包括MOPP(氮芥+长春新碱+甲基苄肼+泼尼松)和ABVD(阿霉素+博莱霉素+长春花碱+甲氮咪胺)方案,前者可影响生育能力,引起继发性肿瘤;后者对生育影响小,不引起继发肿瘤,疗效与前者相同,目前已成为所有霍奇金淋巴瘤的首选化疗方案,故答C。②弥漫性大B细胞淋巴瘤为侵袭性NHL,化疗首选CHOP(环磷酰胺+阿霉素+长春新碱+泼尼松)方案,故答D。③ESHAP方案可用于侵袭性NHL的治疗,但不是首选化疗方案。VLDP为急淋白血病的化疗方案。

1749. ABCDE 1750. ABCDE 1751. ABCDE ①患者多处浅表淋巴结无痛性肿大,应首先考虑淋巴瘤。少数B细胞非霍奇金淋巴瘤可并发自身免疫性溶血性贫血,导致抗人球蛋白试验(Coombs试验)阳性。根据题干,本例应诊断为淋巴瘤(B)。急性白血病可有肝脾、淋巴结肿大,外周血象常表现为红细胞与血小板减少,而粒细胞显著增加,故不答A、D。淋巴结炎常局限于某处,很少会有全身多处浅表淋巴结同时肿大,故不答C。骨髓增生异常综合征常表现为外周血三系减少,故不答E。②确诊淋巴瘤最有价值的检查当然是淋巴结活检,而不是骨髓细胞学检查,因为骨髓细胞学检查的阳性率仅为3%,故答E而不是C。腹部B超常用于淋巴瘤确诊后的分期诊断,故不答A。骨髓活检仅用于科研,临床尚未应用,故不答B。胸部X线片不能确诊淋巴瘤,故不答D。③Coombs试验阳性为温抗体型自身免疫性溶血性贫血的特异性试验,故患者贫血的原因是合并温抗体型自身免疫性溶血性贫血,其治疗首选糖皮质激素(A)。促红细胞生成素常用于治疗肾性贫血。环磷酰胺、环孢素A均为免疫抑制剂,常用于糖皮质激素无效者。丙种球蛋白有一定效果,但不作为首选。

1752. ABCDE 1753. ABCDE 1754. ABCDE ①患者骨髓中异常浆细胞>30%,应考虑多发性骨髓瘤(MM)。对于有症状的骨髓瘤,满足以下3条即可诊断为多发性骨髓瘤:血清和(或)尿中出现M蛋白;骨髓单克隆浆细胞≥10%;骨髓瘤相关靶器官损害至少1项(肾功能损害Scr>177μmol/L、血清钙>2.65mmol/L、贫血Hb<100g/L、溶骨性破坏、严重骨质疏松、病理性骨折)。题干已说明患者骨

髓浆细胞>10%和靶器官损害(Scr177μmol/L、溶骨性改变),故只要行血、尿免疫蛋白电泳检查,若发现M蛋白即可确诊多发性骨髓瘤。参阅3版8年制《内科学》P867。②Durie-Salmon分期是根据贫血、高钙血症、血或尿M蛋白水平、骨骼损害程度将多发性骨髓瘤分为三期,然后根据血肌酐水平分为A、B两组。Ⅰ期:符合下列所有4项者:Hb>100g/L、血钙正常、X线检查无异常、低M蛋白量(IgG<50g/L、IgA<30g/L、尿本周蛋白<4g/d);Ⅱ期:既不符合Ⅰ期也不符合Ⅲ期;Ⅲ期:符合以下任何1项,Hb<85g/L、血钙>2.75mmol/L、X线检查示溶骨性病灶>3个、高M蛋白量(IgG>70g/L、IgA>50g/L、尿本周蛋白>12g/d)。Scr<176.8μmol/L为A组,Scr≥176.8μmol/L为B组。本例腰椎X线片示第2腰椎压缩性骨折,有1个溶骨性病灶,应诊断为Ⅱ期;Scr>176.8μmol/L,应诊断为B组,故答案为C。③多发性骨髓瘤分为8种类型,即IgG、IgA、IgD、IgM、IgE、轻链型、非分泌型、双克隆或多克隆免疫球蛋白型、其中以IgG型最常见,其次为IgA型。

1755. ABCDE　①正常骨髓内浆细胞为1%~1.5%。患者骨髓中异常浆细胞>30%,应考虑多发性骨髓瘤。②对于有症状的骨髓瘤,满足全部3条,即可诊断为多发性骨髓瘤:血清和(或)尿中出现M蛋白;骨髓单克隆浆细胞≥10%;骨髓瘤相关靶器官损害至少1项(肾功能损害Scr>177μmol/L、血清钙>2.65mmol/L、贫血Hb<100g/L、溶骨性破坏、严重骨质疏松、病理性骨折)。题干已说明患者骨髓浆细胞>10%和靶器官损害(Scr>177μmol/L、Hb<100g/L),故只要行血、尿免疫蛋白电泳检查,若发现M蛋白即可确诊多发性骨髓瘤(D)。参阅3版8年制《内科学》P867。

1756. ABCDE　①出血性疾病分为5类:血管壁异常、血小板异常、凝血异常、抗凝及纤溶蛋白溶解异常、复合性止血机制异常。过敏性紫癜是一种血管变态反应性疾病,是机体对某种致敏物质产生变态反应,导致毛细血管脆性及通透性增加,血液外渗,产生紫癜、黏膜及器官出血。可见,过敏性紫癜属于血管壁功能异常引起的出血性疾病,答案为C。②特发性血小板减少性紫癜、弥散性血管内凝血、血小板增高,均属于血小板数量异常所致的出血性疾病。血友病属于凝血异常导致的出血性疾病。

1757. ABCDE　①弥散性血管内凝血(DIC)是由于血管内皮细胞损伤,血小板活化,凝血反应启动,从而导致弥散于毛细血管内的微血栓形成。在这个过程中,血小板和凝血因子大量消耗而减少。因此DIC属于血小板消耗过度导致的血小板减少性疾病,答案为B。②特发性血小板减少性紫癜为血小板免疫性破坏过多所致。白血病、再生障碍性贫血为血小板生成减少所致。

1758. ABCDE　①出血性疾病可分为血管性、血小板性、凝血障碍性疾病3类。血管壁异常、血小板异常多表现为皮肤黏膜出血,而本例皮肤无出血点及瘀斑,故不答A、B、C。②凝血障碍所致的出血常表现为深部血肿、关节出血、手术或外伤后渗血不止。患者拔牙后渗血不止,无皮肤黏膜出血,应考虑凝血功能障碍所致(D)。③临床上,纤溶异常所致的出血少见,故不答E。

1759. ABCDE　①出血性疾病可分为血管性、血小板性、凝血障碍性疾病3类。皮肤出血点、紫癜是血管异常、血小板异常所致,不属于凝血机制障碍所致的出血。②A、B、D、E均常见于凝血障碍性疾病。

1760. ABCDE　皮肤黏膜出血为血管壁异常的出血特点。A、B、D、E常见于凝血障碍性疾病。

1761. ABCDE　①患者皮肤黏膜未见出血点,说明血小板异常、血管壁异常所致出血的可能性小,故可首先排除C、E。②患者出血时间(BT)正常(正常值6.9±2.1分钟),凝血时间(CT)延长(正常值4~12分钟),提示为凝血因子异常所致的凝血障碍,不可能是血小板异常所致,因为血小板异常多表现为BT延长、CT正常。③患者外伤后关节出血,应考虑凝血障碍性疾病。患者幼年发病,应考虑遗传性疾病。故应诊断为FⅧ或FⅨ缺乏所致的血友病,FⅧ或FⅨ缺乏可影响内源性凝血途径,导致凝血活酶生成障碍(D对)。④生理学称凝血酶原酶复合物,《内科学》称凝血活酶,与凝血酶原、凝血酶是不同的概念。凝血酶生成是凝血过程的第二阶段,而不是第一阶段,故不答B。⑤纤维蛋白生成障碍所致的出血,临床上少见,故不答A。

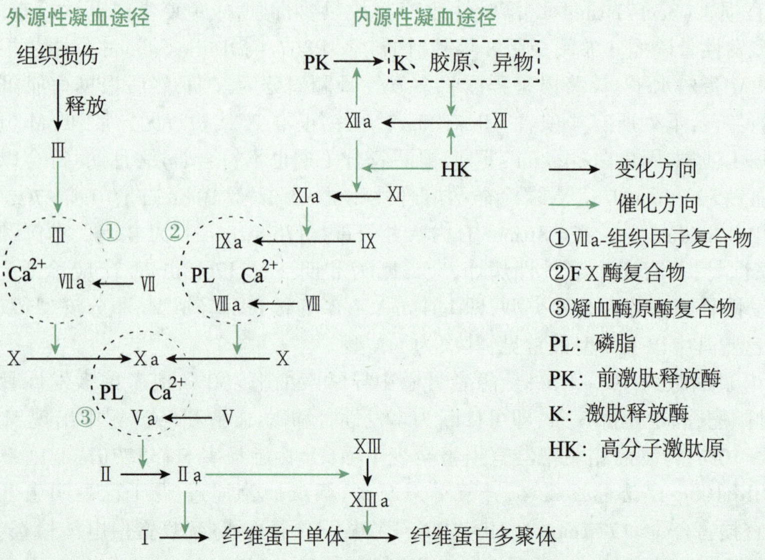

外源性及内源性凝血途径

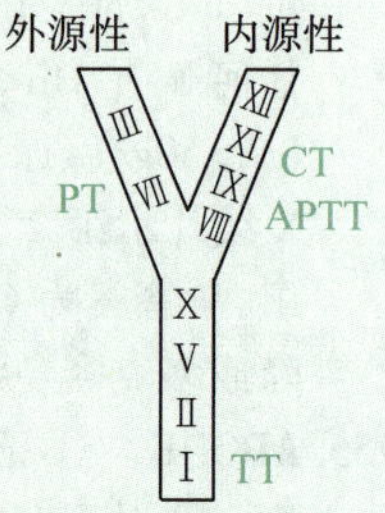

凝血途径简图

1762. ABCDE ①出血性疾病分为血管性、血小板性、凝血障碍性疾病3类。出血时间(BT)检查的是皮肤血管的止血功能,包括血管壁收缩和粘合,血小板黏附、积聚和释放,故反映的是血管性、血小板性因素。凝血时间(CT)、部分凝血活酶时间(APTT)反映的是内源性凝血系统功能。凝血酶原时间(PT)反映的是外源性凝血系统功能。②患者PT正常说明外源性凝血功能正常,患者BT、APTT延长说明血管性、血小板性、内源性凝血异常均存在。在所给的5个选项中,符合此条件的只有血管性血友病,既有血管性异常,又有血友病的内源性凝血异常,还有血小板vWF因子异常导致的血小板黏附功能降低,故答案为B。③血友病主要导致内源性凝血功能异常。过敏性紫癜为血管壁异常所致。维生素K缺乏可引起凝血因子Ⅱ、Ⅶ、Ⅸ、X合成减少,导致内源性及外源性凝血功能异常。遗传性出血性毛细血管扩张症为血管性异常所致。

1763. ABCDE ①纤维蛋白溶解简称纤溶,是指凝血过程所生成的不溶性纤维蛋白(原)在纤溶酶作用下,分解为可溶性纤维蛋白(原)降解产物(FDP)的过程。因此检测血中纤溶产物FDP的含量,可以了解是否存在纤溶异常。②血管性血友病因子(vWF)测定主要反映血小板与血管壁的黏附功能。血栓素B_2(TXB_2)测定可了解血小板聚集功能是否正常。血TAT(凝血酶-抗凝血酶复合物)和血PC(血浆蛋白C)测定,可检测抗凝系统的功能。

1764. ABCDE ①维生素K缺乏可导致维生素K依赖的凝血因子FⅡ、Ⅶ、Ⅸ、X的合成障碍。FⅦ、X、Ⅱ减少可造成外源性凝血途径异常,导致凝血酶原时间(PT)延长、凝血酶原时间国际正常化比值(INR)增高。FⅨ、X、Ⅱ减少可造成内源性凝血途径异常,导致凝血时间(CT)、活化的部分凝血活酶时间(APTT)异常。②纤维蛋白原降解产物(FDP)测定主要反映纤溶系统是否正常,因此维生素K缺乏可导致凝血系统异常,而不会导致FDP增加(B)。

1765. ABCDE ①凝血酶时间(TT)是测定在受检血浆中加入标准化凝血酶溶液,到开始出现纤维蛋白丝所需的时间,因此TT主要是了解凝血过程的第三阶段纤维蛋白原(FⅠ)是否正常。若纤维蛋白原降低,则TT延长。②凝血酶原(FⅡ)涉及凝血过程的第二阶段,FⅢ、Ⅷ、Ⅸ涉及凝血过程的第一阶段,可见FⅡ、Ⅲ、Ⅷ、Ⅸ均不涉及凝血过程的第三阶段FⅠ,故FⅡ、Ⅲ、Ⅷ、Ⅸ降低,TT正常。

1766. ABCDE 1767. ABCDE ①凝血过程分3个阶段,即凝血酶原酶复合物的形成、凝血酶的激活、纤维蛋白的生成。在凝血酶的作用下,纤维蛋白原→纤维蛋白单体→纤维蛋白的过程,属于凝血过程的第3阶段,因此纤维蛋白原定量检测,可反映凝血功能,答案为B。②血浆鱼精蛋白副凝试验简称3P试验。凝血过程中形成的纤维蛋白单体，可与FDP形成可溶性复合物。鱼精蛋白可使纤维蛋白单体从可溶性复合物中游离出来，然后聚合成不溶性的纤维蛋白丝，呈胶冻状态。因此，3P试验阳性主要反映纤溶亢进，答案为D。③出血时间(BT)反映的是血管性和血小板性异常。血块收缩试验主要反映血小板是否正常。血小板计数主要反映血小板数量是否正常。

1768. ABCDE　1769. ABCDE　①血友病是一组因遗传性凝血活酶生成障碍引起的出血性疾病，包括血友病A(FⅧ缺乏)、血友病B(FⅨ缺乏)和血友病C(FⅪ缺乏)。当初筛试验APTT(部分凝血活酶时间)延长，PT(凝血酶原时间)正常时，可行凝血活酶生成及纠正试验，以确定FⅧ、FⅨ、FⅪ缺乏。即分别用正常人血清(缺乏FⅧ)、硫酸钡吸附正常血浆(缺乏FⅨ)加入到患者的凝血活酶生成试验体系，根据能否纠正延长的凝血活酶时间，可定性地将血友病A、B、C区分出来。②纤溶系统由纤溶酶原、纤溶酶原激活物、纤溶酶原激活物抑制剂组成。当纤维蛋白凝结块形成时，在纤溶酶原激活物的作用下，纤溶酶原激活为纤溶酶。后者可使纤维蛋白降解为纤维蛋白降解产物(FDP)。D-二聚体即为FDP的主要成分之一，因此，血浆D-二聚体含量测定可了解有无纤溶亢进。③肾上腺素试验常用于了解有无粒细胞分布异常的假性粒细胞减少。血小板聚集试验常用于了解血小板聚集功能是否正常。毛细血管脆性试验常用于了解血管壁的通透性和脆性是否正常。

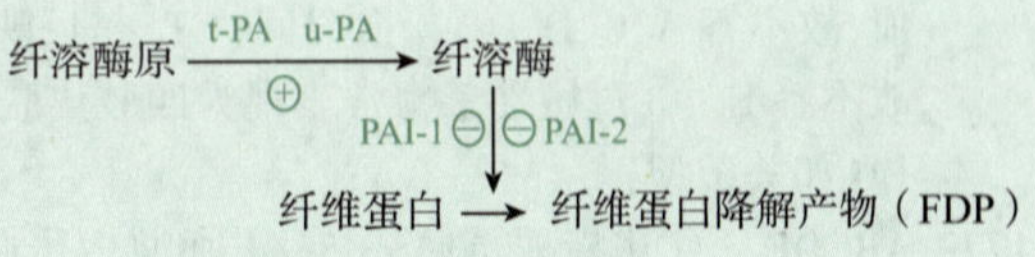

纤溶系统的活化与抑制

1770. ABCDE　①凝血过程中凝血因子的激活顺序：内源性凝血途径为FⅫ→Ⅺ→Ⅳ→Ⅸ→Ⅷ→Ⅹ→Ⅴ→Ⅱ→Ⅰ；外源性凝血途径为FⅢ→Ⅳ→Ⅶ→Ⅹ→Ⅴ→Ⅱ→Ⅰ。部分凝血活酶时间(APTT)是反映内源性凝血功能的指标，凝血酶时间(PT)是反映外源性凝血功能的指标。②FⅩ是内源性和外源性凝血途径的共同因子，因此，FⅩ缺乏将导致APTT和PT同时延长(D)。③FⅦ与外源性凝血途径有关，若FⅦ缺乏将导致APTT正常、PT延长。FⅧ、Ⅸ、Ⅺ均与内源性凝血途径有关，若FⅧ、Ⅸ、Ⅺ缺乏，将导致APTT延长、PT正常。

1771. ABCDE　①出血性疾病分为血管性、血小板性、凝血功能障碍性疾病3类。血管性、血小板性疾病所致出血常表现为出血时间延长、血小板减少、凝血象正常。患者主要是凝血功能指标不正常，应考虑凝血障碍性疾病。②凝血酶原时间(PT)主要反映外源性凝血系统功能，PT延长常见于FⅡ(凝血酶原)、Ⅴ、Ⅶ、Ⅹ缺乏，而本例PT正常，故可排除B、C、D。维生素K缺乏可导致凝血因子Ⅱ、Ⅶ、Ⅸ、Ⅹ缺乏。③凝血酶时间(TT)主要反映纤维蛋白原(FⅠ)的功能，而本例TT正常，故不答A。④排除了A、B、C、D，正确答案为E。活化的部分凝血活酶时间(APTT)主要反映内源性凝血系统功能。患者主要表现为APTT显著延长，说明涉及内源性凝血途径的某个凝血因子(如FⅪ)异常，故答E。

1772. ABCDE　1773. ABCDE　①血管性血友病因子(vWF)在血小板与血管壁的黏附中起重要的桥梁作用，因此vWF和血小板3因子(PF_3)测定均可反映血小板的黏附与聚集功能。②血栓素B_2是花生四烯酸的代谢产物，可促进血管收缩和血小板聚集，故血栓素B_2测定主要反映血小板聚集功能是否正常。③血浆蛋白C(PC)是一种依赖维生素K的天然抗凝因子，故血PC测定可反映抗凝系统是否正常，答案为D。④纤溶系统由纤溶酶原、纤溶酶原激活物、纤溶酶原激活物抑制剂组成。当纤维蛋白凝结块形成时，在纤溶酶原激活物的作用下，纤溶酶原激活为纤溶酶。后者可使纤维蛋白降解为纤维蛋白降解产物(FDP)。D-二聚体即为FDP的主要成分之一，因此，血浆D-二聚体含量测定可反映有无纤溶亢进，正确答案为E。

1774. ABCDE　①过敏性紫癜常表现为皮肤紫癜，局限于四肢，紫癜常对称性分布，可同时伴皮肤水肿、荨麻疹(A)。②再生障碍性贫血可因血小板减少出现皮肤黏膜瘀斑、瘀点。激素性紫癜与血小板减少均可有皮肤紫癜，但不伴荨麻疹。特发性血小板增多症很少出现皮肤瘀斑。

1775. ABCDE　腹型过敏性紫癜除皮肤紫癜外，因消化道黏膜及腹膜脏层毛细血管受累而产生一系列消化道症状，如恶心呕吐、腹痛腹泻、便血、黏液便等。无便秘症状，答案为 C。

1776. ABCDE　关节型过敏性紫癜除皮肤紫癜外，因关节血管受累出现关节肿胀、疼痛、压痛及功能障碍，多发生于膝、踝、肘、腕等大关节，呈游走性，反复性发作，经数日而愈，不遗留关节畸形。

1777. ABCDE　①过敏性紫癜分单纯型、腹型、关节型、肾型和混合型等。患者双下肢对称性小出血点，应考虑过敏性紫癜。患者有腹痛，血尿(+++)，应诊断为过敏性紫癜肾炎(B)。②肾血管畸形一般无紫癜，常合并高血压。肾绞痛常表现为发作性肾区剧痛，伴血尿，无皮肤紫癜。急性肾盂肾常表现为寒战高热，肾区疼痛，可有膀胱刺激征，无皮肤紫癜。肾下垂一般无症状，也无皮肤紫癜。

1778. ABCDE　①患者血小板计数正常，可排除特发性血小板减少性紫癜、急性白血病、再生障碍性贫血，故不答 A、C、D。②凝血时间(CT)是反映内源性凝血功能的指标，本例 CT 正常，可排除血友病，故不答 E。③过敏性紫癜常表现为四肢皮肤对称性紫癜，成批反复发生，可有腹痛(如腹型)、关节痛(如关节型)等，故答 B。

1779. ABCDE　①患者尿蛋白>3.5g/d，血浆白蛋白<30g/L，应诊断为肾病综合征。过敏性紫癜肾炎为继发性肾病综合征的常见病因之一，好发于青少年，其病理改变与 IgA 肾病相似，肾免疫病理示 IgA 沉积于系膜区，常表现为无症状血尿、蛋白尿、高血压、急性肾衰竭，有典型的肾外表现，如四肢皮肤出血点、关节肿痛、腹痛、黑便等。根据题干，本例应诊断为过敏性紫癜肾炎(C)。②IgA 肾病、原发性肾病综合征多无肾外表现，故不答 A、E。狼疮肾炎好发于育龄期女性，常表现为多器官受累，抗核抗体阳性，故不答 B。题干未提及乙肝病史，故不答 D。

1780. ABCDE　①过敏性紫癜分单纯型、腹型、关节型、肾型和混合型等。过敏性紫癜腹型也称 Henoch 型，除皮肤紫癜外，还可有恶心呕吐、腹痛腹泻、便血、黏液便等症状(B)。②关节肿痛为关节型的特点，尿血为肾型的特点。少数患者可因累及眼部而出现虹膜炎、视网膜出血等。

1781. ABCDE　①过敏性紫癜为血管变态反应性出血性疾病，主要病变为血管损害，故毛细血管脆性试验阳性，而血小板数量和功能均正常。②出血时间(BT)检查的是皮肤血管的止血功能，包括血管壁收缩和粘合，血小板黏附、积聚和释放，与血管壁和血小板均有关。过敏性紫癜由于血管壁受损，因此出血时间可能延长，并不是一定延长，故最佳答案为 E 而不是 B。③凝血时间(CT)是反映内源性凝血功能的指标，与血管无关，故 CT 正常。④血块收缩主要是血小板收缩所致，因过敏性紫癜患者血小板数量及功能均正常，故血块收缩正常。

1782. ABCDE　1783. ABCDE　①患者反复紫癜，查体见四肢皮肤散在紫癜，应考虑过敏性紫癜的可能。患者恶心、腹痛，脐周轻压痛，应诊断为腹型过敏性紫癜。过敏性紫癜的病因包括上呼吸道感染、食物过敏(如鱼、虾、蟹、蛋)、药物(如青霉素、头孢菌素)，因此为明确病因，应重点询问 A、B、C、D 病史，皮肤紫癜有无瘙痒对诊断本病意义不大，答案为 E。②过敏性紫癜的治疗可选用抗组胺药(异丙嗪)、改善血管通透性药物(芦丁)、糖皮质激素(泼尼松)；对腹痛较重者，可给予山莨菪碱止痛。腹型过敏性紫癜无凝血障碍，无需使用低分子肝素抗凝(B)。

1784. ABCDE　1785. ABCDE　1786. ABCDE　①患者除皮肤紫癜外，还有腹痛，脐周轻压痛，应诊断为腹型过敏性紫癜(Henoch 型)。单纯型主要表现为皮肤紫癜，无其他症状。混合型具有两型以上的混合表现。肾型常表现为皮肤紫癜，血尿，蛋白尿，管型尿，肾功能损害。关节型(Schonlein 型)常表现为皮肤紫癜，关节肿痛、压痛，功能障碍。②A 为 Schonlein 型的特点；B 为肾型的特点；C 为过敏性紫癜各型共有的特点；D 为 Henoch 型的特点；E 为混合型的特点。③低分子肝素为抗凝药，不宜使用，否则会导致皮肤紫癜加重(C)。芦丁片、维生素 C 可改善毛细血管通透性，常用于过敏性紫癜的治疗。泼尼松为过敏性紫癜的特效药。腹痛较重者，可给予山莨菪碱缓解腹痛。

1787. ABCDE　特发性血小板减少性紫癜(ITP)分为急性型和慢性型两类，前者好发于儿童(约占 50%)，后者好发于 40 岁以下的青年女性(C)。参阅 5 版《内科学》P675。

1788. ABCDE　①特发性血小板减少性紫癜(ITP)是一组免疫介导的血小板过度破坏所致的出血性疾病,表现为骨髓巨核细胞数量增多或正常,巨核细胞发育障碍,产板型减少,血小板寿命缩短(C对)。②因凝血时间(CT)是反映内源性凝血功能的指标,故ITP患者CT正常。③ITP仅累及巨核系,不累及红系,故网织红细胞绝对值正常。④Coombs试验(抗人球蛋白试验)阳性是温抗体型自身免疫性溶血性贫血的特征性试验,故ITP患者Coombs试验阴性。

1789. ABCDE　①患者皮肤出血点、瘀斑,提示血小板异常或血管壁异常。正常情况下在1.5cm×3.0cm骨髓片上可见巨核细胞7~35个,包括幼稚型、颗粒型、产板型巨核细胞等,其中多为成熟产板型巨核细胞。患者巨核细胞95个/2cm×2cm,产板型巨核细胞1个,说明骨髓巨核细胞增多,但产板型减少。患者外周血小板减少,应诊断为特发性血小板减少性紫癜(B)。②急性白血病常表现RBC、Plt减少,但WBC显著增多,故不答A。再生障碍性贫血、骨髓增生异常综合征常表现为外周血三系减少,故不答C、D。巨幼细胞贫血常表现为外周血RBC减少,但WBC、Plt正常,故不答E。

1790. ABCDE　①慢性特发性血小板减少性紫癜常伴缺铁性贫血,血清铁蛋白是诊断缺铁性贫血最特异的实验室检查,故答A。②血清叶酸测定常用于诊断巨幼细胞贫血。血红蛋白电泳试验常用于诊断血红蛋白病(如海洋性贫血)。酸溶血试验常用于诊断阵发性睡眠性血红蛋白尿。红细胞渗透脆性试验常用于诊断遗传性球形细胞增多症。

1791. ABCDE　①特发性血小板减少性紫癜(ITP)分急性型和慢性型两类。急性型常见于儿童,约占50%以上。慢性型常见于40岁以下的青年女性。参阅5版《内科学》P675。②脾脏一般无肿大,病程半年以上者,可有轻度脾大(C对)。③骨髓巨核细胞数量增多或正常。④由于ITP为免疫性疾病,脾切除对慢性型患者有效率70%~90%。

1792. ABCDE　①特发性血小板减少性紫癜(ITP)是血小板免疫性破坏所致,80%的患者血小板相关抗体(PAIg)和相关补体(PAC3)阳性,故不答A、D。由于ITP为免疫性疾病,故脾切除对慢性型患者有效率70%~90%(B对)。ITP不是恶性疾病,无肝脾浸润性肿大,故不答C。②骨髓巨核细胞分为产板型(最终产生血小板者)、幼稚型和颗粒型3型,ITP由于血小板成熟障碍,其骨髓象表现为巨核细胞数量增加,产板型减少,而幼稚型和颗粒型巨核细胞增多,故不答E。

1793. ABCDE　①绝大多数免疫性血小板减少性紫癜患者血浆和血小板表面可检测到血小板膜糖蛋白特异性自身抗体,这种自身抗体致敏的血小板被单核巨噬细胞系统过度破坏,是导致本病的根本原因。故答案为B。②免疫性血小板减少性紫癜患者虽然血小板数量减少,但血小板功能是正常的。抗核抗体谱常用于筛查系统性红斑狼疮。腹部B超、胸部X线片对本病的诊断无帮助。

1794. ABCDE　1795. ABCDE　①患者皮肤瘀斑、月经量过多,提示血小板异常或血管壁异常。正常情况下在1.5cm×3.0cm骨髓片上可见巨核细胞7~35个,包括幼稚型、颗粒型、产板型巨核细胞等,其中多为成熟产板型巨核细胞。患者在1.5cm×2.0cm骨髓片上可见颗粒型巨核细胞110个,产板型巨核细胞为0,说明骨髓颗粒型巨核细胞增多,但产板型减少。患者外周血小板减少,应诊断为特发性血小板减少性紫癜(C)。血友病多自幼发病,常表现为关节出血,而不是皮肤出血,故不答A。弥散性血管内凝血为全身弥散性出血,多为危急重症,故不答B。过敏性紫癜常表现为皮肤紫癜,血小板计数正常,故不答D。急性白血病常表现为外周血三系减少,故不答E。②特发性血小板减少性紫癜的治疗首选糖皮质激素,有效率80%(D)。若血小板$<20\times10^9/L$,为预防颅内出血,应紧急输注浓缩血小板。而患者血小板为$20\times10^9/L$,故最佳答案为D而不是B。输注新鲜血浆加抗凝治疗、凝血因子替代治疗为血友病的治疗措施。联合化疗为急性白血病的治疗措施。

1796. ABCDE　特发性血小板减少性紫癜(ITP)的首选治疗药物是糖皮质激素,长春新碱是最常用的免疫抑制剂(A)。长春新碱除具有免疫抑制作用外,还可促进血小板的释放,因此临床上最常用。

1797. ABCDE　特发性血小板减少性紫癜(ITP)的首选治疗药物是糖皮质激素,近期有效率约为80%。一般选用泼尼松口服,用药数日后即可改善出血症状,待血小板正常后,可逐步减量,最后小剂量维持

3~6 个月。糖皮质激素治疗 ITP 近期效果较好，但不能根治，停药后易复发，复发时再用有效。

1798. ABCDE　9 版《内科学》P616：ITP 患者行脾切除术，适用于糖皮质激素治疗无效，病程迁延 6 个月以上者。注意：7 版《内科学》P650 此数据为 3~6 个月。

1799. ABCDE　①患者牙龈出血、月经过多，提示血小板异常或血管壁异常。患者外周血小板显著减少，骨髓巨核细胞增多，但产板型减少，应诊断为特发性血小板减少性紫癜(ITP)。患者长期月经过多，失铁过多，贫血貌，骨髓内、外铁减少，应诊断为缺铁性贫血，故答 B。②溶血性贫血常表现为贫血、黄疸、肝脾肿大三联征，由于仅累及红系，故外周血小板正常。慢性再生障碍性贫血、骨髓增生异常综合征均表现为外周血三系减少。急性白血病常表现为红细胞、血小板减少，而白细胞显著增高。

1800. ABCDE　1801. ABCDE　1802. ABCDE　①紫癜的直径为 3~5mm，不会凸出皮肤表面。凸出皮肤表面的是荨麻疹、小红痣等。面部蝶形红斑是系统性红斑狼疮的特征性皮损。ITP 患者可出现口腔黏膜出血，但不会出现口腔溃疡。ITP 患者肌肉血肿罕见，肌肉血肿常见于凝血功能障碍。ITP 患者脾脏一般不大(E 对)。②凝血时间(CT)是反映内源性凝血功能的指标，ITP 患者 CT 正常。血块收缩主要是血小板收缩引起，故 ITP 患者由于血小板数量减少，可导致血块收缩不良。ITP 患者可有抗血小板抗体阳性，而不是抗核抗体阳性，抗核抗体阳性常见于结缔组织病。ITP 患者有血小板免疫性破坏，骨髓巨核细胞数量增多，但发育成熟障碍，表现为产板型巨核细胞减少，幼稚型、颗粒型巨核细胞增多(E 对)。③ITP 的治疗首选糖皮质激素，近期有效率约为 80%(A 对)。脾切除适用于糖皮质激素治疗无效，病程迁延 6 个月以上者。对于血小板<20×10^9/L 者，为预防颅内出血，可输注浓缩血小板。免疫抑制剂长春新碱不宜作为首选，常用于糖皮质激素、脾切除疗效不佳者。达那唑与糖皮质激素有协同作用，可以使用，但也不是首选药物。

1803. ABCDE　①弥散性血管内凝血(DIC)的病因以感染性疾病最常见，占 31%~43%，尤其是革兰阴性菌感染常见，如脑膜炎球菌、大肠埃希菌、铜绿假单胞菌等(C)；②恶性肿瘤占 24%~34%；③产科意外占 4%~12%；④手术及外伤占 1%~12%；⑤医源性疾病占 4%~8%，代谢性酸中毒少见。

1804. ABCDE　①A、B、C、D 均可造成组织因子释放入血，激活外源性凝血途径导致 DIC。②严重感染可引起血管内皮损伤，导致 FⅫ激活、组织因子释放，从而同时启动内源性和外源性凝血途径导致 DIC。

1805. ABCDE　①患者畏寒高热，双肺呼吸音粗，右下肺可闻及湿啰音，应诊断为肺部感染。②患者有引起弥散性血管内凝血(DIC)的基础疾病(肺部感染)，有多发性出血倾向(皮肤瘀斑)，有休克征象(P132 次/分，BP85/50mmHg)，有 Plt 减少(<100×10^9/L)，血浆纤维蛋白原含量降低(<1.5g/L)，PT 延长 3 秒以上，应诊断为 DIC。③肺结核不会有休克及血小板减少。脓毒症不会出现血小板减少、纤维蛋白原降低。急性白血病常表现外周血红系和血小板减少，而白细胞增高，不会出现休克。肺血栓栓塞症常表现为胸痛、呼吸困难、咯血三联征。

1806. ABCDE　①凝血因子 FⅧ由肝间质组织等单核巨噬细胞系统合成，在肝病时尽管大多数凝血因子合成减少，活性降低，但由于库普弗细胞功能亢进，导致 FⅧ活性增强。弥散性血管内凝血(DIC)由于大量凝血因子消耗，导致 FⅧ水平下降。因此，FⅧ活性高低是鉴别严重肝病出血与 DIC 出血最有价值的实验室检查项目(A 对)。FⅧ:C 活性测定称为 FⅧ促凝活性测定。②激活的部分凝血活酶时间(APTT)可反映内源性凝血系统功能，凝血酶原时间(PT)可反映外源性凝血系统功能。凝血酶原、纤维蛋白原测定可反映内源性、外源性共同凝血途径的功能。可见 B、C、D、E 项检查均涉及凝血因子，而无论严重肝病，还是 DIC 都会影响凝血因子的含量，故不宜作为鉴别点。

1807. ABCDE　①弥散性血管内凝血(DIC)的本质是微血栓形成，因此抗凝治疗是终止 DIC 病理过程、减轻器官损伤，重建凝血-抗凝平衡的重要措施。急性型 DIC 高凝期患者的治疗应尽早使用低分子肝素(D)。②A 为一般性治疗措施，B 不是首选治疗，抗纤溶治疗主要用于纤溶亢进或 DIC 晚期。E 适用于已进行抗凝治疗但未控制病情者。

1808. ABCDE　①凝血过程中凝血因子的激活顺序：内源性凝血途径为 FⅫ→Ⅺ→Ⅳ→Ⅸ→Ⅷ→Ⅹ→Ⅴ

→Ⅱ→Ⅰ;外源性凝血途径为FⅢ→Ⅳ→Ⅶ→Ⅹ→Ⅴ→Ⅱ→Ⅰ。肝素治疗弥散性血管内凝血(DIC)的机制主要是抑制FⅫa、Ⅺa、Ⅸa的活性,抑制FⅩa对凝血酶原的激活。可见肝素的抗凝作用主要是抑制内源性凝血途径,因此监测肝素使用是否过量,应选择反映内源性凝血功能的指标,临床上以APTT(激活的部分凝血活酶时间)最敏感、最常用,故答E。②血小板计数与内源性凝血无关,故不答A。3P试验(血浆硫酸鱼精蛋白副凝固试验)主要检测纤溶活性,常用于DIC的诊断,故不答B。出血时间可了解血管壁、血小板是否正常,而与内源性凝血无关,故不答C。纤维蛋白原(FⅠ)定量检测主要反映共同凝血途径的功能,故不答D。

1809. ABCDE　①华法林的结构式与维生素K类似,可竞争性抑制维生素K参与凝血因子的合成,使肝脏合成的FⅡ、Ⅶ、Ⅸ、Ⅹ减少,而发挥抗凝作用。可见,华法林抗凝主要涉及外源性凝血途径的凝血因子。目前国际上公认的监测华法林是否过量的指标是INR(凝血酶原时间国际标准化比率),其测量方法是先测定患者的凝血酶原时间(PT),然后计算INR。INR=患者PT值/正常人平均PT值。PT是在体外模拟机体外源性凝血的条件,测定血浆凝固所需要的时间,用于检测外源性凝血途径是否正常。由于PT测定受很多因素的影响,因此常采用INR进行校正,答案为D。②APTT(激活的部分凝血活酶时间)反映的是内源性凝血系统的功能,常用于肝素治疗的监测。D-二聚体、FDP常用于监测纤溶活性。纤维蛋白原测定常用于反映共同凝血途径的功能。

1810. ABCDE　1811. ABCDE　①弥散性血管内凝血(DIC)早期由于凝血酶激活,微血栓形成,机体处于高凝状态;中期由于大量凝血因子消耗,机体处于消耗性低凝状态;晚期可发生继发性纤溶亢进。在DIC晚期,即纤溶亢进期,治疗宜采用纤溶抑制剂,严禁使用抗凝药物肝素。②在DIC中期,即消耗性低凝期应输新鲜血浆,以补充凝血因子。③在DIC早期,即高凝期,应尽早使用肝素治疗。

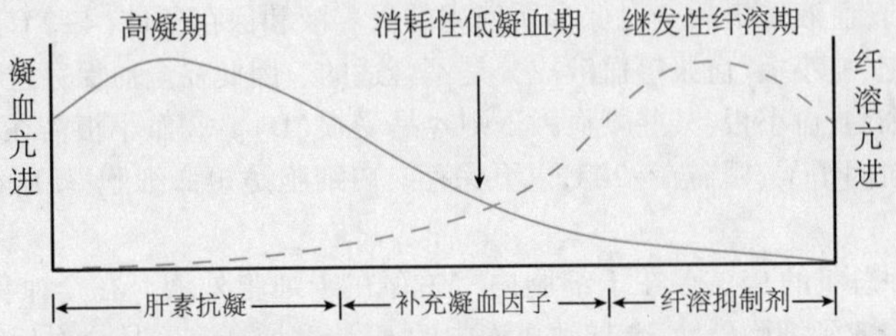

弥散性血管内凝血(DIC)的病程进展及药物选择原则

1812. ABCDE　1813. ABCDE　1814. ABCDE　①确诊弥散性血管内凝血(DIC)的指标:$Plt<100\times10^9/L$;血浆纤维蛋白原含量<1.5g/L,或>4g/L;3P试验阳性或血浆FDP>20mg/L,或D-二聚体水平升高或阳性;PT缩短或延长3秒以上,或APTT缩短或延长10秒以上。可见对确诊DIC意义不大的指标是血小板功能。②DIC的本质是毛细血管微血栓形成,血栓的主要成分是纤维蛋白,纤维蛋白可在纤溶酶的作用下,分解为可溶性的纤维蛋白降解产物(FDP)。FDP的主要成分是D-二聚体,因此D-二聚体测定可以反映DIC时的纤溶情况。纤维蛋白原、凝血因子Ⅷ:C活性测定主要反映凝血功能。血浆蛋白质C(PC)、血浆蛋白质S(PS)、抗凝血酶Ⅲ(ATⅢ)均属于生理性抗凝物质。可见,A、B、C、D均与凝血-抗凝血有关,而与纤溶无关。③DIC早中期,病因治疗(控制感染)是终止DIC病理过程的关键;肝素抗凝是终止DIC的重要措施;在抗休克的同时,还应输新鲜血浆以补充凝血因子。DIC早中期不宜抗纤溶治疗,抗纤溶治疗仅用于DIC晚期明显纤溶亢进者。

1815. ABCDE　①为保证血液和血液制品的安全,应实行无偿献血制度,建立稳定的自愿无偿献血者队伍,严格按照献血者健康要求进行征询和体检,仅从输血传播风险低的自愿无偿献血者采集血液,答案为A。②血液检测、避免不必要的输血是WHO推荐的血液安全战略措施。成分输血可高效、安全地合理输血,保护血液资源。自身输血是血液保护的措施之一。

1816. ABCDE　①成分输血可将全血制备成多种血液成分,用于不同的患者,即一血多用,可使一人献血,多人受益。②成分输血的血液制品容量小,有效成分的浓度和纯度高,治疗效果好,且有利于减轻心脏负荷。③全血的血液成分复杂,引起各种不良反应的机会较多。如果使用单一的血液成分,即可避免不必要的成分所引起的不良反应,减少输血反应的发生率。④临床上最常用于改善血容量的液体是晶体溶液,而不是血液(E 错)。

1817. ABCDE 成分输血的优点如下。①高效:在制备过程中经过提纯和浓缩,血液成分纯度和浓度均大幅提高,容量减小,可根据患者的输血需求加以选择,针对性强,疗效显著。②安全:引起的不良反应少。③有效保存:有利于根据不同的血液成分,设置不同的保存条件。④保护血液资源:将每份全血制备成多种成分,不仅可供不同病情的患者使用,也使宝贵的血液资源得到充分利用。

1818. ABCDE ①全血成分复杂,白细胞传播病毒的危险性最大,血浆次之,红细胞和血小板相对较安全,因此采用成分输血,可减少不必要血液成分的输注,减少输血传播疾病的危险。②成分输血的血制品有效成分浓度和纯度均较全血高,治疗效果当然好于全血。③成分输血的不良反应较输全血少。④成分输血可一血多用,节约血液资源。⑤成分输血的血液成分单一,便于保存和使用。

1819. ABCDE 目前,血液采集后全血保存所使用的保养液和保存条件(4±2℃)都是针对红细胞来设计的,对于粒细胞、血小板和血浆等血液成分是不合适的。因此在全血保存过程中,红细胞不易发生保存损害,但白细胞、血小板、某些凝血因子、免疫球蛋白则容易受损,故答 A。

1820. ABCDE ①血液采集后全血保存所使用的保养液和保存条件(4±2℃)都是针对红细胞来设计的,对于粒细胞、血小板和血浆等血液成分是不合适的。②粒细胞是短命细胞,新鲜全血保存 1 天后,粒细胞基本上完全丧失。血小板需在 22±2℃振荡条件下保存,凝血因子Ⅴ、Ⅷ需在-20℃以下保存。可见在全血保存过程中,最易发生保存损害的是粒细胞、血小板、不稳定的凝血因子(FⅤ、Ⅷ)。

1821. ABCDE ①目前,血液采集后全血保存所使用的保养液和保存条件(4±2℃)都是针对红细胞来设计的,对于粒细胞、血小板、血浆等血液成分是不合适的。因此在全血保存过程中,红细胞不易发生保存损害,但白细胞、血小板、某些凝血因子则容易受损(D)。②血小板需在 22±2℃振荡条件下保存,血浆中的凝血因子Ⅴ、Ⅷ需在-20℃以下保存。白细胞是短命细胞,新鲜全血保存 1 天后,白细胞基本上完全丧失。

1822. ABCDE 体内钾总量的98%存在于细胞内,2%存在于细胞外液。在全血保存过程,在细胞受损后,细胞内的钾释放到细胞外液,会导致血液中的 K^+浓度增高。这是全血保存过程中,有害物质增加的最明显表现,故答 A。

1823. ABCDE 洗涤红细胞是指全血去除血浆后,用生理盐水反复洗涤过的红细胞。

1824. ABCDE ①将全血离心,去掉大部分血浆后即为浓缩红细胞,浓缩红细胞内含部分血浆、白细胞和血小板。②然后将浓缩红细胞用生理盐水洗涤 3~4 次,基本上不含血浆、白细胞、血小板、被污染的细菌和病毒(如肝炎病毒)、抗 A 及抗 B 抗体,称为洗涤红细胞。答案为 B。③浓缩红细胞加上甘油,在-65~-196℃低温保存,称为冰冻红细胞,保存期 3~10 年。④由于白细胞是短命细胞,只能保存 3~5 天,故多数情况下留存在血液中的白细胞已经失去功能,去掉这部分无用的白细胞后,称为去白细胞的红细胞(LPRBC)。⑤冷沉淀属于血浆成分,不属于红细胞成分。

1825. ABCDE 洗涤红细胞是由全血或悬浮红细胞经离心后,将上层血浆或添加剂去除,再以无菌等渗溶液洗涤 3 次,加入适量无菌等渗溶液或红细胞保存液混匀制成。其特点是血浆蛋白含量很少。

1826. ABCDE ①A、B、C、D、E 均属于红细胞制品,其中,悬浮红细胞是从全血中尽量移除血浆,并添加保存液悬浮后制备而成,具有全血相同的携氧能力而容量较小,它是红细胞制剂中最常用的品种,也是输注红细胞时的首选品种(A)。参阅 14 版《实用内科学》P2543。②浓缩红细胞常用于心力衰竭患者的输血。辐照红细胞常用于免疫缺陷、骨髓移植、器官移植患者的输血。洗涤红细胞常用于输血后发生过敏反应者。去除白细胞的红细胞常用于非溶血性发热反应者。

1827. ABCDE ①骨髓移植后产生排斥反应的原因是人类白细胞抗原(HLA)配型不合,HLA 主要存在于白细胞的细胞膜上。骨髓移植后常需多次输血，为了减少因 HLA 不合产生的排斥反应，输血时应首选少白细胞的红细胞（LPRBC）。②全血、红细胞悬液、浓缩红细胞均含有大量白细胞，不宜输给骨髓移植患者。洗涤红细胞是将浓缩红细胞用生理盐水洗涤 3~4 次而成，"基本上"不含白细胞，但实际上还是含有约 20%的白细胞，故答 C 而不是 D，很多医考参考书将答案错为 D。

1828. ABCDE　辐照血液是指血液经 γ 射线照射灭活其中的淋巴细胞，而保留其他血液成分。因此，凡是具有淋巴细胞活性的血液成分，如红细胞、血小板、白细胞，均需要辐照；淋巴细胞已经失去活性的血液成分，如冰冻血浆、冷沉淀等，则无需辐照。辐照血液可预防输血相关移植物抗宿主病。

1829. ABCDE　①辐照血液可预防输血相关移植物抗宿主病（TA-GVHD）。为预防 TA-GVHD，凡是具有淋巴细胞活性的血液成分，如红细胞、血小板和粒细胞，均需要辐照。淋巴细胞已经丧失活性的血液成分，如冰冻血浆、冷沉淀等，则无需辐照。②再生障碍性贫血患者鼻出血和牙龈出血，为血小板减少所致，因此应输注血小板。但由于该患者需行造血干细胞移植，故需使用辐照血液成分，故答 B。

1830. ABCDE　血液辐照的目的是灭活淋巴细胞，A、B、C、E 都是不含淋巴细胞的血浆成分，输注前无需辐照。浓缩血小板含大量淋巴细胞的活性成分，输注前需要进行辐照（D）。

1831. ABCDE　①解答此类试题时，大家一定要熟悉血液制品的大致制备过程及各种血液成分的特点。采集的全血经离心后下层的沉淀物为红细胞悬液（可进一步制备成浓缩红细胞、洗涤红细胞、去白细胞的红细胞），上层为富含血小板的血浆；后者 20℃离心，下层为血小板，上层为贫血小板血浆；贫血小板血浆再-20℃冰冻称为新鲜冰冻血浆（FFP）。FFP 在 4℃溶解，上层为冰冻血浆（FP），下层为冷沉淀。②凝血因子主要存在于血浆中。肝病患者由于肝功能不良，肝脏合成凝血因子减少，因此发生凝血障碍时，应首选输注新鲜冰冻血浆，因其含全部凝血因子。③全血虽含全部凝血因子，因不是成分输血，现已少用。白蛋白主要用于治疗低白蛋白血症，故不答 C。血小板中不含凝血因子，故不答 D。红细胞悬液中含血浆少，凝血因子也少，故不答 E。

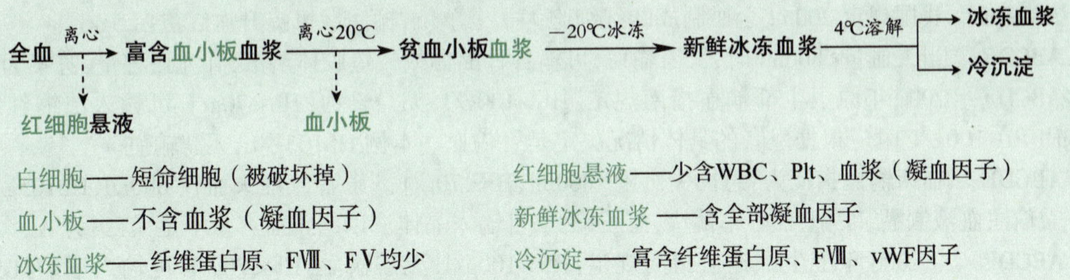

血液成分分离的大致步骤

1832. ABCDE　①凝血因子主要存在于血浆中，冰冻血浆含有大部分凝血因子，因此输注冰冻血浆的主要目的是补充凝血因子，纠正凝血功能异常（A）。②输注白蛋白的主要目的是补充血浆蛋白、提高胶体渗透压。输注免疫球蛋白主要是短期内提高机体的免疫力。D、E 显然不正确。

1833. ABCDE　①血小板的主要生理功能是参与血小板止血栓的形成，因此输注血小板的主要目的是改善止血功能（C）。②抑制纤溶活性的物质主要有纤溶酶原激活物抑制物、α_2-抗纤溶酶。凝血功能主要与凝血因子有关，血浆中含有大量凝血因子，因此输入血浆的主要目的是改善凝血功能。

1834. ABCDE　①弥散性血管内凝血（DIC）可消耗大量凝血因子导致凝血功能障碍，故应输注新鲜冰冻血浆以补充凝血因子，因为新鲜冰冻血浆含有全部凝血因子。②患者血小板≤20×10^9/L，应输注浓缩血小板。③患者纤维蛋白原仅 1.6g/L（正常值 2~4g/L），故需补充纤维蛋白原。冷沉淀富含纤维蛋白原，可以选用；但普通冰冻血浆含纤维蛋白原极少，不宜选用，故答 C。④患者 Hb<70g/L，应输注悬浮红细胞。

1835. ABCDE　①血友病是先天性缺乏凝血因子 FⅧ或 FⅨ所致，首选输注的血液制品应富含 FⅧ或 FⅨ。冷沉淀内含 FⅧ、FⅠ、vWF 等，故答 A。②当前临床上多采用成分输血，很少输注全血，故不答

B。浓缩红细胞不含凝血因子，故不答 C。洗涤红细胞常用于既往输血后产生变态反应者。白细胞为短命细胞，常在血液成分制备的过程中被破坏，临床上一般不输注白细胞，故不答 E。

1836. ABCDE ①多次输血者易产生白细胞抗体，输血时应首选去白细胞的红细胞。输血后过敏反应由血浆蛋白引起，因此多次输血后发生过敏反应，则应首选去除血浆蛋白的洗涤红细胞。②患者多次输血，但题干未叙及过敏反应，因此应首选去白细胞的红细胞，故答 A 而不是 D，很多医考参考书将答案错为 D。③冰冻红细胞、悬浮红细胞均含有少量白细胞，故不宜用于反复输血者。

1837. ABCDE 患者多次输血，未发生过敏反应，故应首选去白细胞的红细胞。

1838. ABCDE ①原卫生部输血指南规定：Hb>100g/L 不输血；Hb<70g/L 输浓缩红细胞；Hb 为 70～100g/L 时，根据具体情况决定。患者重度贫血，Hb56g/L，无输血史，应输入浓缩红细胞以纠正贫血。②现在已不提倡输全血。洗涤红细胞常用于对白细胞凝聚素有发热反应者。去白细胞的红细胞常用于多次输血后产生白细胞抗体者、预期需要反复输血者。冷冻红细胞主要用于长期保存。

1839. ABCDE ①输注富含白细胞的血液，可导致机体出现白细胞抗体。当再次输血时，可与输入的白细胞发生抗原抗体反应，引起非溶血性发热反应。在血液采集后，用滤器去除白细胞而制备的红细胞制剂，称为去除白细胞的红细胞，主要用于多次输血，产生因白细胞抗体引起的非溶血性发热反应者。患者多次输血过程中出现非溶血性发热反应，故本次输血时首选去除白细胞的红细胞（C）。②浓缩红细胞常用于心功能不全者。辐照红细胞常用于预防输血相关移植物抗宿主病。冰冻红细胞常用于稀有血型红细胞的长期储存。悬浮红细胞是临床上最常用的红细胞制剂。

1840. ABCDE ①患者经输注红细胞、血小板后，血红蛋白和血小板基本处于正常值下限，目前主要问题是血浆纤维蛋白原明显降低（正常值 2～4g/L），故应输注含凝血因子丰富的新鲜冰冻血浆，因为新鲜冰冻血浆含有包括纤维蛋白原（即凝血因子Ⅰ）在内的所有血浆凝血因子，故答 D。②现在已不提倡输全血，故不答 A。B、C、E 均不含或少含凝血因子，不宜选用。

1841. ABCDE 我国规定 200ml 全血制成的红细胞为 1 个单位，输注后可提升血红蛋白 5g/L。

1842. ABCDE 当失血量<800ml 时，无需输血，可输各种晶体或人造胶体溶液，补充血容量，答案为 E。

1843. ABCDE 2000 年原卫生部输血指南规定：Hb>100g/L 无需输血，Hb<70g/L 可输入浓缩红细胞，Hb70～100g/L 时应根据患者的具体情况决定是否输血。本例 Hb105g/L，无需输血。

1844. ABCDE 临床输血指征为：急性失血量>800ml、Hb<70g/L。患者急性失血仅 600ml，Hb105g/L，无需输注血液制品。因患者心率偏快，血压偏低，可输入晶体液以纠正血容量不足，答案为 A。

1845. ABCDE ①2000 年卫生部输血指南规定：Hb>100g/L 无需输血，Hb<70g/L 可输入浓缩红细胞，Hb70～100g/L 时应根据患者的具体情况决定是否输血。②患者 Hb70～100g/L，给予晶体溶液、人造胶体溶液扩容后，血压、心率稳定，故没有必要输入血液制品，继续观察即可，故答 E。

1846. ABCDE 输注悬浮红细胞的指征为 Hb<70g/L，输注血小板的指征为 Plt<20×10^9/L。患者 Hb90g/L，Plt65×10^9/L，故不答 A、C。目前不提倡输注全血，故不答 B。输注血浆的目的是补充凝血因子，增强凝血功能，但本例无凝血功能障碍，故不答 D。因此，本例无需输血（E）。

1847. ABCDE 成分输血的宗旨即是差什么补什么，低白蛋白血症患者首选的血液制品当然是白蛋白。

1848. ABCDE ①急性失血患者的输血原则是首先经静脉快速输注晶体液（首选平衡盐溶液）、胶体液，以快速扩容，维持 Hb>100g/L 为宜。若输液后 Hb<70g/L，则需合理输血，主要是输注红细胞，以改善机体供氧，故答 C。②现在已不提倡输注全血，故不答 A、B。急性失血易导致失血性休克，改善组织灌注首选平衡盐溶液，而不是血液制品，故不答 D、E。

1849. ABCDE ①患者失血量>40%（即 4000ml×40% = 1600ml），按原卫生部输血指南要求，急性失血量>40%，需输注红细胞和全血。患者应用晶体液和胶体液后，血压已稳定，故只需输注红细胞悬液增加携氧能力即可，普通失血多选用红细胞悬液，故答 A。②现在已不提倡输注全血，可排除 B、E。洗涤红细胞主要用于多次输血后出现发热反应者。新鲜冰冻血浆主要用于补充凝血因子。

1850. ABCDE　①患者急性失血>800ml，补充晶体溶液后血压基本稳定，但Hb70～100g/L，有缺血缺氧表现（胸闷、气促），故应输注悬浮红细胞，以增加携氧能力，答案为A。②现在已不提倡输注全血，可首先排除C。浓缩血小板主要用于低血小板血症。冰冻血浆主要用于补充凝血因子。患者为普通失血，输血首选悬浮红细胞，不宜选用特殊血液制品。

1851. ABCDE　①骨盆骨折容易引起失血性休克，失血量可达3000～5000ml。患者血压90/70mmHg，为中度失血性休克，估计失血量在800～1600ml，故应快速补充晶体液（平衡盐液）、胶体溶液，然后根据病情决定是否输注红细胞悬液（E）。患者为普通失血，输注红细胞悬液增加携氧能力即可。②现在已不提倡输注全血，可首先排除A、B、C。新鲜冰冻血浆主要用于补充凝血因子。

1852. ABCDE　①临床上，白蛋白除用于治疗低白蛋白血症外，还可提高血浆白蛋白水平，升高胶体渗透压，用于低血容量性休克的扩容治疗，答案为C。②白蛋白不是营养制剂，不能补充营养，也不能增强机体抵抗力。自身免疫性疾病的治疗常使用糖皮质激素，而不是白蛋白。低丙种球蛋白血症的替代治疗常采用免疫球蛋白，而不是白蛋白。

1853. ABCDE　①血栓性血小板减少性紫癜患者由于血管性血友病因子裂解酶（vWF-cp）缺乏，不能正常降解超大分子vWF（UL-vWF），聚集的UL-vWF可促进血小板黏附与聚集，在微血管内形成血小板血栓。其治疗首选新鲜血浆置换，而不是输注血小板，因为血小板输注可促进血栓形成，使病情恶化。②A、B、C、E均可输注浓缩血小板。

1854. ABCDE　①自体输血是指收集患者自身血液后在需要时进行回输。主要优点是节约、简便、安全、有效，不需检测血型和交叉配血，能减少输血的并发症且无传染疾病风险，答案为E。②A、B、C、D均为异体血液成分，均可能产生输血并发症，导致某些疾病的传播。

1855. ABCDE　贮存式自身输血是指术前一定时间采集患者自身的血液进行保存，在手术期间输用。只要患者一般情况好，Hb≥110g/L，均可实行贮存式自身输血，答案为D。

1856. ABCDE　①为了节约血液资源，缓解血液供需矛盾，目前国家鼓励自体输血。若患者术前无贫血，拟行择期手术而预期术中需要输血，则首选自体输血。患者为男性青年，Hb130g/L，一般情况良好，应首选自体输血。A、B、C、D都是自体输血的方法，可以选用。②E为异体输血，不宜采用。

1857. ABCDE　自体输血的适应证包括：①术前无贫血，拟行择期手术而预期术中需要输血者；②有严重异体输血反应病史者；③稀有血型或曾有配血困难者；④边远地区供血困难者；⑤避免分娩时异体输血的孕妇。根据第③条适应证，患者应行自体输血。

1858. ABCDE　溶血反应多见于血型不符的输血，典型症状为患者输入十几毫升血液后，立即出现寒战、高热、呼吸困难、头痛、腰背酸痛、胸闷、血压降低、休克，随之出现血红蛋白尿和溶血性黄疸。术中患者无法主诉症状，最早征象为不明原因的血压下降和手术野渗血。A、B、C、D都是溶血反应的表现。

1859. ABCDE　①迟发性溶血反应多发生于输血后1～28天，常表现为发热、贫血、黄疸、血红蛋白尿。②非溶血性发热性输血反应多发生在输血后15分钟至2小时。变态反应多发生在输血数分钟后。细菌污染反应多在输血后立即发生。输血相关的急性肺损伤多发生于输血后1～6小时。

1860. ABCDE　①迟发性溶血反应是指输血开始后24小时至28天发生的溶血性输血反应，常表现为畏寒发热，黄疸，腹痛腹泻等。本例输血后第8天因溶血而出现黄疸，应诊断为迟发性溶血反应（E）。②患者输血后Hb从100g/L降至70g/L，说明发生溶血，而A、B、C、D均不会出现溶血，显示不是正确答案。

1861. ABCDE　①洗涤红细胞是由全血或悬浮红细胞经离心后，将上层血浆或添加剂去除，再以无菌等渗溶液洗涤3次，加入适量无菌等渗溶液或红细胞保存液混匀制成，其特点是血浆蛋白含量很少。输血后过敏反应是由于血浆蛋白引起，因此多次输血后发生过敏反应，则应首选去除血浆蛋白的洗涤红细胞（A）。②悬浮红细胞是普通输血首选的红细胞制剂。浓缩血小板主要用于补充血小板减少。新鲜冰冻血浆、冷沉淀主要用于补充凝血因子。

1862. ABCDE ①少量输血后尿呈酱油色，说明有血管内溶血，故答 C。②细菌污染反应常表现为寒战、高热等败血症表现。输血相关急性肺损伤常表现为输血期间或输血结束后 6 小时以内发生急性肺损伤、低氧血症等。严重过敏反应常表现为荨麻疹、全身皮疹、支气管痉挛、休克死亡等。输血相关循环超负荷是指大量快速输液后引起的急性肺水肿。

1863. ABCDE A、B、C、D、E 均属于输血反应，其中以发热反应最常见，发生率可达 40%以上。

1864. ABCDE ①患者输血 30 分钟后出现寒战发热，而无血压降低、血红蛋白尿，应诊断为非溶血性发热反应(D)。②过敏反应常表现为输血过程中或输血后出现荨麻疹、全身皮疹、支气管痉挛等，无发热。输血相关循环超负荷是指由于输血过多、速度过快，而引起的急性左心衰竭。输血相关移植物抗宿主病常表现为发热、皮疹、肝损害、腹泻、全血细胞减少。急性溶血性输血反应常表现为发热、畏寒、面色潮红、胸痛、腹痛、腰背部疼痛、低血压、黄疸、酱油色尿、休克等。

1865. ABCDE ①非溶血性发热反应常见于多次接受输血者，因体内已有白细胞抗体，当再次输血时可与输入的白细胞发生抗原抗体反应而引起发热，故答 A。参阅 14 版《实用内科学》P2546。②9 版《外科学》P22：非溶血性发热反应是由于体内存在的白细胞或血小板抗体，与输入的白细胞或血小板发生抗原抗体反应所致。按 9 版《外科学》观点，A、C 均正确，故本题并不严谨。

1866. ABCDE ①患者输注血小板后突然寒战、高热，尿色正常，应考虑非溶血性发热反应，答案为 A。②溶血性输血反应多有急性肾衰竭，血红蛋白尿，尿呈酱油色。过敏反应常表现为皮肤瘙痒及荨麻疹，但无发热。细菌污染反应常表现为败血症。循环超负荷常表现为急性左心衰竭。

1867. ABCDE 患者输注血液制品后出现皮肤瘙痒、荨麻疹，应诊断为过敏反应。治疗过敏反应的原则：①若患者仅表现为皮肤瘙痒、荨麻疹，不必停止输血，可口服抗组胺药物，并严密观察病情发展(D)；②若过敏反应严重，则应立即停止输血，皮下注射肾上腺素、静脉滴注糖皮质激素；③若合并呼吸困难，则应作气管插管或切开，以防窒息。

1868. ABCDE ①患者输注血液制品后出现面部瘙痒、潮红、胸部及四肢荨麻疹，但无发热、低血压，应诊断为过敏反应(C)。②非溶血性发热性输血反应常表现为寒战高热，但无休克、低血压、血红蛋白尿。细菌污染反应常表现为败血症。溶血反应常表现为腰背部疼痛，低血压、休克、急性肾衰竭、血红蛋白尿。循环超负荷常表现为大量输血后出现急性左心衰竭。

1869. ABCDE 变态反应(过敏反应)的实质是抗原抗体反应，常因多次输入血浆制品后体内产生多种抗血清免疫球蛋白抗体，当再次输血时，产生抗原抗体反应。由于这种抗血清免疫球蛋白抗体主要存在于血浆中，因此引起变态反应的主要血液成分是血浆蛋白，而不是血细胞(B)。

1870. ABCDE ①输血相关急性肺损伤多于输血后 1~6 小时内发生，是供血者血浆中存在白细胞凝集素或 HLA 特异性抗体所致，常表现为胸闷、呼吸困难，严重者可发生急性肺水肿、低氧血症。根据题干，本例应诊断为输血相关急性肺损伤(E)。②急性过敏反应常发生于输血过程中或输血后，多表现为皮肤瘙痒、荨麻疹等，故不答 A。急性溶血反应常表现为腰背部疼痛，低血压、休克、急性肾衰竭、血红蛋白尿。细菌性感染常表现为寒战高热，脓毒症，故不答 C。循环超负荷是由大量输血导致的急性心力衰竭，而单采血小板的量很少，故不答 D。

1871. ABCDE 红细胞、冷沉淀一般在 4℃条件下保存。新鲜冰冻血浆一般于-20~-30℃保存。血小板一般于 22±2℃振荡条件下保存。可见血小板的保存温度最高，因此易受细菌污染(E)。

1872. ABCDE ①患者大量输血后出现急性左心衰竭，如突发呼吸困难、咳嗽、肺部湿啰音，应诊断为输血相关循环超负荷(C)。②溶血反应多表现为腰背部疼痛，低血压、休克、急性肾衰竭、血红蛋白尿。变态反应常表现为输血后皮肤瘙痒、荨麻疹。输血相关败血症(细菌污染反应)常表现为内毒素性休克。输血相关急性肺损伤常表现为急性呼吸困难、严重肺水肿、低氧血症。

1873. ABCDE ①输血相关移植物抗宿主病(TA-GVHD)是最严重的迟发性输血反应，因受血者输入含有免疫活性的淋巴细胞的血液成分后，输入的淋巴细胞成为移植物并增殖，对受血者的组织起反应。常表现为发热、皮疹、腹泻、骨髓抑制、感染等。患者输血后第15天出现发热、腹泻、皮疹,应诊断为输血相关移植物抗宿主病(E)。②A、C、D的输血反应,一般在输血过程中或输血后立即发生,不会出现在输血后第15天,故不答A、C、D。输血传播艾滋病不会如此早期起病,故不答B。

1874. ABCDE　①大量输血后,血液中的抗凝剂枸橼酸钠可与患者血浆中的Ca^{2+}形成难以解离的可溶性络合物,导致低钙血症,引起手足抽搐。②A、B、C、E均不会导致手足抽搐。

1875. ABCDE　急性输血不良反应是指在输血开始后24小时内出现的输血不良反应。迟发型输血不良反应是指在输血开始后24小时之后出现的输血不良反应。

1876. ABCDE　①EB病毒、巨细胞病毒、肝炎病毒、艾滋病病毒(HIV)均可经输血传播。②单纯疱疹病毒主要经密切接触、性接触传播,而不经输血传播,答案为A。

1877. ABCDE　病毒易侵入白细胞内繁殖,输入白细胞可增加病毒传播的危险性,答案为B。

1878. ABCDE　目前,我国规定献血者血液筛查的病原体包括艾滋病病毒(HIV)、乙肝病毒(HBV)、丙肝病毒(HCV)和梅毒螺旋体。无巨细胞病毒,答案为B。

1879. ABCDE　输血早期并发症是指输血24小时内发生的并发症,分为两类。①与输入血液质量有关的并发症:如非溶血性发热反应、过敏反应、溶血反应、细菌污染反应(B对);②与大量快速输血有关的并发症:如循环超负荷、出血倾向、酸碱平衡失调。丙型肝炎、疟疾属于输血晚期并发症。

1880. ABCDE　①输血前必需经治医师填写的医疗文书是《临床输血申请单》。②输血前也要征得患者及家属的同意,填写《输血治疗同意书》,并签字。无家属签字的无自主意识患者的紧急输血,应报医院职能部门或主管领导同意、备案,并记入病历。可见《输血治疗同意书》并不是一定要经治医师填写,故答B而不是A。③交叉配血报告单由输血科(血库)填写。输血反应回报单由输血护士填写。同型输血认可书无需填写。

1881. ABCDE　为便于追查输血不良反应的原因,血液发出后,血样应至少保存7天。

1882. ABCDE　输血科应逐项核对输血申请单、受血者和供血者血样,复查受血者和供血者ABO血型,并常规检查患者Rh血型,正确无误时可进行交叉配血。本医疗差错违反了交叉配血规定,故答C。

1883. ABCDE　做交叉配血时,受血者配血试验的血标本必须是输血前3天以内采集的,最好采用新鲜的患者血液标本进行交叉配血,答案为B。

1884. ABCDE　内分泌腺体功能减退的原因如下。①肿瘤压迫:垂体瘤压迫ACTH分泌细胞可产生继发性肾上腺皮质功能减退症;②感染:病毒感染可导致亚急性甲状腺炎;③药物:抗甲状腺药物可导致甲状腺功能减退症;④遗传:甲状腺激素合成酶缺陷可引起先天性甲状腺功能减退症。内分泌细胞增生常导致腺体功能亢进,而不是减退,故答B。

1885. ABCDE　①诊断内分泌疾病时,常使用兴奋试验或抑制试验来进行功能诊断。下丘脑(GHRH/GHIH)-垂体(GH)-靶器官是一个调节轴,因此可以利用GH(生长激素)兴奋试验来判断患者身材矮小是否存在生长激素分泌不足,故答A。②身材高大、肢端肥大为生长激素分泌亢进所致,应作GH抑制试验进行检测,故不答B、E。消瘦、肥胖与生长激素的分泌无关,故不答C、D。

1886. ABCDE　①内分泌疾病的诊断包括功能诊断、定位诊断和病因诊断。兴奋试验或抑制试验常用于功能诊断。动态功能抑制试验常用于诊断内分泌腺功能亢进性疾病,动态功能兴奋试验常用于诊断内分泌腺功能低下性疾病,故答A而不是B。②靶腺激素测定也可用于功能诊断。影像学检查常用定位诊断。自身抗体测定常用于病因诊断。

1887. ABCDE　内分泌疾病的诊断包括功能诊断、定位诊断和病因诊断。A、B、C、D均属于定位诊断方法,而血清靶器官激素水平测定属于功能诊断,而不是定位诊断,答案为E。

1888. ABCDE　①甲状腺摄^{131}I率测定的原理是将示踪剂^{131}I注入机体后,被甲状腺组织吸收,利用其放出γ射线的特性,用探测器在甲状腺部位测定出甲状腺对^{131}I的摄取率,以此了解无机碘进入甲状腺的数量和速度,从而反映甲状腺的功能状态,答案为B。②内分泌疾病的诊断包括功能诊断、定位诊断和病因诊断。A、C、D、E 均属于定位诊断,而不是功能诊断。

1889. ABCDE　内分泌功能减退性疾病常采用有关缺乏激素的替代治疗或补充治疗,使用外源性激素补足到正常生理水平,即给予生理剂量的靶腺激素进行替代治疗,答案为 A。

1890. ABCDE　①无功能性垂体腺瘤是指无激素分泌,激素分泌量不足以致血中水平升高,或分泌的激素无生物学活性(如垂体糖蛋白激素 α-亚单位分泌瘤),无激素分泌过多的临床表现。②促甲状腺激素瘤分泌 TSH。性腺激素瘤分泌黄体生成素(LH)。生长激素瘤分泌生长激素。泌乳素瘤分泌 PRL。

1891. ABCDE　功能性垂体腺瘤指腺瘤激素分泌过多致血中激素水平增高,有激素分泌过多的临床表现。功能性垂体腺瘤以催乳素瘤(PRL 瘤)最常见,约占 50%,其他依次为生长激素瘤(GH 瘤)、生长激素-催乳素瘤(GH-PRL 瘤)、促肾上腺皮质激素瘤(ACTH 瘤)、促性腺激素瘤(FSH/LH 瘤)、多激素腺瘤、促甲状腺激素瘤(TSH 瘤)等,绝大多数为微腺瘤。

1892. ABCDE　①垂体瘤的临床表现分为两类,即占位症状和激素异常分泌表现。手足增大为生长激素瘤引起的生长激素分泌过多所致,答案为 E。②垂体瘤压迫鞍膈可有双颞侧头痛;压迫侧方的海绵窦可有眼睑下垂;压迫视交叉可有视野缺损;肿瘤向下破坏鞍底及蝶窦,可引起脑脊液鼻漏。可见 A、B、C、D 均为肿瘤压迫或浸润症状,而不是激素分泌功能的表现。

1893. ABCDE　①女性垂体泌乳素腺瘤多表现为闭经-溢乳综合征、不育(D)。高催乳素血症可以抑制排卵、缩短黄体期,引起不育。②A、C 症状不全面,故不答 A、C。女性泌乳素瘤多为微腺瘤,压迫症状少见,故不答 B。体重增加并糖耐量减低为生长激素瘤的临床表现,故不答 E。

1894. ABCDE　①女性患者,停经、溢乳 3 个月,应考虑停经-溢乳综合征,即泌乳素瘤(A)。②多囊卵巢综合征常表现为月经不调、不孕、多毛、肥胖、黑棘皮症。颅咽管瘤常表现为尿崩症、闭经、溢乳、视力障碍、颅内高压。垂体柄损伤常表现为腺垂体功能减退症。早期妊娠可有停经,但不会出现溢乳。

1895. ABCDE　①肢端肥大症是由于生长激素分泌过多所致,常表现为骨骼皮肤异常生长,如唇肥厚,下颌前突,咬合困难,手脚粗大肥厚,可有糖耐量减低。根据题干,本例应诊断为肢端肥大症(D)。②尿毒症、糖尿病、高甘油三酯血症均不会出现肢端肥大,故不答 A、B、C。甲状腺功能减退症常表现为各系统代谢减退的症状。

1896. ABCDE　①成人生长激素瘤可导致肢端肥大症,出现嘴唇肥厚、鼻唇沟隆起、鼻宽舌大,而使"面容变丑";由于手脚粗大肥厚,可使鞋码增大;由于存在胰岛素抵抗,糖耐量降低甚至糖尿病,可出现明显口渴、多饮;若伴有催乳素(PRL)分泌过多,则可导致男性勃起功能障碍。根据题干,本例应考虑生长激素瘤。口服葡萄糖生长激素抑制试验是目前诊断生长激素瘤最常用的试验(E)。试验时,口服葡萄糖 75g,分别于 0 分钟、30 分钟、60 分钟、90 分钟、120 分钟、180 分钟采血测定血清生长激素(GH)水平。正常人口服葡萄糖后,血清 GH 峰值<1μg/L。生长激素瘤患者口服葡萄糖不能抑制 GH 分泌,GH 水平可升高、无变化或 1/3 轻度升高。②血清 T_3、T_4、TSH 测定主要用于诊断甲状腺功能亢进症(甲亢)和甲状腺功能减退症(甲减)。血清 FSH、LH 测定主要用于了解性激素水平。胰岛素低血糖兴奋试验常用于诊断下丘脑-垂体性侏儒症。糖耐量试验(OGTT 试验)常用于诊断糖尿病。

1897. ABCDE　①患者闭经、溢乳,MRI 示垂体占位病变,应考虑催乳素瘤,确诊首选血清泌乳素测定。②为区分垂体瘤的性质,可以检测生长激素以排除生长激素瘤;测定促肾上腺皮质激素以排除库欣病;测定促甲状腺激素以排除促甲状腺激素瘤,故不答 A、B、D。③血管加压素由下丘脑视上核和室旁核分泌后,经下丘脑-垂体束运送至神经垂体储存,垂体瘤不会影响血管加压素的分泌,因此血管加压素的测定无助于催乳素瘤的诊断(C)。

1898. ABCDE　垂体瘤的典型临床表现分为两类。①激素分泌异常的表现:若垂体腺瘤分泌大量催乳素,则可表现为月经稀发、停经、溢乳;若分泌大量生长激素,在成人可引起肢端肥大症。②占位性病变的表现:若垂体瘤向前上方发展,可导致颞侧偏盲或双侧颞侧上方偏盲;若压迫时间过长,可导致视神经萎缩。垂体腺瘤一般不会导致癫痫发作,癫痫发作主要是大脑半球受压所致,故答 A。9

版《内科学》P660;催乳素瘤也可造成癫痫发作。若按9版《内科学》观点,无正确答案可供选择。

1899. ABCDE ①催乳素瘤多见于女性且多为微腺瘤,瘤体大量分泌催乳素,导致高催乳素血症,可抑制下丘脑GnRH及垂体促性腺激素的分泌,阻断促性腺激素作用于性腺,可有雌激素减少和骨量减少(即骨质疏松症)。②催乳素瘤在男性多为大腺瘤,发现时肿瘤已经很大,常产生压迫症状而导致甲状腺、肾上腺、性腺功能减退。故男性由于瘤体巨大,产生压迫症状,而出现甲状腺功能减退。题干要求回答的是女性,而女性多为微腺瘤,不会产生压迫症状,故答C而不是E,很多医考参考书将答案错为E。参阅8版《内科学》P667,9版《内科学》已删除部分内容。③催乳素瘤主要表现为闭经、溢乳和不孕。高血压、低钾血症是原发性醛固酮增多症的典型表现。低蛋白血症主要见于肾病综合征。

1900. ABCDE ①垂体瘤的定位诊断,MRI的敏感性较CT高,可发现直径3mm的微腺瘤,为首选检查,答案为C。②脑电图主要用于癫痫的诊断。放射性核素扫描对颅内肿瘤的诊断价值不大。脑血管造影主要用于脑血管畸形的诊断。

1901. ABCDE ①溴隐亭为多巴胺激动剂,可抑制催乳素的合成,恢复下丘脑-垂体促性腺激素的周期性分泌,恢复卵巢对促性激素的反应性,消除闭经和不育,为高泌乳素血症的首选药(B)。②赛庚啶、酮康唑常用于治疗库欣综合征。奥曲肽常用于治疗生长激素瘤。黄体酮为妇科常用药。

1902. ABCDE ①中年男性,性腺功能低下,血清催乳素(PRL)>200μg/L,蝶鞍部占位性病变,应诊断为催乳素瘤。催乳素瘤以药物治疗为主,首选多巴胺受体激动剂溴隐亭,它可抑制PRL合成与分泌,降低PRL水平,使肿瘤缩小,从而消除视野缺损、脑神经受压症状,恢复被抑制的性腺功能。②手术治疗仅限于视神经明显受压、药物治疗无效者。患者无视神经受压,故无需手术。放射治疗仅作为术后辅助治疗手段,故不答C。患者瘤体>10mm,应诊断为大腺瘤,需积极治疗,故不答D。

1903. ABCDE ①垂体瘤,除催乳素瘤首选药物治疗外,均应手术治疗。患者虽然为无功能腺瘤,但瘤体>10mm,且有视神经受压和浸润症状,故应手术治疗。患者已经侵犯左侧海绵窦,因此显微外科手术不可能将包膜内肿瘤完整切除,为提高疗效,防止复发,应在术后加用放射治疗。②目前认为γ刀治疗垂体肿瘤的疗效待定。溴隐亭为催乳素瘤的首选药,而患者为无功能腺瘤,故不宜选用。

1904. ABCDE 1905. ABCDE ①生长激素瘤首选经蝶显微外科手术治疗,蝶鞍内微腺瘤(<10mm)手术效果好,大腺瘤(>10mm)手术治愈率降低(D)。开颅手术创伤大,并发症多,现已少用。放疗常作为术前或术后的辅助治疗。溴隐亭、长效奥曲肽都是治疗生长激素瘤的常用药物。②泌乳素瘤首选药物治疗,溴隐亭为常用药物(B)。溴隐亭为多巴胺受体激动剂,可通过增强多巴胺的抑制作用,而减少泌乳素的分泌,恢复下丘脑-垂体促性腺激素周期性分泌及卵巢对促性腺激素的反应性,缩小肿瘤体积。由于药物治疗疗效确切,仅有少部分需经蝶窦手术或放射治疗。

1906. ABCDE ①腺垂体功能减退症的病因以各种垂体肿瘤最多见(包括功能性和非功能性),以产后大出血引起的腺垂体缺血坏死(希恩综合征)最典型、最严重,答案为B。②原发性空蝶鞍症、糖尿病性血管病变、颅内感染也可引起腺垂体功能减退症,但少见。

1907. ABCDE 腺垂体功能减退症分为原发性和继发性两类,A、B、C、E均为原发性腺垂体功能减退症,外伤性垂体柄断裂属于继发性腺垂体功能减退症。垂体柄断裂可使腺垂体血供减少,90%的腺垂体会缺血坏死,导致功能减退。

1908. ABCDE ①希恩综合征是指因产后大出血,休克时间过长,使腺垂体大部分缺血坏死,功能减退,表现为消瘦、乏力、脱发、畏寒、闭经、乳房萎缩等。②A、C、D、E都是腺垂体功能减退症的常见病因。

1909. ABCDE ①腺垂体功能减退症缺乏促黑素,故皮肤色素减退,面色苍白。皮肤色素沉着常见于原发性慢性肾上腺皮质功能减退症。②腺垂体功能减退症因升糖激素生长激素、皮质醇分泌减少,故血糖降低。继发性糖尿病常见于生长激素瘤。③尿崩症是抗利尿激素缺乏所致,常见于下丘脑受损。④溢乳-闭经综合征常见于催乳素瘤,而不是腺垂体功能减退症。⑤腺垂体功能减退症由于性腺功能减退,可有长期闭经、不育,但因催乳素减少,故不会溢乳。正确答案为 E 而不是 D。

1910. ABCDE 下丘脑-垂体-靶器官的调节轴如下图所示。当腺垂体功能减退时,可表现为腺垂体分泌的 7 种激素减少,出现相应的临床表现。最早表现是促性腺激素(FSH/LH)、生长激素(GH)、催乳素(PRL)缺乏,其次为 TSH 缺乏,然后可伴 ACTH 缺乏。当促性腺激素缺乏时,表现为性腺功能减退,在女性主要表现为无乳、闭经、不育;在男性主要表现为性欲减退、阳痿、不育,答案为 C。

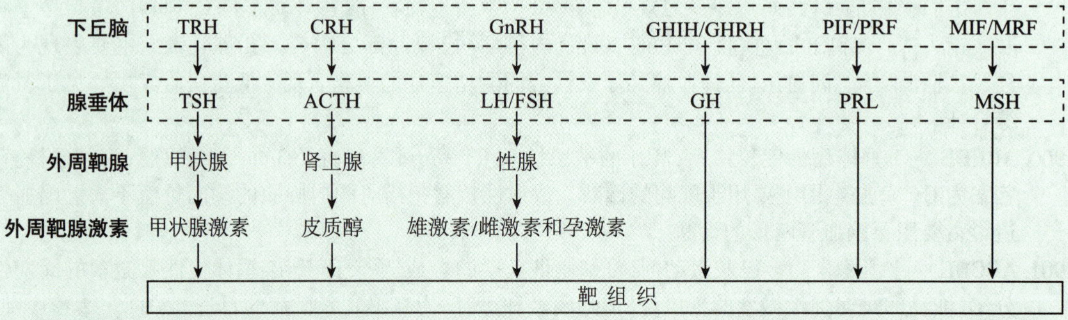

1911. ABCDE ①希恩综合征患者由于产后大出血,垂体缺血性坏死,可导致腺垂体功能减退,出现相应的临床表现。最早表现是促性腺激素(FSH/LH)、生长激素(GH)、催乳素(PRL)缺乏,其次为 TSH 缺乏,最后出现 ACTH 缺乏。当促性腺激素缺乏时,表现为性腺功能减退,在女性主要表现为无乳→闭经→不育→毛发稀少,故答 A。②食欲减退、怕冷、便秘为甲状腺功能减低的表现。

1912. ABCDE ①患者因脑部肿瘤行放射治疗,很可能造成腺垂体组织破坏,导致腺垂体功能减退,引起各靶腺功能减退。如促性腺激素(LH/FSH)缺乏可表现为性欲减退、睾丸缩小,阴毛、腋毛稀疏;TSH 缺乏可表现为各系统代谢降低;ACTH 缺乏可引起糖皮质激素减少致低钠血症;严重者可表现为垂体危象,如低血压、虚脱、水肿等。根据题干,本例应诊断为腺垂体功能减退症(C)。②原发性甲状腺功能减退症常表现为各系统代谢降低。抗利尿激素分泌失调综合征常表现为厌食、恶心、呕吐等水中毒症状,其特征是低钠、低渗。直立性低血压常表现为改变体位时血压降低,而无其他症状。原发性肾上腺皮质功能减退症常见于双侧肾上腺结核,而无腺垂体受损的病史。

1913. ABCDE 1914. ABCDE 1915. ABCDE ①女性患者分娩后闭经、食欲减退、皮肤苍白、毛发脱落,血糖降低,应考虑腺垂体功能减退症。产后大出血是其常见原因(希恩综合征),故应了解的最重要病史是分娩出血史(C)。胃肠道病史仅能解释腹泻、食欲减退。糖尿病病史只能解释血糖异常表现。结核病史仅能解释左上肺陈旧性肺结核。进食异常无特异性。A、B、D、E 均不是腺垂体功能减退症的病因。②腺垂体功能减退症患者由于腺垂体分泌生长激素和 ACTH 减少,易导致低血糖(E)。长期营养不良、肾上腺结核、慢性胃炎均不会导致低血糖。早期糖尿病应为血糖增高。③腺垂体功能减退症常表现为腺垂体分泌的 7 种激素减少,故测定血清垂体激素的水平,有助于确诊本病,答案为 D。本病的病因在腺垂体,因此肝功能检查、胰腺 MRI、肾上腺 CT 对本病的诊断价值不大。糖化血红蛋白测定常用于指导糖尿病患者血糖的控制。

1916. ABCDE ①原发性慢性肾上腺皮质功能减退症因垂体 ACTH、黑素细胞刺激素(MSH)分泌增加,可导致全身皮肤色素加深,黏膜色素沉着见于齿龈、舌部、颊黏膜等处,此为特征性临床表现,故答 E。②库欣综合征常表现为皮肤菲薄,毛细血管脆性增加,瘀斑、紫纹、轻度肥胖等。嗜铬细胞瘤常表现为阵发性或持续性高血压等。家族性肠息肉病常表现为结肠多发性息肉。炎症性肠病多表现为腹痛、腹泻,腹部压痛,腹部包块等,不会出现皮肤色素沉着。

1917. ABCDE ①原发性慢性肾上腺皮质功能减退症因垂体 ACTH、黑素细胞刺激素(MSH)分泌增加,可导致皮肤黏膜色素沉着,此为特征性临床表现,故答 C。②皮肤紫纹、轻度肥胖多见于库欣综合征。皮肤多汗及低热常见于结核病。脉率增快无特异性。

1918. ABCDE　①生长激素(GH)可抑制外周组织摄取利用葡萄糖,减少葡萄糖消耗,使血糖升高。ACTH 可促进皮质醇的合成,使血糖增高。可见 GH 和 ACTH 都是升糖激素。严重腺垂体功能减退时,腺垂体合成 GH、ACTH 减少,将导致血糖降低(E)。②PRL、LH 主要参与性腺功能的调节,而与血糖调节无关。TSH 通过促进甲状腺激素的分泌影响糖代谢,既有升糖作用,又有降糖作用。

1919. ABCDE　在全垂体功能减退症基础上,加上各种应激,如感染(占 70%)、败血症、腹泻、呕吐、寒冷、急性心肌梗死、手术、外伤、麻醉、使用镇静剂等均可诱发腺垂体功能减退症危象,即垂体危象(B)。

1920. ABCDE　患者分娩时大出血,分娩后闭经、性欲低下,提示性腺功能低下;目光呆滞、畏寒、嗜睡,提示甲状腺功能低下,应考虑腺垂体功能减退症,即希恩综合征,其病变部位在腺垂体(D)。

1921. ABCDE　①患者产后大出血,产后一直闭经,伴乏力、厌食、嗜睡,应诊断为希恩综合征,需长期采用激素替代治疗。②一般口服给药,治疗过程中,应先补充糖皮质激素,再补充甲状腺激素,以防肾上腺危象的发生(D)。③孕龄妇女可补充性激素(雌激素、孕激素),以维持人工月经周期。血管加压素不属于腺垂体激素,无需补充。

1922. ABCDE　希恩综合征常表现为各种腺垂体激素分泌减少,ACTH 缺乏可导致糖皮质激素分泌不足。治疗希恩综合征时,应首先补充糖皮质激素,再补充甲状腺激素。因为甲状腺激素可加速糖皮质激素的代谢,而加重糖皮质激素的不足。因此,若不使用糖皮质激素,而单独使用左旋甲状腺素钠,可能诱发垂体危象(E)。参阅 13 版《实用内科学》P1171。

1923. ABCDE　①抗利尿激素由下丘脑分泌后,经下丘脑-垂体束达到神经垂体后释放入血,作用于远曲小管和集合管,增加对水的通透性,促进水的吸收,是调节尿量的关键性激素。中枢性尿崩症是由于抗利尿激素缺乏引起的尿量增多,故答 D。②摄水过多引起尿量增加称为水利尿。急性肾衰竭多尿期的尿量增多是由于肾小球滤过率恢复较快,但肾小管的吸收功能恢复较慢所致。应用利尿剂可减少远端小管和集合管对水的重吸收,而导致尿量增多。慢性肾盂肾炎可引起少尿。

1924. ABCDE　①中枢性尿崩症患者,由于抗利尿激素缺乏,肾远曲小管和集合管对水的通透性降低,水重吸收减少,尿量明显增加,尿渗透压降低。②甲状旁腺分泌的甲状旁腺激素主要参与钙磷代谢的调节,生理效应是升血钙降血磷。甲状腺激素主要参与三大物质代谢。糖尿病主要引起渗透性利尿。原发性醛固酮增多症常表现为尿量减少、尿钾增加。B、C、D、E 对尿渗透压的影响较小。

1925. ABCDE　①肾性尿崩症是肾小管对血管加压素不敏感所致,注射外源性血管加压素后,尿量不减少,尿比重不增高,尿渗透压不增高;而中枢性尿崩症是下丘脑分泌血管加压素减少所致,注射外源性加压素后,尿量减少,尿比重增高,尿渗透压增高,因此加压素试验可用于鉴别肾性与中枢性尿崩症。②禁水试验虽有一定的鉴别意义,但不是最佳试验。直接测定 B、C、D 对两者的鉴别价值不大。

1926. ABCDE　①去氨加压素为人工合成的加压素类似物,其抗利尿作用强,而无加压作用,不良反应少,且可口服,为目前治疗中枢性尿崩症的首选药物。②升压素水剂为激素替代治疗药物,需注射治疗,口服无效,因此主要用于颅脑外伤或术后神志不清的尿崩症患者。油剂鞣酸加压素(长效尿崩停)只有注射剂,1 次注射后可维持 10 天左右。氢氯噻嗪主要用于肾性尿崩症的治疗。非激素类抗利尿药氯磺丙脲可刺激加压素的分泌,而使尿量减少。A、B、D、E 均不是首选药物。

1927. ABCDE　患者已确诊为中枢性尿崩症,故治疗首选去氨加压素。

1928. ABCDE　①血中 FT_3、FT_4 和 TSH 均升高,应诊断为垂体性甲状腺功能亢进症(甲亢)。所谓垂体性甲亢是指垂体 TSH 瘤分泌促甲状腺激素(TSH)过多引起的甲亢,因此首选检查是头颅 MRI,以了解是否存在垂体 TSH 瘤,故答 D 而不是 A 或 C。②A、B、C、E 均为甲亢的常用检查。

1929. ABCDE　①弥漫性毒性甲状腺肿(Graves 病)是甲状腺功能亢进症最常见的病因,占 80%~85%。②A、B、E 可合并甲亢,但少见。慢性淋巴细胞性甲状腺炎是甲状腺功能减退症最常见的病因。

1930. ABCDE　①Graves 病与组织相容性复合体(MHC)基因相关,具有显著的遗传倾向。Graves 病是一种自身免疫性疾病,血清中存在 TSH 受体抗体(TRAb),包括 TSH 受体刺激性抗体(TSAb)和 TSH 受体刺激阻断性抗体(TSBAb)。TSAb 与 TSH 受体结合,可导致甲状腺细胞增生、甲状腺激素合成增加,引起甲亢,故答 E。②A 为单纯性甲状腺肿的病因,B 为碘致甲亢的病因,D 为垂体性甲亢的病因。下丘脑分泌 TRH 过多可引起泌乳素增多,参阅 14 版《实用内科学》P1214。

1931. ABCDE ①甲状腺功能亢进症患者的腹泻属于动力性腹泻,是由于肠蠕动亢进致肠内食糜停留时间缩短,未被充分吸收所致,答案为 A。②肠内容物渗透压增高引起的腹泻常见于服用甘露醇后。肠液分泌增多引起的腹泻常见于霍乱、溃疡性结肠炎等。血管活性肠肽(VIP)瘤引起水样腹泻属于分泌性腹泻。

1932. ABCDE ①Graves 病非浸润性突眼也称单纯性突眼,病因与甲状腺毒症所致的交感神经兴奋性增高有关,常表现为眼球轻度突出(突眼度一般不超过 18mm),眼裂增宽,瞬目减少(D 对)。②A、B、C、E 均属于浸润性突眼的临床特点。

1933. ABCDE ①Graves 病常有甲状腺弥漫性对称性肿大,质地不等,左右叶上、下极可触及震颤伴血管杂音,为本病的特征之一。②A、B、D、E 都是甲亢的临床表现,但无特征性。

1934. ABCDE ①青年女性,有典型的甲状腺功能亢进(甲亢)症状,如心悸、烦躁、怕热、消瘦,脉压高达 70mmHg,心率增快,应诊断为甲状腺功能亢进症。②甲亢患者以高动力循环为特征,常有持续性心动过速,第一心音亢进,可闻及心尖部收缩期杂音。不要仅凭"心尖部闻及收缩期柔和吹风样杂音",而误诊为心肌炎、风心病。B、E 显然不是正确答案。

1935. ABCDE 抗甲状腺药物的副作用如下。①血管炎:丙硫氧嘧啶可诱发抗中性粒细胞胞质抗体(ANCA)阳性的小血管炎。②粒细胞缺乏症:发生率约为 0.7%。③皮疹:发生率约为 5%。④中毒性肝病:丙硫氧嘧啶、甲巯咪唑发生率分别为 2.7%、0.4%。抗甲状腺药物不会导致乳酸酸中毒。乳酸酸中毒是双胍类降糖药最重要的副作用(A)。

1936. ABCDE 1937. ABCDE ①中年男性,多食、易饥、大便次数增多、体重下降、脉压大,应考虑甲状腺功能亢进症(甲亢)。患者发作性软瘫 1 天,血钾降低,应诊断为甲亢性低钾性周期性麻痹。为明确诊断,首选的检查是血清 FT_3、FT_4 和 TSH 检测。不要误答 E,因题干已明确说明患者血钾降低,故无需再查 24 小时尿钾。空腹血糖测定常用于诊断糖尿病。24 小时尿游离皮质醇测定常用于诊断库欣综合征。24 小时尿儿茶酚胺测定常用于诊断嗜铬细胞瘤。②甲亢性周期性麻痹的血钾降低与肌细胞钠泵活性增高,血清钾向细胞内急性转移有关。参阅 3 版 8 年制《内科学》P987。

1938. ABCDE ①甲状腺危象的临床表现可归纳为 12 字:"上吐下泻,高热大汗,谵妄昏迷"。②由于"高热",心率可增快,>140 次/分;由于"上吐下泻",因此可有厌食。排出 A、B、C、D 后,正确答案为 E。③甲状腺危象时外周血白细胞总数和中性粒细胞常增多,甲亢时白细胞总数减少。

1939. ABCDE ①甲状腺功能亢进(甲亢)时,过多的甲状腺激素可促进钠泵活性,使 K^+ 向细胞内转移,导致血钾降低,常表现为双下肢肌无力、膝反射减退等,称为甲亢性低钾性周期性瘫痪。甲亢患者血钾降低(正常值3.5~5.5mmol/L),双下肢瘫痪,应诊断为甲亢性周期性瘫痪。②慢性甲亢性肌病主要累及近心端肌群,如肩胛肌、骨盆带肌群等,很少累及下肢肌,故不答 A。甲亢一般不伴周围神经炎,周围神经炎为糖尿病的常见并发症,故不答 C。甲亢伴重症肌无力主要累及眼部肌群,常表现为上睑下垂、眼球运动障碍、复视,朝轻暮重。癔症为精神病,常表现为昏迷、不自主运动等。

1940. ABCDE 1941. ABCDE 1942. ABCDE ①患者消瘦、乏力、怕热、手颤、甲状腺轻度增大,应考虑甲状腺功能亢进症(甲亢)。青年男性甲亢患者,双下肢突然软瘫,应诊断为甲亢性周期性瘫痪,其发病原因为低钾血症,故答 E。脑栓塞多见于老年人,常表现为偏瘫,而不是双下肢软瘫。运动神经元病属于慢性进行性神经系统变性疾病,并不会出现双下肢突然瘫痪。重症肌无力主要累及眼部肌群,常表现为上睑下垂、眼球运动障碍、复视,朝轻暮重。呼吸性碱中毒引起的低钾血症一般较轻,很少引起双下肢软瘫。②为明确甲亢性周期性瘫痪的诊断,应测定甲状腺功能(T_3、T_4)以确诊甲亢,还应测定血清电解质以了解有无低钾血症,答案为 E。头颅 CT 检查及血糖测定,无助于确诊本病，故不答 A。肌电图常用于周围神经炎的诊断。胸部 CT 及血抗乙酰胆碱受体抗体测定常用于重症肌无力的诊断。③甲亢性周期性瘫痪的发病原因是低钾血症，因此其急诊处理为补充血钾，纠正电解质紊乱，故答 B。螺内酯为保钾性利尿剂，主要用于预防发作。静脉滴注胰岛素可诱发低钾血症，故不答 C。溴吡斯的明作用类似新斯的明，常用于治疗重症肌无力。脱水降颅压常用于治疗脑疝。

1943. ABCDE　1944. ABCDE　1945. ABCDE　①青年男性，甲亢患者，突然出现双下肢不能活动，应考虑甲亢性周期性瘫痪，其病因是低钾血症。为明确诊断，应首先测定血钾浓度。血钠、血镁、血糖、血钙测定不能确诊甲亢性周期性瘫痪。②患者双下肢不能活动的原因是低钾血症，故其紧急处理措施为静脉补钾。口服大剂量 β 受体阻滞剂、丙硫氧嘧啶常用于甲亢的治疗。注射 B 族维生素对甲亢性周期性瘫痪的治疗无帮助。静脉滴注氢化可的松，常用于甲状腺危象的治疗。③甲亢性周期性瘫痪为自限性疾病，甲亢控制后周期性瘫痪在 2~3 个月内可以自愈，因此控制甲亢是治疗的关键。甲亢首选抗甲状腺药物治疗，次选手术治疗，故答 A 而不是 D。在我国，放射性碘不是甲亢的首选治疗。肾上腺皮质激素常用于甲状腺危象的治疗。复方碘溶液常用于甲亢的术前准备。

1946. ABCDE　1947. ABCDE　①下丘脑（TRH）-垂体（TSH）-甲状腺-T_3、T_4 是一个调节轴。甲状腺功能亢进（甲亢）时 T_3、T_4 分泌增加，可负反馈抑制垂体 TSH 的分泌。血清 TSH 浓度的变化是反映甲状腺功能最敏感的指标，如亚临床甲亢患者其 FT_3、FT_4 正常，但 TSH 已经降低（E）。TRAb（TSH 受体抗体）测定可检测机体是否存在 TSH 受体的自身抗体，并不能反映甲状腺功能。②未经治疗的 Graves 病患者，血清 TRAb 阳性率可达 75%~96%，是鉴别甲亢、诊断 Graves 病的指标之一，对判断病情活动、治疗是否停药、停药后是否复发有指导作用（A）。参阅 3 版 8 年制《内科学》P989。③FT_3、FT_4、^{131}I 摄取率可用于 Graves 病的诊断，但不能预测 Graves 病的复发。

1948. ABCDE　1949. ABCDE　①单纯性甲状腺肿是指缺碘引起的代偿性甲状腺肿大，其甲状腺功能正常，故 FT_3、FT_4、TSH 均正常（E）。②亚临床甲亢常表现为血清 T_3、T_4 正常，但血清 TSH 已经低于正常值下限（B）。③D 为甲状腺功能减退症的表现。

1950. ABCDE　①目前检测的甲状腺激素包括 TT_3、TT_4、FT_3、FT_4 和 rT_3。甲状腺激素，尤其是 FT_3、FT_4，为诊断甲亢最可靠的指标。②基础代谢率为甲亢的辅助诊断指标。甲状腺摄 ^{131}I 率是过去诊断甲亢的常用指标，现已淘汰。甲状腺刺激免疫球蛋白（TSI）常用于预测甲亢的复发。TSH 是诊断甲亢最敏感的指标，而不是最可靠的指标。

1951. ABCDE　①甲状腺摄 ^{131}I 率测定是将示踪剂 ^{131}I 注入机体后，被甲状腺组织吸收，利用其放出 γ 射线的特性，用探测器测定甲状腺对 ^{131}I 的摄取率，以此了解无机碘进入甲状腺的数量和速度，从而反映甲状腺的功能状态（D）。②MRI、B 超、放射性核素扫描均为影像学检查，只能了解甲状腺的形态，不能反映甲状腺的功能状态。抗甲状腺抗体检测常用于诊断桥本甲状腺炎。

1952. ABCDE　①诊断 Graves 病首选甲状腺激素检测，即测定血清 FT_3、FT_4 和 TSH 含量。②甲状腺摄 ^{131}I 率是诊断甲状腺功能亢进的传统方法，现已淘汰。抗甲状腺抗体检测常用于诊断桥本甲状腺炎。甲状腺 B 超可了解甲状腺形态，但不能确诊甲亢。甲状腺放射性核素扫描常用于诊断自主高功能腺瘤。

1953. ABCDE　①患者心悸、多汗、食欲亢进、体重下降、腹泻，应考虑甲亢。患者突然下肢无力，血钾降低，应诊断为甲亢合并周期性瘫痪。为明确诊断，最有意义的检查是甲状腺功能测定（E）。②葡萄糖耐量试验（OGTT）常用于诊断糖尿病。肾上腺皮质功能检查常用于诊断库欣综合征。动脉血气分析常用于诊断呼吸衰竭。血儿茶酚胺测定常用于诊断嗜铬细胞瘤。

1954. ABCDE　①青年男性，甲状腺疾病病史，受凉后突发双下肢软瘫，发作时血钾降低，补钾后症状缓解，应诊断为甲亢性周期性瘫痪。②甲亢性周期性瘫痪发作时血钾降低，但尿钾正常，这是由于血钾转移至肝细胞、肌细胞所致，而不是尿钾排出增多所致。参阅 5 版《内科学》P734，9 版《内科学》已删除相关知识点。甲亢性周期性瘫痪常表现为血清 T_3、T_4 增高，TSH 降低。

1955. ABCDE　1956. ABCDE　①游离甲状腺激素（FT_3、FT_4）与其生物学功能密切相关，是诊断甲亢的首选指标。血清总 T_3、总 T_4（TT_3、TT_4）虽然含量高，检测稳定性高，但易受血清 TBG（甲状腺激素结合球蛋白）影响，因此只是诊断甲亢的主要指标而不是首选指标，故最佳答案为 A 而不是 B。②治疗甲亢时，停用抗甲状腺药物的指征是甲状腺明显缩小，TRAb（或 TSAb）转为阴性，答案为 C。9 版《内科学》已删除了原来的旧指标甲状腺刺激免疫球蛋白（TSI）。③rT_3 为 T_4 在外周血的代谢产物，在 Graves 病初期或复发早期增高。甲状腺摄^{131}I 率测定现在主要用于甲状腺毒症病因的鉴别。

1957. ABCDE　①甲状腺放射性核素扫描时，给患者口服^{131}碘化钠后一定时间内，应用 γ 闪烁照相机使甲状腺显像。若在扫描图上表现为一个热结节，其周围甲状腺组织由于萎缩而不显示，可诊断为自主性功能亢进性甲状腺腺瘤（高功能腺瘤）。甲状腺核素扫描为本病的最佳检查方法，故答 B 而不是 D，很多医考参考书将答案错为 D，参阅 9 版《内科学》P684。②甲状腺摄^{131}I 率测定常用于甲状腺毒症病因的鉴别。甲状腺 B 超、CT、MRI 均属于影像学检查，不能确诊甲状腺高功能腺瘤。

1958. ABCDE　正常甲状腺 24 小时摄^{131}I 率为人体总量的 30%～40%，若 2 小时摄^{131}I 率>25%，24 小时摄^{131}I 率>50%，且摄^{131}I 率高峰提前出现，即可诊断甲状腺功能亢进症。

1959. ABCDE　1960. ABCDE　1961. ABCDE　①青年女性，心烦易怒，怕热多汗，易饿、体重下降，手颤眼突，甲状腺弥漫性肿大，应诊断为原发性甲亢，以 Graves 病最常见。亚急性甲状腺炎病前1～3周常有上呼吸道感染史，可有甲状腺弥散性肿大，但质地较硬，无甲亢症状，故不答 A。糖尿病不会出现突眼、甲状腺肿大，故不答 B。单纯性甲状腺肿可有甲状腺弥散性肿大，但无高代谢症候群，故不答 C。自主神经功能紊乱常见于更年期，无甲状腺弥漫性肿大，突眼等症状，故不答 D。②确诊 Graves 病当然首选血清甲状腺素水平测定（C）。甲状腺放射性核素扫描、甲状腺摄^{131}碘率测定临床上少用。垂体功能测定常用于诊断垂体性甲亢。口服葡萄糖耐量试验常用于诊断糖尿病。③Graves 病常表现为 FT_3、FT_4 增高、TSH 下降（A）、甲状腺摄^{131}碘率增高。

1962. ABCDE　①患者心悸，多汗，食量加大半年，甲状腺Ⅱ度肿大，心率增快，应考虑甲状腺功能亢进症（甲亢）。患者甲状腺不是典型的弥漫性对称性肿大，而是结节状肿大，故应诊断为结节性甲状腺肿并发甲亢，即继发性甲亢，而不是原发性甲亢，答案为 C。②结节性甲状腺肿若不合并甲亢，则甲状腺功能正常，不会出现高代谢症候群。高功能甲状腺腺瘤常表现为单个甲状腺肿瘤伴高代谢症候群。甲状腺腺瘤常表现为甲状腺单个肿瘤，而无甲状腺肿大，也无高代谢症候群。

1963. ABCDE　①抗甲状腺药物可抑制甲状腺过氧化物酶，阻断酪氨酸的碘化及耦联，减少甲状腺激素的合成而发挥药理作用，故答 B。②抗甲状腺药物也可抑制外周组织 T_4 转化为 T_3，降低血液中甲状腺刺激性免疫球蛋白（TSI）浓度，抑制自身免疫反应，但不属于主要机制，故不答 C、D。抗甲状腺药物不能抑制甲状腺组织对碘的吸收，也不能促进甲状腺激素的分解代谢，故不答 A、E。

1964. ABCDE　①甲亢患者行^{131}I 治疗后发生永久性甲减，主要是由于甲状腺组织被^{131}I 释放出的 β 射线破坏所致，参阅 3 版 8 年制《内科学》P993。②甲状腺激素合成障碍为抗甲状腺药物的治疗机制。

1965. ABCDE　①中年女性，心悸、怕热、出汗、体重下降、手颤、甲状腺Ⅰ度肿大，应诊断为甲亢。患者外周血 WBC<4.0×10^9/L，应诊断为白细胞减少。甲亢合并白细胞减少，应首选放射性碘治疗。②复方碘溶液主要用于甲亢的术前准备及甲状腺危象的治疗，严禁用于普通甲亢的治疗，故不答 A。抗甲状腺药物易导致白细胞减少，故不答 B。甲状腺大部切除术主要用于中、重度甲亢的治疗，而本例为轻度甲亢，故不答 C。左旋甲状腺素片常用于甲状腺功能减退症的治疗。

1966. ABCDE　①放射性^{131}I 可用于成人中、重度原发性甲亢的治疗，其机制是甲状腺摄取^{131}I 后释放出 β 射线，破坏甲状腺组织（C）。②放射性^{131}I 禁用于原发性甲减的治疗。^{131}I 只能作为原料碘被甲状腺组织摄取，因此对^{131}I 的非靶腺器官，如甲状旁腺、肾上腺皮质的病变无治疗作用，故不答 B、E。特发性中枢性尿崩症的治疗首选去氨加压素，而不是放射性核素治疗。

1967. ABCDE　①甲状腺功能亢进症行^{131}I 治疗前，需测定吸^{131}I 率。因为治疗时^{131}I 所给剂量是根据甲状腺估计的重量及摄^{131}I 率计算得来的：^{131}I 剂量(mCi) = 50~100mCi/g×甲状腺重量(g)/最高摄^{131}I 率。②普萘洛尔、复方碘溶液为甲亢的术前准备。甲巯咪唑为抗甲状腺药物，对于重度甲亢，可先使用抗甲状腺药物治疗 3 个月后，再行核素治疗。甲状腺 B 超为普通影像学检查，故不答 E。

1968. ABCDE　①Graves 病的治疗方法有三种，即药物治疗、手术治疗和^{131}I 治疗，故不答 D、E。②药物治疗的指征为：病情轻、中度患者；甲状腺轻、中度肿大；年龄<20 岁；孕妇、高龄；手术前或^{131}I 治疗前的准备。本例 Graves 病患者仅 14 岁，只能选用药物治疗，不能行手术及^{131}I 治疗，答案为 A。

1969. ABCDE　白细胞减少为抗甲状腺药物的常见不良反应，当外周血白细胞<3×10^9/L，或中性粒细胞<1.5×10^9/L 时，应当停药，答案为 D。A、B、C、E 均不是停药指征。

1970. ABCDE　①白细胞减少是抗甲状腺药物的常见不良反应，当 WBC<3×10^9/L 时应立即停药，故可首先排除 A、B。②他巴唑属于咪唑类抗甲状腺药物，丙硫氧嘧啶属于硫脲类抗甲状腺药物，两类药物均易产生白细胞减少的副作用，它们之间存在交叉反应，若使用一种药物产生粒细胞减少，不能更换为另一种药物，故不答 C。③患者甲状腺Ⅰ度肿大，不宜手术治疗，故不答 E。④该患者应行放射性^{131}I 治疗，故答 D 而不是 E，很多医考参考书将答案错为 E。参阅 9 版《内科学》P686：抗甲状腺药物治疗失败或甲亢合并白细胞减少者为放射^{131}I 治疗的适应证。

1971. ABCDE　①根据 2007 年中华医学会制定的《中国甲状腺疾病诊治指南》，甲状腺功能亢进症（甲亢）手术后复发者，首选^{131}I 治疗。当有^{131}I 治疗禁忌证时，再选择药物治疗。本例为甲亢复发，且对抗甲状腺药物过敏，无^{131}I 治疗禁忌证，应首选^{131}I 治疗，故答 E 而不是 B，很多医考参考书将答案错为 B 或 D。②抗甲状腺药物过敏时，加用抗过敏药、更换药物种类，均只适合于轻度皮疹患者。对于重度皮疹患者应及时停药，以免发生剥脱性皮炎。患者药疹严重，只能停药，故不答 A、B。③β受体阻断剂常用于心率明显增快的甲亢的治疗。④甲状腺次全切除术后，局部粘连严重，再次手术十分困难，且易损伤喉上神经和喉返神经，因此甲亢术后复发的患者严禁再次手术，故不答 D，参阅 14 版《实用内科学》P1219。

1972. ABCDE　①大剂量碘剂仅适用于甲亢的术前准备和甲状腺危象的治疗，不适合普通甲亢的治疗，故不答 A。妊娠是放射性^{131}I 治疗的禁忌证，故不答 C。②甲亢的治疗方法有三种，即药物治疗、^{131}I 治疗和手术治疗，患者药物治疗多次复发而失败，希望妊娠又不能进行^{131}I 治疗，故只能行手术治疗。甲亢停药后复发是手术适应证之一，术前可加用抗甲状腺药物，以免基础代谢率过高，术后发生甲状腺危象。

1973. ABCDE　①患者妊娠 2 个月，有典型甲亢症状（怕热、心悸、多汗、甲状腺肿大），FT_3、FT_4 升高，TSH 降低，应诊断为妊娠甲亢。TRAb 阳性提示自身抗体存在，应考虑为 Graves 病。②按 9 版《内科学》观点，妊娠期甲亢首选药物治疗，次选手术治疗，故不答 B。甲亢合并妊娠分为 T1 期（孕 1~3 个月）、T2 期（孕 4~6 个月）、T3 期（孕 7~9 个月）。对于 T1 期甲亢，应首选丙硫氧嘧啶治疗，因其对胎儿发育无明显影响，答案为 A。因甲巯咪唑可致胎儿皮肤发育不良，故严禁用于 T1 期妊娠甲亢的治疗。③碘化钠溶液仅用于甲状腺危象的急救。妊娠甲亢严禁^{131}I 治疗，因^{131}I 具有放射性。

1974. ABCDE　1975. ABCDE　①碘剂和普萘洛尔都是甲亢的术前准备药物，不用于甲亢的治疗，故可首先排除 B、C。患者对抗甲状腺药物过敏，不宜药物治疗，故不答 A。患者合并有迁延性肝炎，不能耐受手术治疗，故不答 E。因此患者只能行^{131}I 治疗，因为^{131}I 在体内主要积蓄在甲状腺内，对甲状腺以外的肝脏无明显影响。②结节性甲状腺肿并甲亢首选手术治疗。

1976. ABCDE　①青少年甲亢首选药物治疗，严禁手术治疗，因为抗甲状腺药物不致引起持久性甲减，对生长发育影响很小。②内、外科关于妊娠甲亢的处理并不相同。9 版《内科学》观点为：妊娠期甲亢首选药物治疗，次选手术治疗，且手术应在妊娠 4~6 个月进行。9 版《外科学》观点为：手术应在妊娠前 4~6 个月进行。若按《外科学》观点，A 不属于手术禁忌证。③B、C、E 均属于手术的适应证。

1977. ABCDE　①^{131}I 治疗甲亢的机制是甲状腺摄取^{131}I，^{131}I 释放 β 射线破坏甲状腺组织。因此，^{131}I 治

疗的先决条件是甲状腺组织能摄取^{131}I。故在行^{131}I 治疗前,必需测定甲状腺^{131}I 摄取率,答案为 E。②^{131}I 在体内主要积蓄在甲状腺内,对甲状腺以外的脏器,如肝、心、血液系统不造成急性辐射性损伤,因此可排除 A、B、C。甲状腺核素扫描主要用于高功能腺瘤的诊断。

1978. ABCDE ①甲巯咪唑为抗甲状腺药物,可引起中性粒细胞减少,发生率为 0.1%~0.5%。甲亢也可引起粒细胞减少。因此临床上要区分粒细胞减少是抗甲状腺药物所致还是甲亢所致。前者表现为用药前粒细胞正常,用药后粒细胞减少;后者表现为使用抗甲药前粒细胞即减少。可见本例为抗甲状腺药物的副作用所致,故答 D 而不是 C。②粒细胞分布异常多见于内毒素血症、脾大等。β 受体阻断剂的副作用多为心率减慢。叶酸或维生素 B_{12} 缺乏常导致巨幼细胞贫血。

1979. ABCDE 1980. ABCDE 1981. ABCDE ①女性患者,心悸、多汗、手颤、易饿、腹泻、体重减轻、甲状腺肿大,应诊断为甲状腺功能亢进症(甲亢)。题干未交代血糖值,不能诊断为糖尿病,故不答 A、C。溃疡性结肠炎、更年期综合征均不会出现甲状腺肿大,故不答 B、E。②为确诊甲亢,当然首选甲状腺功能测定(D)。口服葡萄糖耐量试验常用于诊断糖尿病。结肠镜检查常用于诊断溃疡性结肠炎。胰岛素释放试验常用于测定胰岛 β 细胞功能。甲状腺摄^{131}I 率为甲亢的辅助检查方法。③患者甲状腺Ⅱ度肿大,属于轻、中度甲亢,在我国首选抗甲状腺药物治疗,在国外首选^{131}I 治疗,故答 E。胰岛素、口服降血糖药常用于治疗糖尿病。泼尼松常用于治疗溃疡性结肠炎。

1982. ABCDE ①抗甲状腺药物最严重的不良反应是粒细胞减少,其停药指征为外周血白细胞 $<3.0\times10^9/L$ 或中性粒细胞 $<1.5\times10^9/L$,答案为 A。②药物治疗甲亢的疗程长达 1~2 年,分为初治、减量、维持三个阶段,当 T_3、T_4 恢复正常时,可进入减量阶段。③若治疗过程出现甲状腺明显增大,可加服左甲状腺素片,同时减小抗甲药剂量。④Graves 眼病为自身免疫性疾病,突眼加重表示甲亢病情未完全控制,不能停药。⑤抗甲状腺药物应用 3 个月左右一般可控制甲亢症状,规则用药 6 个月仍未控制症状,可能为剂量不足、服用含碘食物或药物、精神紧张、劳累等,并不是停药指征。

1983. ABCDE ①甲状腺毒症心脏病的基本病因是甲亢,因此控制甲亢为其治疗的关键,当甲亢控制后心脏病即可缓解,甚至痊愈。控制甲亢可采用药物治疗或放射性碘治疗,故答 E。②甲状腺毒症心脏病常伴心房颤动,心房颤动时间较长者在甲状腺激素水平恢复正常后不能恢复正常心律时,可行电复律。大剂量普萘洛尔、卧床休息、镇静剂常用于甲亢的术前准备。毛花苷丙常用于心房颤动的治疗。

1984. ABCDE ①甲亢性心脏病可给予足量抗甲药物治疗,待甲亢症状控制后,首选放射性^{131}I 治疗,破坏甲状腺组织,以达到根治的目的。②复方碘溶液、普萘洛尔常用于甲亢的术前准备。甲亢性心脏不能直接行手术治疗,一定要等到病情控制后再择期手术,否则易发生心脏意外、甲危等。

1985. ABCDE 1986. ABCDE 1987. ABCDE ①抗甲状腺药物可抑制甲状腺过氧化物酶,阻断酪氨酸的碘化及偶联,减少甲状腺激素的合成而发挥药理作用(C)。正常情况下,甲状腺激素贮存在甲状腺滤泡细胞中,若滤泡细胞破坏将导致甲状腺激素释放入血,使甲亢症状加重,故 A 错。抗甲状腺药物既不能阻断甲状腺激素的作用,也不能加速甲状腺激素的消除代谢,故不答 B、D。减少甲状腺组织为放射碘治疗、手术治疗甲亢的机制,故不答 E。②抗甲状腺药物最严重的不良反应是粒细胞减少,发生率为 0.1%~0.5%。转氨酶轻度增高(中毒性肝病)、药疹也可发生,但一般并不严重。抗甲状腺药物并不破坏甲状腺组织,故不会导致永久性甲减,永久性甲减是放射^{131}I 治疗的副作用。抗甲状腺药物使用过量,可导致甲状腺肿大,但并不属于副作用。③甲亢的药物治疗分 3 个阶段:初治期 6~8 周,减量期 3~4 个月,维持期 1~1.5 年,整个疗程共 1.5~2 年。

1988. ABCDE 1989. ABCDE 1990. ABCDE ①患者心悸、怕热、乏力、体重下降、手颤、甲状腺肿大,应考虑甲状腺功能亢进(甲亢)。为明确诊断,应首选血清 TSH、T_3、T_4 测定(B)。甲状腺摄^{131}I 率为诊断甲亢的辅助检查。T_3 抑制试验常用于鉴别单纯性甲状腺肿和 Graves 病。TRH 兴奋试验现已少用。抗甲状腺抗体测定为诊断 Graves 病的辅助检查。②患者脉搏短绌(心率>脉率)、心律不齐、心音强弱不等,应诊断为心房颤动(C)。③甲状腺毒症心脏病的基本病因是甲亢,因此治疗关键是控制甲亢,可在药物控制症状后,首选放射性[131]I 治疗,以达根治的目的。虽然[131]I 治疗前需用丙硫氧嘧啶控制甲亢症状,但最佳答案为 C 而不是 A,因为药物治疗不能根治甲状腺毒症心脏病,只能控制甲亢症状。甲状腺毒症心脏病不能直接手术治疗,需病情控制后再择期手术,否则易发生心脏意外、甲状腺危象等。心得安常用于心率很快的甲亢患者。复方碘溶液常用于甲亢的术前准备、甲状腺危象的治疗。

1991. ABCDE　1992. ABCDE　①患者怕热、心悸、出汗多,体重下降,甲状腺弥漫性肿大,心率增快,应诊断为原发性甲亢。患者甲状腺Ⅰ度肿大,应首选抗甲状腺药物治疗(A)。β受体阻断剂可减慢心率,改善心悸症状,但不能缓解甲亢的高代谢症候群,临床上仅作为辅助治疗。放射性碘治疗在欧美国家是成人甲亢的首选疗法,但我国应用较少。口服碘剂常适用于术前准备。②抗甲状腺药物治疗 8 周后症状消失,但甲状腺肿加重,可加用左甲状腺素片,负反馈调节下丘脑-垂体-甲状腺轴,抑制 TSH 的释放,抑制甲状腺的自身免疫过程,可取得很好的疗效(B)。

1993. ABCDE　①患者妊娠 4 个月,结节性甲状腺肿 10 年,出现怕热,多汗,甲状腺激素增高,应诊断为妊娠期甲亢。内、外科处理妊娠甲亢的原则并不相同。9 版《内科学》观点为:妊娠甲亢分为 T1 期(1~3 个月)、T2 期(4~6 个月)、T3 期(7~9 个月);妊娠甲亢首选药物治疗,次选手术治疗,且手术仅在 T2 期进行;T1 期甲亢首选丙硫氧嘧啶,T2 和 T3 期甲亢首选甲巯咪唑。按照 9 版《内科学》观点,患者为 T2 期甲亢,应首选甲巯咪唑治疗,若无效再行手术治疗,故答 A。②9 版《外科学》观点为:手术应在妊娠前 4~6 个月进行。按照 9 版《外科学》观点,应手术治疗(E)。③患者有哮喘病史,不宜使用普萘洛尔。碘剂常用于甲亢的术前准备,故不答 C。放射性核素禁用于妊娠甲亢。

1994. ABCDE　Graves 病也称弥漫性毒性甲状腺肿,是甲状腺功能亢进症最常见的临床类型,表现为血清游离 T_3(FT_3)、游离 T_4(FT_4)升高、TSH 降低、甲状腺摄碘率升高(B)。

1995. ABCDE　①原发性甲状腺功能减退症(甲减)是指由于甲状腺腺体本身病变引起的甲状腺功能减退,多由自身免疫、甲状腺手术、[131]I 治疗所致,其中以慢性淋巴细胞性甲状腺炎(桥本甲状腺炎)最多见。②A 为继发性甲减的病因。B、D、E 为原发性甲减的病因,但不常见。

1996. ABCDE　①甲状腺功能减退症(甲减)患者由于甲状腺功能低下,其 T_3、T_4 降低,对下丘脑(TRH)-垂体(TSH)-甲状腺-T_3、T_4 调节轴的负反馈抑制作用减弱,TSH 分泌增加,因此确诊甲减最重要的检查是血清 T_3、T_4、TSH 测定(C)。②甲状腺自身抗体检测常用于判定甲减的病因。TRH 兴奋试验常用于鉴别原发性甲减和中枢性甲减。诊断甲减不宜行甲状腺扫描检查及骨龄测定。

1997. ABCDE　下丘脑(TRH)-垂体(TSH)-甲状腺-T_3、T_4 为一调节轴。原发性甲减是指由于甲状腺本身病变引起的甲减。继发性甲减也称中枢性甲减,是指由下丘脑、垂体病变引起的 TRH、TSH 分泌减少所致的甲减。鉴别原发性甲减和继发性甲减,常采用 TRH 兴奋试验,即静脉注射 TRH200~500μg 后,若血清 TSH 更高,提示原发性甲减;若血清 TSH 延迟性增高,提示病变在下丘脑水平;若血清 TSH 无增高,提示病变在垂体水平。后两种均为继发性甲减,答案为 A。

1998. ABCDE　①甲状腺功能减退症(甲减)患者由于甲状腺功能低下,其 T_3、T_4 降低,对下丘脑(TRH)-垂体(TSH)-甲状腺-T_3、T_4 调节轴的负反馈抑制作用减弱,TSH 分泌增加。②严重甲减病例可有 TT_3、FT_3 减低。TSH 受体抗体(TRAb)增高常见于 Graves 病。血清 rT_3 增高常见于低 T_3 综合征。

1999. ABCDE　2000. ABCDE　甲状腺功能改变时,血清 TSH 的变化较 T_3、T_4 迅速而显著,是评估甲状腺功能异常最敏感、最早期的一线指标。因此,Graves 病时最早出现的异常是血清 TSH 降低,原发性甲减最早出现的异常是血清 TSH 升高。参阅 3 版 8 年制《内科学》P998。

2001. ABCDE　①甲状腺功能减退症常表现为代谢率降低、交感神经兴奋性较低的症状,如畏寒,乏力,嗜睡,皮肤干燥粗糙,皮肤温度降低,水肿,毛发稀疏,双下肢黏液性水肿。根据题干,本例应诊断为甲状腺功能减退症(A)。②甲状旁腺功能减退症常表现为低钙抽搐,Chvostek 征与 Trousseau 征阳性。肾上腺皮质功能减退症常表现为全身皮肤色素加深,乏力,淡漠,嗜睡,血压偏低,直立性低血压,阴毛、腋毛脱落稀疏。心力衰竭常表现为咳嗽,咳粉红色泡沫痰,肝大,颈静脉怒张,肺部湿啰音。心包积液常表现为呼吸困难,心界向两侧扩大,心音低而遥远,颈静脉怒张。

2002. ABCDE ①甲状腺功能减退症的治疗常用甲状腺激素作替代治疗,治疗目标是将血清 TSH 和甲状腺激素水平恢复到正常范围内,答案为 A。②α 受体阻断剂不用于甲状腺功能减退症的治疗。复方碘溶液、氢化可的松常用于甲状腺危象的治疗。去氨升压素常用于中枢性尿崩症的治疗。

2003. ABCDE 甲状腺功能减退症常用左甲状腺素作替代治疗,一般初始剂量为 25~50μg/d,每 1~2 周增加 25μg,直至达到治疗目标,长期维持剂量为 50~200μg/d。由于激素替代治疗常从小剂量开始,逐渐增加至生理量,最佳答案为 E 而不是 D。

2004. ABCDE ①原发性甲状腺功能减退症(甲减)的替代治疗首选左甲状腺素,应从小剂量开始,逐渐递增到最佳剂量。甲减越严重,起始剂量应越小,递增越慢。剂量递增太快,可能发生心绞痛、甚至心肌梗死(D 错)。②治疗目标是甲减的症状和体征消失、血清 TSH、TT_4、FT_4 达到正常,且以血清 TSH 测定最敏感,是评价疗效的最佳指标。替代治疗过程中,应定期监测血清 TSH、TT_4、FT_4。左甲状腺素替代治疗剂量需个体化,应根据临床症状、血清 TSH 监测结果而定。

2005. ABCDE 甲状腺功能减退症的治疗常用左旋甲状腺素(L-T_4)作替代治疗,治疗目标是将血清 TSH 和甲状腺激素水平恢复正常。因此治疗过程中,应定期监测血清 TSH 和甲状腺激素的变化,并据此调整 L-T_4 的剂量。由于血清 TSH 是反映甲状腺功能最敏感的指标,因此最佳答案为 A。

2006. ABCDE ①黏液水肿性昏迷常见于重度甲状腺功能减退症,诱因包括严重全身性疾病、甲状腺激素替代治疗中断、寒冷、手术、麻醉、使用镇静剂。②饱餐后血糖增高,产热增加,不易发生黏液水肿性昏迷(E)。

2007. ABCDE ①黏液水肿性昏迷的病因是甲状腺功能低下,因此预防的关键是足量补充甲状腺激素,即甲状腺激素替代治疗,故答 A。②B、C、D、E 均为黏液水肿性昏迷防治诱因的措施。

2008. ABCDE 库欣综合征为各种病因造成肾上腺分泌过多糖皮质激素所致疾病的总称。在引起库欣综合征的病因中,约 70%是由于垂体 ACTH 分泌过多所致,称为库欣病(C);15%~20%由肾上腺皮质腺瘤引起;约 5%由肾上腺皮质癌所致;其他原因少见。

2009. ABCDE ①下丘脑(CRH)-垂体(ACTH)-肾上腺-糖皮质激素是一调节轴,因此肾上腺、垂体、下丘脑各级水平的病变,均可导致糖皮质激素分泌过多,引起库欣综合征。肾上腺本身的病变(如肾上腺皮质腺瘤)可自主分泌糖皮质激素,不受垂体 ACTH 的控制,称为不依赖 ACTH 的库欣综合征,故答 E。②垂体病变可分泌大量 ACTH,刺激肾上腺皮质分泌糖皮质激素,故垂体 ACTH 微腺瘤、垂体 ACTH 细胞增生,均可导致 ACTH 增高。垂体以外的肿瘤(如支气管类癌、小细胞肺癌)可产生 ACTH,刺激肾上腺皮质分泌过多的皮质激素,导致库欣综合征,故不答 C、D。

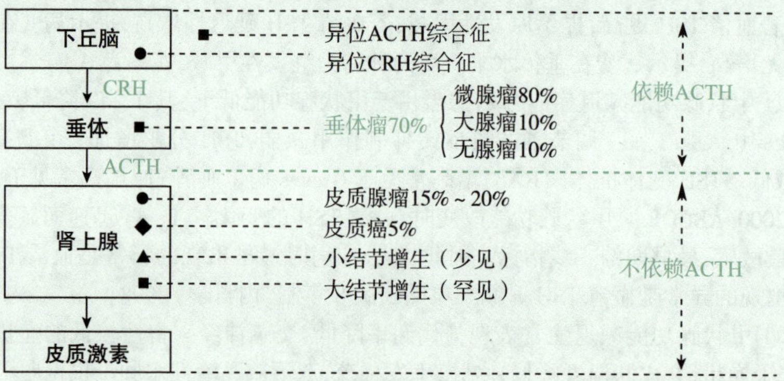

2010. ABCDE ①库欣综合征为各种病因造成肾上腺分泌过多糖皮质激素所致疾病的总称。在引起库欣综合征的病因中,约 70%是由于垂体 ACTH 分泌过多所致,称为库欣病(Cushing 病),答案为 B。

②A、C、E 都是 Cushing 综合征的病因，而不是 Cushing 病的病因。D 不属于库欣综合征。

2011. ABCDE　①库欣综合征是各种病因造成肾上腺皮质分泌过多皮质醇所致疾病的总称。②嗜铬细胞瘤可有肾上腺素、去甲肾上腺素分泌过多。原发性醛固酮增多症可有醛固酮分泌增多、肾素分泌减少。

2012. ABCDE　①肾上腺皮质癌既可分泌皮质醇，也可分泌少量性激素，因此肾上腺皮质癌可出现性激素过多的表现。若女性患者男性化显著，如乳房萎缩、生须、喉结增大、阴蒂肥大，应高度警惕肾上腺皮质癌(E)。②A、B、C、D 均不会分泌性激素，因此不会导致女性男性化。

2013. ABCDE　①正常人皮质醇的分泌受下丘脑(CRH)-垂体(ACTH)-肾上腺皮质-皮质醇轴的调节，给予外源性地塞米松可抑制内源性皮质醇的分泌，但肾上腺皮质醇增多症患者则不受影响。小剂量地塞米松抑制试验为口服地塞米松 0.5mg，每 6 小时 1 次，共 2 天，服药前、服药后第 2 天分别测定 24 小时尿游离皮质醇(UFC)含量，正常人服药后 UFC 降至服药前的 50%以下，肾上腺皮质醇增多症患者不能降至 50%以下，故小剂量地塞米松抑制试验可用于肾上腺皮质醇增多症的定性诊断(B)。②肾上腺皮质醇增多症的定位检查包括肾上腺 B 超、CT、垂体 MRI 等。醛固酮增多症的定性诊断为口服钠负荷试验、生理盐水负荷试验等。肾上腺皮质功能减退症的定性诊断为 ACTH 兴奋试验，定位诊断包括肾上腺 B 超、CT、MRI 等。

2014. ABCDE　①小剂量地塞米松抑制试验主要用于鉴别肥胖症与库欣综合征，是库欣综合征的确诊试验。大剂量地塞米松抑制试验主要用于鉴别库欣病与非垂体性库欣综合征，即用于库欣综合征的病因诊断。题干已明确指出该患者为库欣综合征，为明确病因，当然首选大剂量地塞米松抑制试验(D)。②葡萄糖耐量试验常用于诊断糖尿病。ACTH 兴奋试验常用于鉴别库欣病与肾上腺皮质癌。酚妥拉明抑制试验常用于诊断嗜铬细胞瘤。螺内酯抑制试验常用于诊断原发性醛固酮增多症。

2015. ABCDE　①中年妇女，向心性肥胖，高血压，满月脸，多血质，宽大紫纹，高血糖，尿皮质醇增高，应诊断为库欣综合征。患者小剂量地塞米松试验不能抑制，大剂量地塞米松试验能抑制，应诊断为库欣病。库欣病的常见病因是垂体微腺瘤(占 80%)、大腺瘤(10%)、无腺瘤(10%)，因此为明确病因，最需要进行鞍区 MRI 检查(A)。②头颅 X 线片对脑垂体瘤诊断价值不大，故不答 E。肾区 B 超、肾动脉造影、胸部 CT 无助于垂体瘤的诊断。

2016. ABCDE　2017. ABCDE　①患者高血压、向心性肥胖、满月脸、水牛背、皮肤紫纹，应诊断为库欣综合征(C)。单纯性肥胖不会出现腹部宽大紫纹，故不答 A。原发性醛固酮增多症常表现为高血压伴低钾血症，不会出现向心性肥胖等表现。妊娠妇女可出现妊娠纹，但不是皮肤宽大紫纹，故不答 D。嗜铬细胞瘤常表现为阵发性高血压，血尿儿茶酚胺及其代谢产物增多。②库欣综合征为肾上腺皮质分泌皮质醇增多所致，因此测定血浆促肾上腺皮质激素、皮质醇浓度，有助于本病的诊断(E)。血浆肾素、醛固酮测定常用于诊断原醛症。血清泌乳素测定常用于诊断泌乳素瘤。尿绒毛膜促性激素测定常用于诊断妊娠。血尿肾上腺素浓度测定常用于诊断嗜铬细胞瘤。

2018. ABCDE　①小剂量地塞米松抑制试验常用于确诊 Cushing 综合征，大剂量地塞米松抑制试验常用于鉴别 Cushing 综合征的病因：Cushing 病多数被抑制，肾上腺皮质肿瘤不能被抑制，故答 E。②无论肾上腺肿瘤引起的 Cushing 综合征，还是 Cushing 病，都有皮质醇异常分泌，故两者血皮质醇昼夜节律均消失，尿 17-羟类固醇均增高，因此 A、C 无鉴别意义。葡萄糖耐量试验常用于诊断糖尿病。

2019. ABCDE　①小剂量地塞米松抑制试验在肥胖症可被抑制，在皮质醇增多症不能被抑制，可作为两者最有意义的鉴别检查。②大剂量地塞米松抑制试验常用于皮质醇增多症病因的判断：库欣病能被抑制，非垂体性库欣综合征不能被抑制。③VMA(香草基杏仁酸)测定、酚苄明试验常用于诊断嗜铬细胞瘤。④肥胖症和皮质醇增多症均有尿 17-羟类固醇、17-酮类固醇增多，故不能用于两者的鉴别。

2020. ABCDE　2021. ABCDE　2022. ABCDE　①患者满月脸、向心性肥胖，面部痤疮，皮肤紫纹，血糖增高，应诊断为库欣综合征。原发性醛固酮增多症、原发性高血压、女性男性化、糖尿病均不会出现满月脸、向心性肥胖、皮肤紫纹，故不答 A、B、C、E。②小剂量地塞米松抑制试验主要用于确诊库欣综合征(即定性诊断),大剂量地塞米松抑制试验主要用于鉴别库欣综合征的病因(即定位诊断),故答 C。血 ACTH 测定常用于鉴别 ACTH 依赖性和非 ACTH 依赖性库欣综合征,属于定位诊断。血皮质醇测定常用于库欣综合征的筛查。血醛固酮测定常用于诊断原发性醛固酮增多症。③在库欣综合征确诊后,为明确库欣综合征是垂体性库欣病还是非垂体性库欣综合征,需行大剂量地塞米松抑制试验予以鉴别,前者能被抑制,后者多不能被抑制。糖耐量试验(OGTT)常用于诊断糖尿病。

2023. ABCDE　2024. ABCDE　2025. ABCDE　①患者向心性肥胖,多血质,皮肤薄,皮肤紫纹,高血压,应诊断为库欣综合征(D)。产后肥胖症可有妊娠纹,而不是皮肤紫纹。2 型糖尿病可有口渴、多饮、多尿,但无皮肤紫纹。醛固酮增多症常表现为高血压、低血钾。嗜铬细胞瘤常表现为阵发性高血压。②库欣综合征是肾上腺皮质分泌过多皮质醇所致,因此对诊断最有提示意义的是血中皮质醇增多(D)。血脂增高见于高脂血症。血糖增高见于糖尿病。醛固酮增多见于原发性醛固酮增多症。肾上腺素增多见于嗜铬细胞瘤。③确诊库欣综合征首选小剂量地塞米松抑制试验(B)。ACTH 兴奋试验常用于鉴别库欣病与肾上腺皮质癌。糖耐量试验常用于诊断糖尿病。螺内酯试验常用于诊断醛固酮增多症。24 小时尿儿茶酚胺测定常用于诊断嗜铬细胞瘤。请牢记:血清皮质醇、尿 17-羟类固醇、尿 17-酮类固醇、尿游离皮质醇测定均用于库欣综合征的筛查。小剂量地塞米松抑制试验用于确诊库欣综合征,大剂量地塞米松抑制试验用于库欣综合征病因的鉴别。

2026. ABCDE　2027. ABCDE　2028. ABCDE　①患者向心性肥胖、皮肤紫纹、血压增高、闭经,应考虑库欣综合征。为明确诊断,应首选小剂量地塞米松抑制试验(C)。大剂量地塞米松抑制试验常用于库欣综合征病因的鉴别(即定位诊断),故不答 B。A、D、E 均属于库欣综合征的筛查试验。②库欣综合征患者 CT 检查发现左肺占位性病变,应考虑异位 ACTH 综合征。异位 ACTH 综合征以肺小细胞癌最多见,可分泌大量 ACTH,刺激肾上腺皮质分泌过多的皮质醇。肺部肿瘤不仅仅包含肺小细胞癌,故最佳答案为 B 而不是 C。库欣病为垂体肿瘤所致。肺部感染、肺结核均不会分泌 ACTH 引起库欣综合征。③确诊异位 ACTH 综合征最有价值的检查为血清 ACTH 测定,若血 ACTH 明显增高,结合肺部占位性病变,即可确诊(B)。大剂量地塞米松抑制试验只能鉴别垂体性库欣病与非垂体性库欣综合征。库欣综合征患者均失去皮质醇的昼夜波动节律,故 C 无鉴别诊断价值。生长抑素受体显像常用于诊断胃肠胰肿瘤。胸部 MRI 为影像学检查,不能确诊异位 ACTH 综合征。

2029. ABCDE　2030. ABCDE　①原发性醛固酮增多症(原醛症)的特点是高血压伴低钾血症。患者血压增高,血钾降低(正常值 3.5~5.5mmol/L),应诊断为原醛症(D)。嗜铬细胞瘤常表现为阵发性高血压。慢性肾小球肾炎常表现为多年肾病后出现高血压,尿常规检查提示肾脏受损严重。患者无向心性肥胖、满月脸、水牛背、皮肤紫纹,故不答 C。题干未叙述血糖测定值,故不能诊断为 1 型糖尿病。②原醛症是醛固酮分泌增多所致,首选螺内酯治疗,因为螺内酯的结构式与醛固酮相似,可竞争性抑制醛固酮受体(B)。A、C、D、E 均属于普通降压药物,无此独特作用。

2031. ABCDE　原发性醛固酮增多症(原醛症)的特点为高血压、低血钾,故本例应诊断为原醛症。原醛症患者常表现为血浆醛固酮增多、肾素降低。血浆醛固酮/肾素比值(ARR)为原醛症最常用的筛查指标,若 ARR>20~40,可诊断为原醛症。参阅 3 版 8 年制《内科学》P1019。

2032. ABCDE　①醛固酮的生理作用是保钠保水排钾,且受“交感-肾素-血管紧张素-醛固酮系统”的调节。若醛固酮增多,则保钠保水增多,造成水钠潴留,导致高血压。醛固酮增多还可造成排钾增多,导致低钾血症。因此原发性醛固酮增多症(原醛症)患者常表现为高血压、低血钾、血浆肾素水平降低、醛固酮水平增高。根据题干,本例应诊断为原醛症,治疗首选螺内酯,因螺内酯结构式与醛固酮相似,可竞争性抑制醛固酮受体。②患者血钾降低,氢氯噻嗪、呋塞米均为排钾性利尿剂,不宜使用。美托洛尔、普萘洛尔为 β 受体阻断剂,可减慢心率,而本例心率不快,故不宜使用。

2033. ABCDE　①原发性醛固酮增多症的病因以肾上腺皮质的醛固酮瘤最常见,占 60%~90%,直径 1~2cm。醛固酮瘤的最佳根治治疗是手术切除,因此多数原醛症的最佳治疗是手术治疗(C)。

②对于不能切除的醛固酮瘤、特发性增生型患者，可给予螺内酯治疗。对于部分原醛症患者可给予钙拮抗剂治疗。利尿剂氨苯蝶啶、阿米洛利可助保钾排钠。注意审题，不要误答A。

2034. ABCDE　①肾上腺结核常继发于肺结核，是原发性慢性肾上腺皮质功能减退症(Addison病)的常见病因。Addison病的特征性表现为全身皮肤色素加深，其他症状包括乏力、纳差、低血糖、血压降低等。根据题干，本例应诊断为Addison病(B)。②黑棘皮病常表现为皱褶部位皮肤颜色加深，而无其他症状。肺结核常表现为低热、盗汗、咳嗽、咳痰等症状。肝硬化多有长期肝病病史，可有肝功能减退、门静脉高压症状。Nelson综合征常表现为皮肤色素沉着，多有颅内占位表现。

2035. ABCDE　①肾上腺皮质球状带分泌醛固酮，束状带分泌皮质醇，网状带分泌皮质醇+性激素，因此当肾上腺皮质功能减退时，可导致这些激素分泌减少，反馈性ACTH增加，从而引起一系列临床表现：ACTH增加→促黑素增加→全身皮肤色素沉着(变黑)，此为典型体征；醛固酮↓→保钠保水排钾↓→低血钠高血钾、血容量减少→低血压、直立性晕厥；皮质醇↓→低血糖；性激素↓→内分泌失调。根据题干，本例应诊断为原发性慢性肾上腺皮质功能减退症(E)。②甲状腺功能减退常表现为各系统代谢低下。垂体卒中可导致腺垂体功能减退症，常表现为皮肤色素减退，而不是皮肤变黑，故不答B。真菌感染、慢性肾衰竭与题干所述无关，故不答C、D。

2036. ABCDE　①肾上腺皮质功能减退症患者，虽然醛固酮和皮质醇均分泌减少，但大多数以皮质醇分泌不足为主，且皮质醇降低更具有诊断意义，故最佳答案为D而不是A。②原发性肾上腺皮质功能减退症患者，只有在脱水明显时，才有空腹低血糖的表现，故不答B。虽然患者可有低钠血症，但无特异性，故不答C。由于皮质醇分泌减少，患者常有ACTH(促肾上腺皮质激素)反馈性增加(E错)。

2037. ABCDE　①原发性肾上腺皮质功能减退症特征性表现为皮肤黏膜色素沉着，系垂体ACTH、MSH分泌增加所致。②皮肤紫纹、轻度肥胖见于库欣综合征。皮肤多汗及低热、脉率增快见于甲状腺功能亢进症。

2038. ABCDE　①全身皮肤色素加深为原发性慢性肾上腺皮质功能减退症(Addison病)的特征性表现。年青男性，皮肤变黑2年，乏力，血钠降低，血钾增高，应诊断为Addison病，其病变部位位于肾上腺(A)。②腺垂体功能减退症的临床表现与Addison病类似，但常有皮肤色素减退，故不答C。

2039. ABCDE　①患者皮肤黏膜色素沉着，应诊断为原发性慢性肾上腺皮质功能减退症，需终身给予肾上腺皮质激素替代治疗，其糖皮质激素的替代治疗首选氢化可的松，答案为A。②地塞米松、泼尼松、甲泼尼松、泼尼松龙，对水盐代谢的调节作用较弱，故很少选用。

2040. ABCDE　①原发性慢性肾上腺皮质功能减退症的治疗需个体化。应激时，需增加糖皮质激素剂量，否则易诱发危象。患者出现发热、咽痛等上呼吸道感染应激状况，应将氢化可的松的剂量增加2~3倍，以维持机体应激反应和抵抗力，数日后视病情需要再减至一半维持量(E)。②地塞米松对水盐代谢的调节作用较弱，不宜用于原发性慢性肾上腺皮质功能减退症。

2041. ABCDE　①嗜铬细胞瘤可释放大量儿茶酚胺，故其临床表现与交感神经兴奋极为相似，如基础代谢率增高，血糖升高，脂肪分解加速，血游离脂肪酸增高。②儿茶酚胺分泌增多，可通过"交感-肾素-血管紧张素-醛固酮系统"促进醛固酮的分泌，使肾脏保水保钠排钾增多。由于排钾增多，将导致低钾血症(D错)。③部分患者可有高钙血症，可能与肿瘤分泌甲状旁腺激素相关肽有关。

2042. ABCDE　①嗜铬细胞瘤可分泌大量儿茶酚胺，导致肠蠕动减弱，引起便秘(A错)。②儿茶酚胺可使胆囊收缩减弱，Oddi括约肌张力增强，导致胆汁潴留，胆石症发病率增高。儿茶酚胺可使胃肠壁血管收缩，造成肠坏死、出血、穿孔。儿茶酚胺可使胃肠平滑肌张力减弱，导致肠扩张。

2043. ABCDE　①阵发性高血压为嗜铬细胞瘤的临床特点。患者阵发性高血压，平时血压不高，发作时伴头痛、面色苍白、冷汗，应诊断为嗜铬细胞瘤(C)。②原发性高血压常表现为持续性高血压。原发性醛固酮增多症常表现为高血压伴低钾血症。甲状腺功能亢进症常表现为收缩压增高，舒张压降低，脉压增大，不会阵发性发作。围绝经期综合征常表现为月经紊乱、潮热、自主神经失调症状。

2044. ABCDE ①嗜铬细胞瘤可分泌大量儿茶酚胺，导致尿中儿茶酚胺含量增加(E)。②甲状腺功能亢进症可导致甲状腺激素分泌增加。库欣综合征可导致皮质醇分泌增加。肢端肥大症为生长激素分泌增加所致。原发性醛固酮增多症常表现为醛固酮分泌增加。

2045. ABCDE ①青年患者阵发性高血压，伴交感神经兴奋的症状，静脉注射 α 受体阻滞剂酚妥拉明后血压立即降低，应考虑嗜铬细胞瘤。患者肾上腺 CT 示占位性病变，可确诊为嗜铬细胞瘤。②肾病综合征常表现为大量蛋白尿(尿蛋白>3.5g/d)、血清白蛋白<30g/L。库欣综合征常表现为满月脸、向心性肥胖、高血压。甲状腺功能亢进症常有各系统代谢亢进的表现。原发性醛固酮增多症常表现为高血压及低钾血症。

2046. ABCDE ①嗜铬细胞瘤好发于中青年，其特点为阵发性高血压。根据题干，本例应考虑嗜铬细胞瘤。嗜铬细胞瘤可分泌大量儿茶酚胺，故发病时测定血尿儿茶酚胺及其代谢产物(香草基杏仁酸)显著增高，有助于确诊本病(D)。②A 常用于诊断醛固酮增多症，B、C、E 常用于诊断库欣综合征。

2047. ABCDE ①嗜铬细胞瘤好发于中青年，其特点为阵发性高血压。根据题干，本例应考虑嗜铬细胞瘤。嗜铬细胞瘤可分泌大量儿茶酚胺，故发作时测定血儿茶酚胺含量有助于明确诊断。②血清皮质醇测定常用于诊断库欣综合征。血清电解质、醛固酮、肾素测定常用于诊断原发性醛固酮增多症。

2048. ABCDE 2049. ABCDE ①原发性醛固酮增多症常表现为高血压及低血钾，螺内酯的结构式与醛固酮相似，可竞争性抑制醛固酮受体，且为保钾性利尿剂，术前应用可控制高血压、纠正低血钾，故答 C。②嗜铬细胞瘤可释放大量儿茶酚胺，引起阵发性高血压。在术前给予 α 受体阻滞剂(酚苄明)，可使血压下降，减轻心脏负担。手术前 α 受体阻滞剂的应用时间一般不得少于 2 周。术前 β 受体阻滞剂(普萘洛尔)不必常规应用，仅在心动过速、心律失常时才用，故答 A。

2050. ABCDE ①嗜铬细胞瘤的治疗包括 α、β 受体阻滞剂。单独使用 α 受体阻滞剂后，β 受体兴奋性相应增强，可导致心动过速，心缩力增强，心肌耗氧量增加，故使用 α 受体阻滞剂时，可同时使用 β 受体阻滞剂。但不能在未使用 α 受体阻滞剂的情况下，单独应用 β 受体阻滞剂(阿替洛尔)，否则可导致严重肺水肿、心力衰竭、高血压危象，故答 B。②哌唑嗪为选择性 $α_1$ 受体阻滞剂，酚妥拉明、酚苄明为非选择性 α 受体阻滞剂，硝普钠为小血管扩张剂，均可单独应用于嗜铬细胞瘤的治疗。

2051. ABCDE 哌唑嗪为选择性 $α_1$ 受体阻断药，能松弛血管平滑肌，舒张血管，导致直立性低血压(E)。其他不良反应包括恶心、眩晕、头痛、嗜睡、心悸、口干、皮疹、发热性多关节炎等。

2052. ABCDE ①糖尿病是一组以血糖水平增高为特征的代谢性疾病，是由于胰岛素分泌不足、胰岛素作用缺陷(即相对分泌不足)所致(B)。②糖尿病虽有葡萄糖耐量减低，但不是主要病理生理改变。胰高血糖素、生长激素、糖皮质激素分泌增多均可导致高血糖，但与糖尿病的病理生理无关。

2053. ABCDE ①2 型糖尿病是胰岛素抵抗、胰岛素分泌相对不足所致(D 对)。②1 型糖尿病是由于胰岛 β 细胞破坏，导致胰岛素分泌绝对不足所致，故不答 A、E。2 型糖尿病常有胰岛 β 细胞功能缺陷，而不是胰岛素受体功能异常，故不答 B。2 型糖尿病患者由于胰岛 α 细胞对葡萄糖敏感性下降，可导致胰高血糖素升高，但不是其主要发病机制，故不答 C。

2054. ABCDE ①青年人中的成人发病型糖尿病(MODY)是一组高度异质性的单基因遗传病，其临床特点为：有 3 代或 3 代以上家族发病史，且符合常染色体显性遗传规律(C)；发病年龄<25 岁；无酮症倾向，至少 5 年内不需要应用胰岛素。②A、B 分别为 1 型、2 型糖尿病的发病机制。D 为 1 型和 2 型糖尿病的共同发病机制。E 为线粒体基因突变糖尿病的发病机制。

2055. ABCDE ①妊娠期糖尿病是指妊娠过程中初次发现的任何程度的糖耐量异常，不包括妊娠前已知的糖尿病。患者空腹血糖正常(正常值 3.9~6.0mmol/L)，2 小时血糖7.8~11.0 mmol/L，应诊断为糖耐量减低。虽然尚未达到糖尿病的诊断标准，但仍应诊断为妊娠期糖尿病。②患者既往无糖尿病病史，不能诊断为糖尿病合并妊娠。

2056. ABCDE ①1 型糖尿病是胰岛 β 细胞受损，造成胰岛素分泌绝对减少所致，常表现为胰岛素释放曲线低平。2 型糖尿病是胰岛素抵抗和胰岛 β 细胞功能缺陷所致，常表现为胰岛素释放曲线峰值延迟。因此测定血浆胰岛素水平，对区分 1 型和 2 型糖尿病具有重要意义(A)。②糖化血红蛋白测定常用于监测糖尿病患者血糖控制情况。口服葡萄糖耐量试验常用于诊断糖尿病。血酮体测定常用于诊断糖尿病酮症酸中毒。糖尿病相关抗体测定常用于协助糖尿病分型。

2057. ABCDE　①1 型糖尿病又称胰岛素依赖型糖尿病，为胰岛 β 细胞破坏、胰岛素绝对缺乏所致，血浆胰岛素水平明显降低，对胰岛素敏感，需行胰岛素治疗。易并发糖尿病酮症酸中毒，很少发生高渗性非酮症性昏迷。②常伴胰岛素抵抗为 2 型糖尿病的特点。

2058. ABCDE　①“三多一少”症状典型为 1 型糖尿病的特点。2 型糖尿病多见于肥胖的成人(*但不是所有的患者均肥胖*)，症状较轻，半数以上无任何症状。患者空腹血糖、尿糖不一定都增高。②2 型糖尿病易发生高渗高血糖综合征，但极少数可以糖尿病酮症酸中毒为首发表现(E 对)。

2059. ABCDE　①2 型糖尿病多见于 40 岁以上的中老年人，其肥胖、高血压、高血脂、冠心病的发生率较高，心脑血管意外的发生率较非糖尿病者高 2～3 倍，是 2 型糖尿病的主要死亡原因，答案为 D。②糖尿病酮症酸中毒为胰岛素问世前糖尿病的主要死因。糖尿病肾病为 1 型糖尿病的主要死因。

2060. ABCDE　①高渗高血糖综合征属于糖尿病的急性严重代谢并发症(B)。②动脉粥样硬化是糖尿病的大血管病变，属于慢性并发症。动脉粥样硬化累及冠状动脉、脑动脉，可导致急性心肌梗死、脑血管意外。糖尿病肾病、糖尿病视网膜病变属于糖尿病的微血管病变，是典型的慢性并发症。糖尿病肾病可导致肾衰竭。

2061. ABCDE　①微血管是指微小动脉和微小静脉之间，管腔直径在 100μm 以下的毛细血管及微血管网。微血管病变是糖尿病的特征性并发症，包括糖尿病肾病、糖尿病性视网膜病变、糖尿病心肌病(C)。②A、B、D、E 均属于糖尿病的大血管病变。

2062. ABCDE　①糖尿病的微血管病变主要包括糖尿病肾病、糖尿病性视网膜病变、糖尿病心肌病。眼底出血即为视网膜病变，故答 C。②足部溃疡属于糖尿病足范畴，但不属于微血管病变。心脏微血管病变和心肌代谢紊乱可引起心肌广泛性坏死，称为糖尿病心肌病，但心肌梗死不属于微血管病变。缺血性脑卒中属于糖尿病中枢神经系统并发症。高血压属于糖尿病大血管病变。

2063. ABCDE　①糖尿病肾病、糖尿病视网膜病变均属于糖尿病并发的微血管病变，两者常同时发生。若发生糖尿病视网膜病变，则有助于糖尿病肾病的诊断。患者糖尿病病史 8 年，2 年前确诊糖尿病视网膜病变，现出现蛋白尿，双下肢水肿，应诊断为糖尿病肾病。糖尿病肾病常表现为结节性或弥漫性肾小球硬化，造成肾小球受累，导致肾小球性蛋白尿(C)。②溢出性蛋白尿是指血中小分子量本周蛋白、血红蛋白、肌红蛋白异常增多，超过了肾小管重吸收能力所致的蛋白尿。分泌性蛋白尿是不规范的诊断学名称。组织性蛋白尿是由于肾组织被破坏或肾小管分泌蛋白质增多所致的蛋白尿。肾小管性蛋白尿是由于近端小管对低分子量蛋白质的重吸收减少所致的蛋白尿。

2064. ABCDE　①患者糖尿病病史 10 年，空腹血糖控制不佳，双下肢水肿，应考虑糖尿病肾病。为明确水肿原因，应行尿蛋白定量检查(E)。②肾性水肿早期多为颜面、眼睑水肿，以后才会出现全身水肿，而患者开始即为双下肢水肿，说明肾性水肿的可能性较小，故不答 A、B、C。肝源性水肿常表现为腹水、踝部水肿、门静脉高压症、低蛋白血症，因此肝源性水肿的可能性不大，故不答 D。

2065. ABCDE　①糖尿病肾病早期表现为微量白蛋白尿，中期表现为持续性微量白蛋白尿，晚期表现为持续性蛋白尿，因此早期糖尿病肾病应重点检测尿液微量白蛋白(D)。②24 小时尿蛋白定量常用于诊断肾病综合征。检测尿中红细胞常用于诊断急性肾小球肾炎。尿糖定量常用于糖尿病的初筛。尿中颗粒管型常见于肾小球疾病、肾小管损伤等。

2066. ABCDE　①患者多饮、多食，空腹血糖≥7.0mmol/L，应诊断为糖尿病。糖尿病病史 10 年以上，易并发微血管病变，如糖尿病肾病、糖尿病性视网膜病变。患者糖尿病病史 10 年，水肿，蛋白尿，应诊断为糖尿病肾病(A)。②原发性高血压可引起肾脏损害，但不会出现高血糖。肾盂肾炎常表现菌尿、脓尿,出现中度蛋白尿少见。肾小球肾炎常表现为血尿、蛋白尿、水肿、高血压,但不会出现血糖升高。糖尿病酮症酸中毒常有血糖显著升高(16.7~33.3mmol/L),尿酮强阳性。

2067. ABCDE ①患者多饮、多尿、体重减轻 12 年,应考虑糖尿病。患者糖尿病病史 10 年以上,伴蛋白尿、水肿、高血压、贫血,应诊断为糖尿病肾病。②A、B、C、E 均不会出现糖尿病“三多一少”的症状。

2068. ABCDE 根据尿白蛋白排泄率(UAER)、肾小球滤过率(GFR)、尿蛋白定量,将糖尿病肾病分为 5 期。①Ⅰ期(糖尿病初期):GFR 明显升高,UAER 正常,尿蛋白阴性;②Ⅱ期(临床前期):GFR 轻度增高,UAER 可间歇性增高,运动后尿蛋白阳性;③Ⅲ期(早期糖尿病肾病期):GFR 稍高或正常,UAER20~200μg/min,尿蛋白 30~300mg/24h;④Ⅳ期(临床糖尿病肾病期):GFR 下降,UAER >200μg/min,尿蛋白>500mg/24h;⑤Ⅴ期(尿毒症期):UAER 降低,GFR 进行性下降,出现尿毒症,血肌酐增高。本例尿蛋白定量 0.7g/d,血肌酐正常,应诊断为糖尿病肾病Ⅳ期(D)。

2069. ABCDE ①糖尿病肾病和糖尿病视网膜病变(眼底出血)均属于糖尿病微血管病变,因此糖尿病患者若出现眼底出血,则强烈支持糖尿病肾病的诊断(B)。②空腹血糖增高是糖尿病的诊断标准。水肿是糖尿病肾病的临床表现之一,无特异性,故不答 C。血肌酐增高是肾功能不全的诊断指标。糖尿病肾病多见于糖尿病病史超过 10 年的患者,故不答 E。

2070. ABCDE 2071. ABCDE ①患者糖尿病病史 14 年,易发生糖尿病微血管病变,即糖尿病肾病、糖尿病视网膜病变。患者有高血压,水肿,大量尿蛋白,血肌酐增高,糖尿病性视网膜病变(视物模糊),应诊断为糖尿病肾病(E)。患者病史 14 年,不可能诊断为急性肾小球肾炎,故不答 A。慢性肾炎常表现为血尿、蛋白尿、水肿、高血压、肾功能减退、肾脏萎缩等,而患者血尿阴性、双肾大小正常,故不答 B。肾病综合征常表现为尿蛋白>3.5g/d,血浆白蛋白<30g/L,不能仅凭尿蛋白 3.8g/d 即诊断为肾病综合征,故不答 C。高血压肾损害多表现为长期高血压病史后出现肾脏损害,常有肾萎缩,故不答 D。②糖尿病肾病、糖尿病视网膜病变均属于糖尿病微血管病变,因此糖尿病患者若出现糖尿病眼底病变,则强烈支持糖尿病肾病的诊断(E)。尿渗透压降低常见于远端小管、集合管受损,但本病主要累及肾小球,故不选 A。血 ASO(抗链球菌溶血素 O)升高常见于急性肾小球肾炎。血浆白蛋白(Alb)<30g/L 是诊断肾病综合征的标准之一。血 IgA 检测常用于诊断 IgA 肾病。

2072. ABCDE ①糖尿病分 1 型和 2 型:1 型糖尿病主要是胰岛 β 细胞破坏,胰岛素分泌减少所致;2 型糖尿病是由于胰岛素抵抗所致,因此胰岛 β 细胞减少 1 型比 2 型更为明显。②糖尿病大血管病变主要表现为动脉粥样硬化,微血管病变主要是微循环障碍和微血管基底膜增厚(B 错)。③微血管病变是糖尿病的特征性并发症。④糖尿病性视网膜病变可表现为视网膜水肿、渗出等。⑤1 型糖尿病常有明显的胰岛退行性改变,β 细胞数量只有正常的 10%左右;2 型糖尿病多为胰岛炎。

2073. ABCDE 糖尿病性视网膜病变多发生于糖尿病病史超过 10 年者,临床上分为 6 期。Ⅰ期:微血管瘤、小出血点;Ⅱ期:出现硬性渗出;Ⅲ期:出现棉絮状软性渗出;Ⅳ期:新生血管形成,玻璃体积血;Ⅴ期:纤维血管增殖、玻璃体机化;Ⅵ期:牵拉性视网膜脱离、失明。患者目前为视网膜病变Ⅳ期。

2074. ABCDE ①糖尿病的神经系统并发症包括中枢神经系统并发症、周围神经病变和自主神经病变,其中以周围神经病变最常见(可高达 90%),自主神经病变次之,中枢神经病变少见,故不答 D。参阅 14 版《实用内科学》P1004。②在周围神经病变中,以周围神经炎最常见,占 50%以上,通常为对称性,下肢较上肢严重,病情进展缓慢,故答 A。③动眼神经麻痹、坐骨神经痛、腕管综合征均属于周围神经病变,但临床上少见。参阅 7 版《内科学》P777。

2075. ABCDE ①糖尿病周围神经病变常为对称性,下肢较上肢严重,先有感觉异常,后出现运动异常(肌无力、肌萎缩、瘫痪)。患者糖尿病病史 9 年,下肢感觉异常,双手运动异常,应诊断为糖尿病周围神经病变。②糖尿病自主神经病变常影响胃肠、心血管、泌尿生殖系统功能,表现为瞳孔改变、排汗异常、胃排空异常、直立性低血压等。糖尿病视网膜病变常表现为视物模糊。糖尿病脑血管病变常表现为脑动脉硬化、缺血性脑病、脑出血、脑萎缩等。糖尿病肾病常表现为蛋白尿。2018 年真题。

2076. ABCDE　①患者糖尿病病史30年,易出现糖尿病慢性并发症。神经系统并发症包括中枢神经系统并发症、周围神经病变、自主神经病变(植物神经功能紊乱)。中枢神经系统并发症常表现为严重酮症酸中毒、高渗高血糖综合征、低血糖症出现的神志改变,与题干不符,故不答D。周围神经病变常表现为对称性手足远端感觉运动障碍,呈手套或袜套式分布,下肢较上肢严重,先出现肢端感觉障碍,后出现运动障碍,故答E。自主神经病变多影响胃肠、心血管、泌尿生殖系统等,故不答C。②AB显然不是正确答案。2020年真题。

2077. ABCDE　①糖尿病自主神经病变常影响胃肠、心血管、泌尿生殖系统功能。累及泌尿生殖系统时,常表现为残尿量增加、尿失禁、尿潴留、阳痿等。患者有糖尿病病史10余年,排尿不畅、尿失禁、膀胱扩大、尿潴留,应诊断为糖尿病自主神经病变(A)。②糖尿病合并泌感,常表现为发热、膀胱刺激征、菌尿、脓尿等。若合并慢性前列腺炎常表现为会阴部坠胀感。糖尿病肾病常表现为蛋白尿。若合并泌尿系结石常表现为发作性有痛性血尿。

2078. ABCDE　①糖尿病自主神经病变较常见,主要影响胃肠、心血管、泌尿生殖系统功能。表现为瞳孔改变、排汗异常、胃排空延迟、腹泻、便秘、直立性低血压、持续性心动过速、残尿量增加、尿失禁、尿潴留等(A)。直立性低血压的发生与直立时静脉扩张,回心血量减少有关,而支配血管的神经大多为自主神经(交感神经),因此直立性低血压为自主神经受累的表现。②动眼神经麻痹、共济失调为脑神经受累的表现。肢端感觉异常、肌张力减低为周围神经受累的表现。

2079. ABCDE　①尿糖阳性只提示血糖超过肾糖阈,因而尿糖阴性不能排除糖尿病。同样,尿糖阳性也不能确诊糖尿病。当糖尿病并发肾脏病变时,肾糖阈升高,虽然血糖升高,但尿糖仍可能阴性。妊娠期肾糖阈降低,虽然血糖正常,尿糖仍可能阳性。②尿酮阳性常见糖尿病,但不仅见于糖尿病,如长期饥饿、肝硬化等因糖代谢障碍,也可出现尿酮阳性。③诊断糖尿病的指标有空腹血糖、随机血糖或餐后2小时血糖。这3项指标中,只要其中1项或2项达标,即可确诊糖尿病,因此空腹血糖正常不能排除糖尿病,餐后2小时血糖正常也可是糖尿病(E对)。

2080. ABCDE　2081. ABCDE　①胰岛素释放试验和C肽释放试验均可反映胰岛β细胞的功能,但胰岛素测定受外源性胰岛素干扰,C肽测定不受外源性胰岛素干扰,因此对于使用胰岛素治疗的糖尿病患者,反映胰岛功能的指标应选择C肽测定,而不是胰岛素测定,故答D而不是B。②血糖测定反映瞬间血糖水平,糖化血红蛋白测定可反映糖尿病病人近8~12周平均血糖水平,糖化血浆白蛋白测定可反映病人近2~3周平均血糖水平,因此反映糖尿病患者血糖长期控制情况的指标是糖化血红蛋白测定。

2082. ABCDE　①糖尿病的诊断标准是空腹血糖或餐后2小时血糖,并不是尿糖,因此尿糖阴性也不能排除糖尿病,如肾糖阈增高可导致尿糖假阴性(C对)。②根据WHO糖尿病专家委员会规定的糖尿病诊断标准,糖耐量试验(OGTT)或普通血糖测定诊断糖尿病只需再测一次证实即可,无需第3次测试。因此两次OGTT仍不能确诊糖尿病时,无需进行第3次试验。③糖耐量减低是糖代谢状态的一个类别,而不是糖尿病的一个亚型。④空腹血糖为瞬间血糖水平,因此空腹血糖正常不能排除糖尿病的诊断。因为餐后2小时血糖达标,照样可以诊断为糖尿病。

2083. ABCDE　口服葡萄糖耐量试验(OGTT)应在清晨空腹进行,方法是成人口服75g无水葡萄糖或82.5g一分子水的葡萄糖,溶于250~300ml水中,5~10分钟内饮完,测定空腹及饮葡萄糖水后2小时的静脉血浆血糖。可见OGTT时葡萄糖的负荷量为75g(D)。

2084. ABCDE　①患者空腹血糖为6.8mmol/L,高于正常值(3.9~6.0mmol/L),但又没有达到糖尿病的诊断标准(≥7.0mmol/L)。为明确糖尿病的诊断,应进一步做口服葡萄糖耐量试验(C)。②餐后2小时血糖不是首选检查。血谷氨酸脱羧酶抗体检测常作为糖尿病的分型依据。糖化血红蛋白测定常用于监测糖尿病患者血糖的控制情况。24小时尿糖定量常用于糖尿病的辅助诊断。

2085. ABCDE　2086. ABCDE　2087. ABCDE　①空腹血糖、餐后2小时血糖、随机血糖均可作为糖尿病的诊断标准，故答 B。②红细胞血红蛋白 N 端的缬氨酸与葡萄糖结合，可形成糖化血红蛋白。而红细胞半衰期为 120 天，因此糖化血红蛋白测定可反映患者近 8~12 周平均血糖水平(C)。③1 型糖尿病是胰岛 β 细胞受损，胰岛素分泌减少所致，常表现为胰岛素释放曲线低平；2 型糖尿病是胰岛素抵抗所致，常表现为胰岛素释放曲线峰值延迟，因此对糖尿病分型首选胰岛素释放试验(E)。④24 小时尿糖定量常用于糖尿病的辅助诊断。当血糖高于正常值，但又没有达到糖尿病诊断标准时，应做口服葡萄糖耐量试验以确诊或排除糖尿病。

2088. ABCDE ①糖尿病的诊断标准：空腹血糖≥7.0mmol/L、随机血糖或餐后 2 小时血糖≥11.1 mmol/L。患者空腹血糖 6.5mmol/L，高于正常值(3.9~6.0mmol/L)，但又没有达到糖尿病的诊断标准，为明确诊断，应首选口服葡萄糖耐量试验，也可复查空腹及餐后 2 小时血糖，并分析血糖增高的原因。24 小时尿糖定量可用于糖尿病的辅助诊断。糖化血红蛋白测定可反映患者近 8~12 周平均血糖水平。②患者尚未确诊为糖尿病，故不能进行降血糖药物治疗(D)。

2089. ABCDE ①糖尿病的诊断标准：空腹血糖≥7.0mmol/L、随机血糖或餐后 2 小时血糖≥11.1 mmol/L。这里所说的血糖是指静脉血浆血糖。②血浆血糖比全血血糖高 15%，确诊糖尿病选用的是血浆血糖，而不是全血血糖。糖化血红蛋白测定常用于监测血糖的控制情况，尿糖定性是诊断糖尿病的重要线索，均不能作为糖尿病的诊断依据。24 小时尿糖定量可用于糖尿病的辅助诊断。

2090. ABCDE 糖尿病的诊断标准：空腹血糖≥7.0mmol/L、随机血糖或餐后 2 小时血糖≥11.1mmol/L。

2091. ABCDE ①α-葡萄糖苷酶抑制剂可抑制小肠黏膜细胞的 α-葡萄糖苷酶，延缓碳水化合物的吸收，降低餐后高血糖，其常见副作用是胃肠道反应，如腹胀、腹泻、排气增多(A)。②肝肾功能异常、严重低血糖为磺酰脲类的不良反应，乳酸酸中毒为双胍类的严重不良反应。

2092. ABCDE 葡萄糖耐量试验结果诊断糖尿病的主要依据是空腹血糖和服糖后 2 小时血糖，其他如半小时、1 小时、3 小时血糖均不能作为诊断依据。糖尿病诊断标准如下表。患者空腹血糖 6.8mmol/L，2 小时血糖 7.6mmol/L，应诊断为空腹血糖调节受损(IFG)。

血浆葡萄糖(mmol/L)	空腹血糖	任意时间血糖	OGTT 2 小时血糖
正常	3.9~6.0	—	<7.8
空腹血糖调节受损(IFG)	6.1~6.9	—	<7.8
糖耐量减低(IGT)	<7.0	—	7.8~11.0
糖尿病(DM)	≥7.0	≥11.1	≥11.1

2093. ABCDE 葡萄糖耐量试验(OGTT)正常血糖的诊断标准为空腹血糖(FPG)<6.1mmol/L、葡萄糖负荷后 2 小时血糖(2 小时 PPG)<7.8mmol/L；空腹血糖受损的诊断标准为 FPG6.1~7.0mmol/L、2 小时 PPG<7.8mmol/L；糖耐量减低的诊断标准为 FPG<7.0mmol/L、2 小时 PPG7.8~11.1mmol/L；糖尿病的诊断标准为 FPG≥7.0mmol/L、2 小时 PPG≥11.1mmol/L。按照此标准，本例应诊断为糖耐量减低(A)。

2094. ABCDE 《2017 年中国 2 型糖尿病防治指南》规定，糖尿病综合控制目标：血清低密度脂蛋白胆固醇(LDL-C)未合并冠心病者应<2.6mmol/L，合并冠心病者应<1.8mmol/L(A)。

2095. ABCDE 2096. ABCDE ①血糖正常值：空腹血糖 3.9~6.0mmol/L，餐后 2 小时血糖<7.8mmol/L(A)。②糖尿病的诊断标准：空腹血糖≥7.0mmol/L，或餐后 2 小时血糖≥11.1mmol/L(D)。

2097. ABCDE ①糖尿病病因未明，是终身制疾病，应采取综合治疗。其中，饮食治疗属于基础治疗，即不论糖尿病类型、病情轻重、有无并发症，也不论是否应用药物治疗，都应严格执行和长期坚持饮食治疗。使总热卡和营养成分适应生理需要，进餐定时定量，以便促进胰岛功能有所改善(A)。②在饮食治疗的基础上，应进行有规律的合适运动。C、D、E 均为药物治疗方案。

2098. ABCDE　①确诊糖尿病的指标是空腹血糖及餐后 2 小时血糖，当然也是反映糖尿病病情控制的最佳指标，答案为 A。②尿糖定性为诊断糖尿病的重要线索。血清胰岛素水平测定、血清胰岛素细胞抗体测定是鉴别糖尿病类型的参考依据。口服葡萄糖耐量试验主要用于血糖高于正常，但又没有达到糖尿病诊断标准的可疑病例的确诊。

2099. ABCDE　糖化血红蛋白(GHbA1)分为 a、b、c 三种，以 HbA1c 最为重要，正常人 HbA1c 占血红蛋白总量的 3%~6%。2 型糖尿病患者血糖控制良好的目标是 HbA1c<7.0%，答案为 A。

2100. ABCDE　①1 型糖尿病也称为胰岛素依赖型糖尿病，需使用胰岛素治疗，故不答 D。②2 型糖尿病也称非胰岛素依赖型糖尿病，也口服降糖药物治疗。磺酰脲类可刺激胰岛 β 细胞分泌胰岛素，但其前提条件是机体尚保存相当数量(至少 30%)有功能的胰岛 β 细胞，故答 E。③重症糖尿病有功能的胰岛 β 细胞一般仅残存 10%以下，不能使用磺酰脲类治疗，故不答 B。糖尿病合并应激状态(高热)、并发症(酮症酸中毒)均应使用胰岛素治疗，故不答 A、C。

2101. ABCDE　2102. ABCDE　①格列齐特为磺酰脲类降糖药，最常见的副作用为低血糖。患者长期服用格列齐特，午餐前出现心慌、出汗，应诊断为低血糖(A)。过敏反应常表现为皮疹，但不会出汗，故不答 B。高血压、焦虑、心律失常与其副作用关系不大。②对于 2 型糖尿病，若使用足量口服降糖药后，血糖仍不能达标，即空腹血糖>7.8mmol/L 和(或)糖化血红蛋白(HbA1c)>7%，则应改用胰岛素治疗。患者使用格列齐特 6 个月，餐后 2 小时血糖 10mmol/l、HbA1c7.5%，应改用胰岛素治疗(D)。参阅第 14 版《实用内科学》P994，9 版《内科学》均未讲述。HbA1c 正常值 3%~6%。

2103. ABCDE　2104. ABCDE　①格列齐特属于磺酰脲类降糖药，主要作用为刺激残存的胰岛 β 细胞分泌胰岛素，属于促胰岛素分泌剂(D)。②阿卡波糖属于 α-葡萄糖苷酶抑制剂，可抑制小肠黏膜上皮的 α-葡萄糖苷酶，从而延缓肠道碳水化合物的吸收，降低餐后高血糖(C)。③罗格列酮、吡格列酮均属于格列酮类，主要作用是增加靶组织对胰岛素的敏感性而降低血糖。二甲双胍为双胍类降糖药，主要是通过抑制肝葡萄糖输出，增加外周组织对葡萄糖的摄取利用而降低血糖。

2105. ABCDE　2106. ABCDE　①格列奈类为胰岛素促分泌剂，可刺激餐后胰岛素的早时相分泌而降低血糖(D)。②噻唑烷二酮类为胰岛素增敏剂，可增加靶组织对胰岛素的敏感性而降低血糖，但可导致血容量增加、体重增加、外周性水肿，故严重心功能不全的患者不宜使用(B)。③双胍类可抑制肝葡萄糖输出，增加外周组织对葡萄糖的利用而降低血糖，副作用主要为消化道反应、乳酸性酸中毒。磺酰脲类可促进残存的胰岛 β 细胞分泌胰岛素而降低血糖，副作用主要是低血糖。α-葡萄糖苷酶抑制剂可延缓葡萄糖的吸收而降低餐后高血糖，主要副作用为胃肠道反应。

2107. ABCDE　α-葡萄糖苷酶抑制剂可抑制小肠黏膜细胞的 α-葡萄糖苷酶，延缓肠道碳水化合物的吸收，降低餐后高血糖，故应与饭同服，在进食第一口食物后服用，答案为 C。

2108. ABCDE　①患者体重指数 BMI>28kg/m²，应诊断为肥胖症。肥胖型 2 型糖尿病应首选二甲双胍治疗，因二甲双胍不增加体重，但可改善血脂谱。②格列本脲适用于非肥胖型 2 型糖尿病。吡格列酮适用于胰岛素抵抗明显者。阿卡波糖适用于肥胖型餐后高血糖。那格列奈适用于非肥胖型餐后高血糖。

2109. ABCDE　①患者葡萄糖耐量试验空腹血糖>7.0mmol/L，2 小时血糖>11.1mmol/L，应诊断为糖尿病。患者 59 岁，应考虑 2 型糖尿病。肥胖型 2 型糖尿病的治疗首选二甲双胍(C)。二甲双胍不仅可降低血糖，还可减轻体重，改善血脂谱。②胰岛素主要适用于 1 型糖尿病、2 型糖尿病出现并发症者。罗格列酮可增加心血管事件，我国少用。阿卡波糖常用于降低肥胖型餐后高血糖。那格列奈常用于降低非肥胖型餐后高血糖。

2110. ABCDE　①胰高血糖素样肽-1(GLP-1)由肠道 L 细胞分泌，可刺激胰岛 β 细胞葡萄糖介导的胰岛素分泌，抑制胰高血糖素分泌。GLP-1 在体内可被二肽基肽酶(DPP-Ⅳ)迅速降解而失活。西格列汀为高选择性 DPP-Ⅳ抑制剂，可抑制 DPP-Ⅳ活性，升高血中 GLP-1 水平而降低血糖(C)。②二甲双胍可抑制肝葡萄糖输出，改善外周组织对胰岛素的敏感性而降低血糖。格列美脲可促进残存的

胰岛 β 细胞分泌胰岛素而降低血糖。阿卡波糖可延缓碳水化合物的吸收而降低血糖。吡格列酮可增加靶组织对胰岛素的敏感性而降低血糖。

2111. ABCDE　2112. ABCDE　①患者两次查空腹血糖>7.0mmol/L,应诊断为糖尿病。1 型糖尿病多见于青少年;2 型糖尿病多见于成人,常无任何症状。40 岁男性,无糖尿病症状,应诊断为 2 型糖尿病,早期首选口服降糖药治疗,故不答 B。患者体重指数 BMI>28kg/m^2,说明为肥胖体型。肥胖型 2 型糖尿病首选二甲双胍治疗,因双胍类可减轻体重、改善血脂谱。罗格列酮适合于胰岛素抵抗明显的 2 型糖尿病。格列本脲适合于非肥胖型 2 型糖尿病。②患者药物治疗 2 个月后,主要表现为餐后血糖增高,应加用 α-葡萄糖苷酶抑制剂阿卡波糖,阿卡波糖常用于降低肥胖型餐后高血糖。

2113. ABCDE　2114. ABCDE　①二甲双胍可减少肝葡萄糖输出,增加外周组织对葡萄糖的摄取和利用而降低血糖(E)。②吡格列酮可激活过氧化物酶体增殖物激活受体 γ,增加靶组织对胰岛素的敏感性而降低血糖(D)。③阿卡波糖主要通过抑制小肠黏膜细胞的 α-葡萄糖苷酶,延迟碳水化合物的吸收而降低餐后高血糖。胰岛素主要通过促进糖原合成与贮存,加速葡萄糖氧化和酵解,抑制糖原分解和异生而降低血糖。格列美脲可促进残存的胰岛 β 细胞分泌胰岛素而降低血糖。

2115. ABCDE　2116. ABCDE　①磺酰脲类可促进残存的胰岛 β 细胞分泌胰岛素,且这种作用不依赖血糖浓度,故可引起严重低血糖的副作用(D)。②双胍类可减少肝脏葡萄糖输出,增加外周组织对葡萄糖的摄取和利用而降低血糖(E)。③噻唑烷二酮类可增加靶组织对胰岛素的敏感性而降低血糖,常见副作用为体重增加。格列奈类可改善早相胰岛素分泌,降低餐后高血糖。α-葡萄糖苷酶抑制剂可延缓碳水化合物的吸收,降低餐后高血糖,常见副作用为胃肠道反应。

2117. ABCDE　2118. ABCDE　2119. ABCDE　①体重指数(BMI)< 18.5kg/m^2 为体重过低,18.5~23.9kg/m^{2}为体重正常,24.0~27.9kg/m^2 为超重,≥28kg/m^2 为肥胖。患者 BMI=28kg/m^2,说明为肥胖体型。患者 45 岁,空腹血糖>7.0mmol/L,餐后 2 小时血糖>11.1mmol/L,应诊断为 2 型糖尿病。肥胖型 2 型糖尿病的治疗首选二甲双胍,因它能减轻体重、改善血脂谱(D)。阿卡波糖、瑞格列奈常用于降低餐后高血糖。罗格列酮适用于胰岛素抵抗明显的 2 型糖尿病。格列本脲常用于非肥胖型 2 型糖尿病。②高血压合并糖尿病首选血管紧张素转换酶抑制剂(ACEI),ACEI 能有效减轻和延缓糖尿病肾病的进展,改善血糖控制(B)。A、C、D、E 都没有此独特作用。③血清正常值:甘油三酯 0.56~1.7mmol/L,总胆固醇<5.2mmol/L,低密度脂蛋白<3.61mmol/L。患者以甘油三酯增高为主,应首选贝特类调脂药,因为贝特类可促进 VLDL 和甘油三酯的分解(C);他汀类常用于以胆固醇增高为主的高脂血症,此为 3 版 8 年制《内科学》P1101 观点。9 版《内科学》P743 观点为:糖尿病调脂治疗的首要目标是控制 LDL-C<2.6mmol/L,首选他汀类药物;如甘油三酯>5.7mmol/L,应首先使用贝特类药物,以减少发生急性胰腺炎的风险。故本题不严谨,若按 3 版 8 年制《内科学》观点,正确答案为 C;若按 9 版《内科学》观点,正确答案为 A。多烯酸乙酯、烟酸类均不是高脂血症的首选药物。维生素 E 不属于调脂药物。

2120. ABCDE　2121. ABCDE　2122. ABCDE　①《2017 年中国 2 型糖尿病防治指南》规定,糖尿病综合控制目标为:糖化血红蛋白(HbA1c)<7.0%(正常值为 3%~6%)。②患者体重指数 BMI28kg/m^2,说明为肥胖体型。患者 45 岁,空腹血糖>7.0mmol/L,餐后 2 小时血糖>11.1mmol/L,应诊断为 2 型糖尿病。肥胖型 2 型糖尿病的治疗首选二甲双胍,因它能减轻体重、改善血脂谱(A)。阿卡波糖、那格列奈常用于降低餐后高血糖。吡格列酮适用于胰岛素抵抗明显的 2 型糖尿病。格列美脲常用于非肥胖型 2 型糖尿病。③高血压合并糖尿病首选血管紧张素Ⅱ受体拮抗剂氯沙坦,氯沙坦能有效减轻和延缓糖尿病肾病的进展,改善血糖控制(E)。A、B、C、D 都没有此独特作用。

2123. ABCDE　①患者体重指数 BMI30.8kg/m^2,说明体型肥胖,应首选双胍类降血糖药,也可选用磺酰脲类、格列奈类降糖药。患者以餐后 2 小时血糖增高为主,故可选用 α-葡萄糖苷酶抑制剂。②噻唑烷二酮类可引起体重增加,故肥胖型 2 型糖尿病患者不宜使用(A)。参阅 14 版《实用内科学》P993。

2124. ABCDE　①胰岛素的主要副作用是低血糖反应，与剂量过大、饮食失调有关，多见于接受强化胰岛素治疗者(C)。②胰岛素为蛋白质制剂，因此可有异型蛋白的过敏反应，如注射部位瘙痒、荨麻疹样皮疹、过敏性休克等。脂肪营养不良为注射部位皮下脂肪萎缩或增生。

2125. ABCDE　2型糖尿病经口服降糖药治疗仍不能达到血糖控制目标，即空腹血糖>7.8mmol/L和(或)糖化血红蛋白 HbA1c>7%(正常目标值为<7.0%)，说明存在胰岛β细胞功能衰竭，应使用胰岛素治疗，故答A。参阅15版《实用内科学》P2396，9版《内科学》P740未讲述。

2126. ABCDE　①无论何种类型的糖尿病，在围手术期均应使用胰岛素治疗，且由于应激时血糖波动较大，需选用短效胰岛素以平稳控制血糖。患者拟行手术治疗，其围手术期糖尿病处理应改用短效胰岛素，无需使用口服药(D)。②α-葡萄糖苷酶抑制剂主要用于降低餐后高血糖。

2127. ABCDE　①患者多饮、多尿、体重减轻，空腹血糖9.2mmol/L，尿糖阳性，应诊断为糖尿病。患者发热，颈后溃疡，脓性分泌物，应考虑颈痈，故本例应诊断为颈痈合并糖尿病。②糖尿病合并急性感染，应选用胰岛素控制血糖(D)。

2128. ABCDE　2129. ABCDE　2130. ABCDE　①糖尿病视网膜病变分期标准如下。Ⅰ期：微血管瘤、小出血点；Ⅱ期：出现硬性渗出；Ⅲ期：出现棉絮状软性渗出；Ⅳ期：新生血管形成，玻璃体积血；Ⅴ期：纤维血管增殖、玻璃体机化；Ⅵ期：牵拉性视网膜脱离、失明。可见本例应属于Ⅳ期(D)。②糖尿病一旦产生并发症，无论何种类型的糖尿病，均需使用胰岛素治疗，此为胰岛素的绝对适应证。患者已并发糖尿病视网膜病变，应停用口服降糖药，改用胰岛素治疗(B)。③糖尿病性视网膜病变Ⅰ~Ⅲ期为非增殖期视网膜病变(NPDR)，Ⅳ~Ⅵ期为增殖期视网膜病变(PDR)。3版8年制《内科学》P1101观点：激光治疗是增殖性视网膜病变的首选治疗方法，故答C。9版《内科学》P744观点：NPDR应尽早接受视网膜光凝治疗；PDR患者存在威胁视力情况时，如玻璃体积血不吸收、视网膜前出现纤维增殖、黄斑水肿或视网膜脱离等，应尽早行玻璃体切割手术，争取尽可能保存视力。

2131. ABCDE　2132. ABCDE　2133. ABCDE　①患者口渴、多饮，空腹血糖>7.0mmol/L，餐后血糖>11.1mmol/L，应考虑为糖尿病。患者48岁，身高156cm、体重71kg，体重指数29.2kg/m^2，体型肥胖，应诊断为2型糖尿病。所有糖尿病的基础治疗都是"饮食治疗+运动治疗"，只有在"饮食治疗+运动治疗"不能有效控制血糖的情况下，才进行药物治疗，故答A。②当饮食及运动治疗3个月，不能有效控制血糖时，应行药物治疗。肥胖型2型糖尿病的治疗首选二甲双胍，因其能减轻体重，改善血脂谱(C)。氯磺丙脲、格列齐特常用于消瘦型2型糖尿病。阿卡波糖常用于降低餐后高血糖。对于2型糖尿病，一般不首选胰岛素，只有在感染、应激、出现并发症时，才选用胰岛素控制血糖。③2型糖尿病合并浸润性肺结核，应改用胰岛素控制血糖(E)，不宜使用口服降糖药，故不答A、B、C、D。

2134. ABCDE　2135. ABCDE　①1型糖尿病也称为胰岛素依赖型糖尿病，是胰岛β细胞受损，胰岛素分泌减少所致，其治疗需补充胰岛素。由于长效胰岛素半衰期长，不易控制血糖波动，因此仅用于血糖平稳者，一般情况下首选正规胰岛素(短效胰岛素)治疗，故答B。②2型糖尿病并发急性感染，说明机体处于应激状态，应选用短效胰岛素降血糖，无需使用口服降糖药，故答B。

2136. ABCDE　2137. ABCDE　①速效胰岛素包括普通胰岛素、半慢胰岛素锌混悬液(A)。②中效胰岛素包括低精蛋白锌胰岛素(D)、慢胰岛素锌悬混液(B)、中性精蛋白锌胰岛素(C)。③长效胰岛素包括精蛋白锌胰岛素注射液(E)、特慢胰岛素锌混悬液。

2138. ABCDE　①肥胖的糖尿病患者多为2型糖尿病，为非胰岛素依赖型糖尿病，不宜首选胰岛素治疗。②1型糖尿病为胰岛素依赖型糖尿病，应使用胰岛素治疗。③使用胰岛素治疗的糖尿患者，若清晨高血糖，而夜间曾有低血糖(饥饿感、出冷汗)，称为Somogyi效应，为胰岛素剂量过大所致，应适当减少胰岛素剂量。④胰岛素的剂量应根据血糖浓度来调节，而不是随便将剂量加倍。⑤胰岛素本身是蛋白质，具有抗原性，胰岛素注射1个月后，多数患者可产生抗胰岛素抗体(E对)。

2139. ABCDE　2140. ABCDE　2141. ABCDE　①糖尿病肾病分为 5 期。Ⅰ期：无肾小球病变，肾小球滤过率增高；Ⅱ期：可有运动后微量白蛋白尿，尿白蛋白排泄率（UAER）正常；Ⅲ期：持续性微量白蛋白尿，UAER20～200μg/min；Ⅳ期：UAER>200μg/min，尿蛋白>0.5g/d，可有血肌酐轻度增高；Ⅴ期：为尿毒症期，血肌酐>177μmol/L。患者尿蛋白>0.5g/d，血肌酐尚未达肾衰竭的诊断标准，故应诊断为糖尿病肾病Ⅳ期（D）。②2 型糖尿病合并糖尿病肾病，应改用胰岛素控制血糖，不宜使用口服降糖药（D）。③糖尿病肾病的治疗首选血管紧张素Ⅱ受体阻滞剂（ARB）。ARB 可降低肾小球高滤过、减少蛋白尿形成、减轻肾小球基底膜损害。A、C、D、E 均没有这种独特的药理作用。

2142. ABCDE　2143. ABCDE　2144. ABCDE　①糖尿病强化胰岛素治疗后空腹高血糖以 Somogyi 效应、黎明现象最多见。黎明现象是指夜间血糖控制良好，无低血糖发生，仅于黎明短时间内出现高血糖。Somogyi 效应是指夜间曾有低血糖，在睡眠中未被察觉，继而发生低血糖后的反跳性高血糖。为明确空腹高血糖的原因，应行夜间血糖监测，可于 0 时、2 时、4 时、6 时、8 时分别测定血糖。若有夜间低血糖，则可能为 Somogyi 效应；若无夜间低血糖，则可能为黎明现象。多次测定空腹血糖、餐后血糖，均不能确定空腹高血糖的病因。糖化血红蛋白测定常用于监测糖尿病患者血糖控制情况。口服葡萄糖耐量试验常用于糖尿病可疑病例的确诊。②强化胰岛素治疗后，空腹高血糖以 Somogyi 效应、黎明现象最多见。B、C、D、E 少见。③根据夜间血糖监测结果，确定空腹高血糖的原因，调整胰岛素剂量。若为 Somogyi 效应所致，应减少胰岛素剂量；若为黎明现象所致，则应增加胰岛素剂量。

2145. ABCDE　2146. ABCDE　2147. ABCDE　①糖尿病肾病早期常表现为间歇性微量白蛋白尿，晚期常表现为持续白蛋白尿。为明确糖尿病肾病的诊断，早期首选尿微量白蛋白检测（D）。尿酸化功能试验常用于诊断远端肾小管酸中毒。尿相差显微镜检常用于鉴别肾小球源性血尿和非肾小球源性血尿。肌酐清除率测定常用于评价肾小球功能。24 小时尿蛋白定量常用于诊断肾病综合征。②患者视网膜病变Ⅲ期，说明已并发糖尿病视网膜病变，宜选用胰岛素控制血糖，不宜使用口服降糖药（E）。③糖尿病肾病的治疗首选血管紧张素转换酶抑制剂（ACEI），因 ACEI 可降低肾小球高滤过、减少蛋白尿形成、减轻肾小球基底膜损害，而 A、C、D、E 均没有这种独特的药理作用。

2148. ABCDE　2149. ABCDE　①Somogyi 效应和黎明现象都是糖尿病患者行胰岛素强化治疗后的不良反应。Somogyi 效应是指因胰岛素使用过量，夜间曾发生低血糖，在睡眠中未被察觉，但导致体内胰岛素拮抗激素分泌增加，继而发生低血糖后的反跳性高血糖。因 E 为清晨胰岛素拮抗激素增多，而 Somogyi 效应为夜间胰岛素拮抗激素增加，故答 B 而不是 E。②黎明现象是指夜间血糖控制良好，无低血糖发生，仅于黎明短时间内出现高血糖，可能与清晨皮质醇、生长激素等胰岛素拮抗激素分泌增加有关，故答 E。参阅 5 版《内科学》P817。

2150. ABCDE　①糖尿病的高危人群包括：糖耐量降低、空腹血糖调节受损、年龄≥45 岁、肥胖（BMI≥28kg/m^2）、2 型糖尿病患者的一级家属；有巨大胎儿生产史或妊娠糖尿病病史、糖尿病或肥胖家族史、多囊卵巢综合征。②糖尿病不是传染病，共同生活者患有糖尿病不是其高危因素（C）。

2151. ABCDE　①缬沙坦为血管紧张素Ⅱ受体阻断剂，除具有良好的降压作用外，还可扩张出球小动脉，减轻肾小球基底膜损害，减少肾小球高滤过，减轻蛋白尿，有利于延缓糖尿病肾病的进展（A）。②B、C、D、E 均无保护肾功能的独特作用。

2152. ABCDE　①糖尿病酮症酸中毒患者血清丙酮水平增高，丙酮可从肺中呼出，故患者呼出气中有烂苹果味。②呼出气呈酒精味见于急性酒精中毒，呈蒜臭味见于有机磷农药中毒，呈腥臭味见于肝性脑病，呈苦杏仁味见于氰化物中毒。2020 年真题。

2153. ABCDE　2154. ABCDE　①糖尿病患者有胰岛素治疗中断史，突发意识障碍，急查血糖 19.1mmol/L，尿酮体强阳性，血 pH7.25，应诊断为糖尿病酮症酸中毒（DKA）。DKA 应首选小剂量（短效）胰岛素疗法，即胰岛素 0.1U/（kg·h）加入生理盐水中持续静脉滴注，另需加首次负荷量 10～20U。②DKA失水量可达体重 10%以上，因此补液是 DKA 的关键治疗措施，首选 0.9%的生理盐水(此为补钠)。DKA 患者补碱指征为:血 pH<7.1、HCO_3^-<5mmol/L。患者血 pH7.25,无需补碱。DKA 患者有不同程度的缺钾,治疗前的血钾水平不能真实反映体内缺钾程度,因此在尿量>40ml/h 时,即使血钾正常,也应开始补钾。患者尿量 40~50ml/h,血钾 4.8mmol/L,应开始补钾,故答 D。

2155. ABCDE ①患者昏迷,血糖>33.3mmol/L,尿糖强阳性,尿酮可疑,应诊断为高渗高血糖状态(旧称高渗性非酮症性糖尿病昏迷),故答 D。②脑出血、脑血栓形成、乳酸性酸中毒昏迷均不会出现血糖显著增高,尿糖强阳性。患者尿酮(±),不应诊断为糖尿病酮症酸中毒昏迷。

2156. ABCDE 机体对酸碱失衡具有强大的调节代偿能力,因此糖尿病酮症酸中毒患者,如酸中毒不严重,经补液、胰岛素治疗后常可自行纠正,一般不必补碱。只有在严重酸中毒时,才需补碱,其补碱指征为:血 pH<7.1、HCO_3^-<5mmol/L(CO_2CP<5.9mmol/L)。A、B、C、D 均不是补碱指征。

2157. ABCDE 2158. ABCDE 2159. ABCDE ①患者呼吸深大,有烂苹果味,应诊断为代谢性酸中毒,故可首先排除 A、D、E。1 型糖尿病患者中断胰岛素治疗易发生酮症酸中毒,乳酸性酸中毒常有口服苯乙双胍病史,而不是胰岛素中断治疗史,故答 B 而不是 C。②糖尿病酮症酸中毒应常规测定血电解质、血糖,进行血气分析,急查尿糖、尿酮了解是否阳性。血培养对本病诊断价值不大,故答 E。血培养常用于亚急性感染性心内膜炎的确诊。③补液是抢救糖尿病酮症酸中毒的关键环节,此外还要采用小剂量胰岛素治疗以降低血糖,答案为 E。治疗过程中一般不必纠酸,只有在重度酸中毒(pH<7.1、HCO_3^-<5mmol/L)时,才静脉滴注 5%的碳酸氢钠纠正酸中毒。纠正水、电解质代谢紊乱,只是对症治疗措施之一,故不答 B。发生糖尿病酮症酸中毒时,胰岛素一般采用小剂量静脉给药,不宜皮下注射,因为皮下注射血糖难以平稳控制。抗感染并不是本病治疗的首要目的。

2160. ABCDE 2161. ABCDE 2162. ABCDE ①1 型糖尿病患者平时使用胰岛素皮下注射控制血糖,R-R-R-N是指每日 4 次胰岛素的使用为:短效胰岛素-短效胰岛素-短效胰岛素-中效胰岛素。患者 2 天前停用胰岛素后出现恶心、呕吐、尿中有异味、随机血糖 26.5mmol/L、糖尿(++++),尿酮体(+++),应诊断为糖尿病酮症酸中毒(DKA)。DKA 的胰岛素治疗宜采用小剂量短效胰岛素治疗方案,即0.1U/(kg·h)常规人胰岛素加入生理盐水中持续静脉滴注(A)。请注意:9 版《内科学》P747 还需加入首次负荷量 10~20U,但 3 版 8 年制《内科学》P1105 无需另加首次负荷量,若加入首次负荷量则无正确答案可供选择。截至目前,只有普通(短效)胰岛素可以静脉滴注用于抢救 DKA,其它均需皮下注射。②DKA 的酸中毒主要由酮体中酸性代谢产物引起,经输液和胰岛素治疗后,酮体水平下降,酸中毒可自行纠正,一般无需补碱。补碱指征为血 pH<7.1,HCO_3^-<5mmol/L。患者血浆 pH 值为 7.25,无需补碱,仅需静脉滴注 0.9%生理盐水即可(A)。③DKA 患者均有不同程度的失钾,但治疗前患者由于大量失液,血液浓缩,其血钾水平并不能真实反映体内缺钾程度,是否补钾取决于血钾水平和尿量。若治疗前血钾低于正常,在开始胰岛素和补液治疗的同时即应立即补钾。若血钾正常、尿量>40ml/h,也应立即补钾。若血钾正常、尿量<30ml/h,应暂缓补钾。若血钾高于正常,应暂缓补钾。本例开始治疗前血钾正常、尿量>40ml/h,故应开始静脉补钾(C)。

2163. ABCDE ①呼气中有烂苹果味是糖尿病酮症酸中毒具有诊断价值的体征。年轻患者,口干、多饮、多尿,应考虑 1 型糖尿病。患者神志模糊,呼吸深快,呼气中有烂苹果味,应诊断为糖尿病酮症酸中毒,其关键治疗是大量补液(C)。②A、B、E 均属于辅助治疗。治疗糖尿病酮症酸中毒,需静脉滴注普通胰岛素,而不是皮下注射胰岛素,故不答 D。

2164. ABCDE ①高渗高血糖综合征常见于老年 2 型糖尿病,其基本病因是胰岛素相对不足、液体摄入减少(C)。②糖尿病酮症酸中毒常见于青少年 1 型糖尿病,突然中断胰岛素治疗、饮食控制不佳是其常见诱因。

2165. ABCDE 低血糖症是指发作时血浆血糖低于 2.8mmol/L。

2166. ABCDE 患者突然昏迷,血糖<2.8mmol/L,应考虑低血糖症,故最可能为胰岛素分泌过多所致。

2167. ABCDE ①胰岛素瘤典型表现为 Whipple 三联征,即禁食后低血糖、发作时血糖<2.8mmol/L、给予

葡萄糖后症状消失。②胃泌素瘤常表现为消化性溃疡、腹泻。肠肽瘤多表现为水样腹泻、低钾、低胃酸。胰高血糖素瘤常表现为高血糖。生长抑素瘤常表现为高血糖、脂肪泻、胆结石。

2168. ABCDE ①α-葡萄糖苷酶抑制剂主要通过抑制小肠黏膜的α-葡萄糖苷酶，延缓葡萄糖的吸收而降低餐后高血糖，单独使用一般不引起低血糖（A错）。②脑组织几乎以葡萄糖作为唯一能量来源，因此低血糖患者常有脑能量供给不足所致的精神症状（B对）。③糖尿病患者血糖调节能力降低，多表现为高血糖，但也可表现为血糖正常，甚至降低（C错）。④胰岛素瘤患者大量分泌胰岛素，可出现阵发性低血糖，尤其是空腹低血糖（D错）。⑤腺垂体功能减退低患者的低血糖主要是由于升糖激素（如生长激素、糖皮质激素）减少所致，而不是胰岛素升高所致（E错）。

2169. ABCDE ①患者尿糖阴性，可首先排除B、C，因为高渗性昏迷、酮症酸中毒昏迷均表现为尿糖强阳性。患者血尿素氮<20mmol/L，可排除尿毒症昏迷。题干所述与脑血管意外无关，故不答D。②糖尿病胰岛素治疗的最常见不良反应是低血糖。患者使用胰岛素治疗后，出现低血糖症状（心慌、多汗、神志不清），尿糖尿酮均为阴性，应诊断为低血糖昏迷（A）。

2170. ABCDE ①患者有典型Whipple三联征表现，即空腹后低血糖发作（精神症状、神志不清）、发作时血糖<2.8mmol/L、给予葡萄糖后症状缓解，可诊断为胰岛素瘤（D）。②自主神经功能紊乱、营养不良与题干所述无关，故不答A、B。患者为空腹低血糖，故可排除C、E，因为胃次全切除术后低血糖、反应性低血糖（即倾倒综合征），均属于餐后低血糖。

2171. ABCDE ①患者发作性心悸、大汗、手抖，为自主神经低血糖症状。发作时伴饥饿感，血压无变化，心率不快，应诊断为低血糖症（C）。②睑结膜无苍白可排除贫血，故不答A。患者心率88次/分，律齐，不应诊断为心律失常。急性心肌炎引起的心悸常伴有气促、胸闷、胸痛等，故不答D。患者心率不快，有饥饿感，症状阵发性发作，不能诊断为甲状腺功能亢进症，故不答E。

2172. ABCDE ①胰岛素瘤的典型临床表现为Whipple三联征，是瘤体分泌大量胰岛素所致，故血清胰岛素测定对其诊断有帮助。选择性动脉造影、胰腺CT和MRI均可用于胰岛素瘤的定位诊断。②由于胰腺位置较深，胰岛素瘤直径一般仅1.5~2.5cm，若患者肥胖、腹部胀气，则术前B超很难探测到胰岛素瘤。术中B超分辨率提高，可用于术中肿瘤定位，答案为C。

2173. ABCDE 2174. ABCDE 2175. ABCDE ①患者有典型Whipple三联征表现，即运动后低血糖（心悸、出汗、饥饿、精神症状）、发作时血糖<2.8mmol/L、给予糖水后症状缓解，应诊断为胰岛素瘤（D）。自主神经功能紊乱不会出现昏迷症状。糖尿病患者进糖水后会加重病情，而不会逐渐缓解而清醒，故不答B、C。反应性低血糖多表现为餐后低血糖，而不是饥饿后低血糖。②胰岛素瘤低血糖发作时，测定血糖、胰岛素、C肽释放试验，有助于明确诊断（A）。肝功能测定、头颅CT对本病诊断价值不大。糖耐量试验常用于疑似糖尿病的确诊。血、尿皮质醇测定常用于诊断库欣综合征。③胰岛素瘤的治疗首选手术切除，不能切除者可口服二氮嗪。控制饮食、口服双胍类药物为2型糖尿病的治疗。普萘洛尔为治疗心律失常的药物。

2176. ABCDE 风湿性疾病是指影响骨、关节及其周围组织，如肌肉、滑囊、肌腱、筋膜、神经等的一组疾病。

2177. ABCDE 风湿性疾病是指影响骨、关节及其周围组织的一组疾病，包括疾病众多，病因不同。其临床特点为病程慢性经过，临床表现差异较大，反复发作与缓解交替出现。多种疾病有复杂的免疫学异常，因此不同的疾病，同一种疾病的不同个体对治疗的反应差异很大（E错）。

2178. ABCDE ①风湿性疾病的病因可以是自身免疫性疾病、感染性、代谢性等多种，故不答A。②风湿性关节炎、类风湿关节炎属于风湿性疾病，但并不是说风湿性疾病只包括这两种疾病，故不答B。③风湿性疾病分为10大类，结缔组织病只是风湿性疾病中的一大类（C对）。

2179. ABCDE 2180. ABCDE ①类风湿关节炎属于弥漫性结缔组织病（E）。②风湿热是由A组乙型溶血性链球菌感染所致的感染相关性风湿病（C）。③骨关节炎属于退行性变，强直性脊柱炎属于脊柱关节病，痛风属于与代谢和内分泌相关的风湿病。

2181. ABCDE　①骨关节炎是一种以关节软骨损害为主，并累及整个关节组织的关节疾病，其基本病理改变是关节软骨变性(A)。②类风湿关节炎为增生性滑膜炎，系统性红斑狼疮为小血管炎，痛风为关节腔炎症，干燥综合征为唾液腺炎和泪腺炎。可见，B、C、D、E的病理改变均为炎性性改变。

2182. ABCDE　①类风湿关节炎是以侵蚀性、对称性多关节炎为主要表现的慢性、全身性自身免疫性疾病，其基本病理改变是滑膜炎(B)。②强直性脊柱炎的基本病理改变为附着点炎，风湿性关节炎、痛风关节炎的基本病理改变为关节腔炎症，骨关节炎的基本病理改变为关节软骨变性。

2183. ABCDE　①骨关节炎是一种以关节软骨损害为主，并累及整个关节组织的关节疾病，其基本病理改变是关节软骨变性(D)。②类风湿关节炎的基本病理改变为滑膜炎，强直性脊柱炎的基本病理改变为附着点炎，风湿热关节受累、痛风关节炎的基本病理改变为关节腔炎症。

2184. ABCDE　①抗磷脂抗体包括抗心脂抗体、狼疮抗凝物、抗 β_2-GP1 抗体(C对)。②抗核抗体是抗细胞核内成分的抗体，常用于结缔组织病的筛查。类风湿因子是常见于类风湿关节炎的自身抗体。抗Sm抗体属于抗ENA抗体，常用于系统性红斑狼疮的诊断。

2185. ABCDE　①抗角蛋白抗体谱包括抗核周因子抗体、抗角蛋白抗体、抗环瓜氨酸多肽抗体等(A对)。②抗组蛋白抗体属于抗核抗体，抗RNP抗体属于抗ENA抗体，狼疮抗凝物属于抗磷脂抗体。

2186. ABCDE　①萘普生为传统的非甾体抗炎药，可抑制环氧化酶，减少炎症介质前列腺素的产生，达到抗炎镇痛的目的(C)。②A、B、D、E均属于改变病情抗风湿药物(DMARD)。

2187. ABCDE　①类风湿关节炎的发病机制主要是免疫紊乱，且以细胞免疫紊乱为主，以活化的 $CD4^+T$ 细胞、抗原递呈细胞(APC)浸润滑膜关节为特点。滑膜关节组织的某些成分可作为自身抗原被APC递呈给活化的 $CD4^+T$ 细胞，启动特异性免疫应答而致病。在发病过程中，起主要作用的细胞是 $CD4^+T$ 细胞。② $CD8^+$ T细胞主要通过细胞毒性T细胞(CTL)直接杀伤靶细胞。B细胞也可激活分化为浆细胞，分泌大量免疫球蛋白参与发病，但不属于主要机制，故不答D。

2188. ABCDE　研究表明，类风湿关节炎与EB病毒关系密切。约65%~95%的病人具有一种抗体，称为类风湿关节炎沉淀素，可与EB病毒诱导的淋巴母细胞样细胞株的核抗原相作用。这种核抗原只存在于B淋巴母细胞样细胞质中。EB病毒可活化B淋巴细胞，并产生IgM类风湿因子。病人对EB病毒感染作为一种多克隆激活剂有异常强的反应。参阅2版《内科学》P758，9版《内科学》已删除该知识点。2020年真题，超教材内容。

2189. ABCDE　①类风湿关节炎主要表现为对称性多关节炎，好发于腕、掌指关节、近端指间关节等小关节，常因关节腔内积液、关节周围软组织炎症引起肿痛，早晨起床后病变关节感觉僵硬，称为晨僵，持续1小时以上(C)。②游走性大关节肿痛为风湿性关节炎的特点。全身关节肿痛伴发热、皮疹为系统性红斑狼疮的表现。腰骶关节疼痛伴晨僵为强直性脊柱炎的早期症状。

2190. ABCDE　①类风湿关节炎常表现为对称性腕关节、掌指关节、近端指间关节持续性肿痛(A)。②B为骨关节炎的表现，C为强直性脊柱炎的表现，D为痛风关节炎的表现，E为胸锁关节炎的表现。

2191. ABCDE　①类风湿关节炎主要表现为对称性多关节炎，好发于腕、掌指关节、近端指间关节等四肢小关节(E)。②强直性脊柱炎常累及膝、髋、踝关节等大关节。肩周炎常累及肩关节。

2192. ABCDE　类风湿关节炎好发于近端指间关节、掌指关节、腕、肘、肩、膝、足趾关节，髋关节受累少见。

2193. ABCDE　①类风湿关节炎的基本病理变化是关节滑膜的慢性炎症，早期表现为滑膜的充血、水肿，单核细胞、淋巴细胞浸润，晚期表现为纤维性关节僵直，最后发展为骨性强直。②小血管炎常见于系统性红斑狼疮。骨髓炎常见于急性血源性骨髓炎。肌腱鞘炎见于狭窄性腱鞘炎。软骨炎常见于骨关节炎。

2194. ABCDE　①类风湿关节炎为多关节的滑膜炎症，可有受累关节的炎性水肿，当活动减少时，水肿液蓄积在炎症部位，引起晨起僵硬和疼痛，称为晨僵。晨僵常超过1小时。②骨关节炎也可有晨僵，但时间短暂，一般不超过30分钟，故答D而不是A。痛风、银屑病关节炎、风湿性关节炎无晨僵。

2195. ABCDE ①类风湿关节炎(RA)患者血清类风湿因子常为阳性,占75%~80%。②RA患者常有晨僵,活动后减轻,持续时间多超过1小时。③RA常对称性累及手足小关节,最常受累的部位是腕、掌指、近端指间关节,其次是足趾、膝、踝、肘、肩等关节。④反复发作虹膜睫状体炎为炎症性肠病的特点,而不是RA的特点(D)。⑤非甾体抗炎药物能改善关节疼痛的症状。

2196. ABCDE ①患者双手对称性近端指间关节肿痛伴晨僵,血沉增快,C反应蛋白(CRP)增高,X线片示第2近端指间关节骨质破坏,应考虑类风湿关节炎。为明确诊断,最有意义的检查为抗环瓜氨酸多肽(CCP)抗体。类风湿因子(RF)对类风湿关节炎的阳性率为60%~78%,特异性为86%。抗CCP抗体的阳性率为47%~82%,特异性为96%,其诊断的敏感性和特异性均高于RF。故最佳答案为C而不是D,参阅3版8年制《内科学》P1163,若按老观点,正确答案为D。②血尿酸测定常用于诊断痛风。抗核抗体常用于诊断系统性红斑狼疮。抗链"O"阳性提示近期受链球菌感染。

2197. ABCDE ①类风湿因子(RF)阳性仅见于70%的类风湿关节炎(RA),因此RF阳性不是诊断RA的必备条件。②RF的滴度随类风湿关节炎的活动性、病情严重程度而变化(C对)。③约5%的正常人可出现低滴度的RF。RF阳性可见于其他自身免疫性疾病,如多发性肌炎、干燥综合征等。

2198. ABCDE ①类风湿因子(RF)是一种自身抗体,高滴度RF阳性(滴度>1:20)对诊断类风湿关节炎(RA)有意义,参阅5版《内科学》P901。②RF滴度高低与RA的严重性成正比,因此RF高滴度是RA预后不良的指标之一。③RF阳性可见于多发性肌炎、干燥综合征等。④RA患者RF的阳性率约70%,说明约30%的RA患者血清RF仍为阴性,故RF阳性不是诊断RA的必备条件。

2199. ABCDE 类风湿因子可分为IgM、IgG和IgA型,临床工作中主要检测的是IgM型(C对)。

2200. ABCDE ①晨僵是类风湿关节炎的诊断标准之一:关节内或周围晨僵持续至少每天1小时,病程至少6周,故答B。②皮疹、发热、活动障碍、肢体麻木均不属于类风湿关节炎的诊断标准。

2201. ABCDE 类风湿关节炎的诊断标准:①关节晨僵持续至少每天1小时;②至少同时有3个关节区软组织肿或积液;③腕、掌指、近端指间关节区中,至少1个关节区肿胀;④对称性关节炎;⑤有类风湿结节;⑥血清类风湿因子阳性;⑦X线片改变。7项中有4项且①~④项病程至少持续6周,即可诊断为类风湿关节炎。关节畸形为类风湿关节炎的晚期后遗症,不属于诊断标准(D)。

2202. ABCDE ①老年女性,双手多关节肿痛,晨僵1小时,X线片示双侧第2、3掌指关节骨破坏,应诊断为类风湿关节炎。A、B、C、D均属于改善病情抗风湿药,可用于类风湿关节炎的治疗。②别嘌醇常用于高尿酸血症的治疗。

2203. ABCDE ①类风湿关节炎常表现为腕、掌指、近端指间关节肿痛,晨僵时间常超过1小时。手指及腕关节片示骨质疏松、关节间隙狭窄。根据题干,本例应诊断为类风湿关节炎(B)。②患者抗核抗体阴性,故不答A。题干未叙述病变累及脊柱,故不答C。骨关节炎好发于中老年,常累及远端指间关节,晨僵时间不超过30分钟。风湿性关节炎常累及大关节,呈游走性多发性关节炎。

2204. ABCDE ①抗环瓜氨酸肽抗体阳性是类风湿关节具有诊断价值的自身抗体。中年女性,双侧手足关节肿痛,晨僵大于1小时,血沉增快,抗环瓜氨酸肽抗体阳性,应诊断为类风湿关节炎(E)。②骨关节炎多见于老年人,多非对称性累及大关节,晨僵时间小于半小时。强直性脊柱炎好发于青年男性,常表现为双侧骶髂关节、腰背部疼痛。风湿性关节炎常表现为游走性关节炎。痛风关节炎好发于第一跖趾关节,常表现为突发红肿热痛,呈自限性,多在2周内自行缓解,血尿酸增高。

2205. ABCDE ①类风湿关节炎均应早期使用改变病情抗风湿药,首选甲氨蝶呤(A)。它可抑制二氢叶酸还原酶,使嘌呤合成受抑,同时具有抗炎作用。②糖皮质激素、非甾体抗炎药均不属于改变病情抗风湿药,故不答B、C。环磷酰胺、羟氯喹均属于改变病情抗风湿药,但不是首选治疗药物。

2206. ABCDE 类风湿关节炎使用糖皮质激素治疗的原则是小剂量泼尼松短期口服。参阅3版8年制《内科学》P1167。

2207. ABCDE 2208. ABCDE ①类风湿关节炎常表现为近端指间关节、掌指关节、腕关节肿痛,晨僵时间大于1小时,故答B。强直性脊柱炎好发于青壮年男性,病变自骶髂关节开始,沿脊柱向上伸延,很少累及双腕、双手指间关节,故不答A。反应性关节炎的病程不会迁延3年,故不答C。骨关节炎常累及远端指间关节,晨僵时间小于30分钟,故不答D。痛风关节炎常累及单侧第一跖趾关节。②类风湿关节炎的基本病理变化是慢性滑膜炎(C)。系统性红斑狼疮的基本病变是小血管炎。骨关节炎的基本病变是软骨变性。强直性脊柱炎的基本病变是附着点炎。

2209. ABCDE　2210. ABCDE　①类风湿关节炎常表现为双手、双膝关节肿痛伴晨僵,肘部皮下结节为类风湿结节,具有诊断价值。根据题干,本例应诊断为类风湿关节炎(D)。系统性硬化症、骨关节炎、风湿性关节炎均不会出现类风湿结节。痛风常累及第一跖趾关节,可出现痛风石。②双手、腕关节X线片对类风湿关节炎具有诊断价值,故答A。关节滑液检查为有创检查,临床上少用。抗核抗体为结缔组织病的筛查试验。血沉(ESR)、C反应蛋白(CRP)增高提示病变处于活动期。

2211. ABCDE　①类风湿关节炎是自身免疫性疾病,而不是细菌感染性疾病,因此青霉素治疗无效。注意:青霉胺属于改变病情抗风湿药,但青霉素不是。②双氯芬酸钠为非甾体抗炎药,雷公藤总苷、甲氨蝶呤为改变病情抗风湿药,泼尼松为糖皮质激素,都属于治疗类风湿关节炎的常用药物。

2212. ABCDE　①非甾体抗炎药(NSAID)具有镇痛消肿作用,可迅速改善关节炎症状,是治疗类风湿关节炎的首选药。但NSAID只能改善症状,不能控制病情发展。改变病情抗风湿药(慢作用药)虽然发挥作用缓慢,但能延缓病情发展,因此临床上常将慢作用药与NSAID联合使用,故答D。②糖皮质激素虽可迅速缓解关节肿痛,但长期应用副作用严重,因此只在NSAID无效时使用,故不答E。

2213. ABCDE　患者对称性多关节肿痛伴晨僵,类风湿因子(RF)阳性,应诊断为类风湿关节炎。血沉增快,说明疾病处于活动期。治疗时可使用非甾体抗炎药、改变病情抗风湿药(甲氨蝶呤、环磷酰胺)、糖皮质激素(泼尼松),不宜手术治疗。手术治疗仅适用于晚期有关节畸形的患者,故答E。

2214. ABCDE　2215. ABCDE　①类风湿因子效价与类风湿关节炎的活动性成比例,虽然C-反应蛋白、补体增高也与其活动性有关,但临床价值不如类风湿因子效价,故答C。心包穿刺为有创检查,关节摄片不能判断本病的活动性,故不答B、D。②类风湿关节炎累及心包为糖皮质激素的适应证。糖皮质激素只能迅速缓解临床症状,不能控制病情发展,因此治疗时必需同时加用慢作用药,故答E。慢作用药需1~6个月才能改善临床症状,故不能单用慢作用药治疗类风湿关节炎。

2216. ABCDE　2217. ABCDE　①类风湿关节炎X线检查分为4期。Ⅰ期:关节周围软组织肿胀阴影,关节端骨质疏松;Ⅱ期:关节间隙变窄;Ⅲ期:关节面出现虫蚀样改变;Ⅳ期:关节半脱位和关节破坏后的纤维性和骨性强直(记忆为:一疏二窄三虫四直)。患者双手X线片提示骨质疏松(Ⅰ期)、关节间隙变窄(Ⅱ期)、腕关节骨性融合强直(Ⅳ期),根据分期就高不就低的原则,应诊断为Ⅳ期,故答D。②治疗类风湿关节炎需使用慢作用抗风湿药(改变病情抗风湿药),首选甲氨蝶呤,它可抑制二氢叶酸还原酶,阻断嘌呤合成,同时具有抗炎作用。柳氮磺吡啶、雷公藤总苷、金诺芬均属于慢作用抗风湿药,但不作为首选。糖皮质激素不属于慢作用抗风湿药,故不答A。

2218. ABCDE　系统性红斑狼疮(SLE)属于多系统损害的自身免疫性疾病,其病因可能与下列因素有关。①遗传:研究表现SLE是一种多基因相关性疾病,具有遗传性;②病毒感染:可能与C型RNA病毒感染有关;③紫外线照射:可使皮肤上皮细胞出现凋亡,新抗原暴露成为自身抗原而发病;④雌激素:90%的患者为育龄期女性,提示其发病与雌激素有关,而与雄激素无关,故答E。

2219. ABCDE　①80%的系统性红斑狼疮患者会出现皮肤损害,如颊部蝶形红斑、盘状红斑、指掌部和甲周红斑、指端缺血、面部及躯干皮疹,其中以颊部蝶形红斑最具特征性,答案为C。②环形红斑为急性风湿性疾病的皮损表现。结节性红斑是一种以皮肤血管炎、脂膜炎为病理基础的皮肤病。多形性红斑是一种急性非感染性黏膜皮肤病。网状青斑是一种皮肤血液循环失调性血管性疾病。

2220. ABCDE　系统性红斑狼疮(SLE)好发于20~40岁的育龄期妇女。80%的患者可出现皮疹,蝶形红斑、盘状红斑,此为特征性临床表现。SLE患者常有光过敏,为非特异性皮肤损害。SLE可对称性累及指、腕、膝关节，为非侵蚀性关节炎，关节 X 线检查多无关节骨破坏(D 错)。SLE 患者血清中可存在多种自身抗体，如抗核抗体、抗 dsDNA 抗体、抗 ENA 抗体等。

2221. ABCDE ①约 70%的系统性红斑狼疮有心血管系统受累，以心包炎最常见，可为纤维蛋白性心包炎或渗出性心包炎。②其次为心肌炎，可表现为心律失常、心功能不全。③典型的疣状心内膜炎(Libman-Sack 心内膜炎)临床上少见。参阅 14 版《实用内科学》P2604。

2222. ABCDE 2223. ABCDE ①抗 Sm 抗体诊断系统性红斑狼疮(SLE)的特异性高达 99%，为其标记性抗体，但与疾病的活动性无关(B)。②抗 dsDNA 抗体诊断 SLE 的特异性达 95%，对判断疾病的活动性参考价值很大(D)。③抗 SSA 抗体、抗磷脂抗体与 SLE 活动性无关。虽然抗 rRNP 抗体阳性与 SLE 活动性有关，但其临床意义不如抗 dsDNA 抗体。

2224. ABCDE ①系统性红斑狼疮(SLE)可因免疫复合物沉积于肾小球导致肾损害，抗 dsDNA 抗体是引起狼疮肾损害最为重要的免疫复合物。抗 dsDNA 抗体荧光核型示周边型，提示肾损害，预后差，特异性 95%，敏感性 70%。②虽然抗 dsDNA 抗体和抗 Sm 抗体都是 SLE 的标记性抗体，但提示肾损害的自身抗体是抗 dsDNA 抗体，而不是抗 Sm 抗体，故答 A 而不是 D，很多医考参考书将答案错为 D。参阅 14 版《实用内科学》P2606。抗 RNP 抗体与雷诺现象有关。抗 SSA/SSB 抗体与干燥综合征有关。

2225. ABCDE ①抗 RNP 抗体与系统性红斑狼疮(SLE)的雷诺现象有关(B)。②抗 Sm 抗体、抗 dsDNA 抗体与 SLE 有关。抗 SSA 抗体与干燥综合征有关。抗核抗体(ANA)与结缔组织病有关。

2226. ABCDE ①抗磷脂抗体综合征常见于系统性红斑狼疮(SLE)活动期，临床表现为动脉和(或)静脉血栓形成，习惯性自发流产，血小板减少。可见，与流产有关的自身抗体是抗磷脂抗体(B)。②抗着丝点抗体阳性常见于系统性硬化病。抗 RNP 抗体阳性见于混合性结缔组织病。抗组蛋白抗体阳性常见于 SLE。抗中性粒细胞胞质抗体(ANCA)阳性常见于小血管炎。

2227. ABCDE ①系统性红斑狼疮(SLE)活动期，常表现为动脉和(或)静脉血栓形成、反复流产、血小板减少，称为抗磷脂抗体综合征，其发病与抗磷脂抗体有关。抗磷脂抗体包括抗心磷脂抗体、狼疮抗凝物、抗 β-GP1 抗体(B)。②抗核抗体为 SLE 的筛查抗体。抗 Sm 抗体、抗 dsDNA 抗体为 SLE 的标记性抗体。抗 SSA 抗体与 SLE 光过敏、血管炎有关。

2228. ABCDE ①抗 dsDNA 抗体是确诊系统性红斑狼疮最有价值的抗体，特异性高达 95%。②抗 SSA/SSB 抗体与干燥综合征有关。抗 RNP 抗体与雷诺现象有关。抗核抗体(ANA)与结缔组织病有关。

2229. ABCDE ①系统性红斑狼疮(SLE)最有诊断价值的自身抗体是抗 Sm 抗体，其特异性高达 99%。②抗环瓜氨酸肽抗体常用于诊断类风湿关节炎。抗 SSA 抗体与干燥综合征有关。抗 Scl-70 抗体与弥漫性系统性硬化症有关。抗核抗体与结缔组织病有关。

2230. ABCDE ①系统性红斑狼疮患者出现发热，可能为疾病活动期，可表现为血沉增高、血小板减少、溶血性贫血、抗双链 DNA 抗体滴度增高、补体 C3 下降，故检查 A、B、C、D，有助于发热原因的鉴别。②系统性红斑狼疮是自身免疫性疾病，不是细菌感染所致，故血细菌培养对鉴别发热原因意义不大(E)。血培养主要用于诊断亚急性感染性心内膜炎。

2231. ABCDE ①系统性红斑狼疮(SLE)可累及全身各系统，面部蝶形红斑为其特征性表现，故本例应诊断为 SLE。90%的 SLE 患者有发热，双手关节肿痛为其骨骼系统损害，外周血三系减少为其血液系统损害，少量胸腔积液为其肺损害。诊断 SLE 首选抗核抗体谱检查，答案为 E。②手关节 X 线片常用于诊断类风湿关节炎。骨髓穿刺常用于诊断血液病。患者少量胸腔积液，无需作胸腔穿刺。狼疮性肾炎的临床诊断标准：确诊 SLE，持续性蛋白尿≥(+++)或有管型尿。根据题干，患者尿蛋白仅(++)，无红细胞管型，故本例只能诊断为系统性红斑狼疮而不能诊断为狼疮性肾炎。肾脏穿刺活检常用于狼疮性肾炎的确诊，而不是用于诊断 SLE，故不答 D，很多医考参考书将答案错为 D。

2232. ABCDE ①患者面色苍白，贫血貌，Hb78g/L，应诊断为中度贫血。②活动性系统性红斑狼疮可有贫血，其中 10%为 Coombs 试验(抗人球蛋白试验)阳性的溶血性贫血(B)。③Ham(酸溶血)试验阳性见于阵发性睡眠性血红蛋白尿。尿 Rous 试验常用于鉴别真性血尿和含铁血黄素尿。红细胞渗透脆性试验阳性见于遗传性球形红细胞增多症。异丙醇试验阳性见于不稳定血红蛋白病。

2233. ABCDE ①抗磷脂抗体综合征常出现于系统性红斑狼疮的活动期，多表现为动脉或静脉血栓形成、习惯性流产、血小板减少（D）。②妊娠期高血压疾病常表现为妊娠 20 周以后出现高血压、蛋白尿。干燥综合征常表现为干燥性角结膜炎、口腔干燥症。弥散性血管内凝血常表现为多发性出血倾向、休克、微血管血栓形成等。血栓闭塞性脉管炎常表现为间歇性跛行，足背动脉搏动消失。

2234. ABCDE ①患者面色苍白，贫血貌，Hb78g/L，应诊断为中度贫血。②系统性红斑狼疮（SLE）好发于育龄期妇女，常表现为发热、面部皮疹、蝶形红斑、对称性多关节肿痛、肾脏损害（蛋白尿）；活动性 SLE 可有血沉增快、血小板减少、贫血，其中 10%属于 Coombs 试验阳性的溶血性贫血。根据题干，本例应诊断为系统性红斑狼疮（A）。③慢性肾炎、风湿热、败血症均不会出现 Coombs 试验阳性的溶血性贫血，故不答 B、C、D。患者无全身多处浅表淋巴结肿大，故不答 E。

2235. ABCDE　2236. ABCDE ①抗 dsDNA 抗体为系统性红斑狼疮（SLE）的标记性抗体。患者有皮肤黏膜损害，面部红斑，双手对称性关节肿痛，水肿，蛋白尿，ANA 阳性，抗 dsDNA 抗体阳性，应诊断为 SLE。补体 C3 低下、尿蛋白阳性、抗 dsDNA 抗体阳性、血小板减少均属于 SLE 病情活动性的指标。抗 SSA 抗体阳性与病情活动性无关，故答 E。参阅 3 版 8 年制《内科学》P1175。②SLE 患者若尿蛋白>0.5g/d、尿蛋白定性≥（+++）、管型尿，应诊断为狼疮性肾炎。根据题干，本例可诊断为狼疮性肾炎。狼疮性肾炎的治疗首选糖皮质激素+环磷酰胺，以控制狼疮性肾炎的活动，阻止病情进展（C）。布洛芬、柳氮磺吡啶常用于缓解关节肿痛，属于对症治疗。血浆置换仅用于危重病例。青霉素不宜使用。

2237. ABCDE ①患者发热，外周血白细胞计数正常，说明不是感染性疾病。育龄期女性，发热、口腔溃疡，关节痛，抗核抗体阳性，应考虑风湿性疾病。抗核抗体为系统性红斑狼疮（SLE）的最佳筛选试验，抗 dsDNA 为确诊 SLE 最有价值的自身抗体。故本例应诊断为 SLE，其治疗首选泼尼松口服（C）。②青霉素是抗生素，不适合 SLE 的治疗。布洛芬、阿司匹林为非甾体药物，仅能解除关节痛、发热，用于对症治疗，故不答 B、E。利血生为升白细胞的药物，故不答 D。

2238. ABCDE ①治疗狼疮肾炎，首选的免疫抑制剂是环磷酰胺（CTX）或吗替麦考酚酯（MMF）。②类风湿关节炎的治疗首选甲氨蝶呤。硫唑嘌呤、来氟米特、雷公藤均属于改变病情抗风湿药。

2239. ABCDE ①狼疮性肾炎的治疗首选糖皮质激素+环磷酰胺，因此使用环磷酰胺治疗 SLE 的指征为狼疮性肾炎，故答 C。②口腔溃疡、关节炎、浆膜炎、蝶形红斑均属于 SLE 的一般临床表现，仅需使用糖皮质激素即可，无需加用环磷酰胺。

2240. ABCDE　2241. ABCDE ①抗双链 DNA 抗体为系统性红斑狼疮（SLE）的标记性抗体之一，因此该抗体阳性应立即想到 SLE。30%的 SLE 可合并干燥综合征，表现为口腔干燥、溃疡，不要据此误诊为干燥综合征，故答 C 而不是 E。风湿性关节炎、类风湿关节炎、慢性肾炎急性发作均不会出现抗双链 DNA 抗体阳性，故不答 A、B、D。②SLE 若尿蛋白定性≥（+++）或管型尿，应诊断为狼疮性肾炎。根据题干，本例可诊断为狼疮性肾炎。狼疮性肾炎的治疗首选糖皮质激素+环磷酰胺（E）。

2242. ABCDE 狼疮性肾炎单用糖皮质激素大多无效，应加用免疫抑制剂（首选环磷酰胺），答案为 B。

2243. ABCDE ①狼疮性肾炎单用糖皮质激素大多无效，需加用环磷酰胺冲击治疗，以防止肾纤维化与肾功能恶化。②对于狼疮心肌损害严重，发生心力衰竭者，宜减轻心脏前后负荷，适当使用洋地黄。

2244. ABCDE　2245. ABCDE ①免疫抑制剂可控制系统性红斑狼疮（SLE）的活动，保护重要脏器功能，减少复发，因此 SLE 活动期应选用糖皮质激素+免疫抑制剂联合治疗。羟氯喹、来氟米特、甲氨蝶呤均属于免疫抑制剂，但羟氯喹可作为 SLE 的背景治疗（基础用药），故答 D。②治疗类风湿关节炎首选的改变病情抗风湿药是甲氨蝶呤，它可抑制二氢叶酸还原酶，阻断嘌呤合成，同时具有抗炎作用。

2246. ABCDE　2247. ABCDE　2248. ABCDE ①育龄妇女，长期发热，多关节肿痛，口腔溃疡，肾脏受累，

应诊断为系统性红斑狼疮(SLE)。类风湿关节炎多无肾脏损害及口腔溃疡。败血症病程不会持续2个月。皮肌炎常表现为四肢对称性近端肌无力、肌酶谱升高、特征性皮损。急性肾炎不会出现口腔溃疡、四肢肿痛。②几乎所有的SLE患者抗核抗体均为阳性,故答A。抗Jo-1抗体阳性见于多发性肌炎。抗Scl-70抗体阳性见于系统性硬化症。类风湿因子阳性常见于类风湿关节炎。抗中性粒细胞胞质抗体阳性常见于小血管炎。③SLE的治疗首选糖皮质激素(B)。抗生素只在合并感染的情况下使用。非甾体抗炎药、镇痛药、抗疟药常用于以皮损和关节痛为主的轻型SLE。

2249. ABCDE ①骨关节炎是一种滑膜关节的退行性病变,常累及负重关节(膝、髋、脊柱),肥胖患者由于体重过重,关节软骨在长期磨损中容易受损而致病(B)。②A、C、D、E的病因均与肥胖无关。

2250. ABCDE ①骨关节炎是一种以关节软骨退行性变和继发性骨质增生为特征的慢性关节疾病(E)。②急性化脓性关节炎常表现为关节内化脓性感染。关节结核常表现为关节特异性炎症。骨关节病常表现为骨与关节慢性疼痛。类风湿关节炎常表现为关节端骨质疏松。

2251. ABCDE ①骨关节炎多累及负重关节或活动频繁的关节,如远端指间关节、膝关节(最常见)、髋关节、第一跖趾关节、脊柱等,腕关节、肘关节较少受累。②腕关节、肘关节受累常见于类风湿关节炎。

2252. ABCDE ①骨关节炎的典型X线表现为受累关节软骨骨质硬化、囊变,关节边缘骨赘形成,受累关节间隙狭窄。由于骨关节炎主要累及关节软骨,故最佳答案为A而不是B。②C、D、E均为类风湿关节炎的典型X线表现。

2253. ABCDE ①骨关节炎好发于50岁以上的中老人年,常表现为关节疼痛,休息时好转,活动后加重,晚期可导致关节畸形。X线检查可见非对称性关节间隙变窄,软骨下骨硬化,关节边缘增生,骨赘形成。根据题干,本例应诊断为骨关节炎(A)。②痛风关节炎常表现为单侧第一跖趾关节剧痛,可于2周内自行缓解,故不答B。化脓性关节炎常表现为寒战高热,局部关节红肿疼痛,全身中毒症状严重。骨关节结核常表现为低热盗汗、关节肿胀、活动障碍,X线片示骨质破坏、关节间隙狭窄。风湿性关节炎常表现为游走性多关节炎,以膝、踝、肘、腕等大关节为主。

2254. ABCDE ①手的骨关节炎常累及远端指间关节,也可累及第一腕掌关节。第一腕掌关节因骨质增生可出现"方形手"畸形,故答B。②手关节尺侧偏斜、纽扣花样畸形、天鹅颈样畸形均见于类风湿关节炎。杵状指常见于慢性缺氧性疾病,如慢性肺脓肿、支气管扩张症、间质性肺疾病等。

2255. ABCDE ①骨关节炎好发于老年人,常表现为关节疼痛、活动受限、关节间隙狭窄、软骨下骨硬化、关节边缘增生、骨赘形成,严重者出现关节畸形,如膝内翻。根据题干,本例应诊断为膝关节骨关节炎。膝关节炎晚期出现膝内翻畸形和持续性疼痛,可行全膝关节表面置换术(A)。②关节镜清理术适用于早期病例。关节融合术适用于关节置换有禁忌证,且对关节功能要求不高的患者。关节腔药物注射、口服非甾体抗炎药,均为非手术治疗措施,适用于早期病例的治疗。

2256. ABCDE ①骨关节炎好发于中老年人,常累及远端指间关节,特征性表现为指间关节伸面内、外侧骨样肿大结节,位于远端指间关节者称为Heberden结节,位于近端指间关节者称Bouchard结节。老年患者双膝关节疼痛,可见Heberden结节,应诊断为骨关节炎(E)。②痛风关节炎常累及单侧第一跖趾关节。类风湿关节炎常累及双手近端指间关节,而不是远端指间关节。半月板损伤、风湿性关节炎均不会出现Heberden结节,故不答C、D。

2257. ABCDE ①8版《内科学》P855:骨关节炎患者若发作急性关节痛,应首选非甾体抗炎药对乙酰氨基酚控制症状(C)。9版《内科学》P859:对乙酰氨基酚因疗效有限,不良反应多,已不推荐作为骨关节炎止痛的首选药物。②透明质酸钠为软骨保护剂,常用于膝关节内注射。氨基葡萄糖可改善关节软骨代谢、改善关节功能。泼尼松常用于严重骨关节炎。碳酸钙为抗酸药,可用于治疗消化性溃疡。

2258. ABCDE 2259. ABCDE ①甲氨蝶呤可抑制二氢叶酸还原酶,阻断嘌呤合成,同时具有抗炎作用,是治疗类风湿关节炎首选的改善病情抗风湿药(B)。②骨关节炎是关节软骨蛋白多糖生物合成异常而导致的退行性变。氨基葡萄糖可刺激软骨细胞产生蛋白多糖，抑制受损软骨的胶原酶、磷脂酶 A_2，从而延缓骨关节炎的病理过程，改善关节活动，缓解疼痛（E）。青霉素是抗炎药，不是非甾体抗炎药，不宜使用。环孢素 A 为免疫抑制剂，也不宜应用。泼尼松需经口服全身用药，但治疗骨关节炎时应避免全身使用糖皮质激素，故不答 D。

2260. ABCDE ①强直性脊柱炎早期常表现为下腰痛，后期常不对称性累及下肢大关节，如髋关节、膝关节、踝关节等。②类风湿关节炎多对称性累及手足等小关节。腰肌劳损常表现为慢性腰痛，并无下肢关节受累。痛风关节炎常累及第一跖趾关节。腰椎间盘突出症常表现为下腰痛，并不累及下肢大关节。

2261. ABCDE ①强直性脊柱炎好发于青壮年男性，病变一般自骶髂关节开始，缓慢沿脊柱向上伸延，病变也可向下蔓延，累及双侧髋关节、膝关节。90%以上的患者可有 HLA-B27 阳性。X 线表现为早期骶髂关节骨质疏松，关节边缘呈虫蛀样改变，晚期关节间隙逐渐变窄。根据题干，本例应诊断为强直性脊柱炎。②痛风关节炎常累及单侧第一跖趾关节。反应性关节炎病程不会迁延 3 年。题干未叙述银屑病的典型皮肤损害，故不答 D。感染性关节炎表现为局部红肿热痛，浮髌试验阳性。

2262. ABCDE　2263. ABCDE ①强直性脊柱炎的早期 X 线表现为骶髂关节骨质疏松，关节边缘呈虫蛀状改变，以后关节面模糊，间隙变窄，直至双侧骶髂关节完全融合。随着病情进展，椎间盘的纤维环、前纵韧带、后纵韧带发生骨化，形成典型的“竹节”样脊柱，此为强直性脊柱炎的特征性表现。②骨巨细胞瘤的 X 线表现为骨端偏心位、溶骨性、囊性破坏而无骨膜反应，病灶膨胀生长、骨皮质变薄，呈肥皂泡样改变。③B 为骨肉瘤的特点。D 为慢性骨髓炎的特点。E 为骨软骨瘤的特点。

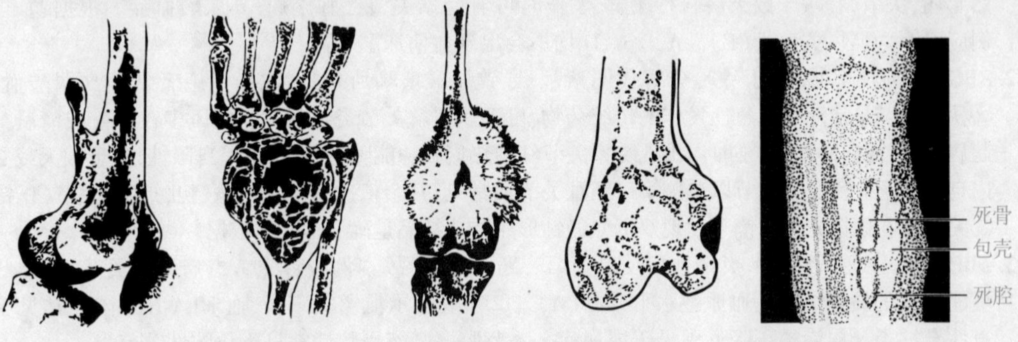

骨软骨瘤　　骨巨细胞瘤　　骨肉瘤　　软骨肉瘤　　慢性骨髓炎的X线表现

2264. ABCDE　2265. ABCDE ①强直性脊柱炎常从骶髂关节开始，向上沿脊柱延伸，向下可波及髋关节，少数可累及膝关节。患者腰痛、膝关节肿痛，浮髌试验、“4”字征、骶髂关节压痛均为阳性，应诊断为强直性脊柱炎。最有意义的检查是双侧骶髂关节 X 线片，若发现骶髂关节骨质破坏，关节间隙变窄，即可确诊本病。虽然强直性脊柱炎 HLA-B27 阳性率高达 88%～96%，这只说明本病的发生与 HLA-B27 有密切关系，但并不能将此作为本病的诊断依据。因为在 HLA-B27 阳性人群中患强直性脊柱炎的尚不到 10%，故答 A 而不是 E。参阅 7 版《黄家驷外科学》P3035。血沉增快提示急性发作期，对确诊本病无特异性，故不答 B。强直性脊柱炎类风湿因子、抗 O 均为阴性，故不答 C、D。②本例诊断为强直性脊柱炎。类风湿关节炎常累及四肢小关节。骨关节炎常累及远端指间关节、膝关节、髋关节等，一般不累及骶髂关节。风湿性多肌炎常表现为晨僵、关节痛、发热、远端肢体肌无力。化脓性关节炎常表现为畏寒高热、局部肿胀，关节活动障碍等，很少累及骶髂关节。

2266. ABCDE　2267. ABCDE ①青年患者右膝关节和左足跟肿痛，右膝浮髌征阳性，左侧“4”字征阳性，左侧骶髂关节受累，应考虑强直性脊柱炎。最有价值的检查是双侧骶髂关节 X 线片，若发现骶髂关节骨质破坏，关节间隙变窄，即可确诊本病（B）。虽然强直性脊柱炎 HLA-B27 阳性率高达 88%～96%，这只说明本病的发生与 HLA-B27 有密切关系，但并不能将此作为本病的诊断依据。因为在

HLA-B27 阳性人群中患强直性脊柱炎的尚不到 10%，故答 B 而不是 E。参阅 7 版《黄家驷外科学》P3035。类风湿因子、抗 CCP（环瓜氨酸多肽）抗体主要用于诊断类风湿关节炎。强直性脊柱炎主要累及骶髂关节和脊柱，因此右膝关节 X 片对本病诊断价值不大。②改变病情抗风湿药对中轴型强直性脊柱炎无效，外周型强直性脊柱炎可选用柳氮磺吡啶。患者累及外周右膝关节和左足跟，故可选用柳氮磺吡啶。对于肌肉关节炎症者，可选用糖皮质激素（倍他米松）局部关节腔内注射，故答 B。碳酸氢钠+苯溴马隆常用于治疗高尿酸血症，故不答 A。青霉素不能用于强直性脊柱炎的治疗，故不答 C、E。氨基葡萄糖+双醋瑞因常用于治疗骨关节炎，故不答 D。

2268. ABCDE **2269. ABCDE** ①青年男性，先有腰痛，后出现右膝关节、右踝关节肿痛，浮髌试验、"4"字试验均为阳性，HLA-B27 阳性，应诊断为强直性脊柱炎（E）。A、B、C、D 均不会出现 HLA-B27 阳性。②治疗外周型强直性脊柱炎首选改善病情抗风湿药柳氮磺吡啶（C）。青霉胺也属于改善病情抗风湿药，但不是首选药，故不答 A。硫酸氨基葡萄糖常用于治疗骨关节炎。秋水仙碱常用于治疗痛风关节炎。羟基氯喹常用于治疗类风湿关节炎、系统性红斑狼疮。

2270. ABCDE ①8 版《内科学》P824：改善外周型强直性脊柱炎患者病情最常用的药物是柳氮磺吡啶，它能减轻疼痛，使血沉下降。9 版《内科学》P827：非甾体抗炎药和抗肿瘤坏死因子拮抗剂是治疗强直性脊柱炎的一线药物。②已证明阿司匹林对本病无效。甲氨蝶呤的疗效有待肯定。糖皮质激素一般用于非甾体药物不能耐受者。

2271. ABCDE 痛风关节炎好发于单侧第一跖趾关节，但也可累及踝、膝、腕、指、肘关节，常反复发作，突然起病，关节剧痛，于数天后自行缓解，发作时可有受累关节红肿疼痛，高尿酸血症。根据题干，本例应诊断为痛风关节炎（E）。A、B、C、D 均不会出现血清尿酸增高。

2272. ABCDE ①痛风是由于嘌呤分解代谢紊乱，导致尿酸增高所致，因此痛风患者常伴高尿酸血症。②秋水仙碱是治疗痛风急性发作的传统药物，可迅速缓解关节炎症状。③痛风多在午夜或清晨突然起病，关节疼痛剧烈，数小时内出现受累关节红肿热痛和功能障碍，发作常呈自限性，多于数天或 2 周内自行缓解。④受累关节以单侧第一跖趾关节最常见，其余依次为趾、踝、膝、腕、指、肘关节（D 错）。⑤关节液在偏振光显微镜下发现双折光的针形尿酸盐结晶是确诊本病的依据。

2273. ABCDE ①痛风性关节炎最常累及单侧第一跖趾关节，故本例应首先考虑痛风性关节炎，因此最可能出现的检查结果是血尿酸水平升高（A）。②X 线片示骶髂关节炎、血 HLA-B27 阳性常见于强直性脊柱炎。尿渗透压降低常见于尿崩症。关节腔穿刺液呈脓性常见于化脓性关节炎。

2274. ABCDE ①海鲜富含嘌呤，食用后会导致尿酸增高。第一跖趾关节为痛风的好发部位。中年男性，食用海鲜后单侧第一跖趾关节疼痛，局部红肿，压痛，血清尿酸增高（正常值 268～488μmol/L），应诊断为急性痛风性关节炎。秋水仙碱、非甾体抗炎药、糖皮质激素为其首选药物，应尽早应用，故答 D。②痛风性关节炎急性期不宜进行降尿酸治疗，故不答 A、B，因为苯溴马隆为排尿酸药物、别嘌醇为抑制尿酸生成的药物。痛风为嘌呤核苷酸分解代谢异常、尿酸增高所致，而不是细菌感染所致，故无需使用抗生素。甲氨蝶呤为改变病情抗风湿药物，常用于类风湿关节炎的治疗。

2275. ABCDE ①痛风性关节炎好发于第一跖趾关节，常表现为突发红肿热痛，呈自限性，多在 2 周内自行缓解，血尿酸增高（正常值 268～488μmol/L）。根据题干，本例应诊断为痛风性关节炎。②布洛芬、秋水仙碱、糖皮质激素都是治疗痛风性关节炎的常用药物，故不答 A、C、E。③苯溴马隆主要通过增加尿酸排泄而降低血尿酸，大量尿酸经肾脏排泄可加重肾脏负担，再则尿中尿酸增多易导致尿酸盐结晶，继而形成尿路结石，因此尿酸性肾结石的患者不宜使用（B）。别嘌醇主要通过抑制尿酸合成而降低血尿酸，适用于尿酸性肾结石、肾功能不全的痛风性关节炎。

2276. ABCDE ①阿托品可阻断瞳孔括约肌的 M 受体，导致瞳孔括约肌松弛，使去甲肾上腺素能神经支配的瞳孔扩大肌功能占优势，导致瞳孔扩大（A）。②有机磷杀虫药、吗啡、氯丙嗪、阿片类药物中毒可导致瞳孔缩小。

2277. ABCDE　①治疗口服中毒时最常用的吸附剂是活性炭。活性炭是强力吸附剂,能吸附多种毒物(D)。②食用油、牛奶、鸡蛋清均属于胃黏膜保护剂。

2278. ABCDE　氰化物中毒患者的呼吸呈苦杏仁味,答案为E。有机磷农药中毒患者呼吸呈蒜臭味,酒精中毒患者呼吸呈酒味,糖尿病酮症酸中毒患者呼吸呈烂苹果味,腥臭味常见于厌氧菌感染。

2279. ABCDE　①对于中毒患者,应了解发病前健康状况、生活习惯、嗜好、情绪、行为改变、药物服用史等,这些情况有助于对中毒患者进行分析判断(A对)。②对于急性中毒者,不要等待毒物标本的检验报告,应根据急性中毒的治疗原则进行相应处理(B错)。③对于急性中毒者,要分析症状和体征出现的时间顺序是否符合某种毒物中毒的表现规律,然后迅速进行重点体格检查,紧急处理。若病情允许,应认真进行系统检查(C对)。④对于生活中毒者,应详细了解毒物接触史。对于职业中毒者,应了解工作环境(D对)。⑤急性中毒时,应常规留取可能含毒的标本,如呕吐物、胃内容物、尿、粪、血标本等,必要时进行毒物分析或细菌培养(E对)。

2280. ABCDE　A、B、C、D、E都是抢救急性中毒的原则,但首要措施是将患者撤离中毒现场,彻底清除未被机体吸收入血的毒物,并开始紧急复苏,答案为E。

2281. ABCDE　酸性毒物污染皮肤、黏膜后应该用清水反复冲洗污染的皮肤和黏膜,并不是用碱性液体冲洗、中和(B错),A、C、D、E均为急性中毒的治疗原则。参阅2版8年制《内科学》P1224。

2282. ABCDE　①患者口服农药20ml,呕吐物有大蒜样气味,应诊断为有机磷农药中毒。有机磷农药中毒后,应迅速清除毒物,口服中毒者应反复洗胃。然后用硫酸钠溶液口服导泻。在迅速清除毒物的同时,应及早应用有机磷农药的解毒药。及早彻底洗胃是抢救有机磷农药中毒的关键,故答A。②吸入高浓度的氧气为一氧化碳中毒的急救措施。毛花苷丙静脉注射常用于救治急性左心衰竭。阿托品为有机磷农药中毒的解毒剂。氨茶碱为支气管解痉剂。

2283. ABCDE　①口服强酸或强碱等腐蚀性毒物的患者,不宜洗胃,因为插入胃管时可能导致食管或胃穿孔。②有机磷农药中毒、杀鼠剂中毒后,均应尽早催吐、洗胃、导泻,以加速毒物排出。安眠药中毒后,应彻底洗胃,可用活性炭反复灌入吸附。阿托品口服中毒者,可用4%的鞣酸溶液洗胃。

2284. ABCDE　①敌百虫中毒禁用2%碳酸氢钠溶液洗胃,因为碱性溶液可使敌百虫转变为毒性更强的敌敌畏(E)。②药物导泻可加速毒物从消化道排出,清洗呕吐物污染的皮肤可减少毒物的吸收,均属于敌百虫中毒的常规处理措施。阿托品、解磷定属于有机磷农药中毒的特殊解毒剂,当然可以选用。

2285. ABCDE　误服强碱性溶液后,可口服弱酸性溶液(如食醋、果汁)中和;也可使用生理盐水稀释;还可使用牛奶、蛋清、植物油等保护胃黏膜;但绝不能口服弱碱性溶液,否则会加重中毒症状(E)。

2286. ABCDE　2287. ABCDE　①有机磷农药中毒的洗胃液一般选用1:5000高锰酸钾或2%碳酸氢钠溶液。但对硫磷中毒禁用1:5000高锰酸钾洗胃,而选用2%碳酸氢钠。因对硫磷经高锰酸钾氧化后可转化为对氧磷,对氧磷的毒性作用比对硫磷强300倍。②镇静剂中毒的洗胃液为1:5000高锰酸钾溶液,可氧化解毒。③0.3%H_2O_2常用于阿片类、氰化物、高锰酸钾中毒的洗胃。0.3%氧化镁常用于阿司匹林、草酸中毒的洗胃。5%硫酸钠常用于氯化钡、碳酸钡中毒的洗胃。

2288. ABCDE　2289. ABCDE　①血液透析可用于清除血液中分子量较小的非脂溶性毒物,氯酸盐中毒能引起急性肾衰竭,是血液透析的首选指征。乙二醇中毒虽可进行血液透析,但不是首选。导眠能、短效巴比妥具有脂溶性,血液透析效果不好。②无论是游离毒物,还是与血浆蛋白结合的毒物,都可用血浆置换来清除毒物,特别是生物毒类中毒(如蛇毒、蕈中毒),血浆置换效果更好。

2290. ABCDE　2291. ABCDE　①阿片类麻醉药的解毒药是纳洛酮。纳洛酮是阿片受体阻断剂,对麻醉镇痛药引起的呼吸抑制有特异性拮抗作用,答案为E。②亚硝酸盐中毒的解毒药是亚甲蓝。小剂量亚甲蓝可使高铁血红蛋白还原成正常血红蛋白,用于治疗亚硝酸盐、苯胺、硝基胺等中毒引起的高铁血红蛋白血症,答案为B。③依地酸二钠钙、二巯基丁二钠是金属离子中毒的解毒药。氟马西尼是苯二氮䓬类中毒的解毒药。

2292. ABCDE　有机磷农药进入人体的途径如下。①农药生产过程：生产过程中，主要在出料、精制及包装等工序接触机会较多，如生产设备密闭不严或未按规程操作，农药蒸汽可经皮肤、呼吸道吸收而中毒；②农药使用过程：农民喷药时可因个人防护不严，未按规程操作而浸湿衣服，或配药时直接以手接触药液而经皮肤吸收中毒；③生活性中毒事故：多因误服、自杀，经胃肠道吸收中毒。题干要求作答的是农药生产或使用过程中的中毒途径，故应答 B 而不是 A，很多医考参考书将答案错为 A 或 E。

2293. ABCDE　①有机磷农药中毒的临床表现分为毒蕈碱样症状（M 样症状）、烟碱样症状（N 样症状）、中枢神经系统症状三类。毒蕈碱样症状为副交感神经兴奋的症状，表现为支气管平滑肌痉挛（B 对）、瞳孔缩小、腹痛腹泻、心动过缓（A 错）、大汗、流泪、流涎、肺部湿啰音。②肌肉震颤为 N 样症状（E 错）。昏迷、酣睡为中枢神经系统症状。

2294. ABCDE　①有机磷杀虫药中毒可抑制体内胆碱酯酶活性，造成乙酰胆碱大量堆积，导致 M 样症状、N 样症状和中枢神经系统症状。瞳孔缩小为副交感神经兴奋，释放乙酰胆碱，与虹膜环形肌 M 受体结合使其收缩所致，应为 M 样症状（C）。②头晕、昏迷为中枢神经系统症状。肌纤维颤动为 N 样症状。有机磷杀虫药中毒一般不会导致皮肤水泡。

2295. ABCDE　①神经-骨骼肌接头处有 N_2 乙酰胆碱（ACh）受体，当有机磷农药中毒造成 ACh 在此处大量蓄积时，会出现肌纤维颤动，甚至全身肌肉强直性痉挛，此为烟碱样症状（即 N 样症状），答案为 E。②A、B、C、D 均属于有机磷中毒的毒蕈碱样症状。

2296. ABCDE　①蒜臭味是有机磷杀虫药中毒的特征性表现，故答 C。②糖尿病酮症酸中毒患者呼出气有烂苹果味。乙醇中毒患者呼出气有酒味。镇静催眠药中毒、一氧化碳中毒呼出气无特殊气味。

2297. ABCDE　①有机磷农药中毒的烟碱样症状主要表现为肌纤维颤动，严重者可引起全身肌肉强直性痉挛，也可出现呼吸肌麻痹引起呼吸衰竭或停止，这是造成患者死亡的最常见原因，答案为 C。②急性心力衰竭是次常见的死因。中间型综合征的最终死亡原因为呼吸困难或衰竭。严重有机磷农药中毒可导致心律失常、休克，但因此致死者少见。

2298. ABCDE　①急性中重度有机磷农药（甲胺磷、敌敌畏、乐果、敌百虫）中毒者，在症状消失后 2~3 周，可出现下肢瘫痪、四肢肌肉萎缩等，称为迟发性多发神经病。患者敌敌畏中毒后第 2 天，不可能出现该并发症。②呼吸衰竭、心律失常、肺水肿、休克都是有机磷农药中毒的早期并发症。

2299. ABCDE　中间型综合征是指重度有机磷农药中毒后 24 ~96 小时，经治疗胆碱能危象消失，突然出现屈颈肌和四肢近端肌无力，Ⅲ、Ⅶ、Ⅸ、Ⅹ对脑神经支配的肌肉无力等症状。

2300. ABCDE　①患者有机磷农药中毒后 3 天突然出现视物模糊、面瘫、呼吸困难，并再次出现意识障碍，大小便失禁，应考虑中间型综合征（C）。②有机磷中毒加重是进行性的，不会在症状好转后再次突然加重，故不答 A。急性有机磷中毒迟发型脑病不属于有机磷中毒的并发症，故不答 B。急性脑卒中与题干所述不符，故不答 D。急性有机磷中毒迟发性多发性神经病变常发生于中毒症状缓解后 2~3 周，而不是 3 天，故不答 E。

2301. ABCDE　①生理情况下，乙酰胆碱（ACh）在胆碱酯酶作用下分解灭活。有机磷农药中毒可抑制胆碱酯酶，造成 ACh 在体内大量堆积，引起 M 样症状、N 样症状和中枢神经系统症状。有机磷农药中毒的解毒剂阿托品，只能解除其 M 样症状，并不能恢复胆碱酯酶的活力。红细胞内的胆碱酯酶被抑制后，一般不能自行恢复。因红细胞在体内的半衰期为 4 个月，因此需经过数月红细胞再生后，全血胆碱酯酶活力才能恢复，故答 E。②A、B、C、D 均与胆碱酯酶活力未完全恢复无关。

2302. ABCDE　①胆碱酯酶复能药（肟类化合物）能使被抑制的胆碱酯酶恢复活性，其原理是肟类化合物吡啶环中的季胺氮带正电荷，能被磷酰化胆碱酯酶的阴离子部位吸引，其肟基与磷酰化胆碱酯酶中的磷形成结合物，使其与胆碱酯酶酯解部位分解，从而提高全血胆碱酯酶活性。②此外，胆碱酯酶复能药还可作用于外周 N_2 受体，对抗外周 N 型胆碱受体活性，解除有机磷农药中毒所致的烟碱样毒性症状，但对 M 样症状无效。③胆碱酯酶复能药对有机磷农药中毒 24~48 小时后已经老化的胆碱酯酶无复活作用(C 错)。

2303. ABCDE　①患者口服农药 60ml,口中有大蒜味,应诊断为有机磷农药中毒。为明确诊断,应首选血液胆碱酯酶活力测定,此为确诊有机磷农药中毒的特异性实验室检查。②B、C、D、E 均无特异性。

2304. ABCDE　血清胆碱酯酶活力是诊断有机磷农药中毒的特异性实验室指标。正常人血清胆碱酯酶活力为 100%,急性有机磷中毒时,轻度中毒 70%~50%,中度中毒 50%~30%,重度中毒<30%。

2305. ABCDE　患者服毒自杀,昏迷状态,呼吸急促,皮肤湿冷,瞳孔如针尖大小,应诊断为有机磷农药中毒。急救时应使用特效解毒药阿托品达阿托品化,其指征为口干、皮肤干燥、心率增快(90~100 次/分)、肺部湿啰音消失、瞳孔扩大。因此,瞳孔大小无变化是未达阿托品化的表现。

2306. ABCDE　①2%碳酸氢钠溶液是有机磷农药中毒的特殊洗胃液,但敌百虫中毒严禁使用 2%的碳酸氢钠洗胃,因碱性溶液能使敌百虫转变为毒性更强的敌敌畏,故不答 D。②患者清醒时,可直接插管洗胃。若患者处于昏迷状态,则洗胃前应行气管插管气道保护,否则易窒息死亡,故不答 B、C。③对于不能使用特殊洗胃液(2%碳酸氢钠溶液)的患者,可以使用清水或生理盐水洗胃,故答 E。硫酸铜不是敌百虫中毒的特殊洗胃液,故不答 A,很多医考参考书将答案错为 A。

2307. ABCDE　有机磷农药中毒后会出现 M 样症状、N 样症状和中枢神经系统症状,解毒药阿托品主要解除 M 症状(如瞳孔缩小、流涎、流汗、腹痛腹泻),但不能解除 N 样症状(如骨骼肌震颤)。N 样症状可由胆碱酯酶复活剂氯解磷定解除,答案为 E。

2308. ABCDE　①有机磷农药(敌百虫)中毒后,会出现 M 样症状和 N 样症状。阿托品可解除 M 症状(瞳孔缩小、肺部湿啰音),解磷定可解除 N 样症状。此外,还应保持呼吸道通畅、吸氧、机械通气等。对于频繁抽搐、脑性高热者,可给予地西泮肌内注射。②有机磷农药中毒后两肺可满布湿啰音,不是肺部感染所致,而是 M 样症状所致的腺体分泌物增多,故无需使用抗生素,答案为 D。

2309. ABCDE　①有机磷农药中毒后两肺可满布湿啰音(肺水肿),不是肺部感染所致,而是 M 样症状所致的腺体分泌物增多,因此应给予阿托品予以解除,而西地兰对这种肺水肿均无效。②解磷定主要解除 N 样症状。地西泮常用于频繁抽搐、脑性高热者。地塞米松常用于脑水肿的治疗。

2310. ABCDE　2311. ABCDE　①有机磷农药中毒后,乙酰胆碱在体内大量堆积可导致毒蕈碱样症状和烟碱样症状。解毒药阿托品主要解除其毒蕈碱样症状,胆碱酯酶复活剂解磷定可解除烟碱样症状。②美解眠为巴比妥类中毒的解毒剂。尼可刹米为呼吸兴奋剂。甘露醇常用于降低颅高压。

2312. ABCDE　CO 吸入体内后,85%与血液中红细胞的血红蛋白(Hb)结合,形成稳定的碳氧血红蛋白(COHb)。CO 与 Hb 的亲和力比氧与 Hb 的亲和力大 240 倍。而 COHb 不能携带氧,且不易解离。可见 CO 中毒的主要机制是形成 COHb 造成的组织缺氧(C),而不是通过抑制呼吸中枢所致。虽然 CO 中毒可造成心肌受损,但这是缺氧引起的后果。抑制胆碱酯酶为有机磷农药中毒的发病机制。

2313. ABCDE　CO 中毒主要引起组织缺氧,因此对缺氧敏感的器官(脑和心脏)最易遭受损害(E)。

2314. ABCDE　①急性一氧化碳中度中毒的临床表现包括胸闷、气短、呼吸困难、幻觉、视物不清、判断力降低、运动失调、嗜睡、意识模糊,口唇黏膜呈樱桃红色。②肺水肿是急性一氧化碳重度中毒的临床表现。

2315. ABCDE　CO 中毒时,CO 与血液中红细胞的血红蛋白(Hb)结合,形成稳定的碳氧血红蛋白(COHb),COHb 呈樱桃红色,而口唇黏膜极薄且毛细血管相当丰富,所以当富含 COHb 的血液流经口唇黏膜时,透过黏膜看到的就是樱桃红。口唇黏膜呈樱桃红色为 CO 中毒的特征性表现,故答 C。

2316. ABCDE　正常人血液中 COHb 浓度为 5%~10%。急性 CO 轻度中毒,患者血液 COHb 浓度为 10%~20%;中度中毒为 30%~40%;重度中毒为 40%~60%。

2317. ABCDE　①中毒迟发脑病是急性 CO 中毒后的神经精神后发症,是指急性 CO 中毒患者在意识障碍恢复后,经过约 2~60 天的"假愈期",可出现下列临床表现之一:精神意识障碍、锥体系及锥体外系损害、大脑皮质局灶性功能障碍(失语、失明)、脑神经受损等。患者急性 CO 中毒 2 个月后突然出现意识障碍,应诊断为中毒迟发脑病。②脑出血、脑梗死、肝性脑病均与题干所述的 CO 中毒病史无关,故不答 A、B、C。中间型综合征为有机磷农药中毒的并发症,故不答 E。

2318. ABCDE ①中毒迟发脑病是指急性 CO 中毒患者在意识障碍恢复后,经过 2~60 天的“假愈期”,出现的精神意识障碍、锥体系及锥体外系损害等症状。根据题干,本例应诊断为急性一氧化碳中毒迟发脑病,故答 E。②A、B、C、D 均与题干所述的 CO 中毒病史无关。

2319. ABCDE ①虽然皮肤黏膜樱桃红色是急性 CO 中毒的特征性表现,但血碳氧血红蛋白(COHb)升高,对确诊本病更有意义,且有助于分型和估计预后,故答 E 而不是 B。②急性 CO 中毒时,血氧饱和度和血红蛋白浓度应降低。由于外周呼吸感受器感受的是 PaO_2,而不是 O_2 含量,在 CO 中毒时血 O_2 含量降低,但 PaO_2 正常,因此 CO 中毒并不能刺激呼吸感受器导致呼吸困难(C 错)。

2320. ABCDE ①患者有煤炉使用史,口唇樱桃红色,应诊断为急性 CO 中毒,其确诊首选血碳氧血红蛋白(COHb)测定,此为 CO 中毒的特异性检查。②血胆碱酯酶活力测定常用于诊断急性有机磷农药中毒。血气分析常用于诊断呼吸衰竭。血糖测定常用于诊断糖尿病。颅脑 CT 常用于诊断占位性病变。

2321. ABCDE 抢救 CO 中毒时,首先应将患者撤离中毒环境,转移到空气清新的地方,停止 CO 继续吸入,而就地心肺复苏是不可取的。撤离现场后,最重要的措施是通过氧疗加速血碳氧血红蛋白(COHb)解离和 CO 排出,必要时行机械通气。建立静脉通道是 CO 中毒的治疗措施,而不是急救措施。CO 中毒为呼吸道吸入中毒,无需清洗皮肤。

2322. ABCDE ①门窗紧闭、煤炉取暖、浴室洗澡后出现昏迷,应考虑急性 CO 中毒。急救时首先应将患者撤离现场,转移到空气清新的地方,停止 CO 继续吸入,答案为 D。②撤离现场后,应保持呼吸道通畅、吸入高浓度氧气。口对口人工呼吸、给予呼吸兴奋剂为呼吸骤停的急救措施。

2323. ABCDE ①急性 CO 中毒首选高压氧舱治疗,它能增加血液中物理溶解氧,提高总体氧含量,促进氧释放,加速 CO 排出,可迅速纠正组织缺氧,缩短昏迷时间和病程,预防 CO 中毒引起的迟发性脑病(B)。②A、C、D、E 的疗效都不如高压氧舱治疗好。

2324. ABCDE ①老年患者有煤炉取暖史,口唇呈樱桃红色,应诊断为急性 CO 中毒,首选高压氧舱治疗,答案为 D。②急性 CO 中毒无细菌感染,无需使用抗生素。呼吸兴奋剂仅用于呼吸骤停患者。甘露醇常用于预防和治疗脑水肿。机械通气只在有指征时使用。

2325. ABCDE ①抢救 CO 中毒时,首先应将患者撤离中毒环境,转移到空气清新的地方,停止 CO 继续吸入。撤离现场后,最重要的治疗措施是通过氧疗加速血碳氧血红蛋白(COHb)解离和 CO 排出,答案为 A。②B、C、D、E 都是对症治疗措施。

2326. ABCDE ①患者很容易诊断为 CO 中毒,但应注意审题,试题要求回答的是“目前应立即采取的处理措施”,也就是患者被送到急诊室后的急救措施,因此答案只能是无创通气(B)。②由于机械通气需要适应证,并不是所有患者均需机械通气,因此最佳答案为 B 而不是 E。③若题干问的是“治疗效果最佳的措施”,则答案为高压氧舱治疗。C、D 显然不是正确答案,很容易排除。

2327. ABCDE 中暑的病因包括:①汗腺功能障碍:人体主要通过皮肤汗腺散热,系统性硬化病、广泛皮肤瘢痕、先天性无汗症等患者可出现中暑。②散热障碍:如湿度大、肥胖、穿透气不良的衣服等。③人体产热增加:重体力劳动、发热性疾病、甲状腺功能亢进症使产热增加。④环境温度过高:人体能从外界获取热量。中暑时需要大量饮水,当然饮水过多不是中暑的病因(C)。

2328. ABCDE ①中暑分为热痉挛、热衰竭、热射病三种类型,故可首先排除 D、E。热射病常有意识障碍,故不答 C。②热痉挛主要是人体在高温环境中剧烈活动、大量出汗后出现的中暑症状,而热衰竭主要是老年体弱、体温调节障碍所致的中暑,故答 A 而不是 B。

2329. ABCDE ①中暑分为热痉挛、热衰竭、热射病三种类型,故可首先排除答案 D、E。热射病常有意识障碍,热衰竭和热痉挛无意识障碍。根据题干,患者浅昏迷,应诊断为热射病。

2330. ABCDE ①青年男性,长时间剧烈活动后出现意识不清,痉挛,抽搐,体温>40℃,脉搏 160~180 次/分,脉压增大,应诊断为劳力性热射病,其关键措施是降温治疗(E)。②氧疗常用于治疗急性 CO

中毒。甘露醇常用于降低颅内高压。抗癫痫药物常用于治疗癫痫发作。镇静药物常用于治疗痉挛。

2331. ABCDE　代谢综合征是指人体的蛋白质、脂肪、碳水化合物等物质发生代谢紊乱的病理状态，是一组复杂的代谢紊乱症候群，常表现为肥胖症、血脂异常、糖尿病、高血压、冠心病、脑卒中等(C)。参阅9版《内科学》P766，超纲题，大纲不要求掌握代谢综合征。

第十五篇　传染病学与皮肤性病学试题答案及详细解答

（正确答案为绿色的选项）

1. ABCDE　传染病的感染过程有五种表现形式，即清除病原体、隐性感染、显性感染、病原携带状态和潜伏性感染，其中以隐性感染最常见，显性感染最少见。

2. ABCDE　①传染病流行病学特征包括流行性、季节性、地方性和外来性。流行性可分为散发、暴发、流行和大流行。②传染病流行病学特征不包括隐性感染，隐性感染属于传染病感染过程的表现形式。

3. ABCDE　①病原体侵入人体后，临床上不显示任何症状、体征，但可产生特异性免疫，称为隐性感染（C）。②潜伏性感染是指病原体感染人体后寄生于某些部位，由于机体免疫功能足以将病原体局限化而不引起显性感染，但又不足以将病原体清除，病原体可长期潜伏起来。病原体被清除是指病原体进入人体后，被机体的非特异免疫或特异性免疫系统所清除。显性感染是指病原体侵入人体后，不但诱导机体发生免疫应答，而且通过病原体本身的作用或机体的免疫应答，导致组织损伤，引起病理改变和临床表现。病原携带状态是指人体无临床症状，但携带有病原体。

4. ABCDE　A、B、C、D、E 都是传染病感染过程的表现形式，其中以隐性感染最常见，显性感染最少见。

5. ABCDE　6. ABCDE　①针对传播途径的预防措施包括隔离和消毒，狭义的消毒是指消灭污染环境的病原体，广义的消毒还包括消灭传播媒介在内（如杀虫），故答 A。②针对传染源的预防措施包括对传染病患者进行隔离和治疗，对病原携带者进行隔离、医学观察和治疗，对传染病接触者进行检疫、留验、医学观察，故答 E。③预防接种、药物预防、个人防护都是保护易感人群的预防措施。

7. ABCDE　法定传染病包括：流行性和地方性斑疹伤寒（病原体为立克次体）、伤寒和副伤寒（病原体为细菌）、疟疾（病原体为原虫）、流行性感冒（病原体为病毒）。法定传染病的病原体不包括弓形虫（D）。

8. ABCDE　潜伏性感染是指病原体感染人体后，寄生于某些部位，由于机体免疫功能足以将病原体局限化而不引起显性感染，但又不足以将病原体清除时，病原体可长期潜伏起来，待机体免疫功能下降时，则可引起显性感染（B 对）。潜伏感染期，病原体一般不排出体外。并不是所有的感染性疾病均可有潜伏性感染，常见的潜伏性感染有单纯疱疹病毒、水痘病毒、疟原虫、结核分枝杆菌等感染。

9. ABCDE　①传染病的病原体可因环境因素、遗传因素、机体免疫力、抗生素或抗病毒药物的大量应用而发生变异。②病原体数量与病原体变异无关，只与其致病力有关（D）。

10. ABCDE　①参与传染病感染过程的特异性免疫包括细胞免疫和体液免疫（B）。②补体、溶菌酶、肿瘤坏死因子-α、单核-巨噬细胞系统均参与非特异性免疫应答。

11. ABCDE　①传染病有多种传播途径。肠道传播是指病原体污染食物、水源或食具，易感者于进食时获得感染，如伤寒、细菌性痢疾、霍乱等（C）。②丁型肝炎主要通过血液制品、体液传播。血吸虫病、钩端螺旋体病主要通过接触传播。斑疹伤寒主要通过虫媒传播。

12. ABCDE　①传染病的流行过程是指传染病在人群中发生、发展和转归的过程，三个基本条件包括传染源、传播途径和易感人群（B）。②传染源是指能排出病原体的人和动物。传播途径是指病原体离开传染源到达另一个易感者的途径。易感人群是指对某种传染病缺乏特异性免疫力的人。

13. ABCDE　传染病有别于其他疾病的基本特征如下。①病原体：传染病都由特异性病原体引起。②传染性：这是传染病与其他疾病的主要区别。③流行病学特征：流行性、季节性、地方性、外来性。④感染后免疫：免疫功能正常的人体经显性或隐性感染某种病原体后，都能产生针对该病原体及其产物的特异性免疫。传染病无遗传性，答案为 E。

14. ABCDE ①传染病的病原学检查方法有多种，如病毒分离、细菌培养可分别检测到感染的病毒或细菌，病原体特异性核酸检测、特异性抗原检测可快速提供病原体存在的证据。②由于大便中细菌种类复杂，因此粪便涂片革兰染色阳性不能作为确诊传染病病原体的依据(E)。

15. ABCDE 需按照甲类传染病采取预防控制措施的乙类传染病有 3 种，包括传染性非典型肺炎、炭疽中的肺炭疽、脊髓灰质炎。

16. ABCDE 病原体的侵袭力是指病原体侵入机体并在机体内生长、繁殖的能力。

17. ABCDE ①甲类、乙类传染病的上报时限分别为 2 小时、24 小时。H7N9 流感为 2013 年新发现的一种禽流感，致病性强，故 2013 年上海、浙江、江苏等地暴发流行时，曾按甲类传染病进行上报，故答 E。②按 9 版传染病学 P15 新观点，H7N9 禽流感属于乙类传染病，要求诊断后 24 小时内上报。

18. ABCDE 传染病的隔离是指把处在传染期的患者或病原携带者，置于特定医疗结构、病房或其他不能传染给别人的环境中，防止病原体向外扩散和传播，以便于管理、消毒和治疗。参阅 9 版《传染病学》P376。2020 年真题，超纲题。

19. ABCDE 乙型肝炎病毒(HBV)的基因组为环状双链 DNA，有 4 个开放阅读框(ORF)：S 基因区、C 基因区、P 基因区和 X 基因区。其中，P 基因区编码 HBV DNA 多聚酶，具有 DNA 指导的 DNA 多聚酶(DDDP)、RNA 指导的 DNA 多聚酶(RDDP，即逆转录酶)和 RNA 酶 H 活性。HBV DNA 复制过程较为特殊：正链在肝细胞内 DDDP 的作用下，先延伸补齐缺口，形成共价闭合环状 DNA(cccDNA)。再以 cccDNA 为模板，在宿主肝细胞转录酶即 DNA 指导的 RNA 多聚酶(DDRP)的作用下，转录成复制中间体(又称前基因组 RNA)。再以前基因组 RNA 为模板，在 RDDP(逆转录酶)作用下逆转录合成子代负链 DNA。前基因组 RNA 模板即被病毒 RNA 酶 H 水解。然后，在病毒 RDDP 作用下，以子代负链 DNA 为模板，合成子代正链 DNA。该双链 DNA 部分环化，即完成 HBV 基因组复制。可见，HBV 虽然不是逆转录病毒，但在其复制时存在逆转录过程(B)。

20. ABCDE A、B、C、D、E5 种肝炎病毒，仅乙型肝炎病毒(HBV)属于 DNA 病毒，其余均属于 RNA 病毒。

21. ABCDE 人群对戊肝病毒普遍易感，青壮年发病率高，儿童和老年人发病率较低。儿童以隐性感染多见，成人以显性感染所见(C)。一般隐性感染随年龄增长而下降，显性感染随年龄增长而上升。

22. ABCDE 携带病原体的持续时间短于 3 个月，称为急性携带者。若时间长于 3 个月，称为慢性携带者。乙型肝炎、丙型肝炎、细菌性痢疾、伤寒均可在病情恢复后出现慢性携带者，而甲型肝炎多为急性发病，病情恢复后不会转变为慢性携带者。

23. ABCDE 甲型肝炎无病毒携带者，传染源为急性期患者和隐性感染者。甲型肝炎病毒主要经粪-口传播。粪便污染饮用水、食物、蔬菜、玩具等可引起流行。日常生活接触多为散发病例，输血后甲型肝炎极罕见。A、C、D 都不是甲型肝炎的传播途径。

24. ABCDE 25. ABCDE ①戊型肝炎的传播途径与甲肝类似，主要通过粪-口途径传播，即经消化道传播(B)。②丙型肝炎的传播途径与乙肝类似，主要经输血及血制品传播，约占 70%(A)。

26. ABCDE 27. ABCDE ①抗 HBs 为乙型肝炎的保护性抗体，阳性表示对 HBV 有免疫力(A)。②HBV DNA 是病毒复制和传染性的直接标志(E)。抗 HBs、抗 Hbe、抗 HBc 均为抗体，不能代表病毒复制。

28. ABCDE ①甲型肝炎病程中，传染性最强的阶段是黄疸前期(B)。②甲型肝炎在潜伏期和黄疸前期，粪便中可排出大量甲肝病毒。在潜伏期末至出现发热症状的 10 天内排出的病毒最多，是传染性最强的阶段。黄疸出现后，排毒量减少。至黄疸出现后 20 天，不再排出病毒。

29. ABCDE ①抗 HAV IgM 是新近感染的证据，是早期诊断甲肝最可靠的血清学指标。患者抗 HAV IgM 阴性，不能诊断为甲肝，故可首先排除 A、D。②HBsAg 在感染 HBV 两周后即可阳性，无症状携带者和慢性患者可持续阳性多年。抗 HBs 为保护性抗体，阳性表示对 HBV 有免疫力，HBsAg 和抗 HBs 均阳性提示 HBV 感染恢复期。而患者 HBsAg 阳性，但抗 HBs 阴性，说明不是乙肝恢复期，故不答 C。

③抗 HBc IgM 是 HBV 感染后较早出现的抗体，阳性提示 HBV 现症感染，故答 B。

30. ABCDE ①患者长期乙肝病史，肝性脑病，明显出血征象，凝血酶原活动度(PTA)<40%，血清总胆红素>171μmol/L，扑翼样震颤阳性，腹水征阳性，应诊断为重型肝炎(肝衰竭)，故不答 C、D、E。②亚急性重型肝炎是指发病 15 天至 26 周内出现肝衰竭症候群，而本例病史 9 年，故答 A 而不是 B。

31. ABCDE ①HBsAg(+)，HBeAg(+)，抗 HBc IgM(+)提示 HBV 现症感染，且 HBV 复制活跃，有传染性。②抗 HAV IgM 阳性是早期诊断甲型肝炎的特异性指标。抗 HAV IgG 阳性出现于病程恢复期，表示既往感染，较持久，甚至终生阳性，是获得免疫力的标志，不是诊断指标，仅用于流行病学调查，故可首先排除 B、C、D，直接得出答案为 A。参阅 4 版《实用传染病学》P524。

32. ABCDE ①HBsAg 在感染 HBV 两周后即可阳性，HBsAg 阳性反映现症 HBV 感染。患者 HBsAg 阴性，故不答 A。②抗 HBs 为保护性抗体，阳性表示对 HBV 有免疫力。抗 HBc IgM 在 HBV 感染后较早出现；抗 HBc IgG 出现较晚，可在血清中长期存在，高滴度表示现症感染，低滴度表示过去感染。患者 HBsAg(-)、抗 HBs(+)、抗 HBc(+)提示感染过 HBV，现已产生免疫力。③HBeAg 阳性表示体内病毒复制活跃且有传染性。接种过乙肝疫苗者常表现为 HBsAg(-)、抗 HBs(+)、抗 HBc(-)。

33. ABCDE ①Dane 颗粒为 HBV 完整的病毒体，由包膜和核心组成。包膜为 HBsAg，有抗原性而无传染性。核心内含 HBcAg、HBeAg，为病毒复制的主体，因此要想了解 HBV 复制状况及传染性，就看 HBcAg、HBeAg 的变化。HBcAg 表达于肝细胞内，血清中不能检出，故临床价值不大。因此 HBeAg 是 HBV 复制最重要的血清学指标，HBeAg 阳性表示 HBV 复制活跃且有较强传染性(B)。②HBsAg 阳性提示 HBV 现症感染。单纯抗 HBc IgM 阳性表示新近感染，单纯抗 HBc IgG 阳性表示既往感染；两种都阳性表示慢性感染现在急性发作。抗 HBs 阳性提示机体对 HBV 有免疫力。抗 HBe 阳性提示机体产生了对 HBV 的免疫清除作用，病毒复制减弱、传染性降低。

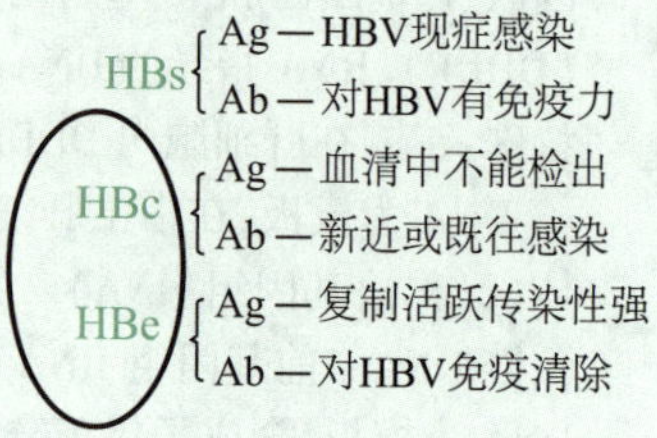

乙型肝炎病毒标记物示意图

34. ABCDE ①乙肝病毒核心抗原(HBcAg)在 HBV 复制时主要表达于肝细胞内，血清中游离的极少，常规方法不能检出(C)。②A、B、D、E 均可从血清的常规检测中检测到。

35. ABCDE ①甲型肝炎主要经消化道传播，多见于儿童，常表现为急性肝炎。患者经常进食不洁食物，为 14 岁儿童，急性发病，血清 ALT 和总胆红素显著增高，应首先考虑甲型肝炎(A)。②乙型肝炎和丁型肝炎多有输血史、不洁注射史，两者多重叠感染，故不答 B、D。丙型肝炎好发于成人，多有输血、静脉吸毒、多个性伴侣等病史，故不答 C。戊型肝炎多见于成年人，故不答 E。

36. ABCDE ①患者病程仅 4 天，无肝病史，有消化道症状，黄疸，肝浊音界缩小，意识障碍，扑翼样震颤，ALT130U/L，应诊断为重型肝炎，故其病理改变为肝细胞广泛坏死(D)。②不要将本例误诊为晚期肝硬化肝性脑病而误答 B，因为晚期肝硬化病程不会短至 4 天，且多有肝病史。肝淤血性改变为慢性右心衰竭的表现，肝细胞气球样变、肝细胞碎屑样坏死为中、重度病毒性肝炎的表现。

37. ABCDE ①患者经常在外进餐，很可能经消化道感染肝炎病毒。患者纳差、尿黄、肝区叩痛、肝酶增高、黄疸，应诊断为急性病毒性肝炎。②自身免疫性肝炎多为慢性病程，主要依靠自身抗体检测、病理组织检查来确诊。脂肪肝多无明显临床症状。患者病程仅 10 天，无肝掌，不可能诊断为慢性肝炎急性发作。患者未服用损肝药物，不可能诊断为药物性肝炎。

38. ABCDE 乙型肝炎最常见的传播途径是经血液和血制品传播，日常密切接触、性接触、母婴传播少见。

39. ABCDE ①恩替卡韦为环戊酰鸟苷类似物，可有效抑制 HBV DNA 复制，是治疗慢性乙型肝炎最重要的药物(B)。②胸腺肽为免疫调节剂，甘草酸二铵可改善乙肝患者的症状，均可用于慢性乙肝的辅助治疗。利巴韦林常用于丙型肝炎的治疗。扶正化瘀胶囊常用于乙肝肝纤维化的治疗。

40. ABCDE **41. ABCDE** **42. ABCDE** ①中年男性，乏力、纳差、黄疸 6 天，有进食不洁饮食病史，ALT、

AST、血清胆红素均显著增高，应考虑急性肝炎。为明确诊断，应追问有无服用肝损药物，以排除药物性肝炎；既往有无肝炎病史，以排除慢性肝炎急性发作；有无长期大量饮酒史，以排除酒精性肝炎；有无输血史，以排除经血液传播的肝炎。肝炎不会经宠物传播，故答 C，宠物常常传播寄生虫病。②抗 HAV-IgM、抗 HCV-IgM、抗 HEV-IgM 均为阴性，可排除甲肝、丙肝、戊肝。患者有肝掌、脾大，说明病程较长，为慢性肝病的特点。患者血清 HBsAg、HBeAg 及抗 HBc 均为阳性，HBV DNA5.1×10^6copies/ml（正常值<10^6copies/ml），提示 HBV 现症感染，且 HBV 复制活跃，应考虑慢性乙型肝炎。患者血清总胆红素（TBil）>17.1μmol/L，即>正常值的 10 倍，应诊断为慢性重型乙肝（肝衰竭），故答 E。参阅 4 版《实用传染病学》P537。③因 HBV 持续复制，病情易反复或持续活动，故抗病毒治疗是慢性乙肝最根本的治疗。当 HBV DNA≥10^5copies/ml，应行抗病毒治疗，故答 E。A、C、D 是一般性治疗措施，B 为急性肝炎最重要的治疗措施。

43. ABCDE　44. ABCDE　①患者 HBsAg、抗 HBc 阳性，说明为 HBV 现症感染。HBeAg 阳性、HBV DNA>1000copies/ml，说明病毒复制活跃。根据题干，本例应诊断为乙型肝炎病毒复制活跃期。患者 HBV DNA≥10^5copies/ml，ALT≥2×正常上限（ULN），应行抗病毒治疗，首选核苷类似物恩替卡韦，不宜选用干扰素，因为血清胆红素≥2 倍正常值上限为干扰素治疗的禁忌证。护肝片、茵栀黄口服液、甘草酸二胺均为辅助治疗药物。②抗病毒治疗结束后，应进行监测和随访，每 3 个月检测 1 次 ALT、AST、TBil、HBV DNA，至少随访 12 个月。

45. ABCDE　①目前预防乙肝的方法主要是注射乙肝疫苗和乙型肝炎免疫球蛋白（HBIG），前者为主动免疫，需机体自身产生抗体后才具有保护作用；后者为被动免疫，注射后可立即起到保护作用。所以对于暴露于 HBV 的易感者，应尽早注射 HBIG，保护率可达 95%以上（D）。②注射抗生素、注射丙种球蛋白不能预防乙型肝炎，故不答 A、B。注射干扰素 α 主要用于乙肝的抗病毒治疗，不属于预防措施。

46. ABCDE　肾综合征出血热的病原体为汉坦病毒。在我国，肾综合征出血热的主要传染源是黑线姬鼠、褐家鼠（A），人（患者+病毒携带者）并不是主要传染源。猪是乙脑、钩体病的主要传染源。

47. ABCDE　①流行性出血热（肾综合征出血热）早期休克是血管通透性增加，血浆外渗，血容量下降所致，故答 B。②晚期休克的主要原因是出血。A、D、E 不是肾综合征出血热休克的常见病因。

48. ABCDE　A、B、C、D、E 是肾综合征出血热的 5 个临床分期。发热期主要表现为发热、全身中毒症状、毛细血管损伤和肾损害。全身中毒症状表现为头痛、腰痛、眼眶痛，称为三痛征。毛细血管损害可表现为颜面、颈、胸皮肤充血潮红，称为皮肤三红征；眼结膜、软腭、咽部黏膜充血，称为黏膜三红征。

49. ABCDE　肾综合征出血热分为 5 期，即发热期、低血压休克期、少尿期、多尿期、恢复期，无肾衰期。

50. ABCDE　①患者家中有老鼠，而老鼠是肾综合征出血热的主要传染源。患者发热、三痛征（头痛）、皮肤三红征（面颈部充血、腋下皮肤出血点）、黏膜三红征（眼睑水肿）、肾功能损害（少尿、红细胞管型）、大量蛋白尿（+++）、外周血异型淋巴细胞增多、休克，应诊断为肾综合征出血热（E）。②流行性脑脊髓炎常表现为畏寒高热、头痛呕吐、皮肤大片瘀斑、脑膜刺激征阳性。钩端螺旋体病常表现为高热、腓肠肌疼痛、眼结膜充血等。流行性感冒、败血症均不会出现异型淋巴细胞增多、大量蛋白尿。

51. ABCDE　①青年农民，皮肤三红征（面部潮红）、黏膜三红（结膜充血）、皮肤出血（腋下出血点）、外周血白细胞计数增高，有较多异型淋巴细胞，大量蛋白尿，少尿，应诊断为肾综合征出血热（A）。②地方性斑疹伤寒是由莫氏立克次体引起的急性传染病，常表现为突发高热，皮疹，头痛头晕，失眠，消化道症状等，外周血白细胞计数正常，无大量蛋白尿。钩端螺旋体病常表现为发热，头痛，结膜充血，腓肠肌痛，淋巴结肿大，外周血不会出现异型淋巴细胞。败血症全身中毒严重，不会有腋下出血点，大量蛋白尿。急性肾盂肾炎好发于青年女性，常表现为尿频尿急尿痛，大量脓尿。

52. ABCDE　53. ABCDE　54. ABCDE　55. ABCDE　①肾综合征出血热的好发季节为 11 月至次年 1 月，常表现为发热、皮肤充血潮红、结膜充血、腋下及胸背部出血点、肾损害（大量蛋白尿）、中性粒细胞增多、外周血异型淋巴细胞增多、血小板减少。根据题干，本例应诊断为肾综合征出血热（C）。立克次体病包括流行性和地方性斑疹伤寒、恙虫病、人无形体病等多种疾病,临床表现各异,故不答 A。急性肾炎常表现为血尿、蛋白尿、水肿、高血压、肾功能一过性损害。流行性感冒、钩体病均不会有腋下出血点、大量蛋白尿。②肾综合征出血热的病原体为汉坦病毒,在发病第 2 日即可检出其特异性 IgM 抗体,血清汉坦病毒特异性抗体检测对本病有确诊价值(E)。肥达-外斐反应常用于诊断伤寒。钩端螺旋体显微凝集试验常用于诊断钩体病。尿细菌培养常用于诊断尿路感染。咽拭子培养常用于诊断上呼吸道感染。③肾综合征出血热的病原体为汉坦病毒,其病原治疗首选抗病毒药物利巴韦林。它可抑制病毒增殖,减轻病情,缩短病程(C)。金刚烷胺也属于抗病毒药物,但主要用于流感病毒的治疗。A、B、E 均属于抗菌药物,显然不是正确答案。④青霉素为抗菌药物,而本病为病毒感染所致,故不宜使用(E)。肾综合征出血热低血压休克期可以使用糖皮质激素改善微循环、使用 5%的碳酸氢钠纠正酸中毒、使用平衡盐液快速补充血容量,故不答 A、B、D。应用抗病毒药为病原治疗,故不答 C。

56. ABCDE 肾综合征出血热的预防措施如下。①控制传染源:防鼠灭鼠最为关键(A);②切断传播途径:防止鼠类排泄物污染食品,防止鼠咬伤;③保护易感人群:使用汉坦病毒灭活疫苗。

57. ABCDE 58. ABCDE ①肾综合征出血热的传染源主要为啮齿动物,在我国主要是鼠(E)。患者不是主要传染源。②患者和猪都可成为流行性乙型脑炎的传染源。人感染乙脑病毒后,可出现短暂的病毒血症,但病毒量较少,且持续时间短,因此患者不是主要传染源。仔猪经过一个流行季节几乎 100%受到感染,因此仔猪是本病的主要传染源(B)。

59. ABCDE 60. ABCDE 61. ABCDE ①流行性乙型脑炎是由乙脑病毒引起的中枢神经系统急性传染病,主要传播媒介为库蚊、伊蚊和按蚊(E)。在蚊叮咬感染乙脑病毒的动物尤其是猪后,病毒进入蚊体内繁殖,然后移行至唾液腺,在唾液中保持较高浓度,经叮咬将病毒传给人。②地方性斑疹伤寒是由莫氏立克次体引起,以鼠蚤为传播媒介的急性传染病(B)。立克次体感染家鼠后,通过鼠蚤在鼠间传播。鼠蚤叮咬人体后,可排出含病原体的粪便和呕吐物污染伤口,立克次体经抓破处进入人体。③流行性斑疹伤寒是由普氏立克次体引起,以人虱为传播媒介的急性传染病(A)。

62. ABCDE 63. ABCDE ①乙型脑炎是人畜共患的自然疫源性疾病,仔猪是最主要的传染源,主要通过蚊虫叮咬而传播,其中三带喙库蚊是主要传播媒介。因此,防蚊和灭蝇是预防乙脑传播的重要措施。②肾综合征出血热的传染源主要是黑线姬鼠、褐家鼠、大林姬鼠,因此,控制传染源以防鼠灭鼠最为关键(B)。③灭虱为流行性斑疹伤寒的防疫措施。灭蚤为地方性斑疹伤寒的防疫措施。灭蜱为 Q 热的防疫措施。

64. ABCDE 流行性乙型脑炎主要通过蚊虫叮咬而传播。

65. ABCDE 流行性乙型脑炎的典型临床表现分为 4 期:初期、极期、恢复期和后遗症期。极期主要表现为持续高热 7~10 天,意识障碍(嗜睡、谵妄、昏迷、定向力障碍),惊厥或抽搐,中枢性呼吸衰竭,循环衰竭,病理反射征阳性等,不包括肾衰竭(E)。

66. ABCDE 流行性乙型脑炎与普通病毒感染不同,常表现为外周血白细胞总数增高,一般在 $(10\sim20)\times10^9/L$,中性粒细胞比例>80%。A、B、C、D 常表现为外周血淋巴细胞而不是中性粒细胞增高。

67. ABCDE ①流行性乙型脑炎好发于 7~9 月,主要通过蚊虫叮咬而传播。患者传染源、传播途径阳性,突发高热,颅内压增高(剧烈头痛、频繁呕吐、CSF 压力 230mmH_2O)、病理征阳性,应诊断为流行性乙型脑炎(A)。②流行性脑脊髓膜炎常表现为突发高热、剧烈头痛、频繁呕吐、皮肤黏膜瘀点瘀斑及脑膜刺激征。钩端螺旋体病常表现为高热、腓肠肌疼痛、眼结膜充血。结核性脑膜炎常表现为发热、脑膜刺激征。肾综合征出血热常表现为发热、三痛征、三红征、肾功能损害、大量蛋白尿。

68. ABCDE 69. ABCDE 70. ABCDE ①流行性乙型脑炎通过蚊虫叮咬而传播,故好发于 7、8、9 三个月。患者突发高热,头痛,意识障碍,颈项强直,脑膜刺激征阳性,病理征阳性,皮肤未见瘀点,白细胞总数增高,应诊断为流行性乙型脑炎(A)。流行性脑脊髓膜炎常有皮肤瘀点。结核性脑膜炎常表现为低热盗汗,颅内压增高,脑膜刺激征,脑神经损害。病毒性脑炎主要表现为脑实质损害和颅内高压的症状,如发热,头痛,呕吐,抽搐等。新型隐球菌脑膜炎常表现为脑膜刺激征,抽搐,瘫痪等。②为明确流行性乙型脑炎的诊断，首选血清特异性 IgM 检测，该抗体在病后 3～4 天即可出现，脑脊液最早在病程 2 天即可检测到，为早期诊断指标（C）。脑脊液培养不能用于早期诊断，不要误答 E。头颅 CT 常用于诊断颅内占位性病变。血培养常用于诊断败血症。隐球菌抗原检测常用于诊断隐球菌性脑膜炎。③患者颅内压增高，应立即给予甘露醇降低颅内压，以免发生抽搐、脑疝（E）。A、B、C、D 均属于一般性治疗措施。

71. ABCDE　72. ABCDE　①流行性乙型脑炎好发于 7～9 月，常表现为发热、头痛、恶心呕吐、抽搐、病理征阳性，脑脊液检查符合病毒性脑膜炎的特点，如外观清亮，白细胞（50～500）$\times 10^6$/L，以淋巴细胞为主。根据题干，本例应诊断为流行性乙型脑炎（D）。中毒性细菌性痢疾常表现为严重毒血症状、休克、痢疾样大便。流行性脑脊髓炎常表现为高热、头痛、呕吐、皮肤瘀斑、脑膜刺激征阳性，脑脊液检查结果常为化脓性脑膜炎，如外观透明或微混、脓样、白细胞>1000×10^6/L，故不答 B、E。结核性脑膜炎脑脊液呈毛玻璃样。②患儿高热不退，反复抽搐，意识不清，呼吸节律不整，应为脑水肿、颅内高压所致，应给予 20%的甘露醇静脉注射行脱水治疗（A）。患儿呼吸节律不整为颅内高压所致，给予呼吸兴奋剂、地塞米松无效。退热剂常用于治疗热性惊厥。镇静剂常用于治疗脑实质病变引起的抽搐。

73. ABCDE　①艾滋病是获得性免疫缺陷综合征（AIDS）的简称，是由人免疫缺陷病毒（HIV）引起的慢性传染病。②沙眼衣原体有 18 个血清型，人疱疹病毒有 8 种，均可引起不同类型的感染。苍白密螺旋体是梅毒的病原体。巨细胞病毒可累及多种脏器和系统。

74. ABCDE　①艾滋病主要经性接触传播，但也可经母婴传播（B）。HIV 阳性的孕妇 11%～60%会发生母婴传播，即感染 HIV 的孕妇经胎盘将病毒传给胎儿。②甲型病毒性肝炎主要经消化道传播。流行性乙型脑炎、疟疾主要通过蚊虫叮咬而传播。狂犬病主要通过咬伤而传播。

75. ABCDE　①CD4 分子是 HIV 的主要受体，当 HIV 进入人体后，嵌于病毒包膜上的 gp120 与 $CD4^+T$ 细胞膜上的 CD4 受体结合，病毒 RNA 链经反转录酶作用不断进行复制。病毒复制的同时可直接导致受感染的 $CD4^+T$ 细胞破坏、溶解。晚期可导致 $CD4^+T$ 细胞进行性减少，甚至消失殆尽（B）。②HIV 进入人体后，主要侵犯 $CD4^+T$ 细胞，很少累及 $CD8^+T$ 细胞，故不答 A。HIV 虽可感染单核细胞，但不是主要受累细胞，故不答 C。HIV 一般不累及 NK 细胞、粒细胞等。

76. ABCDE　艾滋病的病原体是艾滋病病毒（HIV），其感染途径主要是性接触、血液接触（输注血液制品、不洁注射）、母婴传播等。目前尚无证据表明，HIV 可经日常生活接触、食物、呼吸道传播（B）。

77. ABCDE　①艾滋病患者肺部机会性感染最常见的病原体是肺孢子虫。70%～80%的患者可经历一次或多次肺孢子虫感染，约 50%的患者死于肺孢子虫感染。②艾滋病患者白色念珠菌病的发病率约为 6%。结核分枝杆菌也是艾滋病常见的机会性感染致病菌，但疱疹病毒、巨细胞病毒感染较少见。

78. ABCDE　①抗 HIV 抗体阳性是确诊艾滋病最重要的血清学指标。②CD4 分子是 HIV 的主要受体，HIV 进入人体后，可与 $CD4^+T$ 细胞膜上的 CD4 受体结合，导致 $CD4^+T$ 细胞受损而致病，故 $CD4^+T$ 细胞减少为其诊断指标，而不是 $CD8^+T$ 细胞显著减少（B 错）。③肺孢子虫肺炎为艾滋病最常见的机会性感染，Kaposi 肉瘤为艾滋病最常并发的肿瘤，故两者均为艾滋病的诊断标准。④约 70%的艾滋病有中枢神经系统受累，常表现艾滋病性痴呆，因此中青年出现痴呆也是艾滋病的诊断标准。

79. ABCDE　①东南亚为艾滋病高发区，说明患者可能有艾滋病接触史。男性青年，长期腹泻，体重减轻，肛周疱疹，应首先考虑艾滋病（A）。②结肠癌常表现为腹痛腹泻，黏液脓血便，体重减轻，但不会出现肛周疱疹。溃疡性结肠炎常表现为腹痛腹泻，黏液脓血便，多反复发作。慢性细菌性痢疾、慢性肠炎均不会出现肛周疱疹。

80. ABCDE　①静脉药瘾为艾滋病的常见病史，血清 $CD4^+T$ 淋巴细胞减少为艾滋病的常见临床特点。艾滋病常表现为发热，长期腹泻，体重下降等。根据题干，本例应诊断为艾滋病（B）。②慢性细菌性痢疾常有流行病学史，大便次数多，量少，为脓血便，伴里急后重。肺结核常表现为低热盗汗，咳嗽咳痰，

但无 $CD4^{+}T$ 淋巴细胞减少。细菌性肺炎常表现为高热，咳嗽咳痰，肺部湿啰音。溃疡性结肠炎常表现为腹痛腹泻，黏液脓血便。

81. ABCDE ①抗艾滋病病毒的药物主要分4类：核苷类反转录酶抑制剂(NRTI)、非核苷类反转录酶抑制剂(NNRTI)、蛋白酶抑制剂(PI)、进入和融合抑制剂(EI/FI)。其中，NNRTI 主要作用于反转录酶某位点使其失去活性，常用药物有奈韦拉平(A)、依非韦伦等。②齐多夫定、拉米夫定、司他夫定均属于 NRTI。利托那韦属于蛋白酶抑制剂。

82. ABCDE ①伤寒杆菌属革兰阴性菌，不产生外毒素，其菌体裂解所释放的内毒素在发病机制中起重要作用(A)。②伤寒杆菌不产生神经毒素，故不答 D。伤寒杆菌菌体抗原(O 抗原)可刺激机体产生特异性非保护性抗体，并不是主要的致病因素，故不答 E。

83. ABCDE ①伤寒的病原体为伤寒沙门菌，属于沙门菌属 D 组，革兰染色阴性。②伤寒沙门菌具有脂多糖菌体抗原(O 抗原)、鞭毛抗原(H 抗原)和多糖毒力抗原(Vi 抗原)。③O 抗原、H 抗原的抗原性较强，可刺激机体产生特异性抗体，用于伤寒的诊断。Vi 抗原的抗原性较弱，当伤寒沙门菌从人体清除后，Vi 抗体也随之消失，因此 Vi 抗体不能用于伤寒的诊断，仅用于调查伤寒带菌者(B 错)。④伤寒沙门菌不产生外毒素，其菌体裂解所释放的内毒素在发病机制中起重要作用。

84. ABCDE ①伤寒是由伤寒杆菌引起的急性传染病，以全身单核巨噬细胞增生为病变特征，以回肠末端淋巴组织病变最为突出，且最具有特征性(A)。②升结肠为肠阿米巴病的好发部位。乙状结肠和直肠为细菌性痢疾的好发部位。肝脾为血吸虫虫卵结节最易沉积的部位。

85. ABCDE 86. ABCDE ①流行性脑脊髓膜炎败血症期的主要特点是皮肤瘀点、瘀斑。约70%的患者可出现皮肤黏膜瘀点瘀斑，鲜红色，常见于四肢、软腭、眼结膜、臀部等(B)。②约50%的伤寒患者在病程1~2周可出现淡红色的小斑丘疹，称为玫瑰疹，压之退色，常分布于胸、腹及肩背部(A)。③浅表淋巴结肿大为淋巴瘤的特点。关节痛为风湿热的特点。少尿为肾综合征出血热的特点。

87. ABCDE 肥达试验(Widal test)是采用伤寒杆菌菌体抗原(O)、鞭毛抗原(H)，使用凝集法分别测定患者血清中相应抗体的凝集效价。伤寒杆菌凝集价的正常值为：H 效价<1：160，O 效价<1：80。分析结果时应注意：①接种过伤寒疫苗者 H 效价可明显升高，因此单独出现 H 效价增高，而 O 效价不高，只提示预防接种，而无诊断意义。②无论是伤寒还是副伤寒患者，血清 O 效价均可增高，因此单独 O 效价增高，而 H 效价不高，只能诊断伤寒类杆菌(沙门菌属)感染，而不能区分伤寒和副伤寒(A、E 错)。③伤寒流行区的正常人群中，部分个体有低效价的凝集抗体存在，因此只有当 H 效价>1：160，O 效价>1：80，即两者同时增高时，才有助于伤寒的诊断(D 对)。

88. ABCDE ①伤寒杆菌释放的内毒素可激活单核吞噬细胞释放白介素-1 和肿瘤坏死因子等，引起持续发热、表情淡漠、相对缓脉、休克和白细胞减少(C 错)。②玫瑰疹是伤寒的特征性临床表现之一。病程第6日开始，60%~80%的患者可有脾大，30%~40%的患者可有轻度肝大。

89. ABCDE ①伤寒的典型临床表现为持续发热、表情淡漠、相对缓脉、玫瑰疹、肝脾肿大。②玫瑰疹为病灶周围血管扩张所致，并不属于出血性皮疹(E)。

90. ABCDE ①伤寒复发是指症状消失1~3周后再次发病，临床表现与初次发作相似，血培养又转为阳性，可能与病灶内的细菌未被完全消除有关。伤寒再燃是指患者体温逐渐下降，但未降至正常时再度升高，血培养可阳性，可能与菌血症尚未得到完全控制有关。②C、D、E 都不是伤寒的典型表现。

91. ABCDE ①伤寒患者常伴有外周血中性粒细胞计数减少，故血常规有助于诊断。血培养、骨髓培养是确诊伤寒的常用方法。肥达反应是诊断伤寒的常用血清学检查。②血沉测定对伤寒的诊断价值不大。

92. ABCDE ①伤寒沙门菌培养阳性可确诊伤寒，血液培养于病程1~2周阳性率最高(80%~90%)，2周后逐渐降低，3周后迅速降低(D)。②胆汁培养操作不方便，临床上很少使用。粪便培养于病程第2周起阳性率逐渐增高，第3~4周达最高(75%)。尿液培养初期多为阴性，病程第3~4周阳性率约为25%。肥达反应多数患者在病程第2周出现阳性，第3周阳性率达50%，第4~5周阳性率达80%。

93. ABCDE　①伤寒最严重的并发症是肠穿孔，常发生于病程第 2～3 周，发生率 1%～2%（A）。②肠出血为伤寒常见的严重并发症。中毒性心肌炎、中毒性肝炎、肺炎均可发生，但并不是严重并发症。

94. ABCDE　①患者有消化道症状（乏力、纳差、腹胀）、持续高热、相对缓脉（体温 39℃但脉搏仅 80 次/分）、皮疹、脾大、中性粒细胞减少，应诊断为伤寒，其致病菌为伤寒沙门菌（B）。②立克次体常引起流行性和地方性斑疹伤寒，大肠埃希菌常引起急性肠炎，军团菌常引起肺炎，布鲁菌常引起布鲁菌病。

95. ABCDE　96. ABCDE　①患者持续发热，相对缓脉（体温 39℃而脉搏 84 次/分），脾大，表情淡漠，WBC 降低，玫瑰疹，应诊断为伤寒。斑疹伤寒是由立克次体引起的急性传染病，结核病是由结核分枝杆菌引起的传染病，布鲁菌病是由布鲁菌引起的人畜共患病，均不会出现相对缓脉。疟疾常表现为间歇性高热。②在伤寒病程的第 1～2 周，血细菌培养阳性率可达 80%～90%，故血培养是发病第 1 周确诊伤寒的首选方法（C）。外斐试验常用于诊断流行性斑疹伤寒、恙虫病等。PPD 试验常用于诊断结核病。布氏杆菌凝集试验常用于诊断布鲁菌病。血涂片找疟原虫常用于诊断疟疾。

97. ABCDE　98. ABCDE　①患者长期高热，表情淡漠，相对缓脉（体温 39.6℃而脉搏仅 64 次/分），脾肿大，外周血白细胞降低，应诊断为伤寒（D）。系统性红斑狼疮、淋巴瘤、恶性组织细胞病均不会出现相对缓脉。败血症常表现为高热，白细胞总数及中性粒细胞比例增高。②喹诺酮类药物为伤寒经验治疗的首选药物（C）。第三代头孢菌素也可选用，但成年男性不作为首选，可作为儿童及孕妇的首选药物（因为喹诺酮类可导致胎儿畸形、儿童骨质发育障碍）。伤寒沙门菌为革兰阴性细菌，青霉素治疗无效。利福平为抗结核药，不宜选用。磺胺类主要用于敏感菌株的治疗，不作为伤寒的首选药物。

99. ABCDE　100. ABCDE　①喹诺酮类为伤寒经验治疗的首选药物，常用的第三代喹诺酮类有诺氟沙星、左旋氧氟沙星、环丙沙星、培氟沙星、洛美沙星等，故答 D。②钩端螺旋体对青霉素高度敏感，尚未发现耐药株出现，因此钩端螺旋体病的治疗首选青霉素，故答 B。

101. ABCDE　患者和带菌者是霍乱的主要传染源，其粪便或排泄物污染水源或食物后可引起霍乱暴发流行。日常生活接触和苍蝇也可起传播作用。空气不能传播霍乱，答案为 B。

102. ABCDE　①霍乱弧菌能产生内毒素、外毒素、血凝素、Zot 毒素、Ace 毒素等。其中，外毒素即为霍乱肠毒素，可引起分泌性腹泻，是主要致病因素（A）。②霍乱弧菌不分泌透明质酸酶，故不答 D。O139 霍乱弧菌有荚膜，可以抵抗人体血清的杀伤作用，故 O139 可进入血液引起菌血症。

103. ABCDE　霍乱分为泻吐期、脱水期、恢复期 3 期。泻吐期常表现为无痛性腹泻及呕吐。腹泻为最先出现的症状，呕吐多发生于腹泻之后，无发热，无里急后重（B 错）。粪便初为黄色水样便，后为水样便，有淡甜味或鱼腥味，镜检一般无（或有少量）脓细胞。腹泻每日可达数次至 10 数次或无法计数。

104. ABCDE　①典型霍乱常表现为剧烈腹泻，继之呕吐，多为喷射性，无发热，无腹痛，无里急后重。②声嘶、腓肠肌痉挛均为霍乱脱水期的表现。

105. ABCDE　霍乱的典型表现为严重腹泻，黄色水样便或米泔水样变，剧烈呕吐，无发热，无里急后重，多不伴腹痛。

106. ABCDE　①"米泔水样"便为霍乱的粪便特点。患者频繁腹泻，继之呕吐，无腹痛，重度脱水貌，悬滴法观察粪便中细菌穿梭样运动，碱性蛋白胨水培养有细菌生长，应诊断为霍乱，其病原体为霍乱弧菌。②弯曲菌是急性肠炎的常见病原体。志贺菌是急性细菌性痢疾的病原体。大肠埃希菌、沙门菌常导致食物中毒。

107. ABCDE　①霍乱弧菌常通过污染水产品等引起传播。患者进食海蟹后剧烈腹泻，每日 40 余次，水样便，无臭味，腹泻之后出现呕吐，脱水征，应诊断为霍乱。为明确诊断，可以选用 C、D、E 检查。②霍乱弧菌不进入血液循环，因此血培养无诊断价值（A）。③血清抗凝集素抗体一般在发病后 5 天才出现，因此血清凝集试验不能用于霍乱的早期诊断，可见答案 B 并不严谨。

108. ABCDE　①患者 8 月发病，有明确流行病学病史（两天前曾到海边旅游），突发严重腹泻，水样便，无腹痛、发热及里急后重，脱水貌，应考虑霍乱。为明确诊断，首选检查是粪动力学试验和制动试验。

②结肠镜检查常用于诊断结、直肠癌。粪隐血试验常用于诊断消化道出血。血生化检查常用于了解霍乱患者水、电解质平衡紊乱状况。血培养常用于诊断脓毒血症。

109. ABCDE ①米泔样便为霍乱的特征性大便。患者进食海产品后出现频繁腹泻，米泔样大便，脱水征明显，应诊断为霍乱。②霍乱肠毒素是引起水样腹泻的主要物质，它与肠黏膜接触后，可导致腺苷酸环化酶持续活化，使 ATP 不断转变为 cAMP，导致肠黏膜细胞内 cAMP 水平升高，刺激隐窝细胞过度分泌水、氯化物及碳酸氢盐，同时抑制肠黏膜细胞对钠的正常吸收，以致出现大量水分和电解质聚集在肠腔，形成剧烈水样腹泻。超纲题，大纲不要求掌握发病机制，2016 年考题。

110. ABCDE 111. ABCDE 112. ABCDE ①患者 7 月份发病，突发腹泻，水样便，无发热，无腹痛，腓肠肌痉挛，重度脱水征，应诊断为霍乱（D）。急性细菌性痢疾多有不洁饮食史，常表现为腹痛腹泻，黏液脓血便，里急后重。急性肠炎多表现为腹痛腹泻，无腓肠肌痉挛，无脱水征。细菌性食物中毒多有不洁饮食史，常表现为腹痛腹泻，粪便可呈水样、血水样、黏液或脓血便等。轮状病毒感染多见于 6~24 个月婴幼儿，好发于秋冬季，常有发热，先吐后泻，为黄色水样便或蛋花样。②大便细菌培养是确诊霍乱的准确方法（A）。霍乱弧菌不进入血液循环，血细菌培养对诊断霍乱无价值。血清学检查常用于流行病学的追溯诊断，不能用于早期诊断。大便常规检查无特异性。大便涂片染色为霍乱弧菌的初筛检查。③霍乱腹泻严重，可造成大量体液丢失，因此治疗霍乱的关键是足量补液，纠正水电解质失衡（C）。抗菌治疗仅作为液体疗法的辅助治疗。霍乱不是病毒感染引起，故无需抗病毒治疗。霍乱的补液治疗多采用与患者丢失的电解质浓度相近的 541 液，一般不采用低分子右旋糖酐。霍乱患者低血压是血容量不足所致，因此应首先补足血容量，而不是首选升压药。

113. ABCDE ①急性细菌性痢疾常表现为腹泻及里急后重，里急后重为直肠刺激症状，故急性细菌性痢疾病变最显著的部位是直肠和乙状结肠。②若急性细菌性痢疾主要累及 A、C、D、E，则不会出现直肠刺激症状。

114. ABCDE 细菌性痢疾的病原体为志贺菌属，俗称痢疾杆菌。根据菌体抗原（O 抗原）不同，分为 4 群：痢疾志贺菌、福氏志贺菌、鲍氏志贺菌、宋内志贺菌。在我国，以福氏和宋内志贺菌为主，参阅 3 版 8 年制《感染病学》P296。2 版 8 年制《感染病学》P208：我国以福氏志贺菌最多见。

115. ABCDE 细菌性痢疾分慢性迁延型、急性发作型、慢性隐匿型 3 型，其中以慢性迁延型最多见。细菌性痢疾病程反复发作或迁延不愈达 2 个月以上者，即为慢性细菌性痢疾。

116. ABCDE ①患者发热、腹泻、呕吐 2 天，左下腹压痛，粪便镜检示 WBC>15 个/HP，应诊断为急性普通型细菌性痢疾。②急性阑尾炎不会出现粪便 WBC40 个/HP，故不答 A。溃疡性结肠炎常表现为脓血便，而本例无血便，故不答 B。霍乱常表现为剧烈腹泻之后频繁呕吐，无腹痛，无发热，故不答 C。急性肠阿米巴痢疾常有阿米巴原虫感染史，故不答 E。

117. ABCDE ①慢性细菌性痢疾是指细菌性痢疾病程超过 2 个月，患者病程仅 1 天，故不答 D、E。②中毒性细菌性痢疾常表现为全身严重中毒症状而肠道症状轻微，故不答 C。③轻型细菌性痢疾症状轻微，大便有黏液而无脓血，患者有脓血便，故不答 A。④患者畏寒高热，腹痛腹泻 4 次，为黏液性脓血便，全身中毒症状较轻，故答 B。

118. ABCDE 患者寒战高热，腹泻，先为稀水样便，后为黏液脓血便，伴下腹痛，粪常规镜检示大量白细胞（>15/HP），应诊断为急性细菌性痢疾，病原治疗首选喹诺酮类药物（环丙沙星）。

119. ABCDE 中毒性细菌性痢疾多见于 2~7 岁儿童，多数患儿体质较好，成人偶有发生。

120. ABCDE ①休克型中毒性细菌性痢疾患者已处于休克状态，抢救时应积极补充血容量，而不是脱水，否则血容量减少，会加重休克。②在补足血容量的基础上，可给予山莨菪碱、酚妥拉明、多巴胺等血管活性药物，以改善重要脏器血流灌注。细菌性痢疾当然需要使用抗生素进行病原治疗。纠正酸中毒为休克的一般性治疗措施。

121. ABCDE ①中毒性细菌性痢疾多见于 2~7 岁儿童，起病急，病情凶险，初期可无明显肠道症状，可迅速发生感染性休克和呼吸衰竭。患儿高热，体温可达40℃以上，可有反复高热惊厥。②中毒性细菌性痢疾分休克型、脑型和混合型3种类型，脑型可出现脑膜刺激征，但并不是所有患者均有脑膜刺激征。

122. ABCDE　①患儿为7岁以下儿童，有不洁饮食史，起病急，中毒症状严重（高热，惊厥，昏睡，四肢冰凉），而肠道症状轻微，外周血白细胞显著增高，应诊断为中毒性细菌性痢疾（C）。②热性惊厥多见于2岁以下的小儿，多在高热期间发作惊厥，发作后恢复正常，无全身中毒症状。化脓性脑膜炎、病毒性脑炎可有惊厥，但常有脑膜刺激征。流行性脑脊髓膜炎常于流行季节发病，表现为儿童突起高热、头痛、呕吐，神志改变，体检发现皮肤黏膜有瘀点瘀斑，脑膜刺激征阳性，外周血白细胞显著增高。

123. ABCDE　124. ABCDE　①患者进食不洁食物后畏寒发热，腹痛腹泻，伴里急后重，排黏液脓血便，应诊断为急性普通型细菌性痢疾。轻型细菌性痢疾症状轻微，大便有黏液而无脓血，患者有脓血便，故不答A。中毒性细菌性痢疾多见于2~7岁儿童，常表现为严重全身中毒症状，而肠道症状轻微，故不答C。慢性细菌性痢疾是指细菌性痢疾病程超过2个月，而患者病程仅1天，故不答D。急性胃肠炎多表现为恶心呕吐，腹痛腹泻，多为水样便，脓血便少见，一般无里急后重。②急性细菌性痢疾的首选治疗药物是喹诺酮类（环丙沙星），其抗菌谱广，口服吸收好，副作用小，耐药菌株相对较少。

125. ABCDE　流行性脑脊髓膜炎的病原体是脑膜炎奈瑟菌，为革兰阴性双球菌。

126. ABCDE　脑膜炎奈瑟菌（脑膜炎双球菌）为革兰染色阴性双球菌，专性需氧，根据荚膜多糖抗原的不同，可将其分为A、B、C、D、W、Y、Z、29E、W135、H、I、K、L 13个亚群，90%以上为A、B、C 3个亚群。我国流行菌株以A群为主，近年来B群和C群有增多趋势（A）。

127. ABCDE　流行性脑脊髓膜炎的传染源是带菌者和患者，可首选排除C、D、E。本病隐性感染率较高，流行期间人群带菌率高达50%，感染后细菌寄生于正常人鼻咽部，不引起症状不易被发现，而患者经治疗后细菌很快消失，因此，带菌者作为传染源的意义更重要，故答B。

128. ABCDE　流行性脑脊髓膜炎的病原菌为脑膜炎奈瑟菌，主要经咳嗽、打喷嚏借飞沫由呼吸道直接传播（B）。对于2岁以下的婴幼儿，可经密切接触（如同睡、怀抱、接吻）等途径传播。

129. ABCDE　①流行性脑脊髓膜炎败血症期，脑膜炎奈瑟菌侵袭皮肤血管内皮细胞，迅速繁殖并释放内毒素，作用于小血管和毛细血管，引起局部出血、坏死及栓塞，临床上可出现皮肤黏膜瘀点、瘀斑（D）。②虽然DIC、血小板减少、凝血功能障碍均可出现皮肤瘀点，但流脑患者不一定均有这些病理变化，故不答B、C、E。A项显然不是正确答案。

130. ABCDE　①普通型流行性脑脊髓膜炎（流脑）分为前驱期、败血症期、脑膜脑炎期、恢复期4期。败血症期的主要特点是皮肤瘀点、瘀斑。约70%以上的患者可出现皮肤黏膜瘀点、瘀斑，初为鲜红色，迅速增多，扩大，常见于四肢、软腭、眼结膜及臀部等。②B、C、D、E都不是流脑的皮损表现。

131. ABCDE　132. ABCDE　133. ABCDE　①流行性脑脊髓膜炎是由脑膜炎奈瑟菌引起的急性化脓性脑膜炎，脑脊液检查常表现为化脓性炎：脑脊液压力增高，外观浑浊呈米汤样、脓样，白细胞计数 $>1000\times10^6/L$，中性粒细胞比例增加，糖及氯化物明显减少，蛋白质含量增高（A）。②流行性乙型脑炎是由乙脑病毒引起的中枢神经系统传染病，脑脊液检查常表现为病毒性：外观无色或微浑浊，压力增高，白细胞计数 $(50\sim500)\times10^6/L$，早期以中性粒细胞增多为主，之后以淋巴细胞增多为主，蛋白质轻度增高，糖和氯化物正常（B）。③结核性脑膜炎的脑脊液检查常表现为压力增高，毛玻璃样，白细胞计数 $(50\sim500)\times10^6/L$，以淋巴细胞为主，蛋白质显著增高，糖和氯化物显著降低（C）。

134. ABCDE　普通型流行性脑脊髓膜炎的临床分期包括前驱期、败血症期、脑膜炎期、恢复期4期，不包括发热期。

135. ABCDE　①流行性脑脊髓膜炎（流脑）好发于6个月至2岁的婴幼儿，发病高峰为冬春季节。2岁小儿高热、昏迷、皮肤黏膜瘀斑、瘀点，中毒症状严重，应考虑流脑。为明确诊断，最简单快速的方法是皮肤瘀点涂片做细菌学检查，阳性率可达60%~80%。②凝血功能检查常用于DIC的诊断，头颅MRI检查常用于颅内占位性病变的诊断，血常规检查无特异性，故不答A、B、C。脑脊液检查虽然是确诊流脑的重要方法，但病初或休克型患者，脑脊液多无改变，且不能用于快速诊断，故不答 D。

136. ABCDE 脑膜炎球菌属于奈瑟菌属，革兰染色阴性（B 错）。按表面特异性荚膜多糖抗原的不同，分为 13 个血清群，其中致病菌群多为 A、B、C 群。A 群可导致全球性大流行，B 群和 C 群可引起地区性流行。脑膜炎球菌对干燥、湿热、寒冷、阳光、紫外线均极为敏感，在体外易自溶而死亡。

137. ABCDE ①5 岁儿童于流行季节突发高热，头痛，呕吐，伴神志改变，皮肤瘀斑，应首先考虑流行性脑脊髓膜炎。②流行性乙型脑炎、钩体病、脑型疟疾均不会出现皮肤瘀斑，故不答 A、B、D。流行性出血热（肾综合征出血热）可有皮肤抓痕，出血点，但多无颅内压增高的表现，故不答 C。

138. ABCDE ①流行性脑脊髓膜炎是由脑膜炎奈瑟菌引起的急性化脓性脑膜炎，在败血症期，约 70% 的患者可出现皮肤瘀点、瘀斑。取皮肤瘀点处的组织液行涂片菌检，阳性率可达 60%~80%，是早期确诊流行性脑脊髓膜炎的重要方法。但化脓性脑膜炎患者无皮肤瘀点、瘀斑，故答 C。②A、B、D、E 是流行性脑脊髓膜炎和化脓性脑膜炎都可出现的临床表现，无特异性，不能用于两者的鉴别。

139. ABCDE ①流行性脑脊髓膜炎好发于冬春季。患者于流行季节突发高热，头痛，呕吐，伴神志改变，皮肤瘀斑，脑膜刺激征阳性，白细胞计数和中性粒细胞比例增高，脑脊液检查示细胞计数 $>10\times10^6/L$，蛋白质增高，糖和氯化物明显降低，应诊断为流行性脑脊髓膜炎。②A、B、D、E 均不会出现皮肤瘀斑。

140. ABCDE ①患儿于流行季节突发高热，头痛，呕吐，皮肤瘀斑，脑膜刺激征，应诊断为流行性脑脊髓膜炎，抗菌治疗首选青霉素。对于青霉素过敏者，首选氯霉素，故答 A 而不是 E。②磺胺嘧啶为 A 群脑膜炎奈瑟菌的首选药物。第三代头孢菌素（头孢曲松）为 C 群脑膜炎奈瑟菌的首选药物。红霉素为支原体感染的首选药物。环丙沙星为急性细菌性痢疾的首选药物。

141. ABCDE ①钩端螺旋体病的主要传播途径是直接接触病原体。带钩体动物排尿污染周围环境，人与环境中污染的水接触是本病的主要感染方式（C）。皮肤，尤其是破损的皮肤和黏膜是钩体最主要的入侵途径。②在饲养或屠宰家畜过程中，可因接触病畜而感染。误食被鼠尿污染的食物和水，经口腔和食道黏膜而感染，但这些传播方式少见。

142. ABCDE 我国钩端螺旋体分为 19 群，74 型，常见的流行群有黄疸出血群、波摩那群、犬群、流感伤寒群、澳洲群、秋季群、七日群、爪哇群。波摩那群分布最广，是洪水型和雨水型的主要菌群（E）；黄疸出血群毒力最强，是稻田型的主要菌群。

143. ABCDE ①多数钩端螺旋体病患者经 2 周左右退热后痊愈，少数患者于恢复期再次出现症状和体征，称为钩体后发症（原称并发症），表现为后发热、眼后发症（葡萄膜炎、虹膜睫状体炎）、反应性脑膜炎、闭塞性脑动脉炎。②肾损害不属于钩端螺旋体病的并发症，而属于器官损伤期的临床表现。

144. ABCDE A、B、C、D、E 均属于钩端螺旋体病的临床分类，以流感伤寒型最常见（A）。

145. ABCDE 146. ABCDE 147. ABCDE ①农民可能接触到钩端螺旋体病的传染源鼠或猪。钩端螺旋体病常表现为三症状（发热、酸痛、全身软），三体征（眼红、腿痛、淋巴大），腓肠肌疼痛。根据题干，本例应诊断为钩端螺旋体病（C）。病毒性肝炎、败血症均无结膜充血、腓肠肌压痛。肾综合征出血热常表现为发热，三痛征，三红征，大量蛋白尿。伤寒常表现为高热，表情淡漠，肝脾肿大，玫瑰疹，相对缓脉，白细胞降低。②钩端螺旋体病的病原体是钩端螺旋体（A）。汉坦病毒为肾综合征出血热的病原体。肝炎病毒为病毒性肝炎的病原体。痢疾杆菌是细菌性痢疾的病原体。伤寒杆菌是伤寒的病原体。③接触疫水是钩端螺旋体病的主要传播方式，人主要通过皮肤、黏膜接触被钩体动物排尿污染的水源而感染。

148. ABCDE ①疟疾主要是由雌性按蚊叮咬传播（A）。②蜱虫叮咬为 Q 热的传播途径。尾蚴叮咬为血吸虫病的传播途径。体虱叮咬为流行性斑疹伤寒的传播途径。跳蚤叮咬为地方性斑疹伤寒的传播途径。

149. ABCDE 疟原虫的发育过程分为两个宿主，两个阶段。按蚊为终末宿主，人为中间宿主。疟原虫在人体内的发育分为红细胞外期（肝细胞内期）和红细胞内期两个阶段。①红细胞外期：当雌性按蚊叮咬人体时，子孢子随按蚊唾液进入人体，经血液循环进入肝脏。在肝细胞内，子孢子发育为成熟的裂殖体。当被寄生的肝细胞破裂时,释放出大量裂殖子。一部分裂殖子被吞噬细胞消灭,另一部分侵入红细胞形成红细胞内期。②红细胞内期:侵入红细胞内的裂殖子进一步发育成小滋养体→大滋养体→裂殖体→裂殖子。当寄生的红细胞破裂时,释放出裂殖子及其代谢产物,引起临床上典型的疟疾发作(E对)。释放的裂殖子大部分被吞噬细胞消灭,小部分再侵入未感染的红细胞,重新开始新一轮的无性繁殖,形成临床上周期性发作。

150. ABCDE 蚊虫叮咬人体,进入人体导致疟原虫感染的阶段是子孢子,导致疟疾传播的阶段是配子体。

151. ABCDE ①间日疟、卵形疟于红细胞内的发育周期为48小时,三日疟约为72小时。恶性疟的发育周期为36~48小时,且发育先后不一,故临床发作不规则(C对)。②恶性疟原虫侵犯各期红细胞,使红细胞感染率增高,导致严重贫血。潜伏在肝脏中的裂殖子侵犯红细胞将导致复发。黏附在血管内的疟原虫再度侵犯新的红细胞将导致再燃。疟原虫释放毒素可导致黑尿热。

152. ABCDE ①疟疾再燃是由血液中残存的疟原虫引起的,多见于病愈后的1~4周。复发是由寄生于肝细胞内的迟发型子孢子引起,多见于病愈后3~6个月。根据题干,本例应诊断为再燃,而不是复发。②患者第一次发病后再没有去过疟疾流行区,不可能再次感染疟原虫,故不答C。间日疟、卵形疟的潜伏期为13~15天,三日疟为24~30天,恶性疟为7~12天,可见,各种疟疾的潜伏期均不超过1个月,患者4个月前从非洲回国,不可能发生混合感染。若为疟原虫产生耐药,使用氯喹后体温很少降至正常,故不答E。

153. ABCDE 疟原虫的传播媒介主要为雌性按蚊。在平原地区间日疟的主要传播媒介是中华按蚊;山区疟疾的传播以微小按蚊为主;丘陵地区以嗜人按蚊为主;海南省的山林地区以大劣按蚊为主。

154. ABCDE 可感染人类的疟原虫共有4种,即间日疟原虫、卵形疟原虫、三日疟原虫和恶性疟原虫。在流行区以间日疟最常见,三日疟和卵形疟较少见(A)。恶性疟主要流行于热带。

155. ABCDE ①间日疟的典型症状为突发寒战→高热→大量出汗→间歇48小时→再次周期性发作。间日疟每次发作时无前驱期(A)。②间日疟的潜伏期为13~15天。请注意:潜伏期≠前驱期。

156. ABCDE ①患者发病前到过疟疾流行区泰国,有蚊虫叮咬史。2周来间断发热,大汗,贫血,脾肿大,应诊断为疟疾(A)。②斑疹伤寒起病急,常表现为高热,全身酸痛,剧烈头痛,结膜充血,皮疹。钩端螺旋体病常表现为高热,头痛,全身酸痛,腓肠肌疼痛,淋巴结肿大。伤寒常表现为发热,表情淡漠,相对缓脉,玫瑰疹,白细胞计数降低。流行性感冒常有发热,上呼吸道感染症状。

157. ABCDE ①患者病前到过疟疾流行区(南方),突发寒战→高热→大汗→2天后再次高热,应诊断为疟疾(E)。②急性血吸虫病应有疫水接触史,常表现为尾蚴性皮炎、间歇热、荨麻疹、外周血嗜酸性粒细胞增多等。流行性乙型脑炎常表现为高热、头痛、恶心呕吐、抽搐、病理征阳性。败血症常表现为寒战高热,但无周期性发作。伤寒常表现为高热,表情淡漠,相对缓脉,脾大、玫瑰疹。

158. ABCDE ①疟疾患者红细胞和血红蛋白在多次发作过程中进行性降低(E)。参阅14版《实用内科学》P697。②由于患者骨髓造血功能正常,外周血红细胞减少,可刺激骨髓造血,导致网织红细胞增多。③患者白细胞计数高低不一,初次发作可有白细胞计数显著增高,多次发作后转为正常或降低,单核细胞比例增加,淋巴细胞比例降低。④疟原虫主要侵犯红细胞,对血小板影响较小,故不答C。

159. ABCDE ①抽取疟疾患者的血液制作厚、薄涂片经吉姆萨染色后用显微镜油镜检查,找到疟原虫,即可确诊疟疾,此方法简单准确,临床上最常用(A)。采用骨髓穿刺+骨髓涂片检查可提高阳性率。②由于特异性抗体常于感染后3~4周才出现,因此间接荧光抗体测定、间接红细胞凝集试验不能用于早期诊断,只能用于疟疾的流行病学调查。PCR检测血液中的疟原虫DNA,操作复杂,仅具有辅助诊断价值。外周血液检查发现贫血、嗜酸性粒细胞增多,无特异性,不能确诊疟疾。

160. ABCDE ①疟疾复发由寄生于肝细胞内的迟发型子孢子引起,蚊虫叮咬人体,进入人体导致疟疾传播的阶段是配子体。伯氨喹可杀灭肝细胞内迟发型子孢子和红细胞内疟原虫配子体,因此能防止疟疾的复发及传播(D)。②氯喹、奎宁常用于控制疟疾的临床发作。青蒿素常用于凶险疟疾的抢救和控制临床发作。乙胺嘧啶常用于疟疾的预防。

161. ABCDE ①非洲为疟疾的高发区。患者从非洲回京，说明有传染源接触史。现周期性寒战高热，血涂片找到疟原虫滋养体，应确诊为疟疾。患者每 2 天发作 1 次，应诊断为间日疟。②14 版《实用内科学》P699：间日疟的治疗首选氯喹+伯氨喹八日疗法，即氯喹，口服，总剂量 1200mg 基质，第 1 天 600mg，顿服或分 2 次服，第 2、3 天各服 1 次，每次 300mg；伯氨喹，口服，总剂量 180mg 基质，第 1~8 天每天 1 次，每次 22.5mg。③9 版《传染病学》P272：间日疟的治疗首选青蒿素衍生物+另一种抗疟疾药物联合应用。2016 年考题，原答案为 B。若按 9 版《传染病学》观点，答案应为 C。

162. ABCDE ①乙胺嘧啶能杀灭各种疟原虫红细胞外期，对红细胞内期未成熟的裂殖体有抑制作用，但对已成熟的裂殖体无效，故有预防作用，对控制临床发作的效果较慢(A)。②奎宁、氯喹常用于控制疟疾的临床发作。青蒿素常用于凶险疟疾的抢救。伯氨喹常用于防止疟疾的复发及传播。

163. ABCDE 164. ABCDE ①氯喹可干扰原虫的核酸代谢、干扰原虫的蛋白酶，迅速杀灭红细胞内裂殖体，为控制疟疾临床发作最常用、最有效的药物(B)。②疟疾复发由寄生于肝细胞内的迟发型子孢子引起，伯氨喹可杀灭肝细胞内迟发型子孢子，常用于防止疟疾的复发(E)。③乙胺嘧啶常用于疟疾的预防。奎宁可用于控制疟疾的临床发作，现已少用。哌喹为长效抗疟药，常用于疟疾抑制性预防。

165. ABCDE ①血吸虫虫卵大多滞留在宿主肝脏和结肠壁内，引起主要病变(A)。在肝脏，早期表现为充血肿胀，虫卵结节；晚期表现为肝纤维化，肝硬化，最后可引起门静脉高压症。在结肠，病变以直肠、乙状结肠、降结肠最严重，早期表现为黏膜充血水肿、片状出血；晚期表现为肠壁纤维组织增生，肠壁增厚狭窄。②血吸虫成虫主要寄生在人体门静脉-肠系膜静脉系统内。血吸虫虫卵寄生在肺内，称为异位损害，表现为间质性虫卵肉芽肿伴周围肺泡浸润。虫卵累及脾脏主要表现为充血、水肿，晚期可引起门静脉高压、脾功能亢进。血吸虫的生活史如下图。

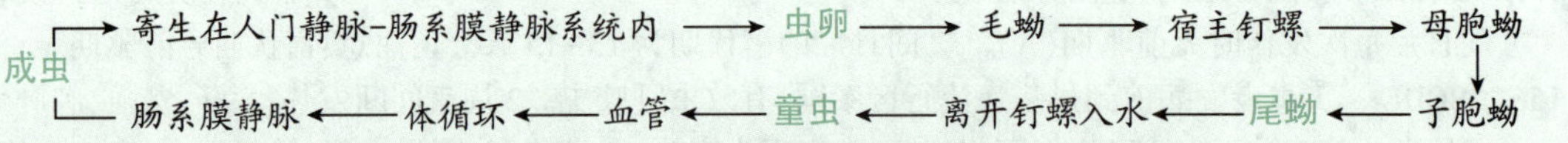

166. ABCDE ①血吸虫成虫主要寄生在人体门静脉-肠系膜静脉系统内(A)。②血吸虫虫卵大多滞留在人体肝脏和结肠壁内。虫卵和(或)成虫寄生在肺、脑称为异位损害。

167. ABCDE 晚期血吸虫病分为 4 型：巨脾型、腹水型、结肠肉芽肿型和侏儒型，其中以巨脾型最常见。

168. ABCDE 晚期血吸虫病分为 4 型：巨脾型、腹水型、结肠肉芽肿型和侏儒型，不包括脑病型(E)。

169. ABCDE 血吸虫肉芽肿位于门静脉系统以外的器官或组织，称为异位血吸虫病。人体常见的异位损害在肺和脑(D)。肺部病变常为间质性虫卵肉芽肿，脑部病变以顶叶、颞叶虫卵肉芽肿多见。

170. ABCDE ①吡喹酮对血吸虫各发育阶段均有杀灭作用，具有高效、低毒、副作用小、口服方便、疗程短等优点，为血吸虫病病原治疗的首选药物(D)。②利福平为抗结核药。酒石酸锑钾可用于血吸虫病的治疗，因毒性反应大，目前已弃用。葡萄酸锑钾常用于黑热病的治疗。依米丁为抗阿米巴药。

171. ABCDE ①囊尾蚴病是猪带绦虫幼虫(囊尾蚴)寄生于人体各组织器官所致的疾病。人因吞食猪带绦虫卵而被感染。猪带绦虫卵经口感染后，在胃和小肠消化液的作用下，六钩蚴脱囊孵出，钻入肠壁，经血液散布于全身，约 3 周后发育成有感染性的囊尾蚴。囊尾蚴寄生于人体的常见部位是脑、皮下组织和肌肉，其中脑囊尾蚴病最常见，占总数的 60%~90%。参阅 7 版《传染病学》P324。②囊尾蚴在猪体内寄生的最常见部位是肌肉，很多医考参考书将答案错为 D。

172. ABCDE ①患者病史半年，无高血压、心脏病病史，可首先排除 B、E，因为脑出血、腔隙性脑梗死起病急骤，病情进展较快。②患者头痛，呕吐，视乳头水肿，应考虑颅内压增高。患者头颅 CT 示脑实质内多个低密度病灶，应诊断为囊尾蚴病，而不是脑脓肿、脑肿瘤，因为脑脓肿、脑肿瘤多为单个低密度病灶。参阅上海科技出版社 4 版《实用神经病学》P616。

173. ABCDE　过去曾将脑囊尾蚴病分为4型。①脑实质型:囊虫结节散布于脑实质内,灰质较白质为多,邻近脑组织水肿和反应性星形细胞增生,从而引起神经系统功能障碍。②脑室型:囊虫结节寄生于脑室系统内,以第四脑室最多见,结节游离于脑室内或黏附于脑室壁,引起脑脊液循环梗阻而致脑积水和颅内压增高。③脑底型:囊虫结节位于脑底池内,常成串或多发,引起颅底蛛网膜粘连而产生脑神经麻痹、交通性脑积水等症状。④脊髓型:多发于胸段脊髓,髓内或髓外均可发生。本例有癫痫发作和智力下降,应诊断为脑实质型(A)。9版《传染病学》P319将脑囊尾蚴病分为4型:皮质型(最常见)、脑室型、蛛网膜下隙型或颅底型、混合型。

174. ABCDE　①青年男性,职业为厨师,可能接触"米猪肉"(患囊尾蚴病的猪肉),多次大便排出白色条片,躯干部皮下结节(囊尾蚴结节),应诊断为囊尾蚴病。为明确诊断,首选皮下结节活检,找到猪囊尾蚴即可确诊(C)。②粪便检查可找到虫卵或节片,但阳性率不高,故不答A、B。血培养、血常规检查对确诊本病价值不大。

175. ABCDE　176. ABCDE　①人若误食含有猪带绦虫卵的猪肉,虫卵经胃进入小肠发育成囊尾蚴,可引起囊尾蚴病。成虫寄生于小肠内,呈带状,体分节,长2~4m,患者常无症状,多因发现粪便内节片而就诊。囊尾蚴可寄生于组织脏器内,其危害性远大于成虫。脑组织是囊尾蚴最常见的寄生部位,可表现为癫痫发作,抽搐,头痛,恶心呕吐等。囊尾蚴也可寄生在眼内,引起视力下降,视野改变,结膜损害。患者大便中发现成虫带状节片,抽搐,头痛,视物模糊,应诊断为脑囊尾蚴病(E)。A、B、C为脑膜炎,常表现为发热,头痛,脑膜刺激征。脑肿瘤常引起颅内占位性病变和颅内高压的症状。②诊断脑囊尾蚴病,首选脑MRI检查(E)。头颅X线片常用于了解有无钙化灶。腰穿脑脊液检查常用于诊断脑膜炎。脑室造影检查常用于了解有无梗阻性脑积水。脑电图检查常用于诊断癫痫。

177. ABCDE　2013年新修订的《性病防治管理办法》规定,我国性病重点监测病种包括梅毒、淋病、生殖道沙眼衣原体感染、尖锐湿疣、生殖器疱疹、艾滋病6种疾病。阴道念珠菌病未列入性病监测病种(D)。

178. ABCDE　179. ABCDE　180. ABCDE　①梅毒是由梅毒螺旋体引起的一种慢性传染病。梅毒螺旋体不易着色,故又称苍白密螺旋体。②艾滋病的病原体是人免疫缺陷病毒。③人乳头瘤病毒是尖锐湿疣的病原体。④沙眼衣原体为生殖道衣原体感染的病原体。解脲支原体是非淋菌性尿道炎常见的病原体。

181. ABCDE　①梅毒分为三期。一期梅毒传染性极强,约95%患者通过不洁性交传染。②一期梅毒的特征性表现为外生殖器硬下疳。早期梅毒血清学常为阴性,晚期为阳性。③心血管梅毒多在感染10~30年后发生,为三期梅毒而不是一期梅毒的表现(D错)。④一期梅毒硬下疳的表面可发生坏死,形成无痛性小溃疡,直径1~2cm,圆形或椭圆形,边界清楚,表面可有浆液性渗出物。

182. ABCDE　①硬下疳、梅毒疹、树胶样肿分别为一期、二期、三期梅毒的特征性病变。②早期梅毒包括一期梅毒、二期梅毒和早期潜伏梅毒。晚期梅毒包括三期梅毒、心血管梅毒、神经梅毒和晚期潜伏梅毒。

183. ABCDE　二期梅毒的典型表现是梅毒疹,常累及躯干。在肛周、阴唇、腹股沟、阴茎、大腿内侧等潮湿部位,常可见到扁平湿疣,其中有大量梅毒螺旋体,极具传染性。

184. ABCDE　①硬下疳、梅毒疹、树胶样肿分别为一期、二期、三期梅毒的特征性病变。②腹股沟淋巴结肿大为一期梅毒的一般性表现。软下疳不是梅毒的表现,而是杜克雷嗜血杆菌感染引起的性病。

185. ABCDE　①梅毒传染性最强的阶段是一期梅毒(A)。一期梅毒的特征性表现是硬下疳,其表面的无痛性溃疡可分泌大量浆液,内含大量梅毒螺旋体,故传染性极强。②二期梅毒的传染性较强,三期梅毒(晚期梅毒)无传染性。先天性梅毒是指胎传梅毒。

186. ABCDE　①青年女性,有不洁性交史,应考虑性病。患者大阴唇1元钱硬币大、硬韧、无痛性隆起物,此为硬下疳,为一期梅毒的特征性表现,故答E。②淋病常表现为宫颈口红肿,触痛,脓性分泌物。巨细胞病毒感染不属于性病,故不答B。生殖器疱疹常表现为阴唇、阴蒂等处小水疱、浅溃疡,疼痛明显,常有腹股沟淋巴结肿大。尖锐湿疣常表现为阴唇、尿道口乳头状、菜花状、蕈样状疣体。

187. ABCDE　淋病是由淋球菌引起的最常见的性传播疾病,好发于15~30岁青年女性。

188. ABCDE　淋球菌主要侵犯黏膜，尤其对单层柱状上皮和移行上皮所形成的黏膜有亲和力，通常沿生殖道上行，引起泌尿生殖系统的化脓性感染。

189. ABCDE　①宫颈管分泌物淋菌培养是诊断淋病的“金标准”。②尿培养常用于诊断尿路感染。淋菌对柱状上皮、移行上皮亲和力较强，常隐匿于女性泌尿生殖道引起感染，故血培养、血清学检查不可能作为诊断淋病的金标准。阴道分泌物易污染，其培养结果也不能作为诊断淋病的金标准。

190. ABCDE　①青年女性，宫颈管分泌物涂片见中性粒细胞内有革兰阴性双球菌，应考虑淋病奈瑟菌，最可能的诊断为淋球菌性盆腔炎，治疗首选头孢曲松（C）。②淋病奈瑟菌对青霉素耐药性较高，故不答 B。参阅 9 版《皮肤性病学》P219。

191. ABCDE　①患者有不洁性交史，出现尿频、尿急、尿痛，尿道口见大量脓性分泌物，应诊断为淋病，病原菌治疗首选头孢曲松（D）。②妊娠期间禁用四环素、氧氟沙星，因可影响胎儿生长发育。青霉素为梅毒的首选治疗药物。红霉素不是淋病的首选治疗药物。

192. ABCDE　193. ABCDE　①妊娠期生殖道沙眼衣原体感染应首选阿奇霉素，非孕妇首选红霉素。红霉素可透过胎盘屏障，故妊娠妇女慎用。3 版 8 年制《感染病学》P232：妊娠期首选红霉素、阿奇霉素均可，故答 A。孕妇不宜使用四环素类、喹诺酮类，因可影响胎儿生长发育。②孕妇感染苍白密螺旋体（梅毒的病原体）首选青霉素治疗，青霉素过敏者可选用红霉素口服。

194. ABCDE　195. ABCDE　①登革病毒是登革热的病原体，主要通过伊蚊叮咬进入人体而致病（B）。②人乳头瘤病毒为尖锐湿疣的病原体，主要通过性接触传播，间接传播、产道传播少见（C）。

196. ABCDE　197. ABCDE　①淋病的病原体是淋病奈瑟菌，其首选药物为头孢曲松（D）。②梅毒的病原体为梅毒螺旋体，其首选药物为青霉素，青霉素过敏者可改用红霉素、头孢曲松（A）。

198. ABCDE　①外生殖器、肛门周围皮肤黏膜润湿区为尖锐湿疣的好发部位，女性多见于大小阴唇、阴道口、阴蒂、会阴及肛周。皮损初起为多个散在的淡红色小丘疹，质地柔软，顶端尖锐，后逐渐增大，形成粉色小乳头状突起。根据题干，本例应诊断为尖锐湿疣（C）。②淋病、外阴炎不会出现粉红色疣体。外阴肿瘤起病缓慢，不会在 1 周内长出。早期梅毒常表现为外生殖器硬下疳，而不是疣体。

199. ABCDE　①尖锐湿疣是由人类乳头瘤病毒引起的性传播疾病，由于是病毒感染所致，故使用红霉素无效。②尖锐湿疣可给予外用药物（80% 三氯醋酸）治疗，也可行激光、冷冻、微波等物理治疗。

200. ABCDE　①成人主要经性交直接感染沙眼衣原体，间接感染少见。②新生儿可通过宫内、产道、出生后感染沙眼衣原体，但以经产道感染最常见（D）。

201. ABCDE　①经产妇，阴道分泌物增多，外阴可见多个鸡冠状、指状突起，应诊断为尖锐湿疣。②对于妊娠 36 周以前的孕妇，若病灶较小、位于外阴，可选用 80%～90% 三氯醋酸涂擦病灶局部。若病灶较大，有蒂，可行激光、冷冻、微波等去除病灶。妊娠期禁忌干扰素治疗（E）。

202. ABCDE　①淋病奈瑟菌是性传播疾病淋病的病原体，主要侵犯黏膜，导致泌尿生殖系统的化脓性感染（B）。②人乳头瘤病毒是尖锐湿疣的病原体，苍白密螺旋体是梅毒的病原体，金黄色葡萄球菌是各种化脓性感染的常见病原体，沙眼衣原体是生殖道衣原体感染的病原体。

203. ABCDE　①挖空细胞（凹空细胞）是鳞状上皮的底层细胞受到人乳头瘤病毒作用后，加速成熟而形成的表层鳞状细胞，为尖锐湿疣的特征性病理改变，故答 B。②A、C、D、E 均不会出现挖空细胞。细菌性阴道病可见线索细胞，而不是挖空细胞。

第十六篇　神经病学试题答案及详细解答

（正确答案为绿色的选项）

1. ABCDE　①视交叉中部受损可导致双眼颞侧偏盲，常见于垂体瘤、颅咽管瘤、垂体瘤卒中等。②视神经损伤表现为同侧眼全盲。一侧视中枢受损可导致对侧同向偏盲、视觉失认。一侧视束受损，可导致双眼对侧视野同向性偏盲。视乳头受损常表现为视力障碍、中央部视野缺损。

2. ABCDE　①垂体瘤若向前上方发展，可压迫视神经交叉出现视力减退，视野缺损，主要为颞侧偏盲或双颞侧上方偏盲（D）。②糖尿病引起视乳头水肿者少见，视乳头水肿常见于高血压。Graves 病浸润性突眼常表现为畏光流泪、复视、斜视、眼睑肿胀等。高血压眼底出血主要表现为视力下降。希恩综合征常表现为消瘦、乏力、畏寒、闭经、乳房萎缩等。可见，A、B、C、E 均无视野缺损。

3. ABCDE　①三叉神经为混合性神经，含有躯体感觉和一般运动两种神经纤维。其感觉神经自三叉神经半月节发出后，分为眼神经、上颌神经、下颌神经三支，分布于头皮前部、面部皮肤、眼鼻口腔内黏膜，因此左侧三叉神经麻痹可导致左侧面部感觉障碍。②三叉神经运动纤维与下颌神经融合后，支配咀嚼肌，因此左侧三叉神经麻痹可导致左侧咀嚼肌瘫痪，张口时下颌偏向左侧。③角膜反射通路：角膜→三叉神经眼支→三叉神经半月节→三叉神经感觉主核→两侧面神经核→面神经→眼轮匝肌→闭眼反应。可见，角膜反射由三叉神经眼支、面神经共同完成。当三叉神经受损时，可出现同侧角膜反射消失。④面部表情肌由面神经单一支配，因此三叉神经麻痹不会出现面部表情肌瘫痪（C 错）。

4. ABCDE　舌前 2/3 味觉由面神经支配，舌后 1/3 味觉由舌咽神经支配，答案为 C。

5. ABCDE　①舌咽神经和迷走神经彼此邻近，有共同的起始核疑核，疑核发出的纤维随舌咽神经、迷走神经支配软腭、咽、喉部的横纹肌。疑核受损可表现为声音嘶哑、吞咽困难、饮水呛咳、咽反射消失等（D）。②迷走神经背核发出的纤维终止于迷走神经丛的副交感神经节，发出的节后纤维分布于胸腹腔诸脏器，控制平滑肌、心肌、腺体的活动。下涎核发出的纤维随鼓室神经、岩浅小神经，终止于耳神经节，其节后纤维分布于腮腺，司腮腺分泌。面神经核发出的纤维随面神经下行，支配除咀嚼肌、上睑提肌以外的面部表情肌。三叉神经运动核发出的纤维随下颌神经走行，支配咀嚼肌、鼓膜张肌等。

6. ABCDE　迷走神经是混合性神经。①一般躯体感觉纤维：其胞体位于上神经节内，中枢突止于三叉神经脊束核，周围突分布于外耳道、耳廓凹面的部分皮肤（C）。②一般内脏感觉纤维：其胞体位于下神经节内，中枢突止于孤束核，周围突分布于咽、喉、食管、气管、胸腹腔内脏器官。③特殊内脏运动纤维起自疑核。④副交感神经起自迷走神经背核。

7. ABCDE　①舌下神经核位于舌下神经三角深面，由该核发出的轴突组成舌下神经根，自前外侧沟出脑，支配舌肌的运动。②三叉神经运动核发出的纤维走行于下颌神经内，支配咀嚼肌的运动。迷走神经背核发出迷走神经副交感纤维，支配内脏运动。疑核发出迷走神经特殊内脏运动纤维，支配软腭、咽喉部的横纹肌。动眼神经核发出的纤维组成动眼神经，支配眼外肌的运动。③舌下神经核只受对侧大脑皮质脑干束支配，A、B、C、E 均受双侧皮质脑干束的支配，故答 D，参阅 8 版《神经病学》P45。

8. ABCDE　①动眼神经的运动纤维支配上睑提肌、上直肌、内直肌、下直肌、下斜肌，其副交感节后纤维支配瞳孔括约肌和睫状肌，参与缩瞳和调节反射。因此动眼神经受损常表现为同侧上睑下垂，眼球向外下斜视，不能内收，不能向上、下转动，复视，瞳孔散大，直接、间接对光反射均消失（C）。②视神经受损常表现为同侧视力下降或全盲。三叉神经受损常表现为同侧面部分离性感觉障碍，同侧咀嚼肌无力。展神经受损常表现为同侧眼球内斜视,外展运动受限,复视。滑车神经受损常表现为眼球位置稍偏上,向外下方活动受限,下视时出现复视。

9. ABCDE 上运动神经元瘫痪是由于大脑皮质运动区神经元及其发出的下行纤维病变所致,常表现为整个肢体瘫痪,肌张力增高,腱反射亢进,浅反射消失,肌肉萎缩不明显,病理反射阳性(E 对)。

10. ABCDE ①周围神经末梢受损常表现为双侧四肢远端对称性"手套"或"袜套"样感觉障碍(C)。②脊髓后根受损常表现为根性(节段性)疼痛和感觉障碍。临床上很少单独出现脊髓后角受损。不同的神经丛、神经干受损其临床表现各异。参阅 4 版《实用神经病学》P19。

11. ABCDE ①Chaddock 征是指用竹签由外踝下方向前轻划至足背外侧,阳性表现为踇趾背屈,其余各趾扇形散开。Chaddock 征属于病理反射,阳性提示锥体束损害(C)。②皮质脑干束损害常表现为病灶对侧下面部表情肌瘫痪(如鼻唇沟变浅),伸舌偏向对侧,而皱眉、皱额、闭眼等均无障碍。脊髓丘脑束损害常表现为病灶对侧水平以下痛温觉及原始触觉障碍。薄束和楔束组成同侧脊髓后束,传导同侧躯干及上下肢肌、腱、关节的本体感觉和皮肤的精细触觉,损伤时常表现为闭目难立征、感觉性共济失调、精细触觉丧失,参阅 2 版 8 年制《系统解剖学》P309。

12. ABCDE 13. ABCDE ①Babinski 征是指用竹签在足底外侧自后向前划过,阳性表现为踇趾背屈,其余各趾扇形散开。Babinski 征阳性提示锥体束受损、昏迷、深睡眠的正常人(B)。②患者双足并拢站立,双手向前平伸、闭目。闭眼时出现摇摆甚至跌倒,称为 Romberg 征(闭目难立征)阳性,提示小脑病变、脊髓后束病变(C)。③Brudzinski 征和 Kernig 征均属于脑膜刺激征,阳性常见于脑膜炎。Weber综合征为大脑后动脉脚间支或脉络膜后动脉梗阻引起的交叉性瘫痪,表现为病灶侧动眼神经瘫痪,对侧面神经、舌下神经及肢体的上运动神经元瘫痪。

14. ABCDE 15. ABCDE ①Babinski 征阳性提示锥体束受损,1 岁半以下的婴儿由于锥体束未发育成熟,Babinski 征可呈阳性(C)。②患者取坐位,腰背挺直,做最大限度的屈颈低头,正常人下颌角触及胸骨柄而无不适,如在一分钟内出现肩臂痛、麻木、头昏耳鸣、站立不稳、下肢麻木无力等任何一项,称为屈颈试验阳性,提示颈椎病、$C_{1\sim4}$神经根受刺激(E)。③Kernig 征阳性提示腰骶段脊神经根受刺激。单侧节段性分离性感觉障碍常见于脊髓一侧后角病变,如脊髓空洞症;双侧对称性节段性分离性感觉障碍常见于脊髓中央部病变,如脊髓内肿瘤。共济失调常见于前庭系统、小脑受损。

16. ABCDE ①小脑损害常表现为共济失调,指鼻试验阳性,轮替运动阳性,跟膝胫试验阳性,脊髓小脑损害可表现为意向性震颤,肌张力减低(A)。②皮质运动区受损常表现为上运动神经元瘫痪或偏身感觉障碍,失语等。一侧脑干受损常导致交叉性瘫痪,或交叉性感觉障碍。基底神经节受损常表现为舞蹈病,肌张力障碍,手足徐动,肢体强直等。脊髓横贯性损害常表现为受损部位以下运动、感觉、括约肌功能障碍;脊髓单侧损害常表现为脊髓半切损害综合征。

17. ABCDE ①感觉过度是指由于刺激阈增高与反应时间延长,在刺激后,需经一潜伏期才能感到强烈的、定位不明确的不适感觉,并感到刺激向周围扩散,持续一段时间(D)。②A 为感觉过敏。C 为感觉倒错。B、E 不是感觉障碍的正确概念。

18. ABCDE ①感觉过敏是指一般情况下对正常人不会引起不适感觉或只能引起轻微感觉的刺激,患者却感觉非常强烈,甚至难以忍受。正常情况下,臂丛损伤后应表现为支配肌麻痹及相应皮肤感觉区域感觉减退或消失。患者左臂丛损伤频发左上臂疼痛,该疼痛应属于痛觉过敏(B)。②感觉倒错是指对刺激产生的错误感觉,常见于顶叶病变、癔症。放射性痛是指中枢神经病变时,疼痛不仅发生在局部,还扩散至神经支配区。扩散性痛是指刺激由一个神经分支扩散到另一个神经分支而产生的疼痛。牵涉痛是指内脏病变时出现在相应体表区的疼痛。

19. ABCDE 20. ABCDE 21. ABCDE ①感觉过敏是指轻微感觉的刺激,引起患者强烈的感觉,常见于浅感觉障碍(E)。②感觉异常是指患者没有外界刺激,而有自发感觉,如麻木感、蚁走感,但客观检查无感觉障碍,常见于周围神经病变、自主神经病变(C)。③抑制性感觉障碍包括感觉缺失(D)、完全性感觉缺失、分离性感觉障碍、感觉减退等。

22. ABCDE　①大脑皮质与皮质下各中枢间上下行的投射纤维大部分经过内囊，故内囊受损常表现为偏身感觉障碍、对侧偏瘫、偏盲的三偏症状，少数患者可有病灶对侧中枢性面瘫、舌瘫或运动性失语。根据题干，本例应诊断为右侧内囊出血。②中央前回为躯体运动区，受损后将导致对侧肢体瘫痪、肌张力增高、腱反射亢进、病理征阳性。中央后回为躯体感觉区，受损后将导致对侧痛温觉丧失。

23. ABCDE　①上肢肌由臂丛支配，臂丛由 $C_{5\sim8}$ 和 T_1 前支组成。患者双上肢肌张力和肌力正常，说明臂丛未受损，且受损部位在 T_1 以下，故不答 D。②膝反射的中枢在 $L_{2\sim4}$，踝反射中枢在 $S_{1\sim2}$。患者双侧膝、踝反射亢进，此为上运动神经元受损的表现，说明受损部位在 L_2 以上、T_1 以下，故答 C 而不是 E。

24. ABCDE　①脊髓半侧损伤常表现受损平面以下同侧深感觉障碍，对侧痛温觉障碍，称为脊髓半切综合征（Brown-Sequard 综合征），常见于髓外占位性病变、脊髓外伤。患者一侧 C_5 平面以下痛觉消失，对侧深感觉消失，应诊断为脊髓半侧损伤（C）。②脊髓横贯伤常表现为截瘫。脊髓后根损伤常表现为单侧节段性感觉障碍。脊髓前联合受损常表现为双侧节段性对称性分离性感觉障碍。脊髓后角损伤常表现为患侧节段性分离性感觉障碍。

25. ABCDE　①运动性失语是 Broca 区受损所致，常表现为患者能听懂他人的讲话内容，但不能讲话，见于脑梗死、脑出血。为明确诊断，应首选头颅 CT 检查（B）。②颈动脉 B 超、经颅多普勒超声常用于动脉粥样硬化的诊断。超声心动图常用于心脏病变的诊断。脑电图常用于癫痫的诊断。

26. ABCDE　①丘脑受损常表现为对侧感觉缺失、对侧偏身自发性疼痛（丘脑痛）。患者高血压病史多年，突发头痛，右侧偏身感觉减退伴轻度自发疼痛，应诊断为左侧丘脑出血，故答 C 而不是 D。②下丘脑受损常表现为尿崩症。上丘脑受损常表现为双侧瞳孔对光反射消失、眼球垂直同向运动障碍。底丘脑受损常表现为对侧上肢为重的舞蹈运动。

27. ABCDE　①有先兆偏头痛的特征是在头痛之前出现持续 5～60 分钟的局灶性神经功能损害症状（D 对）。②先兆症状以视觉先兆最常见，其次为感觉先兆，运动性先兆少见。视觉先兆常表现为视物模糊、暗点、闪光、视物变形。感觉先兆常表现为面部或上肢针刺感、麻木感、蚁走感。先兆可在头疼之前发生，或与头痛同时发生。

28. ABCDE　①紧张型头痛常表现为双颞部、额顶部、枕部头痛，呈紧箍感、压迫感等，头痛可呈发作性或持续性，但多无恶心呕吐、畏光畏声，疼痛部位肌肉可有压痛点。根据题干，本例应诊断为紧张型头痛（E）。②血管性头痛多表现为高血压患者额、枕部搏动性头痛，患者无高血压，故不答 A。交感神经型颈椎病可有头痛或偏头痛，在头部转动时加剧，可伴恶心呕吐，视物模糊，视力下降等。无先兆偏头痛常表现为一侧搏动性头痛，伴恶心呕吐，出汗，畏光等。体检张口颞颌关节无弹响，故不答 D。

29. ABCDE　①苯噻啶为 5-羟色胺（5-HT）受体拮抗剂，能减少偏头痛的发作频率、减轻发作程度，疗效显著，副作用少，但对偏头痛急性发作无即刻缓解作用，故临床上常作为预防性治疗药物（C）。②咖啡因麦角胺、英明格（舒马曲普坦）均为 5-HT 受体激动剂，均可终止偏头痛的急性发作，常用于治疗中、重度偏头痛的急性发作。阿司匹林为抗血小板药，不适合偏头痛的治疗。消炎痛为非特异性止痛药物，一般用于急性发作期的治疗，而不用于预防性治疗。

30. ABCDE　①大型随机对照试验研究表明，β 受体阻滞剂普萘洛尔、美托洛尔可用于偏头痛的预防性治疗，其作用机制不清（C）。②舒马曲普坦、麦角胺咖啡因为治疗偏头痛的特异性药物。偏头痛合并烦躁者，可给予地西泮镇静。甲芬那酸（甲灭酸）为解热镇痛药，可用于轻、中度偏头痛的止痛治疗。

31. ABCDE　①患者反复发作额颞部搏动样头痛，有伴随症状（恶心呕吐、怕光），先兆症状（视物变形和亮点），脑内无器质性病变（多次脑 CT 正常），应诊断为有先兆偏头痛，急性发作时首选麦角胺治疗（B）。麦角胺为 $5\text{-}HT_1$ 受体非选择性激动剂，能终止偏头痛的急性发作，为控制偏头痛发作的首选药。②哌替啶属阿片类药物，易成瘾，不作为常规应用，仅用于麦角胺、曲普坦类不宜使用的病例，如合并心脏病、周围血管病、妊娠期偏头痛等。舒马曲普坦（英明格）适用于麦角胺治疗无效者。丙戊酸仅用于预防性治疗,对急性发作效果不佳。乙酰氨基酚常用于轻、中度偏头痛。

32. ABCDE 短暂性脑缺血发作(TIA)是由于局部脑或视网膜缺血引起的短暂性神经功能缺损,临床症状一般不超过1小时,最长不超过24小时。教材版本不同,数据不同,此为8版《神经病学》P191数据。

33. ABCDE ①患者头颅CT无异常,可首先排除小脑出血,因为脑出血早期即可有CT阳性发现。患者水平眼震、左侧指鼻试验、跟膝胫试验、闭目直立试验均为阳性,提示小脑受损,故不答A、B。脑梗死24小时后可显示低密度病灶。患者病程已48小时,头颅CT检查仍为阴性,故不答E。②短暂性脑缺血发作常表现为一过性脑缺血,临床症状一般不超过1小时,CT检查无阳性发现,故答D。

34. ABCDE ①治疗短暂性脑缺血发作(TIA)时,虽然抗凝药不作为常规,但对于频繁发作者,应使用华法林行抗凝治疗(A)。②对于偶尔发作的TIA,应行抗血小板治疗,可以单独使用阿司匹林、噻氯匹定,或与双嘧达莫联合应用。故答A而不是B,参阅7版《神经病学》P174,很多医考参考书将答案错为B。尼莫地平为钙通道阻滞剂,常用于高血压合并脑血管痉挛者。

35. ABCDE 36. ABCDE 37. ABCDE ①患者反复发生命名物名困难,每次持续2~15秒,无神经系统器质病变,头颅CT正常,应诊断为TIA。A、B、C、D均不会自行恢复正常,头颅CT检查常有阳性发现。②患者发生命名性失语,其病损定位于优势半球颞中回后部,此为大脑后动脉闭塞所致,故答D。基底动脉或椎动脉闭塞常引起脑干梗死,表现为眩晕、四肢瘫痪、共济失调、昏迷。颈内动脉闭塞常表现为对侧偏瘫、偏身感觉障碍、同向偏盲。大脑前动脉闭塞常表现为运动性失语,而不是命名性失语。③心房颤动患者易形成附壁血栓,血栓脱落可引起脑栓塞,因此伴发心房颤动的TIA,属于脑卒中高危患者,应使用华法林行抗凝治疗,而不是抗血小板治疗,故答B而不是A。阿司匹林为抗血小板制剂,仅用于偶尔发作的脑卒中低危TIA患者。丙戊酸钠常用于预防偏头痛。胞二磷胆碱常于治疗颅脑损伤。降纤酶适用于高纤维蛋白原血症的TIA患者。

38. ABCDE ①患者病程仅1小时,不可能为脑炎、脑肿瘤,故不答A、B。②老年男性,睡醒后发现右侧偏瘫,右侧Babinski征阳性,头颅CT未见异常,应诊断为缺血性脑卒中,而不是脑出血、蛛网膜下腔出血,因为脑出血、蛛网膜下腔出血急诊CT检查多有阳性发现,故答C而不是D、E。

39. ABCDE 脑血栓形成最常见的病因是脑动脉粥样硬化,高龄、高血压病、高脂血症、糖尿病、吸烟等是其重要的危险因素。

40. ABCDE ①小脑出血常表现为眼球震颤、病变侧共济失调、站立不稳、行走不稳、肌张力降低、颈项强直,无偏瘫。根据题干,本例应诊断为小脑出血(A)。②脑室出血常表现为头痛,呕吐,脑膜刺激征阳性,昏迷,双侧瞳孔针尖样大,病理征阳性。延髓出血常表现为突然猝倒、意识障碍、血压下降、呼吸骤停,继而死亡。脑桥出血常表现为突然头痛、呕吐、眩晕、复视、眼球不同轴、侧视麻痹、交叉性瘫痪等。丘脑出血常表现为垂直凝视或侧视麻痹、双眼分离性斜视、凝视鼻尖、瞳孔对光反射迟钝。

41. ABCDE 心源性脑栓塞最常见的病因是心房颤动,约占50%。栓子主要来源于左心耳。其主要发病机制是心房颤动可造成血流缓慢淤滞,在低剪切率作用下激活凝血级联反应,最后形成红色血栓,导致脑栓塞。

42. ABCDE ①青年男性,突发剧烈头痛,脑膜刺激征阳性,CT示脑沟及脑池密度增高,应诊断为蛛网膜下腔出血。②脑血管痉挛不会有CT阳性发现。患者病程仅3小时,脑栓塞、急性脑梗死CT检查多无阳性发现。患者病程仅3小时,不可能为急性脑膜炎。

43. ABCDE 44. ABCDE 45. ABCDE ①患者急诊头颅CT检查未见异常,可首先排除B、D,因为脑出血、蛛网膜下腔出血均可发现高密度影。根据题干所述,不可能诊断为癫痫发作,故不答E。脑血栓形成、脑栓塞发病24小时内均可表现为头颅CT正常,但前者多见于60岁以上的老年人,常在安静状态起病,起病缓慢(数小时至2天);后者常见于青壮年,常在活动中急骤发病,多有心房颤动病史。根据题干,本例应诊断为脑血栓形成而不是脑栓塞,故答A。②大脑中动脉血栓形成常表现为对侧偏瘫、偏身感觉障碍、同向性偏盲、优势半球受累可出现失语。患者右侧偏瘫、失语,应诊断为左侧大脑中动脉血栓形成，故答B。大脑前动脉血栓形成常表现为截瘫、运动性失语、下肢感觉障碍、面部无受累。基底动脉血栓形成常表现为眩晕、四肢瘫痪、共济失调、瞳孔大小固定等。③患者脑血栓形成未超过4.5小时，应首选静脉溶栓治疗(B)。一般不在溶栓治疗24小时内使用抗凝或抗血小板治疗，以免增加脑出血风险，故不答A、C。外科手术治疗不宜在发病24小时内进行，故不答D、E。

46. ABCDE　①偏瘫是指一侧肢体的上下肢瘫痪，如缺血性卒中常表现为对侧肢体偏瘫(D)。②吉兰-巴雷综合征常表现为肢体对称性迟缓性瘫痪。癫痫常表现为全身强直-阵挛发作。急性脊髓炎常表现为截瘫。蛛网膜下腔出血常表现为头痛、脑膜刺激征，若为大脑动脉瘤破裂，可表现为偏瘫、失语、抽搐。

47. ABCDE　①脑梗死又称脑缺血性卒中，是指各种原因所致脑部血液供应障碍，导致局部脑组织缺血、缺氧性坏死，包括脑血栓形成、脑栓塞、腔隙性梗死等(A)。②脑出血、蛛网膜下腔出血均属于脑出血性病变，并不是脑缺血所致，故不答B、C、D。短暂性脑缺血发作为脑血管功能性病变，故不答E。

48. ABCDE　延髓背外侧综合征由小脑后下动脉或椎动脉供应延髓外侧的分支动脉闭塞所致，主要表现如下。①前庭神经核损害：眩晕、恶心、呕吐、眼球震颤；②疑核、舌咽、迷走神经损害：饮水呛咳、吞咽困难、构音障碍；③绳状体、脊髓小脑束、部分小脑半球损害：病灶侧肢体共济失调；④交叉性感觉障碍：同侧面部痛温觉缺失(三叉神经脊束核损害)，对侧偏身痛温觉丧失(脊髓丘脑束损害)；⑤交感神经下行纤维损害：Horner综合征。锥体束征阳性为锥体束损害的表现(A)。

49. ABCDE　①心肌梗死后附壁血栓脱落，易随血流造成脑栓塞(C)。脑栓塞的栓子最常来源于心脏，占60%~75%。②蛛网膜下腔出血最常见的病因是颅内动脉瘤。脑血栓形成最常见的病因是动脉粥样硬化。脑出血最常见的病因为高血压。脑动脉炎的常见病因为梅毒螺旋体感染等。

50. ABCDE　51. ABCDE　52. ABCDE　①导致脑梗死最常见的病因是脑血栓形成，占50%~60%(D)。②心房颤动时左心房收缩性降低，血流缓慢淤滞，易导致附壁血栓，栓子脱落易引起脑栓塞(C)。心房颤动是心源性脑栓塞最常见的病因。③分水岭脑梗死是指脑内相邻动脉供血区之间的边缘带发生的脑梗死(A)。④短暂性脑缺血发作是由于局部脑或视网膜缺血引起的短暂性神经功能缺损。腔隙性脑梗死是指大脑半球或脑干深部的小穿通动脉，在长期高血压等危险因素基础上，血管壁发生病变，最终管腔闭塞，导致脑组织缺血引起的脑梗死。

53. ABCDE　①患者急诊头颅CT检查无异常，可首先排除C、D，因为蛛网膜下腔出血、脑出血急诊CT检查应显示高密度出血影。患者失语、偏瘫半天未自行缓解，可排除B，因为短暂性脑缺血发作症状应于1小时内自行缓解。脑血栓形成常在安静状态下发病，病情进展缓慢，故不答E。②心房颤动时左心房收缩性降低，血流缓慢淤滞，可导致附壁血栓，栓子脱落易引起脑栓塞(A)。

54. ABCDE　基底节脑出血最常见的病因是原发性高血压(占50%~60%)，其次为淀粉样变(占20%~30%)、动脉瘤、动静脉畸形等。参阅上海科技出版社4版《实用神经病学》P432。

55. ABCDE　①老年患者，运动后突发头痛、呕吐、神志改变，脑膜刺激征阳性，头颅CT示侧脑室高密度影，应诊断为脑室出血(B)。脑室出血量较少时，可仅表现为头痛、呕吐、脑膜刺激征阳性，而无局限性神经系统体征。②蛛网膜下腔出血好发于青壮年男性，多表现为突发性头痛、恶心呕吐，伴或不伴意识障碍，脑膜刺激征，与题干相符，但头颅CT表现与之不符，故答B而不是C。③A显然不是正确答案。头颅CT示高密度影而不是低密度影，故不答D、E。

56. ABCDE　①患者颅内压增高，脑膜刺激征，问话不能正确回答，应考虑意识障碍或语言中枢受累，故答E。因为丘脑为网状上行系统的组成部分，受累后可有意识障碍；语言中枢位于大脑皮质。②小脑受损常表现为共济失调，指鼻试验、跟-膝-胫试验、闭目难立征阳性，眼震颤，吟诗样语言等，故不答A、C。基底核受损常表现为偏瘫，故不答B。延髓受损常导致呼吸骤停而死亡，故不答D。

57. ABCDE　58. ABCDE　59. ABCDE　①老年患者，高血压，活动时突发头痛、呕吐、眩晕，应考虑脑出血。患者双眼震颤，右手指鼻不准，右侧跟膝胫试验阳性，应诊断为小脑出血。由于小脑出血的临床表现位于病灶同侧，因此本例应诊断为右侧小脑半球出血，答案为A。②脑出血的诊断，首选头颅CT

检查(D)。脑血管造影常用于脑血管畸形的诊断。详细追问有关病史不能确诊脑出血。脑电图常用于诊断癫痫发作。脑出血患者，严禁行腰椎穿刺+脑脊液检查，以免诱发脑疝。③对于脑出血的患者应首先快速静脉注射甘露醇，降低颅内压，然后根据病情决定是否手术治疗(C)。利血平副作用较多，临床上少用，故不答 A。快速静脉滴注地塞米松不能降低颅内压，故不答 B。D 显然不是正确答案。小脑出血≥10ml，才需手术治疗，故不答 E。

60. ABCDE ①高血压脑出血以基底节区最常见，占所有脑出血的 60%～75%(B)。②脑干出血约占 10%，小脑出血约 10%，脑室出血占 3%～5%，脑叶出血占 5%～10%。

61. ABCDE 天气寒冷为高血压患者脑出血的常见诱因，并不是导致脑出血的直接因素，导致脑出血的直接因素为血压急剧升高(B 错)。A、C、D、E 均正确。

62. ABCDE ①患者为高血压脑出血，预防的关键是控制高血压。研究表明，未经治疗的高血压者发生脑卒中比控制高血压发生脑卒中者高 10 倍，故答 B。参阅上海科技出版社 4 版《实用神经病学》P434。②长期使用他汀类、阿司匹林，可预防心肌梗死的发作。B 族维生素不能预防脑出血。尼莫地平可缓解脑血管痉挛。

63. ABCDE 高血压脑内血肿按出血部位分为三型。①外侧型：血肿位于内囊外侧(大脑皮质下及壳核)，手术时对脑组织损伤较小，术后并发症较少，宜积极手术治疗；②内侧型：血肿位于内囊内侧(丘脑、脑干)，手术时脑组织受损较重，术后并发症多；③小脑型：血肿位于小脑半球，易形成脑疝，应尽快手术。因此高血压脑内血肿手术治疗的最佳适应证为外侧型血肿，病情加重(D)。

64. 无 高血压脑出血手术适应证包括：壳核出血≥30ml，丘脑出血≥15ml，小脑出血≥10ml，严重脑室出血(脑室铸型)，合并脑血管畸形、动脉瘤等血管病变。按 8 版《神经病学》P214 观点无正确答案。

65. ABCDE ①确诊自发性蛛网膜下腔出血，首选头部 CT 检查，准确率几近 100%，常表现为脑池和蛛网膜下腔高密度影，答案为 B。②对于疑有蛛网膜下腔出血的患者不宜作腰椎穿刺，以免诱发脑疝。蛛网膜下腔出血的病灶，在发病后 1～2 周内头颅 MRI 很难显示，故 MRI 不能用于本病的早期诊断。脑血管造影是诊断颅内动脉瘤的"金标准"。头颅正侧位 X 线片对本病无诊断价值。

66. ABCDE ①蛛网膜下腔出血最常见的病因是颅内动脉瘤，动脉瘤的大小与破裂出血的风险有关，直径>10mm 者极易破裂，故不答 A。②血压越高，当然颅内动脉瘤越容易破裂出血，故不答 B。③颅内压剧烈变化可造成脑血流量急剧增加或减少，导致颅内动脉瘤破裂，故不答 D。④脑血管畸形范围越大，越易形成畸形血管团，血管壁越薄弱，越易破裂出血，故不答 E。⑤排除 A、B、D、E 后，正确答案为 C。

67. ABCDE 蛛网膜下腔出血患者脑底部或脑表面血管破裂后，血液进入蛛网膜下腔，通过围绕在脑和脊髓周围的脑脊液迅速播散，刺激脑膜可引起脑膜刺激征。B、C、D、E 一般不会出现脑膜刺激征阳性。

68. ABCDE 患者头颅 CT 示高密度影，说明为出血病灶，故可首先排除 A、B、C。患者有脑膜刺激征，头颅 CT 示脑沟、脑池高密度影，应诊断为蛛网膜下腔出血(D)。脑出血不会出现颈项强直。

69. ABCDE 70. ABCDE 71. ABCDE ①患者突发头痛，一过性意识障碍，无颅内局灶性体征，有颈项强直及脑膜刺激征，应诊断为蛛网膜下腔出血(B)。脑梗死好发于老年人，起病较慢，多无头痛、意识障碍及脑膜刺激征，故不答 A。高血压脑出血、脑动静脉畸形出血均有明显的三偏征，而脑膜刺激征不重。颅脑肿瘤不会突然发病，故不答 E。②诊断蛛网膜下腔出血首选头颅 CT 检查，准确率约为 100%(D)。蛛网膜下腔出血不宜作腰椎穿刺，以免诱发脑疝。脑电图常用于诊断癫痫。视力检查、视神经孔像具有辅助诊断价值，不能确诊本病。③蛛网膜下腔出血患者，若为后交通动脉瘤破裂出血则可压迫邻近的动眼神经，产生动眼神经麻痹，表现为患侧上睑下垂，瞳孔散大(B)。面神经麻痹常表现为面部表情肌瘫痪。小脑幕切迹疝常表现为患侧瞳孔散大，但不会出现上睑下垂。题干未述及糖尿病，故不答 D。视神经受损常导致视力减退或丧失，故不答 E。

72. ABCDE 近记忆障碍常为阿尔茨海默病首发及最明显的症状，故最佳答案为 B 而不是 A。参阅 7 版《精神病学》P60，8 版《精神病学》已删除。

73. ABCDE 帕金森病为黑质-纹状体多巴胺能通路变性所致，常表现为静止性震颤、运动迟缓、肌强直、姿势平衡障碍。

74. ABCDE ①老年患者，一侧肢体静止性震颤，肌张力齿轮样增高，运动迟缓，应诊断为帕金森病，为黑质多巴胺能系统受损所致(B)。②大脑皮质受损常表现为感觉丧失、四肢随意运动障碍。小脑受损常表现为共济失调。内囊受损常表现为三偏综合征。脑桥受损常表现为交叉性瘫痪。

75. ABCDE ①65岁以上的帕金森病患者治疗首选复方左旋多巴，必要时可加用多巴胺受体激动剂、单胺氧化酶B型抑制剂或儿茶酚-氧位-甲基转移酶抑制剂。司来吉兰为单胺氧化酶B型抑制剂，能阻止脑内多巴胺的降解，增加多巴胺浓度，与复方左旋多巴合用可增强疗效，改善症状波动，活动性溃疡患者禁用(D)。②金刚烷胺进入脑组织后可促进多巴胺的释放，延缓多巴胺代谢，而发挥抗震颤作用，但肾功能不全者禁用。溴隐亭为麦角类多巴胺受体激动剂，可导致心脏瓣膜病变、肺胸膜纤维化，国内已停用。苯甲托品、苯海索均属于抗胆碱能药物，青光眼患者禁用。

76. ABCDE ①氟桂利嗪属于哌嗪类钙拮抗药，可阻断 Ca^{2+} 内流，同时对内源性多巴胺具有阻滞作用，在用药数周或数月后可出现帕金森综合征。患者服用氟桂利嗪3个月后出现动作徐缓、僵硬、手部震颤、面具脸、肌张力增高，应诊断为药物性帕金森综合征(C)。②原发性帕金森病是指病因未明的帕金森综合征，约占所有帕金森综合征的75%。A、D均属于继发性帕金森综合征。帕金森叠加综合征是指一组神经系统的变性疾病，临床症状类似帕金森病，但病变范围更广泛。

77. ABCDE 78. ABCDE 79. ABCDE 80. ABCDE ①老年男性，静止性震颤，肌张力明显增高，运动迟缓，面容呆板，慌张步态，应诊断为帕金森病(C)。小舞蹈病也称风湿性舞蹈病，常表现为面、手、足快速舞蹈样不自主运动，肌张力降低。亨廷顿病常表现为舞蹈样不自主运动、运动性震颤。肝豆状核变性常自幼发病，表现为肢体舞蹈样及手足徐动样动作，肌张力增高，静止性、意向性或姿势性震颤，K-F环。肌张力障碍常表现为扭转痉挛、痉挛性斜颈、手足徐动症、书写痉挛等。②65岁以上帕金森病患者的治疗首选左旋多巴，对震颤、强直、运动迟缓均有较好疗效(D)。地西泮为镇静催眠药，氯丙嗪为吩噻嗪类抗精神病药，D-青霉胺为抗风湿药，均不适于帕金森病的治疗。多巴胺不易通过血脑屏障，不用于帕金森病的治疗，左旋多巴为多巴胺的前体，可进入中枢转变为多巴胺发挥治疗作用。③A、B、D、E均为黑质受损，脑内多巴胺含量下降，乙酰胆碱功能相对亢进所致，故左旋多巴可改善这些症状。但静止性震颤不是黑质病变引起，而是丘脑外侧腹核功能异常所致，因此左旋多巴不能缓解静止性震颤(C)。④目前帕金森病的治疗，只能改善症状，不能阻止病情进展，更无法治愈(B)。

81. ABCDE 癫痫是多种原因导致的脑部神经元高度同步化异常放电的临床综合征。症状性癫痫是指由各种明确的中枢神经系统结构损伤或功能异常所致的癫痫，如脑外伤、脑血管病、脑肿瘤、药物、毒物。

82. ABCDE ①继发性癫痫也称症状性癫痫，是指由各种明确的中枢神经系统结构损伤或功能异常所致的癫痫，其病因明确，任何局灶性或弥漫性脑部疾病，均可引起癫痫，故脑内常有器质性病变，如皮质发育异常、颅内肿瘤、脑外伤等(C对)。②继发性癫痫若能明确病因，行病因治疗效果较好，故不答B。③继发性癫痫的初发年龄多在20岁以前，各年龄段均可发病。儿童开始发病为特发性癫痫的特点，故不答D。④癫痫发作的国际分类将癫痫分为3类，即全面性发作、部分性发作、不能分类的癫痫发作。继发性癫痫由于病因明确，可归为前两类，故不答E。

83. ABCDE 84. ABCDE ①癫痫的复杂部分性发作占成人癫痫发作的50%以上，病灶多在颞叶，也可见于额叶、嗅皮质等部位(E)。②帕金森病是由于黑质多巴胺能神经元变性，纹状体内多巴胺含量下降所致，因黑质-纹状体属于锥体外系统，故答案为B。③杰克逊(Jackson)癫痫的病灶在对侧中央前回运动区。小脑受损常表现为共济失调。枕叶癫痫常表现为伴有视觉症状的单纯部分性发作。

85. ABCDE ①癫痫全面性发作起源于双侧脑部，因此症状涉及双侧肢体，而患者发作仅涉及左上肢及口角，故不答A、B、E，因为A、B、E均属于全面性发作。②单纯部分性发作、复杂部分性发作均属于癫痫部分性发作，前者无意识障碍，后者有意识障碍，而患者每次发作都出现短暂意识障碍，故答D而不是C。

86. ABCDE ①假性癫痫发作是由心理障碍而非脑电紊乱引起的脑部功能异常，故脑电图正常。常表现为哭叫、手足抽动、过度换气、眼睑紧闭、眼球乱动，但瞳孔对光反射存在，无大小便失禁，病理征阴性。根据题干，本例应诊断为假性癫痫发作。②晕厥为脑缺血缺氧所致的意识瞬间丧失和跌倒，多有明显诱因，跌倒时较缓慢。癫痫发作常为突然刻板发作，发作时上睑抬起、眼球上窜，对光反射消失，脑电图异常，故不答 B、C。短暂性脑缺血发作为一过性脑血管病变，症状多在 1 小时内自行缓解。

87. ABCDE ①失神发作的典型表现是突然短暂(5~10 秒)意识丧失和正在进行的动作中断，双眼茫然凝视，呼之不应，可伴失张力，如手中持物坠落，一般不会跌倒，事后对发作全无记忆。发作后立即清醒，醒后不能回忆，发作间期查体无异常。根据题干，本例应诊断为失神发作。②强直-阵挛性发作从发作到意识恢复约需 5~15 分钟，故不答 A。复杂部分性发作多见于成人，常表现为意识障碍、自动症等。单纯部分性发作无意识障碍，故不答 C。患者仅有手持物体失落，而无肌痉挛性发作，故不答 D。

88. ABCDE ①患者意识丧失 10 分钟，全身强直伴抽搐，应诊断为强直-阵挛发作(B)。②单纯性发作不是规范化名称，故不答 A。失神发作、复杂部分性发作均可有意识障碍，但均不会出现强直抽搐，故不答 C、D。单纯部分性发作不会出现意识丧失，故不答 E。

89. ABCDE ①患者“事后不能回忆”，说明存在意识障碍，故可首先排除 A、B、D。因为单纯运动性发作、单纯感觉性发作均属于单纯部分性发作，均无意识障碍。②患者发作开始时无意识障碍，发作后期才出现意识障碍，因此可排除癫痫全面性发作，故不答 E，因为失神发作属于全面性发作，常表现为发作初期就有意识障碍。③排除 A、B、D、E 后，得出正确答案为 C。

90. ABCDE ①诊断癫痫的最主要依据是临床表现，而不是脑电图，详细而准确的病史是诊断癫痫的主要依据(D)。因患者发作时大多数伴有意识障碍，故应详细询问患者的亲属或目击者。②脑电图是诊断癫痫最重要的辅助检查方法，阳性率仅 50%左右。癫痫发作间歇期行神经系统检查常为阴性，故不能作为诊断依据。脑 CT 主要用于排除脑内其他病变。脑脊液检查对癫痫的诊断价值不大。

91. ABCDE ①正电子发射计算机体层显像(PET)可反映脑组织局部代谢变化，可用于癫痫病灶的定位诊断(E)。②发作时脑电图上有无痫样发电、对抗癫痫治疗是否有效，是鉴别癫痫发作与假性癫痫的关键。典型临床表现是确定癫痫发作类型的主要依据。头颅 CT 或 MRI 检查可了解脑结构病变，有助于鉴别原发性和继发性癫痫。临床上，主要根据发作类型来选择抗癫痫药物。

92. ABCDE ①假性癫痫发作是一种非癫痫性的发作性疾病，是由心理障碍而非脑电紊乱引起的脑部功能异常。假性发作的临床表现与癫痫相似，癫痫患者发作时常出现的感觉、运动、情感症状在假性发作中都能见到，故 A、B、C、D 均无鉴别价值。②但癫痫大发作时常有意识丧失，表现为瞳孔散大、对光反射消失；假性发作者无意识障碍，常表现为瞳孔大小正常，对光反射存在。此为两者的鉴别要点(E)。

93. ABCDE ①控制单纯失神发作首选乙琥胺。若失神发作合并全身强直-阵挛性发作时，则首选丙戊酸钠(E)。②地西泮、苯妥英钠常用于癫痫持续状态的治疗。苯巴比妥为小儿癫痫的首选药物。

94. ABCDE ①男性青年，突发四肢抽搐，强直，口吐白沫，小便失禁，发作约 3 分钟，间歇期正常，应诊断为癫痫(B)。②癔症多在有人的场所发作，无小便失禁，每次发作多长达数小时，故不答 D。晕厥、脑血管意外、中暑均不可能在发作 3 分钟后缓解，故不答 A、C、E。

95. ABCDE 患者反复发作全身抽搐，每次 30 秒，伴意识丧失，应诊断为癫痫全面强直-阵挛发作(大发作)。成人癫痫大发作的治疗首选卡马西平、丙戊酸钠(A)。

96. ABCDE 癫痫持续状态是指癫痫全身性发作在两次发作间意识不清楚，单次发作持续 30 分钟以上或在短时间内频繁发作。患者频繁发作，意识不清，应诊断为癫痫持续发作，治疗首选地西泮静脉注射。

97. ABCDE **98. ABCDE** ①癫痫发作分为部分性发作和全面性发作。部分性发作又细分为单纯部分性、复杂部分性、部分性继发全面性发作 3 类，前者无意识障碍，后两者有意识障碍。患者发作时神志清楚，故不答 E。全身强直阵挛发作属于全面性发作，发作时也有意识障碍，故不答 B。患者发作时口角、面部、右上肢、右下肢抽动，为运动异常而不是感觉异常，故应诊断为单纯部分运动性发作，而不是单纯部分感觉性发作，故答D而不是A。假性癫痫发作多由精神因素诱发，发作形式多样，不会出现刻板性发作，故不答C。②癫痫单纯部分性发作的治疗首选卡马西平。苯妥英钠、苯巴比妥可能有效。拉莫三嗪可用于部分发作的治疗，但不作为首选。托吡酯常用于难治性部分性发作的治疗。

99. ABCDE　100. ABCDE　101. ABCDE　①癫痫复杂部分性发作的治疗首选卡马西平（E）。参阅17版《新编药物学》P215。②癫痫持续状态的治疗首选地西泮，次选氯硝西泮（C）。参阅3版8年制《神经病学》P333。③癫痫失神发作的治疗首选丙戊酸钠、拉莫三嗪、乙琥胺（A）。参阅8版《神经病学》P362。

102. ABCDE　103. ABCDE　104. ABCDE　①治疗原发性三叉神经痛首选卡马西平，有效率可达70%~80%（C）。②托吡酯为抗癫痫药物，可用于预防慢性偏头痛的发作（A）。③癫痫典型失神发作首选乙琥胺、丙戊酸钠、拉莫三嗪（E）。④氯硝西泮是肌阵挛-失张力发作性癫痫的首选药物。左乙拉西坦是婴儿重症肌阵挛性癫痫的二线治疗药物。

105. ABCDE　视神经脊髓炎患者血清水通道蛋白4（AQP4）抗体多为阳性，为其相对特异性自身抗体。

106. ABCDE　107. ABCDE　108. ABCDE　①当脊髓受压时，神经根痛症状对判断脊髓病变部位具有重要价值。髓外硬膜内病变常有剧烈神经根痛，而脊髓内病变极少出现神经根痛。患者双下肢麻木无力，背痛明显，说明神经根痛明显，应考虑脊髓外病变。故可首先排除A、C。脊髓压迫症常出现感觉障碍同深对浅（即一侧脊髓受损，常表现为病灶同侧深感觉障碍+对侧浅感觉障碍）。患者右下肢深感觉障碍（右下肢足趾振动觉、位置觉消失），左侧浅感觉障碍（左半侧胸8以下痛、温觉消失），应考虑脊髓病变部位在右侧，故应诊断为右侧胸8附近脊髓髓外病变（E）。右侧锥体束受压可引起病变以下右侧肢体痉挛性瘫痪，腱反射亢进，Babinski征阳性。②脊髓髓外病变患者因髓外肿瘤血流丰富，故MRI检查呈高信号肿块（D对）。脊髓髓内病变MRI检查示脊髓梭形膨大。C为脊髓空洞症的MRI表现。③脊髓半切综合征（Brown-Sequard综合征）常表现为病灶同侧损伤平面以下深感觉障碍和上运动神经元瘫痪，对侧损伤平面以下痛温觉消失。根据题干，本例应诊断为Brown-Sequard综合征（C对）。脊髓后角损害常表现为病灶同侧节段性感觉解离，即病灶同侧痛温觉障碍而深感觉保留，故不答A。脊髓横贯性损害常表现为截瘫，即病灶平面以下深、浅感觉均减退，故不答B。脊神经根损害为运动障碍，与感觉无关，故不答D。脊髓后索损害常表现为深感觉障碍；脊髓侧索损害常影响脊髓丘脑侧束，出现病灶对侧受损平面以下痛温觉消失，而运动无损害，故不答E。

109. ABCDE　①三叉神经痛患者面部某个区域可能特别敏感，易触发疼痛，稍加触动即可引起疼痛发作，且疼痛从此点开始，立即放射至其他部位。凡能引起疼痛发作的部位，称为触发点、扳机点。触发点常位于口角、鼻翼、颊部、舌部等处。②A、C、D、E均无疼痛触发点。

110. ABCDE　①三叉神经为混合性神经，其运动纤维支配咀嚼肌包括颞肌、咬肌、翼内肌、翼外肌。翼内肌、翼外肌的功能是将下颌推向前下，故一侧三叉神经麻痹张口时下颌应向患侧偏斜。②角膜反射通路：角膜→三叉神经眼支→三叉神经感觉主核→两侧面神经核→面神经→眼轮匝肌→闭眼反应。可见，角膜反射由三叉神经与面神经共同完成。当三叉神经受损时，可出现同侧角膜反射消失。

111. ABCDE　①三叉神经痛常表现为面颊上下颌剧烈疼痛，电击样、针刺样、刀割样、撕裂样疼痛，持续数秒至1~2分钟，停发突止，间歇期完全正常。洗脸、刷牙、讲话均可诱发。根据题干，本例应诊断为三叉神经痛（B）。②舌咽神经痛少见，疼痛常局限于扁桃体、舌根、咽及耳道深部。患者查体颞颌关节无明显压痛，故不答C。腮腺炎常表现为腮腺区红肿疼痛，为持续性疼痛。牙周炎为持续性牙痛，局限于牙龈部。

112. ABCDE　113. ABCDE　114. ABCDE　①原发性与继发性三叉神经痛的鉴别要点：前者不伴三叉神经麻痹，后者伴三叉神经麻痹。一侧三叉神经麻痹常表现为同侧面部感觉减退、张口时下颌偏向患侧、同侧角膜反射减退或消失。因此本例诊断为原发性三叉神经痛的条件是不应合并三叉神经麻痹的征象，即同侧面部痛温觉正常、张口时下颌居中、同侧角膜反射存在（C对）。②原发性三叉神经痛的首选药物是卡马西平，其有效率为70%~80%（D）。③经皮半月神经节射频热凝术的原理：三叉神经中传导痛觉的无髓细纤维(A_δ 和 C 类纤维)加热到 70~75℃即发生变性,而传导触觉的有髓粗纤维(A_β 纤维)能耐受更高温度,因此对其控制加温(65~75℃),可以选择性破坏痛觉纤维,保留触觉功能。操作时在 CT 引导下,将射频针经皮刺入三叉神经节处,射频发生器将针头加热到65~75℃,维持 1 分钟,即可达到治疗目的。本法属微创操作,在局麻下即可完成,疗效达 90%。患者药物治疗无效,不宜全身麻醉,可选用该法治疗。A、C、D、E 均为开颅手术,均需全身麻醉,不宜选用。

115. ABCDE ①急性面神经炎常表现为偏侧面部全部表情肌瘫痪,额纹消失,不能皱额,眼裂不能闭合(B)。②上运动神经元损伤所致的面神经麻痹常表现为病灶对侧下面部表情肌瘫痪,即鼻唇沟变浅、口角轻度下垂,而面上部肌肉不受累。

116. ABCDE ①面神经炎常表现为患侧面部表情肌瘫痪,额纹消失,不能皱额蹙眉,眼裂不能闭合。体检可见患侧闭眼时眼球不能向外上方转动,露出白色巩膜,称为 Bell 征;鼻唇沟变浅,口角下垂,露齿时口角歪向健侧;因口轮匝肌瘫痪,鼓气、吹口哨漏气;面瘫多为单侧,若为双侧需考虑吉兰-巴雷综合征。患者单侧面瘫,应诊断为左侧面神经炎,而不是吉兰-巴雷综合征,故答 A。②三叉神经第 1 支为一般躯体感觉神经,受损后主要表现为前额、鼻背、上睑皮肤感觉障碍,角膜反射消失。三叉神经第 3 支为混合性神经,受损后表现为同侧咀嚼肌瘫痪,张口时下颌向患侧偏斜。中枢性面瘫常表现为病灶对侧下面部表情肌瘫痪,即鼻唇沟变浅、口角轻度下垂,而上部面肌不受累。

117. ABCDE 面神经炎的治疗原则为改善局部血液循环,减轻面神经水肿,缓解神经受压,促进神经功能恢复。①糖皮质激素为主要治疗药物,急性期应尽早使用。②维生素 B_1 和维生素 B_{12},肌内注射,可促进神经髓鞘的恢复。③抗病毒药阿昔洛韦适用于 Ramsay-Hunt 综合征患者。④急性期可在茎乳口附近行超短波透热治疗,红外线照射等,有利于改善局部血液循环,减轻神经水肿。非甾体抗炎药对面神经炎无效,答案为 E。

118. ABCDE 吉兰-巴雷综合征的首发症状多为对称性弛缓性瘫痪,自远端向近端加重,常由双下肢开始逐渐累及躯干肌。发病时患者多有肢体感觉异常,但感觉障碍相对较轻。本病没有突出的大小便功能障碍,此为急性脊髓炎的典型表现。

119. ABCDE Miller-Fisher(米勒-费雪)综合征(MFS)属于吉兰-巴雷综合征的一种亚型,以眼外肌麻痹、共济失调、腱反射消失为主要临床特点。多以复视起病,相继出现对称性或不对称性眼外肌麻痹、眼睑下垂,可有躯干或肢体共济失调、腱反射减弱或消失,肌力正常或轻度减退。

120. ABCDE 高颈段急性脊髓炎休克期常表现为截瘫,早期出现尿便障碍,发生严重尿潴留。吉兰-巴雷综合征急性期常表现为肢体弛缓性瘫痪,多无括约肌功能障碍,不会发生严重尿潴留。是否发生尿潴留是两者的鉴别要点。

121. ABCDE 吉兰-巴雷综合征是自身免疫介导的周围神经病,主要损害脊神经根和周围神经,也常累及脑神经。首发症状多为对称性弛缓性瘫痪,严重病例可累及肋间肌、膈肌致呼吸肌麻痹,危及生命。

122. ABCDE 吉兰-巴雷综合征的脑脊液蛋白-细胞分离是指蛋白质含量增高,而细胞数正常。参阅 3 版 8 年制《神经病学》P145。

123. ABCDE ①吉兰-巴雷综合征常表现为四肢对称性弛缓性瘫痪,感觉障碍一般比运动障碍轻,多表现为肢体感觉异常,如烧灼感、麻木感、刺痛、不适感等,呈手套-袜套样分布。②重症肌无力、多发性肌炎、周期性麻痹一般无感觉障碍,故不答 B、C、E。急性脊髓炎常表现为病损平面以下肢体截瘫、传导束性感觉障碍、尿便障碍等。

124. ABCDE 125. ABCDE ①患者病前 3 周有上呼吸道感染史,4 天前双下肢对称性弛缓性瘫痪,有感觉障碍,双下肢肌力下降,膝反射减弱,应诊断为吉兰-巴雷综合征(E)。急性脊髓炎常表现为受累平面以下截瘫。急性横贯性脊髓炎常表现为截瘫,伴传导束性感觉障碍。周期性瘫痪常表现为受累骨骼肌病态疲劳,无感觉障碍。脊髓压迫症常表现为急性脊髓横贯性损害。②吉兰-巴雷综合征是一种自身免疫介导的周围神经病,可行血浆置换直接去除血浆中的致病抗体,疗效满意(D)。本病为自身免疫性疾病，无需使用抗生素、抗病毒药物、抗凝剂。皮质类固醇治疗本病仍有争议。

126. ABCDE　127. ABCDE　①吉兰-巴雷综合征是一种自身免疫介导的周围神经病，主要损害脊神经根和周围神经，常表现为四肢对称性弛缓性瘫痪，自远端向近端发展，四肢腱反射减弱，病理反射阴性，感觉障碍一般比运动障碍轻。根据题干，本例应诊断为吉兰-巴雷综合征，病变部位位于周围神经(D)。患者无意识障碍、惊厥发作、视物不清、言语含糊，说明无脑神经受累，故不答A、B、C、E。②为明确吉兰-巴雷综合征的诊断，应行神经传导速度检查，可见周围神经存在脱髓鞘性病变(E)。头颅CT检查常用于诊断颅内占位性病变。B超、X线片、心电图对本病的诊断价值不大。

128. ABCDE　①儿童重症肌无力以眼肌型最多见，大多数病例仅限于眼外肌麻痹，很少累及全身骨骼肌。常表现为一侧或双侧眼睑下垂(A)。②“易发生延髓肌瘫痪，易发生重症肌无力危象”为成年重型肌无力的特点。

129. ABCDE　①重症肌无力常表现为受累骨骼肌病态疲劳，严重者可出现呼吸肌受累，以致不能维持正常的换气功能，称为重症肌无力危象，包括肌无力危象、胆碱能危象和反拗危象。反拗危象是指患者突然对抗胆碱酯酶药物不敏感，而出现严重的呼吸困难。②一旦发生反拗危象，应立即停用抗胆碱酯酶药物新斯的明，以减少气管内分泌物；同时行气管插管或气管切开，进行人工辅助呼吸。

130. ABCDE　①重症肌无力常表现为受累骨骼肌病态疲劳，症状波动，晨轻暮重。全身骨骼肌均可受累，如眼外肌受累可表现为上睑下垂、斜视、复视，口咽肌受累可表现为吞咽困难。根据题干，本例应考虑重症肌无力。②重症肌无力的发病机制与自身抗体介导的突触后膜乙酰胆碱(ACh)受体损害有关，故测定ACh受体抗体滴度具有特征性诊断价值。重症肌无力患者肌内注射新斯的明1mg，20分钟后肌无力症状即可明显减轻。纵隔CT检查可发现胸腺增生和肥大。重症肌无力患者肌疲劳试验常为阳性。血清铜测定常用于诊断肝豆状核变性，对本病的诊断无帮助，故答B。

131. ABCDE　①中年女性，右眼睑下垂，复视，四肢无力，休息后减轻，疲劳后加重，应诊断为重症肌无力，主要是由于神经-骨骼肌接头处(终板膜上)的乙酰胆碱受体破坏所致(B)。②神经-骨骼肌接头由接头前膜、接头间隙、接头后膜(终板膜)组成。运动神经末梢电压门控Ca^{2+}通道失活将导致神经-骨骼肌接头信息传递受阻。终板膜因胆碱酯酶失活而持续去极化，将导致骨骼肌持续收缩，表现为肌肉震颤。神经-骨骼肌接头处乙酰胆碱释放减少、骨骼肌肌膜上的电压门控Na^{+}通道失活均可导致骨骼肌收缩力减弱，但并不是重症肌无力的发病机制。

132. ABCDE　①患者全身无力，双眼睑下垂，晨轻暮重，应诊断为重症肌无力。②为明确诊断，可行胸腺CT检查，以确定有无胸腺瘤。重复神经电刺激为重症肌无力的确诊检查方法。约5%的重症肌无力患者合并有甲状腺功能亢进症，因此可行甲状腺功能检查。新斯的明试验阳性有助于本病的诊断。③重症肌无力是神经-肌肉接头传递障碍所致，肌肉本身无病变，故无需进行肌肉活检(B)。

133. ABCDE　①万古霉素可抑制骨骼肌-神经肌接头处的兴奋传递，加重重症肌无力症状，严禁使用。②A、C、D、E均可使用。

134. ABCDE　①胆碱酯酶抑制剂可使瞳孔括约肌、睫状肌收缩，导致瞳孔缩小。②胆碱酯酶抑制剂可导致体内乙酰胆碱堆积，使心率减慢、心输出量下降。③大剂量胆碱酯酶抑制剂可增加唾液腺的基础分泌，导致流涎。④若重症肌无力患者对胆碱酶抑制剂不敏感，可导致反拗危象，出现严重的呼吸困难(E)。

135. ABCDE　①重症肌无力危象分为肌无力危象、胆碱能危象和反拗危象3型。胆碱能危象是由于抗胆碱酯酶药物使用过量所致，常表现为患者肌无力加重，并出现明显胆碱酯酶抑制剂的不良反应，如肌束颤动、毒蕈碱样反应等(D)。②肌无力危象是由于疾病本身发展所致，常由感染、分娩、氨基糖苷类药物等诱发。反拗危象是由于对抗胆碱酯酶药物突然失效所致。

136. ABCDE　①重症肌无力常表现为受累骨骼肌病态疲劳。肌无力于下午或傍晚因活动劳累后加重，晨起或休息后减轻，称为晨轻暮重。②重症肌无力多以脑神经支配的肌肉最先受累，首发症状常为眼外肌麻痹，如上睑下垂、斜视、复视等。重复神经电刺激的典型表现为动作电位波幅第5波比第1

波在低频刺激时递减 10%以上，或高频刺激时递减 30%以上。

137. ABCDE ①醛固酮的生理作用是保钠保水排钾，原发性醛固酮增多症患者由于醛固酮分泌增多，尿钾排出增加，造成血钾浓度降低，可导致肌无力(E)。由于肌无力的直接原因为低钾血症，故最佳答案为 E 而不是 D。②持续性高血压、钠水潴留过多都是原发性醛固酮增多症的常见临床表现。

138. ABCDE ①周期性瘫痪是一组反复发作的以骨骼肌弛缓性瘫痪为特征的肌病，与钾代谢异常有关，分为低钾型、高钾型和正常钾型周期性瘫痪。对于频繁发作者，可在发作间歇期给予乙酰唑胺以预防发作(B)。乙酰唑胺对各型周期性瘫痪均有效，其作用机制未明。请注意：乙酰唑胺可增加尿钾排出，降低血钾，但能预防低钾型周期性瘫痪的发作。古德曼·吉尔曼《治疗学的药理学基础》P590认为其机制不明，可能与乙酰唑胺诱发的代谢性酸中毒有关。类似的，与药理作用相反的适应证还有氢氯噻嗪为利尿药，可用于尿崩症的治疗。②胸腺摘除适用于药物治疗无效的重症肌无力。泼尼松可用于预防正常钾型周期性瘫痪。吡啶斯的明也称溴吡斯的明，为抗胆碱酯酶药物，常用于治疗重症肌无力。卡马西平为癫痫部分性发作的首选药。

139. ABCDE 140. ABCDE 141. ABCDE ①甲状腺功能亢进症患者突发双下肢软瘫，膝反射减退，无肌萎缩，Babinski 征阴性，颅脑 CT 正常，可排除中枢性瘫痪，应诊断为甲亢性周期性瘫痪(D)。甲状腺毒症性心脏病(甲亢性心脏病)不会出现四肢软瘫，故不答 A。甲亢性肌炎病程缓慢，常表现为进行性加重的肌无力，但无瘫痪和感觉障碍。重症肌无力常表现为部分或全身骨骼肌无力和极度疲劳，晨轻暮重，休息可减轻。癔症常因精神因素诱发，无躯体疾病。②甲亢性周期性瘫痪导致双下肢瘫痪的主要原因是血钾降低(C)。③其治疗为补钾，可静脉滴注氯化钾溶液(C)。

142. ABCDE 143. ABCDE 144. ABCDE ①动眼神经麻痹常表现为上睑下垂、眼裂变小、眼球向外下斜视、不能向上向内向下转动、复视、瞳孔散大、对光反射及调节反射均消失(E)。瞳孔对光反射的通路：视网膜→视神经→视交叉→双侧视束→上丘臂→中脑顶盖前区→双侧动眼神经副核→动眼神经→睫状神经节→节后纤维→瞳孔括约肌收缩→双侧瞳孔缩小。故动眼神经受损，可导致直接对光反射消失。②霍纳综合征为颈交感神经受累所致，常表现为患侧眼睑下垂、眼裂缩小、瞳孔缩小、眼球下陷、结膜充血、面部无汗。颈交感神经不参与对光反射的调节，故霍纳综合征患者直接对光反射正常(C)。③重症肌无力眼肌型仅累及眼外肌，常表现为上睑下垂、眼裂缩小、复视、瞳孔正常。因不累及动眼神经，故直接对光反射正常(D)。

第十七篇　精神病学试题答案及详细解答

（正确答案为绿色的选项）

1. ABCDE　①精神障碍并不都是由心理因素引起，如脑器质性精神障碍即为脑组织病变所致。精神分裂症是遗传因素、神经发育异常、神经生化异常、心理社会因素共同作用的结果。焦虑障碍是由遗传因素、神经生化异常、应激性生活事件作用的结果。5-羟色胺功能降低与抑郁发作有关，5-羟色胺功能活动增强与躁狂发作有关。②急性应激障碍是指以急剧、严重的精神刺激作为直接原因，患者在受刺激后立即发病，表现为强烈恐惧体验的精神运动性兴奋（E 对）。

2. ABCDE　①幻觉是指没有现实刺激作用于感觉器官时出现的知觉体验，是一种虚幻的知觉（A）。②妄想是指在病态推理和判断基础上形成的一种病理性歪曲的信念。人格是指个体在社会与生活环境中一贯所表现出来的行为模式。错觉是指对客观事物歪曲的知觉。知觉是客观事物的各种属性在人脑中经过综合，并借助于过去的经验所形成的一种完整的印象，知觉改变常见于精神疾病。

3. ABCDE　①错觉是对客观事物歪曲的知觉，如患者把输液管看成一条蛇。②A、C 属于视物变形症，D 属于幻触，E 属于幻听。

4. ABCDE　①A 为空间感知综合障碍，B、E 为视物变形症，D 为体形知觉综合障碍，均属于感知觉综合障碍。②C 属于功能性幻听，而不属于感知觉综合障碍。

5. ABCDE　幻觉是没有现实刺激作用于感觉器官时出现的知觉体验，是一种虚幻的知觉。

6. ABCDE　①幻触又称皮肤黏膜幻觉，是指患者感到皮肤或黏膜表面有接触、针刺、虫爬等异常感觉（C）。②感觉过敏是指对刺激的感受性增高，感觉阈值降低，表现为对外界一般强度的刺激产生强烈的感觉体验。感觉倒错是指对刺激产生的错误感觉。本体幻觉是指患者感到内脏被捏、拉、膨胀感、虫爬、刀割样体验。错觉是对客观事物的一种错误感知。

7. ABCDE　①言语性幻听是指幻觉内容为言语交谈。若言语内容是评论患者的言行，称为评论性幻听。若言语内容是争论性的，称为争论性幻听，即有两个或多个人的声音对患者的人品、能力、表现发表各不相同的看法。若言语内容为命令患者做某事，称为命令性幻听。根据题干，本例应诊断为争论性幻听（C）。②如果听到的声音为患者自己的声音，称为思维化声。思维鸣响是指患者体验到自己的思想变成了声音，患者“听到”声音说出自己正在思考的内容。

8. ABCDE　①功能性幻觉是指现实刺激引起同类感觉分析器出现幻觉。患者听到电话铃声（听觉器官），同时就听到辱骂自己的声音（还是听觉器官），可见伴随现实刺激而出现幻觉的器官是同一感觉器官，故该症状是功能性幻听（E）。②反射性幻听也是伴随现实刺激而出现的幻觉，但涉及两个不同的感觉器官，故不答 C。心因性幻听是在强烈心理因素影响下出现的幻觉。元素性幻听是指非言语性幻听。假性幻听是存在于自己的主观空间内，不通过感觉器官而获得的幻觉。

9. ABCDE　①面谈是精神科医师需要掌握并不断完善的核心临床技能。不要因患者荒谬的思维、症状而与患者争辩或强行指正其病态，否则将会阻碍患者的表达或引起患者的猜疑（E 错）。②医患关系是一种特殊的人际关系，在精神科中，建立良好的医患关系尤为重要（B 对）。③面谈检查时，应先问一般性问题，后问实质性问题。对于神志清楚、检查合作者，可以先提一些开放性问题，如“你哪里不舒服?”、“你的心情怎么样?”与封闭式问题相比，开放式交谈可以启发患者谈出自己的内心体验（C、D 对）。④眼神、手势、身体的姿势等，构成了非言语交流的主体，医师可以通过使用这种手段鼓励或制止患者的谈话(A 对)。超纲题,大纲不要求掌握精神检查原则。2015、2016 年考题。

10. ABCDE ①视物变形症是指患者虽对客观事物整体的感知正确,但对个体属性(如形状、大小、体积等)发生了感知错误,如视物显大症、视物显小症。②幻觉是指没有现实刺激作用于感觉器官时出现的知觉体验。谵妄是指患者在意识清晰度降低的同时,出现大量的幻觉、错觉。错觉是指对客观事物歪曲的知觉。妄想是指在病态推理和判断基础上形成的一种病理性歪曲的信念。

11. ABCDE ①强迫性对立观念是指患者反复出现对立的观念,如听到“和平”,马上想到“战争”;听到“安全”,马上想到“危险”等(E)。②强迫性穷思竭虑是指患者反复思考毫无意义的问题,如为什么 2+3=5?强迫意向是指患者反复出现某种冲动的欲望,虽然从不表现具体行动,但使患者感到非常紧张害怕。牵连观念是指将无关的外界现象解释为与本人有关,而且往往是恶意的,可成为妄想的前兆。超价观念是指一种在意识中占主导地位的观念,是思维内容障碍的表现形式之一。

12. ABCDE ①错视是指有客观刺激作用于视觉器官,但被错误地感知,如患者将一盏球形灯看成是一副娃娃脸的画面(C)。②视物变形症属于感知综合障碍,患者对客观事物的整体属性能够正确感知,只是对个别属性(如大小、形状、颜色等)产生了错误的感知,本例中患者将灯看成了娃娃脸,属于整体属性感知错误,故不答 A。幻视是指患者看到了并不存在的事物。非真实感是指患者感到周围的事物和环境变得不真实,犹如隔了一层窗纱。妄想是指在病态推理和判断基础上形成的一种病理性歪曲的信念。

13. ABCDE ①破裂思维表现为患者的言语或书写的内容有结构完整的句子,但各句含意互不相关,变成了语句堆积,整段内容令人不能理解。严重时,言语支离破碎,句子结构不完整,成了一些不相干字、词的堆积。②B 见于思维迟缓。C 见于思维奔逸。D 见于象征性思维。E 是指推理缺乏逻辑性。

14. ABCDE ①非真实感(现实解体)是指患者感到周围事物和环境发生了变化,变得不真实,犹如隔了一层窗纱。②幻觉是指没有现实刺激作用于感觉器官时出现的知觉体验。人格解体属于自我意识障碍,是指患者感到自身已有特殊的改变,甚至已不存在了。梦样状态是指在意识清晰度降低的同时出现梦样的体验。朦胧状态是指在意识清晰度降低的同时伴有意识范围缩小。

15. ABCDE 思维贫乏是指思维数量减少,概念缺乏,患者感到脑子空空荡荡,没有什么思想。多见于精神分裂症,脑器质性精神障碍。参阅 3 版 8 年制《精神病学》P13。

16. ABCDE 强迫症是以强迫观念、强迫冲动或强迫行为等强迫症状为主要表现的一种神经症,其核心症状为强迫观念,强迫行为多系为减轻强迫观念引起的焦虑而不得不采取的顺应行为。故正确答案为 E 而不是 A,很多医考参考书将答案错为 A,请参阅 2 版 8 年制《精神病学》P177。

17. ABCDE ①思维破裂常表现为患者说的话,单独就一句话而言,语法结构正确,含义可以理解,但句子与句子之间却缺乏内在联系,整个谈话内容使人无法理解。本例应诊断为思维破裂(B)。②思维插入是指患者感到有某种不属于自己的思想被强行塞入。思维云集常表现为患者感到脑内涌现大量无现实意义、不属于自己的联想,是被外力强加的。音联意联是指音韵联想、字意联想。

18. ABCDE 19. ABCDE ①思维散漫是指患者的思维缺乏目的性、连贯性、逻辑性,患者讲了一段话,每句话的语法结构完整,但整篇谈话没有中心观念,缺乏观念之间应有的联系,使听者不得要领,不知道患者要说什么问题(D)。②思维贫乏是指患者思维缺乏联想,内容空泛,回答简单,词穷句短,默默少语(C)。③思维被夺取常表现为患者突然感到自己的思维被外力夺走,复谈时不能继续原有的话题。思维被洞悉是指患者感到自己内心体验被他人知晓。思维迟缓易与思维贫乏混淆,思维迟缓主要表现为言语缓慢,回答问题吞吞吐吐,拖延很久,需提问再三才能得到回答。

20. ABCDE 21. ABCDE ①强迫性思维是指一种反复出现的思维,表现为一种想法、冲动等,尽管患者明知不对、不必要、不合理,但也很难克服和摆脱。强制性思维是指患者感到脑内涌现大量无现实意义、不属于自己的联想,是被外力强加的。故答 A 而不是 D,很多医考参考书将答案错为 D。②思维奔逸是指思维的联想速度过度加快,思维数量增多,一个概念接着一个概念。患者讲话时,语量增多,语速变快，但常伴随境转移，音联意联（B）。③联想散漫是指患者联想范围松散，内容散漫，话题转换缺乏必要的联系。思维插入是指患者感到有某种不属于自己的思想被强行塞入其脑中。

22. ABCDE　23. ABCDE　①思维迟缓是指思维联想速度减慢、数量减少和转换困难，常表现为语量少、语速慢、语音低、反应迟钝（C）。②病理性赘述是指思维联想活动迂回曲折，联想枝节过多，常表现为患者在叙述一件事时，加入许多不必要的细节，无法简明扼要讲清问题，言语啰嗦，但最终能够回答出有关问题（B）。③思维贫乏常表现为寡言少语，谈话时言语内容空洞单调或词穷句短，回答问题简单，严重者对什么问题都回答"不知道"。思维散漫常表现为在交谈时，患者联想松弛，内容散漫，缺乏主题，话题转换缺乏必要的联系。思维破裂常表现为患者的言语或书写内容有完整的句子，但各句含意互不相关，变成了语句堆积，整段内容令人不能理解。

24. ABCDE　①疑病妄想是指患者毫无根据地坚信自己患了某种严重的躯体疾病或不治之症。严重时，认为自己的五脏六腑都已经腐烂、变空了，大脑成了一个空壳，血液干枯了，称为虚无妄想（C）。②幻觉是没有现实刺激作用于感觉器官时出现的知觉体验。虚构是指在遗忘的基础上，患者以想象的、未曾亲身经历的事件来填补记忆的缺损。感知综合障碍是指患者对客观事物的整体属性能够正确感知，但对某些个别属性，如大小、性状、颜色、距离等产生错误的感知。错觉是指对客观事物歪曲的知觉。

25. ABCDE　妄想是一种病理性的歪曲信念，是难以纠正的病态信念，信念内容与客观事实不符合，没有客观现实基础，但患者坚信不移。妄想内容均涉及患者本人，总是与个人利害攸关。妄想内容因文化背景和个人经历而有所差异。这些想法主要是由于思想方法、认识水平、环境作用以及个人情感影响，缺乏科学知识等因素所造成的。因此，随着知识的掌握，通过教育和生活经验的积累，是可以纠正的，即受教育程度越高越不容易出现（E 错）。

26. ABCDE　①原发性妄想为突然发生，内容不可理解，与既往经历、当前处境无关，也不是来源于其他异常心理活动的病态信念。爆发战争就是这种不可理解，与当前处境无关的异常心理病态信念（D）。②错觉是指对客观事物歪曲的知觉，临床上以错听和错视多见。幻觉是指没有现实刺激作用于感觉器官时出现的知觉体验。感知综合障碍是患者对客观事物的整体能够正确认识，但对部分属性产生错误的知觉体验。继发性妄想是对原发症状的反应，两者之间存在可以理解的关系。

27. ABCDE　①思维散漫是指患者联想范围松散，缺乏固定的指向和目的，属于思维形式障碍而不属于思维内容障碍（A）。②思维内容障碍包括妄想、被监视感、被洞悉感、被控制感、思维被播散等。

28. ABCDE　①被害妄想是指患者坚信自己被某些人或某组织进行迫害，如投毒、跟踪、监视、诽谤等，常见于精神分裂症、偏执性精神障碍（E）。②夸大妄想是指患者认为自己拥有非凡的才能、智慧、财富、权利、地位等。关系妄想是指患者认为周围环境中所发生的与自己无关的事情均与自己有关。嫉妒妄想是指患者无中生有地坚信自己的配偶对自己不忠诚，另有所爱。被控制妄想是指患者觉得自己的一言一行都受到外界某种力量的控制。

29. ABCDE　①关系妄想是指患者认为周围环境中所发生的与自己无关的事情均与自己有关，如患者认为街上行人的举动、报刊电视中的内容都与自己有关（D）。②被害妄想的患者感到自己被人迫害、监视、跟踪、窃听、毁谤、诬陷、毒害等。情感脆弱属于情感波动性障碍，表现为患者极易多愁伤感，动辄呜咽哭泣。影响妄想是指患者觉得自己的一言一行都受到外界某种力量的控制。焦虑是指患者在缺乏相应的客观因素下，出现内心极度不安的期待状态，伴有大祸临头的恐惧感。

30. ABCDE　①被害妄想是指患者坚信自己被某些人或某组织进行迫害，如投毒、跟踪、监视、诽谤、窃听、诬陷等（B）。②关系妄想是指患者认为周围环境中所发生的与自己无关的事情均与自己有关。夸大妄想是指患者认为自己拥有非凡的才能、智慧、财富、权利、地位等。疑病妄想是指患者毫无根据地坚信自己患了某种严重的疾病，各种详细的检查和反复的医学验证都不能纠正。内心被揭露感是指患者感到内心所想的事情，虽然没有说出来，也没有用文字写出来，但都被别人知道了。

31. ABCDE　①亚木僵状态是指患者少语、少动、表情呆滞，常见于急性应激障碍、严重抑郁发作、精神分裂症等。患者在创伤事件后立即发生急性应激障碍，出现动作减少，少言，目光呆滞，表情茫然，应属于亚木僵状态(D)。②偏执状态起病隐匿，发展缓慢，临床表现以妄想为主。患者无情绪低落、无望、无助、无用表现，不能诊断为抑郁状态。谵妄状态是指患者在意识清晰度降低的同时出现大量的幻觉、错觉。痴呆的发生往往具有器质性病变的基础，患者无脑器质性病变，故不答 E。

32. ABCDE　随境转移(注意转移)是指被动注意/不随意注意明显增强，表现为患者的注意极易为外界的事物所吸引，且注意的对象经常变换，主要见于躁狂症发作，是躁狂症的主要症状之一。

33. ABCDE　模仿动作是指患者无目的地模仿别人的动作，如医生动一下头发，患者也跟着动一下自己的头发。常与模仿言语同时存在，多见于精神分裂症(A)。

34. ABCDE　①智能障碍可分为精神发育迟滞和痴呆。前者在脑发育完成之前产生，后者在脑发育完成以后因脑器质性疾病(如脑外伤、脑缺氧、脑血管病变、颅脑感染)造成，故答 E。②焦虑症、强迫障碍属于神经症性障碍，抑郁发作属于心境障碍，精神分裂症病因未明，A、B、C、D 均无脑器质性病变。

35. ABCDE　①情感脆弱是指在外界轻微刺激下，患者的情绪很容易发生波动。一旦流泪或发笑，便会失控而痛哭不止或笑个不停(D)。②情感幼稚是指情感受直觉和本能活动的影响，情感反应退化到儿童时期，缺乏节制。病理性激情是指患者骤然发生的、强烈而短暂的情感暴发状态。情感倒错是指情感表现与其内心体验或处境明显不相协调。环性情绪是指躁狂和抑郁均处于低水平的状态。

36. ABCDE　①焦虑症状是指在缺乏相应客观刺激情况下，出现的内心不安状态，表现为顾虑重重，紧张恐惧，坐立不安(D)。②恐惧是指面临某种事物或处境时出现的紧张不安反应。惊恐发作主要表现为突然发作的、不可预测的、反复出现的、强烈惊恐体验。强迫症状主要表现为强迫观念和强迫行为。强制思维是指强制涌入大量无意义的联想。

37. ABCDE　38. ABCDE　①痴呆常见于脑器质性疾病，表现为记忆、思维、计算、判断能力减退，生活自理能力、社交能力下降，缺乏同情心，但意识清楚(C)。②抑郁症主要表现为显著而持久的心境低落，常伴兴趣减退、思维迟缓、意志活动减少、言语动作减少，但无意识障碍(B)。③情感淡漠是指患者对客观事物和自身情况漠不关心，缺乏应有的内心体验和情感反应。脑衰弱综合征是指由于大脑萎缩而出现脑功能逐渐衰退的症候群，主要表现为易兴奋、易疲劳、情绪不稳定、情感脆弱。缄默状态是指患者缄默不语，不回答问题，有时可用手势、纸笔表达意思。

39. ABCDE　①情感淡漠是情感活动的严重衰退，是指患者对外界任何刺激均缺乏相应情感反应，对能引起正常人悲伤或愉快的事无动于衷，对周围发生的事漠不关心，常见于精神分裂症(B)。②焦虑是指在缺乏相应客观因素的情况下，患者表现为顾虑重重、紧张恐惧。情感倒错是指情感表现与其内心体验或处境不相协调。情感低落是指患者表情忧愁、唉声叹气、心境苦闷、自觉前途灰暗、悲观绝望。情感脆弱属于情感波动性障碍，表现为患者极易多愁伤感，动辄呜咽哭泣。

40. ABCDE　①意志增强是指意志活动增多。在病态情感或妄想的支配下，患者可以坚持某些行为，表现出极大的顽固性，如有疑病妄想的患者到处求医，有被害妄想的人反复要求安全保障等(C)。②意志消沉不是精神病学规范化名词，故不答 A。意志减弱是指意志活动减少，表现出动机不足，常与情感淡漠或情感低落有关。意志缺乏是指意志活动缺乏，表现为对任何活动都缺乏动机、要求，生活处于被动状态。犹豫不决表现为遇事缺乏果断，常常反复考虑，不知如何是好。

41. ABCDE　42. ABCDE　①持续言语是指患者持续或不恰当地重复同样的思维内容。在连续问话时，患者只能正确回答第一个问题，而此后对所有问话均给予同样的回答。如问患者几岁了？回答："30岁"(回答正确)。又问他做什么工作？还是回答："30岁"。需要重复多次后，患者才能正确回答具体的工作(B)。②刻板言语是指患者不断地、机械地、无目的地重复某些简单的言语，可自发产生，也可因提示产生(D)。③赘述症是指患者在叙述一件事情时，加入许多不必要的细节，无法简明扼要的讲清问题。模仿言语是指患者对别人的言语进行毫无意义的模仿。思维散漫是指患者思维的目的性、连贯性和逻辑性障碍，表现为联想松弛，内容散漫，缺乏主题。

43. ABCDE ①协调性精神运动性兴奋表现为患者动作、言语增多，与思维、情感活动的增多相一致，并与环境密切配合。因此患者的活动增多是有目的的，是可以被周围人理解的，多见于轻度躁狂发作；②激越性抑郁症、广泛性焦虑障碍、精神分裂症常表现为不协调性精神运动性兴奋。创伤后应激障碍常表现为精神运动性抑制。

44. ABCDE 自知力又称领悟力或内省力，是指患者对自己精神状态的认识和判断能力（D对）。临床上，一般以精神症状消失，并认识自己的精神症状是病态的，即为自知力恢复。自知力缺乏是重型精神障碍的重要标志，临床上往往将有无自知力及自知力恢复的程度作为判断病情轻重和疾病好转程度的重要指标。自知力完全恢复是精神病康复的重要指标。

45. ABCDE ①痴呆多见于脑器质性疾病（如脑外伤、脑缺氧、脑血管病变、颅脑感染），常表现为记忆、思维、计算、判断能力减退，生活自理能力、社交能力下降，但意识清楚。②精神分裂症病因未明，广泛性焦虑症属于神经症性障碍，抑郁症、躁狂症属于心境障碍，A、C、D、E均无脑器质性病变。

46. ABCDE ①脑衰弱综合征是由于大脑萎缩，脑功能逐渐衰退出现的一系列临床症状，主要表现为易疲劳、虚弱、思维迟缓、注意力不集中、情绪不稳定、睡眠障碍等，常见于慢性脑器质性疾病，也可继发于躯体疾病，偶见于精神分裂症。②脑衰弱综合征和神经衰弱是两个完全不同的概念（E错）。

47. ABCDE 遗忘综合征又称柯萨可夫综合征，以近事遗忘（记忆障碍）、虚构、定向障碍为特征，无意识障碍，智能完好，常见于慢性酒精中毒。

48. ABCDE 急性脑病综合征也称谵妄，是一组以急性广泛性认知障碍，尤以意识障碍为特征的综合征。谵妄是综合性医院最常见的精神障碍。住院患者谵妄发生率为10%~30%，全麻外科手术后谵妄发生率可高达50%，而在重症监护病房则高达70%~87%。参阅3版8年制《精神病学》P139。

49. ABCDE ①谵妄状态是指患者在意识清晰度降低的同时，出现大量的幻觉、错觉，这些幻觉、错觉以形象鲜明的恐怖性幻觉和错觉为主，如猛兽、毒蛇等。在恐怖性幻视和错觉的影响下，患者往往产生紧张和恐惧的情绪反应，部分患者有定向力障碍。谵妄状态往往夜间加重，具有昼轻夜重的特点。根据题干，本例应诊断为谵妄状态。②遗忘综合征常表现为近事记忆障碍、定向力障碍和虚构，患者无意识障碍。癫狂状态不是规范化名称。幻视是指患者看到了并不存在的事物，它只是谵妄状态下的一个症状。痴呆状态是指智力发育成熟后，各种原因损害原智能所造成的智力减退状态。

50. ABCDE 急性脑综合征也称谵妄，以意识障碍为主要特征，感知障碍为其常见表现，包括感觉过敏、错觉和幻觉，其中幻觉以视幻觉最为常见（A）。参阅7版《精神病学》P56。

51. ABCDE 谵妄是一个综合征，常伴随着广泛的认知障碍和相应的精神、行为症状，因通常起病较急，且具有可逆性，因此也称为急性脑综合征。

52. ABCDE ①老年男性，半年来近记忆障碍（刚做过的事就记不起来），人格改变（性格变得古怪，喜怒无常，有时情绪低落），甚至严重记忆障碍（找不到家而露宿街头），应诊断为阿尔茨海默病（A）。②偶尔喝50ml啤酒，不可能导致酒精所致遗忘综合征。抑郁发作常表现为情绪低落、思维迟缓、意志活动减退"三低"症状。躁狂发作常表现为情感高涨、思维奔逸、活动增多"三高"症状。分离（转换）性障碍常表现为分离性遗忘、漫游、木僵、出神、附体等，常因暗示而发作，也可因暗示而终止。

53. ABCDE 54. ABCDE ①阿尔茨海默病和血管性痴呆均可有记忆障碍和智能障碍，两者的记忆障碍相似，表现为从近记忆障碍进展为远记忆障碍；阿尔茨海默病随着病情进展，可出现全面智能障碍，血管性痴呆的智能障碍呈波动性、进行性发展（D）。②阿尔茨海默病早期即可出现人格改变，自知力缺乏；而血管性痴呆不会出现人格改变，自知力存在（B）。③部分阿尔茨海默病、血管性痴呆患者可出现妄想、错觉、幻觉，而不是常有妄想、错觉、幻觉，故不答A、E。部分血管性痴呆患者可出现短暂意识障碍，故不答C。

55. ABCDE 56. ABCDE 57. ABCDE ①老年患者，进行性记忆力下降半年，有人格改变，精神行为障碍，应诊断为阿尔茨海默病（D）。偏执性精神病又称妄想性障碍，内容以被害、嫉妒、诉讼、钟情、夸大、疑病妄想等多见，妄想的内容和时间常与患者的生活处境有关，故不答A。患者无脑血管病史，故不答B。中毒性脑病是毒物引起的中枢神经系统器质性病变。精神分裂症常表现为五个症状维度，即幻觉妄想症状群、阴性症状群、瓦解症状群、焦虑抑郁症状群及激越症状群。②患者进行性记忆力下降，此为近事遗忘。患者行为幼稚，此为人格改变。患者常与邻居发生争执，此为易激惹。患者认为爱人对自己不忠诚，此为嫉妒妄想。强制性思维是指思维联想的自主性障碍，常表现为患者感到脑内涌现大量无现实意义、不属于自己的联想，是被外界强加的，病史中未提及强制性思维(B)。③阿尔茨海默病患者若出现严重的行为紊乱、幻觉、妄想等症状，则可选用新一代抗精神病药物利培酮进行治疗，因其无明显抗胆碱能不良反应(C)。曲唑酮主要常治疗抑郁症。丁螺环酮、阿普唑仑常用于治疗广泛性焦虑症。丙戊酸钠常用于治疗癫痫大发作。

58. ABCDE ①患者头颅MRI示多发性腔隙性脑梗死，说明为脑器质性疾病所致的精神障碍，因此可首先排除A、E。②癫痫所致的精神障碍具有发作性、短暂性、重复性、刻板性的特点，与题干所述不符，故不答C。③阿尔茨海默病的病理表现为弥漫性脑萎缩，脑回变窄，脑沟增宽，脑室扩大，神经元大量减少。血管性痴呆是指由于脑血管病变导致的痴呆，根据头颅MRI检查结果，显然正确答案为B。

59. ABCDE ①躯体疾病所致精神障碍是由脑以外的躯体疾病引起的脑功能紊乱而产生的精神障碍。躯体疾病所致精神障碍一般发生在躯体疾病高峰期，而不是恢复期。②躯体疾病所致精神障碍在大多数情况下呈现夜间症状加重，白天症状减轻的所谓"昼轻夜重"现象。③精神障碍可表现为急性或慢性脑病综合征。急性脑病综合征常由急性躯体疾病引起，以意识障碍为主。慢性脑病综合征常由慢性躯体疾病引起，以智能障碍、人格改变为主。④精神障碍的病程及预后与原发躯体疾病的状况、治疗是否得当有关。⑤躯体疾病所致精神障碍常有躯体疾病的临床表现、实验室检查阳性结果。

60. ABCDE 61. ABCDE 62. ABCDE ①中年男性，典型三多一少(多饮、多食、多尿、体重下降)症状，应考虑糖尿病。糖尿病所致精神障碍常表现为抑郁(情绪低落)和焦虑状态(注意力不集中、失眠、反应迟钝)。根据题干，本例应诊断为糖尿病所致精神障碍。A、B、D、E均不会出现三多一少的典型症状。②为明确诊断，最有价值的检查当然是血糖测定(D)。尿常规、血常规为一般性检查，无特异性。T_3、T_4、TSH测定常用于诊断甲亢或甲减。ACTH兴奋试验常用于诊断肾上腺皮质功能减退症。③糖尿病所致精神障碍的重要治疗措施当然是控制血糖。

63. ABCDE ①患者长期吸食"冰毒"后出现被害妄想，应首先考虑苯丙胺类兴奋剂所致精神障碍(E)。患者以前无类似发作史，故暂不考虑精神分裂症。参阅科学出版社《湘雅精神医学》P430。②分裂情感性精神障碍常表现为分裂性症状与情感性症状同时出现，反复发作。应激相关障碍一般不会出现被害妄想。妄想性障碍常无精神活性药物服用史。

64. ABCDE ①酒精戒断综合征常发生于戒酒6~28小时内，主要表现为情绪障碍、睡眠障碍、幻觉、妄想、震颤谵妄，意识障碍等。②A、B、C、D均属于慢性酒精中毒的精神障碍表现。

65. ABCDE ①由于酒精与苯二氮䓬类药理作用相似，临床上常短期使用苯二氮䓬类药物替代治疗酒精戒断综合征(B)。用药时间不宜超过5~7天，以免发生对苯二氮䓬类的依赖。②苯二氮䓬类不仅可抑制酒精戒断症状，还可预防震颤谵妄、戒断性癫痫的发生，无需使用抗精神病药物及抗癫痫药物，故不答A、D、E。治疗酒精戒断综合征需行支持治疗，包括补液、纠正水电解质平衡紊乱、补充大剂量B族维生素等。

66. ABCDE ①患者长期大量饮酒，停止饮酒48小时后双手震颤，兴奋激越，自主神经功能亢进(心悸、大汗、发热)，幻觉，应诊断为震颤谵妄。②治疗震颤谵妄应首选苯二氮䓬类药地西泮缓解戒断症状；控制精神症状首选氟哌啶醇；支持治疗包括纠正水、电解质平衡紊乱，补充维生素；机体处理应激状态，免疫功能受损，应注意预防感染。③长期饮酒所致的震颤谵妄，当然不能饮酒缓解戒断症状。

67. ABCDE ①患者有甲状腺功能亢进症的典型临床表现(食欲增加、出汗、怕热、体重下降、活动增加)，

血清 T_3、T_4 增高，应考虑甲状腺功能亢进症。②患者独处时偶尔听到有人议论她，此为评论性幻听。患者觉得一些行人对她吐痰，此为关系妄想。在诊断精神疾病之前，首先要排除器质性疾病和精神活性物质所致的精神障碍。根据题干，本例应诊断为甲状腺功能亢进症所致精神障碍。

68. ABCDE　①普通成人大约饮高度白酒 250~300g，酒精血液浓度达 0.06%时，才会出现醉酒状态，参阅3 版 8 年制《精神病学》P218。患者饮白酒 50~100g 即出现醉酒状态，应诊断为病理性醉酒，而不是单纯性醉酒。病理性醉酒见于对酒精高度敏感者，常表现为一次性少量饮酒后出现较深的意识障碍，可出现不成比例的极度兴奋，带有攻击和暴力行为，常有被害妄想。可持续数小时，以入睡告终，一般对发作有完全性遗忘。②遗忘综合征无意识障碍，常见于慢性酒精中毒。患者怀疑同饮者欲加害于他，此为被害妄想，为病理性醉酒的症状之一。患者幼年受过脑外伤，25 年后导致精神障碍的可能性不大，因为脑外伤和精神症状相隔越久，其直接因果关系越小。

69. ABCDE　①在诊断精神疾病之前，首先要排除器质性疾病和精神活性物质所致的精神障碍。嗜酒患者，停止饮酒后出现精神症状，应考虑戒断症状，故可首先排除 A、B、E。震颤谵妄多发生于断酒后 48 小时，常表现为伴有生动幻觉或错觉的谵妄、全身肌肉震颤、行为紊乱三联征。幻觉以恐怖性幻视多见。根据题干，本例应诊断为震颤谵妄(D)。②酒精性痴呆多在长期慢性酒精中毒之后缓慢起病，先是人格改变、记忆障碍，逐渐发展为痴呆。患者急性起病，故不答 C。

70. ABCDE　①戒酒综合征是指嗜酒者长期大量饮酒后突然中断饮酒而出现的一系列症状和体征。②戒断反应多发生于断酒后 6~28 小时，常表现为手足震颤、恶心呕吐、失眠、头痛、焦虑、情绪不稳等(B 错)。③戒酒者可有情绪障碍、思维障碍、意识障碍等表现。严重者可出现震颤谵妄导致患者死亡，震颤谵妄的死亡率约为 10%。④戒酒综合征为慢性酒精中毒的临床表现之一。

71. ABCDE　72. ABCDE　73. ABCDE　①氯氮平可阻断 5-羟色胺($5\text{-}HT_{2A}$)受体和多巴胺(DA_2)受体，为非典型抗精神病药(第二代抗精神病药)，氯丙嗪为典型抗精神病药(第一代抗精神病药)，答案为 A。②氟西汀可选择性抑制 5-HT 的重吸收，阻断突触前膜对 5-HT 的再摄取，延长和增加 5-HT 的作用，从而产生抗抑郁作用(D)。③阿扑吗啡的结构式与多巴胺相似，能竞争性拮抗多巴胺受体，刺激延脑的催吐化学感受区，反射性兴奋呕吐中枢，产生强烈的催吐作用，而用于治疗酒精依赖(E)。④卡马西平为抗癫痫药，常用于治疗癫痫单纯性局限性发作和大发作。

74. ABCDE　①精神分裂症可有不适当的情感症状，患者的情感表达与外界环境和内心体验不协调。②精神分裂症既可有幻觉、妄想等阳性症状，也可有意志减退、情感迟钝等阴性症状。③精神分裂症还可有冲动暴力行为等激越症状。④精神分裂症通常意识清晰，没有明显的记忆力减退(D 错)。

75. ABCDE　①精神分裂症的阳性症状是指精神功能的异常亢进，包括幻觉、妄想、思维散漫、不协调的情志活动等，故答 C。②精神分裂症的阴性症状是指精神功能的减退缺乏，包括思维缺乏、情感淡漠、情感平淡、意志减弱、兴趣缺失等。

76. ABCDE　幻听、幻嗅、幻味、幻触在神经分裂症患者中均可出现，但以听幻觉最常见。一般来说，在意识清晰状态下，出现评论性幻听、争论性幻听、命令性幻听常指向精神分裂症。

77. ABCDE　①物理影响妄想也称被控制感，患者感到自己的思想、情感、意志行为受到某种外界力量的控制而身不由己。如患者经常描述被红外线、电磁波、超声波或某种特殊的先进仪器控制。物理影响妄想是精神分裂症的特征性症状，故答 E。参阅 3 版北京大学医学出版社《精神病学》P27。②被害妄想见于各种精神病状态。夸大妄想常见于躁狂发作、精神分裂症、脑器质性精神障碍。疑病妄想常见于抑郁发作、精神分裂症。嫉妒妄想常见于精神分裂症、偏执性精神障碍等。

78. ABCDE　①氟哌啶醇为第一代抗精神病药物，容易引起锥体外系不良反应，如急性肌张力障碍，表现为眼上翻、斜颈、面肌痉挛、角弓反张、张口困难、脊柱侧弯等。急性肌张力障碍是由于氟哌啶醇拮抗了黑质-纹状体通路的 D_2 样受体，使纹状体中的多巴胺功能减弱、乙酰胆碱的功能增强而引起的，可以使用抗胆碱能药物东莨菪碱缓解症状(E)。②服用抗精神病药物期间，若发生急性肌张力障碍，可减少药物剂量,加服抗胆碱能药物;或换服锥体外系反应低的药物,故不答 A。B、C、D 均不适合锥体外系反应的处理。

79. ABCDE 80. ABCDE 81. ABCDE ①患者自言自语,有时对空谩骂,此为幻听所致。患者感觉被人监视和跟踪,此为被害妄想。患者感觉自己的思想和行为被某种外力控制,此为物理影响妄想。患者情绪低落,觉得被逼得走投无路,睡眠差,此为抑郁症状。根据题干,本例应诊断为精神分裂症(B)。妄想性障碍患者病前常有性格缺陷,妄想内容有一定事实基础,思维有条理和逻辑。抑郁发作常表现为情绪低落、思维迟缓、意志活动减退三低症状。本例情绪低落只是精神分裂症的症状之一,不能凭此诊断为抑郁发作。双相障碍常表现为抑郁与躁狂交替发作。分裂情感性精神障碍常表现为分裂性症状与情感性症状同时出现,反复发作。②长期使用利培酮,可使催乳素分泌增加,导致妇女泌乳、闭经、性快感受损(C)。A、B、D、E 均不会造成催乳素分泌增加,导致停经和泌乳。③利培酮可拮抗下丘脑结节-漏斗通路中的 D_2 受体,造成催乳素释放抑制因子分泌减少,导致催乳素释放增加,引起停经、泌乳等不良反应(D)。利培酮可通过拮抗中脑皮质通路、中脑边缘系统通路而发挥治疗作用。黑质纹状体通路受损常见于帕金森病。

82. ABCDE 83. ABCDE ①抗精神病药的锥体外系不良反应与药物阻断黑质-纹状体通路 DA 受体有关,主要表现为类帕金森症、急性肌张力增高等。利培酮为 5-羟色胺和 DA 受体拮抗剂,大剂量使用时易发生锥体外系不良反应(C)。喹硫平、氯氮平不发生锥体外系反应,舒必利、奥氮平发生率较低。②粒细胞缺乏是氯氮平常见的严重不良反应,发生率为 1%~2%,为其他抗精神病药物的 10 倍(B)。除氯丙嗪、硫利达嗪偶可发生粒细胞缺乏外,其他抗精神病药尚未见报道。

84. ABCDE ①青年患者,出现紧张性木僵(不食、不语、头颈悬空不动、面无表情)、紧张性兴奋(突然拍门或抢病友的东西)、违拗症(拒绝服从医生的简单指令),病程 6 个月,应诊断为紧张型精神分裂症。对于有木僵、违拗的患者,首选改良电抽搐治疗,可迅速缓解症状(D)。②氯丙嗪、氟哌啶醇为第一代抗精神病药,不良反应较多,现已少用,故不答 A、B。地西泮为镇静剂,故不答 C。利培酮为第二代抗精神病药,为一线常用药物,但对于合并木僵的患者不是首选药物治疗,而是改良电抽搐治疗,故不答 E。

85. ABCDE ①精神分裂症可急性起病,但多数起病隐匿,许多患者在出现明显的精神分裂症症状之前,已有前驱症状数周、数月,甚至数年(B 错)。②精神分裂症多发病于青壮年,发病的高峰年龄段男性为 10~25 岁,女性为 25~35 岁。③患者常有自知力丧失,但一般没有意识障碍和智能障碍。④精神分裂症临床分型包括单纯型、青春型、紧张型、偏执型、未分化型、残留型等,其中以偏执型最多见,约占 50%。⑤患者常有感知、思维、情感、行为障碍和精神活动的不协调(E 对)。

86. ABCDE ①喹硫平、奥氮平、氯氮平为多受体作用药,利培酮为 5-羟色胺和多巴胺受体拮抗剂,均属于第二代抗精神病药,即非典型抗精神病药。②舒必利为第一代抗精神病药(E)。

87. ABCDE ①精神分裂症单纯型多为青少年起病,以阴性症状为主,极少有幻觉、妄想,表现为逐渐加重的孤僻离群,被动退缩,生活懒散,对工作学习的兴趣日益减低,缺乏进取心,情感日益淡漠,冷淡亲友,对情绪刺激缺乏相应的反应。根据题干,本例应诊断为精神分裂症单纯型(E)。②重性抑郁症迟滞型常表现为几乎每天大部分时间内情绪低落、对活动的兴趣显著下降,体重明显减轻或增加。中度精神发育迟滞常表现为智力低下、社会适应困难。精神分裂症紧张型主要表现为紧张综合征,紧张性木僵和紧张性兴奋交替出现。精神分裂症衰退型为不规范化名称。

88. ABCDE ①木僵常表现为不言、不语、不动、不食,面部表情呆板,保持一个固定姿势僵住不动,对周围刺激无反应,唾液留在口中都不咽不吐。木僵是紧张型精神分裂症的典型症状。患者 2 年前曾有幻听(凭空闻语),行为怪异,故应诊断为精神分裂症(B)。②题干未叙述脑器质性病变,故不答 A。妄想性障碍是一种病理性歪曲的信念,妄想的内容常有一定的事实基础。急性应激障碍常于应激刺激后数分钟或数小时内发病,一般不会出现木僵。分离(转换)性障碍,常因暗示而发作,也可因暗示而消失,发作时可表现为分离性遗忘、漫游、木僵、出神及附体等。

89. ABCDE　①患者走到大街上觉得人们都在议论自己，骂自己，应诊断为精神分裂症。治疗过程中出现肌肉震颤、手抖等症状，此为抗精神病药的不良反应类帕金森症，应服用抗胆碱药物苯海索以减轻症状，同时抗精神病药缓慢加药或使用最低剂量。②多巴胺受体激动剂溴隐亭常用于治疗泌乳素瘤。抗组胺药物常用于治疗过敏性疾病、消化性溃疡。

90. ABCDE　91. ABCDE　①抗精神病药物常用于治疗精神分裂症，第一代抗精神病药物为脑内多巴胺 D_2 受体拮抗剂，第二代抗精神病药物为多巴胺 D_2 受体和 5-羟色胺受体拮抗剂，故答 E。②抑郁发作与中枢神经系统内 5-羟色胺功能活动降低有关。因为 5-羟色胺是兴奋性神经递质，所以，5-羟色胺再摄取抑制剂可阻滞 5-羟色胺的回吸收，提高中枢 5-羟色胺浓度，具有抗抑郁作用（C）。③苯二氮䓬类为镇静催眠药。心境稳定剂（如碳酸锂）为双相障碍的基础治疗药物。

92. ABCDE　93. ABCDE　94. ABCDE　①恶性综合征是抗精神病药引起的一种少见而严重的不良反应，典型表现包括高热、意识障碍、肌肉强直、自主神经功能紊乱、血清肌酸磷酸激酶（CPK）浓度升高，最常见于氟哌啶醇、氯丙嗪、氟奋乃静等药物治疗时。药物加量过快、剂量过大时易发生。根据题干，本例应诊断为恶性综合征（C）。迟发型运动障碍多见于用药数年后，常表现为面部、躯干、手足不自主运动。急性肌张力障碍常表现为脑神经支配的肌群持续性痉挛，如眼外肌痉挛可致眼球上翻，面部肌群痉挛可致口歪、张口、伸舌、言语和吞咽困难等。5-羟色胺综合征常表现为激越、轻躁狂、精神错乱三联征。药源性帕金森综合征常表现为动作迟缓，肌张力增高，面部表情缺乏，静止性震颤，自主神经功能紊乱等。②发生恶性综合征后，首先应停用抗精神病药物氟哌啶醇，给予支持治疗及对症治疗（A）。③对于恶性综合征的对症治疗，可以使用多巴胺受体激动剂溴隐亭、肌肉松弛剂丹曲林，苯二氮䓬类可以选用，但效果不佳，故答 B 而不是 D。A、C、E 对恶性综合征无效。

95. ABCDE　WHO 有关全球疾病总负担的统计显示：1990 年抑郁症和双相情感障碍分别排在第 5 位和第 18 位，抑郁症与自杀加在一起占 5.9%，列第 2 位。预计到 2020 年，抑郁症的疾病负担将列冠心病之后上升至第 2 位，成为在全球疾病负担中排首位的精神障碍（C）。

96. ABCDE　A、B、D、E 均属于心境障碍的临床类型。惊恐发作属于神经症性障碍。

97. ABCDE　抑郁症患者常有睡眠障碍，以入睡困难最多见，早醒最具有特征性，醒后无法入睡。

98. ABCDE　氟西汀属于选择性 5-羟色胺再摄取抑制剂。文拉法辛、度洛西汀属于 5-羟色胺和去甲肾上腺素再摄取抑制剂。米氮平属于 α_2 肾上腺素受体阻滞剂。利培酮属于第二代抗精神病药物。

99. ABCDE　①三无症状是指无望、无助、无用。三自症状是指自责、自罪、自杀。患者对未来不抱任何希望，此为“无望”；患者孤独，没有人关心自己，此为“无助”；患者自觉无用，此为“无用”。可见，患者的突出症状是“三无”症状。根据题干，本例应诊断为抑郁症。②B、C、E 均属于抑郁症的一般症状。

100. ABCDE　①患者病程 3 年，不能诊断为急性抑郁障碍。患者无躁狂发作，不能诊断为双相障碍。患者抑郁症状持续 2 年以上，其间无缓解，其发病由生活事件（高考发挥不好）诱发，应诊断为恶劣心境。②B、C 显然不是正确答案。

101. ABCDE　①帕罗西汀为选择性 5-羟色胺再摄取抑制剂，常用于抑郁症的治疗，其常见不良反应为 5-羟色胺综合征，发生率约 15%，由 5-羟色胺兴奋性增高所致，多表现为肌震颤、坐立不安、站立不稳、谵妄、自主神经功能紊乱（恶心呕吐、腹痛、腹泻、出汗、发热、心动过速、血压升高）等。根据题干，本例应诊断为 5-羟色胺综合征（A）。②帕罗西汀停药反应常表现为头晕、恶心、呕吐、乏力、激惹、睡眠障碍等，故不答 B。“头晕、恶心、坐立不安、站立不稳”不属于抑郁、焦虑症状，故不答 C、D。恶性综合征属于抗精神病药的不良反应，患者没有使用抗精神病药物，故不答 E。

102. ABCDE　①患者早醒，兴趣下降，自卑，有厌世和消极念头，应诊断为抑郁症（C）。②适应障碍的表现形式多样，以情绪障碍为主，一般应有明显的生活事件作为诱因，特别是生活环境或社会地位的改变，但患者无明显诱因，故不答 A。按焦虑症的诊断标准，病程应超过 6 个月，患者病程仅 3 月，故不答 B。分离性障碍常表现为部分或全部丧失了对过去的记忆或身份，或出现具有发泄特点的情感暴发。精神分裂症常伴不协调的精神运动性兴奋，但患者的精神活动是协调的，故不答 E。

103. ABCDE 104. ABCDE 105. ABCDE ①患者分娩后情绪低落（整日以泪洗面），出现无用（认为自己很笨，没有能力带好小孩，怕小孩夭折，觉得丈夫不再喜欢自己了），自杀观念（称不想活了，甚至要带孩子一起去死），睡眠障碍（出现失眠），焦虑（烦躁），应诊断为抑郁发作（B）。适应障碍是指在明显的生活改变或环境变化时产生的短暂、轻度的烦恼状态和情绪失调。焦虑状态是指在缺乏相应客观刺激情况下出现的内心不安状态。妄想性障碍患者病前常有性格缺陷，妄想内容有一定事实基础，思维有条理和逻辑。分裂样情感障碍是指既有明显的抑郁症状或躁狂症状，又有精神分裂症状，两类症状在同一次发病中同时出现。②患者情绪好转，易激惹，自我评价夸大，应诊断为躁狂发作。患者先有抑郁发作，治疗后躁狂发作，应诊断为双相障碍，目前处于躁狂发作状态（E）。精神分裂症也可有继发性躁狂发作，其原发症状是思维障碍。环性心境障碍是指反复出现心境高涨或低落，但不符合躁狂或抑郁发作诊断标准，心境不稳定至少 2 年。③双相躁狂发作的治疗以心境稳定剂及抗精神病药物为主。参阅 3 版 8 年制《精神病学》P306。患者处于躁狂发作状态，不宜使用抗抑郁药物，故不答 A、B、C、D。

106. ABCDE 107. ABCDE 108. ABCDE ①患者独处时常听见有声音对她讲话，说母亲病故与某人有关，是被害妄想和言语性幻听的表现。患者失眠、情绪低沉，不愿与人交往，是情绪低落的表现。患者感到自己的思维、情绪不由自己支配，自己的想法还未说出已人人皆知，是思维被洞悉妄想的表现。可见，该患者没有出现的症状是强制性思维（B）。②原发性妄想是精神分裂症的特征性表现，患者有被害妄想，故应诊断为精神分裂症。患者情绪低落、失眠、不愿与人交往，应考虑抑郁症。故本例应诊断为精神分裂症伴抑郁症（D）。③利培酮属于第二代抗精神病药物，能有效地控制精神分裂症的阴性症状；同时在纠正阳性症状方面也优于第一代抗精神病药物氯丙嗪，且不良反应较少，故答 E 而不是 C。氯硝西泮（氯硝安定）为广谱抗癫痫药。氟西汀、丙米嗪均为抗抑郁药。

109. ABCDE 神经症现称神经症性障碍，是一组主要表现为焦虑、恐惧、强迫、疑病症状或神经衰弱症状的精神障碍。其共同特点包括：患者常有一定的易感素质，病前常有一定的人格基础；起病常与心理社会因素有关；症状没有相应的器质性病变为基础（B 错）；社会现实检验能力未受损害，社会功能相对完好；一般没有明显的精神病性症状；一般自知力完整，有求治要求。

110. ABCDE ①惊恐障碍常突发突止，一般持续数分钟至数十分钟，但不久可突然再发（D）。②恐惧性障碍常表现为对特定对象或处境的恐惧。广泛性焦虑障碍常表现为持续存在的焦虑症状。分离（转换）性障碍常表现为部分或全部丧失了对过去的记忆或身份，或出现具有发泄特点的情感暴发。患者心电图示窦性心动过速为自主神经功能紊乱的表现，不是心脏病所致的焦虑障碍。

111. ABCDE ①女性患者，反复发作胸闷、气短、心悸、濒死感，持续 15 分钟可自行缓解，心电图正常，应诊断为惊恐障碍，可长期服用 5-羟色胺再摄取抑制剂帕罗西汀，此药无依赖性。②劳拉西泮也可用于惊恐障碍的治疗，但长期应用易导致药物依赖，而题干要求回答的是“长期服用的药物”，故答 B 而不是 D。普萘洛尔常用于治疗心律失常，他巴唑常用于治疗甲状腺功能亢进症，阿立哌唑主要用于治疗精神分裂症。

112. ABCDE 113. ABCDE ①强迫症是以强迫观念、强迫冲动或强迫行为等强迫症状为主要表现的一种神经症，其核心症状为强迫观念，强迫行为多系为减轻强迫观念引起的焦虑而不得不采取的顺应行为（A）。②广泛性焦虑障碍是一种以焦虑为主要临床表现的精神障碍，患者常常不明原因的提心吊胆，紧张不安，并有显著的自主神经功能紊乱症状及运动性不安（E）。③被害妄想和被控制妄想、紧张性木僵、思维中断常见于精神分裂症。思维不连贯常见于谵妄状态。

114. ABCDE 115. ABCDE 116. ABCDE ①惊恐发作常表现为患者在无特殊的恐惧性处境时，突然发作的、不可预测的惊恐体验，如紧张、害怕、恐惧，常伴严重的自主神经功能紊乱，如出汗、胸闷、呼吸困难、心律失常等。惊恐发作通常突发突止，一般历时数分钟至数十分钟。根据题干，本例应诊断为惊恐发作（A）。嗜铬细胞瘤常表现为阵发性高血压，不会有紧张、害怕等恐惧感。支气管哮喘常表现为反复发作性呼气性呼吸困难。心绞痛常表现为阵发性心前区疼痛，多与劳累有关。分离（转换）性障碍，常因暗示而发作，也因暗示而终止。②患者首先需要做的辅助检查是心电图（ECG），以排除心绞痛。ABC 均对惊恐发作的鉴别诊断价值不大。EEG 为脑电图检查，常用于诊断癫痫。③选择性 5-羟色胺再摄取抑制剂帕罗西汀是治疗惊恐障碍的首选药物。可合并使用苯二氮䓬类阿普唑仑、氯硝西泮，而不是地西泮，故不答 C。参阅 3 版 8 年制《精神病学》P328。氨茶碱常用于治疗支气管哮喘发作。苯乙肼常用于治疗抑郁症。普萘洛尔常用于治疗高血压、慢性心力衰竭等。

117. ABCDE　特定恐惧症是指患者对某些情境、活动、客体的非理性恐惧，患者极力回避所恐惧的情境或客体。临床上常见的类型如下。①动物恐惧：表现为对动物或昆虫的恐惧。②自然环境恐惧：如恐高、黑暗、雷电、风、水等。③血液-注射-损伤恐惧：对鲜血、外伤、打针、拔牙、手术的恐惧。④幽闭恐惧：如对电梯等密闭空间的恐惧。⑤其他类型的恐惧：害怕窒息、尖锐锋利物品等。社交恐惧症不属于特定恐惧症，故答 B。

118. ABCDE　①分离（转换）性障碍常表现为分离性遗忘、漫游、木僵、出神、附体等，常因暗示而发作，也可因暗示而终止（D）。②本病发作时可有精神病症状，但无特异性，故不答 A。本病常因明显精神因素如重大生活事件、暗示或自我暗示而发病，故不答 B。患者自知力完整，社会功能不受损。

119. ABCDE　120. ABCDE　①女性患者，反复发作意识不清、口吐白沫、角弓反张、四肢肌肉阵挛性收缩，应考虑分离性抽搐或癫痫发作。为明确诊断，应首选脑电图检查，因为分离性抽搐脑电图检查无异常，而癫痫患者常有特征性变化（E）。头颅 CT 主要用于诊断颅内占位性病变，不要误选 A。B、C、D 显然不是正确答案。②分离性抽搐发作时无唇舌咬伤及大小便失禁，而癫痫发作常有唇舌咬伤及大小便失禁，故答 C 而不是 A。恐惧性焦虑障碍以恐惧症和焦虑障碍为核心症状，与题干不符。急性应激障碍常于应激刺激后数分钟或数小时内发病，持续数小时至 1 周完全缓解，故不答 D。惊恐障碍的主要特点是突发突止，不可预测，反复出现，有强烈的惊恐体验，一般历时 5~20 分钟。

121. ABCDE　122. ABCDE　123. ABCDE　①强迫障碍的特点是强迫观念和强迫行为。患者因怕脏而出现强迫洗涤，反复洗手，应诊断为强迫障碍（D）。疑病障碍是指患者坚信自己得病而表现出对疾病的恐惧，而本例未坚信自己得病，故不答 A。广泛性焦虑障碍是一种以焦虑为主要表现的精神障碍，患者常有不明原因的提心吊胆、紧张不安。分离障碍属于假性癫痫发作，故不答 C。恐惧性焦虑障碍的恐惧对象来自于客观现实，焦虑对象明确，但强迫症患者的强迫观念和行为常起源于患者的主观体验。②氯米帕明为 5-羟色胺再摄取抑制剂（SRI），常用于强迫症的治疗（A）。奥氮平、利培酮为常用抗精神病药物。丁螺环酮、阿普唑仑常用于治疗广泛性焦虑症。③认知行为治疗中的暴露疗法和反应预防是治疗强迫障碍的有效方法，可以选用。暴露疗法是要求患者直接面对垃圾车和公共厕所，反应预防是要求患者缩短洗手时间，减少洗手频度，甚至放弃洗手。

124. ABCDE　①广泛性焦虑障碍以焦虑为核心症状，没有明确的焦虑对象，常表现为紧张不安、多虑、注意力难以集中、失眠，可有心动过速、阵发性心悸、胸闷、头晕、头痛等自主神经功能紊乱的表现。根据题干，本例应诊断为广泛性焦虑障碍（C）。②躯体形式障碍是一种以持久地担心或相信各种躯体症状的优势观念为特征的精神障碍。X 综合征常表现为发作性胸痛，但对硝酸甘油无效。恐惧性焦虑障碍常由特定对象或处境引起，呈境遇性和发作性，而患者无特定的恐惧对象或处境，故不答 D。疑病障碍是指患者坚信自己得病而表现出对疾病的恐惧，而本例未坚信自己得病，故不答 E。

125. ABCDE　躯体化障碍又称 Briquet 综合征，女性多见，临床表现为多种多样、反复出现、时常变化、查无实据的躯体主诉至少 2 年，未发现任何恰当的躯体疾病来解释上述症状；拒绝多名医生关于其症状没有躯体疾病解释的忠告与保证，不遵医嘱；患者深感痛苦，不断求医，症状及其所致行为造成一定程度的社会和家庭功能损害。2016 年考题，超纲题，大纲不要求掌握躯体化障碍。

126. ABCDE　①疑病障碍患者常坚信自己患有某种严重躯体疾病而反复就医，多次阴性的检查结果和医生的反复解释，也不能打消其疑虑。本例怀疑自己得了脑瘤，反复检查无阳性发现，拒绝医生的解释,应诊断为疑病障碍(C)。②强迫障碍和疑病障碍均可有重复行为,但强迫障碍的思维内容和反复行为在"自身疾病"以外,疑病障碍的思维内容是担心或怀疑自己患了某种严重的躯体疾病,相应的重复行为如反复核查、反复询问医生,都是围绕"疾病"进行的,故不答 A。精神分裂症早期可出现疑病障碍,但表现古怪,无求治要求,此外,还可有特征性思维、联想障碍、情感不协调等,故不答 B。恐惧性焦虑障碍和广泛性焦虑障碍均可有严重躯体疾病的征象,但患者通常能因医生给出的生理学解释而放心,不再认为自己有躯体疾病,故不答 D、E。

127. ABCDE ①青年女性,存在强迫动作(反复洗手、洗衣服),继发焦虑(为此不能正常工作和做家务,苦恼万分),应诊断为强迫障碍(A)。②疑病障碍是指患者坚信自己得病而表现出对疾病的恐惧,而本例未坚信自己得病,故不答 B。广泛性焦虑障碍是一种以焦虑为主要表现的精神障碍,患者常有不明原因的提心吊胆、紧张不安。恐惧性焦虑障碍的恐惧对象来自于客观现实,焦虑对象明确,但强迫症患者的强迫观念和行为常起源于患者的主观体验。妄想是指在病态推理和判断基础上形成的一种病理性歪曲的信念。

128. ABCDE 心理应激源是指作用于个体,使其产生应激反应的刺激物。应激源分为以下 3 类。①家庭因素:如夫妻分居或离婚、夫妻一方或双方外遇、配偶患病、配偶死亡等。②工作或学习因素:如社会分配不公、工作伙伴之间激烈竞争、缺乏人际交流、任务目标不确定等。③社会因素:如日常生活困扰、自然灾害与人为灾害(如洪水、战争)等。

129. ABCDE ①急性应激障碍是指以急剧、严重的精神刺激作为直接原因,在受刺激后立即发病。在应激源消除后,症状历时短暂,可在几天至一周内完全恢复。根据题干,本例应诊断为急性应激障碍(D)。②分离(转换)性障碍常表现为分离性遗忘、漫游、木僵、出神、附体等,常因暗示而发作,也可因暗示而终止。创伤后应激障碍多在遭受创伤刺激后数日至数月发病,可长期持续存在精神障碍。适应障碍是指在明显的生活改变或环境变化时,产生的短期、轻度烦恼状态和情绪失调。急性短暂性精神病性障碍是指患者受到精神刺激,出现的短时间精神异常、短时间恢复到正常精神状态的情况。

130. ABCDE ①应激相关障碍是一类与应激源有明显因果关系的精神障碍,分为创伤后应激障碍、急性应激障碍和适应障碍 3 种,故可首先排除 A、B。②创伤后应激障碍常在创伤后数日至数月发病,急性应激障碍常在受刺激后立即发病。患者车祸后 1 个月出现频繁噩梦、心悸不安、抑郁寡欢,应诊断为创伤后应激障碍,故答 C 而不是 D。③适应障碍是指明显的生活环境改变时产生的短期情绪失调,其应激源应为生活事件(如离婚、失业、迁居、转学、退休等),而不是灾难性或异乎寻常的天灾人祸(如车祸、地震等),不会反复重现创伤性体验,即出现有创伤性内容的噩梦,故不答 E。

131. ABCDE ①青年女性,因情绪波动而暴饮暴食,当然应诊断为神经性贪食,而不是神经性厌食、神经性呕吐,故答 B。②躁狂发作常表现为情感高涨、思维奔逸、活动增多等三高症状。抑郁发作常表现为情绪低落、兴趣缺乏、快感缺失。

132. ABCDE 诊断神经性厌食时,体重指数≤17.5,或体重保持在至少低于正常体重的 15%以上的水平。

133. ABCDE ①夜惊是儿童常见的睡眠障碍,多表现为反复出现从睡眠中突然醒来并惊叫的症状,伴有心率增快、呼吸急促、出汗、瞳孔散大等自主神经兴奋症状。每次发作 1~10 分钟,醒后对发作场景不能回忆。根据题干,本例应诊断为夜惊(B)。②梦魇是指在睡眠中被噩梦突然惊醒,引起恐惧不安、心有余悸的睡眠障碍。梦魇者一旦醒来就变得清醒,且对梦境中的恐怖内容能清晰回忆。分离性障碍常表现为具有发泄特点的情感暴发。睡行症是指患者在睡眠过程尚未清醒时起床在室内或户外行走。神经衰弱以精神易兴奋却易疲劳为特点,常表现为紧张、烦恼、易激惹、睡眠障碍。

134. ABCDE ①适应障碍是指患者在明显生活环境变化后产生的短期情绪失调,典型的生活事件包括离婚、失业、岗位变化、迁居、转学等。本例即为迁居所致的适应障碍(E)。②创伤后应激障碍是指受到灾难性心理创伤后导致的精神障碍,常反复重现创伤性体验。广泛性焦虑障碍以焦虑为主要特征,常表现为不明原因的提心吊胆、紧张不安。急性应激障碍常在受刺激后立即发病,应激源消除后

3 天缓解,病程不超过 1 个月。社交焦虑障碍主要表现为显著而持续地害怕在公众面前可能出现羞辱和尴尬的社交行为。

135. ABCDE　136. ABCDE　137. ABCDE　①失眠症常表现为难以入睡、睡眠不深和早醒。患者由于对失眠产生越来越多的恐惧和对失眠所致后果的过分担心,导致就寝时紧张、焦虑、担心,次日感到疲乏无力、工作效率下降。根据题干,本例应诊断为失眠症(D)。疑病症多表现为患者长期确信自己有严重疾病,但反复检查都不能找到充分的躯体疾病来解释。恐惧症常表现为过分、不合理地惧怕外界某种客观事物或情境,常伴有明显的焦虑和自主神经功能紊乱。焦虑症常表现为持续显著的紧张不安和担心。神经衰弱以精神易兴奋却易疲劳为特点,常表现为紧张、烦恼、易激惹、睡眠障碍。②失眠症的治疗首选苯二氮䓬类艾司唑仑(舒乐安定)。苯巴比妥为长效巴比妥类,醒后后遗效应大,偶用于顽固性失眠症。B、C、D 均为抗精神病药物。③催眠药物只是失眠症的辅助治疗手段,一般选用半衰期短、副作用和成瘾性较小的药物,小剂量、短疗程使用,疗程以 1~2 周为宜(E)。

138. ABCDE　139. ABCDE　①患者担心肥胖而极端限制饮食,消瘦,近来伴暴食发作,有抑郁症状,应诊断为神经性厌食症(D)。非器质性失眠症常表现为入睡困难、睡眠不深、易醒、早醒等。贪食症常表现为反复大量进食,有难以控制的进食欲望,故不答 B、E。神经性呕吐常表现为进食后呕吐,但体重减轻不明显。②电抽搐治疗仅用于严重抑郁、有强烈自杀企图、拒食、紧张性木僵等重症患者,本例不宜采用(A)。神经性厌食症的治疗通常采用认知疗法、行为治疗。患者情绪低落,说明有抑郁症状,可给予抗抑郁药物治疗。患者失眠、整夜难以入睡、不能坚持上课,可行小剂量抗精神病药物治疗。患者日渐消瘦,可行营养支持治疗,故不答 D。

第十八篇　外科学试题答案及详细解答

（正确答案为绿色的选项）

1. ABCDE　体液可分为细胞内液和细胞外液，成人细胞外液约占体重的20%（D）。

2. ABCDE　①外科病人最易发生的水和钠代谢紊乱是等渗性缺水，此时水和钠成比例丧失，血钠、细胞外液渗透压均保持正常。②高渗性缺水也称原发性缺水，低渗性缺水也称慢性缺水、继发性缺水。

3. ABCDE　①老年男性，间断腹痛，大量呕吐6小时，最可能发生等渗性缺水，因为急性病因常常导致等渗性缺水，故答C而不是B、D。②大量呕吐，胃酸丢失，易导致低钾低氯性代谢性碱中毒，故不答A。患者大量呕吐，体液丢失，不可能导致稀释性低钠血症。

4. ABCDE　①等渗性缺水患者尿量减少，尿比重增加。“尿比重<1.010”为低渗性缺水的特点。②若在短期内体液丧失量达到体重的5%，患者会出现休克症状。休克时，由于微循环障碍，酸性代谢产物大量产生和积聚，常伴发代谢性酸中毒。③等渗性缺水时，血清Na^+浓度正常，而口渴中枢感受的是血清中的Na^+浓度，因此等渗性缺水无口渴，只有高渗性缺水患者才有口渴。

5. ABCDE　①血钠的正常值为135～150mmol/L。低渗性缺水者血钠<135mmol/L，高渗性缺水者血钠>150mmol/L，等渗性缺水者血钠正常。患者血钠155mmol/L，应诊断为高渗性缺水（A）。②血钾正常值为3.5～5.5mmol/L，患者血钾5.3mmol/L，属于正常范围，故不答E。

6. ABCDE　①治疗高渗性缺水，当然选用低渗液，即0.45%氯化钠溶液。②5%碳酸氢钠溶液常用于纠正酸中毒。10%葡萄糖为高张溶液。0.9%氯化钠液、平衡盐溶液为等渗液，常用于治疗等渗性缺水。

7. ABCDE　①高渗性缺水由于血清Na^+浓度高于正常，导致血浆晶体渗透压升高，可刺激下丘脑前部的脑渗透压感受器引起渴觉，因此患者表现为口渴。重度缺水患者可出现躁狂、幻觉、谵妄、甚至昏迷，故答E。②A为低钙血症的表现，B、C为低渗性缺水的表现，D为水中毒的表现。

8. ABCDE　①血钠正常值为135～150mmol/L，患者血钠>150mmol/L，诉口渴，应诊断为高渗性缺水（A）。②血钾正常值为3.5～5.5mmol/L，患者血钾4.0mml/L，属于正常范围，故不答E。

9. ABCDE　①等渗性缺水也称急性缺水，因此急性病因所致的缺水常为等渗性缺水，故不答C、D。②汗液含0.25%的NaCl，为低渗液，故大量出汗可导致高渗性缺水。摄入水分不足当然导致高渗性缺水。③利尿酸为排钠性利尿剂，大量使用如未注意补充钠盐，可导致体内缺钠多于缺水，引起低渗性缺水。

10. ABCDE　①等渗性缺水时，水和钠成比例丢失，血清钠和血浆渗透压均在正常范围，其治疗首选等渗平衡盐溶液（A）。②5%葡萄糖溶液可用于治疗高渗性缺水。10%葡萄糖为等渗高张液，不能用于缺水的治疗。0.45%氯化钠常用于治疗高渗性缺水。3%氯化钠常用于治疗低渗性缺水。

11. ABCDE　①等渗盐水的Na^+和Cl^-浓度均为154mmol/L，而血清Na^+和Cl^-浓度分别为154mmol/L和103mmol/L。可见等渗盐水的Na^+浓度与血清浓度相等，而Cl^-浓度比血清约高1/3。因此等渗性缺水患者，若大量输入等渗盐水可导致血Cl^-过高，引起高氯性酸中毒。②由于等渗盐水的Na^+浓度与血清Na^+浓度相等，因此输入等渗盐水后不会导致高钠血症。由于等渗盐水是等渗液，因此输入过多不会造成水中毒。低钙血症常见于急性重症胰腺炎、肾衰竭、消化道瘘、甲状旁腺受损等。

12. ABCDE　代谢性酸中毒常伴高钾血症，在酸中毒纠正后血钾也随之降低；等渗性缺水纠正后，尿量增加，尿中的排钾量也会增加；血清K^+浓度可因细胞外液量的增加而稀释性降低，故需特别注意可能发生低钾血症（C）。其他电解质紊乱少见。

13. ABCDE　①患者无口渴,可首先排除高渗性缺水,因为高渗性缺水会有口渴,故不答 A。②患者没有过多的水分摄入,肯定不会出现稀释性低钠血症,故不答 B。③患者反复呕吐,大量胃酸丢失,可造成低钾低氯性代谢性碱中毒,故不答 E。④急性病因常导致等渗性缺水,慢性病因常导致低渗性缺水,患者病程 6 小时,最可能导致等渗性缺水而不是低渗性缺水,故答 D。

14. ABCDE　①患者突发呕吐、腹泻,易导致等渗性脱水。在短期内体液丧失量达到体重的 5%时,患者会出现脉搏细速、肢端湿冷、血压下降等血容量不足的症状。若体液丧失量达体重的 6%~7%时,会出现更严重的休克表现。②本例脉搏细速,血压下降,估计体液丧失量至少为体重的 5%,即 3500ml。

15. ABCDE　16. ABCDE　①等渗性缺水也称急性缺水,急性病因所致的缺水多为等渗性缺水。急性肠梗阻患者血清 Na^+正常(正常值 135~150mmol/L),应诊断为等渗性缺水(C)。患者有脱水的症状和体征,不会发生水中毒。患者血清 K^+4mmol/L,属于正常范围,故不答 E。②等渗性缺水的治疗应首选等渗电解质溶液,如平衡盐溶液或等渗盐水,若失液量大,还应适当补充胶体溶液(E)。快速输入高渗葡萄糖溶液将导致渗透性利尿,加速体液丢失。等渗性缺水的基本病因是体液的急性丢失,因此治疗的关键是补充等渗盐溶液,而不是静脉滴注升压药物,一般在容量补足后血压即可自行回升。5%的碳酸氢钠常用于纠正代谢性酸中毒。吸氧为一般治疗措施。

17. ABCDE　①患者血钠<135mmol/L,应为低渗性缺水,而不是高渗性缺水,因为高渗性缺水的血钠>150mmol/L,轻度、中度、重度缺水是高渗性缺水的分类方法,因此可首先排除 D、E。②低渗性缺水根据缺钠程度,可分为轻、中、重三度,其血钠水平分别为<135mmol/L、<130mmol/L、<120mmol/L。患者血钠为 118mmol/L,应诊断为重度缺钠(C)。

18. ABCDE　低渗性缺水的血钠低于正常,根据缺钠程度,分为轻、中、重三度。本例血钠 125mmol/L,属于中度缺钠,NaCl 缺失量为 0.5~0.75g/kg 体重(B)。

	轻度缺钠	中度缺钠	重度缺钠
血钠水平	<135mmol/L	<130mmol/L	<120mmol/L
缺氯化钠	0.5g/kg 体重	0.5~0.75g/kg 体重	0.75~1.25g/kg 体重
尿液	尿钠减少	尿量减少,尿中几乎不含钠和氯	尿量更少,尿中不含钠和氯

19. ABCDE　①口渴中枢感受的是血清中的 Na^+浓度,等渗性缺水和低渗性缺水患者血钠不高,故均无口渴,只有高渗性缺水患者才有口渴感,可首先排除 A、B、C。患者极度口渴,应诊断为高渗性缺水。②根据缺水程度不同,将高渗性缺水分三度:轻度缺水表现为口渴;中度缺水表现为极度口渴,乏力,尿少,尿比重增高,唇舌干燥,皮肤无弹性,眼窝下陷;重度缺水除上述症状外,还有神经精神症状,如躁狂、幻觉、谵妄、甚至昏迷。患者有神经精神症状,故应诊断为重度高渗性缺水(E)。

20. ABCDE　①患者有口渴,血钠>150mmol/L(血钠正常值为 135~150mmol/L),应诊断为高渗性缺水,而不是等渗性缺水或低渗性缺水,可首先排除 A、E。②根据缺水程度不同,将高渗性缺水分轻、中、重三度。患者有神经精神症状(躁狂),应诊断为重度缺水。

21. ABCDE　①高渗性缺水和低渗性缺水的共有表现是缺水,两者均有体液丢失,血液浓缩,故外周血红蛋白浓度、血细胞比容均增高。②口渴中枢感受的是血 Na^+浓度,低渗性缺水患者因血钠降低而无口渴感,高渗性缺水有口渴感。③高渗性缺水由于细胞外液高渗,抗利尿激素分泌增多,肾小管对水的重吸收增加,导致尿量减少,尿比重增高。反之,低渗性缺水则尿比重降低。④重度低渗性缺水可有腱反射减弱或消失,但高渗性缺水则表现为躁狂、幻觉、谵妄,无腱反射减弱。

22. ABCDE　患者血钠<135mmol/L,应诊断为低渗性缺水。其补钠量=[正常 Na^+-测量 Na^+]×kg×0.6(女性为 0.5)。女性患者,体重 60kg,血钠 130mmol/L,其补钠量=(142-130)×60×0.5=360mmol。以 17mmol Na^+相当于 1g 钠盐计算,应补充氯化钠约 21g。当天先补 1/2 量,即 10.5g,再加上每天正常需

要量4.5g,共计15g,即相当于5%葡萄糖盐水1500ml。其余的一半钠,可在第2天补给。

23. ABCDE ①血钠正常值为135~150mmol/L,患者血钠<135mmol/L,应诊断为低渗性缺水,静脉补液首选高渗盐水(B)。②林格氏液常用于治疗等渗性缺水,低渗盐水常用于治疗高渗性缺水,碳酸氢钠常用于纠正严重代谢性酸中毒,高渗葡萄糖常用于补充能量。

24. ABCDE 幽门梗阻患者长期呕吐,大量胃酸丢失,易导致低钾低氯性代谢性碱中毒(B)。

25. ABCDE ①袢利尿剂为排钾性利尿剂,大量使用可造成低钾血症。②螺内酯为保钾性利尿剂,长期大量使用可导致高钾血症。③挤压伤综合征患者大量红细胞破坏,细胞内大量K^+进入血液循环,可导致高钾血症。④库存血保存时间越长,红细胞损害越多,崩解红细胞内的K^+进入血液越多,因此大量输入库存血,可导致高钾血症。⑤慢性肾衰竭少尿期当然可导致高钾血症。

26. ABCDE 高钾血症时,细胞膜对K^+通透性增加,复极3期K^+外流加速,故3期复极时间和有效不应期缩短,反映复极3期的T波高尖(狭窄高耸)。A、B、D、E均不会出现高尖T波。

27. ABCDE ①低钾血症最早的临床表现是肌无力,先是四肢软弱无力,以后可延及躯干和呼吸肌(D)。②低钙血症常导致抽搐,而不是肌无力。高钙血症常表现为疲乏无力、精神不集中、失眠、抑郁等。高磷血症常表现为软组织和肾脏钙化,引起肾衰竭。高钾血症常表现为肌肉轻度震颤,手足感觉异常。

28. ABCDE ①低钾-碱中毒-反常性酸性尿;高钾-酸中毒-反常性碱性尿,可知,低钾血症易导致代谢性碱中毒、反常性酸性尿(B错)。②低钾血症的典型心电图表现为T波低平、倒置,ST段降低,U波出现。③低钾血症可有胃肠蠕动减弱、恶心呕吐、腹胀。④低钾血症可出现腱反射减弱或消失。

29. ABCDE ①患者血钾<3.5mmol/L,应诊断为低钾血症。低钾血症常表现为四肢肌无力,典型心电图表现为T波低平、倒置,ST段降低,U波出现。②低钾-碱中毒-反常性酸性尿;高钾-酸中毒-反常性碱性尿,可知,低钾可导致代谢性碱中毒、反常性酸性尿。③低钾血症可有口苦、腹胀等消化道症状。④皮肤苍白为高钾血症的表现,而不是低钾血症的表现(C错)。

30. ABCDE ①低钾血症最早的临床表现是四肢肌无力。②低钾血症的典型心电图表现为T波低平、倒置,ST段降低,U波出现,但并非每个患者都有典型心电图改变(B错)。③临床上镁缺乏常伴钾和钙的缺乏,9版《外科学》已删除该知识点。④醛固酮的作用是保水保钠排钾。严重的低钾血症患者由于血钾降低,醛固酮的分泌受抑制,肾远端小管的保水作用减弱,会产生多尿。⑤低钾-碱中毒-反常性酸性尿;高钾-酸中毒-反常性碱性尿,可见,低钾血症可导致代谢性碱中毒、反常性酸性尿。

31. ABCDE ①低钾血症患者由于肠蠕动减弱,可导致肠鸣音减弱或消失,全腹膨胀。肾功能正常的成人每天需补充氯化钾3~6g。该患者长期行胃肠减压,造成大量钾的丢失,但每天仅补充10%的氯化钾30ml,即生理需要量都没补足,因此易导致低钾血症。根据题干,本例应诊断为低钾血症(A)。②B、C、D、E均不会出现类似临床表现。

32. ABCDE ①患者反复腹痛、肛门停止排气排便,应考虑急性肠梗阻。患者血钾<3.5mmol/L,应诊断为低钾血症。患者P111次/分,BP80/50mmHg,应考虑低血容量休克。对于伴有休克的低钾血症,应先尽快恢复血容量,待尿量>40ml/h后再静脉补钾(A)。②氯化钾溶液应稀释后再静脉滴注,不能直接静脉输注氯化钾,故不答B、E。患者处于休克状态,应尽快补充血容量,不宜利尿,故不答C。

33. ABCDE 低钾血症常伴镁缺乏,临床上低钾血症的患者,补钾后病情仍无改善,应首先考虑镁缺乏。应用排除法诊断低镁血症的原因是:血清镁浓度与机体镁缺乏不一定平行,即镁缺乏时血清镁浓度不一定降低。参阅5版《外科学》P28。

34. ABCDE 静脉补钾时应严格控制其浓度和输液速度,含钾量不宜超过40mmol/L(相当于氯化钾3g/L),溶液应缓慢滴注,输入钾量应控制在20mmol/h以下。因为细胞外液钾的总量仅为60mmol,如果含钾溶液输入过快,血钾浓度可能在短时间内骤然增高,将有致命危险。

35. ABCDE 静脉输液的含钾量不宜超过40mmol/L,相当于氯化钾3g/L,即氯化钾浓度为3‰,故500ml液体中最多只能加入氯化钾=500×3‰=1.5g,即相当于10%的氯化钾15ml。

36. ABCDE　37. ABCDE　38. ABCDE　①患者术后腹胀、肠鸣音减弱，腹部无压痛反跳痛，心电图示T波降低，应诊断为低钾血症(D)。绞窄性肠梗阻、弥漫性腹膜炎、吻合口瘘均应表现为腹膜刺激征，即腹部压痛反跳痛阳性，故不答A、B、C。低钙血症常表现为手足抽搐、腱反射亢进，故不答E。②确诊低钾血症，首选血钾测定，若血钾<3.5mmol/L，可诊断为低钾血症。腹部B超、CT、胃肠造影均为影像学检查方法，不能确诊低钾血症。腹部穿刺常用于诊断腹部闭合性损伤。③患者胃次全切除术后第5天，常有体液丧失，应先输入晶体液及胶体液，恢复血容量。待尿量超过40ml/h后，再静脉补钾。

39. ABCDE　①高钾血症可使心肌兴奋性降低，常有心动过缓或心律不齐。②高钾血症的临床表现缺乏特异性，可有神志模糊、感觉异常、肢体软弱无力。B、D、E均属于低钾血症的临床表现。

40. ABCDE　①患者血钾>5.5mmol/L，应诊断为高钾血症。氨苯蝶啶属于保钾型利尿剂，不宜使用。②高钾血症的治疗首先应停用一切含钾药物。静脉滴注10%葡萄糖溶液加胰岛素，可促进K^+进入细胞内，以降低血钾。静脉滴注10%葡萄糖酸钙溶液，可对抗K^+对心肌的毒性作用。静脉滴注5%碳酸氢钠溶液，既可增加血容量而稀释血清K^+，又可促使K^+移入细胞内，同时还可治疗酸中毒。

41. ABCDE　①青年男性，术后第1天，血钾>5.5mmol/L，应诊断为高钾血症，首先应立即停用一切含钾药物，故答A。②B、C、D、E都是高钾血症的治疗措施。

42. ABCDE　①低钾-碱中毒-反常性酸性尿；高钾-酸中毒-反常性碱性尿，可知，代谢性酸中毒可导致反常性碱性尿，而不是中性尿(D错)。②代谢性酸中毒患者面色潮红，心率加快，血压偏低；最突出的表现是呼吸深快，呼吸频率可达40~50次/分；呼出气带有酮味。

43. ABCDE　①血液pH正常值为7.35~7.45，pH<7.35为失代偿性酸中毒，pH>7.45为失代偿性碱中毒。患者pH7.2，应为失代偿性酸中毒。②HCO_3^-为代谢性指标，判断代谢性酸中毒还是代谢性碱中毒，就看HCO_3^-是否正常。HCO_3^-的正常值为22~27mmol/L，HCO_3^-<22mmol/L为代谢性酸中毒，HCO_3^->27mmol/L为代谢性碱中毒。患者HCO_3^-15mmol/L，应判断为代谢性酸中毒。因此，患者最可能的诊断为失代偿性代谢性酸中毒(D)。

44. ABCDE　①患者胃部不适多年，呕吐大量宿食，可见胃型，应诊断为幽门梗阻。幽门梗阻患者呕吐大量胃酸，将导致低钾低氯性代谢性碱中毒。②患者血K^+<3.5mmol/L，血Cl^-<95mmol/L，说明有低钾和低氯血症。CO_2CP正常值为22~28mmol/L，代谢性碱中毒时CO_2CP升高。

45. ABCDE　低钾-碱中毒-反常性酸性尿，高钾-酸中毒-反常性碱性尿，可知，代谢性碱中毒常伴低钾血症。

46. ABCDE　①机体对酸碱失衡具有强大的自我调节能力，只要不是非常严重的酸碱失衡，即没有发展到循环衰竭的程度，均应首选病因治疗。只要去除导致酸碱失衡的病因，酸碱失衡可自行恢复正常(E)。②对于血浆HCO_3^-<10mmol/L的重症代谢性酸中毒，可使用碳酸氢钠溶液纠酸。乳酸钠也可纠正重度代谢性酸中毒，但由于作用不及碳酸氢钠迅速，现已少用。枸橼酸钾为碱性钾盐，主要用于补钾，口服刺激性较氯化钾小。请注意：枸橼酸钾≠枸橼酸钠，枸橼酸钠为体外抗凝剂。三羟甲基氨基甲烷可用于酸血症的治疗，但临床上少用。

47. ABCDE　①持续胃肠减压可造成大量胃酸丢失，导致低钾低氯性代谢性碱中毒(B)。②尿毒症、术后少尿常导致高钾性酸中毒。③挤压创伤可导致红细胞大量破坏，细胞内K^+进入细胞外液引起高钾血症。大量输入库存血，可导致高钾血症、代谢性碱中毒。

48. ABCDE　幽门梗阻的患者反复呕吐可丢失大量胃酸，造成低钾低氯性代谢性碱中毒。血钾正常值为3.5~5.5mmol/L。血钠正常值为135~150mmol/L，患者还有低钠。血氯正常值为95~105mmol/L。

49. ABCDE　"高钾酸中毒，低钾碱中毒"，说明高钾血症易导致代谢性酸中毒，低钾血症易导致代谢性碱中毒。患者血钾>5.5mmol/L，应诊断为高钾血症，故最可能发生的酸碱平衡失调是代谢性酸中毒。

50. ABCDE　钾主要从肾脏排出，因此临床上补钾的前提是尿量>40ml/h，即所谓的"见尿补钾"。

51. ABCDE　①血浆HCO_3^-正常值为22~27mmol/L，HCO_3^-<22mmol/L为代谢性酸中毒，HCO_3^-

>27mmol/L为代谢性碱中毒。患者 HCO_3^-16mmol/L,应诊断为代谢性酸中毒。②轻症代谢性酸中毒,只要去除病因,适当补液,机体可自行代偿,无需补碱。只有 HCO_3^-<10mmol/L 的严重代谢性酸中毒,才需使用碱性药物碳酸氢钠。患者 HCO_3^-16mmol/L,无需补碱,只需补充电解质溶液即可(A)。

52. ABCDE 53. ABCDE 54. ABCDE ①幽门梗阻患者反复呕吐,大量胃酸丢失,可导致低钾低氯性代谢性碱中毒(D)。②重度肺气肿患者常有换气功能障碍,可引起 CO_2 在体内潴留,导致高碳酸血症,造成呼吸性酸中毒(A)。③外科临床上最常见的酸碱失衡是代谢性酸中毒(B)。

55. ABCDE 56. ABCDE 57. ABCDE ①正常血浆 pH 为 7.35~7.45,pH<7.35 为失代偿性酸中毒,pH>7.45为失代偿性碱中毒。患者 pH7.20,应考虑失代偿性酸中毒,故不答 C、D。HCO_3^- 为代谢性指标,正常值为 22~27mmol/L,HCO_3^-<22mmol/L 为代谢性酸中毒,HCO_3^->27mmol/L 为代谢性碱中毒。患者 HCO_3^-15mmol/L,应诊断为代谢性酸中毒(B)。②对于代谢性酸中毒,只要消除病因,辅以补液(生理盐水),则轻症代酸可自行纠正,故答 B。辅助呼吸加速 CO_2 排出为呼吸性酸中毒的治疗措施。静脉滴注 5%碳酸氢钠适用于 HCO_3^-<10mmol/L 的重症代谢酸中毒,患者 HCO_3^- 为 15mmol/L,不宜补碱。快速输入高渗糖水可导致渗透性利尿,常用于脑水肿的治疗。静脉滴注 5%葡萄糖盐水为一般性治疗。③在酸中毒时,离子化的 Ca^{2+} 增多,即使患者有低钙血症,也可不出现手足抽搐。但在酸中毒纠正后,离子化的 Ca^{2+} 减少,便会发生低钙性手足抽搐。应及时静脉注射 10%葡萄糖酸钙以控制症状(E)。若继续使用 5%碳酸氢钠,则可使血钙进一步降低,加重手足抽搐。地西泮、硫喷妥钠都是中枢性镇静剂,对于低钙所致的手足抽搐不是首选。5%葡萄糖盐水不能控制手足抽搐。

58. ABCDE 59. ABCDE ①中年男性,反复上腹胀痛,呕吐宿食,胃型及振水音阳性,应考虑为消化性溃疡幽门梗阻,为明确诊断首选纤维胃镜。B 超、CT、腹部平片不能确诊消化性溃疡。钡餐虽能确诊,但不是首选检查。②幽门梗阻患者反复呕吐,造成胃酸大量丢失,易导致低钾低氯性代谢性碱中毒。

60. ABCDE 61. ABCDE ①代谢性酸中毒是由于体内酸性物质产生过多,或 HCO_3^- 丢失过多所致,血液 HCO_3^- 降低(D)。②代谢性碱中毒是由于体内 H^+丢失过多,或 HCO_3^- 增多所致,血液 HCO_3^- 增高(C)。③$PaCO_2$ 增高见于呼吸性酸中毒,$PaCO_2$ 降低见于呼吸性碱中毒。阴离子间隙是指血浆中未测定阴离子与未测定阳离子的差值,阴离子间隙降低对诊断酸碱失衡价值不大。

62. ABCDE 63. ABCDE ①正常情况下,细胞内钾离子的浓度为细胞外的 30 倍。挤压伤综合征患者由于组织损伤,细胞坏死,大量钾离子从细胞内释放至细胞外,可导致高钾血症(E)。长期胃肠减压、反复呕吐,造成大量胃酸丢失,可导致低钾、低氯性代谢性碱中毒。盐皮质激素(醛固酮)的生理作用是保水、保钠、排钾,因此盐皮质激素过多,可引起排钾过多,导致低钾血症。②长期饥饿时,体内脂肪分解过多,可形成大量酮体,导致酮体性酸中毒,此为代谢性酸中毒(D)。

64. ABCDE 手术区皮肤消毒范围主要包括手术切口周围 15cm 的区域。超纲题,2018 年考题。

65. ABCDE 消毒用医用酒精的常用浓度是 70%。若浓度过高,酒精会在细菌表面形成一层保护膜,阻止其进入细菌体内,难以将细菌彻底杀死。若酒精浓度过低,酒精虽可进入细菌内,但不能将其体内的蛋白质凝固,同样也不能将细菌彻底杀死。超纲题,2018 年考。

66. ABCDE ①休克是机体有效血容量减少、组织灌注不足,细胞代谢紊乱和功能受损的病理过程,其特征是组织灌注不足,故答 D。②代谢性酸中毒为休克的代谢改变,脉搏增快、尿量减少、低血压为休克的临床表现,并不是根本变化,故不答 B、C、E。

67. ABCDE ①休克时微循环的变化分为微循环收缩期、微循环扩张期、微循环衰竭期三期。在微循环衰竭期,淤滞在微循环内的黏稠血液在酸性环境中处于高凝状态,红细胞、血小板容易聚集并在血管内形成微血栓,故微循环"不进不出"。由于组织缺乏血液灌注,细胞缺氧,酸性产物堆积,可导致代谢性酸中毒。②毛细血管后括约肌呈收缩状态,为微循环扩张期的特点。毛细血管前括约肌呈收缩状态,为微循环收缩期的特点。

68. ABCDE　①休克是机体有效血容量减少、组织灌注不足，细胞代谢紊乱和功能受损的病理过程，因此无论何种类型的休克，最基本的治疗措施都是补充血容量，以改善组织低灌注和缺氧(D)。②积极处理原发病、纠正代谢性酸中毒、使用血管活性药物、输氧等都是其一般性治疗措施。

69. ABCDE　①休克是机体有效血容量减少、组织灌注不足，细胞代谢紊乱和功能受损的病理过程，因此无论失血性休克，还是感染性休克，其首要治疗措施都是补充血容量，而不是使用升压药。②对于感染性休克，短期大剂量应用糖皮质激素有一定效果。③对于活动性出血引起的失血性休克，在积极抗休克的同时，手术止血是不可忽视的主要手段。

70. ABCDE　71. ABCDE　①在休克代偿期，由于机体对有效循环血容量减少的早期有相应的代偿能力，患者交感-肾上腺髓质系统兴奋，可释放大量儿茶酚胺(B)。表现为皮肤苍白、四肢厥冷、心率加快、脉压减小、尿量减少等。②在休克失代偿期，患者组织进一步缺氧，导致乳酸增多，出现代谢性酸中毒表现(A)。③若皮肤、黏膜出现瘀斑或消化道出血，提示病情已发展至DIC阶段。

72. ABCDE　休克分为轻、中、重三度。①轻度休克：脉搏<100次/分，收缩压正常或稍增高，舒张压增高，脉压缩小，估计失血量20%以下(<800ml)；②中度休克：脉搏100~200次/分，收缩压90~70mmHg，脉压缩小，估计失血量20%~40%(800~1600ml)；③重度休克：脉搏细弱或摸不清，收缩压<70mmHg或测不到，估计失血量40%以上(>1600ml)。患者脉搏130次/分，收缩压75mmHg，应诊断为中度休克，估计失血量800~1600ml(C)。

73. ABCDE　休克可分为休克代偿期、休克抑制期两期。在休克代偿期，患者交感-肾上腺髓质系统兴奋，可释放大量儿茶酚胺，导致精神紧张、兴奋、烦躁不安、皮肤苍白、四肢厥冷、心率加快、收缩压正常或稍升高、舒张压增高、脉压缩小、呼吸加快(过度通气)、尿量减少(E错)。

74. ABCDE　①患者车祸后6小时，腹部膨隆，说明腹腔脏器受损可能性较大。患者脉率增快，血压降低，四肢冰冷，说腹腔内出血量较大，应诊断为失血性休克，即低血容量休克，故不答A、B、D。②中度休克常表现为收缩压70~90mmHg，重度休克常表现为收缩压<70mmHg。根据题干，本例应诊断为重度休克，故答E。

75. ABCDE　患者转移性右下腹痛，体温增高，白细胞总数及中性粒细胞比例增高，应诊断为急性阑尾炎。入院两小时后体温更高，腹肌紧张，血压70/50mmHg，应诊断为感染性休克。

76. ABCDE　①患者右上腹刀刺伤，脉率增快，血压稳定，中心静脉压降低(正常值5~10cmH_2O)，应诊断为休克代偿期，其首要治疗措施是补充血容量，首选平衡盐溶液(E)。②患者Hb>70g/L，不宜输入全血。ABC均属于一般性治疗措施。

77. ABCDE　78. ABCDE　79. ABCDE　①患者左腹部外伤，脾破裂，面色苍白，脉搏细数，脉率增快，应考虑失血性休克。患者收缩压130mmHg，应诊断为休克前期(休克代偿期)。中度休克收缩压为90~70mmHg，重度休克收缩压<70mmHg。暖休克、冷休克是感染性休克的分类标准，故不答D、E。②对于腹部闭合性损伤，脾破裂，肠破裂的患者，应首选腹腔穿刺以明确诊断。该患者处于失血性休克前期，应急查血常规以了解红细胞压积、测定中心静脉压以指导补液、测定CO_2CP以了解酸碱失衡情况。该患者处于休克前期，不宜过多搬动行静脉肾盂造影(C)。③对于脾破裂，肠破裂，处于休克前期的患者，应以平衡盐液迅速补充血容量，并积极准备手术治疗。A、D、E为一般性治疗措施。

80. ABCDE　休克的一般监测指标有5项，即精神状态、皮肤温度色泽、血压、脉率和尿量。其中，尿量是反映肾脏血液灌注情况最简单可靠的指标。若尿量<25ml/h、尿比重增加表明肾血管收缩、肾脏血流灌注不足。若尿量>30ml/h，则提示休克已纠正。

81. ABCDE　休克指数=脉率/收缩压。休克指数≈0.5无休克，>1.0~1.5有休克，>2.0为严重休克。

82. ABCDE　①A、B、C、D、E都是休克的特殊监测指标，其中中心静脉压为最常用的监测项目。中心静脉压代表了右心房或腔静脉压力的变化，可反映全身血容量与右心功能之间的关系，且较动脉压变化要早、要敏感，故临床上常用。②心脏指数、心排出量测定临床上少用。动脉血气分析仅能反映酸碱失衡情况，故不作为休克的常规监测项目。肺毛细血管楔压测定为有创操作，临床上少用。

83. ABCDE 中心静脉压（CVP）是指右心房或胸腔段上、下腔静脉的压力，可反映全身血容量与右心功能之间的关系。CVP 正常值为 5～10cmH_2O。CVP<5cmH_2O 提示血容量不足；CVP>15cmH_2O 提示心功能不全、静脉血管床过度收缩或肺循环阻力增高；CVP>20cmH_2O 提示充血性心力衰竭（E）。

84. ABCDE ①诊断休克的依据包括心动过速、发绀、少尿、意识模糊、外周低灌注、血压下降等，可见血压下降不是诊断休克的唯一依据。②休克早期由于交感神经兴奋，外周血管收缩，可导致收缩压正常或稍增高，而不是下降。③休克可分为轻、中、重三度，轻度休克收缩压正常或稍增高；中度休克收缩压 90～70mmHg；重度休克收缩压<70mmHg。可见，血压下降是估计休克程度的主要指标（C 对）。④休克时，反映组织细胞缺氧、灌注不足的指标包括毛细血管充盈时间、尿量、动脉血乳酸含量等，故不答 D。⑤血压下降不是休克的最早指标，如休克时中心静脉压的变化即比血压下降要早。

85. ABCDE A、B、C、D、E 都是休克的一般监测指标，其中尿量是最有临床意义的指标。尿量是反映肾血流量灌注情况的重要指标。尿量<25ml/h 提示休克早期、休克未完全纠正，尿量>30ml/h 则说明休克已好转，故答 B。

86. ABCDE ①休克时，组织灌注不足及缺氧可使无氧糖酵解增强，血乳酸增加。因此连续监测动脉血乳酸盐水平，可反映组织氧债及氧供依赖性氧耗，能够预测休克患者预后。动脉血乳酸盐正常值为 1～1.5mmol/L，危重患者常>2.0mmol/L。9 版《外科学》已删除。②静脉血氧测定、动脉血气分析、二氧化碳结合力，主要用于呼吸衰竭的诊断。血细胞比容主要用于判断血液浓缩程度。

87. ABCDE 尿量<25ml/h 提示肾血管收缩和灌注不足，尿量>30ml/h 提示休克已纠正。

88. ABCDE 通常人体在迅速失血超过全身总血量的 20%（即 800ml）时，即出现休克。

89. ABCDE 90. ABCDE 91. ABCDE ①重症急性胰腺炎患者出现血压下降，表明合并失液性休克，快速补液后，休克得以纠正，患者动脉血压升高，尿量增多（C）。②重度失血患者休克失代偿时，常表现为动脉血压下降，尿量减少（A）。③肾动脉狭窄可导致肾血管性高血压，肾脏缺血，尿量减少（B）。

92. ABCDE ①中心静脉压（CVP）>15cmH_2O 提示心功能不全、容量血管过度收缩、肺循环阻力增高；CVP>20cmH_2O 提示充血性心力衰竭。患者 CVP 为 20cmH_2O，故答 C 而不是 E。②血容量不足常表现为 CVP 降低、血压正常。肝性脑病常表现为肝功能受损及意识障碍。

93. ABCDE ①患者中心静脉压正常（正常值 5～10cmH_2O）、血压降低，提示心功能不全或血容量不足，应行补液试验以进一步明确原因（D）。②若中心静脉压降低、血压正常，提示血容量不足，则应适当补液。若中心静脉压增高、血压降低，提示心功能不全或血容量相对过多，则可使用强心药物。若中心静脉压增高、血压正常，提示容量血管过度收缩，则可使用扩血管药物。若中心静脉压和血压均降低，提示血容量严重不足，则应充分补液。

94. ABCDE 患者呕血后 P100 次/分，BP90/60mmHg，应诊断为失血性休克。患者中心静脉压正常，血压降低，提示心功能不全或血容量不足。为明确病因，应行补液试验。方法为：0.9%NaCl250ml 静脉滴注，5～10 分钟输完，如输液后血压升高、中心静脉压不变，提示血容量不足；如血压不变、中心静脉压上升 3～5cmH_2O，提示心功能不全。根据题干，本例应诊断为血容量不足，故答 C。

95. ABCDE ①休克时，中心静脉压（CVP）>15cmH_2O 提示心功能不全、静脉血管床过度收缩、肺循环阻力增高，CVP>20cmH_2O 提示充血性心力衰竭。患者 CVP 为 16cmH_2O，故答 E。②CVP 正常值为 5～10cmH_2O，若 CVP<5cmH_2O，提示血容量不足；若 CVP>5cmH_2O，提示血容量充足（C 对）。

96. ABCDE 患者术后 2 小时，腹腔引流管引出血液>200ml/h，中心静脉压和血压均下降，说明腹腔内出血量较大。在足量补液和输血后，若休克仍无好转，应再次手术止血。题干要求回答的是"此时应采取的措施"，故答 B 而不是 C。抢救休克时，应先补液再输血，故不答 E。A、D 显然不是正确答案。

97. ABCDE ①中心静脉压的正常值为 5～10cmH_2O。患者血压正常，中心静脉压增高，说明容量血管过度收缩，其处理原则为舒张血管（B）。②对于失血性休克的患者，使用血管收缩剂的前提是血容量已经补足。当中心静脉压降低而血压正常时，说明血容量不足，可以适当补液。当中心静脉压和血压均降低时，说明血容量严重不足，需充分补液。

98. ABCDE　99. ABCDE　①中心静脉压和血压均降低提示血容量不足（B）。②中心静脉压增高，血压降低提示心功能不全或血容量相对过多（D）。③容量血管过度收缩表现为中心静脉压增高而血压正常。心功能不全或血容量不足表现为中心静脉压正常而血压降低。

100. ABCDE　101. ABCDE　①尿量是反映肾血流灌注情况的常用指标，休克时血容量不足将导致肾灌注量减少，从而使尿量减少；经抗休克治疗血容量补足后尿量将增加。②中心静脉压（CVP）可反映全身血量与右心功能之间的关系。休克时，血容量不足，回心血量减少，将导致 CVP 降低；若抗休克治疗血容量补足后 CVP 可恢复正常。

102. ABCDE　103. ABCDE　104. ABCDE　①股骨干骨折的失血量可达 2000ml，易导致失血性休克。休克分为轻、中、重三度。轻度休克收缩压正常或稍增高；中度休克收缩压 90~70mmHg；重度休克收缩压<70mmHg。患者收缩压 60mmHg，应诊断为重度休克（D）。患者骨折 3 小时，不可能发生感染性休克，高排低阻型休克是感染性休克的分类，故不答 B、E。②治疗休克，应首先补充血容量（C）。在血容量补足后，可试用强心药、利尿剂，故不答 A、D。若不纠正休克就立即手术，患者可能死于休克，故不答 B。患者若为闭合性骨折，则无需给予抗生素，故不答 E。③休克患者应采用特殊体位，以增加回心血量，即头和躯干抬高 20~30°，下肢抬高 15~20°。

105. ABCDE　在创伤性休克的早期，由于过度换气，患者常出现低碳酸血症、呼吸性碱中毒（A）。

106. ABCDE　革兰阴性细菌、革兰阳性细菌、病毒、立克次体、真菌等均可引起感染性休克。其中，以释放内毒素的革兰阴性细菌最常见，约占 2/3，如急性腹膜炎、胆道感染、绞窄性肠梗阻等。

107. ABCDE　感染性休克分为暖休克和冷休克两类。①暖休克也称高排低阻力型休克（高动力型休克），由于排血量增多，可表现为脉搏慢而有力，搏动清楚；肾脏灌注充足而使尿量>30ml/h（C 对）；患者脑组织灌注充足而神志清楚；毛细血管充盈时间 1~2 秒。②冷休克也称低排高阻力型休克（低动力型休克），由于排血量减低，可表现为脉搏细弱；肾脏灌注不足而使尿量<30ml/h；患者脑组织灌注不足而神志淡漠或嗜睡；毛细血管充盈时间延长。

108. ABCDE　①患者面色苍白、四肢湿冷，血压 80/60mmHg，可诊断为中度休克。患者腹痛、发热、全腹肌紧张、肠鸣音消失，应考虑急性腹膜炎，故应诊断为感染性休克。②患者无明显外伤、体液丢失，故不能诊断为低血容量性休克。神经源性休克是指因神经系统功能障碍或损伤导致周围血管收缩舒张功能障碍而引起的休克，如脊髓损伤所致的休克等。心源性休克是指心脏泵功能衰竭所致的休克。过敏性休克是由于肥大细胞、嗜碱性粒细胞释放的介质导致的休克。

109. ABCDE　①感染性休克应用糖皮质激素，既可稳定细胞膜使之免受内毒素破坏；也可稳定溶酶体膜，减少水解酶释出，从而防止细胞崩解；还可增强心肌收缩力，增加心排量；同时能抑制补体和激肽的活化，减少抗原抗体复合物的形成，能使休克趋向好转，减少并发症。②糖皮质激素的应用原则是早期、大量、短时，其使用量可达正常用量的 10~20 倍，维持不宜超过 48 小时（E 错）。

110. ABCDE　应用糖皮质激素治疗感染性休克时，其使用量为常规用量的 10~20 倍。

111. ABCDE　糖皮质激素治疗感染性休克时，应早期、大剂量使用，可达正常用量的 10~20 倍，维持不宜超过 48 小时，否则有发生急性胃黏膜损害和免疫抑制等严重并发症的危险。

112. ABCDE　①外科救治感染性休克时，首先应补充血容量，同时应控制感染，主要措施是应用抗菌药物和处理原发感染灶。原发感染灶的存在是发生休克的主要原因，应尽早处理，有时只有处理了原发感染灶才能纠正休克，因此不能等到休克好转后再处理原发灶（C 错）。②治疗感染性休克可以早期、大量、短时应用糖皮质激素。若经补充血容量、纠正酸中毒后休克仍未见好转，可给予血管扩张剂治疗。

113. ABCDE　感染性休克的治疗原则是在休克未纠正前，着重治疗休克，同时治疗感染；在休克纠正后，着重治疗感染。因此应积极抗休克治疗，若经短期抗休克后，未能有效好转，也应积极手术处理原发感染灶，因为有些患者不手术处理原发灶，感染难以控制，休克也难以纠正。

114. ABCDE ①青霉素过敏属于Ⅰ型超敏反应，发展迅速，重型可致过敏性休克。患者使用青霉素后出现呼吸困难，血压<90/60mmHg，双肺喘鸣音，多处皮疹，应诊断为过敏性休克(C)。②急性左心衰竭、哮喘急性发作、急性呼吸窘迫综合征均不会出现过敏性皮疹。感染性休克与题干所述不符。

115. ABCDE ①手术患者应从术前 8~12 小时开始禁食，术前 4 小时开始禁止饮水，以防在麻醉或手术过程中因呕吐而引起窒息或吸入性肺炎(E)。②术前患者的营养状态，术中严格无菌操作可降低术后感染的概率。术前进行肠道准备可减少术后腹胀的发生。不是所有手术患者都有吻合口，因此 C 不可能是正确答案。伤口裂开常见于腹部手术，其发生与缝合技术欠佳有关。

116. ABCDE 非胃肠道手术的患者，为防止术中呕吐窒息，术前应禁食 8~12 小时，禁饮 4 小时。

117. ABCDE ①限期手术是指手术时间虽可选择，但不宜延迟过久，应在尽可能短的时间内做好术前准备，如各种恶性肿瘤根治术(B)。②完全性肠梗阻造瘘术、急性上消化道穿孔修补术均属于急症手术，慢性阑尾炎行阑尾切除术、可复性股疝修补术均属于择期手术。

118. ABCDE 心脏病与手术耐受力的关系分为 3 类：①手术耐受力良好者包括非发绀型先天性心脏病、风心病、高血压心脏病、心律正常无心力衰竭趋势者；②手术耐受力较差者包括冠心病、房室传导阻滞；③手术耐受力很差者包括急性心肌炎、急性心肌梗死、心力衰竭。参阅 5 版《外科学》P154。

119. ABCDE ①长时间使用凡士林纱条、烟卷纱条、生理盐水纱条引流，纱布常被渗出液堵塞而失去引流作用，若不及时拔除，引流反而受阻，故临床上少用。②负压吸引管主要用于渗液量非常大的创面引流，本例渗液量不会太大，故不答 B。排除 A、B、D、E 后，正确答案为 C。

120. ABCDE 血浆白蛋白<30g/L 或转铁蛋白<0.15g/L，术前需行营养支持。参阅 3 版 8 年制《外科学》P8。

121. ABCDE ①择期手术应于术前 7 天停用阿司匹林(D)。②应于术前 2~3 天停用非甾体抗炎药，于术前 10 天停用抗血小板药噻氯匹啶、氯吡格雷。

122. ABCDE 患者血压<160/100mmHg，术前无需使用降压药(B)。因原发性高血压病因未明，为终身制疾病，故术后仍需使用降压药控制血压。

123. ABCDE ①口服降糖药的糖尿病患者，应服用至手术前一天晚上；若服用长效降糖药者，应在术前 2~3日停服。术前无需常规使用胰岛素降血糖，故答 D。②术前 8~12 小时开始禁食，4 小时禁水，以防术中呕吐而引起窒息。吸烟者术前戒烟 2 周，可减少支气管分泌物，降低肺部感染的风险。患者血压>160/100mmHg，术前需口服降压药控制血压。术前练习床上排便，以适应术后变化。

124. ABCDE ①中年男性发现 HBsAg 多年，很可能已发展为肝硬化门静脉高压症。患者突发呕鲜血 400ml，脾大，腹水征，应诊断为肝硬化门静脉高压症食管下端胃底曲张静脉破裂出血。若行急诊手术，术前应常规检测肝肾功能、血清电解质、出凝血时间。②本例腹水性质明确，为肝硬化失代偿所致，可不行腹水常规检查(A)。

125. ABCDE ①急性心肌梗死的患者发病后 6 个月内不宜做择期手术，6 个月以上无心绞痛发作者，可在良好的监护条件下施行手术(D 错)。②纠正水、电解质代谢紊乱为一般性术前准备。近期有脑卒中者择期手术应至少推迟 2 周，最好 6 周。高血压患者术前应继续服用降压药物，以避免戒断综合征。血压在 160/100mmHg 以下者，可不作特殊准备，因此不要求血压降至正常后再手术。

126. ABCDE 围术期糖尿病患者，若口服普通降糖药，应服至手术前一天晚；若口服长效降糖药，应于术前 2~3 天停药，改用普通胰岛素。患者平时服用短效降糖药物，应服用至手术前 1 天晚上。

127. ABCDE 糖尿病患者施行择期手术前，应将患者的血糖控制在轻度升高状态(5.6~11.2mmol/L)较为适宜，此时尿糖(+)~(++)。这样既不至于因胰岛素过多而发生低血糖，也不至于因胰岛素过少而发生酮症酸中毒。可见，术前无需将患者血糖、尿糖降至正常。

128. ABCDE ①口服普通降糖药的患者，应继续服用至手术前 1 天晚上停药。口服长效降糖药如氯磺丙脲者，应在术前 2~3 天停服。②平时用胰岛素者，术前应以葡萄糖和胰岛素维持正常糖代谢，在手术日晨停药胰岛素。③仅以饮食控制病情者，术前无需特殊准备。④合并酮症酸中毒者，暂不实施择期手术(D)。若需接受急诊手术，应尽可能纠正酸中毒、血容量不足、电解质失衡。⑤禁食患者，需静脉输注葡萄糖加胰岛素维持血糖轻度升高状态(5.6~11.2mmol/L)。参阅3版8年制《外科学》P10。

129. ABCDE　①腹部手术，尤其胃肠道手术后，一般需禁食24~48小时，待胃肠道蠕动恢复，肛门排气后，才可开始进食(E)。②若术前患者禁食时间较长，术后可从胃管抽出澄清胃液，故不答A。若患者使用的是局部麻醉，则术后即可下床活动。患者有明显饥饿感，很可能为胰岛素分泌过多所致的低血糖。肠鸣音增强很可能为肠梗阻所致。因此A、B、C、D均不能作为是否进食的依据。

130. ABCDE　①外科引流的绝对适应证是软组织感染性疾病，如脓肿、痈、切口感染等。感染性伤口渗出液或脓液的量较大，一般采用纱条引流，如A、B、C、D的引流。②在软组织手术后，若预期创面有较多渗血或渗出液时，可作预防性引流，以避免形成血肿、积液、继发感染等，这种切口多采用橡皮管引流，如乳癌根治术等(E)。参阅7版《黄家驷外科学》P184，9版《外科学》未讲述。

131. ABCDE　①腹部手术后早期活动有利于增加肺活量，减少肺部并发症，改善全身血液循环，促进切口愈合，减少因静脉血流缓慢并发深静脉血栓形成的发生率。②早期活动不会减少腹腔感染发生率。

132. ABCDE　①术后要经常检查放置的引流管是否通畅，有无扭曲、阻塞等，换药时要仔细观察记录引流物的性质和容量。②留置胆管内的T管应在术后2周拔除，否则T管周围没有形成窦道而过早拔除，胆汁将漏入腹腔形成胆汁性腹膜炎(C错)。③胃肠减压管常在胃肠道蠕动恢复，肛门排气后拔除。腹腔烟卷引流一般在术后3天内拔除。

133. ABCDE　134. ABCDE　手术切口拆线的时间：头、面、颈部为术后4~5天；下腹部、会阴部为术后6~7天；胸部、上腹部、背部、臀部为术后7~9天；四肢为术后10~12天；减张缝线为术后14天。

135. ABCDE　①胃癌根治术患者行术前准备，若血浆白蛋白<30g/L，可行术前肠内或肠外营养支持。患者血清白蛋白35g/L，无需补充人血白蛋白。②口服肠道抗生素为结肠癌的常规术前准备，胃癌根治术前准备无需口服肠道抗生素。③择期手术患者的术前准备应停止吸烟2周，参阅3版8年制《外科学》P10。④血钾正常值为3.5~5.5mmol/L，患者血钾3.0mmol/L，应诊断为低钾血症，术前应行补钾治疗(D对)。⑤患者血压<160/100mmHg，无需降压治疗。

136. ABCDE　切口愈合分为3级。①甲级愈合：指切口愈合优良，无不良反应。②乙级愈合：指切口愈合处有炎症反应，如红肿、硬结、血肿、积液等，但未化脓。③丙级愈合：指切口已经化脓。

137. ABCDE　①乳癌改良根治术为胸部手术，术后应常规采用高半坐位卧式，以便于呼吸及有效引流(E)。②腹部手术后常采用斜坡卧位，脊柱手术后常采用仰卧位，肥胖患者术后常采用侧卧位。

138. ABCDE　①施行颅脑手术后，如无休克、昏迷，可取15°~30°头高脚低斜坡卧位(E)。②颈、胸手术后常采用高半坐位。全麻未清醒、蛛网膜下腔麻醉后常采用平卧位。肥胖患者术后常采用侧卧位。休克患者术后常采用下肢抬高15°~20°，头部和躯干抬高20°~30°的特殊体位。

139. ABCDE　①蛛网膜下腔麻醉术后12小时内，应采用平卧位，以防止因脑脊液外渗而致低压性头痛(D)。②腹部手术后常采用半卧位。脊柱、臀部手术后常采用俯卧位。颅脑手术后常采用15°~30°头高脚低斜坡卧位。肥胖患者术后常采用侧卧位。

140. ABCDE　141. ABCDE　142. ABCDE　①患者胃癌根治术后第6天，腹腔引流管引出咖啡色混浊液体，说明引流液属于胃液，应诊断为胃肠吻合口漏(B)。A、C、D、E均不会有胃液进入游离腹腔，故不答。②对于早期吻合口漏的患者，应严格禁食，持续胃肠减压，施行完全胃肠外营养，可以应用生长抑素以减少消化液的分泌。对于尚未确诊的腹膜炎患者，不宜使用强镇痛剂吗啡止痛，以免延误病情(E)。③为了防止胃肠吻合口漏患者的胃肠内容物继续流入游离腹腔，应严格胃肠减压，严禁洗胃。B、C、D均为辅助治疗措施。

143. ABCDE　144. ABCDE　手术切口分为三类：①Ⅰ类切口(清洁切口)是指缝合的无菌切口，如甲状腺大部切除术、腹腔镜疝修补术。②Ⅱ类切口(可能污染切口)是指手术时可能带有污染的缝合切口,如胃手术等。③Ⅲ 类切口(污染切口)是指邻近感染区或组织直接暴露于污染或感染物的切口,如化脓性阑尾炎手术、肠切除手术等。

145. ABCDE ①手术切口分为Ⅰ、Ⅱ、Ⅲ3 类。Ⅰ类为清洁切口,Ⅱ 类为可能污染切口,Ⅲ 类为污染切口。化脓性阑尾炎行阑尾切除,切口应为Ⅲ类。②手术切口愈合分为甲、乙、丙 3 级。甲级愈合是指愈合优良,无不良反应;乙级愈合是指愈合处有红肿、硬结、血肿、积液等,但未化脓;丙级愈合是指切口已经化脓。患者切口有脓性分泌物,应为丙级愈合。故切口愈合类应记为Ⅲ/丙(E 对)。

146. ABCDE ①切口血肿是外科手术后最常见的切口并发症,几乎均为止血技术缺陷所致(D)。②切口血肿的促成因素有术前服用阿司匹林、原已存在凝血障碍、术后剧烈咳嗽、高血压控制不满意等。

147. ABCDE ①患者腹部手术后第 3 天,剧烈咳嗽后出现切口剧痛,小肠自切口膨出,应诊断为切口裂开。②切口完全裂开时,应立即用无菌敷料覆盖小肠及切口,然后送至手术室,在全麻下重新减张缝合切口(B)。③按照无菌操作规定,不能在病房进行手术,故不答 A、C。腹部切口裂开后,腹腔内压力较大,局麻下腹肌不会完全松弛,因此不能关闭腹腔,缝合切口,故不答 D、E。

148. ABCDE ①腹部手术后切口化脓性感染,切开引流冲洗后不能立即缝合,否则,切口内渗液不能通畅引流,将导致感染加重,切口不易愈合(E 错)。②A、B、C、D 均为正确处理措施。

149. ABCDE ①术后肺不张多见于上腹部手术,预防措施为:多翻身、鼓励咳嗽咳痰,以利于支气管内分泌物的排出;多做深呼吸,以利于肺的扩张。②A、B、D、E 均为术后肺不张的治疗措施而不是预防措施。

150. ABCDE ①腹部手术切口裂开常发生于术后 1 周之内,往往在患者一次腹部突然用力(如剧烈咳嗽)时,自觉切口疼痛或突然松开,有淡红色液体自切口流出。根据题干,本例应诊断为切口裂开。②切口内血肿常表现为切口部位不适感,肿胀和边缘隆起,血液有时沿针眼外渗。切口皮下积液常表现为切口软化。切口下异物可见异物反应,充血红肿。切口感染常表现为切口红、肿、热、痛。

151. ABCDE ①急性阑尾炎手术后尿潴留,可在无菌条件下导尿,一般无需留置导尿管。②若尿潴留时间过长,导尿时尿量>500ml,应留置导尿管 1~2 日,有利于膀胱逼尿肌收缩力的恢复。老年男性患者常合并前列腺增生,若导尿管插入失败,可行耻骨上膀胱造瘘。急性阑尾炎手术后尿潴留并非肾功能不全所致,故无需使用利尿剂。若患者可自行下床排尿,一般不会发生急性尿潴留,故不答 E。

152. ABCDE ①手术创伤并术后禁食期间,机体首先消耗糖原储备,然后糖异生加强,以维持血糖的稳态。②饥饿时,肝脏、肌肉蛋白质分解增加,以提供糖异生的前体物质。③饥饿时,脂肪分解加强,以满足机体的能量需求。

153. ABCDE ①体重测量是应用最广泛的营养评价方法,常采用实际体重占标准体重的百分比来表示。判断标准:80%~90%为轻度营养不良;70%~79%为中度营养不良;0~69%为重度营养不良。可知,成人存在营养不良的指标是实际体重至少比标准体重低 10%(A)。②标准体重的计算方法:男性(kg)=身高(cm)-105;女性(kg)=身高(cm)-100。

154. ABCDE 营养状况的评估指标如下。①体重:通常采用实际体重占理想体重的百分比来表示;②白蛋白测定:可反映机体蛋白质营养状况;③皮褶厚度:通过测定三头肌皮褶厚度,可以推算机体脂肪总量,间接反映热能的变化;④淋巴细胞测定:淋巴细胞计数是评价细胞免疫功能的简易方法。营养状态评估指标不包括血小板测定(A)。

155. ABCDE ①饥饿早期,机体利用肝脏及肌肉的糖原储备消耗以供能(C 对)。然后,再依赖糖异生作用,肝脏和肌肉蛋白质分解以提供糖异生所需的原料。随后,脂肪动员加强,成为主要能源物质,以减少蛋白质消耗。②饥饿第 3 天,酮体形成及糖异生作用达高峰。

156. ABCDE 正常人每天基础热卡需要量为 25~30kcal/kg。患者所需基本热量为 25×65=1625kcal/kg。

157. ABCDE ①正常人每天基础热卡需要量为 25~30kcal/kg,创伤和感染时增加 20%~30%,大面积烧伤增加 50%~100%,择期手术约增加 10%。②全胃切除术为择期手术,REE 约增加 10%;患者腹腔引流管有少量肠液,说明有腹腔感染,REE 还应增加 20%~30%,故该患者 REE 约需增加 40%。

158. ABCDE　择期手术 REE 增加约 10%，创伤、感染增加 20%～30%，大面积烧伤增加 50%～100%。

159. ABCDE　160. ABCDE　①血清转铁蛋白是反映机体蛋白质营养状况的营养学评价指标（C）。此答案与 A 很接近，区别在于“反映”和“评价”。②氮平衡是评价机体蛋白质营养状况可靠和常用的指标。氮平衡=摄入氮-排出氮。若氮的摄入量>排出量，为正氮平衡，提示合成代谢大于分解代谢；若氮的摄入量<排出量，为负氮平衡，提示分解代谢大于合成代谢。故氮平衡试验可用于评价营养摄入水平和分解代谢的状况（A）。③三头肌皮褶厚度和上臂中部周长测定可推算机体脂肪和肌肉总量，间接反映热能变化。肌酐/身高指数是反映肌蛋白消耗的指标。

161. ABCDE　①机体在应激状态下，普遍存在胰岛素抵抗，处理葡萄糖的能力降低，过量或过快输入葡萄糖，将导致高血糖、糖尿等（D 错）。②应激时儿茶酚胺、糖皮质激素释放增加，脂肪和蛋白质分解加速，机体出现高代谢症候群，但因分解代谢大于合成代谢，故机体处于负氮平衡。

162. ABCDE　①施行肠外营养需放置中央静脉导管，因胸膜腔压力为负压，若置管不当，可造成空气栓塞，导致患者死亡。肠外营养最严重的技术性并发症是空气栓塞（B）。②肠外营养最常见的技术性并发症是气胸。肠外营养置管时，虽可导致神经损伤、胸导管损伤、血胸等并发症，但少见。

163. ABCDE　配制肠外营养液时，将各种营养素在体外混合配制于 3L 塑料袋中，称为全营养混合液。全营养混合液包括各种营养成分，如葡萄糖、脂肪乳剂、氨基酸、电解质、水溶性维生素等。由于短期禁食不会导致脂溶性维生素缺乏，因此只有禁食时间超过 2～3 周时，才需补充脂溶性维生素。患者预计禁食 5～7 天，故无需加入脂溶性维生素（A 对）。

164. ABCDE　①低分子右旋糖酐能提高血浆胶体渗透压，吸收血管外的水分而补充血容量，改善微循环和组织灌注，主要用于抗休克、血栓性疾病的治疗，不用作营养液的成分。②B、C、D、E 都是肠外营养液常用的成分，其中无机盐溶液为电解质溶液。

165. ABCDE　166. ABCDE　①肠内营养的并发症包括机械性并发症（鼻咽及食管损伤、喂养管堵塞）、胃肠道并发症（恶心呕吐、腹胀腹泻）、代谢性并发症（水电解质及酸碱失衡、糖代谢异常）、感染性并发症。吸入性肺炎属于感染性并发症，为肠内营养最严重的并发症（B）。②肠外营养的并发症包括静脉导管相关并发症、代谢性并发症、脏器功能损害、代谢性骨病。全身性感染（导管脓毒症）属于静脉导管相关并发症，急性胆管炎属于代谢性并发症，但由于前者少见，故最佳答案为 D 而不是 E。长期肠外营养的患者，由于消化道缺乏食物刺激，胆囊收缩素分泌减少，容易在胆囊中形成胆泥，进而形成结石，导致急性胆管炎。急性胃肠炎不属于肠内、肠外营养的并发症。肠外营养肯定不会并发急性胰腺炎，否则重型胰腺炎怎么会常规行肠外营养呢？故不答 C。

167. ABCDE　短期肠外营养可选用外周静脉输注。对于超过 2 周的长期肠外营养，则应经中心静脉输入，临床上常用的中心静脉途径有颈内静脉、锁骨下静脉，故答 A。9 版《外科学》P103 还增加了经头静脉、贵要静脉插入中心静脉导管（PICC）途径。

168. ABCDE　①全胃肠外营养导致的必需脂肪酸缺乏常表现为皮肤干燥、鳞状脱屑、脱发、伤口愈合延迟等，故答 E。②维生素 A 缺乏常表现为夜盲症、皮肤干燥、易脱屑。电解质紊乱以低钾血症、低磷血症多见。微量元素缺乏以锌缺乏多见，常表现为口周及肢体皮疹、皮肤皱痕、神经炎等。氨基酸缺乏以谷氨酰胺缺乏多见，多表现为肠黏膜屏障功能减退。

169. ABCDE　①误吸、腹胀腹泻均属于肠内营养的并发症。误吸多因昏迷、呃逆等引起。腹胀腹泻主要与营养液的输入速度、浓度有关，输液速度过快、营养液浓度过高，均可导致腹胀腹泻（B）。②肠内营养不会引起肠炎。肠道细菌移位、胆囊结石是肠外营养的并发症，而不是肠内营养的并发症。

170. ABCDE　误吸是肠内营养常见的并发症（C）。A、B、D、E 均属于肠外营养的并发症。

171. ABCDE　进行肠内营养时，输营养液后停输 30 分钟，若回抽量>150ml，考虑有胃潴留存在，应暂停鼻胃管灌注，以防误吸。参阅 7 版《外科学》P140，9 版《外科学》已删除。

172. ABCDE　①吸入性肺炎是肠内营养最严重的并发症，预防措施是输注营养液时，患者取 30°半卧位；

输注营养液后停输 30 分钟，若回抽量>150ml，则考虑存在胃潴留，应暂停鼻胃管灌注，改用鼻空肠管输入。参阅 6 版《外科学》150。②A、B、E 为防治肠内营养并发腹泻的措施。D 与题干所述无关。

173. ABCDE　174. ABCDE　①长期昏迷患者只要胃肠功能正常，均可经鼻胃管施行肠内营养。②短肠综合征患者由于肠道吸收不良，应行肠外营养(A)。③冠状动脉搭桥手术后、肺癌根治手术后、直肠癌 Miles 术后早期可行部分肠内、部分肠外混合喂养，逐渐过渡到肠内营养。

175. ABCDE　①长期肠外营养可引起肝脏损害，最主要的原因是葡萄糖的超负荷、过高的能量供给引起的肝脏脂肪变性(A)。②胆汁淤积为肠外营养本身的并发症，并不是引起肝脏脂肪变性的主要原因。B、D、E 显然不是正确答案。参阅 6 版《外科学》P154，9 版《外科学》已更改部分内容。

176. ABCDE　消化道瘘所用的肠内营养制剂应以肽类为主，以减轻肠道对消化液分泌的刺激作用。

177. ABCDE　腹泻是肠内营养最常见的并发症，腹泻的原因有：①肠腔内渗透负荷过重；②小肠对脂肪不耐受；③输注速度过快，营养液通过肠腔时间缩短，胆盐不能再吸收(E 错)；④营养液中葡萄糖被肠内细菌转变为乳酸；⑤营养液被细菌、真菌等污染；⑥营养液温度过低；⑦低清蛋白血症。参阅 3 版 8 年制《外科学》P56，9 版《外科学》未讲述。

178. ABCDE　179. ABCDE　180. ABCDE　①患者无糖尿病病史，无昏迷，无尿糖强阳性，可排除高渗性非酮症昏迷。患者无咳嗽、咳痰，可排除肺部、咽喉部感染。患者无胸痛、呼吸困难，可排除气胸。患者有颈内静脉插管史，突然出现寒战高热，应诊断为导管性脓毒症(D)。②若疑有导管性脓毒症，可先观察 8 小时，若发热仍不消退，则需拔除中心静脉导管，并作导管头培养。肠外营养液中增加胰岛素常用于降低血糖。雾化吸入常用于治疗肺部感染。胸腔穿刺抽气常用于治疗气胸。咽拭子细菌培养常用于诊断咽喉部感染。③一般拔除中心静脉导管后不必用药，发热可自行消退。若 24 小时后发热仍不消退，则需使用敏感抗生素。参阅 6 版《外科学》P154，9 版《外科学》已删除。

181. ABCDE　182. ABCDE　183. ABCDE　①患者空腹血糖高达 11mmol/L，可诊断为糖尿病，如肠外营养液配制时不注意葡萄糖与胰岛素的比例，则易发生糖尿病并发症。患者突然昏迷，尿酮阴性，应诊断为高渗性非酮性昏迷而不是糖尿病昏迷，故答 A。糖尿病昏迷常表现为尿糖、尿酮均为强阳性。肝性昏迷(肝性脑病)多有长期肝病史，病程发展较慢，与肠外营养、糖尿病无关。导管感染败血症常表现为畏寒高热，而不是昏迷。代谢性酸中毒常表现为呼吸加深加快，不会出现昏迷。②若肠外营养液中胰岛素比例过低而内源性胰岛素分泌不足，当葡萄糖溶液输注速度过快时即可发生高渗性非酮性昏迷(A)。本病的发生与 B、C、D、E 无关。③为预防高渗性非酮性昏迷的发生，应注意葡萄糖输注的浓度不宜过高、速度不宜高快、与胰岛素比例不能太低(1U:1~4g)。

184. ABCDE　185. ABCDE　186. ABCDE　①机体急性失血量达 400ml 时，可引起临床症状，失血量达 800ml 时，可引起休克。患者腹部外伤，口渴，脉率增快，血压无明显降低，应诊断为失血性休克代偿期，估计失血量约为 400~800ml(B)。②患者有中心静脉置管史，突然寒战高热，应诊断为导管相关性感染(D)。患者脾脏已切除，不可能为脾脏感染，故不选 A。患者术后第 7 天，无腹痛腹泻，无腹部压痛，故不答 B。患者无右上腹持续性疼痛，无压痛反跳痛，故不答 C。患者无咳嗽、咳痰，故不答 E。③治疗导管相关性感染时，首先应拔除中心静脉导管，去除感染源，同时将导管尖端剪下送细菌培养+药敏试验。一般拔除中心静脉导管后不必用药，发热可自行消退。若 24 小时后发热仍不消退，则需使用敏感抗生素。脓肿穿刺引流常用于肝脓肿的治疗。对症退热处理为一般性治疗。糖皮质激素可使感染扩散，故不宜使用。

187. ABCDE　①外科感染是指需要外科治疗的感染，其特点为：常为多种细菌的混合感染；局部症状明显；多为器质性病变，常有组织化脓坏死而需外科处理。②外科感染包括全身性感染，故答 E。

188. ABCDE　①外科感染的发生与病菌侵入组织的数量有关，伤口污染的细菌数如果>10^5/g 常引起感染，低于此数则较少引起感染。②表皮葡萄球菌为寄生于人体皮肤表面的正常菌群，一般不引起感染，但当机体抵抗力降低时可以引起感染，这些细菌称为条件致病菌。③病菌在组织内的繁殖速度快也是引起感染的重要因素。④当人体抵抗力降低时容易发生感染。⑤组织内的有氧环境不是外科感染的必要条件,如破伤风梭菌为厌氧菌,只有在厌氧环境中才能生长繁殖而致病(E 错)。

189. ABCDE　二重感染也称菌群交替,是指长期大量使用抗菌药物过程中发生的新感染。

190. ABCDE　191. ABCDE　①特异性感染是指某种病菌只引起某种特定的感染性疾病,某种感染性疾病只由这种特定的病菌引起,致病菌与感染性疾病之间具有一一对应关系,如气性坏疽只能由梭状芽胞杆菌引起,故为特异性感染。A、B、C、D 均属于非特异性感染。②不是所有的外科感染都需使用抗生素,只有较严重感染(如 B、C、D、E)才需要使用抗生素,一些表浅局限的感染(如疖),无需使用抗生素。

192. ABCDE　患者乳腺癌根治术后切口感染,病原菌多来源于皮肤,故以金黄色葡萄球菌最多见。

193. ABCDE　①溶血性链球菌的脓液特点为稀薄,淡红色,量较多,无臭味(C)。②大肠埃希菌的脓液特点为稠厚,无臭味;若合并厌氧菌感染,可有恶臭味或粪臭味。铜绿假单胞菌的脓液特点为淡绿色,有特殊腥臭味。金黄色葡萄球菌的脓液特点为稠厚,黄色,无臭味。无芽胞厌氧菌的脓液特点为有恶臭,涂片可见 G^- 杆菌,但普通培养无细菌生长。

194. ABCDE　①特异性感染是指某种病菌只引起某种特定的感染性疾病,某种感染性疾病只由这种特定的病菌引起,致病菌与感染性疾病之间具有一一对应关系,如破伤风梭菌只能引起破伤风,结核分枝杆菌只能引起结核病,真菌只能引起念珠菌病,梭状芽胞杆菌只能引起气性坏疽,这些感染性疾病均属于特异性感染。②乙型溶血性链球菌既可引起急性蜂窝织炎,也可引起上呼吸道感染等,致病菌与疾病之间不是一一对应关系,因此不属于特异性感染,而是非特异性感染(C)。

195. ABCDE　①非特异性感染的结局有 4 种,即炎症好转、局限化脓、炎症扩展、转为慢性炎症。当人体抵抗力占优势时,感染可局限化(A),组织细胞崩解物和渗液可形成脓性物质,积聚于创面或组织间,或形成脓肿。②当致病菌毒力强大时,感染可迅速扩散。

196. ABCDE　①治疗外科感染时,应注意保护感染部位,避免受压,适当限制活动或加以固定,以免感染范围扩展(B 错)。②在炎症早期可行局部热敷、超短波、红外线照射等物理治疗,以散淤消肿。③对于深在病变,应视所在组织器官及病变进展,直接切开引流或切除病变脏器,也可行非手术治疗。④外科感染可不同程度影响患者各系统,故应加强营养支持,改善全身情况。

197. ABCDE　①痈是多个相邻毛囊及其周围组织的急性细菌性化脓性感染。②疖病是多个不相邻毛囊及其周围组织的急性细菌性化脓性感染。疖是单个毛囊及其周围组织的急性细菌性化脓性感染。丹毒是皮肤淋巴管网受乙型溶血性链球菌感染所致。急性蜂窝织炎是皮下疏松结缔组织的急性感染。

198. ABCDE　糖尿病患者机体抵抗力较低,易发生疖病。因此对于疖病患者,应常规检查血糖和尿糖。

199. ABCDE　①痈是指多个相邻毛囊及其周围组织的急性化脓性感染,好发于项部和背部。初起为小片皮肤硬肿,色暗红,其中可有多个脓点,以后脓点扩大,中心处破溃、脱落坏死,使疮口呈蜂窝状。根据题干,本例应诊断为痈(B)。②丹毒好发于下肢,常表现为片状皮肤红疹,色鲜红,中间稍淡,境界清楚。疖只涉及单个毛囊,故中央只有一个脓点。急性蜂窝织炎是皮下疏松结缔组织的急性感染,可表现为局部红肿热痛,边界不清。皮脂腺囊肿感染常先有皮脂腺囊肿,然后才有感染征象。

200. ABCDE　201. ABCDE　①糖尿病患者由于抗感染能力降低,易发生痈。痈好发于项部和背部。糖尿病患者畏寒发热,颈后疼痛,红肿,范围较大,边界不清,中央有多个脓点,应诊断为颈部痈(C)。皮脂腺囊肿感染好发于皮脂腺丰富的部位,范围不会很大,故不答 A。丹毒好发于四肢,不会出现化脓性感染。疖是单个毛囊的化脓性感染,痈是相邻多个毛囊的化脓性感染,而患者"中央有多个脓点",说明累及多个毛囊,故应诊断为痈而不是疖。急性蜂窝织炎常广泛累及皮下、筋膜下、肌间隙等组织,其炎症不易局限,故不答 E。②痈若已出现多个脓点、表面暗紫色时,为改善引流,需及时切开引流,可作"+"或"++"形切口切开引流;切口线应超过病变边缘皮肤,深达筋膜,清除已化脓和尚未化脓、但已失活的组织;然后在脓腔内填塞凡士林纱条,外用干纱布绷带包扎(A 错)。

202. ABCDE　①患者 10 天前上唇部红肿,见脓头,应考虑为面疖。危险三角区(鼻、上唇及其周围)的面疖，严禁挤压，否则挤压后病菌可经内眦静脉、眼静脉进入颅内海绵状静脉窦，引起化脓性海绵状静脉窦炎，常表现为寒战高热，头痛、呕吐、昏迷等。根据题干，本例应诊断为面疖并发颅内海绵状静脉窦炎(C)。②颌下淋巴结炎多表现为颌下淋巴结肿大、触痛。面疖造成眼眶内感染少见。面部蜂窝织炎常表现为畏寒发热、面部肿胀疼痛、边界不清。化脓性上颌窦炎常继发于鼻腔内感染。

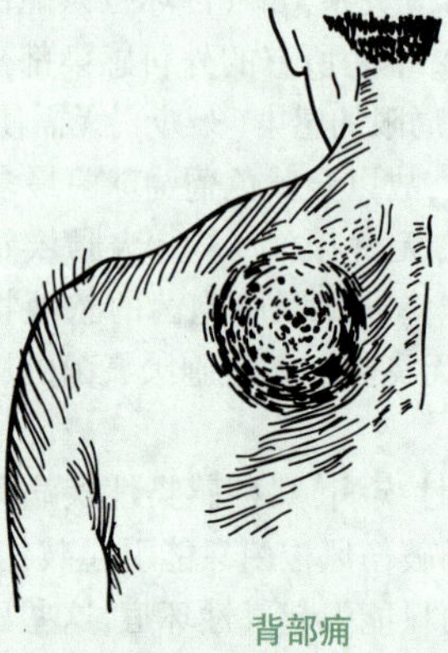

背部痈

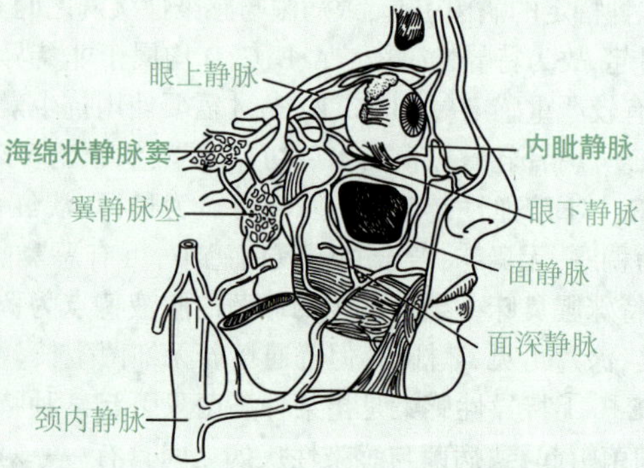

危险三角区疖/痈可导致化脓性海绵状静脉窦炎

203. ABCDE ①急性淋巴管炎分为网状淋巴管炎和管状淋巴管炎。丹毒即为网状淋巴管炎(D)。管状淋巴管炎好发于下肢。②多个相邻毛囊同时感染称为痈，多个不相邻毛囊同时感染称为疖病。

204. ABCDE ①丹毒是皮肤及其网状淋巴管的急性炎症，其致病菌为乙型溶血性链球菌，一般不化脓，也很少有组织坏死。②疖、痈、急性蜂窝织炎、急性淋巴管炎都是典型的化脓性炎症。

205. ABCDE ①患者单个毛囊化脓性感染，应诊断为疖。位于危险三角区(鼻、上唇及其周围)的疖严禁挤压，以防感染扩散至颅内导致化脓性海绵状静脉窦炎(C)。②可静脉滴注抗生素，在早期仅有红肿时，可局部外敷鱼石脂软膏。当已出现脓点时可局部湿热敷。

206. ABCDE 糖尿病患者高热，背部皮肤红肿，范围 6cm×5cm，表面皮肤呈紫褐色，应诊断为背痈。背痈出现多个脓点、表面皮肤紫褐色时，需切开引流。可作"+"或"++"形切口，切口线应超过病变边缘皮肤，清除已化脓、失活的组织，然后在脓腔内填塞生理盐水或凡士林纱条，外加干纱布绷带包扎。切口不能一起缝合，否则将导致脓液引流不畅(D)。

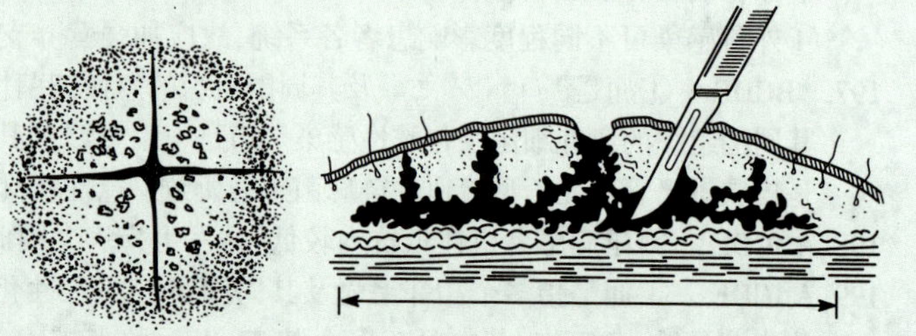

十字切口　　切口超过炎症范围少许，深达筋膜

痈的切开引流方式

207. ABCDE 急性蜂窝织炎是皮下、筋膜下、肌间隙或深部蜂窝组织的一种急性弥漫性化脓性炎症。致病菌主要是乙型溶血性链球菌，其次为金黄色葡萄糖球菌、大肠埃希菌或其他链球菌。

208. ABCDE 丹毒好发于下肢，足癣是其常见病因之一。足癣患者突发寒战高热，左下肢片状红疹，色鲜红，边界清楚，应诊断为左下肢丹毒，其常见致病菌是乙型溶血性链球菌。

209. ABCDE ①丹毒常累及单侧下肢，多表现为片状皮肤红斑，微隆起，色鲜红，中间稍淡，界限清楚(B)。②"局部硬肿"为痈的特点。"在中央部的表面有脓栓"为疖的特点。

210. ABCDE ①患者右颈部明显肿胀、压痛、皮肤不红，说明病变部位在颈部软组织，故可首先排除 A、D、E。②淋巴管炎一般沿淋巴管走行分布，呈条索状红线，不会导致颈部肿胀，故不答 B。③急性蜂窝织炎为皮下疏松结缔组织的弥漫性炎症，边界不清，局部无波动感，说明无脓肿形成，故答 C。

211. ABCDE　212. ABCDE　213. ABCDE　①痈的致病菌以金黄色葡萄球菌为主。②丹毒的致病菌为乙型溶血性链球菌。③拟杆菌属于厌氧菌，其脓液常有恶臭，厌氧培养阳性，但普通细菌培养常为阴性(B)。④大肠埃希菌、铜绿假单胞菌为多种化脓性感染的常见致病菌。

214. ABCDE　请牢记经常考到的几个解剖学途径：①拇指→腱鞘→桡侧滑液囊→尺侧滑液囊→小指；②示指→腱鞘→鱼际间隙；③中指→腱鞘→掌中间隙→腱鞘→无名指；④桡侧滑液囊和尺侧滑液囊在腕部有一小孔相互沟通，故感染可由此相互传播。示指腱鞘炎易蔓延至鱼际间隙。

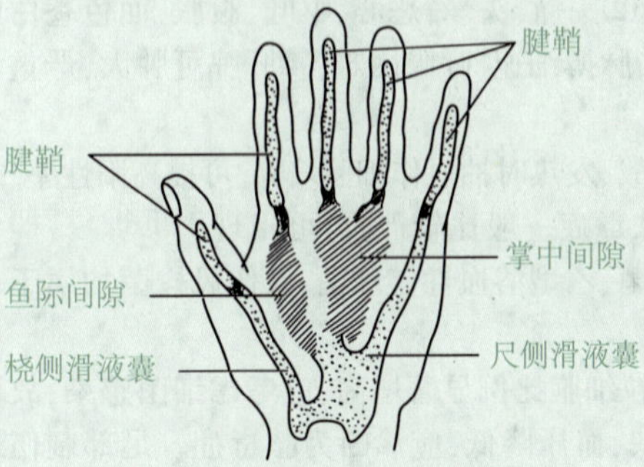

手掌侧的腱鞘、滑液囊和深间隙

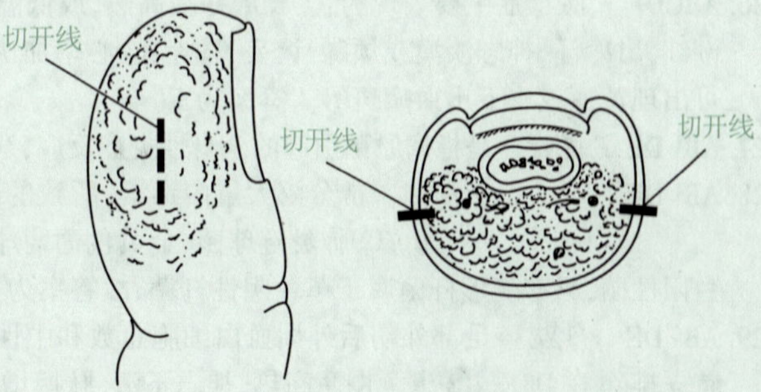

脓性指头炎的切开线

215. ABCDE　患者示指末节感染，伴剧痛，应诊断为脓性指头炎。宜在末节指侧面作纵切口，切口远侧不应超过甲沟的1/2，近侧不应超过指节横纹。不应作鱼口状切口，以免术后瘢痕形成影响手指触觉。

216. ABCDE　①患者左手示指甲沟旁刺伤，局部红肿疼痛，应诊断为甲沟炎，其常见致病菌为金黄色葡萄球菌(A)。②草绿色链球菌为亚急性感染性心内膜炎的常见致病菌。大肠埃希菌为急性继发性腹膜炎的常见致病菌。破伤风梭菌为破伤风的特异性致病菌。

217. ABCDE　①掌深部间隙感染应抬高患肢，避免下垂以减轻疼痛。早期可用大剂量抗生素静脉滴注，因致病菌多为金黄色葡萄球菌，故首选青霉素。②掌中间隙感染切开引流时，应纵行切开中指与环指间的指蹼掌面，切口不应超过手掌远侧横纹，以免损伤掌浅动脉弓。③掌深部间隙感染表现为手背肿胀，切开引流应当在掌面进行，不可在手背部切开(E错)。

218. ABCDE　219. ABCDE　220. ABCDE　221. ABCDE　①患者左脚趾甲沟部红肿破溃，伴发热，应诊断为左脚趾甲沟炎(A)。患者左脚趾只有红肿破溃，而无坏死，故不答B。患者病变部位不涉及左小腿，故不答C、D。患者血压正常，故不答E。②甲沟炎的致病菌多为金黄色葡萄球菌，因此首选青霉素治疗。应用糖皮质激素可使感染扩散。退热剂为对症治疗。庆大霉素仅对革兰阴性菌有效，对革兰阳性的金黄色葡萄球菌无效。维生素对甲沟炎无效。③脓毒症常表现寒战、高热、脉搏细速、血压下降、血小板减少(参阅3版8年制《外科学》P168，9版《外科学》未讲述)、皮下瘀斑。根据题干，本例应诊断为脓毒症。弥散性血管内凝血(DIC)的诊断标准为下列5项中出现3项以上：血小板计数<80×10^9/L、凝血酶原时间延长3秒以上、血浆纤维蛋白原<1.5g/L、3P试验阳性、血涂片中破碎红细胞>2%。患者虽有血压降低，但没有给出血压值，不能诊断为感染性休克。多器官功能衰竭常有两个以上的器官功能不全，与题干所述不符。菌血症是指血培养检出病原菌的脓毒症，但题干未给出血培养结果。④金黄色葡萄球菌对青霉素的耐药率高达90%以上，患者使用青霉素3天无效，可能为耐甲氧西林金黄色葡萄球菌(MRSA)感染所致，应首选万古霉素治疗。阿米卡星、环丙沙星常用于治疗革兰阴性菌感染。红霉素虽对金黄色葡萄球菌有效，但不是首选药。甲硝唑常用于治疗厌氧菌感染。

222. ABCDE　223. ABCDE　224. ABCDE　①患者受伤部位在右手示指尖，局部肿胀压痛，应诊断为指头炎。患者病变部位不在甲沟，故不能诊断为甲沟炎。指骨骨髓炎为脓性指头炎未及时切开引流导致的晚期并发症，故不答C。化脓性腱鞘炎常表现为患指中、近节均匀性肿胀，皮肤极度紧张，与题干不符。示指感染常蔓延至鱼际间隙，很少引起滑囊炎。②指头炎初期，应悬吊前臂平置患手，避免下垂以减轻疼痛(B 错)。同时给予抗生素治疗,以鱼石脂、金黄散外敷患处,或超短波、红外线等理疗。③脓性指头炎切开引流时,应选用末节指侧面作纵行切口,切口远侧不超过甲沟的 1/2,近侧不超过指节横纹;将皮下纤维索分离切断,剪去突出的脂肪使脓液引流通畅;脓腔较大则宜作对口引流(D 对);切口不应做成鱼口状,以免术后瘢痕形成影响手指感觉。

225. ABCDE ①革兰阳性细菌败血症(现改称脓毒症)寒战少见(C),常有稽留热或弛张热,谵妄昏迷、皮疹和转移性脓肿多见。②寒战是革兰阴性菌脓毒症的常见表现。

226. ABCDE 脓毒症主要表现为:①骤起寒战高热,或低温;②头痛、头晕,恶心、呕吐,腹胀,面色苍白或潮红,出冷汗,神志淡漠或烦躁、谵妄、昏迷;③心率加快,脉搏细速,呼吸困难;④肝脾可肿大,严重者可出现黄疸或皮下出血瘀斑等。答案为 E。

227. ABCDE 脓毒症是指病原菌引起的全身性炎症反应,寒战、发热时抽血作细菌培养,可提高阳性率。

228. ABCDE ①革兰阴性杆菌常分泌大量内毒素,所致的脓毒症一般比较严重,可出现三低现象,即低体温、低白细胞、低血压。②肺炎链球菌、金黄色葡萄球菌、乙型溶血性链球菌、破伤风梭菌均属于革兰阳性菌,只有变形杆菌属于革兰阴性杆菌,故答案为 C。

229. ABCDE ①男孩足部外伤后外周血白细胞总数和中性粒细胞比例显著增高,应考虑细菌感染,故可首先排除 B、D、E。②患童畏寒高热,神志不清,脉搏增快,血压降低,应诊断为脓毒症。足部刺伤最常见的致病菌是金黄色葡萄球菌,故答 C。

230. ABCDE ①只有真菌感染才需使用抗真菌药物,细菌感染无需使用抗真菌药物,故不答 A。②全身性外科感染应尽早使用抗生素,在培养结果尚未出来之前,可经验性用药。③应尽早明确感染的原发灶,并采取措施控制感染源(C 对)。④对于早期的抗生素治疗,建议经验性地使用一种或几种广谱抗生素,以便覆盖所有可能的病原体。⑤全身性外科感染首要的治疗措施是处理原发灶。

231. ABCDE ①脓毒症常表现为突发寒战高热,头痛头晕,恶心呕吐,神志改变,严重者可出现肝脾肿大,黄疸,皮下瘀斑等。根据题干,本例应诊断为脓毒症(A)。②额部蜂窝织炎、菌血症均不会出现皮下瘀斑等严重的中毒症状,故不答 B、C。患者无颅内高压的临床表现,不能诊断为颅内感染。患者血压>90/60mmHg,不能诊断为感染性休克。

232. ABCDE 全身性外科感染应采用综合治疗,关键是处理原发感染灶。A、B、C、D 均属于辅助治疗措施。

233. ABCDE 234. ABCDE ①患者存在右大腿感染灶,突发寒战高热,恶心,烦躁,白细胞>20×10^9/L,应考虑脓毒症。为明确诊断,可在寒战高热时抽血行细菌培养,以提高阳性率(E)。咽拭子培养常用于诊断上呼吸道感染。正侧位胸部 X 线片常用于诊断肺炎。B 超检查可了解脓肿是否形成。血常规检查、血沉测定无特异性,故不答 D。②患者经多种治疗无效,右大腿肿痛加重,有波动感,说明局部脓肿已形成,应行脓肿穿刺切开引流(D)。A、B、C、E 均属于一般性治疗措施。

235. ABCDE 236. ABCDE ①患者术后寒战高热,应考虑为感染,故白细胞计数增高(A)。患者虽有尿量减少,可能为高热大汗后血容量不足所致,不一定有肾实质损害,故尿常规结果可无异常。立位腹部透视常用于诊断空腔脏器穿孔,患者腹部手术后第 5 天,腹腔内气体尚未完全吸收,立位腹部透视可见膈下游离气体,故无诊断意义。腹部超声检查对腹腔内感染的诊断价值不大。患者虽有轻度腹胀,但肠鸣音正常,说明无明显低钾血症,故不答 E。②患者腹部手术后第 5 天,突发寒战高热,腹胀,全腹轻压痛,应考虑腹腔革兰阴性杆菌感染,因为肠源性感染最常见的致病菌是大肠埃希菌(D)。小肠吻合口漏多表现为持续性剧烈腹痛,腹部压痛反跳痛,肠鸣音减弱或消失。手术创面出血多表现为腹腔内出血,如血压降低,心率增快,无寒战高热。急性肾衰竭可有少尿或无尿,但不会出现寒战、高热等感染征象。患者无频繁呕吐,肛门已排气,肠鸣音正常,故不答 E。

237. ABCDE 238. ABCDE 239. ABCDE 240. ABCDE 241. ABCDE ①单纯大肠埃希菌感染产生的脓液并无臭味,但常合并厌氧菌感染,使其脓液稠厚,有恶臭或粪臭,故答 E 而不是 C。②金黄色葡萄球菌感染的脓液稠厚,黄色,无臭。溶血性链球菌感染的脓液稀薄,淡红色,量多。铜绿假单胞菌的脓液特点是淡绿色，甜腥味。③金黄色葡萄球菌常产生多重耐药性，倾向于血液播散，常在体内形成转移性脓肿。④大面积烧伤创面感染最常见的细菌是铜绿假单胞菌，约占54%，其次为沙雷菌(18.5%)、克雷伯杆菌(7.5%)、大肠埃希菌(7.3%)。参阅7版《黄家驷外科学》P94。⑤乙型溶血性链球菌能产生溶血素和多种酶，如透明质酸酶、溶纤维蛋白酶、链激酶等，能溶解细胞间质的透明质酸、纤维蛋白，破坏纤维素所形成的脓肿壁，使感染易于扩散，引起败血症，但一般不发生转移性脓肿。

242. ABCDE　①破伤风患者发作时神志清楚，不会出现昏迷，故答A。②破伤风患者持续呼吸肌、膈肌痉挛，可造成窒息死亡。破伤风患者可并发心力衰竭，此为常见死因之一。破伤风患者牙关紧闭，不能咳嗽咳痰，常引起肺部感染。破伤风患者强烈肌痉挛，可使肌断裂，甚至发生骨折。

243. ABCDE　①败血症是指病原菌侵入血液循环并生长繁殖。菌血症是指有明显感染症状且血培养阳性的脓毒症。毒血症是指大量毒素进入血液循环，病原菌一般停留在局部感染灶并不侵入血液循环。脓血症是指局部化脓性感染灶的细菌间歇进入血液循环，并在全身其他组织或器官形成转移性脓肿。脓毒症是指病原菌引起的全身性炎症反应。②破伤风梭菌只在伤口局部繁殖，不进入血液循环，只是其分泌的痉挛毒素引起临床症状和体征，因此破伤风是毒血症。③败血症、菌血症、脓血症、脓毒症的循环血液中均有细菌存在，血细菌培养均可阳性，而破伤风患者血液培养阴性。

244. ABCDE　①破伤风梭菌为革兰阳性厌氧芽胞杆菌，分泌的毒素应为外毒素，而不是内毒素，内毒素是革兰阴性菌分泌的(A错)。②破伤风梭菌只在伤口局部繁殖，不进入血液循环，只是其分泌的外毒素(包括痉挛毒素和溶血毒素)，尤其是痉挛毒素引起肌紧张性收缩，因此破伤风是毒血症。溶血毒素可引起组织的局部坏死和心肌损害(9版《外科学》已删除该知识点)。破伤风毒素还可阻断脊髓对交感神经的抑制，致使交感神经过度兴奋，引起血压升高、心率增快、体温升高、多汗等。

245. ABCDE　诱发破伤风全身肌肉痉挛常见的因素包括光、声、接触、震动、饮水等，唯温度改变少见。

246. ABCDE　破伤风痉挛发作时表现为肌肉持续性收缩，因痉挛毒素随血流播散，故血液越丰富、活动越频繁的肌群首先受累，最初是咀嚼肌，以后依次为面部表情肌、颈、背、腹、四肢肌，最后为膈肌。

247. ABCDE　①阵发性肌痉挛、苦笑面容都是破伤风的典型临床表现。患者有明确的外伤史，典型临床表现，应诊断为破伤风，其病原体为破伤风梭菌。②艰难梭菌常导致抗生素相关性腹泻、伪膜性肠炎。大肠埃希菌、金黄色葡萄球菌常为非特异性感染的致病菌。产气荚膜梭菌为气性坏疽的病原体。

248. ABCDE　①破伤风的潜伏期约为7天。患者8天前被锈铁钉刺伤，现出现四肢抽搐，颈项强直，牙关紧闭，应诊断为破伤风。破伤风最严重的并发症是膈肌痉挛导致窒息(D)。②A、B、C都是破伤风的一般并发症，破伤风不会发生脑疝。

249. ABCDE　①破伤风人工免疫的方法包括自动免疫和被动免疫。自动免疫是以破伤风梭菌的类毒素为抗原，注入人体后产生相应的抗体。前后注射3次，每次0.5ml，注射后免疫力可保持10年。小儿对本病的自动免疫主要通过计划免疫的百白破(百日咳+白喉+破伤风)疫苗获得。有基础免疫力的伤员，受伤后只需皮下再次注射类毒素0.5ml，便可迅速强化机体的抗破伤风免疫力，无需注射破伤风抗毒素(TAT)。②被动免疫是指直接注射破伤风抗毒素(TAT)，其作用短暂，有效期为10日左右。③破伤风梭菌为厌氧菌，因此创伤后早期彻底清创，改善局部循环，是预防破伤风的关键。

250. ABCDE　①用于破伤风易感人群预防接种的是破伤风类毒素，而不是破伤风抗毒素(TAT)。②注射破伤风抗毒素(TAT)可用于破伤风的被动免疫，即对可疑患者的紧急预防。大剂量TAT静脉滴注可中和游离的毒素，用于破伤风的治疗，答案为B。③TAT无杀菌作用，不能杀灭伤口中繁殖的破伤风梭菌。④用于儿童预防接种的是百白破(百日咳+白喉+破伤风)疫苗，为类毒素，而不是破伤风抗毒素。⑤TAT只能中和游离的毒素，不能中和已与神经组织结合的毒素。

251. ABCDE　①TAT为血清制品，注射前必需作过敏试验。若皮试阳性，可应脱敏注射(C)。即将1ml TAT分成0.1ml、0.2ml、0.3ml、0.4ml以生理盐水分别稀释至1ml，剂量自小到大按序分次肌内注射，每次间隔半小时，直至全部注射完毕。每次注射后注意观察有无面色苍白、皮疹、皮肤瘙痒、打喷嚏，血压下降,若出现这些症状,则立即停止注射,并皮下注射肾上腺素 1mg。②破伤风类毒素为主动免疫制剂,适用于原来已行基础注射的患者。人体破伤风免疫球蛋白可直接肌内注射,无需皮试,但由于价格昂贵,一般不作为首选。青霉素不能预防破伤风。注射百白破三联疫苗为预防破伤风的主动免疫方法。

252. ABCDE ①破伤风抗毒素可中和游离毒素,一般用量为 10 000~60 000IU,连续应用或加大剂量并无意义,且易导致过敏反应和血清病(A 错)。②破伤风患者应避免声光刺激,以减少痉挛发作。治疗期间应保持呼吸道通畅,以免喉肌痉挛窒息死亡。破伤风梭菌为厌氧芽胞杆菌,对外界环境抵抗力强,接触患者过程中,应严格无菌操作,防止交叉感染。应用镇静药物可减少患者痉挛发作。

253. ABCDE 254. ABCDE ①破伤风的潜伏期约为 7 天。患者 10 天前右足受伤,现苦笑脸,张口困难,角弓反张,阵发性四肢痉挛,应诊断为破伤风。破伤风累及肌肉的顺序为咀嚼肌→面部表情肌→颈肌→背肌→腹肌→四肢肌→膈肌,相应出现的症状为张口困难(咀嚼肌受累)、苦笑面容(面部表情肌受累)、颈项强直(颈部肌受累)、角弓反张(背腹肌受累)、屈膝半握拳(四肢肌受累)、呼吸停止(膈肌受累),最早的典型症状为张口困难(E)。②破伤风最主要的死因为膈肌痉挛导致的窒息,因此控制和解除膈肌痉挛,预防窒息是治疗破伤风的关键。B、C、D、E 均为破伤风的一般性治疗。

255. ABCDE 256. ABCDE 257. ABCDE 258. ABCDE ①患者 10 天前铁锈钉刺伤足底,现出现张口困难、苦笑面容,角弓反张、神志清楚,应诊断为破伤风。破伤风是由破伤风梭菌引起的特异性感染,破伤风梭菌属于革兰阳性厌氧芽胞杆菌,故答 E 而不是 D。D 为气性坏疽的致病菌。②创伤伤口破伤风梭菌的污染率很高,战场上可达 25%~80%,但破伤风发病率仅占污染者的 1%~2%,变态题。③破伤风梭菌只在伤口局部繁殖,不进入血液循环,只是其分泌的痉挛毒素引起临床症状和体征,因此破伤风是毒血症。菌血症、败血症、脓血症、脓毒血症的循环血液中均有细菌存在,血细菌培养阳性,而破伤风血液培养阴性。④破伤风最主要的死因为持续性膈肌痉挛导致的窒息(D)。虽然破伤风痉挛发作可导致肌肉断裂、骨折、尿潴留,但都不会因此而死亡,故对机体的威胁不大。破伤风的自然病程为 3~4 周,为消耗性疾病,可引起不同程度的营养不良,应注意营养支持。

259. ABCDE ①患者伤后 24 小时发病,且伤口红肿,边界不清,伤口中心皮肤坏死,应诊断为气性坏疽,其致病菌为梭状芽胞杆菌(A)。很多医考参考书诊断为破伤风,这种观点是错误的,因为破伤风的潜伏期一般为 7 天,且伤口不会发生坏死;而气性坏疽的潜伏期为 1~4 天,伤口进展迅速,可进行性肿胀坏死。②表皮葡萄球菌为条件致病菌,一般情况下无致病力。铜绿假单胞菌多见于大面积烧伤感染等。金黄色葡萄球菌常引起多发性脓肿。乙型溶血性链球菌常引起急性蜂窝织炎、丹毒等。

260. ABCDE ①患者受伤后 1 天出现下肢肿胀、发紫、剧痛,皮下捻发音,伤口有恶臭,应诊断为气性坏疽。产气荚膜梭菌等是其特异性致病菌,可分泌多种外毒素和酶而致病,其中,以卵磷脂酶最重要,它能分解细胞膜上磷脂和蛋白形成的复合物,造成红细胞、白细胞、血小板和内皮细胞溶解,引起溶血、血管通透性增加、组织坏死、心肌受损(B)。②有些菌株可产生胶原酶、透明质酸酶、DNA 酶等,造成局部组织广泛坏死。③神经氨酸酶为流感病毒被膜上的一种糖蛋白,与其变异及流行有关。

261. ABCDE ①气性坏疽常表现为伤口胀裂样疼痛,进行性肿胀,伤口中有大量浆液血性渗出物,肌肉呈熟肉状,皮下有积气,触及捻发音为其特点。根据题干,本例应诊断为气性坏疽,其致病菌为革兰阳性厌氧梭状芽胞杆菌(D)。②蜂窝织炎常表现为皮下疏松组织的急性弥漫性感染,与本例不符。

262. ABCDE ①皮下可触及捻发音,说明皮下有气体存在,为气性坏疽的特征性表现。青年男性左下肢挤压伤,清创术后 3 天,烦躁不安,左下肢肿胀,大量恶臭浆液血性渗出物,皮下可触及捻发音,应诊断为气性坏疽。宜急诊手术治疗,术中可将病变区多处切开引流,整块切除受累肌肉,甚至截肢。由于渗液量大,术后应勤换敷料。气性坏疽为厌氧菌感染所致,可行高压氧舱治疗。②氨基糖苷类抗生素对厌氧菌无效,故答 E。

263. ABCDE 264. ABCDE ①患者外伤后 2 天感患肢肿胀,伤口处大量血性渗液,恶臭,应诊断为气性坏疽(B)。丹毒常表现为下肢片状皮肤红疹、色鲜红,境界清楚。急性淋巴管炎的病变常沿淋巴管呈线状分布。伤口化脓感染常表现为局部红肿,疼痛,波动感,不会出现患肢显著肿胀。急性蜂窝织炎为皮下疏松结缔组织的弥漫性炎症,病变边界不清,不会出现大量血性渗液,脓液无恶臭。②气性坏疽的致病菌为厌氧菌,只有在厌氧的环境中才能生长繁殖,因此导致气性坏疽常见的原因往往是伤口狭深,清创不彻底,故答 E 而不是 C。伤口包扎过紧是导致骨筋膜室综合征的常见原因。患者感伤部包扎过紧,是由于患肢肿胀所致。初次缝合创面止血不充分,可导致局部出血较多,血液淤积,引起非特异性感染。未应用广谱抗生素、未行静脉营养治疗并不是气性坏疽的病因。

265. ABCDE　266. ABCDE　267. ABCDE　①患者外伤 36 小时,感伤口胀裂,高热,右小腿明显肿胀,大量浆液血性渗出物,恶臭,皮肤表面大理石样花纹,应诊断为气性坏疽,其致病菌为梭状芽胞杆菌。急性蜂窝织炎、变形杆菌感染的病情发展不会如此之快,也不会出现浆液血性恶臭渗出物。②气性坏疽一旦确诊,应急症清创,病变区应作广泛、多处切开。如整个肢体已广泛感染,应果断截肢以挽救生命。气性坏疽的抗菌治疗首选青霉素,但剂量要大,每天应在 1000 万 U 以上(B 错)。高压氧治疗可造成不适合厌氧菌生长繁殖的环境。输同型新鲜血为支持治疗。③气性坏疽为厌氧菌感染所致,因此彻底清创,消灭伤口的厌氧环境,可避免气性坏疽的发生。因此,气性坏疽最常见的原因是清创不彻底(A)。伤口包扎过紧是导致骨筋膜室综合征的常见原因,故答 A 而不是 E。患者有复合伤、低蛋白血症都不是气性坏疽的病因。未注射 TAT 可能引起破伤风,而不是气性坏疽。

268. ABCDE　269. ABCDE　①开放性损伤伴严重肌肉挤压伤为气性坏疽的常见病因。患者伤后 3 天右小腿肿胀,皮肤呈大理石样花纹,伤口有大量浆液血性渗出物,应诊断为气性坏疽。产气性皮下蜂窝织炎主要累及皮下,肌肉很少受累,病程进展缓慢,全身中毒症状轻。脓毒血症常表现为寒战高热等全身中毒症状,而局部表现较轻。骨筋膜室综合征全身中毒症状较轻,皮肤不会呈大理石样花纹。厌氧性链球菌感染起病较慢,全身和局部症状均较轻。②预防气性坏疽的关键是彻底清创,以消除伤口的厌氧环境。A、B、C 均不能预防气性坏疽。D 为气性坏疽的治疗措施,而不是预防措施。

270. ABCDE　①甲状腺腺瘤切除术为无菌小手术,无需预防使用抗生素(D)。②先天性心脏病手术、乳癌根治术、肾移植术都是大手术,一旦继发感染后果严重,故术前需预防性使用抗生素。无张力疝修补术需置入人工合成的疝补片,故均需预防性使用抗生素。

271. ABCDE　①按病情轻重将创伤分为轻、中、重伤。轻伤是指局部软组织伤。中度伤是指广泛软组织伤、上下肢开放骨折、肢体挤压伤、机械性呼吸道阻塞、创伤性截肢、一般腹腔脏器伤,需手术治疗,无生命危险。重伤是指危及生命、治愈后有严重残疾者。本例为桡骨中段骨折,应诊断为中度伤。②按伤后皮肤完整性分为闭合伤和开放伤。闭合伤是指皮肤完整无伤口。开放伤是指有皮肤破损者。根据题干,本例应诊断为开放伤,故答 C。

272. ABCDE　①根据病史及临床表现,该患者应诊断为胸部损伤、右侧液气胸、右下肢骨折,皮肤保持完整,故应属于闭合伤。闭合伤是指皮肤保持完整的损伤。②皮肤破损者称为开放伤,若既有入口又有出口称为穿透伤;若只有入口没有出口称为盲管伤。挤压伤是指肌肉丰富的肢体或躯干在较大范围、连续数小时以上受到外部重物挤压或固定位置的自压而造成的肌肉损伤。

273. ABCDE　①局部制动固定,有利于止血和纤维蛋白填充,以及细胞增生和组织塑形,有利于伤口愈合(D)。②伤口感染、异物存留、血液循环障碍、使用糖皮质激素等可抑制创伤性炎症、破坏或抑制细胞增生和基质沉积,影响创伤修复,使伤口延迟愈合,甚至不愈合。

274. ABCDE　创伤的现场急救包括复苏、通气、止血、包扎、搬运等措施,不包括伤口清创缝合,清创缝合属于医院内处理(B)。A、C、D、E 均属于现场急救措施。

275. ABCDE　①开放性骨折后伤口正在大量活动性出血,现场急救时当然是加压包扎止血(D)。②待活动性出血止住后,再行下肢临时固定,送医院进行进一步处理,故不答 B。急救现场不可能进行输液等抗休克治疗,更不可能进行清创缝合,这些都是送到医院之后进行的治疗措施,故不答 A、C。在急救现场只能行骨折外固定，不能行骨折复位，否则将伤口外的污物、泥土等带入伤口将导致严重后果，此外现场复位，还可能使复位的骨折断端刺伤大血管、大神经，故不答 E。

276. ABCDE ①指压法止血适用于头颈部、上臂、下肢浅表部位的活动性出血。患者颞部皮肤裂口仅 1cm，裂口内见搏动性出血，现场急救时可采用指压止血(D)。②填塞法常用于肌肉、骨端渗血的止血。局部止血剂很少用于现场急救止血。止血带法常用于四肢伤大出血。三角巾包扎法常用于小动脉、小静脉损伤的止血。

277. ABCDE 止血带结扎后应每隔 1 小时放松 1~2 分钟，使用时间不应超过 4 小时，以免肢体缺血坏死。

278. ABCDE 清创缝合时限多为伤后 6~8 小时，但面部伤口为减少瘢痕形成，可延长至 12 小时或更长时间。参阅 7 版《黄家驷外科学》P81。

279. ABCDE ①患者左腿外伤，神志淡漠，面色苍白，脉率>100 次/分，血压<90/60mmHg，应诊断为中度失血性休克。首要治疗措施是补充血容量，备血，中心静脉置管监测补液是否充分，边抗休克治疗边准备急诊手术清创。②松开止血带之前，应先输液或输血，补足血容量，准备好止血器材，然后再松止血带，以免失血加重休克(E 错)。

280. ABCDE ①对于伤后 6 小时以内的清洁伤口，可清创后一期缝合。若伤口污染较重但无明显感染，可行清创后二期缝合。对于已经感染的伤口，需清创后充分引流，争取延期缝合。②患者伤后 6 小时，伤口红肿、渗血，说明已有明显感染，故应清创后延期缝合。参阅 3 版 8 年制《外科学》P197。

281. ABCDE ①清创时先用无菌敷料覆盖伤口，用无菌刷和肥皂液清洗创口周围的皮肤；②去除伤口敷料后取出异物、血块；③切除创缘皮肤 1~2mm，必要时延长切口；④切除失活组织，彻底止血，污染较重者可用 3%过氧化氢溶液冲洗伤口；⑤彻底清创后，伤后 6~8 小时内、污染轻的伤口可一期缝合。患者污染不重，于伤后 2 小时清创，可一期缝合，无需放置引流(A 错)。

282. ABCDE ①软组织挫伤常用物理疗法，伤后早期应行局部冷敷，以减少毛细血管出血，12 小时后应行热敷以促进血液循环(C)。②理疗、热敷都是晚期治疗方法，故不答 A、D。软组织挫伤一般疼痛不严重，无需应用镇痛药。软组织挫伤一般无伤口，无需使用抗生素，故不答 E。

283. ABCDE 左踝部无反常活动，说明骨折可能性不大。对于软组织挫伤，伤后早期应行局部冷敷，不宜按摩，以免加重毛细血管出血。C、D、E 均属于辅助治疗方法。

284. ABCDE 285. ABCDE 286. ABCDE ①患者肌肉丰富的部位左腰部及下肢长时间受压，解除挤压后出现尿量少，色暗红(提示血红蛋白尿)，下肢明显肿胀，足背动脉搏动减弱(提示血栓形成或肢体远端张力过高)，应诊断为挤压伤综合征。患者病史仅 6 小时，不可能出现感染性休克。肾挫伤常有鲜红色肉眼血尿，而不是暗红色血红蛋白尿。左下肢挫伤不会出现血压降低等全身症状。左下肢血栓形成常表现为下肢肿胀，进展较慢，不会出现血红蛋白尿。②治疗挤压伤综合征时，应积极扩容，使用等渗盐水纠正休克；静脉滴注 1.25%碳酸氢钠溶液碱化尿液，以促使血红蛋白结晶溶解，防止肾小管堵塞(E)。挤压伤综合征因红细胞大量破坏，细胞内的 K^+ 大量释放进入细胞外液，将导致高钾血症，若输入库存全血、血浆，将导致血钾增高，故不宜应用。治疗休克时，首选等渗盐水或平衡盐液，不应首先输注右旋糖酐或葡萄糖溶液。③对于该患者的急救，在补液纠酸的同时当然首选左下肢固定，以防肌红蛋白、血红蛋白大量进入血液循环，堵塞肾小管。患者无胸部外伤，无需行胸腔闭式引流。止痛、镇静、吸氧为一般性治疗措施。

287. ABCDE 火器伤组织损伤重、范围大、易感染，应争取在伤后 6~8 小时内施行清创术，清创后一般不宜一期缝合，但关节腔损伤清创后应一期缝合，并做好初期外科处理，预防关节感染，否则易导致化脓性关节炎，严重影响关节功能(C)。

288. ABCDE 火器伤组织损伤重、范围大、易感染，清创后一般不宜一期缝合，因为初期清创时，挫伤区和震荡区参差交错，不易判断。此时应保持伤口引流通畅 3~5 天，酌情行延期缝合。

289. ABCDE 患者为火器伤，应行清创后开放引流+延期缝合，不能一期缝合，否则会招致严重感染。

290. ABCDE　291. ABCDE　①患者外伤后面色苍白，呼吸急促，脉搏141次/分，血压<90/60mmHg，应诊断为失血性休克。因此目前首要的治疗措施是建立静脉通道，补充血容量，抢救休克(D)。A、B、C、E只有在休克纠正后才能进行。②对于火器伤的患者，清创后不能一期缝合伤口，只能行清创后开放引流、二期缝合或换药处理，故答E。A、B、C、D均为清创术的正确处理方法。

292. ABCDE　烧伤面积的估算方法有两种，即九分法和手掌法，前者适用于烧伤面积较大的估算，后者适合小面积的估算。手掌法是指患者并指的掌面约占其体表面积的1%。故本例用手掌法估计烧伤面积约为体表面积的2%(C)。

293. ABCDE　使用九分法估算烧伤面积。患者烧伤面积＝双大腿21%＋双小腿13%＋双足6%＝40%。请注意：成年女性双足及臀部面积各为6%；成年男性双足为7%，双臀为5%。

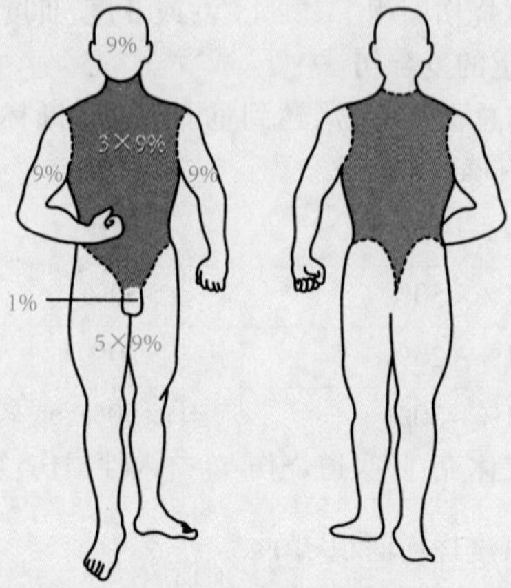

烧伤面积估算（九分法）

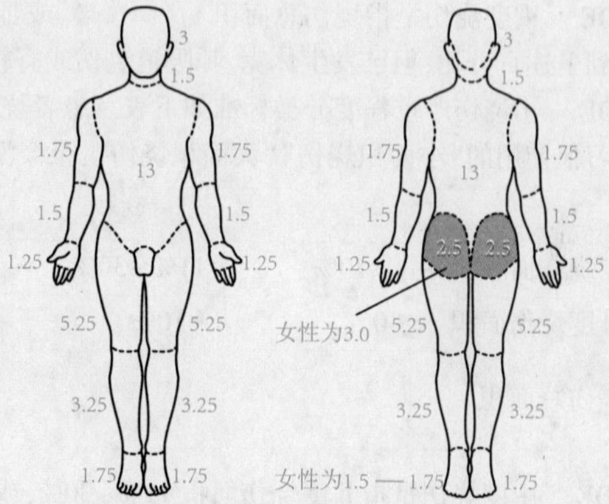

成人体表各部所占%示意图

294. ABCDE　成人男性双小腿占13%，双足占7%(注意成人男性双足占7%，女性双足占6%)，故右侧膝关节以下约占(13%+7%)/2＝10%。

295. ABCDE　成人前躯干(胸+腹部)占13%，会阴占1%，双大腿占21%即大腿前侧占10.5%，故患者烧伤面积＝13%+1%+10.5%＝24.5%(A)。

296. ABCDE　成年女性背部占13%，会阴占1%，双臀部占6%，故烧伤面积＝13%+1%+6%＝20%。

297. ABCDE　双下肢包括双臀(成年男性为5%、女性为6%)＋双大腿(21%)＋双小腿(13%)＋双足(成年男性为7%、女性为6%)。成年女性双下肢(不包括臀部)的面积＝21%+13%+6%＝40%。请注意，在计算烧伤面积时一定要注意成年男性和女性双臀双足面积的不同、儿童面积的校正。

298. ABCDE　男性双臀部及双下肢＝双臀部(成年男性为5%、成年女性为6%)＋双大腿(21%)＋双小腿(13%)＋双足(成年男性为7%、成年女性为6%)＝5%+21%+13%+7%＝46%。

299. ABCDE　①患者烫伤后出现大小不一的水疱，创面红润、潮湿，应诊断为浅Ⅱ度烧伤。②浅Ⅱ度烧伤累及真皮乳头层(真皮浅层)；痛觉敏感，疼痛明显；如不感染，常于伤后1～2周愈合，愈合后无瘢痕形成，但有色素沉着。

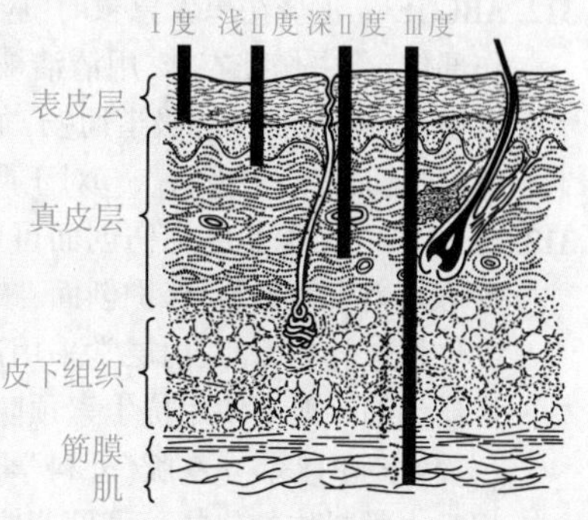

热烧伤深度分度示意图

300. ABCDE　烧伤深度按三度四分法分：Ⅰ度烧伤仅伤及表皮浅层，生发层健在；浅Ⅱ度烧伤伤及表皮生发层和真皮乳头层；深Ⅱ度烧伤伤及真皮深层；Ⅲ度烧伤伤及皮肤全层。

301. ABCDE　①Ⅰ度烧伤因为浅，没有水疱形成；Ⅲ度烧伤因为深，累及皮肤全层，也没有水疱形成；只有浅Ⅱ度、深Ⅱ度烧伤才有水疱形成，且浅Ⅱ度烧伤水疱大，深Ⅱ度烧伤水疱小。②患者开水烫伤后出现较大水疱，应诊断为浅Ⅱ度烧伤，故应累及表皮生发层和真皮浅层(B)。累及真皮深层是深Ⅱ度烧伤的特点。

302. ABCDE ①浅Ⅱ度和深Ⅱ度烧伤均有水疱形成，且前者为大水疱后者为小水疱(B)。Ⅰ度和Ⅲ度烧伤均无水疱形成。②因Ⅰ度烧伤为局部轻度红肿，浅Ⅱ度烧伤为局部明显红肿，故局部红肿不是浅Ⅱ度烧伤的特征。创面红白相间为深Ⅱ度烧伤的特点。“创面无水疱，焦黄色甚至炭化，焦痂下可见网状栓塞血管”为Ⅲ度烧伤的特点。

303. ABCDE ①烧伤创面有大小不一的水疱，剧痛，应为浅Ⅱ度烧伤，故不答 C、D、E。②烧伤面积=女性双臀 6%+双大腿 21%+双小腿 13%=40%。

304. ABCDE 各度烧伤的愈合时间:Ⅰ度为 3~7 天，浅Ⅱ度为 1~2 周，深Ⅱ度为 3~4 周，Ⅲ度为>4 周。

305. ABCDE 重度烧伤是指烧伤总面积 31%~50%；或Ⅲ度烧伤面积 11%~20%；或Ⅱ度、Ⅲ度烧伤面积虽不到上述百分比，但已发生休克、呼吸道烧伤或有较重的复合伤。

306. ABCDE ①烧伤严重程度分类标准如下表。患者烧伤总面积 35%，达到重度烧伤诊断标准。②临床上习惯使用的“小面积烧伤”“大面积烧伤”，至今没有确切的定义。

严重程度	轻度烧伤	中度烧伤	重度烧伤	特重烧伤
Ⅱ度烧伤面积	<10%	11%~30%	31%~50%	>50%
或Ⅲ度烧伤面积	0	<10%	11%~20%	>20%
或烧伤总面积			31%~50% 或休克、呼吸道烧伤	>50%，或较重的吸入性损伤、复合伤

307. ABCDE 中度烧伤是指Ⅱ度烧伤面积 11%~30%，或Ⅲ度烧伤面积<10%。

308. ABCDE 中度烧伤是指Ⅱ度烧伤面积 11%~30%或Ⅲ度烧伤<10%。B、D、E 为重度烧伤，C 为轻度烧伤。

309. ABCDE 患者烧伤面积=6%(女性双臀)+会阴(1%)+21%(双侧大腿)=28%。患者烧伤创面散在水疱、红白相间，疼痛迟钝，应为深Ⅱ度烧伤，属于中度烧伤，故答 A。

310. ABCDE ①患者右手烧伤，有水疱、剧痛，可诊断为浅Ⅱ度烧伤。小面积烧伤现场急救时，可立即用清水连续冲淋或浸泡，既可消除致伤原因、减轻疼痛，又可带走余热、减轻深度(E)。②烧伤现场急救的其他措施还包括:安慰和鼓励伤者，使其情绪稳定，疼痛剧烈者可酌情使用地西泮、哌替啶等。③浅Ⅱ度水疱应予保留，水疱大者可抽吸水疱。此为入院后的初期处理，而不是现场急救措施。

311. ABCDE ①在烧伤急救现场，创面只求不再污染，不再损伤，可用干净敷料或布类保护后送医院处理。疼痛剧烈者可酌情使用哌替啶镇痛。热液浸渍的衣裤，可以冷水冲淋后剪开取下，强力剥脱易撕脱水疱皮。右足背这种小面积烧伤立即用清水连续冲洗或浸泡，既可减轻疼痛，又可带走余热。②在现场急救时，严禁使用有色药物(如碘酊)涂抹，以免增加随后烧伤深度判断的难度(E 错)。

312. ABCDE ①烧伤患者急救时，应迅速脱离热源，用凉水浸泡或冲淋伤口，降低局部温度。②保护受伤部位，剪去伤处衣袜，用清洁被单覆盖，或行简单包扎后送医院处理。③使用镇静止痛剂，减轻患者痛苦。④应保持呼吸道通畅，尤其是呼吸道灼伤者，应及时行气管切开，不要等到呼吸困难明显时才行气管切开，给予吸氧。⑤对于严重复合伤患者，应遵循抢救生命第一的原则，优先处理致命伤。

313. ABCDE ①深Ⅱ度烧伤创面可用 1∶2000 氯己定清洗、移去异物。浅Ⅱ度水疱应予保留，因为水疱皮可充当生物敷料，保护创面，减轻疼痛，加速创面愈合，但深Ⅱ度烧伤的水疱皮应予清除。②深Ⅱ度烧伤包扎创面时，内层常采用油质纱布，外层常采用吸水敷料。面部烧伤不适合包扎，应予暴露。烧伤创面一般不使用抗生素预防感染，故答 B 而不是 A，很多医考参考书将答案错为 A，参阅 7 版《外科学》P183。③9 版《外科学》P134:如果用包扎疗法，内层用油质纱布，可添加适量抗生素，外层用吸水敷料均匀包扎。可见若按 9 版《外科学》观点，无正确答案可供选择。

314. ABCDE　①患者烧伤创面布满数个大水疱,应诊断为浅Ⅱ度烧伤。对于浅Ⅱ度烧伤,水疱皮应予保留,水疱大者,可用消毒空针抽去水疱液,定期换药。②新洁尔灭消毒烧伤处+包扎,为轻度烧伤的一般处理原则。烧伤创面不要用有色溶液(碘酒)涂擦,以免影响烧伤深度的判断,故不答B。伤口暴露疗法主要适用于面、颈、会阴部烧伤不适合包扎者,故不答E。

315. ABCDE　休克是烧伤早期常见的严重并发症,主要为烧伤局部或远隔部位毛细血管通透性增加,体液丢失,导致的低血容量性休克。全身性感染是大面积烧伤的晚期并发症。

316. ABCDE　①女性患者烧伤面积=6%(双臀部)+21%(双大腿)+13%(双小腿)+6%(双足)=46%。患者创面无水泡,蜡白色,痛觉消失,应考虑Ⅲ度烧伤。②第1个24小时补液总量=烧伤面积×体重×补液系数+基础水分2000ml=46×60×1.5+2000=6140ml。其中,丢失量的补液应维持电解质与胶体液比例为2∶1,2000ml水分以5%的葡萄糖补充。即电解质=4140×2/3=2760ml,胶体溶液=4140×1/3=1380ml,5%葡萄糖2000ml。胶体溶液一般选用血浆,而不是全血,故答B。

317. ABCDE　318. ABCDE　①患者烧伤总面积=9%(右上肢)+6.5%(右小腿)+3.5%(男性右足)=19%。②患者烧伤后第1个24小时补液量=体重(kg)×系数(1.5)×Ⅱ、Ⅲ度烧伤总面积+水分基础需要量(2000ml)=60×1.5×19+2000=3710ml,答案为D。

319. ABCDE　大面积烧伤患者突发寒战高热,意识不清,体温骤升或低温,脉率增快,血压降低,白细胞骤升或骤降,应诊断为脓毒症。体温不升者常为革兰阴性杆菌感染(A)。

320. ABCDE　①小孩双下肢烧伤面积=[9×5+1-(12-3)]×100%=37%。②对于小儿烧伤,胶体与电解质的比例为1:1,因小儿烧伤面积计算系数为2.0,故计算胶体补充量时系数应为1.0。患儿第1个24小时应补充胶体量=体重×烧伤面积×1.0=16×37×1.0=592ml(C)。

321. ABCDE　①患者Ⅱ度及Ⅲ度烧伤面积=26%(躯干前后部)+5%(男性双臀)+21%(双大腿)+13%(双小腿)+7%(男性双足)=72%。②伤后第1个24小时,每1%Ⅱ及Ⅲ度烧伤面积每千克体重应补充胶体和电解质液共1.5ml。其中,晶体(平衡盐液)和胶体(血浆)的比例为晶:胶=1:0.5,广泛深度烧伤者晶体和胶体的比例为晶:胶=0.75:0.75。患者烧伤面积高达72%,为特重度烧伤,且均为Ⅱ及Ⅲ度烧伤,故晶:胶比应取0.75:0.75。③第1个24小时应补充的胶体量=体重×Ⅱ及Ⅲ度烧伤面积×0.75=50×72×0.75=2700ml。请注意区分第1个24小时晶体液、胶体液、总液量,8小时补液量,第2个24小时补液量的计算。本题要求计算的是第1个24小时的胶体补充量。

322. ABCDE　①伤后第1个24小时补液量=体重×Ⅱ及Ⅲ度烧伤面积×1.5+基础需要量2000ml=50×40×1.5+2000=5000ml。②第1个24小时的前8小时补液量=24小时总补液量的一半,即2500ml。

323. ABCDE　324. ABCDE　①患者烫伤创面有大量水疱,说明为Ⅱ度烧伤,因为只有Ⅱ度烧伤才会出现水疱。患者疼痛明显,说明为浅Ⅱ度烧伤而不是深Ⅱ度烧伤,因为深Ⅱ度烧伤痛觉较迟钝。患者烧伤面积=后背13%+双上臂7%=20%。按烧伤严重程度不同,将烧伤分为四度:轻度烧伤是指Ⅱ度烧伤面积10%以下。中度烧伤是指Ⅱ度烧伤面积11%~30%,或有Ⅲ度烧伤但面积不足10%。重度烧伤是指烧伤总面积31%~50%,或Ⅲ度烧伤面积11%~20%。特重烧伤是指烧伤总面积50%以上,或Ⅲ度烧伤20%以上。本例Ⅱ度烧伤面积20%,应为中度烧伤,故答B。②浅Ⅱ度烧伤创面的处理原则:若水疱皮完整,应予保存,只需抽去水疱液,消毒包扎。若水疱皮已撕脱,可用无菌油性敷料包扎。若创面已感染,应勤换敷料,清除脓性分泌物,保持创面清洁,让其自行愈合,答案为A。

325. ABCDE　326. ABCDE　327. ABCDE　①患者烧伤总面积=9%×1(头颈部)+9%×3(躯干部)+9%×2(双上肢)=6×9%(B)。②"头颈部、躯干部布满大小不等的水疱",此为Ⅱ度烧伤。"两上肢呈焦黄色,无水疱",此为Ⅲ烧伤。故该病员Ⅲ度烧伤面积=2×9%(B)。③烧伤后2~3小时渗出最为急剧,8小时达高峰,至48小时渐趋恢复。因此大面积烧伤患者48小时内应重点抢救休克,争取平稳体液复苏,不能进行切痂手术,故不答A、B。Ⅲ度烧伤后组织由开始的凝固性坏死经液化到与健康组织分离,需要2~3周时间,在这一过程中,随时都有侵入性感染的威胁,为此近年来多采用积极的手术治疗，包括早期切痂或削痂，并立即皮肤移植，故答案为E而不是C。

328. ABCDE　电烧伤的局部特点为：电流通过人体有入口和出口，入口处较出口处重。入口处常炭化，形成裂口或洞穴，烧伤常深达肌肉、肌腱、骨周，损伤范围常外小内大（E对）；没有明显的坏死层面；局部渗出较一般烧伤重；由于邻近血管的损害，经常出现进行性坏死，伤后坏死范围可扩大数倍。

329. ABCDE　50~60Hz 的 110~220V 交流电，对心脏有很强的损害作用，特别是接触部位电阻低，进入体内的电流强度大时，往往可立即致死。交流电电击伤最主要的损害器官是心脏，其次为脑。

330. ABCDE　电击伤最主要的损害器官是心脏，患者曾发生心脏骤停，故初级复苏后首先应检查循环功能。

331. ABCDE　①正常颅内压的维持取决于颅腔容积和颅内内容物体积之间的关系。颅骨缺损可使颅腔扩大，导致颅内压降低（D）。②硬膜外血肿、脑水肿、脑肿瘤可使颅内内容物体积增大，导致颅内压增高。梗阻性脑积水可使脑脊液循环和（或）吸收障碍，颅内脑脊液增多，导致颅内高压。

332. ABCDE　①正常颅内压的维持取决于颅腔容积和颅内内容物的体积，而与颅骨密度无关（E错）。②脑脊液动力学改变可影响颅内压，如脑脊液分泌过多、吸收障碍均可使脑脊液增多，导致颅内压增高。颅骨缺损、脑脊液外流均可使颅内压降低。脑组织肿胀可使颅内内容物增大，导致颅内压增高。脑血管扩张，脑组织血流量增加，可导致颅内压增高。参阅2版8年制《外科学》P308。

333. ABCDE　急性颅压增高时，可引起血压升高、心率缓慢、脉压增大、呼吸减慢等表现，称为库欣（Cushing）反应。这些生命体征改变是颅内高压时，延髓内后组脑神经核功能紊乱所致。

334. ABCDE　头痛、恶心呕吐、视神经乳头水肿为颅内压增高的三主征。

335. ABCDE　①颅内压增高的昏迷患者，若出现上呼吸道梗阻，应首先行气管插管或气管切开，以保持呼吸道通畅，防止因呼吸不畅而加重颅内压增高（B）。②应用呼吸兴奋剂将加重呼吸肌疲劳，加重组织缺氧，不宜采用。C、D、E均为一般性治疗措施。

336. ABCDE　①患者2个月前头部外伤，现出现头痛、间断呕吐，说明颅内压增高。CT示右侧顶枕新月形低密度影，中线明显移位，说明颅内压增高的原因为颅内血肿吸收期。为降低颅内压，首选的治疗措施是静脉滴注甘露醇脱水。②头颅CT为低密度影，说明为血肿吸收期，而不是出血期，故无需行血肿清除，也无需使用止血剂，故不答A、B、D。颅内血肿无感染征象，无需使用抗生素，故不答E。

337. ABCDE　①患者双眼视力下降，双眼颞侧偏盲，为鞍区肿瘤压迫视神经中正部所致。患者有颅内压增高的三主征，即头痛、恶心呕吐、视神经受压，应诊断为颅内压增高。患者视神经严重受压，应行急症视神经减压，以暂时缓解颅内压增高、减轻视力受损（C）。②A、B、D都是一般性处理措施，显然不是正确答案。目前颅内压增高明显，视神经受压，不可能等到病情稳定后再手术治疗，故不答E。

338. ABCDE　颅内压增高的治疗原则包括：①凡有颅内压增高的患者，均应留院密切观察生命体征。②应用脱水剂甘露醇等，以降低颅内压。③用轻泻剂疏通大便，不能让患者用力排便，不可作高位灌肠，以免颅内压骤然增高（B错）。④补液量应量出为入，补液过多可促使颅内压增高恶化，补液不足可引起血液浓缩，液体摄入量限制在每日1500~2000ml。

339. ABCDE　后颅窝占位病变若行腰椎穿刺，在脑脊液放出后将导致小脑扁桃体经枕骨大孔疝出到颈椎管内，形成枕骨大孔疝，导致严重后果，故后颅窝占位病变严禁腰穿。A、B、C、E都是腰椎穿刺的适应证。

340. ABCDE　左侧小脑幕切迹疝为颞叶海马回、钩回通过小脑幕切迹被推移至幕下，故也称颞叶钩回疝。

341. ABCDE　①患者枕部着地，30分钟后昏迷，应考虑颅内出血、颅内高压。若行腰椎穿刺，有诱发脑疝的危险，故不宜腰穿。②颅内压增高患者应立即静脉给予甘露醇，以降低颅内压。也可给予止血剂止血、抗生素预防感染。治疗过程中应保持呼吸道通畅，以免呕吐时误吸。

342. ABCDE　343. ABCDE　344. ABCDE　①蛛网膜下腔出血的病因以颅内动脉瘤最常见（52%），其次为脑血管畸形（约占18%）、动脉硬化、烟雾病等。②颅腔与脊髓腔通过枕骨大孔相连，延髓下端通过此孔与脊髓相延续。后颅凹肿瘤可引起局部颅内压增高，脑脊液经枕骨大孔流入椎管，颅内蛛网膜下腔体积逐渐缩小，两侧扁桃体及邻近的小脑组织可经枕骨大孔向下移入椎管，形成枕骨大孔疝

(B)。③一侧颞部巨大硬脑膜外血肿,可引起局部颅内压增高,使颞叶的沟回、海马回通过小脑幕裂孔的游离缘向内向下移位,压迫中脑下移,导致小脑幕裂孔疝(C)。④脑挫裂伤可导致颅内高压。脑膜膨出是颅内压增高的后果。

345. ABCDE ①中年女性,头部外伤后出现头痛,频繁呕吐,应考虑颅内压增高。患者神志不清,双侧瞳孔大小多变,对光反射迟钝,早期发生呼吸骤停,应诊断为枕骨大孔疝。枕骨大孔疝最常见的病因是颅后窝血肿,故答 D。②脑干损伤、脑挫裂伤常表现为颅脑损伤后立即昏迷,昏迷时间长,无中间清醒期。脑震荡常表现为头颅外伤后发生短暂意识障碍、近事遗忘,不会出现脑疝。小脑幕切迹疝常表现为患侧瞳孔从小到大,而不是双侧瞳孔大小多变,且呼吸骤停发生较晚,故不答 E。

346. ABCDE ①枕骨大孔疝由于颅内压增高,可有剧烈头痛、喷射性呕吐,晚期可有意识障碍、昏迷等。脑疝时由于延髓下移,颈神经根受到牵拉,可出现颈项强直。因脑干缺氧,瞳孔可忽大忽小。②枕骨大孔疝不会出现尿崩,尿崩为下丘脑受损的表现(E 错)。

347. ABCDE ①患者头痛头晕,频繁呕吐,应考虑颅内压增高。第四脑室肿瘤为枕骨大孔疝的常见病因。患者嗜睡,双侧瞳孔大小多变,应诊断为枕骨大孔疝(E)。②脑水肿、脑积水常导致颅内压增高,若不发展为脑疝,则不会出现双侧瞳孔变化。小脑膜切迹疝常由颞叶肿瘤所致,多表现为患侧瞳孔由小变大,而不是双侧瞳孔大小多变。大脑镰下疝临床上少见。

348. ABCDE ①小脑幕是介于大脑枕叶与小脑上面之间,由硬脑膜形成的一个呈水平位的拱形隔板。小脑膜前缘游离,形成小脑幕切迹。幕切迹上方与大脑颞叶的海马回、钩紧邻。当颅内压增高时,钩回、海马回可下移至幕切迹的下方,形成小脑幕切迹疝。钩回、海马回下移可牵拉动眼神经,引起患侧动眼神经受损,出现患侧瞳孔扩大。动眼神经受刺激将导致患侧瞳孔缩小,故答 D 而不是 B。②视神经受损将导致视力减退或丧失。交感神经受刺激有交感神经兴奋的表现。脑干受压将导致呼吸骤停。

349. ABCDE ①脑疝以小脑幕切迹疝和枕骨大孔疝最多见,需根据临床特点进行定位诊断。小脑幕切迹疝的特点为患侧瞳孔早期散大,呼吸骤停发生较晚。枕骨大孔疝的特点是双侧瞳孔忽大忽小,早期出现呼吸骤停。因此早期瞳孔散大是小脑幕切迹疝最有意义的临床定位体征(C)。②无论小脑幕切迹疝还是枕骨大孔疝,只要有颅内占位病变,均可引起对侧锥体束征阳性;对侧肢体偏瘫,腹壁反射消失,腱反射亢进,病理反射阳性。因此 A、B、D、E 不能作为脑疝临床定位诊断的依据。

350. ABCDE ①患者脑外伤后昏迷,患侧瞳孔散大,对光反射消失,对侧肢体瘫痪,应诊断为脑疝(D 对)。②脑震荡在伤后可有短暂意识障碍,但不会超过半小时,且不会出现神经系统阳性体征,故不答 A。脑干损伤常表现为伤后立即出现意识障碍,双侧瞳孔大小不等,且大小多变,故不答 B。头颅 X 线片对颅底骨折的诊断价值不大,颅底骨折的诊断主要依据临床表现,如脑脊液鼻漏、耳漏、Battle 征等,与本例不符,故不答 C。脑挫裂伤常表现为伤后立即昏迷,很少出现中间清醒期,故不答 E。

351. ABCDE ①小脑幕切迹疝患者由于颅内压增高,可有头痛、喷射性呕吐,晚期可有意识障碍、昏迷等。由脑内占位病变引起的小脑幕切迹疝可有对侧锥体束征阳性,即对侧肢体偏瘫。病侧瞳孔散大为小脑幕切迹疝的特点。②双侧瞳孔大小多变为枕骨大孔疝的特点(D 错)。

352. ABCDE ①脑疝患者急救时,首先应降低颅内压,同时做好开颅探查的术前准备。降低颅内压首选 20%甘露醇快速静脉滴注。②脑疝患者严禁作腰椎穿刺,否则会加重病情。脑室穿刺仅在药物治疗无效的情况下选用。现在已很少使用 50%的葡萄糖静脉注射降低颅内压。

353. ABCDE ①患者左枕部受伤后,双侧瞳孔散大,应诊断为脑疝。根据颅脑对冲伤机制,左枕部着地将导致右额颞叶受伤,最可能为右侧额颞叶血肿,故易导致右侧小脑幕切迹疝。快速静脉注射甘露醇降低颅内压后左侧瞳孔缩小,也证实为右侧小脑幕切迹疝。右侧额颞叶血肿并发脑疝经甘露醇脱水治疗后,应行右额开颅血肿清除,以消除病因。②因患者病灶在右侧额颞叶,故不答 A、C、E。右侧颞肌下减压术为姑息性手术,只能减轻颅内高压的症状,不能彻底去除病因,故不是首选术式。

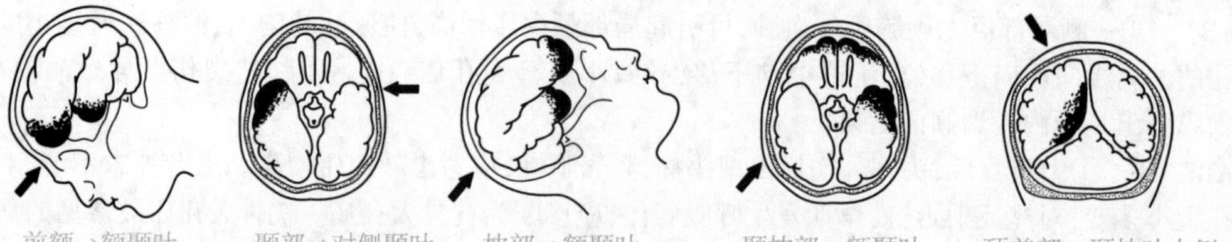

前额→额颞叶　颞部→对侧颞叶　枕部→额颞叶　颞枕部→额颞叶　顶盖部→颞枕叶内侧

354. ABCDE　355. ABCDE　356. ABCDE　①患者脑外伤后持续性昏迷，无中间清醒期，头颅 CT 示右额颞部骨板下新月形高密度影，应诊断为右额颞急性硬脑膜下血肿。患者双侧瞳孔不等大，说明并发脑疝，故答 E。脑内血肿 CT 常提示脑深部白质内类圆形或不规则形高密度影，故不答 A。患者脑外伤 2 小时，不可能诊断为硬脑膜下积液，故不答 B。脑挫裂伤 CT 常提示局部脑组织内高低密度混杂影，故不答 C。急性硬脑膜外血肿常有“昏迷→清醒→再次昏迷”的典型表现，存在中间清醒期，CT 常提示颅骨内板与硬脑膜之间双凸镜形高密度影，故不答 D。②急性硬脑膜下血肿主要来源于脑皮质血管，极少数来源于桥静脉、静脉窦（C）。硬脑膜外血肿主要来源于脑膜中动脉。③急性硬脑膜下血肿合并脑疝首选颅内血肿清除术（D）。

357. ABCDE　358. ABCDE　359. ABCDE　①第四脑室位于延髓、脑桥和小脑之间，因此第四脑室肿瘤可造成小脑扁桃体和延髓经枕骨大孔向下移入椎管，导致枕骨大孔疝。脑中心疝极少见。小脑幕切迹疝常见于颞叶占位性病变。小脑幕切迹上疝也称小脑蚓部疝，常由颅后窝占位性病变引起，常与枕骨大孔疝同时发生，但因小脑幕切迹上疝少见，故答 D 而不是 C。大脑镰疝常见于一侧大脑半球额顶区占位性病变。②术前突发脑疝可使用甘露醇脱水快速降低颅内高压，如无效，也可采用脑室穿刺引流。故 B、E 均正确，但下一小题的题干为“脑脊液快速流出后”，说明本题只能选择 E（脑室穿刺引流），才能与下一小题题干呼应，故本例最佳答案为 E 而不是 B。脑疝患者严禁高位灌肠、腰穿放脑脊液。使用镇静、镇痛药物为一般性对症治疗，故不答 D。③脑室穿刺引流时，若放脑脊液速度过快，可造成小脑幕上压力骤降，幕下结构通过小脑幕切迹向上疝出引起小脑幕切迹上疝（C）。肿瘤卒中应与脑室穿刺引流无关。脑室穿刺引流为简单的小手术，不会造成致命性损伤，故不答 B。休克患者不会表现为突然昏迷，双瞳散大，故不答 D。降低颅内压应该表现为症状缓解，而不是症状加重而死亡。

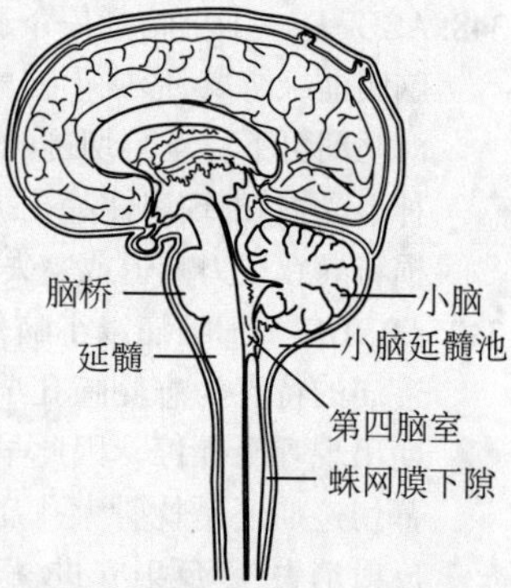

颅内占位性病变与脑疝的好发类型

360. ABCDE　①头皮血肿分为以下三种。皮下血肿：体积小，有时因血肿周围组织肿胀隆起，中央反而凹陷，易误诊为凹陷骨折；帽状腱膜下血肿：血肿大，边界跨越颅骨骨缝，血肿范围甚至可弥漫至整个颅盖部，触之较软，波动感明显；骨膜下血肿：血肿较大，但不超过颅缝，张力较高，可有波动，但波动感不明显，故答 B 而不是 C。②头皮血液循环相当丰富，受伤后很少引起皮下积液、皮下积脓，故不答 D、E。

361. ABCDE　开放性伤口应尽早清创缝合，一般以伤后 6~8 小时为限。由于头皮血供非常丰富，头皮裂伤即使伤后已达 24 小时，只要无明显感染征象，仍可彻底清创后一期缝合（C）。

362. ABCDE　普通伤口的清创缝合时限为伤后 6~8 小时。头皮血供丰富，故头皮裂伤可放宽至 24 小时。

363. ABCDE　头皮撕脱伤的处理原则：①若皮瓣部分脱离且血供尚好，则清创后原位缝合。②若皮瓣已完全脱落，但完整，无明显污染，血管断端整齐，且伤后未超过 6 小时，则清创后行头皮血管显微吻合，再全层缝合头皮。③若撕脱的皮瓣挫伤或污染不能再利用，而骨膜未撕脱，可取自体中厚皮片作游离植皮，或作转移皮瓣；若骨膜已遭破坏，颅骨外露，可先作局部筋膜转移，再植皮。④若撕脱时间长，创面感染，可先行创面清洁和更换敷料，待肉芽组织生长后再植皮。患者头皮撕脱伤，颅骨外露，创面及撕脱的头皮清洁，根据此原则，应行头皮血管吻合再植（A）。

364. ABCDE　①头部外伤后头顶部见直径 10cm 血肿，血肿较大，可能为帽状腱膜下血肿。应行局部适当加压包扎，以防血肿扩大。为避免感染，一般不采用穿刺抽吸（C 错）。患者意识清楚，但有恶心呕吐，即有脑水肿表现，不能排除颅内损伤的可能，故应严密观察患者意识变化，并监测血压、脉搏、呼吸，可适当给予脱水剂。如患者烦躁不安，可给予镇静剂。以上为 7 版《外科学》P242 观点。②9 版《外科学》P185：血肿较小时可加压包扎，待其自行吸收；若血肿较大，则应严格皮肤准备和消毒下穿刺抽吸，然后加压包扎。若按 9 版《外科学》观点，则无正确答案可供选择。

365. ABCDE　①颅骨凹陷性骨折的手术指征为：凹陷深度>1cm；位于重要功能区；骨折片刺入脑内；骨折引起瘫痪、失语、局限性癫痫。②患者左顶骨凹陷性骨折，凹陷深度>1cm，应手术摘除凹陷的骨折碎片，解除对脑组织压迫（B）。③A、C、D、E 均属于一般性治疗措施。

366. ABCDE　①颅前窝骨折多累及额骨水平部和筛骨，骨折出血可经鼻流出，或进入眶内在眼睑和球结膜下形成瘀血斑，称为熊猫眼（E）。②乳突部皮下瘀血斑，称为 Battle 征，常见于颅后窝骨折。

367. ABCDE　①颅后窝骨折常累及岩骨、枕骨基底部，在乳突和枕下部可见皮下淤血，称为 Battle 征。②脑脊液鼻漏常见于颅前窝骨折或颅中窝骨折。视神经损伤常见于颅中窝骨折。眼镜征（熊猫眼）、嗅神经损伤常见于颅前窝骨折。

368. ABCDE　①颅骨线性骨折当骨折线跨越大血管，如硬脑膜中动脉沟或静脉窦时，应警惕硬膜外血肿的发生。②运动区的凹陷性颅盖骨折可压迫脑组织，导致瘫痪，应手术复位或将凹陷部位的骨质切除（B 错）。③颅底骨折有脑脊液耳漏、鼻漏时，严禁堵塞耳道和鼻道，以免发生颅内感染。④颅底骨折虽不与外界直接相通，但如伴有硬脑膜破裂引起脑脊液漏或颅内积气，一般视为内开放性骨折。⑤颅盖骨线性骨折的发生率高，主要依靠颅骨 X 线摄片（并非头颅 CT）确诊。

369. ABCDE　①根据脑组织是否与外界相通，将颅脑损伤分为开放性颅脑损伤和闭合性颅脑损伤。颅底骨折虽不与外界直接相通，但如伴有硬脑膜破裂引起脑脊液漏或颅内积气，应视为开放性骨折（B）。②头皮裂伤、颅盖骨线状骨折、颅骨凹陷骨折，虽有头皮、颅骨损伤，但脑膜完整，无脑脊液漏，因此均属于闭合性颅脑损伤。脑震荡为一过性脑功能障碍，显然属于闭合性颅脑损伤。

370. ABCDE　①颅盖部的线形骨折主要依靠颅骨 X 线片确诊。头颅 X 线片可见边缘清晰的线状骨折线。②CT、MRI 检查常用于颅内占位病变的诊断。B 超检查对颅脑损伤无诊断价值。脑血管造影常用于脑血管畸形的诊断。

371. ABCDE　①颅底骨折的诊断和定位主要依靠临床表现来确定，如脑脊液鼻漏、耳漏可诊断为颅中窝骨折。②头痛伴呕吐、昏迷提示颅内压增高。偏瘫提示颅内占位病变。头皮血肿提示头皮损伤。

372. ABCDE　患者出现脑脊液漏，说明硬脑膜已破裂，可以确诊为开放性颅脑损伤（D）。而颅骨骨折、头皮裂伤、头皮血肿，不一定有硬脑膜破裂，故不能确定有无开放性颅脑损伤。

373. ABCDE　①颅前窝骨折时，骨折线累及眶顶和筛骨，骨折出血可经鼻流出，或进入眶内在眼睑及球结膜下形成瘀血斑，称为熊猫眼征。脑膜撕裂者，脑脊液可沿额窦或筛窦经鼻流出，形成脑脊液鼻漏。若筛板或视神经管骨折，可有嗅神经或视神经损伤，导致嗅觉或视觉丧失。②颅底骨折的主要诊断依据是临床表现，尤其脑脊液漏对诊断颅底骨折最有价值，眶周青紫的临床意义不如脑脊液鼻漏，故答 A 而不是 B、C、D。伤后昏迷时间较长只能说明脑组织受损严重，不能说明一定有颅底骨折。

374. ABCDE　①脑震荡为一过性脑功能障碍，昏迷时间不超过 30 分钟。患者昏迷约 3 小时，可排除脑震荡的诊断，故不答 A、C、E。②脑脊液耳漏为颅中窝骨折的特点，故答案为 B。

375. ABCDE　①熊猫眼征是颅前窝骨折的典型症状。患者鼻孔流出血性液体，提示脑脊液鼻漏，故应诊断为颅前窝骨折（A）。②双眼睑挫伤、双眼结膜出血、双侧视神经损伤、脑震荡均不会出现脑脊液鼻漏。

376. ABCDE　①患者有脑脊液鼻漏，说明硬脑膜已破裂，应给予抗生素预防颅内感染。②治疗脑脊液鼻漏时，严禁鼻腔填塞，以免造成颅内逆行性感染（B 错）。③脑脊液鼻漏患者应取头高卧位休息，避免用力咳嗽、打喷嚏、擤鼻涕。必要时可给予镇静剂，绝大多数漏口会在伤后 1~2 周内自行愈合。

377. ABCDE　脑震荡以一过性意识障碍、逆行性遗忘为特征。伤后可出现短暂意识障碍，昏迷时间不超过 30 分钟。较重者在意识障碍期间，可表现为皮肤苍白、血压降低、肌张力降低、肌腱反射消失。醒后可出现头晕、头痛、恶心呕吐等自主神经功能紊乱的症状。腰穿检查脑脊液无红细胞(E)。

378. ABCDE　①额叶脑挫裂伤如累及运动区，可出现对侧肢体瘫痪、锥体束征、肢体抽搐或偏瘫，参阅 7 版《黄家驷外科学》P836。②额叶挫伤若累及视束，可导致同向偏盲，参阅 8 版《神经病学》P30。③嗅中枢位于颞叶钩回，左右两侧有较多的联络纤维，因此中枢病变不会引起嗅觉丧失，参阅 7 版《神经病学》P30。④脑挫裂伤若病灶较小，修复后可遗留瘢痕，若瘢痕与脑膜粘连，可导致癫痫发作。⑤额叶脑挫裂伤可致蛛网膜下腔出血，出现脑膜刺激征，即颈项强直，参阅 7 版《黄家驷外科学》P836。

379. ABCDE　①在惯性力的加速或减速过程中，脑损伤组织受到的剪切和张力不仅发生在受力处局部，而且常常发生在受力处相对部位，称为对冲性损伤。如摔倒时，左枕部着地发生右额颞部的脑挫裂伤，即属于对冲性损伤(B)。②A、C、D、E 均属于直接损伤。

380. ABCDE　①脑干损伤患者伤后可立即出现昏迷，多较严重，持续时间较长。②由于脑干内神经核团受损，可表现为双侧瞳孔不等大，大小多变。③可出现双侧病理征阳性、肌张力增高、中枢性瘫痪。④可有中枢性高热。⑤脑干损伤不会出现尿崩，尿崩是下丘脑损伤的表现，故答 E，不要误答 B。

381. ABCDE　①脑干包括中脑、脑桥和延髓三个部分。“四肢强直性伸直，上肢内收、过度旋前和下肢内收、内旋、踝跖屈”，为去脑强直的典型表现，参阅 9 版生理学 P328。②去脑强直是脑干损伤的特征性表现，故答案为 B，参阅 3 版 8 年制《外科学》P270。

382. ABCDE　①脑挫裂伤头颅 CT 常表现为局部脑组织有高低密度混杂影，点片状高密度影为出血灶，低密度影为水肿区(D)。②脑干损伤头颅 CT 常表现为小灶状高密度影。脑震荡 CT 显示正常。蛛网膜下腔出血头颅 CT 常表现为大脑外侧裂池、前纵裂池、鞍上池等高密度影。硬脑膜下血肿头颅 CT 常表现为脑表面新月形高密度影。

383. ABCDE　急性硬膜外血肿主要来源于脑膜中动脉。该动脉经颅中窝底的棘孔入颅后，沿脑膜中动脉沟走行，在近翼点处分为前后两支，主干及分支均可因颅骨骨折而撕破，于硬脑膜外形成血肿，故答 C。

384. ABCDE　硬膜外血肿可有典型的中间清醒期，即表现为受伤→昏迷→清醒→再次昏迷。伤后出现的第一次昏迷是由于脑震荡或脑挫裂伤所造成，由于此类患者原发性脑损伤多较轻，昏迷时间较短，一般在 30 分钟以内；随着血肿量增加，血肿造成的颅内高压形成脑疝而引起再次昏迷。若血肿形成速度较慢，则中间清醒期较长；若血肿形成的较快，则中间清醒期极短。因此中间清醒期的长短主要取决于血肿形成的速度(B)。参阅 7 版《黄家驷外科学》P839，9 版《外科学》未讲述。

385. ABCDE　①患者头部外伤后出现典型的“昏迷-清醒-再次昏迷”的意识改变，有中间清醒期，应诊断为右侧急性硬脑膜外血肿(D)。②脑干损伤常于伤后立即出现意识障碍，双侧瞳孔不等大，且大小多变，严重者可有去脑强直。左侧脑内血肿常表现为右侧肢体瘫痪，故不答 B。脑挫伤、急性硬脑膜下血肿均表现为脑外伤后立即昏迷，无中间清醒期，故不答 C、E。

386. ABCDE　①颅内血肿按时间分为急性血肿(3 日以内)、亚急性血肿(3 日以后至 3 周以内)和慢性血肿(超过 3 周)。患者病程 3 个月，应诊断为慢性血肿，故可首先排除 A、E。②慢性硬脑膜下血肿头颅 CT 示脑表面新月形低密度影，慢性硬脑膜外血肿头颅 CT 示颅骨内板与硬脑膜之间的双凸镜形低密度影。根据题干，本例应诊断为慢性硬脑膜下血肿，故答 C 而不是 D。③患者没有发热及脑膜刺激征，故不能诊断为硬脑膜下积脓。

387. ABCDE　①脑震荡为一过性脑功能障碍所致，昏迷时间不超过半小时，神经系统检查阴性，头颅 CT 检查正常，故不答 D。②脑内血肿 CT 示脑内类圆形或不规则形高密度影。急性硬脑膜外血肿 CT 示颅骨内板与硬脑膜之间双凸镜形高密度影。急性硬脑膜下血肿 CT 示脑表面新月形高密度影。③脑挫裂伤 CT 示脑组织内散在高低密度影，高密度影为出血灶，低密度影为水肿区。患者头颅外伤后仅 1 小时，脑组织水肿尚未出现，故无低密度影。根据题干，本例应诊断为脑挫裂伤(E)。

388. ABCDE　①脑震荡为一过性脑功能障碍所致,腰椎穿刺脑脊液检查正常。②颅内解剖层次大致为:头皮→颅骨→硬脑膜→蛛网膜→软脑膜→脑组织。急性硬膜外血肿的血液积聚于颅骨和硬脑膜之间,急性硬膜下血肿的血液积聚于硬膜下腔,其出血不会随脑脊液进入椎管,因此腰椎穿刺不会出现血性脑脊液。③脑挫裂伤由于有脑组织损伤,出血可随脑脊液进入椎管,因此腰穿时会出现血性脑脊液。④急性颅内血肿包括急性硬膜外血肿、急性硬膜下血肿和脑内血肿,范围广泛,故不答B。

389. ABCDE　390. ABCDE　①患者头部外伤,有典型中间清醒期,即受伤→昏迷→清醒→再次昏迷,应诊断为急性硬脑膜外血肿(C)。脑震荡为一过性脑功能障碍,神经系统检查应为阴性,故不答A。脑挫裂伤、硬膜下血肿、脑内血肿均无中间清醒期,故不答B、D、E。②急性硬脑膜外血肿的典型CT表现为颅骨内板与脑表面之间双凸镜形高密度影(E)。A为脑震荡的CT表现。B为脑挫裂伤的CT表现。C为脑内血肿的CT表现。D为急性硬膜下血肿的CT表现。

391. ABCDE　392. ABCDE　393. ABCDE　①小脑幕切迹疝早期,患侧动眼神经受刺激可导致患侧瞳孔缩小;中期,动眼神经麻痹可导致患侧瞳孔逐渐散大;晚期,脑干内动眼神经核功能丧失,可致双侧瞳孔散大,故答B。眼神经和面神经受损常表现为角膜反射消失。②脑外伤患者有"昏迷→清醒→再昏迷"的病史,即有中间清醒期,应首先考虑急性硬脑膜外血肿。患者有患侧瞳孔散大,对侧肢体瘫痪,应考虑小脑幕切迹疝,故答C。颈椎损伤、颈髓受压常表现为四肢瘫痪而不是偏瘫,故不答A。脑挫裂伤、急性硬脑膜下血肿均表现为伤后一直昏迷,没有中间清醒期,故不答B、D、E。枕骨大孔疝常表现为双侧瞳孔忽大忽小、早期呼吸骤停,故不答E。③对于急性硬膜外血肿合并小脑幕切迹疝的患者,最有效的治疗当然是急诊颅内血肿清除减压术,故答C。若题干要求回答的是"急救措施"或"首要治疗措施",则应答D。A、B、E显然不是正确答案。

394. ABCDE　395. ABCDE　396. ABCDE　①根据颅脑对冲伤的原理,左枕部着地易导致右侧额颞叶血肿,故可首先排除C、D、E。患者受伤后一直昏迷,无中间清醒期,应诊断为急性硬膜下血肿。右侧额叶硬膜下血肿可造成脑组织中线向左侧移位,导致左侧小脑幕切迹疝,故答A而不是B。小脑幕切迹疝常表现为患侧瞳孔先小后大,患侧对光反射消失,对侧肢体瘫痪和肌力减弱。本例左侧瞳孔缩小,右侧瞳孔直径正常(正常值3~4mm);左侧对光反射消失;右侧肢体瘫痪(正常肌力为5级),故应诊断左侧小脑幕切迹疝。②急性硬脑膜下血肿主要是脑皮质血管破裂所致,故答B。A、C、D、E破裂常导致硬脑膜外血肿。③急性硬脑膜下血肿合并小脑幕切迹疝需立即适量输液、给予脱水剂,以降低颅内压,并急诊手术治疗。

397. ABCDE　①小脑幕切迹疝的典型表现是患侧瞳孔进行性扩大,意识障碍程度较浅。②枕骨大孔疝的典型表现为双侧瞳孔忽大忽小,呼吸骤停发生较早,但意识障碍(昏迷)发生很晚。动眼神经麻痹常表现为患侧瞳孔逐渐扩大,对光反射消失,但不会出现昏迷。视神经损害常表现为视力障碍,也不会出现昏迷。脑干功能障碍常表现为双侧瞳孔不等大,且大小多变,昏迷程度深,持续时间长。

398. ABCDE　399. ABCDE　400. ABCDE　①患者脑外伤后一直昏迷,无中间清醒期,头颅CT示左颞叶脑内高密度影(脑内血肿),左额、颞底面广泛斑点状高密度影(脑挫裂伤),应诊断为脑挫裂伤伴脑内血肿(C)。急性硬脑膜外血肿常有中间清醒期,头颅CT示颅骨内板与硬膜外之间双凸镜形高密度影,故不答A。急性硬脑膜下血肿头颅CT示脑表面新月形高密度影,故不答B。脑震荡昏迷时间不应超过30分钟,头颅CT检查应为阴性,故不答D。患者头颅CT示高密度阴影,显然不是外伤性脑积水,故不答E。②颅脑损伤分为接触力损伤和惯性力损伤两类,接触力损伤是指外力作用于头部,由于颅骨内陷、迅即回弹或骨折引起的脑损伤,这种损伤常发生于着力点部位。惯性力损伤又细分为加速性、减速性、旋转性损伤3类。加速性损伤是指头部在静止状态时,被一运动的物体打击,使其沿外力作用方向呈加速运动而造成的损伤,这种方式造成的脑损伤主要为着力点部位损伤。减速性损伤是指头部在运动状态时,撞击静止的物体而突然停止所引起的损伤。在惯性力的加速和(或)减速过程中,脑损伤不仅发生于受力处局部,而且常发生于受力处相对部位,又称为对冲性损伤,尤其见于减速性损伤中,如摔倒时,枕部着地可发生额颞部脑挫裂伤,即属于对冲性损伤,故答A。旋转性损伤是指作用力偏离颅脑惯性中心时,产生颅脑旋转运动所致的脑损伤,常见于颈部受力时所发生的挥鞭伤。实际上,所有作用于颅脑的切线力,均可发生旋转性损伤。挤压伤不属于颅脑损伤的发生机制,故不答D。参阅7版《黄家驷外科学》P829。③患者两侧瞳孔不等大,说明已合并脑疝,应一边使用甘露醇降低颅内压,一边准备急诊开颅手术(A)。

401. ABCDE ①开放性颅脑损伤应在伤后6~8小时内施行清创术。清创应由浅入深,逐层进行,彻底清除头发、异物、碎骨片等,吸出血肿和破碎的脑组织,彻底止血。硬脑膜应严密缝合,如有困难,可取自体帽状腱膜或颞肌筋膜修补,最后缝合头皮(E对)。②术后应用抗生素,并不是应用激素。

402. ABCDE 成人颅内肿瘤以神经上皮性肿瘤最常见(占40%~50%),其次为脑膜瘤(占14.4%~19%)、垂体腺瘤(占10%)、听神经瘤(占8%~10%)、转移瘤、胆脂瘤等。其中,神经上皮性肿瘤包括星形细胞瘤、胶质母细胞瘤、室管膜肿瘤、神经节细胞肿瘤等。

403. ABCDE ①颅内肿瘤的临床表现包括颅内高压、局灶性症状两部分。"头痛、呕吐、视神经乳头水肿"为颅内高压的三主征,不属于定位症状(A)。②癫痫发作提示肿瘤位于额叶、颞叶、顶叶,幻嗅提示颞叶肿瘤。中央前后回肿瘤出现对侧肢体运动和感觉障碍。鞍区肿瘤可引起视力视野障碍。海绵窦区肿瘤压迫Ⅲ、Ⅳ、Ⅴ、Ⅵ脑神经,可表现为眼睑下垂、眼球运动障碍。故B、C、D、E均为定位症状。

404. ABCDE ①患者突发剧烈头痛、呕吐、视物双影,应考虑颅内压增高。患者右眼睑下垂,右瞳孔散大,对光反射消失,右眼向上、下、内活动受限,应考虑动眼神经麻痹,常见于颅内动脉瘤。颅内动脉瘤未破裂时,可有头痛,恶心呕吐;破裂出血后可有颅内压增高表现,体检示颈强直、Kernig征阳性。根据题干,本例应诊断为颅内动脉瘤。为明确诊断,首选头颅CT检查(B)。出血急性期,CT确诊颅内动脉瘤破裂的阳性率极高。②腰椎穿刺可诱发脑疝,不作为首选检查。头颅MRI扫描优于CT,但常用于颅内动脉瘤的筛选。DSA为确诊颅内动脉瘤的金标准,但由于是有创检查,一般不作为首选。经颅多普勒超声常用于诊断动脉粥样硬化。

405. ABCDE 椎管内肿瘤按肿瘤与脊髓、硬脊膜的关系,分为髓内肿瘤、髓外硬脊膜下肿瘤和硬脊膜外肿瘤3类。硬脊膜外肿瘤以转移瘤最多见,此外还有脊膜瘤、神经鞘瘤、骨瘤、脊索瘤、表皮样囊肿、血管瘤、脂肪瘤、肉瘤等,答案为C。参阅7版《黄家驷外科学》P946,9版《外科学》未讲述。

406. ABCDE 有症状的脑膜瘤应手术切除,彻底切除应包括受侵犯的硬脑膜及与之相邻的颅骨,否则极易复发。复发率与肿瘤残余有关,肿瘤完全切除者,10年内复发率为20%;部分切除者复发率80%。

407. ABCDE ①多尿为下丘脑受损的表现,而不是大脑半球肿瘤的表现。②中央后回肿瘤可有进行性感觉障碍;③额叶肿瘤可有癫痫大发作;④额叶肿瘤常有精神障碍;⑤鞍区肿瘤可有视野缺损。

408. ABCDE ①中央区包括大脑额叶后部和顶叶前部,为运动感觉区,故额叶中央区肿瘤常表现为肢体活动障碍(A)。②枕叶肿瘤可表现为弱视、象限盲、失认。顶叶下部角回肿瘤可导致命名性失语。

409. ABCDE 脑血管畸形分为4种:①动静脉畸形最常见,占幕上血管畸形的62.7%,幕下血管畸形的42.7%;②海绵状血管瘤占颅内血管畸形的5%~13%;③毛细血管扩张少见;④静脉畸形罕见。

410. ABCDE ①颈内动脉-后交通动脉瘤在没有破裂前的常见症状是动眼神经麻痹,表现为患侧眼睑下垂、瞳孔散大,内收、上视、下视不能、对光反射消失。根据题干所述,本例应诊断为颈内动脉-后交通动脉瘤(B)。②鞍旁脑膜瘤可引起视力、视野障碍。三叉神经鞘瘤常表现为同侧面部感觉障碍。颞叶胶质瘤、颞叶脑肿瘤可表现为伴有幻嗅的精神运动性发作。

411. ABCDE ①几乎所有脑干胶质瘤患者均有颅神经麻痹症状,且为首发症状。受累颅神经以展神经、面神经、三叉神经多见。②阻塞性脑积水常见于中央导管附近肿瘤。脑干胶质瘤患者神志清楚,出现癫痫者不多。早期很少出现视乳头水肿、头痛等颅内压增高症状。参阅7版《黄家驷外科学》P942。

412. ABCDE ①额叶前部有广泛的联络纤维,与记忆、判断、抽象思维、情感、冲动行为有关,因此额叶肿瘤常有精神障碍症状(C)。②顶叶肿瘤常表现为失算、失读、命名性失语、运动性失语。小脑肿瘤常表现为肌张力减退、共济失调。枕叶肿瘤常表现为视野障碍。岛叶肿瘤常表现为内脏运动和感觉障碍。

413. ABCDE　①患儿头痛，呕吐，双侧视神经乳头水肿为颅内压增高的表现。小脑肿瘤常表现为肌张力减退，共济失调。患儿步行不稳，应诊断为小脑肿瘤（A）。②颞叶肿瘤常表现为伴有幻嗅的精神运动性发作。矢状窦旁脑膜瘤常表现为癫痫、精神障碍。顶叶恶性淋巴瘤常表现为失算、失读、失用、命名性失语、运动性失语。枕叶肿瘤常表现为视野障碍。

414. ABCDE　415. ABCDE　416. ABCDE　①患者反复头痛、呕吐，说明有颅内高压。患者右侧肢体肌力减退，说明为中央前回肿瘤。根据题干，本例应诊断为颅脑肿瘤（C）。患者浅昏迷、双侧瞳孔不等大，说明有脑疝形成。脑梗死常见于老年人，多突然起病，病程不会迁延半年。颅内血肿多有脑外伤史，急性发病。蛛网膜下腔出血常急性起病，多表现为剧烈头痛，脑膜刺激征。脑膜脑炎常表现为寒战高热、脑膜刺激征等。②诊断颅脑肿瘤，首选检查是头颅 MRI，其分辨率远高于 CT。经颅彩色多普勒超声常用于诊断动脉粥样硬化。脑电图常用于诊断癫痫发作。头颅 X 线摄片常用于诊断颅盖骨骨折。③颅内肿瘤首选手术治疗，彻底去除病因。开颅去骨瓣减压、镇静、镇痛均为辅助治疗措施。高压氧主要用于 CO 中毒的治疗。

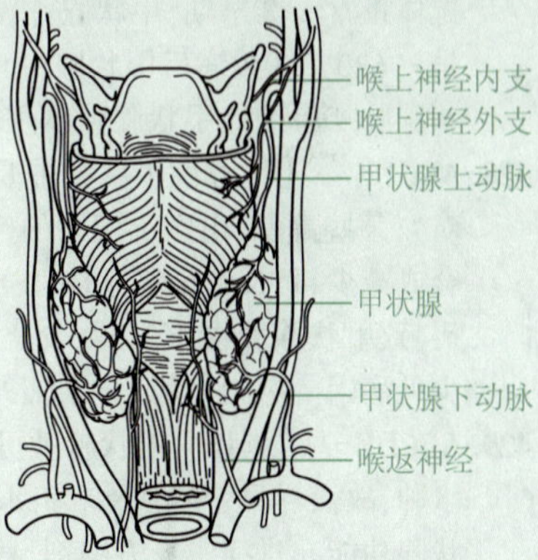

甲状腺的应用解剖

417. ABCDE　①迷走神经分出喉上神经和喉返神经支配甲状腺。喉返神经前支支配声带内收肌，喉返神经后支支配声带外展肌，因此在喉返神经受损后将导致声音嘶哑。患者喉镜检查显示左侧声带麻痹，提示左侧喉返神经受损（D）。②喉上神经内支损伤将导致进食或饮水时误咽、呛咳。喉上神经外支损伤将导致音调降低。甲状腺手术时不会损伤舌下神经、舌咽神经。

418. ABCDE　①甲状腺手术后引起呼吸困难的常见原因包括双侧喉返神经损伤、气管塌陷、切口出血等，主要根据发生呼吸困难的时间予以鉴别。双侧喉返神经损伤出现呼吸困难，是由于声带处于内收位使声门关闭所致，呼吸困难出现快且进展迅速，常在全麻气管插管拔出后立即出现，即在手术台上或在手术间立即出现。气管塌陷常发生于巨大甲状腺切除后气管失去支撑时，呼吸困难常于术后 1~3 小时出现。切口内出血出现呼吸困难相对较晚，多在术后 24~48 小时出现。甲状腺术后患者在拔除气管插管时出现呼吸困难，应诊断为双侧喉返神经损伤（A）。②甲状腺危象常表现为“上吐下泻，高热大汗，谵妄昏迷”，故不答 B。喉上神经损伤常表现为饮水呛咳，故不答 C。甲状旁腺损伤常表现为手足抽搐，故不答 E。

419. ABCDE　420. ABCDE　421. ABCDE　①颈、胸部手术后，常采用高半卧位，以便呼吸及有效引流（C）。全麻未清醒的患者术后应采用平卧位。蛛网膜下腔麻醉的患者，术后应平卧 12 小时，改半卧位。休克患者应采用下肢抬高 15~20°，头部抬高 20~30°的特殊体位。②迷走神经分出喉上神经和喉返神经支配甲状腺，喉上神经内支支配声门裂以上喉黏膜的感觉，损伤时喉部黏膜感觉丧失，将导致饮水时呛咳（B）。喉上神经外支受损常表现为音调降低。喉返神经损伤常表现为声音嘶哑。喉头水肿、气管塌陷常表现为呼吸困难。③甲状腺手术为颈部切口，应在术后 4~5 天拆线。

422. ABCDE　颈部淋巴结分为七区，A 为Ⅲ区淋巴结；B 为Ⅴ区淋巴结；C 为Ⅰ区淋巴结；D 为Ⅶ区淋巴结；E 为Ⅵ区淋巴结，包括环甲膜淋巴结、气管、甲状腺周围淋巴结、咽后淋巴结等。参阅 9 版《外科学》P225。

423. ABCDE　甲状旁腺激素（PTH）主要调节血钙、血磷浓度。PTH 可促进近端小管对钙的重吸收，也可促进骨钙入血，从而升高血钙。PTH 可抑制近端小管对磷的重吸收，促进磷的排出，使血磷降低。

424. ABCDE　①甲状腺肿是指良性甲状腺上皮细胞增生形成的甲状腺肿大。单纯性甲状腺肿也称非毒性甲状腺肿，是指非炎症和非肿瘤原因，不伴有临床甲状腺功能异常的甲状腺肿。单纯性甲状腺肿分类标准尚未统一，有些教材分为地方性、散发性、代偿性 3 类；有些教材分为非毒性甲状腺肿和毒性甲状腺肿两类。②单纯性甲状腺肿女性多见，女性发病率是男性的3~5倍(E错)。

425. ABCDE ①青春期甲状腺Ⅰ度弥漫性肿大，称为生理性肿大，可不给予药物治疗，宜多吃含碘丰富的食物，如海带、紫菜等。②对于青春期甲状腺Ⅱ度肿大者，可给予小剂量甲状腺素片，补充体内甲状腺激素的不足，以抑制过多的内源性TSH分泌，达到缓解甲状腺增生的目的，效果显著(E)。参阅14版《实用内科学》P1213。③甲状腺次全切除术主要适用于甲状腺腺体过大，产生压迫症状者。放射性碘治疗适用于内科治疗无效且不能耐受手术者。口服碘剂目前少用。

426. ABCDE ①单纯性甲状腺肿是指甲状腺功能正常的甲状腺肿大(D对)。②单纯性甲状腺肿是由于缺碘所致的甲状腺代偿性肿大，不属于自身免疫性疾病，因此抗甲状腺抗体阴性。抗甲状腺抗体阳性见于Graves病。③单纯性甲状腺肿为甲状腺的弥漫性肿大，核素扫描无“结节”。摄^{131}I率增高，但摄^{131}I高峰不前移。单纯性甲状腺肿是由于缺碘所致，碘的摄入不足，无法合成足量的甲状腺素，便反馈性地引起垂体TSH分泌增加，并刺激甲状腺增生和代偿性肿大。

427. ABCDE ①单纯性甲状腺肿是缺碘所致的甲状腺代偿性肿大，不属于自身免疫性疾病，故抗甲状腺抗体正常。②早期，甲状腺弥漫性轻度或中度肿大，质软，一般无血管杂音或震颤。参阅1版《内科学》P620。③久病后甲状腺中、重度肿大，扩张的滤泡可聚集成多个大小不等的结节，形成结节性甲状腺肿。单纯性甲状腺肿体积较大时可压迫气管导致呼吸困难。

428. ABCDE ①地方性甲状腺肿是指有甲状腺肿大，而甲状腺功能正常。碘摄入不足为主要病因(D对)，某些高原、山区土壤中的碘盐缺乏，以致饮水和食物中含碘量不足；碘摄入不足，导致甲状腺素合成减少，负反馈引起垂体TSH分泌增多，并刺激甲状腺增生和代偿性肿大。②甲状腺素合成障碍、致甲状腺肿物质(过氯酸盐、硫氰酸盐、硝酸盐)可妨碍甲状腺摄取无机碘，为地方性甲状腺肿的少见病因。参阅1版《黄家驷外科学》P806。自身免疫性甲状腺炎为甲状腺功能减退症的病因。

429. ABCDE ①胸骨后甲状腺肿可压迫颈静脉、上腔静脉，导致静脉回流受阻，造成头面部及上肢淤血水肿，故需尽早手术切除，参阅3版《实用外科学》P442。②抗甲状腺药物、放射性碘常用于治疗甲状腺功能亢进症。复方碘剂、普萘洛尔常用于甲状腺功能亢进症的术前准备。

430. ABCDE ①患者甲状腺弥漫性肿大，无结节，无甲状腺功能亢进症的症状(怕热、多食、易激动)，应诊断为单纯性甲状腺肿。其病因有三：缺碘、甲状腺激素需求增加及合成障碍。患者为青春期女孩，最可能为甲状腺激素需求增加所致，治疗首选小剂量甲状腺素片口服。②A可用于本病的治疗，但起效慢、疗效差，故不答A。C、D、E均为甲状腺功能亢进症的治疗，单纯性甲状腺肿患者甲状腺功能正常，不宜采用。

431. ABCDE ①患者甲状腺Ⅲ度肿大，多个结节，T_3、T_4、TSH正常，应诊断为结节性甲状腺肿。因肿块巨大，压迫气管使气管左移，故应手术治疗。气管受压移位是甲状腺手术治疗的绝对适应证。②长期服用甲状腺素常用于甲状腺功能减退症的治疗。定期检测甲状腺功能不能纠正气管受压。多食含碘丰富的食物常用于治疗单纯性甲状腺肿。E不属于甲状腺疾病的治疗原则。

432. ABCDE ①结节性甲状腺肿若压迫气管、食管、喉返神经，可分别导致呼吸困难、吞咽困难、声音嘶哑，只有手术切除肿大的甲状腺才能缓解症状。胸骨后甲状腺肿既可压迫气管、食管，还可压迫颈深部大静脉，引起头颈部静脉回流障碍，故应手术治疗。伴有甲状腺功能亢进、甲状腺癌者，当然需要手术治疗。②结节性甲状腺肿病程可长达数十年，因此病程较长不是结节性甲状腺肿的手术指征。

433. ABCDE ①患者甲状腺多发结节，T_4轻度增高，应诊断为结节性甲状腺肿，其手术指征为：有压迫症状、胸骨后甲状腺肿、巨大甲状腺肿、结节性甲状腺肿并发甲状腺功能亢进、疑有恶变，故答E。②虽然结节性甲状腺肿大多甲状腺功能正常，但极少数可表现为T_3或T_4轻度增高。本例不要仅凭“T_4轻度增高”而诊断为结节性甲状腺肿合并甲状腺功能亢进，而误选A。结节性甲状腺肿病程可长达数十年，因此病程太长不是其手术指征。结节性甲状腺并发囊内出血，可导致甲状腺迅速增大，并不是手术指征，故不答C。“吞咽有异物感”不是压迫食管所致，不属于压迫症状，故不答D。

434. ABCDE　①单纯性结节性甲状腺肿患者甲状腺功能正常，因有多个结节，故手术中会切除大量正常的甲状腺组织，因此术后发生永久性甲状腺功能减退的可能性非常大，故术后应长期服用甲状腺素片，以补充生理需求的甲状腺激素（D）。②为促进残余甲状腺组织合成甲状腺激素，可鼓励患者多食含碘丰富的食物，但不是主要治疗措施。放射性核素^{131}I治疗会毁损残余甲状腺组织，严禁使用。

435. ABCDE　①甲状腺功能亢进症（甲亢）分为3类：原发性甲亢最常见（占90%），继发性甲亢约占5%，高功能腺瘤占5%。②结节性甲状腺肿、甲状腺癌、甲状腺炎所致的甲亢少见。

436. ABCDE　①青少年甲亢、Ⅰ度肿大的甲亢、症状较轻的甲亢均可药物治疗，严禁手术治疗。合并不稳定型心绞痛的甲亢，因为心功能不全，严禁手术。②中度甲亢内科治疗无效宜行甲状腺大部分切除术。

437. ABCDE　①患者甲状腺触及多个结节，应诊断为结节性甲状腺肿。患者心慌、气短、怕热，T_3、T_4增高，TSH降低，应诊断为结节性甲状腺肿继发甲亢，即结节性毒性甲状腺肿（B）。②患者无突眼，说明不是原发性甲亢，即弥漫性毒性甲状腺。患者TPOAb及TGAb均阴性，说明不是慢性淋巴细胞性甲状腺炎。甲状腺有多个结节，而不是单个肿瘤，故不答D。患者T_3、T_4增高，TSH降低，故不答E。

438. ABCDE　基础代谢率正常值为±10%，增高至+20%～30%为轻度甲亢，+30%～60%为中度甲亢，+60%以上为重度甲亢。

439. ABCDE　440. ABCDE　①血清甲状腺球蛋白对诊断甲状腺癌缺乏特异性和敏感性，但对预测甲状腺滤泡癌术后复发具有高度的特异性和敏感性，预测肿瘤复发的切割值是2ng/ml。甲状腺滤泡癌的癌细胞表达TSH受体，并对TSH刺激发生反应，可促进甲状腺癌增生复发。可见，TSH可促使肿瘤复发，并不是说肿瘤复发血清TSH升高。故答A而不是D，很多医考参考书将答案错为D，参阅7版《内科学》P731、P733，9版《内科学》已删除。②甲状腺高功能腺瘤是指甲状腺内有自主高功能结节，此结节可大量分泌甲状腺激素，故血清T_3、T_4升高（E）。③降钙素由甲状腺C细胞分泌，术后血清降钙素升高常提示甲状腺髓样癌复发。甲状旁腺激素由甲状旁腺分泌，与甲状腺疾病无关。

441. ABCDE　①20岁以下的青少年甲亢对药物治疗反应较好，首选药物治疗，严禁手术治疗。②中重度Graves病均需手术治疗。妊娠甲亢早中期可手术治疗，并可以不终止妊娠。B、C均是手术指征。

442. ABCDE　①高功能甲状腺腺瘤属于甲状腺大部切除术的指征，故答A。②甲状腺乳头状癌多行甲状腺近全切除术。单纯性弥漫性甲状腺肿的手术方式根据病情而定。桥本病为慢性淋巴细胞性甲状腺炎，属于自身免疫性疾病，严禁手术治疗。青少年原发性甲亢首选药物治疗，禁忌手术。

443. ABCDE　444. ABCDE　445. ABCDE　①患者易出汗、心悸，应考虑为甲亢。患者甲状腺肿大，结节状，无突眼，应诊断为结节性甲状腺肿继发甲亢，即继发性甲亢（C）。原发性甲亢多表现为甲状腺弥漫性肿大，无结节，有突眼。单纯性甲状腺肿不会有出汗、心悸等甲亢症状。桥本甲状腺炎多表现甲状腺功能低下而不是亢进。亚急性甲状腺炎病前1～2周常有上呼吸道感染，多表现为甲状腺突然肿大，质硬，压痛。②确诊继发性甲亢首选血清T_3、T_4测定（B）。颈部CT、MRI、甲状腺B超均为影像学检查，不能确诊甲亢。颈部X线检查常用于确定气管有无软化。③结节性甲状腺肿并发甲亢需行甲状腺大部切除术（B）。继发性甲亢不宜药物治疗。甲状腺全切术常用于甲状腺癌的治疗。放射性^{131}I治疗为美国甲亢的首选治疗方法，我国少用。外放射常用于甲状腺未分化癌的治疗。

446. ABCDE　①青年女性，甲状腺Ⅲ度肿大，血清T_3、T_4增高，应诊断为原发性甲亢。妊娠甲亢分为T1期（孕1～3个月）、T2期（孕4～6个月）、T3期（孕7～9个月）。患者妊娠26周，应诊断为妊娠甲亢T2期。由于患者甲状腺巨大，导致气管左偏，压迫气管引起呼吸困难，故需手术，手术应在T2期进行。②口服甲状腺素片常用于治疗青春期单纯性甲状腺，丙硫氧嘧啶常用于甲亢的药物治疗，外放射常用于甲状腺未分化癌的治疗，放射性^{131}I治疗为美国甲亢的首选治疗方法，我国少用。

447. ABCDE　①原发性甲亢有气管压迫症状，为甲状腺大部切除术的指征。按照《外科学》观点，妊娠甲亢早中期应手术治疗，不宜终止妊娠。患者妊娠仅2个月，故应手术治疗（D）。按9版《内科学》观点,手术应在 T2 期(孕 4~6 个月)进行。②妊娠甲亢不能行^{131}I 治疗,否则会影响胎儿的生长发育。《外科学》认为妊娠甲亢晚期才行药物治疗。普萘洛尔常用于心率较快的甲亢。

448. ABCDE ①甲亢症状严重(基础代谢率>40%)者、甲亢性心脏病患者,均应首先口服抗甲状腺药物,待甲亢症状基本控制,基础代谢率降至 20%以下时,方可施行手术治疗,否则术后易发生甲状腺危象。②儿童甲亢首选药物治疗,禁忌手术。甲状腺明显肿大有压迫症状者,首选手术治疗。

449. ABCDE ①患者有颈部包块,憋闷感,说明有气管压迫症状。无论是甲亢还是结节性甲状腺肿,只要有气管压迫症状,均应早期手术治疗,否则会导致窒息死亡(D)。②患者甲状腺肿块无压痛,故无感染征象。甲状腺包块一般被膜较厚,不易自行破裂。患者无心悸、多汗、多食等甲亢症状,故不答 C。患者甲状腺包块质韧,可随吞咽上下移动,无颈淋巴结转移,故无癌变征象。

450. ABCDE ①年轻女性,长期甲状腺肿大,性情急躁,怕热,多汗,食欲强,消瘦,应诊断为原发性甲亢。患者有哮喘病史,应禁用 β 受体阻滞剂(普萘洛尔),故可首先排除 C、D。②碘剂是甲亢术前准备最重要的药物,均需使用,故可排除 B。③对于基础代谢率不高的甲亢患者,可单用复方碘剂进行术前准备。但对于基础代谢率较高,症状较重的甲亢患者,需先用硫脲类药物降低基础代谢率,控制甲亢症状后,再加用碘剂进行术前准备。患者甲亢症状较重,故答 E。

451. ABCDE ①复方碘溶液为甲亢术前准备的常用药,可抑制蛋白水解酶,减少甲状腺球蛋白的分解,从而抑制甲状腺素的释放,但并不能抑制甲状腺素的合成(B)。②甲巯咪唑、卡比马唑、丙硫氧嘧啶均可抑制甲状腺素的合成,用于甲亢的治疗。普萘洛尔可减慢甲亢患者的心率,降低基础代谢率。

452. ABCDE ①复方碘溶液常用于甲状腺功能亢进症的术前准备、术后甲危的治疗。由于复方碘溶液只能抑制甲状腺激素的释放,而不能抑制其合成,因此对于不准备行甲状腺大部切除的患者严禁使用碘剂,否则会造成甲状腺激素在体内的大量合成,最终引起甲状腺危象。②甲亢术后复发首选^{131}I 治疗。甲状腺癌首选手术治疗。甲状腺功能减退症、亚急性甲状腺炎首选甲状腺素片治疗。

453. ABCDE 甲亢患者必需将基础代谢率降至+20%以下,才能手术,否则术后易发生甲状腺危象。

454. ABCDE 455. ABCDE 456. ABCDE ①甲亢手术达标的指征为基础代谢率降至+20%以下、心率<90 次/分、患者情绪稳定、睡眠良好、体重增加、甲状腺变小变硬。请注意:丙硫氧嘧啶、碘剂均可影响血清 T_3、T_4 的测定,故临床上很少将 T_3、T_4 值作为是否手术的标志,故 A、B 均不正确,但答 A 似乎更恰当。②7 版《外科学》P293:甲状腺大部切除术后最危急的并发症是切口出血压迫气管,严重并发症是甲状腺危象(A)。9 版《外科学》P229:甲状腺手术后最严重并发症是呼吸困难和窒息,严重并发症是甲状腺危象。喉上神经损伤将导致误咽、音调降低。喉返神经损伤将导致声音嘶哑。甲状腺大部切除术为Ⅰ类手术,只要术中严格无菌操作,很少发生化脓性感染。③甲状腺功能减退症(甲减)常表现为 T_3、T_4 降低和 TSH 增高,此为诊断甲减的主要依据(B)。四肢乏力、盗汗为结核病的临床表现。食欲下降或厌食、下肢黏液性水肿为甲减的表现。甲状腺 B 超不能确诊甲减。

457. ABCDE ①甲状腺大部切除术是中度以上原发性甲亢最常用有效的治疗方法,能使 90%~95%的患者获得痊愈(B)。②药物治疗的治愈率仅约 50%,故不答 A、E。口服碘剂仅用于甲亢术前准备及甲危的治疗,严禁用于甲亢的常规治疗。饮食治疗为单纯性甲状腺肿的治疗措施。

458. ABCDE ①原发性甲亢行甲状腺大部切除术,通常应切除腺体的 80%~90%,同时切除峡部,腺体切除过少容易引起复发。②结扎甲状腺上动脉,应紧贴甲状腺上极,以免损伤喉上神经;结扎甲状腺下动脉,应远离甲状腺下极,靠近颈总动脉,以免损伤喉返神经。③为防止术后出血压迫气管导致窒息,术中应常规放置引流。④应保持甲状腺背面完整,以免损伤紧贴背面的甲状旁腺(E 对)。

459. ABCDE ①7 版《外科学》P293:甲状腺大部切除术后最危急的并发症是术后呼吸困难和窒息,多发生于术后 48 小时内;甲状腺危象是严重的合并症。②9 版《外科学》P229:甲状腺大部切除术后最严重的并发症是术后呼吸困难和窒息,多发生于术后 48 小时内;甲状腺危象是甲亢术后的严重并发症。

460. ABCDE ①甲状腺手术后喉上神经内支伤常表现为误咽,外支伤常表现为音调降低。甲状腺危象常表现为高热大汗，上吐下泻，谵妄昏迷，故不答D、E。②A、B、C都是甲状腺大部切除术后引起呼吸困难的原因，但三者出现呼吸困难的时间不同。双侧喉返神经损伤出现呼吸困难，是由于声带处于内收位使声门关闭所致，因此呼吸困难常在全麻气管插管拔出后立即出现。气管塌陷呼吸困难多于术后1~3小时出现。切口内出血呼吸困难多在术后24~48小时出现。患者术后1小时出现呼吸困难，应诊断为气管塌陷(A)。参阅2版8年制《外科学》P381，9版《外科学》未讲述。

461. ABCDE　甲状腺大部切除并发呼吸困难和窒息多发生于术后48小时内。

462. ABCDE　①甲状腺大部切除术后6小时，感呼吸困难，颈部肿胀，应考虑切口出血压迫气管。应立即拆开伤口，清除血肿，根据病情决定是否需行气管切开(E)。②A、B、D都是一般性治疗措施。本例为切口出血压迫气管所致，而不是呼吸中枢受抑制所致，无需注射呼吸兴奋剂。

463. ABCDE　①患者甲状腺大部切除术后6小时，突然颈部肿胀伴严重呼吸困难，最可能原因是切口内活动性出血压迫气管所致(B)。②喉上神经损伤常表现为误咽、音调降低。两侧喉返神经损伤导致呼吸困难常发生于手术刚刚结束，拔除气管插管时，而不是术后6小时。甲状腺危象常表现上吐下泻，高热大汗，谵妄昏迷。甲状旁腺损伤常表现为手足抽搐。

464. ABCDE　①患者甲状腺大部切除术后3小时，切口深面进行性肿胀，出现呼吸困难，应为切口活动性出血压迫气管所致。在紧急行气管插管，解除呼吸困难后，应送手术室拆开缝线，彻底止血(A)。②无菌手术后3小时，尚无感染，故无需使用广谱抗生素。静脉注射葡萄糖酸钙主要用于治疗甲状旁腺损伤引起的手足抽搐。静脉应用大剂量激素主要用于甲状腺危象的抢救。甲状腺手术后切口活动性出血，多为甲状腺上、下动脉结扎脱落所致，应手术止血，静脉滴注止血药物效果不佳。

465. ABCDE　466. ABCDE　467. ABCDE　①青年女性，颈部肿大，有甲亢症状(性情急躁、易激动、多汗、消瘦)，手颤，甲状腺Ⅲ度弥漫性肿大，无结节，FT_3、FT_4增高，应诊断为原发性甲亢。甲状腺重度肿大，治疗首选甲状腺大部切除术(D)。抗甲状腺药物只适于轻、中度甲亢的治疗。增加含碘丰富的食品为单纯性甲状腺肿的治疗方法。放射性^{131}I为美国原发性甲亢的首选治疗，我国少用。中药为辅助治疗措施。②原发性甲亢的术前准备主要是口服碘剂，一般从每次3滴开始，3次/日，以后逐日增加1滴，至每次16滴为止，用药时间约为2周(D)。③甲状腺大部切除术后16小时突然呼吸困难，多为切口内出血压迫气管所致，应立即床边剪开缝线，敞开切口，彻底止血(E)。然后根据病情，决定是否行气管插管、气管切开。吸氧需在解除呼吸道梗阻之后进行。无需使用镇静剂。

468. ABCDE　①甲状腺手术后出现面部麻木、手足抽搐，应考虑甲状旁腺损伤所致的低钙血症，因此最佳的急救方法是静脉注射钙剂(A)。②伤口切开、气管切开都是甲状腺手术后切口出血压迫气管导致呼吸困难的急救措施，故不答B、D。口服维生素D_3、口服葡萄糖酸钙都是纠正低钙血症的治疗措施，但口服钙剂后发挥作用较慢，故最佳答案为A而不是C、E。

469. ABCDE　470. ABCDE　471. ABCDE　①甲状旁腺激素由甲状旁腺分泌，其生理作用主要是升高血钙，当甲状旁腺损伤时可引起甲状旁腺激素分泌减少导致低钙抽搐。患者甲状腺大部切除术后第2天出现手足抽搐，应考虑甲状旁腺受损引起的低钙血症(E)。喉上神经损伤常表现为误咽、音调降低。喉返神经损伤常表现为声音嘶哑。甲状腺功能低下一般于甲状腺大部切除术后3个月至半年发生，但不会出现手足抽搐。甲状腺危象常表现为上吐下泻，高热大汗，谵妄昏迷。喉头水肿常导致呼吸困难和窒息。②患者手足抽搐为低钙所致，治疗首选静脉注射10%葡萄糖酸钙溶液(E)。颈部理疗可促进伤口愈合，但对手足抽搐无效。口服甲状腺素片常用于治疗术后甲减。复方碘化钾溶液常用于术后甲危的治疗。气管切开常用于术后气道塌陷的处理。③患者发作性手足低钙抽搐1个月未缓解，应口服长效制剂双氢速甾醇油剂，每日仅需口服1次，停药后可维持4周，可升高血钙，作用缓慢持久，长期使用无耐受性(D)。葡萄糖酸钙、乳酸钙、维生素D_3均可口服，但均为短效制剂，每日需口服2~3次，使用不便，疗效欠佳。静脉注射10%氯化钠对手足抽搐无效。

472. ABCDE　473. ABCDE　474. ABCDE　475. ABCDE　①青年女性，有甲亢症状(心悸、盗汗、易怒、多

食、消瘦)，甲状腺弥漫性肿大，重度突眼，血 T_3、T_4 值增高，应诊断为 Graves 病。高功能腺瘤常表现为甲亢高代谢征，甲状腺单发结节，但无甲状腺弥漫性肿大。结节性甲状腺肿为甲状腺多结节性肿大，而不是弥漫性肿大，无突眼。亚急性甲状腺炎病前 1~2 周多有上呼吸道感染史，突发甲状腺肿大，质硬，压痛。慢性淋巴细胞性甲状腺炎常表现为甲减而不是甲亢。②Graves 病患者甲状腺弥漫性肿大，深入胸骨后上纵隔内，此为胸骨后甲状腺肿。胸骨后甲状腺肿可压迫气管、食管、颈深部大静脉，故应手术治疗。甲亢时血清 TSH 降低，故不答 A。血清 T_3、T_4 显著升高是诊断甲亢的指标，而不是手术指征。甲状腺中、重度弥漫性肿大才是甲亢的手术指征，故不答 C。重度眼突为甲亢时抗原-抗体免疫复合物在球后组织沉积所致，手术不能缓解突眼症状，故重度突眼为手术禁忌证。③甲亢的术前准备主要是口服碘剂，故不答 A、D、E。对于术前甲亢症状严重、基础代谢率较高的患者应加用抗甲状腺药物控制甲亢症状。患者基础代谢率=[(脉压+脉率)-111]×100%=[(30+116)-111]×100%=35%，基础代谢率>+20%，故应采用抗甲状腺药+碘剂行术前准备，故答 C 而不是 B。④甲状腺大部切除术后第 2 天发生四肢抽搐，为甲状旁腺损伤引起的低钙血症所致，因此治疗首选 10%葡萄糖酸钙静脉点滴。口服钙剂起效较慢，不适合急救使用。低钙抽搐使用镇静剂效果不佳。口服碘剂常用于甲亢的术前准备、术后甲状腺危象的治疗。气管切开常用于术后气管塌陷的治疗。

476. ABCDE　477. ABCDE　478. ABCDE　①患者颈部增粗，有甲亢症状(消瘦、心悸)，基础代谢率增高(正常值为±10%)，2 小时摄碘率增高(正常<25%)，故应诊断为甲亢。患者双侧甲状腺多结节肿大，应诊断为结节性甲状腺肿引起的继发性甲亢，而不是原发性甲亢(D)。原发性甲亢常表现为双侧甲状腺弥漫对称性肿大，无结节。单纯性甲状腺肿、结节性甲状腺肿应无甲亢症状。甲状腺肿瘤应无甲状腺肿大和甲亢症状，仅表现为包块。②结节性甲状腺肿并发甲亢为甲状腺大部切除术的指征(B)，不宜行药物治疗和放射碘治疗。甲状腺素片常用于甲减的治疗。中医中药为辅助治疗措施。③甲状腺大部切除术后第 1 天发生手足抽搐，为甲状旁腺损伤引起的低钙血症所致，治疗首选 10%葡萄糖酸钙静脉注射。测定血清钙浓度只能确诊低钙血症，而不是治疗措施，故不答 A。口服钙剂起效缓慢，不适合手足抽搐的急救处理。口服二氢速甾醇、甲状旁腺移植为其后期处理。

479. ABCDE　①甲状腺危象(甲危)的临床表现可归纳为 12 字：上吐下泻，高热大汗，谵妄昏迷。②由于“高热”，心率可增快，>140 次/分；由于“上吐下泻”，因此可有厌食(C)。排除 A、B、C、D，正确答案为 E。③甲危时外周血白细胞总数和中性粒细胞常增多，而甲亢时白细胞总数减少。

480. ABCDE　①甲亢手术时，要求基础代谢率(BMR)<+20%。发生术后甲危最主要的原因是术前 BMR 过高，尤其在 BMR>+40%时强行手术。因此预防术后甲危的关键措施是术前将 BMR 降至正常范围(E)。②使用冬眠合剂、吸氧、给予氢化可的松都是术后甲危的治疗措施，而不是预防措施。术后补钙常用于治疗甲状旁腺损伤所致的手足抽搐，不属于甲危的预防措施。

481. ABCDE　①亚急性甲状腺炎患者病前 1~2 周有上呼吸道感染史，病后 1 周因部分甲状腺滤泡破坏，甲状腺激素释放入血，可表现为基础代谢率增高，如血清 FT_3、FT_4 升高，但甲状腺 ^{131}I 摄取率降低，这种分离现象为本病的特征。根据题干，本例应诊断为亚急性甲状腺炎(C)。②患者血清 FT_3、FT_4 增高，故不答 A、D，因为甲状腺腺瘤、单纯性甲状腺肿血清 FT_3、FT_4 正常。患者 ^{131}I 摄取率降低，故不答 B。慢性淋巴细胞性甲状腺炎患者血清 TPOAb、TGAb 均为阳性，故不答 E。

482. ABCDE　①亚急性甲状腺炎(亚甲炎)临床过程分为三期，即甲状腺毒症期、甲减期和恢复期。在甲状腺毒症期，由于甲状腺滤泡被炎症破坏，其内储存的甲状腺激素释放进入血液循环，导致甲状腺功能亢进。在甲减期，因储存的甲状腺激素释放殆尽，甲状腺功能正处于恢复之中，故本期血清 T_3、T_4 逐渐下降，表现为甲状腺功能减退。本病为自限性疾病，在恢复期，甲状腺功能逐渐恢复正常。可见亚甲炎随着病程进展，甲状腺功能先亢进后减退，故答 A 而不是 E，很多医考参考书将答案错为 E，参阅 9 版内科学 P692。②结节性甲状腺肿、甲状腺腺瘤常表现为甲状腺功能正常。Graves 病常表现为甲状腺功能亢进。桥本甲状腺炎常表现为甲状腺功能减退。

483. ABCDE　①确诊慢性淋巴细胞性甲状腺炎最有意义的检查是血清抗甲状腺抗体检测，包括甲状腺过氧化物酶抗体（TPOAb）、甲状腺球蛋白抗体（TgAb）。②血清 TSH、FT_3、FT_4 检测是确诊甲亢、甲减最有价值的检查。B 超、CT 均为影像学检查，不能确诊本病。本病常伴甲减，严禁行吸^{131}I 率测定。

484. ABCDE　485. ABCDE　①慢性淋巴细胞性甲状腺炎（桥本甲状腺炎）是一种自身免疫性疾病，血清中可检出甲状腺球蛋白抗体（TgAb）、甲状腺过氧化物酶抗体（TPOAb）等多种自身抗体（C）。②恶性突眼常见于 Graves 病，是指眼球明显突出，超过眼球突度参考值上限的 3mm（B）。

486. ABCDE　甲状腺乳头状癌多见于 30~45 岁的女性，恶性程度较低，约 80%肿瘤为多中心性，约 1/3 累及双侧甲状腺（D 对）。较早便出现颈淋巴结转移。主要经血行转移为滤泡状腺癌的特点。

487. ABCDE　甲状腺癌分 4 种，即乳头状癌、滤泡状腺癌、未分化癌、髓样癌，分别占 60%、20%、15%、7%。

488. ABCDE　①甲状腺髓样癌来源于 C 细胞，可分泌降钙素，引起低钙抽搐（C）。②下丘脑（促甲状腺激素释放激素）-腺垂体（促甲状腺素）-甲状腺（甲状腺素）是一个调节轴，这些激素主要与甲亢、甲减有关，而与髓样癌无关。胰高血糖素主要与胰高血糖素瘤有关。

489. ABCDE　①甲状腺滤泡状腺癌多见于 50 岁左右的中年人，儿童均为乳头状癌。②滤泡状腺癌生长较快，属于中度恶性。③滤泡状腺癌来源于甲状腺滤泡上皮，来源于滤泡旁降钙素分泌细胞的是髓样癌。④滤泡状腺癌有侵入血管的倾向，33%可经血行远处转移（D 对）。⑤乳头状癌为低度恶性肿瘤，而滤泡状腺癌为中度恶性肿瘤，因此前者预后优于后者。

490. ABCDE　①甲状腺髓样癌起源于滤泡旁 C 细胞，甲状腺滤泡状腺癌起源于甲状腺滤泡上皮（A 错）。②髓样癌并不常见，仅占全部甲状腺癌的 7%左右。③髓样癌来源于 C 细胞，可分泌降钙素，为其肿瘤标记物。④髓样癌的手术原则与乳头状癌相同，可兼有颈淋巴结侵犯和血行转移特点。

491. ABCDE　①题干给出的条件是“右颈侧肿块+甲状腺峡部结节”，若以一元论解释，应诊断为甲状腺转移癌，不可能为慢性淋巴结炎（B 对）。②淋巴结结核多表现为颈部淋巴结串珠状肿大，故不答 C。肺癌常转移至左锁骨上淋巴结，故不答 D。鼻咽部检查无异常，可排除鼻咽癌转移，故不答 E。

492. ABCDE　①甲状腺腺瘤常表现为单发甲状腺肿块，而不是甲状腺肿大，故不答 A。②桥本甲状腺炎、单纯性甲状腺肿、Graves 病均表现为甲状腺双侧弥漫性对称性肿大，而不是单侧甲状腺肿大，故不答 B、C、D。③甲状腺癌可表现为甲状腺内肿块而使单侧甲状腺肿大，晚期可出现浸润压迫症状，若压迫交感神经，可产生 Horner 综合征，表现为病侧上睑下垂、眼球凹陷、瞳孔缩小、同侧面部无汗。

493. ABCDE　494. ABCDE　①甲状腺髓样癌来源于滤泡旁 C 细胞，能分泌降钙素，引起手足抽搐（D）。其他种类甲状腺癌均无内分泌功能。②甲状腺癌的恶性程度从低至高排序为乳头状癌<滤泡状腺癌<髓样癌<未分化癌。未分化癌是恶性程度最高的甲状腺癌（C）。

495. ABCDE　甲状腺癌病理分 4 型：乳头状癌、滤泡状腺癌、未分化癌和髓样癌。其中，乳头状癌预后最好，5 年生存率达 90%以上。预后由好至差的排列为乳头状癌>滤泡状腺癌>髓样癌>未分化癌。

496. ABCDE　患者肿瘤最大径>1cm 而≤2cm，应为 T_{1b}；未触及颈部淋巴结肿大，应为 N_0；骨扫描示肱骨转移，说明有远处转移，应为 M_1。其 TNM 分期为 $T_{1b}N_0M_1$，故临床分期为 4 期。超纲题，2019 年考题。

497. ABCDE　498. ABCDE　499. ABCDE　①甲状腺肿块生长快，无痛，质硬，边界不清，吞咽时活动度小，应考虑甲状腺癌的可能性大，因此对诊断最有意义的体征为颈部淋巴结肿大（C）。心脏扩大、心率增快、脉压增大均提示甲状腺功能亢进症，气管移位提示肿块体积较大，因此 A、B、D、E 均不能提示恶性肿瘤的可能。②病理学诊断为甲状腺癌，当然首选手术治疗，因为手术是除未分化癌以外各型甲状腺癌的基本治疗方法。外放射治疗适用于甲状腺未分化癌。放射性治疗适用于甲状腺癌有远处转移者。口服甲状腺干制剂常用于甲状腺次全切或全切术后。甲状腺癌对化疗不敏感。③甲状腺癌的处理原则为：因良性病变行腺叶切除，术后病理检查证实为分化型甲状腺癌者，若切缘阴性、对侧正常、肿块直径<1cm，可观察；否则，须再次手术。患者术中快速切片结果为良性肿瘤而行患侧甲状腺大部切除，但术后病检结果为乳头状癌，且肿块直径 3cm，故应再次手术（B）。

500. ABCDE 儿童时期出现的甲状腺结节约 50%为恶性。参阅 5 版《外科学》P343，9 版《外科学》已删除。

501. ABCDE ①细针穿刺细胞学检查是明确甲状腺结节性质的有效方法，准确率达 80%以上。参阅 5 版《外科学》P344，9 版《外科学》已删除。②B 超、CT、MRI、ECT 均为影像学检查，不能确诊甲状腺肿瘤。

502. ABCDE ①甲状腺癌除甲状腺肿块外，还可有侵犯周围组织的症状，如压迫食管可引起吞咽困难，压迫气管可出现明显憋气，侵犯喉返神经可出现声音嘶哑。因临床上声音嘶哑较常见，更能提示癌肿的浸润特性，故最佳答案为 B 而不是 A、E。②“体重减轻、明显疼痛”无特异性，显然不是正确答案。

503. ABCDE ①为明确甲状腺肿块的性质，首选细针穿刺细胞学检查，其准确确率达 80%以上（D）。②甲状腺 B 超、CT、核素扫描、颈部 X 线片均为影像学检查，不能明确甲状腺肿块的病理性质。

504. ABCDE ①甲状腺结节的辅助检查首选 B 超，可了解结节大小、位置、囊实性。注意：题干要求回答的是“辅助检查”而不是“确诊检查”，若为确诊检查则答 C。②细针穿刺细胞学检查是明确病变性质最有价值的检查。放射性核素扫描临床上少用。颈部 MRI、CT 因价格昂贵，不作为首选。

505. ABCDE ①B 超可显示甲状腺结节的三种基本图像，即囊肿、混合性结节及实质性结节，为鉴别结节囊实性最常用的检查。②血清甲状腺激素水平测定常用于诊断甲亢或甲减。吸^{131}I 率测定常用于鉴别甲亢和单纯性甲状腺肿。放射性核素扫描临床上少用。MRI、CT 因价格昂贵，不作为首选。

506. ABCDE ①甲状腺肿块直径 2cm，为明确肿块性质，首选细针穿刺细胞学检查，其准确率达 80%以上。②放射性核素扫描、颈部软组织显像均为影像学检查，不能明确肿块性质。血清降钙素测定常用于髓样癌的分型诊断。淋巴结活检为有创检查，一般不作为首选。

507. ABCDE ①患者甲状腺肿块，生长较快，无痛，质硬，表面不光滑，吞咽时移动度小，应考虑甲状腺癌，因此最有意义的体征为右颈部淋巴肿大（E）。②气管向左侧移位提示甲状腺肿块巨大。喉镜下见声带充血水肿提示咽喉炎。局部听诊闻及血管杂音提示甲状腺弥漫性中、重度肿大。颈前浅静脉怒张提示胸骨后甲状腺肿。因此，A、B、C、D 均不能提示甲状腺癌。

508. ABCDE ①甲状腺肿块出现声音嘶哑，说明喉返神经受累，故恶性可能性大。肿块无痛，质硬，更应警惕甲状腺癌。②甲状腺囊肿、甲状腺腺瘤、结节性甲状腺肿均为良性疾病，无浸润性，直径 1.5cm 肿块不会压迫喉返神经导致声音嘶哑。甲状舌管囊肿常位于颈前正中区，并不位于甲状腺下极。

509. ABCDE ①甲状旁腺可分泌甲状旁腺激素（PTH），PTH 的主要生理作用是调节钙磷代谢。它可促进破骨细胞的作用，使骨钙溶解释放入血，致血钙升高。因此当甲状旁腺功能亢进时，大量骨钙溶解将导致患者骨质疏松、血钙升高，血清 PTH 增高。根据题干，本例应诊断为甲状旁腺功能亢进（甲旁亢）。原发性甲旁亢包括腺瘤、增生和腺癌，其中腺瘤占 80%。为明确诊断，首选颈部 B 超检查了解有无甲状旁腺腺瘤或腺癌。②血清 CEA 监测常用于诊断胃肠癌。胃镜和上消化道钡餐透视常用于诊断消化性溃疡及胃癌等。头颅 CT 常用于诊断颅脑占位性病变。

510. ABCDE ①患者反复肾结石，全身骨痛，血钙升高，血磷降低，碱性磷酸酶（ALP）增高，应考虑甲状旁腺功能亢进症。最有助于明确诊断的实验室检查是甲状旁腺激素（PTH）测定。②ACTH 为促肾上腺素皮质激素，TSH 为促甲状腺激素，LH 为黄体生成素，GH 为生长激素。

511. ABCDE ①患者血钙升高（正常值 2.25～2.75mmol/L）、血磷降低（正常值 0.8～1.6mmol/L）、甲状旁腺激素（PTH）升高，应考虑甲状旁腺功能亢进症。为明确诊断，最特异性的检查是^{99m}Tc-MIBI 核素显像，定位准确率可达 90%以上。②B 超是甲状旁腺功能亢进症最常用的检查，但特异性不高，故不答 A。颈部 X 线片、颈部 CT、颈部 MRI 检查的特异性不如核素显像，故不答 B、C、D。

512. ABCDE ①甲状旁腺激素（PTH）的主要功能是升高血钙、降低血磷，甲旁亢患者由于 PTH 分泌增多，可导致高血钙、低血磷。②尽管 PTH 能促进肾小管对钙的重吸收，但因为血钙过高后肾小管的滤过增加，故甲旁亢患者尿钙常增多，不要误答 B。参阅 14 版《实用内科学》P1248。

513. ABCDE　甲状舌骨囊肿常位于颈前正中区，而不位于颈侧区。A、B、C、D 均位于颈侧区。超纲题。

514. ABCDE　患者颈部膨胀性搏动性肿块，应考虑动脉瘤。严禁穿刺、活检、切开引流、按摩，否则可造成大出血而突然死亡。应行超声多普勒检查，以明确诊断，再根据检查结果作进一步处理（E）。

515. ABCDE　乳腺有 15~20 个腺叶，每个腺叶分成很多腺小叶，腺小叶由小乳管和腺泡组成，为乳腺的基本组成单位。

516. ABCDE　以胸小肌为界，将腋区淋巴结分为三组：Ⅰ组为胸小肌外侧淋巴结；Ⅱ组为胸小肌后方的腋静脉淋巴结和胸大、小肌间淋巴结；Ⅲ组为胸小肌内侧锁骨下静脉淋巴结。

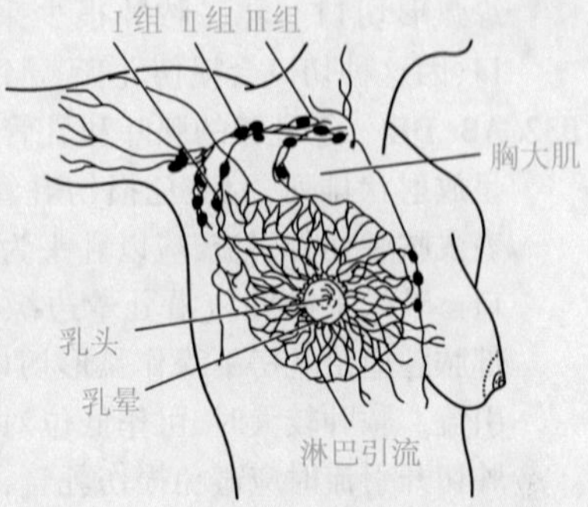

腋区淋巴结分组

517. ABCDE　①乳管内乳头状瘤多发生于大乳管近乳头的壶腹部，瘤体很小，带蒂，有绒毛，有很多薄壁血管，故易出血，多为乳头鲜红色血性溢液。②乳腺囊性增生症、乳腺癌鲜红色乳头血性溢液少见。乳腺纤维腺瘤无乳头溢液。乳腺导管扩张症可有乳头溢液，溢液呈黄色、脓性、血性分泌物。

518. ABCDE　①乳腺超声+彩色多普勒可观察肿块的血供情况，对肿瘤的定性诊断有一定价值。②MRI 检查也可观察乳腺包块的血供情况，但价格昂贵，不作为首选。钼钯摄片常用于乳腺癌的筛查。PET-CT、CT 很少用于乳腺包块的检查。

519. ABCDE　乳房干板静电摄影的特点是对钙化点的分辨率较高，但 X 线剂量较大，故目前少用。若每平方厘米超过 15 个钙化点，则乳腺癌的可能性很大。参阅 5 版《外科学》P352，9 版《外科学》已删除。

520. ABCDE　①中年女性乳头溢液，而未扪及肿块，可作乳头溢液涂片细胞学检查，以明确有无乳腺癌（D）。②乳腺热图像检查常用于区分肿块的良恶性，近红外线扫描常用于显示乳腺肿块，而本例无肿块，故不选 A、E。钼靶 X 线摄片常用于乳腺癌的普查。B 超检查常用于鉴别乳房肿块的囊实性。

521. ABCDE　①确定乳腺肿块性质最可靠的方法当然是活组织病理学检查（E）。②X 线检查（钼靶 X 线摄片）常用于乳腺癌的普查。B 超检查常用于鉴别乳房肿块的囊实性。近红外线扫描常用于显示乳腺肿块。液晶热图像检查常用于区分肿块的良恶性，但准确率不高。

522. ABCDE　①确定乳腺肿块性质最可靠的方法当然是肿物病理学检查（E）。②CT、B 超、钼靶 X 线摄片、近红外线扫描均为影像学检查，不能确诊乳腺癌。

523. ABCDE　①钼靶 X 线摄片对乳腺癌的检出率较高，可发现早期乳腺癌，常用于乳腺癌的普查（D）。②防癌普查体检、近红外线扫描、乳腺 B 超检查对乳腺癌的检出率均低于钼靶 X 线摄片，故不答 B、C。核磁共振由于价格昂贵，很少用于乳腺癌的诊断。

524. ABCDE　急性乳腺炎多见于产后哺乳期妇女，尤其是初产妇，往往发生在产后 3~4 周。

525. ABCDE　急性乳腺炎的常见病因如下。①乳汁淤积：乳汁是细菌理想的培养基，乳汁淤积将有利于入侵细菌的生长繁殖；②细菌入侵：乳头破损或皲裂，使细菌沿淋巴管入侵是感染的主要途径。

526. ABCDE　527. ABCDE　①急性梗阻性化脓性胆管炎多为胆道逆行感染所致，因此致病菌以大肠埃希菌最为常见，此外还可有克雷伯杆菌、肠球菌、厌氧菌等。②由于急性乳腺炎多由乳头破损或皲裂，细菌沿淋巴管入侵感染所致，故表皮普遍存在的金黄色葡萄球菌为最常见的致病菌。

528. ABCDE　①哺乳期妇女，右乳红肿疼痛，触痛，外周血白细胞计数明显增高，应诊断为急性乳腺炎。患者局部波动感明显，说明脓肿已形成，应切开引流（C）。②应用广谱抗生素、局部热敷是乳腺脓肿尚未形成时的治疗措施。急性乳腺炎一般不停止哺乳，因停止哺乳不仅影响婴儿喂养，还可加重乳汁淤积。脓液穿刺抽吸临床上少用，故不答 D。

529. ABCDE　530. ABCDE　①哺乳期妇女，左乳房胀痛，发热，局部红肿，波动感（+），应诊断为乳腺脓肿。行脓肿切排时，为保证引流通畅，应在脓腔最低处切开，切开后以手指轻轻分离脓肿的多房间隔。若脓腔较大,可在脓腔的最低位另加对口引流。为避免损伤乳管形成乳瘘,乳房表浅脓肿切开引流,应以乳头为中心作轮辐状切口。若将扩张的乳腺导管切开引流,将导致乳瘘(D 错)。②急性乳腺炎的致病菌以金黄色葡萄球菌最多见(B)。白色葡萄球菌、表皮葡萄球菌、腐生葡萄球菌均属于条件致病菌,主要引起机会性感染。溶血性链球菌常引起急性蜂窝织炎。

531. ABCDE ①乳房后脓肿切开引流时,可沿乳房下缘作弧形切口,经乳房后间隙引流,这样可尽量避免乳管损伤(D)。②乳房表浅脓肿切开引流采用乳房表面放射状切口。乳晕下脓肿采用沿乳晕边缘弧形切口。乳房脓肿很少采用横切口、斜切口,因这种切口会损伤乳管,导致乳瘘。

532. ABCDE ①乳腺的腺叶和乳管均以乳头为中心呈放射状排列,为避免损伤乳管形成乳瘘,乳房表浅脓肿切开引流,应以乳头为中心作放射状切口。乳晕下脓肿应沿乳晕边缘作弧形切口。深部脓肿应沿乳房下缘作弧形切口,经乳房后间隙引流。脓肿较大时,可作低位对口引流。②作脓肿切开引流时应避免损伤乳管,而不是切开乳管充分引流,否则损伤乳管将导致乳瘘。

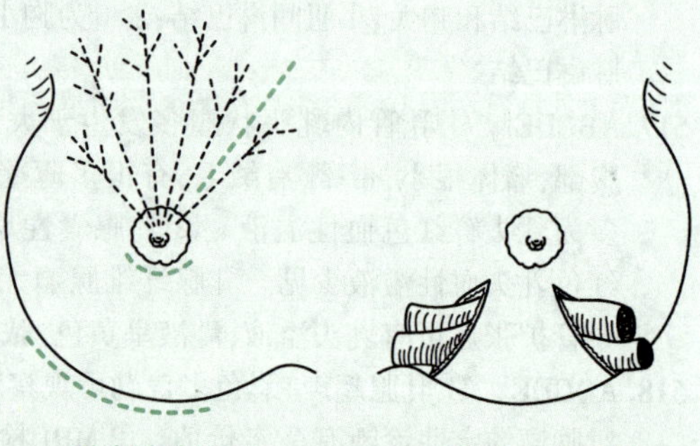

533. ABCDE ①预防急性乳腺炎的关键在于避免乳汁淤积,防止乳头损伤,并保持其清洁。要养成定时哺乳、婴儿不含乳头而睡的良好习惯。每次哺乳应将乳汁吸空,如有淤积,可用吸乳器排尽乳汁。防止乳头皮肤损伤,如有损伤或皲裂要及时治疗。注意婴儿口腔卫生。②不应使用抗生素预防感染,因为许多抗生素都可通过乳汁影响婴儿的生长发育,且无感染时一般无需使用抗生素(B 错)。

534. ABCDE ①乳房纤维腺瘤好发于青年女性,多位于外上象限,约 75%单发,肿块质硬似橡皮球,表面光滑,活动度好。根据题干,本例应诊断为乳腺纤维腺瘤(B)。②脂肪瘤好发于四肢、躯干,皮脂腺囊肿好发于头面部、背部,均很少发生于乳房。乳腺叶状囊肉瘤临床上少见,肿瘤可小至 2~3cm,也可大至 40~50cm,边界清楚,无包膜,1/3 肿瘤有囊腔。神经纤维瘤常有神经系统症状。

535. ABCDE ①年轻女性,乳房肿块光滑、质硬、活动,应诊断为乳房纤维腺瘤(B)。②乳腺癌多见于绝经期妇女,肿块不光滑,质硬,活动度差,常有腋窝淋巴结肿大。乳房肉瘤好发于老年妇女,常表现为乳房巨大肿块,边界不清,易侵犯肌肉,皮肤表面可见静脉扩张。乳腺囊性增生症常见于中年妇女,多表现为与月经周期有关的乳房胀痛与肿块。乳管内乳头状瘤常表现为反复乳头溢血。

536. ABCDE 537. ABCDE ①乳腺囊性增生病好发于中年妇女,常表现为与月经周期有关的乳房胀痛及乳房肿块,肿块可为单个或多个,质韧,边界不清,可推动,故答 C。②乳腺纤维腺瘤好发于青年女性,常表现为乳房外上象限单个肿块,质硬,光滑,边界清楚,活动度好,故答 B。③乳腺癌多见于绝经期妇女,肿块不光滑,质硬,活动度差。乳管内乳头状瘤常表现为反复乳头溢血。乳房肉瘤少见,好发于老年妇女,常表现为乳房巨大肿块,边界不清。

538. ABCDE ①乳腺囊性增生病常表现为与月经周期有关的乳房胀痛及乳房肿块。乳房胀痛多在月经前 3~5 天加重,月经来潮后减轻或消失。根据题干,本例应诊断为乳腺囊性增生病。②乳腺囊性增生病可见于一侧或双侧乳房。③本病有无癌变尚有争论,故答 B。参阅 6 版《外科学》P325,9 版《外科学》已删除。④本病的病理形态呈多样性表现,腺体既可有增生,也可有萎缩等变化。乳腺囊性增生病好发于 25~45 岁妇女,其发病与体内雌、孕激素比例失调有关。

539. ABCDE ①乳腺囊性增生病的主要表现是与月经周期有关的乳房胀痛和肿块,乳房胀痛一般于月经前 3~5 天明显,月经后减轻。乳房内可触及多个结节,大小不一,质韧。根据题干,本例应诊断为乳腺囊性增生病(C)。②乳腺癌常表现为乳房肿块,单个,质硬,腋窝淋巴结肿大。乳腺纤维腺瘤常表现为乳房肿块,单个,表面光滑,易于推动。乳腺结核、非哺乳期乳腺炎均少见,故不答 D、E。

540. ABCDE　①乳腺癌好发于外上象限，占50%以上。②Paget病(湿疹样乳腺癌)好发于乳头、乳晕区。

541. ABCDE　①乳腺癌好发于外上象限，占50%以上，扪诊时应重点检查。②粉刺癌好发于乳腺中央区。

542. ABCDE　①乳腺癌可侵及悬韧带(Cooper韧带)，使其收缩导致肿瘤表面皮肤凹陷，出现酒窝征(D)。②铠甲状癌是指晚期乳腺癌累及胸大肌、胸小肌、筋膜、背部、对侧胸壁，融合成片。乳腺癌可累及皮下淋巴管，引起淋巴回流障碍，出现真皮水肿，皮肤呈现橘皮样变。

543. ABCDE　①导管内癌是指癌细胞未突破导管壁基底膜的乳腺癌，属于原位癌，即非浸润癌，当然预后最好(C)。②硬癌、单纯癌、髓样癌属于浸润性非特殊癌，黏液腺癌属于浸润性特殊癌，预后均较差。

544. ABCDE　①乳腺癌病理分型分为4型，即非浸润性癌、浸润性特殊癌、浸润性非特殊癌、其他罕见癌。乳腺浸润性小叶癌属于浸润性非特殊癌，分化程度低，预后较差(A)。②乳腺小管癌、乳头状癌、黏液腺癌均属于浸润性特殊癌，分化程度较高，预后较好。③乳腺髓样癌较为特殊，伴大量淋巴细胞浸润的髓样癌属于浸润性特殊癌，分化程度较高，预后较好；无大量淋巴细胞浸润的髓样癌属于浸润性非特殊癌，分化程度差，预后较差，故最佳答案为A而不是B。

545. ABCDE　①在所有乳癌的病理类型中，炎性乳腺癌预后最差。炎性乳腺癌的特征为局部皮肤呈"炎症样变"，常表现为皮肤红肿、增厚、粗糙、皮温升高(C)。②乳头内陷提示癌肿累及乳管。乳头湿疹样变为Paget病，恶性程度低，预后好。局部皮肤凹陷，呈"酒窝状"提示癌肿累及Cooper韧带。皮肤呈橘皮样变提示癌肿累及皮下淋巴管。A、B、D、E均不能提示预后不良。

546. ABCDE　547. ABCDE　①按乳腺癌的TNM分期，该患者应属于$T_3N_2M_0$，其临床分期应为Ⅲ期。保乳手术、改良根治术主要适用于Ⅰ期或Ⅱ期乳腺癌，故不答A、B。对于外上象限的Ⅲ期乳腺癌应选用乳腺癌根治术。放射治疗、靶向治疗多用于乳腺癌的术后治疗而不是术前治疗，故不答C、E。术前化疗也称新辅助治疗，多用于Ⅲ期乳腺癌，可使肿瘤缩小，有利于降级降期，故本例应行术前化疗，然后再手术治疗(D)。参阅3版8年制《外科学》P335。②雌激素可促进乳腺癌细胞的生长发育，因此只有乳腺癌细胞雌激素受体(ER)阳性者，才对内分泌治疗有效，患者是否进行内分泌治疗主要取决于其病理标本检测的ER是否为阳性(C)。对于HER2过度表达者可行靶向治疗。术后是否进行化疗主要取决于肿瘤大小、切缘是否有癌细胞残留、淋巴结转移情况。

548. ABCDE　①乳头湿疹样乳腺癌也称Paget病，恶性程度低，预后好，腋窝淋巴结转移晚，常表现为乳头和乳晕瘙痒、皮肤粗糙、糜烂如湿疹样，进而形成溃疡。根据题干，本例应诊断为乳头湿疹样乳腺癌(A)。②B、C、D、E均为普通乳腺癌的镜下病理特点，其临床表现无特异性。

549. ABCDE　550. ABCDE　①炎性乳腺癌少见，局部皮肤可呈炎症样改变，常表现为乳房皮肤充血水肿、发红发热，但无明显肿块，可有腋窝淋巴结肿大。根据题干，本例应诊断为炎性乳腺癌(A)。急性乳腺炎好发于哺乳期妇女，高热，乳腺红肿热痛、波动感，外周血白细胞总数显著增高。乳房后脓肿常表现为寒战高热，白细胞计数增高，腋窝淋巴结触痛性肿大。患者不是哺乳期妇女，不会出现乳汁淤积。乳腺囊性增生症常表现为乳腺肿块及与月经周期有关的乳房胀痛。②炎性乳腺癌发展迅速，预后差，属于"不可切除的乳腺癌"，为手术禁忌证。应行穿刺活检，明确诊断后采取保守治疗，如放化疗等。静脉应用广谱抗生素、局部热敷、理疗、按摩，都是急性乳腺炎的治疗措施。

551. ABCDE　552. ABCDE　①中年妇女，左乳房无痛性包块，质硬，不光滑，无压痛，腋窝淋巴结肿大，钼靶摄片示高密度影，周围有毛刺，中央细砂样钙化点，应诊断为乳腺癌。治疗首选乳癌根治术，此术式手术创面大，皮瓣游离，易产生皮下积液积血，导致术后感染。在腋下另作小切口，安置负压引流48~72小时，可减少积液，使皮片紧贴于创面，为预防术后感染的主要措施(D)。参阅7版《黄家驷外科学》P1161。缝合前用蒸馏水彻底冲洗，可抑制癌细胞生长。术前纠正贫血和低蛋白血症可增强患者的抵抗力。乳癌根治术属于Ⅰ类切口，为预防感染，可于麻醉开始时静脉滴入广谱抗生素，若手术时间较长，可于术中追加一次剂量，一般于术后24小时内停药。乳癌根治术为Ⅰ类切口，因违反无菌操作规程造成的术后感染少见。②乳腺癌易经椎旁静脉系统转移至椎体，因此乳腺癌患者术后

3 年诉腰背部疼痛,应考虑乳腺癌椎体转移。了解肿瘤有无骨转移首选同位素骨扫描,其敏感性较高,一般可显示直径>2cm 的病灶(D)。PET-CT 由于价格昂贵,一般不作为首选。癌胚抗原(CEA)常用于监测结直肠癌术后复发。癌抗原 153(CA153)可用于乳腺癌的辅助诊断、预后监测。免疫指标检测常用于免疫性疾病的诊断。

553. ABCDE 乳腺癌 TNM 分期 T_1 指癌瘤长径≤2cm,T_2 指 2cm<癌瘤长径≤5cm,T_3 指癌瘤长径>5cm。

554. ABCDE 乳癌的 TNM 分期依据如下表。患者肿瘤最大径为 4~5cm,应属于 T_2;左腋窝扪及肿大孤立的质硬淋巴结,说明无淋巴结融合,应属于 N_1;无远处转移应属于 M_0,故答 $T_2N_1M_0$(C)。

T	原发瘤	N	区域淋巴结
T_0	原发癌瘤未查出	N_0	同侧腋窝淋巴结不肿大
Tis	原位癌	N_1	同侧腋窝淋巴结肿大,但可推动
T_1	癌瘤长径≤2cm	N_2	同侧腋窝淋巴结融合,或与周围组织粘连
T_2	2cm<癌瘤长径≤5cm	N_3	同侧胸骨旁淋巴结、锁骨上淋巴结转移
T_3	癌瘤长径>5cm	**M**	**远处转移**
T_4	癌瘤大小不计,但侵及皮肤或胸壁 炎性乳腺癌属于之	M_0	无远处转移
		M_1	有远处转移

555. ABCDE 按乳癌的 TNM 分期标准,患者肿瘤直径 4cm 应属于 T_2;同侧腋窝淋巴结肿大,可推动,应属于 N_1;无远处转移应属于 M_0,故答案为 $T_2N_1M_0$(C)。

556. ABCDE ①患者左乳肿块,橘皮样改变,左腋窝和左锁骨上淋巴结肿大,应诊断为乳腺癌。患者肿块直径>5cm,应属于 T_3;有同侧锁骨上淋巴结转移,应属于 N_3;无远处转移,应属于 M_0。故患者乳腺癌的 TNM 分期属于 $T_3N_3M_0$,其临床分期应属于Ⅲ期。②对于病灶局限于局部及区域淋巴结的 0、Ⅰ、Ⅱ、部分Ⅲ期患者,首选根治性手术治疗。术后可行放疗、化疗、内分泌治疗、免疫治疗等。

557. ABCDE ①乳癌根治术应切除整个乳房、胸大肌、胸小肌、腋窝及锁骨下淋巴结,主要适用于乳腺外上象限的肿瘤。②乳癌扩大根治术即在乳癌根治术清扫腋下、腋中、腋上三组淋巴结的基础上,同时清扫胸骨旁淋巴结,主要适用于乳腺内象限的肿瘤伴胸骨旁淋巴结转移者。③改良根治术与乳癌根治术相似,但不切除胸大肌、胸小肌,也不清扫腋上淋巴结,主要适用于Ⅰ、Ⅱ期乳腺癌。④单纯乳房切除术主要适用于原位癌、微小癌及年老体弱不宜作根治手术者。⑤放化疗一般于术后进行或作为晚期乳癌患者的姑息治疗。本例乳癌患者有胸骨旁淋巴结转移,一般情况好,应首选乳癌扩大根治术(A)。

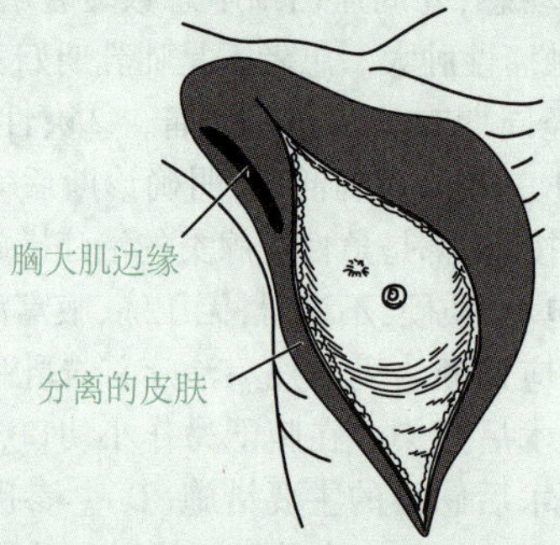

乳癌根治术切口

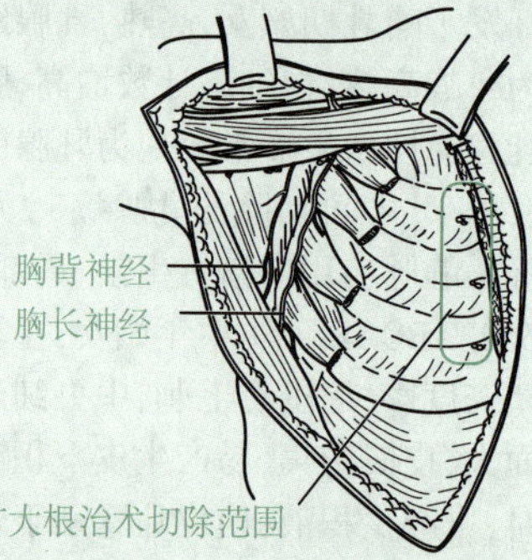

乳癌根治术完毕情况

558. ABCDE ①乳腺癌根治术在切除乳腺肿块的同时可清扫腋下淋巴结,而乳腺癌改良根治术由于保留了胸大肌、胸小肌,不易清扫腋窝淋巴结,故答 C 而不是 B。②保留乳房的乳腺癌切除术不能清扫腋窝淋巴结,故不答A。乳腺癌扩大根治术主要适用于乳腺内象限的肿瘤伴胸骨旁淋巴结转移者。全乳房切除术主要适用于原位癌、微小癌及年老体弱不宜作根治手术者。2020年真题。

559. ABCDE 目前Ⅰ、Ⅱ期乳腺癌最常用的手术方式是改良根治术,其生存率与乳癌根治术无明显差异。

560. ABCDE 患者,右乳房外上象限肿块,B超示周边有毛刺、钙化,应诊断为乳腺癌。首选手术方法为改良根治术+腋窝淋巴结清扫。2020年真题。

561. ABCDE D为乳癌根治术,E为扩大乳癌根治术。A、B、C都不是规范的乳癌手术方式。

562. ABCDE 前哨淋巴结是指接受乳腺癌引流的第一枚淋巴结。在手术中可采用示踪剂显示后切除活检。根据前哨淋巴结的病理检查结果,来预测腋淋巴结是否有肿瘤转移,并决定手术方式。对腋淋巴结阴性的乳腺癌可不作腋淋巴结清扫。

563. ABCDE 保留乳房的乳腺癌切除术包括完整切除肿块及腋淋巴结清扫,适合于临床Ⅰ、Ⅱ期的乳腺癌患者。由于切除范围较小,保留了乳房,为防止复发及肿瘤残留,术后必须辅以放疗、化疗。其他手术方式均切除了乳房,术后可根据指征决定是否进行放化疗。

564. ABCDE 565. ABCDE ①中年女性,乳房外上象限无痛性肿块,钼靶摄片示肿块影,周边毛刺征,应诊断为左乳腺癌。A、B、C、D、E均属于乳腺癌的手术方式,乳腺癌根治术、改良根治术及全乳房切除术,由于切除了乳房,术后不一定需要放射治疗。保留乳房的乳癌切除术只完整切除了肿块、清扫了腋淋巴结,并没有切除乳房,为预防局部复发及肿瘤残留,术后必须辅以放射治疗(E)。②*HER*2是人表皮生长因子受体2的英文缩写,20%~30%的乳腺癌患者具有*HER*2高表达。*HER*2高表达提示肿瘤细胞生长较快,转移的危险性较大。对于*HER*2基因过度表达者,可给予曲妥珠单抗(商品名赫赛汀)进行靶向治疗有一定效果。雌激素受体(ER)、孕激素受体(PR)阳性是进行内分泌治疗的指标。*P*53是一种突变的抑癌基因,*P*53阳性提示预后不佳,*P*53阴性提示预后较好。*Ki*67是一种细胞增殖的标志物,其阳性率越高表示肿瘤细胞增殖活性越强,预后越差。

566. ABCDE 乳腺癌的化疗常采用CMF或CAF方案。CMF方案为环磷酰胺+甲氨蝶呤+氟尿嘧啶(B)。CAF方案为环磷酰胺+阿霉素+氟尿嘧啶(B)。

567. ABCDE ①乳腺细胞内存在雌激素受体(ER)和孕激素受体(PR),分别能与雌激素、孕激素结合。含有ER、PR的乳腺癌细胞,称为激素依赖性癌细胞;不含有ER、PR的乳腺癌细胞,称为非激素依赖性癌细胞。乳腺癌细胞的生长发育与雌激素、孕激素有关,因此乳腺癌患者术后是否进行内分泌治疗主要取决于ER、PR的表达。ER、PR阳性者,内分泌治疗有效;ER、PR阴性者,内分泌治疗无效。②是否绝经、病理类型、手术方式、患者愿望,都不是内分泌治疗的决定因素,故不答A、B、C、E。

568. ABCDE ①乳腺癌术后病理检查提示雌激素受体(ER)、孕激素受体(PR)均为阳性,是内分泌治疗的绝好适应证。②放疗常用于保留乳房的乳腺癌切除术。化疗是浸润性乳腺癌主要术后治疗,若患者ER、PR均为阴性,则答B。生物免疫治疗常用于*HER*2过度表达者。中医中药为辅助治疗。

569. ABCDE ①乳腺癌术后的综合治疗包括化疗、放疗、内分泌治疗等。患者浸润性乳腺癌腋窝淋巴结转移,应辅以术后化疗(C)。②雌激素、孕激素受体阳性术后首选内分泌治疗,而本例为阴性,故不答A、B,A、B均为内分泌治疗。D为T_3、T_4期前列腺癌的治疗方法。卵巢切除为去势治疗,少用。

570. ABCDE ①三苯氧胺的结构式与雌激素相似,可在靶器官内与雌二醇争夺雌激素受体,从而抑制肿瘤生长。因此,对雌激素受体阳性的乳腺癌患者,术后应口服三苯氧胺进行内分泌治疗。②双侧卵巢切除可用于治疗晚期乳腺癌、复发性乳腺癌,临床上少用。甲地孕酮由于具有抗雌激素活性,近来也用于乳腺癌的姑息治疗。丙酸睾丸酮、泼尼松不属于内分泌治疗的药物。

571. ABCDE 572. ABCDE 573. ABCDE ①乳腺肿块术前定性诊断首选细针穿刺细胞学检查,准确率约80%以上(E)。粗针穿刺活检易导致癌细胞扩散,临床上少用。钼靶摄片为影像学检查,常用于乳腺癌的普查。切取活检临床上少用,现已被术中快切所取代。近红外线扫描主要用于显示乳腺肿块,不能确诊乳腺癌。②患者原发肿瘤最大径4cm,无腋窝淋巴结转移,无远处转移,其TNM分期应

为 $T_2N_0M_0$,即临床Ⅱ期。患者双手叉腰时肿块活动度明显受限,说明肿瘤与胸肌筋膜或胸肌有粘连,故应行乳腺癌根治术,而不宜选用保留胸大肌、胸小肌的乳癌改良根治术。参阅 7 版《黄家驷外科学》P1159、1161。乳腺癌扩大根治术主要适用于胸骨旁淋巴结转移者。保留乳房的乳腺癌切除术适用于强烈要求保留乳房的Ⅰ、Ⅱ期患者。③乳腺癌术后常用化疗方案有两种,即 CMF 和 CAF 方案。其中,CMF(环磷酰胺+甲氨蝶呤+氟尿嘧啶)方案每 4 周重复 1 次,共 6 个疗程。

574. ABCDE　575. ABCDE　576. ABCDE　①患者乳腺癌雌激素受体(ER)和孕激素受体(PR)均为阳性,术后应首选内分泌治疗(C)。放疗常用于保留乳房的乳腺癌切除术。化疗常用于浸润性乳腺癌伴腋窝淋巴结转移。免疫治疗、靶向治疗常用于 HER2 过度表达的乳腺癌。②乳腺癌内分泌治疗首选三苯氧胺,因其结构与雌激素相似,可在靶器官与雌二醇争夺雌激素受体,从而抑制肿瘤生长。依西美坦、来曲唑、阿那曲唑均为芳香化酶抑制剂,常用于绝经后乳腺癌患者。本例为 40 岁女性,尚未绝经,故不答 B、C、D。甲孕酮由于具有抗雌激素活性,近来也用于乳腺癌的姑息治疗。③乳腺癌的 CAF 化疗方案为环磷酰胺+阿霉素+氟尿嘧啶(A)。

577. ABCDE　578. ABCDE　579. ABCDE　①中年妇女,右乳外上象限包块,同侧腋窝淋巴结肿大,应首先考虑乳腺癌。因此诊断前应询问患者有无乳腺癌家族史、月经生育史、结婚年龄等,而与 EB 病毒感染无关(B)。EB 病毒感染主要与 Burkitt 淋巴瘤、鼻咽癌的发病有关。②乳癌的临床分期与 TNM 分期的关系:0 期 = $TisN_0M_0$;Ⅰ期 = $T_1N_0M_0$;Ⅱ期 = $T_{0\sim1}N_1M_0$、$T_2N_{0\sim1}M_0$、$T_3N_0M_0$;Ⅲ期 = $T_{0\sim2}N_2M_0$、$T_3N_{1\sim2}M_0$、T_4 任何 NM_0、任何 TN_3M_0;Ⅳ期 = 包括 M_1 的任何 TN。故本例 $T_2N_1M_0$ 为临床Ⅱ期。③乳腺癌的放疗多采用 ^{60}Co 或直线加速器,乳腺浸润性导管癌对直线加速器中度敏感。

580. ABCDE　①第 4~7 肋骨长而薄,在胸外伤中最易发生骨折(C)。②第 1~3 肋骨粗短,且有锁骨、肩胛骨保护,不易发骨折。第 8~10 肋前端肋软骨形成肋弓与胸骨相连,第 11、12 肋骨前端游离,均不易骨折。

581. ABCDE　单侧多根多处肋骨骨折可使局部胸壁失去完整肋骨支撑而软化,出现反常呼吸运动,即吸气时软化区胸壁内陷,呼气时外突,将严重影响呼吸和循环功能。A、C、D、E 都是肋骨骨折的临床表现。

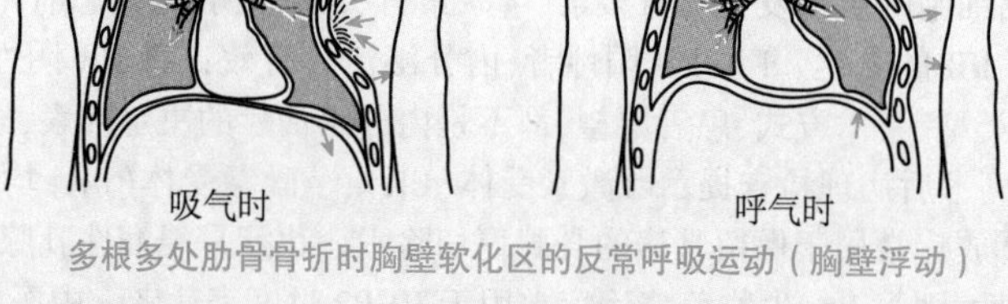

多根多处肋骨骨折时胸壁软化区的反常呼吸运动(胸壁浮动)

582. ABCDE　①浮动胸壁即反常呼吸运动,常见于多根多处肋骨骨折。②单根单处、单根两处、单根多处、多根单处肋骨骨折,由于骨折端稳定性好,不会出现胸壁浮动,即反常呼吸运动。

583. ABCDE　①胸廓挤压征阳性为肋骨骨折的专有体征(E)。②肋骨骨折的断端可刺破肺组织引起血痰,也可刺伤软组织引起局部血肿,但 B、D 无特异性。肋骨骨折一般无呕吐、意识障碍,故不答 A、C。

584. ABCDE　585. ABCDE　①反常呼吸运动为多根多处肋骨骨折的特征性表现。根据题干,本例应诊断为多根多处肋骨骨折(C)。气胸常表现为呼吸困难,纵隔向健侧移位,叩诊肺部呈鼓音。血胸常表现为呼吸困难,纵隔向健侧移位,叩诊肺部呈浊音。支气管断裂若裂口与胸膜相通,可表现为明显气胸。题干未述及腹部受伤表现,因此不能诊断为胸腹联合伤。②气胸的胸部 X 线片征象为胸膜腔积气,血胸的胸部 X 线片征象为胸膜腔积液。患者胸部 X 线片提示左侧胸腔有 2cm 气液平面,故应诊断为血气胸(B)。患者胸外伤后 1 小时,不可能感染成为脓胸。肺水肿胸部 X 线片表现为肺瘀血,肺门血管影增强,肺纹理增多。支气管断裂胸部 X 线片显示伤侧主支气管连续性中断,不张的肺下垂至肺门以下的胸膜腔。

586. ABCDE ①患者左胸外伤,反常呼吸运动,应考虑多根多处肋骨骨折。患者气管居中,说明不合并气胸,若合并气胸,则气管会向健侧移位。患者无气胸,说明胸膜无破裂,故应诊断为闭合性多根多处肋骨骨折。②闭合性多根多处肋骨骨折的治疗原则为有效镇痛、呼吸管理,故答案为 A。③“胸壁加压包扎”为多根多处肋骨骨折的急救方法,而不是治疗方案,故不答 B,很多医考参考书将答案错为 B。开胸探查+肋骨固定只适合于长期胸壁浮动且不能脱离呼吸机者。胸腔闭式引流只适合于并发气胸者。胸腔穿刺排气排液适合于液气胸患者。

587. ABCDE ①患者有胸部外伤史,胸壁畸形,出现反常呼吸运动,应诊断为闭合性多根多处肋骨骨折。现场急救时应在局部加压包扎,迅速消除反常呼吸,以免呼吸循环衰竭(C)。②对于咳嗽无力、不能有效排痰的患者,可行气管插管或气管切开,给予机械通气。A、B 为一般性治疗措施。

588. ABCDE ①闭合性肋骨骨折的治疗原则是有效镇痛和呼吸管理。疼痛剧烈时可酌情使用镇痛镇静剂。应尽早下地活动,鼓励患者咳嗽、排痰,以免发生肺部感染。对于多根多处肋骨骨折,可行肋骨固定,以消除反常呼吸。②闭合性肋骨骨折无需使用抗生素,抗生素常用于开放性肋骨骨折。

589. ABCDE ①连枷胸即反常呼吸运动,见于多根多处肋骨骨折。对于咳嗽无力、呼吸道分泌物潴留者应施行气管插管吸痰,给氧辅助呼吸。可在伤侧胸壁放置牵引支架,作浮动胸壁牵引,以消除胸壁反常呼吸运动。近年来也使用电视胸腔镜直视下导入钢丝的方法固定连枷胸。长期胸壁浮动且不能脱离呼吸机者,可开胸手术固定肋骨。②连枷胸不宜胸壁加压,包扎固定,以免患肺受压,影响呼吸功能(C 错)。“胸壁加压,包扎固定”为连枷胸的急救方法而不是治疗措施。

590. ABCDE 张力性气胸是指气管、支气管或肺损伤处形成活瓣,气体随每次吸气进入胸膜腔并积累增多,导致胸膜腔压力高于大气压,又称为高压性气胸。患侧肺严重萎陷,纵隔向健侧显著移位(A 错),健侧肺受压,导致患者极度呼吸困难。由于患侧胸膜腔压力高于大气体,气体可进入面、颈、胸部的软组织,形成皮下气肿。

591. ABCDE ①开放性气胸在呼吸时,两侧胸膜腔压力不均衡,出现周期性变化,使纵隔在呼气时移向伤侧,吸气时移向健侧,称为纵隔扑动。纵隔扑动见于开放性气胸、多根多处肋骨骨折。②闭合性气胸、张力性气胸、血气胸,都没有胸膜腔压力的周期性变化,不会出现纵隔扑动,而是纵隔向健侧移位。急性脓胸纵隔向健侧移位,慢性脓胸纵隔向患侧移位。

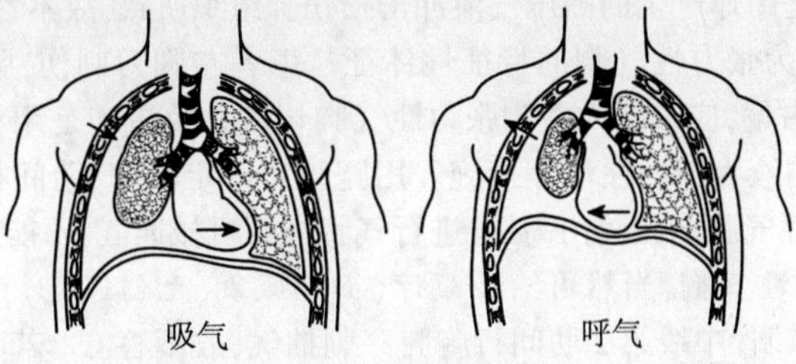

纵隔扑动见于开放性气胸、多根多处肋骨骨折

592. ABCDE 开放性气胸是指胸部伤口与胸膜腔相通,外界空气经胸壁伤口,随呼吸自由进出胸膜腔。

593. ABCDE ①张力性气胸为气管、支气管或肺损伤处形成活瓣,气体随每次吸气进入胸膜腔并积累增多,导致胸膜腔压力高于大气压,故又称为高压性气胸。由于胸膜腔高压,患肺可严重萎陷,纵隔可向健侧移位。高于大气压的胸膜腔内压,驱使气体经支气管、气管周围疏松结缔组织或壁层胸膜裂伤处,进入纵隔或胸壁软组织,形成纵隔气肿或面颈胸部的皮下气肿。患者常有脉搏细数、血压下降等循环障碍的表现。②张力性气胸不会导致纵隔摆动,纵隔摆动常见于开放性气胸(D 错)。

594. ABCDE ①张力性气胸患者由于胸膜腔高压,患肺可严重萎陷,纵隔可向健侧显著移位,健侧肺受压,腔静脉回流障碍,造成呼吸循环障碍(D 对)。②多根多处肋骨骨折造成呼吸循环障碍的机制为胸壁软化，反常呼吸运动。肺挫伤的病理机制为肺组织挫伤，通气受阻，损伤肺组织水肿，大面积肺间质水肿和肺泡水肿引起换气障碍。张力性气胸可有严重皮下气肿，但不是主要发病机制。

595. ABCDE ①自发性气胸好发于青年人，多于激烈运动、屏气后发生。患者激烈运动后突发右侧胸痛，右肺叩诊鼓音，说明为大量气体，应诊断为自发性气胸。②A、B、E 不会出现肺部叩诊鼓音，故不答 A、B、E。肺气肿好发于老年人，起病缓慢，病程长，故不答 D。

596. ABCDE ①支气管胸膜瘘是指肺泡、各级支气管与胸膜腔之间形成瘘道，多发生于肺叶切除术后，肺癌根治术后发生率为 4.5%~20%。胸部 X 线片可见液气胸征象。由于胸膜腔与支气管相通，故胸腔闭式引流管内可有气体溢出(B)。②A、C、D、E 均与肺癌根治术无关。

597. ABCDE 598. ABCDE 599. ABCDE ①老年患者慢性咳嗽、咳痰 20 余年，应考虑慢性阻塞性肺疾病(COPD)。患者今晨突感左胸疼痛，呼吸困难，应诊断为 COPD 合并自发性气胸。自发性气胸是 COPD 最常见的并发症。急性胸膜炎不是 COPD 的常见并发症，不会骤然起病，故不答 B。急性肺栓塞常表现为呼吸困难、胸痛、咯血三联征。急性心肌梗死常表现为突发胸骨后持续性剧痛半小时以上。急性心力衰竭常表现为呼吸困难，双肺底湿啰音，无胸痛。②左侧气胸常表现为左肺叩诊鼓音。左肺闻及胸膜摩擦音常见于急性胸膜炎。心尖部闻及第四心音奔马律常见于急性心力衰竭。双下肺闻及中等量湿啰音常见于肺炎。三尖瓣区闻及粗糙的反流性杂音见于三尖瓣关闭不全。③对自发性气胸最有价值的检查是胸部 X 线片。心肌坏死标志物检测常用于诊断急性心肌梗死。动脉血气分析常用于诊断呼吸衰竭。D-二聚体检测常用于肺血栓栓塞症的筛查。超声心动图常用于诊断心肌病。

600. ABCDE 601. ABCDE ①青年男性，车祸后胸痛，呼吸困难，胸部 X 线片示左侧 4、5、7 肋骨骨折，左侧气胸，肺组织压缩约 70%，左侧胸腔中等量积液，应诊断为左侧多根肋骨骨折合并液气胸。肺组织压缩>50%，应为大量气胸，宜行胸腔闭式引流(B)。穿刺排气减压适用于肺组织压缩 20%~30%的气胸患者，故不答 A。患者脉率增快，血压降低，说明合并失血性休克，应输液抗休克，而不是静脉输血，故不答 C。患者腹软，无压痛，说明无腹部闭合性损伤，无需剖腹探查，故不答 D。加压包扎固定胸壁为连枷胸的急救处理措施，故不答 E。②患者有失血性休克征象，左胸叩诊鼓音，左侧胸腔中等量积液，应诊断为血胸，故答 D。连枷胸多见于多根多处肋骨骨折，但本例仅为多根肋骨骨折，并没有多处骨折，故不答 A。张力性气胸常表现为极度呼吸困难，肺组织完全压缩，皮下气肿，故不答 B。创伤性窒息是钝性暴力作用于胸部所致的上半身广泛皮肤、黏膜、末梢毛细血管淤血及出血性损害，故不答 C。肺爆震伤是爆炸产生的高压气浪冲击损伤肺组织所致，故不答 E。

602. ABCDE ①皮下气肿为张力性气胸的特征性体征。患者左胸刀刺伤，胸部皮下气肿，左胸叩诊鼓音，呼吸音消失，气管右偏，应诊断为左侧张力性气胸。其急救措施是用粗针头穿刺胸膜腔，抽气减压(D)。②吸氧输血输液为辅助性治疗措施。用宽胶布固定胸壁、肋间神经封闭止痛，均为肋骨骨折的治疗措施。张力性气胸胸膜腔内高压，进行气管插管机械通气，不能改善通气功能。

603. ABCDE ①患者自发性气胸，当然可给予氧疗(面罩吸氧、无创通气)，故不答 D、E。若患肺压缩 20%以下，也可于患侧锁骨中线第 2 肋间行胸腔穿刺抽气，故不答 C。若呼吸困难改善不明显，则可行胸腔闭式引流，故不答 A。②只有经内科治疗无效的气胸患者才行手术治疗，故答案为 B。

604. ABCDE ①患者刀口在右肩胛下第 7 肋间，可听见气体进出刀口的声音(称胸部吸吮伤口)，应诊断为开放性气胸。其急救措施是用无菌敷料包扎伤口，使开放性气胸转变为闭合性气胸(C)。②吸氧、输液、胸腔闭式引流均为治疗措施，而不是现场急救。胸腔穿刺常用于张力性气胸的急救。

605. ABCDE ①胸廓挤压征阳性为肋骨骨折的特征性体征。患者胸部外伤，胸廓挤压征阳性，应诊断为肋骨骨折。患者胸部 X 线片示右肺压缩 5%，可确诊为气胸。目前患者生命体征稳定，无明显呼吸困难，且肺压缩面积<20%，可行保守治疗。针对肋骨骨折的处理主要是解除疼痛，针对气胸的处理主要是密切观察病情变化，待气体自行吸收，故答 C。②胸膜腔穿刺抽气常用于肺压缩>20%的气胸患者。胸腔闭式引流常用于肺压缩>30%的中、大量气胸患者。输液、吸氧为辅助性治疗措施。

606. ABCDE　①肺压缩<30%为小量气胸,30%~50%为中量气胸,>50%为大量气胸(7版《黄家驷外科学》P2022)。气胸的治疗原则是肺压缩<20%,如无症状,可吸氧观察,待其自行闭合;若有呼吸困难,则行胸腔穿刺抽气。若肺压缩>30%,为中、大量气胸,应行胸腔闭式引流。②患者左侧气胸,肺压缩40%,需行胸腔闭式引流(B)。③胸腔镜检查常用于胸腔病变的诊断。腹腔镜检查常用于腹部脏器病变的诊断。开胸探查常用于进行性血胸的治疗。

607. ABCDE　608. ABCDE　609. ABCDE　①患者左胸外伤,骨擦感阳性,胸部X线片见左4、5、6肋各有两处骨折,应诊断为多根多处肋骨骨折。患者胸壁浮动,说明有胸壁软化、反常呼吸运动。反常呼吸运动可使伤侧肺组织受到塌陷胸壁的压迫,呼吸时两侧胸腔压力不均衡,可造成纵隔摆动,影响肺通气功能,导致体内缺氧、CO_2潴留。胸膜腔压力不均衡,也可影响静脉回心血流。可见患者呼吸困难与神经过度紧张无关,而与A、B、C、E均有关。②多根多处肋骨骨折急救时应行胸壁加压包扎固定,以消除反常呼吸(C)。吸痰为保持呼吸道通畅的一般性治疗措施。气管插管、气管切开、呼吸机辅助呼吸适用于咳嗽无力、不能有效排痰的患者。③2小时后,颈、胸部出现皮下气肿,左侧呼吸音消失,应诊断为张力性气胸。患者肺压缩85%,应行胸腔闭式引流(B)。开胸探查常用于进行性血胸的治疗。对于张力性气胸,行气管插管、气管切开、呼吸机辅助呼吸意义不大。

610. ABCDE　611. ABCDE　612. ABCDE　①患者右侧胸部刀刺伤,右胸壁3cm长创口,随呼吸有气体进出伤口响声(即胸部吸吮伤口),应诊断为右侧开放性气胸。右侧胸膜腔压力高于左侧(健侧),故纵隔向左侧移位。由于呼吸时,开放性气胸可有纵隔摆动,因此纵隔的位置应该在左侧与中线之间摆动(E)。不要认为开放性气胸纵隔向健侧移位,而误答为B。②开放性气胸的急救原则是立即闭合胸部创口,将开放性气胸转变为闭合性气胸,然后再按闭合性气胸进行处理(D)。现场急救措施不可能包括A、B、C、E治疗。③患者半小时后,胸部X线片示右肺压缩100%,可见液平面,说明气胸积气量加大,且合并少量血胸,应进行伤口清创并行胸腔闭式引流,以促进肺尽快膨胀(C)。患者血压、脉搏尚稳定,无需输血治疗。若行胸腔闭式引流不能缓解病情,且液平面升高,则应剖胸探查。用注射器穿刺抽气常用于小量闭合性气胸的治疗,不适合开放性气胸的治疗。

613. ABCDE　①患者胸部外伤,患侧呼吸音消失,叩诊为实音,应诊断为血胸,而不是张力性气胸,因为张力性气胸叩诊为鼓音,故答A而不是E。②单纯性肋骨骨折不会出现呼吸音消失,叩诊实音。患者外伤后2小时,不可能发展为脓胸。肺栓塞常表现为胸痛、呼吸困难、咯血三联征,无胸部外伤史。

614. ABCDE　①患者胸部外伤,呼吸音正常,可排除A、B、D、E,因为肺损伤、开放性气胸、血胸、张力性气胸均可导致呼吸减弱或消失。②正常人心尖搏动位于第5肋间,左锁骨中线内侧0.5~1.0cm,该患者伤口在左锁骨中线第4肋间,故很可能导致心脏损伤(心包积血)。患者血压降低,面色苍白,呼吸困难,颈静脉怒张,心音遥远,应考虑为心包积血(C)。

615. ABCDE　进行性血胸的判定标准:①持续脉搏加快、血压降低,或虽经补充血容量血压仍不回升,且逐渐下降;②闭式胸腔引流量>200ml/h,持续3小时(B错);③血红蛋白、红细胞计数、红细胞比容进行性降低;④胸腔引流液迅速凝固,但X线片示胸内阴影增大。

616. ABCDE　617. ABCDE　①患者右胸刀刺伤,活动性出血,脉搏120次/分,血压80/50mmHg,应考虑中度失血性休克。患者右胸叩诊实音,呼吸音减弱,应考虑血胸。故本例应诊断为血胸合并失血性休克。患者行胸腔闭式引流,引流出血性液体约600ml,1小时内又引流出血性液体300ml,说明胸腔内出血尚未停止,应诊断为进行性血胸(A)。创伤性湿肺常表现为胸痛、胸闷、咳嗽、血痰,严重者可有呼吸困难、发绀、血性泡沫痰等。心脏压塞常表现为呼吸困难、端坐呼吸、颈静脉怒张、心音低而遥远,心界扩大。患者受伤仅2小时,不可能诊断为迟发性血胸。患者引流管1小时内引流出血液约300ml,不可能诊断为凝固性血胸。②对于进行性血胸,应及时开胸探查,控制活动性出血(B)。

618. ABCDE　①血气胸患者大咯血不止,多为支气管大血管损伤所致,一般保守治疗无效,只能手术治疗。②胸腔活动性出血,经补液输血治疗后血压仍进行性下降为手术指征。③大的开放性胸壁伤口,只能手术封闭,可同时作开胸探查。④支气管断裂是开胸探查的绝对指征。⑤血气胸可先行胸腔闭式引流,若胸腔闭式引流后呼吸系统症状缓解,血压稳定者可不手术探查(E 错)。

619. ABCDE ①患者左胸锐器伤,胸部 X 线片提示左肺压缩 90%,宽大液平,应诊断为开放性气胸合并血胸。患者胸腔闭式引流后 2 小时引流量>400ml,血压由 90/60mmHg 降至 80/50mmHg,说明胸腔内出血仍然没有停止,应诊断为活动性血胸,需开胸探查止血(A)。②B、C、D、E 均为一般性治疗措施。

620. ABCDE ①患者左胸开放性损伤,血压 80/50mmHg,心率 120 次/分,伤口不断有血液流出,大量快速输液后血压仍不见回升,说明胸腔内有活动性出血,应在输液输血的同时,立即准备开胸探查止血(E)。②该患者休克的病因为胸腔内活动性出血,不进行手术治疗,不能彻底纠正休克,故不答 A。对于失血性休克患者的急救,心电图检查并不是必不可少,故不答 B。"缝合伤口,加压包扎"不能使胸腔内活动性出血停止,故不答 C。体外心脏按压常用于心跳骤停的急救,故不答 D。

621. ABCDE ①血胸闭式引流点应在低位,一般选取腋中线与腋后线之间第 6 或第 7 肋间。②气胸闭式引流点应在高位,一般选取前胸壁锁骨中线第 2 肋间。

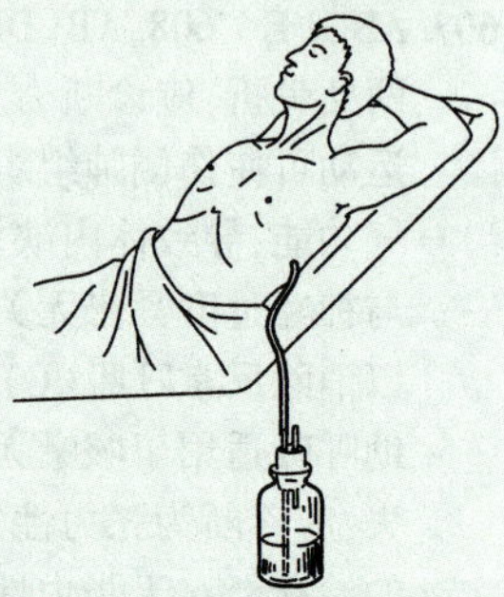

闭式胸膜腔引流术

622. ABCDE ①胸腔闭式引流完成后,可嘱患者深吸气后屏气时拔除引流管,这样可使患者肺的膨胀更完全。②气胸插管部位应在前胸壁锁骨中线第 2 肋间,血胸插管部位在腋中线与腋后线之间第 6 或第 7 肋间。③引流管的侧孔应深入胸腔 2~3cm。④闭式引流要保证胸腔内气、液体克服 3~4cmH_2O 的压力才能通畅引流出胸腔,而外界空气、液体不会吸入胸腔。⑤每日要观察导管是否通畅、引流液的性质,并记录每小时或 24 小时引流液量(E 对)。

623. ABCDE ①急性脓胸常继发于肺部感染,特别是靠近脏层胸膜的肺炎,直接扩散到胸膜腔;②少数来自胸内、纵隔内其他脏器的病灶,直接或经淋巴侵入胸膜引起;③脓毒血症或菌血症经血行播散所致。

624. ABCDE 脓胸的致病菌以耐药性金黄色葡萄球菌最多见,其次为大肠埃希菌、铜绿假单胞菌、真菌、厌氧菌等。

625. ABCDE 闭合性气胸、开放性气胸、张力性气胸均可使纵隔向健侧移位。急性脓胸由于有大量胸腔积脓,纵隔将向健侧移位。但是慢性脓胸由于脓腔壁收缩可使纵隔向患侧移位。

626. ABCDE ①肺不张患者气管常移向患侧,肺炎链球菌肺炎、阻塞性肺炎、肺脓肿患者气管居中,不会发生偏移。患者病变在右肺,气管明显左移,故可首先排除 B、C、D、E。②急性脓胸的常见病因是肺炎。患者 2 周前肺炎,现再次高热,气管左移,右肺语颤减弱,叩诊呈实音,呼吸音消失,白细胞总数和中性粒细胞比例增高,应诊断为急性脓胸(A)。

627. ABCDE ①确诊脓胸的最佳检查方法是胸腔穿刺,穿刺抽出脓液即可确诊(D)。②A、B、C、E 均属于影像学检查方法,虽可诊断脓胸,但不能确诊脓胸性质。

628. ABCDE 慢性脓胸的手术方式包括:①改进引流,包括胸腔闭式引流、更换原来过细引流管、调整引流管位置等。②胸膜纤维板剥除术:主要适用于病程不长、纤维粘连不甚紧密的患者。③胸廓成形术:适用于局限性脓胸。④胸膜全肺切除术:适用于慢性脓胸合并肺内严重病变者。肺叶切除术主要适用于肺结核空洞、结核球、肺癌等的治疗,不适合慢性脓胸的治疗。

629. ABCDE ①患者 3 个月前行右上、中肺叶切除,现高热,白细胞增高,应考虑肺部感染。右上肺野见液平面,胸穿抽出脓液,应诊断为脓胸。抽出的脓液呈臭味,提示合并厌氧菌感染。由于脓胸已包裹于右上肺,可行胸膜腔闭式引流,很多患者可获得痊愈(C)。②胸膜纤维板剥脱术适用于慢性脓胸基本控制,但脓腔仍然存在,每日脓腔引流少于 50ml 者。余肺全部切除术手术范围大,患者难以耐受。胸廓成形术是指去除胸廓局部的坚硬组织,使胸壁内陷,以消灭两层胸膜间的死腔,本例没有胸廓坚硬组织,不宜采用本术式。胸膜全肺切除术由于手术技术要求高,创伤重,临床上少用。

630. ABCDE　①胸膜纤维板剥脱术适用于慢性脓胸基本控制，但脓腔仍然存在，每日脓腔引流量少于50ml者。患者入院后行胸腔闭式引流，每日引流脓液30~50ml，CT示右下胸有一巨大脓腔，故治疗首选胸膜纤维板剥脱术(C)。②改进引流手术多用于引流不畅者，患者每日引流脓液30~50ml，说明引流通畅，无需改进引流。将闭式引流改为开放引流，不能促进肺膨胀复原。胸膜全肺切除术由于手术技术要求高，创伤重，临床上少用。E为一般性治疗措施。

631. ABCDE　①慢性脓胸若合并肺内严重病变，如支气管扩张、支气管胸膜瘘等，可将胸膜纤维板剥除术及病肺切除术一次完成，但手术风险较高。②支气管瘘缝合术、左下肺叶切除术均不能同时处理慢性脓胸，故不答A、D。胸廓改形术适用于局限性脓胸的治疗，故不答C。

632. ABCDE　预后最好的肺癌是肺类癌，预后最差的肺癌是小细胞肺癌。

633. ABCDE　634. ABCDE　①小细胞肺癌多为中心型肺癌，癌肿位于中心部，恶性程度高，常在早期就已转移到肺门和纵隔淋巴结(C)。②肺鳞癌的癌组织易变性、坏死，形成癌性空洞(D)。

635. ABCDE　①中心型肺癌是指发生于肺段支气管至主支气管的肺癌，癌肿在较大支气管长大后，早期即可出现刺激性咳嗽；另一常见症状是血痰，大咯血少见(D)。②高热为肺癌合并感染所致，胸痛为癌肿浸润胸膜所致，声音嘶哑为癌肿压迫喉返神经所致，上肢及颜面部肿胀为癌肿压迫上腔静脉所致，胸闷和呼吸困难为癌肿堵塞较大的支气管所致，这些均属于晚期肺癌的浸润或压迫症状。

636. ABCDE　肺癌副癌综合征是指肺癌非转移性的胸外表现，如杵状指、抗利尿激素分泌异常综合征等(A)。声音嘶哑为肺癌侵犯喉返神经所致，胸壁静脉曲张为肺癌侵犯上腔静脉所致，吞咽困难为肺癌侵犯食管所致，一侧眼睑下垂、瞳孔缩小为肺癌侵犯颈交感神经所致，可见B、C、D、E均为肺癌的局部浸润症状，不属于副癌综合征。

637. ABCDE　小细胞肺癌起源于神经外胚层的Kulchitsky细胞或嗜银细胞，细胞质内含有神经内分泌颗粒，可分泌5-羟色胺、儿茶酚胺、组胺、激肽等肽类物质，引起副肿瘤综合征，表现为面部、上肢躯干潮红或水肿，胃肠蠕动增强，腹泻，心动过速，喘息等症状。

638. ABCDE　①肺癌侵犯喉返神经，可引起声带麻痹，导致声音嘶哑(B)。②肺癌压迫上腔静脉，可引起上腔静脉梗阻综合征，表现为面部、颈部、上肢、上胸部静脉怒张，皮下组织水肿。肺癌侵犯颈交感神经节，可引起Horner综合征，表现为同侧上眼睑下垂、瞳孔缩小、眼球内陷、面部无汗。晚期肺癌很少侵犯腋神经。肺癌侵犯气管隆突，可引起刺激性咳嗽。

639. ABCDE　①肺癌出现杵状指，属于副肿瘤综合征，是指肺癌非转移性胸外表现(E)。②肺癌恶性程度高常表现为肺外转移早，扩散广泛，存活时间短。小细胞肺癌常导致类癌综合征，类癌综合征属于副肿瘤综合征的胸外表现之一。

640. ABCDE　①中心型肺癌是指起源于肺段支气管开口以近，位置靠近肺门的肺癌。周围型肺癌是指起源于肺段支气管开口以远，位于肺周围部分的肺癌。胸部CT分辨率高，为区分和诊断中心型和周围型肺癌最有价值的影像学检查方法(C)。②目前尚未发现特异性很高的肺癌肿瘤标志物，故不答A。胸部X线片为肺癌普查的首选方法。胸部核磁共振并非肺癌的常用检查手段。痰细胞学检查为确诊肺癌的方法，不能区分中心型和周围型肺癌，故不答E。

641. ABCDE　①胸部X线片是诊断肺癌的重要手段，对于40岁以上的成人，应定期进行胸部X线普查。②胸部B超是诊断胸腔积液的首选检查。胸部CT价格昂贵，不作为肺癌的普查方法。支气管镜为有创检查，常用于诊断中心型肺癌。目前尚未发现特异性很高的肺癌肿瘤标志物。

642. ABCDE　①20世纪50年代至70年代，肺癌的筛查首选胸部CT检查，由于放射线剂量较大，目前临床上少用。美英等国对肺癌的筛查多采用低剂量CT，其放射量仅为标准胸部CT的1/5，具有良好的成本效益比(D)。②目前尚未发现肺癌的特异性血清肿瘤标记物，故不答A。高分辨CT尽管分辨率高于低剂量CT，但很少用于普查，多用于临床诊断，故不答B。PET-CT常用于肺癌的定性诊断，价格昂贵，不作为首选。痰细胞学检查很少用于肺癌的筛查。

643. ABCDE　周围型肺癌是指发生于肺段以下支气管的肺癌。胸部 X 线片特点包括:早期可呈局限性小斑片状阴影,也可呈结节状、团块状影。肿块周边可有毛刺、分叶、切迹。常有胸膜被牵拽,也称胸膜凹陷征。若有癌性空洞,多呈偏心性,厚壁,内壁不规则,凹凸不平,继发感染时,洞内可出现液平(B 错)。

644. ABCDE　①患者肺内孤立性小结节,靠近胸膜,应考虑周围型肺癌。为明确诊断,应首选经皮肺穿刺+活组织检查(E)。②定期复查胸部 X 线片,不能在短期内明确诊断。支气管镜检查常用于诊断中心型肺癌。痰细胞学检查阳性率较低。胸部 CT 为影像学检查,不能确诊结节的病理性质。

645. ABCDE　①患者右下肺 2cm 类圆形结节影,为明确肿块性质,首选胸部增强 CT 检查,因为胸部 CT 无论对中央型还是周围型肺癌均有较高诊断价值。②患者无咳嗽、咳痰,故不宜行痰细胞学检查。截至目前,尚未发现肺癌的特征性肿瘤标记物。支气管镜检查主要用于确诊中央型肺癌,但本例无法区分中央型、周围型肺癌,故不答 C。本例结节性质不明,应尽快确诊是否肺癌,故不答 E。

646. ABCDE　①中心型肺癌是指发生于肺段及段以上支气管的肺癌,为明确诊断,应首选支气管镜检查。周围型肺癌是指肺段以下支气管的肺癌,为明确诊断,首选胸部 CT 检查。患者健康体检发现右肺上叶后段结节影,说明结节位于肺段支气管,应为中央型肺癌,故答 B。参阅 3 版 8 年制《内科学》P138。②MRI 不作为肺癌的常规检查。PET-CT 可用于肺癌的定性诊断,由于价格昂贵,一般不作为首选检查。截至目前,尚未发现肺癌的特异性肿瘤标志物,故不答 E。

647. ABCDE　①老年患者肺部多发周围型结节,为明确诊断,应首选胸部 PET-CT 检查。PET-CT 为无创检查,常用于肺结节的鉴别诊断。参阅 9 版《外科学》P267。②经胸壁穿刺活检为明确病理性质的最佳检查,由于为有创检查,故通常仅用于无手术指征的肺癌患者的病理取材,一般不作为首选检查。胸腔镜可了解肺癌在胸膜腔的扩散情况,用于肺癌的分期诊断。纤维支气管镜常用于诊断中央型肺癌。患者干咳无痰,故不宜行痰细胞学检查。

648. ABCDE　649. ABCDE　①老年男性,长期大量吸烟,咳嗽、咳血痰,胸片见肺门肿块影,应诊断为中央型肺癌。淋巴瘤常表现为颈部浅表淋巴结肿大,晚期可有纵隔淋巴结肿大。纵隔肿瘤很少出现肺门肿块影。肺结核好发于年轻人,长期低热,咳嗽,胸片见肺尖阴影。肺源性心脏病不会出现肺部占位性病变。②晚期肺癌压迫上腔静脉,可引起上腔静脉梗阻综合征,表现为面部、颈部、上肢、上胸部静脉怒张,皮下组织水肿。

650. ABCDE　651. ABCDE　①吸烟的老年患者,长期咳嗽,痰中带血丝,应首先考虑肺癌。患者胸部 X 线片示近肺门处肿块影,应考虑为中心型肺癌。为明确诊断,当然首选支气管镜+活组织病理学检查(E)。开胸活检损伤大,不宜作为首选。胸腔镜活检、经胸壁肺穿刺活检常用于诊断靠近胸壁的周围型肺癌。纵隔镜活检多用于纵隔病变的诊断。②肺癌已发生肺外远处转移者,都不是手术适应证,故可首先排除 B、C、E。剩余 A、D,当然选 D 作为正确答案。

652. ABCDE　肺癌最常见的远处转移部位是骨、脑、肝、肾上腺。9 版《外科学》P266 错为:肺、骨、脑、肝、肾上腺。

653. ABCDE　①小细胞肺癌对化疗极为敏感,应首选化学治疗。②小细胞肺癌对放疗较敏感。小细胞肺癌恶性程度高,仅能存活数月,故严禁手术治疗。靶向治疗(生物治疗)常用于非小细胞肺癌的治疗。

654. ABCDE　①老年患者,长时间咳嗽咳痰,抗生素治疗无效,右肺局限性哮鸣音,应考虑中心型肺癌。②支气管结核好发于青年人,常有低热盗汗,长期咳嗽咳血丝。支气管异物常有窒息史、误咽史,很少出现局限性哮鸣音,故不答 B。支气管哮喘常表现为阵发性呼气性呼吸困难,两肺满布哮鸣音,而不是局限性哮鸣音,故不答 C。慢性阻塞性肺疾病常表现为长期(2 年以上)慢性咳嗽咳痰,本例病史仅 1 个月,故不答 D。

655. ABCDE　656. ABCDE　①老年患者,长期大量吸烟为肺癌的高危因素。胸部 X 线片未见明显异常。胸部 CT 示右侧基底段近肺门处小的占位性病变,故答 A。②为明确中央型肺癌的诊断,首选检查为纤维支气管镜+活检(E)。

657. ABCDE　**658. ABCDE**　**659. ABCDE**　①老年患者，长期大量吸烟，痰中带血，胸部X线片示肺门肿块影伴肺不张，应考虑肺癌。支气管镜检肿块位于右上肺叶开口处，应诊断为中心型肺癌。中心型肺癌是指起源于肺段支气管开口以近的肺癌。周围型肺癌是指起源于肺段支气管开口以远的肺癌。弥漫型、结节型、混合型是肝癌的病理分类，肺癌没有这样的分类标准，故不答B、C、E。②中心型肺癌以鳞癌最多见，约占50%，其他还包括小细胞肺癌、大细胞肺癌等，故答A而不是C、D。腺癌多为周围型肺癌。腺鳞癌是指既有腺癌成分又有鳞癌成分的肺癌，少见。③患者经纤维支气管镜检查已确诊为肺癌，还可作胸部CT检查以了解肺内有无多发病灶及纵隔转移，作为手术方案制订的依据(D)。头颅CT常用于脑颅占位病变的诊断。全身骨扫描常用于肿瘤骨转移的诊断。腹部CT可了解肺癌有无肝转移。肝、肾、肾上腺B型超声为一般性检查项目。

660. ABCDE　按病理形态，食管癌可分为四型。①髓质型：管壁明显增厚并向腔内外扩展，使癌瘤的上下端边缘呈坡状隆起；②蕈伞型：瘤体呈卵圆形扁平肿块状，向腔内蕈伞状突起；③溃疡型：溃疡大小和外形不一，深入肌层，阻塞程度较轻；④缩窄型：即硬化型，瘤体形成明显的环行狭窄，较早出现阻塞。

661. ABCDE　食管癌好发于胸中段(占50%)，其次为下段(30%)、上段(10%~20%)。

662. ABCDE　①早期食管癌症状不明显，可有吞咽食物梗噎感，胸骨后烧灼感、针刺感等(E)。②持续胸背痛提示癌肿已侵犯食管外组织，声嘶提示癌肿已侵犯喉返神经，进食呛咳提示癌肿已侵犯气管、支气管，A、B、C均属于中晚期食管癌的临床表现。进行性吞咽困难是中晚期食管癌的典型表现。

663. ABCDE　进行性吞咽困难是中晚期食管癌的典型临床表现。A、B、C、E均属于早期食管癌的症状。

664. ABCDE　①中晚期食管癌的典型症状为进行性吞咽困难，先是难以咽下干的食物，继而半流质，最后水和唾液也不能咽下(D)。②胸痛提示癌肿已侵犯食管外组织。胸骨后异物感为早期食管癌的表现。反酸、烧心伴吞咽困难是胃食管反流病的典型表现。间断吞咽困难为贲门失弛缓症的表现。

665. ABCDE　①进食梗噎为早期食管癌的典型症状。老年患者进食梗噎，进行性加重，应考虑食管癌。为明确诊断，应首选纤维胃镜检查(E)。②A、B、C均为影像学检查，不能确诊食管癌。患者服用"救心丸"不能缓解胸痛，说明冠心病可能性较小，故不答D。

666. ABCDE　①早期食管癌吞钡X线检查：食管黏膜皱襞紊乱、粗糙或中断；小的充盈缺损或小龛影；局限性管壁僵硬，蠕动中断。②食管黏膜串珠样改变为门静脉高压症所致的食管静脉曲张。

667. ABCDE　①老年男性吞咽时梗噎感，应首先考虑食管癌或贲门失弛缓症。食管癌钡餐检查的典型表现：食管黏膜紊乱、中断、充盈缺损、小龛影、管壁僵硬，故本例应诊断为食管癌(C)。②食管静脉曲张钡餐检查可发现食管黏膜呈蚯蚓状改变。食管平滑肌瘤钡餐检查可出现"半月状"压迹。食管憩室钡餐检查可见钡影外溢呈憩室状。贲门失弛缓症钡餐检查可见食管下端呈"鸟嘴征"。

668. ABCDE　①老年男性，进行性吞咽困难，体重减轻，应首先考虑食管癌。为明确诊断，最有意义的检查是纤维胃镜+活组织检查(C)。②A、B、E均属于影像学检查方法，不能确诊食管癌。心电图常用于心律失常的诊断。

669. ABCDE　①食管分段及其与门齿距离的关系：食管颈段距门齿约20cm，胸上段距门齿约25cm，胸中段距门齿约30cm，胸下段距门齿约40cm。②胸中下段食管癌首选手术治疗，胸上段食管癌由于前方有主动脉弓、气管分叉等结构，手术难度大，常行放射治疗。患者两处食管癌分别距门齿30~32cm、38~40cm，说明为胸中、下段食管癌，应首选手术治疗而不是放射治疗，答案为D而不是C。食管癌对化疗不敏感，不作为首选治疗方法，故不答A。静脉营养支持、胃造瘘肠内营养都是一般性治疗措施，故不答B、E。

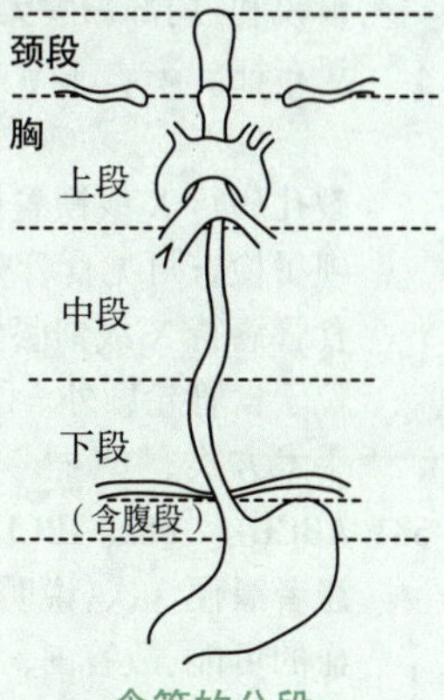

食管的分段

670. ABCDE　①患者进行性吞咽困难3个月，纤维胃镜见食管肿块，活组织病理检查示鳞状细胞癌，应诊断为食管癌。食管癌距门齿 20cm 处，为颈-胸上段交界处食管癌，应首选放射治疗而不是手术治疗，故答 A 而不是 B、C、D。②食管癌对化疗不敏感，不作为首选治疗方法。

671. ABCDE ①间歇性吞咽困难、钡餐检查食管下端呈鸟嘴征，为贲门失弛缓症的特征性表现（B）。②食管癌的典型表现为进行性吞咽困难，而不是间歇性吞咽困难。食管炎不会有间歇性吞咽困难，钡餐检查多为阴性。食管瘢痕性狭窄多表现为吞咽困难，无间歇性加重或减轻，钡餐检查提示环形、节段性狭窄等。食管平滑肌瘤可有进食梗阻感，X 线钡餐造影可见半月状压迹。

672. ABCDE ①老年患者，进行性吞咽困难，X 线钡剂造影示食管下段黏膜紊乱，管壁僵硬，应考虑食管癌。为明确诊断，应首选纤维胃镜+活组织检查（D）。②A、B、E 均属于影像学检查方法，不能确诊食管癌。食管拉网细胞学检查主要用于食管癌的普查。

673. ABCDE ①老年男性，吞咽困难，X 线钡餐造影示食管中段黏膜紊乱，管壁僵硬，管腔狭窄，应诊断为食管癌。②食管平滑肌瘤 X 线钡餐造影可出现"半月状"压迹。食管炎 X 线钡餐造影常为阴性。贲门失弛缓症 X 线钡餐造影可见食管下端呈"鸟嘴征"。食管憩室 X 线钡餐造影可见钡影外溢呈憩室状。

674. ABCDE ①老年患者，进行性吞咽困难，应考虑食管癌。患者出现胸痛，说明已侵犯食管外组织，属于中晚期食管癌。患者呛咳，说明癌肿侵犯气管、支气管，已形成食管-气管或食管-支气管瘘。②中晚期食管癌行食管 X 线钡剂造影检查，可显示食管腔不规则狭窄、充盈缺损（管腔扩张），管壁僵硬、蠕动中断。由于存在食管-气管或食管-支气管瘘，因此食管造影时气道内可出现造影剂。③"食管下端呈鸟嘴状改变，边缘光滑"为贲门失弛缓症的特征性 X 线表现，故答 E。

675. ABCDE 676. ABCDE 677. ABCDE ①老年患者，吞咽困难，逐渐消瘦，应考虑食管癌，因为食管癌的典型症状为进行性吞咽困难（C）。食管炎常表现为胸骨后痛，无吞咽困难，不会出现逐渐消瘦。食管憩室多无明显症状。食管平滑肌瘤可有进食梗阻感，但不会逐渐消瘦。贲门失弛缓症常表现为间歇性吞咽困难。②对确诊食管癌最有价值的检查当然是纤维食管镜+活组织检查（D）。胸部 X 线片、纵隔 CT 均为影像学检查，不能确诊食管癌。食管吞钡检查对食管癌诊断的准确性不如食管镜高，故答 D 而不是 B。食管拉网脱落细胞学检查常用于食管癌的普查。③食管的解剖分段：颈段是指自食管入口至胸骨柄上沿的胸廓入口处；胸上段是指自胸廓入口至气管分叉平面；胸中段是指自气管分叉平面至贲门口全长的上 1/2（相当于主动脉弓至肺下静脉平面）；胸下段是指自气管分叉平面至贲门口全长的下 1/2（肺下静脉以下部分）。腹段是指食管裂孔至贲门。

678. ABCDE 679. ABCDE 680. ABCDE ①进行性吞咽困难为食管癌的典型表现，结合病史及临床表现，本例应考虑食管癌。为明确诊断，应首选食管镜+活组织检查，次选食道吞钡检查。超声内镜可了解食管癌的浸润深度及范围。胸部 CT 可了解食管癌的大小、形态、浸润范围等。胸部 X 线片对食管癌的诊断价值不大（D）。②食管平滑肌瘤行食管钡餐检查可见圆形或椭圆形充盈缺损，边缘光滑锐利，局部黏膜无破坏，但由于被肿瘤挤压，黏膜被展平，该处只附有少量钡剂，较周围浅薄，形成瀑布征。瀑布征为食管平滑肌瘤的特征性 X 线表现，故答 D 而不是 C，很多医考参考书将答案错为 C，参阅 7 版《黄家驷外科学》P2108，9 版《外科学》P277 称为"半月状压迹"，而不是"瀑布征"。食管裂孔疝行 X 线钡餐检查可见贲门部呈幕状向上牵引，膈上可见胃囊、食管胃狭窄环等。食管囊肿行钡餐检查可见食管壁有圆形或椭圆形充盈缺损，边缘光滑，其上下缘呈缓行的斜坡状而非呈锐角。食管癌行 X 线钡餐检查可见食管黏膜中断、充盈缺损，而无瀑布征。食管憩室行钡餐检查可见龛影位于食管轮廓外。③食管平滑肌瘤为良性肿瘤，行肿瘤局部切除即可（B）。A、C、D、E 均为食管癌的手术方式。

681. ABCDE 682. ABCDE 683. ABCDE ①患者血压降低，心率增快，面色苍白，为腹腔内出血的表现。患者黑便 3 次，说明出血来自上消化道。在所给 A、B、C、D、E5 个选项中，只有食管癌有上消化道出血的可能，故答 E。②患者多次黑便，血压仅 80/50mmHg，心率 124 次/分，应诊断为失血性休克，急救时应首选补液、输血、抗休克治疗（E）。食管癌出血无需抗炎治疗。开腹探查只有在抗休克治疗无效时才可考虑。含服硝酸甘油为治疗冠心病的方法。溶栓治疗常用于急性心肌梗死。③确诊食管癌出血，应在生命体征稳定后行胃镜检查。超声心动图常用于心脏病的诊断。CT、胸部X线片均为影像学检查，不能确诊食管癌。血生化、心肌酶等检查主要用于急性心肌梗死的诊断。

684. ABCDE　①纵隔是一个间隙，前为胸骨，后为胸椎，两侧为纵隔胸膜，上连颈部，下止于膈肌。以胸骨角与第4胸椎下缘的水平线为界，将纵隔分为上、下两部。在气管、心包前面的间隙为前纵隔。在气管、心包后方的间隙为后纵隔。近年来将含有很多重要器官的纵隔称为内脏器官纵隔（以往称中纵隔）。②胸腺瘤好发部位是前上纵隔（A）。

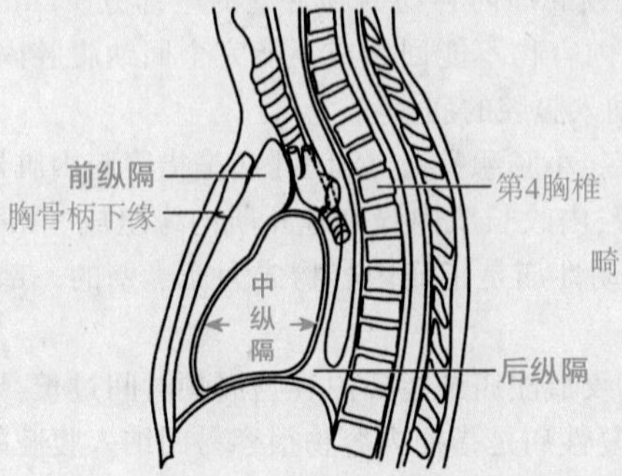

纵隔临床解剖分区

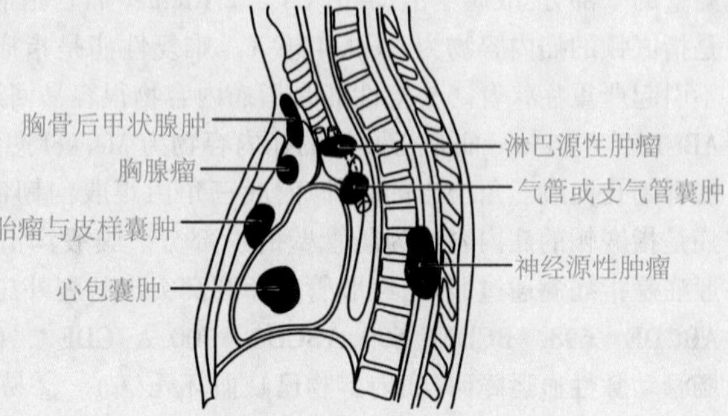

纵隔肿瘤好发部位

685. ABCDE　①前上纵隔占位性病变以胸腺瘤最多见，其他还包括畸胎瘤、淋巴源性肿瘤、甲状腺肿瘤等。10%～20%的重症肌无力患者合并胸腺瘤。本例已确诊为重症肌无力，故前上纵隔的占位病变最可能为胸腺瘤（C）。②神经纤维瘤多位于后纵隔。

686. ABCDE　①最常见的后纵隔肿瘤是神经源性肿瘤。②脂肪瘤好发于四肢、躯干，而不是纵隔。淋巴瘤多位于后上纵隔，但没有神经源性肿瘤常见。胸腺瘤多位于前上纵隔。畸胎瘤多位于前纵隔。

687. ABCDE　①神经源性肿瘤多位于后纵隔脊柱旁肋脊区内，单侧多见。②胸腺瘤多位于前上纵隔。心包囊肿多位于中纵隔。畸胎瘤多位于前纵隔。淋巴瘤多位于后上纵隔，但无神经源性肿瘤多见。

688. ABCDE　畸胎瘤好发于前纵隔，接近心底部的心脏大血管前方。

689. ABCDE　①后纵隔最常见的肿瘤是神经源性肿瘤（B）。②淋巴瘤多位于后上纵隔。纵隔位于两侧胸膜腔之间，故肺癌不属于纵隔肿瘤。胸骨后甲状腺肿多位于前上纵隔。心包囊肿多位于中纵隔。

690. ABCDE　①胸腺瘤多位于前上纵隔。根据题干，本例应诊断为胸腺瘤。②淋巴瘤多位于后上纵隔。神经源性肿瘤多位于后纵隔。心包囊肿、支气管囊肿多位于中纵隔，参阅7版《黄家驷外科学》P2114。

691. ABCDE　①从侧位胸部X线片上可以看出，肿瘤位于后纵隔。后纵隔最常见的肿瘤是神经源性肿瘤（C）。②胸腺瘤、胸内甲状腺多位于前上纵隔。心包囊肿多位于中纵隔。纵隔位于两侧胸膜腔之间，不包括肺，因此肺癌不属于纵隔肿瘤，故不答E。

692. ABCDE　693. ABCDE　①前上纵隔肿瘤以胸腺瘤最常见，其他包括畸胎瘤、淋巴源性肿瘤、胸内甲状腺等。约15%的胸腺瘤合并重症肌无力，患者进行性四肢无力，应诊断为胸腺瘤，故答B而不是D。食管囊肿、支气管囊肿均好发于中纵隔，参阅7版《黄家驷外科学》P2114。神经源性肿瘤常位于后纵隔。②纵隔肿瘤的治疗，除恶性淋巴瘤适用于放射治疗外，其他均首选手术切除（E）。

694. ABCDE　①滑动疝是指疝内容物成为疝囊壁的一部分，是一种难复疝（D）。②嵌顿性疝是指疝内容物经扩张的疝囊颈进入疝囊，后因疝囊颈弹性收缩，将疝内容物卡住，使其不能回纳。Littre疝是指嵌顿的疝内容物为Meckel憩室。Richter疝是指嵌顿的疝内容物为肠管壁的一部分，也称肠管壁疝。绞窄性疝是指嵌顿疝合并肠壁血运障碍者。

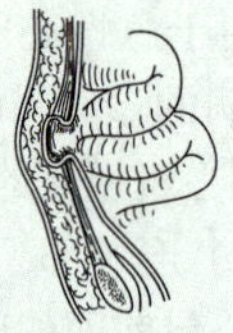

肠管壁疝（Richter疝）

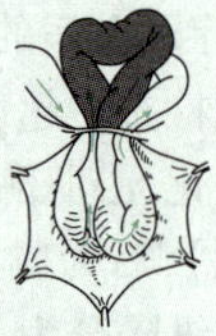

逆行性嵌顿疝（Maydl疝）

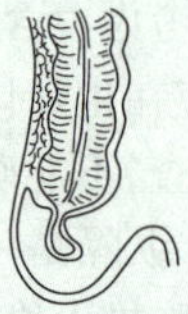

滑动疝

695. ABCDE ①右腹股沟斜疝患者,术中发现疝囊壁的一部分由盲肠组成,说明疝内容物盲肠成为了疝囊壁的一部分,故属于滑动疝(C)。②Richter 疝是指嵌顿的疝内容物为肠管壁的一部分。Littre 疝是指嵌顿的疝内容物为 Meckel 憩室。难复性疝是指疝内容物不能回纳或不能完全回纳腹腔内,但不引起严重症状者。易复性疝是指疝内容物很容易回纳入腹腔的疝。

696. ABCDE ①Littre 疝是指嵌顿的疝内容物为 Meckel 憩室(小肠憩室)。②闭孔疝是指腹腔内脏器经髋骨闭孔向股三角突出的腹外疝,股三角由腹股沟韧带、内收长肌内缘和缝匠肌内缘组成。Richter 疝是指嵌顿的疝内容物为肠管壁的一部分。腹股沟滑动性疝是指疝内容物成为疝囊壁的一部分。股疝是指疝囊通过股环,经股管向卵圆窝突出的腹外疝。

697. ABCDE 698. ABCDE 699. ABCDE 700. ABCDE ①绞窄性疝是指疝内容物嵌顿时间过长,导致肠管动脉性血运障碍,疝内容物已缺血坏死(C)。②易复性疝是指疝内容物很容易回纳入腹腔的疝(A)。③嵌顿性疝是指疝囊颈较小而腹内压突然增高时,疝内容物可强行扩张疝囊颈而进入疝囊,随后因疝囊颈的弹性收缩,又将内容物卡住,使其不能回纳,但由于嵌顿时间不长,疝内容物没有动脉性血运障碍(E)。④难复性疝是指疝内容物不能回纳或不能完全回纳腹腔内,但不引起严重症状者(B)。⑤Richter 疝是指嵌顿的疝内容物为肠管壁的一部分(D)。

701. ABCDE ①绞窄性疝是指嵌顿的肠管有血运障碍的腹外疝,表现为肠系膜动脉搏动消失,肠管壁缺血坏死(E)。②难复性疝是指疝内容物不能回纳或不能完全回纳入腹腔,并不引起严重症状。易复性疝是指疝内容物很容易回纳入腹腔。滑动疝是指疝内容物成为疝囊壁的一部分。嵌顿性疝是指疝内容物经疝囊颈进入疝囊后,疝囊颈弹性收缩,将内容物卡住,疝内容物不能回纳腹腔。

702. ABCDE ①嵌顿疝所嵌顿的肠管无血运障碍,绞窄疝嵌顿的肠管有血运障碍,这是两者最主要的鉴别点(E)。②内环口小容易嵌顿,内环口大则不易嵌顿,因此内环口的大小与嵌顿的几率有关,而与是否绞窄无关。虽然绞窄疝晚期可以发生感染性休克,嵌顿后不能回纳的时间越长越容易发生绞窄,但是否休克和嵌顿时间长短都不是嵌顿疝和绞窄疝的鉴别依据。只要嵌顿的疝内容物是肠管,无论嵌顿性疝还是绞窄性疝,均会有肠梗阻表现,故不答 D。

703. ABCDE 成年人腹股沟管的长度为 4~5cm。

704. ABCDE ①疝囊经腹股沟管深环突出,向内向下向前,经过腹股沟管,再穿出腹股沟管浅环,并可进入阴囊,称为腹股沟斜疝。因此若压迫腹股沟管深环,则疝内容物不能经此途径疝出,而深环的体表

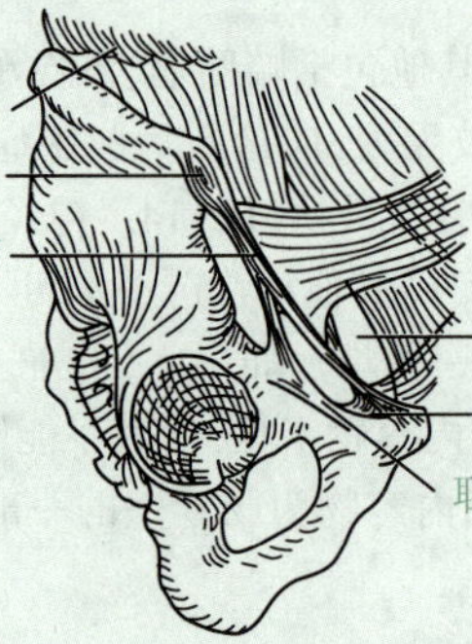

腹股沟区的韧带

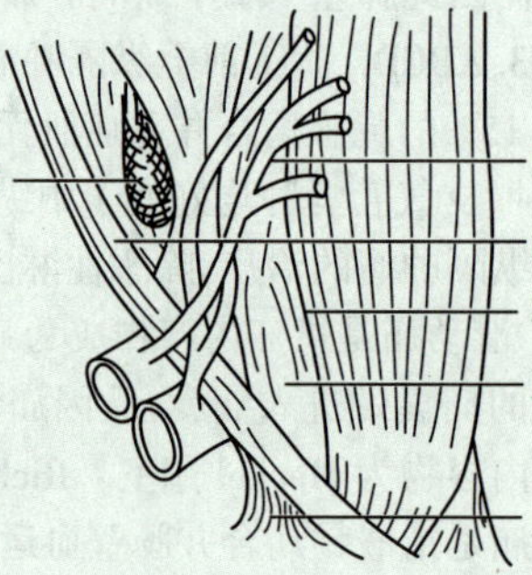

直疝三角（Hesselbach三角）

投影点即位于腹股沟中点上方2cm(E)。②海氏三角(直疝三角)是腹股沟直疝的突出部位。腹股沟斜疝外环也称皮下环,压迫此环,疝内容物仍可经深环突出至腹股沟管。

705. ABCDE　最易嵌顿的疝是股疝(占60%),嵌顿的内容物多为肠管,故股疝发生肠管壁疝的机会较多。

706. ABCDE　①腹股沟管的四壁包括:前壁为皮肤、皮下和腹外斜肌腱膜,外1/3为腹内斜肌;后壁为腹膜和腹横筋膜,内1/3为腹股沟镰;上壁为腹内斜肌、腹横肌的弓状下缘;下缘为腹股沟韧带和腔隙韧带。②腹股沟管前壁为腹外斜肌腱膜——记忆为外国人很前卫,答案为E。

707. ABCDE　①股管是一个狭长的漏斗形间隙,长1~1.5cm,其结构包括四缘,即前缘为腹股沟韧带,后缘为耻骨梳韧带,内缘为腔隙韧带,外缘为股静脉。股管上口为股环,股管下口为卵圆窝,下肢大隐静脉在此处穿过筛状板进入股静脉。②股三角内的结构从内向外排列为股静脉、股动脉、股神经(记忆为VAN→van→大篷车),可见股动脉、股静脉和股神经都是经股三角穿过的,子宫圆韧带或精索是经腹股沟管穿过的,都不是经股管穿过,故不答A、B、C、E。

708. ABCDE　疝囊通过股环、经股管突出的疝称为股疝。由于股管几乎是垂直的,疝块在卵圆窝处向前转折时形成一锐角,且股环本身较小,周围又多坚韧韧带,故股疝容易嵌顿,是最易发生嵌顿的腹外疝。

709. ABCDE　①Hesselbach三角(直疝三角)是指腹壁下动脉、腹直肌外侧缘、腹股沟韧带围成的三角形区域。由Hesselbach三角突出的腹外疝称为腹股沟直疝(B)。②股疝是由股管突出的。腹股沟斜疝是由腹股沟管突出的。脐疝是由脐环突出的。白线疝是由腹壁正中线(白线)处突出的。

710. ABCDE　①胚胎早期,睾丸位于腹膜后第2~3腰椎旁,以后逐渐下降,并推动皮肤而形成阴囊。随之下移的腹膜形成一鞘突,睾丸则紧贴其后壁。鞘突下段在婴儿出生后不久成为睾丸固有鞘膜,其余部分自行萎缩闭锁。如腹膜鞘突不闭锁或闭锁不完全,则成为先天性斜疝的疝囊。②腹横筋膜、腹横肌、腹内斜肌发育不全,为后天性腹股沟疝的发病机制。

711. ABCDE　①平片无张力疝修补术(Lichtenstein法)是使用一张适当大小的高分子补片材料置于腹股沟管深面,以加强腹股沟管后壁,比传统的疝修补手术复发率低,主要用于复发疝、复杂疝的治疗。老年复发疝,且腹壁薄弱,应选用Lichtenstein法修补(E)。②A、B、C、D均属于传统疝修补方法,复发率较高,不宜选用。

712. ABCDE　①老年男性最常见的腹外疝是腹股沟直疝,这是因为直疝三角是个特别薄弱的区域,仅有一层菲薄无力的腹横筋膜覆盖,其浅面即是腹外斜肌腱膜和皮肤。老年人肌肉退化、萎缩,使直疝三角的空隙变宽,极易引起腹股沟直疝。由于老年男性常常合并慢性咳嗽、前列腺肥大等引起腹内压增高的因素,因此容易发生腹股沟直疝。②腹股沟斜疝常见于儿童和青壮年。股疝多见于40岁以上的妇女。脐疝多见于小儿和成人。白线疝发病年龄无特殊。

713. ABCDE　①腹股沟直疝的疝内容物由直疝三角由后向前突出,因此按压腹股沟管深环后疝块仍可复出(A对)。②腹股沟直疝的疝环口较大,不易发生嵌顿,容易发生嵌顿是腹股沟斜疝、股疝的特点。腹股沟直疝的疝囊颈位于腹壁下动脉内侧,腹股沟斜疝的疝囊颈位于腹壁下动脉外侧。腹股沟直疝多见于老年人,疝块呈半球形,基底较宽。疝包块呈梨形为腹股沟斜疝的特点。

714. ABCDE　715. ABCDE　716. ABCDE　腹股沟直疝多见于老年男性。股疝多见于40岁以上的妇女。腹股沟斜疝多见于儿童和青壮年。脐疝多见于小儿和成人。切口疝好发于经腹直肌切口感染者。

717. ABCDE　①腹股沟直疝是疝内容物从直疝三角突出所致,很少进入阴囊。疝内容物易进入阴囊是腹股沟斜疝的特点。②腹股沟直疝多见于老年男性,腹股沟斜疝多见于儿童和青壮年。③腹股沟直疝的疝囊颈位于腹壁下动脉内侧,腹股沟斜疝的疝囊颈位于腹壁下动脉的外侧。④腹股沟直疝的疝囊颈较宽大,极少发生嵌顿(D对)。腹股沟斜疝易发生嵌顿。⑤回纳后压住腹股沟内环,腹股沟直疝的疝块仍可突出,而斜疝的疝块不会突出。

718. ABCDE　719. ABCDE　①难复疝是指疝内容物不能完全回纳腹腔。疝内容物反复突出,可致疝囊颈受摩擦而损伤,并产生粘连是导致疝内容物不能回纳的常见原因,这种疝内容物以大网膜最多见

(B)。②腹外疝的疝内容物以小肠最多见,其次为大网膜、盲肠、阑尾、乙状结肠、横结肠、膀胱等。

720. ABCDE ①腹股沟斜疝的突出路径是腹股沟管深环→腹股沟管→腹股沟管浅环→进入阴囊,腹股沟直疝的突出路径是经直疝三角→由后向前突出→很少进入阴囊,可见两者的突出路径并不相同。若还纳疝内容物后,压迫腹股沟管深环,疝内容物不再突出者为斜疝,可以突出者为直疝,这是两者最主要的鉴别点(E)。②虽然老年人好发直疝,但也可发生斜疝,故不答 A。两者的“突出途径”虽然不同,但体检时不能区分,故不能作为临床鉴别要点。虽然斜疝的疝块呈椭圆形或梨形,直疝呈半球形,但疾病的早期两者却无法通过疝块外形鉴别,故不答 C。疝内容物进入阴囊的绝对是斜疝,但在早期也可位于腹股沟管内而不进入阴囊,故不答 D。

721. ABCDE ①患者右下腹可复性包块 2 年,应考虑腹外疝。平卧回纳后压住腹股沟深环不再复出,应诊断为右侧腹股沟斜疝。其疝囊颈位于腹壁下动脉外侧(C)。②AB 为直疝的特点。DE 为滑动疝的特点。

722. ABCDE ①老年男性最常见的腹外疝是腹股沟直疝而不是斜疝。“疝块呈半球形,不进入阴囊,易还纳”是直疝的特点。根据题干,本例应诊断为腹股沟直疝(D)。②“不透光”,可排除鞘膜积液。隐睾常位于腹股沟管内,不能还纳。股疝于腹股沟韧带下方的股管突出,不易还纳,故不答 C。

723. ABCDE ①腹股沟直疝好发于老年男性。患者疝块位于耻骨结节外上方,呈半球形,不进入阴囊,易还纳,压迫腹股沟管深环疝块仍可突出,应诊断为腹股沟直疝(C)。②股疝位于腹股沟韧带下方,不易还纳。腹股沟斜疝患者压迫腹股沟管深环后疝内容物不再突出。精索鞘膜积液的包块于平卧位不能消失,故不答 D。交通性鞘膜积液的包块呈囊性,且位于腹股沟韧带的上下方,可进入阴囊。

724. ABCDE ①患者腹股沟区肿物站立位出现,平卧位消失,可排除隐睾的诊断。②患者腹股沟肿物可进入阴囊,可排除股疝、腹股沟直疝,因为股疝、腹股沟直疝的疝内容物均不能进入阴囊。③压迫腹股沟管深环后,肿物不再复出,应诊断为腹股沟斜疝,而不是交通性鞘膜积液。

725. ABCDE ①老年男性,疝块呈半球形,不降入阴囊,易还纳,应诊断为腹股沟直疝(E)。②鞘膜积液、隐睾、股疝均不易还纳腹腔。斜疝好发于儿童和青壮年,呈椭圆形或梨形,咳嗽冲击试验阳性。

726. ABCDE ①患者左腹股沟区可复性包块 5 年,可首先排除 A、B、E,因为阴囊急性蜂窝织炎、睾丸恶性肿瘤、睾丸鞘膜积液均不会出现腹股沟区可复性包块。②腹股沟斜疝的内容物可经腹股沟管内口→腹股沟管→腹股沟管外口→进入阴囊,但腹股沟直疝的疝内容物不能进入阴囊,故答 D 而不是 C。

727. ABCDE 滑动疝是指疝内容物成为疝囊壁的一部分。右侧滑动疝的疝内容物多为盲肠、阑尾和膀胱,左侧滑动疝的疝内容物多为乙状结肠和膀胱。这些疝内容物已成为疝囊的组成部分,切开疝囊时,应特别注意不要误伤这些正常的组织结构。A、B、C、D、E 中,只有盲肠为滑动疝的疝内容物,故答 B。

728. ABCDE ①患者右腹股沟包块,平卧位包块可以回纳,但不能完全回纳,应诊断为难复性疝。患者包块听诊闻及肠鸣音,说明疝内容物为肠管。患者便秘、消化不良,应诊断为滑动性疝。滑动疝属于难复性疝,多见于右侧,右侧滑动疝的疝内容物多为盲肠、阑尾、膀胱,这些疝内容物已成为疝囊的一部分,在疝修补手术时,可被当作疝囊切开,应特别注意(C)。②腹壁下动脉、髂腹下神经、髂腹股沟神经都是斜疝手术时易误伤的组织结构。腹股沟疝手术一般不会损伤精索内动静脉。

729. ABCDE **730. ABCDE** ①老年男性最常见的腹外疝是直疝而不是斜疝。直疝经直疝三角突出,位于腹股沟内侧,疝块呈半球形,不进入阴囊,故本例应诊断为腹股沟直疝(E)。股疝经股管突出,位于耻骨结节外下方而不是外上方,不易还纳。隐睾不会在平卧位消失。交通性鞘膜积液可于站立位出现,平卧位消失,但多呈条索状,可进入阴囊。腹股沟斜疝疝块呈椭圆形或梨形,位于腹股沟外侧而不是内侧。②腹股沟直疝的治疗当然首选疝修补术,手术方式为疝囊高位结扎+腹股沟管修补(D)。“用棉线束带或绷带压迫内环口”为保守治疗方法,仅用于年老体弱、严重心肺疾病禁忌手术者。“禁烟、控制呼吸道感染”为术前准备方法。注射硬化剂常用于治疗单纯性下肢静脉曲张。仅作疝囊高位结扎术,而不作腹股沟管修补常用于治疗婴幼儿腹股沟疝,不适合成年疝。

731. ABCDE　①1 岁以下婴幼儿的腹股沟疝可暂不手术,因为婴幼儿腹肌可随躯体生长逐渐强壮,疝有自行消失的可能。②腹外疝的病因之一就是腹内压增高,因此伴有腹内压增高的疾病(如前列腺肥大、慢性咳嗽、便秘等)的患者,术前必需作适当处理后再择期手术,以免疝复发。③无张力疝修补术是将疝内容物还纳后,用锥形网填塞疝环,然后用平片置于精索后加强腹股沟管后壁,因此与传统疝修补术不同,不作疝囊高位结扎,故答 B 而不是 C,易误答 C。④腹外疝最常用的手术方法是疝修补术,而不是加强腹股沟管前壁。⑤嵌顿时间在 3~4 小时内的腹外疝,可以试行手法复位。

732. ABCDE　①6 个月大婴儿,右侧腹股沟可复性包块,应诊断为腹股沟斜疝。1 岁以下婴幼儿的腹股沟疝暂不手术,可使用绷带压住腹股沟深环,保守观察,因为婴幼儿腹肌可随躯体生长逐渐强壮,疝有自行消失的可能(A)。②B 为儿童腹股沟疝的手术方式,C、D、E 为成人腹股沟疝的手术方式。

733. ABCDE　734. ABCDE　①Ferguson 法是指在精索前方将腹内斜肌下缘、联合腱缝至腹股沟韧带上。②Shouldice 法是将疝修补重点放在腹横筋膜上,将腹横筋膜自耻骨结节处向上切开,直至内环,然后将切开的两叶予以重叠缝合,最后将腹内斜肌下缘、联合腱缝于腹股沟韧带深面。③Bassini 法是指在精索后把腹内斜肌下缘和联合腱缝至腹股沟韧带上,精索位于腹内斜肌与腹外斜肌腱膜之间。Halsted 法与 Bassini 法相似,但把腹外斜肌腱膜也在精索后方缝合,使精索位于腹壁皮下层与腹外斜肌腱膜之间。McVay 法是指在精索后方把腹内斜肌下缘和联合腱缝至耻骨梳韧带上。

735. ABCDE　Ferguson 法为加强腹股沟管前壁的方法,A、B、D、E 均为加强后壁的方法。

736. ABCDE　儿童腹股沟疝可采用单纯疝囊高位结扎,而无需行腹股沟管修补术,因为儿童的腹肌在发育中可逐渐强壮而使腹壁加强。B、C、D、E 都属于腹股沟管修补的方法,只适合成人使用。

737. ABCDE　绞窄性腹股沟斜疝因肠管坏死而局部有严重感染,通常采用单纯疝囊高位结扎,而不施行疝修补术,因感染常使修补失败,腹壁的缺损可在以后择期手术予以加强。A、B、C、E 均属于修补术。

738. ABCDE　股疝嵌顿,肠管已绞窄坏死,坏死肠管切除后一期只能行疝囊高位结扎,不能作疝修补术。

739. ABCDE　绞窄性腹股沟斜疝因嵌顿肠管坏死,易继发手术野感染,通常采用单纯疝囊高位结扎,而不施行疝修补术,因感染常使疝修补失败,腹壁的缺损可在以后择期手术予以加强。

740. ABCDE　①患者腹股沟区可复性肿块进入阴囊,应诊断为腹股沟斜疝。患者疝块巨大,反复发作,说明疝囊颈宽大松弛。患者嵌顿后局部皮肤无红肿,说明目前尚无肠管绞窄坏死。由于患者 80 岁高龄,可首先试行手法复位。尽管嵌顿疝手法复位的时限一般为 3~4 小时,但有些疝囊颈宽大,病史较长的患者,即使嵌顿时间很长,也不易发生肠管绞窄坏死,可将时限适当放宽,但复位的前提是肠管无绞窄坏死。②若手法复位后严密观察期间,出现腹膜刺激征,应立即手术治疗。

741. ABCDE　①患者右侧腹股沟区可复性肿块 4 年,应诊断为腹股沟疝。6 小时前肿块增大、剧痛,说明腹外疝已经嵌顿。患者嵌顿时间已超过 4 小时,局部触痛明显,说明嵌顿肠管已绞窄坏死,应紧急手术治疗(D)。②禁食、补液为术前准备。患者肠管已绞窄坏死,严禁手法复位;严禁应用镇痛镇静剂,以免延误病情;应用抗生素为辅助治疗措施。

742. ABCDE　743. ABCDE　744. ABCDE　①患儿右侧阴囊可复性包块,应考虑腹股沟斜疝。2 小时前哭闹后掉出,应诊断为腹股沟斜疝嵌顿。患儿呕吐,说明嵌顿的疝内容物为肠管,故本例应诊断为腹股沟斜疝嵌顿。为明确诊断,最有价值的检查是 B 型超声,既可明确疝的类型、部位,又可确定疝内容物。血生化、白细胞计数、直肠活检对本病诊断价值不大。腹部 X 线片只能确诊急性肠梗阻,而不能诊断腹股沟疝,故答 E 而不是 B,很多医考参考书将答案错为 B。②交通性鞘膜积液可有阴囊内可复性包块,但不会出现呕吐等肠梗阻征象。睾丸炎、睾丸发育异常、睾丸扭转均不会出现阴囊可复性包块。③1 岁以下婴幼儿腹股沟疝,应手法复位后保守治疗(D)。患儿腹外疝已嵌顿,应作复位处理,否则嵌顿时间过长,会造成肠管绞窄坏死。A、B、C、E 均为一般性治疗措施。

745. ABCDE　746. ABCDE　747. ABCDE　①老年女性,右大腿卵圆窝部反复出现圆形包块,应考虑股疝。便秘后突出包块过大,说明已嵌顿。用力还纳后右下腹持续疼痛、下腹压痛、肌紧张、叩诊肝浊音界缩小、肠鸣音消失，说明还纳时用力过猛，已经造成肠管破裂。故目前最有价值的检查是立位腹部平片检查，若发现膈下游离气体，即可确诊肠破裂(C)。血常规检查无特异性。子宫及附件 B 超与题干所述无关。诊断性腹穿常用于腹部实质脏器损伤的诊断，对肠破裂的诊断价值不大。肛门直肠指检不能确诊肠破裂。②患者最可能的诊断为股疝嵌顿、手法复位后肠破裂(D)。A、B、C、E 与题干所述无关。③肠破裂应急诊手术治疗，A、B、C、D 为术前准备措施。

748. ABCDE ①40 岁以上的肥胖妇女是股疝的好发人群。患者卵圆窝处难复性包块，咳嗽冲击感不明显，应诊断为股疝，最常用的手术方式是 McVay 法。②B、C、D、E 都是腹股沟直疝或斜疝的常用术式。

749. ABCDE ①中年妇女，剧咳后卵圆窝处肿物突然增大、变硬，疼痛难忍，应诊断为股疝嵌顿。手法复位后剧烈下腹痛、腹膜刺激征，说明复位时用力过猛导致肠破裂，因此本例应诊断为股疝嵌顿、手法复位后肠破裂并急性腹膜炎(E)。②患者股疝已经嵌顿，故不答 A、D。患者若诊断为嵌顿疝，则腹膜刺激征难以解释，故不答 B。绞窄性疝是指肠管已绞窄坏死，但患者已有肠破裂，故不答 C。

750. ABCDE ①中年妇女，咳嗽后突发右腹股沟包块，位于腹股沟韧带下方，半球形，应诊断为右股疝嵌顿。因股管狭窄，且几乎是垂直的，因此股疝容易嵌顿，容易绞窄，嵌顿后不宜手法复位，应急诊手术复位，首选 McVay 法修补(A)。②Ferguson 法常用于腹股沟疝修补，故不答 B。股疝嵌顿容易发生肠管绞窄坏死，因此应急诊手术，不能保守观察，故不答 C、D、E。

751. ABCDE ①股疝好发于中年妇女，且容易嵌顿容易绞窄，故嵌顿性股疝应急诊手术治疗。40 岁中年妇女，右侧腹股沟韧带下方卵圆窝处触及半球形包块，不能还纳，应诊断为右侧股疝嵌顿。患者右下腹疼痛伴呕吐、停止排气排便，说明为肠管嵌顿，已导致急性肠梗阻。应急诊行疝囊高位结扎+修补术，若术中发现肠管已坏死，则仅行疝囊高位结扎。②A、B、D 均为保守治疗，E 为禁用措施。

752. ABCDE 753. ABCDE ①中年女性，右腹股沟下方包块 3 年，应考虑股疝。1 小时前不能还纳，说明股疝嵌顿。右下腹阵发性绞痛，肠鸣音亢进，说明嵌顿的疝内容物为肠管，已引起急性肠梗阻。故本例应诊断为右侧股疝嵌顿，需急诊行疝修补术。股疝修补术首选 McVay 法。B、C、D、E 均为腹股沟疝的修补术式。②股疝的手术方法除 McVay 法之外，另一方法是在处理疝囊后，在腹股沟韧带下方把腹股沟韧带、腔隙韧带、耻骨肌筋膜缝合在一起，借以关闭股环(E)。

754. ABCDE 空腔脏器损伤后，其内容物流入腹腔刺激腹膜产生腹膜刺激征，通常胃液、胆汁、胰液刺激最强，肠液次之，血液最轻(A)。

755. ABCDE 胃肠道、胆道、膀胱等空腔脏器破裂的主要临床表现是弥漫性腹膜炎。除胃肠道症状及稍后出现的全身性感染表现外，最为突出的症状是腹膜刺激征，其程度因空腔脏器内容物不同而异。伤者可有气腹征，而后可有肠麻痹，但都不是最主要的临床表现。

756. ABCDE 腹部损伤患者观察期间应每 15～30 分钟测定一次脉率、呼吸和血压；每 30 分钟检查一次腹部体征(A)；每 30～60 分钟测定一次红细胞数、血红蛋白和血细胞比容。

757. ABCDE ①早期出现休克、移动性浊音阳性提示腹腔实质性脏器损伤，故不答 A、D。腹膜刺激征、有气腹征提示空腔脏器损伤，故不答 B、C。②腹腔内脏损伤常表现为肠鸣音减弱或消失，而不是活跃。

758. ABCDE ①患者创伤后 10 分钟，血压 90/60mmHg，脉搏 122 次/分，提示失血性休克，应密切监测生命体征，立即建立静脉输液通道，积极补液抗休克治疗。患者自觉腹胀，提示合并腹部闭合性损伤，需作腹部 B 超、胸腹部透视检查。②虽然患者右股有创口，但无活动性出血，肢体无反常活动，可排除股骨干完全性骨折，目前暂无致命伤，无需急诊拍摄右股 X 线片(B 错)。

759. ABCDE ①诊断不明的腹部闭合性损伤患者，观察期间禁用止痛剂，以免掩盖伤情(B 错)。②注射广谱抗生素，以预防和治疗可能存在的腹内感染。暂禁饮食，以免万一有胃肠道穿孔而加重腹腔污染。疑有空腔脏器破裂或有明显腹胀时，应行胃肠减压。积极补充血容量，可防治休克。

760. ABCDE ①脾、肾、肾上腺损伤常表现为腹腔内出血，由于不含消化液，故腹膜刺激征并不严重。②肝破裂伴较大肝内胆管断裂时，因有胆汁漏出而出现明显的腹膜刺激征。胰腺损伤若伴胰管断裂，胰液溢入腹腔可对腹膜产生强烈刺激,而引起强烈腹膜刺激征,故答 D。参阅 3 版 8 年制《外科学》P429。9 版《外科学》P325:肝破裂、胰腺损伤均可出现明显腹痛和腹膜刺激征,无正确答案可供选择。

761. ABCDE ①肠鸣音消失提示腹膜炎严重,可能为空腔脏器损伤所致;膈下有游离气体提示空腔脏器穿孔;血压有下降趋势、脉搏增快、体温增高提示实质性脏器破裂,均应手术探查。②腹痛是腹部损伤的常见症状,即使腹壁损伤也可出现腹痛,因此腹痛不是手术探查的指征(A 错)。

762. ABCDE ①腹腔内脏器损伤引起腹膜炎时,多表现为肠鸣音减弱或消失,不会出现肠鸣音活跃,故答 C。②出现明显腹胀提示腹膜炎加重;腹膜刺激征范围扩大提示病情加重;出现顽固性休克提示腹腔内活动性出血;出现膈下游离气体提示空腔脏器穿孔,均需剖腹探查。

763. ABCDE ①患者腹部撞伤后 3 小时,全腹肌紧张,压痛,肠鸣音消失,说明腹膜刺激征阳性。患者 P110 次/分,血压 90/60mmHg,腹部移动性浊音阳性,应考虑腹腔内出血,故应诊断为腹部闭合性损伤肝破裂伴失血性休克。应一边抗休克,一边急症剖腹探查(C)。②不要误答 E,因为 E 只说是抗休克治疗观察,没有谈到手术治疗。A、B、D 是辅助治疗措施,显然不是正确答案。

764. ABCDE ①腹部闭合性损伤作诊断性腹穿,若抽出不凝血液,提示实质性脏器破裂,因腹膜的去纤维作用而使血液不凝固。②空腔脏器破裂腹穿不能抽出血液,可抽出少量胃肠内容物。若误穿入腹腔血管,则抽出的血液很快凝固;若误入前腹壁血肿、后腹膜间隙血肿,则诊断性腹穿多为阴性。

765. ABCDE ①腹部闭合性损伤后,诊断性腹腔穿刺阳性率可达 90%以上,为目前确诊有无内脏损伤最简便、最可靠的诊断方法(E)。②X 线摄片常用于诊断空腔脏器破裂。B 超、CT 常用于诊断实质性脏器损伤,但不是最简便的检查。白细胞计数无特异性,对腹部闭合性损伤诊断价值不大。

766. ABCDE 腹部闭合性损伤最有价值的检查是诊断性腹腔穿刺,阳性率可达 90%(D)。

767. ABCDE 腹部闭合性损伤,行诊断性腹穿的阳性率可达 90%以上。

768. ABCDE ①腹部闭合性损伤的患者,若暂时不能明确诊断,可严密观察。实验室检查的动态监测范围太广,不可能作为正确答案。腹部 B 超的动态检查只能用于实质性脏器损伤的诊断,腹部 X 线检查只能用于空腔脏器损伤的诊断,两者均不全面,故不答 B、C。"全面了解损伤经过"也不可能作为正确答案,因为了解的是"损伤经过",即病史。②排除 A、B、C、D 后得出最佳答案为 E。事实上,按 9 版《外科学》P321 观点,正确答案应为"观察期间反复检查伤情"。

769. ABCDE 770. ABCDE ①肝脏属于实质性脏器,血液供应丰富,肝破裂后可造成腹腔内出血,引起外伤性血腹症(B)。胰腺、肾脏属于腹膜后位器官,损伤后出血常聚集在后腹膜,若后腹膜完整,则血液不会进入游离腹腔造成血腹症。小肠和结肠为空腔脏器,损伤后出血少,不会引起血腹症。②小肠损伤后腹穿多抽出稀薄的肠内容物,结肠损伤后因大便干结,腹穿常为阴性(C)。

771. ABCDE 772. ABCDE ①脾脏属于实质性脏器,脾破裂后若腹腔内出血量>100ml,则诊断性腹穿可抽出不凝血,阳性率可达 90%。腹腔出血量>1000ml 时腹部移动性浊音阳性。可见,对于脾破裂的诊断,腹腔穿刺比移动性浊音的敏感性高,故答 D 而不是 B。②胃穿孔后胃内气体进入游离腹腔,立位腹部 X 线片可见膈下游离气体,阳性率可达 80%(A)。胃穿孔腹穿不会抽出不凝血。白细胞计数增高无特异性,不能作为诊断依据。立位腹部 X 线片见多个气液平面提示急性肠梗阻。

773. ABCDE 严重腹胀者进行诊断性腹穿时,穿刺针易进入胀气的肠腔抽出肠内容物引起误诊,故属禁忌证。诊断性腹穿的其他禁忌证为广泛腹膜粘连者、包虫病、大月份妊娠、巨大卵巢囊肿者。

774. ABCDE 腹部闭合性损伤术中探查原则是先探查实质性脏器(肝脾),再探查膈肌,然后探查空腔脏器,最后探查盆腔。也就是肝脾→膈肌→胃→十二指肠→空回肠→大肠及其系膜→盆腔脏器→胃后壁和胰腺→必要时探查十二指肠二、三、四段,故答 C。

775. ABCDE ①小肠在腹腔中分布广,容积大,相对表浅,又无骨骼保护,因此腹部闭合性损伤时最易受累。②胃由于有肋弓保护,且活动度较大,柔韧性较好,壁厚,很少受累。十二指肠由于位置深在,且有肋弓保护,故十二指肠外伤少见。结肠损伤的发生率仅次于小肠,多为开放伤,闭合伤少见。

776. ABCDE 腹部闭合性损伤如肝脾破裂等，常合并出血性休克，由于休克是实质性脏器破裂出血所致，因此应边抗休克治疗，边准备剖腹探查。若不经抗休克治疗而直接手术，则手术风险很大；如只行补液、输血、止血等保守治疗，许多患者出血并不能自止，从而失去抢救机会。有些患者出血量大、病情凶险，只有手术治疗才能彻底止血，使休克纠正，所以不能等待休克纠正后再手术治疗。

777. ABCDE ①青年男性，腹部外伤，脉搏增快，血压<90/60mmHg，诊断性腹腔穿刺抽出不凝血，全腹腹膜刺激征，应诊断为肝破裂，首选治疗为纠正休克，急诊剖腹探查(C)。②腹部闭合性损伤，诊断不明时严禁使用止痛药物，以免延误病情。目前患者处于休克状态，应立即补液抢救休克，不宜使用缩血管药物。D、E 为腹部损伤的一般性治疗。

778. ABCDE ①患者左下胸外伤，失血征，血压 80/60mmHg，心率 120 次/分，腹腔穿刺阳性，故诊断为脾破裂伴失血性休克，应积极抗休克，同时剖腹探查(C)。②如不经术前补液抗休克治疗，直接手术，则手术风险极大。若只输液抗休克不手术，则休克难以纠正。抗感染、止血均不是急救措施。

779. ABCDE ①腹部开放性损伤中最易受损的是肝(约占 37%)，其次为小肠、胃、结肠、大血管等。②腹部闭合性损伤中最易受损的是脾(占 20%~40%)，其次为肾、小肠、肝、肠系膜等。

780. ABCDE ①肝脾属于实质性脏器，损伤后主要危险是腹腔内出血，常表现为面色苍白、脉率增快、脉搏微弱、血压下降(A)。②腹膜炎、全身感染、肠麻痹是空腔脏器受损的主要表现，故不答 B、C、D。肝脾损伤后出血会进入游离腹腔，不可能进入胃肠道，只有消化道出血才会进入胃肠道。

781. ABCDE ①肝破裂开腹手术时，进腹后若发现有不易控制的动脉性出血，应用纱布压迫创面暂时止血，同时用手指或橡皮管阻断肝十二指肠韧带控制出血，以利于探查和处理，因为肝十二指肠韧带内含有门静脉、肝动脉等(D)。②A 只是临时性止血措施，故不答 A。全身和局部同时应用止血药物主要用于广泛性渗血，对动脉性出血不适合，故不答 B。填塞大网膜后缝合裂口主要适合于中等裂口的出血，故不答 C。明胶海绵或氧化纤维填入裂口只适合小裂口出血，故不答 E。

782. ABCDE ①青年男性，右上腹外伤 2 小时，腹痛，失血性休克，腹穿抽出不凝固血，说明为腹腔实质性脏器损伤。患者腹膜刺激征为阳性，压痛以右上腹为著，肝区叩痛，应诊断为肝破裂(D)。②脾破裂多有左上腹外伤史，常表现为腹腔内出血，无明显腹痛及腹膜刺激征。右肾裂伤常表现为右腰部疼痛，血尿。小肠破裂常表现为剧烈腹痛，腹膜刺激征，无腹腔内出血征象。横结肠破裂少见，腹膜刺激征出现较晚。

783. ABCDE ①患者右下胸外伤，有失血性休克表现；有腹痛、反跳痛、肌紧张等腹膜刺激征，应诊断为肝破裂(B)。②外伤性血气胸常表现为失血征及呼吸困难。肾破裂常表现为失血征及肉眼血尿。结肠、胃十二指肠均为空腔脏器，损伤后均表现为严重的腹膜刺激征，而失血征不明显。

784. ABCDE ①脾脏属于实质性脏器，损伤后主要表现为腹腔内出血，只要出血量>100ml 诊断性腹穿抽出不凝血，即可确诊(E)。休克、进行性贫血都是脾破裂的晚期表现，其早期诊断价值有限。②左上腹外伤史对脾破裂具有辅助诊断价值。脾破裂腹膜刺激征轻微，故不答 D。

785. ABCDE ①患者左季肋部外伤，失血征明显(血压 90/50mmHg、脉率 110 次/分)，而腹膜刺激征轻微，移动性浊音阳性，应考虑脾破裂。为明确诊断，应首选诊断性腹腔穿刺，若抽出不凝血即可确诊脾破裂(E)。②平卧位腹部 X 线片对腹部闭合性损伤的诊断价值不大。胸部 X 线检查常用于诊断肋骨骨折、血气胸。腹部 CT 虽可确诊脾破裂，但患者呈休克状态，不宜过多搬动作 CT 检查，故不答 C。上消化道钡餐透视常用于诊断消化性溃疡。

786. ABCDE ①患者左上腹外伤，脉率增快，血压 60/45mmHg，腹肌紧张，移动性浊音阳性，腹穿抽出不凝血，应诊断为脾脏破裂合并失血性休克(B)。②肝破裂多有右上腹外伤史，除有腹腔内出血的表现外，还可有严重腹膜刺激征。胃破裂、结肠破裂、小肠破裂都属于空腔脏器穿孔，常表现为持续性剧烈腹痛，腹膜刺激征阳性，无腹部移动性浊音等腹腔内出血的表现。

787. ABCDE ①脾破裂主要表现为腹腔内出血，由于出血量大，常导致失血性休克，而休克的本质是组织细胞灌注不足,因此术前最重要的治疗措施是积极补充血容量(D)。②脾破裂早期感染不是主要矛盾,无需抗感染治疗。脾破裂出血凶猛,不经手术治疗,应用止血药物往往难以奏效。脾破裂腹痛轻微,无需止痛治疗。对于脾破裂,补充营养不是主要的治疗措施。

788. ABCDE ①患者左侧季肋部皮下瘀血,可能为外伤所致。患者持续性左上腹痛,脉搏128次/分,血压60/40mmHg,全腹压痛反跳痛,移动性浊音阳性,应诊断为脾破裂合并失血性休克。其紧急处理措施为在积极抗休克的同时,准备急症脾切除术(D)。②不要等到休克纠正后再手术治疗,因为脾破裂出血凶猛,不经手术处理腹腔活动性出血难以控制,休克难以纠正。腹部闭合性损伤患者,在明确诊断前严禁使用镇痛剂,以免掩盖病情。患者血压降低的原因是失血性休克,只有积极补充血容量才能纠正休克,不宜早期使用升压药物。抗休克治疗首选平衡盐溶液而不是立即输血。

789. ABCDE 脾脏为免疫器官,婴幼儿免疫功能尚未发育完善,抗感染能力较差,若切除脾脏易导致脾切除后凶险性感染(OPSI),其致病菌以肺炎球菌多见。

790. ABCDE　791. ABCDE　792. ABCDE ①患者腹部外伤后,粪便常规检查发现大量红细胞提示肠道出血,尿中可见大量红细胞提示肾脏受损,血细胞比容、红细胞计数、血红蛋白浓度下降均提示腹腔内出血,可见,A、B、C、D均有助于判断腹部脏器损伤。患者伤后1小时,不可能出现外周血白细胞计数及中性粒细胞比例升高(E)。②腹部闭合性损伤术中探查原则是:先探查实质性脏器(肝脾),再探查膈肌,然后探查空腔脏器,最后探查盆腔(B)。③患者P140次/分,BP80/54mmHg,应诊断为失血性休克,最重要的急救措施当然是快速补充血容量(C)。

793. ABCDE　794. ABCDE　795. ABCDE　796. ABCDE ①患者左下胸外伤1周,现有明显失血征(面色苍白、脉搏130次/分、血压80/60mmHg),移动性浊音阳性,而腹膜刺激征轻微,应诊断为延迟性脾破裂(A)。延迟性破裂常发生在伤后2周,大多先为脾被膜下破裂形成血肿,后因轻微外力影响(如背重物)胀破被膜而发生。胃、小肠、结肠破裂多表现为典型腹膜刺激征,而失血征不明显。肾破裂常表现为腹膜后出血及肉眼血尿。②为明确脾破裂的诊断,应首选床边B超检查(B)。患者呈休克状态,不宜过多搬动,作CT、MRI检查。腹部X线片常用于诊断空腔脏器损伤,胸部X线片常用于诊断肋骨骨折、血气胸。③脾破裂患者移动性浊音阳性,说明腹腔内出血>1000ml,故行诊断性腹穿可抽出不凝血,这是因为腹膜的去纤维化作用。胆道损伤的腹穿液含胆汁。结肠破裂的腹穿液有粪臭。胃肠破裂的腹穿液含食物残渣。泌尿系损伤的腹穿液有尿味。④延迟性脾破裂应行脾切除,不宜保留脾脏(A)。B、C、D、E均为相应腹腔脏器损伤的手术方式。

797. ABCDE　798. ABCDE　799. ABCDE ①对于上腹部巨大包块,为明确诊断首选的检查是腹部B超(B)。腹部CT、MRI的分辨率高于B超,但由于价格昂贵,一般不作为首选检查。立位腹部X线片常用于消化性溃疡穿孔的诊断。胃镜常用于胃部疾病的诊断。②"汽车方向盘伤""自行车把手伤"都是胰腺损伤的典型受伤史。胰腺外伤后3~4周出现上腹部包块,首先应考虑胰腺假性囊肿。若囊肿较大,可产生压迫症状,出现上腹饱胀、恶心呕吐等。根据题干,本例应诊断为胰腺假性囊肿(D)。患者8个月前上腹部外伤,即使为腹膜后血肿,也早已吸收,故不答A。膈疝常表现为食欲不振、消化不良、胸腹痛,并可在胸部听到气过水声。根据B超所见,不能诊断为肝左叶囊肿。十二指肠憩室多无明显临床表现,且憩室一般较小,不会达直径10cm。③胰腺假性囊肿若>5cm,出现上腹压迫症状,可手术治疗,行胰腺囊肿内引流术(D)。

800. ABCDE　801. ABCDE ①脾破裂出血为不凝血,这是由于腹膜的去纤维化作用(A)。②胃十二指肠急性穿孔后,大量胃内容物流入腹腔,腹穿液应与胃液相似,即黄绿色透明液体,无臭味(B)。③C为急性阑尾炎穿孔,D为结核性腹膜炎,E为结肠穿孔。

802. ABCDE ①上腹部汽车方向盘伤、自行车把手伤为胰腺损伤的典型受伤机制,见到这种病史,就应该条件反射地想到胰腺损伤。根据题干,本例应考虑胰腺损伤。胰腺损伤后,胰液可积聚于网膜囊内而表现为上腹部明显压痛和肌紧张。外渗的胰液经网膜孔进入游离腹腔,可出现弥漫性腹膜炎。

因此,上腹外伤后如有上腹部压痛反跳痛、肌紧张,应考虑胰腺损伤的可能(A)。②肝区叩痛为肝破裂的体征。局限性上腹部疼痛为症状而不是体征,而题干要求回答的是体征,故不答C。皮下气肿为张力性气胸的表现。腹壁挫伤伴瘀血提示受伤部位在腹壁,并无特异性。

803. ABCDE ①患者3个月前被自行车把手撞伤上腹部,应考虑胰腺损伤。胰腺损伤后,部分病例渗液被局限在网膜囊内,3~4周后可形成一具有纤维壁的胰腺假性囊肿。胰腺假性囊肿大小从几毫米至几十厘米不等,可压迫邻近组织引起相应症状,如腹胀、恶心、呕吐等。根据题干,本例应诊断为胰腺假性囊肿(C)。②胰腺囊腺瘤、肠系膜囊肿与胰腺外伤无关。患者3个月前受伤,即使存在腹膜后血肿、脾包膜下血肿,也早已吸收,不会出现上腹部巨大囊性肿块,故不答B、E。

804. ABCDE ①患者自行车把手撞伤上腹部,胰腺损伤的可能性较大。胰腺损伤后3~4周出现上腹部包块,应考虑胰腺假性囊肿。为明确诊断,首选腹部B超检查(B)。②A、B、C均不能确诊胰腺假性囊肿。腹腔动脉造影常用于消化道出血的定位诊断,对胰腺假性囊肿诊断价值不大。

805. ABCDE 806. ABCDE ①患者左上腹部撞伤,有失血征(口渴、面色苍白、P110次/分、BP85/60mmHg),轻微腹膜刺激征,移动性浊音阳性,应诊断为脾破裂。肝破裂常因右上腹而不是左上腹外伤所致,故不答A。空回肠破裂、结肠破裂都是典型空腔脏器损伤,常表现为严重腹膜刺激征,而失血征轻微。胰腺损伤可有失血征,但常伴明显腹膜刺激征,故不答E。②为明确脾破裂的诊断,首选诊断性腹腔穿刺,若抽出不凝血,即可确诊。腹部X线透视常用于诊断空腔脏器破裂。消化道钡剂造影对脾破裂的诊断价值不大。腹部CT扫描虽可确诊脾破裂,但休克患者不宜搬动作CT检查,故不答C。血常规+血细胞比容测定常用于判断腹腔内出血的严重程度。

807. ABCDE 808. ABCDE 809. ABCDE 810. ABCDE ①胰腺损伤时,B超可发现胰腺回声不均和周围积血积液。CT检查能显示胰腺轮廓是否整齐及周围有无积液。血、尿淀粉酶是诊断胰腺损伤的常用检查。胰腺损伤一般出血量不大,而血细胞比容主要用于判断失血程度,故对确诊胰腺损伤价值不大(C)。②主胰管与胆总管下端汇合,开口于十二指肠降部,因此胰腺损伤,尤其是胰头损伤常合并十二指肠破裂。故答A而不是B,很多医考参考书将答案错为B。胆总管位置深在,损伤机会不大,多由穿透伤引起(占85%),闭合伤少见。横结肠、肾脏、脾脏很少见于方向盘伤。③胰腺位置深而隐蔽,很少受伤,胰腺损伤仅占腹部损伤的1%~2%(A)。④胰腺损伤时,渗液可局限于网膜囊内,3~4周后可形成胰腺假性囊肿(D)。此囊肿并无真正的囊肿壁,故称为假性囊肿而不是真性囊肿。胰腺损伤若不累及胆总管,则不会导致胆总管狭窄。脂肪泻为慢性胰腺炎的并发症。横结肠梗阻为胰腺假性囊肿的临床表现,而不是胰腺损伤本身的并发症。

811. ABCDE ①十二指肠分为四部,即球部、降部、水平部和升部。其中,球部和升部位于游离腹腔内,损伤破裂后肠内容物可进入游离腹腔,导致严重的腹膜刺激征;降部和水平部位于腹膜后,受损后肠内容物进入腹膜后间隙,站立位时可扩散至盆腔、骶前,因此在骶前可触及捻发感,腹部X线片可见腹膜后积气。根据题干,本例应诊断为十二指肠降部或水平部损伤(D)。②右肺部损伤不会出现腹部症状,故不答A。肝脏、脾脏均属于实质性脏器,受损后主要表现为腹腔内出血,不会出现腹膜后积气。右肾损伤常表现为疼痛、血尿。

812. ABCDE ①患者中腹部外伤,腹膜刺激征典型(腹痛、压痛、反跳痛、肌紧张)、肠鸣音消失,而失血征不明显(血压正常),应诊断为空腔脏器破裂,即小肠破裂(D)。②腹壁挫伤不会出现严重的腹膜刺激征及肠鸣音消失。腹膜后血肿主要表现为内出血,而腹膜刺激征轻微。肝破裂常有右上腹外伤史,具有失血征及腹膜刺激征的双重表现。右肾挫伤常表现为肉眼血尿。

813. ABCDE ①患者腹部外伤,腹部平片见膈下游离气体,应诊断为空腔脏器损伤,即肠破裂(B)。②患者移动性浊音阳性为肠破裂后肠内容物溢入腹腔,刺激腹膜分泌大量渗液所致,不要误诊为肝破裂,肝破裂的腹痛多从右上腹蔓延至全腹,而不是从脐周蔓延至全腹。脾破裂常表现为典型失血征,而腹膜刺激征轻微。胰腺损伤多有上腹受伤史,常表现为左上腹痛。肾损伤常表现为肉眼血尿。

814. ABCDE　①立位腹部X线片是空腔脏器穿孔最有价值的检查,膈下游离气体为胃肠道破裂的有力证据,常见于胃、十二指肠和结肠破裂。而小肠破裂后,仅少数患者有气腹征,因此立位腹部X线片不能作为小肠破裂的常规检查,故不答B。②由于小肠内容物稀薄,因此小肠破裂后,大量肠内容物溢入游离腹腔,诊断性腹穿和腹腔灌洗阳性率可高达90%,诊断价值很高,故答D而不是B,很多医考参考书将答案错为B。参阅7版《黄家驷外科学》P1321。③CT价格昂贵,不作为首选检查。B超对小肠破裂的诊断价值有限。选择性肠腔血管造影常用于消化道出血的定位诊断。

815. ABCDE　816. ABCDE　①因结肠内容物液体成分少而细菌含量多,故结肠破裂后腹膜炎出现较晚,但较严重(C)。②胰腺损伤后,腹腔内出血量一般不多,因此失血征不明显。由于胰腺属于腹膜后位器官,因此胰腺损伤后,早期外溢的胰液主要积聚在后腹膜的网膜囊内,对壁层腹膜的刺激作用较弱,因此腹膜刺激征较轻。只有到晚期外渗的胰液经网膜孔进入游离腹腔,才会出现弥漫性腹膜炎。故胰腺损伤后腹膜炎出现较晚且较轻(D)。③"腹膜炎出现早"为小肠破裂的特点。"腹膜炎严重,呈板状腹"为胃穿孔的特点。腹部闭合性损伤多有腹膜刺激征。

817. ABCDE　①降结肠为左侧结肠,对于左侧结肠穿孔,不能一期修补或吻合,应一期造瘘,二期还纳,故正确答案为B,A、C、D、E均属于一期处理。②结肠造瘘的位置有3个,即回盲部、横结肠和乙状结肠。造瘘时造瘘口应位于梗阻或穿孔的近端,因此本例应行横结肠造瘘。

818. ABCDE　①十二指肠分为球部、降部、水平部及升部四部。球部及升部属于腹膜内位,破裂后肠内容物进入游离腹腔,腹膜刺激征明显。②降部及水平部属于腹膜后位,破裂后肠内容物流向腹膜后,临床症状不明显,仅表现为右上腹和腰背部痛,无明显腹膜刺激征。③十二指肠降部破裂肠腔内气体不会进入游离腹腔,故肝浊音界不会消失。由于肠内容物不进入游离腹腔,故移动性浊音阴性。

819. ABCDE　结肠损伤发病率较小肠为低,但由于结肠内容物液体成分少而细菌含量多,故腹膜炎出现较晚,但较严重(D错)。一部分结肠位于腹膜后,受伤后容易漏诊,常常导致严重的腹膜后感染。

820. ABCDE　①由于结肠内容物液体成分少而细菌含量多,因此结肠损伤后腹膜炎出现较晚,但较严重(E)。②胃、十二指肠球部、空回肠破裂后,胃肠内容物可立即进入游离腹腔,刺激壁层腹膜,很早就出现腹膜炎体征。

821. ABCDE　①直肠破裂不能一期缝合,否则极易发生肠瘘,而应充分引流直肠周围间隙以防感染扩散,并施行乙状结肠造瘘,使粪便改道直至直肠伤口愈合,然后二期回纳。②经肛门伤口清创缝合、直肠伤口置管引流,术后粪便仍经伤口排出,将导致伤口感染。若行乙状结肠造瘘,则无需留置肛管。

822. ABCDE　患者腰背及腹部挤压伤,腰肋部可见瘀斑,剖腹探查见腹膜后巨大血肿,应诊断为腹膜后血肿。术后治疗最重要的措施是防治感染,因为感染是腹膜后血肿最重要的并发症(B),参阅9版《外科学》P327。2015年考题,超纲题,大纲不要求掌握腹膜后血肿。

823. ABCDE　824. ABCDE　①肝下间隙借镰状韧带、肝圆韧带划分为左肝下间隙与右肝下间隙。左肝下间隙再借小网膜分为左肝下前间隙与左肝下后间隙。左肝下前间隙介于肝左叶脏面腹膜与小网膜、胃前壁腹膜之间。左肝下后间隙即为网膜囊(B)。参阅9版局部解剖学P114。②位于肝胃韧带和胃前方的间隙为肝左下前间隙(A)。

825. ABCDE　①腹膜表面是一层排列规则的扁平间皮细胞。腹膜是双向的半透性膜,水、电解质、尿素和一些小分子物质能透过腹膜。腹膜能向腹腔内渗出少量液体,内含淋巴细胞和巨噬细胞。②腹膜分为脏、壁两层,脏腹膜受自主神经(来自交感神经和迷走神经)支配,壁腹膜主要受体神经(肋间神经和腰神经)支配(D错)。③腹膜腔是壁腹膜和脏腹膜之间的潜在性间隙,是人体最大的体腔。

826. ABCDE　①腹膜分为壁腹膜、脏腹膜两个部分。②腹膜有很多皱襞,其面积几乎与全身的皮肤面积相等,1.7~2m^2。③腹膜表面是扁平间皮细胞,而无腺体。④正常情况下,腹腔内有75~100ml黄色澄清液体,起润滑作用。⑤腹膜有很强的吸收能力,能吸收腹腔内的积液、血液、空气和毒素等。

827. ABCDE　①腹膜炎分为原发性和继发性两类。原发性腹膜炎又称自发性腹膜炎,是指因肝硬化腹水等机体抵抗力低下时，肠腔内细菌通过肠壁进入腹膜腔，引起的腹膜炎，腹腔内无原发感染灶。②继发性腹膜炎是由腹腔内的原发灶感染导致的腹膜炎，A、B、C、E 均属于继发性腹膜炎的病因。

828. ABCDE ①腹膜炎分为原发性和继发性两类。继发性腹膜炎最常见，约占 98%，是由于腹腔内的原发灶直接感染腹膜所致，如 A、B、D、E 均属于继发性腹膜炎的病因。②原发性腹膜炎少见，约占 2%，是机体抵抗力降低时肠道细菌异位所致，血源性感染属于原发性腹膜炎的病因，少见，故答 C。

829. ABCDE ①一旦发生继发性腹膜炎，腹痛即为持续性，不会阵发性加剧，但腹痛程度有轻重不同。②若急性阑尾炎合并腹膜炎则腹痛比原来更重，腹痛的范围可局限于一处或弥漫至全腹，即使是弥漫性腹膜炎，也是先由原发病灶处开始，虽扩散至全腹，但仍以原发病灶处腹痛最显著。③腹痛范围与继发性腹膜炎有关，不会大小多变。继发性腹膜炎的腹痛与肛门排气、排便无关。肛门排气、排便后腹痛可缓解是胃肠内科疾病的特点。参阅 7 版《黄家驷外科学》P1349，9 版《外科学》未讲述。

830. ABCDE 十二指肠溃疡患者突发上腹部疼痛，腹膜刺激征明显，腹部透视见膈下游离气体，应诊断为十二指肠溃疡穿孔并急性腹膜炎。急性继发性腹膜炎的致病菌以大肠埃希菌最常见，其次为厌氧拟杆菌、链球菌、变形杆菌等，故答案为 D。

831. ABCDE 832. ABCDE ①继发性腹膜炎的致病菌以大肠埃希菌最为多见，其次为厌氧拟杆菌、链球菌、变形杆菌（B）。②原发性腹膜炎的致病菌多为溶血性链球菌、肺炎双球菌、大肠埃希菌（C）。

833. ABCDE A、B、C、D、E 均属于急性腹膜炎的症状，其中，腹痛是最主要的临床表现。

834. ABCDE ①腹痛是继发性腹膜炎的最主要症状。疼痛一般很剧烈，呈持续性。疼痛先从原发病变部位开始，随炎症扩散而延及全腹（A）。②阵发性绞痛多见于胆结石。疼痛与进食有关多见于消化性溃疡。高热后全腹痛多见于发热引起的小儿肠痉挛。逐渐加重的阵发性腹痛见于急性肠梗阻。

835. ABCDE ①腹膜刺激征（腹部压痛、反跳痛、肌紧张）是腹膜炎的标志性体征（E）。②腹胀为腹膜炎的一般体征，腹胀加重为病情恶化的标志。腹膜炎常表现为剧烈、持续性腹痛，而不是腹部绞痛。腹腔渗液较多时可出现移动性浊音阳性。腹膜炎患者肠蠕动减弱，听诊时肠鸣音减弱或消失。

836. ABCDE 腹膜炎时可出现腹部压痛、反跳痛、肌紧张三联征，称为腹膜刺激征，是腹膜炎的标志性体征。

837. ABCDE ①腹胀是判断急性化脓性腹膜炎病变变化的一项重要标志，腹胀加重是病情恶化的重要标志（D）。②腹式呼吸减弱或消失为急性腹膜炎的一般性体征。腹部压痛反跳痛、腹肌紧张为腹膜炎的标志性体征，称为腹膜刺激征，不要误答 B。腹腔渗液较多时可出现移动性浊音阳性。急性化脓性腹膜炎患者肠蠕动减弱，听诊时肠鸣音减弱或消失。A、B、C、E 都不是急性腹膜炎的标志性体征。

838. ABCDE ①患者突发持续性中上腹痛，阵发加重，全腹压痛反跳痛，应考虑急性肠梗阻。移动性浊音阳性，说明腹腔内渗液较多。心房颤动患者心瓣膜赘生物脱落，容易引起体循环栓塞，故患者由肠系膜血管栓塞所致的肠梗阻可能性较大。由于患者腹腔内渗液较多，为明确诊断，应首选诊断性腹腔穿刺，若抽出血性液体即可明确诊断（D）。②尿三胆测定常用于诊断梗阻性黄疸。凝血功能检测常用于诊断凝血异常。腹部 X 线片常用于诊断空腔脏器穿孔。B 超常用于诊断腹腔积液。

839. ABCDE ①继发性腹膜炎若出现休克、腹痛进行性加重、腹腔积液增多，常提示病情加重，需手术治疗。②继发性腹膜炎病因诊断不明，且无局限趋势者，可行手术探查。③呼吸性碱中毒不可能是继发性腹膜炎的手术指征，否则临床上大量呼吸性碱中毒的患者都需手术治疗了，故答 A。

840. ABCDE ①继发性腹膜炎多由空腔脏器穿孔所致，大多数需手术治疗。②静脉滴注抗生素、胃肠减压、营养支持均属于保守治疗，仅用于病情较轻、腹部体征已减轻的患者。腹腔灌洗属于病因诊断。

841. ABCDE 842. ABCDE ①急性腹膜炎行剖腹探查时，手术切口应根据原发病灶所在的部位而定。如不能确定原发病变位于哪个脏器，则以右旁正中切口为好，开腹后可向上、向下延长切口。②腹部闭合性损伤行剖腹探查时，常采用正中切口，此切口进腹迅速，创伤和出血较少，能满足彻底探查腹腔内所有部位的需要，还可根据需要向上、下延长或向侧方添加切口甚至联合开胸。

843. ABCDE ①急性腹膜炎一般取半卧位，以促使腹腔内渗出液流向盆腔，减少腹膜吸收，减轻中毒症状,有利于局限和引流;且可促使腹腔内脏器下移,腹肌松弛,减轻因腹胀挤压膈肌而影响呼吸和循环(D)。②肥胖患者术后常采用侧卧位。蛛网膜下腔麻醉术后常采用平卧位。休克患者常采用下肢抬高 15°~20°,头部和躯干提高 20°~30°的特殊体位。

844. ABCDE　急性弥漫性腹膜炎行急症剖腹探查,手术切口应根据原发病变脏器的所在部位而定。进入腹腔后应仔细寻找引起腹膜炎的原发病灶。开腹后,应立即用吸引器吸净腹腔内的渗液、脓液,清除食物残渣、粪便、异物等。可用甲硝唑及生理盐水冲洗腹腔至清洁。术后应常规放置腹腔引流,以减轻腹腔感染和防止术后发生腹腔脓肿。关腹前一般不在腹腔内应用抗生素,以免造成严重粘连。

845. ABCDE　①患者平卧位时膈下位置最低,因此阑尾炎手术后若未严格半卧位而经常处于平卧位,则腹腔内的脓液易积聚在膈下形成膈下脓肿。表现为上腹疼痛,咳嗽,右胸下部呼吸音减弱,季肋区叩痛,右上腹压痛、肌紧张等。根据题干,本例应诊断为膈下脓肿。②肺炎、肺不张均无腹部症状和体征,故不答 A、B。盆腔脓肿常表现为直肠刺激征。小肠梗阻常表现为痛、吐、胀、闭四大症状。

846. ABCDE　847. ABCDE　①患者急性腹膜炎术后第 7 天,高热,右上腹疼痛,腹部 B 超及 CT 示肝右叶上方、膈肌下见 6cm×4cm 液气平面,应诊断为膈下脓肿。行脓肿引流时,可切开腹壁各层至腹膜外,沿腹膜外层向上分离,接近脓肿,用注射器试穿。沿穿刺方向和途径进入脓腔,用手指探查脓腔,分开间隔,吸净脓液,置管引流。脓肿周围一般都有粘连,只要不分破粘连,脓液就不会流入腹腔,再次引起弥漫性腹膜炎(A)。②由继发性腹膜炎引起的膈下脓肿,致病菌以大肠埃希菌最常见,其次为厌氧拟杆菌、链球菌、变形杆菌等,经验性抗感染治疗首选第三代头孢菌素(C)。

848. ABCDE　①急性坏疽性阑尾炎术后腹腔渗液较多,可积聚在盆腔形成盆腔脓肿,表现为发热,直肠和膀胱刺激症状,如尿频、尿急、腹泻,里急后重等,故本例应诊断为盆腔脓肿(B)。②急性肾盂肾炎、急性膀胱炎均不会出现腹泻及里急后重,故不答 A、E。肛周脓肿常表现为发热,肛门局部跳痛,但与阑尾手术无关,故不答 C。阑尾残株炎常表现为术后反复右下腹疼痛,发热,局部压痛等,故不答 D。

849. ABCDE　①患者急性腹膜炎后 7 天,体温仍高,直肠刺激征、膀胱刺激征明显,应考虑为盆腔脓肿。对于已婚妇女,最简便的检查是作后穹隆穿刺,若抽出脓液即可确诊(D)。②虽然 B 超检查也可确诊盆腔脓肿,但不是最简单的检查手段,故答 D 而不是 A。肛门镜检查不能确诊盆腔脓肿。由于盆腔脓肿位置深在,腹腔穿刺不能达到脓肿所在部位。直肠前穿刺部位不正确。

850. ABCDE　①患者上腹部手术后第 6 天,发热,下腹痛,里急后重,应首先考虑盆腔脓肿。为明确诊断,最简便易行的检查是直肠指检(D)。②粪常规、立位腹部 X 线片、腹腔诊断性穿刺对盆腔脓肿的诊断价值不大。腹部 B 超虽可确诊盆腔脓肿,但不是最简便易行的检查,故不答 C。

851. ABCDE　①患者腹部外伤后脐周持续性疼痛,腹膜刺激征明显,肠鸣音消失,应考虑小肠破裂伴弥漫性腹膜炎。行手术探查时应注意:对于小肠破裂所致的继发性腹膜炎,当然应处理原发病灶。进入腹腔后探查时,动作应轻柔细致,不要过多地解剖和分离粘连组织,以免感染扩散。参阅 3 版 8 年制《外科学》P451,9 版《外科学》未讲述。②弥漫性腹膜炎患者腹腔内渗液较多,故术后应常规放置引流管,且要保证引流管通畅。术后应禁食、胃肠减压、补液、应用抗生素和营养支持治疗。③关腹前,若为局限性腹膜炎,应吸净脓液,不宜冲洗;若为弥漫性腹膜炎,可用大量生理盐水冲洗腹腔。

852. ABCDE　853. ABCDE　①患者阑尾切除术后第 10 天,出现发热,直肠刺激征,应诊断为盆腔脓肿。直肠指检可在直肠前壁可触及有痛性肿块,波动感明显,故答 E 而不是 D。请注意审题,若题干问"为明确诊断,应选用的检查是",则答案为 D。A、B、C 显然不是正确答案。②盆腔脓肿多采用非手术治疗,如应用抗生素、腹腔透热理疗、温盐水加甲硝唑保留灌肠等。若脓肿较大,则应行手术治疗。可在麻醉下,经直肠前穿刺抽脓定位后,切开引流(B)。一般不采用经腹腔切口,以免污染腹腔。

854. ABCDE　壁细胞主要分布于胃底和胃体,可分泌胃酸和内因子。

855. ABCDE　①幽门区环形肌增厚,在浆膜面可见环形凹陷形成浅沟,其表面有胃前静脉(7 版《外科学》P421 为幽门前静脉)通过,是手术中区分胃幽门与十二指肠的标志(C)。②胃网膜右动脉位于胃大弯侧。胃短静脉位于胃底部,汇入脾静脉。胃冠状静脉即胃左静脉,汇入门静脉或脾静脉。胃十二指肠动脉来源于肝总动脉,位于胃小弯侧。

856. ABCDE ①患者有十二指肠溃疡病史,呕血 2 小时,应诊断为上消化道大出血。对于 6~8 小时内输血 600~800ml,血压、脉搏、全身情况未见好转者,说明为活动性出血,且速度较快,应急诊手术治疗,故答 A。②B、C、D、E 均为保守治疗方法。参阅 3 版 8 年制《外科学》P463。

857. ABCDE ①消化性溃疡手术治疗的指征为:内科治疗无效,急性饱餐后消化性溃疡穿孔,十二指肠溃疡合并瘢痕性幽门梗阻,巨大胃溃疡疑有恶变。②"常于夜间发作腹痛"多为十二指肠溃疡,若未出现并发症,可行内科治疗,无需手术,故答 B。参阅 6 版《内科学》P392,9 版《内科学》已删除。

858. ABCDE ①十二指肠溃疡急性穿孔多数患者既往有溃疡病史,但约 10%的患者无明显溃疡病史。②十二指肠溃疡穿孔男性患者较多,胃溃疡穿孔则多见于老年女性。③穿孔的十二指肠溃疡多见于前壁,即所谓"前壁溃疡穿孔,后壁溃疡出血"。④并不是所有消化性溃疡穿孔的患者都需要急症手术治疗。对于一般情况好,症状体征较轻的空腹穿孔,可行保守治疗(D 错)。⑤站立位 X 线检查时,80%的消化性溃疡穿孔可见膈下游离气体。

859. ABCDE 消化性溃疡穿孔的早期表现为突发上腹剧痛,迅速波及全腹,常伴寒战高热,恶心呕吐,严重时有血压下降。患者全腹压痛反跳痛(C 错),腹肌紧张呈"板状腹",肠鸣音减弱或消失。

860. ABCDE 消化性溃疡穿孔不宜行胃镜检查。立位腹部 X 线片常用于确诊消化性溃疡穿孔。C、D、E 为消化性溃疡穿孔的一般性治疗措施。

861. ABCDE ①幽门梗阻患者胃内容物潴留,胃壁充血水肿,故术前应禁食,常规放置胃管行胃肠减压,高渗温盐水洗胃,以减轻胃壁水肿(D)。同时纠正水电解质平衡紊乱与酸碱失衡。②幽门梗阻无明显细菌感染,术前无需口服抗生素。术前口服抗生素是结肠癌的术前准备。

862. ABCDE ①年轻患者,长期周期性空腹痛及夜间上腹痛,抑酸剂可缓解,应考虑十二指肠溃疡。患者饱餐后突发上腹剧痛,全腹压痛反跳痛,应诊断为十二指肠溃疡急性穿孔。肝浊音界消失为其特征性体征,故答案为 C。②肋脊点压痛常见于肾盂肾炎、肾脓肿。肠鸣音亢进常见于单纯性机械性肠梗阻。振水音阳性常见于胃潴留。Murphy 征阳性常见于急性胆囊炎。

863. ABCDE ①患者有胃溃疡病史,饱餐后突发上腹剧痛,应考虑胃溃疡穿孔。为明确诊断,应首选立位腹部 X 线片检查,若发现膈下游离气体即可确诊(B)。②诊断性腹穿常用于诊断腹部闭合性损伤。B 超、CT 检查价格昂贵,不作为首选。胃穿孔不宜行 X 线胃肠钡餐检查,故不答 E。

864. ABCDE ①急性重症胰腺炎血清淀粉酶可能不高,但须手术治疗(A 错)。②早期空腹状态下的胃溃疡小穿孔可行保守治疗,因此消化道穿孔不是剖腹手术的绝对适应证(B 对)。③结肠癌引起的慢性肠梗阻,即使没有绞窄仍需手术治疗(C 错)。④粘连性肠梗阻若发生肠管绞窄坏死,仍需手术治疗(D 错)。⑤先有腹痛后有发热,一般是外科急腹症,有些需要手术治疗(E 错)。

865. ABCDE ①肝浊音界消失为空腔脏器穿孔的特征性表现,故本例应诊断为胃溃疡急性穿孔(A)。胃溃疡穿孔时,胃内容物可经右结肠旁沟流至右下腹,因此患者可先有上腹剧痛,后波及至右下腹,也可出现右下腹压痛反跳痛,不要因此误诊为急性阑尾炎。②急性阑尾炎不会出现上腹腹肌紧张。急性胆囊炎、急性胰腺炎、急性小肠梗阻均不会出现肝浊音界消失,故不答 C、D、E。

866. ABCDE ①十二指肠溃疡穿孔后大量肠内容物溢入腹腔,从上腹→右结肠旁沟→右下腹→右下腹痛,很容易和急性阑尾炎的转移性右下腹痛相混淆,而误诊为急性阑尾炎。因此当术中阑尾外观正常时,应立即想到消化性溃疡穿孔(E)。②急性盆腔炎常表现为直肠刺激征或下腹疼痛,不会出现上腹痛。原发性腹膜炎常见于肝硬化腹水患者。单纯性阑尾炎不会在右髂窝内有"较多的淡黄色混浊液体"。右侧输尿管结石伴感染常表现为右侧腹绞痛及血尿。

867. ABCDE ①急性消化性溃疡穿孔非手术治疗措施包括:持续胃肠减压,减少胃肠内容物继续外渗;静脉输液,给予营养支持;静脉应用抗生素;给予质子泵抑制剂,减少胃酸分泌。②糖皮质激素是促发消化性溃疡的因素,因此禁用于消化性溃疡穿孔(C 错)。

868. ABCDE　869. ABCDE　870. ABCDE　①板状腹为消化性溃疡穿孔的特征性临床表现。患者突发上腹剧痛,板状腹,肠鸣音消失,应考虑消化性溃疡穿孔。为明确诊断,应首选立位腹部 X 线片检查,若发现膈下游离气体即可确诊,阳性率可达 80%以上(A)。腹部 B 超对空腔脏器穿孔的诊断价值不及腹部平片。在消化性溃疡穿孔的早期腹腔穿刺可能为阴性,故不属于首选检查。腹部 MRI、CT 检查费时且昂贵,都不是首选检查。②消化性溃疡穿孔时,由于大量胃内容物流入游离腹腔,可引起弥漫性腹膜炎。若脉搏加快而体温降低、四肢厥冷,说明已发生革兰阴性菌脓毒症、感染性休克,此为病情危重的表现。恶心呕吐频繁是腹胀严重的表现。寒战、持续高热、脉搏加快,说明感染加重,但并不是危重的征象。腹痛加重、大汗淋漓表明腹膜刺激征严重。③若腹穿抽出较多液体,说明腹腔内渗液较多,腹腔污染严重,需急诊手术彻底解除病因。B、C、D、E 都是一般性治疗措施。

871. ABCDE　①胃溃疡穿孔的保守治疗仅适合于患者一般情况好,症状体征较轻的空腹穿孔者。患者为饱餐后穿孔,会有大量胃内容物进入腹腔,且已扩散至全腹,显然不属于保守治疗的指征,需手术治疗。②胃穿孔修补术适于穿孔时间超过 8 小时,腹腔内感染严重的患者。本例穿孔仅 2 小时,胃内容物虽扩散至全腹,但由于穿孔时间短,腹腔内的感染不会很重,故可作彻底性溃疡手术。在国内首选胃大部切除术,在国外首选穿孔修补+高选择性迷走神经切断术或选择性迷走神经切断+胃窦切除术,故答 D。③全胃切除术常用于胃癌的治疗。

872. ABCDE　①患者胃穿孔时间超过 8~12 小时,胃壁水肿严重,不宜行胃大部切除术,只能行胃穿孔修补术。②为减少瘢痕形成,本次手术可从原切口进入。患者胃穿孔时间较长,中毒症状较重,应选用全身麻醉,以防术中血压降低危及生命。由于腹腔污染较重,渗液较多,术后应常规放置腹腔引流管充分引流。可用甲硝唑及生理盐水冲洗腹腔至清洁,但关腹前一般不在腹腔内应用抗生素。

873. ABCDE　①中年男性,长期上腹痛,以餐后痛为主,可自行缓解,X 线钡剂造影提示胃窦小弯侧壁外龛影,应诊断为胃溃疡,手术治疗首选毕Ⅰ式胃大部切除术(B)。注意:胃癌钡餐检查示壁内溃疡。②全胃切除术常用于胃癌的治疗。毕Ⅱ式胃大部切除术常用于十二指肠溃疡的治疗。选择性迷走神经切断术、高选择性迷走神经切断术在我国应用较少。

874. ABCDE　①肝浊音界消失为消化性溃疡穿孔具有诊断意义的体征。患者突发上腹痛,然后扩展至全腹,腹膜刺激征明显,肝浊音界消失,应诊断为消化性溃疡穿孔。②消化性溃疡穿孔的术前处理包括:半卧位、禁食、持续胃肠减压、维持水电解质平衡、静脉应用抑酸剂、全身应用抗生素等,其中以胃肠减压最为重要,因胃肠减压可减少胃内容物继续外漏,有利于穿孔的闭合和腹膜炎的消退。

875. ABCDE　①胃溃疡幽门梗阻的主要表现是反复呕吐,呕吐物为隔夜宿食,有腐败酸臭味,不含胆汁(E)。因幽门梗阻,十二指肠内的胆汁不能通过幽门反流入胃内,故呕吐物不含胆汁。②持续呃逆为膈肌受刺激的常见表现。消瘦无特异性,故不答 B。幽门梗阻可有振水音阳性,不会出现腹部移动性浊音阳性,移动性浊音阳性说明腹水>1000ml。

876. ABCDE　胃溃疡的手术指征包括:①严格内科治疗无效的顽固性溃疡,如溃疡不愈合或短期内复发者(A);②溃疡发生出血、穿孔、瘢痕性幽门梗阻;③溃疡直径>2.5cm 或高位溃疡;④胃十二指肠复合性溃疡;⑤胃溃疡恶变。参阅 7 版《外科学》P426,9 版《外科学》已删除。

877. ABCDE　878. ABCDE　879. ABCDE　880. ABCDE　①板状腹、肝浊音界消失为消化性溃疡穿孔的典型体征。患者长期胃病史,很可能为消化性溃疡。患者突发上腹剧痛 2 小时,蔓延至右下腹至全腹,板状腹,肝浊音界消失,应诊断为消化性溃疡急性穿孔(E)。绞窄性肠梗阻、急性阑尾炎合并穿孔、急性出血坏死性胰腺炎、急性胆囊炎合并穿孔均不会出现板状腹、肝浊音界消失,故不答 A、B、C、D。②确诊消化性溃疡急性穿孔首选立位腹部 X 线片检查,只要发现膈下游离气体,即可确定诊断(B)。血生化、血淀粉酶都不能确诊本病,故不答 A、C。腹部 B 超、腹部 CT 都可诊断消化性溃疡急性穿孔,但一般不作为首选检查。③对于临床症状较轻的空腹小穿孔,可行保守治疗,但若治疗 6~8

小时后病情无好转甚至加重，应及时中转手术治疗（C）。④非手术治疗方法包括：持续胃肠减压、维持水电解质平衡、静脉应用抑酸剂、全身应用抗生素等，其中以持续胃肠减压最为重要，因胃肠减压可减少胃内容物继续外漏，有利于穿孔的闭合和腹膜炎的消退（B）。

881. ABCDE ①十二指肠溃疡基础胃酸分泌较高，行胃大部切除时，切胃量一般较大，为避免术后吻合口张力过大导致吻合口漏，应首选毕Ⅱ式胃大部切除术，而不是毕Ⅰ式胃大部切除术（B 对）。毕Ⅰ式胃大部切除术为胃溃疡的首选术式。②若不作胃大部切除，仅单纯作胃空肠吻合术，则仅能解除幽门梗阻，术后胃酸仍然很高，十二指肠溃疡将不会愈合。③迷走神经干切断术因严重并发症，目前已经弃用。选择性迷走神经切断术+幽门成形为国外十二指肠溃疡的首选术式，国内少用。

882. ABCDE ①患者反复呕吐宿食，不含胆汁，可见胃蠕动波，振水音阳性，应诊断为消化性溃疡幽门梗阻。患者钡餐检查 24 小时后仍可见胃内钡剂滞留，说明该幽门梗阻不是痉挛水肿性，而是瘢痕性，为手术治疗的绝对适应证。②消化性溃疡并瘢痕性幽门梗阻的治疗国内首选胃大部切除术，国外多采用选择性迷走神经干切断+胃窦切除术，故答 C。③若不作胃大部切除，仅单纯作胃空肠吻合术，则仅能解除幽门梗阻，术后胃酸仍然很高，消化性溃疡不会自行愈合。高选择性迷走神经切断由于术后复发率高达 5%～30%，国内已很少使用。

883. ABCDE ①分泌胃酸的壁细胞受迷走神经支配，高选择性迷走神经切断术可使胃酸分泌减少，促进溃疡愈合，常用于十二指肠溃疡的治疗（B）。②A、C、E 都不是高选择性迷走神经切断术治疗十二指肠溃疡的机制。高选择性迷走神经切断术不能防治幽门螺杆菌感染，故不答 D。

884. ABCDE 885. ABCDE ①患者有胃溃疡病史，大量呕血、黑便，脉搏 126 次/分，血压<90/60mmHg，应诊断为胃溃疡大出血伴失血性休克。抢救失血性休克的首要措施是补充血容量，首选平衡盐溶液（D）。只有在大量输液后，出现下列指征才适当输注浓缩红细胞：心率>120 次/分；血红蛋白<70g/L 或血细胞比容<0.25。在休克急救时，止血措施属于一般性治疗，故不答 B、C、E。②胃角切迹溃疡为低胃酸的Ⅰ型胃溃疡，因此胃的切除范围不必过大，50%左右即可。请注意，普通消化性溃疡的切胃范围为 2/3～3/4，但对于低胃酸的Ⅰ型胃溃疡，只需切除 50%即可。参阅 6 版《外科学》P448。

886. ABCDE 887. ABCDE ①幽门梗阻分痉挛水肿性梗阻和瘢痕性梗阻，前者需保守治疗，后者只能手术解除梗阻，是外科手术的绝对适应证。②90%胃十二指肠溃疡大出血均可经保守治疗止血后好转，仅约 10%需手术治疗。③少数胃十二指肠溃疡急性穿孔的患者，若症状体征较轻，且为空腹的小穿孔，可行非手术治疗，但多数需手术治疗。虽然大多数十二指肠溃疡球部变形、穿透性十二指肠溃疡药物治疗效果不好，但也不是所有患者均需手术，故不是手术治疗的绝对适应证。

888. ABCDE ①患者突发呕血，每次量约 100ml，脉搏增快，血压降低，应考虑上消化道出血。患者有消化性溃疡病史，故本例应诊断为消化性溃疡大出血。②胃溃疡大出血多发生于胃小弯，十二指肠溃疡大出血多发生于球部后壁，因此手术中确定出血部位，应重点检查胃小弯和十二指肠后壁（C）。

889. ABCDE ①选择性迷走神经切断术是在迷走神经左干分出肝支、胆囊支，右干分出腹腔支以后再将

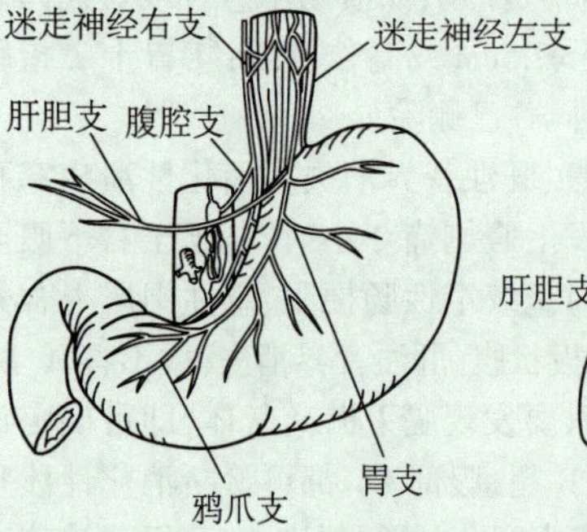

胃的迷走神经支配

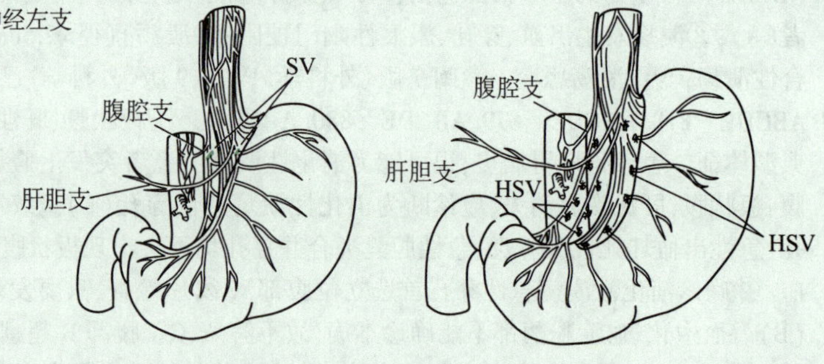

迷走神经切断术的手术方式

迷走神经予以切断。由于支配胃窦部的迷走神经鸦爪支被切断，术后胃蠕动功能减退，需附加幽门成形术，以解决胃潴留（D）。②根除幽门螺杆菌可降低溃疡复发率。机体的消化功能主要与各种消化液有关，吸收功能主要与小肠有关，而与幽门成形术无关。腹泻是迷走神经切断术的常见并发症，主要与肠转运时间缩短、肠吸收减少、胆汁酸分泌增加有关，即使附加幽门成形术也不会减少腹泻的发生。胃酸的分泌主要受神经-体液因素的调节，附加幽门成形不会降低胃酸分泌。

890. ABCDE　①胃酸分泌受迷走神经的调节。左右两支迷走神经沿食管右侧下行，左支在贲门腹侧面分出肝胆支和胃前支（Latarjet 前神经）；右支在贲门背侧分出腹腔支和胃后支（Latarjet 后神经）。胃前支和胃后支沿胃小弯下行，并发出分支，进入胃的前、后壁。至胃窦处的最后 3~4 支终末支进入胃窦，呈"鸦爪"状，控制胃窦的运动和幽门的排空。②高选择性迷走神经切断术（HSV）是指切断支配胃近端、胃底、胃体壁细胞的迷走神经，保留支配胃窦部的鸦爪支，故答 E。

891. ABCDE　①胃溃疡的基础胃酸分泌并不高，因此行胃大部切除时，切胃量不应太多，约 50%即可。在进行胃肠重建时，可将残胃与十二指肠直接吻合（即毕Ⅰ式胃大部切除术），也不致于吻合口张力过大而形成吻合口漏，因此胃溃疡首选毕Ⅰ式胃大部切除术（A）。胃大部切除胃空肠吻合术（即毕Ⅱ式胃大部切除术）为国内十二指肠溃疡的首选术式。②高选择性迷走神经切断术因术后复发率高，国内应用较少。胃窦切除+选择性迷走神经切断术为国外十二指肠溃疡的首选术式。迷走神经干切断术因严重并发症，已弃用。

892. ABCDE　①胃大部切除术后倾倒综合征分为早期倾倒综合征和晚期倾倒综合征，均属于术后远期并发症（C）。②输入袢梗阻、输出袢梗阻、胃排空障碍、十二指肠残端破裂均属于术后早期并发症。

893. ABCDE　①术后胃瘫多发生于术后 2~3 天，属于早期并发症（A）。②B、C、D、E 均属于晚期并发症。营养性并发症多发生于术后 2~5 年，早期倾倒综合征多发生于术后 6 个月，残胃癌发生于术后至少 5 年，碱性反流性胃炎多发生于术后数月至数年。

894. ABCDE　895. ABCDE　896. ABCDE　①胃大部切除术后 24 小时以内的胃出血，多为术中止血不确切；术后 4~6 天发生出血，常为吻合口黏膜坏死脱落所致（C）；术后 10~20 天发生出血，多为吻合口缝线处感染、黏膜下脓肿腐蚀血管所致。②胃大部切除术后 10 日，从流质饮食改为半流质饮食时出现呕吐，禁食后好转，结合 X 线钡剂造影结果，本例应诊断为胃排空障碍。胃排空障碍（即术后胃瘫）属于动力性胃通过障碍，无器质性病变，多数患者经保守治疗可以好转，严禁再次手术（E）。保守治疗包括禁食、胃肠减压、支持治疗（输血）、促进胃动力（肌内注射新斯的明）、口服强的松等。③胃大部切除后，胃容量减少，容易出现饱胀感，使得能量摄入不足，可导致体重减轻、营养不良。胃大部切除后，壁细胞减少，内因子分泌减少，维生素 B_{12} 吸收障碍，易导致巨幼细胞贫血，而不是溶血性贫血（B 错）。毕Ⅱ式胃大部切除术后，胃内食物直接进入上段空肠，食物不能与胰液、胆汁很好地混合，发挥胰酶与胆汁的功能，可影响脂肪的吸收，而导致脂肪泻。胃大部切除术后，约 1/3 的患者可有钙磷代谢紊乱，出现骨质疏松、骨软化等骨病。

897. ABCDE　①胃大部切除术后 24 小时以内的胃出血，多为术中止血不确切（C）；②术后 4~6 天发生出血，常为吻合口黏膜坏死脱落所致；术后 10~20 天发生出血，多为吻合口缝线处感染、黏膜下脓肿腐蚀血管所致。9 版《外科学》已删除相关知识点。

898. ABCDE　①患者胃大部切除术后第 6 天，肛门已排气，说明肠功能已恢复。患者腹部可见胃型，但无蠕动波，X 线片示胃液潴留，说明残胃无蠕动，故应诊断为残胃蠕动功能障碍，即术后胃瘫（C）。②空肠梗阻可有阵发性腹痛，呕吐食物及胆汁，但胃蠕动应正常。吻合口水肿可有呕吐，但呕吐物不含胆汁。吻合口不全梗阻虽然可有胆汁性呕吐，但胃蠕动正常，不会出现胃蠕动波消失。

899. ABCDE　①倾倒综合征分早期和晚期倾倒综合征。早期倾倒综合征多于进食后半小时发生，表现为心悸、出冷汗、乏力、面色苍白等短暂血容量不足的征象，与餐后高渗性胃内容物快速进入肠道，导致肠道内分泌细胞大量分泌血管活性物质有关。②晚期倾倒综合征多于进食后 2~4 小时发生。

900. ABCDE ①毕Ⅱ式胃大部切除是指远端胃切除后，十二指肠残端自行缝闭，残胃与近段空肠作端侧吻合。以胃肠吻合口为标志，吻合口近端的空肠称为输入袢，吻合口远端的空肠称为输出袢。由于胆总管下端开口于十二指肠降部，因此正常情况下，胆汁可从十二指肠降部大乳头→输入袢→吻合口→胃或输出袢。②当吻合口梗阻时，食物不能经吻合口进入输出袢，胆汁也不能经吻合口反流入胃，故表现为呕吐物含食物，不含胆汁；当输出袢梗阻时，胆汁可经吻合口反流入胃，表现为呕吐物含食物及胆汁；当发生急性输入袢完全性梗阻时，胆汁不能经输入袢→吻合口→胃，表现为呕吐物量少，不含胆汁；当发生慢性不全性输入袢梗阻时，胆汁可经输入袢→吻合口→胃；但食物可经胃→吻合口→输出袢→排空，因此表现为呕吐物含大量胆汁而不含食物。③患者呕吐大量不含食物的胆汁，应诊断为慢性不完全性输入袢梗阻(C)。④倾倒综合征包括早期倾倒综合征和晚期倾倒综合征，前者主要表现为一过性血容量不足，后者主要表现为低血糖综合征。

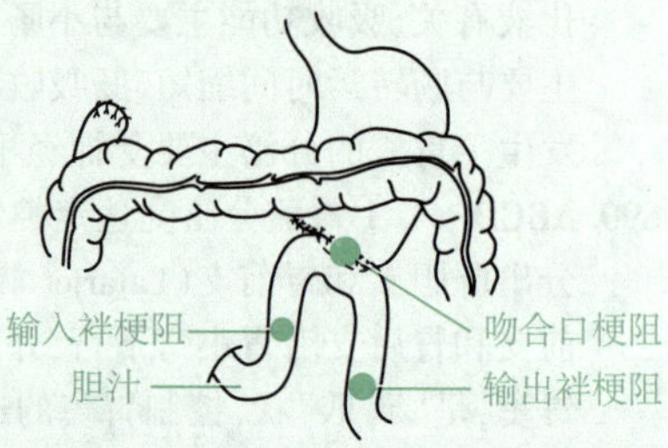

901. ABCDE ①青年男性，毕Ⅱ式胃大部切除术后第 2 天，突发右上腹剧痛，恶心呕吐，腹膜刺激征，外周血 WBC 升高，应诊断为十二指肠残端破裂(A)。②应激性溃疡穿孔、急性胰腺炎、胆囊穿孔都不是胃大部切除术的常见并发症，故不答 B、C、D。胃肠吻合口漏多发生于胃大部切除术后 1 周左右，且毕Ⅱ式胃大部切除术由于吻合口张力较小，发生吻合口漏的几率较小，故不答 E。

902. ABCDE 903. ABCDE ①胃大部切除术后慢性不全性输入袢梗阻常表现为呕吐大量胆汁，几乎不含食物(B)。②急性完全性输入袢梗阻常表现为呕吐物量少，不含胆汁(A)。③输出袢梗阻常表现为呕吐物含食物及胆汁。吻合口狭窄常表现为呕吐食物，不含胆汁。急性胃扩张常表现为上腹胀痛，频繁呕吐食物及胆汁，量不多。

904. ABCDE 905. ABCDE ①早期倾倒综合征多发生在进食半小时以内，常表现为心悸、心动过速、出汗、无力、头晕等症状(A)。②碱性反流性胃炎常表现为上腹部及胸骨后烧灼痛、呕吐胆汁样液体、体重减轻三联征(D)。③输出袢梗阻常表现为上腹部饱胀，呕吐含胆汁的胃内容物。低血糖综合征即晚期倾倒综合征，常表现为进食 2~4 小时后出现头晕、苍白、出冷汗、脉细弱、晕厥等。慢性不完全性输入袢梗阻常表现为呕吐物含大量胆汁，不含食物。

906. ABCDE ①Billroth Ⅱ式胃大部切除术后，若碱性肠液反流至残胃将胃酸中和，可导致胃黏膜充血、水肿、糜烂，破坏胃黏膜屏障，称为碱性反流性胃炎。碱性反流性胃炎多发生于术后数月至数年，常表现为上腹或胸骨后烧灼痛，进食加重，制酸剂无效；胆汁性呕吐，呕吐后腹痛无缓解；体重下降三联征。根据题干，本例应诊断为碱性反流性胃炎。②治疗上可采取少食多餐、餐后勿平卧、口服胃黏膜保护剂、胃动力促进剂、消胆胺等。重症者可采取手术治疗，将 Billroth Ⅱ式吻合改为 Roux-en-Y 吻合，以减少碱性肠内容物反流。患者经内科治疗无效，应手术治疗，故答 E。

907. ABCDE 残胃癌是指因良性疾病行胃大部切除术后 5 年以上，残胃发生的原发癌。

908. ABCDE ①胃良性病变行胃大部切除术后 5 年以上残胃发生的原发癌称为残胃癌。患者胃溃疡术后 22 年，近 2 个月出现黑便，剑突下触及一质硬肿块，应诊断为残胃癌(E)。②溃疡复发、术后输入袢梗阻、术后输出袢梗阻、术后倾倒综合征均不会出现剑突下包块。

909. ABCDE ①胃癌患者累及黏膜下层及浅肌层，应诊断为进展期胃癌，首选手术治疗(A)。②不要误选 E，若本例为胃溃疡，且幽门螺杆菌阳性，则正确答案为 E。放疗和化疗都是胃癌的辅助治疗，故不答 B、C。胃镜下胃黏膜切除主要适用于慢性胃炎伴重度不典型增生。

910. ABCDE 胃癌好发于胃窦部(占 50%)，其次为贲门区，胃体较少，广泛分布者更少。

911. ABCDE 胃癌好发于胃窦部。老年患者，胃镜示胃窦溃疡，胃壁僵硬，质脆，易出血，应诊断为胃癌而不是胃溃疡，因此最佳手术方式是根治性胃大部切除术(C)。

912. ABCDE 胃癌的转移途径包括局部侵犯、淋巴转移、血道转移、腹膜种植转移等，其中腹膜种植是主要的转移形式之一。即使行胃癌根治，也有约50%的患者因腹膜种植转移播散而死亡。游离癌细胞是胃癌腹膜种植转移的前提，是胃癌的独立预后不良因素之一。腹腔热灌注治疗是利用癌细胞和正常组织对温度耐受性的差异，根治手术关腹前应用温热蒸馏水反复冲洗腹腔，利用高温对肿瘤细胞的杀伤效应，以防止术后肿瘤腹膜种植转移(B)。参阅3版8年制《外科学》P476。

913. ABCDE ①早期胃癌是指侵犯黏膜及黏膜下层的胃癌，不论病灶大小，不论有无淋巴结转移。②癌灶直径<1cm的胃癌，称为小胃癌。癌组织浸润深度超过黏膜下层的胃癌，称为进展期胃癌。

914. ABCDE ①根据癌细胞浸润深度不同，将胃癌分为早期胃癌和进展期胃癌。早期胃癌是指病变仅累及黏膜或黏膜下层者，不论病灶大小、不论有无淋巴结转移。进展期胃癌是指癌组织浸润深度超过黏膜下层。可见确定早期胃癌最重要的指标是肿瘤浸润深度(D)。②根据肿瘤生长部位不同，将胃癌分为贲门癌、胃体癌、胃窦癌等。根据肿瘤直径大小不同，将胃癌分为微小胃癌、小胃癌等。肿瘤浸润范围、是否有淋巴结转移是胃癌临床分期的依据。

915. ABCDE 1993年日本胃癌研究会将胃癌分为3类。①一般型：乳头状腺癌、管状腺癌、低分化腺癌、黏液腺癌、印戒细胞癌；②特殊型：腺鳞癌、鳞癌；③类癌：未分化癌、其他。可见腺鳞癌属于特殊型胃癌(C)。参阅7版《黄家驷外科学》P1444，9版《外科学》未讲述。

916. ABCDE ①老年男性，上腹隐痛，消瘦，上消化道出血，钡餐见胃窦部黏膜紊乱，充盈缺损>2.5cm，胃壁僵硬，应诊断为胃癌。胃癌最主要的转移途径是淋巴转移，故答B。②胃癌可有直接浸润、血行转移、腹腔内种植，但都不是最主要的转移途径。胃癌很少发生胃肠道内转移。

917. ABCDE ①当胃癌组织浸润至浆膜外后，肿瘤细胞脱落并种植在腹膜和脏器浆膜上，形成转移结节，称为种植转移(A)。胃癌转移至直肠前凹，即为典型的种植转移。②跳跃式转移为淋巴转移的方式。胃癌经血行常转移至肝、肺等器官。直接蔓延是指胃癌向周围的直接浸润。

918. ABCDE ①引流胃的淋巴结有16组，分为3站。胃癌一般依次转移，即第一站(N_1)→第二站(N_2)→第三站(N_3)。对于胃体部癌，N_1淋巴结包括贲门右、胃小弯、胃大弯、幽门上、幽门下淋巴结，故答案为C。②腹主动脉旁为16组淋巴结，结肠中动脉旁为15组淋巴结，早中期很少转移至此。腹腔动脉旁为N_2，肝十二指肠韧带为N_3。

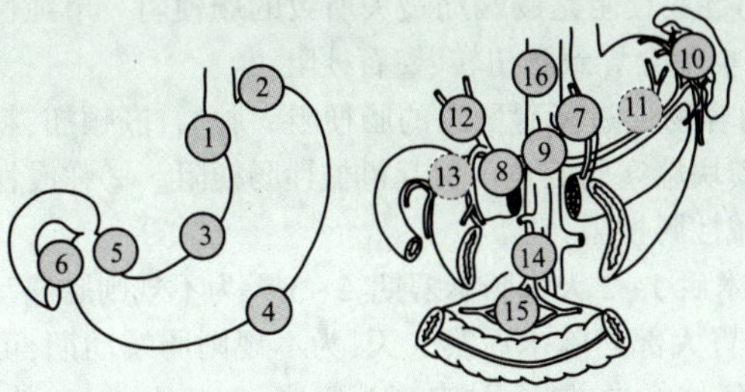

1. 贲门右淋巴结
2. 贲门左淋巴结
3. 胃小弯淋巴结
4. 胃大弯淋巴结
5. 幽门上淋巴结
6. 幽门下淋巴结
7. 胃左动脉旁淋巴结
8. 肝总动脉旁淋巴结
9. 腹腔动脉旁淋巴结
10. 脾门淋巴结
11. 脾动脉旁淋巴结
12. 肝十二指肠韧带内淋巴结
13. 胰后淋巴结
14. 肠系膜上动脉旁淋巴结
15. 结肠中动脉旁淋巴结
16. 腹主动脉旁淋巴结

胃的淋巴结分组示意图

919. ABCDE 中年男性，上腹部不适2个月，消瘦，上腹轻压痛，胃镜示胃体小弯侧溃疡2.5cm，上有污秽苔，质脆易出血，应诊断为胃癌，最常见的远处转移部位是肝。

920. ABCDE ①胃癌破溃或侵犯胃周血管可导致上消化道出血，出现反复黑便、呕血等症状；晚期胃癌可有贫血症状，故答D。②呕吐宿食提示幽门梗阻。上腹隐痛、腹胀无特异性，胃溃疡和胃癌均可出现，故不答B、E。反酸、烧心提示胃食管反流病。

921. ABCDE ①印戒细胞为特殊的黏液腺癌细胞，故本例应诊断为胃癌，首选手术治疗(D)。②A、B、E均为消化性溃疡的治疗方法。C为消化性溃疡伴中、重度异型增生的治疗方法。

922. ABCDE 923. ABCDE 924. ABCDE ①患者长期胃病病史，近来呕吐宿食，应诊断为幽门梗阻。幽门梗阻可由胃窦癌或溃疡病引起。患者胃痛规律改变,应诊断为胃窦癌,而不是溃疡病所致的瘢痕性幽门梗阻。多发性溃疡不会出现胃痛节律改变。萎缩性胃炎不会引起幽门梗阻。胃后壁溃疡浸润至胰腺可表现为腰背痛,但不会引起幽门梗阻。②诊断胃窦癌最有价值的检查当然是纤维胃镜+活检。胃液酸度测定、四环素荧光试验现已少用。胃液脱落细胞学检查阳性率很低。腹部CT不能确诊胃癌。③胃窦癌伴幽门梗阻,反复呕吐,大量胃酸丢失,将导致低氯低钾性代谢性碱中毒。

925. ABCDE ①胃癌有子宫直肠窝种植转移,为晚期胃癌的特点,不能行胃癌根治手术,只能行姑息性手术(A)。②肝十二指肠韧带内淋巴结为胃12组淋巴结,属于第三站淋巴结,故可行D_3根治术。胃癌伴脾门淋巴结转移、有胰尾浸润等,可施行扩大胃癌根治术,即作包括胰体、尾及脾在内的根治性胃大部切除术或全胃切除术。胃癌浸润横结肠时,可施行联合脏器切除术。

926. ABCDE ①胃癌根治术(D_2手术)是指切除远端胃的3/4~4/5+清扫胃周第2站淋巴结。切胃时,近端切线距肿瘤边缘>5cm,远端切线为幽门以远3~4cm,因此胃癌合并完全性幽门梗阻者,不影响胃癌的根治。②若胃癌已侵犯横结肠,可行包括横结肠在内的联合脏器切除,此为扩大的胃癌根治术。③约20%的早期胃癌可出现大便潜血试验阳性,因此持续性粪隐血阳性并不是胃癌晚期的表现。④胃癌合并中等量腹水,提示腹膜受侵犯,为晚期胃癌的表现,预后不良,为胃癌根治术的禁忌证(D对)。⑤进展期胃癌根治术后5年生存率约为40%。

927. ABCDE ①胃癌最常见的转移途径是淋巴转移,最常见的远处转移部位是左锁骨上淋巴结。老年患者长期上腹部胀痛,消瘦,贫血,左锁骨上淋巴结肿大,应诊断为晚期胃癌。患者突发腹痛2小时,明显腹膜刺激征,腹部透视见膈下游离气体,应考虑为晚期胃癌穿孔。患者已有左锁骨上淋巴结转移,不可能行彻底的胃癌根治术,故不答E。胃癌穿孔仅行单纯的穿孔修补,则术后癌性溃疡不易愈合,故不答D。②胃空肠造瘘术、胃造瘘术既不能处理胃癌原发灶,也不能处理癌性穿孔,故不答A、C。姑息性胃大部切除既消除了肿瘤,又处理了癌性穿孔,且术后可获较长的生存期,故答B。

928. ABCDE ①粘连性肠梗阻是肠梗阻中最常见的类型,占所有肠梗阻的40%~60%。腹腔内粘连产生机械性肠梗阻有3种类型,包括先天性粘连(约占5%)、炎症后粘连(占10%~20%)、手术后粘连(约占80%),故答案为E。②A、B、C、D均可引起机械性肠梗阻,但不常见。

929. ABCDE ①阑尾残株炎是指阑尾切除时阑尾残端保留过长所致,术后残株反复发生炎症形成粘连带,可压迫肠管导致粘连性肠梗阻(B)。②动力性肠梗阻是肠蠕动丧失所致的肠梗阻。单纯性肠梗阻是指没有血液循环障碍的肠梗阻。阑尾残株炎不会导致肠扭转、粪石梗阻。

930. ABCDE ①机械性肠梗阻是指肠腔狭小,肠内容物通过障碍所致的肠梗阻。肿瘤、嵌顿疝、粘连带压迫均可造成肠管受压,导致机械性肠梗阻。粪块堵塞肠腔也可引起机械性肠梗阻。②弥漫性腹膜炎所致的肠梗阻为动力性肠梗阻,而不属于机械性肠梗阻(E)。

931. ABCDE ①腹部手术后肠功能恢复分为3期:术后1~2天为肠麻痹期,2~3天为不规则肠蠕动期,3~4天为规则肠蠕动期,以后肠功能恢复正常。胃大部切除术后第3天,为不规则肠蠕动期,可出现阵发性腹痛,但这种肠蠕动不能将肠内容物和气体推向前方,常表现为腹胀,肛门无排气,故答E。②吻合口炎多无明显症状。腹腔内血肿形成常表现为内出血征象。肠系膜血管缺血性疾病常表现为严重腹胀,但肠蠕动减弱或消失。肠扭转易发生绞窄性肠梗阻,生命体征不稳定。

932. ABCDE 933. ABCDE ①急性小肠扭转可造成肠系膜血液循环受阻,导致绞窄性肠梗阻。②外伤性腹膜后巨大血肿可因腹膜后刺激,导致麻痹性肠梗阻。参阅7版《黄家驷外科学》P1486。

934. ABCDE 嵌顿性肠梗阻若嵌顿时间过长,导致肠系膜血管、肠壁小血管受压,使相应肠段血运障碍,称为绞窄性肠梗阻。因此,嵌顿性肠梗阻转变成绞窄性肠梗阻的标志即为肠壁血运障碍。

935. ABCDE ①绞窄性肠梗阻是指有血运障碍的肠梗阻。肠扭转时一段肠袢沿其系膜长轴旋转形成闭袢,使肠系膜血管受压,导致肠管血运障碍,故肠扭转属于绞窄性肠梗阻(D)。②粘连性肠梗阻、腹腔肿块压迫及肠腔炎性狭窄所致的肠梗阻,在早期为单纯性肠梗阻,仅在晚期可导致绞窄性肠梗阻。

肠蛔虫堵塞是一种单纯性机械性肠梗阻，很少发生肠管绞窄。

936. ABCDE　①低位小肠梗阻是指回肠梗阻，高位小肠梗阻是指空肠梗阻。②低位小肠梗阻的腹胀明显，而呕吐出现晚且次数少，并可吐粪样物；高位小肠梗阻的呕吐发生早而频繁，腹胀不明显。③低位小肠梗阻行腹部X线片检查可见阶梯状气液平面（E对）。

937. ABCDE　肠梗阻时，胃肠道分泌的液体不能被吸收返回全身循环而积存在肠腔，同时肠壁继续有液体向肠腔内渗出，导致体液在第三间隙的丢失。呼吸衰竭、中毒性休克等都是肠梗阻的最终结局。

938. ABCDE　①患者腹痛、呕吐、腹胀、肛门停止排气排便，应诊断为急性肠梗阻。年轻人饱餐后剧烈活动而发病，最可能为小肠扭转所致。患者腹膜刺激征严重，肠鸣音消失，血压降低，应诊断为绞窄性肠梗阻。其全身性病理生理改变主要为体液丢失、感染、中毒。正常情况下，胃肠道每日分泌量约为8000ml，因此急性肠梗阻最主要的病理生理改变是体液丢失引起的水电解质平衡紊乱、酸碱失调与休克，故答A。②急性肠梗阻的晚期可出现B、C、D、E改变，但不属于主要病理生理改变。

939. ABCDE　肠梗阻的典型临床表现为痛、吐、胀、闭，即腹痛、呕吐、腹胀、肛门停止排气排便。

940. ABCDE　①单纯机械性肠梗阻最主要的特点是阵发性绞痛（E）。机械性肠梗阻发生时，由于梗阻部位以上强烈肠蠕动，随即发生腹痛。之后因肠管肌过度疲劳而呈暂时性弛缓状态，腹痛随之消失，故单纯性机械性肠梗阻的腹痛是阵发性绞痛。②持续性腹痛为绞窄性肠梗阻的表现。

941. ABCDE　①患者阵发性腹痛，腹胀，停止排气排便，应考虑急性肠梗阻。患者腹膜刺激征阳性，移动性浊音阳性，应诊断为绞窄性肠梗阻（B）。②单纯性肠梗阻、不全性粘连性肠梗阻不会出现腹膜刺激征。麻痹性肠梗阻无肠蠕动，不会有阵发性腹痛。完全性高位肠梗阻常表现为剧烈呕吐，腹胀轻微。

942. ABCDE　①绞窄性肠梗阻是指有血运障碍的肠梗阻。因肠管壁有血运障碍，故无肠蠕动，表现为持续性腹痛，肠鸣音减弱，甚至消失。②腹部明显隆起、不对称为闭袢性肠梗阻的特点，属于绞窄性肠梗阻。③呕吐物、胃肠减压液内含血性液体为绞窄性肠梗阻的特点，含胆汁不能说明有肠壁缺血坏死。④腹膜刺激征明显为绞窄性肠梗阻的特征（D对）。⑤绞窄性肠梗阻肠蠕动减弱甚至消失，因此腹部X线片显示孤立胀大的肠袢，不随时间而改变位置。

943. ABCDE　①绞窄性肠梗阻由于肠壁血运障碍，可缺血坏死，因此腹膜刺激征明显，表现为腹肌紧张，有压痛和反跳痛（E）。②阵发性腹部绞痛多见于单纯性肠梗阻，而不是绞窄性肠梗阻。X线检查小肠有多个阶梯状液平，提示小肠梗阻，并不能说明为绞窄性肠梗阻。有气过水音和金属音为单纯性肠梗阻的表现。频繁呕吐，呕吐物为胃肠液，提示高位肠梗阻，并不能说明已发生肠绞窄。

944. ABCDE　①单纯性肠梗阻无肠壁血运障碍，无肠管缺血坏死，因此呕吐物不含血液，隐血试验阴性。绞窄性肠梗阻因肠壁有血运障碍，肠管壁缺血坏死，呕吐物含有血性液体，隐血试验阳性。因此，呕吐物隐血试验为鉴别单纯性肠梗阻与绞窄性肠梗阻最有意义的检查（E）。②血气分析常用于诊断呼吸衰竭。血红蛋白测定常用于诊断贫血。白细胞计数常用于判断有无细菌感染。尿常规检查常用于泌尿系统疾病的筛查。

945. ABCDE　①机械性肠梗阻由于肠腔狭小而肠内容物通过障碍，肠蠕动亢进，表现为腹部绞痛、腹胀、肠鸣音高亢；动力性肠梗阻因肠蠕动丧失而肠内容物不能正常运行，故无腹部绞痛，可有严重腹胀，肠鸣音减弱或消失，这是两者的主要区别（B）。②无论机械性还是动力性肠梗阻，均可有水、电解质平衡紊乱，频繁呕吐，腹痛及肛门停止排气排便，晚期都可发生休克，故不答A、C、D、E。

946. ABCDE　①绞窄性肠梗阻由于肠管血运障碍，缺血坏死，故腹腔内可有血性渗液；肠管坏死后，肠内容物渗入游离腹腔，可使渗出液臭气重（E）。②急性水肿性胰腺炎无组织坏死，不会出现血性渗液。急性化脓性胆囊炎、腹膜后血肿腹腔穿刺常为阴性。宫外孕破裂腹穿常为不凝血。

947. ABCDE　①患者腹痛、呕吐、肛门停止排气排便，应考虑急性肠梗阻。患者腹膜刺激征严重，腹穿抽出血性液体，伴臭味，应诊断为绞窄性肠梗阻（A）。②胃十二指肠溃疡穿孔、急性阑尾炎穿孔腹腔穿刺可抽出胃肠内容物，而不是血性液体，故不答B、C。结核性腹膜炎腹穿常为草绿色透明液体。急性重症胰腺炎腹穿可有血性液体，但常表现为饱餐后左上腹持续性疼痛，不会阵发性加剧。

948. ABCDE　绞窄性肠梗阻是指肠管壁有血运障碍，肠管缺血坏死，必需急诊手术切除坏死肠管。而单纯性肠梗阻可保守治疗。因此对于肠梗阻的诊断，一定要明确是否绞窄，这是决定治疗方案、手术方式的先决条件，故最为重要（E）。其他如肠梗阻的原因、部位、程度、发生速度，均没有如此重要。

949. ABCDE　①患者突发腹痛，停止排气排便，腹膜刺激征阳性，腹部平片见多发气液平面，应诊断为急性肠梗阻。由于诊断性腹穿抽出血性液体，应考虑梗阻肠管已发生绞窄。故本例应诊断为急性绞窄性肠梗阻，治疗首选手术探查（C）。②A、B、E 均属于肠梗阻的保守治疗措施。肠梗阻严禁行全消化道 X 线钡剂造影，以免钡剂滞留肠道干结后加重肠梗阻，故不答 D。

950. ABCDE　①患者粘连性肠梗阻 3 天，右下腹压痛，多次腹部 X 线片见固定肠袢，说明无肠蠕动，梗阻肠袢已坏死，应诊断为绞窄性肠梗阻，宜行剖腹探查，切除坏死肠段。参阅 7 版《外科学》P454。②对于诊断不明的急腹症，不应使用强镇痛剂，以免延误病情，故不答 A。患者多次腹部 X 线片检查已提示肠绞窄，不应等待出现腹膜刺激征后再手术，以免延误治疗。D、E 为单纯性肠梗阻的保守治疗措施。

951. ABCDE　小肠梗阻最常见的病因是粘连性，大肠梗阻最常见的病因是肿瘤性。参阅 6 版《外科学》P478。

952. ABCDE　临床上以粘连性肠梗阻最常见，但老年人以肿瘤及粪块堵塞最常见（E）。2 岁以内的小儿以肠套叠常见，儿童以蛔虫梗阻多见。

953. ABCDE　①急性肠梗阻的典型表现为痛、吐、胀、闭，典型腹部 X 线片呈鱼骨刺样（空肠梗阻）或阶梯状液平（回肠梗阻）。患者阵发性腹痛，呕吐，腹部膨隆，肠鸣音亢进，腹部平片见"阶梯状"液平，应诊断为回肠梗阻，此为低位小肠梗阻（B）。②麻痹性肠梗阻无肠蠕动，肠鸣音消失。高位小肠梗阻腹胀不严重，而呕吐频繁，腹部平片呈鱼骨刺样。坏死性小肠炎常表现为急性腹痛、腹胀、呕吐、腹泻、便血。乙状结肠扭转常表现为严重腹胀，腹部 X 线片示结肠袋消失，充气位于腹部周边。

954. ABCDE　①患者腹痛、腹胀、肛门停止排气排便，应考虑急性肠梗阻。患者血钾<3.5mmol/L，说明合并低钾血症。低钾血症可导致肠麻痹、肠蠕动减弱甚至消失。患者肠鸣音消失，应诊断为麻痹性肠梗阻。②血运性肠梗阻多由肠系膜血管栓塞、血栓形成所致。假性肠梗阻、痉挛性肠梗阻少见。单纯性机械性肠梗阻常表现为肠鸣音亢进，而不是消失，故不答 D。

955. ABCDE　①急性肠梗阻是否手术探查取决于肠管是否绞窄，因绞窄性肠梗阻有血运障碍，必需手术切除坏死肠管；而单纯性肠梗阻肠管壁无血运障碍，无需手术治疗。②B、C、D、E 都不是手术指征。

956. ABCDE　①急性肠梗阻常并发腹膜炎，腹胀加重是病情恶化的重要标志，腹膜刺激征是腹膜炎的标志性体征。在绞窄性肠梗阻晚期，患者一般情况差，腹膜刺激征反而减轻，但仍需手术治疗。故答 E 而不是 D，很多医考参考书将答案错为 D。②肠鸣音减弱或消失见于麻痹性肠梗阻，腹痛加重见于肠蠕动增强，呕吐频繁提示高位肠梗阻，因此 A、B、C 不能作为手术指征。

957. ABCDE　958. ABCDE　①肠套叠好发于 2 岁以下的小儿，是引起小儿肠梗阻最常见的原因（D）。②成人机械性肠梗阻以粘连性肠梗阻最常见，占 40%～60%（B）。③乙状结肠扭转、结肠癌致肠梗阻均好发于老年人，小肠扭转好发于青年人。A、C、E 都不是临床上常见的肠梗阻类型。

959. ABCDE　①肠套叠好发于 2 岁以下男童，其临床特点为：阵发性腹痛、果酱样大便、回盲部空虚、腊肠样包块。根据题干，本例应诊断为肠套叠。为明确诊断，首选空气或钡剂灌肠，若发现钡剂受阻，阻端钡剂呈杯口状阴影（结肠套叠）或弹簧状阴影（小肠套叠），即可确诊，准确率高达 90%（B）。②腹部 B 超、CT、磁共振检查的准确率及阳性率均不及钡灌肠。肠套叠早期无腹腔渗液，腹腔穿刺常为阴性。

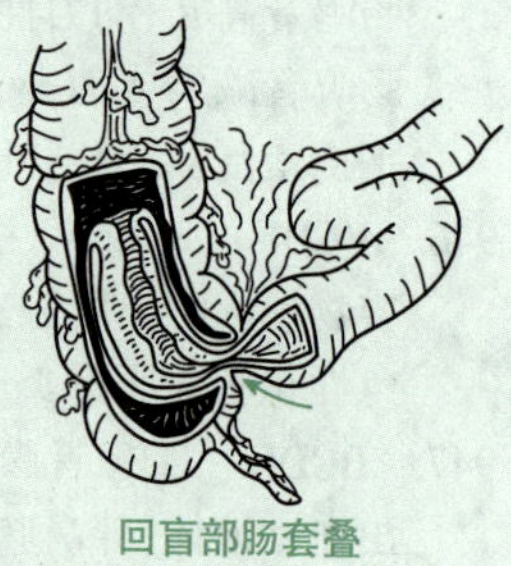
回盲部肠套叠

960. ABCDE　①肠套叠好发于 2 岁以下男童，特点为：阵发性腹痛、果酱样大便、回盲部空虚、腊肠样包块。根据题干，本例应诊断为肠套叠。②肠套叠超过 48 小时多有肠管绞窄坏死，应手术治疗。患儿病程已 3 天，腹膜刺激征严重，估计有肠管缺血坏死，应急诊手术，切除坏死肠管（D）。③空气灌肠多用于治疗尚无肠管坏死的早期肠套叠。钡剂灌肠多用于诊断肠套叠。肠套叠严禁行结肠镜检查，抗感染为肠套叠的辅助治疗措施。

961. ABCDE　肠套叠的典型症状是腹痛、血便、腹部肿块（A）。肠套叠是指一段肠管套入相连的肠管腔内，肠系膜血管受压，多表现为绞窄性肠梗阻。其临床表现为突发剧烈的阵发性腹痛、呕吐和果酱样大便。因 90%的肠套叠都是回-结型套叠，故在脐右上方可扪及腊肠样包块，即套叠的鞘部。

962. ABCDE　963. ABCDE　①肠套叠好发于 2 岁以下男童，其临床特点为：阵发性腹痛、果酱样大便、回盲部空虚、腊肠样包块。本例为 1 岁男孩，阵发哭闹，呕吐，果酱样大便，应考虑肠套叠。肠套叠患儿可于右侧腹部扪及腊肠形肿物，为末端回肠套叠入回盲部所致（E）。肠套叠的三大症状为腹痛、血便和腹部肿块，腹胀、肠型、腹肌紧张等体征不典型。肝浊音界消失常见于胃肠穿孔，而不见于肠套叠。肠套叠可致肠梗阻，表现为肠鸣音亢进，而不是减弱或消失。②肠套叠治疗首选低压空气灌肠复位（B）。仅在灌肠复位失败，或疑有肠坏死时，才急诊剖腹探查。C、D、E 均为辅助治疗措施。

964. ABCDE　965. ABCDE　966. ABCDE　①患者呕吐物有粪便臭味，提示为低位肠梗阻。患者无肛门排气排便，提示为完全性肠梗阻，故答 E。高位肠梗阻呕吐物常为胃内容物。血运性肠梗阻呕吐物常为血性物。②老年低位慢性肠梗阻最常见的病因为结肠癌，低位急性肠梗阻最常见的病因为粪块堵塞。患者病程 1 年，近 3 个月加重，近 3 天急性发作，故结肠癌可能性最大。③肠梗阻患者严禁行全消化道钡餐造影，否则可能造成钡剂堵塞肠管，加重病情（E）。A、B、C、D 均可采用。

967. ABCDE　968. ABCDE　①肠扭转的好发部位是小肠、乙状结肠和盲肠。小肠扭转常见于饱餐后立即活动的青壮年。②乙状结肠扭转常见于乙状结肠冗长，有便秘病史的老年人。

969. ABCDE　970. ABCDE　①克罗恩病的肠管病变呈节段性分布，胃肠钡餐造影和钡剂灌肠可见肠黏膜皱襞粗乱、纵行溃疡、鹅卵石征、肠腔狭窄、瘘管形成、假性息肉（B）。②乙状结肠扭转钡剂灌肠可见扭转部位钡剂受阻，钡影尖端呈鸟嘴征（E）。③结肠癌钡剂灌肠示充盈缺损，肠套叠钡剂灌肠呈杯口征，溃疡性结肠炎钡剂灌肠呈铅管征。

971. ABCDE　①乙状结肠扭转可造成低位肠梗阻，呕吐发生晚，呕吐物呈粪样（A 错）。呕吐早且频繁为高位肠梗阻的特点。②乙状结肠扭转属于闭袢性肠梗阻，可见不对称腹胀或肠型。患者有腹部持续性胀痛，腹部压痛及肌紧张不明显。腹部 X 线片显示马蹄状巨大的双腔充气肠袢。钡剂灌肠 X 线检查可见扭转部位钡剂受阻，钡影尖端呈"鸟嘴"形。

972. ABCDE　①老年患者便秘史多年，腹痛，停止排气排便，应考虑肠梗阻。患者腹部膨隆且不对称，说明为闭袢性肠梗阻，因为腹部不对称为闭袢性肠梗阻的特点。闭袢性肠梗阻最常见于结肠癌、肠扭转。患者以左下腹为甚，说明病变部位在左下腹。患者直肠指检空虚，指套无染血，应诊断为乙状结肠扭转（E）。②直肠癌直肠指检多可触及肿块。肠系膜血管栓塞多表现为严重症状与轻微腹部体征不符。结肠癌多表现为排便习惯改变，可引起结肠梗阻，但不会出现直肠指检空虚。患者肠鸣音 7 次/分，说明有肠蠕动，不能诊断为麻痹性肠梗阻。

973. ABCDE　974. ABCDE　①急性阑尾炎若未及时治疗，脓液可积聚在阑尾周围，大网膜可移至右下腹，将阑尾包裹粘连，形成炎性包块或阑尾周围脓肿（C）。②急性阑尾炎时，阑尾静脉中的感染性血栓可经肠系膜上静脉至门静脉，导致化脓性门静脉炎，常表现为寒战高热、肝大、轻度黄疸等（D）。

975. ABCDE　阑尾的神经由交感神经纤维腹腔丛和内脏小神经传入，其传入的脊髓节段在 T_{10}、T_{11}。

976. ABCDE　阑尾肿瘤主要包括类癌、腺癌和囊性肿瘤 3 种，其中以类癌最多见。阑尾类癌约占胃肠道类癌的 45%，占阑尾肿瘤的 90%，阑尾是消化道类癌的最常见部位。

977. ABCDE　70%～80%的急性阑尾炎具有转移性右下腹痛的特点，开始表现为上腹痛，数小时后转移至右下腹。阑尾的神经由交感神经经腹腔丛、内脏小神经传入，其传入的脊髓节段在第 10、11 胸节，所以当急性阑尾炎发病开始时，常表现为上腹或脐周牵涉痛，此为内脏性疼痛。数小时后，阑尾的炎性渗出液刺激壁层腹膜，引起右下腹麦氏点压痛、反跳痛、肌紧张等腹膜刺激征。可见开始的上腹痛或脐周痛属于内脏神经反射，后来的腹膜刺激征属于阑尾炎症刺激壁层腹膜所致，故答 E。

978. ABCDE ①患者转移性右下腹疼痛，应考虑急性阑尾炎。1 小时前腹痛由右下腹扩散至全腹，全腹肌紧张，压痛反跳痛，说明阑尾已坏疽穿孔。阑尾动脉是回结肠动脉的分支，属于无侧支的终末动脉，当血运障碍时，易导致阑尾坏疽。可见，阑尾穿孔的解剖学基础是阑尾动脉为终末动脉，故答 A。②引起阑尾腔阻塞的病因包括淋巴滤泡增生、粪石阻塞、阑尾管腔细小、开口狭小、系膜短小等，故 B、C、D、E 均可引起阑尾管腔阻塞，都是急性阑尾炎的病因，而不是阑尾坏死的解剖学因素。

979. ABCDE ①阑尾腔阻塞是急性阑尾炎最常见的病因。阑尾腔阻塞最常见的原因是阑尾壁淋巴滤泡增生（约占 60%），肠石约占 35%，异物、炎性狭窄、食物残渣、蛔虫、肿瘤等少见。参阅 9 版《外科学》P371。②9 版《病理学》P214：阑尾腔阻塞的原因以粪石最常见。若按病理学观点，正确答案应为 E。

980. ABCDE 阑尾的体表投影约在右髂前上棘与脐连线的中外 1/3 交界处，称为麦氏点（McBurney 点）。

981. ABCDE ①急性单纯性阑尾炎可有 B、C、D、E 项症状。②局部腹肌紧张是壁层腹膜受炎性渗液刺激出现的防卫性反应。单纯性阑尾炎由于腹腔渗液极少，甚至无腹腔渗液，因此不会出现局部腹肌紧张。若右下腹出现腹肌紧张等腹膜刺激征，提示阑尾炎症加重，已出现化脓、坏疽、穿孔，而不是单纯性阑尾炎。

982. ABCDE ①阑尾腔阻塞是急性阑尾炎最常见的病因。阑尾腔阻塞后，阑尾黏膜仍可继续分泌黏液，造成管腔内压力增高，阑尾腔内积脓，导致阑尾壁血运障碍，最终使阑尾坏疽穿孔，故答 A。②阑尾壁受粪石压迫为阑尾腔阻塞的原因，故不答 B。C、D、E 不属于急性阑尾炎的常见病因。

983. ABCDE ①患者转移性右下腹痛，麦氏点压痛，应考虑急性阑尾炎。患者发热，全腹肌紧张，明显压痛和反跳痛，肠鸣音消失，腹腔穿刺抽出脓性液体，应诊断为阑尾穿孔。②阑尾炎大多数为混合性感染，致病菌以大肠埃希菌、厌氧菌多见，其次为粪链球菌等。参阅 1 版《黄家驷外科学》P1135。

984. ABCDE ①患者先有上腹痛，2 天后出现右下腹痛，此为转移性右下腹痛，为急性阑尾炎的典型表现。患者全腹压痛，以右下腹明显，说明原发灶位于右下腹，故应诊断为急性阑尾炎。右下腹穿刺抽出黄色混浊液体，此为肠内容物，故应诊断为急性阑尾炎穿孔并弥散性腹膜炎（B）。②重症胰腺炎不会出现转移性右下腹痛。绞窄性肠梗阻中毒症状严重，腹穿为血性液体。患者肝浊音界存在，说明消化性溃疡穿孔可能性不大。伤寒肠穿孔常发生于病程第 3 周，患者病程仅 2 天，不可能为伤寒肠穿孔。

985. ABCDE ①虽然转移性右下腹痛是急性阑尾炎的特征性症状，但在疾病早期，腹痛尚未转移至右下腹时，右下腹便可出现固定性压痛。右下腹固定性压痛对于诊断急性阑尾炎具有重要意义。②发热、白细胞显著升高对诊断阑尾炎无特异性。急性阑尾炎时，脐周痛为牵涉痛，不是阑尾的炎性渗液刺激壁层腹膜所致，因此不会在脐周出现压痛、反跳痛等腹膜刺激征，故不答 C、E。

986. ABCDE ①急性单纯性阑尾炎临床症状和体征均较轻，可有右下腹局限性压痛及反跳痛，低热，白细胞计数轻度升高。②但并不是所有单纯性阑尾炎的患者均有局部腹肌紧张，如小儿、老人、孕妇、肥胖、盲肠后位阑尾炎，均可无明显局部腹肌紧张（C 错）。

987. ABCDE ①诊断急性阑尾炎的主要依据是转移性腹痛、右下腹压痛和白细胞增高，故答 B。请注意：转移性腹痛为症状而不是体征，但题干要求作答的是“体征”，因此 B 并不严谨。②右腹肌紧张表明有继发性腹膜炎。右腹 Murphy 征阳性常见于急性胆囊炎。腰大肌试验阳性提示阑尾位于腰大肌前方，对诊断阑尾炎无特异性。闭孔内肌试验阳性提示阑尾靠近闭孔内肌。

988. ABCDE 989. ABCDE 990. ABCDE ①患者早晨觉脐周疼痛，午后觉右下腹疼痛，称为转移性右下腹痛，此为急性阑尾炎的典型症状。患者转移性右下腹疼痛，右下腹肌紧张，压痛反跳痛，应诊断为急性阑尾炎（D）。A、B、C、E 均不会出现转移性右下腹疼痛。②腹部 B 超检查有助于急性阑尾炎的诊断，若发现阑尾肿大，即可确诊，敏感性约为 85%，特异性约为 90%（C）。诊断性腹腔穿刺常用于诊断腹腔实质性脏器破裂。胃镜、上消化道 X 线钡剂造影常用于诊断消化性溃疡。腹部 CT 可用于急性阑尾炎的诊断,但价格较贵,不作为首选。③阑尾切除术后6小时患者脉率增快,血压降低,面色苍白,皮肤湿冷,应诊断为腹腔内出血所致的失血性休克。腹腔内出血是阑尾切除的严重并发症。A、B、C与阑尾切除无关。阑尾切除术后仅6小时,术后肠功能尚未恢复,不可能诊断为急性肠梗阻。

991. ABCDE　①患者仰卧位,右髋和右大腿屈曲,然后被动向内旋转,引起右下腹疼痛者,称为闭孔内肌试验阳性,提示阑尾靠近闭孔内肌。②阑尾的常见部位有6个,即回肠前位、盆位、盲肠后位、盲肠下位、盲肠外侧位、回肠后位。其中,盆位是指阑尾跨腰大肌前面入盆腔,尖端可触及闭孔内肌或盆腔脏器,炎症时可刺激腰大肌(伸髋时疼痛)或闭孔内肌(屈髋内旋时疼痛)。可见,闭孔内肌试验阳性提示阑尾的位置是盆位(B)。参阅9版《局部解剖学》P135。

992. ABCDE　①急性阑尾炎时,阑尾炎症经阑尾静脉→回结肠静脉→肠系膜上静脉→门静脉→肝脏,可导致门静脉炎和细菌性肝脓肿。当发生细菌性肝脓肿时,可出现寒战高热,右季肋区疼痛,黄疸,B超提示肝脏液性暗区等,故答A。②患者肝脏B超示液性暗区,说明病变部位在肝脏,且为囊性病变,故不答D、E。肝包虫病不会出现感染中毒症状,故不答B。阿米巴肝脓肿常继发于肠道阿米巴病,而不是急性阑尾炎,故不答C。

993. ABCDE　994. ABCDE　995. ABCDE　①医师查体时,让患者仰卧,使右髋和右股屈曲,然后医师向内旋转其下肢,引起患者右下腹疼痛,称为闭孔内肌试验阳性,提示阑尾靠近闭孔内肌(C)。结肠充气试验阳性提示阑尾位置在右下腹麦氏点深面。腰大肌试验阳性提示阑尾位于腰大肌前方。②阑尾的炎症经阑尾静脉→回结肠静脉→肠系膜上静脉→门静脉→肝脏,可导致门静脉炎。当发生门静脉炎时,可出现寒战高热、肝大、剑突下压痛、轻度黄疸。根据题干,本例应诊断为门静脉炎(D)。急性阑尾穿孔常表现为腹痛稍减轻,但腹膜刺激征范围扩大,中毒症状加重。B、C、E与题干所述无关。③急性阑尾炎术后半靠位时,盆腔位置最低,腹腔渗液可积聚在盆腔引起盆腔脓肿,常表现为发热、直肠刺激征。根据题干,本例应诊断为盆腔脓肿,应首先作直肠指检。直肠前壁触及有痛性囊性包块,有助于本病的诊断(E)。若题干要求回答"确诊本病的检查方法"则答案为A。盆腔CT价格昂贵,不作为首选检查。直肠镜检查、钡剂灌肠对盆腔脓肿的诊断价值不大。

996. ABCDE　①行阑尾切除时应仔细处理阑尾残端,否则术后易发生残端瘘。处理阑尾残端时,若为单纯性阑尾炎,阑尾根部充血水肿不严重,则可单纯结扎1~2次即可;也可在结扎后,于盲肠壁上作荷包缝合将阑尾残端埋入;也可单纯荷包缝合包埋,以满意处理阑尾残端;若阑尾水肿严重,甚至已经坏疽,结扎及荷包包埋均不满意,为防止术后残端瘘,可用阑尾系膜、大网膜、脂肪组织等覆盖残端。②阑尾断端切勿直接使用石炭酸烧灼,否则石炭酸会腐蚀盲肠壁导致残端瘘、肠瘘等(E错)。

997. ABCDE　①青年男性,阑尾切除术后5小时,感腹痛,有失血性休克的表现(面色苍白、皮肤湿冷、脉搏增快,血压降低),应考虑并发术后出血,多为术中止血不彻底、阑尾动脉结扎脱落所致(A)。②肠瘘多发生于术后数天,表现为腹腔引流管引出粪样物,腹痛,腹膜刺激征。粘连性肠梗阻多表现为腹痛、腹胀、呕吐、肛门停止排气排便。盆腔脓肿常发生于术后5周左右,多表现为大便次数增多,里急后重。切口裂开常表现为剧烈咳嗽之后,腹壁切口突然流出大量腹腔液。

998. ABCDE　①阑尾切除术后并发症包括腹腔内出血、粪瘘、切口感染、粘连性肠梗阻等,但以切口感染最常见(D)。②腹腔脓肿是急性阑尾炎的并发症,而不是阑尾手术之后的并发症。

999. ABCDE　①患者转移性右下腹痛,应诊断为急性阑尾炎。行阑尾切除术后4天,切口处出现跳痛,局部红肿、化脓,应诊断为切口感染。②阑尾残株炎少见,临床表现类似急性阑尾炎。根据题干,患者无腹腔内出血的表现,故不答C。外瘘形成常可见肠内容物从瘘管外溢。门静脉炎常表现为寒战、高热、肝大、剑突下压痛、轻度黄疸等。

1000. ABCDE　患者转移性右下腹痛5天,应考虑急性阑尾炎。1天前突发右下腹剧痛,全腹压痛,右下腹较重,说明阑尾已穿孔,应行阑尾切除术,手术切口位置首选麦氏切口。

1001. ABCDE　阑尾周围脓肿行脓肿切开引流或术中强行切除阑尾,都容易形成肠瘘,因此常采用保守治疗。阑尾脓肿非手术疗法治愈后其复发率很高,因此应在治愈后3个月左右择期手术切除阑尾,比急诊手术效果好。

1002. ABCDE 1003. ABCDE 1004. ABCDE ①年青女性,转移性右下腹痛12小时,有右下腹压痛,外周血WBC计数增高,中性粒细胞比例增高,应诊断为急性阑尾炎。腰大肌试验阳性,说明阑尾位于腰大肌前方、盲肠后位或腹膜后位,故答C。闭孔内肌试验阳性提示阑尾位于盆位。②妊娠期急性阑尾炎手术时,手术切口需偏高,因为随着子宫的增大,阑尾位置将上移。围手术期应加用黄体酮(孕激素),以降低子宫对外界刺激的反应性,以免早产。关腹前,尽量不用腹腔引流,以减少对子宫的刺激(C错)。术后使用广谱抗生素。临产期的急性阑尾炎,如并发阑尾穿孔,可考虑经腹剖宫产,同时切除病变阑尾。③阑尾切除术后第10天,患者发热,排便、排尿频繁,直肠前壁触及波动感的包块,应考虑并发盆腔脓肿。盆腔脓肿出现波动感,说明脓肿已成熟,需切开引流(A)。B、C、D、E均属于辅助治疗措施。

1005. ABCDE ①小儿急性阑尾炎病情发展较快且较重,早期即可出现高热、呕吐等症状。②由于小儿腹肌不强壮,因此右下腹体征不明显、不典型,但可有局部压痛和肌紧张,是小儿阑尾炎的重要体征(B错)。③小儿急性阑尾炎穿孔率高达30%,并发症发生率、死亡率均较成人高,故应早期手术治疗。

1006. ABCDE ①由于阑尾动脉来源于回结肠动脉,为终末动脉,老年人动脉硬化,因此老年阑尾炎易导致阑尾缺血、坏死(A对)。②因老年人对疼痛感觉迟钝,腹肌薄弱,防御功能减退,故老年阑尾炎的症状和体征均不典型,如腹痛、恶心、寒战、高热、右下腹压痛、反跳痛、肌紧张等均不明显。

1007. ABCDE 患者应诊断为妊娠期阑尾炎,阑尾炎症易导致流产、早产,威胁母子生命安全,因此妊娠期阑尾炎应早期行阑尾切除术。为减少子宫收缩避免早产,可于围手术期加用黄体酮。手术切口须偏高(C错),操作要轻柔,以减少对子宫的刺激。尽量不用腹腔引流。术后使用广谱抗生素。

1008. ABCDE X线钡剂灌肠检查是确诊慢性阑尾炎的主要依据,可见阑尾不充盈或充盈不全,阑尾腔不规则,72小时后透视复查阑尾腔内仍有钡剂残留,即可诊断为慢性阑尾炎。

1009. ABCDE 肛管直肠环是由肛管内括约肌、直肠壁纵肌的下部、肛管外括约肌的深部和邻近的部分肛提肌纤维共同组成的肌环,此环是括约肛管的重要结构,如手术时不慎完全切断,可引起大便失禁。

1010. ABCDE 直肠长度为12~15cm,以腹膜返折为界,分为上段直肠和下段直肠。

1011. ABCDE 齿状线是直肠与肛管的交界线。齿状线上下血管、神经支配及淋巴回流均不相同。

	齿状线上	齿状线下
结构	黏膜	皮肤
神经支配	自主神经(无痛感)	阴部内神经(痛觉敏感)
动脉供应	直肠上、下动脉+骶正中动脉	肛管动脉
静脉回流	直肠上静脉丛→肠系膜下静脉→门静脉	直肠下静脉丛→肛管静脉→下腔静脉
所患疾病	内痔	外痔
淋巴回流	腹主动脉旁淋巴结、髂内淋巴结	腹股沟淋巴结、髂外淋巴结

1012. ABCDE ①齿状线以上的血液供应包括直肠上动脉、直肠下动脉和骶正中动脉。齿状线以下的血液供应主要为肛管动脉,可见直肠上动脉与直肠下动脉不以齿状线为分界线,故答A。②B、C、D、E均以齿状线为分界线。

1013. ABCDE ①肛管的主要功能是排泄粪便,排便过程有着非常复杂的神经反射。直肠下端是排便反射的主要发生部位,是排便功能中的重要环节,在直肠癌行保肛手术时,应重视保护直肠下段,以保持正常的排便反射(C)。②直肠有排便、吸收和分泌功能:可吸收少量的水、盐、葡萄糖和一部分药物;也能分泌黏液以利排便,但直肠的这些功能与题干所述关系不大。

1014. ABCDE　Dixon 手术是指经腹直肠癌根治术,此为保留肛门的术式。以往认为直肠下段是排便反射的主要发生部位,是排便功能中的重要环节,至少需保留 5cm 与肛管相连的直肠,才能保证正常的排便功能。但是近年的临床实践证明,在齿状线上方如保留 1cm 的直肠,术后排便功能可基本保持正常(C)。参阅 7 版《黄家驷外科学》P1592,9 版《外科学》未讲述。

1015. ABCDE　①直肠肛管检查最常用的体位是膝胸位。直肠肛管手术最常用的体位是截石位。最适合作内痔检查的体位是蹲位。对于病重、年老体弱的患者多采用左侧卧位。②患者右侧卧位时,检查者面对被检者,不能进行直肠肛管检查(B 错)。

1016. ABCDE　①儿童直肠息肉直径约 1cm,常表现为鲜红色血便,分布于粪便表面或便后滴血,与粪便不相混合,出血量不多,与内痔酷似,易被误诊为内痔。故儿童有类似内痔出血症状时,应首先考虑直肠息肉。儿童鲜血便以直肠息肉多见,成人鲜血便以痔出血多见。故答 C 而不是 A,很多医考参考书将答案错为 A。参阅 7 版《黄家驷外科学》P1548。临床上儿童内痔罕见。②B、D、E 很容易排除。

1017. ABCDE　①患者便血 1 个月,直肠指检扪及一肿物,柔软,光滑,带蒂,指套血染,应诊断为直肠息肉。②直肠癌多为质硬、菜花状肿块。肿块位于直肠内,故不答 B。血栓性外痔、肛窦炎均会出现肛门剧痛,故不答 C、E。

1018. ABCDE　①肠息肉为良性病变,镜下观形态规则,表面光滑,带蒂。②A、B、D 为直肠癌的镜下特点。C 为痔的镜下特点。

1019. ABCDE　①家族性肠息肉病为遗传性疾病,常开始出现于青春期,若不治疗,几乎 100%癌变,故答 D。②色素沉着息肉综合征(Peutz-Jeghers 综合征)、克罗恩病、溃疡性结肠炎均可癌变,但癌变率不会超过家族性肠息肉病。炎症性息肉并不癌变。

1020. ABCDE　1021. ABCDE　①儿童息肉多发生于 10 岁以下,以错构瘤性幼年性息肉多见。②炎性息肉多为原发疾病的临床表现,如溃疡性结肠炎、克罗恩病均可有炎性息肉。

1022. ABCDE　①青春期男孩,全结肠布满息肉,有家族史,应考虑家族性肠息肉病。②该病常开始于青春期,癌变率几乎 100%,因此应在患者癌变之前手术治疗。因其癌变率几乎 100%,故应将病变肠管全部切除。如直肠病变较轻,可作全结肠切除+末端回肠直肠吻合术,直肠息肉则在术后经直肠镜行电灼切除。若直肠病变严重,则经腹会阴联合全结直肠切除+永久性回肠造口术。因患者直肠病变较轻,故答 B 而不是 E。②结肠次全切除可遗留部分结肠息肉,单纯回肠造瘘没有切除结肠息肉,均将导致癌变,故不答 A、C。患者全结肠满布息肉,不可能靠电灼分次摘除,故不答 D。

1023. ABCDE　①直肠息肉癌变率依次为:家族性肠息肉病(癌变率约 100%)、绒毛状腺瘤(约 50%)、管状腺瘤、混合性腺瘤;②不癌变:增生性息肉、炎性息肉、幼年性息肉,答案为 B。

1024. ABCDE　增生性息肉为黏膜增生性病变,不会癌变,可自行消退,与大肠癌无关。A、B、C、D 均可癌变。

1025. ABCDE　1026. ABCDE　结肠癌的 Dukes 分期标准如下。①Dukes A 期:癌仅限于肠壁内,未超过肌层,无淋巴结转移;癌肿局限于黏膜下层为 A_1 期,局限于浅肌层为 A_2 期,局限于深肌层为 A_3 期。②Dukes B 期:癌肿穿透肠壁,侵入浆膜或/及浆膜外,但无淋巴结转移。③Dukes C 期:癌肿侵犯肠壁全层,有淋巴结转移;其中,C_1 期为淋巴结转移仅限于癌肿附近,如结肠壁及结肠旁淋巴结;C_2 期为淋巴结转移至系膜和系膜根部,但能根治切除。④Dukes D 期:远处转移,或因局部广泛浸润或淋巴结广泛转移,或侵及邻近脏器无法切除者。

1027. ABCDE　直肠癌患者已侵犯阴道后壁,说明已有邻近脏器的侵犯,应属于 Dukes D 期。

1028. ABCDE　①诊断结肠癌最可靠的依据当然是纤维结肠镜+活组织检查(E)。②X 线钡剂灌肠、B 超、CT 均为影像学检查,不能确诊结肠癌。血清癌胚抗原(CEA)测定对结肠癌诊断价值不大。

1029. ABCDE　①老年患者粪隐血试验阳性,说明有肠道出血,提示病变最可能位于肠道。患者右侧腹包块,应诊断为升结肠癌(D)。②十二指肠位置深在,故十二指肠癌很难于腹部触及。胆囊癌多位于右上腹部。阑尾类癌常位于右下腹部。胰头癌常位于左上腹部。

1030. ABCDE ①直肠癌行 CT 检查,有助于判断肿瘤浸润肠壁的深度及邻近组织、器官的局部浸润情况(E)。②结肠镜是诊断直肠癌的基本方法,但不能明确直肠癌邻近器官的浸润情况,故不答 A。消化道 X 线钡剂造影对直肠癌的诊断价值不大,故不答 B、C。直肠腔内超声检查可检测肿瘤浸润肠壁的深度,但腹部 B 超主要用于了解直肠癌有无肝转移,故不答 D。

1031. ABCDE 血清癌胚抗原(CEA)值约 45%的结肠癌患者高于正常,但特异性不高。

1032. ABCDE 1033. ABCDE ①所给 5 个答案项均为结肠癌,只要根据题干判断癌肿部位即可。患者左侧腹部平脐可触及包块,应诊断为降结肠癌(D)。②为明确诊断,应首选结肠镜检查(A)。胃镜常用于诊断胃癌。腹部 CT、腹部 B 超、全消化道钡剂造影均为影像学检查,不能确诊结肠癌。

1034. ABCDE 结肠癌大体分 3 型。①肿块型:肿瘤向腔内生长,多见于右侧结肠癌;②浸润型:肿瘤沿肠壁浸润,多见于左侧结肠癌;③溃疡型:肿瘤向肠壁深层生长并向周围浸润,是结肠癌常见类型。

1035. ABCDE ①老年女性,腹痛,排便习惯改变,血便,贫血,应考虑结肠癌(D)。②回盲部结核多有低热盗汗、回盲部肿块,一般不会有血便。粘连性肠梗阻常有腹部手术史,痛、吐、胀、肛门停止排气排便的典型症状。溃疡性结肠炎常表现为黏液脓血便,里急后重,不会出现渐进性排便困难。家族性息肉病一般青春期开始发病,癌变率几乎 100%,表现为整个结肠满布息肉,无进行性排便困难。

1036. ABCDE ①老年患者,长期腹部隐痛,腹胀,贫血,便血,右下腹扪及肿块,应首先考虑回盲部肿瘤(D)。②回盲部套叠多见于 2 岁以下的儿童,常表现为“阵发性腹痛、果酱样大便、回盲部空虚、腊肠样包块”。回盲部结核多见于青年,常有肺结核病史及低热盗汗,便血少见。溃疡性结肠炎常表现为腹痛,黏液脓血便,左下腹压痛。克罗恩病可有腹部隐痛,腹胀,但腹部包块少见。

1037. ABCDE ①老年患者,排便习惯改变,间断鲜血便,肛门下坠感,体重下降,粪隐血试验阳性,应首先考虑结肠癌(D)。②痔不会出现腹痛,体重下降,故不答 A。肠易激综合征为肠道功能紊乱所致,不会出现鲜血便。炎症性肠病常表现为腹痛腹泻,黏液脓血便,左下腹轻压痛,但多为反复间断发作。肠结核多表现为低热盗汗,腹痛,腹泻,不会出现肛门下坠感。

1038. ABCDE ①结肠癌最早出现的临床症状是排便习惯和粪便性状的改变(A)。②腹部肿块、腹胀、面色苍白、乏力均为结肠癌的中、晚期症状。腹痛为早期症状之一。

1039. ABCDE 右侧结肠癌以全身症状、贫血、腹部肿块为主要表现。左侧结肠癌以肠梗阻、便秘、腹泻、便血为主要表现。升结肠癌属于右侧结肠癌,故答 E。

1040. ABCDE ①盲肠癌患者可有缺铁性贫血,主要是癌肿出血导致的慢性失血。②尽管盲肠癌以肿块型多见,但由于右侧结肠内常为从末端回肠过来的较稀大便,因此不易引起结肠梗阻。左侧结肠癌尽管以浸润型多见,但由于左侧结肠内大便干结,故易导致肠梗阻。③盲肠癌以肿块型多见,当肿块较大时,可压迫阑尾致阑尾腔堵塞,引起急性阑尾炎,很多病例因为急性阑尾炎于术中探查才被确诊为盲肠癌。④盲肠癌晚期可有全身症状,如原因不明的低热、消瘦、乏力等。

1041. ABCDE ①结肠癌大体分三型,即肿块型、浸润型和溃疡型。溃疡型约占结肠癌的 50%,多见于直肠癌,恶性程度高,预后差,参阅 7 版《黄家驷外科学》P1561。②肿块型多见于右侧结肠癌,但由于右侧结肠内常为较稀的大便,因此不易引起结肠梗阻。浸润型多见于左侧结肠癌,常沿肠壁浸润生长,容易引起肠腔狭窄和肠梗阻(D 对)。③45%的结肠癌患者血清癌胚抗原(CEA)增高。

1042. ABCDE 患者肿块位于右侧中腹部,最可能为升结肠癌,A、B、D、E 可能性较小。

1043. ABCDE ①老年患者,排便习惯改变,消瘦,大便隐血阳性,应考虑结肠癌。为明确诊断,最适宜的检查是结肠镜检(E)。②腹部 X 线片、腹部 B 超、腹腔镜对结肠癌诊断价值不大。血清 CEA 测定常用于判断结肠癌术后有无复发。

1044. ABCDE ①右侧结肠癌以全身症状、贫血、腹部肿块为主要表现。患者有发热、贫血、消瘦等全身症状,右下腹包块及腹泻,应诊断为升结肠癌(D)。②肠结核好发于年轻人,常表现为低热盗汗等结核中毒症状,可有右下腹包块,但不会出现黏液血便。慢性阑尾炎常表现为持续性右下腹疼痛,不会出现右下腹包块。肠套叠好发于2岁以下的男孩,常表现为阵发性腹痛、果酱样大便、腊肠样包块、右下腹空虚。右髂窝脓肿常表现为寒战高热,右髂窝压痛性包块,不会出现黏液血便。

1045. ABCDE　①右侧结肠癌以全身症状、贫血、腹部肿块为主要表现。患者有贫血、消瘦、乏力等全身症状,右下腹包块,便血,应诊断为升结肠癌(D)。②降结肠癌的腹部肿块应位于左中腹,而不是右下腹,故不答A。结肠息肉、溃疡性结肠炎、慢性细菌性痢疾均不会出现腹部包块,故不答B、C、E。

1046. ABCDE　①老年患者,低热,右侧腹部隐痛,贫血,右中腹质硬包块,应考虑右侧结肠癌。为明确诊断,应首选纤维结肠镜+活组织检查(C)。②胃镜常用于诊断胃部疾病。全消化道钡餐造影、腹部CT为影像学检查,均不能确诊结肠癌。静脉肾盂造影常用于诊断慢性肾盂肾炎。

1047. ABCDE　1048. ABCDE　①患者大便习惯改变,消瘦,右下腹包块质硬,应诊断为结肠癌(E)。慢性细菌性痢疾、溃疡性结肠炎、结肠息肉均不会出现右下腹肿块。肠结核多表现为低热盗汗,腹泻与便秘交替出现,可有右下腹肿块,质软,有压痛。②为明确结肠癌的诊断,应首选结肠镜、活组织病理检查(D)。大便细菌培养常用于诊断细菌性痢疾。CT、B超、X线钡剂造影均为影像学检查,不能确诊结肠癌。

1049. ABCDE　1050. ABCDE　1051. ABCDE　1052. ABCDE　①癌胚抗原(CEA)对结肠癌的诊断价值不大,主要用于判断预后和术后复发(B)。甲胎蛋白(AFP)常用于原发性肝癌的诊断和预后判断。癌抗原199(CA199)常用于胰腺癌的诊断。CA125常用于卵巢癌的诊断。CA50常用于乳腺癌、肺癌的诊断。②乙状结肠癌可经肠系膜上静脉→门静脉→肝脏,发生肝转移。因此乙状结肠癌最常发生远处转移的脏器为肝脏,也可转移至肺、脑、骨、胰等,但少见。③结肠癌Dukes A期是指癌仅限于肠壁内,未超过肌层,无淋巴结转移。B期是指癌肿穿透肠壁,侵入浆膜或/及浆膜外,但无淋巴结转移。C_1期为癌肿转移至结肠旁淋巴结;C_2期为系膜和系膜根部淋巴结转移,故答D。④乙状结肠癌以腺癌多见,其化疗常以5-氟尿嘧啶(5-FU)为基础用药,常用方案为5-FU+左旋咪唑或四氢叶酸,参阅6版《外科学》P514。注意:9版《外科学》P393新方案包括:FOLFOX方案(5-FU+奥沙利铂+亚叶酸钙)、CAPEOX方案(奥沙利铂+卡培他滨)。

1053. ABCDE　①患者右下腹隐痛,低热,贫血,钡剂灌肠示回盲部占位性病变,应诊断为回盲部肿瘤。最合适的手术方式是右半结肠切除术(D)。②回肠-横结肠吻合术、回肠造口术适合于患者全身情况差、局部水肿严重、伴严重肠梗阻,不能行一期手术的患者。全结肠切除术主要用于家族性结肠性息肉病的治疗。局部切除易发生吻合口瘘,临床上很少使用。

1054. ABCDE　①左侧结肠癌若术前不行充分肠道准备,而一期行左侧结肠癌切除+吻合术,则术后极易发生吻合口漏,导致严重后果。因此左侧结肠癌合并急性肠梗阻,一般应在梗阻部位的近端作横结肠造口,再二期手术行根治性切除(D)。②局部肠段切除达不到根治肿瘤的目的。回肠直肠吻合术,没有切除肿瘤,且易导致盲袢综合征。癌近端肠管切除既不能解除患者的肠梗阻症状,也不能切除肿块,故不宜选用。

1055. ABCDE　降结肠肿瘤导致的急性肠梗阻,且肠管充血肿胀严重,不能一期作根治性手术,否则由于肠道准备不充分,肠管壁血运差,术后极易发生吻合口瘘等严重并发症危及患者生命。正确的处理方法是一期解除肠梗阻,缓解症状,二期行病灶切除或根治手术。

1056. ABCDE　①结肠肝曲癌属于右半结肠癌,应行右半结肠切除,切除范围包括右半横结肠以近及回肠末段和相应系膜,回肠与横结肠端端吻合或端侧吻合。②横结肠切除术适用于横结肠癌。C、D、E显然不是正确答案。

1057. ABCDE　①临床上,直肠癌患者从出现症状到明确诊断,平均历时6个月以上。分析直肠癌延误诊断的原因,最常见的是未行直肠指检(B)。国人约70%的直肠癌为低位直肠癌,能在直肠指检时触及。因此凡遇患者便血、大便习惯改变、大便变形,均应行直肠指检。②大便隐血试验为直肠癌的筛选试验。内镜检查为直肠癌的主要检查方法。肿瘤标记物 CEA 对直肠癌诊断价值有限。

1058. ABCDE ①国人的直肠癌大部分为低位直肠癌,约 70%的直肠癌可直肠指检触及,因此对疑有肛管直肠肿瘤的患者,应常规行直肠指检,以免漏诊(A)。②乙状结肠镜、直肠镜、钡餐、B 超检查,均需借助于仪器,不属于最简单而重要的检查。

1059. ABCDE 国人的直肠癌大部分为低位直肠癌,约 70%的直肠癌可直肠指检触及。

1060. ABCDE 1061. ABCDE ①大规模筛查的方法必须简单、无创、敏感性高、易于为大众接受。因此直肠癌的大规模筛查方法为大便隐血试验,其无症状阳性者的癌肿发现率在 1%以上(E)。②国人的直肠癌大部分为低位直肠癌,约 70%的直肠癌可直肠指检触及,因此对疑有直肠癌的患者,应首先行直肠指检,以免漏诊(C)。③血清癌胚抗原(CEA)测定对直肠癌特异性差,缺乏早期诊断价值,目前常用于判断预后和术后复发。直肠镜、B 超为直肠癌的辅助诊断方法。

1062. ABCDE ①排便习惯改变为直肠癌最早出现的症状,癌肿破溃感染可导致脓血便,故本例应诊断为直肠癌(A)。②直肠息肉多无症状。肛瘘常表现为反复发作的肛周窦道,外口流出脓性分泌物。内痔常表现为无痛性便血。肛裂常表现为排便和便后肛门疼痛,伴大便带鲜血。

1063. ABCDE ①直肠癌多有直肠刺激症状,如便意频繁,早期即有排便习惯改变;便前有肛门下坠感,里急后重等。若癌肿破溃感染,可表现为大便表面带血、黏液、脓血便。②直肠癌以腺癌多见,占 75%~85%。③直肠癌浸润肠管可致肠管狭窄,造成不全性肠梗阻,而完全性肠梗阻少见(B 错)。

1064. ABCDE ①老年患者,大便习惯改变,里急后重,黏液血便,应考虑直肠癌,首先应进行的检查是直肠指检。直肠指检简单易行,可以发现约 70%的直肠癌,是诊断直肠癌最重要的方法(D)。②腹部 B 超主要用于了解有无直肠癌肝转移。直肠镜是确诊直肠癌的首选检查。大便隐血是直肠癌普查的首选检查。下消化道 X 线钡剂造影对直肠癌的诊断意义不大。

1065. ABCDE ①以腹膜返折为界,将直肠分为上段直肠和下段直肠。上段直肠癌主要向上沿直肠上动脉、肠系膜下动脉、腹主动脉周围淋巴结转移,发生逆行性转移者少见。②下段直肠癌以向上和侧方转移为主,向侧方经直肠下动脉旁淋巴结引流到盆腔侧壁的髂内淋巴结,向下沿肛管动脉、阴部内动脉旁淋巴结达到髂内淋巴结(少见)。齿状线周围的癌肿可向下转移至腹股沟淋巴结。

1066. ABCDE 患者里急后重,便血,直肠指检可触及带蒂包块。肛门见可复性肿物,说明该包块蒂较长,可突出肛门外,应诊断为直肠新生物。为明确肿块性质,最有意义的检查当然是结肠镜+活检。

1067. ABCDE ①约 45%的直肠癌患者癌胚抗原(CEA)阳性,但特异性不高,因此 CEA 测定一般不用于直肠癌的早期诊断,而用于预测预后和监测术后复发。②确定直肠癌是否有转移的方法是 B 超和 CT 检查。直肠癌分期的依据是肿瘤浸润肠管壁的深度、有无淋巴结转移及远处转移,而不是血清 CEA 值,尽管血清 CEA 水平与 Dukes 分期呈正相关。决定直肠癌手术方式的主要依据是肿块下缘距肛缘的距离,而不是血清 CEA 值。

1068. ABCDE 1069. ABCDE 1070. ABCDE ①老年男性,排便次数增加,里急后重,大便表面带血,体重减轻,应考虑直肠癌。为明确诊断,首选的体格检查是直肠指检,因为国人以低位直肠癌多见,直肠指检可发现 60%~70%的直肠癌。不要误答 D,结肠镜是确诊直肠癌的首选检查。腹部 CT、腹部超声、粪隐血为直肠癌的辅助检查。②直肠癌的手术,是否能保留肛门主要取决于直肠癌下缘与齿状线的距离。若此距离>5cm,常行 Dixon 手术;若<5cm,则行 Miles 手术。③直肠癌可经直肠上静脉→肠系膜下静脉→门静脉,经血液循环转移至肝脏。肝脏是直肠癌远处转移最常见的部位。

1071. ABCDE 1072. ABCDE 1073. ABCDE ①患者有全身症状(贫血、消瘦、乏力)、右中腹包块,应考虑右侧结肠癌。为明确诊断,当然首选纤维结肠镜+活组织检查(A)。癌胚抗原(CEA)测定对结肠癌的诊断价值不大。CT、B 超、X 线钡餐均为影像学检查,不能确诊结肠癌。②结肠癌应常规进行术前准备,以肠道准备最重要,若肠道准备不充分,则术后易发生吻合口漏,造成严重后果(B)。纠正营养不良、心肺肝肾功能检查、心理准备都是一般性术前准备。③结肠癌根治术后,Dukes A、B、C

期的 5 年生存率分别为 80%、65%和 30%，9 版《外科学》已删除相关内容。

1074. ABCDE　直肠癌手术方式的选择应根据癌肿所在部位、大小、活动度、细胞分化程度以及术前的排便控制能力等因素综合判断，其中以肿瘤距肛门（肛缘）的距离最为重要。如直肠癌下缘距肛门<5cm 选用 Miles 手术，直肠癌下缘距肛门>5～7cm 选用 Dixon 手术，参阅 7 版《黄家驷外科学》P1646。

1075. ABCDE　①直肠癌能否保肛主要取决于肿块下缘距肛门（肛缘）的距离。如直肠癌下缘距肛门<5cm选用 Miles 手术，则不能保留肛门；如直肠癌下缘距肛门 5～7cm 以上选用 Dixon 手术，则可保留肛门，故答案为 D。②虽然周围淋巴结状况、肠壁浸润深度、组织学分类、局部浸润情况，均可作为手术方式的参考，但都不是决定手术方式的最主要因素。

1076. ABCDE　直肠癌手术方式的选择应根据癌肿所在部位、大小、活动度、细胞分化程度以及术前的排便控制能力等因素综合判断。可见，这些因素不包括肿瘤病理类型（E）。

1077. ABCDE　直肠癌手术方式主要根据癌肿所在的部位，即肿瘤距肛门（肛缘）的距离决定。如直肠癌下缘距肛门<5cm 选用 Miles 手术，则不能保留肛门；如直肠癌下缘距肛门 5～7cm 以上选用Dixon手术，则可保留肛门。患者肿块距肛缘仅 3cm，不能保留肛门，否则肿瘤不能切除干净。

1078. ABCDE　①直肠癌手术方式主要根据肿瘤距肛缘的距离决定。如直肠癌下缘距肛门<5cm，可选用经腹会阴联合直肠癌根治术（Miles 手术）；如直肠癌下缘距肛门 5～7cm 以上可选用经腹直肠癌根治术，即直肠前切除术（Dixon 手术），故答 C。②“经腹直肠癌切除，远端封闭，近端造瘘术”（Hartmann 手术）适用于全身情况很差的直肠癌患者。拉下式直肠癌切除术（Bacon 手术）临床上少用。经直肠镜肿瘤切除术适用于恶性程度不高、且不能耐受根治术的早期直肠癌。

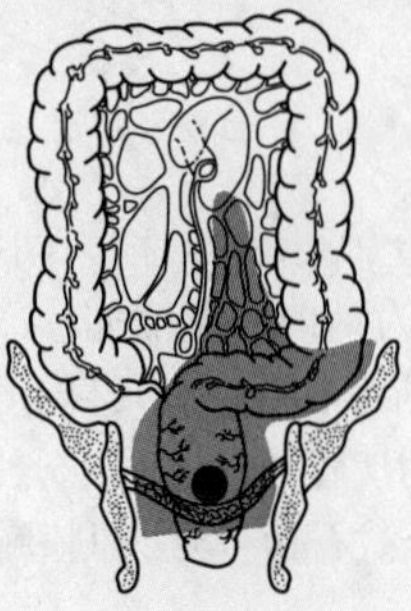

Dixon手术

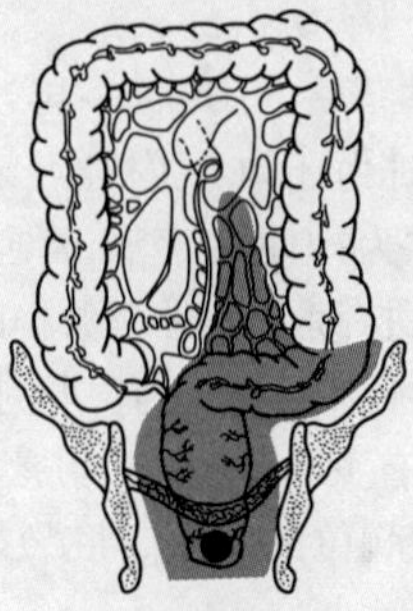

Miles手术

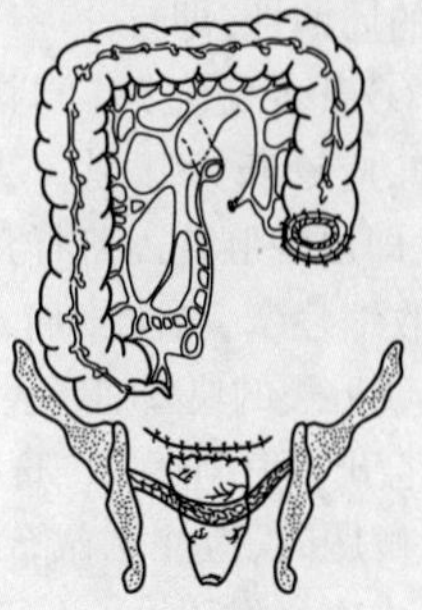

Hartmann手术

1079. ABCDE　患者直肠癌距肛门 7cm，应作保留肛门的经腹直肠癌切除术，即 Dixon 手术（A）。

1080. ABCDE　①伴有完全性肠梗阻的高位直肠癌，术前没有进行肠道准备，不宜急诊一期行 Dixon 术、姑息性病灶切除吻合术，否则术后极易发生吻合口漏。高位直肠癌不宜行 Miles 术，因为此种手术不能保留肛门，会给患者术后的生活工作带来很大不便，故不答 B。升结肠因结肠系膜固定于侧腹膜，不宜拖出腹腔外行造瘘术，故不答 C。②伴有完全性肠梗阻的高位直肠癌，应行 Hartmann 手术。

1081. ABCDE　直肠癌患者肿瘤距肛门<5cm，应行经腹会阴联合直肠癌根治术（Miles 手术）。

1082. ABCDE　1083. ABCDE　1084. ABCDE　1085. ABCDE　①患者有里急后重等直肠刺激症状，应诊断为直肠癌（A）。B、C、D、E 均不会产生直肠刺激征。②为明确诊断，应首选直肠指检+直肠镜检（A）。大便常规检查无特异性。腹部 B 超、X 线片、钡剂灌肠对直肠癌的诊断价值不大。③直肠癌的治疗首选根治性切除术（B）。肠造瘘术适用于直肠癌合并急性肠梗阻。化学治疗、放射治疗、免疫治疗都是直肠癌的辅助治疗措施。④Dukes A_1 期是指癌灶侵犯黏膜下层；Dukes A_2 期是指癌灶侵犯浅肌层，但未穿透浆膜层；Dukes B 期是指癌肿穿透肠壁，侵入浆膜或浆膜外，但无淋巴结转移；Dukes C_1 期为癌肿转移至结肠旁淋巴结；Dukes C_2 期为系膜和系膜根部淋巴结转移，故答 B。

1086. ABCDE　1087. ABCDE　1088. ABCDE　①患者有直肠刺激征（大便次数增多、肛门坠胀感、里急后重),粪便变细、黏液脓血便,经抗生素治疗无效,应考虑直肠癌,应首先进行的检查是直肠指检,因为70%的直肠癌可直肠指检触及。直肠镜检查虽可确诊直肠癌,但为有创检查,故最佳答案为A而不是D。钡灌肠、B超、CT均为影像学检查,不能确诊直肠癌,故不答B、C、E。②患者直肠肿块距肛门12cm,治疗应首选保留肛门的Dixon手术(D)。Miles手术适用于肿块距肛门<5cm的直肠癌。乙状结肠造口术适用于合并急性肠梗阻的直肠癌。Hartmann手术适用于全身情况很差,不能耐受Miles手术的直肠癌。局部切除术适用于直径<2cm的黏膜下癌。③Dukes A期直肠癌行根治术后可不追加化疗,参阅5版《外科学》P581。9版《外科学》P393:术后化疗适合于Ⅱ、Ⅲ期直肠癌。

1089. ABCDE ①肛裂患者若行直肠指检,会引起剧烈疼痛,故不宜施行此项检查(A)。若必需行直肠指检,可在局麻下进行。②B、C、D、E均可行直肠指检,但内痔不能触及。

1090. ABCDE 绝大多数肛裂位于肛管后正中线上。在肛裂裂口上端,肛门瓣和肛乳头水肿,形成肥大乳头。在肛裂裂口下端,皮肤因炎症、水肿及静脉、淋巴回流受阻,形成袋状皮垂向下突出于肛门外,称为前哨痔。肛裂、前哨痔、肛乳头肥大常同时存在,称为肛裂三联症。

1091. ABCDE ①肛裂是齿状线下肛管皮肤裂伤后形成的小溃疡。由于齿状线以下的皮肤由阴部内神经支配,感觉敏感,因此肛裂时可有剧烈疼痛。肛裂的典型表现为肛门疼痛和便血。②无痛性血便为内痔的特点。肛门下坠感为坐骨直肠窝脓肿的特点。肛门瘘管外口有脓性分泌物为肛瘘的特点。粪便上附有鲜血为直肠出血的特点。

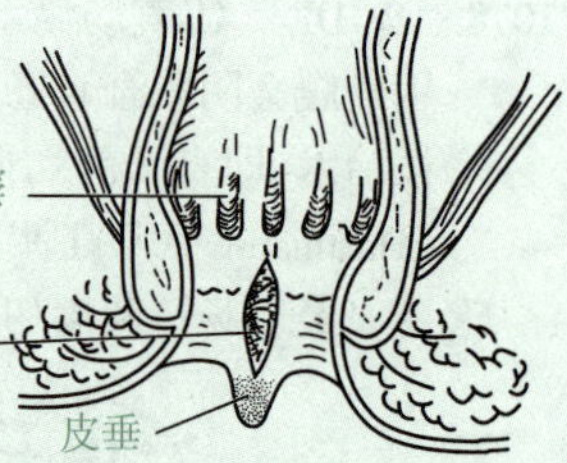

肛裂三联征=肛乳头肥大+肛裂+前哨痔

1092. ABCDE 肛裂的典型临床表现为肛门疼痛和便血。肛门疼痛有典型的周期性,即排便时疼痛→间歇期→再次剧痛。

1093. ABCDE ①患者便血,有"排便时疼痛→间歇期→再次剧痛"的规律,应诊断为肛裂。②排便时由于肛裂内神经末梢受刺激,立即出现肛管刀割样疼痛,称为排便时疼痛。便后数分钟可缓解,称为间歇期。随后因肛门括约肌收缩痉挛,再次剧痛,此期可持续半小时至数小时,称为括约肌挛缩痛(A)。

1094. ABCDE ①肛裂的典型临床表现为疼痛、便秘和便血,本例应诊断为肛裂(E)。②内痔和外痔虽可有便血,但都不会出现肛门疼痛。直肠癌可有直肠刺激征。肛瘘表现为瘘管外口处反复分泌脓性分泌物。

1095. ABCDE 解题时,应注意截石位和膝胸位的关系。肛裂好发于截石位6点,即膝胸位的12点。

1096. ABCDE 内痔好发于截石位3、7、11钟点位(E)。

1097. ABCDE ①内痔早期痔核脱出少见,主要表现为无痛性间歇性便后出血。②痔块脱位常见于晚期内痔。疼痛伴血便为肛裂的特点。肛门瘘管外口常有黏液分泌物、肛门瘙痒感为肛瘘的特点。

1098. ABCDE ①血栓性外痔常表现为肛周暗紫色长条圆形肿物,表面皮肤水肿、质硬、压痛明显(D)。②直肠脱垂可表现为圆形、红色、表面光滑的肿物,无压痛。

1099. ABCDE ①内痔的主要临床表现为出血和脱出。内痔早期无痔核脱出,多表现便后滴鲜血。随着病情进展,出现痔核脱出,可自行回纳;晚期痔核脱出后不能自行回纳。根据题干,本例应诊断为内痔(D)。②直肠癌不会出现肿块脱出后自行回缩。混合痔多为晚期痔,故脱出的痔核不会自行回纳。外痔的痔核位于齿状线以下,不会自行回缩。直肠脱垂常表现为肿物自肛门脱出,无出血。

1100. ABCDE ①外痔为齿状线下方直肠下静脉丛曲张团块形成,主要表现为痔核,无肛门疼痛。由于齿状线以下皮肤由阴部内神经支配,痛觉敏感,因此血栓性外痔可有剧烈疼痛。患者肛门口有痔核(直径1cm暗紫色肿物),触痛明显,应诊断为血栓性外痔(A)。②肛门黑素瘤、直肠息肉脱出均不会出现肛门疼痛,故不答B、D。患者痔核直径1cm,不可能脱出嵌顿坏死,故不答C。肛裂所致前哨痔应该还可见齿状线以上的肛乳头肥大及肛裂裂口,故不答E。

1101. ABCDE 1102. ABCDE ①直肠脱垂主要表现为排便时直肠黏膜自肛门脱出。初发时较小,排便时脱出,便后可自行复位。当体积较大时,便后需用手托回肛门内(C)。直肠脱垂呈环形,黏膜表面平滑，肛管括约肌松弛。②环形痔是指混合痔呈环状脱出肛门外，黏膜呈梅花瓣状，括约肌不松弛(B)。③混合痔是指内痔和外痔同时存在。内痔常表现为出血和脱出。外痔常见痔核。

1103. ABCDE　①肛瘘是指肛门周围的肉芽肿性管道，由内口、瘘管、外口三部分组成。大部分肛瘘由直肠肛管周围脓肿引起，内口多在齿状线上肛窦处，脓肿自行破溃或切开引流处肛周皮肤形成外口(B)。②痔、脱肛均与肛周脓肿切排无关。肛周脓肿切开引流时，若损伤肛管直肠环，可导致大便失禁，但少见。肛裂常表现为疼痛、便秘和便血。

1104. ABCDE　直肠肛管周围脓肿以肛门周围脓肿最常见(占40%~60%)，其次为坐骨肛管间隙脓肿(占20%~25%)、骨盆直肠间隙脓肿、肛管括约肌间隙脓肿、直肠后间隙脓肿、直肠壁内脓肿等。

1105. ABCDE　①患者畏寒发热，肛门周围红肿、疼痛，应诊断为肛周脓肿(A)。②肛窦炎常表现为肛窦而不是肛周皮肤的红肿疼痛。混合痔、内痔、肛瘘均不会有畏寒发热、局部疼痛等炎症表现。

1106. ABCDE　患者肛门肿痛，高热，局部压痛，白细胞总数和中性粒细胞比例增高，应诊断为肛周脓肿。局部波动感明显，说明脓肿已成熟，应切开引流(D)。A、B、C、E都是肛周脓肿的早期治疗措施。

1107. ABCDE　①患者发热，肛门周围红肿疼痛，说明肛周局部症状明显，应诊断为肛周皮下脓肿(D)。②直肠黏膜下脓肿、肛管括约肌间隙脓肿、直肠后间隙脓肿位置均较深，局部症状多不明显，主要表现为会阴部坠胀。骨盆直肠间隙脓肿位置深，脓腔大，常表现为全身症状重而局部症状不明显。

1108. ABCDE　①患者局部症状和全身症状均较重，应诊断为坐骨肛管间隙脓肿。患者局部饱满有波动感，故应行脓肿切开引流。②A、C、D、E都是坐骨肛管间隙脓肿的临床表现，而不是脓肿切排的指征。

1109. ABCDE　1110. ABCDE　①直肠癌肛诊检查时，可触及不规则肿物，溃疡或菜花状，质硬，固定，指套上常有脓血和黏液(B)。②直肠息肉肛诊检查时，可触及肠腔内条索状肿块，大小不等，质地稍硬，固定或活动度较大，活动度较大的可触及蒂部(E)。③肛裂不宜作肛诊检查，否则可诱发肛门剧痛。肛瘘沿瘘外口向肛门方向延伸，双指合诊常可扪及条索状物或瘘内口处小硬结。注意：直肠息肉和肛瘘都可扪及条索状肿物，但前者位于肠腔内，后者位于肠壁中。肛诊检查不能触及内痔。

1111. ABCDE　1112. ABCDE　①血栓性外痔常表现为肛周暗紫色长条圆形肿物，表面皮肤水肿，质硬，压痛明显(A)。②肛瘘常表现为瘘外口流出少量脓性、血性、黏液性分泌物，由于分泌物的刺激，使肛门部潮湿、瘙痒，有时形成湿疹(E)。③内痔常表现为便时出血和痔核脱出。肛周脓肿常表现为肛周红肿、硬结、疼痛、波动感等。肛裂常表现为疼痛、便秘和出血。

1113. ABCDE　1114. ABCDE　①肛瘘手术的关键是尽量减少肛门括约肌的损伤，防止肛门失禁，避免瘘的复发。对于高位单纯性肛瘘可采用挂线疗法，利用橡皮筋的机械切割作用，缓慢切开肛瘘，使肌肉组织一边坏死，一边愈合，从而避免被切断的肛管直肠环回缩引起肛门失禁(B)。②对于低位单纯性肛瘘，因瘘管在外括约肌深部以下，手术不会损伤肛门括约肌深部，不会出现术后肛门失禁，因此可一次性行肛瘘切除，切除瘘管及瘘管周围的瘢痕组织(C)。③瘘管切开主要适用于低位复杂性肛瘘。切开联合挂线主要适用于复杂性肛瘘。肛瘘无需进行激光治疗。

1115. ABCDE　①肛瘘主要表现为瘘外口流出少量脓性、血性、黏液性分泌物。由于分泌物的刺激，可有肛门部潮湿、瘙痒。根据题干，本例应诊断为肛瘘(D)。②内痔脱出常表现为出血、痔核脱出。外痔常表现为肛门不适，潮湿，外痔痔核。混合痔常表现为内痔和外痔同时存在。肛裂常表现为疼痛、便秘、出血，体检可发现肛裂三联征。

1116. ABCDE　①患者肛门旁红肿疼痛，之后破溃流出脓液，病史长达2个月，不可能诊断为急性肛周脓肿，而应诊断为肛瘘。肛瘘手术的关键是尽量减少肛门括约肌的损伤，防止肛门失禁，避免瘘的复发，为此应准确找到肛瘘外口-瘘管-内口的位置。A仅适用于低位肛瘘的治疗，故答D而不是A，因为A只适合低位复杂性肛瘘，而D适用于所有肛瘘。②B、C、E均为肛瘘的一般性治疗措施。

1117. ABCDE　临床上按瘘管与括约肌的关系，将肛瘘分为4型：肛管括约肌间型(占70%)、经肛管括约肌型(占25%)、肛管括约肌上型(占4%)、肛管括约肌外型(占1%)。

1118. ABCDE　肝内缺少 Glisson 系统分布的部位称为肝裂。肝内有 3 个叶间裂,2 个段间裂。叶间裂包括正中裂、左叶间裂和右叶间裂。正中裂在肝的膈面相当于自肝前缘的胆囊切迹中点,至下腔静脉左缘连线的平面;在肝的脏面以胆囊窝和腔静脉沟为标志。正中裂将肝分为左右大致对称、相等的左、右半肝。

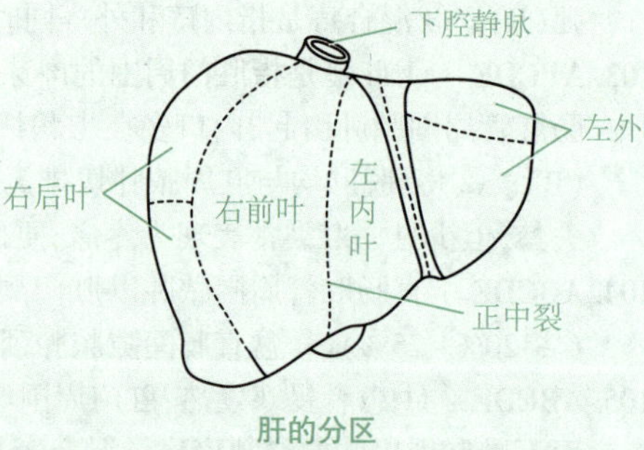

肝的分区

1119. ABCDE　①在肝的脏面有两条韧带,即肝胃韧带和肝十二指肠韧带。在肝十二指肠韧带内,含有门静脉、肝动脉、淋巴管、淋巴结、神经,称为肝蒂。可见,肝蒂中不含有肝静脉。②肝静脉是肝血液的流出管道,三条主要的肝静脉(肝左、中、右静脉)在肝后上方的静脉窝进入下腔静脉,称为第二肝门。

1120. ABCDE　在肝实质内,门静脉、肝动脉和肝胆管的管道分布大体上一致,共同被包裹在 Glisson 鞘内。

1121. ABCDE　肝脏由双重血液供应,25%~30%来自肝动脉,70%~75%来自门静脉(E)。

1122. ABCDE　肝脏受门静脉、肝动脉的双重血液供应,其中门静脉供血占 60%~80%,肝动脉供血占 20%~40%。

1123. ABCDE　①门静脉由肠系膜上静脉和脾静脉在胰头、胰体交界处的后方汇合而成,故脾静脉属于门静脉系统。②髂内静脉属于腹盆腔静脉。肾静脉、肝静脉、直肠下静脉均属于下腔静脉系统。

1124. ABCDE　①细菌性肝脓肿的病因以胆道逆行感染最常见,约占 50%,即肠道内的大肠埃希菌经十二指肠大乳头,沿胆道上行,经胆总管逆行进入肝脏所致(E)。②A、B、C、D 均属于少见病因。

1125. ABCDE　1126. ABCDE　①体表化脓感染的致病菌多为金黄色葡萄球菌,当并发菌血症时,细菌可经肝动脉入肝引起细菌性肝脓肿(B)。②胆源性肝脓肿多为胆道逆行感染所致,即肠道内的大肠埃希菌经十二指肠大乳头,沿胆道上行,经胆总管逆行进入肝脏,引起细菌性肝脓肿(D)。

1127. ABCDE　①患者寒战高热,右上腹疼痛,肝肿大,B 超示肝内多个液性暗区,白细胞总数和中性粒细胞比例增高,应诊断为细菌性肝脓肿。②细菌性肝脓肿的致病菌多为大肠埃希菌、金黄色葡萄球菌、厌氧链球菌等。在所给 5 个选项中,仅 B 项符合,故答 B。③产气荚膜梭菌可导致气性坏疽。溶血性链球菌常导致急性蜂窝织炎。肉毒梭菌常导致食物中毒。志贺菌常导致细菌性痢疾。

1128. ABCDE　①患者右上腹痛,寒战高热,白细胞计数和中性粒细胞比例显著升高,应首先考虑细菌感染性疾病,故可排除 E。②患者 B 超显示肝脏占位性病变,故可排除 B、D。③患者 B 超显示肝右叶液性暗区而不是低回声区,应诊断为细菌性肝脓肿而不是肝癌,故答 A 而不是 C。

1129. ABCDE　①青年男性,淋雨后寒战高热,右上腹痛,肝肿大,压痛明显,右腋前线第 8 肋间叩痛,应考虑急性肝脓肿。为明确诊断,首选的检查是腹部 B 超(D)。②肝功能、肝炎病毒标志物检测常用于病毒性肝炎的诊断。胸部 X 线片常用于肺炎的诊断。血甲胎蛋白测定常用于原发性肝癌的诊断。

1130. ABCDE　老年女性,右上腹痛 5 天,畏寒高热,肝大,白细胞计数和中性粒细胞比例增高,B 超示右肝叶多个液化暗区,应诊断为肝脓肿,致病菌以大肠埃希菌最常见,其次为厌氧菌。

1131. ABCDE　①细菌性肝脓肿常较小,多发性;阿米巴性肝脓肿较大,多为单发。②细菌性肝脓肿起病急骤,全身症状严重,常伴寒战高热。阿米巴肝脓肿起病缓慢,病程较长。③阿米巴肝脓肿多为棕褐色脓液,无臭味(D 对)。阿米巴肝脓肿患者粪便中可找到阿米巴滋养体,而不是原虫。

1132. ABCDE　①细菌性肝脓肿全身中毒症状明显,常伴寒战高热,其脓肿较小,常为多发。细菌性肝脓肿多为胆道逆行感染所致,致病菌以大肠埃希菌多见。②细菌性肝脓肿穿刺多为黄白色脓液(D 错)。穿刺脓液呈咖啡色提示阿米巴性肝脓肿。③血源性细菌性肝脓肿血细菌培养常为阳性。

1133. ABCDE　1134. ABCDE　①细菌性肝脓肿的常见致病菌为大肠埃希菌等,多有全身中毒症状,常表现为突发寒战高热、肝区疼痛、肝肿大(E)。②阿米巴肝脓肿穿刺多为棕褐色脓液,无臭味(D)。

③补体结合试验阳性常见于肝包虫病。血清甲胎蛋白阳性常见于原发性肝细胞性肝癌。右上腹绞痛及黄疸常见于急性胆管炎。

1135. ABCDE　1136. ABCDE　1137. ABCDE　①细菌性肝脓肿起病较急，主要表现为寒战高热，肝区疼痛，肝大，局部皮肤可出现凹陷性水肿，外周血白细胞总数和中性粒细胞比例增高。根据题干，本例应诊断为细菌性肝脓肿(D)。肝囊肿、肝癌合并感染临床上少见，故不答A、C。急性胆囊炎、胆石症并发感染均不会出现肝大，故不答B、E。②细菌性肝脓肿多为胆道逆行感染所致，致病菌以大肠埃希菌最多见，其次为金黄色葡萄球菌、厌氧菌等(E)。表皮葡萄球菌为条件致病菌。白色念珠菌常引起二重感染。草绿色链球菌常引起亚急性感染性心内膜炎。破伤风梭菌常引起破伤风。③诊断细菌性肝脓肿首选B超检查，阳性率可达96%以上(B)。临床上，一般在B超确诊并定位细菌性肝脓肿后，才作诊断性肝穿刺，故不答A。腹部CT价格昂贵，不作为首选检查。静脉法胆道造影、腹部X线片均不能确诊细菌性肝脓肿。

1138. ABCDE　①患者寒战高热，右上腹痛，B超示肝脏多发液性暗区，外周血白细胞总数和中性粒细胞比例增高，应诊断为细菌性肝脓肿。②对于多发性细菌性肝脓肿，应以抗生素治疗为主，不适合手术治疗(B)。③肝脓肿穿刺引流、脓肿切开引流主要适用于单个较大的脓肿，故不答A、D、E。肝叶切除术主要适用于病程较长的慢性局限性厚壁脓肿。

1139. ABCDE　①患者寒战高热，右上腹痛，CT示肝内脓肿，应诊断为细菌性肝脓肿。患者体温高达39.8℃，说明全身中毒症状严重，应行经皮穿刺置管引流术(C)。请注意：经皮穿刺置管引流主要适用于单个较大的脓肿，而本例有2个巨大脓肿，故本例并不严谨。②脓腔内注入抗生素一般在经皮穿刺引流术后进行，故不答A。抗生素治疗适用于脓肿尚未形成，多发性小脓肿。肝脓肿很少行右半肝切除，故不答D。支持治疗为一般性治疗措施。

1140. ABCDE　①患者1年前因腹泻住院治疗。3个月前右上腹痛，间断发热，B超示肝右叶囊肿，粪便中发现滋养体，应诊断为阿米巴肝脓肿。②阿米巴滋养体可寄生于结肠黏膜或黏膜下层，当机体抵抗力降低时，滋养体可经破损的结肠肠壁小静脉通过肠系膜上静脉，沿门静脉主干入肝(E)。

1141. ABCDE　门静脉和腔静脉之间有4个主要交通支：胃底食管静脉下段交通支、直肠下端肛管静脉交通支、前腹壁静脉交通支、腹膜后静脉交通支。由于在门静脉高压症时，胃底食管静脉下段交通支可曲张破裂导致上消化道大出血，因此为最重要的交通支(A)。

1142. ABCDE　①门静脉高压时，会出现门静脉和腔静脉之间的交通支扩张迂曲，其中以食管胃底静脉曲张最有临床意义，故答C。②脾大和脾功能亢进的发生虽然有门静脉高压的参与，但不是主要机制，因此最佳答案为C而不是B。肝功能异常、肝掌、腹水征都是肝脏功能受损的表现，而不是门静脉压力增高的直接表现，故不答A、D、E。

1143. ABCDE　①门静脉高压时，会出现门静脉和腔静脉之间的交通支扩张迂曲，其中最有临床意义的是食管下段胃底静脉曲张。它离门静脉主干和腔静脉最近，压力差最大，因而受门静脉高压的影响也最早、最显著，可因坚硬粗糙食物的机械性损伤，或咳嗽、呕吐等腹内压突然升高而诱发曲张静脉破裂，从而导致致命性大出血，此为最危险的并发症(E)。②门静脉高压症的患者常在大出血后发生肝性脑病，故不答A。血小板减少、充血性脾肿大为脾功能亢进的临床表现，顽固性腹水为脾功能亢进、肝功能减退的临床表现，故B、C、D都不属于门静脉高压症的并发症。

1144. ABCDE　门静脉高压症并发食管胃底静脉曲张破裂出血，病情危重，一次出血量常达500～1000ml，可导致失血性休克，甚至死亡。

1145. ABCDE　①门静脉由肠系膜上、下静脉和脾静脉汇合而成，其中约20%的血液来自脾静脉。当门静脉血流受阻时，血液淤滞，可引起门静脉压力增高，首先出现充血性脾肿大(A)。9版《内科学》P407为淤血性脾肿大。②门静脉高压性胃病、脾功能亢进、腹水都是门静脉高压的结果，出现均较充血性脾肿大要晚，故最佳答案为A。肝性脑病是肝功能严重受损的结果，与门静脉血流受阻关系不大。

1146. ABCDE ①腹水的形成机制既有肝功能减退的因素，也有门静脉压力增高的因素。门静脉高压可导致门静脉和腔静脉之间的 4 个交通支扩张迂曲。门静脉高压时，胃壁淤血水肿，胃黏膜微循环障碍，可造成胃黏膜防御屏障破坏，导致门静脉高压性胃病。门静脉高压症患者门静脉血流受阻，可导致脾脏充血性肿大。②肝性脑病为肝功能减退所致，而与门静脉高压、门静脉血流受阻无关。

1147. ABCDE ①肝硬化门静脉高压症可出现脾大、脾功能亢进，表现为外周全血细胞减少。②慢性消化道出血虽然可导致全血细胞减少，但不是主要原因，故不答 B。A、C、E 都不会导致全血细胞减少。

1148. ABCDE ①门静脉高压症分为肝内型和肝外型两类。肝内型门静脉高压症常见，约占 95%。由于我国肝炎发病率高，因此肝炎后肝硬化是门静脉高压症最常见的原因（D）。②门静脉主干先天性畸形、肝静脉血栓形成或狭窄、肝段下腔静脉阻塞均属于肝外型门静脉高压症，临床上少见。脾静脉血流量过大引起的门静脉高压症罕见。

1149. ABCDE Child-Pugh 肝功能分级指标包括 5 种，即血清胆红素、血浆清蛋白、凝血酶原时间、腹水和肝性脑病，而不包括食管静脉曲张程度（C）。

1150. ABCDE ①门静脉高压症最危险的并发症是食管下段胃底曲张静脉破裂出血，因为一旦破裂，造成上消化道大出血，可导致失血性休克，甚至死亡，因此治疗的重点在于控制和预防食管下段胃底曲张静脉破裂出血（A）。②B、D、E 都是一般性治疗措施。门静脉高压症的治疗不能预防肝癌，故不答 C。

1151. ABCDE ①非选择性门体分流术是将入肝的门静脉血完全转流入体循环，代表术式是门-腔静脉端侧分流术，术后门静脉血未经肝脏解毒完全进入下腔静脉，肝脏仅靠肝动脉供血，可见，术后入肝血量较术前减少了 75%，肝脏供氧量减少了 50%，故极易发生肝性脑病，发生率高达 30%~50%（A）。②B、C、D 术后的入肝血流虽然比术前减少，但没有非选择性门体分流术剧烈，故肝性脑病发生率较低。贲门周围血管离断术后入肝血流增加，对机体打击较小，故术后很少发生肝性脑病。

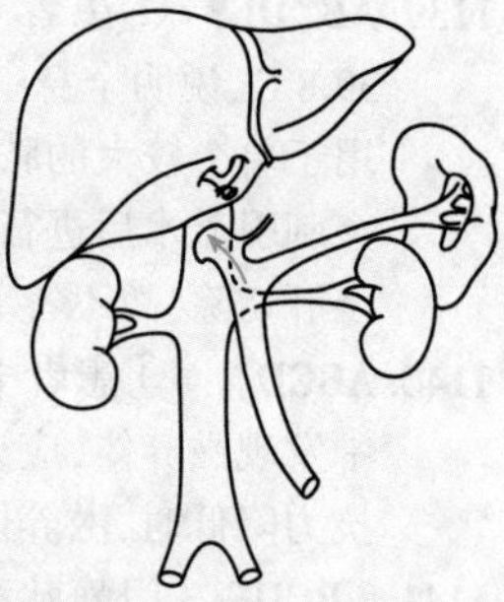

门-腔静脉端侧分流术

1152. ABCDE ①患者有肝硬化门静脉高压症病史多年，现呕血 1 小时，多为食管下段胃底曲张静脉破裂出血。②患者有黄疸、中等量腹水、白蛋白<28g/L，肝功能应属于 Child-Pugh 分级的 C 级。对于肝功能 C 级的患者，由于肝功能差，术后肝性脑病发生率极高，易导致患者死亡，因此严禁手术治疗，只能行保守治疗，包括输液、输血、使用止血药物及三腔管压迫止血等，故答 C。

1153. ABCDE 患者长期肝炎病史，脾脏肿大，腹水，应诊断为肝炎后肝硬化，门静脉高压。现患者上消化道出血，应诊断为门静脉高压症，食管胃底曲张静脉破裂出血。因患者有大量腹水，故肝功能应属于 Child-Pugh 分级的 C 级。肝功能 C 级的患者，不能耐受手术，因此严禁手术治疗，只能行保守治疗，包括输液、输血、静脉滴注生长抑素、使用止血药物及三腔管压迫、胃镜止血等，故答 C。

1154. ABCDE ①治疗门静脉高压症可行门体分流术，即将门静脉肝端结扎，然后将门静脉与下腔静脉作端侧吻合，术后门静脉血流未经肝脏解毒完全进入下腔静脉，故易发生肝性脑病（A 对）。②三腔管压迫止血是利用充气的气囊分别压迫胃底和食管下段的曲张静脉，达到止血的目的。三腔管压迫止血过去曾是非手术治疗的首选方法，现在只适用于对血管加压素或内镜治疗无效的患者。③内镜下见食管曲张静脉表面有“红色征”（不是蓝色曲张），提示为重度静脉曲张，为预防首次急性大出血，可行预防性断流手术，而不是急诊手术。④食管胃底静脉曲张时，可在食管内镜下，注入硬化剂止血。⑤静脉滴注垂体后叶素，可收缩内脏小血管，减少门静脉血流，降低门静脉压力。

1155. ABCDE ①患者有乙肝病史多年，很可能发展为乙肝肝硬化，引起门静脉高压症，导致食管下段胃底静脉曲张。患者 2 小时进食粗糙食物后突然大量呕血，应诊断为乙肝肝硬化、门静脉高压症、胃底食管下段曲张静脉破裂出血。患者无黄疸和腹水，提示其肝功能为 Child-Pugh A 级，即肝功能良好，可行急诊手术止血，其首选术式为贲门周围血管离断术（D）。因为该术式操作简单，对患者打击较小，既能到达即刻止血目的，又能维持入肝血流，对肝功能影响较小，肝性脑病发生率和手术死亡率均较低。②经颈静脉肝内门体分流术易导致肝性脑病，发生率 10%～20%。实行门体分流术后肝性脑病的发生率很高，现已少用。脾切除术仅适合于脾功能亢进患者，不能降低门静脉压力。

1156. ABCDE　①贲周血管分 4 组，即胃冠状静脉、胃短静脉、胃后静脉和左膈下静脉。贲周血管离断术应彻底切断上述静脉，还应包括高位食管支、异位高位食管支。②胃网膜右静脉沿胃大弯右侧分布，距贲周较远，贲周血管离断术不能切断该支血管(C)。

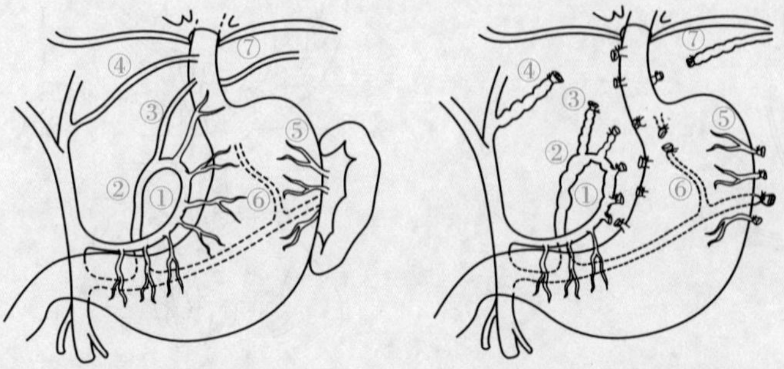

贲周血管局部解剖　　　　贲周血管离断术

1157. ABCDE　①患者脾大，可能并发脾功能亢进，表现为外周血细胞减少。②患者鼻衄 3 年，增生性骨髓象，说明血小板减少，应诊断为脾大、脾功能亢进。③患者肝功能正常，无食管静脉曲张，说明无门静脉高压症。④故本例仅为单纯性脾大、脾功能亢进，因此治疗首选脾切除术，无需加门腔分流术，门腔分流术常用于治疗门静脉高压症。⑤患者已反复发作 3 年，保守治疗很难奏效，故不答 A、B、C。

1158. ABCDE　①患者钡餐检查未见食管胃底静脉曲张，说明无门静脉高压症，故不答 C、D。②患者脾大，鼻衄，牙龈出血，血小板 40×10^9/L，应诊断为脾大、脾功能亢进。患者肝功能轻度异常，可耐受中等大小手术。单纯性脾大+脾功能亢进内科治疗无效，应行脾切除治疗，故答 B 而不是 A。③脾动脉栓塞术为近年开展的治疗脾功能亢进的新方法，但缓解脾功能亢进症状不如脾切除彻底，故不答 E。

1159. ABCDE　1160. ABCDE　①中年男性，乙肝病史 30 年，肝掌，说明已发展为乙肝肝硬化。患者曾有黑便史，说明曾发生上消化道出血。患者进食粗糙食物后突发呕血，脾大，应考虑食管下段胃底曲张静脉破裂出血(C)。急性糜烂性胃炎常有非甾体抗炎药物服用史，可有呕血、便血，但量少。消化性溃疡出血多有溃疡病史多年，出血量不大，呕吐物多为咖啡样胃内容物，故不答 B、D。急性胆道出血常表现为胆绞痛、梗阻性黄疸、消化道出血三联征。②肝硬化门静脉高压症食管胃底曲张静脉破裂出血的手术方式首选贲周血管离断术，即要彻底结扎切断胃底贲门周围血管(E)。

1161. ABCDE　1162. ABCDE　①患者乙肝病史 30 年，很可能发展为肝硬化、门静脉高压症。患者脾肿大，腹水征，多次呕血，胃镜见食管静脉曲张，应诊断为肝炎后肝硬化+门静脉高压症+食管曲张静脉破裂出血+脾大、脾功能亢进。由于患者有腹水，肝功能属于 Child-Pugh B 或 C 级，为预防和控制胃底食管下段曲张静脉破裂出血，应首选贲周血管离断术。由于患者脾大，一般合并脾功能亢进，故应行脾切除术。因此本例最适宜的治疗方法为脾切除+胃底食管下段周围血管离断术(B)。分流手术风险大，死亡率高，目前临床上已很少施行分流术，故不选 A、C、D。经颈静脉肝内门体分流术后肝性脑病的发生率高达 20%～40%，临床上少用。②门静脉高压症患者反复上消化道出血，将加重肝功能损害，极易诱发肝性脑病(A)。并发急性左心衰竭、急性肝坏死少见。门静脉高压症可有腹水增多、肾功能减退，但较肝性脑病少见。

1163. ABCDE　肝硬化引起的顽固性腹水，最有效的治疗是肝移植。肝移植是治疗终末期肝病合并门静脉高压症食管胃底曲张静脉破裂出血的理想方法，既替换了病肝，又可使门静脉系统血流动力学恢复正常。

1164. ABCDE　左、右肝管出肝后，在肝门部汇合形成肝总管，肝总管与胆囊管汇合形成胆总管。胆总管与主胰管汇合开口于十二指肠降部壁内段。可见,胆囊管汇合于肝总管(B)。

1165. ABCDE ①左、右肝管汇合形成肝总管,胆囊管与肝总管汇合形成胆总管。胆总管分为 4 段,即十二指肠上段、十二指肠后段、胰腺段和十二指肠壁内段。胆总管与主胰管汇合后开口于十二指肠降部(即 Vater 壶腹)。②胆总管长 7~9cm,直径 0.4~0.8cm(E 对)。

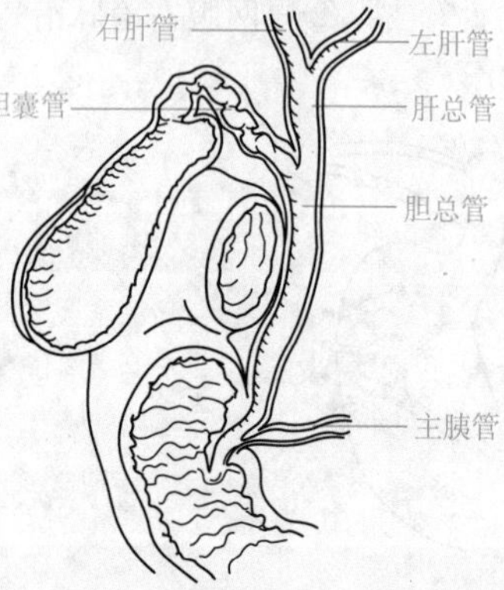

肝外胆道应用解剖

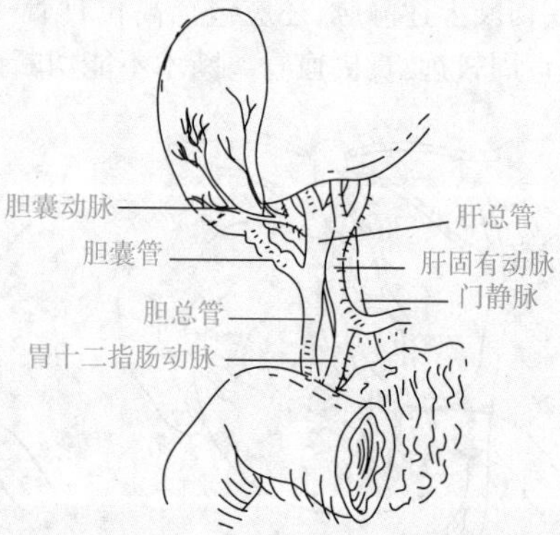

肝十二指肠韧带内重要结构

1166. ABCDE 胆囊动脉常起自肝右动脉。胆囊动脉常有变异,可起自肝固有动脉、胃十二指肠动脉等。

1167. ABCDE 胆囊三角(Calot 三角)由胆囊管、肝总管和肝脏下缘构成。在 Calot 三角内,常有胆囊动脉、肝右动脉、副右肝管穿过,胆道手术时应特别注意。

1168. ABCDE 1169. ABCDE ①B 超是一种安全、无创、快速、简便、经济的检查方法,是诊断胆道疾病的首选方法(B)。②ERCP 是在纤维十二指肠镜直视下,通过十二指肠乳头将导管插入胆道和(或)胰管内进行造影,因此易损伤共同通道,从而诱发急性胰腺炎和胆管炎(E)。③增强 CT、MRI 由于价格昂贵,不作为胆道疾病的首选检查。PTC 为有创检查,可导致胆汁漏、出血、胆道感染等。

1170. ABCDE 急性结石性胆囊炎多为胆道逆行感染所致,致病菌以大肠埃希菌最常见,其他有克雷伯菌、粪肠球菌、铜绿假单胞菌等,常合并厌氧菌感染。

1171. ABCDE ①Murphy 征阳性是急性胆囊炎的典型体征。患者饮酒后出现右上腹痛,向右肩放射,右上腹腹膜刺激征阳性,Murphy 征阳性,应诊断为急性胆囊炎(C)。②十二指肠球部溃疡多表现为上腹痛饥饿痛,餐后缓解。急性胃炎不会出现腹膜刺激征及 Murphy 征阳性。急性胰腺炎常表现为饱餐后左上腹痛,向左腰背部放射,左上腹压痛反跳痛。右肾结石常表现为阵发性腹痛伴血尿。

1172. ABCDE ①胆囊多发结石及结石直径≥2~3cm,为胆囊切除术的适应证,首选腹腔镜胆囊切除(D)。②胆囊癌切除范围广泛,需行周围淋巴结清扫,首选开腹手术。妊娠、腹腔内粘连严重都是腹腔镜手术的禁忌证,故不答 B、C。慢性胆囊炎合并胆道狭窄只行胆囊切除,并不能同时处理胆道狭窄,故不答 E。

1173. ABCDE 胆囊结石手术指征:①结石数量多及结石直径≥2~3cm;②胆囊壁钙化或瓷性胆囊;③伴有胆囊息肉≥1cm;④胆囊壁增厚(>3mm)。根据题干,本例应行胆囊切除,首选腹腔镜胆囊切除术,次选开腹胆囊切除术,因为腹腔镜胆囊切除术痛苦小,恢复快。

1174. ABCDE ①胆总管直径正常为 0.4~0.8cm,若>1.0cm,称为胆总管增粗,提示胆总管下端不通畅,需行胆总管探查(C)。②胆囊壁明显增厚、胆囊增大常见于急性胆囊炎,并不是胆总管探查的指征。>2.0cm 的胆囊结石不易经胆囊颈管进入胆总管,故无需行胆总管探查。反之,细小胆囊结石易进入胆总管,需行胆总管探查。胆囊结石伴胆囊息肉行胆囊切除术即可,无需行胆总管探查。

1175. ABCDE ①中年男性,进食油腻食物后出现右上腹痛,黄疸,右上腹压痛反跳痛,应考虑胆结石合并胆管炎,故应首选肝胆 B 超检查(B)。②血尿淀粉酶常用于诊断急性胰腺炎,胃镜常用于诊断胃部疾病,腹部 X 线片常用于诊断消化性溃疡穿孔,故不答 A、C、D、E。

1176. ABCDE　①胆囊切除术是胆囊结石的最佳选择(D)。②药物溶石治疗的有效率仅 10%~12%,故临床上少用。体外震波碎石主要用于肾结石的治疗,因胆囊结石的成分不同于肾结石,故疗效不佳。经皮胆囊取石术,虽然取出了结石,但胆囊没有切除,胆囊仍可成为结石复发的根源,故在短期内可再发结石。胆囊切除后,只在有指征时才行胆总管探查引流术。

1177. ABCDE　①内镜逆行胰胆管造影(ERCP)是在纤维十二指肠镜直视下通过十二指肠乳头将导管插入胆管和胰管内进行造影。可同时行 Oddi 括约肌切开(EST)及胆总管下端结石取出。由于操作过程中要将导管经十二指肠乳头插入胆管、胰管及其共同通道,可造成胆汁逆流入胰管,从而诱发急性胰腺炎。②患者已将胆总管结石取出,解除了胆管梗阻,因此术后发生急性胆管炎的几率较小,故答 A 而不是 C。ERCP 检查过程中,不涉及胆囊,因此不会引起急性胆囊炎。急性乳头炎、十二指肠炎不是 ERCP 的常见并发症。

1178. ABCDE　①青年女性,超声检查示胆囊内强回声光团,后伴声影,随体位改变而移动,应诊断为胆囊结石。对于没有症状的静止性胆囊结石,若直径<2~3cm,则无需处理,仅需观察随诊(B)。②胆囊结石若有手术指征,可首选腹腔镜胆囊切除,次选胆囊切开取石。体外震波碎石主要用于肾结石的治疗,不适于胆囊结石的治疗。利胆排石药物对胆囊结石效果不佳。

1179. ABCDE　①胆囊结石需行胆囊切除术的指征包括:结石数量多及结石直径≥2~3cm;胆囊壁钙化或瓷性胆囊;伴有胆囊息肉>1cm;胆囊壁增厚(>0.3cm)伴有慢性胆囊炎;儿童胆囊结石。②瓷性胆囊已失去胆囊的浓缩和收缩功能,应尽早切除,故答 C。③高龄、胆囊结石 3 年,都不是胆囊切除的指征。口服胆囊造影胆囊显影,提示胆囊仍有功能,可不切除。

1180. ABCDE　①瓷化胆囊已失去胆囊的浓缩和收缩功能,且瓷化胆囊常合并慢性胆囊炎,其恶变率较高,为 15%~60%,故应尽早切除,参阅 2 版 8 年制《外科学》P653。②胆囊结石合并胆囊息肉恶变率高,易发展为乳头状腺癌,故应尽早切除胆囊,参阅 7 版《黄家驷外科学》P1820。③口服胆囊造影胆囊不显影,说明胆囊已丧失浓缩功能,应尽早切除胆囊。④胆囊癌与胆囊结石密切相关,胆囊结石越大,胆囊癌的风险越高,>3cm 的胆囊结石癌变率约为 5%,故胆囊结石≥2~3cm 需手术治疗。若结石直径<1cm,可先行密切观察,故答 D。⑤合并糖尿病的胆囊结石患者,应在血糖平稳控制的情况下,平诊手术切除胆囊,以免万一发作急性胆囊炎需急诊手术增加手术风险。

1181. ABCDE　①胆总管直径正常为 0.4~0.8cm,若>1.0cm,称为胆总管扩张。胆总管扩张、曾有梗阻性黄疸,均提示胆总管下端不通畅,需行胆总管探查。②胆囊水肿不是胆总管探查的指征,如急性胆囊炎几乎均有胆囊充血水肿,但无需行胆总管探查(C)。③术中胆管造影显示胆管存在结石、胆总管触到结石,当然需行胆总管探查,切开取石。

1182. ABCDE　①患者反复发作上腹绞痛,右上腹压痛,胆囊肿大,Murphy 征阳性,应考虑急性胆囊炎。患者有 Charcot 三联征(腹痛、寒战高热、黄疸),应考虑急性胆管炎。故本例应诊断为急性胆囊炎合并胆管炎。患者有急性结石性胆囊炎,需行胆囊切除;因患者有黄疸,应行胆总管探查,故答 D。②患者若仅行胆总管 Oddi 括约肌切开,则不能处理胆囊病变。若仅行胆囊造瘘、单纯胆囊切除,则不能同时处理胆总管病变。胆总管十二指肠吻合易导致胆道逆行感染,现已少用。

1183. ABCDE　T 管拔除至少应在术后 14 天以后,以便 T 管周围大网膜包裹、纤维组织机化形成窦道。否则拔除过早,窦道尚未形成,胆汁将漏入游离腹腔导致严重胆汁性腹膜炎。

1184. ABCDE　①肝脏每日分泌胆汁 600~1000ml,行胆总管探查后放置 T 管,约 1/3 的肝胆汁从 T 管流出(200~400ml/d)。若超过 400ml/d,则表示胆总管下端有梗阻,故答 C。②若肝功能障碍,胆汁分泌减少,则 T 管引流胆汁会显著减少(<200ml/d)。肝内胆管结石导致肝脏分泌的胆汁不能出肝,则 T 管引流量减少。胆汁引流量与引流袋位置过低无关。

1185. ABCDE　与传统的开腹胆囊切除术(OC)相比,腹腔镜胆囊切除术(LC)具有切口小、对腹壁创伤小、对腹腔内脏器干扰小、术后疼痛轻、恢复快、可早期下床活动、住院时间短等优点，但 LC 的严重并发症（如胆管损伤、血管损伤、胆漏、出血）的发生率明显高于 OC，故答 E。

1186. ABCDE ①腹腔镜胆囊切除术中需解剖胆囊三角，结扎胆囊动脉、胆囊颈管，极易损伤胆总管，导致术后梗阻性黄疸。因此，腹腔镜胆囊切除术后出现黄疸，首先应考虑胆总管损伤（E）。②腹腔镜胆囊切除很少造成胃损伤、结肠损伤、十二指肠损伤，且这些损伤一般不会导致黄疸，故不答 A、B、D。胆囊管残端漏可出现黄疸，但一般较轻，不会出现完全梗阻性黄疸的表现，如粪便陶土色，故不答 C。

1187. ABCDE Charcot 三联征＝腹痛＋寒战高热＋黄疸，见于急性胆管炎。

1188. ABCDE ①Charcot 三联征＝腹痛＋寒战高热＋黄疸。壶腹癌、肝门部胆管癌多表现无痛性进行性黄疸，因不是细菌感染所致，故不会出现寒战高热，故不答 A、E。②胆囊结石患者从肝脏分泌的胆汁可经左、右肝管→肝总管→胆总管→十二指肠，即胆汁排出通畅，一般不会出现黄疸，故不答 B。③肝内胆管结石患者，若没有阻塞左、右肝管，也不会出现黄疸，故不答 C。④胆总管结石患者胆汁排出受阻，易并发胆道感染，常表现为典型的 Charcot 三联征，故答 D。

1189. ABCDE ①患者餐后右上腹痛，尿呈浓茶样，黄疸，右上腹深压痛，应诊断为胆总管结石。②胆道蛔虫病常表现为突发剑突下阵发性钻顶样剧烈疼痛，但体检时仅有右上腹或剑突下轻微深压痛，突发突止，间歇期宛如常人，腹膜刺激征轻微，无黄疸，故不答 B。胆总管囊肿为先天性疾病，多幼年发病，常表现为腹痛、腹部肿块、黄疸三联症，故不答 C。急性胰腺炎常表现为左上腹及腰背部持续性疼痛，呕吐后腹痛不缓解为其特征，阻塞性黄疸少见。急性胆囊炎很少出现黄疸，故不答 E。

1190. ABCDE 1191. ABCDE ①胆道蛔虫病常表现为突发剑突下或右上腹阵发性钻顶样剧烈疼痛，右上腹轻微深压痛（A）。②胆总管结石易并发急性胆管炎，表现为典型的 Charcot 三联征，即右上腹绞痛、寒战高热、波动性黄疸（C）。③B 常见于胆囊癌，D 常见于急性胆囊炎，E 常见于胆管癌。

1192. ABCDE 1193. ABCDE ①从肝脏分泌的胆汁，经左右肝管→胆总管→胆胰共同通路→开口于十二指肠降部。肝门部肿瘤使胆汁排出受阻，早期即可引起黄疸。由于胆汁受阻于肝门部，不会经胆囊管进入胆囊，因此胆囊空虚萎陷，无胆囊肿大（E）。②胆总管结石可阻塞胆总管下端，使胆汁排出受阻，引起黄疸。当并发胆道感染时，表现为典型的 Charcot 三联征，即右上腹绞痛、寒战高热、波动性黄疸（A）。③壶腹癌、胰头癌均可压迫胆总管下端导致黄疸，由于胆总管下端受阻，胆汁经胆囊管逆流进入胆囊，使胆囊被动充盈而肿大，因此壶腹癌、胰头癌常表现为无痛性进行性黄疸＋胆囊肿大。胆囊炎可有胆囊肿大，但不会阻塞胆汁排出通道引起黄疸。

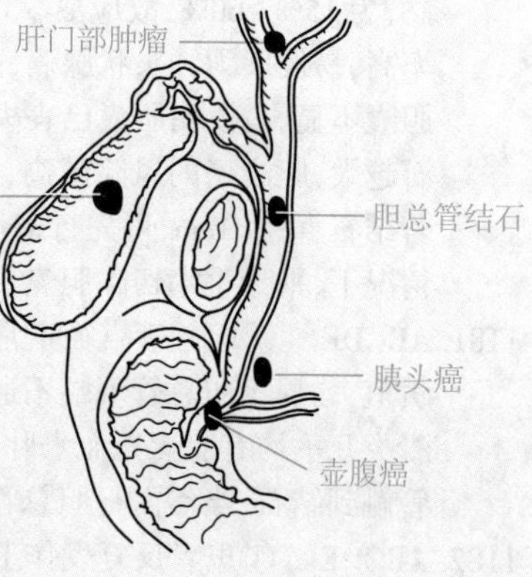

1194. ABCDE 1195. ABCDE ①Charcot 三联征＝腹痛＋寒战高热＋黄疸，常见于胆结石继发急性胆管炎（B）。②墨菲（Murphy）征常见于急性胆囊炎（E）。③急性胰腺炎常表现 Cullen 征阳性。急性十二指肠憩室炎多表现为间断上腹部饱胀不适、隐痛等。急性胃炎常表现为上腹疼痛，恶心呕吐等。

1196. ABCDE 1197. ABCDE ①胆总管泥沙样结石可导致胆总管扩张，胆总管远端炎性狭窄无法解除时，可行胆肠吻合术，将胆总管切开，取出结石，然后行胆总管空肠 Roux-en-Y 型吻合术（C）。若只行胆囊造瘘术，则不能取出胆总管结石，也无法解除胆总管远端的狭窄，故不答 A。肝内胆管较胆总管细得多，术中行肝内胆管空肠吻合术将异常困难，临床上很少采用，故不答 B。奥狄（Oddis）括约肌切开成形术将损伤括约肌，术后易发生胆汁反流，造成胆道反复逆行感染，故不答 D。②胆总管远端单个结石嵌顿，可行 Oddi 括约肌切开取石＋成形术（D）。胆总管切开取石＋T 管引流术主要适用于胆总管结石且上、下端均通畅的患者。胆总管切开、胆管空肠 Roux-en-Y 吻合主要适用于胆总管远端炎性狭窄梗阻无法解除、胆总管扩张的患者。

1198. ABCDE　1199. ABCDE　①患者有 Charcot 三联征(腹痛+寒战高热+黄疸),应考虑急性胆管炎,病因以胆总管结石最多见。为明确诊断,应首选腹部 B 超检查(B)。MRCP 和 CT 检查价格昂贵、ERCP为有创检查,均不作为首选。腹部 X 线片对本病的诊断价值不大。②胆总管结石合并急性胆管炎,急症手术首选胆总管探查+T 形管引流术(A)。若有胆囊结石,可一并切除胆囊。患者无肠梗阻表现,故不答 C。患者血尿淀粉酶正常,急性胰腺炎可能性不大,故不答 D。单纯胆囊造瘘不能解除胆总管下端梗阻,不能缓解急性胆管炎,故不答 E。

1200. ABCDE　急性胆囊炎是胆囊管梗阻和细菌感染引起的炎症,约 95%的急性胆囊炎合并胆囊结石(C)。当胆囊结石引起胆囊管梗阻时,可使胆汁排出受阻,胆汁淤积、浓缩。高浓度的胆汁酸盐可造成细胞损害,导致胆囊黏膜的炎症、水肿、坏死。A、B、D、E 虽然可导致胆囊炎,但不常见。

1201. ABCDE　①急性胆囊炎主要表现为持续性右上腹痛伴阵发性加重,可放射至右肩部。②急性胆囊炎时,肝脏分泌的胆汁可经左右肝管→肝总管→胆总管→十二指肠,不会造成胆汁排出受阻,故大多不会出现黄疸。③急性胆囊炎时,渗液可刺激壁层腹膜,引起右上腹压痛反跳痛及肌紧张。

1202. ABCDE　①急性胆囊炎早期,可造成胆囊黏膜充血水肿、渗出增多,称为急性单纯性胆囊炎。若病情加重,可发展为急性化脓性胆囊炎,造成胆囊积脓。若胆囊内压继续增高,囊壁血液循环障碍,导致组织缺血坏疽,则为急性坏疽性胆囊炎。胆囊壁坏疽穿孔可导致弥漫性胆汁性腹膜炎,死亡率高,为急性胆囊炎最严重的并发症(C)。②急性胆囊炎可穿破十二指肠形成胆囊十二指肠内瘘。急性胆囊炎引起细菌性肝脓肿、急性胰腺炎少见。

1203. ABCDE　1204. ABCDE　1205. ABCDE　①肝内胆管结石常表现为肝区、胸背部持续性胀痛,多无胆绞痛和黄疸。②急性胆囊炎常表现为上腹部疼痛,开始时仅有上腹胀痛不适,逐渐发展至阵发性绞痛。可放射至右肩、肩胛和背部。如病情发展,疼痛可为持续性、阵发性加剧。③胆道蛔虫病常表现为突发剑突下阵发性钻顶样剧烈绞痛,腹痛可突然缓解,间歇期宛如常人。④C 为急性胆囊炎晚期的临床表现,D 为肝内胆管结石的临床表现。

1206. ABCDE　①患者餐后突发右上腹痛,右上腹压痛,Murphy 征阳性,外周血白细胞增高,应考虑急性胆囊炎。为明确诊断,首选检查为腹部 B 超(A)。②腹部 CT、磁共振胰胆管成像价格昂贵,一般不作为首选检查。立位腹部 X 线片常用于诊断消化性溃疡穿孔。ERCP 为有创检查,临床上少用。

1207. ABCDE　①患者饱餐后右上腹疼痛,向右肩背部放射,右上腹压痛和肌紧张,白细胞计数增高,应诊断为急性胆囊炎(C)。②急性胰腺炎常表现为饱餐后左上腹痛,可向左肩及左腰背部放射。急性阑尾炎常表现为转移性右下腹疼痛,右下腹压痛反跳痛。胃溃疡穿孔常表现为突发剧烈上腹疼痛,后扩散右下腹至全腹部,腹肌紧张,板状腹。右肾结石常表现为阵发性右腰部绞痛及血尿。

1208. ABCDE　①急性胆囊炎典型体征是 Murphy 征阳性。②上腹部压痛反跳痛、肝浊音界缩小见于消化性溃疡穿孔。Grey-Turner 征阳性见于急性重症胰腺炎。McBurney 点压痛反跳痛见于急性阑尾炎。

1209. ABCDE　①45 岁女性,进食高脂饮食后出现右上腹剧烈绞痛,阵发性加剧,疼痛向右肩背部放射,应诊断为急性胆囊炎(D)。②肝脓肿常表现为寒战高热,右上腹持续性胀痛,不会出现阵发性绞痛。胃溃疡穿孔常表现为突发上腹持续性剧痛,很快扩展至全腹。急性肺栓塞常表现为呼吸困难、胸痛、咯血三联征。急性胰腺炎常表现为脂肪餐后上腹偏左持续性剧痛,呕吐后腹痛不缓解。

1210. ABCDE　①胆囊结石反复发作引起症状,是胆囊切除术的适应证(D)。②抗生素只能治疗急性胆囊炎,不能去除结石病因,故仍会再次发作。药物溶石治疗的有效率仅 10%~12%,故临床上少用。体外震波碎石主要用于肾结石的治疗,由于胆囊结石的成分不同于肾结石,故疗效不佳。

1211. ABCDE　①急性胆囊炎需要急症手术的指征:发病 48~72 小时以内者;经非手术治疗无效者;胆囊穿孔者(C)。②急性胆囊炎发作 24 小时以内胆囊壁充血水肿常不明显,可行保守治疗,待病情缓解后再择期手术,以减少手术并发症和死亡率,故不答 A。急性胆囊炎发作 72 小时以后,胆囊常明显水肿，解剖不清，急诊手术容易损伤胆管造成严重后果，故不答 B。右肩部疼痛为急性胆囊炎的放射性疼痛，故不答 D。结石性胆囊炎常多次发作，但不属于急诊手术的指征，故不答 E。

1212. ABCDE　1213. ABCDE　1214. ABCDE　①患者高热，突发右上腹剧烈绞痛，伴右肩背放射痛，进食油腻食物易诱发，无黄疸，胆囊肿大，Murphy 征阳性，应诊断为急性化脓性胆囊炎。十二指肠溃疡、急性胰腺炎均不会出现 Murphy 征阳性。肝外胆管结石常表现为 Charcot 三联征，即腹痛、寒战高热和黄疸。急性梗阻性化脓性胆管炎常表现为 Reynolds 五联征，即腹痛、寒战高热、黄疸、血压降低、神经精神症状。②急性化脓性胆囊炎可触及肿大胆囊，腹膜刺激征明显，提示胆囊张力较大，保守治疗难以奏效，应行胆囊切除术。A、B、C、E 均为保守治疗。③急性化脓性胆囊炎多为胆道逆行感染所致，致病菌以大肠埃希菌最常见，其次为克雷伯菌、粪肠杆菌、铜绿假单胞菌、厌氧菌等。

1215. ABCDE　①急性非结石性胆囊炎占全部急性胆囊炎的 5%～10%（E 错），多见于老年男性，约 70% 的患者合并动脉粥样硬化，因此易导致胆囊缺血、坏疽、穿孔等严重并发症，发生率高达 40%，需早期手术处理（A 对 B 错）。②急性非结石性胆囊炎的临床表现与急性结石性胆囊炎相似，但腹痛症状常因患者伴有严重疾病而被掩盖，易误诊和延误治疗（D 错）。因胆囊内无结石，故发病早期 B 超检查不易确诊（C 错）。

1216. ABCDE　1217. ABCDE　①急性化脓性梗阻性胆管炎最常见的病因是肝内胆管结石，其次为胆道寄生虫、胆管狭窄等。胆管结石易引起胆道梗阻，而胆囊结石不易阻塞胆道，故答 B 而不是 A。②胆道蛔虫病常表现为突发剑突下阵发性钻顶样剧烈绞痛，腹痛可突然缓解，间歇期宛如常人（E）。③胆囊癌早期无特异性症状。胆管癌常表现为无痛性进行性黄疸、胆囊肿大等。

1218. ABCDE　①Charcot 三联征＝腹痛＋寒战高热＋黄疸，常见于急性胆管炎。Reynolds 五联征＝Charcot 三联征＋休克＋神经精神症状，常见于急性梗阻性化脓性胆管炎，为其特征性表现（C）。②Trendelenburg征（大隐静脉瓣膜功能试验）阳性提示瓣膜功能不全。Whipple 三联征＝禁食后低血糖发作＋发作时血糖<2.8mmol/L＋给予葡萄糖后症状立即消失，常见于胰岛素瘤。Babinski 征为病理征，阳性提示锥体束受损。Murphy 征阳性见于急性胆囊炎。

1219. ABCDE　①Charcot 三联征常表现为腹痛、寒战高热、黄疸，多见于胆总管结石梗阻后导致的急性胆管炎（B）。②Whipple 三联征常表现为禁食后低血糖发作，发作时测定血糖<2.8mmol/L，给予葡萄糖后症状立即消失，多见于胰岛素瘤。Grey-Turner 征、Cullen 征常见于急性坏死性胰腺炎。Murphy 征阳性常见于急性胆囊炎。

1220. ABCDE　Reynolds 五联征是指腹痛、寒战高热、黄疸、休克、神经精神症状，常见于急性梗阻性化脓性胆管炎。

1221. ABCDE　①急性梗阻性化脓性胆管炎（AOSC）的典型临床表现为 Reynolds 五联征，即腹痛、寒战高热、黄疸、休克、神志不清。②AOSC 起病急骤，发展极快，不可能短时间内出现贫血症状，故答 E。

1222. ABCDE　①中年女性，进食油腻食物后出现 Reynolds 五联征（高热、腹痛、黄疸、休克、神志改变），应诊断为急性梗阻性化脓性胆管炎（AOSC）。AOSC 是因胆道梗阻、细菌感染所致，首要治疗措施是立即进行胆道引流，解除胆道梗阻（A）。②B、C、E 均属于一般性治疗措施。AOSC 不进行胆道引流，单纯抗休克治疗无效，故答案为 A 而不是 D。

1223. ABCDE　①患者发热、腹痛、黄疸、休克（心率增快、血压降低），此为 Reynolds 五联征（本例缺乏神经精神症状），应考虑急性梗阻性化脓性胆管炎（AOSC）。为明确诊断，首选床边腹部 B 超检查（A）。②若病情稳定可行腹部 CT 检查。胆道镜检查只能在术中或术后进行，故不答 C。目前，经皮肝穿刺胆管造影（PTC）、经内镜逆行胰胆管造影（ERCP）主要用于治疗。

1224. ABCDE　1225. ABCDE　1226. ABCDE　①患者腹痛、寒战高热、黄疸，此为 Charcot 三联征，应诊断为急性胆管炎。为明确诊断，应首选腹部 B 超检查（B）。腹部血管造影、腹部 X 线片对于本病的诊断价值不大。肝脏穿刺常用于诊断肝癌。静脉胆系造影临床上少用。②引起急性胆管炎的致病菌几乎都是肠道细菌逆行进入胆管所致，其中以大肠埃希菌最多见（C）。③急性胆管炎的治疗原则是急症手术，可切开胆总管减压，取出胆管结石，以解除胆道梗阻（A）。

1227. ABCDE　1228. ABCDE　1229. ABCDE　①患者上腹绞痛、寒战高热、黄疸、血压降低、神志改变，此为 Reynolds 五联征，应诊断为急性梗阻性化脓性胆管炎（AOSC）。A、B、C、D、E 都是 AOSC 的病因，但以胆管结石最常见（B）。②AOSC 患者血压降低是中毒性休克所致，并不是失血引起，因此无需输注红细胞悬液，可以选用晶体液、胶体液扩充血容量（D 错）。A、B、C 均属于一般性治疗措施。胆道疾病行禁食、胃肠减压，可减少胃酸分泌，使胆囊收缩素减少，有利于缓解病情。③AOSC 的治疗原则是立即解除胆道梗阻。其中，最有效的手术方式是胆总管切开减压+T 管引流（A）。腹腔镜胆囊切除术不能减压胆道，故不宜采用。胆囊造瘘术难以达到有效的胆道引流，故不答 C。胆总管空肠吻合、胆总管十二指肠吻合，术后均易导致胆道逆行感染，现已少用。

1230. ABCDE　1231. ABCDE　1232. ABCDE　1233. ABCDE　①患者反复发作 Charcot 三联征（腹痛+寒战高热+黄疸），应考虑急性胆管炎，故不答 A、C。肝内胆管结石虽可引起黄疸，但胆汁分泌受阻于肝内胆管，故胆囊萎陷而不是充盈肿大。肝外胆管结石可阻塞胆总管下端，使胆汁分泌受阻，胆总管内压力增高，胆汁经胆囊颈管逆流充盈胆囊，使胆囊被动充盈肿大。患者右肋缘下可触及肿大的胆囊，故只能诊断为肝外胆管结石并胆管炎，而不能诊断为肝内胆管结石并胆管炎（B）。患者神志清楚、血压正常，未出现 Reynolds 五联征，故不能诊断为急性梗阻性化脓性胆管炎。②为明确肝外胆管结石的诊断，应首选 B 超检查（A）。虽然磁共振胰胆管造影（MRCP）、CT 可清晰显示胆道系统病变，但由于价格昂贵，一般不作为首选检查。内镜逆行胰胆管造影（ERCP）、经皮肝穿刺胆管造影（PTC）均为有创检查，不作为首选。③患者在 Charcot 三联征基础上，出现神志不清及血压降低，此为 Reynolds 五联征，应诊断为急性梗阻性化脓性胆管炎（AOSC）。A、B、C、D 均不会出现典型的 Reynolds 五联征。④AOSC 的病变基础是胆道梗阻和感染，其治疗原则是紧急手术，切开胆总管减压，取出结石，解除胆道梗阻，通畅引流胆道（A）。B、C、D、E 均为一般性辅助治疗措施。

1234. ABCDE　①胆管癌的主要症状是黄疸，随着癌肿的增大，胆道梗阻加重，故黄疸进行性加重。胆管癌一般不合并胆道感染，故无腹痛，因此其典型表现为无痛性黄疸，进行性加重（D）。②厌食、恶心呕吐为消化道症状，无特异性。胆总管结石常表现为有痛性波动性黄疸。腹痛、黄疸、寒战高热为 Charcot 三联征，常见于急性胆管炎。体重明显减轻常见于晚期肿瘤。

1235. ABCDE　①无痛性进行性黄疸为胆管癌的典型临床表现。由于胆总管下端梗阻，可有肝大，胆囊无痛性充盈性肿大。根据题干，本例应诊断为胆管癌。为明确胆管癌的诊断，首选的影像学检查为腹部 B 超。②尽管核磁共振（MRI）、CT 较 B 超分辨率高，但由于价格昂贵，一般不作为首选检查。X 线、核素扫描对胆管癌的诊断价值不大。

1236. ABCDE　①从肝脏分泌的胆汁，经左右肝管→肝总管→胆总管→胆胰管共同通路→开口于十二指肠降部。胰头癌、胆总管下端癌、乏特壶腹癌、十二指肠降部腺癌，均可阻塞胆总管下端，导致黄疸。因胆总管下端受阻，胆汁经胆囊管逆流进入胆囊，使胆囊被动性充盈肿大；而患者胆囊无肿大，故不答 A、B、C、E。②肝门部胆管癌可使胆汁排出受阻，出现皮肤巩膜黄染。由于胆汁受阻于肝门部，不会经胆囊管进入胆囊，因此胆囊空虚萎陷，无胆囊肿大，故答 D。

1237. ABCDE　①胆总管结石若合并胆道感染，可引起发热。②胰头癌常出现无痛性胆囊肿大。③梗阻性黄疸患者胆汁排泄障碍，可使血中结合胆红素显著升高，经肾小球滤过的结合胆红素增加，尿中结合胆红素增多，故尿胆红素为阳性；因胆红素的肠肝循环被阻断，尿胆原阴性（E 错）。④胆总管结石引起的阻塞性黄疸，因结石可在胆总管内可上下移动，故黄疸常呈波动性。

1238. ABCDE　①老年男性，黄疸进行性加重，体重减轻，大便白陶土样，说明为阻塞性黄疸。患者 Courvoisier征阳性（无痛性黄疸、触及无痛肿大的胆囊），应诊断为胆总管下段癌（D）。②胆囊结石常表现为阵发性右上腹痛，无黄疸。肝门部胆管癌可有黄疸进行性加重，胆囊缩小，不会出现

Courvoisier征阳性。肝癌常表现为肝脏进行性肿大,质硬,触及肿块。胆总管结石常表现为波动黄疸,胆囊有痛性肿大。

1239. ABCDE ①患者巩膜及皮肤黄染,粪便颜色变白,无发热,应考虑阻塞性黄疸,故不答A、B、C、E。②患者Courvoisier征阳性(无痛性黄疸、触及无痛肿大的胆囊),应诊断为胆总管下段癌或胰头癌,故答D。

1240. ABCDE ①男性患者,黄疸进行性加重,大便灰白色,应考虑梗阻性黄疸。患者Courvoisier征阴性(未触及肿大胆囊),CT示胆总管上段占位性病变,应诊断为胆总管上段癌,手术方式为肝门胆管、胆囊、部分肝外胆管及部分肝门区的肝组织切除(E)。②胆总管上段癌不宜实施左三叶肝切除、全胰腺切除术、胰头十二指肠切除术。ERCP取石术常用于胆总管下段结石的治疗。

1241. ABCDE ①胆道蛔虫病常表现为突发剑突下阵发性钻顶样剧烈疼痛,可自行缓解,缓解期宛如常人。体检时仅有右上腹或剑突下轻微深压痛。这种严重症状和轻微体征不符的临床表现为胆道蛔虫病的特点(记忆为症征不符),也是临床诊断本病的主要依据(A)。②静脉胆道造影临床上少用。X线钡餐造影可见十二指肠乳头有蛔虫影,内镜逆行胆管造影(ERCP)可见胆胰管开口处有蛔虫,这些都不是常规检查,且阳性率很低,故不能作为主要诊断依据。目前蛔虫感染率很高,很多人大便中均可发现蛔虫卵,故不能凭此诊断胆道蛔虫病。

1242. ABCDE ①胆道蛔虫病常表现为剑突下阵发性钻顶样剧烈疼痛,可自行缓解(E)。②胆囊结石、胆管结石常表现为阵发性右上腹绞痛。胆囊癌常无症状。胆管癌常表现为进行性无痛性黄疸。

1243. ABCDE 胆道蛔虫病常表现为剑突下阵发性钻顶样剧烈疼痛,可伴恶心呕吐,可吐出蛔虫。腹痛可突然缓解,间歇期宛如常人。严重时可合并胆道感染出现急性胆管炎。由于胆道蛔虫病多引起胆道痉挛,不会引起胆道的完全性阻塞,因此只会出现轻度黄疸,而不会出现明显黄疸(E错)。

1244. ABCDE ①胆道蛔虫病的特点是右上腹发作性钻顶样绞痛,可自行缓解,缓解期宛如常人,腹部体征轻微。根据题干,本例应诊断为胆道蛔虫病(C)。②急性胃炎常表现为上腹不适,恶心呕吐等。急性胆囊炎常表现为阵发性右上腹绞痛,Murphy征阳性。急性肝脓肿常表现为右上腹持续性胀痛,畏寒高热,肝大。急性胰腺炎常表现为饱餐后持续性左上腹疼痛,呕吐后腹痛不缓解。

1245. ABCDE 胆道蛔虫病的特点是右上腹发作性钻顶样绞痛,可自行缓解,缓解期宛如常人,腹部体征轻微。结合病史及临床表现,本例应诊断为胆道蛔虫病(C)。

1246. ABCDE ①胆道蛔虫病的特点是右上腹发作性钻顶样绞痛,可自行缓解,缓解期宛如常人,腹部体征轻微。根据题干,本例应诊断为胆道蛔虫病(A)。②胆管结石常表现为有痛性波动性黄疸。急性胃炎常表现为上腹不适。胆囊结石、急性胆囊炎常表现为阵发性右上腹绞痛,Murphy征阳性。

1247. ABCDE 急性胰腺炎的病因国内以胆道疾病最多见,约占50%,称为胆源性胰腺炎。西方国家主要是过量饮酒所致,称为酒精性胰腺炎。A、D均为急性胰腺炎的病因。

1248. ABCDE ①糖皮质激素可直接损伤胰腺组织,引起急性胰腺炎(E)。②法莫替丁、奥美拉唑、生长抑素、青霉素都是治疗急性胰腺炎的常用药物,不可能导致急性胰腺炎。

1249. ABCDE ①暴饮暴食后,大量食糜进入十二指肠,可引起Oddi括约肌痉挛,同时刺激胰液与胆汁大量分泌,而诱发急性胰腺炎。急性胰腺炎最常见的病因是胆道疾病,最常见的诱因是暴饮暴食。参阅1版《内科学》P384。②B、C、E均属于急性胰腺炎的病因。胃肠炎与急性胰腺炎无关。

1250. ABCDE ①高脂血症约占急性胰腺炎病因的7%,其机制可能是甘油三酯在胰脂酶的作用下生成的游离脂肪酸,对胰腺腺泡的直接损伤作用(A)。②急性胰腺炎可导致高血糖、低血钾,但高血糖、高血钾并不是胰腺炎的病因。胰腺炎的病因与高尿酸、高血钠无关。

1251. ABCDE 1252. ABCDE ①急性胰腺炎的自家消化学说认为:各种病因导致胰腺腺泡内的胰蛋白酶原激活成为胰蛋白酶,后者序列激活多种消化酶,引起胰腺自身消化的连锁反应。其中,起主要作用的活化酶包括脂肪酶、磷脂酶 A_2、弹力蛋白酶、胰舒血管素等。弹性蛋白酶可溶解血管弹性纤维，引起出血和血栓形成，使血管破坏导致出血(C)。②磷脂酶 A_2 在少量胆酸参与下可分解细胞膜的磷脂，产生溶血磷脂酰胆碱和溶血脑磷脂，其细胞毒作用引起胰腺实质、脂肪组织坏死和溶血(B)。③脂肪酶主要与胰腺及其周围脂肪的坏死液化有关。参阅 7 版《内科学》P470。

胰蛋白酶原 → 胰蛋白酶：
- 弹性蛋白酶 → 溶解血管弹性纤维 → 血管受损
- 脂肪酶 → 中性脂肪分解 → 脂肪坏死及液化
- 磷脂酶A_2 → 破坏细胞膜 → 使胰腺坏死、溶血
- 激肽释放酶 → 激肽酶原变为缓激肽和胰激肽 → 舒血管
- 胰舒血管素 → 使血管扩张，通透性增加

→ 胰腺水肿出血坏死

急性胰腺炎的发病机制

1253. ABCDE　1254. ABCDE　①患者进食油腻食物后感上腹持续性疼痛，腹膜刺激征阳性，右下腹穿刺抽出血性液体，血清淀粉酶>500U/dl，可确诊为急性胰腺炎。急性胰腺炎是由于胆胰管共同通路受阻，胰液排出障碍，胰管内高压，导致胰腺腺泡细胞破裂，胰液外溢，胰酶被激活导致的自身消化(E)。A、B、C、D 都是急性胰腺炎的病因，而不是发病机制。②急性胰腺炎最常见的病因是胆系疾病所致的胆道感染，酗酒是西方最常见的病因，上腹部外伤也可导致急性胰腺炎。暴饮暴食是急性胰腺炎最常见的诱因。胃食管反流一般导致反流性食管炎，而不是急性胰腺炎，故答 E。

1255. ABCDE　①急性胰腺炎常表现为左上腹疼痛，50%的患者向左腰背部放射。参阅 2 版 8 年制《外科学》P550。②9 版《外科学》P458 观点：急性胰腺炎常表现为左上腹剧痛，向左肩及左腰背部放射。按 9 版《外科学》观点，B、E 均正确。

1256. ABCDE　①急性胰腺炎常表现为饱餐和饮酒后突发上腹部持续性剧烈疼痛，可向左肩部或左腰部放射(C)。②A 为胆道蛔虫病的特点，D 为十二指肠溃疡的特点，E 为急性肠梗阻的特点。

1257. ABCDE　患者上腹痛 6 天，中上腹压痛反跳痛，上腹包块，尿淀粉酶显著增高(正常值为 80~300U/dl)，B 超示胰腺周围液性包块，白细胞计数增高，应诊断为急性胰腺炎并胰周脓肿。常见致病菌为大肠埃希菌、铜绿假单胞菌、克雷伯菌、鲍曼不动杆菌等(B)。参阅 9 版《外科学》P460。

1258. ABCDE　①急性胰腺炎最常见的临床表现是腹痛，多位于左上腹，可向左肩、左腰背部放射(E)。②腹泻是常见的消化系统症状，无特异性。急性胰腺炎可出现呕吐，呕吐后腹痛不缓解为其特点。肛门停止排气排便为急性肠梗阻的常见症状。若合并胆总管结石，可出现黄疸。

1259. ABCDE　出血坏死性胰腺炎时，Cullen 征是指脐周青紫斑，Grey-Turner 征是指左腰部青紫斑。

1260. ABCDE　①急性重症胰腺炎时，胰液中的消化酶被激活后发生自家消化，外溢的胰液可经腹膜后途径渗入皮下造成出血。在腰部、季肋部、下腹部皮肤出现大片青紫色瘀斑，称为 Grey-Turner 征(C)。②Courvoisier 征阳性见于壶腹部癌。肝浊音界消失见于消化性溃疡穿孔。Murphy 征阳性见于急性胆囊炎。肝区叩击痛见于病毒性肝炎。

1261. ABCDE　1262. ABCDE　①Grey-Turner 征阳性见于急性重症胰腺炎(C)。②扑翼样震颤是指嘱患者两臂平伸，手指分开时，出现上肢大关节急促而不规则的扑击样抖动，常见于肝性脑病，为诊断肝性脑病最有意义的体征(D)。③腹壁反射消失常见于同侧锥体束病损。腱反射亢进为上运动神经元瘫痪的表现。Babinski 征阳性为锥体束受损的表现。

1263. ABCDE　①急性出血坏死性胰腺炎的局部并发症包括胰腺假性囊肿(D)、胰腺脓肿。②上消化道出血、急性肾衰竭、胰性脑病、血栓性静脉炎为全身并发症。

1264. ABCDE　①急性胰腺炎的并发症包括全身并发症和局部并发症，A、B、D、E 为全身并发症。②胰腺假性囊肿为局部并发症，且最常见，常发生于出血坏死性胰腺炎起病后 4 周。

1265. ABCDE　①急性胰腺炎的局部并发症包括胰腺脓肿和胰腺假性囊肿。胰腺脓肿多于起病后 2~3 周发生，系胰腺及胰周坏死继发感染所致，常表现为感染中毒症状。胰腺假性囊肿常于起病后 4 周

形成，大小几毫米至几十厘米，常有邻近脏器压迫症状。患者急性胰腺炎后2周发病，有高热、白细胞增高等感染中毒症状，应诊断为胰腺脓肿（B对）。②急性胰腺炎的病程多超过半个月，患者发病仅2周，故不答A。败血症常表现为全身中毒症状，可有皮疹、尿少等症状。急性胆囊炎常表现为右上腹阵发性疼痛，Murphy征阳性。

1266. ABCDE　胰腺假性囊肿是由胰液和坏死组织在胰腺周围被包裹而形成，囊壁无上皮，故称为假性囊肿。常发生于急性重症胰腺炎起病后4周，参阅8版《内科学》P440。

1267. ABCDE　①患者突发上腹痛，伴发热，上腹部腹膜刺激征，血清淀粉酶>500U/dl，应考虑急性胰腺炎。患者血压≤90/60mmHg，应诊断为急性重型胰腺炎。患者呼吸衰竭，PaO_2<60mmHg，应考虑合并急性呼吸窘迫综合征，故答E。②急性胆管炎并感染中毒性休克常表现为Reynolds五联征。肠系膜动脉栓塞、肺炎、急性心肌梗死均不会出现血清淀粉酶>500U/dl。

1268. ABCDE　①患者聚餐后突发上腹痛，呕吐，上腹部腹肌紧张，应首先考虑急性胰腺炎（B）。②急性胃炎不会出现腹膜刺激征。急性胆囊炎常表现为Murphy征阳性。消化性溃疡常表现为周期性节律性上腹疼痛，病史较长。急性肠梗阻常表现为痛、吐、胀、闭四大典型症状。

1269. ABCDE　①血清淀粉酶测定是诊断急性胰腺炎最常用的化验指标（A）。血清淀粉酶>500U/dl（Somogyi法），可确诊为急性胰腺炎。②血清淀粉酶同工酶测定可提高诊断的准确性。血糖、血钙测定常用于病情严重程度的判断。血清脂肪酶为急性胰腺炎的辅助诊断指标。

1270. ABCDE　1271. ABCDE　①患者大量饮酒后上腹部疼痛，向腰背部放射，腹膜刺激征阳性，应诊断为急性胰腺炎（A）。十二指肠溃疡穿孔常表现为突发上腹剧痛，全腹压痛反跳痛，板状腹。急性胆囊炎常表现为阵发性右上腹痛，并向右肩部放射。急性胃肠炎不会出现腹膜刺激征。急性阑尾炎常表现为转移性右下腹痛，麦氏点压痛反跳痛。②血清淀粉酶在起病2~12小时开始升高，24小时达高峰；尿淀粉酶发病24小时开始升高，48小时达高峰；血清脂肪酶发病24~72小时开始升高。虽然血尿淀粉酶、血清脂肪酶均可用于本病的诊断，但患者发病仅9小时，故首选血清淀粉酶测定（B）。肝功能检查对本病诊断价值不大。立位腹部X线片常用于诊断消化性溃疡穿孔。

1272. ABCDE　①患者饮酒后上腹痛，血清淀粉酶>500U/dl，B超示胰腺肿胀，应诊断为急性胰腺炎，其首要治疗是禁食、胃肠减压，此为急性胰腺炎的基础治疗措施（C）。②A、B、D都是胆源性胰腺炎的一般治疗措施。患者白细胞计数<16×10^9/L，应诊断为轻型急性胰腺炎，尚无剖腹探查指征。

1273. ABCDE　①患者饮酒、高脂饮食后上腹痛，向背部放射，应首先考虑急性胰腺炎。为明确诊断，最有价值的检查是腹部增强CT（B）。②上消化道X线钡剂造影、胃镜常用于诊断消化性溃疡。肝胆核素扫描现已少用。立位腹部X线片常用于消化性溃疡穿孔的诊断。

1274. ABCDE　①急性轻症胰腺炎表现为血清淀粉酶增高，急性重型胰腺炎血清淀粉酶可正常或低于正常，因此血清淀粉酶高低并不一定反映病情轻重（D错）。②急性胰腺炎时，血清淀粉酶在发病数小时开始升高，24小时达高峰；尿淀粉酶在发病12~24小时开始升高，48小时达高峰。血清淀粉酶>500U/dl（Somogyi法）对急性胰腺炎有诊断价值。③消化性溃疡穿孔、胆囊炎等急腹症也可有血清淀粉酶升高，但一般不超过250U/dl（Somogyi法）。

1275. ABCDE　①血淀粉酶于发病数小时开始升高，6~8小时可测，24小时达高峰，4~5天降至正常。②血清淀粉酶升高见于多种急腹症，如急性胰腺炎、消化性溃疡穿孔、胆石症、胆囊炎、肠梗阻等。③血清淀粉酶超过正常值3倍可确诊急性胰腺炎。④血清淀粉酶升高与病情严重程度、临床症状不成正比（D错）。⑤尿淀粉酶发病12~24小时开始升高，48小时达高峰，1~2周恢复正常。可见尿淀粉酶升高比血清淀粉酶升高持续时间长。

1276. ABCDE　①急性轻症胰腺炎表现为血清淀粉酶增高，急性重型胰腺炎血清淀粉酶可正常或低于正常，因此血清淀粉酶的高低与病情严重程度不成正比（A错）。②血淀粉酶于发病数小时开始升高，尿淀粉酶于发病12~24小时开始升高，可见血淀粉酶升高早于尿淀粉酶。③胰源性胸水、腹水的淀粉酶明显升高。④尿淀粉酶发病 1~2 周恢复正常，血淀粉酶发病 4~5 天降至正常，可见尿淀粉酶升高持续时间比血淀粉酶长。⑤血淀粉酶超过正常值 3 倍可诊断为急性胰腺炎。

1277. ABCDE　血清淀粉酶发病数小时开始升高，24 小时达高峰，4~5 天后逐渐降至正常（9 版《外科学》P459）。

1278. ABCDE　5 版《内科学》P490：尿淀粉酶于急性胰腺炎发病后 12~24 小时开始升高，持续 1~2 周。9 版《外科学》P459：尿淀粉酶于急性胰腺炎发病后 24 小时开始升高，48 小时达高峰，1~2 周后恢复正常。

1279. ABCDE　①急性轻症胰腺炎表现为血清淀粉酶增高，急性重型胰腺炎淀粉酶值可正常或低于正常，因此血清淀粉酶的高低与病情严重程度不成正比（D 错）。②血清淀粉酶发病数小时开始升高，24 小时达高峰，4~5 天后逐渐降至正常，参阅 9 版《外科学》P459，不同版本教材数据不完全相同。③淀粉酶过去常采用 Winslow 单位、Somogyi 单位，现已统一采用国际单位（U/L）。若血清淀粉酶 > 128Winslow 单位、尿淀粉酶 > 256Winslow 单位，可诊断为急性胰腺炎，参阅 1 版《内科学》P386。④尿淀粉酶发病 12~24 小时开始升高，48 小时达高峰，1~2 周恢复正常，参阅 5 版《内科学》P490。

1280. ABCDE　急性胰腺炎的实验室检查项目：血清脂肪酶发病数 24~72 小时开始升高；血清乳酸脱氢酶（LDH）起病后数日升高；血清淀粉酶于发病数小时开始升高；尿淀粉酶发病 12~24 小时开始升高；血清正铁血白蛋白在起病 72 小时后阳性，参阅 5 版《内科学》P491。2020 年真题。

1281. ABCDE　①腹部 B 超为急性胰腺炎的首选影像学诊断方法，可发现胰腺肿大和胰周液体积聚，参阅 6 版《内科学》P605。②腹部 X 线片、腹部透视对急性胰腺炎诊断价值不大。增强 CT 扫描是最具诊断价值的影像学检查，参阅 9 版《外科学》P459。MRI 由于价格昂贵，不作为首选检查。

1282. ABCDE　①腹部增强 CT 扫描是急性胰腺炎最具诊断价值的影像学检查，不仅可诊断急性胰腺炎，而且能鉴别是否合并胰腺组织坏死，参阅 9 版《外科学》P459。②腹部 B 超为急性胰腺炎的首选影像学诊断方法。腹部核素扫描、胃镜、腹部 X 线片对急性胰腺炎的诊断价值不大。

1283. ABCDE　①对重症急性胰腺炎的诊断最有意义的检查是腹部增强 CT 扫描，不仅可诊断急性胰腺炎，而且能鉴别是否合并胰腺组织坏死，参阅 9 版《外科学》P459（A）。②血清脂肪酶测定是诊断急性胰腺炎的客观指标。血尿淀粉酶测定是诊断急性胰腺炎最常用的方法。腹部 B 超是诊断急性胰腺炎的首选影像学诊断方法，参阅 6 版《外科学》P605。

1284. ABCDE　1285. ABCDE　①诊断出血坏死性胰腺炎最有意义的检查是腹部增强 CT 扫描，不仅可诊断急性胰腺炎，而且能鉴别是否合并胰腺组织坏死，参阅 9 版《外科学》P459（C）。出血坏死性胰腺炎患者血清淀粉酶可增高、正常、甚至降低，可见血清淀粉酶测定对出血坏死性胰腺炎的诊断价值并不大，故不答 A。②诊断早期原发性肝癌最有意义的检查是血清甲胎蛋白测定，其阳性率为 68%~74%（B）。③血清癌胚抗原（CEA）检测常用于判断结直肠癌的术后复发。血清 C 反应蛋白（CRP）检测常用于诊断急性细菌感染。

1286. ABCDE　①患者有胆囊结石，上腹剧痛，向腰部放射，血清淀粉酶增高，应考虑急性胆源性胰腺炎，最有价值的检查是腹部增强 CT 扫描，不仅可诊断急性胰腺炎，而且能鉴别是否合并胰腺组织坏死（D）。②A、B、C、E 检查对急性胰腺炎的诊断价值不大。

1287. ABCDE　①患者进食油腻食物后上腹持续性疼痛，向腰背部放射，伴呕吐，左中上腹部明显压痛反跳痛，应诊断为急性胰腺炎（E）。②急性阑尾炎常表现为转移性右下腹痛，右下腹压痛反跳痛。急性肠梗阻常表现为痛、呕、胀、闭。急性胆囊炎常表现为进食油腻食物后右上腹阵发性绞痛，墨菲征阳性。急性胃炎常表现为上腹不适，恶心呕吐，可有上腹轻压痛。

1288. ABCDE　①患者有胆囊结石病史。饱餐后上腹剧痛，向后背放射，上腹压痛反跳痛，应诊断为急性胆源性胰腺炎（C）。②急性胆囊炎常表现为 Murphy 征阳性。消化道穿孔常表现为突发上腹剧烈疼痛，后扩散至右下腹甚至全腹，板状腹，肠鸣音消失。急性阑尾炎常表现为转移性右下腹痛，右下腹压痛反跳痛。急性心肌梗死常表现为突发心前区疼痛，腹部体征阴性。

1289. ABCDE　①呕吐后腹痛不缓解为急性胰腺炎的临床特点。患者饱餐后突发左上腹部持续性剧痛，呕吐后腹痛不缓解,应诊断为急性胰腺炎(C)。②急性胆囊炎常表现为脂肪餐后右上腹阵发性疼痛。心肌梗死常表现为突发性胸前区疼痛。肾结石常表现为腰背部阵发性疼痛,伴肉眼血尿。急性胃炎常表现为上腹部隐痛,呕吐后腹痛缓解。

1290. ABCDE ①呕吐后腹痛不缓解为急性胰腺炎的临床特点,血清淀粉酶>500U/dl,可确诊急性胰腺炎。根据题干,本例应诊断为急性胰腺炎,故不答 C、D、E。②患者血压<90/60mmHg、Cullen 征阳性,应诊断为急性重型胰腺炎而不是急性轻型胰腺炎,故答 B。

1291. ABCDE ①患者有胆结石病史,餐后上腹痛,向左肩腰背部放射,全腹压痛,腹膜刺激征阳性,应考虑急性胆源性胰腺炎。患者腹胀明显,合并休克(血压 90/75mmHg),腹水征阳性,白细胞 $\geq 16\times 10^9$/L,应诊断为急性重型胆源性胰腺炎。②急性重型胰腺炎患者血清淀粉酶可增高、正常、甚至降低,因此血清淀粉酶测定对重型胰腺炎的诊断价值不大,故不答 A。③尿淀粉酶对急性胰腺炎只有辅助诊断价值,故不答 B。④腹腔穿刺液淀粉酶升高,对急性胰腺炎的诊断很有帮助,但只适用于腹部移动性浊音阳性者,参阅 7 年制《外科学》P700。患者移动性浊音阳性,故答 C 而不是 A,很多医考参考书将答案错为 A。⑤腹部超声检查是急性胰腺炎的首选影像学诊断方法,但确诊意义不如腹穿液淀粉酶测定。腹部 X 线检查对急性胰腺炎的诊断价值不大。

1292. ABCDE ①急性胰腺炎时,胰蛋白酶原被激活成胰蛋白酶,后者激活脂肪酶,使中性脂肪分解为脂肪酸,脂肪酸与血浆中的 Ca^{2+} 结合为脂肪酸钙。出血坏死性胰腺炎时大量血浆 Ca^{2+} 被消耗,将导致血钙降低。血钙<1.87mmol/L 为诊断出血坏死性胰腺炎的指标之一(C)。②血清脂肪酶、血清淀粉酶高低与急性胰腺炎的病情轻重不成比例,故不答 A、B。血清胆红素增高提示肝功能受损严重。B 超检查显示胰腺增大,见于急性水肿性胰腺炎,故不答 E。

1293. ABCDE ①血清淀粉酶、血清脂肪酶高低与急性胰腺炎的病情轻重不成比例,故不答 A、B。出血坏死性胰腺炎患者不会出现血钾降低、血钠降低,故不答 C、E。②急性胰腺炎时,活化的脂肪酶可使中性脂肪分解为脂肪酸,脂肪酸与血浆中的 Ca^{2+} 结合为脂肪酸钙,导致血钙降低。血钙<1.87mmol/L为诊断出血坏死性胰腺炎的指标之一(D)。

1294. ABCDE ①淀粉酶由胰腺的腺泡细胞释放。水肿性胰腺炎患者胰腺的腺泡细胞充血肿胀,细胞膜通透性升高,淀粉酶大量释放入血,可导致血清淀粉酶升高。出血坏死性胰腺炎若胰腺广泛坏死,腺泡细胞数量减少,血清淀粉酶可正常,甚至降低(C 对)。②出血坏死性胰腺炎常有血钙降低。出血坏死性胰腺炎患者由于大量胰岛 β 细胞受损,胰岛素分泌减少,血糖应升高。出血坏死性胰腺炎多有轻重不等的脱水,常伴低钾血症;外周血白细胞计数增高,常 $\geq 16\times 10^9$/L。

1295. ABCDE ①急性胰腺炎时,活化的脂肪酶可将脂肪分解成脂肪酸,脂肪酸与 Ca^{2+} 结合形成脂肪酸钙,可使血钙降低。因血钙水平与脂肪坏死程度密切相关,故血钙水平与急性胰腺炎的严重程度有关。血钙<1.87mmol/L 提示急性重症胰腺炎。②丙氨酸氨基转移酶常用于判断肝细胞受损程度。血钾及淀粉酶的高低与急性胰腺炎的病情严重程度无关。碱性磷酸酶增高常见于胆道梗阻。

1296. ABCDE ①水肿性胰腺炎血清淀粉酶增高,出血坏死性胰腺炎的血清淀粉酶可升高、正常或降低,故血清淀粉酶增高不能作为水肿性和出血坏死性胰腺炎的鉴别依据(A)。②出血坏死性胰腺炎的诊断标准包括:血钙<1.87mmol/L、休克、Grey-Turner 征(胁腹皮肤青紫色瘀斑)、Cullen 征(脐周皮肤青紫色瘀斑),故不答 B、D、E。③血清正铁血白蛋白阳性提示急性胰腺炎病情危重,预后不良。

1297. ABCDE ①出血坏死性胰腺炎时,胰液中的消化酶被激活后发生自家消化,外溢的胰液可经腹膜后渗入皮下,造成脐周青紫色瘀斑,称为 Cullen 征。水肿性胰腺炎无组织坏死,故 Cullen 征阴性,此为两者最有价值的鉴别点。②A、B、C、E 均可出现于水肿性和出血坏死性胰腺炎,无鉴别诊断价值。

1298. ABCDE ①不典型的急性心肌梗死可有上腹剧痛,恶心呕吐。急性胰腺炎常表现为饱餐后上腹持续性剧痛,呕吐后腹痛不缓解。急性阑尾炎早期、急性胃炎均可表现为上腹疼痛,恶心呕吐。②梅尼埃综合征常表现为与情绪有关的眩晕发作,水平性眼震颤,神经系统无异常,与题干所述无关。

1299. ABCDE　①患者饮酒后出现上腹剧痛,伴恶心呕吐,左上腹腹膜刺激征,应诊断为急性胰腺炎(E)。②消化性溃疡穿孔常有膈下游离气体。肠梗阻常表现为痛、吐、胀、闭,腹部X线片见阶梯状液平面。急性阑尾炎常表现为转移性右下腹痛,右下腹压痛反跳痛。胆石症常表现为脂肪餐后发作性右上腹绞痛,黄疸,右上腹腹膜刺激征。

1300. ABCDE　①患者上腹痛1年,慢性脂肪泻,中腹部压痛,B超示胰腺钙化,应诊断为慢性胰腺炎。患者主要症状为脂肪泻,此为胰腺外分泌功能不足的表现,可口服胰酶制剂以帮助脂肪类食物的消化。②慢性胰腺炎的腹痛一般较为顽固,普通的解痉止痛药物难以达到效果,故不答A。C、D、E对慢性胰腺炎的治疗效果不佳。超纲题,大纲不要求掌握慢性胰腺炎。

1301. ABCDE　1302. ABCDE　1303. ABCDE　①呕吐后腹痛不缓解是急性胰腺炎的临床特点。患者高脂餐后持续上腹疼痛,呕吐后腹痛无缓解,左上腹压痛反跳痛,应诊断为急性胰腺炎(D)。急性胃炎、急性心肌梗死均不会出现腹膜刺激征。急性胆囊炎常表现为阵发性右上腹痛,右上腹压痛。肠梗阻多表现为痛、吐、胀、闭。②为明确急性胰腺炎的诊断,应首选血清淀粉酶测定(C)。血清脂肪酶常于发病后24~72小时开始升高,而患者发病仅8小时,故不宜选用。血常规无特异性,故不答B。立位腹部X线片常用于诊断消化性溃疡穿孔。心电图常用于诊断心律失常。③急性胰腺炎的治疗,应首选针对大肠埃希菌、厌氧菌,且能透过血胰屏障的抗生素,如喹诺酮类(环丙沙星)、头孢类,联合抗厌氧菌的甲硝唑。上述治疗无效时才使用亚胺培南,故不答D。

1304. ABCDE　1305. ABCDE　1306. ABCDE　1307. ABCDE　①患者酗酒后中上腹痛,放射至腰部,恶心呕吐,腹膜刺激征阳性,应考虑急性胰腺炎。患者腰腹部出现蓝棕色瘀斑(Grey-Turner征)、休克(血压75/55mmHg),应诊断为急性出血坏死性胰腺炎(D)。急性胆囊炎常表现为右上腹阵发性绞痛,Murphy征阳性。急性胃炎常表现为上腹部不适,恶心呕吐,剑突下轻压痛。急性肠梗阻多表现为痛、吐、胀、闭。急性胆管炎常表现为Charcot三联征,即腹痛、寒战高热、黄疸。②为明确急性胰腺炎的诊断,应首选血清淀粉酶测定(D)。尿淀粉酶常于发病后24小时开始升高,而患者发病仅8小时,故不宜选用。血尿常规、胸、腹部X线片检查对胰腺炎诊断价值不大。腹部B超为急性胰腺炎的首选影像学检查,但其定性价值不如血清淀粉酶。③对于出血坏死性胰腺炎,如腹腔穿刺液淀粉酶增高,则有助于明确诊断(E)。剖腹探查因创伤太大,不是首选方法。内镜逆行胰胆管造影(ERCP)为医源性胰腺炎的常见诱因,应慎用。抗感染治疗观察易延误病情。抗休克治疗不能用于诊断,故不选D。④所有急腹症在明确诊断之前,严禁使用吗啡等强镇痛剂,以便掩盖病情,延误治疗(B)。A、C、D、E都是急性胰腺炎的常用治疗方法。

1308. ABCDE　1309. ABCDE　1310. ABCDE　①患者有胃病,餐后突发剑突下痛,上腹部腹膜刺激征阳性,应考虑胃十二指肠溃疡穿孔。患者有胆结石病史,间断胆绞痛发作,本次餐后突发右上腹痛,应考虑急性胆囊炎。患者突发腹痛,伴恶心呕吐,全腹胀,应考虑急性肠梗阻。患者有胆结石病史,餐后突发剑突下痛,伴恶心呕吐,尿淀粉酶增高,应考虑急性胰腺炎。急性胃肠炎一般不会出现腹膜刺激征,但患者腹膜刺激征阳性,故答E。②A、B、C、D均可出现腹膜刺激征,但急性胃肠炎不会出现明显腹膜刺激征,故可排除急性胃肠炎(C)。③急诊B超为急腹症的首选影像学检查。立位腹部X线片可确诊消化性溃疡穿孔。血淀粉酶测定可确诊急性胰腺炎。诊断性腹穿常用于诊断消化性溃疡穿孔、急性胰腺炎。急诊上消化道钡剂造影检查对A、B、C、D、E5种疾病均无诊断价值(E)。

1311. ABCDE　①饱餐或饮酒后大量胰液分泌,胰管内压力增高,使胰腺腺泡细胞破裂,胰液外溢,胰酶激活,产生自家消化,可导致急性胰腺炎。②胰腺位于腹膜后,当急性胰腺炎时胰腺充血肿大,可出现左上腹疼痛,并向腰背部放射,以左侧为甚。③禁食和胃肠减压可减少胃酸分泌,使促胰液素分泌减少,从而使胰液分泌减少,胰腺得到充分休息,有利于胰腺功能的恢复,因此禁食和胃肠减压为急性胰腺炎的基础治疗。④血清淀粉酶>500U/dl(Somogyi法)可确诊急性胰腺炎(D错)。⑤禁食期间主要依靠完全胃肠外营养(TPN)作营养支持。

1312. ABCDE ①约85%的人胰管与胆总管汇合形成“共同通道”，下端膨大称为 Vater 壶腹，开口于十二指肠乳头，其内有 Oddi 括约肌。吗啡可引起 Oddi 括约肌痉挛收缩，使胆汁和胰液排出受阻，胰管内压力增加，加重急性胰腺炎病情，故急性胰腺炎严禁单独使用吗啡镇痛（B）。②抗胆碱药物可缓解 Oddi 括约肌痉挛，故可使用。5-氟尿嘧啶可抑制 DNA 和 RNA 合成，减少胰液分泌，对磷脂酶 A、胰蛋白酶有抑制作用，参阅 5 版《内科学》P492。出血坏死性胰腺炎常合并低钙血症，可静脉应用钙剂。出血坏死性胰腺炎炎应常规使用抗生素治疗。

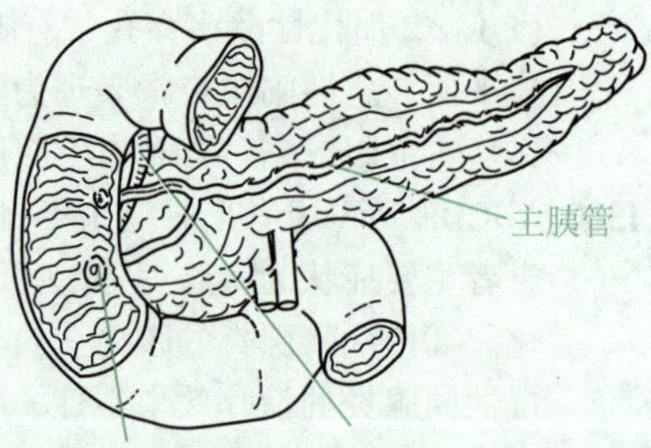

1313. ABCDE ①抑制胰酶活性的药物是抑肽酶，抑肽酶可抑制胰舒血管素、胰蛋白酶和糜蛋白酶，使缓激肽原不能转变为缓激肽（A）。②胰升糖素是体内升高血糖的主要激素。降钙素不是药物，而是甲状腺 C 细胞分泌的激素，主要作用是降低血钙。生长抑素、奥曲肽为抑制胰液分泌的药物。

1314. ABCDE ①禁食和胃肠减压为急性胰腺炎的基础治疗。②抑制胰腺外分泌有利于急性胰腺炎的恢复。维持水电解质平衡、对症治疗为急性胰腺炎的一般性治疗措施。③轻型胰腺炎以化学性炎症为主，抗菌药物并非必要。重症胰腺炎常有胰腺坏死组织继发感染，应及时合理地应用抗生素。

1315. ABCDE ①抗胆碱药可抑制胃肠蠕动，故禁用于肠麻痹患者（D）。②重症胰腺炎常有胰腺坏死组织继发感染，应常规应用抗生素。抗酸药、抑酸药均可减少胃酸分泌，使促胰液素分泌减少，胰液分泌减少，使胰腺得到充分的休息，有利于胰腺功能的恢复。抑制胰酶活性药可用于重症胰腺炎早期。

1316. ABCDE ①患者有 Charcot 三联征的表现，即腹痛、寒战高热、黄疸，应考虑急性胆管炎。患者上腹压痛反跳痛，白细胞总数增高，血淀粉酶显著增高，应考虑急性胰腺炎。患者血钙降低，WBC>16×10^9/L，应考虑出血坏死性胰腺炎。因此，本例应诊断为急性重症胆源性胰腺炎合并胆管炎。伴胆道感染的急性胰腺炎为手术适应证，故本例应行急诊剖腹探查（C）。②急性重症胰腺炎应常规使用抗生素，严禁单独注射吗啡。静脉点滴生长抑素可抑制胰液分泌。补液输血为辅助治疗措施。

1317. ABCDE ①胰腺炎多次反复发作常提示胆总管存在结石，需手术治疗。②继发胰腺感染、脓肿，应首先使用抗生素治疗，若病情无明显好转，可考虑手术引流。③胰腺假性囊肿若产生压迫症状，需手术引流。④胆源性胰腺炎需早期手术，解除胆道梗阻。⑤急性水肿性胰腺炎可保守治疗，无需手术（D）。参阅 3 版 8 年制《外科学》P604。

1318. ABCDE ①患者饮酒后突发剧烈持续性腹痛，腹膜刺激征明显，血清淀粉酶>500U/L（Somogyi法），可确诊为急性胰腺炎。患者 Cullen 征阳性，应考虑急性出血坏死性胰腺炎。需行手术治疗，最常用的手术方式是坏死组织清除+胰周引流术（E）。②急性重症胰腺炎一般不行部分胰腺切除，否则易导致胰瘘。若为胆源性胰腺炎，在引流胰周时，应同时行胆囊切除+胆总管探查+T 管引流术，故不答 B、D。急性坏死性胰腺炎术后禁食时间一般超过 1 个月，应常规行空肠造瘘或胃造瘘，以便术后行肠内营养。可见，B、C、D 均为一般性手术方式，故最佳答案为 E。

1319. ABCDE ①治疗时需要绝对禁食的疾病是急性胰腺炎早期，因为禁食可减少胃酸分泌，使促胰液素分泌减少，使胰腺得到充分的休息，有利于胰腺功能的恢复。②B、C、D、E 治疗过程中都不需要绝对禁食。

1320. ABCDE 1321. ABCDE 1322. ABCDE ①患者大量饮酒后出现上腹部剧痛，呕吐后腹痛不缓解，上腹部腹膜刺激征阳性，应考虑急性胰腺炎。患者出现休克，脐周及背部可见大片青紫瘀斑，即 Grey-Turner 征和 Cullen 征阳性，应诊断为重症急性胰腺炎（D）。十二指肠乳头肿瘤常表现为进行性黄疸。消化性溃疡穿孔常表现为突发上腹痛，后扩散至右下腹甚至全腹，板状腹，肠鸣音消失。急性肝脓肿常表现为畏寒发热，右上腹胀痛，肝大。急性梗阻性化脓性胆管炎常表现为 Reynolds 五联征，即腹痛、畏寒发热、黄疸、休克、神经精神症状。②急性胰腺炎首选的影像学检查为腹部 B 超，参阅 7 版《外科学》P580。腹部 X 线片、血常规、肝功能对急性胰腺炎的诊断价值不大。血清癌抗原 199（CA199）测定常用于胰腺癌的诊断。③重症急性胰腺炎保守治疗 2 天无效，应行手术治疗，手术前应积极纠正休克，术后常规使用抗生素（D）。

1323. ABCDE　1324. ABCDE　1325. ABCDE　1326. ABCDE　①患者突发上腹痛，发热，呕吐，上腹部腹膜刺激征阳性，外周血白细胞升高，应考虑急性胰腺炎（B）。急性心肌梗死常表现为发作性心前区持续性疼痛，而不是上腹痛。胆石症常表现为脂肪餐后突发上腹或右上腹阵发性绞痛，上腹腹肌紧张，但黄疸明显。患者 X 线检查膈下未见游离气体，故不答 D。肠梗阻常表现为痛、吐、胀、闭，X 线检查可见阶梯状液平面。②为明确急性胰腺炎的诊断，应首选血清淀粉酶测定（A）。血、尿常规检查无特异性，故不答 B、E。患者发病仅 7 小时，血清脂肪酶、尿淀粉酶均没有升高，故不答 C、D。③禁食和胃肠减压可减少胃酸分泌，使促胰液素分泌减少，从而使胰液分泌减少，胰腺得到充分休息，有利于胰腺功能的恢复，因此禁食和胃肠减压是急性胰腺炎的基本治疗措施（B）。急诊手术并不是基本治疗措施，如轻型急性胰腺炎即可保守治疗而无需手术，故不答 A、D。急性胰腺炎常有严重腹胀，腹腔穿刺引流难以成功，故不答 C。轻型急性胰腺炎无需使用抗生素，只有重症急性胰腺炎才需常规应用抗生素，故不答 E。④急性胰腺炎患者胰液积聚在胰腺周围，被纤维包裹可形成胰腺假性囊肿，常表现上腹部囊性包块（C）。患者为急性胰腺炎，不可能并发腹膜转移癌、胰腺癌、结肠癌，故不答 A、D、E。粘连性肠梗阻常表现为痛、吐、胀、闭，不会出现腹部包块，故不答 B。

1327. ABCDE　1328. ABCDE　1329. ABCDE　①患者饮酒后出现持续性上腹痛，向腰背部放射，中上腹部压痛，应诊断为急性胰腺炎（B）。急性胆囊炎常表现为 Murphy 征阳性。消化性溃疡常表现为长期周期性上腹部疼痛。急性胃炎不会出现腹膜刺激征。急性肠梗阻多表现为痛、吐、胀、闭。②患者发病 8 小时，为明确诊断，首选血尿淀粉酶测定（A）。重症急性胰腺炎可有血钙降低，但轻型急性胰腺炎血钙多正常，故血清电解质测定对本病的诊断价值不大。胃镜常用于诊断消化性溃疡。立位腹部 X 线片常用于诊断消化性溃疡穿孔。腹部 B 超为急性胰腺炎首选的影像学检查方法，但因上腹部胃肠气体的干扰，其准确性较差，故不答 E。③急性胰腺炎的基础治疗为禁食、补液及营养支持（E）。若有手术指征，可行手术治疗，故不答 A。B、C、D 均为辅助治疗措施。

1330. ABCDE　1331. ABCDE　1332. ABCDE　①患者饮酒后出现上腹痛，伴呕吐，上腹部腹膜刺激征，应考虑急性胰腺炎。患者休克（BP80/50mmHg）、Grey-Turner 征，应诊断为重症急性胰腺炎。患者 B 超示胆囊结石，应诊断为胆源性胰腺炎。血清脂肪酶发病 24~72 小时开始升高，持续 7~10 天。患者发病仅 8 小时，血清脂肪酶还没有升高，其诊断意义最小（B）。重症急性胰腺炎发病 8 小时可表现为血常规 WBC 增高，血清淀粉酶升高，C 反应蛋白（CRP）阳性，血糖增高，血钙降低，故 A、C、D、E 均有诊断价值。②对于重症急性胰腺炎，最有诊断价值的影像学检查是腹部增强 CT 扫描，不仅能诊断急性胰腺炎，而且能鉴别是否合并胰腺组织坏死（D）。腹部 MRI 常用于诊断复发性胰腺炎、原因不明的胰腺炎。腹部 B 超是诊断胰腺炎的首选影像学检查方法，但不能鉴别水肿性和坏死性胰腺炎，对决定是否手术无帮助。内镜逆行胰胆管造影（ERCP）常用于阻塞性黄疸的鉴别。③重症急性胰腺炎患者应常规使用抗生素，可静脉滴注生长抑素抑制胰液分泌，补充血容量为对症治疗措施。禁食和胃肠减压为急性胰腺炎的基本治疗。禁食后应行完全胃肠外营养支持，可给予脂肪乳剂和葡萄糖作为能源，但不应给予高浓度脂肪乳剂，否则难以耐受（C 错）。

1333. ABCDE　①血清淀粉酶高低与胰腺炎病情严重程度不成比例，故血淀粉酶显著升高，并不一定提示病情严重，预后不良（D）。②出现休克症状、血钙<1.87mmol/L、血糖>11.1mmol/L、出现腹膜刺激征，均属于重症急性胰腺炎的诊断标准，故不答 A、B、C、E。9 版《外科学》已删除相关内容。

1334. ABCDE　①A、D、E 腹部平片都不可能出现钙化影，故不答 A、D、E。②慢性胆囊炎合并胆囊结石，在腹部平片于右上腹可见不透 X 线钙化影。慢性胰腺炎反复发作多合并胰管结石，腹部平片于左上腹可见钙化影,故答 C 而不是 B。

1335. ABCDE　胰头癌的病理分类以导管细胞腺癌最常见(约占 90%),黏液性囊腺癌、腺泡细胞癌少见。

1336. ABCDE　①上腹疼痛是胰头癌常见的首发症状。②无痛性黄疸是胰头癌最主要的临床表现(占 90%),呈进行性加重(B)。③消瘦、贫血为晚期胰头癌的恶病质症状。④食欲下降为消化道症状,无特异性。⑤晚期偶可扪及上腹部肿块,质硬,固定。

1337. ABCDE　胰头癌的临床表现以上腹部疼痛、饱胀不适、黄疸、食欲减退、消瘦最为多见(A)。

1338. ABCDE　①中晚期胰头癌可侵犯腹腔神经丛,出现持续剧烈腹痛,向腰背部放射,为最突出的临床表现(C)。②食欲不振、体重减轻为消化道症状,无特异性。寒战高热提示胰头癌合并胆道感染。渐进性无痛黄疸为胰头癌最主要的临床表现。胰头癌很少出现肝脾肿大。

1339. ABCDE　①胰腺癌常见的首发症状是上腹疼痛(D)。②黄疸是胰腺癌最主要的症状,不要误答 A。胰腺癌可有稀便,无特异性。贫血、皮肤瘙痒常见于晚期胰腺癌。

1340. ABCDE　①患者黄疸伴皮肤瘙痒,为阻塞性黄疸的典型表现。当胆总管下端梗阻时,胆汁排出受阻,胆总管内压力增高,胆汁可经胆囊管逆行进入胆囊,造成胆囊内胆汁淤积,使胆囊被动性充盈肿大,可于右上腹扪及无痛性肿块,称为 Courvoisier 征(C)。②胆总管囊肿、肝囊肿、胆管癌早期一般不能于腹部扪及肿块。胰头癌在晚期可扪及肿块,但一般位于上腹部偏左侧。

1341. ABCDE　①老年患者,黄疸进行性加重,体重减轻,Courvoisier 征阳性,应诊断为胰头癌(B)。Courvoisier征阳性是指胰头癌压迫胆总管下端导致胆道阻塞、黄疸进行性加深、胆囊显著肿大但无压痛。②慢性胰腺炎常表现为上腹部隐痛,脂肪泻,病程长,早期不会出现黄疸及 Courvoisier 征阳性。胆总管结石常表现为波动性黄疸,阵发性腹痛,若有胆囊肿大,则肿大的胆囊有触痛。胆囊癌一般不会出现黄疸。肝门部胆管癌可有黄疸进行性加重,但不会出现无痛性胆囊肿大。

1342. ABCDE　1343. ABCDE　①患者有寒战高热、上腹绞痛、黄疸,为典型的 Charcot 三联征,常见于胆总管结石合并急性胆管炎(B)。②患者有黄疸,无腹痛,触及无痛性肿大的胆囊,称为 Courvoisier 征,常见于壶腹部肿瘤(A)。③病毒性肝炎、肝硬化、原发性肝癌可有肝细胞性黄疸,但不会出现上腹部绞痛、寒战高热,也不会出现胆囊无痛性肿大。

1344. ABCDE　①中年男性,无痛性黄疸进行性加重,胆囊肿大,胆总管增粗,胰头占位性病变,应诊断为胰头癌,治疗首选胰头十二指肠切除术(Whipple 手术)。②胰腺空肠吻合术常用于胰头横断伤的治疗。胰头部分切除术易造成术后胰瘘,临床上很少采用。全胰切除术常用于全胰癌的治疗。胆囊空肠吻合术为姑息性减黄手术。

1345. ABCDE　①腹部增强 CT 是诊断胰腺癌的首选影像学检查,对胰腺癌的定性、定位诊断均有重要价值,尤其能清楚地显示肿瘤是否侵犯大血管,对胰腺癌的术前可切除性评估具有重要意义(C)。②腹部血管造影也可显示胰头癌与邻近大血管的关系,因其有创性,目前已被增强 CT 所替代。内镜超声、B 超常用于诊断胰头癌。磁共振胆胰造影(MRCP)可显示胰、胆管梗阻部位和胰胆管扩张程度。

1346. ABCDE　①患者上腹隐痛,黄疸进行性加重,血清 CA199 增高,应考虑胰腺癌。CA19-9 是诊断胰腺癌最常用的肿瘤学标志物。为明确胰腺癌的诊断、术前评估胰腺癌的可切除性,首选胰腺增强 CT 检查(C)。②上消化道钡餐造影对胰腺癌的诊断价值不大。腹部 MRI 诊断胰腺癌的价值并不优于增强 CT,故不答 B。ERCP 为有创检查,不能作为首选。腹部 B 超由于肠气干扰,对胰腺癌的诊断价值较小。

1347. ABCDE　①糖抗原 19-9(CA19-9)是胰腺癌最常用的术前诊断和术后随访的标志物。②CA153 常用于诊断乳腺癌,CA125 常用于诊断卵巢癌。甲胎蛋白(AFP)常用于诊断肝细胞性肝癌。癌胚抗原(CEA)常用于诊断结、直肠癌。

1348. ABCDE　①胆总管结石常表现为波动性黄疸;胰头癌常表现为进行性加重的黄疸,此为两者的主要鉴别点(B 对)。②胆总管结石和胰头癌均可引起胆胰共同通路受阻,使胆总管内压力增高,胆囊充盈性肿大及胰腺腺泡细胞受损，血尿淀粉酶增高。由于两者均可引起阻塞性黄疸，因此都可导致皮肤瘙痒、肝功能受损。因此 A、C、D、E 都不能作为两者的鉴别依据。

1349. ABCDE　1350. ABCDE　①患者皮肤、巩膜黄染进行性加重，尿色浓茶样，大便灰白色，应考虑梗阻性黄疸。患者右上腹扪及无痛性肿大的胆囊，提示 Courvoisier 征阳性，应诊断为胰头癌（E）。胆总管结石常表现为波动性黄疸、胆囊触痛性肿大。肝细胞性肝癌、肝门部胆管癌均可出现黄疸，但无胆囊肿大。胆囊结石多无黄疸，可有触痛性胆囊肿大。②胰头癌常用的手术方式为胰头十二指肠切除术，术后易并发胰漏、胆漏、肠漏，很少发生急性胰腺炎、肠系膜血栓形成。患者术后上腹剧烈疼痛，引流液淀粉酶显著增高，说明引流液含有胰液，应诊断为胰漏，而不是胆漏和肠漏。

1351. ABCDE　①胰腺癌（尤其是胰体尾癌）需到中晚期，肿瘤长到很大时，才能压迫胆总管下端，阻塞胆道引起黄疸。因此胰腺癌的患者往往就诊晚，确诊晚，手术切除率低，预后不良（C）。②壶腹癌早期就可压迫胆总管下端出现黄疸，能够早就医，早发现，早治疗，因此手术切除率高，预后较好。

1352. ABCDE　①老年患者，无痛性黄疸，Courvoisier 征阳性（黄疸患者右上腹触及无痛性肿大的胆囊），应诊断为胰头癌。②胆总管结石常表现波动性黄疸，腹膜刺激征阳性。肝癌不会触及肿大的胆囊。慢性胰腺炎常表现为腰背部疼痛及消化不良。胆囊结石可有胆囊触痛性肿大，但多无黄疸。

1353. ABCDE　1354. ABCDE　①血栓闭塞性脉管炎好发于吸烟的青年男性，主要累及四肢中小动静脉，晚期可有足背动脉搏动减弱或消失，30%的患者小腿可反复发作游走性血栓性浅静脉炎（C）。患者多为青年男性，故无高血压、高脂血症、糖尿病病史。②动脉硬化性闭塞症好发于中老年男性，常有高血压、高脂血症、糖尿病病史（E）。患者主要累及大中动脉，故多无游走性浅静脉炎病史。③踝关节过度背伸试验（Homans 征）阳性见于小腿深静脉血栓形成。

1355. ABCDE　①Buerger 试验（体位色泽改变试验）是先将下肢抬高 70°~80°，持续 1 分钟，肢体远端皮肤保持淡红色或稍微苍白，若呈苍白或蜡白色，提示动脉供血不足；再将下肢下垂于床沿，正常人皮肤色泽可在 10 秒内恢复，若恢复时间超过 45 秒，且色泽不均匀者，进一步提示动脉供血障碍。Buerger 试验阳性提示血栓闭塞性脉管炎（E）。②足背动脉搏动消失见于血栓闭塞性脉管炎、动脉硬化性闭塞症、下肢动脉栓塞等。Homans 试验（踝关节过度背屈试验）阳性常见于下肢深静脉血栓形成。Trendelenburg（大隐静脉瓣膜功能试验）、Perthes 试验（下肢静脉通畅度试验）均与单纯性下肢静脉曲张有关。

1356. ABCDE　恒温环境下，如肢体双侧对称部位皮肤温度相差≥2.0℃，则说明动脉血流减少。

1357. ABCDE　血栓闭塞性脉管炎分为 4 期：Ⅰ期常无明显临床症状，Ⅱ期的典型表现为间歇性跛行，Ⅲ期的主要症状为静息痛，Ⅳ期主要表现为趾（指）发黑坏死、溃疡形成。

1358. ABCDE　①患者间歇性跛行，双下肢皮温降低，足背动脉搏动消失，应诊断为血栓闭塞性脉管炎Ⅱ期。根据最大间跛距离分为：Ⅱa 期>200m；Ⅱb 期<200m，可见本例应诊断为Ⅱb 期。②Ⅰ期不会出现间歇性跛行，体检可见足背动脉搏动减弱，而不是消失。Ⅲ期主要表现为静息痛。Ⅳ期常表现为趾端缺血坏疽。

1359. ABCDE　①动脉硬化性闭塞症好发于中老年男性，多有高血压、糖尿病、冠心病等病史，主要累及大中动脉，常有下肢慢性缺血性表现，如下肢间歇性跛行，患肢皮温降低，色泽苍白，下肢远端动脉搏动减弱或消失。根据题干，本例应诊断为动脉硬化性闭塞症。②患者病史 3 年，不可能诊断为急性动脉栓塞，故不答 A。血栓闭塞性脉管炎好发于有吸烟嗜好的男性青年，无高血压、糖尿病、冠心病等病史，主要累及下肢中小动静脉，故不答 C。深静脉血栓形成常表现为突发性下肢肿胀，疼痛，病程进展快，故不答 D。血栓性浅静脉炎常表现为寒战高热，沿浅静脉走行的红肿，故不答 E。

1360. ABCDE　①血栓闭塞性脉管炎好发于长期吸烟的男性青年，主要累及下肢中小动静脉，常表现为间歇性跛行，下肢皮温降低，足背动脉搏动减弱或消失，Buerger 试验阳性提示远端肢体缺血。根据题干，本例应诊断为血栓闭塞性脉管炎（B）。②患者病史长达半年，不可能诊断为急性动脉栓塞。

原发性下肢静脉曲张常表现为下肢浅静脉迂曲,不会出现远端肢体缺血。患者年龄较轻,无高血压、糖尿病病史,故不答 D。深静脉血栓形成常表现为突发一侧肢体肿胀,疼痛,而不是肢体缺血。

1361. ABCDE ①患者左下肢疼痛,间歇性跛行,左小腿皮温降低、足背动脉搏动消失,应考虑血栓闭塞性脉管炎。Buerger 试验(体位色泽改变试验)是先将下肢抬高 70°~80°,持续 1 分钟,肢体远端皮肤保持淡红色或稍微苍白,若呈苍白或蜡白色,提示动脉供血不足;再将下肢下垂于床沿,正常人皮肤色泽可在 10 秒内恢复,若恢复时间超过 45 秒,且色泽不均匀者,进一步提示动脉供血障碍。Buerger 试验阳性提示血栓闭塞性脉管炎(B)。②Perthes 试验(下肢静脉通畅度试验)、Pratt 试验(交通静脉瓣膜功能试验)、Trendelenburg(大隐静脉瓣膜功能试验)均与单纯性下肢静脉曲张有关。③Homans 试验(踝关节过度背屈试验)阳性常见于下肢深静脉血栓形成。

1362. ABCDE ①血栓闭塞性脉管炎好发于有吸烟嗜好的青壮年男性(占 80%~95%),这是因为烟碱能使血管收缩,人体对烟草某些成分的变态反应可导致中小动脉和静脉内血栓形成。因此在肢体末端出现坏疽前及时戒烟能明显减缓症状,而再度吸烟后病情又会复发(E 错)。②本病早期表现为患肢发凉、怕冷、皮温降低,寒冷、潮湿环境常可诱发。③30%的患者小腿可反复发作游走性血栓性浅静脉炎。④病变主要累及肢体中小动脉,晚期可导致肢体动脉搏动减弱或消失。

1363. ABCDE 1364. ABCDE ①血栓闭塞性脉管炎的治疗原则是防止病变进展,促进下肢血液循环。保守治疗时,应严格戒烟,因为烟叶中的烟碱能使血管收缩,戒烟可使病情缓解,而再度吸烟后病情又会复发(D)。A、B、C、E 均属于一般性治疗措施。②血栓闭塞性脉管炎和动脉硬化性闭塞症都可有间歇性跛行、足背动脉搏动消失、夜间静息痛及下肢肌肉萎缩,因此不能用于两者的鉴别。但两者的好发年龄不同:前者多见于青壮年男性,后者多见于中老年男性(A)。

1365. ABCDE ①血栓闭塞性脉管炎好发于吸烟的男性青年,早期出现间歇性跛行,晚期趾(指)可发生缺血坏疽。根据题干,本例应诊断为血栓闭塞性脉管炎。②治疗时,应严格禁烟,防止受冷受潮,但不应使用热疗,以免组织需氧增加而加重缺血。疼痛严重者,可给予止痛剂及镇痛剂,以减轻症状。有手术指征者,可行手术治疗,目的是重建动脉血流通道,增加肢体血供,改善缺血引起的后果。高压氧舱治疗可提高血氧含量,增加肢体的血氧弥散,改善组织缺氧,参阅 5 版《外科学》P674。

1366. ABCDE ①男性吸烟患者,无高血压、糖尿病病史,右下肢间断疼痛,皮温降低,足背动脉搏动减弱,应诊断为血栓闭塞性脉管炎。②治疗时,应严格禁烟。可应用血管扩张药(如前列腺素 E_1、妥拉苏林),以改善微循环,防止血栓繁衍。对于Ⅰ、Ⅱ期患者可行腰交感神经节切除术,可解除血管痉挛,促进侧支循环形成,有良好的近期效果。高压氧舱治疗可提高血氧含量,增加肢体的血氧弥散,改善组织缺氧。③急性期血液呈高凝状态,可行链激酶溶栓治疗,但患者病史 4 年,为慢性期病变,故溶栓治疗无效(C)。参阅 7 版《黄家驷外科学》P1184,9 版《外科学》未讲述。

1367. ABCDE ①单纯性下肢静脉曲张(原发性下肢静脉曲张)是指隐静脉伸长、迂曲而呈曲张状态。静脉壁软弱、静脉瓣膜缺陷及浅静脉内压升高,是引起浅静脉曲张的主要原因(E)。②妊娠、盆腔巨大肿瘤、长时间站立是使瓣膜压力增大的常见因素。由髂股静脉血栓形成引起本病者少见。

1368. ABCDE ①静脉壁软弱、静脉瓣膜缺陷及浅静脉内压升高,是引起单纯下肢静脉曲张的主要原因。静脉壁薄弱和静脉瓣膜缺陷,与遗传因素有关。②重体力劳动、长期站立、妊娠、习惯性便秘,均可使静脉瓣膜承受过高的压力,使之逐渐松弛,不能紧密关闭,从而导致单纯下肢静脉曲张(E 错)。

1369. ABCDE ①患者右下肢浅静脉迂曲扩张多年,长时间站立加重,应诊断为原发性下肢静脉曲张。②患肢局部组织缺血缺氧,易发生皮肤溃疡。患肢浅静脉迂曲,血流缓慢,易发生血栓性静脉炎。患者下肢浅静脉迂曲,血液回流变慢和逆流,使血液含氧量降低,毛细血管通透性增加,红细胞渗至血管外,血红蛋白的代谢产物含铁血黄素沉积于皮下,可导致足踝周围色素沉着。下肢曲张静脉可破裂出血。③原发性下肢静脉曲张不累及趾端动脉,故不会发生足趾缺血坏死(A 错)。

1370. ABCDE ①原发性下肢静脉曲张主要表现为外观改变、酸胀不适、肿胀、小腿皮肤营养不良。足靴区皮肤营养性变化包括皮肤萎缩、色素沉着、皮炎、湿疹、皮下脂质硬化、溃疡形成。②A、B属于外观改变,C属于普通并发症,D属于营养障碍性并发症。参阅7版《黄家驷外科学》P1217。

1371. ABCDE ①患者长期右下肢静脉迂曲,踝部水肿,足靴区皮肤营养性变化,深静脉通畅试验阴性,应诊断为单纯性下肢静脉曲张(A)。②下肢深静脉血栓形成起病急,病情进展快,不会迁延10年,深静脉通畅试验应为阳性。血栓闭塞性脉管炎主要累及四肢中、小动静脉,常表现为患肢怕冷,皮温降低,苍白,间歇性跛行。动静脉炎、血栓性浅静脉炎常表现为沿浅表血管走行的红肿疼痛。

1372. ABCDE 大隐静脉起自足背静脉的内侧,经内踝前方沿小腿和大腿内侧上行,在腹股沟韧带下穿过卵圆窝注入股总静脉。大隐静脉在膝平面下,分别由前外侧、后内侧分支与小隐静脉交通。大隐静脉属于浅静脉系统。

1373. ABCDE 原发性下肢静脉曲张好发于足靴区,即小腿下1/3内侧。

1374. ABCDE ①血管疾病最有价值的诊断依据当然是血管造影检查。下肢大隐静脉曲张患者行下肢静脉造影,可清楚地显示病变部位、性质、范围及程度。②大隐静脉瓣膜功能(Trendelenburg)试验可判断大隐静脉瓣膜功能是否完善,深静脉通畅(Perthes)试验可判断深静脉是否通畅,交通静脉瓣膜功能(Pratt)试验可判断深静脉交通支瓣膜功能是否不全,临床表现可提示浅表静脉曲张,A、B、C、E均不能确诊原发性下肢静脉曲张。

1375. ABCDE ①Buerger试验也称体位色泽改变试验,是先将下肢抬高70°~80°,持续1分钟,肢体远端皮肤保持淡红色或稍微苍白,若呈苍白或蜡白色,提示动脉供血不足;再将下肢下垂于床沿,正常人皮肤色泽可在10秒内恢复,若恢复时间超过45秒,且色泽不均匀者,进一步提示动脉供血障碍。根据题干,本例应为Buerger试验阳性。②Perthes试验阳性常见于深静脉血栓形成。Lasegue试验(直腿抬高加强试验)阳性常见于腰椎间盘突出症。Pratt试验阳性常见于原发性下肢深静脉瓣膜功能不全。Trendelenburg试验常见于大隐静脉瓣膜功能不全。

1376. ABCDE ①深静脉通畅试验(Perthes试验):用止血带结扎大腿浅静脉主干,嘱患者用力踢腿或作下蹬活动连续10余次,迫使浅静脉血液向深静脉回流,使曲张静脉排空。若活动后浅静脉曲张更明显,则表明深静脉不通畅,为Perthes试验阳性。②大隐静脉瓣膜功能(Trendelenburg)试验:患者平卧,抬高患肢使静脉排空,在大腿根部扎止血带,阻断大隐静脉;然后让患者站立,迅速释放止血带,如出现自上而下的静脉逆向充盈,提示瓣膜功能不全。③交通静脉瓣膜功能(Pratt)试验:患者仰卧,抬高患肢,在大腿根部扎止血带,然后从足趾向上至腘窝缚缠第一根弹力绷带;再自止血带处向下,扎上第二根弹力绷带。让患者站立,一边向下解开第一根弹力绷带,一边向下继续缚缠第二根弹力绷带,如果在两根绷带之间的间隙内出现曲张静脉,即提示该处有功能不全的交通静脉。④握拳尺偏(Finkelstein)试验:握拳尺偏腕关节时,桡骨茎突处出现疼痛,称为Finkelstein试验阳性,见于桡骨茎突狭窄性腱鞘炎。Buerger试验阳性常见于血栓闭塞性脉管炎。

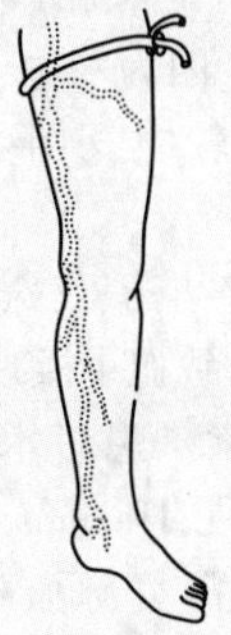

Trendelenburg试验

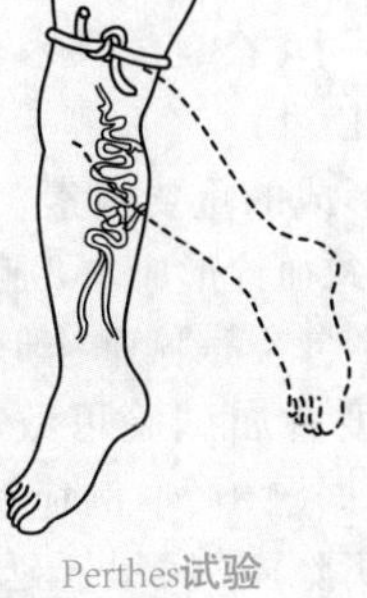

Perthes试验

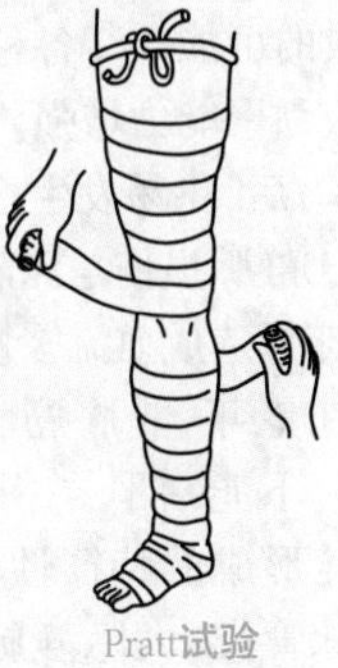

Pratt试验

1377. ABCDE ①中年女性,下肢浅静脉扩张、迂曲10年,局部皮肤色素沉着,大隐静脉瓣膜功能试验阳性,应诊断为原发性下肢静脉曲张。②血栓性浅静脉炎常表现为寒战高热,沿浅静脉走行的红肿,故不答 B。动静脉瘘常表现为搏动性肿块。动脉硬化性闭塞症常表现为下肢远端缺血。原发性下肢深静脉瓣膜功能不全可有浅静脉曲张,但病变发展极快,不会迁延 10 年。

1378. ABCDE ①患者左大隐静脉曲张明显,大隐静脉瓣膜功能不全,应诊断为单纯性下肢静脉曲张,在行大隐静脉结扎术之前,必需确认下肢深静脉通畅,即 Perthes 试验阴性(B)。否则,大隐静脉结扎后,远端肢体的静脉血不能经深静脉回流,将导致严重后果。②A、C、D、E 均属于一般性检查。

1379. ABCDE ①原发性下肢深静脉瓣膜功能不全是指深静脉瓣膜不能紧密关闭,血液可以逆流。行下肢静脉顺行造影时,可见深静脉全程通畅,明显扩张;瓣膜影模糊或消失,失去正常的竹节状形态而呈直筒状(E)。②单纯性下肢静脉曲张行静脉造影常提示深静脉通畅,大隐静脉、小隐静脉迂曲扩张。动静脉瘘行血管造影常提示近段动脉扩张扭曲、静脉早期显影。交通支瓣膜功能不全不是单独的疾病。下肢深静脉血栓形成静脉造影常提示深静脉主干堵塞而不显影。

1380. ABCDE 1381. ABCDE ①Perthes 试验,也称深静脉通畅试验,可判断深静脉是否通畅(B)。②Pratt试验,也称交通静脉瓣膜功能试验,可判断深静脉交通支瓣膜功能是否不全(E)。

1382. ABCDE 1383. ABCDE ①患者右下肢浅静脉迂曲,长时间站立加重,平卧位消失,应考虑原发性下肢静脉曲张。大隐静脉曲张常表现为小腿和大腿内侧浅静脉迂曲,小隐静脉曲张仅表现为小腿后部浅静脉曲张。根据题干,本例应诊断为大隐静脉曲张,故答 B 而不是 A。动静脉瘘常表现为搏动性肿块。下肢静脉炎常表现为沿下肢静脉走行的红肿疼痛。深静脉血栓形成常表现为患肢肿胀、疼痛。②大隐静脉瓣膜功能试验(Trendelenburg 试验):患者平卧,抬高患肢使静脉排空,在大腿根部扎止血带,阻断大隐静脉,然后让患者站立,迅速释放止血带,如出现自上而下的静脉逆向充盈,提示大隐静脉瓣膜功能不全。若未放开止血带,止血带下方的静脉迅速(在 30 秒内)充盈,则表明有交通静脉瓣膜功能不全。参阅 7 版《外科学》P614,9 版《外科学》已删除。单纯性大隐静脉曲张在未释放止血带时,不会出现下肢静脉充盈,故不答 A。下肢深静脉血栓形成常表现为 Perthes 试验阳性。隐-股静脉瓣膜功能不全患者行 Trendelenburg 试验时,常表现为释放止血带后,立即出现自上而下的静脉逆向充盈。原发性下肢深静脉瓣膜功能不全常需静脉造影才能确诊。

1384. ABCDE ①手术治疗原发性下肢静脉曲张的目的是消除静脉淤血及并发症,恢复下肢静脉功能。目前认为其最佳方法是大隐静脉高位结扎+剥脱术+结扎切断功能不全的交通静脉(E)。②穿弹力袜仅适用于症状轻微又不愿手术者。硬化剂注射、压迫疗法常作为术后残留曲张静脉的辅助治疗。静脉瓣膜修复术适用于下肢深静脉瓣膜功能不全。本病内科药物治疗效果不佳。

1385. ABCDE ①深静脉血栓形成的三大因素是静脉损伤、血流缓慢、血液高凝状态。血流缓慢是诱发下肢深静脉血栓形成的最常见原因。麻醉药(不是镇静药)应用过多,可导致周围静脉扩张,静脉流速减慢,从而诱发深静脉血栓形成。全麻后下肢肌完全麻痹,处于松弛状态,术后卧床休息,血流缓慢,因此全麻后较硬膜外麻醉更易发生深静脉血栓形成。术后(不是术前)早期下床活动,可减少血栓形成的可能。②各种大手术是引起血液高凝状态的常见原因,因为术中、术后组织损伤均可引起血小板黏聚能力增强。因此大手术(全髋置换术、直肠癌术)后较中、小手术(胆囊切除术、甲状腺癌手术)后,更易发生血栓形成(E 对)。

1386. ABCDE ①静脉损伤是深静脉血栓形成的重要因素。②长期服用避孕药、妊娠可使血液呈高凝状态,久病卧床可造成血流缓慢,均可导致血栓形成。③脾功能亢进将导致血小板减少,不易形成血栓。

1387. ABCDE ①老年、乳腺癌、血脂异常均为静脉血栓形成的高危因素。患者术后第 4 天,左小腿肿胀,剧痛,不能踏平,左踝关节过度背屈试验可致小腿剧痛,说明 Homans 征阳性,此为下肢深静脉血栓形成的特征性体征。根据题干,本例应诊断为右下肢深静脉血栓形成(E)。②血栓闭塞性脉管炎、大隐静脉曲张起病隐匿,病程迁延数十年,故不答 A、D。急性动脉栓塞常表现为单侧下肢缺血、疼痛,而不是肿胀。血栓性浅静脉炎常表现为沿浅表静脉分布的条索状红肿触痛，不会出现下肢肿胀。

1388. ABCDE　①患者左下肢突然肿胀，股三角区疼痛，皮温先增高后降低，呈股青肿，应诊断为左下肢深静脉血栓形成。②对于发病3~5天内的新鲜血栓，应行Fogarty导管取栓术。患者发病仅24小时，故答C。③病程超过3~5天的血栓，常与静脉内腔面粘连紧密，不应手术治疗，而应行溶栓治疗，尿激酶为常用的溶栓药物。肝素抗凝治疗常用于预防血栓形成，不属于治疗措施。抬高患肢、右旋糖酐、丹参祛聚疗法等均为辅助治疗措施。

1389. ABCDE　①癌症患者血液呈高凝状态，手术后卧床休息，血流缓慢，突发左下肢肿胀，足背动脉搏动存在，应诊断为左下肢深静脉血栓形成。为明确诊断，最有意义的体征是Homans试验（踝关节过度背屈试验）阳性，即足向背侧急剧弯曲时，由于腓肠肌、比目鱼肌被动伸长，可引起小腿深部肌肉疼痛。②Trendelenburg试验阳性提示瓣膜功能不全。Perthes试验阳性提示下肢深静脉阻塞。Pratt试验阳性提示深静脉交通支瓣膜功能不全。Buerger试验阳性提示下肢动脉供血障碍。

1390. ABCDE　①子宫颈癌患者血液呈高凝状态，手术后长时间卧床致血流缓慢，突发左小腿肿胀疼痛，左足不能着地踏平（Homans试验阳性），足背动脉搏动存在，应诊断为左下肢深静脉血栓形成。超声多普勒可确定下肢深静脉主干是否阻塞，为首选检查方法（E）。②同位素骨扫描常用于诊断恶性肿瘤骨转移。下肢CT、MRI价格昂贵，不作为首选检查。下肢X线片对本病诊断价值不大。

1391. ABCDE　**1392. ABCDE**　①单纯性下肢静脉曲张的治疗主要是大隐静脉或小隐静脉高位结扎+剥脱术（E）。②下肢深静脉血栓形成可有Homans征（踝关节过度背屈试验）阳性（C）。

1393. ABCDE　下肢深静脉血栓形成分为三型。①中央型（髂-股静脉血栓形成）：常表现为全下肢明显肿胀，患侧髂窝、股三角区疼痛，浅静脉扩张，患肢皮温升高。②周围型：包括小腿深静脉血栓形成、股静脉血栓形成，前者常表现为小腿肿胀疼痛，患足不能着地踏平，作踝关节过度背屈试验可致小腿剧痛（Homans征阳性）；后者常表现为大腿肿胀疼痛，由于髂-股静脉通畅，故下肢肿胀多不明显。③混合型（全下肢深静脉血栓形成）：常表现为全下肢明显肿胀，股三角区、腘窝、小腿肌层均有压痛，常伴体温升高和脉率加快。本例应诊断为髂-股静脉血栓形成。

1394. ABCDE　患者大手术后卧床休息6天，整个右下肢肿胀，皮温增高，股三角区深压痛，应诊断为下肢深静脉血栓形成，当然不能使用止血药物（A）。B、C、D、E都是血栓形成的常用治疗方法。

1395. ABCDE　**1396. ABCDE**　①患者手术后卧床休息血流缓慢，突发左下肢肿胀，皮温升高，股三角疼痛，应诊断为左下肢深静脉血栓形成（A）。大隐静脉曲张常表现为小腿和大腿内侧浅静脉曲张，不会出现下肢肿胀。丹毒常表现为下肢片状皮肤红疹，色鲜红，中间稍淡，境界清楚。淋巴水肿多缓慢起病，常表现为从踝部开始，由下而上的下肢肿胀。皮肤管状淋巴管炎常表现为条形触痛区，相应淋巴结肿大。②下肢深静脉血栓脱落后，可顺血流方向，经下腔静脉→右心房→右心室→肺动脉，引起急性肺动脉栓塞，可导致患者突然死亡。急性肺栓塞常表现为呼吸困难、胸痛、咯血三联征。根据题干，本例应诊断为急性肺栓塞（A）。急性脑出血、脑血栓形成多有颅内定位症状。急性心肌梗死常表现为突发持续性胸痛，很少出现呼吸困难。呼吸道出血窒息与题干所述无关。

1397. ABCDE　5P是指Pain（疼痛）、Pallor（苍白）、Pulselessness（无脉）、Paresthesia（感觉异常）、Paralysis（麻痹），是动脉栓塞的主征。可见“5P”不包括脉快（D）。

1398. ABCDE　①患者有心房颤动病史多年，提示左心房可能有附壁血栓。左心房血栓脱落后，可顺血流方向经左心房→左心室→主动脉→髂外动脉→造成下肢动脉栓塞，表现为5P征。心房颤动患者突然出现Pain（疼痛）、Paralysis（麻痹）、Pulselessness（无脉）、Pallor（苍白），应诊断为下肢动脉栓塞（C）。②血管闭塞性脉管炎、动脉硬化闭塞症、雷诺病常缓慢发病，病程很长，不会在短短6小时内病情迅速进展。深静脉血栓形成常表现为一侧下肢突发肿胀，皮温增高。

1399. ABCDE　①隐睾易发生恶变，恶变几率较普通人高40倍。②隐睾也可导致男性不育，但不是最严重的后果，故答C而不是A。隐睾导致睾丸炎、睾丸扭转、睾丸萎缩少见。

1400. ABCDE　隐睾是指睾丸下降异常,不能降至阴囊内。1 岁以内的睾丸有自行下降的可能。若 1 岁以后睾丸仍未下降,可短期应用绒毛膜促性腺激素。若 2 岁以前睾丸仍未下降,应行睾丸固定术。

1401. ABCDE　①2 岁男孩,右侧阴囊内未触及睾丸,B 超示右侧睾丸位于右腹股沟,应诊断为右侧隐睾。患儿右侧腹股沟包块,卧位可消失,应考虑腹股沟斜疝。故本例应诊断为右侧隐睾合并腹股沟斜疝。②隐睾的治疗原则:a.<1 岁的隐睾有自行下降的可能;b.1 岁以后睾丸仍未下降,可短期应用绒毛膜促性腺激素治疗;c.2 岁以前睾丸仍未下降,应行睾丸拉下固定术。2 岁患儿,腹股沟斜疝的手术方式为疝囊高位结扎,故答 E。

1402. ABCDE　①A、B、C、D、E 都是肾外伤的病理类型。肾蒂由肾动脉、肾静脉和肾盂组成,当肾蒂断裂时,可发生大出血、休克,甚至在短期内死亡,为最严重的肾外伤类型(C)。②肾挫伤仅局限于部分肾实质,一般症状轻微,可以自愈。肾全层裂伤为实质深度裂伤,一般症状明显,需手术治疗。肾部分裂伤为肾实质的部分裂伤伴包膜破裂,经积极治疗可以治愈。肾皮质裂伤一般病情较轻。

肾挫伤　肾部分裂伤　肾全层裂伤　肾横断伤　肾蒂裂伤　肾动脉内膜断裂

1403. ABCDE　肾外伤多有血尿,但血尿与损伤程度不成比例。肾外伤可有少量血尿,严重肾裂伤(如肾全层裂伤、肾部分裂伤、肾盂部分撕裂)可有大量肉眼血尿。肾蒂断裂时,大量血液流入腹膜后间隙,可不出现血尿(B)。

1404. ABCDE　1405. ABCDE　①患者右腰部受伤,肉眼血尿,首先应考虑肾外伤。患者腰部包块应为肾外伤所致的肾周血肿。为明确诊断,应首选肾脏 B 超检查(B)。同位素肾图常用于诊断上尿路梗阻。腹部平片(KUB)常用于诊断泌尿系结石。血常规、尿常规不能确诊肾周血肿。②肾外伤分为肾挫伤、肾部分裂伤、肾全层裂伤和肾蒂血管外伤 4 种类型。由于患者当时生命体征稳定,故最可能的诊断为肾部分裂伤,因为肾挫伤血尿不明显;肾全层裂伤出血多,常伴休克;肾蒂血管外伤常死于现场。肾部分裂伤的治疗,应嘱患者绝对卧床 2~4 周。过早下床活动,可导致再度出血,甚至导致肾周血肿破裂大量出血。患者卧床 5 天即下床活动,发生肾周血肿延迟破裂,大量出血,致失血性休克(P120 次/分、BP80/40mmHg),目前应一边抗休克,一边准备手术(A)。

1406. ABCDE　①患者腰背部外伤,伤后大量肉眼血尿,肾区叩痛,应考虑肾外伤。患者脉搏增快,血压降低呈休克状态,应诊断为肾全层损伤(D)。②肾挫伤可有少量血尿,症状轻微,不引起休克。肾实质损伤可引起被膜下血肿,血尿明显,但很少引起休克。肾实质与肾盂肾盏破裂可有血块堵塞尿路,血尿反而少见。肾蒂断裂可在短时间内大量出血,常死于现场,来不及诊治。

1407. ABCDE　①肾脏 CT 可清晰显示肾皮质裂伤、尿外渗和血肿范围,为肾外伤的首选检查,参阅 7 版《外科学》P642。肾挫伤不会出现血尿,故不能将尿常规作为肾挫伤的首选检查。②静脉尿路造影可评价肾外伤的范围和程度,临床少用。血细胞比容可反映失血情况。血肌酐常用于检测肾功能。

1408. ABCDE　①患者腰部外伤,血尿,应考虑肾外伤。患者休克,应诊断为重度肾裂伤,需手术治疗。②绝对卧床休息、输液、抗感染、输血、镇痛均属于保守治疗措施,适用于轻度肾挫裂伤。

1409. ABCDE　①放射性核素肾显像可显示有无上尿路梗阻,测定分肾功能(D)。②尿路平片(KUB)、血尿素氮(BUN)、血肌酐(Scr)测定、CT 平扫、逆行尿路造影(RP)均不能了解分侧肾功能。

1410. ABCDE　①患者左侧腹部及左下胸部外伤,左侧腹压痛,血尿,应考虑左肾外伤。患者脉搏 120 次/分,血压 80/60mmHg,应诊断为重度肾裂伤合并失血性休克,可在积极抗休克的同时,准备剖腹探查(D)。②抗感染治疗不是目前治疗的重点。输血、输液为抗休克的措施,但有些活动性出血的患者，不手术治疗难以止血。该患者已处于中度休克状态，若继续观察将错失抢救时机，故不答 C。25%的甘露醇为降低颅内压，防止脑疝的治疗措施，不适合本例的急救。

1411. ABCDE　①男性尿道以尿生殖膈为界，分为前、后两段。前尿道包括阴茎部和球部，后尿道包括膜部和前列腺部。当高空坠落或摔倒时，会阴部骑跨于硬物上，尿道被挤压于硬物与耻骨联合之间，常引起前尿道球部外伤(C)。②当骨盆骨折时，附着于耻骨下支的尿生殖膈突然移位，产生剪切样暴力，常使薄弱的后尿道膜部断裂。③前尿道外伤多见于骑跨伤，多为球部外伤，记忆为前骑球。后尿道外伤多见于骨盆骨折，多为膜部外伤，记忆为后骨膜。

1412. ABCDE　①前尿道球部外伤后，即使不排尿也可出现尿道外口滴血，此为球部尿道外伤的特征性症状(D)。②初始血尿常见于尿道、膀胱颈部出血。终末血尿常见于后尿道、膀胱颈部或膀胱三角区出血。全程血尿常见于膀胱及以上部位的出血。会阴部肿痛常见于会阴部的各种外伤。

1413. ABCDE　患者为骑跨伤，故多为前尿道的球部外伤。

1414. ABCDE　①男性尿道以尿生殖膈为界，分前、后两段。前尿道包括阴茎部和球部，后尿道包括膜部和前列腺部。尿道外伤以球部和膜部多见，阴茎部尿道外伤并不多见(B 错)。②前尿道外伤多见于骑跨伤，多为球部外伤(记忆为前骑球)。后尿道外伤多见于骨盆骨折，多为膜部外伤(记忆为后骨膜)。③医源性尿道狭窄虽然少见，但近年来有增多趋势。

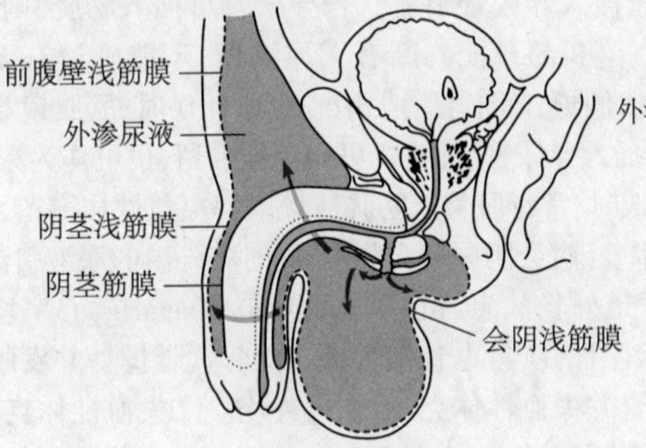

前尿道（尿道球部）破裂的尿外渗范围

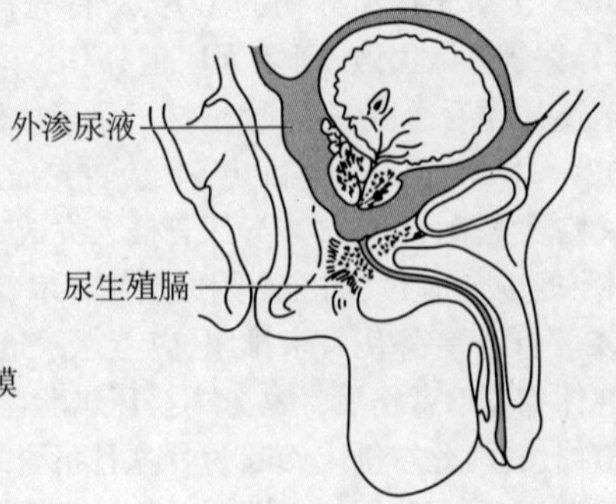

后尿道损伤的尿外渗范围

1415. ABCDE　①前尿道包括阴茎部、球部，外伤好发于球部。后尿道包括膜部、前列腺部，外伤好发于膜部。②当前尿道球部外伤时，尿液可外渗至会阴浅筋膜包绕的会阴部及阴囊；因后方有尿生殖膈阻挡，故尿液不会外渗至两侧股部。当前尿道阴茎部外伤时，尿液外渗可使阴茎肿胀。③当后尿道外伤时，尿液可外渗至耻骨后间隙和膀胱周围；因下方有尿生殖膈阻挡，尿液不会外渗至会阴部及阴囊、阴茎。④患者为骑跨伤，多为前尿道球部外伤，故尿液应外渗至会阴部及阴囊(B)。

1416. ABCDE　①骨盆分离、挤压试验阳性为骨盆骨折的特征性体征，故本例应考虑骨盆骨折。骨盆骨折易造成后尿道外伤。患者导尿管插入未引出尿液，应考虑尿道外伤，故本例应诊断为骨盆骨折合并后尿道断裂(E)。②骨盆骨折合并膀胱损伤少见。若为膀胱损伤，则导尿管可顺利插入膀胱引出尿液。A、B、C 显然不是正确答案。

1417. ABCDE　①患者骨盆骨折后尿潴留，导尿管不能插入膀胱，应考虑尿道断裂，而不是膀胱破裂，膀胱破裂导尿管可插入膀胱。②前尿道外伤多见于骑跨伤，多为球部外伤，记忆为前骑球。后尿道外伤多见于骨盆骨折，多为膜部外伤，记忆为后骨膜。患者为骨盆骨折，应为后尿道的膜部外伤。

1418. ABCDE　1419. ABCDE　①尿道造影可显示尿道外伤的部位和程度。尿道挫伤无造影剂外溢；如有外溢提示部分裂伤；如造影剂未进入后尿道而大量外溢，提示尿道断裂(B)。②试插导尿管可了解尿道的连续性和完整性(A)。如一次导尿成功，提示尿道外伤并不严重。如一次插入困难，说明可能有尿道裂伤或断裂，不应反复试插，以免加重损伤。③金属尿道探子常用于治疗尿道狭窄、膀胱颈挛缩。B超常用于泌尿外科疾病的筛选、诊断和随访。尿道镜常用于尿道的全面检查。

1420. ABCDE　1421. ABCDE　①前尿道外伤多见于骑跨伤，多为球部外伤，记忆为前骑球。后尿道外伤多见于骨盆骨折，多为膜部外伤，记忆为后骨膜。本例为男性骑跨伤，常导致前尿道球部外伤（D）。②前尿道外伤分为挫伤、裂伤和断裂三种类型：尿道挫伤仅有局部水肿、出血，不会出现尿外渗；尿道裂伤可有少量尿液外渗至会阴、阴囊；尿道断裂时会阴、阴囊、阴茎内会形成巨大血肿。本例"会阴部和阴囊处轻度肿胀、瘀斑"，应诊断为尿道裂伤而不是断裂，其首选处理是试插导尿管+抗感染治疗（E）。若导尿管能顺利插入，可留置导尿管引流2周左右。若插入失败，应立即行会阴尿道修补，并留置导尿管2～3周。耻骨上膀胱造瘘、尿道断端吻合都是前尿道断裂的手术方法，故不答A、B。尿道外伤的治疗重点在于恢复尿道的连续性，而不是单纯清除血肿，故不答C。尿道会师复位为后尿道外伤的手术方法，故不答D。

1422. ABCDE　1423. ABCDE　①患者骨盆骨折，容易造成后尿道膜部外伤（D）。后尿道外伤常表现为尿潴留，直肠指检可触及直肠前有柔软的血肿，可有前列腺尖端浮动。肾外伤、膀胱破裂常见于开放性损伤或直接暴力损伤。输尿管外伤多为医源性损伤。前尿道外伤常见于骑跨伤。②为明确后尿道外伤的诊断，应首选逆行尿道造影检查，可清楚地显示尿道外伤部位及程度（A）。膀胱造影常用于诊断膀胱破裂。CT、B超常用于诊断肾外伤。静脉尿路造影常用于诊断肾结核。

1424. ABCDE　①对于尿道外伤的患者，应首先插入导尿管引流。若导尿管可插入膀胱，则多为膀胱破裂；若导尿管插入失败，则多为尿道外伤。②B超只能判断有无尿潴留，不能确诊有无尿道外伤。尿道造影易导致逆行感染，尿道探子易形成假道，临床上均少用。尿道外伤时，膀胱镜难以插入。

1425. ABCDE　①对于尿道外伤的患者，应首先插入导尿管引流，既可避免尿潴留，也可作为尿道不全裂伤的生长修复支架（C）。②当导尿管插入失败时，常行耻骨上膀胱造瘘以解决急性尿潴留，以待后期再次手术恢复尿道连续，如经会阴尿道修补术、经腹会阴尿道会师术，同时将外渗的尿液引流。

1426. ABCDE　①患者外伤后未排尿，应考虑尿道外伤。患者伤后血压<90/60mmHg，心率增快，应考虑失血性休克。患者伤后骨盆分离挤压试验阳性，应考虑骨盆骨折。而骨盆骨折易并发腹膜后出血、后尿道损伤，因此本例应诊断为骨盆骨折合并失血性休克、后尿道外伤。②失血性休克是应优先处理的并发症，故入院后应立即开通静脉补液通路，抢救休克（D）。③A、B、C、E均可留待后期处理。

1427. ABCDE　①骨盆骨折常导致后尿道膜部外伤，一般不宜插入导尿管，以免加重局部损伤。对于不能自行排尿，且有尿潴留者，急诊处理时可行耻骨上膀胱造瘘引流尿液（C）。②针灸、热敷只适用于动力性尿潴留。骨盆骨折一般出血量较大，常常伴有休克，不宜施行急症尿道会师复位。尿道断端吻合术为二期手术方式，一期作此手术常因尿瘘而失败。

1428. ABCDE　会阴部骑跨伤常导致前尿道球部外伤。前尿道外伤分为挫伤、裂伤、完全断裂3种类型。①尿道挫伤时仅有水肿和出血，可自愈，无需特殊处理。②尿道裂伤可引起尿外渗，一般不引起尿潴留，可插入导尿管1周；若导尿失败，应行经会阴尿道修补。③尿道完全断裂可有断端分离，血肿较大，易发生尿潴留。患者不能自行排尿，阴囊血肿大，故应诊断为前尿道完全断裂。前尿道完全断裂者应立即行经会阴尿道断端吻合。若血肿较大，需经会阴切口清除血肿，并引流外渗尿液（B）。抗感染、应用止血药，为辅助治疗措施，故不答A、E。膀胱造瘘主要用于尿道外伤尿潴留的急症处理，而题干要求回答的不是急症处理方法，故不答C。尿道断裂难以插入导尿管，故不答D。

1429. ABCDE　①中年男性，排尿后尿道灼痛并溢尿6个月，前列腺液检查示卵磷脂减少，WBC>10个/HP，应诊断为慢性前列腺炎。②膀胱炎好发于育龄期女性，常表现为尿频尿急尿痛。尿道炎常表现为尿道刺痒、尿频、尿痛、尿道分泌物等。肾结核常表现为慢性膀胱刺激症状。膀胱结石常表现为排尿中断，改变体位后可继续排尿。

1430. ABCDE　①急性前列腺炎常表现为突发尿频尿急尿痛，排尿困难，会阴部及耻骨上疼痛，可伴寒战高热。根据题干，本例应诊断为急性前列腺炎（B）。②膀胱结石常表现为排尿突然中断，改变姿势后可继续排尿。急性尿道炎常表现为尿道刺痛，尿道口红肿，分泌物增多。急性膀胱炎好发于育龄期妇女，常表现为尿频尿急尿痛，但一般不会出现寒战高热。急性附睾炎好发于中青年，常表现为畏寒发热，患侧阴囊明显肿胀，局部皮肤红肿、发热、疼痛。

1431. ABCDE　①肾结核的病变在肾脏，临床表现在膀胱，即膀胱刺激征(D)。肾结核早期尿液中的结核分枝杆菌及脓细胞，随尿流进入膀胱，刺激膀胱引起尿频、尿急、尿痛等症状。②肾肿瘤常表现为无痛性血尿。肾结石常表现为有痛性血尿。肾损伤常表现为腰背部外伤及血尿。肾积水早期多无症状。

1432. ABCDE　①肾结核最常起源于肺结核，30%～50%的患者既往有肺结核病史(C)。参阅7版《黄家驷外科学》P2328。②肠结核、骨结核常继发于肺结核。膀胱结核、生殖系结核常继发于肾结核。

1433. ABCDE　①肾结核的病变在肾脏，症状在膀胱，常表现为慢性膀胱刺激症状。②肾结核一般无明显腰痛、发热盗汗、消瘦等全身中毒症状。肾结核的血尿常为终末血尿，全程肉眼血尿少见。

1434. ABCDE　1435. ABCDE　①肾结核的特点是病变部位在肾脏，临床表现在膀胱，常表现为慢性膀胱刺激征，多伴终末血尿(C)。②膀胱结石的典型症状是排尿突然中断，改变体位后可继续排尿，常伴排尿困难和膀胱刺激症状(A)。③急性肾盂肾炎好发于已婚女性，常表现为寒战高热，尿频尿急尿痛，肾区叩痛。膀胱肿瘤常表现为无痛性间歇性肉眼血尿，可伴膀胱刺激症状。急性膀胱炎好发于已婚女性，常表现为尿频尿急尿痛。

1436. ABCDE　①患者病史1年余，不可能诊断为急性细菌性前列腺炎，故可首先排除C。②患者无进行性排尿困难，故不答A。③慢性前列腺炎常表现为尿频尿急尿痛，排尿后和便后常有白色分泌物自尿道口流出，俗称"滴白"，可有会阴部隐痛不适。根据题干，本例应诊断为慢性前列腺炎。④慢性膀胱炎不会出现滴白。慢性尿道炎常表现为尿道口红肿，排出多量脓性分泌物。

1437. ABCDE　①确诊肾结核的"金标准"是尿结核分枝杆菌培养阳性(C)。②尿沉渣找到抗酸杆菌，也不能确诊肾结核，因为包皮垢杆菌、枯草杆菌也是抗酸杆菌。静脉尿路造影(IVU)为影像学检查，不能确诊肾结核。尿中见大量脓细胞常见于急性肾盂肾炎。尿频、尿急、尿痛常见于急性膀胱炎。

1438. ABCDE　①确诊肾结核检查的临床意义为：尿结核分枝杆菌培养>尿沉渣找抗酸杆菌>静脉尿路造影(IVU)。IVU是诊断肾结核的标准方法，既能明确诊断，又可确定病变程度和范围，还可测定分肾功能。参阅3版8年制《外科学》P737。②尿路平片常用于诊断尿路结石。肾图常诊断上尿路梗阻。B超常用于诊断肾积水。膀胱镜检常用于诊断膀胱癌。

1439. ABCDE　①静脉尿路造影(IVU)可以了解分侧肾功能、病变程度与范围，对肾结核治疗方案的选择必不可少(E)。②膀胱刺激症状不仅见于肾结核，还可见于急性膀胱炎等，故不选A。血尿程度与肾结核病变严重程度不成正比，故不选B。尿中找到结核分枝杆菌只能确诊肾结核，但不能判断肾结核的病变范围和程度，故不选C。膀胱镜检是肾结核的间接诊断方法，故不答D。

1440. ABCDE　①肾结核的典型临床表现为慢性膀胱刺激症状，静脉尿路造影(IVU)早期表现为肾盏虫蚀样破坏，故答案为D。②肾肿瘤常表现为无痛性肉眼血尿，而不是膀胱刺激征。肾盂肾炎常表现为畏寒发热，肾区疼痛，脓尿，菌尿。急性肾炎常表现为血尿、蛋白尿、水肿、高血压、一过性肾功能减退等。肾乳头炎常表现为右肾区疼痛，寒战发热，很少出现膀胱刺激征。

1441. ABCDE　1442. ABCDE　①肾结核常表现为慢性膀胱刺激征。肾结核干酪样坏死灶可有钙化影，静脉尿路造影(IVU)常提示肾无功能。根据题干，本例应诊断为肾结核(A)。肾肿瘤常表现为无痛性肉眼血尿。肾结石常表现为有痛性肉眼血尿。肾盂肾炎可有膀胱刺激征，但肾无钙化，IVU示肾盂肾盏变形、狭窄。肾积水常无症状，不会出现肾钙化影。②为明确肾结核的诊断，最有价值的检查当然是尿结核分枝杆菌培养(C)。尿三杯试验常用于定位血尿的来源。尿蛋白测定常用于诊断肾病综合征。尿常规为一般性检查，无特异性。尿普通细菌培养常用于诊断尿路感染。

1443. ABCDE　1444. ABCDE　①患者左腰部胀痛为左肾积水的临床表现。患者左肾积水、静脉尿路造影(IVU)示左肾不显影，右肾正常，应考虑左肾结核。IVU是诊断肾结核最重要的检查，若IVU显影不良,可施行逆行肾盂造影,能清晰观察到肾盂、输尿管的形态变化,故答 D。腹部平片(KUB)、CT 平扫对诊断肾结核的价值不大,故不答 A、E。放射性核素肾显像一般不用于肾结核的诊断,故不答 B。题干已有 B 超检查结果,故不答 C。②患者总肾功能正常,说明肾功能尚未失代偿。肾结核患者 IVU 检查示左肾无功能,右肾正常,应首选左肾切除(E)。抗结核化疗仅适用于早期肾结核,患者 IVU 示左肾不显影,提示左肾功能丧失,故不选 A、C。肾盂输尿管成形术、输尿管支架引流常用于治疗输尿管结核合并狭窄。

1445. ABCDE ①若肾结核同时存在肺、骨关节、腹膜等泌尿系外活动性结核病变,仅能选用药物治疗,不能手术治疗。②手术前后均需配合抗结核药物治疗,手术前用药不应少于 2 周,术后继续用药至少 6 个月,参阅 9 版《外科学》P547。③肾结核手术过程中当然要尽量保留健康肾组织。④对于双肾结核患者,若一侧广泛破坏而无功能,另一侧病变较轻,应在抗结核药物治疗一段时间后,择期切除病变严重一侧的肾脏,而不是尽早手术(D 错)。

1446. ABCDE ①无功能的结核肾是肾切除的指征之一,故可首先排除 A、B、E。②一侧肾结核合并对侧肾积水的治疗原则:若对侧肾积水较轻、肾功能能够代偿,可直接行患侧肾切除;若对侧肾积水严重,肾功能代偿不良,应先行肾造瘘引流肾积水,待对侧肾功能好转后再切除无功能的患肾。本例左肾结核+右肾轻度积水且功能正常,可直接行左肾切除,而无需先行右肾造瘘,故答 C。

1447. ABCDE ①若 A 侧肾结核+B 侧轻度肾积水,B 侧肾功能可以代偿,可直接行 A 侧肾切除;若 A 侧肾结核+B 侧重度肾积水,应先行 B 侧肾造瘘,引流 B 侧肾积水,待 B 侧肾功能改善后,再行 A 侧肾切除,否则直接行 A 侧肾切除,则患者肾功能不能代偿而死亡,故答 B 而不是 C。②膀胱扩大术常用于治疗膀胱挛缩。肾结核病灶清除术常用于与肾盂不相通的肾结核闭合性脓肿的治疗。膀胱造瘘术常用于尿道损伤的治疗。

1448. ABCDE ①肾结核并发膀胱挛缩,在患肾切除及抗结核治疗 3~6 个月,待膀胱结核痊愈后,若对侧肾功能正常,可行膀胱扩大术。患者右侧肾结核右肾已切除,抗结核治疗已半年,说明膀胱结核已控制,其尿频加重为膀胱挛缩所致,治疗可行膀胱扩大术(D)。②左肾轻度肾积水,无需行左肾造瘘术。肾结核多采用 2HRZ/4HR 短程化疗方案,疗程 6 个月,患者化疗已半年多,无需继续化疗。输尿管皮肤造瘘术适用于合并严重下尿路梗阻的膀胱挛缩。膀胱挛缩不能行膀胱造瘘术。

1449. ABCDE 1450. ABCDE 1451. ABCDE ①肾结核是进行性破坏性病变,不能自愈。由于 90%的肾结核为单侧性,因此肾切除是肾结核的主要治疗手段。若一侧肾结核无功能,对称肾功能正常,应行患侧肾切除(D)。②对侧肾积水为肾结核的晚期并发症,若对侧肾积水较轻、肾功能能够代偿,可直接行患侧肾切除;若对侧肾积水严重,并发尿毒症,应先行对侧肾造瘘引流肾积水,待肾功能好转后再切除无功能的患肾(E)。③一侧肾结核,肾上盏呈不规则虫蚀样改变,多可化疗治愈而无需手术,参阅 9 版《外科学》P547。④病灶清除术常用于治疗与肾盂不相通的肾结核闭合性脓肿。

1452. ABCDE 90%的肾结核来源于肺结核,90%的附睾结核来源于肾结核。

1453. ABCDE 1454. ABCDE 超纲题,大纲不要求掌握男性生殖系统结核。①输精管增粗,呈"串珠状"改变,为输精管结核的特征性表现,故本例应诊断为左侧输精管结核(E)。A、B、C、D 均不会导致输精管串珠状改变。男性生殖系统结核大多继发于肾结核,一般来自后尿道感染,首先在前列腺、精囊中引起病变,以后经输精管蔓延到附睾和睾丸。患者已从前列腺结核(直肠指检前列腺略大,有大小不等的结节)演变为"输精管结核、附睾结核",尚未达睾丸。②因 90%的男性生殖器结核继发于肾结核,故需重点询问有无结核病史(E)。不洁性生活史常引起性病。泌尿系感染史常引起泌尿系慢性感染。附睾炎病史、睾丸炎病史与输精管结核关系不大。

1455. ABCDE ①放射性核素肾图可显示上尿路有无梗阻及梗阻程度,还可测定分侧肾功能(E)。②逆行肾盂造影、MRI、CT、B 超都是影像学检查方法,不能用于肾功能的测定。

1456. ABCDE ①B 超为肾积水的首选检查方法,肾积水一般需经静脉尿路造影(IVU)确诊。患者已作

B 超检查提示肾积水,故答 C。②腹部 CT 价格昂贵,不作为首选。腹部 X 线片对肾积水的诊断价值不大。逆行肾盂造影常用于 IVU 显影不清晰者。放射性核素肾图常用于测定分肾功能。

1457. ABCDE　①前列腺增生主要为细胞增生,而不是肥大。前列腺由移行带、中央带、外周带组成,前列腺增生主要发生于前列腺尿道周围的移行带(A)。②请注意:前列腺癌常发生于外周带。

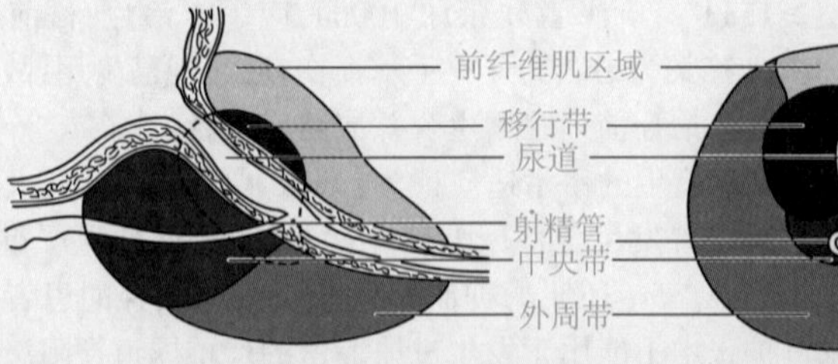

前列腺正常解剖

1458. ABCDE　①尿频是前列腺增生患者最常见的早期症状,夜间更为明显(A)。每日排尿次数超过 8 次即可称为尿频。早期尿频是由于前列腺充血刺激引起。②请注意:膀胱刺激症状中的尿急、尿痛在前列腺增生时并不常见,故不答 D、E。排尿困难是前列腺增生最重要的症状,多见于病程的中晚期。血尿在前列腺增生并不多见,可因局部充血、结石、合并感染引起。

1459. ABCDE　①前列腺增生最常见的早期症状是尿频,最重要的症状是进行性排尿困难。②无痛性肉眼血尿为泌尿系肿瘤的典型表现。尿失禁、尿潴留是前列腺增生的晚期症状。尿频尿急尿痛为膀胱刺激征。

1460. ABCDE　①充溢性尿失禁也称假性尿失禁,是指膀胱过度充盈而造成尿液的不断溢出。老年男性常有前列腺增生,可致尿路梗阻,当梗阻加重到一定程度时,过多的残余尿可使膀胱逼尿肌功能受损,收缩力减弱,逐渐发生尿潴留,并出现充溢性尿失禁(C)。②使用利尿剂后患者尿量增多,是患者有意识控制的尿液排出,不属于尿失禁。输尿管结石多表现为肾绞痛及血尿。严重下尿路(膀胱)感染常导致急迫性尿失禁,而不是充盈性尿失禁。直肠脱垂常表现为肿物自肛门脱出,伴排便不尽和下坠感,一般不会出现充盈性尿失禁。

1461. ABCDE　①老年患者进行性排尿困难,应考虑前列腺增生。前列腺增生患者早期主要表现为尿频,尿道梗阻可诱发逼尿肌功能受损,膀胱顺应性降低,尿频明显可并发急迫性尿失禁(E)。晚期主要表现为排尿困难,当梗阻加重,膀胱过度充盈时,可出现充溢性尿失禁(A)。可见前列腺增生早期表现为尿频+急迫性尿失禁,晚期表现为排尿困难+充溢性尿失禁。②压力性尿失禁是指腹压突然增高尿液不随意地流出。真性尿失禁、混合性尿失禁都不是规范的尿失禁分类。

1462. ABCDE　①B 超检查可直接测定前列腺大小(B)。②膀胱残余尿量与前列腺大小不成比例,因此测定残余尿不能准确反映前列腺大小。③膀胱造影、膀胱镜检查都只能反映膀胱本身的病变,而不能准确反映前列腺大小。直肠指检可粗略判断前列腺大小。

1463. ABCDE　①测定膀胱残余尿量有两种方法:经腹壁 B 超和导尿测定。经腹部 B 超测定为无创检查,临床上常用,但不准确。在患者排尿后立即插入导尿管进行导尿测定残余尿,结果最准确可靠,但属有创检查。参阅 7 版《黄家驷外科学》P2407。②排泄性尿路造影常用于诊断肾结核。膀胱区叩诊阳性提示膀胱内残余尿量>150ml,不能准确测定残余尿量。放射性核素肾图常用于测定分肾功能。

1464. ABCDE　①尿流率测定是确定前列腺增生患者排尿梗阻程度的有效方法。最大尿流率正常值≥15ml/s,若<15ml/s 表明排尿不畅,若<10ml/s 表明梗阻较为严重(E)。②残余尿量测定主要用于评估手术方法的选择和疗效评价。MRI、CT、膀胱镜很少用于前列腺增生的诊断。

1465. ABCDE　1466. ABCDE　①患者不能自行排尿,耻骨上区触及包块,应诊断为急性尿潴留。老年男性急性尿潴留最常见的病因为良性前列腺增生(A)。患者因饮酒后,前列腺充血水肿,导致急性尿潴留。尿道狭窄、膀胱肿瘤多表现为慢性尿潴留。尿道结石引起的急性尿潴留,在老年男性不如前列腺增生常见。神经性膀胱功能障碍引起的尿潴留,多见于脊髓、马尾损伤等。②为明确前列腺增生的诊断,其首选影像学检查为B超,B超检查可准确测定前列腺大小(C)。CT、MRI价格昂贵,不作为首选检查。腹部平片(KUB)、膀胱造影检查对前列腺增生的诊断价值不大。

1467. ABCDE ①老年男性,进行性排尿困难,应诊断为良性前列腺增生。手术指征为残余尿量>50ml、最大尿流率<10ml/s(正常值≥15ml/s)。患者残余尿100ml,应手术治疗,目前最常用的手术方式是经尿道前列腺切除术(TURP),答案为D。②开放手术损伤较大,现已少用,故不答A、E。经尿道热疗少用。耻骨上膀胱造瘘常用于治疗前列腺增生合并尿路感染者。

1468. ABCDE 1469. ABCDE ①前列腺增生的手术适应证为:残余尿量>50ml、最大尿流率<10ml/s、既往出现过急性尿潴留。患者半年内曾发生急性尿潴留4次,说明尿道梗阻严重,应手术治疗(C)。长期留置导尿管易导致泌尿系感染。5α-还原酶抑制剂常用于症状较轻的患者。抗感染治疗常用于合并尿路感染者。球囊尿道扩张术不能用于发生过尿潴留的严重尿道梗阻患者。②前列腺增生的保守治疗首选α受体阻滞剂+5α-还原酶抑制剂联合应用(E)。α_1受体阻滞剂可降低膀胱颈及前列腺的平滑肌张力,减少尿道阻力,可立即改善排尿症状、增加尿流率。5α-还原酶抑制剂可阻止睾酮转变为有活性的双氢睾酮,进而使前列腺体积缩小,改善排尿症状,一般在服药3个月见效。间歇反复导尿易导致泌尿系感染。花粉制剂在欧洲应用较多,我国应用极少。

1470. ABCDE 1471. ABCDE ①老年男性进行性排尿困难,直肠指检示前列腺体积增大,中央沟消失,应诊断为良性前列腺增生(D)。膀胱结石常表现为排尿中断,改变体位后可继续排尿。膀胱颈部挛缩常于40~50岁出现排尿不畅,但前列腺体积不大。前列腺癌常表现为前列腺增大,质硬,结节状。神经源性膀胱为动力性尿道梗阻,前列腺不增大。②前列腺增生的手术适应证为:残余尿量>50ml、最大尿流率<10ml/s、既往出现过急性尿潴留。患者最大尿流率10ml/s,表明下尿路梗阻严重,应行手术治疗,首选经尿道前列腺切除术(E)。膀胱造瘘常用于急性尿潴留的急救处理。根治性前列腺切除术常用于治疗前列腺癌。多沙唑嗪为α_1受体阻滞剂,非那雄胺(保列治)为5α还原酶抑制剂,常用于治疗轻症前列腺增生。膀胱切开取石常用于治疗巨大膀胱结石。

1472. ABCDE ①老年男性患者进行性排尿困难,B超提示前列腺增大,残余尿量400ml,应诊断为良性前列腺增生。②患者残余尿量>50ml,说明下尿道梗阻严重,应手术治疗,药物治疗效果不佳,故不答B、C。患者目前合并尿路感染(体温39℃、脓尿)、双肾积水、肾功能不全,故不宜急症手术切除前列腺,可先行耻骨上膀胱造瘘引流尿液,同时抗感染治疗,待症状改善后再择期手术(E)。

1473. ABCDE ①引起急性尿潴留的病因分为机械性梗阻和动力性梗阻两类。膀胱结石、膀胱肿瘤可从膀胱内阻塞尿道开口,导致尿潴留;尿道狭窄是尿道本身的病变引起尿潴留;前列腺增生可从尿道外压迫阻塞尿道,引起尿潴留,这些均属于机械性梗阻。②外伤性脊髓损伤是排尿动力障碍所致的尿潴留,属于动力性梗阻(D)。

1474. ABCDE ①尿道结石可从尿道内阻塞尿道,导致尿潴留,属于机械性梗阻(E)。②正常人排尿反射初级中枢位于脊髓骶段。肛管直肠手术常采用骶麻,阻断的是骶脊神经,因此可出现排尿反射障碍,导致急性尿潴留。外伤造成的脊髓损伤性高位截瘫,也可引起排尿动力障碍。阿托品、普鲁本辛可松弛膀胱平滑肌,造成排尿困难,导致急性尿潴留。长时间使用利尿剂可导致逼尿肌麻痹,引起急性尿潴留。A、B、C、D所致的尿潴留均无膀胱出口、尿道的机械性梗阻,均属于动力性梗阻。

1475. ABCDE A、B、C、D、E均可引起急性尿潴留,其中前列腺增生是老年男性急性尿潴留的最常见病因。

1476. ABCDE ①急性尿潴留的处理首选导尿术,这是解除尿潴留最简便常用的方法(E)。②利尿会加重急性尿潴留。针灸主要用于动力性尿潴留。膀胱穿刺抽尿为有创治疗,仅用于不能插入导尿管的患者,临床上少用。耻骨上膀胱造瘘为有创治疗方法,一般用于尿道损伤所致的急性尿潴留。

1477. ABCDE ①老年男性饮酒后不能排尿,应诊断为前列腺增生所致的急性尿潴留,最常用的治疗方法是导尿并留置尿管。若导尿失败,可作耻骨上膀胱穿刺或耻骨上膀胱穿刺造瘘。②对于有指征的患者才行手术治疗，故不答 B。口服 α_1 受体阻滞剂，显效较慢，不适用于急性尿潴留的急救。

1478. ABCDE　①前列腺增生患者若残余尿量>50ml、肾积水、肾功能不全，应先留置导尿引流尿液，待症状明显改善后，再择期行前列腺切除术。②若导尿管插入失败，可行膀胱造瘘。患者已发生急性尿潴留，具有手术指征，不宜药物治疗，故不答 A、C。

1479. ABCDE　①老年男性排尿困难最常见的病因是前列腺增生。患者 1 天前不能自行排尿，应考虑合并急性尿潴留。急性尿潴留的首选处理为导尿术（B）。②输液抗感染对本例的急诊处理意义不大。前列腺切除为择期手术，无需急诊进行。针刺和理疗主要用于动力性尿潴留的治疗。

1480. ABCDE　①老年男性排尿困难最常见的病因是前列腺增生。患者 8 小时不能自行排尿，应考虑合并急性尿潴留，其治疗首选导尿并保留导尿管（C）。②若插入导尿管失败，可行耻骨上膀胱穿刺或造瘘。针灸常用于治疗动力性尿潴留。前列腺增生发生急性尿潴留时不适合药物治疗。

1481. ABCDE　尿路结石由晶体和基质组成。晶体成分占 97%，主要有草酸钙、磷酸钙、尿酸、碳酸钙、磷酸镁铵和胱氨酸。在尿结石中，以含钙结石最多见，在腹部 X 线片上能显影，称为阳性结石，如磷酸钙结石、草酸钙结石、碳酸钙结石、混合性结石。尿酸结石不含钙盐，可透过 X 线，在 X 线片上不显影，称为阴性结石（D）。

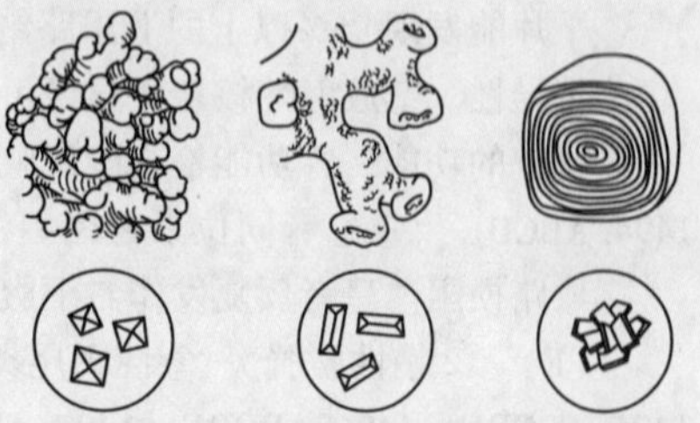

草酸盐结石　磷酸盐结石　尿酸盐结石

1482. ABCDE　①由尿路感染引起的结石主要是磷酸镁铵结石，最常见的致病菌是变形杆菌，这种细菌含有解脲酶，能将尿素分解为 NH_3 和 CO_2。NH_3 与水结合生成 NH_4OH 后，尿中 pH 明显升高，当 pH 达到 7.2 时，铵与尿中的镁和磷酸根结合，形成磷酸镁铵。当这些成石物质达到过饱和时，可迅速形成结晶导致尿路结石。②草酸盐结石主要与高钙血症有关。胱氨酸结石只发生于胱氨酸尿症的患者。黄嘌呤结石主要与先天性黄嘌呤氧化酶缺少有关。尿酸结石与尿酸代谢异常有关。

1483. ABCDE　①尿路结石可引起泌尿道直接损伤、梗阻、感染或恶性变。结石在肾盏内缓慢长大，可充满肾盂、肾盏，形成鹿角形结石；结石可合并感染；也可无任何症状；少数病例尿路移行上皮发生鳞化可继发鳞癌，此为鹿角形结石最严重的后果（A）。②B、C、D、E 都是普通泌尿系结石的病理损害。

1484. ABCDE　①活动后腰部绞痛伴血尿，为上尿路结石的特点，故答 A。②慢性肾炎早期常无临床表现。泌尿系统肿瘤常表现为无痛性肉眼血尿。肾脏自发性破裂常表现为突发腰痛及血尿，而不是活动后腰痛及血尿。肾结核常表现为慢性膀胱刺激征。

1485. ABCDE　①肾、输尿管结石的典型临床表现为阵发性肾绞痛及血尿，有时活动后镜下血尿是上尿路结石的唯一症状（C）。②无痛性血尿常见于泌尿系肿瘤。终末血尿多见于肾结核。初期血尿常见于膀胱颈部、后尿道出血。严重血尿伴血块常见于膀胱出血。

1486. ABCDE　①上尿路（肾输尿管）结石的典型临床表现为阵发性肾绞痛及血尿，肾绞痛常于活动后出现（B）。②尿频、尿急、尿痛为膀胱刺激征，常见于急性膀胱炎。间歇性无痛血尿常见于膀胱癌。下腹部疼痛伴恶心常见于卵巢囊肿蒂扭转。排尿突然中断常见于膀胱结石。

1487. ABCDE　①肾输尿管结石的典型表现为阵发性腰部绞痛及镜下血尿，可有肾区叩痛（D）。②肾肿瘤常表现为无痛性肉眼血尿。肾结核常表现为终末血尿。急性肾盂肾炎常表现为寒战高热、膀胱刺激征、脓尿、肾区叩痛。肾积水早期无症状，晚期常表现为腹部包块。

1488. ABCDE　**1489. ABCDE**　①泌尿系统结石的治疗方法主要取决于结石大小和部位。其中，肾结石的治疗原则为：<0.6cm 的结石，可行药物治疗；≤2.0cm 的结石，行体外冲击波碎石；>2.0cm的结石，行经皮肾镜碎石取石术。患者肾盂结石直径 3.5cm，治疗宜首选经皮肾镜碎石取石术（E）。②输尿管上段结石的治疗原则为：<0.6cm 的结石，行药物治疗；≤2.0cm 的结石，行体外冲击波碎石；>2.0cm 的结石，行腹腔镜输尿管取石术。患者输尿管上段结石 0.4cm×0.3cm，应首选药物排石（C）。

1490. ABCDE ①上尿路结石常表现为阵发性腰部或上腹部剧痛，并沿输尿管行径放射至同侧腹股沟。由于输尿管与肠管有共同的神经支配，故可导致恶心呕吐。根据题干，本例应诊断为上尿路结石。②胆石病常表现为阵发性右上腹痛，黄疸。急性胆囊炎常表现为阵发性右上腹绞痛，Murphy 征阳性。急性阑尾炎常表现为转移性右下腹疼痛。急性肾盂肾炎常表现为膀胱刺激征，肾区叩痛。

1491. ABCDE ①尿路平片能发现大多数不透 X 线结石，但在正位 X 线片上，上尿路结石常与腹腔钙化灶混淆，此时可拍摄侧位 X 线片，上尿路结石位于椎体前缘之后，腹腔内钙化阴影位于椎体之前，此为两者的主要鉴别点(C)。②静脉尿路造影常用于尿路结石的诊断。CT、MRI 价格昂贵，不作为尿路结石的首选检查。B 超对肾结核有一定的诊断价值。

1492. ABCDE 1493. ABCDE ①患者突发右腰部绞痛伴镜下血尿，右肾区叩痛，应诊断为右肾结石。B 超为无创检查方法，为肾结石的首选影像学检查(A)。CT、MRI 价格昂贵，不作为首选检查。尿路平片能发现 95%以上的上尿路结石，静脉尿路造影(IVU)能发现 X 线片阴性结石。尿常规检查无特异性。②放射性核素肾显像可测定分侧肾功能(C)。KUB、逆行肾盂造影、B 超检查均不能检测肾脏的功能。肾功能检查能反映左、右两侧总肾功能是否正常，不能反映单侧肾功能。

1494. ABCDE ①患者同位素肾图提示右肾梗阻，在所给 5 个选项中，只有右侧输尿管结石才可能引起尿路梗阻。患者反复发作右下腹疼痛，右下腹深压痛，镜下血尿(++)，应诊断为右输尿管下段结石(E)。②慢性膀胱炎、急性阑尾炎、慢性附件炎、急性肾盂肾炎均不会导致右侧尿路梗阻。

1495. ABCDE 1496. ABCDE 1497. ABCDE ①肾结核(泌尿系结核)常表现为慢性膀胱刺激征及血尿，膀胱刺激征即尿频尿急尿痛，血尿多为终末血尿(B)。②泌尿系肿瘤多表现为无痛性全程肉眼血尿，多为肿瘤侵入肾盂、肾盏所致(A)。③泌尿系结石多表现为腰背部阵发性绞痛伴血尿，多为镜下血尿(D)。④初始血尿多见于后尿道、膀胱颈部出血。血红蛋白尿常见于血管内溶血。

1498. ABCDE 肾绞痛的治疗以解痉止痛为主(E)。常用解痉药包括 M 胆碱受体阻断剂、钙通道阻滞剂等。常用止痛药物包括非甾体镇痛抗炎药(双氯芬酸)、阿片类镇痛药(哌替啶)等。

1499. ABCDE ①输尿管上段结石的治疗原则是：结石直径≤2cm 行体外冲击波碎石，直径>2cm 行腹腔镜输尿管取石术。根据此原则，本例应行体外冲击波碎石术(A)。②输尿管中下段结石≤2cm 行输尿管镜碎石取石。≥2cm 的肾结石应行经皮肾镜碎石取石。开放输尿管切开取石损伤大，现已很少使用。输尿管上段结石>2cm，应行腹腔镜输尿管切开取石。

1500. ABCDE 肾结石的治疗方案主要与结石直径有关：①直径<4mm 的结石，可待其自然排出，自排率约为 90%；②直径<6mm 的结石可行药物治疗；③直径≤20mm 的结石，首选体外冲击波碎石(ESWL)，

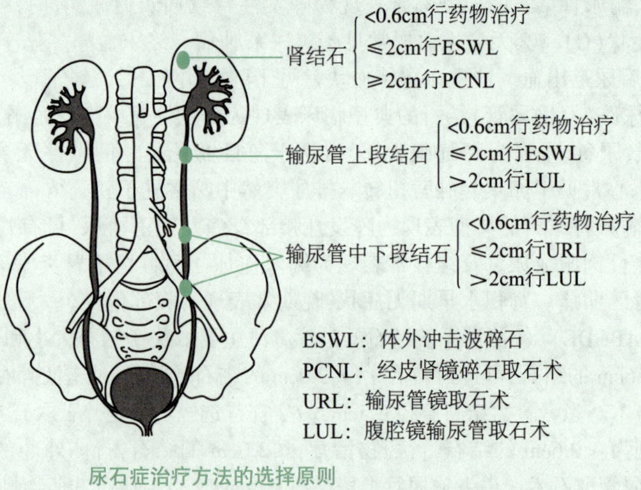

尿石症治疗方法的选择原则

有效率可达 90%；④直径≥20mm 的肾结石，首选经皮肾镜碎石取石术（PCNL）。按此原则，患者肾盂结石直径 1.2cm，结石远端无梗阻，应首选 ESWL 治疗（B）。

1501. ABCDE　①肾盂结石的治疗方法主要取决于结石直径：<0.6cm 的结石可行药物治疗，≤2cm 的结石行 ESWL，≥2cm 的结石行经皮肾镜取石术（PCNL）。根据此治疗原则，本例应行 ESWL 治疗。②肾盂切开取石适用于肾盂结石合并肾盂输尿管梗阻者。抗感染治疗主要用于肾盂结石合并急性尿路感染者。

1502. ABCDE　1503. ABCDE　①输尿管结石的治疗原则为：直径<6mm 的结石可行药物治疗；直径≤20mm的结石，输尿管上段结石可行体外冲击波碎石，输尿管下段结石可行输尿管镜取石；直径≥20mm 的结石行腹腔镜输尿管取石。按此原则，直径 4mm 的输尿管结石，结石远端无梗阻，应行药物治疗（D）。②肾结石的治疗原则为：直径<0.6cm 的结石，可行药物治疗；直径≤2.0cm 的结石，行体外冲击波碎石（ESWL）；直径≥2.0cm 的结石，行经皮肾镜碎石取石术（PCNL）。患者肾结石直径 2.0cm，应首选 ESWL 而不是 PCNL，因为 ESWL 为无创治疗，而 PCNL 为有创治疗，故答 A。

1504. ABCDE　1505. ABCDE　①静脉尿路造影（IVU）、放射性核素肾显像均可测定分侧肾功能（E）。CT、MRI、B 超、尿路平片均不能反映分肾功能。②对于一侧肾结石合并对侧输尿管结石，应先处理输尿管结石，因输尿管结石对肾功能影响较大。患者为右侧肾结石+左侧输尿管上段结石+左肾积水，故应先处理左侧输尿管结石，故不答 B、E。输尿管上段结石的治疗原则为：直径<6mm 的结石可行药物治疗；直径≤20mm 的结石，可行体外冲击波碎石；直径≥20mm 的结石行腹腔镜输尿管取石。患者左侧输尿管上段结石直径 1.0cm，应首选体外冲击波碎石，故答 A。

1506. ABCDE　体外冲击波碎石（ESWL）是肾结石和上段输尿管结石的首选治疗方法，其原理是利用 B 超定位结石，然后应用聚焦冲击波从体外穿透至体内，对准结石连续发射冲击波，将结石粉碎成细砂，随尿液排出体外。当输尿管有狭窄时，即使肾结石已经由大变小，也无法经输尿管排出，因此输尿管狭窄为 ESWL 的主要禁忌证（E）。其他禁忌证还包括妊娠、出血性疾病、严重心脑血管疾病、血肌酐≥265μmol/L、急性尿路感染等。可知，A、B、C、D 都不是 ESWL 的禁忌证。

1507. ABCDE　①输尿管狭窄为体外冲击波碎石（ESWL）的禁忌证。患者左肾结石合并输尿管狭窄，故不宜行 ESWL，只能行开放手术取出结石，同时行输尿管成形（E）。②大量饮水是肾结石的辅助治疗。肾结石药物治疗适用于直径<6mm 的小结石。经皮肾镜碎石常用于≥20mm 的大结石。

1508. ABCDE　患者左输尿管上段结石，左肾重度积水，高热，白细胞总数及中性粒细胞比例增高，脓尿，应考虑合并尿路感染。应先行左肾穿刺造瘘，以解除尿路梗阻，控制感染，然后二期行体外冲击波碎石，故答 D。

1509. ABCDE　①原发性膀胱结石多见于男孩，与营养不良、低蛋白饮食有关。②继发性膀胱结石常见于前列腺增生、膀胱憩室、神经源性膀胱、异物、肾输尿管结石排入膀胱等。其中，老年男性发生膀胱结石最常见的诱因是前列腺增生（D）。

1510. ABCDE　①膀胱结石好发于男孩，典型症状为排尿因疼痛突然中断，改变排尿姿势后可继续排尿（E）。②尿道瓣膜分为前尿道瓣膜和后尿道瓣膜，前者常表现为排尿困难、膀胱内大量残余尿；后者常表现为排尿困难、尿失禁、遗尿等。尿道狭窄常表现为排尿困难，尿潴留等。神经源性膀胱常表现为排尿困难、残余尿量增多、肾积水、肾功能不全等。前尿道结石多表现为会阴部剧烈疼痛后出现急性排尿困难，不能完全排空膀胱内的尿液。

1511. ABCDE　1512. ABCDE　①肾结核（泌尿系结核）的特点是病理改变在肾脏，但临床表现在膀胱，常表现为顽固性慢性膀胱刺激征（尿频、尿急、尿痛）及终末血尿（C）。②排尿因疼痛而突然中断，改变体位后疼痛自行缓解可继续排尿为膀胱结石的特点（D）。③急性膀胱炎常表现为尿频、尿急、尿痛等膀胱刺激征，但病程短暂。急性肾盂肾炎常表现为寒战高热、腰背部疼痛、全身中毒症状。膀胱肿瘤常表现为间歇性无痛性肉眼血尿。

1513. ABCDE ①左肾下极肾癌患者，由于右肾萎缩，若行左肾根治性切除，可能导致术后肾功能不全，因此只能行左肾部分切除术(D)。②左肾切除、左肾根治性切除适用于对侧肾功能正常的右侧肾癌。左肾动脉栓塞术适用于体积较大的肾癌术前治疗。

1514. ABCDE ①无痛性肉眼血尿是泌尿系肿瘤最典型的临床表现(A)。②泌尿系感染常表现为尿频尿急尿痛，高热，肾区叩痛等。泌尿系结核常表现为慢性膀胱刺激征，如尿频尿急尿痛。泌尿系结石常表现为有痛性肉眼血尿。泌尿系畸形根据病情不同表现各异。

1515. ABCDE 肾肿瘤(肾癌)的三大症状为血尿、疼痛和肿块。多表现为间隙无痛性肉眼血尿、腰部钝痛或隐痛、腹部或腰部肿块。多数患者仅出现上述症状的一项或两项，三项均出现者仅占10%左右。

1516. ABCDE 肾肿瘤(肾癌)常表现为无痛性血尿(发生率61%)、高血压(34%)、腰部包块(33.6%)、腰部疼痛(33%)、急性精索静脉曲张(2%)。参阅7版《黄家驷外科学》P2362。

1517. ABCDE 1518. ABCDE ①急性膀胱炎好发于育龄期女性，常表现为膀胱刺激征(尿频、尿急、尿痛)，可有血尿(A)。②膀胱肿瘤好发于男性，多表现为间歇性无痛性肉眼血尿(E)。③急性肾盂肾炎常表现为寒战高热、腰背部疼痛、细菌尿等。泌尿系结核好发于青壮年男性，常表现为慢性膀胱刺激征、终末血尿、脓尿等。膀胱结石常表现为排尿突然中断，改变体位后可继续排尿。

1519. ABCDE ①无痛性肉眼血尿是泌尿系肿瘤的典型表现，故可首先排除B、C、D。②患者静脉尿路造影示右肾盂充盈缺损，说明右肾盂有占位性病变，故应诊断为肾盂癌而不是肾癌。

1520. ABCDE 肾癌患者常表现为无痛性肉眼血尿，出现血尿表明肿瘤已侵入肾盏、肾盂。

1521. ABCDE ①CT对肾癌的确诊率较高，能显示肿瘤部位、大小、有无邻近器官受累，是目前诊断肾癌最可靠的影像学方法。CT检查包括平扫及强化扫描，强化扫描是在平扫基础上进行的，以进一步了解细微结构，结果较平扫更可靠，故答E而不是A。②B超的分辨率不如CT，故不答B。尿路平片+静脉尿路造影常用于诊断尿路结石。肾动脉造影常用于诊断肾动脉狭窄。

1522. ABCDE ①B超是肾脏肿瘤首选的影像学检查，CT是肾脏肿瘤最可靠的影像学检查方法，故答D。B超对早期肾肿瘤的诊断准确率达93%，参阅1版《黄家驷外科学》P1668。②尿路平片+排泄性尿路造影常用于诊断上尿路结石。肾动脉造影常用于诊断肾动脉狭窄。同位素扫描临床上少用。

1523. ABCDE ①肾癌为维持肿瘤的快速生长，常有肿瘤新生血管的形成，而肾囊肿则无新生血管。由于肾动脉造影(DSA)能清晰地显示直径>1mm的血管，对于难以鉴别的肾癌和肾囊肿，可行肾动脉造影，以资鉴别。虽然CT是诊断肾癌最可靠的影像学检查方法，但题干已给出"难以鉴别的肾癌和肾囊肿"，暗示CT已难以鉴别，只有进一步作有创检查DSA，用于两者的鉴别了，故答D而不是E。②排泄性尿路造影、逆行肾盂造影常用于诊断尿路结石。B超为肾癌的首选影像学检查。

1524. ABCDE ①根治性肾切除术是肾癌最主要的治疗方法，切除范围包括患肾、肾周脂肪及筋膜、区域淋巴结清扫等(C)。②对于孤立肾的肾癌可行肾肿瘤剜除术。单纯肾切除的疗效不如根治性肾切除，目前少用。肾输尿管全切除主要用于肾盂癌的治疗。肾癌对化学治疗不敏感。

1525. ABCDE ①患者右肾区疼痛、低热、右肾中部实性肿块，边界不清，应考虑右肾癌，首选治疗方法为根治性右肾切除(B)。②免疫治疗对转移癌的防治有一定疗效。肾癌对放化疗均不敏感。肾部分切除术主要适用于双侧肾癌或孤立肾肾癌，且肿瘤局限于上、下极者。

1526. ABCDE 1527. ABCDE ①根治性肾切除术是肾癌最主要的治疗方法，本例对侧肾功能正常，故可行根治性肾切除(C)。②患者右侧肾下极局限性癌肿，而对侧肾无功能，因此不能行根治性肾切除，仅能行右侧肾下极部分切除(D)。③肾癌对放化疗均不敏感。

1528. ABCDE ①肾盂癌最常见的症状是间歇性无痛性肉眼血尿，约占75%(D)。②肾盂癌可因血块堵塞输尿管引起肾绞痛，但少见。高血压、腹部包块、精索静脉曲张多见于肾癌，而不是肾盂癌。

1529. ABCDE ①间歇性无痛性肉眼血尿为肾肿瘤的典型表现，故可首先排除A、C、E。②患者膀胱镜检显示左侧输尿管口喷血，说明出血来源于左肾。患者静脉尿路造影(IVU)显示左肾盂内不规则充盈缺损，说明左肾盂存在占位性病变，故应诊断为肾盂癌而不是肾癌(D)。

1530. ABCDE　①老年男性，无痛性肉眼血尿，应考虑泌尿系肿瘤。患者肉眼血尿伴条状血凝块，B 超示左肾实质性肿块，应诊断为肾盂癌而不是肾癌，肾癌无条状血凝块。为明确诊断，应首选尿细胞学检查，若发现癌细胞即可确诊(A)。②肾动脉造影常用于诊断肾动脉狭窄。静脉尿路造影、CT 均属于影像学检查，虽可用于肾盂癌的诊断，但不能确诊肾盂癌。尿路平片常用于诊断尿路结石。

1531. ABCDE　①肾盂癌的标准手术方式是切除患肾及全长输尿管，包括输尿管开口部位的膀胱壁。②肾结核、肾母细胞瘤的手术方式多为肾切除。肾癌的手术方式多为根治性肾切除，切除范围包括患肾、肾周脂肪及筋膜、区域淋巴结等。单纯的萎缩肾很少手术切除。

1532. ABCDE　①患者无痛性肉眼血尿，尿细胞学检查发现肿瘤细胞，应诊断为泌尿系统肿瘤。患者静脉尿路造影(IVU)显示右肾盂充盈缺损，应诊断为右肾盂癌。肾盂癌的标准术式为患肾+全长输尿管切术(B)。②肾盂癌放疗效果不肯定，不宜常规应用。化疗仅用于晚期肾盂癌，故不答 C。右肾切除为肾结核的手术方式。局部肿瘤切除仅适用于孤立肾的肾盂癌。

1533. ABCDE　1534. ABCDE　①患者反复无痛性肉眼血尿，尿细胞学可见癌细胞，应诊断为泌尿系统肿瘤。患者膀胱镜检见右输尿管口喷血，提示出血来源于右肾。患者血尿伴条状血块，应诊断为右肾盂癌而不是肾癌，因为肾癌不会出现条状血块，也不会出现输尿管口喷血。肾盂癌行静脉尿路造影的典型表现为肾盂内充盈缺损(D)。右肾不显影为肾结核的表现。右肾积水为尿路梗阻的表现。右肾萎缩为晚期肾小球病变的表现。右肾盏破坏为肾癌的表现。②肾盂癌的主要治疗为外科手术，其标准手术方式是切除患肾及全长输尿管(B)。右肾切除为肾结核的手术方式。肾盂癌对全身化疗不敏感。放疗仅用于晚期肾盂癌。免疫治疗主要用于肾癌。

1535. ABCDE　1536. ABCDE　①患者无痛性肉眼血尿伴条状血块，应考虑肾盂癌。最有价值的尿液检查为细胞学检查，若发现癌细胞即可确诊(E)。尿常规检查无特异性。尿细菌培养常用于诊断尿路感染。尿沉渣找结核分枝杆菌常用于诊断肾结核。尿三杯试验常用于判断血尿的来源。②肾盂癌行静脉尿路造影的典型表现为肾盂内充盈缺损(C)。肾积水提示尿路梗阻，患肾无功能提示肾结核，肾萎缩提示慢性肾小球病变的终末期，肾畸形为先天性疾病。

1537. ABCDE　肾母细胞瘤好发于 5 岁以下的儿童，最常见最重要的症状是腹部包块(占 75%)。镜下血尿占 33%，高血压占 25%~63%，偶有腹痛及低热。参阅 7 版《黄家驷外科学》P2614。

1538. ABCDE　①5 岁以下的患儿出现腹部肿块，应首先考虑肾母细胞瘤，是小儿最常见的恶性肿瘤，肿瘤多位于上腹季肋区，表面光滑，中等硬度，无压痛，有一定活动度。②A、C、D、E 在 5 岁以下患儿少见。

1539. ABCDE　肾母细胞瘤好发于 5 岁以下的儿童，是小儿最常见的恶性肿瘤。腹部肿块是最常见最重要的症状，发现小儿上腹部表面光滑的肿块，应首先考虑肾母细胞瘤。

1540. ABCDE　5 岁以下的患儿出现腹部肿块，应首先考虑肾母细胞瘤。A、B、C、E 在小儿中少见。

1541. ABCDE　①目前肾母细胞瘤多采用手术+放疗+化疗的综合治疗。因此术前、术后均可辅以放化疗。因肾母细胞瘤对放疗高度敏感，对化疗中度敏感，故术后首选的辅助治疗措施是放疗，其次为化疗，故答 B 而不是 A。②生物治疗、基因治疗、中医中药治疗为肾癌的治疗措施。

1542. ABCDE　在我国，泌尿系肿瘤以膀胱癌最常见，其次为肾肿瘤。欧美国家以前列腺癌最常见。

1543. ABCDE　①膀胱癌最常见的症状是全程无痛性肉眼血尿，见于 70%~98%的患者(E)。②其他症状包括尿频、尿急、尿痛等膀胱刺激征，常因肿瘤坏死、溃疡和合并感染所致。如肿瘤较大或堵塞膀胱出口，可发生排尿困难。③疼痛+血尿为上尿路结石的典型表现。

1544. ABCDE　根据肿瘤的浸润深度，膀胱癌的 TNM 分期标准如下。①Tis：原位癌；②Ta：无浸润的乳头状癌；③T_1：浸润黏膜固有层；④T_2：浸润肌层(T_{2a}浸润浅肌层，T_{2b}浸润深肌层)；⑤T_3：浸润膀胱周围脂肪组织；⑥T_4：浸润前列腺、子宫、阴道及盆壁等邻近器官。根据题干，正确答案为 B。

1545. ABCDE　根据膀胱癌的 TNM 分期标准，Ta 期是指无浸润的乳头状癌。T_1 期是指膀胱癌浸润黏膜固有层。T_{2a}期是指浸润浅肌层（C）。T_{2b}期是指浸润深肌层。T_3 期是指浸润膀胱周围脂肪组织。

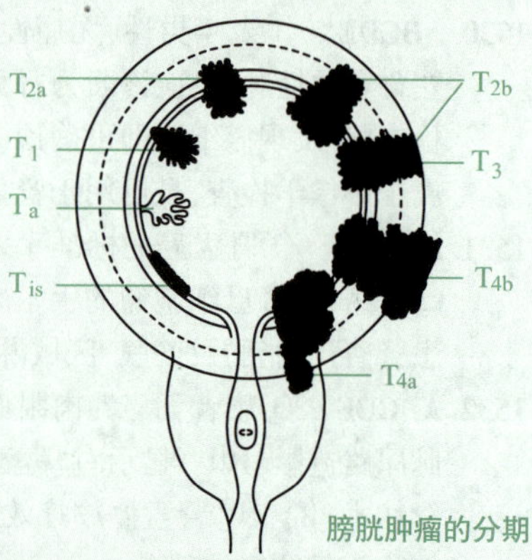

膀胱肿瘤的分期

1546. ABCDE　膀胱癌的病理与肿瘤的组织学分级、生长方式、浸润深度有关，其中组织学分级和浸润深度对预后的影响最大。参阅 9 版《外科学》P567。

1547. ABCDE　①老年女性，无痛性肉眼血尿，应首先考虑泌尿系统肿瘤，故可首先排除 B、C、D。膀胱癌常表现为间歇性全程肉眼血尿，肾癌常表现为肉眼血尿、腰痛、腹部肿块三联征，故答 A 而不是 E。②膀胱炎好发于年轻女性，常表现为尿频尿急尿痛。急性肾盂肾炎常表现为尿频尿急尿痛，高热，肾区叩痛。尿路结石常表现为有痛性肉眼血尿。

1548. ABCDE　1549. ABCDE　①膀胱癌以移行细胞癌最常见（约占 90%），鳞癌和腺癌各占 2%～3%，横纹肌肉瘤少见（A）。②肾细胞癌分为透明细胞癌（占 70%～80%）、乳头状癌（占 10%～15%）、嫌色细胞癌（约占 5%）、集合管癌（约占 1%）、未分类性肾癌（占 3%～5%）。

1550. ABCDE　1551. ABCDE　①确诊膀胱癌的主要依据是膀胱镜+活组织检查，准确率接近 100%（B）。尿脱落细胞学检查也可确诊膀胱癌，但其阳性率仅 70%～80%，故答 B 而不是 E。②CT 平扫+增强多用于膀胱浸润性癌的诊断，可了解肿瘤浸润范围及深度、局部淋巴结和盆腔转移情况（A）。③X 线片常用于诊断尿路结石。B 超检查常用于膀胱癌的初筛。

1552. ABCDE　膀胱癌应根据临床病理分期选择合理的手术方式。①T_1 期应行经尿道膀胱肿瘤电切术（TURBt），术后辅助腔内化疗或免疫治疗。参阅 9 版《外科学》P570。②8 版《外科学》观点：膀胱内灌注化疗适用于膀胱原位癌，膀胱部分切除术适用于 T_2 期膀胱癌，膀胱全切除适用于 T_3 期膀胱癌。9 版《外科学》已删除部分内容。

1553. ABCDE　①膀胱癌侵犯膀胱全层，其病理分期应为 T_3 期，治疗首选根治性膀胱切除术（B）。②经尿道膀胱肿瘤电切术（TURBT）常用于 Tis、T_a、T_1 期膀胱癌的治疗。对于无法手术治愈的转移性膀胱癌应行化学治疗。对于 T_2 期膀胱癌可行膀胱部分切除术。此为 8 版《外科学》观点，9 版《外科学》P570 应行根治性膀胱切除术。

1554. ABCDE　①T_3 期膀胱癌应行根治性膀胱全切除术（E）。②膀胱部分切除术适用于 T_2 期膀胱癌（8 版《外科学》观点）。经尿道膀胱肿瘤切除术适用于 T_a、T_1 期膀胱癌。膀胱内灌注化疗适用于膀胱原位癌。放疗常用于 T_3 期膀胱癌的术前治疗。

1555. ABCDE　根据题干，本例应诊断为浸润性膀胱癌。其标准治疗方法是根治性膀胱切除术联合盆腔淋巴结清扫术。请注意：膀胱癌的治疗原则 9 版《外科学》改动很大。

1556. ABCDE　①患者血尿，膀胱镜检示膀胱三角区新生物，应考虑膀胱癌。T_3 期膀胱癌应行根治性膀胱切除术（D）。②膀胱癌的治疗以手术为主，放、化疗为辅助治疗措施。经尿道膀胱肿瘤切除术适用于 T_a、T_1 期膀胱癌。膀胱部分切除术适用于 T_2 期膀胱癌，此为 8 版《外科学》观点，9 版《外科学》已删除。髂内动脉栓塞术少用。

1557. ABCDE　1558. ABCDE　①膀胱癌好发于 50～70 岁男性，典型症状为无痛性肉眼血尿。根据题干，本例应诊断为膀胱癌（E）。尿路感染、泌尿系结核常表现为膀胱刺激征。前列腺增生症常表现为进行性排尿困难。膀胱结石常表现为排尿中断，改变体位后可继续排尿。②B 超、CT、MRI 检查均可用于膀胱癌的诊断，但题干要求回答的是"简便检查方法"，故最佳答案为 A 而不是 BC。B 超检查简便易行，常作为膀胱癌的最初筛查（A）。腹部 X 线片、肾图对膀胱癌的诊断价值不大。

1559. ABCDE　1560. ABCDE　①患者间歇性无痛性肉眼血尿，B 超示膀胱内新生物，应诊断为膀胱癌。

为明确诊断,最重要的检查是膀胱镜+活组织检查,准确率约100%。尿常规检查无特异性,故不答A。尿脱落细胞学检查也可确诊膀胱癌,但阳性率仅70%~80%,故答C而不是B。静脉尿路造影(IVU)常用于诊断尿路结石,对膀胱癌诊断价值不大。CT为影像学检查,不能确诊膀胱癌,故不答E。②膀胱癌最常用的治疗方法是经尿道膀胱肿瘤切除术(B)。膀胱灌注化疗适用于膀胱原位癌。开放手术创伤大,现已少用。局部放疗和全身化疗为膀胱癌的辅助治疗措施。

1561. ABCDE　1562. ABCDE　1563. ABCDE　①患者间歇性无痛性全程血尿,B超示膀胱内新生物,应诊断为膀胱癌。为明确诊断,应首选膀胱镜+活组织检查(C)。尿常规检查无特异性。尿脱落细胞学检查阳性率及准确率均不及膀胱镜检查,故不选B。静脉尿路造影常用于诊断上尿路结石。CT为影像学检查,不能确诊膀胱癌。②膀胱癌的手术方式主要根据患者的全身情况、肿瘤大小、数量、种类、浸润深度、分化程度等决定,但以浸润深度最为重要,因为手术方式主要取决于临床分期,而临床分期又由浸润深度决定(D)。③膀胱癌最常用的治疗方法是经尿道膀胱肿瘤切除术(B)。开放手术创伤大,现已少用。局部放疗和全身化疗为膀胱癌的辅助治疗措施。

1564. ABCDE　1565. ABCDE　①前列腺癌的确诊检查当然是前列腺穿刺活组织病理检查。②MRI检查可了解前列腺癌有无侵犯包膜外、精囊、膀胱颈,有无盆腔淋巴结转移,对前列腺癌的临床分期具有重要诊断价值。参阅3版8年制《外科学》P774。③前列腺癌常伴血清前列腺特异性抗原(PSA)增高,直肠指检可触及前列腺结节,B超检查可发现前列腺内低回声病灶,但均不能确诊前列腺癌。

1566. ABCDE　1567. ABCDE　①老年患者前列腺结节,血清前列腺特异性抗原(PSA)明显增高(正常值<4μg/L,即<4ng/ml),应首先考虑前列腺癌。为明确诊断,最重要的检查方法当然是前列腺穿刺活组织检查(D)。膀胱尿道镜检查常用于诊断膀胱癌。B、C、E均为影像学检查,不能确诊前列腺癌。②前列腺MRI、B超可了解前列腺癌的局部浸润情况。放射性核素扫描、X线片常用于诊断前列腺癌骨转移。膀胱尿道造影对前列腺癌的病情评价意义不大(A)。

1568. ABCDE　①直肠指检发现前列腺无痛性硬结,应行前列腺穿刺活检,以鉴别前列腺增生和前列腺癌(B)。②直肠指检发现前列腺增大常提示良性前列腺增生,发现前列腺触痛常提示急性前列腺炎,均无需行前列腺穿刺活检。前列腺囊性变临床上少见,故不答D。前列腺增生患者在切除睾丸后,可出现前列腺萎缩,故不答E。

1569. ABCDE　①血清前列腺特异性抗原(PSA)测定是诊断前列腺癌的基本方法之一。PSA对前列腺组织有特异性,前列腺癌常伴PSA增高(E)。②血清癌胚抗原(CEA)升高多见于结直肠癌。血清酸性磷酸酶升高多见于前列腺癌远处转移,但由于其不稳定,已被PSA所取代。血清甲胎蛋白(AFP)升高多见于原发性肝细胞癌。血清碱性磷酸酶升高多见于骨肉瘤。

1570. ABCDE　①前列腺癌的组织学分级:Gleason分级评分2~4分属于分化良好;5~7分属于中等分化,8~10分属于分化差或未分化。患者前列腺癌结节黄豆大小,局限于左叶,未侵犯精囊,应属于T_{2a}期。对于T_2期前列腺癌,应首选根治性前列腺切除术(A)。②经尿道前列腺切除术常用于良性前列腺增生的治疗。T_3、T_4期前列腺癌应以内分泌治疗为主,全身化疗仅用于内分泌治疗失败的病例。前列腺冷冻治疗属于前列腺癌的局部治疗措施,不作为首选治疗方法。

1571. ABCDE　1572. ABCDE　①前列腺癌TNM分为4期:T_1期是指前列腺增生标本中偶然发现的小病灶;T_2期是指癌局限在前列腺包膜以内的前列腺癌;T_3期是指前列腺癌已穿破包膜,侵犯精囊;T_4期是指前列腺癌侵犯膀胱颈、尿道外括约肌、直肠、盆壁或有远处转移灶(此为大致记忆方法,教材上的详细分期很难记住)。本例确诊为前列腺癌,放射性核素骨显像见腰椎转移病灶,说明已有远处转移,应属于T_4期(A)。②T_4期前列腺癌属于晚期,已失去根治手术机会,应以内分泌治疗为主,可行去势治疗+抗雄激素制剂(卡鲁胺)间歇治疗,以提高生存率。去势治疗可采用双侧睾丸切除或药物去势,故答案为B。

1573. ABCDE　①患者右侧睾丸增大,质硬,说明不是液体,可首先排除鞘膜积液,故不答A。睾丸炎、睾丸扭转均表现为局部剧烈持续性疼痛，而本例仅有阴囊坠胀感，故不答 B、C。睾丸结核常是附睾结核直接蔓延所致，多表现为阴囊部肿胀不适或下坠感，附睾呈结节状，疼痛不明显，故不答 E。②睾丸肿瘤好发于 20~40 岁男性，典型表现为睾丸肿胀，表面光滑，质硬而沉重，附睾、输精管正常。

1574. ABCDE　阴茎癌的主要病因是包皮过长、包茎、慢性包皮龟头炎等，尽早行包皮环切是预防阴茎癌的最主要措施。

1575. ABCDE　精索静脉曲张以左侧多见，其原因为：①左精索内静脉呈直角注入左肾静脉，左肾静脉通过主动脉和肠系膜上动脉之间，左精索内静脉下段位于乙状结肠后面，这些解剖特点使左精索内静脉容易受压，故精索静脉曲张以左侧多见；②左精索内静脉进入左肾静脉的入口处有瓣膜防止逆流，如静脉瓣发育不全，静脉丛的平滑肌薄弱，会导致精索静脉曲张。可知 B、C、D、E 均对，答案为 A。

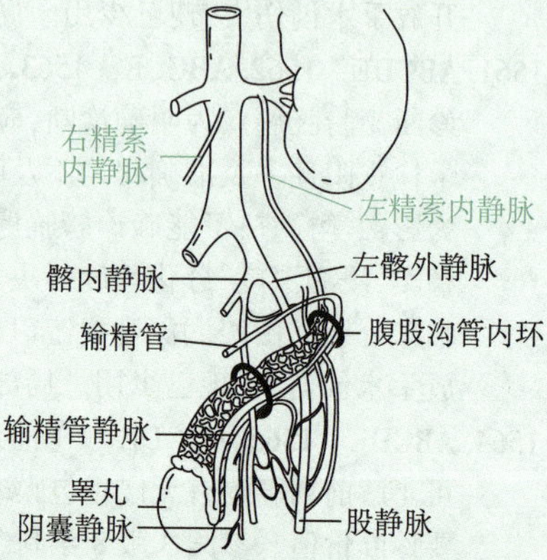

精索静脉回流示意图

1576. ABCDE　精索静脉曲张患者，在站立位检查可见患侧较健侧阴囊明显松弛下垂，曲张静脉似蚯蚓团块状。平卧位后曲张静脉缩小或消失。故临床上检查精索静脉曲张患者，应取站立位，答案为 B。

1577. ABCDE　①鞘膜积液是指鞘膜囊内积液增多而形成囊肿者，分为 4 种临床类型，即睾丸鞘膜积液、精索鞘膜积液、睾丸-精索鞘膜积液和交通性鞘膜积液，其中以睾丸鞘膜积液最多见。②继发性鞘膜积液是不规范化名称，故不答 B。

1578. ABCDE　①透光试验是用不透明的纸片卷成圆筒，一端置于肿大的阴囊部位，对侧阴囊以手电筒照射，从纸筒另一端观察阴囊透光情况。透光试验阳性常见于鞘膜积液，故答 A。②B、C、D、E 透光试验均为阴性。

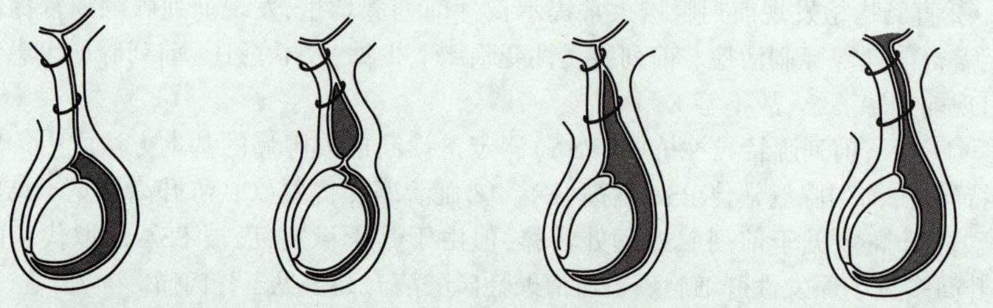
睾丸鞘膜积液　　精索鞘膜积液　　睾丸-精索鞘膜积液　　交通性鞘膜积液

1579. ABCDE　①患者透光试验阳性，B 超示液性暗区，说明肿物为液体而不是实性肿块，故不答 B、C、D。②患者肿物有囊性感，触不到睾丸和附睾，应诊断为睾丸鞘膜积液，而不是精索囊肿，因为精索囊肿应可触及睾丸。

1580. ABCDE　①小儿右侧阴囊内肿块，卧位时肿块不消失，可排除腹股沟疝和交通性鞘膜积液，故不答 A、E。②阴囊内肿块有波动感，说明不是实质性肿块而是液体，可排除隐睾，故不答 C。③精索鞘膜积液患者在其下端应可触及睾丸，但本例不能触及睾丸，故应诊断为睾丸鞘膜积液(D)。

1581. ABCDE　①患者透光试验阳性，提示为鞘膜积液，而不是睾丸肿瘤、腹股沟斜疝，可首先排除 B、C。②睾丸鞘膜积液时睾丸触扪不清，而本例双侧睾丸附睾可清楚触及，大小位置正常，应诊断为精索鞘膜积液(D)。③阴囊象皮肿为丝虫感染所致，表现为下肢、阴囊皮革样增厚，与本例不符。

1582. ABCDE　①4 岁患儿透光试验阳性，提示为鞘膜积液，而不是腹股沟斜疝、睾丸肿瘤、附睾结核，可首先排除 C、D、E。②患儿右侧阴囊包块，平卧位可消失，说明积液与腹腔相通，应诊断为交通性鞘膜积液，而不是睾丸鞘膜积液，答案为B。

1583. ABCDE　透光试验阳性提示为鞘膜积液，而不是睾丸内实质性占位性病变，如睾丸肿瘤、腹股沟斜疝、附睾结核、精索静脉曲张等。

1584. ABCDE　1585. ABCDE　1586. ABCDE　①阴囊包块，透光试验阳性，提示包块为鞘膜积液，而不是腹股沟斜疝、睾丸肿瘤。包块于平卧位消失，说明鞘膜积液与腹腔相通，应诊断为交通性鞘膜积液，而不是睾丸鞘膜积液、精索鞘膜积液（C）。②阴囊包块，透光试验阴性，提示包块为腹股沟斜疝或睾丸肿瘤，而不是鞘膜积液。包块于平卧位消失，说明包块可还纳腹腔，应诊断为腹股沟斜疝而不是睾丸肿瘤（D）。③患者透光试验阳性，说明阴囊内为鞘膜积液而不是睾丸肿瘤、腹股沟斜疝。患者阴囊肿块，卧位无缩小，说明鞘膜积液与腹腔不相通，故可排除交通性鞘膜积液。患者摸不到睾丸，应诊断为睾丸鞘膜积液，而不是精索鞘膜积液，因为精索鞘膜积液可扪及睾丸（A）。

1587. ABCDE　婴儿鞘膜积液，常可自行吸收消退，无需手术治疗。A、B、C、E鞘膜积液均需手术治疗。

1588. ABCDE　①成人的睾丸鞘膜积液，如积液量少，无任何症状，不需要手术治疗。若积液量多，体积巨大，应行睾丸鞘膜翻转术（A）。②鞘膜囊全部切除主要适用于精索囊肿。内环处高位结扎鞘状突主要用于治疗交通性鞘膜积液。婴儿的鞘膜积液常可自行吸收，成人鞘膜积液不会自行吸收。鞘膜积液穿刺抽液一般只用于小儿鞘膜积液的术中处理。

1589. ABCDE　骨折成因包括直接暴力、间接暴力、疲劳性骨折。直接暴力是指暴力直接作用于骨折部位导致骨折。间接暴力是指暴力通过传导、杠杆、旋转和肌收缩使肢体远处发生骨折。疲劳性骨折是指长期、反复、轻微的损伤导致肢体某一特定部位的骨折，如远距离行军易致腓骨下1/3骨折。

1590. ABCDE　1591. ABCDE　1592. ABCDE　①开放性骨折是指骨折处皮肤或黏膜破裂，骨折端与外界相通（B）。②粉碎性骨折是指骨质碎裂成三块以上，骨折线呈T形、Y形（C）。③撕脱性骨折是指由于肌肉强烈收缩，造成与肌腱相连的骨的突起和粗隆部的骨质分离（E）。④闭合性骨折是指骨折处皮肤或黏膜完整，骨折端与外界不相通（D）。

1593. ABCDE　稳定性骨折是指骨折端不易移位或复位后不易再发生移位者，如裂缝骨折、青枝骨折、横形骨折、压缩性骨折、嵌插骨折等。A、B、C、E均属于不稳定性骨折。

1594. ABCDE　不稳定性骨折是指骨折端易移位或复位后易再移位者，如斜形骨折（B）、螺旋形骨折、粉碎性骨折等。A、C、D、E均属于稳定性骨折。

1595. ABCDE　裂缝骨折、青枝骨折、横形骨折、嵌插骨折（B）等均属于稳定性骨折。A、C、D、E均属于不稳定骨折。请注意：椎体压缩性骨折，<1/4者为稳定性骨折，>1/4者为不稳定骨折。

1596. ABCDE　骨折的临床表现分为全身表现和局部表现，全身表现包括休克和发热（A）。肿胀、疼痛、畸形、瘀斑均属于骨折的局部表现，其中畸形为骨折的特有体征。

1597. ABCDE　①骨折休克的主要原因是出血（B）。②肿胀、疼痛是骨折的局部表现，发热是骨折的全身表现。这些都不是骨折导致休克的原因。

1598. ABCDE　①发热是骨折的全身表现。骨折后一般体温正常，出血量大的骨折，血肿吸收时可出现低热，但一般不超过38℃。开放性骨折出现高热，应考虑感染（B）。②A、C、D、E均不会引起高热。

1599. ABCDE　①骨折X线检查对骨折的诊断和治疗具有重要价值（B）。X线片可帮助了解骨折的类型、骨折端移位情况、指导治疗等。②详细询问病史可了解骨折的发生机制。不同部位、不同类型的骨折预后不同。通过体格检查和器械检查可了解组织损伤情况。骨密度测定可了解骨质密度。

1600. ABCDE　①骨折的X线检查时，应拍摄包括骨折端邻近一个关节在内的正、侧位片，以便了解骨折移位情况（A错）。②有时不易确定损伤情况时，尚需加拍对侧肢体相应部位的X线片，以便进行对比。有些轻微的裂缝骨折，急诊拍片未见明显骨折线，若高度怀疑骨折，应于伤后2周拍片复查。X线检查对骨折的诊断具有重要价值。因此怀疑骨折时，应常规进行X线检查，以明确诊断。

1601. ABCDE　①骨擦感为骨折的特有体征，一旦出现，即可确诊完全性骨折。患者右肘部外伤史，局部肿胀、压痛、活动受限，内上髁处有骨擦感，可确诊为内上髁完全性骨折。为明确诊断，当然首选 X 线摄片(B)。②核素骨扫描常用于诊断恶性肿瘤骨转移。B 超对骨折的诊断价值不大。CT、MRI 虽可诊断骨折，但由于价格昂贵，一般不作为首选检查，多用于 X 线不能确诊的病例。

1602. ABCDE ①老年妇女，臀部外伤，腰部疼痛，不能活动，应考虑骨折的可能性，为明确诊断，应首选 X 线摄片检查。②CT、MRI 由于价格昂贵，不作为首选检查。B 超、核素扫描不能诊断骨折。

1603. ABCDE ①患者 X 线片示左股骨皮质连续性中断，应诊断为左股骨骨折。反常活动是骨折的特有体征，故答 A。②B、C、D、E 都是骨折的一般局部表现，不能凭此体征确诊骨折。

1604. ABCDE ①骨折部位的血液供应是影响骨折愈合的重要因素，若骨折断端完全丧失血液供应，则发生骨折不愈合的可能性较大(D)。②神经损伤对骨折愈合的影响不大。软组织损伤、静脉血栓是影响骨折愈合的局部因素，健康状况是影响骨折愈合的全身因素，但都不是最重要的因素。

1605. ABCDE 1606. ABCDE ①骨折的专有体征为局部畸形、异常活动、骨擦音或骨擦感(A)。②慢性骨髓炎患者坏死的松质骨逐渐被吸收，并被新骨所替代，坏死的骨质其交界部分先行吸收，最终脱落成为死骨。死骨形成为慢性骨髓炎的特征之一(E)。③B、C、D 均为骨折的一般性局部表现。

1607. ABCDE 骨折的专有体征包括局部畸形、异常活动、骨擦音或骨擦感，但有些骨折如裂缝骨折和嵌插骨折，可不出现骨折专有体征。头骨骨折多为裂缝骨折，可不出现骨折专有特征(B)。

1608. ABCDE 骨筋膜室综合征是指由骨、骨间膜、肌间隔、深筋膜形成的骨筋膜室内肌肉和神经因急性缺血而产生的早期综合征，属于骨折的早期并发症(D)。A、B、C、E 均属于骨折的晚期并发症。

1609. ABCDE ①急性骨萎缩是指骨折所致关节附近的疼痛性骨质疏松，系因骨折后反射性神经血管营养不良引起，属于骨折的晚期并发症。②B、C、D、E 均属于骨折的早期并发症。

1610. ABCDE 脂肪栓塞综合征是由于骨折处髓腔内血肿张力过大，骨髓被破坏，脂肪滴进入破裂的静脉窦内，引起肺、脑的脂肪栓塞。也有人认为是由于创伤的应激作用，使正常血液中的乳糜微粒失去乳化稳定性，结合成 10~20μm 的脂肪球而成为栓子，阻塞肺毛细血管所致(D)。可见，脂肪栓塞综合征是髓腔内压力增高所致，而不是骨筋膜室压力过高所致。骨筋膜室压力过高为骨筋膜室综合征的病因，而不是脂肪栓塞综合征的病因。

1611. ABCDE ①短期内失血量超过 800ml 可发生休克。骨盆骨折失血量可达 500~5000ml，因此容易导致失血性休克(D)。②A、B、C、E 骨折不易发生休克。

1612. ABCDE ①患者，左股骨干骨折内固定术后第 2 天，突发胸痛、咳嗽，低氧血症，应考虑脂肪栓塞综合征(A)。②急性呼吸窘迫综合征常发生于严重创伤后，早期主要表现为低氧血症进行性加重，不能为一般吸氧所缓解。肺血栓栓塞常表现为胸痛、呼吸困难、咯血三联征，但多于卧床 1 周后下床活动时突然发生。胸膜炎与题干所述病史无关。肺不张肺部检查常有阳性发现，故不答 E。

1613. ABCDE 脂肪栓塞综合征是由于骨折处髓腔内血肿张力过大，骨髓被破坏，脂肪滴进入破裂的静脉窦内，从静脉→右心房→右心室→肺动脉→造成肺动脉栓塞。直径<20μm 的脂滴栓子，可通过肺毛细血管→肺静脉→左心房→左心室→主动脉→脑动脉→造成脑栓塞。因此脂肪栓塞综合征最易栓塞的部位是肺，其次为脑。

1614. ABCDE ①骨折后长期卧床不起的患者，咳嗽反射减弱，呼吸道引流不畅，分泌物在肺内沉积，易发生坠积性肺炎(E)。②脂肪栓塞常发生于伤后 1~3 天。创伤性关节炎多见于关节内骨折。损伤性骨化多见于关节扭伤、脱位或关节附近骨折。缺血性骨坏死多见于股骨颈头下型骨折。

1615. ABCDE ①关节内骨折，关节面遭到破坏，若未能准确复位，骨愈合后可使关节面不平整，长期磨损易引起创伤性关节炎(A)。②缺血性骨坏死多见于股骨颈头下型骨折、腕舟状骨骨折。骨化性肌炎多见于关节扭伤、脱位或关节附近骨折。骨生成异常多导致骨折不愈合或延迟愈合。

1616. ABCDE ①肱骨干中、下 1/3 段后外侧有桡神经沟，其中有桡神经通过，此处骨折易损伤桡神经。②伸直型肱骨髁上骨折容易损伤肱动脉、正中神经。注意：肱骨内上髁骨折不是肱骨髁上骨折。

③在腓骨颈，有腓总神经由腘窝后、外侧斜向下外方，经腓骨颈进入腓骨长、短肌及小腿前方肌群，因此腓骨小头和颈部骨折可引起腓总神经损伤。④左或右下位肋骨骨折时，骨折断端可刺破脾或肝导致脾破裂或肝破裂。⑤股骨颈骨折，尤其头下型骨折，容易导致股骨头缺血坏死。

1617. ABCDE　①骨筋膜室是指由骨、骨间膜、肌间隔和深筋膜组成的间隙。前臂有尺骨和桡骨组成的骨筋膜室，小腿有胫骨和腓骨组成的骨筋膜室，因此前臂和小腿是骨筋膜室综合征的好发部位。伸直型肱骨髁上骨折由于近折端向前下移位，极易刺破肱动脉，加上损伤后的组织反应，局部肿胀严重，可造成骨筋膜室压力增高，使远端肢体血运障碍，导致骨筋膜室综合征(D)。②A、B、C、E损伤，没有两根骨干围成的骨筋膜室，都不是骨筋膜室综合征的好发部位。

1618. ABCDE　①青年男性，车祸后急诊入院，血压<90/60mmHg，面色苍白，应诊断为失血性休克。②患者外伤后立即入院，不可能诊断为骨髓炎、坠积性肺炎、缺血性骨坏死，故不答B、D、E。题干所述不能诊断为神经损伤，故不答C。

1619. ABCDE　1620. ABCDE　1621. ABCDE　①男性青年，坠落伤后6小时，左小腿中段畸形，应诊断为左胫腓骨骨折，因为局部畸形为骨折的特有体征。胫腓骨中段骨折易并发骨筋膜室综合征，常表现为局部肿胀，张力增高，远端肢体动脉搏动减弱或消失。根据题干，本例应诊断为左胫腓骨骨折合并骨筋膜室综合征，宜立即行骨筋膜室切开减压，以免压迫太久，造成远端肢体缺血坏死(C)。A、B、D、E都不是正确的治疗方法。②骨筋膜室综合征是由于骨筋膜室内压力增高，压迫远端肢体血管(先压迫静脉，后压迫动脉)所致，故答D而不是B、C。胫腓骨骨折不稳定可导致骨折不易愈合或畸形愈合。小腿部广泛软组织损伤常导致局部严重感染。③骨筋膜室综合征为骨科急诊，需紧急手术切开减压。延迟手术将导致远端肢体缺血坏死、或爪形足畸形，严重影响足趾功能，故答A。

1622. ABCDE　①前臂是骨筋膜室综合征的好发部位。伸直型肱骨髁上骨折患者由于近折端向前下移位，极易刺破肱动脉，加上局部组织严重肿胀，可造成骨筋膜室压力增高，远端肢体血运障碍，导致骨筋膜室综合征，若处理不当将发生缺血性肌挛缩。患者左肱骨髁上骨折，前臂高度肿胀，手部青白发凉，说明存在血运障碍，应诊断为骨筋膜室综合征，其严重并发症为缺血性肌挛缩(E)。②感染多见于开放性骨折。缺血性骨坏死多见于股骨颈骨折。骨化性肌炎也称损伤性骨化，多见于关节扭伤、脱位、关节附近的骨折。关节僵硬多为患肢长时间外固定所致。

1623. ABCDE　损伤性骨化也称骨化性肌炎，多见于关节扭伤、脱位、关节附近的骨折。特别多见于肘关节，如肱骨髁上骨折，若反复暴力复位，可导致损伤性骨化(B)。

1624. ABCDE　①损伤性骨化为骨折的晚期并发症，多见于关节扭伤、脱位、关节附近的骨折(B)。②骨折不会导致骨肉瘤、骨结核、腱鞘炎等。骨折造成的骨髓炎少见，临床上以血源性骨髓炎多见。

1625. ABCDE　1626. ABCDE　1627. ABCDE　①伸直型肱骨髁上骨折由于近折端向前下移位，极易刺破

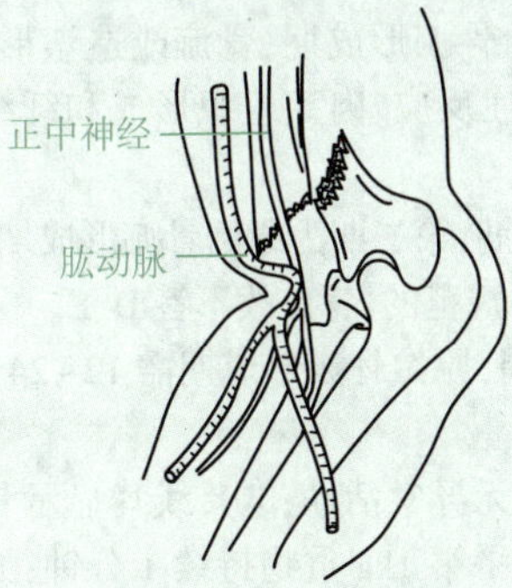

伸直型肱骨髁上骨折
易损伤肱动脉及正中神经

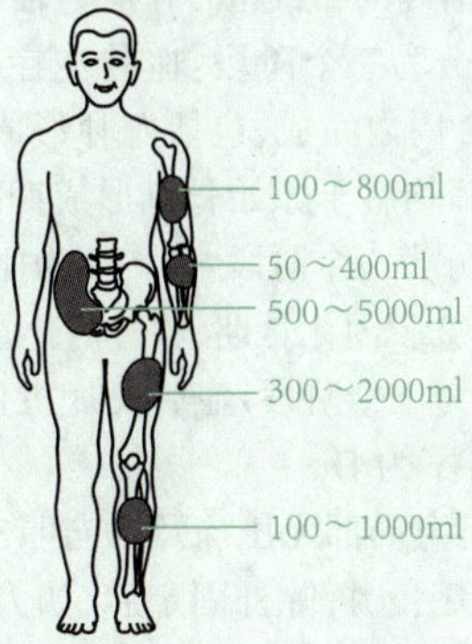

骨盆骨折
失血量可达500～5000ml

股骨颈头下型骨折
易发生缺血性骨坏死

肱动脉和正中神经(B)。②骨盆各骨为松质骨,邻近有许多动脉、静脉丛,血液供应相当丰富,因此骨盆骨折可引起广泛出血,出血量可达 500~5000ml,可致失血性休克(A)。③成人股骨头的血液供应包括:股骨干滋养动脉升支、股骨头圆韧带内的小凹动脉及旋股内、外侧动脉的分支。后者是股骨头、颈的最重要营养血管。当股骨颈头下型骨折时,由于骨折线位于股骨头下,可损伤旋股内、外侧动脉,导致股骨头因缺乏血液供应而发生缺血性坏死(C)。④锁骨骨折易损伤臂丛神经。Colles骨折易产生银叉样畸形、枪刺样畸形。

1628. ABCDE　1629. ABCDE　①伸直型肱骨髁上骨折近折端向前下移位,极易刺破肱动脉,加上局部组织肿胀严重,可造成远端肢体血液循环障碍,导致骨筋膜室综合征。若早期处理不当,可发生福克曼(Volkmann)肌萎缩(A)。②胫骨的营养血管从胫骨干上、中 1/3 交界处进入骨内,因此,胫骨下 1/3 骨折可使营养动脉损伤,导致下 1/3 段胫骨的血供显著减少;同时下 1/3 段胫骨几乎无肌附着,由胫骨远端获得的血供很少,故胫骨下 1/3 骨折容易发生延迟愈合或不愈合(C)。③前臂桡骨下端骨折易产生银叉样畸形。腓骨颈骨折易损伤腓总神经。踝部骨折易造成创伤性关节炎。

1630. ABCDE　1631. ABCDE　①骨筋膜室是指由骨、骨间膜、肌间隔和深筋膜组成的间隙。前臂有尺骨和桡骨组成的骨筋膜室,小腿有胫骨和腓骨组成的骨筋膜室,因此前臂和小腿是骨筋膜室综合征的好发部位(C)。②损伤性骨化多见于关节扭伤、脱位、关节附近的骨折。尤其多见于肘关节,如肱骨髁上骨折,反复暴力复位或骨折后肘关节伸屈活动受限而进行的强力反复牵拉所致(B)。

1632. ABCDE　①在肱骨干中下 1/3 段后外侧有桡神经沟,由臂丛神经后束发出的桡神经经内后方紧贴骨面斜向外前方进入前臂,因此此处骨折易损伤桡神经(A)。②坠积性肺炎常见于骨折后长期卧床的患者。前臂骨折极少发生尺动脉损伤。缺血性骨坏死多见于股骨颈头下型骨折。创伤性关节炎多见于关节内骨折。

1633. ABCDE　①骨折的愈合过程分为三个阶段:血肿炎症机化期、原始骨痂形成期和骨板形成塑形期(骨痂改造塑形期)。在原始骨痂形成期,骨内、外膜增生,新生血管长入,成骨细胞大量增生,使骨折端附近内外形成的骨样组织逐渐骨化,形成新骨,称为膜内成骨。填充于骨折断端和髓腔内的纤维组织逐渐转化为软骨组织,并侵入软骨基质,软骨基质经钙化而成骨,即软骨内成骨。在骨折愈合过程中,膜内成骨比软骨内成骨快。②根据 Wolff 定律,骨的机械强度取决于骨的结构,成熟的板骨经成骨细胞和破骨细胞相互作用,在生理应力轴线上的成骨细胞相对活跃,故有更多的新骨形成坚强的板层骨。③骨折的愈合分为一期愈合和二期愈合两种形式,临床上骨折的愈合过程多为二期愈合。④在骨板形成塑形期,新生骨小梁逐渐增粗,排列渐趋规则。在新生血管、破骨细胞和成骨细胞的共同作用下,骨折端的死骨被清除,新骨逐渐爬行替代(D 对)。⑤在骨板形成塑形期,原始骨痂为排列不规则的骨小梁所组成,尚欠牢固。随着肢体的活动和负重,在应力轴线上的骨痂,不断地得到加强和改造,骨小梁的排列逐渐规则和致密。在应力轴线以外的骨痂,逐步被清除。

1634. ABCDE　①骨折的愈合过程分为三个阶段:血肿炎症机化期、原始骨痂形成期、骨痂改造塑形期。血肿炎症机化期约在骨折后 2 周内完成,包括血肿形成、无菌性炎症反应、肉芽组织形成和纤维连接四个阶段(B)。②A、C、D、E 均属于原始骨痂形成期的病理改变。

1635. ABCDE　①骨折的愈合过程分为三个阶段:第一期为血肿炎症机化期,第二期为原始骨痂形成期,第三期为骨痂改造塑形期(C)。②膜内化骨期、软骨内化骨期均属于不规范的名称,故不答 D、E。

1636. ABCDE　骨折的愈合过程分为三个阶段:血肿炎症机化期约需 2 周,原始骨痂形成期需 12~24 周,骨痂改造塑形期需 1~2 年,答案为 D。

1637. ABCDE　骨折临床愈合标准:①局部无压痛及纵向叩击痛;②局部无异常活动;③X 线片显示骨折处有连续性骨痂,骨折线已模糊;④拆除外固定后,如为上肢能向前平举 1kg 重物持续 1 分钟;如为下肢不扶拐能在平地连续步行 3 分钟,并不少于 30 步;连续观察 2 周骨折处不变形。参阅 7 版《外科学》P728。9 版《外科学》已删除了标准④。

1638. ABCDE ①胫骨平台骨折属于关节内骨折,应行解剖学复位,否则易并发创伤性骨关节炎(A)。②B、C、D、E均不属于关节内骨折,只要达到功能复位标准即可,无需达到解剖学复位。

1639. ABCDE 1640. ABCDE 1641. ABCDE ①患者受伤后右大腿中段向外侧成角畸形并有异常活动,应诊断为右股骨干完全性骨折,因为局部畸形、异常活动为骨折的特有体征。骨折的现场急救首先应妥善固定,因为固定是骨折急救的重要措施(D)。A、B、C、E都是骨折的治疗措施,而不是急救措施。②股骨干骨折的首选辅助检查当然是拍摄X线片(A)。③患者血压60/40mmHg,心率150次/分,说明合并失血性休克,首先应进行的处理是补充血容量(B)。手术治疗宜在休克纠正后进行。

1642. ABCDE ①影响骨折愈合的全身因素包括年龄和健康状况。不同年龄骨折愈合差异很大,儿童骨折愈合较快,成人骨折愈合较慢。②发热、休克、血压、肥胖均不属于影响骨折愈合的直接因素。

1643. ABCDE ①影响骨折愈合的因素包括全身因素和局部因素。全身因素包括年龄和健康状况。②局部因素包括骨折类型、数量、血供情况、软组织损伤程度、软组织嵌入、感染、治疗方法等。其中骨折治疗方法包括复位、固定、功能锻炼。可见,在所给5个选项中,只有“固定”是影响骨折愈合的因素。

1644. ABCDE 胫骨两端有许多小孔,许多小血管从关节囊、韧带和肌腱附着处穿入这些小孔进入骨内。在胫骨干中下1/3处没有血管孔,仅在上中1/3交界处有一血管孔,滋养动脉由此孔进入骨干内,自上而下承担整个中下1/3骨干的大部分血液供应。若胫骨中下1/3处骨折,滋养动脉断裂后,远折端丧失了大部分血液供应,将导致骨折延迟愈合。

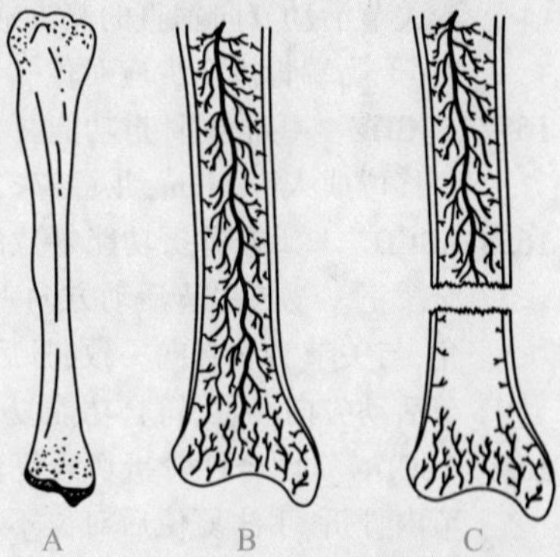

胫骨中下1/3骨折易损伤营养动脉造成骨折延迟愈合

1645. ABCDE 骨折不愈合的常见原因有4种:骨折端间嵌夹较多软组织、开放性骨折清创时去除的骨片较多而造成骨缺损、多次手术对骨的血液供应破坏较大、内固定失败。

1646. ABCDE ①肱骨干骨折手法复位+外固定术后8个月,骨折线仍然存在,断端有间隙,骨髓腔封闭硬化,应诊断为骨折不愈合。②对于骨折不愈合,不可能通过延长治疗时间而达到愈合,需手术切除硬化骨,打通骨髓腔,修复骨缺损,然后行植骨+内固定治疗(A)。

1647. ABCDE 管形石膏外固定后,应密切观察肢体远端皮肤的颜色、温度、毛细血管充盈、感觉和手指的运动。如有持续性剧烈疼痛、患指麻木、颜色发紫、皮温下降,则为石膏外固定过紧引起的肢端受压,应立即将石膏拆除,否则可导致肢体缺血坏疽。患者前臂骨折,管形石膏外固定5小时后出现患肢胀痛,手指麻木,活动受限,说明肢体受压,应立即拆除外固定,以恢复血运。

1648. ABCDE 固定是骨折急救的重要措施,其目的包括:①避免骨折端在搬运过程中对重要血管、神经、内脏的损伤;②减少骨折端的活动,减轻患者疼痛;③便于运输。“恢复肢体的正常解剖关系”是骨折复位的目的,不属于骨折急救。

1649. ABCDE 骨折的急救处理包括:①抢救休克,保持呼吸道通畅,必要时行气管插管;若有心跳、呼吸骤停,应立即行心肺复苏。②包扎止血,对于开放性骨折,绝大多数伤口出血可用加压包扎止血。③妥善固定是骨折急救最重要的措施。④现场急救不宜复位脱出的内脏,以免加重感染(D)。

1650. ABCDE ①骨折急救原则包括抢救休克、包扎伤口、妥善固定、迅速转运。②彻底清创是开放性骨折的治疗措施,而不是骨折的急救原则,如闭合性骨折急救时即不需要彻底清创,故答C。

1651. ABCDE ①患者为开放性骨折伴活动性出血。骨折的急救措施包括抢救休克、包扎伤口、妥善固定、迅速转运,但应优先处理危及生命的并发症。患者伤口大量活动性出血,当然应首先处理,即加压包扎止血。休克也属优先处理的合并症,但骨折休克多为出血所致,因此加压包扎止血是抗休克的病因治疗措施,故答D而不是A。②清创缝合、骨折复位不属于骨折现场急救措施。

1652. ABCDE 患者左小腿外伤,局部畸形、反常活动,可确诊左小腿骨折。骨折现场急救包括抢救休克、包扎伤口、妥善固定、迅速转运,其中最重要的急救措施是妥善固定。骨折现场急救不应作清创缝合。

1653. ABCDE ①现场急救时,骨折外固定的主要目的是避免骨折端在搬运过程中对周围重要组织,如血管、神经、内脏的损伤;减少骨折端的活动,减轻患者疼痛;便于运送(E)。②现场急救的外固定与手术中的复位无关,故不答 A。防止休克的措施是快速补液,而不是外固定。减少出血的急救措施是加压包扎,而不是外固定。目前尚无有效措施预防脂肪栓塞,故不答 D。

1654. ABCDE ①骨折治疗的三大原则是复位、固定、康复治疗(功能锻炼)。②A、B、D 为骨折的急救原则,而不是治疗原则。骨折患者只在有指征时才进行手术,而不是笼统的说"积极手术"治疗。

1655. ABCDE ①骨折治疗的三大原则是复位、固定、康复治疗。A、B、E 属于固定措施。D 为康复治疗措施。②骨折愈合有其自身规律,不要求使用促进骨折愈合的药物,故 C 不属于骨折的治疗原则。

1656. ABCDE 经复位后,两骨折段虽未恢复至正常的解剖关系,但在骨折愈合后对肢体功能无明显影响者,称功能复位。功能复位的标准:①骨折部位的分离移位、旋转移位必须完全矫正;②儿童下肢缩短<2cm 在生长发育过程中可自行矫正(B 对);③与关节活动方向一致的成角移位可自行矫正,与关节活动方向垂直的侧方成角移位必须完全复位;④长骨干横形骨折时,骨折端对位至少 1/3 左右,干骺端骨折至少应对位 3/4 左右。

1657. ABCDE ①根据骨折功能复位的标准,干骺端骨折至少应对位 3/4 左右,故不答 A。②下肢骨缩短移位成人应<1cm,儿童应<2cm。③骨折分离移位、侧方移位必须完全矫正。

1658. ABCDE ①按骨折功能复位的标准,下肢骨缩短移位成人应<1cm。②旋转移位、分离移位必须完全矫正。③与关节活动方向垂直的侧方成角移位必须完全复位。④下肢骨折轻微的向前或向后成角,与关节活动方向一致,日后可在骨痂改造期自行矫正。患者骨折向前方成角 5°,与踝关节、膝关节活动方向一致,符合功能复位的标准,故答 E。

1659. ABCDE 闭合性骨折切开复位内固定的指征:①骨折端之间有软组织嵌入,手法复位失败者;②关节内骨折,手法复位后对位不良,将影响关节功能者;③手法复位后未达到功能复位(不是解剖学复位)的标准,将严重影响患肢功能者;④骨折并发主要血管、神经损伤;⑤多处骨折。

1660. ABCDE 股骨干骨折患者,足背动脉、胫后动脉搏动细弱,说明合并大血管损伤,应手术探查。

1661. ABCDE ①骨折切开复位的最大优点是可使手法不能复位的骨折达到解剖复位(A);其次有效的内固定,可使患者提前下床活动,减少肌萎缩和关节僵硬;方便护理,减少并发症。②手术切开复位内固定,可增加局部软组织损伤的程度,降低局部抵抗力,易于发生感染。内固定并不能缩短制动时间、缩短骨折愈合时间。切开复位时需分离软组织和骨膜,加重了骨折部位的损伤。

1662. ABCDE 开放性骨折的清创原则:①切除创缘皮肤 1~2mm,清除异物,切除污染和失去活力的皮下组织、筋膜、肌肉,尽量保留肌腱、神经和血管的完整性以便修复。②骨外膜应尽量保留,以保证愈合;若已污染,可仔细将其表面切除。③粉碎性骨折的骨片应妥善处理:游离的骨片,无论大小,都应去除,因其无血运,抗生素不能在其内达到有效浓度,易滋生细菌,造成感染(D 对);较大的骨片去除后形成的骨缺损应在伤口愈合后的 6~8 周进行植骨,以降低感染率;与组织尚有联系的小骨片应予保留,有助于骨折愈合。④毛刷洗刷只能用于皮肤的消毒,不能进入创口内消毒污染的骨质。

1663. ABCDE 闭合性骨折是指骨折处皮肤及筋膜或骨膜完整,骨折端不与外界相通。开放性骨折是指骨折处皮肤及筋膜或骨膜破裂,骨折端与外界相通。因此,开放性骨折,特别是污染较重、软组织损伤较重者,易发生骨与软组织感染(B)。

1664. ABCDE ①患儿右肩部摔伤,头向右侧偏斜,右肩下沉,应考虑锁骨骨折(A)。②正中神经损伤常表现为拇指对掌功能障碍、手的桡侧半感觉障碍。桡骨头半脱位主要发生于上肢突然受牵拉的小儿。肘关节脱位常表现为肘部畸形,肘后三角关系改变。Dugas 征阴性可排除肩关节脱位,故不答 E。

1665. ABCDE ①儿童的骨质较柔韧,不易完全断裂,骨折时常表现为骨质和骨膜部分断裂,与青嫩的树枝被折时的情形相似,称为青枝骨折,因此小儿的青枝骨折稳定性较好。对于幼儿锁骨的青枝骨折,可不作特殊处理,仅用三角巾悬吊患儿 3~6 周即可开始活动(B)。②八字绷带固定、锁骨带固定适用于有移位的锁骨中段骨折。切开复位内固定(手术钢板固定)适用于合并神经血管损伤、开放性骨折、复位后再移位者。外固定架固定常用于开放性胫腓骨骨折的治疗。

1666. ABCDE ①肱骨外科颈位于解剖颈下方 2~3cm,内侧有臂丛神经、腋血管经过,因此肱骨外科颈骨折时,可造成神经血管损伤。腋神经是臂丛神经的分支,穿过腋窝后壁的四边孔,绕肱骨外科颈至三角肌深面,发出分支分布于三角肌;而其皮支称为臂外侧上皮神经,分布于肩部、臂外侧区上部皮肤,故腋神经受损常表现为三角肌麻痹致肩外展障碍及三角肌表面皮肤麻木。根据题干,本例应诊断为腋神经损伤(C)。②桡神经损伤常表现为垂腕。尺神经损伤常表现为爪形手。正中神经损伤常表现为拇指屈曲、对掌障碍。肌皮神经损伤常表现为前臂外侧皮肤感觉障碍。

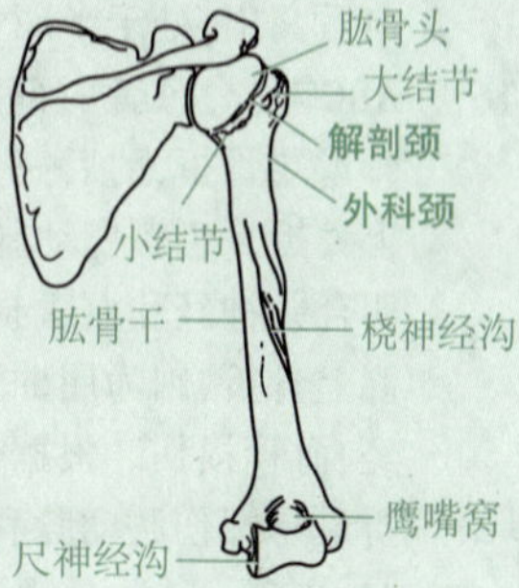

肱骨解剖示意图

1667. ABCDE 肱骨外科颈为肱骨大结节、小结节移行为肱骨干的交界部位,是松质骨和密质骨的交接处,位于解剖颈下方 2~3cm。

1668. ABCDE 肱骨干上 1/3 骨折,近折端受胸大肌、背阔肌、大圆肌的牵拉而向前、向内移位,远折端因三角肌、喙肱肌、肱二头肌、肱三头肌的牵拉而向外、向近端移位,故答 A。

1669. ABCDE ①对于无明显移位的肱骨外科颈骨折,可用三角巾悬吊 3~4 周。复查 X 线片示有骨愈合迹象后,再行肩部功能锻炼。②多数有移位的肱骨外科颈骨折,可行切开复位+钢板内固定。

1670. ABCDE ①患者腕部外伤,桡骨下端骨皮质不连续,应诊断为桡骨下端骨折。对于无移位的桡骨下端骨折,治疗首选手法复位外固定(B)。②切开复位内固定仅用于严重粉碎性骨折移位明显者。

1671. ABCDE 老年女性,左肩部跌伤,X 线检查示左肱骨大结节与肱骨干交界处可见多个碎骨块,应诊断为肱骨外科颈骨折。由于患者为粉碎性骨折,高龄,对线尚可,既往脑梗死,一般情况较差,治疗时可用三角巾悬吊,任其自然愈合,无需手术治疗(D)。

1672. ABCDE ①肱骨干中下 1/3 段后外侧有桡神经沟,有由臂丛发出的桡神经经内后方紧贴骨面斜向外前方进入前臂,此处骨折容易损伤桡神经。②尺神经、正中神经易发生腕部或肘部损伤。肌皮神经位置隐蔽,不易受损伤,偶可见于刺伤、枪击伤、手术误伤等。腋神经多见于肱骨外科颈骨折。

1673. ABCDE ①肱骨干中下段有桡神经沟,沟内有桡神经紧贴骨面通过,故肱骨中段骨折易损伤桡神经。桡神经损伤的典型表现为垂腕、手背桡侧和桡侧 3 个半手指背面感觉障碍(A)。②正中神经损伤的典型表现为拇指屈曲、对掌功能障碍。尺神经受损常表现为爪形手。臂丛损伤受累广泛。

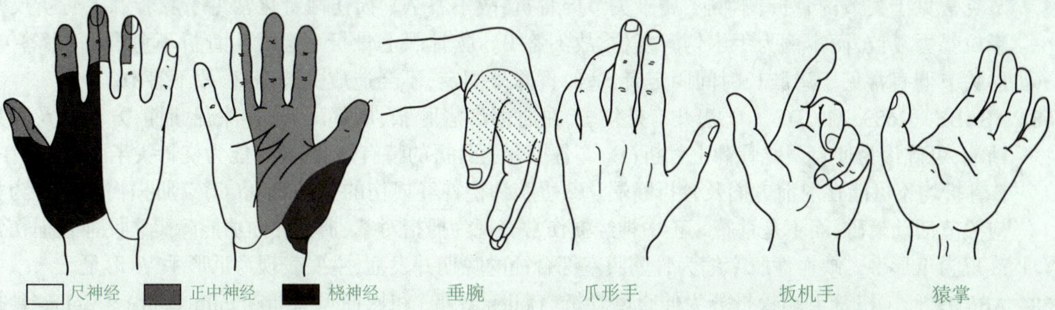

手部感觉神经的分布 桡神经损伤 尺神经损伤 正中神经损伤 正中+尺神经损伤

1674. ABCDE ①肱骨干骨折患者经手法复位、牵引治疗后效果不理想,X 线片证实两骨折端分离,说明骨折尚未愈合(E)。骨折不愈合的典型 X 线表现为骨折端骨痂少,骨端分离,两端萎缩光滑,骨髓腔被致密硬化的骨质所封闭。②题干未述及桡神经损伤、肩关节强直、肘关节僵硬,故不答 A、B、C。

损伤性骨化常见于关节扭伤、脱位或关节附近的骨折，与本例不符。

1675. ABCDE　伸直型肱骨髁上骨折多见于10岁以下的儿童。

1676. ABCDE　①肱骨髁上骨折不累及肘关节，故肘后三角关系（肱骨内上髁、外上髁与尺骨鹰嘴）无改变。肘后三角异常改变见于肘关节脱位。②伸直型肱骨髁上骨折患者跌倒时，肘关节处于伸直位，手掌着地，暴力经前臂向上传递，身体向前倾，由上向下产生剪式应力，使肱骨干与肱骨髁交界处发生骨折。通常近折端向前下移位，远折端向上移位，因此骨折线是由前下斜向后上（C对）。由于肘窝前方有正中神经和肱动脉经过，因此伸直型肱骨髁上骨折常伴正中神经和肱动脉损伤。③患肘向后突出，处于半屈位。

1677. ABCDE　患者肘部外伤，左肘部畸形，X线示肱骨远端骨折，肘后三角关系正常，应诊断为肱骨髁上骨折。患者桡动脉搏动消失、手部感觉麻木，说明合并神经和血管损伤，故应诊断为伸直型肱骨髁上骨折，因为屈曲型肱骨髁上骨折很少合并神经、血管损伤。根据受伤机制，伸直型肱骨髁上骨折最易损伤肱动脉和正中神经，故答D。

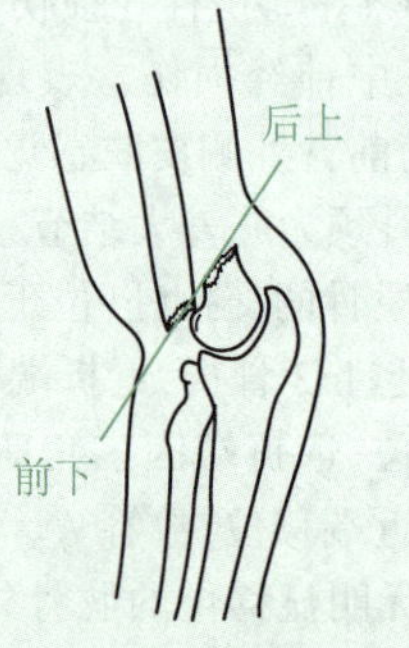

伸直型肱骨髁上骨折
骨折线由前下至后上

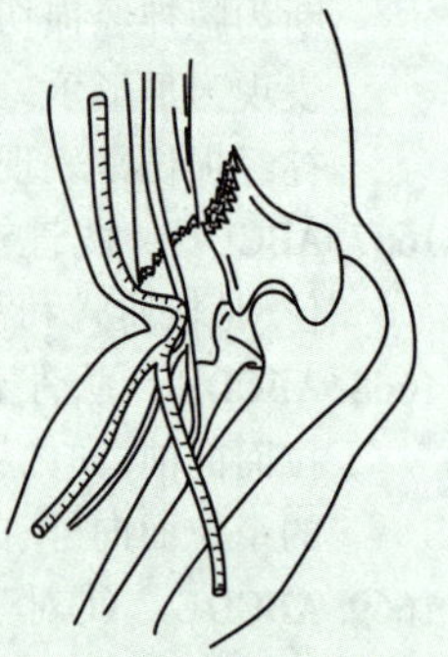
伸直型肱骨髁上骨折
易损伤肱动脉和正中神经

1678. ABCDE　①肱骨髁上骨折可有肘部疼痛肿胀、皮下瘀斑，肘部向后突出处于半屈位。②因伸直型肱骨髁上骨折不涉及肘关节，故肘后三角关系（肱骨内上髁、外上髁与尺骨鹰嘴）无异常改变（C错）。肘后三角异常见于肘关节脱位。③由于伸直型肱骨髁上骨折易损伤肱动脉，可造成远端肢体血供不足，表现为手部皮肤苍白、皮温降低，甚至发生前臂缺血性肌坏死。

1679. ABCDE　1680. ABCDE　1681. ABCDE　①患儿右肘部摔伤，右肘肿胀，功能受限，异常活动，肘后三角正常，应排除肘关节脱位，诊断为右肱骨髁上骨折。患者手部青紫、皮温低，说明有肱动脉受损。患儿拇指对掌功能障碍，说明有正中神经受损。故本例应诊断为伸直型肱骨髁上骨折，而不是屈曲型肱骨髁上骨折，因为后者无神经、血管受损。为明确伸直型肱骨髁上骨折的诊断，应首选X线片检查（A）。CT、MRI可用于骨折的诊断，但一般不作为首选检查。肌电图常用于判断神经肌肉的功能状态。骨扫描常用于诊断恶性肿瘤骨转移。②肱骨髁上骨折合并肱动脉、正中神经损伤，应行手术治疗（C）。③儿童期肱骨下端有骨骺，若肱骨髁上骨折的骨折线穿过骺板，可影响骨骺发育，造成肘内翻畸形，此为骨折的晚期并发症（E）。参阅1版《黄家驷外科学》P1882。创伤性骨关节炎常见于关节内骨折，本例不属于关节内骨折，故不答A。损伤性骨化常见于肱骨髁上骨折反复牵拉暴力复位，而本例为手术切开复位，故不答B。肱骨髁上骨折不会发生骨折不愈合，故不答C。肘关节僵直常见于患肢长时间固定者，适时拆除外固定，不会造成关节僵直，故不答D。

1682. ABCDE　1683. ABCDE　①患儿有外伤史，左肘部疼痛肿胀，局部压痛，骨擦音，肘前方可扪及骨折断端，可确诊为伸直型肱骨髁上骨折（C）。骨擦音为骨折的特有体征，不可能为桡骨头半脱位。B、D、E骨折均不可能在肘前方扪及骨折断端。②垂腕为桡神经损伤的典型表现（C）。肌损伤常表现为相应关节活动障碍，而不是垂腕。正中神经损伤常表现为拇指对掌、拇指屈曲功能障碍。尺神经损伤常表现为爪形手。缺血性肌挛缩为骨筋膜室综合征的晚期并发症，主要表现为爪形手、爪形足。

1684. ABCDE　①桡骨下端骨折分为伸直型骨折（Colles骨折）和屈曲型骨折（Smith骨折）。Colles骨折多为腕关节处于背伸位、手掌着地受伤所致，X线可见远折端向桡、背侧移位，近折端向掌侧移位。Smith骨折多为腕关节处于屈曲位、手背着地受伤所致，X线可见远折端向掌侧、桡侧移位，近折端向背侧移位，故答C。②Chance骨折为胸、腰椎椎体水平状撕裂性损伤。Jefferson骨折是指第一颈椎双侧性前、后弓骨折。Barton骨折是指桡骨远端关节面骨折伴腕关节脱位。

1685. ABCDE　①桡骨下端骨折分为伸直型骨折(Colles 骨折)和屈曲型骨折(Smith 骨折)。Colles 骨折多因腕关节处于背伸位、手掌着地受伤所致。Smith 骨折多因腕关节处于屈曲位、手背着地受损所致。患者右手背着地,根据受伤机制,应诊断为 Smith 骨折(B)。②尺神经损伤常表现为爪形手。桡神经损伤常表现为腕下垂,但一般为骨折的并发症,跌倒时单纯造成桡神经损伤罕见,故不答 D。腕关节脱位多发生于腕背屈时受重压、摔倒时手掌支撑着地所致,其受伤机制与题干所述不符。

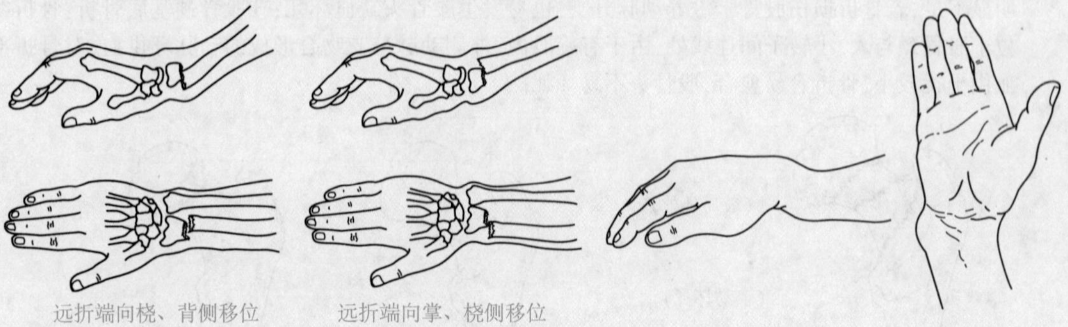

伸直型骨折　　屈曲型骨折　　伸直型骨折侧面观　　伸直型骨折正面观

1686. ABCDE　①伸直型桡骨下端骨折侧面观的典型畸形是"银叉(餐叉)"畸形,正面观呈枪刺刀畸形(B)。②垂腕见于桡神经损伤。爪形手见于尺神经损伤、缺血性肌挛缩。

1687. ABCDE　①"枪刺刀"畸形为 Colles 骨折正面观的典型畸形,故答 B。②盖氏(Galeazzi)骨折是指桡骨干下 1/3 骨折合并尺骨小头脱位。孟氏(Monteggia)骨折是指尺骨上 1/3 骨干骨折合并桡骨头脱位。Chance 骨折是指胸腰椎椎体水平状撕裂性损伤。Smith 骨折是指屈曲型桡骨下端骨折。

1688. ABCDE　1689. ABCDE　①伸直型桡骨下端骨折(Colles 骨折)常表现为典型的餐叉畸形(侧面观)、枪刺刀畸形(正面观)。②将患侧肘部紧贴胸壁时,手掌搭不到健侧肩部,或手掌搭在健侧肩部时肘部无法贴近胸部,称为 Dugas 征阳性,常见于肩关节脱位(E)。③"下肢短缩、外旋畸形"常见于股骨颈骨折。腕下垂常见于桡神经损伤。"下肢短缩,内旋、内收畸形"常见于髋关节后脱位。

1690. ABCDE　①Colles 骨折的治疗以手法复位+小夹板或石膏外固定为主(D)。②只有少数患者需手术治疗,切开复位指征为:严重粉碎骨折移位明显,桡骨下端关节面破坏;手法复位失败,或复位成功,但外固定不能维持复位,故不答 E。③A、B、C 均不适合 Colles 骨折的治疗。

1691. ABCDE　股骨头血供来源有 3 支:①小凹动脉提供股骨头凹部的血液供应。②股骨干滋养动脉升支沿股骨颈进入股骨。③旋股内外侧动脉又细分为骺外侧动脉、干骺端上侧动脉、干骺端下侧动脉,提供股骨头绝大部分的血液供应,故旋股内外侧动脉是股骨头的最重要营养动脉(A)。

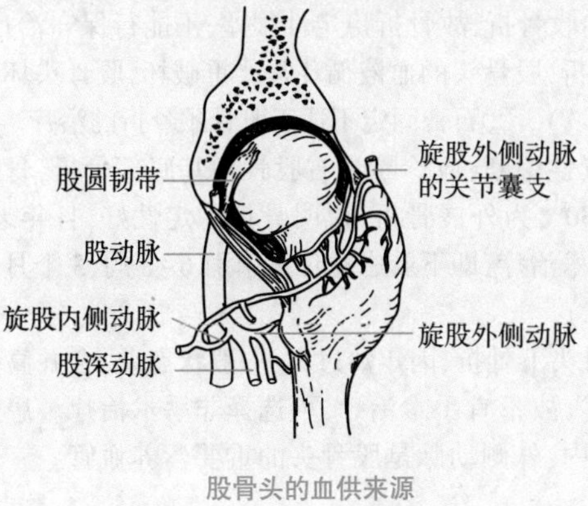

股骨头的血供来源

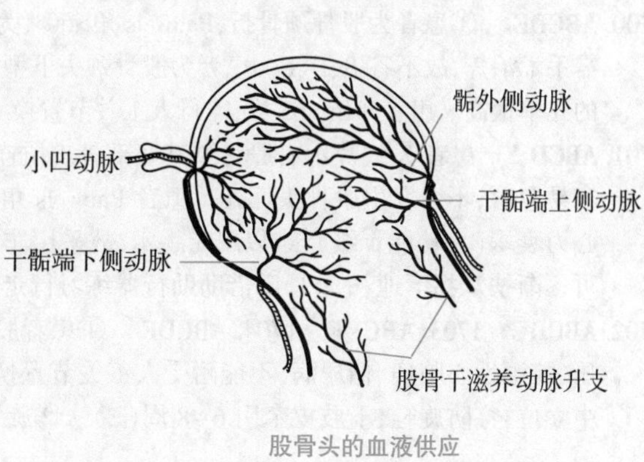

股骨头的血液供应

1692. ABCDE 旋股内外侧动脉的分支是股骨头最重要的营养动脉，当股骨颈骨折损伤该动脉时，将造成股骨头缺血坏死(E)。A、B、C、D 都不是股骨颈骨折易发生股骨头坏死的主要原因。

1693. ABCDE 按骨折线部位不同，将股骨颈骨折分为 3 类。①股骨头下骨折：骨折线位于股骨头下，股骨头仅有小凹动脉很少量的供血，若骨折损伤旋股内、外侧动脉的分支，则股骨头严重缺血，因此此型发生股骨头缺血坏死的几率最大(A)；②经股骨颈骨折：骨折线位于股骨颈中部，股骨头供血也明显不足，若骨折损伤股骨干滋养动脉升支，也易发生股骨头缺血坏死；③股骨颈基底骨折：骨折线位于股骨颈与大、小转子间连线处，由于有旋股内、外侧动脉分支吻合形成的动脉环供血，对骨折部血供干扰较小，骨折容易愈合，股骨头不易坏死。

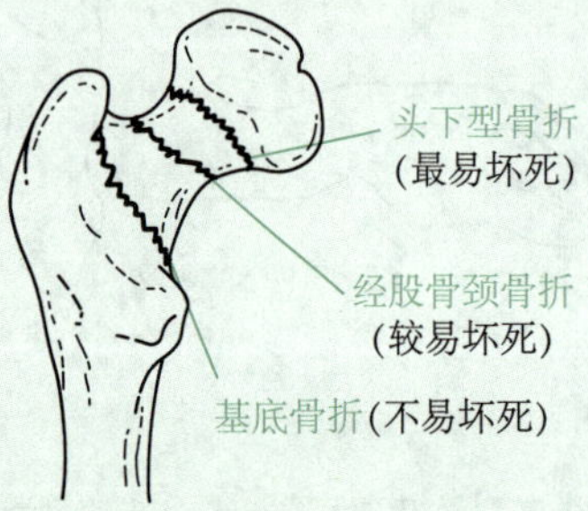

股骨颈骨折的分类

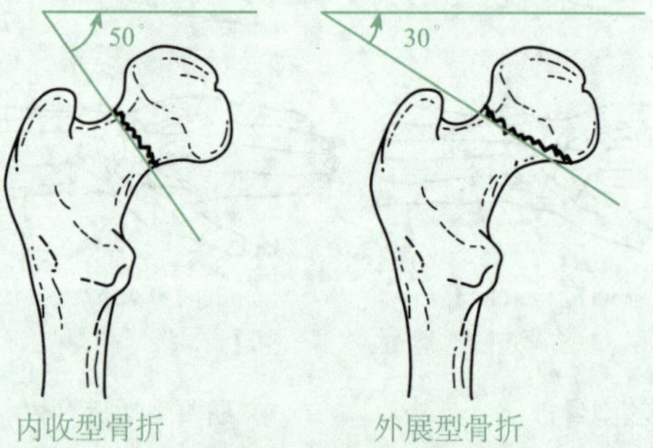

Pauwels角

1694. ABCDE ①旋股内、外侧动脉的分支是股骨头最重要的营养动脉，股骨颈骨折患者易损伤旋股内、外侧动脉的分支，导致股骨头缺血坏死(B)。②A、C、D、E 都不是股骨颈骨折的常见并发症。

1695. ABCDE ①Pauwels 角是指远端骨折线与两侧髂嵴连线的夹角。根据骨折线方向不同，将股骨颈骨折分为内收型和外展型。内收型骨折 Pauwels 角>50°，外展型骨折 Pauwels 角<30°。本例Pauwels 角为 60°，应诊断为内收型骨折(D)。②按骨折移位程度不同，将股骨颈骨折分为Ⅰ~Ⅳ型(Garden 分型)：Ⅰ型是指不完全骨折，骨完整性部分中断；Ⅱ型是指完全骨折但不移位；Ⅲ型是指完全骨折，部分移位且股骨头与股骨颈有接触；Ⅳ型是指完全移位的骨折。本例 X 线检查示左股骨颈中段骨折并有短缩完全移位，应诊断为 Garden Ⅳ型骨折。

1696. ABCDE Pauwels 角是指股骨颈骨折线与两侧髂嵴连线之间的夹角(E)。

1697. ABCDE 按 X 线表现，将股骨颈骨折分为两类。①内收骨折：Pauwels 角>50°，骨折稳定性差；②外展骨折：Pauwels 角<30°，骨折稳定性好。

1698. ABCDE 患者股骨颈骨折，Pauwels 角>50°，应为内收骨折，骨折稳定性差。

1699. ABCDE Pauwels 角与股骨颈骨折稳定性成反比。内收骨折，Pauwels 角>50°，骨折稳定性差。外展骨折，Pauwels 角<30°，骨折稳定性好(E)。A、B、C 稳定性均较差。

1700. ABCDE ①患者为股骨颈骨折，Pauwels 角>50°，为内收骨折，故骨折稳定性很差，不能行保守治疗，需手术治疗，故不答 B、D、E。患者为股骨颈头下型骨折，股骨头的血液循环常严重破坏，股骨头坏死的几率很高。患者年龄>65 岁，需行人工关节置换术(A)。②石膏固定不适于股骨颈骨折的治疗。

1701. ABCDE 患者 X 线片示右股骨颈基底部骨皮质连续性中断，应诊断为右股骨颈基底部骨折，骨折容易愈合，不会发生股骨头坏死。患者 Pauwels 角<30°，为外展骨折，说明骨折稳定性好，且年老，心力衰竭(心功能Ⅳ级)，难以耐受手术，故采用非手术治疗，即下肢中立位皮牵引 6~8 周，3 个月后可逐渐扶双拐下地，6 个月后借助助行器练习行走(E)。

1702. ABCDE **1703. ABCDE** **1704. ABCDE** ①患者股骨头下骨折，因年龄过大，一般状态差，合并高血压、肺源性心脏病、糖尿病，不能耐受人工关节置换术，故不宜手术治疗，可选择非手术治疗。患肢中立位，穿防旋鞋，下肢皮牵引 6~8 周(E)。②旋股内、外侧动脉是股骨头的重要营养血管。旋股内侧动脉在股骨颈基底部关节囊滑膜反折处，分为骺外侧动脉、干骺端上侧动脉、干骺端下侧动脉进入股骨头。骺外侧动脉供应股骨头2/3～4/5区域的血液循环，是股骨头最主要的供血来源。旋股外侧动脉分支供应股骨头小部分血液循环。股骨头下骨折损伤旋股内、外侧动脉分支，均可导致股骨头缺血坏死，但主要是旋股内侧动脉损伤所致，故答D而不是E。③股骨头下骨折易发生股骨头缺血坏死，若患者全身情况好，能耐受手术，年龄在65岁以上，治疗宜选用人工髋关节置换术(A)。切开复位内固定主要适用于手法复位失败、青壮年陈旧性骨折不愈合者。

1705. ABCDE　①股骨颈骨折患者由于承重关系，可导致患肢短缩。此外，还可发现患者轻度外旋，一般为45°～60°。这是由于骨折远端失去了关节囊及髂股韧带的稳定作用，附着于大转子的臀中肌、臀小肌、臀大肌的牵拉，和附着于小转子的髂腰肌、内收肌群的牵拉，而发生外旋畸形。因此股骨颈骨折的常见畸形为短缩、外旋45°～60°(E)。②髋关节后脱位常表现为患肢短缩，髋关节屈曲、内收、内旋畸形。髋关节前脱位常表现为髋关节屈曲、外展、外旋畸形。

1706. ABCDE　①患者外伤史，右下肢短缩，外旋畸形，应考虑股骨颈骨折、股骨转子间骨折(D)。②髋关节后脱位常表现为患肢短缩，髋关节屈曲、内收、内旋畸形。髋关节前脱位常表现为髋关节屈曲、外展、外旋畸形。髋关节挫伤、髋骨翼骨折常无畸形。髋臼骨折常见患肢短缩，内旋内收畸形。

1707. ABCDE　①股骨颈骨折的典型畸形是患肢短缩及轻度外旋。股骨颈骨折时，大转子可向上移位而突出，患髋轴向叩痛阳性。②患者平卧位时，由髂前上棘向水平画垂线，再由大转子与髂前上棘的垂线画水平线，构成Bryant三角。股骨颈骨折时，Bryant三角底边较健侧缩短(E错)。

1708. ABCDE　①股骨颈骨折的典型畸形是患肢短缩、轻度外旋(一般为45°～60°)。患者左髋部外伤，左下肢短缩，外旋畸形，应考虑左股骨颈骨折(D)。②髋关节前脱位常表现为髋关节屈曲、外展、外旋畸形。髋关节后脱位常表现为患肢短缩，髋关节屈曲、内收、内旋畸形。髋关节中心脱位常表现为患肢缩短，髋部肿胀疼痛，活动障碍。股骨干骨折不会有髋关节屈曲、外旋等畸形。

1709. ABCDE　①股骨颈骨折非手术治疗常适用于无明显移位、外展型或嵌入型等稳定性骨折。患者为嵌插型股骨颈骨折，无明显移位，Pauwels角<30°为稳定性骨折，故首选非手术治疗，即采用穿防旋鞋+下肢持续皮牵引6～8周(E)。②切开复位内固定主要适用于内收型骨折、明显移位的骨折。人工关节置换术适用于65岁以上的头下型骨折。转子间截骨术常用于治疗发育性髋关节脱位。

1710. ABCDE　①股骨颈骨折患者，年龄>65岁，X线示髋关节间隙变窄，股骨头变形，应诊断为股骨头缺血性坏死，可行人工股骨头置换或全髋关节置换治疗(C)。②左下肢皮肤牵引为股骨颈骨折的非手术治疗方法，主要用于无明显移位、外展或嵌入型等稳定性骨折。切开复位钢板内固定主要用于内收型、有明显移位的股骨颈骨折。闭合复位内固定常用于儿童股骨颈骨折的治疗。

1711. ABCDE　股骨颈骨折和股骨转子间骨折患者均可有髋关节压痛、患肢缩短、Bryant三角底边短缩，因此A、C、E不能作为两者的鉴别依据。两种骨折均可出现患肢外旋畸形(B错)：股骨颈骨折外旋45°～60°，股骨转子间骨折外旋约90°。因此，两者的鉴别要点是患肢外旋角度的不同(D对)。

1712. ABCDE　1713. ABCDE　1714. ABCDE　①老年患者髋部外伤史，下肢短缩，外旋畸形，应诊断为股骨颈骨折(D)。髋关节后脱位常表现为患肢短缩，髋关节屈曲、内收、内旋畸形。股骨干骨折、髋部软组织损伤均不会出现患肢短缩、外旋畸形。髋关节前脱位常表现为髋关节屈曲、外展、外旋畸形。②为明确股骨颈骨折的诊断，当然首选髋部X线检查(A)。核素扫描常用于诊断恶性肿瘤骨转移。关节造影常用于诊断关节疾病。MRI、CT价格昂贵，不作为首选检查。③对于65岁以上的股骨颈骨折，可行人工髋关节置换术，术后早期即可离床活动，可减少骨折并发症，提高生活质量(C)。下肢持续皮肤牵引为股骨颈骨折的保守治疗方法，常用于无明显移位、外展或嵌入型等稳定性骨折。股骨近端截骨术多用于股骨头坏死的治疗。胫骨结节或股骨髁上持续骨牵引，常用于治疗股骨转子间骨折。髋人字石膏固定多用于治疗发育性髋关节脱位。

1715. ABCDE　1716. ABCDE　①股骨颈骨折分为头下型、经颈型、基底型3类。股骨颈头下型骨折最易发生股骨头缺血坏死，预后最差；经颈型次之，基底型很少发生股骨头坏死，预后较好。股骨粗隆型、粗隆下骨折，位于髋关节囊外，很少破坏支配股骨头的血管，故一般不会发生股骨头缺血坏死。②65 岁以上的股骨颈头下型骨折易发生股骨头缺血坏死，首选人工髋关节置换术(D)。

1717. ABCDE 股骨干下 1/3 骨折时，远折端由于腓肠肌的牵拉及肢体重力的作用而向后方移位，近折端由于股前、外、内的肌牵拉的合力而向前上移位(B)。

1718. ABCDE 股骨干下 1/3 骨折时，远折端向后方移位，有可能损伤腘动脉、腘静脉、胫神经、腓总神经，一般不会损伤股神经、股动脉、股静脉及闭孔神经。

1719. ABCDE 骨折的特有体征为局部畸形、异常活动、骨擦音或骨擦感，故确诊股骨干骨折最主要的依据是大腿中部异常活动(D)。A、B、C、E 都是骨折的一般性表现。

1720. ABCDE ①患者左大腿外伤，左股骨干中段骨折，足背及胫后动脉搏动细弱，提示腘动脉损伤，应行手术探查+切开复位内固定(C)。②垂直悬吊牵引主要用于 3 岁以下儿童股骨干骨折的治疗。持续胫骨结节或股骨髁上骨牵引主要用于成人稳定型股骨干骨折的治疗。由于下肢肌肌力强大，一般不采用手法复位小夹板外固定或石膏外固定。

1721. ABCDE ①3 岁以内儿童的股骨干骨折常采用 Bryant 架双下肢垂直悬吊牵引治疗，而不能行髓内针内固定，以免损伤骨骺而发生早期闭合，影响生长发育(E)。②A、B、C、D 均属于髓内针内固定的适应证。请注意，粉碎性骨折也是其适应证之一，不要错选 C。

1722. ABCDE 1723. ABCDE ①局部畸形、异常活动是骨折的特有体征。患儿有臀位生产史，左大腿畸形、异常活动，应考虑左股骨干骨折。为明确诊断，当然首选左股骨 X 线检查(C)。血常规、出凝血时间无特异性。CT、MRI 价格昂贵，不作为首选检查。②股骨干骨折的非手术治疗：成人为胫骨结节或股骨干髁上持续骨牵引，可采用 Braun 架或 Thomas 架持续骨牵引；儿童为手法复位+小夹板固定+皮肤牵引；3 岁以下幼儿为垂直悬吊皮肤牵引；新生儿产伤所致的股骨干骨折可将伤肢用绷带固定于胸腹部，2 周后拆除。新生儿产伤的处理 9 版《外科学》未讲述，本题正确答案应为 E 而不是 C，很多医考参考书将答案错为 C。

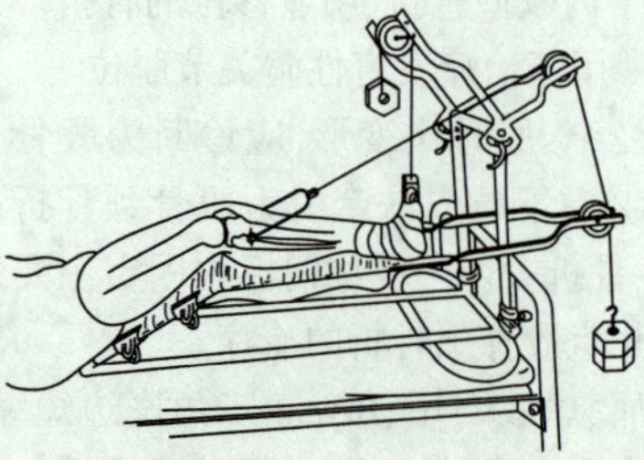
成人股骨干骨折Braun架骨牵引

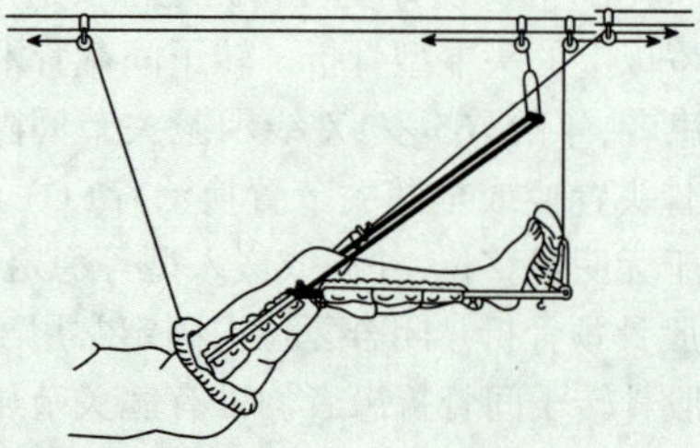
成人股骨干骨折Thomas架骨牵引

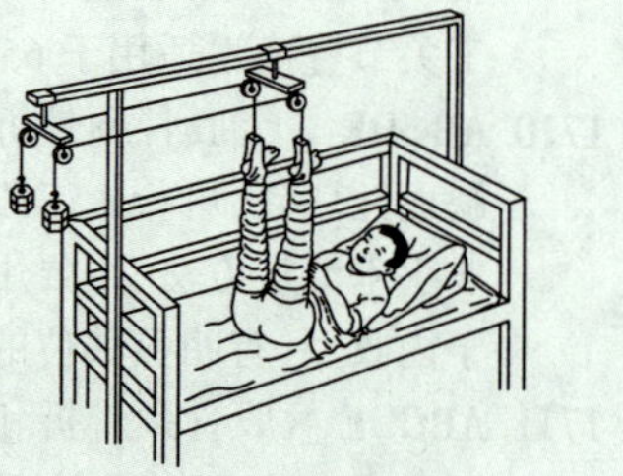
儿童股骨干骨折垂直悬吊皮牵引

1724. ABCDE ①股骨干骨折的功能复位标准，成人缩短移位不应超过 1cm；3 岁以下儿童不应超过 2cm，否则可导致跛行(A 对)。对于旋转移位必须完全矫正(D 错)。②3 岁以下幼儿的股骨干骨折，多采用垂直悬吊皮肤牵引，靠自身体重牵引复位。切开复位内固定、持续骨牵引都是成人股骨干骨折的常用治疗方法。可知，儿童和成人股骨干骨折的治疗原则不同。

1725. ABCDE ①患儿右股骨干中段骨折，无明显移位，应采用非手术治疗，故不答 B、C、E。股骨干骨折的非手术治疗方法主要根据伤者的年龄而定。5 岁患儿，应选用手法复位、小夹板固定、皮肤牵引(D)。②垂直悬吊皮牵引为 3 岁以下小儿股骨干骨折的治疗方法。

1726. ABCDE 胫骨是承重的重要骨骼，胫骨干上 1/3 横切面呈三棱形，在中、下 1/3 交界处，变成四边形。在三棱形和四边形交界处是胫骨骨折的好发部位(E)。

1727. ABCDE ①胫骨干上 1/3 横切面呈三棱形，在中、下 1/3 交界处变成四边形，在三棱形和四边形交界处是胫骨骨折的好发部位(E 对)。②因胫骨负重量较大,易遭受直接暴力损伤,故易引起横形、短斜形或粉碎性骨折。由于局部皮下组织较少,因此易发生开放性骨折(C)。

1728. ABCDE　①胫骨的营养血管从胫骨干上、中 1/3 交界处进入骨内,中、下 1/3 的骨折使营养动脉损伤,供应下 1/3 段胫骨的血液循环显著减少;同时下 1/3 段胫骨几乎无肌附着,由胫骨远端获得的血液循环很少,因此下 1/3 段骨折愈合较慢,容易发生延迟愈合或不愈合。本例胫骨中下段骨折,术后半年骨折仍未愈合,其原因即为骨折处血液循环差(B)。②内固定强度不足常导致再次骨折。胫骨骨折完全愈合的时间一般为 10~12 周,故不答 C。目前,药物治疗、功能锻炼均不能促进骨折愈合。

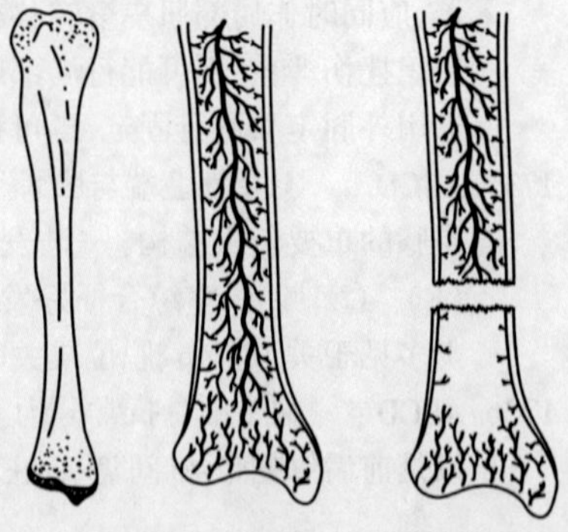

胫骨中下1/3骨折可损伤营养动脉

1729. ABCDE　①胫骨中下 1/3 骨折最常见的并发症是骨折延迟愈合,甚至不愈合(E)。②胫骨上 1/3 骨折易损伤胫后动脉,导致下肢严重血液循环障碍。腓骨颈骨折易导致腓总神经损伤。关节附近的骨折易导致损伤性骨化。胫骨中 1/3 骨折易导致骨筋膜室综合征。

1730. ABCDE　①小腿的肌筋膜与胫骨、腓骨和胫腓骨间膜一起构成四个筋膜室。胫骨中 1/3 骨折后因髓腔出血、肌肉损伤出血、或血管损伤出血,可导致骨筋膜室高压,造成骨筋膜室综合征(B)。②股骨干下 1/3 骨折易损伤腘动、静脉。腓骨颈骨折易损伤腓总神经。胫骨下 1/3 骨折易导致骨折延迟愈合。胫骨中 1/3 骨折距离膝关节很远,不会造成膝关节僵硬。

1731. ABCDE　①胫骨上 1/3 骨折易导致下肢缺血坏死;胫骨中 1/3 骨折易导致骨筋膜室综合征;胫骨下 1/3 骨折易导致骨折延迟愈合。②腓骨颈骨折易导致腓总神经损伤。脂肪栓塞常见于股骨干骨折。

1732. ABCDE　①患者为胫腓骨下段开放性骨折,且受伤时间已达 24 小时,超过了清创缝合的最佳时间(6~8 小时),因此最易发生感染,而不是骨折延迟愈合(D)。②坠积性肺炎多发生于长期卧床的骨折患者。胫腓骨上 1/3 骨折易损伤胫后动脉,造成肢体缺血坏死。腓骨颈骨折易并发腓总神经损伤。胫骨中 1/3 骨折易并发骨筋膜室综合征。急性骨萎缩好发于手、足骨折后。

1733. ABCDE　管形石膏外固定后,应密切观察肢体远端皮肤的颜色、温度、毛细血管充盈、感觉和指(趾)的运动。如遇持续剧烈疼痛、患肢麻木、颜色发紫和皮温下降,则为石膏外固定过紧引起的肢体受压,应立即将石膏拆除,否则可导致肢体缺血坏疽。患者胫腓骨闭合性骨折,管形石膏外固定 3 小时后出现患肢胀痛,足趾麻木,被动牵拉痛,说明肢体受压,应立即拆除石膏,以恢复血运。

1734. ABCDE　①石膏外固定是闭合性胫腓骨骨折的常用方法。对于开放性胫腓骨骨折不宜使用,因早期使用容易造成压迫坏死,故不答 C。②对软组织损伤严重的开放性胫腓骨骨折,在彻底清创后,

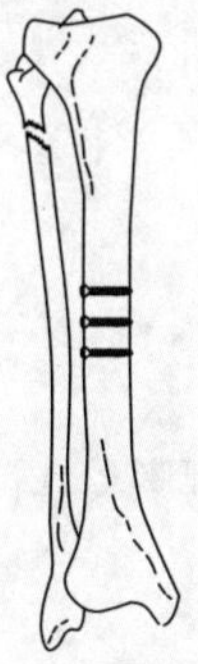

螺丝钉内固定

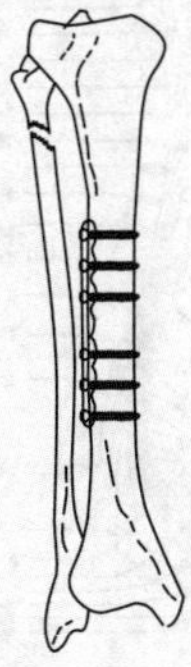

接骨板内固定

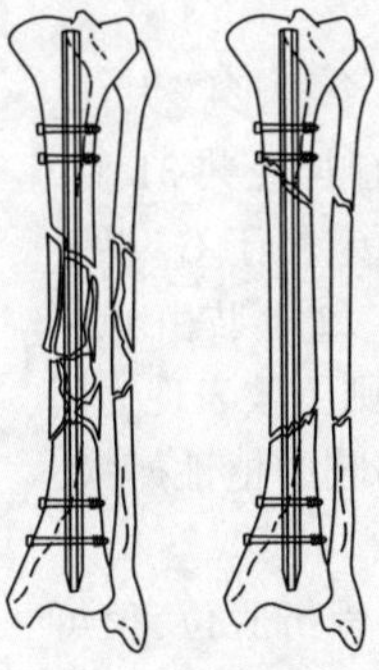

自锁髓内针内固定

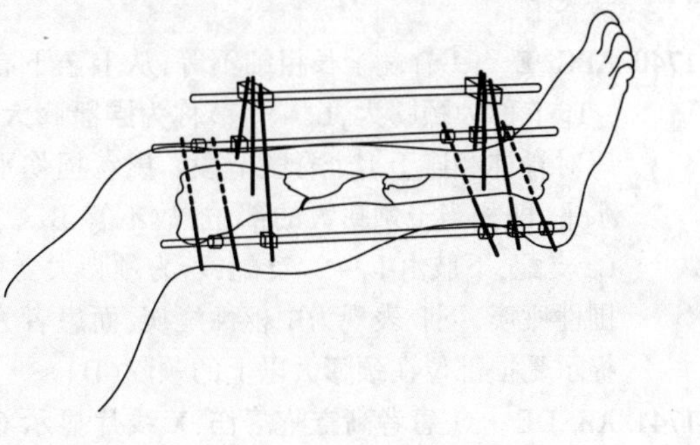

三角形外固定架固定

可行复位+内固定术或外固定术。该患者受伤时间已达 12 小时，超过了清创缝合的最佳时间 6~8 小时，且软组织挫伤严重，因此术后极易发生感染，清创后不宜一期缝合伤口。此时，若放置内固定器，应同时作局部肌皮瓣转移覆盖创面，否则内固定器直接暴露于创口，更易遭致感染。因患者软组织挫伤严重，不可能行局部肌皮瓣转移，故不宜行内固定术（A、B、D 均属于内固定范畴），而只能选用外固定架进行固定，既可稳定骨折，又方便术后换药，故答 E。

1735. ABCDE ①胫骨上端与股骨下端形成膝关节，与股骨下端接触的关节面为称胫骨平台。胫骨平台是膝的重要负重结构，一旦发生骨折，将使内、外平台受力不均，长期磨损易导致创伤性关节炎（E）。②骨筋膜室综合征好发于小腿和前臂。缺血性骨坏死好发于股骨颈头下型骨折。骨化性肌炎多见于关节扭伤、脱位或关节附近骨折。骨折不愈合多见于胫骨下 1/3 骨折。

1736. ABCDE 胸腰椎骨折常分为 4 类，如下图所示。Chance 骨折是指胸腰椎水平状撕裂性损伤，也可以是前后纵韧带-椎间盘-后柱韧带部分的损伤。

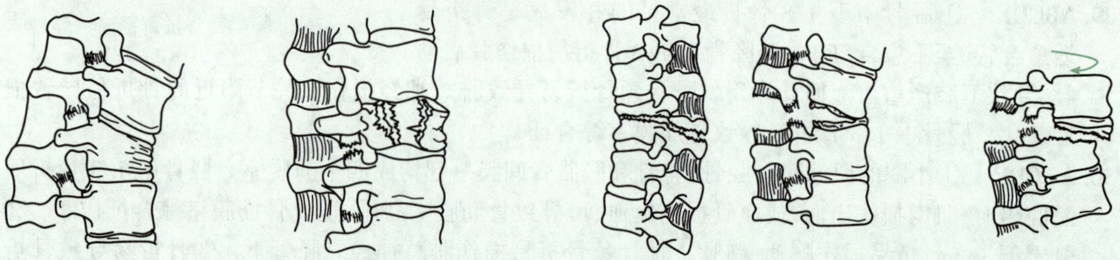

压缩骨折　　爆裂骨折　　Chance骨折　　骨折-脱位

1737. ABCDE ①椎体骨折患者双侧腹股沟水平以下感觉障碍，大小便失禁，说明骨折块突入椎管导致脊髓 T_{12} 节段水平受压，需急诊手术解除骨折块对脊髓的压迫，并恢复脊柱的稳定性（D）。②卧硬板床、牵引治疗均为颈椎骨折的保守治疗方法。

1738. ABCDE ①脊髓震荡是最轻微的脊髓损伤。脊髓遭受强烈震荡后立即发生弛缓性瘫痪，表现为损伤平面以下感觉、运动、反射功能全部丧失，但组织形态学上并无病理改变，只是暂时性功能抑制，在数分钟或数小时内即可完全恢复。请记住脑震荡和脊髓震荡的特点：伤后立即功能抑制，数分钟至半小时（脑震荡）或数小时（脊髓震荡）完全恢复正常，其他脑外伤和脊髓损伤，均不会在如此短的时间内恢复正常。②患者腰背部外伤后，立即出现腹股沟以下感觉、运动、反射障碍，2 小时后恢复正常，应诊断为脊髓震荡（A）。B、C、D、E 均不会在 2 小时内恢复正常。

1739. ABCDE 感觉平面判断的标准：T_2 为胸骨柄上缘，T_4 为两侧乳头连线，T_6 为剑突下，T_8 为季肋部肋缘下，T_{10} 平脐，T_{12} 为耻骨联合上 2~3cm。本例感觉障碍平面平双侧肋缘水平，应定位 T_8，故答 B。

1740. ABCDE ①脊髓全长粗细不等，从上至下有 2 个梭形膨大，C_4~T_1 节称为**颈膨大**，L_1~S_3 节称为**腰骶膨大**。脊神经共 31 对，每对脊神经连于 1 个脊髓节段。患者损伤平面定位于 C_4 以下水平，即相当于颈膨大的部位，故不答 B、C、E。②上肢由 C_5~C_8 支配，下肢由 L_1~S_5 支配，若为颈膨大受损，则上肢表现为周围性瘫痪，下肢表现为中枢性瘫痪，而患者为四肢中枢性瘫痪，提示受损部位在颈膨大以上的颈髓（D）。

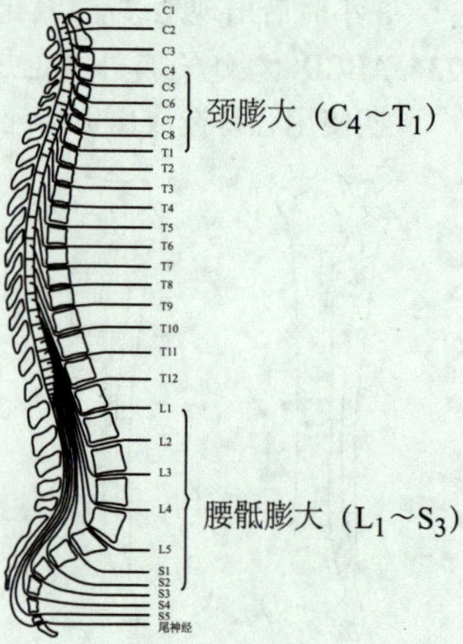

脊髓的颈膨大和腰骶膨大

1741. ABCDE ①患者高空坠落伤，X 线片显示 $C_{4\sim5}$ 骨折脱位，很可能合并脊髓损伤。膈肌属于呼吸肌，由颈 4（C_4）支配，因此 C_4

以上的颈髓损伤，可导致膈肌麻痹，极度呼吸困难。若不及时行气管切开控制呼吸，将危及患者生命。本例呼吸困难、四肢瘫痪，与 C_4 损伤有关。故首先应行气管切开，以保持呼吸道通畅。②颈托制动是颈椎骨折后预防颈髓损伤的措施。颌枕带牵引常用于治疗神经根型颈椎病。手术复位固定应在气管切开后进行，故不答 D。呼吸兴奋剂对膈肌麻痹效果不好，故不答 E。

1742. ABCDE　①患者高处坠落伤，伤后四肢麻木无力，说明合并脊髓损伤，可首先排除 B。②上肢主要由臂丛神经支配，下肢主要由腰骶丛神经支配。臂丛神经损伤常表现为上肢软瘫，下肢活动正常。颈髓损伤常表现为上肢软瘫、下肢硬瘫。胸髓损伤常表现为上肢正常，下肢硬瘫。腰髓损伤常表现为上肢正常，下肢软瘫。患者四肢麻木无力，说明上下肢均瘫痪，应诊断为颈椎骨折脱位伴脊髓损伤。

1743. ABCDE　1744. ABCDE　1745. ABCDE　1746. ABCDE　①局部畸形为骨折的特有体征，患者背部外伤，胸腰段后凸畸形并有压痛，应诊断为胸腰椎骨折。伤后下肢无力，不能行走，双下肢不全瘫，应考虑合并脊髓损伤。感觉异常平面位于双侧腹股沟水平，提示受损脊髓节段位于 T_{12}左右。脊髓受损的定位标准为：胸骨角平 T_2，双侧乳头平 T_4，剑突平 T_6，肋弓平 T_8，脐平 T_{10}，腹股沟平 T_{12}。故本例应诊断为第 12 胸椎骨折合并脊髓损伤。为明确诊断，应首选的检查是 MRI，而不是 X 线片或 CT。因为 MRI 检查既可确诊椎体骨折，又可确诊脊髓损伤；而 X 线片、CT 检查只能确诊有无椎体骨折，不能显示脊髓受损情况。②怀疑有脊髓损伤的脊柱骨折患者，急救时应采用担架、木板进行搬运。三人用手将伤员托至木板上，或两人采用滚动法，使伤员保持平直状态，成一整体滚动至木板上，平卧进行搬运（D）。③胸椎骨折患者伤后立即出现双下肢运动和感觉功能障碍，说明合并脊髓损伤，但伤后 3 小时逐渐恢复正常，应诊断为脊髓震荡（C）。在所给 5 个选项中，只有脊髓震荡能在数小时内恢复正常，A、B、D、E 均不会在 3 小时内恢复正常。④患者腰背部外伤，可能导致腹膜后血肿，刺激腹腔，使肠蠕动减弱而出现腹胀、腹痛、粪便秘结（E）。肾脏损伤常表现为腰痛及血尿。直肠损伤常表现为弥漫性腹膜炎或直肠周围感染。膀胱和尿道损伤常表现为尿外渗、尿潴留。

1747. ABCDE　1748. ABCDE　1749. ABCDE　①患者高处坠落伤，腰部疼痛，活动受限，不能站立行走，应考虑脊柱骨折合并脊髓损伤。神经损伤常表现为感觉和运动功能障碍，因此检查双下肢感觉运动功能是否正常，有助于明确有无神经损伤（B）。直腿抬高试验常用于诊断腰椎间盘突出症。椎旁肌按压、逐个棘突按压主要用于检查脊柱有无压痛、有无骨折。腰部过伸过屈试验主要用于检查脊柱活动度有无受限。②为明确腰椎有无骨折，首选的影像学检查当然是腰椎正侧位片（B）。③为明确有无脊髓损伤，当然首选 MRI 检查（D）。

1750. ABCDE　青年患者，外伤史，骨盆分离试验和挤压试验均为阳性，应诊断为骨盆骨折。会阴部瘀斑是耻骨和坐骨骨折的特有体征。X 线检查可显示骨盆骨折的类型及骨折块移位情况。若条件允许，应常规做 CT 检查。CT 检查可更清晰地显示骶髂关节情况，CT 三维重建还可更直观地显示骨折类型和移位方向。

1751. ABCDE　①耻骨联合骨折可刺破膀胱，导致血尿，故不答 A。会阴部瘀斑为耻骨骨折的特有体征，骨盆挤压试验和分离试验阳性为骨盆骨折的特征性体征，故不答 B、D、E。②坐骨神经源自 $L_{4,5}$ 和 $S_{1\sim3}$，因此骶骨骨折常损伤坐骨神经，而耻骨位于骨盆前方，不易损伤坐骨神经，故答案为 C。

1752. ABCDE　①脊髓位于椎管内，下端平 L_1 下缘，故骨盆骨折不会损伤脊髓造成高位截瘫（D）。但坐骨神经由 $L_{4\sim5}$ 和 $S_{1\sim3}$ 组成，因此骨盆骨折可造成坐骨神经损伤。②耻骨联合分离和耻骨支骨折移位常导致尿道、膀胱损伤。③耻骨下支和坐骨支骨折可刺破直肠，导致直肠损伤。④骨盆是松质骨，邻近又有髂内、髂外动静脉的分支，因此骨盆骨折可引起广泛出血，血液可沿腹膜后疏松结缔组织间隙蔓延形成腹膜后血肿。

1753. ABCDE　①患者车祸致伤，骨盆挤压和分离试验阳性，应诊断为骨盆骨折。为明确有无腹腔脏器损伤，最有价值的检查是诊断性腹腔穿刺（D）。②骨盆骨折出血量可达 500～5000ml，常合并失血性休克，不宜过多搬动患者做一些不必要的检查，如 B 超、CT 等，故不答 C、E。血常规检查无特异性。腹部X线片只能用于骨盆骨折的诊断,对腹腔脏器损伤的诊断无帮助,故不答E。

1754. ABCDE ①骨盆边缘性骨折的治疗原则为:无移位者不必特殊处理,可卧床休息3~4周。本例为髂骨翼部骨折无明显移位,属于骨盆边缘性骨折,只需卧床休息3~4周,即可下床活动(C对)。②手术复位+内固定主要用于骨盆环双处骨折伴骨盆环断裂的治疗(A)。骨盆兜悬吊固定主要用于单纯性耻骨联合分离的治疗(D)。骨盆骨折不行小夹板固定、下肢牵引等治疗,故不答B、E。

1755. ABCDE ①患者腹部外伤,耻骨联合处压痛,挤压试验阳性,应诊断为骨盆骨折。腹穿抽出15ml血性液体,应考虑腹膜后血肿,因为腹膜后血肿为骨盆骨折的常见并发症(B)。②肝脾破裂不是骨盆骨折的常见并发症。虽然骨盆骨折可导致膀胱、后尿道和直肠损伤,但不会导致失血性休克。

1756. ABCDE 患者高处坠落伤,骨盆分离和挤压试验阳性,应诊断为骨盆骨折。患者会阴部瘀斑,应考虑耻骨骨折,因为会阴部瘀斑是耻骨及坐骨骨折的特有体征,故答A。

1757. ABCDE ①肩关节脱位最常见,约占全身关节脱位的50%。②肘关节脱位为次常见的关节脱位。

1758. ABCDE 根据肱骨头脱位的方向,肩关节脱位可分为前脱位、后脱位、上脱位及下脱位4型,其中以前脱位最常见(占95%)。肩关节脱位以前脱位最多见,肘关节、髋关节脱位以后脱位最多见。

1759. ABCDE ①将患侧肘部紧贴胸壁时,手掌搭不到健侧肩部,或手掌搭在健侧肩部时,肘部无法贴近胸部,称为杜加(Dugas)征阳性,常见于肩关节脱位(A)。②托马斯(Tomas)征阳性见于髋关节结核。川德伦伯(Trendelenburg)征阳性提示大隐静脉和小腿交通支静脉瓣膜功能不全。直腿抬高试验及加强试验阳性见于腰椎间盘突出症。

1760. ABCDE ①患者左肩外伤,左盂肱关节失去正常对应关系,应诊断为左肩关节脱位。Dugas征阳性、肩胛盂空虚、方肩畸形、弹性固定都是肩关节脱位的特征性体征,因此手法复位成功后,不会出现这些体征,故答案为B。②Mills征(伸肌腱牵拉试验)阳性常见于肱骨外上髁炎。

1761. ABCDE 方肩畸形、杜加(Dugas)征阳性为肩关节脱位的特有体征,故本例应诊断为肩关节脱位。

1762. ABCDE ①"肩胛盂空虚、Dugas征阳性"为肩关节脱位的特征性体征,故本例应诊断为右侧肩关节脱位。无论何种类型的肩关节脱位,均首选手法复位+外固定治疗。一般采用局部浸润麻醉,用Hippocrates法复位(E)。②切开复位仅用于陈旧性肩关节脱位影响上肢功能者。单纯性肩关节脱位复位后可用三角巾悬吊上肢。肩部绷带固定、外展支具固定一般不用于肩关节脱位的治疗。

1763. ABCDE 单纯性肩关节前脱位手法复位后可用三角巾悬吊上肢,肘关节屈曲90°,腋窝处垫棉垫固定3周。

1764. ABCDE ①肘关节由肱骨下端、尺骨鹰嘴窝、桡骨头及关节囊、韧带构成。由于关节囊的后壁较为薄弱,因此肘关节脱位以后脱位最多见。此时,尺、桡骨向肱骨后方脱出,肘后三角(肱骨内上髁、外上髁与尺骨鹰嘴)关系发生异常改变,不呈等腰三角形。此为肘关节脱位的特有体征,以此与肱骨髁上骨折相鉴别(D),后者肘后三角关系正常。②A、B、E均无特异性。

1765. ABCDE 1766. ABCDE ①将患侧肘部紧贴胸壁时,手掌搭不到健侧肩部,或手掌搭在健侧肩部时肘部无法贴近胸部,称为Dugas征阳性,常见于肩关节脱位(C)。②伸肘,握拳,屈腕,然后前臂旋前,

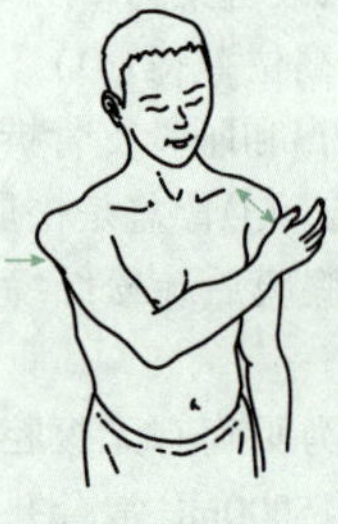
Dugas征阳性及方肩畸形

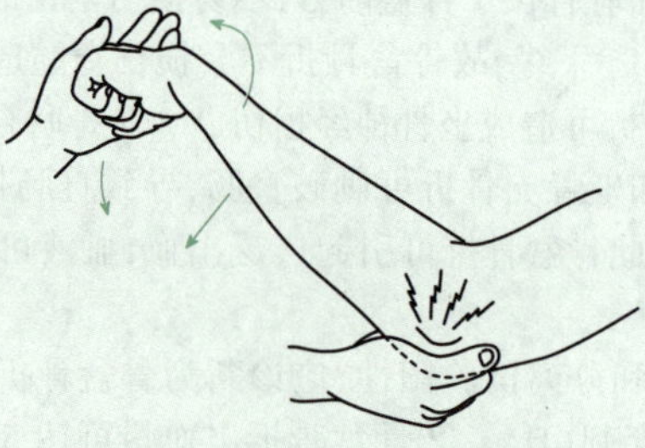
Mills征(前臂伸肌牵拉试验)阳性

"4"字试验阴性

"4"字试验阳性

此时肘外侧出现疼痛，称为 Mills 征阳性，常见于肱骨外上髁炎(B)。③“4”字试验阳性常见于髋关节结核。压头试验阳性常见于神经根型颈椎病。直腿抬高试验阳性常见于腰椎间盘突出症。

1767. ABCDE　1768. ABCDE　①肩关节前脱位的治疗首选 Hippocrates 法复位。②髋关节后脱位的治疗首选 Allis 法复位。

1769. ABCDE　桡骨头半脱位多发生于 5 岁以下的儿童。由于儿童桡骨头发育尚未完全，环状韧带薄弱，当腕手被向上提拉、旋转时，薄弱的环状韧带和部分关节囊嵌入肱骨小头和桡骨头之间，取消牵拉以后，桡骨头不能回到正常解剖位置，而是向桡侧移位，形成桡骨头半脱位。

1770. ABCDE　桡骨头半脱位的治疗措施是手法复位，复位后不必固定。

1771. ABCDE　①桡骨头半脱位好发于 5 岁以下的儿童，诊断的主要依据是儿童的腕、手有被向上的牵拉史；患儿肘部疼痛，活动受限；X 线片常为阴性。根据题干，本例应诊断为右桡骨头半脱位(E)。②患儿不能屈肘，提示损伤部位在肘，而不是肩或腕，故不答 B、D。肱骨髁上骨折常有局部畸形、骨擦音或骨擦感。肘关节脱位常表现为肘后突畸形，前臂处于半屈位，弹性固定，肘后空虚感。

1772. ABCDE　①桡骨头半脱位好发于 5 岁以下的小儿，患童腕、手有被向上牵拉的受伤史，感肘部疼痛，前臂处于半屈位及旋前位，X 线检查常为阴性。根据题干，本例应诊断为桡骨头半脱位(E)。②患童无上肢神经受损的表现，故不答 A、C、D。肘关节脱位 X 线检查可有阳性发现，故不答 B。

1773. ABCDE　①桡骨头半脱位的治疗以手法复位为主，复位时无需麻醉，故不答 C、D、E。②术者一手握住小儿腕部，另一手托住肘部，以拇指压在桡骨头部位，肘关节屈曲至 90°，作轻柔的前臂旋后、旋前活动，反复数次，并用拇指轻轻推压桡骨头即可复位。复位后无需固定。

1774. ABCDE　5 岁以下的儿童，前臂牵拉史，出现肘部疼痛，桡骨近端压痛，应诊断为桡骨头半脱位，其治疗以手法复位为主，复位后无需固定(D)。桡骨头半脱位是唯一 X 线检查阴性的关节脱位。

1775. ABCDE　①关节弹性固定为关节脱位的特征性体征，故不答 B、C。②髋关节脱位分为后脱位、前脱位和中心脱位。髋关节前脱位常表现为髋关节呈屈曲、外展、外旋位，故本例应诊断为髋关节前脱位(A)。③髋关节后脱位常表现为患肢缩短，髋关节呈屈曲、内收、内旋畸形，故不答 D。髋关节中心脱位常表现患肢缩短，髋部肿胀、疼痛、活动障碍，故不答 E。

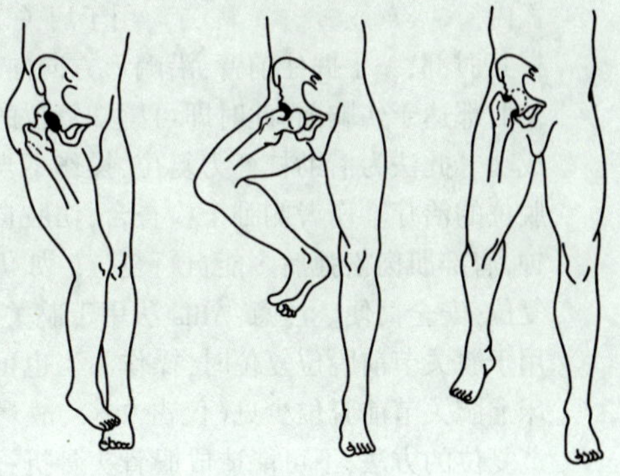

髋关节后脱位　髋关节前脱位　髋关节中心脱位

1776. ABCDE　①患者髋部外伤，患肢缩短，髋关节呈屈曲、内收、内旋畸形，应诊断为髋关节后脱位(C)。②股骨颈骨折常表现为患肢缩短，轻度外旋畸形。股骨干骨折常表现为大腿部畸形、骨擦音、骨擦感等。髋关节前脱位常表现为患肢缩短，髋关节呈屈曲、外展、外旋畸形。坐骨神经损伤常表现为下肢运动和感觉障碍。

1777. ABCDE　①患者髋部外伤，患肢缩短，髋关节呈屈曲、内收、内旋畸形，应诊断为髋关节后脱位。足背屈无力定位于 L_5，而坐骨神经由 $L_{4\sim5}$ 和 $S_{1\sim3}$ 组成，因此本例应诊断为坐骨神经损伤，故答 E。②股神经由 $L_{2\sim4}$ 组成，损伤后常表现为股四头肌麻痹所致的膝关节伸直障碍和小腿内侧感觉障碍。闭孔神经损伤罕见。

1778. ABCDE　1779. ABCDE　①患者髋部外伤，X 线片示股骨头向后方脱位，应诊断为髋关节后脱位。髋关节后脱位常表现为患肢短缩，髋关节呈屈曲、内收、内旋畸形(A)。C 为髋关节前脱位的典型畸形。②髋关节后脱位的治疗首选手法复位，复位后应作皮肤牵引或穿丁字鞋 2~3 周，不必作石膏外固定。髋关节后脱位只有合并关节内骨折时，才需切开复位+内固定。

1780. ABCDE　1781. ABCDE　1782. ABCDE　①关节弹性固定为关节脱位的特征性表现，患者髋部外伤,患肢短缩,髋关节内收、内旋畸形,应考虑髋关节后脱位。为明确诊断,应首选 X 线片检查(D)。肌电图常用于检查神经肌肉兴奋性及传导功能。CT、MRI 价格昂贵,不作为首选检查。血型及血常规对关节脱位的诊断无帮助。②髋关节后脱位的治疗首选手法复位,复位后应作皮肤牵引或穿丁字鞋 2~3 周,一般不主张手术切开复位(C)。利用肢体重力复位常用于 3 岁以下儿童股骨干骨折的治疗。③坐骨神经经梨状肌下孔出盆腔,位于臀大肌深面,在坐骨结节与股骨大转子之间下行至股后区。髋关节后脱位时,股骨头从髋关节囊的后下部薄弱区脱出,可造成坐骨神经挫伤,常表现为足背屈无力(A)。急性骨萎缩常见于手、足骨折。股骨头坏死常见于股骨颈头下型骨折。下肢深静脉血栓多见于长期卧床的老年人。下肢淋巴水肿常见于淋巴管阻塞。

1783. ABCDE 髋关节后脱位复位的最佳时机是伤后 24~48 小时。应尽可能在 24 小时内进行复位,48~72小时后,局部肿胀严重,再进行复位十分困难,且并发症增多。

1784. ABCDE ①Allis 法(提拉法):常用于髋关节后脱位、前脱位的治疗。患者仰卧,助手双手按住髂嵴,固定骨盆。术者面对患者站立,先使髋、膝关节各屈曲至 90°,然后以双手握住患者的腘窝作持续牵引,待肌肉松弛后,略作外旋,便可使股骨头还纳至髋臼内。此法安全简便,最常用。②Biglew 法(问号法):常用于髋关节脱位的治疗。在腰麻下,患者仰卧,助手固定骨盆,屈髋、屈膝至 90°。术者一手握住患肢踝部,另一前臂放在腘窝处向上牵引,开始先使髋关节屈曲、内收、内旋使股骨头离开髂骨,然后一面持续牵引,一面将关节外旋、外展、伸直,使股骨头滑入髋臼而复位。此法是利用杠杆作用使股骨头复位,动作宜轻柔,操作不当会发生股骨头骨折(C)。③Hippocrates 法(足蹬法):肩关节脱位最常见的复位方法。患者仰卧,术者站在患侧床边,腋窝处垫棉垫,以同侧足跟置于患者腋下靠胸壁处,双手握住患肢于外展位作徒手牵引,以足跟顶住腋部作为反牵引力。持续牵引一段时间后,肩部肌肉逐渐松弛,此时内收、内旋上肢,肱骨头便会经前方关节囊的破口滑入肩胛盂内。④Kocher 法(旋转法):用于肩关节脱位的治疗。伤者仰卧,术者将伤侧肘部屈曲 90°。一手握其肘部,一手握住前臂,沿畸形方向向外方牵引,保持牵引下徐徐外旋上臂,然后将其上臂内收,使肘部达于伤胸前,此时即可感知复位的响声和滑动。再将上臂内旋,伤侧手可触及健肩表现复位成功。此法为借助杠杆力复位,操作不当可造成肱骨颈骨折。⑤Stimson 法(悬垂法):用于肩关节脱位的治疗。伤者侧卧于检查台,伤肢自然悬垂于台侧,于其腕部悬重 5~10kg,持续牵引 15~30 分钟,肩部肌肉松弛后多能自行复位。如仍未复位,医生可轻旋伤肢即可完成复位。此法为悬重牵引复位,安全简便。注意:Allis 法用于髋关节后脱位复位治疗时,安全简便,不会造成股骨头骨折;但用于髋关节前脱位复位时,操作不当也可发生股骨头骨折,故本题并不严谨,A、C 均正确,但由于临床上髋关节前脱位少见(仅占 2%),故最佳答案为 C。Hippocrates 法、Kocher 法、Stimson 法为肩关节复位的方法,不可能造成股骨头骨折,但 Kocher 法易造成肱骨颈骨折。

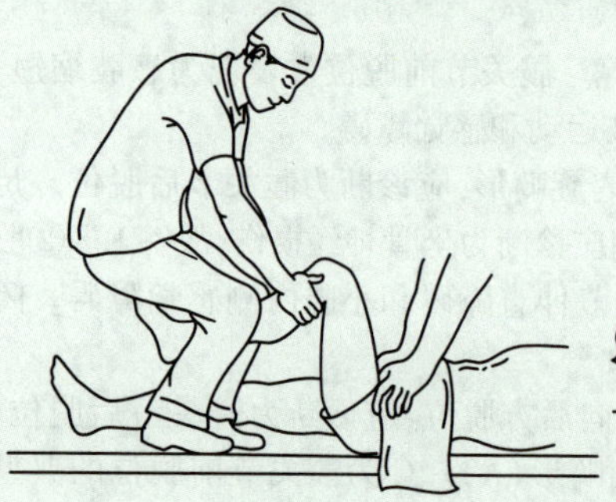
Allis法

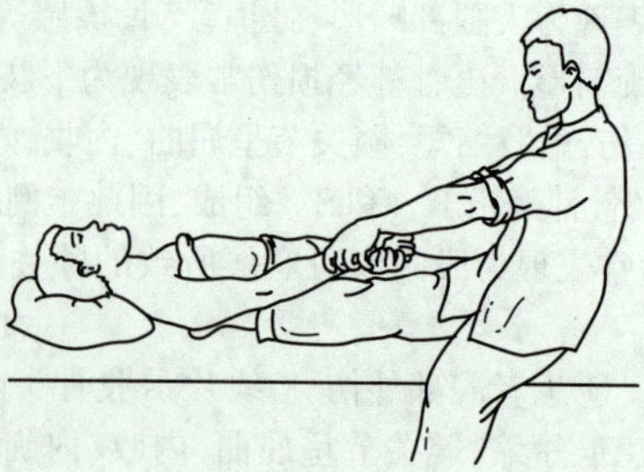
Hippocrates法

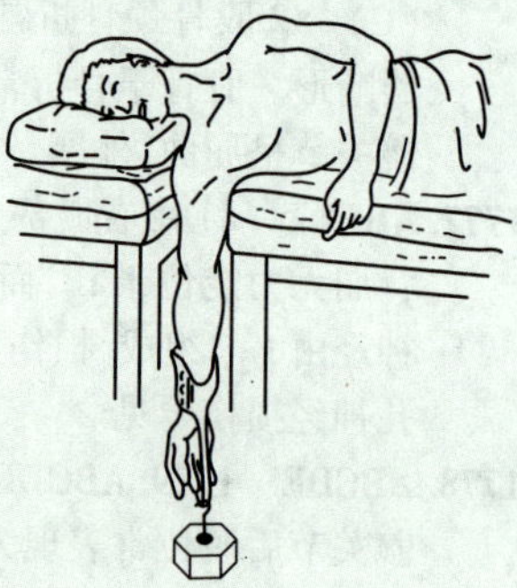
Stimson法

1785. ABCDE ①髋关节后脱位手法复位时需肌松弛,必须在全身麻醉或椎管内麻醉下进行(A 对)。最好在伤后 24~48 小时内进行复位。复位成功后，患肢作皮肤牵引或穿丁字鞋 2~3 周，无需石膏固定。卧床期间作股四头肌收缩动作。2~3 周后开始活动关节，4 周后扶双拐下地活动，3 个月后可完全承重。②髋关节后脱位多采用手法复位，只有少数合并关节内骨折的患者需手术切开复位。

1786. ABCDE　①进行抽屉试验检查时，膝关节屈曲 90°，小腿下垂，检查者固定患者足部，用双手握住胫骨上段作拉前和推后动作，并注意胫骨结节前后移动的幅度。前移增加表示前交叉韧带断裂，后移增加表示后交叉韧带断裂。②Hoffman 征为病理反射，或为深反射亢进的表现。Mills 征阳性常见于肱骨外上髁炎。直腿抬高试验阳性常见于腰椎间盘突出症。拾物试验阳性常见于腰椎结核。

1787. ABCDE　①Froment 征是指尺神经损伤时，由于骨间肌和拇收肌麻痹，导致示指与拇指对指时，出现示指近侧指间关节屈曲，远侧指间关节过伸，而拇指的掌指关节过伸、指间关节屈曲(A)。②固定近侧指间关节于伸直位，嘱患者主动屈曲远侧指间关节，若不能主动屈曲，则提示指深屈肌断裂。固定伤指以外的三指处于伸直位，嘱患者主动屈曲近侧指间关节，若不能主动屈曲，则提示指浅屈肌断裂。桡神经损伤常表现为垂腕。正中神经损伤常表现为扳机手。

1788. ABCDE　①小指和环指皮肤感觉由尺神经支配，因此小指和环指尺侧半感觉消失，应为尺神经损伤所致。②正中神经损伤表现为示指、中指远节感觉障碍。桡神经损伤常表现为桡侧 3.5 个指头感觉障碍、手背虎口区感觉障碍。前臂内侧皮神经损伤常表现前臂内侧区前、后面感觉障碍。

1789. ABCDE　①由于手部尺动脉、桡动脉组成的掌浅弓、掌深弓，加之侧支循环丰富，因此单独的尺动脉、桡动脉损伤，不易引起手指血供障碍。Allen 试验是判断尺、桡动脉吻合通畅的有效方法：让患者用力握拳，检查者两手拇指用力分别按压阻断腕与前臂交界处的尺、桡动脉，让患者手掌放松、伸指，此时手掌部皮肤苍白，然后放开尺动脉，手掌迅速变红。重复上述试验，放开桡动脉，得到相同结果，则表明尺、桡动脉吻合通畅。否则，可能为动脉损伤或解剖变异(E)。②Froment 征主要用于检查尺神经损伤程度。Tinel 征(叩击试验)主要用于评估神经损伤后的恢复情况。

1790. ABCDE　①手部创伤止血时，止血带应缚于上臂上 1/3 部位(A)。②止血带不能扎在上臂中、下 1/3，因为此处有桡神经通过。前臂有尺骨和桡骨共同形成的骨间隙，因此止血带也不能结扎在前臂，因为不能阻断骨间隙之间的血运。

1791. ABCDE　手部创口清创处理的时限为伤后 6~8 小时。类似的：断肢(指)再植时限为 6~8 小时。

1792. ABCDE　①手外伤现场急救处理的原则包括止血、创口包扎、局部固定和迅速转运。患者左手示指切割伤，出血较多，因此急救处理的重点在于止血。局部加压包扎是手外伤最简单而行之有效的止血方法。严禁采用束带类物腕平面以上捆扎，因为若捆扎过紧、时间过长易导致手指缺血坏死；若捆扎压力不够，只将静脉阻断而动脉未能完全阻断，则出血更加严重。②夹板外固定主要用于手外伤骨折的急救处理，故不答 B。现场急救不可能行清创缝合，故不答 E。

1793. ABCDE　①手部外伤后一般应争取 6~8 小时内进行清创，以达到一期愈合。清创越早，感染机会越少，疗效越好。②患者左手皮带绞伤，皮肤及软组织损伤严重，出血量一般较大，清创时可使用气囊止血带，以控制术中出血，使手术野更为清晰。③清创时，应从浅层到深层，顺序将各种组织进行清创(C 对)。请注意：清创是由浅至深，缝合是由深至浅。④清创时，骨折应立即复位固定，以便为软组织修复和功能恢复创造有利条件。⑤清创时，肌腱损伤必需一期修复。神经损伤应争取一期修复，若无技术条件可二期修复。

1794. ABCDE　手外伤治疗的最终目的是恢复手的运动功能。A、B、D、E 均属于治疗原则而不是治疗目的。

1795. ABCDE　①手外伤后若患肢长时间下垂，血液回流不畅，会加重肿胀。②手外伤患者包扎时，应露出指尖，以便观察末梢血运。③手外伤如合并关节破坏，日后难以恢复正常活动时，则术后应使用石膏托将手固定于功能位(C 对)。④术后固定时间依修复组织的性质而定，如肌腱缝合后需固定 3~4 周，神经修复后应固定 4~5 周。

1796. ABCDE　①患者示指末节掌侧皮肤缺损，直接缝合皮肤，则张力太大，不利于愈合，且术后影响手指功能，故不答 C。②局部转移皮瓣主要适用于皮肤缺损而伴有重要深部组织如肌腱、神经、骨关节外露者，但患者没有这些合并伤，故无需行局部转移皮瓣移植，故不答 A、D、E。③患者有皮肤缺损，但缺损范围较小，仅 1cm×0.5cm，局部组织损伤不重，基底部软组织良好，皮下脂肪裸露，只要游离周围软组织予以覆盖即可，故答 B。

1797. ABCDE ①患者手腕部绞伤，皮肤撕脱伤，活动性出血，不能行简单包扎处理，应彻底清创止血，并根据术中情况作相应处理。②患者有皮肤撕脱伤，直接缝合将使皮下严重积血，不能保证皮瓣存活。该患者创面大，活动性出血，若直接包扎伤口，不能彻底止血。③按照清创原则，所有的骨折和脱位，均需立即复位固定（C 对）。④清创时，对于重要的血管损伤，应一期处理，如行血管吻合、结扎、缝扎、人工血管、自体血管移植等。⑤肌腱缝合后应固定 3~4 周，待肌腱愈合后，拆除外固定再开始活动，进行功能锻炼，并辅以理疗。

1798. ABCDE ①患者右前臂外伤，有皮肤裂伤，污染严重，活动性出血，腕不能背伸，应立即行清创术。按清创术原则，非重要血管可结扎处理，不会引起肢体缺血。但对于重要的主干血管，必须一期吻合，否则可导致远端肢体的缺血坏死（E 对）。②对于神经断裂，修复越早效果越好，应尽量在清创时，争取一期修复；否则，在清创缝合后应及时转院，待 2~3 周后，伤口无感染再行修复（C 对）。③肌腱是手部关节活动的传动装置，具有良好的滑动功能，肌腱损伤将导致严重的手部活动功能障碍。因此只要有良好的皮肤覆盖，肌腱损伤均应一期修复（D 错）。

1799. ABCDE ①手外伤后应争取在伤后 6~8 小时内彻底清创。清创应在良好的麻醉和气囊止血带控制下进行，从浅层到深层，按顺序将各种组织清晰辨别、认真清创，以防漏诊。②影响手部血液循环的血管应立即修复，骨折、关节脱位应及时复位固定。③肌腱是关节活动的传动装置，其损伤将严重影响手的功能，因此无论是伸肌还是屈肌，均应一期修复。手部开放性神经断裂，应尽量在清创时一期修复。若创口污染严重或合并皮肤缺损，可在清创时将神经两断端的神经外膜固定于周围组织，防止神经退缩，以利于二期修复（B 错）。④当皮肤缺损时，若基底软组织良好，可采用自体游离皮肤移植修复。若神经、肌腱、骨关节外露，则应采用皮瓣转移修复。

1800. ABCDE ①断指的保存方法视运送距离而定。如受伤地点距医院较近，可将断指用无菌纱布包好，勿作任何处理，连同患者一起迅速送往医院即可。②如需远距离运送，则应采用干燥冷藏法保存，即将断指用无菌纱布包好，放入塑料袋中，再放在加盖的容器内，外周加冰块保存。但不能让断指与冰块直接接触，以防冻伤，也不能用任何液体浸泡。

1801. ABCDE 断指送到医院后，应检查断指，用无菌敷料包裹，放于无菌盘中，置入 4℃ 冰箱内保存。

1802. ABCDE 断指再植的时限原则上是越早越好，一般以 6~8 小时为限（A）。

1803. ABCDE 断肢的条件是影响再植肢体成活率的重要因素。切割伤一般断面整齐，污染较轻，血管、神经、肌腱等重要组织挫伤较轻，再植成活率高。辗压伤，如机床、火车辗压、绞断伤，受伤部位组织损伤严重，再植成活率不如切割伤（E）。

1804. ABCDE ①拇指对掌障碍是正中神经损伤的典型表现，故可首先排除答案 D、E。患者无尺神经受损的临床表现，故不答 C。②正中神经肘上伤可有拇指、示指、中指屈曲障碍，正中神经腕部伤则无，故答 B 而不是 A。

1805. ABCDE ①尺神经肘部损伤常表现为手部尺侧半和尺侧 1 个半手指感觉障碍，特别是小指感觉消失，环指、小指末节屈曲功能障碍（A）。②肌皮神经损伤常表现为前臂外侧皮肤感觉障碍。正中神经损伤常表现为拇指对掌功能障碍、手的桡侧半感觉障碍。桡神经损伤常表现为垂腕。

1806. ABCDE ①尺神经为臂丛内侧束延续，于肱动脉内侧下行。在前臂段发出分支支配尺侧腕屈肌、环指、小指指深屈肌；在腕上 5cm 发出手背支支配手背尺侧皮肤；在腕尺管分为深、浅支，深支穿小鱼际肌进入手掌深部，支配小鱼际肌、全部骨间肌和 3、4 蚓状肌、拇收肌、拇短屈肌内侧头，浅支支配手掌尺侧及尺侧 1.5 个手指的皮肤感觉。②尺神经腕部损伤主要表现为骨间肌、蚓状肌、拇收肌麻痹所致的环指、小指爪形手畸形，手指内收、外展障碍，Froment 征，手部尺侧半和尺侧 1.5 个手指感觉障碍。③尺神经肘部损伤除上述表现外，另有环指、小指末节屈曲功能障碍，一般仅表现为屈曲无力。患者手指不能内收、外展、夹纸试验阳性，应诊断为尺神经损伤(C)。

1807. ABCDE　①Froment 征是指尺神经损伤时，由于骨间肌和拇收肌麻痹，导致示指与拇指对指时，出现示指近侧指间关节屈曲，远侧指间关节过伸，而拇指的掌指关节过伸、指间关节屈曲(E)。②握拳尺偏腕关节时，桡骨茎突处出现疼痛，称为握拳尺偏(Finkelstein)试验阳性，常见于桡骨茎突狭窄性腱鞘炎。垂腕常见于桡神经损伤。拇指对掌功能受限常见于正中神经损伤。

1808. ABCDE　①桡神经来自臂丛后束，行腋动脉之后，在肩胛下肌、大圆肌表面斜向后下，经肱骨桡神经沟至臂外侧，沿肱三头肌外侧头下行，然后在肱肌与肱桡肌之间至肘前外侧，于肱桡肌与桡侧腕长伸肌之间进入前臂，分为浅、深两支。浅支支配手背桡侧及桡侧 3.5 手指皮肤。桡神经在上臂分支支配肱三头肌，在肘部支配肱桡肌、桡侧腕长伸肌，其深支支配桡侧腕短伸肌、旋后肌、尺侧腕伸肌、指总伸肌、示指和小指固有肌、拇长展肌和拇长、短伸肌。②桡神经在肱骨中下 1/3 损伤表现为伸腕、伸拇、前臂旋后障碍及手背虎口区感觉障碍(D)。典型畸形是垂腕。若为桡骨头脱位所致的桡神经深支损伤，因桡侧腕长伸肌功能完好，伸腕功能基本正常，而仅有伸拇、伸指障碍，无手部感觉障碍。③A、E 为正中神经损伤的表现。C 为尺神经损伤的表现。

1809. ABCDE　垂腕是桡神经损伤的典型表现，故答 A。

1810. ABCDE　①正中神经腕部损伤常表现为拇指对掌功能障碍、手的桡侧半感觉障碍，特别是示、中指远节感觉消失(B)。②垂腕畸形为桡神经损伤的表现。爪形手畸形、拇指背伸障碍、手指内收外展障碍均为尺神经损伤的表现。

1811. ABCDE　①腓总神经于腘窝沿股二头肌内缘斜向外下，经腓骨颈进入腓骨长、短肌及小腿前方肌群。腓总神经损伤常表现为小腿前外侧伸肌麻痹，出现足背伸和外翻障碍，呈内翻下垂畸形。患者膝关节加压包扎后出现足不能背屈，应诊断为腓总神经损伤(A)。②骨筋膜室综合征常表现为足背动脉搏动消失。坐骨神经损伤常表现为股后部肌肉、小腿和足部肌肉全部瘫痪。胫神经损伤常表现为小腿后侧屈肌群、足底内在肌麻痹。深静脉血栓形成时肢体感觉、运动功能仍存在。

1812. ABCDE　①胫神经支配小腿后侧屈肌群和足底感觉，损伤后表现为小腿后侧屈肌群和足底内在肌麻痹，出现足跖屈、内收、内翻，足趾跖屈、外展和内收障碍，小腿后侧、足背外侧、跟外侧和足底感觉障碍(D)。②腓肠神经受损常表现为足下部、小腿外侧感觉障碍。腓总神经损伤常表现为足下垂、内翻畸形。股神经损伤常表现为膝关节伸直障碍、股前和小腿内侧感觉障碍。

1813. ABCDE　①垂腕是桡神经损伤的典型体征，故答 A。②肌皮神经由 C_5、C_6 组成，支配喙肱肌、肱二头肌及肱肌，损伤后常表现为屈肘无力、前壁外侧部分皮肤感觉减弱。正中神经损伤常表现为拇指对掌功能障碍、手的桡侧半感觉障碍。尺神经损伤常表现为爪形手畸形。腋神经损伤常表现为臂不能外展、臂旋外力减弱、肩部感觉障碍、三角肌萎缩等。

1814. ABCDE　腓总神经于腘窝沿股二头肌内缘斜向外下，经腓骨长肌两头之间绕腓骨颈，分为腓浅、腓深神经下行，支配小腿前外侧肌群、小腿前外侧和足背皮肤。腓骨颈骨折易引起腓总神经损伤，导致小腿前外侧伸肌麻痹，出现踝背伸、外翻功能障碍，呈足内翻下垂畸形(A 对)。伸踇、伸趾功能丧失，小腿前外侧和足背前、内侧感觉障碍。

1815. ABCDE　**1816. ABCDE**　①足下垂为腓总神经损伤的典型表现。②伸直型桡骨下端骨折(Colles 骨折)的远折端向桡、背侧移位，近折端向掌侧移位，出现典型的餐叉样畸形(侧面观)、枪刺刀畸形(正面观)。③"患侧下肢缩短、外旋、轴向叩痛"常见于股骨颈骨折。杜加征阳性常见于肩关节脱位。"患侧下肢缩短、内旋、弹性固定"常见于髋关节后脱位。

1817. ABCDE　①脊髓型颈椎病常表现为四肢麻木无力，僵硬，行走及持物不稳，双足踩棉花感，双手精细动作障碍，病理征阳性(E)。②眩晕、猝倒为椎动脉型颈椎病的临床表现。视物障碍、恶心、呕吐为交感神经型颈椎病的临床表现。颈肩痛、压头试验阳性为神经根型颈椎病的临床表现。

1818. ABCDE ①椎动脉为脑的主要供应血管,颈椎退变结构可压迫椎动脉,造成椎-基底动脉供血不全,出现猝倒为其特征性症状(E)。猝倒多在头部突然旋转或屈伸时发生,倒地后再站起即可继续正常活动。②椎动脉型颈椎病虽然可有听力下降,但不是典型症状。双足踩棉花感、持物不稳为脊髓型颈椎病的表现。手指麻木为神经根型颈椎病的表现。

1819. ABCDE ①神经根型颈椎病是颈椎退变结构压迫颈神经根所致,常表现为颈肩臂痛。C_6 神经根受压常表现为拇指痛觉减退,肱二头肌肌力减弱,肱二头肌腱反射减弱或消失。根据题干,本例应诊断为 C_6 神经根型颈椎病(A)。②肩周炎可有颈肩部疼痛,但一般不向前臂及手部放射。肩袖综合征常表现为冈上肌肌腱炎,肩痛向上臂外侧放射,肩峰外下方压痛明显。臂丛神经炎常表现为一侧颈根部、锁骨上窝或肩部疼痛,可放射至上臂、前臂及手部。颈部(肌肉)劳损可有颈部慢性疼痛,固定性压痛点,但无神经根刺激症状。

1820. ABCDE ①牵拉试验(Eaton 试验)、压头试验(Spurling 试验)阳性为神经根型颈椎病的特征性体征,故答 E。②肩峰撞击综合征常表现为肩外侧痛,肩关节外展、上举障碍。患者肩关节活动正常,故不答 B。冈上肌腱炎常表现为肩峰大结节处疼痛,并向颈肩部、上肢放射。肩袖损伤常表现为肩关节无力,被动活动范围基本正常。

1821. ABCDE ①Hoffmann 征阳性为脊髓型颈椎病的特征性体征,故答 C。②神经根型颈椎病常表现为上肢相应部位感觉异常,牵拉试验及压头试验阳性。椎动脉型颈椎病常表现为猝倒。交感型颈椎病常表现为交感神经功能紊乱。脊髓空洞症常表现为节段性分离性感觉障碍。

1822. ABCDE ①中年女性,颈肩痛伴左上肢放射痛,臂丛神经牵拉(Eaton)试验阳性,颈部 CT 示颈椎间盘向后突出,X 线检查示椎间孔狭窄,应诊断为神经根型颈椎病。对于病程较短、症状较轻的患者,应先行非手术治疗,措施包括颈椎牵引、颈部制动、颈部理疗等,故答 E。②颈项肌锻炼常用于治疗颈肩痛。只有保守治疗半年以上无效、严重影响正常生活和工作者、神经根性疼痛剧烈保守治疗无效者,才考虑手术治疗。

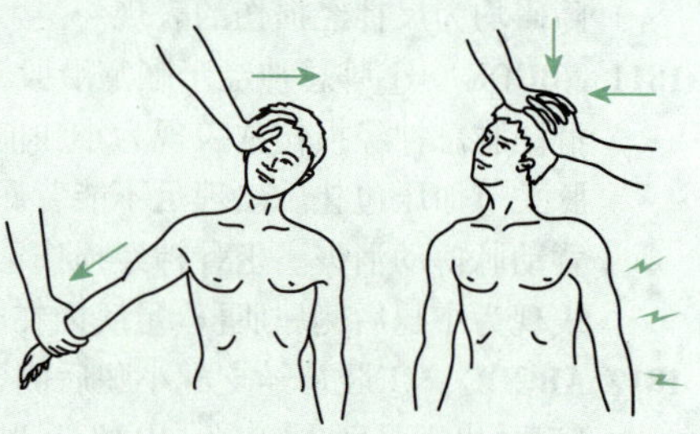

Eaton试验　　Spurling征

1823. ABCDE ①A、B、C、D、E 为颈椎病的常见临床分型。椎动脉型颈椎病是颈椎退变结构压迫椎动脉所致,可造成椎动脉痉挛、椎-基底动脉供血不足,出现头痛眩晕、视觉障碍、猝倒等,其中猝倒为其特征性症状,故答 D。②神经根型颈椎病常表现为颈肩痛,向上肢放射。脊髓型颈椎病常表现为上肢或下肢麻木无力、病理征阳性。交感神经型颈椎病常表现为交感神经受刺激的症状。

1824. ABCDE 1825. ABCDE ①神经根型颈椎病是颈椎退变结构压迫神经根所致,常表现为颈肩痛,并向上肢放射,可有手指麻木,臂丛神经牵拉试验(Eaton 试验)及压头试验(Spurling 征)阳性,故答 D。②脊髓型颈椎病是颈椎退变结构压迫脊髓所致,常表现为手足麻木无力,双足踩棉花感,足尖不能离地,手持物经常掉落,后期可出现括约肌功能障碍,病理征阳性(B)。③椎动脉型颈椎病常表现为突发眩晕及猝倒。交感神经型颈椎病常表现为交感神经受刺激的症状。

1826. ABCDE ①神经根型颈椎病常表现为颈肩痛,并向上肢放射,可有皮肤麻木、感觉减退、上肢无力、手指动作不灵活。患者颈肩痛,向上肢放射,手指感觉减退,应诊断为神经根型颈椎病(C)。患者右手拇指感觉减退,说明 C_6 神经根受累。②患者无突发眩晕及猝倒,故不答 B。患者无头痛、视力下降,故不答 D。患者无四肢无力、走路持物不稳,故不答 E。

1827. ABCDE ①椎动脉型颈椎病脑供血不足时,常表现为眩晕、恶心呕吐,此为脑前庭系统缺血的表现;脑干和小脑缺血时,可使眼外肌麻痹而出现复视等视觉障碍,故答案为 D。②四肢肌肉萎缩、四肢放射性疼痛为脊髓型颈椎病的表现。四肢手足多汗为交感神经型颈椎病的表现。压头试验阳性为神经根型颈椎病的表现。

1828. ABCDE　①颈椎病分神经根型、脊髓型、交感神经型和椎动脉型等类型。颌枕带牵引可解除肌痉挛，增大椎间隙，减小椎间盘压力，减少对神经根的刺激，缓解症状。颌枕带牵引主要适用于神经根型、交感神经型和椎动脉型。②脊髓型颈椎病禁用颌枕带牵引，否则可导致脊髓损伤致瘫痪(C)。

1829. ABCDE　1830. ABCDE　①脊髓型颈椎病是颈椎退变结构压迫脊髓所致，常表现为四肢乏力、站立不稳。晚期可出现上运动神经元性瘫痪，表现为双下肢肌张力增高，腱反射亢进，病理征阳性。根据题干，本例应诊断为脊髓型颈椎病(A)。神经根型颈椎病常表现为颈肩痛，并向上肢放射。椎动脉型颈椎病常表现为突发眩晕及猝倒。交感神经型颈椎病常表现为交感神经受刺激的症状。混合型颈椎病少见，常有以上两种或多种类型症状同时出现。②脊髓型颈椎病应手术治疗，严禁采用非手术治疗，否则可导致脊髓损伤致瘫痪(B)。A、C、D、E 均为非手术治疗措施。

1831. ABCDE　1832. ABCDE　1833. ABCDE　①儿童锁骨青枝骨折属于稳定性骨折，仅用三角巾悬吊患肢 3~6 周即可。②神经根型颈椎病可以采用非手术治疗，如颈椎悬吊牵引、颈部制动、颈部理疗等。③桡骨远端骨折首选手法复位石膏托外固定，部分需要手术治疗。④肩关节脱位多采用手法复位加三角巾悬吊外固定治疗。桡骨头半脱位常采用手法复位，无需固定。

1834. ABCDE　①腱鞘和骨形成弹性极小的“骨-纤维隧道”，当手指和腕伸屈时，肌腱可在此隧道内滑动。腱鞘的近侧或远侧增厚，称为环状韧带。肌腱在此韧带边缘长期、过度用力摩擦后，可发生肌腱和腱鞘的损伤性炎症，称为狭窄性腱鞘炎。在手指常发生屈肌腱鞘炎，称弹响指；在拇指，常发生拇长屈肌腱鞘炎，称弹响拇。弹响指、弹响拇为其特征性表现，故答 E。②类风湿关节炎常表现为对称性腕、掌指关节、近端指间关节炎。关节内游离体常表现关节交锁，而不是“弹响”。骨关节炎好发于负重的大关节，发生于小关节者少见。风湿性关节炎好发于膝、踝等大关节，呈游走性。

1835. ABCDE　①狭窄性腱鞘炎好发于中指、环指，常表现为近侧指间关节疼痛，中指屈曲，不能伸直，体检可于掌指关节掌侧触及黄豆大小痛性结节，可随屈肌腱上下活动。根据题干，本例应诊断为狭窄性腱鞘炎。②狭窄性腱鞘炎首选保守治疗，如局部制动、夹板固定、短期使用非甾体抗炎药。若保守治疗无效，可行局部封闭注射。若非手术治疗无效，可行手术治疗。

1836. ABCDE　①狭窄性腱鞘炎的特征性表现为弹响指，故答 D。②尺神经、桡神经及正中神经损伤均表现为皮肤感觉障碍和手指运动障碍。腱鞘囊肿常表现为腕背、足背等处圆形或椭圆形肿物。

1837. ABCDE　狭窄性腱鞘炎是指腱鞘因机械性摩擦而引起的慢性无菌性炎症。手指屈肌狭窄性腱鞘炎患者体检时，可在远侧掌横纹处触及黄豆大小的痛性结节，屈伸患指该结节随屈肌腱上、下移动，可出现弹响，称为弹响指(A)。

1838. ABCDE　①伸肌腱牵拉试验(Mills 征)：伸肘，握拳，屈腕，然后前臂旋前，此时肘外侧出现疼痛为阳性，常见于肱骨外上髁炎(D)。②杜加征(Dugas 征)阳性常见于肩关节脱位。髋屈曲畸形试验(Thomas 征)阳性常见于髋关节结核。压头试验(Spurling 试验)阳性常见于神经根型颈椎病。“4”字试验阳性常见于髋关节结核。

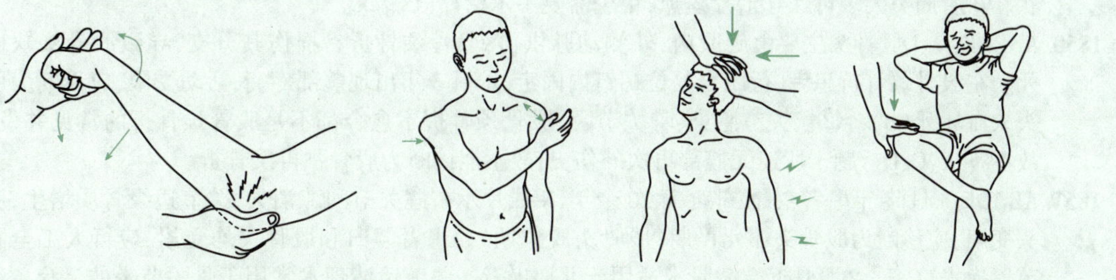

Mills征（前臂伸肌牵拉试验）阳性　　Dugas征阳性及方肩畸形　　Spurling征　　“4”字试验阳性

1839. ABCDE ①肱骨外上髁炎的治疗首选局部封闭，常于压痛点注射醋酸泼尼松龙 1ml+2%利多卡因 1~2ml 的混合液。只要注射方法正确，均能取得极佳的近期效果。②疗效是否巩固，与能否限制腕关节（而不是肘关节）活动关系很大，故不答 C。治疗肱骨外上髁炎时，应适当减少运动量，而不是加强功能锻炼（A 错）。肱骨外上髁炎是伸肌总腱起点附近的慢性损伤性炎症，不是细菌感染所致，故无需使用抗生素消炎。保守治疗为本病的主要治疗方法，很少需手术治疗。

1840. ABCDE 伸肘，握拳，屈腕，然后前臂旋前，此时肘外侧疼痛者为 Mills 征（伸肌腱牵拉试验）阳性，常见于肱骨外上髁炎。限制以用力握拳、伸腕为主要动作的腕关节活动是治疗和预防复发的关键。

1841. ABCDE 肩关节周围炎好发于 50 岁左右的妇女，俗称五十肩。

1842. ABCDE 肩周炎是自限性疾病，一般在 6~24 个月自愈。

1843. ABCDE ①肩周炎是肩周肌、肌腱、滑囊及关节囊的慢性损伤性炎症，因为关节内、外粘连，而以活动时疼痛、功能受限为其临床特点（A）。②"静息时疼痛、功能受限"为强直性脊柱炎的特点（B）。

1844. ABCDE ①肩周炎好发于 50 岁左右的女性，俗称五十肩，女性多于男性，左侧多于右侧。②肩周炎的特点是活动疼痛加重，功能受限。③肩关节各方向主动、被动活动均有不同程度受限，以外展外旋和内旋后伸受限最重。患者可有三角肌轻度萎缩、斜方肌痉挛。

1845. ABCDE ①肩周炎（粘连性肩关节囊炎）可有三角肌轻度萎缩，斜方肌痉挛。肩周炎的主要症状为肩痛，与动作、姿势有关，可放射至上臂中段。如欲增大活动范围，则有剧烈锐痛。②肩周炎不会出现前臂和手部疼痛，此为颈椎病的表现，答案为 D。

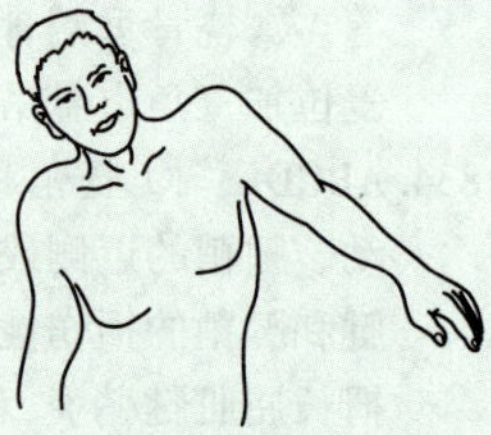
粘连性肩关节囊炎外展姿势

1846. ABCDE ①肩周炎好发于 50 岁左右的妇女。患者无外伤史，肩关节外展、外旋、后伸明显受限，X 线片可见肩关节结构正常。根据题干，本例应诊断为肩周炎（A）。②肩关节结核好发于青壮年，常有低热盗汗等结核中毒症状。骨肿瘤多见于儿童，好发于长骨的干骺端，发生于肩关节者少见。肱骨外上髁炎多表现为 Mills 征阳性。风湿性关节炎多表现为游走性大关节炎，常反复发作。

1847. ABCDE ①肩周炎好发于 50 岁左右女性，肩关节活动障碍以外旋外展、内旋后伸最重。根据题干，本例应诊断为肩关节周围炎（D 对）。②患者无外伤史，病程长达 1 年，故不答 A、B。骨肿瘤多见于儿童，好发于长骨的干骺端，发生于肩关节者少见。患者肩关节无红、肿、热等征象，故不答 E。

1848. ABCDE ①肩周炎治疗的目的是缓解疼痛、恢复功能。早期可给予理疗、针灸、适度的推拿按摩，可改善症状。②痛点明显时，可局部封闭注射醋酸泼尼松，能明显缓解疼痛。疼痛持续，夜间难以入睡时，可短期服用非甾体抗炎药。③无论病程长短，症状轻重，均应每日进行肩关节的主动活动，以活动不引起剧痛为限，而不是限制肩关节活动（E 错）。

1849. ABCDE ①肩周炎好发于 50 岁左右妇女，常表现为肩关节活动受限，严重时不能梳头、洗面、扣腰带。X 线片示肩关节结构正常，MRI 示肩关节囊增厚。根据题干，本例应考虑肩周炎。②若肩关节疼痛持续，夜间难以入睡，可短期服用非甾体抗炎药。早期给予理疗、按摩，可改善症状。无论病程长短，症状轻重，均应每日进行肩关节的主动活动。使用糖皮质激素封闭治疗，能明显缓解疼痛症状。③肩周炎大多可保守治疗痊愈，很少需要手术治疗（C 错）。

1850. ABCDE ①股骨头主要由旋股内、外侧动脉供血，股骨颈骨折易损伤其分支，导致股骨头缺血坏死。左股骨颈骨折患者，行闭合复位螺钉内固定，术后 3 年出现髋部疼痛，活动受限，应诊断为股骨头缺血坏死（B）。②髋关节感染、骨关节炎、股骨颈骨折不愈合都不是股骨颈骨折的常见并发症，故不答 A、C、D。题干所述无髋部再次外伤史，故不能诊断为股骨颈再次骨折。

1851. ABCDE ①老年患者，右髋部疼痛 20 余年，X 线片示右髋关节间隙消失，关节边缘骨质增生，股骨头变扁，应诊断为股骨头坏死Ⅳ期（股骨头脱位期）。患者髋臼和股骨头均受累，应行人工全髋关节置换术（C）。②股骨近端截骨术适用于Ⅱ期患者。关节镜清理术常用于骨关节炎的治疗。人工股骨头置换术常用于股骨颈骨折的治疗。口服非甾体抗炎药为保守治疗方法，适用于Ⅰ期患者。

1852. ABCDE　①MRI是早期诊断股骨头缺血坏死的最佳方法，其敏感性88%～100%，特异性98%～100%。股骨头缺血坏死后1周，即可在MRI上显示出骨质受损。参阅7版《黄家驷外科学》P2848、P3151。②血管造影、B超对股骨头缺血坏死的诊断价值不大。X线片不能用于早期诊断，因股骨头坏死数月后才有X线改变。CT扫描诊断股骨头坏死的敏感性不如MRI，故不答E。

1853. ABCDE　1854. ABCDE　1855. ABCDE　①老年患者无外伤史，髋关节慢性疼痛，X线片显示股骨头弧形透明带（为坏死后钙化所致），应考虑股骨头缺血性坏死（A）。髋关节结核常表现为低热盗汗等结核中毒症状，X线片显示局限性骨质疏松、关节间隙狭窄。类风湿关节炎常累及手足等小关节，很少累及髋关节，类风湿因子常阳性。强直性脊柱炎常累及骶髂关节，X线片早期表现为骶髂关节骨质疏松，间隙增宽，晚期表现为典型的"竹节样脊柱"。髋关节骨关节炎常表现为局部肿痛，关节积液，X线片显示关节间隙变窄，关节边缘有骨赘形成。②股骨头缺血性坏死早期，最有价值的辅助检查为MRI，其敏感性88%～100%，特异性98%～100%（A）。B超对本病的诊断价值不大。关节液检查常用于急性化脓性关节炎的诊断。结核菌素试验常用于关节结核的诊断。CT扫描诊断股骨头坏死的敏感性不如MRI。③患者X线片示髋关节间隙正常，股骨头可见弧形透明带，应诊断为股骨头坏死Ⅰ期。对于Ⅰ期患者应行非手术治疗，避免负重（D）。人工关节置换适用于Ⅲ、Ⅳ期患者。口服糖皮质激素将导致股骨头坏死加重，不宜应用。股骨头缺血坏死的主要病变在股骨头，而不在滑膜，因此不宜行关节镜下滑膜切除。髋关节融合术适用于Ⅳ期无髋关节置换条件的患者。参阅3版8年制《外科学》P963。

1856. ABCDE　腰椎间盘突出症以$L_{4\sim5}$、$L_5\sim S_1$间隙发病率最高，占90%～96%，其他间隙少见。

1857. ABCDE　①腰椎间盘突出症以$L_{4\sim5}$、$L_5\sim S_1$间隙发病率最高，占90%～96%。②$L_{4\sim5}=L_5$，$L_5\sim S_1=S_1$，等号左边为椎间隙，等号右边为脊神经根。$L_{4\sim5}$椎间孔穿出的神经根是L_4，此时L_5神经根还在椎管内紧贴椎管壁下行，然后由L_5椎体下缘椎间孔穿出。由于椎间盘最容易压迫的是椎管内容物，因此$L_{4\sim5}$椎间盘突出时，L_4神经根因已经从椎间孔穿出，L_5以下的神经根处于游离状态均不易受累，只有L_5神经根在椎管内下行且位置相对固定，而最易受压。同理，$L_5\sim S_1$椎间盘突出症压迫的是S_1神经根。请注意：$L_4\sim L_5$椎间孔穿出的神经根是L_4，椎间盘突出后压迫的神经根是L_5；$L_5\sim S_1$椎间孔穿出的神经根是L_5，椎间盘突出后压迫的神经根是S_1。

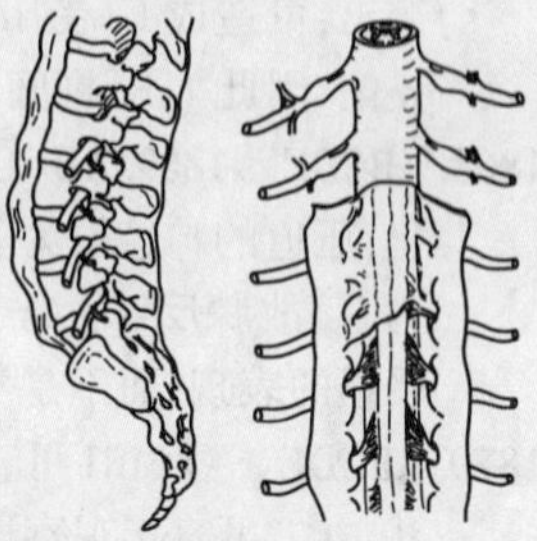
脊神经根斜形向下穿出椎间孔
而不是水平穿出

1858. ABCDE　①腰椎间盘突出症和椎管内肿瘤均可有鞍区感觉障碍、肛门括约肌功能障碍，因此不能作为两者的鉴别点，故不答A、B。X线片不能显示腰椎间盘和椎管内的病变，故不答C。CT可显示脊柱的骨性结构，但不能显示椎管内肿瘤，故不答E。②椎管内肿瘤行MRI检查可见椎管内占位性病变，腰椎间盘突出症行MRI检查可了解髓核突出的程度和位置，因此鉴别两者最有意义的检查是MRI（D）。

1859. ABCDE　①腰椎间盘突出症和腰椎管狭窄症均可出现神经根、马尾受压，因此均可表现为大小便障碍、鞍区感觉障碍、腰痛、下肢放射痛、双下肢无力，故不答A、B、C、D。②腰椎管狭窄症以神经源性间歇性跛行为主要临床表现，为两者的鉴别要点（E）。

1860. ABCDE　腰椎间盘突出症的典型症状是腰痛及坐骨神经痛。腰痛为最先出现的症状，发生率约91%，为突出的髓核受到刺激所致。坐骨神经由$L_{4\sim5}$和$S_{1\sim3}$组成，而腰椎间盘突出症以$L_{4\sim5}$、$L_5\sim S_1$突出最常见，故常表现为坐骨神经受压而出现疼痛。

1861. ABCDE　①腰椎间盘突出症的典型症状是腰痛及坐骨神经痛。腰痛发生率约为91%，坐骨神经痛发生率约为97%，故答C。②本病很少出现下肢痉挛性瘫痪。当合并马尾受压时，可出现急性尿潴留。巴宾斯基征阳性为锥体束受损的表现,故本病巴宾斯基征为阴性。

1862. ABCDE ①患者仰卧,伸膝,被动抬高患肢,正常人下肢抬高到60°~70°始感腘窝不适。若抬高到60°以内即出现坐骨神经痛,称为直腿抬高试验阳性。然后缓慢降低患肢高度,待放射痛消失,此时再被动背屈患肢踝关节,以牵拉坐骨神经,如又出现放射痛,称为加强试验阳性。腰椎间盘突出症由于神经根受压,常表现为直腿抬高试验和加强试验均为阳性(C)。②托马斯征阳性常见于髋关节结核,拾物试验阳性常见于腰椎结核。③腰椎间盘突出症好发于20~50岁男性。早期局部分层穿刺为诊断急性血源性骨髓炎的方法。

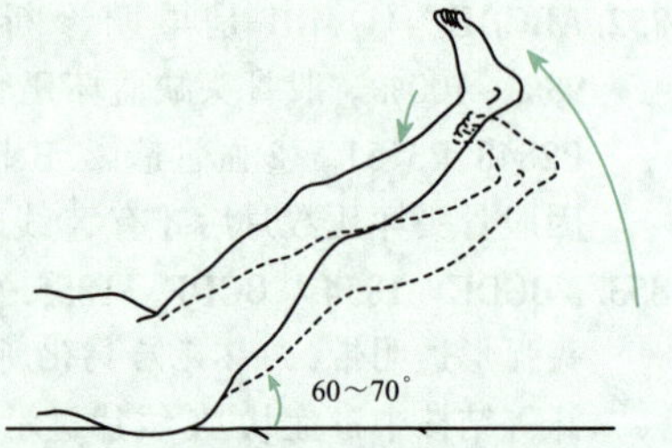

直腿抬高试验(实线),加强试验(虚线)

1863. ABCDE 直腿提高试验,正常一般至少提高到60°~70°开始感到腘窝不适。

1864. ABCDE ①直腿抬高试验阳性提示$L_{4\sim5}$或$L_5\sim S_1$神经根受压,即腰椎间盘突出症。②Schmorl结节是指髓核经上、下软骨终板的发育性或后天性裂隙突入椎体松质骨内。马尾神经损伤常表现为大小便功能障碍,鞍区感觉异常。直腿抬高试验阳性常提示神经根受压,故慢性腰肌劳损为阴性。坐骨神经由$L_{4\sim5}$和$S_{1\sim3}$组成,故$L_{3\sim4}$椎间盘突出不会压迫坐骨神经,常表现为直腿抬高试验阴性。

1865. ABCDE ①腰椎间盘突出症患者直腿抬高试验及加强试验均为阳性。②腰椎侧凸是减轻疼痛的姿势性代偿畸形,具有辅助诊断价值。几乎所有患者都有不同程度的腰部活动受限,其中以前屈受限最为明显。89%的患者在病变间隙的棘突间有压痛。70%~75%的患者有肌力下降。

1866. ABCDE 1867. ABCDE ①踇短伸肌属于足背肌,主要功能是伸踇趾,由L_5支配,因此$L_{4\sim5}$椎间盘突出,可造成L_5受压,导致踇趾背伸力弱(D)。②踇短屈肌属于足底肌,主要功能是屈踇趾,由S_1支配,因此L_5S_1椎间盘突出,可造成S_1受压,导致踇趾跖屈力弱(E)。

1868. ABCDE 1869. ABCDE ①膝反射的反射中枢位于$L_{2\sim4}$,跟腱反射的中枢位于$S_{1\sim2}$。$L_{4\sim5}$椎间盘突出,压迫的神经根为L_5,因此膝反射、跟腱反射均正常,故答A。$L_5\sim S_1$椎间盘突出,受压的神经根为S_1,故膝反射正常,跟腱反射减弱,故答C。②下肢病理反射征阳性、下肢腱反射亢进均为锥体束受损的表现,而不是脊神经受累的表现,故不答D、E。

1870. ABCDE ①MRI可直接观察椎体、椎间盘、髓核病变,是诊断腰椎间盘突出症最有价值的检查方法。CT可直接观察椎体、椎间盘病变,是诊断腰椎间盘突出症有较大价值的检查方法。X线片可直接观察椎体退行性病变,但不能观察椎间盘病变,对本病诊断价值不大。可见,对腰椎间盘突出症的诊断价值:MRI>CT>X线片。所给5个选项中,未出现MRI,故最佳答案为C。②透视无助于本病的诊断。核素骨扫描常用于诊断恶性肿瘤骨转移。肌电图可协助判断神经受损的节段。

1871. ABCDE 所给5个选项中,只有MRI检查才能显示脊髓神经根受累的情况(B)。

1872. ABCDE ①踝反射的中枢位于$S_{1\sim2}$,因此$L_5\sim S_1$腰椎间盘突出症可造成S_1受压,导致踝反射消失,故答E。②$L_{1\sim2}$、$L_{2\sim3}$、$L_{3\sim4}$、$L_{4\sim5}$腰椎间盘突出症,分别压迫的脊神经根为L_2、L_3、L_4、L_5,均不会造成$S_{1\sim2}$受压,不会导致踝反射消失,故不答A、B、C、D。

1873. ABCDE 1874. ABCDE 1875. ABCDE ①中年男性,腰痛伴下肢放射痛,直腿抬高试验阳性,有坐骨神经根受压症状,应诊断为腰椎间盘突出症(A)。腰肌劳损主要表现为腰部胀痛,有固定性压痛点,但无神经根受压表现。腰椎肿瘤的临床表现与腰椎间盘突出症相似,但发病较缓慢,损害进行性加重。腰椎结核常有低热、盗汗等结核中毒症状。强直性脊柱炎常累及骶髂关节,表现为下腰部疼痛,晨僵,活动后缓解。②患者踇趾背伸肌力减退,应定于为L_5受压,即$L_{4\sim5}$腰椎间盘突出症(D)。$L_5\sim S_1$腰椎间盘突出症常表现为踇趾跖屈力减退,故不答E。$L_{1\sim2}$、$L_{2\sim3}$、$L_{3\sim4}$腰椎间盘突出症均表现为踇趾伸、屈力正常,故不答A、B、C。③80%~90%的腰椎间盘突出症可经保守治疗痊愈,患者初次发作,病程仅3个月,可行保守治疗,即卧床休息、持续牵引、理疗、推拿、按摩等(B)。腰椎间盘突出症不是细菌感染所致，无需使用抗生素和抗结核药物，故不答 A、C。手术治疗适用于保守治疗无效、马尾受压者，患者无马尾受压的临床表现，故不答 D、E。

1876. ABCDE　1877. ABCDE　1878. ABCDE　1879. ABCDE　①患者为重体力劳动者，腰腿痛，腰部活动受限，直腿抬高试验阳性，应诊断为腰椎间盘突出症(C)。腰肌劳损主要表现为腰部胀痛，有固定性压痛点，但无神经根受压表现。腰椎管狭窄症常表现为神经源性间歇性跛行。强直性脊柱炎常累及骶髂关节，多表现为双侧骶髂关节及下腰部疼痛，活动后缓解。腰椎结核常有低热、盗汗等结核中毒症状。②患者足趾跖屈力及跟腱反射减弱，应定位于 S_1 受压，即 L_5S_1 椎间盘突出症(E)。$L_{4\sim5}$椎间盘突出症常表现为足趾背伸力减弱，故不答 D。$L_{1\sim2}$、$L_{2\sim3}$、$L_{3\sim4}$椎间盘突出症常表现为足趾屈、伸力正常，故不答 A、B、C。③确诊腰椎间盘突出症最有价值的检查是 MRI，其次为 CT，所给的 5 个选项中无 MRI，故选 CT 作为最佳答案(B)。X 线检查、B 型超声对本病有辅助诊断价值。腰椎穿刺不用于本病的诊断。肌电图可协助判断神经受损的节段。④患者出现尿便障碍，说明马尾神经受压，为手术治疗的指征，因为椎管在马尾平面变得较宽大，马尾受压说明椎间盘突出严重，应手术治疗(E)。A、B、C、D 均为非手术治疗措施。

1880. ABCDE　1881. ABCDE　1882. ABCDE　1883. ABCDE　①中年男性，腰痛伴下肢放射痛，直腿抬高试验及加强试验均阳性，应诊断为腰椎间盘突出症(D)。急性腰扭伤常有外伤史，直腿抬高试验阳性，但加强试验阴性。腰$_3$横突综合征常表现为腰痛，无坐骨神经受压表现(即下肢放射痛)，也无椎间隙狭窄。腰椎椎管狭窄症常表现为神经性间歇性跛行。梨状肌综合征常表现为臀部和下肢痛，直腿抬高试验阳性，但无椎间隙狭窄。②腰椎结核的死骨和脓肿、腰椎肿瘤的瘤体、脊椎滑脱症滑动的椎体、腰椎管狭窄症增生的骨赘，均可压迫神经根或马尾，引起腰痛和下肢放射痛，X 线片显示椎间隙狭窄。而腰肌劳损是腰部肌及附着点筋膜的慢性损伤性炎症，无脊神经根受刺激引起的腰痛及放射痛，也无椎间隙狭窄。根据题干，患者 $L_{4\sim5}$椎间隙变窄，故可完全排除腰肌劳损的诊断(B)。③患者 $L_{4\sim5}$椎间隙狭窄，可导致 L_5 受压，常表现为小腿外侧、足背感觉障碍(A)。股前侧麻木为股神经受累的表现。小腿前内侧麻木为 $L_{3\sim4}$椎间盘突出症的表现。小腿后侧及足底麻木为胫神经受累的表现。臀部及股后侧麻木为骶丛受累的表现。④对腰椎间盘突出症最有定位定性诊断意义的检查方法是 MRI，其次为 CT，所给的 5 个选项中无 MRI，故选 CT 作为最佳答案(B)。X 线检查不能确诊本病。心功能、心导管、超声心动图检查常用于诊断心脏疾病。

1884. ABCDE　1885. ABCDE　1886. ABCDE　①中年男性，先有腰痛后出现下肢放射痛，直腿抬高试验阳性，应诊断为腰椎间盘突出症(E)。强直性脊柱炎可累及骶髂关节和脊柱，不会出现下肢放射性疼痛。腰椎骨折不会经 1 周理疗即可缓解。类风湿关节炎常对称性累及双侧手足小关节。患者无低热、盗汗等结核中毒症状，故不答 D。②对腰椎间盘突出症最有价值的检查是 MRI，其次为 CT，所给选项中无 MRI，故选 CT 作为最佳答案(D)。电生理检查常用于诊断外周神经损伤。X 线片、B 超检查对本病的诊断价值不大。核素扫描常用于诊断恶性肿瘤骨转移。③对于年龄较轻，初次发作的腰椎间盘突出症一般采用卧床休息、牵引等非手术治疗，故答 E 而不是 B、D。手术治疗仅用于症状严重，反复发作，非手术治疗无效者。应用非甾体抗炎药只能对症止痛，故不答 C。

1887. ABCDE　中央型腰椎间盘突出症患者出现尿便障碍，说明马尾神经受压，为手术治疗的指征，因为椎管在马尾平面变得较宽大，马尾受压说明椎间盘突出严重，应急诊手术治疗(C)。

1888. ABCDE　1889. ABCDE　1890. ABCDE　①对于腰椎间盘突出症，X 线片不能直接反应是否存在椎间盘突出，虽然可见脊柱侧凸，椎体边缘增生及椎间隙变窄等退行性改变，但这些均属于间接证据，不能作为其诊断依据(D)。②腰椎结核导致椎体破坏后可形成寒性脓肿，当椎旁脓肿积聚至一定程度后，压力增高，突破骨膜，积聚在腰大肌鞘内，形成腰大肌脓肿。在腰椎正位片上，可表现为一侧腰大肌阴影模糊或腰大肌阴影增宽、饱满或局限隆起(A)。③边缘型腰椎结核的 X 线片常表现为椎体边缘骨质破坏，椎间盘受累，椎间隙进行性变窄(A)。④腰椎骨折 X 线片常表现为椎体变形压缩、脱位，生理性前凸消失。腰椎骨关节炎常表现为局部软组织肿胀,椎间隙变窄,椎体边缘骨质增生。颈椎病X线片常表现为颈椎生理前凸消失,椎间隙变窄,椎体前、后缘骨质增生。

1891. ABCDE ①80%的腰椎间盘突出症可经非手术治疗痊愈。对于初次发作,病程较短的患者,应首选非手术治疗,A、B、C、D均属于非手术治疗措施。②腰椎间盘突出症手术治疗的指征为非手术治疗无效者;马尾神经受压者。患者无大小便功能障碍,说明无马尾受压,不宜手术治疗(E错)。

1892. ABCDE 急性化脓性骨髓炎最常见的致病菌是金黄色葡萄球菌(约占75%),其次是乙型溶血性链球菌(约占10%)、大肠埃希菌、流感嗜血杆菌、产气荚膜杆菌、肺炎球菌、白色葡萄球菌等。

1893. ABCDE 急性血源性骨髓炎好发于儿童,12岁以下的儿童占80%。长骨干骺端为好发部位,因为儿童干骺端的骨滋养动脉在此处为终末端,血流缓慢,经血液循环播散的细菌易于在此停留。

1894. ABCDE 儿童化脓性骨髓炎好发于长骨干骺端,细菌首先在干骺端的骨松质内繁殖,引起局部急性炎症反应,而后白细胞坏死释放溶蛋白酶破坏骨基质形成脓肿,脓肿可向骨干髓腔蔓延,因为小儿骨骺板抵抗力较强,不易通过,所以脓液多流入骨髓腔,使骨髓腔受累,导致化脓性骨髓炎(A)。

1895. ABCDE ①急性化脓性骨髓炎最具早期诊断价值的检查是局部脓肿分层穿刺涂片+细菌培养,若抽出脓液即可确诊(E)。②B超、白细胞计数对急性骨髓炎的诊断价值不大。CT检查无早期诊断价值。X线片在起病2周内往往无异常发现,故不能用于急性骨髓炎的早期诊断。

1896. ABCDE ①患儿左胫骨近端骨髓炎,窦道流脓,X线片示大块死骨,有新生骨和包壳形成,应诊断为慢性骨髓炎。其治疗以手术为主,应行病灶清除术,即清除死骨、炎性肉芽组织,消灭无效腔(A)。②抗生素常用于慢性骨髓炎急性发作期的治疗,故不答B、D。石膏固定是预防病理性骨折的措施,故不答C。仅作窦道刮除术而不作病灶清除术,则慢性骨髓炎不会痊愈。

1897. ABCDE ①急性化脓性骨髓炎起病14天内X线检查常为阴性,早期X线片常表现为层状骨膜反应与干骺端骨质疏松,晚期可出现干骺端虫蛀样骨质破坏,具有诊断价值(A)。②B、C、D无特异性,对急性骨髓炎具有辅助诊断价值。"皮肤窦道有死骨排出"为慢性骨髓炎的特点。

1898. ABCDE ①患儿突发寒战高热,右膝下方剧痛,右小腿近端皮温高,干骺端分层穿刺阳性,应诊断为急性血源性骨髓炎。②急性血源性骨髓炎最常见的致病菌为金黄色葡萄球菌(约占75%),其次是乙型溶血性链球菌(约占10%),其他细菌少见,故答B。

1899. ABCDE ①患儿高热,白细胞计数显著增高,应考虑化脓性感染性疾病,故可首先排除A、B、D。②患儿右胫骨上端肿胀压痛,核素扫描显示右胫骨上端有浓聚区,说明病变部位在干骺端而不在膝关节,应诊断为急性化脓性骨髓炎而不是化脓性关节炎,故答C而不是E。

1900. ABCDE ①患儿寒战高热,全身中毒症状明显,可首先排除A、C、E。慢性骨髓炎若不急性发作,不会出现寒战高热。②急性化脓性关节炎和急性血源性骨髓炎都可突发寒战高热,膝部剧痛,不敢活动。前者常有膝关节处明显肿胀,后者常无明显肿胀,故答D而不是B。

1901. ABCDE ①治疗急性化脓性骨髓炎时,应行患肢制动,作皮肤牵引或石膏托外固定,以减轻疼痛、防止关节挛缩及病理性骨折(A对)。②患者常有寒战高热,机体消耗很大,应加强营养,纠正水、电解质平衡紊乱,可间隔1~2天输给少量新鲜血液。③确诊后立即根据经验,选用敏感抗生素足量联合应用。待脓液细菌培养+药敏试验结果出来后,根据结果选用敏感抗生素。在体温下降后需继续用药4周,即连续使用3~6周。④行局部脓肿分层穿刺抽到骨膜下脓液时,表明脓肿已形成,应及时切开引流,否则延迟的手术只能达到引流的目的,并不能阻止急性骨髓炎向慢性阶段演变。

1902. ABCDE ①急性骨髓炎是化脓性细菌引起的骨组织炎症,一旦确诊,应立即开始足量抗生素治疗。②若抗生素治疗48~72小时仍不能控制局部症状,应行手术治疗。B、D、E均为辅助治疗措施。

1903. ABCDE ①儿童运动后膝关节疼痛,局部压痛,高热,外周血白细胞计数显著增高,且中性粒细胞比例增高,应考虑为急性化脓性细菌感染,故答B。急性血源性骨髓炎早期(发病2周内)X线检查常为阴性。②A、C、E均不会出现全身中毒症状。根据题干所述,病变部位在膝关节,不能诊断为急性蜂窝织炎，故不答 D。

1904. ABCDE　1905. ABCDE　1906. ABCDE　①患儿突发寒战高热，应首先排除骨结核、骨肿瘤。患儿左大腿下端（干骺端）深压痛，白细胞计数增高，应诊断为急性化脓性骨髓炎（C）。慢性化脓性骨髓炎如不急性发作，不会出现寒战高热，故不答 D。风湿热多累及关节，导致风湿性关节炎，而不是风湿性骨髓炎。②急性化脓性骨髓炎最有诊断意义的检查是局部脓肿分层穿刺，若抽出脓液即可确诊。X 线片、CT 检查均无早期诊断价值。血常规检查无特异性。局部活检常用于诊断骨肿瘤。③急性化脓性骨髓炎一旦确诊，应立即静脉滴注足量有效抗生素治疗。A、C、D、E 均为辅助治疗措施。

1907. ABCDE　1908. ABCDE　1909. ABCDE　①患儿高热，白细胞计数和中性粒细胞比例显著增高，说明全身中毒症状严重，可首先排除骨结核、骨肉瘤。患儿右大腿下段局限性压痛，而膝关节无明显肿胀，说明病变部位在干骺端而不在膝关节，应诊断为急性血源性骨髓炎而不是化脓性关节炎，故答 E 而不是 B。急性蜂窝织炎可有局部红肿热痛，但不会影响关节活动，故不答 A。②急性血源性骨髓炎最有诊断价值的检查是局部脓肿分层穿刺，若抽出脓液即可确诊（B）。MRI、核素骨扫描虽然具有早期诊断价值，但特异性不如局部脓肿分层穿刺，故不答 A、E。X 线片、CT 检查均无早期诊断价值。③急性血源性骨髓炎一旦确诊，应立即开始联合足量抗生素治疗。若 48～72 小时不能控制局部症状，应行手术治疗。钻孔引流、开窗减压为其手术方法。病灶清除术为慢性骨髓炎的手术方法。休息制动为急性骨髓炎的辅助治疗措施。

1910. ABCDE　①患儿高热，左膝剧痛，红肿热及压痛，说明为急性化脓性感染，X 线片示膝关节间隙增宽，应诊断为急性化脓性膝关节炎（D）。②A、B、C、E 均不会出现高热等严重中毒症状。

1911. ABCDE　①患儿突发寒战高热，白细胞总数和中性粒细胞比例增高，说明感染中毒症状严重，故可首先排除 A、B、D。②患儿左膝关节局部肿胀明显，浮髌试验阳性，说明病变部位在膝关节而不是干骺端，故应诊断为急性化脓性关节炎而不是急性血源性骨髓炎，故答 E。

1912. ABCDE　①早期化脓性关节炎最有价值的诊断是关节腔穿刺+关节液检查，如果关节腔穿刺抽出脓液可确诊（D）。②关节活动度检查无特异性。化脓性关节炎 X 线表现出现较晚，不能作为早期诊断依据。MRI 是急性血源性骨髓炎的早期诊断方法。手术探查创伤大，不宜采用。

1913. ABCDE　①化脓性关节炎的治疗包括合理有效的使用抗生素、及时引流和功能锻炼等。抗生素的应用应早期、足量、联合、敏感。抗生素既可全身使用，也可局部注射并用，以提高局部血药浓度，改善疗效。②膝关节位置表浅，治疗早期在足量有效使用抗生素的同时，可每天作一次关节穿刺，抽出浑浊脓液后，再向关节腔内注入抗生素，直至关节积液消失、体温正常（E）。

1914. ABCDE　化脓性关节炎为关节内的化脓性感染，因此早期足量全身性使用抗生素是其治疗的基本原则。膝关节位置表浅，因此化脓性膝关节炎多采用关节腔内注射抗生素或腔内持续性灌洗。髋关节位置较深，穿刺插管难以成功，因此化脓性髋关节炎应及时切开引流（E）。

1915. ABCDE　骨与关节结核发病率最高的部位是脊柱（约占 50%），其次为膝关节、髋关节等。

1916. ABCDE　脊柱结核中，腰椎结核的发生率最高，胸椎次之，颈椎再次之，骶尾椎结核罕见。

1917. ABCDE　①在骨与关节结核中，脊柱结核最常见，约占 50%。②脊柱结核晚期常有脊柱畸形，如下胸椎结核常有脊柱后凸畸形，腰椎结核常有拾物试验阳性。③疼痛是最先出现的症状，劳累后加重，夜间休息时减轻。④就诊时 70%～80% 的脊柱结核合并有寒性脓肿，寒性脓肿是少数患者就诊的最早体征（D 对）。⑤脊柱结核患者常有低热、盗汗等结核中毒症状。

1918. ABCDE　MRI 在脊柱结核的早期炎性浸润阶段即可显示异常信号，比其他检查方法更为敏感，具有早期诊断价值（B）。注意：MRI 对骨与关节结核、膝关节结核、股骨头坏死均具有早期诊断价值。

1919. ABCDE　①脊柱结核一般先侵犯椎体后侵犯椎弓根，常表现为椎体骨质破坏，椎体压缩成楔形，导致椎间隙狭窄（D）。②B 为骨关节炎的特点，C 为强直性脊柱炎的特点，E 为脊柱转移癌的特点。

1920. ABCDE　①腰椎结核常表现为拾物试验阳性，患者从地上拾物时，不能弯腰，需挺腰屈膝屈髋下蹲才能取物，称为拾物试验阳性。②研磨(Apley)试验阳性常见于膝关节半月板损伤，直腿抬高试验阳性常见于腰椎间盘突出症，抽屉试验阳性常见于交叉韧带断裂，“4”字试验阳性见于髋关节结核。

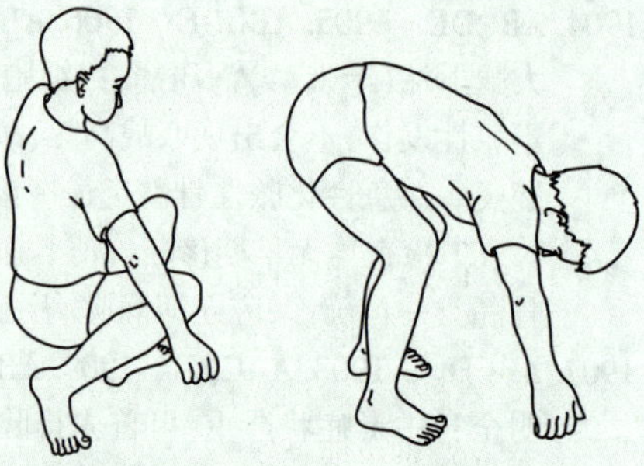

腰椎结核拾物试验阳性　　正常

1921. ABCDE ①患者低热2个月，为结核中毒症状。患者左腹股沟圆形肿物，可能为腰椎结核的寒性脓肿沿“腰大肌→髂窝→腹股沟”发展而来。边缘型腰椎结核可有腰大肌阴影增宽，椎间隙狭窄，故本例应诊断为腰椎结核(A)。②类风湿关节炎常累及手足等小关节，而不是脊柱。转移性脊柱癌可有骨质破坏，椎间隙正常，不会出现寒性脓肿。骨髓炎、骨巨细胞瘤多累及长骨干骺端，而不是脊柱。

1922. ABCDE ①边缘型脊柱结核多见于成人，病变局限于椎体的上下缘。早期可侵犯椎间盘，导致椎间隙变窄，晚期可有脊柱后突畸形。患者进行性背部疼痛，第6胸椎后突畸形，X线片示椎间隙狭窄，上下缘模糊，应诊断为边缘型胸椎结核(C)。②椎体骨软骨病好发于胸椎中段，X线片显示多个相邻椎体前缘变窄、密度增高、椎间隙狭窄。胸椎血管瘤常表现为局部疼痛及患侧肌肉痉挛，X线片检查见椎体膨胀变大、椎弓根变宽、椎板增厚。胸椎转移癌常表现为椎弓根骨质破坏，椎间隙正常。化脓性脊柱炎常表现为寒战高热，X线片示椎体虫蚀状破坏。

1923. ABCDE ①骨关节结核早期表现为单纯性滑膜结核或单纯性骨结核，其关节间隙因局部肿胀而增宽；晚期表现为全关节结核，其关节间隙因承重而狭窄。患者膝关节肿痛半年，X线片示关节间隙变窄，应诊断为全关节结核，而不是单纯性骨结核、单纯性滑膜结核。②化脓性关节炎、化脓性骨髓炎均急性起病，病程短，常表现为寒战高热，局部皮肤红肿热痛，而患者皮肤色泽正常，故不答D、E。

1924. ABCDE 1925. ABCDE ①Schober试验：患者直立时在脊柱中线与左右两侧第5腰椎棘突连线的交叉点上作一记号，再在脊柱中线距该记号10cm处作第二记号。嘱患者最大限度前屈脊柱而膝关节保持完全伸直位。在正常情况下，两点之间的距离可增加5cm以上。若增加距离<4cm，称为Schober试验阳性，见于腰椎活动减少。强直性脊柱炎常累及骶髂关节和脊柱，可导致双侧骶髂关节及下腰部疼痛，晨僵，Schober试验阳性。88%～96%的患者HLA-B27阳性。X线片示骶髂关节骨质疏松，关节边缘虫蛀样改变，关节间隙变窄，“竹节样”脊柱。根据题干，应诊断为强直性脊柱炎(D)。②脊柱结核可有低热、盗汗、消瘦等结核中毒症状，胸椎结核可有脊柱后凸畸形导致生理性前凸消失。腰椎结核可有椎体骨质破坏，寒性脓肿形成，突破骨膜后，积聚在腰大肌鞘内形成腰大肌脓肿。根据题干，应诊断为脊柱结核(E)。③脊柱肿瘤常表现为椎弓根骨质破坏，椎间隙正常。腰椎骨关节炎常表现关节间隙变窄，关节边缘骨赘形成。腰椎间盘突出症常表现为腰痛及坐骨神经痛。

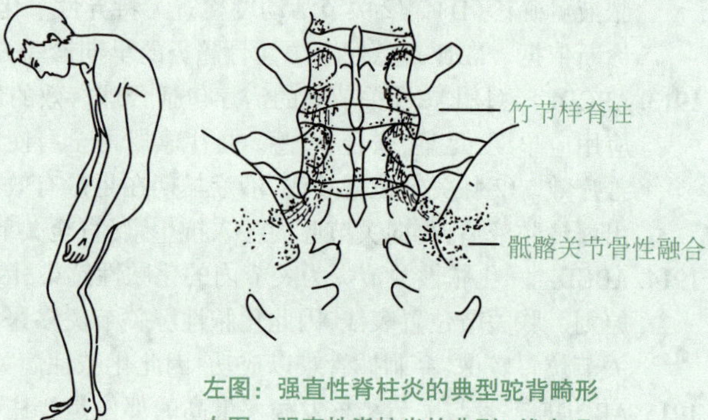

左图：强直性脊柱炎的典型驼背畸形
右图：强直性脊柱炎的典型X线表现

1926. ABCDE A、B、C、D、E均属于脊柱结核的并发症，当然截瘫为最严重的并发症(D)。脊柱结核并发截瘫的发生率约为10%，以胸椎结核最为多见，颈椎结核发生四肢瘫次之，腰椎并发马尾受压罕见。

1927. ABCDE ①骨与关节结核的手术适应证和禁忌证并不涉及患者年龄大小，故不答A。②合并其他脏器活动性结核者，不宜手术治疗，以免感染扩散。③骨与关节结核手术前均需应用抗结核药物

4~6 周,至少 2 周,故不答 C。④骨与关节结核窦道流脓经久不愈,应行病灶清除术,否则不易痊愈(D 对)。⑤全身中毒症状严重者,不宜急症手术,以免感染扩散。

1928. ABCDE ①对于骨关节结核患者,直接进入病灶部位,将脓液、死骨、结核性肉芽组织与干酪样坏死物质彻底清除,并放入抗结核药物,称为病灶清除术。为提高手术的安全性,术前需应用抗结核药物 4~6 周,至少 2 周。术后继续行抗结核治疗。②死骨形成后再手术为慢性骨髓炎的特点。

1929. ABCDE　1930. ABCDE ①寒性脓肿为结核分枝杆菌所致的特异性感染,故本例应诊断为胸椎结核(C)。胸椎骨折常有外伤史,但无寒性脓肿。脊柱转移癌一般先侵犯椎弓根,再侵犯椎体,故椎间隙正常。脊柱骨髓炎常表现为寒战高热,腰背痛,起病急,病程短,无寒性脓肿形成。强直性脊柱炎常先累及骶髂关节,后累及脊柱,X 线片示竹节样脊椎。②"骨与关节结核有明显死骨及大脓肿形成",为结核病灶清除术的指征,患者合并椎体骨质破坏,死骨形成及椎旁寒性脓肿,应行病灶清除术。为提高手术的安全性,术前均需应用抗结核药物 4~6 周,至少 2 周,故答 D 而不是 C。A 为一般性治疗措施。骨关节结核为结核分枝杆菌感染所致,无需使用抗生素和抗肿瘤药物。

1931. ABCDE　1932. ABCDE ①患者低热、盗汗、乏力,应考虑为结核中毒症状。患者腰痛,腰椎叩痛,拾物试验阳性,应诊断为腰椎结核。腰椎结核 X 线片常表现为骨质破坏和椎间隙狭窄;中心型椎体结核可有椎体中央骨质模糊,椎体压缩成楔状;腰大肌脓肿可表现为腰大肌阴影模糊或增宽;晚期可有腰椎后凸畸形。"腰椎边缘大量骨质增生"为骨关节炎的典型 X 线表现(E 错)。②腰椎结核患者腰肌痉挛,说明合并腰大肌脓肿,应行结核病灶清除术。为提高手术的安全性,术前均需应用抗结核药物至少 2 周(E)。A、D 为辅助治疗。腰椎结核的化疗不得少于 12 个月,故不答 B。

1933. ABCDE　1934. ABCDE　1935. ABCDE ①拾物试验阳性为腰椎结核的典型表现。患者进行性背痛,腰部叩痛阳性,腰椎间隙变窄,椎旁软组织阴影(寒性脓肿的 X 线表现),应诊断为腰椎结核。A、B、D、E 均不会出现椎旁软组织阴影,即寒性脓肿。②为明确腰椎结核的诊断,最有价值的检查当然是腰椎穿刺+活组织检查(A)。MRI、CT、B 超均为影像学检查,不能确诊腰椎结核。血沉测定可了解结核病是否处于活动期。③患者腰椎 X 线片示椎旁软组织影,提示寒性脓肿。腰椎结核存在寒性脓肿,应行病灶清除术,术前均需应用抗结核药物至少 2 周。因题干要求回答的是"目前最适宜的治疗",故答 A 而不是 D。B、C、E 均为一般性治疗措施。

1936. ABCDE ①年轻患者乏力、盗汗,应考虑结核中毒症状。患者腰背部疼痛,$L_{2\sim3}$ 椎间隙狭窄,应诊断为腰椎结核。患者 X 线片示腰大肌阴影增宽,提示存在寒性脓肿,应行结核病灶清除术。为提高手术的安全性,术前均需应用抗结核药物 4~6 周,至少 2 周,故答 A 而不是 E。②腰椎结核不是普通细菌感染所致,不能使用普通抗炎药物治疗,故不答 B。C、D 为辅助治疗措施,无特异性。

1937. ABCDE ①髋关节结核以儿童多见(A 对),单侧发病居多,双侧髋关节受累少见,约为 1/500。髋关节结核为结核分枝杆菌引起的特异性感染,可导致寒性脓肿。②"4"字试验包括髋关节屈曲、外

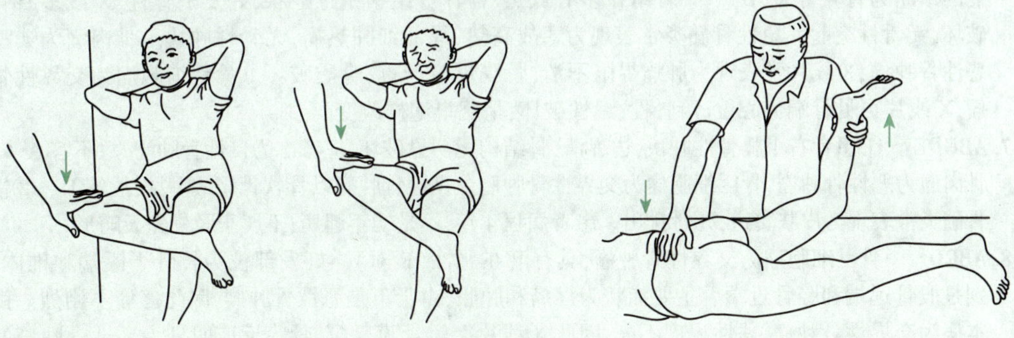

"4"字试验阴性　　"4"字试验阳性　　髋关节过伸试验

展、外旋三种运动。检查时让患儿平卧于检查桌上，蜷其患肢，将外踝置于健侧肢髌骨上方，检查者用手下压其患侧膝部，若患髋出现疼痛而使膝部不能接触床面即为阳性，常见于髋关节结核。③髋关节过伸试验：患儿俯卧位，检查者一手按住骨盆，另一手握住踝部把下肢提起，直到骨盆开始从床面升起为止。同样试验对侧髋关节，两侧对比，可以发现患侧髋关节在后伸时有抗拒感，因而后伸的范围不如正常侧大。正常侧可以有 10°后伸。髋关节过伸试验阳性常见于髋关节结核。

1938. ABCDE ①髋关节结核以儿童多见，单侧性居多。早期病变以单纯性滑膜结核多见（B 错）。②典型病例有跛行和患髋疼痛，可放射至膝部，患儿常诉同侧膝关节内侧疼痛，因而易误诊为膝关节疾病。③髋关节结核患儿"4"字征常阳性。④早期由于局部肿胀，髋关节间隙增宽，随着病情发展，由于承重关系，髋关节间隙进行性变窄。

1939. ABCDE ①患者有低热盗汗、食欲不振，应考虑为结核中毒症状。患者左髋部疼痛，跛行，关节间隙变窄，Thomas 征阳性，应诊断为髋关节结核（B）。②股骨头坏死可有髋部疼痛，跛行，Thomas 征阳性，但无低热、盗汗等结核中毒症状，X 线片示股骨头密度增高，骨骺破裂变形。急性骨髓炎好发于长骨的干骺端而不是髋关节，常表现为寒战高热，髋关节间隙增宽。骨关节炎常表现为局部疼痛，X 线片示关节间隙变窄，关节边缘骨赘形成。急性化脓性关节炎常表现为寒战高热，髋关节屈曲、外展、外旋位，X 线片示关节间隙增宽。

1940. ABCDE 1941. ABCDE ①伸肌腱牵拉试验（Mills 征）是指伸肘、握拳、屈腕，然后前臂旋前，此时肘外侧出现疼痛为阳性，常见于肱骨外上髁炎，即网球肘（E）。②托马斯（Thomas）征阳性用来检查髋关节有无屈曲畸形，常见于髋关节结核。患者平卧于检查床上，检查者将其健侧髋、膝关节完全屈曲，使膝部贴住或尽可能贴近前胸，此时腰椎前凸完全消失而腰背平贴于床面。若患髋存在屈曲畸形，即能一目了然，根据大腿与床面所成角度，判定屈曲畸形为多少（D）。③Froment 征阳性常见于尺神经损伤。Dugas 征阳性常见于肩关节脱位。Eaton 试验阳性常见于神经根型颈椎病。

1942. ABCDE 骨软骨瘤好发于长骨干骺端，如股骨远端、胫骨近端、肱骨近端（B）。

1943. ABCDE 骨软骨瘤是一种常见的、软骨源性的良性肿瘤，在干骺端可见从皮质突向软组织的骨性突起。其皮质和松质骨以蒂与正常骨相连，彼此髓腔相通，皮质相连续，突起表面为软骨帽。可见骨软骨瘤的骨质与正常组织无异，生长方向不同，呈外向性生长（B）。

1944. ABCDE ①骨软骨瘤属良性骨肿瘤，一般无症状，骨性包块生长缓慢（A 对）。②因骨软骨瘤属于良性肿瘤，故肿物与周围界限清楚，X 线无明显骨膜反应，皮肤表面无静脉怒张，生长缓慢，无疼痛。

1945. ABCDE ①患者骨肿瘤生长缓慢，无明显疼痛，X 线片示股骨干骺端杵状肿块，边缘清楚，应考虑良性骨肿瘤，可首先排除恶性、交界性骨肿瘤，故不答 A、B、C。②骨软骨瘤、骨样骨瘤均属于良性骨肿瘤，前者主要表现为骨性肿块、无痛，后者主要表现为疼痛，故答 D 而不是 E。

1946. ABCDE ①患者左股骨干骺端有一外生性骨性包块，边界清楚，无痛，为良性骨肿瘤的特点，最可能的诊断为骨软骨瘤（D）。②骨结核多有低热、盗汗等结核中毒症状，好发于脊柱，X 线多有骨质破坏，无骨性突起。急性骨髓炎常表现为寒战高热，局部红肿热痛，无骨性肿块。骨肉瘤为典型的恶性骨肿瘤，X 线片常表现为肿瘤界限不清，骨膜反应严重，骨质破坏。骨巨细胞瘤为交界性骨肿瘤，X 线片可见骨端偏心位、溶骨性、囊性破坏，呈肥皂泡样改变。

1947. ABCDE ①患者右小腿骨性肿块，边界清，骨结构无明显破坏，应考虑为良性骨肿瘤，故不答 A、C，因骨肉瘤为恶性骨肿瘤，骨巨细胞瘤为交界性骨肿瘤。良性骨肿瘤以骨软骨瘤最多见，故答 D。②慢性骨髓炎常表现为皮肤窦道，死骨排出。患者病程 4 年，不是幼年起病，不属于胫骨先天畸形。

1948. ABCDE 骨巨细胞瘤为交界性骨肿瘤，具有潜在恶性（E 对）。好发部位为长骨干骺端和椎体，特别是股骨远端和胫骨近端。主要症状为疼痛和肿胀，由于不是恶性骨肿瘤，因此疼痛不剧烈。由于本病为交界性骨肿瘤，恶性程度不高，因此 X 线片上无骨膜反应，骨膜反应明显为恶性骨肿瘤的特点。本病好发年龄为 20~40 岁，女性略多。

1949. ABCDE　骨巨细胞瘤的好发年龄是 20~40 岁。

1950. ABCDE　1951. ABCDE　①骨巨细胞瘤好发于长骨干骺端，X 线表现为骨端偏心位、溶骨性、囊性骨质破坏，而无骨膜反应，肥皂泡样改变为骨巨细胞瘤的特点。根据题干，本例应诊断为骨巨细胞瘤(B)。②患者左膝内侧骨性包块，与正常组织分界清楚，应考虑为良性骨肿瘤，以骨软骨瘤最多见(A)。③骨肉瘤 X 线常表现为骨质破坏，Codman 三角。骨转移性癌 X 线常表现为溶骨性改变。骨囊肿 X 线常表现为干骺端圆形或椭圆形界限清楚的溶骨性病灶。

1952. ABCDE　1953. ABCDE　①外生性骨性病损为骨软骨瘤的特征(C)。②Codman 三角为恶性骨肿瘤的特征性 X 线表现，骨肉瘤是最常见的恶性骨肿瘤，故答 E。③A 为骨巨细胞瘤的 X 线表现，B 为软骨肉瘤的 X 线表现，D 为尤因肉瘤的 X 线表现。

1954. ABCDE　1955. ABCDE　1956. ABCDE　①X 线片示"肥皂泡样阴影"为骨巨细胞瘤的特点，故本例应诊断为骨巨细胞瘤(E)。骨结核常表现为低热盗汗，X 线片示骨质破坏及椎间隙或关节间隙狭窄。急性骨髓炎常表现为畏寒高热，局部红肿疼痛，2 周内 X 线片无阳性征象。骨肉瘤为恶性骨肿瘤，X 线片示 Codman 三角。骨软骨瘤常表现为骨性突起。②骨巨细胞瘤为交界性骨肿瘤，应以手术治疗为主，常采用病灶刮除术+灭活处理，再植入自体或异体骨或骨水泥(C)。本病对放化疗不敏感，不宜使用。本病为交界性肿瘤，不宜作截肢手术，单纯性截肢手术常用于治疗骨肉瘤。骨巨细胞瘤无需使用抗生素及抗结核药物。③骨肉瘤对化疗较敏感，因此术前术后均需化学治疗，常采用"化疗→肿瘤切除→化疗"的治疗方案。

1957. ABCDE　①X 线片呈"日光射线"形态，为骨肉瘤的特征，故本例应诊断为骨肉瘤。②骨巨细胞瘤 X 线片多呈肥皂泡样改变。骨软骨瘤 X 线片常表现为外生性骨性突起。骨结核 X 线片常表现为骨质破坏及椎间隙狭窄。骨囊肿 X 线片常表现为干骺端圆形或椭圆形界限清楚的溶骨性病灶。

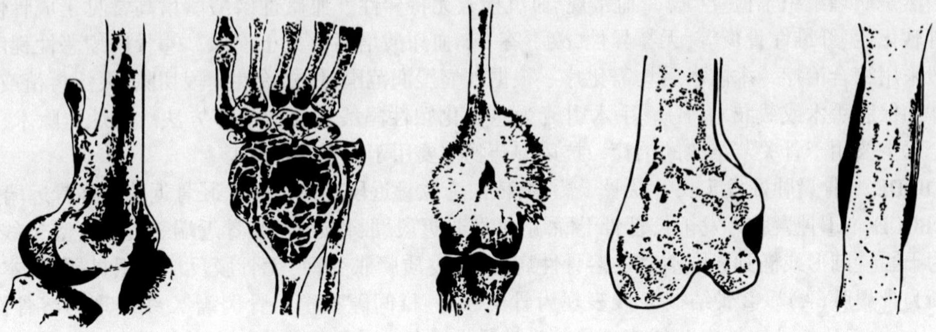

骨软骨瘤　　骨巨细胞瘤　　骨肉瘤　　软骨肉瘤　　尤文肉瘤

1958. ABCDE　①X 线片示右股骨下端溶骨性破坏，伴有骨膜反应(Codman 三角)，为骨肉瘤的特征，故本例应诊断为骨肉瘤(B)。血清碱性磷酸酶明显增高常见于成骨性肿瘤，如骨肉瘤。②转移性骨肿瘤好发于躯干骨，常表现为溶骨性改变。急性骨髓炎常表现为寒战高热，长骨干骺端疼痛。骨结核多见于脊柱，X 线片可见骨质破坏、椎间隙狭窄。骨巨细胞瘤 X 线片多呈"肥皂泡样改变"。

1959. ABCDE　1960. ABCDE　①X 线片显示"日光放射状"骨膜反应(Codman 三角)，常提示恶性骨肿瘤，多见于骨肉瘤(D)。②骨囊肿 X 线片常表现为干骺端圆形或椭圆形界限清楚的溶骨性病灶，骨皮质变薄，无硬化性边缘，无骨膜反应(A)。③骨巨细胞瘤 X 线片多呈"肥皂泡样改变"。骨软骨瘤 X 线片常表现为外生性骨性突起。骨纤维异常增殖症 X 线片示磨砂玻璃样改变。

1961. ABCDE　1962. ABCDE　①血碱性磷酸酶主要反映成骨活动，成骨性肿瘤如骨肉瘤患者血清碱性磷酸酶可明显升高(C)。②机体内的钙 99%贮存于骨骼中，因此当骨质破坏时，可释放出大量钙离子，使血钙升高。如广泛溶骨性转移性骨肿瘤血钙往往升高(A)。③血磷升高常见于急性肾衰竭、甲状旁腺功能低下等。血清酸性磷酸酶增高常见于前列腺癌、原发性骨肿瘤等。血清总蛋白浓度升高常见于血液浓缩、严重脱水、休克、饮水不足等。

1963. ABCDE　1964. ABCDE　①骨肉瘤是最常见的恶性骨肿瘤，故需根治性切除。因对化疗较敏感，因此术前、术后均应化学治疗。骨肉瘤对放疗不敏感，故不答 B、E，A、C 有片面性，故答 D。②骨巨细胞瘤为交界性骨肿瘤，以手术治疗为主(C)。本病对放化疗均不敏感，故不答 A、B、D、E。

1965. ABCDE　1966. ABCDE　1967. ABCDE　①确诊骨肿瘤的检查当然首选骨组织活检(C)。CT、MRI、B 超、核素扫描均为影像学检查，不能确诊骨肿瘤。②X 线片见左胫骨近端呈溶骨性破坏，日光放射状骨膜反应，为骨肉瘤的特征性表现，故本例应诊断为骨肉瘤(D)。骨囊肿 X 线表现为干骺端圆形或椭圆形界限清楚的溶骨性病灶，无骨膜反应。骨巨细胞瘤 X 线表现为肥皂泡样改变。急性骨髓炎常表现为寒战高热，长骨干骺端疼痛，早期 X 线检查常为阴性。骨结核好发于脊柱，X 线片可见骨质破坏、椎间隙狭窄。③骨肉瘤是典型的恶性骨肿瘤，故应行根治性切除瘤段、植入假体的保肢手术或截肢手术。因骨肉瘤对化疗敏感，故术前术后均应行化学治疗。

1968. ABCDE　1969. ABCDE　1970. ABCDE　1971. ABCDE　①骨肿瘤好发于长骨干骺端，即股骨下端、胫骨上端。恶性骨肿瘤常表现为持续性疼痛、消瘦、皮温高，静脉怒张，故本例恶性骨肿瘤的可能性较大，恶性骨肿瘤以骨肉瘤最常见(E)。急性骨髓炎常表现为寒战高热，起病急，发展快，一般不会持续 2 个月。骨结核常表现为低热盗汗，不会出现皮温高，静脉怒张。风湿性关节炎常表现为游走性大关节炎，不会出现皮温增高。骨关节炎多见于中老年，常表现为膝关节疼痛，关节肿胀，关节积液，活动受限。②骨肉瘤是典型的恶性骨肿瘤，X 线片可见 Codman 三角或日光放射样改变(E)。磨砂玻璃样改变为骨纤维发育不良的特点。葱皮样改变为尤因肉瘤的特点。肥皂泡样改变为骨巨细胞瘤的特点。骨性突起呈蒂状改变，为骨软骨瘤的特点。③为明确骨肿瘤的诊断，最可靠的依据当然是病理组织学检查(E)。血常规、血沉检查无特异性。血碱性磷酸酶增高常见于成骨性肿瘤、骨软化症、纤维性骨炎等，无特异性，故不答 C。血尿酸增高常见于痛风。④骨肉瘤恶性程度高，一般采用综合治疗。术前术后均需化疗。根据肿瘤浸润范围，作根治性瘤段切除、灭活再植或置入假体的保肢手术或截肢术(E)。手术引流为急性化脓性髋关节炎的治疗方法。病灶清除术、关节融合术主要用于骨关节结核的治疗。抗风湿药物主要用于风湿病的治疗。

1972. ABCDE　骨囊肿好发于长管状骨干骺端，依次为肱骨近段、股骨近段、胫骨近端和桡骨远端。

1973. ABCDE　①骨囊肿好发于长管骨干骺端，如肱骨近段、股骨近段、胫骨近端等。其典型 X 线片表现为干骺端圆形或椭圆界限清楚的溶骨性病灶，骨皮质膨胀变薄，无骨膜反应。根据题干，本例应诊断为骨囊肿(A)。②骨结核 X 线表现为骨质破坏、椎间隙狭窄。骨肉瘤 X 线表现为溶骨性破坏、Codman 三角。骨软骨瘤 X 线表现为外生性骨性突起。骨巨细胞瘤 X 线表现为肥皂泡样改变。

1974. ABCDE　1975. ABCDE　①骨囊肿的典型 X 线片表现为干骺端圆形或椭圆界限清楚的溶骨性病灶，骨皮质膨胀变薄，无骨膜反应。根据其特殊 X 线表现，本例应诊断为骨囊肿(A)。急性骨髓炎常表现为寒战高热，局部肿痛，早期 X 线片多无异常。骨肉瘤 X 线常表现为溶骨性破坏、Codman 三角。骨软骨瘤 X 线表现为外生性骨性突起。骨巨细胞瘤 X 线表现为肥皂泡样改变。②骨囊肿可以自愈，用甲基泼尼松龙注入囊腔有一定疗效。对于保守治疗无效者，可行刮除植骨术(E)。骨囊肿为良性肿瘤，无需放化疗及截肢。本病不是感染性疾病，无需抗感染治疗。

1976. ABCDE　①动脉瘤样骨囊肿是一种从骨内向骨外膨胀性生长的骨性血性囊肿，以疼痛和肿胀为主要症状，其典型 X 线表现为膨胀性囊状溶骨性改变，偏心，边界清晰，内有骨性间隔，将囊腔分隔成蜂窝状或泡沫状。根据特征性 X 线表现，本例应诊断为动脉瘤样骨囊肿(C)。②骨囊肿的典型 X 线表现为干骺端圆形或椭圆界限清楚的溶骨性病灶，骨皮质膨胀变薄，无骨膜反应，无骨性间隔。骨纤维异样增殖症 X 线表现为磨砂玻璃样改变。内生性软骨瘤的典型 X 线表现为局限性分叶状、膨胀性、椭圆形透明阴影，位于骨中央，骨皮质变薄，肿瘤周围有增生硬化，阴影内可见斑点状钙化影。骨肉瘤 X 线表现为溶骨性破坏,Codman 三角。

1977. ABCDE　骨纤维异样增殖症现已改称骨纤维发育不良,其典型 X 线表现为受累骨骼膨胀变粗,密质骨变薄,髓腔扩大呈磨砂玻璃样,界限清楚。根据题干,本例应诊断为骨纤维异样增殖症(E)。

1978. ABCDE　乳腺癌易发生腰椎转移。患者 1 年前因乳腺癌手术治疗,现出现进行性腰痛,应考虑乳腺癌腰椎转移。为明确诊断,首选核素骨扫描检查。核素骨扫描是检测转移性骨肿瘤的敏感方法。

1979. ABCDE　**1980. ABCDE**　A 为慢性骨髓炎的 X 线表现,B 为骨巨细胞瘤的 X 线表现,C 为骨肉瘤的 X 线表现,D 为尤因肉瘤的 X 线表现,E 为骨囊肿的 X 线表现。

第十九篇 妇产科学试题答案及详细解答

（正确答案为绿色的选项）

1. ABCDE ①大阴唇的脂肪中含有丰富的静脉，若受外伤，容易形成血肿（C）。②阴阜、阴蒂、大阴唇、小阴唇均属于外阴。会阴是指阴道口与肛门之间的软组织。

2. ABCDE ①大阴唇的脂肪中含有较多的静脉，因此外阴部受伤，容易发生血肿（C）。②小阴唇位于两侧大阴唇内侧，不易裂伤。处女膜常因性交或剧烈运动而破裂，但外伤性破裂少见。阴道前庭位于小阴唇内侧，也不易受伤。前庭大腺肿大常见于腺管口闭塞。

3. ABCDE ①阴阜为耻骨联合前方的皮肤隆起，皮下脂肪组织丰富。大阴唇皮下为疏松结缔组织和脂肪组织，含丰富血管、淋巴管和神经。阴蒂与男性阴茎同源，由海绵体构成，可勃起。②小阴唇是位于两侧大阴唇内侧的一对皮肤皱襞，表面湿润。大阴唇为两股内侧一对纵形皮肤皱襞，内侧面湿润似黏膜，外侧面为皮肤（D 错）。③阴道前庭为一菱形区域，前为阴蒂，后为阴唇系带，两侧为小阴唇。

4. ABCDE ①子宫韧带共有 4 对，即圆韧带、阔韧带、主韧带和宫骶韧带。②子宫颈与阴道间的圆周状隐窝，称为阴道穹隆，按其位置分为前、后、左、右 4 部分，其中以后穹隆最深。③子宫内膜分为功能层和基底层，功能层受卵巢性激素的影响，可发生周期性变化，基底层不受性激素影响，不发生周期性变化。④子宫峡部非孕期长约 1cm。⑤在子宫后面，腹膜沿子宫壁向下，至子宫颈后方及阴道后穹隆再折向直肠，形成直肠子宫凹陷，此为站立位时腹膜腔的最低位置（E 对）。

5. ABCDE ①卵巢内侧（子宫端）以卵巢固有韧带与子宫相连，卵巢外侧（盆壁端）以卵巢悬韧带与盆壁相连。②子宫圆韧带起自宫角前面、输卵管近端的稍下方，经腹股沟管止于大阴唇前端。宫骶韧带起自宫体宫颈交界处，向两侧绕过直肠达第 2、3 骶椎前面的筋膜。卵巢悬韧带又称骨盆漏斗韧带，位于子宫阔韧带中。子宫主韧带又称宫颈横韧带，在阔韧带下部，横行于宫颈两侧和骨盆侧壁之间。

6. ABCDE 子宫韧带共 4 对，即圆韧带、阔韧带、主韧带和宫骶韧带。①子宫主韧带：又称宫颈横韧带，在阔韧带下部，横行于宫颈两侧和骨盆侧壁之间，是固定宫颈位置、防止子宫下垂的主要结构（C）；②子宫圆韧带：起自宫角前面、输卵管近端的稍下方，经腹股沟管止于大阴唇前端，是维持子宫呈前倾位的韧带；③子宫阔韧带：位于子宫两侧呈翼状的双层腹膜皱襞，是限制子宫向两侧倾斜的韧带；④宫骶韧带：起自宫体宫颈交界处，向两侧绕过直肠达第 2、3 骶椎前面的筋膜，可向后向上牵引宫颈，维持子宫前倾位置。腹股沟韧带不属于子宫的固定装置。维持子宫前倾的是子宫圆韧带、宫骶韧带，记忆为钱（前）是圆的（骶）；防止子宫下垂的是子宫主韧带，记忆为下到地狱之后，在那里大叫"主啊，救救我吧"。

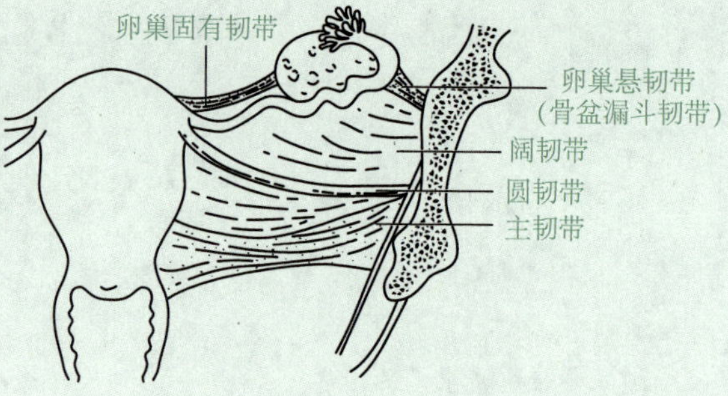

子宫各韧带（宫骶韧带未显示）

7. ABCDE ①子宫阔韧带有前后两叶，其上缘游离，内 2/3 部包裹输卵管，外 1/3 部移行为骨盆漏斗韧带或称卵巢悬韧带。骨盆漏斗韧带起自小骨盆侧缘，向内下至卵巢的上端，韧带内有卵巢动静脉穿行，它是术中寻找卵巢动、静脉的标志（E）。②A、B、C 都是固定子宫的韧带，但无卵巢动静脉穿行。

8. ABCDE　①圆韧带、阔韧带、主韧带都是固定子宫的韧带，当行全子宫切除时，当然都要切断。②卵巢悬韧带和卵巢固有韧带都是固定卵巢的韧带。卵巢悬韧带（骨盆漏斗韧带）在子宫阔韧带中走行，在行全子宫+双附件切除时，将会被切断。③卵巢固有韧带自卵巢下端连至输卵管与子宫结合处的后下方，子宫全切时，可与子宫、附件一并整块切除，无需切断（B）。

9. ABCDE　①子宫圆韧带起自子宫角的前面，经腹股沟管止于大阴唇前端。子宫阔韧带含有丰富的血管、神经、淋巴管及大量疏松结缔组织，而不是富含肌纤维，富含肌纤维的是宫骶韧带。卵巢固有韧带是卵巢的固定装置，不是维持子宫后倾的韧带。②子宫主韧带于阔韧带下部，横行于子宫颈两侧和骨盆侧壁之间（D对）。③子宫动静脉从阔韧带下部穿过。从阔韧带上部穿过的是卵巢固有韧带。

10. ABCDE　①子宫分为子宫底、子宫体、子宫颈三部。子宫体与子宫颈之间最狭窄的部分，称为子宫峡部（B对）。②子宫峡部的上端因解剖上狭窄，称为解剖学内口，其下端因在此处子宫内膜转变为宫颈黏膜，称为组织学内口。③成年女子的子宫长7~8cm，宽4~5cm，厚2~3cm。宫体与宫颈的比例因年龄而异，幼年期为1:2，成年妇女为2:1，老年期为1:1。

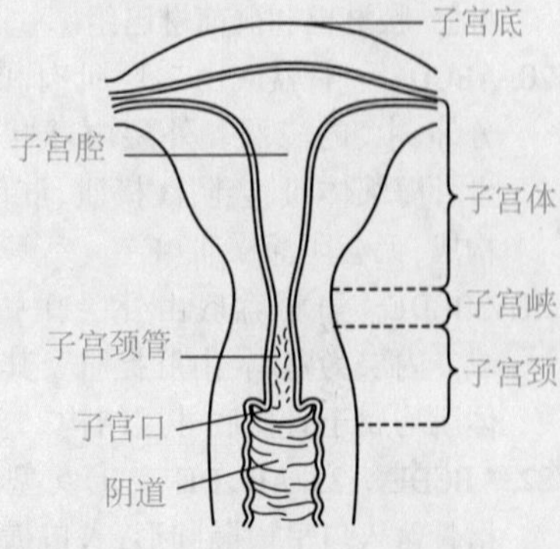

子宫的形态结构

11. ABCDE　子宫体与子宫颈之间最狭窄的部分为子宫峡部。子宫峡部上端为解剖学内口，下端为组织学内口。子宫峡部在非孕期长约1cm（B对），妊娠期逐渐变软变长变薄，扩展为宫腔的一部分，临产后伸展形成子宫下段，不会达脐平。

12. ABCDE　卵巢表面无腹膜，由单层立方上皮覆盖，称为生发上皮（E）。上皮的深面有一层致密纤维组织，称为卵巢白膜。再往内为卵巢实质，由疏松结缔组织、血管、神经、淋巴管等构成。皮质是卵巢的主体，由各级发育卵泡、黄体等组成。

13. ABCDE　育龄期妇女卵巢大小4cm×3cm×1cm，重5~6g。卵巢表面无腹膜，由单层立方上皮覆盖，称为生发上皮（C对）。上皮的深面有一层致密纤维组织，称为卵巢白膜。卵巢实质分为皮质和髓质两部分，皮质由各级发育卵泡、黄体组成，髓质由丰富的血管、神经、淋巴管等构成。

14. ABCDE　15. ABCDE　①阴道壁自内向外由黏膜、肌层和纤维组织膜构成，黏膜层由不角化的复层鳞状上皮组成（C）。②宫颈管黏膜为单层高柱状上皮，黏膜内腺体可分泌碱性黏液，形成黏液栓堵塞宫颈管（A）。③宫颈外口易发生鳞状上皮化生，是宫颈癌的好发部位。卵巢表面被覆生发上皮。

16. ABCDE　①女性生殖器的血液供应主要来自卵巢动脉、子宫动脉、阴道动脉及阴部内动脉。无髂外动脉供给（A）。髂外动脉主要供给下肢血液。②卵巢动脉起自腹主动脉，子宫动脉、阴道动脉及阴部内动脉是髂内动脉的分支。

17. ABCDE　①子宫动脉为髂内动脉的分支，在腹膜后沿骨盆侧壁向下向前行，经阔韧带基底部、宫旁组织到达子宫外侧，分布于宫底、宫体、卵巢、宫颈及阴道上段。②卵巢动脉来自腹主动脉。髂总动脉分为髂内动脉和髂外动脉。髂外动脉支配下肢的血供。肾动脉不支配子宫。

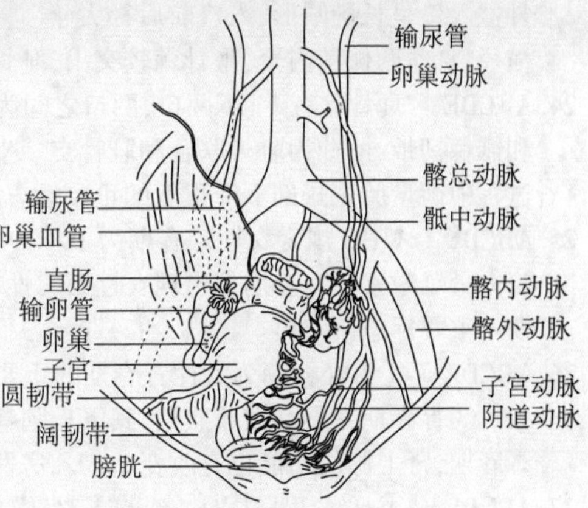

盆腔动脉血管

18. ABCDE　①卵巢静脉起自卵巢静脉丛，在卵巢悬韧带内上行，合成卵巢静脉，左侧以直角注入左肾静脉（D），右侧以锐角注入下腔静脉。②髂总静脉由髂内静脉和髂外静脉汇合而成。在下腹部，与腹主动脉伴行的是下腔静脉而不是腹主静脉。

19. ABCDE ①宫颈淋巴大部分汇入髂内淋巴结及闭孔淋巴结(A 错)。宫体两侧淋巴沿圆韧带汇入腹股沟浅淋巴结。②阴道下段淋巴主要汇入腹股沟浅淋巴结。阴道上段淋巴大部分汇入髂内淋巴结及闭孔淋巴结,小部分汇入髂外淋巴结,并经宫骶韧带汇入骶前淋巴结。③女性内生殖器淋巴分为髂淋巴、腰淋巴和骶前淋巴组。

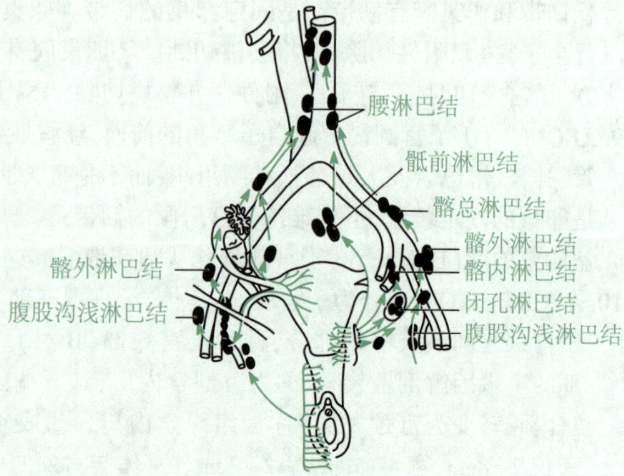

女性生殖器淋巴流向

20. ABCDE 骨盆底由多层肌肉和筋膜构成,分外、中、内三层。外层由球状海绵体肌、坐骨海绵体肌、会阴浅横肌、肛门外括约肌构成,无会阴深横肌(E)。

21. ABCDE ①骨盆底由外层、中层和内层组成。内层为盆膈,由肛提肌及其内、外面各覆一层筋膜组成。②肛门外括约肌、球海绵体肌、坐骨海绵体肌均属于骨盆底外层结构。会阴深横肌为骨盆底中层结构。

22. ABCDE 23. ABCDE ①女型骨盆是指骨盆入口呈横椭圆形,入口横径较前后径稍长,骨盆侧壁直,坐骨棘不突出,耻骨弓较宽(A)。②单纯扁平型骨盆是指骨盆入口呈扁椭圆形,前后径短而横径正常,耻骨弓宽,骶岬向前下凸出,骶骨失去正常弯度,变直向后翘(C)。③男型骨盆是指骨盆入口略呈三角形,两侧壁内聚,坐骨棘突出,耻骨弓较窄,骶骨较直而前倾,致出口后矢状径较短,骨盆呈漏斗形。类人猿型骨盆是指骨盆入口呈长椭圆形,入口前后径大于横径,骨盆两侧稍内聚,坐骨棘较突出,耻骨弓较窄。

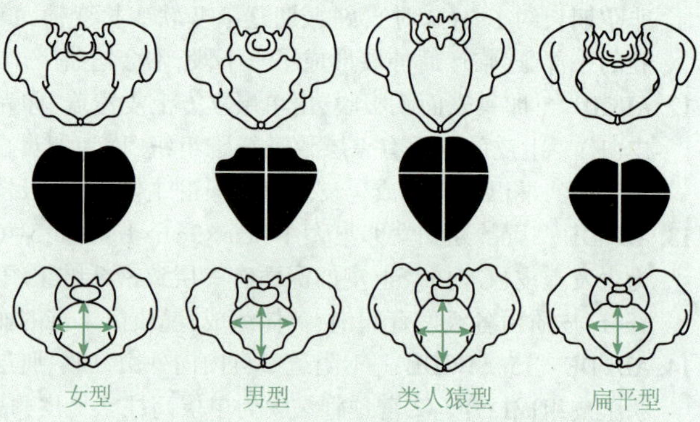

四种基本骨盆

24. ABCDE 真骨盆有上、下两口,两口之间为骨盆腔。骨盆腔后壁是骶骨和尾骨,两侧为坐骨、坐骨棘和骶棘韧带,前壁为耻骨联合和耻骨支。坐骨棘位于真骨盆中部,在肛诊或阴道诊时可触及,是分娩过程中衡量胎先露部下降程度的重要标志(B)。

25. ABCDE WHO 规定女性青春期为 10~19 岁。在青春期,卵巢增大,功能增强,卵泡发育过程中可分泌大量雌激素。青春期可出现女性第二性征,并不是开始出现女性第二性征。月经初潮为女性青春期的重要标志(E 对)。注意:乳房发育为青春期发动的标志,为女性第二性征的最初特征。

26. ABCDE ①月经初潮为女性青春期的重要标志(A 对)。②女性青春期,在促性腺激素作用下卵巢增大。③青春期并不是性成熟期,其下丘脑-垂体-性腺轴功能尚未成熟。④肾上腺可分泌性激素,故在青春期,肾上腺的功能也有改变。⑤乳房发育一般比月经初潮早 2.5 年。

27. ABCDE ①月经初潮为青春期的重要标志,乳房发育为青春期发动的标志。乳房发育一般比月经初潮早 2.5 年,因此青春期开始的重要标志应为乳房发育,而不是月经初潮,但“乳房发育”未出现于答案项中,故只能选 C 作为最佳答案。②在青春期开始阶段,卵巢功能尚不健全,月经周期、卵泡发育及排卵多无规律性。青春期可出现女性第二性征,并不是开始出现第二性征。虽然青春期可有体格发育高峰，但不能作为青春期开始的标志。

28. ABCDE　①WHO 规定女性青春期为 10~19 岁。乳房发育为女性青春期发动的标志，也是第二性征的最初特征。女孩约 10 岁时乳房开始发育。②月经初潮平均晚于乳房发育 2.5 年。11~12 岁青春期少女体格发育直线加速，平均每年生长 9cm。骨盆发育、皮下脂肪蓄积，均晚于乳房的发育。

29. ABCDE　①9 版《妇产科学》P18：月经初潮年龄多在 13~14 岁，经期一般为 2~8 天，平均 4~6 天。月经周期一般为 21~35 天，平均 28 天。正常月经量为 20~60ml，一般在经期的 2~3 日经量最多。②7 版《妇产科学》P14：经期一般为 2~7 天，平均 3~5 天。按 7 版《妇产科学》观点，正确答案为 B。

30. ABCDE　①正常月经周期约为 28 天，分为排卵前期和排卵后期，各激素水平随月经周期而变化。卵泡刺激素（FSH）、黄体生成素（LH）浓度逐渐升高，刺激雌激素分泌增加，至排卵前 1 天达第 1 次高峰。此时雌激素高峰对下丘脑-垂体轴不是起负反馈作用，而是起正反馈作用，使 GnRH 分泌增多，刺激 LH 和 FSH 分泌，其中以 LH 分泌增加更为显著，形成 LH 高峰，引起排卵（C）。②LH 升高，可作用于黄体细胞分泌雌激素和孕激素，导致排卵后雌激素第 2 次高峰和孕激素高峰。最后，黄体退化，雌激素、孕激素降低。可见，在整个月经周期中，对下丘脑-垂体轴有正反馈作用的是雌激素。记忆为：雌激素为两高峰，两反馈（正反馈+负反馈）；孕激素为一高峰，一反馈（只有负反馈）。

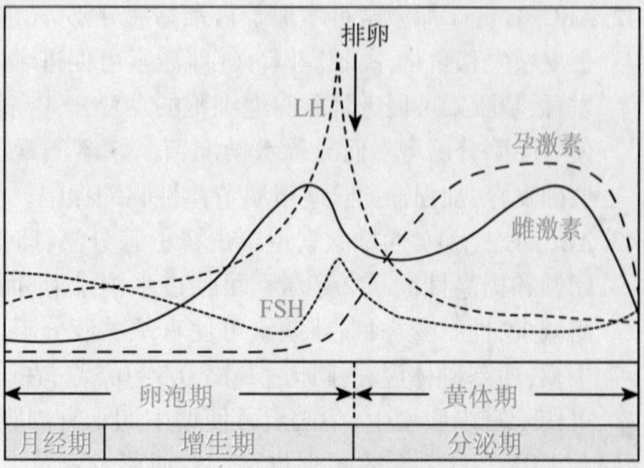

月经周期中相关激素的变化

31. ABCDE　在整个月经周期中，雌激素出现过 2 次高峰，孕激素有 1 次高峰。

32. ABCDE　33. ABCDE　34. ABCDE　①月经周期中，雌激素有两次分泌高峰，其他性激素均为一次分泌高峰（C）。②黄体生成素（LH）在排卵前 1 日骤升达高峰，在排卵后 1 天迅速降低，以后维持在低水平（B）。记忆为：LH 就像一把尖刀，在排卵期刺破卵泡引起排卵。③排卵后卵泡演变为黄体，并逐渐发育成熟。由黄体分泌的孕激素逐渐增加，至排卵后第 7~8 日达高峰，8~9 日后开始下降（D）。

35. ABCDE　排卵多发生在下次月经来潮前 14 日左右。本例月经周期为 30 天，上次月经为 4 月 18 日，本次月经应为 5 月 18 日，故排卵日期大约在 5 月 4 日（B）。

36. ABCDE　①在每个月经周期的黄体期向卵泡期转化时，由于垂体 FSH 分泌增加，10~20 个小窦状卵泡被募集，进入 FSH 高度依赖的快速生长，其中只有一个优势卵泡最后发育成熟并排卵，此为优势卵泡的选择。可见促进卵泡发育成熟的主要激素是 FSH（卵泡刺激素）。②黄体生成素（LH）是促进排卵的关键激素。雌激素是卵泡发育过程中产生的激素，并不是促进卵泡发育成熟的激素。孕激素是黄体发育产生的激素。人绒毛膜促性腺激素是胎盘滋养层细胞产生的激素。

37. ABCDE　整个月经周期中，卵巢分为卵泡期和黄体期。排卵后卵泡颗粒细胞和卵泡内膜细胞形成黄体，排卵后 7~8 天，黄体体积和功能达高峰。若卵子未受精，黄体在排卵后 9~10 日开始退化，最后黄体细胞萎缩变小，组织纤维化，成为白体。

38. ABCDE　①月经周期分为卵泡期和黄体期，黄体期长短较为恒定，在非孕妇女为 14 天，卵泡期长短变化很大，故月经周期的长短主要取决于卵泡期的长短。卵巢卵泡期相当于子宫增生期，故答 C。②月经周期长短的影响因素为月经期、增生期及分泌期的长短，与黄体、白体的寿命等无关。

39. ABCDE　①卵巢分泌的激素主要是雌激素和孕激素，还有少量的雄激素，均为甾体激素（C）。②促性腺激素（卵泡刺激素、黄体生成素）、催乳素均由腺垂体分泌。

40. ABCDE　卵巢合成的性激素包括雌激素、孕激素和少量雄激素，其合成原料都是胆固醇。卵泡膜细胞内的胆固醇经细胞色素 P_{450} 侧链裂解酶催化，形成孕烯醇酮。孕烯醇酮经 Δ^4 和 Δ^5 两条途径合成雄烯二酮。雄烯二酮再转化为睾酮，睾酮可转变为雌二醇。可见，性激素的合成顺序为：孕激素→雄激素→雌激素。

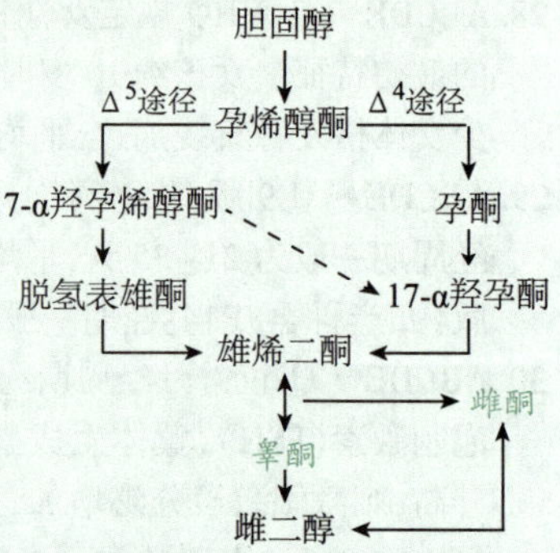

性激素的合成途径示意图

41. ABCDE　①雌激素可促进子宫发育，使子宫内膜发生增生期变化。②高浓度的雌激素可使醛固酮分泌增多而导致水钠潴留（B错）。③雌激素可促进输卵管上皮增生。④雌激素可增强成骨细胞活动和钙磷沉积，促进骨的成熟和骨骺愈合。⑤雌激素可使阴道上皮增生和角化，黏膜变厚。

42. ABCDE　①雌激素可增加子宫颈黏液分泌。②雌激素可使阴道上皮增生和角化，黏膜变厚。③雌激素可促进乳腺导管细胞增生发育，孕激素可促进乳腺腺泡细胞的发育。④高浓度的雌激素可使醛固酮分泌增多而导致水钠潴留。⑤雌激素能促进输卵管肌层的发育，加强输卵管平滑肌节律性收缩振幅。

43. ABCDE　①女性雄激素主要由肾上腺分泌，卵泡膜细胞也可少量分泌，主要功能是促进非优势卵泡闭锁和提高性欲。②孕激素可促进水钠排泄，而雌激素可促进水钠潴留。③孕激素可使宫颈黏液分泌减少，性状变黏稠；雌激素可使宫颈黏液分泌增加，性状变稀薄。④孕激素可兴奋下丘脑体温调节中枢，使基础体温在排卵后升高 0.3~0.5℃，在临床上可作为判断排卵日期的标志（D对）。⑤雌激素可使子宫内膜增生，孕激素可使增生期子宫内膜转化为分泌期子宫内膜。

44. ABCDE　①雌激素可促进输卵管肌层发育及上皮的分泌活动，并可加强输卵管平滑肌节律性收缩的振幅。②雌激素可促进水钠潴留，促进肝脏高密度脂蛋白的合成，维持和促进骨基质代谢（B对）。③雌激素可使宫颈口松弛、扩张，宫颈黏液分泌增加，性状变稀薄，富有弹性，易拉成丝状。④雌激素可促进阴道上皮细胞增生和角化，黏膜变厚。⑤雌激素可促进子宫平滑肌对缩宫素的敏感性。A、C、D、E 均属于孕激素的生理作用。

45. ABCDE　①孕激素可使阴道上皮细胞脱落加快。②孕激素可使宫颈黏液分泌减少，性状变黏稠。雌激素可使子宫肌层增厚、子宫内膜增生、可降低血液循环中的胆固醇水平。

46. ABCDE　①雌激素可促进子宫内膜发生增生期变化，而孕激素是使子宫内膜由增生期转化为分泌期，使腺体分泌增加。②雌激素、雄激素和 FSH 三者协同作用，可促进卵泡的发育，而孕激素无此种作用。③雌激素可促进乳腺腺管的增生，孕激素可促进乳腺腺泡的发育。④能促进水钠潴留的是雌激素而不是孕激素。⑤孕激素对下丘脑体温调节中枢有兴奋作用，可使基础体温在排卵后升高 0.3~0.5℃，临床上常以此作为判断排卵日期的标志（E对）。

47. ABCDE　48. ABCDE　①青春期开始，女性雄激素分泌增加，可促使阴蒂、阴唇和阴阜的发育，促进阴毛、腋毛的生长（D）。②孕激素可使阴道上皮细胞脱落加快（B）。③能使阴道上皮细胞增生角化的是雌激素。能直接调控卵巢周期性变化的是 FSH 和 LH。能抑制腺垂体 FSH 分泌的是雌激素。

49. ABCDE　子宫内膜从组织形态学上可分为增殖期、分泌期、月经期 3 个阶段（E）。在雌激素作用下，子宫内膜出现增殖期变化。在孕激素作用下，子宫内膜出现分泌期变化。雌、孕激素撤退后分泌期子宫内膜脱落形成月经。在月经期，子宫内膜功能层从基底层崩解脱落。

50. ABCDE　子宫内膜分为基底层和功能层。基底层靠近子宫肌层，占内膜的 1/3，不受卵巢激素周期性变化的影响，月经期不脱落。功能层占内膜的 2/3，受卵巢激素的影响而周期性脱落。

51. ABCDE　在雌、孕激素作用下，输卵管、子宫、卵巢、阴道均可发生周期性变化，其中以子宫内膜的变化最显著。子宫内膜在雌激素作用下，发生增殖期变化；在雌激素和孕激素共同作用下主要发生分泌期变化，当雌激素和孕激素都降低时，子宫内膜脱落，月经来潮。

52. ABCDE　以月经周期 28 日为例，子宫内膜的组织形态学变化分为月经期、增殖期和分泌期。又将增殖期和分泌期细分为早、中、晚期，其时间对应分别为：月经期（月经周期第1～4日）、增殖早期（5～7日）、增殖中期（8～10日）、增殖晚期（11～14日）、分泌早期（15～19日）、分泌中期（20～23日）、分泌晚期（24～28日）。本例上次月经来临11天，子宫内膜应处于增殖晚期（B）。

53. ABCDE　①糖原是由子宫内膜腺体的分泌上皮细胞分泌的，因此"见到糖原小泡"，应属于分泌期，而不是增殖期，可首先排除A、C、E。因为增生期表现为子宫内膜增厚、腺体增多，但腺体无分泌。②子宫内膜腺上皮细胞核下开始出现含糖原小泡，称为核下空泡，为分泌早期的特征（B）。③子宫内膜腺体内的分泌上皮细胞顶端胞膜破裂，细胞内糖原排入腺腔，称为顶浆分泌，为分泌中期的特征。

54. ABCDE　①在雌激素、孕激素作用下，阴道黏膜、子宫内膜、宫颈黏膜、输卵管黏膜均可随月经周期发生周期性变化。②卵巢生发上皮为卵巢表面覆盖的单层立方上皮，对性激素不敏感，不发生周期性变化。

55. ABCDE　①在雌激素、孕激素作用下，宫颈腺细胞分泌黏液的量及性状均发生周期性变化。月经期雌激素浓度降低，宫颈管分泌的黏液量很少。进入增生期后，雌激素浓度不断增多，宫颈黏液分泌量不断增加，至排卵期变得稀薄、透明，拉丝度可达10cm以上。若将黏液行涂片检查，干燥后镜下可见羊齿植物叶状结晶（A）。这种结晶在月经周期第6～7天开始出现，到排卵期最典型。②排卵期后，受孕激素影响，黏液分泌逐渐减少，羊齿状结晶消失。

56. ABCDE　①宫颈黏液涂片可见大量羊齿状结晶，这种结晶在月经周期第6～7天开始出现，到排卵期最为清晰而典型。排卵后，这种结晶逐渐减少，至月经周期第22日完全消失，而代之以排列成行的椭圆体，故答E而不是D。②子宫内膜呈分泌期改变或增殖期改变，只说明子宫内膜受卵巢激素变化的调节，而与卵巢是否排卵无关，故不答A、B。基础体温呈单相提示卵巢无排卵，呈双相提示卵巢有排卵。

57. ABCDE　①曲细精管是精子的生成部位，此时的精子尚不成熟，不具备使卵子受精的能力。新生成的精子无运动能力，需在附睾内进一步发育成熟，才能获得运动能力，因此附睾是使精子获得运动能力的部位。输精管与精子的运动有关，前列腺分泌的前列腺素可促进精子的运行，这些都与精子的获能无关。②人类的精子必须在子宫或输卵管中停留几个小时，才能获得使卵子受精的能力，称精子的获能。

58. ABCDE　精子和卵子结合，形成受精卵的过程称为受精。精子获能部位在子宫腔和输卵管腔内。卵子从卵巢排出，经输卵管伞部进入输卵管内，停留在输卵管壶腹部与峡部连接处等待受精。

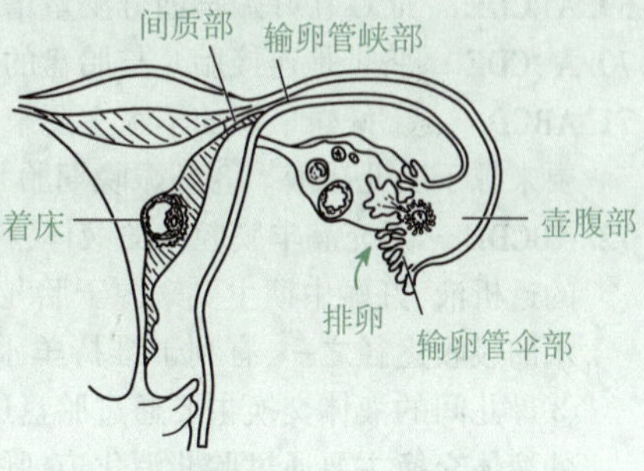

受精卵着床

59. ABCDE　受精后第4日早期囊胚进入宫腔，继续发育成晚期囊胚。受精后6～7日晚期囊胚透明带消失，逐渐埋入并被子宫内膜覆盖的过程，称为受精卵着床。

60. ABCDE　受精后8周的人胚称为胚胎，是其主要器官结构完成分化的时期。受精后9周起称为胎儿。

61. ABCDE　①卵子从卵巢排入腹腔，即由输卵管伞部摄取，迅速运送到输卵管壶腹部。射精后，精子通过女性生殖道达到输卵管壶腹部。卵子在输卵管壶腹部与精子结合。②受精一般发生在输卵管壶腹部，排卵后12小时内。整个受精过程约需24小时。③精子获能后，在穿透卵子放射冠、透明带之前，顶体发生的一系列反应，称为顶体反应。通过顶体反应，精子接近卵细胞，其头部侧面的胞膜与卵细胞膜接触，而进入卵子（C对）。④精子进入卵子后，卵子进行第二次减数分裂。⑤精子头部与卵子表面接触，卵子细胞质内的皮质颗粒释放溶酶体酶，引起透明带结构改变，精子受体分子变性，阻止其他精子进入透明带，称为透明带反应。透明带反应保证一个精子受精顺利完成。

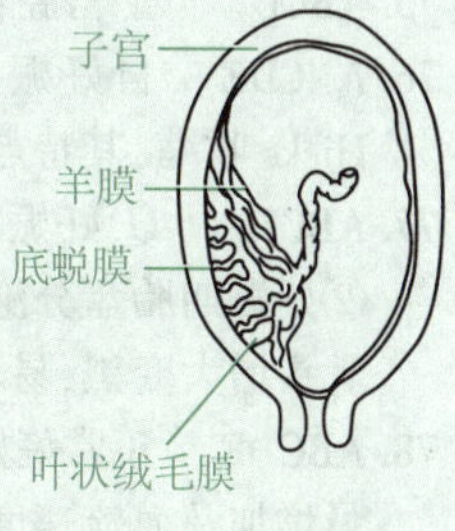

胎盘的结构

62. ABCDE　胎盘由羊膜、叶状绒毛膜和底蜕膜构成（A）。羊膜构成胎盘的胎儿部分,在胎盘最内层。叶状绒毛膜构成胎盘的胎儿部分,占胎盘主要部分。底蜕膜构成胎盘的母体部分,占胎盘很小部分。

63. ABCDE　受精卵着床后,在雌激素、孕激素的作用下,子宫内膜增大增厚,称为蜕膜。按蜕膜与囊胚的关系,将蜕膜分为3部分。①底蜕膜:囊胚着床部位的子宫内膜,与叶状绒毛膜相贴,以后发育成为胎盘的母体部分(D对);②包蜕膜:覆盖在囊胚表面,随囊胚发育逐渐突向宫腔;③真蜕膜:底蜕膜和包蜕膜以外覆盖子宫腔其他部分的蜕膜。

64. ABCDE　胎盘由羊膜、叶状绒毛膜和底蜕膜构成。底蜕膜构成胎盘的母体部分(B对)。底蜕膜是位于囊胚与子宫肌层之间的蜕膜。羊膜在胎盘最内层,构成胎盘的胎儿部分。

65. ABCDE　①雌激素在妊娠早期由卵巢黄体合成,妊娠10周以后,主要由胎儿-胎盘单位合成。②子宫平滑肌无内分泌功能,不会分泌雌激素。成年女性肾上腺皮质可以合成雄激素,但胎儿肾上腺皮质无此作用。胎盘合体滋养层细胞可合成绒毛膜促性腺激素、胎盘生乳素、缩宫素酶等。

66. ABCDE　雌二醇、雌三醇、胎盘生乳素、催产素酶均可由胎盘的滋养细胞合成,故这些物质的含量均可大致反映胎盘的功能。由于孕妇雌二醇为非孕妇女的100倍,雌三醇值为非孕妇女的1000倍,因此反映胎盘功能最有意义的检查是测定孕妇血清游离雌三醇值,其他三种物质均不如雌三醇敏感。

67. ABCDE　①绒毛膜促性腺激素(hCG)是由合体滋养层细胞合成的糖蛋白激素(C)。②胎膜主要参与甾体激素的代谢。卵巢黄体主要分泌雌激素和孕激素。叶状绒毛膜主要构成胎盘的胎儿部分。胎儿胎盘单位主要分泌雌激素。

68. ABCDE　①绒毛膜促性腺激素(hCG)是由合体滋养层细胞合成的糖蛋白激素,其分泌不受下丘脑-垂体-卵巢-子宫轴激素的调节,受此轴调节的是雌激素、孕激素等的分泌。②hCG在妊娠早期分泌量增长快,约2日增长1倍,至妊娠8~10周血清浓度达高峰,持续约10日迅速下降,直至分娩。③hCG由α和β亚单位组成,由于hCG和LH的α亚单位相同,β亚单位相似,因此hCG与尿促性素(hMG)合用可诱发排卵(E对)。参阅2版《实用妇产科学》P75。

69. ABCDE　hCG在妊娠早期分泌量增长快,至妊娠8~10周血清浓度达高峰,持续约10日迅速下降。

70. ABCDE　脐带是连接胎儿与胎盘的条索状组织,内含两条脐动脉,一条脐静脉(B)。

71. ABCDE　①妊娠早期的羊水主要来自母体血清经胎膜进入羊膜腔的透析液。②妊娠中期的羊水主要来源于胎儿尿液。③妊娠晚期胎儿肺参与羊水的生成,每日600~800ml从肺泡分泌至羊膜腔。

72. ABCDE　①充满羊膜腔内的液体,称为羊水。妊娠早期的羊水主要来自母体血清经胎膜进入羊膜腔的透析液,妊娠中期主要来源于胎儿尿液,妊娠晚期胎儿肺参与羊水的生成。②胎儿吞咽羊水,为羊水的吸收途径之一,有利于维持羊水量的平衡(A)。如足月妊娠胎儿每日可吞咽羊水500~700ml。③母儿间的液体交换主要通过胎盘进行,母体与羊水的液体交换主要通过胎膜进行,羊水与胎儿之间的液体交换主要通过胎儿消化道、呼吸道、泌尿道进行。

73. ABCDE　羊水量分别为:妊娠10周30ml,妊娠20周400ml,妊娠38周1000ml,妊娠40周800ml。

74. ABCDE　足月妊娠(妊娠40周)时的羊水量约为800ml。

75. ABCDE　子宫腔容量非孕时约为5ml,足月妊娠约为5000ml,增加约1000倍。

76. ABCDE　自妊娠12~14周起,子宫可出现不规律无痛性收缩,这种生理性无痛宫缩称为Braxton Hicks收缩,其特点为宫缩稀发、不规律、不对称,随妊娠进展而增加。

77. ABCDE　①妊娠末期,尤其接近分娩期,挤压乳房时,可有少量淡黄色稀薄液体溢出,称为初乳。②妊娠期胎盘分泌大量雌激素刺激乳腺腺管发育,分泌大量孕激素刺激乳腺腺泡发育。③妊娠中期乳头增大变黑,易勃起,乳晕颜色加深,其周围出现蒙氏结节(E)。

78. ABCDE　正常妊娠时,随着子宫增大,心脏向左、上、前移位,心脏沿纵轴顺时针方向扭转,加之血流量增加及血流速度加快,心浊音界稍扩大,部分孕妇可于心尖部闻及Ⅰ~Ⅱ级收缩期吹风样杂音。妊娠晚期踝部轻度水肿属于正常妊娠改变(D)。

79. ABCDE ①妊娠期黄体及胎盘分泌的大量雌激素、孕激素，可负反馈抑制下丘脑及腺垂体，导致黄体生成素（LH）、卵泡刺激素（FSH）分泌减少。②催乳素在妊娠7周开始增多，随妊娠进展而逐渐增加，妊娠足月前达高峰，为非孕妇女的10倍（B对）。③妊娠期受TSH和hCG的影响，血清甲状腺素水平增高。因雌激素刺激肝脏产生的甲状腺结合球蛋白增加，故血清游离甲状腺激素并未增加。④肾上腺皮质受妊娠期雌激素大量分泌的影响，束状带分泌皮质醇增多。

80. ABCDE 孕妇在妊娠末期心脏容量约增加10%，循环容量增加40%~45%。

81. ABCDE 妊娠期母体循环血容量于妊娠6~8周开始增加，至妊娠32~34周达高峰，增加40%~45%。请注意：孕妇心排出量也于妊娠32~34周达高峰。

82. ABCDE ①随着孕周增大，子宫血流量也逐渐增大。孕早期子宫血流量为50ml/min，足月妊娠时子宫血流量为450~650ml/min。②妊娠期子宫增大主要是由于肌细胞的肥大、延长，也有少量肌细胞数目的增加。③妊娠期宫颈黏液增多，形成黏稠黏液栓。④妊娠期子宫内膜发生蜕膜样变，分为三个部分，即底蜕膜、包蜕膜和真蜕膜。⑤非孕时子宫峡部长约1cm，妊娠期子宫峡部变软，逐渐伸展拉长变薄，扩展为宫腔的一部分，临产后伸展至7~10cm，成为产道的一部分，称为子宫下段（E对）。

83. ABCDE ①妊娠6~8周时，双合诊检查子宫峡部极软，感觉宫颈与宫体之间似不相连，称黑加（Hegar）征阳性。黑加征并非妊娠所特有，偶尔非妊娠的子宫壁特别软时，也会出现此现象。

84. ABCDE ①孕13周末之前称为早期妊娠。A、B、C、D、E均属于早期妊娠的临床表现，均无特异性，相对而言，“子宫增大变软与停经月份相符”较其他选项对诊断早孕价值更大，故答E。②早孕时，乳晕周围皮脂腺增生出现深褐色结节，称为蒙氏结节。早孕时，孕妇厌恶油腻，恶心，晨起呕吐，称为早孕反应。妇科检查双合诊子宫可增大变软。早期时，前倾增大的子宫在盆腔内压迫膀胱可致尿频。

85. ABCDE ①妊娠13周末之前，称为早期妊娠。A、B、C、D、E均为早期妊娠的临床表现，其中最具特异性的表现是停经10天以上（B）。育龄期有性生活的健康妇女，平时月经规则，停经10日以上，应高度怀疑妊娠。②妊娠早期可有乳房增大，蒙氏结节；前倾增大的子宫在盆腔内压迫膀胱，可导致尿频；在停经6周左右，可出现晨起呕吐等早孕反应；停经6~8周子宫逐渐增大变软，可出现黑加征。

86. ABCDE ①妊娠6周后B超检查见到原始心管搏动，即可确诊为活胎（E）。②A、B、C、D都是早孕的临床表现，但都不能凭此确诊早期妊娠。

87. ABCDE 健康育龄妇女出现恶心、食欲减退等消化道症状，应首先考虑早期妊娠，问诊时，不应忽视的病史是月经史。

88. ABCDE B超诊断早期妊娠快速、准确。阴道B超最早在停经4~5周，宫腔内即可见到妊娠囊。停经5周时，妊娠囊内可见到原始心管搏动。

89. ABCDE 经产妇自觉胎动在孕16周末。初孕妇自觉胎动在孕20周。听到胎心音多在孕20周末。

90. ABCDE 不同妊娠周数的手测宫底高度：孕8、10周末宫底位于盆腔，不能触及；孕12周末宫底位于耻骨联合上2~3横指；孕16周末宫底位于脐耻之间。

91. ABCDE ①产妇末次月经为2000年3月10日，就诊日期为2000年10月13日，故妊娠=21+30×3+31×3+13=217天，即刚满31周。②正常情况下，妊娠28周末宫底高度为脐上3横指，妊娠32周末宫底高度为脐与剑突之间。本例妊娠31周末，宫底在脐上2横指，应诊断为宫底高度低于正常。

92. ABCDE 正常妊娠36周末、40周末宫底高度分别为32cm、33cm。本例宫高34cm，孕周约为40周。

93. ABCDE 足月妊娠胎心音正常值：7版《妇产科学》为120~160次/分，9版《妇产科学》P45为110~160次/分。

94. ABCDE ①子宫杂音为孕妇血液流过扩大的子宫血管时出现的吹风样低音响，故杂音频率与母体心率一致（B）。②脐带杂音为脐带血流受阻出现的吹

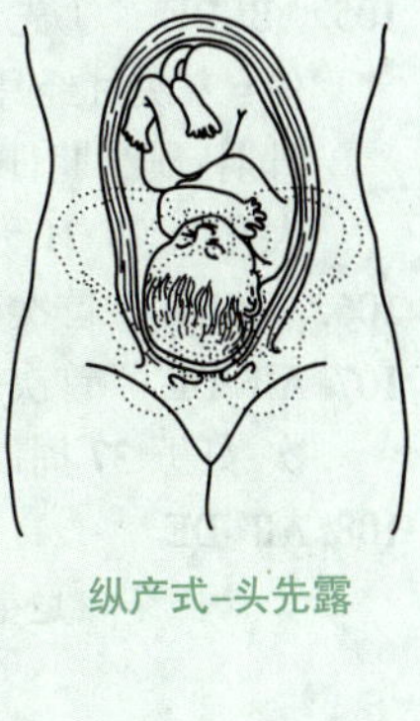

纵产式-头先露

风样低音响，与胎心音一致。胎心音正常值为110~160次/分，与母体心率不一致。正常胎动为3~5次/小时。正常肠鸣音为4~5次/分。

95. ABCDE　96. ABCDE　①胎产式是指胎儿纵轴与母体纵轴的关系，包括纵产式(约占99.75%)、横产式(0.25%)、斜产式。②胎方位是指胎儿先露部的指示点与母体骨盆的关系。枕先露以枕骨、面先露以颏骨、臀先露以骶骨、肩先露以肩胛骨为指示点，每个指示点与母体骨盆入口左、右、前、后、横不同而有不同胎位。③胎先露是指最先进入骨盆入口的胎儿部分。胎姿势是指胎儿在子宫内的姿势。骨盆轴是指连接骨盆各平面中点的假想曲线。

97. ABCDE　①胎头有前后两个囟门，前囟门大，位于胎儿颅顶前部，为矢状缝、额缝与冠状缝的会合处；后囟门小，位于枕顶部，为矢状缝与人字缝会合处。②胎头小囟门位于母体骨盆左前方，提示为枕先露，且为枕前位。③右斜径是指母体右骶髂关节至髂耻隆突间的距离。胎头矢状缝与母体骨盆入口右斜径一致，提示为枕左前(C)。

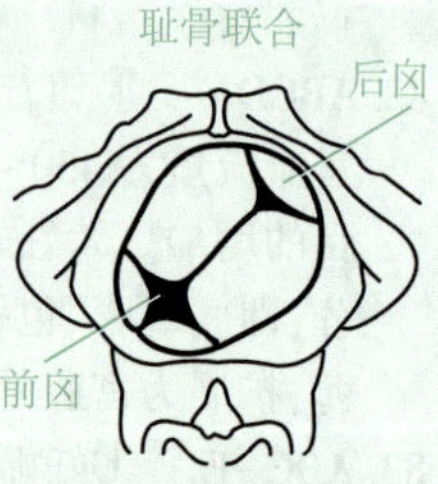

枕左前位

98. ABCDE　胎头矢状缝与骨盆入口右斜径一致的胎位是枕左前。

99. ABCDE　围生期是指产前、产时和产后的一段时期，从妊娠满28周至产后1周。

100. ABCDE　①临床上常根据末次月经推算预产期，若孕妇月经不规则，则可根据B超测定胎儿的头臀长(CRL)核对胎龄，推算预产期。在10~14周测量CRL是目前核对胎龄最准确的参数。参阅《中华妇产科学》P35。②虽然早孕反应开始的时间、胎动开始出现的时间，均有助于推算预产期，但不如CRL测量准确。

101. ABCDE　推算预产期，应按末次月经(LMP)第1日算起。

102. ABCDE　①由末次月经推算预产期的方法是按末次月经(LMP)第1日算起，月份-3或+9，日数+7。但应注意，预产期根据上述公式计算后，还需根据实际年份、月份进行调整；产科中所说的月份都是以每月28天计算的。②孕妇LMP为2008-06-24，预产期年份肯定为2009年。月份为-3或+9：若为+9，则月份超过12个月，故只能-3，因此预产期月份=末次月经的月份-3=6-3=3月份。日期=末次月经日期+7=24+7=31日。最后对月份、日数进行调整，本例预产期为3月份，3月大，有31天，故预产期无需进行调整，即为2009年3月31日(A)。

103. ABCDE　①先看年份，末次月经为2002-01-28，故预产期年份应为2002年。②再看月份，预产期月份=末次月经月份-3或+9，本例只能采用+9，即=1+9=10月份。③再看日期：预产期日数=末次月经日数+7=28+7=35天。④最后调整月份及日数。2002年10月份为大月份，有31天，因此预产期调整为2002年11月4日(D)。

104. ABCDE　①先看年份，末次月经为2005-04-18，故预产期年份应为2006年。②再看月份，预产期月份=末次月经月份-3或+9，本例若采用+9，则月份>12，故只能采用-3，即=4-3=1月份。③再看日期：预产期日数=末次月经日数+7=18+7=25天。④最后调整月份及日数。本例预产期为2006年1月25日，无需调整，答案为D。

105. ABCDE　①先看年份，末次月经为2005-11-25，故预产期年份应为2006年。②再看月份，预产期月份=末次月经月份-3或+9，本例若采用+9，则月份>12，故只能采用-3，即=11-3=8月份。③再看日期：预产期日数=末次月经日数+7=25+7=32天。④最后调整月份及日数。本例预产期8月份为大月份，有31天，调整后预产期应为2006年9月1日(A)。

106. ABCDE　首次产前检查的时间应从确诊妊娠早期开始，一般情况下应在妊娠6~8周(A)。

107. ABCDE　首次产前检查应从确诊妊娠早期开始，一般为孕6~8周，妊娠20~36周为每4周检查1次，妊娠37周以后每周检查1次，共行产前检查9~11次。高危孕妇应酌情增加产前检查次数。

108. ABCDE　①髂棘间径是指孕妇伸腿仰卧，测得的两髂前上棘外缘之间的距离，正常值为23~26cm。②骶耻外径是指孕妇左侧卧位，右腿伸直，左腿屈曲，测得的第5腰椎棘突下至耻骨联合中点的距离，正常值为 18~20cm。③骨盆入口前后径值＝骶耻外径－1/2 尺桡周径，尺桡周径＝围绕右侧尺骨茎突测得的前臂下端周径。骨盆入口前后径正常值为 11cm，故答 C。④坐骨棘间径是指两坐骨棘间的距离，检查者将一手示、中指伸入阴道，触及两侧坐骨棘，估计其间的距离；也可用中骨盆测量器测得，正常值为 10cm。⑤坐骨结节间径是指孕妇仰卧，两腿向腹部屈曲，双手抱双膝，测得的两坐骨结节内侧缘的距离，正常值为 8.5~9.5cm。若坐骨结节间径<8cm，需加测出口后矢状径。若坐骨结节间径+出口后矢状径<15cm，为骨盆狭窄。

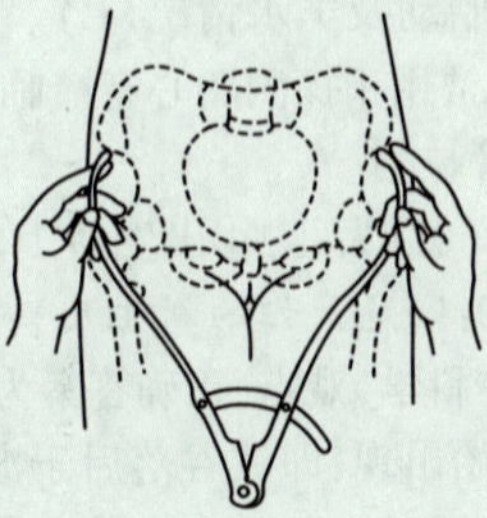
测量髂棘间径

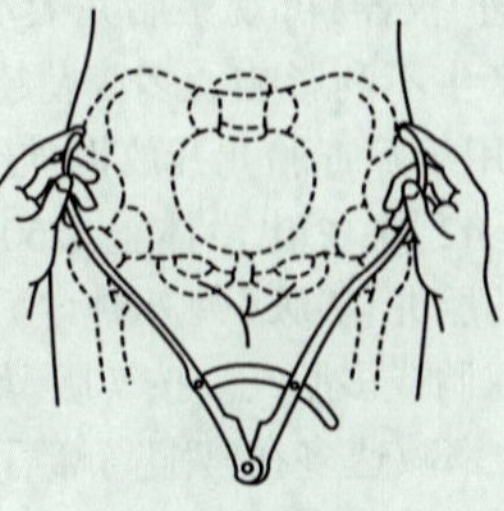
测量髂嵴间径

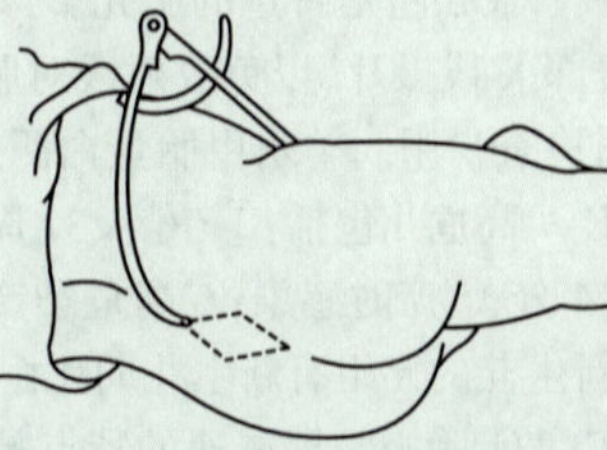
测量骶耻外径

109. ABCDE　髂棘间径正常值为 23~26cm。髂嵴间径指两髂嵴外缘最宽处的距离，正常值为 25~28cm。骶耻外径正常值为 18~20cm。坐骨棘间径正常值为 10cm。坐骨结节间径正常值为 8.5~9.5cm。

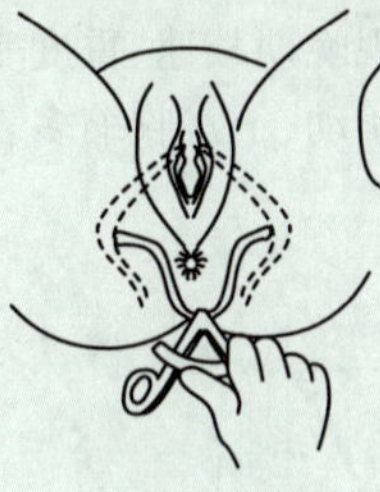
测量坐骨结节间径

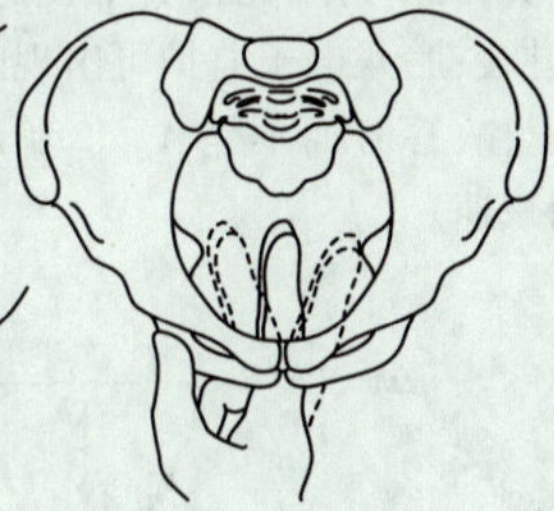
测量坐骨棘间径

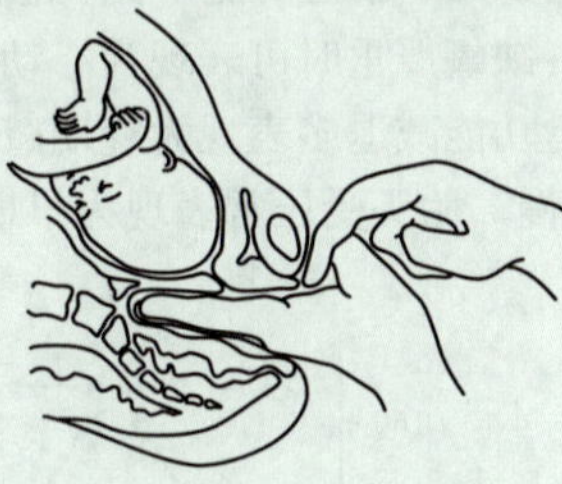
测量对角径（1）

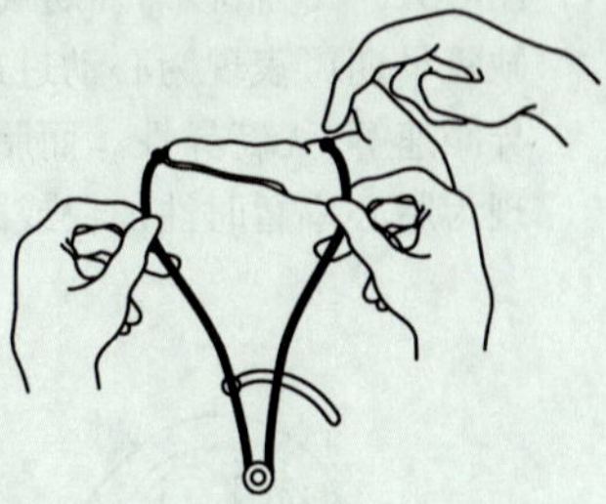
测量对角径（2）

110. ABCDE　①孕妇仰卧，两腿向腹部屈曲，双手抱双膝，测量两坐骨结节内侧缘的距离，称为坐骨结节间径。坐骨结节间径为骨盆出口横径的长度，正常值 8.5~9.5cm。若坐骨结节间径<8cm，应加测骨盆出口后矢状径，以了解骨盆出口是否狭窄。出口后矢状径为坐骨结节间径中点至骶骨尖端的长度，正常值为 8~9cm。若坐骨结节间径+出口后矢状径<15cm，提示骨盆狭窄，需行剖宫产。②髂嵴间径是指两髂嵴外缘最宽的距离。坐骨棘间径是指两侧坐骨棘之间的距离，是中骨盆最短的径线。骶耻外径是指孕妇左侧卧位，右腿伸直，左腿屈曲，测量第 5 腰椎棘突下至耻骨联合中点的距离。

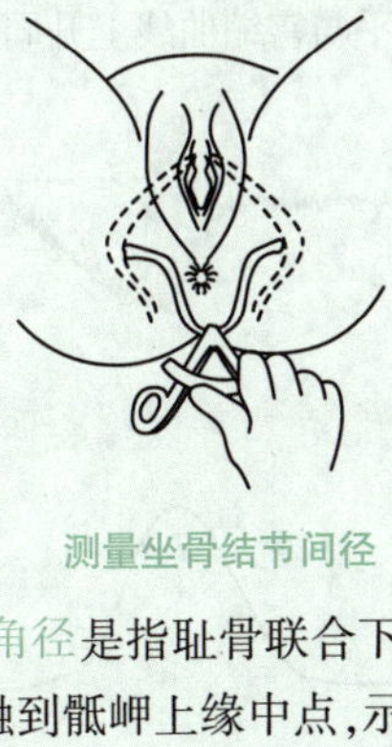
测量坐骨结节间径

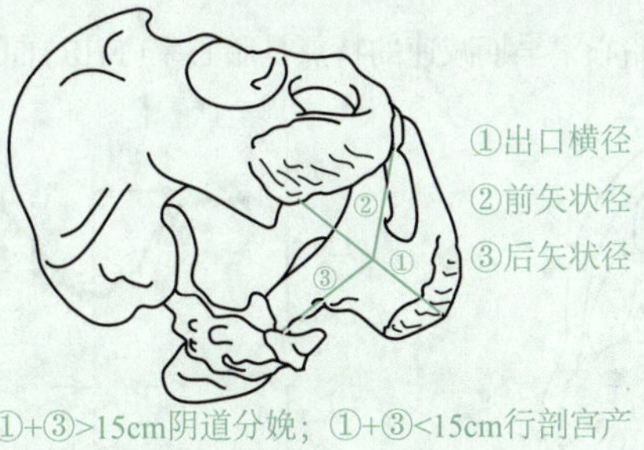

①+③>15cm阴道分娩；①+③<15cm行剖宫产
骨盆出口平面（斜面观）

111. ABCDE　对角径是指耻骨联合下缘至骶岬上缘中点的距离（E）。检查者将一手示、中指伸入阴道，用中指指尖触到骶岬上缘中点，示指上缘紧贴耻骨联合下缘，另一手示指标记此接触点，抽出阴道内的手指，测量其中指尖到此接触点的距离，即为对角径。

112. ABCDE ①坐骨切迹宽度代表中骨盆后矢状径，其宽度为坐骨棘与骶骨下部间的距离。将阴道内的示指置于骶棘韧带上移动，能容纳 3 横指（5.5~6cm）为正常，否则为中骨盆狭窄。②骶耻外径、髂嵴间径、髂棘间径是判断骨盆入口平面狭窄的指标。坐骨结节间径是判断骨盆出口平面狭窄的指标。

113. ABCDE 高危孕妇应于妊娠 32~34 周开始评估胎儿健康状况，有严重妊娠并发症的孕妇应于妊娠 26~28 周开始检测。本例无严重妊娠并发症，故进行胎儿健康状况评估的时间为妊娠 32~34 周。

114. ABCDE ①B 超是首选的胎儿影像学监护仪器，可观察胎儿大小、胎动及羊水情况（C）。②孕妇不宜行腹部 X 线摄片，以免放射线对胎儿产生不利影响。多普勒超声常用于探测胎心音。临床上胎儿心电图检查少用。羊水甲胎蛋白测定常用于筛查胎儿开放性神经管缺陷。

115. ABCDE 高危儿包括：①孕龄<37 周或≥42 周；②出生体重<2500g；③巨大儿；④出生后 1 分钟 Apgar 评分≤4 分；⑤产时感染；⑥高危孕产妇的胎儿（7 版《妇产科学》P50：高危产妇的新生儿）；⑦手术产儿；⑧新生儿的兄姐有新生儿期死亡；⑨双胎或多胎儿。按 7 版《妇产科学》观点，正确答案为 C。

116. ABCDE ①胎心晚期减速的特点是胎心率减速多在宫缩高峰后开始出现，即波谷落后于波峰，时间差多在 30~60 秒，下降幅度<50 次/分，胎心率恢复水平所需时间较长。晚期减速为胎盘功能不良、胎儿缺氧的表现（C）。②胎心早期减速提示宫缩时胎头受压。胎心变异减速提示宫缩时脐带受压导致迷走神经兴奋。胎心加速提示胎心良好。胎心无应激试验反应型提示胎儿储备能力正常。

117. ABCDE ①胎心率晚期减速多见于胎盘功能不良、胎儿缺氧，多为胎儿预后不良的信号。由于胎儿缺氧早期可表现为心动过速；缺氧严重时可表现为心动过缓；胎儿电子监护可出现晚期减速、重度变异减速等，无特异性。而胎盘功能减退多表现为晚期减速，故答 E 而不是 A。②胎动、子宫收缩多表现为胎心率暂时性加快或减慢。胎头受压常表现为早期减速。

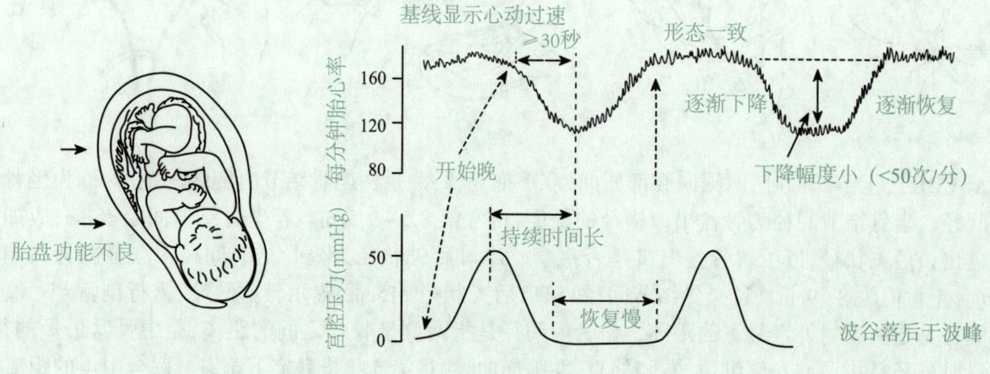

胎心率晚期减速

118. ABCDE ①胎心率早期减速的特点是胎心率（FHR）曲线下降几乎与宫缩曲线上升同时开始，FHR 曲线

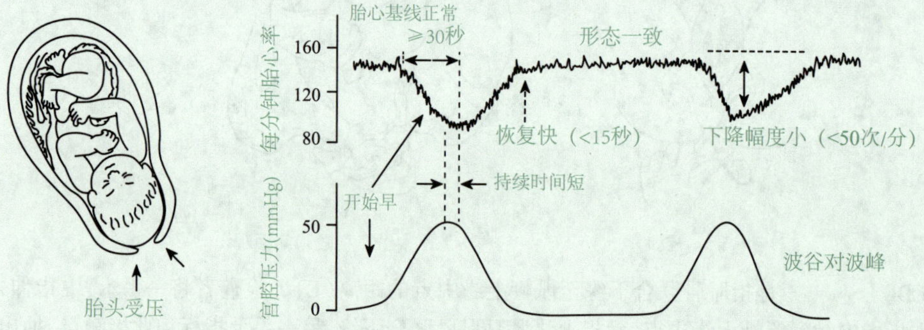

胎心率早期减速

最低点与宫缩曲线高峰相一致,即波谷对波峰。下降幅度<50 次/分,持续时间短,恢复快,宫缩后迅速恢复正常。一般发生于第一产程后期,为宫缩时胎头受压引起(D)。②胎儿缺氧常表现为频繁晚期减速、重度变异减速。胎动、子宫收缩多表现为胎心率暂时性加快或减慢。胎盘功能减低常表现为晚期减速。

119. ABCDE 胎心率变异减速的特点是胎心率减速与宫缩无固定关系,下降迅速且下降幅度大(>70 次/分),持续时间长短不一,但恢复迅速,一般认为是宫缩时脐带受压兴奋迷走神经引起。

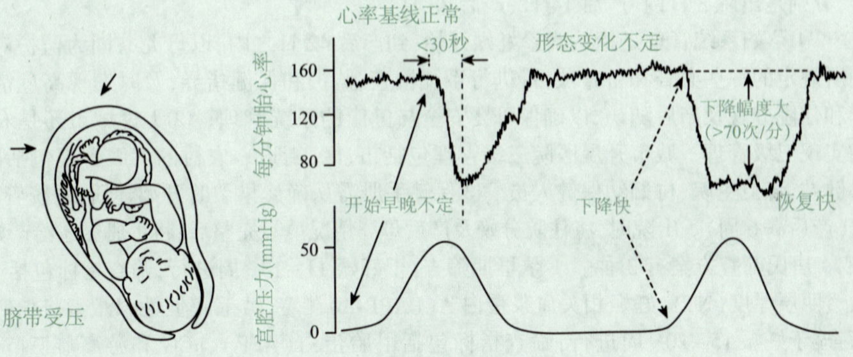

胎心率变异减速

120. ABCDE　121. ABCDE ①胎心率减速包括早期减速、晚期减速和变异减速 3 种。晚期减速的特点为胎心率减速出现在宫缩高峰后,下降慢,持续时间长,恢复慢,见于胎盘功能不良、胎儿缺氧(D)。②变异减速的特点为胎心率减速与宫缩无固定关系,下降迅速且下降幅度大(>70 次/分),恢复也迅速,多为宫缩时脐带受压,迷走神经兴奋所致(E)。③胎儿状况良好常表现为胎心率基线摆动。宫缩时胎头受压常表现为早期减速。

122. ABCDE　123. ABCDE　124. ABCDE ①本例枕先露,先露+2,胎膜已破,第二产程末期,不可能出现胎儿严重缺氧,故不答 B。本例无脐带受压,故不答 C,因此最可能发生早期减速(A)。②变异减速多为宫缩时脐带受压所致(C)。③过期妊娠、羊水过少,常伴有胎盘功能不良,胎儿电子监护常表现为晚期减速(B)。④基线胎心率有变异提示胎儿有一定的储备功能,是胎儿健康的表现。

125. ABCDE ①胎儿脐带受压常表现为变异减速。本例胎儿突然变异减速,胎心减慢的原因首先应考虑脐带受压兴奋迷走神经所致(B)。②胎盘早剥可引起胎儿急性缺氧,常表现为晚期减速。胎头受压常表现为早期减速。胎盘功能减退、慢性胎儿窘迫常表现为晚期减速。

126. ABCDE ①尿雌激素/肌酐比值常用于评估胎儿胎盘单位功能,尿雌激素/肌酐比值>15 为正常值,10~15 为警戒值,<10 为危险值(A 对)。②胎动计数≥10 次/2 小时为正常,<10 次/2 小时提示胎盘功能不良、胎儿缺氧。参阅 9 版《妇产科学》P139。③无应激试验(NST)常用于产前监护,正常为有反应型,无反应型提示胎盘功能不良。④缩宫素激惹试验(OCT)阳性表示 50%的宫缩伴有晚期减速,提示胎盘功能不良。⑤胎盘生乳素(PL)是胎盘合成的一种激素,妊娠 5 周即可在母血中测出 PL,随妊娠进展其分泌量持续增加,至妊娠 39~40 周达高峰。若血清 PL 突然降低 50%,提示胎盘功能低下。

127. ABCDE　128. ABCDE　129. ABCDE ①妊娠晚期 B 超示羊水最大暗区正常值为 2.0~8.0cm、羊水指数(AFI)5.0~20.0cm,说明本例无羊水过多或羊水过少。参阅 1 版《医学超声影像学》P309。A、B、D、E 均属于妊娠晚期常用的检查方法,MRI 很少使用。②孕妇无腹痛,说明无宫缩,未临产,且胎心正常,目前尚无引产指征,故不答 A、E。静脉注射地西泮、人工破膜都是第一产程的处理措施,故不答 C、D。排除 A、C、D、E,正确答案为 B。③该孕妇临产开始后,胎心监护示频繁晚期减速,说明胎儿宫内窘迫,应立即行剖宫产术。

130. ABCDE 在孕早期(12 周内)是胚胎、胎儿各器官处于高度分化、迅速发育、不断形成的关键阶段,此阶段容易受外界不良因素(如放射线、化学药物)的影响而发生畸形、导致遗传性疾病。

131. ABCDE　胎盘对药物的转运受药物本身理化性质的影响，分子量小、脂溶性高、血浆蛋白结合率低、非极性的药物容易通过胎盘到达胎儿。胎盘有多种内源性、外源性受体表达，包括 β 肾上腺素、糖皮质激素、表皮生长因子、叶酸、胰岛素等受体，胎盘上存在受体的激素转运量增加。

132. ABCDE　左氧氟沙星为喹诺酮类抗生素，可影响胎儿的软骨发育，孕妇禁用。B、C、D、E 均可用于孕妇。

133. ABCDE　我国普遍实行孕产期系统保健的三级管理。孕妇分娩出院后，社区医院应进行产后访视，共 3 次，分别是出院 3 日内、产后 14 日、产后 28 日。

134. ABCDE　①孕妇系统管理是指从确诊妊娠开始，到产后 42 日之内，以母儿共同为监护对象，按照妊娠各期所规定的一些必查和备查项目，进行系统检查、监护和保健指导，及时发现高危情况，及时转诊治疗和住院分娩及产后随访，以确保母婴安全与健康的系统管理。②无论城市还是农村，孕产妇保健均实现三级管理。城市开展医院三级管理包括市、区、街道。农村的三级管理包括县医院和县妇幼保健站、乡卫生院、村妇幼保健人员。③保健手册需从确诊早孕时开始建册，系统管理直至产褥期结束（产后满 6 周）。出院时，将住院分娩及产后母婴情况填写完整后，将手册交还给产妇（A 对）。

135. ABCDE　唐氏筛查方案有 3 种。①孕早期筛查：于妊娠 11～13^{+6}周进行，筛查指标包括 B 超测量胎儿颈项透明层厚度（NT）、妊娠相关血浆蛋白 A（PAPP-A）测定、绒毛膜促性腺激素（hCG）测定；②孕中期筛查：于妊娠 15～20^{+6}周进行，筛查指标包括甲胎蛋白（AFP）、hCG 和游离雌三醇（E_3）测定；③孕早期、孕中期联合筛查。本例现孕 16 周，已不可能做孕早期筛查，只能行孕中期筛查，故答 C。羊膜腔穿刺行染色体检查为产前诊断的方法，并不属于产前筛查，而题干要求回答的是“筛查事宜”，故答 C 而不是 E。参阅 2 版 8 年制《妇产科学》P62。

136. ABCDE　①羊水穿刺：一般在妊娠 14～20 周进行。在 B 超引导下，穿刺避开胎盘，直接进入羊水量相对较多的液性暗区，抽取少量羊水进行染色体检查。②胎儿镜下活检：是用直径 0.5～2mm 的纤细光纤内镜通过孕妇腹壁进入羊膜腔观察胎儿，并可采取羊水、胎儿血、胎儿体表组织进行遗传病检查。③经皮脐血穿刺技术：在超声引导下进行脐血管穿刺，抽取少量脐血进行染色体核型分析。④绒毛穿刺取样：多在妊娠 10～13 周进行，在 B 超引导下，穿刺针经腹壁、子宫穿刺入胎盘绒毛边缘部分，吸取绒毛组织进行产前检查。⑤孕妇血提取胎儿细胞：在妊娠过程中，少量胎儿细胞可通过胎盘进入母体循环系统，因此可从母血中分离胎儿细胞进行产前检查。可见，B、C、D、E 都是通过有创手段直接获取胎盘或胎儿的成分进行检查，因此准确性较高。孕妇血提取胎儿细胞是采用无创的间接方法获得胎儿细胞成分进行检查，故准确性较差（A）。

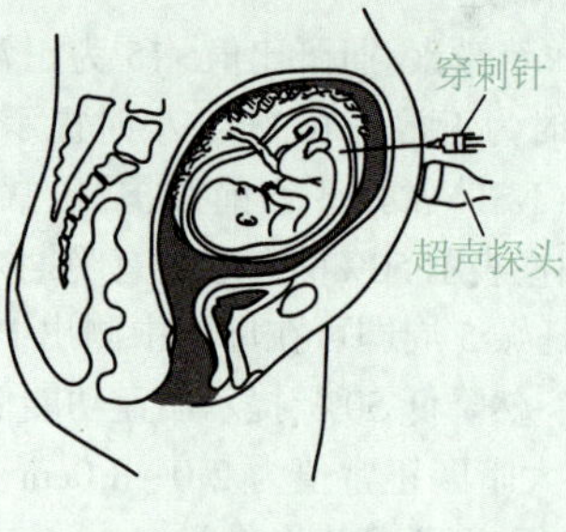

羊膜腔穿刺术

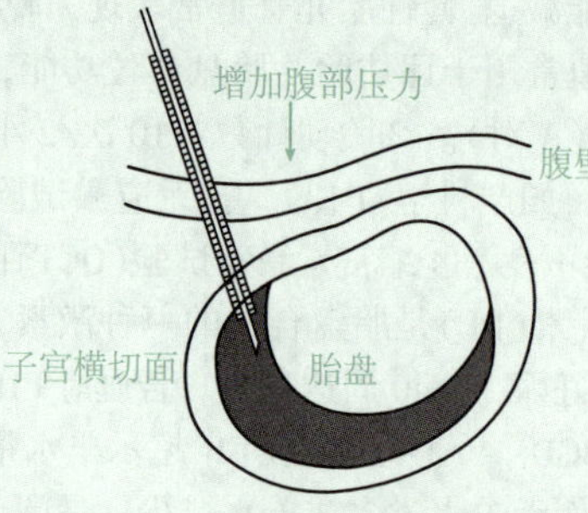

绒毛穿刺活检术

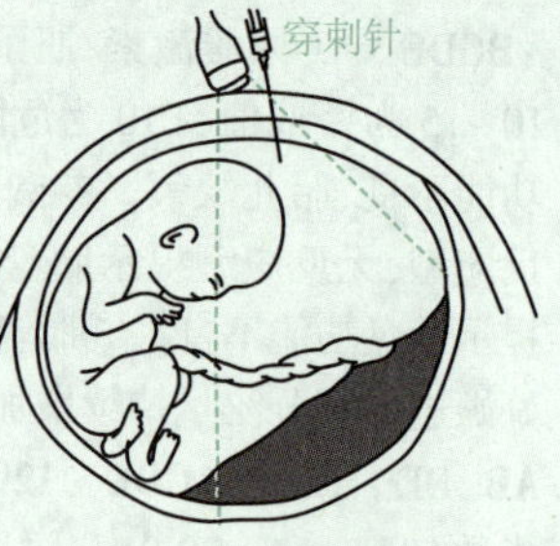

经皮脐血穿刺术

137. ABCDE　①在妊娠 18～24 周，可通过 B 超对胎儿的各器官进行系统筛查，以便产前诊断胎儿畸形，胎儿畸形的产前超声检出率为 50%～70%。②胎儿心电图临床上少用。羊膜腔穿刺羊水检查可用于胎儿染色体异常的产前诊断。胎儿头皮血 pH 检查可了解胎儿宫内缺氧情况。羊膜镜检查常用于诊断胎儿窘迫、胎膜破裂、胎盘早剥等。

138. ABCDE　①进行产前诊断时，获取胎儿细胞和染色体的方法包括胚胎植入前遗传诊断、绒毛穿刺取样、羊水穿刺、经皮脐血穿刺、胎儿组织活检。②血清学测定甲胎蛋白为产前筛查神经管畸形的方法，并不是产前诊断方法（C）。

139. ABCDE　①进行产前诊断时，可以利用羊水、绒毛、胎儿细胞培养进行染色体核型分析，检测胎儿染色体疾病。②可以进行基因检测，诊断胎儿基因疾病。③可以利用影像学（超声、胎儿镜、MRI）检查胎儿结构，观察有无畸形。④可以利用羊水、羊水细胞、绒毛细胞、血液，进行蛋白质、酶、代谢产物检测，诊断胎儿神经管缺陷、先天性代谢性疾病等。⑤脐血流监测属于产前检查方法，而不属于产前诊断。

140. ABCDE　①妊娠不足28周、胎儿体重不足1000g而终止者，称为流产（B）。妊娠12周前终止者，称为早期流产。妊娠12周不足28周终止者，称为晚期流产。②妊娠满28周至不满37周间分娩称为早产。妊娠满37周至不足42周分娩称为足月产。妊娠42周之后分娩称为过期产。

141. ABCDE　①孕12周之前终止妊娠者称为早期流产。患者孕9周，出现少量阴道流血，应考虑早期流产。可首选B超检查，了解妊娠囊的形态，有无胎心搏动，确定胎儿是否存活，以决定是否继续妊娠（B）。②尿妊娠试验常用于诊断早期妊娠。胎心监测常用于产前检查。胎盘功能测定常用于诊断胎儿窘迫征。血清孕酮监测常用于了解胎盘的合成功能，判断自然流产的预后。

142. ABCDE　143. ABCDE　①早期流产最常见的原因是胚胎染色体异常，占50%以上。②晚期习惯性流产的常见原因为宫颈内口松弛、子宫畸形或发育不良、子宫肌瘤等，其中以宫颈内口松弛最常见，约占所有流产的37.6%，参阅《中华妇产科学》P312。

144. ABCDE　145. ABCDE　①育龄期妇女，停经70天，应首先考虑早期妊娠。突然阴道流血1天，应考虑早期流产。体检宫口见组织物堵塞，子宫小于孕周，应诊断为不全流产，首选处理措施为立即清宫（D）。②已婚妇女停经58天，应考虑早期妊娠。突发腹痛、阴道流血，应考虑早期流产。体检见宫口闭合，子宫稍小于孕周，应诊断为先兆流产。B超显示有心管搏动，说明胚胎存活，宜行保胎治疗。

146. ABCDE　①流产是胎儿及胎盘组织排出体外。若部分胎盘或整个胎盘仍留置在宫腔内，称为不全流产。由于宫腔内有部分妊娠物残留，子宫不能很好地收缩，阴道出血较多，时间较长，易引起宫内感染（D）。②先兆流产是指妊娠物尚留在宫腔内，但出现流产的临床症状。难免流产是先兆流产的继续，妊娠难以持续，有流产的临床过程。完全流产是指妊娠物短时间内完全排出宫腔外。这三种流产都不易发生宫内感染。③稽留流产是指胚胎或胎儿已死亡，仍滞留宫腔内未及时自然排出，易发生DIC。

147. ABCDE　①不全流产是指流产时胎儿及部分胎盘组织排出，部分胎盘或整个胎盘仍留置在宫腔内，故不答D、E。由于宫腔内有部分妊娠物残留，影响子宫收缩，可导致阴道大量出血，且出血时间较长，易发生失血性休克和感染。②不全流产下腹痛轻微。阴道流血不是不全流产的特有表现。

148. ABCDE　149. ABCDE　150. ABCDE　①育龄期妇女停经50天，应首先考虑早孕。患者下腹痛伴阴道流血半天，应考虑流产。患者宫口未开，可排除不全流产和难免流产；患者子宫大小与孕周相符，应诊断为先兆流产而不是完全流产（A）。稽留流产是指胚胎已死亡而滞留宫内未能及时排出，故不答D。②患者腹痛加重，阴道流血增多，宫口处有胚胎组织堵塞，应考虑难免流产或不全流产。患者子宫大小与孕周相符，应诊断为难免流产而不是不全流产（C）。③难免流产一旦确诊，应尽早清宫，使胚胎或胎盘组织完全排出（C）。

	先兆流产	难免流产	不全流产	完全流产
出血量	少	中→多	少→多	少→无
下腹痛	无或轻	加剧	减轻	无
组织排出	无	无	部分排出	全部排出
宫颈口	闭	扩张或有妊娠物堵塞	扩张或有妊娠物堵塞	闭
子宫大小	与妊娠周数相符	相符或略小	小于妊娠周数	正常或略大

151. ABCDE　152. ABCDE　①育龄期女性，有性生活史，停经 58 天，应首先考虑早期妊娠。患者下腹痛伴阴道流血 10 天，5 天前似有组织块自阴道排出，应考虑不全流产。流产过程中，若阴道流血时间长，有组织残留于宫腔内，可引起宫腔感染。患者近 3 天下腹痛加重，阴道流血量多，有臭味，外周血白细胞总数和中性粒细胞比例均增高，应考虑感染，故本例应诊断为流产合并感染(B)。②流产合并感染的治疗原则为控制感染的同时尽快清除宫内残留物。若阴道流血不多，可先用广谱抗生素 2～3 日，待感染控制后再行刮宫。若阴道流血量多，在静脉滴注抗生素及输血的同时，先用卵圆钳将宫内残留大块组织夹出，使出血量减少，术后继续使用抗生素，待感染控制后再行彻底刮宫。

153. ABCDE　154. ABCDE　155. ABCDE　①育龄期妇女，平素月经规则，突然停经 45 天，尿 hCG 阳性，应考虑早期妊娠。患者阴道流出少量咖啡色物，无腹痛，应诊断为先兆流产(B)。难免流产不会有阴道流出物，不全流产可有腹痛，故不答 A、D。完全流产一般无症状，故不答 C。感染流产常表现为高热，长时间阴道流血，故不答 E。②为明确流产类型，应首选 B 超检查(C)。血 hCG、血常规检查均不能确定流产类型。妇科检查对流产具有辅助诊断价值。测定基础体温常用于判断有无排卵。③患者停经 45 天，尿 hCG 阳性，首先应考虑早期妊娠，故最需要与异位妊娠鉴别(D)。A、B、C、E 均不会出现尿 hCG 阳性。

156. ABCDE　①患者妊娠 40 天，下腹痛伴少量阴道流血，应考虑早期流产。患者宫口未开，可首先排除难免流产和不全流产，应考虑为先兆流产和完全流产。先兆流产子宫大小与孕周相符，完全流产子宫大小小于孕周，因此本例应诊断为先兆流产。先兆流产的治疗首选卧床休息保胎，禁止性生活，必要时给予对胎儿危害小的镇静剂(A)。②行宫颈内口环扎术保胎主要适用于宫颈功能不全导致的复发性流产。行刮宫术清除宫内胚胎主要用于难免流产、不全流产的治疗。

157. ABCDE　①患者妊娠不足 28 周，腹痛，大量阴道流血，应考虑流产。患者宫口有组织物排出，子宫大小与停经周数相符，应诊断为难免流产。②难免流产一旦确诊，应及时行清宫术。A、B 为流产的辅助治疗。测定血清 hCG，有助于本病的诊断。③黄体酮为保胎药，常用于先兆流产的治疗，难免流产无需使用黄体酮保胎(D)。

158. ABCDE　①妊娠早期下腹痛+阴道流血多为流产所致；妊娠晚期下腹痛+阴道流血多为胎盘早剥；妊娠晚期无下腹痛+阴道流血多为前置胎盘。请牢记该公式，解题时常用。本例孕 8 周+下腹痛+阴道流血，应首先考虑流产。本例妇检宫口开大，应诊断为难免流产或不全流产。无论难免流产，还是不全流产，一经确诊，均应尽快行负压吸宫术，清除宫腔妊娠物(E)。②不全流产时，妊娠物残留宫腔，子宫收缩不良，静脉滴注止血药物难以止血。硫酸舒喘灵(沙丁胺醇)常用于早产的治疗。硫酸镁常用于妊娠期高血压疾病的治疗。黄体酮常用于习惯性流产的治疗。

159. ABCDE　①患者妊娠早期阵发性腹痛、阴道流血，应考虑流产。患者宫口开大，应考虑难免流产或不全流产。妇检子宫小于孕周，应诊断为不全流产。②对于不全流产一经确诊，应尽快行刮宫术，清除宫内残留组织(A)。若阴道出血量大并伴有休克，应同时输液输血，给予抗生素预防感染。按摩子宫为分娩后的治疗方法。剖腹探查为异位妊娠破裂的治疗方法。

160. ABCDE　161. ABCDE　162. ABCDE　①患者停经 3 个月，阴道少许流血，应考虑早期流产。为明确诊断，当然首选 B 超检查(C)。腹部 CT 检查有放射性，不用于诊断早期流产。多普勒超声常用于检查组织器官的血流速度和血流状态。诊断性刮宫主要适用于不全流产。血孕酮测定常用于判断先兆流产的预后。②稽留流产为胎死宫中未能及时排出，常表现为早孕反应消失，宫口闭合，子宫较停经周数小，不能闻及胎心。患者宫口已闭，子宫小于孕周，但大于正常子宫，应诊断为稽留流产(D 对)。完全流产常表现为宫口闭合，但子宫如正常大小，故不答 A。难免流产常表现为宫口扩张，故不答 B。流产感染常表现为阴道长时间流出脓血性物，寒战高热，故不答 C。先兆流产常表现为宫口闭合，但子宫大小与孕周相等，故不答 E。③稽留流产的处理原则为：先口服炔雌醇，以提高子宫肌对缩宫素的敏感性；子宫<12 孕周者可行刮宫术；子宫>12 孕周者，可静脉滴注缩宫素，促使胎儿胎盘排出。患者子宫如孕 8 周大,故应在雌激素治疗后刮宫(D)。

163. ABCDE 164. ABCDE 165. ABCDE ①患者妊娠早期阵发性下腹痛+阴道流血,应考虑流产。患者宫颈口未开,应考虑先兆流产或完全流产而不是难免流产、不全流产,因为难免流产和不全流产宫口均应开大。患者子宫较正常稍大,应诊断为先兆流产而不是完全流产,因为完全流产子宫小于孕周(C)。习惯性流产是指自然流产 3 次或 3 次以上。②难免流产多在先兆流产基础上发展而来,常表现为阴道流血增多,下腹疼痛加剧,宫颈口扩张,胚胎组织堵塞宫颈口,故本例应诊断为难免流产(D)。虽然不全流产也可有宫颈口扩张,宫口妊娠物堵塞,但下腹痛常减轻而不是加剧,因此本例只能诊断为难免流产而不是不全流产。先兆流产常表现为宫颈口闭合。稽留流产常为胎死宫中。③对于难免流产,应尽早行刮宫术,使胚胎及胎盘组织完全排出(C)。若不彻底清除宫腔内残留组织,则子宫收缩不良,出血不止,即使应用止血药物或阴道纱布填塞,效果均不好,故不答 A、B、D。本例早孕仅 46 天,胚胎很小,压迫下腹部,不可能排出胚胎组织。

166. ABCDE 输卵管妊娠以壶腹部妊娠最多见,约占 78%,其次为峡部、伞部妊娠,间质部妊娠较少见。

167. ABCDE ①输卵管妊娠最常见的病因是慢性输卵管炎,约占 60%,包括输卵管黏膜炎、输卵管周围炎。②其他病因,如输卵管手术占 10%~20%、输卵管发育不良、子宫肌瘤或卵巢肿瘤压迫输卵管等少见。

168. ABCDE ①输卵管妊娠的典型症状为停经、腹痛、阴道流血,少数患者可有失血性休克、腹部包块。②70%~80%的患者有停经史。腹痛是最常见的症状,90%以上的患者主诉腹痛。阴道流血多为少量,点滴状,淋漓不净,多量出血少见。

169. ABCDE ①输卵管妊娠破裂后,短期内可发生腹腔大量出血,患者半卧位时,血液流向盆腔积聚,妇检时,可有阴道后穹隆饱满,有触痛。若将宫颈轻轻上抬可引起剧烈疼痛,称为宫颈举痛。当内出血较多时,妇检可见子宫漂浮感。可于子宫一侧扪及触痛性包块,边界不清。②直肠子宫陷凹触及痛性结节多见于子宫内膜异位症(B 错)。

170. ABCDE 171. ABCDE ①输卵管妊娠破裂常表现为孕 6 周突发一侧下腹部剧痛,若短期内腹腔内出血过多,可导致失血性休克。卵巢黄体破裂常表现为黄体期一侧下腹部剧痛,可短期内腹腔内出血导致失血性休克,因此两者临床表现相似,极易混淆(D)。②输卵管妊娠流产或破裂,若长期反复内出血形成的盆腔血肿不消退,可机化变硬粘连,临床上称为陈旧性宫外孕,机化性包块可存在多年。妇科体检可扪及子宫一侧有肿物,质软,表面不规则,有压痛,后穹隆穿刺可阳性。输卵管卵巢囊肿也可扪及子宫一侧肿物,质软,因此两者极易混淆(B)。

172. ABCDE 173. ABCDE 174. ABCDE ①前置胎盘的典型表现是妊娠晚期无痛性反复阴道流血(E)。②异位妊娠多发生于输卵管,约占 95%,其典型症状为停经、腹痛、阴道流血,腹痛为最常见的症状,90%以上的患者主诉腹痛(B)。流产、早产也可引起急性腹痛,故本题并不严谨。③子痫属于妊娠高血压综合征的重型,常发生子痫性抽搐,多见于妊娠晚期或临产前(D)。

175. ABCDE ①已婚妇女,平时月经规则,现停经数天,突然下腹痛,血压降低,应考虑输卵管妊娠破裂出血。对诊断最有意义的体征是宫颈举痛,后穹隆饱满(C)。可有腹部压痛反跳痛,但腹肌紧张轻微。当出血量较多时,可有腹部移动性浊音阳性。②子宫稍大变软,双合诊黑加征阳性多见于早期妊娠。

176. ABCDE 已婚妇女,突发下腹持续性剧痛,阴道流血,血压降低,应考虑输卵管妊娠破裂出血,因此最有价值的体征为阴道后穹隆穿刺抽出不凝血。A、C、D、E 体征均无特异性。

177. ABCDE ①异位妊娠常有 6~8 周停经史,但输卵管间质部妊娠停经时间较长(A 错)。②异位妊娠多有不同程度的腹痛,占 95%。③当输卵管妊娠流产或破裂时所形成的血肿时间较久者,可发生粘连形成腹部包块。④60%~80%的异位妊娠有阴道流血。⑤若输卵管妊娠破裂,可导致失血性休克。

178. ABCDE ①育龄期妇女停经 6 周,应首先考虑早期妊娠。患者少量阴道流血,下腹剧痛,血压下降,左侧附件区压痛,应诊断为输卵管妊娠破裂伴失血性休克。由于患者处于休克状态,因此应一边输液输血,纠正休克,一边准备行剖腹探查(C 对)。②患者处于休克状态,若直接手术,不抗休克,则患者可能难以耐受手术而死亡,故不答 A。刮宫术不能处理输卵管妊娠破裂出血,故不答 B。本例若仅行输液输血、观察病情进展,而不急诊手术,很可能失去手术机会,造成严重后果,故不答 D。大多数输卵管妊娠破裂出血,不经手术彻底止血,休克难以纠正,故不答 E。

179. ABCDE ①育龄期妇女,停经 50 天,腹痛,肛门坠胀感,血压降低,应考虑输卵管妊娠破裂出血。常表现为子宫增大变软,宫颈紫蓝色,宫颈举痛;阴道后穹隆饱满,有触痛。②宫颈光滑为正常表现。

180. ABCDE ①青年女性,有性生活史,停经 40 天,应考虑早期妊娠。患者少量阴道流血,子宫稍大,宫颈举痛,左侧附件区触及压痛性包块,应考虑输卵管妊娠。为明确诊断,应首选超声检查,超声检查对异位妊娠的诊断必不可少(D)。②腹腔穿刺常用于诊断腹部实质性脏器破裂。异位妊娠常经阴道后穹隆穿刺。诊断性刮宫常用于子宫内膜癌、异常子宫出血的诊断。宫腔镜检查常用于诊断宫腔病变。腹腔镜很少作为异位妊娠的检查,而是作为治疗手段。

181. ABCDE 182. ABCDE ①育龄期女性,平时月经规则,停经 48 天,尿妊娠试验阳性,应考虑早孕。患者阴道流血,右下腹剧痛,后穹隆饱满,宫颈举痛,子宫漂浮感,血压 80/50mmHg,应诊断为输卵管妊娠破裂并失血性休克(A)。B、C、D、E 均表现为尿妊娠试验阴性。②确诊输卵管妊娠破裂,最简单可靠的辅助检查为阴道后穹隆穿刺,若抽出不凝血即可确诊(B)。B 超检查可见陶氏腔液性暗区,但不能区分血液和积液,有一定的假阴性和假阳性,故答 B 而不是 A。盆腔 CT、MRI 价格昂贵,一般不作为首选检查。血 hCG 测定常用于诊断早孕,但不能确诊输卵管妊娠破裂。

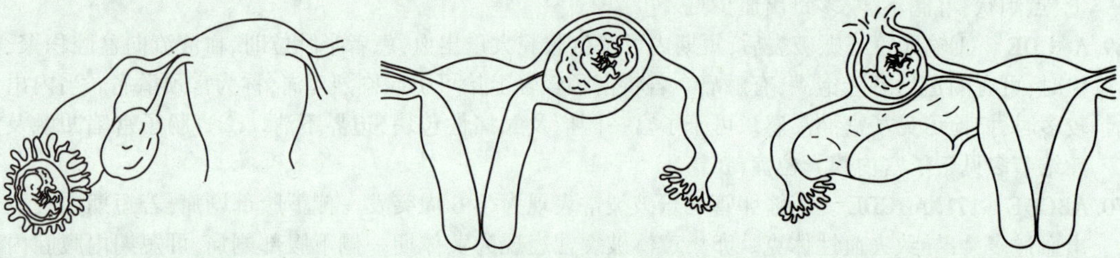

输卵管妊娠流产　　输卵管间质部妊娠　　输卵管妊娠破裂

183. ABCDE 184. ABCDE 185. ABCDE ①已婚女性停经 40 天,应考虑早期妊娠。患者突发右下腹痛,压痛反跳痛,宫颈举痛,右侧附件包块,失血性休克,应诊断为输卵管妊娠破裂(B)。A、C、E 不会出现失血性休克,故不答 A、C、E。卵巢黄体囊肿破裂可有右下腹疼痛,失血性休克,但无停经史,故不答 D。②患者腹部移动性浊音阳性,说明出血量较大。为明确诊断,最简单可靠的方法是阴道后穹隆穿刺,若抽出血液即可确诊(B)。患者处于休克状态,不宜过多搬动做 CT、X 线检查。宫腔镜检查对本病的诊断价值不大。腹腔镜为有创方法,不作为首选检查。③输卵管妊娠破裂合并失血性休克,应一边抗休克,一边准备急诊手术治疗(C)。

186. ABCDE ①育龄期妇女,停经 45 天,子宫稍大,左侧附件区增厚、压痛,囊性包块,应诊断为左侧输卵管妊娠。患者阴道流血,说明胚胎已死亡。患者脉率和血压基本正常,盆腔积液不多,说明输卵管妊娠尚未破裂。②对于输卵管妊娠尚未破裂、妊娠囊直径<4cm、腹腔无明显内出血者,可行药物治疗。可在 B 超引导下穿刺,将甲氨蝶呤直接注入妊娠囊内,使胚胎组织坏死、脱落、吸收(A)。③诊断性刮宫仅用于阴道流血较多的患者,故不答 B。输卵管妊娠不宜行介入治疗,故不答 D。血清 hCG 测定为宫外孕的辅助检查,而不是处理措施,故不答 E。

187. ABCDE ①患者下腹疼痛,脉搏增快,血压降低(90/60mmHg),面色苍白,说明有腹腔内出血。患者阴道后穹隆穿刺抽出不凝血,应诊断为输卵管妊娠破裂伴失血性休克,应立刻行腹腔镜探查止血(B)。②患者处于失血性休克状态,不宜行中医中药及化学药物治疗,故不答 A、E。也不能行期待疗法,否则患者可能死于失血性休克。刮宫术对于输卵管妊娠不适用,故不答 D。

188. ABCDE 输卵管妊娠化学药物治疗的适应证:①无药物治疗禁忌证;②输卵管妊娠未发生流产或破

裂；③血 hCG<2000U/L；④输卵管妊娠包块直径≤4cm(A)；⑤无腹腔内出血。

189. ABCDE　①约 10%的妊娠剧吐患者并发 Wernicke 综合征，为严重呕吐引起维生素 B_1 严重缺乏所致，常表现为眼肌麻痹、眼球震颤、视力障碍、躯干共济失调、步态不稳、遗忘性精神症状等。为预防 Wernicke 综合征的发生，应注意补充维生素 B_1(D)。②普通的妊娠剧吐可给予维生素 B_6、维生素 C 进行治疗。维生素 A 常用于治疗维生素 A 缺乏症。维生素 E 常用于治疗先兆流产、习惯性流产。

190. ABCDE　子痫前期的高危因素包括：孕妇年龄≥40 岁、子痫前期病史、抗磷脂抗体阳性、高血压、慢性肾炎、糖尿病、多胎妊娠、羊水过多、营养不良、妊娠间隔≥10 年、孕早期血压≥130/80mmHg，故答 D。

191. ABCDE　①妊娠期高血压疾病患者血管内皮细胞受损、系统性炎性反应可引起血管痉挛，全身小动脉痉挛是其基本病变。A、C、D、E 都是在此基础上发生的病理过程。②妊娠期高血压疾病患者常伴凝血因子缺乏或变异，可导致血液呈高凝状态，重症患者可发生慢性弥散性血管内凝血。由于全身小血管痉挛，血管壁渗透性增加，血液常高度浓缩。由于血浆孕激素转换酶增加，妊娠晚期盐皮质激素增加可致水钠潴留。肾素-血管紧张素-前列腺素系统平衡失调是导致全身小动脉痉挛的主要原因。

192. ABCDE　①妊娠期高血压疾病的基本病理变化是全身小血管痉挛。子痫发作时，脑血管痉挛，通透性增高，可导致脑水肿、脑出血，是造成孕妇死亡的直接原因(B)。②妊娠期高血压疾病一般发生于有心脏病病史的患者，故不答 A。虽然重度子痫易并发胎盘早剥，但并不是引起孕妇死亡的直接原因，故不答 C。虽然急性重型肝炎、急性肝衰竭都可导致孕妇死亡，但与妊娠期高血压疾病关系不大，故不答 D、E。

193. ABCDE　①妊娠 20 周以后发生高血压、蛋白尿、水肿，严重时出现抽搐和昏迷者，称为妊娠期高血压疾病。根据此定义，本例可诊断为妊娠期高血压疾病。妊娠期高血压疾病分为妊娠期高血压、子痫前期、子痫、慢性高血压并发子痫前期、妊娠合并慢性高血压等类型。子痫常表现为蛋白尿和/或水肿，伴有抽搐。其他类型均不会出现抽搐，故应诊断为子痫。②脑出血为妊娠期高血压疾病的并发症之一，且常有颅内出血的定位体征。癔症为精神病范畴，常由精神因素诱发。癫痫常反复发作，发作时神志丧失。脑血栓形成好发于老年，多有高血压病史，发作后常有颅内定位症状和体征。

194. ABCDE　①妊娠 20 周以后发生高血压、蛋白尿、水肿，严重时出现抽搐和昏迷者，称为妊娠期高血压疾病。根据此定义，本例可诊断为妊娠期高血压疾病，其分类诊断标准如下表。患者无抽搐或昏迷，可排除子痫的诊断。患者蛋白尿，故可排除妊娠期高血压。患者血压 160/96mmHg，应诊断为重度子痫前期(C)。请注意：只要收缩压或舒张压任何 1 项达到标准，即可满足血压的诊断标准。②妊娠合并慢性高血压多在妊娠前即有高血压，产后 12 周后仍有高血压，因此只有通过产前、产后高血压病史，才能确诊妊娠合并慢性高血压，故不答 E。

	妊娠期高血压	轻度子痫前期	重度子痫前期	子痫
血压	≥140/90mmHg	140~160/90~110mmHg	≥160/110mmHg	≥160/110mmHg
症状	一般无症状 少数有上腹部不适	可有上腹部不适，头痛	持续上腹部不适、头痛、视觉障碍	抽搐、昏迷
蛋白尿	-	+	+++~++++	不作为诊断标准
水肿	无	可有	可有	可有
备注	产后 12 周血压恢复正常，产后方可确诊	水肿为参考标准	水肿为参考标准	只要出现抽搐、昏迷，即可确诊

195. ABCDE　①初孕妇，妊娠 38 周，自觉头痛，视物不清，应考虑妊娠期高血压疾病。其严重程度的分类依据是血压水平、尿蛋白、自觉症状，故不答 A、D、E。眼底检查可了解妊娠期高血压疾病的严重程度，故不答 C，参阅 2 版 8 年制《妇产科学》P80。②水肿程度只作为妊娠期高血压疾病的分类参

考，不作为诊断标准，故答 B。参阅人民卫生出版社 2 版《妇产科学学习指导及习题集》P51 第 13 题。

196. ABCDE ①患者妊娠晚期出现高血压、头痛、视物模糊，应考虑妊娠期高血压疾病。患者血压 160/110mmHg，无抽搐昏迷，应诊断为重度子痫前期。妊娠期高血压疾病的基本病理变化为全身小动脉痉挛，因此行眼底检查可了解视网膜下动脉痉挛情况，反映本病的严重程度。②患者头痛为脑血管痉挛所致，故头颅 CT 常为阴性。甲状腺功能测定、心脏彩超对本病的诊断价值不大，故不答 B、D。尿蛋白不能作为子痫前期严重程度的独立指标，故不答 C，参阅 3 版 8 年制《妇产科学》P133。

197. ABCDE ①患者妊娠晚期出现高血压、蛋白尿、头痛，应考虑妊娠期高血压疾病。②按严重程度，妊娠期高血压疾病分为 4 类。a.妊娠期高血压：BP≥140/90mmHg，尿蛋白(-)，无症状；b.轻度子痫前期：BP≥140~160/90~110mmHg，尿蛋白(+)，可有头痛；c.重度子痫前期：BP≥160/110mmHg，尿蛋白≥(+++)，头痛，视觉障碍；d.子痫：BP≥160/110mmHg，抽搐昏迷。③患者有蛋白尿，故不答 A。患者无抽搐昏迷，故不答 D。患者血压 150/90mmHg，应诊断为轻度子痫前期，而不是重度子痫前期，故答 B 而不是 C。题干未交代妊娠前孕妇是否有高血压病史，故不答 E。

198. ABCDE ①重度先兆子痫患者常有代谢性酸中毒，故二氧化碳结合力(CO_2CP)常降低(D 错)。②妊娠期高血压疾病的基本病变为全身小血管痉挛，血管痉挛后肾脏供血减少，可造成肾脏损害，导致血浆肌酐、尿素氮、尿酸升高。由于肝脏供血减少，肝功能受损，血浆蛋白合成减少，因此血浆蛋白降低。③重度先兆子痫孕妇血液呈高凝状态，可发生微血管病性溶血，表现为血小板减少。

199. ABCDE ①妊娠 20 周以后出现高血压、蛋白尿，应考虑妊娠期高血压疾病。孕妇血压 >160/110mmHg，抽搐，应诊断为子痫。其治疗原则是抽搐控制 2 小时后终止妊娠，控制抽搐的方法首选静脉滴注硫酸镁(A)。②静脉滴注缩宫素常用于子宫收缩乏力。子痫仅在合并急性心力衰竭、肺水肿、脑水肿时，才需使用呋塞米，故不答 C。静脉滴注白蛋白为辅助性治疗。西地兰常用于心力衰竭的治疗。

200. ABCDE ①患者，妊娠 32 周，出现头痛、头晕，血压增高，应诊断为妊娠期高血压疾病，首选治疗药物是硫酸镁。②硝普钠为强效血管扩张剂，其代谢物(氰化物)对胎儿有毒性作用，不宜妊娠期使用，故不答 A。妊娠期高血压疾病不主张常规使用利尿剂，仅用于合并肺水肿、脑水肿、肾功能不全者，故不答 B。妊娠期 32 周，严禁使用缩宫素，故不答 D。本例无感染征象，故不答 E。

201. ABCDE ①硫酸镁可抑制乙酰胆碱的释放，阻断神经肌肉接头间的信息传导，使骨骼肌松弛，防止抽搐，也可减轻脑血管痉挛，改善脑缺氧及肾缺血，是重度妊娠期高血压疾病的首选药物，主要用于预防和控制子痫抽搐(B)。②氯丙嗪可使血压迅速降低，影响肾脏及胎盘血流，产生直立性低血压，一般不作为重度妊娠期高血压疾病的首选药物，仅用于硫酸镁治疗效果不佳者。③虽然妊娠期高血压疾病可引起水钠潴留、水肿，但水肿与妊娠期高血压疾病的严重程度及预后无关，故临床上一般不用利尿剂(双氢克尿塞)。20%甘露醇常用于子痫伴脑水肿者，以降低颅内压。只有合并低蛋白血症时，才需使用白蛋白，故不答 E。

202. ABCDE 硫酸镁是重度妊娠期高血压疾病的首选药物，大剂量使用可导致中毒，首先表现为膝反射减弱或消失，继而出现全身肌张力减退、呼吸困难、复视，严重者可导致呼吸肌麻痹，呼吸心跳骤停。

203. ABCDE ①重度妊娠期高血压疾病患者硫酸镁治疗期间，出现膝反射消失，应诊断为硫酸镁中毒。急救措施是立即静脉注射钙剂，以对抗镁离子的毒性作用，逆转呼吸抑制(C)。②吸氧、左侧卧位为一般性治疗措施。肌内注射冬眠合剂、哌替啶，静脉注射地西泮，将加重呼吸抑制，不宜使用。

204. ABCDE ①患者妊娠 20 周以后出现高血压、蛋白尿、水肿，应诊断为妊娠期高血压疾病。患者血压 ≥160/110mmHg，尿蛋白≥5.0g/24h，无抽搐昏迷，应诊断为重度子痫前期。为预防子痫发作，应首选硫酸镁缓慢静脉滴注。子痫控制后应尽早终止妊娠，故答 D 而不是 B，因为题干要求回答的是“首选处理措施”。②头颅 CT 检查常用于诊断颅内占位性病变。妊娠期高血压疾病为防止血液浓缩、有效循环血量减少，不宜给予利尿剂降压，故不答 C。硝普钠静脉滴注常用于治疗高血压危象。

205. ABCDE　①初产妇，孕 20 周以后出现高血压、蛋白尿，应考虑妊娠期高血压疾病。患者血压≥160/110mmHg，尿蛋白(+++)，有头痛，无抽搐，应诊断为重度子痫前期。②对于重度子痫前期妊娠>34 周的患者，应在胎儿成熟后终止妊娠，故不答 A、B。③患者 B 超示羊水深度≤2cm，说明羊水过少。胎儿大小相当于 32 周，说明胎儿发育不良，可能存在胎盘功能减退，故应在硫酸镁解痉后剖宫产(C)。④引产适用于病情控制，宫颈成熟者，故不答 D、E。

206. ABCDE　①妊娠晚期出现高血压、蛋白尿、头痛、视物不清，应考虑妊娠期高血压疾病。孕妇血压 180/110mmHg，尿蛋白(+)，无抽搐昏迷，应诊断为重度子痫前期。无应激试验(NST)无反应型提示胎盘功能不良。②对于妊娠>37 周的重度子痫前期应立即终止妊娠。剖宫产指征为：有产科指征，宫颈条件不成熟，胎盘功能明显减退，胎儿窘迫。患者妊娠 38 周，宫颈管未消失，胎盘功能不良，应在保守治疗的同时准备剖宫产术，故答 E 而不是 C。硫酸镁对胎儿呼吸有抑制作用，不可长期使用。重度妊娠期高血压疾病不宜使用利尿剂。促进宫颈成熟为引产前的准备工作。

207. ABCDE　①妊娠晚期出现高血压、蛋白尿、头痛、视物模糊，应考虑妊娠期高血压疾病。孕妇血压 160/104mmHg，尿蛋白(+)，无抽搐，应诊断为重度子痫前期。②8 版《妇产科学》P70：妊娠>37 周的重度子痫前期应立即终止妊娠，且应放宽剖宫产指征，故答 A。9 版《妇产科学》P89：妊娠≥34 周患者应终止妊娠。7 版《妇产科学》P98：应积极治疗 24~48 小时后，再终止妊娠。③重度子痫前期随时可能发生子痫抽搐，危及母子生命，故应积极治疗，不能等待自然分娩，故不选 B。催产素引产只适用于宫颈条件成熟者，本例尚未临产，严禁静脉滴注催产素引产。

208. ABCDE　①妊娠晚期出现高血压、蛋白尿、抽搐、昏迷，应考虑妊娠期高血压疾病。孕妇出现抽搐、昏迷，应诊断为子痫。子痫的处理原则为首先控制抽搐，待抽搐控制 2 小时后终止妊娠(D)。②静脉注射硫酸镁为控制子痫抽搐的措施。患者妊娠 38 周，不宜引产。积极治疗 24~48 小时后再剖宫产，为子痫前期的治疗。抽搐控制后，若未积极终止妊娠，很可能再次发作，危及母儿生命，故不答 E。

209. ABCDE　①患者妊娠晚期出现高血压、蛋白尿、头痛，应考虑妊娠期高血压疾病。孕妇血压 160/110mmHg，尿蛋白(++)，无抽搐，应诊断为重度子痫前期。对于妊娠>37 周的重度子痫前期患者，应积极药物治疗的同时终止妊娠，不应等到 24~48 小时后剖宫产，故答 E 而不是 C。②硫酸镁、肼苯达嗪都只能暂时控制病情，不能从根本上解除病因，只有适时终止妊娠才是治疗妊娠期高血压疾病的有效措施，故不答 A、B。破膜加静脉滴注缩宫素引产，仅适用于病情控制且宫颈成熟者，故不答 D。

210. ABCDE　①患者妊娠晚期出现高血压、蛋白尿、头痛，应考虑妊娠期高血压疾病。孕妇血压>160/110mmHg，尿蛋白(++)，无抽搐，应诊断为重度子痫前期。对于妊娠>37 周的妊娠期高血压疾病患者，应终止妊娠。但由于患者剧烈头痛，为重度高血压颅内高压所致，应首选甘露醇降低颅内压后再行剖宫产。由于题干要求回答的是"应立即采取的处理措施"，故答 E 而不是 C。静脉滴注硫酸镁为预防子痫的常规措施。②重度妊娠期高血压疾病为尽快结束妊娠，应放宽剖宫产指征，故不答 A、B。肌内注射哌替啶常用于治疗不协调性宫缩乏力。

211. ABCDE　212. ABCDE　213. ABCDE　①妊娠晚期出现高血压、头痛眼花、视物模糊，应考虑妊娠期高血压疾病。本病最重要的临床表现是血压升高，因此对诊断最有价值的病史是既往血压正常(B)。虽然重度子痫前期可出现头痛，但本病的发生与头痛史无关，故不答 A。患者有高血压家族史，自己并不一定患病，故不答 C。D、E 与本病的发生无关。②慢性高血压肾损害和妊娠期高血压疾病肾损害均可有血清尿素氮、尿素、肌酐、肌酸增高，故 A、B、D、E 不能作为两者的鉴别依据。尿酸在慢性高血压患者升高不显著，但在妊娠期高血压疾病患者可显著增高，因此血清尿酸值可作为两者的鉴别依据(C)，参阅 7 版《妇产科学》P95，9 版《妇产科学》已删除。③患者血压≥160/110mmHg，无抽搐昏迷，应诊断为重度子痫前期。对于孕龄>34 周的子痫前期患者，适时终止妊娠是有效的治疗措施。但患者剧烈头痛伴呕吐，血压高达 180/110mmHg，为重度妊娠期高血压疾病颅内高压所致，应首选甘露醇静脉滴注降低颅内压后再行剖宫产，而不能立即行剖宫产，否则如此高的血压和颅内压，未经短期有效处理贸然手术风险极大，且胎心率 176 次/分（正常值 110～160 次/分），说明胎儿缺氧并不严重，也不急于手术，故答 B 而不是 D。

214. ABCDE　215. ABCDE　216. ABCDE　①妊娠晚期出现头痛、视物模糊，应考虑妊娠期高血压疾病。妊娠期高血压疾病常表现为高血压、蛋白尿、水肿、头痛、视物模糊等，其中最有意义的临床表现当然是高血压，故答 E。下肢水肿、蛋白尿并不是妊娠期高血压疾病的必有临床表现，如妊娠期高血压即无蛋白尿，故不答 A、C。B、D 对妊娠期高血压疾病的诊断价值不大。②妊娠期高血压疾病最重要的临床表现是血压升高，因此对诊断最有价值的病史是既往血压正常（A）。虽然重度子痫前期可出现头痛，但本病的发生与头痛史无关，故不答 B。患者有高血压家族史，自己并不一定患病，故不答 C。D、E 与本病的发生无关。③对于孕龄>37 周的子痫前期患者，应在积极治疗（静脉滴注硫酸镁+甘露醇）的同时终止妊娠（E）。肌内注射地西泮只能镇静，静脉滴注肼屈嗪只能降低血压，都不能从根本上解除病因，故不答 A、C。胎心率 184 次/分（正常值 110～160 次/分），说明胎儿缺氧并不严重，无需急诊剖宫产。患者尚未临产，严禁使用缩宫素引产。

217. ABCDE　218. ABCDE　①终止妊娠是治疗妊娠期高血压疾病的有效措施。对于孕龄>34 周的子痫患者，应在抽搐控制 2 小时后终止妊娠，首选剖宫产术。因为 A、C、D、E 治疗措施都不能在短时间内结束分娩。②轻度妊娠期高血压疾病患者，孕 39 周，宫口已开全，S+3 提示胎头已降至中骨盆最狭窄的坐骨棘水平以下，因此可经阴道分娩，但因胎心率减慢、羊水轻度粪染，说明胎儿缺氧，存在窘迫征象，应行低位产钳术尽快结束分娩（E）。胎头下降 S≥+3 者，一般行阴道分娩，不能行剖宫产。

219. ABCDE　220. ABCDE　①重度妊娠期高血压疾病孕妇头痛剧烈伴呕吐，说明颅内压增高，应首选 25%甘露醇快速静脉滴注以迅速降低颅内压。然后再以硫酸镁解痉，预防子痫抽搐发作（D）。②不协调性子宫收缩乏力的处理原则是调节子宫收缩，恢复子宫正常节律性及其极性。可给予强镇静剂哌替啶肌内注射，使产妇充分休息，醒后不协调性宫缩多能恢复为协调性宫缩（B）。③肼苯达嗪为血管扩张剂，常用于妊娠期高血压疾病的降压治疗。氯丙嗪常用于硫酸镁治疗无效的镇静治疗。

221. ABCDE　①下生殖道感染可逆行而上，造成宫内感染，导致早产（B）。②早产与遗传因素无关。孕激素可降低子宫平滑肌对缩宫素的敏感性，抑制子宫收缩，不会导致早产。胎儿畸形、头盆不称主要导致分娩异常，而不是早产。

222. ABCDE　①A、B、C、E 都是引起早产的病因，其中以胎膜早破最常见，占 30%～40%。②羊水过多可导致子宫过度膨胀，是早产的常见病因之一，羊水过少不会引起早产。

223. ABCDE　①哌替啶可通过胎盘抑制胎儿和新生儿呼吸，故临产后不宜使用。②利托君、沙丁胺醇、硫酸镁可抑制子宫平滑肌收缩，地塞米松可促进胎儿肺成熟，均常用于早产的治疗。

224. ABCDE　①患者孕 31 周，既往有早产史，出现阴道流血，应考虑早产，故应积极治疗，抑制宫缩，避免胎盘早剥、胎膜早破，制止阴道出血，促进胎儿肺成熟，减少危险性，故答 A。②左侧卧位、注意休息、给予镇静剂、氧气吸入均为辅助治疗措施。任其自然，只会使病情恶化，故不答 D。

225. ABCDE　①妊娠满 28 周至不足 37 周分娩者，称为早产。本例孕 33 周分娩，应属于早产。早产分为先兆早产和早产临产两个阶段。早产临产的诊断标准：出现规律宫缩，伴宫颈进行性改变；宫颈扩张 >1cm；宫颈展平≥80%，可见本例应诊断为先兆早产而不是早产临产。对于先兆早产的患者，若胎膜完整，应抑制宫缩，尽量延长孕周至 34 周。利托君为 β 肾上腺能受体激动剂，可抑制子宫平滑肌收缩，为治疗先兆早产的常用药物（E）。②地西泮为镇静剂，常用于第二产程，故不答 A。吲哚美辛为前列腺素合成酶抑制剂，可抑制宫缩，但仅在孕 32 周前短期应用，而本例已孕 33 周，故不答 B。本例不宜使用哌替啶，以免抑制新生儿呼吸中枢。缩宫素为加强宫缩的药物，严禁使用。

226. ABCDE　①先兆早产是指有规则或不规则宫缩，伴有宫颈管的进行性缩短（B）。②早产临产的特点为：出现规则宫缩（20 分钟≥4 次，或 60 分钟≥8 次），伴有宫颈的进行性改变；宫颈扩张 1cm 以上；宫颈展平≥80%。

227. ABCDE　228. ABCDE　229. ABCDE　①患者妊娠满 28 周不足 37 周分娩,应考虑早产,故不答 B、C、D。早产分为先兆早产、早产临产两个阶段。7 版《妇产科学》P87 早产临产的诊断标准为宫颈扩张 2cm 以上,9 版《妇产科学》P96 早产临产的诊断标准为宫颈扩张 1cm 以上。若按 9 版《妇产科学》诊断标准,本例应诊断为早产临产(E)。若按 7 版《妇产科学》诊断标准,本例应诊断为先兆早产。②妊娠<34 周的胎儿,因胎肺发育不成熟,出生后死亡率极高,本例妊娠 32 周,故不宜使用缩宫素引产(B)。可以左侧卧位、静脉滴注硫酸镁、使用少量镇静剂、口服沙丁胺醇抑制宫缩,尽量延长孕周。③倍他米松为糖皮质激素,可促胎肺成熟。A、B、E 均不能促使胎儿肺成熟。硝苯地平可抑制宫缩。

230. ABCDE　①过期妊娠是指妊娠≥42 周尚未分娩。羊水过多时子宫张力增高,易发生胎膜早破及早产,而不是过期妊娠(A)。②头盆不称、胎儿巨大可使胎先露部不能紧贴子宫下段及宫颈内口,反射性子宫收缩减少,容易发生过期妊娠。雌孕激素比例失调,雌激素减少可降低子宫对缩宫素的敏感性,使分娩难以启动,造成过期妊娠。胎盘硫酸酯酶缺乏症是一种隐性遗传病,可导致过期妊娠。

231. ABCDE　10%~20%的过期妊娠并发胎儿成熟障碍,参阅 7 版《妇产科学》P90,9 版《妇产科学》已删除该知识点。

232. ABCDE　①妊娠期羊水量逐渐增加,妊娠 38 周约为 1000ml,以后羊水量逐渐减少。至妊娠 40 周,羊水量约为 800ml。妊娠 42 周后羊水量迅速减少,可减少至 300ml 以下(D 错)。②妊娠达到或超过 42 周尚未分娩者,称为过期妊娠。过期妊娠时,胎盘功能减退,胎儿在宫内慢性缺氧,可导致胎儿生长受限、胎儿过熟综合征。过期妊娠时,由于羊水减少,胎粪排出障碍,可导致羊水粪染。过期妊娠时,大部分胎盘功能减退,但仍有少部分胎盘功能正常。

233. ABCDE　①过期妊娠出现胎盘功能减退、胎儿宫内窘迫时需迅速终止妊娠。7、8 版《妇产科学》:胎动计数≥30 次/12 小时为正常,胎动计数<10 次/12 小时提示胎儿缺氧。按 7、8 版《妇产科学》观点,本例胎动 18 次/12 小时,不能诊断为胎儿缺氧。9 版《妇产科学》P45、P139:胎动计数≥10 次/2 小时为正常,<10 次/2 小时提示胎儿缺氧。②无应激试验(NST)反应型为正常,提示胎儿宫内储备良好。缩宫素激惹试验(OCT)阳性提示胎儿不能耐受缺氧,需终止妊娠(D 对)。③胎心监护早期减速提示宫缩时胎头受压,不是胎儿缺氧的表现,只有晚期减速才是胎儿缺氧的表现。④B 超羊水最大暗区垂直深度(AFV)≥8cm 为羊水过多,≤2cm 为羊水过少,本例 AFV=4cm,说明羊水量正常,胎盘功能尚未明显减退,故无需终止妊娠。

234. ABCDE　①过期妊娠实施引产的指征为宫颈已成熟,胎头已衔接(E)。②胎儿宫内窘迫、CST 或 OCT 评估为Ⅲ类均提示胎儿宫内缺氧,应尽快剖宫产结束分娩。③估计胎儿体重>4500g,为巨大胎儿,难以从阴道分娩,应适当放宽剖宫产指征。④高龄初产妇阴道弹性差,体力相对较差,自然分娩变得困难,常需剖宫产或产钳助产。

235. ABCDE　①初孕妇,平素月经规则,妊娠达 42 周,尚未分娩,应诊断为过期妊娠。过期妊娠常合并有胎盘功能减退(B)。②胎头双顶径≥8.5cm 提示胎儿成熟,故不答 A。羊水指数≥8cm 提示羊水过多,≤2cm 提示羊水过少,故不答 C。B 超未提示胎儿畸形,故不答 D。羊膜腔感染常表现为发热,腹痛,胎膜早破,故不答 E。

236. ABCDE　①患者妊娠 42 周尚未分娩,应诊断为过期妊娠。缩宫素激惹试验(OCT)阳性提示胎盘减退。B 超示羊水深度 3.0cm,为正常范围。足月儿胎头双顶径正常值为 9.3cm,本例为 10cm,应考虑巨大儿。②过期妊娠,胎盘功能减退,巨大儿,应行剖宫产终止妊娠。

237. ABCDE　①妊娠晚期,孕妇血尿雌激素(E)水平显著升高,其中雌三醇(E_3)含量为非孕期的 1000 倍,因此测定尿中 E_3 含量可以了解胎盘的功能。因为测定 E_3 需要收集 24 小时的尿液,所以临床上常以 E/C 比值(雌三醇/肌酐)法代替 E_3 的测定。因为肌酐分泌量十分恒定,因此只需测定单次尿中 E/C 比值即可反映胎盘功能。E/C 正常值>15,若 E/C 比值<10 提示胎盘功能不良。②初产妇孕期>42 周,应诊断为过期妊娠。初产妇应在预产期前 2 周胎头入盆,本例跨耻征阳性,胎头高浮,说明胎头没有入盆,不可能经阴道分娩,故不答 A、B、C。D 为辅助治疗措施。③本例尿 E/C 比值<10,说明胎盘功能不良,应及时剖宫产(E)。尿 E/C 比值持续降低为过期妊娠终止妊娠的指征。

238. ABCDE 妊娠合并心脏病的种类和顺位是先天性心脏病(占 35%~50%)、风湿性心脏病、妊娠期高血压疾病性心脏病、围生期心脏病、贫血性心脏病、心肌炎等。

239. ABCDE ①妊娠合并心脏病应根据患者心脏病类型、病变程度、心功能分级,作出能否耐受妊娠的诊断:若心脏病变较轻,心功能Ⅰ~Ⅱ级,既往无心力衰竭史,也无其他并发症者可以妊娠;如心脏病变较重,心功能Ⅲ~Ⅳ级,既往有心力衰竭史,则发生心力衰竭的可能性极大,不宜妊娠。可见孕妇能否耐受妊娠,主要取决于其心功能分级,故答案为 E。②虽然心脏病种类、孕妇年龄均为相关因素,但不是主要因素,故不答 A、D。

240. ABCDE 心脏病孕妇最容易发生心力衰竭的时期是妊娠 32~34 周,因为孕妇的血容量在妊娠 32~34周达高峰。

241. ABCDE ①无明显血流动力学改变的轻度二尖瓣狭窄患者可耐受妊娠;但伴有肺动脉高压的重症患者,应在妊娠前纠正二尖瓣狭窄,已妊娠者应于妊娠早期终止妊娠,故答 C 而不是 E。②动脉导管未闭患者若导管口径较小,肺动脉压正常,可继续妊娠;若已有肺动脉高压或右向左分流,则应终止妊娠。二尖瓣关闭不全患者由于妊娠期外周阻力下降,使二尖瓣反流程度减轻,因此一般情况下能较好地耐受妊娠。轻度室间隔缺损,较少发生肺动脉高压和心力衰竭,一般能顺利渡过妊娠期。

242. ABCDE ①妊娠合并心脏病患者能否继续妊娠,主要取决于其心功能状态,心功能Ⅰ~Ⅱ级,既往无心力衰竭病史者,可以妊娠。心功能Ⅲ~Ⅳ级者,不宜妊娠(E)。②缺铁性贫血、急性气管炎、骨盆狭窄都不是终止妊娠的指征。

243. ABCDE 患者曾有心力衰竭病史,说明心功能极差,不能耐受妊娠,应在妊娠 12 周以前终止妊娠,故不答 A、B、D。负压吸引流产术适用于妊娠 10 周以内者,故答 C。药物流产适用于停经≤49 日,本例为妊娠 8 周,不宜行药物流产。

244. ABCDE ①妊娠合并心脏病在孕 32~34 周、分娩期、产后 3 日内,心脏负担最重,极易发生心力衰竭。②心功能Ⅰ、Ⅱ级者,胎儿不大,胎位正常,宫颈条件良好,可在严密监护下经阴道分娩,故不答 A。心功能Ⅲ、Ⅳ级者,产后不宜哺乳,故不答 B。既往有心力衰竭病史的患者不宜妊娠,故不答 D。

245. ABCDE ①初产妇心慌,不能平卧,心界向左下扩大,双肺满布湿啰音,应诊断为急性左心衰竭 NYHA Ⅳ级。②对于妊娠晚期发生心力衰竭,治疗原则是待心力衰竭控制后再行产科处理,应放宽剖宫产指征,对于心功能 NYHA Ⅲ~Ⅳ级者,均应剖宫产,故答 C。参阅 8 版《妇产科学》P87。

246. ABCDE ①心脏病孕妇经阴道分娩,在第三产程胎儿娩出后,应立即在产妇腹部放置沙袋,以防腹压骤降而诱发心力衰竭(A)。②为防止产后出血过多加重心肌缺血,可肌内注射缩宫素。禁用麦角新碱,以防静脉压增高。产后立即下床活动,将加重心脏负担,诱发心力衰竭。③由于感染是严重的并发症,极易诱发心力衰竭,因此产前即应给予广谱抗生素预防感染,直至产后 1 周左右。④不宜再妊娠者,可在产后 1 周行绝育术。

247. ABCDE ①本例为妊娠合并心脏病,足月临产,心功能Ⅱ级,准备经阴道分娩。若产妇平卧位休息,回心血量增加,将加重心脏负担,诱发心力衰竭。②一旦发现心力衰竭征象,应取半卧位,高浓度面罩吸氧,并给予强心苷。③在第二产程应避免产妇用力屏气加腹压,可行会阴侧切、胎头吸引、产钳助产,以尽可能缩短产程。④胎儿娩出后严禁使用麦角新碱,以防静脉压增高。⑤在第三产程胎儿娩出后,应立即在产妇腹部放置沙袋,以防腹压骤降而诱发心力衰竭(E 对)。

248. ABCDE ①妊娠早期发生心力衰竭,说明患者心功能难以耐受继续妊娠,应积极治疗心力衰竭,待心力衰竭好转后终止妊娠(E)。②妊娠晚期合并心力衰竭,应在心力衰竭控制后再行产科处理,应放宽剖宫产指征。③若为严重心力衰竭,各种治疗均未能奏效,则应边控制心力衰竭边紧急剖宫产。

249. ABCDE ①患者为妊娠早期合并心力衰竭,应积极治疗心力衰竭,待心力衰竭好转后终止妊娠。患者妊娠 45 天,应行负压吸宫术终止妊娠(D)。②负压吸宫术适用于妊娠 10 周以内,钳刮术适用于妊娠 10~14 周。

250. ABCDE　①患者妊娠合并风心病,枕左前位,胎心率 152 次/分,估计胎儿 3300g,说明胎位胎心正常、胎儿不大。患者宫口开大 4cm,说明处于第一产程活跃期。对于心功能Ⅰ~Ⅱ级、胎儿不大、胎位胎心正常者,可在严密监护下经阴道分娩(B 错)。②在第一产程应安慰及鼓励产妇,消除紧张情绪;适当应用镇静剂;一旦发现心力衰竭征象,应立即取半卧位,高浓度面罩吸氧,并给予洋地黄。③静脉滴注缩宫素为第三产程的处理措施,故不答 A。E 为第二产程的处理措施,故不答 E

251. ABCDE　252. ABCDE　253. ABCDE　①正常情况下,孕 35 周宫底高度约 30cm,本例为 35cm,提示可能为巨大儿或羊水过多。患者尿糖阳性,应考虑是否合并糖尿病。妊娠合并糖尿病的诊断标准为空腹血糖≥7.0mmol/L,而本例空腹血糖为 6.2mmol/L,没有达到确诊标准,故应行葡萄糖耐量试验(OGTT)以明确诊断(C)。A、B、E 为一般性检查项目,显然不是正确答案。尿雌三醇检测主要用于判断胎盘功能。②本例胎心率正常(正常值为 110~160 次/分),但无应激试验(NST)为无反应型,提示胎儿宫内储备不良,应行生物物理评分,以全面评估胎儿状况(E)。A、B、C 显然不是正确答案。只有 Manning 评分<6 分的孕妇,才需立即终止妊娠,故不答 D。③早产是指妊娠满 28 周至不足 37 周分娩者,而该产妇入院治疗 2 周后妊娠已满 37 周,故新生儿不属于早产儿。对于妊娠糖尿病产妇所生新生儿无论体重大小,均按早产儿处理,故不答 A,参阅 3 版《实用妇产科学》P197。妊娠合并糖尿病产妇所生新生儿出生时应留脐血,测定血糖、胰岛素、胆红素、钙、磷、镁;注意保暖和吸氧;重点防止新生儿低血糖,应在开奶同时,定期滴服葡萄糖液。早产儿加压吸氧易导致视网膜病变,故答 E。

254. ABCDE　①75g 葡萄糖耐量试验(OGTT)诊断妊娠期糖尿病(GDM)的标准:空腹、服糖后 1 小时、服糖后 2 小时的血糖值分别≥5.1mmol/L、10.0mmol/L、8.5mmol/L,任何一个时点血糖值达标,即可诊断为 GDM。患者餐后 1 小时血糖升高,故应诊断为 GDM。②GDM 的治疗首先是饮食控制(B)。只有在饮食控制血糖不能达标时,才考虑使用胰岛素治疗。GDM 不宜使用口服降糖药物。

255. ABCDE　糖尿病合并妊娠的处理原则为:若血糖控制良好,且无母儿并发症,在严密监测下,妊娠至 39 周后终止妊娠;若血糖控制不满意,或出现母儿并发症,应及时收入院观察,根据病情决定终止妊娠的时机。本例孕 36 周,血糖控制良好,胎动、胎心率、胎儿大小、胎盘羊水均正常,应在严密监测下,妊娠至 39 周分娩。

256. ABCDE　①人体内大多数凝血因子由肝脏合成,因此重症肝炎产妇由于肝功能不良,凝血因子合成减少,会造成凝血功能障碍,导致产后出血不止(E)。②A、B、C、D 为普通产妇产后出血的常见原因。

257. ABCDE　妊娠合并重症肝炎患者短期内病情多数难以康复,临床上应积极治疗,待病情有所稳定后,选择有利时机终止妊娠,即凝血功能、白蛋白、胆红素、转氨酶等重要指标改善并稳定 24 小时左右。终止妊娠首选剖宫产,必要时剖宫产同时行子宫次全切除术(C)。

258. ABCDE　妊娠早期患急性肝炎,若为轻症肝炎应积极治疗,可以继续妊娠。若为重症肝炎,妊娠对母儿威胁较大,应适当治疗肝炎,待病情好转后行人工流产术终止妊娠(E)。

259. ABCDE　①妊娠合并急性病毒性肝炎,如肝功能损害严重,可造成血氨增高,导致肝性脑病。因此,在昏迷前口服新霉素,可抑制大肠埃希菌的生长繁殖,减少游离氨及其他毒素的形成(B)。②妊娠合并病毒性肝炎无需预防细菌感染,口服新霉素的目的是减少氨的产生而不是控制肠道内感染灶。抗生素不能控制重症肝炎的进展。新霉素只能抑制大肠埃希菌等需氧菌的生长,对厌氧菌无效。

260. ABCDE　①孕妇恶心呕吐,黄疸,肝酶及血清胆红素明显增高,HBsAg 阳性,应诊断为急性重型乙肝。②妊娠中晚期合并肝炎的处理原则为:合并非重型肝炎者,不主张终止妊娠,应积极保肝治疗,继续妊娠;若病情恶化,则考虑终止妊娠。合并重型肝炎者,应积极治疗 24 小时后及时终止妊娠,故答 E。参阅北京大学医学出版社 3 版《妇产科学》P195。

261. ABCDE　①妊娠期高血压疾病可引起子宫胎盘灌注不足,导致胎儿生长受限。②过期妊娠时,羊水过少,可导致胎儿生长受限,故不答 B。多次刮宫导致宫腔粘连常导致异位妊娠,而不是胎儿生长受限,故不答 C。妊娠期糖尿病常导致巨大胎儿,而不是胎儿生长受限,故不答 D。合并卵巢小囊肿不会影响胎儿的生长发育,故不答 E。

262. ABCDE **263. ABCDE** ①宫高低于正常第 10 个百分位数时,应考虑胎儿宫内生长受限(FGR),准确率 85%以上。胎儿发育指数=子宫长度(cm)-3×(月份+1)。指数-3~+3 为正常,<-3 提示可能为 FGR。正常情况下,孕 35 周宫高一般为(30.8±2.06)cm,第 10 个百分位为29.0cm。本例宫高仅25cm,胎儿发育指数=25-3×(9+1)=-5,应诊断为胎儿生长受限(D)。题干所述与肝硬化、肾炎无关,故不答 A、C。虽然孕妇有贫血表现,但不能解释题干所述全部症状,故不答 B。孕妇血压正常,不能诊断为先兆子痫。②对于胎儿生长受限,越早治疗效果越好。一般孕 32 周开始治疗疗效较佳,孕 36 周后疗效较差。患者已孕 35 周,故治疗效果较差,应首选终止妊娠(E)。A、B、C 为一般性治疗措施。D 为抑制宫缩治疗。

264. ABCDE 巨大胎儿是指胎儿体重≥4000g。目前欧美国家定义为胎儿体重≥4500g。

265. ABCDE ①胎儿体重≥4000g,称为巨大胎儿。巨大胎儿经阴道分娩,使子宫过度扩张,导致子宫收缩乏力、产程延长,易引起产后出血。经阴道分娩肩难产的发生率与胎儿体重成正比,因此巨大胎儿易发生肩难产。巨大胎儿经阴道分娩头盆不称的发生率明显增加。②羊水栓塞不是巨大胎儿经阴道分娩的并发症(E)。羊水栓塞多见于宫缩过强、胎膜破裂、宫颈或宫体损伤。

266. ABCDE ①正常足月儿双顶径为 9.3cm,若胎体巨大,双顶径>10cm、股骨长≥8cm,腹围>33cm,应考虑巨大胎儿。本例腹围增大(自觉腹胀、腹形较妊娠月份大)、B 超示胎儿双顶径 11cm,应诊断为巨大胎儿(A)。②羊水过多常发生于妊娠 20~24 周,孕妇感腹胀,呼吸困难,不能平卧,子宫大于妊娠月份,但胎儿双顶径不大。双胎妊娠 B 超容易确诊。胎头高直位不会出现胎儿双顶径>10cm。胎儿宫内发育迟缓应表现为胎儿双顶径较正常小而不是增大。

267. ABCDE 胎儿在宫内缺氧称为胎儿窘迫,多发生在分娩期,偶发生于妊娠晚期。急性胎儿窘迫早期主要表现为胎动频繁,晚期主要表现为胎动减弱及次数减少,甚至消失。

268. ABCDE ①诊断胎儿窘迫酸中毒的标准为胎儿头皮血 pH<7.20,正常值为 7.25~7.35,故不答 A。②胎心监护出现频发晚期减速,提示胎儿窘迫。③正常胎心率为 110~160 次/分。受胎动、宫缩、触诊等因素影响,胎心率可有一过性变化,散发的、短暂的胎心率加速是无害的。因此胎动时,出现一过性胎心率 170 次/分为正常反应。④变异减速提示宫缩时脐带受压,可迅速恢复正常,因此变异减速不是胎儿窘迫的诊断指标,只有频发重度变异减速才提示胎儿窘迫。⑤E 为宫缩的正常表现。

269. ABCDE 正常胎动>30 次/12 小时。若胎动<10 次/12 小时为胎动减少,提示胎儿窘迫。

270. ABCDE ①正常胎心率为 110~160 次/分。胎心率变化是急性胎儿窘迫的一个重要征象。胎儿窘迫早期,缺氧较轻时胎心率在无宫缩时加快,可>160 次/分。胎儿窘迫晚期,缺氧严重时胎心率常<110 次/分。②胎心频发晚期减速、频发重度变异减速均提示胎儿窘迫。③胎心早期减速是宫缩时胎头受压,脑血流一时性减少的表现,是无伤害性的,故答 C。

271. ABCDE ①胎心率<100 次/分,伴频发晚期减速,提示急性胎儿窘迫。②胎儿窘迫早期表现为胎动频繁,晚期表现为胎动减少,甚至消失。③10%~20%的分娩中会出现羊水胎粪污染,羊水胎粪污染不是胎儿窘迫的征象(C)。④胎盘功能减退当然会导致胎儿窘迫。⑤胎儿头皮血 pH<7.20(正常值 7.25~7.35),可诊断为胎儿酸中毒,提示胎儿窘迫。

272. ABCDE ①胎儿窘迫早期表现为胎动频繁,晚期表现为胎动减少,继而消失。②胎心早期减速是宫缩时胎头受压,脑血流一时性减少的表现,并不是胎儿窘迫的征象(C)。③急性胎儿窘迫早期,胎心监护可见胎心基线代偿性加快、晚期减速、重度变异减速;随着产程进展,尤其在宫缩较强时胎心基线可下降到<110 次/分。④胎儿头皮血 pH<7.20,可诊断为胎儿酸中毒,提示急性胎儿窘迫。

273. ABCDE ①第一产程潜伏期是指临产至宫口开大 3cm。本例宫口开大 3cm,处于第一产程潜伏期末。胎心监护见多个晚期减速，说明急性胎儿窘迫，应立即行剖宫产结束分娩，以免胎死宫中（E）。②急查尿雌激素/肌酐比值只能明确胎盘功能是否减退。吸氧，严密观察产程进展，将延误病情、危及胎儿安全。C为一般性治疗措施。本例宫口尚未开全，严禁使用缩宫素，否则将导致子宫破裂。

274. ABCDE　①胎心率出现频发晚期减速，提示急性胎儿窘迫，应立即结束分娩，以免胎死宫中。②快速结束分娩的原则为：若S≥+3，应行产钳助产或胎头吸引助产，经阴道分娩；若S≤+2，应行剖宫产。本例S+3，宫口开全，应采用产钳助产，尽快结束分娩（D）。③尼可刹米为呼吸兴奋剂，常用于呼吸骤停。静脉滴注缩宫素常用于治疗协调性宫缩乏力。硫酸镁常用于预防和控制子痫。

275. ABCDE　①妊娠20周后胎儿在子宫内死亡，称为死胎。听到胎心音，可确诊活胎，但没听到胎心，并不能确诊死胎，B超检查可确诊死胎。②死胎一旦确诊，应尽早引产。③死胎易导致DIC，胎死宫内4周以上尚未排出者，应行凝血功能检查。死胎应尽量经阴道分娩，但某些特殊情况下可行剖宫产。

276. ABCDE　①患者B超示胎心音消失，无胎动，应诊断为死胎。死胎一旦确诊，应尽早引产（B）。②死胎在宫腔内停留过久，可导致母体凝血功能障碍，故不答A、E。对于孕22周的死胎，应行引产而不是清宫，故不答C。死胎应尽量经阴道分娩，剖宫产仅限于特殊情况下使用，故不答D。

277. ABCDE　①双胎妊娠羊水过多发生率约为12%，较单胎高。②经阴道分娩的双胎妊娠平均产后出血≥500ml，与子宫过度膨胀、产后宫缩乏力有关。③双胎妊娠易导致早产，而不是过期妊娠，约50%的双胎妊娠并发早产（C）。④胎盘早剥是双胎妊娠产前出血的主要原因。⑤双胎妊娠胎儿畸形的发生率是单胎的2倍。请注意：双胎妊娠最重要的并发症是妊娠期高血压疾病。

278. ABCDE　双胎分娩的处理原则：①第一胎及第二胎均为头位，均经阴道分娩。②第一胎为非头位，应行剖宫产。③第一胎为头位，第二胎为非头位：第一胎试经阴道分娩；第二胎若体重>2000g，经阴道分娩，产程中可行外倒转术、臀位助娩。根据此原则，正确答案应为C。参阅2版《实用妇产科学》P240，9版《妇产科学》未讲述。

279. ABCDE　①双胎妊娠可导致胎儿生长受限，而不是巨大胎儿（C错）。参阅2版《实用妇产科学》P236。②经阴道分娩的双胎妊娠平均产后出血量≥500ml，与子宫过度膨胀导致产后宫缩乏力有关。若胎位为臀头位，则胎头交锁易造成难产，导致产程延长。约50%的双胎妊娠并发早产，其风险为单胎妊娠的7~10倍。双胎妊娠并发妊娠期高血压疾病比单胎妊娠多3~4倍。

280. ABCDE　①受精卵滋养层发育迟缓，当受精卵到达子宫腔后，滋养层尚未发育到可以着床的阶段，继续向下移动，着床于子宫下段而发育成前置胎盘。子宫内膜炎、多次刮宫均可损伤子宫内膜，引发前置胎盘。双胎妊娠时胎盘面积过大，前置胎盘发生率较单胎妊娠高1倍。②高龄初产妇（>35岁）、经产妇、多产妇均属于前置胎盘的高危人群，而初产妇不是前置胎盘的病因（E）。

281. ABCDE　前置胎盘的典型临床表现是妊娠晚期或临产时，发生无明显诱因、无痛性反复阴道流血（C）。A、D、E均为胎盘早剥的临床特点。

282. ABCDE　①前置胎盘的典型临床表现是妊娠晚期或临产时无痛性反复阴道流血，阴道流血量与贫血程度成正比。阴道流血量与贫血程度不成正比，为胎盘早剥的特点。②前置胎盘分为4种类型：完全性前置胎盘、部分性前置胎盘、边缘性前置胎盘、低置胎盘。完全性前置胎盘是指胎盘组织完全

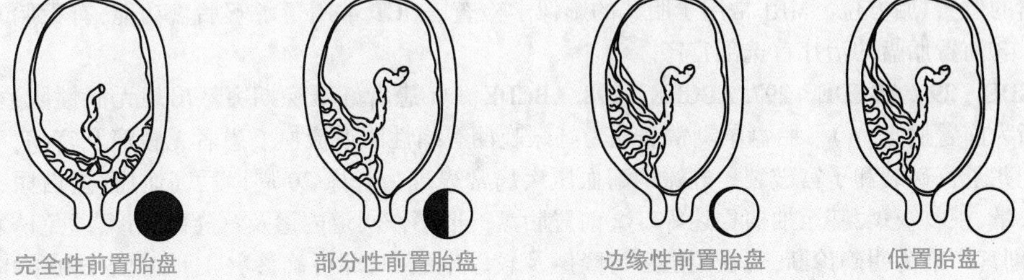

完全性前置胎盘　　部分性前置胎盘　　边缘性前置胎盘　　低置胎盘

覆盖宫颈口,表现为初次出血时间早,多在妊娠 28 周左右,称为警戒性出血(D 对)。边缘性前置胎盘是指胎盘附着于子宫下段,胎盘边缘到达宫颈内口,出血多发生于妊娠 37~40 周或临产后。

283. ABCDE ①前置胎盘分为 4 种类型:完全性前置胎盘、部分性前置胎盘、边缘性前置胎盘、低置胎盘。完全性前置胎盘初次出血时间多在妊娠 28 周左右。边缘性前置胎盘出血多在妊娠晚期或临产后。部分性前置胎盘出血时间多介于两者之间。低置胎盘是指胎盘位于子宫下段,胎盘边缘极为接近但未达到宫颈内口。根据题干,本例应诊断为完全性前置胎盘。②前置状态为不规范的产科名称。

284. ABCDE ①B 超检查可清楚显示胎盘位置,确定前置胎盘的类型,准确率 95%以上,且可重复检查,是目前前置胎盘最安全可靠的诊断方法(D)。②对于前置胎盘,不宜作阴道内诊检查,以免出血。腹部 X 线片、放射性同位素扫描对前置胎盘无诊断价值。当前置胎盘附着于子宫前壁时,可在耻骨联合上方听到胎盘杂音;如前置胎盘附着于子宫下段后壁,则听不到胎盘杂音,故不答 C。

285. ABCDE 286. ABCDE 287. ABCDE ①妊娠高血压综合征为胎盘早剥的常见病因。妊娠晚期突然出现有痛性阴道出血,应首先考虑胎盘早剥(C)。②先兆子宫破裂常表现为子宫强直性收缩,产妇烦躁不安,下腹剧痛难忍,少量阴道出血,下腹拒按,子宫病理缩复环,血尿等(D)。③妊娠 28 周后突然出现无痛性阴道出血,应首先考虑前置胎盘(A)。④羊水过多常表现为腹部胀痛,表情痛苦,呼吸困难,不能平卧,无阴道出血。子宫破裂将出现严重的腹膜刺激征及休克征象。

288. ABCDE ①妊娠晚期突然出现无痛性阴道流血,应考虑前置胎盘(E)。②早产是指妊娠满 28 周至不足 37 周分娩。本例无子宫收缩,故不能诊断为早产及临产。胎盘早剥常表现为妊娠晚期突然出现有痛性阴道出血。宫颈炎与妊娠无关,也不会出现阴道出血,故不答 D。

289. ABCDE ①初产妇妊娠晚期出现无痛性阴道出血,应首先考虑前置胎盘。患者自觉头晕,P110 次/分,BP80/50mmHg,面色苍白,说明出血量较大,已合并失血性休克。为挽救母儿,应尽快剖宫产终止妊娠(D)。②本例尚未临产,故不答 A、E。患者胎头高浮,说明尚未入盆,不能在短期内经阴道分娩,故不答 B。前置胎盘不宜作阴道检查,以免加重出血,故不答 C。

290. ABCDE ①患者妊娠晚期突然出现无痛性阴道流血,应诊断为前置胎盘。患者脉搏增快,血压 80/60mmHg,说明合并失血性休克。为挽救母儿,应立即输液输血,同时行剖宫产术(D)。②B 超检查只能证实诊断,不能抢救休克。行人工破膜产程太长,可能危及母儿安全。前置胎盘出血量大,有时不积极手术不足以纠正休克。无应激试验只能了解胎儿宫内缺氧情况,不能救治孕母休克。

291. ABCDE 患者妊娠晚期突然出现无痛性阴道流血,应诊断为前置胎盘。患者无腹痛,子宫软,说明未临产。患者枕左前位,胎心 164 次/分,说明胎心、胎位正常。患者血压稳定,应择期行剖宫产,因择期剖宫产是处理前置胎盘的首选。参阅 3 版 8 年制《妇产科学》P159。

292. ABCDE 293. ABCDE 294. ABCDE ①妊娠晚期无痛性阴道流血,应首先考虑前置胎盘。当前置胎盘附着于子宫前壁时,可在耻骨联合上方闻及胎盘血流杂音。根据题干,本例应诊断为前置胎盘(D)。先兆临产常表现为不规律宫缩,胎儿下降感,见红。本例无宫缩,无腹痛,故不答 A。胎盘早剥常表现为妊娠晚期无痛性阴道流血,故不答 B。子宫破裂常发生于分娩过程中,故不答 C。先兆早产常表现为规则或不规则子宫收缩,伴有宫颈管进行性缩短,故不答 E。②为明确诊断,应首选 B 超检查,可明确前置胎盘的位置、类型。前置胎盘不宜行阴道检查,故不答 A。肛门指检常用于检查胎先露的位置、胎方位。MRI 常用于胎儿的影像学检查。OCT 常用于了解胎盘功能,有无胎儿宫内窘迫。③前置胎盘的治疗首选剖宫产。

295. ABCDE 296. ABCDE 297. ABCDE 298. ABCDE ①患者妊娠晚期突然出现无痛性阴道流血,应诊断为前置胎盘(A)。胎盘早剥常表现为妊娠晚期有痛性阴道流血。患者无腹痛及宫缩,不可能发生先兆子宫破裂和子宫破裂。妊娠期高血压疾病常表现为妊娠 20 周以后高血压、蛋白尿、水肿、头痛头晕、视物模糊,甚至抽搐昏迷等。②前置胎盘一般不作阴道内诊及穹隆部触诊,以免诱发阴道出血;剖宫产前为明确诊断,若在阴道后穹隆触及较厚软组织,即可确诊(C)。血压>160/100mmHg 提示妊娠期高血压疾病。胎心音听不清提示胎儿宫内窘迫。子宫局限性压痛、贫血程度与阴道流血量不成正比,提示胎盘早剥。③确诊前置胎盘首选 B 超检查,准确率 95%以上(B)。胎心监护只能了解宫中胎儿情况。血 hCG 测定常用于早孕的诊断。阴道后穹隆穿刺、腹腔镜检查常用于确诊输卵管妊娠破裂出血。④前置胎盘首选剖宫产术,本例妊娠>34 周,胎肺已成熟,可行剖宫产(A)。经阴道分娩适用于边缘性前置胎盘、枕先露、阴道流血不多,估计短时间内能结束分娩者。在经阴道试产时,人工破膜、产钳助产可加快产程。患者尚未临产,严禁使用子宫收缩剂。

299. ABCDE　**300.** ABCDE　**301.** ABCDE　①患者妊娠晚期或临产前出现无痛性阴道出血,应考虑前置胎盘(A)。流产是指妊娠不足 28 周而终止,本例已妊娠 37 周,因此不属于流产范畴,故不答 B、D。胎盘早剥常表现为妊娠晚期有痛性阴道出血。题干没有提及是否破膜,故不能诊断为胎膜早破。②前置胎盘胎先露高浮,约 1/3 并发胎位异常。孕妇反复阴道出血,可出现贫血,其贫血程度与阴道流血量相符(B 对)。出血严重者可发生休克,但少见。宫颈管消失常见于宫口开全,本例尚未临产,不会有宫颈管消失。贫血程度与阴道流血量不相符,为胎盘早剥的特点。③前置胎盘首选剖宫产术,本例妊娠>34 周,胎肺已成熟,可行剖宫产(B)。经阴道分娩适用于边缘性前置胎盘、阴道流血不多者。在经阴道试产时,人工破膜可加快产程。患者尚未临产,严禁使用缩宫素。

302. ABCDE　**303.** ABCDE　**304.** ABCDE　①患者妊娠晚期反复发生无痛性阴道流血,应考虑前置胎盘,故不答 E。前置胎盘分为 4 种类型:中央性前置胎盘、部分性前置胎盘、边缘性前置胎盘、低置胎盘。中央性前置胎盘初次阴道出血多在妊娠 28 周,边缘性前置胎盘初次阴道出血多在妊娠 37~40 周或临产后。部分性前置胎盘出血时间多介于两者之间。低置胎盘是指胎盘位于子宫下段,胎盘边缘极为接近但未达到宫颈内口。本例妊娠 29 周开始反复阴道出血,应诊断为中央性前置胎盘。②确诊前置胎盘首选 B 超检查,准确率 95%以上。血雌三醇测定常用于了解胎盘功能。血常规及尿常规检查无特异性。前置胎盘不宜作肛诊和后穹隆触诊检查,以免诱发阴道出血。盆腔 X 线片不能确诊前置胎盘。③本例妊娠<34 周,胎肺尚未成熟,若出血停止,可行期待疗法,争取孕 36 周后再终止妊娠。期待治疗过程中,应卧床休息,应用宫缩抑制剂。前置胎盘不宜作阴道检查,以免诱发阴道出血。输液备血为一般性治疗措施。若阴道出血继续,即使未达孕 36 周,出现胎儿窘迫征象,仍应行剖宫产以终止妊娠。

305. ABCDE　**306.** ABCDE　①妊娠 28 周后无痛性阴道流血,应首先考虑前置胎盘(D)。生理性子宫收缩多发生于妊娠 12~14 周,本例已妊娠 33 周,故不答 A。早产的主要临床表现是子宫收缩,而本例无腹痛不适,说明无子宫收缩,故不答 B、C。胎盘早剥常表现为妊娠晚期有痛性阴道流血,故不答 E。②前置胎盘的治疗原则是抑制宫缩、纠正贫血、预防感染、适时终止妊娠。对于妊娠<36 周、胎儿存活、一般情况良好、阴道流血量少的孕妇,可抑制宫缩,行期待疗法(B)。若出血量大、妊娠>37 周,可选择终止妊娠。

307. ABCDE　①胎盘由羊膜、叶状绒毛膜和底蜕膜构成。羊膜构成胎盘的胎儿部分,在胎盘最内层。叶状绒毛膜构成胎盘的胎儿部分,占胎盘主要部分。底蜕膜构成胎盘的母体部分,占胎盘很小部分。②胎盘早剥主要是底蜕膜出血并形成血肿,使胎盘从附着处分离(A)。

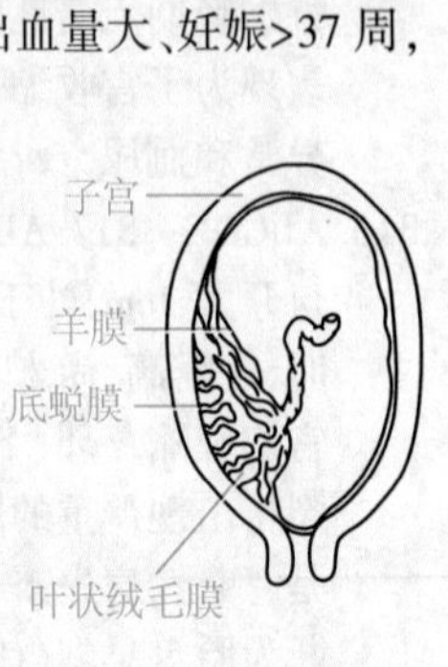

胎盘的结构

308. ABCDE　胎盘由羊膜、叶状绒毛膜、底蜕膜构成。胎盘早剥的主要病理变化是底蜕膜出血并形成血肿,使胎盘从附着处分离(A)。

309. ABCDE　①Ⅲ度胎盘早剥是指胎盘剥离面超过胎盘面积的 1/2,由于缺氧严重,胎儿常常死亡,胎心音消失(A、D 错)。胎盘早剥主要表现为妊娠 20 周后有痛性阴道流血,无痛性阴道流血为前置胎盘的典型表现(C 错)。Ⅲ度胎盘早剥患者可有较大的胎盘后血肿,因此阴道流血量与贫血程度不成正比(E 错)。此为 3 版 8

年制《妇产科学》P161 观点。②Ⅲ度胎盘早剥患者，由于剥离处的胎盘绒毛及蜕膜释放大量组织凝血活酶，进入母体血循环后激活凝血系统，可导致弥散性血管内凝血（DIC），最终导致严重的凝血功能障碍（B 对）。

310. ABCDE Ⅲ度胎盘早剥是指胎盘剥离面超过胎盘面积的 1/2，其腹膜刺激征较重，不会出现腹部柔软。Ⅲ度胎盘早剥为重型，胎儿已死亡，故胎位扪不清、胎心音消失。胎盘早剥常表现为妊娠晚期有痛性阴道出血，妊娠晚期无痛性阴道出血为前置胎盘的典型临床表现。因胎盘早剥的出血很可能积聚在胎盘与子宫之间未经阴道排出，故休克程度常与阴道流血量不成正比（E 对）。

重型胎盘早剥

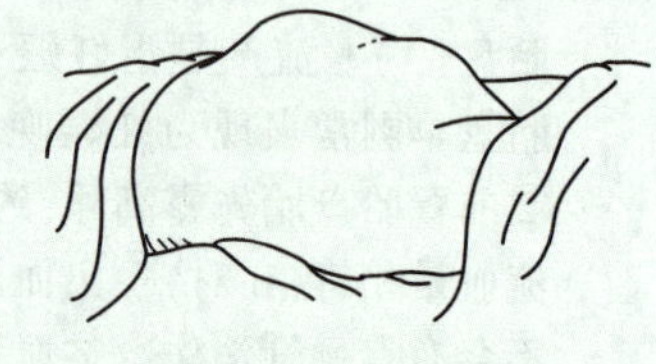
先兆子宫破裂

311. ABCDE ①重型胎盘早剥相当于 Sher 分型的Ⅱ、Ⅲ 度胎盘早剥，常有重度妊娠期高血压疾病病史，表现为剧烈腹痛，阴道流血，腹部检查见子宫硬如板状，但不会出现病理缩复环。②先兆子宫破裂常有剖宫产病史，表现为剧烈下腹痛、血尿，腹部检查见下腹压痛、病理缩复环、胎先露升高、跨耻征阳性。因此两种疾病的共有临床表现是剧烈腹痛（A）。

312. ABCDE ①妊娠 20 周后出现血压增高，应考虑妊娠期高血压疾病。由于全身小血管痉挛，胎盘血流灌注减少，可导致胎盘早剥。妊娠 20 周以后出现有痛性阴道流血，应首先考虑胎盘早剥。妊娠 35^{+2}周孕妇，2 周前血压升高，应诊断为妊娠期高血压疾病。现突然持续腹痛，阴道流血，腹部隆起，板状腹，胎方位不清，应诊断为胎盘早剥（A）。②先兆子宫破裂常表现为子宫强直性收缩、病理性缩复环、血尿、胎心音消失。早产临产常表现为规则宫缩、宫颈扩张 1cm、宫颈容受≥80%。临产伴急性阑尾炎常表现为转移性右下腹痛，右下腹压痛。妊娠合并急性胰腺炎常表现为上腹或左上腹持续性疼痛，左上腹压痛。

313. ABCDE 314. ABCDE 315. ABCDE ①患者妊娠 20 周后出现高血压、蛋白尿，应考虑妊娠期高血压疾病。妊娠期高血压疾病是胎盘早剥的常见病因。妊娠期高血压疾病患者妊娠晚期突发有痛性阴道流血，应考虑为胎盘早剥。患者持续性腹痛伴阵发性加剧，阴道流血量少，应诊断为重型胎盘早剥，故腹部检查可见不规则宫缩，子宫较硬，有压痛，宫缩间歇期子宫不完全松弛。轻型胎盘早剥常表现为阴道多量流血，子宫软，规律性宫缩，宫缩间歇期子宫完全松弛，腹部压痛不明显，故答 A 而不是 C。E 为先兆子宫破裂的临床表现。②对诊断胎盘早剥最有价值的检查是 B 型超声（B）。眼底检查常用于了解妊娠期高血压疾病的严重程度。肝功能检查常用于诊断 HELLP 综合征。白细胞计数无特异性。血细胞比容常用于了解失血程度。③本例应诊断为胎盘早剥（D）。前置胎盘常表现为妊娠晚期无痛性阴道出血。子宫肌瘤红色样变常表现为剧烈腹痛、发热、白细胞增高。先兆早产常表现为子宫收缩，其过程与足月产相似。先兆子宫破裂常表现为子宫病理缩复环、下腹压痛、胎心率异常和血尿。

316. ABCDE 317. ABCDE ①第一产程潜伏期是指临产至宫口开大 3cm，不应超过 16 小时。经产妇宫口开大 2cm，处于第一产程潜伏期，但临产已 16 小时，说明第一产程潜伏期延长。孕妇临产后 16 小时，先露高，尚未入盆，说明有产道梗阻。先兆子宫破裂常见于产程长、有梗阻性难产的产妇，常有子宫病理缩复环、下腹压痛、胎心率异常、血尿四大表现，故本例应诊断为先兆子宫破裂（B）。子宫破裂将出现严重的腹膜刺激征及休克征象。胎盘早剥常表现为有痛性阴道出血。本例为枕左前位，不是忽略性肩先露，不会出现脐带脱垂。②孕妇临产后出现有痛性阴道出血，子宫板状硬，休克，应诊断为胎盘早剥（C）。子宫板状硬为胎盘早剥的特点，先兆子宫破裂的特点是子宫缩复环。

318. ABCDE ①重型胎盘早剥发生子宫卒中时，可影响子宫肌层收缩，导致产后出血。②重型胎盘早剥易并发 DIC，胎盘早剥是妊娠期发生凝血功能障碍最常见的原因。③重型胎盘早剥阴道大量出血，造成肾脏灌注严重不足，可导致肾缺血，引起急性肾衰竭。④胎盘早剥不会导致子宫破裂，子宫破裂常见于产程长、梗阻性难产患者。

319. ABCDE　①胎盘早剥是妊娠期发生凝血功能障碍最常见的原因，伴有死胎时约 1/3 患者可发生弥散性血管内凝血(B)。胎盘早剥、稽留流产均易发生 DIC。②前置胎盘易发生植入性胎盘。产后出血易发生希恩综合征。羊水过多易发生胎膜早破、早产。轻度子痫前期易发生抽搐。

320. ABCDE　①妊娠晚期腹部外伤，易发生胎盘早剥，常表现为有痛性阴道流血。根据题干，本例应诊断为胎盘早剥。②胎盘早剥分为 3 度：Ⅰ度胎盘早剥常无腹痛或腹痛轻微，胎位清楚，胎心率正常；Ⅱ度胎盘早剥常表现为持续性腹痛，阴道流血量不多；Ⅲ度胎盘早剥常表现为剧烈腹痛，失血性休克。根据题干，本例应诊断为Ⅰ度胎盘早剥。③对于Ⅰ度胎盘早剥，可以卧床休息，观察病情变化(B)。阴道出血量少，无需静脉滴注止血药物，以免对母婴造成影响。胎盘早剥时应避免肛查和阴道检查。本例妊娠仅 34 周，胎心率正常，阴道流血少，不应立即行剖宫产结束妊娠。

321. ABCDE　322. ABCDE　323. ABCDE　①子痫前期是胎盘早剥的常见高危因素。患者妊娠晚期突然出现有痛性大量阴道出血，失血性休克，应诊断为Ⅲ度胎盘早剥(C)。子宫破裂、先兆子宫破裂多发生在分娩过程中，而本例尚未临产，故不答 A、B。前置胎盘常表现为妊娠晚期无痛性阴道流血，故不答 D。早产是指妊娠满 28 周至不足 37 周间分娩者，而本例已妊娠 40 周，故不答 E。②确诊胎盘早剥首选 B 超检查(B)。血常规、尿常规、凝血功能检查均无特异性，故不答 A、D。眼底检查常用于了解妊娠期高血压疾病的严重程度。胎盘功能测定常用于诊断胎儿窘迫征。③本例胎心音已消失，说明胎儿已窒息死亡。产妇宫颈管未消失，宫口未开大，不可能经阴道分娩，只能行剖宫产，故不答 B、D、E。产妇Ⅲ度胎盘早剥，病情危重，应在纠正休克的同时尽快剖宫产(C)。

324. ABCDE　325. ABCDE　326. ABCDE　①初产妇妊娠晚期出现有痛性阴道流血，首先应考虑胎盘早剥。Ⅲ度胎盘早剥常表现为失血性休克，腹部检查见子宫硬如板状，胎位扪不清，胎心音消失。根据题干，本例应诊断为胎盘早剥(B)。临产常表现为规律宫缩且逐渐增强，伴进行性宫颈管消失。前置胎盘常表现为妊娠晚期无痛性阴道流血。子宫破裂常继发于先兆子宫破裂，多表现为突发下腹撕裂样剧痛，子宫收缩停止，全腹压痛反跳痛，腹壁下可扪及胎体，胎心音消失。妊娠合并急性胰腺炎与题干所述不符。②患者Ⅲ度胎盘早剥，胎心音未闻及，说明胎儿已死亡。患者宫口开大 2cm，先露-2，说明不能立即经阴道分娩，应急症剖宫产(C)。③胎盘早剥是妊娠期发生凝血功能障碍(DIC)最常见的原因，约 1/3 伴有死胎的患者可发生 DIC(B)。子痫、HELLP 综合征为妊娠期高血压疾病的常见表现。心力衰竭为妊娠合并心脏病的常见并发症。产褥感染为产褥期常见的并发症。

327. ABCDE　328. ABCDE　①腹部钝性创伤是胎盘早剥常见的病因。妊娠晚期妇女，腹部受撞击后持续腹痛，阴道少量流血，应考虑胎盘早剥。孕妇宫口未开，不能诊断为早产临产，因为早产临产的诊断标准为宫口扩张 1cm 以上。巨大胎儿与题干所述无关，故不答 B。前置胎盘常表现为妊娠晚期无痛性阴道流血，子宫破裂常表现为胎心音消失，故不答 D、E。②A、B、C、E 均属于胎盘早剥的并发症，胎盘残留多为子宫收缩乏力所致，并不是胎盘早剥的并发症。

329. ABCDE　①胎膜早破是指临产前发生的胎膜破裂。生殖道感染、羊膜腔压力增高、胎膜受力不均，均为胎膜早破的常见原因，故不答 D。双胎妊娠可使宫内压力增加，导致胎膜早破(B 对)。②胎膜早破应积极处理。足月胎膜早破是临产的征兆，若检查宫颈已成熟，可以进行观察，一般在破膜后 12 小时内自然临产；若 12 小时内仍未临产，应予药物引产。因此并不是所有的胎膜早破均要立即剖宫产。

330. ABCDE　临产前发生胎膜破裂，称为胎膜早破。其病因如下。①病原微生物上行感染：可引起胎膜炎，细菌可产生蛋白酶、胶质酶和弹力蛋白酶，直接降解胎膜的基质和胶质，使胎膜局部抗张能力下降而破裂；②羊膜腔压力增高：双胎妊娠、羊水过多可使宫腔内压力增加，覆盖于宫颈内口处的胎膜自然成为薄弱环节而容易发生破裂；③胎膜受力不均：头盆不称、胎位异常使胎先露部不能衔接，前羊膜囊所受压力不均，易导致胎膜早破；④维生素 C 缺乏：可使胎膜抗张力下降，易引起胎膜早破。胎膜早破的病因不包括钙缺乏(E)。

331. ABCDE ①临产前发生胎膜破裂,称为胎膜早破。患者妊娠晚期,无阵发性腹痛,说明未临产,突然阴道流液4小时,应诊断为胎膜早破。本例孕38周,为足月妊娠。足月胎膜早破的处理原则为:先观察12小时,一般在破膜后12小时内自然临产。若12小时内未临产,可给予药物引产(E)。②剖宫产主要适用于胎头高浮、胎位异常、宫颈不成熟、羊膜腔明显感染、伴胎儿窘迫的未足月胎膜早破者。

332. ABCDE ①臀先露孕妇,宫口开大2cm,破膜后阴道内诊触及搏动条索状物,提示脐带脱垂。胎心率90次/分(正常110~160次/分),说明胎儿急性宫内窘迫。为抢救胎儿,应立即行剖宫产。产妇采取头低臀高位,可减少羊水流出,为术前准备赢得时间,故答A。②胎心率减慢是由于脐带脱垂造成的胎儿急性宫内窘迫,普通吸氧不能使胎心率恢复,更不能挽救胎儿。外转胎位术、内转胎位术多于妊娠期32~34周进行,而不是在分娩期进行。臀牵引应在S≥+3时才能进行,本例S=-2,故不答D。

333. ABCDE ①妊娠满37周至不满42周期间分娩,称为足月产(A对)。②妊娠满42周及以后分娩,称为过期产。妊娠满28周至不满37周期间分娩,称为早产。妊娠不满28周而终止妊娠者称为流产。妊娠20周以后胎儿在宫内死亡称为死胎。胎儿在分娩过程中死亡,称为死产,是死胎的一种。

334. ABCDE 产力是指将胎儿及其附属物从宫腔内逼出的力量,包括子宫收缩力、腹壁肌及膈肌收缩力、肛提肌收缩力。子宫收缩力是临产后的主要产力,贯穿于分娩的全过程,不仅仅在第一产程中起作用。第二产程主要是子宫收缩力的作用,腹壁肌和膈肌收缩力是第二产程胎儿娩出的重要辅助力量。子宫收缩力的特点包括节律性、对称性、极性和缩复作用。肛提肌收缩力可协助胎先露部在骨盆腔内进行内旋转。

335. ABCDE 临产后正常宫缩起自两侧宫角部(受起搏点控制),以微波形式向宫底中线集中,左右对称,然后以2cm/s的速度向子宫下段扩散,最后扩展至整个子宫,此为子宫收缩力的对称性。

336. ABCDE ①临产后子宫收缩的特点包括节律性、对称性、极性和缩复作用,不包括规律性。②节律性是指宫缩呈进行期→极期→退行期→间歇期,如此反复的特点。对称性是指宫缩起自两侧宫角部,以微波形式向宫底中线集中,左右对称,向子宫下段扩散。极性是指宫缩以宫底部最强、最持久,向下逐渐减弱。缩复作用是指宫缩时,肌纤维缩短变宽,间歇期肌纤维不能恢复到原长度,经反复收缩,肌纤维越来越短,能使宫腔内容积逐渐缩小,迫使胎先露部下降。

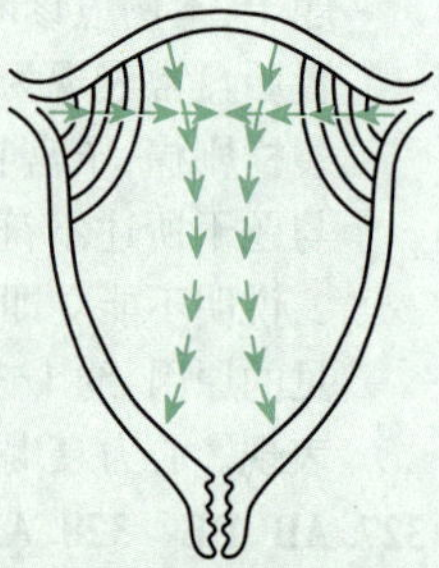
宫缩的对称性与极性

337. ABCDE ①临产后子宫收缩的特点包括节律性、对称性、极性和缩复作用。极性是指宫缩以子宫底部最强,宫体次之,下段最弱。节律性是指宫缩呈进行期→极期→退行期→间歇期,如此反复,随着产程的进展,宫缩间歇期越来越短,持续时间越来越长。②子宫收缩时,肌纤维变短变宽,间歇期肌纤维不能恢复到原长度,此为宫缩的缩复作用(E错)。

338. ABCDE 产力是指将胎儿及其附属物从宫腔内逼出的力量,包括子宫收缩力、腹壁肌及膈肌收缩力、肛提肌收缩力。肛提肌收缩力可协助胎先露部在骨盆腔进行内旋转(E对);当胎头枕部露于耻骨弓下时,能协助胎头仰伸及娩出;胎儿娩出后,当胎盘降至阴道时,能协助胎盘娩出。

339. ABCDE ①胎儿能否衔接入盆主要取决于骨盆入口平面是否狭窄。衡量骨盆入口平面大小的骨性指标有三个,即入口前后径、入口横径、入口斜径,三者的正常值分别为11cm、13cm、12.75 cm,可见入口前后径最短,因此是衡量胎儿是否衔接入盆最为重要的径线(B)。骨盆入口前后径是指耻骨联合上缘中点至骶岬上缘正中点的距离。②坐骨棘间径、中骨盆前后径是衡量中骨盆大小的骨性指标,坐骨结节间径是衡量骨盆出口大小的骨性指标。

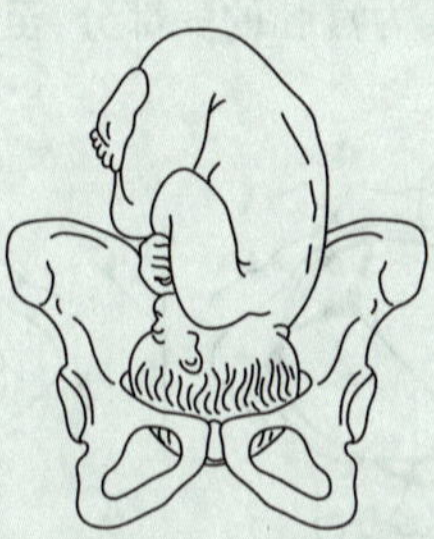

胎头能否衔接取决于
骨盆入口平面大小

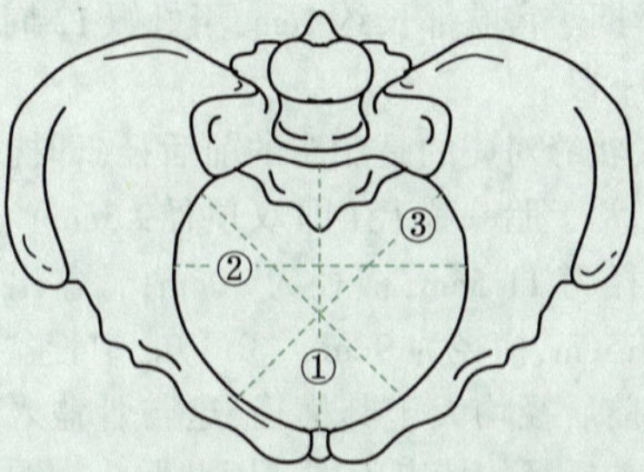

①前后径11cm；②横径13cm；③斜径12.75cm
骨盆入口平面的3个径线

340. ABCDE　骨盆倾斜度是指妇女站立时，骨盆入口平面与地平面所形成的角度，一般为60°。若骨盆倾斜度过大，将影响胎头衔接和娩出。

341. ABCDE　①临产前宫颈管长2~3cm，临产后的规律性宫缩牵拉宫颈内口的子宫肌纤维及周围韧带，使宫颈管形成漏斗形，随后宫颈管逐渐缩短直至消失。②初产妇多是宫颈管先短缩消失，宫口后扩张；经产妇多是宫颈管短缩与宫口扩张同时进行。③临产后，子宫收缩肌缩复向上牵拉使得宫口扩张，子宫下段胎膜与蜕膜分离而向宫颈管突出形成前羊水囊，促进宫口扩张。宫口开全，破膜后胎先露直接压迫宫颈，扩张宫口的作用更为显著。

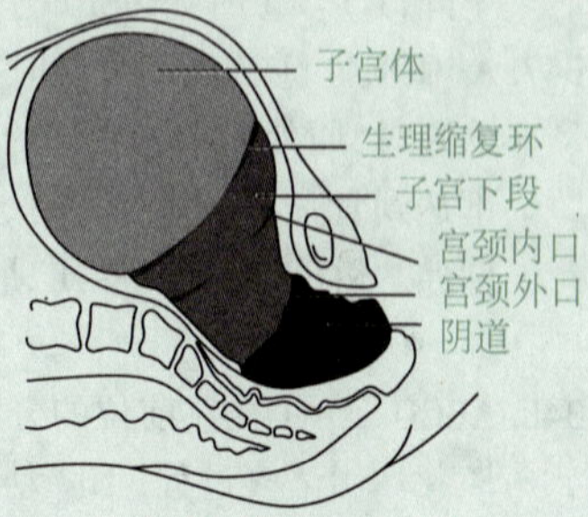

软产道在临产后的变化

342. ABCDE　子宫下段由非孕时长约1cm的子宫峡部伸展形成（E对）。子宫峡部于妊娠12周以后逐渐扩展为宫腔的一部分，至妊娠晚期被逐渐拉长形成子宫下段。临产后的规律宫缩使子宫下段进一步拉长达7~10cm，肌壁变薄成为软产道的一部分。

343. ABCDE　①胎头颅骨的标志包括：前囟（大囟门）位于胎头前方，菱形；后囟（小囟门）位于胎头后方，三角形；矢状缝为两块顶骨之间的颅缝。②胎头的径线包括：双顶径（BPD）为两侧顶骨隆突间的距离，是胎头的最大横径，足月儿正常值为9.3cm；枕额径为鼻根上方至枕骨隆突间的距离，足月儿正常值为11.3cm；枕下前囟径（小斜径）是指前囟中央至枕骨隆突下方相连处之间的距离，足月儿正常值为9.5cm；枕颏径（大斜径）是指颏骨下方中央至后囟顶部间的距离，足月儿正常值为13.3 cm。③枕左前位分娩时，胎头以双顶径进入骨盆入口平面，胎头颅骨最低点接近或达到坐骨棘水平，称为衔接。胎头取半俯屈状态以枕额径进入骨盆入口进行衔接。因枕额径（11.3cm）>骨盆入口前后径（11cm），故胎头矢状缝坐落在骨盆入口右斜径（12.75cm）上，胎头枕骨在骨盆左前方。

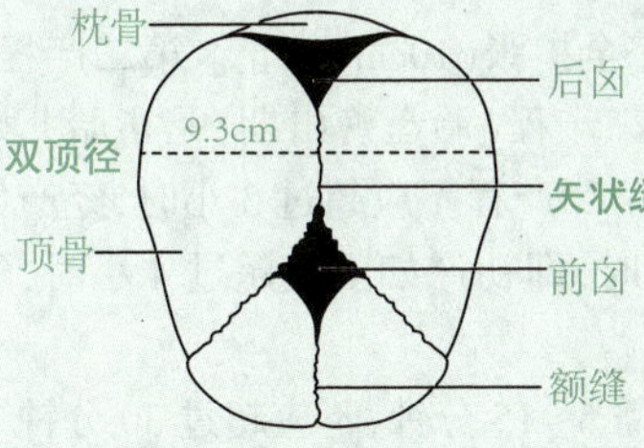

颅缝及囟门

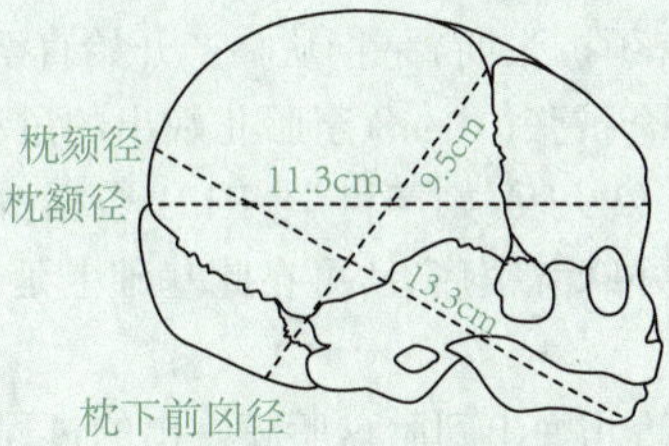

胎头径线

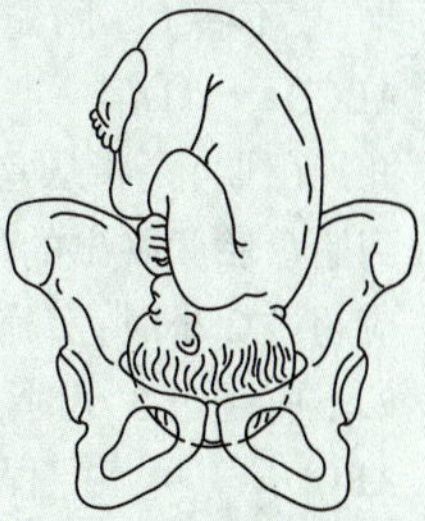

胎头衔接

344. ABCDE　在胎头的4条径线中，除最大横径双顶径（9.3cm）外，枕下前囟径（9.5cm）<枕额径（11.3cm）<枕颏径（13.3cm），可见，枕下前囟径是最小的。在通过产道时，胎头总是以最小的径线来适应产道，因此胎头以较大的枕额径衔接后，从半俯屈位进一步转变为俯屈位，以便以较小的枕下前囟径顺利通过产道。

345. ABCDE 非孕期子宫峡部长约 1cm，于妊娠 12 周以后逐渐扩展为宫腔的一部分，至妊娠末期被逐渐拉长形成子宫下段。

346. ABCDE ①矢状缝对应的是胎头的前后径（即枕额径 11.3cm），大于胎头横径（即双顶径9.3cm）。②中骨盆前后径为 11.5cm，横径为 10cm；骨盆出口前后径为 11.5cm，横径为 9cm。③可知，中骨盆及骨盆出口的前后径均大于其横径，这与骨盆入口的横径大于前后径的特点不同。因此胎头为顺利通过中骨盆及骨盆出口，只有进行内旋转，使其矢状缝与中骨盆及骨盆出口前后径一致，胎头的长径对应中骨盆、骨盆出口的长径，以利于胎头继续下降（B）。④内旋转完成后，前囟转向了骶骨前方，后囟转至了耻骨弓下。

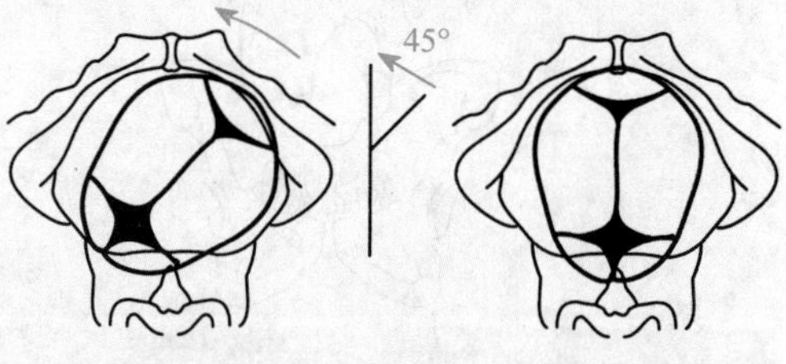

胎头内旋转（左图为内旋转前，右图为内旋转后）

347. ABCDE ①枕先露分娩时，胎头以双顶径进入骨盆入口平面，以枕额径进行衔接。②当胎头降至骨盆底时，原处于半俯屈位的胎头枕部遇到肛提肌阻力，借杠杆作用进一步俯屈（B 对）。③当胎头枕部达到骨盆底最低位置时，肛提肌的收缩力使胎头进行内旋转。④宫缩和腹压使胎头下降，而不是仰伸。后仰是宫缩、腹压、肛提肌、耻骨弓共同作用的结果。⑤分娩过程中，要经过衔接→下降→俯屈→内旋转→仰伸→复位及外旋转→胎肩及胎儿娩出诸多过程，可见胎头并不是持续下降的。

348. ABCDE ①枕左前位的分娩过程包括衔接→下降→俯屈→内旋转→仰伸→复位及外旋转→胎肩及胎儿娩出诸多过程，下降动作并不是持续的。②胎头以双顶径进入骨盆入口平面，以枕额径进行衔接。当胎头下降至骨盆底时，进行俯屈。③俯屈动作完成后，胎头以较小的枕下前囟径通过产道。④当胎头达骨盆底最低位置时，出现内旋转动作。胎头在第一产程末完成内旋转动作（E 对）。

349. ABCDE 枕先露行阴道助产时，胎头先通过产道，临床上常以囟门和矢状缝作为确定胎位的重要标志。

350. ABCDE ①假临产的特点包括：宫缩持续时间短且不恒定，间歇时间长且不规律（A）；宫缩时不是主要集中在下腹部，宫颈管不短缩，宫口不扩张。②假临产当然不会导致胎先露下降。

351. ABCDE ①临产开始的标志为规律且逐渐增强的子宫收缩，持续≥30 秒，间歇 5~6 分钟，并伴随进行性宫颈管消失、宫口扩张和胎先露下降。②在临产前 24~48 小时内，因宫颈内口附近的胎膜与该处的子宫壁分离，毛细血管破裂有少量出血，与宫颈管内黏液栓相混并排出，称为见红。这是分娩即将开始较可靠的征象，是先兆临产的表现，并不是临产的标志（E 错）。

352. ABCDE ①临产开始的标志为规律且逐渐增强的宫缩（D）。②见红是先兆临产的临床表现，一般出现于临产前 24~48 小时内，故不答 A。下腹隐痛无特异性，故不答 B。宫颈变软为规律宫缩的后果，故不答 C。胎先露部衔接一般发生于临产前 1~2 周，故不答 E。

353. ABCDE ①第一产程（宫颈扩张期）是指从临产开始直至宫口完全扩张（10cm）为止。第二产程（胎儿娩出期）是指从宫口完全扩张（10cm）至胎儿娩出的过程。第三产程（胎盘娩出期）是指胎儿娩出到胎盘胎膜娩出的过程。②9 版《妇产科学》P171 数据：初产妇第二产程不应超过 3 小时，经产妇不应超过 2 小时；实施硬膜外麻醉镇痛者，可在此基础上延长 1 小时，即初产妇不应超过 4 小时，经产妇不应超过 3 小时。

354. ABCDE 第三产程是指胎儿娩出到胎盘胎膜娩出的过程，一般需 5~15 分钟，不应超过 30 分钟。

355. ABCDE 第一产程分为潜伏期和活跃期。活跃期又细分为加速期、最大加速期和减速期。

	潜伏期	加速期	最大加速期	减速期
时段	临产→宫口扩张 3cm	宫口扩张 3~4cm	宫口扩张 4~9cm	宫口扩张 9~10cm
所需时间	8 小时（应<16 小时）	1 小时 30 分钟	2 小时	30 分钟

356. ABCDE ①第一产程分为潜伏期和活跃期,活跃期又细分为加速期、最大加速期和减速期。潜伏期需时8小时,加速期需时1小时30分,最大加速期需时2小时。本例宫口开大6cm,应属于最大加速期,规律宫缩10小时,应属于正常产程范围,即正常活跃期的最大加速期(C)。②胎膜早破是指胎膜在临产前破裂,本例临产后1小时破膜,故不答A。潜伏期是指从临产至宫口扩张3cm的阶段,而本例宫口已开大6cm,故不属于正常潜伏期。潜伏期延长是指潜伏期超过16小时。第一产程初产妇需11~12小时,若超过16小时为第一产程延长,显然本例不能诊断为第一产程延长。

357. ABCDE ①本例2小时以内宫口由6cm开大至9cm,为第一产程最大加速期。正常情况下,潜伏期8小时+加速期1.5小时+最大加速期2小时=11.5小时,本例规律宫缩12小时,属于正常产程范围。且胎头下降至S+1,胎心音正常,故应严密观察产程进展,等待自然分娩,无需人工破膜及剖宫产。②肌内注射哌替啶常用于治疗不协调性宫缩乏力,缩宫素常用于治疗协调性宫缩乏力。

358. ABCDE ①初产妇宫口开大7cm,处于活跃期的最大加速期。初产妇潜伏期不应超过16小时,本例规律宫缩8小时,已处于最大加速期,说明无潜伏期延长。②胎膜破裂多发生在宫口近开全(10cm)时,一旦破裂,应立即听胎心、查宫缩,故答D。③静脉滴注硫酸镁常用于妊娠期高血压疾病的治疗。静脉滴注缩宫素常用于治疗协调性宫缩乏力。只在有剖宫产指征时,才需行剖宫产术,本例无剖宫产指征,故不答C。静脉滴注地塞米松常用于早产儿促胎肺成熟的治疗。

359. ABCDE 在第一产程,若初产妇宫口扩张<4cm、经产妇<2cm时(D),可行肥皂水灌肠,既能清除粪便避免排便造成污染,又能通过反射刺激宫缩,加速产程进展。但胎膜早破、阴道流血、胎头未衔接、胎位异常、有剖宫产史、宫缩强估计1小时内分娩、患严重心脏病等不宜灌肠。

360. ABCDE 第一产程分为潜伏期和活跃期,活跃期又细分为加速期、最大加速期和减速期。加速期是指宫口扩张3~4cm,最大加速期是指宫口扩张4~9cm,减速期是指宫口扩张9~10cm。

361. ABCDE ①妊娠满37周至不满42周分娩,称为足月产。本例孕38周分娩,应为足月产,胎心率正常(正常值为110~160次/分)。产妇宫口开大8cm,说明处于第一产程活跃期的最大加速期。初产妇正常潜伏期约为8小时,加速期约1小时30分钟,最大加速期约为2小时。本例为初产妇,规律宫缩10小时,处于最大加速期,说明产程进展正常,无潜伏期和活跃期延长。胎头-2,说明先露部胎头已入盆。可见,该产妇产程正常,无需干涉产程。②静脉滴注缩宫素、人工破膜常用于协调性宫缩乏力的治疗。肌内注射哌替啶常用于不协调性宫缩乏力的治疗。本例无剖宫产指征,故不答E。

362. ABCDE ①第二产程是指从宫口开全(即宫口开大10cm)到胎儿娩出的过程。按此定义,第二产程的主要标志是宫口开全(D)。②外阴膨隆、胎头拨露、胎头着冠、肛门括约肌松弛,都属于第二产程的临床表现,而不是第二产程开始的标志。故答D而不是C,很多医考参考书将答案错为C。

363. ABCDE 临产后助产人员要观察子宫收缩情况,最简单的方法是助产人员将手掌放在产妇腹壁上,定时连续观察宫缩持续时间、强度、规律性及间歇时间。观察时不能感触宫缩的极性,极性是宫缩的特点。题干要求作答的是临产后产程的观察内容,而不是宫缩的特点,故答B而不是C。

364. ABCDE ①经产妇宫口开大3cm,应处于第一产程潜伏期末。正常情况下,潜伏期约需8小时,本例为6小时,属于正常范围。本例宫缩正常,胎心良好,典型的正常胎位(枕右前位),无胎膜早破,应为正常分娩。②产妇进入产房的条件是初产妇宫口开全、经产妇宫口开大6cm且宫缩规律有力。本例为经产妇,宫口开大3cm,故不能送入产房,只能送入待产室(A)。③人工破膜常用于治疗协调性宫缩乏力。本例已临产,不可能放在急诊室观察处理。温肥皂水灌肠主要用于初产妇宫口扩张<4cm、经产妇<2cm者,而本例为经产妇,宫口扩大已3cm,故不答E。

365. ABCDE ①初产妇,宫口开大5cm,应处于活跃期的最大加速期。初产妇潜伏期不应超过16小时,本例规律宫缩7小时,已进入最大加速期,说明产程进展正常。枕左前位,说明胎位正常化。胎心率148次/分,说明胎心率正常。胎儿体重2800g,说明胎儿大小正常。目前应采取的处理措施是严密观察产程进展,无需干扰产程。②静脉注射地西泮、人工破膜、静脉滴注缩宫素常用于治疗协调性宫缩乏力。人工灌肠适用于初产妇宫口扩张<4cm 者。

366. ABCDE ①在第二产程，当胎头拨露使阴唇后联合紧张时，助产者应站在产妇右侧，开始保护会阴，以免会阴撕裂。方法是：在会阴部铺盖消毒巾，助产者右肘支在产床上，右拇指与其余四指分开，利用手掌大鱼际肌顶住会阴部。每当宫缩时应向上向内方托压，左手同时下压胎头枕部，协助胎头俯屈，使胎头缓慢下降。在宫缩间歇期，保护会阴的右手稍放松，以免压迫过久过紧引起会阴水肿。②宫口开全为第二产程的标志。见到胎头提示宫口已开。胎头着冠、胎头复位（胎头拨露），均为第二产程的临床表现，但都不属于保护会阴的合适时机。

保护会阴

367. ABCDE 初产妇临产 7 小时，宫口开大 3cm，应处于第一产程潜伏期末。初产妇潜伏期约需 8 小时，不应超过 16 小时，而本例为 7 小时，提示正常产程。先露 S=0，说明胎先露已达坐骨棘水平。胎心率 140 次/分，说明胎心率正常。故考虑本例为正常产程，无需人工干扰产程，严密观察产程即可（A）。

368. ABCDE 新生儿娩出后的处理步骤为：①清理呼吸道；②处理脐带；③阿普加评分；④擦洗新生儿；⑤协助胎盘娩出。新生儿娩出后应首先清理呼吸道，以免发生吸入性肺炎或窒息死亡（C）。当确认呼吸道通畅而未啼哭时，可用手轻拍新生儿足底，新生儿大哭即可处理脐带。

369. ABCDE ①阿普加（Apgar）评分是判断新生儿窒息及严重程度的常用方法。生后 1 分钟内进行评分。

体征	0 分	1 分	2 分
每分钟心率	0	<100 次	≥100 次
呼吸	0	浅慢，不规则	佳，哭声响亮
肌张力	松弛	四肢稍屈曲	四肢屈曲，活动好
喉反射	无反射	有些动作	咳嗽，恶心
皮肤颜色	全身苍白	躯体红润，四肢青紫	全身分红

满分为 10 分，8~10 分为正常新生儿，4~7 分为轻度窒息，0~3 分为重度窒息。②7 分以上只需进行一般处理，如及时清理呼吸道、人工呼吸、吸氧、用药等。4 分以下缺氧严重，应紧急抢救，可在喉镜下行气管插管并给氧。③对缺氧较严重的新生儿，应在出生后 5 分钟、10 分钟时再次评分，直至连续两次评分均≥8 分。④评分依据包括心率、呼吸、肌张力、喉反射、皮肤颜色 5 项指标（E 错）。

370. ABCDE 生后 1 分钟内进行 Apgar 评分，满分为 10 分，8~10 分为正常新生儿，4~7 分为轻度窒息，0~3 分为重度窒息。本例 Apgar 评分为 3 分，属于重度窒息，应紧急抢救，可首先清理呼吸道（A），然后再行吸氧、人工呼吸等治疗。

371. ABCDE ①第三产程是指从胎儿娩出到胎盘娩出的过程，一般需 5~15 分钟，不应超过 30 分钟。本例胎儿娩出后仅 5 分钟胎盘未娩出，属于正常分娩，助产者应协助胎盘娩出。助产者不应在胎盘尚未完全剥离时用力下压宫底，以免导致胎盘部分剥离或子宫内翻（A 错）。正确协助胎盘娩出的方法

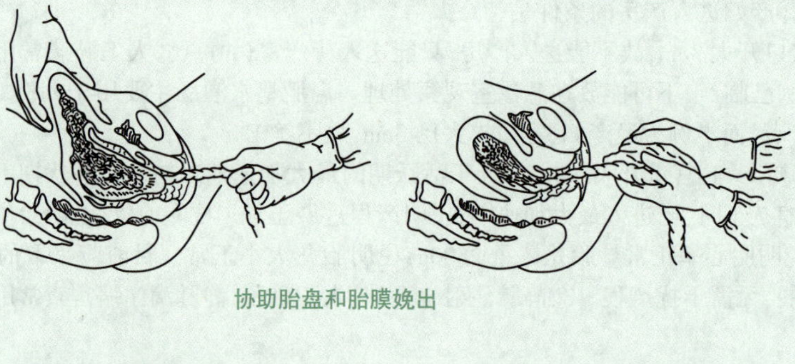
协助胎盘和胎膜娩出

是:当确认胎盘已完全剥离时,于宫缩时以左手握住宫底并按压(并不是直接按压宫底),同时右手轻拉脐带,协助胎盘娩出。应注意观察阴道出血量,并测量血压。②检查宫体是否变硬可以了解子宫收缩复原情况。观察脐带是否自行延长可了解有无脐带断裂。

372. ABCDE　①助产者用手在产妇耻骨联合上方轻压子宫下段时,宫体上升而外露的脐带回缩,说明胎盘尚未剥离。对于胎盘剥离不全伴阴道流血者,应徒手剥离胎盘(D)。参阅3版《实用妇产科学》P371。②胎盘娩出需5~15分钟,不应超过30分钟,本例胎儿娩出已30分钟,故应积极处理,不应等待胎盘剥离。助产者不应在胎盘尚未完全剥离时按压宫底,牵拉脐带,以免引起胎盘部分剥离而出血或拉断脐带,甚至造成子宫内翻。本例阴道出血仅200ml,无需立即输血。麦角新碱只能用于胎盘完全娩出后阴道出血较多者,本例胎盘尚未娩出,严禁使用。

373. ABCDE　①麦角新碱能选择性兴奋子宫平滑肌,起效迅速,作用强而持久。大剂量可引起子宫平滑肌强直性收缩,机械压迫子宫肌层血管而达到止血目的,因此主要用于产后出血、子宫复原等,但一定要在胎盘娩出后才能使用,否则将造成胎盘嵌顿(A)。故麦角新碱不能用于催产和引产。②注意:催产素于胎肩娩出时、胎儿娩出时、胎盘娩出时均可使用,故可用于催产、引产及产后止血。③胎头拨露阴唇后联合紧张时,应立即保护会阴(E)。

374. ABCDE　375. ABCDE　①缩宫素(催产素)既可用于催产、引产,也可用于产后止血。预防产后出血时,剂量较大,常于胎盘娩出后静脉滴注缩宫素20U+5%葡萄糖液500ml(E)。②用于催产时,剂量较小,常用缩宫素2.5U+5%葡萄糖液500ml静脉滴注(B)。

376. ABCDE　①解答此类试题时,应首先掌握子宫收缩的节律性。节律性宫缩是临产的重要标志。宫缩表现为进行期→极期→退行期→间歇期→再次收缩期,周而复始。分娩各期子宫收缩的变化如下表,这些数据请牢记,解答有关子宫收缩乏力的试题时常常用到。数据来源于《中华妇产科学》P247。②本例胎头已拨露,说明已进入第二产程。第二产程正常宫缩应为持续60秒,间歇1~2分钟,而本例为宫缩持续40秒、间歇5~6分钟,显示宫缩乏力,可导致胎先露下降延缓,应诊断为协调性宫缩乏力(A)。③不协调性宫缩乏力属于原发性宫缩乏力,即第一产程就出现宫缩乏力,本例已进入第二产程,故不答B。本例胎头已拨露,说明骨产道和胎位无异常。本例胎心率正常,说明不存在胎儿窘迫。

	持续时间(秒)	宫缩间歇期(分)	宫腔压力(mmHg)
妊娠晚期	<30	不规律	0~15
第一产程潜伏期	30~40	5~6	25~30
第一产程活跃期	40~60	3~4	40~60
第二产程	60	1~2	100~150

377. ABCDE　第一产程分为潜伏期和活跃期,活跃期是指宫口扩张3~10cm,初产妇正常需4小时,最大时限为8小时。若进入活跃期后,宫口不再扩张达4小时以上,称为活跃期停滞(E)。此为8版《妇产科学》P209观点,7版《妇产科学》P182此数据为2小时。这些数据9版《妇产科学》改动很大。

378. ABCDE　初产妇活跃期约需4小时,最大时限为8小时,若超过8小时,称为活跃期延长。

379. ABCDE　第一产程分为潜伏期和活跃期,潜伏期是指从临产规律宫缩开始至宫口扩张3cm。初产妇潜伏期正常约需8小时,最大时限为16小时,若超过16小时称为潜伏期延长。

380. ABCDE　①第一产程潜伏期是指从临产规律宫缩开始至宫口扩张3cm,初产妇正常约需8小时,超过16小时称为潜伏期延长。本例潜伏期6小时,为正常值。②第一产程活跃期是指宫口扩张3~10cm,初产妇正常需4小时,超过8小时,称为活跃期延长。本例活跃期为10小时,因此应诊断为活跃期延长(B)。③进入活跃期后,宫口不再扩张达4小时以上,称为活跃期停滞,根据题干所给条件不能诊断为活跃期停滞。④第二产程是指从宫口开全(10cm)至胎儿娩出的时间。因本例尚处于第一产程阶段,故不答 D、E。

381. ABCDE ①总产程分为第一产程潜伏期→第一产程活跃期→第二产程→第三产程。第一产程潜伏期是指从临产规律宫缩开始至宫口开大 3cm(9 版《妇产科学》P180 为 4~6cm),活跃期是指宫口开大 3~10cm(9 版《妇产科学》P180 为 3~10cm),第二产程是指宫口开大 10cm 至胎儿娩出。本例宫口开大 6cm 属于第一产程活跃期,故可首先排除 A、D。②活跃期宫口扩大初产妇<1.2cm/h(9 版《妇产科学》P180 为<0.5cm/h),提示活跃期延长。本例为初产妇,2 小时宫口未扩张,故应诊断为活跃期延长(B)。③活跃期宫口扩张停止≥4 小时称为活跃期停滞,本例宫口扩张停止仅 2 小时,不能诊断为活跃期停滞,故不答 C。滞产是指总产程超过 24 小时。

382. ABCDE 383. ABCDE ①从临产规律宫缩至宫口扩张 3cm(9 版《妇产科学》为 4~6cm)称潜伏期,初产妇潜伏期正常需 8 小时,>16 小时为潜伏期延长。从宫口扩张 3cm 至宫口开大 10cm(9 版《妇产科学》为 4~10cm)称活跃期,初产妇活跃期正常需 4 小时,>8 小时为活跃期延长(8 版《妇产科学》数据。本例均在正常范围,故属于正常产程(B)。②本例潜伏期(规律宫缩至宫口开大 3cm)为 6 小时,属正常范围,故不答 A。诊断活跃期延长有两个标准:一个是活跃期>8 小时,另一个为初产妇活跃期宫口扩张速度<1.2cm/h(9 版《妇产科学》P180 为<0.5cm/h)。本例 5 小时内宫口从 3cm 开大至 7cm(处于活跃期),仅有 4cm,即宫口扩张速度<1.2cm/h,因此按第二个诊断标准,可以诊断为活跃期延长(E)。胎头下降延缓是指在宫颈扩张减速期(宫口扩张 9cm 至 10cm)及第二产程((8 版《妇产科学》数据),胎头下降速度初产妇<1.0cm/h,而本例不处于减速期,故不能诊断为胎头下降延缓。活跃期停滞是指活跃期宫口扩张停止>4 小时。

384. ABCDE 385. ABCDE ①2020 年真题,按 9 版《妇产科学》观点作答。初产妇,宫口开大 6cm,说明处于活跃期。宫缩正常,但 4 小时后宫口仍是 6cm,宫颈口停止扩张≥4 小时,应诊断为活跃期停滞。②初产妇宫口开大 2cm,说明处于潜伏期。临产后 22 小时仍处于潜伏期,应诊断为潜伏期延长。

386. ABCDE 387. ABCDE ①第二产程是指从宫口开全(10cm)至胎儿娩出的时间,初产妇超过 3 小时,经产妇超过 2 小时,称为第二产程延长,故本例应诊断为第二产程延长(B)。②潜伏期是指从临产规律宫缩开始至宫口扩张 3cm,初产妇正常约需 8 小时,超过 16 小时称为潜伏期延长。本例潜伏期已达 16 小时 30 分钟(凌晨 3 时→19 时 30 分),故应诊断为潜伏期延长(E)。③第二产程达 1 小时胎头下降无进展,称为第二产程停滞。进入活跃期后,宫口不再扩张达 4 小时以上,称为活跃期停滞。初产妇活跃期正常需 4 小时,超过 8 小时称为活跃期延长。

388. ABCDE ①协调性子宫收缩乏力可使产程延长,若破膜时间超过 12 小时应给予抗生素预防感染。②对于排尿困难的产妇,应及时导尿,排空膀胱。③不能进食的产妇,应静脉补充能量,进行营养支持。④地西泮能使宫颈平滑肌松弛,软化宫颈,促进宫口扩张,适用于宫口扩张缓慢及宫颈水肿者。排除 A、B、C、D 后,得出正确答案为 E。

389. ABCDE ①人工破膜指征为:宫口开大≥3cm,无头盆不称,胎头已衔接而产程进展缓慢者。按此指征,要求宫口扩张至少 3cm,故可首先排除 A、B;足先露、肩先露为异常胎位,胎头不能衔接,故可排除 C、D。②枕先露为正常胎位,S=0,说明胎头已衔接,宫口开大 4cm,可行人工破膜。

390. ABCDE ①宫口开大 7cm,说明产妇处于第一产程活跃期。宫缩逐渐减弱、胎心良好,应诊断为协调性宫缩乏力。对于第一产程活跃期宫缩乏力、胎膜已破者,可静脉滴注缩宫素加强宫缩,以加快产程(C)。第一产程静脉滴注缩宫素适合于协调性宫缩乏力、宫口扩张≥3cm、胎心率良好、胎位正常、头盆相称者。②静脉注射地西泮主要用于宫口扩张缓慢及宫颈水肿者。肌内注射缩宫素、静脉注射麦角新碱均易导致子宫强直收缩,在分娩中禁用,主要用于产后止血。只有经人工破膜、静脉滴注缩宫素等处理后,产程仍无进展或出现胎儿窘迫征象时,才行剖宫产术,故不答 E。

391. ABCDE 初产妇,规律宫缩 12 小时,羊膜囊完整,胎头 S+1,胎心率 140 次/分,均属于正常范围,无需干扰产程，故答 B。

392. ABCDE　①Bishop 宫颈成熟度评分标准如下表，宫口位置在前得 2 分。②B、C、E 为 3 分，D 为 1 分。

指标	0 分	1 分	2 分	3 分
宫口开大（cm）	0	1～2	3～4	5～6
宫颈管消退（未消退为 2～3cm）	0～30%	40%～50%	60%～70%	80%～100%
先露位置（坐骨棘水平=0）	-3	-2	-1～0	+1～+2
宫颈硬度	硬	中	软	—
宫口位置	后	中	前	—

393. ABCDE　Bishop 宫颈成熟度评分：A 为 2 分，B、E 为 1 分，C 为 3 分，D 为 0 分。

394. ABCDE　395. ABCDE　①初产妇宫口开大 8cm，说明处于第一产程活跃期。第一产程活跃期正常宫缩 40～60 秒，间歇 3～4 分钟。本例有宫缩，但持续时间 30 秒，间隔 5 分钟，宫体不硬，应诊断为协调性宫缩乏力（C）。因子宫宫体不硬，有宫缩间歇期，故不能诊断为子宫收缩过强。胎儿双顶径为 9.0cm，属于正常范围，不属于巨大儿，故不答 B。胎儿大小正常，宫口已开大 8cm，胎头已拨露，根据题干所给条件，不能诊断为骨盆狭窄。胎儿畸形与题干所述无关。②第一产程协调性宫缩乏力，若宫口≥3cm、无头盆不称、胎头已衔接者，可首先人工破膜以加速产程（A）；若观察半小时产程仍无进展，可静脉点滴催产素。剖宫产仅用于经上述处理后产程仍无进展或出现胎儿窘迫征象者，本例胎心率良好，无胎儿窘迫，故无需剖宫产。肌内注射哌替啶主要用于非协调性宫缩乏力的治疗。

396. ABCDE　397. ABCDE　①初产妇，孕 39 周，为足月产。估计胎儿 2700g，为正常儿，胎心率 142 次/分。骨盆外测量未见异常。宫口开大 3cm，说明处于第一产程潜伏期，初产妇正常约需 8 小时，本例为 6 小时，应属正常范围。可见，产力、产道、胎儿均无异常，应等待自然分娩，无需干扰产程（B）。②患者宫口开大 8cm，说明处于第一产程活跃期。初产妇活跃期正常约需 4 小时，若超过 8 小时为活跃期延长。本例活跃期已达 12 小时（宫口开大 3cm 至 8cm），宫口仍未开全（10cm），应诊断为活跃期延长。本例"宫缩逐渐减弱"，应诊断为协调性宫缩乏力所致的活跃期延长。由于胎膜已破，故可静脉滴注缩宫素，以加速产程（B）。地西泮仅用于宫口扩张缓慢合并宫颈水肿者，故不答 A。肌内注射缩宫素、静脉注射麦角新碱只能用于产后止血，严禁用于催产，故不答 C、D。剖宫产适用于经上述处理后产程仍无进展或出现胎儿窘迫征象者，故不答 E。

398. ABCDE　399. ABCDE　400. ABCDE　①初产妇宫口开大 2cm，说明处于第一产程潜伏期。正常潜伏期每次宫缩 30～40 秒，间歇 5～6 分钟，但本例每次宫缩 35 秒，间歇 9 分钟，故应诊断为子宫收缩节律异常（A）。子宫收缩对称性是指宫缩起自两侧宫角部，然后向宫底中线集中，左右对称，向子宫下段扩散。子宫收缩极性是指宫缩于宫底最强，宫体次之，子宫下段最弱。子宫收缩的缩复作用是指宫缩时肌纤维变短变宽，间歇期不能复原。可见，题干所述与 B、C、D 无关。腹肌和膈肌收缩力是第二产程的辅助产力，而本例尚处于第一产程潜伏期，故不答 E。②协调性宫缩乏力多发生于活跃期后期或第二产程，子宫收缩具有正常的节律性、对称性、极性，只是收缩力减弱；不协调性宫缩乏力多发生于潜伏期，子宫收缩节律失常、极性倒置。本例处于第一产程潜伏期，子宫收缩节律异常，应诊断为不协调性宫缩乏力而不是协调性宫缩乏力。不协调性宫缩乏力的治疗原则是调节子宫收缩，恢复正常节律性和极性，可肌内注射哌替啶 100mg，使产妇充分休息，醒后不协调性宫缩乏力多能恢复为协调性宫缩（B）。若经上述处理后，不协调性宫缩未能得到纠正，或出现胎儿窘迫，则行剖宫产，故不答 E。人工破膜、静脉滴注缩宫素均为协调性宫缩乏力的治疗措施，故不答 A、D。肌内注射麦角新碱只能用于产后止血，严禁用于催产，故不答 C。③请牢记：异常分娩者，若需尽快结束分娩，S≥+3，应经阴道分娩；S≤+2，应行剖宫产。本例 S+3，说明胎头颅骨最低点已达坐骨棘平面以下

3cm,胎头已接近骨盆出口,应经阴道分娩,故不答 E。本例胎心率正常,说明无胎儿宫内窘迫,故无需胎头吸引或产钳助产,故不答 C、D。不协调性宫缩乏力患者已从潜伏期进入第二产程,说明宫缩节律和极性已恢复正常,已转变为协调性宫缩,故应继续加强宫缩等待分娩(B)。

401. ABCDE　402. ABCDE　403. ABCDE　①协调性宫缩乏力多发生于活跃期后期或第二产程,子宫收缩具有正常的节律性和极性,只是收缩力减弱。不协调性宫缩乏力多发生于潜伏期,子宫收缩节律失常、极性倒置。本例宫口开大 2cm,说明处于第一产程潜伏期。临产后正常宫缩具有极性,即宫缩以子宫底部最强,子宫体部次之,子宫下段最弱。但本例宫缩频率较高,子宫下段收缩最强,说明宫缩时极性倒置,应诊断为不协调性宫缩乏力而不是协调性宫缩乏力(A)。骨盆狭窄、胎位不正主要表现为先露部不能衔接入盆,而本例已入盆,故不答 C、D。正常分娩临产后不会发生宫缩极性倒置,故不答 E。②不协调性宫缩乏力多属于原发性宫缩乏力,常合并头盆不称和胎位异常(B)。羊水过多、多胎妊娠、巨大胎儿、子宫畸形,常导致早产。③治疗不协调性宫缩乏力,首选哌替啶 100mg 肌内注射,使产妇充分休息,醒后不协调性宫缩乏力多能恢复为协调性宫缩(C)。若经上述处理后,不协调性宫缩未能得到纠正,或出现胎儿窘迫,则行剖宫产,故不答 B。静脉滴注缩宫素、人工破膜为协调性宫缩乏力的治疗措施,故不答 A、D。

404. ABCDE　①不协调性宫缩乏力的处理原则是调节子宫收缩,恢复正常节律性及其极性。可给予强镇痛剂哌替啶肌内注射,使产妇充分休息,醒后 95%以上的不协调性宫缩可以恢复为协调性宫缩(C)。②A、B、D、E 均是协调性子宫收缩乏力的治疗措施。

405. ABCDE　分娩总产程不足 3 小时,称为急产,多发生于经产妇,常见于协调性子宫收缩过强。

406. ABCDE　①宫缩过强,可造成羊膜腔内压力过高,导致羊水栓塞。协调性宫缩过强,若无产道梗阻,可导致急产。不协调性宫缩过强,可导致胎儿窘迫,甚至胎死宫内。宫缩过强,若软产道弹性较差,可导致产道裂伤。②宫缩乏力可导致胎盘滞留,宫缩过强不会导致胎盘滞留(E)。

407. ABCDE　①协调性宫缩乏力表现为宫缩弱而无力,持续时间短而间歇时间长,无下腹部剧痛,产程延长或停滞(A 错)。②强直性子宫收缩表现为子宫强力收缩,宫缩间歇期短或无间歇期,产妇烦躁不安,持续腹痛,拒按,胎位触不清,胎心因听不清,故答案为 B。③先兆子宫破裂常见于产程长、有梗阻性难产因素的产妇,主要表现为子宫病理缩复环、下腹部压痛、胎心率异常和血尿四联征(C 错)。④阴道检查后囟位于 1 点处应诊断为枕左前位,此为最常见的正常分娩胎位;持续性枕左后位,后囟应位于 4 点处;持续性枕右后位,后囟应位于 8 点处,故不答 D。⑤宫颈扩张活跃期停滞是指进入活跃期后,宫口不再扩张达 4 小时以上。根据题干所述,本例不能确诊为活跃期停滞,故不答 E。

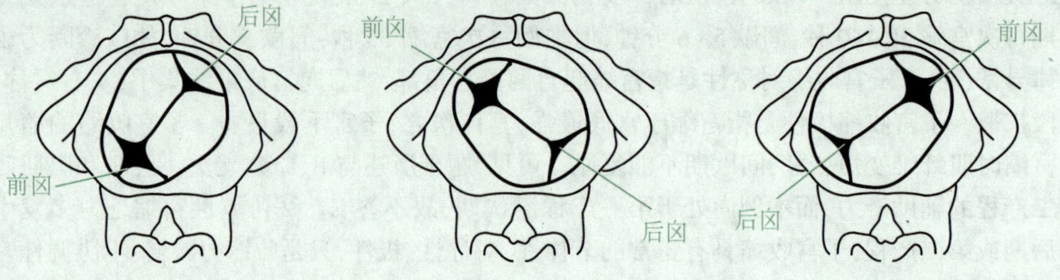

枕左前位　　持续性枕左后位　　持续性枕右后位

408. ABCDE　409. ABCDE　①胎盘多在胎儿娩出后 15 分钟内排出,若 30 分钟内胎盘仍未排出,可能为胎盘滞留,多为子宫收缩乏力,以致胎盘虽已全部从子宫壁剥离,但仍滞留于子宫腔内(B)。②子宫收缩过强,产程过快,可导致初孕妇宫颈、阴道及会阴撕裂伤(A)。③胎盘粘连常见于多次人工流产、宫腔感染损伤子宫内膜等。胎盘嵌顿是指子宫痉挛性收缩时,形成的狭窄环使已完全剥离的胎盘嵌顿于子宫腔内。凝血功能障碍常见于稽留流产、羊水栓塞等。

410. ABCDE　①坐骨切迹宽度代表中骨盆后矢状径,其宽度为坐骨棘与骶骨下部间的距离。将阴道内的示指置于骶棘韧带上移动，能容纳 3 横指为正常，否则为中骨盆狭窄。②坐骨棘间径是中骨盆最短的径线，正常值为 10cm，此径线过小提示中骨盆狭窄。③骨盆侧壁越陡直，先露部越容易经过中骨盆，越有利于分娩。因此，骨盆侧壁倾斜度（不是骨盆倾斜度）与中骨盆狭窄有关。④骶骨弯曲度（骶骨翘度）是指产妇直立时骶骨前面上下端连线与垂直线形成的角度，翘度在 40°～49°者较适合分娩。⑤骶尾关节活动度与出口平面狭窄有关，而与中骨盆狭窄无关，参阅 2 版《实用妇产科学》P416。

411. ABCDE　①骶耻外径：孕妇左侧卧位，右腿伸直，左腿屈曲，测量第 5 腰椎棘突下至耻骨联合中点的距离，此径线可间接推测骨盆入口前后径长度，是骨盆外测量中最重要的径线。骶耻外径正常值 18～20cm，≤16cm 提示骨盆入口绝对狭窄，需行剖宫产（A）。②枕后位、持续性枕后位、完全臀先露虽属异常胎位，但若胎儿较小，仍可经阴道试产。部分性前置胎盘并不是经阴道分娩的禁忌证。

412. ABCDE　①足月妊娠产妇，已有规律宫缩，宫口开大 3cm，胎头尚未衔接，说明跨耻征阳性，提示骨盆入口狭窄。诊断骨盆入口狭窄的最重要指标为骨盆入口前后径<10cm、骶耻外径<18cm、对角径<11.5cm，故答 E。②对角径是指骶骨岬上缘中点到耻骨联合下缘的距离，正常值为 12.5～13cm。骨盆入口前后径（真结合径）= 对角径−（1.5～2cm），正常值为 11cm。骶耻外径是指第 5 腰椎棘突下米氏菱形窝上角至耻骨联合中点的距离，正常值为 18～20cm。髂棘间径正常值为 23～26cm，髂嵴间径正常值为 25～28cm，坐骨棘间径正常值为 10cm。

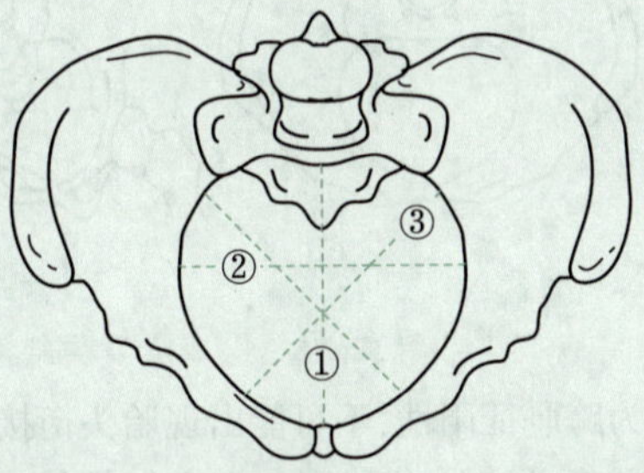

骨盆入口平面径线

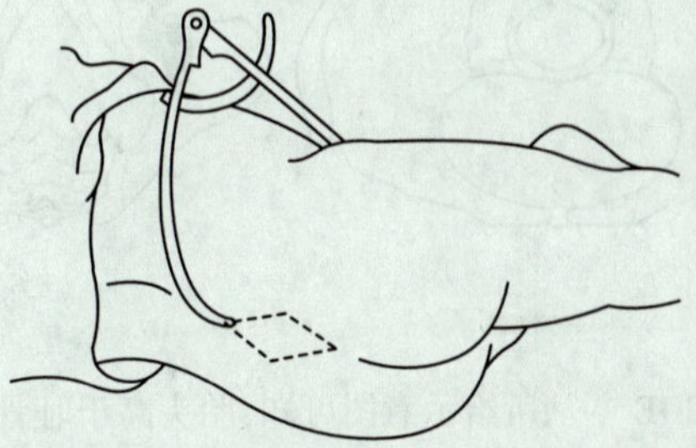

测量骶耻外径

413. ABCDE　①临产后胎头未衔接，胎头迟迟不入盆，说明骨盆入口平面狭窄。衡量骨盆入口平面是否狭窄最重要的的径线为对角径，故答 E。②9 版《妇产科学》P51：髂棘间径、髂嵴间径、骶耻外径并不能预测产时头盆不称，无需常规测量。可见，按 9 版《妇产科学》观点，骶耻外径对预测骨盆入口平面狭窄并无价值，故不答 C。

414. ABCDE　①从所给示意图可知，胎头低于耻骨联合平面，表示胎头可以入盆，为头盆相称，说明无骨盆入口平面狭窄，因此代表骨盆入口前后径的骶耻外径应正常。骶耻外径正常值为 18～20cm，故答 C。②子宫收缩过强常造成子宫破裂、急产。髂嵴间径正常值为 25～28cm。本例为头先露，属于正常胎位，故不答 D。题干所给示意图涉及的是第一产程，而不是第二产程，故不答 E。

415. ABCDE　①产妇宫口开大 2cm，说明处于第一产程潜伏期。本例枕左前位，头先露 S=0，说明胎头双顶径刚达坐骨棘水平。产妇坐骨棘间径 9cm（正常值>10cm），应诊断为中骨盆狭窄。胎儿双顶径 10cm（正常值为 9.3cm），说明胎儿体积较大。本例胎儿较大而中骨盆狭窄，不可能经阴道分娩，只能行剖宫产。②肌内注射哌替啶常用于治疗不协调性宫缩乏力。静脉滴注缩宫素常用于治疗协调性宫缩乏力。本例中骨盆狭小，不能继续放任观察产程。静脉滴注 5%葡萄糖液无产科特异性。

416. ABCDE　①跨耻征是临产后检查头盆是否相称的方法，检查者将手放在耻骨联合上方，将浮动的胎头向骨盆腔方向推压。若胎头高于耻骨联合平面，表示胎头不能入盆，头盆明显不称，称为胎头跨耻征阳性，不可能出现胎头衔接（C）。若胎头低于耻骨联合平面，表示胎头可以入盆，头盆相称，称为胎头跨耻征阴性。若胎头与耻骨联合在同一平面，表示可疑头盆不称，称为胎头跨耻征可疑阳性。

②跨耻征阳性者，由于头盆不称和胎位异常，常导致不协调性宫缩乏力；也可发生梗阻性难产，出现病理缩复环，造成先兆子宫破裂；可使胎先露部不能衔接，前羊水囊所受压力不均，导致胎膜早破。

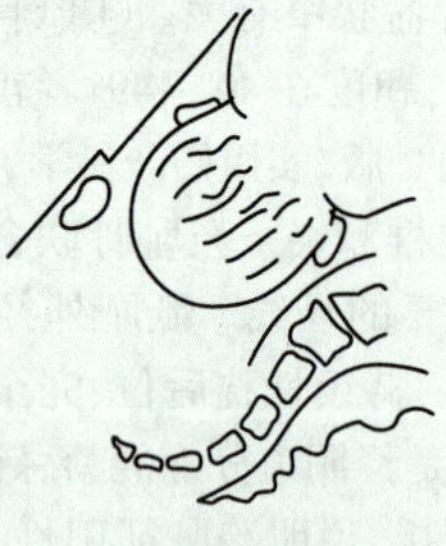
跨耻征阴性（头盆相称）

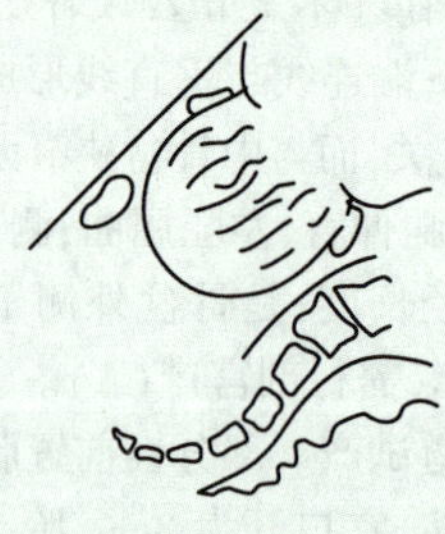
跨耻征可疑阳性（头盆可能相称）

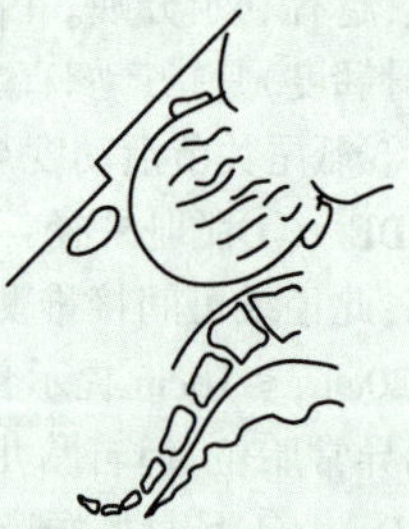
跨耻征阳性（头盆不称）

417. ABCDE 根据骨盆外测量结果，将骨盆分为：①扁平骨盆：骶耻外径<18cm；②漏斗骨盆：坐骨结节间径<8cm，耻骨弓角度<90°；③均小骨盆：骨盆外测量各径线<正常值2cm或以上；④偏斜骨盆：骨盆两侧斜径及同侧直径相差>1cm。本例坐骨结节间径<8cm，应诊断为漏斗骨盆(D)。

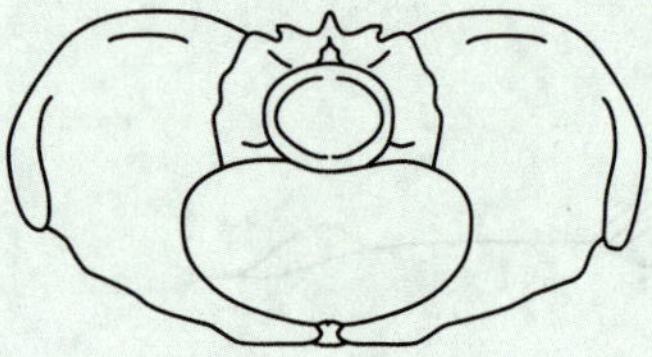
骨盆入口平面狭窄
扁平骨盆

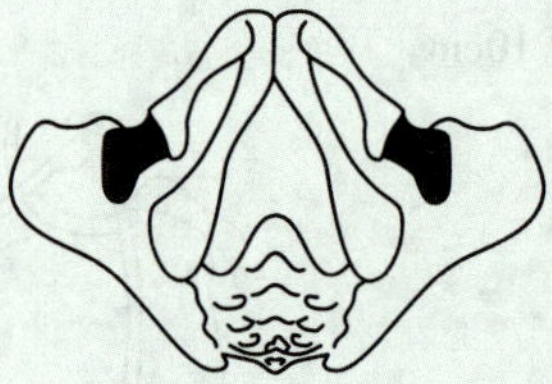
中骨盆+骨盆出口平面狭窄
漏斗型骨盆

骨盆三个平面狭窄
均小骨盆

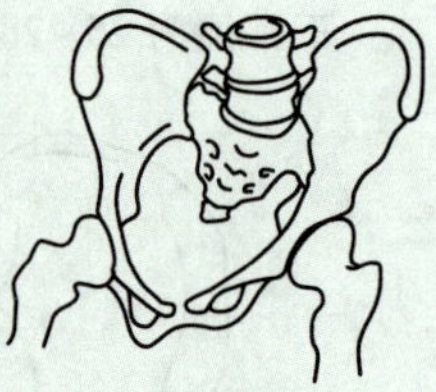
骨盆畸形
偏斜骨盆

418. ABCDE 从所给示意图可知，胎头高于耻骨联合平面，为跨耻征阳性，不可能出现胎头衔接(D)。

419. ABCDE ①初产妇坐骨棘间径8cm(正常值10cm)，应诊断为中骨盆狭窄。初产妇规律宫缩12小时，宫口开大9cm，但胎先露尚未达S+3，故应行剖宫产(E)。②徒手旋转胎头常用于治疗持续性枕横位。人工破膜加速胎头下降常用于治疗协调性宫缩乏力。产钳助娩、胎头吸引适用于S≥+3者。

420. ABCDE 421. ABCDE 422. ABCDE ①根据骨盆外测量结果，将骨盆分类如下。a.扁平骨盆：骶耻外径<18cm；b.漏斗骨盆：坐骨结节间径<8cm，耻骨弓角度<90°；c.均小骨盆：骨盆外测量各径线<正常值2cm或以上；d.偏斜骨盆：骨盆两侧斜径及同侧直径相差>1cm。本例坐骨结节间径<8cm，耻骨弓角度<90°，应诊断为漏斗骨盆(C)。②本例中骨盆横径(坐骨棘间径)<10cm，属于中骨盆狭窄，且胎儿较大3700g，不能经阴道分娩，应行剖宫产术，故答C而不是A、D、E。只有骨盆入口轻度狭窄可以试产，中骨盆及骨盆出口狭窄不宜试产，故不答B。③本例出口横径(坐骨结节间径)=7cm、出口后矢状径=8.5cm，两者之和>15cm，足月正常儿可经阴道分娩，因此本例能从阴道分娩的条件是体重正常，即胎儿体重2800g左右。持续性枕后位、完全臀先露都属于难产，一般不宜经阴道分娩，故不选A、D。胎儿窘迫应立即行剖宫产结束分娩，以免胎死宫中，故不答C。

423. ABCDE 424. ABCDE 425. ABCDE ①本例坐骨结节间径+出口后矢状径<15cm，应诊断为骨盆出口狭窄(C)。中骨盆狭窄常表现为坐骨棘间径<10cm。偏斜骨盆常表现为骨盆两侧斜径及同侧直径相差>1cm，根据题干，不答A、E。骨盆入口狭窄多常表现为骶耻外径<18cm，故不答B。均小骨盆常表现为骨盆外测量各径线<正常值2cm或以上，而本例骶耻外径(正常值18~20cm)、髂棘间径(正常值23~26cm)均正常，故不答D。②产妇宫口扩大4cm，尚未开全，正常情况下产妇不会向下屏气用力。若为持续性枕后位，因枕骨持续位于骨盆后方压迫直肠，产妇自觉肛门坠胀及排便感，致使宫口尚未开全的产妇也要屏气使用腹压。因此，对于宫口尚未开全，多次宫缩时屏气却不见胎头顺利下

降时,应考虑持续性枕后位(B)。胎头高直位常表现为胎头衔接、下降困难。持续性枕横位表现为母体腹部1/2被胎儿肢体占据,1/2为胎儿背部占据,耻骨联合上触及胎头比枕前位宽。枕前位为正常分娩体位,在宫口开全前产妇不会提前屏气用力。前不均倾位为枕横位的特例。③持续性枕后位是分娩过程中常见的异常胎位,若人工破膜后发现羊水呈棕黄色(Ⅲ度羊水粪染)、胎心率缓慢(正常值110~160次/分),可诊断为胎儿窘迫,应行剖宫产结束分娩,以免胎死宫内(A)。

426. ABCDE　①本例坐骨结节间径+出口后矢状径<15cm,应诊断为骨盆出口狭窄,足月胎儿不能经阴道分娩,而应行剖宫产术(E)。②本例有骨盆出口狭窄,不能使用缩宫素,以免子宫破裂。B、C、D均属于经阴道分娩的方式,本例严禁使用。

427. ABCDE　①枕左横位(LOT)为异常胎位。胎心率100次/分(正常值110~160次/分),提示胎儿宫内窘迫,应尽快结束分娩。②若需尽快结束分娩,S≥+3,应经阴道分娩;S≤+2,应行剖宫产。本例S=0,只能行剖宫产,而不能经阴道分娩。③A、B、C、D均属于经阴道分娩的措施,故不答。

428. ABCDE　①产妇宫口已开全,S+3说明胎头已通过中骨盆的坐骨棘。正常情况下,胎头下降至中骨盆、骨盆出口平面之间时,应进行内旋转,但本例为枕左横位,需用手将胎头枕部转向前方,然后继续经阴道分娩(E)。②本例胎头S+3,只能经阴道分娩,不能行剖宫产。缩宫素常用于协调性子宫收缩乏力。若不纠正枕左横位,则无法进行内旋转,不能使胎头最大的前后径与中骨盆、骨盆出口较大的前后径一致而继续下降,故不答C。本例胎心率正常,无胎儿窘迫,无需行产钳助产。

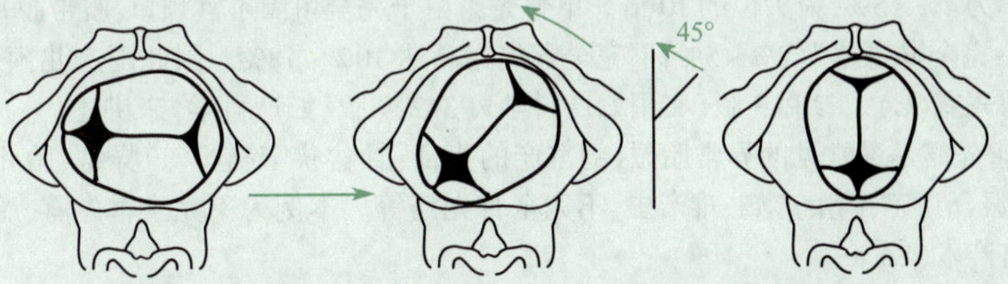

枕左横位　　　　正常情况下枕左前位的胎头内旋转

429. ABCDE　臀先露是最常见的异常胎位,根据胎儿两下肢所取的姿势分以下3类:

①单臀先露(腿直臀先露):胎儿双髋关节屈曲,双膝关节伸直,以臀部为先露。此类最常见(D)。

②完全臀先露(混合臀先露):胎儿双髋关节及双膝关节均屈曲,犹如盘膝坐,以臀部和双足为先露。

③不完全臀先露:以一足或双足、一膝或双膝、一足一膝为先露。膝先露是暂时的,产程开始后转为足先露。

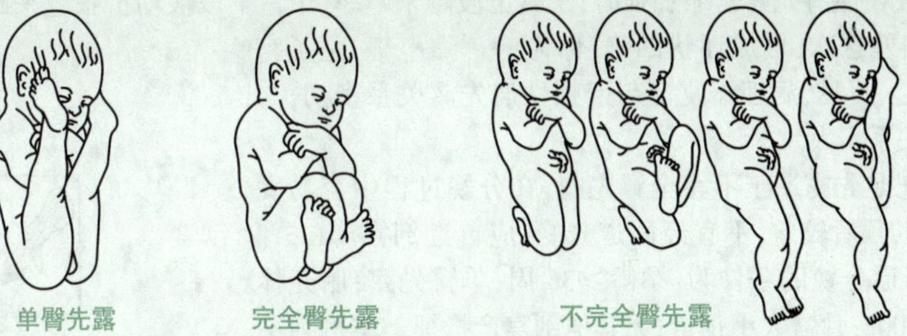

单臀先露　　完全臀先露　　不完全臀先露

430. ABCDE　完全性臀先露的特点为胎儿双髋关节及双膝关节均屈曲(B)。

431. ABCDE　①足月初产妇,主诉肋下有块状物,此为较硬的胎头。臀先露腹部检查时,在宫底可扪及圆而硬、有浮球感的胎头,子宫呈纵椭圆形,胎儿纵轴与产妇纵轴一致;若未衔接,在耻骨联合上方可触及不规则、软而宽的胎臀,胎心在脐左(或右)上方听得最清楚。故本例应诊断为臀先露。②枕先露腹部触诊时,在宫底可触及柔软宽大的胎臀,耻骨联合上方触及圆而硬的胎头。面先露腹部触诊时,可见宫底位置较高,胎头极度仰伸入盆受阻,胎体伸直。肩先露时,子宫呈横椭圆形,子宫底高度低于妊娠周数,子宫横径宽,宫底部及耻骨联合上方空虚,在母体腹部一侧触到胎头,另一侧触到胎臀。复合先露多表现为胎手露于胎头旁,或胎足露于胎臀旁。

432. ABCDE ①8 版《妇产科学》P204:妊娠 30 周前,臀先露多能自行转为头先露。若妊娠 30 周后仍为臀先露,可采用胸膝卧位、激光照射或艾灸至阴穴予以矫正。若无效,可于妊娠 32~34 周时,行外转胎位术予以纠正。②9 版《妇产科学》P198:应在妊娠 36~37 周后行外倒转术,以矫正臀先露。此题为 2009 年老试题,按 8 版《妇产科学》答 D。

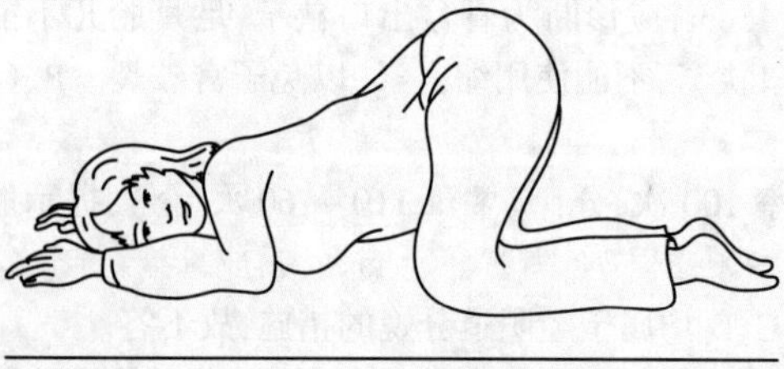

胸膝卧位

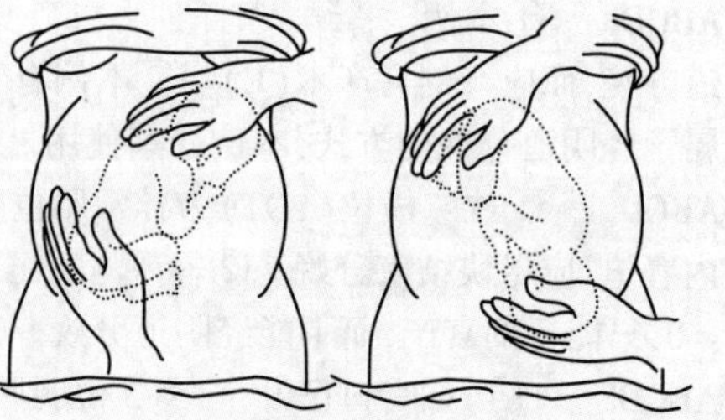

臀先露外转胎位术

433. ABCDE 臀先露在妊娠 30 周之前,多能自行转为头先露,本例于妊娠 26 周来诊,暂无需处理(B)。

434. ABCDE 臀先露分为单臀先露、完全臀先露(混合臀先露)和不完全臀先露(包括单足先露、单膝先露、双膝先露等)。臀位分娩最大的危害是围生儿死亡率明显升高,其原因是脐带脱垂。臀位的脐带脱垂发生率为4%~5%,为头位的 10 倍。单臀先露由于完全填满了宫颈口,脐带脱垂的发生率最低,仅 1%左右;完全臀先露为 2%~5%;不完全臀先露高达 10%~18%。因此围产儿预后相对较好的臀先露是单臀先露(C)。参阅 3 版《实用妇产科学》P342,9 版《妇产科学》未讲述。

435. ABCDE 臀先露是最常见的异常胎位,剖宫产的指征:骨盆狭窄、软产道异常、胎儿体重>3500g、胎儿窘迫、妊娠合并症、高龄产妇、难产史、不完全臀先露等。本例为不完全臀先露、胎儿体重>3500g,故应行剖宫产术(E)。

436. ABCDE ①嵌顿性肩先露,宫缩加强时,子宫上段越来越厚,子宫下段被动扩张越来越薄,子宫上下段肌壁厚薄相差悬殊,形成环状凹陷,称为病理缩复环,是子宫破裂的先兆。②嵌顿性肩先露时,先露部胎肩对宫颈压力不均,容易导致胎膜早破,引起宫腔内感染。③破膜后羊水外流,胎儿上肢或脐带容易脱出,导致胎儿窘迫、胎死宫内。④嵌顿性肩先露不易引起胎盘早剥,胎盘早剥常由妊娠期高血压疾病、腹部撞击伤引起。

437. ABCDE 嵌顿性肩先露宫缩加强时,子宫上段越来越厚,子宫下段被动扩张越来越薄。子宫上下段肌壁厚薄相差悬殊,形成环状凹陷,称为病理缩复环,是子宫破裂的先兆。可见,病理缩复环与嵌顿性肩先露关系密切,与 B、C、D、E 关系不大。

438. ABCDE ①足先露属于不完全臀先露,在分娩过程中容易发生脐带脱垂,预后较差,不宜经阴道分娩,应首选剖宫产(C)。臀先露经阴道分娩的条件为:孕龄≥36 周;单臀先露;胎儿体重 2500~3500g;骨盆大小正常;无其他剖宫产指征。本例为不完全臀先露,胎儿体重>3500g,不宜经阴道分娩。②A、B 属于臀先露妊娠期的处理措施,故不答。足先露易发生胎膜早破,不宜行人工破膜。

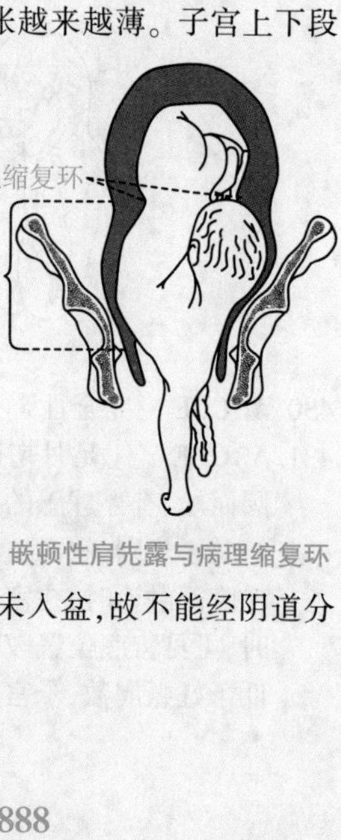

嵌顿性肩先露与病理缩复环

439. ABCDE 胎头枕骨靠近骶岬,应诊断为胎头高直后位。初产妇宫口开大 3cm,说明处于第一产程潜伏期末,但胎头高浮,提示胎先露尚未入盆,故不能经阴道分娩,应尽早剖宫产(E)。

440. ABCDE　①本例胎心率 88 次/分(正常值 110~160 次/分),说明急性胎儿窘迫,应立即结束分娩,故不答 E。②尽快结束分娩的方式有两种:若胎先露≥S+3,经阴道分娩;若胎先露≤S+2,应行剖宫产。本例胎头 S+3,应经阴道分娩,故不答 D。③为尽快结束分娩抢救胎儿,应行产钳助产(B)。在第二产程,产钳助产要较静脉滴注缩宫素、应用前列腺素助产快得多,因此在胎儿宫内窘迫的危急情况下,应首选产钳术助产,A、C 只是辅助治疗。④解答此类试题时,请记住原则:S+3 表示胎头已接近骨盆出口,因为坐骨棘平面距骨盆出口约 5cm。因此胎先露≥S+3,应经阴道分娩;若合并胎儿窘迫,应加行产钳助产;胎先露≤S+2,应行剖宫产。

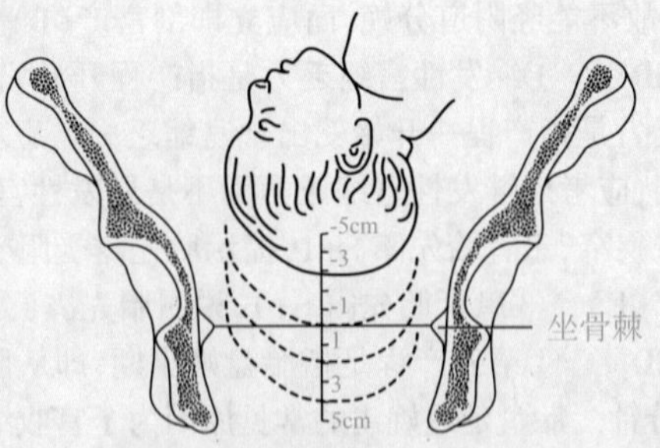

S0　胎头最低点平坐骨棘平面
S+3　胎头最低点平坐骨棘平面以下3cm
S−3　胎头最低点平坐骨棘平面以上3cm

441. ABCDE　①本例胎心率 92 次/分(正常值 110~160 次/分),应诊断为急性胎儿窘迫,应尽快结束分娩,抢救胎儿,故不答 B、C、D。②本例胎头 S+3,应经阴道分娩,不宜行剖宫产,故不答 E。为尽快结束分娩,应会阴侧切后产钳助产(A)。

442. ABCDE　443. ABCDE　444. ABCDE　①B 超是评估羊水量的常用方法,最大羊水暗区垂直深度(AFV)≥8cm 为羊水过多,AFV≤2cm 为羊水过少。本例羊水平段 3.8cm,故羊水量正常。影响分娩方式的主要因素包括产力、产道和胎儿因素,本例规律宫缩说明产力正常,骨盆外测量正常说明骨产道正常,胎儿胎心率、双顶径、羊水及孕周均正常,因此本例的正确处理是严密观察产程进展,自然分娩(E)。剖宫产主要适用于头盆不称、产道狭窄。静脉滴注缩宫素常用于治疗协调性宫缩乏力。缓慢静脉注射能量合剂无产科特异性。肌内注射维生素 K_1 常用于合并肝疾病的产妇。②胎头降至+3(S+3),可经阴道分娩,由于宫口未开全,可行人工破膜以加速产程进展(A)。本例宫缩正常,无需静脉滴注缩宫素。让产妇于宫缩时屏气增加腹压,常在宫口开全时使用,过早使用将造成产妇疲劳,使产程延长。肥皂水灌肠主要适用于初产妇宫口开大<4cm。胎头 S+3,不应剖宫产,剖宫产仅适用于 S≤+2者。③本例宫口开全,S=+4,应经阴道分娩,严禁行剖宫产。肛诊发现盆腔后部空虚,提示枕后位。阴道检查若矢状缝在骨盆左斜径上,前囟在骨盆右前方,诊断为枕左后位;若矢状缝在骨盆右斜径上,前囟在骨盆左前方,则为枕右后位,故本例应诊断为持续性枕右后位。处理时,应徒手将胎头枕部转向前方,使矢状缝与骨盆前后径一致,可加行会阴侧切和产钳助产(B 对)。C、D 常用于治疗协调性宫缩乏力。E 常用于治疗不协调性宫缩乏力。

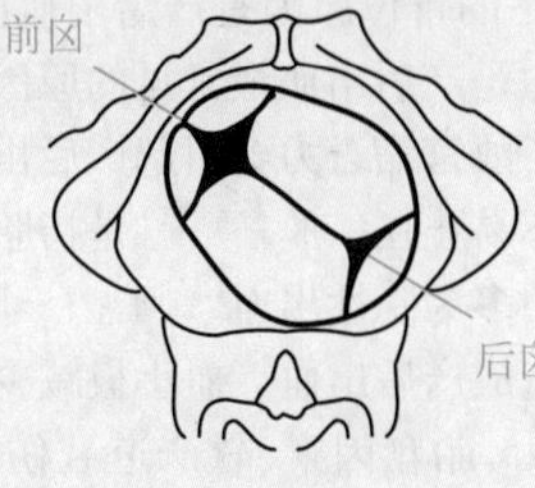

持续性枕左后位

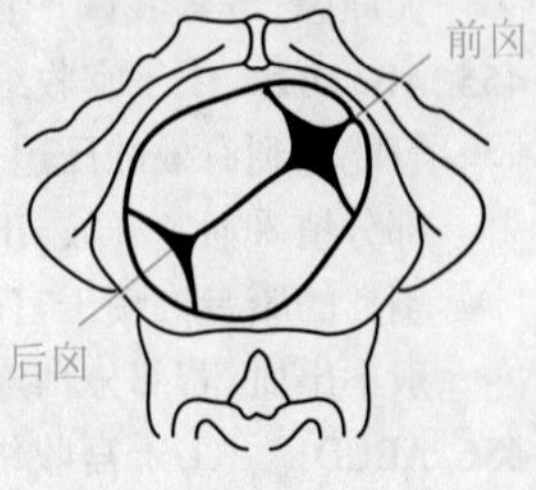

持续性枕右后位

445. ABCDE　446. ABCDE　447. ABCDE　①初孕妇,足月妊娠,自觉胎动减少,尚未确诊,当然不能随意终止妊娠,故答案为 E。可行胎儿电子监护、生物物理评分,以了解宫内胎儿情况。可给予孕妇间断吸氧,左侧卧位。②足月妊娠,B 超羊水平段的正常值为 2~7cm,本例属正常范围,说明无羊水过多或过少。无应激试验反应型提示胎儿储备能力良好。由于分娩尚未发动,因此应采用期待疗法,间歇吸氧并密切观察(B)。人工破膜、静脉滴注缩宫素常用于治疗协调性宫缩乏力。米索前列醇常用于引产,而不用于催产。③5 小时后产程发动,胎心率降至 100 次/分,应诊断为急性胎儿窘迫,应立即剖宫产尽快结束分娩,以免胎死宫中(E)。产钳术主要适用于经阴道分娩、S≥+3 且要短时间内结束分娩者。宫缩抑制剂常用于子宫收缩过强者。急性胎儿窘迫需积极抢救,不应继续观察。

448. ABCDE ①本例胎心率 100 次/分,应诊断为急性胎儿窘迫,需立即结束分娩,抢救胎儿。②患者 S=0,故不能经阴道分娩,而应立即剖宫产(B)。A、C、D、E 均属于经阴道分娩的措施,故不答。

449. ABCDE ①继发性宫缩乏力是指产程开始宫缩正常,但在活跃期或第二产程宫缩转弱。原发性宫缩乏力是指产程一开始就出现宫缩乏力。患者宫口开全,说明开始产程进展顺利,宫缩正常,现宫缩转弱,应考虑继发性宫缩乏力而不是原发性宫缩乏力。②继发性宫缩乏力常见于中骨盆狭窄或骨盆出口狭窄,患者胎先露 S+1,提示胎先露受阻于中骨盆水平,故应诊断为中骨盆狭窄而不是骨盆出口狭窄(E)。③患者胎先露 S+1,说明胎先露已入盆,无骨盆入口狭窄。C 为一般性干扰项。

450. ABCDE ①第三产程是指胎盘娩出期,即从胎儿娩出到胎盘娩出的时间,需 5~15 分钟,一般不超过 30 分钟。胎盘延迟娩出的常见原因为子宫收缩乏力和胎盘粘连。本例子宫轮廓清,说明无宫缩乏力。胎儿娩出 35 分钟后胎盘仍未娩出,应立即检查宫腔和胎盘,明确胎盘是否剥离,并协助胎盘娩出。在胎盘尚未完全剥离之前,接产者切忌用手下压宫底或牵拉脐带,以免引起胎盘部分剥离而出血或拉断脐带,甚至造成子宫内翻(E 错)。参阅 2 版《实用妇产科学》P132。②在确认胎盘完全剥离后,可按摩子宫、轻柔牵拉脐带,协助胎盘娩出。给予缩宫素、建立静脉通道补液都是一般处理措施。

451. ABCDE 452. ABCDE ①孕妇宫口开大 4cm,说明处于第一产程活跃期。初产妇活跃期正常需 4 小时,大于 8 小时为活跃期延长,本例临产仅 6 小时,故活跃期正常。孕妇骨盆测量、胎儿发育、胎位均正常,故属于正常产程,应等待自然分娩(A)。②孕妇宫颈口开大 4cm,说明处于第一产程活跃期。但胎膜早破后胎心率仅 102 次/分(正常为 110~160 次/分),应诊断为急性胎儿窘迫,为抢救胎儿,应立即行剖宫产(C)。③B 常用于治疗协调性宫缩乏力,D 常用于治疗子痫,E 常用于引产。

453. ABCDE 产后出血是指胎儿娩出后 24 小时内失血量超过 500ml,剖宫产超过 1000ml。

454. ABCDE 产后出血、产褥感染、妊娠合并心脏病、严重的妊娠期高血压疾病是导致孕产妇死亡的 4 大原因,导致我国产妇死亡的首位原因是产后出血(B)。

455. ABCDE ①子宫收缩乏力是产后出血最常见的原因。胎儿娩出后,子宫肌收缩和缩复对肌束间的血管能起到有效的压迫作用,故宫缩乏力会引起产后出血。②胎盘植入是指胎盘绒毛穿入子宫壁肌层,部分植入血窦开放,出血不易止住。胎盘嵌顿是指胎儿娩出后子宫发生局限性环形缩窄及增厚,将已剥离的胎盘嵌顿于宫腔内,多为隐性出血。胎盘粘连是指胎盘绒毛仅穿入子宫壁表层,若完全粘连一般不出血,若部分粘连可造成产后出血。血小板减少可引起凝血功能障碍,造成产后出血。

456. ABCDE ①子宫收缩乏力、胎盘因素、软产道裂伤、凝血功能障碍是产后出血的四大原因。②产后出血的常见原因不包括胎膜早破、宫内感染。胎膜早破可导致阴道流液,而不是阴道流血(E)。

457. ABCDE 产后出血常表现为阴道多量流血,根据其出血特点可判断出血部位和原因。①胎儿娩出后立即出血,色鲜红,多为软产道裂伤;②胎儿娩出后数分钟出血,色暗红,多为胎盘因素;③胎盘娩出后阴道流血,多为子宫收缩乏力;④胎儿娩出后阴道持续流血且血液不凝,多为凝血功能障碍。本例胎儿娩出后 5 分钟阴道出血,应考虑胎盘部分剥离(D)。子宫胎盘卒中常见于胎盘早剥阴道流血,与产后阴道流血关系不大。

458. ABCDE 459. ABCDE 460. ABCDE 461. ABCDE ①患者产后 24 小时内发生阴道大量出血,应诊断为产后出血,最常见的原因是宫缩乏力(C)。巨大胎儿(体重>4000g)可致子宫肌纤维过分伸展,是导致宫缩乏力的常见病因。软产道裂伤常表现为胎儿娩出后立即出血,本例为胎盘娩出后出血,故不答 A。本例胎盘娩出后检查胎盘无异常,故不答 B。子宫内翻不属于产后出血的常见病因,故不答 D。凝血障碍所致的产后出血常表现为胎儿娩出后阴道持续流血,且血液不凝固,故不答 E。②A、B、C、E 均属于宫缩乏力性产后出血的治疗方法,不应行刮宫术(D)。③宫缩乏力治疗有效的主要指标当然是子宫变硬。阴道出血控制后,出血量将减少,休克即可纠正,表现为血压上升、心率减慢、尿量增加,故答 D。④为防止宫缩乏力导致产后出血,可在胎肩娩出后肌内注射缩宫素(A)。

462. ABCDE 463. ABCDE ①子宫收缩乏力常表现为子宫质软、轮廓不清,但本例子宫轮廓清楚,说明宫缩正常，故不答A。软产道损伤常表现为胎儿娩出后立即出血，本例胎盘娩出后4小时仍出血，故不答B。本例胎盘胎膜完整，故不答C。凝血功能障碍出血多不凝固，而本例阴道流血可凝固，故不答D。尿潴留可使胎盘滞留导致产后出血，而本例无胎盘滞留，故本题设计不严谨。②尿潴留引起的产后出血，首选处理措施当然是导尿(B)。按摩子宫常用于治疗宫缩乏力性出血。产后出血使用常规止血剂效果不佳。软产道损伤所致的产后出血，应仔细检查软产道，彻底缝合止血。刮宫常用于治疗胎盘胎膜残留所致的产后出血。

464. ABCDE　465. ABCDE　①宫缩乏力性出血常表现为胎盘娩出后出血，出血量随宫缩变化而时多时少，子宫收缩时出血量减少，子宫松弛时出血量增多。本例当胎盘娩出后阴道流血，时多时少，应诊断为宫缩乏力性出血。宫缩乏力的常见病因为滞产、子宫因素(如多胎、剖宫产史、子宫肌瘤)、临产后使用过多宫缩抑制剂。本例在家中分娩，不可能使用宫缩抑制剂，题干也未述及子宫因素，因此应考虑滞产所致的宫缩乏力，故答B。贫血、高龄初产妇都不是引起宫缩乏力的病因，故不答A、C。臀先露经阴道分娩易造成宫颈撕裂伤，表现为胎儿娩出后立即阴道流血。本例新生儿体重3200g，不属于巨大儿，只有巨大儿才是引起宫缩乏力的常见原因，故不答E。②治疗产后出血时，首先应输液输血，补充血容量。虽然静脉滴注缩宫素、静脉推注麦角新碱可用于治疗宫缩乏力性产后出血，但应在输液输血的基础上应用，故答A而不是C、D。本例阴道流血有凝血块，说明产妇凝血功能正常，无需补充纤维蛋白原。消毒纱条填塞宫腔只适用于医疗条件有限、出血不能控制的危急情况。

466. ABCDE　467. ABCDE　468. ABCDE　①产后2小时内极易发生严重并发症，如产后出血、子痫、产后心力衰竭等，因此产后2小时应留置在产房内，严密观察产妇的生命体征、子宫收缩情况及阴道流血量(C)。②患者子宫质软，轮廓不清，应诊断为宫缩乏力(C)。阴道裂伤常表现为胎儿娩出后立即发生阴道流血，胎盘残留常表现为胎儿娩出后数分钟开始阴道流血，本例胎盘娩出30分钟才开始阴道流血，故不答A、B。患者阴道内有多量血凝块，说明凝血功能正常。子宫破裂常表现为下腹部撕裂疼痛，子宫收缩停止，胎儿进入腹腔。③宫缩乏力所致的产后出血，治疗首选注射缩宫药物(A)。缝合撕裂的阴道适用于阴道裂伤。手取残留胎盘适用于胎盘残留。缝合破裂子宫适用于子宫破裂。静脉注射止血药物对产后出血效果不好。

469. ABCDE　①羊水栓塞是指分娩过程中，羊水突然进入母体血循环，引起急性肺栓塞、过敏性休克、DIC等病理改变的严重分娩并发症，死亡率60%以上，是孕产妇死亡的主要原因(E)。临床上少见，发病率1.9/10万~7.7/10万。②产后出血是我国产妇死亡的最常见病因，但临床上常见，发病率5%~10%，故不答A。脐带脱垂、子痫均不属于分娩期并发症，故不答B、C。子宫破裂虽然少见，但临床上症状明显，易于诊断，因此产妇死亡率较低，故不答D。

470. ABCDE　羊膜腔内压力过高、血窦开放和胎膜破裂是导致羊水栓塞发生的基本条件。胎膜破裂后，羊水由开放的宫颈黏膜静脉、胎盘附着处的静脉窦进入母体的血液循环(B)。

471. ABCDE　①妊娠合并二尖瓣狭窄首先引起左心衰竭。②子痫引起全身血管痉挛，首先发生左心衰竭。③羊水中有形物质形成栓子，经肺动脉进入肺循环阻塞小血管，引起肺动脉高压，导致右心衰竭(C)。④重型胎盘早剥易导致失血性休克，产褥感染易导致感染性休克，常引起急性左心衰竭。

472. ABCDE　①羊水栓塞多发生在分娩过程中，不恰当地应用缩宫素加强子宫收缩、在宫缩期内人工破膜都是常见病因。本例临产后使用缩宫素，破膜后产妇出现呼吸困难、烦躁不安、立即死亡，应首先考虑羊水栓塞(E)。②子宫破裂、重度胎盘早剥、重度子痫前期都不会在数分钟内死亡，故不答A、B、C。子痫多发生在妊娠晚期，常表现为抽搐、昏迷，而不是呼吸困难、呛咳，故不答D。

473. ABCDE　①正常情况下，初产妇第一产程需12小时，第二产程需1~2小时。而本例第一、第二产程大大缩短，说明不恰当使用缩宫素后宫缩极强，羊膜腔内压力很高。此时，羊水内的有形成分易经开放的静脉或血窦进入母体肺动脉引起羊水栓塞。羊水栓塞常表现为分娩过程中，突然出现呼吸困难、发绀、抽搐，甚至休克死亡。根据题干，本例应诊断为羊水栓塞(B)。②缩宫素过敏是指产妇对缩宫素极度敏感而引起子宫强直性收缩，短期内可造成胎儿窘迫或死亡，母体发生子宫破裂。羊水栓塞是急性肺栓塞的一种，若将本题答案选为 C，则答案不确切。心源性休克是指心泵功能衰竭导致的休克，不会出现寒战、咳嗽、阴道出血等症状。子宫收缩乏力不会导致产程大大缩短。

474. ABCDE ①羊水栓塞是指在分娩过程中，羊水突然进入母体血液循环引起急性肺栓塞、过敏性休克、弥散性血管内凝血等并发症。羊水有形成分可形成栓子，经子宫黏膜静脉窦进入母体下腔静脉→右心房→右心室→肺动脉→肺动脉栓塞。因此若采集下腔静脉血液，镜检见到羊水有形成分，如胎儿毳毛、胎脂、胎粪、角化上皮细胞等，即可确诊羊水栓塞(E)。②A、C、D 都属于羊水栓塞的临床表现，缺乏特异性，不能凭此确诊羊水栓塞。B 项检查没有交代所用检测材料，故无临床意义。

475. ABCDE ①羊水栓塞是产科危急重症，应积极抢救，如抗过敏、纠正呼吸循环衰竭、改善低氧血症、抗休克、防止 DIC 和肾衰竭，其中最重要的是纠正呼吸循环衰竭(B)。②羊水栓塞常发生于分娩过程中，情况危急，抢救时常常来不及终止妊娠、切除子宫，故不答 D、E。

476. ABCDE ①羊水栓塞一旦发生，应积极抢救，首先应行抗过敏治疗，解除肺动脉高压，改善低氧血症(D)。②在改善缺氧的同时可尽快给予大剂量肾上腺糖皮质激素。休克早期可使用右旋糖酐扩容，必要时补充新鲜血浆和血液。羊水栓塞初期血液呈高凝状态，可短期内使用肝素抗凝。羊水栓塞若发生在第一产程，应行剖宫产终止妊娠去除病因。

477. ABCDE ①宫缩过强、胎膜早破是羊水栓塞的常见病因。产妇在分娩过程中突然出现寒战、咳嗽、呼吸困难、血压降低、抽搐，甚至昏迷死亡，应首先考虑羊水栓塞。本例血涂片发现羊水有形物质，故可确诊羊水栓塞。本病的急救措施首先是抗过敏、解除肺动脉高压、改善低氧血症，首选药物为糖皮质激素快速静脉注射(C)。②气管切开正压给氧，主要用于 ARDS 的急救。静脉缓注氨茶碱主要用于支气管哮喘的急救。静脉滴注多巴胺、低分子右旋糖酐常用于休克的治疗。

478. ABCDE ①胎先露下降受阻，子宫收缩过强，子宫体部肌肉增厚变短，子宫下段肌肉变薄拉长，在两者之间形成环状凹陷，称为病理缩复环，主要见于先兆子宫破裂，常由嵌顿性肩先露引起。但当子宫完全破裂后，宫腔与腹腔相通，宫腔内压力降低，病理缩复环将消失，故答 C 而不是 D。②子宫不协调性收缩可导致痉挛性狭窄环而不是病理缩复环。痉挛性狭窄环可发生于宫颈、宫体的任何部位，多在子宫上下段交界处，也可在胎体的某一狭窄部位，以胎颈、胎腰处多见，与病理缩复环不同，此环不随宫缩上升。③子宫发育畸形、软产道损伤不会出现病理缩复环。

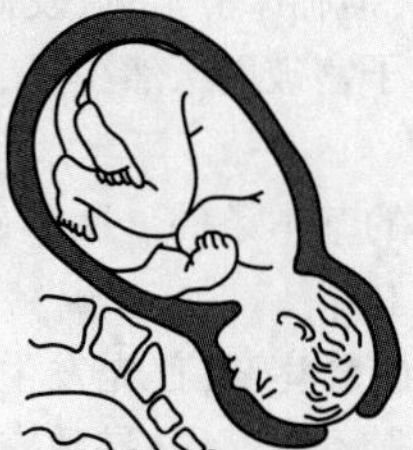

痉挛性狭窄环围绕胎颈

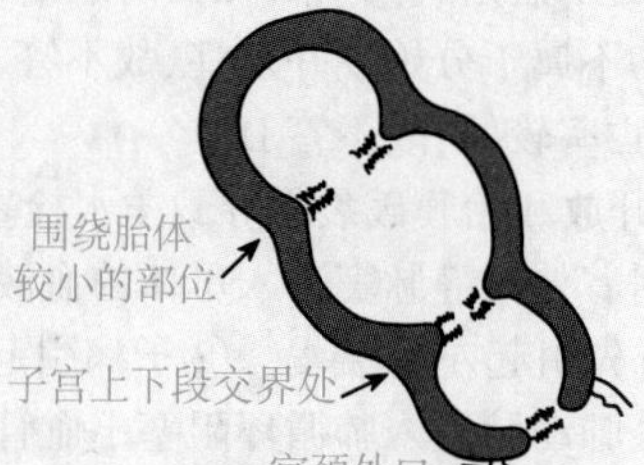

痉挛性狭窄环好发部位

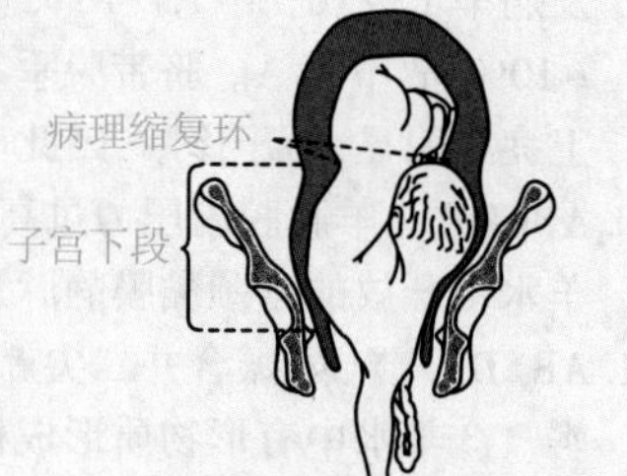

病理缩复环

479. ABCDE ①先兆子宫破裂应立即抑制子宫收缩，尽快手术治疗。有古典式剖宫产史的瘢痕子宫容易发生破裂。子宫破裂伴胎儿死亡，应急诊手术治疗。血尿是先兆子宫破裂的常见表现，但并不能说有血尿即可诊断为子宫破裂。②病理缩复环是先兆子宫破裂的典型表现，出现病理缩复环应考虑子宫破裂，尽早处理。

480. ABCDE 481. ABCDE ①经产妇宫口开大 2cm，说明处于第一产程潜伏期。患者潜伏期>16 小时，应诊断为潜伏期延长。患者胎先露高浮，说明尚未入盆衔接，应考虑骨盆入口狭窄。若宫缩过强，可导致子宫破裂。先兆子宫破裂多发生于分娩期，好发于产程长、有梗阻性难产因素的产妇，表现为子宫病理缩复环、下腹压痛、胎心异常和血尿四大特点(B)。②胎盘早剥常表现为妊娠晚期或分娩期有痛性阴道出血,失血性休克,子宫板状硬为其特点,触诊胎位不清,胎心因听不到,故本例应诊断为胎盘早剥(C)。③子宫破裂常表现为产妇突感下腹撕裂样剧痛,子宫收缩突然停止,腹痛稍减轻,随后再次出现持续性腹痛。忽略性肩先露是先兆子宫破裂的常见病因,首先表现为宫缩乏力,然后宫缩加强,胎手脱出阴道外等。脐带脱垂常见脐带脱出阴道外,胎儿窘迫等。

482. ABCDE　①完全性子宫破裂常见于瘢痕子宫的体部,常无先兆子宫破裂的典型症状。完全性子宫破裂多见于分娩期,常表现为突然下腹剧痛后,子宫收缩骤然停止,全腹压痛反跳痛,胎心音消失,先露部升高,开大的宫口缩小。根据题干,本例应诊断为完全性子宫破裂(A)。②羊水栓塞常表现为分娩过程中突发呼吸困难、低氧血症、低血压、凝血功能障碍等。胎盘早剥常表现为妊娠晚期有痛性阴道流血。腹腔感染常表现为寒战高热,腹部疼痛,压痛反跳痛。先兆子宫破裂不会出现先露部升高,开大的宫口缩小。

483. ABCDE　①初产妇临产后查体见下腹部近脐下方一环状凹陷,此为病理缩复环,是先兆子宫破裂具有诊断意义的体征。患者临产后 8 小时烦躁不安,下腹剧痛,胎心音不清,病理缩复环,血尿,应诊断为先兆子宫破裂(C)。②羊水栓塞常表现为分娩过程中产妇突发气急,烦躁不安,呼吸困难,发绀,昏迷,呼吸循环衰竭。子宫破裂常在先兆子宫破裂的基础上发生,表现为突发下腹撕裂样疼痛,子宫收缩骤然停止,全腹压痛反跳痛,胎心音消失,腹壁下可扪及胎体。重型胎盘早剥常有妊娠期高血压疾病病史,子宫呈板状硬,胎位不清,阴道出血。急性阑尾炎常表现为转移性右下腹痛,右下腹压痛反跳痛。

484. ABCDE　①初产妇,宫缩 10 小时,宫口开大 4cm,说明产妇已进入活跃期。患者下腹压痛明显并出现凹陷,此凹陷为病理性缩复环,应诊断为先兆子宫破裂,其首选治疗为哌替啶肌内注射(A)。②患者症状不典型,易误诊为协调性宫缩乏力而误答 B。协调性宫缩乏力常表现为宫缩高峰时指压宫底部肌壁可出现凹陷,但腹部无压痛。而本例腹部压痛明显,故不能诊断为协调性宫缩乏力,B、C、D、E 均为协调性宫缩乏力的治疗措施。

485. ABCDE　①初产妇腹痛 2 天,仍未分娩,说明产程延长。阴道口可见胎儿上肢,说明是肩先露,此为异常胎位。下腹拒按,说明宫缩强烈。排尿困难和血尿是先兆子宫破裂的典型表现。根据题干,应诊断为先兆子宫破裂。胎心音消失,说明已胎死宫中。对于肩先露合并先兆子宫破裂者,无论胎儿死活,均应抑制子宫收缩,并立即行剖宫产术,以防止子宫破裂(E)。②胎头吸引术、产钳助产术均属于经阴道分娩的助产术式,而本例为肩难产,不能经阴道分娩,故不答 A、D。内倒转后臀牵引为臀先露的处理方式,故不答 B。毁胎术主要用于死胎已足月,宫口开大者。

486. ABCDE　487. ABCDE　①产妇 8 小时前突然出现阴道流液如尿样,应考虑为胎膜早破。胎手脱出于阴道口,应考虑肩先露。嵌顿性肩先露易出现病理缩复环,导致先兆子宫破裂,甚至完全破裂。先兆子宫破裂多发生于分娩期,表现为子宫病理缩复环、下腹压痛、胎心异常和血尿 4 大特点,因此本例应诊断为先兆子宫破裂(C)。胎膜早破只是造成先兆子宫破裂的病因,故不答 A。子宫破裂后可有腹痛减轻,休克加重。前置胎盘常表现为妊娠晚期无痛性阴道出血。胎盘早剥常表现为妊娠晚期有痛性阴道流血。②先兆子宫破裂一旦确诊,应立即抑制子宫收缩,肌内注射哌替啶,并同时准备行剖宫产术(D)。口服地西泮起效慢、效果差,不宜应用。本例为嵌顿性肩先露导致的先兆子宫破裂,应尽快结束分娩,以免导致母儿死亡,故不能采取 B、C、E 治疗措施。

488. ABCDE　489. ABCDE　490. ABCDE　491. ABCDE　①产妇髂棘间径 24cm(正常值 23~26cm)、骶耻外径 19cm(正常值 18~20cm)均正常,因此不能诊断为骨盆入口狭窄。坐骨结节间径也称骨盆出口横径,正常值为 9cm,本例为 7.5cm,应诊断为骨盆出口狭窄(B 对)。坐骨棘间径也称中骨盆横径,正常值为 10cm,可见本例中骨盆正常。扁平骨盆的诊断标准为骶耻外径<18cm,漏斗骨盆的诊断标准为坐骨结节间径<8cm、耻骨弓角度<90°,故本例也可诊断为漏斗骨盆。但由于题干要求回答的是

“产程受阻的原因”，因此最佳答案为 B 而不是 E。②对于骨盆出口狭窄的产妇，分娩过程中产妇腹痛难忍，宫缩强，子宫下段压痛，应首先考虑先兆子宫破裂（D）。无刺激时胎心率 140 次/分，宫缩时胎心率 116 次/分，说明胎心率正常，故不答 A。不协调性子宫收缩过强常见于临产后不适当地使用缩宫素，多表现为子宫强烈收缩，宫缩无间歇，而本例宫缩有间歇期存在，故不答 B。不协调性子宫收缩乏力常表现为宫缩弱，宫缩<2 次/10 分钟。重型胎盘早剥常表现为妊娠晚期有痛性阴道流血。③一旦确诊先兆子宫破裂，应立即肌内注射哌替啶抑制子宫收缩，同时准备行剖宫产，故答 C 而不是 E。A、B、D 显然不是正确答案。④先兆子宫破裂经哌替啶抑制子宫收缩后，无论胎儿是否存活，均应立即行剖宫产，尽快结束分娩（A）。

492. ABCDE ①从胎盘娩出至产妇全身各器官除乳腺外恢复至正常未孕状态的一段时间，称为产褥期，通常为 6 周。正常情况下，血性恶露持续 3~4 日。②产后脉搏在正常范围内，一般略慢，60~70 次/分。产后呼吸深慢，14~16 次/分，是由于产后腹压降低，膈肌下降，由妊娠期的胸式呼吸转变为胸腹式呼吸所致。③宫缩痛于产后 1~2 日出现，持续 2~3 日自然消失。④胎盘娩出后，宫底在脐下 1 指，产后 1 日略上升至脐平，以后每日下降 1~2cm，至产后 10 日子宫降入骨盆腔内（D 对）。⑤产后 3~4 日可出现 37.8~39℃的发热，称为泌乳热，一般持续 4~16 小时，不属于病态。

493. ABCDE 子宫在胎盘娩出后逐渐恢复至未孕状态的全过程，称为子宫复旧，需时 6 周。子宫于产后 6 周恢复到孕前大小，子宫内膜再生约需 3 周，但胎盘附着部位全部修复需至产后 6 周。

494. ABCDE ①产后随子宫蜕膜脱落，含有血液、坏死蜕膜等组织经阴道排出，称为恶露。正常恶露持续 4~6 周，总量 250~500ml（C）。②恶露分为血性、浆液性和白色恶露。白色恶露持续 3 周，含大量白细胞、坏死蜕膜组织、表皮细胞及细菌。浆液恶露持续约 10 日，含多量浆液、坏死蜕膜组织，少量红细胞、白细胞及细菌。血性恶露持续 3~4 日，含多量红细胞、坏死蜕膜及少量胎膜。

495. ABCDE ①阴道分娩的产妇，产后 3 天，下腹部阵发性疼痛伴阴道少量流血，应属于正常表现，可不予处理，故不答 D。②产后 3~4 日，出现乳房血管、淋巴管极度充盈，乳房胀大，伴体温升高，称为泌乳热，一般持续 4~16 小时体温即下降，不属于病态。③产妇自觉乳房胀痛，多因乳房过度充盈、乳腺管阻塞所致，正确处理措施包括：哺乳前湿热敷 3~5 分钟，并按摩乳房，频繁哺乳，排空乳房（C）。④A、B、E 均属于急性乳腺炎的治疗措施。

496. ABCDE ①产褥早期产妇处于高凝状态，血纤维蛋白原、凝血酶、凝血酶原于产后 2~4 周降至正常。②红细胞沉降率于产后 3~4 周降至正常。③红细胞计数及血红蛋白一般于产后 1 周左右逐渐回升（C）。④白细胞总数于产褥早期较高，于产后 1~2 周恢复正常。血小板逐渐升高恢复正常。

497. ABCDE ①产妇的产后体温多在正常范围内，可在产后 24 小时内略有升高，但一般不超过 38℃。②胎盘娩出后，由于子宫复旧，产后 1 日宫底平脐。③产后子宫胎盘血循环终止，大量血液从子宫涌入产妇体循环，产后 72 小时内，产妇循环血量可增加 15%~25%。循环血量一般于产后 2~3 周恢复至未孕状态。④产后血性恶露、浆液恶露、白色恶露分别持续 3~4 日、10 日、3 周左右。⑤胎盘娩出后，宫颈外口呈环状。于产后 2~3 天，宫口可容纳 2 指。产后 1 周宫颈内口关闭，宫颈管复原。产后 4 周宫颈恢复至非孕状态（E 对）。

498. ABCDE ①产褥期是指从胎盘娩出至产后 6 周。正常恶露含有血腥味，但无臭味。而本例为脓血性恶露，有恶臭，且体温高达 39℃，白细胞计数增高，应诊断为产褥感染（E）。②晚期产后出血是指分娩 24 小时后，在产褥期内发生的子宫大量出血。而本例无子宫大量出血，故不答 A。产褥中暑常表现为体温增高，口渴，多汗，四肢乏力。急性膀胱炎常表现为尿频、尿急、尿痛等膀胱刺激征。

499. ABCDE 产褥感染是指分娩及产褥期生殖道受病原体侵袭，引起局部或全身感染。产褥病率是指分娩 24 小时以后的 10 日内，每日用口表测量体温 4 次，间隔时间 4 小时，有 2 次体温≥38℃。

500. ABCDE ①患者为产褥期，有发热、下腹痛，应诊断为产褥感染。②患者子宫压痛，子宫右侧触及压痛性包块，说明病变部位在子宫及输卵管，应诊断为急性盆腔结缔组织炎（C）。③急性子宫内膜炎、急性子宫肌炎病变部位局限于子宫，不会出现宫旁炎性肿块。急性盆腔腹膜炎、弥漫性腹膜炎主要累及盆腔、盆腹膜，可有直肠子宫凹陷局限性脓肿，不会出现子宫增大、压痛。

501. ABCDE　①产后出血是指胎儿娩出后24小时内失血量超过500ml。②晚期产后出血是指分娩24小时后，在产褥期内发生的子宫大量出血，以产后1~2周最多见。产褥期是指胎盘娩出至产后6周。

502. ABCDE　①子宫胎盘附着部位复旧不良引起的晚期产后出血多发生于产后2周左右，表现为突然大量阴道流血，检查发现子宫大而软，宫口松弛，阴道及宫口有血凝块。根据题干，本例应诊断为胎盘附着部位复旧不良(E)。②胎盘胎膜残留引起的晚期产后出血多发生于产后10天左右，表现为血性恶露持续时间延长，以后反复出血。子宫颈裂伤可导致产后出血，而不是晚期产后出血，故不答B。子宫内膜炎可引起晚期产后出血，常表现为寒战高热，子宫压痛明显。子宫脱垂不会导致阴道出血，故不答D。

503. ABCDE　504. ABCDE　505. ABCDE　①晚期产后出血是指分娩24小时后，在产褥期内发生的子宫大量出血。本例产后16天阴道大量流血，应诊断为晚期产后大出血。晚期产后出血的常见原因包括：胎盘胎膜残留、蜕膜残留多于产后10日发生，胎盘附着面复旧不全多于产后2周发生，剖宫产术后子宫切口裂开多于术后2~3周发生，常表现为子宫突然大量出血，可导致失血性休克。本例剖宫产术后16天，突然阴道大量出血，失血性休克，应考虑剖宫产术后子宫切口裂开出血。②患者呈失血性休克状态，故应立即建立静脉通道，补液、输血抢救休克，静脉滴注广谱抗生素预防感染，静脉滴注缩宫素以减少出血，待病情稳定后行B超检查以明确出血原因。对于子宫切口裂开出血，严禁行清宫术止血。③9版《妇产科学》P223：对于剖宫产子宫切口裂开出血，若阴道出血量少，可行保守治疗；若阴道出血量大，可行剖腹探查。若切口周围组织坏死范围小、炎症反应轻，可行清创缝合及髂内动脉、子宫动脉结扎止血；若坏死范围大，应行次全子宫切除术或全子宫切除术。题干未交代切口周围组织坏死范围，故按9版《妇产科学》观点，可答B或C。2版《实用妇产科学》P460：对于剖宫产子宫切口裂开出血，若出血多，患者已处于失血性休克状态，应积极抢救休克，立即剖腹探查。术中发现切口裂开，应作次全子宫切除术。因为子宫切口裂开多发生于产后2周左右，局部组织水肿严重，且存在宫腔感染，如果行裂口修补，多不易愈合，且有再度裂开的可能，故答C而不是B。事实上，战斗在第一线的外科医师或产科医师都知道，盆、腹腔手术后1~4周再次手术，盆、腹腔严重粘连、水肿，是不可能作清创缝合的。很多医考参考书将答案错为B。

506. ABCDE　①在维持阴道微生态平衡中，乳杆菌、雌激素、阴道pH起重要作用。生理情况下，雌激素可使阴道上皮变厚并增加细胞内糖原含量，阴道上皮细胞分解糖原为单糖，阴道乳杆菌可将单糖转化为乳酸，维持阴道正常的酸性环境。正常阴道微生物群中，乳杆菌为优势菌，可通过维持阴道的酸性环境，而抑制其他病原菌生长，称为阴道自净作用。②B、C、D、E均属于阴道正常微生物群，但不是优势菌。

507. ABCDE　①正常阴道内多种因素维持生态平衡，主要是乳杆菌、雌激素和阴道pH的共同作用。生理情况下，雌激素使阴道上皮增生变厚并增加细胞内糖原含量，阴道上皮细胞分解糖原为单糖，乳杆菌可将单糖转化为乳酸，维持阴道正常的酸性环境(pH≤4.5)，从而抑制其他病原体生长，称为阴道自净作用(B)。②A、C、D、E均与阴道自净作用无关。

508. ABCDE　①阴道黏膜是由非角化的复层鳞状上皮组成，抗感染能力强。②正常阴道菌群中，以乳杆菌为主。③两侧大阴唇自然合拢，掩盖阴道口、尿道口，可防止外界微生物污染(C对)。④育龄妇女子宫内膜周期性剥脱，形成月经，是清除宫腔感染的有利条件，并不是正常月经增加宫腔感染机会。⑤阴道内的乳杆菌可使糖原分解为乳酸，维持正常阴道的酸性环境(pH≤4.5)，抑制其他病原体生长，称为阴道自净作用。参阅3版8年制《妇产科学》P257。

509. ABCDE　①经性交直接传播是滴虫阴道炎最主要的传播途径(B)。其次，滴虫阴道炎也可间接传播，即经公共浴池、浴盆、浴巾、游泳池、坐式便器、衣物、污染的器械、敷料等传播。②滴虫阴道炎不会经淋巴、血液循环途径感染。内源性感染为外阴阴道假丝酵母菌病的主要传播途径。

510. ABCDE ①滴虫阴道炎的典型白带为稀薄脓性、黄绿色、泡沫状、有臭味(C)。分泌物呈脓性是因为分泌物中含有白细胞，若合并其他感染则呈黄绿色，泡沫状、有臭味是因滴虫无氧酵解糖类，产生腐臭气体。②泔水状恶臭白带见于子宫颈癌。白色稠厚凝乳状(豆渣样)白带见于外阴阴道假丝酵母菌病。白色均匀稀薄、鱼腥臭味白带见于细菌性阴道病。脓血性白带见于严重萎缩性阴道炎。

511. ABCDE ①“稀薄、脓性、泡沫状”为滴虫阴道炎的特征性白带，故本例病原体为阴道毛滴虫(E)。②厌氧菌和加德纳菌常引起细菌性阴道病，其典型白带为均质、稀薄、白色、鱼腥臭味。白色念珠菌常引起外阴阴道假丝酵母菌病，其典型白带为白色稠厚，呈凝乳状或豆腐渣样。淋球菌常引起淋病，典型白带为量多，呈脓性或黏液脓性。

512. ABCDE ①因滴虫性阴道炎可同时合并尿道、尿道旁腺、前庭大腺滴虫感染，单纯局部用药不易彻底治愈，故需全身用药。阴道局部用药虽可较快缓解症状，但不易彻底杀灭滴虫，停药后容易复发。故答 A 而不是 B、C。甲硝唑能通过乳汁排泄，用药期间及用药后 24 小时不宜哺乳。参阅 4 版《实用妇产科学》P547。②1%龙胆紫涂擦阴道黏膜现已弃用。局部用克林霉素软膏无效。

513. ABCDE ①滴虫阴道炎常表现为阴道分泌物增多，稀薄脓性、泡沫状、有异味，妇检可见阴道黏膜充血，宫颈出血点。根据题干，本例应诊断为滴虫阴道炎(B)。②非特异性外阴炎常表现为外阴充血肿胀，糜烂，有抓痕，溃疡等。细菌性阴道炎常表现为阴道分泌增多，鱼腥臭味，灰白色，均匀一致，稀薄状。萎缩性阴道炎常见于老年女性。外阴阴道假丝酵母菌病常表现为阴道分泌物增多，白色稠厚，豆腐渣样。

514. ABCDE 滴虫阴道炎是由阴道毛滴虫引起的常见阴道炎，主要经性交直接传播，也可由公共浴池、浴巾、污染的器械等间接传播。潜伏期为 4~28 日，主要症状是阴道分泌物增多及外阴瘙痒。分泌物的典型特点为稀薄脓性、黄绿色、泡沫状、有臭味。其主要治疗药物是甲硝唑及替硝唑(D 错)。

515. ABCDE ①滴虫阴道炎常在月经后复发。治疗后，应于月经干净后复查阴道分泌物，经连续检查 3 次阴性，方为治愈(B)。②治疗后无症状不需随访，但若有症状者需随访至症状消失。

516. ABCDE 517. ABCDE ①滴虫阴道炎是由阴道毛滴虫引起的常见阴道炎，主要经性交直接传播，也可由公共浴池、浴巾、污染的器械等间接传播(A)。②外阴阴道假丝酵母菌病的传染途径主要为内源性传染(即寄生于阴道、口腔及肠道等处的假丝酵母菌，在条件适宜时引起的感染)，少数为性交直接传染，极少数通过接触污染的衣物等间接传染，无飞沫、血液及垂直传播(C)。

518. ABCDE ①念珠菌性阴道炎(外阴阴道假丝酵母菌病)的阴道分泌物由脱落上皮细胞、念珠菌菌丝体、酵母菌和假菌丝组成，其特征为白色稠厚呈凝乳或豆腐渣样(E)。②滴虫阴道炎的典型白带为稀薄脓性、黄绿色、泡沫状、有臭味。细菌性阴道病为白色、均质、稀薄分泌物。淋菌性阴道炎为脓性分泌物。萎缩性阴道炎的阴道分泌物稀薄，呈淡黄色。

519. ABCDE 一年内有症状，并经真菌学证实的外阴阴道假丝酵母菌病发作 4 次或以上，称为 RVVC。①初始治疗：若为局部治疗，延长治疗时间为 7~14 天；若口服氟康唑 150mg，则于第 4 天、第 7 天各加服 1 次。②巩固(维持)治疗：可口服氟康唑 150mg，每周 1 次，连续 6 个月。

520. ABCDE ①患者阴道分泌物增多，呈豆渣状，为外阴阴道假丝酵母菌病的特征性表现，故本例应诊断为外阴阴道假丝酵母菌病，首选抗真菌治疗(D)。②甲硝唑常用于滴虫阴道炎、细菌性阴道病的治疗。雌激素常用于萎缩性阴道炎的治疗。常规阴道冲洗为一般性治疗，故不答 C。

521. ABCDE ①外阴阴道念珠菌病主要表现为外阴瘙痒、疼痛及阴道分泌物。阴道分泌物白色稠厚，呈凝乳状或豆腐渣样。外阴充血水肿，常伴有抓痕，阴道黏膜红肿，小阴唇内侧及阴道黏膜附有白色块状物。根据题干，本例应诊断为外阴阴道念珠菌病(C)。②细菌性阴道病的阴道黏膜无明显充血，分泌物附着于阴道壁，黏度低，易从阴道壁拭去。滴虫阴道炎的分泌物为黄绿色、稀薄、脓性、泡沫状、有臭味。淋菌性阴道炎为脓性分泌物。萎缩性阴道炎阴道黏膜萎缩，散在出血点。

522. ABCDE　①念珠菌阴道炎若合并糖尿病，应积极治疗糖尿病。②念珠菌在 pH5.5～6.5 环境下最适宜生长繁殖，因此用4%碳酸氢钠液冲洗阴道，改变阴道酸碱度可抑制念珠菌的生长。参阅 2 版《实用妇产科学》P556。③念珠菌阴道炎既可全身治疗，也可局部治疗，两者疗效相似。局部治疗可以选用咪康唑或克霉唑栓剂放置阴道，每晚 1 粒，连用 7 日。④1%龙胆紫液涂擦阴道壁后容易结痂，且常有痂下积脓感染，故该方法现已弃用(E)。

523. ABCDE　①白带呈乳块状为外阴阴道假丝酵母菌病的特点，镜检发现真菌菌丝，应确诊为外阴阴道假丝酵母菌病。局部治疗主要是在阴道内放置咪康唑或克霉唑栓剂，每晚 1 粒，连用 7 日(A 对)。②阴道内放置甲硝唑栓为滴虫阴道炎的治疗方法。阴道内放置已烯雌酚栓、外阴应用 0.5%醋酸液清洗，均为萎缩性阴道炎的治疗方法。外阴应用氢化可的松软膏为外阴鳞状上皮增生的治疗方法。

524. ABCDE　①外阴阴道假丝酵母菌病主要表现为外阴瘙痒、灼痛、性交痛、尿痛及阴道分泌物增多，检查可见阴道黏膜被白色膜状豆渣样分泌物覆盖，擦除后露出红肿黏膜面。故本例应诊断为外阴阴道假丝酵母菌病，其治疗可选用咪康唑栓剂(商品名达克宁栓)、克霉唑栓剂放置阴道内。②2%克林霉素软膏阴道涂擦主要用于治疗细菌性阴道病。阴道内放置甲硝唑片主要用于治疗滴虫阴道炎。阴道内放置尼尔雌醇片、外阴部用 0.5%醋酸液洗涤主要用于治疗萎缩性阴道炎。

525. ABCDE　①患者阴道分泌物镜检可见假菌丝，应诊断为外阴阴道假丝酵母菌病，治疗首选制霉菌素(B)。②放线菌素、博来霉素为抗肿瘤抗生素，克林霉素为抗菌药物，均不属于抗真菌药物，故不答 A、C、D。甲硝唑常用于滴虫性阴道炎的治疗。

526. ABCDE　**527. ABCDE**　①克霉唑为广谱抗真菌药，局部用药可治疗各种浅部真菌感染，如外阴阴道念珠菌病(E)。②滴虫阴道炎的治疗首选甲硝唑口服(D)。③补充雌激素常用于治疗萎缩性阴道炎。局部涂擦孕激素(黄体酮油膏)、雄激素(丙酸睾酮油膏)，常用于治疗外阴硬化性苔癣。

528. ABCDE　细菌性阴道病为阴道内正常菌群失调所致的一种混合性感染。正常阴道内以乳杆菌占优势。细菌性阴道病时，乳杆菌减少，导致其他细菌大量繁殖，主要有加德纳菌、厌氧菌、人型支原体，其中以厌氧菌居多，厌氧菌数量可增加 100～1000 倍。

529. ABCDE　①下列 4 项中有 3 项阳性，即可临床诊断为细菌性阴道病：匀质、稀薄、白色阴道分泌物；线索细胞阳性；阴道分泌物 pH>4.5；胺臭味试验阳性。②B 为滴虫阴道炎的特点，故答 B。

530. ABCDE　①线索细胞是细菌性阴道病具有诊断意义的细胞，是指阴道脱落的表层细胞于细胞边缘贴附颗粒状物，即各种厌氧菌。患者白带稀薄、灰白色，镜检发现线索细胞，应诊断为细菌性阴道病(C)。②滴虫阴道炎的阴道分泌物呈稀薄脓性、黄绿色、泡沫状、有臭味。念珠菌阴道炎的阴道分泌物呈凝乳块状。支原体性阴道炎和衣原体性阴道炎少见，阴道分泌物呈黏液脓性。

531. ABCDE　①细菌性阴道病的典型白带为均质、稀薄、白色、鱼腥臭味，线索细胞为其特征性细胞。根据题干，本例应诊断为细菌性阴道病。其常见病原菌为加德纳菌、厌氧菌，首选药物为甲硝唑。甲硝唑能抑制厌氧菌生长，不影响乳杆菌生长，是理想的治疗药物(B)。②链霉素因为耳毒性较大，临床上少用。红霉素、青霉素常用于 G^+ 菌感染的治疗。氧氟沙星常用于 G^- 菌感染的治疗。

532. ABCDE　**533. ABCDE**　**534. ABCDE**　①滴虫阴道炎的典型阴道分泌物呈稀薄脓性、黄绿色、泡沫状、有臭味(C)。分泌物呈脓性是因为分泌物中含有白细胞；若合并其他感染则呈黄绿色；分泌物呈泡沫状、有臭味是因滴虫无氧酵解糖类，产生腐臭气体。②细菌性阴道病为均质、稀薄、灰白色阴道分泌物，常黏附于阴道壁(A)。③念珠菌性阴道炎(外阴阴道假丝酵母菌病)的阴道分泌物由脱落上皮细胞、菌丝体、酵母菌、假菌丝组成，其特征为白色稠厚，呈凝乳状或豆腐渣样(B)。④萎缩性阴道炎为稀薄、淡黄色白带(D)。衣原体性阴道炎的白带呈黏液脓性(E)。

535. ABCDE　①线索细胞是细菌性阴道病具有诊断意义的细胞。②细菌性阴道病是阴道内正常菌群失调导致的混合性感染，治疗时可选用抗厌氧菌药物如甲硝唑、克林霉素等。③细菌性阴道病白带为均质、稀薄、白色分泌物。④细菌性阴道病时，阴道内乳杆菌减少，加德纳菌、厌氧菌等大量繁殖。用酸性溶液冲洗阴道，可抑制厌氧菌生长，促进乳杆菌繁殖（D 错）。用碱性溶液冲洗阴道常用于治疗外阴阴道假丝酵母菌病。参阅 2 版《实用妇产科学》P559。⑤细菌性阴道病的阴道分泌物呈鱼腥味改变，性交后加重。分泌物呈鱼腥味是由于厌氧菌繁殖产生胺类物质（尸胺、腐胺、三甲胺）所致。

536. ABCDE 萎缩性阴道炎常见于绝经期妇女，患者卵巢功能衰退，雌激素水平降低，阴道壁萎缩，黏膜变薄，上皮细胞内糖原减少（C 错），阴道内 pH 增高，多为 5.0~7.0（正常 pH≤4.5），嗜酸性的乳杆菌不再为优势菌，局部抵抗力降低，其他致病菌过度繁殖或容易入侵引起炎症。

537. ABCDE 538. ABCDE 539. ABCDE ①萎缩性阴道炎和滴虫阴道炎均可出现阴道黏膜散在出血点，前者阴道分泌物稀薄，呈淡黄色；后者阴道分泌物稀薄，呈黄绿色，脓性，泡沫样，有臭味，故本例应诊断为萎缩性阴道炎而不是滴虫阴道炎（A）。淋菌性阴道炎为脓性分泌物。细菌性阴道病分泌物均质，稀薄，白色，鱼腥臭味。外阴阴道念珠菌病分泌物白色稠厚，呈凝乳状或豆腐渣样。②萎缩性阴道炎好发于老年妇女，是由于雌激素水平降低，阴道壁萎缩，上皮细胞内糖原减少，阴道 pH 增高，导致局部抵抗力降低所致（A）。③萎缩性阴道炎首选治疗为补充雌激素，增加阴道抵抗力（D）。局部使用制霉菌素常用于治疗外阴阴道念珠菌病。局部使用甲硝唑常用于治疗滴虫阴道炎。

540. ABCDE ①急性子宫颈炎常表现为阴道分泌物增多，呈黏液脓性，若合并尿路感染，可有尿频、尿急、尿痛等膀胱刺激征。根据题干，本例应诊断为急性子宫颈炎。为明确诊断，可行子宫颈管脓性分泌物培养（C）。②尿培养常用于诊断急性肾盂肾炎，A、B、D 显然不是正确答案。

541. ABCDE 子宫颈糜烂按糜烂区所占子宫颈面积的比例分为 3 度：①轻度糜烂指糜烂面积占整个子宫颈面积的 1/3 以内；②中度糜烂是指糜烂面积占子宫颈面积的 1/3~2/3；③重度糜烂是指糜烂面积占子宫颈面积的 2/3 以上。

542. ABCDE 慢性子宫颈炎主要表现为白带增多，常刺激外阴引起外阴不适和瘙痒（C）。

543. ABCDE 生殖道感染淋病奈瑟菌可导致盆腔炎性疾病，包括子宫内膜炎、输卵管炎、输卵管卵巢脓肿、盆腔腹膜炎等，其中以输卵管炎最常见。参阅 3 版 8 年制《妇产科学》P267。

544. ABCDE 545. ABCDE 2010 年美国 CDC 盆腔炎性疾病的诊断标准如下。①最低标准：子宫颈举痛或子宫压痛或附件区压痛。②附加标准：体温>38.3℃；子宫颈或阴道异常黏液脓性分泌物；阴道分泌物湿片见到大量白细胞；血沉升高；C-反应蛋白升高；实验室证实的子宫颈淋病奈瑟菌或衣原体阳性。③特异标准：子宫内膜活检证实为子宫内膜炎；经阴道超声或核磁共振检查显示输卵管增粗、输卵管积液，或腹腔镜检查发现盆腔炎性疾病征象。

546. ABCDE ①患者发热，下腹压痛，阴道脓性分泌物，说明为炎性疾病，故可首先排除 A、D。②急性子宫颈炎常表现为阴道分泌物增多，呈黏液脓性，子宫颈充血、水肿、黏膜外翻，无下腹压痛反跳痛，无子宫颈举痛。急性盆腔炎常表现为阴道脓性分泌物，有下腹压痛反跳痛，有子宫颈举痛，故答 C 而不是 B。③卵巢囊肿继发感染少见，不会出现子宫颈举痛，故不答 E。

547. ABCDE 548. ABCDE ①人工流产是急性盆腔炎的常见病因。患者人工流产术后 1 周发热，下腹痛，子宫颈口脓性分泌物，子宫颈举痛，外周血白细胞总数和中性粒细胞比例增高，应诊断为急性盆腔炎（E）。急性膀胱炎常表现为尿频、尿急、尿痛等膀胱刺激征。流产不全常表现为阴道不规则流血。异位妊娠破裂可有子宫颈举痛，但主要表现为腹腔内出血，而不是感染征象。急性阑尾炎不会出现子宫颈举痛，阴道大量脓性分泌物。②对指导急性盆腔炎治疗最有价值的检查当然是病原体检测，如子宫颈管分泌物、后穹隆穿刺液培养及药敏试验等。盆腔 B 超有助于急性盆腔炎的诊断，但对指导治疗价值不大。尿妊娠试验常用于诊断早孕。尿常规、血常规为一般性检查项目，故不答 D、E。

549. ABCDE 550. ABCDE 551. ABCDE ①中年妇女，药物流产后高热，下腹痛，脓性白带，子宫颈举痛，右侧附件区压痛，应诊断为急性盆腔炎（A）。宫外孕、急性阑尾炎、急性肠梗阻均不会出现脓性白带。②患者药物流产后仅 3 天，尿 hCG 不可能降至正常，故尿 hCG 检测无助于诊断（E）。阴道分泌物直接涂片可发现致病菌，后穹隆穿刺抽出脓性液体即可确诊急性盆腔炎。B 超可发现盆腔液性暗区，子宫增大。腹腔镜可在“直视”下观察盆腔情况，当然可确诊急性盆腔炎。③急性盆腔炎以抗生素治疗为主，必要时手术治疗（C）。在子宫颈分泌物细菌培养结果出来之前，可行经验治疗。

552. ABCDE　553. ABCDE　554. ABCDE　①宫腔镜检查为急性盆腔炎的常见病因。患者宫腔镜检查术后出现下腹痛，高热，阴道分泌物增多，右侧附件区压痛性包块，外周血白细胞总数增高，应诊断为急性盆腔脓肿（C）。盆腔结核常慢性起病，病程迁延，不会出现高热及严重腹膜刺激征。宫外孕常表现为突发下腹痛，腹腔内出血征象，而不是腹膜刺激征。急性阑尾炎常表现为转移性右下腹疼痛，患者病程仅 2 天，发展为阑尾脓肿的可能性不大。子宫穿孔常于宫腔镜检查过程中出现，而不是术后出现。②宫腔镜检查导致的急性盆腔炎多为内源性感染，致病菌以需氧菌及厌氧菌混合感染多见，最常见的致病菌依次为链球菌、葡萄球菌、大肠埃希菌、厌氧菌（A）。参阅 2 版《实用妇产科学》P578。③经常规治疗 10 天后，盆腔脓肿无缩小，即保守治疗无效，则应行脓肿切开引流（A）。

555. ABCDE　子宫内膜异位症是指有活性的子宫内膜组织在子宫内膜及肌层以外的部位生长，最常累及卵巢，其次为宫骶韧带、直肠子宫陷凹、子宫后壁下段、盆腔腹膜、输卵管、子宫颈等（A）。

556. ABCDE　子宫内膜异位症最常累及卵巢，其次为宫骶韧带、直肠子宫陷凹、子宫后壁下段、盆腔腹膜，输卵管很少受累。

557. ABCDE　①子宫内膜异位症的典型症状是继发性痛经，进行性加重。②阴道分泌物增多见于阴道炎症。阴道不规则流血见于无排卵性异常子宫出血。接触性出血见于子宫颈癌。月经量增多见于子宫肌瘤。

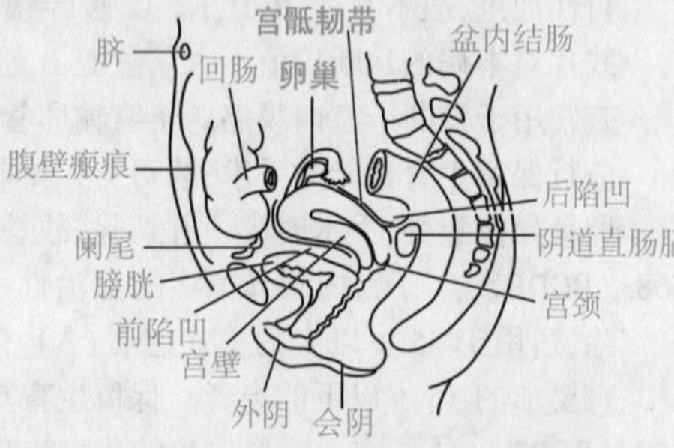

子宫内膜异位症的发生部位

558. ABCDE　①子宫内膜异位症（内异症）好发于 25～45 岁的育龄期妇女，主要症状是继发性痛经、进行性加重。可有月经异常，主要表现为经量增多、经期延长或月经淋漓不净，不会出现月经稀发（E 错）。②内异症患者不孕率高达 40%，可能与盆腔微环境的改变有关。发生于直肠子宫陷凹的内异症可有性交疼痛。

559. ABCDE　①子宫内膜异位症（内异症）的确诊依据是腹腔镜下活组织病理检查而不是典型病史（D）。腹腔镜+活组织病检是确诊内异症的最佳方法。②B 超常用于内异症的定位诊断。血清 CA125 测定常用于监测异位内膜的活动。内异症患者妇科检查可发现子宫后倾固定，直肠子宫陷凹触痛性结节。

560. ABCDE　子宫内膜异位症是在腹腔镜下或剖腹探查手术时进行临床分期的，分期标准是根据异位内膜的部位、数目、大小、粘连程度等进行的综合评分。A、B、C、E 都不是子宫内膜异位症的临床分期依据。

561. ABCDE　①抗子宫内膜抗体（EMAb）是以子宫内膜为靶抗原的自身抗体，常见于子宫内膜异位症，其阳性率为 70%～80%。子宫内膜异位症的典型症状是继发性痛经，进行性加重，一侧或双侧附件异位囊肿，直肠子宫陷凹痛性结节，血清 CA125 轻度增高，EMAb 阳性。根据题干，本例应诊断为子宫内膜异位症（C）。②卵巢上皮癌多无痛经，血清 CA125 常显著增高（正常值<35U/ml）。转移性卵巢肿瘤、盆腔结核、盆腔炎性肿块均不会出现进行性痛经，故不答 B、D、E。

562. ABCDE　①子宫内膜异位症（内异症）的典型症状是继发性痛经，进行性加重。内异症侵犯卵巢，可出现卵巢子宫内膜异位囊肿，于一侧或双侧附件可扪及囊实性包块，活动度差，其血清 CA125 增高（正常值<35U/ml）。根据题干，本例应诊断为卵巢子宫内膜异位囊肿（A）。②卵巢癌、输卵管积水、卵巢良性肿瘤、输卵管卵巢脓肿均不会出现继发性痛经，故不答 B、C、D、E。

563. ABCDE　①凡育龄期妇女继发性痛经进行性加重，盆腔有触痛性结节或子宫旁有不活动的囊性包块,即可诊断为子宫内膜异位症。本例子宫右后方扪及的囊性包块为卵巢子宫内膜异位囊肿(E)。②A、B、C、D 均不会出现继发性痛经进行性加重。

564. ABCDE ①育龄期妇女,继发性痛经进行性加重,子宫骶韧带扪及触痛性结节,应诊断为子宫内膜异位症。②盆腔结核可有月经失调、不孕、下腹坠胀,但进行性加重的痛经少见,可扪及盆腔囊性包块、附件区无痛性结节,故不答 A。子宫颈癌常表现为接触性出血,故不答 B。慢性盆腔炎多有急性盆腔炎病史,可有不同程度的下腹坠痛,经期加重。子宫肌瘤多表现为月经过多,经期延长,子宫增大,故不答 E。

565. ABCDE 566. ABCDE 567. ABCDE ①育龄期女性,继发性痛经进行性加重,妇科检查扪及子宫后壁触痛性结节,右侧附件囊性包块,应诊断为子宫内膜异位症。右侧附件包块即为卵巢内膜异位囊肿(C)。卵巢滤泡囊肿、卵巢黄体囊肿、输卵管卵巢囊肿、多囊卵巢综合征均不会出现继发性痛经进行性加重,故不答 A、B、D、E。②腹腔镜检查是目前诊断子宫内膜异位症的最佳方法(E)。腹部 X 线片对本病的诊断价值不大。盆腔 B 超常用于子宫内膜异位症的定位诊断。诊断性刮宫活组织检查常用于诊断子宫内膜癌。子宫输卵管碘油造影常用于诊断输卵管梗阻。③年轻患者,婚后未育,应行保留生育功能的手术,故可首先排除双侧附件切除的 C、D、E。患者病灶为子宫后壁结节及右侧卵巢异位囊肿,手术时应一并切除,故答 A 而不是 B。

568. ABCDE ①子宫内膜异位症的根治性手术是指将子宫、双侧附件、盆腔内所有异位内膜均予以切除,适用于 45 岁以上的重症患者(A)。②保留卵巢功能手术适合于Ⅲ、Ⅳ期患者、症状明显且无生育要求的 45 岁以下的患者。保留生育功能手术适用于药物治疗无效、青年、有生育要求的患者。

569. ABCDE ①子宫内膜异位症的药物治疗多采用假孕或假绝经性激素疗法,主要是使用大剂量孕激素,通过抑制垂体促性腺激素分泌,而造成无周期性的低雌激素状态,从而抑制子宫内膜增生,使子宫内膜蜕膜化,内膜坏死萎缩。②性激素疗法可有镇静、止痛、调节月经周期、减轻痛经的作用,但这不是它的主要作用机制,故不答 A、B、C。性激素疗法会抑制排卵而不是促进排卵,故 D 不正确。

570. ABCDE ①A、B、C、D 都是治疗子宫内膜异位症的常用药物。孕激素可通过抑制垂体促性腺激素分泌,造成无周期性的低雌激素状态,导致高孕激素性闭经,称为假孕疗法。②孕烯三酮、达那唑均可抑制 FSH、LH 峰值,使体内雌激素水平降低,导致子宫内膜萎缩,称为假绝经疗法。③促性腺激素释放激素激动剂(GnRH-α)可竞争性抑制垂体 GnRH 受体,使促性腺激素分泌减少,卵巢激素水平降低而闭经,称为药物性卵巢切除。④雌激素可促进子宫内膜增生,故禁用于子宫内膜异位症的治疗。

571. ABCDE ①A、B、C、D 均属于子宫内膜异位症的异位病灶,当然高效孕激素和假孕疗法治疗效果较好,故不答。②子宫腺肌病是指子宫内膜异位至子宫肌层,由于异位的子宫内膜细胞为基底层内膜,并不是功能层内膜,故对孕激素并不敏感,因此高效孕激素和假孕疗法对子宫腺肌病无效,故答 E 而不是 A,很多医考参考书将答案错为 A。参阅 2 版《实用妇产科学》P750。

572. ABCDE ①子宫内膜异位症的典型症状是继发性痛经、不孕、子宫后倾固定,直肠子宫陷凹可扪及痛性结节,一侧或双侧附件处触及囊实性包块(子宫内膜异位囊肿),可有血清 CA125 升高。根据题干,本例应诊断为子宫内膜异位症。②子宫内膜异位症的药物治疗只适用于痛经明显、有生育要求、无异位囊肿形成者。③患者左侧附件巨大异位囊肿,不宜药物治疗,而应首选腹腔镜手术治疗。

573. ABCDE 574. ABCDE ①青年女性,取环后 10 天,发热,子宫颈举痛,子宫压痛,右侧附件区可触及腊肠型肿物,触痛明显,说明为炎性病变,应诊断为急性盆腔炎(C)。②青年女性,不孕,痛经,后穹隆有触痛结节,左侧附件包块(卵巢子宫内膜异位囊肿),应诊断为子宫内膜异位症(E)。③输卵管妊娠常表现为停经、腹痛、阴道流血三联征。生殖器结核常表现为低热盗汗、盆腔炎、腹水、不孕不育。卵巢上皮性癌常表现为卵巢肿块,血清 CA125 显著增高。

575. ABCDE 576. ABCDE ①抗子宫内膜抗体(EMAb)是以子宫内膜为靶抗原的自身抗体,常见于子宫内膜异位症,其阳性率为 70%~80%。子宫内膜异位症的典型症状是继发性痛经,进行性加重,一侧或双侧附件异位囊肿，直肠子宫陷凹痛性结节，血清 CA125 轻度增高（CA125 正常值<35U/ml），EMAb 阳性。根据题干，本例应诊断为子宫内膜异位症（E）。A、B、C、D 均不会出现痛经进行性加重，故不答。②促性腺激素激动剂（GnRH-α）可抑制垂体分泌促性腺激素，导致卵巢激素分泌减少，出现暂时性闭经，称为药物性卵巢切除，适用于子宫内膜异位症的治疗（E）。A、B、C、D 均不适于本病的治疗。

577. ABCDE　①癌抗原 125（CA125）是一种糖蛋白性肿瘤相关抗原，存在于上皮性卵巢癌组织、子宫、输卵管、子宫颈内膜等，因此子宫腺肌病患者血清 CA125 往往升高。请注意：子宫肌瘤 CA125 多正常，此为两者的鉴别点。②子宫腺肌病由于子宫增大，供血增加，加上肌层中的病变影响子宫肌壁的正常收缩止血功能，因此常有经量增多、经期延长。③约 70% 的患者有继发性痛经，且进行性加重。④患者子宫常均匀性增大，质较硬，可出现压痛。⑤子宫腺肌病是由子宫内膜基底层侵入肌层生长所致，子宫内膜异位症是子宫内膜功能层种植所致，两者的发病机制不同（E 错）。

578. ABCDE　①子宫腺肌病的典型症状是继发性痛经进行性加重，约占 70%。一般认为痛经系月经期病灶出血，刺激子宫平滑肌产生痉挛性收缩所致。病变越广泛，痛经越严重。参阅 3 版《实用妇产科学》P628。②经量增多、经期延长见于 40%～50% 的子宫腺肌病患者。③阴道不规则流血为无排卵性异常子宫出血的典型症状。阴道分泌物增多为阴道炎的典型症状。

579. ABCDE　①中年女性，痛经进行性加重，子宫均匀性增大如妊娠 50 天大小，质硬，B 超检查示子宫肌层回声不均匀，应诊断为子宫腺肌病（D）。②盆腔结核、子宫内膜炎、慢性盆腔炎均不会出现继发性痛经进行性加重，子宫均匀性增大。子宫肌瘤虽可有子宫增大，但不会出现痛经进行性加重。

580. ABCDE　①患者痛经进行性加重，应首先考虑子宫腺肌病和子宫内膜异位症。子宫肌瘤、子宫肉瘤、子宫内膜癌均不会出现继发性痛经进行性加重，故不答 A、B、C。②子宫腺肌病常有子宫均匀性增大，盆底无触痛性结节。子宫内膜异位症常有盆底触痛性结节，但无子宫增大，故答 D。

581. ABCDE　①患者继发性痛经，子宫均匀性增大，质硬，应诊断为子宫腺肌病。②子宫腺肌病的手术治疗首选子宫切除术（A）。本病不是恶性肿瘤，故无需行广泛性子宫切除术、改良广泛性子宫切除术。患者仅 45 岁，不宜切除双侧附件，故不答 D。骶神经切断术可缓解痛经，但临床上少用。

582. ABCDE　583. ABCDE　①子宫腺肌病常表现为继发性痛经，进行性加重，经量增多，子宫均匀性增大，一般不超过孕 3 个月大小，压痛。根据题干，本例应诊断为子宫腺肌病（B）。子宫肉瘤、子宫内膜癌、子宫肌瘤、功能失调性子宫出血均不会出现继发性痛经进行性加重，故不答 A、C、D、E。②为明确子宫腺肌病的诊断，应首选 B 超检查。B 超示子宫增大，肌层增厚，一般后壁更明显，导致内膜线前移。MRI 检查、PET-CT 检查价格昂贵，一般不作为首选。诊断性刮宫常用于诊断子宫内膜癌。子宫颈细胞学检查常用于诊断子宫颈癌。

584. ABCDE　585. ABCDE　①患者进行性痛经，经量增多，经期延长，子宫均匀性增大，应诊断为子宫腺肌病。功能性痛经应无器质性病变。子宫内膜结核、子宫内膜癌、子宫黏膜下肌瘤均无进行性痛经。②经产妇症状严重，应行子宫切除术。本病药物治疗无效。本病不是恶性肿瘤，无需放化疗。

586. ABCDE　587. ABCDE　588. ABCDE　①患者进行性痛经，经量增多，经期延长，子宫均匀性增大，有压痛，应诊断为子宫腺肌病（A）。子宫肌瘤、子宫内膜癌、功能失调性子宫出血、子宫内膜炎均不会出现进行性痛经。②子宫腺肌病常伴血清 CA125 升高，有辅助诊断价值（D）。A、B、C、E 均为普通生化检查，无特异性。③子宫腺肌病症状严重，应首选全子宫切除术（A）。本病药物治疗无效，故不答 B、C。患者症状较重，不能行期待疗法，故不答 D。患者年仅 46 岁，不宜行双侧附件切除，故不答 E。

589. ABCDE　①分娩时造成子宫颈、主韧带、子宫骶韧带、筋膜及肌肉损伤，产后未能恢复是子宫脱垂的主要病因，参阅 3 版《实用妇产科学》P644。②慢性咳嗽、习惯性便秘、长期重体力劳动、腹型肥胖等，均可使腹腔内压力增加，导致子宫脱垂，可见 A、B、C、E 均属于子宫脱垂的病因，但不是最主要的病因。

590. ABCDE　子宫从正常位置沿阴道下降，宫颈外口达坐骨棘水平以下，称为子宫脱垂。以患者平卧用力向下屏气时，子宫下降最低点为分度标准，我国将子宫脱垂分3度。

①Ⅰ度轻型：宫颈外口距处女膜缘<4cm，尚未达到处女膜缘。

Ⅰ度重型：宫颈外口已达处女膜缘，在阴道口能见到宫颈。

②Ⅱ度轻型：宫颈已脱出阴道口外，宫体仍在阴道内。

Ⅱ度重型：宫颈及部分宫体已脱出至阴道口外。

③Ⅲ度：宫颈及宫体全部脱出至阴道口外。

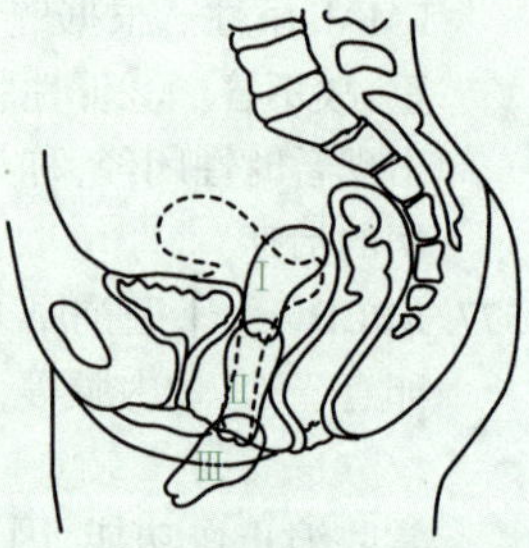

子宫脱垂分度

591. ABCDE 患者宫颈及部分宫体脱出阴道口外，应属于Ⅱ度重型。

592. ABCDE 患者宫颈脱出阴道口外，宫体仍在阴道内，属于Ⅱ度轻型。

593. ABCDE 曼氏手术(Manchester 手术)是指阴道前后壁修补、主韧带缩短、宫颈部分切除术，适用于年龄较轻、宫颈延长、希望保留子宫的Ⅱ、Ⅲ度子宫脱垂伴阴道前后壁脱垂患者(E)。

594. ABCDE 595. ABCDE ①患者宫颈及部分宫体已脱出至阴道口外，应诊断为Ⅱ度重型子宫脱垂(E)。②患者年龄60岁，孕4产4，无生育要求，无需保留子宫，可行经阴道子宫切除术(B)。放置子宫托适用于全身情况较差不宜手术者。阴道纵隔形成术适用于年老体弱不能接受较大手术、不需保留性交功能者。曼氏手术(Manchester 手术)适用于年龄较轻、宫颈延长、希望保留子宫的Ⅱ、Ⅲ度子宫脱垂。盆底肌肉锻炼为辅助治疗措施。

596. ABCDE ①老年妇女，G_4P_2，宫颈及部分宫体脱出于阴道口外，应诊断为子宫脱垂Ⅱ度重型。因患者年龄较大，无需再次生育，故可行子宫切除术+盆底修复(B)。②Manchester 手术适用于年龄较轻、宫颈延长的患者。经腹圆韧带缩短术临床上少用。患者年龄仅56岁，需保留性交功能，故不能行阴道全封闭术、阴道半封闭术。

597. ABCDE 患者部分宫体与宫颈外露于阴道口，应诊断为Ⅱ度重型子宫脱垂。因患者宫颈较长，年龄较轻，应选用保留子宫的 Manchester 手术(B)。

598. ABCDE ①曼氏手术是指阴道前后壁修补、主韧带缩短、宫颈部分切除术，适用于年龄较轻、宫颈延长、希望保留子宫的Ⅱ、Ⅲ度子宫脱垂伴阴道前后壁脱垂患者(C 对)。②阴道前后壁修补术适合Ⅰ、Ⅱ度单纯阴道前后壁膨出者。子宫切除+阴道前后壁修补术适用于Ⅱ、Ⅲ度子宫脱垂伴阴道前后壁脱垂，年龄较大，无需保留子宫的患者。阴道纵隔形成术仅适合于年老体弱不能接受较大手术，且无需保留性交功能者。子宫悬吊术适用于单纯性轻度子宫脱垂患者。

599. ABCDE ①人乳头瘤病毒(HPV)高危型(HPV16、18 型)与 CINⅢ的发病密切相关。高危型 HPV 可产生病毒癌蛋白，其中 E6、E7 分别作用于宿主细胞的抑癌基因 *p53*、*Rb*，使之失活或降解，继而通过分子事件导致癌变。②HIV 为艾滋病的病原体。HSV(单纯疱疹病毒)是生殖器疱疹的病原体。HCV、HBV 分别是丙型肝炎、乙型肝炎的病原体。

600. ABCDE ①子宫颈活组织检查是确诊子宫颈上皮内瘤变最可靠的方法(C)。②子宫颈刮片细胞学检查为最简单的子宫颈上皮内瘤变的辅助检查方法，约有20%的假阴性率。醋酸涂抹、阴道镜检查常用于诊断子宫颈癌。阴道分泌物检查常用于诊断阴道炎。

601. ABCDE ①中老年妇女，接触性出血，应首先考虑子宫颈癌。②子宫颈上皮内瘤变的诊断应遵循"三阶梯式"诊断程序，即细胞学检查(或加 HPV 检测)→阴道镜检查→组织病理学检查。若细胞学检查发现异常细胞，则应作阴道镜+活组织检查，以明确诊断(E)。③子宫颈电热圈切除术、子宫颈冷刀锥切主要用于 CIN Ⅱ和 CIN Ⅲ的治疗。子宫颈管搔刮主要用于诊断子宫颈管病变。高危型 HPV-DNA 检测常与子宫颈细胞学检查联合用于子宫颈癌的筛查。

602. ABCDE ①子宫颈上皮内瘤变Ⅲ级(CIN_3)是指Ⅲ级非典型增生及原位癌。至少20%的 CIN_3 在10年内可发展为子宫颈浸润癌，因此 CIN_3 应积极治疗，最常用的治疗方法是子宫颈锥切术(A)。②全子宫切除术用于年龄较大、无生育要求的 CIN_3 确诊患者，故不答 B。CIN_3 不是浸润癌，无需放疗，故不答 C、D。改良根治性子宫切除术常用于 $Ⅰ_{A2}$ 期子宫颈癌的治疗，故不答 E。

603. ABCDE　604. ABCDE　605. ABCDE　①患者接触性出血，子宫颈糜烂，应考虑子宫颈癌。为明确诊断，首选检查是无创的子宫颈细胞学检查。A、B、C、D 均为有创检查，不作为首选。②若子宫颈细胞学检查结果为 HSIL，则选用阴道镜下活检+病理学检查，以进一步明确其病理性质。子宫颈锥切+活检损伤较大，常用于子宫颈细胞学检查阳性，而子宫颈活检阴性者。子宫颈碘试验常用于定位细胞学检查的取材部位。分段诊刮术常用于确诊子宫内膜癌。③子宫颈上皮内瘤变的治疗主要取决于瘤变级别。CINⅢ首选子宫颈锥形切除术，如子宫颈环形电切除术（LEEP）、冷刀锥切术。子宫切除术适用于经子宫颈锥切确诊为 CINⅢ、年龄较大、无生育要求者。CINⅢ一般不行放疗和化学治疗。

606. ABCDE　子宫颈上皮由子宫颈阴道部鳞状上皮和子宫颈管柱状上皮组成。在子宫颈鳞状上皮与柱状上皮交接部，称为移行带。柱状上皮可发生鳞状上皮化生，进而癌变，转化为子宫颈癌。因此，子宫颈移行带为子宫颈癌的常见始发部位。

607. ABCDE　子宫颈上皮由子宫颈阴道部鳞状上皮和子宫颈管柱状上皮组成，鳞状上皮与柱状上皮的交界处为转化区，转化区表面覆盖的柱状上皮被鳞状上皮替代，称为鳞状上皮化生。在鳞状上皮化生的基础上易发生癌变，故子宫颈外口鳞状上皮与柱状上皮的交界处，为子宫颈癌的好发部位。

608. ABCDE　①人乳头瘤病毒（HPV）有 120 多个型别，其中 HPV16、HPV18 型与子宫颈癌的发病密切相关。HPV16、HPV18 型可产生 E6、E7 癌蛋白，与宿主细胞的抑癌基因 *P53*、*Rb* 结合使之失活，导致细胞周期控制失常发生癌变。②单纯疱疹病毒可导致角膜结膜炎、生殖系统疱疹等。③滴虫常导致滴虫阴道炎。④苍白密螺旋体为梅毒的病原体。⑤巨细胞病毒在孕 3 个月内可引起胎儿原发感染。

609. ABCDE　子宫颈癌的病理类型分为鳞癌（占 80%~85%）、腺癌（占 15%~20%）、腺鳞癌（占 3%~5%）。

610. ABCDE　①子宫颈癌的危险因素包括性生活过早、多个性伴侣、多孕多产、性混乱、社会经济地位低下、营养不良、吸烟、生殖道微生物（HPV、淋球菌、衣原体、真菌）感染、性激素影响等。②多产属于子宫颈癌的危险因素，未生育不是危险因素（A）。参阅 3 版《实用妇产科学》P528。

611. ABCDE　①患者接触性出血，子宫颈菜花状肿物，应考虑子宫颈癌。为明确诊断，应首选子宫颈活组织检查（D）。②HPV 检查、子宫颈细胞学检查均用于子宫颈癌的普查。子宫颈锥切术常用于子宫颈上皮内瘤变的治疗。超声检查不能确诊子宫颈癌。

612. ABCDE　①接触性出血是子宫颈癌的典型症状。老年妇女，接触性出血，子宫颈有菜花状新生物，应诊断为子宫颈癌（E）。②慢性子宫颈炎多无症状，少数患者可有阴道分泌物增多，妇科检查可有子宫颈糜烂。急性子宫颈炎常表现为阴道分泌物增多，妇科检查可见子宫颈充血水肿。子宫内膜炎常表现为寒战高热、白细胞计数增高、阴道脓血性分泌物等。子宫颈肌瘤常表现为子宫颈实质性不规则肿块，无接触性出血。

613. ABCDE　614. ABCDE　615. ABCDE　①子宫颈癌的主要转移途径是直接蔓延和淋巴转移，血行转移极少见。其中，以直接蔓延最常见，多表现为癌组织局部浸润，向邻近器官及组织扩散。②卵巢癌的主要转移途径是直接蔓延和腹腔种植，淋巴转移也是重要的转移途径，血行转移少见（C），参阅 7 版《妇产科学》P278。③绒毛膜癌为高度侵袭性肿瘤，只有滋养层肿瘤细胞，而无肿瘤间质，因没有间质血管，故只能从宿主细胞获得营养。绒毛膜癌侵袭破坏血管的能力很强，极易经血道转移，其他转移方式少见。

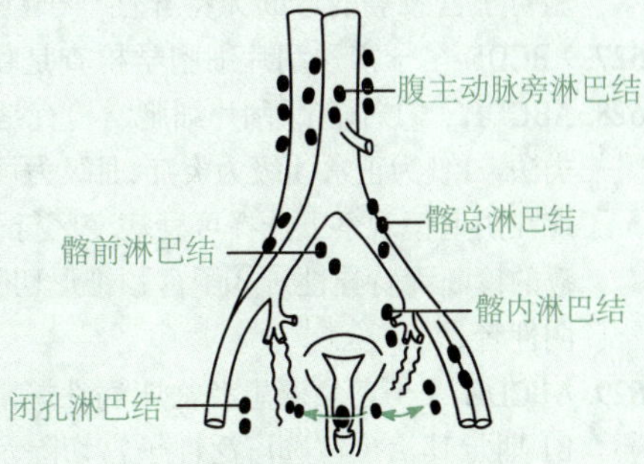

宫颈癌淋巴转移示意图

616. ABCDE　淋巴转移是子宫颈癌次常见的转移方式，主要转移至局部淋巴结。淋巴转移一级组包括宫旁、子宫颈旁、闭孔、髂内、髂外、髂总、骶前淋巴结；二级组包括腹股沟深浅淋巴结、腹主动脉旁淋巴结。

617. ABCDE ①中年女性，接触性阴道流血，宫颈菜花状肿块，镜下见异型细胞浸润性生长，应诊断为子宫颈癌。淋巴转移是其重要的转移途径，最先转移至子宫颈旁淋巴结，晚期可转移至腹股沟淋巴结，故答A而不是B。②晚期宫颈癌的可经血行转移至肺、脑、肾、脊柱等，但少见，故不答C、E。子宫颈癌可直接蔓延至盆腔，但一般发生于晚期而不是早期，故不答D。

618. ABCDE 子宫颈癌的临床分期是根据术中观察的癌灶大小、深度、侵袭及转移情况来确定的，故答B而不是A。若为ⅣB期子宫颈癌，有远处转移，则不仅仅包括盆腔探查情况，故A不正确。

619. ABCDE 子宫颈癌的临床分期请牢记。①Ⅰ期是指肿瘤局限在子宫颈（扩展至宫体将被忽略）：ⅠA为镜下浸润癌，间质浸润深度<5mm，宽度≤7mm；ⅠA1间质浸润深度≤3mm，宽度≤7mm；ⅠA2间质浸润深度>3mm且<5mm，宽度≤7mm。ⅠB为肉眼可见癌灶局限于子宫颈，或镜下病灶>ⅠA：ⅠB1临床癌灶≤4cm；ⅠB2临床癌灶>4cm。②Ⅱ期是指肿瘤超越子宫，但未达骨盆壁或未达阴道下1/3：ⅡA肿瘤侵犯阴道上2/3，无宫旁浸润；ⅡA1临床癌灶≤4cm；ⅡA2临床癌灶>4cm；ⅡB有宫旁浸润，但未达盆壁。③Ⅲ期是指肿瘤已扩展到骨盆壁和（或）累及阴道下1/3和（或）引起肾盂积水或肾无功能：ⅢA为肿瘤累及阴道下1/3，没有扩展到骨盆壁；ⅢB为肿瘤扩展到骨盆壁，或引起肾盂积水或肾无功能。④Ⅳ期是指肿瘤超出真骨盆，或侵犯膀胱和（或）直肠：ⅣA肿瘤侵犯邻近的盆腔器官；ⅣB期远处转移。本题A为0期，B为ⅠA期，C为Ⅱ期，D为Ⅲ期，E为ⅣA期。

620. ABCDE A为ⅡA期，B为ⅡB期，C为ⅠB2期，D为Ⅲ期，E为ⅡB期。

621. ABCDE 本例为子宫颈癌，宫旁浸润，但阴道、宫体、盆腔未受累，应属于ⅡB期。

622. ABCDE 患者镜下子宫颈浸润癌应属于ⅠA期。间质浸润深度<3mm，宽度<7mm，应为ⅠA1期。

623. ABCDE ①阴道出血是子宫颈癌的主要症状，占80%～85%。早期多为接触性出血（B），晚期多为不规则阴道流血。年轻患者多为经期延长、经量增多。老年患者常为绝经后不规则阴道流血。②晚期子宫颈癌浸润膀胱时，可出现尿频尿急。③疼痛是晚期子宫颈癌的症状，癌肿沿宫旁组织延伸，侵犯骨盆壁，压迫坐骨神经，可引起下肢肿痛。④晚期癌组织坏死伴感染，可有大量米汤样恶臭白带。

624. ABCDE ①阴道出血是子宫颈癌的主要症状，早期多为接触性出血，老年患者多为绝经后不规则阴道流血。②多数患者有阴道排液，可为血性、水样、米泔状白带，有腥臭味。③子宫颈癌可以合并妊娠。

625. ABCDE 碘试验（Schiller试验）是将2%的碘溶液直接涂抹在子宫颈和阴道黏膜上，观察碘染色的情况。正常子宫颈阴道部鳞状上皮含丰富糖原，碘溶液涂染后呈棕色或深褐色。不染区说明该处上皮缺乏糖原，为阳性，可能为炎性或其他病变区。可见，本试验可用于识别病变的危险区域，在碘不染区取材活检，可提高子宫颈癌的诊断率，但对子宫颈癌的诊断无特异性（C错）。

626. ABCDE ①子宫颈刮片细胞学检查是目前普查子宫颈癌的主要方法（D），取材需在子宫颈转化区，鳞癌准确率可达90%～95%，腺癌可达50%～60%。②阴道镜检查一般用于子宫颈刮片细胞学检查巴氏Ⅲ级及Ⅲ级以上者。妇科三合诊检查是诊断子宫颈癌临床分期不可缺少的方法。子宫颈碘试验对子宫颈癌的诊断无特异性。子宫颈活组织检查为有创检查方法，不可能用于普查。

627. ABCDE 子宫颈刮片细胞学检查是目前普查子宫颈癌的主要方法（A）。

628. ABCDE ①子宫颈刮片细胞学检查是目前普查子宫颈癌的主要方法，诊断标准采取巴氏染色5级分类法。Ⅰ级为正常，Ⅱ级为炎症，Ⅲ级为可疑，Ⅳ级为高度可疑癌，Ⅴ级为典型癌细胞。Ⅲ级及Ⅲ级以上均应在阴道镜观察下选择可疑病变区行子宫颈活组织检查，以明确诊断（D）。②子宫颈碘试验对子宫颈癌的诊断无特异性。③子宫颈锥形切除+病检为有创检查，适用于子宫颈刮片多次阳性而子宫颈活检阴性者。

629. ABCDE 子宫颈癌患者临床病灶局限于子宫颈，无明显宫旁浸润，癌灶<4cm，应诊断为子宫颈癌ⅠB1期。其治疗首选广泛性子宫切除及盆腔淋巴结切除术，必要时行腹主动脉旁淋巴结取样（B）。

630. ABCDE ①目前对早期子宫颈癌的诊断常采用“三阶梯”检查：子宫颈细胞学检查和（或）高危型

HPV DNA 检测→阴道镜检查→子宫颈活组织检查。子宫颈细胞学检查常用于子宫颈癌的筛查。阴道镜检查可提高诊断的准确率。子宫颈及子宫颈管活体组织检查为子宫颈癌的确诊依据。②子宫颈碘试验常用于定位可疑病变部位。参阅 3 版 8 年制《妇产科学》P300。

631. ABCDE ①鉴别慢性子宫颈炎与子宫颈癌最准确的方法，当然是子宫颈及子宫颈管取活组织行病理检查。②子宫颈刮片细胞学检查对子宫颈鳞癌的准确率为 90%~95%，腺癌仅 50%~60%，故不答 A。子宫颈碘试验只能提示取材的部位，不能确诊子宫颈癌。阴道镜检查为肉眼直接观察，若不取材做病理检查，则无确诊价值，故不答 C。氮激光肿瘤固有荧光诊断法不是病理学检查，无确诊价值。

632. ABCDE ①中老年妇女，接触性出血，应首先考虑子宫颈癌，为明确诊断首选子宫颈和子宫颈管活检(B)。②子宫颈锥形切除术为有创检查，仅用于子宫颈涂片多次阳性而子宫颈活检阴性者。子宫颈刮片细胞学检查对子宫颈鳞癌的准确率为 90%~95%，腺癌仅 50%~60%，故不答 C。阴道镜检查为肉眼直接观察，若不取材做病理检查，则无确诊价值，故不答 D。子宫颈荧光检查不能确诊子宫颈癌，故不答 E。

633. ABCDE ①子宫颈锥切术主要用于子宫颈涂片多次阳性而子宫颈活检阴性者，切除组织作连续病理切片，以明确诊断(D)。②CT、MRI 为影像学检查方法，不能确诊子宫颈癌。子宫颈碘试验只能提示取材部位，不能确诊子宫颈癌。子宫颈刮片多次检查为阳性，若不做任何处理，将延误病情。

634. ABCDE ①子宫颈癌患者，已扩散至盆壁，应诊断为ⅢB 期。②子宫颈癌的治疗多采用以手术和放疗为主，化疗为辅的综合治疗方案。ⅢB 期子宫颈癌已失去手术根治机会，只能行放射治疗和(或)化疗，可不答 A、C、E。因放疗为主要治疗措施，故答 D 而不是 B。

635. ABCDE ①中年妇女，接触性出血，子宫颈有菜花状肿物，应首先考虑子宫颈癌。本例已累及阴道上2/3，盆腔无浸润，宫旁未提及受累，癌灶直径 4cm，应诊断为ⅡA1 期子宫颈癌。②ⅡA1 期子宫颈癌的治疗应选用广泛性子宫切除术+盆腔淋巴结切除术。放疗主要用于部分ⅠB2 期、ⅡA2 期、ⅡB~ⅣA 子宫颈癌，ⅡA1 期子宫颈癌无需放疗，故答案为 E。③子宫全切术是ⅠA1 期子宫颈癌的手术方式。子宫颈锥切术为子宫颈上皮内瘤变(CIN Ⅱ或 CIN Ⅲ)的手术方式。

636. ABCDE 637. ABCDE 638. ABCDE ①子宫颈癌肿瘤未超越子宫，应为Ⅰ期，故不答 E。ⅠA1 期诊断标准为间质浸润深度≤3mm、宽度≤7mm；ⅠA2 期为间质浸润深度>3mm 且<5mm、宽度≤7mm；ⅠB1 期为肉眼病灶≤4cm，或者镜下病灶>ⅠA 期；ⅠB2 期为肉眼病灶>4cm。根据此标准，本例应诊断为ⅠB1 期(镜下病灶>ⅠA 期)，故答 C。②ⅠB1 期子宫颈癌应行广泛性子宫切除术+盆腔淋巴结切除术(D)。改良广泛性子宫切除术+盆腔淋巴结切除术常用于治疗ⅠA2 期子宫颈癌。③子宫颈癌术后病理学检查示髂外淋巴结转移，应行放射治疗。化疗为子宫颈癌的辅助治疗，若与手术及放疗联合应用，可提高其治愈率，故答 A。参阅 2 版《实用妇产科学》P643。C、D、E 临床上少用。

639. ABCDE 640. ABCDE 641. ABCDE ①老年妇女，接触性出血，子宫颈肥大、糜烂、质脆，应考虑子宫颈癌，为明确诊断应首选子宫颈多点活检(E)。分段诊刮为确诊子宫内膜癌的首选检查。宫腔镜检查主要用于宫腔内膜病变的诊断。腹腔镜检查主要用于盆腹腔病变的诊断和治疗。子宫颈锥切术主要用于子宫颈刮片阳性而子宫颈活检阴性者。②非典型增生Ⅰ级是指异型细胞局限于上皮的下 1/3；Ⅱ级是指异型细胞累及上皮层的下 1/3~2/3；Ⅲ级是指增生的异型细胞超过上皮全层的2/3，但未累及上皮全层。子宫颈上皮内瘤变(CIN)=非典型增生+原位癌：CIN Ⅰ=Ⅰ级非典型增生；CIN Ⅱ=Ⅱ级非典型增生；CIN Ⅲ=Ⅲ级非典型增生+原位癌。本例异型细胞占子宫颈上皮全层2/3以上，应为非典型增生Ⅲ级，应诊断为 CIN_3(C)。慢性子宫颈炎多表现为子宫颈黏膜炎而不是异型上皮增生。子宫颈浸润癌是指癌细胞已突破基底膜。③CIN_3 的治疗首选子宫颈环形电切除术(LEEP)，对年龄较大、无生育要求的 CIN_3 也可行全子宫切除术(D)。

642. ABCDE 643. ABCDE 644. ABCDE 645. ABCDE ①中年妇女接触性出血，白带恶臭，子宫颈赘生物，应首先考虑子宫颈癌(C)。子宫颈息肉、子宫颈结核、子宫颈绒癌均不会出现接触性出血。子宫内膜异位症常表现为继发性痛经进行性加重。②为明确子宫颈癌的诊断,最可靠的检查方法是子宫颈活组织检查(E)。子宫颈刮片细胞学检查常用于子宫颈癌的筛查。碘试验常用于子宫颈取材部位的选择。阴道镜检查为肉眼直接观察,若不取材做病理检查,则无确诊价值。子宫颈荧光检查不能确诊子宫颈癌。③患者子宫颈癌局限于子宫颈,直径>4cm,无宫旁及阴道浸润,故应诊断为ⅠB2期(C)。④ⅠB2 期子宫颈癌的治疗首选广泛性子宫切除术+盆腔淋巴结清扫(E)。子宫颈锥切常用于 CIN2、CIN3 的治疗。放射治疗适用于ⅡB~Ⅳ期子宫颈癌的治疗。全子宫切除术主要用于ⅠA1 期子宫颈癌的治疗。次广泛性子宫切除术+盆腔淋巴结切除术常用于ⅠA2 期子宫颈癌的治疗。

646. ABCDE　647. ABCDE　648. ABCDE　①子宫颈癌间质浸润深度>5mm,应诊断为子宫颈癌ⅠB1 期。②ⅠB1期子宫颈癌的治疗首选广泛性子宫切除术+盆腔淋巴结清扫(D)。筋膜外全子宫切除术为ⅠA1期子宫颈癌的手术方式。B 为ⅠA2 期子宫颈癌的手术方式。子宫颈锥切术常用于 CIN2、CIN3 的治疗。③子宫颈癌的治疗以手术+放疗为主,化疗为辅,故不答 E。术后放疗指征:盆腔淋巴结阳性、子宫颈深肌层浸润、宫旁组织有浸润、脉管内有浸润等,本例无淋巴结转移及脉管浸润,无需术后放疗,故不答 B、C。术后化疗一般用于经病理证实有脉管内转移的病例,本例无脉管转移,故无需行术后化疗,故不答 D。参阅 2 版《实用妇产科学》P643。子宫颈癌治疗后复发 50%在 1 年内,75%~80%在 2 年内,故治疗后 2 年内应每 3 个月复查 1 次,3~5 年内每 6 个月复查 1 次,第 6 年开始每年复查 1 次。

649. ABCDE　650. ABCDE　①子宫肌瘤按肌瘤生长部位分为宫体肌瘤和子宫颈肌瘤,按肌瘤与子宫肌壁的关系分为肌壁间肌瘤、浆膜下肌瘤和黏膜下肌瘤。肌壁间肌瘤占所有肌瘤的 60%~70%,是临床上最常见的子宫肌瘤。浆膜下肌瘤占 20%,黏膜下肌瘤占 10%~20%。②黏膜下肌瘤向宫腔内生长,突出于宫腔,表面仅为黏膜层覆盖,可阻碍受精卵着床导致不孕症。浆膜下肌瘤、阔韧带肌瘤均向子宫腔外生长,不会影响受精卵着床。

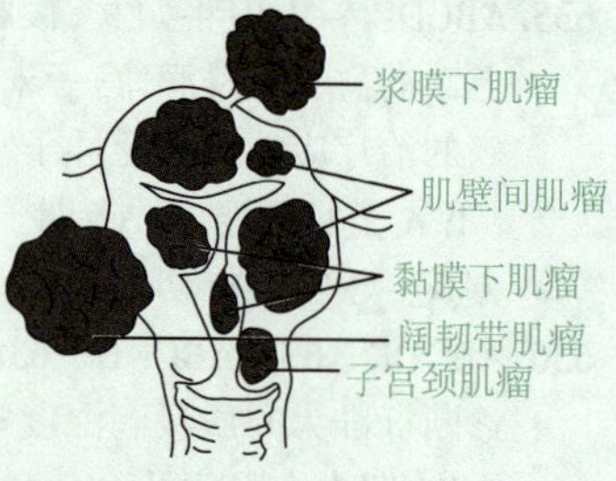

各型子宫肌瘤

651. ABCDE　子宫肌瘤失去原有的典型结构,称为肌瘤变性,包括玻璃样变(最常见)、囊性变、红色样变、肉瘤样变和钙化。

652. ABCDE　①A、B、C、D、E 都是子宫肌瘤常见的变性形式。其中,红色样变多见于妊娠期或产褥期,为肌瘤的一种特殊类型坏死,可能与肌瘤内小血管退行性变引起血栓及溶血、血红蛋白渗入肌瘤内有关。②玻璃样变为最常见的变性。肉瘤样变常见于年龄较大的妇女。钙化常见于绝经后妇女。

653. ABCDE　①患者子宫增大,应考虑子宫肌壁间肌瘤或黏膜下肌瘤。B 超示宫腔实性占位,说明病灶位于宫腔而不在子宫肌壁,故应诊断为子宫黏膜下肌瘤(E)。②子宫阔韧带肌瘤、浆膜下肌瘤均位于子宫外,故不答 A、B。子宫颈肌瘤位于子宫颈,而不在宫腔内,故不答 C。

654. ABCDE　①患子宫肌瘤红色样变多见于妊娠期或产褥期,常表现为剧烈腹痛,伴恶心呕吐,发热,白细胞计数增高,检查发现肌瘤迅速增大、压痛(C)。②其他子宫肌瘤变性不引起特殊临床表现。

655. ABCDE　①子宫肌瘤红色样变多见于妊娠期或产褥期,为肌瘤的特殊类型坏死。患者可有剧烈腹痛,恶心呕吐,发热,白细胞计数增高。本例应诊断为子宫肌瘤红色样变(E)。②子宫肌瘤囊性变不会出现剧烈腹痛。子宫肌壁间肌瘤不会出现蒂扭转。急性阑尾炎常表现为右下腹痛,但不会很剧烈,血常规多有白细胞显著升高。子宫肌瘤合并感染病情发展不会如此迅速,且不会出现剧烈腹痛。

656. ABCDE　①子宫肌瘤红色变性多见于妊娠期,常表现为剧烈腹痛,恶心呕吐,发热,白细胞计数增高,肌瘤增大、压痛。根据题干,本例应诊断为子宫肌瘤红色变性(C)。②子宫肌瘤发生感染少见。子宫肌瘤玻璃样变常见,是指肌瘤剖面漩涡状结构消失,由均匀透明样物质取代。肉瘤样变多见于绝经后子宫肌瘤,常有疼痛、出血。囊性变是指在玻璃样变基础上出现肌细胞坏死液化。

657. ABCDE　①子宫肌瘤红色样变多见于妊娠期或产褥期,常表现为剧烈腹痛,伴恶心呕吐,发热。根据题干,本例应诊断为子宫肌瘤红色样变(E)。②产褥感染常表现为发热、下腹疼痛、异常恶露三大症状，但本例阴道分泌物无异味，故不答 A。子宫肌瘤恶性变（肉瘤变）常见于年龄较大的妇女，多表现为肌瘤在短期内迅速增大，不规则阴道流血。子宫肌瘤玻璃样变、囊性变无特殊临床表现，常在切除标本送病理检查时发现。

658. ABCDE　子宫肌瘤患者的症状轻重与肌瘤部位、有无变性有关，而与肌瘤大小、数目关系不大。如黏膜下肌瘤即使体积很小，也可引起明显的临床表现，即经量增多、经期延长；而多个浆膜下肌瘤未必有临床症状。由于并不是每例子宫肌瘤均发生变性，因此最佳答案为 C 而不是 E。

659. ABCDE　①子宫肌瘤按肌瘤与子宫肌壁的关系分为肌壁间肌瘤、浆膜下肌瘤、黏膜下肌瘤三类。黏膜下肌瘤常表现为经量增多、经期延长。浆膜下肌瘤及肌壁间小肌瘤常无明显月经改变。较大的肌壁间肌瘤可使宫腔及内膜面积增大，宫缩不良。可见子宫肌瘤引起月经量增多最主要的因素是肌瘤与肌层的关系（B）。②子宫肌瘤的症状与肌瘤大小、数目、生长速度、发生年龄等关系不大。

660. ABCDE　①经量增多、经期延长是子宫肌瘤最常见的症状，多见于子宫黏膜下肌瘤、肌壁间肌瘤。②患者 B 超示宫腔内低回声团块，说明病灶位于宫腔而不在子宫肌壁，应诊断为子宫黏膜下肌瘤而不是肌壁间肌瘤，故应在宫腔镜下切除肌瘤。③口服避孕药常用于治疗子宫内膜异位症。雌激素可促进子宫肌瘤的生长，禁用。子宫切除术常用于不要求保留生育功能者。子宫肌瘤使用止血药物无效。

661. ABCDE　①青年女性，月经量增多、经期延长，不规则阴道流血，B 超示子宫肌瘤，应诊断为子宫肌瘤。②药物治疗适用于症状较轻的近绝经期患者，故不答 A、C。③患者尚未生育，只能通过对子宫损伤最小的方法切除肌瘤。因肌瘤完全凸向宫腔，故首选宫腔镜肌瘤切除术。④开腹行肌瘤切除术对子宫损伤较大，不宜采用。射频消融术主要适用于不能耐受手术、不愿手术者，为非主流治疗方法。

662. ABCDE　①中年妇女，月经量增多，子宫增大，形态不规则，质硬，应诊断为子宫肌瘤（C）。②子宫内膜癌常表现为围绝经期妇女月经紊乱或绝经后阴道不规则出血。早期妊娠常表现为停经，而不是月经量增多。子宫腺肌病常表现为继发性痛经进行性加重，经量增多，经期延长，子宫均匀性增大，形态规则。急性子宫内膜炎常表现为寒战高热，下腹痛，恶露异常。

663. ABCDE　①子宫肌瘤多无明显症状，仅在体检时偶然发现。月经改变为最常见的症状，约半数患者可有经量增多、经期延长。长期经量增多可致继发性贫血。小的肌瘤在腹部摸不到肿块，当肌瘤增大超过 3 个月妊娠大时可从腹部扪及肿块。②无症状的子宫肌瘤一般不需手术，特别是近绝经期妇女，因为绝经后肌瘤可萎缩或逐渐消失。有膀胱、直肠压迫症状的肌瘤常需手术治疗（E 错）。

664. ABCDE　子宫肌瘤是激素依赖性肿瘤，雌激素、孕激素均可促进肌瘤生长，雄激素能对抗雌激素的作用，抑制肌瘤生长。治疗时可给予丙酸睾酮 25mg，肌内注射，每 5 天 1 次，共 4 次，经期每天 1 次，共 3 次，每月总量不超过 300mg，共 3～6 个月。参阅 3 版《实用妇产科学》P549。

665. ABCDE　①黏膜下肌瘤，月经量增多，可导致失血性贫血，需手术治疗，故不答 A。子宫肌瘤体积较大，引起膀胱、直肠压迫症状，需手术治疗，故不答 B、E。肌瘤短期内增长较快，应疑有恶变，需手术治疗，故不答 D。②多发性肌瘤，无症状，不是子宫肌瘤的手术指征。

666. ABCDE　①患者头晕、心悸，血红蛋白 80g/L，应诊断为中度贫血。贫血病因为月经过多。子宫肌瘤合并继发性贫血，应手术治疗。患者年龄 45 岁，无需保留生育功能，故可行子宫切除术。②随访观察常用于无症状的子宫肌瘤。子宫肌瘤不宜使用宫缩剂、止血剂，因疗效不佳。雄激素现已少用，故不答 C。肌瘤摘除术常用于年轻妇女要求保留生育能力者，故不答 D。

667. ABCDE　①患者血红蛋白 80g/L，应诊断为中度贫血。子宫肌瘤合并继发性贫血，应手术治疗。因要求保留生育能力，故只能先行肌瘤切除术，待恢复后再考虑妊娠，不能行子宫切除术（A）。②患者子宫肌瘤较大，直径达 8cm，可使子宫变性或内膜供血不足引起流产，故不答 B。药物治疗可使肌瘤缩小，症状减轻，但停药后易复发，且所用药物常影响妊娠，故不答 E。

668. ABCDE　妊娠期和产褥期子宫肌瘤易发生红色样变，采用保守治疗通常能缓解，无效者才行手术治疗。

669. ABCDE　①内源性或外源性雌激素对子宫内膜的长期刺激，可导致子宫内膜增生症，在此基础上可发生子宫内膜癌(A)。②性激素水平的紊乱(雌激素过高而孕激素缺乏)可导致子宫内膜增生症,而不是子宫内膜增生症导致性激素水平紊乱。子宫内膜增生症虽可导致异常子宫出血、不孕、流产,但与癌变相比,危害并不是最大,故最佳答案为 A 而不是 C、D、E。

670. ABCDE 子宫内膜癌的病因如下。①不孕和无排卵性异常子宫出血:15%~20%的子宫内膜癌患者有不孕不育史,这些患者常有月经失调,长期无排卵,导致孕激素缺乏,使子宫内膜受到雌激素的持续性刺激而发病。②肥胖:超过标准体重 9.5~22.7kg 者,子宫内膜癌的发生率较正常体重妇女高 3 倍;超过标准体重 22.7kg 以上者,发生子宫内膜癌的相对危险性增加 10 倍。参阅 2 版《实用妇产科学》P664。③糖尿病:子宫内膜癌患者糖尿病的发生率为 4.3%。卵巢早衰将导致雌激素分泌减少,子宫内膜不易增生,子宫内膜癌发生率降低(B)。

671. ABCDE 子宫内膜癌分为内膜样腺癌(占 80%~90%)、腺癌伴鳞状上皮分化(包括腺鳞癌)、浆液性腺癌(占 1%~9%)、透明细胞癌(约 5%)等。子宫内膜为腺上皮,故鳞癌、腺鳞癌少见,故不答 D、E。

672. ABCDE ①子宫内膜癌最常见的病理类型是内膜样癌,占 80%~90%。透明细胞癌仅占 5%。②肿瘤侵及直肠黏膜时,分期为ⅣA 期。③子宫内膜癌分为两种类型:Ⅰ型是雌激素依赖型,肿瘤分化较好,预后好;Ⅱ型为非雌激素依赖型,肿瘤分化差,恶性程度高,预后不良(C 对)。④早期子宫内膜癌首选手术治疗,而不是放射治疗。⑤子宫内膜癌的转移途径包括直接蔓延、淋巴转移、血行转移,其中以淋巴转移最常见。

673. ABCDE 子宫内膜癌 FIGO(2009)分期几乎每年必考,应牢记。

分期	肿瘤范围
Ⅰ期	肿瘤局限于子宫体——ⅠA:肿瘤浸润深度<1/2 肌层;ⅠB:肿瘤浸润深度≥1/2 肌层
Ⅱ期	肿瘤侵犯宫颈间质,但无宫体外蔓延——ⅡA:仅宫颈黏膜腺体受累;ⅡB:宫颈间质浸润
Ⅲ期	肿瘤局部和(或)区域扩散 ⅢA:肿瘤累及浆膜层和(或)附件 ⅢB:阴道和(或)宫旁受累 ⅢC:盆腔淋巴结和(或)腹主动脉旁淋巴结转移
Ⅳ期	肿瘤侵及膀胱和(或)直肠黏膜,和(或)远处转移 ⅣA 期:肿瘤侵及膀胱和(或)直肠黏膜 ⅣB 期:远处转移,包括腹腔内和(或)腹股沟淋巴结转移

A 为ⅠB 期,B 为ⅡA 期,C 为ⅡB 期,D 为ⅢA 期,E 为ⅢB 或ⅢC 期。

674. ABCDE A 为ⅠB 期,B 为ⅡA 期,C 为ⅡB 期,D 为ⅢA 期,E 为ⅢB 期。

675. ABCDE A 为ⅡB 期,B 为ⅡA 期,C 为ⅠB 期,D 为ⅢA 期,E 为ⅢB 期。

676. ABCDE 子宫内膜癌已累及宫颈间质,应为ⅡB 期。

677. ABCDE ①绝经后阴道不规则流血为子宫内膜癌最常见的症状,约 80%的患者出现的第一个症状为阴道流血(C)。②晚期当癌肿累及宫颈内口,可引起宫腔积脓,出现下腹疼痛。低热为恶性肿瘤常见的晚期症状。晚期子宫内膜癌若合并感染,阴道可有大量脓血性分泌物,恶臭。

678. ABCDE ①绝经期老年妇女阴道少量出血,首先应考虑子宫内膜癌(B)。②输卵管癌常表现为阴道排液、腹痛及盆腔肿块"三联征"。子宫颈癌常表现为接触性出血。子宫内膜炎常表现为阴道大量脓性分泌物,且有臭味。萎缩性阴道炎主要表现为阴道分泌物增多及外阴瘙痒、灼热感。

679. ABCDE ①子宫内膜癌最常用最有价值的诊断方法是分段诊刮(D)。分段诊刮即先刮宫颈管,再刮宫腔,将刮出的组织分别送病理检查,故可鉴别子宫内膜癌和宫颈管腺癌。分段诊刮的准确率为 80%~95%。②宫颈刮片细胞学检查诊断子宫内膜癌的阳性率约为 50%,B 超检查的准确率约为

83%,两者常用于子宫内膜癌的筛查。子宫镜检查常用于分段诊刮阴性,但临床上高度怀疑子宫内膜癌的患者。盆腔淋巴造影常用于了解盆腔及主动脉旁淋巴结有无转移。

680. ABCDE　①患者体重指数(BMI)为 28kg/m^2,说明体型肥胖。高血压、糖尿病、肥胖均属于子宫内膜癌的高危因素。绝经期妇女出现不规则阴道流血,应考虑子宫内膜癌。患者 B 超示宫腔内占位病变,血流丰富,可检测到极低阻力型动脉血流频谱,阻力指数<0.40,应诊断为子宫内膜癌。子宫腺肌病 B 超不易显示丰富的血流信号,阻力指数常>0.50。子宫肌瘤 B 超难以显示肌瘤内部血流信号,阻力指数约为 0.50。葡萄胎 B 超示落雪征。参阅人民卫生出版社《医学超声影像学》P269。②子宫内膜癌首选手术治疗。

681. ABCDE　①绝经后妇女,不规则阴道出血,B 超示子宫内膜增厚(绝经期正常值<4mm),应首先考虑子宫内膜癌。为明确诊断,最有价值的检查是分段诊断性刮宫(B)。②患者阴道出血不是凝血异常所致,故不答 A。血常规检查无特异性,故不答 C。尿妊娠试验常用于诊断早期妊娠,故不答 D。宫颈细胞学检查常用于诊断宫颈癌,故不答 E。

682. ABCDE　683. ABCDE　684. ABCDE　①绝经期妇女阴道不规则流血,首先应考虑子宫内膜癌。患者宫颈光滑,故不答 A。子宫内膜炎常表现为阴道大量脓性分泌物,且有臭味。子宫息肉多位于宫颈,位于子宫内膜者少见。萎缩性阴道炎常表现为阴道分泌物增多及外阴瘙痒、灼热感。②近年来,经阴道 B 超已成为子宫内膜癌的首选筛查方法(A)。绝经后子宫内膜厚度平均(3.4±1.2)mm,子宫内膜癌平均为(18.2±6.2)mm。子宫内膜癌病变位于子宫内膜,阴道镜、阴道涂片、腹腔镜检查、后穹隆穿刺检查对本病的诊断价值均不大。③确诊子宫内膜癌,最佳检查方法是子宫分段诊刮(E)。宫腔涂片细胞学检查只能作为筛查。宫颈管细胞学检查、宫颈活检常用于诊断宫颈癌。宫腔镜检查常用于分段诊刮阴性,但临床上高度怀疑子宫内膜癌的患者。

685. ABCDE　①绝经后患者,不规则阴道出血,子宫内膜增厚,子宫内膜见不均质回声光团,有丰富血流信号,应诊断为子宫内膜癌(D)。②子宫内膜炎常表现为寒战高热,下腹痛,阴道脓性分泌物,子宫触痛。黏膜下子宫肌瘤 B 超表现为内膜下肌层见低回声结节,突向宫腔。子宫内膜息肉 B 超表现为宫腔内不均匀增强回声团,呈水滴状。子宫肉瘤 B 超表现为宫腔内实性结节,为不均质低回声。

686. ABCDE　①围绝经期妇女,不规则阴道流血,应考虑子宫内膜癌。为明确诊断,首选子宫内膜分段诊刮+病理检查(D)。②B 超、MRI 均为影像学检查,不能确诊子宫内膜癌。阴道镜检查常用于宫颈癌的诊断。液基细胞学技术(Thinprep cytologic tset,TCT)常用于宫颈癌的筛查。

687. ABCDE　①手术是子宫内膜癌的主要治疗方法。Ⅱ期子宫内膜癌已累及宫颈,故应行广泛性子宫切除+双侧附件切除+盆腔及腹主动脉旁淋巴结清扫。②腹水中有癌细胞属于子宫内膜癌ⅢA 期,应行肿瘤细胞减灭手术,术后是否加用放疗目前尚无定论。③子宫内膜癌局限于内膜为ⅠA 期,有浅肌层浸润为ⅠB 期,有深肌层浸润为ⅠC 期。ⅠA、ⅠB 期术后无需放射治疗(D 错)。ⅠC 期需放射治疗。④子宫内膜癌合并严重并发症不能耐受手术者,可行单纯放疗。

688. ABCDE　①子宫内膜样低分化腺癌(G3)腺体高度异常增生,恶性程度高,术后需辅以放射治疗,可降低局部复发,改善无瘤生存期。子宫内膜癌术后放射治疗的指征为:伴有高危因素的Ⅰ期(深肌层浸润、G3)、Ⅱ期、ⅢC 期患者。根据题干,本例术后首选放射治疗(C)。②A、D 为术后一般性处理。子宫内膜癌很少行生物治疗。内分泌(孕激素)治疗主要用于保留生育功能的早期患者。

689. ABCDE　①早期子宫内膜癌首选手术治疗,Ⅰ期患者应行筋膜外全子宫切除+双侧附件切除术。②化疗和内分泌治疗均为晚期或复发子宫内膜癌的综合治疗措施,故Ⅰ期患者无需化疗及内分泌治疗。ⅠA、ⅠB 期无需术后放疗,ⅠC 期需术后放射治疗。免疫治疗为一般性治疗。

690. ABCDE　①Ⅰ期子宫内膜癌的标准术式为筋膜外全子宫切除+双侧附件切除术,因淋巴结转移率低于 2%,一般无需行盆腔淋巴结清扫,故答 D。②Ⅰ期 G1、不能接受手术治疗的子宫内膜癌,可行单纯宫腔内放射治疗,其他各期均应采用腔内腔外联合治疗。全子宫切除术常用于治疗子宫肌瘤。Ⅱ

子宫内膜癌应行改良广泛性子宫切除+双侧附件切除+盆腔淋巴结清扫术。

691. ABCDE ①绝经期妇女阴道流血，分段诊刮示宫腔内膜为腺癌，应诊断为子宫内膜癌。患者宫颈刮出物病理结果为腺癌，说明肿瘤已侵犯宫颈，应诊断为子宫内膜癌Ⅱ期。Ⅱ期子宫内膜癌应行改良广泛性子宫切除+双侧附件切除术，同时行盆腔淋巴结切除及腹主动脉旁淋巴结取样术（E）。②Ⅰ期患者应行筋膜外全子宫切除+双侧附件切除术。Ⅲ期和Ⅳ期患者应行肿瘤细胞减灭手术。

692. ABCDE 693. ABCDE 694. ABCDE ①绝经期妇女不规则阴道流血，B超示子宫内膜不规则增厚，应诊断为子宫内膜癌。为明确诊断，最常用的方法是子宫分段诊刮（C）。宫颈活检常用于诊断宫颈癌。本病病变主要在子宫内膜，故阴道镜、腹腔镜检查对其诊断价值不大。目前尚未发现子宫内膜癌具有诊断价值的血清肿瘤标志物，故不答E。②本例应诊断为子宫内膜癌（B）。黏膜下肌瘤常表现为月经过多、经期延长，但不会有子宫内膜增厚。宫颈癌常表现为接触性出血。子宫肉瘤常表现为阴道不规则流血、腹痛、腹部包块。子宫息肉多位于宫颈，位于子宫内膜者少见。③早期子宫内膜癌首选手术治疗（A）。化学治疗为晚期子宫内膜癌的综合治疗措施。放射治疗是子宫内膜癌的有效治疗方法，但不是首选方法。子宫内膜癌无需行抗炎治疗。中医药治疗为辅助治疗措施。

695. ABCDE 696. ABCDE 697. ABCDE ①绝经后妇女不规则阴道流血，首先应考虑子宫内膜癌（C）。子宫内膜增生过度主要表现为子宫不规则出血，但绝经后增生少见。子宫息肉多位于宫颈，子宫内膜息肉少见。子宫颈癌常表现为接触性出血。子宫黏膜下肌瘤好发于30~50岁，常表现为月经量多、经期延长而周期正常。②确诊子宫内膜癌最有价值的方法是子宫内膜分段诊刮，刮出物送病理检查（C）。B超检查常用于子宫内膜癌的筛查。本病病灶在子宫内膜，故阴道镜检查、后穹隆穿刺检查对其诊断价值不大。碘试验常用于定位宫颈癌活检取材的部位。③Ⅰ期子宫内膜癌首选筋膜外全子宫切除+双附件切除术（E）。刮宫常用于异常子宫出血的治疗。宫颈锥形切除常用于 CIN_3 的治疗。鉴于子宫内膜癌的发病与雌激素有关，且卵巢转移率高达5%~12%，故原则上应同时切除两侧附件（包括卵巢），故不答C。放射治疗是子宫内膜癌的辅助治疗措施。

698. ABCDE ①研究表明，早期子宫内膜癌使用孕激素辅助治疗无明显效果、不能预防复发、也不能提高5年生存率，但不良反应常见且严重，故目前认为早期子宫内膜癌不宜使用孕激素治疗。②孕激素在子宫内膜癌主要用于治疗晚期、复发及不能手术的病例，也可试用于早期、要求保留生育功能的患者。参阅《中华妇产科学》P629。

699. ABCDE 卵巢上皮性肿瘤是最常见的卵巢肿瘤，占原发性卵巢肿瘤的50%~70%，占卵巢恶性肿瘤的85%~90%。

700. ABCDE ①卵巢肿瘤最常见的并发症是蒂扭转，发生率约为10%（E）。②破裂发生率约为3%，恶变极少见，感染较少见，瘤体内出血不属于并发症。

701. ABCDE ①蒂扭转是卵巢肿瘤最常见的并发症，好发于瘤蒂较长、中等大、活动度良好、重心偏于一侧的肿瘤，如成熟畸胎瘤（即皮样囊肿），故答A。常在体位突然改变、妊娠期、产褥期，子宫大小、位置改变时发生蒂扭转。②B、C、D、E虽然也可发生蒂扭转，但不常见。

702. ABCDE 晚期卵巢癌常表现为腹胀、腹部肿块、腹腔积液等，部分患者可有消瘦、贫血等恶病质表现。

703. ABCDE ①青年女性，无腹腔内出血，无失血性休克表现，故不答A。患者未婚，月经规律，无停经史，可排除妊娠，故不答B。患者无转移性右下腹痛病史，故不答C。子宫肌瘤多为实性肿瘤，而不是囊性包块，故不答E。②青年女性，突发下腹疼痛，右侧附件区扪及一巨大囊性包块，应诊断为卵巢囊肿蒂扭转（D）。

704. ABCDE ①卵巢囊肿患者突发右下腹疼痛，扪及右下腹包块，压痛明显，应诊断为卵巢囊肿蒂扭转。首选治疗是急症剖腹探查（E）。②继续观察等待，将会使卵巢囊肿坏死，造成严重盆腹腔感染。盆腔磁共振成像、急查血清CA125及甲胎蛋白均为诊断措施，而不是治疗方法，故不答B、D。卵巢囊肿不是感染性疾病，早期无需使用抗生素，故不答C。

705. ABCDE　①血清甲胎蛋白(AFP)增高对卵黄囊瘤有特异性诊断价值,在所给5个选项中,只有卵黄囊瘤血清AFP可明显增高,故答案为C。②支持-间质细胞瘤可分泌雄激素,颗粒细胞瘤可分泌雌激素,卵巢上皮性癌可有CA125增高。

706. ABCDE　707. ABCDE　708. ABCDE　①老年妇女,腹胀,腹水征,左侧附件巨大囊实性包块,应考虑卵巢肿瘤。腹腔镜检查可取活检行术中快速切片,有助于鉴别卵巢良、恶性肿瘤。腹水查癌细胞可确定卵巢肿瘤的性质。血肿瘤标志物(如CA125、AFP)检测分别有助于诊断卵巢上皮性癌、卵黄囊瘤等。盆腔B超检查有助于了解肿瘤大小、部位、形态等。消化道内镜检查对卵巢肿瘤的诊断价值不大。②血清癌抗原125(CA125)正常值<25U/ml,卵巢上皮性癌患者CA125多明显升高。本例血清CA125为1260U/ml,应首先考虑卵巢上皮性癌。③卵巢上皮性癌对化疗较敏感,即使已有广泛转移也能取得一定疗效,因此手术后应首选化学治疗。内分泌治疗是乳腺癌的术后辅助治疗。卵巢上皮性癌无需抗结核治疗。放射治疗对卵巢肿瘤价值有限。生物治疗尚未广泛应用于临床。

709. ABCDE　710. ABCDE　①卵巢内胚窦瘤(卵黄囊瘤)绝大多数能分泌甲胎蛋白(AFP),血清AFP升高对卵巢内胚窦瘤有特异性诊断价值(D)。②癌抗原125(CA125)是一种糖蛋白性肿瘤相关抗原。胚胎发育期的体腔上皮可找到此抗原,但在正常卵巢组织中不存在。约80%的卵巢上皮性癌(尤其是浆液性腺癌)患者血清CA125升高,但黏液性卵巢癌不存在CA125,故卵巢浆液性囊腺癌最常用的肿瘤标记物是血清CA125(C)。③血清hCG增高常见于滋养细胞肿瘤和早孕。血清雌激素增高常见于颗粒细胞瘤和卵泡膜细胞瘤。血清雄激素增高常见于支持-间质细胞瘤。

711. ABCDE　①卵巢恶性肿瘤的治疗原则是手术为主,辅以化疗、放疗等综合治疗。晚期卵巢癌应行肿瘤细胞减灭术,手术目的是切除所有原发灶,尽可能切除所有转移灶,使残余肿瘤直径越小越好。卵巢癌对化疗较敏感,即使已有广泛转移也能取得一定疗效,但卵巢癌对放疗不敏感,故晚期卵巢癌的治疗首选肿瘤细胞减灭术+化学治疗(E)。②肿瘤切除术为卵巢良性肿瘤的治疗方法。激素治疗为子宫肌瘤、子宫内膜癌的治疗方法。

712. ABCDE　713. ABCDE　①患者消瘦乏力,为晚期肿瘤恶病质的表现。妇科检查子宫正常,于子宫右侧发现巨大包块,应考虑为卵巢肿瘤。后穹隆扪及质硬结节,为卵巢癌盆腔转移所致。腹部移动性浊音阳性为卵巢癌腹腔转移所致,故本例应诊断为卵巢癌盆腹腔转移(D)。盆腹腔结核常表现为低热盗汗等结核中毒症状,可有腹胀、腹水,但不会扪及右侧附件区巨大肿块。子宫内膜异位症的典型表现为继发性痛经、进行性加重,无盆腔巨大肿块。慢性盆腔炎常表现为下腹痛、阴道脓性分泌物增多、宫颈举痛等。晚期胃癌的原发灶在胃内,可发生卵巢转移形成Krukenberg瘤,但卵巢转移灶一般为双侧,且较原发灶小。②癌抗原125(CA125)是卵巢上皮性癌的首选辅助检查项目,约80%的患者血清CA125升高(C)。胸部X线片、血雌激素水平检测对卵巢癌的诊断价值不大。胃镜主要用于胃癌、消化性溃疡的诊断。旧结核菌素试验主要用于结核病的诊断。

714. ABCDE　715. ABCDE　716. ABCDE　①畸胎瘤分为成熟畸胎瘤和未成熟畸胎瘤,前者为良性肿瘤,后者为恶性肿瘤。对于未成熟畸胎瘤,若患者年轻并希望保留生育能力,手术原则是无论期别早晚,只要对侧卵巢和子宫未被肿瘤浸润,在进行全面手术分期的基础上,均可行保留生育功能的保守性手术,手术范围包括患侧附件切除+对侧附件活检+大网膜、腹膜、腹膜后淋巴结活检。本例年仅20岁,未婚,希望保留生育能力,切除双侧附件和(或)子宫将失去生育能力,故答B而不是C、E。阑尾切除与题干所述无关,故不选D。②ⅠA期卵巢癌是指肿瘤局限于一侧卵巢,包膜完整,卵巢表面无肿瘤,腹腔冲洗液未见癌细胞。未成熟畸胎瘤分为3级:Ⅰ级分化良好;Ⅱ级中等分化;Ⅲ级低分化。恶性生殖细胞肿瘤的化疗原则是:Ⅰ期无性细胞瘤、Ⅰ期分化Ⅰ级的未成熟畸胎瘤无需化疗,其他患者均需化疗。本例为ⅠA期、Ⅱ级未成熟畸胎瘤,术后仍需化疗(C)。未成熟畸胎瘤对放疗不敏感,故不答B、E。卵巢肿瘤不采用内分泌治疗,故不答D。③恶性生殖细胞肿瘤的化疗首选BEP方案,即博来霉素+依托泊苷+顺铂(E)。

717. ABCDE　718. ABCDE　719. ABCDE　①癌抗原 125(CA125)是一种糖蛋白性肿瘤相关抗原,存在于上皮性卵巢癌组织、子宫、输卵管、宫颈内膜等,其正常值<25U/ml,卵巢上皮癌 CA125 多明显升高。本例血清 CA125 为 3865U/ml,应首先考虑卵巢上皮癌。卵巢转移性肿瘤常由胃印戒细胞癌转移而来,血清 CEA 常升高,但本例正常,故不答 A。子宫内膜异位症常表现为痛经进行性加重,一侧或两侧附件常可扪及囊性包块(卵巢异位囊肿),可有血清 CA125 轻度增高。盆腔炎性包块常表现为高热,盆腔可扪及触痛性包块。盆腔结核常表现为低热,盗汗,不会有血清 CA125 升高。②为明确卵巢上皮癌的诊断,应首选盆腔 B 超检查。宫腔镜、胃肠镜、结核菌素试验、宫颈分泌物培养对卵巢上皮癌并无诊断价值。③卵巢上皮癌术后应给予化学药物治疗。A、B、C、E 均不适合本病的治疗。

720. ABCDE　①患者肿物呈多房性,故不答 C,因为皮样囊肿多为单房性肿瘤。患者为囊性肿物,故不答 D、E,因为卵泡膜细胞瘤、透明细胞癌均为实性肿瘤。②浆液性囊腺瘤、黏液性囊腺瘤均可为单侧多房性囊性肿瘤,但前者大小不等,很少能达 50cm,后者常体积巨大,可达数十厘米,故答 B。

721. ABCDE　卵巢上皮癌常用的化疗方案为:①TC 方案=紫杉醇(T)+卡铂(C);②PC 方案=顺铂(P)+环磷酰胺(C);③TP 方案=紫杉醇(T)+顺铂(P)。

722. ABCDE　卵巢上皮性肿瘤来源于卵巢表面的生发上皮,生发上皮来自原始体腔上皮,具有分化为各种苗勒上皮的潜能:向输卵管上皮分化,形成浆液性肿瘤;向宫颈黏膜分化,形成黏液性肿瘤;向子宫内膜分化,形成子宫内膜样肿瘤。

723. ABCDE　①卵巢上皮性肿瘤包括浆液性囊腺瘤、黏液性囊腺瘤、子宫内膜样肿瘤、透明细胞癌、Brenner 瘤、未分化癌等。②颗粒细胞瘤属于卵巢性索间质肿瘤(D)。

724. ABCDE　725. ABCDE　①卵巢畸胎瘤属于卵巢生殖细胞肿瘤(B),包括成熟畸胎瘤和未成熟畸胎瘤。②卵巢颗粒细胞肿瘤属于卵巢性索间质肿瘤(C)。

726. ABCDE　①前庭大腺囊肿系分泌物积聚于腺腔而形成,宫颈腺囊肿是腺体分泌物引流受阻形成的囊肿,两者均不属于肿瘤。②子宫内膜异位症时卵巢内的异位内膜可因反复出血而形成单个或多个囊肿,称为卵巢巧克力囊肿,也不是肿瘤。③输卵管炎症波及卵巢时,液体渗出可形成输卵管卵巢囊肿,故不答 D。④卵巢皮样囊肿也称成熟畸胎瘤,属于良性肿瘤(E)。

727. ABCDE　①畸胎瘤常含由外胚层、中胚层、内胚层结构组成,偶可向单一胚层分化,形成高度特异性畸胎瘤,如卵巢甲状腺肿,可分泌大量甲状腺激素,引起甲状腺功能亢进症(D)。②颗粒细胞瘤常分泌雌激素,导致子宫内膜增生。无性细胞瘤常合并难以纠正的高钙血症,参阅 2 版《实用妇产科学》P700。卵泡膜细胞瘤常合并子宫内膜增生。纤维瘤常合并胸腹水,称为 Meigs 综合征。

728. ABCDE　729. ABCDE　730. ABCDE　①卵巢未成熟畸胎瘤属恶性肿瘤,有复发转移的潜能,这种潜能与所含神经上皮的数量和未成熟程度直接相关。约 1/3 可在短期内自发由未成熟组织向成熟转化,即恶性程度逆转现象(B)。②癌抗原 125(CA125)是一种糖蛋白性肿瘤相关抗原,约 80%的卵巢浆液性囊腺癌患者血清 CA125 升高,具有诊断价值(D)。③卵巢皮样囊肿也称卵巢成熟畸胎瘤,占卵巢肿瘤的 10%~20%,是最常见的卵巢良性肿瘤(E)。④hCG 升高常见于滋养层细胞肿瘤。具有男性化作用的卵巢肿瘤是支持细胞-间质细胞瘤。

731. ABCDE　①无性细胞瘤为中等恶性的实性肿瘤,对放射治疗高度敏感,但放疗常造成患者生育功能的丧失(E)。②浆液性囊腺瘤、黏液性囊腺瘤、未成熟畸胎瘤对放疗不敏感,通常采用手术治疗,可辅以化疗。注意比较:内胚窦瘤(卵黄囊瘤)是对化疗最敏感的卵巢恶性肿瘤。

732. ABCDE　①内胚窦瘤(卵黄囊瘤)起源于胚外结构的卵黄囊,恶性程度高,生长迅速,易早期转移,预后差。②浆液性囊腺瘤、黏液性囊腺瘤、皮样囊肿(成熟畸胎瘤)、纤维瘤均为良性肿瘤。

733. ABCDE　①内胚窦瘤常见于儿童及年轻妇女,发病中位年龄为 16~18 岁(B)。②黏液性囊腺瘤、浆液性囊腺瘤多见于中老年妇女。纤维瘤多见于中年妇女。颗粒细胞瘤分为成人型和幼年型,前者好发于 45~55 岁,后者好发于青少年。

734. ABCDE ①畸胎瘤起源于多个胚层，有时腔内充满油脂和毛发，有时可见牙齿或骨质。②内胚窦瘤能产生甲胎蛋白。卵泡膜细胞瘤、颗粒细胞瘤能分泌雌激素。纤维瘤常伴胸腔积液或腹腔积液。

735. ABCDE ①卵巢内胚窦瘤(卵黄囊瘤)起源于胚外结构的卵黄囊，瘤细胞可产生甲胎蛋白(AFP)，因此患者血清中 AFP 浓度可显著增高，为其特异性肿瘤标志物(A)。②癌抗原 125(CA125)是卵巢浆液性腺癌的肿瘤标志物。hCG 常用于诊断早期妊娠。血清前列腺特异性抗原(PSA)常用于诊断前列腺癌。癌抗原 199(CA199)常用于诊断胰腺癌。

736. ABCDE ①盆腔 B 超提示子宫旁巨大肿物，应考虑卵巢肿瘤。患者血清甲胎蛋白(AFP)显著升高，应诊断为卵巢内胚窦瘤。AFP 正常值<25μg/L。②A、C、D、E 均不会出现血清 AFP 显著增高。

737. ABCDE ①颗粒细胞瘤属于低度恶性的卵巢性索间质细胞肿瘤(A)。②卵泡膜细胞瘤、间质细胞瘤均属于良性肿瘤，颗粒-卵泡膜细胞瘤为交界性肿瘤，无性细胞瘤属于中度恶性的卵巢生殖细胞肿瘤。

738. ABCDE ①颗粒细胞瘤属于卵巢性索-间质细胞肿瘤(B)。②胚胎癌、畸胎瘤、卵巢甲状腺肿(即高度特异性畸胎瘤)均属于生殖细胞肿瘤，绒毛膜癌属于滋养层细胞肿瘤。

739. ABCDE 颗粒细胞瘤能分泌雌激素，故有女性化作用(B)。A、C、D、E 均不能分泌雌激素。

740. ABCDE ①胃腺癌可种植转移至双侧卵巢，称为库肯勃瘤。中年女性，3 年前行胃癌根治，现发现双侧附件区椭圆形包块，最可能的诊断是库肯勃瘤(E)。②卵巢无性细胞瘤好发于青春期、生育期妇女，常为单侧卵巢肿瘤，实性，触之橡皮样。卵巢畸胎瘤好发于青年女性，多为单侧肿瘤，中等大小，质硬。卵巢上皮性癌常表现为卵巢肿块，血清 CA125 升高。卵巢纤维瘤多见于中年妇女，单侧居多，常伴腹水、胸水。

741. ABCDE ①颗粒细胞瘤能分泌雌激素，引起子宫内膜增生，表现为月经紊乱，青春期前性早熟等。②A、B、D、E 均不会分泌雌激素或孕激素，故不会导致子宫内膜增生。

742. ABCDE ①卵泡膜细胞瘤能分泌雌激素，可使子宫内膜增生，具有女性化作用，常与颗粒细胞瘤同时存在(B)。②A、C、D、E 均不能分泌雌激素导致子宫内膜增生。

743. ABCDE ①卵巢颗粒细胞瘤能分泌雌激素，导致子宫内膜增生，表现为生育年龄患者出现月经紊乱，绝经期患者出现不规则阴道出血。因此绝经期妇女出现不规则阴道出血，首先应考虑卵巢颗粒细胞瘤(B)。②A、C、D、E 均不会分泌雌激素导致不规则阴道出血。

744. ABCDE ①卵泡膜细胞瘤可分泌雌激素，导致子宫内膜增生，引起不规则阴道出血。本例为绝经期妇女，右侧附件巨大肿物，应考虑卵巢肿瘤。阴道脱落细胞检查提示雌激素高度影响，应诊断为卵泡膜细胞瘤(E)。②卵巢纤维瘤常合并胸腔积液和(或)腹腔积液。卵巢浆液性囊腺瘤、黏液性囊腺瘤均属于上皮细胞肿瘤，良性畸胎瘤属于生殖细胞肿瘤，均不会产生雌激素，不会导致不规则阴道出血。

745. ABCDE ①内胚窦瘤(卵黄囊瘤)是起源于婴幼儿生殖细胞的高度恶性肿瘤。库肯勃瘤是指原发于胃癌的卵巢转移癌。颗粒细胞瘤是起源于女性性索间质细胞的低度恶性肿瘤。无性细胞瘤是由原始生殖细胞组成的恶性肿瘤。②卵泡膜细胞瘤为起源于女性性索间质细胞的良性肿瘤(E)。

746. ABCDE 747. ABCDE ①库肯勃瘤(Krukenberg 瘤)是指原发于胃癌(尤其胃的印戒细胞癌)的卵巢转移癌，故答 A。②卵巢纤维瘤常伴胸腔积液和(或)腹腔积液，称为 Meigs 综合征，手术切除肿瘤后，胸腔积液、腹腔积液可自行消失(B)。③无性细胞瘤、畸胎瘤均属于卵巢生殖细胞肿瘤。浆液性癌为卵巢上皮性肿瘤。

748. ABCDE ①卵巢纤维瘤患者出现胸腔积液和(或)腹腔积液，称为梅格斯(Meigs)综合征。②Meniere(梅尼埃)综合征是指内耳迷路病变导致的眩晕、耳鸣、耳聋等症状。Down 综合征是指先天愚型、21-三体综合征。Cushing(库欣)综合征为各种病因造成肾上腺分泌过多糖皮质激素所致疾病的总称。类癌综合征是胃肠道类癌引起的以发作性皮肤潮红和腹泻为主要临床表现的综合征。

749. ABCDE ①卵巢恶性生殖细胞肿瘤的化疗首选 BEP 方案，即博来霉素+依托泊苷+顺铂。若 BEP 方案无效，可以采用 VIP 方案，即长春新碱+异环磷酰胺+顺铂(E)。②顺铂+紫杉醇(A)、紫杉醇+卡铂

(B),为卵巢上皮癌常用的化疗方案。

750. ABCDE 751. ABCDE ①上皮性卵巢癌的治疗首选 TC 方案,即卡铂+紫杉醇;或 PC 方案,即顺铂+环磷酰胺;或 TP 方案,即紫杉醇+顺铂,答案为 C。②卵巢恶性生殖细胞肿瘤的常用化疗方案是 BEP(依托泊苷+顺铂+博来霉素)、EP(依托泊苷+顺铂)、VIP(顺铂+长春碱+异环磷酰胺)。

752. ABCDE 753. ABCDE 754. ABCDE ①血清甲胎蛋白(AFP)正常值<5μg/L。AFP 增高对卵黄囊瘤有特异性诊断价值。在所给 5 个选项中,只有卵黄囊瘤血清 AFP 可明显增高,故答 A。卵巢颗粒细胞瘤可分泌雌激素。卵巢上皮性癌可有 CA125 增高。卵巢支持细胞-间质细胞瘤可分泌雄激素。②卵巢卵黄囊瘤为卵巢生殖细胞高度恶性肿瘤,对于年轻并希望保留生育能力者,无论期别早晚,只要对侧卵巢和子宫未被肿瘤浸润,均可行保留生育功能的手术。③卵黄囊瘤手术后均需化疗。放疗会破坏患者卵巢功能,不宜采用。对于生殖系统恶性肿瘤,不宜使用内分泌治疗、生物治疗。

755. ABCDE 完全性葡萄胎的恶变率为 2%~20%,平均约 15%。参阅 2 版《实用妇产科学》P730。

756. ABCDE ①葡萄胎表现为胎盘绒毛的滋养细胞增生和绒毛间质水肿,使绒毛变成大小不等的水泡。若胎盘绒毛全部受累,整个子宫腔内充满水泡,无胎儿及胎盘附属物,称为完全性葡萄胎。若胎盘绒毛部分受累,还保存一部分胎盘组织,或同时有胎儿、胎盘附属物,则称为不完全性葡萄胎。②由于滋养层细胞包括细胞滋养层和合体滋养层,因此完全性葡萄胎和部分性葡萄胎均可有细胞滋养层和合体滋养层细胞增生。③镜下,完全性葡萄胎绒毛体积大,轮廓规则,间质水肿,间质内胎源性血管消失;部分性葡萄胎绒毛大小不一,轮廓不规则,部分间质水肿,间质内可见胎源性血管,故答 E。

757. ABCDE ①正常孕妇宫底平脐,提示妊娠 22 周。本例停经 85 天,宫底平脐,说明患者子宫大于妊娠周数,可首先排除 D、E。②患者血清 hCG 显著增高,应考虑妊娠滋养层细胞疾病。侵蚀性葡萄胎全部继发于葡萄胎妊娠;绒毛膜癌既可继发于葡萄胎妊娠,也可继发于非葡萄胎妊娠,而本例 G_0P_0,说明尚未妊娠,故答案为 B 而不是 A、C。

758. ABCDE ①B 超检查示"落雪状""蜂窝状"为葡萄胎的特征性影像,故本例应诊断为葡萄胎(A)。②侵袭性葡萄胎 B 超检查表现为子宫不同程度增大,肌层内可见高回声团块,边界清楚但无包膜,故不答 B。先兆流产常表现为宫口未开,子宫大小与停经周数相符。难免流产常表现为宫口已开,子宫大小与停经周数相符或略小。但本例子宫远大于停经周数,故不答 C、D。患者 B 超示宫腔内多发囊性区,说明病变部位在宫腔内而不是宫腔外,故不答 E。

759. ABCDE ①因为葡萄胎清宫时出血较多,子宫大而软,容易穿孔,所以清宫应在输液、备血条件下,充分扩张宫颈管后进行(A 对)。②为减少出血和预防子宫穿孔,可在术中静脉滴注缩宫素。在得到病理检查结果之前,尚未明确葡萄胎组织的性质,不能先化疗,再吸宫。清宫的副作用主要是出血而不是缺氧,不需要先吸氧再吸宫。在清宫过程中,若发生肺动脉栓塞,应予相应的抢救,而不是先行子宫动脉栓塞,再吸宫。

760. ABCDE 761. ABCDE 762. ABCDE ①患者不规则流血,子宫大于停经周数,质软,血清 hCG 显著增高,应诊断为葡萄胎(C)。患者双侧附件区可触及 5cm 囊性包块,此为卵巢黄素囊肿,为大量 hCG 刺激卵巢内膜细胞发生黄素化而形成的囊肿。宫外孕以输卵管妊娠多见,常于妊娠 6 周破裂,很少能妊娠至 2 月余。卵巢巧克力囊肿不会出现血清 hCG 显著增高。子宫肌瘤红色变、早孕合并子宫肌瘤均不会出现双侧附件肿块。②B 超是诊断葡萄胎的重要检查方法,可见子宫大于相应孕周,宫腔呈"落雪状"或"蜂窝状"(A)。血清 CA125 测定常用于诊断卵巢浆液性囊腺癌。盆腔 CT 价格昂贵,不作为首选检查。腹部 X 线片、腹腔镜检查对葡萄胎的诊断价值不大。③葡萄胎一经确诊,应及时清宫(A)。葡萄胎无需常规使用抗生素。葡萄胎病变在宫腔,腹腔镜不能处理宫腔病变。葡萄胎常用吸宫术,无需借助宫腔镜。性激素常用于异常子宫出血的治疗,葡萄胎无需性激素治疗。

763. ABCDE 764. ABCDE ①患者尿妊娠试验阳性,应考虑妊娠或滋养细胞疾病。正常情况下,孕 10 周不应在耻骨联合上触及宫底,孕 22 周左右宫底平脐,而患者停经 70 天(孕 10 周),宫底平脐,说明子宫明显大于正常妊娠周数，应考虑葡萄胎。为明确诊断，应首选 B 超检查(B)。盆腔 CT 价格昂贵，不作为首选检查。本例已查尿 hCG 增高，再查血 hCG 价值不大。诊断刮宫常用于异常子宫出血的诊断。PPD 试验常用于结核病的诊断。②葡萄胎清宫后应常规随访，以防恶变。随访内容包括 hCG 定量测定、妇科 B 超检查、注意月经是否规则、拍摄胸部 X 线片了解有无肺转移，无需定期作性激素测定(E)。

765. ABCDE　766. ABCDE　①育龄妇女停经 8～12 周后阴道不规则流血，应首先考虑葡萄胎。妇科检查可见子宫大于孕周，质地变软。双侧附件区可扪及囊性包块，此为卵巢黄素化囊肿，系大量 hCG 刺激卵巢内膜细胞发生黄素化而形成的囊肿(E)。输卵管结核常隐匿起病，表现为低热盗汗、不孕、月经失调、下腹坠胀等。输卵管积水常表现为单侧输卵管条形状包块，月经多正常。卵巢畸胎瘤、纤维瘤常表现为单侧肿块，双侧少见。②卵巢黄素化囊肿只是葡萄胎的常见临床表现之一，因此一旦确诊，仍应及时清宫，囊肿在葡萄胎清宫后会自行消退，一般无需特殊处理(A)。葡萄胎不是胎儿，静脉滴注缩宫素不能使宫腔内容物排出。葡萄胎是良性疾病，无需常规预防性化疗，也无需切除子宫，子宫切除只适用于少数年龄较大、无生育要求者。

767. ABCDE　葡萄胎清宫后应有效避孕 1 年，避孕方法首选避孕套，也可选用口服避孕药，一般不选用宫内节育器，以免穿孔或混淆子宫出血的原因。

768. ABCDE　①7 版《妇产科学》P295：葡萄胎清宫后应定期随访，作 hCG 定量测定。清宫后每周 1 次，直至连续 3 次正常，然后每个月 1 次持续至少半年。以后每半年 1 次，共随访 2 年。②9 版《妇产科学》P328：定量 hCG 测定，葡萄胎清宫后每周 1 次，直至连续 3 次阴性，以后每个月 1 次共 6 个月，然后再每 2 个月 1 次共 6 个月，自第 1 次阴性后共计 1 年。按 7 版妇产科答 D。按 9 版《妇产科学》答 B。

769. ABCDE　葡萄胎清宫后应定期随访，随访应包括：①hCG 定量测定；②定期妇科检查，注意月经是否规则，有无异常阴道流血，定期作盆腔 B 超、胸部 X 线摄片或 CT 检查，以了解有无肺转移；③应严格避孕至少 1 年。无需定期作阴道脱落细胞学检查(D)。

770. ABCDE　①妊娠滋养细胞肿瘤可继发于葡萄胎、流产、足月妊娠、异位妊娠，其中侵蚀性葡萄胎全部继发于葡萄胎妊娠，绒毛膜癌既可继发于葡萄胎妊娠，也可继发于非葡萄胎妊娠(D 对)。②侵蚀性葡萄胎属于交界性肿瘤，大多数仅造成局部侵犯，但约 4%的患者可并发子宫外(如肺、阴道)转移。③绒毛膜癌好发于育龄期妇女，少数为绝经期妇女。④葡萄胎清宫后 1 年以上继发的妊娠滋养细胞肿瘤多数为绒毛膜癌，半年以内多数为侵蚀性葡萄胎，半年至 1 年者绒毛膜癌和侵蚀性葡萄胎均有可能。

771. ABCDE　①剖宫产后不规则阴道流血，血清 hCG 显著增高，诊刮见滋养细胞大量浸润，应考虑滋养细胞肿瘤。葡萄胎排空后 1 年以上发病多诊断为绒毛膜癌，半年以内发病多诊断为侵蚀性葡萄胎。②本例剖宫产后 1 年余，故应诊断为绒毛膜癌，最常见的远处转移部位是肺(80%)。

772. ABCDE　绒毛膜癌常见转移部位依次为肺(80%)、阴道(30%)、盆腔(20%)、肝(10%)、脑(10%)。

773. ABCDE　①癌抗原 125(CA125)升高常见于卵巢浆液性囊腺癌。甲胎蛋白(AFP)增高常见于卵黄囊瘤。乳酸脱氢酶(LDH)增高常见于急性心肌梗死、肝炎。癌胚抗原(CEA)增高常见黏液性卵巢癌。②人胎盘生乳素(HPL)由合体滋养细胞合成。胎盘部位滋养细胞肿瘤 HPL 一般轻度升高(E)。

774. ABCDE　①绒毛膜癌与侵蚀性葡萄胎都属于滋养层细胞肿瘤，均可分泌大量 hCG，故两者尿 hCG 均为阳性。②侵蚀性葡萄胎的镜下特点是：有绒毛，且绒毛侵入子宫肌层；有间质，且间质高度水肿；可有间质血管。绒毛膜癌的镜下特点是"三无"：无绒毛，无间质，无间质血管。因此，侵蚀性葡萄胎与绒毛膜癌的最主要区别是镜下有无绒毛结构(B)。③卵巢黄素化囊肿是 hCG 持续作用的结果，由于绒毛膜癌与侵蚀性葡萄胎均可大量分泌 hCG，因此两者均可出现黄素化囊肿。④绒毛膜癌为高度恶性肿瘤，侵蚀性葡萄胎为交界性肿瘤，两者均可发生肺转移及阴道转移，故不答 D、E。

775. ABCDE　①患者 B 超示"子宫肌壁有不均匀密集光点或暗区蜂窝状"，说明子宫肌壁有浸润，应考虑侵蚀性葡萄胎或绒毛膜癌而不是葡萄胎，因葡萄胎无浸润性。②葡萄胎妊娠后可继发侵蚀性葡萄胎或绒毛膜癌，而非葡萄胎妊娠后只继发绒毛膜癌。患者 3 个月前人工流产为非葡萄胎妊娠，故应诊断为绒毛膜癌(D)。③吸宫不全常表现为吸宫后即出现阴道流血。异位妊娠常于妊娠 6 周破裂，很少妊娠至 3 个月。

776. ABCDE　777. ABCDE　①患者人工流产术后发生阴道不规则出血，子宫增大，双侧囊性肿物(为卵巢黄素化囊肿)，肺部转移灶，应诊断为绒毛膜癌。因为葡萄胎妊娠后既可继发绒毛膜癌又可继发侵蚀性葡萄胎，但非葡萄胎妊娠后只能继发绒毛膜癌。为明确绒毛膜癌的诊断，首选血清 hCG 测定，hCG 测定是诊断妊娠滋养细胞肿瘤的主要依据(A)。血常规无特异性。B 超是诊断子宫原发病灶最常用的方法，但不能确诊绒毛膜癌。痰细胞学检查常用于诊断肺癌。诊断性刮宫常用于诊断子宫内膜癌。②绒毛膜癌的治疗首选化疗，手术和放疗均为辅助治疗。子宫切除术仅用于无生育要求、无转移的患者。

778. ABCDE　①育龄妇女停经 8~12 周后阴道不规则流血，应首先考虑妊娠滋养细胞疾病。患者子宫增大，hCG 阳性，阴道转移征象(紫蓝色结节)，应诊断为侵蚀性葡萄胎而不是葡萄胎，葡萄胎为良性疾病，不会发生阴道转移。②双胎妊娠、妊娠合并子宫肌瘤、先兆流产均不会发生阴道转移。

779. ABCDE　①患者阴道紫蓝色结节活检示大量高度增生的滋养细胞，应考虑滋养细胞肿瘤，故不答 B、E。②活组织镜检无绒毛结构，应诊断为绒毛膜癌(A)。因为葡萄胎、侵蚀性葡萄胎都有绒毛结构。

780. ABCDE　①侵蚀性葡萄胎属于交界性肿瘤，宜采用化疗为主，手术和放疗为辅的综合治疗(A)。②放射治疗主要用于肝、脑转移灶和肺部耐药病灶的治疗。全子宫切除主要用于无生育要求的无转移患者。肺叶切除主要用于多次化疗未能吸收的耐药病灶。

781. ABCDE　①低危滋养细胞肿瘤患者首选单一药物化疗。高危滋养细胞肿瘤患者选择联合化疗，首选 EMA-CO(依托泊苷+放线菌素-D+甲氨蝶呤+长春新碱+环磷酰胺)方案。②PVB(顺铂+长春新碱+博来霉素)、BEP(博来霉素+依托泊苷+顺铂)、EP-EMA(EMA-CO 中的 CO 被顺铂和依托泊苷所替代)为滋养细胞肿瘤耐药复发病例的化疗方案。TP(紫杉醇+顺铂)为卵巢上皮性癌的化疗方案。参阅 8 版《妇产科学》P342，9 版《妇产科学》已删除。

782. ABCDE　子宫绒毛膜癌无肿瘤间质、无营养血管，只能依靠宿主细胞获得营养物质，且其侵袭破坏血管的能力很强，故极易经血道转移，以肺转移最多见，其次为阴道、盆腔、肝、脑。

783. ABCDE　①患者阴道壁有紫蓝色结节，应考虑滋养细胞肿瘤的转移病灶，故可首先排除 A、B，因为葡萄胎、不全流产不会发生转移。②胎盘部位滋养细胞肿瘤临床上罕见，多数不发生转移，故不答 C。③葡萄胎妊娠后可继发侵蚀性葡萄胎或绒毛膜癌，而非葡萄胎妊娠后只继发绒毛膜癌。本例前次妊娠为自然流产，为非葡萄胎妊娠，故答 E 而不是 D。

784. ABCDE　785. ABCDE　①绒毛膜癌首选的治疗方法是化疗，手术和放疗均为辅助治疗(B)。②卵巢无性细胞瘤为中度恶性的生殖细胞肿瘤，首选手术治疗(D)。尽管无性细胞瘤对放疗高度敏感，但因无性细胞瘤的患者多为年轻人，要求保留生育功能，故目前放疗应用较少，不是其一线治疗，故不答 A。参阅 3 版《实用妇产科学》P578。

786. ABCDE　787. ABCDE　①患者人工流产术后长期不规则阴道流血，子宫增大，尿 hCG 阳性，有肺转移征象(胸部 X 线片示肺部阴影)，应诊断为妊娠滋养细胞肿瘤。侵蚀性葡萄胎和绒毛膜癌均可发生肺转移，但非葡萄胎妊娠后只继发绒毛膜癌而不继发侵蚀性葡萄胎，故本例应诊断为绒毛膜癌。患者 1 年前已行绝育术，故不答 A、B。月经失调不会出现肺转移，故不答 C。②绒毛膜癌对化疗高度敏感，应首选化学治疗。患者已行人工流产术，无需再次刮宫。后穹隆穿刺常用于诊断宫外孕破裂。子宫全切术常用于治疗绒毛膜癌大出血。绒毛膜癌病灶部位在宫腔，腹腔镜检查价值不大。

788. ABCDE　789. ABCDE　790. ABCDE　①患者足月顺产，阴道不规则流血，子宫增大，血清 hCG 阳性，应诊断为妊娠滋养细胞疾病。正常产褥血清 hCG 于产后 2 周已不能测出，故不答 A。子宫内膜炎、肌瘤变性、月经不调都不会出现血清 hCG 阳性。②为确诊妊娠滋养细胞疾病，首选 B 超检查。宫腔镜检常用于异常子宫出血的诊断。盆腔 CT、MRI 价格昂贵，不作为首选检查。腹部 X 线片对妊娠滋养细胞疾病的诊断价值不大。③妊娠滋养细胞肿瘤首选化学治疗。全子宫切除常用于治疗绒毛膜癌合并大出血。全子宫切除+双附件切除、广泛性子宫切除均为子宫内膜癌的手术方式。

791. ABCDE 792. ABCDE 793. ABCDE ①育龄期妇女，人工流产后长期不规则阴道流血，应考虑滋养细胞肿瘤。为明确诊断，应首选血清 hCG 测定，因为滋养细胞肿瘤可产生大量 hCG，导致血清 hCG 持续升高(B)。患者人工流产术后已 3 周，无需再次刮宫。宫腔镜检查前需应用膨宫介质扩张宫腔，故滋养层细胞肿瘤不宜作此检查。滋养层细胞肿瘤病灶在宫腔，腹腔镜检查对其诊断价值不大。孕激素撤退试验常用于判断闭经的程度。②患者人工流产术中见绒毛结构，应诊断为侵蚀性葡萄胎，而不是绒毛膜癌，因为绒毛膜癌并无绒毛(E)。不全流产、月经不调、子宫肌瘤均不会出现尿 hCG 长期阳性。③侵蚀性葡萄胎的治疗原则是以化疗为主、手术和放疗为辅的综合治疗。

794. ABCDE 795. ABCDE ①葡萄胎清宫术后长期不规则阴道流血，子宫增大，质软，尿 hCG 长期阳性，应考虑妊娠滋养层细胞肿瘤。双侧附件囊性肿物为卵巢黄素化囊肿，此为滋养层细胞分泌大量 hCG，刺激卵巢卵泡内膜细胞发生黄素化而形成的囊肿，常为双侧，活动度好。葡萄胎妊娠后既可继发侵蚀性葡萄胎，也可继发绒毛膜癌。本例在葡萄胎清宫后半年以内发病，应诊断为侵蚀性葡萄胎而不是绒毛膜癌，绒毛膜癌一般于清宫后 1 年发病(A)。不全流产不会出现卵巢黄素化囊肿，故不答 B。卵巢囊肿一般为单侧，而黄素化囊肿一般为双侧，故不答 C。患者尿 hCG 阳性，故不答 E。②侵蚀性葡萄胎的治疗原则是以化疗为主、手术和放疗为辅的综合治疗(E)。卵巢黄素化囊肿无需处理，可自行消退。本例 3 个月前已清宫，无需再次清宫。

796. ABCDE 797. ABCDE 798. ABCDE ①患者停经 80 天，尿 hCG 阳性，应考虑妊娠或妊娠滋养细胞疾病。正常情况下妊娠 22 周宫底平脐，但本例孕 11^{+3} 周宫底平脐，说明子宫明显大于妊娠周数，故不答 D、E，因为先兆流产子宫等于孕周，稽留流产子宫小于孕周。因侵蚀性葡萄胎、绒毛膜癌只能继发于妊娠，而患者既往无孕产史，故答 A 而不是 B、C。②为明确葡萄胎的诊断，应首选 B 超检查(C)。若发现宫腔呈“落雪征”或“蜂窝状”，即可确诊本病。A、B、D、E 均不能确诊葡萄胎。③葡萄胎的初始治疗应为清宫术。患者清宫术后 8 周，血 hCG 再次升高，B 超示肌层有不均质回声，内有丰富的低阻力型血流信号，且病程短于半年，应诊断为侵蚀性葡萄胎。宜采用以化学治疗为主，手术和放疗为辅的综合治疗(A)。卵巢黄素化囊肿一般无需处理，可自行消退。

799. ABCDE ①异常子宫出血(功能失调性子宫出血)是下丘脑-垂体-卵巢轴功能异常所致。无排卵性异常子宫出血患者由于卵巢不排卵，可导致孕激素缺乏，子宫内膜仅受雌激素持续影响而无孕激素拮抗，故可发生不同程度的增生性改变，无分泌期变化(A 错)，少数绝经过渡期患者子宫内膜可呈萎缩性改变。子宫内膜增生性改变包括单纯性增生、复杂性增生、不典型增生(8 版《妇产科学》P345)。②无排卵性异常子宫出血的诊刮宜在经前期或月经来潮后 6 小时内进行。若在月经第 5~6 日诊刮发现“分泌期与增生期内膜并存”，提示有排卵月经的子宫内膜不规则脱落，故答 A。

800. ABCDE ①无排卵性异常子宫出血(功能失调性子宫出血)时，子宫内膜仅有单一雌激素刺激而无孕激素对抗，可发生雌激素突破性出血或撤退性出血。在青春期，下丘脑-垂体-卵巢轴激素间的反馈调节尚未成熟，大脑中枢对雌激素的正反馈作用存在缺陷，FSH 呈持续低水平，无促排卵性 LH 陡直高峰形成，而不能排卵(B 错、C 对)。②雌激素突破性出血有两种类型：雌激素维持在阈值水平，可发生间断性少量长时间出血；高水平雌激素维持在有效浓度，引起长时间闭经，因无孕激素参与，容易发生急性突破性出血，血量汹涌。雌激素撤退性出血表现为子宫内膜在单一雌激素作用下持续增生，此时因多数生长卵泡退化闭锁，导致雌激素水平突然急剧下降，内膜失去激素支持而剥脱出血，故 A、D、E 错。

801. ABCDE ①围绝经期患者月经周期延长，经量增多，诊刮表现为子宫内膜增生，应考虑无排卵性功能失调性子宫出血(异常子宫出血)。其子宫内膜增生可表现为单纯性增生、复杂性增生、不典型增生。②黄体功能不足常表现为月经周期缩短，月经频发，诊刮见子宫内膜分泌反应较实际周期日至少落后 2 日。子宫内膜不规则脱落常表现为月经周期正常，但经期延长，诊刮见子宫内膜呈分泌-增生期并存。子宫内膜炎常表现为发热、下腹疼痛、阴道大量脓性分泌物，有臭味。子宫内膜癌前病变诊刮应表现为子宫内膜不典型增生。

802. ABCDE ①无排卵性异常子宫出血常表现为不规则子宫出血，出血期间一般无腹痛，故答 A。②子宫黏膜下肌瘤扭转时可出现急性腹痛。慢性盆腔炎可有不同程度的下腹坠痛，经期加重。子宫内膜异位症、子宫腺肌病主要症状是继发性痛经进行性加重。因此 B、C、D、E 均可出现腹痛，故均与痛经有关。

803. ABCDE ①正常情况下，子宫内膜受下丘脑-垂体-卵巢轴的影响，呈增殖期-分泌期的周期性变化。诊断性刮宫是了解这种周期性变化最可靠的方法（E）。②子宫内膜受雌激素、孕激素的共同作用，才表现出增殖期-分泌期周期性改变，因此测定血清雌激素含量，不能准确反映子宫内膜的这种变化。③宫颈黏液检查、基础体温测定常用于观察有无排卵。尿雌二醇测定常用于了解胎盘功能。

804. ABCDE A、B、C、D、E 均可检查卵巢功能，但题干要求回答的是“简便易行”的方法，答案只能是基础体温测量（B）。基础体温测量可于每天早晨醒后测量，记录并绘制成基础体温曲线图，以了解卵巢功能，有无排卵、排卵日期及卵巢黄体功能。

805. ABCDE ①基础体温呈单相型，提示无排卵；基础体温呈双相型，提示有排卵，故不答 A、C、E。②无排卵性功能失调性子宫出血（异常子宫出血）常表现为子宫不规则出血，即月经周期紊乱，经期长短不一，经量不定，故答 B。

806. ABCDE ①患者基础体温呈单相型，提示无排卵，可首先排除 C。青春期少女月经紊乱，应首先考虑无排卵性功能失调性子宫出血（无排卵性异常子宫出血）。②卵巢早衰常表现为 40 岁以前绝经，常伴围绝经期症状。子宫内膜异位症常表现为继发性痛经，进行性加重。特纳综合征属于先天性性腺发育不全，表现为原发性闭经。

807. ABCDE 808. ABCDE ①青春期少女，月经不规律，B 超提示子宫及附件正常，各种性激素水平正常，应首先考虑无排卵性功能失调性子宫出血（无排卵性异常子宫出血）。A、B、D、E 行 B 超检查均可能有阳性发现，且多囊卵巢综合征还可有性激素水平异常，故不答 A、B、D、E。②青春期无排卵性异常子宫出血的治疗主要是止血、调周期。本例止血后的主要治疗是调节月经周期，临床上以雌、孕激素序贯疗法最常用，因为这种疗法最符合生理，可使子宫内膜发生相应变化，引起周期性脱落（B）。雌激素治疗不宜单独使用。孕激素治疗适用于增生期内膜异常出血。雄激素治疗适用于绝经过渡期异常子宫出血。青春期未婚少女，无需氯米芬促排卵治疗。

809. ABCDE ①A、B、D 可了解排卵功能。②月经周期前半期子宫内膜活检，正常情况下应为增生期，达排卵期后应为分泌期变化，故子宫内膜活检可了解排卵功能。③肾上腺功能检测主要用于了解肾上腺皮质、髓质的功能状态，并不能了解排卵功能（C）。

810. ABCDE 811. ABCDE 812. ABCDE ①潮热是雌激素低落的特征性表现。绝经过渡期患者长期不规则子宫出血，无腹痛，子宫大小形态正常，双侧附件无异常，子宫内膜无增厚（*B 超检查子宫内膜正常值：月经期 3～6mm，增殖期 10mm，分泌期 10～13mm，参阅《医学超声影像学》P258*）。说明患者除宫颈轻度糜烂外，无生殖系统器质性病变，故应诊断为功能失调性子宫出血（异常子宫出血）。患者无停经、子宫增大、附件肿块，故不答 A。患者尚未作病理学检查，故不答 C。患者宫颈轻度糜烂，无接触性出血，故不答 D。急性子宫内膜炎常表现为发热、下腹痛、阴道脓性分泌物，子宫触痛。②为确诊绝经前期异常子宫出血，最有价值的检查是诊断性刮宫，既可了解子宫内膜病理，又可除外子宫内膜癌（A）。HPV 检测、宫颈细胞学检查常用于宫颈癌的筛查。尿妊娠试验常用于早孕的诊断。血清性激素水平测定可确定有无排卵及黄体功能。③异常子宫出血的治疗首选激素类药物止血，而不是手术治疗（E）。腹腔镜探查术常用于异位妊娠的治疗。急性子宫内膜炎可行抗炎治疗。宫颈锥切常用于 CINⅡ的治疗。广泛性子宫切除术常用于子宫内膜癌的治疗。

813. ABCDE ①青春期少女，月经不规律，此次阴道出血已 10 天，双侧附件未见异常，应诊断为无排卵性异常子宫出血。对于青春期无排卵异常子宫出血，首选的止血措施是给予大量雌激素，可迅速提高血清雌激素水平，促使子宫内膜生长，短期内修复创面而止血（B）。②大剂量雄激素可用于老年妇女无排卵性异常子宫出血的治疗。大剂量孕激素不适用于青春期患者。诊断性刮宫主要用于围绝经期异常子宫出血的鉴别诊断。抗纤溶、促凝药物对异常子宫出血的治疗效果不佳。

814. ABCDE　①青春期无排卵性功能失调性子宫出血（异常子宫出血）的治疗原则为止血、调整周期、促进排卵。②绝经过渡期异常子宫出血的治疗原则为止血、调整周期、减少经量，防止子宫内膜病变。

815. ABCDE　①围绝经期妇女月经周期延长，经量增多，经期延长，应考虑无排卵性异常子宫出血。由于出血量较大，最有效的止血方法是刮宫术（E）。诊断性刮宫可在短时间内基本刮净子宫内膜而快速止血，同时可对子宫内膜作组织学检查，以排除子宫内膜癌。②异常子宫出血患者使用止血药物只能起到辅助治疗作用，故不答 A。大剂量雌激素常用于治疗青春期无排卵性异常子宫出血。口服大量安宫黄体酮主要用于体内已有一定雌激素水平的异常子宫出血患者。口服甲基睾丸素主要用于绝经期异常子宫出血患者。

816. ABCDE　①不孕症患者，基础体温为双相型，月经规则，应考虑排卵性月经失调。②患者月经周期缩短，基础体温高温相<11 日，应诊断为黄体功能不足。于月经来潮后 6 小时行子宫内膜活检，可显示分泌反应至少落后 2 日，即分泌期子宫内膜腺体分泌不良（C）。③A、B、E 为无排卵性异常子宫出血的病理改变。D 为子宫内膜不规则脱落（黄体萎缩不全）的病理改变。

817. ABCDE　有排卵性功能失调性子宫出血（有排卵性异常子宫出血）常见于生育期妇女，无排卵性异常子宫出血常见于青春期、绝经期妇女。

818. ABCDE　①有排卵性功能失调性子宫出血（有排卵性异常子宫出血）多见于生育期妇女，患者虽有排卵，但黄体功能异常，包括黄体功能不足和子宫内膜不规则脱落。前者主要表现为黄体期孕激素分泌不足导致子宫内膜分泌反应延迟；后者虽然黄体发育良好，但萎缩过程延长，导致子宫内膜不规则脱落，在月经第 5~6 日诊刮仍可见分泌型子宫内膜（正常情况下月经第 3~4 日，分泌期子宫内膜应已全部脱落，转为增殖期内膜），故答 B。②增生性子宫内膜主要见于无排卵性异常子宫出血，子宫内膜增生症包括单纯性增生（曾称腺囊型增生过长）、复杂性增生（曾称腺瘤型增生过长）、不典型增生三类。少数无排卵性异常子宫出血的子宫内膜呈萎缩性改变。可见 A、C、D、E 均属于无排卵性异常子宫出血的子宫内膜病理改变。

819. ABCDE　黄体萎缩不全常表现为黄体萎缩过程延长，可导致子宫内膜不规则脱落。正常月经第 3~4 日，分泌期子宫内膜应已全部脱落，转为增殖期子宫内膜。黄体萎缩不全时，月经期第 5~6 日仍能见呈分泌反应的子宫内膜，常表现为分泌-增生共存。因此黄体萎缩不全的诊刮时机应选择在月经期第 5~6 日（B）。

820. ABCDE　①患者基础体温曲线呈双相型，说明为有排卵性异常子宫出血，故不答 A。②有排卵性异常子宫出血包括黄体功能不足和子宫内膜不规则脱落，前者表现为月经周期缩短，后者表现为月经周期正常、经期延长、经量增多，故答 C 而不是 B。③早期妊娠会出现闭经，而不是月经周期缩短。

821. ABCDE　822. ABCDE　①基础体温呈双相曲线提示有排卵；呈单相曲线提示无排卵。题干已表明

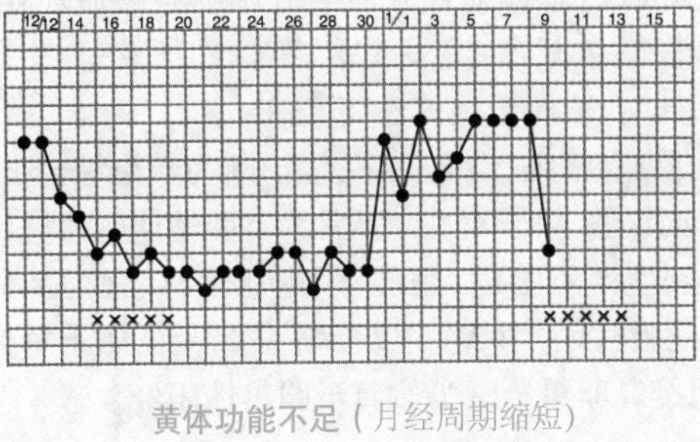

黄体功能不足（月经周期缩短）

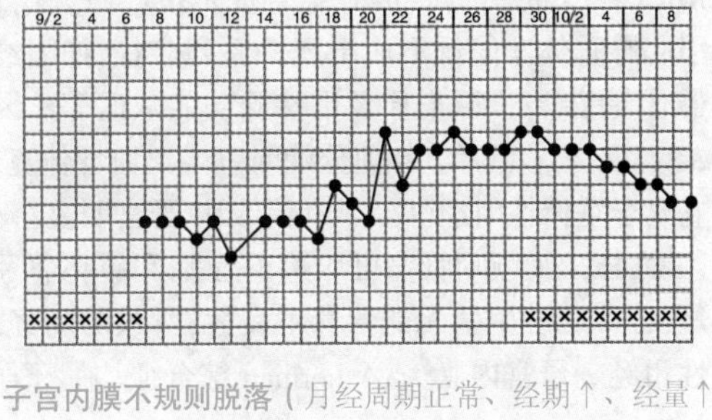

子宫内膜不规则脱落（月经周期正常、经期↑、经量↑）

为"无排卵性异常子宫出血(功能失调性子宫出血)",故为单相曲线,因此可首先排除 C、D、E。正常育龄期女性的基础体温有一定规律:在月经周期的前半期(卵泡期)为低温相(36.5℃);在排卵期更稍下降;在月经周期后半期(黄体期)为高温相,一般上升 0.3~0.5℃,此为孕激素作用的结果。青春期无排卵性异常子宫出血由于孕激素水平低下,高温相缺失,常表现为单相曲线,故答 B。②黄体功能不足为有排卵性异常子宫出血,故基础体温呈双相曲线。黄体期为高温相,若黄体功能不足当然高温相会缩短(D)。

823. ABCDE 824. ABCDE ①无排卵性异常子宫出血(功能失调性子宫出血)患者由于卵巢不排卵,可导致孕激素缺乏,子宫内膜仅受雌激素持续影响而无孕激素拮抗,常发生不同程度的增生期改变,而无分泌期变化,因此经前期诊刮子宫呈增生性改变(C)。②卵巢黄体功能不足患者虽然月经周期中有卵泡发育和排卵,但由于黄体功能不足,使孕激素分泌减少,从而导致子宫内膜分泌不良,经前期诊刮显示分泌反应较实际周期日数至少落后 2 日(E)。③A、B 为子宫内膜不规则脱落的病理变化。D 为早期妊娠的病理改变。

825. ABCDE ①子宫内膜受雌激素和孕激素的影响而呈周期性变化,称为月经周期。孕激素主要由黄体产生,当黄体萎缩不全时,孕激素将产生过多。正常月经周期第 3~4 日,分泌期子宫内膜已完全脱落,而呈增殖期改变。黄体萎缩不全的患者,内膜持续受孕激素影响,以致不能如期完全脱落。在月经 5~6 天刮宫,仍能见到呈分泌期反应的子宫内膜,常表现为增殖期与分泌期并存(A)。②增殖期子宫内膜主要见于正常月经周期的 5~14 天,分泌期子宫内膜主要见于正常月经周期的 15~28 天。单纯性增生、复杂性增生的子宫内膜主要见于无排卵性异常子宫出血。

826. ABCDE 黄体功能不足是由于黄体期孕激素分泌不足或黄体早衰,导致子宫内膜分泌反应不良所致。常表现为月经周期缩短,月经频发,但经期和经量均正常,答案为 B。

827. ABCDE ①生育年龄妇女基础体温呈双相曲线,应考虑排卵性异常子宫出血。患者月经周期缩短,子宫内膜活检示分泌反应落后 3 日,应诊断为黄体功能不足。治疗重点在于促进卵泡发育和排卵,可在卵泡期使用小剂量雌激素、氯米芬促进卵泡发育;待卵泡成熟时,可肌内注射绒促性素(hCG)促进月经中期 LH 峰形成;可肌内注射黄体酮以补充孕激素不足。②患者年仅 26 岁,无生殖器官器质性病变,不宜行子宫内膜去除术,此为治疗无排卵性异常子宫出血的方法。

828. ABCDE 下丘脑-垂体-卵巢-子宫是一个生理调节轴,因此继发性闭经按此轴分为下丘脑性、垂体性、卵巢性、子宫性闭经等类型。无阴道性闭经(D)。

829. ABCDE ①原发性闭经是指年龄超过 13 岁,第二性征未发育;或年龄超过 15 岁,第二性征已发育,月经还未来潮。特纳(Turner)综合征是指性腺先天性发育不全,可导致第二性征缺乏的原发性闭经(D)。②A、B、C、E 均属于继发性闭经的病因。

830. ABCDE ①闭经分为原发性和继发性两类。原发性闭经,约占 5%,是指女性年龄超过 16 岁、第二性征已发育、月经还未来潮,或年龄超过 14 岁、第二性征未发育者。继发性闭经,约占 95%,是指正常月经建立后月经停止 6 个月以上,或按自身原有月经周期计算停止 3 个周期以上。②A、B、C、D 都属于继发性闭经,其中以下丘脑性闭经最常见(D)。

831. ABCDE 希恩(Sheehan)综合征是指产后大出血休克,导致腺垂体促性腺激素分泌细胞缺血坏死,引起腺垂体功能低下而出现一系列症状,如闭经、无泌乳、性欲减退、毛发脱落、第二性征衰退、生殖器管萎缩、肾上腺皮质及甲状腺功能减退等。因此,希恩综合征属于垂体性闭经(E)。

832. ABCDE ①患者 2 年前分娩时发生出血性休克,现自觉畏寒、嗜睡、性欲低下,应诊断为希恩综合征。它属于垂体性闭经(C)。②不要因"子宫明显小于正常"而误答 A,子宫性闭经常为宫腔粘连所致。

833. ABCDE ①颅咽管瘤可压迫下丘脑和垂体柄引起闭经、生殖器萎缩、肥胖、颅内压增高、视力障碍等,也称肥胖生殖无能营养不良症,所致的闭经属于下丘脑性闭经(A)。②空蝶鞍综合征属于垂体性闭经。子宫内膜炎、Asherman 综合征均属于子宫性闭经。卵巢早衰当然属于卵巢性闭经。

834. ABCDE　①月经周期的维持需要下丘脑(GnRH)-垂体(FSH/LH)-卵巢(雌/孕激素)-子宫-阴道轴的正常调节。患者肌内注射孕激素(黄体酮)后阴道流血,说明体内存在雌激素,分泌雌激素的卵巢正常,且子宫、阴道无异常,故不答 C、D。②静脉注射 GnRH 后,LH 可增高 3 倍,说明垂体正常,故不答 B。因此,本例闭经的病变部位在下丘脑(A)。③E 显然不是正确答案。

835. ABCDE　①特纳综合征属于性腺先天性发育不全,常表现为原发性闭经,智力正常,卵巢不发育,身材矮小,第二性征发育不良。因卵巢不发育,故雌二醇水平低下,对垂体负反馈抑制作用减弱,故血 FSH 升高。根据题干,本例应诊断为特纳综合征(B)。②唐氏综合征现已改称 21-三体综合征,多表现为智能发育落后、生长发育迟缓、特殊面容。希恩(Sheehan)综合征是指产后大出血休克,导致腺垂体缺血坏死所致的腺垂体功能低下。多囊卵巢综合征常表现为持续性无排卵、雄激素过多和胰岛素抵抗等。雄激素不敏感综合征是指分泌的雄激素因受体缺陷而无生物学效应,常表现为女性外生殖器发育异常,无女性内生殖器,睾丸位于腹股沟内,无阴毛、腋毛、体毛少等。

836. ABCDE　Asherman 综合征是指宫腔粘连引起的继发性闭经,常见于人工流产刮宫过度、产后感染、产褥感染、子宫内膜结核、宫腔手术感染等。可见,Asherman 综合征属于子宫性闭经(A)。

837. ABCDE　①患者孕激素试验阴性(停药后无撤药性出血),说明不是Ⅰ度闭经。患者雌、孕激素序贯试验阳性(出现撤药性流血),提示子宫内膜正常,可排除子宫性闭经,引起闭经的原因是患者体内雌激素水平低落,为Ⅱ度闭经(C)。②垂体兴奋试验(GnRH 刺激试验)时,若注射 LHRH 后 LH 峰值较注射前升高 2~4 倍,说明垂体功能正常,病变在下丘脑,为下丘脑性闭经;若注射 LHRH 后,LH 峰值不升高说明垂体功能减退,为垂体性闭经。

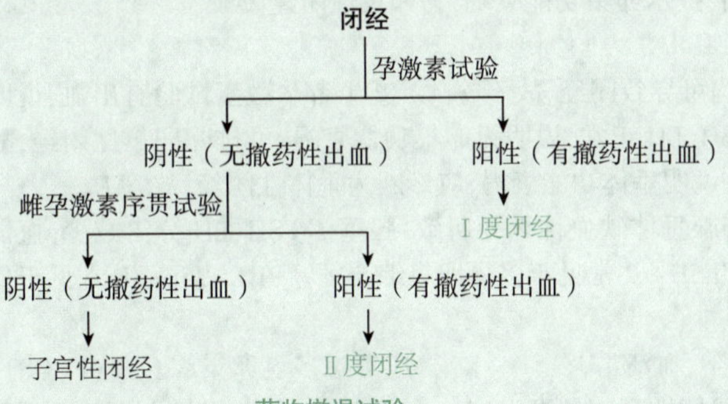

药物撤退试验

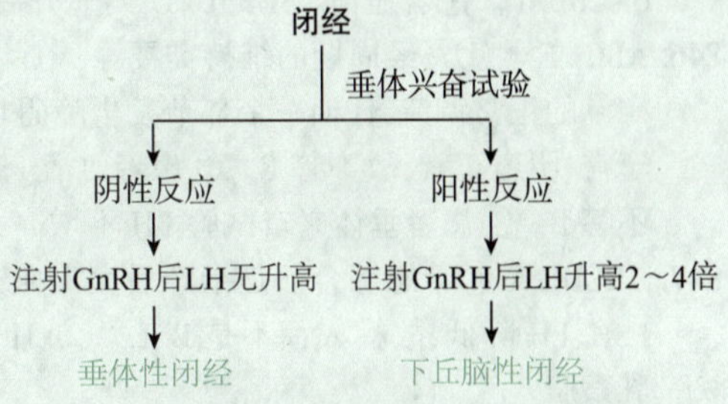

垂体兴奋试验

838. ABCDE　①月经周期的维持需要下丘脑(GnRH)-垂体(FSH/LH)-卵巢(雌/孕激素)-子宫-阴道轴的正常调节。子宫性闭经是由于子宫内膜受损,宫腔粘连所致,对卵巢分泌的雌激素、孕激素均无反应,故雌、孕激素序贯试验阴性,即无撤退性出血(C)。②注射黄体酮有撤药性出血,称为阳性反应,提示子宫内膜已受一定水平雌激素影响,为Ⅰ度闭经;注射黄体酮无撤退性出血,称为阴性反应,提示Ⅱ度闭经或子宫性闭经,应继续作雌、孕激素序贯试验予以鉴别。③雌、孕激素序贯试验时,若雌-孕激素有撤退性出血,称为阳性反应,提示子宫内膜正常可排除子宫性闭经,确定为Ⅱ度闭经。

839. ABCDE　840. ABCDE　841. ABCDE　①患者的临床特点是闭经和溢乳,故应考虑闭经-溢乳综合征,答案为 D。特纳(Turner)综合征属于性腺先天性发育不全,常表现为原发性闭经,卵巢不发育,身材矮小,第二性征发育不良。雄激素分泌不敏感综合征为男性假两性畸形,性腺为睾丸,表型为女性,青春期乳房隆起丰满,但乳头不发育,阴道为盲端,子宫和输卵管缺如。希恩综合征是由于产后大出血,导致腺垂体缺血坏死所致,常表现为闭经、无泌乳、性欲减退、毛发脱落。多囊卵巢综合征常表现为月经稀发,不孕,多毛,肥胖。②闭经-溢乳综合征常有高泌乳素血症,为明确诊断,首选血清泌乳素(PRL)测定,若 PRL>1.14nmol/L,可确诊高泌乳素血症(A)。③多巴胺受体激动剂(溴隐亭)是本病的首选药物(A),溴隐亭对功能性或肿瘤引起的泌乳素水平升高均能产生抑制作用。多巴胺不能通过血脑屏障进入中枢系统发挥作用,故不答 B。克罗米芬(氯米芬)为促排卵药物。促性腺激素释放激素激动剂(GnRH-α)常用于治疗子宫内膜异位症。黄体酮常用于治疗异常子宫出血。

842. ABCDE 子宫内膜出现剥脱性出血,是雌激素和孕激素同时降低所致。因此,闭经患者行孕激素试验时,若出现撤药性阴道出血(阳性反应),提示子宫内膜已受一定水平雌激素影响,为Ⅰ度闭经。

843. ABCDE ①尿促性素(hMG)内含 FSH 和 LH 各 75U,可促进卵泡发育。氯米芬是最常用的促排卵药物。人绒毛膜促性腺素(hCG)可促成熟卵泡排卵。卵泡刺激素可以促进卵泡发育。可见,A、B、C、D 均有促排卵作用。②孕激素没有此作用,孕激素的主要作用是促进子宫内膜呈分泌期变化。

844. ABCDE ①月经周期的维持需要下丘脑(GnRH)-垂体(FSH/LH)-卵巢(雌激素/孕激素)-子宫-阴道轴的正常调节,任何一个环节发生障碍均可导致闭经。FSH、LH 均降低,提示下丘脑-垂体功能低下;FSH、LH 升高而雌激素降低,提示卵巢功能低下。因此,FSH 和 LH 均<5U/L 提示病变位于下丘脑-垂体,FSH ≥ 25 ~ 40U/L 提示病变位于卵巢,参阅 9 版《妇产科学》P347 图 29-6。②本例 FSH48U/L,说明病变部位位于卵巢,故不答 A、C、E。患者雌激素明显降低,应考虑卵巢功能衰竭,而不是多囊卵巢综合征(PCOS),因为 PCOS 常表现为雌激素正常或轻度升高。③雌激素换算单位:pmol/L=pg/ml×3.67,患者雌激素 10pg/ml=36.7pmol/L。雌激素正常值:卵泡期 94~433pmol/L,黄体期 499~1580pmol/L,排卵期 704~2200pmol/L,参阅 8 版《诊断学》P625。

845. ABCDE ①月经周期的维持需要下丘脑(GnRH)-垂体(FSH/LH)-卵巢(雌激素/孕激素)-子宫-阴道轴的正常调节,任何一个环节发生障碍均可导致闭经。FSH、LH 均降低,提示下丘脑-垂体功能低下;FSH、LH 升高,提示卵巢功能低下。②FSH 正常值:卵泡期、黄体期均为 1~9U/L,排卵期为 6~26U/L。患者血清 FSH55U/L,明显升高,提示卵巢功能衰竭,为卵巢性闭经(A)。

846. ABCDE ①月经周期的维持需要下丘脑(GnRH)-垂体(FSH/LH)-卵巢(雌激素/孕激素)-子宫-阴道轴的正常调节,任何一个环节发生障碍均可导致闭经,故不答 A。②患者孕激素试验有出血,说明子宫、阴道正常,故不答 E。③患者血清 FSH、LH 正常,说明无卵巢功能衰竭,可排除卵巢性闭经,故不答 B。④患者垂体兴奋试验 LH 不增高,说明垂体功能衰竭,应诊断为垂体性闭经,故答 D。

847. ABCDE ①希恩综合征是指产后大出血,腺垂体缺血性坏死所致,腺垂体 FSH、LH 分泌减少,血清 FSH、LH 降低,故答 A 而不是 B、E。②LH/FSH≥2 常见于多囊卵巢综合征。PRL>25μg/L 常见于催乳素瘤。

848. ABCDE ①青年患者,肥胖,月经稀发,不孕,血清 LH/FSH≥2~3,应考虑多囊卵巢综合征(PCOS)。②PCOS 多不同程度地存在胰岛素抵抗及代偿性高胰岛素血症。③LH/FSH 比值增大,过量 LH 可刺激卵巢间质细胞分泌大量雄激素,导致高雄激素血症。④卵巢内高雄激素可抑制卵泡成熟,不能形成优势卵泡产生雌二醇(E_2),故 E_2 正常或轻度升高;因雄烯二醇在外周组织芳香化酶作用下可转化为雌酮(E_1)使雌酮明显升高,故雌酮/雌二醇比例倒置($E_1/E_2>1$)。⑤持续分泌的雌酮和一定水平的雌二醇作用于下丘脑和垂体,对 LH 分泌呈正反馈,使 LH 持续在高水平,不形成月经中期的 LH 峰,故无排卵发生,也无法产生孕激素,不会出现高孕激素血症(D 错)。

849. ABCDE ①多囊卵巢综合征(PCOS)是以雄激素分泌过多、持续无排卵、卵巢多囊改变、胰岛素抵抗、肥胖为特征的临床综合征。由于存在胰岛素抵抗,患者可出现代偿性高胰岛素血症,导致空腹胰岛素水平增高(A 错)。②卵巢内高雄激素可抑制卵泡成熟,不能形成优势卵泡产生雌二醇(E_2),故 E_2 正常或轻度升高;因雄烯二醇在外周组织芳香化酶作用下可转化为雌酮(E_1)使雌酮明显升高,故雌酮/雌二醇比例倒置($E_1/E_2>1$)。正常情况下 $E_1/E_2<1$。③由于垂体对促性腺释放激素(GnRH)敏感性增加,可分泌过量 LH;而高水平的雌激素对 FSH 呈负反馈,使 FSH 水平相对降低,导致 LH/FSH比值增大≥2~3(C 对)。④部分 PCOS 患者表现为轻度高催乳素(PRL)血症,可能为雌激素持续刺激所致。

850. ABCDE ①多囊卵巢综合征由于雄激素分泌过多,因此最主要的症状是月经失调,多表现为月经稀发或闭经(A)。也可表现为不规则子宫出血,月经周期、经期或经量无规律。②黄体功能不足常表现为月经周期缩短,月经频发。黄体萎缩不全常表现为月经周期正常,经期延长。

851. ABCDE ①多囊卵巢综合征常表现为月经稀发(周期35日至6个月),不孕,多毛,面部痤疮,肥胖。根据题干,本例应诊断为多囊卵巢综合征(B)。②特纳综合征、对抗性卵巢综合征常表现为原发性闭经,Asherman综合征常表现为继发性闭经,故不答A、C、D。闭经泌乳综合征常表现为闭经、泌乳、高催乳素血症,故不答E。

852. ABCDE 853. ABCDE ①多囊卵巢综合征多见于青春期,常表现为月经失调、不孕、多毛、阴毛浓密呈男性型、痤疮、肥胖、无排卵、基础体温呈单相型、卵巢增大。根据题干,本例应诊断为多囊卵巢综合征。生殖器结核常表现为低热盗汗、盆腔炎、腹水、不孕不育。卵巢早衰常表现为月经改变、雌激素水平低下。黄体功能不足常表现为月经周期缩短。②氯米芬为促排卵的首选药物,诱发排卵时易发生卵巢过度刺激综合征,需严密监测(B)。

854. ABCDE 妇女绝经后最明显的变化是卵巢功能衰竭,绝经后卵巢不再分泌雌激素及孕激素,其水平降低。雌激素及孕激素对促性腺激素的负反馈减弱,故促性腺激素分泌增加,答案为D。

855. ABCDE 潮热是雌激素降低的特征性表现。围绝经期妇女出现潮热、多汗、月经紊乱,应首先考虑绝经综合征(B)。A、C、D、E均不会出现潮热、多汗等血管舒缩紊乱的症状。

856. ABCDE 有正常性生活,未经避孕1年未妊娠者,称为不孕症。未避孕而从未妊娠者称为原发性不孕。曾有过妊娠而后未避孕连续1年不孕者,称为继发性不孕。

857. ABCDE 导致女性不孕的因素以输卵管因素最常见(约占50%),其次为排卵障碍(占25%~35%)、子宫因素和宫颈因素等。输卵管因素主要为输卵管阻塞或输卵管通而不畅。

858. ABCDE ①正常月经周期中,卵巢会发生周期性变化,分为卵泡期→排卵→黄体期。在卵泡期,随着卵泡发育,雌激素水平逐渐升高,到排卵前达高峰;排卵后卵巢形成黄体,分泌孕激素,使孕激素水平逐渐增高。②在月经周期中,雌激素可使宫颈黏液分泌增加,性状变稀薄;孕激素可使宫颈黏液分泌减少,性状变黏稠。③本例基础体温曲线呈单相型,说明月经周期中无排卵,无黄体形成,故孕激素分泌减少,在单一雌激素作用下宫颈黏液持续分泌,故黏液量多而稀薄(D)。

859. ABCDE ①生殖器结核好发于20~40岁妇女,原发灶多为肺或腹膜结核,常表现为不孕、月经失调、下腹坠痛等。生殖器结核输卵管受累占90%~100%,子宫内膜受累占50%~80%。根据题干,本例应考虑生殖器结核,"双侧附件区不规则包块"为输卵管结核的表现。②为确诊生殖器结核,可行诊断性刮宫以了解有无子宫内膜结核,可拍摄腹部X线片了解盆腹腔有无结核钙化灶;可行子宫输卵管碘油造影以了解有无输卵管结核,可行宫腔分泌物结核分枝杆菌培养以明确致病菌。③基础体温测定只能用于判断有无排卵而不能确诊生殖器结核(D)。

860. ABCDE ①宫颈细胞学检查常用于宫颈癌的筛查,不能了解卵巢功能(A错)。②卵巢可合成雌激素和孕激素,因此性激素测定可了解卵巢的功能。③宫颈黏液受卵巢分泌的雌激素和孕激素的影响,故宫颈黏液检查可了解卵巢功能。④基础体温测定可了解月经周期中卵巢是否排卵,若有排卵基础体温为双相曲线,若无排卵则基础体温呈单相曲线。⑤子宫内膜受雌激素和孕激素的影响而发生周期性变化,因此月经期前子宫内膜活组织检查,也可了解卵巢的功能。

861. ABCDE 862. ABCDE ①患者结婚3年未孕,可诊断为不孕症。女性不孕的最常见原因是输卵管阻塞(约占50%),其次为排卵障碍(占25%~35%)、子宫因素和宫颈因素少见。因此为明确女性不孕的原因,应首选输卵管通畅检查(B)。子宫输卵管造影为输卵管通畅检查的方法之一,故最佳答案为B而不是E。阴道脱落细胞学检查仅能了解阴道黏膜的周期性变化,宫颈黏液结晶检查仅能间接了解卵巢功能,这两项检查对确诊不孕症的病因价值不大。子宫内膜病理检查为有创检查,可加重子宫内膜损伤,增加不孕机会,不孕症患者不宜作此项检查。②排卵后子宫内膜从增生期转换为分泌期,卵巢黄体形成,分泌雌激素和孕激素。若黄体功能不良,则孕激素分泌减少,应在排卵后给予黄体酮(孕激素)治疗。雌激素可促进子宫内膜增殖,加重病情,不宜应用。人工周期(雌、孕激素序贯疗法)主要用于无排卵性异常子宫出血的治疗,而黄体功能不足有排卵,故不答 C。肾上腺皮质激素对黄体发育不良无治疗作用。溴隐亭主要用于治疗高泌乳素血症导致的排卵障碍,故不答 E。

863. ABCDE ①患者月经规律,双侧输卵管堵塞导致不孕。患者卵巢、子宫正常,而双侧输卵管堵塞是体外受精与胚胎移植的最好适应证(E)。②宫腔内人工受精是将精子通过非性交方式注入女性生殖道内,使其受孕的一种技术,而本例由于双侧输卵管堵塞,当然不能采用此种技术。植入前遗传学诊断技术不能用于不孕症的治疗。本例由于双侧输卵管堵塞,当然不能进行配子输卵管内移植。卵细胞质内单精子注射是将精子直接注射到卵细胞质内,获得正常卵子受精和卵裂过程,本例由于双侧输卵管不通,显然不能使用此项技术。

864. ABCDE ①宫内节育器(IUD)的抗生育作用主要是子宫内膜对异物的组织反应而影响受精卵着床(E)。IUD 作为异物长期刺激,可导致子宫内膜损伤及慢性炎症反应,产生前列腺素,改变输卵管蠕动,使受精卵运行速度与子宫内膜发育不同步,受精卵着床受阻。②米非司酮的药物流产机制是抗孕激素。抑制排卵为甾体激素避孕药的主要抗生育机制。阻碍受精为输卵管结扎术的抗生育机制。

865. ABCDE 含铜宫内节育器(IUD)的主要作用机制包括:①宫内节育器压迫局部子宫内膜,发生炎症反应,炎性细胞对胚胎有毒性作用;②铜离子具有使精子头尾分离的毒性作用,使精子不能获能;③长期异物刺激,导致子宫内膜损伤及慢性炎症反应,产生前列腺素,改变输卵管蠕动,使受精卵运行速度与子宫内膜发育不同步,受精卵着床受阻;④铜离子进入细胞内,影响糖原代谢、雌激素摄入及 DNA 合成,使内膜细胞代谢受到干扰,使受精卵着床及囊胚发育受到影响。E 为左炔诺孕酮宫内节育器的作用机制,不是含铜 IUD 的作用机制。

866. ABCDE ①放置宫内节育器(IUD)前必须排除妊娠,流产后 2 个月,可能已妊娠,不宜放置 IUD。人工流产术后即刻、产后 6 周恶露干净时均可放置 IUD,故不答 A、B。②成人未孕宫腔正常大小为 5.5~8.8cm,若宫腔≤5.5cm,不易放入 IUD;若宫腔>9.0cm,则放入的 IUD 易脱落,故不答 C、D。③心功能Ⅲ级者,妊娠期间极易发生心力衰竭,不宜妊娠,应放置 IUD(E)。

867. ABCDE ①宫内节育器(IUD)需经阴道放入,故急性阴道炎患者不宜放置 IUD(A)。②月经干净后 3~7 天无性交、人工流产术后即刻、剖宫产术后半年,均为 IUD 的适合放置时间。有时在哺乳期,月经虽未复潮但已排卵,因此哺乳期放置 IUD 前应排除早孕。

868. ABCDE ①宫内节育器(IUD)的主要副作用是不规则阴道流血,表现为经量增多、经期延长,故月经稀发者可以放置 IUD,而月经过多者不宜放置 IUD(A)。②生殖道急、慢性炎症当然不能放置 IUD。生殖器肿瘤需行相应治疗,不应放置 IUD。宫颈内口松弛者放置 IUD,易脱落,属于禁忌证。子宫畸形难以放入 IUD,故属禁忌证。

869. ABCDE 宫内节育器(IUD)取出术的适应证:计划再生育或不需避孕、放置期已满需更换、绝经过渡期停经 1 年内(C 错)、有并发症或副反应而治疗无效、带器妊娠等。

870. ABCDE 宫内节育器(IUD)以月经干净后 3~7 天放置为宜。其优点为:①月经干净后内膜刚开始增生,较薄,不易引起操作损伤而出血;②不易感染;③可以极大程度排除妊娠。

871. ABCDE 宫内节育器(IUD)并发症如下。①感染:若医务人员放置 IUD 时不严格无菌操作,或放置后不注意个人卫生,则易引起子宫和盆腔感染。②出血:放置后 IUD 与子宫壁接触,引起子宫收缩,导致内膜局部损伤时产生少量不规则出血。③子宫穿孔:IUD 本身较硬且有棱角,如操作不当可戳入宫壁导致子宫穿孔。④腰酸:放置 IUD 后可出现腰骶部疼痛及白带增多。放置 IUD 后可导致不规则阴道流血,表现为经量增多、经期延长,而不是闭经(E 错)。

872. ABCDE 宫内节育器(IUD)的主要副作用是不规则阴道流血,表现为经量增多、经期延长。本例月经规则,但经量增多,故不宜使用 IUD 避孕(B 错)。其他方法均可采用。

873. ABCDE ①放置宫内节育器(IUD)后应休息 3 日,1 周内忌重体力劳动,2 周内忌性交及盆浴,保持外阴清洁,以防感染。②含铜节育器是我国应用最广泛的IUD。带铜丝的T形IUD一般可放置5~7年,带铜套的T形IUD可放置10~15年,宫铜IUD可放置20年左右,因此带铜节育器的放置时间依IUD类型而定(C错)。带铜T形IUD以聚乙烯为支架,在纵臂或横臂上绕有铜丝,便于检查和取出。若术后未见尾丝,应行超声检查。③术后月经来潮应注意有无节育器脱落及带器妊娠。

874. ABCDE　875. ABCDE　876. ABCDE　①放置或取出宫内节育器(IUD)的时间都是月经干净第3~7日(D)。②为了解黄体功能,应在经前期(月经来潮6小时内)进行诊刮(A)。若为黄体功能不足,则可显示分泌反应落后2日。③为明确子宫内膜不规则脱落的诊断,应在月经期第5~6日诊刮,若见到呈分泌反应的子宫内膜,即可确诊(C)。

877. ABCDE　①IUD的放置时限为10年(含铜)、20年(宫铜),本例已放置10年。不规则阴道流血是放置IUD的常见副作用,但一般仅发生于刚放置后的3~6个月,可自行恢复。本例IUD放置10年后出现不规则阴道流血,对于围绝经期患者,应考虑子宫内膜癌的可能,故应取出IUD,行诊断性刮宫以排除子宫内膜癌(C)。②对不明原因的阴道出血,单纯止血治疗效果不好,故不答A。根据题干,本例无感染征象,故不答B、D。本例为围绝经期患者,无需行人工周期调节,故不答E。

878. ABCDE　879. ABCDE　①宫内节育器的副作用之一是不规则阴道流血。已生育妇女,身体健康,要求长期避孕,月经量少,宫内节育器为最佳适应证(A)。紧急避孕药为避孕失败的补救措施,不作为常规避孕使用,故不答B。安全期避孕并不安全,失败率高达20%,不宜采用。长效口服避孕药可以选用,但应坚持服用,使用不方便,故最佳答案为A而不是D。外用杀精子剂使用不当,失败率高达20%以上,不作为避孕首选药。②宫内节育器的避孕原理主要是局部组织对异物的组织反应而影响受精卵着床(A)。抑制卵巢排卵、改变宫颈黏液性状为甾体激素避孕药的主要机制。阻止精子和卵子相遇为输卵管绝育术的主要机制。

880. ABCDE　短效口服避孕药的激素成分是雌激素和孕激素,其作用机制如下。①抑制排卵:避孕药中的雌激素、孕激素负反馈抑制下丘脑释放GnRH,从而抑制垂体分泌FSH及LH,使之不出现排卵前LH峰,使排卵受到抑制。②改变宫颈黏液性状:孕激素使宫颈黏液量减少,黏稠度增加,不利于精子穿透。③改变子宫内膜形态与功能:避孕药可抑制子宫内膜增殖性变化,使子宫内膜分泌不良,不适于受精卵着床。精子获能的部位在女性子宫和输卵管,短效口服避孕药不影响精子的获能(C错)。

881. ABCDE　A、B、D、E均属于甾体激素避孕药的避孕机制。C为避孕套、输卵管绝育术的避孕机制。

882. ABCDE　①短效避孕药的激素成分是雌激素和孕激素。正常情况下,雌激素主要在肝内灭活,慢性肝炎患者因肝功能减退,可影响雌激素的灭活,使体内雌激素水平增高,故不宜使用短效避孕药。②哺乳期不宜使用短效避孕药,因避孕药中的雌激素可抑制乳汁分泌,影响乳汁质量。③月经稀少是短效避孕药的主要副作用,因此月经稀少者不宜使用。④长期服用雌激素类避孕药可使血液呈高凝状态,导致血栓形成,因此血栓性疾病患者不宜使用短效避孕药。⑤宫颈糜烂本质上是慢性炎症,因此不是短效避孕药的禁忌证(E)。

883. ABCDE　短效口服避孕药是雌激素和孕激素组成的复方制剂。雌激素成分为炔雌醇,孕激素成分各不相同,构成不同的配方及制剂。

884. ABCDE　复方短效避孕药(复方炔诺酮片、复方甲地孕酮片)于月经第5日开始服用第1片,连服22日,停药7日后服第2周期。一般在停药2~3日发生撤药性阴道出血,犹如月经来潮。

885. ABCDE　探亲片(甲地孕酮片)的服用方法为:于探亲前1日或当日中午服用1片,此后每晚服1片,至少连服10~14日。探亲片的服用不受月经周期的限制,在任何一日开始服用均能发挥避孕作用。参阅7版《妇产科学》P368,9版《妇产科学》已删除。

886. ABCDE　安全期避孕并不安全,失败率高达20%,不宜采用。宫颈糜烂不宜使用阴茎套避孕。外用避孕药我国少用。宫内节育器不适于子宫脱垂、阴道前后壁明显膨出者。正确答案为E。

887. ABCDE　安全期避孕并不安全,失败率高达20%,不宜采用。阴茎套避孕不适于宫颈糜烂者。阴道隔膜,我国尚无此类产品。宫内节育器不适于宫口松弛者。排除 A、B、C、D 后,得出正确答案为 E。

888. ABCDE 阴茎套避孕不适于宫颈糜烂者。安全期避孕并不安全,失败率高达 20%,不宜采用。宫内节育器不适于宫口松弛者。体外排精易造成部分精液遗漏在阴道内,导致避孕失败。故答 A。

889. ABCDE ①口服短效避孕药含有雌激素和孕激素,使用后可导致停经或月经过少,而不是经量增多。②服用期间可发生阴道流血,称为突破性出血,而不是撤退性出血。③长时间服用短效避孕药,少数妇女体重增加,这是因为避孕药中的孕激素成分有弱雄激素作用,促进体内合成代谢。此外雌激素有弱醛固酮作用,也可使体内水钠潴留引起体重增加(C 对)。④受孕激素影响,白带减少,黏稠度增加,拉丝度减小。⑤服用短效避孕药后,约 10%的妇女可出现食欲缺乏、恶心呕吐、乏力、头晕等类似早孕反应,为雌激素刺激胃黏膜所致。

890. ABCDE ①口服短效避孕药含有雌激素和孕激素,使用后 1%~2%的妇女可发生闭经或月经减少,故不适合经量偏少的妇女。②口服短效避孕药后,受孕激素影响,宫颈黏液量减少,白带减少,黏稠度增加。③长时间服用短效口服避孕药,少数妇女体重增加,这是因为避孕药中的孕激素成分有弱雄激素作用,促进体内合成代谢所致。④服用短效避孕药后,约 10%的妇女可出现食欲缺乏、恶心呕吐等类似早孕反应,为雌激素刺激胃黏膜所致。⑤雌激素有弱醛固酮作用,使用后可引起体内水钠潴留,导致体重增加(E 对)。

891. ABCDE ①口服短效避孕药含有雌激素和孕激素,使用后 1%~2%的妇女可发生闭经。②长期服用短效避孕药,少数妇女体重增加。③研究表明,长期服用短效避孕药,对预防卵巢癌有一定作用(C 错)。④服用短效避孕药后,约 10%的妇女可出现类似早孕反应,为雌激素刺激胃黏膜所致。⑤服用短效避孕药后,约 5%的妇女可出现面部淡褐色色素沉着,停药后多能逐步恢复。

892. ABCDE 服用短效避孕药期间部分妇女可出现不规则阴道出血,称为突破性出血,可能为雌激素不足所致。若出血量较少,可不用处理。若出血量偏多,可在每晚服用避孕药的同时加服少量雌激素(A)。若出血量接近月经量,则应停药。

893. ABCDE ①服用短效避孕药期间,部分妇女可出现突破性出血,为雌激素不足所致,可在每晚服用避孕药的同时加服少量雌激素(炔雌醇),答案为 E。②请注意:若出血发生在月经周期的后半周期,常为孕激素不足所致,应在每晚加服避孕药 0.5~1 片,直至服完 22 片为止。参阅 2 版《实用妇产科学》P991,9 版《妇产科学》未讲述。

894. ABCDE ①紧急避孕方法主要有两种,一种是放置带铜宫内节育器,另一种是使用紧急避孕药。因题干要求回答的是简便安全的措施,故不答 A。②紧急避孕药分为三类。a.雌孕激素复方制剂:复方左炔诺孕酮片(18-甲基炔诺酮)含炔雌醇 30μg、左炔诺孕酮 150μg,应在性生活后 72 小时内服用 4 片,12 小时再服 4 片;b.单孕激素制剂:左炔诺孕酮片,0.75mg,应在性生活 72 小时内服 1 片,12 小时重复 1 片;c.米非司酮:为抗孕激素制剂,于 1993 年用于紧急避孕,尚在研制中。在这三种制剂中,以 18-甲基炔诺酮最为常用,故答 B。③复方甲地孕酮片为口服短效避孕药,不能作为紧急避孕药使用。甲醚抗孕丸为"甲地孕酮+奎孕醇"的复方制剂,可用于紧急避孕,但我国很少应用。

895. ABCDE 患者子宫脱垂伴阴道前后壁明显膨出,不适于宫内节育器及外用避孕药膜。口服避孕药对肝功能有影响,故有肝炎病史者不宜使用。安全期避孕失败率高达 20%,不宜提倡。故答 E。

896. ABCDE ①避孕套不适于宫颈糜烂者。短效避孕药对肝功能有影响,不适于慢性肝炎患者。阴道隔膜避孕我国尚未引进。安全期避孕并不安全,失败率高达 20%,不宜使用。②注意:子宫脱垂、宫口松弛为宫内节育器的禁忌证,但宫颈糜烂是其适应证,因此本例可选择宫内节育器避孕,故答 D。

897. ABCDE ①患者月经量增多,不宜行宫内节育器避孕,故不答 A。体外排精易造成部分精液遗漏在阴道内,导致避孕失败,故不答 C。紧急避孕仅对一次无保护性生活有效,避孕有效率明显低于常规避孕方法,不能替代常规避孕,故不答 D。年龄>35 岁的妇女,不宜使用口服避孕药,以免增加心血管疾病发病率,故不答 E。②排除 A、C、D、E 后,得出正确答案为 B。

898. ABCDE ①在所给 A、B、C、D、E 5 种避孕方法中，避孕效果最不可靠的是安全期避孕，避孕有效率仅 80%，其失败率高达 20%(C)。②宫内节育器在我国应用最广泛，避孕有效率在 90%以上。阴茎套避孕有效率达 93%~95%。皮埋避孕法有效率 99%以上。口服短效避孕药有效率接近 100%。

899. ABCDE 安全期避孕是通过将性生活避开排卵前后 4~5 日的不安全期而达到避孕目的(A 错)。

900. ABCDE ①输卵管绝育术是指通过手术将输卵管结扎或用药物使输卵管粘连堵塞，阻断精子与卵子相遇而达到绝育的目的(C)。②抑制排卵为甾体激素避孕药的主要作用机制。杀灭精子、降低精子成活率为壬苯醇醚的避孕机制。降低宫颈黏液的黏稠度为雌激素的生理作用，而不是避孕机制。

901. ABCDE ①输卵管结扎术的适应证包括：夫妻双方已有子女不愿再生育，因某些疾病，如心脏病、肾病、肝病及严重遗传疾病不宜生育。该妇女已处于围绝经期，半年前因早孕行药物流产，说明该妇女不愿再生育，且有肾病不宜再次妊娠，故应行输卵管结扎术(E)。②安全期避孕并不安全，失败率高达 20%，不宜使用。避孕药对肝肾功能有影响，不适于慢性肾炎，故不答 B、C。本例虽可选用阴茎套避孕，但有效率仅 93%~95%，若意外妊娠，需再次人工流产，故答 E 而不是 D。

902. ABCDE ①心功能Ⅲ级者不宜妊娠，应行绝育手术，故答 D。②A、B、C、E 都不是绝育手术，故不答。

903. ABCDE 输卵管结扎术的最佳时间为非孕妇在月经干净后 3~4 日(E)，人工流产或分娩后宜在 48 小时内，哺乳期或闭经妇女应在排除早孕后。

904. ABCDE 输卵管绝育术的并发症如下。①出血或血肿：过度牵拉损伤输卵管或输卵管系膜血管，可引起腹腔内积血或血肿。②脏器损伤：多因局部解剖关系辨认不清或操作粗暴损伤膀胱、肠管等。③肠粘连：开腹手术的常见并发症。④月经异常：属于晚期并发症。子宫内膜异位症多与宫腔内手术操作有关，而输卵管绝育术常于腹腔内进行，不会进行宫腔内操作，故答 D。

905. ABCDE 人工流产负压吸宫术适用于妊娠 10 周以内者(C)。药物流产适用于停经≤49 日。钳刮术适用于妊娠 10~14 周。利凡诺羊膜腔注射常用于终止中晚期妊娠。

906. ABCDE 人工流产负压吸引术的禁忌证包括生殖道炎症(如阴道炎、急慢性盆腔炎、性传播疾病)未经治疗者、各种疾病的急性期、全身情况差不能耐受手术、术前两次体温>37.5℃(E)。请注意：慢性宫颈炎不属于人工流产的禁忌证，参阅 3 版《实用妇产科学》P746。

907. ABCDE ①心脏病患者能否妊娠应根据患者心脏病类型、病变程度、心功能分级而定：若心脏病变较轻、心功能Ⅰ~Ⅱ级、既往无心力衰竭病史，则可以妊娠；若心脏病变较重，心功能Ⅲ~Ⅳ级，既往有心力衰竭病史，则不宜妊娠。本例半年前曾发生过心力衰竭，故不宜妊娠，可首先排除 A、B、D。②终止妊娠的方法主要根据妊娠时间而定：药物流产适用于停经≤49 日；负压吸引术适用于妊娠 10 周以内；钳刮术适用于妊娠 10~14 周。本例妊娠 9 周，应采用负压吸引术终止妊娠(E)。

908. ABCDE ①人工流产负压吸宫术毕，应仔细检查吸出物，观察有无绒毛，以防漏吸。应将吸出物过滤，测量血液和吸出物容量，若未见绒毛组织，应送病理检查。②术中应严格遵守无菌操作规程，防止术后宫内感染。应正确判断子宫大小及方向，动作应轻柔，以免造成子宫穿孔。③吸宫吸头进出宫颈管时应关闭负压，以免损伤宫颈。④术后在观察室休息 1~2 小时，注意阴道流血情况，如无异常可以回家。⑤术后 2 周内禁止盆浴，1 个月内禁止性生活(E 错)。

909. ABCDE 910. ABCDE ①育龄期妇女停经 55 天，子宫增大，应首先考虑早孕。临床上，为确诊早孕，首选尿 hCG 检查和妇科 B 超。血清 hCG 在妊娠早期也可升高，但此法临床上少用，故最佳答案为 A 而不是 D。经阴道 B 超于停经 5 周起，在妊娠囊内见到胚芽和原始心管搏动，即可确诊宫内妊娠。基础体温测定常用于判断有无排卵。宫颈黏液检查常用于了解卵巢的功能状态。黄体酮试验常用于了解体内雌激素水平，以确定闭经程度。②本例为孕 7^{+6} 周，终止妊娠应首选负压吸宫术(B)。负压吸宫术适用于妊娠 10 周以内。药物流产适用于停经≤49 日。钳刮术适用于妊娠 10~14 周。乳酸依沙吖啶引产主要用于终止中晚期妊娠。缩宫素静脉滴注主要用于早产和足月分娩。

911. ABCDE ①人工流产负压吸宫术适用于妊娠 10 周以内者，但妊娠月份较大时，因子宫较大，子宫收缩欠佳,出血量较多。此时,应在扩张宫颈后,尽快取出胎盘及胎体,排空宫腔内容物,才能止血(C)。②输液输血、使用止血剂都是一般性治疗措施,对于子宫出血效果不佳,故不选 A、D、E。在宫腔内容物没有排空前,按摩子宫可能加重出血。

912. ABCDE ①负压吸宫时,术者突觉"无底"感,为子宫穿孔的特征,故本例应诊断为子宫穿孔(D)。②患者心率不快,故不答 A。流产不全常表现为术后阴道长时间流血。羊水栓塞常表现为突发呼吸困难、窒息死亡。人工流产综合反应常表现为心动过缓、心律不齐、面色苍白、头晕、大汗淋漓。

913. ABCDE ①患者 G_3P_1,说明患者多次妊娠。放置宫内节育器时出现心悸、明显腹痛,应考虑子宫穿孔。为明确诊断,应首选盆腔 B 超检查(E)。妇科 B 超可清楚显示宫内节育器是位于宫腔内还是宫腔外的盆腔,以鉴别有无子宫穿孔。盆腔 X 线检查只能确定宫内节育器位于盆腔中,但不能明确是位于宫腔内还是宫腔外,故答 E 而不是 B。②A、C、D 显然不是正确答案。

914. ABCDE ①钳刮术中见到黄色脂肪样组织,即可确诊子宫穿孔。此"黄色脂肪样组织"即为大网膜,是腹腔内的大网膜经子宫穿孔部位,进入宫腔,脱出于阴道所致。②一旦确诊子宫穿孔,应立即停止宫腔操作。小的穿孔,若无脏器损伤或内出血,手术已完成,可注射子宫收缩剂保守治疗,并给予抗生素预防感染。若破口大、有内出血、合并脏器损伤,应剖腹探查。本例穿孔情况未明,故不能立即剖腹探查。请注意:C 也不正确,因为肌内注射子宫收缩剂,将使脱出于阴道的大网膜嵌顿在穿孔部位,而不能还纳回腹腔,故 C、D 均不正确。

915. ABCDE 916. ABCDE ①吸宫后探查宫腔探不到宫底,为子宫穿孔的特征性表现,故答 B。根据题干所述条件不能诊断子宫畸形。人工流产综合反应常表现为心动过缓、心律不齐、面色苍白、头晕、胸闷、大汗淋漓等。羊水栓塞多表现为突发呼吸困难、窒息死亡。葡萄胎多表现为吸出物为葡萄状胎块。②发现子宫穿孔后应立即停止手术。小的穿孔,如无脏器损伤或内出血,手术已完成,可肌内注射缩宫素;若破口大、有内出血、有脏器损伤,应剖腹探查。本例出血不多,症状不重,应暂停手术,密切观察病情(C)。吸氧、注射阿托品为人工流产综合反应的治疗措施。

917. ABCDE ①负压吸宫术出血量多在 30ml 以下。若术后出血超过 10 日,出血量过多或出血停止后又有多量流血,应考虑吸宫不全(C)。②子宫穿孔多表现为器械进入宫腔突然出现"无底"感觉,或其探查深度明显超过检查时子宫大小。若胎盘附着面感染,子宫复旧不良引起出血,常表现为大量阴道出血,检查发现子宫大而软。子宫内膜炎常表现为寒战高热、下腹痛、阴道脓血性分泌物。子宫绒毛膜癌常表现为停经后不规则阴道流血,多发生于人工流产术后 1 年以上。

918. ABCDE ①人工流产术后 10 日以上还有阴道多量出血,应首先考虑吸宫不全(A)。患者下腹疼痛,体温 38.5℃,应考虑合并宫腔内感染,故本例应诊断为吸宫不全并发感染(B)。②漏吸常表现为刮出物肉眼未见绒毛,术后胚胎继续妊娠生长。输卵管妊娠常导致漏吸,最终以破裂结局。人工流产综合反应常表现为心动过缓、心律不齐、面色苍白、头晕、胸闷、大汗淋漓。

919. ABCDE ①人工流产术后 10 日以上还有阴道多量出血,应首先考虑吸宫不全。吸宫不全是指人工流产术后部分妊娠组织残留,故尿妊娠试验多为阳性,子宫稍大。根据题干,本例应诊断为吸宫不全(B)。②绒毛膜癌常表现为停经后不规则阴道流血,多于人工流产术后 1 年发病。侵蚀性葡萄胎可继发于葡萄胎后,但不会继发于人工流产术后。子宫内膜炎常表现为寒战高热、下腹痛、阴道脓血性分泌物。若胎盘附着面感染,子宫复旧不良可引起出血,常表现为大量阴道出血。

920. ABCDE 人工流产综合反应是指患者在术中或术毕出现心动过缓、心律不齐、面色苍白、头晕、胸闷、大汗淋漓,严重者血压下降、昏厥、抽搐等症状,主要是由于宫颈和子宫遭受机械性刺激引起迷走神经兴奋所致(E),并与孕妇精神紧张、不能耐受宫颈扩张、牵拉和负压过高等有关。

921. ABCDE ①人工流产综合反应是人工负压吸引术常见的并发症,常表现为术中心动过缓、心律不齐、面色苍白、头晕、胸闷、大汗淋漓,严重者出现血压下降、晕厥、抽搐等迷走神经兴奋症状。根据题干,本例应诊断为人工流产综合反应(A)。②羊水栓塞常表现为分娩过程中突发呼吸困难、低氧血症、低血压、凝血功能障碍等。子宫穿孔常表现为术者出现子宫无底感，或手术器械进入深度超过原来所测得深度。患者虽有血压降低，但心率缓慢，不能诊断为失血性休克。急性腹膜炎应发生于术后，而不是术中，故不答 E。

922. ABCDE　①患者人工流产术中出现胸闷、头晕、面色苍白、大汗淋漓、血压降低、心率缓慢，应考虑人工流产综合反应，主要为迷走神经兴奋所致，其治疗首选阿托品静脉注射(B)。②输血输液、苯巴比妥钠肌内注射为一般性治疗。迅速清除宫腔内容物，为术中阴道出血较多时的处理原则。阿拉明为升压药，患者血压降低、心率缓慢为迷走神经兴奋所致，其治疗首选阿托品，而不是阿拉明。

923. ABCDE　924. ABCDE　①患者人工流产术中出现恶心呕吐、出汗、面色苍白、血压下降、心率减慢，应诊断为人工流产综合反应(E)。HELLP 综合征是妊娠期高血压疾病的严重并发症，以溶血、肝酶升高及血小板减少为特点。Turner 综合征属于性腺先天性发育不全，常表现为原发性闭经、卵巢不发育、身材矮小、第二性征发育不良。Sheehan 综合征是由于产后大出血休克，导致腺垂体缺血坏死而引起的腺垂体功能低下综合征。宫腔粘连综合征是指各种原因导致子宫内膜破坏后引起子宫前后壁粘连而出现的腹痛、经量减少、闭经、继发性不孕、重复性流产等一系列临床表现。②人工流产综合反应主要是迷走神经兴奋所致，因此一旦发生，应立即给予阿托品 0.5~1mg 静脉注射。A、B、D、E 均不正确。

925. ABCDE　926. ABCDE　①年轻女性停经 44 天，尿妊娠试验阳性，应考虑早孕。早期妊娠时，子宫内膜由蜕膜和绒毛组成。本例吸出物未见绒毛，故吸出的组织最可能为蜕膜组织(B)。葡萄胎常于停经 8~12 周才开始出现不规则阴道出血，故不答 A。子宫息肉好发于宫颈，发生于子宫内膜者少见。本例已妊娠，不可能出现增生期或分泌期子宫内膜。②本例 B 超确诊妊娠囊位于宫底部，但负压吸宫的吸出物未见绒毛和胚胎，故应诊断为漏吸(A)。本例漏吸可能与胎囊过小(仅停经 44 天)、宫体后倾有关。吸宫不全是指人工流产后部分妊娠组织物残留，而漏吸是指人工流产时未吸出胚胎及绒毛而导致继续妊娠。宫腔感染常表现为寒战高热、下腹痛、阴道脓血性分泌物增多。子宫畸形与负压吸宫无关。子宫穿孔常表现为吸宫时宫腔“无底感”。

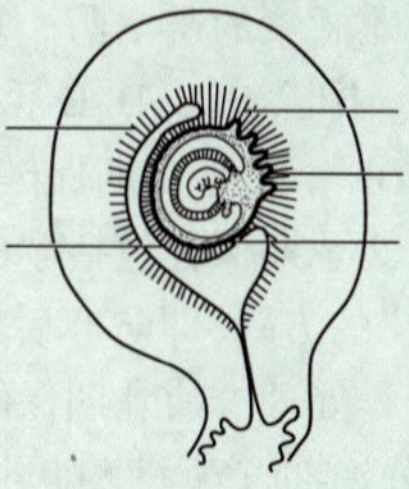

早期妊娠子宫蜕膜与绒毛的关系

927. ABCDE　A、C、D、E 均属于人工流产术的近期并发症，B 属于人工流产术的晚期并发症。

928. ABCDE　①目前，药物流产的常用方案为米非司酮+米索前列醇。米非司酮是一种合成类固醇，具有抗孕激素、糖皮质激素和轻度抗雄激素的作用。米非司酮对子宫内膜孕激素受体的亲和力比孕激素大 5 倍，因此能与孕激素竞争结合蜕膜的孕激素受体，从而阻断孕激素活性而终止妊娠(C)。②米索前列醇为前列腺素 E_1 类似物，对妊娠子宫有明显收缩作用。

929. ABCDE　药物流产的禁忌证包括：①有使用米非司酮禁忌证，如肾上腺疾病、妊娠期皮肤瘙痒史、血液病、血管栓塞病史；②有使用前列腺素禁忌证，如心血管疾病、青光眼、哮喘、癫痫、结肠炎等；③带器妊娠、宫外孕；④过敏体质、妊娠剧吐、长期服用抗结核、抗癫痫、抗抑郁、抗前列腺素药物等。

930. ABCDE　①未哺乳产妇在产后 6~10 周月经复潮，恢复排卵平均在产后 10 周。哺乳产妇月经复潮延迟，平均在产后 4~6 个月恢复排卵，因此哺乳期妇女应坚持避孕。②哺乳期避孕首选阴茎套，不宜使用避孕药，因避孕药中的雌激素可抑制乳汁分泌，影响乳汁质量。即使选用避孕药，也只能选用单孕激素制剂长效避孕针或皮下埋植剂，但尽量不用。宫内节育器(IUD)应在剖宫产后半年放置。

931. ABCDE　从胎盘娩出至产后 6 周，称为产褥期。产褥期内禁忌性交。产后 6 周起应采取避孕措施。参阅 2 版 8 年制《妇产科学》P432。

932. ABCDE　①哺乳期妇女首选阴茎套避孕，也可选用单孕激素制剂长效避孕针。阴道套国内尚无供应。宫内节育器可于产后 42 日恶露干净后放置。②哺乳期妇女不宜选用含雌激素的复方口服避孕药,因为避孕药中的雌激素可抑制乳汁分泌,影响乳汁质量(D)。

933. ABCDE ①哺乳期妇女首选阴茎套避孕,皮下埋置法为哺乳期妇女的次选避孕方法。②短效口服避孕药多为雌激素+孕激素的复方制剂,不宜使用,因为避孕药中的雌激素可抑制乳汁分泌,影响乳汁质量。安全期避孕法失败率20%以上,不宜提倡。宫内节育器应在剖宫产半年后放置。

934. ABCDE ①新婚夫妇还未适应性生活,应首选短效口服避孕药,使用方便,避孕效果好(B)。待性生活适应后可选用阴茎套避孕。注意:最佳答案为B而不是E,很多医考参考书将答案错为E。参阅9版《妇产科学》P377。②安全期避孕并不安全,失败率高达20%,不宜采用。新婚夫妇尚未生育,不应选用宫内节育器。新婚夫妇1年后要孩子,不宜采用长效避孕制剂皮下埋植 Norplant Ⅱ,Norplant Ⅱ的使用年限为5年。

935. ABCDE 936. ABCDE ①阴茎套不适合宫颈糜烂者,宫内节育器不适合宫颈口松弛者,体外排精和安全期避孕失败率较高,故本例宜选用口服避孕药避孕(E)。②阴茎套是哺乳期的最佳避孕方式,因为不影响乳汁质量和婴儿健康(A)。哺乳期放置宫内节育器易发生子宫损伤,故不答B。含有雌激素的口服避孕药,可影响乳汁分泌,故不答E。

937. ABCDE 938. ABCDE ①本例尚未生育,不应选用宫内节育器。安全期避孕并不安全,失败率高达20%,不宜采用。紧急避孕药仅用于避孕失败、遭受性暴力者,故不答C。本例仅需避孕半年,不宜使用长效复方避孕注射剂,故答D。②雌激素可抑制乳汁分泌,影响乳汁质量,故哺乳期避孕不宜选用含雌激素的避孕药。复方短效口服避孕药、长效复方避孕注射剂均含有雌激素,不宜使用,故不答D、E。排除B、C、D、E后,得出正确答案为A。哺乳期放置宫内节育器应先排除早孕。

939. ABCDE ①生育期保健主要是维护生殖功能正常,保证母婴安全,降低孕产妇死亡率和围产儿死亡率。②孕期保健包括孕前保健、妊娠早期、中期和晚期保健。我国卫健委针对分娩期提出了“五防一加强”的方针,即防产后出血、防产褥期感染、防产程停滞、防产道损伤、防新生儿窒息,加强产时监护和产程处理。哺乳期保健包括提倡母乳喂养、哺乳期用药应慎重。围产期保健是指从妊娠前、妊娠期、分娩期、产褥期、哺乳期为孕产妇、胎儿、新生儿的健康所施行的一系列保健措施。

第二十篇　儿科学试题答案及详细解答

（正确答案为绿色的选项）

1. ABCDE　婴儿期是指自出生到1岁，各器官的生长发育尚不完善，来自母体的抗体逐渐减少，自身免疫功能尚未成熟，抗感染能力较弱，易发生各种感染和传染性疾病。

2. ABCDE　①自1岁至满3岁之前为幼儿期。此期体格生长发育较婴儿期稍减慢，但智能发育迅速。②幼儿期语言、行动和表达能力明显发展，应人应物能力发展迅速。③幼儿期小儿对危险的识别能力、自我保护能力有限，因此意外伤害发生率非常高。④幼儿期因接触感染的机会较婴儿期多，故传染病发生率较高。⑤若断奶后对营养供应不加重视，往往导致体重不增或少增，甚至出现营养不良。

3. ABCDE　婴儿期是指自出生到1岁之前（C错）。

4. ABCDE　①新生儿期是指自胎儿脐带结扎至出生后28天，此期发病率高，死亡率也高，约占婴儿死亡率的1/3~1/2，尤以新生儿早期为高。②围生期是指妊娠满28周至出生后7天，此期的死亡率更高，为死亡率最高的时期，年龄越小，死亡率越高，故答案为E，参阅7版《诸福棠实用儿科学》P4。

5. ABCDE　6. ABCDE　①小儿各系统的生长发育并不均衡。神经系统的发育是先快后慢，脑在出生2年内发育最快（E）。②体格发育有婴儿期、青春期两个生长高峰，呈快-慢-快的特点（A）。③生殖系统的发育是先慢后快，淋巴细胞的发育是先快后降。

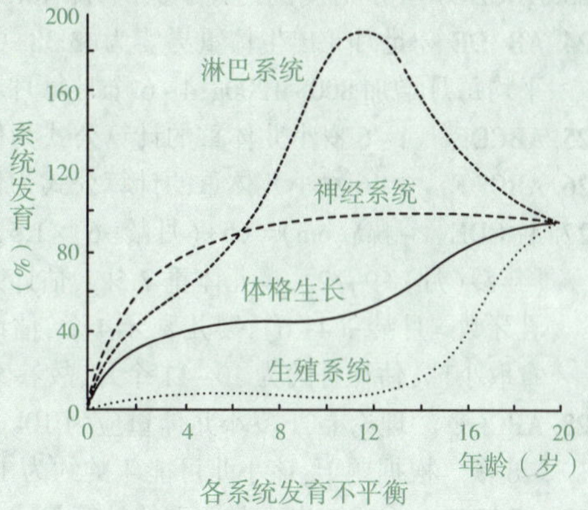

各系统发育不平衡

7. ABCDE　8. ABCDE　生长发育在整个儿童时期不断进行，但各年龄阶段的生长速度不同。体重和身长在生后第1年，尤其是前3个月增加很快，第1年为生后第一个生长高峰；第2年以后生长速度逐渐减慢，至青春期生长速度又加快，出现第二个生长高峰。

9. ABCDE　①小儿身高和体格的生长发育有两个高峰期，即生后第1年和青春期。②小儿的生长发育存在个体差异，因受遗传、环境因素的影响。③小儿各系统、各器官的生长发育并不平衡，如神经系统的发育较早，淋巴系统在儿童期生长迅速，生殖系统发育较晚。④小儿生长发育遵循自上而下（D错）、由近到远、由粗到细、由低级到高级、由简单到复杂的规律。⑤小儿的生长发育是连续的、有阶段性的、非匀速过程。

10. ABCDE　①小儿生长发育遵循由上到下、由近到远、由粗到细、由低级到高级、由简单到复杂的规律。②小儿各器官、系统的发育顺序、发育速度并不相同，如神经系统发育较早，生殖系统发育最晚（B对）。③小儿体格发育有个体差异，没有绝对的正常值。④小儿体格发育有两个高峰时期，即婴儿期和青春期，且相对速度以生后3个月最快。⑤生长发育水平是遗传与环境因素共同作用的结果，而不是从量变到质变的过程。

11. ABCDE　①小儿体格生长发育应选择易于测量、有较大人群代表性的指标来表示。一般常用的形态指标有体重、身高、头围、胸围、上臂围、皮下脂肪等（E）。②神经反射发育、动作、语言及智能发育水平，均为神经心理发育的常用指标。

12. ABCDE　13. ABCDE　①体重为各器官、系统、体液的总重量。体重易于准确测量，是最易获得的反映儿童生长与营养状况的指标(A)。如营养不良时,首先表现为体重不增或增长缓慢。②身高通常作为衡量骨骼发育的重要指标,如骨骼发育不良常表现为身材矮小(B)。③头围是反映脑和颅骨生长的指标。胸围是反映肺和胸廓生长的指标。腹围临床上少用。

14. ABCDE　正常足月儿出生体重≥2500g,但≤4000g。体重<2500g 为低出生体重儿,体重<1500g 为极低出生体重儿,体重<1000g 为超低出生体重儿。

15. ABCDE　正常足月儿出生时身高平均为 50cm,生后第 1 年身高增长最快,约为 25cm。

16. ABCDE　正常足月儿出生时身高平均为 50cm,1 岁时达 75cm,2 岁时约 87cm,即 1~2 岁增长约 12cm。

17. ABCDE　正常足月儿出生时身高平均为 50cm,1 岁时达 75cm,2 岁时约 87cm(D)。

18. ABCDE　正常足月儿出生时头围 33~34cm,1 岁时约 46cm,2 岁时达 48cm,5 岁时约 50cm,2~15 岁仅增加 6~7cm,15 岁接近成人。

19. ABCDE　正常足月儿出生时头围 33~34cm,生后前 3 个月头围增长约 6cm,故 3 月儿头围 39~40cm。

20. ABCDE　正常足月儿出生时头围 33~34cm,1 岁时约为 46cm,2 岁时约为 48cm,5 岁时约为 50cm,15 岁时约为 54~58cm,基本与成人相同。9 版《儿科学》已删除 5 岁头围数据。

21. ABCDE　①正常足月儿出生时身高约 50cm,前 3 个月身高增长较快,为 11~13cm,因此 3 月儿身高=50+(11~13)=61~63cm。②正常足月儿出生时头围 33~34cm,生后前 3 个月头围增长约 6cm,故 3 个月儿头围 39~40cm,答案为 B。

22. ABCDE　正常足月儿出生时胸围约 32cm,略小于头围 1~2cm。1 岁时胸围约等于头围,即 46cm。

23. ABCDE　1 岁时胸围约等于头围,即 46cm。

24. ABCDE　足月儿出生体重男婴为(3.38±0.40)kg,女婴为(3.26±0.40)kg。出生后前 3 个月增长最快,平均每月增加 800~1200g;4~6 个月每月增加 400~600g。参阅 8 版《诸福棠实用儿科学》P18。

25. ABCDE　1~6 岁小儿体重的计算公式为体重(kg)=年龄(岁)×2+8。

26. ABCDE　1~6 岁小儿体重的计算公式为体重(kg)=年龄(岁)×2+8,2 岁小儿体重=2×2+8=12kg。

27. ABCDE　身高(cm)=65+(月龄-6)×1.5,婴儿身长 68cm,估计月龄为 8 个月。3~12 个月小儿体重=[年龄(月)+9]/2,,婴儿体重 7.5kg,估计月龄 6 个月。头围 44cm,估计婴儿月龄约 8 个月。2 岁以内乳牙数=月龄-(4~6),婴儿乳牙 4 个,估计月龄 8~10 个月。能独坐,估计月龄 8 个月。能以拇、示指拿取小球,估计月龄为 10~11 个月,故答案为 B。

28. ABCDE　理论上,1 岁小儿体重应为 10kg,身高应为 75cm,头围=胸围=46cm,出牙=月龄-(4~6)=6~8 颗。根据题干,该小儿可能年龄约为 1 岁。

29. ABCDE　①1~6 岁小儿体重的计算公式为体重(kg)=年龄(岁)×2+8。体重 20kg 的小儿,理论年龄约为 6 岁。②2~6 岁小儿身高=年龄(岁)×7+75。身高 117cm 小儿,理论年龄约为 6 岁。

30. ABCDE　头围是指经眉弓上缘、枕骨结节左右对称环绕头一周的长度,是反映脑和颅骨发育情况的指标。

31. ABCDE　3~12 个月小儿体重=[年龄(月)+9]/2。体重 8kg 小儿,理论年龄约为 7 个月。7~12 月婴儿身长的计算公式为:身长=65+(月龄-6)×1.5。本例身长为 68cm,推测该女婴月龄为 8 个月。正常发育的 7 月儿会翻身,自己能独坐很久,可将玩具从一手换入另一手;能发"爸爸""妈妈"等复音;能自握饼干,故答案为 B。

32. ABCDE　33. ABCDE　正常足月儿出生时头围 33~34cm,3 个月为 39~40cm,1 岁时约为 46cm,2 岁时约为 48cm,5 岁时约为 50cm。

34. ABCDE　前囟是左右两块额骨与左右两块顶骨围成的菱形区域,前囟的大小是菱形两个对边中点连线的距离,出生时为 1.5~2cm,以后随颅骨生长而增大,6 月龄左右逐渐骨化而变小,最迟于 2 岁闭合。

35. ABCDE　出生后 4~10 个月乳牙开始萌出,13 个月(7 版《儿科学》P14

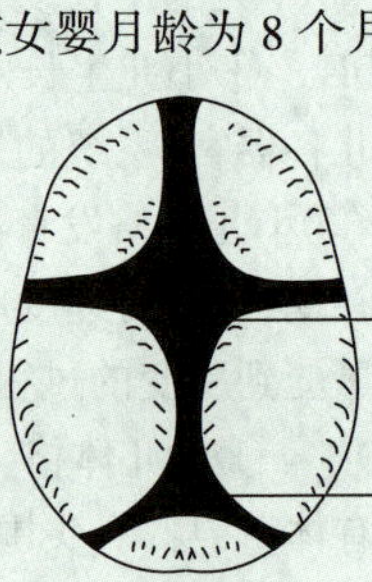

囟门结构

为12个月)后未萌出者,称为乳牙萌出延迟。大多数于3岁前出齐。

36. ABCDE　小儿头颅有前囟和后囟。前囟为大囟门,位于儿头前方,呈菱形,在1~1.5岁闭合,最迟在2岁闭合(B)。后囟为小囟门,位于儿头后方,呈三角形,出生时多已闭合,最迟6~8周龄闭合。

37. ABCDE　正常小儿出生时后囟多已闭合,最迟6~8周龄闭合。

38. ABCDE　小儿脊柱弯曲形成的时间如下。①3个月能抬头:颈椎前凸,形成第1个生理弯曲;②6个月能坐:胸椎后凸,形成第2个生理弯曲(B);③12个月开始行走:腰椎前凸,形成第3个生理弯曲。

39. ABCDE　长骨的生长主要由干骺端的软骨骨化,骨膜下成骨,使长骨增长、增粗。腕部在出生时无骨化中心,其出生后的出现次序为头状骨、钩骨(3个月左右)、下桡骨骺(1岁)、三角骨(2~2.5岁)、月骨(3岁)、大小多角骨(3.5~5岁)、舟骨(5~6岁)、下尺骨骺(6~7岁)、豆状骨(9~10岁)。10岁时出全,共10个。1~9岁腕部骨化中心的数目大约为其岁数+1,故6岁小儿腕部骨化中心数目约为7个(C)。

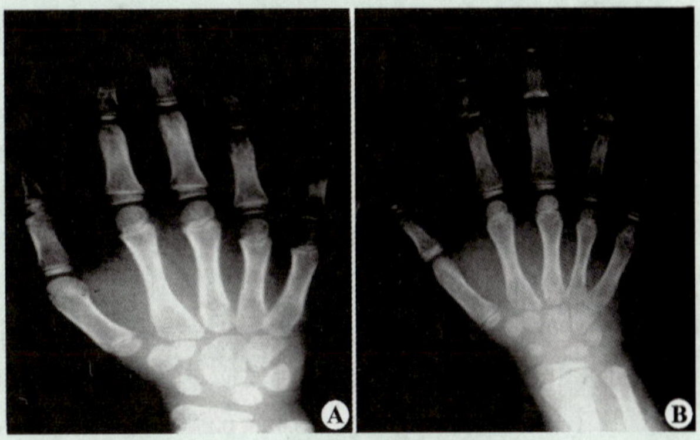

小儿腕关节片示骨龄

40. ABCDE　新生儿出生后1周内因奶量摄入不足、水分丢失、胎粪排出,可出现暂时性体重下降,称为生理性体重下降。在出生后第3~4日达最低点,下降范围为3%~9%,以后逐渐回升,至出生后第7~10日恢复到出生时的体重。

41. ABCDE　多数小儿萌出第一恒磨牙的年龄是6岁,又称6龄牙。

42. ABCDE　乳牙出齐共20个,恒牙出齐为28~32个。

43. ABCDE　①恒牙的骨化从新生儿期开始,18~24个月时第三横臼齿已骨化。②对比记忆:乳牙出生时已骨化,乳牙萌出4~10个月开始,恒牙萌出6岁开始。

44. ABCDE　①颅缝一般闭合的年龄是生后3~4个月。②前囟最晚闭合的年龄是生后2岁,后囟最晚闭合的年龄是生后6~8周龄。③出生时脊柱无弯曲。3个月小儿抬头时出现颈椎前凸(第1个生理弯曲),6个月小儿能坐时出现胸椎后凸(第2个生理弯曲),1岁小儿站立行走时出现腰椎前凸(第3个生理弯曲)。至6~7岁这些脊柱自然弯曲随韧带的发育而固定。

45. ABCDE　①1~6岁小儿体重的计算公式为体重(kg)=年龄(岁)×2+8。体重12kg的小儿,理论年龄约为2岁。②2~6岁小儿身高=年龄(岁)×7+75。身高85cm小儿,理论年龄约为1.4岁。③正常小儿1岁时头围约为46cm,2岁时约为48cm,5岁时约为50cm。本例头围48cm,说明年龄2岁。④乳牙2.5岁时出齐,共20枚。综合上述数据,判断该小儿年龄约为2岁(B)。

46. ABCDE　①根据身高公式"身高(cm)=年龄(岁)×7+75",可推测儿童的理论年龄为5~6岁。②根据体重公式"体重(kg)=年龄(岁)×2+8",可推测儿童的理论年龄为6岁。③1~9岁小儿的腕部骨化中心数目=岁数+1,该儿童骨化中心数为7个,推测其理论年龄为6岁。

47. ABCDE　身高(cm)=65+(月龄-6)×1.5,婴儿身长68cm,估计月龄为8个月。3~12个月小儿体重=[年龄(月)+9]/2,婴儿体重7.5kg,估计月龄6个月。头围44cm,估计婴儿月龄约8个月。2岁以内乳牙数=月龄-(4~6),婴儿乳牙4个,估计月龄8~10个月。能独坐,估计月龄8个月。能以拇、示指拿取小球,估计月龄为10~11月,故答案为B。

48. ABCDE　①根据公式:身高=年龄×7+75,可推知该小儿理论年龄约为2岁。按公式:1~6岁小儿体重=年龄(岁)×2+8,推知该小儿理论年龄约为2.2岁。②小儿会双脚跳,会用勺子吃饭,推知该小儿约为2岁(C)。

49. ABCDE ①1 岁时体重约 10kg，身长约 75cm，头围约 46cm，胸围 46cm。②2 岁以内乳牙数＝月龄－(4～6)，本例出牙 6 颗，月龄 10～12 个月，故答 B。在体格生长发育常用指标中，以头围判断年龄较准确，尤其 2 岁以内的小儿，因此当题干所给数据与理论数据矛盾时，应以头围数据为准。

50. ABCDE 小儿会双脚跳，会用勺子吃饭，会说 2～3 个字的短句，推知该小儿约 2 岁。

51. ABCDE 1 岁时头围约 46cm，身长约 75cm，体重约 10kg。这些常用数据请牢记。

52. ABCDE 53. ABCDE ①在体格生长发育常用指标中，以头围判断年龄较准确，尤其 2 岁以内的小儿。正常足月儿出生时头围 33～34cm，6 个月为 42～43cm，1 岁时约为 46cm，2 岁时约为 48cm，5 岁时约为 50cm。本例头围 47cm，说明小儿年龄为 1～2 岁(B)。②1～6 岁儿童体重的估算公式为：体重(kg)＝年龄×2+8。该小儿为 1.5 岁，故体重＝1.5×2+8＝11kg(D)。

54. ABCDE 55. ABCDE ①小儿 1 岁时身高 75cm，2 岁时约 87cm。头围 1 岁时 46cm，2 岁时达 48cm。2 岁以内乳牙数＝月龄－(4～6)，本例 20 颗乳牙出齐，月龄 24～26 个月。2 岁儿会跳，能完成简单动作，能表达喜怒哀乐。故本例小儿年龄约为 2 岁。②2 岁小儿体重＝年龄(岁)×2+8＝2×2+8＝12kg。

56. ABCDE 57. ABCDE ①小儿 6 个月能独坐一会，坐得不稳，能发单音，能认识熟人和陌生人，不能听懂自己的名字；小儿 7 个月能自己独坐很久，不会爬，能发"爸爸""妈妈"等复音，能听懂自己的名字；小儿 8 个月会爬，能重复大人所发简单音节。故该小儿的可能年龄为 7 个月(C)。②7 月儿体重＝[年龄(月)+9]/2＝8(kg)。身高＝65+(月龄－6)×1.5＝66.5(cm)。

58. ABCDE ①脊髓灰质炎疫苗在出生后 2 个月、3 个月、4 个月分别接种 1 次，于 4 岁时复种(A)。②乙脑疫苗在 8 个月、2 岁时接种。百白破疫苗在出生后 3 个月、4 个月、5 个月接种。麻疹疫苗在出生后 8 个月接种。卡介苗在出生时接种。

59. ABCDE ①预防接种的实施程序是常考点，请对照下表牢记。原卫生部规定的计划免疫必须在 1 岁以内完成卡介苗、脊髓灰质炎、百白破疫苗(即百日咳、白喉、破伤风疫苗)、麻疹疫苗、乙肝疫苗的基础免疫，简称五苗防七病。非计划性免疫接种包括乙脑、流脑、流感(杆菌)、风疹、水痘、甲肝、肺炎、腮腺炎、轮状病毒等疫苗的接种。预防接种的时间记忆口诀为：出生乙肝卡介苗，二月脊灰炎正好，三四五月百白破，八月麻风和乙脑。②根据此口诀可知，卡介苗为出生时就要实施的预防接种，故答 A。

年龄	接种疫苗	年龄	接种疫苗
刚出生	卡介苗，乙肝疫苗①	1 个月	乙肝疫苗②
2 个月	脊髓灰质炎灭活疫苗①	3 个月	脊髓灰质炎减毒活疫苗②，百白破疫苗①
4 个月	脊髓灰质炎减毒活疫苗③，百白破疫苗②	5 个月	百白破疫苗③
6 个月	乙肝疫苗③	8 个月	麻风疫苗，乙脑减毒活疫苗
1.5 岁	百白破疫苗④	4 岁	脊髓灰质炎减毒活疫苗④

60. ABCDE 1 岁以后儿童计划免疫的复种包括：1.5 岁百白破疫苗复种，4 岁脊髓灰质炎疫苗复种，6 岁白破疫苗复种。

61. ABCDE 62. ABCDE 63. ABCDE ①出生时、出生 1 个月、出生 6 个月时需接种的疫苗是乙肝疫苗(B)。②出生 2 个月、3 个月、4 个月时需接种的疫苗是脊髓灰质炎三价混合疫苗(D)。③出生 3 个月、4 个月、5 个月时需接种的疫苗是百白破混合制剂(E)。

64. ABCDE 65. ABCDE 预防接种的时间记忆口诀为：出生乙肝卡介苗，二月脊灰炎正好，三四五月百白破，八月麻风和乙脑。因此麻疹疫苗初种年龄是 8 个月，百白破疫苗初种年龄是 3 个月。

66. ABCDE 预防接种的时间记忆口诀为：出生乙肝卡介苗，二月脊灰炎正好，三四五月百白破，八月麻风和乙脑。根据此口诀可知，麻疹疫苗的接种时间为出生后 8 个月。

67. ABCDE 预防接种的时间记忆口诀为：出生乙肝卡介苗，二月脊灰炎正好，三四五月百白破，八月麻风和乙脑。根据此口诀,麻疹疫苗于 8 个月时接种,该婴儿仅 7 个月大,无需接种麻疹疫苗(E 错)。

68. ABCDE　**69. ABCDE**　预防接种的时间记忆口诀为:出生乙肝卡介苗,二月脊灰炎正好,三四五月百白破,八月麻风和乙脑。根据此口诀,新生儿出生后就要接种卡介苗(A),麻疹疫苗应在 8 个月时接种(C)。脊髓灰质炎疫苗在 2 个月接种,百白破疫苗在 3 个月、4 个月、5 个月接种,流感疫苗属于非计划疫苗。

70. ABCDE　**71. ABCDE**　预防接种的时间记忆口诀为:出生乙肝卡介苗,二月脊灰炎正好,三四五月百白破,八月麻风和乙脑。根据此口诀,新生儿出生后就要接种乙肝疫苗(A),脊髓灰质炎疫苗在 2 个月接种(D)。

72. ABCDE　**73. ABCDE**　**74. ABCDE**　①出生后 3 个月、4 个月、5 个月接种百白破三联疫苗(C)。②乙型肝炎疫苗在出生时、1 个月、6 个月接种(B)。③口服脊髓灰质炎糖丸适宜的时间是出生后 2 个月、3 个月、4 个月(D)。④8 个月接种的是麻疹疫苗。

75. ABCDE　新生儿生后第 1 周每日所需总能量为 251kJ(60kcal)/kg,第 2、3 周约为 418kJ(100kcal)/kg,婴儿为 460kJ(110kcal)/kg,以后每增加 3 岁减去 42kJ(10kcal)/kg,15 岁时为 250kJ(60kcal)/kg。按此标准,5 岁小儿每日所需总热量 $=110-(5/3)\times10=93$kcal/kg(A)。参阅 7 版《诸福棠实用儿科学》P68。

76. ABCDE　婴儿基础代谢率约为 55kcal/kg,基础代谢占总能量的 50%(7 版《儿科学》P49),故 1 岁以内婴儿每日所需总能量为 110kcal/kg。这样计算出来的数据与 2 版 8 年制《儿科学》P60 数据相符。

77. ABCDE　1 岁以内婴儿的基础能量需求为每日每千克体重 55kcal(C)。

78. ABCDE　9 版《儿科学》P55:基础代谢占总能量的 50%。2 版 8 年制《儿科学》P60:婴幼儿基础代谢率较成年人高,约占总能量的 60%,故答 C。

79. ABCDE　儿童对能量的需要包括基础代谢、食物热力作用、活动消耗、排泄消耗、生长所需 5 个方面,其中前 4 个方面是成人和儿童共有的能量消耗,生长所需(生长发育)是指组织生长合成所消耗的能量,为儿童特有(D)。生长所需能量与儿童生长的速度成正比。

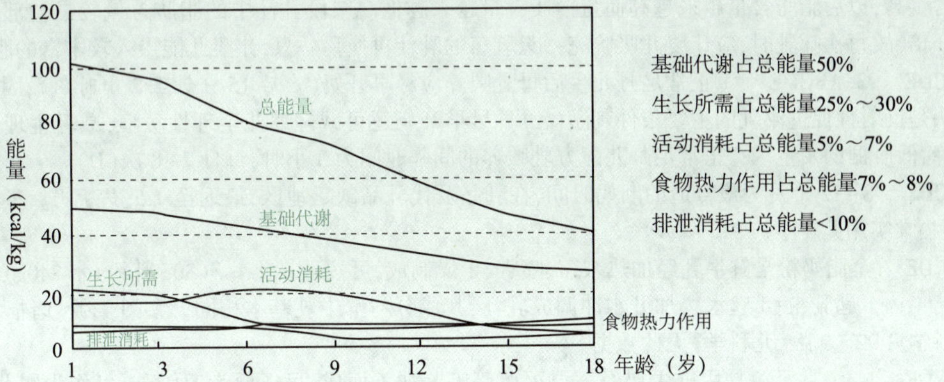

能量分布与年龄的关系

80. ABCDE　儿童总能量消耗包括基础代谢、食物特殊动力作用、活动消耗、排泄消耗、生长所需 5 个方面。其中,生长发育所需能量为小儿所特有,生长发育越快所需能量越大。1 岁以内的婴幼儿生长发育最快,此项所需能量约占总能量的 20%~30%。因此,婴儿每日所需能量与营养素较成人相对要高。参阅 8 版《诸福棠实用儿科学》P89。

81. ABCDE　小儿总的能量需要包括基础代谢、食物热力作用(食物特殊动力作用)、活动消耗、排泄消耗、生长所需 5 个方面。婴儿无思维活动,故无需在此方面消耗能量(D)。

82. ABCDE　①每克糖、脂肪和蛋白质在机体内完全氧化,可分别供给 4kcal、9kcal、4kcal 的能量,淀粉类物质在体内可转化为糖,产生能量。能为机体提供能量的物质包括糖、脂肪、蛋白质、淀粉类。②维生素是维持机体正常代谢和生理功能所必需的一大类有机化合物,不产生能量,人体需要量甚微(D)。

83. ABCDE ①糖类为小儿的主要供能物质，2 岁以上儿童糖类所产生的能量占总能量的 55%～65%(B)。②脂类为次要供能物质，所产生的能量占总能量的 25%～30%。蛋白质的主要功能是构成机体组织器官的重要成分，供能仅占总能量的 8%～15%。矿物质和膳食纤维不参与供能。

84. ABCDE 碳水化合物、脂类、蛋白质分别提供儿童总能量的 55%～65%、25%～30%、8%～15%。矿物质和膳食纤维不参与供能。2020 年真题。

85. ABCDE 2 版 8 年制《儿科学》P60：婴儿期每日所需总热量为 460kJ/kg(110kcal/kg)。8 版《儿科学》P53：婴儿每日需水量为 100～150ml/kg。9 版《儿科学》P57：婴儿每日需水量为 110～155ml/kg。

86. ABCDE 食物在体内氧化可产生一小部分水，称为食物内生水或代谢水。一般混合食物每 418kJ(100kcal)约产生 12g 水，由于水的比重为 1.0，即产生 12ml 水。参阅 7 版《诸福棠实用儿科学》P85。

87. ABCDE 母乳中含有大量溶菌酶，此酶是一种非特异性保护因子，含量为牛奶的 3000 倍，可促进乳酸杆菌生长，故母乳喂养儿粪便中主要的细菌是乳酸杆菌，故答 E。

88. ABCDE ①人乳中乳糖含量丰富，有利于脑的发育。②人乳铁含量虽与牛奶相似，但人乳中铁吸收率(49%)高于牛奶(4%)，故母乳喂养的婴幼儿缺铁性贫血的发生率较低。③人乳中钙磷比例适当，为 2:1，易于吸收，故母乳喂养较少发生佝偻病。④人乳含不饱和脂肪酸较多，初乳中更高(D 错)。⑤母乳中白蛋白、酪蛋白含量分别为 0.4g/100g、0.4g/100g，牛乳中白蛋白、酪蛋白含量分别为 0.4g/100g、2.7g/100g。参阅 8 版《诸福棠实用儿科学》P108。

89. ABCDE ①人乳分为初乳、过渡乳和成熟乳 3 类。初乳是指孕后期与分娩 4～5 日以内的乳汁。初乳含脂肪、糖类较少而蛋白质较多(E 对)。②脂肪含量为：初乳 28.5g/L，过渡乳 43.7 g/L，成熟乳 32.6g/L。蛋白质含量为初乳 22.5g/L，过渡乳 15.6g/L，成熟乳 11.5g/L。糖类含量为初乳 75.9g/L，过渡乳 77.4g/L，成熟乳 75.0g/L。

90. ABCDE 91. ABCDE 每次哺乳过程，乳汁的成分随时间而变化。最初部分乳汁脂肪含量低而蛋白质含量高，以后脂肪含量越来越高而蛋白质含量越来越低。末段乳汁中的脂肪含量较最初部分可高 2～3 倍，故每次哺乳时，应让婴儿吸吮完一只乳房的乳汁再换另一只，让婴儿能摄入较丰富的脂肪。

92. ABCDE 93. ABCDE ①正常足月儿生后母乳喂养应尽早开奶(产后 15 分钟至 2 小时内)，因为吸吮乳头是反射性促进泌乳的主要条件刺激(A)。尽早开奶还可减轻婴儿生理性黄疸，减轻生理性体重下降、低血糖的发生。②正常足月儿配方乳喂养的间隔时间为 3 小时，每日 7～8 次(D)。

94. ABCDE 8～12 个月为最合适的断奶时间，在乳品及代乳品缺乏地区，最迟至 1.5 岁断奶。参阅 7 版《诸福棠实用儿科学》P91。

95. ABCDE 全脂奶粉是鲜牛乳经加热浓缩、喷雾、干燥制成，可按重量比 1:8(30g 乳粉+水 240g)或按体积比 1:4(1 匙乳粉+4 匙水)，加开水冲调成乳汁，其成分与鲜牛乳基本相同。参阅 7 版《诸福棠实用儿科学》P92。9 版《儿科学》无此数据。

96. ABCDE ①全脂奶粉是用鲜牛奶经高温灭菌等工艺加工而成，可还原为原鲜乳，可作为婴儿主食。②蒸发乳是鲜牛奶经蒸发浓缩、高温消毒灌装而成，食用前加等量开水，即成全脂牛乳，可以作为主食，但目前应用较少。③酸奶是鲜牛乳加乳酸杆菌或稀盐酸、乳酸、柠檬酸等制成，需置冰箱保存，不能加热。因其乳凝块细小，酸度高，易于消化吸收，但不适宜年幼婴儿日常饮用。④甜炼乳在制作过程中使用了加热蒸发、加糖等工艺，因而更易保存。但甜炼乳甲型乳糖和蔗糖含量高，不易吸收，也不利于肠道菌群的平衡。此外，甜炼乳中蛋白质、脂肪含量很低，不能满足婴儿的营养需求。故甜炼乳不能作为婴儿的主食(D)。⑤配方奶粉是参照母乳组成成分和模式，在营养组分上对牛乳的组成加以调整和改进，配制而成的适合婴儿生长发育所需的乳制品，可以作为婴儿的主食。

97. ABCDE 牛奶中乳糖含量较人乳低，故婴儿饮用鲜牛奶时应添加 8%的糖。每 100ml 牛奶供能约 67kcal，加入 8g 糖后供能约 100kcal(B)。

98. ABCDE 人工喂养的婴儿估计每日奶量的计算依据是婴儿体重、推荐能量摄入量(RNI)、奶制品规格。

99. ABCDE　100. ABCDE　婴儿的能量需求量为 100kcal/(kg·d),8%糖牛奶 100ml 供能约 100kcal。因此,5kg 婴儿每日需喂 8%的糖牛奶 500ml(A),6kg 婴儿每日需喂 8%的糖牛奶 600ml(C)。

101. ABCDE　①8%糖牛奶 100ml 供能约 100kcal,婴儿的能量需求量为 100kcal/(kg·d),故 5kg 婴儿所需总能量为 500kcal/d,即 8%糖牛奶 500ml。②婴儿每日所需总液量(奶+水量)为 150ml/(kg·d),故每日补水量=总液量-糖牛奶量=150×5-500=250ml,故答 B。

102. ABCDE　①已知婴儿需 8%糖牛奶 100ml/(kg·d),若婴儿每天应给予 8%糖牛奶 600ml,则婴儿体重为 6kg。②婴儿每日所需总液量(糖牛奶+水分量)= 150ml/(kg·d)×体重(6kg)= 900ml。③每日补水量=总液量-糖牛奶量=900-600=300ml(C)。

103. ABCDE　104. ABCDE　①婴儿每日所需总液量(奶+水量)为 150ml/(kg·d),体重为 5kg 的婴儿每日所需牛奶和水分的总量=150×5=750ml(B)。②婴儿需 8%糖牛奶 100ml/(kg·d),体重为 5kg 的婴儿需糖牛奶 500ml,需水分=总液量-糖牛奶量=750-500=250ml,答案为 C。

105. ABCDE　106. ABCDE　①婴儿配方奶粉是参照母乳组成成分和模式,在营养组成上对牛乳的组成加以调整和改进,配制而成的适合婴儿生长发育所需的乳制品,可以作为婴儿的主食(D)。②婴儿需 8%糖牛奶 100ml/(kg·d),体重为 4kg 的婴儿每日需 8%的糖牛奶 400ml(C)。

107. ABCDE　添加辅食的月份分别记忆为春夏秋冬四季(即 1~3 月、4~6 月、7~9 月、10~12 月),四季分别对应添加的食物为"汁泥破碎"(支离破碎),即汁状、泥状、末状、碎食物。因此 1~3 个月的婴儿只能添加汁状辅食,如鲜果汁、青菜汁、米汤、代乳粉等,不宜添加泥状食物蛋黄。蛋黄为 4~6 个月添加的辅食(E 错)。

108. ABCDE　①婴儿 4~6 个月时唾液腺发育完全,唾液量显著增加,并富含淀粉酶,此时婴儿体内贮存铁已经耗尽,因此 5 个月婴儿应及时添加含强化铁的米粉(A)。②鱼类、肉类、蛋类为 7~9 个月时添加的辅食。面为 10~12 个月时添加的辅食。

109. ABCDE　①4~6 个月婴儿应首先添加的是含强化铁的米粉,此外,还可添加泥状食物,如菜泥、水果泥、配方奶等。②肉末为末状食物,宜 7~9 个月时添加(D 错)。

110. ABCDE　111. ABCDE　112. ABCDE　①添加辅食的月份分别记忆为春夏秋冬四季(即 1~3 月、4~6 月、7~9 月、10~12 月),四季分别对应添加的食物为"汁泥破碎"(支离破碎),即汁状、泥状、末状、碎食物。因此 1~3 个月的婴儿只能添加汁状辅食,如果汁、菜汁、鱼肝油(C);4~6 个月的婴儿应添加泥状辅食,如果泥、菜泥、米糊(B);7~9 个月的婴儿应添加末状辅食,如肉末、豆腐、芋头(A)。②蛋黄为4~6个月时添加的辅食。豆制品、碎肉、碎菜为 10~12 个月时添加的辅食。

113. ABCDE　114. ABCDE　115. ABCDE　①为预防维生素 D 的缺乏,母乳喂养的足月儿应从出生后数天即开始补充维生素 D400IU/d(A)。参阅 9 版《儿科学》P80。②人工喂养的足月儿应在出生后4~6 个月添加泥状辅食,如菜泥、水果泥、含铁米粉等(C)。③人工喂养的足月儿应在出生后 7~9 个月添加末状辅食,如稀饭、肉末、菜末、蛋、鱼泥、豆腐等(D)。④出生后 2 个月无需添加辅食,出生后 10~12 个月需添加碎食物,如软饭、碎菜、蛋、鱼肉等。

116. ABCDE　长期发热、恶性肿瘤、甲状腺功能亢进等可使营养素消耗量增多而导致营养不良。急、慢性传染病(如麻疹、伤寒、肝炎、结核病等)的恢复期,可因需要量增加而造成营养素相对缺乏。肠道寄生虫病(如钩虫病)可致消化道吸收障碍,导致营养不良。消化系统疾病或先天畸形(如唇裂、幽门梗阻等),可影响食物的消化和吸收,导致营养不良。因此 A、B、C、D、E 均是导致蛋白质-能量营养不良的病因,但临床上以消化系统疾病或先天畸形最常见,故最佳答案为 E。

117. ABCDE　①蛋白质-能量营养不良最早的表现是活动减少、精神较差、体重不增。随着营养不良的加重,才会出现体重减轻,故答 C 而不是 A。②B、D、E 都是蛋白质-能量营养不良的晚期表现。

118. ABCDE　①1 岁患儿,食欲差,长期米糊、稀饭喂养,未添加其他辅食,易造成蛋白质-能量营养不良。早期表现为活动减少、精神差、体重不增(D)。②中期常表现为消瘦、皮下脂肪减少,晚期可表现为皮肤干燥、身长低于正常、肌张力降低。

119. ABCDE　蛋白质-能量营养不良患儿皮下脂肪消耗的顺序为腹部→躯干→臀部→四肢→面颊。

120. ABCDE　121. ABCDE　蛋白质-能量营养不良分三度：轻度营养不良是指体重低于正常值 15%~25%，中度营养不良是指体重低于正常值 25%~40%，重度营养不良是指体重低于正常值 40%以上。

122. ABCDE　腹部皮下脂肪厚度是衡量儿童营养状况的常用指标。测量方法为在腹部脐旁乳头线上以拇指和食指相距 3cm 处，将皮肤捏起，测量其上沿厚度。正常小儿腹部皮下脂肪厚度多在0.8cm以上；0.4~0.8cm 为轻度营养不良；<0.4cm 为中度营养不良；消失为重度营养不良。本例腹部皮下脂肪厚度为 0.6cm，应诊断为轻度营养不良(B)。9 版《儿科学》已删除该知识点。

123. ABCDE　①4 岁女孩正常体重应为 16kg，身高应为 98cm 左右，该患儿体重 8kg，低于正常值的 50%，且皮肤松弛，皮下脂肪菲薄，面颊消瘦，应诊断为重度营养不良。②眼球结膜可见毕脱斑为维生素 A 缺乏的典型体征，故本例应诊断为重度营养不良并发维生素 A 缺乏(A)。③维生素 D 缺乏常表现为夜惊、头颅畸形、手足搐搦症。维生素 B_1 缺乏常表现为脚气病。维生素 B_{12} 缺乏常表现为巨幼细胞性贫血。

124. ABCDE　①自发性低血糖是蛋白质-能量营养不良常见的并发症，多表现为突发面色苍白、神志不清、脉搏减慢、呼吸暂停、体温不升但无抽搐。根据题干，本例应诊断为自发性低血糖(B)。②A、C、D、E 都不是蛋白质-能量营养不良的并发症。

125. ABCDE　重度蛋白质-能量营养不良患儿易发生自发性低血糖，常表现为突然面色苍白、神志不清、脉搏减慢、呼吸暂停、体温不升但无抽搐，若诊治不及时，可危及生命(B)。A、C、D、E 都不是蛋白质-能量营养不良的并发症。

126. ABCDE　蛋白质-能量营养不良可伴有多种维生素缺乏，以维生素 A 缺乏最常见，其次为维生素 D 缺乏。维生素 B_1、维生素 C、维生素 E 缺乏少见。

127. ABCDE　①结膜干燥斑也称毕脱斑，为维生素 A 缺乏的特异性表现，故可首先排除 C、D。②正常小儿腹部皮下脂肪厚度多在0.8cm以上；0.4~0.8cm 为轻度营养不良；<0.4cm 为中度营养不良；消失为重度营养不良。本例腹部皮下脂肪厚度为 0.3cm，应诊断为中度营养不良。

128. ABCDE　自发性低血糖为蛋白质-能量营养不良的常见并发症，多表现为突发面色苍白、神志不清、脉搏减慢、呼吸暂停、体温不升，但无抽搐。根据题干，本例应诊断为自发性低血糖(D)。

129. ABCDE　①蛋白质-能量营养不良可并发营养性贫血，以小细胞低色素性贫血最常见。因免疫功能低下，故易发生各种感染，如呼吸道感染、尿路感染、腹泻等。重度营养不良可并发自发性低血糖。②蛋白质-能量营养不良患儿生长发育迟缓，钙磷需要较少，因之继发的严重维生素 D 缺乏较为少见，因此很少引起佝偻病。参阅 7 版《诸福棠实用儿科学》P510。

130. ABCDE　131. ABCDE　132. ABCDE　133. ABCDE　①3 岁儿童理想体重 = 年龄×2+8 = 3×2+8 = 14kg，本例仅 7.5kg，实际体重较正常值减轻约 46%，腹部皮下脂肪厚度约 0.3cm，应诊断为中-重度营养不良(D)。先天性甲状腺功能减退症常表现为生长发育迟缓、智能落后、生理功能低下。从题干所给资料，不能诊断为营养性贫血。婴幼儿腹泻常表现为大便次数增多，大便性状改变。心功能不全常表现为心率增快、唇绀缺氧、肝大。②毕脱斑为维生素 A 缺乏的典型体征，故本例应诊断为维生素 A 缺乏(A)。维生素 B_1 缺乏常导致脚气病、末梢神经炎。维生素 C 缺乏常导致坏血病。维生素 D 缺乏常导致佝偻病。截至目前，尚未发现维生素 E 缺乏症。③营养不良患儿突然面色苍白，神志不清，体温不升，呼吸暂停，应考虑并发自发性低血糖(D)。A、B、C、E 均不是营养不良的常见并发症。④自发性低血糖的急救措施为立即测定血糖，以明确诊断，同时静脉注射高渗葡萄糖(B)。A 为呼吸骤停的急救措施，C 为维生素 D 缺乏性佝偻病的急救措施，D 为心力衰竭的急救措施，E 为婴幼儿腹泻的治疗措施。

134. ABCDE　对于营养不良的治疗，应根据患儿实际的消化能力和病情，逐步调整饮食的量和内容，不能操之过急。轻度、中度营养不良者，热量供给总量可从 60~80kcal/(kg·d)开始，逐渐增至 150kcal/(kg·d)。重度营养不良者，应从40~60kcal/(kg·d)开始，逐步增加至 150~170kcal/(kg·d)。

135. ABCDE　小儿重度营养不良者，饮食调整治疗开始供给的热量应为 40~60kcal/(kg·d)。

136. ABCDE　①体重超过同性别、同身高均值的 10%~19%为超重；体重超过 20%~29%为轻度肥胖；体重超过 30%~49%为中度肥胖；体重超过 50%为重度肥胖。按照此诊断标准，本例应诊断为中度肥胖。②儿童单纯性肥胖的治疗原则是减少产热能性食物的摄入、增加机体对热能的消耗，使体内脂肪不断减少，体重逐步下降。饮食控制和运动疗法是最主要的措施。药物治疗效果不肯定，不宜用于儿童(A)。③肥胖患儿当然要常规监测体重。肥胖患儿由于怕被别人讥笑而不愿与其他小儿交往，故常有心理障碍，如自卑、胆怯、孤独等，应常规做心理辅导。

137. ABCDE　①婴幼儿体内维生素 D 的来源有三个途径：母体-胎儿的转运、食物中的维生素 D、皮肤的光照合成。天然食物和母乳含维生素 D 均很少，谷类、蔬菜、水果中不含维生素 D，肉和白鱼含量很少，因此婴幼儿若长期奶糕喂养、偏食、单纯母乳或牛奶喂养，若不进行户外活动，均可导致维生素 D 摄入不足，而发生维生素 D 缺乏性佝偻病。②配方奶粉和米粉摄入足够量，婴幼儿可从这些强化维生素 D 食物中获得足够的维生素 D，很少发生佝偻病(C)。③患儿消化吸收障碍，影响维生素 D 的肠道吸收，当然会导致维生素 D 缺乏。

138. ABCDE　维生素 D 缺乏性佝偻病分为 4 期。①初期：常表现为非特异性神经精神症状，如易激惹、烦恼、汗多刺激头皮而摇头等(E 对)；②活动期：常表现为骨骼改变和运动功能发育迟缓；③恢复期：常表现为症状减轻或接近消失；④后遗症期：症状消失。

139. ABCDE　①维生素 D 缺乏性佝偻病早期常表现为神经兴奋性增高，如易激惹、烦哭、夜惊、多汗等，但这些症状均无特异性(A)。②方颅、手镯、蛙状腹都属于佝偻病激期的临床表现。

140. ABCDE　①维生素 D 缺乏性佝偻病激期，由于血钙降低，可刺激甲状旁腺分泌甲状旁腺激素(PTH)，PTH 可使肾脏合成 1,25-$(OH)_2D_3$ 增加，致血清钙稍恢复，血磷降低，因此患者血清钙稍降低、血磷显著降低。②因成骨细胞活跃，使血清碱性磷酸酶(AKP)升高，故答 B。

141. ABCDE　①维生素 D 缺乏性佝偻病分为初期、激期、恢复期和后遗症期。初期常表现为神经兴奋性增高，如易激惹、烦闹、多汗等。激期除初期症状外，还可出现骨骼畸形(O 形腿)，血钙稍降低，血磷显著降低，碱性磷酸酶(AKP)升高。故本例应诊断为激期(C)。②恢复期常表现为血钙、血磷、AKP 逐渐恢复正常。后遗症期多见于 2 岁以上的小儿，多表现为临床症状消失，血生化正常。

142. ABCDE　①维生素 D 缺乏性佝偻病患者颅骨软化常于生后 3~6 个月出现，多表现为枕顶骨软化呈乒乓球样，为最早出现的骨骼改变，6 月龄后颅骨软化消失(E)。②肋骨串珠常于 1 岁左右出现。O 形腿见于 1 岁以上的儿童。手镯、足镯常见于 6 个月以上的小儿。方颅常于生后 7~8 个月出现。

143. ABCDE　①颅骨软化是佝偻病最早出现的骨骼改变，常见于 3~6 个月的婴儿(A 对)。②方颅常见于 7~8 个月婴儿。肋骨串珠多见于 1 岁左右小儿。夜间惊啼、枕秃均为神经系统兴奋性增高的表现，多见于 6 个月以内的小婴儿，属于非特异性症状，故答 A 而不是 C、E。

144. ABCDE　①维生素 D 缺乏性佝偻病活动期主要表现为钙磷代谢失常所致的骨骼改变，如颅骨软化、方颅、前囟增大、肋骨串珠、鸡胸、漏斗胸、手镯、足镯、X 形腿、O 形腿等(C)。②佝偻病活动期还可表现为肌肉松弛，语言发育迟缓，但不是主要表现，故不答 A、B。低热、盗汗为结核病的常见症状。突然惊厥或喉痉挛为维生素 D 缺乏性手足搐搦症的表现。

145. ABCDE　①颅骨软化常见于 3~6 个月的佝偻病患儿，6 个月后颅骨软化消失。肋骨串珠、鸡胸、肋膈沟多见于 1 岁左右患儿。②方颅常发生于 7~8 个月婴儿，故 9~10 个月婴儿可见方颅畸形(C)。

146. ABCDE　①维生素 D 缺乏性佝偻病分为初期、活动期、恢复期和后遗症期四期。后遗症期多见于 2 岁以上的儿童，重症患儿可残留骨骼畸形(A)；骨骼 X 线片示长骨干骺端病变消失；血磷、血钙、血碱性磷酸酶均正常。②易激惹、烦闹、多汗为初期的临床表现。

147. ABCDE ①方颅是由骨样组织增生所引起(A)。②肋膈沟(赫氏沟)是由于膈肌附着处的肋骨受牵拉而内陷形成。鸡胸或漏斗胸是由于肋骨骺部内陷而致胸骨向前突出或向内凹陷所致。O 形腿或 X 形腿是由于骨质软化与肌肉关节松弛而引起。脊椎后突或侧弯是由于韧带松弛而引起。

148. ABCDE ①维生素 D 缺乏可致佝偻病,常表现为乳牙萌出延迟、恒牙钙化不良。维生素 D 缺乏可使骨质钙化不良,导致成人骨质疏松。②皮肤瘀斑常见于维生素 K 缺乏,不属于维生素 D 缺乏的表现。

149. ABCDE ①维生素 D 包括维生素 D_2 和维生素 D_3,食物中的维生素 D_2 经肠道吸收入血,皮肤合成的维生素 D_3 直接吸收入血。吸收入血的维生素 D_2、维生素 D_3 与血浆维生素 D 结合蛋白(DBP)结合运送至肝脏,在肝 25-羟化酶作用下生成 25-(OH)D_3,后者在肾 1α-羟化酶作用下转变成 1,25-$(OH)_2D_3$。其中,维生素 D_2、维生素 D_3 在体内没有生物活性;25-(OH)D_3 是血液循环中维生素 D 的主要形式,但生理活性较弱;1,25-$(OH)_2D_3$ 是维生素 D 在体内的主要活性形式。②维生素 D 缺乏病可表现为血清维生素 D_2、维生素 D_3、25-(OH)D_3、1,25-$(OH)_2D_3$ 均降低,但由于 25-(OH)D_3 是血液循环中维生素 D 的主要形式,因此血清 25-(OH)D_3[而不是 1,25-$(OH)_2D_3$]水平降低是维生素 D 缺乏病最可靠的诊断指标。③虽然维生素 D 缺乏病可有血钙血磷降低、碱性磷酸酶增高,但都不是早期可靠的诊断指标。

食物摄入的维生素 D_2 / 皮肤合成的维生素 D_3 —吸收入血→ 与DBP结合运送至肝脏 —肝25-羟化酶→ 25-(OH)D_3 —肾1α-羟化酶→ 1,25-$(OH)_2D_3$

150. ABCDE ①10 个月小儿,经常出现夜惊,多汗,烦恼,未添加辅食,应诊断为维生素 D 缺乏性佝偻病。维生素 D 缺乏性佝偻病患儿在生后 7~8 个月可出现方颅,可有乳牙萌出延迟(正常小儿 4~10 个月乳牙开始萌出),肌张力降低。②A、C 为蛋白质-能量营养不良的临床表现,B 为贫血的临床表现。

151. ABCDE ①方颅、肋膈沟、O 形腿,为维生素 D 缺乏性佝偻病的典型畸形,血钙、血磷降低为其典型生化改变,故本例应诊断为维生素 D 缺乏性佝偻病激期(B)。②营养不良常表现为体重不增,可有骨骼生长缓慢,但不会出现畸形。本例无抽搐症状,不能诊断为维生素 D 缺乏性手足搐搦症。抗维生素 D 病为遗传性疾病,常表现为血钙正常,血磷明显降低,尿磷增加。软骨营养不良是一种遗传性软骨发育障碍,出生时即可见四肢短、头大、前额突出、腰椎前突、臀部后凸。

152. ABCDE ①11 个月女婴,睡眠不安、头部多汗、方颅,应诊断为营养性维生素 D 缺乏性佝偻病。给予维生素 D 及钙剂治疗后骨骼 X 线改变应有所改善,出现不规则的钙化线,以后钙化带致密增厚,骨骺软骨盘<2mm,逐渐恢复正常。②X 线片示临时钙化带模糊、消失,干骺端呈毛刷样、杯口状改变,长骨弯曲畸形,均属于本病活动期的表现,故不答 A、C、D、E。

153. ABCDE ①冬季出生日照不足,未及时添加辅食,都是维生素 D 缺乏的常见病因。患婴烦躁、多汗、颅骨软化,应诊断为维生素 D 缺乏性佝偻病活动期。因患婴未出现惊厥、手足搐搦,故不能诊断为维生素 D 缺乏性手足搐搦症。②蛋白质-能量营养不良常表现为活动减少,精神差,体重不增,消瘦,皮下脂肪逐渐减少。维生素 A 缺乏症常表现为夜盲症,眼干燥症,皮肤干燥,易脱屑。缺铁性贫血常表现为面色苍白,肝脾肿大,食欲减退,异食癖等。

154. ABCDE ①患儿多汗,烦躁,前囟未闭,方颅,血钙稍低,血磷降低,碱性磷酸酶增高,X 线片示干骺端呈毛刷样,应诊断为维生素 D 缺乏性佝偻病活动期。其治疗包括补充维生素 D 和钙剂。②9 版《儿科学》P79:口服一般剂量为 2000~4000IU/d,连服 1 个月后改为 400~800IU/d。③主张从膳食的牛奶、配方奶、豆制品补充钙和磷。

155. ABCDE 维生素 D 缺乏性佝偻病的治疗以口服维生素 D 为主,无论婴儿大小,剂量一般为 0.2 万~0.4 万 IU/d,1 个月后改为预防量 400~800IU/d(A)。

156. ABCDE ①皮肤经紫外线照射可合成维生素 D,孕妇或出生后婴儿多作户外活动,多晒太阳,可预防婴儿维生素 D 缺乏性佝偻病。②母乳中钙磷比例为 2:1,最适于吸收,因此母乳喂养的婴幼儿不易发生维生素 D 缺乏性佝偻病。③孕母补充足够的维生素 D 及钙剂,可防止胎儿宫内维生素 D 的缺乏。④处于生长高峰期的婴儿采取综合预防措施,保证户外活动、给予预防量维生素 D、钙剂,及时添加辅食,可预防佝偻病。⑤足月儿生后 2 周给予预防量维生素 D 至 2 岁。早产儿生后 1 周就应给予维生素 D。

157. ABCDE　为预防维生素 D 缺乏性佝偻病,足月儿在生后 2 周开始补充维生素 D400IU/d;早产儿、低出生体重儿或双胎在生后 1 周开始补充维生素 D800IU/d,3 个月后改为预防量 400IU/d,均补充至 2 岁。

158. ABCDE　①及时添加含钙的辅食,可预防婴儿佝偻病。②足月新生儿生后 2 周开始补充维生素 D400IU/d,至 2 周岁。③母乳中钙磷比例为 2:1,最适于吸收,因此母乳喂养的婴幼儿不易发生维生素 D 缺乏性佝偻病。④皮肤经紫外线照射可合成维生素 D,因此孕妇或出生后婴儿多作户外活动,多晒太阳,可预防佝偻病。⑤足月新生儿每日补充维生素 D400IU/d,早产儿补充维生素 D800IU/d。

159. ABCDE　①冬季出生婴儿,户外活动机会少,易患维生素 D 缺乏性佝偻病,其预防措施为口服维生素 D400IU/d,至 2 周岁(C)。②母亲摄入富含钙磷、维生素 D 的食物,为预防宫内胎儿维生素 D 缺乏的措施,故不答 A、B。婴儿单次肌内注射维生素 D30 万 IU,为治疗重症佝偻病的方法。

160. ABCDE　①维生素 D 缺乏性手足搐搦症分为典型发作和隐匿型。隐匿型没有典型发作,但可刺激神经肌肉引出体征,表现为 Trousseau(陶瑟)征阳性:以血压计袖带包裹上臂,使血压维持在收缩压和舒张压之间,5 分钟之内该手出现痉挛为阳性。②喉痉挛为典型发作表现。Kernig 征、Brudzinski 征均属于脑膜刺激征,见于脑膜炎。Babinski 征属于病理反射,阳性提示锥体束受损。

161. ABCDE　做陶瑟征检查时,以血压计袖带包裹上臂,使血压维持在收缩压和舒张压之间,5 分钟之内该手出现痉挛为阳性,常见于维生素 D 缺乏性手足搐搦症。

162. ABCDE　维生素 D 缺乏性佝偻病是机体维持血钙水平而对骨骼造成的损害,长期严重维生素 D 缺乏可导致低钙血症。当血钙下降而甲状旁腺不能代偿性分泌增加,导致总血钙<1.75mmol/L 时,可引起神经肌肉兴奋性增高而出现抽搐,即为维生素 D 缺乏性手足搐搦症。因神经系统兴奋性增高是甲状旁腺反应迟钝的结果,故答 E 而不是 C。

163. ABCDE　①维生素 D 缺乏时,血钙降低,当血钙浓度<1.0mmol/L 时,可引起神经肌肉兴奋性增加,出现手足搐搦、无热惊厥,故答案为 C。②手足搐搦症发生惊厥是低钙抽搐所致,虽然血磷、血镁浓度也参与血钙浓度的调节,但不是主要调节因素。血钾、血钠浓度与惊厥的发生无关。

164. ABCDE　①维生素 D 缺乏性手足搐搦症当然由维生素 D 缺乏所致。当维生素 D 缺乏时,血钙降低,可导致神经肌肉兴奋性增高。②维生素 D 缺乏时,血钙降低而甲状旁腺不能代偿性分泌增加,称为甲状旁腺反应迟钝。本病血磷可正常、降低、或增高,参阅 7 版《诸福棠实用儿科学》P546。③当总血钙<1.75mmol/L、血清离子钙<1.0mmol/L 时,可出现惊厥(E 错)。

165. ABCDE　血清钙分为可弥散钙和非弥散钙,可弥散钙中 80%呈离子状态发挥生理功能,大部分非弥散钙与血浆蛋白结合。当酸中毒时,血浆 H^+ 浓度增高,与蛋白质结合的钙减少,血浆 Ca^{2+} 增加;反之,当碱中毒时,血浆 Ca^{2+} 降低。故患儿经补液纠酸后,血浆 Ca^{2+} 减少,可导致低钙惊厥。

166. ABCDE　①患婴,人工喂养,枕部颅骨有乒乓球样感,应考虑维生素 D 缺乏性佝偻病。患婴反复惊厥,每次 1~2 分钟,应诊断为维生素 D 缺乏性手足搐搦症(E)。②蛋白质-能量营养不良常表现为活动减少,精神差,体重不增,消瘦,皮下脂肪逐渐减少。婴儿痉挛症常突然发作,表现为头、躯干、上肢连续成串出现的强直性痉挛。癫痫发作与题干所述病史无关。

167. ABCDE　①5 个月婴儿,混合喂养,未添加辅食,易造成维生素 D 的缺乏。今晨突发抽搐约半分钟,抽后精神好,不发热,不吐,应诊断为维生素 D 缺乏性手足搐搦症。为明确诊断,首选血钙测定(E)。②根据题干,本例不能诊断为败血症、中枢神经系统感染、癫痫、低血糖,故不答 A、B、C、D。

168. ABCDE　169. ABCDE　①6 个月以内婴儿,冬季出生,户外活动较少,易患维生素 D 缺乏性佝偻病。患儿近 2 日经常出现面部、四肢抽动,双眼上翻,每次持续数 10 秒,可自然缓解,应诊断为维生素 D 缺乏性手足搐搦症(E)。低血镁症临床少见,只有在补充钙剂后仍不能缓解抽搐症状时,才考虑低血镁症。低血糖症常表现为面色苍白,神志不清,脉搏减慢,呼吸暂停等。婴儿痉挛症常突然发作,表现为头、躯干、上肢连续成串出现的强直性痉挛。甲状旁腺功能减低症常表现为肌肉疼痛和挛缩、麻木、强直、手足搐搦、陶瑟征阳性，临床上少见。②维生素 D 缺乏性手足搐搦症患者搐搦的原因是血钙降低，故急救时可缓慢静脉注射葡萄糖酸钙，不宜肌内注射维生素 D，肌内注射维生素 D 为维生素 D 缺乏性佝偻病的治疗措施（D）。手足搐搦症发作时可静脉注射地西泮，吸氧，保持呼吸道通畅，以免窒息。

170. ABCDE ①患儿发热，咳嗽，间断抽搐，为区分高热惊厥和低钙惊厥，应首先测定血钙浓度，前者血钙正常，后者总血钙常<1.75mmol/L。②血细菌培养常用于诊断败血症。脑电图常用于诊断癫痫发作。脑脊液检查常用于诊断脑膜炎。血甲状旁腺激素（PTH）测定常用于诊断甲状旁腺功能减低症。

171. ABCDE ①4 个月婴儿，人工喂养，未添加辅食，易造成维生素 D 缺乏。今晨突发抽搐，每次持续 2 分钟，缓解后意识恢复，应诊断为维生素 D 缺乏性手足搐搦症。为明确诊断，首选血钙、血磷及碱性磷酸酶测定（E）。②心电图常用于诊断心律失常。B、C、D 检查对确诊低钙抽搐价值不大。

172. ABCDE 4 个月婴儿，生后牛乳喂养，易发生维生素 D 缺乏。突发惊厥，缓解后活动正常，应诊断为维生素 D 缺乏性手足搐搦症。当惊厥发作时，应首先迅速控制惊厥（地西泮静脉或肌内注射），然后静脉滴注钙剂，待惊厥控制后改为口服钙剂及维生素 D。

173. ABCDE ①维生素 D 缺乏性手足搐搦症患儿发生惊厥时，应严格遵守治疗原则和用药顺序，即“先治标后治本”，不可颠倒。应立即控制惊厥，解除喉痉挛，然后补充钙剂，最后补充维生素 D_3。控制小儿惊厥首选地西泮肌内注射或静脉注射（D）。②A、B 都是惊厥控制以后的治疗措施。静脉滴注硫酸镁为控制妊娠期子痫发作的治疗措施。静脉滴注甘露醇为降低颅内压的方法。

174. ABCDE 175. ABCDE 176. ABCDE 177. ABCDE ①5 个月婴儿，人工喂养，易造成维生素 D 缺乏。患婴易惊，多汗，睡眠少，颅骨软化（*枕后有乒乓球感*），应诊断为维生素 D 缺乏性佝偻病。患婴突然惊厥，应诊断为维生素 D 缺乏性手足搐搦症，故最可能合并低钙血症。本病血镁、血钠、血糖均正常，血磷可正常、降低或增高。②本例诊断为维生素 D 缺乏性手足搐搦症。癫痫发作不会出现佝偻病表现。低血糖症常于清晨空腹发病，发作时血糖常低于 2.2mmol/L。脑膜炎常表现为脑膜刺激征，惊厥症状不会自行缓解。营养不良常表现为体重不增，不会出现手足搐搦。③维生素 D 缺乏性手足搐搦症惊厥发作时，应首先使用地西泮静脉注射，迅速控制惊厥，然后再给予 10%葡萄糖酸钙稀释后缓慢静脉注射。待惊厥控制后可口服钙剂及维生素 D_3 等。10%葡萄糖为能量供应剂，20%甘露醇为脱水剂。④低钙惊厥发生后，当然应该静脉、口服给予钙剂，可同时补充维生素 D、鱼肝油等。

178. ABCDE 受精后 8 周以内的人胚称为胚胎。受精后 9 周起称为胎儿。从出生到生后 4 周称为新生儿。从出生到 1 岁称为婴儿。从妊娠 28 周至产后 1 周称为围生儿。早产儿是指胎龄≥28 周而<37 周的新生儿。足月儿是指胎龄≥37 周而<42 周的新生儿。过期产儿是指胎龄≥42 周的新生儿。

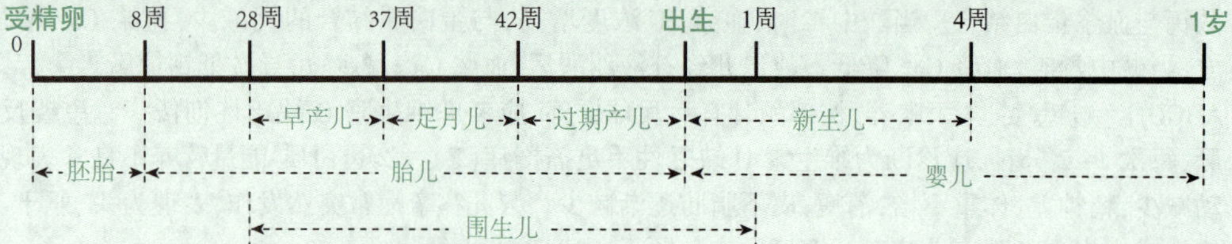

请将妇产科类似的知识点对比记忆，如下图。

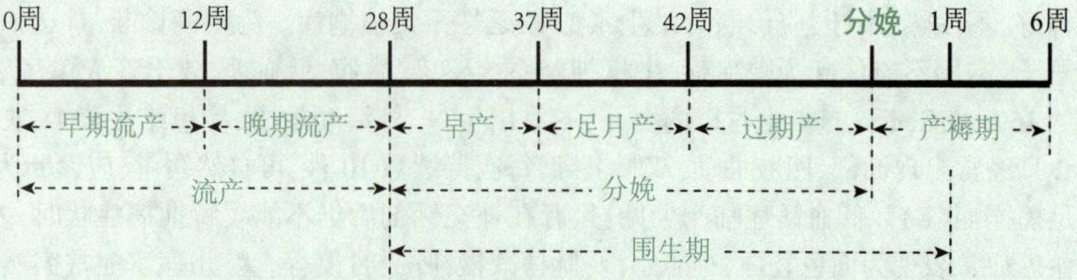

179. ABCDE ①极低出生体重儿的标准是指婴儿出生后 1 小时内的体重低于 1500g(C)。②体重<1000g称为超低出生体重儿。体重<2500g 称为低出生体重儿。

180. ABCDE 181. ABCDE ①小于胎龄儿(SGA)是指出生体重在同胎龄儿平均出生体重的第 10 百分位以下(B)。②适于胎龄儿(AGA)是指出生体重在同胎龄儿平均出生体重的第 10~90 百分位(D)。③大于胎龄儿(LGA)是指出生体重在同胎龄儿平均出生体重的第 90 百分位以上。

182. ABCDE 183. ABCDE 184. ABCDE ①胎龄≥37 周而<42 周的新生儿,称为足月儿(B)。②胎龄≥42周的新生儿,称为过期产儿(E)。③胎龄<37 周的新生儿,称为早产儿(C)。④过期小于胎龄儿是指胎龄≥42 周的新生儿,但其出生体重在同胎龄平均出生体重的第 10 百分位以下。足月小样儿是指胎龄已足月,而出生体重<2500g。参阅 8 版《诸福棠实用儿科学》P423。

185. ABCDE 186. ABCDE 187. ABCDE ①出生体重<2500g 的新生儿,称为低出生体重儿(B)。②出生体重<1000g 的新生儿,称为超低出生体重儿(D)。③出生体重>4000g 的新生儿,称为巨大儿。④早产儿是指胎龄≥28 周而<37 周的新生儿。极低出生体重儿是指出生体重<1500g 的新生儿。

188. ABCDE ①足月儿是指胎龄≥37 周而不足 42 周,早产儿是指胎龄≥28 周而<37 周。本例孕 35 周出生,应为早产儿而不是足月儿,可首先排除 B、C。②正常出生体重儿是指出生体重≥2500g 而≤4000g。低出生体重儿是指出生体重<2500g 的新生儿。极低出生体重儿是指出生体重<1500g 的新生儿。本例出生体重 1900g,应为低出生体重儿,而不是极低出生体重儿,故可排除 E。③适于胎龄儿是指婴儿的出生体重在同胎龄儿平均出生体重的第 10~90 百分位。小于胎龄儿是指婴儿的出生体重在同胎龄儿平均出生体重的第 10 百分位以下。本例出生体重位于同胎龄儿平均体重的第 5 百分位数,应诊断为小于胎龄儿。

189. ABCDE ①足月儿是指胎龄≥37 周而不足 42 周,过期儿是指胎龄≥42 周。本例孕 42^{+1} 周出生,应为过期产儿而不是足月儿,故可首先排除 A、D、E。②正常出生体重儿是指出生体重≥2500g 而≤4000g,可见本例体重正常。③适于胎龄儿是指婴儿的出生体重在同胎龄儿平均出生体重的第 10~90百分位。小于胎龄儿是指婴儿的出生体重在同胎龄儿平均出生体重的第 10 百分位以下。大于胎龄儿是指婴儿的出生体重在同胎龄儿平均出生体重的第 90 百分位以上。本例出生体重位于同胎龄标准体重的第 80 百分位,应诊断为适于胎龄儿(C)。

190. ABCDE 36 周产女婴为早产儿,其特点为指甲软,指甲未达指尖(D)。反甲也称匙状甲,常见于缺铁性贫血,不见于早产儿。甲面多白纹为儿童指甲的特点。早产儿和足月儿的鉴别是常考点。

	早产儿	正常足月儿
定义	胎龄≥28 周而<37 周的新生儿	胎龄≥37 周而<42 周的新生儿
皮肤	绛红,水肿,毳毛多	红润,皮下脂肪丰满,毳毛少
头	头更大,占全身比例 1/3	头大,占全身比例 1/4
头发	细而乱	分条清楚
耳壳	软,缺乏软骨,耳舟不清楚	软骨发育好,耳舟成形、直挺
乳腺	无结节或结节<4mm	结节>4mm,平均 7mm
外生殖器	睾丸未全降,大阴唇不能遮盖小阴唇	睾丸已降至阴囊,大阴唇遮盖小阴唇
指(趾)甲	未达指(趾)端	达到或超过指(趾)端
跖纹	足底纹理少	足纹理遍及整个足底

191. ABCDE 正常足月儿肤色红润,皮下脂肪丰满,毳毛少(E 对)。

192. ABCDE ①早产儿男婴阴囊皱褶少(B),睾丸未降或未全降。女婴大阴唇不能遮盖小阴唇。②足月儿男婴阴囊有多条皱褶,睾丸已下降。女婴大阴唇遮盖小阴唇。

193. ABCDE　早产儿趾纹少而浅，仅在中前部有 1~2 条足纹(B 对)。足月儿整个足底有足纹交错分布。

194. ABCDE　①足月新生女婴体重为(3.2±0.39)kg，生后 1 周因奶量摄入不足，加之水分丢失、胎粪排出，可出现暂时性体重下降，称为生理性体重下降，在生后 3~4 日达最低点，下降范围为 3%~9%，以后逐渐回升，至出生后 7~10 日恢复至出生时的体重。本例体检无异常发现，生后 4 天体重下降 7%，为生理性体重下降。②本例体检正常，反应好，无败血症、呆小症表现，故不答 C、D。

195. ABCDE　正常足月儿肺内充满液体，约 30~35ml/kg，出生时经产道挤压，约 1/3 肺液由口鼻排出，约 2/3 由肺间质内毛细血管和淋巴管吸收(D)。

196. ABCDE　①早产儿呼吸浅快不规则，易出现周期性呼吸、呼吸暂停(A 对)。②湿肺为自限性疾病，是由于肺淋巴和(或)静脉吸收肺液功能暂时低下，使其积留于淋巴管、静脉、间质、叶间胸膜和肺泡等处，影响气体交换造成的。③肺表面活性物质是由肺泡Ⅱ型上皮细胞合成的，孕 18~20 周开始产生，继之缓慢上升，孕 35~36 周迅速增加达肺成熟水平。④足月儿生后第 1 小时内呼吸频率可达 60~80次/分，1 小时后降至 40~50 次/分，以后安静时维持在 40 次/分。

197. ABCDE　198. ABCDE　足月儿生后第 1 小时内呼吸频率为 60~80 次/分，1 小时后降至 40~50 次/分。

199. ABCDE　足月儿生后 24 小时内排胎便，2~3d 排完。若生后 24 小时仍不排胎便，应排除肛门闭锁。

200. ABCDE　新生儿脊髓相对较长，其末端在第 3、4 腰椎下缘，故腰穿时应在腰 4~5 间隙进针。

201. ABCDE　①足月儿出生时已具备多种暂时性原始反射，如觅食反射、握持反射、拥抱反射、吸吮反射等。正常情况下，这些反射生后数月自然消失。②腹壁反射属于浅反射，要到 1 岁以后才能引出。

202. ABCDE　①拥抱反射：新生儿仰卧位，从背部托起婴儿，一手托住婴儿颈背部，另一手托着枕部，然后托住枕部的手突然下移数厘米使婴儿头及颈部“后倾”数厘米，正常可见两上肢外展并伸直，手指张开，然后上肢屈曲回缩。拥抱反射属于先天性原始反射，在出生数月后自然消失(D)。②吞咽反射、角膜反射终身存在，不可能消失。提睾反射、腹壁反射为成年人都有的浅反射，也不会消失。

203. ABCDE　35 周儿为早产儿，护理时应使婴儿处于中性温度。从下表可知，体重 1.5kg 的早产儿生后 10 天内，其中性温度为 34℃，故答 B。

出生体重(kg)	中性温度为 35℃	中性温度为 34℃	中性温度为 33℃	中性温度为 32℃
1.0	初生 10 天内	10 天以后	3 周以后	5 周以后
1.5	—	初生 10 天内	10 天以后	4 周以后
2.0	—	初生 2 天内	2 天以后	3 周以后
>2.5	—	—	初生 2 天内	2 天以后

204. ABCDE　早产儿护理时，暖箱温度应置于中性温度(根据体重、日龄选择)，环境湿度均为 50%~60%。

205. ABCDE　足月儿钠需要量为 1~2mmol/(kg·d)，<32 周早产儿为 3~4mmol/(kg·d)。

206. ABCDE　①凝血因子Ⅱ、Ⅶ、Ⅸ、Ⅹ的合成需要维生素 K 的参与，因胎儿肝脏维生素 K 的储存量少，故这些凝血因子的活性较低。因此，新生儿易因凝血障碍而发生出血，首选止血方法是补充维生素 K。②肝素为抗凝剂而不是止血剂。去甲肾上腺素为血管收缩剂，副作用大，临床上少用。氨甲苯酸为纤溶抑制剂，常用于纤维蛋白溶解症所致的出血。肾上腺素很少作为止血剂应用。

207. ABCDE　早产儿出血首选维生素 K，其用法为维生素 K_1 0.5~1mg，肌内注射，连用 3 天；足月儿仅用 1 次即可。

208. ABCDE　新生儿疾病筛查是指通过血液检查对某些危害严重的先天性代谢病及内分泌病进行群体过筛，以便早诊早治。我国《母婴保健法》规定的筛查疾病有 2 种，即先天性甲状腺功能减退症、苯丙酮尿症。

209. ABCDE　新生儿窒息 Apgar 评分标准包括 5 项：皮肤颜色、心率、弹足底或插鼻管反应、肌张力、呼吸,不包括拥抱反射。

210. ABCDE　Apgar 评分标准如下表,按皮肤颜色、心率、对刺激的反应、肌张力、呼吸 5 项指标评分后,各项总和即为 Apgar 评分。本例心率 90 次/分 = 1 分;呼吸慢而不规则 = 1 分;躯干红而四肢青紫 = 1 分;四肢略屈曲 = 1 分,有皱眉反应 = 1 分,故总分 = 5 分,为轻度窒息。

体征	0 分	1 分	2 分
心率(次/分)	无	<100	>100
呼吸	无	慢,不规则	正常,哭声响
皮肤颜色	青紫或苍白	身体红,四肢青紫	全身红
肌张力	松弛	四肢略屈曲	四肢活动
弹足底或插鼻管反应	无反应	有些动作,如皱眉	哭,喷嚏

211. ABCDE　①Apgar 评分 8~10 分为正常,4~7 分为轻度窒息,0~3 分为重度窒息。按 Apgar 评分标准,本例皮肤颜色(身体红,四肢青紫 = 1 分)、心率(<100 次/分 = 1 分)、对刺激的反应(弹足底有皱眉反应 = 1 分)、肌张力(四肢能活动 = 2 分)、呼吸(24 次/分 = 1 分),Apgar 总评分 = 6 分,为轻度窒息。②新生儿缺氧缺血性脑病也分为轻、中、重度,但分度指标为意识、肌张力、原始反射、惊厥、中枢性呼吸衰竭、瞳孔改变、脑电图等,与本例所述指标不一致,不能凭题干所给指标判断有无新生儿缺氧缺血性脑病,故不答 A、B、D。

212. ABCDE　①胎心音减慢,羊水黄绿色,为羊水Ⅱ度污染,说明胎儿宫内窘迫。出生时患儿无呼吸,四肢青紫,说明新生儿已窒息,应立即行心肺复苏,其首要措施是清理呼吸道,即吸净口、咽及鼻部黏液(E)。②A、B、C、D 都应在清理呼吸道之后进行。

213. ABCDE　①新生儿缺氧缺血性脑病(HIE)是由于围生期窒息而导致脑的缺氧缺血性损害。从定义即可知 HIE 的最主要病因是窒息(A)。新生儿窒息可由多种原因所致,包括产前(约占 20%)、出生时(约占 70%)、出生后因素(约占 20%)。②B、C、D、E 很少引起窒息缺氧。

214. ABCDE　①患婴,2 天,有窒息史,有神经系统症状并持续 24 小时以上,如肌张力减弱,原始反射(拥抱反射)异常,前囟张力增高,应诊断为新生儿缺氧缺血性脑病(E)。②胎粪吸入综合征应有胎粪吸入病史,常表现为生后呼吸窘迫。新生儿湿肺常表现为生后数小时内出现呼吸增快,但吃奶佳、哭声响亮、反应好。新生儿低血糖症常表现为面色苍白,神志不清,脉搏减慢,呼吸暂停,体温不升。新生儿肺透明膜病多见于早产儿,常表现为生后 6 小时内出现呼吸窘迫,进行性加重。

215. ABCDE　①新生儿缺氧缺血性脑病根据病情分为轻、中、重 3 度,故不答 A、E。患儿 Apgar 评分为 3 分,为重度窒息。患者昏迷,吸吮反射消失,应诊断为重度缺氧缺血性脑病(D)。②轻度缺氧缺血性脑病表现为兴奋,易激惹,吸吮反射正常;中度表现为嗜睡或抑制,吸吮反射减弱。

216. ABCDE　①脑电图可客观反映新生儿缺氧缺血性脑病(HIE)脑损害的严重程度、进行预后的判断,应在出生后 1 周内进行检查(A)。②血清脑型肌酸磷酸激酶(CPK-BB)对 HIE 的诊断价值不大。颅脑超声常用于 HIE 早期的动态监测。临床表现、头颅 CT 可用于 HIE 的诊断,但不能作为判断病情严重程度的主要依据。

217. ABCDE　①头颅 MRI 对判断缺氧缺血性脑病(HIE)脑损伤具有重要价值,尤其对伤后 1~2 天的脑组织缺血诊断更敏感。②CT 扫描最佳检查时间为生后 4~7 天,对 HIE 具有辅助诊断价值。③脑电图可客观地反映 HIE 脑损害的严重程度、判断预后,为首选检查项目,但应在生后 1 周内进行检查。④颅脑透照试验主要用于脑积水的筛查。⑤B 超可在伤后 72 小时内进行动态监测,但敏感性不高。可见,HIE 病后 1~2 天首选 MRI,72 小时内选用 B 超,4~7 天内选用 CT,1 周内选用脑电图。若不考虑 HIE 病程,诊断 HIE 首选脑电图检查。本例为出生后 30 小时,应首选 MRI 检查(E)。

218. ABCDE ①新生儿缺氧缺血性脑病发生惊厥时,首选苯巴比妥控制惊厥(C)。因为苯巴比妥不仅可镇静止痉,还可降低脑代谢率,改善脑血流,减轻脑水肿,清除氧自由基。②若苯巴比妥无效,或患儿肝功能不良,可改用苯妥英钠。③甘露醇、呋塞米都是治疗脑水肿的药物,而不能控制惊厥。现在不主张使用糖皮质激素(地塞米松)治疗本病。

219. ABCDE ①患婴出生 1 分钟 Apgar 评分为 3 分,说明有重度窒息。出生 6 小时出现抽搐,应诊断为新生儿缺氧缺血性脑病。为控制惊厥,首选苯巴比妥静脉滴注(B)。②若肝功能不良,则改用苯妥英钠。呋塞米、甘露醇常用于治疗脑水肿。一般不主张使用糖皮质激素地塞米松。

220. ABCDE 新生儿缺氧缺血性脑病易出现低血糖,治疗时应维持血糖在正常高值(4.16~5.55mmol/L),以提高神经细胞代谢所需的能量。低血糖不能纠正者可静脉输注葡萄糖,按 6~8mg/(kg·min)的速率滴注,并监测血糖。

221. ABCDE 222. ABCDE ①肺表面活性物质由肺泡Ⅱ型细胞分泌,自孕 18~20 周开始产生,羊水中要到孕 24 周才能检测到,至孕 35~36 周迅速增加达高峰。参阅 7 版《诸福棠实用儿科学》P1142。②3 版《实用妇产科学》P75:肺表面活性物质于妊娠 25 周起出现在羊水中,妊娠 35 周后迅速增加。教材版本不同数据不同。请注意:肺表面活性物质自肺泡Ⅱ型细胞分泌的时间与羊水中出现的时间并不相同。

223. ABCDE 肺表面活性物质由肺泡Ⅱ型细胞分泌,主要生理作用是降低肺泡表面张力,保持肺泡的稳定性,减少液体自毛细血管向肺泡内渗出。早于 34 周出生的早产儿,肺表面活性物质合成不足,将导致新生儿呼吸窘迫综合征(肺透明膜病)。

224. ABCDE ①早产儿肺泡表面活性物质(PS)分泌不足,使肺泡表面张力增加,肺泡趋于萎陷,生后不久(一般为 6 小时内)出现呼吸困难,并呈进行性加重,称为新生儿呼吸窘迫综合征(E)。②先天性心脏病常表现为严重缺氧、心力衰竭、肺炎等。胎粪吸入综合征多见于足月儿或过期儿,而不是早产儿,常表现为生后出现呼吸困难,持续而严重的青紫。吸入性肺炎常表现为发热、咳嗽、喘息。湿肺多见于足月儿或剖宫产儿,常表现为生后数小时内出现呼吸频率增快,但一般状态较好。

225. ABCDE ①新生儿败血症可引起溶血,使胆红素生成过多,导致黄疸(A)。②胆汁黏稠综合征、先天性胆道闭锁均可导致胆汁排泄障碍引起黄疸。新生儿窒息使肝细胞葡糖醛酸转移酶活性降低,结合胆红素生成减少,导致胆红素代谢障碍产生黄疸。先天性甲状腺功能减退症可致胆红素代谢障碍引起黄疸。

226. ABCDE 正常情况下,未结合胆红素进入肝细胞后,与 Y、Z 蛋白结合运送至滑面内质网,在葡糖醛酸转移酶作用下,形成葡糖醛酸胆红素(结合胆红素),后者经胆汁排泄至肠道。水杨酸、磺胺类等药物可与未结合胆红素竞争 Y、Z 蛋白的结合位点,从而使血清中未结合胆红素增高,引起新生儿黄疸,故婴幼儿不宜应用此类药物(C)。

227. ABCDE 新生儿病理性黄疸常表现为血清结合胆红素>34μmol/L。A、B、C、D 均正确。

228. ABCDE 生理性黄疸的特点:①50%~60%的足月儿和 80%的早产儿出现生理性黄疸。②足月儿 2~3 天出现黄疸,早产儿 3~5 天出现黄疸。③足月儿黄疸一般 5~7 天消退,最迟不超过 2 周;早产儿一般 7~9 天消退,最迟 3~4 周消退。④一般情况良好。⑤血清胆红素<221μmol/L。

229. ABCDE ①本例为足月新生儿,一般情况良好,生后 3 天出现黄疸,血清总胆红素<221μmol/L,应诊断为新生儿生理性黄疸(A)。②B、C、D、E 均属于病理性黄疸。

230. ABCDE ①足月儿生后 3 天出现黄疸,血清总胆红素<221μmol/L,无发热,肝、脾不大,吃奶好,应诊断为生理性黄疸(D)。②A、B、C、E 均属于病理性黄疸。新生儿溶血病常在生后 24 小时内出现黄疸并迅速加重。新生儿败血症常表现为黄疸退而复现。新生儿肝炎存在一定潜伏期,黄疸常在生后 1~3周或更晚出现。先天性胆道闭锁常表现为生后 1~2 周黄疸逐渐加深。

231. ABCDE 足月儿生后 3 天出现黄疸,血清总胆红素<221μmol/L,一般情况好,应诊断为生理性黄疸。

232. ABCDE　①新生儿溶血病常表现为生后24小时内出现黄疸，并迅速加重，可有贫血、肝脾肿大。若患儿总胆红素>342μmol/L，可出现胆红素脑病，表现为嗜睡、反应低下、吸吮无力、肌张力低下等。根据题干，本例应诊断为新生儿溶血病合并胆红素脑病(D)。②新生儿肝炎存在一定潜伏期，黄疸常在生后1~3周或更晚出现。新生儿化脓性脑膜炎常表现为急性发热、惊厥、意识障碍、颅内压增高等。新生儿败血症常表现为黄疸退而复现。新生儿缺氧缺血性脑病常有胎儿宫内窘迫史，多表现为肌张力减退、惊厥、原始反射改变。

233. ABCDE　①母亲血型为O型，父亲血型为AB型，则新生儿血型为A型或B型。ABO血型不合溶血病主要发生在母亲血型为O型而胎儿为A型或B型者，常表现为生后2~3天出现黄疸，血清胆红素以非结合胆红素为主。根据题干，本例应诊断为ABO血型不合溶血病(E)。②Rh阴性的母亲怀有Rh阳性的胎儿，第二胎时可使Rh阳性的胎儿产生Rh血型不合溶血病，而本例母亲为Rh阳性，故不答D。新生儿母乳性黄疸是指母乳喂养的新生儿在出生3个月内仍有黄疸。新生儿肝炎综合征是指1岁以内小儿由不同病因引起的，表现为黄疸、肝功能损害、肝脾肿大的一组症状。新生儿败血症常表现为"五不一低下"(即不吃、不哭、不动、体重不增、体温不升、反应低下)。

234. ABCDE　ABO溶血病多发生于母亲为O型，婴儿为A型或B型时，这是因为O型血的母亲在首次妊娠前，已受到自然界A或B血型物质的刺激，产生了抗A或抗B抗体(IgG)。这种IgG可以通过胎盘进入胎儿血液循环，与胎儿红细胞的相应A型或B型抗原结合，发生免疫反应而引起红细胞溶血。

235. ABCDE　①新生儿Rh溶血病常于生后24小时内出现黄疸，并迅速加重(C)。②新生儿生理性黄疸常于生后2~3天出现，4~5天达高峰，5~7天消退。新生儿败血症常表现为生理性黄疸迅速加重或退而复现。先天性胆道闭锁常表现为生后1~2周黄疸逐渐加深。新生儿脑膜炎常表现为生后数日出现黄疸，参阅7版《诸福棠实用儿科学》P438。

236. ABCDE　①新生儿溶血病是指由于母婴血型不合引起的胎儿或新生儿同族免疫性溶血，A、D、E均不是血型不合引起的溶血，本身不属于新生儿溶血病。②ABO血型不合引起的新生儿溶血病症状一般较轻，除黄疸外，其他改变不明显。Rh血型不合引起的溶血病症状重，可造成胎儿重度贫血，甚至心力衰竭，故答C而不是B。

237. ABCDE　①男婴生后24小时内即出现黄疸，属于病理性黄疸。母亲血型为O型，应考虑新生儿ABO血型不合引起的溶血病。为明确诊断，应首选改良直接抗人球蛋白试验(改良Coombs试验)或抗体释放试验，这两种试验都是新生儿溶血病的确诊试验(D)。抗体释放试验通过加热使患儿血中致敏红细胞的血型抗体释放于释放液中，将与患儿相同血型的成人红细胞(ABO系统)或O型标准红细胞(Rh系统)加入释放液中致敏，再加入抗人球蛋白血清，如有红细胞凝聚为阳性，是检测致敏红细胞的敏感试验，也是确诊试验，Rh溶血病和ABO溶血病一般均为阳性。②胆红素测定只能反映溶血后肝脏处理游离胆红素的能力。血型测定常用于溶血病的筛查。网织红细胞计数可了解骨髓的造血功能。血清游离抗体测定有助于评价是否继续溶血，而不能确诊溶血病。

238. ABCDE　ABCE均属于新生儿溶血病换血治疗的指征。新生儿严重溶血，血红蛋白<110g/L，为换血治疗的治疗，故答D。

239. ABCDE　240. ABCDE　241. ABCDE　①母亲血型为O型，父亲血型为AB型，则婴儿血型应为A型或B型。ABO溶血病常发生于母亲为O型血而胎儿为A型或B型血的情况下，临床症状一般较轻，除黄疸外无其他明显异常，黄疸多于出生后2~3天出现。Rh溶血病常见于Rh阴性的母亲在第二胎时所怀Rh阳性的胎儿，临床症状一般较重，可有黄疸、贫血、肝脾肿大，黄疸多在出生24小时内出现。本例母亲血型为Rh阳性，不可能发生Rh溶血病，故应诊断为ABO血型不合溶血病(E)。新生儿败血症常表现为"五不一低下"(不吃、不哭、不动、体重不增、体温不升、反应低下)。新生儿肝炎综合征是指1岁以内小儿由不同病因引起的，表现为黄疸、肝功能损害、肝脾肿大的一组症状。母乳性黄疸是指母乳喂养的新生儿在出生3个月内仍有黄疸。②改良直接抗人球蛋白试验(Coombs试验）为新生儿溶血病的确诊试验（C）。血型检查常用于溶血病的筛查，并不能确诊溶血病，故不答D，很多医考参考书将答案错为D。血培养常用于诊断新生儿败血症。肝功能测定常要用于诊断病理性黄疸。血涂片红细胞形态检查常用于诊断缺铁性贫血。③光照治疗的指征为血清总胆红素>205μmol/L，本例血清总胆红素289μmol/L，应首选光疗（B）。ABO溶血病无细菌感染，无血浆白蛋白降低，因此无需使用抗生素和白蛋白。口服苯巴比妥为病理性黄疸的辅助治疗。换血疗法适合于血清总胆红素>425μmol/L的重症患者，参阅7版《诸福棠实用儿科学》P479。

242. ABCDE 新生儿溶血病行换血治疗时，换血量为150~180ml/kg，相当于患儿血量的2倍。

243. ABCDE ①新生儿溶血病以未结合胆红素升高为主，光照治疗是降低血清未结合胆红素简单而有效的方法。新生儿溶血病光照治疗的指征为血清总胆红素>205μmol/L，换血治疗的指征为血清总胆红素>425μmol/L。本例血清总胆红素258μmol/L，应首选光照治疗，故答B而不是C。参阅7版《诸福棠实用儿科学》P479。②苯巴比妥为病理性黄疸的辅助治疗。白蛋白常用于治疗蛋白质营养不良。利尿剂常用于水肿的治疗。

244. ABCDE Rh溶血病换血治疗时，其血源的选择原则为Rh系统与母亲同型，ABO系统与患儿同型。本例母亲Rh系统为ccdee，患儿ABO系统为O型，故答案为C。

245. ABCDE 246. ABCDE 247. ABCDE ①足月儿生后24小时内出现黄疸，应首先考虑新生儿溶血病，溶血病以未结合胆红素升高为主，故答C。新生儿肝炎存在一定潜伏期，黄疸常在生后1~3周或更晚出现。新生儿胆管发育不佳（胆道闭锁）常于生后24小时出现黄疸，且较重，但以结合胆红素升高为主，而本例以未结合胆红素升高为主，故不答B。新生儿败血症多于生后3~7天出现黄疸，常表现为黄疸退而复现。新生儿硬肿症常表现为低体温、皮肤硬肿。②新生儿溶血病由母婴血型不符所致，故首选的检查是查母婴ABO、Rh等血型（D）。肝功能只能了解胆红素升高的情况，并不能确诊溶血病。血常规检查无特异性。血细菌培养常用于确诊新生儿败血症。肾功能检查常用于了解溶血病有无肾脏损害。③患儿生后24小时内出现黄疸，拒哺，嗜睡，说明有胆红素脑病的早期表现，无论血清胆红素水平是否达标，均应行换血治疗而不是光照治疗（D）。输注葡萄糖液为辅助治疗措施。本病不是细菌或病毒感染，故无需使用抗生素、病毒唑。

248. ABCDE 我国新生儿败血症的病原体以葡萄球菌最常见，其次为大肠埃希菌等G^-菌，其他细菌少见。

249. ABCDE 250. ABCDE ①新生儿败血症的感染可发生于产前、产时或产后。产前感染又称宫内感染，以经胎盘感染最常见，即病原体经母亲血液透过胎盘感染胎儿，因此孕母常有菌血症（A）。②产时感染以经产道感染最常见。③产后感染以母子亲密接触引起感染最常见，病原体可通过飞沫、皮肤黏膜破损、脐部创面、呼吸道、母乳等感染（E）。参阅3版8年制《儿科学》P139。

251. ABCDE 新生儿败血症的早期症状和体征均不典型，一般表现为反应差、嗜睡、发热或体温不升、不吃、不哭、体重不增等（E）。

252. ABCDE ①黄疸有时可为新生儿败血症的唯一表现，表现为生理性黄疸消退延迟，黄疸迅速加深，或黄疸退而复现，无法用其他原因解释，故答D。②A、B、C、E均无特异性。

253. ABCDE ①羊膜早破可造成新生儿感染，引起新生儿败血症。败血症常表现为反应差，体温不升，少吃，肝脾肿大，生理性黄疸逐渐加重，面色苍灰。新生儿白细胞正常值（15~20）$\times 10^9$/L，C-反应蛋白（CRP）<8mg/L，本例CRP升高，提示细菌感染。根据题干，本例应诊断为新生儿败血症（A）。②颅内出血常表现为神志改变，前囟隆起，抽搐，凝视，瞳孔不等大。新生儿低血糖常表现为面色苍白，神志不清，脉搏缓慢，呼吸暂停，体温不升。患婴肺部未闻及湿啰音，故不答D。患婴出生后第4天，血清总胆红素<221μmol/L，应考虑生理性黄疸，而不是病理性黄疸，故不答E，因为新生儿溶血病常于出生后1~2天出现病理性黄疸。

254. ABCDE ①患婴前囟平软，说明无颅内压增高，可排除C、E。患婴出生仅10天，不可能诊断为新生儿肝炎。②患婴脐部少许脓性分泌物，说明有感染性病灶。患婴皮肤明显黄染，外周血白细胞增高，中性粒细胞比例增高,应诊断为新生儿败血症,而不是脐炎,因为脐炎不会出现黄疸。

255. ABCDE　①足月儿是指胎龄≥37 周而<42 周的新生儿。患婴为孕 38 周出生,应诊断为足月儿,故不答 A、C。②我国将胎龄已足月,而体重<2500g 的新生儿,称为足月小样儿。本例足月儿体重仅 2300g,应诊断为足月小样儿,故不答 B。参阅 7 版《诸福棠实用儿科学》P410。③新生儿败血症常表现为"五不一低下",即不吃、不哭、不动、体重不增、体温不升、反应低下,可有黄疸、肝脾肿大,故本例应诊断为新生儿败血症(D)。④新生儿溶血病常表现为生后 24 小时内出现黄疸、贫血、肝脾肿大。

256. ABCDE　①患儿颈周、前胸多个脓疱,分泌物涂片找到 G^+ 球菌,说明患儿为细菌感染性疾病,故不答 C、D、E。②新生儿肺炎常表现为呼吸困难、肺部湿啰音,一般不出现黄疸、肝脾肿大、脓疱。③新生儿败血症常表现为"五不一低下",即不吃、不哭、不动、体重不增、体温不升、反应低下,可有黄疸、肝脾肿大,故本例应诊断为新生儿败血症(B)。多个脓疱为引起败血症的原发性感染灶。

257. ABCDE　①新生儿败血症常表现为"五不一低下",即不吃、不哭、不动、体重不增、体温不升、反应低下,可有黄疸、肝脾肿大等,脐部脓性分泌物为引起败血症的原发性感染灶。根据题干,本例应诊断为新生儿败血症(C)。②新生儿 Rh 溶血病常表现为生后 24 小时内出现黄疸并迅速加重,可有不同程度的肝脾肿大,不会出现脐炎。新生儿肝炎存在一定潜伏期,黄疸常在生后 1~3 周或更晚出现。新生儿 ABO 溶血病常见于母亲为 O 型血而婴儿为 A 型或 B 型血,婴儿为 O 型血不会发生 ABO 溶血病。母乳性黄疸是新生儿以母乳喂养后不久即出现黄疸,血清胆红素较高,一般>342μmol/L。

258. ABCDE　259. ABCDE　①新生儿败血症常表现为"五不一低下",即不吃、不哭、不动、体重不增、体温不升、反应低下,可伴黄疸,皮肤呈大理石样花纹等,故本例应诊断为新生儿败血症(C)。新生儿寒冷损伤综合征常表现为不吃、不哭、不动、反应低下、低体温、皮肤硬肿等。新生儿溶血病常在生后 24 小时内出现黄疸并迅速加重。新生儿窒息常发生于出生时。新生儿缺血缺氧性脑病常表现为意识障碍、惊厥、瞳孔缩小,对光反射迟钝等。②确诊新生儿败血症首选血细菌培养,若阳性即可确诊(B)。血常规检查无特异性。免疫球蛋白测定常用于了解婴儿的免疫功能。血清胆红素测定常用于诊断新生儿黄疸。脑 CT 检查常用于诊断新生儿缺血缺氧性脑病。

260. ABCDE　①新生儿败血症是指病原体侵入新生儿血液循环,并在其中生长、繁殖、产生毒素而造成的全身性炎症反应,故血培养是确诊新生儿败血症最有意义的检查(D)。②血浆 CRP(C-反应蛋白)测定、血常规检查常用于诊断细菌性感染。分泌物涂片革兰氏染色常用于细菌性感染的筛查。免疫功能测定常用于了解患婴的免疫功能。

261. ABCDE　①新生儿败血症是病原体侵入血液循环,并在其中生长繁殖所致,因此其治疗的关键是抗生素治疗(头孢他啶)。②碳酸氢钠主要用于治疗严重代谢性酸中毒。使用地塞米松可使感染扩散,不宜应用。鲁米那为镇静剂,地高辛为强心药,都不是治疗新生儿败血症的常用药物。

262. ABCDE　263. ABCDE　①新生儿厌氧菌败血症治疗首选甲硝唑,甲硝唑的硝基在无氧环境中可还原成氨基而显示抗厌氧菌作用,对拟杆菌属、梭形杆菌属、梭状芽胞杆菌属等厌氧菌均具有较好的抗菌作用(C)。②新生儿金黄色葡萄球菌败血症治疗的首选万古霉素(A),因为近年来青霉素的耐药率高达 90%以上。③阿米卡星由于肾毒性,很少在儿科使用。氨苄西林主要用于治疗流感嗜血杆菌、革兰阴性杆菌、革兰阳性球菌所致的败血症。

264. ABCDE　新生儿坏死性小肠结肠炎(NEC)好发于早产儿,多于生后 2~3 周发病,典型表现为腹胀、呕吐、血便,B 超示肠蠕动减弱、肠壁血流减少。根据题干,本例应诊断为 NEC。腹部 X 线平片对 NEC 诊断具有重要意义,主要表现为麻痹性肠梗阻、肠壁间隙增宽、肠壁积气、门静脉充气征、部分肠袢固定、腹腔积液和气腹。其中,肠壁积气、门静脉充气征为其特征性表现。

265. ABCDE　266. ABCDE　①IL-4(白细胞介素-4)由活化的辅助性 T 细胞(Th_2)分泌,在 3 岁时达成人水平。②IFN-γ(γ 干扰素)由活化的辅助性 T 细胞(Th_1)分泌,在生后 175 天即达到成人水平(A)。参阅 9 版《儿科学》P140。

267. ABCDE ①足月新生儿外周血中T细胞绝对计数已达成人水平(E)。②小于胎龄儿和早产儿T细胞较少,早产儿约在1月龄时上升至足月儿水平,但小于胎龄儿T细胞在1月龄时仍低于足月儿。

268. ABCDE 小儿时期,尤其是新生儿期,免疫系统虽已成熟,但免疫功能相当低下,可能与未接触抗原,尚未建立免疫记忆有关。在所给五个选项中,无"新生儿期",故选择婴幼儿期作为最佳答案(E)。围生期存在母体抗体IgG,因此免疫力不是最低的时期。A、C、D肯定不是正确答案。

269. ABCDE 小儿末梢血中性粒细胞和淋巴细胞比例相等的时间段有两个,即出生后4~6天和4~6岁。新生儿出生时中性粒细胞约占0.65,淋巴细胞约占0.30。随着白细胞总数下降,中性粒细胞比例逐渐下降,生后4~6天时两者比例约相等。至1~2岁时淋巴细胞约占0.60,中性粒细胞约占0.35,之后中性粒细胞比例逐渐升高,至4~6岁时两者比例又相等。

270. ABCDE 新生儿补体经典途径成分(CH50、C3、C4、C5)活性是其母亲的50%~60%,生后3~6个月达到成人水平(D)。

271. ABCDE ①T细胞在出生时才发育成熟,而B细胞因缺乏抗体及T细胞多种信号的辅助刺激,故B细胞产生抗体的功能低下(A错)。②IgG在胎龄8周开始通过胎盘转运给胎儿,在妊娠晚期达高峰。新生儿合成IgG的速度较慢,故生后血清IgG开始降低,至10~12个月体内IgG均为自身产生(B错)。③胎儿期已能产生IgM,出生后更快(C对)。④足月新生儿B细胞数量高于成人,但产生抗体的能力低下(D错)。⑤IgG是唯一能通过胎盘的免疫球蛋白(E错)。

272. ABCDE ①新生儿期T细胞自身的发育已完善,但其功能仍然低下,只能产生大约成人水平50%的TNF和GM-CSF。②B细胞的功能在胚胎早期即已成熟,但因缺乏抗体及T细胞多种信号的辅助刺激,B细胞产生抗体的能力低下。③IgG是唯一能通过胎盘的免疫球蛋白(C错)。④胎儿期已能产生IgM,脐血IgM水平过高,提示宫内感染。⑤新生儿血清补体活性是其母亲的50%~60%,生后3~6个月达成人水平。

273. ABCDE IgG是唯一能通过胎盘的免疫球蛋白。大量IgG通过胎盘发生在妊娠后期,使出生时婴儿血清IgG水平甚高。随着母体IgG消失,婴儿血清IgG于生后3~5个月降至最低点,至10~12个月时体内IgG均为自身产生。婴儿自身的IgG逐渐产生,在8~10岁达成人水平。

274. ABCDE 275. ABCDE ①T细胞来自胚胎和骨髓的淋巴干细胞,于胎龄8周时移行至胚胎胸腺,获得T细胞受体,并在其成熟过程中认识了自我的主要组织相容性抗原。胎龄13周起,先后出现对同种异型移植物的排斥反应。于胎龄40周时具备了对各种抗原的特异性细胞免疫应答功能(E)。②全身各部位的淋巴结发育先后不一,颈和肠系膜淋巴结发育最早,在胎龄10周时已出现(B)。

276. ABCDE ①川崎病又称黏膜皮肤淋巴结综合征,是一种急性全身性中、小动脉炎,好发于冠状动脉。患儿可有高热,体温39~40℃,呈稽留热或弛张热,抗生素治疗无效。②患儿唇充血皲裂,舌乳头突起、充血呈草莓舌。③可有单侧或双侧颈淋巴结肿大,坚硬有触痛,但表面不红,无化脓。④发病第1周可出现多形性红斑和猩红热样皮疹。⑤起病3~4天出现球结膜充血,无脓性分泌物(E错)。

277. ABCDE ①川崎病好发于5岁以下的儿童,常表现为高热、球结合膜充血、唇充血皲裂、舌乳头突起、充血呈草莓状、颈部淋巴结肿大、手足硬性水肿。根据题干,本例应诊断为川崎病(A)。②手足口病常表现为手、足、口、臀四部位出现斑丘疹、疱疹,皮疹不痛、不痒、不结痂、不结疤。败血症常表现为寒战高热,全身中毒表现。风湿热常表现为发热、心肌炎、心内膜炎、心包炎、关节炎等。猩红热常表现为红草莓舌、贫血性皮肤划痕、帕氏线三联征。

278. ABCDE ①患儿发热,抗生素治疗无效,球结膜充血,口唇皲裂,杨梅舌,颈部淋巴结肿大,多形性红斑,应诊断为川崎病。川崎病是一种急性全身性中、小动脉炎,好发于冠状动脉,15%~25%的患儿可发生冠状动脉瘤,瘤体破裂可导致患儿猝死(E)。②川崎病可发生心肌炎、心包炎,但不会导致患儿猝死。脑栓塞、脑出血不是川崎病的常见并发症。

279. ABCDE 发热5天以上,伴下列5项临床表现中4项者,排除其他疾病后,即可诊断川崎病。①四肢变化:急性期掌跖红斑、手足硬性水肿,恢复期指(趾)端膜状脱皮;②多形性红斑;③眼结合膜充血,非化脓性(C 错);④唇充血皲裂,草莓舌;⑤颈部淋巴结肿大。

280. ABCDE　281. ABCDE　①风湿热的皮肤损害常表现为皮下小结、环形红斑(B)。②川崎病的皮肤损害常表现为多形性红斑、猩红热样皮疹、手足硬性水肿(E)。注意:手足硬性水肿为川崎病的手足症状,并不是皮肤特征,故本题并不严谨。③蝶形红斑常见于系统性红斑狼疮。丘疹样荨麻疹常见于虫咬皮炎。湿疹样改变常见于传染性湿疹样皮炎。

282. ABCDE　283. ABCDE　284. ABCDE　①小儿发热 5 天以上,抗生素治疗无效,眼结合膜非化脓性充血,口唇干裂,草莓舌,颈部淋巴结肿大,指、趾硬性肿胀,应诊断为川崎病(D)。猩红热常表现为全身皮肤针尖大小丘疹,退疹后全身大片脱皮,无色素沉着。幼儿急疹常表现为发热 3~5 天热退出疹。麻疹常表现为发热 3~4 天出疹,出疹时高热,可出现口腔黏膜麻疹斑。咽结合膜热常表现为发热、咽炎、结膜炎。②川崎病的治疗首选阿司匹林+丙种球蛋白(E)。阿司匹林可抑制环氧化酶,阻断前列腺素的合成,抑制血小板产生血栓素 A_2,具有抗炎、抗凝作用。大剂量丙种球蛋白可有效改善症状,减少冠状动脉病变的发生率,缩短病程。对丙种球蛋白无效者,可选用糖皮质激素。川崎病为免疫性疾病,无需使用青霉素。③川崎病患儿常见的猝死原因是冠状动脉病变,因此最重要的随访检查是使用心脏彩超监测冠状动脉病变(冠状动脉瘤)。

285. ABCDE　麻疹患儿多在发热 3~4 天后出疹,此时中毒症状加重,体温更高。

286. ABCDE　①Koplik 斑(麻疹黏膜斑)是麻疹早期的特征性体征,一般在出疹前 1~2 天出现,见于下磨牙相对的颊黏膜上,为直径 0.5~1.0mm 的灰白色小点,于出疹后逐渐消失。②发热、流涕、咳嗽为麻疹的前驱期症状,无特异性。③患儿有麻疹接触史,并不是感冒接触史。④耳后淋巴结肿大为风疹的特点。⑤手、足出现红色斑丘疹为麻疹出疹期的表现。

287. ABCDE　麻疹的出现顺序:耳后→发际→额→面→颈部→躯干→四肢→手掌→足底。

288. ABCDE　①麻疹前驱期常有上呼吸道感染、结膜炎表现及特征性 Koplik 斑(口腔黏膜粗糙);发热 3~4 天出疹,出疹顺序为耳后→发际→额面→颈部→四肢;最常见的并发症是肺炎。根据题干,本例应诊断为麻疹。②诊断川崎病的必要条件是发热 5 天以上,故不答 A。咽结合膜热常表现为发热、咽炎、结膜炎,可有颈及耳后淋巴结肿大而不是皮疹。风疹常有耳后、枕部淋巴结肿大,常于发热 1~2 天后出疹,无 Koplik 斑。幼儿急疹好发于婴幼儿,常于高热 3~5 天后热退出疹。

289. ABCDE　①麻疹多见于 6 个月至 5 岁小儿,前驱期常表现为上呼吸道感染及眼结合膜炎,有发热、咳嗽、流涕、流泪、睑结膜充血。发热 3~4 天后出疹,皮疹先出现于耳后、发际、前额、面、颈部,后至胸、腹、背及四肢,皮疹多为淡红色斑丘疹,疹间皮肤正常。根据题干,本例应诊断为麻疹(D)。②风疹常于发热 1~2 天出疹,全身症状轻。幼儿急疹常于高热 3~5 天后热退出疹,常为红色斑丘疹,以颈部、躯干部多见。猩红热常于发热 1~2 天后出疹,多表现为皮肤弥漫性充血,上有密集针尖大小丘疹。水痘常于发热 1~2 天出疹,皮疹先于躯干、头部出现,后波及面部、四肢。

290. ABCDE　①2 岁小儿,发热伴上呼吸道感染,发热后 4 天出疹,出疹从耳后、颈部开始,应诊断为麻疹(D)。②幼儿急疹常为热退出疹。水痘、猩红热、风疹常于发热 1~2 天出疹。

291. ABCDE　①2 岁小儿,发热伴上呼吸道感染,发热后 3 天耳后、前额出疹,口腔黏膜粗糙(Koplik 斑),应诊断为麻疹(E)。②川崎病常表现为发热、球结膜充血、口唇皲裂、草莓舌、手足硬性水肿、颈淋巴结肿大,无皮疹。风疹、猩红热常于发热 1~2 天出疹。幼儿急疹常为热退出疹。

292. ABCDE　①2 岁男孩,发热 4 天出疹,全身皮肤可见红色斑丘疹,疹间皮肤正常,应考虑麻疹。麻疹脑炎为麻疹的少见并发症,大多发生在出疹后 2~6 天,临床表现为嗜睡、烦躁、共济失调、呕吐、惊厥、昏迷、脑膜刺激征等。本例出疹后第 3 天出现惊厥,呕吐,嗜睡,脑膜刺激征,应诊断为麻疹脑炎(B)。②发热性惊厥可自行缓解,恢复后一切如常,故不答 A、E。化脓性脑膜炎常为化脓性细菌感染所致,而本例为麻疹病毒感染,故不答 C。风疹一般于发热第 1~2 天出疹,伴有耳后、颈部淋巴结肿大,且风疹并发脑炎者少见,故不答 D。

293. ABCDE 由于麻疹病程中持续高热、食欲不振,可致营养不良和维生素缺乏,以维生素 A 缺乏最常见,可引起干眼症,严重者出现视力障碍。A、C、D、E 均不会引起维生素 A 缺乏。

294. ABCDE 对于未接受过麻疹疫苗预防接种的婴幼儿,若在接触麻疹 5 天内,注射丙种球蛋白可预防发病。若在接触麻疹 5 天以后注射,则能减轻症状。丙种球蛋白对A、C、D、E无预防作用。

295. ABCDE 麻疹的传染性很强,易感者接触麻疹后约 90%发病。麻疹患儿为主要传染源,在潜伏期末至出疹后 5 天均具有传染性,因此麻疹患者应隔离至出疹后 5 天(C)。

296. ABCDE 297. ABCDE 298. ABCDE ①肺炎是麻疹最常见的并发症,麻疹合并肺炎患儿需隔离至出疹后 10 天(D)。②易感者接触麻疹后应隔离检疫 3 周,并给予被动免疫,以便控制传染源(B)。③风疹需隔离至出疹后 5 天(A)。参阅第 8 版《诸福棠实用儿科学》P823。

299. ABCDE ①预防传染病包括控制传染源、切断传播途径、保护易感人群。幼儿园发现麻疹患儿,暂不接受其他易感儿入托,可切断传播途径。②易感者接触麻疹后应隔离检疫 3 周,并给予被动免疫,以便控制传染源。③D、E 均为保护易感人群的措施。④麻疹的病原体是麻疹病毒。利巴韦林在体外对麻疹病毒有抑制作用,但体内疗效尚未得到公认,故不宜常规应用,一般仅试用于免疫受损的病例,故答 B,参阅 7 版《诸福棠实用儿科学》P731。

300. ABCDE 301. ABCDE ①患儿颊黏膜粗糙,白色斑点,此为 Koplik 斑,为麻疹早期的特征性表现。患儿流涕,咳嗽,发热 3 天出疹,应诊断为麻疹(C)。风疹、猩红热常于发热1~2 天出疹,水痘常为发热 1~2 天出疹,幼儿急疹常为热退出疹。②为控制传染源,普通麻疹患儿需隔离至出疹后 5 天(B)。

302. ABCDE 水痘常为发热 1~2 天后出疹。

303. ABCDE ①水痘常于发热 1~2 天出疹,首发于头面和躯干,继而扩展到四肢,末端稀少,呈向心性分布。②皮疹最初为红色斑丘疹,继之形成水疱,24 小时后水疱破裂,2~3 天后结痂,表现为"斑疹、丘疹、疱疹、结痂"同时出现,即"四世同堂"。③口腔、眼结膜、生殖器等处的黏膜可出现皮疹。④皮疹陆续分批出现,伴明显痒感(E 错)。

304. ABCDE ①水痘的病原体为水痘-带状疱疹病毒(VZV),潜伏期约为 14 天(10~20 天),常于发热 1~2 天出疹,皮疹结痂消退后一般不留瘢痕。水痘皮疹的特点是分批出现,分批消退,不会有皮疹融合。②水痘皮疹最初为红色斑丘疹,继之形成水疱,24 小时后水疱破裂,2~3 天后结痂,表现为"斑疹、丘疹、疱疹、结痂"同时出现,即"四世同堂"。

305. ABCDE ①水痘最初的皮疹为红色斑丘疹伴强烈瘙痒感,搔抓后易继发皮肤感染(E)。②水痘并发肺炎少见,主要发生在免疫缺陷儿和新生儿。麻疹最常见的并发症为肺炎。③少数水痘可并发心肌炎、肝炎、肾炎、脑炎、关节炎等。

306. ABCDE 307. ABCDE 308. ABCDE ①4 岁患儿,发热伴瘙痒性皮疹,斑疹、丘疹、疱疹、结痂"四世同堂",应诊断为水痘(C)。麻疹为发热后 3~4 天出疹,多为红色斑丘疹,无痒感,皮损无"四世同堂"表现。风疹常为发热 1~2 天出疹,多伴有耳后及颈部淋巴结肿大。猩红热常于发热 1~2 天出疹,可有高热、杨梅舌。急性荨麻疹常急性起病,荨麻疹散布全身,瘙痒明显,无发热。②水痘的传染期从出疹前 1~2 天至皮损结痂,为 7~8 天,为控制传染源,应将患儿隔离至皮疹全部结痂为止(D)。麻疹、风疹的隔离期为出疹后 5 天,麻疹合并肺炎的隔离期为出疹后 10 天。③水痘的病原体为水痘-带状疱疹病毒,抗病毒感染首选阿昔洛韦。早期使用干扰素能较快抑制皮疹发展,加速病情恢复。继发细菌感染时可给予抗生素治疗,若发热可给予退热剂对症治疗。糖皮质激素对水痘病程有不利影响,可导致病毒感染播散,不宜使用(C)。

309. ABCDE ①风疹常于发热 1~2 天出疹,1 天内出齐。出疹常从面部开始→颈部→躯干→四肢,但手掌、足底常无皮疹。患儿多有枕后、耳后淋巴结肿大,皮疹多于 3 天内迅速消退,疹退后不留色素沉着。根据题干,本例应诊断为风疹(C)。②手足口病常表现为手足口臂出现斑丘疹和疱疹,皮疹具有不痛、不痒、不结痂、不结疤的特点。幼儿急疹常表现为热退出疹。猩红热多于发热 1~2 天出疹，常从颈、腋下、腹股沟等处开始，24 小时遍及全身。麻疹常于发热 3~4 天出疹。

310. ABCDE　①风疹常为低热，潜伏期虽有卡他症状，但多较轻微。麻疹多为高热，发热 3~4 天出疹，且出疹期间热度更高，一般可达 39~40℃，全身症状重。因此全身症状的轻重为两者的鉴别要点（A）。②在出疹后期，无论风疹还是麻疹，皮疹均可满布全身。两者均可出现局部充血、斑丘疹。风疹的皮疹常 1 日内出齐，麻疹的皮疹常在 1~2 天内迅速增加，故不答 D。风疹患儿白细胞总数正常或稍低，麻疹患儿白细胞总数常减少，故不答 E。

311. ABCDE　312. ABCDE　313. ABCDE　①幼儿急疹的病原体是人类疱疹病毒 6 型（D）。②疱疹性咽峡炎的病原体为柯萨奇 A 组病毒（A）。③咽结合膜热的病原体为腺病毒 3、7 型（C）。④带状疱疹病毒是水痘的病原体。呼吸道合胞病毒是毛细支气管炎的主要病原体。

314. ABCDE　幼儿急疹是由人类疱疹病毒 6 型引起的，以高热、皮疹为特点的疾病。发热常持续 3~5 天，体温 39℃以上。热退后出疹，皮疹为红色斑丘疹（B 对）。皮疹常于 1~3 天消退，无色素沉着。

315. ABCDE　幼儿急疹常突发高热，体温 39~40℃，持续 3~5 天后体温骤退，热退后出疹（B 对）。皮疹呈红色斑疹、斑丘疹，很少融合，主要见于躯干、颈部、上肢。皮疹于 1~3 天消退，无色素沉着。

316. ABCDE　幼儿急疹常突发高热，体温 39~40℃，可伴高热惊厥。3~5 天后热退出疹（D 错），皮疹主要分布于躯干、颈部、上肢，为红色斑丘疹。少数患儿可有颈部、耳后淋巴结肿大。

317. ABCDE　①"热退疹出"为幼儿急疹的特点，常为红色斑丘疹，多分布于躯干、颈部及上肢，故本例应诊断为幼儿急疹（C）。②风疹为发热 1~2 天出疹。麻疹为发热 3~4 天出疹，且出疹期间热度更高。猩红热为发热 1~2 天出疹，出疹时高热。水痘为低热 1~2 天后出疹。

318. ABCDE　"热退疹出"为幼儿急疹的特点，故答 E。

319. ABCDE　突发高热 3~5 天，"热退疹出"为幼儿急疹的特点，故答 E。

320. ABCDE　321. ABCDE　①突发高热 3~5 天，热退疹出为幼儿急疹的特点，故本例应诊断为幼儿急疹（E）。②幼儿急疹的病原体是人类疱疹病毒 6 型（C）。麻疹病毒为麻疹的病原体。腺病毒为咽结合膜热的病原体。柯萨奇 A 组病毒为疱疹性咽峡炎的病原体。水痘病毒为水痘的病原体。

322. ABCDE　猩红热是 A 组乙型（β）溶血性链球菌引起的急性出疹性传染病，临床特征为发热、咽炎、草莓舌、全身皮疹、疹退后脱皮。

323. ABCDE　猩红热常在发热 1~2 天出疹（B）。

324. ABCDE　325. ABCDE　①幼儿急疹常表现为突发高热，发热 3~5 天体温骤降，出现皮疹。皮疹呈红色斑疹、斑丘疹，很少融合，疹间皮肤正常，可有咽部充血，头颈部浅表淋巴结肿大，全身症状轻。根据题干，本例应诊断为幼儿急疹（E）。②猩红热常表现为高热、咽痛、头痛、腹痛、扁桃体炎，杨梅舌、鸡皮样疹为其特征性表现。根据题干，本例应诊断为猩红热（D）。③麻疹常表现为发热 3~4 天出疹，可有麻疹斑。川崎病常表现为发热、球结合膜充血、手足硬性水肿、颈淋巴结肿大。水痘常表现为发热 1~2 天出疹，全身症状较轻。

326. ABCDE　327. ABCDE　①急性肺炎是小儿麻疹最常见的并发症，占麻疹患儿死因的 90%，多见于 5 岁以下的小儿（A）。②部分猩红热患儿于发病 2~3 周后可出现变态反应，并发肾小球肾炎、风湿热（D）。参阅 3 版 8 年制《儿科学》P513。

328. ABCDE　①猩红热常表现为发热 1~2 天出疹，全身皮肤弥漫性充血发红，皮疹为密集而均匀的红色细小丘疹，呈鸡皮样，触之砂纸感，舌乳头红肿突起，称为草莓舌。根据题干，本例应诊断为猩红热（D）。②风疹、水痘常为发热 1~2 天出疹，无草莓舌。麻疹常于发热 3~4 天出疹。幼儿急疹常为"热退疹出"。

329. ABCDE　本例虽然出疹时间不典型，但皮疹特点仍与猩红热相符，故应诊断为猩红热（B）。

330. ABCDE　①猩红热是由乙型溶血性链球菌引起的急性出疹性传染病，治疗首选青霉素。可给予青霉素 5 万 U/kg,分 2 次肌内注射,疗程 7~10 天。②对青霉素过敏者,可选用头孢曲松。复方新诺明临床上少用。利福平为抗结核分枝杆菌药,对溶血性链球菌无效。链球菌对庆大霉素耐药,不宜应用。

331. ABCDE 332. ABCDE ①手足口病是由肠道病毒引起的传染性疾病,病原体以柯萨奇病毒 A 组 16 型、肠道病毒 71 型多见。②流行性角结膜炎由腺病毒 8、19 型引起,主要通过接触传染。③埃可病毒常引起病毒性心肌炎。轮状病毒常引起小儿秋冬季腹泻。脊髓灰质炎病毒常引起脊髓灰质炎。

333. ABCDE ①结核菌素(PPD)试验以局部硬结直径作为判断标准:硬结直径<5mm 为阴性(-);5~9mm为阳性(+);10~19mm 为中度阳性(++);≥20mm 为强阳性(+++);局部除硬结外,还有水肿、破溃、淋巴管炎、双圈反应等为极强阳性(++++)。本例 PPD 试验局部硬结直径 20mm,应判定为强阳性(+++),提示体内有活动性结核病(B)。②接种卡介苗后 PPD 试验硬结直径多为 5~9mm,既往有过结核感染硬结直径多为 10~15mm,故不答 A、E。CD 不属于结核病,显然不是正确答案。

334. ABCDE 未接种卡介苗的婴幼儿,PPD 试验阳性说明体内有新的结核病灶,应预防性抗结核治疗(A)。预防性抗结核治疗的适应证为:①密切接触家庭内开放性肺结核者;②3 岁以下婴幼儿未接种卡介苗而 PPD 试验阳性者;③PPD 试验新近由阴性转为阳性者;④PPD 试验阳性伴结核中毒症状者;⑤PPD 试验阳性,新患麻疹或百日咳小儿;⑥PPD 试验阳性小儿需长期使用糖皮质激素或其他免疫抑制剂者。

335. ABCDE ①卡介苗是一种毒力很低的牛型结核分枝杆菌,接种后可使人体产生抗体,提高对结核分枝杆菌的抵抗力和免疫力。结核性脑膜炎患者、结核菌素试验阳性者、严重的结核病患者,机体已受结核分枝杆菌感染,体内已产生抗体,故无需接种卡介苗。②人体对结核病的免疫力主要与细胞免疫有关,故细胞免疫功能低下者,接种卡介苗后将导致全身结核播散感染,治疗相当困难,严重者可致死亡,故不宜应用。③卡介苗接种主要适用于未受结核分枝杆菌感染者。年龄越小,结核自然感染率越低,故新生儿、3 岁以下结核菌素试验阴性的儿童为最佳接种对象(E)。

336. ABCDE ①粟粒性肺结核属于重症肺结核,由于机体免疫功能低下,可导致 PPD 试验呈假阴性反应(A 对)。②PPD 试验阳性仅提示机体曾感染过结核分枝杆菌,并不表示一定有结核病。③小儿感染结核分枝杆菌 4~8 周后 PPD 试验才会呈阳性,因此初次感染结核分枝杆菌后 2 周,PPD 试验应为阴性。④卡介苗接种成功,PPD 试验呈阳性。强阳性表示体内有活动性结核病。⑤PPD 试验阴性可见于重症结核病、麻疹、水痘等,并不能除外结核病。

337. ABCDE PPD 试验:结核菌纯蛋白衍生物(PPD)1:2000 的稀释液 0.1ml(5 个结核菌素单位),于左前臂掌侧面中下部 1/3 处皮内注射,使之形成直径 6~10mm 的皮丘。48~72 小时后观察结果,以局部硬结直径表示。

338. ABCDE PPD 试验结果的判断标准为硬结大小,而不是红晕直径,因为硬结为特异性变态反应,红晕为非特异性变态反应。判断标准:①硬结直径<5mm 为阴性(-);②硬结直径5~9mm为阳性(+);③硬结直径 10~19mm 为中度阳性(++);④硬结直径≥20mm 为强阳性(+++);⑤局部除硬结外,还有水肿、破溃、淋巴管炎、双圈反应等为极强阳性(++++)。

339. ABCDE PPD 试验阳性反应的意义:①接种卡介苗后;②年长儿无明显症状,仅呈一般阳性反应,表示曾感染过结核分枝杆菌;③婴幼儿,尤其是未接种卡介苗者,阳性反应多表示有新的结核病灶;④强阳性反应表示体内有活动性结核病;⑤由阴性反应转为阳性反应,或反应强度由原来<10mm增至>10mm,且增幅>6mm 时,表示新近有结核感染(C)。

340. ABCDE 判断 PPD 试验结果时,只要出现"水肿、水疱、破溃、淋巴管炎、双圈反应",均为极强阳性,此时不再以硬结直径为标准。

341. ABCDE PPD 试验硬结直径 20mm,应判定为强阳性(+++)。

342. ABCDE ①结核分枝杆菌感染机体后需 4~8 周才建立免疫反应,因此近 2~3 周感染结核后,PPD 试验结果应为阴性,不可能为阳性反应。②PPD 试验阳性只表示曾感染结核分枝杆菌,不一定表示体内已有免疫力，不会再感染结核。③1岁小儿，结核分枝杆菌的自然感染率较低，因此PPD试验阳性多提示体内有活动性结核（C对）。④PPD试验阳性的小儿，表示已受结核分枝杆菌感染，无需接种卡介苗。⑤成人结核分枝杆菌的自然感染率很高，PPD试验阳性只表示曾感染结核分枝杆菌，并不表示一定患病，更不能表示体内一定有活动性结核，但1岁小儿PPD试验阳性多提示体内有活动性结核。

343. ABCDE　①部分危重结核病患者、急性传染病、应用肾上腺皮质激素治疗时、原发或继发免疫缺陷病患者，由于机体免疫功能低下或受抑制，可导致PPD试验呈假阴性反应。②结核分枝杆菌感染机体后需4~8周才建立免疫反应，因此结核变态反应前期，PPD试验为真阴性反应，而不是假阴性（B）。

344. ABCDE　PPD试验假阴性是由于机体免疫功能低下或受抑制所致，见于急性粟粒性肺结核、急性传染病、体质极度衰弱、糖皮质激素治疗时、原发性或继发性免疫缺陷病等，故答B。

345. ABCDE　密切接触家庭内开放性肺结核患者，3岁以下婴幼儿未接种卡介苗而结核菌素试验阳性者，均需给予预防性抗结核治疗，可口服异烟肼，疗程6~9个月；或异烟肼+利福平，疗程3个月。

346. ABCDE　①原发型肺结核是指结核分枝杆菌初次侵入肺部后发生的原发感染，是小儿肺结核的主要类型，占儿童各型肺结核的85%（A）。②按2004年我国制定的结核病分类标准，结核病分为6类：原发型肺结核、血型播散型肺结核（包括粟粒性肺结核）、继发型肺结核、结核性胸膜炎、其他肺外结核病（包括结核性脑膜炎、结核性腹膜炎）、菌阴肺结核。可见B、C、D、E都不属于原发型肺结核。

347. ABCDE　①肺结核原发综合征常见于原发型肺结核，由原发灶、引流淋巴管炎、肺门淋巴结结核组成，在胸部X线片上呈典型的哑铃状双极阴影。②A为粟粒性肺结核的特点，B为纤维空洞性肺结核的特点，C为结核球的特点，D为继发性肺结核的特点。

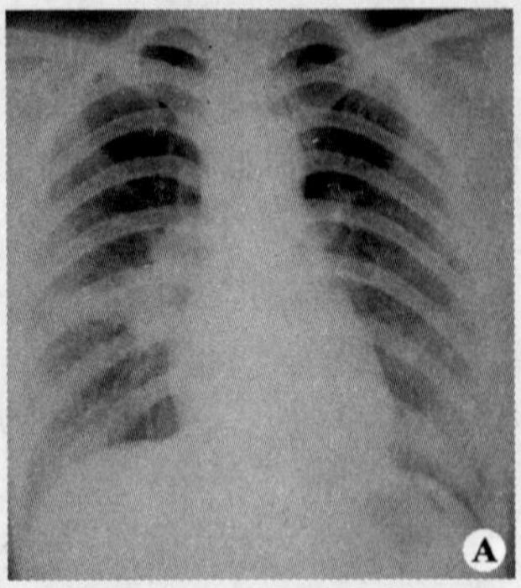
右中肺模糊影、肺门淋巴结肿大

原发综合征

348. ABCDE　349. ABCDE　350. ABCDE　①患儿食欲减退，消瘦乏力，低热盗汗，为结核病的全身中毒症状。患儿干咳2个月，PPD试验阳性，应诊断为肺结核。小儿以原发型肺结核多见，成人以浸润型肺结核多见，故应诊断为原发型肺结核（A）。支气管肺炎无低热、盗汗等结核中毒症状，故不答B。原发型肺结核包括原发综合征和支气管淋巴结结核，故答A而不是C、E。本例不能仅凭"颈部数个肿大淋巴结"而误选E。②原发型肺结核应首选胸部X线片检查，然后作痰结核分枝杆菌培养以确诊（A）。血沉检查常用于了解结核病有无活动性。脑脊液检查常用于诊断结核性脑膜炎。抗结核抗体检测不能确诊肺结核，临床上少用。③无明显症状的原发型肺结核，可采用标准疗法，即每日服用异烟肼（INH）、利福平（RFP）和（或）乙胺丁醇（EMB），疗程9~12个月。活动性原发型肺结核宜采用直接督导下短程化疗（DOTS），常用方法为2HRZ/4HR。本例为活动性肺结核，故答案B并不严谨。

351. ABCDE　原发型肺结核常表现原发灶+淋巴管炎+肺门淋巴结结核，肿大的肺门淋巴结压迫气管分叉处可出现类似百日咳样痉挛性咳嗽（B对），压迫支气管可引起喘鸣，压迫喉返神经可致声嘶。

352. ABCDE　①低热、干咳、颈淋巴结肿大为肺结核的常见症状。原发型肺结核高度过敏状态的小儿可出现眼疱疹性结膜炎、皮肤结节性红斑、多发性一过性关节炎。本例应诊断为原发型肺结核（D）。②风湿热常表现为发热、心脏炎、关节炎、舞蹈病、环形红斑、皮下结节。传染性单核细胞增多症是由EB病毒感染引起的自限性淋巴细胞增生性疾病，常表现为发热、咽峡炎、扁桃体充血肿大、肝脾肿大、腹膜后淋巴结肿大。类风湿关节炎常表现为手足小关节对称性反复发作性肿胀疼痛。川崎病常表现为高热而不是低热，可有球结膜充血而不是疱疹性结膜炎，可有多形性红斑而不是结节性红斑，可有颈淋巴结肿大，但无关节炎症状，很多医考参考书将答案错为E。

353. ABCDE　①患儿低热、消瘦、乏力，为结核病常见的中毒症状。颈部淋巴结肿大为原发型肺结核的常见体征。PPD 试验强阳性,提示患儿曾受结核分枝杆菌感染。胸部 X 线片提示肺门淋巴结肿大,此为原发综合征的典型 X 线表现,故本例应诊断为原发型肺结核(B)。②霍奇金病、支气管肺炎、传染性单核细胞增多症均不会出现 PPD 试验强阳性。原发型肺结核是小儿最常见的肺结核类型,包括原发综合征和支气管淋巴结结核,故答 B 而不是 D。

354. ABCDE ①活动性原发型肺结核应采用强化治疗和巩固治疗两阶段疗法,常用化疗方案为 2HRZ/4HR。②强化治疗常采用 2HRZ 方案,即异烟肼(INH 或 H)、利福平(RFP 或 R)、吡嗪酰胺(PZA 或 Z)三种杀菌药物联合应用 2~3 个月。巩固治疗常采用 4HR 方案,即 INH(H)+RFP(R)两种药物联合应用 4 个月。可见 INH、RFP 的疗程至少需 6 个月(E 错)。

355. ABCDE 356. ABCDE 357. ABCDE ①患儿低热、盗汗、咳嗽为肺结核的常见症状。部分原发型肺结核可有疱疹性结膜炎、颈淋巴结肿大,故本例应诊断为原发型肺结核(B)。咳嗽变异型哮喘常表现为反复发作性干咳,不会出现低热盗汗等中毒症状。肺炎、急性上呼吸道感染常表现外周血白细胞增高,不会有颈淋巴结肿大。支气管异物常表现为吸入性呼吸困难。②原发型肺结核常表现为原发综合征,即原发灶+淋巴管炎+肺门淋巴结结核。肺门淋巴结结核的病理改变为渗出、增殖、干酪样坏死(C)。③原发型肺结核首选抗结核化疗(C)。大环内酯类抗生素、抗病毒治疗对肺结核无效。糖皮质激素可使结核病灶扩散,不宜应用。E 显然不是正确答案。

358. ABCDE 结核性脑膜炎的纤维蛋白渗出物波及脑神经鞘,可造成颅神经受损,如视神经(Ⅱ)、动眼神经(Ⅲ)、滑车神经(Ⅳ)、外展神经(Ⅵ)、面神经(Ⅶ)、舌下神经(Ⅻ),其中以面神经受损最常见。

359. ABCDE 小儿结核性脑膜炎引起的颅神经受累常见的有视神经(Ⅱ)、动眼神经(Ⅲ)、滑车神经(Ⅳ)、外展神经(Ⅵ)、面神经(Ⅶ)、舌下神经(Ⅻ)。参阅 3 版 8 年制《儿科学》P525。

360. ABCDE ①结核性脑膜炎的病程分为早期(前驱期)、中期(脑膜刺激期)、晚期(昏迷期)三期。早期主要表现为小儿性格改变,如少言、懒动、表情淡漠、好哭、嗜睡。可有低热盗汗、食欲减退等结核中毒症状。也可有呕吐、便秘(婴儿可为腹泻)等胃肠道症状。年长儿可自诉头痛、呕吐,多轻微或非持续性。②反复惊厥为晚期表现,而不是早期表现(E)。

361. ABCDE ①结核性脑膜炎早期主要表现为小儿性格改变,如少言、懒动、表情淡漠、好哭、嗜睡(C)。②脑膜刺激征阳性、急性高热伴剧烈呕吐为中期表现。昏睡伴意识朦胧为晚期表现。请注意:出现惊厥为中期表现,频繁惊厥为晚期表现。

362. ABCDE ①昏迷为结核性脑膜炎的晚期表现(C)。②嗜睡、呕吐为中期表现,头痛为早期表现。

363. ABCDE ①昏迷、频繁惊厥属于结核性脑膜炎的晚期表现。②脑膜刺激征、颅神经障碍为中期表现。性格改变为早期表现。肢体瘫痪或偏瘫为不典型结核性脑膜炎的表现。

364. ABCDE ①结核性脑膜炎常表现为小儿性格改变,颅内压增高(剧烈头痛、喷射性呕吐、惊厥),脑膜刺激征,病理征阳性;脑脊液无色透明或呈毛玻璃样,WBC 增高,多为$(50\sim500)\times10^6$/L[正常值$(0\sim10)\times10^6$/L],以淋巴细胞为主,蛋白质增高(正常值 0.2~0.4g/L),氯化物降低(正常值 117~127mmol/L)。根据题干,本例应诊断为结核性脑膜炎,治疗首选四联抗结核药物(B)。②糖皮质激素是结核性脑膜炎的辅助治疗方法。大剂量丙种球蛋白主要用于治疗川崎病。阿昔洛韦常用于病毒性脑膜炎的治疗。头孢曲松+万古霉素常用于化脓性脑膜炎的治疗。

365. ABCDE ①脑脊液沉渣涂片墨汁染色见厚荚膜发亮圆形菌体,为隐球菌的特征性表现,故答 C。②A、B、D、E 墨汁染色均不会找到隐球菌。2018 年考题,超纲题。

366. ABCDE 367. ABCDE ①解答此类试题,首先要记住脑脊液的正常值:脑脊液压力新生儿为 0.29~0.78kPa,儿童为 0.69~1.96kPa;细胞总数新生儿为$(0\sim34)\times10^6$/L,儿童为$(0\sim10)\times10^6$/L;蛋白质新生儿为 0.2~1.2g/L,儿童为 0.2~0.4g/L;糖婴儿为 3.9~5.0mmol/L,儿童为2.8~4.5mmol/L;氯化物婴儿为 110~122mmol/L,儿童为 117~127mmol/L。②结核性脑膜炎的脑脊液改变为两高两低

(细胞数增高、蛋白质增高、糖降低、氯化物降低),白细胞总数多为(50~500)×10^6/L,以淋巴细胞为主;蛋白质含量增高,多为1.0~3.0g/L,糖降低,故答案为B。③中毒性脑病的脑脊液检查大致正常,压力可高可正常,答案为A。

368. ABCDE　**369.** ABCDE　**370.** ABCDE　①结核性脑膜炎多亚急性起病,常表现为低热,性格改变,颅内压增高(头痛、呕吐),颈项强直,脑膜刺激征阳性。右眼球外展受限为展神经受累的表现。麻疹患者因免疫反应受到暂时抑制,可导致体内原有潜伏的结核病灶重趋活跃,甚至发展为结核性脑膜炎。结核性脑膜炎患儿PPD试验常为阴性。根据题干,本例应诊断为结核性脑膜炎(A)。化脓性脑膜炎好发于2岁以下幼儿,起病急,进展快,常表现为高热,惊厥,意识障碍,颅内压增高,脑膜刺激征。流行性脑脊髓膜炎好发于2岁以下儿童,起病急,中毒症状严重,常有皮肤瘀点。隐球菌性脑膜炎病程进展缓慢,以颅内高压为主要表现。病毒性脑膜炎全身中毒症状较轻,病程自限,一般不超过2周。②为明确结核性脑膜炎的诊断,应首选脑脊液检查(D)。A、B、C、E均不能确诊本病。③昏迷是结核性脑膜炎的晚期表现(B)。颅神经受损、惊厥、腹壁反射消失为中期表现。肢体偏瘫为早期表现。请注意:惊厥为中期表现,频繁惊厥为晚期表现。

371. ABCDE　**372.** ABCDE　**373.** ABCDE　①脑脊液中找到结核分枝杆菌当然可确诊结核性脑膜炎(A)。PPD试验阳性仅表示曾感染过结核分枝杆菌,或曾接种过卡介苗,不能确诊结核性脑膜炎。头颅CT示脑室扩大、脑实质改变,仅提示颅内高压或有颅内病变。脑脊液蛋白增高,糖、氯化物降低,脑脊液外观呈毛玻璃样,为结核性脑膜炎的典型脑脊液改变,但并不能凭此确诊结核性脑膜炎。②结核性脑膜炎强化治疗阶段可联合应用异烟肼(INH)、利福平(RFP)、吡嗪酰胺(PZA)及链霉素(SM),疗程3~4个月(C)。③结核性脑膜炎患儿突然心率增快,呼吸节律不整,双瞳孔不等大,提示颅内压增高导致脑疝,可行B、C、D、E项抢救,不能作腰椎穿刺减压,以防脑疝加重,突然死亡(A)。

374. ABCDE　在母体内,胎儿肠道是无菌的,生后数小时细菌即侵入肠道,多分布在结肠和直肠。肠道菌群受食物成分的影响较大,单纯母乳喂养儿以双歧杆菌占绝对优势,人工喂养儿肠内的大肠埃希菌、嗜酸杆菌、双歧杆菌、肠球菌所占比例几乎相等。肠道菌群不能合成维生素D,只能合成维生素K和维生素B族。

375. ABCDE　①先天性肥厚性幽门狭窄的主要症状为呕吐,一般在生后2~4周出现,少数于生后1周发病。右上腹肿块(幽门肿块)为本病的特有体征,临床检出率60%~80%。早期可表现为患儿体重不增或下降。②胃蠕动波为常见体征,从左季肋下向右上腹移动,到幽门即消失(E错)。

376. ABCDE　A、B、C、D、E均属于先天性肥厚性幽门狭窄的临床表现,但胃蠕动波不是特有体征,而右上腹肿块为其特有体征,具有诊断意义,临床检出率可达60%~80%(D)。

377. ABCDE　呕吐为先天性肥厚性幽门狭窄的主要症状,开始为溢乳,逐渐加重呈喷射性呕吐。由于幽门梗阻,十二指肠内的胆汁不可能反流至胃内,因此呕吐物不含胆汁(B错)。喂奶后常见胃蠕动波。可有右上腹肿块,为本病的特有体征。肾功能损害时,可合并代谢性酸中毒。

378. ABCDE　①先天性肥厚性幽门狭窄的主要症状为呕吐,一般在生后2~4周出现,少数于生后1周发病。右上腹肿块(幽门肿块)为本病的特有体征,临床检出率60%~80%。早期可表现为患儿体重不增或下降。胃蠕动波为常见体征,从左季肋下向右上腹移动,到幽门即消失(E)。②幽门痉挛常表现为生后即出现间歇性不规则呕吐,非喷射性,偶见胃蠕动波,但无右上腹包块。胃扭转常表现为生后数周内呕吐,移动体位时呕吐加剧。胃食管反流病常表现为非喷射性呕吐,无胃肠蠕动波和右上腹包块。先天性巨结肠多表现为生后24~48小时无胎便排出,于生后2~3天出现低位肠梗阻症状,以后出现顽固性便秘。

379. ABCDE　①呕吐为先天性肥厚性幽门狭窄的主要症状,开始为溢乳,逐渐加重呈喷射性呕吐,呕吐物不含胆汁。早期可表现为体重不增或下降,发育延迟。体检可发现胃蠕动波及右上腹包块(幽门肿块)。根据题干,本例应诊断为先天性肥厚性幽门狭窄(D)。②喂养不当常因喂奶过多、过急引起,可有一过性呕吐,但无胃蠕动波及右上腹包块。胃食管反流病常表现为非喷射性呕吐,呕吐物含胆汁。幽门痉挛多在生后即出现间歇性不规则呕吐,非喷射性,偶见胃蠕动波,右上腹不能扪及包块。胃扭转常于生后数周出现呕吐,体位变动时呕吐加剧。

380. ABCDE ①先天性巨结肠既简便又具有诊断价值的检查是钡剂灌肠,其诊断率约为90%(A)。②B、C、D、E均属于先天性巨结肠的辅助检查方法。

381. ABCDE ①先天性巨结肠最常见的并发症是小肠结肠炎(D)。由于远端结肠高度扩张,肠腔内压增高导致肠黏膜缺血,降低了黏膜的屏障作用,导致小肠结肠炎。②先天性巨结肠可有不全肠梗阻的表现,可造成乙状结肠和盲肠穿孔,可继发感染,如败血症、肺炎等。

382. ABCDE 383. ABCDE ①先天性巨结肠常表现为胎便排出延迟、顽固性便秘和腹胀,病史较长者可出现营养不良(A)。②先天性肥厚性幽门狭窄常表现为喷射性呕吐,呕吐物不含胆汁,喂食后常出现胃蠕动波,右上腹包块为其特有体征(E)。③幽门痉挛多在生后即出现间歇性不规则呕吐,非喷射性,偶见胃蠕动波,右上腹不能扪及包块。胃食管反流病为非喷射性呕吐,呕吐物含胆汁,上腹部无胃蠕动波和肿块。胃扭转常于生后数周出现呕吐,体位变动时呕吐加剧。

384. ABCDE 小儿腹泻是一组由多种病原、多因素引起的以大便次数增多和大便性状改变为特点的消化道综合征,好发于6个月至2岁婴幼儿。A、B、C、D都只是小儿腹泻的某一方面,不全面。

385. ABCDE 小儿腹泻好发于6个月至2岁婴幼儿,其中1岁以内约占50%。

386. ABCDE 小儿腹泻病的易感因素包括内在因素和外在因素。内在因素包括:①婴幼儿消化系统发育尚未成熟,胃酸和消化酶分泌少,酶活力偏低,不能适应食物质和量的较大变化。②婴儿胃肠道负担较重,且对缺水的耐受力差,一旦失水容易发生体液紊乱。③机体防御功能差:婴儿胃酸偏低,胃排空较快,胃酸对进入胃内的细菌杀灭能力较弱;血清免疫球蛋白和胃肠道分泌型IgA均减低,肠黏膜免疫的防御反应不完善。肠道内感染为小儿腹泻易感的外在因素,而不是内在因素。

387. ABCDE ①小儿腹泻分为轻型和重型,轻型腹泻常以胃肠道症状为主,表现为食欲不振、呕吐、大便次数增多,无脱水和全身中毒症状。重型腹泻除有较重的胃肠道症状外,还有较明显的脱水、电解质平衡紊乱和全身感染中毒症状,如发热或体温不升、烦躁、萎靡、嗜睡、休克等。②可见,D、E均正确,但由于全身中毒症状为晚期表现,鉴别意义不大,故最佳答案为D而不是E。

388. ABCDE ①鼠伤寒沙门菌肠炎的临床特点是腹泻频繁,大便呈黏液状,带脓血,有腥臭味(E)。②轮状病毒肠炎腹泻特点是大便次数及水分多,呈黄色水样或蛋花汤样,带少量黏液。产毒性大肠埃希菌引起的肠炎腹泻特点是量多,水样或蛋花汤样,混有黏液。致病性大肠埃希菌引起的肠炎腹泻特点是黄绿色蛋花汤样,有发霉臭味和较多黏液。隐孢子虫病引起的腹泻特点是水样腹泻,体液丢失严重。参阅3版8年制《儿科学》P182。

389. ABCDE ①轮状病毒肠炎多发生于秋、冬季,故曾称为秋季腹泻(A错)。产毒性细菌引起的肠炎常见于夏季。②轮状病毒肠炎好发于6~24个月婴儿,4岁以上者少见。本病起病急,常伴发热和上呼吸道感染症状,表现为大便次数多,量多,水分多,黄色水样便或蛋花汤样便,带少量黏液(记忆为:三多一少)。常并发脱水、酸中毒、电解质紊乱。

390. ABCDE 轮状病毒肠炎好发于6~24个月婴儿,由于大便次数多,量多,水分丢失多,因此常并发脱水、酸中毒及电解质紊乱(B)。

391. ABCDE ①轮状病毒肠炎好发于6~24个月婴儿,多发生于秋冬季,故曾称为秋季腹泻。常为黄色水样便或蛋花汤样便,无腥臭味,粪便镜检有脂肪球,少量白细胞,无红细胞。根据题干,本例应诊断为轮状病毒肠炎(E)。②冠状病毒常导致非典型肺炎,很少引起腹泻,故不答A。肠道病毒、柯萨奇病毒常引起手足口病。诺沃克病毒常引起急性暴发性胃肠炎。

392. ABCDE ①轮状病毒肠炎多发生于秋、冬季,多见于6~24个月婴儿,表现为腹泻,蛋花汤样。粪便镜检偶见少量白细胞。由于为病毒感染,故大便细菌培养阴性,外周血白细胞计数常正常。因此,本例应诊断为轮状病毒肠炎(A)。②细菌性痢疾常有流行病学史,多表现为腹泻,脓血便,里急后重,大便镜检有较多脓细胞,细菌培养有痢疾杆菌生长。金黄色葡萄球菌肠炎多继发于使用大量抗生素后,常表现为发热、呕吐、腹泻,大便呈暗绿色,量多,带黏液,镜检可见大量脓细胞。真菌性肠炎为黄色稀便,泡沫较多,带黏液。致病性大肠埃希菌肠炎多见于夏季,大便黏液状,带脓血,有腥臭味。

393. ABCDE　①患儿11月8日发病,即秋季发病,秋季以轮状病毒腹泻最常见。患者腹泻2天,水样便,大便镜检可见少量白细胞。根据题干,本例应诊断为轮状病毒肠炎(E)。②致病性大肠埃希菌肠炎多见于夏季,腹泻频繁,大便呈黏液,带脓血。霉菌性(真菌性)肠炎为黄色稀便,泡沫较多,带黏液。腺病毒肠炎的临床表现与轮状病毒肠炎相似,但症状较轻,无明显季节性,少见,故答E而不是C。金黄色葡萄球菌肠炎多发生于使用大量抗生素后,常表现为发热、呕吐、腹泻,大便呈暗绿色,量多带黏液,镜检可见大量脓细胞,故不答D。

394. ABCDE　①患儿9月13日发病,即秋季发病,秋季以轮状病毒腹泻最常见。轮状病毒腹泻全身症状较轻,大便呈水样或蛋花汤样,故本例应诊断为轮状病毒肠炎(C)。②细菌性痢疾常有流行病学史,全身中毒症状重,脓血便,里急后重。进食过量或喂养不当常因喂奶过多、过急引起,多表现为呕吐。生理性腹泻常见于6个月以内的婴儿,除大便次数增多外,无其他症状。致病性大肠埃希菌肠炎好发于夏季,大便呈黏液状,带脓血,有腥臭味。

395. ABCDE　396. ABCDE　①金黄色葡萄球菌肠炎多发生于大量使用抗生素的患儿,由于菌群紊乱、微生态失调,导致金黄色葡萄球菌感染所致(E)。②轮状病毒肠炎多发生于秋、冬季,故曾称为秋季腹泻(B)。③致病性大肠埃希菌肠炎好发于3个月以下的小婴儿和新生儿。生理性腹泻多见于6个月以内的小婴儿。细菌性痢疾常有流行病学史,全身中毒症状重,常有脓血便,里急后重。

397. ABCDE　①致病性大肠埃希菌肠炎好见于1岁以下小儿,5~8月份为发病高峰,常表现为腹泻,每日5~10次,大便呈黄绿色或蛋花样,黏液较多,有发霉臭味,镜检大便有少量白细胞。根据题干,本例应诊断为致病性大肠埃希菌肠炎(A)。参阅3版8年制《儿科学》P182。②真菌性肠炎病情迁延,常伴鹅口疮,常表现为腹泻,黄色稀便,泡沫较多,带黏液,可见豆腐渣样细块,故不答B。铜绿假单胞菌很少导致腹泻,故不答C。轮状病毒肠炎多发生于秋冬季,而本例为夏季发病,故不答D。细菌性痢疾常有流行病学史,全身中毒症状重,常有脓血便,里急后重,故不答E。

病原体	粪便外观	大便镜检
轮状病毒	黄色水样或蛋花样,无腥臭味	有脂肪球,少量WBC,无RBC
致病性大肠埃希菌	黄绿色或蛋花样,较多黏液,有发霉臭味	少量白细胞
金黄色葡萄球菌	暗绿色,水样,量多,黏液较多	大量脓细胞、成簇G^+球菌
难辨梭状芽胞杆菌	假膜性小肠结肠炎为黄绿色水样便	可有假膜排出
真菌	稀黄,泡沫较多,带黏液,可见豆腐渣样细块	真菌孢子和菌丝

398. ABCDE　①金黄色葡萄球菌肠炎多继发于大量使用抗生素后,常表现为发热、呕吐、腹泻,大便呈暗绿色,量多,带黏液,镜检有大量脓细胞,故答E。②病毒性肠炎大便镜检多无白细胞或仅有少量白细胞。真菌性肠炎多为黄色稀便,泡沫较多,带黏液,镜检可见真菌孢子和菌丝。致病性大肠埃希菌肠炎多为黄绿色或蛋花样大便,黏液较多,有发霉臭味,镜检可有少量白细胞。侵袭性大肠埃希菌肠炎多为黏液便,带脓血,有腥臭味。

399. ABCDE　①3个月婴儿理想体重=出生体重+月龄×0.7=3.2+3×0.7=5.3kg,本例实际体重为5.8kg,故生长发育正常。生理性腹泻多见于6个月以内的小婴儿,外观虚胖,常有湿疹,除大便次数增多外,无其他症状,食欲好,不影响生长发育,故本例应诊断为生理性腹泻(E)。②迁延性腹泻是指病程在2周至2个月者,慢性腹泻是指病程在2个月以上者。ABCD均会影响婴儿的生长发育。

400. ABCDE 6个月以下的小婴儿,除腹泻外,无其他症状,外观虚胖,面部湿疹,应诊断为生理性腹泻。

401. ABCDE ①生理性腹泻多见于6个月以下的婴儿,常表现为出生后不久即腹泻,除大便次数增多外,无其他症状,食欲好,不影响生长发育。根据题干,本例应诊断为生理性腹泻(C)。②慢性细菌性痢疾常有流行病学史,大便次数多,量少,为脓血便,伴里急后重,影响生长发育。肠结核多表现为低热盗汗,腹痛腹泻,右下腹包块。真菌性肠炎常伴鹅口疮,病程迁延,大便次数多,为黄色稀便,泡沫较多,带黏液。迁延性腹泻常伴有营养不良,体重减轻,故不答E。

402. ABCDE ①婴儿感染性腹泻不宜使用止泻药,如洛哌丁醇,因为它能抑制胃肠动力,增加细菌繁殖和毒素的吸收(D)。②A、B、C、E都是婴儿感染性腹泻的治疗措施。

403. ABCDE ①重度低渗脱水伴休克时,首先应进行扩容治疗以纠正休克,首选2:1等张含钠液(0.9% NaCl2份+1.4%$NaHCO_3$1份)20ml/kg,于30~60分钟内快速输入(E)。②1/3张、1/2张、2/3张含钠液分别用于高渗性脱水、等渗性脱水、低渗性脱水第二阶段补充累积损失量。重度脱水患者静脉补液治疗方案如下图所示,轻、中度脱水无需第一阶段治疗。

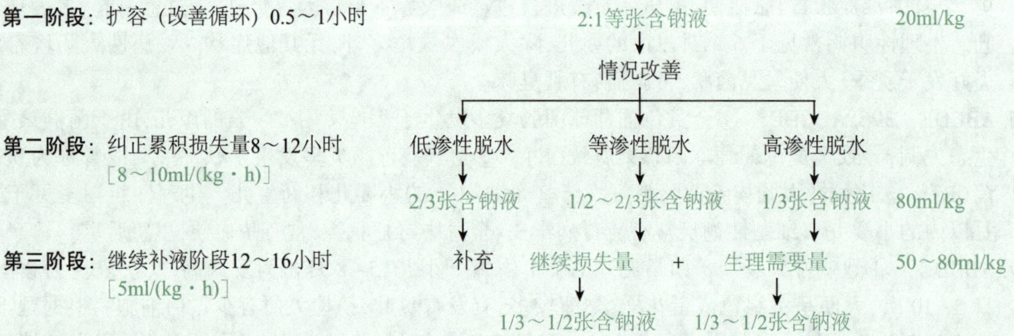

404. ABCDE ①重度脱水扩容治疗首选2:1等张含钠液,即0.9%NaCl 2份+1.4%$NaHCO_3$ 1份。碳酸氢钠为碱性溶液,可以纠正代谢性酸中毒,1.4%的碳酸氢钠兼有扩容及纠酸的作用。②2:3:1溶液为1/2张溶液,适用于等渗性脱水第二阶段的治疗。5%的碳酸氢钠溶液只具有纠酸作用。11.2%的乳酸钠溶液只具有扩容作用。5%的生理盐水为高渗溶液,只用于成人低渗性脱水的治疗。

405. ABCDE 406. ABCDE 407. ABCDE ①腹泻并重度脱水(无论脱水类型)的扩容治疗首选2:1等张含钠液,即0.9%NaCl 2份+1.4%$NaHCO_3$ 1份(A)。②婴儿肺炎易发生钠潴留,故钠的摄入不宜过多,不合并腹泻者,一般不应超过3mmol/(kg·d),相当于0.9%NaCl 20ml/(kg·d),可以选用生理盐水与10%葡萄糖配制成1:4或1:5的混合液。参阅7版《诸福棠实用儿科学》P1185。③重度营养不良腹泻常导致低渗性脱水,补入液体中钠盐含量应适当提高,宜选用2/3张混合液(B)。参阅7版《诸福棠实用儿科学》P512。

408. ABCDE 口服补液盐(ORS)主要用于纠正婴儿腹泻轻、中度脱水,重度脱水常采用静脉输液治疗。

409. ABCDE 410. ABCDE 411. ABCDE ①新生儿重度窒息应推迟喂养,以防呕吐物再度引起窒息,第1天静脉补液量为50~60ml/kg(A)。参阅7版《诸福棠实用儿科学》P449,9版《儿科学》未讲述。②小儿腹泻第1天的补液总量=累积损失量+继续损失量+生理需要量,轻度脱水为90~120ml/kg,中度脱水为120~150ml/kg(D),重度脱水为150~180ml/kg(E)。

412. ABCDE 小儿重度脱水有明显周围循环障碍,首先应进行扩容治疗以纠正休克,首选2:1等张含钠液20ml/kg(0.9%NaCl 2份+1.4%$NaHCO_3$ 1份),于30~60分钟内快速输入(B)。

413. ABCDE ①白色念珠菌肠炎的大便特点为黄色稀便,泡沫较多,带黏液,可见豆腐渣样细块(此为真菌菌落)。②轮状病毒肠炎多为黄色水样或蛋花汤样大便,带少量黏液,无腥臭味。鼠伤寒沙门菌肠炎多为黏液便,带脓血,有腥臭味。致病性大肠埃希菌肠炎大便呈黄绿色蛋花汤样,带较多黏液,有霉臭味。金黄色葡萄球菌肠炎大便呈暗绿色，量多，带黏液。

414. ABCDE　①重型腹泻常伴代谢性酸中毒，经有效补液、酸中毒纠正后可出现低钾血症。低钾血症时神经肌肉兴奋性降低，表现为腹胀、肌张力低，故本例应诊断为低钾血症(B)。②低钠血症症状常不明显，可有细胞内水肿、循环不良、脱水等表现。低钙血症、低镁血症常有神经肌肉兴奋性增高的表现。低氯血症常伴碱中毒，一般症状不明显。

415. ABCDE　**416. ABCDE**　①患儿腹泻扩容治疗首选 2∶1 等张含钠液 20ml/kg，即 0.9%NaCl 2 份+1.4% $NaHCO_3$ 1 份，于 30～60 分钟内快速静脉输入(D)。A、B、C、E 均非 2∶1 液，不适宜扩容治疗。②扩容治疗后，应积极补充累积损失量，一般在 8～12 小时内补完，补液速度为 8～10ml/(kg·h)。

417. ABCDE　①低渗性脱水是指血钠<130mmol/L 的脱水。由于细胞外低渗，水从细胞外进入细胞内，使循环容量在体外丢失的情况下，因水向细胞内转移而进一步减少，严重者血压下降，进展至低血容量休克而危及患儿生命。②低渗性脱水伴有低钙血症时可出现肌肉抽搐、惊厥，伴低钾血症时可出现无力、腹胀、肠梗阻、心律失常等，伴代谢性酸中毒时可出现深大呼吸。若有严重低钠血症，则可出现脑细胞水肿、嗜睡等神经系统症状。

418. ABCDE　前囟凹陷常见于脱水，轻度脱水前囟正常，中度脱水前囟轻度凹陷，重度脱水前囟深度凹陷。

419. ABCDE　①血钠正常值为 130～150mmol/L，本例血钠为 125mmol/L，应诊断为低渗性脱水，故可首先排除 B、C、E。②患儿皮肤弹性差，前囟及眼眶明显凹陷，脉细速，四肢稍凉，应诊断为中度脱水(A)。

420. ABCDE　①血钠正常值为 130～150mmol/L，患婴血钠为 135mmol/L，应诊断为等渗性脱水，故不答 C、D、E。②中度脱水常表现为哭泪少，前囟轻度凹陷，皮肤弹性轻度降低，黏膜干燥，少尿。重度脱水常表现为哭无泪，前囟凹陷，皮肤弹性降低，黏膜非常干燥，无尿。故本例应诊断为重度脱水(A)。

421. ABCDE　患儿血钠在 130～150mmol/L，属于等渗性脱水，故不答 A、B。患者尿量减少，哭时少泪，皮肤弹性差，眼窝及前囟明显凹陷，应为中度脱水，故本例应诊断为中度等渗性脱水(C)。

422. ABCDE　①小儿轻、中、重度脱水失水量占体重的 3%～5%、5%～10%、>10%。②小儿血钠正常值为 130～150mmol/L，血钠<130mmol/L 为低渗性脱水，血钠 130～150mmol/L 为等渗性脱水，血钠>150mmol/L为高渗性脱水，故答 D。③A 为中度高渗性脱水，B 为轻度等渗性脱水，C 为中度低渗性脱水，E 为重度等渗性脱水。

423. ABCDE　①患儿尿少，哭时泪少，足稍凉，应诊断为中度脱水，故不答 A、B、E。②患儿皮下脂肪 0.3cm，应诊断为中度营养不良。腹泻合并营养不良的患儿常发生低渗性脱水而不是等渗性脱水，故答 D。参阅 7 版《诸福棠实用儿科学》P512。

424. ABCDE　**425. ABCDE**　①血钠正常值为 130～150mmol/L，患儿血钠 124mmol/L，应诊断为低渗性脱水，故不答 A、B、E。患儿尿量极少，皮肤弹性差，呈花纹状，眼窝、前囟明显凹陷，心音低钝，四肢厥冷，应诊断为重度脱水，故答 D。②患儿腹泻蛋花汤样大便，镜检偶见白细胞，应考虑产毒性大肠埃希菌肠炎(C)。真菌性肠炎多为黄色稀便，泡沫较多，带黏液。金黄色葡萄球菌肠炎多为暗绿色大便，量多，带黏液。耶尔森菌肠炎的大便呈黏液状，带脓血，有腥臭味。铜绿假单胞菌很少引起肠炎。

426. ABCDE　①张力是指电解质溶液占总溶液的比值。葡萄糖溶液为非电解质溶液，因此将葡萄糖去除，其他液体的份数除以总溶液的份数，就是该溶液的张力。②0.9%NaCl 80ml+1.4%$NaHCO_3$ 40ml，不含葡萄糖，所以总溶液就是电解质溶液，其张力＝电解质溶液总份数/溶液总份数＝3/3＝1，故为 2∶1等张含钠液(E)。③注意：配制补液溶液时使用的是 1.4%$NaHCO_3$，而不是 5%$NaHCO_3$，故可首先排除 A、D。5%$NaHCO_3$ 主要用于纠正严重的代谢性酸中毒。

427. ABCDE　①口服补盐液（ORS 液）有多种配方，1985 年 WHO 推荐的老配方为：NaCl 3.5g +$NaHCO_3$2.5g+KCl 1.5g+无水葡萄糖 20g，加水至 1000ml，总渗透压 245mOsm/L，为 2/3 张。②2002 年 WHO 推荐的配方为：NaCl 2.6g+枸橼酸钠 2.9g+KCl 1.5g+无水葡萄糖 13.5g，加水至 1000ml，总渗透压 245mOsm/L。

428. ABCDE ①9 个月女婴，腹泻，10 次/日，应诊断为婴幼儿腹泻。婴幼儿腹泻的治疗重点在于维持水电解质平衡，对于中度脱水的患者应补液治疗（D）。②对于水样腹泻的患儿，一般不使用抗生素。助消化药、肠道微生态制剂都是一般性治疗措施，故不答 B、C。对于婴儿腹泻，无需使用止吐药。

429. ABCDE 430. ABCDE 431. ABCDE ①患儿前囟、眼窝凹陷，皮肤弹性差，四肢稍凉，应诊断为中度脱水。小儿血钠正常值为 130~150mmol/L，患儿血钠 127mmol/L，应诊断为低渗性脱水。BE 为剩余碱，其正常值为(-2.3~+2.3)mmol/L，BE 越多表示碱越多，为代谢性碱中毒，是正值；BE 越少表示碱越少，为代谢性酸中毒，是负值。本例 BE-15mmol/L，说明合并代谢性酸中毒，故应诊断为中度低渗性脱水，代谢性酸中毒（E）。②患儿蛋花汤水样便，为轮状病毒肠炎的特点，故答 E。侵袭性大肠埃希菌肠炎多为黏液便，带脓血，有腥臭味。白色念珠菌肠炎多为稀黄便，泡沫较多，带黏液。产毒性大肠埃希菌肠炎多为水样便，蛋花汤样，量多，有黏液。金黄色葡萄球菌肠炎多为暗绿色水样便，黏液较多。③患儿合并代谢性酸中毒，在补液过程中，当酸中毒纠正后，血浆游离钙离子减少，可发生低钙抽搐。为明确诊断，应首选电解质（血钙）测定。头颅 MRI、CT 常用于颅内占位性病变的诊断。脑脊液检查常用于脑膜炎的鉴别诊断。血糖常用于糖尿病、低血糖症的诊断。

432. ABCDE ①小儿血钠正常值为 130~150mmol/L，本例血钠 127mmol/L，应诊断为低渗性脱水，补充累积损失量应选用 2/3 张含钠液。②4:3:2 含钠液=4 份 0.9%氯化钠+3 份 5%或 10%葡萄糖+2 份 1.4%碳酸氢钠或 1.87%乳酸钠，溶液张力=(4+2)/(4+3+2)=2/3 张（B）。③2:3:1 含钠液=2 份 0.9%氯化钠+3 份 5%或 10%葡萄糖+1 份 1.4%碳酸氢钠或 1.87%乳酸钠，故溶液张力=（非含糖液份数）/溶液总份数=(2+1)/(2+3+1)=1/2 张。1:1 液=1 份 0.9%氯化钠+1 份 5%或 10%葡萄糖，溶液张力=1/2 张。可见 A、C、D、E 均非 2/3 张溶液，均不适合本例的治疗。

433. ABCDE ①腹泻伴重度脱水患儿第 1 天补液总量为 150~180ml/kg，包括累积损失量+继续损失量和生理需要量，其中，累积损失量=100ml/kg（分两阶段补给，第一阶段快速扩容 20ml/kg，剩余 80ml/kg第二阶段缓慢滴注），第三阶段补液量（继续损失量和生理需要量）=50~80ml/kg。②本例 1 岁小儿体重=10kg，第 1 天累积损失量=100ml/kg×体重=100×10=1000ml。③因输入的混合溶液中含有部分碱性溶液，输液后循环和肾功能改善，酸中毒一般可自行纠正。对于重度酸中毒者，可用 5%碳酸氢钠纠酸（7 版《儿科学》为 1.4%的碳酸氢钠），首次补充量为 5ml/kg。本例为重度酸中毒，纠酸时可给予 5%碳酸氢钠 50ml。故答案为 C。

434. ABCDE 435. ABCDE 436. ABCDE ①患者血钠<130mmol/L，应诊断为低渗性脱水。患者尿量减少，眼窝凹陷，皮肤弹性差，四肢尚暖，应为中度脱水，故本例应诊断为中度低渗性脱水（C）。②婴儿腹泻第 1 天的补液总量：轻度脱水为 90~120ml/kg，中度脱水为 120~150ml/kg，重度脱水为 150~180ml/kg，本例为中度脱水，故答案为 D。③低渗性脱水，第 1 天应补充 2/3 张含钠液。等渗性脱水补充 1/2 张含钠液。高渗性脱水补充 1/3 张含钠液。本例为低渗性脱水，故答案为 A。

437. ABCDE 438. ABCDE 439. ABCDE ①血钠正常值为 130~150mmol/L，本例血钠 132mmol/L，应诊断为等渗性脱水。患儿嗜睡，精神萎靡，皮肤干燥，弹性差，眼窝及前囟明显凹陷，哭时泪少，尿量少，应考虑中度脱水，故本例应诊断为中度等渗性脱水（B）。②等渗性脱水第 1 天补液应首选 1/2 张含钠液。1:4 含钠液为 1/5 张。2:3:1 含钠液为 1/2 张。ORS 液为 2/3 张。1.4%碳酸氢钠为等张液。2:6:1 含钠液=2 份 0.9%氯化钠+6 份 5%或 10%葡萄糖+1 份 1.4%碳酸氢钠，张力=(2+1)/(2+6+1)=1/3 张，故答 B。③10%葡萄糖为高渗液。0.9%氯化钠为等渗等张。ORS 液为 2/3 张。1:4 含钠液为 1/5 张。1:1 含钠液为 1/2 张。腹泻患儿第 2 天生理需要量用 1/3~1/5 张含钠液补充，故答案为 D。

440. ABCDE 441. ABCDE 442. ABCDE ①患儿腹泻，大便呈蛋花汤样，有腥臭味，大便镜检白细胞偶见，应考虑为产毒性大肠埃希菌肠炎（D）。金黄色葡萄球菌肠炎的典型大便为暗绿色，量多，带黏液。难辨梭状芽胞杆菌肠炎为草绿色水样便，可有伪膜排出。空肠弯曲菌肠炎常有高热、惊厥，大便呈黏液状，带脓血。白色念珠菌肠炎常伴鹅口疮，大便泡沫较多，带黏液。②腹泻患儿皮肤弹性差，前囟、眼窝明显凹陷，四肢厥冷，尿量极少，应诊断为重度脱水而不是中度脱水。小儿血钠正常值为130~150mmol/L，本例血清钠135mmol/L，应诊断为等渗性脱水，故答C。③治疗重度等渗脱水时，首先应行扩容治疗以纠正休克，首选2:1等张含钠液20ml/kg，于30~60分钟内快速静脉滴注(A)。

443. ABCDE　444. ABCDE　445. ABCDE　446. ABCDE　447. ABCDE　①大肠埃希菌肠炎多有高热，常表现为频繁腹泻，大便呈黏液状，带脓血，有腥臭味，大便镜检示大量白细胞和数量不等的红细胞(B)。轮状病毒肠炎为黄色水样或蛋花汤样大便，无腥臭味。金黄色葡萄球菌肠炎多继发于使用大量抗生素后，粪便性状为暗绿色，水样，量多，带黏液，腥臭味，大便镜检有大量脓细胞。细菌性痢疾早期为水样便，晚期为脓血便。真菌性肠炎为稀黄便，泡沫较多，带黏液，可见豆腐渣样细块。②血钠正常值为130~150mmol/L，本例血钠135mmol/L，应诊断为等渗性脱水。患者精神萎靡，嗜睡，前囟眼窝凹陷，皮肤弹性差，应为中度脱水，故答B。③婴儿腹泻第1天补液总量：轻度脱水为90~120ml/kg，中度脱水为120~150ml/kg，重度脱水为150~180ml/kg，故答C。④患儿无休克征象，无需扩容治疗。患儿为等渗性脱水，第1天补液应采用1/2张含钠液(B)。低渗性脱水选用2/3张含钠液，高渗性脱水选用1/3张含钠液。⑤婴儿腹泻严禁使用止泻药物，因为它们能抑制胃肠道动力，增加细菌繁殖和毒素的吸收(A)。水样腹泻的患儿一般不用抗生素，黏液脓血便的患儿可选用敏感抗生素治疗。微生态制剂有助于恢复肠道菌群的生态平衡，控制腹泻。对于婴儿腹泻，有严重呕吐者，可禁食4~6小时，然后尽快恢复母乳喂养及原来已经熟悉的饮食。肠黏膜保护剂能吸附病原体和毒素，维持肠道细胞的吸收和分泌功能。

448. ABCDE　449. ABCDE　450. ABCDE　451. ABCDE　①轮状病毒肠炎好发于秋冬季，多为黄色水样便或蛋花汤样便，带少量黏液，无腥臭味，镜检偶见白细胞。根据题干，本例应诊断为轮状病毒肠炎(D)。细菌性痢疾为黏液脓血便，伴里急后重。大肠埃希菌肠炎多表现为大便黏液状，带脓血，有腥臭味。金黄色葡萄球菌肠炎多为暗绿色水样便，量多，腥臭味，镜检见大量白细胞。埃可病毒肠炎极少见。②腹泻患儿精神萎靡，呈嗜睡状，前囟、眼窝明显凹陷，皮肤弹性差，可见花纹，手脚凉，脉搏弱，心音低钝，应诊断为重度脱水，故第1天补液量应为150~180ml/kg(D)。轻度脱水补液量为90~120ml/kg，中度脱水为120~150ml/kg。③重度脱水常伴代谢性酸中毒，当液体补足、酸中毒纠正后，易发生低钾血症。腹胀加重、肌张力低下，都是低钾血症的典型临床表现，故本例应诊断为低钾血症(B)。低钠血症症状常不明显，可有细胞内水肿、循环不良、脱水等表现。低氯血症常伴碱中毒，症状不明显。低钙血症、低镁血症常有神经肌肉兴奋性增高的表现。④在酸中毒纠正后，血清游离钙减少，可导致低钙血症，出现惊厥，故本例应诊断为低钙血症(C)。低钠血症症状常不明显。低钾血症常表现为腹胀、肌无力。颅内感染、中毒性脑病与题干所述无关。

452. ABCDE　扁桃体包括腭扁桃体和咽扁桃体，腭扁桃体1岁末逐渐增大，4~10岁发育达高峰，14~15岁时逐渐退化(D)。咽扁桃体6个月已发育。

453. ABCDE　①小儿呼吸道的非特异性和特异性免疫功能均较差。婴幼儿的SIgA、IgA、IgG均降低，故易患呼吸道感染(D)。E为上呼吸道(不是呼吸道)易发生感染的原因，故最佳答案为D而不是E，很多医考参考书将答案错为E。②婴幼儿易患呼吸道感染与A、B、C无关。

454. ABCDE　①各种病毒和细菌均可引起急性上呼吸道感染，但90%以上为病毒感染，其中以呼吸道合胞病毒(A)、鼻病毒、流感病毒、副流感病毒、腺病毒、冠状病毒等常见。②轮状病毒主要引起秋季腹泻，故不答D。由细菌引起的上呼吸道感染少见，故不答B、C、E。

455. ABCDE　456. ABCDE　457. ABCDE　①幼儿急疹的病原体是人类疱疹病毒6型(D)。②疱疹性咽峡炎的病原体为柯萨奇A组病毒(A)。③咽结合膜热的病原体为腺病毒3、7型(C)。④带状疱疹病毒是水痘的病原体。呼吸道合胞病毒是毛细支气管炎的病原体。

458. ABCDE　①疱疹性咽峡炎好发于夏季，常表现为突发高热，咽痛，流涎，厌食，呕吐，体检可发现咽部充血,在咽腭弓、软腭、腭垂的黏膜上可见 2~4mm 的疱疹。根据题干,本例应诊断为疱疹性咽峡炎,其病原体为柯萨奇病毒 A 组(C)。②咽结合膜热的病原体为腺病毒。

459. ABCDE ①疱疹性咽峡炎常表现为高热,咽痛,流涎,厌食,呕吐,查体可见咽部充血,在咽腭弓、软腭、腭垂的黏膜上可见多个 2~4mm 大小灰白色的疱疹,1~2 日后破溃形成小溃疡。根据题干,本例应诊断为疱疹性咽峡炎。②咽结膜热常表现为高热,咽痛,咽部刺痛,体检可见咽部充血,白色点块状分泌物,球结膜出血,颈部及耳后淋巴结肿大。疱疹性口腔炎常表现为发热,头痛,肌肉疼痛,淋巴结肿大,口腔黏膜成簇小水疱,易破,形成大面积糜烂面。化脓性扁桃体炎常表现为发热,扁桃体充血肿大,脓点。流行性感冒有明显流行病学病史,局部症状较轻,全身症状较重。

460. ABCDE ①同学中有数人发病,说明有明显的流行病史,故应诊断为流行性感冒(D)。②A、B、C、E 均无流行性。

461. ABCDE 腺病毒可引起咽-结合膜热、肺炎、脑炎、膀胱炎、肠炎等。患儿高热,咽痛,咽部充血,眼结膜充血,应诊断为咽-结合膜热,其病原体为腺病毒 3、7 型(B)。

462. ABCDE 463. ABCDE 464. ABCDE ①咽结合膜热好发于春夏季,常表现为高热,咽痛,眼部刺痛,体检可见咽部充血,一侧或双侧滤泡性眼结合膜炎,可伴球结合膜出血,颈部及耳后淋巴结肿大。根据题干,本例应诊断为咽结合膜热(A)。流行性感冒多有流行病学病史,局部症状较轻,全身症状较重,常有高热,头痛,四肢肌肉酸痛等。结膜炎常表现为结膜充血,分泌物增多,畏光流泪,视力下降,不会出现发热,咽痛。猩红热常表现为高热 1~2 天后出疹,24 小时遍及全身,疹退后大片脱皮。扁桃体炎常表现为咽痛,一侧或两侧扁桃体肿大。②咽结合膜热的病原体是腺病毒 3、7 型(E)。单纯疱疹病毒是生殖器疱疹的病原体。流感病毒是流行性感冒的病原体。麻疹病毒是麻疹的病原体。溶血性链球菌为猩红热的病原体。③咽结合膜热为腺病毒引起的急性上呼吸道感染,若不合并细菌感染,则无需使用抗生素治疗(B)。A、C、D、E 均为咽结合膜热的治疗措施。

465. ABCDE 小儿咳嗽变异型哮喘的诊断标准(不分年龄):①持续咳嗽超过 1 个月,常在夜间和(或)清晨发作,运动、遇冷空气或嗅到特殊气味后加重,痰少,临床上无感染征象,或经较长时间抗生素治疗无效;②支气管舒张剂可使咳嗽发作缓解(基本诊断条件);③有个人或家族过敏史、家族哮喘病史,过敏原检测阳性可作为辅助诊断;④排除其他原因引起的慢性咳嗽,故答案为 B。

466. ABCDE ①"既往有湿疹史"提示患儿为过敏体质,因此支气管哮喘的可能性大。患儿反复咳嗽,痰不多,夜间加重,抗生素治疗无效,应诊断为咳嗽变异型哮喘(C)。②支气管炎、支气管肺炎、喘息性支气管炎对抗生素治疗有效,故不答 A、D、E。支气管异物多表现为吸气性呼吸困难,三凹征。

467. ABCDE 468. ABCDE ①婴幼儿咳嗽变异型哮喘的诊断标准为:咳嗽持续超过 1 个月,常在夜间和(或)清晨发作,以干咳为主,痰少,抗生素治疗无效(E)。咳嗽多在夜间或清晨发作,与室内积存较多变应原、体内肾上腺素在夜间分泌减少有关。②婴幼儿支气管哮喘常表现为喘息反复发作,以夜间和(或)清晨发作最常见(B)。③阵发性咳嗽常见于肺炎支原体肺炎。犬声样咳嗽常见于急性感染性喉炎。喘憋明显常见于毛细支气管炎。

469. ABCDE ①6 岁男孩,咳嗽伴喘息 1 天,呼吸急促,轻度三凹征,双肺满布哮鸣音,应诊断为支气管哮喘急性发作中度,首选的治疗是吸入沙丁胺醇。因为 β_2 受体激动剂是目前最有效、临床应用最广的支气管舒张剂,是哮喘发作的首选治疗药物(A)。②静脉注射地塞米松为重症哮喘、哮喘持续状态的首选治疗药物。本例为中度哮喘,故答 A 而不是 E。本例为支气管哮喘急性发作,目前尚未明显肺部感染的体征,故不答 B。白三烯调节剂常用于哮喘慢性持续期的治疗。西替利嗪常用于治疗过敏性鼻炎。

470. ABCDE ①吸入治疗是目前治疗哮喘最好的方法,吸入药物以较高浓度迅速达到病变部位,因此起效迅速,所用药物剂量较小,全身不良反应较轻。糖皮质激素是目前最有效的抗炎药物,能有效预防和控制哮喘发作,故答 A。②全身使用糖皮质激素副作用较大,主要用于缓解病情较重的急性哮喘发作，不是哮喘的基本治疗方法。β_2受体激动剂常用于缓解哮喘的急性发作。茶碱类药物常用于哮喘急性发作的辅助治疗。肥大细胞膜稳定剂（色甘酸钠）常用于预防运动性哮喘。

471. ABCDE　①吸入型糖皮质激素是小儿支气管哮喘长期控制的首选药物（D）。②吸入型抗胆碱能药物（如溴化异丙托品）起效较慢，常用于治疗迷走神经张力过高引起的支气管哮喘。小儿哮喘不合并感染时，无需使用抗生素。β_2受体激动剂吸入常用于缓解支气管哮喘的急性发作。茶碱类药物常用于哮喘急性发作的辅助治疗，不单独用于哮喘的治疗。

472. ABCDE　①哮喘发作在合理应用常规缓解药物治疗后，仍有严重或进行性呼吸困难者，称为哮喘危重状态（哮喘持续状态），表现为哮喘急性发作，出现咳嗽、喘息、呼吸困难、大汗淋漓、烦躁不安等。结合病史及临床表现，本例应诊断为哮喘危重状态，应选用效果最好、起效迅速的糖皮质激素静脉滴注，以迅速控制症状（A）。②机械通气仅在有指征时才采用。哮喘不合并感染时，无需使用抗生素。哮喘患者慎用镇静剂。补液纠酸为一般性治疗措施。

473. ABCDE　①哮喘持续状态为危急重症，应首选效果最好、起效迅速的糖皮质激素静脉滴注，以迅速控制症状（C）。②哮喘不合并感染时，无需使用抗生素头孢他啶。阿托品为M受体拮抗剂，副作用大，一般不用于哮喘的治疗。哌替啶为镇痛剂，右旋糖酐为扩容剂，一般无需使用。

474. ABCDE　①患儿自幼有哮喘发作史，支气管舒张试验阳性，应确诊为支气管哮喘。此次发作表现为呼吸困难，大汗淋漓，三凹征，无哮鸣音，心音较低钝，应诊断为哮喘危重状态。对于危重哮喘，应注意补液纠酸，维持水电解质平衡，故不答A。所有危重哮喘患儿均存在低氧血症，均需常规氧疗，故不答D。当$PaCO_2 \geq 65mmHg$、出现意识障碍时，应辅以机械通气，故不答C。患者应常规吸入速效β_2受体激动剂，以舒张支气管，故不答E。②全身应用糖皮质激素是儿童危重哮喘的一线治疗，应尽早使用。病情严重时，不能以吸入治疗代替全身糖皮质激素治疗，以免延误病情，故答B。

475. ABCDE　476. ABCDE　477. ABCDE　478. ABCDE　479. ABCDE　①患儿反复咳嗽2个月，两肺哮鸣音，抗生素治疗无效，有过敏反应病史，故应诊断为咳嗽变异型哮喘（E）。喘息性支气管炎、肺炎抗生素治疗应有效，故不答A、C。毛细支气管炎多见于6个月以内的小婴儿，以喘憋和肺部哮鸣音为突出表现，病程一般为1~2周，故不答B。气管异物常表现为吸气性呼吸困难，三凹征。②肺部疾病首选胸部X线片检查（A）。支气管镜常用于气管异物的确诊和治疗。血培养常用于败血症的诊断。气管分泌物病毒分离常用于病毒性肺炎的辅助诊断。心电图常用于心律失常的诊断。③沙丁胺醇为β_2受体激动剂，是控制轻、中度哮喘急性发作的首选药（C）。哮喘不合并感染时，无需使用抗生素。病毒唑常用于病毒性肺炎的治疗。骨化三醇为维生素D_3的活性代谢产物之一，主要用于维生素D缺乏性佝偻病的治疗。多巴酚丁胺为升压药。④本例为支气管哮喘急性发作，可给予氨茶碱、地塞米松、异丙肾上腺素缓解哮喘症状。哮喘持续状态如合并严重代谢性酸中毒，可使用碳酸氢钠纠酸。比索洛尔为选择性β_1受体拮抗药，可使支气管痉挛，故支气管哮喘患儿禁用（B）。⑤若患儿病情恶化，出现呼吸音减弱，则患儿将出现严重低氧血症，应立即进行机械通气（B）。哮喘持续状态行机械通气的指征：持续严重的呼吸困难；呼吸音减低或几乎听不到呼吸音；意识障碍；$PaCO_2 \geq 65mmHg$。纯氧吸入易导致氧中毒。胸外按摩常用于心跳骤停的急救。头部冰枕是高热的物理降温方法。当患儿烦躁不安时，可试用水合氯醛灌肠。

480. ABCDE　①小儿肺炎的病因分类包括病毒性肺炎、细菌性肺炎、支原体肺炎、衣原体肺炎、原虫性肺炎、真菌性肺炎、非感染性肺炎（吸入性肺炎、坠积性肺炎、嗜酸性粒细胞性肺炎）。②间质性肺炎不属于病因分类，而属于病理分类（E）。

481. ABCDE　①小儿肺炎时，支气管、肺泡炎症主要引起通气功能障碍，O_2进入肺泡以及O_2自肺泡弥散至血液发生障碍，可致低氧血症（A）。早期仅有缺氧而无CO_2潴留。随着病情进展，通气和换气功能严重障碍，在缺氧基础上可出现CO_2潴留。②晚期，重症肺炎可出现混合性酸中毒；病原体分泌的毒素进入血液循环，可致毒血症；缺氧和 CO_2 潴留可导致肾小动脉痉挛可引起水钠潴留。

482. ABCDE ①轻症肺炎仅表现呼吸系统症状，重症肺炎由于严重缺氧和毒血症，除呼吸系统症状外，可累及其他系统，发生循环系统（心肌炎、心力衰竭）、神经系统（中毒性脑病）、消化系统（中毒性肠麻痹）等功能障碍，故答 C。②A、B、D、E 均无特异性。

483. ABCDE ①患儿咳嗽，发热，气促，唇绀，双肺闻及中小水泡音，应诊断为支气管肺炎（D）。②支气管炎以咳嗽为主，肺部可闻及干啰音和粗中湿啰音。支气管哮喘常表现为反复发作性喘息，双肺满布哮鸣音。原发型肺结核常无肺部啰音。毛细支气管炎常表现为喘憋、三凹征、气促等。

484. ABCDE ①重症肺炎发生缺氧性中毒性肠麻痹时，常表现为频繁呕吐、严重腹胀、呼吸困难加重，听诊肠鸣音消失，故答 E。②低钙血症常表现为频繁抽搐。重症肺炎发生严重腹胀并不是消化不良所致。低钾血症可引起严重腹胀，但重症肺炎很少发生低钾血症。低钠血症症状常不明显。

485. ABCDE 重症肺炎可有严重缺氧和 CO_2 潴留。严重缺氧时，体内无氧糖酵解增加，酸性代谢产物增多，常引起代谢性酸中毒。CO_2 潴留时，可产生呼吸性酸中毒。因此重症肺炎常存在不同程度的混合性酸中毒。

486. ABCDE 支气管肺炎可闻及固定的中、细湿啰音，多位于背部两侧下方及脊柱两旁。支气管炎可有不固定的散在干啰音和粗中湿啰音，故答案为 D。A、B、C、E 无特异性，为两病所共有。

487. ABCDE 488. ABCDE 489. ABCDE 490. ABCDE ①患儿发热，咳嗽，双肺闻及中细湿啰音，呼吸频率增快，应诊断为急性支气管肺炎（A）。患儿嗜睡、抽搐、肝肿大，应考虑为重症支气管肺炎。急性左心衰竭常表现为呼吸困难、心律增快。支气管哮喘常表现为反复发作性喘息。过敏性肺炎常于接触过敏原数小时发病，表现为发热、干咳、呼吸困难、胸痛、发绀等。支气管异物常有突然剧烈呛咳史，以吸气性呼吸困难为主要表现。②为确诊急性支气管肺炎，当然首选胸部 X 线片检查（B）。痰培养常用于诊断细菌性肺炎。心电图常用于诊断心律失常。血常规检查无特异性。血气分析常用于诊断呼吸衰竭。③重症肺炎患儿若出现烦躁不安、脑脊液压力增高，应考虑并发中毒性脑病（A）。并发脓胸常表现为高热不退、呼吸困难加重、患侧呼吸运动受限、叩诊浊音。并发心力衰竭常表现为呼吸频率增快>60 次/分、心率突然增快>180 次/分、明显发绀、心音低钝等。并发 DIC 常表现为血压下降、四肢发凉、脉速而弱、皮肤黏膜及胃肠道出血。癫痫不是肺炎的常见并发症。④重症肺炎缺氧时常有抗利尿激素（ADH）分泌增加，使水钠潴留，导致凹陷性水肿；缺氧可使钠泵功能失调，使 Na^+ 进入细胞内，造成低钠血症（血钠≤130mmol/L）。故本例应诊断为重症肺炎并抗利尿激素异常分泌综合征（E）。肾病综合征常表现为大量蛋白尿、低血浆白蛋白血症。急性肾小球肾炎常表现为血尿、蛋白尿、水肿、高血压、一过性肾功能减退等。重症肺炎的水电解质失衡常表现为混合性酸中毒。膜性肾病属于肾病综合征的常见病因之一。

491. ABCDE ①金黄色葡萄球菌肺炎常引起肺组织广泛出血坏死、多发性小脓肿形成，故易并发脓气胸（C），常表现为呼吸困难突然加剧，呼吸急促，剧烈咳嗽，烦躁不安，面色苍白。②高热是金黄色葡萄球菌肺炎的常见临床表现，并不属于并发症。肺炎并发酸中毒常表现为呼吸深快。重症肺炎并发心力衰竭常表现为呼吸频率增快>60 次/分、心率突然增快>180 次/分、明显发绀、心音低钝等。

492. ABCDE ①金黄色葡萄球菌肺炎常引起肺组织广泛出血坏死和多发性小脓肿形成，故易并发脓胸、脓气胸（C）。②其他病原体所致肺炎不导致肺组织坏死，极少出现脓胸、脓气胸。

493. ABCDE ①患儿发热、咳嗽、鼻扇、肺部散在干、湿啰音，应诊断为急性支气管肺炎。患儿惊厥、昏迷，应考虑合并中毒性脑病（C）。②呼吸衰竭的诊断标准为 $PaO_2<50mmHg$。肺炎合并心力衰竭常表现为呼吸频率增快>60 次/分、心率突然增快>180 次/分、明显发绀、心音低钝、肝大等。肺炎合并中毒性肠麻痹常表现为频繁呕吐、严重腹胀、呼吸困难加重。肺炎合并 DIC 常表现为血压下降、四肢发凉、脉搏细速、皮肤黏膜及胃肠道出血。

494. ABCDE ①患儿前囟门紧张，说明颅内压增高。支气管肺炎患儿出现两眼上翻、多次惊厥、昏迷、前囟门紧张，应诊断为重症肺炎合并中毒性脑病（C）。②癫痫不是肺炎的并发症。高热惊厥不会出现前囟门紧张等颅内压增高的表现。婴儿手足搐搦症常见于维生素 D 缺乏性佝偻病患儿。小婴儿低血糖症状无特异性，可表现为发绀、呼吸暂停、呼吸困难、拒奶、嗜睡、惊厥、体温不正常等。

495. ABCDE　496. ABCDE　497. ABCDE　①支气管肺炎的病原体可为细菌和病毒，但临床上以肺炎链球菌最常见（D）。②重症肺炎引起肺脓肿的常见病原体是金黄色葡萄球菌，因金黄色葡萄球菌常引起肺组织广泛坏死、化脓。注意比较：成人肺脓肿最常见的病原体为厌氧菌。③喘憋性肺炎现已改称毛细支气管炎，其病原体包括呼吸道合胞病毒、副流感病毒、鼻病毒、腺病毒等，其中以呼吸道合胞病毒最常见，约占 58%（C）。④腺病毒常引起腺病毒肺炎，肺炎支原体常引起支原体肺炎。

498. ABCDE　499. ABCDE　①患儿发热、咳嗽、双肺固定性中细湿啰音，应诊断为急性支气管肺炎（B）。②毛细支气管炎好发于 6 个月以内小婴儿，以喘憋、三凹征、气促为突出表现，肺部可闻及呼气性哮鸣音，胸部 X 线片可见不同程度的肺气肿或肺不张，故本例应诊断为毛细支气管炎（A）。③腺病毒肺炎中毒症状重，常表现为频繁咳嗽，阵发性喘憋，肝脾增大等。支原体肺炎常表现为剧烈干咳。葡萄球菌肺炎中毒症状重，多有皮疹、肺脓肿、脓气胸等。

500. ABCDE　501. ABCDE　①金黄色葡萄球菌肺炎的病理改变以肺组织广泛出血坏死、多发性小脓肿形成为特点，因此病情发展迅速，组织破坏严重，故易形成肺脓肿、脓气胸、肺大疱。体检发现肺部体征出现较早，两肺有散在中细湿啰音，故答 E。②腺病毒肺炎多见于 6 个月至 2 岁儿童，中毒症状严重，常有高热，体温可达 39℃以上，呈稽留热或弛张热，热程长，可持续 2~3 周。患儿肺部体征（湿啰音）出现较晚，多于高热 3~7 天后才出现，故答 C。③嗜酸性粒细胞增高常见于寄生虫感染。B 为支气管哮喘的特点。D 为肺炎支原体肺炎的特点。

502. ABCDE　503. ABCDE　504. ABCDE　①女孩，咳嗽咳痰、发热 4 天，轻度鼻扇，双肺闻及中细湿啰音，胸部 X 线片示双下肺模糊斑片状影，应诊断为支气管肺炎（B）。支气管炎一般无发热，全身状况好，以咳嗽为主，很少有咳痰，多无肺部湿啰音或湿啰音不固定。间质性肺炎多为病毒感染所致，外周血 WBC 多为正常或偏低。毛细支气管炎多见于 2~6 个月小婴儿，以喘息、三凹征、气促为主要临床特点。大叶性肺炎多见于年长儿，常表现为寒战高热，咳铁锈色痰，肺部叩诊浊音、语颤增强、管状呼吸音。②支原体肺炎常表现为剧烈咳嗽，无痰，而本例咳嗽有痰，故不答 A，因为阿奇霉素常用于支原体肺炎的治疗。万古霉素为细菌性肺炎的二线治疗药物，故不答 B。外周血 WBC 增高，中性粒细胞比例增高，应考虑细菌性肺炎，而不是病毒性肺炎，故不答 E，因为利巴韦林常用于病毒性肺炎的治疗。苯唑西林钠主要用于耐青霉素 G 的金黄色葡萄球菌感染，阿莫西林为广谱抗生素，主要用于敏感菌所致的呼吸道、尿路、胆道感染，故答 D 而不是 C。③重症肺炎可发生缺氧中毒性肠麻痹，表现为频繁呕吐、呕吐咖啡样物、严重腹胀、呼吸困难加重、肠鸣音消失。根据题干，本例应诊断为中毒性肠麻痹（A）。感染性休克常表现为血压降低、四肢冰凉、脉速而弱。脑性低钠血症常表现为血钠≤130mmol/L、血渗透压$<$275mmol/L、尿钠≥20mmol/L。中毒性脑病常发生于中毒性细菌性痢疾、败血症、重症肺炎等严重感染的极期，临床表现差异很大。心力衰竭常表现为安静状态下呼吸频率$>$60 次/分，心率$>$180 次/分，明显发绀，面色苍白等。

505. ABCDE　506. ABCDE　①患儿发热、咳喘、双肺固定性中细湿啰音，应诊断为急性支气管肺炎（C）。毛细支气管炎好发于 6 个月以内的小婴儿，以喘憋、三凹征、气促为突出表现。支气管哮喘常表现为反复发作性喘息，满肺哮鸣音。本例有急性扁桃体炎的体征，但不能涵盖肺炎症状，故最佳答案为 C 而不是 D。急性支气管炎一般无发热或仅有低热，可有肺部不固定的中粗湿啰音，而不是中细湿啰音。②重症肺炎胸片见空洞形成，首先应考虑金黄色葡萄球菌肺炎（A），因金黄色葡萄球菌易导致肺组织化脓坏死，形成空洞。B、C、D、E 感染极少形成肺部空洞。

507. ABCDE　508. ABCDE　509. ABCDE　①患儿咳喘，呼吸困难，唇绀，双肺密集细湿啰音，应诊断为急性支气管肺炎（D）。上呼吸道感染肺部多无湿啰音。支气管炎可有咳嗽低热，肺部可闻及不固定的粗、中湿啰音（而不是细湿啰音）。支气管哮喘常表现为反复发作性喘息，双肺哮鸣音。脓胸多为金黄色葡萄球菌肺炎的并发症，常表现为高热不退、呼吸困难加重、可闻及管状呼吸音。②支气管肺炎患儿呼吸频率>60 次/分，心率>180 次/分，心音低钝，肝脏肿大，应考虑合并心力衰竭（A）。呼吸衰竭的诊断标准为 PaO_2<50mmHg。合并中毒性脑病常表现为烦躁不安、嗜睡、昏迷、惊厥、前囟隆起。合并脓气胸常表现为呼吸困难突然加重、剧烈咳嗽、烦躁不安、面色苍白等。上呼吸道梗阻常表现为吸气性呼吸困难。③重症肺炎合并心力衰竭的治疗原则是吸氧、镇静、利尿、强心、使用血管活性药物。故本例除吸氧外，还应使用强心药（B）。呼吸兴奋剂常用于呼吸肌疲劳者。脱水剂常用于肺炎合并中毒性脑病的治疗。穿刺抽脓常用于肺炎合并脓胸的治疗。气管插管仅用于有指征者。

510. ABCDE 肺炎支原体肺炎的 X 线改变：①支气管肺炎；②间质性肺炎；③均匀一致的片状阴影似大叶性肺炎改变；④肺门阴影增浓。肺炎支原体肺炎不会造成肺组织坏死，形成多发空洞，故答 D。常导致肺部多发空洞的是金黄色葡萄球菌肺炎。

511. ABCDE ①8 版《儿科学》P283：普通细菌性肺炎（链球菌肺炎）抗生素疗程为体温正常后 5~7 天，症状和体征消失后 3 天停药。②9 版《儿科学》P258：普通细菌性肺炎应用抗生素至热退且平稳、全身症状明显改善、呼吸道症状部分改善后 3~5 天。肺炎链球菌肺炎抗生素的疗程为 7~10 天。

512. ABCDE ①8 版《儿科学》P283：支原体肺炎应用抗生素的疗程为 2~3 周。②9 版《儿科学》P258：支原体肺炎应用抗生素的疗程为 10~14 天。

513. ABCDE 小儿发热咳喘，口周青紫，应考虑急性支气管肺炎，可采用鼻前庭导管给氧，氧流量 0.5~1L/min，氧浓度≤40%。新生儿或婴幼儿可用面罩给氧，氧流量 2~4L/min，氧浓度 50%~60%。

514. ABCDE ①肺炎患儿使用糖皮质激素的指征：严重喘憋或呼吸衰竭；合并中毒性脑病；合并感染中毒性休克；出现脑水肿。②气胸不属于糖皮质激素的适应证（E 错）。

515. ABCDE 重症肺炎合并心力衰竭可使用强心药治疗，毛花苷丙首剂用饱和量（30~40μg/kg）的 1/2，间隔 4~6 个小时后再用 1/4 量，共 2 次达到洋地黄化。本例体重 6kg，故毛花苷丙首次剂量 =（30~40）×体重×（1/2）= 90~120μg = 0.09~0.12mg（B）。参阅 7 版《诸福棠实用儿科学》P1184。

516. ABCDE ①腺病毒肺炎的并发症为心肌炎、心力衰竭、细菌感染、DIC。参阅 7 版《诸福棠实用儿科学》P1194。②肺脓肿、肺大疱、脓气胸、脓胸都是金黄色葡萄球菌肺炎的并发症。肺炎不常合并张力性气胸。

517. ABCDE 518. ABCDE 519. ABCDE ①患儿发热、咳嗽、气急、两肺满布中细湿啰音，应诊断为急性支气管肺炎。患儿呼吸频率加快为 60 次/分，心率达 180 次/分，烦躁不安，面色苍白，肝大，应考虑重症肺炎合并心力衰竭（C）。单纯金黄色葡萄球菌肺炎不会出现心力衰竭的症状。毛细支气管炎好发于 6 个月以内的小婴儿，以喘憋、三凹征、气促为突出表现。腺病毒肺炎中毒症状严重，可有高热、频繁咳嗽、阵发性喘憋、肝脾肿大等表现。支气管肺炎合并败血症可有不吃、不哭、不动、体温不升等表现。②重症肺炎合并心力衰竭的治疗原则为吸氧、镇静、利尿、强心、使用血管活性药物（E）。③重症肺炎合并中毒性脑病的诊断标准：a.烦躁、嗜睡、眼球上窜、凝视；b.球结膜水肿、前囟隆起；c.昏睡、昏迷、惊厥；d.瞳孔对光反射消失；e.呼吸节律不整、呼吸心跳解离；f.有脑膜刺激征（脑脊液检查除压力增高外，其他均正常）。若有 ab 两项提示脑水肿，伴其他 1 项以上者可确诊。本例有抽搐、前囟饱满、球结膜水肿，脑脊液压力增高，应考虑合并中毒性脑病（C）。高热惊厥、癫痫均不会出现前囟饱满、脑脊液压力增高。低钙常导致抽搐，但无颅内压增高的表现。低钠血症症状不明显。

520. ABCDE ①呼吸道合胞病毒肺炎好发于 1 岁以下的婴幼儿，常表现为呼吸困难，喘憋，发绀，三凹征明显，肺部闻及湿啰音及哮鸣音，由于肺过度充气，可将肝脾推向肋缘下，因此肋缘下可触及肝脾。胸部 X 线片示两肺小点片状、斑片状阴影，部分患者有不同程度的肺气肿。根据题干，本例应诊断为呼吸道合胞病毒肺炎（E）。②肺炎支原体肺炎好发于学龄儿童，咳嗽为突出症状，多为顽固性干咳，肺部体征不明显。金黄色葡萄球菌肺炎起病急，发展快，常表现为呼吸、心率增快，咳嗽，可有黄脓痰或脓血痰，全身中毒症状严重，易出现肺脓肿、脓气胸。支气管哮喘常表现为反复发作性呼气性呼吸困难,发作时满肺哮鸣音,无湿啰音。腺病毒肺炎常表现为频繁咳嗽,阵发性喘憋,中毒症状较重,常有嗜睡、萎靡等神经系统症状,肺部体征出现较晚,一般于病程3~5天才会出现湿啰音。

521. ABCDE　**522.** ABCDE　①患儿白细胞计数不高,可排除细菌性肺炎,故不答A、B。支原体肺炎常表现为剧烈干咳,肺部体征不明显。毛细支气管炎好发于6个月以内的小婴儿,以喘憋、三凹征、气促为突出表现。腺病毒肺炎中毒症状严重,可有高热、频繁咳嗽、阵发性喘憋、肝脾大,故答E。②重症肺炎出现惊厥、嗜睡,脑脊液压力增高,应考虑合并中毒性脑病(D)。肺炎合并心力衰竭常表现为呼吸、心率加快,心音低钝,肝大。高热惊厥、败血症、癫痫都不是肺炎的常见并发症。

523. ABCDE　①患者外周血白细胞总数及中性粒细胞比例显著增高,应首先考虑细菌性肺炎,而不是病毒性肺炎和支原体肺炎,故不答A、C、D。②肺炎链球菌肺炎可有肺部斑片状阴影,但不会形成肺大疱,故不答B。③金黄色葡萄球菌肺炎起病急,全身中毒症状明显,两肺有散在中细湿啰音,胸部X线片可有斑片状阴影,小脓肿和肺大疱常见,故答E。

524. ABCDE　①肺炎支原体肺炎好发于学龄儿童,常表现为剧烈咳嗽,无痰或少痰,肺部体征多不明显,胸部X线片示薄薄的云雾状浸润影,可有少许胸腔积液。根据题干,本例应诊断为肺炎支原体肺炎(C)。②患者高热,外周血白细胞总数和中性粒细胞比例不高,故不答A、E。患者高热,PPD试验阴性,肺结核的可能性不大,故不答B。腺病毒肺炎好发于6个月至2岁小儿,起病急,中毒症状严重,胸部X线片常表现为大小不等的片状阴影,故不答D。

525. ABCDE　**526.** ABCDE　**527.** ABCDE　①肺炎支原体肺炎好发于学龄儿童,突出症状是刺激性咳嗽,痰少或无痰,肺部体征常不明显,故剧烈咳嗽与轻微体征不一致是本病的特点之一。根据题干,本例应诊断为肺炎支原体肺炎。腺病毒肺炎好发于6个月至2岁儿童,急性起病,中毒症状重,阵发性喘憋明显,可有轻重不等的呼吸困难和发绀,常有肺部湿啰音。呼吸道合胞病毒肺炎多见于婴幼儿,常表现为呼吸困难、喘憋、口唇发绀、鼻翼扇动、三凹征、肺部湿啰音。肺炎链球菌肺炎多见于5岁以下儿童,常表现为突发寒战高热、呼吸急促,鼻翼扇动,发绀,咳铁锈色痰。金黄色葡萄球菌肺炎好发于婴幼儿,起病急,病情严重,进展快,全身中毒症状明显。②肺炎支原体肺炎的典型胸片表现为支气管肺炎,间质性肺炎,均匀一致的片状阴影似大叶性肺炎,肺门阴影增浓。A为呼吸道合胞病毒肺炎的胸部X线片表现。B、E为肺炎链球菌肺炎的胸部X线片表现。D为金黄色葡萄球菌肺炎的胸部X线片表现。③肺炎支原体肺炎首选大环内酯类抗生素,如阿奇霉素、红霉素、罗红霉素等。

528. ABCDE　①患儿高热,但外周血白细胞计数不高,故细菌性肺炎的可能性不大,可首先排除A、E。②患儿中毒症状严重(高热、精神差),肺部有中湿啰音,故可排除肺炎支原体肺炎。③腺病毒肺炎中毒症状严重,常表现为高热、嗜睡、烦躁不安,频繁咳嗽,阵发性喘憋,鼻翼扇动,胸部X线片示大小不等的片状阴影,故本例应诊断为腺病毒肺炎(C)。④虽然呼吸道合胞病毒肺炎也可有高热、呼吸困难、喘憋、鼻翼扇动、三凹征等典型表现,但一般无频繁咳嗽,故最佳答案为C而不是B。

529. ABCDE　**530.** ABCDE　**531.** ABCDE　①呼吸道合胞病毒肺炎好发于婴幼儿,常表现为发热,呼吸困难,喘憋,肺部闻及湿啰音及哮鸣音,由于肺过度充气,可将肝脾推向肋缘下,因此肋下可触及肝脾。根据题干,本例应诊断为呼吸道合胞病毒肺炎(E)。腺病毒肺炎常表现为频繁咳嗽,阵发性喘憋,中毒症状较重,常有嗜睡、萎靡等神经系统症状,肺部体征出现较晚,一般于病程3~5天才会出现湿啰音。金黄色葡萄球菌肺炎起病急,发展快,常表现为呼吸、心率增快,咳嗽,青紫,可有黄脓痰或脓血痰,全身中毒症状严重,易出现肺脓肿、脓气胸。肺炎支原体肺炎好发于学龄儿童,咳嗽为突出症状,多为顽固性干咳,肺部体征不明显。衣原体肺炎多见于1~3个月小婴儿,起病缓慢,多有结膜炎,常表现为阵发性咳嗽。②呼吸道合胞病毒肺炎胸部X线片示两肺小点片状、斑片状阴影,部分患儿可有不同程度的肺气肿(D)。A为肺炎支原体肺炎的特点,B为腺病毒肺炎特点,C无特异性,E为金黄色葡萄球菌肺炎的特点。③肺炎患儿出现惊厥、双眼凝视,对光反射迟钝,应考虑合并中毒性脑病。其治疗包括:使用甘露醇脱水治疗,降低颅内压;使用酚妥拉明扩张脑血管,改善脑微循环,减轻脑水肿;静脉注射地西泮止痉治疗;使用地塞米松减少血管与血脑屏障的通透性,治疗脑水肿。毛花苷丙常用于治疗肺炎合并心力衰竭(D)。

532. ABCDE　533. ABCDE　①出生后,当左心房压力超过右心房时,卵圆孔瓣膜即在功能上关闭;至出生后5~7个月,解剖上大多关闭(D)。②足月儿的动脉导管约80%在生后10~15小时形成功能性关闭。约80%婴儿于生后3个月、95%婴儿于生后1年内形成解剖上关闭(C)。

534. ABCDE　动脉导管为胚胎时期连接肺动脉和主动脉之间的血管,足月儿约80%在生后10~15小时形成功能性关闭。约80%婴儿于生后3个月、95%婴儿于生后1年内形成解剖上关闭。

535. ABCDE　①左向右分流型先天性心脏病出现显著肺动脉高压时,右心室射出的血液不易进入肺动脉,右心室容量负荷增加,可首先导致右心室增大,晚期可出现右心房增大(D)。②肺动脉高压时,右心室血液不易经肺循环进入左心房、左心室,故不会出现左心房和左心室增大。

536. ABCDE　先天性心脏病分为三种:①左向右分流型(潜伏青紫型),如房间隔缺损、室间隔缺损、动脉导管未闭;②右向左分流型(青紫型),如法洛四联症、大动脉转位;③无分流型(无青紫型),如肺动脉狭窄、主动脉缩窄等(D)。

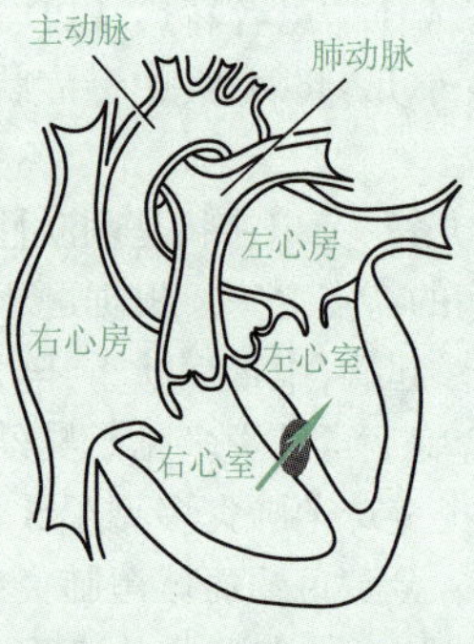

法洛四联症(右向左分流)

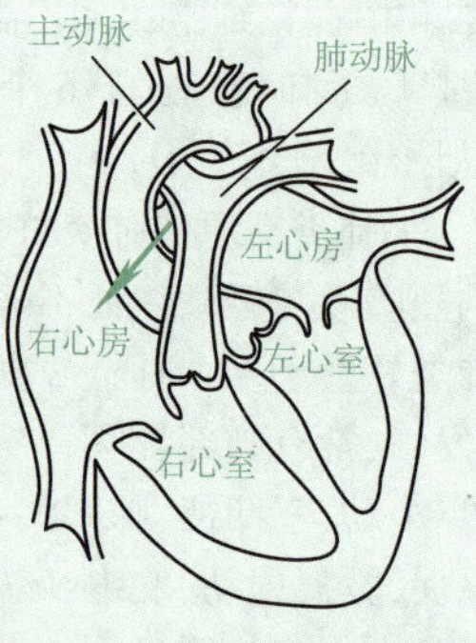

房间隔缺损(左向右分流)

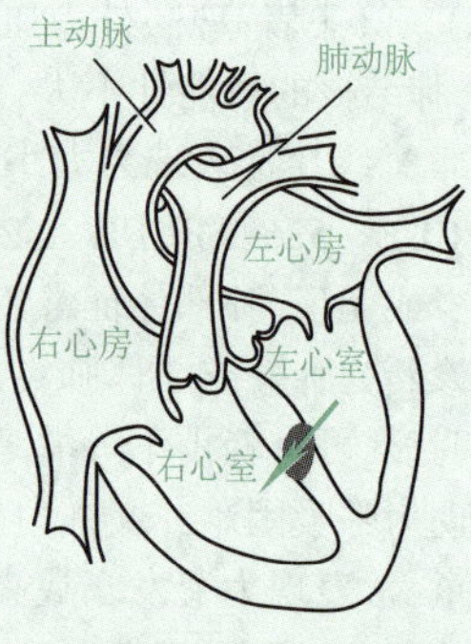

室间隔缺损(左向右分流)

537. ABCDE　①左向右分流型先天性心脏病患儿由于左向右分流的存在,体循环血量低于正常,因而其生长发育落后于同龄儿。因肺循环血量增加,故易发生肺部感染。因存在左向右分流,故胸骨左缘可闻及收缩期杂音。患儿左心室及主动脉的压力可经异常通道传至右心室和肺动脉,造成肺动脉高压,导致肺动脉瓣区第二心音增强。②蹲踞现象常见于右向左分流型先天性心脏病,如法洛四联症。

538. ABCDE　①法洛四联症由室间隔缺损+右心室流出道梗阻+主动脉骑跨+右心室肥厚组成,由于右心室流出道受阻,致使右心室压力增高并超过左心室,使血流经室间隔缺损处右向左分流,可出现持续性青紫(D)。②房间隔缺损、室间隔缺损、动脉导管未闭均可发生左向右分流,故平时不出现青紫。当哭闹、屏气致使肺动脉压增高超过左心压,出现右向左分流时,可导致暂时性青紫。肺动脉狭窄无分流,不会产生青紫。

539. ABCDE　房间隔缺损时,左心房的血流向右心房分流,右心房接受腔静脉回流的血量加上左心房分流的血流,导致右心室舒张期容量负荷过重。收缩期右心室血液射入肺动脉,通过肺动脉瓣的血流增加,造成肺动脉瓣相对狭窄,在胸骨左缘第2~3肋间产生收缩中期2~3级喷射性杂音(C)。

540. ABCDE　①出生后左心房压力高于右心房,当房间隔缺损时可出现左向右分流,使右心房→右心室→肺动脉→肺循环的血流量增加,而左心室→主动脉→体循环血流量减少(A)。②由于左心室压力高于右心室,当室间隔缺损时,可出现左向右分流,使右心室→肺动脉→肺循环的血流量增加,而右心房、左心室→主动脉→体循环血流量减少。

541. ABCDE　①患儿自幼体弱,易患呼吸道感染,说明肺血增多,存在左向右分流型先天性心脏病,故不答B、D,因为法洛四联症属于右向左分流型先天性心脏病,风心病一般无分流。②患儿胸骨左缘第

2 肋间闻及 3/6 级收缩期杂音，P_2 亢进，固定分裂，应诊断为房间隔缺损，第二心音固定分裂为房间隔缺损的特有体征（C）。③动脉导管未闭可于胸骨左缘第 2 肋间闻及连续性杂音。室间隔缺损可于胸骨左缘第 3~4 肋间闻及全收缩期杂音。

542. ABCDE　543. ABCDE　544. ABCDE　①第二心音固定性分裂为房间隔缺损的特征性体征，胸骨左缘 2~3 肋间闻及收缩期喷射性杂音，为房间隔缺损的典型体征，故本例应诊断为房间隔缺损（C）。动脉导管未闭常于胸骨左缘第 2 肋间闻及连续性机械样杂音。单纯肺动脉瓣狭窄可于胸骨左缘第 2、3 肋间闻及喷射性收缩期杂音，但不会出现第二心音固定分裂。室间隔缺损可于胸骨左缘 3、4 肋间闻及粗糙的全收缩期杂音。②房间隔缺损患者由于右心室增大，大量的血流通过正常肺动脉瓣时（形成相对狭窄）可于胸骨左缘第 2 肋间闻及收缩期杂音，此为房间隔缺损的典型杂音。可见肺动脉瓣是相对狭窄而不是明显狭窄。房间隔缺损时自左向右的分流不是杂音产生的主要机制，不要误答 E。③房间隔缺损患者由于右心室肥大，常有不完全性右束传导阻滞和心电轴右偏（E）。

545. ABCDE　546. ABCDE　①患儿胸骨左缘第 2~3 肋间闻及 3/6 级收缩期喷射性杂音，应考虑房间隔缺损（A）。动脉导管未闭可于胸骨左缘第 2 肋间闻及连续性双期杂音。室间隔缺损时可于胸骨左缘第 3、4 肋间可闻及全收缩期杂音。法洛四联症可于胸骨左缘第 2~4 肋间闻及喷射性收缩期杂音。②房间隔缺损合并肺动脉高压（P_2 亢进）、右心室增大，应手术治疗（D）。防治感染、口服卡托普利常用于主动脉瓣关闭不全的内科治疗。口服吲哚美辛常用于治疗新生儿动脉导管未闭。

547. ABCDE　①正常人左心室的压力显著高于右心室，若存在室间隔缺损，则左心室收缩时，左心室会有部分血液经室间隔缺损流入右心室，使右心室负荷加重，导致右心室肥大→肺动脉血流增加→肺动脉高压→肺动脉段突出。②部分由左心室经室间隔缺损进入右心室的血液，经肺动脉→肺静脉→左心房→又回到左心室，使左心房、左心室的容量负荷增加，久之可使左心房、左心室肥大。③室间隔缺损时，右心房血流量变化不大，故无右心房增大（B 错）。

548. ABCDE　①室间隔缺损时，右心室、左心室及左心房增大，肺动脉段突出。室间隔缺损患儿，当左心室收缩时，左心室射出的血液有一部分经室间隔缺损分流至右心室，没有全部进入主动脉，因此 X 线片上主动脉弓不会增大，反之主动脉弓影应缩小。②室间隔缺损时，肺循环血量增多，故胸部 X 线片示肺野明显充血，肺门影增浓，有肺门舞蹈征。③第二心音固定性分裂为房间隔缺损的特异性体征，故不答 D。④室间隔缺损时，胸骨左缘第 3、4 肋间可闻及Ⅲ~Ⅳ级粗糙的全收缩期杂音，故不答 E。

549. ABCDE　①室间隔缺损分为三种：小型室间隔缺损是指缺损直径<5mm 或面积<$0.5cm^2/m^2$ 体表面积；中型室间隔缺损是指缺损直径 5~15mm 或面积 $0.5 \sim 1.0cm^2/m^2$ 体表面积；大型室间隔缺损是指缺损直径>15mm 或面积>$1.0cm^2/m^2$ 体表面积。②室间隔缺损于 1879 年由 Roger 首先报道，故将小型室间隔缺损称为 Roger 病（C）。

550. ABCDE　①大型室间隔缺损病程早期，由于左心室压力高于右心室，可出现左向右的大量分流，肺循环血量可为体循环血量的 3~5 倍。肺循环血量增加可使肺小动脉痉挛，产生动力型肺动脉高压。②在病程晚期，逐渐引起继发性肺小动脉内膜、中层增厚及硬化，形成梗阻型肺动脉高压。此时，左向右分流量逐渐减少，继而呈现双向分流，甚至右向左分流，临床上出现青紫，称为艾森门格综合征。

551. ABCDE　①房间隔缺损时，左心房血液分流入右心房，经三尖瓣进入右心室，使右心室容量负荷增加，最终导致右心房、右心室肥大。②法洛四联症患者，肺动脉狭窄，右心室血液射入肺动脉受阻，导致右心室代偿性肥大，故不答 C、E。③艾森门格综合征为房间隔缺损、室间隔缺损的晚期结果，存在右心室肥大。④小型室间隔缺损对血流动力学影响不大，一般不会出现右心室肥大（B）。

552. ABCDE　室间隔缺损患者可于胸骨左缘第 3、4 肋间闻及Ⅲ~Ⅳ级粗糙的全收缩期杂音（D）。

553. ABCDE　①房间隔缺损可于胸骨左缘第 2~3 肋间闻及喷射性收缩期杂音，室间隔缺损可于胸骨左缘第 3~4 肋间闻及收缩期杂音，动脉导管未闭可于胸骨左缘第 2 肋间闻及连续性杂音。根据题干，本例应诊断为室间隔缺损而不是房间隔缺损和动脉导管未闭，故答 C。②室间隔缺损患者可有左、右心室增大,肺动脉段突出,主动脉弓偏小。分流量大时,在心尖部可闻及二尖瓣相对狭窄所致的短促舒张期杂音。

554. ABCDE ①室间隔缺损时,由于左心室压高于右心室,血液从左心室→室间隔缺损→右心室分流→使右心室及肺循环血量增加→久之出现肺动脉高压→导致右心室压力高于左心室→出现双向分流,乃至右向左分流→发生持续性青紫,即艾森门格综合征。室间隔缺损早期多不出现青紫,只表现为活动耐力下降,至青春期前青紫出现,晚期出现艾森门格综合征时,表现为持续性青紫。参阅 7 版《诸福棠实用儿科学》P1443。②差异性青紫常见于动脉导管未闭。

555. ABCDE ①患儿胸骨左缘第 2 肋间闻及粗糙响亮的连续机器样杂音,应考虑动脉导管未闭。患儿胸骨左缘第 4 肋间闻及 4/6 级粗糙的全收缩期杂音,应考虑室间隔缺损,故答 E。②房间隔缺损可于胸骨左缘 2~3 肋间闻及收缩期杂音。法洛四联症常于胸骨左缘 2~4 肋间闻及喷射性收缩期杂音。

556. ABCDE 胸骨左缘 3~4 肋间闻及Ⅲ~Ⅳ级全收缩期杂音,应诊断为室间隔缺损(A)。

557. ABCDE ①患者肺血流量增大,说明存在左向右分流,故不答 B、C,因为法洛四联症、肺动脉瓣狭窄常表现为肺血流量减少。②室间隔缺损时,当左心室收缩时,左心室射出的血液有一部分经室间隔缺损进入右心室,使右心室容量负荷增加,久之导致右心室增大。右心室血流量增加,可使肺循环充血,左心房、左心室回血增加,久之可使左心房、左心室肥大。当左心室收缩时,左心室射出的血液有一部分经室间隔缺损分流至右心室,没有全部进入主动脉,因此主动脉结缩小,故答 E。③动脉导管未闭主要表现为左心房、左心室增大。房间隔缺损常表现为右心房、右心室增大。

558. ABCDE ①室间隔缺损时,当左心室收缩时,左心室射出的血液有一部分经室间隔缺损进入右心室,使右心室容量负荷增加,肺循环充血,肺动脉扩张。动脉导管未闭晚期可有肺动脉高压,肺动脉扩张,扩张的肺动脉可压迫喉返神经导致声音嘶哑(A)。参阅 7 版《诸福棠实用儿科学》P1446。②室间隔缺损时主动脉不是扩张而是缩小的,故 B 错。室间隔缺损时,对右心房的充盈量影响不大,不会出现右心房增大,故 C、E 错。室间隔缺损时虽有左心房扩大,但不会压迫喉返神经,故不答 D。

559. ABCDE ①左向右分流型先天性心脏病(如房间隔缺损、室间隔缺损、动脉导管未闭),可造成肺循环血量增加,导致反复肺部感染(D)。②右向左分流型先天性心脏病(如法洛四联症)易发生脑血栓、脑脓肿、感染性心内膜炎。各种先天性心脏病晚期均可发生心力衰竭,无特异性,故不答 E。

560. ABCDE 室间隔缺损是儿童最常见的先天性心脏病类型,由于存在左向右分流,可造成肺循环血量增加,导致反复肺部感染而发生心力衰竭。中、大型室间隔缺损的患儿常在出生后半年内发生充血性心力衰竭。参阅 3 版 8 年制《儿科学》P250。虽然各种先天性心脏病晚期均可发生心力衰竭,但没有室间隔缺损常见,故不答 A、C、D、E。

561. ABCDE ①患儿胸骨左缘第 3~4 肋间可闻及Ⅲ级粗糙收缩期杂音,应考虑室间隔缺损。患儿双肺闻及湿啰音,应考虑急性支气管肺炎,故答 A。②房间隔缺损可于胸骨左缘第 2 肋间闻及喷射性收缩期杂音。动脉导管未闭可于胸骨左缘第 2 肋间闻及连续性双期杂音。法洛四联症可于胸骨左缘第 2、3、4 肋间闻及喷射性收缩期杂音。

562. ABCDE ①患儿发热、咳嗽、两肺粗湿啰音,应考虑急性支气管肺炎。心率突然增快>180 次/分,明显发绀,肝脏迅速增大,应考虑合并急性心力衰竭(A)。②艾森门格综合征多见于左向右分流型先天性心脏病的晚期。脓胸、脓气胸多见于金黄色葡萄球菌肺炎。心肌炎为肺炎的常见并发症,但本例无心肌炎表现。

563. ABCDE 患儿胸骨左缘第 3、4 肋间闻及Ⅲ~Ⅳ级收缩期杂音,应考虑室间隔缺损。患儿发热、咳嗽、两肺细湿啰音,应考虑合并急性支气管肺炎。患儿烦躁不安、呼吸增快>60 次/分、心率增快>180 次/分、肝大、双足水肿,应考虑合并急性心力衰竭。

564. ABCDE 565. ABCDE 566. ABCDE ①患儿胸骨左缘第 3~4 肋间闻及Ⅳ级收缩期杂音,应考虑为室间隔缺损(B)。室间隔缺损可有左、右心室及左心房增大;肺循环充血、肺血管影增多;肺动脉高压、肺动脉段突出。房间隔缺损可于胸骨左缘第 2 肋间闻及喷射性收缩期杂音，可有右心房、右心室增大。肺动脉瓣狭窄可于胸骨左缘第 2、3 肋间闻及喷射性收缩期杂音。动脉导管未闭可于胸骨左缘第 2 肋间闻及连续性机器样杂音。法洛四联症可于胸骨左缘第 2、3、4 肋间闻及Ⅱ~Ⅲ级粗糙喷射性收缩期杂音。②超声心动图可准确显示室间隔缺损的部位及大小，且简便易行，为手术前必做的检查（E）。心电图常用于诊断心律失常。心脏磁共振成像临床上少用。心功能检查只能了解心脏的功能状态，不能确诊室间隔缺损，故不答 C。心导管检查为有创检查项目，一般不作为首选。③室间隔缺损患儿若出现永久性青紫，说明已发生从右向左的分流，属于病程晚期，即艾森门格综合征（B），A、C、D、E 均不会发生永久性青紫。室间隔缺损早期发生左向右分流，出现暂时性青紫；晚期发生右向左分流，出现永久性青紫。

567. ABCDE　568. ABCDE　569. ABCDE　①患儿胸骨左缘第 3~4 肋间闻及Ⅳ级粗糙的全收缩期杂音，应考虑室间隔缺损（B）。②早期室间隔缺损常发生从左向右的分流，使肺循环血量增加，易并发支气管肺炎、肺水肿、充血性心力衰竭、感染性心内膜炎等，并发脑血栓少见（E）。脑血栓形成常见于右向左分流型先天性心脏病，如法洛四联症。③室间隔缺损患儿若出现永久性青紫，说明已发生从右向左的分流，属于病程晚期，即艾森门格综合征（C）。Roger 病是指小型室间隔缺损，多无明显症状。室间隔缺损患儿出现心力衰竭，多表现呼吸频率及心率增快、烦躁不安、肝大。卵圆孔未闭多见于房间隔缺损，故不答 D。室间隔缺损时，可有肺动脉血流量增加，肺动脉扩张而不是狭窄。

570. ABCDE　①动脉导管是胎儿时期连接主动脉和肺动脉之间的血管，应在出生后自行关闭，若生后 1 年仍未关闭，则称为动脉导管未闭。正常时，无论在收缩期还是舒张期，主动脉压力均超过肺动脉，因此动脉导管未闭患儿主动脉内的血液可通过未闭的动脉导管发生左向右的分流。血液分流至肺动脉，使肺循环、左心房、左心室、升主动脉的血流量明显增加，从而导致左心房、左心室增大及肺动脉段凸出。②晚期可导致肺动脉高压，使右心室负荷过重，导致右心室肥大。③动脉导管未闭对右心房血流量影响较小，不会造成右心房增大（B）。

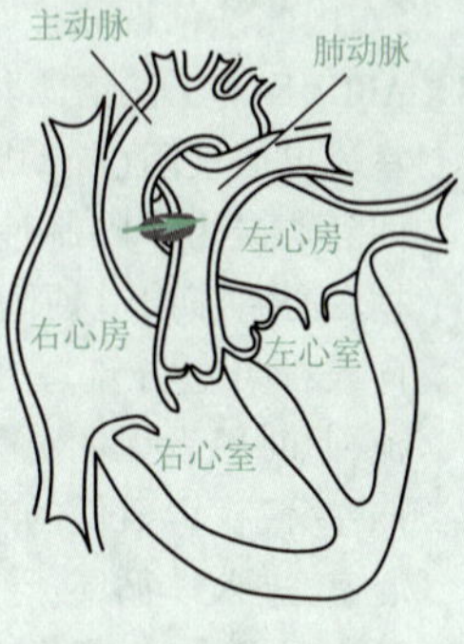

动脉导管未闭（左向右分流）

571. ABCDE　动脉导管未闭早期可导致左心房、左心室增大（典型表现），晚期可有右心室肥大，不会出现右心房增大，故答 B 而不是 D。

572. ABCDE　①患儿反复发生肺炎，胸部 X 线片示肺纹理增多，说明存在从左向右的分流，故不答 D、E，因为法洛四联症、艾森门格综合征均为从右向左型分流。②房间隔缺损常表现为右心房、右心室增大，室间隔缺损常表现为左心室、右心室增大，故不答 A、B。③患儿左心房、左心室增大，应诊断为动脉导管未闭（C）。

573. ABCDE　①患儿肺循环血量增多，说明存在从左向右的分流，故不答 E，因为法洛四联症为右向左分流型先天性心脏病。②房间隔缺损常表现为右心房、右心室增大，室间隔缺损常表现为左心室、右心室增大，故不答 A、B、D。③患儿左心房、左心室及肺循环血量增多，常见于动脉导管未闭（C）。

574. ABCDE　①差异性青紫是指下半身青紫而上半身不紫。动脉导管未闭时，从主动脉射出的血液可从未闭的动脉导管从左向右分流至肺动脉，使肺循环、左心房、左心室血流量明显增加，长期大量血流向肺循环冲击，肺小动脉可发生反应性痉挛，形成肺动脉高压。当肺动脉压超过主动脉压时，左向右分流明显减少或停止，产生肺动脉血流逆向分流入主动脉，患儿呈现差异性青紫（C）。②法洛四联症、完全性大动脉转位常表现为持续性青紫，房间隔缺损和室间隔缺损常表现为暂时性青紫。

575. ABCDE　576. ABCDE　577. ABCDE　①胸骨左缘上方闻及双期连续性杂音为动脉导管未闭的特征性体征，故答 D。A、B、C、E 均为收缩期杂音而不是双期杂音，故不答。②动脉导管未闭患儿由于舒张压降低，脉压增大，可出现毛细血管搏动征（C）。③动脉导管未闭婴幼儿期最易发生的并发症是肺部感染和心力衰竭(A)。参阅 7 版《诸福棠实用儿科学》P1449。

578. ABCDE ①动脉导管未闭的典型杂音特点是胸骨左上方连续性机械样杂音，占据整个收缩期和舒张期。当肺循环阻力增高时，杂音的舒张期成分可减弱或消失，此时仅表现为收缩期杂音。因此本例不要根据"胸骨左缘上方可闻及收缩期杂音"，则误诊为房间隔缺损。因为房间隔缺损时，血液从左心房→房间隔缺损部位→右心房→右心室→肺动脉，导致右心室血氧含量高于肺动脉，与题干所述不符，故不答 A。②动脉导管连接主动脉和肺动脉的两端，由于主动脉压高于肺动脉压，若动脉导管未关闭，则不论收缩期还是舒张期，血液均经未闭的动脉导管从主动脉向肺动脉分流，导致肺动脉血氧含量高于右心室，故答 D。③法洛四联症的杂音出现在胸骨左缘中下方(2~4 肋间)，故不答 B。肺动脉高压常表现为 P_2 亢进，而不是收缩期杂音，故不答 C。

579. ABCDE 患儿胸骨左缘第 2 肋间闻及粗糙的连续性机械样杂音，应诊断为动脉导管未闭。

580. ABCDE 大多数先天性心脏病均不能药物治愈，但动脉导管未闭出生 1 周以内使用吲哚美辛(消炎痛)治疗，可使 90%的患儿治愈，仅有 10%的患儿需手术治疗。

581. ABCDE 动脉导管未闭在生后 1 周内给予吲哚美辛治疗，可使 90%以上的患儿痊愈。

582. ABCDE 法洛四联症包括室间隔缺损、右心室流出道梗阻、主动脉骑跨、右心室肥厚 4 种畸形，可于胸骨左缘 2、3、4 肋间闻及Ⅱ~Ⅲ级粗糙的收缩期杂音，此为肺动脉狭窄所致而不是室间隔缺损所致，因此法洛四联症杂音响度主要取决于肺动脉狭窄的程度(B)。

583. ABCDE ①法洛四联症包括室间隔缺损、主动脉骑跨、右心室流出道梗阻(肺动脉狭窄)、右心室肥厚 4 种畸形。由于室间隔缺损为非限制性，因此左、右心室的压力基本相等。根据右心室流出道梗阻程度不同，心室血液可发生左向右、双向或右向左分流。当肺动脉狭窄较轻时，可出现左向右分流，此时患者无明显发绀。当肺动脉狭窄严重时，可出现右向左分流，含氧低的右心室血液经室间隔缺损直接分流至左心室，进入体循环，导致明显的发绀，故答 D。②A、B、C、E 均可出现发绀，但都没有心脏的异常通道，故不答。

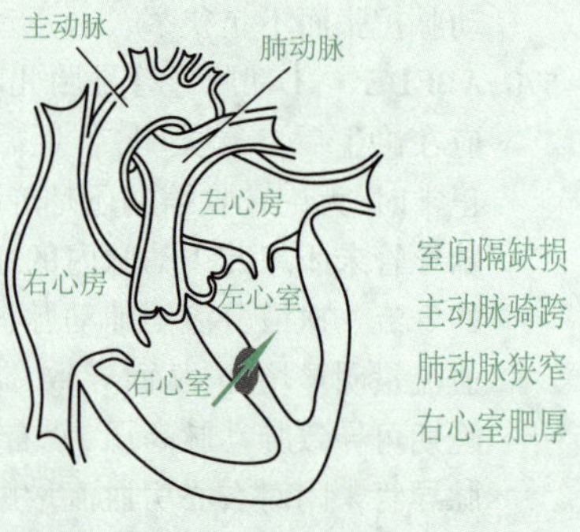

法洛四联症(右向左分流)

584. ABCDE ①室间隔缺损、动脉导管未闭均属于左向右分流型先天性心脏病，为潜伏青紫型，病程早期不会发生青紫。肺动脉狭窄、主动脉缩窄均属于无分流型先天性心脏病，不会发生青紫。②法洛四联症为右向左分流型先天性心脏病，为青紫型，病程早期即可出现青紫(D)。

585. ABCDE 法洛四联症患者青紫的程度、杂音的响度均取决于肺动脉狭窄的程度(A)。

586. ABCDE 法洛四联症的临床症状如下。①蹲踞：患儿每于行走时，常主动下蹲片刻，以使缺氧症状得以缓解；②阵发性缺氧性晕厥：多在吃奶、哭闹、情绪激动、感染时发生；③杵状指(趾)：患儿长期缺氧，可使指(趾)端毛细血管扩张增生，局部软组织和骨组织增生肥大，导致杵状指(趾)；④活动耐力下降。法洛四联症患儿由于慢性缺氧，可刺激骨髓代偿性产生过多的红细胞，不会出现贫血(B)。

587. ABCDE ①法洛四联症易发生阵发性缺氧发作，其诱因包括吃奶、哭闹、情绪激动等，常表现为阵发性呼吸困难，严重者可突然昏厥、抽搐，甚至死亡。其原因为在肺动脉漏斗部狭窄的基础上突然发生该肌部痉挛，引起一过性肺动脉梗阻，使脑缺氧加重。②B、C、D、E 均不可能在 2~3 分钟内缓解。

588. ABCDE 法洛四联症由右心室流出道梗阻(肺动脉狭窄)、室间隔缺损、主动脉骑跨、右心室肥厚 4 种畸形组成。

589. ABCDE ①患儿胸部 X 线片示肺野清晰，说明肺循环血量减少，不存在左向右分流，故不答 A、B、D，因为房间隔缺损、室间隔缺损、动脉导管未闭均属于左向右分流型先天性心脏病。肺动脉瓣狭窄可于胸骨左缘第 2、3 肋间闻及喷射性收缩期杂音，不会早期出现青紫，故不答 C。②阵发性青紫为法洛四联症的特异性症状，题干所述心脏杂音、胸部X线片结果均符合法洛四联症，故答E。

590. ABCDE　①房间隔缺损、室间隔缺损、动脉导管未闭均属于左向右分流型先天性心脏病，肺循环血量增加，胸部X线片不可能出现肺野透亮度增加，故不答A、B、C。完全性大动脉错位生后常无心脏杂音，胸片示心影呈"蛋形"，大多数患者肺纹理增多，故不答E。②患儿胸骨左缘第3肋间闻及Ⅲ级喷射性收缩期杂音，胸片示心脏稍增大，肺动脉段凹陷，上纵隔增宽，应诊断为法洛四联症(D)。

591. ABCDE　房间隔缺损、室间隔缺损、动脉导管未闭均属于左向右分流型先天性心脏病，肺循环血量增加，肺淤血增多，不可能出现肺野清晰，故不答A、B、D。肺动脉狭窄属于无分流型先天性心脏病，不会出现青紫，故不答C。

592. ABCDE　593. ABCDE　594. ABCDE　①法洛四联症由右心室流出道梗阻(肺动脉狭窄)、室间隔缺损、主动脉骑跨、右心室肥厚组成。由于右心室流出道梗阻、肺动脉狭窄，因此收缩期从右心室射入肺动脉的血液减少，故不会出现肺淤血，因此胸片上显示两肺纹理减少，肺透亮度增加(D)。②动脉导管为胎儿期连接主动脉和肺动脉的血管，正常时应在出生后15小时关闭，若持续开放，则称为动脉导管未闭。因主动脉压力高于肺动脉，故收缩期主动脉血液可经未闭的动脉导管进入肺动脉，使肺循环血量增加，肺血增多。若动脉导管较粗，分流量较大，则胸片上可见主动脉弓增大(A)。③房间隔缺损、大型室间隔缺损、动脉导管未闭均可发生左至右分流，导致肺血增加。房间隔缺损常表现为右心房、右心室增大，故答B。大型室间隔缺损常表现为左、右心室增大，动脉导管未闭常表现为左心房、左心室增大，故不答A、E。小型室间隔缺损对血流动力学影响较小，故不答C。法洛四联症常表现为肺血减少，故不答D。

595. ABCDE　596. ABCDE　①法洛四联症包括室间隔缺损、主动脉骑跨、肺动脉狭窄及右心室肥厚4种畸形(C)。②法洛四联症患儿可发生阵发性晕厥、抽搐，其原因是在肺动脉漏斗部狭窄的基础上，突然发生该处肌部痉挛，引起一时性肺动脉梗阻，使脑缺氧加重所致(D)。

597. ABCDE　598. ABCDE　599. ABCDE　600. ABCDE　①先天性心脏病患儿首选的检查是胸部X线片，可了解心脏的形态、大小、心腔有无扩大、肺动脉段有无凸出、肺野有无淤血、有无肺门舞蹈等，以大致了解房间隔缺损、室间隔缺损、动脉导管未闭、法洛四联症等常见情况(D)。血常规检查无特异性。脑电图常用于癫痫的诊断。血钙、磷测定常用于维生素D缺乏症的诊断。腹部B超(不是心脏B超)当然不能确诊先天性心脏病。②患儿持续性青紫，杵状指，胸骨左缘2~4肋间听到Ⅱ~Ⅲ级收缩期杂音，应考虑法洛四联症。为明确诊断，应行右心导管造影(D)。脑电图常用于诊断癫痫。头部CT常用于诊断颅内占位病变。心肌酶谱常用于诊断急性心肌梗死。腹部B超(不是心脏B超)不能确诊法洛四联症。③患儿发热、白细胞总数及中性粒细胞比例增加，说明为细菌化脓性感染所致，故不答B、D、E。患儿无咳嗽，有头痛，Babinski阳性，应诊断为脑脓肿而不是肺炎，故答C。④根治法洛四联症应行手术治疗，可完全闭合室间隔缺损，妥善解除右心室流出道梗阻，扩大狭窄的肺动脉。预防外伤为先天性血友病的治疗措施。口服维生素D为维生素D缺乏性佝偻病的预防措施。长期应用激素，将产生严重的毒副作用，不宜采用。长期应用抗生素为风湿热的预防措施。

601. ABCDE　602. ABCDE　603. ABCDE　604. ABCDE　①法洛四联症常表现为青紫、蹲踞、杵状指(趾)、阵发性缺氧，心前区隆起，胸骨左缘第2~4肋间闻及Ⅱ~Ⅲ级收缩期杂音，无震颤，肺动脉瓣第二心音减弱。根据题干，本例应诊断为法洛四联症。A、B、C、D均与题干所述心脏杂音不符。②法洛四联症心电图检查常提示电轴右偏，右心室肥大，狭窄严重时可出现右心房肥大，故答D而不是A。B、C、E表现少见。③法洛四联症在肺动脉漏斗部狭窄的基础上，突然发生该肌部痉挛，可引起一时性肺动脉梗阻，使脑缺氧加重，导致突然晕厥(A)。B、C、D、E都不是晕厥的原因。④缺氧严重，晕厥发作时，应取胸膝位，吸氧，静脉注射普萘洛尔。必要时，可皮下注射吗啡，静脉滴注碳酸氢钠纠正酸中毒。患儿已神志不清，不宜使用口服药物，故答E。

605. ABCDE　预防法洛四联症小儿缺氧发作，宜选用的药物是普萘洛尔，可解除右心室流出道肌肉痉挛。

606. ABCDE　A、C、D、E 均属于肾脏的生理功能。抗利尿激素是由下丘脑视上核和室旁核产生的。

607. ABCDE　新生儿的肾脏已具有内分泌功能，其血浆肾素、血管紧张素、醛固酮均等于或高于成人，生后数周内逐渐降低。新生儿肾血流量低，因而前列腺素合成速率较低。因胎儿血氧分压较低，故胚肾合成的促红细胞生成素较多，出生后合成减少（C 对）。婴儿血清 1,25-$(OH)_2D_3$ 水平高于儿童期。

608. ABCDE　婴幼儿<200ml/d 为少尿；<50ml/d 为无尿。

609. ABCDE　正常儿童新鲜尿液离心后沉渣镜检，RBC<3 个/HP，WBC<5 个/HP，此标准与成人相同。

610. ABCDE　急性肾小球肾炎是 A 组 β 溶血性链球菌感染引起的免疫反应，由其他细菌引起者少见。

611. ABCDE　急性链球菌感染后肾炎少数患儿在起病 2 周以内，可出现严重循环充血、高血压脑病、急性肾功能不全，此为严重病例（A）。

612. ABCDE　90%的小儿急性肾小球肾炎有溶血性链球菌的前驱感染，在前驱感染 1～3 周后起病。咽部感染所致者前驱期为 6～12 天（平均 10 天），皮肤感染所致者前驱期为 14～28 天（平均 20 天）。

613. ABCDE　①急性肾炎的典型临床表现为：水肿（70%）、血尿（50%～70%）、高血压（30%～80%）、少尿（并不少见）。②蛋白尿、低蛋白血症、高脂血症为肾病综合征的典型表现。

614. ABCDE　①大量蛋白尿、低蛋白血症、高胆固醇血症为肾病综合征的典型临床表现，故不答 A、B、C。尿中出现蜡样管型提示严重肾小管坏死。②急性肾炎可有一过性肾功能减退，表现为血尿素氮异常，故答 E。

615. ABCDE　①急性肾小球肾炎多为学龄前儿童，3～5 岁为发病高峰。50%～70%的患儿有肉眼血尿，几乎全部患儿有镜下血尿。30%～80%的患儿有不同程度的高血压。70%的患儿有不同程度的水肿，一般并不严重，呈非凹陷性。②少数病例在起病 1～2 周内发生严重症状，如严重循环充血、高血压脑病、急性肾功能不全（E 对）。

616. ABCDE　80%～90%急性链球菌感染后肾小球肾炎血清 C3 降低，至 8 周左右恢复正常（占 94%）。

617. ABCDE　618. ABCDE　①80%～90%的急性链球菌感染后肾小球肾炎（急性肾炎）患儿血清 C3 降低，至第 8 周 94%的患儿恢复正常（E）。急性肾炎患儿没有低蛋白血症，不会刺激肝脏合成球蛋白，故血浆球蛋白不高。急性肾炎患儿肾功能大多正常，尿钙排出正常。急性肾炎可有蛋白尿，但一般并不严重，故不答 C。②单纯性肾病综合征患儿由于长期低蛋白血症，可刺激肝脏合成球蛋白，故血浆球蛋白增高（A）。单纯性肾病综合征患儿血清补体水平正常，不会出现氮质血症，也不会出现电解质紊乱，故尿钙正常。单纯性肾病综合征若为微小病变肾病所致，常表现为选择性蛋白尿；若为非微小病变肾病所致，常表现为非选择性蛋白尿，参阅 7 版《诸福棠实用儿科学》P1642。

619. ABCDE　①患儿病前 2 周有上呼吸道感染史，出现血尿、蛋白尿、水肿、高血压，应诊断为急性肾小球肾炎（D）。②题干没有交代肾功能急剧衰竭，故不能诊断为急进性肾炎。急性肾炎早期尿中可有白细胞增多，不要仅凭"尿镜检示白细胞 8～10 个/HP"，而误诊为急性泌尿系感染。IgA 肾病常表现为上呼吸道感染 24～72 小时后出血尿、蛋白尿。患儿尿蛋白仅（++），不能诊断为肾病综合征。

620. ABCDE　①急性肾炎危重患儿在疾病早期（2 周以内）可出现高血压脑病，其原因是脑血管痉挛，脑组织缺血缺氧、血管通透性增高而发生脑水肿。常表现为血压 150～160/100～110mmHg 以上，年长儿会主诉剧烈头痛、呕吐、复视或一过性失明，严重者突然出现惊厥、昏迷。②低钙惊厥、高热惊厥、低钠血症均与题干所述无关。中毒性脑病常见于小儿重症肺炎，而不是重症肾小球肾炎。

621. ABCDE　①患儿水肿、血尿、蛋白尿、少尿、高血压，应考虑急性肾炎。患儿头痛、头晕、呕吐、抽搐，应考虑合并高血压脑病，故答 D。②急进性肾炎常表现为短期内肾功能急剧减退，而本例血尿素氮（BUN）正常（正常值 1.78～8.92mmol/L），故不答 A。本例病程仅 4 天，故不答 B。本例无颅内占位病变体征，故不答 C。肾炎性肾病常表现为尿蛋白（+++～++++），血尿少见，故不能诊断为肾炎性肾病。

622. ABCDE　①抗"O"（ASO）阳性提示近期曾受链球菌感染。患儿血尿、蛋白尿、水肿、高血压、尿量减少、C3 降低（正常值 0.85～1.93g/L），应诊断为急性肾小球肾炎。患儿头痛、眼花、频繁呕吐，血压

150/100mmHg,应考虑合并高血压脑病。②血肌酐正常值为 27~132μmol/L,血尿素氮正常值为 1.78~8.92mmol/L,患儿肾功能正常,故不答 A、D。急性肾炎合并严重循环充血常表现为呼吸困难、肺部湿啰音、心脏扩大、肝肿大。单纯急性肾小球肾炎不会出现头痛、恶心呕吐等脑水肿的症状。

623. ABCDE　624. ABCDE　①患儿非凹陷性水肿、尿少、高血压,应诊断为急性肾小球肾炎(B)。急性泌尿系感染常表现为尿频尿急尿痛,发热,一般无尿少、水肿、高血压等,故不答 A。急进性肾炎常表现为短期内肾功能急剧衰退,题干未提及肾功能,故不能诊断为急进性肾炎。肾病综合征包括肾炎性肾病及单纯性肾病,常表现为大量蛋白尿(+++~++++)及低蛋白血症,故不答 D、E。②急性肾炎患儿出现剧烈头痛、呕吐、抽搐等脑水肿表现,应考虑合并高血压脑病(E)。中毒性脑病常继发于重症肺炎,而不是重症肾小球肾炎。颅内出血常有颅内占位性体征。化脓性脑膜炎常有脑膜刺激征阳性。低钠性脑水肿不属于急性肾炎的并发症,故不答 D。

625. ABCDE　①患儿半个月前患"脓皮病",此为链球菌感染的前驱症状。近来有水肿,尿量减少,高血压,应考虑为急性肾小球肾炎。患者心率增快,肝大,有压痛,说明存在严重循环充血,故本例应诊断为急性肾炎伴严重循环充血。②严重循环充血系因血容量扩大所致,而与真正心泵衰竭不同,此时心搏出量常增多而不是减少,故洋地黄效果不佳,而应用利尿剂常能使其缓解。故本症治疗的重点在纠正水钠潴留、恢复血容量,可使用利尿剂(呋塞米),答案为 C 而不是 E。③卡托普利为降压药,不是本病的首选药物。吸氧为一般性治疗。急性肾炎一般不用糖皮质激素,故不答 D。

626. ABCDE　急性肾炎需卧床休息 2~3 周,直到肉眼血尿消失、水肿消退、血压正常,即可下床活动。血沉正常时可上学。尿沉渣细胞绝对计数(阿迪氏计数)正常后可恢复体力活动(D)。

627. ABCDE　急性肾炎患儿恢复上学的标准是血沉正常(B)。

628. ABCDE　小儿急性肾炎的治疗原则:①急性期需卧床休息 2~3 周,直到肉眼血尿消失、水肿消退、血压正常,即可下床进行轻微活动。②血沉正常可上学,但应避免重体力活动。③尿检完全正常方可恢复体力活动。小儿尿沉渣镜检的正常值:RBC<3/HP,WBC<5/HP。可见本例血沉正常,可恢复上学;但尿检并不正常,不能恢复体力活动,故答 B。

629. ABCDE　①男孩,水肿、血尿、蛋白尿、高血压、尿量减少,应诊断为急性肾小球肾炎。患儿双肺底可闻及湿啰音,肝大,应考虑严重循环充血,故应诊断为急性肾小球肾炎合并严重循环充血,首选强利尿剂呋塞米静脉注射,以纠正水钠潴留(D)。②毛花苷丙适用于急性肾炎合并心力衰竭的治疗。青霉素适用于急性肾炎合并扁桃体炎的治疗。地西泮适用于急性肾炎合并高血压脑病、惊厥的治疗。

630. ABCDE　631. ABCDE　①患儿水肿、尿少、高血压,应考虑急性肾炎。患儿剧烈头痛、烦躁、惊厥、血压>150/100mmHg,应考虑合并高血压脑病,故本例应诊断为急性肾炎合并高血压脑病,急救时应首选硝普钠静脉滴注,以迅速降低血压。②患儿血尿、蛋白尿、水肿、高血压、少尿,应诊断为急性肾小球肾炎。对于少尿者,应给予袢利尿剂呋塞米利尿,而不宜使用螺内酯。因为呋塞米对肾小管无损伤,螺内酯为保钾性利尿剂可导致高钾血症。急性肾炎为自限性疾病,无需使用糖皮质激素泼尼松。患儿血压 130/90mmHg,不能使用升压药多巴胺,也不能使用强降压药硝普钠。

632. ABCDE　633. ABCDE　634. ABCDE　①患儿半月前患过扁桃体炎,说明近期有链球菌感染史。患儿血尿、蛋白尿、水肿,应考虑急性肾小球肾炎。急性肾炎的诊断依据为病前链球菌感染史;急性起病;具有血尿、蛋白尿、水肿、高血压等特点;急性期血清 ASO 滴度升高,补体 C3 降低。为明确诊断,最有意义的检查是 ASO 和补体 C3 测定(C)。血沉 ESR 增快,说明疾病处于活动期。血肌酐(Scr)、血尿素氮(BUN)升高提示肾功能减退,这些都不属于急性肾炎的诊断指标。血浆蛋白电泳常用于诊断多发性骨髓瘤。②急性肾炎患儿若出现呼吸频率加快、心率增快、奔马律、双肺中小水泡音,应考虑合并严重循环充血(B)。合并急性肺炎不会出现奔马律、肝大等表现。合并急性肾功能不全常表现为少尿、尿闭、血肌酐升高等。合并高血压脑病常表现为头痛、呕吐、惊厥、昏迷、血压>150/100mmHg等。低钠血症常表现为精神萎靡、嗜睡、面色苍白、体温降低等。③本例为急性肾小球肾炎合并严重循环充血,可给予强利尿剂呋塞米静脉注射,以纠正水钠潴留(C)。降压药物主要用于经休息、控制水盐、利尿后血压仍然升高者,故不答 A。抗生素仅用于感染灶活动期。氯化钠仅用于合并低钠血症者。血液透析常用于合并急性肾衰竭者。

635. ABCDE 636. ABCDE 637. ABCDE ①患儿半月前患过扁桃体炎,说明近期有链球菌感染史。患儿血尿、蛋白尿、水肿,应诊断为急性肾小球肾炎(E)。急性泌尿系感染常表现为尿频、尿急、尿痛。急进性肾炎常表现为短期内肾功能急剧减退,题干未说明肾功能情况,故不能诊断为急进性肾炎。单纯性肾病、肾炎性肾病均属于肾病综合征,常表现为大量蛋白尿、血浆白蛋白降低。②急性肾炎患儿出现尿量减少、水肿加重、精神萎靡、氮质血症、水电解质平衡紊乱,应考虑合并急性肾功能不全(C)。急性肺炎、急性肝功能不全不是急性肾炎的常见并发症,故不答 A、E。急性肾炎合并严重循环充血常表现为呼吸困难、双肺湿啰音、心脏扩大、肝大。急性肾炎合并高血压脑病常表现为头痛、呕吐、惊厥、昏迷、血压>150/100mmHg。③急性肾炎合并急性肾功能不全,最有效的治疗方法是血液透析(E)。降压药物主要用于经休息、控制水盐、利尿后血压仍然升高者,故不答 A。抗生素仅用于感染灶活动期。强心药常用于心力衰竭的治疗。补充电解质应根据化验结果而定。

638. ABCDE 639. ABCDE 640. ABCDE ①患儿 3 周前曾患脓疱病,ASO 升高,说明近期有链球菌感染史。患儿血尿、蛋白尿、水肿、高血压、少尿、血清补体 C3 下降,应诊断为急性肾小球肾炎。急性肾炎的降压治疗可以选用硝苯地平(钙通道阻滞剂)和卡托普利(ACEI),但临床上以硝苯地平更常用,故答 C 而不是 A,参阅 7 版《诸福棠实用儿科学》P1637。患儿血压>150/100mmHg,但无头痛、呕吐、惊厥等症状,故不能诊断为高血压脑病,因此不宜使用硝普钠或二氮嗪,因为硝普钠和二氮嗪均用于高血压危象的急救。哌唑嗪副作用多,临床上少用。②急性肾炎患儿水肿期、高血压者应限制钠盐摄入,水肿消退后因大量利尿可使钠盐丢失,故不应限盐(C)。血沉正常是可以恢复上学的指标。肉眼血尿消失是下床活动的指标。参阅人民卫生出版社邹典定主编《现代儿科诊疗学》P828,9 版《儿科学》未讲述。③急性肾炎患儿急性期血清补体 C3 常降低,应在 8 周内恢复正常。

641. ABCDE 642. ABCDE 643. ABCDE ①患儿血尿、蛋白尿、水肿、高血压、尿少,应诊断为急性肾小球肾炎(D)。急性尿路感染常表现为尿频尿急尿痛,白细胞尿。急进性肾炎常表现为短期内肾功能急剧衰竭,而题干未述及肾功能,故不答 B。肾病综合征包括单纯性肾病和肾炎性肾病,常表现为大量蛋白尿(+++~++++)、低白蛋白血症,很少出现血尿,故不答 C、E。②急性肾炎患儿突然出现头痛、恶心呕吐、视物模糊、抽搐,应考虑合并高血压脑病(E)。合并急性肾衰竭常表现为尿少、氮质血症。合并严重电解质紊乱不会出现脑水肿的表现。急性肾炎合并严重循环充血常表现为呼吸困难、双肺湿啰音、心脏扩大、肝大。合并急性代谢性酸中毒常表现为呼吸加深加快,故不答 D。③治疗急性肾炎合并高血压脑病,患儿血压可高达 150~160mmHg/100~110mmHg,应给予强有力的降压药物硝普钠静脉滴注,以快速降低血压(B)。强心药常用于治疗心力衰竭。补钾、补钙应根据化验检查结果而定。血液透析常用于治疗肾衰竭。给予碱性液体常用于治疗严重代谢性酸中毒。

644. ABCDE 肾病综合征的特点为"三高一低",即大量蛋白尿、低白蛋白血症、高脂血症、明显水肿。其中,前两项为其诊断的必备条件。

645. ABCDE ①患儿血浆白蛋白<30g/L、尿蛋白(++++),应诊断为肾病综合征。肾病综合征分为单纯性肾病和肾炎性肾病两型。单纯性肾病常表现为低蛋白血症、大量蛋白尿、高脂血症(血清胆固醇正常值为 1.8~5.2mmol/L)、水肿。肾炎性肾病常表现为单纯性肾病+尿 RBC≥10 个/HP、血压≥130/90mmHg、或补体 C3 降低。可见,补体 C3 是否降低是鉴别单纯性肾病和肾炎性肾病的指标之一,故答 D。②A、B、C、E 均不属于肾病综合征分型的依据。

646. ABCDE ①患儿水肿、血浆蛋白<30g/L,应考虑肾病综合征。肾病综合征分为单纯性肾病和肾炎性肾病,前者表现为大量蛋白尿、低白蛋白血症、高脂血症、明显水肿;后者表现为单纯性肾病+尿 RBC≥10 个/HP、血压≥130/90mmHg、C3 降低。可见本例应诊断为单纯性肾病综合征,而不是肾炎性肾

病(B)。②急进性肾炎常表现为短期内肾功能急剧衰竭,而题干未述及肾功能,故不答 C。急性肾炎不会出现低白蛋白血症,故不答 D。患儿病程仅 5 天,不能诊断为慢性肾炎。

647. ABCDE　①患儿尿蛋白(+++),血清白蛋白≤25g/L,应诊断为肾病综合征,故不答 A、B、C。②凡具有以下 4 项中 1 项或多项者,诊断为肾炎型肾病综合征:2 周内分别 3 次以上离心尿检查 RBC ≥10 个/HP;反复或持续高血压,学龄儿童血压≥130/90mmHg,学龄前儿童血压≥120/80mmHg;肾功能不全;持续低补体血症。根据题干,本例应诊断为肾炎型肾病综合征,而不是单纯型肾病综合征。

648. ABCDE　649. ABCDE　①链球菌感染后急性肾小球肾炎的病理类型为毛细血管内增生性肾小球肾炎,以内皮细胞及系膜细胞增生为主(E)。②儿童原发性肾病综合征的病因以微小病变肾病最常见(占 76.4%),其次为局灶节段性肾小球硬化(6.9%)、膜性增生性肾炎(7.5%)、增生性肾炎(2.3%)、局灶性硬化(1.7%)、其他。③膜性肾病为老年肾病综合征最常见的病因。

650. ABCDE　①水肿是小儿肾病综合征最常见的临床表现,常最早为家长所发现(B)。水肿开始于眼睑,以后逐渐遍及全身,呈凹陷性。②无并发症的患儿常无肉眼血尿。水肿常伴少尿。患儿可因蛋白质丢失出现蛋白质营养不良,表现为面色苍白、皮肤干燥。患儿可有精神萎靡、食欲减退。

651. ABCDE　①感染是肾病综合征最常见的并发症和最常见的死因(B)。易发生感染的原因包括:体液免疫功能低下;细胞免疫功能低下;补体不足;蛋白质营养不良;大量糖皮质激素和免疫抑制剂的使用。②A、C、D、E 均属于肾病综合征的并发症,但不常见。

652. ABCDE　①A、B、C、D 均属于肾病综合征的常见电解质紊乱,其中尤以低钠血症最常见(A)。患儿不恰当地长期禁用食盐、过多使用利尿剂、感染、呕吐、腹泻均可导致低钠血症。②因患儿水肿、水潴留,故可导致稀释性低钾、低钙、低镁血症,一般不发生高钾血症。

653. ABCDE　①肾病综合征常并发的电解质紊乱有低钠、低钾、低钙血症。患儿长期无盐饮食、反复呕吐均可导致低钠血症,常表现为厌食、乏力、懒言、嗜睡、血压下降,甚至休克、抽搐等。根据题干,本例应诊断为低钠血症。因临床上肾病综合征并发低钠血症较低钙血症常见,故最佳答案为 A 而不是 D。不要仅凭"突发全身抽搐"而误诊为低钙血症,因为严重的低钠血症也可引起抽搐。②长期大量使用泼尼松,可导致肾上腺皮质功能不全,表现为恶心、呕吐、腹痛、休克等,故不答 B。肾病综合征很少并发高血压脑病,常常并发高血压脑病的是急性肾炎,故不答 C。

654. ABCDE　①患儿大量蛋白尿(+++)、水肿,应考虑肾病综合征。正常人尿红细胞<3 个/HP,本例尿红细胞 0~3 个/HP,应为正常,不属于血尿。小儿理想收缩压=年龄×2+80,舒张压=收缩压的 2/3,收缩压高于此标准 20mmHg,称为高血压。本例理想收缩压=5×2+80=90mmHg,实际血压为 100/70mmHg,属于正常范围。患儿既无血尿,又无高血压,应诊断单纯性肾病而不是肾炎性肾病(B)。②急进性肾炎常表现为短期内肾功能急剧衰退,但题干尚未交代肾功能情况,故不答 C。镜下血尿是急性肾炎必有的症状,而本例镜下血尿阴性,故不答 D。患儿病史仅 2 天,不可能诊断为慢性肾炎。

655. ABCDE　656. ABCDE　657. ABCDE　658. ABCDE　①患儿尿蛋白>(+++)、血浆白蛋白<30g/L,应诊断为原发性肾病综合征,故不答 A、B、D。IgA 肾病的临床表现多样,但仅有 7%的患儿表现为肾病综合征,故不答 C。②原发性肾病综合征的首选治疗药物是糖皮质激素,常用泼尼松分次口服,故答案为 C 而不是 D。免疫抑制剂仅用于频复发、激素依赖的患者,故不答 A、B。青霉素是抗炎药物,不适于肾病综合征的治疗,故不答 E。③患儿长期限盐,易导致低钠血症。呋塞米为强利尿剂,大剂量使用易导致血容量减少,加上低钠血症,更容易出现低血容量性休克。患儿使用大剂量呋塞米后,精神萎靡、恶心呕吐、尿量减少、血压降低、四肢发凉,应诊断为低血容量休克(C)。肾上腺皮质功能不全与题干所述无关,故不答 A。高血压脑病患儿血压应>150/100mmHg,但本例血压 66/45mmHg,故不答 B。肾病综合征合并的电解质紊乱以低钠血症最多见,低钠血症可表现为厌食、乏力、嗜睡、血压下降、休克等,但不能解释患儿尿量明显减少,故本例应诊断为在低钠血症基础上出现的低血容量性休克,而不是单纯的低钠血症。急性肾衰竭可有尿量减少,但不会出现休克表现。④肾病综合征复发是指连续 3 天,尿蛋白由阴性转为(+++)或(++++)。频复发是指肾病病程中 6 个月以内复发≥2 次,或 1 年内复发≥3 次。患儿经糖皮质激素治疗,尿蛋白转阴 9 个月后再次出现尿蛋白(+++),应诊断为肾病综合征复发而不是频复发。对于非频复发的肾病综合征,应积极寻找复发诱因,重新使用激素治疗,不宜加用免疫抑制剂。对于频复发者可加用免疫抑制剂治疗,故答 A。免疫调节剂可作为糖皮质激素的辅助治疗。肾病综合征若无感染,无需预防性使用抗生素。

659. ABCDE　660. ABCDE　①患儿尿蛋白>(+++),血浆白蛋白<30g/L,应诊断为肾病综合征,故不答 A、B、E。单纯性肾病的诊断标准为:大量蛋白尿(+++~++++)、低白蛋白血症<30g/L、高脂血症、水肿。在单纯性肾病综合征的基础上,出现下列 4 项中的 1 项或多项即可诊断为肾炎性肾病综合征:离心尿镜检 RBC≥10 个/HP;高血压(学龄儿童血压≥130/90,学龄前儿童血压≥120/80mmHg);肾功能不全;持续低补体血症。本例为学龄儿童,血压≥130/90mmHg,血尿素氮增高(正常值 1.78~8.92mmol/L),补体 C3 降低(正常值 0.85~1.93g/L),故应诊断为肾炎性肾病综合征。②肾静脉血栓形成是肾病综合征的常见并发症,多表现为突发腰痛、血尿、少尿、肾衰竭,故答 A。间质性肾炎常表现为肾小管功能损害,如夜尿增多、低比重尿等。急性肾衰竭的诊断标准为血尿素氮≥15mmol/L。肾结石常表现为阵发性有痛性肉眼血尿。泌尿系感染常表现为尿频、尿急、尿痛,白细胞尿。

661. ABCDE　662. ABCDE　663. ABCDE　8 版《儿科学》P323:根据糖皮质激素正规足量治疗 8 周的效应,将肾病综合征分类如下。①激素敏感型肾病:以泼尼松足量[2mg/(kg·d)]治疗≤8 周,尿蛋白转阴;②激素耐药型肾病:以泼尼松足量治疗 8 周,尿蛋白仍为阳性;③激素依赖型肾病:对激素敏感,但连续 2 次减量或停药 2 周内复发;④肾病复发:是指连续 3 天,尿蛋白由阴性转为(+++)或(++++)。注意:9 版《儿科学》P297:已将糖皮质激素治疗 8 周的观察时限改为 4 周。

664. ABCDE　大量使用利尿剂(尤其是排钾性利尿剂)可增加尿钾排泄,导致低钾血症,常表现为肌无力、腹胀、膝反射减弱或消失、心电图 U 波出现,故本例应诊断为低钾血症,治疗中需及时补钾(B)。

665. ABCDE　肾病综合征的治疗首选糖皮质激素,确诊后应尽早选用泼尼松治疗。①短程疗法共 8 周:泼尼松 2mg/(kg·d),连用 4 周;4 周后无论疗效如何,均改为 1.5mg/(kg·d),每 2 天 1 次,连用 4 周。②中程疗法共 6 个月:泼尼松 2mg/(kg·d),分次服用;若 4 周内尿蛋白转阴,则自转阴后至少巩固 2 周,后改为 2mg/(kg·d),每 2 天 1 次,连用 4 周,以后每 2~4 周总量中减 2.5~5mg,直至停药。③长程疗法共 9 个月:泼尼松 2mg/(kg·d),分次服用;4 周后尿蛋白未转阴,可继续服至尿蛋白转阴后 2 周,一般不超过 8 周;以后改为 2mg/(kg·d),每 2 天 1 次,连用 4 周,以后每 2~4 周减量 1 次,直至停药,故答 A。

666. ABCDE　667. ABCDE　668. ABCDE　①患儿大量蛋白尿(+++),高度水肿,肾功能正常,应考虑肾病综合征,故不答 A、B。肾病综合征分为单纯性和肾炎性两种类型,故不答 E。患儿尿 RBC >10 个/HP,应诊断为肾炎性肾病综合征,而不是单纯性肾病综合征(D)。②患儿糖皮质激素治疗 10 周,尿蛋白仍为强阳性,应判断为激素耐药(C)。复发是指连续 3 天,尿蛋白由阴性转为(+++)或(++++)。频复发是指肾病病程中半年内复发≥2 次或 1 年内复发≥3 次。激素依赖是指患儿对激素敏感,但连续 2 次减量或停药 2 周内复发。激素敏感是指以泼尼松足量治疗≤8 周,尿蛋白转阴。③小儿理想收缩压=年龄×2+80,舒张压=收缩压的 2/3,10 岁小儿血压应为 100/67mmHg。本例血压为 60/40mmH,说明血压降低。血钠正常值为 130~150mmol/L,血钾正常值为 3.5~5.5mmol/L,说明患儿合并有低钠血症、血钾正常。A、B、C、D 均属于肾病综合征的常见并发症,故不答 E。肾病综合征患儿因水肿过多使用利尿剂、感染均可造成低钠血症,易出现低血容量性休克,表现为血压降低、四肢冰凉、尿少,故答 D。肾小管功能障碍常表现为肾性糖尿、氨基酸尿。急性肾衰竭常表现为尿少或无尿、低钠血症、高钾血症、氮质血症。肾静脉血栓形成常表现为腰痛,少尿或无尿,血尿。

669. ABCDE　670. ABCDE　671. ABCDE　①患儿尿蛋白(+++)、血清白蛋白<25g/L,应诊断为肾病综

合征,故不答 A、B、C。凡具有以下 4 项中 1 项或多项者,诊断为肾炎型肾病综合征:2 周内分别 3 次以上离心尿检查 RBC≥10 个/HP;反复或持续高血压,学龄儿童血压≥130/90mmHg,学龄前儿童血压≥120/80mmHg;肾功能不全;持续低补体血症。根据题干,本例应诊断为单纯型肾病综合征,而不是肾炎型肾病综合征。②患儿双下肢明显水肿,应短期内限制钠盐摄入,采用少盐饮食,可给予氢氯噻嗪利尿消肿,故不答 A、D。泼尼松是治疗肾病综合征的首选治疗药物,故不答 B。患儿双肺呼吸音粗糙,为肺部感染的早期体征(9 版《儿科学》P254),可给予青霉素抗感染治疗(防治感染是肾病综合征的治疗原则之一,但一般不预防性使用抗生素)。患儿胆固醇(TC)>5.7mmol/L,说明合并高脂血症,但儿童是否加用降脂药物,尚有争议。参阅第 3 版北京大学医学出版社《儿科学》P288。③肾病综合征患儿极易罹患各种感染,引起发热,常见为呼吸道、皮肤、泌尿道感染、原发性腹膜炎等,其中以上呼吸道感染最多见,占 50%以上。

672. ABCDE　673. ABCDE　正常情况下,骨髓为造血器官。小儿骨髓外造血器官包括肝、脾、淋巴结。

674. ABCDE　正常情况下,小儿出生后主要是骨髓造血(D)。只有在发生感染性贫血、溶血性贫血时,才会有肝、脾、淋巴结造血。

675. ABCDE　676. ABCDE　胚胎期造血分为 3 个阶段。①中胚叶造血期(胚胎 3~6 周):3 周开始由卵黄囊造血,之后在中胚叶组织中造血;②肝脾造血期(胚胎 6 周至 4 个月):胚胎 6~8 周开始由肝脏造血,并成为胎儿中期主要的造血部位,4~5 月达高峰,6 个月后逐渐减退。胚胎第 8 周脾脏开始造血;③骨髓造血期(胎儿 4 个月至出生):由骨髓造血。

677. ABCDE　678. ABCDE　胚胎期造血 5 周出现在卵黄囊。胚胎期第 5 月的重要造血器官是肝脾。

679. ABCDE　骨髓是人体的造血组织,分布于长骨骨干的髓腔内以及所有松质骨的骨小梁之间。骨髓分红骨髓和黄骨髓,其中红骨髓具有造血作用,而黄骨髓以脂肪组织为主,具有潜在造血功能,当造血需要时可以转变为红骨髓进行造血。在胎儿和婴幼儿时期,所有的骨髓均为红骨髓,全部参与造血以满足生长发育需要(B 对)。5~7 岁后长骨中出现黄骨髓,至 18 岁以后红骨髓仅分布于部分扁骨及长骨的近端,并非成年人不具有红骨髓。

680. ABCDE　①小儿出生时 RBC 数约 5.0×10^{12}/L~7.0×10^{12}/L,Hb150~220g/L;出生后 RBC 数逐渐降低;至生后 2~3 个月 RBC 降至 3.0×10^{12}/L,Hb 降至 100g/L,出现轻度贫血,称为生理性贫血。②生理性贫血呈自限性,3 个月以后,RBC 及 Hb 逐渐增加,于 12 岁达成人水平。

681. ABCDE　小儿外周血细胞计数达成人水平的时间:RBC 为 12 岁,WBC 为 8 岁,Plt 在出生时。

682. ABCDE　小儿中性粒细胞和淋巴细胞的比例随年龄的增长而变化,在出生后 4~6 天和 4~6 岁时,淋巴细胞和中性粒细胞比例相等。患儿为 5 岁,其淋巴细胞和中性粒细胞的比例应大致相等,故答 E。

683. ABCDE　出生时中性粒细胞占 0.65,淋巴细胞占 0.30。随着白细胞总数的下降,中性粒细胞比例逐渐下降,生后 4~6 天时两者比例相等。1~2 岁时淋巴细胞占 0.60,中性粒细胞占 0.35,之后中性粒细胞逐渐上升,至 4~6 岁两者比例又相等。以后白细胞分类与成人相似。

684. ABCDE　WHO 规定,Hb 低限值在 6 个月至 6 岁为 110g/L,6~14 岁为 120g/L,低于此值者称为贫血。

685. ABCDE　新生儿贫血分为四度:轻度贫血 Hb144~120g/L;中度贫血 Hb~90g/L;重度贫血 Hb~60g/L;极重度贫血 Hb<60g/L。20 天男婴属新生儿期,Hb50g/L 应属于极重度贫血(B)。

686. ABCDE　687. ABCDE　小儿贫血分度标准:轻度贫血 Hb 从正常下限~90g/L;中度贫血 Hb~60g/L;重度贫血 Hb~30g/L;极重度贫血 Hb<30g/L。注意婴幼儿贫血分度标准与新生儿不同!

688. ABCDE　689. ABCDE　①小儿中度贫血 Hb~60g/L。②小儿极重度贫血 Hb<30g/L。

690. ABCDE　691. ABCDE　贫血标准为:Hb 在新生儿<145g/L,1~4 个月<90g/L,4~6 个月<100g/L。

692. ABCDE　①患儿 Hb90g/L,应诊断为轻度贫血。血涂片示红细胞大小不等,小细胞为多,应考虑为小细胞低色素性贫血。根据题干,本例应诊断为缺铁性贫血。A、B、C、E 均属于缺铁性贫血的病因,其中以铁摄入不足为主要原因,故答 C。②红细胞破坏过多为溶血性贫血的病因。

693. ABCDE ①缺铁性贫血患儿可有面色苍白、食欲不振、呕吐、腹泻等表现。贫血严重时,可有心率、呼吸频率加快。由于髓外造血,肝脾可轻度肿大。②缺铁性贫血患儿不会出现肢体震颤,肢体震颤为营养性巨幼细胞性贫血的神经精神症状(D)。

694. ABCDE ①缺铁性贫血患儿由于髓外造血,肝脾可轻度肿大。年龄越小,病程越长,贫血越重,肝脾肿大越明显(A错)。②B为缺铁性贫血的神经系统症状。C为消化系统症状。D为免疫系统症状。E为贫血的一般临床表现。

695. ABCDE ①正常情况下,食物中的铁在十二指肠和空肠上段以 Fe^{2+} 形式被吸收,进入肠黏膜细胞的 Fe^{2+} 被氧化成 Fe^{3+}。其中一部分与细胞内的去铁蛋白结合,形成铁蛋白暂时保存在肠黏膜细胞中;另一部分 Fe^{3+} 与细胞质中载体蛋白结合后移出胞外进入血液,与血浆中的转铁蛋白结合,经血液循环将铁运输至组织利用,未被利用的部分则与去铁蛋白结合形成铁蛋白,作为贮存备用铁。因此血清铁蛋白较敏感地反映了体内贮存铁的情况,因而是诊断缺铁性贫血铁减少期的敏感指标(A)。②红细胞游离原卟啉(FEP)增高提示细胞内缺铁,因此FEP是红细胞生成缺铁期的敏感指标。

696. ABCDE ①骨髓可染铁是反映体内贮存铁敏感而可靠的指标(B)。骨髓涂片用普鲁士蓝染色镜检,观察细胞外铁和红细胞内铁粒细胞数。若红细胞内铁粒细胞数<15%,提示贮存铁(细胞内铁)减少。请注意:反映体内贮存铁较敏感的指标为血清铁蛋白,参阅9版《儿科学》P329。②血清转铁蛋白饱和度(TS)、血清铁(SI)、血清总铁结合力(TIBC)都是反映血浆中铁含量的指标,故不答A、D、E。外周血网织红细胞计数是反映骨髓红系增生情况的指标,故不答C。

697. ABCDE ①患婴面色苍白,Hb70g/L,应诊断为中度贫血。患婴平均红细胞容积(MCV)<80fl,应考虑小细胞低色素性贫血,以缺铁性贫血最多见(A)。②生理性贫血是指生后2~3个月一过性红细胞减少,而患婴已8个月,故不答B。题干未交代失血、溶血病史,故不能诊断为失血性贫血、溶血性贫血。营养性巨幼细胞性贫血常表现为大细胞性贫血,其MCV应>94fl,故不答D。

698. ABCDE ①9个月婴儿Hb68g/L,应诊断为中度贫血。6个月至2岁的婴幼儿以缺铁性贫血最常见,巨幼细胞性贫血次之。因患婴缺乏神经精神症状,故应考虑缺铁性贫血。为明确诊断,首选检查为血清铁、总铁结合力测定(C)。请注意:确诊缺铁性贫血首选有关铁代谢的生化检查,而不是骨髓检查,故答C而不是A,很多医考参考书将答案错为A。②红细胞脆性试验常用于诊断遗传性球形细胞增多症。维生素 B_{12} 和叶酸浓度测定常用于诊断巨幼细胞性贫血。血红蛋白电泳和胎儿血红蛋白(HbF)检查常用于诊断地中海贫血。

699. ABCDE 700. ABCDE ①《儿科学》正常值:平均红细胞容积(MCV)为80~94fl,平均红细胞血红蛋白量(MCH)为28~32pg,平均红细胞血红蛋白浓度(MCHC)为32%~38%。②营养性巨幼细胞性贫血为大细胞性贫血,表现为MCV>94fl,MCH>32pg,MCHC为32%~38%(E)。③缺铁性贫血为小细胞低色素性贫血,表现为MCV<80fl,MCH<28pg,MCHC<32%(D)。

701. ABCDE ①缺铁性贫血患儿红细胞内缺铁时,红细胞游离原卟啉(FEP)不能完全与铁结合成血红素,血红素减少又反馈性刺激FEP合成增加,未被利用的FEP在红细胞内堆积,导致FEP增高(E错)。②A、B、C、D均属于缺铁性贫血的实验室检查结果。

702. ABCDE ①患婴皮肤黏膜苍白,Hb80g/L,应诊断为中度贫血。患儿血涂片见RBC大小不等,以小细胞为主,中心淡染区扩大,应诊断为缺铁性贫血。②再生障碍性贫血属于正常细胞性贫血。铁粒幼细胞性贫血、地中海贫血均为小细胞性贫血,但临床上少见。营养性巨幼细胞性贫血为大细胞性贫血。

703. ABCDE 704. ABCDE 705. ABCDE 706. ABCDE ①10个月患儿面色苍白,Hb80g/L,应诊断为中度贫血。临床上6个月至2岁的婴幼儿以缺铁性贫血最常见。母乳加米糕喂养,未添加其他辅食,铁摄入不足,易发生缺铁性贫血(A)。巨幼细胞性贫血常有神经精神症状,面色蜡黄而不是苍白,故不答B。地中海贫血为遗传性疾病,其发病与喂养方法无关,血涂片可见靶形红细胞。营养性混合性贫血是由于饮食中同时缺乏铁和维生素 B_{12}或叶酸等造血物质所致，血象兼有大小细胞贫血的特点，红细胞大小相差悬殊。再生障碍性贫血常表现为全血细胞减少，肝脾不大，故不答 E。②本例拟诊为缺铁性贫血，为明确诊断应首选有关铁代谢的生化检查（血清铁蛋白测定），而不是骨髓检查，故答 B 而不是 A，很多医考参考书将答案错为 A。红细胞形态检查主要用于大细胞性、小细胞性贫血的鉴别。胎儿血红蛋白测定常用于诊断地中海贫血。血红蛋白量测定主要用于贫血的诊断及分度。③缺铁性贫血的治疗首选硫酸亚铁+维生素 C 口服（A）。维生素 B_{12}+叶酸、维生素 C+叶酸为巨幼细胞性贫血的治疗方案。缺铁性贫血不合并感染时无需使用抗生素。严重贫血病例，可输注红细胞悬液而不是全血。④缺铁性贫血患儿口服铁剂后 2~3 天网织红细胞计数开始上升，5~7 天达高峰，2~3 周后下降至正常。治疗 1~2 周后血红蛋白开始上升，3~4 周达正常。网织红细胞为成熟红细胞的前体，因此红细胞计数升高、形态学改变，均发生在网织红细胞计数升高之后。可见，口服铁剂后最早发生的变化是网织红细胞计数升高（C）。

707. ABCDE　708. ABCDE　709. ABCDE　①4 个月患儿，面色苍白，食欲减退，Hb80g/L，应诊断为中度贫血。患儿平均红细胞容积（MCV）<80fl、平均红细胞血红蛋白量（MCH）<28pg、平均红细胞血红蛋白浓度（MCHC）<32%，应诊断为小细胞低色素性贫血。所给 5 个选项中，A 为正细胞性贫血，B 为巨细胞性贫血，D 兼有大细胞和小细胞性贫血的特点，故不答 A、B、D。虽然感染性贫血和缺铁性贫血均为小细胞低色素性贫血，但本例无慢性感染征象，且临床上以缺铁性贫血最常见，故答 E。②缺铁性贫血补充铁剂 12~24 小时后，细胞内含铁酶活性开始恢复。网织红细胞于服药后 2~3 天开始上升，血红蛋白于服药后 1~2 周开始升高。网织红细胞为成熟红细胞的前体，因此红细胞计数升高一定晚于网织红细胞升高，故答 E 而不是 C，很多医考参考书将答案错为 C。缺铁性贫血治疗后红细胞游离原卟啉应下降而不是升高（D 错）。③缺铁性贫血铁剂治疗 1~2 周后血红蛋白开始升高，3~4 周达正常水平，仍需继续服用铁剂 6~8 周，以增加铁储存（E）。

710. ABCDE　711. ABCDE　712. ABCDE　①生后母乳喂养，不添加辅食为缺铁性贫血的常见原因。患儿 1 岁，Hb85g/L，应诊断为中度贫血。患儿 MCV<80fl，MCH<28pg，MCHC<32%，应诊断为小细胞低色素性贫血，以缺铁性贫血最常见（C）。营养性巨幼细胞性贫血为大细胞性贫血，溶血性贫血、再生障碍性贫血为正常细胞性贫血，故不答 A、D、E。患儿无慢性感染病史，不能诊断为感染性贫血，故不答 B。②为确诊缺铁性贫血，应首选铁代谢指标测定，而不是骨髓检查，因为骨髓检查不能确诊本病，故答 D 而不是 B。抗碱血红蛋白测定、血红蛋白电泳常用于诊断珠蛋白生成障碍性贫血。叶酸、维生素 B_{12}浓度测定常用于诊断营养性巨幼细胞性贫血。③缺铁性贫血的治疗首选口服琥珀酸亚铁，可加用维生素 C 以促进铁剂的吸收，由于主要治疗药物是铁剂而不是维生素 C，故答 D 而不是 B。红细胞输注仅用于治疗严重贫血。维生素 B_{12}、叶酸常用于治疗营养性巨幼细胞性贫血。

713. ABCDE　成熟儿生后 4 个月至 3 岁每日约需铁 1mg/kg，早产儿约需 2mg/kg，因此早产儿更易发生缺铁性贫血。故对于早产儿，宜从 2 个月左右开始给予铁剂预防（B）。

714. ABCDE　①母乳虽含铁量不多，但其吸收较好，故应提倡母乳喂养，以降低缺铁性贫血的发病率。②婴幼儿如以牛奶喂养，必须经加热处理，以减少因过敏引起肠道失血。③使用铁强化婴幼儿食品，可补充体内铁的缺乏。④早产儿较成熟儿更易发生缺铁性贫血，故应早期补铁，宜从 2 个月左右开始给予铁剂预防。⑤补充维生素 B_{12}为巨幼细胞性贫血的治疗方法，不能预防缺铁性贫血（E 错）。

715. ABCDE　①提倡母乳喂养为预防缺铁性贫血的措施之一（B）。②牛乳中铁的含量与人乳相似，但牛奶中铁的吸收率（4%）显著低于人乳（49%），故牛奶喂养易发生缺铁性贫血。C 为巨幼细胞性贫血的治疗措施。D 为锌缺乏的治疗措施。E 为维生素 D 缺乏性佝偻病的预防措施。

716. ABCDE　①内因子由胃壁细胞分泌，可促进维生素 B_{12}的吸收，当内因子缺乏时，维生素 B_{12}的吸收减少，可导致维生素 B_{12}缺乏性巨幼细胞性贫血，而与叶酸缺乏无关，故答 C。②叶酸转运障碍是一种少见的常染色体隐性遗传性疾病，患儿出生后 2~3 个月即可因叶酸缺乏，而出现巨幼细胞性贫血。③羊奶的叶酸含量很低，单纯用羊奶喂养而未添加辅食的婴儿易致叶酸缺乏。④慢性腹泻可引起叶酸吸收不良，导致叶酸缺乏。⑤婴儿生长发育较快，对叶酸的需要量增加，可导致叶酸相对缺乏。

717. ABCDE ①维生素 B_{12} 能促使脂肪代谢产生的甲基丙二酸转变成琥珀酸而参与三羧酸循环，此作用与神经髓鞘中脂蛋白形成有关，因此能保持中枢和外周髓鞘神经纤维功能的完整性。当维生素 B_{12} 缺乏时，可导致中枢和外周髓鞘受损，而出现神经系统症状和精神症状。叶酸缺乏不出现神经系统症状，但可导致精神异常。因此维生素 B_{12} 缺乏与叶酸缺乏所致营养性巨幼细胞性贫血临床表现的主要区别点是前者有神经系统症状，后者无神经系统症状。②A、C、D、E 都不是两者的鉴别点。

718. ABCDE ①巨幼细胞性贫血患儿多呈虚胖，颜面水肿，毛发稀疏发黄。长期贫血患儿由于存在髓外造血，故常有肝脾肿大。维生素 B_{12} 缺乏所致的巨幼细胞性贫血可表现为表情呆滞、智力、动作发育落后，重症病例可出现不规则性震颤。患儿可有消化系统症状，如厌食、恶心呕吐、腹泻、舌炎等。②头围增大不是巨幼细胞性贫血的临床表现(B)。

719. ABCDE ①面色苍白，嗜睡，食欲差，肝大，心尖部闻及柔和的收缩期杂音，常见于贫血。羊乳含叶酸量很低，单纯以羊奶喂养婴儿，很容易发生叶酸缺乏，导致营养性巨幼细胞性贫血。患婴 6 个月加米糊，米糊中一般含铁，因此发生缺铁性贫血的可能性较小，故答 C 而不是 A。②再生障碍性贫血不会出现肝大。地中海贫血、遗传性球形红细胞增多症均为遗传性疾病，常自幼发病。

720. ABCDE ①巨幼细胞性贫血多见于 6 个月至 2 岁小儿，表现为面色蜡黄，毛发稀疏，易怒少哭，动作发育延迟，严重病例有神经精神症状，如不规则性震颤、手足无意识运动、抽搐、共济失调、踝阵挛、Babinski征阳性。根据题干，本例应诊断为巨幼细胞性贫血(E)。②先天愚型也称 21-三体综合征，有特殊面容、智力低下、通贯手。多动症是以注意集中困难、注意持续时间短暂、活动过度或冲动为特征的一组综合征。病毒性脑膜炎应有脑膜刺激征。癫痫小发作不会导致动作发育延缓。

721. ABCDE ①患儿血红蛋白 100g/L，应诊断为轻度贫血。患儿面色蜡黄、动作发育延迟、肢体震颤，应诊断为巨幼细胞性贫血(D)。②低钙血症常表现为手足抽搐而不是肢体颤抖，不会有贫血的表现，故不答 A、B、C。缺铁性贫血常表现为面色苍白而不是苍黄，不会出现神经系统症状，故不答 E。

722. ABCDE ①患儿血红蛋白 80g/L，应诊断为中度贫血。患儿皮肤蜡黄，虚胖，手足颤抖，肝脾肿大，应诊断为营养性巨幼细胞性贫血(E)。②蚕豆病为食用蚕豆后发生的血管内溶血性贫血，8 个月小儿不可能食蚕豆，故不答 A。缺铁性贫血为面色苍白而不是面色蜡黄，也无神经精神症状，故不答 B。混合性贫血是由于饮食中同时缺乏铁和维生素 B_{12} 或叶酸等造血物质所致，血象兼有大小细胞性贫血的特点，红细胞大小相差悬殊。参阅 7 版《诸福棠实用儿科学》P1725。再生障碍性贫血常表现为全血细胞减少，肝脾不大，故不答 D。

723. ABCDE 1 岁患儿 Hb90g/L，应诊断为轻度贫血。患儿平均红细胞容积(MCV)>94fl、平均红细胞血红蛋白量(MCH)>32pg、平均红细胞血红蛋白浓度(MCHC)32%～38%，应诊断为大细胞性贫血。所给 5 个选项中，A、B 为正细胞性贫血，C、E 为小细胞低色素性贫血，D 为大细胞性贫血，故答 D。

724. ABCDE ①巨幼细胞性贫血多见于 6 个月至 2 岁小儿，常表现为面色蜡黄，毛发稀疏，智力发育倒退，动作发育延迟，严重病例可有神经精神症状，如不规则性震颤、手足无意识运动、抽搐、共济失调、踝阵挛、Babinski 征阳性。根据题干，本例应诊断为巨幼细胞性贫血。②巨幼细胞性贫血为大细胞性贫血，常表现为平均红细胞血红蛋白浓度(MCHC)32%～38%，平均红细胞血红蛋白量(MCH)>32pg，平均红细胞容积(MCV)>94fl；网织红细胞常减少；幼红细胞胞核发育落后于胞质(即核幼浆老)，故答 B。幼红细胞胞质发育落后于胞核，即核老浆幼，常见于缺铁性贫血。

725. ABCDE ①1 岁患儿 Hb89g/L，应诊断为中度贫血。患儿面色苍黄，毛发稀枯，骨髓象幼红细胞巨幼变，应诊断为巨幼细胞性贫血。为明确诊断，首选血清维生素 B_{12}、叶酸测定(B)。②血清维生素 B_6 测定常用于诊断维生素 B_6 反应性贫血。血清铁蛋白、血清铁测定常用于诊断缺铁性贫血。

726. ABCDE ①1 岁患儿 Hb80g/L，应诊断为中度贫血。患儿平均红细胞容积(MCV)>94fl、平均红细胞血红蛋白量(MCH)>32pg、平均红细胞血红蛋白浓度(MCHC)32%~38%,应诊断为大细胞性贫血,常见于巨幼细胞性贫血,其治疗首选维生素 B_{12}肌内注射(E)。②贫血患者不宜输全血,即使重症病例也仅需输注红细胞悬液。脾切除常用于治疗遗传性球形细胞增多症。口服铁剂常用于治疗缺铁性贫血。口服维生素 C 可促进铁剂或叶酸的吸收。

727. ABCDE　口服维生素 C 可促进叶酸的吸收,参阅 8 版《儿科学》P360。

728. ABCDE　①维生素 B_{12}能促使脂肪代谢产生的甲基丙二酸转变成琥珀酸而参与三羧酸循环,此作用与神经鞘中脂蛋白的形成有关,因而能保持中枢和外周髓鞘神经纤维的功能完整性。当维生素 B_{12}缺乏时,不仅可导致巨幼细胞性贫血,而且还可导致中枢和周围神经髓鞘受损,因而出现神经精神症状。因此,有明显神经精神症状的营养性巨幼细胞性贫血,应首选维生素 B_{12}治疗(D)。②单用叶酸治疗仅能改善贫血症状,反而有加重神经精神症状的可能。同时口服维生素 C,有助于叶酸的吸收。硫酸亚铁、右旋糖酐铁都是治疗缺铁性贫血的药物。

729. ABCDE　①巨幼细胞性贫血伴神经精神症状者,首选维生素 B_{12}治疗。维生素 B_{12}500~1000μg 一次肌内注射;或每次 100μg 肌内注射,每周 2~3 次,连用数周。②当有神经系统受累表现时,可给予维生素 B_{12}1000μg 每日肌内注射 1 次,连续肌内注射 2 周以上(E)。对于维生素 B_{12}吸收缺陷所致的患者,需每月肌内注射 1mg,长期应用。

730. ABCDE　①患儿面色蜡黄,虚胖,肝脾大,肢体震颤、抽搐,应诊断为巨幼细胞性贫血,治疗首选维生素 B_{12}(B)。②患儿有神经系统症状,开始治疗时不宜选用叶酸。维生素 C 可促进叶酸的吸收。铁剂常用于治疗缺铁性贫血。泼尼松常用于治疗温抗体型自身免疫性溶血性贫血。

731. ABCDE　732. ABCDE　733. ABCDE　①患儿血红蛋白 80g/L,应诊断为中度贫血。患儿面色苍黄,运动发育落后,表情呆滞,手足颤抖,应诊断为营养性巨幼细胞性贫血(E)。大脑发育不全不会出现运动发育倒退(原可站立,现坐不稳)。缺铁性贫血常表现为面色苍白而不是苍黄,不会出现神经精神症状。维生素 D 缺乏性手足搐搦症不会表现为面色苍黄,表情呆滞。维生素 D 缺乏症常见于户外运动较少的人工喂养儿,不会出现手足抽搐。②为确诊巨幼细胞性贫血,应首选血清维生素 B_{12}、叶酸测定(D)。脑 CT 检查常用于诊断颅内占位性病变。脑电图检查常用于诊断癫痫。血清铁测定常用于诊断缺铁性贫血。血清钙、磷、碱性磷酸酶测定常用于诊断维生素 D 缺乏性佝偻病。③巨幼细胞性贫血出现神经精神症状,应首选维生素 B_{12}治疗(C)。静脉补钙常用于治疗维生素 D 缺乏性手足搐搦症。维生素 C 口服可促进叶酸的吸收。治疗巨幼细胞性贫血无需肌内注射维生素 B_6。

734. ABCDE　①膝腱反射生后即活跃,可终生存在(B)。参阅 8 版《诸福棠实用儿科学》P1972。②腹壁反射属于浅反射,新生儿期不经常存在,故不答 A。觅食反射初生时出现,4~7 个月消失。握持反射初生时出现,3~4 个月消失。拥抱反射初生时出现,3~6 个月消失。

735. ABCDE　①在胎儿时期,神经系统发育最早,尤其脑的发育最为迅速,但神经髓鞘的形成和发育并不完善,神经纤维约在 4 岁时才完成髓鞘化。在婴幼儿期,神经髓鞘形成不完善,当外界刺激作用于神经纤维传入大脑时,因没有髓鞘的隔离,兴奋可传入邻近的神经纤维,不易在大脑皮质形成明确的兴奋灶。参阅 3 版 8 年制《儿科学》P364,9 版《儿科学》未讲述。②出生时神经细胞数目已与成人接近,不再增加,但其树突、轴突少而短。此为小儿神经系统发育的特点,并不是外界刺激不易在大脑皮质形成明确兴奋灶的原因。

736. ABCDE　典型(单纯型)热性惊厥的特点为:①体温 38℃以上突然出现惊厥;②持续时间短暂,多在 10 分钟内自行缓解(D 错);③惊厥发作为全面性发作,通常为全身性强直-阵挛性发作;④惊厥发作后无病理性异常,但可出现发作后短暂嗜睡;⑤惊厥复发总次数≤4 次。

737. ABCDE　脊髓的增长和运动功能的发育是平行的。在胎儿期脊髓下端平 L_2 的下缘,4 岁时平 L_1。

738. ABCDE　①热性惊厥分为单纯型和复杂型两型,单纯型热性惊厥多见于 6 个月至 5 岁小儿,常为全面性发作,惊厥多短暂,一般<15 分钟,一次热程中一般仅有 1 次发作(C 对)。②复杂型热性惊厥少

见，常呈局灶性或全面性发作，每次发作时间>15 分钟，24 小时内可反复发作多次，可有神经系统异常发现，发作 1 周后行脑电图（EEG）检查可见痫性波（棘波、尖波）发放。

739. ABCDE ①男婴，5 个月，高热（T39.3℃），突然双目凝视，口吐白沫，四肢强直，呼之不应，持续 1～2 分钟缓解，应诊断为热性惊厥（E）。②低钙惊厥常合并维生素 D 缺乏性佝偻病。中毒性脑病、化脓性脑膜炎引起的惊厥不可能在 2 分钟内缓解。癫痫引起的抽搐常无发热、上呼吸道感染病史。

740. ABCDE ①3 岁小儿，高热时突发惊厥，发作后神经系统检查无异常发现，应诊断为高热惊厥（A）。②中毒性痢疾好发于 2～7 岁儿童，全身中毒症状重（高热、抽搐、休克征象），但肠道症状轻（腹泻、里急后重），而本例仅有高热惊厥，故不答 B。流行性脑膜炎、结核性脑膜炎、脑脓肿均可引起惊厥，但发作后均有神经系统阳性体征，故不答 C、D、E。

741. ABCDE ①控制高热惊厥，首选地西泮（安定），次选苯巴比妥（鲁米那）。地西泮静脉注射后起效快，数分钟内可控制惊厥，但作用时间短暂，故最宜用于急症。苯巴比妥肌内注射，用药后 15 分钟才起作用，所以不能立即止惊，一般用于地西泮控制发作以后，作为长效抗惊厥药物使用。因所给 5 个选项中，无地西泮，故只能选 B（鲁米那）作为最佳答案。②抗生素、板蓝根冲剂（抗病毒）为上呼吸道感染的病因治疗，不能控制高热惊厥。棕色合剂为止咳药，甘露醇为脱水药，均不能控制高热惊厥。

742. ABCDE ①地西泮起效快，但维持时间短，故多用于控制各型惊厥的急性发作。②对于多次反复发作的惊厥，可长期口服苯巴比妥，以防再次发作（B）。注意，控制新生儿惊厥首选苯巴比妥。③苯妥英钠多用于惊厥持续状态、地西泮治疗无效者。硫喷妥钠多用于上述止惊药物无效者。异丙嗪为吩噻嗪类抗组胺药，不用于惊厥的治疗。

743. ABCDE ①1 岁小儿，高热（T39℃），发作惊厥 1 次，应诊断为单纯型热性惊厥。为控制惊厥发作，应首选地西泮静脉注射，1～3 分钟内起效。②地西泮肌内注射起效慢，效果不好。苯巴比妥多用于地西泮控制惊厥后的维持治疗。苯妥英钠多用于惊厥持续状态。副醛常用于地西泮无效者。

744. ABCDE 745. ABCDE 746. ABCDE 747. ABCDE 748. ABCDE ①男婴，突发高热（T40.2℃），抽搐，缓解后无神经系统阳性体征，故应诊断为单纯型热性惊厥（B）。低钙血症、维生素 D 缺乏性手足搐搦症可有抽搐，但无高热。中毒性脑病、化脓性脑膜炎可有发作性抽搐，但常有神经系统阳性体征。②高热惊厥好发于 6 个月至 3 岁小儿，70%的患儿有上呼吸道感染（E 对），常表现为高热时突发惊厥（A 对），持续数秒至 10 分钟，发作后不留任何神经系统症状（B 对），神志清楚（D 对）。可见，高热惊厥的诊断依据与 C 无关。③热性惊厥的止惊治疗首选地西泮静脉注射，惊厥多于 1～3 分钟内控制（A）。苯巴比妥多用于地西泮控制惊厥后的维持治疗。苯妥英钠多用于惊厥持续状态。硫喷妥钠多用于上述止惊药物无效者。物理降温为对症治疗。④治疗高热惊厥时，可静脉注射地西泮以控制惊厥，可给予物理降温，应保持呼吸道通畅，吸氧。气管插管为上呼吸道阻塞的急救措施，不宜用于高热惊厥的急救，除非有喉痉挛（C）。⑤为防止高热惊厥再次发作，应首选地西泮口服，连用 2～3 天（C）。若地西泮口服不能阻止新的发作，可长期口服苯巴比妥。行扁桃体摘除，可减少上呼吸道感染的发生率。使用冬眠合剂虽可控制惊厥发作，但不可能使患儿一直处于冬眠状态，故不答 B。对热性惊厥的治疗，一般不采用地西泮肌内注射，因为肌内注射效果不好，故不答 D。

749. ABCDE 750. ABCDE ①新生儿及出生后 2～3 个月以内的婴儿化脓性脑膜炎，常见致病菌是大肠埃希菌（最多见）、B 组溶血性链球菌、金黄色葡萄球菌等（C）。②出生 2～3 个月以后的小儿化脓性脑膜炎，常见致病菌是流感嗜血杆菌、肺炎链球菌、脑膜炎双球菌等。③5 岁以上儿童化脓性脑膜炎，常见致病菌为脑膜炎双球菌、肺炎链球菌（A）。参阅 2 版 8 年制《儿科学》P411。

751. ABCDE ①新生儿化脓性脑膜炎常缺乏典型症状和体征，颅内压增高和脑膜刺激征常不明显。发热可有可无，甚至体温不升。主要表现为少动、哭声弱或呈高调、拒食、吐奶、吸吮力差、黄疸、面色青灰、发绀、呼吸不规则，甚至惊厥、休克、昏迷等。②苦笑面容是破伤风的典型表现（A 错）。

752. ABCDE ①患婴吐奶、嗜睡、前囟紧张，应考虑颅内压增高。脐部有脓性分泌物，提示感染灶为脐炎。因此本例应诊断为急性化脓性脑膜炎而不是败血症。败血症常见于新生儿,多表现为不吃、不哭、不动、体温不升、体重不增、黄疸、出血倾向等。②为确诊化脓性脑膜炎,最重要的检查为脑脊液检查(E)。不要顾虑腰穿诱发脑疝而误选 A。临床上,对于有颅内压增高的患儿,在行腰穿前常快速静脉滴注甘露醇降低颅内压,半小时后选用带内芯的腰穿针穿刺,以防诱发脑疝。③头颅 CT 主要用于诊断颅内占位性病变。血常规、血气分析无特异性,故不答 C、D。

753. ABCDE　脑脊液中糖含量的正常值:成人为 2.5~4.5mmol/L,儿童为 2.8~4.5mmol/L,婴儿为 3.9~5.0mmol/L。参阅 2 版 8 年制《儿科学》P415。

754. ABCDE　男婴,高热,惊厥,外周血白细胞总数和中性粒细胞比例均增高,应考虑化脓性脑膜炎。患婴应有颅内压增高的表现(前囟饱满、张力增高)以及脑膜刺激征阳性(颈强直、Kernig 征、Brudzinski 征)。因婴幼儿脑膜刺激征一般不明显,故查体最有意义的体征是前囟隆起,故答 A 而不是 B、C、E。2 岁以下的婴幼儿因神经系统发育未完善,可有双侧 Babinski 征阳性,并不属于病理性,故不答 D。

755. ABCDE　化脓性脑膜炎脑脊液的典型改变是压力增高,外观混浊似米汤样,白细胞总数显著增高,$\geqslant 1000\times10^6$/L,分类以中性粒细胞为主,糖和氯化物含量明显降低,蛋白质含量显著增高。

756. ABCDE　①病毒性脑膜炎脑脊液压力增高,外观清亮。白细胞总数多正常或轻度增加,多在 300×10^6/L以下,以淋巴细胞为主。蛋白质正常或轻度增高。糖和氯化物含量正常。涂片或培养无细菌发现。②A 为结核性脑膜炎。B、C、E 均为不典型脑脊液改变。参阅 2 版 8 年制《儿科学》P415。

757. ABCDE　①患儿频繁呕吐,前囟饱满,Babinski 征阳性,应考虑颅内压增高。②脑脊髓检查提示外观混浊,白细胞总数明显增高,以中性粒细胞为主,蛋白质明显增高,糖明显降低,氯化物轻度降低,应诊断为急性化脓性脑膜炎(D)。③中毒性脑病、病毒性脑膜炎脑脊液检查为蛋白质、糖、氯化物均正常。隐球菌性脑膜炎、结核性脑膜炎脑脊液检查为蛋白质增高,糖和氯化物降低。

758. ABCDE　①患婴高热,意识障碍(烦躁不安),颅内压增高(呕吐、前囟饱满,双目凝视),脑膜刺激征阳性(颈项强直),中枢神经系统受累(Babinski 征、抽搐),应考虑急性化脓性脑膜炎。为明确诊断,当然首选脑脊液检查(E)。②头颅 B 超常用于诊断新生儿缺氧缺血性脑病。脑电图常用于诊断癫痫。头颅 CT 常用于诊断颅内占位性病变。血生化无特异性,故不答 D。

759. ABCDE　①正常情况下脑脊液是无菌的,脑脊液中检出化脓性细菌即可确诊化脓性脑膜炎(E)。②A 无特异性,B、C 提示颅内压增高,D 提示病原体感染,都不能确诊化脓性脑膜炎。

760. ABCDE　761. ABCDE　762. ABCDE　①化脓性脑膜炎好发于 2 岁以下小儿,常表现为发热、烦躁不安、进行性加重的意识障碍(惊厥)、颅内压增高(呕吐)、脑膜刺激征(颈抵抗、Babinski 征阳性)。根据题干,本例应诊断为化脓性脑膜炎,故答 B。中毒性细菌性痢疾常有全身中毒症状及轻微的胃肠道症状,但脑膜刺激征少见。患儿病史仅 3 天,不可能诊断为脑发育不全。患儿体温仅 T38.2℃,且有脑膜刺激征,不可能诊断为热性惊厥。手足搐搦症发作间歇期应正常,也不会出现脑膜刺激征,故不答 E。②为明确诊断,应首选腰穿脑脊液检查。脑脊液检查是确诊化脓性脑膜炎的重要依据,故答 C。脑电图常用于癫痫的诊断。血钙磷测定常用于维生素 D 缺乏性佝偻病的诊断。粪镜检及培养常用于中毒性细菌性痢疾的诊断。血培养+药敏试验常用于败血症的诊断。③硬脑膜下积液是化脓性脑膜炎最常见的并发症,常表现为有效治疗 48~72 小时后体温不退或下降后再次升高;或一般症状好转后又出现意识障碍、惊厥、前囟隆起、颅内压增高。本例静脉滴注抗生素 3 天后热退,精神好转,但再次发热,呕吐、惊厥,应诊断为合并硬脑膜下积液(B)。脑脓肿不是化脓性脑膜炎的常见并发症。并发脑积水常表现为烦躁不安、嗜睡、呕吐、惊厥、头颅进行性增大。并发脑室管膜炎常表现为发热不退、惊厥、意识障碍不改善。合并院内上呼吸道感染常表现为咳嗽咳痰、肺部湿啰音。

763. ABCDE　764. ABCDE　765. ABCDE　①患儿高热、外周血白细胞显著增高,以中性粒细胞为主,应考虑化脓性细菌感染性疾病,故不答 B、D、E。患儿头痛、呕吐、抽搐,应诊断为化脓性脑膜炎(C)。高热惊厥常表现为突发高热,抽搐,抽搐后无神经系统症状和体征,故不答 A。②化脓性脑膜炎患儿常有脑膜刺激征，如颈有抵抗，神经系统检查可有阳性发现（E）。AB 常见于脑疝。C 常见于流脑。D 常见于偏瘫。③为明确化脓性脑膜炎的诊断，应首选脑脊液检查（D）。血常规检查无特异性。血细菌培养常用于诊断败血症。脑电图常用于诊断癫痫。头颅 CT 常用于诊断颅内占位性病变。

766. ABCDE 化脓性脑膜炎合并硬脑膜下积液，常见的病原菌是流感嗜血杆菌、肺炎链球菌（D）。

767. ABCDE ①硬脑膜下积液为化脓性脑膜炎的常见并发症，好发于 1 岁以下的婴儿，多见于起病后 7～10 天，常表现为化脑治疗过程中体温不降，或退而复升；或一般症状好转后又出现意识障碍、惊厥、颅内压增高，如前囟隆起、颅缝分离、头围增大、呕吐、惊厥、叩诊破壶音等。若硬脑膜下积液量>2ml、蛋白质>0.4g/L、RBC<100×10^6/L，即可确诊。根据题干，本例应诊断为硬脑膜下积液（B）。②脑膜炎复发不会如此迅速出现，故不答 A。C、D、E 都不是化脓性脑膜炎的常见并发症。

768. ABCDE 硬脑膜下积液好发于 1 岁以下的婴儿，常继发于化脓性脑膜炎。患儿在化脓性脑膜炎治疗过程中体温退而复升，惊厥，颅内压增高（前囟饱满、颅缝分离），应诊断为硬脑膜下积液（E）。

769. ABCDE 化脓性脑膜炎患者，若高度怀疑合并脑室管膜炎，可行侧脑室穿刺，如果脑脊液白细胞≥50×10^6/L、糖<1.6mmol/L、蛋白质>400mg/L，或细菌学检查阳性，即可确诊。可见，当 E 单独存在时，即可诊断为化脓性脑膜炎合并发脑室管膜炎（E）。参阅 2 版 8 年制《儿科学》P413。

770. ABCDE 771. ABCDE ①化脓性脑膜炎患儿治疗过程中体温退而复升，病情好转后再次出现惊厥、颅内压增高（前囟饱满、颅缝分离），应诊断为硬脑膜下积液（D）。脑水肿晚期常出现落日眼，神经精神症状逐渐加重。脑室管膜炎一旦发生，病情危重。脑性低钠血症可有惊厥发作、意识障碍，但临床上少见。脑积水患儿常出现进行性头围增大，晚期出现落日眼。②为明确化脑合并硬脑膜下积液的诊断，应首选脑脊液检查（D）。头颅 CT 检查仅具有辅助诊断价值，故不答 E。血常规检查无特异性。血细菌培养常用于诊断败血症。脑电图常用于诊断癫痫。

772. ABCDE ①婴儿化脓性脑膜炎合并硬脑膜下积液，应行颅脑透光试验和 CT 扫描以协助诊断，确诊有赖于硬脑膜下穿刺。其中，首选的简便无创检查方法是颅脑透光试验（C）。A、B、E 检查少用。②颅脑透光试验：将患儿囟门四周头发剃净，平卧于暗室检查床上。用大号手电筒在发光一端罩上适当厚度（1～1.5cm），在中央剪一圆孔的海绵，保留约 1cm 宽的边缘。透照时，将海绵平面紧贴头皮上以免漏光，在额、颞、顶、枕各区依次观察手电筒外围光圈大小和形态。大脑半球由于有大脑镰分隔，投照一侧时光线不透至另一侧。若光圈宽度超过一定范围（未成熟儿 3cm、新生儿 2cm、2～12 月儿 1.5cm、13～18月儿 0.5cm），同时边缘不整齐，即为阳性。颅脑透光试验与硬脑膜下穿刺结果符合率达 80%。

773. ABCDE 774. ABCDE 775. ABCDE 776. ABCDE ①患儿呕吐、前囟饱满，提示颅内压增高。患儿发热、抽搐、精神差，应考虑脑膜炎。患儿脑脊液混浊，白细胞明显增高（正常值 0～20×10^6/L），以中性粒细胞为主，蛋白质明显增加（正常值 0.2～0.4g/L），糖明显降低（正常值 3.9～5.0mmol/L），氯化物轻度减少（正常值 110～122mmol/L），应诊断为化脓性脑膜炎（D）。病毒性脑膜炎的脑脊液白细胞多正常或轻度增加，以淋巴细胞为主，蛋白质、糖、氯化物均正常。结核性脑膜炎的脑脊液常表现为白细胞总数轻度增高，以淋巴细胞为主，蛋白质增高，糖和氯化物均降低。隐球菌性脑膜炎的脑脊液常表现为白细胞总数轻度增高，以单核细胞为主，蛋白质增高，糖和氯化物均降低。中毒性脑病的脑脊液常表现为白细胞总数、蛋白质、糖和氯化物均正常。②化脓性脑膜炎的致病菌以肺炎链球菌、脑膜炎球菌、流感嗜血杆菌最常见，其经验治疗首选三代头孢菌素（如头孢曲松、头孢噻肟），因在脑脊液中药物浓度较高（D）。阿昔洛韦为抗病毒药，异烟肼为抗结核药，甘露醇为脱水剂，氯康唑为抗真菌药，均不宜选用。③化脓性脑膜炎合并硬脑膜下积液，若积液量较大引起颅内压增高时，应作硬脑膜下穿刺放液，放液量每次、每侧不宜超过 15ml（C）。④化脓性脑膜炎局部炎症刺激神经垂体可致抗利尿激素过量分泌，引起脑性低钠血症。确诊后可用 3%氯化钠 6ml/kg 缓慢静脉滴注，以提高血钠（E）。参阅 7 版《诸福棠实用儿科学》P920，9 版《儿科学》未讲述。

777. ABCDE　778. ABCDE　779. ABCDE　①患婴高热，脐部见少量脓性分泌物，提示体内有原发感染灶。患婴频繁呕吐、前囟膨隆，提示颅内压增高。患婴嗜睡、双眼凝视、反应差，应考虑化脓性脑膜炎(C)，原发灶为脐部化脓性感染。颅内出血、缺氧缺血性脑病常见于新生儿，而本例已3个月，故不答A、B。脑发育不全不会有脐部感染灶、发热等。低钙惊厥常见于佝偻病患婴，一般无发热，故不答E。②对于化脓性脑膜炎合并颅内压增高者，不宜腰穿，否则易诱发脑疝危及患婴生命(E错)。A、B、C、D都是化脓性脑膜炎的治疗措施。③30%～60%的化脓性脑膜炎并发硬脑膜下积液，为化脑最常见的并发症(C)。化脓性脑膜炎的其他并发症还包括脑室膜炎、脑积水、抗利尿激素异常分泌综合征等。

780. ABCDE　781. ABCDE　782. ABCDE　783. ABCDE　784. ABCDE　①3个月以内的幼婴化脓性脑膜炎临床表现多不典型：体温可高可低，甚至不升；颅内压增高表现不明显，可有吐奶、尖叫、前囟饱满；惊厥可不典型，可表现为局部阵挛、双眼凝视。本例为2个月幼婴，有脐部原发感染灶，根据题干，应诊断为化脓性脑膜炎(B)。胆红素脑病多表现为生后24小时出现黄疸，无发热。颅内出血常见于新生儿，本例为2个月幼婴，故不答C。低钙血症常见于佝偻病，可有惊厥，但无高热及颅内高压表现。热性惊厥发作后一切恢复正常，无神经系统症状和体征。②为明确化脓性脑膜炎的诊断，应首选脑脊液检查(C)。脑电图常用于诊断癫痫。脑超声波常用于新生儿缺氧缺血性脑病的辅助诊断。血胆红素测定常用于诊断病理性黄疸。血清钙测定常用于诊断低钙血症。③化脓性脑膜炎的治疗主要是抗生素治疗(D)。维生素K_1常用于治疗新生儿出血。钙剂、维生素D常用于治疗维生素D缺乏性佝偻病。蓝光治疗主要适用于新生儿溶血病。④化脓性脑膜炎治疗过程中突然出现体温退而复升，病情好转后再次出现意识障碍，惊厥，前囟饱满，应考虑合并硬脑膜下积液(E)。脑性低钠血症可有惊厥发作、意识障碍，但应有血钠降低。脑水肿不是化脓性脑膜炎的常见并发症，故不答C。脑积水常表现为患儿头围进行性增大。脑室管膜炎一旦发生，病情常较危重。⑤患婴呕吐、抽搐、前囟饱满，提示颅内压增高，说明硬脑膜下积液量较大，应作硬脑膜下穿刺放液，以减轻症状(C)。滴注高渗盐水常用于治疗抗利尿激素异常分泌综合征。使用脱水剂常用于降低颅内压。脑室穿刺引流常用于治疗脑室管膜炎。地塞米松常用于中毒症状较重的化脓性脑膜炎。

785. ABCDE　786. ABCDE　787. ABCDE　①大肠埃希菌为革兰阴性菌，治疗大肠埃希菌性脑膜炎应首选头孢曲松、阿米卡星、美罗培南(E)。参阅3版8年制《儿科学》P385。②肺炎球菌性脑膜炎首选大剂量青霉素静脉滴注，故按老教材观点，答案为C。9版《儿科学》P380认为，目前半数以上的肺炎球菌对青霉素耐药，应选用头孢曲松、头孢噻肟等，故按9版《儿科学》观点，答案为E。③对病原菌尚未明确的化脓性脑膜炎患儿，应选用对肺炎链球菌、脑膜炎球菌、流感嗜血杆菌三种常见致病菌均有效的抗生素。目前常选用能快速在患儿脑脊液中达到有效灭菌浓度的第三代头孢菌素，如头孢噻肟、头孢曲松。疗效不理想时，可联合使用万古霉素。

788. ABCDE　789. ABCDE　790. ABCDE　①结核性脑膜炎可出现脑神经障碍，以面神经受累最常见，其次为动眼神经和外展神经受累(A)。②隐球菌性脑膜炎的致病菌为真菌，行脑脊液墨汁染色阳性率较高。取患者新鲜脑脊液，置于玻片上，加墨汁1滴，覆以盖玻片，在显微镜暗视野下找到隐球菌即可确诊本病(E)。③约80%的化脓性脑膜炎可并发硬脑膜下积液，主要见于1岁以内的幼婴(C)。

791. ABCDE　①甲状腺功能减退症(甲减)按病变部位分为原发性甲减和继发性甲减。原发性甲减按发病机制和起病年龄，又分为先天性甲减和获得性甲减。②先天性甲减是由于甲状腺激素合成不足所造成的一种疾病，根据病因不同又细分为散发性和地方性(B)。散发性甲减系先天性甲状腺发育不良、异位或甲状腺激素合成途径中酶缺陷所造成。地方性甲减是由于水、土、食物中缺碘所致。

792. ABCDE　散发性先天性甲减的病因包括：①甲状腺不发育、发育不全或异位：是造成先天性甲减的最主要原因，约占90%；②甲状腺激素合成障碍是导致先天性甲减的第2位原因；③TSH、TRH缺乏，也称中枢性甲减。碘缺乏是导致地方性甲减的原因，并不是散发性甲减的病因(E错)。

793. ABCDE　①先天性甲状腺功能减退症分为散发性和地方性，其中散发性甲减占绝大多数。近来随着我国碘化食盐的广泛应用,地方性甲减已很少见。②A、B、D、E 都是散发性甲减的病因,其中以甲状腺不发育或发育不全最常见,约占先天性甲减的 90%(D)。③碘缺乏为地方性甲减的病因,少见。

794. ABCDE ①甲状腺功能减退症由于缺乏甲状腺激素,肠蠕动减弱,故胎粪排出延迟、生后腹胀、便秘,而不是腹泻。甲状腺激素缺乏可导致基础代谢率降低,心率缓慢、体温低、四肢冷。②新生儿甲减早期可有生理性黄疸消退延迟、嗜睡、少哭、吸吮力差(C)。贫血为甲减的晚期表现。

795. ABCDE ①甲减患儿由于缺乏甲状腺激素,肠蠕动减弱,可导致腹胀、便秘,而不是腹泻。②甲减患儿的典型特征包括智能低下、生长发育落后和生理功能低下。由于甲状腺激素缺乏,基础代谢率降低,常导致心率缓慢、血压降低、体温低、四肢冷。

796. ABCDE ①甲减的典型特征包括智能低下、生长发育落后和生理功能低下。根据临床表现,本例应考虑甲状腺激素缺乏所致的先天性甲状腺功能减退症(B)。②生长激素缺乏常导致侏儒症,可表现为发育迟缓、身材矮小,但智能正常。甲状旁腺激素的主要功能是升血钙、降血磷,不影响骨骼的生长发育和神经系统发育。胰岛素的主要功能降低血糖浓度,缺乏时常导致糖尿病。胰高血糖素的主要功能是升高血糖,缺乏时常导致血糖降低。

797. ABCDE ①新生儿先天性甲减的筛查采用干血滤纸片法,以生后 2~3 天新生儿干血滴纸片,检测 TSH 浓度作初筛(C)。若 TSH>15~20mU/L,为初筛阳性,需进一步检测血清 T_4、TSH 以确诊。②可见,血清 T_3、T_4 及 TSH 检测主要用于筛查结果可疑或阳性患儿的确诊。

798. ABCDE 先天性甲减的新生儿筛查试验:血 TSH>15~20mU/L 为初筛阳性。

799. ABCDE ①先天性甲状腺功能减退症常表现为智能落后、生长发育迟缓、生理功能低下,可有腹胀、便秘,可伴心包积液,可有特殊面容(头大、颈短、皮肤粗糙、面部黏液水肿、眼睑水肿、眼距宽、鼻梁低平、舌大而宽厚、身材矮小、躯干长而四肢短小)。根据题干,本例应诊断为先天性甲状腺功能减退症,为明确诊断,最有价值的检查是甲状腺功能测定(A)。②血苯丙氨酸测定常用于诊断苯丙酮尿症。骨龄测定常用于骨骼发育障碍性疾病的诊断。染色体核型分析常用于 21-三体综合征的诊断。立位腹部 X 线片常用于消化性溃疡穿孔的诊断。

800. ABCDE ①早期确诊先天性甲状腺功能减退症的实验室检查是血清 T_3、T_4、TSH 测定,若 T_3、T_4 降低、TSH 明显升高即可确诊。②甲状腺自身抗体测定常用于诊断慢性淋巴细胞性甲状腺炎。TRH 兴奋试验常用于鉴别甲减的病因。骨龄测定、甲状腺扫描为甲减的辅助检查。

801. ABCDE 下丘脑(TRH)-垂体(TSH)-甲状腺(T_3、T_4)是一个生理调节轴。先天性甲状腺功能减退症时,血清 T_3、T_4 降低,对垂体 TSH 的负反馈减弱,因此血清 TSH 升高,故答 C。

802. ABCDE ①正常 2 岁小儿身高=年龄×7+75=89cm,可见该患儿生长发育迟缓。患儿智力低下,生长发育迟缓,皮肤粗糙,鼻梁低平,应诊断为先天性甲状腺功能减退症(甲减),不要误诊为 21-三体综合征。先天性甲减常有腹胀,便秘,脐疝。确诊先天性甲减,最有价值的检查当然是甲状腺功能测定(C)。②血钙测定常用于诊断维生素 D 缺乏性佝偻病。骨龄测定常用于了解小儿的生长发育情况。血氨基酸分析常用于诊断苯丙酮尿症。染色体核型分析常用于诊断 21-三体综合征。

803. ABCDE ①患儿有先天性甲状腺功能减退症的特殊面容,基础代谢低下(心率缓慢、心音低钝、腹胀、便秘),应考虑为先天性甲状腺功能减退症。为明确诊断,应首选血清 T_3、T_4、TSH 测定。②血钙、磷、碱性磷酸酶测定常用于诊断维生素 D 缺乏性佝偻病。血清总蛋白、白蛋白、胆红素测定常用于了解肝功能状态。染色体核型分析常用于诊断 21-三体综合征。血氨基酸分析常用于诊断苯丙酮尿症。

804. ABCDE ①患儿有先天性甲减的特殊面容(皮肤干燥、面部黏液水肿、舌大而宽厚、伸出口外),基础代谢低下(多睡、不爱哭闹、心率缓慢、心音低钝、腹胀、便秘),应考虑为先天性甲减(B)。②佝偻病可有生长发育延迟,但无甲减的特殊面容。21-三体综合征虽有智能发育障碍,但特殊面容与甲减不同,皮肤毛发正常。先天性巨结肠可有腹胀、便秘、腹部膨隆,但面容、精神反应、哭声均正常。苯丙酮尿症可有智能发育障碍,但无甲减特殊面容及基础代谢率低下的表现。

805. ABCDE ①先天性甲状腺功能减退症(甲减)的小婴儿不会出现甲减的特殊面容,但可表现为基础代谢低下,如多睡、不爱哭闹、心率缓慢、心音低钝、腹胀、便秘、胎粪排出延迟等,故本例应诊断为先天性甲减。②先天性巨结肠也可有胎粪排出延迟、腹胀、便秘、脐疝,但不会出现反应迟钝、黄疸、心音低钝,故答C而不是B。婴儿肝炎综合征是指1岁以内小儿由不同病因引起的,表现为黄疸、肝功能损害、肝脾肿大的一组症状。21-三体综合征、胃食管反流病不会出现黄疸、脐疝、胎粪排出延迟。

806. ABCDE ①患儿智能低下,生长发育延迟,有先天性甲状腺功能减退症(甲减)的特殊面容,应诊断为先天性甲减(B)。②先天愚型虽有智能发育障碍,但特殊面容与甲减不同,皮肤毛发正常。黏多糖病常表现为新生儿出生正常,1岁时出现智力落后,肝脾肿大,面容粗糙,前额突出,四肢关节畸形。苯丙酮尿症可有智能发育障碍,但无甲减面容及基础代谢率低下的表现。软骨发育不良不会出现智能低下。

807. ABCDE ①甲状腺激素是影响神经系统发育最重要的激素,因此散发性先天性甲减一旦确诊,应尽早治疗,以避免对脑组织的损害。治疗方法为终身服用甲状腺素片,不能中断。饮食中应富含蛋白质、维生素及矿物质。②并不是所有的甲减均需使用碘剂治疗,只有地方性甲减才需要使用碘剂治疗,散发性甲减大多为甲状腺先天性发育不全所致,无需使用碘剂(D错)。

808. ABCDE ①散发性呆小病多为先天性甲状腺发育不全所致,需终身补充甲状腺素片。②碘剂常用于治疗地方性甲减。钙剂、维生素D常用于治疗维生素D缺乏性佝偻病。生长激素常用于治疗侏儒症。

809. ABCDE 先天性甲减需终身服用甲状腺素片,若药物过量可出现烦躁、多汗、消瘦、腹痛、腹泻。患儿在服用甲状腺素片过程中出现烦躁不安、多汗、腹泻,应考虑药物过量,故应减少甲状腺素片的剂量。

810. ABCDE 811. ABCDE ①患儿智能低下、具有先天性甲状腺功能减退症(甲减)的特殊面容(皮肤粗糙、眼距宽、鼻梁宽平、舌宽厚、常伸出口外、毛发干枯)、生长发育延迟(身高80cm、骨龄延迟),应诊断为先天性甲减。为明确诊断,首选血清T_3、T_4、TSH测定(D)。题干已经叙及智能落后,行智能测定不能确诊甲减,因为21-三体综合征、苯丙酮尿症等均可有智能落后。尿三氯化铁试验为苯丙酮尿症较大儿童的筛查方法。尿黏多糖分析常用于诊断黏多糖病。生长激素测定常用于诊断侏儒症。②先天性甲减一旦确诊,应立即治疗,需终身服用甲状腺素片(B)。低苯丙氨酸饮食常用于治疗苯丙酮尿症。生长激素常用于治疗侏儒症。低铜饮食常用于治疗肝豆状核变性。脑活素、脑复康常用于治疗儿童发育迟缓。

812. ABCDE 813. ABCDE 814. ABCDE ①患儿有先天性甲状腺功能减退症(甲减)的特殊面容、腹胀、便秘、脐疝等表现,应诊断为先天性甲减(B)。黏多糖病常表现为新生儿出生正常,1岁时出现智力落后,肝脾肿大,面容粗糙,前额突出,四肢关节畸形。21-三体综合征虽有智能发育障碍,但特殊面容与甲减不同。骨软骨发育不良常表现为侏儒症,四肢短,特别是上臂和股部明显,而躯干正常。先天性巨结肠虽可有腹胀、便秘、脐疝,但不会出现先天性甲减的特殊面容。②为确诊先天性甲减,应首选的检查是血T_3、T_4、TSH测定,常表现为T_3、T_4降低,TSH增高(D)。染色体核型分析主要用于确诊21-三体综合征。尿黏多糖测定主要用于诊断黏多糖病。骨龄测定主要用于了解小儿的生长发育状况。B超检查肛管测压主要用于诊断先天性巨结肠。③先天性甲减的治疗主要是补充甲状腺激素(D)。补充生长激素常用于治疗生长激素缺乏症。补充碘剂常用于治疗地方性散发性甲减。

815. ABCDE ①先天性甲状腺功能减退症(甲减)新生儿期常表现为胎便排出延迟,生后常有腹胀、便秘、脐疝;生理性黄疸延迟;患儿常处于睡眠状态,对外界反应差,这些症状和体征均无特异性(B)。②A、C、D、E均属于先天性甲减的典型症状,但常于生后半年出现。

816. ABCDE ①21-三体综合征又称唐氏综合征,其主要特征为智能落后,特殊面容和生长发育迟缓,并可有多种畸形。其特殊面容为:眼裂小,眼距宽,双眼外眦上斜,可有内眦赘皮;鼻梁低平,外耳小;硬腭窄小,常张口伸舌,流涎多;头小而圆,前囟大且关闭延迟;颈短而宽。②21-三体综合征常合并先天畸形,50%的患儿合并先天性心脏病。③患儿出生时身长、体重均较正常儿低,生后体格发育、动作发育均迟缓,身材矮小,骨龄落后,出牙延迟,肌张力低下,四肢短,手指粗短,中间指骨向内弯曲。④21-三体综合征的特点为皮肤细腻,皮肤粗糙增厚多见于先天性甲状腺功能减退症(C)。

817. ABCDE 2岁女孩身高仅60cm,不会站,说明生长发育延迟。根据患儿典型畸形,应诊断为21-三体综合征(D)。佝偻病多见于小婴儿,可有骨骼改变,但一般不影响智能发育,故不答A。苯丙酮尿症以智能发育落后为突出表现,皮肤白皙,头发由黑变黄,尿液和汗液有鼠尿臭味为其特征,故不答B。营养不良常表现为体重不增,消瘦,皮下脂肪消失,一般不影响智力发育,故不答C。先天性甲状腺功能减退症常表现为智能低下,但其特殊面容与21-三体综合征不同,故不答E。

818. ABCDE ①先天愚型现已改称21-三体综合征,通贯手(掌)为其特征性体征。通贯手是指手掌出现猿线,手掌三叉点t向上移向掌心,使轴三角的atd角度>45°,第4、5指桡箕增多。根据患儿特殊面容,本例应诊断为先天愚型(B)。②呆小病常表现为生长发育障碍及智力低下,但特殊面容与21-三体综合征不同。佝偻病活动期可有骨骼改变,但不会有智能障碍。苯丙酮尿症以智能发育落后为突出表现,皮肤白皙,尿液和汗液有鼠尿臭味为其特征。先天性脑发育不全不会出现通贯掌。

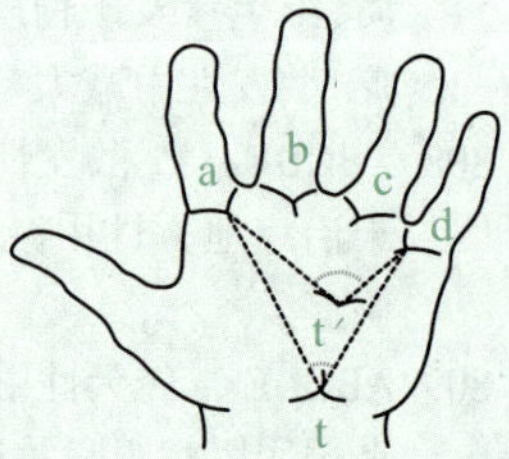

通贯手

819. ABCDE ①通贯掌为21-三体综合征的特征性体征,结合患儿特殊面容,应诊断为21-三体综合征(A)。②软骨发育不良常表现为四肢显著缩短,躯干正常,智力正常。

820. ABCDE ①急性风湿热、先天性心脏病都不会出现智能低下,可首先排除C、D。苯丙酮尿症、先天性甲减都可有智能低下,但一般不合并先天性心脏病,故不答B、E。②21-三体综合征常有智能发育障碍,约50%的患者合并先天性心脏病,可闻及心脏杂音,故答案为A。

821. ABCDE ①21-三体综合征的染色体核型可分为3型:标准型(约占95%)、易位型(占2.5%~5%)和嵌合体型(占2%~4%)。正常人有23对染色体,即22对常染色体(由大至小分为A~G组)+1对性染色体(女性为XX,男性为XY)。②21-三体综合征标准型是由于亲代(多数为母亲)的生殖细胞在减数分裂时第21号染色体不分离所致,使患儿体细胞多一条额外的21号染色体,其核型特征为47,XX,+21,或47,XY,+21,故答A。

822. ABCDE ①21-三体综合征易位型分为D/G易位和G/G易位两种亚型。D/G易位是指亲代的生殖细胞在减数分裂中,D组14号(也可为13或15号)染色体与G组21号(也可为22号)染色体的长臂发生了相互易位。临床上以D组14号染色体与G组21号染色体的易位最常见,其核型为46,XY或XX,-14,+t(14q21q),故答D。②A选项表示D组13号染色体与G组21号染色体的易位,属于D/G易位,少见。③B选项表示G组两条21号染色体发生易位,属于G/G易位。④C选项表示G组的21号染色体与22号染色体易位,也属于G/G易位。⑤E选项表示D组15号染色体与G组21号染色体发生易位,属于D/G易位,也很少见。

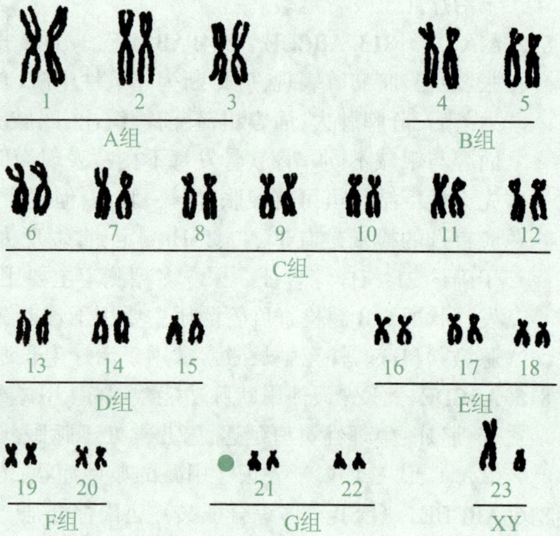

21-三体综合征染色体核型(47,XX,+21)

823. ABCDE　①21-三体综合征 D/G 易位是指 D 组(13、14 或 15 号)某条染色体的长臂与 G 组(21 号或 22 号)某条染色体的长臂发生了相互易位,而形成一条新的染色体。临床上以 D 组 14 号染色体与 G 组 21 号染色体的易位最常见,其核型为 46,XY 或 XX,-14,+t(14q21q),故答 B。②A 选项表示 D 组 13 号染色体与 G 组 21 号染色体的易位,属于 D/G 易位,但少见。③C 选项表示 D 组 15 号染色体与 G 组 21 号染色体的易位,属于 D/G 易位,少见。④D 选项表示 G 组两条 21 号染色体发生易位,属于 G/G 易位。⑤E 选项表示 G 组 21 号和 22 号染色体之间发生易位,也属于 G/G 易位。可见,D、E 选项均为 G/G 易位,解题时可首先排除。

824. ABCDE　①G/G 易位是指同属于 G 组的 21 号和 22 号染色体发生的易位,绝大多数为两条 21 号染色体之间发生易位,故其核型为 46,XX(或 XY),-21,+t(21q21q);少数为 21 号与 22 号染色体之间的易位,其核型为 46,XX(或 XY),-22,+t(21q22q),故答 B。②A 选项为 21-三体综合征标准型的核型。③C 选项表示 D 组 13 号染色体与 G 组 21 号染色体之间的易位,属于 D/G 易位。④D 选项表示 D 组 14 号染色体与 G 组 21 号染色体之间的易位,属于最常见的 D/G 易位。⑤E 选项表示 D 组 15 号染色体与 G 组 21 号染色体之间的易位,属于 D/G 易位。可见 C、D、E 均属于 D/G 易位的核型,解题时可首先排除。

825. ABCDE　21-三体综合征 D/G 易位是指 D 组 14 号染色体与 G 组 21 号染色体的长臂发生了相互易位,其核型为 46,XY(或 XX),-14,+t(14q21q)。这种易位型约半数为遗传性,即亲代中有 14/21 平衡易位染色体携带者,核型为 45,XY(或 XX),-14,-21,+t(14q21q),故答 C。

826. ABCDE　①21-三体综合征 D/G 易位的核型为 46,XY(或 XX),-14,+t(14q21q),其母亲为 14/21 平衡易位染色体携带者,核型为 45,XX,-14,-21,+t(14q21q),故答 A。②B 选项表示母亲为 15/21 平衡易位染色体携带者,与其子核型不符,故不答。③C 选项为正常女性染色体核型,故不答。④D 选项为最常见的 D/G 易位,表示 D 组 14 号染色体与 G 组 21 号染色体之间的易位,故不答。⑤E 选项的核型表示法本身是错误的,故不答。

827. ABCDE　请大家记住常考数据,解题时要用到:①标准型 21-三体综合征的再发风险为 1%;②标准型女性患者少数有生育能力者,其子代发病率为 50%;③易位型中,55%的 D/G 易位为散发,45%与亲代遗传有关;④母亲为 D/G 平衡易位携带者,风险率为 10%;父亲为 D/G 平衡易位携带者,风险率为 4%;⑤G/G 易位绝大多数为散发,仅 5%与遗传有关,双亲之一为 21q22q 平衡易位携带者,子代发病风险率与 D/G 易位相似;⑥若母亲为 21q21q 平衡易位携带者,子代发病风险率为 100%。因为只要由两条 21 号染色体组成的易位染色体,则无论父源还是母源,下胎活产儿 100%均为 21-三体综合征,参阅 7 版《诸福棠实用儿科学》P2110。本例母亲核型为 45,XX,-21,-21,+t(21q21q),说明母亲为 21q21q 平衡易位携带者,故下一代风险率为 100%。

828. ABCDE　本例母亲核型为 45,XX,-14,-21,+t(14q21q),说明母亲为 14q21q 的 D/G 平衡易位携带者,其下一代 21-三体综合征的再发风险率为 10%(A)。

829. ABCDE　儿子为 21-三体综合征,父亲正常,母亲为 D/G 平衡易位携带者,则子代风险率为 10%。

830. ABCDE　21-三体综合征的细胞遗传学特征是第 21 号染色体呈三体征,行染色体核型分析可以确诊本病。A、B、C、D 都是 21-三体综合征的常见临床表现,有助于诊断但不能确诊本病。

831. ABCDE　①通贯手为 21-三体综合征的特征性表现,故本例应考虑 21-三体综合征。为明确诊断,当然首选染色体核型分析(E)。②智力测定不能确诊 21-三体综合征。血清 T_3、T_4 检测常用于诊断先天性甲减。头颅 CT 常用于诊断颅内占位性病变。超声心动图常用于诊断心脏病。

832. ABCDE　①唐氏综合征主要表现为智能落后、特殊面容(表情呆滞、眼裂小、眼距宽、双眼外眦上斜、鼻梁低平、外耳小、头小而圆)、生长发育迟缓(身材矮小、四肢短、手指短、小指内弯、肌张力低下)。根据题干,本例应诊断为唐氏综合征。为明确诊断,最有意义的检查是染色体核型分析(B)。②血氨基酸分析、尿三氯化铁试验常用于苯丙酮尿症的诊断，血 T_3、T_4、TSH 测定常用于先天性甲状腺功能减退症的诊断，血钙、磷、碱性磷酸酶检测常用于营养性维生素 D 缺乏性佝偻病的诊断。

833. ABCDE　834. ABCDE　①通贯手为 21-三体综合征的特征性体征。患儿智力低下，特殊愚型面容，皮肤细嫩、肌张力低下，应诊断为 21-三体综合征(A)。②尿液有鼠尿气味为苯丙酮尿症的特征性临床表现。患儿智能低下，皮肤色素减少，应诊断为苯丙酮尿症(E)。③软骨发育不良、维生素 D 缺乏病均不会有智能低下。先天性甲状腺功能减退症虽有智能低下，但不会出现上述特殊面容。

835. ABCDE　836. ABCDE　①21-三体综合征和先天性甲状腺功能减退症两者均有智力低下、表情呆滞、眼裂小、身材矮小、颈短、舌伸于口外、四肢短小、肌张力降低。但 21-三体综合征头小、舌体小、皮肤细腻、通贯手；先天性甲状腺功能减退症头大、舌体大、皮肤粗糙、无通贯手，此为两者的鉴别点。②Turner 综合征患儿出生时即有身高、体重落后，在新生儿期可见颈后皮肤折叠、手足背水肿等特殊症状，无智力低下。黏多糖病常表现为新生儿出生正常，1 岁时出现智力落后，肝脾肿大，面容粗糙，前额突出，四肢关节畸形。软骨发育不良不会出现智能低下。

837. ABCDE　苯丙酮尿症(PKU)是一种常染色体隐性遗传性疾病，属于先天性氨基酸代谢障碍性疾病，因患儿尿中排出大量苯丙酮酸代谢产物而得名。

838. ABCDE　正常情况下，苯丙氨酸主要在苯丙氨酸羟化酶作用下转变为酪氨酸，经转氨基途径生成苯丙酮酸的量很少。若体内苯丙氨酸羟化酶缺乏，则苯丙氨酸不能正常羟化而转变为酪氨酸，导致体内苯丙氨酸蓄积，并经转氨基作用生成苯丙酮酸。此时，尿中出现大量苯丙酮酸、苯乙酸、苯乳酸、对羟基苯乙酸等代谢产物，称经典型苯丙酮尿症。

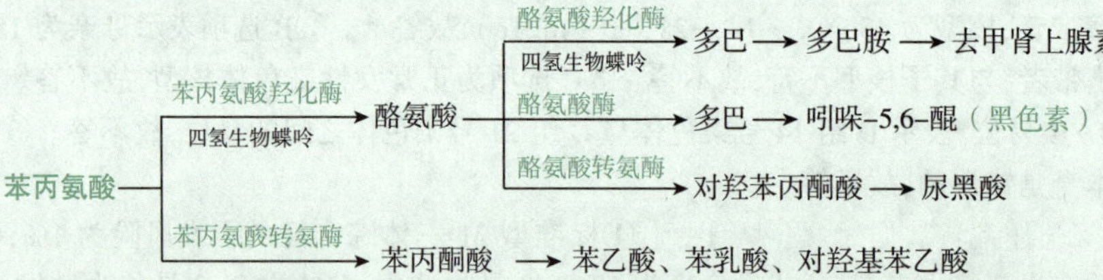

839. ABCDE　正常情况下，苯丙氨酸在苯丙氨酸羟化酶作用下可转变为酪氨酸。酪氨酸在酪氨酸羟化酶的作用下可转变为多巴、多巴胺、去甲肾上腺素、肾上腺素。四氢生物蝶呤为苯丙氨酸羟化酶和酪氨酸羟化酶的辅酶，因此四氢生物蝶呤缺乏，可使苯丙氨酸不能氧化成酪氨酸，导致体内苯丙氨酸蓄积，尿中出现大量苯丙酮酸等代谢产物，称为非典型苯丙酮尿症，占苯丙酮尿症的 10%~15%。

840. ABCDE　①四氢生物蝶呤来源于三磷酸鸟苷，在其合成和再生过程中需要三磷酸鸟苷环化水解酶(GTP-CH)、6-丙酮酰四氢蝶呤合成酶(PTPS)、二氢生物蝶啶还原酶(DHPR)的催化。当这些酶缺陷时，将造成四氢生物蝶呤缺乏，导致非典型苯丙酮尿症。②苯丙氨酸羟化酶缺乏将导致典型苯丙酮尿症。

三磷酸鸟苷(GTP) $\xrightarrow{\text{GTP-CH}}$ 三磷酸二氢新蝶呤 $\xrightarrow{\text{PTPS}}$ 6-丙酮酰四氢蝶呤 ⟶ 四氢生物蝶呤 $\overset{\text{DHPR}}{\rightleftharpoons}$ 二氢生物蝶呤

841. ABCDE　苯丙氨酸羟化酶存在于人体肝细胞内。苯丙氨酸的生化代谢过程也在肝细胞内进行。

842. ABCDE　①苯丙酮尿症是因苯丙氨酸羟化酶缺乏，苯丙氨酸及其代谢产物在体内蓄积所致，故需定期监测血清苯丙氨酸浓度(C)。②正常人体内苯丙氨酸可转化为酪氨酸，但苯丙酮尿症患儿不能进行这种生化反应，故无需监测血清酪氨酸浓度。尿液有机酸分析常用于苯丙酮尿症的生化诊断。尿蝶呤图谱分析常用于三种非典型苯丙酮尿症的鉴别诊断。尿三氯化铁试验常用于较大儿童的筛查。

843. ABCDE　①苯丙酮尿症最突出的临床表现是智能发育落后，智商常低于正常(D)。②尿和汗液有鼠尿臭味为苯丙酮尿症患者特征性临床表现。少数患者可呈现肌张力增高和腱反射亢进。由于黑色素合成减少，头发由黑变黄，皮肤白皙。8%的患儿有惊厥。请注意：正确答案为 D 而不是 C。

844. ABCDE　①苯丙酮尿症患儿由于尿和汗液排出较多的苯乙酸，可有明显鼠尿臭味，此为特征性临床表现。②注意:智能发育落后为苯丙酮尿症最突出的临床表现,因为先天性甲状腺功能减退症、21-三体综合征等均可有智能发育落后,故不属于特征性临床表现,故答 E 而不是 A。

845. ABCDE　苯丙酮尿症最突出的神经系统受损表现是智力发育落后(A)。可有行为异常,如兴奋不安、忧郁、多动、孤僻等。也可有癫痫小发作,少数呈现肌张力增高、腱反射亢进。

846. ABCDE　847. ABCDE　①苯丙酮尿症患儿由于苯丙氨酸羟化酶缺乏,苯丙氨酸不能正常转变为酪氨酸,造成体内苯丙氨酸蓄积,导致通过代谢旁路产生的苯丙酮酸及其代谢产物从尿中大量排出。新生儿筛查苯丙酮尿症(PKU)多采用细菌抑制法(Guthrie 法)以测定血中苯丙氨酸浓度。新生儿哺乳后 3 天,针刺足跟采集外周血,滴于采血滤纸上,放在含有抑制剂的变异型枯草杆菌培养基上进行培养,根据细菌生长带的大小,可以估计血中苯丙氨酸含量。若血中苯丙氨酸浓度>0.24mmol/L即为筛查试验阳性(E)。②尿三氯化铁试验适用于较大儿童 PKU 的筛查,如果尿中苯丙酮酸增多,则呈现绿色反应,称为阳性(D)。新生儿由于苯丙氨酸代谢旁路尚未健全,患儿尿液测定应为阴性,故本试验不适于新生儿 PKU 的筛查。③尿氨基酸分析不能用于诊断 PKU。尿有机酸分析常用于 PKU 的生化诊断。血清苯丙氨酸测定常用于 PKU 的确诊,而不是筛查。

848. ABCDE　849. ABCDE　①儿童苯丙酮尿症的初筛检查是三氯化铁试验。②血浆苯丙氨酸浓度测定主要用于筛查试验阳性患者的确诊,血浆苯丙氨酸正常值<120μmol/L,经典型 PKU>1200μmol/L(D)。③尿蝶呤分析主要用于血浆苯丙氨酸增高类型的鉴别。染色体核型分析主要用于确诊唐氏综合征。血 TSH 测定主要用于诊断甲状腺功能减退症。

850. ABCDE　①患儿智力低下,头发皮肤色泽变浅,间断抽搐,应考虑苯丙酮尿症(PKU),筛查首选尿三氯化铁试验(C)。②Guthrie 试验仅用于新生儿 PKU 的筛查,不适合较大儿童的筛查。尿蝶呤分析常用于 PKU 经典型和非经典型的分型鉴别,而不能筛查或确诊 PKU,故答 C 而不是 D。脑电图检查常用于诊断新生儿缺氧缺血性脑病。血钙、血磷检测常用于诊断维生素 D 缺乏性佝偻病。

851. ABCDE　①苯丙酮尿症(PKU)是因苯丙氨酸羟化酶基因突变引起酶活性降低,苯丙氨酸及其代谢产物在体内积蓄导致的疾病。因此,血清苯丙氨酸浓度测定是确诊 PKU 最有意义的检查。血清苯丙氨酸浓度正常值<120μmol/L,若>120μmol/L,可确诊为 PKU。②尿三氯化铁试验、尿 2,4-二硝基苯肼试验均适用于较大儿童的筛查。尿蝶呤分析主要用于鉴别三种非典型 PKU。Guthrie 细菌生长抑制试验适用于新生儿期筛查。

852. ABCDE　尿蝶呤分析是指应用高效液相色谱测定尿液中新蝶呤(N)和生物蝶呤(B)的含量,主要用于苯丙酮尿症(PKU)分型的鉴别。①苯丙氨酸羟化酶缺乏所致的经典型 PKU,表现为尿中蝶呤总量增高,N/B 正常;②GTP-CH 缺乏型 PKU,表现为尿中蝶呤总量减少,N/B 正常;③PTPS 缺乏型 PKU,表现为新蝶呤排出量增加,N/B 增高;④DHPR 缺乏型 PKU,表现为尿中蝶呤总量增高,N/B 降低。

三磷酸鸟苷(GTP) $\xrightarrow{\text{GTP-CH}}$ 三磷酸二氢新蝶呤 $\xrightarrow{\text{PTPS}}$ 6-丙酮酰四氢蝶呤 $\longrightarrow$ 四氢生物蝶呤 $\xrightleftharpoons{\text{DHPR}}$ 二氢生物蝶呤

GTP-CH 为三磷酸鸟苷环化水解酶,PTPS 为 6-丙酮酰四氢蝶呤合成酶,DHPR 为二氢生物蝶啶还原酶。Guthrie 细菌生长抑制试验主要用于新生儿 PKU 筛查。尿三氯化铁试验、尿 2,4-二硝基苯肼试验主要用于较大儿童 PKU 的筛查。尿有机酸分析主要用于 PKU 的生化诊断。

853. ABCDE　①患儿智能发育落后,头发皮肤色泽变浅,间断抽搐,应考虑苯丙酮尿症(PKU),为明确诊断可行尿有机酸分析(C)。若为阳性,可测定血苯丙氨酸、酪氨酸含量进一步确诊。②染色体核型分析主要用于 21-三体综合征的诊断。血钙测定常用于诊断维生素 D 缺乏性佝偻病。脑电图检查常用于诊断新生儿缺氧缺血性脑病。血 TSH、T_4 测定常用于先天性甲状腺功能减退症的诊断。

854. ABCDE　①患儿智能发育落后,头发皮肤色泽变浅,间断抽搐,应考虑苯丙酮尿症(PKU),为明确诊断可行尿有机酸分析(C)。尿有机酸分析常用于 PKU 的生化诊断。②染色体核型分析常用于 21-三体综合征的诊断。血清甲状旁腺激素测定常用于诊断甲状旁腺功能亢进症。血 TSH、T_4 测定常用于先天性甲状腺功能减退症的诊断。血钙、磷、镁、碱性磷酸酶测定常用于诊断维生素 D 缺乏性佝偻病。

855. ABCDE　856. ABCDE　857. ABCDE　①患儿智能发育落后，头发皮肤色泽变浅，间断抽搐，应考虑苯丙酮尿症（PKU）。21-三体综合征、先天性甲状腺功能减退症均可出现智力低下，但不会出现头发皮肤色泽变浅。维生素 D 缺乏性手足搐搦症、癫痫均可反复抽搐，但智力发育正常。②儿童的 PKU 筛查首选尿三氯化铁试验（E）。血钙、血磷测定常用于诊断维生素 D 缺乏性佝偻病。染色体核型分析常用于诊断 21-三体综合征。血 T_3、T_4 测定常用于诊断先天性甲状腺功能减退症。脑电图检查常用于诊断新生儿缺氧缺血性脑病。③PKU 新生儿筛查首选 Guthrie 细菌生长抑制试验（C）。尿 2,4-二硝基苯肼试验、尿三氯化铁试验常用于较大儿童 PKU 的筛查。血 T_3、T_4、TSH 测定常用于诊断先天性甲状腺功能减退症。

858. ABCDE　尿有鼠尿味为苯丙酮尿症（PKU）的特征性表现，患儿头发皮肤色泽变浅，间断抽搐，应诊断为 PKU。A、B、C、E 均可出现智力低下，抽搐，但都不会出现头发稀黄、皮肤白嫩、尿有鼠尿味。

859. ABCDE　①典型苯丙酮尿症属于可治性遗传性代谢病，一旦确诊，应尽早治疗。小婴儿治疗主要采用低苯丙氨酸奶方，首选母乳喂养。较大婴儿及儿童采用低苯丙氨酸饮食，如牛奶、粥、面、蛋等，应根据血清苯丙氨酸浓度调节饮食。低苯丙氨酸饮食治疗至少持续到青春期后。②四氢生物蝶呤、5-羟色胺、左旋多巴主要用于四氢生物蝶呤缺乏所致的非典型苯丙酮尿症患者。

860. ABCDE　861. ABCDE　862. ABCDE　①患儿智能发育落后、头发皮肤色泽变浅，尿有鼠尿味，应诊断为苯丙酮尿症（PKU）。A、B、C、E 均不会出现鼠尿臭味。②PKU 较大儿童的筛查选用尿三氯化铁测定（D）。血钙、血磷测定常用于诊断维生素 D 缺乏性佝偻病。染色体核型分析常用于诊断 21-三体综合征。血 T_3、T_4、TSH 测定常用于诊断先天性甲状腺功能减退症。脑电图检查常用于诊断癫痫。③PKU 的治疗首选低苯丙氨酸饮食，至少持续到青春期（E）。苯巴比妥常用于治疗小儿癫痫发作。维生素 D 常用于治疗维生素 D 缺乏性佝偻病。脑活素常用于治疗婴儿大脑发育不全。低铜饮食常用于治疗肝豆状核变性。

863. ABCDE　864. ABCDE　865. ABCDE　①尿有鼠尿味为苯丙酮尿症（PKU）的特征性表现，患儿智能发育落后、头发色素变浅，皮肤白皙，间断抽搐，应诊断为 PKU（B）。A、C、D、E 均不会出现鼠尿臭味。②PKU 较大儿童的筛查选用尿三氯化铁试验。若为阳性，再行血氨基酸分析加以确诊，故答 C 而不是 B。血钙测定常用于诊断维生素 D 缺乏性佝偻病。血清 T_3、T_4、TSH 测定常用于诊断先天性甲状腺功能减退症。染色体核型分析常用于诊断 21-三体综合征。③PKU 应首选低苯丙氨酸饮食治疗，至少持续到青春期（D）。抽搐时给予止抽药物为对症治疗。口服甲状腺素片常用于治疗先天性甲状腺功能减退症。口服碘化钾常用于治疗甲状腺危象。“静脉推注 10%葡萄糖酸钙，同时口服维生素 D”常用于治疗维生素 D 缺乏性手足搐搦症。

第二十一篇　实践综合试题答案及详细解答

（正确答案为绿色的选项）

1. ABCDE　①胸壁疾病所致的胸痛常固定于病变部位，且局部有压痛，答案为 B 而不是 E，很多医考参考书将答案错为 E。②邻近胸膜肺组织受累，可出现胸痛，但范围较广，故不答 A。累及脏层胸膜不会出现胸痛，累及壁层胸膜可有持续性胸痛，但不会出现压痛，故不答 C、E。带状疱疹累及肋间神经后可引起胸痛，常表现为沿肋间神经分布的剧痛，故不答 D。

2. ABCDE　①肺源性呼吸困难分为吸气性呼吸困难、呼气性呼吸困难和混合性呼吸困难。“三凹征，吸气性呼吸困难”为上呼吸道阻塞的典型表现，常见于喉部、气管、支气管狭窄与阻塞，答案为 D。②支气管哮喘、慢性阻塞性肺疾病常表现为呼气性呼吸困难。慢性心力衰竭常表现为心源性呼吸困难。阻塞性肺炎常表现为混合性呼吸困难。

3. ABCDE　①呼气性呼吸困难主要是由于肺泡弹性减弱和（或）小支气管的痉挛或炎症所致，常见于支气管哮喘、慢支（喘息型）、慢性阻塞性肺气肿等（D）。②气管异物、急性喉炎常导致吸气性呼吸困难。气胸常导致混合性呼吸困难。心力衰竭常导致心源性呼吸困难。

4. ABCDE　①如在正常肺泡呼吸音部位听到支气管呼吸音，则为异常支气管呼吸音，或称管样呼吸音，常见于肺组织实变、肺内大空腔、压迫性肺不张（C）。②气胸、胸腔积液可引起压迫性肺膨胀不全，导致呼吸音减弱或消失。胸膜肥厚可导致呼吸音减弱。气道完全阻塞可导致呼吸音消失。

5. ABCDE　6. ABCDE　①除 γ 球蛋白外，绝大多数蛋白质都在肝脏合成，因此白蛋白的高低可以反映肝脏的合成功能（D）。②甲胎蛋白阳性多见于原发性肝癌，继发性肝癌多为阴性（E）。③当肝细胞受损，细胞膜通透性增高时，丙氨酸氨基转移酶、谷氨酸氨基转移酶可从肝细胞中溢出，导致血清中这两种酶学指标增高，因此 A、C 是反映肝细胞受损的指标。碱性磷酸酶是反映胆道胆汁排泄受阻的指标。

7. ABCDE　嗜睡表现为能被叫醒，醒后可勉强配合检查，能回答简单问题，停止刺激后患者又继续入睡。昏睡可被叫醒，但醒后不能准确辨别人物和地点，停止刺激后又很快入睡（D）。浅昏迷表现为不能被叫醒，仍有较少的无意识自发动作。谵妄患者对周围环境的认识及反应能力均有不同程度的下降，表现为认知、注意力、定向、记忆功能受损，思维推理迟钝，语言功能障碍等。意识模糊表现为注意力减退，情感反应淡漠，定向力障碍，活动减少，语言缺乏连贯性，对外界刺激可有反应，但低于正常水平。

8. ABCDE　正常人 24 小时尿量为 1000～2000ml。多尿是指 24 小时尿量超过 2500ml。少尿是指尿量 <400ml/24h或<17ml/h。无尿是指尿量<100ml/24h 或 12h 完全无尿。

9. ABCDE　①吸气性呼吸困难主要表现为吸气显著费力，严重者吸气时可见三凹征，常见于喉部、气管、大支气管阻塞与狭窄，故答 B。②大量胸腔积液、自发性气胸常表现为混合性呼吸困难。支气管哮喘、慢性阻塞性肺疾病常表现为呼气性呼吸困难。

10. ABCDE　①患者浅静脉呈蚯蚓状改变，说明下肢静脉压增高，下肢水肿为静脉回流障碍所致（A）。②血浆胶体渗透压降低为肾源性水肿的病因。心肌收缩力降低为心源性水肿的病因。血浆晶体渗透压降低一般不会导致水肿。淋巴液回流受阻导致的水肿常见于丝虫病、淋巴结清扫后。

11. ABCDE　皮内毛细血管缺血所致的皮肤黏膜苍白，是贫血最常见的客观体征。单凭皮肤颜色判断贫血程度常有偏差，一般以观察指甲、手掌皮肤皱纹处，以及口唇黏膜、睑结膜等较为可靠（C）。参阅 14 版《实用内科学》P2311。

12. ABCDE 第一心音在心尖部最响，第二心音在心底部最响，第三心音在心尖部或其内上方听诊最清楚，第四心音在心尖部及其内侧较清楚。心脏听诊无第五心音，故不答 E。

13. ABCDE 皮肤小动脉末端分支性扩张形成的血管痣，形似蜘蛛，称为蜘蛛痣，多见于上腔静脉分布的区域内，如面、颈、手背、上臂、前胸、肩部等处，一般不会出现于腹部(A)。

14. ABCDE ①第二心音(S_2)固定分裂是指 S_2 分裂不受吸气、呼气的影响，S_2 分裂的两个成分时距较固定。S_2 固定分裂为房间隔缺损的特征性体征(D)。②二尖瓣关闭不全、室间隔缺损常发生第二心音通常分裂。主动脉瓣关闭不全、肺主动脉瓣关闭不全不发生第二心音分裂。

15. ABCDE 在凝血酶作用下，溶于血浆中的纤维蛋白原可裂解为纤维蛋白单体，单体自动聚合形成不稳定的纤维蛋白，后者经活化的 FⅩⅢ作用，可形成稳定性较好、不溶于水的交联纤维蛋白，彼此交织成网，形成血凝块。在纤溶酶作用下，纤维蛋白(原)、交联纤维蛋白可降解为一系列碎片，分别称为纤维蛋白(原)降解产物(FDP)、D-二聚体。D-二聚体是交联纤维蛋白的降解产物，血浆 D-二聚体含量测定可反映纤维蛋白形成和溶解的程度，因此凡有血凝块形成的出血，其血浆 D-二聚体含量均可增高，常见于 B、C、D、E 等病理状态。原发性纤溶亢进症患者，纤维蛋白原在没有转化成纤维蛋白之前即被降解，故血浆 D-二聚体并不升高(A)。请注意：继发性纤溶亢进可有血浆 D-二聚体增高。

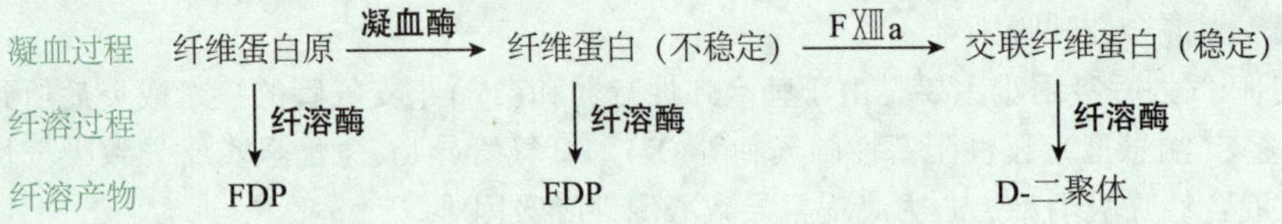

纤溶过程示意图

16. ABCDE 右心衰竭时，有效循环血量减少，肾血流量减少，继发性醛固酮增多引起钠水潴留及静脉淤血，毛细血管内静水压升高，组织液回吸收减少，导致心源性水肿(E)。参阅 8 版诊断学 P14。

17. ABCDE ①心尖部收缩中晚期喀喇音常见于二尖瓣脱垂，是由于二尖瓣在收缩中晚期脱入左心房，瓣叶突然紧张或其腱索的突然拉紧产生震动所致(B)。②室壁瘤形成常表现为左侧心界扩大，可有收缩期杂音。二尖瓣狭窄可于心尖部闻及舒张中晚期隆隆样杂音。室间隔穿孔可于胸骨左缘第 3~4 肋间闻及响亮的收缩期杂音。主动脉瓣关闭不全可于主动脉瓣区闻及舒张期叹气样杂音。

18. ABCDE ①确诊支气管肺癌首选纤维支气管镜+活组织检查。②支气管扩张并大咯血，可行支气管镜检查以明确咯血部位。③肺孢子菌肺炎可通过纤维支气管镜冲洗液作孢子菌培养，以明确病因。④结节病可通过纤维支气管镜肺活检或肺泡灌洗液进行诊断。⑤纤维支气管镜对弥漫性肺泡出血的诊断价值不大。

19. ABCDE ①患者右下胸略膨隆，语音震颤减弱，叩诊呈实音，呼吸音消失，应诊断为胸腔积液，故不答 A、B、E，因为阻塞性肺炎、肺炎支原体肺炎、浸润性肺结核均不会出现呼吸音消失、胸廓膨隆。②患者低热 1 个月，最高体温仅 38℃，普通抗感染治疗效果欠佳，应诊断为结核性胸膜炎所致的胸腔积液，而不是脓胸。脓胸常为持续性高热，抗感染治疗常有效。

20. ABCDE ①患者大部分小肠切除后，肠黏膜吸收面积减少，造成吸收不良，可导致腹泻(A)。②消化不良所致腹泻常见于慢性胰腺炎、胰腺切除术后。肠蠕动加快所致腹泻多见于肠炎、甲状腺功能亢进症。肠道感染所致腹泻常见于细菌性痢疾。分泌增加所致腹泻常见于霍乱。

21. ABCDE ①单侧肺下界下移见于气胸，双侧下移见于慢性阻塞性肺疾病(D)。②胸腔积液、胸膜肥厚可使肺下界不能叩得。肺不张常导致肺下界上升。肺炎时肺下界正常。

22. ABCDE ①在我国，引起咯血最常见的原因是肺结核，尤其浸润型、空洞性肺结核(D)。②肺血栓栓塞、肺炎链球菌肺炎也可引起咯血，但少见。慢性阻塞性肺疾病、间质性肺疾病很少引起咯血。

23. ABCDE ①患者晨起眼睑水肿，尿蛋白强阳性，应诊断为肾源性水肿，其主要原因为血浆蛋白从尿中大量丢失，造成血浆蛋白降低，血浆胶体渗透压降低，导致有效滤过压增大而发生水肿（D）。②丝虫病水肿为淋巴回流受阻所致。心源性水肿为毛细血管血压增高所致。

24. ABCDE　①血红蛋白尿是由于发生血管内溶血，血浆中大量游离的血红蛋白进入原尿，超过肾小管的重吸收阈值所致。临床上常采用尿沉渣镜检、尿隐血试验来区分血红蛋白尿和血尿。若尿沉渣镜检离心后上清液颜色不变，镜检时不见红细胞，尿隐血试验呈强阳性，则为血红蛋白尿。若尿沉渣离心后上清液红色消退，镜检见大量红细胞，尿隐血试验阴性或弱阳性，则为血尿，故答C。参阅《实用诊断学》P659。②尿蛋白电泳常用于估计尿蛋白的选择性、鉴别病变部位是在肾小球还是肾小管。尿比重是反映肾小管浓缩稀释功能的指标。尿胆红素是反映机体胆红素代谢的指标。尿蛋白定性试验主要用于了解肾小球的滤过功能。

25. ABCDE　①二尖瓣脱垂患者在收缩中、晚期二尖瓣脱入左心房，瓣叶突然紧张、腱索拉紧产生震动，可出现额外心音，称为喀喇音（A）。②室壁瘤形成可于心尖区闻及收缩期杂音，而不是喀喇音。二尖瓣狭窄可于心尖区闻及舒张期杂音。主动脉瓣关闭不全可于主动脉瓣区闻及舒张期杂音。室间隔穿孔可于胸骨左缘第3~4肋间闻及响亮的收缩期杂音。

26. ABCDE　①菊粉清除率与内生肌酐清除率均可反映肾小球滤过率，前者操作复杂，临床上少用，多用于科研；后者测定方法简便，干扰因素较少，无需多次抽血，临床上最常用，故答C而不是B。参阅5版《内科学》P516，9版《内科学》已删除。②血尿素氮、血肌酐、血尿素测定也可反映肾小球滤过功能，但不敏感。

27. ABCDE　①中年女性，长期双下肢凹陷性水肿，浅静脉呈蚯蚓状改变，说明伴有静脉压增高、静脉回流障碍，故答C。②心肌收缩力降低为心源性水肿的发病机制。淋巴回流受阻导致的水肿常见于非特异性淋巴管炎、淋巴结切除术后、丝虫病等，与题干所述不符。血浆胶体渗透压降低常见于肝源性水肿，多伴有腹水、门静脉高压症、低蛋白血症。血浆晶体渗透压降低不是水肿的发病机制，故不答E。

28. ABCDE　①肺炎克雷伯杆菌肺炎的特征性痰液为砖红色胶冻样血痰（C）。②流感嗜血杆菌肺炎多为脓性痰。铜绿假单胞菌肺炎为黄绿色、翠绿色痰液。金黄色葡萄球菌肺炎为金黄色痰液。肺炎链球菌肺炎为铁锈色痰。

29. ABCDE　硬管乙状结肠镜检查的常见并发症包括肠壁穿破、肠出血、肠系膜裂伤、心脑血管意外、气体爆炸。其中，肠壁穿破是最严重的并发症，一旦发生需急诊手术治疗。

30. ABCDE　①慢性右心衰竭时，有效循环血量减少，肾血流量减少，继发性醛固酮增多引起水钠潴留及静脉淤血，造成毛细血管血压增高，组织液回吸收减少，导致双下肢水肿。服用强心剂、利尿剂后，心脏射血增多、前负荷降低，导致毛细血管血压降低，组织液回吸收增加，水肿改善（C）。②血浆胶体渗透压降低可导致下肢水肿加重，而不是水肿改善，故不答A。B、D、E对下肢水肿的形成影响不大。

31. ABCDE　32. ABCDE　①固定分裂是房间隔缺损的特征性表现，故答A。房间隔缺损、室间隔缺损、动脉导管未闭均可发生左向右的分流，造成肺循环血量增加，导致肺动脉高压，出现肺动脉瓣区第二心音（P_2）亢进。②法洛四联症为右向左分流型先天性心脏病，可造成肺循环血量减少，导致肺动脉压降低，出现肺动脉瓣区第二心音（P_2）减低。③主动脉缩窄属于无分流型先天性心脏病，肺循环血量不明显变化，不会出现肺动脉瓣区第二心音变化。